그리스 로마 신화 사전

그리스 로마 신화 사전

피에르 그리말 지음

최애리 책임 번역
백영숙·이성엽·이창실 공동 번역
강대진 감수

DICTIONNAIRE DE LA MYTHOLOGIE GRECQUE ET ROMAINE
by PIERRE GRIMAL

Copyright (C) Presses Universitaires de France / Humensis, *Dictionnaire de la mythologie grecque et romaine,* 1999
Korean Translation Copyright (C) The Open Books Co., 2003
All rights reserved.

Korean edition published by arrangement with Humensis through Sibylle Books Literary Agency.

이 책은 실로 꿰매어 제본하는 정통적인 사철 방식으로 만들어졌습니다.
사철 방식으로 제본된 책은 오랫동안 보관해도 손상되지 않습니다.

서문

대영 박물관에는 프리에네의 아르켈라오스라고 서명되어 있는 부조가 하나 있다. 그 중 몇몇 인물들 옆에 새겨진 글씨들을 들여다보면, 그 부조는 라기데스 왕조[1]의 두 왕이 참석한 가운데 알렉산드리아의 궁정 아니면 거기서 얼마 떨어지지 않은 저 유명한 도서관의 한 앞뜰에서 벌어진 호메로스의 신격화 예식을 나타낸 것임을 알 수 있다.

아래쪽에는 호메로스가 좌정해 있고, 양 옆에는 그의 두 서사시가 우의적으로 재현되어 있다. 시인의 뒤쪽에 서 있는 두 명의 군주는 시간의 신 크로노스와 사람 사는 땅의 신 오이쿠메네를 나타내는 것으로, 불멸의 시인의 영광을 기리고 있다. 무리에서 약간 떨어진 곳에서는 제단 곁에서 종교적 희생이 드려지고 있다. 제단 한 쪽에서는 젊은이가 헌주를 위한 술병을 경건하게 들고 있는가 하면, 다른 쪽에서는 여인이 불 위에 향을 사르고 있다. 그리고 이 두 인물의 이름을 읽을 수 있다. 젊은 조수는 신화를, 여사제는 역사를, 각기 의인화한 것이다.

그리스 미술은 본래 존재나 사상을 신으로 만드는 경향이 있다. 하지만 신화를 인간 형상으로 표현해 낸 것은 아마도 기원전 205년경의 이 부조가 처음일 것이다. 신화와 역사가 위의 부조에서처럼 의인화된 시기는 아테나이, 알렉산드리아, 페르가모 등 도처에서 일어난 지적인 변모로 전설들이 해체되고 철학이나 역사로 변화하기 시작한 시기이기도 하다.[2] 신화와 역사가 나란히 시인을 위한 희생 제의를 준비하는

---

[1] 라기데스 왕조란 알렉산드로스 대왕의 휘하 장군들 중 한 사람인 마케도니아 귀족 프톨레마이오스가 세운 이집트의 왕조(B.C. 305~30)로 일명 프톨레마이오스 왕조라고도 한다. 〈라기데스〉라는 이름은 프톨레마이오스의 아버지 〈라고스〉에게서 유래한 것이다 — 옮긴이.

[2] Mario Untersteiner, *La fisiologia del mito*, Milano, 1946.

모습을 담은 이 알렉산드리아의 부조에서 호메로스가 차지하는 핵심적인 위치를 좀더 생각해 본다면, 몇 가지 상당히 결정적인 고찰들의 단서를 발견할 수도 있다.

이 책의 작업을 참으로 근면하고 겸손하게 정의하고 수행한 피에르 그리말은 이렇게 말한다. 〈신화는 헬레니즘 시대의 전 기간에 걸쳐 가장 진화한 형태로 발전했다.〉[3] 그는 또한 신화가 얼마나 풍요롭게 불어났던가를 지적한다. 그런데 신화적 형상화의 괄목할 만한 단초들은 이미 호메로스의 서사시에서부터, 적어도 여기저기 흩어져 있는 암시들을 통해 나타나기 시작한다. 그 후 『신들의 계보』에 기록된 신적 계보들을 모은 학자[4]는 이미 박학자의 입장에서 사제들의 문서에 근거하여 작업을 수행했으며, 따라서 그가 동방의 테오마키아(신들의 투쟁기)와 코스모고니아(우주 생성론)에 대해 더 많은 것을 아는 듯이 보인다 해도 놀라운 일은 아니다.[5] 호메로스는 원시적 사고에, 그리고 관념들을 이미지와 상징의 베일로 치장하여 표현하기를 즐기던 헬라(그리스) 정신 고유의 경향에 좀더 가까웠다. 게다가 오늘날 전 인류가 유년에서 노년에 이르기까지 필요로 하는 경이로운 기억들 — 우리는 모두 우화들의 가르침 위에 살고 있는 것이다 — 의 단이 묶인 것은 그보다도 훨씬 이전이었다.[6] 미케나이 그리스[7]의 체계화 작업이 핵심적이었을 수도 있다. 분명히 메소포타미아에서 포이니케(페니키아)에 이르는 동방, 그리고 델타에서 폭포에 이르는 이집트 또한 거칠고도 위대한 모험들에 대한 그들의 믿음과 상상력에 자양분을 제공했을 것이고, 이런 영향은 그 많은 전투적인 신들에 대한 상상적 전기에도 스며들었을 터이다. 달리 어디에서 이처럼 생산적이고 융화적인 풍요로움을, 나아가 그리스적인 발명의 원리 자체를 찾을 수 있겠는가? 그리스는 그 발명으로 로마는 물론이고 거꾸로 동방에도, 그리고 우리에게도 은택을 입혔으니, 신성한 책들과 제의 즉 인간을 단순한 존재 이상으로 만들어 주는 예배의 예식을

---

3 서론, p. 15 참조.
4 헤시오도스를 가리킴 — 옮긴이.
5 헤시오도스의 경우 호메로스보다 동방의 영향을 더 많이 받았다는 것이 정설이다. 가령 구약성서, 히타이트나 수메르, 바빌로니아, 이집트 등의 전승들과도 늘 비교되고 있다 — 옮긴이.
6 전설들이 아카이아 땅에 자리잡은 것은 이른바 미케나이 시대의 일이거니와, 나는 미케나이 시대의 뿌리가 그리스 이전의 크레테 문명에 있음을 밝힌 바 있다(미케나이는 이전에 번성하고 있던 크레테에 침공하여 미노아 문명을 파괴하고 일부는 수용하였다. 이후 그리스 본토의 미케나이에서는 선문자 B라는 문자가 쓰였는데, 이것도 미노아 문명에서 쓰이던 선문자 A의 변형이다. 기원전 13세기 말, 그리스 본토의 대 궁정 문화와 함께 이 문자가 사라지면서 그리스의 암흑 시대가 도래한다. 그 후 약 400년 뒤인 기원전 8세기에 포이니케 문자가 도입되고 이 문자로 기록된 최초의 문학 작품이 호메로스와 헤시오도스의 것이다 — 옮긴이).
7 *La Grèce mycénienne.* 기원전 13세기 이전의 그리스 문명을 가리킨다 — 옮긴이.

창조했고, 생각하는 존재의 최초의 위대한 비망록을 치명적인 망각으로부터 보존하였다. 모든 아름다운 예술 작품들, 시와 조각, 그리고 그리스가 〈헤로온 *hērōon*〉이라는, 달리 옮길 수 없는 말로 일컬었던 성스러운 장소들(그리스도교는 후에 그것들을 〈순교자의 무덤들 *martyria*〉로 만들었다)은 모두가 그러한 발명에서 생겨난 것들이다. 만일 그리스가 이른바 〈전설적〉인 과거를 보존하기 위해 이 모든 유용한 수단들을 창안하지 않았더라면, 인문주의란 불가능했을 터이다.

  나는 피에르 그리말의 신중함에 동의와 존경을 표한다. 그는 이렇게 썼다. 〈이 사전은 고대 문학에서 가장 일반적으로 인용되고 사용되는 전설 및 신화들의 편리한 목록이 되고자 하는 것 외에 다른 야심이 없다. …… 체계들은 낡게 마련이며 때로는 아주 빨리 낡아 버린다. 단지 원전의 전거들만이 변하지 않는다.〉 고대 신화에 관한 수많은 논저들이 범한 가장 큰 잘못은 종교와 신화를 분리할 수 있다고,8 혹은 신화야말로 근본이라고 생각하여 모든 것을 신화에 귀착시킨 것이다. 한 훌륭한 역사가도 그리스 종교의 근본적 특질을 드러내 보이겠다고 하면서, 민중 신앙이나 입문 제의의 신비적 경향 같은 것은 그다지 강조하지 않아도 된다고 쓰지 않았던가. ≪〈그리스 종교는〉 무엇보다도 아름다운 형태와 아름다운 이야기들을 만들어 냈다.≫9 나는 시에 중요성을 지나치게 부여하는 이런 분류에는 솔직히 별로 동의할 수 없다. 물론 시의 매력을 느끼고 즐길 수는 있지만, 그렇다고 해서 지적이고 정열적일 뿐 아니라 신적인 것에 항시 민감했던 한 민족의 창조적인 몫을 철학자들이 말하는 〈우화화〉에만 국한시킬 수는 없는 노릇이다. 그것이 제아무리 풍요롭다 하더라도 말이다. 물론 그러한 우화화는 한때 하늘에서 땅까지 그리스 전체의 삶과 사상을 알레고리와 상징의 유희로 가득 채운 적이 있었다. 그러나 이런 유희는, 심지어 플라톤의 시대에도 진지함과 신성함에 대한 외경을, 나아가 〈아이러니〉의 자유를 배제하지는 않았으니, 아이러니야말로 변증법이나 아름다운 이야기들의 매혹 가운데서도 사라지지 않았다. 이러한 사태를 제대로 판단하기 위해서는 신화적 전통이 얼마나 불분명하며 동일한 전통도 시간이 지남에 따라 얼마나 다양하게 변모하는지 아는 것 —— 그리고 이 점에서 피에르 그리말의 『사전』은 매우 유용하게 사용될 것이다 —— 만으로도 족하다. 일찍이 보이오티아의 파우사니아스가 지적했듯이, 그리스 신화의 이야기들은 어느 한 가지

---

  8 이러한 구분은 Martin P. Nilsson이 그리스 신화를 논한, 1944년 판 *Encyclopédie Quillet*의 그리스 로마 항목에서 행해졌다.
  9 P. Roussel, *La Grèce et l'Orient*, dans 〈Peuples et Civilisations〉, II, 1928, p.118.

형태로 정해져 있지 않았다. 전설에서는 끌어낼 역사가 없다고 믿는 회의적인 평자들이라면, 에우리피데스를 위시한 기타 저자들에게서 흔히 알려진 대로의 계보와 다른 부분들을 얼마든지 찾아낼 수 있을 것이고, 그럼으로써 현대의 주석가들이 온갖 상호 모순적인 자료들에 질서를 부여하려고 노력하는 것을 좌절시킬 수도 있을 것이다.

우선은 그러한 자료들의 목록을 만드는 일이 필요하다. 이 점에서 피에르 그리말의 사전처럼 원전들을 직접 연구하고 분류하여 만든 방대한 사전이란 두말할 나위 없이 유용하다. 역사적 여건들, 신화적 요소들, 상상적 윤색들을 가능한 한 구분하는 기초적이고 근본적인 작업에서 그는 큰 도움을 준다. 우리는 고대 신화가 인물들이나 신들, 영웅들보다도 역사적인 주요 사건들을 알게 하는 데 여전히 얼마나 중요한가를 깨닫는다.10 테세우스에서 로물루스에 이르기까지, 아티카에서 라티움에 이르기까지, 우화는 지배를 위한 수많은 투쟁들을 종합적으로 이야기했다. 우화는 수많은 경쟁자들 사이에서 대중의 이목을 집중시켰던 특정한 우두머리를 끄집어내어 그를 통일자, 해방자, 혹은 배신자로 만든다. 대중의 상상력에는 선하건 악하건 항상 선택된 자가 필요하기 때문이다. 그는 하나의 인간 사회, 분쟁과 과오 가운데서도 항상 신적인 것과 가까이 살았던 사회의 상징이 된다. 그렇기 때문에, 신적인 것과 인간적인 것은 마치 그리스 극 안에서 하나가 되듯, 전설적 영웅이라는 인물 속에서 하나로 합쳐진다. 그 기원이 신적이냐 인간적이냐는 쓸데없는 질문이다. 영웅은 동시에 두 차원에서 움직인다. 헤라클레스나 이아손이 그렇고 켄타우로스를 위시한 잡종적 존재들이 그러하다. 그렇게 볼 때 에우헤메로스 시대와 헬레니즘 시대의 전 기간에 하늘과 땅 사이에 끊임없는 교환이 있었음을 더 잘 이해할 수 있다. 어떤 신은 우리들 가운데로 내려왔으며, 어떤 인간은 영웅적이고 천상적인 차원으로 들어올려졌다. 아테나이 인들이 데메트리오스 폴리오르케테스11에게 바친 찬가는 이미 그와 그의 아버지를 올림포스 신들 가운데 두면서도 그들에게 이 땅 위에서의 현존을, 파루시아 *parousia*를 부여한 것이다.

인간들과 마찬가지로, 전설 속의 인물들에게도 언제나 적과 동지들이 있었고 앞으로도 있을 것이다. 플라톤은 공식적인 이론들에 대한 자신의 혁명적 행동을 다소 순응적인 형태로 포장하기 위해 허다한 신화들을 만들어 내면서도, 호메로스의 이야기들 중

---

10 L. Radermacher, *Mythos und Sage bei den Griechen*, 1938을 참조하라.
11 B.C. 336~283. 마케도니아 왕(B.C. 294~288 재위). 알렉산드로스 대왕의 장군 안티고노오스 모노프탈모스의 아들로, 아버지와 함께 안티고니데스 왕조를 창건하고 알렉산드로스의 제국을 재건하려 했다. 이들은 그리스 도시 국가들에 대해 우호적인 정책을 썼으며, 특히 B.C. 307~306년에는 아테나이에서 마케도니아 점령군을 몰아냈다 — 옮긴이.

많은 부분을 부도덕한 발명이라고 조롱했었다. 그런가 하면 우화들을 역사에 대한 사후적인 주석으로 취급함으로써 무효화하려 하는 이들도 일파를 이루었다. 이들에 따르면, 우화들은 그것들을 전파한 자들에게 특히 의미심장할 것이고 과거에 대해서보다는 그것들을 지어낸 자들의 현재에 대해 훨씬 더 많은 것을 말해 줄 터이다. 그러나 전설이란 좀더 구체적인 역사를 자기 나름대로 회고적으로 표현한 것인 때도 얼마든지 많지 않은가? 덜 계산적인 반대도 있고, 더 들뜬 열광도 있다. 샤토브리앙은 기독교가 고대 세계의 뜰이며 총림들로부터 몰아냈던 저 〈우스꽝스러운 신들〉의 떼거리에 대해 유머러스하게, 하지만 나름대로의 스타일을 가지고 언급한 바 있다. 그럼에도 추방되었다는 이 신들은 여전히 우리들 가운데에 있으며, 그들과 더불어 우화의 모든 알레고리들이 때로는 현대의 산업에 봉사하여 사용되고 있다. 꿈 또는 환상처럼 설령 필요하다 할지라도 부차적인 것은 생산해 낼 시간이 없는, 하지만 그런 영혼의 위로를 잃어버림으로써 고통을 당하고 있는 기계화된 세상에서 말이다. 피에르 그리말의 사전은 반드시 전문적인 연구자가 아닌 독자들에게도 즐거움을 선사할 것이다.

그리스의 발명이 큰 몫을 차지하는 고전 신화는 때로는 식자 문화에 속하고, 때로는 민중적 기억들에서 비롯되는 가변적 구비 전승에 속한다. 그러므로 모든 연령층이 거기에서 나름대로 건질 것이 있는 법이다. 역사 비평이 그토록 복잡하고 박학한 자료 수집을 시작했다고는 해도, 지난날의 시가 갖는 매력은 그대로다. 세세연년 무상으로 물려받은 이 이야기들을 경멸하는 체하는 이들은 정서가 메마른 자들뿐이다. 우리보다 몇천 년 전에 이미 삶이란 우화 없이는 받아들일 수 없다고 간파했던 선인들을 조롱하는 것은 부당한 처사다. 오늘날에도 여전히 우리는 배우고 있다. 때로는 전설도 역사만큼이나 사실적이라는 것을. 가장 낡은 연대기가 반드시 가장 나쁜 것은 아니다. 기원전 1294년 무와탈리와 람세스 2세 사이에 벌어졌던 콰데시 전투에 관한 펜타우르의 이집트 시가가 공식적 기념비에 씌어진 상형 문자나 라메세움에 새겨진 부조들보다 훨씬 저 유용한 사료임을 알게 된 것도 그리 오래된 일이 아니다.12

샤를 피카르

---

12 콰데시란 시리아의 오론테스 강변에 있던 고대 도시로, 기원전 13세기에는 그곳을 다스리던 히타이트족과 왕국을 북방으로 확장하려는 이집트 왕들 사이에 수차 전쟁이 일어났다. 특히 람세스 2세와 히타이트 왕 무와탈리 사이에 일어났던 전투는 람세스 2세의 능묘인 라메세움의 비문과 그의 서기였던 펜타우르가 쓴 시를 통해 자세히 알려져 있다 — 옮긴이.

서론

이 사전은 고대 문학에서 가장 일반적으로 인용되고 사용되는 전설 및 신화들의 편리한 목록이 되고자 하는 것 외에 다른 야심이 없다. 주된 목표는 고대 작가들을 이해하는 데 불가결한 개념들을 가능한 간결한 형태로 제시하는 것이다. 이 점에서 우리는 프랑스 어로 된 참고 문헌에서 부족했던 부분을 메우게 될 터이다. 그러나 이 사전은 독창성이나 박학을 추구하지는 않는다. 여기서는 전설들에 대한 어떤 〈설명적〉체계도 발견하지 못할 것이다. 이 책은 설명적 체계 없이도 이미 방대할 뿐 아니라, 관련 연구들이 부단히 진척됨에 따라 평자의 관점도 달라질 것이기 때문이다. 체계들은 낡게 마련이며 때로는 아주 빨리 낡아 버린다. 단지 원전의 전거들만이 변하지 않는다.[1] 우리가 수집하고 요약하고 제시하고자 한 것은 바로 그것들이다. 물론 이 저작도 이전 목록들의 도움 없이는 불가능했을 것이고, 특히 로셔와 공저자들이 쓴 『렉시콘 *Lexikon*』은 우리의 변함없는 길잡이가 되어 주었다.[2] 전설들을 그저 아는 것이 아니라 연구하려 할 때 가장 먼저 참고할 것은 이 저작이다. 이 책에서는 최초의

---

[1] 어떤 전설의 시간적·공간적 확대 범위를 결정하거나 새로운 이본들을 발견하기 위해 도상 자료들을 사용하고 싶은 유혹도 있었다. 가령 도자기나 부조, 회화 등은 풍부한 자료들이 될 수 있는 것이다. 그러나 도상 자료들의 풍부함은 이미 방대한 책을 무한정 불어나게 할 것이고, 게다가 그것들은 부단히 변해 가는 자료이다. 도상에서 얻은 결과는 확고한 듯하다가도 잠정적인 것이 되어 버리곤 하기 때문이다. 결국 해석에 필요한 수단을 제공하는 것은 텍스트뿐이다. 텍스트 없이 도상은 해석 불가능한 것이 되어 버린다. 그러므로 우리는 예외적인 경우에만 도상 자료들을 전거로 들었다.

[2] W. H. Roscher, *Ausführliches Lexikon der griechischen und römischen Mythologie*, 6 vol., 4 suppl. Munich, 1884~1937. 또한 H. J. Rose, *A Handbook of Greek Mythology, including its Extension to Rome*, 2nd ed., Oxford, 1933과 P. Lavedan, *Dictionnaire illustré de la Mythologie et des Antiquités grecques et romaines*, Paris, s.d. 등도 참조할 것. 신화의 체계적 연구의 기본적인 자료는 여전히 L. Preller & C. Robert, *Griech. Myth.*, 4 ed., 5 vol., Berlin, 1887~1926이다.

입문만을 발견하게 될 것이다. 신화들의 학문적 분석은 우리의 목표가 아니었다.

전통적으로 고전 〈신화〉란 단순하거나 일관된 대상이 아니다. 대체로 그것은 여러 시대의 여러 가지 이야기들을 통틀어 가리키는 것으로, 가능하다면 분류해 볼 필요가 있다.

첫번째 분류 기준이 될 만한 것은 이야기의 기원이다. 몇몇 전설들은 로마에서, 대다수는 그리스에서 나온 것이다. 로마 신화와 그리스 신화는 일맥상통하는 점도 많지만, 실제로 두 신화는 상이한 경로를 거쳐 만난 것이며 그 경로의 길이도 같지 않다. 그리스의 신화적 사고가 훨씬 더 풍부하며 결국 로마 신화도 그리스 신화의 형태를 본받게 된다. 그렇다고 해서 로마 고유의 전설들을 무시해서는 안 되며, 로마 전설 또한 흥미로운 연구 대상이 될 수 있다.

최근의 연구들에 의하면,3 로마 신화의 가장 오래된 기층들은 라티움 족의 선사 시대에까지 소급될 수 있다고 한다. 고대 작가들이 역사적인 것으로 받아들였던 수많은 이야기들이, 그리고 최근까지도 그렇게 받아들여졌던 이야기들이, 실제로는 인도 유럽 어족(특히 켈트 족과 인도 이란 족)에 공통된 아주 오래된 신화적 주제들을 〈역사적〉으로 변용한 것들이다. 다음에 나올 호라티이 항목, 세르비우스나 로물루스의 항목에서도 그런 이야기들을 보게 될 터이다.

이런 일군의 전설들과는 달리 그 성격이 더 명백히 신화적이고 그리스 이론가들의 흔적을 더 쉽게 찾아볼 수 있는 이야기들도 있다. 로마 신화 중 이런 고전적 〈우화〉들은 종종 그리스 전설의 단순한 전사(轉寫)이거나 진부한 이본일 뿐이지만, 거기에서도 때로는 국민적 요소가 발견되기도 한다. 가령 예식이나 제도의 세부들, 고대적인 〈금기〉, 정치적 의도 등을 중심으로 하는 전설들은 바로 그러한 국민적 요소들을 설명하기 위해 생겨난 것이다. 로마에서 키케로 시대의 미네르바는 더 이상 아테나의 다른 이름이 아니었다. 미네르바가 마르스 및 안나 페렌나와 겪는 모험들은 로마 고유의 신화 안에서만 이해되는 것이다. 실제로 두 가지 신화, 두 가지 사고 사이의 구별은 쉽지 않다. 그러나 불가능한 것은 아니며,4 로마 사고는 아주 일찍부터 그리스의 영향을 받기는 했지만,5 나름대로의 독창성을 견지하고 있었음을 알 수 있다. 라티움의

---

3 G. Dumézil, *Flamen-Brahman* (Ann. du Musée Guimet, LI, Paris, 1935); *Mitra-Varuna*, Paris, 1940; *Jupiter, Mars, Quirinus*, Paris, 1941; *Horace et les Curiaces*, Paris, 1942; *Servius et la Fortune*, Paris, 1943; *Naissance de Rome*, Paris, 1944 etc.

4 가령 J. Bayet, *Les origines de l'Hercule Romain*, Paris, 1924를 참조.

5 이는 F. Altheim, *Griech. Götter im alten Rom*, Giessen, 1930; *Terra Mater*, Giessen, 1931의 논지로,

⟨기층⟩에 에트루리아의 ⟨지도⟩,6 사벨리의 영향 등 다양한 기여들 덕분에, 로마적 사고는 비할 수 없을 만큼 훨씬 더 풍부하게 전개되었던 그리스 신화를 나름대로의 방향으로 굴절시킬 수 있었다. 조각이나 회화, 건축 등이 로마에서 그리스 기술자들 덕분에 발전했듯이, 신화의 경우에도 마찬가지다. 그 발전은 하찮은 것이 아니며, 알렉산드리아, 페르가모, 아테나이 등지에서의 발전과도 분명히 다르다. 제정 시대에도 아주 늦게까지 신화적 주제들이 로마적으로 변용되었던 것을 찾아볼 수 있다. 서방 기독교는 그리스 정교와 같지 않으며, 신화적 사고가 비록 종교적 사고와 다르기는 해도 때로 종교적 사고의 버팀대 역할을 했다는 것이 사실이라면, 로마의 종교 사상이 독자적으로 발전했다는 사실은 전설 및 신화에 대해서도 그와 비슷한 자율성을 상정하게 한다.

그리스 신화는 한층 더 다양한 영향들이 작용하여 생겨난 것으로, 그 영향들 가운데 인도 유럽적 요소들의 역할은 상당히 제한되어 있는 것으로 보인다. 어떻든 그것은 셈 족의 세계에서 온 결정적 기여들과, 좀더 막연하게는 지중해 동쪽 지방에서 이제 겨우 연속적 성층들을 찾아내기 시작한 ⟨지중해⟩ 문명의 기여들로 뒤덮여 있다. 이 놀라운 복합체 가운데 각 요소들의 기여도를 제대로 측정하기란 어려운 일이다. 전설들은 생겨나고 변화하고 문학적·종교적·역사적 자료가 되며, 섬에서 섬으로 대륙에서 대륙으로 — 시리아에서 크레테로, 로도스에서 미케나이로, 밀레토스에서 아테나이로 — 그 중심지가 옮겨지면서 성격이 달라진다.7 이런 상황에서라면, 수많은 전승들, 이야기들, 신화들이 각기 어느 한 일화나 어느 한 시점에 준거하기는 해도 모두가 극도의 혼돈 속에 뒤섞여 증식하는 것도 무리가 아니다.

⟨고전⟩ 신화를 더 이상 생성의 견지에서가 아니라 오늘날 우리가 가지고 있는 자료들의 현 상태라는 고정된 전체로 본다 하더라도, 다양성은 줄어들지 않는다.

신빙성이 높다.
  6 A. Grenier, *Les religions étrusques et romaines*, Paris, 1948에서 이 미묘한 문제에 관한 서지를 찾아볼 수 있다.
  7 Ch. Picard, *Les origines du Polythéisme hellénique*, 2 vol., Paris, 1930~1932; id., *Les religions pré-helléniques (Crète et Mycènes)*, Paris, 1948. R. Dussaud, *Les religions des Hittites et des Hourrites, des Phéniciens et des Syriens*, Paris, 1947. M. P. Nilsson, *A History of Greek Religion*, Oxford, 1925; id., *Geschichte der Griechischen Religion*, I, München, 1941; id., *The Mycenaean Origin of Greek Mythology*, Berkeley (California), 1932; etc.

전문가들의 분류(이것도 제각기 다르고 불분명하지만)에 따라, 신화를 고유한 의미에서의 〈신화〉, 〈영웅 서사시 계열〉, 〈이야기〉, 〈기원 설화〉, 〈민담〉, 그리고 그저 단순한 〈일화〉 등으로 나누어 보자. 이런 관점에서 보면, 그리스 신화와 로마 신화 사이의 차이점들은 희미해진다. 하지만 그래도 역시 좀더 고차원적인 형태들(고유한 의미에서의 신화, 이야기, 영웅 서사시 계열 등)은 주로 전자에만 속한다.

좁은 의미에서의 〈신화〉란 세계의 현재 질서 이전의 질서와 관련하여, 국지적이고 제한된 특수성이 아니라(이것은 〈기원 설화〉의 몫이다) 사물의 본성에 관한 유기적 법칙을 설명하려는 이야기를 가리킨다. 이렇게 본다면, 헤라클레스의 이야기 가운데 특정한 모험이 특정 장소에 이름을 남기는 이야기(가령 오늘날의 지브롤터 해협을 〈헤라클레스의 기둥〉이라고 부르게 된 내력에 관한 이야기)는 신화가 아니다. 왜냐하면 거기서 문제되는 것은 세계의 전체적 질서가 아니기 때문이다.

반면, 대홍수 및 데우칼리온과 피라에 의한 인간 창조의 이야기는 신화의 전형이고, 판도라와 에피메테우스의 이야기도 마찬가지다.

흔히 생각하는 것과 달리, 신화는 신들을 등장시킨다 해서 반드시 종교적인 것은 아니다. 가령 데우칼리온은 신탁의 명령을 준행할 뿐이고 따라서 결국은 신적 의지의 도구인 셈이지만, 그렇다고 해서 이 전설이 〈종교적〉이라고 하기는 어렵다. 그 이야기는 분명 초자연적 수단들을 동원하지만(그 점은 「장화 신은 고양이」도 마찬가지다), 전개 과정에서 실제로 필요한 것은 운명에 대한 동의, 그것도 상당히 막연한 동의뿐이다. 데우칼리온의 이야기가 〈종교적〉이라는 수식어에 걸맞기 위해서는 데우칼리온의 예배나 제의가 있어야만 하며, 그렇다면 그 신화는 그러한 예배나 제의에 관한 〈성스러운 이야기 *iepòs λóyos*〉가 될 것이다. 그런데 데우칼리온은 기껏해야 국지적인 인물로, 여러 가지 불확실한 이유로 신화의 〈도구〉가 되었을 뿐이다.

또 다른 신화들은 반대로 특정한 신이나 고유한 의미에서의 종교와 긴밀히 연관되어 있다. 데메테르에 관한 이야기들은 밀의 발아와 성장과 성숙을 신비적으로 설명한 것으로 그리스적 사고에서 나온 가장 위대한 신화들 중 하나이다. 데메테르의 이야기는 심오한 종교성을 지니고 있으며, 엘레우시스 신비 의식에서 극도로 복잡한 제의적 장치를 통해서만 완전히 구현될 수 있다.

그런가 하면, 제우스의 〈탄생〉 및 〈유년기〉, 그리고 헤라와의 신성한 혼례 등이 신화가 되는 것은 그 깊은 상징성을 통해서이지, 그저 신들이 등장한다는 이유에서가 아니다. 가령, 신들의 혼례를 제의적으로 나타내는 〈성혼(聖婚, *hiérogamie*)〉은 식물 생장의 힘을 소생시키기 위한 것이다. 쿠레테스의 춤에 관한 흥미로운 일화들은 어떤 차원에서 보다라도 신화가 아니라 그저 〈기원 설명적〉인 전설들일 뿐이다. 그것들이 설명하려는 제의들은 본래의 주술적 가치(비를 부르는 춤이건 무엇이건 간에)를 잃어버린 것이다.

이렇듯 신화의 경계는 확실히 정하기 어렵다. 어떤 이야기가 신화라는 이름에 부합하기 위해서는 어느 정도 본질의 세계에 자리해야 한다. 이처럼 신화가 우연적인 것인 것들과 거리가 멀다는 사실은 플라톤을 위시하여 영원한 법칙들을 탐구하고 나아가 표현하기에 열심이었던 그리스적 사고에서 신화가 차지했던 비중을 설명해 준다.

신화는 헬레니즘 시대의 전 기간에 걸쳐 가장 진화한 형태로 발전했다. 그것은 헤시오도스의 『신들의 계보』에 처음으로 나타나지만, 호메로스의 시가들에 산재한 신화적 암시들은 그것이 이미 오래 전부터 존재했음을 엿보게 한다. 그것은 단순히 〈원시적〉 사고에만 부응하는 것이 아니라, 철학적 사색의 최전성기에도 점점 더 복잡한 형태로 발전을 계속한다. 아풀레이우스 같은 이의 이시스적 우주론을 생각해 보라. 신화는 시간이 지날수록 심오한 야심을 드러내며, 그것이 표현하는 현실의 신비적 관조로 피어나는 것 같다. 〈이야기〉는 이제 무시해도 좋은 버팀대이며 육적인 옷에 불과한 것이다.

오랫동안 이론가들은 신화와 〈영웅 서사시 계열〉을 잘 구별하지 못했다. 그러나 그 차이점은 분명하다. 영웅 서사시 계열이란 같은 영웅을 주인공으로 한다는 것밖에 공통점이 없는 일련의 이야기들로 이루어진다. 이런 계열 서사시의 전형이 헤라클레스 계열이다. 헤라클레스의 이야기들이 어떤 수준에서도 〈신화〉가 아니라는 사실은 그의 전설들을 태양을 나타내는 이야기 내지 좀더 일반적으로 자연을 나타내는 이야기로 설명하려는 지난날의 시도들이 실패한 데서도 잘 드러난다. 그의 모험들은 세계의 질서를 문제삼지 않는다. 그것은 이미 차게 식은 대지 위에서 태어났다. 그의 행동들 중 어떤 것도 우주적인 의미라고는 갖지 않는다. 그는 잠시 하늘을 어깨에 지기는 하지만, 그것은 그의 육체적인 힘을 입증하는 공적일 뿐이다. 또한 그는 하계의 개 케르베로스를 잡아 오지만, 그것을 지상으로 가져와서는 어떻게 해야 할지 몰라 결국 하데스로 다시 데려다 놓는다. 헤라클레스가 윤리적 모범으로서 가치를 가지는 것은 철학자들의 사변 속에서이며, 그것도 상당히 늦은 시기에 부차적으로 생겨난 해석일 뿐이다.

그리스의 주요한 계열 서사시들인 헤라클레스 계열, 이아손 계열, 테세우스 계열 등은 한 주제의 생명력을 입증해 주는 성공 사례들이다. 헤라클레스는 본래 도리스 출신이고 테세우스는 아티카 출신이며 이아손의 경우는 그리 간단치 않지만 그래도 그는 아이올리스 전승들 및 매우 오래된 이주의 전설들(물론 문학적 세련을 통해 많이 변용된)의 중심이다. 이 모든 계열 서사시들의 특징은 구체적 장소와의 관련성이다. 제우스의 올림포스, 디오니소스의 니사 등은 불특정 장소들이지만, 헤라클레스의 오이타 산에서는 고고학적 발굴의 결과 실제로 제단과 화장 예식의 물질적 증거들이 발견되었다.

마찬가지로, 아르고나우타이의 행로도 지중해 주변에 있는 아테나 여신의 신전들을 연결하여 재구성할 수 있으며, 아이네아스의 행로도 아프로디테의 신전들을 연결하여 재구성할 수 있다. 헤라클레스의 모든 성역들은 각기 고유한 전설을 지니고 있으며, 이 모든 독립된 이야기들이 모여 결국 영웅의 거대한 〈행장(行狀)〉을 만들어 내기에 이른 것이다. 다만, 다양한 시대 및 종교, 제의 등에서 온 요소들이 그런 식으로 합쳐졌다는 점에 주목해야 한다. 트라케의 헤라클레스는 아르고스의 헤라클레스가 아니다. 헤라클레스 계열의 서사시들이 일찍부터 비교적 통일성을 견지했다는 사실은 헬레니즘의 동화력이 얼마나 컸기에 모든 외래적 요소들을 통합하기에 이르렀던가를 입증해 줄 뿐이다. 이 모든 제각각의 요소들에 질서를 부여하는 것은 이미 문학적인 작업으로, 그 공은 전승들을 찾고 조화시키려 애썼던 고대의 역사가들에게 돌아가야 한다. 그러나 그들이 수집한 것은 워낙 많아서 그들의 정리 능력 이상이었다. 서로 경쟁하는 성역들, 저마다 독자성을 내세우는 도시들은 우리에게 정본으로 알려진 계열 외의 일화들도 남겨 주었다. 어떤 〈공적〉은 한 목록에는 들어 있지만 다른 목록에는 들어 있지 않으며, 어떤 일화는 신화학자마다 다른 체계에 따라 전개된다. 핀다로스와 파우사니아스는 다른 이야기를 한다. 〈계열〉들은 처음부터 한 편의 이야기로 생겨나는 것이 아니라 오랜 발전 과정을 거쳐 이루어진다. 신화가 처음부터 상징적 의미를 갖는 것과는 달리, 계열 서사시의 상징적 가치는 다양한 일화들이 하나의 계열로 충분히 통합되어 전체적으로 단일한 의미를 지닐 수 있을 때에야 알 수 있다. 네메아의 사자, 크레테의 황소, 스팀팔로스 호수의 새들, 케리네이아의 사슴 등을 사냥하는 이야기들은 근본적으로 윤리적인 의미를 갖는 신화들이 아니다. 프로디코스[8]가 헤라클레스를 운 좋은 사냥 이야기의 주인공이 아니라 윤리적 우화의 주인공으로 고르게 되기까지는 수많은 세기가 걸리는 것이다.

전설의 세 번째 유형은 우리가 〈이야기〉라고 지칭한 것이다. 〈영웅 서사시 계열〉과 마찬가지로, 이 또한 지리적인 특성을 지닌다. 〈이야기〉는 여러 개의 일화들로 이루어지는데, 그 일화들은 친숙한 장소들에 위치한다. 계열 서사시와 마찬가지로, 〈이야기〉도 근본적으로 상징적이지 않다. 그러나 계열 서사시에서는 단일성이 오로지 주인공에 의해서 견지되는 반면, 여기서는 줄거리 이외에 단일성이라고는 없다. 가령, 헬레네가 트로이아로 납치당해 두 나라 군대의 10년간 농성전의 빌미가 되었다가 새로운 모험과 일련의 방랑을 거쳐 자신의 집으로 돌아가게 된다는 이야기 —『일리아스』는 이 이야기의 극히 일부를 소개할 뿐이다 — 는 하나의 〈이야기〉이다. 그것은 굳이 비교하자면 『테아게네스와 카리클레이아』9 같은 소설에 해당한다. 그러나 헬레네의 이야기는 전설이며, 테아게네스의 이야기는 문학이다. 그 이유는 간단하다. 헬레네의 이야기는 한때 사실로 받아들여진 반면, 테아게네스는 처음부터 공상이며 듣기 좋은 허구로만 여겨졌다. 헬레네의 〈무덤〉에 예배가 드려졌고 그녀는 〈땅에 떨어진〉 신으로까지 여겨졌으니, 어쩌면 그녀에 관한 최초의 소설은 그녀에 관한 〈신성한 이야기〉에서 시작되었는지도 모른다. 마찬가지로 라블레의 가르강튀아는 소설 속 인물이지만 『대 연대기』를 마지막으로 하는 전승의 주인공은 전설 속 인물이다. 그 경계를 건너기는 쉬워 보이지만, 실제 차이는 상당하다. 『일리아스』는 아킬레우스라는 인물에게 마음껏 지어낸 문학적 특색들을 부여하지만, 인물 그 자체는 여전히 전설적이다. 그는 호메로스의 작품 밖에서도 존재하며, 『일리아스』 이전의 다른 시인들도 그에 관해 노래했고 이후의 시인들도 그에 관해 또 다른 이야기를 할 것이다. 전설적 〈이야기〉의 주인공은 다양한 모습들로 나타나지만, 아무리 훌륭한 작품에서도 결코 그것들과 동일시되지 않는다. 아무리 훌륭한 작품에서라고 해도 말이다. 우리는 아이네아스를 주로 베르길리우스의 작품에 등장하는 인물로 생각하지만, 아이네아스에 관한 로마의 〈신화〉(넓은 의미에서)가 『아이네이스』의 문학적 완성을 통해 창조된 것은 아니다. 그 작품이 그렇게 성공하고 중요한 의의를 획득한 것은, 카이사르의 집안을 신비화하려는 의도에서 동원했던 아이네아스라는 인물이 이전부터 있었기 때문에 가능했던 일이다.

8 기원전 5세기경 케오스 섬 출신의 소피스트로 아테나이에서 활동했다. 그의 『헤라클레스의 선택』은 자주 인용되는 유명한 저작으로, 원본은 소실되었지만 크세노폰의 『메모라빌리아』에 그 내용이 전한다 — 옮긴이.
9 기원후 225~250년경 테살리아 주교 헤로도로스가 썼다고 알려진 사랑 이야기 — 옮긴이.

신들도 〈이야기〉의 주인공이 될 수 있다. 아프로디테와 아레스의 이야기, 아프로디테와 앙키세스의 이야기에는 말의 충분한 의미에서 〈신화적〉인 것이라고는 없다. 팔라스의 〈유년기〉나 테티스의 가족사도 마찬가지다. 그러나 대체로 〈이야기〉의 주인공들은 필멸의 존재들이며, 그럴 만도 한 것이, 그런 이야기는 대개 사회적 목표를 갖기 때문이다. 최근에는 오이디푸스의 전설이 〈정복자〉의 전설이라는 설도 나왔다.10 주인공이 한 모든 행동들은 신화에서처럼 우주적 상징성을 갖는 것이 아니라 사회적 기능을 띠는 다시 말해 왕권을 중심으로 하는 〈정치적〉 제의의 잔재들이다. 가령 늙은 왕을 죽인 것, 근친상간, 예비적 시련들이 모두 그러하다. 이 전설에서 중요한 것은 오이디푸스라는 인물이 아니며, 진짜 주제는 그의 모험의 시나리오이다. 반면, 헤라클레스 계열에서는 그렇지 않으며, 일화들은 얼마든지 순서를 바꾸어 이야기될 수 있다.

　가장 흔한 전설의 유형은 기원 설명적 일화 즉 특이한 세부를 설명하기 위한 이야기이다. 어떤 희생 제사의 독특한 점이라든가, 어떤 문화적 이미지, 장소, 이름 등의 특이한 점은 그것을 설명하는 〈이야기〉를 낳는다. 가령 키프로스의 한 신전에는 몸을 앞으로 굽힌 여인의 상이 있었다. 그 놀라운 형상의 진짜 의미는 잊혀져 알 수 없었다. 그러자 사람들은 그것이 유리창을 통해 보다가 들킨 호기심 많은 소녀의 변신이라는 이야기를 지어냈고, 그것을 주제로 사랑의 일화를 짜 넣었다. 그것이 바로 아낙사레테의 전설이다.

　장소의 이름과 관련된 많은 비슷한 이야기들은 어원적 유희에 근거한다. 그것은 특히 무슨 이유로인가 그 고장의 언어가 변해서 의성 현상이 이해할 수 없는 것이 되었을 때 일어난다. 라티움 도시 알바Alba의 이름은(인도 유럽 어족의 최초 침입 이전에 사용되던 언어에서는 알프Alp라는 〈높이〉를 나타내는 말과 연관되었을) 라틴어를 쓰는 주민들에게는 더 이상 이해되지 않았다. 그래서 임의적으로 알부스*albus* 즉 〈희다〉라는 말과 결부시켰고, 그래서 그 도시는 아이네아스가 흰 멧돼지와 그 새끼 30마리를 바친 곳에 건설되었다는 전설이 생겨났다.

　이런 일화들은 영웅 서사시 계열에 통합되었고, 〈이야기〉에도 부차적인 요소들로 포함되었다. 의미 있는 행위는 의당 신적인 혹은 〈전설적 효력〉을 지니는 인물에게로 돌아갔다. 설명해야 할 특수성이 우주적 중요성을 지니는 경우, 기원 설명적 전설들은

---

10 M. Delcourt, *Oedipe ou la Légende du Conquérant*, Paris, 1944.

신화도 될 수 있었다. 특히 사람이나 짐승, 사물을 하늘로 올려 별자리로 만드는 〈성좌적 영웅화〉가 그런 예이다.

끝으로 어떤 전설들은 앞의 어떤 범주에도 들어가지 않는다. 그것들은 〈웃기 위한(혹은 감동시키기 위한) 이야기〉들로 아무것도 설명하지 않으며 주인공도 잘 알려지지 않은 인물이고 우주적이거나 윤리적인 의미도 없다. 때로 그것들은, 적어도 그것들이 오늘날 전해진 형태만으로는, 그 존재 이유를 발견하기 어렵다. 어쩌면 우리에게 알려진 형태는 좀더 완전하고 의미심장한 이전 형태의 잔재인지도 모른다. 하지만 그런 의미를 추측할 수 없는 대개의 경우, 오락 이상의 다른 뜻이 있었으리라고는 생각하기 어렵다.

신화의 출전들은 호메로스의 시가들에서 12세기 비잔티움 학자들의 박학한 주석에 이르기까지 매우 다양하다. 여기서 우리는 주요한 출전들 및 그 종류를 소개하는 데 그치겠다.

실제로 세간에 알려졌던 형태 그대로 전해지는 전설들은 별로 없다. 오늘날 민담학자들이 귀하게 여기는 구비적 전승도 그것을 직접 듣고 옮겨 쓴 몇몇 기록을 통해서만 전해질 뿐이다. 그러한 예는 특히 파우사니아스[11]가 쓴 『그리스 묘사 $Περιήγησισ\ Ελλάδοσ$』에서 발견할 수 있다. 하지만 애석하게도 그것은 아티카, 코린토스, 시키온, 라코니아, 메세니아, 엘레이아, 아카이아, 아르카디아, 보이오티아, 포키스 등의 지역밖에 다루지 않는다. 게다가 그것은 기원후 2세기 전반기에 쓰여졌으므로 이미 상당히 변천한 후의 전승을 기록하고 있다. 하지만 물론 그 자료로서의 가치는 엄청나다. 그것이 없다면 우리는 지방적 전설들의 정본 외에 이본들, 가장 흥미로운 이본들의 대부분을 알 수 없을 것이다. 이런 견지에서 스트라본[12]은 파우사니아스보다 한 세기 앞서 있기는 하지만 덜 풍부하다. 그의 작품은 너무 광대한 지역을 다루고 있어서 파우사니아스만큼 세세한 데까지 들어가지 못하는 것이다. 게다가 스트라본은 〈조사자〉로서의 충실성도 떨어진다. 그는 자신의 박학에 비추어 해석을 덧붙이곤 하기 때문이다.

---

[11] A.D. 143~176경 활동한 그리스 여행가, 지리학자. 그의 『그리스 묘사』는 아티카 지방에서 시작하여 그리스 전역의 도시들을 답사한 여행기로, 각 도시의 간략한 역사, 지형적 묘사, 일상 생활 및 종교 예식 등과 함께 주민들의 미신적 습속과 전설 및 민담들을 소개한다 — 옮긴이.

[12] B.C. 64/63~A.D. 23? 그리스 지리학자, 역사가. 그의 『지리지』는 아우구스투스 치세 동안 그리스 및 로마에 알려져 있던 모든 민족과 나라들을 다룬 유일한 작품으로 남아 있다 — 옮긴이.

서론   20

　두 번째 범주의 〈박학한〉 출전들은 훨씬 더 방대하다. 그것은 전적으로 신화에 관한 전문 논저들이나 문학 작품들의 애매한 점들을 해명하기 위한 주해들이다. 그리스 문학에서는 이런 작업이 아주 일찍부터 시작되었다. 알려진 최초의 작가는 밀레토스 출신의 헤카타이오스[13]로, 그는 기원전 6세기 말에 네 권의 『계보』를 썼으나, 오늘날은 단편들밖에 전하지 않는다. 헤카타이오스는 신화를 역사의 일부로 생각했으며, 그가 가문이나 도시에 관한 전승들을 수집한 것은 역사가로서의 작업에 속했다.
　조금 후에 우리는 또 다른 역사가들을 보게 된다. 그들의 이름은 아르고스의 아쿠실라오스[14]와 아테나이의 페레키데스[15]로, 그들 역시 자기 나라의 전승들에 관심을 가졌다. 페레키데스는 모든 고대 신화학자들에게 중요한 출전이 되어 즐겨 인용되곤 했다. 애석하게도 아쿠실라오스나 페레키데스 역시 너무나 보잘것없는 단편들로만 남아 있다. 투키디데스와 동시대인이었던 미틸레네의 헬라니코스[16]의 경우도 마찬가지이다. 알려진 제목들로 미루어 그의 작품은 당시 그리스화되었던 모든 지역을 포함하는 것으로 보인다. 『헤라의 여사제들의 연대기』는 아르고스 전승들의 중요한 수집이며, 그는 아티카의 역사도 써서 아테나이 왕들의 연대기를 확정했는데 그런 문제에서는 신화와 역사가 긴밀히 뒤섞이게 마련이다. 기원전 5세기 말 헤라클레이아의 헤로도로스[17]와 더불어 새로운 경향이 시작된다. 이제 더 이상 〈역사〉의 지점들을 확정하는 것이 아니라 신화의 깊은 의미를 발견하는 것이 문제시된다. 이 점에서, 헤로도로스보다 한 세기 후의 인물인 시칠리아 사람 에우헤메로스[18]는 그의 정신적 제자로 간주될 만하다. 이른바 에우헤메로스주의라 불리는 그의 주장은 잘 알려져 있다. 즉, 그는 신들이란 사실은 인간들이며, 그들의 공적이나 이웃을 위한 봉사 덕분에 신적인 예우를 받을 만한 인간들이라고 본다. 옛 사람들은 우화적인 이야기를

---

　[13] B.C. 550~480경, 밀레토스 출신의 역사가, 지리학자. 그의 두 가지 저작이 알려져 있는데, 헤로도토스가 참고했던 『계보』는 몇몇 단편들만이 남아 있고, 『세계 여행기』의 단편들은 상당수가 전한다. 그것은 유럽과 아시아 두 부분으로 나뉘어 있으며 각 지방의 습속과 진기한 풍물들을 기록했다 — 옮긴이.
　[14] 소크라테스 이전의 철학자·역사가, 플라톤의 『향연』에서 인용됨 — 옮긴이.
　[15] B.C. 5세기경 활동한 아테나이의 계보학자. 칠현인(七賢人) 중 한 명으로 꼽히는 시로스의 페레키데스와는 다른 인물이다 — 옮긴이.
　[16] B.C. 5세기경 활동한 그리스 역사학자로, 일명 레스보스의 헬라니코스라 한다. 『헤라의 여사제들의 연대기』를 위시하여 30여편의 저작을 남겼다고 하나, 몇몇 단편들만이 전한다 — 옮긴이.
　[17] B.C. 400년경 활동한 그리스 신화학자·자연철학자. 『아르고나우티카 Argonautica』의 저자 — 옮긴이.
　[18] B.C. 300년경 활동. 그리스 신화학자로, 신화적 인물 및 사건들을 역사적·합리적으로 설명하는 해석의 창시자로 간주된다 — 옮긴이.

빌어 〈합리적인〉 의미를 나타내려 했다는 것이다. 가령, 머리가 계속 다시 생겨나는 레르네의 히드라는 헤라클레스가 말려 버리려 하는, 하지만 계속해서 물이 들어오는 음습한 늪지에 해당한다. 이것은 아무런 현실적 근거도 없는 불모의 작업이지만 고대적 사고에는 커다란 반향을 일으켰다. 그것은 로마 인들의 정신을 매혹했으며, 에피쿠로스 및 스토아 철학자들은 그런 식의 비유를 즐겼다. 기원전 1세기의 역사가인 시칠리아의 디오도로스19는 이런 합리화의 수많은 예들을 전한다. 우리는 그 중 가장 의미심장한 예들만을 수록할 것이다.

에우헤메로스의 제자 내지는 적어도 계승자인 팔라이파토스20는 기원전 3세기 초에 〈믿을 수 없는 사건들에 관한 Περί απίστων〉 다섯 권의 책을 썼으며, 그 요약본은 오늘날까지도 전해진다.21 이와 같은 전통에 속하는 것이 신화의 허황함을 〈손질했다〉는 헤라클레이토스22의 작은 논저이다.23

헬레니즘 시대와 더불어 세 번째 경향이 나타나 정착되었다. 그것은 우화적인 이야기들을 해석하거나 역사 속에 통합하려는 것이 아니라 그것들을 그 자체로 수집하려는 것이다. 기원전 3세기부터는 〈수집〉들이 나타나며, 그 요약들은 때로 보존되었다. 이런 저작들 중 몇 가지는 특정 유형의 전설에 관한 것으로, 키레네의 에라토스테네스24가 기원전 3세기 후반에 수집한 『카타스테리스모이 Catasterismoi』 같은 것을 예로 들 수 있다.25 좀더 야심적인 또 다른 작가들은 전설적 전통들 전체를 다루고자

19 B.C. 1세기경에 활동한 시칠리아 출신 그리스 역사가. 그의 『도서관』은 전 40권으로 구성된 3부작으로, 제1부에서는 그리스 및 비(非)그리스 부족들의 신화적 역사로부터 트로이아 함락에 이르기까지, 제2부에서는 알렉산드로스의 죽음까지, 그리고 제3부에서는 카이사르의 갈리아 전쟁 초기까지의 역사를 기술했다 — 옮긴이.
20 B.C. 3세기경 활동한 그리스 신화학자 — 옮긴이.
21 A. Westermann, *Scriptores poeticae Historiae graeci*, Brunschwick, 1843에 다음 작품들과 함께 실려 있다. Apollodore, *Bibliothèque*; Conon, *Narrationes*; Parthenios, *Narrationes Amatoriae*; Ptolémée, *Noua Historia*; Antoninus Liberalis, *Transformationes*; Eratosthène, *Catasterismi*; Héraclite, *De Incredibilibus*, 저자 미상의 *Allegoriae*, *De Ulixis Erroribus*, *Miscella* 등. 그리고 거기에 Joh. Pediasmos, *De Herculis Laboribus*; Nicétas, *Deorum Cognomina*가 덧붙여져 있다. 이 작품들 대부분은 R. Wagner, P. Sakolowski, E. Martini, A. Olivieri, N. Festa 등이 편집한 *Mythographi Graeci*, 4 vol., Leipzig, 1894~1902에 실려 있다.
22 B.C. 4~3세기경 활동. 『믿어지지 않는 일들에 대하여 *De Incredibilibus*』의 저자. 5세기의 철학자인 에페소스의 헤라클레이토스와는 다른 인물 — 옮긴이.
23 주 21 참조.
24 B.C. 276~194. 그리스 과학자, 천문학자, 시인. 지구의 둘레를 최초로 계산한 사람으로 알려져 있다. 리비아의 키레네에서 태어나 알렉산드리아와 아테나이에서 공부하고, 255년경 알렉산드리아에 정착하여 도서관장이 되었다 — 옮긴이.
25 이 이름으로 편집된 논저(주 3 참조)는 아주 뒤늦게 나온 빈약한 요약에 불과하다.

했다. 그 중 수집과 체계화를 동시에 이룩한 가장 중요한 시도가 기원전 2세기경의 아테나이 문법학자 아폴로도로스26의 것으로 추정되는 수서본들이다. 사모트라케의 아리스타르코스의 제자였던 그는 알렉산드리아적 개념에 따라 문헌학 수업을 받은 뒤 고대 시인들의 주석 작업에 전념했다. 우리에게 그의 이름으로 남아 있는 『도서관』은, 적어도 남아 있는 사본은, 그의 작품이 아니다. 확실한 결론을 내리기는 어렵지만, 아마도 그것은 기원후 1세기에 한 요약자가 쓴 것으로, 원작의 구성과 대체적인 여건들을 따르는 데 그치고 아무런 개인적 첨작도 하지 않은 것으로 보인다. 만일 그것이 기원후 2세기 이후에 씌어진 것이라면, 거기에 로마 세계에 대한 언급이 전혀 없다는 사실을 설명하기 어렵다.27 그런데, 우리는 이 요약본도 일부밖에는 가지고 있지 않다. 하지만 그 공백은 비잔티움 주석가 요한네스 체체스28까지 소급되는 『개요』에 의해 그럭저럭 메워진다.

『도서관』은 신화들을 몇 가지 주요한 계열들로 나눈다. 우선 신들의 계보, 그리고 데우칼리온과 피라에서 시작하는 인류의 시초, 그리고는 아르고스 전설들, 테바이 전설들, 아티카 전설들 등이다. 『개요』에는 호메로스 서사시 및 계열 서사시들이 이야기의 형태로 요약되어 있다. 이 『도서관』은 기원이 어떠하든 로마 시대 초기에 전설의 〈정본〉들이 어떤 것이었던가를 알게 해준다는 점에서 매우 중요하며, 우리에게 문법학자들과 문헌학자들이 진력했던 신화의 분류 작업에 관해 알려 준다.

로마 세력의 확대도 이런 연구들을 중단시키지 않았다. 어떤 의미에서는 오히려 장려했다고도 할 수 있는데 새로운 대중, 교육을 잘 받지 못한 대중에게는 요약이나 〈비망록〉이 알맞았기 때문이다. 가령 우리가 기원전 2세기 니칸드로스29가 〈변신

---

26 B.C. 140년경 활동한 그리스 학자로, 트로이아 함락(B.C. 1184)부터 B.C. 2세기까지의 그리스 역사를 다룬 『연대기』로 유명하다. 그 밖에 신화, 문법 등에 관한 저작들을 썼는데, 그의 이름으로 전해지는 그리스 신화의 총람인 『도서관』은 실상 그의 저작이 아닌 것으로 여겨진다 — 옮긴이.

27 가장 잘된 판본은 1921년 프레이저가 런던에서 영역과 함께 2권으로 발간한 것이다. 거기에는 풍부한 주석과 서문이 붙어 있다. 『도서관』의 연대 문제에 관해서는 Van der Valk, in *Revue des Et. gr.*, LXXI(1958), pp.100~168을 참조할 것.

28 A.D. 12세기에 활동한 비잔티움 학자로, 고대 그리스 문학 및 학문에 관해 귀중한 자료들을 제공해 준다. 수많은 저작을 썼으며, 그 중에서도 『역사서』는 문학, 역사, 고미술, 신화적 잡기 등등을 포함하는 방대한 시가로, 400명 이상의 작가들을 인용하여 달리 찾아볼 수 없는 정보의 보고이다 — 옮긴이.

29 B.C. 2세기경에 활동한 그리스 시인, 의사, 문법학자. 저작들 중 두 편이 전하는데, 그 중 긴 작품인 『테리아카』는 해로운 동물들에 관한 것이고, 다른 한 작품인 『알렉시파르마카』는 독약 및 그 해독제에 관한 것이다. 그 밖에, 오비디우스가 『변신』에서 이용했다는 신화적 서사시 『헤테로에우메나』를 위시하여, 단편적으로 전하는 시가들이 있다. 그의 시작들은 키케로의 칭송을 받았고 오비디우스에

(*Metamorphoses*, Ἐτεροιούμενα)〉에 관해 썼던, 오늘날은 소실된 문집이 어떤 것인지 알 수 있는 것은 안토니누스 리베랄리스30(그의 작품은 기원후 2~3세기에 속한다)의 작업과 그의『변형 *Transformationes*』덕분이다. 니칸드로스는 세간의 전승들을 수집하고 또 다른 이야기들을 만들어 내기도 하면서 동물의 모든 종의 기원을 변신으로 설명했다. 오비디우스는 그의『변신』에서 이와 비슷한 주제를 운문으로 다루었고 니칸드로스가 그의 주요 출전은 아니었다고 해도 출전들 중의 하나였다는 것은 입증된 사실이다.

칼리마코스31 유파에 속하는 알렉산드리아의 시인 니카이아의 파르테니오스32는 베르길리우스와 친구 사이였던 그의 후원자 갈루스를 위해〈사랑 이야기들 Ἐρωτικὰ παθήματα〉을 지었으며, 이는 로마의〈엘레기아〉들에 주제를 제공했다. 이 문집은 오늘날까지도 남아 있으며,33 달리는 잘 알려져 있지 않은 인물인 신화학자 코논이 기원후 1세기에 써서 카파도키아의 아르켈라오스 왕에게 바쳤던〈이야기들 (*Narrationes*, Διηγήσεις)〉도 마찬가지다.34

라틴 어를 쓰는 신화학자들은 그리 많지 않았으며, 그나마도 그리스 작가들의 모방에 그쳤다. 그들 중 가장 유명한 이는〈문법학자〉히기누스35였다. 그의 이름으로 두 권의 문집『우화집 *Fabulae*』과『시적 우주론 *Astronomia Poetica*』이 전한다. 후자는 에라토스테네스의『카타스테리스모이』를 모방한 것이다. 전자에는 고전적 전설들의 가장 기이한 이본들이 범주별로 구분되어 들어 있다. 극도로 오류투성이고 작가의 기이한 무지를 드러내 주는 이 문집의 주요한 흥미는 위대한 비극 시인들의 오늘날

의해 모방되었으며, 플리니우스를 위시한 여러 작가들에 의해 인용되었다 — 옮긴이.

30 A.D. 2세기 말~3세기 초에 활동한 로마의 신화학자 — 옮긴이.

31 B.C. 305~240경. 그리스 시인, 학자. 박학하고 세련된 알렉산드리아 유파의 대표적인 시인이다. 수많은 저작들을 썼으나, 단편들밖에 전하지 않는다. 그의 가장 유명한 시 작품은 그리스 신화 및 역사에서 취재한 이야기들을 엘레기아 형식으로 엮은『아이티아』로, 이는 오비디우스의『변신』및『축제 달력』의 모범이 되었다. 고대 말기에, 호메로스 다음으로 많이 인용되었던 그리스 시인이다 — 옮긴이.

32 B.C. 1세기경 활동한 그리스 시인, 문법학자. 소아시아의 니카이아에서 태어났으나, 제3차 미트라다테스 전쟁에서 포로가 되어 로마로 가서 베르길리우스의 그리스 어 선생이 되었다. 그가 시인 코르넬리우스 갈루스를 위해 수집한 36편의 사랑 이야기들이 전한다 — 옮긴이.

33 주 3 참조.

34 그러므로 논저의 연대는 기원전 36년에서 기원후 17년 사이로 추정된다. 주 3 참조.

35 A.D. 2세기경에 활동했을 것으로 추정되는 로마 작가. 그리스 저작들로부터 수집한 신화집인『계보 *Genealogiae*』혹은『우화집 *Fabulae*』과『시적 우주론 *De Astronomia Poetica*』의 저자로 알려져 있다 — 옮긴이.

소실된 작품들의 줄거리를 보존해 준다는 데 있다. 소포클레스와 특히 에우리피데스의 몇몇 작품들은 히기누스의 요약을 통해서밖에 알려지지 않는다. 그것은 경우에 따라서는 전설적 주제의 변형을 추적하고 전통적 요소와 문학적 윤색을 가려낼 수 있게 한다.36 애석하게도 히기누스의 텍스트는 극히 간략하고 고유 명사들은 손상되어 있으며 상호 모순 내지는 불합리한 요소들도 없지 않다. 이 문집은 편찬 시기를 알 수 없으며, 저자로 알려진 율리우스 히기누스라는 이름이 오해를 불러일으켜서도 안 된다. 그는 아우구스투스의 해방 노예이자 팔라티누스의 아폴론 도서관에서 일하던 박학한 사서37와는 동일 인물이 아닐 것이다. 최근의 가설에 의하면, 이 저작은 안토니누스 가문 출신의 황제들이 다스리던 시대에 쒸어졌으리라고도 한다.38

히기누스의 것과 비슷한 또 다른 문집은 바티칸의 한 사본으로 전하는데 작가 미상이기 때문에, 그 저자는 흔히 〈바티칸의 신화학자〉라는 이름으로 불린다. 이 문집의 연대는 기원후 5세기경으로 추정된다.39

놀랍게도 초기의 기독교 작가들도 이교 신화들에 관해 무시할 수 없는 출전들을 제공한다. 물론 그들은 논쟁적인 의도에서 신화들을 인용하지만, 바로 그렇기 때문에 가장 불합리한 전설들, 은총에 의해 계도되지 않은 인간 정신을 별로 명예롭지 못하게 보여 주는 전설들을 찾는다. 이러한 방면에서는 성 아우구스티누스, 알렉산드리아의 클레멘스, 아르노비우스, 락탄티우스 등이 귀중한 자료를 제공한다.

그러나 전설의 영역은 학문적 연구의 영역에 국한되지 않는다. 학문적 연구가 이렇게 발전한 것은 그것이 문학에 기여하기 때문이다. 신화가 가장 활짝 피어나는 것은 역시 문학에서이다. 그리스 문학의 어떤 측면도 신화와 무관하지 않으며 어떤 식으로든 신화에 의지하고 있다. 그러므로 신화 연구는 문학 작품들의 연구와 분리할 수 없다. 주요한 서사시 계열들은 『일리아스』와 더불어 출현하기 시작하며, 이 시기에 이미 그것들은 매우 복잡한 세련화 작업을 거친 것들이었다. 그러므로 이런 시들을 쓴 작가들은 기존의 풍부한 전설 문학에서 소재를 〈취사선택〉했으리라고 짐작된다.

---

36 가장 좋은 판본은 H. J. Rose, *Hygini Fabulae*, Leyde, s. d.
37 가이우스 율리우스 히기누스를 가리킴. 그는 A.D. 1세기에 활동한 로마 학자로, 스페인 혹은 알렉산드리아에서 전쟁 포로 혹은 노예로 잡혀 로마로 가서 아우구스투스에 의해 해방된 후 팔라티누스 도서관에서 황제의 비서로 일했다고 한다 — 옮긴이.
38 Rose, *op.cit.*, p. 8.
39 Ed., G. H. Bode, dans *Scriptores rerum mythicarum latini*, 2 vol., Celle, 1834.

이 전설 문학에 대해 우리는 단편적인 증언들밖에 갖고 있지 않다. 즉 시가에 들어 있는 암시들, 신화 작가들의 요약들, 그리고 특히 테바이 계열의 인물들(일곱 장군의 원정에 나섰던 불운한 용사들, 오이디푸스와 그의 자식들 등)이나 아르고나우타이에 관한 계열 서사시들의 요약 등이 그것이다. 『일리아스』에 등장하는 부차적 인물들에 대한 계열 서사시도 있는데, 가령 멤논이나 펜테실레이아에 관해 노래한 밀레토스 시인 아르크티노스40의 『아이티오피스』가 그런 예이다. 레스케스41의 『소 일리아스』에는 파트로클로스가 죽은 후 트로이아 전쟁에 관한 일화들이 들어 있다. 또한, 「귀향」을 위시한 시가들은 전쟁이 끝난 뒤 아카이아 용사들의 모험을 노래한다. 『오딧세이아』는 〈귀향〉 시가들의 가장 탁월한 예이지만, 유일한 것은 아니다.

호메로스 이후로, 그리스의 모든 시가는 전설을 소재로 삼았다. 합창 서정시, 디티람보스, 비극, 이 모든 장르들은 〈호메로스라는 성대한 식사의 조각들〉42을 받아들였다. 전승들은 그에게 합류하여 장르에 알맞는 변형을 거쳤으며 분류의 노력과 계보 확립의 시도, 용사들간의 인맥 등이 생겨나, 각 시인은 자기 나름의 전설적 세계를 구축할 수 있었다. 그리하여 이러한 규격화의 시도들은 마침내 다양한 이설들 및 이본들간의 일대 혼잡을 가져오기에 이르렀다. 그러나 차츰 시인들은 신화학자들이 획득한 결과를 받아들였다. 칼리마코스 유파와 더불어, 전설은 더 이상 시의 지주가 아니라 그 주요한 소재가 되기 시작했다. 극단적인 경우, 시는 운문화된 전설에 불과했으며, 시적 작업은 극히 애매한 암시들, 더없이 기이한 이본들을 수집하는 데 기울여졌다. 칼리마코스는 대체로 확고한 취미를 가지고 있어서 그런 극단으로는 흐르지 않았지만, 그와 동시대인인 리코프론43의 『알렉산드라』는 더 이상 시적이라고 보기 어려운 신화적 시가의

---

40 기원전 750년경에 활동한 그리스 시인. 『아이티오피스 Aethiopis』의 저자. 『일리아스』가 끝나는 시점에서 이야기를 계속하여, 아킬레우스가 에티오피아 왕 멤논과 아마조네스 여왕 펜테실레이아를 죽이고 그 자신도 프리아모스의 아들 파리스의 화살(실제로는 아폴론이 쏜 화살)에 맞아 죽었다고 이야기한다. 또, 파리스가 필록테테스에게 죽임을 당하는 것이나, 텔라몬의 아들 아이아스와 오딧세우스가 아킬레우스의 무장을 놓고 다툼을 벌이는 것도 모두 이 작품에 나오는 이야기이다 — 옮긴이.
41 기원전 700년경 활동. 그의 『소 일리아스』에는 트로이아 성 안에 들어간 목마로부터 그리스 용사들이 나와 트로이아를 함락시키고, 프리아모스가 네오프톨레모스에게 죽임을 당하며, 그리스 군이 출발하는 이야기가 들어 있다 — 옮긴이.
42 Eschyle, cité par Athén., VIII, 347 c.(아마도 기원후 2세기 후반의, 이집트 나우크라티스 출신인 아테나이우스를 가리키는 듯. 매우 박식했던 그는 여러 지식인이 식사에 모여 서로 이야기하는 형식으로 식사하는 현자들이라는 뜻의 15권의 저서 『데이프노소피스타이』를 남겼는데, 거기에는 지금은 전해지지 않는 많은 작품들이 인용되고 있다 — 옮긴이).
43 B.C. 3세기경 활동한 그리스 시인, 학자. 현존하는 시 작품 「알렉산드라」의 저자로 알려져 있다.

극단적인 전형을 보여 준다. 그 주제는 트로이아의 재건에 관한 카산드라(일명 알렉산드라)의 예언이다. 이 알아보기 힘든 텍스트는 체체스에게 주해의 계기를 제공했으며, 이는 현대 신화 연구가들에게는 더없이 소중한 자료이다. 왜냐하면 모든 시행들에는 신화 중 극히 애매한 전설들에 대한 암시가 들어 있으며 그것을 설명하기 위해 워낙 많은 신화들이 거론되므로 그 전체는 고대 전설의 보전을 요약한 것과도 같기 때문이다.

라틴 시가에도 나름대로의 〈고물상〉이 있었으니, 오비디우스가 가장 좋은 예이다. 그의 양대 작품 중 하나인『변신』은 주로 그리스 신화에 바탕을 둔 것이고, 다른 하나인『축제 달력 Fasti』은 로마 신화를 바탕으로 로마의 축제들을 월령별로 노래한 시가인데, 애석하게도 1년의 처음 여섯 달에 해당하는 여섯 편만이 쓰어졌다. 프로페르티우스44 역시 그의『엘레기아』제4권에서 칼리마코스를 모방하기에 힘써, 로마의 장소 및 제의에 관한 어원적 전설들을 들려준다. 가령 타르페이아, 유피테르 페레트리우스[번개를 던지는 유피테르]를 기리는 예배 등에 관한 것들이다. 그의 먼 후계자인 스타티우스45는 그의『실바이 Silvae』중 몇 편에서 비슷한 주제를 추구하는가 하면, 『테바이스』,『아킬레이스』등에서 계열 서사시의 전통을 되살렸다. 끝으로 발레리우스 플라쿠스46는 비슷한 시기에 라틴 어로 된『아르고나우티카』를 썼는데, 이는 기원전 3세기 중엽 로도스의 아폴로니우스가 쓴 훨씬 더 유명한 동명의 작품에서 영감을 얻은 것이다.

이후로, 신화는 대체로 그 윤곽이 잡혔다. 플루타르코스 같은 이의 박학자적 호기심도 정본들을 바꿔 놓을 수는 없었다. 민중적 원천이나 종교적 지주에서 분리된 신화는 다양한 경로를 따라 발전했다. 〈신 피타고라스주의자〉들은 신비적 상징화를,47 에피쿠

알렉산드리아 도서관에서 일하면서 희극 및 비극들에 관한 논저를 썼다. 「알렉산드라」는 전령이 카산드라의 예언들을 전하는 형식으로 되어 있는데, 박학과 난삽함을 극단적으로 추구한 작품이다 — 옮긴이.

44 B.C. 55/43~16경. 고대 로마의 가장 위대한 엘레기아 시인. 모두 4권으로 된『엘레기아』중 제4권에서 알렉산드리아 시인 칼리마코스를 모방하여 로마의 신화 및 역사를 다룬 시들을 썼다 — 옮긴이.

45 A.D. 45~96. 로마에 거주하면서 도미티아누스 황제의 궁정 시인으로 활동했다.『실바이』로 엮인 32편의 시들은 문학적 가치 외에 당대 부유층의 생활 풍속에 대한 묘사로도 가치를 인정받고 있다. 그가 쓴 12권짜리 서사시『테바이스』는 테바이 왕권을 놓고 벌어진 폴리네이케스와 에테오클레스의 형제간 다툼을 그린 작품이다. 또 다른 서사시『아킬레이스』는 아킬레우스의 어린 시절에서 시작하여 오딧세우스가 그를 트로이아로 데려가는 대목에서 저자의 죽음으로 인해 중단되었다 — 옮긴이.

46 A.D. 1세기에 활동한 로마의 서사시인. 베스파시아누스 황제에게 헌정된 그의『아르고나우티카』는 로도스의 아폴로니우스(B.C. 2세기경)가 쓴 동명의 시가를 모방한 것으로, 베르길리우스 및 오비디우스의 영향을 받은 것으로 평가된다 — 옮긴이.

로스 철학자들 및 스토아 철학자들은 교훈적 상징화를 각기 추구했으며, 신화는 문학 외에도 조각이나 회화 등 조형 예술의 상투적인 소재가 되었다. 그것은 더 이상 민간 신앙들의 집적이라기보다는 표현의 도구로서, 그 자체만으로도 수사학 내지는 시학을 형성한다. 프랑스나 영국의 고전주의 전성기에 신구(新舊) 논쟁이 일었을 때 주안점이 옛 신화들의 효력 상실 여부로 옮아 갔다는 것은 의미심장한 사실이다. 오늘날 우리는 또 다른 〈시적 스타일들〉이 존재하며, 신화적 사고 및 표현은 문학이 취할 수 있는 여러 갈래 길들 중 하나에 지나지 않음을 알고 있다. 우리는 더 이상 이런 고대의 전설들에 절대적 가치를 부여하지 않으며, 그것들이 오랜 정신적 발전의 정상적인 산물에 불과함을 안다. 그럼에도 불구하고 우리는 여전히 그것들이 인류 정신의 역사에서 차지해 온 중요성을, 그리고 그 영원한 꼭두각시들에 새로운 생기를 불어넣을 수 있는 예술가의 손에서 새로이 획득할 수 있는 중요성을 깊이 확신하고 있다.[48]

---

47 이 점에 관해서는 J. Carcopino, *La Basilique pythagoricienne de la Porte Majeure*, Paris, 1927이 매우 시사적이며, 서지로는 F. Cumont, *Le Symbolisme funéraire des Romains*, Paris, 1942도 참조할 만하다.

48 고대 이후 문학 및 예술에서 신화들의 〈생존〉 문제에 관해서는, H. Hunger, *Lexikon der griechischen und römischen Mythologie*, Wien, 1953를 참조할 것.

일러두기

1. 본 역서의 대본으로는 Pierre Grimal, *Dictionnaire de la mythologie grecque et romaine*, P.U.F., 1951; 13e édition: 1996을 사용했고, 영역본인 *The Dictionary of Classical Mythology*, translated by A. R. Maxwell-Hyslop, Blackwell Publishers, 1986을 참고했다.

2-1. 항목 표제어 중 그리스 인명은 그리스 어 발음대로 적고 그리스 자모와 로마 자모를 병기했다.
    예: 아킬레우스 Ἀχιλλεύς / Achilles
        시시포스 Σίσυφος / Sisyphus
그럴 때 로마 자모로는 세 가지 어형을 나타낼 수 있다. (1) 그리스 자모를 전사한 어형, (2) 라틴 어형, (3) 현대어형. 물론 대개의 경우 이 세 가지 어형들은 거의 비슷하며, 따라서 세 가지 방식 사이에 큰 차이는 없다. 위의 예에서 보듯, 그리스 인명의 라틴 어형은 대체로 그리스 어형의 모음이 축약되고 어미가 다소 변한 형태이며, 현대어형은 라틴 어형을 따른 것일 때가 많기 때문이다. 단지, 그리스 어형보다는 라틴 어형이 좀더 일반적으로 쓰이는 형태인 만큼, 로마 자모로는 라틴 어형을 나타내 주는 편이 나을 것이고, 많은 경우 그것이 현대어형과도 일치할 것이다. 특히, 그리스 어형이 잘 알려지지 않은 경우에는 잘 알려진 라틴 어형 내지 현대어형을 병기해 주는 편이 낫다.
    예: 폴리데우케스 Πολυδεύκης / Pollux
        아이아스 Αἴας / Ajax
그러나 그리스 어형이 라틴 어형보다 더 잘 알려지고 현대어형으로도 그대로 사용되는 경우에는 굳이 라틴 어형을 쓸 필요가 없을 것이다. 가령, 〈오딧세우스〉라는 이름에 라틴 어형 Ulixes를 병기한다고 해서 더 알기 쉬워지는 것은 아니다. 또, 현대어형이 라틴 어형과 다르고 더 잘 알려진 경우에도 그렇다. 가령, 〈무사이〉는 라틴 어형 Musae보다는 대부분의 현대어들에서 통용되는 형태인 Muses라고 쓰는 편이 알기 쉽다. 그런 경우에는 라틴 어형 대신, 각기 더 잘 알려진 어형을 병기했다. 한마디로, 이러한 방침의 의도는 첫째 우리말 표기는 원어에 충실하게 그리스 어형 및 발음을 따르되, 둘째 로마 자로는 그보다 잘 알려지고 익숙한 어형을 병기함으로써 비교적 생소한 그리스 어형을 보완하자는 것이다.

결국 문제는 일반적인 어형이 어떤 것이냐인데, 이 점에서 이 책은 영역본을 따랐다. 참고 삼아 프랑스 어 원서의 그리스 인명 표기 방침을 소개하자면, 일단 관용 표기에 따르고(Atreus가 아니라 Atrée, Medeia가 아니라 Médée) 관용 표기라 할 만한 것이 없는 경우 관용에 준한 어형(Oeneus 대신 Oenée, Althaia나 Althaea 대신 Althée)을 만들어 쓰는데, 위의 몇몇 예에서 보듯 프랑스 어의 관용적인 어형은 그리스 어형 내지 라틴 어형과 상당히 차이가 나는 형태이므로 우리 독자들에게 별 도움이 되지 않는다. 반면 영어의 그리스 인명 관용 표기는 대개 라틴 어형과 일치하며 그렇지 않은 경우에는 다른 현대어들에서도 통용되는 형태일 때가 많으므로, 일반적인 어형으로 채택하기에 무리가 없으리라고 본다.

 예: 헤라클레이다이 Ἡρακλειδαί / Heraclids
   프리아모스 Πρίαμος / Priam

2-2. 로마 신화에 속하는 인물의 경우, 원서의 방침에 따라 *로 표시하고 라틴 어 발음대로 표기했다.
 예: *유피테르 Jupiter
   *푸리아이 Furiae

단, 본문 중에서 그리스 신화의 인물이 로마 신화에 등장하는 경우에는, 문맥에 따라 그리스 어형과 라틴 어형을 혼용하였다. 즉, 아이네이아스, 아스카니오스, 에우안드로스 등을 문맥에 따라 아이네아스, 아스카니우스, 에반드로스 등으로 적은 것인데, 어느 한 쪽으로 명백히 구분하기 어려운 경우에는 전후 맥락에 비추어 적당한 쪽을 택했다.

2-3. 위와 같은 방침을 따를 때 생겨나는 문제점은 간혹 그리스 어 발음을 우리말로

표기했을 때 우리말과 혼동의 여지가 있을 수 있다는 것이다.

예: 무사이 Μοῦσαι / Musae[단수형은 〈무사〉].

이런 경우 〈무사이〉[뮤즈들], 〈무사〉[뮤즈]와 같이 병기하여 혼동을 줄였다.

또한, 통상 복수형으로 쓰이는 이름은 굳이 단수형을 찾아 〈~들〉의 형태로 바꾸지 않고 그대로 복수형을 썼고, 단복수형이 모두 잘 알려진 경우에는 〈단수형+들〉의 형태를 병기하거나 아니면 단순히 병용하였다.

예: 플레이아데스 Πληίαδες / Pleiades
  켄타우로이 Κένταυροι / Centaures, 켄타우로이[켄타우로스들], 켄타우로스들

3. 항목 표제어는 아니지만 본문 중에 나오는 기타 고유 명사들(인명, 지명)에 대해서도 위와 같은 방침에 준하여, 그리스 이름은 그리스 어 발음대로, 로마 이름은 라틴 어 발음대로 적었다. 지명들 가운데 잘 알려진 것들은 우리말 관용 표기가 있으므로 관용 표기를 따라야 하겠지만, 그렇게 해서는 동일한 맥락 안에서도 일관된 표기 원칙을 유지하기 어렵다. 고대 그리스의 잘 알려진 지명은 영어나 라틴 어에 준하는 관용 표기로 적고, 잘 알려지지 않은 지명은 그리스 어 발음대로 적는 것은 앞뒤가 맞지 않는 일이다. 그러므로 아테네, 미케네, 크레타 등은 아테나이, 미케나이, 크레테 등으로 적었고, 트라키아, 포이니키아 등 흔히 라틴 어형으로 알려진 그리스 지명들도 트라케, 포이니케 등 그리스 어로 적거나 포이니케[포이니키아]처럼 병기했다. 스파르테[스파르타]의 경우 표준어형은 〈스파르테〉이지만, 스파르테의 방언은 〈스파르타〉였으므로 어느 쪽으로 적어도 별 문제가 되지 않을 것이다. 이렇게 고대 지명을 살릴 경우, 가령 〈테바이Thebes〉(보이오티아 혹은 이집트의 테바이)와 〈테베 Thebe〉(미시아의 테베)를 구별할 수 있다는 장점도 있다. 고대 지명만으로 그에 상응하는 현대 지명을 떠올리기가 쉽지 않은 경우에는 니노스[니네베], 티베리스[테베레]처럼 현대에 더 잘 알려진 지명을 병기했다. 그러나, 이집트, 에티오피아, 스페인, 인도 등 주변국을 위시하여 광범한 영역을 나타내는 국명들은 그냥 오늘날 통용되는 지명을 썼다. 그리스를 굳이 〈헬라스〉라고 쓰지 않은 것도 같은 맥락에서이다. 더구나 『일리아스』에는 아직 그리스 전체를 지칭하는 말이 없었다는 것이 정설이다. 그래서 트로이아 전쟁에서는 그리스 군 전체를 〈아카이아 군〉이라고 지칭하는 경우가 많았으며, 그리스 인들은 〈아카이아 인들〉, 〈아르고스 인들〉 때로는 아르고스 왕 다나오스의 이름을 딴 〈다나오이〉 등으로 불렸다. 이 책에서도 이 세 가지 지칭이 자주 쓰이는데

별다른 의미상의 차이 없이 혼용되는 것으로 보인다.

4. 좀더 까다로운 것은 민족 내지는 주민들의 이름이다. 프랑스 어나 영어의 경우에는 별 어려움 없이 -(i)ens, -(i)ans 등 형용사를 명사로 전용한 복수형을 사용하지만, 우리말에는 그런 어형이 없다. 그러므로 -(i)ens, -(i)ans 등에 대응하는 그리스 어나 라틴 어의 지명이나 복수 인명을 찾아, 〈그리스 인들〉처럼 지명 뒤에 〈인들〉을 붙이거나, 아니면 〈켈토이[켈트] 족〉처럼 복수 인명 뒤에 〈족〉을 붙이거나 하는 방법을 생각할 수 있는데, 두 가지 어형의 함축이 같지만은 않다. 전자는 단순히 어디어디에 사는 〈주민들〉이 될 터이고 후자는 좀더 혈통에 의거한 〈민족〉처럼 느껴진다. 그러므로 비교적 큰 지방이나 도시의 주민들인 경우에는 〈──인들〉을 썼고, 인명에서 파생된 부칭으로 보이는 민족 내지 부족의 경우에는 〈──족〉을 썼다. 그러나 각각의 민족 내지 주민들의 역사를 따로 조사하지 않는 한, 이 두 가지를 정확히 구별하여 쓰기란 어려운 일이다. 또, 실제로 도시나 지방의 이름도 같은 명조(名祖)로부터 생겨난 것일 때가 많고, 지명과 복수 인명의 두 가지 형태가 언제나 모두 알려진 것도 아니다. 그러므로 어형 확인이 가능한 대로 두 가지를 혼용했는데, 앞서 지적했듯이 〈주민들〉과 〈민족〉을 엄밀히 구별하여 쓴 것은 아니다. 한 가지 어형밖에 확인이 되지 않아 어쩔 수 없이 그렇게 적은 경우도 있고, 지명과 복수 인명의 어형이 많이 다른 경우 이해를 돕기 위해 〈지명+인들〉의 형태를 택하기도 했다.

또, 〈히페르보레이오이〉, 〈아마조네스〉 등 복수 인명은 우리말로는 〈~족〉을 붙이지 않으면 그것이 민족명인지 개인명인지 쉽게 분간이 가지 않으므로 〈~족〉이라는 형태를 쓰기는 했지만, 민족 전체가 아니라 단순히 그들 중 몇 사람을 가리키는 경우에는 그대로 복수형만을 쓰기도 했다. 그런가 하면, 복수 인명에 해당하는 단수형의 경우, 프랑스 어나 영어로는 간단히 복수형 어미 s를 제거하면 단수형이 되고 발음상으로도 큰 차이가 없지만, 그리스 어나 라틴 어의 경우에는 그렇게 간단하지가 않다. 가령 〈아마조네스〉라면 〈아마존〉이라는 비교적 잘 알려진 단수형을 쓸 수도 있지만, 〈히페르보레이오이〉, 〈라피타이〉 등의 경우 〈히페르보레이오스〉, 〈라피테스〉 등 제각기 복수 인명에 해당하는 단수형을 도입하여 혼잡을 더하기보다 그냥 〈히페르보레이오이 족의 한 사람〉처럼 말을 바꾸어 썼다. 마찬가지로 형용사형의 경우에도 〈라피타이 족의 용사〉라는 식으로 바꾸어 썼다.

5. 고유 명사의 어형을 확정하는 것에 비하면 그것을 한글로 표기하는 것은 오히려 간단한 일이라고 할 수 있지만, 그래도 망설임이 전혀 없었던 것은 아니다. 그리스 어 발음 및 표기에 관한 현재 교육부의 〈표준안〉에 의하면, 그리스 어는 로마 자로 썼을 때의 발음대로 읽되 다음과 같은 부칙들을 따른다고 되어 있다.

(1) 입실론(y)은 [이]

(2) ae, oe, ou는 [아이], [오이], [우]

(3) ch는 [k]

(4) g, k, ch 앞의 n은 이응 받침으로 한다.

위의 규칙들과 그 밖의 문제들을 정리해 보면 다음과 같다.

(1) 그리스 어에서 입실론(y)의 정확한 발음은 [위]이다. 가령, 〈오뒷세우스〉, 〈올륌포스〉, 〈에우뤼디케〉 등이다. 이렇게 본래 발음을 살려 표기할 경우 Tethys는 〈테튀스〉, Thetis는 〈테티스〉로 분명히 구별할 수 있다는 장점이 있다. 또, y와 i가 이어지는 경우에는 〈하르피이아이〉, 〈에일레이티이아〉, 〈미이스코스〉보다 〈하르퓌이아이〉, 〈에일레이튀이아〉, 〈뮈이스코스〉 등이 더 자연스럽게도 들린다. 그러나 현대 그리스 어를 위시하여 영어, 프랑스 어 등 다른 현대어에서도 그냥 [이]로 발음하는 것을 굳이 발음하기 힘든 [위]로 표기할 필요는 없을 터이므로, 표준안대로 [이]로 적었다. 〈테튀스〉를 〈테티스〉로 적을 경우 두 이름이 혼동되는 것을 막기 위해 번거롭기는 하지만 〈테티스〉(I), 〈테티스〉(II)처럼 구별했다.

(2) ae, oe, ou를 [아이], [오이], [우]로 읽는 것은, 그리스 어의 *ai, oi*가 라틴 어에서는 ae, oe로 옮겨지는 것과 그리스 어의 *ou*를 [우]로 읽는 것(라틴 어로는 u로 옮겨진다)을 뒤섞은 규칙이다. 그러나 역으로, 라틴 어의 ae, oe 등이 반드시 그리스 어의 ai, oi에 해당하는 것은 아니다. 가령, Aerope, Ceroessa 등은 그리스 어로 썼을 때에도 Ἀερόπη, Κερόεσσα이며, 따라서 〈아이로페〉, 〈케로이사〉가 아니라 〈아에로페〉, 〈케로에사〉가 되어야 한다. 라틴 어의 Phaestus, Phaethon은 비슷하게 보이지만 앞의 것은 파이스토스(Φαῖστος), 뒤의 것은 파에톤(Φαέθων)이다.

(3)과 (4)의 규칙들은 별 문제가 없지만, 그 밖에도 그리스 어 표기에서 문제되는 점들은 다음과 같다.

(5) 그리스 어에서 같은 모음 철자가 겹치는 것은 단순히 장음이 아니라 두 개의 모음이 각기 소리 나는 것이므로 따로 적어야 한다. 가령, **Eetion**은 에에티온, **Nausicaa**는 나우시카아, **Peirithoos**는 페이리토오스이다.

일러두기

(6) 같은 자음 철자가 겹치는 것도 역시 각기 소리 나는 것인데, 한글로 두 개의 자음을 모두 살려 적을 경우에는 어색한 표기도 생겨난다. 가령 〈카시오페아〉, 〈카산드라〉로 흔히 알려진 이름을 꼭 〈캇시에페이아〉, 〈캇산드라〉로 적을 필요는 없을 것이다. 어감상으로도 굳이 〈콕키모〉, 〈콧수스〉 같은 이름들보다는 〈코키모〉, 〈코수스〉가 나을 듯하다. 그러므로, m이나 n 같은 유성음의 경우 자음을 하나로 적을 때와 둘로 적을 때 〈필라몬/필람몬〉, 〈노노스/논노스〉처럼 발음이 확연히 달라지므로 〈필람몬〉, 〈논노스〉로 적지만, 같은 유성음이라도 r의 경우에는 하나로 적을 때와 둘로 적을 때 발음상 큰 차이가 없다고 보아 〈티르레노이〉, 〈피르리코스〉 대신 〈티레노이〉, 〈피리코스〉로 적었다. 마찬가지로, 무성음 p, s, t 등의 경우에도 〈힙폴리토스〉, 〈캇시에페이아〉, 〈피트테우스(혹은 핏테우스)〉 대신 〈히폴리토스〉, 〈카시에페이아〉, 〈피테우스〉로 적었다.

그러나 이런 규칙도 일괄적으로 적용하기 어렵다. 〈오딧세우스〉, 〈앗시리아〉, 〈박코스〉, 〈미르라〉처럼 관용적으로 자음 둘을 모두 적는 경우도 있고, 〈잇사〉 산, 〈옷사〉 산처럼 그저 〈이사〉, 〈오사〉로 적어서는 우리말의 다른 단어와 혼동의 우려가 있는 경우도 있기 때문이다. 이런 경우에는 자음 둘을 모두 살려 적었지만, 아주 드문 경우에 국한시켰다.

(7) 두 개의 다른 자음을 표기할 때에는 〈압시르토스〉처럼 앞의 자음을 받침으로 쓰거나 〈테크메사〉처럼 〈으〉를 붙여 따로 적거나 할 수 있는데, 이것도 어느 한쪽으로 무리하게 통일하기는 어렵다. 가령, 앞의 자음으로만 쓴다면 〈엑바타나〉, 〈엑바소스〉는 경음화, 〈텍메사〉는 자음 접변이 일어나 이상한 발음이 되고 말며, 〈으〉를 붙여 따로 적기만 하면 〈아프시르토스〉, 〈헤크토르〉, 〈클레프시드라〉처럼 실제와는 거리가 멀고 불편한 발음이 된다. 그러므로 대체로 전자의 방식을 따르되, 음운 변화가 일어나는 경우에는 후자의 방식을 취했다. 즉, 〈압시르토스〉, 〈헥토르〉, 〈클렙시드라〉 등으로 간편하고 실제 발음에 가깝게 적되, 음운 변화가 일어나는 경우에는 〈에크바타나〉, 〈에크바소스〉, 〈테크메사〉 등으로 썼다. 단, 그리스 어의 ch와 k는 구별하여, 앞의 것은 〈크〉로 따로 표기하여, 〈에레크테우스〉, 〈에리크토니우스〉, 〈이크티오켄타우로이〉 등으로 적었다.

(8) 그리스 어에서 v는 실제로 모음에 해당한다. 그러므로 Evadne, Evandros 등은 에우아드네, 에우안드로스 등으로 읽어야 한다. 또한 Evippe처럼 두 부분으로 이루어진 고유 명사의 경우 둘째 부분의 첫 음절에 h 발음이 들어 있어 〈에우히페〉처럼 써야

하는 경우도 있다.

6. 마지막으로, 용어상의 문제들이 있다. 그리스 어와 현대어 사이에 개념이 일치하지 않아서 문제가 되는 예로는 〈영웅〉이라는 말을 들 수 있다. 그리스 문화에서 〈영웅〉이란 대개 생전에 큰 업적을 남겨서 죽은 후 성역에 모셔져 제사를 받으며, 특정 지역을 보호한다든지 기원을 들어 준다든지 하는 비교적 제한된 범위의 영험을 보이는 다분히 신적인 존재이다. 그래서 어떤 인물이 죽은 후에 〈영웅으로 예우되었다〉는 말도 나오는 것이다. 그런데, 본 사전의 저자가 héros라는 말을 쓴 것은 꼭 그런 의미라기보다, 여성 인물을 가리켜 héroïne이라는 것에 상응하는 용법이라고 생각된다. 왜냐하면 아킬레우스, 아가멤논 등 대표적인 〈영웅〉들을 소개할 때에는 굳이 héros라고 하지 않다가 문맥 가운데서 가리켜 말할 때 héros를 쓰기도 하고, 반면 처음부터 어떤 민족 출신의 héros라는 인물들 중에는 딱히 〈영웅〉이라 하기 어려운 이들도 있기 때문이다. 그래서 héros는 대체로 〈용사〉로 옮긴 경우가 많고, 전투적인 인물이 아닌 경우에는 단순히 〈인물〉 정도로 옮기기도 했다. héroïne은 여성, 여성 인물 등으로 옮겼다.

또, 어떤 인물이 죽은 뒤에 〈신적인 예우를 했다*rendre des honneurs divins*〉든가 〈신격화했다*diviniser*〉는 표현들이 종종 나오는데, 저자가 그 의미를 반드시 구별하여 쓴 것 같지는 않다. 대체로 사당 내지 신전을 지어 제사를 바쳤다는 의미로 이해하면 된다. 〈신격화〉라는 말은 정치 선전과 관련된 용어로도 쓰이는 터라 될수록 피했고, 헤라클레스처럼 예외적으로 사후에 신들의 세계에 가서 사는 경우에는 아예 〈신이 되었다〉고 옮기기도 했다. 그런가 하면, dieu(신)이나 déesse(여신) 외에 démon, esprit, génie, numen 등 여러 가지 용어들은 각기 문맥에 따라 〈마신〉, 〈정령〉, 〈수호신〉 등으로 옮겼는데, 통틀어 작은 신들이라고 보면 된다. chapelle, temple, sanctuaire 등은 각기 〈사당〉, 〈신전〉, 〈성지〉로 옮겼다.

7. 본문 중에 필요한 대목에는 [ ] 표시를 하여 역주를 첨가했다. 감수자는 간혹 저자의 원문이 정확하지 않은 곳을 지적하거나 내용상 미흡한 곳을 보충해 주었는데 이런 경우에는 감수자 주임을 밝혔다.

8. 원서에 흩어져 있는 계보는 권말에 모아 실었다. 번호는 원서에 따랐다.

차례

서문
5

서론
11

일러두기
29

사전
39

찾아보기
717

계보
823

ㄱ

가니메데스 Γανυμήδης / Ganymedes 가니메데스는 트로이아의 왕족인 젊은 용사로, 다르다노스의 후손이다(☞계보 7). 그는 주로 트로스와 칼리로에의 막내아들로 간주되며, 클레오파트라, 일로스, 앗사라코스와 형제간이다. 하지만 이본들에 따라서는, 라오메돈(일로스의 아들, 하지만 전통적인 계보에서는 일로스의 조카)이나 일로스, 혹은 앗사라코스나 에리크토니오스(통상 가니메데스의 조부)의 아들로도 여겨진다. 가니메데스는 소년 시절에 트로이아 인근의 산에서 아버지의 양떼를 지키고 있었다. 그는 매우 아름다운 소년이었으므로(가니메데스는 인간들 중에서 가장 잘생겼었다고 한다), 신들의 왕 제우스가 그를 사랑한 나머지 납치하여 올림포스 산으로 데리고 갔다. 가니메데스는 올림포스 산에서 술 따르는 시종이 되어 제우스의 잔에 신주를 따르게 되었다. 즉, 젊음의 여신인 헤베의 역할을 대신하게 되었던 것이다.

가니메데스의 납치에 관해서는 여러 가지 전승들이 있다. 제우스 자신이 소년을 납치했다고도 하고, 혹은 제우스의 명령을 받은 독수리가 발톱으로 가니메데스를 낚아채어 하늘로 날아올랐다고도 한다. 혹은 제우스 자신이, 전에도 정욕을 충족시키기 위해 여러 가지 동물로 변신했던 것처럼, 이번에는 독수리의 모습으로 변한 것이라고도 한다. 하지만 설에 따라서는 납치범이 미노스, 탄탈로스, 혹은 에오스(새벽의 여신)였다고도 한다. 납치된 장소 역시 작가들에 따라 달라서, 트로아스의 이데 산이라는 것이 통설이지만, 크레테, 에우보이아, 혹은 미시아의 작은 마을 하르파기아(〈유괴하다〉라는 말을 연상시키는 이름)라고도 한다.

제우스는 이 납치를 보상하는 뜻에서 그의 아버지에게 신마(神馬) 또는 헤파이스토스가 만든 황금 포도나무를 선물로 주었다고 한다. 가니메데스를 납치한 독수리는 별자리가 되었다.

*가라누스 Garanus 카쿠스 전설의 잘 알려지지

않은 한 이본에 등장하는 양치기의 이름으로, 그에 따르면 가라누스가 카쿠스를 죽였다고 한다. 하지만 대개 카쿠스를 죽인 것은 헤라클레스라고 알려져 있다(☞카쿠스, ☞레카라누스).

가르마토네 Γαρμαθώνη / Garmathone 이집트 왕 네일로스의 아내이다. 그녀는 아들 크리소코아스를 잃은 슬픔에 잠겨 있었음에도 불구하고 그녀의 왕궁을 방문한 이시스 여신을 극진히 대접해 주었다. 여신은 그녀에게 보상으로 아들을 되살려 주었다.

가우아네스 Γαυάνης / Gavanes 가우아네스, 아에로포스, 페르디카스는 삼형제로 아르고스 왕 테메노스의 후손들이다. 그들은 일리리아와 마케도니아로 이주하여 레바이아 왕을 섬기는 목동들이 되었다. 그런데 왕비가 페르디카스를 위하여 빵을 만들 때마다 그 빵은 다른 것들보다 두 배나 부풀어올랐다. 왕은 이 기적 같은 징조가 걱정스러워서 삼형제를 쫓아냈고, 적당한 보수를 주는 대신 그들에게 〈굴뚝으로 비쳐 드는 태양의 조각〉을 주었다. 페르디카스는 당황하지 않고 자신의 칼을 꺼내어 땅바닥에 동그랗게 비친 햇빛을 모양대로 오려 내어 배낭에 넣었다. 그리고는 삼형제는 길을 떠났다. 왕은 그들의 뒤를 따라 기병대를 보내어 그들을 죽이려 했지만, 시냇물이 기적적으로 불어나서 이 삼형제를 보호해 주었고, 병사들은 퇴각해야 했다. 가우아네스와 그의 형제들은 마케도니아에 정착했고, 그곳에서 페르디카스는 그 나라 왕들의 조상이 되었다.

가이아 Γαῖα / Gaia 주로 인격화된 여신을 〈가이아〉라 부른다. 가이아[이 이름은 〈게〉, 역시 땅이라는 뜻의 〈아이아〉, 엄마를 나타내는 〈마〉에 여성 어미가 붙은 〈마이아〉 등의 혼합형으로 추측됨]는 대지의 여신으로 신들을 낳은 태초의 원소로 여겨진다. 가이아는 헤시오도스의 『신들의 계보』에서는 중요한 역할을 하지만, 호메로스의 시가들에는 등장하지 않는다.

헤시오도스에 따르면, 가이아는 카오스 다음에, 에로스(사랑의 신) 전에 태어났다고 한다. 아무런 남성적 원소의 도움 없이 그녀는 대지를 덮는 하늘(우라노스)과, 산들과, 바다의 남성적 의인화인 폰토스를 낳았다. 하늘이 태어나자 그녀는 하늘과 결합하여 자식들을 낳았는데, 그들은 더 이상 단순히 자연을 구성하는 기본적인 힘들이 아니라 고유한 의미의 신들이었다. 우선 그녀는 여섯 명의 티타네스(☞)인 오케아노스, 코이오스, 크리오스, 히페리온, 이아페토스, 크로노스, 그리고 여섯 명의 티타니데스(☞)인 테이아, 레이아, 테미스, 므네모시네, 포이베, 테티스(I)를 낳았다. 크로노스는 이 중에서 가장 막내다(☞크로노스, ☞계보 38).

뒤이어 그녀는 키클로페스(☞), 즉 아르게스, 스테로페스, 브론테스를 낳았는데, 이들은 각각 벼락, 번개, 천둥과 연관되는 신들이다. 그리고 마지막으로 헤카톤케이레스(☞)를 낳았는데, 이들은 백 개의 거대한 팔을 가진 난폭한 거인들로 코토스, 브리아레우스, 기게스가 그들이다.

우라노스는 자식들을 모두 어머니인 대지 깊이 가두어 세상의 빛을 보지 못하게 했고, 자식들은 그를 두려워했다. 가이아는 자식들을 풀어 주기로 결심하고, 자식들에게 우라노스에게 복수할 것을 요구했다. 하지만 가장 어린 크로노스를 제외하고는 아무도 응하지 않았다. 크로노스는 아버지에 대한 증오심에서 이를 수락했다. 가이아는 매우 날카로운 낫을 그에게 주었고, 밤이 되어 우라노스가 사방에서 대지를 감싸 안으며 가이아에게 다가오자 크로노스는 낫으로 아버지의 고환을 잘라 자기 등 뒤로 던졌다. 우라노스가 입은 상처에서 피가 흘러 땅에 떨어지자 대지의 여신은 또다시 아이를 갖게 되었다. 그렇게 해서 태어난 것이 에리니에스(☞), 기간테스(☞), 그리고 물푸레나무의 님프들 내지는 일반적으로 나무와 공생하는 신들이다.

우라노스가 거세된 후, 가이아는 또 다른 자식인 폰토스와 결합해 다섯 명의 해신들인 네레우스, 타우마스, 포르키스, 케토, 에우리비에를 낳았다.

결국 크로노스가 세상을 다스리게 되었지만, 아버지인 우라노스와 마찬가지로 그 역시 차차 폭군이 되어갔다. 크로노스도 형제들, 즉 가이아의 아들들을 타르타로스에 가두었으므로, 대지의 여신은 두 번째 혁명을 도모했다. 크로노스는 레이아가 자식들을 낳는 족족 삼켜 버렸으므로, 제우스를 배고 있던 레이아는 가이아와 우라노스에게 가서 곧 낳게 될 아이를 구할 방법을 물어보았다. 그래서 가이아와 우라노스는 운명의 비밀을 알려 주며, 크로노스를 속일 방법을 일러 주었다. 그렇게 해서 제우스는 아버지에게 삼켜지는 것을 피할 수 있었다. 레이아는 제우스가 태어나자 아이를 깊은 동굴 속에 숨기고(☞제우스), 크로노스에게는 아이 대신에 돌을 배내옷으로 싸서 주었다. 크로노스는 이를 아이라 생각하고 삼켜 버렸다. 그 후 제우스가 크로노스와 공공연히 싸움을 벌이기 시작했을 때, 가이아는 제우스에게 티탄들과 동맹을 맺어야 승리할 수 있다고 말해 주었다. 그래서 제우스는 그들을 해방시켜 주었고, 그들은 제우스에게 자신들의 무기인 벼락, 천둥, 번개를 주었다. 제우스는 이들 무기를 이용하여 크로노스를 왕위에서 몰아냈다.

그렇지만 가이아는 제우스에게 완전히 동조하지 않았다. 그녀는 자기 자식들인 헤카톤케이레스의 패배에 기분이 상한 나머지, 타르타로스(하계의 심연을 의인화한 신)와 결합하여 엄청난 힘을 지닌 괴물 티폰을 낳았다. 티폰은 신들과의 전쟁을 선포했고, 그들을 오랫동안 꼼짝 못하게 했다(☞티폰). 타르타로스와의 사이에서 가이아는 또 다른 자식 에키드나를 낳았는데, 이 또한 괴물이었다(☞에키드나).

또 다른 『신들의 계보』들은 가이아가 친아들이자 티탄 족의 한 명인 오케아노스와 결합하여 트리프톨레모스를 낳았다고 기록하고 있다. 또한 헤라클레스의 적수였던 거인 안타이오스는 가이아와 바다의 신 포세이돈과의 사이에서 태어난 아들로 여겨졌다(☞안타이오스). 일반적으로 신화학자들은 모든 괴물을 대지의 아들로 간주했다. 카립디스(☞), 하르피아이(☞), 피톤(☞), 아이에테스의 나라에서 황금 양털을 지키는 용, 그리고 베르길리우스가 〈여론〉을 의인화한 파마(☞)도 그녀의 자식으로 여겨졌다.

대지는 지칠 줄 모르는 생산력 덕분에 점차 우주의 어머니이자 신들의 어머니가 되었다. 그리스 인들이 신들을 〈인간화〉함에 따라 대지는 데메테르 혹은 키벨레와 같은 여신으로 구현되었으며 이들의 신화는 좀더 인간에 가깝고 한층 더 상상력에 호소하게 되었다. 반면 대지를 우주 생성의 기본 요소로 보는 생각은 신화의 영역을 떠나 철학의 영역으로 들어가게 된다.

가이아는 수많은 신탁을 계시한 것으로 알려졌다. 그녀는 운명의 비밀들을 쥐고 있었으며, 그녀의 신탁은 아폴론의 신탁들보다 훨씬 더 오래되고 확실한 것들이었다.

갈라이소스 Galaesus 갈라이소스는 아이네이아스와 트로이아 인들이 라티움에 상륙하던 당시 라티누스 왕의 신하였다. 아이네이아스의 아들 이울루스가 암사슴을 죽여 라티움 족과 트로이아 인들 사이에 전쟁이 일어날 위기가 닥치자, 갈라이소스는 양 진영 사이에서 평화를 되찾도록 중재하려 했다. 그러나 그는 성공하지 못하고 죽임을 당했다.

갈라테스 Γαλατής / Galates 헤라클레스는 게리오네우스의 소들을 끌고 돌아오다가 갈리아 지방을 지나게 되었고, 그곳에 알레시아 시를 세웠다. 그곳 왕의 딸은 자신에게 맞는 남편을 오랫동안 찾지 못하다가, 헤라클레스를 사랑하게 되었다. 헤라클레스는 그녀와의 사이에서 아들을 얻어 갈라테스라 불렀고, 그는 용맹하여 갈리아 전역을 통치하게 되었다. 그 후 갈라테스는 그 땅에 자신의 이름을 붙여 갈라티아라 명명했고 그 땅에 사는 사람들은 갈라티아 인들이라 불리게 되었다.(☞켈토스).

갈라테이아 Γαλάτεια / Galatea 신화에는 두 명의 갈라테이아가 등장하는데, 이 이름의 어원은 우유(그리스 어로는 〈갈라〉)의 흰색을 연상시킨다.

1. 첫번째 갈라테이아는 네레우스와 시칠리아 민간 설화에 등장하는 바다의 여신 사이에서 태어난 딸이다. 갈라테이아는 우유빛 처녀로 고요한 바다에 살았고, 시칠리아에 사는 괴물 키클롭스인 폴리페모스의 사랑을 받게 되었다. 하지만 갈라테이아는 그를 사랑하지 않았고, 반대로 판(로마 신화에서는 파우누스)과 님프의 아들인 미소년 아키스를 사랑했다. 어느 날 갈라테이아가 해변에서 애인의 가슴에 기대어 휴식을 취하고 있을 때, 이들을 발견한 폴리페모스는 큰 바위를 아키스에게 던졌다. 아키스는 이를 피하려 했지만 그만 바위에 깔려 죽었고, 갈라테이아는 아키스에게 그의 어머니인 님프의 본성을 돌려주어 맑은 물이 흐르는 강이 되게 했다.

때로는 폴리페모스와 갈라테이아의 사랑에서 세 명의 용사, 갈라테스, 켈토스, 일리리오스가 태어난 것으로 간주되기도 한다. 이들은 각각 갈라토이 족, 켈토이 족, 일리리오이 족의 명조가 되었다(☞갈라테스, ☞켈토스, ☞일리리오스). 그러므로 갈라테이아의 전설을 전하는 한 이본은 그녀와 폴리페모스가 서로 사랑했다는 이야기일 수도 있지만, 직접적인 전거는 전해지지 않는다.

2. 다른 갈라테이아는 크레테 여자로, 에우리티오스라는 사람의 딸이다. 그녀는 가문은 좋지만 매우 가난한 남자인 람프로스와 결혼했다. 람프로스는 파이스토스 도시에 살고 있었다. 갈라테이아가 임신한 것을 알게 된 람프로스는 자신은 아들을 원한다면서 만일 딸을 낳으면 버려야 한다고 했다. 람프로스가 가축을 지키려고 산에 올라가 있는 동안 갈라테이아는 딸을 낳았지만 차마 아이를 버릴 수가 없었다. 신들의 충고로 그녀는 딸에게 남자아이 옷을 입히고 레우키포스라 이름지었고, 이러한 사실을 람프로스에게 숨겼다. 그러나 시간이 흘러 레우키포스는 아주 아름다운 처녀가 되었고, 더 이상 속임수가 계속될 수 없었다. 갈라테이아는 두려움에 사로잡혔고, 그래서 레토의 신전에서 딸의 성(性)을 바꾸어 달라고 여신에게 기도했다. 레토는 이 기도를 받아들여 젊은 처녀를 소년으로 바꾸어 주었다.(☞이피스).

갈레오테스 Γαλεώτης / Galeotes 갈레오테스는 아폴론이 히페르보레이오이 족의 왕 자비오스의 딸인 테미스토에게서 낳은 아들이다. 그는 시칠리아 예언자들의 조상이 되었다. 그는 동족인 텔미소스와 함께 도도네의 신탁을 물으러 갔는데, 신탁은 그들에게 한 명은 동쪽으로, 다른 한 명은 서쪽으로, 독수리 한 마리가 희생 제물로 바치는 고기를 빼앗아 가는 광경을 목격할 때까지 걸어가 그곳에 제단을 세우라고 명했다. 그래서 갈레오테스는 시칠리아로 갔고, 텔미소스는 카리아에서 발길을 멈추었다.

갈린티아스 Γαλινθίας / Galinthias 갈린티아스는 족제비를 연상시키는 이름으로, 알크메네의 친구이다. 그녀는 테바이 사람 프로이토스의 딸이다. 알크메네가 어린 헤라클레스를 낳으려 하자, 출산의 여신들인 에일레이티이아와 모이라이는 헤라 여신의 명령으로 해산을 가로막았다. 이들은 아흐레 밤낮 동안 알크메네의 집 문턱에서 팔다리를 깍지 낀 자세로 주술을 써서 헤라클레스가 태어나는 것을 방해하고 있었다. 갈린티아스는 친구를 가엾게 여겼고, 알크메네가 고통으로 미치지나 않을까 염려했다. 그래서 그녀는 다음과 같은 꾀를 생각해 냈다. 그녀는 여신들에게 달려가 그녀들이 방해하고 있음에도 불구하고 제우스의 명에 의해 알크메네가 아들을 낳았다고 알렸고, 여신들이 자신들의 특권이 멸시당했다고 생각하고는 두려움과 분노로 벌떡 일어서는 바람에 알크메네의 출산을 저지하고 있던 주술 자세를 풀어 버리게 되었다. 이 틈을 타서 알크메네는 바로 아이를 낳았다. 이 사실을 알게 된 여신들은 복수하고자 갈린티아스를 족제비로 만들어 버렸고, 또한 그녀가 자신의 입으로 여신들을 속이는 거짓말을 했으므로 입으로 새끼를 낳게 했다. 그러나 헤카테는 이 불쌍한 짐승을 가엾이 여겨 자신의 시녀이자 신성한 동물로 삼았다. 장성한 헤라클레스는 자신이 태어나도록 도와준 갈린티아스를 기념하기 위해 자기 집 근처에 성역을 만들어 주었다. 테바이 인들은 갈린티아스의 공로를 높이 평가하여, 헤라클레스의 축제 때 그녀에게도 함께 제물을 바쳤다고 한다(☞ 히스토리스).

강게스 Γάγγης / Ganges 강게스는 인도에 있는 갠지스 강의 신이다. 그는 인도스와 님프 칼라우리아의 아들이다. 강게스는 술에 취해 무의식중에 어머니를 범했고, 술이 깨자 절망에 빠져 클리아로스 강에 몸을 던졌다. 이후로 이 강은 강게스라 불렸다.

*__게니이__ Genii 게니이[단수형은 〈게니우스〉]는 로마 신화에서 개인뿐 아니라 장소나 단체(사회, 모임, 도시 등)에 내재하는 영적인 존재를 상징한다. 그들은 인간이나 사물과 함께 태어나며, 그들의 주요 기능은 이들 인간이나 사물을 존속시키는 것이다. 또한 게니이는 개개인의 출생에 상당히 신비로운 역할을 하며, 혼인을 주재한다. 뿐만 아니라 결혼 침상의 〈게니우스〉가 있어 부부에게 생식력을 나누어 준다. 게니우스는 존재의 의인화로, 개인의 게니우스는 긍정적인 생각을 품게 하는 내면의 힘이다. 라틴 어 격언 중, 〈자신의 게니우스에게 지다 *indulgere genio*〉라는 것은 자신의 기호에 따르는 모든 행동들에 적용되며, 특히 과다한 음주를 완곡하게 표현하는 데 적용된다. 사람들은 자신의 게니우스나 다른 사람의 게니우스를 걸고 맹세하기도 한다. 제정 시대 황제의 게니우스는 광장한 힘을 지니고 있었다. 황제의 게니우스는 황제 자신이 인간들보다 우월한 것과 마찬가지로 다른 개인의 게니우스들보다 우위에 있었다. 게니우스는 점차 마네스와 동일시되었고 인간이 지닌 불멸의 요소로 여겨졌다.

모든 존재의 게니우스를 구별하는 경향은 갈수록 강해져서 심지어 신들에게도 각자의 게니우스가 있다고 믿어졌다. 그래서 사람들은 예를 들어 마르스의 게니우스, 유피테르의 게니우스 등에게 제물을 바쳤다. 여자들에게서는 게니우스가 유노로 대체되었다(☞ 유노).

게라나 Γέρανα / Gerana 게라나는 피그마이오이 족의 여인으로 자기 종족으로부터 신적인 예우를 받게 되자 다른 진짜 신들을 업신여겼다. 헤라는 그녀를 벌하기 위해 두루미로 만들었다. 그녀는 두루미로 변하기 전에 아들을 하나 낳았는데, 아들의 이름은 몹소스였다. 그녀가 새가 되어 아들을 만나러 옛 집으로 갔을 때 피그마이오이 족은 (헤라의 뜻에 따라) 마침 두루미 족과 전쟁 중이었다. 그래서 두루미로 변한 게라나를 알아보지 못한 이들은 무기를 들이대며 게라나가 자신의 옛 집으로 가는 것을 막았다(☞피그마이오이).

게리오네우스 Γηρυονεύς / Geryoneus 게리오네우스는 세 개의 머리를 지닌 거인으로, 허리 위의 동체도 셋으로 나뉘어 있었다. 그의 아버지는 고르고와 포세이돈의 아들인 크리사오르이며, 어머니는 오케아노스의 딸인 칼리로에이다(☞크리사오르, ☞계보 32). 그는 에리테이아 섬에서 살고 있었는데, 안개에 가려진 그 섬은 〈망망한 대양 너머〉 서쪽에 자리잡고 있었다. 그의 재산은 황소들이었으며, 목동 에우리티온과 오르토스(혹은 오르트로스)라는 이름의 개가 이들을 지켰다. 이 소들은 메노이테스가 지키는 하데스의 가축과 멀지 않은 곳에 있었다. 헤라클레스는 에우리스테우스의 명령으로, 게리오네우스에게서 황소들을 빼앗으러 에리테이아로 갔다. 헤라클레스는 우선 개와 싸워 죽이고 목동 역시 죽였다. 게리오네우스 자신도 하인들을 도우러 왔다가, 헤라클레스와 싸우게 되었다. 그는 헤라클레스에게 패했고, 화살에 맞거나 아니면 몽둥이에 맞아 죽었다. 승리를 거둔 헤라클레스는 황소들을 그리스로 끌고 갔다(☞헤라클레스).

에리테이아 섬의 위치에 대해서는 고대부터 여러 가지 설이 있었다. 그러나 그 위치는 십중팔구 스페인을 말하며 가데스[오늘날의 카디즈]시 부근일 것이다. 에리테이아의 명조는 헤스페리데스 중 한 명으로, 그녀의 정원은 섬과 이웃해 있었다. 에리테이아라는 이름 자체는 〈붉은 나라〉를 의미하며, 서쪽에 위치한 땅으로 해가 지는 나라를 가리키는 것임에 틀림없다.

또 다른 전설에 의하면, 에리테이아는 에페이로스 지방의 암브라키아 만에 있었다고도 한다.

겔라노르 Γελάνωρ / Gelanor 파우사니아스가 전하는 아르고스 왕들의 계보(☞계보 17)에 따르면, 겔라노르는 포로네우스 자손들 중 마지막 왕이다. 그는 스테넬라스의 아들로, 50명의 딸들과 함께 이집트에서 온 다나오스(☞)에게 왕위를 빼앗겼다. 몇몇 작가들에 따르면, 그가 자진해서 권력을 넘겨주었다고도 한다.

겔라노르의 통치를 끝내고 다나오스를 왕으로 추대하게 만든 늑대의 기적에 관해서는 ☞다나오스.

겔로 Γελώ / Gelo 겔로는 레스보스 섬의 망령이다. 이는 젊어서 죽은 레스보스 처녀의 고통당하는 영혼으로 아이들의 옷을 훔치러 나타나곤 했다.

고르게 Γοργή / Gorge 1. 고르게는 칼리돈 왕 오이네우스의 딸이며, 멜레아그로스와는 남매간이다. 그녀는 친아버지와의 사이에서 티데우스를 낳았다(☞티데우스). 또한 안드라이몬과의 사이에서는 토아스를 낳았다(☞토아스 4). 멜레아그로스의 다른 누이들은 자고새로 변했지만, 고르게와 데이아네이라는 이를 피할 수 있었다 (☞멜레아그리데스).

2. 또 다른 고르게는 메가레우스의 딸로, 코린토스의 건설자 코린토스와 결혼했다. 그녀는 자

식이 모두 죽임을 당하자 절망하여 호수에 몸을 던져 자살했고, 이 호수는 그녀의 이름을 따라 고르고피스라고 명명되었다.

고르고네스 Γοργόνες / Gorgones 고르고네스[단수형은 〈고르고〉 또는 〈고르곤〉]는 모두 세 명이며, 그녀들의 이름은 각각 스테노, 에우리알레, 메두사이다. 이들은 바다의 신들인 포르키스와 케토 사이에서 태어난 딸들이다(☞계보 32). 막내인 메두사를 제외한 나머지 둘은 불사의 존재들이었다. 일반적으로 고르곤이라는 이름은 메두사에게 적용되며, 그녀는 고르곤의 전형처럼 여겨진다. 이 세 괴물들은 헤스페리데스, 게리오네우스 등의 나라나 망자들의 왕국 근처의 〈머나먼 서쪽〉 지방에 살고 있었다. 그녀들의 머리는 뱀들로 둘러싸여 있었고, 멧돼지 같은 엄니가 나 있었으며, 손은 청동이고, 금으로 된 날개가 있어서 날 수가 있었다. 번뜩거리는 그녀들의 눈은 시선이 워낙 강하여 눈을 바라보는 이는 누구라도 돌로 변해 버렸다. 그녀들은 인간뿐만 아니라 불사의 존재들에게도 공포와 불안의 대상이었다. 오직 포세이돈만이 메두사와 결합하는 것을 두려워하지 않았고 그녀를 임신시켰다.

바로 이 즈음에 페르세우스가 메두사를 죽이기 위해 서쪽 지방을 향해 길을 떠났다. 그는 세리포스의 폭군 폴리덱테스의 명령을 받았다고도 하고 아테나 여신의 충고에 따른 것이라고도 한다. 많은 모험 끝에 페르세우스는 마침내 괴물들의 은신처를 찾아냈고, 헤르메스의 선물인 날개 달린 신발 덕분에 공중으로 날아올라 메두사의 머리를 자르는 데 성공했다. 그는 메두사의 눈을 바라보는 것을 피하기 위해 윤이 나는 방패를 거울처럼 사용했으므로 괴물의 치명적인 눈길을 염려하지 않아도 되었다. 하지만 더욱 안전을 기하기 위해 그는 고르곤이 잠을 자는 동안에 죽였다. 메두사의 잘린 목에서 태어난 포세이돈의 자식들이 천마 페가소스(☞)와 크리사오르(☞)이다.

아테나는 메두사의 머리를 자신의 방패 한복판에 박았고, 여신의 적들은 그녀를 바라보기만 해도 돌로 변하게 되었다. 페르세우스는 메두사의 상처에서 흐르는 피를 받아 모았는데, 이 피에는 마법적인 효력이 있었다. 왼쪽 혈관에서 흘러나온 피는 죽음에 이르게 하는 독이었던 반면에 오른쪽 혈관에서 흘러나온 피는 죽은 자들을 살려내는 치료약이었다고 한다(☞아스클레피오스). 게다가 메두사의 곱슬머리 한 가닥만으로도 공격군을 퇴각시킬 수 있었다(☞케페우스, ☞헤라클레스).

메두사의 전설은 처음 생겨난 이래 헬레니즘 시대에 이르기까지 다양한 변화를 거쳤다. 처음에는 고르곤이 괴물이고 태초의 신들 중 하나로 올림포스 이전 세대의 신들에 속한다고 여겨졌다. 하지만 곧 그녀는 마법에 걸려 괴물로 변했는데 본래는 아름다운 처녀로 아테나 여신과 미모를 겨루려다가 벌을 받았다고 여겨졌다. 그녀는 특히 아름다운 머리칼을 자랑스럽게 여겼으므로, 아테나 여신은 그녀를 벌하기 위해 머리칼을 뱀들로 변하게 했다. 그런가 하면 아테나 여신의 신전에서 포세이돈이 메두사를 범하자, 여신의 분노가 메두사에게 쏟아져 그녀가 신성 모독에 대한 벌을 받은 것이라고도 한다.

디오도로스는 고르곤의 전설에 관한 에우헤메로스적 해석을 전한다. 고르고네스 족은 아마조네스 족과 견줄 만큼 호전적인 종족이었다. 그들은 아틀란티스(☞) 인들과 국경을 접하는 곳에 살았다. 아틀란티스 인들은 아마조네스 족에게 정복당하자, 여왕 미리나(☞)를 부추겨 성가신 이웃인 고르고네스 족과의 전쟁을 선포하게 했다. 결국 아마조네스가 승리를 거두었지만, 고르고네스는 전쟁의 패배를 재빨리 복구했다. 그 후 그들은 페르세우스의 공격을 받았고, 헤라클레스에 의해 전멸당했다.

고르고포네 Γοργοφόνη / Gorgophone 고르고포네(〈고르곤을 죽인 여자〉라는 뜻)는 페르세우스와 안드로메데의 딸로(☞계보 31), 페리에레스와 결혼하여 아파레우스와 레우키포스 두 아들을 낳았다. 그녀의 또 다른 두 아들, 이카리오스와 틴다레오스(☞계보 6, ☞계보 19, ☞계보 39)는 페리에레스의 자식들이라고도 하고 페리에레스가 사망한 후 재혼한 남편인 오이발로스의 자식들이라고도 한다. 고르고포네는 미망인이 되어 재혼을 한 첫번째 그리스 여인일 것이다. 그때까지만 해도 과부들은 재혼할 수 없었던 것으로 알려져 있다.

고르고포노스 Γοργοφόνος / Gorgophonus 1. 고르고포노스(〈고르곤을 죽인 자〉라는 뜻)는 페르세우스의 손자이다(☞계보 31).

2. 고르고포노스는 에피다우로스 왕의 이름으로, 자신의 왕국에서 추방당한 그는 칼집(그리스어로 〈미케스〉는 정확하게 말해 칼집의 〈덮개〉로 사용되는 것으로 검을 보관하는 물건을 가리킨다)을 발견하는 곳에 도시를 세우라는 신탁을 받았다. 고르고포노스는 펠로폰네소스에서 이 물건을 발견했다. 그것은 페르세우스가 메두사를 죽이고 돌아갈 때 공중으로 날아오르면서 떨어뜨린 것이었다. 고르고포노스는 그곳에 미케나이 시를 세웠다.

고르고피스 Γοργῶπις / Gorgopis 잘 알려지지 않은 전승에 따르면, 고르고피스는 아타마스의 아내이자 프릭소스의 계모로, 대개는 이노(☞)라는 이름으로 불렸다.

고르디아스 Γορδίας / Gordias 고르디아스는 신화 시대에 프리기아를 다스렸던 왕으로, 그곳에 고르디온 시를 세웠다. 성 안에 그의 수레가 있었는데, 그 수레의 채는 아주 복잡한 매듭으로 묶여 있어서 아무도 그것을 풀 수가 없었다. 이 매듭을 푸는 사람이 아시아 전 제국을 다스리게 되리라는 신탁이 있었다. 이를 알고 있던 알렉산드로스는 칼을 빼어 밧줄을 끊어 버렸다.

고르디아스 왕은 키벨레 여신의 사랑을 받았고, 그 사랑에서 아들 미다스를 얻었다.

구네우스 Γουνεύς / Gouneus 구네우스는 오키토스의 아들로 테살리아의 에니에네스 족 및 페라이보이 족의 군대들을 지휘했다. 그는 헬레네의 구혼자들 중 한 명으로, 그 때문에 원정에 참가하게 되었다. 트로이아에서 돌아오는 길에 그는 리비아의 연안에 표착하여 키닙스 강변에 정착했다.

그라니코스 Γράνικος / Granicos 그라니코스는 트로이아에서 멀지 않은 프리기아의 도시 아드라미토스를 건설한 자다. 헤라클레스가 프리기아에 왔을 때, 그라니코스는 자신의 딸 테베를 영웅과 결혼시켰다. 헤라클레스는 그녀를 기념하고자 미시아에 테베 시를 건설했다.

그라이아이 Γραῖαι / Graeae 그라이아이는 〈노파들〉을 말한다. 그녀들은 한번도 젊었던 적이 없었고, 태어나서부터 노파였다. 그녀들의 부모는 포르키스와 케토이며, 그래서 그녀들은 〈포르키데스〉 즉 〈포르키스의 딸들〉이라고도 한다. 그녀들은 고르고네스와 자매간이며 이들과 마찬가지로 올림포스 이전 세대의 신들에 속한다(☞고르고네스, ☞계보 32). 그녀들도 세 자매였다(어떤 전승들에서는 두 자매라고도 한다). 그녀들의 이름은 에니오, 페프레도[혹은 펨프레도], 데이노이며, 이들 세 명에게는 눈과 이빨이 단 하나밖에 없어서 서로 번갈아 사용해야 했다. 이들이 사는 밤의 나라는 해가 전혀 비치지 않는 머나먼 서쪽 지방에 위치해 있었다.

그라이아이는 페르세우스 신화에만 등장한다. 페르세우스는 메두사를 죽이러 가는 도중에 그라이아이를 만났다. 그녀들의 임무는 고르고네스에게로 가는 길목을 지키는 것이었다. 그녀들에게는 눈이 하나밖에 없었으므로 교대로 보초를 섰고, 눈이 없는 나머지 두 명은 자기 차례가 돌아올 때까지 잠을 잤다. 페르세우스는 그 하나밖에 없는 눈을 훔치는 데 성공했고, 세 명 모두를 한꺼번에 잠들게 만들었다. 그리고는 아무런 방해도 받지 않고 그 길을 지나 자신의 임무를 완수했다. 그는 그라이아이의 눈을 트리토니스 호수에 던졌다고 한다.

전설의 한 이본에 따르면, 그라이아이는 신탁을 맡은 여자들이었다고 한다. 그녀들은 고르곤을 죽이기 위한 조건들을 알고 있었다. 즉, 그러기 위해서는 몇몇 님프들로부터 날개 달린 샌들, 키비시스라 불리는 일종의 배낭, 그것을 쓴 사람이 눈에 보이지 않는 하데스의 투구 등을 얻어야 했다. 페르세우스는 헤르메스와 아테나의 조언에 따라 그라이아이로부터 눈과 이를 훔쳤고(검으로 그녀들을 위협했다고도 한다), 그녀들의 비밀을 털어놓으라고 위협했다. 그녀들은 어디에서 님프들을 찾을 수 있는지 알려 주었고, 님프들은 아무런 저항 없이 그가 필요로 하는 물건들을 건네주었다(☞페르세우스).

*그라티아이 Gratiae 그라티아이는 카리테스(☞)의 라틴 명이다.

그리노스 Γρῦνος / Grynus 그리노스는 에우리필로스의 아들이자 텔레포스의 손자이다. 트로이아 전쟁에서 아버지가 네오프톨레모스에게 죽임을 당하자, 그리노스는 미시아 왕위를 빼앗으려는 이웃들의 공격을 받게 되었다. 그래서 그는 네오프톨레모스와 안드로마케의 아들인 페르가모스에게 도움을 청했다. 페르가모스의 도움 덕분에 그는 적들을 물리쳤고, 이를 기념하고자 페르가몬과 그리니온 두 도시를 세웠다.

그리페스 Γρῦπες / Grypes 그리페스 즉 그리폰들은 전설적인 새들로, 독수리 부리에 힘센 날개와 사자의 몸을 하고 있었다. 이들은 아폴론에게 봉헌되어 히페르보레이오이 족의 나라에 있는 스키티아 사막에서 아리마스포이 족의 습격으로부터 아폴론의 보물들을 지켰다. 또 다른 작가들에 의하면, 그리폰들은 에티오피아나 인도에 있었다고도 한다.

그리폰들은 디오니소스 신과도 연관되어, 그의 커다란 포도주 잔을 지켰다고도 한다.

비교적 후대의 전설들에 의하면, 그리폰들은 인도의 북쪽 사막에서 금을 찾는 이들을 방해했다고 한다. 금을 지키는 것이 그들의 임무였기 때문이라고도 하고, 사람들이 금을 채굴하는 산에 자신들의 둥지가 있었으므로 위험으로부터 새끼들을 보호하기 위해서였다고도 한다.

글라우케 Γλαύκη / Glauce 1. 〈초록〉을 의미하는 글라우케는 네레이데스 중 한 명이다. 또한 아르카디아의 님프이기도 하다.

2. 테바이 왕 크레온의 딸도 같은 이름으로, 그녀는 크레우사라고도 불렸다. 그녀는 이아손의 아내 메데이아의 연적이었다(☞크레우사).

글라우코스 Γλαῦκος / Glaucus 글라우코스라는

글라우코스

인물은 여러 명 있으며, 그 중에는 바다의 신도 있다.

1. 트로이아 사람 안테노르(☞)와 테아노 사이에서 태어난 글라우코스가 있다. 그는 파리스를 도와 헬레네를 납치했다. 이 일로 인해 글라우코스는 아버지에게 쫓겨났다. 그는 트로이아 인들 편에서 그리스 인들과 대항하여 싸웠고, 간혹 그가 아가멤논에게 죽임을 당했다고도 한다. 그러나 글라우코스는 안테노르의 아들이었으므로 오딧세우스와 메넬라오스 덕분에 목숨을 건졌다는 것이 통설이다. 그의 아버지 안테노르는 예전에 이들 두 사람을 환대하여 친분 관계가 있었기 때문이다.

2. 트로이아 편에 서서 싸운 또 다른 글라우코스는 히폴로코스의 아들로, 사촌 사르페돈과 함께 리키아 군대를 지휘했다. 그는 지혜와 용맹으로 유명하다. 도시 주위에서 전투가 벌어졌을 때 그는 디오메데스와 맞닥뜨리게 되었다. 글라우코스와 디오메데스는 자신들의 가문 사이에 친교가 있다는 것을 알고 있었다. 글라우코스는 아버지 히폴로코스를 통해 벨레로폰테스의 손자였으며(☞계보 35), 디오메데스의 할아버지 오이네우스는 한때 자신의 궁정에서 벨레로폰테스를 환대한 적이 있었던 것이다. 그때 이들은 환대의 기념으로 서로 선물을 교환하여, 오이네우스는 자주색 허리띠를 주었고, 벨레로폰테스는 황금 술잔을 주었다. 트로이아 성 앞에서 그들의 후손들이 또다시 이러한 교환을 하여, 디오메데스는 글라우코스에게 청동으로 된 자신의 무기를 주었고, 글라우코스는 금으로 만든 자신의 무기를 선물했다. 그리고 두 사람은 각자 진영으로 되돌아갔다. 그 후 글라우코스는 많은 공적을 세웠다. 사르페돈이 다치자 그는 사촌을 구하러 갔지만[호메로스의 내용과 다름. 사르페돈이 다친 것은 무장 교환(『일리아스』 6권 119행 이하) 이전이었고(5권 628행 이하), 거기서는 그냥 〈동료들이〉 그를 들어낸 것으로 되어 있다] 테우크로스의 방해로 상처를 입어 전투를 포기해야 했다. 그래서 글라우코스는 아폴론에게 기도를 드렸다. 아폴론은 그의 기도를 받아들여 사르페돈의 시신을 가지러 갈 수 있도록 상처를 낫게 해주었다. 하지만 그리스 인들이 시체에서 무기를 탈취하는 것까지 막을 수는 없었다(☞사르페돈[저자는 마치 글라우코스가 사르페돈의 시신을 구해 낸 것처럼 쓰고 있으나, 사실 그 시신은 아폴론이 빼돌려, 잠과 죽음을 시켜 사르페돈의 고향으로 실어 나르도록 조치했다. 『일리아스』 16권 666행 이하 — 감수자 주]). 이어 그는 헥토르와 힘을 합쳐, 방금 죽임을 당한 파트로클로스의 시신을 손에 넣기 위해서 싸움을 벌였다. 그러나 그는 텔라몬의 아들 아이아스에게 죽임을 당했고[글라우코스는 『일리아스』 이후의 이야기에서 아킬레우스의 시신을 놓고 벌어진 싸움에서 죽었다], 그의 시신은 아폴론의 명으로 바람들에 의해 리카이로 옮겨졌다. 벨레로폰테스의 손자인 이 글라우코스가 리키아 왕조의 창시자라고 한다.

3. 위의 글라우코스(2)의 증조부의 이름도 글라우코스이다. 그는 시시포스의 아들로, 아버지로부터 장차 코린토스가 될 에피라 시를 물려받았다. 이 글라우코스는 특히 그의 죽음으로 유명하다. 그는 펠리아스의 추모 경기에 참가하여 전차 경기에서 이피클레스의 아들 이올라오스에게 패했다(☞이올라오스). 그러자 그의 암말들이 글라우코스를 잡아먹어 버렸다. 이 암말들은 주인의 부주의로 마법의 샘물을 마시는 바람에 난폭해졌다고도 하고, 아프로디테가 화가 나서 그렇게 만들었다고도 한다. 여신이 화난 이유는 글라우코스가 암말들이 더 **빠르게** 달릴 수 있게 하기 위해 교미를 막음으로써 여신을 모독

했기 때문이다.

또 다른 설에 의하면, 시시포스의 아들 글라우코스는 어느 날 샘물을 마셨는데, 그 물에 불사의 효능이 있었다고 한다. 그러나 어느 누구도 그가 불사의 존재가 되었다는 것을 믿으려 하지 않았다. 그래서 사람들에게 증명하고자 그는 바다에 몸을 던졌고, 그곳에서 바다의 신이 되어 파도를 타고 떠돌아다녔다. 그 후로 바다에서 그를 본 선원들은 모두 죽음을 맞이하게 되었다.

4. 또 다른 바다의 신도 글라우코스라는 이름으로 불렸지만, 위의 글라우코스(3)와는 다른 혈통을 지니고 있다. 그는 보이오티아에 있는 안테돈 시의 어부로, 이 도시의 건설자인 안테돈과 할키오네의 아들 혹은 포세이돈과 한 나이아스의 아들이라고 한다. 그는 나면서부터 불사신은 아니었지만, 우연히 불사의 효능을 지닌 약초를 먹게 되어 바다의 신이 되었다. 바다의 여신들이 그의 몸 속에 남아 있던 모든 죽음의 성분들을 깨끗이 없애 주었고, 그의 겉모습 또한 새롭게 변했다. 어깨는 넓어졌고, 하체에는 물고기의 힘찬 꼬리가 생겼으며, 양 볼은 청동의 녹과 같은 푸른색의 수염으로 뒤덮였다. 게다가 예언의 능력을 받아, 그는 자기 마음대로 아무렇게나 이 예언력을 사용했다. 베르길리우스는 그를 쿠마이의 여자 예언자 시빌라의 아버지로 묘사했다. 메넬라오스는 트로이아에서 귀향하던 중 말레아 곶을 돌아 항해하다가 글라우코스를 만났다고 한다. 또한 그는 아르고 선에 탔고, 몇몇 이본들에 의하면 그가 아르고 선을 만들었다고도 한다. 그는 아르고나우타이와 함께 싸웠다.

글라우코스는 또한 사랑 이야기들로도 유명하다. 그는 스킬레에게 구애했지만 소용이 없었다. 그 때문에 젊은 처녀는 키르케의 주술로 괴물로 변했다(☞ 스킬레). 그럼에도 불구하고 그의 사랑은 계속되었고, 그는 그녀를 여신으로 만들어 주었다.

글라우코스는 또한 테세우스가 낙소스 강가에 버린 아리아드네를 유혹하려 했지만, 성공하지 못했다. 하지만 디오니소스가 이 젊은 처녀를 아내로 삼으러 왔을 때 그 행렬에 끼어 있었다.

5. 신화학자들은 또 다른 글라우코스에 대해 언급하고 있다. 그는 미노스와 파시파에의 아들이다(☞ 계보 28). 이 글라우코스는 어렸을 때 쥐를 쫓아가다가 꿀을 저장해 둔 항아리에 빠져 죽었다. 미노스는 오랫동안 아들을 찾아다녔고, 예언자들의 도움으로 혹은 아폴론의 도움으로 마침내 시체를 찾아냈다. 그러자 쿠레테스는 글라우코스의 생명을 되찾아 줄 수 있는 사람이 있다고 미노스에게 일러 주었다. 그 사람은 미노스의 소들 중 하루에 세 번씩 색깔을 바꾸는 젖소의 색깔을 가장 적절한 말로 비유할 수 있는 자라고 했다. 그 젖소는 흰색이었다가 빨간색으로 변하고 그리고는 검정으로 되었는데, 이러한 색깔의 변화는 매일 일어났다. 미노스는 크레테 섬에서 가장 재치 있는 사내들을 모았고, 신비한 젖소의 색깔을 묘사해 보라고 명했다. 단 한 사람, 코이라노스의 아들 폴리에이도스만이 그 답을 찾아냈다. 그는 젖소가 뽕나무 열매의 색깔을 가지고 있다고 대답했다. 뽕나무 열매는 처음에는 흰색이었다가 붉게 변하며, 다 익으면 완전히 검어지기 때문이다. 미노스는 폴리에이도스가 어려운 문제를 풀었다고 판단하고, 글라우코스에게 생명을 되찾아 줄 것을 명했다. 미노스는 아들의 시체와 함께 그를 가두었다. 폴리에이도스는 매우 당황했으나, 그때 방 안으로 뱀 한 마리가 기어 들어와 시체 쪽으로 향하는 것을 발견했다. 그는 혹시나 뱀이 시체를 먹거나 해를 가할 것이 두려워 그 뱀을 죽여 버렸다. 그랬더니 얼마 지나지 않아 또 다른 뱀이 들어와 죽은 뱀을 발견하고는 밖으로 나가 약초를 물고 돌아

왔다. 그리고는 그 약초를 죽은 뱀에게 갖다 대자 뱀이 되살아났다. 폴리에이도스는 그 약초를 빼앗아 글라우코스에게 문질러 주었고, 그러자 글라우코스 역시 생명을 되찾았다.

그런데 미노스는 이것으로 만족하지 않았다. 그는 폴리에이도스가 고향인 아르고스(또는 코린토스)로 되돌아가기 전에 글라우코스에게 그의 기술을 가르쳐 주라고 명령했다. 그래서 폴리에이도스는 미노스의 요구를 들어주었다. 그러나 그가 마침내 자유의 몸이 되자, 제자인 글라우코스의 입에 침을 뱉어 그가 습득했던 모든 지식을 잃게 만들었다.

이본들에 따르면, 글라우코스를 다시 살린 것은 폴리에이도스가 아니라 아스클레피오스였다고도 한다.

글라우키아 Γλαυκία / Glaucia 글라우키아는 프리기아에 있는 스카만드로스 강의 딸이다. 헤라클레스는 트로이아 원정에 여러 용사들과 동행했는데, 그 중에는 보이오티아 사람 엘레온의 아들 데이마코스도 있었다. 글라우키아는 데이마코스와 서로 사랑하여 임신하게 되었지만, 데이마코스는 아들이 태어나기도 전에 죽고 말았다. 아이가 태어나자 글라우키아는 조부의 이름을 따라 아이를 스카만드로스라 불렀다. 헤라클레스는 글라우키아와 그의 아들을 그리스로 데리고 가서 엘레온에게 맡겼다. 스카만드로스는 타나그라에서 멀지 않은 강에 자신의 이름을 붙였고, 글라우키아의 이름은 다른 개울에, 자신의 아내 아키두사의 이름은 이웃한 샘에 붙여 주었다. 그는 아키두사와의 사이에서 세 딸을 얻었고, 사람들은 이 딸들을 〈세 명의 처녀들〉이라는 이름으로 숭배했다.

글리피오스 Γλύφιος / Glyphius 테이레시아스가 아직 여자이고(☞테이레시아스) 트로이젠에 살고 있었을 때, 글리피오스라는 한 주민이 목욕하는 그녀를 범하려 했다. 테이레시아스는 그보다 훨씬 강했으므로 그와 싸워 이기고 죽여 버렸다. 그런데 글리피오스는 포세이돈의 사랑을 받고 있었던 터라, 포세이돈은 그의 복수를 하기 위해서 모이라이에게 테이레시아스를 남자로 되돌려놓고 그의 예언력을 없애 버리라고 부탁했다. 그래서 모이라이 여신들은 포세이돈의 부탁대로 실행했다.

기간테스 Γίγαντες / Gigantes 기간테스[거인들]는 대지(가이아)의 자식들로, 크로노스가 우라노스의 남근을 자른 상처에서 흘러나온 피가 땅에 떨어져 태어났다(☞가이아, ☞계보 12). 이들은 신의 자손들이지만, 불사의 존재는 아니었다고도 하고 신과 인간이 동시에 죽이면 죽을 수 있었다고도 한다. 이들이 치명상을 면할 수 있게 해주는 마법의 풀도 있었지만, 제우스는 누가 이 풀을 손에 넣기 전에 꺾어 버렸다. 그러기 위해 제우스는 태양, 달, 새벽에게 빛을 발하는 것을 금지시켜 아무도 자기보다 먼저 그 풀을 찾을 수 없게 만들었다. 또 다른 전승들에 의하면, 몇몇 거인들(예를 들어 알키오네우스나 포르피리온)은 그들이 태어난 땅에 살고 있는 한 죽지 않는다고 한다. 기간테스의 전설은 주로 그들이 신들과 싸우다 패배한 이야기이다. 그들은 대지의 여신에게서 태어났는데, 가이아가 이들을 낳은 것은 제우스가 티탄 족을 타르타로스에 가둔 것에 복수하기 위해서였다. 기간테스는 거대한 체구에 천하무적의 힘과 끔찍한 외모를 하고 있었다. 그들은 무성한 머리털과 텁수룩한 수염을 가지고 있었으며, 다리는 뱀의 형상을 하고 있었다. 그들이 태어난 곳은 트라케 지방의 팔레네 반도에 있는 플레그라이이 평원이다. 그들은 태어나자마자 불붙은 나무들과 커다란 바위들을 던지며 하늘을 위협했다. 이러한 위협에 맞서기 위해 올림포스 신들은 전쟁을 준비했다. 기간테스의 주된 적수는 제우스와 전쟁의 여신 아테나였다. 제우스는 방패와 그의 독수리가 가져다주는 벼락으로 무장했고, 아테나 여신 역시 방패를 갖추고 아버지와 마찬가지로 벼락을 던졌다. 그녀의 주요 보좌역은 헤라클레스였는데, 기간테스를 죽이는 데 운명의 신들이 부과한 조건을 충족하기 위해서는 인간인 그의 도움이 필요했던 것이다. 헤라클레스는 전장에서 멀리 떨어져 제우스의 전차에서 기간테스에게 활을 쏘았다.

때로는 디오니소스도 싸움에 적극적으로 참여했다. 그는 자신의 지팡이와 횃불로 무장하고 있었으며, 사티로스들의 도움을 받았다. 그리고는 전설이 차츰 풍부해져서, 아레스, 헤파이스토스, 아프로디테, 에로스, 포세이돈 등 다른 신들도 개입하게 되었다.

신화학자들은 기간테스 중 몇몇이 싸움에서 한 역할을 묘사하고 있다. 알키오네우스(☞)는 아테나의 도움을 받는 헤라클레스에게 죽임을 당했다. 아테나 여신은 헤라클레스에게 알키오네우스가 쓰러질 때마다 자기가 태어난 대지에 닿아 힘을 되찾곤 했으므로, 그의 고향인 팔레네에서 멀리 떨어진 곳으로 데려가라고 조언해주었다. 포르피리온은 헤라클레스와 헤라를 공격했지만, 제우스가 그에게 헤라를 향한 욕정을 품게 만들었다. 그래서 포르피리온이 헤라의 옷을 벗기려 할 때 제우스가 그에게 벼락을 던졌고, 헤라클레스는 화살을 쏘아 죽였다. 에피알테스는 왼쪽 눈에는 아폴론의 화살, 오른쪽 눈에는 헤라클레스의 화살에 맞아 죽었다. 에우리토스는 디오니소스의 지팡이에 맞아 죽었고, 클리티오스는 헤카테의 횃불로 죽었으며, 미마스는 헤파이스토스가 던진 붉게 달아오른 쇳덩어리를 맞고 죽었다. 엔켈라도스는 도망쳤지만, 아테나 여신이 그에게 시칠리아 섬을 던졌다. 그녀는 팔라스의 살갗을 벗겨 남은 전투 동안에 갑옷으로 사용했다. 폴리보테스는 바다에서 포세이돈에게 쫓기다가 코스 섬에 이르렀는데, 포세이돈은 당시 니시로스라 불리던 이 섬의 일부를 조각내어 폴리보테스에게 던졌다. 헤르메스는 눈에 보이지 않게 해주는 하데스의 투구를 쓰고 히폴리토스와 싸워 그를 죽였고, 아르테미스는 그라티온을 죽였다. 단단한 몽둥이로 무장한 모이라이는 아그리오스와 토아스를 죽였다. 나머지 거인들은 제우스가 벼락을 던지고 헤라클레스가 화살을 쏘아 죽였다. 이러한 싸움은 트라케에 있는 팔레네 반도에서 주로 벌어졌지만, 한 지방적 전설에 따르면 아르카디아에 있는 알페이오스 강가에서 일어났다고도 한다.

후대의 전승들은 그 밖의 기간테스의 이름들을 더 꼽기도 하지만, 이들은 주로 티탄 족이나 티폰, 브리아레우스, 알로아다이 등의 괴물들을 잘못 분류한 소치이다. 이들은 비록 거대한 몸집과 굉장한 힘을 지니고 있기는 하지만, 기간테스와 같은 종족은 아니다.

〈기간토마키아〉 즉 거인족과 신들 간의 싸움은 조형 예술에서 선호되는 주제이며, 특히 신전들의 박공을 장식하는 데 쓰이곤 한다. 괴물들의 하체가 뱀의 형상으로 되어 있으므로 각진 모서리를 채우고 구성을 마무리하는 데 매우 적합하기 때문이다.

기게스 Γύγης / Gyges 기에스 일명 기게스는 대지의 여신이 하늘과 결합하여 낳은 헤카톤케이레스(팔이 백 개인 거인들) 중 한 명이다(☞계보 12). 그는 브리아레우스(☞아이가이온) 그리고 코토스와 형제간이다. 그는 코토스와 마찬가지로 올림포스 신들과의 싸움에 참전했으며 제우스에 의해 타르타로스에 갇힌 채 자신의 친형제인 브리아레우스의 감시를 받았다(☞아이가이온).

헤로도토스가 전하는 리디아 왕 기게스의 전설에는 많은 민간 소재들(보이지 않게 만들어 주는 반지, 훌륭한 재산, 〈보물〉의 발견, 여왕의 사랑 등)이 포함되어 있다. 하지만 기게스는 신화가 아니라 역사에 속하는 인물이다.

기르톤 Γύρτων / Gyrton 기르톤은 플레기아스와 형제간이며, 따라서 몇몇 전승들에서 익시온의 숙부로 그려지고 있다. 그는 테살리아에 기르톤 시를 건설한 것으로 여겨졌다.

기아스 Γύας / Gyas 1. 『아이네이스』에는 두 명의 기아스가 등장한다. 첫번째 인물은 앙키세스를 위해 열린 추모 경기에 참석한 아이네이아스의 친구이다.

2. 두 번째 인물은 아이네이아스의 적으로, 아이네이아스는 그와 그의 형제 키세우스를 모두 죽였다. 이 기아스는 라티움 사람으로, 그의 아버지 멜람푸스는 헤라클레스가 게리오네우스의 황소를 빼앗으러 갈 때 동행했고(☞게리오네우스), 돌아오는 길에 라티움에 정착했다.

ㄴ

*나나 Nana 아티스에 관한 프리기아 전설에서 하신 상가리오스의 딸로 등장하는 나나는 신기한 과실을 품에 안았다가 잉태하게 되었다(☞아그디스티스, ☞아티스).

나나스 Νάνας / Nanas 나나스는 테살리아에 사는 펠라스고이 족의 왕 테우타미데스의 아들이다. 그는 펠라스고스의 후손으로, 프라스토르가 그의 증조부이며 아민토르는 그의 조부가 된다. 트로이아 전쟁이 발발하기 전 그가 통치하고 있던 시기에, 그리스로부터 침략을 받은 펠라스고이 족은 테살리아에서 추방당해 아드리아 해를 건너야 했다. 그곳에서 그들은 코르토나 시를 점령하고 이탈리아에 정착했다. 그 후 펠라스고이 족은 이름이 바뀌어 〈티레노이〉 족이라고 불리게 되었다. 하지만 헤로도토스는 이탈리아로 이주해 온 이 펠라스고이 족과 그가 소아시아에서 온 것으로 여겼던 티레노이 족을 구분하고 있다.

나노스 Νάνος / Nanus 1. 나노스는 마살리아(마르세유)의 원주민 왕으로, 그의 딸은 포키스 이주민들의 우두머리인 에욱세노스와 결혼했다.

2. 체체스에 따르면 나노스는 오딧세우스의 〈티레니아 식〉 이름으로 〈방황하는 자〉를 의미한다. 오딧세우스의 이탈리아에서의 모험, 그리고 그가 티레니아 지방에 이르게 된 전설적인 이야기 등은 ☞오딧세우스.

나르키소스 Νάρκισσος / Narcissus 나르키소스는 대단히 아름다운 젊은이로, 사랑을 경멸했다. 그의 전설은 저자들에 따라 다른 식으로 전해지는데, 오비디우스의 『변신』에 나오는 이야기가 가장 널리 알려져 있다. 여기서는 나르키소스가 케피소스 강의 신과 님프 리리오페의 아들로 되어 있다. 그가 태어났을 때 예언자 테이레시아스는 그의 부모에게 그가 자기 자신을 보지만 않으면 오래 살리라고 예언했다. 나르키소스가 성년이 되자 많은 처녀들과 님프들이 그를 연모했다. 하지만 그는 무관심하기만 했다. 님프 에코도 그를 사랑했지만 그는 여전히 관심을 보이지 않았다. 에코는 고독 속에 칩거하며 점점 여위어 신음소리만 남게 되었고, 나르키소스에게 무시당한 처녀들은 하늘에 복수를 요청했다. 이 소리를 들은 네메시스는 몹시 더운 어느 날 사냥을 마친 나르키소스가 목을 축이기 위해 샘에 몸을 기울이게 만들었다. 물에 비친 자신의 너무나도 아름다운 모습을 본 그는 그 모습과 사랑에 빠졌다. 그 후 세상에 무관심해진 그는 자신의 얼굴만 바라다보며 죽어 갔다. 심지어 스틱스 강에 가서도 자신의 사랑하는 모습을 보고 싶어했다. 그가 죽은 자리에 한 송이 꽃이 피어났으며, 사람들은 그 꽃을 나르키소스라 불렀다.

하지만 보이오티아 지방에서 전해지는 이야기는 아주 다르다. 여기서 나르키소스는 헬리콘에서 멀지 않은 테스피아이 시의 주민으로 되어 있다. 그는 젊고 매우 아름다웠지만 사랑의 기쁨을 경멸했다. 그는 아메이니아스라는 젊은이의 사랑을 받았지만, 그 젊은이를 조금도 사랑하지 않았다. 그래서 계속 그를 매정하게 대하다가, 한번은 칼을 선물로 보냈다. 아메이니아스는 이에 순종하여 나르키소스의 집 앞에서 자살을 했다. 죽어 가면서 그는 잔인한 나르키소스에게 신들의 저주가 내리기를 구했다. 어느 날 나르키소스는 샘에 비친 자신의 모습을 보고 자기 자신과 사랑에 빠졌고, 이 열정에 절망한 나머지 자살했다. 테스피아이 인들은 이 이야기가 말해 주듯이 강한 위력을 가진 〈사랑〉의 신에게 제사를 바쳤다. 자살한 나르키소스의 피로 풀이 물들었던 자리에는 나르키소스라는 한 송이 꽃이 피어났다.

한편 파우사니아스에 의하면, 나르키소스에게는 그를 빼닮은 쌍둥이 누이가 있었다고 한다. 두 사람은 매우 아름다웠다. 누이가 죽자, 그녀를 몹시 사랑했던 나르키소스는 큰 슬픔에 빠졌다. 어느 날 그는 샘물에 비친 자신의 모습을 보면서 처음에는 자기 누이를 보는 듯하여 슬픔을 잊었다. 자신이 보고 있는 것이 누이가 아님을 잘 알면서도 그는 누이를 잃은 슬픔을 달래기 위해 샘물에 비친 자신의 모습을 들여다보곤 하였다. 이렇게 해서 보통 사람들의 입에 오르내리던 전설이 만들어졌다는 것이다. 하지만 이 이야기는 이미 존재하던 전설을 합리적으로 해석한 것이다.

확실치 않은 한 전승에 의하면, 나르키소스는 에우보이아의 에레트리아 출신이라고 한다. 그는 에폽스(혹은 에우포?)[원문대로임]라는 자에게 죽임을 당했는데, 그의 피에서 나르키소스 꽃이 피어났다고 한다.

나오스 Ναός / Naus 나오스는 엘레우시스의 에우몰포스 왕의 증손자이다(☞에우몰포스). 델포이 신탁의 명령에 따라 그는 아르카디아에 데메테르의 신비 의식을 도입했다. 하지만 아르카디아의 전설들에서는 이 신비 의식이 데메테르 자신에 의해 도입된 것으로 되어 있다.

나우시카아 Ναυσικάα / Nausicaa 나우시카아는 『오딧세이아』에 나오는 가장 유명한 일화들 중 하나에 등장하는 여주인공이다. 그녀는 파이아케스 족의 왕 알키노오스(☞)와 아레테(☞)의 딸이다. 아테나는 그녀를 이용하여 파이아케스 족이 오딧세우스에게 이타케로 돌아갈 방법을 제공하게 만들었다. 오딧세우스는 칼립소의 섬을 떠난 후 다시금 조난을 당하여, 상처투성이가 된 채 한참이나 헤엄을 친 끝에 낯선 섬에 닿았다. 그리고는 강가의 숲 속에서 잠이 들었다. 그가 잠든 사이 아테나는 나우시카아에게 꿈을 꾸게 했다. 그녀는 동무 한 명이 그녀의 무심을 책하면서 가족의 세탁물을 속히 모아 강가에 가서 빨자고 권하는 꿈을 꾸었다. 아침이 되자 나우시카아는 강가에 가서 빨래를 할 수 있도록 부모의 허락을 구했다. 그녀의 부모는 기꺼이 허락했고, 그녀는 암노새가 끄는 마차를 타고 시녀들과 함께 하루 동안 빨래를 하러 갔다. 처녀들은 빨아서 풀 위에 널어 둔 빨랫감이 마르는 동안 강가에서 공놀이를 하기 시작했다. 갑자기 공이 그녀들의 손에서 빠져나가 물속으로 굴러 들어갔다. 그녀들이 소리를 지르는 바람에 오딧세우스는 잠에서 깨어나, 벌거벗은 몸을 재빨리 나뭇가지들로 가리고 처녀들 앞에 나타났다. 놀란 시녀들은 도망가고 나우시카아만이 자리에 남았다. 오딧세우스는 그녀에게 달변으로 말을 건네며, 그녀를 여신이나 강의 님프로 여기는 척했다. 나우시카아는 그의 말에 대답하고 도움을 약속했다. 그녀는 그에게 먹을 것과 걸칠 것을 주고, 신들이 보낸 손님을 맞는 대신 겁부터 낸 데 대해 시녀들을 꾸짖었다. 날이 저물어 집으로 돌아갈 때가 되자, 나우시카아는 오딧세우스에게 궁으로 가는 길을 일러 준 다음 시녀들과 함께 마차를 타고 돌아왔다. 이렇게 해서 그녀의 소임은 끝났지만, 그녀는 이 불행한 남자에게 특히 그의 아름다움에 마음이 끌림을 느꼈다. 그녀는 그와 결혼하고 싶다는 심정을 내비쳤고, 알키노오스도 기꺼이 결혼을 허락할 용의가 있었다. 그러나 오딧세우스는 이타케에서 이미 결혼을 한 후였으므로 떠나지 않으면 안 되었다. 이렇게 해서 이야기는 끝난다.

신화학자들에 의하면 나우시카아는 나중에 텔레마코스와 결혼해 페르세폴리스라는 아들을 낳았다고 한다(☞페르세폴리스).

나우시토오스 Ναυσίθοος / Nausithous 나우시토오스는 바다와 연관된 전설에 등장하는 여러 주인공들의 이름이다.

1. 첫번째 나우시토오스는 거인족의 왕 에우리메돈의 딸 페리보이아와 포세이돈 사이에 태어난 아들이다(☞에우리메돈). 나우시토오스는 파이아케스 족을 통치했는데, 이들은 아직 코르키라에 살지 않고 히페레이아에 살고 있었다. 파이아케스 족은 키클로페스에게 추방당하자 나우시토오스의 지휘에 따라 스케리아(코르키라)로 가서 정착했다. 나우시토오스는 알키노오스와 렉세노르의 아버지이며, 렉세노르를 통해 알키노오스의 아내 아레테의 할아버지가 된다.

2. 또 다른 나우시토오스는 테세우스의 키잡이이다. 그는 테세우스가 미노타우로스와 싸우기 위해 크레테로 가는 배를 조종했다. 테세우스는 그를 위한 사당을 지어 주었다.

3. 나우시토오스는 오딧세우스와 칼립소의 자식들 중 한 명의 이름이기도 하다. 그에게는 나우시노오스라는 형제가 있었다. 일설에 따르면 그는 오딧세우스와 키르케의 아들이자 텔레고노스의 형제라고 한다(☞오딧세우스).

나우테스 Ναύτης / Nautes 트로이아 노인 나우테스는 아이네이아스가 이주할 때 함께 따라갔다. 시칠리아에서 그는 아이네이아스에게 섬에 남지 말고 라티움으로 가라고 충고했다. 『아이네이스』와는 별개의 한 전설에 따르면, 디오메데스는 팔라디온을 아이네이아스의 트로이아인들에게 돌려주라는 신탁을 들었는데, 이때 디오메데스로부터 신상을 넘겨받은 자가 그라고 한다. 로마의 나우티이 가문은 그의 후손들로 통했다.

나우플리오스 Ναύπλιος / Nauplius 이 이름을 가진 인물은 두 명으로, 종종 서로 혼동되곤 한다.

1. 첫번째 나우플리오스는 두 번째 나우플리

오스의 조상으로, 포세이돈이 다나오스의 딸들 중 한 명인 아미모네에게서 낳은 아들이다(☞아미모네). 첫번째 나우플리오스가 나우플리아 시를 세웠다고 한다. 그의 아들 다마스토르는 딕티스와 폴리텍테스의 할아버지이며, 또 다른 아들 프로이토스가 나우볼로스의 할아버지이자 두 번째 나우플리오스의 고조부이다.

2. 두 번째 나우플리오스는 첫번째 나우플리오스보다 훨씬 유명하다(☞계보 2). 그는 첫번째 나우플리오스와 나우플리오스 1세, 프로이토스, 레르노스, 나우볼로스, 클리토네오스, 나우플리오스 2세라는 가계로 연결된다. 그는 아르고나우타이의 원정에 참여했다가 티피스가 죽은 뒤 조타수가 되었다(☞티피스, ☞아르고나우타이). 적어도 일부 신화학자들은 그가 팔라메데스의 아버지라고 본다. 그러나 아폴로도로스를 위시한 또 다른 신화학자들은 나우플리오스 1세가 팔라메데스의 아버지라고도 한다. 이 경우 신화학자들은 연대기를 구성하는 데 몹시 어려움을 겪는데, 왜냐하면 팔라메데스의 모험과 그에 따른 나우플리오스의 복수는 트로이아 전쟁 동안 일어난 것으로 아가멤논이 태어난 시점부터 그리스 인들의 귀환에 이르는 기간에 걸쳐 있기 때문이다. 그렇게 되면 나우플리오스는 굉장히 오래 산 것이 되며 믿을 수 없을 만큼 수명이 길었던 것이 되고 만다. 게다가 그들이 이 나우플리오스를 다나오스의 손자로 본다면 나우플리오스의 수명은 더 길어지게 된다. 이런 불가능한 점들이 있었기 때문에 그들은 다섯 세대를 사이에 두고 같은 이름의 두 나우플리오스가 있다고 보았던 것이다.

이 나우플리오스의 가장 중요한 점은 그가 팔라메데스의 아버지라는 사실이다(☞팔라메데스). 그의 아내는 필리라, 헤시오네, 혹은 클리메네(카트레우스의 딸)라고 한다. 그에게는 팔라메데스 외에도 오이악스, 나우시메돈이라는 두 아들이 있었다.

나우플리오스는 무엇보다도 배를 타고 돌아다니는 사람이었으므로, 왕들은 자신의 마음에 들지 않는 가족의 일원을 추방하기 위해 그의 도움을 받았다. 그리하여 비슷한 두 가지 전설에서 그가 같은 역을 맡는 것을 볼 수 있다. 우선, 텔레포스의 전설에서 아우게의 아버지 알레오스는 헤라클레스의 유혹을 받았던 딸을 그에게 맡기며 항해 중에 바다에 던져 버리라고 시켰다. 나우플리오스가 그녀를 나우플리아로 데려가던 도중에, 그녀는 텔레포스를 낳았다. 그는 그녀를 불쌍히 여겨 물에 빠뜨려 죽이는 대신 상인들에게 넘겼고, 그들은 그녀를 미시아로 데려갔다(☞아우게, ☞텔레포스).

또한, 카트레우스도 자신의 두 딸 아에로페와 클리메네를 그에게 맡겼다. 이 두 딸이 노예들과 관계를 가졌거나, 아니면 그가 자신의 자식들 중 한 명의 손에 죽게 되리라는 신탁의 예언이 있었기 때문이다. 그는 그에게 그녀들을 익사시키라고 명했지만, 나우플리오스는 그녀들을 구하여 아에로페(☞)는 아트레우스(혹은 플레이스테네스)에게 주고, 클리메네는 자신의 아내로 삼았다.

훗날 그의 아들 팔라메데스는 그리스 군대에 들어가 트로이아 원정에 참가했으나, 곧 돌에 맞아 죽었다(☞팔라메데스). 그 후 나우플리오스의 삶은 아들의 죽음을 복수하는 데 바쳐졌다. 그래서 그는 출타한 영웅들의 아내를 차례로 꾀어 정부를 갖게 만들었다. 특히 아가멤논의 아내 클리타임네스트라, 이도메네우스의 아내 메다, 디오메데스의 아내 아이기알레이아를 꾀는 데 성공했다. 나중엔 페넬로페까지 꾀려 했지만 그녀는 넘어가지 않았다. 그러는 한편 그는 더 끔찍한 방법으로 많은 그리스 장군들에게 보복을 했다. 트로이아에서 돌아오는 그리스 군대가 기레스(에우보이아 남쪽 카파레우스 곶 근방에 있는 〈둥근 바위들〉) 근방까지 왔을 때 나우플리오스는 밤중에 암초 위에 큰 불을 피워 놓았다. 그러자 그리스 인들은 항구 가까이 왔다고 믿고 뱃머리를 불빛이 보이는 쪽으로 돌렸고, 배들은 산산이 부서지고 말았다. 오일레우스의 아들 아이아스도 이로 인해 죽었다.

아폴로도로스에 따르면, 나우플리오스는 그 자신이 그리스 선단에게 저지른 죄와 비슷한 배신으로 죽었다고 한다. 그러나 이 일의 자세한 내막은 알려져 있지 않다. 그런가 하면 그는 페넬로페가 구혼자들에게 넘어가도록 일을 꾸미던 중 오딧세우스의 어머니 안티클레이아에게 속아 넘어갔다. 안티클레이아는 그에게 그의 아들 중 한 명의 죽음을 예언했으며, 이 말을 들은 나우플리오스는 슬픔으로 자결했다고 한다.

나이아데스 Ναιαδες / Naiades 나이아데스[나이아스들]는 물의 님프들이다. 님프이므로 여성이며 아주 긴 수명을 받고 있었지만 불사의 존재는 아니었다(☞하마드리아데스, ☞님파이). 하마드리아데스가 자신들과 연관된 나무의 신비로운 생명을 의인화한 존재들인 것과 마찬가지로, 나이아데스도 그녀들이 사는 샘이나 하천의 신성을 의인화한 존재들이다. 때로는 하나의 샘에 단 한 명의 님프만이 있고, 때로는 하나의 샘에 여러 명의 님프가 있어서 대등한 자매들로 여겨지기도 한다.

그녀들의 계보는 신화학자들에 따라, 전설들에 따라 달라진다. 호메로스는 그녀들을 〈제우스의 딸들〉이라고 부르지만, 다른 데서는 그녀들을 오케아노스 일족에 속한 것으로 이야기하기도 한다. 그러나 대개 그녀들은 자신들이 사는 강의 신의 딸들로 여겨진다. 가령 아소포스의 딸들도 나이아데스이다(☞아소포스). 유명한 샘에는 각기 샘의 나이아스가 있으며, 이 나이아스는 자신만의 이름과 전설을 지닌다. 예를 들어 시라쿠사이의 님프 아레투사에 관한 전설에 따르면, 그녀는 아카이아의 님프로 아르테미스의 동반자였으며 여신과 마찬가지로 사랑을 경멸했다고 한다. 어느 날 그녀는 여느 때보다 더 열심히 사냥을 하다가 아주 맑고 차가운 강을 보자 멱을 감고 싶었다. 그래서 아무도 보는 이 없이 혼자 헤엄을 치던 중 갑자기 물에서 목소리가 들려왔다. 하신 알페이오스가 아름다운 처녀를 보고 욕망을 느낀 것이었다. 놀란 아레투사는 벗은 채 도망쳤고 한참 동안 알페이오스의 추격을 받았다. 결국 힘이 빠진 그녀는 아르테미스에게 구원을 요청했고 아르테미스 여신은 그녀를 구름으로 감쌌다. 그러나 아레투사가 사라진 곳에서 알페이오스가 떠나려 하지 않았으므로 겁이 난 아레투사는 샘이 되었다. 그러자 샘이 된 아레투사의 물에 알페이오스가 들어가 그녀와 결합하지 못하도록 땅이 갈라졌다. 아레투사는 아르테미스의 인도를 받아 아르테미스에게 바쳐진 오르티기아 섬의 시라쿠사이로 갔다.

알렉산드리아의 시인들이 지어낸 이 전설의 성격은 분명하다. 엘레이아와 시칠리아에 같은 이름의 샘이 두 개 있다는 것을 설명하기 위한 것이다. 이 전설은 열렬한 추격과 변신이라는 흔한 도식에 따라 형성되었다. 그러나 이런 전설을 지어낼 수 있었던 것은 나이아데스가 그리스 인들의 상상력 속에서 친밀한 존재였고 모든 샘이나 하천에 나이아스가 있었기 때문이다.

나이아데스는 종종 병 고치는 능력을 지닌 것으로 여겨졌다. 병자들은 그녀들에게 바쳐진 샘의 물을 마시거나 아니면 드물게는 목욕을 하기도 했다. 하지만 목욕은 때로 신성 모독으로 여겨져, 잘못하면 그녀들의 분노를 산 나머지 알 수 없는 병에 걸릴 수도 있었다. 로마의 네로 황제 역시 로마에서 가장 좋은 수로들 중 하나인 마르키아의 샘에서 목욕을 한 뒤, 몸이 마비되고 열이 나다가 며칠 뒤에야 회복되었다. 이런 병에 걸린 것은 신성한 물의 수호자인 나이아데스가 화가 났기 때문이라고들 했다. 나이아데스를 화나게 하면 광기에 사로잡힐 수도 있었다. 나이아데스를 보는 이는 누구나 그녀들에게 사로잡혀 방황하게 되었다(☞림파이).

나이아스를 조상으로 하는 가계들은 아주 많다. 예를 들면 엔디미온의 아내이자 아이톨로스의 어머니, 마그네스의 아내, 렐렉스의 아내, 오이발로스의 아내, 이카리오스의 아내, 에리크토니오스의 아내, 티에스테스의 아내 등이 모두 나이아데스이다. 이렇게 그녀들은 각 지방의 전설에서 큰 역할을 담당하고 있으며, 그녀들의 개입으로 인물들이 특정한 도시나 나라의 땅과 연결되는 것을 볼 수 있다. 나이아데스는 특히 펠로폰네소스 지방의 전설에 자주 등장한다.

낙소스 Νάξος / Naxos 낙소스는 낙소스 섬의 명조이다. 그가 누구인지에 대해 적어도 세 가지 다른 이야기가 전해져 온다. 한 전설에 의하면 그는 카리아 사람으로, 폴레몬의 아들이며, 테세우스보다 두 세대 전에 카리아 식민지의 우두머리로 섬에 정착했다고 한다. 당시 디아라고 불리던 섬이 그의 이름을 따서 낙소스로 불리게 되었다는 이야기이다.

또 다른 전설에 의하면 그는 엔디미온과 셀레네의 아들이라고 하며, 크레테 지방에서 나온 세 번째 전설에 의하면 아폴론과 아카칼리스의 아들이라고도 한다(☞아카칼리스).

난나코스 Νάννακος / Nannacus 난나코스는 데우칼리온의 홍수가 일어나기 전, 아주 옛날에 살았던 프리기아의 왕이다. 홍수를 예견한 그는 재난을 피하기 위해 온 백성이 함께 기도하게 했다. 기도를 할 때 눈물과 통곡이 따랐으므로 〈난나코스의 눈물〉이라는 표현이 격언처럼 남았다.

이 이름과 결부된 또 다른 전설에 따르면, 난나코스는 3백 년을 살았는데 신탁이 그가 죽으면 그의 백성도 모두 죽게 되리라는 예언을 했다. 그가 죽자 그의 백성은 큰 소리로 울며 애도했다. 그리고 얼마 안 가 홍수가 나고 신탁이 예언한 대로 이루어진다.

네다 Νέδα / Neda 아르카디아의 산에서 제우스를 낳았을 때 레이아는 자신과 아기를 씻고 싶어 했다. 하지만 아르카디아에는 하천이 없었다. 강바닥이 말라 샘 하나 솟지 않았다. 절망에 빠진 레이아는 가이아(대지)에게 호소하면서 자신의 홀(笏)로 땅을 두드렸다. 그러자 후일 레프레이온 시가 건설될 장소 근처에 곧 샘이 넘쳐흘렀다. 레이아는 오케아노스의 딸들 중 스틱스와 필리라 다음으로 가장 나이가 많은 님프를 기리기 위해 이 샘을 네다라는 이름으로 불렀다.

키케로가 전하는 이야기에 의하면, 아르카디아의 님프 네다는 제우스에게서 네 명의 무사이[뮤즈들]를 낳았다고 한다. 이름은 각기 텔크시노에, 아오이데, 아르케, 멜레테로, 이 네 명은 가장 오래된 무사이다.

네레우스 Νηρεύς / Nereus 네레우스는 〈바다의 노인들〉 중 한 명으로, 때로는 〈바다의 노인〉의 원형으로 간주된다. 그는 폰토스와 가이아의 아들이며, 따라서 타우마스, 포르키스, 케토, 에우리비에 등과 형제간이다(☞계보 32). 그의 아내는 오케아노스의 딸 도리스이며, 그는 그녀에게서 네레이스들을 낳았다(☞네레이데스). 그런가 하면 그에게는 네리테스라는 아들도 있었다고 한다(☞네리테스).

네레우스는 그리스 선원들의 설화에서 가장 빈번히 등장하는 인물들 중 하나이다. 올림포스 신들의 세대에 속하는 포세이돈보다 더 오래된 네레우스는 세상의 기본적인 힘들을 나타내는 신들 중 하나이다. 대부분의 바다의 신들처럼 네레우스 역시 온갖 종류의 다양한 존재와 동물들로 변신할 수 있었다. 그가 헤스페리데스의 나라로 가는 길을 묻는 헤라클레스의 질문들을 피하려 했을 때도 이런 능력이 사용되었다(☞헤라클레스).

네레우스는 선원들에게 자비롭고 선한 신으로 여겨졌다. 보통 그는 흰 수염을 달고 있으며, 삼지창으로 무장하고 소라고둥을 타고 가는 모습으로 그려진다.

네레이데스 Nηρηίδες / Nereides 네레우스와 도리스의 딸들이자 오케아노스의 손녀들인 네레이데스[네레이스들]는 바다의 정령들이다(☞계보 32). 그녀들은 어쩌면 바다의 수많은 물결들을 의인화한 것인지도 모른다. 그 수는 보통 50명 정도라고 하지만 때로는 100명이라고도 한다. 현재 네레이데스의 명단은 네 가지가 전해지는데, 상호보완적인 이 명단들을 비교하여 알파벳 순서로 하나의 명단을 만들어 보면 다음과 같다.

악타이에, 아가우에, 아마테아, 암피노메, 암피토에, 암피트리테, 압세우데스, 아우토노에, 칼리아나사, 칼리네이라, 칼립소, 케토, 클리메네, 크란토, 키마톨레게, 키모, 키모도케, 키모토에, 데로, 덱사메네, 디오네, 도리스, 도토, 디나메네, 에이오네, 에라토, 에우크라테, 에우도레, 에울리메네, 에우몰페, 에우니케, 에우폼페, 에우아고레, 에우아르네, 갈라테이아, 갈레네, 글라우케, 글라우코노메, 할리에, 할리메데, 히포노에, 히포토에, 이아이라, 이아나사, 이아네이라, 이오네, 라오메데이아, 리아고레, 림노레이아, 리시아나사, 마이라, 멜리테, 메니페, 나우시토에, 네메르테스, 네오메리스, 네사이아, 네소, 오레이티아, 파노페이아, 파시테아, 페루사, 플렉사우레, 폴리노에, 폰토메두사, 폰토포레이아, 프로노에, 프로토(I), 프로토(II), 프로토메데이아, 프사마테, 사오, 스페이오, 탈리아, 테미스토, 테티스, 토에.

77명의 이름을 포함하는 이 명단은 신화학자들과 시인들의 개인적인 발상에 좌우되는 다양한 전승들을 보여 준다. 단지 새겨진 그림들에서는 나오, 폰토메다, 칼리케, 코로, 이레시아, 키마토테아, 에우디아 같은 또 다른 네레이스들도 볼 수 있다.

네레이데스는 대개 전설 속에서 개별적인 역할은 하지 않지만, 그래도 몇몇은 다른 자매들보다 좀더 눈에 띄는 개성을 지닌다. 아킬레우스의 어머니 테티스(II)(☞), 그리고 포세이돈의 아내 암피트리테, 갈라테이아(☞), 또 아테나이의 왕 에레크테우스의 딸로 간주되는 오레이티아 등이 그러한 예들이다.

네레이데스는 바다 속 깊은 곳에 있는 아버지의 궁전에서 황금 보좌에 앉아 있다고 이야기된다. 그녀들은 한결같이 아름다웠으며, 실을 자아 베를 짜고 노래를 부르면서 시간을 보냈다. 시인들은 파도 속에서 머리채를 너울거리며 소라고둥들과 돌고래들 사이를 이리저리 헤엄치며 오가는 그녀들을 상상하기도 했다.

그녀들은 전설 속에서 연기자보다는 관객으로 등장한다. 아킬레우스와 파트로클로스가 죽었을 때도 그녀들은 자매 테티스와 함께 눈물을 흘렸다. 헤라클레스가 어떻게 하면 네레우스로부터 헤스페리데스의 고장으로 가는 데 필요한 정보들을 얻을 수 있을지 가르쳐 준 것도 그녀들이다(☞헤라클레스). 그녀들은 안드로메데가 페르세우스에 의해 풀려나는 현장에도 있었다(☞카시에페이아).

*네리오 Nerio 로마의(그리고 분명 이탈리아의) 전승에서 네리오는 마르스의 아내로 되어 있다. 그녀는 용기를 의인화한 존재이다(인도 유럽어의 옛 어근을 지니고 있는 그녀의 이름이 뜻하는 바도 용기이다). 사람들은 적에게서 취한 노획물을 마르스나 불카누스에게처럼 그녀에게도 바치곤 했다. 몇몇 전설들에서는 그녀를 미네르바와 동일시하기도 하는데, 미네르바 역시 그리스의 팔라스와 닮은 전쟁의 여신이었다. 마르스와 미네르바 네리오의 사랑 이야기에 대해서는 ☞마르스, ☞안나 페렌나.

네리테스 Nηρίτης / Nerites 네레우스와 도리스의 아들인 네리테스는 어부들의 전설에 등장하는 인물이다. 그는 아주 잘생긴 젊은이여서, 아프로디테가 아직 바다에 살던 무렵 그를 사랑하게 되었다. 그러나 여신이 올림포스로 올라가게 되었을 때, 네리테스는 아프로디테가 날개까지 주었는데도 그녀와 함께 가려 하지 않았다. 그러자 화난 아프로디테는 그를 바위에 붙어 움직일 수 없는 조개껍질로 변하게 하고, 그의 날개를 대신 에로스에게 주어 자신을 따라오게 했다.

네리테스에 관한 전설의 또 다른 이본에 의하면, 그는 포세이돈의 사랑을 받았다고 한다. 그는 더없이 빠른 속도로 포세이돈을 수행하곤 했는데, 물결 위를 그토록 빨리 나아가는 그를 질투한 헬리오스(태양)가 그를 조개껍질로 변하게 했다는 것이다.

네마누스 Νεμανοῦς / Nemanus 이시스 전설에서 네마누스는 비블로스 왕의 아내로 등장한다.

그녀는 이시스가 오시리스의 시신이 담긴 관을 찾아 헤매고 있었을 때 여신을 맞아 대접해 주었다. 이시스는 관이 파도에 밀려 비블로스 연안에 이르러서 한 그루의 나무에 걸렸으며, 이 나무가 자라나 관을 땅 위로 올려놓았다는 사실을 알고 있었다. 비블로스 왕 말칸드로스는 이 나무를 베어 내어 왕궁 지붕을 받치는 기둥으로 사용했다. 이렇게 해서 관은 아무도 모르게 비블로스 왕의 궁전 지붕에 숨겨지게 되었다. 비블로스에 도착한 이시스는 왕의 궁전에 들어가기 위해 왕궁의 시녀들과 접촉하기 시작했다. 그녀는 가난한 여인으로 변장하여 시녀들에게 향수를 주었는데, 왕비는 시녀들의 머리에 그토록 향기로운 냄새가 나게 하는 향수를 준 여자를 알고 싶어했다. 그녀는 이시스를 자기 아이들의 유모로 고용했다. 밤이 되면 여신은 아이에게서 필멸의 요소들을 제거함으로써 불사의 존재로 만들기 위해 아이를 불 속에 넣었다. 또 아이의 입에 자기 손가락을 집어넣어 양분을 취하게 했다. 밤중에 아이를 불 위에 올려 둔 채로 제비로 변한 그녀는 오시리스의 관을 포함하고 있는 기둥 주위를 빙빙 맴돌면서 흐느꼈다. 이 이상한 광경이 벌어지던 도중에, 네마누스가 와서 자기 아들이 불길 한가운데 있는 모습을 보고 고통스러운 비명을 질렀다. 이시스는 곧 자신의 정체를 밝히며 네마누스에게 그녀의 아들은 결코 불멸을 얻지 못하리라고 예언했다. 그리고는 자신이 비블로스에 온 이유를 말했고, 즉시 오시리스의 시신을 돌려받았다. 관을 열면서 그녀가 너무도 격앙된 소리를 내지르는 바람에 네마누스의 막내아들이 죽고 말았다. 이시스는 관을 가지고 떠나며 네마누스의 장남을 함께 데려갔다. 그러나 경솔하게도 그는 이시스가 남편의 시신 위에서 슬피 우는 모습을 보아 버린 탓에 얼마 안 가 죽고 말았다.

네메시스 Νέμεσις / Nemesis 네메시스는 신인 동시에 추상 개념이다. 신으로서의 그녀에 관한 다음과 같은 신화가 있다. 네메시스는 닉스(밤)의 딸들 중 한 명으로, 제우스의 사랑을 받았으나 그의 포옹을 피해 도망다녔다. 그래서 여러 가지 다른 형태로 변하다가 마지막에는 거위가 되었다. 그러자 제우스는 백조가 되어 그녀와 결합했다. 네메시스는 알을 낳았고, 목동들이 이 알을 가져다가 레다에게 주었다. 바로 이 알에서 헬레네와 디오스쿠로이가 태어났다(☞레다, ☞헬레네). 이러한 전설은 네메시스가 갖는 상징적인 의미와도 관련이 있다. 즉 네메시스는 〈신의 보복〉을 의인화한 것으로, 때로는 에리니에스처럼 범죄를 벌하기도 하지만, 좀더 일반적으로는 모든 〈과도함〉 즉 인간의 지나친 행복이나 왕들의 교만 따위를 벌하는 역할을 맡는다. 바로 여기에 그리스 정신의 기본 개념이 들어 있다. 선에서나 악에서나 분수를 넘어서는 모든 것은 신들의 보복을 받게 마련이다. 우주가 유지되려면, 세상의 질서를 전복시키고 우주의 균형을 깨뜨리려 하는 자들은 벌을 받아야 한다. 가령 자신의 부와 권력에 취해 있던 크로이소스는 네메시스의 부추김을 받아 키로스를 치러 나섰다가 파멸당한다.

아티카와 에우보이아를 나누는 해협 연안의 마라톤에서 멀지 않은 곳에 위치한 아티카의 작은 도시 람누스에는 네메시스에게 바쳐진 유명한 성역이 있었다. 이 여신의 신상은 페르시아인들이 날라 온 파로스의 대리석으로 피디아스가 새긴 것이었다. 페르시아 인들은 아테나이인들을 점령한 뒤 그것을 전리품으로 삼으려 했다. 그들은 자신들의 승리를 너무도 확신하고 있던 터라(이 또한 〈과도함〉의 예이다) 아테나이인들을 포로로 삼지도 않았다. 그러자 람누스의 네메시스는 마라톤의 아테나이 군대를 분발시켜 페르시아 군대를 무찔렀다.

네소스 Νέσσος / Nessus 켄타우로스 네소스는 다른 켄타우로스들과 마찬가지로 익시온과 네펠레의 아들이다. 그는 폴로스와 헤라클레스에 맞서 싸우다가 헤라클레스에 의해 추방되었고(☞헤라클레스), 에우에노스 강가에 정착하여 뱃사공의 일을 했다. 그가 헤라클레스와 두 번째로 마주친 것은 헤라클레스가 강을 건너기 위해 데이아네이라와 함께 나타났을 때였다. 헤라클레스는 자신은 강을 헤엄쳐 건너면서 데이아네이라는 뱃사공에게 건네주도록 했다. 그런데 도중에 네소스가 그녀를 겁탈하려 했으므로 그녀는 도와달라고 소리를 질렀고, 이 외침을 들은 헤라클레스는 네소스에게 화살을 쏘았다. 그러자 헤라클레스에게 두 번씩이나 희생당한 그는 복수를 하기 위해 데이아네이라에게 비밀 하나를 알려 주었다. 즉, 언제라도 남편의 사랑이 식을 때에는 자신이 주는 액체(자신의 피와 겁탈하려 흘린 정액의 혼합물로 이루어진)에 옷을 적셨다가 남편에게 입히라는 것이었다. 그러면 이 액체가 묘약처럼 작용해 헤라클레스가 그녀를 다시 사랑하게 되리라는 것이었다. 이렇게 헤라클레스의 죽음이 설명된다. 네소스가 준 액체는 무서운 독약이었던 것이다. 헤라클레스가 이 액체가 밴 옷을 입자 옷이 몸에 붙어 떨어지지 않았다. 옷을 찢으려 할 때마다 살이 뜯겨 나와 그는 산 채로 살가죽이 벗겨지는 고통을 받으며 죽었다(☞헤라클레스, ☞데이아네이라).

네스토르 Νέστωρ / Nestor 네스토르는 넬레우스와 클로리스의 막내아들로(☞계보 21), 헤라클레스가 넬레우스의 아들들을 몰살시킬 때 유일하게 살아남았다(☞넬레우스). 네스토르는 아폴론의 은혜를 입어 아주 오래(3세대 이상) 살았다.

그의 어머니 클로리스는 암피온과 니오베의 딸들인 니오비데스 중 한 명이었다. 그녀의 형제자매들은 아폴론과 아르테미스에게 죽임을 당했는데(☞니오베), 아폴론은 말하자면 이 살인을 보상하기 위해 네스토르에게 그의 숙부들과 숙모들에게는 주어지지 않았던 긴 수명을 허락한 것이다.

『일리아스』와 『오딧세이아』에서 네스토르는, 전장에서도 여전히 용감할 뿐 아니라 훌륭한 조언을 해주는 현명한 노인의 모습으로 등장했다. 그는 필로스를 다스렸다.

젊은 네스토르가 헤라클레스에게 죽임을 당하지 않은 이유에 대해서는 여러 가지 설명이 있다. 그는 형제들과 멀리 떨어져 메세니아의 게레니아에서 자랐다고도 하고, 넬레우스와 그의 열한 명 아들들이 헤라클레스가 애써 데려온 게리오네우스의 황소들을 빼앗으려 했는데 네스토르만이 그 일에서 빠졌다고도 한다. 이에 대한 보답으로 헤라클레스는 그를 살려 주고 그에게 메세니아 왕국을 주었다는 것이다.

네스토르는 자신이 다스리는 필로스 인들과 이웃인 에페이오이 족 사이에 벌어진 전투에서 중요한 역할을 했다. 그는 에페이오이 족이 자신의 영토에서 행한 노략질을 벌하기 위해 여러 차례 공격을 감행했다. 이 전투에서 그는 몰리오니다이를 죽일 뻔했지만 포세이돈이 이들을 구름으로 감싸 구해 주었다(☞몰리오니다이). 또 그는 아르카디아에서 거인 에레우탈리온과 단독 결투를 하여 그를 죽였다고 한다. 그는 켄타우로스들과 라피타이 족의 전투, 칼리돈의 사냥, 아르고나우타이의 원정 등에 모두 참가했다. 나아가 그는 드물게 장수한 덕분에 트로이아 전쟁에서도 중요한 역할을 담당했다. 헬레네가 납치당한 뒤 메넬라오스는 곧바로 그에게 조언을 구했고, 네스토르는 그를 수행하여 곧 그리스를 돌며 영웅들을 모았던 것이다. 그 자신은 90척의 선단을 이끌고 두 아들 안틸로코스와 트라시메데스를 대동하여 출전했다.

『일리아스』에 나오는 사건들 이전에, 아킬레우스가 테네도스를 점령하는 데에도 그가 참여했음을 우리는 알고 있다. 그에게 돌아간 전리품은 아르시노오스의 딸 헤카메데였다. 아킬레우스와 아가멤논 사이에 분쟁이 일자 그가 개입하여 그리스 병영이 다시금 일치단결하도록 끝까지 노력했다.

후대의 서사시들은 그가 멤논의 공격을 받게 된 경위, 그의 아들 안틸로코스가 그를 구하기 위해 자신의 생명을 바치게 된 경위 등을 이야기한다. 결국 멤논을 죽이고 안틸로코스의 복수를 하는 것은 아킬레우스이다(☞안틸로코스, ☞멤논).

트로이아를 정복한 뒤, 네스토르는 무사히 귀향한 몇 안 되는 용사들 중 하나로, 필로스로 돌아갔다. 그의 아내(『오딧세이아』에 따르면 클리메노스의 딸 에우리디케, ☞계보 33. 아폴로도로스에 따르면 크라티에우스의 딸 아낙시비아)는 아직 살아 있었다. 아버지의 소식을 몰라 괴로워하던 텔레마코스가 그에게 조언을 들으러 찾아오기도 했다. 그의 죽음에 관한 이야기는 전해지지 않는다. 그의 무덤은 필로스에 있었다고 한다. 네스토르에게는 페르세우스, 스트라티코스, 아레토스, 에케프론, 페이시스트라토스, 안틸로코스, 트라시메데스 등의 아들들과, 페이시디케, 폴리카스테 등의 딸들이 있었다.

네오프톨레모스 Νεοπτόλεμος / Neoptolemus
〈젊은 전사〉로 일컬어지는 네오프톨레모스는 아킬레우스가 스키로스 왕 리코메데스의 딸 데이다메이아에게서 낳은 아들이다. 아킬레우스는 리코메데스의 규방에 숨어 있던 시절에 그를 잉태시켰다(☞아킬레우스). 이때의 아킬레우스가 〈피라〉라는 별명으로 불렸으므로, 빨강머리를 의미하는 〈피로스〉라는 이름이 아들에게까지 전수되었다. 그래서 그는 피로스와 네오프톨레모스라는 두 가지 이름으로 불리게 되었다.

아버지가 트로이아 전쟁에 나간 후에 태어난 네오프톨레모스는 할아버지 리코메데스의 손에서 자랐다. 아킬레우스가 죽은 후 그리스 인들은 포로로 잡은 예언자 헬레노스(☞)를 통해, 네오프톨레모스가 와서 그들과 함께 싸우지 않으면 절대로 트로이아 시를 점령할 수 없으리라는 사실을 알게 되었다. 그들이 승리하기 위한 그 밖의 조건은 헤라클레스의 활과 화살을 갖는 것이었다. 그래서 그들은 스키로스에서 네오프톨레모스를 데려오기 위해 첫번째 사절을 파견했다. 오딧세우스와 포이닉스, 디오메데스가 그를 데려오는 일을 맡았다. 리코메데스는 네오프톨레모스가 떠나는 데 반대했지만 네오프톨레모스는 아버지의 뒤를 이어 그리스 사절들을 따라나섰다. 트로이아로 가는 도중에 그는 사절들과 함께 렘노스로 갔는데, 그곳에는 전에 아가멤논이 오딧세우스의 충고에 따라 버렸던 필록테테스가 병들어 비참한 처지에서 벗어나지 못하고 있었다(☞필록테테스). 이 필록테테스가 헤라클레스의 무기를 가지고 있었으므로, 네오프톨레모스는 오딧세우스와 포이닉스 등과 함께 그를 설득하여 트로이아로 데려가는 데 성공했다.

트로이아 성 앞의 그리스 군은 네오프톨레모스를 새로운 아킬레우스라고 믿었다. 네오프톨레모스는 숱한 무훈들을 세웠고, 특히 텔레포스의 아들 에우리필로스를 죽이고는 기쁨에 겨운 나머지 자신의 이름을 따서 〈피리케〉라는 전쟁춤을 만들어 내기도 했다. 그는 목마를 타고 들어가 성을 탈취한 용사들 중에 끼어 있었다. 결정적인 전투가 벌어지자 그는 엘라소스와 아스티노오스를 죽이고 코로이보스와 아게노르에게 상처를 입혔으며, 어린 아스티아낙스를 탑 위에서 떨어뜨렸다. 헥토르가 아킬레우스에게 죽임을 당했듯이 헥토르의 아들 역시 네오프톨레모스에게 죽임을 당한 것이다. 네오프톨레모스는 전리품으로 헥토르의 미망인인 안드로마케를 차지했다(☞안드로마케). 그리고 아버지를 기리기 위해 아버지의 무덤 위에서 폴릭세네를 죽여 제물로 바쳤다.

전설의 이 대목까지는 모든 출전들의 이야기가 거의 비슷하다. 하지만 트로이아에서 귀향하는 대목부터는 이본들마다 각기 다른 양상으로 전개된다. 호메로스가 들려주는 이야기는 단순하다. 거기서는 네오프톨레모스가 메넬라오스처럼 행복한 귀향을 한 것으로 되어 있다. 메넬라오스는 자신의 딸 헤르미오네를 그와 결혼시켰으며, 그와 헤르미오네는 펠레우스와 아킬레우스의 고향인 프티오티스에 가서 살게 되었다는 것이다. 『노스토이』[귀향들]에 의하면, 네오프톨레모스는 테티스의 개입 덕분에 그리스 군의 공통된 운명을 모면할 수 있었다고 한다. 테티스는 그에게, 트로이아에 며칠 더 머물러 있다가 육로로 돌아가라고 충고했다. 그 때문에 네오프톨레모스는 트라케를 지나게 되었고 그곳에서 오딧세우스를 만났으며, 거기서 에페이로스 즉 후에 〈몰로소이 족의 나라〉라고 불리게 될 곳으로 간다(☞몰로소스).

그러나 세르비우스가 『아이네이스』 주석에서 들려주는 이야기에 의하면 이런 충고를 한 것은 테티스가 아니고, 그를 기꺼이 동반한 예언자 헬레노스라고 한다. 이렇게 두 사람은 우정으로 맺어졌으며, 네오프톨레모스는 죽어 가면서 그에게 안드로마케를 아내로 삼아 달라고 부탁했다.

네오프톨레모스가 아버지 나라인 프티오티스에 정착하지 않은 이유는 아킬레우스가 없는 동안 펠레우스가 아카스토스에게 왕국을 빼앗겼기 때문이라고 한다(☞펠레우스, ☞아카스토스). 네오프톨레모스는 그래서 곧장 에페이로스로 갔다. 하지만 이에 대해서도 다양한 전설이 있다. 예를 들어, 그는 에페이로스에서 헤라클레스의 한 손녀를 납치해 일곱 명의 자식을 두었으며, 이들이 이 고장에 정착해 에페이로스 인들의 선조가 되었다는 것이다. 또는 트로이아에서 귀향하던 도중에 테살리아에 상륙한 그는 테티스의 충고에 따라 자신의 배들을 불태운 다음 에페이로스에 정착했다고도 한다. 왜냐하면 그는 이 땅에서 헬레노스의 신탁이 실현된 것을 알았기 때문이다. 헬레노스는 철제 골조와 나무 벽, 천으로 된 지붕의 집들이 있는 고장에 정착하라고 했던 것이다. 실제로 에페이로스 원주민들은 뾰족한 철제 장식이 들어 있는 말뚝에 나무로 된 내벽, 천으로 덮인 천막에서 살고 있었다.

그보다 앞서 나온 대부분의 전설에서는 네오프톨레모스가 헤르미오네와 결혼한 것으로 되어 있다. 그러나 둘 사이에는 자식이 없었고, 그와 안드로마케 사이에 세 명의 아들, 몰로소스, 피엘로스, 페르가모스가 있었다. 이를 질투한 헤르미오네는 복수를 하기 위해 자신의 옛 약혼자 오레스테스를 불렀으며, 오레스테스는 프티아 혹은 에페이로스에서 네오프톨레모스를 죽였다고 한다. 하지만 비극 작가들이 취한 형태 속에서는 이야기가 좀더 복잡해져서, 오레스테스가 델포이에서 행한 복수에는 두 가지 동기가 있었다고 한다. 즉 네오프톨레모스를 죽임으로써 헤르미오네의 복수를 한 것이 될 뿐 아니라 자신에게서 약혼녀를 앗아간 경쟁자를 벌준 셈이 되었던 것이다(☞헤르미오네, ☞오레스테스). 네오프톨레모스가 델포이에 간 데 대해서도 여러 가지 설명이 있다. 그것은 왜 그와 헤르미오네 사이에 자식이 없는지 신탁에 묻기 위해서였다고도 하고, 트로이아에서 가져온 전리품의 일부를 신께 바치기 위해서였다고도 하며, 아폴론에게 자신의 아버지 아킬레우스에 대한 그의 적대감 — 아킬레우스를 죽인 파리스의 화살은 실상 아폴론의 인도를 받은 것이었다 — 의 이유를 묻기 위해서였다고도 한다(☞아킬레우스). 오레스테스는 폭동을 일으켰고, 네오프톨레모스는 이 폭동에서 죽임을 당했다. 하지만 오레스테스가 전혀 등장하지 않는 또 다른 전설도 있다. 델포이의 관습에 따르면 제사에 바쳐진 제물의 가장 큰 부분을 사제들이 차지하고 제사를 드린 이에게는 거의 아무것도 돌아가지 않도록 되어 있었다. 이런 관습에 반발한 네오프톨레모스는 자신이 바친 제물을 사제들이 갖지 못하게 하려고 했다. 그러자 사제들 중 마카이레우스(☞)라는 자가 사제 계급의 특권을 유지시키기 위해 그를 단칼에 죽였다는 것이다. 혹은 델포이 인들이 피티아의 명령으로 네오프톨레모스를 죽였다는 설도 있다. 아폴론은 아킬레우스에 대한 자신의 분노를 다음 세대에까지 미치게 했던 것이다. 네오프톨레모스는 델포이 신전의 문턱 아래 묻혔으며, 신적인 예우를 받게 되었다.

네일레우스 Νειλεύς / Nileus 디오도로스 시쿨루스가 전하는 에우헤메로스적 전승에 따르면, 네일레우스 왕은 이집트를 다스리던 군주이다. 전에 아이깁토스라 불리던 강은 그의 이름을 따서 나일 강이라 불리게 되었다. 네일레우스가 땅을 비옥하게 만들기 위해 벌인 수많은 관개사업에 대한 감사의 표시로, 그의 백성들은 그에게 그러한 영예를 돌렸다고 한다.

네일로스 Νεῖλος / Nilus 그리스 전설에서 네일로스는 이집트의 강 나일의 신이다. 모든 하신들이 그렇듯 그는 오케아노스의 아들이다. 그러나 곧 더 구체적인 전설이 형성되어 이오의 이야기와 결부되었다. 이오의 아들 에파포스는 네일로스의 딸 멤피스를 아내로 맞았고, 이들의 결합에서 태어난 리비에가 아게노르 족 및 벨로스 족의 조상이 되었다는 것이다(계보 3). 그리스 인들에게 네일로스는, 강에 운하를 놓고 둑을 쌓음으로써 이집트 땅을 비옥하게 만든 왕이었다(☞네일레우스).

네팔리온 Νηφαλίων / Nephalion 네팔리온은 미노스와 님프 파리아에게서 태어난 아들이다(☞계보 28). 그는 자신의 형제인 에우리메돈, 크리세스, 필롤라오스, 그리고 이복형제 안드로게오스의 아들들인 두 조카 알카이오스, 스테넬로스 등과 함께 파로스에 정착해 살고 있었다. 헤라클레스가 히폴리테 여왕의 허리띠를 찾으러 아마조네스의 나라로 가다가 이 섬에 이르렀을 때(☞헤라클레스), 미노스의 아들들은 헤라클레스의 두 동반자를 죽였다. 분노한 헤라클레스가 미노스의 아들들을 죽이자, 섬의 주민들은 그에게 사절을 보내 죽은 그의 두 동료를 대신할 사람들을 자신들 중 선택해 데려가도록 제안했다. 헤라클레스는 이 제안을 받아들여 알카이오스와 스테넬로스를 데리고 가던 길을 계속 갔다.

네펠레 Νεφέλη / Nephele 1. 구름을 의미하는 네펠레라는 이름의 여성은 여러 명 있는데, 그 중에서 아타마스의 첫번째 아내이자 프릭소스와 헬레의 어머니인 네펠레가 가장 유명하다. 아타마스는 이노와 결혼하기 위해 그녀를 버렸다(☞아타마스).

2. 네펠레는 글자 그대로 마술 〈구름〉을 가리키기도 한다. 즉 익시온의 불경한 욕망을 좌절시키기 위해 제우스가 헤라의 모습을 본떠 만든 구름이다. 익시온과 결합한 이 〈네펠레〉에게서 켄타우로이가 태어났다(☞익시온, ☞켄타우로이).

구름들도 신화에서 일정한 역할을 하고 있다. 아리스토파네스는 자신의 희극 속에서 그들을 의인화시켜 가계를 부여하기도 했다. 그는 그녀들을(모든 물의 신들과 마찬가지로) 오케아노스의 딸들로 간주했으며, 그녀들이 올림포스 정상에서, 헤스페리데스의 나라에 있는 오케아노스의 정원에서, 혹은 에티오피아 인들의 고장인 먼 나일 강의 수원지에서 살고 있다고 하였다. 아리스토파네스는 어쩌면 오르페우스 교 신앙에 대해 언급하고 있는지도 모르며, 더 나아가 매우 모호한 민담을 바탕으로 시적인 신화를 개인적으로 만들어 낸 것일 수도 있다.

케팔로스(☞)의 전설에서 때로는 사냥꾼이 부르는 것이 미풍이 아니고 바로 구름(네펠레)이며, 바로 이 이름을 두고 프로크리스는 오해를 했던 것이다.

넬레우스 Νηλεύς / Neleus 넬레우스는 티로와 포세이돈의 아들이며(☞계보 21), 모계로는 살모네우스의 후손, 즉 아이올로스의 후손이다(☞살모네우스, ☞계보 8). 그는 펠리아스의 쌍둥이 형제이며, 티로와 크레테우스의 자식들인 아이손, 페레스, 아미타온 등의 의붓형제이다.

태어나면서 어머니에게서 버림받은 넬레우스와 펠리아스는 포세이돈이 이들을 돌보도록 보낸 암말의 젖을 먹고 자랐다. 또 다른 전설에 따르면 둘 중 하나는 암말의 발길질로 얼굴에 상처를 입었으며 말장수가 아이를 거두었다고 한다. 상처 자국이 있던 아이가 펠리아스인 것 같다(그리스 어의 〈펠리온〉은 〈창백하다〉는 뜻이다). 또 다른 쪽이 넬레우스이다. 두 아이가 자라서 어머니를 찾았는데, 그녀는 계모 시데로에게 학대당하고 있었다. 펠리아스와 넬레우스는 시데로를 공격했지만, 그녀가 헤라의 신전으로 피신했으므로 즉시 죽일 수가 없었다. 결국 펠리아스가 성소를 침범해 제단 위에서 시데로를 죽였다. 나중에 두 형제는 서로 권력을 다투었고, 넬레우스는 펠리아스에 의해 추방당해 메세니아로 가서 필로스 시를 세웠다. 그는 암피온(이아소스와 오르코메노스의 아들)의 딸 클로리스와 결혼하여 딸 페로와 열두 명의 아들, 즉 타우로스, 아스테리오스, 필라온, 데이마코스, 에우리비오스, 에필라오스, 프라시오스, 에우리메네스, 에우아고라스, 알라스토르, 네스토르, 페리클리메노스 등을 낳았다.

넬레우스는 헤라클레스 계열의 이야기들에서 일역을 한다. 넬레우스는 이피토스를 죽인 헤라클레스를 정화해 주려 하지 않았으므로 헤라클레스의 공격을 당했다(☞헤라클레스). 이 전쟁에서 넬레우스의 아들 열한 명이 죽고, 그 자리에 없었던 네스토르만이 살아남았다(☞네스토르). 넬레우스는 헤라클레스에게 희생당한 자들 중 한 명이라고도 하고, 자기 아들들보다 더 오래 살아남았다고도 한다. 후자의 경우 그는 코린토스에서 병으로 죽어 그곳에 묻힌 것으로 되어 있다.

넬레우스가 주도한 전쟁, 특히 에페이오이 족과의 전쟁에 대해서는 ☞네스토르, ☞몰리오니다이.

2. 또 다른 넬레우스는 첫번째 넬레우스의 후손으로, 아테나이 왕 코드로스의 아들이다. 이오니아 이주자들의 우두머리로 밀레토스 시를 건설한 것도 그라고 여겨진다. 헤라클레이다이의 침입으로 고향에서 추방당한 메세니아 인들이 이 이오니아 인들과 동맹을 맺었다(☞코드로스).

*넵투누스 Neptunus 넵투누스는 포세이돈과 동일시되었던 로마의 신이다. 그의 이름은 확실한 어원은 알 수 없지만, 매우 오래된 말인 듯하다. 습한 요소의 신인 그는 포세이돈에 동화되기 전까지는 자신만의 고유한 전설을 가지고 있지 않았다(☞포세이돈). 그의 축제는 아주 건조한 시기인 한여름 7월 23일에 열렸다. 팔라티누스와 아벤티누스 언덕 사이, 키르쿠스 막시무스의 골짜기에 그의 성역이 있었다. 이곳에는 예전에 상당히 큰 강이 흘렀으며, 바로 그 강가에 그의 사당이 있었다.

로마 전통에서는 넵투누스에게 살라키아, 혹은 베닐리아라는 동반자가 있었다고 한다.

노토스 Νότος / Notus 노토스는 남쪽 바람, 습기를 머금은 따뜻한 바람의 신이다. 그는 에오스(새벽)와 아스트라이오스의 아들이다(☞계보 14). 하지만 그의 형제들인 보레아스나 제피로스와는 달리, 신화 속의 인물로 등장하는 일이 거의 없다(☞보레아스).

*누마 폼필리우스 Numa Pompilius 로마 건국 설화에서, 사비니 출신의 누마는 로마의 두 번째 왕이다. 그는 로물루스가 로마를 세우던 날 태어났으며 티투스 타티우스의 딸 타티아와 결혼했다. 그는 종교적인 왕으로 신성한 제사 및 제도의 대부분을 제정했다고 한다. 그는 우선 로물루스를 퀴리누스라는 이름의 신으로 예우했으며(☞로물루스), 플라미네스[3명의 대(大)플라미네스는 유피테르, 마르스, 퀴리누스를 각기 전담하고, 12명의 소(小)플라미네스는 다른 신들을 전담한다], 아우구레스[새점을 치는 사람들], 베스탈레스[국가의 화덕이라고 할 수 있는 베스타 신전의 영원한 불을 지키는 (처음에는 4명, 나중에는 6명의) 처녀 사제들], 살리이[특히 마르스

그라디부스를 섬기며 신성한 방패(앙킬리아)를 지키고, 마르스 축일에 무장 무용을 상연하고, 〈악사멘타〉라는 옛 노래를 부르는 역할을 한다], 페키알레스[이웃 나라와의 전쟁 선포, 동맹이나 평화 조약 체결을 확정짓는 20명의 사제 집단], 폰티펙스[좀더 일반적으로 제의와 종교 행사들을 관장하고, 종교적인 사안과 관련해서 행정관들에게 조언하는 역할을 한다]를 만든 이도 그였을 것이다. 수많은 신들, 예를 들어 〈유피테르 테르미누스〉[원래 경계를 지키는 신인데, 카피톨리누스 언덕을 차지하고 있다가 거기에 유피테르 신전이 설 때 다른 곳으로 옮기기를 거부하여 유피테르 신전 안에 머물러 섬김을 받게 되었다]와 〈유피테르 엘리키우스〉[번개를 타고 내려오는 유피테르]를 위시하여, 피데스, 디우스 피디우스 그리고 사비니 신들의 제사를 도입한 것도 그다. 그는 피타고라스주의를 신봉했으며, 그의 종교 정책은 님프 에게리아에게서 영감을 받은 것으로 여겨졌다. 님프 에게리아가 밤중에 그를 찾아와 신성한 샘 근처, 카메나이의 동굴에서 충고를 주곤 했다는 것이다(☞에게리아). 또 길일과 액일의 구분, 달의 운행에 기초한 달력의 제정 같은 모든 문화, 종교 개혁을 주도한 것도 그라고 한다.

누마는 마술적인 힘을 지니고 있었다. 예를 들면 그가 주관한 연회 동안 갑자기, 아무도 가져오지 않은 진미와 술로 식탁이 넘쳐난다든가 하는 것이었다. 그런가 하면 그는 피쿠스와 파우누스가 마시는 샘물에 꿀과 술을 섞음으로써 그들을 아벤티누스 언덕에 포로로 잡아 두었다고 한다. 그들은 온갖 무시무시한 존재들로 변신을 거듭했지만 일단 그들을 손에 넣은 누마는 그들이 말을 하지 않을 수 없게 만들었다. 결국 그들도 패배를 인정하고 벼락을 막는 주문을 비롯하여 여러 가지 비밀들을 가르쳐 주었다.

특히 그는 벼락을 막는 주문에 관해 유피테르와 직접 담판을 벌여, 인간의 머리 대신 양파의 머리, 머리칼, 정어리 머리 등으로 만족하도록 설득했다고 한다[피쿠스와 파우누스의 마법으로 지상에 불려 내려온 유피테르는 벼락에 관한 주문을 묻는 누마에게 그 주문에는 〈머리들〉이 있어야 한다고 대답했다. 그것은 인간의 머리를 말하는 것이었지만, 누마는 양파 머리는 어떻겠느냐, 인간의 머리라면 머리칼 말이냐는 식으로 유도하여 결국 정어리 머리로 낙착시켰다].

누마에게는 폼폰, 피누스, 칼푸스, 마메르쿠스 같은 여러 명의 아들이 있었는데, 이들은 각기 로마 부족들의 조상이 되었다. 또한 폼필리아라는 딸이 있었으며, 그녀의 어머니는 티투스 타티우스 왕의 딸 타티아, 혹은 그가 왕위에 오른 뒤 결혼한 루크레티아일 것이다. 폼필리아는 마르티우스라는 사비니 사람과 결혼했는데, 그는 누마를 따라 로마로 가서 원로원에 들어갔다. 안쿠스 마르티우스 왕은 그의 손자로, 누마가 죽기 5년 전에 태어났다고 한다.

누마는 아주 늙어서 죽어 강 우안의 야니쿨룸에 매장되었는데, 매장 당시 그의 시신이 든 관 옆에 다른 관을 놓고 그 안에는 그가 친필로 쓴 성스런 책들을 넣어 두었다고 한다. 약 400년 뒤, 푸블리우스 코르넬리우스와 마르쿠스 바이비우스의 집정 기간 동안 억수 같은 소낙비가 두 관을 파헤쳐 놓았다. 그 중 누마의 관은 비어 있었으며, 또 다른 관에는 친필 서적들이 들어 있었는데, 이것들은 원로원 앞에 있는 코미티움에서 불태워졌다.

***누미토르** Numitor 누미토르는 알바 왕 프로카스의 맏아들로, 아이네아스 왕조의 16대 왕이었다. 그의 동생 아물리우스는 아버지가 죽자 권력을 탈취하고 누미토르를 추방했으며, 이 같은

악행에 대한 보복을 받지 않기 위해 누미토르의 아들을 죽였다. 그리고 누미토르의 딸 레아 실비아는 베스타 여신의 사제로 만들어 오랜 기간 처녀로 남아 아이를 갖지 못하게끔 조처했다. 그러나 레아는 마르스 신의 사랑을 받아 쌍둥이 로물루스와 레무스를 낳았다. 아물리우스의 지시에 따라 두 아이는 티베리스[테베레] 강가에 버려졌지만, 그들은 죽지 않고 살아남았다. 물이 불어난 강은 그들을 담은 바구니를 게르말루스(팔라티누스 언덕의 북서부 정상) 기슭에 데려다 놓았다. 목동 파우스툴루스(☞)가 아이들을 거두어 팔라티누스 언덕에서 키웠다. 그들은 나중에 자라서 목동이 되었지만 기회가 닿는 대로 노략질을 하기도 했다. 어느 날 아벤티누스 언덕 위에서 가축들에게 풀을 뜯기던 누미토르의 목동들과 그들 사이에 주먹다짐이 벌어지자, 레무스는 포로가 되어 알바로 호송되었다. 왕 앞으로 인도된 그는 너무도 당당한 태도를 취해 왕에게 호기심을 불러일으켰다. 하지만 레무스는 자신의 진짜 출신을 모르고 있었으므로 왕의 호기심을 만족시켜 주지는 못했다. 그러나 파우스툴루스로부터 자신의 출생의 비밀을 들어 알게 된 로물루스가 농부들을 이끌고 레무스를 구하러 왔다. 그는 자신의 종조부를 죽이고 왕궁을 탈취하여 조부 누미토르를 왕위에 앉혔다.

또 다른 전설에서는 이 쌍둥이 형제를 살려내 키우는 데 누미토르가 중요한 역할을 맡은 것으로 되어 있다. 딸 레아의 임신에 대해 알고 있던 누미토르는 다른 두 아이를 데려다 딸의 아들들을 대신하도록 꾸몄다고 한다. 그리고 레아의 두 아들은 팔라티누스 언덕에 사는 목동 파우스툴루스(☞)에게 보냈다. 그들은 파우스툴루스의 아내 라렌티아의 젖을 먹고 자랐는데, 라렌티아는 한때 몸을 파는 여자였으므로 〈암늑대〉라는 별명으로 불렸다(〈암늑대〉란 정숙하지 않은 여자들을 가리키는 말이었다). 두 아이는 일단 젖을 떼자 가비이[로마 동쪽의 도시]로 보내져서 그곳에서 그리스 어로 교육을 받으며 자랐다. 두 아이가 친아버지인 줄로만 믿던 파우스툴루스의 집으로 돌아오자, 누미토르는 이들과 자신의 목동들 사이에 싸움을 붙였다. 그리고 이웃의 농부들과 함께 자신의 가축 떼를 망쳐 놓은 이 젊은이들의 괘씸한 행동에 대해 아물리우스에게 불평을 했다. 아물리우스는 아무 의심 없이 알바의 모든 주민들을 불러 모아 재판에 참여하게 했다. 누미토르는 많은 젊은이들의 도움을 받아 어렵잖게 자기 형제를 몰아내고 왕위를 차지했다. 그런 다음 손자들에게 영토를 나누어 주고, 그들이 파우스툴루스에 의해 양육되었던 바로 그곳에 도시를 건설하게 했다.

아물리우스와 누미토르에 관한 전설에는 다양한 이본들이 있다. 두 사람이 영웅 아벤티누스의 아들 내지 손자라는 설도 있다(후자의 경우, 아벤티누스의 아들은 프로카스이다). 이들은 아버지의 유산을 한 명(아물리우스)이 권력을 취하고 다른 한 명(누미토르)이 재물을 취하는 방식으로 나누어 가진 듯싶다. 프로카스는 후일의 로마 집정관들 식으로 동등한 두 왕이 함께 다스리는 방식을 취하도록 권하기도 했다. 그러나 아물리우스가 혼자 권력을 독차지했다.

니노스 Νίνος / Ninus 니노스는 니노스[니네베] 시와 바빌론 제국의 신화적 창건자이다. 그는 벨로스 혹은 크로노스의 아들로 간주된다(벨로스, 즉 벨 신은 실제로 그리스의 크로노스 신과 동일시되었다). 최초로 전쟁 기술을 발명하고 대군을 소집한 것이 그였다고 한다. 그는 아라비아 왕 아리아이오스와 동맹을 맺고 인도를 제외한 아시아 전 지역을 정복했다. 박트리아가 그에게 가장 오래 저항했지만 그의 재상들 중 한 명의 아내가 꾀를 내어 결국 박트리아를 정복했다. 이 여자가 바로 세미라미스(☞)로, 그는 그녀를 아내로 삼았고 그가 죽은 뒤에는 그녀가 왕위를 계승했다.

헤로도토스는 니노스 왕의 또 다른 가계를 제공한다. 그에 따르면, 니노스는 헤라클레스의 후손, 즉 헤라클레스와 옴팔레의 아들인 알카이오스의 손자라고 한다. 그러나 니노스 왕을 몇 세대 더 젊게 보는 이 가계는 앞선 전설들을 〈역사적으로〉해석한 것이다.

니레우스 Νιρεύς / Nireus 1. 니레우스는 헬레네의 구혼자들 중 한 명이다. 그는 아주 잘생겼지만 출신은 보잘것없었다. 카로포스와 님프 아글라이아의 아들인 그는 시메 섬을 다스렸는데, 『일리아스』에 나오는 「배들의 목록」을 보면 그는 단지 세 척의 배를 지휘했던 것으로 되어 있다. 첫번째 원정 때 미시아에서 아킬레우스와 텔레포스가 싸우게 되자, 니레우스는 남편 곁에서 싸우던 텔레포스의 아내 히에라를 죽였다. 후에 니레우스는 트로이아 성 앞에서 텔레포스의 아들 에우리필로스에게 죽임을 당했다. 트로아스에 그의 무덤이 있었다고 한다. 그러나 또 다른 전설에 의하면, 그는 트로이아 함락 이후 토아스의 여행에 참여했다고 한다.

2. 또 다른 니레우스는 카타니아 주민으로, 사랑에 절망한 나머지 레우카스 섬의 절벽 위에서 몸을 던졌다. 하지만 어부들에게 기적적으로 구출되었는데, 그를 건져 낸 어부들의 어망 속에는 금이 가득 든 상자가 들어 있었다. 니레우스가 이 금을 차지하려 하자, 아폴론이 꿈에 나타나 생명을 건진 것에 만족하고 자기 것이 아닌 보화를 탐내지 말라고 충고했다.

니사 Νῦσα / Nysa 님프들 중 한 명인 니사는 니사 산에서 어린 디오니소스를 키웠다. 그녀는 때로 아리스타이오스의 딸로 간주된다. 디오니소스 신의 다른 유모들처럼 그녀 역시, 이 신의 요청으로 메데이아에 의해 젊음을 되찾았다.

니소스 Νῖσος / Nisus 1. 니소스는 아테나이 왕 판디온 2세의 네 아들 중 한 명이다. 그는 아버지가 메티온의 아들들에 의해 추방되어 메가라에 머물던 무렵에 태어났다. 그의 어머니는 메가라 왕의 딸 필리아이다. 아버지가 죽은 뒤 그는 형제들과 함께 아티카를 정복하러 돌아갔고, 자기 몫으로 메가라 시를 차지했다(☞스케이론).

몇몇 전승들에서는 니소스의 딸 이피노에가 포세이돈의 아들 메가레우스와 결혼한 것으로 되어 있는데, 그보다 더 널리 알려진 전승들에 따르면 니소스의 딸은 스킬레이며 그녀는 미노스에 대한 사랑 때문에 아버지를 배반했다고 한다(☞스킬레). 후자의 전설에서 니소스는 바다 독수리로 변했다.

2. 니소스(라틴 어로 니수스)는 아이네이아스의 친구로, 에우리알로스에 대한 우정으로 유명하다. 그의 전설은 베르길리우스까지 거슬러 올라간다. 앙키세스를 기리는 장례 경기에서 그는 에우리알로스에게 승리를 확보해 주었다. 루툴리 족과의 전쟁에서 니소스와 에우리알로스는 정찰을 하기 위해 밤사이에 적의 진영에 들어갔다. 그들은 람네스를 죽였지만 돌아오는 길에 기마병들의 추격을 받았다. 그래서 각자 흩어져 숲 속으로 피신했는데, 에우리알로스가 위험에 처한 것을 느낀 니소스는 숨어 있던 곳에서 나와 친구의 죽음에 복수하려다가 죽임을 당했다.

니소스 Νῦσος / Nysus 후대의 것으로 보이는 몇몇 전설들에 따르면 니소스는 디오니소스를 키운 아버지로, 디오니소스라는 이름도 그에게서 온 것 같다. 인도로 원정을 나가면서 디오니소스 신은 니소스에게 테바이 시를 맡겼다. 그러나 그가 원정에서 돌아온 후에도 니소스는 테바이를 돌려주려 하지 않았다. 디오니소스는 그에 맞서 싸우려 하지 않고 적절한 시기를 기다렸다. 기회는 3년 뒤에 찾아왔다. 외견상 디오니소스는 이미 니소스와 화해한 것처럼 보였다. 그는 자신이 전에 제정했던, 3년에 한 번씩 돌아오는 축제를 열겠다며 니소스에게 허락을 구했고 니소스도 이에 동의했다. 디오니소스는 자신의 병사들을 박케들(☞마이나데스)로 변장시켜 도시 안에 들여놓은 뒤, 이들의 도움으로 니소스를 공격하여 어렵잖게 권력을 탈취했다.

니오베 Νιόβη / Niobe 니오베라는 이름을 가진 여자는 두 명 있는데, 전설들은 이들을 혼동하는 경향이 있다.

1. 한 명은 아르고스 여자로, 포로네우스와 님프 텔레디케(혹은 케르도, 혹은 페이토)의 딸이다. 그녀는 제우스와 결합한 최초의 인간 여자이다. 제우스와의 사이에서 그녀는 아르고스와 (아쿠실라오스에 따르면) 펠라스고스를 낳았다 (☞계보 17, ☞계보 18). 최초의 인간(☞포로네우스)의 딸인 니오베는 최초의 인간 여자로서, 〈산 자들의 어머니〉이다.

2. 또 다른 니오베는 탄탈로스의 딸이며 따라서 펠롭스와 남매간이다. 그녀는 암피온과 결혼하여 (대부분의 신화학자들의 주장에 따르면) 일곱 명의 아들과 일곱 명의 딸을 낳았다. 아들들의 이름은 시필로스, 에우피니토스, 이스메노스, 다마시크톤, 아게노르, 파이디모스, 탄탈로스이고, 딸들의 이름은 에토다이아(혹은 네아이라), 클레오도사, 아스티오케, 프티아, 펠로페이아, 아스티크라티아, 오기기아이다. 하지만 그들의 수효에 대해서는 저자들마다 견해가 다양하다.

예를 들어 호메로스의 전설에서는 여섯 명의 아들과 여섯 명의 딸, 도합 열두 명이라 하고, 비극들에서는 열 명의 아들과 열 명의 딸, 도합 스무 명이라 하며, 헤라클레이아의 헤로도로스는 두 명의 아들과 세 명의 딸, 도합 다섯 명이라 한다. 니오베는 결혼을 통해 테바이의 여주인공들 사이에 등장한다.

많은 자식을 둔 니오베는 행복하고 자만심에 차서, 아들 하나와 딸 하나를 둔 레토보다 자신이 더 낫다고 단언했다. 이 말을 들은 레토 여신은 기분이 상해 아폴론과 아르테미스에게 복수를 요청했다. 두 신은 이 요청을 받아들여 니오베의 젊은 자식들을 화살로 쏘아 죽였다. 아폴론이 아들들을, 아르테미스가 딸들을 죽였다고 한다. 그 중 단 두 명, 즉 아들 한 명과 딸 한 명만 살아남았는데, 이 딸은 자신의 형제자매들이 죽는 것을 보고 공포에 질려 창백해졌다고 해서 클로리스라는 이름을 갖게 되었다. 그녀는 나중에 넬레우스와 결혼했다. 『일리아스』에는 니오베의 자식들이 10일 동안이나 무덤 없이 지내야 했다고 되어 있다. 11일째 되는 날 신들이 손수 그들을 매장했다. 보다 후대의 전설에 의하면, 슬픔에 싸인 니오베는 아버지 탄탈로스가 있는 시필로스(혹은 소아시아의 시필로스 산 위)로 갔으며 신들은 그녀를 바위로 변하게 했다고 한다. 하지만 그녀의 눈에서 흐르는 눈물을 막을 수는 없었으며, 시필로스 산에서는 본래 니오베였다는 바위에서 샘이 솟는 것을 볼 수 있었다고 한다.

니오베에 관한 또 다른 전설은 그녀의 자식들의 죽음을 달리 설명한다. 여기서는 니오베가 앗사온의 딸로, 필로토스라는 앗시리아 사람과 결혼했다고 되어 있다. 필로토스는 사냥을 하다가 죽임을 당했고, 앗사온은 자신의 딸에게 욕정을 품게 되었다. 니오베는 아버지에게 자신을 허락하지 않았고, 그러자 앗사온은 스무 명의 손자들을 초대하여 식사하던 중에 궁전에 불을 질러 손자들을 모두 타죽게 했다. 죄책감에 사로잡힌 앗사온은 자살했다. 니오베는 돌로 변했다고도 하고, 바위 위에서 몸을 던졌다고도 한다.

니카이아 Νικαία / Nicaea 나이아스[물의 님프]인 니카이아는 여신 키벨레와 상가리오스 강의 딸이다. 그녀는 사랑을 거부하고 오로지 사냥에만 몰두했다. 프리기아의 목동 힘노스가 구애했을 때에도 그저 경멸만을 느낄 뿐이었다. 그래도 그가 그녀를 포기하지 않으려 하자 그를 활로 쏘아 죽였다. 이 난폭한 행동에 에로스는 물론이고 모든 신들이 분개했다. 그래서 에로스는 벌거벗은 채 목욕을 하고 있는 니카이아를 보고 디오니소스가 정욕을 품게 만들었다. 그러나 니카이아는 디오니소스 신이라 해서 더 녹록히 대하지 않고, 자신을 가만 내버려 두지 않으면 힘노스와 같은 운명에 처하리라고 디오니소스를 협박했다. 그러자 디오니소스는 그녀가 마시는 샘물을 술로 변하게 하여, 그녀가 취한 틈을 타서 어렵잖게 그녀를 차지해 버렸다. 이 결합에서 텔레테라는 딸이 태어났다. 니카이아는 처음에는 자살하려 했지만 결국 디오니소스와 화해하고 다른 자식들도 낳았으며, 사티로스도 그 중 한 명이다. 인도에서 돌아온 디오니소스는 그녀를 기리기 위해 니카이아 시를 건설했다.

니케 Νίκη / Nike 승리를 구현하는 니케는 큰 날개를 달고 매우 빠르게 나는 모습으로 등장한다. 헤시오도스는 그녀가 티탄 팔라스와 스틱스의 딸이며, 따라서 올림포스의 신들보다 오래된, 신들의 첫 세대에 속한다고 본다. 그러나 후대의 전설들은 그녀를 팔라스 아테나의 놀이 동무로 묘사한다. 그녀는 팔란스(팔라티누스 언덕의 명조)에 의해 길러졌다고 하며(☞팔란스), 팔란스는 로마의 팔라티누스 언덕 정상에 그녀를 위한 신전을 지어 바쳤다(역사 시대에는 그 신전이 〈산 테오도로〉 교회에서 멀지 않은 〈클리부스 빅토리아이〉 즉 승리의 언덕길 가에 세워져 있었다). 이 전설은 아테나이에서 아테나와 니케를 연결짓는 관례, 또는 두 명의 팔라스 즉 티탄 팔라스와 여신 팔라스를 혼동한 데서 유래한다(☞팔라스). 실제로 아테나이에서 니케는 아테나의 한 수식어일 뿐이었다.

니코마코스 Νικόμαχος / Nicomachus 니코마코스의 아버지는 마카온이며, 할아버지는 아스클레피오스이다. 어머니는 디오클레스의 딸 안티클레아이다. 디오클레스가 죽은 뒤 니코마코스와 그의 형제 고르가소스는 메세니아 지방의 페라이 시에서 권력을 잡았다. 후에 글라우코스의 아들 이스트미오스는 니코마코스와 고르가소스를 의술의 영웅으로 간주해 이들을 위한 성역을 만들었다.

니코스트라테 Νικοστράτη / Nicostrate 니코스트라테는 그리스에서 에우안드로스의 어머니를 부르던 이름들 중 하나이다. 로마에서는 그녀를 카르멘타라고 불렀다(☞카르멘타, ☞에우안드로스). 때로는 니코스트라테와 헤르메스의 아들이 에우안드로스라 하고, 니코스트라테가 헤르메스의 딸이며 에우안드로스의 아내라고도 한다.

니코스트라토스 Νικόστρατος / Nicostratus 니코스트라토스는 헬레네와 메넬라오스의 아들이다. 호메로스의 시에는 여러 차례에 걸쳐 헤르미오네가 그들의 외동딸로 되어 있으므로, 보통은 메넬라오스가 트로이아에서 돌아온 후 니코스트라토스가 태어났다고 여겨진다. 혹은 메넬라오스와 한 여자 노예 사이에서 그가 태어났다고 보아 난점을 해결하려 하기도 한다. 그렇게 되면 그는 메가펜테스의 형제가 된다(☞헬레네, ☞메가펜테스, ☞메넬라오스, ☞계보 13).

닉스 Νύξ / Nyx 닉스는 밤을 의인화한 여신이다. 헤시오도스의 『신들의 계보』에서 그녀는 카오스의 딸이다. 그녀는 아이테르(대기)와 헤메라(낮)라는 두 요소와 일련의 추상물들을 잉태했다. 모로스(운명), 케레스, 힙노스(수면), 꿈, 모모스(풍자), 좌절, 모이라이, 네메시스, 아파테(기만), 필로타스(애정), 게라스(노쇠), 에리스(불화) 등이 그 예들이며 그리고 저녁의 딸들인 헤스페리데스(☞)도 있다. 그녀는 아틀라스의 고장 너머 머나먼 서쪽 나라에 거처를 두었으며, 지하의 암흑을 의인화한 신 에레보스의 누이다.

***닉시 Nixi** 닉시는 세 명의 여신들이다. 로마의 카피톨리움 언덕에 있는 미네르바의 신전 앞에 무릎을 꿇은 그녀들의 신상들이 있었다. 민간 신앙에서 그녀들은 여자가 아기를 낳을 때 들이는 〈노력〉을 상징한다.

닉테우스 Νυκτεύς / Nycteus 닉테우스라는 이름의 인물은 여러 명 있는데, 그 중 가장 유명한 인물은 안티오페(☞)의 아버지이다. 흔히 그는 리코스(☞)의 형제이자 히리에우스와 클로니아(☞계보 25)의 아들로 여겨졌다. 그렇게 되면 그는 포세이돈과 플레이아데스의 후손이 된다. 그러나 신화학자들은 두 명의 리코스를 혼동하여 ― 한 명은 포세이돈과 켈라이노의 아들, 또 한 명은 히리에우스의 아들이자 포세이돈과 알키오네의 손자(☞계보 25) ― 닉테우스 역시 켈라이노와 포세이돈의 아들로 보기도 했다. 하지만 겉으로 보아 모순되는 다른 이야기도 있다. 예를 들어 리코스와 닉테우스는 카드모스가 죽인 용의 이빨에서 태어난 사람들 중 한 명인 크토니오스의 아들들이라는 것이다(☞카드모스). 이 전설에 따르면 그들은 에우보이아에서 플레기아스(☞)를 죽인 뒤, 테바이로 피신하여 펜테우스 왕의 친구가 되었으며, 한동안 섭정을 맡았다고 한다(☞라이오스, ☞라브다코스). 하지만 닉테우스의 딸 안티오페가 시키온의 에포페우스에게 피신하자 닉테우스는 자살을 하면서 리코스를 시켜 복수하게 했다(☞리코스, ☞안티오페). 파우사니아스가 전하는 또 다른 이야기에 의하면, 닉테우스는 안티오페를 납치한 시키온 왕 에포페우스를 벌하기 위해 나선 원정에서 죽은 것으로 되어 있다. 에포페우스 역시 이 전투에서 부상을 입고 얼마 안 가 죽었다.

닉티메네 Νυκτιμένη / Nyctimene 닉티메네는 레스보스 왕 에포페우스의 딸, 혹은 에티오피아 왕 닉테우스의 딸이다. 그녀는 아버지와 사랑을 했는데, 근친상간적인 이 사랑은 상호적인 것이었다고도 하고, 그녀가 강제로 당한 것이라고도 한다. 아무튼 그녀는 이 사랑을 수치스럽게 여긴 나머지 숲 속에 숨었으며, 아테나가 그녀를 불쌍히 여겨 올빼미로 변하게 했다. 올빼미가 빛과 사람의 눈길을 두려워하고 밤에만 모습을 보이는 것은 이 때문이다.

닉티모스 Νύκτιμος / Nyctimus 닉티모스는 리카온의 아들들 중 게[가이아]가 제우스에게 간청하여 목숨을 건져 준 자이다(☞리카온). 그는 아버지의 뒤를 이어 아르카디아 왕위에 올랐다. 바로 그가 통치하고 있던 시기에 데우칼리온의 홍수가 일어났다. 아르카스가 그의 뒤를 이었다(☞아르카스).

님파이 Νύμφαι / Nymphs 님파이[님프들]는 전원과 숲과 물에 사는 〈젊은 여자들〉이다. 그녀들은 들판과 자연의 정령으로, 다산과 아름다움을 의인화한 존재들이다. 호메로스의 서사시에서 제우스의 딸들로 되어 있는 그녀들은 부차적인 신들로 간주되어 기도의 대상이 되었으며 때로 두려움의 대상이 되기도 했다. 그녀들은 동굴에 살면서 그곳에서 실을 잣고 노래를 부르면서 세월을 보냈다. 종종 중요한 신(특히 아르테미스)이나 자신들 중 더 높은 서열의 님프를 수행하기도 했다. 가령 같은 님프인 칼립소나 키르케를 수행하는 님프들도 있었다.

님프들은 어디에 사느냐에 따라 여러 부류로 나뉠 수 있다. 물푸레나무의 님프들(☞멜리아데스)이 가장 오래된 듯한데, 그녀들은 제우스의 딸들이 아니고 우라노스의 딸들이다. 그런가 하면 샘과 하천에 사는 님프들도 있다(☞나이아데스). 네레이데스는 종종 잔잔한 바다의 님프들로 간주된다. 어떤 강의 나이아스는 흔히 그 강의 딸로 여겨졌으며, 아소포스의 딸들도 마찬가지이다. 산에는 오레아데스라는 특이한 님프들이 살고 있었고, 작은 숲들에는 알세이데스(그리스어의 〈알소스〉는 〈신성한 숲〉이라는 뜻이다)라는 님프들이 살았다. 또 다른 님프들은 하마드리아데스처럼 특정한 장소, 나아가 특정한 나무에 살았다(☞하마드리아데스).

님프들은 전설들 속에서 중요한 역할을 맡았다. 그녀들은 민중의 상상에 매우 친근한 존재로, 훗날 서구의 요정이 그러하듯 숱한 민담에 등장한다. 흔히 그녀들은 도시 및 나라의 명조인 용사의 아내로 등장하는 것도 볼 수 있다(아이기나와 아이아코스의 이야기, 타이게테 등의 이야기들). 또 사랑의 신화 속에도 자주 끼어들곤 한다(다프네, 에코, 칼리스토 등의 이야기들). 그녀들의 일상적인 연인은 판, 사티로스, 프리아포스 같은, 자연의 남자 정령들이다. 중요한 신들도 그녀들의 애정 표시를 무시하지 않아 그녀들은 제우스, 아폴론, 헤르메스, 디오니소스 같은 신들과 결합하였다. 때로는 그녀들 자신이 사랑에 빠져 힐라스처럼 젊은 남자들을 납치하기도 했다.

ㄷ

다나에 Δανάη / Danae 다나에의 아버지는 아르고스 왕 아크리시오스이며, 어머니는 라케다이몬과 스파르테의 딸인 에우리디케이다(☞계보 31). 아크리시오스가 다나에의 아들에게 죽임을 당하리라는 신탁이나 다나에가 페르세우스를 잉태하여 낳게 된 상황에 관해서는 ☞아크리시오스. 아이가 태어나자 아크리시오스는 다나에와 아들을 궤짝에 넣어 바다에 버렸지만, 제우스의 보호로 모자는 세리포스 섬에 표착하여 그곳 왕 폴리덱테스의 동생인 딕티스에게 구조되었다. 몇몇 전설에 따르면, 다나에를 사랑하게 된 폴리덱테스가 자기 계획에 방해가 되는 페르세우스를 멀리 보내기 위해 메두사의 목을 베어 오라고 시켰다고 한다. 또 다른 설들에 따르면, 딕티스가 다나에를 폴리덱테스에게 데리고 갔으며, 왕은 그녀와 결혼하여 페르세우스를 키웠다고 전해진다. 전자의 이야기로 되돌아가자면, 페르세우스가 떠나 있는 동안 폴리덱테스는 다나에를 범하려 했으며, 돌아온 페르세우스는 왕의 위협을 피하기 위해 제단 앞에서 애원하고 있는 딕티스와 어머니를 발견하게 되었다. 그는 메두사의 머리를 쳐들어 보임으로써 왕과 신하들을 돌로 변하게 하고 딕티스를 세리포스 왕으로 앉혔다. 그리고는 어머니와 함께 섬을 떠났다. 다나에는 아르고스로 돌아가 자기 어머니 에우리디케와 살았고, 페르세우스는 아크리시오스를 찾아 떠났다고 한다.

다나에와 페르세우스에 관한 로마 신화에 따르면, 궤짝에 갇혀 바다에 버려진 모자는 라티움 해안에 표류했으며, 다나에는 필룸누스와 결혼하여 그와 함께 그곳에 아르데아 시를 세웠다고 한다.

다나오스 Δαναός / Danaos 다나오스는 벨로스와 앙키노에의 두 아들 가운데 한 명으로(☞벨로스, ☞아이깁토스, ☞계보 3), 부계로는 포세이돈과 님프 리비에의 후손이다. 그는 각기 다른 여자들로부터 50명의 딸을 얻었다(☞다나이데스).

그는 벨로스에게서 리비아 왕국을 받았지만, 신탁의 경고 때문이었는지 아니면 동생 아이깁토스의 50명의 아들들에 대한 두려움 때문이었는지, 아테나 여신의 도움을 받아 50개의 노로 젓는 큰 배를 만들어서 도망을 쳤다. 그의 일행은 아르고스로 가는 도중에 잠시 로도스 섬에 들렸으며, 〈린도스의 아테나〉 신전은 그의 딸들이 지은 것으로 알려졌다. 당시 아르고스 왕은 겔라노르였는데, 일설에 따르면 겔라노르가 자발적으로 다나오스에게 왕권을 양보했다고 하고 또 다른 설에 따르면 두 사람이 아르고스 인들 앞에서 상당히 긴 논전을 벌인 후에 기적적인 사건이 일어나서 다나오스가 왕국을 차지했다고도 한다. 그 사건이란 다음과 같은 내용이다. 동이 틀 무렵 다나오스와 겔라노르가 최종 논쟁을 벌이고 있었는데, 늑대 한 마리가 숲에서 나와 도시를 지나가던 소떼를 습격했다. 늑대는 황소에게 덤벼들어 제압하더니 금세 죽여 버렸다. 아르고스 인들은 사람들과 멀리 떨어진 외진 곳에서 온 이 늑대와 다나오스와의 유사점에 놀라며, 이 사건을 신의 계시로 여기고는 다나오스를 왕으로 추대했다. 다나오스는 〈리케이오스 아폴론〉(늑대의 아폴론)을 위해 신전을 지어 바쳤다.

포세이돈이 이나코스 신에게 화가 나서 아르고스 땅에서 물을 말려 버렸을 때, 다나오스가 물을 얻은 경위에 대해서는 ☞아미모네, ☞이나코스.

아이깁토스의 50명의 아들을 살해한 것에 대해서는 ☞다나이데스. 다나오스는 아르고스 성채의 건설자로 여겨졌다. 그는 그곳에 묻혔으며, 그의 무덤은 고전 시대[대개 기원전 480년 제2차 페르시아 전쟁 때부터 기원전 323년 알렉산드로스 대왕의 죽음까지를 고전 시대로 잡는다]까지도 남아 있었다고 한다.

다나이데스 Δαναΐδες / Danaides 다나이데스[다나이스들]란 다나오스 왕(☞)의 50명 딸들을 가리키는 말이다. 다나오스는 자기 형제인 아이깁토스의 50명의 아들들을 두려워하여 딸들을 데리고 이집트로부터 도망쳤다. 그가 아르고스에 정착한 후, 50명의 조카들이 찾아와서 지난 다툼은 잊어버리고 그의 50명의 딸들과 결혼할 것을 제의해 왔다. 다나오스는 이러한 화해를 전적으로 믿을 수는 없었지만, 그 제안을 받아들였다. 이들의 결혼은 다음과 같은 방법으로 이루어졌다. 장녀 히페름네스트라(혹은 히페르메스트라)는 링케우스와, 고르고포네는 프로테우스와 짝을 지었는데, 그 이유는 링케우스와 프로테우스의 모계 혈통이 왕족이었기 때문이었다. 부시리스, 엔켈라도스, 리코스, 다이프론은 제비를 뽑아 다나오스가 에우로페에게서 얻은 네 딸인 아우토마테, 아미모네, 아가우에, 스카이아 중에서 짝을 정했다. 이스트로스와 히포다메이아, 칼코돈과 로디아, 아게노르와 클레오파트라, 카에토스와 아스테리아, 디오코리스테스와 필로다메이아, 알케스와 글라우케, 알크메노르와 히포메두사, 히포토오스와 고르게, 에우케노르와 이피메두사, 히폴리토스와 로데, 아가프톨레모스와 페이레네, 케르케테스와 도리온, 에우리다마스와 파르티스, 아이기오스와 므네스트라, 아르기오스와 에우히페, 아르켈라오스와 아낙시비아, 메네마코스와 넬로, 클레이토스와 클레이테, 스테넬로스와 스테넬레, 크리시포스와 크리시페 등이 짝이 되었으며, 에우릴로코스, 판테스, 페리스테네스, 헤르모스, 드리아스, 포타몬, 키세우스, 릭소스, 임브로스, 브로미오스, 폴릭토르, 크토니오스 등은 아우토노에, 테아노, 엘렉트라, 클레오파트라, 에우리디케, 글라우키페, 안텔리아, 클레오도라, 에우히페, 에라토, 스티그네, 브리케 등과 각기 짝을 지었다. 그 밖에도 페리파스와 악타이아, 오이네우스와 포다르케, 아이기피오스와 디옥시페, 메날케스와 아디테, 람포스와 오키페테, 이드몬과 필라르게, 이다스와 히포디케, 다이프론과 아디안테, 판디온과 칼리디케, 아르벨로스와 오이메, 히페르비오스와 켈라이노, 히포코리스테스와 히페리페 등이 짝이 되었다. 이들 남녀는 제비뽑기로 또는 비슷한 이름끼리 짝이 지어졌다.

다나오스는 이들의 결혼을 축하하기 위한 대대적인 잔치를 베풀면서, 한편으로는 딸들에게 몰래 단검을 주어 첫날 밤에 각기 남편을 죽일 것을 약속받았다. 다른 딸들은 모두 아버지 명령에 따랐지만, 맏딸 히페름네스트라는 자신의 처녀성을 존중해 준 남편 링케우스를 구해 주었다. 이를 알게 된 다나오스는 딸을 잡아들여 엄중하게 감시하게 했다. 나머지 49명의 다나이데스는 남편의 목을 베어 몸은 아르고스에서 장례를 치르고, 머리는 레르네에 매장했다. 남편을 살해한 이들은 제우스의 명령으로 헤르메스와 아테나에게 죄 씻음을 받았다. 그 후 다나오스는 히페름네스트라와 링케우스의 결혼을 인정해 주었고, 나머지 딸들을 결혼시키려 했다. 하지만 구혼자로 선뜻 나서는 이들이 없었다. 그래서 그는 경기 대회를 열어 상으로 딸들을 주기로 결정했다. 또한 구혼자들은 관례적으로 가져오는 결혼 선물을 준비하지 않아도 되었다. 이렇게 해서 딸들은 그 나라의 청년들과 결혼했고, 이들이 낳은 다나오이 족이 그 땅에 먼저 살던 펠라스고이 족을 대신하게 되었다. 후에 다나이데스와 그녀들의 아버지는 형제들의 복수를 갚으려는 링케우스의 손에 죽었다. 다나이데스가 다시 결혼했다는 이야기와 링케우스의 손에 죽었다는 이야기는 각기 다른 시대에 나온 전설로, 아마도 후자의 전설이 더 오래된 것이다. 다나이데스는 죽은 뒤 하계에서 밑 빠진 항아리에 계속 물을 채워야 하는 영겁의 벌을 받았다(☞아미모네).

다다 Δάδα / Dada 다다는 크레테 용사 사몬의 아내로, 사몬은 스카만드로스가 트로이아를 점령하는 것을 도왔다(☞스카만드로스). 사몬이 전사하자 다다는 재혼을 하러 이웃 마을로 갔다. 그녀는 한 군사에게 자신을 동행해 줄 것을 부탁했는데, 이 군사가 도중에 그녀를 겁탈했다. 수치심을 이기지 못한 다다는 품에 지니고 있던 남편의 검으로 자살했다. 이 비극을 들은 크레테 인들은 사건이 일어났던 장소에서 군사를 돌로 쳐죽였다. 그 후 이 장소는 〈수치의 들판〉이라는 이름을 얻게 되었다.

다레스 Δάρης / Dares 프리기아 사람 다레스는 트로이아의 신 〈아폴론 팀브리오스〉(팀브라의 아폴론)의 권고에 따라 헥토르의 자문 역을 맡게 되었는데, 이는 헥토르가 파트로클로스와 싸우는 것을 막기 위한 것이었다. 왜냐하면 만일 헥토르가 파트로클로스를 죽이면, 그 자신도 아킬레우스에게 죽임을 당하리라고 예정되어 있었기 때문이다. 그러나 다레스는 곧 그리스 진영에 투항했으며, 오딧세우스에게 죽임을 당했다.

다르다노스 Δάρδανος / Dardanus 다르다노스는 아틀라스의 딸 엘렉트라와 제우스 사이에서 태어난 아들이다. 그의 고향은 사모트라케로, 그는 그곳에서 형제인 이아시온과 함께 살았다(☞이아시온). 홍수가 나서 이아시온이 죽자 다르다노스는 뗏목을 타고 사모트라케와 마주 보는 아시아 연안에 이르게 되었다. 그곳은 하신 스카만드로스와 님프 이다이아의 아들인 테우크로스 왕이 다스리고 있었다. 다르다노스는 테우크로스 왕의 환대를 받고 영지의 일부와 그의 딸 바티에이아를 아내로 맞았다. 그는 자신의 이름을 붙인 도시를 세우고, 테우크로스가 죽은 뒤에는 나라 전체를 다르다니아라 불렀다. 바티에이아와의 사이에서 아들 일로스와 에리크토니오스가 태어났으며, 그 밖에 자킨토스와, 외조모의 이름을 딴 딸 이다이아도 그들의 자식들이라 한다(☞계보 7). 그는 트로이아에 성채를 건설하고 그 지역을 지배했다. 또한 그는 트로이아 인들에게 사모트라케 신들(카베이로이는 이 중 하나로 간주되기도 한다)의 비의를 전수했던 것으로 여겨지며, 프리기아에 키벨레 여신의 제사를 도입한 것도 그였다. 일설에 따르면 아르카디아에 보존되어 있던 팔라스의 신상 팔라디온을 몰래 트로이아로 가져온 것도 그였다고 한다(☞팔라디온).

로마 신화에서 다르다노스는 이탈리아 중부에 있는 에트루리아의 코르토나 시에서 온 것으로 되어 있다. 그는 원주민 아보리게네스 족을 정복하고 도시를 건설한 후 프리기아로 이주하여 트로이아를 이탈리아와 연결하는 거점으로 삼았다고 한다. 트로이아가 함락되자 이탈리아로 되돌아간 이유도 그곳이 자기 조상의 땅이었기 때문이다.

또 다른 전승에 의하면, 다르다노스는 에우안드로스나 리카온의 아들 팔라스와 친척간이라 한다(☞팔라스 II, 2).

다마센 Δαμασήν / Damasen 다마센은 가이아(대지)에게서 태어난 거인으로 불화의 여신 에리스에 의해 양육되었다. 아이는 나면서부터 수염이 나 있었으며, 에일레이티이아 여신은 그가 태어나자마자 무기를 주었다. 다마센은 자라면서 거대한 체구와 놀라운 힘을 지니게 되었다. 그는 님프 모리아의 요청으로 그녀의 남매 틸로스를 죽인 용을 죽였다(☞모리아).

다마스코스 Δαμασκός / Damascus 다마스코스는 시리아의 수도 다마스코스의 명조이다. 그는 헤르메스와 님프 할리메데의 아들로, 아르카디아에서 시리아로 이주하여 도시를 세웠다고 한다. 또 다른 설에 의하면, 그는 디오니소스의 인도 원정에 따라갔다가 디오니소스가 심은 포도나무를 도끼로 베어 냈으며, 이에 화가 난 디오니소스가 그의 살갗을 벗겨 버린 곳이 훗날 다마스코스가 되었다고도 한다. 또는 다마스코스라는 도시의 이름은 다마스라 불리는 용사에게서 비롯된 것으로, 디오니소스의 신봉자인 그는 장차 도시가 들어설 곳에 〈천막〉(그리스 어로 〈스케네σκηνή〉)을 치고, 그 안에 디오니소스의 상을 두었다고 한다. 그래서 이 도시는 다마스코스(다마 스케네Δαμᾶ σκηνή에서 온 말)라 불렸다는 것이다.

다마스테스 Δαμάστης / Damastes 다마스테스는 거인으로 주로 프로크루스테스(☞)라는 이름으로 알려져 있다. 또한 그는 폴리페몬이라고도 불린다.

다마이토스 Δάμαιθος / Damaethus 다마이토스는 카리아 섬의 왕이다. 의사 포달레이리오스는 트로이아에서 고향으로 돌아가던 길에 난파하여 그 섬에 표착하게 되었다. 한 염소지기가 포달레이리오스를 발견하여 왕에게 데리고 갔고, 그는 마침 심한 병을 앓고 있던 왕녀 시르나의 생명을 구해 주었다. 왕은 감사의 표시로 그를 그녀와 결혼을 시켜주었으며, 작은 반도를 그에게 주었다. 그곳에 포달레이리오스는 두 개의 도시를 세웠다(☞포달레이리오스).

다미소스 Δάμυσος / Damysus 다미소스는 모든 거인들 중에 가장 빨리 달리는 거인이었다. 그는 팔레네에 매장되었는데, 어린 아킬레우스를 맡게 된 케이론은 화상을 입어 손상된 아이의 발목뼈 대신 다미소스의 무덤에서 파낸 발목뼈를 붙여 주었다(☞아킬레우스). 아킬레우스가 그토록 빨리 달릴 수 있었던 것은 그 덕분이라 한다. 한편 아킬레우스의 죽음에 관한 한 전설에 의하면, 그는 아폴론에게 쫓기던 중 발목뼈가 떨어져 나가는 바람에 쓰러졌고, 그래서 아폴론이 그를 죽일 수 있었다고 한다.

다우누스 Δαύνιος 혹은 Δαῦνος / Daunus 다우누스는 일리리아 사람인 리카온의 세 아들 중 한 명이다. 그에게는 이아픽스와 페우케티오스 두 형제가 있었다. 다우누스는 형제들과 함께 일리리아 군대를 지휘하여 이탈리아 남부를 지배하고 있던 아우소니아 인들을 정복했다. 이들이 그 땅을 나누어 세운 왕국들은 각기 다우니이 족, 메사피이 족, 그리고 페우케티이 족의 나라로 불렸고, 이 세 왕국을 통틀어 〈이아피기이 족의 나라〉라 일컫게 되었다. 디오메데스가 자신의 나라에서 쫓겨나 이탈리아로 오자, 다우누스는 그를 환대하여 자신의 영지와 딸을 주었다. 후대의 전승에 의하면, 다우누스와 디오메데스 사이에 불화가 일어나 전자가 후자를 죽였다고 한다(☞디오메데스 II).

이 다우누스(혹은 동명이인)는 투르누스(☞)의 아버지이기도 하다.

다이달로스 Δαίδαλος / Daedalus 다이달로스는 아테나이 사람으로, 케크롭스의 후손인 왕족에 속한다(☞계보 4). 그는 다방면에 재능이 있는 예술가이자 건축가, 조각가, 기계 발명가였다. 상고 시대[대체로 첫 올림피아 경기가 있었던 기원전 776년부터 2차 페르시아 전쟁이 일어난 기원전 480년까지의 기간]의 예술 작품들은 그가 만든 것으로 여겨지며, 심지어는 『메논』에서 플라톤이 말하는 움직이는 상들 같은 전설적인 작품들도 그의 것으로 간주되고 있다. 몇몇 전승들에 의하면, 다이달로스의 아버지는 에우팔라모스이고 어머니는 알키페라 한다. 또 다른 전승들에 의하면, 그의 아버지는 팔라이몬 혹은 에레크테우스의 손자 메티온이라 한다(☞메티온). 다이달로스는 아테나이에서 일했으며 누이 페르딕스의 아들인 조카 탈로스를 제자로 키웠다. 이 소년은 뛰어난 재주를 지니고 있었고 다이달로스는 그의 재주를 시기하게 되었다. 탈로스가 뱀의 턱뼈에서 영감을 받아 톱을 발명하자 그는 아크로폴리스 꼭대기에서 조카를 떨어뜨려 죽였다. 살인은 곧 발각되었고 다이달로스는 아레이오파고스 법정에 소환되어 추방 판결을 받았다. 다이달로스는 미노스 왕이 있는 크레테로 도피하여 왕궁의 건축가이자 조각가가 되었다. 그는 황소에 반해 있던 미노스의 아내 파시파에 왕비에게 나무로 된 암소를 만들어 주었다(☞파시파에). 미노스 왕에게는 라비린토스를 만들어 주었는데, 이는 미로들이 아주 복잡하게 얽혀 있는 궁전으로 왕은 그곳에 미노타우로스를 가두었다. 테세우스가 괴물 미노타우로스와 싸우러 왔을 때, 아리아드네는 그를 구할 수 있는 방법을 다이달로스에게 물어보았다. 다이달로스는 테세우스를 구할 수 있는 방법을 알려 주었는데, 그것은 앞으로 나아가면서 작은 실꾸리를 풀어 갔던 길을 되돌아올 수 있게 하라는 것이었다. 미노스 왕은 테세우스가 미로를 빠져나왔다는 것과 그가 어떤 꾀를 이용했는지를 알고서 그를 도와준 다이달로스를 아들 이카로스(다이달로스가 미노스의 여자 노예 나우크라테에게서 얻은 아들)와 함께 미로에 가두었다. 하지만 다이달로스는 밀랍과 깃털을 이용하여 자신과 아들을 위한 날개를 만들어 달고는 하늘로 날아올라 탈출했다(☞이카로스). 다이달로스는 쿠마이에 무사히 도착했다. 미노스는 그를 찾아 온 나라를 샅샅이 뒤졌고, 다이달로스는 시칠리아 섬으로 가서 카미코스 왕 코칼로스의 궁전에 몸을 숨겼다(다이달로스의 소재 파악을 위하여 미노스 왕이 낸 꾀에 대해서는 ☞코칼로스). 시칠리아에서 미노스는 코칼로스 왕의 딸들에게 죽임을 당했으며, 다이달로스는 감사의 표시로 수많은 건물들을 건축해 주었다.

다이달리온 Δαιδαλίων / Daedalion 다이달리온은 케익스의 형제이며 새벽별인 에오스포로스(루키페르)의 아들이다. 용맹하고 사냥과 전투를 좋아했던 그는 수많은 나라를 정복했다. 그에게는 키오네라는 딸이 있었는데 빼어난 미모로 많은 구혼자들이 줄을 이었다. 그러던 어느 날 헤르메스와 아폴론이 그녀가 살던 나라를 지나치게 되었고, 둘은 동시에 키오네를 사랑하게 되었다. 이들과의 결합으로 그녀는 두 아들을 낳았다. 헤르메스의 아들은 아우톨리코스(☞)이고, 아폴론의 아들은 음악가 필람몬이다. 그런데 키오네는 자기 분수를 지킬 줄 모르고 자신의 미모가 아르테미스 여신보다 훨씬 뛰어나다고 자랑을 했다. 이에 화가 난 아르테미스 여신은 화살을 쏘아서 그녀를 죽여 버렸다. 아폴론은 딸의 죽음을 애통해하는 다이달리온을 가엾게 여겨 매로 변하게 해주었는데, 이 새는 그가 인간이었을 당시에 지녔던 용맹함을 그대로 지니게 되었다.

다이타스 Δαίτας / Daitas 다이타스와 티에스테스 두 형제는 레스보스에 살고 있었다. 이들은 에노르케스라는 아이를 알에서 태어나게 했다. 에노르케스는 디오니소스를 위하여 신전을 세우고, 신에게 에노르케스라는 이름을 부여하여 섬겼다.

다프네 Δάφνη / Daphne 다프네는 그리스 어로 〈월계수〉를 의미하며, 아폴론이 사랑한 님프이다. 그녀는 라돈 강의 신과 대지의 여신 사이에 태어난 딸로 여겨지지만 때로는 테살리아에 있는 페네이오스 강의 딸이라고도 한다. 그녀는 아폴론이 쫓아오자 도망쳤고 아폴론이 잡으려는 순간에 아버지인 하신에게 자신의 모습을 변하게 해달라고 애원했다. 그래서 그녀는 월계수로 변하여 신의 사랑을 받는 나무가 되었다(☞아폴론).

라코니아 인들의 전설에 따르면 다프네는 아미클라스의 딸이라 한다. 사냥을 좋아하고 야성적이었던 그녀는 성에 머물러 있지 않고 산야를 뛰어다니면서 시간을 보냈다. 그녀는 아르테미스가 가장 총애하는 님프였다. 그런데 엘레이아 왕 오이노마오스의 아들 레우키포스가 그녀를 사랑하게 되었다. 그는 그녀에게 접근하기 위해 여장을 하고 다프네 일행에 몰래 숨어들었다. 다프네는 여장한 그를 좋아하여 그의 곁을 떠나지 않았다. 레우키포스가 다프네의 사랑을 받는 것을 보고 질투를 느낀 아폴론은 다프네와 그녀의 친구들이 목욕하고 싶은 생각이 들도록 만들었다. 물론 레우키포스는 옷을 벗으려 하지 않았다. 다프네와 그녀의 친구들은 억지로 그의 옷을 벗겼고, 그가 그녀들을 속였다는 것을 알게 되었다. 화가 난 이들은 창을 들고 그에게 덤벼들었지만 신들이 그를 눈에 보이지 않게 해주었다. 한편 아폴론은 다프네를 잡으려 했지만 그녀는 달아났고 제우스에게 간청하여 월계수로 변했다.

다프니스 Δάφνις / Daphnis 다프니스는 반신(半神)으로 시칠리아의 목동이다. 그는 목신(牧神)인 헤르메스와 님프의 아들이다. 다프니스는 시칠리아의 깊은 골짜기에 있는 님프들이 사는 월계수(다프네) 숲에서 태어났고, 그의 이름도 거기서 유래했다. 그는 님프들에 의해 양육되었고, 그녀들로부터 목동 일을 배웠다. 대단한 미소년인 다프니스는 수많은 님프들과 인간들의 사랑을 받았으며, 신들 역시 그를 사랑했다. 특히 판은 그에게 음악을 가르쳐 주었다. 소들이 풀을 뜯는 동안 다프니스는 피리를 불었고, 자신이 만든 목가(牧歌)를 부르기도 했다. 하지만 다프니스는 젊은 나이에 죽었는데, 그와 함께 목동 일을 하던 님프 노미아의 사랑이 화근이었다. 그는 노미아에게 영원한 사랑을 맹세했는데, 시칠리아의 한 왕녀가 그를 술에 취하게 하여 동침했다. 화가 난 노미아가 그를 소경으로 만들었다고도 하고 그를 죽이려 했다고도 한다. 하지만 대부분은 소경인 다프니스가 신세를 한탄하면서 노래를 부르다 결국 슬픔에 빠져 높은 바위에서 몸을 던졌거나, 바위로 변했거나, 아니면 아버지 헤르메스를 따라 천상으로 올라갔다고 한다. 다프니스가 추락한 곳에 있던 샘에는 그의 이름이 붙여졌고, 사람들은 해마다 그를 기리면서 제물을 바쳤다.

또 다른 설에 따르면, 다프니스는 핌플레아 또는 탈리아라는 이름의 님프를 사랑했는데, 해적들이 그녀를 유괴해 갔다고 한다. 이에 다프니스는 그녀를 찾아 나섰고, 프리기아 왕 리티에르세스의 노예가 된 그녀를 발견했다. 다프니스는 그녀를 구해 내려다가 리티에르세스의 객들이 가게 마련이었던 운명을 따를 뻔했다(☞리티에르세스, ☞헤라클레스). 하지만 때마침 헤라클레스가 나타나 그를 구해 주었다. 헤라클레스는 왕을 죽이고 왕국을 다프니스와 핌플레아에게 넘겨주었다.

알렉산드리아의 시인 소시테오스는 이를 주제로 사티로스 극[수염과 꼬리, 말발굽을 가진 사티로스들이 합창단으로 나오는 우스운 내용의 극. B.C. 5~4세기경 그리스의 비극은 3부작 비극에 사티로스 극 1편이 덧붙여진 4부작 형식을 취했다]을 만들기도 했다.

닥틸로이 Δάκτυλοι / Dactyles 이데 산의 닥틸로이는 크레테 혹은 프리기아의 정령들로, 레이아 혹은 키벨레의 추종자들이다. 〈손가락〉을 의미하는 그들의 이름은 뛰어난 손재간, 특히 금속을 다루는 훌륭한 솜씨 때문에 붙여진 것이라고 풀이되기도 하고 기원 설화로 설명되기도 한다. 즉, 레이아 또는 이데 산의 님프가 이들을 낳을 때 산고를 덜고자 움켜쥔 두 손으로 땅바닥을 세게 눌러서 생긴 손자국 때문에 이러한 이름이 지어졌다는 것이다. 또한 제우스의 유모들이 손가락 사이로 뿌렸던 먼지에서 태어났기 때문이라는 이야기도 있다.

닥틸로이는 마법사들이었으며, 비교(秘敎)를 전파하거나 만든 것으로 여겨졌다.

이들은 쿠레테스와 비슷한 존재로, 때로는 그들과 마찬가지로 어린 제우스를 돌보았다고도 전해진다. 이들의 수는 5명 혹은 10명, 때로는 100명이었다고도 하는데, 아마도 남자 5명과 여자 5명이었을 것이다. 엘레이아의 전승에 따르면, 이들의 이름은 맏이인 헤라클레스(알크메네의 아들 헤라클레스와는 다른 인물), 에피메데스, 이다스(혹은 아케시다스), 파이오나이오스와 이아소스 등이다. 닥틸로이가 최초의 올림피아 경기를 창시한 것은 어린 제우스를 즐겁게 해주기 위해서였다고 한다. 이들은 또한 트로이아의 이데 산에서 파리스에게 음악을 가르쳤다고도 한다.

데르키노스 Δέρκυνος / Dercynus 데르키노스는 리구리아 사람으로 알레비온의 형제이다. 두 형제는 헤라클레스가 게리오네우스에게서 빼앗아 오던 소떼를 훔치려 했다(☞헤라클레스).

데메테르 Δημήτηρ / Demeter 대지의 모성적인 여신 데메테르는 두 번째 세대의 신들 즉 올림포스 신들에 속한다. 그녀는 크로노스와 레이아의 둘째 딸로, 헤스티아보다는 젊고 헤라와 비슷한 나이이다(☞계보 38). 종교적으로나 신화적으로나, 데메테르라는 인물의 성격은 우주론적 원소로 상정된 대지인 가이아와는 상당히 구별된다. 농업의 여신, 특히 밀의 여신인 데메테르의 신화들은 밀이 자라던 그리스 전역에 유포되어 있었다. 이 신화들은 엘레우시스의 평원과 시칠리아에 가장 널리 퍼져 있지만, 그 밖에도 크레테, 트라케, 펠로폰네소스 등지에서도 발견된다.

데메테르는 전설에서나 제사에서나 그녀의 딸 페르세포네와 밀접하게 연결되어 있으며, 이 둘은 흔히 〈여신들〉로 불리기도 했다. 이들에 관한 전설의 핵심은 페르세포네의 납치 이야기로, 엘레우시스 비의에 입문할 때 그 심오한 의미를 알게 된다.

페르세포네의 납치 : 페르세포네는 제우스와 데메테르의 딸로, 적어도 전통적인 설에 따르면 여신의 외동딸이라 한다(☞페르세포네). 그녀는 님프들과 제우스의 다른 딸들인 자매 아테나, 아르테미스 등과 함께 행복하게 지냈으며, 결혼에는 그다지 관심이 없었다. 그러나 숙부 하데스가 그녀를 사랑하게 되었고, 그는 제우스의 도움을 받아 페르세포네를 납치했다. 그녀가 실종된 장소는 주로 시칠리아의 엔나 초원이라고 하지만, 호메로스의 것으로 전해지는 『데메테르 송가』[데메테르에 관한 길고 짧은 33편의 찬가들이 호메로스의 것으로 전해지는데, 현대의 학자들은 그것들을 호메로스보다 조금 후대의 것으로 간주한다]에서는 지리적으로는 불분명한 신화적 이름인 미사 평원이라고 모호하게 말한다. 또 다른 전승들은 그것이 엘레우시스의 케피소스 강가라고도 하고, 저승의 입구들 중 한 곳인 아르카디아의 킬레네 산기슭에 있는 동굴이라고도 하며, 크레타나 크노소스 부근이라고도 한다. 하여간 페르세포네가 수선화(혹은 백합)를 꺾으려는 순간 땅이 갈라지면서 하데스가 나타나 그녀를 저승으로 끌고 내려갔다.

이날부터 데메테르는 딸을 찾아 온 세상을 헤매고 다녔다. 페르세포네는 납치될 때 비명을 질렀으며, 딸의 비명소리를 들은 데메테르는 경악하여 소리가 난 쪽으로 달려가 보았지만 딸의 흔적은 찾을 수가 없었다. 데메테르는 양손에 횃불을 들고 9일 동안 밤낮없이 곡기는커녕 물 한 방울도 입에 대지 않았고 씻지도 옷을 갈아입지도 않고 사방팔방 딸을 찾아 헤매었다. 열흘째 되던 날, 데메테르는 헤카테를 만났다. 그녀 역시 페르세포네의 비명을 들었지만 어두워서 납치범의 얼굴을 알아볼 수 없었다고 했다. 유일하게 헬리오스(태양 신)만이 모든 것을 보았고 자초지종을 설명해 줄 수 있었다. 하지만 한 지방 전설에 따르면, 아르골리스의 도시 헤르미오네의 주민들이 범인을 알려 주었다고도 한다. 분개한 데메테르는 신으로서의 역할을 포기한 채 딸을 되찾기 전에는 하늘에 올라가지 않기로 결심했다. 그녀는 노파의 모습을 하고 엘레우시스로 갔다. 여신은 길가 바위에 앉아서 잠시 휴식을 취했는데, 이때부터 그 바위는 〈슬픔의 바위〉라는 이름을 얻게 되었다고 한다. 그리고는 그 나라를 다스리던 켈레오스 왕에게 갔다. 도중에 데메테르는 노파들과 만나게 되었는데, 그녀들은 데메테르에게 함께 앉으라고 권했으며, 그녀들 중 이암베(☞)라는 노파의 재담으로 여신은 잠시나마 웃을 수 있었다고 한다. 그 후 여신은 켈레오스의 왕비 메타네이라를 위해 일하기로 했고, 왕비는 그녀를 유모로 삼았다. 그녀에게 맡겨진 아이는 갓 태어난 데모폰이었다고도 하고, 다른 전승에 따르면 어린 트리프톨레모스였다고도 한다(☞데모폰). 데메테르는 아이를 불사신으로 만들려 했지만, 메타네이라가 갑자기 방해하는 바람에 성공하지 못했다. 여신은 자신이 누구인지를 밝히고 트리프톨레모스에게 밀농사를 전 세계에 전파하라는 임무를 맡겼다(☞트리프톨레모스).

또 다른 전설들은 데메테르가 시키온 왕 플렘나이오스 곁에서 유모 역할을 했다고 이야기하기도 한다(☞오르토폴리스).

대지의 여신인 데메테르가 그렇게 제자리를 떠나자 대지는 불모의 땅이 되었고, 그 결과 지상의 질서는 엉망이 되어 버렸다. 그래서 제우스는 하데스에게 페르세포네를 되돌려보낼 것을 명했지만, 그 명령은 이행할 수 없었다. 왜냐하면 페르세포네는 하계에서 이미 석류 한 알을 먹어 버렸기 때문이다. 하계에서 한 번이라도 음식을 먹은 사람은 영원히 하계에 머물 수밖에 없었다(☞페르세포네). 결국 서로 타협을 해야 했다. 데메테르가 올림포스의 제자리로 돌아가는 대신, 페르세포네는 한 해를 나누어 어머니와도 지내고 저승에서도 보내기로 했다. 이렇게 해서 매년 봄 들판에 첫 새싹이 돋아나면 페르세포네는 지하 세계를 벗어나 하늘을 향해 올라갔고, 파종 시기가 되면[그리스는 지중해성 기후이므로 여름에는 매우 가물다가 가을, 겨울에 비가 많이 오기 때문에 가을에 씨를 뿌렸다] 다시 어둠 속에 묻히게 되었다. 그리하여 데메테르가 딸과 헤어져 있는 동안 대지는 불모지로 변하는데, 이것이 황량한 계절 겨울이다.

데메테르가 딸을 찾아다닌 이야기에는 각 지방의 전승에 따라서 여러 가지 일화가 보태어졌다. 시키온에서는 제분기의 발명이 데메테르 여신 덕분이며, 그녀가 직접 주민들에게 사용법을 알려 주었다고 한다. 또 다른 곳에서는 그녀가 채소 재배와 관련이 있으며, 주로 콩이나 과일, 특히 무화과와 밀접한 관계에 있다고도 한다(☞피탈로스). 그리스 도처에서 볼 수 있는 데메테르의 신전들은, 한때 데메테르가 머물렀던 곳의 사람들 — 아르고스에서는 미시오스와 그의 아내 크리산티스, 아르카디아의 페네오스에서는 트리사울레스와 다미탈레스 등등 — 이 지은 것이라고 한다.

그 밖의 신화들 : 사람들은 데메테르가 페르세포네를 찾아다닌 이야기에 데메테르와 포세이돈의 사랑 이야기를 결부시키기도 했다. 데메테르는 포세이돈을 피하기 위해 암말로 변신했지만 소용이 없었다. 이들의 결합으로 데메테르는 신마(神馬) 아레이온과 딸 하나를 낳았는데, 그 딸은 〈여주인〉이라는 이름으로만 알려져 있었다(☞아레이온).

『오딧세이아』의 시인이 이미 알고 있던 또 다른 전설에 따르면, 데메테르는 이아시온과 사랑하여 아들 플루토스를 낳았다고 한다(☞이아시온).

데메테르는 시칠리아를 놓고 헤파이스토스와 다투었고(☞아이트네), 캄파니아를 놓고는 디오니소스와 다투었다(이 신화는 아마도 비교적 후대의 것으로, 캄파니아에 포도와 밀이 풍부하다는 것을 명확하게 증명하고 있다, ☞에리시크톤).

데메테르의 상징은 이삭과 수선화, 양귀비이다. 그녀의 새는 학이며 그녀가 특히 좋아하는 제물은 암퇘지이다(☞에우불레우스). 그녀는 주로 앉은 자세로 횃불이나 뱀과 함께 그려진다.

데모도코스 Δημόδοκος / Demodocus 데모도코스는 호메로스의 서사시에 등장하는 두 명의 음유 시인의 이름이다.

1. 이 이름으로 좀더 잘 알려진 사람은 파이아케스 족의 왕 알키노오스의 궁정 연회에서 오딧세우스가 자신의 모험담을 얘기하는 동안 노래

한 자이다. 그는 무사이의 사랑을 받았고, 그녀들은 그의 시력을 앗아 가는 대신 노래로 사람들의 마음을 움직일 수 있는 능력을 주었다.

2. 또 다른 데모도코스는 아가멤논이 트로이아 전쟁에 출정하면서 그의 아내 클리타임네스트라를 돌보아 달라고 부탁했던 음유 시인이다. 그러나 데모도코스는 아이기스토스의 유혹으로부터 그녀를 보호할 수 없었다.

데모디케 Δημοδίκη / Demodice 데모디케는 프릭소스 전설의 한 이본에 등장하는 그의 계모 이름이다(☞프릭소스). 그녀는 아타마스의 형제인 크레테우스의 아내였다(☞계보 8). 데모디케는 프릭소스를 사랑하게 되었지만, 그가 그녀의 사랑에 응하지 않자 남편에게 프릭소스를 모함했다. 그래서 크레테우스는 아타마스에게 그를 죽이라고 설득했다. 하지만 프릭소스의 어머니 네펠레가 신비로운 숫양을 보내 아들을 태우고 날아가게 함으로써 그를 구해 주었다.

데모폰 Δημοφῶν / Demophon 1. 데모폰은 엘레우시스 왕 켈레오스와 그의 아내 메타네이라 사이에서 태어난 아들이며, 트리프톨레모스의 동생이다. 페르세포네를 찾아 길을 떠난 데메테르는 메타네이라의 시녀가 되어 데모폰을 양육하게 되었다. 여신은 데모폰을 불사신으로 만들려고 밤마다 아이의 몸에서 불사(不死)가 아닌 부분을 태우기 위해 그를 불 속에 넣곤 했다. 데모폰은 신기할 정도로 빨리 자랐으므로 이를 이상하게 여긴 데모폰의 어머니 혹은 유모 프락시테아(☞)가 데메테르를 감시하게 되었다. 그러던 어느 날 저녁, 그녀는 데메테르가 아이를 불에 넣는 것을 목격했다. 이에 놀란 그녀가 비명을 지르는 바람에 여신은 아이를 떨어뜨렸으며 자기의 정체를 밝혔다. 어떤 이야기들에서는 이 때 데모폰이 불에 타버렸다고 하고, 또 다른 이야기들에서는 아이가 살아나기는 했지만 불사신이 되지 못했다고 전한다. 단지 어린 시절에 여신의 보살핌을 받는 영광만 누렸다는 것이다. 때로는 이 일이 데모폰이 아니라 그의 형제인 트리프톨레모스에게 일어난 일로 묘사되기도 한다(☞트리프톨레모스, ☞엘레우시스, ☞켈레오스).

2. 또 다른 데모폰은 아카마스(☞3)의 형제이며 테세우스와 파이드라의 아들이다(혹은 테세우스와 아리아드네의 아들이라고도 한다). 데모폰은 그의 형과 함께 트로이아 전쟁에 참전했는데, 그것은 헬레네에게 노예로 잡혀 있던 그들의 할머니 아이트라를 풀어 주거나 몸값을 치르고 구해 내기 위한 것이었다(☞아이트라, ☞아카마스). 테세우스가 페이리토오스의 신붓감으로 페르세포네를 납치하러 저승으로 간 동안에 디오스쿠로이, 즉 카스토르와 폴리데우케스는 아카마스와 데모폰을 아테나이 왕좌에서 쫓아내고 그 자리에 메네스테우스를 앉혔다(☞메네스테우스). 아카마스와 데모폰은 스키로스로 가서 그들의 아버지를 만났으며(☞테세우스), 그곳을 떠나 칼코돈의 아들 엘레페노르와 함께 트로이아 전쟁에 참가했다. 그들은 트로이아 함락에 일역을 했으며, 목마 안에 숨었던 용사들의 명단에도 들어 있다.

트로이아에서 돌아오는 길에 데모폰은 암피폴리스 왕 시톤의 딸과 트라케에서 사랑을 나누었다(이 일은 때로 아카마스에게 있었던 것으로도 얘기된다). 그녀의 이름은 필리스이다. 데모폰은 그녀와 결혼했고 그녀의 아버지는 지참금으로 데모폰에게 왕국을 물려주려 했지만, 데모폰은 아테나이로 돌아가기를 원했다. 수차례에 걸친 필리스의 애원으로 그는 다시 돌아올 것을 약속하고는 떠날 채비를 했다. 필리스는 〈아홉 개의 길〉이라 불리는 장소까지 데모폰과 동행했고 남편과 헤어지면서 대모신(大母神) 레이아에게 봉헌한 성스러운 물건이 들어 있는 작은 함을 주었다. 그러면서 자기 곁으로 돌아올 모든 희망을 버리기 전에는 함을 열어 보지 말라고 충고했다. 데모폰은 그녀를 떠나 키프로스에서 자리를 잡았다. 그가 돌아오기로 약속한 때가 지나자 필리스는 데모폰에게 저주가 내리기를 빌고는 자살했다. 한편 데모폰은 함을 열어 보고 자신이 본 것 때문에 공포에 사로잡혔다. 그가 말에 오르자 말이 날뛰기 시작했고, 결국 그는 말에서 떨어져 자기 칼에 찔려 죽었다.

아테나이 인들은 데모폰이 팔라디온(팔라스, 즉 아테나 여신상)을 트로이아에서 가져온 것으로 여겼다(☞아테나, ☞팔라디온). 디오메데스와 오딧세우스가 트로이아에서 팔라디온을 빼앗아 데모폰에게 자발적으로 주었다고도 하고, 어느 날 저녁 디오메데스 휘하의 아르고스 인들이 실수로 팔레롬에 상륙했을 때 그들을 해적으로 여긴 데모폰이 그들을 공격하여 신상을 빼앗았다고도 한다.

데모폰이 권좌에 있는 동안에 에우메니데스(☞에리니에스)에게 쫓기던 오레스테스가 아테나이로 왔다. 또한 같은 시기에 헤라클레이다이가 에우리스테우스와 싸우기 위해 지원을 요청하러 왔다고도 한다(☞헤라클레이다이).

이 전설은 여러 개의 일화들로 이루어져 있는데, 각각 서로 잘 연결되지 않아 전체적으로는 일관성이 없으며 일부는 서로 상반되게 묘사되어 있다. 따라서 아카마스와 데모폰의 역할이 잘 구분되지 않는다.

데미폰 Δημιφῶν / Demiphon 데미폰은 트라케의 케르소네소스(갈리폴리 반도)에 있는 엘라이우스 시의 왕이었다. 그는 역병을 그치게 하기 위해 해마다 그 도시에 사는 귀족 가문의 처녀 한 명을 선택하여 제물로 바쳐야 한다는 신탁을 받았다. 왕은 매년 제비를 뽑아 제물로 바칠 처녀를 선택했지만 자신의 딸들의 이름은 한번도 추첨함에 넣지 않았다. 귀족들 중 한 명인 마스투시오스가 왕의 딸들을 포함시키지 않는 한 자기 딸들도 제비뽑기 명단에 포함시킬 수 없다고 하자, 폭군 데미폰은 제비도 뽑지 않고 마스투시오스의 딸들을 죽여 버렸다. 마스투시오스는 복수를 하려고 왕과 그의 딸들을 희생 제사에 초대했다. 먼저 왕녀들이 도착하자 마스투시오스는 그녀들을 살해한 뒤 그 피를 포도주 잔에 섞어 데미폰에게 마시게 했다. 왕은 자기가 마신 포도주가 무엇이었는지 알자 잔과 마스투시오스를 바다에 던져 버렸다. 이때부터 그곳은 마스투시오스의 바다라 불렸으며, 그곳의 항구는 피와 포도주를 섞었던 잔의 이름에서 〈크라테르〉라 불리게 되었다. 또한 그 술잔은 흔히 〈술잔자리〉로 알려진 하늘의 별자리가 되었다고 한다.

데우칼리온 Δευκαλίων / Deucalion 데우칼리온이라는 이름의 인물은 두 명 있다.

1. 가장 널리 알려진 이는 프로메테우스와 클리메네 혹은 켈라이노의 아들이다(☞계보 38). 그의 아내는 에피메테우스가 지상 최초의 여자 판도라에게서 낳은 딸 피라이다(☞판도라). 청동 시대의 사람들이 지나치게 사악하다고 느낀 제우스는 대홍수를 일으켜 이들을 몰살시키되, 단 두 명의 의인인 데우칼리온과 그의 아내는 살려 주기로 했다. 프로메테우스의 조언에 따라 데우칼리온과 피라는 〈방주〉, 즉 큰 궤짝을 하나 만들고 그 안에 들어갔다. 그들은 9일 밤낮을 표류하다가 마침내 테살리아 산에 이르게 되었다. 그들은 그곳에 내렸고 홍수가 끝나자 제우스는 그들에게 헤르메스를 보내 소원 한 가지를 들어주겠노라고 했다. 데우칼리온은 새로운 동

반자들이 있었으면 한다고 말했다. 그러자 제우스가 두 사람에게 어깨 너머로 어머니의 뼈를 던지라고 했다. 피라는 이것이 불경스러운 짓이라 생각하고 두려워했다. 반면 데우칼리온은 여기서 말하는 어머니의 뼈란, 만물의 어머니인 대지의 뼈로 돌을 의미한다는 것임을 깨달았다. 그는 돌을 어깨 너머로 던졌고, 그가 던진 돌들은 남자들이 되었다. 한편 피라가 던진 돌들은 여자가 되었다.

데우칼리온과 피라는 수많은 후손을 두었다(☞계보 8).

2. 또 다른 데우칼리온은 미노스와 파시파에의 아들이자 카트레우스, 글라우코스, 안드로게오스의 형제이다(☞계보 28). 이 데우칼리온은 테세우스의 친구이며 칼리돈의 사냥에 참가했다. 그는 메리오네스의 조부이기도 하다(☞메리오네스).

데이아네이라 Δηιάνειρα / Deianeira 데이아네이라는 칼리돈 왕 오이네우스의 딸이며 멜레아그로스의 누이이다(☞계보 27). 또 다른 설에 의하면 그녀의 아버지는 칼리돈 왕 오이네우스를 방문했던 디오니소스라고도 한다. 그녀의 어머니는 알타이아(☞)이다. 데이아네이라는 전차를 몰 줄 알았고 전술에도 능했다. 그녀는 멜레아그로스가 죽자 다른 자매들과 함께 뿔닭으로 변해 버렸다. 하지만 디오니소스 덕분에 데이아네이라와 그녀의 자매인 고르게는 다시 인간의 형상으로 되돌아왔다.

헤라클레스는 케르베로스를 찾아 하계로 갔다가 멜레아그로스의 영혼을 만났다. 그는 자신이 죽고 나서 아무 의지할 데 없이 지내는 누이 데이아네이라와 결혼해 달라고 헤라클레스에게 부탁했다. 지상으로 되돌아온 헤라클레스는 데이아네이라가 있는 칼리돈으로 갔지만, 하신 아켈로오스가 그녀에게 이미 구혼한 상태였다. 헤라클레스가 그의 경쟁자를 상대로 데이아네이라를 얻기 위해 벌인 싸움에 대해서는 ☞아켈로오스.

데이아네이라와 결혼한 후 헤라클레스는 칼리돈에 꽤 오랫동안 머물러 있었다. 그녀는 그곳에서 힐로스를 낳았다(☞계보 16). 그 후 헤라클레스와 데이아네이라는 칼리돈을 떠나게 되었는데, 도중에 켄타우로스인 네소스가 강을 건너려는 데이아네이라를 범하려다가 헤라클레스에게 죽임을 당했다. 그는 죽으면서 데이아네이라에게 자기 상처에서 나온 피를 섞은 약을 사랑의 묘약이라며 주었다(☞네소스, ☞헤라클레스). 트라키스에 간 헤라클레스와 데이아네이라는 케익스 왕의 환대를 받았고, 데이아네이라와 더불어 두 용사는 드리오페스 족과 맞서 싸웠다. 그런데 헤라클레스가 이올레를 사랑하게 되자 질투를 느낀 데이아네이라는 남편의 사랑이 되돌아오도록 네소스가 주었던 미약 바른 옷을 그에게 보냈다. 옷이 헤라클레스의 피부에 닿기가 무섭게 그의 몸은 심한 화상을 입었고, 그는 고통을 참지 못하고 오이타 산에서 스스로 화장단에 올라가 타죽었다(☞헤라클레스). 데이아네이라는 네소스가 주었던 〈사랑의 묘약〉이 실제로 어떤 것이었는지 깨닫고는 자살했다. 트라키스에 그녀의 무덤이 있었다고 한다.

데이오네우스 Δηιονεύς / Deioneus 데이오네우스는 디아의 아버지이자 익시온의 장인이다. 데이오네우스가 익시온에게 딸과의 혼인을 허락하면서 관행적으로 바치는 결혼 선물을 요구하자 사위는 활활 타오르고 있는 석탄이 가득 찬 웅덩이에 그를 밀어넣어 죽였다.

데이포보스 Δηίφοβος / Deiphobus 데이포보스

는 프리아모스와 헤카베의 아들이며, 헥토르가 가장 아끼던 형제이다. 전쟁터에서 헥토르와 아킬레우스가 맞닥뜨렸을 때, 아테나는 데이포보스의 모습으로 변신하여 헥토르의 눈을 속임으로써 아킬레우스와 맞서 싸울 것을 부추겼고, 결국 헥토르가 죽게 만들었다(☞아킬레우스, ☞헥토르). 뿐만 아니라 장례 경기에서 모든 형제들을 이긴 사람이 파리스(일명 알렉산드로스)라는 것을 알아본 이도 바로 데이포보스였다(☞파리스)[이것은 앞에 기술된 내용보다 시간적으로 앞선 사건이다. 어려서 내다 버려 죽은 것으로 믿어지던 아들 즉 파리스를 기리기 위해 헤카베가 제정한 경기 — 그러니까 엄밀한 의미에서 장례 경기는 아님 — 에서, 파리스 자신이 승리했던 것이다]. 파리스가 필록테테스에게 죽임을 당하자, 데이포보스는 형인 헬레노스를 제치고 헬레네를 차지했다(☞헬레노스). 트로이아가 함락된 후 오딧세우스와 메넬라오스는 그의 집을 공격했고, 메넬라오스는 데이포보스를 죽여 그의 몸을 토막내 버렸다. 후에 그의 망령은 하계에서 아이네이아스에게 나타났다.

데이폰테스 Δηιφόντης / Deiphontes 데이폰테스의 아버지는 안티마코스로 헤라클레스의 아들이다. 그는 헤라클레이다이 중 한 명인 테메노스의 딸 히르네토와 결혼했다(☞계보 16). 헤라클레이다이가 펠로폰네소스를 점령하자(☞헤라클레이다이) 테메노스는 자기 몫으로 아르고스시를 차지했다. 그곳에서 그는 데이폰테스를 불러들여 함께 나라를 통치했는데 그들이 너무 가까이 지내자 그의 아들들은 데이폰테스 때문에 자신들이 상속을 받지 못할까 봐 두려워했다. 이러한 일을 미연에 방지하고자 막내를 제외한 모든 형제들이 아버지를 죽이기로 결정하고, 강에서 목욕을 하고 있는 테메노스를 습격하여 심한 상처를 입혔다. 두려움을 느낀 아들들은 도주했고 테메노스 왕은 상속자를 정하거나 아들들의 죄를 폭로하지 못한 채 상처로 인해 죽게 되었다. 그의 아들들은 추방당했지만, 아르고스의 통치권을 되찾을 희망을 저버리지는 않았다. 결국 그들은 외부의 도움으로 왕권을 차지하게 되었다. 반면 데이폰테스와 그의 아내 그리고 그에게 한번도 적대적이지 않았던 막내 처남 아그라이오스는 에피다우로스에 정착했으며, 이온의 자손인 피티레우스 왕이 자발적으로 왕위를 양보했다. 데이폰테스가 에피다우로스에 살고 있었을 때, 케리네스와 팔케스 두 처남이 그의 아내를 성벽 밖으로 유인하여 수레로 끌고 가버렸다. 데이폰테스는 그들을 쫓아가 창을 던져 케리네스를 죽였다. 하지만 팔케스는 히르네토를 죽이고 도망쳤다. 사람들은 그녀가 살해된 올리브나무 숲에 시신을 매장하고, 신적인 예우를 해주었다.

데이필로스 Δηίπυλος / Deipylus 데이필로스는 프리아모스의 맏딸 일리오네와 트라케 왕 폴리메스토르의 아들이다. 일리오네는 아버지 프리아모스로부터 그의 갓난 아들 폴리도로스의 양육을 위임받았다. 그러나 그녀는 아무도 모르게 자신의 어린 동생과 친아들 데이필로스를 뒤바꾸었다. 그녀는 두 아이 중 한 명이라도 죽을 경우, 다른 아이에게 왕권을 보장해 주기 위해 이런 대책을 마련했던 것이다. 트로이아가 망한 후, 아가멤논은 프리아모스 일족을 전멸시키기 위해, 폴리메스토르에게 폴리도로스를 없애 준다면 딸 엘렉트라와 결혼시켜 주겠다고 제안했다. 폴리메스토르는 이를 받아들여 폴리도로스를 죽이려다 친아들인 데이필로스를 죽이고 말았다. 자신의 출생 비밀을 모르고 있던 폴리도로스는 델포이의 신탁을 통해 자신의 부모는 이미 죽었고 조국은 재가 되어 버렸다는 것을 알게 된다. 그는 여태까지 자신의 가족에 대해 아무런 의심도 품고 있지 않았던 터라 이 말을 듣고는 몹시 놀랐다. 폴리도로스는 일리오네에게 물어 보아 진실을 확인할 수 있었다. 결국 일리오네는 동생 폴리도로스의 말에 따라 폴리메스토르를 소경으로 만들고 그를 죽였다(☞폴리메스토르, ☞헤카베).

데켈로스 Δέκελος / Decelus 데켈로스는 아티카의 데켈레이아 시의 명조이다. 디오스쿠로이가 테세우스에게 납치당한 누이 헬레네를 찾아 나섰을 때 그녀가 감금되어 있는 장소를 알려 준 이가 바로 데켈로스이다. 혹은 그것을 알려 준 이는 아카데모스라고도 한다(☞아카데모스).

덱사메노스 Δεξαμενός / Dexamenus 덱사메노스는 아카이아의 올레노스 시를 다스리던 왕으로, 그의 이름은 〈환대하는 사람〉을 의미한다. 그는 헤라클레스가 아우게이아스에게 쫓기던 시절에 그에게 피신처를 제공했다(☞아우게이아스, ☞헤라클레스). 왕은 헤라클레스에게 자기 딸 므네시마케와의 결혼을 약속했고, 헤라클레스는 모험길에 올랐다. 약속대로 돌아온 헤라클레스는 켄타우로스 에우리티온이 덱사메노스를 위협하여 므네시마케가 그와 억지로 약혼한 것을 알게 되었다. 헤라클레스는 에우리티온을 죽이고 므네시마케와 결혼했다.

전설의 한 이본은 므네시마케와 데이아네이라를 동일시하고 있으며, 배경을 칼리돈에서 오이네우스 왕궁으로 옮겨 헤라클레스와 아켈로오스가 데이아네이라를 차지하기 위해서 위와 유사한 싸움을 벌였던 것을 묘사하고 있다.

덱사메노스는 그의 두 딸 테로니케와 테라이포네를 몰리오니다이와 결혼시켰다(☞몰리오니다이).

덱시크레온 Δεξικρέων / Dexicreon 덱시크레온은 사모스의 상인이었다. 그가 키프로스 섬에 잠시 들렀을 때, 아프로디테 여신은 그에게 배에다 물만 가득 싣고 가능한 빨리 떠나라고 충고해 주었다. 덱시크레온은 여신의 말에 따랐다. 그가 바다로 나가자 바람이 없어져 배들이 항해할 수가 없었다. 그래서 덱시크레온은 오도 가도 못하는 배들에 물을 팔아 큰 이윤을 남겼다. 그는 감사의 표시로 아프로디테 여신을 위하여 신상을 세웠다.

덴드리티스 Δενδρῖτις / Dendritis 덴드리티스는 헬레네가 로도스에서 사용하던 이름으로 그리스 어의 덴드론(나무)에서 유래한 것이다. 한 지방 전설에 따르면, 메넬라오스가 죽은 후 헬레네는 그의 두 서자인 니코스트라토스와 메가펜테스를 데리고 틀레폴레모스의 미망인 폴릭소의 곁에서 살기 위해 로도스로 갔다고 한다. 폴릭소는 그의 남편과 마찬가지로 아르골리스 태생이지만, 남편이 아르골리스에서 도망쳐서 로도스로 갈 때 그를 따라나섰던 것이다(☞틀레폴레모스). 당시 폴릭소는 아직 어린 아들을 대신하여 섭정을 맡고 있었다. 그녀는 헬레네를 따뜻하게 맞아 주었지만, 그렇다고 해서 트로이아 전쟁에서 죽은 남편에 대한 복수를 포기한 것은 아니었다. 하루는 헬레네가 목욕을 하고 있을 때 폴릭소는 그녀의 하녀들을 에리니에스로 변장시키고는 헬레네를 놀라게 했다. 그리고는 헬레네를 붙잡아 나무에 매달아 죽였다. 그녀를 목매달았던 〈헬레네의 나무〉 아래에는 헬레니온이라고 불리는 신기한 식물이 돋아났는데, 이는 뱀에 물린 상처를 치료하는 약초로 사용되었다(☞폴릭소).

델포스 Δελφός / Delphus 델포스는 아폴론의 성역과 신탁소로 유명한 도시 델포이의 명조이다. 그는 아폴론이 이 도시를 손에 넣기 전까지 델포이를 다스렸던 것으로 여겨진다(☞아폴론). 그는 포세이돈이 돌고래의 모습으로 데우칼리온의 딸 멜란토와 결합하여 얻은 아들이라고도 하고(그의 이름은 돌고래를 뜻하는 〈델피스〉에서 유래한 것이다), 아폴론이 켈라이노(혹은 멜라이니스)나 티아 아니면 멜라이나(이들은 각기 히아모스, 카스탈리오스, 케피소스의 딸이다 ☞계보 8)에게서 얻은 아들로 간주되기도 한다. 또한 델포이의 본래 이름인 피토는 델포스의 아들 피테스 왕이나 그의 딸들 중 한 명인 피티스에게서 유래한 것으로 추정된다(☞피톤).

델피네 Δελφύνη / Delphyne 1. 델피네는 두 마리 용의 이름이다. 그 중 한 마리는 티폰이 킬리키아의 한 동굴에 감추어 두었던 제우스의 힘줄과 근육을 지켰다(☞티폰). 그러나 헤르메스와 판이 이 용의 감시를 피해 힘줄과 근육을 되찾아 제우스가 그의 힘을 회복하고 원래의 모습으로 되돌아올 수 있도록 해주었다. 델피네는 반은 뱀이고 반은 여자인 괴물이었다.

2. 다른 한 마리는 아폴론이 차지한 옛 신탁소 부근의 샘을 지키던 것이다. 하지만 아폴론이 맞서 싸웠던 피톤과는 다른 용이다(☞아폴론). 두 이야기는 같은 전설이 각기 다른 시기에 나온 것으로 보이는데, 델피네의 이야기가 피톤의 이야기보다 앞선 것이다.

도로스 Δῶρος / Doros 도로스는 그리스를 구성하는 종족들 중 하나인 도리스 족(주로 펠로폰네소스에 정착하였으며, 이들의 언어는 희랍어의 가장 중요한 세 가지 방언(아티카 어, 아이올리스 어, 도리스 어) 중 하나이다]의 명조이다. 이 이름은 두 개의 각기 다른 전설과 관련된다. 첫번째는 도로스가 헬렌과 오르세이스의 아들이자 데우칼리온과 피라의 손자라는 것이다(☞계보 8). 그러므로 그는 아이올로스와 형제간이며, 아이올로스는 그리스의 또 다른 주요 종족인 아이올리스 족의 명조가 되었다. 이 전설에서 도로스와 그의 후손들은 테살리아의 프티오티스 지역에서 살다가 올림포스 산과 옷사 주변으로 이주한 것으로 묘사되며, 그 후에는 좀더 내륙 쪽인 핀도스 지방에서 살다가 오이타 산 주변 지역을 거쳐 펠로폰네소스에 정착한 것으로 이야기된다.

또 다른 전설에 의하면, 도로스는 아폴론과 프티아의 아들이며, 라오도코스와 폴리포이테스의 형제라고 한다. 이 세 형제들은 엔디미온의 아들 아이톨로스에게 죽임을 당했으며(☞아이톨로스, ☞엔디미온), 아이톨로스는 코린토스 만 북쪽에 있던 이들의 왕국을 빼앗아 자신의 왕국인 아이톨리아를 세웠다고 한다.

도리스 Δωρίς / Doris 도리스는 오케아노스의 딸이자 네레우스의 아내이다(☞계보 12). 또한 네레이데스의 어머니이기도 하다(☞네레이데스).

돌론 Δόλων / Dolon 돌론은 트로이아 사람으로 전령 에우메데스의 아들이다. 그는 건장한 체격은 아니지만 경주에서는 매우 빨랐다고 한다. 돌론은 에우메데스의 외아들로, 그에게는 다섯 명의 누이가 있었다. 헥토르가 아카이아 인들의 계획을 알아내기 위해 염탐꾼을 보내자고 트로이아 사람들에게 제의하며 이 임무를 수행하는 사람에게 아킬레우스의 전차와 그의 두 신마(神馬)를 보상으로 주겠다고 약속하자, 돌론이 이를 수락했다. 그는 늑대의 가죽을 뒤집어쓰고 한밤중에 떠났다. 하지만 도중에 디오메데스와 오딧세우스를 만나 이들에게 생포되었다. 그들은 돌론에게 트로이아 군대가 어디에 주둔해 있는지 자백시켰고 그 후 디오메데스가 그를 죽였다.

돌리오스 Δολίος / Dolius 『오딧세이아』에서 오딧세우스가 자리를 비운 동안 그의 영지를 돌본 늙은 정원사의 이름이다. 그는 오딧세우스를 도와 구혼자들을 물리쳤다.

드리마코스 Δρίμακος / Drimacus 키오스 섬의 주민들은 노예를 처음으로 매매한 이들로, 이로 인해 신들의 노여움을 샀다. 노예들 중 상당수는 탈출하여 산속에 정착하고, 옛 주인들의 땅을 정기적으로 약탈했다. 그들의 두목은 드리마코스라는 인물로, 키오스 주민들은 많은 전투를 치른 끝에 드리마코스와 휴전을 체결했다. 그는 공물을 받는 대신에 다시는 주민들을 공격하지 않기로 맹세한 것이다. 그런데 이 휴전 협정에도 불구하고 키오스 주민들은 그의 목에 현상금을 걸었다. 마침내 드리마코스는 삶에 지친 나머지, 자신이 아끼던 한 청년을 설득하여 자신을 죽이고 키오스 주민들이 몸값으로 내건 현상금을 차지하게 했다. 드리마코스가 죽은 후 노예들은 다시 약탈을 일삼았다. 그러자 키오스 주민들은 드리마코스를 위해 성역을 만들고 그에게 제사를 드리기로 했다. 그 후로는 누군가가 노예들의 책동에 희생자가 될라치면, 드리마코스가 꿈에 나타나서 미리 경고해 주었다고 한다.

드리아스 Δρύας / Dryas 드리아스는 아레스의 아들로 칼리돈의 사냥에 등장한다. 그는 아레스의 아들이자 테레우스의 형제인 드리아스와 동일시되어야 할 것이다. 신탁은 테레우스에게 그의 아들 이티스가 친척들 중 한 명의 손에 의해 살해되리라고 알려 주었다. 그러자 테레우스는 드리아스가 권좌를 이어받기 위해 조카인 이티스를 없애려는 것이라고 생각했다. 그는 자신의 추측만을 믿고 드리아스의 살인을 막으려고 서둘러 그를 죽였다. 하지만 드리아스는 무죄였고, 실제로는 프로크네가 이티스를 죽였다(☞프로크네, ☞테레우스).

동명의 용사에 대해서는 ☞팔레네.

드리오페 Δρυόπη / Dryope 드리오페는 드리옵스 왕의 외동딸로, 오이타 산 근처에서 아버지의 가축들을 돌보았다. 하마드리아데스는 자신들의 놀이에 그녀를 끼워 주고 신들이 좋아하는 노래와 춤을 가르쳐 주었다. 다른 여자들과 함께 노래하고 있는 그녀를 본 아폴론은 사랑에 빠져 거북이로 변신해서 그녀에게 접근했다. 젊은 여자들은 그것이 마치 공인 것처럼 재미나게 가지고 놀았다. 그러다가 드리오페가 거북이를 무릎에 받아 안게 되었다. 그러자 아폴론은 뱀의 형태로 바뀌어 그녀와 결합했다. 겁을 먹은 드리오페는 집에 돌아와 부모님께 아무 말도 하지 않았고, 곧바로 옥실로스의 아들 안드라이몬과 결혼했다. 그녀는 곧 아들 암피소스를 낳았고, 어른이 된 암피소스는 오이타 산 밑에 자신의 이름을 딴 도시를 건설했다. 어느 날 드리오페는 옛 친구들인 하마드리아데스에게 제물을 바치기 위해 아들이 지은 아폴론 신전 근처에 갔고, 하마드리아데스는 옛 정을 생각하여 드리오페를 납치하여 자신들의 무리에 끼워 주었다. 그녀가 사라진 장소에는 커다란 백양목이 자랐고 대지에서는 샘이 솟아났다고 한다.

오비디우스의 이야기는 이와 좀 다르다. 암피소스가 아직 어린아이였을 때, 드리오페는 산속에 맑은 물이 흐르는 호수 근처에 가게 되었다고 한다. 그녀는 님프들에게 제물을 바치려고 그곳에 갔던 것인데, 환하게 꽃이 핀 나무 한 그루를 발견하자 아들에게 주려고 꽃을 몇 송이 꺾었다. 드리오페는 이 나무가 님프 로티스가 변신한 몸이었다는 것을 몰랐던 것이다. 그런데 잔가지에서 피가 흘렀고 화가 난 님프는 드리오페를 자신과 비슷한 나무로 변하게 만들었다. 드리오페가 변하는 광경을 경솔하게 떠들고 다닌 젊은 여자들 역시 칙칙하고 거무스름한 소나무로 변했다.

베르길리우스는 『아이네이스』에서 파우누스 신이 사랑한 님프의 이름을 드리오페라 부르고 있다.

드리옵스 Δρύοψ / Dryops 드리옵스라는 이름은 〈나무〉 혹은 〈참나무〉를 뜻하는 단어를 연상시키는데, 그는 드리오페스 족의 시조이자 그리스 반도의 첫 주민들 중의 한 사람으로 통했다. 그는 하신 스페르케이오스와 폴리도라(다나오스의 딸)의 아들이라고도 하고, 아폴론과 디아(리카온의 딸)의 아들이라고도 한다. 그의 후손들은 파르나소스 지방에서 살다가 그들을 강제적으로 분산시키려는 도리스 족에 의해 쫓겨났다. 그래서 드리오페스 족은 뿔뿔이 흩어져 에우보이아, 테살리아, 키프로스 등지에 정착하게 되었다.

이 전설의 〈아르카디아〉 본에 따르면, 드리옵스는 리카온 왕의 후손으로 딸이 한 명 있었는데, 그 딸은 헤르메스 신의 사랑을 받아 판 신의 어머니가 되었다고 한다. 〈테살리아〉 본에 따르면, 그의 딸 드리오페는 아폴론과 결합해서 암피소스를 낳은 것으로 그려진다(☞드리오페).

***디도** Dido 카르타고 여왕 디도의 신화는 베르길리우스의 『아이네이스』에 들어 있는 사랑 이야기 덕분에 널리 알려져 있다. 하지만 이 전설은 베르길리우스의 서사시가 쒸어지기 전부터 있었으며, 포이니케 인들이 지중해 서쪽으로 이주하는 이야기와 관련된다. 가장 오래된 전설은 다음과 같다. 티로스 왕 무토에게는 아들 피그말리온과 딸 엘리사(엘리사는 디도 여왕의 티로스식 이름이다)가 있었다. 무토 왕은 임종을 맞으면서 왕국을 자식들에게 남겨 주었고, 백성들은 피그말리온이 아직 어린아이였음에도 불구하고 왕으로 받아들였다. 엘리사는 헤라클레스의 사제이자 왕국에서 왕 다음가는 권력자였던 숙부 시카르바스와 결혼했는데, 피그말리온은 숙부의 재물을 빼앗으려고 그를 죽였다. 하지만 이 살인에 질린 누이가 도망갔기 때문에 피그말리온은 숙부의 재물을 손에 넣지 못했다. 그녀는 시카르바스의 재물을 몰래 배에 싣고, 불만을 품고 있던 티로스의 귀족들과 함께 도망쳤다. 그녀는 도망치면서 욕심 많은 피그말리온을 속이기 위해 종종 자루들을 바다 속에 던졌다. 그녀는 자루 속이 금으로 가득 차 있고 남편의 영혼을 달래려고 봉헌하는 것이라고 말했지만, 사실 그것들은 모래로 가득 차 있었다. 디도는 키프로스에서 신의 지시를 받은 제우스의 사제를 만났고, 그곳에서 그녀의 동행자들은 아프로디테에게 바쳐진 스물네 명의 처녀들을 아내로 삼았다. 그리하여 이들은 아프리카에 정착했고 원주민들에게 환대를 받았다. 디도가 이들 원주민에게 정착할 수 있는 땅을 달라고 하자, 그들은 〈그녀가 소 한 마리의 가죽으로 둘러싸는 만큼의 땅〉을 주기로 했다. 디도는 소가죽을 매우 가늘게 오려 긴 가죽 끈을 만들어서 상당히 넓은 땅을 둘렀고, 원주민들은 약속을 지켜 그 땅을 그녀에게 주었다. 얼마 지나지 않아 우티카의 주민들이 새로 도착한 이주민들에게 선물을 보내 새로운 도시를 세우도록 용기를 북돋아 주었다. 도시를 세우려고 처음 선택한 장소를 파다가 사람들은 소의 머리를 발견했는데, 이는 불길한 징조로

여겨졌다. 그래서 장소를 바꿔서 다시 파기 시작했는데, 이번에는 말의 머리를 발견했고 이는 미래 도시가 전쟁에서 펴게 될 용맹성을 나타내는 길조로 여겨졌다. 대도시에서 온 이들 이민자들 덕분에 새로운 활력을 지닌 도시가 생겨나자 이웃 도시의 왕 이아르바스가 디도와 결혼하고자 했다. 그는 만일 디도가 자신의 청혼을 거절하면 그녀가 세운 도시에 전쟁을 선포하겠다고 위협했다. 그녀는 이를 거절할 수 없었지만, 재혼을 원치 않았으므로 제물을 바쳐 자신의 첫번째 남편의 영혼을 달래 주어야 한다는 핑계로 3개월 간의 말미를 줄 것을 요구했다.

베르길리우스는 이런 이야기를 바탕으로 『아이네이스』에 나오는 사랑 이야기를 썼다. 풍랑을 만나 아프리카 연안에 표착한 아이네이아스는 디도가 세운 도시인 카르타고의 주민들을 만났다. 그는 자신을 위해 베풀어진 연회에서 그간의 모험담과 트로이아 함락을 이야기했다. 부하들이 배들을 수선하는 동안 그는 여왕의 환대를 받았으며, 여왕은 그를 차츰 사랑하게 되었다. 결국 사냥 대회가 열렸을 때 소나기를 피하기 위해 들어갔던 동굴에서 두 사람은 결합했고, 그녀는 베누스와 유노의 부추김을 받아 그의 애인이 되었다. 하지만 곧 사실을 알게 된 이아르바스 왕은 이방인인 아이네이아스가 디도의 사랑을 받는 데에 화가 나서, 유피테르에게 그를 멀리 보내 달라고 요구했다. 장래의 운명을 알고 있던 유피테르는 로마가 아프리카 연안에서 멀리 떨어진 곳에 건설되어야 한다는 것을 알고 있었으므로, 아이네이아스에게 한때의 인연을 끊고 떠날 것을 명했다. 아이네이아스는 여왕을 다시 만나 보지도 않은 채 떠났다. 버림받은 것을 안 디도는 화장단을 높이 쌓아 올린 후 불길 속에 뛰어들어 죽었다. 베르길리우스의 이야기에서도 이전의 전설과 마찬가지로 디도는 이미 한 번 결혼했었지만, 그녀 남편의 이름은 시카르바스가 아니라 시카이오스로 나온다. 또한 그의 이야기에는 디도의 자매 안나가 등장하는데, 안나는 이전의 전설에서는 언급되지 않았던 인물이다(☞안나 페렌나).

디르케 Δίρκη / Dirce 디르케는 테바이 왕 리코스의 아내로, 암피온과 제토스의 어머니인 안티오페를 괴롭혔다. 그녀가 받은 벌에 대해서는 ☞암피온.

디모이테스 Διμοίτης / Dimoetes 디모이테스는 트로이젠의 형제로 트로이젠의 딸 에우오피스를 아내로 맞이했다. 하지만 에우오피스는 자신의 친오빠를 사랑했다. 디모이테스가 이 사실을 트로이젠에게 알리자, 에우오피스는 두려움과 수치심 때문에 목매어 죽었다. 그녀는 죽으면서 자신의 비밀을 폭로한 디모이테스에게 온갖 저주를 다 퍼부었다. 그 후 디모이테스는 해변에서 파도에 밀려온 대단히 아름다운 여자의 시체를 발견했다. 그는 이 시체에 깊은 애정을 품어 시체 옆을 떠나지 않았다. 그러나 얼마 지나지 않아 시체는 부패하기 시작했다. 디모이테스는 그녀를 위해 커다란 무덤을 만들어 주었지만, 사랑했던 것을 잃은 고통을 견디지 못해 무덤 위에서 자살했다.

***디스 파테르** Dis Pater 〈디스 파테르〉는 부(富)의 〈아버지〉로 로마에서는 지하 세계의 신이다. 아주 일찍부터 그는 그리스의 하데스, 즉 플루톤과 완전히 동일시되었다(☞하데스).

***디아나** Diana 디아나는 이탈리아 및 로마의 여신으로 아르테미스와 동일시되었다(☞아르테미스). 이러한 동일시는 아주 일찍 시작된 것으

로 보이며, 기원전 6세기에 이미 이탈리아 남부의 그리스 식민지들 특히 쿠마이에서는 두 여신을 동일시했던 듯하다. 이러한 동일시로 인해 토착 여신의 특성들은 잘 드러나지 않지만(토착 여신은 아직 미개한 사람들에 의해 숭배되었던 만큼 그녀에 관한 전설들도 빈약하다) 그래도 후에 다듬어질 전설들에 독특한 음영을 부여한다. 디아나의 가장 오래된 두 성역 중 하나는 〈디아나 티파티나〉[티파타(카푸아 북쪽의 산맥)의 디아나]라는 이름으로 카푸아에 있고, 다른 하나인 〈디아나 네모렌시스〉(숲의 디아나)의 신전은 아리키아(로마 근처의 네미 호숫가)에 있다.

네미의 디아나는 오레스테스가 이탈리아로 들여온 타우리스의 아르테미스였다고 한다. 이 점은 디아나의 예식들이 갖는 야만성의 이유를 설명해 준다. 네미의 디아나 사제는 〈숲의 왕〉 즉 〈렉스 네모렌시스〉라 불렸는데, 특정 상황에서는 누구든 그를 죽이고 그 자리를 차지할 수 있었다. 타우리스의 아르테미스는 인신 공양을 좋아했던 것으로 알려져 있다(☞아르테미스). 또한 아르테미스는 테세우스의 아들 히폴리토스가 죽었다가 의사 아스클레피오스 덕분에 다시 살아나자 그를 받아 주었다고 한다. 여신은 히폴리토스를 이탈리아로 데리고 가서 아리키아에 있는 자신의 신전에 다른 이름으로 숨겨 놓고 자신의 사제로 삼았다. 히폴리토스는 그 자신을 〈비르비우스〉라 불렸는데, 이는 〈두 번 산 사람〉을 의미하는 것으로 해석되었다. 이 신화의 기원은 네미의 디아나 제사 때 지켜지는 매우 오래된 금기 사항 즉 제사 때는 신전 안으로 말이 들어올 수 없다는 데서 비롯된 것으로 보인다. 히폴리토스의 전설에서 그의 죽음은 그의 말들로 인해 초래되었다고 하는데, 이 점은 비르비우스에게 부여되었던 성격과 신기하게도 일치하며, 위의 금기도 그를 죽게 한 동물들에 대한 원한으로 설명한다.

카푸아에는 디아나에게 바쳐진 암사슴에 관한 전설이 있었다. 암사슴은 상당히 장수하는 동물로, 이 동물의 운명은 도시의 존속과 연관되는 것으로 간주되었다.

디아스 Δίας / Dias 아트레우스 가문에 관해서는 여러 가지 설이 있는데, 그 중 한 전설에 따르면 디아스는 펠롭스와 히포다메이아의 아들이자 아트레우스와 티에스테스의 형제로 여겨진다. 디아스의 딸 클레올라는 아트레우스와 결혼하여 아들 플레이스테네스를 낳았고, 플레이스테네스는 아가멤논과 메넬라오스 그리고 딸 아낙시비아를 낳았다. 또 다른 전승에 따르면, 디아스의 딸 클레올라가 아트레우스의 아들 플레이스테네스의 아내로, 메넬라오스, 아낙시비아와 아가멤논의 어머니였다고 한다(☞계보 2).

디오네 Διώνη / Dione 디오네는 신들의 첫 세대에 속하는 여신이다. 그녀의 혈통은 전승에 따라 달라진다. 어떤 전승에 따르면 그녀는 우라노스와 가이아의 딸로 테티스, 레이아, 테미스 등과 자매간이며, 또 다른 전승들에 따르면 오케아노스와 테티스(I)의 딸로 오케아니데스들 중 한 명이다. 또 아틀라스의 딸들 중 한 명으로 여겨지기도 했다. 디오네는 탄탈로스와의 사이에서 니오베와 펠롭스를 얻었다고 한다. 반대로, 딸 아프로디테를 낳았다는 설도 있다(☞아프로디테).

디오니소스 Διόνυσος / Dionysus 디오니소스는 박코스(Βάκχος)라고도 불리며, 로마에서는 이탈리아의 옛 신 〈리베르 파테르Liber Pater〉와 동일시되었다. 디오니소스는 그리스 로마 시대에 주로 포도와 포도주, 그리고 신비적 광기의 신이었다. 그의 전설은 그리스뿐만 아니라 이웃 나라들에서 차용해 온 다양한 이야기들을 포함하고 있기 때문에 매우 복잡하다. 가령 그의 제사는 소아시아에서 유래한 유사한 제사들을 흡수했고, 이러한 부분적 동일시로 인해 다른 여러 가지 일화들도 그의 이야기의 나머지 부분들과 어느 정도 결합되었다.

디오니소스는 제우스와 세멜레의 아들로, 그의 어머니는 카드모스와 하르모니아의 딸이다(☞계보 3). 그러므로 디오니소스는 헤르메스, 아폴론, 아르테미스 등과 같이 두 번째 세대의 신들 즉 올림포스 신들에 속한다. 제우스의 사랑을 받은 세멜레는 제우스에게 위엄을 갖춘 본래의 모습을 보여 달라고 요구했다. 제우스는 그녀를 기쁘게 하려고 요구를 들어주었지만, 세멜레는 제우스를 에워싼 강한 섬광에 그만 타죽고 말았다. 제우스는 그녀 태중에 있던 아이를 잽싸게 꺼냈는데, 아이는 채 6개월도 되지 않았었다. 그는 곧바로 자신의 허벅지에 아이를 넣고 꿰맸으며, 3개월 후 온전하고 건강한 아이를 다시 꺼냈다. 이 아이가 바로 어린 디오니소스로, 〈두 번 태어난〉 신으로 일컬어진다. 제우스는 아이를 헤르메스에게 맡겼고, 헤르메스는 오르코메노스 왕 아타마스와 그의 두 번째 아내인 이노에게 아이를 양육하게 했다. 헤라는 질투한 나머지 남편이 외도로 낳은 아이를 없애려 했으므로, 헤르메스는 여신의 눈을 피할 수 있도록 아이를 여자로 변장하여 키우라고 명했다. 하지만 헤라는 이에 속지 않았고, 디오니소스의 유모인 이노와 아타마스를 실성하게 만들었다(☞이노, ☞팔라이몬, ☞아타마스). 그래서 제우스는 디오니소스를 그리스에서 멀리 떨어진 니사라는 고장으로 옮겨(어떤 이들은 그곳이 아시아에 있는 나라라고 하고 또 어떤 이들은 에티오피아 아니면 아프리카라고도 한다) 그곳의 님프들에게 아이를 양육하게 했고, 이번에는 헤라의 눈을 피하기 위해 디오니소스를 새끼 산양으로 변신시켰다. 이 이야기는 디오니소스에게 붙여진 〈새끼 산양〉이라는 제의적 수식어를 설명해 주고, 다른 한편으로는 디오니소스[〈니사 산에서 자란 제우스〉라는 뜻]라는 이름의 어원이 니사 산에 유래한 것임을 보여 주기도 한다. 디오니소스를 보살펴 준 대가로 님프들은 후에 하늘로 올라가 히아데스 별자리가 되었다.

성인이 된 디오니소스는 포도와 그 사용법을 발견했다. 하지만 헤라는 그를 실성하게 만들었고, 미치광이가 된 디오니소스는 이집트와 시리아를 떠돌아다녔다. 아시아 연안을 거슬러 올라가 프리기아에 도착하여 그곳에서 키벨레 여신의 환대를 받았다. 키벨레는 디오니소스를 정상으로 돌아오게 하고 자신의 제의에 입문시켰다. 광기에서 벗어난 디오니소스는 트라케로 갔는데, 스트리몬 강 유역을 다스리던 리쿠르고스 왕에게 푸대접을 받았다. 리쿠르고스 왕은 디오니소스를 감옥에 가두려 했지만 성공할 수 없었다. 테티스가 디오니소스를 구해 주었고 네레이스들이 바다 속에 피난처를 제공해 주었던 것이다. 그러자 리쿠르고스는 디오니소스를 따르는 무리인 박케들[박카이]을 잡아들였다. 하지만 박케들은 기적적으로 자유의 몸이 되었고 반대로 리쿠르고스 자신이 미치게 되었다. 그가 디오니소스에게 봉헌된 포도나무를 벤다고 생각하며 자른 것은 아들의 다리였다. 제정신으로 돌아온 리쿠르고스는 자신의 나라가 기근에 시달리고 있다는 것을 알게 되었다. 신탁에 물어보니 리쿠르고스가 죽어야만 디오니소스의 분노가 풀릴 것이라고 했다. 그러자 백성들은 그의 사지를 네 마리 말에 묶어 찢어 죽였다.

디오니소스는 트라케를 떠나 인도로 가서, 반은 군사적이고 반은 신적인 원정을 행했다. 그는 한편으로는 무력으로(그에게는 군대가 있었다) 다른 한편으로는 마법과 신비한 힘으로 인도를 정복했던 것이다. 그가 어디든지 끌고 다니는 승리의 행렬은 바로 이 정복에서 유래한 것으로 이야기된다. 이 행렬에서 그는 표범이 끌고 포도 넝쿨과 담쟁이덩굴로 장식된 수레를 타며, 여자 무녀들, 사티로스들, 그리고 람프사코스의 신인 프리아포스를 위시한 군소 신들이 뒤를 따른다.

디오니소스는 그리스를 떠나 어머니의 나라인 보이오티아에 다다르게 되었다. 카드모스의 계승자 펜테우스가 다스리던 테바이에, 디오니소스는 자신을 기리는 축제인 박카날리아를 도입했으며, 이 축제에서 모든 사람들, 특히 여자들은 황홀경에 빠져 비명을 지르면서 전원을 돌아다녔다. 왕은 이처럼 위험한 예식이 도입되는 데에 반대했고, 그 때문에 벌을 받았다. 세멜레의 자매인 그의 어머니 아가우에 역시 벌을 받았으니, 아가우에는 키타이론 산에서 자기 아들을 찢어 죽였을 것이다(☞아가우에, ☞펜테우스). 디오니소스는 아르고스에서도 같은 방식으로 자신의 위력을 보였다. 그는 프로이토스 왕의 딸들을 미치게 만들어(☞멜람푸스, ☞프로이티데스), 그녀들은 그 나라의 다른 여자들과 마찬가지로 마치 자신들이 소이거나 한 것처럼 소 울음소리를 내면서 전원을 배회했고, 심지어는 미쳐서 자신들의 갓난아기들을 먹어치우기도 했다.

그 후 디오니소스는 낙소스로 가려고, 지나가던 티레노이 해적들의 배에 태워 달라고 했다. 그러나 해적들은 부탁을 들어주는 척하면서 그를 노예로 팔아 버리려고 아시아로 뱃머리를 향했다. 이를 알아차린 디오니소스는 노를 뱀으로 변하게 하고 송악으로 배를 뒤덮었으며, 눈에 보이지 않는 피리 소리가 배 주변을 맴돌며 메아리치게 했다. 그는 포도넝쿨로 배를 꼼짝 못하게 만들었고, 마침내 해적들은 미쳐서 스스로 바다에 뛰어들어 돌고래가 되었다고 한다. 이 이야기는 돌고래들이 왜 사람들과 친숙한가를 설명해 주는 것으로, 그들이 난파당한 사람들을 구하려 하는 것은 죄를 뉘우치는 해적들이기 때문이라고 한다. 이때부터 디오니소스의 위력은 모든 사람들에게 알려졌고, 그는 지상에서 자신의 역할을 끝내고 도처에 자신을 숭배하는 예식을 창설한 뒤 하늘로 올라갈 수 있었다.

하지만 디오니소스는 우선 하계에 내려가서 어머니 세멜레의 영혼을 찾아 되살리고자 했다. 그러기 위해 그는 하계로 통하는 지름길로 알려진 레르네의 심연을 통과했다. 하지만 길을 몰랐던 디오니소스는 프로심노스(혹은 ☞폴림노스)라 불리는 이에게 물어보아야만 했고, 프로심노스는 그가 돌아오는 길에 보상을 해줄 것을 요구했다. 프로심노스는 디오니소스가 돌아오기 전에 죽었으므로, 그 보상은 디오니소스가 하늘로 다시 돌아가서야 해줄 수 있었지만, 디오니소스는 약속을 지키려고 적당한 형태의 막대기를 그의 무덤에 꽂아 주었다(☞폴림노스). 하계에서 디오니소스가 하데스 신에게 자신의 어머니를 풀어 달라고 하자, 하데스는 그의 요구를 들어주는 대신 디오니소스가 아끼는 것을 달라고 요구했다. 그래서 디오니소스는 자기가 좋아하는 식물들 중 도금양을 그에게 주었으며, 디오니소스 비의에 입문하는 자들이 도금양으로 만든 관을 쓰는 관례는 바로 여기서 생긴 것이라고 한다.

디오니소스가 낙소스에서 아리아드네를 데려간 것은 이렇게 하늘에 올라간 다음의 일이다(☞아리아드네, ☞테세우스).

디오니소스는 또한 거인족인 티탄들과 올림포스 신들의 싸움에 참가하여, 자신의 상징이라 할 지팡이(송악으로 장식된 길다란 장대)로 에우리토스를 때려 죽였다.

포도주와 영감의 신 디오니소스는 떠들썩한 행렬로 숭배되었으며, 이 행렬에서 가면을 쓴 인물들은 대지와 풍요의 정령들의 모습을 나타냈다. 이와 같은 행렬들은 가장 일반적으로 극장 상연, 희극, 비극, 사티로스 극[수염과 꼬리, 말발굽을 가진 사티로스들이 합창단으로 나오는 우스운 내용의 극. B.C. 5~4세기경 그리스의 비극은 3부작 비극에 사티로스 극 1편이 덧붙여진 4부작 형식을 취했다] 등에 영향을 미쳤으며, 특히 사티로스 극은 가장 오래 이 흔적을 간직하고 있었다. 로마 시대와 기원전 2세기부터, 방탕과 광란의 성격을 지닌 디오니소스 숭배는 이탈리아 남부와 중부의 산악 지대에 사는 덜 문명화된 사람들 사이에 빠르게 퍼져 나갔다. 기원전 186년 로마 원로원은 박카날리아 축제를 금지했지만, 신비주의적 종파들은 디오니소스의 전통을 지켜 나갔다. 카이사르가 박코스 제례를 다시 허용했다는 것도 있을 수 있는 일이다. 디오니소스는 제정 시대의 종교에서도 여전히 중요한 역할을 했다.

디오메데스 Διομήδης / Diomedes 전설에는 디오메데스라는 이름의 인물이 두 명 나온다.

1. 첫번째 디오메데스는 아레스와 피레네의 아들인 트라케 왕으로, 이 나라에 찾아오는 이방인들을 자신의 암말들에게 먹이로 주었다. 에우리스테우스는 헤라클레스에게 이와 같은 만행을 종식시키고 말들을 미케나이로 끌고 오라고 명했다. 지원병들과 함께 떠난 헤라클레스는 말들을 돌보던 일꾼들과 싸워 이긴 후 말들을 끌고 갔다. 그러나 말들을 지키기 위해 쫓아온 원주민들이 해변에서 헤라클레스를 공격했다. 헤라클레스는 말들을 친구 압데로스에게 맡긴 뒤 원주민들을 쳐부수고 그들의 왕 디오메데스를 죽였다. 그러나 로크리스의 오푸스 출신으로 헤르메스의 아들인 압데로스는 말들에게 끌려다니다가 죽임을 당했고, 헤라클레스는 자신이 아끼던 젊은 친구를 기념하기 위해 해안에 압데라 시를 건설했다. 그리고는 암말들을 에우리스테우스에게로 데리고 갔다. 에우리스테우스는 이 말들을 풀어 주었지만, 말들은 올림포스 산속에 사는 야수들에게 잡아먹혔다. 또 다른 전승에 따르면, 헤라클레스가 디오메데스를 말들의 먹이로 주어 죽게 했다고도 한다. 그 후 헤라클레스는 말들을 에우리스테우스에게 데리고 갔고, 에우리스테우스는 헤라에게 이들을 바쳤으며, 이 말들의 종자는 알렉산드로스 대왕 때까지도 전해졌다고 한다.

전승에 의하면 이 말들은 모두 네 마리이며, 이름은 포다르고스, 람폰, 크산토스, 데이노스였다고 한다. 이 말들은 청동으로 된 시렁에 쇠사슬로 묶여 있었다.

2. 또 한 명의 디오메데스는 아이톨리아의 용사로, 트로이아 전쟁에 참가했다. 그는 티데우스와 아드라스토스의 딸들 중 한 명인 데이필레 사이에서 태어난 아들이었으므로(☞계보 1, ☞계보 27), 아버지들의 원수를 갚기 위해 에피고노이의 테바이 원정에 참가했다(☞아드라스토스). 전승에 따르면, 그의 주요 임무는 자신의 할아버지인 칼리돈 왕 오이네우스(☞계보 27)로부터 왕국을 빼앗았던 아그리오스의 아들들에게 복수하는 것이었다고 한다. 디오메데스는 알크마이온과 함께 제2의 고향인 아르고스(☞티데우스)를 몰래 떠나, 아그리오스의 모든 아들들(펠로폰네소스로 이미 도망쳐 버린 옹케스토스와 테르시테스를 제외하고)을 죽였다. 오이네우스가 너무 늙었으므로 디오메데스는 오이네우스의 딸 고르게와 결혼한 안드라이몬을 왕좌에 앉혔다. 아그리오스의 살아남은 아들들이 펠로폰네소스에 은둔한 오이네우스를 죽이자, 디오

메데스는 할아버지를 위해 성대한 장례식을 치러 주었고, 훗날 그가 묻힌 곳에 그의 이름을 딴 오이노에 시를 건설했다. 그리고는 이모인 아이기알레이아와 결혼했는데(☞계보 1), 몇몇 작가들에 따르면 그들은 사촌간이었다고도 한다. 이들은 아이기알레이아가 아드라스토스가 아니라 아이기알레우스의 딸이며, 따라서 아드라스토스의 손녀라고 한다(☞계보 1).

트로이아 계열의 이야기들에서 디오메데스는 오딧세우스에게 맡겨진 대부분의 까다로운 임무들을 돕는 것으로 그려진다. 디오메데스는 아트레우스의 아들들과 마찬가지로 헬레네의 구혼자들 중 한 명이었다. 몇몇 전설들에서 그는 스키로스에서 아킬레우스의 협조를 얻으려는 오딧세우스를 도왔던 것으로 이야기된다. 뿐만 아니라 그는 아울리스에서 아가멤논이 딸 이피게네이아를 제물로 바치는 데에도 일역을 했고, 오딧세우스가 아킬레우스의 화를 진정시켜 그리스 군을 위해 싸우도록 데리러 가는 길에도 동행했다[호메로스의 내용과 다름. 『일리아스』 제9권에서 아킬레우스를 달래러 갔던 영웅들은, 오딧세우스, 아이아스, 포이닉스이다. 저자는 아마도 아이아스와 디오메데스를 혼동한 듯하다. 디오메데스는 이 임무와 거의 상관이 없었으며, 아킬레우스가 복귀하든 말든 싸우자고 했었다]. 특히 오딧세우스 일행이 아킬레우스를 데려오기 위한 사절 임무를 수행한 그날 밤, 디오메데스는 오딧세우스의 야습(夜襲)에 참가하여 트로이아의 첩자 돌론을 죽였으며, 그 전날 트라케 군대를 이끌고 도착한 레소스 왕을 죽이고 그의 말들을 포획했다. 그 밖에, 벨레로폰테스의 손자인 글라우코스와의 만남에 대해서는 ☞글라우코스 2. 디오메데스는 파트로클로스를 추모하는 장례 경기에도 참가했다. 『일리아스』 이후의 이야기들에서 그는 오딧세우스와 함께 렘노스로 가서 부상당한 필록테테스를 데리고 왔다고 한다(그리스가 트로이아와의 싸움에서 승리하기 위해서는 필록테테스의 존재가 필요했기 때문이다. ☞필록테테스). 디오메데스는 전투에서 아프로디테 여신에게 상처를 입힐 만큼 막강한 전사였고, 이로 인해 여신의 노여움을 샀다. 그는 뛰어난 언변으로 아테나이 장군들과의 수많은 논쟁에서 두각을 나타냈다. 하지만 그는 쉽게 화를 냈다. 아킬레우스가 펜테실레이아의 시체를 연모하는 것을 빈정댄 테르시테스를 죽이자, 디오메데스는 아킬레우스에게 테르시테스가 자신의 친척임을 상기시키며 화를 내고는(☞계보 27) 펜테실레이아의 시신을 스카만드로스 강에 던져 버릴 것을 요구했다.

트로이아 전쟁에 참가했던 모든 용사들 중에서 디오메데스는 가장 행복한 귀향을 한 것으로 오랫동안 이야기되었다. 『오딧세이아』 역시 그의 행복한 귀향을 묘사하고 있다. 그러나 트로이아 전쟁이 끝난 뒤에도 그의 모험은 계속되었으니, 그의 아내 아이기알레이아가 배신을 하여 함정을 파놓았던 것이다. 아르고스로 돌아온 그는 이 함정을 간신히 피할 수 있었다. 디오메데스는 헤라 여신의 제단으로 도망쳤고, 뒤이어 이탈리아의 다우누스 왕에게로 피신했다. 그의 아내가 이처럼 그를 배신한 것은 디오메데스에게 상처를 입혔던 아프로디테의 복수였다고 한다. 디오메데스는 다우누스 왕을 위해 그의 적들과 싸웠지만, 왕은 그에게 약속했던 정당한 보상을 해주지 않았다. 디오메데스는 다우누스의 나라에 저주를 퍼부었고, 그래서 자신과 동향인들인 아이톨리아 인들이 경작하지 않는 해에는 매번 흉작이 되게끔 만들었다. 그리고는 다우누스 왕의 저항에도 불구하고 나라를 차지해 버렸지만, 다우누스는 디오메데스의 부하들이 새들로 변신해 있는 동안 그를 죽이고 말았다. 이 새들은 그리스 인들에게는 호의적이었지만 다른 모든 사람들에게는 매우 사납게 굴었다. 이탈리아 남부의 많은 도시들은 디오메데스가 건설한 것으로 여겨졌다.

디오모스 Δίομος / Diomus 디오모스는 아티카의 용사로, 동명의 데모스[고대 그리스의 행정 구분 단위로, 아테나이에 약 170개의 데모스가 있었다]의 명조가 되었다. 그는 콜리토스의 아들로, 헤라클레스가 그의 아버지 집에서 묵을 때 영웅의 귀염을 받았다. 헤라클레스가 신이 된 후, 그는 영웅에게 아버지의 가축 떼 중 한 마리를 희생 제물로 바쳤다. 그러자 개 한 마리가 나타나서 제물의 뒷다리를 끌고 갔고, 디오모스는 개가 제물을 끌고 간 곳에 헤라클레스 키노사르고스 [〈개가 고기를 물어 간 헤라클레스〉라는 뜻] 신전을 세웠다.

디오스쿠로이 Διόσκουροι / Dioscures 디오스쿠로이란 〈제우스의 아들들〉로, 카스토르와 폴리데우케스를 가리키는 말이다. 이들은 제우스와 레다의 사랑에서 태어났고, 헬레네와 클리타임네스트라의 형제들이다(☞계보 2, ☞계보 6). 그런데 레다는 라케다이몬 왕 틴다레오스와 결혼한 상태였다. 제우스가 백조로 변신하여 레다와 결합한 날 밤, 레다는 인간인 남편과도 사랑을 나누었다. 그 결과 레다는 쌍둥이 넷을 낳았는데, 폴리데우케스와 헬레네는 제우스의 아이들이며, 카스토르와 클리타임네스트라는 틴다레오스의 아이들로 구분된다. 이 때문에 디오스쿠로이는 종종 틴다리다이 즉 〈틴다레오스의 아들들〉로 불리기도 한다(☞계보 19). 일설에 따르면, 이 두 쌍둥이 형제는 레다가 백조로 변한 제우스와 결합한 후 낳은 알들에서 각기 태어났다고 한다. 이들이 태어난 곳은 스파르타의 타이게토스 산으로 여겨진다. 이들은 도리스 족의 뛰어난 용사들로, 이는 그들이 아테나이 사람인 테세우스와 싸움을 벌이는 대목들을 설명해 준다. 테세우스와 페이리토오스가 페르세포네를 얻기 위해 하계로 떠나자, 디오스쿠로이는 아티카 원정길에 올랐다. 테세우스가 그들의 누이 헬레네를 납치하여 아피드나 요새에 가두었기 때문이다. 테세우스 없는 아티카에서 그들은 누이를 구해 냈을 뿐 아니라(☞아카데모스), 테세우스의 어머니 아이트라(☞)를 스파르타로 포로로 끌고 왔다. 게다가 아테나이 왕좌에서 테세우스의 아들들을 내쫓고, 왕위를 요구하던 메네스테우스를 그 자리에 앉혔다(☞데모폰).

디오스쿠로이들은 아르고나우타이의 원정에도 참가했으며(☞아르고나우타이), 특히 베브리케스 족의 왕 아미코스와의 싸움에서 두각을 나타냈다. 그들은 또한 칼리돈의 사냥에도 참여했으며(☞멜레아그로스), 이아손과 펠레우스가 이올코스를 약탈하는 것을 도왔다(☞이아손).

디오스쿠로이는 헬레네의 형제들임에도 불구하고 트로이아 전쟁의 군사들 중에는 끼어 있지 않은데, 그것은 이들이 트로이아 전쟁 전에 신격화되었기 때문이다. 그 전말은 다음과 같다. 틴다레오스에게는 아파레우스와 레우키포스 두 형제가 있었다. 아파레우스에게는 두 명의 아들이 있었는데, 이다스와 링케우스가 그들이다(☞계보 19). 이 두 아들들은 레우키페데스 즉 레우키포스의 두 딸인 포이베 및 힐라이라와 약혼을 했다. 카스토르와 폴리데우케스는 혼인잔치에 초대되어 신부들을 납치했다. 그래서 싸움이 시작되었고, 카스토르와 링케우스는 그 싸움에서 목숨을 잃었다. 이 짧은 전설이 신화학자들 사이에서 알려져 있는 유일한 이야기는 아니다. 또 다른 설에 따르면, 디오스쿠로이는 레우키포스의 두 딸을 납치하기는 했지만, 그녀들에게서 자식도 낳았으며 그녀들을 사촌들로부터 빼앗은 것도 아니라고 한다. 반대로 그들은 사촌들과 함께 아르카디아로 가축을 훔치러 갔었는데, 그들 네 사람 모두 전리품을 가지고 돌아왔으므로 그것의 분배를 놓고 다툼이 벌어졌다. 디오스쿠로이는 사촌들에게 함정을 파놓았지만 카스토르는 이다스에게 죽임을 당했고, 폴리데우케스는 링케우스를 죽이고 그 자신도 상처를 입었다. 제우스는 벼락을 내리쳐 이다스를 죽이고는 폴리데우케스를 하늘로 데리고 갔다. 하지만 폴리데우케스는 자기 형제 카스토르가 하계에 남아 있는 한 제우스가 주려는 불사(不死)를 거부하겠노라고 했다. 제우스는 하는 수 없이 그의 형제를 천상으로 데리고 와서 하루씩 번갈아 살게 했다(☞이다스, ☞레우키피데스).

카스토르와 폴리데우케스는 둘 다 젊은 용사이자 투사였다. 특히 카스토르는 전사였고, 폴리데우케스는 권투를 했다. 로마 전설들은 이들이 레길루스 호 전투에서 이탈리아 편에 서서 싸웠던 것으로 묘사하고 있다. 그리고 도시로 승리를 알리러 온 것도 바로 이들이다. 그들은 포룸[로마 도시에 있는 공공 회합 장소 및 시민 생활의 중심지]에 있는 유투르나 분수에서 말에게 물을 먹였는데, 이 샘의 님프는 그들의 누이라는 것이 통설이다. 그들의 신전은 이 샘 근처에 있었고 베스타의 사원에서 별로 멀지 않았다. 돛 가로대의 양끝에 이는 성(聖) 엘모의 불[폭풍우가 불 때, 전기 현상으로 돛대 끝에 나타나는 불빛]을 통칭 〈디오스쿠로이〉라 하며, 이는 선원들에게 길조로 통했다.

디오파트라 Διόπατρα / Diopatra ☞테람보스.

디온 Δίων / Dion 디온은 라코니아 왕으로, 프로낙스의 딸 암피테아와 결혼했다. 그에게는 오르페, 리코, 카리아 세 딸이 있었다. 아폴론은 라코니아를 여행하다가 암피테아로부터 융숭한 대접을 받고 그 보답으로 그녀의 딸들에게 예언 능력을 선사했다. 단, 그녀들이 절대로 신들을 속이는 일이 없어야 하며 자신들과 무관한 일을 알아내려 하지 말아야 한다는 조건이 붙어 있었다. 그러던 어느 날 디오니소스 역시 디온의 궁정에 머물게 되었다. 디오니소스와 카리아는 서로 사랑하게 되었고, 세계 일주를 하고 돌아온 디오니소스는 연인을 만나러 다시 디온의 궁정에 들렀다. 그러자 카리아의 자매들이 디오니소스를 염탐했다. 아폴론과 디오니소스가 엄중히 경고했지만 소용이 없었다. 그래서 그녀들은 바위로 변하게 되었다. 신이 사랑했던 카리아만이 풍성한 열매를 맺는 호두나무가 되었다. 사람들은 그녀를 〈아르테미스 카리아티스〉라는 이름으로 섬겼다고 한다.

딕테 Δίκτη / Dicte 크레테의 님프 브리토마르티스의 또 다른 이름. 딕테 역시 미노스의 사랑을 받게 되어 그를 피해 바다에 뛰어들었으며, 어부들의 그물에 걸려 구조되었다고 한다(☞브리토마르티스, ☞브리테).

딕티스 Δίκτυς / Dictys 딕티스는 세리포스 왕 폴리덱테스(☞)의 형제이자 다나에(☞)와 페르세우스(☞)의 보호자이다. 〈그물〉을 의미하는 단어와 관계 있는 그의 이름은 신화가 그에게 부여한 역할과 잘 어울린다. 세리포스의 호숫가에서 페르세우스와 그녀의 어머니가 타고 표류하던 궤짝을 건져 낸 것도 바로 그였다. 하지만 때로는 단순히 어부로 묘사되기도 한다. 폴리덱테스가 죽은 뒤, 그는 섬을 지배하게 되었다.

ㄹ

라다만티스 ῾Ραδάμανθυς / Rhadamanthys 라다만티스는 크레테 용사로, 흔히 제우스와 에우로페 사이에 태어난 세 아들 중 한 명 즉 미노스와 사르페돈의 형제로 여겨진다(☞계보 28). 그는 두 형제와 마찬가지로, 제우스가 에우로페를 넘겨준 크레테 왕 아스테리온의 양자가 되었다. 그러나 일부 지방의 전승에 의하면, 라다만티스는 헤파이스토스의 아들로, 헤파이스토스는 탈로스의 아들이고, 탈로스는 크레테의 명조 크레스의 아들이었다고도 한다.

라다만티스는 지혜와 정의감으로 유명했다. 그리스 여러 도시들에서 모범이 되었던 크레테 법전을 만든 것도 그였다고 한다. 그래서 죽은 뒤 하계에 가서도 그는 형제인 미노스와 제우스의 또 다른 아들인 아이아코스와 함께 망자들의 재판을 맡게 되었다는 것이다.

일설에 의하면, 말년에 그는 크레테에서 망명하여 보이오티아로 갔으며, 그곳에서 알크메네(☞)와 결혼했다고 한다.

『오딧세이아』에 따르면 라다만티스는 거인 티티오스를 찾아 포이니키아 배를 타고 에우보이아에 갔다고 하는데, 이 일화는 잘 알려져 있지 않다.

그에게는 크레테 도시 고르티나의 명조가 된 고르티스, 보이오티아의 에리트라이를 건설한 에리트로스 등의 자식들이 있었다.

라돈 Λάδων / Ladon 1. 라돈은 아르카디아에 있는 라돈 강의 신이다. 대부분의 하신들처럼 그는 오케아노스와 테티스(I)의 아들이다. 스팀팔리스와 결혼한 그는 다프네(☞)와 메토페라는 두 딸을 낳았으며, 메토페는 하신 아소포스(☞)의 아내가 되었다. 다프네는 스팀팔리스의 딸이 아니라 가이아(대지)의 딸이라고도 한다.

2. 라돈은 또한 포르키스와 케토의 아들인 용으로, 헤스페리데스의 황금 사과를 지켰다. 또 다른 전승들에 의하면 이 용은 티폰과 에키드나의 아들, 혹은 가이아의 아들이라고도 한다. 그는

라라

백 개의 머리를 갖고 있었다. 그가 헤라클레스에게 죽임을 당하자, 헤라는 그를 성좌들 중 하나로 만들었다.

***라라** Lara 오비디우스에 의하면 라라는 라티움의 님프로 실제로는 랄라 즉 〈수다쟁이 여자〉라는 이름이었다고 한다. 유투르나를 사랑한 유피테르는 그녀가 온갖 수단을 동원해 그에게서 달아나려 하자 그 나라의 님프들을 모두 불러 모아 자신의 사랑이 실현될 수 있도록 도움을 청했다. 자신이 유투르나를 쫓을 때 그녀가 물속으로 뛰어들지 못하도록 붙잡아 달라는 것이었다. 님프들은 모두 그렇게 하겠다고 했지만 라라는 유피테르의 의도를 사방에 이야기하고 다니면서 유투르나에게도 경고를 하고 심지어 유노에게도 모두 일러바쳤다. 화가 난 유피테르는 그녀의 혀를 뽑은 다음 메르쿠리우스에게 맡겨 하계로 데려가게 했는데, 그곳에서 그녀는 죽은 이들의 왕국에 있는 물들의 요정이 되었다. 도중에 메르쿠리우스는 그녀를 겁탈해 쌍둥이를 낳았는데, 이들이 라레스(☞) 신들이다.

***라레스** Lares 라레스는 네거리와 각 가정의 울타리를 지키는 역할을 맡은 로마의 신들로, 엄밀한 의미에서 그들에 관한 신화라고 할 만한 것은 없다. 오비디우스에 의하면 그들은 메르쿠리우스의 자식들로, 네거리의 신이자 번영의 신이기도 한 메르쿠리우스 헤르메스의 역할과 비슷한 역할을 맡고 있다. 특히 라르 파밀리아리스(각 가정의 수호신)는 세르비우스 툴리우스의 아버지였다고 한다. 어느 날 타르퀴니우스의 아내인 타나퀼의 여자 노예가 불가에 있었는데 화로의 재가 남근 모양으로 솟아올랐다. 이 남근과 하녀가 결합하여 나중에 세르비우스(☞) 왕이 될 아들을 낳았다는 것이다.

라레스는 한 손에 풍요의 뿔을 들고 발끝으로 가볍게 맴을 도는 소년들의 모습을 하고 있으며 민첩한 신들에게 어울리는 짧은 옷을 입고 있다.

***라렌티아** Larentia ☞아카 라렌티아.

라로스 ῾Ραρος / Rarus 몇몇 저자들에 따르면, 라로스는 크라나오스의 아들이며, 암픽티온의 딸에게서 트리프톨레모스를 낳았다고 한다. 이 암픽티온의 딸은 강도 케르키온(☞)의 어머니이기도 했다. 또 다른 저자들에 따르면, 라로스는 트리프톨레모스의 아버지가 아니라 할아버지였다. 그는 아들 켈레오스를 낳았는데, 켈레오스는 흔히 엘레우시스의 아들로 알려져 있다. 이 전승에 의하면 라로스는 딸을 찾아다니는 데메테르를 맞아 주었고, 그래서 여신은 감사의 뜻으로 트리프톨레모스에게 밀을 재배하는 법을 가르쳐 주었다고 한다. 엘레우시스 부근의 라로스 평야, 최초로 밀을 심었다고 알려진 평야에 이름을 남긴 것이 바로 이 라로스이다.

라리노스 Λάρινος / Larinus 라리노스는 에페이로스의 목동으로, 헤라클레스가 게리오네우스의 소들을 데리고 지나갈 때 그 중 몇 마리를 선물로 받았다(혹은 그에게서 훔치는 데 성공했다). 그가 보존한 이 품종은 고전 시대까지도 유명했다.

라리사 Λάρισσα / Larissa 라리사는 아르고스 여자라고도 하고 테살리아 여자라고도 한다. 라리사라고 불리는 테살리아 도시들 및 아르고스 성은 그녀의 이름을 딴 것이다. 그녀는 제우스 혹은 포세이돈과 결합해 펠라스고스를 낳았다고도 하고, 펠라스고스의 딸로 간주되기도 한다 (☞계보 17). 전자의 경우 그녀는 펠라스고스 외에도 아카이오스와 프티오스를 낳았는데, 이들은 아르골리스에서 테살리아로 이주했다(☞피아소스).

라메돈 Λαμέδων / Lamedon 라메돈은 시키온 왕으로 아이기알레우스의 후손이다(☞계보 22). 그는 코로노스의 아들이자 코락스의 형제이다. 코락스는 후사 없이 죽었으며, 테살리아 사람 에포페우스가 시키온 왕좌를 계승했다. 하지만 에포페우스는 안티오페(☞) 문제로 닉테우스와 전쟁을 하다가 치명상을 입었다. 그가 죽자 코락스의 형제인 라메돈이 왕위에 올랐으나, 시키온에서 아이기알레우스의 직계는 그가 마지막이었다. 그는 아카이아 인들과의 싸움에서 시키온(☞)의 도움을 청했으며, 자기 딸 제욱시페를 그와 결혼시켰다. 그 자신은 클리티오스의 딸인 아테나이 여자 페노와 결혼했다. 나중에 클리티오스의 후손인 아테나이 사람 이아니스코스(☞)가 시키온을 통치하는 것도 그 때문이다.

라모스 Λάμος / Lamus 1. 『오딧세이아』에 따르면 라모스는 포르미아이 근처 이탈리아 연안에 사는 식인종 라이스트리고네스 족의 왕이다. 로마 귀족인 아일리이 라미아 일족은 라모스가 자신들의 선조라고 주장했다.
2. 라모스는 헤라클레스와 옴팔레 사이에 태어난 아들로, 그리스의 도시 라미아의 명조이다.

라미아 Λαμία / Lamia 1. 포세이돈의 딸인 라미아는 제우스와 결합하여 리비아의 시빌레(☞)를 낳았다.
2. 라미아는 아이들을 훔치는 여자 괴물로, 유모들이 아이들을 겁주기 위해 그녀에 관한 이야기들을 들려주었다고 한다. 실제로 그녀에 관해 여러 가지 이야기들이 전해진다.

가령, 라미아는 리비아 출신의 처녀로, 벨로스와 리비에의 딸이었다고 한다. 제우스가 그녀를 사랑해서 그녀와 결합했는데, 그녀가 낳는 아이는 매번 헤라의 질투로 인해 죽어 버렸다. 절망한 라미아는 외딴 동굴에 숨어 버렸고, 자기보다 행복한 어머니들을 시기한 나머지 아이들을 유괴하여 잡아먹는 괴물이 되어 버렸다. 헤라는 그녀를 더한층 괴롭히기 위해 잠까지 앗아 갔다. 이를 불쌍히 여긴 제우스는 그녀에게 마음대로 눈을 뺐다 끼웠다 하는 능력을 주었다. 그러므로 라미아가 자기 옆에 있는 단지 속에 눈을 넣어 두고 잘 때에는(특히 그녀가 술을 아주 많이 마셨을 때) 그녀를 두려워할 필요가 전혀 없었다. 하지만 그렇지 않을 때면 그녀는 밤낮으로 헤매고 다니면서 잡아먹을 아이를 찾아다녔다고 한다.

한편 젊은이들에게 달라붙어 피를 빨아먹는 여자 정령들을 라미아라고 부르기도 했다.

알키오네우스(☞)의 전설에서도 델포이 근처 산속에 사는 라미아라는 괴물이 언급되는 것을 볼 수 있다. 라미아는 또한 괴물 겔로(☞)의 또 다른 이름이기도 하다.

라브다코스 Λάβδακος / Labdacus 라브다코스는 폴리도로스의 아들이자 카드모스의 손자로(☞계보 3, ☞계보 29) 어머니 닉테이스를 통해서는 카드모스(☞)가 죽인 용의 이빨에서 태어난 남자들 중 한 명인 크토니오스의 손자가 된다(☞스파르토이). 아버지 폴리도로스는 그가 한 살 때 죽었으므로, 외조부 닉테우스와 닉테우스의 형제인 리코스가 차례로 섭정을 맡은 뒤, 마침내 라브다코스에게 권력이 돌아오게 되었다. 라브다코스 다음에는 그의 아들이자 오이디푸스의 아버지인 라이오스(☞)에게 통치권이 넘어갔다.

라브다코스의 치세 동안 두드러진 사건은 국

경 문제로 인해 아테나이 왕 판디온과 벌인 전쟁이다. 트라케 왕 테레우스가 판디온을 지원한 것은 바로 이 전쟁에서였다(☞판디온, ☞테레우스). 아폴로도로스만 전하는 이야기에 따르면, 라브다코스는 펜테우스처럼 박케들[디오니소스를 추종하는 여인들]에게 찢겨 죽었으며, 이는 펜테우스처럼 그도 디오니소스 숭배를 배척했기 때문이라고 한다.

라브란도스 Λάβρανδος / Labrandus 라브란도스는 쿠레테스 중 한 명이다. 그는 동료들인 파나모로스와 팔락소스와 함께 카리아로 와서 그곳 강가에서 첫 밤을 보냈으며, 그래서 그 강은 헤우도노스(동사 〈헤우데인εὕδειν〉은 〈자다〉라는 뜻이다)라 불리게 되었다.

*__라비니아__ Lavinia 라비니아는 라티누스 왕과 아마타의 딸이다. 그녀는 아이네아스가 라티움에 오기 전에 투르누스와 약혼한 사이였으나, 그녀의 아버지는 그녀를 아이네아스에게 주었다(☞라티누스, ☞아이네이아스). 아이네아스는 그녀를 명예롭게 하기 위해 자신이 세운 도시를 라비니움이라 불렀다. 일설에 따르면 아스카니우스는 그녀와 아이네아스의 아들이라고 하나, 『아이네이스』에 의하면 아스카니우스는 아이네아스가 라티움에 이르렀을 때는 이미 장성해 있었으므로 라비니아에게는 이복자식일 뿐이라고 한다. 『아이네이스』에 라비니아와 아이네아스의 자식에 대한 언급은 없다. 그러나 신화학자들은 아이네아스가 죽은 뒤 라비니아가 티루스, 혹은 티레누스라는 목동의 집에서 아이네아스의 유복자인 실비우스를 낳았다고 한다(☞아스카니우스). 아스카니우스는 이복형제에게 라비니움 시를 양보하고 그곳을 떠나 알바를 세웠으나, 후사 없이 죽게 되자 실비우스를 불러 자신의 뒤를 잇게 했다.

한편 로마 창건에 관한 〈짧은〉 전설(아이네아스와 로물루스 사이에 있었던 중간 통치 기간을 삭제한 전설)에 의하면 라비니아는 아이밀리아라는 딸을 낳았으며, 이 딸이 마르스에게서 로물루스를 낳았다고 한다.

끝으로 순전히 그리스적인 한 전설에 따르면 라비니아는 제사장 아니오스(☞)의 딸이자 아이네아스의 예언자로서 그의 서방 여행을 수행했으며 그가 라비니아 시를 세운 곳에서 죽었다고 한다(이 전설은 일종의 말장난에 근거한다. 즉 라비니아라는 이름은 〈포도주〉를 뜻하는 〈비눔〉에서 같은 의미를 지니는 그리스 어 어근인 〈오이노〉와도 연결된다. 아니오스의 세 딸들은 포도를 재배하는 여자들이라는 뜻의 〈오이노트로포이〉라고 불렸다).

라스 Λᾶς / Las 라스는 펠로폰네소스에 있는 타이게토스 반도의 옛 용사이다. 주민들이 전하는 이야기에 의하면 그는 그 고장에 와서 틴다레오스에게 그의 딸 헬레네를 달라고 했다가 아킬레우스(혹은 파트로클로스)에게 죽임을 당했다고 한다(하지만 통설에 의하면 아킬레우스는 헬레네의 구혼자들 가운데 들어 있지 않다).

라에르테스 Λαέρτης / Laertes 라에르테스는 무엇보다도 오딧세우스의 아버지로 유명하다. 그는 아르키시오스와 칼코메두사의 아들이며(☞계보 39), 따라서 조부 데이온을 통해 데우칼리온 일족에 속한다. 그의 가문은 케팔레니아 출신으로, 조부는 케팔레니아 섬의 명조인 케팔로스(☞)이다. 라에르테스는 아우톨리코스의 딸 안티클레이아(☞)와 결혼했다. 하지만 안티클레이아는 이미 시시포스와 결합한 적이 있었으므로 때로 오딧세우스를 라에르테스가 아니라 시시포스의 아들로 보기도 한다.

오딧세우스가 없는 동안 절망한 라에르테스는 슬픈 노년을 보냈다. 그는 시골에 있는 자신의 영지로 물러나 페넬로페 주변에서 일어나는 사건들에 관여하지 않으며, 늙은 하녀와 그녀의 남편 돌리오스, 또 이들의 자식들과만 함께 지냈다. 오딧세우스가 고향에 돌아와서 아버지를 찾아간 곳도 그곳이었다. 아테나는 마법의 목욕으로 그를 젊게 만들어서 오딧세우스가 죽은 구혼자들의 부모들을 물리치는 것을 돕게 했다. 안티노오스의 아버지 에우피테스를 긴 투창으로 죽이는 것도 라에르테스이다.

오딧세우스는 종종 라에르테스의 〈외아들〉이라고도 일컬어지지만, 라에르테스와 안티클레이아의 결혼으로 오딧세우스 외에 크티메네(☞)라는 딸도 태어났다고 한다.

라에투사 Laethusa 히기누스가 들려주는 테레우스(☞)와 프로크네(☞)의 전설에 따르면, 라에투사는 트라케 왕 링케우스의 아내이며, 테레우스는 링케우스에게 처제 필로멜라를 맡겼다고 한다. 라에투사는 친구인 프로크네에게 그녀 남편의 죄악을 폭로하여 이로 인해 프로크네의 복수를 이끌어낸다.

라오노메 Λαονόμη / Laonome 1. 헤라클레스 전설의 한 불확실한 이본에 의하면 헤라클레스에게는 라오노메라는 누이가 있었다고 한다. 알크메네와 암피트리온의 딸인 그녀는 아르고나우타이 중 한 명인 에우페모스 혹은 폴리페모스와 결혼했다.

2. 때로는 암피트리온의 모친을 라오노메라고 하며, 그녀는 구네우스의 딸이라고 한다.

라오니토스(Λαόνυτος / Laonytus) 몇몇 신화학자들은 라오니토스와 프라스토르를 오이디푸스와 이오카스테의 두 아들이라고 본다. 두 사람은 테바이 인들이 미니아이 족과 이들의 왕 에르기노스(☞)에 대항한 싸움에서 죽었다. 같은 이야기에서 오이디푸스는 두 번째 아내 에우리가네이아와 결혼하여 에테오클레스, 폴리네이케스, 안티고네, 이스메네를 낳았다고 한다. 그리고 세 번째 아내는 아스티메두사였다.

라오다마스 Λαοδάμας / Laodamas 라오다마스는 에테오클레스의 아들로, 에피고노이의 세대에 속한다(☞계보 37). 그는 크레온의 섭정 이후에 테바이 왕이 되었으며, 테바이가 두 번째로 공격당했을 때 이를 견뎌 냈다(☞알크마이온). 한 전승에 의하면, 그는 글리사스 전투에서 아드라스토스의 아들 아이기알레우스를 죽인 후 자신도 죽었다고 한다. 혹은, 전쟁이 있던 날 저녁에 테바이 군대의 일부를 이끌고 일리리아로 피신했다고도 한다.

라오다메이아 Λαοδάμεια / Laodamia 라오다메이아라는 이름을 가진 여성들은 여러 명 있다.

1. 그 중 한 명은 벨레로폰테스의 딸이다. 호메로스에 따르면, 그녀는 제우스에게서 사르페돈이라는 아들을 낳았다고 한다(☞계보 35). 하지만 사르페돈(☞)은 보통 제우스와 에우로페의 아들로 간주된다(☞계보 28). 라오다메이아는 그녀에게 분노한 아르테미스의 화살에 맞아 죽었다.

2. 또 다른 라오다메이아는 아카스토스의 딸이자, 트로이아 전쟁에서 처음으로 전사한 그리스 용사 프로테실라오스(☞)의 아내이다. 그녀는 결혼하자마자 남편을 떠나보내야 할 처지에 놓였다. 남편을 열렬히 사랑하던 그녀는 그의 죽음을 전해 듣자 단 세 시간만이라도 남편을

돌려달라고 신들에게 간청했다. 한편 프로테실라오스 편에서도 같은 맹세를 하여 한정된 시간이나마 생명을 돌려받았다. 그가 다시 하데스로 떠나야 할 순간이 오자 라오다메이아는 그의 품 안에서 자살했다.

라오다메이아는 죽은 이의 형상을 본뜬 인형을 만들어 몰래 끌어안곤 했다고도 한다. 이 사실을 알아챈 아버지가 인형을 불 속에 던져 버리자 그녀는 불 속으로 따라 들어가 산 채로 불에 타죽었다. 지금은 소실된 한 비극에서 에우리피데스는 라오다메이아와 프로테실라오스의 사랑 이야기를 다룬 바 있다.

3. 알크마이온의 딸도 라오다메이아라는 이름이다.

라오도코스 Λαόδοκος / Laodocus 이 이름을 가진 여러 명의 용사들 중에 가장 유명한 라오도코스는 아폴론과 프티아의 세 아들 중 한 명으로, 도로스와 폴리포이테스의 형제이다. 그는 형제들과 함께 코린토스 만 북쪽에 있는 쿠레테스족의 나라를 다스렸다. 삼형제는 엘레이아에서 쫓겨난 아이톨로스를 받아들였다가 모두 아이톨로스에게 죽임을 당했고, 아이톨로스가 그들의 왕국을 탈취했다.

라오디케 Λαοδίκη / Laodice 1. 전설들에 등장하는 여러 명의 라오디케 중 한 명은 엘라토스(☞)의 아내이다. 그녀는 키프로스의 왕 키니라스의 딸이기도 하다.

2. 또 다른 라오디케 역시 키프로스 섬과 관련이 있다. 그녀는 아르카디아 사람 아가페노르의 딸이다. 아가페노르는 트로이아에서 돌아오다가 난파를 당해 키프로스에 이르렀으며, 그곳에 파포스 시를 건설했다. 라오디케는 키프로스에서 자신의 고향 테게아로 아테나에게 바치는 옷을 보냈다. 또한 그녀는 테게아에 〈파포스의 아프로디테〉를 위한 신전을 세웠다.

3. 아가멤논과 클리타임네스테라의 딸들 중 한 명도 라오디케라는 이름이었는데, 비극 작품들이나 좀더 후대의 전설에서는 엘렉트라(☞)로 대치되었다(☞계보 2).

4. 라오디케는 또한 〈프리아모스와 헤카베의 딸들 중 가장 아름다운 딸〉로, 헬리카온과 결혼했다. 호메로스 이후의 작가들에 의하면, 처녀 시절에 라오디케는 헬레네를 돌려받기 위해 처음 트로이아에 사절로 왔던 아카마스(테세우스의 아들)를 사랑했다고 한다(☞아카마스). 그녀는 그에게서 아들 무니토스를 얻었다. 후일 트로이아가 함락되었을 때 라오디케는 정복자들을 피해 달아나다가 땅속으로 삼켜지고 말았다.

라오메돈 Λαομέδων / Laomedon 라오메돈은 트로이아의 초대 왕들 중 한 명으로, 일로스와 에우리디케의 아들이다(☞계보 7). 그에게는 여러 자식이 있었는데, 그 중에는 헤시오네(☞)와 본래 포다르케스라고 불리던 프리아모스가 있다. 그의 아내의 이름은 스트리모(혹은 스트리몬), 로이오, 플라키아, 토오사, 레우키페, 제욱시페 등등으로 전승마다 다르다. 그는 아버지 일로스의 뒤를 이어 트로이아 왕이 되었다. 그는 아폴론과 포세이돈 신의 도움으로 성벽을 세웠는데, 이를 위해 신들은 인간인 아이아코스의 도움을 받았다고 한다(☞아이아코스, ☞아폴론).

라오메돈의 전설은 그가 저지른 배반의 이야기이다. 그는 성벽을 짓기 위해 도움을 얻었던 신들에게 약속했던 대가를 내놓으려 하지 않았고, 그 때문에 그의 나라에는 온갖 재앙이 닥쳤다(☞헤시오네). 그 후 포세이돈이 벌로 보낸 바다 괴물을 헤라클레스가 죽였을 때에도 라오메돈은 상으로 주겠다고 약속했던 신성한 말들을 그에게 주지 않았다. 그러자 헤라클레스는 군대를 이끌고 돌아와 텔라몬의 도움으로 트로이아를 점령하고 라오메돈은 물론이고 프리아모스를 제외한 그의 아들들을 모두 죽였다(☞헤라클레스).

시칠리아의 디오도로스가 전하는 후대의 전설에 의하면, 헤라클레스는 라오메돈이 주기로 약속한 말들과 헤시오네를 요구하기 위해 텔라몬과 이피클로스를 사절로 보냈다고 한다. 그러나 라오메돈은 헤라클레스가 보낸 사절들을 감옥에 넣고 아르고나우타이를 죽이려 했는데, 그 가운데 헤라클레스도 끼어 있었다. 그의 아들들이 모두 이 음모에 가담했지만 프리아모스(포다르케스)만은 이 계획에 반대하여 손님들에게 공정한 대우를 해줄 것을 요구했다. 아무도 그의 생각에 동의하지 않자, 프리아모스는 텔라몬과 이피클로스가 있는 감옥에 두 개의 칼을 보내며 라오메돈의 계획을 알려 주었다. 칼을 소지하게 된 두 사람은 간수를 목베어 죽이고 아르고 선으로 돌아왔다. 아르고나우타이는 트로이아를 공격했고, 헤라클레스가 놀라운 용맹성을 발휘하여 승리하게 되었다. 헤라클레스는 라오메돈과 적들을 죽이고 도시를 탈취한 뒤 젊은 프리아모스를 왕좌에 앉히고, 다시금 동료들과 함께 황금 양털을 찾아 떠났다. 그러나 이러한 전설은 이례적인 것으로, 대개의 신화학자들은 헤라클레스의 트로이아 정복을 아르고나우타이의 원정과는 별개의 것으로 다루었다(☞헤라클레스).

라오메돈의 무덤은 트로이아의 스카이아이 성문 앞에 있었는데, 신탁은 이 무덤이 무사히 보존되는 한 도시가 점령당하는 일은 없으리라고 예언했다.

라오메돈은 가니메데스의 아버지로도 여겨졌다. 제우스는 그의 아들을 유괴한 데 대한 보상으로 황금으로 조각된 포도나무 혹은 신성한 말들(그가 헤라클레스에게 주겠다고 약속했던 것은 이 말들이다)을 주었다고 한다(☞가니메데스).

라오코온 Λαοκόων / Laocoon 라오코온은 카피스의 아들(이는 별로 신빙성이 없는 추측이다) 혹은 안테노르의 아들(체체스의 증언에 따르면)로, 트로이아에 있는 〈아폴론 팀브리오스〉의 사제이다. 그는 안티오페와 결혼하여 에트론과 멜란투스 혹은 안티파스와 팀브라이오스라는 두 아들을 얻었다. 그러나 그는 아폴론의 신상 앞에서 아내와 결합해 신성 모독을 범함으로써 신의 분노를 샀다.

그리스 인들이 트로이아에 상륙하자 트로이아 인들은 포세이돈의 사제를 돌로 쳐죽였다. 제물을 바쳐 포세이돈의 보호를 얻어 냄으로써 적군의 함대가 오는 것을 막지 못했다는 이유에서였다. 그리스 인들이 해안에 목마를 버려 두고 배에 올라 달아나는 것처럼 보이자, 트로이아 인들은 적군의 선단 위로 태풍이 불어닥치도록 라오코온을 시켜 포세이돈에게 제물을 바치게 했다. 그러나 그가 포세이돈에게 큰 황소 한 마리를 제물로 바치려는 찰나 커다란 뱀 두 마리가 바다에서 나와 그의 두 아들을 휘감았다. 라오코온은 그들을 구하러 달려갔지만 뱀은 이 세 사람을 모두 질식시켜 죽인 다음 트로이아 성내의 신전에 있는 아테나의 신상 밑으로 가서 똬리를 틀었다. 이 놀라운 일을 본 트로이아 사람들은 라오코온이 취한 행동을 떠올렸다. 즉 그는 그리스 인들이 놓고 간 목마가 도시 안으로 들어오지 못하도록 태워 버리라고 하면서 목마에 긴 투창을 던져 소리를 울려서 목마 뱃속이 비어 있음을 증명했던 것이다. 그들은 라오코온이 그런 신성 모독을 저지른 데 대해 벌을 받는 것이라고 생각했다(하지만 실제로 라오코온은 아폴론의 신전을 모독한 데 대해 벌 받은 것이었다). 그래서 사람들은 더 이상 주저하지 않고 목마를 신에게 바쳤으며, 알다시피 그것은 트로이아 멸망의 원인이 되었다.

이 이야기 속에 등장하는 두 마리 뱀의 이름은 포르케와 카리보이아이다.

2. 또 다른 라오코온은 오이네우스와 칼리돈의 형제로, 포르타온과 여자 노예 사이에 태어난 아들이다. 그는 멜레아그로스를 따라 아르고나우타이의 원정에 참가했다(☞계보 27, ☞계보 24).

라우수스 Lausus 라우수스는 카이레 왕 메젠티우스의 아들로, 투르누스의 편을 들어 아이네아스와 싸우다가 죽임을 당했다(☞메젠티우스). 이 이름은 알바 왕들의 연대기에도 나타나며 누미토르의 한 아들(아물리우스에게 죽임을 당한)도 이 이름으로 불린다.

라이스트리고네스 Λαιστρυγόνες / Laestrygones
오딧세우스는 엿새 동안 바람의 신 아이올로스에게 밀려다니다가 라이스트리고네스 족의 고장에 닿았다. 이들은 식인 풍습을 가진 거인들로 이방인들을 잡아먹었으며, 라모스라는 자가 세웠다는 도시에 살고 있었다. 그곳에 도착한 오딧세우스는 배들을 이끌고 넓고 안전한 항구 안으로 들어가서 선단을 정박시켰다. 그리고는 뭍에 내려 두 명의 선원을 앞서 보내 그 고장을 살피게 했다. 이들은 성문 밖에서 물 긷는 처녀를 만나 그곳의 왕이 누구인지 물었다. 그러자 처녀는 그들을 자기 집으로 데려가 부친 안티파테스를 불렀고, 즉시 달려온 안티파테스는 둘 중 한 명을 그 자리에서 죽여 버렸다. 그리고는 그곳 사람들을 모두 불러 모아 항구로 이끌고 가서 배들을 향해 큰 돌을 던지기 시작했다. 그래서 오딧세우스가 탄 배만 간신히 빠져나올 수 있었을 뿐, 다른 배들은 모두 파괴되었다.

라이스트리고네스 족의 나라는 라티움 남쪽, 캄파니아와 접해 있는 포르미아이 지방이었을 것으로 추정된다.

라이오스 Λάιος / Laius 테바이 왕 라브다코스의 아들이자 카드모스의 증손자인 라이오스는 오이디푸스의 아버지이다(☞계보 3, ☞계보 29). 라이오스가 아직 어릴 때 라브다코스가 죽자 그의 외조부 닉테우스의 형제인 리코스가 섭정을 맡았다(☞라브다코스). 제토스와 암피온이 어머니 안티오페의 복수를 하기 위해 리코스를 죽이고 테바이 왕국을 차지하자(☞안티오페, ☞암피온) 라이오스는 펠롭스에게로 달아났다. 그곳에서 그는 펠롭스의 아들인 젊은 크리시포스를 사랑하게 되었으니, 몇몇 전승들에 의하면 이렇게 자연에 어긋나는 사랑을 한 것은 그가 처음이었다고 한다. 결국 그는 이 젊은이를 납치하여 펠롭스의 저주를 받았다. 혹은 오이디푸스와 그가 크리시포스의 사랑을 놓고 다투다가 오이디푸스가 라이오스를 죽였다고 하는데, 이는 펠롭스의 저주 내지는 그러한 죄된 사랑에 대한 헤라의 분노가 처음으로 실현된 것이라고 한다.

암피온과 제토스가 왕위에서 물러나자(암피온은 니오베(☞)와의 사이에서 낳은 자식들이 몰살당하는 비극 때문에, 제토스는 아들의 죽음에 대한 회한으로), 테바이 인들은 라이오스를 다시 불러 왕위에 앉혔다.

전설들에 의하면, 라이오스는 메노이케우스의 딸 이오카스테(또는 에피카스테) 혹은 에크파스의 딸 에우리클레이아와 결혼했으며, 에우리클레이아가 오이디푸스를 낳았다고 한다. 후자의 경우에는 이오카스테가 두 번째 아내가 되며,

그렇다면 오이디푸스는 친어머니가 아닌 양어머니와 결혼한 것이 된다(☞오이디푸스). 그 밖에도 라이오스의 아내이자 오이디푸스의 어머니가 되었던 여자로는 히페르파스의 딸 에우리가네이아( ), 히페르파스의 딸 에우리아나사, 스테넬로스의 딸 아스티메두사( ) 등을 꼽기도 한다.

오이디푸스의 출생 전말에 대해서는 ☞오이디푸스. 라이오스는 친자식에 의해 살해당하리라는 신탁을 끝내 피하지 못하고, 델포이에서 멀지 않은 곳, 다울리스 대로와 테바이 대로의 교차점에서 오이디푸스에게 죽임을 당했다.

라이오스는 델포이의 신탁을 물으러 갔었다고 하며, 오이디푸스에게 죽임을 당할 때 그와 함께 있던 친구 나우볼로스 역시 죽임을 당했다고 한다.

라케다이몬 Λακεδαίμων / Lacedaemon 라케다이몬은 타이게테와 제우스(☞계보 6, ☞계보 25)의 아들로, 에우로타스 왕의 딸 스파르타와 결혼했다. 에우로타스 왕은 아들이 없었으므로 라케다이몬에게 왕국을 물려주었다. 그리하여 그가 다스린 민족은 〈라케다이몬〉인들이라 불렸으며, 그들의 수도는 그의 아내의 이름을 따서 스파르타라 불렸다.

그의 자식들로는 그가 죽은 뒤 스파르타를 다스린 아미클라스, 아크리시오스의 아내가 된 에우리디케 등이 있다. 때로는 아시네와 히메로스도 그의 자식이라 한다. 히메로스는 자기 누이를 겁탈한 뒤 그에 대한 자책으로 마라톤 강에 몸을 던져 죽었으며, 그래서 그 강은 히메로스 강이라고 불리다가 후일 에우로타스 강으로 다시 이름을 바꾸었다.

라케스타데스 Λακεστάδης / Lacestades 시키온 왕 라케스타데스는 자기 부친 히폴리토스처럼 아르고스의 가신이었다. 테메노스의 아들 팔케스가 시키온을 점령하자, 그는 통치권을 팔케스와 나눠 가졌다(☞테메노스, ☞헤라클레이다이).

라콘 Λάκων / Lacon 아카이오스와 그의 형제 라콘은 라파토스 왕의 아들들이다. 왕은 죽으면서 두 아들에게 왕국을 나누어 주었고 따라서 왕국의 한 쪽은 라코니아, 다른 한 쪽은 아카이아라고 불렸다. 여러 세대 뒤의 테스피오스(☞) 왕이 바로 라콘의 후손이다.

라키니오스 Λακίνιος / Lacinius 라키니오스는 이탈리아 남부의 그리스 식민지 크로토나에 있던 라키니온 곶의 명조이다. 일설에 의하면 그는 코르키라 출신으로 그 고장의 왕으로서 크로톤이 추방당해 방황하고 있을 때 그를 맞아 주었다고 한다. 또 다른 설에 의하면 그는 님프 키레네의 아들로 강도였으며, 헤라클레스(☞)가 게리오네우스의 가축 떼를 이끌고 에리테이아에서 돌아올 때 소를 빼돌렸다고도 한다. 헤라클레스는 라키니오스를 죽인 뒤 라키니온 곶에 〈헤라 라키니아〉의 신전을 지어 바쳤다. 때로는 라키니오스 자신이 자신의 적인 여신을 기림으로써 헤라클레스에게 모욕을 줄 목적으로 신전을 지었다고도 한다.

라키오스 Ῥάκιος / Rhacius 라키오스는 크레테인으로 레베스의 아들이다. 그가 만토(☞)와 결혼하여 낳은 아들이 예언자 몹소스이다. 그는 크레테에서 소아시아의 콜로폰으로 이주하여 거기서 만토를 만났다. 만토는 테바이가 에피고노이 족에게 함락된 후, 아폴론의 명령에 따라 테바이를 떠나온 터였다. 그에게는 몹소스 이외

라키오스

에 팜필리아라는 딸도 있었다고 하는데, 팜필리아는 동명의 고장의 명조가 되었다.

라키오스 Λάκιος / Lacius 라키오스와 그의 형제 안티페모스는 델포이의 신탁으로부터 한 명은 동쪽으로, 다른 한 명은 서쪽으로 걸어가서 도시를 세우라는 명령을 받았다. 그래서 안티페모스는 시칠리아에 겔라를 세우고, 라키오스는 리키아와 팜필리아 경계 지역에 파셀리스를 세웠다. 라키오스는 소금에 절인 생선을 주고 도시를 짓는 데 필요한 땅을 샀다(☞킬라브라스).

*라투메나 Ratumena 라투메나는 에트루리아 인으로, 로마 전설에 등장한다. 타르퀴니우스 수페르부스는 추방되기 전에, 당시 짓고 있던 〈유피테르 카피톨리누스〉(카피톨리움의 유피테르)의 신전을 장식할 토기 전차를 베이의 장인들에게 주문했었다. 그런데 흙으로 빚은 이 전차는 가마 안에서 흙을 구우면 으레 부피가 줄어드는데 그게 아니라 점점 커져서 가마를 부수고서야 꺼낼 수 있었다. 예언자들은 이 기적이 전차를 소유한 부족의 번영과 권력을 약속하는 것이라고 선언했다. 그러자 베이 인들은 그것을 로마 인들에게 내주지 않기로 했다. 전차는 그것을 주문했던 타르퀴니우스의 것인데, 타르퀴니우스는 더 이상 로마의 왕이 아니므로 로마 인들에게 그것을 줄 수 없다는 구실이었다. 그러나 하늘은 타르퀴니우스의 뜻을 관철시키고야 말았다. 그로부터 며칠 후 베이에서 거행된 전차 경기에서 라투메나가 승리를 거두었는데, 그가 승자의 관을 쓰자마자 그의 말들은 마구 내달아 그를 끌고 로마까지 달려갔고, 훗날 〈포르타 라투메나〉라 명명될 문을 통과했다. 거기서 라투메나는 전차 밖으로 튕겨 나가 죽었으나, 말들은 카피톨리움 언덕까지 달려가 〈유피테르 토난스〉(천둥의 유피테르)에 이르러서야 멈추어 서서, 마치 그에게 자신들의 승리의 영광을 바치는 듯했다. 이에 놀라고 두려워한 베이 인들은 토기 전차를 제풀에 순순히 내놓았다. 토기 전차는 베이 장인들의 작품이었지만, 로마의 영광을 보증하는 것이었다.

*라티누스 Latinus 로마 전설에 따르면 원주민들의 왕 라티누스는 라티움 족의 명조이다. 그의 전설은 일찍이 그리스화되어 아이네아스(☞아이네이아스)에 관한 로마 신화가 형성될 무렵에는 트로이아 계열의 이야기들과 통합되었다. 하지만 몇몇 신화학자들, 특히 베르길리우스는 설화의 본래 성격을 보존하려 애썼다. 따라서 라티누스의 기원에 관한 서로 다른 두 이야기가 있다. 〈그리스화된〉 전설에 의하면 그는 키르케와 오딧세우스의 아들, 혹은 오딧세우스의 손자(이 경우 그의 아버지는 텔레마코스(☞)이며 어머니는 키르케이다)라고 한다. 반면 로마 전설에 따르면 그는 토착신 파우누스와 민투르나이의 여신 마리카의 아들이다. 그 밖에도 헤라클레스 전설이 형성됨에 따라 이 두 개의 전설에 또 다른 계보가 덧붙여졌다. 헤라클레스는 게리오네우스에게 갔다가 돌아오는 길에 히페르보레이오이 족의 처녀를 그녀의 부친으로부터 인질로 받아 데려다가, 이탈리아를 지나면서 그곳 원주민들[아보리게네스 족]을 통치하고 있던 파우누스 왕에게 아내로 주었다. 그녀는 팔라티누스 혹은 팔란티움(에반드로스[에우안드로스]가 팔라티누스 언덕에 세웠다는 최초의 로마)의 명조로 간주된다. 그러나 파우누스와 결혼한 그녀는 헤라클레스의 자식을 이미 잉태하고 있었으며, 그 아들이 라티누스 왕이 되었다. 그런가 하면 헤라클레스가 파우누스 왕의 아내와 결합해, 혹은 왕의 딸과 결합해 라티누스를 낳았다고도

한다.

라티누스의 모험에 관한 전설 역시 복잡해서 크게 두 갈래로 나뉜다. 그 중 한 갈래의 이야기들에 따르면, 아이네아스가 라티움 연안에 내렸을 때 라티누스는 아이네아스를 환대해 주었다고 하며, 다른 한 갈래의 이야기들에서는 그와 맞서 싸웠다고도 한다. 첫번째 갈래에 따르면 그는 자진해서 이주자들에게 땅(세르비우스가 보존하고 있는 카토의 『아이네이스』 주석에 따르면 680헥타르의 땅)을 선물로 주고 아이네아스에게 자신의 딸 라비니아를 아내로 주었다고 한다. 하지만 트로이아 인들은 인근 땅에서 노략질을 시작했으므로 라티누스는 이들과 맞서 싸워야 했으며, 이를 위해 루툴리 족의 왕 투르누스와 동맹을 맺었다. 그러나 결정적인 전투에서 투르누스와 라티누스 모두 죽임을 당했으며, 원주민들의 도읍(이러한 전설에서 라우롤라비니움이라 불리는)도 함락당해 아이네아스가 왕이 되었다. 이렇게 해서 원주민들과 트로이아 이주민들이 통합된 민족은 라티누스 왕을 기리는 뜻에서 라티움 족이라 불리게 되었다.

두 번째 갈래에 따르면, 아이네(이)아스는 트로이아 함락 후 2년 뒤에 라티움 연안에 닿아 곧 도시를 세우기 시작했다. 그러자 이미 루툴리 족에 맞서 싸움을 치르고 있던 이 나라의 왕 라티누스가 강한 군대를 이끌고 달려와 자신의 영토에 트로이아 식민지가 들어서지 못하도록 막으려 했다. 그는 저녁에 트로이아 병영에 도착했으나 그리스 식으로 무장한 아이네아스의 병사들이 전쟁 태세를 갖추고 있는 것을 보고 거사를 다음날로 미루었다. 그런데 밤 동안 그의 꿈속에 원주민 신이 나타나 외국 군대와 동맹을 맺으라고 명했다. 한편 아이네아스는 자기가 섬기는 신들인 페나테스로부터 라티누스와 화친을 맺으라는 조언을 듣고 아침에 동맹을 맺기로 결정했다. 그리하여 원주민들은 트로이아 인들에게 땅을 양보했고, 트로이아 인들은 그 대가로 루툴리 족과의 싸움에서 그들을 돕기로 약속했다. 아이네아스는 라비니아와 결혼하고 그의 새 도시를 라비니움이라고 불렀다. 그러나 이 결혼으로 인해 투르누스와 전쟁이 벌어지는데, 이 이야기에서 투르누스는 루툴리 족이 아니라 에트루리아 인으로, 라티누스의 아내인 아마타 왕비의 조카로 되어 있다. 계속되는 전쟁에서 라티누스와 투르누스가 죽임을 당하자 라비니아의 남편인 아이네아스가 원주민들의 왕이 되었다. 그리고 첫번째 갈래의 전설들에서처럼 새로운 민족은 라티움 족이라 불리게 되었다.

『아이네이스』에서 베르길리우스는 이 두 가지 설을 합친 이야기를 만들어 낸다. 이 이야기에 따르면 아이네아스는 라티누스의 환대를 받았는데, 라티누스는 일찍이 딸을 이방인에게 주라는 예언을 들은 적이 있었다. 아이네아스의 사절들이 수도에 도착하자 왕은 신탁이 이루어져야 함을 깨닫고 이 이방인에게 라비니아를 아내로 내주었다. 그러나 라티움 인들과 트로이아 인들 사이의 동맹이 굳게 맺어지기 전에 사고가 발생했다. 사냥 중에 아이네아스의 아들 아스카니우스가 길들인 사슴을 죽이자 화가 난 원주민 목동들과 이 젊은이를 수행한 트로이아 인들 사이에 싸움이 벌어진 것이다. 라비니아를 루툴리 족의 왕 투르누스의 아내로 주려 했던 아마타와 투르누스는 라티누스를 부추겨 트로이아 인들과 싸우게 했다. 라티누스는 싸우기를 거절하여 궁궐 깊은 곳으로 숨었지만, 유노는 전쟁의 신전 문을 열었고(로마에 있는 야누스 신전은 평화시에는 닫혀 있다가 전투가 시작되면 열렸다. 베르길리우스는 로마의 관습을 이렇듯 라티누스의 시절로 소급시키고 있다), 투르누스는 사람들이 무기를 들도록 성채에 올라가 깃발을 쳐들었다. 뒤이

라티누스 실비우스

은 전쟁에서 라티누스는 멀찌감치 떨어져서 트로이아 인들에게 죽은 이들을 묻어 달라는 협정을 벌이는 한편 아이네아스에게 결투를 신청하려는 투르누스를 만류하려고 애썼다. 투르누스가 죽은 후 그는 트로이아 인들과 평화 협정을 맺었다.

이와는 조금 다른 전설을 들려주는 두 가지 증언이 있는데, 그에 따르면 라티누스 왕은 카이레 왕 메젠티우스와의 전쟁 동안 사라져 〈유피테르 라티알리스〉 신이 되었다고 한다. 역사 시대에 이르러 라티움 연합은 네미 호수를 굽어보는 산 위에서 그에게 제사를 바쳤다.

***라티누스 실비우스** Latinus Silvius 알바의 왕들 중에서 라티누스 실비우스는 아스카니우스 다음의 네 번째 왕이다. 그의 아버지는 아이네아스 실비우스이며, 조부는 포스투무스 실비우스, 증조부는 아스카니우스이다. 라티누스 실비우스는 50년 동안 통치했으며, 라티움 연합에 속하는 몇몇 도시를 건설했다.

라피타이 Λαπίθαι / Lapithes 라피타이 족은 테살리아 인들로, 역사와 신화에 동시에 속해 있다. 그들은 원래 핀도스 산맥, 펠리온 산맥, 옷사 산맥 등지에서 살았다. 그곳의 첫 주민들은 펠라스고이 족이었지만 라피타이 족에게 쫓겨났다. 그 밖에 올레노스, 엘리스, 로도스, 크니도스 등지에서도 라피타이 족이 언급되는 것을 볼 수 있다.

라피타이 족의, 혹은 적어도 그들 중 가장 지체 높은 가문의 조상은 테살리아 강의 신 페네이오스와 님프 크레우사(혹은 필리라)로 통한다. 페네이오스에게는 힙세우스와 안드레우스라는 두 아들과 한 명의 딸이 있었는데, 이 딸이 아폴론과 결합해서 낳은 라피테스가 라피타이 족의 명조가 되었다. 라피테스는 포르바스, 페리파스, 트리오파스, 레스보스를 낳았고(적어도 레스보스에 관해 디오도로스 시쿨로스가 전하는 이야기가 변질된 것이 아니라면) 페리파스는 익시온(☞)의 조상이 되었다. 하지만 익시온은 대체로 라피타이 족의 또 다른 가문인 플레기아스 가문과 연관된다.

카이네우스(☞)와 그의 아들 코로노스 역시 라피타이 족에 속한다. 카이네우스와 그의 형제 이스키스는 엘라토스의 아들들이다(☞계보 9). 이 이름들은 아르카디아 전설들에서 발견된다 (☞이스키스, ☞코로노스).

라피타이 족은 상당수의 전설에 등장하는데, 그 중 대표적인 한 전설에 따르면 그들은 켄타우로이(☞)에 맞서 싸웠다고도 한다. 헤라클레스도 라피타이 족의 적인 아이기미오스의 편이 되어 라피타이 족과 싸웠다(☞헤라클레스). 신화학자들은 칼리돈의 사냥꾼들(☞멜레아그로스)과 아르고나우타이 중에서도 라피타이 족인 카이네우스, 코로노스, 몹소스, 페이리토오스(테세우스의 친구), 아스테리온, 폴리페모스, 레온테우스, 폴리포이테스, 팔레로스 등을 꼽고 있다.

***람네스** Ramnes 『아이네이스』에 등장하는 람네스는 투르누스 휘하 루툴리 족 군대의 점복관으로, 잠든 사이에 니소스에게 죽임을 당했다. 람네스라는 이름은 로마의 세 원시 부족들 중 한 부족의 이름이기도 하다.

람페토스 Λάμπετος / Lampetus 람페토스는 레스보스의 영웅으로, 이로스의 아들이다. 메티나가 정복당했을 때 그는 레페팀노스의 아들들인 히케타온, 힙시필로스와 함께 아킬레우스에게 죽임을 당했다.

람페티에 Λαμπετίη / Lampetia 1. 헬리오스는 님프 네아이라에게서 람페티에와 파에투사라는 두 딸을 얻었다(☞계보 14). 두 처녀는 트리나키아 섬(시칠리아 섬)에서 아버지의 가축 떼를 기르고 있었다. 헬리오스에게 가서 오딧세우스 일행이 그의 소를 잡아먹었다는 사실을 고하는 것도 그녀들이다(☞오딧세우스).

2. 한 고립된 전승에 의하면 람페티에는 아스클레피오스의 아내이자 마카온, 포달레이리오스, 이아소, 파나케이아, 아이글레의 어머니라고 한다.

3. 몇몇 전승들에 따르면 람페티에는 헬리아데스(☞) 중 한 명이다.

람포스 Λάμπος / Lampus 람포스는 트로이아 사람 라오메돈의 아들이자 돌롭스의 아버지이며, 트로아스에 있는 람포네이아 시의 명조이다.

람프사케 Λαμψάκη / Lampsace 람프사케는 베브리케스 족의 왕 만드론의 딸이다. 만드론은 당시 피티우사라고 불리던 도시를 다스렸는데, 그곳에 정착해 살고 있던 포키스 거류민들이 왕의 부재중에 그곳 주민들의 음모로 학살당할 위기에 처했다. 하지만 람프사케가 제때에 이 거류민들에게 은밀히 경고해 주어, 그들은 주민들을 모두 죽이고 도시를 탈취했다. 그 무렵 죽은 람프사케에게 그들은 신적인 예우를 해주었고, 이후로 그 도시는 그녀의 이름을 따라 람프사코스라 불리게 되었다.

레다 Λήδα / Leda 통설에 따르면 레다는 아이톨리아 왕 테스티오스와 에우리테미스의 딸이다. 그러므로 그녀는 아이톨로스의 후손이며, 따라서 부계로는 아이올로스의 딸들 중 한 명인 칼리케의 후손이다. 그녀는 또한 데우칼리온 일족에 속하며(☞계보 2, ☞계보 13, ☞계보 19, ☞계보 24) 멜레아그로스의 어머니인 알타이아 및 히페르메스트라와 자매간이다. 혹은 클리티아와 멜라니페가 그녀의 자매라고도 한다. 또는 그녀가 글라우코스의 딸이라는 설도 있다. 이에 따르면 시시포스의 아들 글라우코스는 잃어버린 말들을 찾기 위해 라케다이몬을 지나다가 판티디아와 결합했으며, 그녀는 곧 테스티오스와 결혼해 딸 레다를 낳았다. 그래서 레다가 테스티오스의 딸로 간주되었다는 것이다(☞오딧세우스가 시시포스의 밀애의 열매라는 설과 비교할 것).

테스티오스는 레다를 틴다레오스와 결혼시켰다. 틴다레오스는 히포코온과 그 아들들에 의해 라케다이몬에서 쫓겨나 테스티오스에게 피신해 있었는데, 후에 헤라클레스의 도움으로 왕위를 되찾아 그녀를 데리고 라케다이몬으로 돌아갔다(☞헤라클레스).

레다는 틴다레오스에게서 에케모스의 아내가 될 티만드라(☞), 아가멤논의 아내가 될 클리타임네스트라(☞), 헬레네, 디오스쿠로이(☞) 등 여러 자식을 낳았다. 이 자식(비극 시인들은 포이베도 그 중 한 명으로 꼽는다) 중 일부는 그녀가 백조로 변한 제우스와 결합하여 낳았다고 한다. 하지만 헬레네는 레다가 아니라 네메시스와 제우스의 딸이라고 한다. 네메시스 여신은 신들의 아버지인 제우스의 사랑을 피해 거위로 변했으나, 제우스는 백조로 변해 그녀와 결합했다. 그 후 네메시스는 알을 낳아 버렸는데, 그 알을 목동이 발견하여 레다에게 주었다. 레다가 상자 속에 넣어 둔 알에서 헬레네가 나왔는데 아주 예뻤기 때문에 레다는 그녀를 자기 딸로 키웠다고 한다.

하지만 대체로, 특히 에우리피데스 이후로는 레다 자신이 제우스와 결합하여 알을(한 개 혹은 두 개) 낳았다고 한다. 그 알에서 두 쌍의 아이들, 즉 폴리데우케스와 클리타임네스트라, 헬레네와 카스토르가 나왔다(☞디오스쿠로이). 스파르타의 레우키피데스(☞) 신전에서는 레다가 낳았다는 큰 알의 껍데기를 보여 주곤 했다.

***레무리아** Lemuria 로마 신화에서 레무리아는 망자들의 유령이다. 매년 5월 9일과 뒤이은 홀수일(11일과 13일)에는 이들을 쫓는 레무리아 축제가 열렸다. 밤에 열리는 이 축제에서는 각 가정의 가장이 맨발로 집에서 나와 샘물에 손을 씻고 머리를 돌린 채 어둠 속으로 강낭콩(또는 누에콩)을 던지면서 〈이 콩으로 나와 내 가족들을 구한다〉는 말을 외웠다. 그가 뒤를 돌아보지 않고 이 말을 아홉 번 되풀이하면, 그동안 유령들은 그 콩들을 주워 모으는 것으로 믿어졌다. 그러면 가장은 다시 한번 손을 깨끗이 한 뒤, 무엇이건 청동으로 된 물건 위를 치면서 〈내 조상의 유령들이시여, 물러나시오〉라고 외쳤다. 그러고 나서 뒤를 돌아보면 흡족한 유령들이 떠나가 한 해 동안 돌아오지 않는다는 것이다.

오비디우스의 설명에 따르면, 〈레무리아 Lemuria〉라는 이름의 기원은 〈Remuria〉로, 본래 이 축제는 로물루스에게 죽임을 당한 망령들을 기리기 위해 열린 것이라고 한다. 하지만 이는 분명 어원에 근거한 말장난이다.

***레무스** Remus 로마 건국 신화에서 레무스는 로물루스의 쌍둥이 형제이다. 후대에 나온 것이 분명한, 일반화되지 않은 설명에 따르면, 그에게 레무스라는 이름이 붙여진 것은 그가 매사에 〈느렸기〉때문이며, 또한 그 때문에 로물루스에게 밀려났다고 한다. 전설에서 레무스는 로물루스의 불운한 짝으로 나온다. 쌍둥이 형제간의 권력 다툼에 관한 그리스 전설들에서는 형제간의 적대 관계가 아주 어린 시절부터 시작되는 반면, 로물루스와 레무스는 매우 우애가 깊었다.

그들의 어린 시절에 관해서는 ☞로물루스.

레무스가 독자적인 역할을 하기 시작하는 것은 형제가 성년에 이른 후, 누미토르의 목동들과 싸움이 붙었을 때이다. 레무스는 포로가 되어 알바 왕 앞에 끌려갔으며, 그를 구하기 위해 로물루스는 파우스툴루스(☞)의 조언대로 원정을 감행했다. 뒤이어 누미토르가 이들을 알아보는 것과 아물리우스의 죽음에 관한 일화가 이어진다. 로물루스와 레무스는 알바의 왕위를 정당한 계승자인 할아버지 누미토르에게 맡긴 후, 자신들의 도시를 건설하러 떠났다. 그들은 자신들이 구출되었던 곳을 터전으로 삼자는 데 의견을 같이 했으나, 그곳이 정확히 어디인지는 알지 못했으므로 (누미토르의 조언에 따라) 전조를 구하기로 했다. 로물루스는 팔라티누스 언덕에, 레무스는 아벤티누스 언덕에 각기 자리잡고, 우호적인 전조가 나타나는 곳에 도시를 세우자는 것이었다. 레무스는 여섯 마리의 독수리를, 로물루스는 열두 마리의 독수리를 보았다. 하늘이 그처럼 팔라티누스(따라서 로물루스) 쪽을 택하자, 로물루스는 자기 도시의 경계를 그리기 시작했는데, 이 최초의 경계란 황소 두 마리가 끄는 쟁기로 판 고랑이었다. 하늘이 자신을 택하지 않음을 보고 언짢았던 레무스는 그렇게 쉽게 건널 수 있는 고랑을 비웃으며 로물루스가 파놓은 윤곽 안으로 훌쩍 넘어 들어갔다. 그러자 모독에 분개한 로물루스는 칼을 뽑아 레무스를 죽여 버렸다. 전설의 가장 오래된 형태에 따르면, 이런 살인의 단 한 가지 이유는 레무스의 모독적인 행위뿐이었던 것으로 보인다. 로물루스는 자신이 저지른 일에 낙심하여 자살까지 하려 했다고 한다. 그는 레무스를 아벤티누스 언덕에 묻었고, 그곳은 이 사건의 결과로 〈레모리아Remoria〉라 불리게 되었다. 기원후 49년 클라우디우스 황제 시절에 이르기까지 아벤티누스 언덕이 로마의 종교적 경계인 포메리움 바깥에 남아 있었다는 사실도 레무스의 이러한 전설로 설명된다. 간혹 레무리아Lemuria(☞) 장례제의 기원이 레무스의 죽음과 연관되기도 한다.

로물루스가 자기 형제를 죽이지 않았고 마치 후대의 집정관들처럼 두 사람이 권력을 나누어 다스렸다는 설도 있다. 끝으로 칼키스의 디오니시오스를 위시한 몇몇 역사가들에 따르면, 로마를 건설한 것은 레무스였다. 그러나 이 레무스는 레아의 아들이 아니라 아스카니우스 혹은 이탈로스의 아들로, 그의 어머니는 라티누스 왕의 딸 엘렉트라였다고 한다. 레무스의 또 다른 계보들에 관해서는 ☞로물루스.

레베아도스 Λεβέαδος / Lebeadus 레베아도스는 아르카디아 용사 리카온의 아들이다. 리카온은 제우스의 통찰력을 시험하기 위해 어린아이의 살을 음식으로 만들어 바쳤는데, 그의 아들들 중 엘레우테르와 레베아도스만이 이 불경한 행동에 참여하지 않았다. 리카온과 그의 다른 아들들이 제우스의 벌을 받아 죽은 뒤, 이들은 보이오티아로 피신해서 레바데아와 엘레우테라이라는 도시들을 세웠다. 이것이 두 도시의 주민들과 아르카디아 인들이 맺었던 옛 동맹의 기원이다.

레소스 Ῥῆσος / Rhesus 레소스는 트라케의 용사로, 트로이아 전쟁에서 트로이아 편을 들어 싸우다가 오딧세우스와 디오메데스에게 죽임을 당했다. 그의 부모에 관해서는 여러 가지 설이 있다. 호메로스는 그의 아버지가 에이오네우스였다고 하지만, 후대 저자들은 그가 하신 스트리몬과 무사(뮤즈) 클리오(혹은 테르프시코라, 에우테르페, 칼리오페)의 아들이었다고 한다.

레소스는 눈처럼 희고 바람처럼 빠른 말들로 유명했다. 그는 전쟁의 열 번째 해에 트로이아 인들을 도우러 왔으나, 단 하루밖에 싸우지 못했을 때 ― 그날 그는 많은 그리스 인들을 해치웠는데[이는 호메로스 원문의 내용과 전혀 다르다. 레소스는 도착 당일 싸워 보지도 못하고 죽은 것으로 유명하다] ― 밤중에 트로이아 진영을 습격한 디오메데스와 오딧세우스가 잠든 그를 기습하여 죽이고 그의 말들을 가져갔다.

『일리아스』에 나왔던 이 이야기는 이후로 한층 더 극화되었다. 레소스는 만일 스카만드로스의 물을 마시고 말들에게도 그 물을 마시게 하면 무적이 되어 그리스 인들의 진영을 쳐부수게 되리라는 신탁을 받았었다. 그래서 헤라와 아테나는 그 예언이 실현되는 것을 막기 위해 그가 미처 스카만드로스의 물을 마시기 전에 오딧세우스와 디오메데스로 하여금 야간 기습으로 그를 죽이게 했다는 것이다.

코논이 전하는 바로는, 레소스는 브랑가스(☞)와 올린토스(☞)의 형제였다.

레스보스 Λέσβος / Lesbos 레스보스는 라피테스의 아들이다(☞계보 23). 신탁의 명령에 따라 그는 레스보스 섬으로 망명했고, 그곳 왕 마카레우스(☞, 혹은 마카르)의 딸 메팀나와 결혼했다. 그는 그 섬의 명조가 되었다.

***레아 실비아** Rhea / Rea Silvia 1. 레아 실비아는 로물루스와 레무스의 어머니로, 종종 일리아(☞)라고도 불린다. 그녀의 출신에 관해서는 두 가지 주요한 설이 있어서, 아이네이아스의 딸이라고도 하고, 아이네이아스의 후손이기는 하지만 알바 왕 누미토르(☞)의 딸이므로 훨씬 먼 후손이라고도 한다. 어느 전승에서도 그녀는 은밀한 사랑을 받는데, 대개는 상대가 마르스 신이었다고는 하지만, 몇몇 저자들은 쌍둥이의 아버지를 우연히 만난 애인으로 보기도 하고 혹은

레아의 숙부로 누미토르의 왕위를 찬탈한 아물리우스라고도 한다. 그녀가 임신한 것이 드러나게 되자 아물리우스는 그녀를 감옥에 가두었다. 그녀는 아물리우스의 딸인 사촌 안토의 중재 덕분에 임박한 죽음을 간신히 모면할 수 있었다. 그녀는 감옥에서 풀려난 직후 죽었다고도 하고, 가혹한 대우 때문에 죽었다고도 하며, 로물루스와 레무스가 아물리우스에게 보복한 뒤 자기 자식들에 의해 구출되었다고도 한다. 마치 안티오페(☞)가 제토스와 암피온에 의해 구출되듯이 말이다.

간혹 레아는 신이 되는 영광을 누린 것으로도 여겨졌다. 그녀가 아물리우스에게 죽임을 당했다는 설에서, 그녀는 티베리스[테베레] 강에 던져졌지만 하신이 물에서 나와 그녀를 자기 아내로 맞아들였다고 한다. 또는 그녀를 아내로 삼은 것은 아니오(티베리스 강의 지류로 로마 위쪽에서 티베리스와 합류하는 강)의 하신이었다고도 한다(☞로물루스).

2. 또 다른 레아는 여제관으로, 헤라클레스는 원정에서 게리오네우스의 황소들을 이끌고 돌아오던 도중 로마에 들러 그녀와 사랑을 나누었다. 그녀는 아들 아벤티누스를 낳았고, 로마의 아벤티누스 언덕은 그의 이름을 딴 것이다.

레아그로스 Λέαγρος / Leagrus 레아그로스는 헤라클레이다이 중 한 명인 테메노스의 동맹자이다. 디오메데스의 후손인 친구 에르기아이오스의 도움과 테메노스의 사주를 받아, 그는 아르고스에 보존되어 있던 팔라디온 신상을 빼돌렸다. 후일 테메노스와 다툰 뒤 그는 신상을 스파르타 왕들에게 바쳤는데, 이 조상은 가는 데마다 그 도시의 안전을 보장해 준다고 알려져 있었으므로 왕들은 이것을 기꺼이 받았다. 그들은 신상을 도시에서 가까운 레우키페데스의 성역 곁에 두었다. 그런데 델포이의 신탁이 신상을 훔치는 데 협력한 자들 중 한 명을 시켜 팔라디온을 지키라고 명하자, 그들은 스파르타 출신인 페넬로페의 남편이자 그들에게도 국가적 영웅이 되어 있던 오딧세우스의 신전을 그 옆에 세웠다(☞페넬로페, ☞팔라디온).

레아르코스 Λέαρχος / Learchus 레아르코스와 멜리케르테스는 이노와 아타마스의 두 아들이다. 아타마스는 어린 디오니소스를 몰래 데려다 키웠다는 이유로 헤라의 벌을 받아 실성하게 되었고, 그래서 레아르코스를 사슴인 줄로만 알고 활로 쏘아 죽이게 되었다. 혹은 그를 어린 사자로 잘못 보아 절벽 밑으로 떨어뜨려 죽였다고도 한다. 또 다른 전승에 의하면 아타마스는 자신이 네펠레에게서 낳은 자식들인 프릭소스와 헬레에 대해 이노가 저지른 범죄를 알고 그녀를 죽이려다가 그만 실수로 레아르코스를 죽였다고도 한다(☞아타마스, ☞계보 3, ☞계보 33). 이 이야기는 에우리피데스 비극 작품의 소재가 되었다.

레안드로스 Λέανδρος / Leander 레안드로스는 아비도스의 청년으로 아프로디테의 여사제 헤로의 애인이었다. 헤로는 헬레스폰토스 해협을 사이에 두고 아비도스와 마주하고 있던 도시 세스토스에 살았다. 매일 밤 그는 헤로가 자기 집의 탑 위에 밝혀 두는 등불에 의지하여 헤엄을 쳐서 강을 건너갔다. 그런데 폭풍이 일던 어느 날 밤 그만 등불이 꺼지는 바람에 레안드로스는 어둠 속에서 강 언덕을 찾지 못했고, 다음날 그의 시체는 헤로의 탑 아래까지 바닷물에 쓸려 왔다. 그러자 더 이상 살고 싶은 생각이 없어진 헤로도 허공에 몸을 던지고 말았다.

레오나사 Λεώνασσα / Leonassa 확실치 않은 한 전승에 따르면, 레오나사(암사자)는 힐로스의 손녀라고 한다. 그녀는 네오프톨레모스와 결혼하여 아르고스, 페르가모스, 판다로스, 도리에우스, 게노오스, 에우릴로코스, 다나에 등 여러 명의 자식을 낳았다고 하는데, 흔히 이들은 각기 다른 가계를 가지고 있는 것으로 이야기된다(☞ 계보 16).

레오스 Λέως / Leos 레오스는 아티카의 레온티데스 족의 명조이다. 그는 오르페우스의 아들로, 클리안토스라는 아들과 파시테아, 테오페, 에우불레라는 세 딸을 낳았다. 기근이 닥치자 풍요를 다시 불러오기 위해서는 인간 제물을 바쳐야 한다는 델포이 신탁의 명령에 따라, 그는 아직 처녀인 세 딸을 주저 없이 제물로 바쳤다. 그 후 아테나이 인들은 케라메이코스[아크로폴리스 북서쪽에 있는 오래된 동네]에 레오스의 세 딸을 기리는 성역을 만들었다.

레온테우스 Λεοντεύς / Leonteus 레온테우스는 라피타이 족 용사로, 코로노스의 아들이자 카이네우스의 손자이다(☞ 계보 9). 그는 또 다른 라피타이 족 용사인 폴리포이테스(페이리토오스의 아들)과 함께 트로이아 전쟁에 참가했다. 『일리아스』에 그는 여러 차례 등장하며, 목마 속에 들어 있던 용사들 중에도 끼어 있다. 뿐만 아니라, 신화학자들은 그를 헬레네의 구혼자들 중 한 명으로 꼽기도 한다.

트로이아 함락 후에 그는 칼카스(☞)와 함께 육로로 귀향하게 되었는데, 도중에 칼카스가 죽자 트로이아로 돌아갔다가 다시 귀로에 올랐다.

신화학자들은 레온테우스에게 안드라이몬이라는 형제와 리시데라는 누이가 있었다고 하며, 안드라이몬은 펠리아스의 딸들 중 하나인 암피노메와 결혼했다.

레온토포노스 Λεοντοφόνος / Leontophonus 오딧세우스는 페넬로페의 구혼자들을 도륙한 뒤 죽은 자들의 부모들로부터 비난을 받자, 네오프톨레모스에게 심판을 맡겼다. 추방형에 처해진 오딧세우스는 안드라이몬의 아들 토아스가 있는 아이톨리아로 가서, 토아스의 딸을 아내로 맞았다. 그 결합에서 레온토포노스 즉 〈사자들을 죽인 자〉가 태어났는데, 그에 대해서는 별로 알려진 바가 없다. 또 다른 전설에서는 오딧세우스와 에우히페 사이에서 태어난 아들을 레온토프론이라 부르기도 한다(☞ 계보 39).

레온티코스 Λεόντιχος / Leontichus 레온티코스와 라디네는 스테시코로스가 노래한 사랑 이야기의 주인공들이다. 라디네는 사모스의 트리필리아 처녀로, 코린토스의 폭군과 약혼한 상태였다. 그러나 그녀는 자기 나라 청년인 레온티코스를 사랑했다. 그녀가 약혼자와 결혼하기 위해 배를 타고 떠나자 레온티코스는 육로로 그녀를 따라갔다. 폭군은 이 둘을 죽여 시체를 수레에 실어 보냈다. 하지만 그는 자신의 잔인한 행동을 뉘우쳐 성 안에 시체를 묻고 그 장소를 이들에게 바쳤다. 스트라본의 시대까지도 상심한 연인들이 이곳에 와서 자신들의 사랑이 이루어지도록 빌었다고 한다.

레우카디오스 Λευκάδιος / Leucadius 스트라본에 따르면, 레우카디오스, 알리제우스, 페넬로페는 모두 이카리오스와 폴리카스테의 자식들이다(☞ 계보 19, ☞ 페넬로페). 이카리오스는 동생 틴다레오스와 함께 다스리던 라케다이몬에서 히포코온에 의해 추방되었다(☞ 이카리오스). 틴다레오스가 헤라클레스 덕분에 라케다이몬의 왕위를 되찾은 후에도 이카리오스는 자신이 아카르나니아에 건설한 작은 나라에 그대로 머물렀다. 그의 아들 레우카디오스는 레우카스 시의 명조이며 알리제우스는 알리지아 시의 명조다.

레우카리아 Λευκαρία / Leucaria 레우카리아는 이탈로스 왕의 아내이며, 아우소니아(이탈리아의 옛 이름)의 명조가 된 아우손의 어머니이다. 일설에 따르면 그녀는 로마의 명조 로무스의 어머니라고 한다. 그렇다면 그녀는 라티누스 왕의 딸로 아이네아스와 결혼한 여자이며, 따라서 라비니아(☞)와 동일 인물이 된다.

레우카스피스 Λεύκασπις / Leucaspis 레우카스피스는 시키온의 왕자로, 헤라클레스가 게리오네우스에게 갔다가 돌아오는 길에 시칠리아를 지날 때 그와 맞서 싸웠다. 이 싸움에서 그를 비롯한 그 나라의 수많은 귀족들이 죽임을 당했으며, 그는 신적인 예우를 받았다.

레우카타스 Λευκάτας / Leucatas 아폴론이 사랑한 이 젊은이는 쫓아오는 아폴론을 피해 달아나다가 레우카스 섬 절벽 위에서 바다로 뛰어내려 그 섬의 명조가 되었다.

레우케 Λεύκη / Leuce 1. 레우케 즉 〈하얀 여자〉라는 이름의 님프는 오케아노스와 테티스(I)의 딸이다. 하데스는 그녀를 사랑한 나머지 납치하여 하계로 데려갔다. 하지만 그녀는 불멸의 존재가 아니었으므로 때가 되자 그만 죽고 말았다. 그러자 하데스는 그녀를 불멸의 존재로 만들기 위해 엘리시온 벌판의 흰 포플러가 되게 했다. 헤라클레스가 하계에서 돌아올 때 머리에 둘렀던 화환이 바로 이 나무의 가지로 엮은 것이었다고 한다.

2. 레우케는 또한 도나우 강이 흑해로 나가는 어귀에 있는 〈흰 섬〉의 이름이다. 바로 이곳에서 아킬레우스는 몇몇 영웅들에 둘러싸여 헬레네(이피게네이아 혹은 메데이아)와 함께 축제와 전투의 나날을 보낸다고 한다(☞아킬레우스).

레우코스 Λεῦκος / Leucus 크레테 사람 레우코스는 탈로스의 아들로, 태어나자마자 아버지에게서 버림받았다. 이도메네우스가 그를 데려다가 아들처럼 키웠고 자신이 트로이아 전쟁에 출정하게 되자 자기 왕국과 가족을 그에게 맡기며 딸 클레이시테라를 주겠다고 약속했다. 그러나 레우코스는, 아들 팔라메데스의 죽음 때문에 모든 그리스 장군들에게 복수하려는 나우플리오스의 꾀임에 넘어가, 이도메네우스의 아내 메다를 유혹하여 죽인 뒤 이도메네우스의 자식들까지 죽여 버렸다. 그리고는 이도메네우스 대신 자신이 그 섬의 왕위를 차지하고, 이도메네우스가 돌아오자 강제로 추방해 버렸다(☞이도메네우스).

레우코시아 Λευκόσια / Leucosia 레우코시아는 세이레네스[세이렌들] 중 한 명으로, 파이스툼 맞은편에 위치한 섬의 명조이다.

레우코테아 Λευκοθέα / Leucothea 카드모스의 딸 이노는 바다의 여신이 된 후 레우코테아란 이름을 갖게 되었다(☞계보 3). 그녀는 아타마스의 두 번째 아내로, 아타마스의 첫번째 아내는 네펠레였다. 네펠레의 자식 프릭소스와 헬레를 향한 이노의 질투에 대해, 또 아타마스의 세 번째 아내 테미스토와 있었던 우여곡절에 대해서는 ☞아타마스.

이노는 자매인 세멜레가 죽자(☞디오니소스), 아타마스를 설득하여 어린 디오니소스를 데려다가 친자식들인 레아르코스, 멜리케르테스와 함께 키우기로 했다. 그러나 그들이 제우스의 사생아를 받아들인 데 대해 화가 난 헤라는 아타마스와 이노를 미쳐 버리게 만들었다. 그래서 이노는 막내아들 멜리케르테스를 물이 펄펄 끓는 가마솥에 던져 넣었고, 아타마스는 레아르코스를 사슴으로 잘못 알고 수렵용 창으로 죽이고 말았다. 제정신이 든 이노는 멜리케르테스의 시신을 안은 채 바닷물에 몸을 던졌다. 그러자 바다의 신들이 그녀를 불쌍히 여겨서 네레이스로 만들었고 그녀의 아이는 어린 신인 팔라이몬이 되었다. 하얀 여신, 물보라의 여신인 레우코테아가 된 이노와 그녀의 아들 팔라이몬은 선원들을 기꺼이 도와 폭풍우 속에서 이들을 인도했다. 한편 시시포스는 멜리케르테스를 기리는 이스트미아 경기를 제정했다(☞멜리케르테스, ☞팔라이몬).

로마에서 레우코테아는 〈마테르 마투타〉(아침의 어머니)와 동일시되었으며, 그녀의 신전은 로마 항구에서 멀지 않은 포룸 보아리움에 있었다. 팔라이몬은 항구의 신 포르투누스와 동일시되었으며 그의 성역도 같은 구역에 있었다.

한편 로도스 출신인 바다의 여신 역시 레우코테아라고 불렸다(☞할리아).

레우코토에 Λευκοθόη / Leucothoe 레우코토에는 레우코테아(☞)의 다른 이름이다. 또한 헬리오스(태양)의 연인인 클리티아의 연적도 레우코토에로, 그녀는 헬리오트로프[해바라기의 일종]가 되었다(☞클리티아).

레우코파네스 Λευκοφάνης / Leucophanes 레우코파네스는 아르고나우타이의 일원인 에우페모스의 아들로, 키레네의 바티아데스 족의 조상이다(☞에우페모스).

레우콘 Λεύκων / Leucon 레우콘은 아타마스가 세 번째 아내 테미스토(힙세우스의 딸)에게서 얻은 아들들 중 한 명이다(☞아타마스). 그의 형제로는 에리트리오스, 스코이네우스, 프토오스가 있다. 그에게는 에리트라스라는 아들이 있었으며, 에리트라스는 보이오티아에 에리트라이라는 도시를 건설했다. 그에게는 안드레우스의 아내가 된 에우히페, 아르긴노스의 어머니가 된 페이시디케 등 두 명의 딸도 있었다(☞계보 33).

레우키페 Λευκίππη / Leucippe 레우키페라는 이름으로 불리는 여성 인물들은 여러 명 있다.
 1. 라오메돈의 아내이자 프리아모스의 어머니(☞계보 7).
 2. 테스티오스 왕의 아내이자 이피클로스의 어머니(☞이피클로스).
 3. 테스토르의 딸이자 칼카스와 테오노에의 자매.
 4. 에우리스테우스의 어머니.

레우키포스 Λεύκιππος / Leucippus 1. 레우키포스라는 이름의 신화적 인물들은 여러 명 있는데, 그 중 가장 유명한 이는 레우키피데스(힐라이라와 포이베)의 아버지이다(☞계보 19). 그는 페리에레스(혹은 오이발로스)가 페르세우스의 딸들 중 한 명인 고르고포네에게서 낳은 아들이다. 그는 이나코스의 딸 필로디케와 결혼했다. 그에게는 힐라이라와 포이베 외에 아르시노에라는 딸도 있었는데, 한 전설에 따르면 그녀는 아폴론의 연인으로 아스클레피오스를 낳았다고도 한다(☞코로니스). 레우키포스는 메세니아를 다스렸다.

 2. 또 다른 레우키포스는 피사 왕 오이노마오스의 아들이다. 그는 다프네를 사랑한 나머지

여자로 가장하여 그녀에게 접근했지만, 그런 속임수 때문에 화를 당했다(☞다프네).

3. 세 번째 레우키포스는 시키온 왕 투리마코스의 아들이다. 그의 딸 칼키니아는 포세이돈의 아들 페라토스를 낳았다. 자식이 없었던 레우키포스는 페라토스를 자신의 후계자로 삼아 시키온의 왕위를 잇게 했다.

4. 레우키포스는 또한 낙소스 섬의 명조인 용사 낙소스의 아들이다. 그에게는 스메르디오스라는 아들이 있었는데, 테세우스가 낙소스 섬에 아리아드네를 버렸을 때 낙소스 섬은 스메르디오스가 다스리고 있었다(☞아리아드네).

5. 헤르메시아낙스에 의거해 파르테니오스가 들려주는 사랑 이야기의 주인공 역시 레우키포스라는 이름으로 불린다. 그는 크산티오스의 아들로, 벨레로폰테스의 후손이다. 그는 힘이 아주 세고 탁월한 용사로, 리키아 전역에 명성이 자자했다고 한다. 그러나 아프로디테의 노여움을 산 나머지 그는 자신의 누이를 사랑하게 되었다. 한동안 그는 욕정을 억제했지만, 얼마 안 가 그것을 이겨낼 수 없음을 깨달았다. 그는 어머니를 찾아가 자신을 불쌍히 여겨 욕망을 채울 수 있도록 도와달라고 애원하며, 그렇지 않으면 스스로 칼 위에 몸을 던지겠다고 위협했다. 하는 수 없이 어머니가 그의 소원을 들어주어 레우키포스는 누이의 연인이 되었지만, 마침내 이 사실은 그녀의 약혼자의 귀에 들어가고 말았다. 약혼자는 자신의 부친과 유지들을 데리고 크산티오스에게 가서 그의 딸에게 연인이 있음을 밝혔으나, 그 연인이 레우키포스라는 말은 하지 않았다. 격분한 크산티오스는 딸의 연인이 현장에서 잡히기만 하면 엄벌하겠노라고 맹세했다. 약혼자는 그보다 더 쉬운 일은 없다면서 크산티오스를 딸의 방으로 데려갔다. 딸은 그가 오는 것을 보고 숨었는데, 크산티오스는 숨은 자가 딸의 연인인

줄 알고 누구인지 확인하지도 않은 채 칼을 내리치고 말았다. 그녀의 고통스러운 비명을 듣고 달려온 레우키포스는 침입자가 아버지인 줄 미처 모르고 죽이고 말았다. 이 살인으로 인해 나라를 떠나지 않을 수 없게 된 그는 테살리아 이주민 집단을 이끌고 크레테로 가서 정착했으며, 후일 동료들에게마저 추방당하자 소아시아로 가서 밀레토스 지방에 크레티나이온 시를 건설했다.

일설에 따르면, 만드롤리토스의 딸 레우코프리네가 레우키포스를 사랑하여, 그가 이끄는 적들을 위해 마이안드로스 강변에 있던 자기 나라 마그네시아를 배반했다고 한다.

레우키피데스 Λευκίππιδες / Leucippides 레우키피데스는 레우키포스의 딸들이며, 레우키포스는 틴다레오스, 이카리오스, 아파레우스 등과 형제간이다(☞계보 19). 레우키포스에게는 힐라이라, 포이베, 아르시노에라는 세 딸이 있었는데, 레우키피데스라고 불리는 것은 힐라이라와 포이베이다. 그녀들은 사촌들 즉 틴다레오스의 아들들인 카스토르, 폴리데우케스와 결혼했다(☞디오스쿠로이).

레우키피데스에 관한 이야기는 디오스쿠로이와 아파레우스의 아들들인 이다스와 링케우스 사이의 싸움으로 요약된다. 이 전설은 아주 다양한 형태로 전해 내려오지만, 그 중 가장 오래된 것은 다음과 같다. 아이네이아스와 파리스가 헬레네를 납치할 목적으로 스파르타의 메넬라오스를 방문했을 때, 디오스쿠로이(카스토르와 폴리데우케스)가 연 잔치에서 술에 취한 아파레우스의 아들들은 사촌들인 디오스쿠로이에게 관례대로 아파레우스에게 미리 지참금을 바치지 않은 채 아내를 맞은 것을 비난했다. 모욕을 당한 디오스쿠로이는 이에 맞서 대꾸를 했으며, 논쟁은 싸움으로 번졌다. 그리하여 디오스쿠로

이 중 한 명이 죽임을 당했으며, 이다스와 링케우스는 둘 다 죽었다. 디오스쿠로이가 참나무 둥치 속에 숨었던 이 싸움의 자세한 경위에 대해서는 ☞디오스쿠로이, ☞이다스.

보다 후대의 전설에 의하면 레우키피데스는 아파레우스의 두 아들과 약혼을 한 상태에서 디오스쿠로이에게 납치되었다고 한다. 가령 테오크리토스의 디오스쿠로이 목가도 그런 전승을 따르고 있다. 그러나 카스토르와 폴리데우케스에게 덜 호의적인 다른 전승에 따르면, 디오스쿠로이는 사촌들의 결혼식에 초대받아 가서 신부들인 레우키피데스를 납치함으로써 〈환대〉의 법칙을 위반했다고 한다.

파우사니아스가 전하는 한 지방 전설에 따르면, 레우키피데스는 아폴론의 딸들이며 레우키포스는 그들의 〈인간〉 아버지에 불과하다고 한다. 그녀들의 자매인 아르시노에는 아폴론의 연인이었으며, 아파레우스의 아들들 중 한 명인 이다스는 마르페사를 두고 신과 경쟁을 벌였다(☞아폴론, ☞이다스).

스파르타에는 레우키피데스에게 바쳐진 신전이 있었다.

레이모네 Λειμώνη / Leimone 레이모네는 아테나이의 불확실한 한 전설에 등장하는 여주인공으로, 아테나이의 귀족 내지 왕인 히포메네스의 딸이었다. 그녀의 아버지는 딸이 혼전에 연인이 생겨 처녀성을 잃었음을 알고 그녀에게 먹을 것도 주지 않은 채 말 한 마리와 함께 외딴 집에 가두어 버렸다. 그러자 배가 고파 미쳐 버린 말이 이 젊은 여인을 잡아먹었다.

레이몬 Λειμών / Leimon 아폴론과 아르테미스는 어머니 레토가 자신들을 잉태하고 있었을 때 세상으로부터 외면당하고 거절당했던 데 대해 복수하려던 무렵, 펠로폰네소스의 테게아테스의 왕국으로 갔다. 그곳에서는 테게아테스의 아들들 중 한 명인 스케프로스가 이들을 맞아 주었다. 형제들 중 한 명인 레이몬은 그가 아폴론과 은밀히 대화하는 장면을 목격하고는, 그가 신에게 자신을 중상모략한다고 생각한 나머지 격분하여 그를 죽였다. 그러자 아르테미스는 즉시 레이몬에게 활을 쏘아 죽였다. 테게아테스와 그의 아내 마이라는 신들이 그곳에 있음을 알고 그들에게 제물을 바쳤지만, 분노를 거두지 않은 아폴론과 아르테미스는 그 고장에 기근이 퍼지게 하고 가버렸다. 이에 델포이의 신탁을 묻자 스케프로스에게 장례를 치러 주어야 한다는 답이 내렸다. 그래서 테게아에서는 스케프로스를 기리는 연례 축제가 열렸으며, 축제에서는 레이몬이 아르테미스의 여사제에게 쫓기는 모습이 재현되곤 했다.

레이아 ʻPεία / Rhea 레이아는 가이아와 우라노스의 딸들인 티타니데스(☞) 중 한 명이다(☞계보 5, ☞계보 12, ☞계보 38). 그녀는 크로노스와 결혼하여 그와 함께 이 세상을 다스렸다. 헤시오도스의 『신들의 계보』에 따르면, 이 결합으로 여섯 명의 자식 즉 헤스티아, 데메테르, 헤라, 하데스, 포세이돈, 그리고 막내인 제우스가 태어났다고 한다. 그러나 우라노스와 가이아의 신탁을 받은 크로노스는 자식들이 태어나는 즉시 잡아먹어 버렸다. 왜냐하면 그들 중 한 명이 자신의 자리를 빼앗으리라는 것을 알고 있었기 때문이다. 그래서 레이아는 그들 중 한 명이라도 구하기 위해 어린 제우스를 숨기고 그 자리에는 돌멩이를 배내옷에 싸서 뉘었다(☞제우스). 포세이돈에 관해서도 비슷한 이야기가 있으며, 그의 어머니가 이와 비슷한 꾀를 내어 그를 구했다고도 한다.

로마 시대에 대지의 옛 여신인 레이아는 신들의 어머니인 키벨레(☞)와 동일시되었다.

레이토스 Λήιτος / Leitus 레이토스는 알렉트리온(혹은 알렉토르)의 아들로, 트로이아 전쟁에서 일개 분대를 지휘한 테바이 용사이다. 『일리아스』에 따르면 그는 트로이아 사람 필라코스를 죽인 뒤 헥토르에게서 상처를 입었다. 트로이아에서 아르케실라오스의 유해를 가지고 돌아오는 것도 그다. 그는 아르고나우타이의 일원으로도 꼽힌다.

레이페필레 Λειπεφίλη / Leipephile 레이페필레는 헤라클레스의 조카 이올라오스의 딸로, 헤라클레스의 아들 안티오코스가 낳은 아들 필라스와 결혼했다. 따라서 그녀의 아들 히포테스(☞)는 헤라클레스와 이중의 친척 관계로 연결된다 (☞계보 31, ☞알레테스).

***레카라누스** Recaranus 레카라누스는 카라누스 혹은 가라누스라고 불리는데, 카쿠스(☞)의 일화에서 간혹 헤라클레스를 대신하는 인물이다. 에우안드로스[에반드로스] 시절에 소떼를 이끌고 장차 로마가 될 땅을 지나간 것도, 또 강도 카쿠스에게 그 소 몇 마리를 도둑맞은 것도 레카라누스였다. 이 레카라누스는 그리스 출신으로 막강한 힘의 소유자였다고 한다.

이러한 전설과 비슷한 또 다른 이야기에 따르면, 카쿠스는 에우안드로스 왕의 노예로, 도벽이 있는 못된 인물이었다. 레카라누스가 소들을 되찾기를 포기하려던 참에, 에우안드로스 왕이 나서서 자기 노예로 하여금 소들을 내놓게 했다. 레카라누스는 기쁜 나머지 아벤티누스 언덕 발치에 〈발견자 유피테르〉를 위한 신전을 지었는데, 이것이 일반적으로 헤라클레스가 지었다고 알려진 아라 막시마 Ara Maxima이다. 유피테르를 기리기 위해 그 제단 위에서 그는 자기 가축의 십분의 일을 희생 제물로 바쳤으며, 이것은 아라 막시마에 바치는 희생 제물의 십분의 일을 헤라클레스에게 바치는 관습의 기원이 되었다.

레타이아 Ληθαία / Lethaea 오비디우스가 시사하는 바에 따르면, 레타이아는 오늘날 전하지 않는 한 전설 속에서 올레노스의 아내로 등장했던 것 같다. 그녀는 감히 한 여신과 아름다움을 겨루려 했으며, 그녀의 남편은 이러한 잘못을 자신이 떠맡아 대신 벌을 받으려 했다. 그러나 두 사람 모두 석상으로 변하고 말았다.

레테 Λήθη / Lethe 레테 즉 〈망각〉은 에리스(불화)의 딸이며, 일설에 따르면 카리테스(그라티아이)의 어머니라고도 한다. 하계에는 그녀의 이름을 따서 〈망각의 샘〉으로 불리는 샘이 하나 있었는데, 망자들이 그 물을 마시면 지상에서의 삶을 모두 잊게 되었다고 한다. 마찬가지로, 플라톤을 위시한 철학자들도 영혼이 다시금 육신을 입고 환생하기 위해서는 그 물을 마셔야 한다고 생각했다. 그러면 영혼이 하계에서 본 것에 대한 기억이 말끔히 씻긴다는 것이다.

보이오티아의 레바데아에 있는 트로포니오스 신탁 근처에는, 조언을 구하러 온 자들이 마셔야 하는 두 개의 샘이 있었다. 즉 망각(레테)의 샘과 기억(므네모시네)의 샘이 그것들이다.

레테는 〈죽음〉과 〈잠〉의 자매인 〈망각〉을 의미하는 알레고리가 되었다. 시인들의 시에서 그녀가 종종 언급되는 것도 이런 맥락에서이다.

레토 Λητώ / Leto 레토는 신들의 첫 세대에 속하는 여신으로, 제우스와 결합하여 아폴론과 아르테미스를 낳았다. 그녀는 티탄 코이오스와 티타니스 포이베의 딸로, 아스테리아 및 오르티기아와 자매간이다(☞계보 38).

레토가 제우스의 쌍둥이를 임신하자 질투심에 사로잡힌 헤라는 세상의 모든 땅들에게 명령해 레토가 해산할 장소를 주지 못하게 했다. 그래서 레토는 끝없이 방황하게 되었다. 결국 그때까지는 떠다니던 불모의 섬이었으므로 헤라의 분노를 두려워할 이유가 없었던 델로스만이 그녀를 받아들였다. 그 대가로 섬은 바다 속에 고정된 네 개의 기둥으로 든든히 받쳐졌고, 이름도 본래의 오르티기아에서 델로스 즉 〈빛나는 섬〉(빛의 신이 그곳에서 태어났다는 뜻)으로 바뀌었다.

또 다른 전설에 따르면 헤라는 레토가 태양이 비치는 그 어떤 곳에서도 해산을 할 수 없으리라고 맹세했다고 한다. 그래서 제우스는 보레아스를 시켜 그녀를 포세이돈에게 데려가게 했고, 포세이돈은 파도를 일으켜 섬 위에 물의 궁륭을 만들었다. 이렇게 해서 레토는 헤라의 맹세에도 불구하고 태양을 피해 아이를 낳았다는 것이다.

해산의 고통은 아흐레 밤낮 동안 계속되었고, 헤라와 출산의 여신 에일레이티이아를 제외한 모든 여신들이 와서 그녀의 해산을 지켜보았다. 그러나 에일레이티이아가 올림포스에 남아 있는 한 해산이 이루어질 수 없었으므로, 여신들은 이리스를 에일레이티이아에게 보내 길이가 아홉 큐빗이 넘는 금과 호박으로 된 목걸이를 주기로 약속함으로써 여신을 오게 했다. 이렇게 해서 아폴론과 아르테미스가 탄생할 수 있었다.

또 다른 이야기에 의하면, 레토는 헤라를 피하기 위해 암늑대의 모습으로 변해 히페르보레이오이 족의 나라로 도망가서 평범하게 살았다고 한다. 아폴론에게 종종 〈리코게네스〉, 즉 〈늑대의 아들〉이라는 이상한 수식어가 붙는 것은 그 때문이다.

레토의 해산과 관련한 또 다른 일화도 리카아 즉 〈늑대들의 나라〉를 무대로 한다. 레토는 갓난 아기들을 데리고 리키아로 갔으며, 그곳의 샘 혹은 연못에서 아기들을 씻기 위해 걸음을 멈추었다. 그러나 인근의 목동들이 물가에 다가가는 것을 막자, 여신은 그들을 개구리로 변하게 했다.

후에 레토는 자식들에게 무척 사랑받는 어머니가 되었으며, 자식들은 모든 수단을 동원해 그녀를 보호하려 했다. 그들이 니오베의 아들딸을 죽인 것도 자신들의 어머니를 위해서였다(☞니오베). 또한 그녀를 겁탈하려 한 거인 티티오스도 그들의 손에 죽었다(☞티티오스). 어린 아폴론이 델포이에서 뱀 피톤을 죽인 것도 피톤이 그녀를 위협했기 때문이다(☞아폴론).

레프레오스 Λέπρεος / Lepreus 레프레오스의 전설은 헤라클레스 계열의 이야기들, 특히 영웅이 아우게이아스의 궁전에서 겪은 모험담에 속한다. 레프레오스는 카우콘과 아스티다메이아(포르바스의 딸이자 아우게이아스의 누이)의 아들이다(☞계보 23). 헤라클레스가 아우게이아스 왕의 마구간 청소를 해내자, 레프레오스는 아우게이아스를 설득하여 헤라클레스에게 약속한 대가를 지불하는 대신 사슬로 묶어 감옥에 넣게 했다(☞헤라클레스). 그래서 헤라클레스는 아우게이아스에게 복수를 하러 돌아갔을 때, 카우콘의 집에도 나타나 레프레오스를 벌하려 했다. 하지만 그는 아스티다메이아의 간청에 못 이겨 레프레오스와 시합을 하기로 했다. 즉 먹고 마시기 시합과 원반 던지기 시합이었다. 레프레오스는 시합마다 모두 지자 화가 나서 무기를 들었고, 둘이 서로 싸우다 마침내 레프레오스가 죽고 말았다.

렐렉스 Λέλεξ / Lelex 렐렉스는 렐레게스 족의 명조이다. 그는 라코니아의 초대 왕으로, 〈땅에서 태어난〉 자이다. 그에게는 밀레스와 폴리카온이라는 두 아들이 있었다. 맏아들 밀레스는 라코니아의 왕위를 계승받았으며, 후에 자신의 아들 에우로타스(같은 이름의 강의 신)에게 왕위를 물려주었다. 동생 폴리카온은 아르고스 왕 트리오파스의 딸인 메세네(☞)와 결혼하여, 메세니아 왕국(아내의 이름을 따라 부르게 된)을 얻었다.

또 다른 전설에 의하면 렐렉스는 에우로타스의 조부가 아니라 아버지라고도 한다.

렐렉스는 또한 레우카스의 용사로, 텔레보아이 족의 명조가 된 텔레보아스의 조부라고도 한다(☞암피트리온).

렐렉스라는 이름은 메가라 전설들에도 등장한다. 이에 따르면 렐렉스는 포세이돈과 리비에의 아들로, 메가라를 통치하기 위해 이집트에서 왔다고 한다. 그에게는 클레손이라는 아들이 있었는데, 클레손의 딸들인 클레소와 타우로폴리스는 바닷물에 실려 메가라 부근까지 쓸려온 이노의 시체를 거두어 주었다(☞팔라이몬).

렐렉스에게는 비아스라는 아들도 있었는데, 비아스는 필라스(☞)에게 죽임을 당했다.

로데 ῾Ρόδη / Rhode 몇몇 전승에 의하면, 로데는 포세이돈과 암피트리테 사이에 태어난 딸로, 헬리오스(태양)와 결혼했다(☞계보 38). 그녀는 트리톤의 누이였다. 또 다른 전승들에 의하면, 그녀는 헬리오스의 아내과 하신 아소포스 사이에 태어난 딸들 중 한 명이다(☞로도스).

로도스 ῾Ρόδος / Rhodus 로도스는 로데(☞)와 잘 구별되지 않는 인물로, 헬리오스(태양)의 아내이자 로도스 섬의 명조이다. 그녀는 아프로디테와 이름이 잘 알려지지 않은 아버지 사이에서 태어났다고도 하고, 포세이돈과 할리아(☞)의 딸이었다고도 한다. 헬리오스에게서 그녀는 일곱 아들 헬리아다이(☞)를 낳았으며, 그 중 한 명인 케르카포스는 형제 오키모스의 뒤를 이어 로도스 섬을 다스렸고, 그 후에는 그의 자식들이 섬을 물려받아 다스렸다(☞계보 14).

로도페 ῾Ροδόπη / Rhodope 로도페는 에페소스 전설에 나오는 소녀이다. 그녀는 아르테미스에게 자신의 처녀성을 간직하겠다고 약속했으며, 그래서 여신은 그녀를 자신의 사냥 동무로 삼았다. 이에 분개한 아프로디테는 로도페가 에우티니코스라는 이름의 사냥꾼을 사랑하게 만들었다. 그 역시 그녀만큼이나 사랑에는 관심이 없던 터였다. 두 사람은 산속에서 만나 사랑에 굴복하고 말았다. 그러자 아르테미스는 로도페를 샘물로 만들어 벌했다. 그녀가 처녀성을 잃었던 바로 그 동굴에서 솟아난 스틱스라는 이름의 이 샘은 처녀성을 지키기로 맹세한 소녀들의 시험 장소가 되었다. 그녀들은 자신의 맹세를 쓴 서판을 목에 걸고 샘으로 들어갔는데, 샘은 별로 깊지 않아서 무릎까지밖에 안 차지만, 자신의 맹세를 지키지 못한 소녀에게는 물이 목까지 차올라 거짓 맹세를 쓴 서판을 덮어 버렸다는 것이다.

또 다른 로도페에 관해서는 ☞키코네스, ☞하이모스.

로도피스 ῾Ροδῶπις / Rhodopis 로도피스는 이집트 소녀로 대단히 아름다웠다. 하루는 목욕을 하는데 독수리가 그녀의 샌들 한 짝을 물어다가, 당시 멤피스를 다스리던 프삼메티코스 왕의 발치에 떨어뜨렸다. 왕은 이 샌들의 정교함에 감탄하며 온 이집트를 뒤져 신발 주인을 찾아 오게 했고, 마침내 그녀를 찾아 결혼했다.

때로는 이 로도피스가 실제로는 그리스 여자 도리카였다고도 한다. 그녀는 트라케 출신으로 시인 사포의 형제인 카락소스를 따라 이집트에 가서 살았다고 한다.

*로마 Roma 로마 일명 로메(〈힘〉을 뜻하는 그리스 어의 철자를 살리면 〈로메〉가 된다)는 몇몇 신화학자들에 따르면 로마 시의 명조인 여성의 이름이다. 그녀의 출신에 관해서는 여러 가지 설이 있다. 가장 오래된 전승에 따르면, 그녀는 트로이아 출신의 포로로 오딧세우스와 아이네이아스를 따라 몰로소이 족의 나라(일리리아)로부터 티베리스 강 연안에 도착했다. 그들의 배는 폭풍우에 떠밀려 그곳에 이르렀고, 포로들은 뱃멀미에 지쳐 있었다. 로마는 그들을 설득하여 배들에 불을 지르게 했고, 여행은 끝이 났다. 이주자들은 팔라티누스 언덕에 정착했고, 도시가 번창하자 감사의 뜻으로 그녀의 이름을 기리게 되었다.

또 다른 전승에 의하면 로메는 아스카니오스의 딸이며, 따라서 아이네이아스의 손녀이다. 트로이아에서 온 이주자들이 장차 로마가 될 지역을 정복하자, 로메는 팔라티누스 언덕에 피데스의 신전을 지었다. 그래서 그 언덕에 서는 도시는 그녀의 이름을 따서 〈로마〉라 불렸다. 이 전승의 한 이본에 따르면, 로메는 아스카니오스의 딸이 아니라 아내였다고 한다. 혹은 그녀가 텔레포스(☞)의 딸이자 헤라클레스의 손녀로 아이네이아스의 아내였다는 설도 있다.

트로이아 전설과 무관한 전승에도 에우안드로스 왕의 딸 혹은 이탈로스 왕과 레우카리아의 딸인 로마가 나온다. 또한 몇몇 저자들에 의하면, 로마는 에우안드로스에게 로마의 초창기 중심지가 될 팔란티움을 건설할 터전을 골라 준 여예언자의 이름이었다고도 한다.

*로모스 Romus 몇몇 전설들에 따르면, 로모스는 로마 시의 건설자이자 명조이다. 그는 트로이아에서 디오메데스의 명령을 받고 온 에마티온의 아들이라고도 하고(☞헤라클레스), 아이네이아스의 아들이라고도 한다. 또 다른 전승들에 의하면, 그는 아이네이아스의 손자이자 아스카니오스의 아들이다. 때로 그는 오딧세우스와 키르케 사이에 태어난 자식들 중 한 명으로 간주되기도 한다. 그에게는 두 형제 안티아스와 아르데아스가 있었으며, 이들은 각기 안티움과 아르데아의 명조가 되었다. 끝으로 로모스가 라티누스의 아내 로마의 아들이었다는 전설도 있다. 그럴 경우 그는 로물루스, 텔레고노스와 형제간이 된다.

*로물루스 Romulus 가장 일반적으로 알려진 전설에 의하면, 로마 시의 건설자이자 명조는 로물루스이다. 그는 대개 알바의 왕들을 거쳐 아이네아스의 후손이 되는 것으로 알려져 있다. 그는 쌍둥이 형제 레무스 와 함께 레아 실비아(혹은 일리아)의 아들이자 누미토르(☞)의 손자이다.

그러나 이런 일반적인 설에는 많은 이설들이 따른다. 가령, 알바 왕들을 거치지 않고 레아가 아이네아스의 딸이었다는 설도 있고, 아이네아스가 포르바스의 딸 덱시테아에게서 낳은 쌍둥이가 로물루스와 레무스였다는 설도 있다. 이 나중 설에 따르면, 두 아이는 아직 어렸을 때 이탈리아로 갔는데, 선단 가운데 그들이 탄 배만 폭풍우에 살아남아 장차 로마가 될 곳에 이르렀다고 한다. 또 다른 전승에 의하면 로물루스는 로마와 라티누스의 아들이라 하며, 이 경우 라티누스는 텔레마코스의 아들이 된다. 그의 어머니는 종종 아이밀리아라 불리며, 아이밀리아는 아이네아스와 라비니아의 딸이다(또 다른 전설에 관해서는 ☞타르케티오스).

가장 흔한 전설에 따르면, 로물루스와 레무스의 아버지는 마르스 신이다. 그는 레아가 희생 제사를 위한 물을 길러 갔던(그녀는 베스타 여사제였다) 신성한 숲에서 그녀를 유혹했다. 혹은 그녀가 잠들었을 때 마르스에게 겁탈당했다고도 한다. 레아의 숙부인 아물리우스는 그녀가 임신한 것을 알고는 옥에 가두었다(☞레아). 아이들이 태어나자, 왕은 그들을 티베리스 연안, 팔라티누스 언덕 밑에 버렸다(장차 로마가 서게 될 터전은 왕의 영토로, 그의 가축을 놓아 키우는 땅이었다). 혹은 아물리우스의 하인이 아이들을 바구니에 넣어 강물에 띄워 보냈다고도 한다. 그러나 강물은 빗물로 불어나 역류했고, 바구니는 바다로 떠내려가는 대신 상류인 게르말루스(팔라티누스의 북서쪽 꼭대기)의 기슭으로 밀려 올라갔다. 바구니는 아이들을 무화과나무 그늘에 내려놓았고, 루미날리스라는 이름의 이 나무는 후에 예배의 대상이 되었다(일설에 의하면 이 나무는 카피톨리움과 포룸 사이의 코미티움에 있었다고 하지만, 또 다른 설에 의하면 점복관 아티우스 나이비우스가 마법을 써서 그곳으로 옮겨 놓은 것이라고 한다). 거기서 로물루스와 레무스는 암늑대에게 발견되었는데, 갓 새끼를 낳은 이 늑대는 아이들을 불쌍히 여겨 자기 새끼들과 함께 젖을 주었다. 알다시피 암늑대는 이탈리아의 신 마르스에게 바쳐진 동물이며 이 늑대는 신이 자기 자식들을 돌보기 위해 보낸 것이었다. 게다가 청딱따구리(역시 마르스의 새)도 암늑대가 그들을 먹이는 것을 도와주었다. 그러다가 왕의 목동인 파우스툴루스(☞)가 나타나 이처럼 기적적인 방식으로 살아남은 아이들을 불쌍히 여겨 자기 아내 아카 라렌티아(☞)에게 키우게 했다. 몇몇 회의적인 신화학자들, 특히 교부들이 따르는 저자들에 의하면, 쌍둥이에게 젖을 준 암늑대가 바로 아카 라렌티아이며, 그녀는 방종한 행실 때문에 〈암늑대〉라는 별명을 얻었던 것이라고도 한다(라틴 어로 암늑대를 뜻하는 〈루파〉는 실제로 창녀를 가리키는 말이었다).

파우스툴루스는 두 젊은이를 당시 라티움의 지적 중심지 가비이에 보내 공부하게 했다. 그 후 로물루스와 레무스는 팔라티누스 마을로 돌아가 강도 행각을 일삼았다. 어느 날 레무스는 인근 젊은이들과 함께 아물리우스의 목동들을 습격했다. 아벤티누스 언덕에서 왕의 가축들을 돌보던 목동들은 이에 지지 않고 반격했고, 포로로 잡힌 레무스는 알바 왕 앞으로 끌려나가 심문을 당하게 되었다. 그때 현장에 없었던 로물루스가 팔라티누스로 돌아오자, 파우스툴루스는 그에게 그들의 출생의 비밀을 털어놓으며 레무스를 구하러 갈 것을 요청했다. 그래서 로물루스는 동무인 젊은이들을 이끌고 아물리우스의 궁전에 침입하여 자신이 누구인지 알리고는 왕을 죽이고 레무스를 구했다. 그리고는 자신들의 할아버지인 누미토르를 왕위에 앉혔다.

그 후 쌍둥이 형제는 자신들의 도시를 건설하기로 했다(도시를 건설할 터전을 고르는 이야기는 ☞레무스). 로물루스는 팔라티누스 언덕 주위에 고랑을 파서 경계를 표시한 뒤, 레무스를 죽였다. 그리하여 도시는 4월 21일에 건설되었으며, 이날은 파릴리아(팔레스의 축제) 절로 기념된다. 연대기에 따르면 그 해는 기원전 754년, 752년, 혹은 772년이었다고 한다.

로물루스가 건설한 도시의 경계에 관해서는 전승들이 일치하지 않는다. 대개는 팔라티누스의 포메리움 즉 언덕만을 포함했다고 하지만, 로물루스 전설의 몇몇 일화들은 카피톨리움 언덕 특히 언덕 꼭대기의 우묵 들어간 곳인 아실룸과 저지대인 포룸도 그 경계 안에 들어 있었음을 시사한다. 이 점에 관해서는 자료들이 매우 불확실하며, 로마 발전의 다양한 단계에 따라 전설의 형태도 달라지는 것을 볼 수 있다. 플루타르코스에 따르면, 문두스(새 도시의 〈조점(鳥占)〉의 중심)를 만들고 축성하는 제사가 코미티움 즉 포룸 북쪽 아르크스의 발치에서 있었다고 한다.

로물루스의 치세는 오랫동안 역사적인 것으로 받아들여져 왔으나, 오늘날에는 일련의 전설들로 이루어졌다고 간주된다. 그 골자는 다음과 같다.

도시가 건설되자 로물루스는 거기에 사람들이 살게 만들었다. 그 지방 사람들만으로는 부족했으므로, 그는 카피톨리움 언덕의 두 신성한 숲 아르크스(성채)와 본래의 카피톨리움(언덕의 남쪽 꼭대기) 사이에 피난처를 만들어, 추방된 자들, 빚에 몰린 자들, 살인자들, 심지어 달아난 노예들에 이르기까지 이탈리아의 모든 범법자들이 모여들게 했다. 그렇게 하여 로마의 최초 주민들이 생겨났고, 남자들은 부족하지 않았으나 여자들이 없었다. 그래서 로물루스는 이웃 사비니 족의 여자들을 훔쳐 올 궁리를 했다. 그는 8월 21일의 콘수스(그의 제단은 팔라티누스와 아벤티누스 사이의 대경기장 골짜기에 있었다) 축제에 대대적인 말 경주 대회를 열었고, 인근의 젊은이들이 아내와 자식들을 데리고 몰려들었다. 신호가 떨어지자, 로물루스의 부하들은 젊은 여자들을 모조리 납치했다. 그 수는 30명 혹은 527명 혹은 683명이었다고 한다. 그 중 단 한 명 헤르실리아만이 유부녀였다.

그런 식으로 딸들을 빼앗긴 사비니 사람들이 가만있을 리 없었다. 그들은 티투스 타티우스 왕을 중심으로 군대를 조직해서 로마로 진격해 왔다. 타티우스는 타르페이아(☞)와 내통하여 카피톨리움의 성채 안에 몰래 들어올 수 있었다. 사비니 군대의 일부는 카피톨리움 언덕 발치에서 북쪽을 향해 진치고 있던 로물루스의 로마 군대를 후방에서 공격하려 했다. 야누스 신이 그들 앞에 끓는 샘을 솟아나게 하여 진로를 막지만 않았더라면 그들은 성공할 수도 있었을 터이다. 그러나 사비니 군대들은 공격을 계속하여 로마 인들을 후퇴시켰다. 이들이 팔라티누스 언덕 발치에까지 이르러 패배가 눈앞으로 닥쳐오자, 로물루스는 유피테르에게 호소하며 그가 싸움을 역전시키는 그곳에 신전을 짓겠다고 서원했다. 유피테르는 기도를 들어주었다. 로마 인들은 더 이상 후퇴하지 않고 맞서서 적들을 물리치기 시작했다. 그러한 역전이 팔라티누스와 벨리아 사이, 포룸의 동쪽 끝에서 일어났으므로, 그곳에는 로물루스가 약속한 신전이 세워졌다. 그것이 〈유피테르 스타토르〉(멈추는 유피테르)의 신전으로, 훗날 그곳에는 비아 사크라 위에 티투스의 개선문이 세워졌다.

그리하여 로마 인들과 사비니 인들은 부족간의 화친을 맺었다. 로마 인들에게 납치당한 사비니 여인들이 싸우터 한복판에 몸을 던져 아버지와 형제들, 남편들에게 싸움을 그만두어 달라고 빌었다는 이야기도 있다. 이 일화는 포룸의 레기아 근처에서 일어났다고 한다. 그래서 사비니 왕 티투스 타티우스는 로물루스와 권력을 나누고 두 민족을 하나로 합치게 되었다는 것이다. 그러나 곧 타티우스는 죽었고, 로물루스가 두 민족의 유일한 왕이 되었다.

여기서 로물루스가 치렀다는 전쟁들이나 그가 만들었다는 제도들을 일일이 소개할 필요는 없을 것이다. 로물루스는 팔라티누스 언덕 위 카쿠스 계단(스칼라이 카키)의 꼭대기에 살았으며, 그 계단은 언덕에서 대경기장이 있는 골짜기로 통해 있었다. 그곳에 거대한 산수유나무가 있었는데, 그것은 전에 로물루스가 아벤티누스에서 던진 투창에서 자라난 것이라고는 했다. 창이 땅에 하도 깊이 박혀 아무도 빼지 못한 채, 그 자리에 뿌리가 내렸다는 것이다. 나무는 축성되었으며, 나무가 시들 때면 온 도시에 알려 모두들 물을 주어 살리곤 했다. 산수유나무는 칼리굴라 황제가 부근에 일으킨 공사 때문에 죽었다. 또한 스칼라이 카키 꼭대기에는 로물루스의 집이었다는 오두막이 있어, 불에 탈 때마다 새로 지어지곤 했다.

로물루스의 치세는 33년 동안 계속되었고 신생 로마의 발전들로 점철되었으므로, 그는 〈조국의 아버지〉라는 칭호를 받았다. 그러나 로물루스는 아주 기이한 방식으로 54세의 나이에 지상에서의 생애를 마감했다. 7월 7일, 그는 팔루스 카프라이(염소의 습지)에 있는 마르스의 들판에서 군대를 사열하고 있었다. 갑자기 무시무시한 폭풍우가 닥치며 일식이 일어나더니 폭우 가운데 아무것도 보이지 않게 되었다. 비가 그치고 저마다 피했던 곳에서 다시 나와 보니 왕이 사라지고 없었다. 아예 산 자들의 땅에서 사라져 버린 것이었다. 그 후 율리우스 프로쿨루스라는 로마 인이 꿈에서 로물루스를 보았는데 신들이 그를 데려갔으며 그는 퀴리누스(☞) 신이 되었다 하더라고 주장했다. 아울러 퀴리날리스 언덕 위에 그를 위한 신전을 지어 줄 것을 요청하더라는 것이었다. 그대로 시행되었다. 후대의 회의적인 역사가들은 실은 원로원 의원들이 지나치게 인기 있는 왕을 암살하고 민심을 달래기 위해 그런 이야기를 지어낸 것이라고도 설명했다. 이러한 해석은 고전 시대에 코미티움의 검은 돌 아래 〈로물루스의 무덤〉이 있었다는 사실과도 부합한다.

로물루스의 실종을 기념하는 노나이 카프라티나이Nonae Capratinae 축제에 관해서는 ☞필로티스.

로미스 ‘Ρώμις / Romis 플루타르코스에 의하면, 로미스는 라티움 족의 아주 옛적 왕이다. 그는 테살리아로부터 리디아를 거쳐 온 에트루리아 이주자들을 라티움에서 몰아내고, 로마 시를 건설했다.

*로비고 Robigo 로비고와 로비구스는 밀의 경작을 주재하고 곰팡이병을 유발하는[혹은 그 병을 고치는] 두 신으로, 로비고는 여성, 로비구스는 남성이다. 로마에서는 매년 4월 25일에 이들을 기리는 축제를 연다. 로마 북쪽의 클로디아 가도를 따라 5마일 가량 떨어진 밀비우스 다리 너머에는 이들에게 바쳐진 신성한 숲이 있었다.

로이오 ‘Ροίω / Rhoeo 로이오는 스타필로스(☞)의 딸이다. 그녀에게는 헤미테아라는 여동생이 있었다. 리르코스가 그녀들의 집에 묵었을 때, 그녀는 동생과 누가 그의 애인이 될지를 놓고 다투었다(☞리르코스). 후에 그녀는 제우스의 사랑을 받아 임신하게 되었다. 스타필로스는 딸의 상대가 신이 아니라 보통 인간인 줄 알고 딸을 궤짝에 넣어 바다에 띄워 보냈다. 궤짝은 에우보이아(혹은 델로스) 해안에 닿았고, 로이오는 아니오스(☞)라는 이름의 아들을 낳았다. 로이오는 그 후 카리스토스의 아들인 자렉스라는 인간 남자와 결혼하여 다섯 명(혹은 두 명)의 아들을 낳았다. 아니오스의 후손들에 관해서는 ☞아니오스.

한 고립된 전승에 의하면 로이오는 이아손의 어머니이며 아이손의 애인이라고도 한다.

로이코스 ‘Ροῖκος / Rhoecus 1. 로이코스는 한 사랑 이야기의 주인공으로, 아르카스와 크리소펠레이아(☞)의 이야기, 다프니스의 이야기 등을 생각나게 한다. 너무나 늙어 쓰러지기 직전인 떡갈나무가 있었다. 로이코스는 하인들을 시켜 나무를 버티게 함으로써 그 나무에 생명이 달려 있는 님프들인 하마드리아데스(☞)의 생명을 구해 주었다. 그 보답으로 님프들은 그의 소원을 들어주겠다고 제의했고 그는 그녀들의 사랑을 원했다. 님프들은 그의 부탁을 들어주는 대신 그가 자신들의 믿음을 저버릴 경우에 대해 경고했다. 그리고 자신들의 심부름꾼으로 꿀벌을 보내겠다고 덧붙였다. 그런데 어느 날 꿀벌이 님프들의 전갈을 가지고 로이코스를 찾아갔을 때, 그는 장기를 두던 참이라 꿀벌을 반가이 맞이하지 않았다. 그러자 벌은 그의 눈을 쏘아 장님으로 만들어 버렸다.

이 전설에 대한 몇몇 암시에 따르면, 로이코스가 벌을 받은 진짜 이유는 여신들을 배신했기 때문인 것으로 보인다. 이야기의 무대는 종종 앗시리아의 니노스(니네베)라고도 한다.

2. 로이코스는 또한 아탈란테가 죽인 켄타우로스의 이름이다.

로이토스 ˊPοῖτος / Rhoetus 1. 로이토스는 신들과 맞서 싸운 거인들 중 한 명의 이름이다. 그는 디오니소스에게 죽임을 당했다.

2. 로이토스는 또한 페이리토오스의 결혼식에서 라피타이 족과 켄타우로스들의 싸움에 참가했던 켄타우로스의 이름이기도 하다. 베르길리우스는 그가 디오니소스에게 죽임을 당했다고 하는데, 이는 그를 동명의 거인과 혼동한 것일 수도 있다. 아폴로도로스 역시 한 켄타우로스를 〈로이코스〉라고 불렀다.

3. 페르세우스와 안드로메데의 결혼식에서, 피네우스의 동료들 중 한 명도 로이토스라는 이름이었는데, 그는 페르세우스에게 죽임을 당했다.

4. 안케몰루스의 아버지도 로이토스라는 이름이다.

로크로스 Λοκρός / Locrus 1. 로크로스는 전설적인 두 용사의 이름이다. 그 중 한 명은 제우스가 아르고스 왕 프로이토스와 안테이아의 딸 마이라에게서 낳은 아들이다. 마이라는 아르테미스 여신의 시녀들 중 한 명이다. 그녀는 제우스와 사랑을 나누었기 때문에 분노한 아르테미스 여신의 화살에 맞아 죽었다. 로크로스는 암피온(☞), 제토스(☞)와 더불어 테바이를 건설했다.

2. 또 다른 로크로스는 로크리스 인들의 명조이다. 그의 가계는 저자에 따라 달라진다. 그는 피스코스의 아들이자 암픽티온의 증손자라고도 하고, 암픽티온의 아들이자 데우칼리온의 손자라고도 한다(☞계보 8). 그는 렐레게스 족을 다스렸고 그들에게 로크리스 인들이라는 이름을 부여했다.

로크로스의 아내에 대해서도 여러 가지 설이 있다. 가령 엘레이아 왕 오푸스에게 카비에라는 빼어나게 아름다운 딸이 있었다고 한다. 제우스가 이 딸을 납치해 마이날로스 산에서 그녀와 결합했다. 그녀가 임신을 하자 제우스는 아이가 없는 로크로스한테 그녀를 데려가 아내로 삼게 했다. 로크로스는 태어난 아이를 자신이 기르며 조부의 이름을 따라 오푸스라 불렀다. 그러나 보통 로크로스의 아내는 데우칼리온의 딸 프로토게네이아였다고 한다. 프로토게네이아는 제우스에게서 아이틀리오스라는 영웅을 낳았으며, 로크로스는 그의 〈인간〉 아버지가 되었다.

로크로스는 아들 오푸스와 다투다가 아들에게 권력을 넘겨주고, 자신은 몇몇 백성들과 함께 다른 곳에 가서 정착하기로 했다. 그래서 신탁을 청한 결과 〈가다가 들개에게 물리는 곳에서 멈추라〉는 대답을 들었다. 파르나소스 산 서쪽 기슭에 도착했을 때 그는 실수로 들장미(그리스 어로 〈개의 장미〉라는 뜻) 가시를 밟아, 가던 길을 멈추고 여러 날을 머물게 된다. 신탁이 이루어졌음을 깨달은 그는 그곳에 정착하며, 그 고장은 로크리스라는 이름으로 불리게 되었다. 이 전설은 파르나소스 동쪽과 서쪽에 두 개의 로크리스가 존재하는 이유를 설명하기 위한 것이다.

로토파고이 Λωτοφάγοι / Lotophagi 오딧세우스는 사나운 북풍을 만나 키프로스 섬 남쪽으로 밀려가게 되었는데, 그때 그가 만난 이들이 로토파고이 족이다. 그들은 오딧세우스를 환영하여 자신들이 일용하는 로토스 열매를 먹게 했다. 기억을 잃어버리게 만드는 이 열매를 먹은 오딧세우스의 동료들은 더 이상 이타케로 돌아가고 싶은 생각이 없어져서, 오딧세우스는 그들을 억지로 배에 태워야만 했다.

로토파고이 족의 나라는 키레나이카 연안이었을 수도 있다.

로티스 Λωτίς / Lotis 로티스는 프리아포스가 사랑한 님프의 이름이다. 그녀는 이 신의 사랑을 줄곧 거부하며, 자칫 붙잡힐 뻔한 적도 있었지만 매번 달아나곤 했다. 어느 날 밤 그녀가 디오니소스의 동반자들인 마이나데스 틈에서 자고 있을 때, 무리에 끼어 있던 프리아포스가 또다시 그녀에게 접근하려 했다. 그러나 그가 그녀를 건드리는 순간, 실레노스의 당나귀가 힝힝대기 시작해 모두 잠이 깨고 말았다. 당황한 프리아포스를 남겨 둔 채 로티스는 달아났고, 주위에 있던 이들은 그의 실패를 보고 웃었다.

후에 로티스는 초목으로 변하게 해달라고 빌어, 붉은 꽃이 피는 관목인 〈로토스〉가 되었다(☞드리오페).

로팔로스 Ῥόπαλος / Rhopalus 로팔로스는 시키온 왕들 중 한 명이다. 그는 헤라클레스의 아들 파이스토스의 아들이다. 파이스토스가 신탁에 따라 크레테로 망명하자(☞파이스토스) 제욱시포스가 그 뒤를 이었고, 로팔로스가 다시 그 뒤를 이어 왕이 되었다. 그의 아들이자 후계자인 히폴리토스는 아가멤논의 지휘로 시키온을 공격해 온 미케나이 군대에게 패하여 미케나이 인들에게 도시를 넘겨주고 말았다.

일설에 따르면, 로팔로스가 헤라클레스의 아들이자 파이스토스의 아버지였다고도 한다. 로팔로스라는 이름은 〈곤봉〉을 뜻하는 것으로 헤라클레스가 즐겨 사용하던 무기를 상기시킨다.

록사네 Ῥωξάνη / Rhoxane 록사네는 코르디아스의 딸이었다. 그녀는 페르시아 왕 아르타크세르크세스의 아들 메도스에게 겁탈당했다. 메도스는 벌 받을 것을 두려워하여 강물에 뛰어들었으며, 그래서 그때까지 크사란다스라 불리던 강이 메도스라 불리게 되었다. 이 강은 결국 에우프라테스 강으로 불렸다.

***루나** Luna 루나는 로마 신화에서 달의 여신이다. 그녀의 신전은 로마의 아벤티누스 언덕에 있었지만 그녀가 중요한 여신으로 여겨진 적은 없었던 듯하다. 그녀의 신전은 디아나의 성역과 가까이 있어, 그녀는 일찍부터 디아나와 동일시되었다. 그녀 자신에 관한 전설은 남아 있지 않으며, 그녀가 문학 작품 특히 시가에 등장할 때는 셀레네라는 이름으로 불렸다(☞셀레네).

***루아** Lua 루아는 로마의 옛 여신으로 사투르누스와 동일시되었으며, 적에게서 약탈한 전리품의 〈헌납〉과 연관되었다. 그녀는 〈역병〉의 여신, 좀더 일반적으로는 적들을 거꾸러뜨리는 마법의 〈오물〉로 여겨졌던 것 같다.

***루키페르** Lucifer 포스포로스(☞)의 라틴 명.

***루툴리** Rutuli 루툴리 족은 이탈리아 중부에

살던 민족으로, 그들의 수도는 라티움에 있는 작은 도시 아르데아이다. 그들은 아이네이아스가 이주해 오는 것에 반대하여 자신들의 왕 투르누스의 지휘하에 그를 공격했다고 한다(☞아이네이아스, ☞투르누스).

***루페르키** Luperci 루페르키는 로마의 〈루페르칼리아〉 축제에서 파우누스 루페르쿠스의 제사를 주관하던 사제들의 집단이다. 매년 2월 15일에 있었던 이 축제 행렬에서 루페르키는 벌거벗은 채 팔라티누스 언덕을 돌면서, 갓 죽인 염소 가죽으로 만든 끈으로 길에서 만나는 여자들에게 회초리질을 했으며, 그럼으로써 여자들이 아이를 많이 낳게 할 수 있다고 믿었다고 한다. 행렬에 나서기 전에 사제는 염소를 죽인 다음 피가 흐르는 칼로 루페르키의 이마를 건드린 후 우유에 적신 양털 뭉치로 핏자국을 지우곤 했다. 그렇게 하는 순간 루페르키는 떠들썩한 제의적 웃음소리를 내야 했다. 이 제사에는 개의 도살도 포함되었다.

파우누스 루페르쿠스의 신전은 팔라티누스 언덕 북서쪽 경사지에 있는 루페르칼 동굴이었다. 전설에 따르면 바로 그곳에서 암늑대가 로물루스와 레무스에게 젖을 먹였다고 한다. 로마의 발상지인 이 신성한 동굴에는 〈루미날리스〉[〈젖먹이들의 여신에게 속한〉이라는 뜻]라는 이름의 무화과 그늘이 져 있었으며, 거기서 샘이 흘렀다(☞로물루스). 이 동굴은 아우구스투스에 의해 복원되었으며, 동시에 루페르키의 제사도 다시 드려지게 되었다(☞히르피 소라니).

리기스 Λίγυς / Ligys 리기스는 리구리아 인들의 명조로, 알레비온과 형제간이다. 헤라클레스가 게리오네우스의 고장에서 돌아오다가 갈리아 남부 지방을 지나가게 되었을 때 리기스는 헤라클레스가 몰고 가던 가축 떼를 습격했다. 리기스와 그의 부하인 리구리아 인들은 헤라클레스를 공격했고, 헤라클레스는 화살이 모자랐다. 적들의 손에 꼼짝없이 죽게 된 헤라클레스는 아버지 제우스에게 기도했고, 아버지가 내려 준 돌비로 적들을 어렵지 않게 무찔렀다. 크라우 평원에 흩어져 있는 수많은 돌멩이들과 바위들은 이 사건의 흔적이라 한다(☞헤라클레스).

리노스 Λίνος / Linus 1. 리노스에 관해서는 여러 가지 전설이 있는데, 하나같이 그를 가수, 혹은 유명한 노래의 대상으로 본다.

첫번째 전설에 의하면 아르고스 왕 크로토포스의 딸 프사마테가 아폴론의 아이를 낳았다고 한다. 리노스라는 이름의 이 아이는 태어나자마자 버려져 목동들의 손에서 자랐다. 이 사실을 안 크로토포스가 개들을 시켜 아이를 집어삼키게 했다고도 하고, 양치기 개들이 사고로 아이를 죽게 했다고도 한다. 하여간 프사마테까지 아버지의 손에 죽임을 당했으며, 이에 화가 난 아폴론은 괴물 포이네를 보내 나라를 쑥밭으로 만들어 버렸다(☞크로토포스, ☞코로이보스). 그 후 신탁의 충고에 따라 프사마테와 리노스를 기리는 제사가 드려졌으며, 이들의 슬픈 이야기를 추모하는 애가를 노래하는 풍습이 생겼다. 그리고 이 축제 동안 길 위나 광장에서 마주치는 개들을 희생 제물로 바쳤다.

2. 또 다른 테바이 전설에도 리노스가 등장하는데, 암피마로스와 한 무사[뮤즈](보통은 우라니아라고 하고 종종 칼리오페 혹은 테르프시코라라고도 한다)의 아들인 그는 뛰어난 음악가였다. 그때까지 리라에 사용되던 삼줄 대신 동물의 창자로 만든 현을 사용할 생각을 한 것도 그였다고 한다. 하지만 그는 노래에 관한 한 아폴론과 경쟁할 수도 있다고 교만을 부리다가 아폴론의

분노를 사서 죽임을 당했다.

리듬과 멜로디를 발명한 것도 이 리노스라고 한다. 그는 카드모스에게서 포이니케 알파벳을 배웠으며, 각 철자마다 이름과 형태를 부여했다고 한다.

전해 내려오는 이야기에 의하면 이 리노스(혹은 같은 이름을 가진 다른 리노스)가 헤라클레스의 스승으로서 그에게 음악을 가르쳤다고 한다. 하지만 둔한 헤라클레스는 음악을 좀처럼 이해하지 못했다. 그래서 리노스는 종종 제자를 때리곤 했는데 이런 체벌을 견디다 못한 헤라클레스는 어느 날 큰 돌(혹은 리라의 현을 뜯는 데 쓰이는 도구)을 들어 스승을 쳐죽였다고 한다(☞헤라클레스).

고전 시대에는 그가 썼다는 신비 철학의 다양한 개론들인 〈리노스의 저술〉이라는 것이 있어서 인용되곤 했다.

신화 속에서 리노스의 역할이 변모함에 따라 그의 가계도 달라졌다. 그는 헤르메스의 아들(헤르메스는 학문의 신, 특히 언어와 관련된 학문의 신이므로)이라고도 하고 오이아그로스의 아들 즉 오르페우스의 형제라고도 하며, 점차 오르페우스와 동화되기에 이르렀다.

리도스 Λυδός / Lydus 리도스는 소아시아에 사는 리디아 인들의 명조이다. 헤로도토스에 의하면 그는 마네스의 아들인 아티스의 아들이다. 하지만 할리카르나소스의 디오니시오스가 전하는 가계는 좀더 복잡하여, 제우스와 가이아의 결합에서 마네스가 태어나고, 마네스와 오케아니스 칼리로에의 결합에서 코티스가 태어나며, 코티스와 원주민 툴로스의 딸인 할리에(할리아)의 결합에서 아디에스와 아티스라는 두 아들이 태어나, 이 아티스와 칼리테아의 결합에서 리도스와 티레노스가 태어났다고 한다.

헤라클레이다이가 오기 전에는 리도스가 그 고장을 다스렸다. 그의 형제 티레노스는 티레노이 인들(혹은 에트루리아 인들)의 명조가 되었다 (☞티레노스).

몇몇 전승들에 따르면, 리도스는 마네스 왕조 이후 권력을 잡은 헤라클레이다이 특히 헤라클레스와 옴팔레의 하녀 사이에 태어난 아들들(☞헤라클레이다이)의 왕조에 속했다고 한다.

리르코스 Λύρκος / Lyrcus 1. 리르코스는 파르테니오스가 로도스의 아폴로니오스와 니카이네토스에 의거하여 들려주는 모험담의 주인공이다. 그는 포로네우스의 아들로, 다른 몇몇 젊은이들과 함께 이나코스의 명령을 받고 제우스에게 납치된 그의 딸 이오를 찾아 나섰다. 하지만 그녀를 찾지 못한 그는 감히 아르고스로 돌아올 생각을 하지 못하고 카우노스에 정착했다. 그러자 그곳의 왕 아이기알로스는 자신의 딸 헤일레비에를 그의 아내로 주고 왕국의 일부까지 떼어주었다. 힐레비에가 그를 보고 사랑에 빠져 아버지에게 그와 결혼시켜 달라고 했기 때문이다. 리르코스는 오랫동안 아내와 함께 카우노스에 살았지만 자식을 갖지 못했다. 그래서 도도네의 신탁을 찾아가 후손을 얻으려면 어떻게 해야 할지 묻자, 신탁은 그와 맺어지는 첫번째 여자가 그의 아들을 낳으리라고 대답했다. 리르코스는 이 예언이 자신의 아내를 두고 하는 말인 줄 알고 기뻐하며 떠났으나, 도중에 비바스토스에 들러 디오니소스의 아들 스타필로스 왕의 집에 묵어가게 되었다. 잔치에서 술에 취한 그에게 스타필로스 왕은 자신의 딸 헤미테아를 들여보냈다. 신탁에 관한 이야기를 듣자 그도 남성 후계자를 얻기를 간절히 바랐기 때문이다. 리르코스는 워낙 용모가 준수했으므로 스타필로스의 두 딸 로이오와 헤미테아가 서로 그와 밤을 보내기 위해 다투다가, 결국 헤미테아가 이겼다고 한다. 다음날 아침 사태를 파악한 리르코스는 스타필로스가 자신을 속인 것을 몹시 비난했지만, 결국 자기 허리띠를 헤미테아에게 맡기고 태어날 아들에게 주어 표적으로 삼게 했다. 그리고 카우노스로 돌아갔는데, 아이기알로스 왕은 그 일을 괘씸히 여겨 그를 추방했고, 리르코스와 아이기알로스 사이에 내전이 일어났다. 힐레비에는 아버지에 맞서 리르코스를 적극적으로 도와 마침내 그가 승리하게 만들었다. 훗날 헤미테아와 리르코스에게서 난 아들 바실로스가 카우노스로 아버지를 찾아와 그의 뒤를 이었다.

2. 리르코스는 또한 링케우스(아이깁토스의 아들)의 아들로, 아버지의 뒤를 이어 아르고스 인근의 링케이아 마을에 정착해 그곳을 리르케이아라고 불렀다(☞링케우스 1). 그러나 일부 전설에 따르면 이 리르코스는 링케우스의 아들이 아니라 아바스 왕의 서자라고도 한다.

리모스 Λιμός / Limos 리모스는 〈기아〉를 의인화한 것이다. 에리스의 딸로 간주되는 그녀는 단순한 추상 개념이며, 그녀에 관한 별다른 전설은 없다.

*리베르 Liber 리베르는 이탈리아의 디오니소스로, 일찍부터 둘은 동일시되었다. 라틴 어로 〈자유롭다〉는 의미를 지닌 그의 이름은 디오니소스의 별명들 중 〈해방자〉 혹은 〈풀어 주는 자〉라는 의미의 〈리아이오스〉와 비슷하다. 그를 기리는 〈리베랄리아〉 축제가 열리기도 했다. 로마의 오래된 시골 신들이 대개 그렇듯이 리베르도 고유의 신화는 갖고 있지 않다. 시인들에게서 그는 단순히 디오니소스와 동일한 존재로 취급되었다.

리베르의 여성 짝인 리베라는 종종 케레스와 연관되었으며, 로마의 신화학자들은 그녀를 신격화된 아리아드네와 동일시했다(☞아리아드네).

*리베르타스 Libertas 로마에서 리베르타스는 〈자유〉를 의인화한 것이다. 그녀는 정치적 추상 개념에 불과하며, 별도의 신화를 갖고 있지 않다.

리비에 Λιβύη / Libya 님프 리비에는 키레나이카를 포함하는 북아프리카 지방의 명조이다. 보통 그녀는 이오의 손녀 즉 이오와 제우스의 아들인 에파포스의 딸로 간주된다(☞이오, ☞계보 3). 그녀가 포세이돈에게서 낳은 아게노르와 벨로스는 각기 포이니케와 이집트의 신화적 영웅이 되었다. 아게노르를 통해 카드모스도 그녀의 자손이 된다(☞계보 3).

하지만 이 계보에는 몇몇 이본들도 있어서, 그녀는 이오의 손녀가 아니라 딸이라고도 한다. 그녀는 포세이돈과 결합하여 벨로스와 아게노르 외에 에니알리오스(아레스의 수식어들 중 하나인), 이집트의 폭군 부시리스(☞), 렐렉스, 포이닉스(대개는 아게노르의 아들이자 그녀의 손자로 여겨지는), 아틀라스(어깨로 하늘을 떠받쳤던 거인) 등등을 낳았다고 한다. 후대의 합리주의적인 전설에 의하면 리비에는 오케아노스의 딸이자 아시아, 에우로페, 트라케와 자매간이라 한다.

*리비티나 Libitina 리비티나는 망자들에 대한 의무를 감시하는 로마의 여신이다. 그녀의 성역이 있던 신성한 숲은 아마도 로마의 남쪽, 아벤티누스 언덕에 있었을 것으로 추정되며, 바로 그곳에서 장의사들(리비티나리)이 모이곤 했다. 어근을 잘못 파악하여 리비티나를 리비도(정욕)과 혼동한 나머지, 이 옛 여신은 베누스 여신과 동화

되었으며, 따라서 리비티나라는 이름은 단순히 베누스를 지칭하는 수식어가 되어 버리고 말았다. 그녀에 관한 별도의 전설은 없다.

리시디케 Λυσιδίκη / Lysidice 리시디케는 펠롭스의 딸이다. 그녀는 메스토르와 결혼해 히포토에를 낳았다. 또 다른 전승에 의하면 그녀는 알카이오스의 아내이며 암피트리온의 어머니라고 한다(그러나 보통 알카이오스의 아내는 아스티다메이아 혹은 라오노메라고 본다, ☞계보 31). 또는 그녀가 알크메네의 어머니 즉 엘렉트리온의 아내라는 설도 있다.

리시페 Λυσίππη / Lysippe 리시페는 헤라가 미치게 한 프로이티데스 즉 프로이토스의 딸들 가운데 한 명이다. 자매들과 마찬가지로 그녀도 멜람푸스(☞)에 의해 치유되었다.

리시페는 또한 케팔로스(☞)가 케팔레니아에서 아내로 맞이한 여자의 이름이기도 하다.

리카스 Λίχας / Lychas 리카스는 헤라클레스의 동반자로, 헤라클레스가 오이타에서 죽음을 맞이하기까지 함께 했다. 오이칼리아와의 전쟁에서 그는 헤라클레스의 전령 역할을 맡았다(☞헤라클레스). 전쟁에서 승리한 헤라클레스는 합당한 복장으로 제우스에게 제물을 바치기 위해, 그를 시켜 데이아네이라를 찾아내 새 옷을 구해오게 했다. 몇몇 전승들에 따르면, 이때 리카스는 데이아네이라에게 여자 포로 이올레를 데려갔다고 한다. 혹은 그가 데이아네이라에게 그녀의 남편이 이올레와 사랑에 빠졌다는 사실을 고해 바쳤다고도 한다. 그래서 데이아네이라는 그에게 네소스의 피에 담긴 겉옷을 주었고, 독이 묻은 이 겉옷을 입은 헤라클레스는 다짜고짜 리카스에게 덤벼들어 그의 발을 잡아 허공에 내던졌다. 그리하여 리카스는 돌로 변해 리카데스 섬(조개섬)이 되었으니, 그 섬의 명조 또한 그다.

리카스토스 Λύκαστος / Lycastus 디오도로스에 의하면, 리카스토스는 크레테의 용사이다. 그는 코리바스의 딸 이데에게서 미노스 2세를 낳았다고 한다(두 명의 미노스, 즉 제우스와 에우로페의 아들 미노스와 리카스토스의 아들 미노스를 구별하기 위해서는 ☞미노스). 이 전설에 따르면 리카스토스 자신은 릭티오스의 딸 이토네와 미노스 1세의 아들이다.

2. 또 다른 리카스토스는 아레스와 필로노메의 아들이다. 닉티모스의 딸 필로노메는 리카스토스와 파라시오스 두 아들을 몰래 낳았으나 아버지가 두려운 나머지 에리만토스 산에 두 아이를 버렸다. 목동들이 키운 이 아이들이 후에 아르카디아를 다스리게 되었다.

3. 같은 이름을 가진 또 다른 용사에 대해서는 ☞에울리메네.

리카온 Λυκάων / Lycaon 1. 리카온은 프리아모스와 라오토에 사이에 태어난 아들들 중 한 명이다(☞계보 34). 어느 날 밤 그는 프리아모스의 과수원에서 나뭇가지들을 꺾다가 아킬레우스의 포로가 되었다. 아킬레우스는 람노스에게 그를 팔아넘겼지만, 임브로스의 에에티온이 그를 다시 사서 몰래 트로이아로 들어오게 했다. 돌아온 지 12일 뒤 그는 스카만드로스 강변의 싸움터에서 아킬레우스와 맞닥뜨렸다. 그는 아킬레우스에게 자신을 포로로 몸값을 받아 달라고 애원했지만, 아킬레우스는 무자비하게 그를 죽였다.

2. 더 유명한 리카온은 아르카디아의 용사로, 펠라스고스의 아들이다. 그의 어머니는 오케아니스인 멜리보이아 혹은 님프 킬레네라고도 한다(☞계보 17, ☞계보 18). 리카온은 아버지의

뒤를 이어 아르카디아 왕위에 올랐고, 여러 명의 아내들에게서 50명의 아들들을 낳았다. 그러나 그들의 정확한 수와 이름들은 신화학자들에 따라 달라진다. 파우사니아스와 아폴로도로스는 전혀 다른 명단을 제시했다. 가령, 파우사니아스는 닉티모스가 장남이라는 반면, 아폴로도로스는 마이날로스가 장남이며 닉티모스는 막내라고 한다.

아폴로도로스가 제시하는 명단은 다음과 같다. 마이날로스, 테스프로토스, 헬릭스, 닉티모스, 페우케티오스, 카우콘, 메키스테우스, 호플레우스, 마카레우스, 마케드노스, 호로스, 폴리코스, 아콘테스, 에우아이몬, 앙키오르, 아르케바테스, 카르테론, 아이가이온, 팔라스, 카네토스, 프로토오스, 리노스, 코레톤, 텔레보아스, 피시오스, 파소스, 프티오스, 리키오스, 할리페로스, 게네토르, 부콜리온, 소클레우스, 피네우스, 에우메테스, 하르팔레우스, 포르테우스, 플라톤, 하이몬, 키나이토스, 레온, 하르팔리코스, 헤라이에우스, 티타나스, 만티노오스, 클레이토르, 스팀팔로스, 오르코메노스.

리카온의 아들들은 대개 펠로폰네소스 여러 도시의 명조들임을 알 수 있다. 한편 파우사니아스가 제시하는 명단은 다음과 같다. 마이날로스, 헬리손, 닉티모스, 마카레우스, 팔라스, 리키오스, 알리페로스, 헤라이에우스, 만티네우스, 오르코메노스, 오레스테우스, 피갈로스, 트라페주스, 다세아타스, 아카코스, 토크노스, 힙사스, 테게아테스, 크로모스, 카리시오스, 트리콜로노스, 페라이토스, 아세아타스, 수마테우스, 오이노트로스.

할리카르나소스의 디오니시오스에 의하면, 페우케티오스는 동생 오이노트로스와 함께 이탈리아를 지나다가 페우케티이 족과 오이노트리이 족의 명조가 되었다고 한다. 그는 또한 두 명의 리카온을 구별하는데, 첫번째 리카온은 아이제이오스의 아들이자 데이아네이라의 아버지로, 이 데이아네이라가 펠라스고스와 결혼해 두 번째 리카온, 즉 50명의 아들을 둔 아버지 리카온을 낳았다고 한다. 계보에 관한 전설들이 으레 그렇듯이 이 전설은 매우 복잡하며, 전설이 생겨난 시대와 지역에 따라 또 설명의 필요성에 따라 달라진 듯하다.

리카온은 그의 아버지 펠라스고스처럼 매우 경건한 왕이었으며 종종 신들의 방문을 받곤 했다고 한다. 그러나 그의 아들들은 아버지를 방문하는 이 이방인들이 정말로 신들인지 시험하기 위해 어린아이를 죽여 연회를 위해 마련된 제물 속에 아이의 살을 섞어놓았고, 분노한 신들은 폭풍우를 보내 이들에게 벼락을 내렸다. 그러나 대개 리카온과 그의 아들들 모두가 불경한 자들로 묘사되는 때가 더 많다. 어느 날 제우스는 그들의 불경을 직접 확인해 볼 생각으로 농부의 모습으로 나타나 왕에게 유숙하기를 구했다. 왕은 그를 받아들이지만 손님이 정말로 신인지 알기 위해 어린아이의 살을 식사로 내놓았다. 그것은 그의 궁정에 잡아 둔 인질의 살이었다고도 하고, 자기 아들 닉티모스 혹은 칼리스토와 제우스의 아들인 그의 손자 아르카스의 살이었다고도 한다(☞칼리스토). 그런 대접을 받은 제우스는 분노하여 식탁을 뒤엎고 리카온과 그의 아들들에게 차례대로 벼락을 내렸다. 마침 그 순간 가이아(대지)가 끼어들어 막내인 닉티모스는 죽음을 면했고 그가 왕위를 잇게 되었다. 또 다른 전설에 따르면 리카온은 늑대로 변했다고도 한다.

이 마지막 이야기는 아르카디아의 〈제우스 리카이오스〉를 위해 바치던 인간 제물을 상기시킨다. 실제로 그곳에서는 인간 제물을 바쳤고 참석자들은 그 내장을 나누어 먹었다고 한다.

그래서 이들은 늑대로 변했으며, 그 모습으로 8년 동안 인간의 살을 먹지 않아야 다시 인간의 모습으로 돌아올 수 있었다.

3. 그 밖에도 아레스와 피레네의 아들인 또 다른 리카온이 있는데, 그는 헤라클레스에게 죽임을 당했다(☞헤라클레스).

리코 Λυκώ / Lyco 리코는 라케다이몬 왕 디온의 딸 카리아의 두 자매 중 한 명이다. 그녀는 자매들과 함께 아폴론으로부터 예언 능력을 받았으나, 카리아와 디오니소스의 사랑을 방해하려다가 바위로 변했다(☞디온).

리코레우스 Λυκωρεύς / Lycoreus 리코레우스는 아폴론과 님프 코리키아(델포이 위쪽, 파르나소스 산에 있는 동굴의 명조가 된)의 아들이다. 리코레우스는 리코레이아라는 도시의 왕으로, 파르나소스 정상에 위치한 이 도시의 건설자이기도 하다.

그에겐 히아모스라는 아들이 있었는데, 히아모스의 딸 켈라이노는 아폴론과 결합해 델포스라는 아들을 낳았다(☞히아모스, ☞델포스).

리코메데스 Λυκομήδης / Lycomedes 리코메데스는 스키로스 섬에서 돌로페스 족의 왕이었다. 그의 치세는 트로이아 전쟁 때였으며, 테티스(II)는 아들 아킬레우스가 트로이아 전쟁에 나가면 죽으리라는 것을 예견하고 그를 구하기 위해 리코메데스의 궁전에 숨겼다. 리코메데스는 아킬레우스에게 여장을 시켜 자기 딸들이 있는 내실에 숨겨 두었는데, 아킬레우스는 왕의 딸들 가운데 데이다메이아와 사랑에 빠져 피로스 일명 네오프톨레모스(☞)를 낳았다. 이 여자들 사이에서 아킬레우스는 피라, 잇사, 혹은 케르케세라는 이름으로 불렀다. 디오메데스와 오딧세우스가 리코메데스의 집에서 아킬레우스를 발견한 이야기에 대해서는 ☞아킬레우스.

리코메데스는 또한 테세우스 전설에서도 일역을 한다. 테세우스가 팔란티다이를 죽인 후에, 또는 히폴리토스가 죽은 후에, 아니면 그 밖의 이유로 인해 리코메데스에게로 피신하자, 리코메데스는 테세우스가 자기 백성들의 사랑과 존경을 받아 자신의 왕국을 빼앗을까 두려워하게 되었다. 또는 그가 보관 중인 물건들을 테세우스에게 돌려주고 싶지 않기 때문이라고도 하는데, 하여간 그는 우정을 가장하여 테세우스를 절벽 위로 데려가 떨어뜨렸다(☞테세우스).

리코스 Λύκος / Lycus 리코스라는 이름을 지닌 인물들은 여러 명 있다. 그 중 세 명은 아틀라스 및 플레이아데스의 후손이다(☞계보 25).

1. 첫번째 리코스는 켈라이노[아틀라스가 플레이아데스 중 한 명인 플레이오네에게서 낳은 딸]와 포세이돈의 아들이다. 그의 아버지는 그를 〈행복한 자들의 섬〉으로 데려갔다.

2. 또 다른 리코스는 같은 켈라이노와 프로메테우스의 아들로, 키마이레우스의 형제이다(☞키마이레우스, ☞계보 38). 메넬라오스는 바로 이 키마이레우스와 리코스의 무덤에 제물을 바치러 갔다가 파리스의 손님이 되었다.

3. 가장 유명한 리코스는 플레이아데스 중 한 명인 알키오네와 포세이돈의 손자이다(☞계보 25). 그는 히리에우스와 님프 클로니아의 아들로, 통설에 의하면 안티오페의 숙부였다고 한다. 또 일설에 의하면 이 리코스와 닉테우스는 〈스파르토이〉 즉 카드모스가 죽인 용의 이빨에서 태어난 용사들 중 한 명인 크토니오스의 아들들이라고도 한다(☞카드모스). 때로 안티오페는 리코스의 조카딸이 아니라 딸로 여겨지기도 하며, 리코스가 시키온 시를 함락시킨 것은 안티오

페의 겁탈에 대한 복수였다고 한다. 하지만 종종 같은 사건도 여러 가지로 설명되는데, 리코스가 그렇게 한 것은 형제의 죽음에 복수하기 위해서 였다고도 한다(☞안티오페).

아폴로도로스에 의하면, 리코스와 닉테우스는 아레스와 도티스의 아들 플레기아스(☞)를 죽이고 자신들의 땅 에우보이아에서 도망쳐야 했다고 한다. 그들은 보이오티아의 히리아로 피신했다가, 그곳에서 다시 테바이로 건너가 펜테우스 왕의 환대를 받았다. 펜테우스는 리코스에게 〈폴레마르코스〉 즉 군사령관의 직책을 맡겼으며, 펜테우스가 죽자 리코스가 왕위에 올랐다. 또 다른 전설에 의하면, 라브다코스가 죽자 그의 아직 어린 아들 라이오스를 대신해 리코스가 섭정을 맡았다고도 한다(☞라이오스).

히기누스가 후대의 비극 시인에 의거해 전하는 이야기에 따르면, 리코스는 안티오페의 남편이었다. 그러나 그녀가 에파포스라는 애인을 둔 데다가 제우스의 사랑까지 받게 되자, 리코스는 그녀를 내쫓고 디르케와 결혼했다. 통설에 따르면, 디르케는 안티오페가 전남편과 관계를 완전히 끊지 않았다고 의심하며 질투한 나머지 그녀를 감옥에 가두었다고 한다. 그러나 제우스의 지시로 안티오페는 기적적으로 사슬에서 풀려나 키타이론으로 도망가서 두 아들 암피온과 제토스를 낳았다. 후에 이 두 젊은이는 디르케와 리코스를 벌했다.

암피온과 제토스의 복수에 대해서는, 이들이 리코스를 죽였다는 이야기가 있는가 하면, 헤르메스(☞)의 지시에 따라 리코스의 왕국을 빼앗는 것으로 만족했다는 이야기도 있다.

4. 에우리피데스의 『광기에 빠진 헤라클레스』에도 리코스라는 인물이 등장한다. 그는 헤라클레스의 부재중에 테바이 왕국을 탈취하고 메가라를 추방하려 했는데 그때 헤라클레스가 돌아왔다고 한다. 이 찬탈자는 에우보이아 태생으로, 닉테우스의 아들인 리코스의 후손이다. 에우리피데스는 안티오페의 숙부 리코스에 근거해 전혀 새로운 동명의 인물을 창조해 냈을 수도 있다.

5. 또 다른 리코스는 로도스 섬의 첫 주민들인 텔키네스의 한 사람이다. 데우칼리온 시대에 대홍수가 닥치리라 예감한 리코스는 형제들과 함께 도망쳐 리키아에 이르렀고, 그곳의 크산토스 계곡에 〈아폴론 리케이오스〉에게 바치는 제사를 도입했다.

6. 리코스는 또한 판디온의 네 아들 중 한 명으로, 아이게우스의 형제이다. 판디온의 아들들이 아테나이로 돌아왔을 때, 리코스도 아티카의 일부를 얻었지만 곧 아이게우스에 의해 추방당해 메세니아로 피신했다. 그는 사제이자 이름난 예언자로, 〈아폴론 리케이오스〉에게 바치는 제사를 처음 시작한 것도 그라고 한다. 그는 아파레우스를 큰 신들의 비의에 입문시켰다[그는 안다니아 신비 의식의 개편자로 알려져 있는데, 본래 페르세포네 숭배에서 출발한 이 의식에 〈큰 신들〉이 덧붙여졌다고 한다. 〈큰 신들〉이란 아마도 아폴론을 위시한 주요 신들의 일반적인 지칭인 듯하다]. 또 다른 전설에 의하면 그는 리키아로 이주했으며 리키아라는 나라 이름도 그의 이름에서 유래한 것이라고 한다.

7. 소아시아 서안에 살았던 마리안디노이 족의 왕 역시 리코스였다. 그는 자기 나라를 지나가던 아르고나우타이를 환대했다. 그리스 인들에 대한 그의 호감은 그가 다스킬로스의 아들이자 탄탈로스의 손자라는 사실로 설명된다. 그는 아르고나우타이 중에 죽은 티피스와 이드몬에게 훌륭한 장례식을 치러 주고, 아르고 선을 안내하도록 자신의 아들 다스킬로스를 내주었다. 이웃 나라의 베브리케스 족 때문에 고통을 당해야 했던 리코스는 아르고나우타이가 베브리케스

족의 왕 아미코스를 죽여 준 것을 고맙게 생각했다(☞아르고나우타이). 아미코스는 리코스의 형제 오트레우스를 죽이기까지 했던 것이다. 그래서 아르고나우타이가 베브리케스 원정에 나서자 그도 함께 참여했다.

헤라클레스 역시 아마조네스 원정에서 돌아오던 길에 베브리케스 족과의 싸움에 가담해 리코스를 도왔다(☞헤라클레스). 그는 아미코스의 형제 미그돈을 죽이고 리코스에게 베브리케스 족의 나라 일부를 갖게 했다.

8. 리비아 왕 아레스의 아들 리코스도 있는데, 그는 아버지에게 이방인들을 제물로 바치곤 했다. 트로이아에서 돌아오던 디오메데스가 풍랑을 만나 바닷가에 던져지자 리코스는 그를 포로로 데려다 제물로 바치려 했지만, 포로를 불쌍히 여긴 그의 딸 칼리로에가 그를 풀어 주었다. 그러나 디오메데스는 이 젊은 처녀의 사랑을 무시하고 달아났으며, 버림받은 그녀는 스스로 목을 매어 죽었다.

리코페우스 Λυκωπεύς / Lycopeus 리코페우스는 아그리오스의 아들들 중 한 명이며, 테르시테스, 옹케스토스, 프로토오스, 켈레우토르, 멜라니포스 등과 형제간이다(☞계보 24, ☞계보 27). 그는 형제들과 함께 오이네우스 정벌에 참여해 오이네우스에게서 칼리돈 왕국을 탈취했다. 후에 그는 오이네우스를 구하러 아르고스에서 온 디오메데스에게 죽임을 당했다(☞디오메데스).

또 다른 전설에 따르면 리코페우스는 그의 숙부 알카토오스와 함께 티데우스에게 죽임을 당했으며, 티데우스는 이 살인 뒤에 아이톨리아를 떠나 아르고스로 도망쳤다고 한다.

리코프론 Λυκόφρων / Lycophron 리코프론은 메스토르의 아들로, 살인을 저지른 뒤 자신의 고향 키테라를 떠나야 했으며, 텔라몬의 아들 아이아스와 함께 트로이아 전쟁에 참여했다. 그는 헥토르에게 죽임을 당했다.

리쿠르고스 Λυκοῦργος / Lycurgus 1. 리쿠르고스라는 이름의 용사들 중 한 명은 아르카스의 후손으로, 알레오스와 네아이라의 아들이다(☞계보 9). 아버지가 죽자 그는 아르카디아 왕위를 계승하여 노년에 이르도록 살았다. 아들 이아소스를 통해 그는 아탈란테의 조부가 된다. 적어도 아탈란테의 전설이나, 그녀와 결혼하는 데 성공한 멜라니온 전설의 한 이본에 의하면 그렇다(☞계보 26).

2. 또 다른 리쿠르고스는 디오니소스 전설에 나오는 트라케 왕이다. 『일리아스』에서 그는 신들에게 도전하는 이들이 받게 되는 징벌의 본보기로 나온다. 트라케 왕 리쿠르고스는 유모들과 함께 그의 나라에 온 디오니소스를 쫓아냈다. 어린 디오니소스는 그에게 겁을 먹은 나머지 바다로 뛰어들었고, 테티스(II)에 의해 구출되었다. 이에 신들은 리쿠르고스에게 벌을 내려, 제우스는 그를 장님으로 만들었다. 이 이야기에서 디오니소스는 리쿠르고스의 폭력에 금방 두려움을 품는 아직 겁 많은 아이로 그려지고 있다.

그러나 비극 시인들에게서, 그리고 오늘날 전해지지 않는 4부작 가운데 리쿠르고스의 이야기를 다루었던 아이스킬로스 이후로, 디오니소스는 성인으로 등장한다. 우리는 디오니소스 자신이 복수에 나서며, 동시에 리쿠르고스라는 인물의 성격도 뚜렷해지는 것을 볼 수 있다. 리쿠르고스는 트라케 지방의 에도니 족의 왕으로, 드리아스라는 아들을 두었다. 디오니소스가 인도 원정을 위해 트라케를 지나려 하자 리쿠르고스는 그에게 길을 내주지 않고, 오히려 디오니소스와 동행하던 박케들과 사티로스들을 포로로 잡아

가두었다. 디오니소스 자신은 어머니 테티스 곁으로[즉 바다 속으로] 피신했고, 박케들도 기적적으로 사슬에서 풀려났지만 리쿠르고스는 미치고 말았다. 리쿠르고스는 아들 드리아스를 포도나무 밑동으로 알고 도끼로 쳐죽인 뒤에야 제정신이 들었다. 그러나 그 후 땅에는 풀 한 포기 나지 않았으며, 비옥한 땅을 되찾기 위해서는 리쿠르고스의 사지를 찢어야 한다는 신탁이 내렸다. 그는 팡가이오스 산 위에서 능지처참을 당했다.

하지만 히기누스가 전하는 이야기는 이와는 많이 다르다. 리쿠르고스는 디오니소스의 신성을 믿지 않고 그를 자신의 왕국에서 추방했다고 한다. 그리고는 술에 취해 자신의 어머니를 범하려 했으며 제정신이 들자 다시는 그런 수치스런 일을 하지 않도록 아예 포도나무들을 뿌리째 뽑아 버리려 했다. 그러나 디오니소스가 그를 광기에 빠뜨려 그는 자신의 아내와 아들을 죽였다. 그런 다음 디오니소스는 그를 로도페 산, 표범들이 있는 곳에 데려다 놓았으며, 그는 아마 야수들에게 찢겨 죽었을 것이다(히기누스는 이 점에 대해서는 언급하지 않는다).

디오도로스는 전설의 〈에우헤메로스적〉 해석을 전한다. 그에 의하면, 리쿠르고스는 헬레스폰토스와 이웃한 트라케 일부 지역의 왕이었다고 한다. 디오니소스가 군대를 이끌고 아시아에서 유럽으로 건너갈 계획을 알려 오자 그는 디오니소스와 동맹을 맺었고, 박케들은 이 조약을 믿고 해협을 건너 트라케로 들어갔다. 그러나 밤에 리쿠르고스는 자신의 병사들을 시켜 박케들과 디오니소스를 죽이려 했다. 카롭스라는 자가 이 음모를 디오니소스에게 알려 주어, 놀란 디오니소스는 이끌던 무리 중 다수를 아시아 연안에 배치해 두고 자신은 해협을 다시 건넜다. 그가 없는 동안 리쿠르고스는 박케들을 공격하

여 죽였다. 그러나 디오니소스는 대규모의 병력을 이끌고 돌아와서 트라케 군대를 물리쳤다. 그는 리쿠르고스를 사로잡아 눈을 빼고 무자비한 고문들을 가한 뒤 십자가 위에서 죽게 했다. 하지만 디오도로스에 의하면 이 일화는 트라케가 아니고 아라비아의 니사에서 일어난 일이라고 한다(이 고장에 관해서는 ☞디오니소스).

논노스는 그의 『디오니시아카』에서 리쿠르고스의 일화를 극단까지 몰고 가 그가 박케들과 싸우는 장면을 묘사한다. 특히 박케들 중 한 명인 암브로시아는 포도나무로 변해 그를 휘감아 질식시켰으며, 헤라가 박케들 위로 아레스의 검을 휘둘러 그를 풀어 주었다.

3. 종종 리코스라고도 불렸던 또 다른 리쿠르고스는 네메아의 왕이었다. 그는 페레스(일명 ☞프로낙스)의 아들로, 암피테아 혹은 에우리디케와 결합하여 오펠테스라는 아이를 낳았다. 힙시필레(☞)라는 유모에게 맡겨진 이 아이는 샘 옆에서 뱀에게 목 졸려 죽었다(☞암피아라오스). 네메아 사람 리쿠르고스의 무덤은 제우스의 신성한 숲 속에 있었다고 한다.

4. 스파르타의 입법자 리쿠르고스는 전설이 아니라 역사에 속하는 인물이다.

리키오스 Λύκιος / Lycius 리키오스는 바빌로니아 사람 클레이니스의 아들로, 아폴론의 뜻에 거슬러 히페르보레이오이 족의 관습대로 그의 제단에 당나귀를 제물로 바쳤다가 까마귀로 변했다. 까마귀는 본래 흰색이었으나 그의 경솔한 행동으로 인해 검은색이 되었다고 한다(☞클레이니스, ☞코로니스).

리킴니오스 Λικύμνιος / Licymnius 리킴니오스는 페르세우스의 아들들 가운데 한 명인 엘렉트리온과 프리기아 출신 여자 노예인 메디아 사이

에서 태어난 아들이다(☞계보 31). 따라서 그는 알크메네의 이복형제이자 헤라클레스의 숙부이기도 하다. 그의 전설은 헤라클레스 계열의 이야기들에 속한다.

리킴니오스는 미케나이에 있는 아버지 집에서 어린 시절을 보냈다. 엘렉트리온과 타포스인들의 전쟁 중에, 아직 어렸던 리킴니오스는 엘렉트리온의 자식들 중 유일하게 학살을 면했다(☞암피트리온). 그러나 암피트리온이 사고로 엘렉트리온을 죽이고 추방당하게 되자, 리킴니오스는 누이 알크메네와 함께 암피트리온을 따라 테바이로 갔다. 그는 그곳에서 암피트리온의 누이 페리메데와 결혼하여 여러 명의 자식을 낳았는데, 그 중에서 오이오노스는 후일 스파르타에서 히포코온의 아들에게 죽임을 당했으며, 이 죽음은 헤라클레스가 스파르타를 원정하는 원인이 되었다(☞헤라클레스). 리킴니오스에게는 아르게이오스와 멜라스라는 아들들도 있었는데, 이들은 헤라클레스와 함께 오이칼리아에 대항해 싸우다 죽었다. 리킴니오스에게 아들을 반드시 다시 데려오겠다고 맹세했던 헤라클레스는 약속을 지키기 위해 아르게이오스의 시신을 불살라 그 재를 담은 단지를 갖다 주었다.

헤라클레스가 죽은 뒤 리킴니오스는 헤라클레이다이와 운명을 같이 하여, 트라키스로 피신했다가 에우리스테우스에 맞서 싸우는 전투에 참여했다(☞헤라클레이다이). 후에 그는 힐로스와 함께 첫번째 펠로폰네소스 원정에 나섰다가 실패하기도 했다. 그러나 아르고스의 주민들이 헤라클레스의 아들 중 한 명인 틀레프톨레모스[틀레폴레모스]와 그를 자기들의 도시에 와서 살게 했다. 그곳에서 리킴니오스는 논쟁을 벌이다가 틀레프톨레모스가 내리친 막대기에 맞아 죽었다. 혹은 틀레프톨레모스가 올리브 나뭇가지로 노예(혹은 황소)를 치려고 하다가 사고로 그를 죽였다고도 한다. 암피트리온에게 같은 식으로 죽임을 당한 엘렉트리온의 죽음과 비교해 보라(☞암피트리온).

리티아 ῾Ρυτία / Rhytia 신화학자 페레키데스가 전하는 바에 따르면, 리티아는 아폴론에게서 사모트라케의 아홉 명 코리반테스를 낳았다. 쿠레테스와 코리반테스의 계보들은 극히 다양하다.

리티에르세스 Λιτυέρσης / Lityerses 리티에르세스는 미다스 왕의 아들로, 뛰어난 추수꾼이었다. 그는 자기 영토를 지나는 이방인들을 맞아들여 함께 추수를 하도록 권했다. 거절하는 자들은 죽이거나, 마구 때려 함께 일하게 만들었다. 추수를 마치고 난 뒤 저녁이 되면 그들의 머리를 베어 몸을 낟가리 속에 넣어 두었다. 혹은 추수를 누가 더 빨리 하는지 내기를 걸자고 강요한 뒤, 번번이 내기에 이기고 상대의 머리를 베었다. 어느 날 옴팔레를 섬기던 헤라클레스는 리티에르세스가 있는 곳을 지나다가 이 불한당의 도전을 받아들이고는, 노래로 적을 잠들게 한 뒤 머리를 베었다. 헤라클레스가 이렇게 리티에르세스를 죽인 것은 그가 양치기 미소년 다프니스를 노예로 붙잡아 두었기 때문이라고 한다. 다프니스는 해적들이 납치해 간 자신의 연인 핌플레아를 찾아다니다가 그곳으로 오게 되었다(☞다프니스).

프리기아(리티에르세스의 나라)의 추수꾼들은 일하면서 리티에르세스의 이야기를 기리는 노래를 부르는 풍습이 있었다. 노래 속에서 그들은 그의 능란한 추수 솜씨를 칭찬했다고 한다. 이 노래의 제목은 〈리티에르세〉였다.

리파로스 Λίπαρος / Liparus 리파로스는 이탈리아의 신화적 왕 아우손의 아들들 중 한 명이다.

형제들에 의해 추방당한 그는 몇몇 용사들과 함께 도망가서 시칠리아 연안의 섬에 이르러 리파라라는 이름을 붙이고 그곳에 식민지를 건설하여 번창했다. 아이올로스가 이 섬을 찾자 환대하며 자기 딸 키아네를 아내로 내주었다. 그 보답으로 아이올로스는 리파로스가 몹시 다시 보고 싶어한 이탈리아에 가볼 수 있는 방법을 마련해 주었다. 소렌툼[소렌토] 연안에 닿은 리파로스는 그곳 주민들에 의해 왕으로 모셔졌고, 죽은 후에는 신으로 예우되었다.

린도스 Λίνδος / Lindos 로도스에 있는 린도스 시의 명조(☞케르카포스).

릴라이오스 Λίλαιος / Lilaeus 릴라이오스는 인도의 양치기이다. 모든 신들 가운데 그는 셀레네(달)만을 인정했다. 화가 난 다른 신들이 사자 두 마리를 보내 그를 잡아먹게 했지만, 셀레네는 그를 릴라이온이라는 산으로 만들었다.

***림파이** Lymphae 림파이는 로마 민간 설화에서 샘의 여신들이다. 그녀들은 일찍이 님파이(☞)와 동일시되었다. 이 여신들은 누구든 자신들을 바라보기만 하면 미쳐 버리게 했다고 하며, 라틴어의 〈림파투스lymphatus〉 즉 〈미쳤다〉는 말도 여기서 유래한 것이다.

링케우스 Λυγκεύς / Lynceus 링케우스라는 이름의 용사는 두 명 있다. 한 명은 아이깁토스의 아들들 중 한 명이고, 다른 한 명은 아파레우스의 아들이다.

 1. 아이깁토스의 아들 링케우스는 다나오스의 딸들 중 한 명인 히페르메스트라와 결혼했다. 아이깁토스의 모든 아들들이 죽임을 당할 때 링케우스만이 살아남았다(☞다나이데스, ☞히페르메스트라, ☞계보 31).

 그가 자비의 대상이 된 이유는 전승에 따라 달라진다. 즉 히페르메스트라가 그런 살인극에 혐오감을 느꼈거나, 링케우스를 사랑했거나, 아니면 링케우스가 자신의 처녀성을 존중해 준 것을 고맙게 여겼기 때문이라고 한다. 그녀는 아버지 다나오스의 명령에 불복한 죄로 재판을 받았지만, 아프로디테의 도움으로 무죄 방면되었다. 이에 대한 보답으로 그녀는 아프로디테 여신에게 신상을 바쳤다. 한편 목숨을 구한 링케우스는 아르고스 근처의 한 언덕에서 〈안전하게 도시로 돌아갈 수 있는 날〉을 기다리며 피신해 있었다. 마침내 돌아가도 좋게 되었을 때 히페르메스트라가 횃불을 들어 그에게 알렸다. 이를 기리기 위해 아르고스 인들은 〈리르케이아〉(링케우스의 아들 리르코스의 이름을 따서)라 불리는 언덕 위에서 횃불 축제를 열었다(☞리르코스 2).

 후에 링케우스는 장인과 화해를 하고 히페르메스트라와도 결혼을 유지했으며, 다나오스를 이어 아르고스의 왕위에 올랐다. 그와 히페르메스트라에게서 태어난 아들 아바스는 아크리시오스와 프로이토스의 아버지가 되었다(☞아크리시오스).

 일설에 의하면, 링케우스가 장인을 죽였다고도 한다. 아르고스에 링케우스의 무덤이 있었다고 한다.

 2. 이다스의 형제인 또 다른 링케우스는 아파레우스의 아들이다(☞계보 19). 그는 고르고포네의 손자이므로 페르세우스 일족에 속한다.

 링케우스는 칼리돈의 사냥에 참여했고, 아르고나우타이의 원정에 참여하여 뛰어난 시력을 발휘했다(예를 들어 그는 참나무 둥치도 꿰뚫어 볼 수 있었다고 한다, ☞아르고나우타이). 그에 관해 가장 잘 알려진 이야기는 레우키피데스를

링코스

놓고 디오스쿠로이와 싸운 것이다(☞디오스쿠로이, ☞레우키피데스, ☞이다스).

신화학자들은 링케우스의 전설을 역사적으로 해석하여 그를 최초의 광부로 여기기도 한다. 즉 링케우스는 땅을 깊숙이 파고 들어가서는 등불 빛으로 광맥을 찾아냄으로써 〈땅속까지 볼 수 있는 자〉라는 명성을 얻었다는 것이다.

링코스 Λύγκος / Lyncus 링코스는 스키티아 왕이다. 데메테르가 밀을 경작하는 기술을 전파하기 위해 보낸 트리프톨레모스가 그의 궁전에 묵게 되자, 질투심에 사로잡힌 링코스는 밤사이에 그를 죽이려 했다. 하지만 데메테르는 왕을 스라소니로 변하게 함으로써 트리프톨레모스를 구했다.

마그네스 Μάγνης / Magnes 마그네스는 테살리아의 용사로, 마그네시아 지방의 명조가 되었다. 그의 가계는 저자들에 따라서 내용을 달리하는데, 보통은 아이올로스와 에나레테의 아들로 여겨진다(☞계보 8). 그는 한 명의 나이아스와 결합하여 폴리덱테스와 딕티스를 낳았으며, 이 두 아들은 페르세우스 전설에 등장한다(☞다나에, ☞페르세우스). 그 외 다양한 전설들에 따르면 에이오네우스, 알렉토르, 에우리노모스, 피에로스 등도 그의 아들이라고 한다. 또 다른 신화학자들에 의하면 그는 제우스와 티이아의 아들이며 마케돈의 형제라고도 한다(☞마케돈). 안토니누스 리베랄리스에 따르면 헤시오도스는 그를 아드메토스의 딸 페리멜레와 아르고스 사이에서 태어난 아들로 보았다고 한다(☞계보 33). 그렇다면 그는 히메나이오스의 아버지가 된다. 때로는 마그네스의 아들이 히메나이오스가 아니라 히메나이오스의 아버지인 피에로스라고도 전한다.

마네스 Μάνης / Manes 마네스는 프리기아의 전설적인 왕으로, 몇몇 전설에 의하면 제우스와 게(대지)의 아들이라 한다. 그는 칼리로에와 결합해 아티스와 코티스, 아크몬을 낳았다(☞리도스, ☞티레노스).

***마네스** Manes 마네스는 로마 신앙에서 망자들의 영혼이다. 이들에게 〈너그러운 이들〉이라는 뜻의 이름을 붙인 것은, 에리니에스의 경우가 그렇듯 일종의 반어법이다. 순진한 아첨을 통해 그들을 우호적으로 만들려는 것이었다.

마네스는 제사의 대상으로, 술과 꿀, 우유, 그리고 꽃 등이 바쳐졌다. 특히 그들을 위해 열렸던 두 가지 축제가 무덤들을 장미와 제비꽃들로 장식하는 〈로자리아〉(혹은 비올라리아)와 2월 18일부터 21일까지 열린 〈파렌탈리아〉이다. 파렌탈리아의 풍습은 아이네아스에 의해 이탈리아에 도입되었는데, 그는 아버지 앙키세스를 기리기 위해 이 축제를 제정했다고 한다. 어느 해인가 로마에서 이 망자들의 축제를 거르자 망자들은 도시를 습격해 보복했다. 자신들의 무덤을 떠나 사방으로 떠돌아다니던 이들은 제사를 받고 나서야 겨우 진정했다는 것이다.

때로 마니아 여신을 이들의 공동 조상 즉 마네스들의 어머니로 보기도 한다. 정체성이 매우 불분명한 이 여신은 민간 정령의 범주에 속한다. 교차로의 라레스를 위한 축제인 〈콤피탈리아〉에서 그녀를 위한 제사도 드려졌다.

마니아 Μανία / Mania 마니아는 광기를 의인화한 것이다. 그녀는 에리니에스, 혹은 반은 신성이고 반은 추상 개념으로 신의 노여움의 도구들인 하계의 정령들(가령 〈실수〉의 여신인 아테)과 비슷하다. 예를 들면 그녀는 제사 드리기를 게을리하는 이들에게 가서 이들의 영혼을 방황하게 만든다. 그녀는 그들을 살인과 파국으로 몰고 가는데, 이성적인 인간은 그 순간 신의 손길을 보는 것이다(☞오레스테스, ☞헤라클레스).

마라토스 Μάραθος / Marathus 마라토스는 아르카디아 용사로, 에케데모스와 함께 디오스쿠로이의 아티카 원정에 참가했다(☞디오스쿠로이). 침략자들이 승리하기 위해서는 인간 제물을 바쳐야 한다는 신탁이 내리자, 그는 기꺼이 자신을 희생했다. 그는 마라톤 구역[데모스- 고대 그리스의 행정 구분 단위]의 명조가 되었다.

마라톤 Μαραθών / Marathon 마라톤은 시키온왕 에포페우스의 아들이다(☞계보 10). 그는 아버지의 불의와 폭력에 내몰려 시키온을 떠나 아티카로 가서 그곳의 첫 법령을 제정했다. 아버지가 죽은 뒤(☞에포페우스) 고국으로 돌아온 그는 시키온와 코린토스 지역을 자신의 통치권 아래 두었다. 그에게는 이 도시들의 명조가 된 두 아들, 시키온과 코린토스가 있었다.

마라톤은 아티카 지방에 있던 마라톤 구역 출신의 용사이다(☞마라토스).

마론 Μάρων / Maron 『오딧세이아』에서 에우안테스의 아들 마론은 트라케의 마을 이스마로스에 사는 아폴론의 사제로 나온다. 오딧세우스가 그와 그의 가족을 약탈로부터 지켜 주었으므로 그는 오딧세우스에게 달고 아주 독한, 귀한 포도주를 선물했다. 바로 이 포도주로 오딧세우스는 외눈박이 거인 폴리페모스를 취하게 만들어 그에게서 도망치는 데 성공했다(☞폴리페모스, ☞오딧세우스).

마론은 에우안테스의 아들로, 디오니소스의 손자이다. 하지만 에우리피데스에 의하면, 그는 디오니소스의 아들로, 실레노스의 벗이라고도 한다. 논노스에 이르면 마론의 이야기는 디오니소스 전설과 완전히 동화되어, 실레노스의 아들인 마론은 디오니소스의 인도 원정에 참가한 것으로 되어 있다. 시에서 그는 비틀거리는 늙은이로 등장하며, 술을 마시고 디오니소스와 술을 찬미하는 노래를 부를 때만 기운을 차린다.

로마에 있는 폼페이우스 주랑의 한 샘에는, 술꾼의 전형인 마론의 상이 있었다.

마르막스 Μάρμαξ / Marmax 마르막스는 히포다메이아의 구혼자들 가운데 한 명이다. 그는 오이노마오스에게 죽임을 당해 자신의 두 마리 말, 파르테니아스 및 에리파스와 함께 묻혔다.

*마르스 Mars 마르스는 그리스의 아레스 신과 동일시되었던 로마의 신이다. 그는 이탈리아 종교에 등장하는 매우 오래된 신으로, 아레스 신이 도입되기 전부터 존재했다. 고전 문학에서 그가 등장하는 대부분의 전설은 그리스 신화들을 치

환해 놓은 것에 불과하다. 예를 들어 루크레티우스가 『자연에 관하여』 앞부분에서 노래하고 있는 마르스와 베누스의 사랑은 호메로스가 들려주는 아프로디테와 아레스의 애정 행각에 근거한다(☞아프로디테). 또 마르스가 유노의 아들이라는 사실은 아레스가 헤라의 아들인 것과 같다. 오비디우스가 전하는 한 가지 흥미로운 전설에 의하면, 유노는 플로라로부터 생식력을 가진 마법의 꽃을 받아 유피테르와 결합하지 않고 마르스를 낳았다고 한다(☞플로라).

고대 이탈리아 고유의 전설은 찾아보기 어렵다. 그와 안나 페렌나(☞) 사이의 사랑 이야기는 아마도 새해(구 로마력에서 3월)가 시작될 때 흘러가 버리는 〈묵은〉 해의 의인화인 마무리우스 베투리우스의 전설과 관계된 것으로 보이는데, 그렇다면 이것은 고대 이탈리아 고유의 신앙 및 제의의 상징이 될 것이다.

고전 시대에 마르스는 로마의 전쟁 신으로 등장한다. 하지만 이것이 전부는 아니다. 보통 그에게 바쳐진 달에 모여 있는 마르스 축제들은 뚜렷이 농업적인 특성들을 보이며, 일부 현대 신화학자들은 마르스가 원래는 식물의 생장을 주관하는 신이라고도 본다. 하지만 이런 견해가 참신하기는 해도 이의 없이 받아들여지는 것은 아니다. 전쟁의 신인 마르스는 또한 봄의 신이기도 하다. 주로 전쟁은 겨울이 끝나면서 시작되기 때문이다. 또 전쟁은 젊음의 행동 양상이므로 그는 젊음의 신이기도 하다. 〈신성한 봄〉에 새로운 도시들을 건설하기 위해 사비니의 도시들에서 이주해 나가는 젊은이들을 인도하는 자도 마르스이다. 실제로 사비니 인들에게는 일정한 연령층의 모든 젊은이들을 마르스에게 바치는 관습이 있었다. 지명된 젊은이들은 다른 곳에서 행운을 찾기 위해 낡은 벌집을 떠나는 벌떼처럼 이주를 했는데, 이 풍습을 〈베르 사크룸ver sacrum〉 즉 〈신성한 봄〉이라고 불렀다. 종종 이 이주자들은 특정한 동물의 길 안내를 받았는데, 예를 들면 마르스를 상징하는 청딱따구리나 늑대 같은 동물들이었다. 원시 로마 신화에 마르스의 동물인 암늑대가 등장하는 것도 바로 이 때문이다(☞로물루스). 바로 이 같은 전제하에 고대 신화학자들은, 쌍둥이 로물루스와 레무스(마르스와 레아가 결합해서 태어난)의 아버지 마르스의 이야기를 만들어 낸 것 같다(☞레아 실비아). 그리스 전설에서 흔히 그러하듯 두 아이는 태어나자마자 산에 버려져 아버지가 보낸 신성한 동물인 암늑대의 젖을 먹고 자라다가(텔레포스도 암사슴의 젖을 먹고 자란다) 목동들에게 발견된다. 〈로물루스 형제〉를 〈늑대의 아이들〉 혹은 〈마르스의 아이들〉이라고도 부르는 것은 그 때문이다. 이 전설들은 매우 오래된 암늑대의 상과 관련되어 형성되었다고 한다. 암늑대 주위에 조각되어 있는 두 명의 작은 인물은 시대에 따라, 사비니 족과 라티움 족을 상징하는 것으로, 혹은 로마 민족과 캄파니아 민족 — 지역 내부에 거주하는 이탈리아 민족에 대항하여 로마와 카푸아가 동맹을 맺은 뒤 — 을 상징하는 것으로 여겨졌다.

로마 인들 외에도 마르스를 〈조상〉으로 삼은 다른 백성들이 있었다. 즉 마르시 족(로마가 오랫동안 대항해 싸워야 했던 사벨리 족), 마루키니 족, 마메르티니 족으로, 이들의 이름은 마르스 신과의 연관성을 보여 준다.

마르시아스 Μαρσύας / Marsyas 마르시아스는 실레노스(☞)로, 그에 관한 전설은 프리기아를 무대로 한다. 흔히 그는 두 개의 관이 있는 피리(목신 판의 피리와 대비되어)의 발명자로 통하며, 그래서 때로는 키벨레의 추종자들 — 역시 피리와 북을 연주하던 — 가운데 끼기도 한다.

마르시아스의 부모는 히아그니스와 올림포스(혹은 오이아그로스)이다. 아테나이 사람들에 의하면 실제로 이 피리를 발명한 것은 아테나 여신인데, 그녀는 피리를 불다가 개울물에 비친 자신의 흉하게 일그러진 볼의 모습을 보고 피리를 멀리 던져 버렸다고 한다. 또 다른 전설에 의하면, 신들의 잔치가 열리는 동안 아테나 여신이 사슴의 뼈를 가지고 첫 피리를 만들었다고도 한다. 그런데 그녀가 피리를 불 때 일그러지는 얼굴 모습을 보고 헤라와 아프로디테가 웃자 아테나는 곧 프리기아로 가서 개울물에 자신을 비추어 보았고, 두 여신이 옳다고 생각한 그녀는 피리를 멀리 내던지며 누구든 그것을 가져가는 이는 무서운 벌을 받으리라고 경고했다. 그 후 마르시아스가 이 피리를 가져갔고, 아폴론으로부터 벌을 받게 되었다.

마르시아스는 자신이 발견한 피리를 자랑스러워하며 그 악기가 세상에서 가장 아름다운 소리를 낸다고 생각했다. 그래서 그는 아폴론에게 리라를 가지고 그처럼 아름다운 연주를 할 수 있겠느냐고 도전했다. 패배자는 승리자로부터 어떤 벌도 달게 받는다는 조건으로 아폴론은 이 도전을 받아들였다. 첫번째 시도는 무승부로 끝났으나, 아폴론은 자신이 리라를 가지고 하듯이 악기를 거꾸로 들고 연주하자고 도전했다. 완벽한 리라 연주를 듣고 마르시아스는 패배를 인정했고, 아폴론은 그를 소나무에 매달아 살가죽을 벗겼다. 후에 자신의 행동을 후회하게 된 아폴론은 리라를 부셔 버리고 말았다. 또 마르시아스를 강으로 변하게 했다고 한다.

마르시아스가 받은 고문은 그리스 예술에서 자주 등장하는 주제이다.

마르시아스의 형제에 대해서는 ☞바비스.

마르페사 Μαρπήσσα / Marpessa 마르페사는 에우에노스의 딸이자 아레스의 손녀이다. 그녀의 어머니는 데모니케이다. 하지만 때로 그녀는 오이노마오스와 알키페의 딸로 간주되기도 한다. 그녀는 이다스와 약혼한 상태에서 아폴론에게 납치당했다. 이다스가 아폴론을 공격해 싸움이 벌어졌는데, 제우스가 끼어들어 간신히 이 둘을 떼어 놓고(☞아폴론, ☞이다스) 마르페사에게 둘 중 한 명을 선택하게 했다. 그러자 마르페사는 자신이 늙은 뒤 아폴론에게 버림받을 것을 두려워한 나머지 이다스를 선택했다(☞코로니스 1).

이다스와 마르페사는 자신들의 딸 클레오파트라에게 마르페사가 납치당했던 일을 기억하여 알키오네라는 별명을 지어 주었다(☞계보 19, ☞멜레아그로스).

마리안디노스 Μαριανδυνός / Mariandynus 마리안디노스는 비티니아에 살았던 마리안디노이 족의 왕이자 명조이다. 그 자신은 아이올리아 출신이다. 그 밖에도 그는 파플라고니아의 일부 지역을 다스렸으며 베브리케스 족의 나라를 합병했다. 그는 피네우스(☞3)의 아들이며, 따라서 트라케 인으로 여겨진다. 어머니는 이다이아일 것이다. 하지만 그는 킴메리오스나 프릭소스의 아들, 혹은 제우스의 아들로 여겨지기도 했다.

*__마리카__ Marica 마리카는 라티움에 있는 민투르나이의 님프로, 그곳에 그녀의 신성한 숲이 있었다. 베르길리우스에 의하면 그녀는 라티누스 왕의 어머니이자 파우누스 신의 아내이다.

이 마리카는 신격화된 키르케로 여겨지기도 한다.

*__마메르쿠스__ Mamercus 1. 마메르쿠스는 마르스의 고대 이탈리아 식 이름 마메르스의 흔적을

찾을 수 있는 라틴 이름이다. 마메르쿠스가 등장하는 전설은 두 가지가 있다. 첫번째 전설에서 마메르쿠스는 피타고라스의 아들로 되어 있다. 행동거지가 온화했던 그는 아이밀리우스(상냥한 사람)라는 별명을 얻었다. 마메르쿠스 아이밀리우스는 아이밀리우스 일족의 선조로 여겨진다. 한 이본에 의하면 그는 피타고라스가 아니라 누마 왕의 아들이며, 누마 왕이 피타고라스 및 피타고라스 철학과 맺고 있었던 관계는 잘 알려져 있다(☞누마 폼필리우스).

2. 플루타르코스가 들려주는 두 번째 전설은 분명 멜레아그로스의 신화에서 영감을 얻은 것으로 보인다. 양치기의 모습을 한 마르스는 셉티미우스 마르켈루스의 아내 실비아를 임신시키고 그녀에게 창 하나를 주었다. 앞으로 태어날 아이의 운명이 창에 달려 있다는 것이었다. 태어난 아이는 마메르스 마메르쿠스라는 이름을 갖게 되었다. 그는 투스키누스라는 사람의 딸과 사랑에 빠졌는데, 이 투스키누스는 그의 〈인간〉 아버지 셉티미우스에게 죽임을 당했다. 사냥에서 마메르스 마메르쿠스는 케레스가 보낸 괴물 멧돼지들을 때려눕히고, 멧돼지의 코와 머리를 사랑하는 여자에게 바쳤다. 이에 그의 외숙들인 스킴브라테스와 무티아스가 분개하며 노획물을 도로 빼앗아 가자, 마메르쿠스는 외숙들을 죽였고, 그를 벌하기 위해 실비아가 창을 태우자 마메르쿠스는 죽고 말았다.

***마무리우스** Mamurius 로마 시의 승리를 보장하는 징표로 하늘이 누마 왕에게 신성한 방패를 보내자, 누마는 방패를 도둑맞지 않기 위해 열 개의 비슷한 방패를 만들어 살리이[로마에서 마르스 예배를 주관하던 사제들]에게 맡겼다. 이 일을 맡은 일꾼은 마무리우스라는 이름의 오스키 족 사람이었는데, 그가 보수로 요구한 것은 방패들의 엄숙한 행진 때[종교 행사에서 열두 방패들을 들고 행진을 했다] 살리이가 부르는 노래에 자신의 이름이 언급되는 것뿐이었다. 누마는 그에게 이를 허락했다.

로마에서 열리는 한 축제에서는 마무리우스로 지명된 노인을 흰 막대기로 쳐 도시에서 쫓아냈는데, 이것이 3월 14일에 열리는 〈마무랄리아〉 축제였다.

마이나데스 Μαινάδες / Maenades 마이나데스 즉 〈신들린 여자들〉은 디오니소스를 따르는 신성한 박케들이다. 그녀들은 나신으로 혹은 나신이 거의 비쳐 보이는 얇은 너울을 두른 차림으로 머리에는 송악을 두르고, 손에는 티르소스[끝에는 솔방울이 달리고, 담쟁이와 포도덩굴이 감긴 지팡이]나 칸타로스 술잔[우승컵 모양으로 양쪽에 큰 손잡이가 귀처럼 달린 큰 잔]을 든 채, 아니면 쌍피리를 불거나 북을 치면서 격렬한 춤 속에 몰입한 모습으로 등장한다.

마이나데스는 자연의 질탕한 정령들을 의인화한 것이다. 전설에 등장하는 첫 마이나데스는 디오니소스(☞) 신을 키운 님프들로, 신에게 사로잡혀 신비한 광기에 들린 채 전원을 헤매었으며, 샘에서 꿀과 우유를 길어 올린다고 여겨졌다. 디오니소스 숭배에 몸을 맡긴 인간 여자들인 박케들이 모방한 것은 바로 이 마이나데스의 행태였다. 그녀들은 야수들에게 영향력을 행사하여, 가령 어린 늑대를 품에 안고 표범을 타고 간다든가 하는 모습으로 그려졌다.

마이나데스는 리쿠르고스(☞), 오르페우스(☞), 펜테우스(☞), 미니아데스(☞) 등 여러 인물들의 전설에 등장한다.

마이날로스 Μαίναλος / Menalos 마이날로스는 아르카디아에 있는 같은 이름의 산과 마이날론

시의 명조로, 리카온(☞)의 맏아들이다. 한 전승에 따르면 아버지에게 아이의 살을 보통 고기처럼 요리하여 내놓음으로써 제우스를 시험해 보라고 권한 것이 그였다고 한다. 그는 아버지와 함께 벼락을 맞았다.

또 다른 전승에 의하면, 마이날로스는 리카온의 아들이 아니라 아르카디아 왕 아르카스의 아들로, 아탈란테(☞)의 형제라고 한다.

마이라 Μαῖρα / Maera 1. 마이라는 로크로스의 어머니이다(☞로크로스).

2. 또 다른 마이라는 아틀라스의 아내이자 테게아테스 왕의 아내인 아르카디아 여자이다. 테게아테스는 리카온의 아들로 테게아 시의 명조가 되었다. 그녀의 무덤은 남편의 무덤과 함께 테게아 시의 광장에 있었다. 그녀는 레이몬과 스케프로스, 그리고 키돈, 아르케디오스, 고르티스의 어머니이다(☞레이몬).

3. 마이라라는 이름의 개도 있다. 개의 주인 이카리오스는 아티카에 포도나무를 들여왔다가, 술 취한 농부들에 의해 찢겨 죽었다(☞이카리오스, ☞에리고네). 마이라는 이카리오스의 딸 에리고네를 아버지의 무덤까지 안내하며, 에리고네가 자살하자 그녀의 무덤에 남아 있다가 절망한 나머지 죽었다고 한다. 혹은 오니그로스 샘에 몸을 던져 죽었다고도 한다. 디오니소스는 이 충성스런 개를 개자리 성좌로 변하게 했다. 때로는 이 마이라가 오리온의 개라고도 한다(☞오리온).

마이아 Μαῖα / Maia 1. 마이아는 아틀라스의 딸로, 헤르메스의 어머니이다(☞계보 25). 그녀의 어머니는 플레이오네이며, 따라서 그녀는 플레이아데스 중 한 명이다. 하지만 그녀의 어머니가 스테로페라는 설도 있다.

마이아는 아르카디아에 있는 킬레네 산의 님프로, 그곳에서 제우스와 결합하여 헤르메스를 낳았다. 그녀에 관한 전설은 거의 남아 있지 않다. 헤르메스의 계보에 등장하는 것을 제외하고는, 칼리스토가 죽은 뒤 아르카스의 유모가 되었다는 언급이 전부이다(☞아르카스).

2. 아주 옛날 로마에도 마이아라는 여신이 있었는데, 그녀는 본래 그리스의 마이아와는 아무 관련도 없었던 것 같다. 때로 그녀는 불의 신 불카누스의 아내로 등장한다. 5월은 특별히 그녀에게 바쳐진 달이다. 그리스 문명이 도입된 이후, 그녀는 같은 이름의 그리스 여신과 동일시되어 메르쿠리우스의 어머니가 되었다.

마이안드로스 Μαίανδρος / Meandros 마이안드로스는 아시아에 있는 동명의 강의 신이다. 모든 강들이 그렇듯 그 역시 오케아노스와 테티스(I)의 아들이다. 그에게는 여러 딸이 있었다. 그의 강 하구에서 멀지 않은 곳에 있는 사모스 섬의 명조 사미아, 카우노스와 비블리스의 어머니인 키아네, 칼리로에 등이 그의 딸들이다. 그의 아들들로는 대개 마르시아스와 바비스를 꼽는다.

마이온 Μαίων / Maeon 1. 테바이 사람 마이온은 하이몬의 아들로, 일곱 장군의 원정에 대항해 싸웠다. 그는 리코폰테스와 함께, 티데우스를 없애기 위한 매복 작전을 지휘했지만 실패하고 말았다(☞티데우스). 티데우스는 매복자들 가운데 마이온만은 살려 주었다. 후에 티데우스가 테바이에서 죽자 마이온이 그를 묻어 주었다.

에우리피데스가 따르는 전승에 의하면, 마이온은 하이몬과 안티고네의 아들이라 한다(☞안티고네). 보통은 하이몬을 안티고네의 약혼자로 보지만, 때로는 실제로 결혼했다고도 보는 것이다.

2. 또 다른 마이온은 호메로스가 속한 가문의 명조로, 시 가운데 호메로스는 종종 〈마이오니데스〉라는 수식어로 지칭된다. 그러나 마이온과 호메로스의 관계는 저자에 따라 달라져서, 때로는 그가 크리테이스와 결혼하여 호메로스를 낳았으며 그의 형제 디오스는 헤시오도스의 아버지였다고도 하고, 때로는 그가 크리테이스의 남편이 아니라 보호자였다고 하며, 또 그가 호메로스의 할아버지라고도 한다. 하지만 호메로스는 신의 아들이며 마이온은 그의 양아버지였다는 설도 있다(☞크리테이스).

마카레우스 Μακαρεύς / Macareus 1. 마카레우스는 아이올로스의 아들로, 친누이 카나케(☞)와 근친상간을 범하다가 탄로나자 자살했다. 이 마카레우스가 레스보스의 왕 마카르(일명 마카레우스)와 혼동되기도 한다(☞마카르).

2. 마카레우스는 또한 미틸레네에서 디오니소스를 섬기던 한 사제의 이름이기도 하다. 그는 신성 모독에 대한 벌로 일련의 재난을 맞았다. 그는 한 이방인이 자신의 금을 신에게 위탁하여 신전 안에 놓아 둔 것을 가로챈 뒤, 그 이방인이 자기 물건을 돌려달라고 하자 성전 안에서 그를 죽였다. 얼마 후, 트리에테리데스[〈3〉이라는 뜻의 τρι와 〈해〉라는 뜻의 ἔτος를 붙여 만든 형용사 τριετηρίς의 복수형. 〈3년마다의〉라는 뜻. 고대에는 반복되는 일들을 헤아릴 때, 지난번과 다음번을 모두 넣어 계산했으므로, 실제로는 비엔날레처럼 격년제가 된다 — 감수자 주] 축제를 마치고 났을 때였다. 그의 두 아들은 놀이 삼아 아버지가 드렸던 희생 제사를 흉내낸다며, 형이 신성한 칼을 들어 동생의 목을 찔렀고 동생의 울부짖음에도 불구하고 아직 뜨거운 제단 위에서 그를 태웠다. 이에 분노한 어머니는 그를 쳐죽였고, 마카레우스는 지팡이를 휘둘러 아내를 죽였다. 그리하여 신이 내린 벌이 완수되었다.

마카르 Μάκαρ / Macar 마카르는 『일리아스』에 나오는 레스보스 섬의 왕이다. 그가 어떤 인물인지에 대해서는 여러 가지 설이 있다. 일설에 의하면, 그는 헬리오스와 로도스의 아들들 가운데 한 명으로(☞헬리아다이), 자신의 형제 테나게스를 살해한 다음 로도스 섬을 떠나 레스보스로 피신했다고 한다. 어떤 저자들은 그를 마카르라 하지 않고 마카레우스라고 부른다. 또 다른 설에 의하면, 그는 크리나코스의 아들이자 제우스의 손자로, 아카이아의 올레노스 출신이라고도 한다. 데우칼리온의 대홍수 이후 그는 이오니아 인들의 무리와 기타 지역의 이주민들을 이끌고 레스보스 섬에 정착했다. 그가 건설한 식민지는 번창하여 그는 당시에 버려져 있던 인근 섬들을 점차 자신의 세력 아래 두었다. 같은 시기에 라피테스의 아들 레스보스(☞)가 레스보스 섬으로 건너왔다. 그는 피티아의 신탁에 복종하여 동료들을 데리고 마카르가 통치하는 섬으로 온 것이었다. 그곳에서 그는 마카르의 딸 메팀나와 결혼하여, 이후로 마카르가 이끌고 온 이오니아 인들과 레스보스가 이끌고 온 테살리아 인들이 함께 살게 되었다. 레스보스는 섬의 명조가 되었다.

마카르에게는 메팀나 말고 미틸레네라는 딸도 있었으며, 두 딸은 각기 레스보스에 세워진 도시들의 명조가 되었다.

또 다른 전설에 따르면 마카르는 아이올로스의 아들이라고도 한다(☞마카레우스). 그의 딸들 중 암피사는 로크리스에 있는 암피사 시의 명조가 되었다. 그녀는 아폴론의 사랑을 받았다고 한다.

마카리아 Μακαρία / Macaria 마카리아 즉 〈행복한 여자〉는 헤라클레스의 외동딸이다(☞미르토). 그녀의 어머니는 데이아네이라이다. 오이타 산 위에서 아버지의 화장단의 불을 끈 것이 바로 그녀이다. 후에 그녀는 형제들과 함께 트라키스로, 거기서 다시 아테나이로 피신했다. 에우리스테우스에 대한 승리는 인간 제물을 바쳐야만 가능하다는 신탁이 내리자, 마카리아는 자진해서 제물이 됨으로써 승리를 가져왔다(☞헤라클레이다이). 아티카의 마라톤 부근에는 그녀를 기려 마카리아라 불리는 샘이 있었다.

마카온 Μαχάων / Machaon 마카온은 아스클레피오스의 아들이자 포달레이리오스의 형제이다. 보통 그의 어머니는 메롭스의 딸 에피오네라 하지만, 전승에 따라 그 이름은 아르시노에, 크산테, 헬리오스의 딸 람페티에, 혹은 코로니스 등등으로 달라진다. 마카온은 헬레네의 구혼자들 중 한 명이며, 그래서 트로이아 전쟁에 참가하게 되었다. 형제 포달레이리오스와 함께 테살리아의 3개 도시, 즉 트리카, 이토메, 오이칼리아를 다스리던 그는 30척의 선단을 이끌었다. 트로이아에서 그는, 포달레이리오스와 함께, 아버지로부터 물려받은 의술로 용사들에게 매우 유용한 존재가 되었으므로 일체의 군 복무를 면제받았고, 생명이 위태로워지지 않도록 후방에 배치되었다. 그는 텔레포스의 상처와 판다로스의 화살에 맞은 메넬라오스의 상처를 낫게 했다고 한다. 하지만 결국 그 자신도 파리스의 화살을 맞아 네스토르의 천막으로 옮겨졌는데, 그곳에서 그는 전에 아킬레우스가 테네도스에서 데려와 네스토르에게 주었던 포로 헤카메데의 간호를 받았다. 그는 특히 헤라클레스의 화살에 맞은 필록테테스(☞)의 상처를 고친 것으로 유명하다.

마카온은 목마 속에 들어갔던 용사들의 명단에도 있다. 마카온은 아마조네스 족의 여왕 펜테실레이아에게, 혹은 텔레포스의 아들 에우리필로스에게 죽임을 당했다고 한다. 네스토르는 그의 유해를 게레니아로 가져갔다. 트리카에는 마카온과 포달레이리오스의 비석이 있었다.

마카온은 디오클레스의 딸 안티클레이아와 결혼하여, 두 아들 니코마코스와 고르가소스를 낳았다. 그 밖에 알렉사노르, 폴레모크라테스, 스피로스, 알콘 등도 마카온의 아들로 간주된다.

전설에 따르면 마카온은 외과의였으며 포달레이리오스는 내과의였다고 하는데, 이는 아마도 그리스 어의 칼(마카이라)과 연관된 그의 이름에서 비롯된 설일 것이다.

마카이레우스 Μαχαιρεύς / Machaereus 〈칼의 사나이〉 마카이레우스는 다이타스의 아들로 델포이의 사제이다. 네오프톨레모스는 아폴론에게 바친 제물들의 살을 델포이의 사제들이 취하는 풍습에 반대하다가 그에게 죽임을 당했다(☞네오프톨레모스, ☞오레스테스).

마케돈 Μακέδων / Macedon 마케돈은 마케도니아의 명조이다. 그의 가계에 관해서는 매우 다양한 설들이 있다. 그는 마케도니아 토착민, 혹은 마그네스의 형제로서 제우스와 티이아의 아들, 혹은 아이올로스의 열 명의 아들 중 하나, 혹은 리카온의 아들, 혹은 오시리스 신의 아들이자 동료라고 한다. 디오도로스가 전하는 이 마지막 전설에 의하면, 그는 오시리스가 세계를 정복했을 때 마케도니아 왕으로 지명되었으며, 아누비스와 형제간으로 늑대 가죽 갑옷을 입고 얼굴에는 늑대의 머리를 가면처럼 쓰고 있었다고 한다.

마켈로 Μακελλώ / Macello 마켈로는 아마도 로도스에서 유래한 듯한 불확실한 전설의 여주인공이다. 그녀와 또 다른 여자(그녀의 어머니 혹은 자매 덱시테아)는 아폴론과 제우스, 그리고 아마도 포세이돈을 식사에 초대했다. 포세이돈(혹은 제우스)은 스틱스의 물로 밀 종자에 독을 퍼뜨린 텔키네스를 멸하면서, 두 여자만은 살려두었던 것이다. 하지만 세르비우스가 베르길리우스 주석에서 들려주는 대로, 그러한 운명을 겪은 것은 텔키네스가 아니라 플레기아이 족일 수도 있다.

마켈로와 덱시테아는 다몬이라는 사람의 딸들이라고도 한다. 덱시테아는 미노스와 결혼해 에욱산티오스라는 아들을 낳았는데, 이 아들은 마켈로와 덱시테아가 신들을 맞았던 장소에 〈처녀들의 도시〉인 코레소스 시를 세웠다.

마크리스 Μάκρις / Macris 마크리스는 아리스타이오스의 딸이다. 그녀는 에우보이아에서 헤르메스가 맡긴 어린 디오니소스를 키웠다. 그러나 그 섬을 다스리던 헤라가 디오니소스를 쫓아내자, 디오니소스는 당시에 〈마크리스〉라고 불리던 코르키라 섬으로 피신하여 두 개의 입구가 있는 동굴에서 살았다. 후에 이아손과 메데이아는 이곳에서 결혼식을 올렸다(☞이아손, ☞알키노오스).

마키스토스 Μάκιστος / Macistus 마키스토스는 프릭소스의 형제로, 아타마스의 아들이다. 그는 트리필리아의 엘레이아에 마키스토스 시를 세웠다.

*마테르 마투타 Mater Matuta 로마에는 아침의 여신, 혹은 새벽의 여신인 마테르 마투타에게 바치는 제사가 있었다. 그녀의 축일은 〈마트랄리아〉들의 날인 6월 11일이었다. 이 제사에는 남편이 아직 살아 있는, 단 한 번 결혼한 여자들만 참여할 수 있었으며, 노예 여자들은 엄격히 제외되었다.

마테르 마투타의 신전은 로마 항구 옆의 포룸 보아리옴에 있었는데, 전설에 의하면 이 여신은 바로 이노 레우코테아(☞)가 자살한 후 바다의 여신이 되어 로마로 온 것이라고 한다. 오비디우스가 전하는 바에 따르면, 로마에 도착한 마테르 마투타는 스티물라(세멜레와 동일시되었던 로마 여신)의 신성한 숲에서 디오니소스 제전을 열고 있는 박케들을 만났다고 한다. 유노의 부추김으로 박케들이 그녀에게 달려들어 폭력을 휘두르려 하자(이노가 어린 디오니소스에게 젖을 먹여 키웠다고 해서 헤라는 이노의 적이 되었다. ☞이노), 마침 근처에 와 있던 헤라클레스가 그녀의 비명소리를 듣고 달려와 그녀를 구해 주었다. 그는 그녀를 에반드로스[에우안드로스]의 어머니 카르멘타에게 맡겼으며, 카르멘타는 그녀에게 로마에서 그녀와 그녀의 아들을 위한 제전이 열릴 것이며 그녀의 아들은 포르투누스라는 이름으로 숭배될 것임을 예고해 주었다.

만딜라스 Μανδύλας / Mandylas 만딜라스는 도도네의 양치기로, 이웃의 한 양치기에게서 그의 가장 아름다운 양을 훔쳐다가 자기 우리에 감춰두었다. 도둑맞은 양치기는 잃어버린 양을 사방으로 찾다가 마침내 신(도도네의 신 제우스)에게 가서 물었다. 그러자 신성한 참나무가 처음으로 소리를 내어, 범인은 그 고장에서 가장 나이 어린 목동이라고 대답했다. 그리하여 가장 나이 어린 만딜라스가 범인임이 탄로나 양을 돌려주게 되었다. 신탁에 대해 분개한 그는 도끼로 신성한 참나무를 찍으려 했으나, 나무에서 비둘기가 나오는 바람에 그만두고 말았다.

만토 Μαντώ / Manto 만토라는 이름은 〈예언〉과 관련되며, 테이레시아스의 딸인 만토는 아버지처럼 예언 능력을 지니고 있었다. 전설에 의하면 에피고노이가 테바이를 정복한 후 그녀는 장님인 아버지의 길잡이가 되어 보이오티아로 갔다. 하지만 테이레시아스는 할리아르토스에서 죽었고, 만토만이 목적지인 델포이에 이르렀다. 승리한 아르고스 인들은 도시를 점령하기 전에 아폴론에게 〈노획물 중에 가장 아름다운 것〉을 바치기로 되어 있었고, 그래서 만토는 신에게 바쳐졌다. 그녀는 오랫동안 델포이에 머물러 예언 능력을 연마하는 한편 그곳의 시빌레의 역할을 맡았다. 그러다가 그녀는 신의 부름을 받고 소아시아로 가서 클라로스 시를 건설했다. 그곳에서 그녀는 크레테 사람 라키오스와 결혼해 아들 몹소스를 낳았는데, 역시 예언자였던 몹소스는 칼카스의 경쟁자로도 유명하다(☞칼카스, ☞몹소스).

또 다른 전설에 의하면, 만토는 알크마이온과 결합해서 아들 암필로코스(숙부와 같은 이름, ☞계보 1, ☞암필로코스)를 낳았다고 한다. 하지만 알크마이온의 아내 만토는 테이레시아스의 딸이 아니고 폴리에이도스의 딸로 또 다른 만토이다.

그런가 하면 베르길리우스는 이탈리아에 있는 만토바 시의 명조인 만토에 대해 언급하기도 한다(☞아우크누스, ☞비아노르).

말칸드로스 Μάλκανδρος / Malcandrus 말칸드로스는 비블로스의 왕으로, 한때 이시스가 그의 노예로 있었다. 이시스는 오시리스의 시신을 찾아다니는 동안 비블로스의 왕비를 위해 유모노릇을 했던 것이다. 비블로스의 왕비는 아스타르테, 사오시스, 네마누스 등으로 불린다.

메가라 Μέγαρα / Megara 1. 메가라는 이름으로 가장 유명한 여주인공은 테바이 왕 크레온의 딸이다. 크레온은 헤라클레스가 오르코메노스의 미니아이 족을 물리친 보상으로 그에게 딸을 아내로 주었다(☞헤라클레스). 하지만 이 결혼은 비극으로 끝나고 말았으니, 헤라 때문에 광기에 사로잡힌 헤라클레스가 메가라에게서 태어난 아이들을 모두 죽였기 때문이다. 이 살인에 대해서는 에우리피데스가 『광기에 빠진 헤라클레스』에서 이야기하고 세네카가 같은 제목으로 다루었던 이야기가 정설로 되어 있다. 헤라클레스가 에우리스테우스를 위해 케르베로스를 찾으러 하계에 가고 없는 동안 에우보이아에서 리코스라는 자가 와서 크레온을 왕위에서 쫓아낸 다음 죽이고 말았다. 뿐만 아니라 메가라와 그녀의 자식들까지 죽이려 하는데 그 순간 헤라클레스가 돌아왔다. 헤라클레스는 우선 리코스를 죽였지만, 헤라가 그를 미치게 만들어 그는 자기 자식들은 물론 메가라까지 활로 쏘았다. 암피트리온까지 그의 손에 죽임을 당하려는 찰나 아테나가 끼어들어 그를 깊은 잠에 빠뜨렸다.

하지만 모든 신화학자들이 똑같은 이야기를 하고 있는 것은 아니다. 그들 대부분은 메가라가 헤라클레스에게 죽임을 당했다는 사실에 동의하지 않는다. 그들은 헤라클레스 자신이 피로 더럽힌 이 결혼을 파기하고, 메가라를 조카 이올라오스와 결혼시켰다고 주장한다(☞헤라클레스). 혹은 학살이 있은 뒤, 헤라클레스가 테바이로 도망가서 약 1년간 그곳에 머물렀다고도 한다. 1년 뒤에 이피클레스와 리킴니오스가 그를 불렀지만 그는 돌아오려 하지 않았다. 그래서 이피클레스와 리킴니오스는 메가라와 함께 그를 찾으러 갔으며, 이들은 모두 티린스에서 만나게 되었다.

그러나 한 동떨어진 전승에 의하면, 메가라의 아버지는 리코스이며, 헤라클레스와 메가라 사이에 태어난 자식들은 리코스에게 죽임을 당했다고 한다. 리코스는 딸을 헤라클레스와 결혼시킨 데 대해 헤라의 벌을 받아 광기에 사로잡혔다는 것이다.

테바이에는 메가라의 자식들의 무덤이 있었으며, 이들에게 제사가 바쳐졌다. 그들의 수는 세 명에서 여덟 명까지 저자들에 따라 달라진다. 마찬가지로 그들의 이름에 대해서도 견해가 다르다. 테리마코스, 데이코온, 크레온티아데스라고 보기도 하고(☞계보 15), 혹은 오네이테스, 옥세우스, 아리스토데모스, 클리메노스, 글레노스, 폴리도로스, 아니케토스, 메키스토포노스, 파트로클레스, 톡소클리토스, 메네브론테스, 케르시비오스 등의 이름들이 전승에 따라 다양하게 묶이기도 한다.

2. 후대의 한 고립된 전설에는 또 다른 메가라가 등장한다. 익시온의 어머니인 그녀는 포르바스와 폴리멜로스의 구애를 거절했다는 이유로 이들에게 죽임을 당했다. 후에 익시온이 그녀의 죽음에 대해 복수했다.

메가레우스 Μεγαρεύς / Megareus 메가라 시의 명조인 메가레우스는 에포페우스의 딸 오이노페와 포세이돈 사이에서 태어난 아들이다(☞계보 10). 그는 보이오티아에 있는 옹케스토스 시 출신이다. 때로 그는 아폴론이나 아이게우스의 아들로 여겨지기도 한다.

그에게는 여러 명의 자식들이 있었다. 그 중 맏아들 티말코스는 디오스쿠로이의 아티카 원정에서 테세우스에게 죽임을 당했다. 막내아들 에우히포스는 키타이론의 사자에게 죽임을 당했는데, 이에 복수하기 위해 메가레우스는 그 괴물을 죽이는 용사에게는 자기 딸 에우아이크메를 아내로 주는 것은 물론이고 물론 자신의 왕위까지 물려주겠다고 했다. 그러자 알카토오스가 나타나 사자를 죽였다(☞알카토오스).

몇몇 저자들은 그가 메로페와 결혼했으며 그의 셋째 아들 히포메네스는 아탈란테와의 경주에서 이기고 그녀를 얻었다고 전한다(☞히포메네스).

미노스가 니소스 왕의 도시 니사를 포위하자 니소스는 메가레우스에게 원조를 청했으며, 메가레우스는 동맹자를 위해 싸우다 전쟁터에서 죽었다. 후에 그의 후계자 알카토오스는 〈니사〉 시를 재건하고 장인을 기리기 위해 〈메가라〉라는 이름을 붙였다.

하지만 메가라 지방에서 유래하는 또 다른 전승에는 그 도시가 정복되었다는 언급이 없다. 메가레우스는 니소스의 딸 이피노에를 아내로 맞았기 때문에 니소스를 계승한 것으로 되어 있다. 그리고 메가레우스의 사위인 알카토오스가 메가레우스를 계승했다는 것이다.

메가클로 Μεγακλώ / Megaclo 메가클로는 레스보스 왕 마카르의 딸들 중 한 명이다. 아버지 마카르가 침울하고 폭력적인 아내를 자주 학대하자, 메가클로는 왕의 시녀들로 레스보스의 처녀 일곱 명을 뽑아 마치 일곱 명의 무사이[뮤즈들]처럼 리라 반주에 맞추어 노래하는 것을 가르치기로 했다. 이렇게 교육을 받은 처녀들이 마카르 앞에서 연주를 하자 왕의 성격도 점점 부드러워져서 아내를 인간적으로 대하게 되었다.

메가펜테스 Μεγαπένθης / Megapenthes 1. 〈큰 슬픔〉이라는 뜻의 이름을 가진 메가펜테스는 메넬라오스가 헬레네의 부재중에 피에리스, 혹은 테리다에라는 여자 노예에게서 낳은 서자이다(☞계보 13). 메넬라오스는 헤르미오네와 그를 동시에 결혼시켰는데, 그가 아들에게 아내로 준 여자는 스파르타 사람 알렉토르의 딸이다.

그러나 라케다이몬 인들은 서자인 그를 메넬라오스 왕의 후계자들 가운데서 제외시켰고, 왕위는 오레스테스에게 돌아갔다. 또 다른 전승에 의하면 메넬라오스가 죽고 오레스테스가 아직 방황하며 에리니에스에게 추격당하고 있었을 때(☞오레스테스), 메가펜테스와 그의 이복형제 니코스트라토스(메넬라오스와 헬레네의 아들, ☞메넬라오스)는 헬레네를 내쫓았다고 한다. 그래서 헬레네는 로도스의 폴릭소에게로 피신했다(☞헬레네).

2. 메가펜테스는 프로이토스의 아들로, 프로이토스는 딸들이 광기에 사로잡혀 있던 시절에 그를 낳았다. 전설에 의하면 그는 아낙사고라스와 이피아네이라의 아버지가 되었다고 한다. 그는 아버지 프로이토스를 계승해 티린스를 통치했으나, 아크리시오스가 죽은 후 페르세우스와 왕국을 맞바꾸어 아르고스 왕국을 다스리게 되었다(☞페르세우스, ☞계보 36).

메게스 Μέγης / Meges 메게스는 필레우스가 오딧세우스의 누이이자 라에르테스의 딸인 크티메네에게서 낳은 아들이다. 아버지를 통해서 그는 아우게이아스의 자손이 된다(☞필레우스). 또 다른 저자들에 의하면 그의 어머니는 틴다레오스의 딸이자 헬레네와 클리타임네스트라의 자매인 티만드라라고 한다(☞계보 19). 그는 헬레네의 구혼자들 가운데 한 명으로(☞계보 19) 따라서 트로이아 전쟁에 참여했다. 그는 둘리키움 및 에키나데스의 군대들을 지휘했으며, 트로이아에서 페다이오스, 크로이스모스, 암피클로스를 죽였다. 그 자신도 트로이아에서 죽은 듯하지만, 『일리아스』에는 그의 죽음에 대해 언급되어 있지 않다. 폴리그노토스가 그린 델포이의 벽화에는 트로이아에서 돌아온 그리스 인들의 무리에 그가 들어 있었다. 그러나 대개는 그가 부상을 입고 있던 터라 귀로에서 죽으리라고 한다.

메네스테우스 Μενεσθεύς / Menestheus 메네스테우스는 에레크테우스 가문에 속한다. 그의 아버지 페테오스는 에레크테우스 왕의 손자이다. 디오스쿠로이의 아티카 원정 당시 그는 망명 중이었으며, 테세우스는 페이리토오스와 함께 하계에 있었다(☞테세우스). 디오스쿠로이는 그를 데려다가 아테나이 왕위에 앉혔다. 테세우스가 돌아오자 메네스테우스는 스키로스로 물러났다고 한다.

하지만 이와는 다른 설들도 있다. 『일리아스』에 나오는 「배들의 목록」에 의하면 그는 아테나이 군대의 대장으로 되어 있으며, 목마 속에 숨어 있었던 용사들의 명단에도 들어 있다. 트로이아가 함락된 후 그는 멜로스로 가서, 폴리아낙스 왕이 죽은 뒤 그곳을 다스렸다. 또한 브루티움 연안의 크로토나와 카울로니아 사이에 있는 스킬레티온을 건설한 것도 그라고 한다. 그런가 하면 스트라본은 가데스에서 멀지 않은 곳, 바이티카 연안에 있다는 〈메네스테우스 항구〉에 대해 언급하고 있다.

메네스티오스 Μενέσθιος / Menesthius 메네스티오스는 아킬레우스의 조카로, 아킬레우스의 명령을 직접 받으며 트로이아에서 싸웠던 대장들 중 한 명이다. 그는 펠레우스의 딸 폴리도라와 하신 스페르케이오스 사이에 태어난 아들이다. 일설에 따르면 폴리도라는 펠레우스의 딸이 아니라 아내라고도 하며, 그렇다면 펠레우스는 메네스티오스의 〈인간〉 아버지이고 그의 〈신〉 아버지가 스페르케이오스가 될 것이다. 또는 메네스티오스의 인간 아버지는 페리에레스의 아들 보로스라고도 한다.

메넬라오스 Μενέλαος / Menelaus 아가멤논의 형제 메넬라오스는 헬레네의 남편이다. 『일리아스』도 따르고 있는 가장 일반적인 설에 의하면, 메넬라오스는 미케나이 왕 아트레우스의 아들로 펠롭스 일족에 속한다(☞계보 2). 그의 어머니는 카트레우스의 딸인 크레테 여자 아에로페(☞)로, 노예와 정을 통하다 부친에게서 쫓겨난 그녀를 나우플리오스가 미케나이로 데려왔다.

좀더 후대의 전설에 따르면, 아가멤논과 메넬라오스의 아버지는 아트레우스가 아니라 아트레우스의 아들 플레이스테네스라고 한다(☞아트레우스, ☞플레이스테네스). 하지만 이런 설에서도 역시 플레이스테네스는 젊어서 죽었기 때문에 메넬라오스와 그의 형제는 아트레우스의 손에 키워졌다고 이야기된다.

아트레우스는 젊은 아가멤논과 메넬라오스를 보내 티에스테스를 찾아 오게 했고, 그들은 델포이에서 그를 찾아내어 미케나이로 데려갔다. 아트레우스는 그를 감옥에 넣고 아이기스토스에게 그를 죽이라고 시켰지만, 티에스테스가 자신의 아버지임을 알게 된 아이기스토스는 오히려 아트레우스를 죽였다(☞아이기스토스). 그리고는 아가멤논과 메넬라오스를 미케나이에서 추방하여, 이들은 스파르타의 틴다레오스에게로 피신했다. 그곳에서 그들은 틴다레오스의 두 딸과(아가멤논은 클리타임네스트라와, 메넬라오스는 헬레네와) 결혼했다(이 결혼이 이루어진 경위에 대해서는 ☞헬레네). 헬레네의 수많은 구혼자들 가운데서 메넬라오스는 틴다레오스 혹은 헬레네 자신에 의해 선택되었다고 한다. 하지만 그 이전에 모든 구혼자들은 자신들 중 선택된 자에게 훗날 누군가가 도전하여 헬레네를 차지하려 한다면, 그 선택된 자를 돕기로 맹세한 터였다. 디오스쿠로이가 죽은 후 틴다레오스는 자신의 왕국을 메넬라오스에게 물려주었으며, 파리스가 헬레네를 납치할 당시 스파르타는 메넬라오스가 다스리고 있었다.

헬레네와 메넬라오스의 결혼에서는 헤르미오네(『일리아스』와『오딧세이아』에서는 그녀가 그들의 유일한 자식이다)와 니코스트라토스라는 아들이 태어났다(☞계보 13). 후대의 저자들은 다른 자식들(아이티올라스, 트로니오스, 모라포스, 플레이스테네스 2세, 그리고 멜리테라는 딸)에 대해서도 언급한다. 역사 시대에도 라케다이몬에서는 이들 중 니코스트라토스와 아이티올라스에게 제사를 드렸다. 헬레네가 없는 동안 메넬라오스는 한 여자 노예에게서 아들을 낳았고, 아내에게서 버림받은〈큰 슬픔〉때문에 그에게 메가펜테스라는 이름을 붙였다. 또 크노시아(크노소스 시를 상기시키는 이름의 이 여자는 분명 크레테 출신일 터이다)라는 여자 노예에게서는 크세노다모스라는 또 다른 아들을 낳았다. 일부 저자들은 니코스트라토스 역시 헬레네의 아들이 아니라 메가펜테스나 크세노다모스와 같은 서자였다고 본다. 메넬라오스가 죽은 뒤 니코스트라토스와 메가펜테스가 헬레네를 추방했다는 전설도 아마 이러한 설과 관계 있을 것이다(☞메가펜테스, ☞헬레네).

메넬라오스와 헬레네는 여러 해 동안(헬레네가 납치당할 당시 헤르미오네가 아홉 살이었으니까, 적어도 9년 이상) 스파르타에서 궁정의 풍요로움을 누리면서 평화롭게 살았다. 이 행복은 파리스의 등장으로 깨졌는데, 이때 메넬라오스는 외할아버지 카트레우스의 장례식에 참석하러 크레테에 가고 없었다(☞카트레우스). 일설에 의하면 메넬라오스가 자기 집에 불행을 자초한 것이라고도 한다. 스파르타 지역에 전염병과 흉작의 저주가 닥치자, 메넬라오스는 신탁의 충고대로 트로이아로 가서 프로메테우스의 두 아들 리코스와 키마이레우스의 무덤에 제물을 바쳤다(☞리코스). 그때 그는 파리스의 환대를 받았으며, 그래서 파리스는 과실로 살인을

메넬라오스

저지르고 트로이아를 떠나게 되자 메넬라오스의 궁정으로 피신했던 것이다. 메넬라오스는 그를 따뜻하게 맞이하고 그의 살인죄를 정화시켜 주었지만, 파리스는 왕이 출타한 틈을 타 헬레네를 데리고 도피 행각에 올랐다(이 납치에 관한 그 밖의 전설들은 ☞헬레네).

메넬라오스는 이리스로부터 불행한 소식을 전해 듣자 서둘러 크레테를 떠나 스파르타로 돌아갔다. 그는 틴다레오스에게 서약을 했던 모든 구혼자들을 불러 모았다. 그는 자기 형제 아가멤논과 네스토르, 팔라메데스, 오딧세우스 등의 도움을 청했고(오딧세우스가 협조를 수락한 경위에 대해서는 ☞오딧세우스) 아킬레우스를 찾아 나선 디오메데스와 오딧세우스는 스키로스 왕 리코메데스의 규방에서 그를 찾아냈다(☞리코메데스). 그런 다음 메넬라오스와 오딧세우스는 델포이에 가서, 트로이아 원정을 행해도 좋을지 신탁을 구했다. 신탁은 그들에게 우선 아프로디테가 전에 헬레네에게 주었던 목걸이를 〈아테나 프로노이아〉[앞일을 내다보는 아테나]에게 바치라고 명했다. 그리고 헤라가 자신의 개인적인 적이기도 한 파리스에 맞서 메넬라오스 편을 들었으므로, 그리스 인들은 어렵지 않게 결집되었다.

메넬라오스는 60척의 선박을 이끌고 원정에 참여했다. 하지만 그가 선두 지휘를 한 것은 아니었다. 그 영예는 아울리스에 모인 그리스 인들에 의해 선출된 아가멤논(☞)에게로 돌아갔다. 메넬라오스는 겁이 많은 데다가 아가멤논만큼 영예를 중시하지도 않았다. 물론 그 역시 용감한 전사로 가장 치열한 공격에도 저항할 수 있었지만, 대체로 늘 뒷전에 머물러 있었다. 또한 그는 트로이아 원정에 참여하기 위해 모인 용사들 가운데 가장 온화한 인물이었으므로, 적들은 그의 관대함을 무기력이라 비난하며 비웃기도 했다. 그의 관대함은 헬레네를 죽이려고 칼을 빼들다가도 결국 용서하고 마는 데서도 드러난다. 그녀에 대한 그의 사랑이 무엇보다 강했으므로, 여러 해 만에 그녀를 만나자 사랑에 지고 만 것이다.

그리스 인들이 상륙하자마자 혹은 테네도스에 기항했을 때 이미, 메넬라오스와 오딧세우스는 트로이아 시에 사절단으로 들어가, 파리스가 가져간 헬레네와 보물들을 돌려달라고 요구하며 분쟁을 평화롭게 해결하려 했다. 안테노르는 이들을 맞이하고 트로이아 인들에게 소개했다. 하지만 파리스와 그 지지자들은 모든 타협안을 물리쳤고, 파리스에게 매수된 그의 친구 안티마코스는 메넬라오스를 죽이라고 백성들을 선동하기까지 했다. 안테노르는 이들을 간신히 구해 내어 도시를 떠나게 했으나, 이제 전쟁은 피할 수 없는 것이 되고 말았다.

『일리아스』는 첫머리에서부터 파리스와 메넬라오스의 결투를 보여 준다. 메넬라오스가 적에게 상처를 입히자, 아프로디테는 파리스를 구하기 위해 그를 구름으로 감싸 집으로 데려갔다. 아가멤논은 싸움을 지켜본 트로이아 인들에게 메넬라오스의 분명한 승리를 인정하라고, 그리고 결투가 있기 전에 정해진 조건들을 실행하여 승리자에게 헬레네를 넘겨주라고 요구했다. 그러나 트로이아 인들이 망설이고 있는 틈을 타, 판다로스가 메넬라오스에게 화살을 쏘아 가벼운 상처를 입혔고, 결국 혼전이 벌어졌다. 메넬라오스는 곧 스카만드리오스를 죽이고 아이네이아스와 겨루었지만 별 성과를 거두지는 못했다. 그날 저녁 헥토르가 그리스 인들 중에 누구든지 자신과 싸우려는 자를 상대해 주겠다며 도전하자 메넬라오스가 나섰지만 아가멤논과 다른 장군들의 만류로 뜻을 이루지 못했다.

선단 주위에서 일어난 전투에서, 메넬라오스

는 헬레노스에게 상처를 입히고 페이산드로스와 히페레노르, 돌롭스, 그리고 토아스를 죽였다. 그리고 파트로클로스가 죽자 그의 시신을 되찾기 위해 가장 먼저 나서서 싸웠고, 그 싸움에서 에우포르보스와 포데스를 죽였다. 안틸로코스를 시켜 아킬레우스에게 친구의 죽음을 전하게 한 것도 메넬라오스이다. 그는 파트로클로스의 시신을 전장에서 멀리 떨어진 곳에 데려다 놓았다. 이후로 그는 『일리아스』의 마지막 장들에 거의 등장하지 않으며, 파트로클로스를 기리는 장례 경기에서만 전차 경기에 참여하는 모습을 보여 준다.

메넬라오스를 다시 만나게 되는 것은 『일리아스』 이후에 일어난 사건들에서이다. 파리스가 필록테테스의 화살에 맞아 죽자, 메넬라오스는 시체에 모욕을 가하게 하며, 마침내 그는 목마 속에 숨어 있던 용사들 가운데 등장한다. 도시를 점령한 메넬라오스는 헬레네가 있는 데이포보스의 집(파리스가 죽은 다음 그녀는 데이포보스와 결혼했다)으로 서둘러 갔다가(☞데이포보스, ☞헬레네). 거기서 그는 격렬한 싸움을 치른 끝에 결국 데이포보스를 죽이고 집 안으로 들어가는데, 메넬라오스와 헬레네의 만남에 대해서는 여러 가지 이야기가 있다. 가령 베르길리우스에 의하면, 헬레네 자신이 메넬라오스와 오딧세우스를 집 안으로 불러들였다고 한다. 그녀가 모든 무기를 감추고 문을 열어 줌으로써 본 남편이 승리하게 했다는 것이다. 하지만 메넬라오스가 데이포보스를 죽인 뒤 집 안으로 달려들어가 헬레네의 머리채를 잡아채어 선단이 있는 곳까지 끌고 가 가둬 놓았다는 설도 있다. 그리스인들은 그에게 그녀를 전리품으로 허락하여 다른 포로들처럼 제비뽑기로 운명을 결정하지 않고 메넬라오스 자신이 죽이게 했는데, 오딧세우스의 중재로 헬레네는 목숨을 건졌다고 한다.

더 극적인 설에 의하면, 헬레네가 집 안의 제단 곁으로 피신하자 메넬라오스는 칼을 빼들고 달려들었으나 찢어진 옷 사이로 드러난 그녀의 가슴을 보고는 예전의 사랑이 되살아나 칼을 거두었다고 한다(☞헬레네).

승리를 거둔 뒤, 아가멤논이 트로이아에 남아 아테나 여신이 분노하지 않도록 그녀에게 제물을 바치는 동안(☞카산드라) 메넬라오스는 서둘러 귀로에 올랐다. 그는 테네도스를 거쳐 레스보스로 갔다가 바다 건너 에우보이아에 이르러 수니온 곳을 향해 갔지만, 거기서 키잡이 프론티스가 죽고 말았다. 그러자 그는 일행이던 네스토르와 디오메데스는 가던 길을 계속 가게 하고, 자신은 프론티스의 장례를 치르기 위해 왔던 길을 되돌아갔다. 다시 항해에 나선 메넬라오스는 말레아 곶 근처에서 폭풍우를 만나 크레테까지 쓸려 갔는데, 그의 배들 대부분은 그곳에서 좌초하고 말았다. 그 자신은 이집트까지 항해를 계속해, 그곳에서 5년 동안 머무르며 큰 부를 축적했다고 『오딧세이아』는 전한다.

이집트를 떠난 메넬라오스는 나일 강 하구에서 바람 한 점 불지 않는 날씨 때문에 항해를 계속하지 못하고 파로스 섬에 발이 묶이고 말았다. 그렇게 스무 날이 지나 더 이상 굶주림을 참을 수 없게 되었을 때, 바다의 신 프로테우스의 딸인 에이도테아(☞) 여신이 나타나 자기 아버지에게 가서 스파르타로 돌아갈 방법을 물어보라고 충고해 주었다. 프로테우스는 그에게 이집트로 돌아가 신들에게 제물을 바치라고 명령했고, 메넬라오스는 명령에 복종하여 마침내 헬레네와 함께 스파르타로 돌아갔다. 트로이아를 떠난 지 8년, 전쟁을 시작한 지 18년이 지난 후였다.

또 다른 전설에 의하면, 메넬라오스는 진짜 헬레네를 이집트에서 찾았다고 한다. 일찍이 그녀가 파리스와 함께 이 땅에 닿았을 때부터 프로테우스(바다의 신이 아니라 왕이 되어 있는[에우리피데스의 작품 『헬레네』에는 프로테우스가 신이 아니라 인간인 왕으로 등장한다])가 그녀를 데리고 있었던 것이다(☞헬레네). 파리스가 트로이아에 데려간 헬레네는 구름으로 이루어진 환영에 지나지 않았으며, 따라서 헬레네에게는 아무런 과실도 없다는 것이다. 그렇다면 트로이아 전쟁과 모든 피비린내 나는 싸움은 한갓 구름을 차지하기 위한 것이었던 셈이다. 그러나 제우스는 여신과 인간 사이에서, 혹은 신과 여자 사이에서 태어난 〈반신(半神)〉 족속의 명예를 높이기 위해 이 전쟁을 원했었다. 다시 말해 헬레네는 그의 딸이며, 파리스 역시 그의 자손이었고, 아킬레우스는 테티스의 아들이었기 때문이다. 이런 이야기는 스테시코로스에게서 비롯된 듯한데, 에우리피데스 역시 약간의 수정을 거쳐 비극 『헬레네』에서 비슷한 이야기를 들려준다. 여기서는 헤라가 파리스에게 거짓 헬레네를 줌으로써 그를 속이고, 진짜 헬레네는 제우스의 명령에 따라 헤르메스에 의해 납치되어 이집트의 프로테우스 곁에서 보호받게 된다. 메넬라오스가 이집트에 닿자 그가 데려간 가짜 헬레네는 허공으로 사라져 버리며, 그는 자신의 진짜 아내를 만나게 된다는 것이다.

메넬라오스는 헬레네와 긴 세월을 함께 한 뒤 죽음을 거치지 않고 엘리시온 들판으로 옮겨졌는데 이것은 제우스가 자신의 사위였던 그에게 특별히 허락한 영예였다.

전승들과 무관하게 후대에 만들어진 이야기에 의하면, 메넬라오스와 헬레네는 타우리스로 오레스테스를 찾아갔으며, 그곳에서 이피게네이아에 의해 아르테미스 제단의 제물로 바쳐졌다고도 한다.

또한, 파우사니아스 시대의 스파르타에서는 그 옛날 메넬라오스가 살던 집을 보여 주곤 했으며, 그를 신으로 예우하여 제사를 드렸다고 한다. 남자들은 전쟁에서 용감할 수 있도록 메넬라오스에게 빌었고, 여자들은 아름다움과 우아함을 얻기 위해 헬레네에게 빌었다는 것이다.

메노이케우스 Μενοικεύς / Menoeceus 1. 이 이름을 가진 첫번째 인물은 오클라소스의 아들이자 펜테우스의 손자이다. 그는 크레온과 이오카스테의 아버지이다(☞오이디푸스, ☞계보 29).

2. 더 유명한 메노이케우스는 위의 메노이케우스의 손자이자 크레온의 아들이다. 일곱 장군의 테바이 원정 때, 테이레시아스는 테바이가 승리하려면 왕의 아들 메노이케우스를 제물로 바쳐야 한다고 예언했다. 부성애와 국가에 대한 의무 사이에서 괴로워하던 크레온은 아들에게 이유를 말하지 않고 무조건 도망시키려 하지만, 메노이케우스는 아버지가 자신을 멀리 보내려는 이유를 알아내고는 자발적으로 자신을 제물로 바쳤다. 이것이 에우리피데스의 『포이니케 여자들』에서 다루어진 비극적인 이야기이다. 또 다른 전승들에 의하면 스핑크스가 메노이케우스를 잡아먹었다고도 하고, 크레온이 그를 제물로 바쳤다고도 한다. 에테오클레스와 폴리네이케스는 그의 무덤 위에서 목숨을 건 사투를 벌였고, 무덤 위에서는 핏빛 열매를 맺는 석류나무가 돋아났다.

메노이테스 Μενοίτης / Menoetes 메노이테스는 트로이아 서사시에 등장하는 몇몇 용사들의 이름인 동시에 에리테이아 섬에서 하데스의 가축 떼를 지키던 목동의 이름이기도 하다(☞게리오네우스). 헤라클레스가 소들을 훔친 것을 게리오네우스에게 알린 것도 그다(☞헤라클레스).

후에 헤라클레스가 케르베로스를 데려오기 위해 하계에 내려갔을 때 메노이테스는 다시 한번 그를 만나게 되었다. 그는 헤라클레스가 소를 훔쳐가지 못하도록 막으려다 실패하며, 그러는 과정에서 갈비뼈가 부러지고 말았다. 만일 그때 페르세포네가 끼어들어 헤라클레스에게 그를 놓아주라고 청하지 않았다면 더 비참한 운명을 맞이했을지도 모른다.

메노이티오스 Μενοίτιος / Menoetius 1. 메노이티오스라는 거인이 있었다. 그는 이아페토스와 오케아니스 클리메네의 아들이며, 따라서 아틀라스, 프로메테우스, 에피메테우스 등과 형제간이다(☞계보 38). 교만하고 사나웠던 그는 제우스의 벼락에 맞아 타르타로스로 떨어졌다.

또 다른 전설에 따르면 이 메노이티오스는 클리메네의 아들이 아니라 아시아의 아들이라고 한다.

2. 메노이티오스라는 이름으로 불리는 가장 널리 알려진 인물은 파트로클로스의 아버지이다. 그는 악토르(☞)와 아이기나(☞)의 아들이다(☞계보 30). 아이기나는 악토르와 결혼하기 전에 제우스에게 훗날 아킬레우스의 선조가 될 아이아코스를 낳아 주었다. 그러므로 파트로클로스와 그의 단짝 아킬레우스는 친척간이 된다.

메노이티오스는 오푸스에 살았으며, 아들 파트로클로스가 주사위 놀이를 하다가 사고로 클리토니모스라는 친구를 죽이자 아들을 펠레우스 곁으로 피신시켰다.

메노이티오스의 아내이자 파트로클로스의 어머니는 아카스토스의 딸 스테넬레이다. 때로는 그녀가 스테넬레가 아니라 페레스의 딸 페리오피스, 혹은 펠레우스의 딸 폴리멜라라는 설도 있다(그렇다면 아킬레우스와 파트로클로스는 사촌간이 된다).

메노이티오스는 아르고나우타이의 명단에 등장하지만 이렇다 할 역할은 하지 않았다. 그는 오푸스에서 가장 먼저 헤라클레스에게 신적인 예우를 했다고 하며, 그의 딸 미르토는 헤라클레스에게 에우클레이아라는 딸을 낳아 주었다고 한다. 보이오티아 인들은 에우클레이아를 경배했으며, 로크리스 인들은 〈아르테미스 에우클레이아〉라는 이름으로 그녀를 섬겼다.

메데이아 Μήδεια / Medea 메데이아는 콜키스 왕 아이에테스의 딸이다(☞아이에테스). 따라서 그녀는 태양(헬리오스)의 손녀이며, 마녀 키르케의 조카딸이다. 그녀의 어머니는 오케아니스인 이디이아이다. 그러나 때로는 모든 마녀들의 여주인인 헤카테 여신을 그녀의 어머니로 보기도 한다. 디오도로스가 따르는 전승에 의하면, 헤카테는 아이에테스의 아내이고, 메데이아는 키르케와 자매간이다.

알렉산드리아와 로마 문학에서 메데이아는 마녀의 전형이 되었다. 이는 아티카 비극과 아르고나우타이의 전설에서 이미 그녀가 맡았던 역할이기도 하다.

메데이아가 없었다면 이아손은 황금 양털을 얻지 못했을 것이다. 헤파이스토스의 황소들이 내뿜는 불로부터 보호받을 수 있도록 이아손에게 고약을 준 것도 그녀이며(☞아르고나우타이), 용들에게 마법을 걸어 잠들게 한 것도 그녀이다. 디오도로스가 전하는 후대의 전설에 따르면 실제로 메데이아는 매우 인간적인 왕녀로, 그 나라에 접근하는 이방인들을 모두 죽인다는 아버지의 정책에 반대했다고 한다. 그녀의 말없는 반대에 화가 난 아이에테스는 그녀를 감옥에 넣었지만 메데이아는 어렵잖게 그곳을 빠져나왔는데, 마침 그날 아르고나우타이가 콜코스 해안에 상륙했다. 그녀는 즉시 그들과 운명을 같이했으며, 자신이 이아손을 도와 황금 양털을 손에 넣게 해주는 대신 그는 자신과 결혼해 달라고 요청하여 약속을 받아 냈다. 나라 사정을 잘 아는 그녀는 귀중한 유물들이 보관되어 있는 신전의 문을 손수 열었고, 그동안 아르고나우타이는 병사들을 공격해 달아나게 했다. 하지만 전설의 여러 일화들을 다음과 같이 〈합리주의적〉으로 해석한 전승도 있다. 가령, 불을 내뿜는 황소들이란 실상 타우리스에서 온 병사들이라든가, 황금 양털이란 방랑 끝에 그곳까지 오게 된 아타마스의 아들 프릭소스의 가정교사인 〈양〉이라는 자의 유품에 지나지 않는다든가 하는 이야기들 말이다.

하여간 황금 양털을 손에 넣은 메데이아는 이아손과 아르고 선원들과 함께 달아났다. 모든 전설들에서 일치하는 한 가지 사실은 그가 그녀에게 결혼을 약속했다는 것 그리고 후에 메데이아가 저지른 죄들은 이아손의 배반 때문이라는 이유로 정당화된다는 것이다. 메데이아는 이아손에게 승리를 안겨 주고 그를 따르기 위해 아버지를 배반하고 버렸을 뿐 아니라 아버지의 추적을 늦추기 위해 남동생 압시르토스를 인질로 잡아다가 서슴없이 죽여 토막을 내었던 것이다 (☞아르고나우타이).

이아손과 메데이아의 결혼이 콜키스에서 즉시 성사되지는 않았다. 결혼은 파이아케스 족의 왕 알키노오스의 나라에 이를 때까지도 미루어지다가, 왕의 아내 아레테 덕분에 비로소 성사되었다. 아이에테스는 알키노오스에게 사신들을 보내 딸이 아직 처녀라면 엄벌에 처하도록 돌려달라고 요구했다. 알키노오스는 메데이아를 돌려줄 셈이었지만, 아레테는 왕의 이러한 결심을 메데이아에게 몰래 알렸고, 이아손은 그녀를 구하기 위해 마크리스(☞) 동굴에서 그녀와 결합했다(☞알키노오스, ☞아르고나우타이).

아주 후대에 형성된 또 다른 전설에 의하면, 이아손은 콜키스에서 결혼하여 그곳에서 4년가량 살다가, 비로소 그 지방에 갔던 소기의 목적들을 성취했다고 한다. 메데이아는 아르테미스의 여사제로(타우리스의 이피게네이아처럼) 콜키스에 접근하는 모든 이방인들을 죽여야 할 임무를 맡고 있었다. 그러나 이아손을 본 그녀는 첫눈에 반해(아프로디테 여신 자신이 직접 마음을 움직여) 이아손을 죽이는 대신 그와 결혼을 하고 말았다. 이피게네이아와 오레스테스의 이야기에서 따온 것이 분명한 이 전설은 본래 이야기는 아닌 듯하다.

헤시오도스에 의하면 이아손과 메데이아 사이에서 메데이오스(☞)라는 아들이 태어났다고 하며, 또 다른 신화학자들에 의하면 에리오피스라는 딸도 있었다고 한다. 후대의 비극들에서 비롯된 전승에 따르면, 그들의 두 아들은 페레스와 메르메로스이다. 디오도로스는 테살로스, 알키메네스, 테이산드로스를 그들의 아들로 본다.

이아손과 함께 이올코스로 돌아온 메데이아는, 이아손에게 황금 양털을 찾아 오라고 시켜 그를 죽이려 했던 펠리아스에게 복수하기 시작했다(☞펠리아스, ☞이아손). 그녀는 자신에게는 모든 생물을 젊어지게 하는 능력이 있다고 왕의 딸들을 설복했다. 어떤 생물이든지 메데이아 자신만이 비방을 아는 탕약 속에 넣고 삶으면 다시금 젊어진다는 것이었다. 그리고 그녀들이 보는 데서 늙은 양을 토막내어 불 위에 얹어 둔 큰 솥에 넣고 삶다가 잠시 후에 가마솥 안에서 아주 기운 찬 어린 양을 꺼냈다. 그녀의 솜씨를 신뢰하게 된 딸들은 아버지 펠리아스를 토막내어 메데이아가 준비한 가마솥 속에 넣었는데, 펠리아스는 다시 나오지 않았다. 이 살인이 있은 뒤 펠리아스의 아들 아카스토스는 이아손과 메데이아를 자신의 왕국에서 추방했다. 같은 전설의 또 다른 이본은, 절대 살아 돌아오지 못할 것으로 믿었던 이아손이 돌아온 데 대해 펠리아스가 의구심을 품지 않은 것을 설명하기 위한 것으로, 메데이아 혼자 아르고 선을 떠나 아르테미스의 여사제로 변장해 이올코스로 갔다고 되어 있다. 펠리아스가 죽고 그의 딸들이 공포에 떨며 도망가고 나자, 메데이아는 이아손을 불러오게 했다. 이아손은 황금 양털을 찾으러 갈 때 아버지의 뜻을 거역하면서까지 그를 따라나섰던 펠리아스의 아들 아카스토스에게 왕국을 주었다. 그리고 앞의 전설에서처럼 이아손과 메데이아는 코린토스에 가서 살았다.

코린토스는 아이에테스가 태어난 나라이다 (☞아이에테스). 이곳에는 〈메데이아의 아이들〉에게 바치는 제사가 있었는데, 메데이아의 전설에 나오는 다음과 같은 일화는 그 제사에서 비롯된 것일 수도 있다. 이아손과 메데이아는 코린토스에서 한동안 잘 살았으나, 크레온 왕은 이아손을 자신의 딸 크레우사와 결혼시키기 위해 메데이아를 추방했다. 그러자 그녀는 출발 날짜를 하루 연기받아 복수를 준비했다. 즉 자식들을 시켜, 독에 담근 옷과 장식물, 보석 등을 행복한 신부에게 갖다 바친 것이다. 왕의 딸이 이것들을 몸에 걸치자마자 불이 붙었고 그녀를 구하러 달려온 아버지는 물론이고 궁전 전체가 불길에 휩싸였다. 그동안 메데이아는 헤라의 신전에서 자기 자식들을 죽인 뒤[에우리피데스의 『메데이아』에는 자기 집에서 죽여 헤라 신전으로 옮긴 것으로 되어 있다], 조부인 헬리오스(태양)의 선물인 날개 달린 수레를 타고 아테나이로 날아갔다(☞크레온). 이렇듯 메데이아의 자식들이 어머니의 손에 죽임을 당했다는 이야기는 에우리피데스에서부터 시작되었다. 이전의 전설에 따르면 아이들은 크레우사에게 옷과 보석을 갖다 주었다는 이유로 코린토스 인들의 돌에 맞아 죽었다고 한다(☞메르메로스).

자식들을 죽이는 범죄를 저지르기 전에 메데이아는 아이게우스로부터 도움을 받기로 약속해 두었으므로 아테나이로 피신했고, 아이게우스가 자신을 아내로 맞이하면 그에게 아들을 낳아 주겠다고 약속했다(☞아이게우스). 후에 테세우스가 아버지를 찾아오자 그녀는 그를 죽이려다 실패하고 아테나이에서 추방당했다. 그래서 그녀는 아이게우스에게서 낳은 아들로 메데스 족의 명조가 될 메도스를 데리고 아시아로 돌아갔다. 콜키스에서는 페르세스가 아이에테스를 왕좌에서 몰아냈던 터라, 그녀는 아버지에게 왕국을 돌려주기 위해 페르세스를 죽이게 했다.

전해 내려오는 이야기에 의하면 메데이아는 죽지 않고 엘리시온으로 가서 그곳에서 아킬레우스와 결혼했다고 한다(이피게네이아, 헬레네, 폴릭세네와 마찬가지로).[아킬레우스가 죽어서 간 곳은 〈행복한 자들의 섬〉, 〈흰 섬〉, 〈엘리시온〉 등 여러 가지로 이야기된다].

메데이오스 Μήδειος / Medeus 이아손과 메데이아의 아들 메데이오스는 케이론에 의해 키워졌다. 그에 관해 그 밖에 알려진 이야기는 없다.

메도스 Μῆδος / Medus 메도스는 메데이아의 아들이다. 통설에 의하면 그는 아이게우스의 아들로 되어 있다(☞메데이아). 하지만 때로는 그를 아시아 나라 왕의 아들로 보아, 테세우스가 돌아왔을 때 아테나이에서 쫓겨난 메데이아가 그와 결혼했다고도 한다. 두 경우 모두 메도스를 메데스 족의 명조로 본다.

아티카의 비극 작가들은 메도스의 전설을 복잡하게 만들었다. 이들에 따르면, 메도스는 아이게우스의 아들로, 어머니와 함께 아테나이에서 달아나다가 태풍을 만나 종조부 페르세스가 다스리는 왕국의 한 해안에 버려졌다고 한다. 한편 페르세우스는 아이에테스의 자손들을 믿지 말라는 신탁을 받은 터였다. 이 사실을 알고 있었던 메도스는 그를 체포한 병사들에게 끌려 페르세우스 앞에 나가게 되자, 진짜 정체를 감추고 자신은 테바이 왕 크레온의 아들 히포테스라고 하면서 크레온과 크레우사를 죽인 메데이아를 벌하기 위해 찾고 있노라고 대답했다. 하지만 페르세우스는 그의 말을 믿지 않고 몇 가지 더 심문한 다음 그를 투옥시켰다. 그 사이 나라에는 기근이 들었다. 때마침 용이 이끄는 전차를 탄 메데이아가 숙부 페르세우스 앞에 도착해, 자신은 아르테미스의 여사제이며 이 땅을 기근으로부터 구하러 왔노라고 말했다. 왕은 이 말을 믿고 그녀에게, 자기가 테바이 왕의 아들 히포테스를 감옥에 넣어 두었다고 밝혔다. 메데이아는 자신에게 그를 넘겨달라고 했고, 막상 만나 보니 그는 다름 아닌 자기 아들이었다. 그녀는 아들을 따로 데려가 그에게 무기를 주었으며, 그 무기로 메도스는 페르세우스를 죽인 뒤 그를 대신해서 왕국을 통치했다.

님프 알페시보이아의 아들 메도스에 대해서는 ☞알페시보이아.

메돈 Μέδων / Medon 1. 메돈은 오일레우스와 레네의 서자이다. 그는 프티오티스 출신이지만 그의 장모 에리오피스의 친지 가운데 한 명을 죽인 뒤 추방되었다. 필록테테스가 병이 나서 렘노스 섬에 남겨진 뒤, 그가 메토네, 타우마키에, 멜리보이아, 올리존의 군대를 대신 지휘했다. 그는 트로이아에서 아이네이아스에게 죽임을 당했다.

2. 또 다른 메돈은 이타케에서 구혼자들의 전령 노릇을 했다. 그러나 이들이 오딧세우스를 찾아 나선 텔레마코스가 돌아오면 함정을 놓아 그를 해치기로 하자, 메돈은 이 음모를 페넬로페에게 알렸다. 그래서 오딧세우스는 구혼자들을 모두 죽일 때, 그만은 살려 주었다. 오비디우스와 아폴로도로스는 그를 구혼자들 중 한 명으로 꼽았는데, 이 두 가지 설이 양립할 수 없는 것은 아니다.

3. 필라데스와 엘렉트라의 아들이자 스트로피오스의 형제인 메돈도 있다(☞계보 30).

메로페 Μερόπη / Merope 전설에 등장하는 메로페는 여러 명 있다.

1. 그녀들 중 한 명은 아틀라스와 플레이오네의 딸이며, 코린토스 왕 시시포스(☞계보 25)와 결혼하여 글라우코스(☞)라는 아들을 낳았다. 플레이아데스 중에서 인간과 결혼한 것은 그녀뿐이며, 따라서 나중에 자매들과 함께 별자리가 되었을 때도 다른 별들보다 빛을 덜 발하게 된다.

2. 더 유명한 메로페는 아르카디아 왕 킵셀로스의 딸로, 그녀는 헤라클레이다이 중 한 명인 크레스폰테스와 결혼했다(☞계보 16). 킵셀로스는 헤라클레이다이의 결속을 공고히 하고 자신의 왕국을 보존하기 위해 자기 딸을 크레스폰테스와 결혼시킨 것이다(☞헤라클레이다이).

헤라클레이다이가 펠로폰네소스를 나누어 가졌을 때 크레스폰테스는 메세니아를 차지했다(☞크레스폰테스). 에우리피데스는 메로페의 모험을 주제로 비극을 썼는데 오늘날 전하지 않는 이 작품의 줄거리를 재구성해 보면 다음과 같다. 크레스폰테스는 다른 전설들 속에서는 신들의 봉기로 죽임을 당한 것으로 되어 있지만, 이 비극에서는 헤라클레이다이 중 한 명인 폴리폰테스에게 암살당한 것으로 되어 있다. 폴리폰테스는 크레스폰테스의 두 아들을 죽이고 그의 아내 메로페마저 강제로 차지했다. 메로페는 막내아들 아이피토스를 아이톨리아로 보내 목숨을 건지게 하고, 늙고 충실한 하인을 아들에게 몰래 보내 연락을 했다. 폴리폰테스는 어린 아이 피토스가 죽지 않았음을 알게 되자 그가 언젠가 복수하기 위해 나타날 것을 두려워하여 수배령을 내리고 그를 살해하는 자에게 큰 상금을 내리겠다고 선포했다.

성인이 된 아이피토스는 아버지와 형들의 죽음에 복수할 계획을 세웠다. 그래서 텔레폰테스라는 이름으로 왕을 찾아와 자신이 아이피토스를 죽였으니 상을 달라고 했다. 하지만 왕은 그의 말을 즉시 믿지 않고 정말로 아이피토스가 죽었는지 알아볼 동안 자기 궁정에 머물게 했다. 한편 그동안 늙은 하인을 통해 아이피토스와 연락을 취하던 메로페는 하인으로부터 아이피토스의 행방을 모르겠다는 말을 들었다. 며칠 전부터 그가 이상하게 사라져 버렸다는 것이다. 그러자 메로페는 왕을 찾아온 이방인이 정말로 아이피토스를 죽인 줄로만 알고, 그를 죽이려고 밤중에 몰래 그의 방으로 들어갔다. 그리고 단도로 그를 찌르려는 순간 늙은 하인이 나타나 이 이방인이야말로 메로페의 아들 아이피토스임을 알아보고 그를 죽이지 못하게 했다. 아이피토스는 폴리폰테스를 죽이고 복수할 방도를 찾기 위해 어머니와 공모했다. 그래서 메로페는 보란 듯이 아들의 죽음에 대한 애도를 표했고, 폴리폰테스도 더 이상 그의 죽음을 의심하지 않았다. 게다가 그때까지 폴리폰테스에게 적대감을 보이던 그녀는 마치 모든 희망을 잃고 자신의 운명을 받아들인 사람처럼 다정하게 굴었다. 기쁨에 찬 왕은 감사의 제사를 드려야 마땅하다고 생각하고 텔레폰테스라는 이 이방인을 영예로운 손님으로 초대하여 그에게 제물을 직접 죽여 바치도록 했다. 그러나 제단에서 이 젊은이는 제물을 죽이는 대신 폴리폰테스를 죽임으로써 아버지와 형들, 그리고 어머니의 복수를 했다. 그리고 어렵잖게 왕이 되었다.

메르메로스 Μέρμερος / Mermerus 메르메로스는 메데이아와 이아손의 두 아들 중 한 명이다. 메데이아는 이아손의 배신을 벌하기 위해 두 아들, 메르메로스와 페레스를 죽였다(☞이아손, ☞메데이아, ☞계보 21).

또 다른 전승에 의하면 메르메로스와 페레스는 크레온 왕의 딸에게 독이 든 선물을 갖다 바쳐 그녀와 왕을 죽게 했기 때문에 코린토스인들에게서 돌로 쳐죽임을 당했다고도 한다.

하지만 이아손과 메데이아의 장남인 메르메로스는 다른 방식으로 죽었다는 설도 있다. 즉 그는 펠리아스가 죽은 뒤 코르키라로 추방당한 아버지를 따라갔다가, 에페이로스에서 사냥을 하던 중에 암사자에게 죽임을 당했다는 것이다.

***메르쿠리우스** Mercurius 메르쿠리우스는 그리스의 헤르메스에 해당하는 로마의 신이다. 헤르메스와 마찬가지로 그는 특별히 상인들(그의 이름에서 우리는 〈상품〉을 의미하는 〈메륵스〉라는 단어의 어근을 발견하게 된다)과 여행자들을 보호했다. 그리스 신화에 동화된 후, 그는 유피테르의 사신으로 등장하며 심지어 유피테르의 애정 행각을 돕는 시중꾼의 역할을 맡기도 했다(예를 들면 플라우투스의 『암피트리온』에서는 메르쿠리우스와 헤르메스가 구별되지 않는다).

로마에서 메르쿠리우스의 첫 신전은 무역의 중심지였던 로마의 항구에서 멀지 않은 아벤티누스 언덕 기슭의 키르쿠스 막시무스[대경기장]에 세워졌다. 이 신전이 세워진 것은 보통 기원전 496년으로 간주된다. 메르쿠리우스 신전은 인근의 케레스 신전보다 3년 앞서 세워진 것이다. 두 성전은 포메리움(도시의 신성한 성곽) 밖에 건립되었는데, 이것은 메르쿠리우스가(혹은 적어도 그에 대한 제사가) 이방으로부터 유래했음을 나타낸다.

헤르메스와 마찬가지로 메르쿠리우스도 지팡이와 챙이 넓은 모자, 날개 달린 샌들을 신고 있으며, 상업에서 생겨나는 이윤의 상징인 주머니까지 차고 있다.

대부분의 로마 신들처럼 메르쿠리우스 역시 고유한 의미에서의 신화는 갖고 있지 않다. 그가 등장하는 신화는 헤르메스 신화의 〈번역〉일 때가 많다. 그를 에우안드로스의 아버지로 보는 신화도 그 일례이다(☞에우안드로스). 그는 라레스의 아버지라고도 한다(☞라레). 아마도 이 전설은 라레스도 메르쿠리우스 헤르메스처럼 교차로의 신들이라는 사실에서 비롯되었을 것이다.

메리오네스 Μηριόνης / Meriones 메리오네스는 크레테 사람 데우칼리온의 서자인 몰로스의 아들이다(☞데우칼리온). 그는 헬레네의 구혼자들 중 한 명이었으며, 그 때문에 트로이아 전쟁에 참가했다. 트로이아 전쟁에서 그는 이도메네우스의 가장 충실한 동료로, 그와 함께 크레테 병사들을 지휘했다.

트로이아 전쟁에서 그는 여러 가지 공적을 세웠다. 한밤중에 열린 지휘관 회의에 참석했고, 데이포보스에게 상처를 입혔으며, 아다마스, 아카마스, 하르팔리온, 모리스, 히포티온, 라오고노스 등을 죽였고, 아이네이아스의 일격을 피했다. 그는 파트로클로스의 시신을 둘러싸고 벌어진 싸움에도 참가했으며, 파트로클로스의 화장단을 위한 나무를 모아 오는 일을 맡았다. 아킬레우스가 개최한 장례 경기에서 그는 전차 경기, 활쏘기, 투창 등의 종목들에 참가하여, 궁수들의 나라인 크레테 출신이었던 만큼 활쏘기에서 우승을 거두었다.

트로이아 함락 이후 메리오네스는 이도메네우스와 동행하여 무사히 크노소스로 돌아갔다. 후세의 전설에 의하면 그는 시칠리아로 가서 헤라클레이아 미노아와 엔기온에 정착해 있던 크레테 인들로부터 환영을 받았다고 하며 이 도시들에서는 역사 시대까지도 그에게 제사를 드렸다. 파플라고니아에 크레사를 건설한 것도 그이다.

메리오네스는 탁월한 춤꾼으로 유명했다.

메사포스 Μέσσαπος / Messapus 메사포스는 보이오티아의 용사로 보이오티아 연안의 에우보이아 방면에 있는 메사피온 산의 명조이다. 그는 이탈리아 남부로 가서 메사피아 지방에도 자신의 이름을 남겼다.

메사포스 일명 메사피오스라는 일리리아의 용사도 있었는데, 그가 메사피아 지방의 명조라는 설도 있다.

메세네 Μησσήνη / Messene 메세네는 아르고스 왕 트리오파스의 딸이자 포르바스의 손녀이다 (또 다른 설에 의하면 포르바스의 딸이라고도 한다. ☞계보 17). 그녀는 라케다이몬 왕 렐렉스의 막내아들 폴리카온과 결혼했다. 그런데 렐렉스의 맏아들 밀레스가 왕위를 계승하자 메세네는 남편을 부추겨 다른 지방을 손에 넣게 했다. 폴리카온은 라케다이몬과 아르고스 병사들의 도움으로 한 지역을 점령해 아내의 이름을 따 메세니아라고 불렀다. 나라의 수도는 안다니아로 정해졌고, 폴리카온은 그곳에 페르세포네와 데메테르에게 바치는 제사를 제정했다. 이 제사는 카우콘이 엘레우시스에서 들여온 것이었다. 훗날 메세니아에서 폴리카온과 메세네는 신으로 예우되었다.

메소포타미아 Μεσοποταμία / Mesopotamia 메

소포타미아는 동명의 나라를 여성으로 인격화한 것이다. 그녀는 아프로디테를 섬기는 여사제의 딸로, 티그리스와 유프라테스의 자매라고 한다. 그녀가 태어나자 아프로디테는 그녀에게 빼어난 아름다움을 선사했다. 그 후 세 명의 젊은이가 동시에 그녀에게 구혼하자, 그녀는 정직하고 공정하기로 유명한 보코로스에게 심판을 맡겼다. 메소포타미아는 세 젊은이에게 선물을 한 적이 있었는데, 한 명에게는 술잔을, 다른 한 명에게는 자기 머리에 썼던 화환을 주고, 나머지 한 명에게는 키스를 했었다. 보코로스는 키스의 선물을 가장 분명한 사랑의 표시로 보고 세 번째 젊은이를 뽑기로 했다. 하지만 다른 두 경쟁자가 그의 결정을 인정하지 않아 세 젊은이는 서로 싸우다 모두 죽고 말았다. 결국 메소포타미아는 노처녀로 남았다.

메스트라 Μήστρα / Mestra 메스트라는 에리시크톤(☞)의 딸이다. 에리시크톤이 데메테르의 벌을 받아 아무리 많이 먹어도 허기를 면하지 못하자 메스트라는 아버지에게 양식을 대주기 위해 자청하여 노예로 팔려 갔다. 하지만 그녀는 애인인 포세이돈으로부터 자유자재로 변신할 수 있는 능력을 받아, 매번 그리 어렵지 않게 주인집에서 빠져나와 집으로 돌아오곤 했다. 이 신화에 대한 〈합리적인〉 해석은 다음과 같다. 즉, 허랑방탕하다가 망한 게으름뱅이 아버지에게 돈을 대주기 위해, 아름다운 딸 메스트라는 아무한테나 자신을 팔았다. 그런데 그 시대는 화폐가 사용되지 않던 시절이므로, 그녀는 몸값을 소, 양, 가금 등 현물로 지불하게 했다. 그래서 메스트라가 직접 소, 양, 가금 등이 〈되었다〉고 말하게 되었으며, 그녀에게 변신의 능력이 있었다는 전설도 아마 그런 이유들로 인해 생겨났을 것이다.

메이디아스 Μειδίας / Midias 메이디아스는 테살리아 인이었는데 그의 아들 에우리다마스가 트라실로스를 죽였다. 그러자 트라실로스의 형제인 시몬이 에우리다마스를 죽여 그의 시신을 질질 끌고 트라실로스의 무덤 주위를 돌았다. 이렇게 해서 테살리아에서는 살인자의 시신을 끌고 희생자의 무덤 주위를 도는 관습이 생겨났다고 한다. 아킬레우스도 헥토르의 시신을 끌고 파트로클로스의 무덤 주위를 돌았다. 보통 희생자와 가장 가까운 친구나 친지가 그 일을 맡았다.

***메젠티우스 Mezentius** 로마의 기원 전설에 의하면, 메젠티우스는 에트루리아 왕으로 카이레를 통치했으며 아이네아스에 맞서 싸웠다. 그에 관한 전설에는 다양한 이본들이 있다. 오늘날 전하지 않는 카토의 『기원론』(B.C. 2세기)에 처음으로 기록되었다는 가장 오래된 이야기는 다음과 같다. 아이네아스와 라티누스에게 패배한 투르누스는 메젠티우스에게 도움을 요청하며(☞라티누스), 메젠티우스의 동의를 얻기 위해 자기 땅에서 나는 포도와 영토의 절반을 주겠다고 제안했다. 한편 아이네아스도 유피테르에게 같은 맹세를 했는데, 결국 신에게 한 맹세가 투르누스의 약속보다 더 효과적이어서 메젠티우스는 물론이고 투르누스도 죽임을 당하고 말았다. 이 싸움에서 아이네아스는 신들의 부름을 받아 신비하게 사라졌으나, 유피테르에게 한 맹세는 지켜졌다. 이것이 해마다 열렸던 〈비날리아〉 축제의 기원이며, 축제 동안 그 지역에서 나는 포도주의 첫 소출을 유피테르에게 바쳤다고 한다.

하지만 할리카르나소스의 디오니시오스가 전하는 이야기는 아주 다르다. 아이네아스가 라비니아와 결혼하고 라비니움을 건설한 이후, 아이네아스와 라티누스는 아마타의 조카 투르누스가 이끄는 루툴리 족의 공격을 물리쳐야만 했다. 첫 싸움에서 라티누스와 투르누스가 죽임을 당했다. 그러자 루툴리 족은 메젠티우스와 에트루리아 인들에게 도움을 청했는데, 이들 역시 자신들의 국경과 인접한 티베리스[테베레] 강 어귀에 강력한 나라가 들어서는 것을 원치 않던 터였다. 그리하여 피비린내 나는 전투가 벌어졌지만 해가 저물도록 승부가 나지 않았다. 게다가 아이네아스가 사라졌다는 사실이 드러나고 말아, 아스카니우스가 지휘를 하기는 했으나 트로이아 인들과 라티움 족은 곤경에 처하게 되었다. 아스카니우스가 휴전 조건을 묻자, 메젠티우스는 라티움에서 나는 포도주를 몽땅 내놓으라고 요구했다. 아스카니우스는 포도주를 적에게 주는 대신 유피테르에게 바치고, 그믐밤을 틈타 적을 공격하는 데 성공했다. 메젠티우스의 아들 라우수스가 죽임을 당하고 에트루리아 군대는 뿔뿔이 퇴각했으며, 메젠티우스는 자신의 패배와 아들의 죽음을 알았다. 이번에는 메젠티우스가 휴전을 요청했다. 아스카니우스는 그와 그 부하들이 라티움 땅을 무사히 통과하게 해주었고, 메젠티우스는 라티움 족의 동맹자가 된다.

베르길리우스의 작품에서는 메젠티우스가 한층 미묘한 입장으로 등장하지만 이야기는 단순화된다. 메젠티우스는 카이레 왕이지만 폭정을 하다가 신하들에게 추방당해 투르누스에게 피신한 처지다. 그래서 그는 아들 라우수스와 함께 투르누스 편에서 싸우다가 둘 다 아이네아스에게 죽임을 당했다. 하지만 베르길리우스는 메젠티우스에게도 유피테르에게도 라티움의 포도주를 바치겠다는 서약이 있었다는 이야기는 하지 않는다. 베르길리우스의 이야기에서는 메젠티우스만이 아이네아스의 적으로 등장하며, 에트루리아 인들은 트로이아 편, 즉 로마 편이었다. 베르길리우스의 후원자 마이케나스가 에트루리아 출신이었고 또 베르길리우스가 서사시를 쓸 당시 마이케나스가 아우구스투스와 가장 절친했던 인물들 중 한 명이었다는 사실을 생각하면 이는 당연한 일인지도 모른다.

메콘 Μήκων / Mecon 메콘은 데메테르의 사랑을 받은 아테나이 인이다. 데메테르는 그를 한 포기 양귀비로 변모시켰다(양귀비는 데메테르를 상징한다).

메키스테우스 Μηκιστεύς / Mecisteus 메키스테우스(☞계보 1)는 탈라오스와 리시마케의 자식들 가운데 한 명이며, 따라서 아드라스토스의 형제이다. 그의 아들은 에우리알로스(☞)이다. 그는 때로 테바이 원정의 일곱 장군 가운데 한 명으로 등장하며, 그의 아들은 에피고노이 중 한 명이다. 메키스테우스는 테바이 원정에서 멜라니포스에게 죽임을 당했다.

메타 Μήτα / Meta 메타는 아이게우스의 첫번째 아내였는데 이들 부부 사이에는 아이가 없었다. 그녀는 이온의 아들 호플레스의 딸로, 아티카 지방의 한 부족의 명조가 되었다.

메타네이라 Μετάνειρα / Metanira 메타네이라는 엘레우시스 왕 켈레오스의 아내이다. 그녀는 딸을 찾아온 데메테르 여신을 집에 맞아들여 하녀로 고용했다(☞켈레오스, ☞데메테르, ☞데모폰, ☞트리프톨레모스).

때로 메타네이라는 히포토온의 아내로 여겨지기도 하는데, 히포토온은 아티카의 용사로 포세이돈과 알로페의 아들이며 아테나이의 히포토온티다이 족의 명조이다.

메타보스 Μέταβος / Metabus 『아이네이스』에 의하면, 메타보스는 에트루리아 출신으로 볼스키 족의 왕이며 프리베르눔 시를 다스렸다고 한다. 그는 딸 카밀라와 함께 신하들에 의해 추방되었다(☞카밀라).

세르비우스는 이 이민족 왕이 마그나 그라이키아[이탈리아 남부의 그리스 식민지를 가리킴]에 있던 메타폰티온 시의 명조라고 본다. 그리스 전설에 의하면, 이 메타보스는 알리바스의 아들이라 한다(☞메타폰토스).

메타폰토스 Μετάποντος / Metapontus 메타폰토스는 메타폰티온 시의 명조이다. 이 이름은 이방인식대로 부르면 메타보스(☞)가 되는데, 이 도시는 메타폰티온이라고 불리기 전에 메타보스이라는 이름을 가졌던 것 같다.

메타폰토스는 시시포스의 아들이자 아이올로스의 손자로 여겨졌다. 그러나 좀더 흔히는 아이올로스 2세와 보이오토스의 양아버지로 간주되었다. 아이올로스 1세의 딸 아르네가 임신을 하여 아버지로부터 추방당하자 그녀를 맞아들였을 뿐 아니라, 그녀를 위해 첫번째 아내인 시리스를 메타폰토스 인근 시리스 시로 쫓아냈다. 그 후 아르네의 아들들은 어머니의 충고대로 시리스를 죽인 다음, 한 명은 보이오티아(그는 그 지방의 명조가 되었다)로, 다른 한 명은 아이올리아의 섬들로 피신했다고 한다(에우리피데스의 소실된 비극『감금된 멜라니페』에서도 다루어진 이러한 전설의 다양한 이본들은 ☞아이올로스 2).

메티스 Μῆτις / Metis 〈지혜〉혹은 나쁜 의미로는 〈간계〉를 의미하는 이름을 가진 메티스는 신들의 첫 세대에 속한다. 그녀는 오케아노스와 테티스(I) 사이에서 태어났으며 제우스의 첫번째 아내(혹은 애인)였다고 한다. 그녀가 제우스에게 준 약 덕분에, 크로노스는 자신이 집어삼킨 자식들을 모두 토해 낸다(☞크로노스). 그 후 메티스가 잉태하자 가이아와 우라노스는 제우스에게 한 가지 경고를 했다. 즉 메티스는 그에게 딸을 낳아 준 다음 아들을 낳을 터인데, 이 아들은 마치 제우스가 크로노스의 왕위를 빼앗았듯이 제우스 자신의 왕위를 빼앗으리라는 것이었다. 그래서 가이아(혹은 메티스 자신)의 충고대로 제우스는 메티스를 삼켜 버리며, 그렇게 해서 태어난 것이 아테나(☞)이다.

메티오코스 Μητίοχος / Metiochus 메티오코스는 프리기아 출신의 젊은이이다. 그는 파르테노페라는 처녀를 사랑하게 되었는데, 그녀는 순결의 맹세를 한 터였다. 파르테노페도 그를 사랑했지만 자신의 맹세를 깨뜨리고 싶지 않았으므로, 머리를 깎고 고향을 떠났다. 그녀는 캄파니아에 이르러 그곳에서 디오니소스를 섬겼다. 나폴리의 그리스 식 이름 파르테노페는 그녀의 이름에서 유래한 것이다.

메티온 Μητίων / Metion 아티카의 용사 메티온의 계보에 대해서는 여러 가지 설이 있다. 흔히 그는 에레크테우스와 프라시테아의 아들들 중 한 명으로 소개된다(☞계보 11). 한편 그와 알키페 사이에서 태어난 자식들은 아테나이 왕위에서 케크롭스 2세의 아들이자 메티온의 조카(☞계보 11)인 판디온 2세를 몰아내고 대신 통치했다고 하는데, 이런 전설에서 메티온은 에우팔라모스의 아들이며, 따라서 다이달로스의 할아버지이다(☞다이달로스).

또 다른 전설에서는 메티온이 에우팔라모스의 아들이 아니라 아버지로, 에레크테우스의 아들이 아니라 손자로 등장하기도 한다. 그는 이피노에와 결혼해서 아들 다이달로스를 얻는다. 무사이오스의 아버지가 그라는 설도 있다.

끝으로 메티온은 시키온 지방의 한 전설에서 간접적인 역할을 한다. 그는 시키온 왕 라메돈의 부름을 받아 그의 딸 제욱시페와 결혼하고 왕위를 물려받은 시키온(☞)의 아버지인 것이다(☞ 계보 22).

메팀나 Μηθύμνα / Methymna 메팀나는 레스보스 섬에 있는 메팀나 시의 명조이다. 그녀는 마카르의 딸이자 레페팀노스의 아내로, 아킬레우스가 레스보스를 점령했을 때 그에게 죽임을 당한 히케타온과 헬리카온의 어머니이다.

*메피티스** Mefitis 메피티스는 로마와 일부 이탈리아 도시들에서 유황의 배출을 관장하는 여신이다. 이탈리아에 무척 많았던 유황의 배출은 페스트와 기타 역병들의 원인이 된다고 여겨졌기 때문에 때로 메피티스는 페스트의 여신으로 간주되기도 했다. 그녀는 로마의 에스퀼리누스 언덕에 신전을 갖고 있었다.

멘테 Μένθη / Menthe 멘테는 하계의 님프로 하데스의 사랑을 받았다. 페르세포네가 그녀를 질투하여 가혹하게 다루자, 하데스 신은 그녀를 식물, 즉 박하로 변하게 했다. 이 변모는 비티니아의 트리필로스 산에서 일어났다.

멘토르 Μέντωρ / Mentor 멘토르는 이타케 사람 알키모스의 아들로, 오딧세우스의 충실한 벗이었다. 오딧세우스는 트로이아로 떠나면서 그에게 자신의 재산 관리를 맡겼다. 그는 무리 앞에서 [텔레마코스가 아버지를 찾아 떠나기에 앞서 이타케에서 회의를 소집했을 때] 오딧세우스를 옹호하는 발언을 했다. 아테나 여신은 텔레마코스와 동행하고 구혼자들에 맞선 싸움에서 오딧세우스를 돕기 위해 여러 차례 멘토르의 모습으로 나타났다.

멜라네우스 Μελανεύς / Melaneus 멜라네우스는 아폴론의 아들로, 유명한 궁수이다. 그는 오이칼리아에게서 아들 에우리토스를 낳았다(☞에우리토스). 그는 페리에레스가 양보한 땅에 메세니아의 오이칼리아 시를 건설했다고 한다.

그 밖에 에우보이아 지방의 전설에 따르면, 그는 아르케실라오스의 아들로 에레트리아 시(처음에는 그의 이름을 따라 멜라네이스라고 불리던)의 건설자라고 한다.

안토니누스 리베랄리스에 의하면, 아폴론의 아들이자 에우리토스와 암브라키아(암브라키아 시의 명조)의 아버지인 멜라네우스는 드리오페스 족의 왕으로 에페이로스를 침공하여 그곳을 통치했다고 한다.

멜라니페 Μελανίππη / Melanippe 1. 멜라니페는 헬렌(☞)의 아들인 아이올로스(☞1)의 딸이다(☞계보 8, 그러나 이 계보에서는 멜라니페가 아이올로스의 딸로 나오지 않고 파우사니아스가 전하는 전설에서와 마찬가지로 암픽티온의 며느리로 소개된다).

그녀는 포세이돈과 결혼하여 보이오토스와 아이올로스(☞2)를 낳았으며, 에우리피데스의 소실된 두 편의 비극, 『감금된 멜라니페』와 『현명한 멜라니페』의 여주인공이기도 하다(☞아이올로스).

파우사니아스가 전하는 바에 따르면, 멜라니페는 님프로 암픽티온의 아들 이토노스와 결혼해 아들 보이오토스를 낳았다고 한다.

멜라니페의 어머니는 케이론의 딸인 히페로, 펠리온 산에서 아이올로스의 유혹을 받았다(☞ 히페).

2. 전설에 등장하는 또 다른 멜라니페는 아레

스의 딸이며, 아마조네스 족의 여왕 히폴리테와 자매간이다. 그녀는 헤라클레스의 포로가 되었지만, 히폴리테는 헤라클레스의 요구 조건들을 들어주기로 하고 그녀를 돌려받았다(☞헤라클레스). 휴전이 파기되어 전쟁이 일어나자, 히폴리테는 헤라클레스에게 죽임을 당했고, 멜라니페는 헤라클레스의 동료인 텔라몬의 공격을 받고 쓰러졌다.

멜라니포스 Μελάνιππος / Melanippus 1. 이 이름으로 불리는 첫번째 인물은 해신 트리톤의 딸인 트리테이아 여신과 아레스 사이에서 태어난 아들이다. 그는 아카이아에 도시를 건설하고, 어머니의 이름을 따라서 트리테이아 시라고 불렀다.

2. 또 다른 멜라니포스는 테바이 인으로, 카드모스가 뿌린 용의 이빨에서 태어난 병사들 중 한 명인 아스타코스의 아들이다(☞카드모스). 그는 테바이에 쳐들어온 일곱 장군에 맞서 싸웠다. 그는 아드라스토스의 형제 메키스테우스를 죽이고 티데우스에게 치명적인 상처를 입혔지만, 그 자신도 암피아라오스에게 죽임을 당했다. 암피아라오스가 그의 머리를 베어 죽어 가는 티데우스에게 가져가자, 티데우스는 적의 두개골을 깨뜨리고 뇌를 꺼내 먹었다. 아테나 여신은 티데우스에게 불멸을 줄 생각이었지만, 이러한 만행을 보고 혐오감에 사로잡혀 그만두었다. 암피아라오스는 티데우스의 야만성을 알고 있었기에 닥칠 일들을 미리 예견하고서 멜라니포스의 머리를 그에게 갖다 바친 것이다. 암피아라오스가 티데우스에게 적개심을 품은 이유는 실패로 돌아갈 이 원정을 고집한 자가 티데우스였기 때문이다(☞암피아라오스).

멜라니포스의 무덤은 테바이에 있었지만, 역사 시대에 이르러 시키온의 참주 클레이스테네스가 멜라니포스의 유해를 테바이에서 시키온으로 옮겨 아드라스토스의 유해가 있는 곳에 두었다고 한다.

3. 또 다른 멜라니포스는 아그리오스의 아들로, 칼리돈의 오이네우스를 왕위에서 내쫓았다(☞디오메데스).

4. 멜라니포스는 테세우스가 시니스의 딸 페리구네에게서 얻은 아들의 이름이기도 하다(☞시니스). 그는 에피고노이의 시대에 네메아 경기에서 승리한 자들 중 한 명이다.

5. 끝으로 멜라니포스라는 이름을 가진 여러 명의 트로이아 인들이 트로이아 전쟁에서 싸우다 죽었다.

6. ☞코마이토 2.

멜라스 Μήλας / Melas 1. 멜라스는 헤라클레스와 옴팔레의 아들로, 헤겔레오스와 짝을 이룬다. 헤겔레오스와 마찬가지로 그는 헤라클레이다이가 테메노스의 지휘로 펠로폰네소스 원정에 나섰을 때 처음으로 전쟁 나팔을 불었던 자라고 한다(☞헤겔레오스).

2. 또 다른 멜라스는 프릭소스와 칼키오페의 아들이다.

멜란토 Μελανθώ / Melantho 1. 일설에 따르면 멜란토는 데우칼리온의 딸이다. 그녀는 돌고래의 모습을 한 포세이돈과 결합하여 델포이의 명조가 될 아들 델포스를 낳았다. 또 다른 전승들에 의하면, 데우칼리온의 딸은 멜란토가 아니고 멜란테이아이며, 그녀는 델포스의 어머니가 아니라 할머니라고 한다. 즉 그녀는 하신 케피소스 혹은 히아모스(☞)와 결합하여 멜라이나(혹은 멜라이니스, 켈라이노)라는 딸을 낳았으며, 이 딸이 델포스의 어머니라는 것이다(☞델포스, ☞계보 8).

2. 멜란토는 또한 페넬로페가 어려서부터 귀여워하던 하녀인데, 후에 에우리마코스의 정부가 되어 구혼자들 편이 되었다. 구혼자들이 몰살당한 뒤, 그녀는 다른 하녀들과 함께 교수형에 처해졌다. 그녀는 염소치기 멜란티오스의 누이이다(☞멜란티오스).

3. 또 다른 멜란토는 크리아소스의 아내이자 포르바스와 클레오보이아의 어머니이다(☞계보 18).

멜란토스 Μέλανθος / Melanthus 멜란토스는 안드로폼포스의 아들로, 메세니아 왕 넬레우스의 후손이다. 그는 헤라클레이다이에 의해 고국 필로스에서 쫓겨난 뒤, 신탁의 명령대로 아티카에 정착했으며 그곳 시민으로 받아들여져 행정 관직을 맡았다. 당시 아티카의 통치자는 테세우스의 후손 티모이테스였으며, 아테나이 인들은 오이노에 시를 놓고 보이오티아 인들과 싸우고 있었다. 전쟁이 끝날 기미를 보이지 않자 두 나라 왕이 단독 결투로 분쟁을 끝내기로 했다. 아테나이 왕은 테바이 왕 크산토스와 힘 겨루기를 두려워하여, 자기 대신 결투에 나가 테바이 왕을 이기는 자에게 왕위를 주겠다고 공표했다. 이에 응한 멜란토스가 결투에 나갔는데, 두 사람이 겨루려는 순간 크산토스 뒤에 검은 방패를 든 전사의 모습이 나타났다. 그는 디오니소스 멜라나이기스[〈검은 아이기스의 디오니소스〉라는 뜻. 〈아이기스〉는 제우스와 아테나의 방어 무기]였는데 멜란토스는 그를 전사로 착각하여, 크산토스가 결투의 규칙을 깨고 외부의 도움에 호소한 것을 비난했다. 이 말에 놀란 크산토스는 누가 자신을 도우러 오는지 뒤돌아보았고, 그 틈을 타서 멜란토스는 적을 창으로 찔렀다. 그리하여 그는 아테나이 인들에게 승리를 안겨 주고 왕이 되었으며, 아테나이 인들은 효과적인 도움을 준 디오니소스에게 성역을 만들어 바쳤다.

아테나이오스가 전하는 또 다른 이야기는 다음과 같다. 필로스에서 추방당한 멜란토스는 피티아의 신탁으로부터 사람들이 그에게 머리와 발을 먹으라고 주는 장소에 정착하라는 조언을 받았다. 그가 엘레우시스에 도착했을 때, 사제들은 마침 제사를 지내고 남은 제물의 머리와 발 등을 그에게 먹으라고 주었다. 그는 신탁이 이루어졌음을 깨닫고 엘레우시스에 정착했다.

멜란토스는 또한 아티카에 속한 한 데모스[고대 그리스의 행정 구분 단위]의 명조이며, 코드로스의 형제이다(☞코드로스).

멜란티오스 Μελάνθιος / Melanthius 멜란티오스는 이타케의 염소치기로, 돌리오스의 아들이자 하녀 멜란토의 오라비이다(☞멜란토). 누이와 마찬가지로 그는 주인인 페넬로페와 오딧세우스를 배신했다. 오딧세우스가 거지로 변장하고 이타케에 도착하여 멜란티오스를 찾아가자, 멜란티오스는 오딧세우스에게 무례하게 굴며 구혼자들의 편에 섰다. 싸움이 벌어졌을 때도 그는 구혼자들에게 무기를 가져다 주려다 실패하고 무기가 보관되어 있는 방에 갇혔다가, 하녀들이 교수형에 처해진 뒤에야 뜰로 끌려 나갔다. 사람들은 그의 코와 귀를 잘라 개들의 먹이로 던져 주고 손발을 자른 뒤 죽을 때까지 내버려 두었다.

멜람푸스 Μελάμπους / Melampus 〈검은 발을 가진 남자〉(왜냐하면 그가 태어났을 때 어머니가 그를 그늘에 두었지만, 부주의로 햇볕에 노출시킨 두 발이 그을었으므로)인 멜람푸스는 아미타온과 이도메네의 아들이다. 또한 크레테우스와 티로의 자손이기도 하다(☞계보 21, ☞계보 1). 그 자신은 프로이토스의 딸들 중 한 명과 결혼하여 아들들인 만티오스와 안티파테스, 아바스, 딸들인 프로노에와 만토를 낳았다. 디오도로스에 의하면, 그는 프로이토스 왕의 아들인 메가펜테스의 딸 이피아네이라와 결혼했다고 한다(☞메가펜테스 2).

어린 시절에 멜람푸스는 다음과 같은 연유로 예언의 재능을 얻게 되었다. 그는 죽은 뱀을 발견하자 화장시켜 장례식을 치러 주고 뱀의 새끼들을 데려다 키웠다. 이를 고맙게 여긴 새끼들이 자신들의 혀로 그의 귀를 〈정화〉시켜 주었고 그는 새들의 언어를 비롯해 모든 동물들의 언어를 이해하게 되었다는 것이다(☞폴리파테스). 멜람푸스는 예언자였을 뿐만 아니라 의사, 좀더 정확히는 환자들을 정화시켜 건강을 돌려줄 수 있는 사제였다. 그는 또한 마법의 약초들을 알고 있었다.

멜람푸스와 그의 형제 비아스는 고향 테살리아를 떠나 메세니아의 필로스에 있는 숙부 넬레우스에게 갔다. 그곳에서 비아스는 넬레우스의 딸 페로를 아내로 맞고 싶어했지만, 넬레우스는 비아스가 결혼 선물로 필라코스(또 다른 전설에서는 이피클로스라고도 하는데, 이피클로스는 필라코스의 아들로 전설에서 이 둘의 역할은 분명히 구별된다. ☞이피클로스)의 가축 떼를 데려와야만 딸을 주겠다고 했다. 이 가축 떼는 테살리아의 필라카이에 있었으며, 사람도 짐승도 다가갈 수 없는 사나운 개 한 마리가 이들을 지키고 있었다. 이 가축 떼를 훔쳐낼 수 없었던 비아스는 멜람푸스에게 도움을 요청했다. 멜람푸스는 요청을 받아들여 그 일을 해낼 수는 있겠지만 자신이 현장에서 붙잡힐 것이고 감옥에서 1년을 보낸 뒤에야 가축 떼를 손에 넣게 되리라고 말했다. 그 후 그는 필라카이로 가서 자신이 예언한 대로 현장에서 붙들려 오두막 같은 감옥에 갇혔다. 1년이 지난 뒤 그는 지붕의 들보에서

나무를 갉아먹는 벌레들이, 얼마나 지나면 들보가 무너질까 서로 묻는 소리를 들었다. 그러자 한 벌레가 들보가 너무 얇아져서 곧 무너지겠다고 대답했다. 그래서 멜람푸스는 자신을 다른 감옥으로 옮겨 달라고 요청했고, 실제로 그가 떠나자마자 오두막의 지붕이 무너지고 말았다. 이 죄수에게 놀라운 예언 능력이 있음을 알게 된 필라코스는 아들 이피클로스의 성불구를 고치기 위해 멜람푸스에게 도움을 청했다(☞이피클로스). 멜람푸스는 이피클로스를 고쳐 준 보상으로 얻은 가축 떼를 이끌고 필로스로 돌아갔고, 넬레우스는 페로를 비아스에게 아내로 주었다. 프로페르티우스만 전하는 한 전승에 의하면 멜람푸스 자신이 페로와 사랑에 빠졌다고도 한다.

후에 아르고스 왕 프로이토스는 집단 광기에 빠진 딸들의 병을 고치기 위해 멜람푸스를 불렀다(☞프로이티데스). 그녀들은 자신들이 암소라고 믿으며 펠로폰네소스 전역을 방황하고 있었다. 멜람푸스는 왕에게 만일 자신이 왕녀들의 병을 고치면 왕국의 3분의 1을 달라고 요구했다. 프로이토스는 거절했고, 딸들의 병은 점점 악화되었다. 하는 수 없이 프로이토스가 다시 멜람푸스에게 도움을 요청하자, 멜람푸스는 이번에는 왕국의 3분의 1은 자신에게, 다른 3분의 1은 자기 형제에게 달라고 요구했다. 프로이토스는 이 조건을 받아들였다. 그러자 멜람푸스는 춤추고 소리치는 젊은이들의 힘을 빌어 이 처녀들을 산에서 쫓아내 시키온으로 돌아가게 한 뒤, 그곳에서 마법의 제사를 드려 그녀들을 정화시켰다. 그녀들은 모두 치유되었지만, 맏딸 이피노에는 너무 지친 나머지 죽어 버렸다. 프로이토스는 다른 두 딸 이피아나사와 리시페를 비아스와 멜람푸스에게 각기 아내로 주고, 두 사람에게 자신의 왕국을 3분의 1씩 나눠 주었다. 그리하여 아미타온의 후손들이 아르고스 인들을 다스리게 된

것이다. 이 같은 왕국 분할의 결과에 대해서는 ☞아드라스토스.

멜람피고스 Μελάμπυγος / Melampygus 멜람피고스 즉 〈검은 엉덩이의 남자〉는 신비한 사람으로, 케르코페스(☞)의 어머니는 자식들에게 그를 경계하도록 주의시켰다. 그가 바로 헤라클레스였다.

멜랑크라이아 Μελάγκραια / Melancraera 멜랑크라이아 즉 〈검은 머리〉는 쿠마이의 시빌라의 별명이다. 사람들은 이 별명을 여러 방식으로 설명하여, 시빌라의 〈암묵적인〉 발언 내지 우울함을 암시한다고도 했고, 검은 머리나 늙어서 주름살이 생기고 거무스름해진 외관적 특성을 묘사한다고도 했다.

멜레스 Μέλης / Meles 아테나이 청년 멜레스는 아테나이에 우거하던 티마고라스라는 이방인의 사랑을 받았다. 하지만 멜레스는 그의 열정을 비웃기만 했다. 티마고라스는 멜레스의 온갖 변덕을 감수해야 했으며, 심지어는 아크로폴리스의 절벽 꼭대기에서 몸을 던지라는 도전까지 받았다. 티마고라스는 망설이지 않고 몸을 던져 죽었고, 자신의 행동을 후회한 멜레스도 절벽에서 뛰어내려 죽었다. 그 후 이 사건을 기리기 위해 안테로스(함께 나눈 사랑)의 제단이 세워졌으며, 아테나이에 우거하는 이방인들은 이곳에 와서 제사를 드렸다.

그러나 수이다스에 의하면, 티마고라스가 사랑을 받은 쪽이고, 멜리토스(멜레스 대신)가 사랑을 거절당한 연인이었다고 한다. 절망한 멜리토스는 바위 위에서 몸을 던졌으며, 티마고라스가 그를 따라가 그의 시신 위에서 자살했다는 것이다.

멜레아그로스 Μελέαγρος / Meleagros 멜레아그로스는 오이네우스와 알타이아의 아들이다. 오이네우스는 아이톨리아의 칼리돈을 다스리는 왕이었고, 알타이아는 레다의 언니였다(☞계보 24). 그는 〈칼리돈의 사냥〉이라는 이름으로 알려진 모험의 주인공인데, 이 모험은 『일리아스』에서도 이야기된다. 포이닉스는 아킬레우스의 마음을 움직이기 위해, 그래서 전쟁에 참가하지 않겠다는 그의 결심을 바꾸기 위해, 역시 그처럼 고집을 부리던 멜레아그로스에게 일어났던 슬픈 이야기를 들려준다. 즉, 칼리돈 왕 오이네우스는 추수를 한 다음 모든 신들에게 제물을 바치면서 아르테미스를 깜빡 잊고 말았다. 그러자 여신은 칼리돈에 엄청나게 큰 멧돼지를 보내 들판을 망가뜨리고 다니게 했다. 이 일을 막기 위해 왕의 아들 멜레아그로스는 인근의 사냥꾼들을 불러 모았고, 많은 사냥꾼들이 멧돼지에게 죽임을 당하고 나서야 겨우 멜레아그로스가 멧돼지를 죽였다. 하지만 그때까지도 화를 삭이지 못한 아르테미스는 아이톨리아 인들과 쿠레테스 족(칼리돈의 사냥에는 이 두 민족의 사냥꾼들이 참가했다)이 돼지의 가죽과 머리를 두고 싸우게 만들었다. 멜레아그로스가 동족인 아이톨리아 인들과 더불어 싸우는 한 그들이 우세했지만, 그가 싸움터에서 어머니의 형제들을 죽이자 그의 어머니는 그에게 하계의 신들의 분노가 미치도록 무서운 저주를 퍼부었다. 그는 어머니의 저주가 효력을 발휘할 것을, 또 그가 계속 전쟁을 하면 에리니에스가 그를 칠 것을 두려워한 나머지, 집 안에 틀어박혀 더 이상 자기 편을 도우려 하지 않았다. 그러자 곧 쿠레테스 족에게 승리가 돌아갔고, 아이톨리아 인들은 칼리돈의 성 안으로 퇴각하여 포위되고 말았다. 아이톨리아 인들 중 가장 나이 많은 이들이 멜레아그로스에게 와서 도움을 청했지만 거절당했다. 잇달아 그

시에서 가장 유력한 사제들과 그의 부모가 와서 무릎을 꿇고 누이들도 와서 눈물을 흘리고 제일 친한 친구들도 와서 간청했지만, 그는 계속 거절했다. 결국 도시가 불길에 휩싸이고, 적군이 그의 집을 약탈하기 직전까지 이르렀다. 그러자 이다스와 마르페사의 딸인 그의 아내 클레오파트라 알키오네가 그의 곁으로 피신하여, 적들이 승리를 거둘 경우 포위당한 이들의 운명이 어찌될 것인가를 이야기했다. 그녀가 묘사하는 처참한 광경에 마침내 마음이 움직인 그는 자신의 갑옷을 입고 싸움터에 나가 상황을 역전시켰지만, 그 자신은 전쟁터에서 죽고 말았다.

후에 이 전설에는 극적인 사건들이 추가되어 복잡한 양상으로 발전했다. 쿠레테스 족과의 전쟁은 뒷전으로 밀려나고 사냥 자체가 주된 일화로 등장하며, 멜레아그로스는 오이네우스가 아니라 아레스 신의 아들로 등장한다. 그가 태어난 지 7일째 되는 날, 모이라이는 알타이아에게 나타나 이 아이의 운명은 아궁이에 타고 있는 장작의 운명과 연결된다고, 그러므로 장작이 다 타버리면 아이도 죽을 것이라고 예언했다. 알타이아는 서둘러 장작을 꺼내 불을 끈 다음 상자에 소중히 넣어 숨겨 두었다(☞알타이아).

성인이 된 멜레아그로스는 아르테미스가 보낸 괴물 멧돼지를 나라 안에서 없애는 일에 착수하여 많은 영웅들을 불러 모았는데, 신화학자들이 제시하는 그들의 명단은 다음과 같다. 아레스의 아들 드리아스, 메세네에서 온 아파레우스의 두 아들인 이다스와 링케우스, 스파르타의 디오스쿠로이이자 멜레아그로스의 사촌들인 카스토르와 폴리데우케스, 아테나이의 테세우스, 테살리아의 페라이에서 온 아드메토스, 아르카디아 사람 리쿠르고스의 아들들인 앙카이오스와 케페우스, 이올코스의 이아손, 테바이에서 온 헤라클레스의 쌍둥이 형제 이피클레스, 테살리아의 라리사에서 온 페이리토오스(테세우스의 친구이자 익시온의 아들), 살라미스에서 온 아이아코스의 아들 텔라몬, 프티아에서 온 그의 형제 펠레우스(그는 사냥 중에 악토르의 아들이자 자신의 매부이기도 한 에우리티온을 죽인다), 아르고스에서 온 암피아라오스(오이클로스의 아들), 멜레아그로스의 외숙들인 테스티오스의 아들들(☞계보 24). 그런가 하면 아르카디아에서 온 아탈란테(스코이네우스의 딸) 같은 여자 사냥꾼도 있었다. 이 사냥꾼들은 모두 아흐레 동안 오이네우스의 집에서 잔치를 열고 열흘째 되는 날 일제히 멧돼지를 잡으러 떠났는데, 개중에는 여자 사냥꾼이 끼어 있음을 못마땅하게 여기는 자들도 있었다. 하지만 멜레아그로스는 그들을 설득하는 데 성공했다. 비록 그는 클레오파트라와 결혼한 상태였지만, 아탈란테를 사랑해 그녀에게서 아이를 낳고 싶었기 때문이다.

힐레우스와 앙카이오스는 궁지에 빠진 짐승에게 달려들다가 오히려 죽임을 당했으며, 에우리티온은 펠레우스가 잘못 던진 투창에 맞아 죽었다. 맨 처음 멧돼지에게 화살을 쏘아 상처를 입힌 것은 아탈란테였고, 다음으로 암피아라오스가 또 다른 화살을 짐승의 눈에 명중시켰다. 그러나 결국 멧돼지의 허리에 칼을 꽂아 처치한 것은 멜레아그로스로, 그가 짐승의 가죽을 차지했다. 그는 그것을 아탈란테에게 주며 경의를 표했지만, 그의 외숙들인 테스티오스의 아들들은 그러한 행동에 분노했다. 그들은 만일 멜레아그로스가 이 가죽을 원치 않는다면 사냥꾼들 중 그와 가장 가까운 친척인 자신들이 가죽을 차지해야 한다는 것이었다. 화가 난 멜레아그로스는 외숙들을 죽이고 가죽을 아탈란테에게 주었다. 그러나 이 살인에 분개한 알타이아는 당장 마법의 장작을 불 속에 던져 버렸고, 멜레아그로스는 숨을 거두었다. 곧 제정신으로 돌아온 알타

멜레아그리데스

이아는 자신이 무슨 일을 저질렀는지 깨닫고 스스로 목을 매어 죽었다. 멜레아그로스의 아내 클레오파트라도 그 뒤를 따랐다.

그런가 하면 멜레아그로스는 불사신으로, 아폴론이 직접 활을 쏘아 죽였다는 이야기도 있다. 호메로스의 이야기와 결부되는 이 전설에서는, 아폴론이 쿠레테스 족의 편을 들어 아이톨리아 용사 멜레아그로스를 죽여야 했던 것으로 되어 있다.

멜레아그로스의 또 다른 공적으로는, 펠리아스를 기리는 장례 경기에서 승리를 차지한 것을 들 수 있다. 디오도로스에 의하면, 콜키스에서 아르고나우타이 편에서 싸워 아이에테스를 죽인 것도 그다.

멜레아그로스와 헤라클레스가 하계에서 만난 이야기에 대해서는 ☞헤라클레스, ☞데이아네이라.

멜레아그리데스 Μελεαγρίδες / Meleagrides 멜레아그리데스는 뿔닭으로 변한 젊은 여자들이다. 보통 멜레아그로스의 누이로 간주되는 그녀들 — 고르게, 에우리메데, 데이아네이라, 멜라니페 — 은 멜레아그로스(☞)의 죽음을 두고 너무도 슬피 울었으므로 이를 측은히 여긴 아르테미스가 그녀들을 새로 변하게 했다고 한다. 하지만 디오니소스의 간청으로 그녀들 중 고르게와 데이아네이라는 인간의 모습으로 남게 되었다. 혹은 그녀들이 이미 새로 변한 다음에 디오니소스가 두 여자를 다시 인간의 모습으로 돌아오게 했다고도 한다. 아르테미스는 이 새들을 레로스 섬에 데려다 놓았다.

신화학자들에 따라 멜레아그리데스의 수가 늘어나기도 한다. 위에서 언급된 이름들 외에 포이베, 에우리디케, 메네스토, 에라토, 안티오페, 히포다메이아가 첨가되는 것이다.

멜레아그리데스의 출생에 대해서는 또 다른 전설도 있는데, 희미한 단서들밖에 남아 있지 않다. 수이다스[10세기 말~11세기 초에 편찬된 것으로 추정되는 저자 미상의 비잔티움 어휘집]에 따르면, 레로스의 한 전설에서는 이 뿔닭들이 아르테미스와 유사한 그 지방의 신 이오칼리스의 동반자들이었다고 한다. 어쨌든 이 뿔닭들은 레로스의 아르테미스 신전 주위에서 신성한 새들로 길러졌다.

멜레아그리데스의 눈물도 헬리아데스의 눈물처럼 호박(琥珀) 방울들이 되었다고 한다.

멜로스 Μῆλος / Melus 멜로스는 델로스 젊은이로 고국을 떠나 키프로스 섬으로 갔다. 당시 그곳은 키니라스 왕이 다스렸으며, 그에게는 아도니스(☞)라는 아들이 있었다. 키니라스는 멜로스를 아도니스의 친구로 삼고, 천성이 착해 보이는 이 젊은이를 친척 처녀인 펠리아와 결혼시켰다. 이 결혼에서 태어난 아들도 아버지처럼 멜로스라는 이름으로 불렸다. 아도니스를 사랑하던 아프로디테는 이 아이를 자신의 보호 아래 두고 자신의 신전에서 자라게 했다. 그러나 아도니스가 멧돼지의 공격을 받고 죽자 절망한 친구 멜로스는 나무에 목매어 죽었으며, 그 나무는 그의 이름을 받아 멜로스(그리스 어의 〈사과나무〉)라고 불렸다. 펠리아도 같은 나무에 목을 매었다. 이들을 불쌍히 여긴 아프로디테는 멜로스를 같은 이름의 열매(사과)가 되게 했으며, 그의 아내 펠리아는 비둘기(신성한 새)로 만들었다. 어린 멜로스가 커서 키니라스 가문의 유일한 생존자로 남자 여신은 그에게 델로스로 돌아가라고 명령했다. 그곳에서 멜로스는 권력을 잡고 멜로스 시를 건설했다. 양털을 깎아 옷 만드는 법을 맨 처음 가르친 이가 바로 멜로스이며, 따라서 양들도 〈멜라〉라는 이름으로 불렸다. 이렇게 하나의 이야기 속에서 세 개의 어원이 설명된다.

멜리보이아 Μελίβοια / Meliboea 1. 멜리보이아는 오케아노스의 딸로, 펠라스고스와 결혼하여 리카온을 낳았다(☞계보 18).

2. 니오베의 자식들 중에도 멜리보이아가 있었다. 니오베의 자식들이 몰살당할 당시 레토의 간청으로 멜리보이아와 아미클라스는 죽음을 면하고 아르고스로 피신했다(☞니오베). 멜리보이아와 아미클라스는 레토에게 신전을 지어 바쳤다. 그러나 멜리보이아는 형제자매들이 학살을 당하는 것을 보고 공포에 사로잡힌 나머지 얼굴이 파랗게 질려 있었으므로 클로리스 즉 〈파란 여자〉라는 별명을 얻어 평생 그 별명이 그녀를 따라다니게 되었다.

3. 멜리보이아는 사랑 이야기의 주인공이기도 하다. 그녀는 알렉시스라는 한 젊은이와 사랑하여 결혼을 약속한 처녀였다. 그런데 그녀의 부모가 그녀를 다른 남자와 결혼시키려 했으므로 알렉시스는 좌절하여 그 나라를 떠났다. 결혼식 날 멜리보이아는 자기 집 지붕 위에서 몸을 던져 자살하려 했지만 상처 하나 입지 않고 떨어져 항구 쪽으로 달아났다. 그곳에서 배를 타자 돛이 저절로 활짝 펴져 그녀는 곧 바다 한가운데로 나가 그녀의 연인이 친구들과 함께 연회를 준비하고 있는 장소에 도착했다. 그들은 결혼했고, 신들에게 감사하는 마음으로 〈아우토마테〉와 〈에피디아이타〉라는 이름(배가 저절로 움직였으므로 〈아우토마테〉, 또 그녀가 식탁에 앉기 위해 도착했으므로 〈에피디아이타〉)으로 아르테미스에게 성역을 지어 바쳤다.

멜리보이오스 Μελίβοιος / Meliboeus 산에 버려진 오이디푸스를 발견하여 데려다 키운 양치기의 이름이다(☞오이디푸스).

멜리사 Μέλισσα / Melissa 멜리사 즉 〈꿀벌〉이라는 이름의 여성들은 여러 명 있다.

1. 아말테이아의 자매 멜리사는 크레테의 이데 산에서 어린 제우스에게 젖을 먹여 키웠다(☞멜리세우스).

2. 데메테르의 늙은 여사제 역시 멜리사라는 이름이었다. 데메테르 여신은 그녀를 직접 자신의 비의에 입문시켰으며, 그녀의 이웃들은 그녀가 비의에 입문하는 동안 본 것을 말해 주기를 바랐지만 멜리사는 입을 굳게 다물었다. 그러자 여자들은 그녀를 갈가리 찢었고, 데메테르는 그녀들에게 역병을 보내는 한편 멜리사의 시신에서 꿀벌들이 태어나게 했다.

멜리세우스 Μελισσεύς / Melisseus 멜리세우스는 제우스가 탄생하던 무렵에 크레테를 다스리던 왕이다. 그에게는 아말테이아와 멜리사라는 두 딸이 있었는데, 레이아는 이들에게 그녀가 이데 산 동굴 속에 숨겨 둔 어린 신을 돌보도록 맡겼다. 멜리세우스는 신들에게 제물을 바친 첫 번째 인간이며 그 자신의 딸 멜리사를 레이아의 첫번째 여사제로 만들었다.

2. 멜리세우스는 또한 쿠레테스(어린 제우스의 요람을 둘러쌌던 신들) 중 한 명이다.

3. 카리아 지방에 있던 케르소네소스 왕의 이름 역시 멜리세우스이다. 그는 헬리오스의 아들 트리오파스를 맞아들여, 동생 테나게스를 살인한 그의 죄를 씻어 주었다.

멜리소스 Μέλισσος / Melissus 멜리소스는 아르고스 사람으로, 아르고스 왕 피돈의 폭정을 피해 코린토스로 도망갔다. 그에게는 악타이온이라는 아들이 있었는데, 헤라클레이다이 중 한 명인 아르키아스가 소년을 강제로 납치하려 했다. 이 과정에서 악타이온은 죽임을 당했고, 멜리소스

멜리아

는 신들의 보호를 기원하고 자기 아들의 살인자를 저주하면서 자살을 했다. 그 후 기아와 여러 질병이 코린토스를 덮치자 아르키아스는 사절단을 이끌고 가서 그 원인을 신탁에 물었으며, 신탁은 젊은 악타이온을 죽인 살인자의 도시를 신들이 벌하는 것이라고 일러 주었다. 아르키아스는 자신이 더럽힌 도시를 구하기 위해 스스로 그곳을 떠나 시라쿠사이 시를 건설했다.

멜리아 Μελία / Melia 전설에는 멜리아라는 이름의 여성들이 여러 명 등장한다.

1. 그 중 한 명은 오케아노스의 딸이자 이스메노스의 누이이다. 그녀는 아폴론과 결합하여 이스메니오스와 테나로스를 낳았다. 테바이 근처의 아폴론 이스메니오스 신전에서 그녀에게 제사가 바쳐졌으며, 테바이에는 그녀의 이름으로 불리는 샘이 있었다.

2. 오케아노스의 또 다른 딸도 멜리아였다. 그녀는 이나코스와 결혼해서 아이기알레우스, 페게우스, 포로네우스 등 세 아들을 낳았다(☞계보 17).

멜리아데스 Μελίαδες / Meliades 멜리아데스 즉 물푸레나무의 님프들은 우라노스가 크로노스에게 상처를 입었을 때 흘린 핏방울들에서 태어났다(☞계보 12). 그녀들의 탄생을 기리기 위해, 그녀들이 사는 물푸레나무의 목재는 치명적인 창들을 만드는 데 쓰였다. 또한, 바로 이 물푸레나무에서 청동족이 태어났는데, 호전적이고 냉혹했던 이들은 지상에 거주한 세 번째 종족이었다.

멜리케르테스 Μελικέρτης / Melicertes 멜리케르테스는 이노가 바다 속으로 몸을 던지면서 함께 데려간 그녀의 막내아들이다. 이노는 레우코테아 여신이 되었고, 멜리케르테스는 팔라이몬 신이 되었다(☞레우코테아, ☞계보 3, ☞계보 33).

멜리케르테스의 죽음과 그가 신이 된 경위에 대해서는 여러 가지 설이 있다. 우선, 그의 아버지 아타마스가 그를 물이 펄펄 끓는 솥 속에 던진 것을 어머니가 꺼내어 그와 함께 자살했다는 이야기가 있다. 혹은 이노 자신이 그를 솥에 넣었으며, 그의 시신을 품에 안은 채 바다에 몸을 던졌다는 설도 있다. 그런가 하면 그녀가 살아 있는 아이를 데리고 도망치다가 아이와 함께 바닷물에 빠져 죽었다고도 한다. 이스트미아 경기는 팔라이몬 멜리케르테스를 기리기 위한 것이었다.

다음과 같은 이야기도 있다. 메가라와 코린토스 사이, 이노가 바닷물에 몸을 던진 장소에서 돌고래 한 마리가 멜리케르테스의 시신을 가져다가 소나무에 걸어 두었다. 당시 코린토스를 다스리던, 아타마스의 형제 시시포스가 이 시신을 발견하여 묻어 주도록 명했다. 또는 한 네레이스의 명령으로 시시포스가 팔라이몬이라는 이름으로 그에게 제사를 바치고 그를 기리기 위한 장례 경기로 이스트미아 경기를 창설했다(☞팔라이몬).

멜리테 Μελίτη / Melite 이 이름을 가진 인물들 중 코르키라의 님프가 알려져 있다. 그녀는 헤라클레스가 자기 자식들을 죽인 뒤 코르키라에서 망명 생활을 하던 무렵 그와 결합하여 힐로스(☞)라는 아들을 낳았다.

멜리테우스 Μελιτεύς / Meliteus 멜리테우스는 님프 오트레이스와 제우스 사이에서 태어난 아들이다. 헤라의 분노를 두려워한 오트레이스는 갓 태어난 그를 숲 속에 갖다 버렸다. 하지만 제우스가 꿀벌들을 시켜 아이를 키웠으며, 파그로스라는 이름의 양치기에게 만일 꿀벌들이 키우는 아이를 발견하거든 데려다 키우라는 신탁을 내렸다. 같은 님프 오트레이스와 아폴론 사이에 태어난 아들인 파그로스는 이 신탁에 복종하여 아이를 데려다 키웠고, 아이는 힘센 용사가 되어 이웃 나라 백성들을 자신의 세력 밑에 두었으며, 테살리아에 멜리타이아 시를 건설했다(그 후의 이야기는 ☞아스팔리스).

멜포메네 Μελπομένη / Melpomene 무사이[뮤즈들] 중 한 명.

멤논 Μέμνων / Memnon 멤논은 라오메돈의 아들이자 프리아모스의 형제인 티토노스와 에오스(새벽) 사이에 태어난 아들이다(☞계보 14, ☞계보 7). 그는 헤스페리데스에 의해 키워져 에티오피아 인들을 다스리다가, 트로이아 전쟁이 발발하자 숙부를 도우러 갔다.

트로이아에서 세운 그의 공적과 죽음은 『소(小) 일리아스』와 『아이티오피스』라는 시에서 이야기된다. 멤논은 아이아스와 힘을 겨루었지만, 아이아스와 헥토르의 싸움이 그렇듯이 승부가 나지 않았다. 전장에서 멤논과 싸우던 네스토르는 위험에 처하자 아들에게 도움을 요청했고, 안틸로코스는 네스토르의 생명을 구하고 죽었다. 하지만 친구의 죽음을 보복하기 위해 아킬레우스가 달려왔고(☞안틸로코스) 결국 에오스의 아들과 테티스의 아들, 즉 멤논과 아킬레우스 사이에 싸움이 벌어졌다. 두 여신은 이들의 운명이 걱정되어 제우스를 찾아갔고 제우스는 두 영웅의 〈운명〉을 달아 보았는데, 신성한 저울 위에서 멤논의 운명이 더 무겁게 나갔다(헥토르와 아킬레우스의 싸움에서도 이와 비슷한 〈영혼의 무게 달기〉가 행해진다)[아래쪽으로 즉 하계를 향해 기울어지는 쪽이 지는 것임]. 곧 아킬레우스가 승리를 거두었고 에오스는 제우스로부터 아들의 불멸을 얻어 내어 날아가서는 그의 시신을 데려다가 에티오피아로 옮겨 놓았다. 우리가 들판에서 아침마다 보는 이슬들은 에오스가 쏟은 눈물 방울들이라 한다.

또 다른 전설에 의하면 헬레스폰토스 연안 아이세푸스 강 하구에 멤논의 무덤이 있었으며, 해마다 그곳에는 새들이 몰려와 그의 죽음을 슬퍼했다고 한다. 멤노니데스라고 불리던 이 새들은 멤논의 동료들이 죽어서 변한 모습이라고도 하고, 멤논 자신의 유해가 그런 식으로 불멸을 획득했다고도 한다. 이 새들은 해마다 두 편으로 나뉘어 서로 싸웠으며, 그들 중 반이 죽고 나서야 싸움을 그쳤다.

멤논의 고향에 대해서는 여러 가지 설이 있다. 시리아라고도 하고, 중앙 아시아의 수사와 박트리아 지방이라고도 하며, 혹은 이집트의 테바이라고도 한다. 아멘호텝 3세가 세운 거대한 조상들 가운데 하나가 〈멤논의 거상(巨像)〉이라는 이름을 갖게 된 것은 맨 마지막 설을 따른 것이다. 사람들은 〈새벽〉의 첫 광선들이 이 조상 위로 쏟아지면 이 조상에서 마치 어머니의 빛에 경의를 표하려는 듯 아름다운 선율이 흘러나온다고 생각했다(☞테우타모스).

멤블리아로스 Μεμβλίαρος / Membliarus 멤블리아로스는 카드모스가 누이 에우로페를 찾아 나섰을 때 그와 동행한 포이니케 사람이다. 카드모스는 그에게 자신이 테라 섬(〈매우 아름다운 여자〉라는 의미의 칼리스테라고 불리던)에 건설한 식민지를 다스리게 했다. 테라와 이웃한 아나페 섬은 멤블리아로스라는 이름으로도 불렸는데, 바로 그의 이름에서 유래한 것이라고 한다.

멤피스 Μέμφις / Memphis 멤피스는 하신 네일로스의 딸이다. 그녀는 에파포스와 결혼하여 리비에(☞)라는 딸을 낳았다(☞계보 3). 따라서 그녀는 카드모스 가문의 선조이며, 이집트에 있는 멤피스 시의 명조이다.

*__모네타__ Moneta 모네타 즉 〈경고하는 여자〉는 로마의 카피톨리움 언덕 북쪽 정상에서 받들어지던 유노의 별칭이다. 기원전 390년 갈리아 인들의 침략 당시, 이 여신의 신전 주위에서 키우던 신성한 거위들이 소리를 질러 적들이 한밤중에 언덕으로 침입해 오는 것을 경고했다고 해서 이런 이름이 붙은 것이다. 〈유노 모네타〉의 신전은 카피톨리움의 방어자 만리우스 카피톨리누스의 거처가 있던 곳에 세워졌다. 만리우스가 왕이 되려 했다는 의심을 받아 사형에 처해진 뒤 그의 거처마저 파괴되었던 것이다.

바로 이 신전에서 동전이 주조되었다. 피루스[에페이로스 왕]에 맞서 싸울 당시, 로마 인들은 돈이 부족해질 것을 두려워하여 유노에게 충고를 구했다. 유노는 만일 그들이 전쟁을 정의롭게 치르기만 하면 절대로 돈이 모자라지 않으리라고 대답했다. 충고를 감사하게 받아들인 그들은 이후의 동전 주조는 유노 여신이 내리는 점괘에 따라 하기로 결정했다.

*__모디우스 파비디우스__ Modius Fabidius 레아테 지역(오늘날의 리에티)에 아직 원주민들(☞아보리게네스)이 살던 당시, 사비니 신 퀴리누스의 축제 때 한 귀족 처녀가 다른 처녀들과 함께 신을 찬양하는 춤을 추었다. 그러다가 그녀는 신의 영감을 받아 성역 안으로 들어갔고, 다시 밖으로 나왔을 때는 신의 자식을 잉태하고 있었다. 그리하여 아들을 낳았는데 그는 아주 빨리 자라서 기골이 장대해졌다. 모디우스 파비디우스라는 이름의 이 청년은 전사로서 뛰어난 공훈을 세웠고, 마침내 한 도시를 건설하여 자신의 왕국을 창건할 야심을 품었다. 그는 한 무리의 동료들을 모아 길을 떠났고 발길을 멈춘 곳에 쿠레스 시를 건설했다. 그것은 아버지(퀴리누스)의 이름을, 혹은 창을 의미하는 사비니 말 〈쿠리스〉를 뜻하는 이름이었다고 한다(☞퀴리누스).

모르게스 Μόργης / Morges 이탈로스 왕은 나이가 들어 가자 모르게스를 후계자로 세웠다. 이 모르게스는 당시 〈이탈리아〉라고 불리던 파이스툼과 타렌툼 사이의 고장을 다스렸다. 그의 치세 동안 그의 백성은 모르게테스 족이라 불렸다. 어느 날 시켈로스라는, 로마에서 추방당한 한 남자가 그를 찾아왔다. 모르게스는 그를 맞아들여 자신이 가진 왕국의 일부를 떼어 주었으며, 그곳에 살았던 주민들은 시쿨리 족이라 불리게 되었다.

모르게스에게는 시리스라는 딸이 있었는데 그녀는 메타보스(일명 메타폰토스)와 결혼했다. 모르게스는 모르간티온 시를 위시하여 여러 도시들을 건설했다.

모르모 Μορμώ / Mormo 사람들은 여자 마신 모르모의 이름을 대며 어린아이들을 겁주곤 했다. 그녀는 심술궂은 아이들을 물거나 절름발이로 만든다고 했다. 간혹 그녀는 겔로(☞)나 라미아(☞)와 동일시되기도 했다(☞모르몰리케).

모르몰리케 Μορμολύκη / Mormolyke 모르몰리케 즉 〈모르모 늑대〉는 모르모와 마찬가지로 어린아이들을 겁주는 데 이용된 무서운 정령이다. 모르몰리케가 아케론에게 젖을 먹였다는 것으로 미루어 보아, 이 암늑대는 민간 신앙에서 죽은 자들 및 망령들의 세계와 관련이 있었음을 알 수 있다.

*모르스 Mors 그리스에서는 죽음이 남자 정령인 타나토스로 의인화되는 반면(☞타나토스), 로마의 모르스는 여신으로 혹은 의인화된 순수한 추상으로 간주된다. 그녀에 대해서는 이렇다 할 전설이 없다.

모르페우스 Μορφεύς / Morpheus 모르페우스는 잠(힙노스)의 수천 명 자식들 중 한 명으로, 그의 이름(〈형태〉라는 뜻의 그리스 어에서 파생된 것임)은 그의 기능을 설명해 준다. 즉 그는 인간의 형태를 취하여, 잠든 이들의 꿈속에 나타나는 것이다. 수면과 꿈의 신들이 대부분 그렇듯이 모르페우스에게도 날개가 달려 있으며, 소리 없이 퍼덕이는 아주 큰 날개로 순식간에 땅 끝까지 갈 수 있다.

모리아 Μορία / Moria 리디아 여자 모리아는 미노스의 아들 글라우코스(☞)의 부활을 상기시키는 놀라운 모험의 여주인공이다. 어느 날 그녀와 남매인 틸로스가 헤르모스 강가를 산책하다가 실수로 뱀을 건드렸다. 그러자 뱀이 그의 머리를 물어 그는 그 자리에서 죽고 말았다. 멀리서 이 끔찍한 광경을 지켜본 모리아는 대지의 아들인 거인 다마센에게 구원을 요청했다(☞다마센). 다마센은 단번에 나무 한 그루를 뿌리째 뽑아 뱀을 깔아 죽였다. 그러자 뱀의 암컷이 근처 숲 속으로 재빨리 들어가더니 입에 풀을 하나 물고 나와 죽은 뱀의 콧구멍에 놓아 두었고, 그러자 죽은 뱀이 소생하여 달아나 버렸다.

이것을 본 모리아는 뱀이 그랬던 것처럼 풀을 주워다가 같은 식으로 틸로스를 소생시켰다.

풀의 이름은 〈발리스〉였던 듯하다.

모모스 Μῶμος / Momus 모모스는 풍자를 의인화한 것이다. 그녀는 헤시오도스의 『신들의 계보』에서 밤의 딸이자 헤스페리데스의 자매로 등장한다. 인간들이 너무 빨리 증가하여 대지가 감당할 수 없게 되자 대지는 제우스에게 그 수를 줄여 달라고 요청했고 제우스는 인류에게 전쟁을 보냈다. 이것이 테바이의 전쟁인데, 이 방법만으로 충분치 않자 제우스는 인간들에게 벼락을 내리거나 익사시키는 방법을 고려하게 되었다. 그러자 모모스가 그에게 더 확실한 방법을 충고해 주었다. 테티스(II)를 인간과 결혼시키는 한편, 딸 하나(헬레네)를 낳아 아시아와 유럽 사이에 분쟁을 일으키라는 것이었다. 트로이아 전쟁의 원인은 이렇게 설명되기도 한다.

모이라이 Μοῖραι / Moerae 모이라이는 각자의 운명, 이 세상에서 각자에게 돌아가는 몫을 의인화한 것이다. 처음부터 각 인간은 자신의 〈모이라〉를 가지고 있는데, 이는 각자가 받게 되는 생명, 행복, 불행 등의 몫이다. 이러한 추상적 개념은 곧 신이 되었는데, 이는 〈케레〉와 비슷하지만 그렇게 거칠고 잔인한 마신은 아니었다(☞케레스). 모이라는 비인격적이고 운명만큼이나 바꿀 수 없는 것으로, 신들조차도 세상의 질서를 위험에 빠뜨리지 않고는 모이라의 법을 범할 수 없다. 전쟁터에서 어떤 영웅에게 그의 〈때〉가 이르렀을 때 신들이 그를 구할 수 없게 막는 것도 모이라이다.

뒤이어 모든 인간의 운명을 다스리는 우주적인 모이라의 개념도 발전했던 것으로 보인다. 특히 호메로스의 서사시 이후에는 세 자매인 모이라이 즉 클로토, 라케시스, 아트로포스가 등장하는데, 그녀들은 각 인간이 태어나서 죽기까지의 삶의 기간을 정했다. 한 명이 실을 잣고, 다른 한 명이 실을 감고, 마지막 한 명이 실을 자르는(그 실에 해당하는 인간의 생명이 다했을 때) 이 세 명의 실 잣는 여자들은 제우스와 테미스의 딸들이자 호라이의 자매들이다. 또 다른 계보에 의하면 그녀들은 케레스처럼 밤의 딸들로, 신들의 첫 세대, 즉 세상을 구성하는 기본 원소들의 세대에 속한다. 그녀들은 때로 자신들처럼 탄생을 주관하는 신인 에일레이티이아와 함께 한 그룹을 형성하기도 하고, 비슷한 개념을 구현하는 티케(운명)와 나란히 언급되는 것도 볼 수 있다.

모이라이는 이렇다 할 전설을 갖고 있지 않다. 그녀들은 반쯤 철학적이고 반쯤 종교적인 개념을 나타낼 뿐이다.

모토네 Μοθώνη / Mothone 메세니아 지방의 한 전설에 의하면, 모토네는 오이네우스의 딸이다. 호메로스의 서사시에서 페다소스라고 불리는 모토네 시는 그녀의 이름을 붙인 것이다. 트로이아 전쟁 이후 디오메데스가 그의 할아버지 오이네우스를 메세니아로 데려갔을 때, 오이네우스는 이 나라 여자에게서 모토네를 낳았다. 그리고 이 딸을 기리기 위해 페다소스 시의 이름을 모토네로 바꾸었다.

몰로르코스 Μόλορχος / Molorchus 몰로르코스는 헤라클레스가 네메아의 사자를 죽이러 갔을 때 그를 환대해 준 인근의 목동이다. 그는 헤라클레스에게 신적인 예우를 한 첫번째 인물이다(☞ 헤라클레스).

몰로소스 Μολοσσός / Molossus 몰로소스 일명 몰로토스는 네오프톨레모스(피로스)의 아들, 즉 아킬레우스의 손자이다. 그의 어머니는 헥토르의 아내인 안드로마케로, 네오프톨레모스가 트로이아 포로들 중에서 자신의 몫으로 얻은 여자이다. 에우리피데스는 『안드로마케』라는 비극에서 몰로소스의 전설을 극화한 바 있다. 트로이아 함락 이후 네오프톨레모스가 프티아로 돌아갔을 때, 그곳에서 태어난 몰로소스는 어머니에 의해 몰래 버려졌다. 하지만 그는 죽지 않았고, 네오프톨레모스는 델포이로 여행을 하던 중 그가 자기 자식임을 알아보고 데려갔다. 그런데 네오프톨레모스의 아내 헤르미오네는 자식을 낳지 못하는 터라 시기심이 발동하여 안드로마케와 몰로소스를 못살게 굴기 시작했다. 한동안 안드로마케는 아들을 테티스(II)의 신전에 숨겨 둘 수 있었지만, 헤르미오네가 그녀의 비밀을 알아내어 그녀와 아들을 모두 죽이려 했다. 하지만 그 순간 펠레우스가 개입하여 두 사람을 살려 주었다. 그 후 네오프톨레모스가 오레스테스에게 죽임을 당하자 테티스는 몰로소스가 아이아코스 일족의 유일한 후손임을 알고(☞ 계보 30) 안드로마케에게 아들과 함께 에페이로스에 가서 살도록 했다. 여기서 안드로마케는 헬레노스와 결혼했고, 몰로소스는 헬레노스를 계승해 에페이로스의 왕이 되었으며, 그곳 주민들에게 〈몰로소이〉라는 이름을 부여했다.

한 전승에 따르면 몰로소스에게는 역시 안드로마케와 피로스에게서 태어난 두 명의 형제 피엘로스와 페르가모스가 있었다고 한다.

몰로스 Μόλος / Molus 크레테 사람 몰로스는 데우칼리온의 서자로(☞ 계보 28), 이도메네우스의 동료인 메리오네스의 아버지이다. 플루타르코스 시대에 크레테에서 열리던 축제 동안 사람들은 머리 없는 인형을 몰고 다니며 그 인형을 몰로스라고 불렀다. 메리오네스의 아버지 몰로스는 님프를 겁탈하려 했었고 그 후 얼마 안 되어 그의 몸은 머리가 잘린 채 발견되었는데, 이 일을 기리기 위해 제사를 드리는 것이었다.

몰리오니다이의 할아버지인 몰로스에 대해서는 ☞몰리오니다이. 어쩌면 이 몰로스는 순전히 상상 속 인물로 〈몰리오니다이〉라는 뜻이 분명치 않은 이름을 설명하기 위해 지어낸 것일 수도 있다.

몰리오니다이 Μολιονίδαι / Molionides 몰리오니다이란 두 명의 쌍둥이 형제, 에우리토스와 크테아토스를 가리킨다. 그들의 〈인간〉 아버지는 엘레이아 왕 아우게이아스의 형제 악토르이며(☞계보 23) 〈신〉 아버지는 포세이돈이다. 그들의 어머니는 영웅 몰로스의 딸 몰리오네로, 〈몰리오니다이〉란 이 몰로스에서 비롯된 이름이다. 그들은 레다의 자식들이 태어난 것과 비슷한 은빛 알에서 태어났다고 한다(☞레다). 때로 그들은 한 몸에 두 개의 머리를 가진 하나의 괴물 같은 존재로 취급되기도 한다. 『일리아스』에는 그들의 첫 무훈들이 소개되었는데, 그들은 엄청나게 크고 힘이 센 두 명의 용사로 등장한다.

네스토르는 젊었을 때, 넬레우스와 그의 이웃인 엘레이아의 에페이오이 족 사이에 벌어진 전쟁에서 몰리오니다이와 싸워 이겼는데, 그들을 죽이려는 찰나 포세이돈이 그들을 구름 속에 감춰 구해 주었다.

아우게이아스는 헤라클레스의 공격을 받자 조카들인 이 용사들에게 구원을 요청했다(☞헤라클레스). 헤라클레스와 몰리오니다이의 싸움, 몰리오니다이의 승리와 죽음에 대해서는 ☞헤라클레스.

두 형제는 덱사메노스의 두 딸, 테로니케와 테라이포네와 각기 결혼하여 두 아들 암피마코스와 탈피오스를 낳았다. 이 둘은 에페이오이 족 군대를 이끌고 트로이아 원정에 참가했다.

몰파디아 Μολπαδία / Molpadia 몰파디아는 아티카를 침공한 아마조네스 중 한 명이다. 그녀는 테세우스와 결혼한 아마존 안티오페를 화살로 죽이고, 자신은 테세우스의 손에 죽임을 당했다.

스타필로스의 딸인 또 다른 몰파디아에 대해서는 ☞파르테노스.

몰포스 Μόλπος / Molpos 몰포스는 테네도스 섬의 피리 연주자이다. 테네스의 계모가 테네스에게 겁탈당할 뻔했다고 거짓 고자질을 했을 때, 그는 테네스에게 불리한 거짓 증언을 했다. 그래서 테네도스에서는 피리 연주자들이 테네스에게 바쳐진 신전에 접근할 수 없었다(☞키크노스, ☞테네스).

몰피스 Μόλπις / Molpis 엘레이아의 귀족 몰피스는 그의 나라에 기근이 닥치자 신들의 분노를 달래기 위해 신탁의 명령에 따라 자신을 제물로 바쳤다. 그 후 그는 신으로 예우되었다.

몹소스 Μόψος / Mopsus 이 이름을 지닌 인물들 중 두 명이 특히 유명한데, 그들은 모두 예언자들이었다.

1. 첫번째 몹소스는 라피타이 족으로, 암픽스와 클로리스의 아들이다. 그는 아르고나우타이의 원정에서 이드몬의 뒤를 이은 예언자였다. 그의 이름은 펠리아스를 기리기 위해 열렸던 장례 경기의 참가자들이나 칼리돈의 사냥꾼들의 명단 가운데 나온다. 그는 아르고나우타이의 리비아 원정 도중 뱀에 물려 죽었다. 몹소스는 테살리아의 도시 몹시온의 명조이기도 하다. 신화학자들은 때로 그를 동명의 다른 인물과 혼동하기도 한다.

2. 만토의 아들인 또 다른 몹소스는 테이레시아스의 손자이다(☞만토).

그의 아버지가 누구인지는 전승에 따라 달라

진다. 혼히 그는 아폴론의 아들이라고 하는데, 이것은 대부분의 예언자들이 그랬기 때문이다. 그의 인간 아버지는 아르고스 사람 라키오스였다고 한다. 만토는 델포이 신전에서 나오다가 라키오스를 만났고, 신이 그를 그녀의 남편으로 정했다는 것이다. 그녀는 라키오스와 함께 클라로스로 갔다고 한다. 또 다른 전승에 의하면, 만토는 아폴론의 명령으로 혼자 클라로스로 가다가 크레테 해적들에게 납치되었다고 한다. 해적들은 그녀를 두목인 라키오스에게로 데려갔으며, 이 둘의 결합에서 몹소스가 태어났다는 것이다.

이 몹소스가 콜로폰 시를 세웠는데, 그는 클라로스의 아폴론의 신탁을 고하는 예언자였다. 그는 트로이아 전쟁에서 돌아온 그 시대의 또 다른 예언자 칼카스와 예언자로서 경합을 벌였다(☞칼카스). 여기서 몹소스가 쉽사리 승리를 거두자 칼카스는 분을 못 이겨 자살했다. 칼카스가 죽은 다음 몹소스는 암필로코스와 합류했는데, 암필로코스는 그를 따랐지만 그 동료들은 팜필리아, 킬리키아, 시리아로 흩어졌다. 몹소스와 암필로코스는 말로스 시를 건설했다(그들의 관계, 결투, 죽음에 대해서는 ☞암필로코스).

무니코스 Μούνιχος / Munichus 1. 아테나이의 무니코스는 무니키아 항구(페이라이에우스의 군항들 중 하나)의 명조이다. 그는 판테우클레스의 아들로, 아티카의 왕이었다고 한다. 미니아이 족이 트라케의 침략을 받아 추방당하자 그는 이들을 맞아들여 항구 주변에 머물게 했다. 이를 고맙게 여긴 미니아이 족이 이 항구에 그의 이름을 붙였다고 한다.

2. 또 다른 무니코스는 일리리아의 한 전설에 등장하는 인물이다. 그는 드리아스의 아들로, 아버지를 계승해 몰로소이 족의 왕이 되었다(☞몰로소스). 그는 탁월한 예언자였으며 정의로운 인간이었다. 그는 아내 렐란테에게서 여러 명의 자식을 낳았으니, 그 자신보다 더 훌륭한 예언자였던 알칸드로스를 위시하여, 메갈레토르, 필라이오스, 딸 히페리페 등이 그들이다. 그의 자식들은 모두 어질고 덕망이 높았고 경건하여 신들에게서 사랑을 받았다. 그러나 어느 날 밤 산적들이 그들의 도시를 습격했다. 무니코스와 그의 자식들은 저항하지 못했고, 산적들은 그의 가족을 모두 탑 위에서 떨어뜨리고 집에 불을 질렀다. 제우스는 그토록 경건했던 이들이 그런 죽임을 당하도록 내버려 둘 수 없어 모두 새로 변하게 했다. 불을 무서워했던 히페리페는 물속으로 몸을 던져 잠수새(혹은 갈매기)가 되었고, 무니코스는 새매, 알칸드로스는 굴뚝새, 메갈레토르와 필라이오스는 벽을 통과해 달아나 모래 속에 숨어서 두 마리의 참새가 되었으며, 그들의 어머니 렐란테는 종달새(혹은 청딱따구리)가 되었다.

무니토스 Μούνιτος / Munitus 무니토스는 프리아모스의 딸들 중 가장 아름다운 라오디케와 테세우스의 아들들 중 한 명인 아카마스 사이의 밀애로 태어났다. 아카마스는 트로이아 전쟁이 일어나기에 앞서 헬레네를 돌려받으러 트로이아에 사절로 갔던 것이다(☞아카마스, ☞라오디케). 라오디케는 무니토스를 아이의 할머니인 아이트라에게 맡겼으며, 트로이아가 함락된 후 아이트라는 아이를 그의 아버지에게 돌려주었다. 그러나 무니토스는 테살리아에서 사냥을 하다가 뱀에 물려 죽었다.

무사이 Μοῦσαι / Muses 무사이[뮤즈들]는 므네모시네와 제우스의 아흐레 밤에 걸친 사랑으로 탄생한 아홉 명의 자매들이다(☞므네모시네).

그 밖에도 그녀들이 하르모니아의 딸들이라든가, 우라노스와 가이아(땅과 하늘)의 딸들이라는 전설도 있다. 이러한 계보들은 분명 상징성을 지니며, 우주에서 가장 우위를 차지하는 것은 음악이라는 철학적 개념을 암시하고 있다. 무사이는 단순히 노래를 부르는 여신들로, 합창과 송가로 제우스와 모든 신들을 기쁘게 했을 뿐 아니라, 모든 형태의 사고 즉 웅변, 설득, 지혜, 역사, 수학, 천문학 등등을 주재했다. 헤시오도스는 그녀들이 가져다 주는 유익을 칭송하기를, 그녀들이야말로 왕들과 함께 하면서 그들로 하여금 설득의 말 즉 인간들 사이의 분쟁을 진정시키고 평화를 이룩할 수 있는 말들을 하게 한다고 했다. 왕에게 온유의 능력을 부여하여 신하들로부터 존경받게 하는 것도 그녀들이었다. 또한 헤시오도스는 칭송하기를, 무사이를 섬기는 자 곧 가수가 과거 인간들의 공훈이나 신들을 칭송하는 노래를 부르기만 해도 사람들은 근심과 슬픔을 모두 잊어버렸다고 했다.

무사이의 가장 오랜 노래는 올림포스의 신들이 티탄들을 물리친 뒤 새 질서의 탄생을 기리기 위해 불렀던 노래이다.

크게 나누어 두 부류의 무사이가 있다. 트라케 지방에 있는 〈피에리아〉의 무사이와, 보이오티아 지방의 헬리콘 산에 살았다는 무사이가 그들이다. 첫번째 부류의 무사이는 올림포스의 이웃에 살았으며, 시에서 종종 피에리데스라는 이름으로 등장한다. 그녀들은 오르페우스(☞)의 신화 및 디오니소스 제전과 연관되는데, 디오니소스 제전은 트라케 지방에서 특별히 중요하게 생각되었던 행사이다. 헬리콘의 무사이는 보다 직접적으로 아폴론에게 의존하고 있다. 아폴론은 히포크레네 샘터에서 직접 그녀들의 노래를 지휘했다고 한다(☞히포크레네).

다른 지방에 사는 또 다른 부류의 무사이도 있었다. 특히 델포이와 시키온에서는 무사이도 카리테스처럼 세 명이라 여겼으며 레스보스에는 일곱 명의 무사이에게 바치는 제사가 있었다.

무사이가 아홉 명으로 정해진 것은 고전 시대 이후의 일로, 그녀들의 이름은 대체로 다음과 같다. 가장 위엄을 갖춘 칼리오페, 그 다음 클리오, 폴림니아(혹은 폴리힘니아), 에우테르페, 테르프시코라, 에라토, 멜포메네, 탈리아, 우라니아 등이다. 이들 각자는 차츰 일정한 역할을 맡게 되었는데, 그 역할은 저자들에 따라 달라졌다. 하지만 보통 칼리오페는 서사시, 클리오는 역사, 폴림니아는 팬터마임, 에우테르페는 피리, 테르프시코라는 가벼운 시와 춤, 에라토는 서정적 합창, 멜포메네는 비극, 탈리아는 희극, 우라니아는 천문학을 맡았다.

무사이만의 고유한 전설은 존재하지 않는다. 그녀들은 테티스와 펠레우스의 결혼식, 하르모니아와 카드모스의 결혼식 등 신들의 큰 축제에는 어디에나 등장한다. 반면 그녀들도 사랑을 하여, 가령 칼리오페는 오르페우스의 어머니가 되었다고 한다(☞피에리데스).

무사이오스 Μουσαῖος / Musaeus 전승들에 따르면 무사이오스는 오르페우스의 친구, 제자, 스승, 아들, 혹은 그저 동시대인이라 하고, 아티카 전설에서는 단순히 오르페우스의 〈분신〉으로 등장한다. 그의 아버지는 안티페모스 혹은 에우몰포스인데, 이런 이름들은 그가 노래에 능했음을 말해 주며(안티페모스는 이름으로 미루어 보아 「여러 성부로 이루어진 노래」의 발명자임을 알 수 있다) 마찬가지로 무사이오스 자신도 전형적인 음악가였다. 그의 어머니는 셀레네이며 그는 님프들에 의해 길러졌을 것이다.

무사이오스는 음악으로 병자들을 낫게 하는 위대한 음악가였다고 한다. 예언자로서 아티카에 엘레우시스의 신비 의식을 도입한 것도 그였다. 장단단 격의 시의 발명을 무사이오스에게까지 소급시키는 이들도 있다. 그는 리노스 혹은 오르페우스의 제자였다고 하며(☞리노스, ☞오르페우스), 고대에는 신비적 영감을 받은 여러 편의 시들을 그의 작품으로 간주했다.

*무키우스 스카이볼라 Mucius Scaevola 타르퀴니우스 일족이 쫓겨난 뒤 로마가 에트루리아 왕 포르센나에게 함락당하자, 무키우스라는 사람이 포르센나를 죽이기로 결심했다. 하지만 왕을 알아보지 못하고 다른 사람을 왕으로 착각해 칼로 찔렀다. 그는 곧 체포되어 포르센나 앞으로 끌려갔다. 때마침 사람들이 제물을 바치기 위해 뜨거운 숯이 가득 들어 있는 화로를 날라 오자, 무키우스는 오른손을 불 위에 얹어 스스로 손이 타들어 가도록 했다. 이것을 본 포르센나는 감탄해 마지 않으며 무키우스에게서 빼앗았던 칼을 돌려주었다. 무키우스는 왕에게, 자신이 실패한 이 일을 기도하기 위해 자신과 같은 인물 3백 명이 기다리고 있으며 자신은 우연히 첫 인물로 지정되었을 뿐이라고 거짓말을 했다. 이 말을 듣고 놀란 포르센나는 곧 로마와 휴전을 했다.

무키우스는 이처럼 자신의 오른손을 제물로 바치고 외팔이가 되어, 스카이볼라(왼손잡이)라는 이름을 갖게 되었다.

므네모시네 Μνημοσύνη / Mnemosyne 므네모시네는 〈기억〉을 의인화한 것이다. 그녀는 우라노스와 가이아의 딸로, 티타니데스[여자 티탄들]에 속한다(☞계보 5, ☞계보 12). 제우스는 피에리아에서 아흐레 밤 동안 잇달아 그녀와 결합했고, 1년 후에 그녀는 아홉 명의 딸들인 무사이를 낳았다.

트로포니오스의 신탁소에는 〈기억〉(므네모

시네)이라는 샘이 있었다(☞레테).

므네몬 Μνήμων / Mnemon 아킬레우스가 트로이아 전쟁에 나갈 때 그의 어머니는 므네몬(기억하는 자 혹은 기억하게 만드는 자)이라는 하인을 그에게 딸려 보냈다. 그의 임무는 신탁이 여신에게 경고한 사고로부터 아킬레우스를 지키는 것이었다. 즉, 아킬레우스가 아폴론의 아들을 죽이면 아킬레우스 역시 트로이아에서 죽으리라는 신탁이 있었는데, 아폴론의 어느 아들을 말하는 것인지는 알 수 없었다. 그러므로 므네몬이 맡은 일은 아킬레우스가 누군가를 죽이려 할 때마다 상대방이 혹 아폴론의 자손은 아닌지 확인해 보도록 끊임없이 주의를 주는 것이었다. 그런데 테네도스 섬에서 아킬레우스는 아폴론의 아들인 테네스를 죽였고, 그 후로 자신의 운명을 피하지 못하게 되었다. 이에 대한 벌로 아킬레우스는 므네몬을 창으로 찔러 죽였다.

*므네스테우스 Μνησθεύς / Mnetheus 므네스테우스는 아이네이아스의 동료들 중 한 명으로, 아이네이아스가 개최한 항해 경기에 참가하여 2등상을 차지했다. 아이네이아스는 어원을 이용하여 그를 로마의 멤미우스 일족의 명조로 삼았다(그리스 어 〈므네스테우스〉와 라틴 어 〈멤미〉는 모두 〈상기시키다〉라는 의미의 어근을 갖고 있다).

미그돈 Μύγδων / Mygdon 1. 『일리아스』에는 상가리오스 강 유역의 프리기아 일부를 다스리는 미그돈이라는 인물이 등장한다. 미그돈은 아마조네스가 침공해 왔을 때 프리아모스의 도움을 받았었다. 이를 고맙게 여긴 그는 트로이아가 그리스 인들에게 침공당하자 트로이아 방어를 도왔다. 그는 코로이보스의 아버지이다(☞코로이보스).

2. 아미코스의 형제인 또 다른 미그돈은 아미코스처럼 베브리케스 족의 왕이었다. 그는 리코스와 전쟁을 했지만 리코스의 동맹자인 헤라클레스에게 지고 말았다. 그의 왕국을 정복한 헤라클레스는 그곳에 폰토스의 헤라클레이아 시를 건설했다.

*미네르바 Minerva 미네르바는 그리스의 아테나와 동일시되었던 로마의 여신이다. 그녀는 로마 신화의 아주 오래된 신들에는 속하지 않는 듯하다. 그녀는 우선 에트루리아에 등장하며, 이어 카피톨리움 언덕의 삼신 중 한 명으로 유피테르, 유노와 나란히 서게 되었다. 그녀에게 바쳐진 가장 오래된 신전들 중 하나는 카일리우스 산 위에, 즉 전에 카일리우스 비벤나 휘하의 에트루리아 병사들이 로물루스를 도우러 와서 머물렀던 언덕 위에 있었다. 이 신전은 〈미네르바 캅타〉 즉 〈포로가 된 미네르바〉라고 불렸으며, 이는 아마도 로마 인들이 팔레리이 시를 정복했을 때 약탈한 미네르바를 갖다 두기 위해 세운 신전일 것이다.

한 전승에 따르면 미네르바는 누마가 로마에 도입한 신들 중 한 명이라고 한다.

미네르바 축제는 〈퀸콰트리아〉라고 하는데, 이것은 3월(19일)에[〈퀸콰트리아〉는 quinque에서 나온 말인데, 3월 15일Ides에서부터 다섯째 날(로마 인은 숫자를 셀 때 시작하는 날과 끝나는 날을 모두 넣어 계산한다. 오늘 출발해서 내일 도착한다면 이틀이 걸리는 셈. 그래서 19일이 15일에서부터 다섯째 날이 된다)에 열리므로 그런 이름으로 불리게 되었다] 열렸으며, 이날은 모든 학교가 휴교를 했다. 이 여신의 특징은 그리스의 팔라스 아테나의 특징과 유사하다. 그녀는 지적인 활동, 특히 학교에서 이루어지는 활동을 주재한다. 에스퀼리누스 언덕 위에는 〈미네르바 메디카〉 즉 〈병 고치는 미네르바〉에게 바쳐진 예배당이 있었다. 그곳에서는 제국 시대까지도 그런 제사가 행해졌음을 입증하는 봉헌물들이 발견되었다. 미네르바는 로마 고유의 전설에는 등장하지 않는다(☞네리오, ☞안나 페렌나).

미노스 Μίνως / Minos 미노스는 크레테 왕으로, 트로이아 전쟁보다 세 세대 전에 살았다고 한다. 일반적으로 그는 에우로페와 제우스 사이에 태어난 아들로, 크레테 왕 아스테리온 일명 아스테리오스의 손에서 자랐다고 하지만(☞에우로페), 때로는 아스테리온의 아들이라고도 한다. 사르페돈과 라다만티스가 그의 형제들이다(☞계보 3, ☞계보 28).

아스테리온이 죽은 뒤, 미노스는 혼자 크레테를 다스렸다. 그가 혼자서 권력을 차지하겠다고 하자, 형제들은 이를 못마땅하게 여겼다. 그러자 미노스는 신들이 자신에게 왕국을 맡겼다고 하면서, 그 사실을 증명하기 위해 자신이 하늘에 구하는 것은 무엇이든 이루어지리라고 단언했다. 그리고 포세이돈에게 제물을 바치면서 바다에서 황소가 나오게 해주면 그것을 그에게 바치겠노라고 약속했다. 포세이돈이 황소를 보내 주었으므로 미노스는 아무 저항도 받지 않고 권력을 차지했다. 그러나 이 황소가 너무 훌륭했으므로, 그는 그것을 제물로 바치지 않고 종자를 퍼뜨리기 위해 자신의 가축들 사이에 들여보냈다. 그러자 포세이돈은 황소를 성나게 만들었고, 결국 미노스의 요청으로(혹은 에우리스테우스의 명령으로) 헤라클레스가 소를 죽여야 했다(☞헤라클레스). 훗날 미노스의 아내 파시파에의 욕정의 대상이 된 것도 이 황소일 것이다(☞미노타우로스, ☞타우로스).

미노스는 헬리오스와 페르세이스의 딸인 파

시파에를 아내로 맞았다(☞계보 14). 또 다른 설에 의하면 그는 아스테리온의 딸 크레테와 결혼했다고도 한다. 그와 아내 사이에 태어난 자식들로는 카트레우스, 데우칼리온, 글라우코스, 안드로게오스(일명 에우리기에스), 아칼레(일명 아카칼리스), 크세노디케, 아리아드네, 파이드라가 있다. 한편 그는 파리아(아니면 파로스 섬 출신인?)[원문대로임]라는 님프에게서도 에우리메돈, 크리세스, 네팔리온, 필롤라오스 등을 낳았고(☞에우리메돈), 덱시테아라는 님프에게서도 또 다른 아들 에욱산티오스를 낳았다. 기타 다양한 전승들이 미노스의 자식들로 또 다른 이름들을 꼽고 있다.

미노스는 숱한 애정 행각을 벌인 것으로 알려져 있으며, 때로는 남색도 그에게서 유래했다고 한다. 일설에 의하면 가니메데스를 납치한 것도 제우스가 아니라 미노스라고 한다. 또한 그는 테세우스의 연인이었는데 아리아드네의 납치 이후 그와 화해하고 그에게 자신의 둘째 딸 파이드라를 아내로 주었다고도 한다(☞밀레토스).

그가 사랑한 여자들 중 브리토마르티스는 그에게 굴복하느니 바다에 몸을 던지는 편을 택했다(☞브리토마르티스). 또 안드로게오스가 죽은 후 아테나이에서 첫번째 공물로 데려온 처녀들 중 한 명인 페리보이아도 있다(☞안드로게오스). 그가 너무도 많은 정부를 두는 바람에 파시파에는 몹시 화가 났다. 그래서 그에게 마법을 걸어 그가 차지하는 여자들은 모두 그의 몸에서 나오는 전갈과 뱀에게 잡아먹히게 만들었으나, 프로크리스가 그를 이 저주로부터 풀어 주었다. 미노스로부터 마법의 개와 투창을 받는다는 조건으로 그와 잠자리를 같이 하는 데 동의했던 프로크리스는 주문을 깨는 풀인 〈키르케의 뿌리〉를 알고 있었던 것이다(☞프로크리스).

미노스는 크레테 인들을 맨 먼저 문명화시켰고, 정의와 자비로 다스렸으며, 훌륭한 법을 부여했다고 한다. 이 법은 너무나 훌륭해서 제우스로부터 직접 계시된 것으로까지 여겨졌다. 미노스는 제우스가 자라난 크레테의 이데 산에 있는 동굴을 9년마다 한 번씩 찾아가 그곳에서 그의 가르침을 받았다는 것이다. 입법자로서 미노스는 종종 그의 형제 라다만티스와 동등하게 취급되지만, 실은 그가 시기심에서 추방한 라다만티스의 모방자에 불과했을 것이다. 하계에서는 둘 다 죽은 이들의 영혼을 심판하는 자리에 앉았으며, 이 일을 하는 데 아이아코스의 도움을 받았다(☞아이아코스).

미노스라는 인물은 기원전 2천 년 전부터 에게 해 전역을 통치했던 크레테의 해양 지배권을 의인화한 것이다. 그러므로 그가 크레테 주변에 있는 수많은 섬들을 비롯해 아시아 대륙의 카리아까지 권력을 행사했다는 신화학자들의 주장도 놀라울 것이 없다. 미노스는 안드로게오스의 죽음에 보복하기 위해 수많은 군사 원정, 특히 아테나이 원정을 지휘했고, 이 전쟁 동안 메가라 시를 점령했다(☞니소스, ☞스킬레). 아테나이 인들이 역병으로 인해 항복하고 그가 승리를 쟁취하자 그는 미노타우로스의 먹이로 해마다 일곱 명의 청년과 일곱 명의 처녀를 공물로 바치게 했다. 후에 미노스는 다이달로스를 찾기 위해 군대를 이끌고 시칠리아로 가서 코칼로스 왕의 궁정에 있는 그를 찾아냈지만(☞다이달로스, ☞코칼로스), 다이달로스의 음모로 그곳에서 목욕을 하다가 왕의 딸들에게 죽임을 당했다. 그가 데리고 있던 크레테 병사들은 시칠리아에 〈헤라클레이아 미노아〉 시를 건설했다. 이에 대해 크레테 인들은 시칠리아를 벌하기 위해 원정에 나섰지만, 패배하여 바다 건너 고국으로 되돌아가던 길에 폭풍우를 만나 이아피기이 족의 나라로 쓸려가 그곳에 정착했다. 그 후 그들 중 일부는 내부적 불화로 추방당해 마케도니아로 가게 되었다. 신탁은 사람들이 그들에게 흙과 물을 먹으라고 주는 곳에 정착하라고 명했었다. 그들은 마케도니아의 한 지역인 보티아이아에 이르렀을 때 어린아이들이 진흙으로 〈반죽〉을 만들며 노는 것을 발견했고, 아이들은 아무렇지도 않은 듯 그들에게 자기들이 만든 〈반죽〉을 먹으라고 주었다. 이들은 신탁의 예언이 이루어졌음을 깨닫고 그 나라 왕에게 땅을 양도해 달라고 청하여 허락을 받았다.

헤라클레이아 미노아에는 〈미노스의 묘지〉가 있었는데, 이 묘지는 미노스의 동반자들이 그들의 왕에게 바친 것이었다. 묘지 내부의 한 방에는 미노스의 유해가 있었고, 두 번째 방은 아프로디테에게 바쳐진 성소였다. 이 묘지는 테론이 아그리겐툼을 세울 때 밀어 버리고 말았으며, 미노스의 유해는 크레테로 옮겨졌다(☞미노타우로스, ☞파시파에, ☞테세우스).

미노타우로스 Μινώταυρος / Minotaur 미노타우로스란 사람의 몸에 황소의 머리를 가진 괴물에게 붙여진 별명이다. 그의 실제 이름은 아스테리오스 일명 아스테리온으로, 미노스의 아내 파시파에와 포세이돈이 미노스에게 보낸 황소 사이에서 태어난 아들이다(☞미노스). 파시파에의 비정상적인 사랑에서 태어난 이 괴물을 보고 놀라움과 수치심에 사로잡힌 미노스는 당시 자신의 궁정에 있던 아테나이 출신의 장인 다이달로스를 시켜 거대한 궁전(라비린토스)을 짓게 했다. 수많은 방들과 복도들이 뒤얽혀 있어 다이달로스 외에는 아무도 길을 찾을 수 없는 미궁이었다. 바로 이곳에 그는 괴물을 가두었다. 그리고 매년(혹은 3년, 혹은 9년마다) 아테나이 인들이 바치는 공물인 일곱 명의 젊은 남자와 일곱 명의 처녀를 그에게 먹이로 주었다. 테세우스는 스스로 제물이 되기를 자청해 이 젊은이들 사이에 끼었고, 아리아드네의 도움을 받아 이 짐승을 죽이고 돌아 나오는 길을 찾아냈다(☞아리아드네, ☞테세우스, ☞타우로스).

이 전설은 황소에 대한 숭배와 거대한 궁전들을 가지고 있었던 것으로 추측되는 미노아 문명의 흔적을 간직하고 있다. 에번스는 크노소스 및 기타 지역에서 실제로 거대한 궁전의 유적들을 찾아낸 적이 있다. 〈라비린토스〉(미궁)란 〈쌍도끼(그리스 어로 라브루스)의 궁전〉으로, 이는 미노아의 유적들 여기저기에 새겨져 있는 상징인데, 아마도 〈태양〉과 관련된 의미를 지닌 듯하다.

미니아데스 Μινυάδες / Minyades 미니아데스란 오르코메노스 왕 미니아스의 세 딸 즉 레우키페, 아르시페, 알키토에(알카토에)를 가리킨다. 그녀들은 디오니소스 숭배를 거절하면 어떤 벌을 받게 되는지 보여 주는 전설의 여주인공들이다. 그녀들의 전설에는 여러 가지 이본이 있지만, 모두 한 가지 점에서는 일치한다. 즉 오르코메노스(혹은 테바이)의 여자들이 박케들이 되어 산야를 누비고 있었을 때, 세 자매는 집에 남아 실을 잣고 수를 놓았다는 것이다. 그러나 그녀들이 받은 벌의 내용에 관해서는 설이 다양하다.

일설에 의하면, 그녀들이 앉아 있던 등받이 없는 의자 주위로 송악과 포도나무가 자라나기 시작했으며 지붕 위에서 젖과 술이 흘렀다고 한다. 방마다 신비한 빛들이 나타났으며 야수들의 울음소리, 피리와 북 소리가 사방에 울려 퍼졌다고 한다. 놀란 그녀들은 기묘한 광기에 사로잡혀 레우키페의 아들인 어린 히파소스를 노루새끼로 착각하고 붙잡아 갈가리 찢어 버렸다. 그런 다음 머리에 송악을 두르고 산속으로 들어가 다른 여자들의 무리에 끼었으며, 박쥐로 변했다고도 한다.

또 다른 이본은 전혀 다른 이야기를 전한다. 디오니소스는 그녀들을 벌하기에 앞서 젊은 처녀의 모습으로 그녀들에게 나타나 무관심을 책망했다고 한다. 하지만 그녀들은 그의 말에 아랑곳하지 않았다. 그러자 디오니소스는 그녀들이 보는 앞에서 황소로, 표범으로, 사자로 변했으며, 동시에 그녀들이 앉아 있던 의자에서 젖과 술이 흘렀다. 그리고 앞서 말했듯이 미니아데스는 광기에 사로잡혀 어린 히파소스를 갈가리 찢었다.

미니아스 Μινύας / Minyas 보이오티아의 오르코메노스 왕 미니아스는 호메로스 시대에 오르코메노스의 주민들을 가리키던 이름인 미니아이 족의 명조이다. 미니아스는 포세이돈의 아들, 혹은 손자로 여겨진다. 후자의 경우 그의 아버지는 크리세스인데, 크리세스는 할모스의 딸 크리소게네이아와 포세이돈 사이에 태어난 아들이다(☞계보 20). 미니아스는 아주 부자였으며, 그리스 인들 사이에서는 그가 처음으로 〈보물〉의 소유를 필요로 했던 인물로 알려져 있다.

그는 히페르파스의 딸 에우리아나사에게서 여러 명의 자식을 낳았으며, 이들은 전설 속에서 각기 일역을 하고 있다. 오르코메노스의 왕위를 이은 아들인 오르코메노스(☞클리메노스 2) 외에 키파리소스, 디오니소스로 인해 광기에 사로잡혔던 세 명의 〈미니아데스〉(☞)인 레우키페, 아르시페, 알카토에, 그리고 티티오스의 어머니 엘라라, 또 디오니소스에게서 플리아스를 낳게 될 아라이티레아(☞계보 22), 그리고 필라코스의 아내이자 이아손의 할머니가 될 클리메네가 그의 자식들이다(☞계보 20).

미다스 Μίδας / Midas 미다스는 프리기아 왕으로, 여러 민담의 주인공이다. 어느 날 그는 술에 취해 잠들어 있는 실레노스를 발견했다고 한다. 실레노스가 깨어나자 미다스는 그에게 지혜를 가르쳐 달라고 부탁했다. 그러자 실레노스는 세상 밖에 있는 두 도시, 즉 경건한 도시 에우세베스와 호전적인 도시 마키모스에 관한 이야기를 들려주었다. 첫번째 도시에 사는 주민들은 늘 행복했으며 웃으면서 인생을 마쳤던 반면 두 번째 도시의 주민들은 전쟁을 하면서 생을 보냈으며 태어나면서부터 무장이 되어 있었다. 두 도시의 주민들은 큰 왕국들을 다스리고 있었으며 매우 부유했다. 금과 은도 풍부했으므로 귀금속들이 그들에겐 마치 쇠붙이 정도로밖에 여겨지지 않았다. 한번은 두 도시 주민들이 인간 세상을 방문하기로 마음먹고 대양을 건너 히페르보레이오이(☞) 족의 나라에 이르렀다. 히페르보레이오이는 알다시피 인간 세상에서는 가장 부유한 인간들이었다. 하지만 이들의 처량한 상태를 보고, 게다가 이들이 인간 세상에서는 그나마 가장 행복한 자들이라는 사실을 알자, 그들은 더 이상 가려 하지 않고 자신들의 나라로 돌아가 버리고 말았다.

이것이 바로 실레노스가 미다스에게 들려준 우화였다.

미다스 왕과 실레노스의 만남에 대해서는 또 다른 이야기도 있다. 오비디우스의 『변신』에 들어 있는 이야기에 따르면, 실레노스는 길을 잃고 디오니소스의 일행으로부터 멀리 떨어져 프리기아의 산속에 잠들어 있었다. 그를 발견한 농부들은 그가 누구인지 알아보지 못하고 사슬로 묶어 왕에게 데려갔다. 미다스는 한때 비의에 입문한 적이 있었으므로 자신 앞에 있는 자가 누구인지 곧 알아보았다. 그는 실레노스를 사슬에서 풀어 주고 융숭한 대접을 한 다음 디오니소스에게 데려다 주었다. 디오니소스는 왕에게 고마움을 표하며 보상으로 그의 소원을 들어주겠다고 했다. 미다스는 곧 자신이 건드리는 모든 것이 금으로 변하게 해달라고 했다. 신이 그의 소원을 허락하자 왕은 기쁜 마음으로 집에 돌아와 자신의 새로운 능력을 시험해 보았다. 식사 시간이 되기 전에는 만사형통이었다. 하지만 입 안에 빵 조각을 넣으려는 순간 빵이 금으로 변했고 포도주도 마찬가지였다. 결국 갈증과 허기로 죽게 된 미다스는 디오니소스에게 이 능력을 거두어 달라고 애원하게 되었다. 디오니소스는 이 소원도 허락하여 팍톨로스 강의 수원지에 가서 머리와 손을 씻으라고 말했다. 미다스가 그렇게 하자 능력은 곧 사라졌다. 그러나 팍톨로스 강의 물에는 여전히 금조각들이 가득 들어 있었다.

플루타르코스도 이와 비슷한 이야기를 전한다. 미다스는 자기 왕국의 먼 영토를 방문하러 가다가 사막 한가운데서 길을 잃고 말았다. 그와 일행의 갈증을 풀기 위한 물을 한 방울도 얻을 수 없었다. 이를 가엾이 여긴 대지는 그들을 위해 샘물이 솟아나게 했다. 그러나 이 샘에서도 물 대신 금이 쏟아져 나왔다. 대지의 동정도 아무 소용이 없었던 것이다. 미다스는 마침내 디오니소스에게 호소했고, 디오니소스는 금이 솟는 샘을 다시금 물이 솟는 샘으로 만들었다. 그 샘은 미다스의 샘이라고 불리게 되었다.

미다스는 또한 판(혹은 마르시아스)과 아폴론의 전설에도 등장한다. 그는 숲 속을 헤매다가 트몰로스 산까지 가게 되었는데, 때마침 산의 신은 마르시아스(혹은 판)와 아폴론의 불화를 재판하고 있었다. 결국 트몰로스는 아폴론에게 승리를 선포했다. 그런데 누가 의견을 묻지도 않았는데 미다스는 이 재판이 공정하지 못하다고 자신의 생각을 말해 버렸다. 이에 화가 난 아폴론은 그의 머리 양 옆에서 당나귀 귀가 솟게 만들었다. 또 다른 설에 의하면 미다스는 다른 이들과 함께 재판을 맡았는데, 그만이 마르시아스 편을 들었다고 한다. 그런가 하면 미다스 자신이 〈판의 피리〉라는 피리를 발명했다고도 한다.

어쨌든 미다스는 왕관 밑에 당나귀 귀를 감쪽같이 감추고 이 사실을 유일하게 알고 있는 자신의 이발사에게 비밀을 누설하면 사형에 처하겠노라고 했다. 하지만 그런 비밀을 감당할 수 없어 병이 날 지경이 된 이발사는 결국 땅속에 구멍을 파고 미다스 왕이 괴물 같은 귀를 가졌다는 사실을 말해 버렸다. 그러자 근방에서 자라고 있던 갈대가 바람에게 왕의 비밀을 누설하여, 바람이 불어 스칠 때마다 〈미다스, 미다스 왕은 당나귀 귀를 하고 있다……〉라며 속삭이게 되었다.

미르라 Μύρρα / Myrrha 키프로스 왕 키니라스의 딸 미르라와 그녀의 잘못된 사랑, 즉 그녀가 미르라나무로 변모된 경위에 대해서는 ☞아도니스. 그녀는 때로 스미르나라고 불리기도 한다(☞스미르나).

미르멕스 Μύρμηξ / Myrmex 젊은 아테나이 여자 미르멕스는 방정한 품행과 손재주로 아테나 여신의 인정과 총애를 받았다. 하지만 그녀는 아테나 여신이 발명한 쟁기를 자신이 발명한 척하다가 여신에게 벌을 받았다. 즉 땅을 파는 동물로서 수확에 해로운 개미로 변화된 것이다. 그러나 후에 제우스는 다른 모든 개미 족들과 마찬가지로 그녀를 다시 사람으로 변하게 했다(☞아이아코스).

미르미돈 Μυρμιδών / Myrmidon 미르미돈은 미르미돈 인들(아킬레우스가 다스렸던 테살리아 인들)의 조상이자 명조로, 제우스와 에우리메두사의 아들이다. 그는 아이올로스의 딸들 중 한 명인 페이시디케에게서 악토르와 안티포스를 낳았다(☞계보 8). 에우폴레메이아가 그의 딸이므로 그는 아르고나우타이의 한 명인 아이탈리데스의 할아버지가 된다.

또 다른 전설에는 그가 디오플레테스의 아들이자 페리에레스의 손자로 되어 있다. 폴리도라가 그의 아내였으므로, 그는 펠레우스의 사위가 된다.

미르소스 Μύρσος / Myrsus 미르소스는 논노스의 『디오니시아카』에만 나오는 전설의 주인공이다. 아레토스의 아들이었던 그는 아버지를 거역하고 디오니소스에 맞서 싸웠다. 그에게는 리코스, 글라우코스, 페리파스, 멜라네우스 등의 형제들이 있었는데, 이들은 모두 벙어리였다. 아레토스의 결혼식 때 신부 라오비에는 관습대로 아프로디테에게 제물을 바치고 있었는데, 그 때 암퇘지 한 마리가 요란한 소리를 내더니 새끼돼지가 아닌 물고기들을 낳았다. 몰래 예언자에게 가서 물어보니 그것은 아레토스와 라오비에가 같은 수의 벙어리 자식들을 낳을 징조라고 했다. 그리고 실제로 그런 일이 일어났다. 그러나 싸움에 이긴 디오니소스는 아레토스의 자식들이 말을 할 수 있도록 해주었다.

미르토 Μυρτώ / Myrto 미르토는 메노이티오스의 딸이며, 따라서 파트로클로스의 누이이다. 그녀는 헤라클레스에게서 에우클레이아라는 딸을 낳았다(☞마카리아). 에우클레이아는 처녀로 죽었으며, 보이오티아와 로크리스의 여러 성역들에서 종종 아르테미스 여신과 결부되었다.

미르틸로스 Μυρτίλος / Myrtilus 펠롭스 전설의 극적인 이본들에 따르면, 오이노마오스의 마부 미르틸로스는 주인을 배반하여 주인의 마차에서 쐐기를 뽑고 밀랍 쐐기를 대신 박아 두었다. 따라서 펠롭스가 오이노마오스를 누르고 승리를 거두었다. 미르틸로스의 배신만 없었더라면 신마들을 가지고 있었던 오이노마오스가 패배하지는 않았을 것이다(☞펠롭스, ☞히포다메이아).

미르틸로스는 다나오스와 클리메네의 딸들 중 한 명인 파에투사와 헤르메스 사이에서 태어난 아들이다. 그가 주인을 배반한 동기에 대해서는 여러 설이 있다. 그가 히포다메이아를 사랑했거나 아니면 그녀가 펠롭스에게 매수당했다는 것이다. 그러나 펠롭스는 경주에서 이기고 히포다메이아를 데려가면서, 미르틸로스를 바다에 던져 버렸다(일부 저자들에 의하면 미르틸로스는 아티카의 남부 연안을 둘러싸고 있는 미르토스 해[mer de Myrto. 라틴 어로는 mare Myrtoum. 그러나 〈미르토〉가 아니라 〈미르틸로스〉와 연관된 바다인 만큼, 〈미르토 해〉는 이상하다. 그 바다에 있는 섬을 그리스 어로 〈미르토스〉라고 하니, 바다도 〈미르토스 해〉라고 하는 편이 나을 듯]의 명조라고 한다).

미르틸로스는 죽어 가면서 펠롭스와 그의 가문을 저주했으며, 그 때문에 후일 펠롭스의 자손들은 불행에 시달렸다(☞펠롭스, ☞계보 2). 그의 죽음은 크게 두 가지로 설명된다. 즉 그가 길에서 히포다메이아를 겁탈하려 했다는 설과 펠롭스가 그의 배반에 대한 보상을 하지 않기 위해 그를 죽였으리라는 설이 있다(☞히포다메이아).

그가 죽자 헤르메스는 자신의 아들 미르틸로스를 마부좌의 별자리로 만들었다.

미리나 Μύρινα / Myrina 아마존 미리나는 동족을 이끌고 여러 차례 큰 승리를 거두었다. 그녀는 신들이 탄생했다는 오케아노스 부근의 나라에 사는 아틀란티스 인들에게 전쟁을 선포했다. 보병 3천 명, 기병 2만 명에 달하는 아마조네스 군대를 이끌고 그녀는 우선 아틀란티스의 도시 케르네를 정복했다. 그녀는 그 도시를 직접 점령하고, 전투력이 있는 남자들을 모두 칼로 베어 죽인 뒤 아이들과 여자들을 포로로 데려갔다. 그런 다음 도시를 완전히 파괴하게 했다. 그러자 다른 아틀란티스 인들도 놀라 즉시 항복했다. 미리나는 그들을 관대히 대해 동맹을 맺고, 자신이 파괴한 도시 대신에 미리나라는 도시를 세워 포로들을 비롯해 거기서 살고 싶어하는 모든 이들이 와서 살게 했다. 그러자 아틀란티스 인들은 미리나에게 자신들이 고르고네스 족과 맞서 싸울 수 있도록 도와달라고 부탁했다. 치열한 첫 전투에서 미리나는 승리를 거두었지만 많은 고르고네스 족이 달아났다. 그 후 어느 날 밤, 아마조네스의 진영에 잡혀 있던 고르고네스 족 포로들은 아마조네스의 무기를 빼앗아 많은 이들을 죽였다. 그러나 아마조네스는 곧 반격하여 폭도들을 모두 죽였다. 미리나는 이 싸움에서 목숨을 잃은 동료들을 높이 예우하여, 같은 높이의 봉분 세 개로 이루어진 묘를 만들었다. 이 무덤들은 역사 시대에도 〈아마조네스의 무덤들〉로 알려져 있었다. 그러나 전쟁에 진 고르고네스 족은 다시 힘을 되찾아, 후일 페르세우스와 헤라클레스도 그들과 싸우게 되었다.

미리나의 공적은 이 두 전쟁에 그치지 않았다. 후에 리비아의 대부분을 정복한 후, 그녀는 이시스의 아들 호로스가 통치하던 이집트를 지나게 되었다. 그녀는 호로스와 화친 조약을 맺고, 아라비아 인들과 맞서 싸우기 위해 원정대를 조직했다. 그래서 시리아를 초토화하고 더욱 북쪽으로 올라가 그녀에게 자발적으로 항복하러 온 킬리키아 인들의 대표단을 만났다. 그녀는 무력으로 길을 뚫으며 타우로스 산맥을 넘고 프리기아를 가로질러 원정의 종착점인 카이코스 강 지역에 닿았다.

결국 미리나는 리쿠르고스 왕에게 추방당한 트라케 왕 몹소스에게 죽임을 당했다.

이 전설은 〈역사적인〉 구성물이지 엄밀한 의미에서의 신화는 아니다. 그러나 신화적인 요소들을 결합하여 일관된 이야기를 갖도록 만든 것으로(☞고르곤), 신화적 요소들 외에 에우헤메로스적 신화 해석 작업을 엿볼 수 있다.

아마조네스의 여왕 미리나는 『일리아스』에서 언급되고 있지만, 미리나는 〈신들 편에서〉 본 이름으로, 인간인 그녀의 이름은 바티에이아였다. 그녀는 다르다노스 왕과 결혼했다고 하며(☞계보 7) 그렇다면 그녀는 테우크로스의 딸이다. 이 여주인공에 대해서는 전설들 사이에 수많은 혼동이 있었지만 대부분은 후대에 쓰여진 것이다.

미리케 Μυρίκη / Myrice 미리케, 즉 타마리스는 키프로스 왕 키니라스의 딸로, 그녀는 소관목 타마리스(위성류)로 변했다. 역시 키니라스의 딸인 미르라 혹은 스미르나에 관한 전설과 비교해 보라.

미마스 Μίμας / Mimas 미마스는 신들에 대항해 싸운 거인들 중 한 명이다. 그는 제우스의 벼락에 맞아 죽었거나, 아니면 헤파이스토스가 그를 향해 던진 뜨거운 쇳덩이에 맞아 죽었다고 한다.

미세노스 Μισηνός / Misenus 미세노스는 오딧세우스의 동료로, 캄파니아의 미세눔 곶에 자신의 이름을 부여했다. 또 다른 전설에 의하면 그는 헥토르의 동료로, 헥토르가 죽은 뒤 아이네이아스와 함께 여행길에 올랐다고 한다. 그는 군대의 나팔수였다. 어느 날 선단이 캄파니아 연안에 정박했을 때, 미세노스는 스스로 제일가는 나팔수를 자처하며 신들에게 도전했다. 그러자 역시 나팔수였던 바다의 신 트리톤이 그를 덮쳐 바다로 내몰아 익사시켰다. 그는 해안에 묻혔고, 그곳은 그의 이름을 따라 불리게 되었다.

미스켈로스 Μύσκελος / Myscelus 미스켈로스는 이탈리아 크로토나 시를 건설한 인물이다. 그에 관해서는 여러 가지 전설이 있다. 가장 오래된 전설에 따르면 미스켈로스는 리페스 출신의 아카이아 인이며, 마그나 그라이키아[이탈리아 남부를 가리킴]에 식민지를 건설하려 했다고 한다. 아폴론은 델포이 신탁을 통해 그에게 크로토나를 건설하도록 명령했다. 이 고장에 도착한 미스켈로스는 시바리스라는 도시가 이미 있는 것을 보고 같은 지역에 또 다른 도시를 건설할 필요가 있는지 아폴론 신에게 되물었다. 그러자 신탁은 그에게, 〈등이 짧은 자 미스켈로스가(그는 약간 꼽추였다) 신에게 거스르는 행동을 한다면 눈물을 거두게 될 것이다. 네게 주어진 선물을 받아들이라〉고 대답했다. 결국 미스켈로스는 이에 복종했다.

오비디우스가 이야기하는 또 다른 전승에 의하면 크로토나 시는 헤라클레스의 개입으로 건설되었다고 한다. 헤라클레스는 게리오네우스에게서 돌아오는 길에 용사 크로톤의 대접을 받은 적이 있었다. 그의 대접에 감사하면서 헤라클레스는 훗날 한 도시가 세워지면 그 도시를 그의 이름으로 부르겠다고 약속했다. 그는 아르고스 사람 미스켈로스의 꿈에 나타나 그리스에 식민지를 건설하게 했다. 당시 아르고스 법에는 국외로 이주할 수 없게 되어 있었으므로 미스켈로스는 그 꿈을 무시해 버렸는데, 헤라클레스가 다시 꿈에 나타나 그에게 무서운 벌을 내리겠다고 위협했다. 미스켈로스는 마침내 법을 어기기로 결심했고, 그 때문에 재판을 받아 불리한 판결을 받았다. 모두가 그의 사형을 요구하는 검은 돌멩이를 투표 단지에 넣었던 것이다. 미스켈로스는 헤라클레스에게 그로 인해 처한 곤경에서 구해 달라고 호소했다. 그러자 기적이 일어나 검은 돌멩이들이 모두 흰 돌멩이로 변해, 미스켈로스는 무죄 방면되었다. 그래서 그는 식민지를 세우러 떠나, 크로토나 시를 세울 곳에 정착하게 되었다는 것이다.

미에노스 Μύηνος / Myenus 미에노스는 같은 이름의 산에 이름을 남겼다. 그는 텔레스토르와 알페시보이아의 아들이다. 그의 계모는 그의 아버지에게 그가 자신에게 음욕을 품고 있다고 중상했다. 미에노스는 산속으로 피신했는데, 아버지가 종들의 무리를 이끌고 뒤쫓아오자 절벽 아래로 몸을 던졌다.

미케네우스 Μυκηνεύς / Myceneus 미케네우스는 미케나이 시를 건설하고 자신의 이름을 부여한 용사이다. 몇몇 전설에서(파우사니우스는 이에 대해 공공연히 의심을 표명했지만) 그는 포로네우스의 손자이자 스파르톤의 아들로 소개되고 있다.

밀라스 Μύλας / Mylas 텔키네스 중 한 명인 밀라스는 밀 빻는 기구를 발명했다고 한다. 그는 로도스 섬의 한 산에 자신의 이름을 부여하기도 했다.

밀레스 Μύλης / Myles 라코니아 용사 밀레스는 방아의 발명자이다(☞밀라스). 라코니아 전설에서 그는 라케다이몬 왕 렐렉스와 페리디아의 아들로, 폴리카온, 부몰코스, 테라프네 등과 형제간이며, 에우로타스라는 아들을 낳았다. 그러나 그가 등장하지 않는 전설의 경우에는 에우로타스가 렐렉스의 아들이 된다(☞계보 6).

밀레토스 Μίλητος / Miletus 밀레토스는 소아시아에 있는 밀레토스 시의 명조이자 창건자이다. 그의 가계에 대해서는 다양한 설이 있다.

오비디우스에 의하면, 그는 아폴론과 데이오네의 아들이며 미노스가 그를 쫓아냈다고 한다. 그는 소아시아로 피신하여 그곳에 밀레토스 시를 세웠다. 거기서 하신 마이안드로스의 딸 키아네와 결혼하여 카우노스(☞)와 비블리스(☞)라는 두 아들을 낳았다.

또 다른 설에 의하면 그는 아카칼리스(☞)의 아들이자 미노스의 손자라고 한다(☞계보 28). 아카칼리스는 아폴론의 아들을 낳았으나, 아버지 미노스가 두려운 나머지 아이를 내다 버렸다. 숲 속에서 암늑대의 젖을 먹고 자라던 그는 목동들에게 발견되어 그들의 손에 키워졌다. 훗날 그의 아름다움에 반한 미노스는 그가 누구인지 모르고 범하려 했다. 밀레토스는 사르페돈의 충고를 받고 밤중에 달아나 카리아로 가서 그곳에 밀레토스 시를 세웠다. 또 그곳에서 에우리토스 왕의 딸 에이도테아와 결혼하여 카우노스와 비블리스라는 아들을 얻었다.

또 다른 설에 의하면, 밀레토스는 클레오코스의 딸인 아리아와 아폴론 사이에 태어난 아들이다. 아리아는 그를 낳자마자 내다 버렸는데, 클레오코스가 그를 데려다 키웠다. 그는 매우 아름다운 청년으로 자라났으며, 미노스가 그를 범하려 했다. 그는 우선 사모스로 도망가서 그곳에 밀레토스라는 첫번째 도시를 세우고, 다시 카리아로 건너가서 같은 이름을 지닌 두 번째 도시를 건설했다.

ㅂ

바비스 Βάβυς / Babys 바비스는 프리기아의 사티로스인 마르시아스와 형제간이다. 음악 연주로 아폴론과 대결을 벌였던 마르시아스(☞)와 마찬가지로 바비스도 피리를 연주했지만, 바비스는 하나의 관으로 이루어진 피리를, 마르시아스는 두 개의 관으로 이루어진 피리를 연주했다. 바비스는 연주를 그다지 잘하지 못한 덕분에 아폴론의 분노를 피할 수 있었다.

바실레이아 Βασίλεια / Basileia 일설에 의하면, 바실레이아(〈여왕〉이라는 뜻)는 우라노스와 티타이아의 맏딸로 동생들인 레아와 티탄들을 키웠다. 바실레이아는 유난히 지혜롭고 총명했다. 그녀는 동생들 중 한 명인 히페리온과 결혼하여 셀레네(달)와 헬리오스(태양)를 낳았다. 화가 난 다른 티탄들은 히페리온을 죽이고, 헬리오스를 에리다노스 강에 던져 버렸다. 셀레네는 오빠를 잃은 고통을 이기지 못하고 지붕 위에서 몸을 던졌다. 그렇게 해서 헬리오스와 셀레네는 해와 달로 변하게 되었다. 한편 꿈을 통해 그 일을 알게 된 바실레이아는 실성하여, 셀레네의 북과 심벌즈를 두들기며 들판을 헤매고 다녔다. 마침내 누군가가 그녀를 불쌍히 여겨 멈춰 세웠고, 그러자 큰 폭풍우가 치더니 바실레이아는 사라져 버렸다. 사람들은 〈위대한 어머니〉라는 이름으로 그녀에게 제사를 지냈으며 이를 통해 그녀는 키벨레와 동일시되었다.

바실레이아는 왕권을 신격화하여 붙인 이름이기도 하다.

바우보 Βαυβώ / Baubo 바우보는 엘레우시스에 사는 디사울레스의 아내이다. 데메테르는 딸을 찾기 위해 그리스 전 지역을 헤매다가 엘레우시스에 이르렀다. 그녀는 어린 이악코스를 데리고 다녔다. 디사울레스와 바우보는 데메테르를 호의적으로 맞아들였다. 바우보는 데메테르에게 기운을 차리라며 죽을 끓여 주었지만, 고통 중에 있던 여신은 먹으려 하지 않았다. 그러자 바우보는 자신의 불만을 드러내기 위해, 혹은 여신을 즐겁게 하기 위해 치마를 걷어 올리고 엉덩이를 보여 주었다. 이것을 본 이악코스는 깔깔대며 웃었고, 기분이 좋아진 데메테르도 웃기 시작했고 죽을 먹었다.

디사울레스와 바우보의 아들은 트리프톨레모스(흔히 그는 켈레오스와 메타네이라의 아들이라 한다)와 에우불레우스이다. 이들 부부의 딸들은 프로토노에와 니사이다.

바우키스 Βαύκις / Baucis 바우키스는 프리기아 여인으로, 가난한 농부인 필레몬과 결혼했다. 이들 부부는 여행자의 모습을 하고 프리기아를 돌아다니던 제우스와 헤르메스를 자신들의 오두막에 반갑게 받아들여 대접했다. 다른 프리기아 인들은 두 이방인을 맞아들이려고 하지 않았고, 필레몬과 바우키스만 제우스와 헤르메스에게 호의적으로 대접한 것이다. 화가 난 두 신은 프리기아에 홍수를 일으켰지만, 노부부인 필레몬과 바우키스의 오두막은 홍수로부터 보호해 주었다. 이 오두막은 신전으로 바뀌었다. 노부부는 같은 날에 눈을 감게 해달라고 소원했고, 제우스와 헤르메스는 소원을 들어주어 그들 부부를 나무로 변하게 해주었다. 그 후 이 두 그루의 나무는 신전으로 바뀐 노부부의 오두막 앞에 나란히 서 있게 되었다.

바이오스 Βαῖος / Baios 바이오스는 오딧세우스의 키잡이였다. 그의 이름은 『오딧세이아』에는 나오지 않는다. 하지만 후대에 발전한 전설에서 그는 여러 곳의 명조로 등장한다. 이오니아 해에 있는 케팔레니아 섬의 바이오스 산, 캄파니아의 도시 바이아이 등이 그것이다. 오딧세우스의 배를 몰던 바이오스는 이탈리아를 향해하던 중에 죽었다(☞오딧세우스).

*바쿠나 Vacuna 사비니의 아주 오래된 여신의 이름. 그녀의 퇴락한 성역이 리첸차 부근의 호라티우스 별장 근처에 있었다. 고전 주석가들은 그녀를 디아나, 미네르바, 심지어 승리의 여신 등과 막연히 동일시했다. 그녀에 관한 전설은 없다.

바토스 Βάττος / Battus 1. 바토스는 헤르메스가 아폴론의 소떼를 훔치는 이야기에 등장하는 노인의 이름이다. 아폴론이 마그네스의 아들 히메나이오스와 사랑에 빠져 소떼 돌보는 일을 소홀히 하고 있었을 때, 헤르메스가 아폴론의 소 몇 마리를 훔쳐 펠로폰네소스의 마이날로스 산 부근에 갖다 놓았다. 그곳 산에 살던 노인을 만난 그는 자신의 도둑질이 탄로날까 봐 겁이 났다. 그는 바토스라고 불리는 이 노인에게 입을 다물면 암송아지 한 마리를 주겠다고 약속했고, 노인은 침묵을 지키기로 약속했다. 헤르메스는 소들을 안전한 곳에 둔 후, 변신한 모습으로 소들을 찾는 척하면서 바토스에게로 다시 갔다. 그는 소들이 지나가는 것을 보지 못했는지 노인에게 물어보며, 소를 되찾도록 도와주면 대가를 지불하겠다고 약속했다. 바토스는 헤르메스와의 맹세를 저버리고 말을 하고 말았다. 화가 난 헤르메스는 그를 바위로 만들어 버렸다.

2. 바토스는 리비아 해안의 키레네 식민지를 건설한 (신화적 혹은 역사적) 인물의 이름이다. 바토스의 아버지 폴림네스토스는 아르고나우타이 중 한 명인 에우페모스의 후손이다(☞에우페모스). 바토스는 미니아이 족(아르고나우타이의 후손들. ☞미니아스)에 속하며, 이들은 렘노스에서 라케다이몬으로 이주했다가 라케다이몬 사람 테라스를 따라 그곳을 떠나 테라에 정착했다. 바토스의 어머니인 프로니메(☞)는 크레테 섬 출신이다.

통설에 의하면, 바토스는 본명이 아니라 말더듬이라서 붙여진 별명일 뿐이라고 한다. 그러나 헤로도토스에 의하면, 바토스는 리비아 어로 〈왕〉이라는 뜻이다. 바토스의 진짜 이름은 아리스토텔레스라고도 하고, 아리스타이오스(님프 키레네의 아들인 아리스타이오스와 혼동한 것으로 보인다. ☞아리스타이오스, ☞키레네)라고도 한다. 파우사니아스에 의하면, 바토스는 키레네를 건설한 후로 말을 더듬지 않게 되었다고 한다.

바톤 Βάτων / Baton 바톤은 테바이의 용사로, 암피아라오스의 전차를 몰았다(☞암피아라오스). 바톤과 암피아라오스는 모두 멜람푸스의 후손이다. 그는 테바이 앞에서 주인인 암피아라오스와 운명을 같이 했다. 암피아라오스가 적에게 공격을 받는 순간, 바톤은 땅속으로 집어삼켜졌다. 그는 신적인 예우를 받았다. 일설에 의하면, 암피아라오스가 죽은 후 바톤은 하르피이아라고 불리는 일리리아의 도시로 피신했다고도 한다.

박코스 Βάκχος / Bacchus ☞디오니소스.

***발레리아 Valeria** 역병이 팔레리이 시에 창궐하자, 재앙을 그치게 하기 위해서는 매년 처녀 한 명을 유노에게 바치라는 신탁이 내렸다. 그리하여 해마다 희생 제사가 드려지다가, 어느 해에 발레리아 루페르카라는 처녀가 제물로 뽑히게 되었다. 그녀가 제단 앞에서 자신을 칼로 찌르려는 순간, 독수리가 날아와 칼을 빼앗으며 제단 위에 있던 제의용 망치 곁에 작은 막대기를 떨어뜨렸다. 그리고는 멀어져 가면서 근처의 풀밭에서 풀을 뜯고 있던 암송아지 위로 칼을 떨어뜨렸다. 발레리아 루페르카는 새가 전하고자 하는 뜻을 이해했다. 발레리아는 암송아지를 제물로 바치고 망치를 가져다가 역병에 걸린 환자들을 그것으로 건드렸다. 그러면 그들은 즉시 병이 나았다.

발리오스 Βαλίος / Balius 1. 발리오스는 아킬레우스의 말들 중 한 마리이다. 이 말은 제피로스와 하르피이아이(☞) 중 한 명인 포다르게 사이에서 태어났다. 포세이돈이 펠레우스와 테티스(II)의 결혼 선물로 펠레우스에게 준 말이 바로 발리오스이다. 아킬레우스가 죽자, 포세이돈은 죽지 않는 말인 발리오스와 아킬레우스의 또 다른 말인 크산토스를 도로 가져갔다.

2. 발리오스는 악타이온의 개들 중 한 마리의 이름이기도 하다.

***베누스 Venus** 로마의 옛 여신으로, 아르데아 근처에 있는 그녀의 성역은 로마가 건설되기 전부터 있었다고 한다. 일찍부터 식물과 정원을 다스리는 것으로 여겨졌으며, 몇몇 저자들은 그녀를 기도의 중개자로 간주하기도 했다. 그러나 이 모든 것은 불확실하다. 기원전 2세기경부터 그녀는 그리스의 아프로디테와 동일시되었다. 아이네이아스의 후손임을 자처하는 율리우스 일족은 베누스 또한 자신들의 선조라고 주장했다(☞아이네이아스).

***베르툼누스 Vertumnus** 아마도 에트루리아 기원의 신으로, 로마의 포룸 입구 에트루리아 구역에 신상이 있었다. 베르툼누스는 〈변화〉를 의인화한다. 그에게는 자유자재로 변신하는 능력이 있는 것으로 여겨졌다. 오비디우스는 그가 님프 포모나(☞)와 사랑을 했다고 하는데, 이는 아마도 베르툼누스가 식물 특히 유실수의 보호자였기 때문이다.

*베스타 Vesta 로마의 옛 여신으로, 가정의 화롯불을 주재한다. 그녀는 그리스의 헤스티아(☞)와 마찬가지로 열두 명의 주요 신들에 속한다. 그녀에 대한 예배는 최고 제사장(폰티펙스 막시무스)의 관할로, 그의 권위하에 있는 베스타 여사제들이 보좌한다. 대개의 저자들에 따르면, 베스타 제사를 로마에 도입한 것은 로물루스라고 한다. 그러나 그럴 경우 몇 가지 난점이 생긴다. 왜냐하면 그녀의 신전(라티움의 초창기 오두막들이 그렇듯이 둥근 형태의)은 팔라티누스 언덕의 안쪽이 아니라 가장자리인 로마 포룸에 있으며 따라서 로물루스가 건설했다는 도시의 바깥에 존재하기 때문이다. 여신의 예스런 특성은 그녀에게 속하는 신성한 동물이 당나귀라는 사실에서도 드러난다. 당나귀는 단연 지중해적인 동물로, 인도 유럽적 동물인 말과 대비되기 때문이다. 6월 중순에 개최되는 베스탈리아 기념제 때면 어린 당나귀들에게는 화관을 씌우고 일을 시키지 않는다. 이러한 습속을 설명하기 위해서, 순결한 베스타 여신을 프리아포스(☞)로부터 지켜 준 것이 당나귀였다는 전설도 생겨났는데, 이것은 후대에 나온 그리스 풍의 인위적인 전설일 것이다.

*베이오비스 Veiovis 후대에 아폴론과 동일시된 로마의 신으로 아주 오래된 그의 성역이 카피톨리움에, 그리고 또 다른 성역이 티베리나 섬에 위치해 있었다. 그는 근본적으로 하계와 관련되며, 본래는 늪지와 화산을 다스렸던 것으로 보인다. 베이오비스에 관한 전설은 따로 없으며, 율리우스 일족의 가족신이었던 듯하다.

벨레로폰테스 Βελλεροφόντης / Belerophontes
벨레로폰테스는 코린토스 왕가의 후손이다. 그는 포세이돈의 아들이었지만, 〈인간〉 아버지는 시시포스의 아들 글라우코스였다(☞계보 35). 그의 어머니는 메가라의 왕인 니소스의 딸로, 그녀의 이름은 에우리메데 혹은 에우리노메이다. 벨레로폰테스의 모험은 우연찮게 어떤 사내를 죽이면서 시작된다. 살해당한 사람은 델리아데스라고도 하고, 벨레로폰테스의 친형제 페이렌(이 이름은 코린토스에 있는 페이레네 샘과 관련이 있다)이라고도 하며, 알키메네스 혹은 코린토스의 통치자 벨레로스라고도 한다(벨레로폰테스는 〈벨레로스를 죽인 자〉라는 뜻이다). 이 살인을 저지른 후 벨레로폰테스는 코린토스를 떠나야 했다. 그는 티린스의 프로이토스 왕에게 가서 죄 씻음을 받았다. 프로이토스의 아내 스테네보이아(호메로스에 의하면, 안테이아)는 벨레로폰테스에게 반해 밀회를 요구했지만, 벨레로폰테스가 이를 거절하자 남편에게 벨레로폰테스가 자신을 유혹하려고 했다며 거짓 고자질을 했다. 프로이토스는 즉시 벨레로폰테스를 리키아의 왕이자 자신의 장인인 이오바테스에게 보냈다. 그는 벨레로폰테스에게 편지를 들려 보냈는데, 그 안에는 편지를 가져가는 사람을 죽이라는 내용이 들어 있었다. 프로이토스는 벨레로폰테스를 직접 죽이고 싶지는 않았던 것이다. 벨레로폰테스는 그의 손님이었으며, 식사를 함께 했던 사람을 죽여서는 안 된다는 오랜 관습이 있었기 때문이다.

편지를 읽은 후 이오바테스는 벨레로폰테스에게 키마이라를 죽이라는 명령을 내렸다. 키마이라는 앞모습은 사자이고 뒷모습은 용이며, 불을 내뿜는 머리는 양의 모습인 괴물로, 나라를 황폐화시키고 가축들을 빼앗아 갔다. 이오바테스가 그런 명령을 내린 것은 벨레로폰테스가 혼자 키마이라를 죽일 수 없으리라고 생각했기 때문이다. 하지만 벨레로폰테스는 코린토스의 페이레네 샘에서 목을 축이다가 발견한 날개 달린 말 페가소스(☞)를 타고 하늘로 날아 올라가, 키마이라에게 곧장 달려들어 죽여 버렸다. 그러자 이오바테스는 호전적이고 사나운 이웃 백성인 솔리모이 족을 무찌르라고 하며 벨레로폰테스를 보냈다. 이번에도 벨레로폰테스는 자신의 임무를 완수했다. 이오바테스는 벨레로폰테스에게 아마조네스 족을 정벌하라고 명령했고, 벨레로폰테스는 많은 아마조네스를 죽였다. 마침내 이오바테스는 리키아 인들 중에서 가장 용감한 자들을 모아서, 매복해 있다가 벨레로폰테스를 죽이라는 명령을 내렸다. 그러나 벨레로폰테스는 이들을 한 명도 남기지 않고 모두 죽였다. 그러자 이오바테스는 벨레로폰테스가 신(神)의 혈통이라는 사실을 깨닫고, 벨레로폰테스의 공적에 감동을 받아서 프로이토스의 편지를 벨레로폰테스에게 보여 주면서 자기 곁에 머물 것을 권했다. 이오바테스는 벨레로폰테스에게 자신의 딸 필로노에(혹은 안티클리아)를 아내로 주었고, 죽으면서 왕국을 물려주었다. 벨레로폰테스의 복수에 대해서는 ☞스테네보이아.

벨레로폰테스는 이오바테스의 딸과 결혼하여 두 아들 이산드로스와 히폴로코스를 두었고, 딸 라오다메이아를 낳았다. 라오다메이아는 제우스와의 사이에서 사르페돈을 낳았다.

후에 벨레로폰테스는 자만심에 사로잡혀서 페가소스를 타고 제우스의 거처까지 올라가려고 했다. 제우스는 그를 땅으로 내던졌고, 그는 목숨을 잃었다. 벨레로폰테스는 코린토스와 리키아에서 영웅으로 숭배되었다.

『일리아스』에는 벨레로폰테스와 칼리돈 왕 오이네우스의 친밀한 관계가 나타나 있다.

***벨로나** Bellona 벨로나는 로마의 전쟁 여신으로, 오랫동안 잘 정의되지 않은 채 단순히 강한 힘을 상징하는 존재였다가, 점차 그리스 여신인 에니오와 동일시되었다. 때로는 마르스의 아내로 간주되기도 한다. 또한 벨로나는 한 손에 횃불이나 검, 창을 든 무서운 모습을 하고, 마르스의 전차를 모는 마부로 등장하기도 한다. 벨로나는 전통적으로 그려지는 복수의 세 여신(푸리아이)과 아주 흡사하게 생겼다.

벨로스 Βῆλος / Belus 벨로스는 님프인 리비에와 포세이돈 사이에서 태어난 쌍둥이 중 한 명이다. 그의 쌍둥이 형제는 아게노르이다(☞아게노르, ☞계보 3). 아게노르는 시리아로 갔지만 벨로스는 이집트에서 살았다. 이집트 왕 벨로스는 하신 네일로스[나일 강]의 딸인 앙키노에와 결혼했다. 그는 쌍둥이 아이깁토스와 다나오스를 자식으로 두었다. 그 밖에 케페우스와 피네우스도 그의 자식들이라고 한다.

위에 설명한 벨로스뿐만 아니라, 앗시리아 인들과 바빌로니아 인들 중에도 동명의 여러 용사들이 있다. 그들 중 한 명은 카르타고의 여왕 디도의 계보에도 들어 있다.

***보나 데아** Bona Dea 〈좋은 여신〉이라는 뜻의 보나 데아는 파우누스 숭배와 관련이 있는 로마 여신이다. 보나 데아의 전설은 비교적 간략하며, 파우누스 제사의 특성을 설명하기 위해 기록된 것이다. 일설에 의하면, 보나 데아는 파우누스의 딸이다. 파우누스는 딸에게 욕정을 품었지만, 그녀는 절대로 그와 동침하지 않으려 했다. 그는 딸에게 포도주를 먹여 취하게도 해보았지만 소용이 없었다. 그러자 그는 도금양으로 된 가는 막대로 보나 데아를 때려서 마음을 돌리려고 했다(이 때문에 보나 데아 신전에는 도금양이 없다). 마침내 파우누스는 뱀으로 변신하여 그녀와 결합할 수 있었다. 또 다른 설에 의하면 보나

데이는 파우누스의 아내였다고 한다. 그녀는 모든 집안일에 재주가 있었고, 너무나 정숙하여 자기 방 밖으로 나가지 않았을 뿐 아니라 남편 외의 다른 남자들은 쳐다보지도 않았다. 그러던 어느 날 보나 데이는 항아리에 든 포도주를 마시고 취해 버렸다. 파우누스는 도금양 막대로 때려서 그녀의 버릇을 고치려 하다가 그만 그녀를 죽이고 말았다. 보나 데이는 로마의 아벤티누스 언덕 아래 신전을 갖고 있었다. 바로 이곳에서, 남자들을 제외하고 여자들과 소녀들만이 〈좋은 여신〉에 대한 종교 의식을 매년 행했다. 이 의식에서 제외된 헤라클레스는 앙갚음을 하기 위해, 거기서 멀지 않은 곳에 있는 큰 제단에서 여자들은 참석할 수 없는 종교 의식을 만들어 행했다.

보레아다이 Βορεάδαι / Boreades 보레아다이는 일반적으로 북풍의 신 보레아스의 자식들을 일컫는 이름이지만, 그 중에서도 특히 쌍둥이 형제인 칼라이스와 제테스를 가리킨다. 이들 형제의 어머니는 보레아스가 일리소스 강변에서 납치한 오레이티이아(에레크테우스의 딸)이다(☞보레아스, ☞오레이티이아, ☞계보 11). 칼라이스와 제테스에게는 날개가 있었다. 그들의 날개는 발뒤꿈치에 달려 있었다고도 하고, 새들처럼 옆구리에 돋아나 있었다고도 한다. 아버지 보레아스처럼 그들도 바람의 정령이며, 그들의 이름은 〈바람이 부는 것〉을 의미하는 동사와 연관된다. 즉, 칼라이스는 〈가볍게 나는 자〉이고, 제테스는 〈강하게 나는 자〉이다. 그들은 아버지처럼 트라케에서 태어났다. 그들의 중요한 특징은 민첩성이었다. 그들은 아르고나우타이(☞)의 원정에 참여했고, 원정 중에 들렀던 피네우스 왕의 궁전에서 왕을 괴롭히던 하르피이아이를 쫓아내는 데 큰 활약을 했다. 이 모험에 관한 이야기는 여러 가지가 있다. 그들이 왕을 구하기 위해 하르피이아이를 하늘 멀리 쫓아 보내고 피네우스 왕의 식사를 건드리지 않겠다고 맹세하게 했다는 이야기도 있고, 하르피이아이 셋 중에 둘을 죽였다는 이야기도 있다. 그런가 하면, 하르피이아이에 대해서는 아무런 언급 없이, 칼라이스와 제테스가 누이인 클레오파트라를 죽인 피네우스를 벌했다는 이야기도 있다(☞피네우스).

칼라이스와 제테스의 죽음에 관해서도 여러 가지 이야기가 있다. 그들이 하르피이아이를 잡지 못하고 돌아오는 길에 죽었다는 이야기도 있다. 하지만 통설에 따르면, 칼라이스와 제테스는 아르고나우타이 원정의 전 과정에 참가했으며, 펠리아스를 위한 장례 경기에도 참가하여 달리기 경주에서 우승을 거두었다고 한다(☞펠리아스, ☞이아손). 하지만 이들은 얼마 지나지 않아 헤라클레스의 손에 죽임을 당하고 말았다. 헤라클레스가 힐라스를 찾으러 갔다가 제때 돌아오지 않아 출항 시간이 늦어지자, 칼라이스와 제테스가 아르고나우타이에게 그를 버려 두고 출항하자고 제안했기 때문이다(☞아르고나우타이, ☞힐라스). 그들은 펠리아스의 장례에서 돌아오던 중에 테노스 섬에서 헤라클레스를 만나 죽임을 당했다. 헤라클레스는 그들을 위해 묘비 두 개를 세웠고, 이 묘비들은 섬에 북풍이 불 때마다 흔들렸다. 보레아스에게는 딸이 두 명 있었는데, 피네우스와 결혼한 클레오파트라, 그리고 키오네가 그들이다.

보레아스 Βορέας / Boreas 북풍의 신 보레아스는 그리스에서 가장 추운 지방인 트라케에 산다. 그는 날개 달린 신으로, 아주 힘이 세고, 수염이 났으며, 짧은 주름진 외투를 입은 모습으로 그려진다. 어떤 그림에서는 로마 신인 야누스처럼, 보레아스도 에우리포스[그리스 본토와 에우보이아 섬 사이의 해협]에 부는 두 바람인 보레아스와 안티보레아스를 의인화한 대조적인 두 얼굴을 가진 것으로 그려졌는데, 이것은 예외적인 경우이다.

보레아스는, 에오스와 아스트라이오스(크리오스와 에우리비에의 아들) 사이에서 태어난 아들이다. 그는 제피로스 및 노토스와 형제간이다(☞계보 14). 따라서 보레아스는 자연의 기본적인 힘을 상징하는 존재인 티탄 족에 속하며, 여러 가지 거친 행동을 했다. 아테나이 왕 에레크테우스의 딸 오레이티이아가 일리소스 강가에서 친구들과 놀고 있을 때 그녀를 납치한 것도 보레아스라고 여겨진다. 보레아스는 그녀를 트라케로 데려갔고, 그녀는 두 아들 칼라이스와 제테스를 낳았다(☞보레아다이). 이 전설의 한 이본에 의하면, 보레아스가 오레이티이아를 납치한 것은 아크로폴리스에 있는 〈아테나 폴리아스〉[폴리스를 지키는 아테나라는 뜻]의 신전으로 올라가는 행렬에서였다고 한다. 때로는 피네우스를 벌한 것이 보레아스 자신이라고도 한다(☞피네우스). 보레아스는 에리크토니오스의 암말들과 교미하여 망아지 열두 마리를 낳았는데, 이 망아지들은 어찌나 가벼웠던지 밀밭을 지나면서 이삭을 휘게 하지 않았고 바닷물 위를 지나면서도 잔물결을 일으키지 않았다. 보레아스는 에리니에스 중 한 명, 그리고 하르피아이 중 한 명과의 사이에서 날쌘 말들을 낳았다.

〈켈토이 족의 왕〉 보레아스에 관해서는 ☞키파리사.

보르모스 Βῶρμος / Bormos 보르모스는 티티아스(혹은 티티오스)의 아들로, 마리안디노이 족에 속하며, 아주 잘생긴 청년이었다. 어느 날 그는 수확하는 농부들을 위해 물을 길러 갔다가, 깊은 샘에서 님프들에게 납치되었다(☞힐라스). 매년 수확기가 되면 피리를 불고 애가를 부르며 그의 죽음을 애도했다.

보트레스 Βότρης / Botres 테바이 사람 보트레스는 에우멜로스의 아들로, 에우멜로스는 아폴론 신을 매우 경외했다. 어느 날 에우멜로스가 아폴론에게 희생 제사를 드리고 있을 때, 그의 아들 보트레스가 곁에서 그를 도와주었다. 보트레스는 희생 제물인 양의 골을 제단에 올리기 전에 미리 나누어 놓았고, 화가 난 에우멜로스는 불이 붙은 신성한 장작개비를 집어들어 아들을 내리쳐 죽이고 말았다. 아폴론은 절망에 빠진 부모를 측은히 여겨, 보트레스를 아에로포스(어두운 눈길을 가진 새)라는 이름의 새로 만들어 주었다. 아에로포스는 땅속에 둥지를 틀며, 끊임없이 날개 치는 새이다.

*****볼투르누스** Volturnus 로마의 옛 신으로, 전속 제관이 있고, 8월 27일에 〈볼투르날리아〉라는 기념제가 열린다. 전설에 따르면, 이 볼투르누스(혹은 캄파니아의 하신인 동명의 신, 어쩌면 둘은 동일할 수도 있다)는 님프 유투르나(☞)의 아버지였다고 한다.

부노스 Βοῦνος / Bounos 부노스는 코린토스의 용사로, 헤르메스와 알키다메이아의 아들이다. 아이에테스는 코린토스를 떠나 콜코스로 가면서, 부노스에게 아이에테스 자신이나 자신의 자손이 돌아올 때까지 코린토스를 다스리라는 명령을 내렸다. 부노스가 죽은 후, 시키온의 에포페우스가 뒤를 이었다(☞에포페우스).

부시리스 Βούσιρις / Busiris 그리스 신화에서 부시리스는 이집트 왕이지만, 그의 이름은 실제 이집트 왕족의 계보에는 나타나지 않는다. 아마도 오시리스의 이름이 변형되어 부시리스로 된 것 같다. 부시리스는 아주 잔혹한 왕이었다. 그의 폭정 때문에 프로테우스는 이집트에서 도망을 쳐야만 했다(☞프로테우스). 부시리스는 아름답기로 소문난 헤스페리데스를 납치하기 위해 도적들을 보냈는데, 헤라클레스가 황금 사과를 찾으러 가던 길에 그들을 만났다. 그는 이미 부시리스를 죽였듯이, 그들을 모두 죽여 버렸다. 헤라클레스가 부시리스를 죽인 데에는 다음과 같은 이야기가 있다. 연이은 흉작이 이집트를 괴롭히자, 키프로스에 온 예언자 프라시오스가 제우스의 분노를 가라앉히고 다시 부강해지려면 매년 이방인 한 명을 제우스에게 바쳐야 한다고 부시리스에게 일러 주었다. 그러자 부시리스는 프라시오스를 첫 희생 제물로 바쳤으며, 이집트를 지나가던 헤라클레스를 붙잡아 끈으로 묶고 머리에는 화관을 씌워 희생 제물로 바치기 위해 제단으로 끌고 갔다. 그러나 헤라클레스는 끈을 풀고, 부시리스와 그의 아들 이피다마스(혹은 암피다마스), 전령인 칼베스, 그리고 부시리스의 부하 모두를 죽였다.

부시리스는 포세이돈과 리시아나사의 아들이다(☞계보 3). 그는 오시리스가 온 세상을 원정하러 떠날 때 왕권을 넘겨받아 이집트를 다스리게 되었다.

부지게스 Βουζύγης / Buzyges 부지게스(소에게 멍에를 씌우는 자)는 멍에를 발명한 신화적 인물이다. 그는 황소를 길들이고 쟁기를 매어 밭을 갈고 경작하는 데 이용하고자 했다. 또한 부지게스는 최초의 입법자들 중 한 명으로 여겨진다. 고대에는 자주 언급되었던 바, 소가 농업에 도움이 된다 해서 죽이지 못하게 하는 법을 만든 것도 그였다고 한다(☞팔라디온).

부콜로스 Βουκόλος / Boucolos 부콜로스(소 치는 자)는 보이오티아 지방의 타나그라에 사는 콜로노스의 아들이다. 그는 오케모스 및 레온과 형제간이며, 이들에게는 오크나라는 누이가 있었다. 오크나는 에우노스토스를 사랑했지만 거절당하자, 분한 나머지 에우노스토스가 자신을 겁탈하려 했다고 오빠들에게 말했다. 형제들은 에우노스토스를 때려 죽였는데, 곧 후회하게 된 그녀는 진실을 고백했다. 형제들은 에우노스토스의 아버지에게 위협을 받고 달아났다. 오크나 자신도 자살하고 말았다.

부테스 Βούτης / Butes 1. 이 이름을 가진 첫번째 인물은 보레아스의 아들이며, 리쿠르고스와 이복형제간이다. 부테스와 리쿠르고스는 각기 다른 여자에게서 태어났으며, 보레아스의 정식 아내인 오레이티이아의 자식들은 아니었다(☞보레아스). 부테스는 이복형제인 리쿠르고스를 죽이려다가 음모가 발각되자, 자기를 따르던 무리와 함께 낙소스로 도망가서 도적질과 해적질을 하며 살았다. 부테스는 여자들을 납치하기 위해 테살리아의 프티오티스를 공격했으며, 거기서 디오니소스를 따르는 여인들을 보게 되었다. 대부분의 여인들이 도망쳤지만 디오니소스의 유모인 코로니스가 납치되어 부테스의 차지가 되었다. 코로니스의 청에 따라 디오니소스는 부테스를 실성하게 만들었고 부테스는 우물에 빠져 죽었다.

2. 부테스라고 불리는 두 번째 인물은 아테나이 왕 판디온과 제욱시페 사이에서 태어난 아들이다(☞계보 11). 그는 필로멜라, 프로크네와 남매간이며, 에레크테우스와 형제간이다. 판디온이 죽은 후, 두 아들 부테스와 에레크테우스가 유업을 나누어 물려받았다. 에레크테우스는 왕국을 물려받았고, 부테스는 아테나와 포세이돈의 사제로서의 직위를 물려받았다. 부테스는 에

레크테우스의 딸 크토니아와 결혼했다(☞에레크테우스). 에테오부타다이 가문이 아테나이에서 대대로 사제직을 맡은 것은 부테스 때문이다.

3. 아르고나우타이 원정에 참여했으며 시칠리아에 릴리바이온 시를 건설한 부테스에 대해서는 ☞아르고나우타이, ☞에릭스.

부파고스 Βουφάγος / Bouphagus 부파고스(소를 먹는 자)는 아르카디아의 용사로, 이아페토스와 토르낙스의 아들이다. 그와 그의 아내 프롬네는, 아우게이아스를 치는 전쟁 동안, 부상당한 이피클레스를 맞아들여 보살펴 주었고, 그가 세상을 떠나자 묻어 주었다(☞헤라클레스). 후에 그는 아르테미스에게 죽임을 당했다. 부파고스가 아르카디아의 폴로에 산에서 아르테미스를 쫓아다니자, 여신이 그의 집요한 사랑에 진저리가 나서 그를 죽여 버렸던 것이다.

불리스 Βουλίς / Boulis ☞아이기피오스.

***불카누스** Vulcanus 로마의 신으로, 전속 제관이 있고, 8월 23일에 〈볼카날리아〉라는 기념제가 열린다. 그를 로마에 도입한 것은 티투스 타티우스라고 하는데, 일설에 따르면 로물루스가 전쟁에서 빼앗은 땅에 최초로 그의 성역을 건설했다고도 한다. 불카누스의 축제 때는 불 속에 작은 물고기나 그 밖의 짐승들을 던져 넣는 것이 관례였다고 한다. 이러한 봉헌은 인신 공양을 대신하는 것으로 간주되었다. 불카누스에 관한 전설은 따로 없으며, 그는 헤파이스토스(☞)와 동일시되었다. 그러나 불카누스는 카쿠스(☞), 카이쿨루스(☞), 혹은 신화적인 왕 세르비우스 툴리우스(☞)의 아버지로도 여겨졌다(세르비우스 툴리우스는 좀더 일반적으로는 가택신 라르의 아들로 간주되었다).

브랑가스 Βράγγας / Brangas 브랑가스는 트라케 지방의 하신 스트리몬의 아들이며 올린토스와 형제간이다. 올린토스가 사냥 중에 사자에게 죽임을 당하자, 브랑가스는 올린토스가 죽은 곳에 무덤을 만들었다. 그리고는 그 주변에 도시를 건설하고 이름을 올린토스라고 붙였다.

브랑코스 Βράγχος / Branchus 브랑코스는 스미크로스의 아들로, 델포이에서 태어나 밀레토스에 정착했다. 브랑코스가 태어나기 전에 그의 어머니는 다음과 같은 꿈을 꾸었다. 태양이 그녀의 입으로 들어와 몸 전체를 거쳐서 배를 통해 밖으로 나가는 꿈이었다. 예언자들은 그 꿈을 길조라고 풀이했다. 그녀는 아들을 낳아서 〈기관지〉라는 뜻의 브랑코스라는 이름을 붙여 주었다. 왜냐하면 태양이 기관지를 타고 내려가 그녀의 몸 안으로 들어가는 것을 느꼈기 때문이다. 어느 날 산에서 가축들을 지키던 소년은 그의 수려한 모습에 끌린 아폴론의 사랑을 받았다. 브랑코스는 아폴론 필레시오스[사랑의 아폴론]에게 바칠 제단을 쌓았고, 아폴론에게서 예언하는 능력을 받아 밀레토스 남쪽의 디디마스에 신탁소를 세웠다. 역사 시대까지도 이곳은 델포이 신탁소와 거의 같은 것으로 간주되었다. 디디마스 신탁소에서는 브랑코스의 후손들인 브랑키다이가 제무를 담당했다. 브랑코스의 부계 조상 중에는 델포이에서 네오프톨레모스를 죽인 마카이레우스가 있다.

브리세스 Βρίσης / Brises 브리세스는 브리세이스의 아버지이다(☞브리세이스). 카리아 지방에 살던 렐레게스 족의 왕이라는 이야기도 있지만, 통설에 의하면 크리세스와 형제간인 그는 트로이아 전쟁 때 그리스 군에게 약탈당한 도시 리르네소스의 아폴론 사제라고 한다. 브리세이스라 불리던 딸 히포다메이아 외에 안드로마케의 아버지인 리르네소스의 왕과 동명이인인 에에티온[안드로마케의 아버지는 미시아의 테베 왕이었다. 두 도시는 인접해 있고 같은 시기에 아킬레우스에 의해 파괴되기는 했지만(『일리아스』 2권 690 이하), 리르네소스의 왕은 미네스라는 다른 인물이다(『일리아스』 19권 295 이하) — 감수자 주]이라는 아들도 한 명 있었다. 아킬레우스가 침략하여 집을 파괴하자 그는 목매어 죽었다.

브리세이스 Βρισηίς / Briseis 브리세이스(본명 히포다메이아)는 아킬레우스가 정복한 도시 리르네소스의 사제인 브리세스의 딸이다(☞아킬레우스). 브리세스는 크리세이스의 아버지인 크리세스와 형제간이다. 아버지의 이름을 따라 브리세이스라고 불린 히포다메이아는 미네스와 결혼했지만, 미네스는 아킬레우스에게 죽임을 당했다. 그녀도 아킬레우스의 수중에 들어가고 말았다. 파트로클로스는 그녀를 위로하기 위해, 아킬레우스가 그녀와 결혼하도록 애써 보겠다고 약속했다. 실제로 그녀는 아킬레우스가 가장 아끼고 사랑하는 포로가 되었다. 그런데 지휘관 회의에서 아가멤논에게 크리세이스를 크리세스에게 돌려보내라고 종용하자, 아가멤논은 그 대가로 아킬레우스의 포로인 브리세이스를 자신에게 줄 것을 요구했다. 분노와 고통에 빠진 아킬레우스는 전쟁에 나가지 않았다. 아가멤논이 분노한 아킬레우스를 달래기 위해 사절을 보내면서 맨 먼저 돌려주겠다고 약속한 것이 바로 브리세이스였다. 아킬레우스가 아가멤논과 화해할 때 받아들이겠다고 한 것도 브리세이스뿐이었다[그러나 『일리아스』 19권 243행 이하에서 아킬레우스는 결국 아가멤논이 9권에서 약속했던 많은 선물을 받게 된다]. 호메로스 서사시 이후에 나온 이야기에서, 그녀는 갈색 머리에 빛나는 눈과 흰 얼굴을 가진 키가 큰 여인으로, 특히 옷맵시가 뛰어난 여인으로 묘사된다. 아킬레우스에게 장례의 예우를 한 것도 바로 그녀였다[하지만 통설에 의하면 아킬레우스의 장례는 그리스 군이 치른 것으로 되어 있다].

브리테 Βρύτη / Bryte 브리테는 마르스(아레스)의 딸로, 크레테 섬에서 아르테미스 여신을 수행하던 처녀이다. 그녀의 전설은 브리토마르티스의 전설과 똑같다. 브리테는 미노스의 사랑을 피해 바다에 몸을 던졌고, 그녀의 시신은 그물에 걸린 채 발견되었다. 그 후 전염병이 돌았는데 전염병을 잠재우기 위해서는 〈디아나 딕틴나〉(그물을 가진[혹은 딕테 산의] 아르테미스)를 신으로 숭배해야 한다는 신탁이 내렸다.

브리토마르티스 Βριτόμαρτις / Britomartis 브리토마르티스는 크레테 섬의 여신이며, 그녀의 이름은 〈온화한 처녀〉라는 뜻이다. 그녀는 제우스와 카르메의 딸이다. 크레테의 고르티나 출신인 그녀는 아르테미스를 따르는 처녀 님프였는데, 미노스가 그녀를 사랑하여 아홉 달 동안이나 그녀의 뒤를 쫓아 섬의 산과 계곡을 누볐다. 그러던 어느 날 그녀는 미노스에게 곧 붙잡힐 지경에 이르렀다. 브리토마르티스는 높은 절벽에서 바다로 뛰어내렸으나 어부들의 그물에 걸려서 목숨을 구했다. 그래서 그녀는 딕틴나(그물의 아가씨)라고도 불리게 되었다.

이보다 평이한 설에 따르면, 브리토마르티스에게 딕틴나라는 수식어가 붙은 이유는 그녀가 사냥용 그물을 발명했기 때문이라고 한다. 그런가 하면 브리토마르티스가 사냥하다가 그물에 걸려 아르테미스 덕분에 구출된 후, 딕틴나라는 이름으로 신적인 예우를 받았다고도 한다.

아르테미스와 마찬가지로, 브리토마르티스

는 사냥꾼 차림으로 개들을 끌고 다니며 남자들을 피하고 고독을 사랑하는 것으로 묘사된다.

*비르비우스 Virbius 비르비우스는 네미(아리키아)의 신성한 숲에서 행해지는 디아나 예배와 연관되어 숭배되는 정령이다. 말들이 그 숲에 들어가는 것이 금지되었다는 사실로부터 이 비르비우스가 다름 아닌 테세우스의 아들 히폴리토스라는 속설이 생겨났다. 히폴리토스는 자기 말들 때문에 죽은 뒤 아스클레피오스 덕분에 되살아나 아르테미스에 의해 이탈리아로 옮겨졌었다(☞히폴리토스). 이런 해석은 비르비우스라는 말을 비르Vir(사람, 남자)와 비스Bis(두 번) 즉 〈두 번 살아난 사람〉으로 풀이하여, 히폴리토스의 부활과 연관지은 것이다.

비블리스 Βυβλίς / Byblis 비블리스는 밀레토스의 딸이자 미노스의 증손녀이다(☞아카칼리스). 이설들에 따르면, 미노스의 손녀라고도 한다(☞밀레토스, ☞계보 28). 비블리스의 어머니에 대해서도 여러 가지 설이 있어, 마이안드로스의 딸 키아네, 켈라이노의 딸 트라가시아, 혹은 에우리토스 왕의 딸 에이도테아라고 한다. 그녀는 카우노스와 쌍둥이 남매간이었는데, 오빠에게 품어서는 안 될 애정을 품고 있었다. 누이에게 두려움을 느낀 카우노스는 고향 밀레토스를 떠나 카리아로 가서 도시 카우노스를 건설했다. 고통에 사로잡혀 미쳐 버린 비블리스는 소아시아 전체를 떠돌아다녔다. 그녀가 높은 절벽에서 몸을 던져 생을 마감하려는 순간, 님프들이 그녀를 불쌍히 여겨 그녀의 눈물처럼 절대로 마르지 않는 샘으로 변신시켰다.

반대로, 카우노스가 누이에게 죄된 사랑을 품었다는 이야기도 있다. 그래서 카우노스는 아버지의 집을 떠났고, 비블리스는 목매어 죽었다는

것이다. 그녀를 기리기 위해서 두 도시에 그녀의 이름이 붙여졌다. 카리아의 비블리스와 포이니케의 비블로스가 그것이다.

비아 Βία / Bia 비아는 〈폭력〉을 의인화한 것으로, 거인 팔라스와 스틱스의 딸로 간주된다. 거인족과 신들의 싸움에서 그녀는 제우스 편에서 싸웠다. 그녀는 니케(승리)와 자매간이며, 젤로스(열의)와 크라토스(권력)와는 남매간이다(☞계보 32). 비아는 그들과 함께 항상 제우스를 따라다녔다. 그녀는 프로메테우스를 카우카소스 산에 묶는 것을 도왔다.

*비아노르 Βιάνωρ / Bianor 비아노르는 만토바의 용사로, 티베리스와 님프 만토의 아들이다(☞아우크누스). 그는 도시를 건설하고, 어머니를 기리기 위해 만토바라는 이름을 붙였다. 종종 비아노르는 아우크누스와 동일한 인물로 간주된다.

비아스 Βίας / Bias 비아스는 페레스의 딸 이도메네[계보 1에 의하면 비아스는 크레테우스의 딸 이도메네의 아들이자, 페레스의 딸 이도메네의 남편이다]와 아미타온의 아들이다. 예언자인 멜람푸스는 그의 형제로, 둘의 모험은 서로 얽혀 있다(☞계보 1, ☞계보 21). 비아스는 네레우스의 딸인 페로와 결혼하고 싶었지만, 결혼을 위해서는 네레우스가 내건 조건을 충족시켜야 했다. 그 조건이란 필라코스의 소떼를 훔치는 것이었다. 그 소떼는 사나운 개 한 마리가 지키고 있는데, 멜람푸스는 형제인 비아스를 위해 소떼를 훔치겠다고 했다(☞멜람푸스). 멜람푸스는 네레우스로부터 페로를 얻어, 비아스에게 아내로 주었다.

그런 다음 멜람푸스는 프로이토스의 실성한

딸들을 낫게 해준 대가로 프로이토스 왕국의 3분의 1을 비아스에게 얻어 주어 정착하게 했다 (☞프로이토스, ☞멜람푸스, ☞아낙사고라스). 비아스는 페로와의 사이에서, 아드라스토스의 아버지가 될 탈라오스(☞계보 1), 페리알케스, 라오도코스, 아레이오스, 알페시보이아 등을 낳았다. 후에 비아스는 프로이토스 왕국의 아르고스에 정착하여 프로이토스의 딸 리시페와 결혼했고, 아마도 이 둘 사이에서 딸 아낙시비아가 태어난 것 같다. 몇몇 전승들에 의하면, 이 딸은 후에 펠리아스와 결혼했다고 한다.

비안나 Bίαννα / Bianna 비안나는 도피네 지방의 도시 비엔의 명조이다. 크레테에 기근이 닥치자 많은 사람들과 함께 고향을 떠나온 비안나는 춤을 추다가 깊은 구렁에 빠졌다. 그곳에 정착한 크레테 인들이 건설한 도시에 그녀 이름을 땄다.

비자스 Βύζας / Byzas 비자스는 포세이돈과 케로에사의 아들이다. 그의 어머니 케로에사는 이오와 제우스 사이에서 태어난 딸이며, 후에 비잔티온[비잔티움]이라고 불리게 되는 도시와 가까운 곳에서 태어났다. 비자스는 도시를 건설하고 자신의 이름을 따라 비잔티온이라고 불렀다. 비자스는 아폴론과 포세이돈의 도움을 받아 도시를 강성하게 만들었다. 트라케 왕 하이모스가 비잔티온을 공격해 오자 비자스는 단독 결투로 그를 물리치고, 패주하는 적들을 뒤쫓아서 트라케로 쳐들어갔다. 비자스가 없는 동안, 스키티아 왕 오드리세스가 비잔티온을 공격하여 포위했다. 그때 비자스의 아내인 피달레이아가 다른 여인들과 함께 적의 진영에 수많은 뱀을 던져서 도시를 구해 냈다. 또한 피달레이아는 시동생인 스트롬보스의 공격으로부터도 비잔티온을 구했다.

ㅅ

사가리스 Σάγαρις / Sagaris 1. 솔리누스가 전하는 이야기에 따르면, 사가리스는 로크리스 사람 아이아스의 아들로, 이탈리아 남부의 시바리스 시의 건설자이다.

2. 사가리스(일명 상가리스)는 또한 미다스의 아들로, 아시아에 있는 상가리오스 강에 이름을 남겼다. 이 사가리스는 실제로는 미그돈과 알렉시로에의 아들이었다고 한다. 그는 대모신 키벨레를 섬기지 않았으므로, 여신이 내린 벌로 미쳐서 당시까지는 크세라바테스라 불리던 강에 뛰어들었으며, 이후로 그 강은 상가리오스라 불리게 되었다.

사가리티스 Σαγαρίτις / Sagaritis 사가리티스는 오비디우스가 전하는 아티스 전설에 나오는 하마드리아데스(나무의 님프들) 중 한 명의 이름이다. 아티스는 키벨레 여신에게 순결을 지키기로 약속했음에도 불구하고 님프 사가리티스와 결합했다. 분노한 여신은 님프의 생명이 달려 있는 나무를 쳐서 님프를 죽게 하고, 젊은 아티스는 미쳐서 스스로 거세하게 만들었다(이본들에 대해서는 ☞아티스).

사나페 Σανάπη / Sanape 사나페는 흑해 연안에 있는 시노페 시의 명조이다. 그녀는 헤라클레스의 원정 때 살아남은 아마존으로, 파플라고니아로 달아나 그곳 왕과 결혼했다. 거기서 그녀는 지나치게 포도주를 좋아하여 그 지방 말로 〈술꾼〉을 뜻하는 사나페라는 이름을 얻었다. 이 이름이 시노페로 변하여, 그녀의 남편이 다스리던 도시의 이름이 되었다고 한다.

사론 Σάρων / Saron 사론은 트로이젠의 전설적인 왕으로, 알테포스의 후계자이다. 그는 바닷가에 아르테미스를 위한 훌륭한 신전을 지었으며, 그래서 트로이젠 만은 〈포이베의 만〉이라 불리게 되었다. 사론은 뛰어난 사냥꾼으로, 어느 날 암사슴을 뒤쫓던 중 사슴이 바다로 뛰어들었다.

그는 사슴을 따라 뛰어들어 헤엄치다가 기진하여 익사했다. 그의 시신은 파도에 실려, 그가 지은 신전에서 멀지 않은 곳까지 흘러왔다. 그래서 그 만은 사로니카 만이라 불리게 되었다.

사르도 Σαρδώ / Sardo 1. 사르도는 티레노스의 아내로, 소아시아에서 이탈리아로 이주했다. 그녀는 리디아의 도시 사르데스와 사르디니아 섬에 이름을 남겼다.

2. 사르도는 스테넬로스의 딸로, 사르데스 시의 명조이다.

사르도스 Σάρδος / Sardus 사르도스는 마케리스(리비아 인들과 이집트 인들은 헤라클레스를 그렇게 불렀다)의 아들로, 리비아 원정대를 이끌고 이에노우사Iehnooussa, 이크누사Ichnousa의 오식인 듯하나 확실치 않다라는 섬에 상륙했으며, 이후로 그 섬은 사르디니아 불리게 되었다.

사르페돈 Σαρπηδών / Sarpedon 1. 사르페돈은 크레테 계열의 전설에 등장하는 용사로, 포세이돈의 아들인 거인인데, 트라케에서 헤라클레스에게 죽임을 당했다(☞폴티스).

2. 흔히 사르페돈은 에우로페와 제우스 사이에 태어난 아들들 중 한 명으로 통한다(☞계보 3). 그는 형제인 미노스, 라다만티스와 함께, 에우로페의 남편 아스테리오스의 집에서 자랐다. 후에 그는 미노스와 싸우게 되었는데, 누가 크레테의 왕위를 차지할 것인가 하는 문제 때문이었다고도 하고 둘 다 밀레토스라는 소년을 사랑하게 되었기 때문이라고도 한다. 하여간 사르페돈은 (아마도 에우로페와 함께) 크레테를 떠났으며, 소아시아로 가서 리키아 지방에 정착했다. 그는 리키아 왕이 되었고 밀레토스 시를 건설했다(혹은 도시를 건설한 것은 그와 함께 크레테를 떠났던 밀레토스였다고 한다).

3. 『일리아스』에는 트로이아 편에서 싸우는 리키아 군대의 대장 사르페돈이 등장한다. 이 사르페돈은 미노스의 형제 사르페돈과 자칫 동일시될 수도 있지만, 그는 벨레로폰테스의 딸 라오다메이아와 제우스 사이에 태어난 아들이라고 한다. 그는 아카이아 진영을 습격하고 성벽을 공략하는 데 큰 역할을 했으나, 결국 파트로클로스에게 죽임을 당했고, 그의 시신 주위에서 큰 싸움이 벌어졌다.

크레테의 사르페돈과 트로이아 전쟁의 사르페돈을 동일시하는 데에는 연대상의 어려움이 있으므로, 신화학자들은 두 인물을 구별했다. 디오도로스가 만든 계보에 의하면, 에우로페의 아들 사르페돈은 리키아로 가서 에우안드로스를 낳았으며, 에우안드로스는 벨레로폰테스의 딸 데이다메이아(또는 라오다메이아)와 결혼하여 두 번째 사르페돈 즉 트로이아 전쟁에 참가하는 사르페돈을 낳았다고 한다.

사몬 Σάμων / Samon 몇몇 전승에 의하면, 사몬은 사모트라케 섬의 명조이다. 그는 헤르메스와 레네라는 이름의 님프 사이에 태어난 아들이다. 그는 다르다노스(☞)와 함께 사모트라케의 아르카디아로 이주했다. 다르다노스는 그 후 트로아스로 건너갔지만, 사몬은 섬에 남았다.

크레테 출신 또 다른 사몬에 대해서는 ☞다다.

사바지오스 Σαβάζιος / Sabazius 사바지오스는 프리기아의 신으로, 그에 대한 예배는 통음난무적인 성격을 띤다. 그리스 세계에서 그는 종종 디오니소스와 동일시되며, 좀더 옛적의 디오니소스, 제우스와 페르세포네의 아들인 디오니소스로 간주되기도 한다. 그는 황소를 길들여 멍에를 씌울 생각을 가장 먼저 해낸 것으로 알려져 있으며, 그래서 이마에 뿔이 난 모습으로 그려지곤 했다.

제우스는 뱀의 모습으로 페르세포네와 결합하여 사바지오스를 낳았다고 한다. 실제로 뱀은 제우스의 신성한 동물이며 제우스의 신비 의식에서도 중요한 역할을 한다. 사바지오스도 소아시아에서 자신을 섬기는 여제관들 중 한 명과 뱀의 모습을 한 채 결합하여 자식들을 낳았다고 한다.

사바지오스는 고유한 의미에서의 그리스 신들에 속하지는 않는다. 그는 외부에서 도입된 신이며, 그에 관한 신화도 알려진 바 없다. 아마도 그를 기리는 신비 의식에는 그에 관해 좀더 풍부한 전설들이 있었을 것이다.

사베 Σάββη / Sabbe 파우사니아스의 증언에 따르면, 사베는 바빌론에 사는 시빌라의 이름이다. 그녀는 본래 히브리 인으로, 베로소스와 에리만테의 딸이다.

****사부스** Sabus 일설에 따르면 사부스는 로마신 상쿠스(☞)의 아들로, 사비니 족의 명조이다. 사비니 족이 라케다이몬 인들의 후손이라는 또 다른 설에 의하면, 사부스는 레아테(오늘날의 리에티) 지방에 정착한, 아마도 페르시아 출신의 라케다이몬 인이었다.

사온 Σάων / Saon 사온은 보이오티아 인으로 가뭄이 들자 델포이의 신탁을 물으러 갔다. 피티아는 그에게 레바데아로 가서 트로포니오스의 신탁을 물으라고 명했으나 레바데아에 가보니 아무도 그런 신탁을 알지 못했다. 꿀벌들을 보고 동굴로 따라 들어간 그는, 그곳에서 트로포니오스를 만나 그를 기리는 예배 및 신탁을 창설하는 데 필요한 지침들을 받았다.

사우로스 Σαῦρος / Saurus 사우로스는 엘레이아의 강도로, 여행자들에게 강탈을 일삼다가 헤라클레스에게 죽임을 당했다. 그의 이름으로 불리는 곳에는 그의 무덤과 헤라클레스의 성역이 있었다.

****사투르누스** Saturnus 사투르누스는 이탈리아의 옛 신으로, 크로노스(☞)와 동일시되었다. 그는 아주 오랜 옛날 유피테르(제우스)에게 자리를 빼앗기고 올림포스 꼭대기에서 떨어지자, 그리스로부터 이탈리아로 왔다고 한다. 그는 장차 로마가 서게 될 카피톨리움 언덕에 자리잡고 요새를 건설했는데, 전승에 따르면 그 요새의 이름이 사투르니아였다. 또한 그보다 먼저 그리스로부터 온 더 오래된 신이 그곳에서 그를 맞아 주었다고 하는데, 그것이 바로 야누스 신이다. 사투르누스의 라티움(신들이 그곳에 숨어 있었으므로 latuerat 그렇게 불렀다) 치세는 매우 평화로웠다. 이때가 황금 시대(☞)이다. 사투르누스는 야누스가 시작한 문명화 작업을 계속 추진했고, 특히 사람들에게 밭 가는 법을 가르쳐 주었다. 그 무렵 이탈리아의 주민은 주로 원주민인 아보리게네스(☞)였으며, 사투르누스는 이들에게 최초의 법을 주었다. 사투르누스는 낫과 가지 치는 도끼를 든 모습으로 그려졌다. 그래서 그는 농사와 포도나무 손질법을 발명한 것으로 통한다. 그러나 그는 때로 하계의 신으로도 여겨졌다.

사투르누스에게 바쳐진 날들이 〈사투르날리아〉였다. 한 해가 끝나는 12월에 오는 〈사투르날리아〉 동안에는 다소 방탕한 축제들이 거행되었다. 이때 사회 계층들은 위아래가 바뀌어 노예들이 주인들에게 명령하고 주인들은 노예들의 식사 시중을 들었다.

제정 시대에는 아프리카가 로마화됨에 따라, 포이니키아의 여러 지방에서 사투르누스는 카르타고의 주신(主神)인 바알과 동일시되었다.

사티로이 Σάτυροι / Satyrs 사티로이[사티로스들] 일명 실레노이[실레노스들]는 자연의 마신들로, 디오니소스의 행렬에 속하게 되었다. 그들은 여러 가지 방식으로 묘사되는데, 하체는 말이고 허리 위 상체는 인간이라고 할 때도 있고, 하체가 염소일 때도 있다. 어느 경우에나, 말총처럼 길고 풍부한 꼬리와 항상 발기한 초인적인 크기의 남근이 달려 있다. 그들은 들판에서 춤을 추거나 디오니소스와 술을 마시거나 마이나데스나 님프들을 쫓아다니며 겁탈한다고 생각되었다. 그러나 차츰 그들의 모습에서 야수적인 특징들이 완화되는 것을 볼 수 있다. 그들의 하체는 인간화되어 발굽이 아니라 발을 갖게 되며, 단지 꼬리만이 예전 형태의 증거로 남는 것이다.

사티로스들은 신들의 동반자일 뿐, 그들을 주인공으로 하는 전설들은 거의 없다. 마르시아스도 사티로스였다.

사티리아 Σατυρία / Satyria 사티리아는 크레테 왕 미노스의 딸이다. 그녀는 포세이돈의 사랑을 받아 아들 타라스를 낳았으며, 타라스는 타렌툼 시의 명조가 되었다. 그녀 자신은 타렌툼 시 인근의 사티리온 곶에 이름을 남겼다. 또한 그녀는 이탈로스(☞)의 어머니였다고도 한다.

살라미스 Σαλαμίς / Salamis 통설에 따르면, 살라미스는 하신 아소포스(☞)의 수많은 딸들 중 한 명이다. 그녀는 포세이돈에게 납치당해 한 섬에서 아들 키크레우스(☞)를 낳았으며, 아티카 연안에 있는 그 섬은 후에 살라미스라 불리게 되었다(☞ 계보 30).

***살라키아** Salacia 살라키아는 로마의 해신으로, 넵투누스와 연관이 있다. 그녀는 〈짠 물〉의 의인화로, 해안수의 의인화인 베닐리아와 가깝기는 하지만 구별된다.

살람보 Σαλαμβώ / Salambo 살람보는 바빌론의 아프로디테(아스타르테)가 아도니스(☞)의 죽음을 애도할 때의 이름이다.

***살루스** Salus 로마에서는 건강뿐 아니라 일반적인 〈보호〉(유지)를 살루스로 의인화했다. 그녀의 신전은 퀴리날리스 언덕에 있었다. 그녀는 단순한 추상 개념이었으므로, 그녀에 관한 전설은 없다. 고전 시대에 그녀는 의신 아스클레피오스의 딸로 건강을 나타내는 그리스 신인 히기에이아와 차츰 동일시되었다.

***살리오스** Σάλιος / Salius 살리오스[살리우스]는 아이네이아스[아이네아스]의 동료이다. 그는 사모트라케 출신이라고도 하고 아르카디아의 만티네이아 혹은 테게아 출신이라고도 한다. 로마의 성직자 집단이 공연하는 전쟁 무용 〈살리이〉는 그가 만든 것으로 알려져 있다(☞ 카에투스).

살모네우스 Σαλμωνεύς / Salmoneus 살모네우스는 아이올로스와 에나레테의 아들 중 한 명이며, 따라서 데우칼리온과 피라의 후손이다(☞ 계보 8). 그는 테살리아 출신으로 그곳에서 젊은 시절을 보냈지만, 그 후 동향인들을 이끌고 엘레이아로 이주하여 살모네 시를 건설했다. 그는 알레오스의 딸 알키디케와 결혼하여 딸 티로(☞)를 낳았고, 아내가 죽은 뒤 시데로(☞)와 결혼했는데, 시데로는 티로에게 잔인한 계모가 되었다.

살모네우스는 매우 교만하여 제우스를 모방할 생각을 했다. 그래서 청동으로 포장한 도로를 만들고 구리와 쇠로 바퀴를 단 전차를 타고 달리며 그 뒤에 쇠사슬이 끌리게 했다. 그렇게 해서 천둥소리를 흉내내려는 것이었다. 좌우로 횃불을 던져 번갯불을 흉내내기도 했다. 이런 불경건에 분노한 제우스는 벼락을 내려 왕과 백성과 도시를 없애 버렸다. 살모네우스는 별로 민심을 얻지 못했으며, 백성들은 왕이 그런 식으로 사방에 횃불을 던져 대는 데 불평했다고 한다.

상가리오스 Σαγγάριος / Sangarius 상가리오스는 소아시아에 있는 같은 이름의 강에 이름을 남긴 하신이다. 모든 하천들이 그렇듯, 그 강 역시 오케아노스와 테티스(I)의 아들로 간주되었다. 그는 헤카베의 아버지라고도 하며, 메토페, 님프인 에우노에, 혹은 네레이스인 에우아고라에게서 그녀를 낳았다고 한다. 그는 또한 알파이오스라는 프리기아 인의 아버지로도 통하는데, 이 알파이오스는 아테나에게 피리 부는 법을 가르쳐 주었으나 제자를 겁탈하려다가 제우스에게 벼락을 맞았다고 한다. 그러나 상가리오스가 등장하는 가장 유명한 전설은 그의 딸 나나의 이야기와 아티스의 탄생에 관한 이야기이다(☞ 아그디스티스, ☞ 아티스, ☞ 나나).

***상쿠스** Sancus 상쿠스는 로마의 가장 오래된 종교에서 신봉하는 신으로, 완전한 이름은 세모 상쿠스Semo Sancus이다. 고대인들은 그와 디우스 피디우스를 동일시했다. 그에 대한 예배를 처음 시작한 것은 사비니 인들이었다. 그는 때로 사비니 족의 명조인 사부스(☞)의 아버지로 통한다.

잘 알려지지 않은 이 신에 관한 전설은 없으나 분명 그는 서약의 이행에 관여하는 신이었을 것이다.

***세레스투스** Serestus 세레스투스는 아이네아스의 동지들 중 한 사람으로 트로이아 선단의 배 한 척을 지휘했다. 그는 폭풍우 동안에 아이네아스와 헤어졌지만 카르타고에서 다시 합류했다. 그는 디도를 떠나려 하는 아이네아스의 명령을 받고 선단을 몰래 옮겨 놓았다. 그는 아이네아스의 부재중에 티베리스 강 하구의 진지를 지키며, 나중에는 아이네아스와 나란히 전투에 참가해 투르누스의 포위를 뚫었다.

***세르게스투스** Sergestus 트로이아 인으로 아이네아스의 동지이며 배의 지휘관이었다. 폭풍우 동안 아이네아스와 헤어졌다가 카르타고에서 다시 합류했다. 앙키세스를 기리는 조정 경기에서 켄타우로스[『아이네이스』 5권 114행 이하에 나오는 앙키세스 추모 경기 중 맨 처음이 조정 경기인데, 여기에 출전한 네 개의 팀 이름이 각각 〈상어〉, 〈키마이라〉, 〈켄타우로스〉, 〈스킬라〉이다]를 지휘했다. 그는 투르누스와의 결전에도 참가했다.

***세르비우스** Servius 세르비우스 툴리우스는 로마의 제6대 왕이다. 그의 치세에 관한 역사는 신화에 속할 만큼 전설들로 점철되어 있다. 그는 출생부터가 예사롭지 않다. 그는 대(大) 타르퀴니우스의 집 여자 노예가 재 가운데 남긴 형상으로 나타난 아궁이의 라르(수호신)와 결합하여 낳은 아들이라는 것이다(☞ 라레스). 또 다른 이본에 의하면, 그는 코르니쿨룸이 타르퀴니우스를 위시한 로마 인들에게 정복당했을 때 그곳을 다스리던 세르비우스 툴리우스의 아들이라고도 한다. 아버지 세르비우스가 죽자, 그의 어머니는 타르퀴니우스의 포로가 되어 로마로 끌려가 그곳에서 아들을 낳았다는 것이다. 그런데 어느 날 어린 세르비우스가 자고 있을 때, 그의 머리가 불꽃에 둘러싸이는 것을 본 타나퀼 여왕은 아이

를 깨우거나 불을 끄는 것을 금지했다. 실제로 아이가 깨어나자 불꽃은 저절로 사라졌다. 타나퀼은 이러한 현상을 영광의 전조로 해석하고, 남편인 타르퀴니우스와 함께 포로의 아들을 정성들여 키웠다. 그가 성년이 되자, 타르퀴니우스는 그를 자기 딸과 결혼시키고 후계자로 지명했다. 타르퀴니우스가 안쿠스의 아들들에게 암살당하자, 타나퀼은 세르비우스가 어려움 없이 권력을 승계하도록 조치했다. 후에 세르비우스는 민주적인 선거로 자신의 즉위를 정당화했다.

세마코스 Σήμαχος / Semachus 아테나이의 세마키다이 가문의 선조. 그의 딸들은 디오니소스를 환대했고, 그 보답으로 신은 그녀들과 그녀들의 딸들을 자신의 여제관으로 삼았다.

세멜레 Σεμέλη / Semele 테바이 전승에 따르면, 세멜레는 카드모스와 하르모니아의 딸이다. 그녀는 제우스의 사랑을 받아 디오니소스를 잉태했다(☞계보 3). 이를 질투한 헤라는 그녀를 부추겨 제우스가 모든 신적인 영광 가운데 나타나 줄 것을 조르게 만들었다. 제우스는 경솔하게도 세멜레에게 그녀가 원하는 것이라면 무엇이든지 들어주겠다고 약속한 뒤였으므로, 하는 수 없이 벼락을 가지고 그녀 앞에 나타나야 했다. 세멜레는 그 자리에서 타 죽었다. 그녀의 자매들은 그녀가 세속의 애인을 두었으면서도 제우스의 사랑을 받았다는 자랑을 했다고, 그래서 그 벌로 제우스에게 벼락을 맞았다고 소문을 퍼뜨렸다. 이러한 중상은 그녀들에게 치명적인 결과를 가져왔고, 그녀들의 자손들은 모두 저주를 받았다(☞악타이온, ☞이노, ☞펜테우스).

디오니소스는 자신의 공적을 통해 신성을 획득한 후에, 어머니를 찾으러 하계로 내려갔다(☞디오니소스). 부활한 세멜레는 하늘로 올라가 티오네라 불리게 되었다.

디오니소스의 출생에 관한 라코니아 지방의 전설에 의하면, 세멜레는 테바이에서 무사히 디오니소스를 낳았다. 그러나 카드모스가 아이와 어머니를 궤짝에 넣어 바다에 띄워 보냈다. 궤짝은 파도에 실려 라코니아에 이르렀고, 죽은 세멜레는 그곳에 묻혔다. 이 전승에 따르면 디오니소스는 라코니아에서 성장했다고 한다.

세미라미스 Σεμίραμις / Semiramis 바빌론의 여왕 세미라미스의 전설은 시칠리아의 디오도로스에 의해 전해진다. 그에 의하면, 시리아의 아스칼론에는 도시 인근의 호수에 산다고 알려진 여신이 있었다고 한다. 데르케토라는 이름의 이 여신은 얼굴은 여자이지만 몸의 나머지 부분은 물고기였다. 무슨 이유에선지 그녀에게 앙심을 품었던 아프로디테는 그녀가 카이스트로스(☞)라는 시리아 젊은이를 열렬히 사랑하게 만들었고, 그녀는 그에게서 딸을 하나 낳았다. 그러나 딸이 태어난 뒤 데르케토는 수치심을 느껴 딸을 내다 버리고 딸의 아버지를 죽인 뒤, 자신은 호수 깊이 숨어 버렸다. 비둘기들이 인근 목동들에게서 우유와 치즈 등을 훔쳐다가 기적적으로 아이를 키웠다. 마침내 소녀를 발견한 목동들은 빼어나게 아름다운 그 소녀를 자신들의 우두머리에게 데려갔고, 그가 그녀에게 세미라미스, 즉 시리아 어로 〈비둘기들로부터 온 사람〉이라는 이름을 지어 주었다.

세미라미스가 젊은 처녀였을 때, 왕의 명령으로 목장들을 감독하러 왔던 고문관 온네스가 목동들의 우두머리의 집에서 그녀를 발견하고 사랑에 빠졌다. 그는 그녀를 니네베로 데려가 결혼했고, 히아파테와 히다스페라는 두 자녀를 얻었다. 매우 영리했던 세미라미스는 남편을 잘 이끌었으므로, 그는 하는 일마다 번창하게 되었다. 그 무렵 바빌론을 다스리던 니노스 왕은 박트리아로 원정을 떠났는데, 정복이 쉽지 않을 것을 예상하여 어마어마한 대군을 소집했다. 첫번째 전투는 패배였지만, 이에 굴하지 않고 그는 수적으로 우세한 군대를 이용하여 나라를 점령해 버렸다. 오직 수도인 박트라만이 오래 저항을 계속했다. 군에 나가 아내를 그리워하던 온네스는 아내를 불러왔다. 세미라미스는 성을 포위하고 공략하는 방식을 지켜보았다. 공격은 들판 쪽을 향하고 있었고, 공격군이나 수비군이 모두 성 자체는 소홀히 하고 있었다. 그녀는 산악 지대 출신 군사들을 모아 직접 이끌고 성의 방벽 구실을 하는 절벽을 기어올라가 방어선을 뚫고 기습했다. 포위된 수비군은 겁에 질려 항복했다. 니노스는 세미라미스의 용기와 지혜에 탄복했으며, 그 아름다움에 마음이 끌려 자기 아내로 삼고 싶은 욕망이 생겼다. 그는 온네스에게 세미라미스 대신 자기 딸 소사네를 주겠다고 제의했다. 그러나 온네스는 거절했고, 니노스가 그의 눈을 뽑겠다고 위협하자 절망하여 목매 죽었다. 니노스는 아무 문제 없이 세미라미스를 아내로 삼았고, 니니아스라는 아들을 낳았다. 니노스가 죽자, 세미라미스가 그 뒤를 이어 왕위에 올랐다.

여왕은 니노스를 위해 에우프라테스 평원에 자리한 니네베에 성대한 능묘를 짓는 일부터 시작했다. 그리고는 바빌론의 평원에 새로운 도시를 건설하기로 했다. 새 도시는 강을 가운데 두고 설계되었으며, 폭이 66킬로미터에 달했다. 성벽 위로는 여섯 대의 전차가 나란히 지나 다닐 수 있었는데, 이 성벽이 높이가 약 100미터에 달했다고 하나, 몇몇 역사가들은 그보다 훨씬 낮았으리라고 추정한다. 성을 방어하기 위해 250개의 탑들이 세워졌다. 에우프라테스 강에는 길이 900미터의 다리가 놓였으며, 30킬로미터에 걸쳐 둑이 만들어졌다. 다리의 양쪽 끝에는 성을 지어 여왕의 궁으로 삼았고, 강 밑으로는 양쪽 궁성을 잇는 지하도를 팠으며, 공사 동안에 물길은 다른 데로 돌렸다. 서쪽 궁성에 여왕은 그 유명한 공중 정원들을 만들었다(하지만 또 다른 전승에 의하면 바빌론의 공중 정원을 만든 것은 세미라미스보다 후대에 살았던 앗시리아의 여왕으로, 페르시아 출신이었던 그녀는 남편에게 고향의 광대한 정원들을 생각나게 하는 정원을 만들어 달라고 청했다 한다). 디오도로스의 묘사에 따르면, 그 정원들은 네모난 테라스들을 원형 경기장의 계단식 좌석들처럼 층층이 이어 만들었다고 한다. 이 테라스들은 석재로 된 아치 회랑 위에 거대한 청동판을 씌우고 그 위에 흙을 채운 것이었다. 이 회랑의 내부에는 테라스로 나가는 주랑 수만큼 방들이 만들어졌다. 그리고 양수 장치가 되어 있어 강물을 끌어올려 정원 전체에 뿌릴 수 있었다.

그 밖에도 세미라미스는 에우프라테스와 티그리스 강가에 많은 도시들을 건설했다. 그 후 대군을 이끌고 메디아로 가면서, 지나는 길에 바기스탄 산의 맞은편에 큰 공원을 만들게 했고, 좀더 가다가는 신기한 모양의 바위 주위에 또 다른 공원을 만들게 했다. 그녀는 가는 곳마다 온갖 진기한 예술 작품들을 만들어 냈으며, 특히 에크바타나에서는 분수를 만들었다. 고대의 모든 길과 동산들은 달리 설명할 수 없는 한 그녀의 작품으로 알려졌다. 그녀는 그런 식으로 아시아를 가로질러 마침내 이집트에 가서 암몬의 신탁을 구했다. 자신이 언제 죽을지를 묻는 그녀에게 신탁은 아들 니니아스가 그녀에게 대적하여 음모를 꾸미면 그녀는 산 자들의 땅을 떠나게 되리라고 대답해 주었다. 그녀는 에티오피아를 정복한 뒤 지쳐서 박트라의 궁성으로 돌아왔다. 그러나 그녀는 다시 인도를 정복할 계획을 세웠고, 수년 동안 엄청난 준비를 했다. 그녀는 인두스 강을 건너기는 했으나, 부상을 입어 후퇴해야 했다. 적군은 감히 강을 건너 따라오지 못했다. 그로부터 얼마 지나지 않았을 때, 아들 니니아스가 궁성의 환관들과 함께 역모를 꾸몄다. 암몬의 신탁을 기억해 낸 세미라미스는 아들에게 제국을 물려주고 사라졌다. 그녀는 비둘기가 되어 하늘로 올라가서 신이 되었다고 한다.

세우에코로스 Σευήχορος / Sevechorus 세우에코로스는 바빌론의 전설적인 왕이다. 신탁은 그가 자기 딸의 아들에게 왕국을 빼앗기게 되리라고 예언했다. 그는 딸을 탑에 감금했지만, 그렇게 해서도 딸이 아들을 갖는 것을 막을 수는 없었다. 탑의 파수꾼들은 왕에게 발각당하면 자신들도 벌 받을 것을 두려워하여 아이가 태어나자 탑 위에서 아이를 떨어뜨렸지만, 독수리가 떨어지는 아이를 실어다가 한 정원으로 데려갔다. 정원지기는 아이를 키웠고 길가모스라 이름지어 주었다. 이 길가모스가 후에 바빌론을 다스리게 될 영웅 길가메시였다.

세이레네스 Σειρῆνες / Seirens 세이레네스[세이렌들]는 반은 여자이고 반은 새인 바다의 마녀들이다. 그녀들은 하신 아켈로오스가 무사[뮤즈] 멜포메네, 스테로페(포르타온과 에우리테의 딸), 혹은 무사 테르프시코라에게서 낳은 딸이라고 한다(☞계보 27). 해신 포르키스가 그녀들을 낳았다는 설도 있다. 리바니오스가 전하는 바로는, 그녀들은 아켈로오스가 헤라클레스에게 상처를 입었을 때 흘린 피에서 태어났다고 한다.

세이레네스가 처음 등장하는 것은 『오딧세이아』에서이다. 이 작품에서 그녀들은 두 명이다. 그러나 후대에 나온 다른 전승들에 의하면, 그녀들은 네 명(텔레스, 라이드네, 몰페, 텔크시오페) 혹은 세 명(피시노에, 아글라오페, 텔크시에페이아, 혹은 파르테노페, 레우코시아, 리기아)이다. 신화학자들은 그녀들이 음악에 뛰어나다는 것뿐 아니라 3중창 혹은 4중창에서 누가 어떤 파트를 맡는가에 대해서도 소상히 이야기한 바 있다. 아폴로도로스에 따르면, 한 명은 리라를 타고, 다른 한 명은 노래를 부르고, 나머지 한 명은 피리를 불었다고 한다.

아주 오래된 전설에 따르면, 세이레네스는 지중해의 한 섬에 자리잡고 그녀들의 음악으로 인근을 지나는 뱃사람들을 유인했다고 한다. 배들은 그녀들의 섬 주위 암초투성이 해안으로 다가가다가 부서지곤 했으며, 그러면 그녀들은 경솔한 뱃사람들을 잡아먹었다. 그런가 하면, 아르고나우타이도 세이레네스의 섬 근처를 지나갔는데, 오르페우스가 하도 아름답게 노래하는 바람에 아무도 그녀들에게 다가가고 싶은 마음이 들지 않았다는 이야기도 있다. 단 한 사람, 부테스만이 그녀들에게 가려고 바다에 뛰어들었는데, 아프로디테가 건져 주었다고 한다(☞부테스, ☞에릭스). 그 해역을 지나게 된 오딧세우스는 호기심이 일면서도 신중을 기하여 모든 뱃사람에게 귀를 밀랍으로 봉하고, 자신은 돛대에 묶은 뒤 아무리 애원해도 풀어 주지 말라고 단단히 일렀다. 그것은 세이레네스의 위험에 대해 미리 알려 준 키르케의 충고에 따른 것이었다. 그는 세이레네스의 노랫소리가 들려오자 그녀들에게로 가고 싶다는 엄청난 욕망을 느꼈지만, 동료들이 그를 풀어 주지 않았다. 뜻을 이루지 못한 세이레네스는 분개한 나머지 바다에 뛰어들어 죽었다고 한다.

고대 이후로 신화학자들은 세이레네스가 반은 여성, 반은 새가 된 사연에 대해 이야기해 왔다. 오비디우스에 따르면 그녀들은 처음부터 새의 날개를 가지고 있었던 것은 아니며, 전에는 보통의 소녀들로 페르세포네의 동무들이었다.

페르세포네가 플루톤에게 납치당하자 그녀들은 동무를 찾아 땅과 바다를 두루 돌아다닐 수 있도록 날개를 달라고 신들에게 청했다고 한다. 반대로, 또 다른 저자들은 이러한 변신은 그녀들이 페르세포네의 납치에 저항하지 않은 데 대해 데메테르가 내린 벌이라고도 한다. 또는 그녀들이 사랑의 기쁨을 얕보았으므로 아프로디테가 그녀들의 아름다움을 앗아 가버린 것이라고도 하며, 그녀들이 그렇게 변신한 뒤에도 무사이와 경쟁하려 했으므로 무사이가 그녀들의 깃털을 모조리 뽑아 자기들의 관(冠)을 만들었다고도 한다. 전통적으로 세이레네스의 섬은 이탈리아 남부 연안, 아마 소렌툼 반도에 있었다고 전해진다(☞파르테노페, 나폴리의 옛 이름이 파르테노페이다).

서사시 이후에 나온 종말론적 상상 속에서, 세이레네스는 저승의 신들이 되어 행복한 자들의 섬에서 복 받은 자들을 위해 노래하는 것으로 여겨졌다. 그녀들은 천상의 조화를 노래했으며, 그래서 그녀들의 모습은 석관 위에 자주 새겨지곤 했다.

세타이아 Σεταία / Setaea 리코프론에 따르면, 세타이아는 트로이아에서 그리스로 잡혀 오던 중 파도에 휩쓸려 주인의 배와 함께 이탈리아 남부 연안(후에 시바리스 시가 서게 될 곳)에 표착한 포로들 중 한 여자이다. 세타이아는 배가 그리스로 돌아가 정복자들의 정식 아내들에게 종 노릇하게 되지 않도록, 배를 불태우자고 여자들을 선동했다. 그 말대로 이루어졌다. 그리스인들은 그 벌로 세타이아를 십자가에 처형했고, 그 후로 그곳은 세타이온이라 불리게 되었다(☞아이틸라, ☞로마).

다른 두 명의 트로이아 여자 즉 라오메돈의 딸들인 아스티오케와 메데시카스테에 대해서도 똑같은 이야기가 전해진다.

셀레네 Σελήνη / Selene 셀레네는 달을 의인화한 것이다. 그녀는 히페리온과 테이아의 딸이라고도 하고(☞계보 14), 티탄 팔라스와 헬리오스의 딸이라고도 한다. 그녀는 두 마리 말이 끄는 은수레를 타고 하늘을 가로지르는 젊고 아름다운 여인으로 묘사되었다. 그녀는 사랑 이야기들로 유명하다. 제우스에게서는 판디아라는 딸을 낳았고, 아르카디아에서는 판과 사랑하여 흰 소들을 선물로 받았다. 그러나 그녀는 미남 목동 엔디미온의 애인으로 가장 잘 알려져 있으며, 그에게서 50명의 딸들을 낳았다(☞엔디미온). 또한 그들 사이에서 태어난 아들이 낙소스(☞)라고도 한다.

셀리노스 Σέλινος / Selinus 셀리노스는 포세이돈의 아들로, 아이기알레이아(아카이아의 옛 이름)를 다스렸다. 이온이 싸움을 걸자, 그는 이온을 외딸인 헬리케와 결혼시켰다. 그래서 이온이 그의 뒤를 잇게 되었다(☞이온).

***소라누스** Soranus 소라누스는 로마 북쪽 소락테 산의 꼭대기에서 〈히르피 소라니〉(☞)가 섬기던 신이다. 소라누스는 때로 디스 파테르와 동일시되며, 좀더 일반적으로는 아폴론과 동일시되었다. 베르길리우스 역시 그를 아폴론과 동일시한다. 이는 아마도 늑대 제사가 소라누스뿐 아니라 〈아폴론 리케이오스〉와도 연관되었기 때문일 것이다. 베이오비스(☞) 역시 〈하계의〉 아폴론과 동일시되었다.

소스테네스 Σωσθένης / Sosthenes 아르고나우타이는 키지코스에서 돌아오던 중 보스포로스를 건너려 했으나, 거인 아미코스의 방해로 달아나야 했다. 작은 만에 피해 있는 그들에게 날개 달린 거인이 나타나 아미코스를 무찌를 수 있으리라고 예언해 주었다. 용기를 되찾은 그들은 아미코스를 공격하여 쉽사리 물리쳤다. 그들은 자신들을 격려해 주었던 거인의 성역을 만들고 소스테네스라는 이름으로 그를 기렸다. 콘스탄티누스 시절에 이 성역은 대천사 성 미가엘의 예배당이 되었다.

소파트로스 Σώπατρος / Sopatrus 옛날, 인간들이 과일과 채소만으로 살고 아직 신들에게 피 흘리는 희생을 드리기 전에, 아테나이에는 소파트로스라는 이름의 이방인이 살면서 농사를 짓고 있었다. 엄숙한 희생 제사 동안 소파트로스가 제단에 제물을 올려놓자, 황소가 나타나 제물로 드린 식물들과 곡식들을 먹어 버렸다. 성난 소파트로스는 도끼를 들어 짐승을 죽여 버렸다. 그리고는 자신의 불경건한 행동을 뉘우치고, 자진하여 크레테로 유배를 떠났다. 그가 떠난 뒤 아테나이에는 기근이 들었다. 신들에게 묻자 소파트로스만이 해결책을 가르쳐 주리라는 답이 내렸다. 죽임 당한 짐승이 같은 제사를 드리는 동안 다시 살아나고 죽인 자는 벌을 받아야 할 것이었다. 파견된 사절들은 크레테에서 가책에 시달리는 소파트로스를 찾아냈다. 아테나이 사절들이 어떤 제사를 드려야 신들의 진노를 가라앉힐 수 있겠느냐고 그에게 묻자, 소파트로스는 자신의 죄를 다른 사람들과 나누면 짐이 덜어질까 하여, 만일 자기가 대답을 해주면 자신에게도 아테나이 시민권을 주겠느냐고 물었다. 아테나이 인들은 동의했다. 소파트로스는 그들과 함께 돌아와 다음과 같은 일을 꾸몄다. 모든 아테나이 인들이 모인 가운데, 그는 자신이 전에 죽였던 것과 같은 황소를 한 마리 끌어오게 했다. 그리고는 젊은 여자들이 가져온 물로, 다른 아테나이 인들이 갈아 놓은 칼을 정화하여, 그 칼로 짐승을 죽이고 토막을 내어, 또 다른 사람들이 가죽을 벗기게 했다. 그렇게 하여 모두가 소를 죽이는 일에 가담하게 되었다. 그 후 황소의 살을 나누어 잔치를 하고, 소가죽 안에 건초를 넣어 만든 가짜 황소에 쟁기를 매었다. 그리고 나서 죽인 자에 대한 재판을 열어, 결국 진짜 죄는 칼에게 있다는 판결을 내린 뒤 칼을 바다에 던졌다. 이렇게 하여 황소는 〈되살아나고〉 죽인 자는 처형되었으니, 신탁대로 되었고 기근은 끝이 났다. 그리하여 아테나이에는 희생 제사가 수립되었고, 소파트로스의 후손들인 소파트리다이가 그 일을 맡게 되었다.

소팍스 Σόφαξ / Sophax 소팍스는 헤라클레스가 안타이오스를 죽이고 그의 아내 팅게(팅기스[탕제르] 시의 명조)와 결합하여 낳은 아들이다. 그는 마우레타니아를 다스렸고, 그의 아들 디오도로스는 아버지에게서 받은 제국을 확장하여 마우레타니아 왕조를 창건했다.

***솔** Sol 솔 즉 〈태양〉은 사비니 족의 신으로, 그에 대한 제사는 달(루나)에 대한 제사와 함께 사비니 왕 티투스 타티우스에 의해 로마에 도입되었다. 아우렐리우스 가문은 태양의 후손임을 자처하며 태양을 숭배했다고 한다.

태양에 관한 그리스 전설들에 관해서는 ☞헬리오스.

솔로에이스 Σολόεις / Solois 에우네오스, 톨로아스, 그리고 솔로에이스는 테세우스의 아마조네스 원정에 참가했던 세 명의 아테나이 청년들이다. 돌아오는 길에 테세우스는 안티오페를 데려왔는데, 배 위에서 솔로에이스는 안티오페를 사랑하게 되었다. 그는 비밀을 한 친구에게 털어놓았고, 친구는 안티오페에게 그의 뜻을 전했다.

그러나 안티오페는 솔로에이스의 사랑을 거절했고, 그는 낙심하여 배가 기항해 있는 동안 강물에 뛰어들어 죽었다. 테세우스는 청년이 자살한 동기를 알고는 큰 슬픔을 느꼈다. 그래서 그는 이국 땅을 여행하다가 큰 슬픔에 빠지게 되면 도시를 세우고 동지들 중 몇 명을 그곳에 살게 하라던 피티아의 신탁을 기억해 내고는, 그곳 비티니아에 도시를 건설하고 피티아의 아폴론을 기리는 뜻에서 피토폴리스라 명명했다. 그리고는 인근의 강을 솔로에이스라 이름하여 아테나이 청년을 기리고, 그의 형제들과 헤르모스라는 또 다른 아테나이 청년을 그곳에 살게 했다.

솔리모스 Σόλυμος / Solymus 제우스 혹은 아레스의 아들로 소아시아의 솔리모이 족의 명조가 된다.

*수호신 Indigetes 로마에서 아주 많은 신들이 〈수호신〉의 유형에 속했다. 이 신들의 기능은 일정한 행위의 수행에 제한되며, 대개 그 행위를 떠나게 되면 존재를 상실한다. 말하자면 이들은 출생(심지어 잉태)에서 죽음에 이르기까지, 즉 콘세비우스(잉태의 신)에서 네니아(장례의 애가를 주관하는 신)에 이르기까지 인간을 동행하는 〈신비로운 힘들〉이다. 가령, 아베오나는 아이에게 걷는 것을 가르치고 그가 가족의 집을 멀리 떠날 때 첫 걸음을 인도하는 여신이며, 아데오나는 그를 집으로 다시 데려오는 여신이다. 그가 술을 마시도록 하는 포티나 여신도 있다. 마찬가지로, 한 무리의 〈전원 신들〉은 경작과 식물 생장의 각 단계를 주관한다. 예를 들면, 추수를 뜻하는 〈세게테스〉에서 유래한 세게티아, 이삭이 형성될 때 그 속에 〈유액〉이 올라오게 하는 락투르누스 등이다. 그 중에서도 플로라, 프로세르피나 같은 신들은 그리스 신화의 영향을 받아 점점 더 두드러진 개성을 지니게 되었다(☞플로라, ☞프로세르피나 페르세포네). 또 장소와 연관된 수호신들도 있었다. 즉 야누스는 문들과 관계가 있고, 클리비콜라는 경사진 길, 카르데아는 문의 돌쩌귀(카르디네스)와 관계가 있다. 모든 장소에, 말하자면 부엌이나 감옥, 그 밖의 다른 곳에도 이 같은 신들이 있었고, 여행자들이 잘못된 길로 들어서지 않도록 그들을 인도하는 역할을 맡은 신들도 있었다.

우리에게 〈수호신〉에 대한 기억을 전해 준 교부들의 말을 빌자면, 이들은 〈먼지 같은 신들〉 즉 신성의 존엄을 해치는 무수한 무리이다. 수호신들을 믿는다는 것은 아직도 인간의 모든 행위에 초자연적 법칙들을 끌어들이는 〈마술적 사고〉에 근접해 있음을 말해 준다. 고전 시대에 이들은 공식적으로는 잔재에 불과했으며, 바로 [기원전 2~1세기의 로마 학자]와 같은 역사가들의 관심일 뿐이었다. 바로의 저작들은 기독교 저자들에게 출전으로 사용되었지만, 그들의 연구는 신화보다는 종교사에 속하는 것이었다.

*숨마누스 Summanus 로마의 신으로 유피테르의 한 발현과 동일시되었으며, 밤하늘의 신이다. 그에 관한 별도의 전설은 없다. 카피톨리움 언덕에 있는 유피테르 신전 위에는 숨마누스의 상이 서 있었는데, 기원전 278년 벼락으로 그 머리가 쪼개졌다고 한다. 이 이적은 신이 별도의 신전을 원한다는 의미로 해석되었고, 7월 20일 대경기장에서 그의 신전이 축성되었다. 숨마누스는 티투스 타티우스가 다른 사비니 제의들과 함께 로마에 들여온 것으로 여겨진다.

스마라고스 Σμάραγος / Smaragus 스마라고스는 아스베토스, 사박테스, 오모다모스 등과 함께 도기 시장에서 단지들을 깨뜨리기 좋아하는 악신이었다. 장인들은 단지를 굽기 전에 그에게 기원을 드리곤 했다.

스메르디오스 Σμέρδιος / Smerdius 스메르디오스는 레우키포스의 아들이었고, 레우키포스는 낙소스의 아들이다. 따라서 스메르디오스는, 최초의 주민들이었던 트라케 인들이 떠난 뒤 낙소스 섬에 정착한 카리아 인들의 왕조 가운데 세 번째 왕이다. 크레테에서 돌아오던 테세우스가 디오니소스의 명령에 따라 낙소스 섬에 아리아드네를 버리고 간 것은 스메르디오스가 낙소스를 다스리던 무렵이었다.

스미르나 Σμύρνα / Smyrna 이 이름을 가진 첫번째 여성은 아마존으로 소아시아에 에페소스와 스미르나를 위시한 여러 도시들을 건설했다.
　스미르나는 또한 아도니스의 어머니(흔히 미르라라고 부른다)의 이름이기도 하다. 그녀는 벨로스와 님프 오레이티아의 아들인 테이아스의 딸이라고 하며, 키니라스 왕의 딸이라고도 한다. 그녀에 관한 전설은 ☞아도니스.

스미크로스 Σμῖκρος / Smicrus 스미크로스는 델포이 주민 데모클로스의 아들이다. 데모클로스는 밀레토스에 가면서 아직 열세 살밖에 되지 않은 스미크로스를 데리고 갔다. 그는 델포이로 돌아오던 도중에 아시아에서 아들을 잃어버리고 말았다. 스미크로스는 들판에서 염소떼를 지키던 에리타르세스의 아들에게 발견되었다. 에리타르세스는 아이에게 여러 가지를 물은 뒤 집으로 데려가 친아들처럼 키웠다. 어느 날 스미크로스와 양형은 백조를 발견하고는, 이웃 아이들과 싸워 이기고 그 새를 차지하게 되었다. 그러자 여신 레우코테아가 그들에게 나타나 밀레토스 인들이 자신을 기리는 체육 경기를 열 것과 두 아이가 그 경기에 참가할 것을 명령했다. 후에 스미크로스는 밀레토스 귀족의 딸과 결혼하여 아들 브랑코스(☞)를 낳았다.
　또 다른 이본에 의하면, 레우코테아가 나타난 것은 양아버지에게 스미크로스를 잘 키우라고 부탁하기 위해서였다고 한다. 그래서 에리타르세스는 그를 자기 딸과 결혼시켰고, 그녀가 브랑코스의 어머니가 되었다.

스민테우스 Σμινθεύς / Smintheus 스민테우스는 레스보스 섬 최초의 식민자인 펜틸로스(☞)의 아들인 에켈라스의 동지들 중 한 명이다. 신탁은 그의 딸을 바다에 빠뜨릴 것을 명했다. 그녀의 애인이던 에날로스가 그녀와 함께 바다에 뛰어들었다. 이 같은 헌신에 감복한 신들은 뜻을 돌이켜 두 젊은이를 모두 구해 주었다.

스카만드로스 Σκάμανδρος / Scamander 스카만드로스는 트로이아 평야를 흐르는 강이다. 그 강은 〈붉은빛〉을 뜻하는 크산토스라는 이름으로도 불렸는데, 이는 물 빛깔 때문이라고도 하고 그 물에서 헤엄친 양들의 털이 붉게 물들었기 때문이라고도 한다. 또한 아프로디테가 파리스의 심판에 나가기 전에 머리칼에 금빛을 더하려고 그 물에 머리를 감았다고도 한다. 스카만드로스라는 이름에는 다음과 같은 전설이 있다. 헤라클레스는 트로아스에 이르러 목이 마르자 아버지인 제우스에게 샘이 있는 곳을 가르쳐 달라고 기원했다. 제우스는 땅에서 작은 시내가 솟아나게 했지만, 그 물로 성이 차지 않은 헤라클레스는 땅(그리스 어로 〈스카프토σκάπτω〉)을 파서 큰 물줄기를 찾아냈고, 그것이 〈스카만드로스〉 샘이 되었다.
　『일리아스』에서 스카만드로스는 제우스의 아들인 신으로 등장하여, 아킬레우스와 트로이아 인들의 싸움에서 일역을 한다. 자기 물 속에 그처럼 많은 시체와 피가 버려진 것에 분노하여, 스카만드로스는 아킬레우스를 막아서려 했다. 그는 범람하여 아킬레우스를 익사시키려 했으나, 헤파이스토스가 강물을 제자리로 돌아가게 했다.

스카만드로스는 님프 이다이아와 결합하여 트로아스의 초대 왕 테우크로스를 낳았다(☞계보 7). 그는 트로이아 왕가의 선조 중 한 명인 셈이다.

스카만드리오스 Σκαμάνδριος / Scamandrius 1. 스카만드리오스는 헥토르가 자기 아들 아스티아낙스(☞)에게 붙인 이름이다.

2. 스카만드리오스는 또한 스트로피오스의 아들로, 메넬라오스와 싸우다 전사한 트로이아 인의 이름이다.

스케디오스 Σχέδιος / Schedius 스케디오스는 헬레네의 구혼자들 중 한 명이다. 그는 동생 에피스트로포스와 함께 포키스 군대를 이끌고 트로이아 원정에 참가했다. 이들은 나우볼로스의 아들인 이피토스가 히폴리테에게서 낳은 아들들이었다. 전쟁이 끝난 뒤, 그가 지휘하던 포키스 군대는 폭풍우에 휩쓸려 이탈리아 연안에 표착했고, 거기서 생존자들은 테메사 시를 건설했다. 그의 유해는 포키스의 안티키라로 돌아갔다.

스코이네우스 Σχοινεύς / Schoeneus 1. 스코이네우스는 아탈란테와 클리메노스의 아버지이다. 그는 보이오티아 출신이지만 아르카디아로 이주했으며, 양쪽 지방에 자신의 이름을 붙인 도시들을 건설했다.

2. 또 다른 스코이네우스는 아우토노오스의 아들로 새가 되었다(☞아칸티스).

3. 아타마스와 테미스토의 아들인 스코이네우스에 대해서는 ☞계보 33.

스키로스 Σκῖρος / Scirus 1. 스키로스는 예언자로, 아테나이 왕 에레크테우스가 엘레우시스 인들과 전쟁을 하던 시절에 도도네를 떠나 엘레우시스로 갔다. 그는 전투 중에 죽어 엘레우시스로 가는 신성한 길의 스키론에 묻혔다.

2. 스키로스는 또한 살라미스 사람으로, 미노타우로스를 죽이러 가는 테세우스에게 노련한 뱃사람들과 자기 키잡이 나우시토오스를 빌려주었다. 이 스키로스는 메가라의 스키론과 잘 구별되지 않는다.

스키론 Σκίρων / Sciron 가장 흔히 알려진 바에 따르면, 스키론은 코린토스 인으로 펠롭스 혹은 포세이돈의 아들이었다. 그는 메가라 지방의 바닷가 길에 있는 스키론 바위라는 곳에 자리를 잡고, 지나는 길손들에게 자기 발을 씻으라고 강요했다. 그리고는 발을 씻는 동안 그들을 바다로 떠밀어 넣었으며, 그러면 커다란 바다거북이 그들의 시신을 갈가리 찢곤 했다. 그는 트로이젠에서 아테나이로 가던 테세우스에게 죽임을 당했다.

하지만 메가라의 역사가들에 따르면, 이러한 이야기는 중상모략이며 실제로 스키론은 유력 가문들과 인척간이었던 훌륭한 인물로 유익한 일들을 했다고 한다. 그는 살라미스와 포세이돈의 아들이었던 키크레우스의 딸 카리클로와 결혼했으며, 그들의 결혼에서 태어난 딸 엔데이스는 아이아코스의 아내가 되어 텔라몬과 펠레우스를 낳았다(☞계보 30). 테세우스는 아테나이로 돌아가다가 그를 죽인 것이 아니라, 왕이 된 후 엘레우시스 원정길에 그를 죽였다고 한다. 또 다른 전승에 따르면, 테세우스와 스키론도 인척간으로, 스키론은 피테우스의 딸이자 아이트라의 자매인 헤니오케와 카네토스의 아들이며 따라서 아이트라의 아들인 테세우스와 사촌간이 된다. 테세우스가 스키론을 기리는 이스트미아 경기를 창설한 것은 그를 죽인 것을 속죄하기 위해서라는 것이다(☞시니스).

끝으로 스키론은 메가라 왕 필라스의 아들이라고도 한다. 그의 조부는 클레손, 증조부는 렐렉스였다. 그는 아테나이 왕 판디온이 메티온의 아들들에 의해 아테나이로부터 추방당했던 시절, 판디온의 딸들 중 한 명과 결혼했다. 판디온이 죽은 뒤 처남들 중 한 명인 니소스가 메가라의 왕위를 차지하자, 그는 니소스와 갈등을 빚었다. 두 사람은 아이아코스에게 심판을 구했고, 그는 권력을 양분하여 니소스에게 왕권을, 스키론에게 군대의 지휘권을 주었다(☞판디온, ☞필라스).

스키아포데스 Σκίαποδες / Sciapodes 스키아포데스라는 이름은 그리스 어로 〈어둠의 발들〉을 뜻하며, 인도 혹은 에티오피아의 민족을 가리킨다. 그들은 아주 큰 발을 가지고 있어서, 여름이면 다리를 공중에 쳐들고 발을 양산 삼아 햇볕을 가렸다고 한다.

스키테스 Σκύθης / Scythes 스키테스는 스키티아의 명조로, 종종 헤라클레스와 뱀의 몸을 한 여자 괴물 에키드나(☞) 사이에 태어난 아들로 여겨진다. 그에게는 아가티르소스와 겔로노스라는 형제들이 있었다. 헤라클레스가 스키티아를 떠날 때, 에키드나는 그에게 아들들이 성년이 되면 무엇을 시킬지 물었다. 헤라클레스는 지니고 있던 활 두 개 중 하나와 금잔이 달린 혁대를 주면서 세 아들 중 자신이 하듯이 활을 당기고 혁대를 맬 수 있는 아들이 스키티아를 다스리고 다른 아들들은 추방해야 한다고 말했다. 그 말대로 되었다. 스키테스만이 그 일을 할 수 있었고, 어머니는 그에게 권력을 주고 다른 아들들은 추방했다.

디오도로스가 전하는 바에 따르면, 스키테스의 아버지는 헤라클레스가 아니라 제우스라고 한다.

스키피오스 Σκύφιος / Scyphius 스키피오스는 포세이돈이 낳은 첫번째 말이다. 그는 돌을 정액으로 축였고, 땅은 수태하여 스키피오스를 낳았다. 이 일은 테살리아에서 일어났다고 한다.

스킬라케우스 Σκυλακεύς / Scylaceus 스킬라케우스는 리키아 사람으로, 글라우코스의 동지가 되어 트로이아 전쟁 동안 트로이아 편에서 싸웠다. 그는 로크리스 사람인 아이아스에게 부상을 입었지만, 리키아 사람들 중에서 유일하게 고향으로 돌아갈 수 있었다. 고향에 이르자 여자들이 나와 남편들의 소식을 물었다. 스킬라케우스는 그들이 모두 죽었다는 소식을 전해야 했고, 분노한 여자들은 그를 벨레로폰테스의 성역과 멀지 않은 곳에서 돌로 쳐죽였다. 후에 아폴론의 명령으로 스킬라케우스는 신적인 예우를 받게 되었다.

스킬레 Σκύλλη / Scylla 스킬레라는 인물은 둘 있는데, 간혹 신화학자들은 그녀들을 혼동하기도 하지만, 대부분의 전승에 의하면 이들은 서로 다른 인물들이다.

1. 첫번째 스킬레는 메시나 해협(이탈리아 연안)에 매복해 있는 바다 괴물로, 여자의 모습이지만 몸 아랫부분은 사나운 여섯 마리 개들에 둘러싸여 있었으며, 이 개들은 무엇이건 닿치는 대로 잡아먹었다.

오뒷세우스의 배가 이 괴물의 동굴 곁을 지나게 되자, 개들이 달려들어 스테시오스, 오르메니오스, 앙키모스, 오르니토스, 시노포스, 암피노모스 등 여섯 명의 동료들을 잡아먹었다.

『오뒷세이아』에서 스킬레는 크라타이이스[〈크라타에이스〉가 아님]라는 여신의 딸로 이야기된다. 또 다른 곳에서는, 그녀의 아버지가 트리에노스 혹은 포르키스라는 해신이라 한다. 하지만 어떤 계보들에 의하면, 그녀는 포르바스와 헤카테, 혹은 포르키스와 헤카테의 딸이라 한다. 또 대부분의 신화적 괴물들과 마찬가지로, 티폰과 에키드나의 딸, 혹은 라미아의 딸이라고도 한다.

스킬레가 『오뒷세이아』에 나오는 무서운 괴물이 된 사연에 관해서도 여러 가지 전설이 있다. 오비디우스는 글라우코스가 스킬레를 사랑하여 키르케의 구애를 거절했다가 성난 마녀 키르케의 복수를 당하게 되었다고 이야기한다. 마녀는 경쟁자를 없애 버리기 위해 스킬레가 목욕하는 샘에 약초를 탔으며, 스킬레는 즉시 변신하게 되었다. 몸의 윗부분은 그대로였지만, 샅에서 여섯 마리의 사나운 개들이 태어났다는 것이다. 혹은 포세이돈이 그녀를 사랑했으므로 이를 시기한 암피트리테가 키르케에게 부탁하여 스킬레를 그렇게 만들었다고도 하고, 아니면 스킬레가 글라우코스를 사랑하여 포세이돈의 구애를 거절했다가 그런 벌을 받았다고도 한다.

스킬레의 죽음은 때로 헤라클레스 때문인 것으로 이야기된다. 헤라클레스가 게리오네우스의 고장에서 돌아오다가 이타케 남부를 지날 때, 스킬레는 그가 데리고 오던 황소들 중 몇 마리를 삼켜 버렸다. 그러자 헤라클레스가 그녀와 싸워 죽여 버렸다는 것이다. 그러나 그 후 포르키스가 햇불을 켜들고 마술을 써서 자기 딸을 다시 살렸다고 한다.

2. 또 다른 스킬레는 메가라 왕 니소스의 딸이다. 미노스가 안드로게오스의 죽음에 대한 응징으로 메가라를 공격해 왔을 때, 스킬레는 잘생긴 이방인 미노스를 사랑하게 되었다. 니소스는 머리에 한 가닥의 자주색 머리칼(혹은 황금 머리칼)이 나 있는 한 무적이었으므로, 스킬레는 미노스로부터 만일 그를 위해 조국을 배신하면 결혼해 주겠노라는 약속을 받아 낸 뒤 아버지의 그 머리칼을 잘라 버렸다. 그리하여 미노스는 메가라를 차지하게 되었지만, 스킬레가 저지른 일을 혐오하여 그녀를 자기 배의 이물에 매달았고, 그녀는 익사하고 말았다. 이를 불쌍히 여긴 신들은 그녀를 백로로 만들었다.

스타필로스 Σταφυλος / Staphylus 스타필로스는 그리스 어로 〈포도송이〉를 뜻한다. 이 이름을 가진 인물들은 여러 명 있는데 모두가 포도나무의 신 디오니소스의 계열에 속하므로 서로 잘 구별되지 않는다.

1. 스타필로스는 아이톨리아 왕 오이네우스의 목동이라 한다. 그는 매일 가축 떼에게 풀을 뜯기러 나갔는데, 염소들 중 한 마리가 뒤늦게 돌아오며 아주 기분이 좋아 보이는 것을 알아차렸다. 그는 염소를 따라가 자기가 아직 몰랐던 열매들을 염소가 먹는 것을 발견했다. 그는 왕에게 그 사실을 보고했다. 왕은 그 열매를 짜서 포도주를 만들었다. 이것이 포도주가 발명된 경위이다. 이 새로운 액체는 왕의 이름(그리스 어로 〈오이노스〉는 〈포도주〉를 뜻한다)으로 불렸으며, 열매는 〈스타필로스〉라 불렸다.

2. 이와 비슷한 전설에 따르면, 스타필로스는 박코스의 늙은 동무인 실레노스의 아들이라 한다. 그는 포도주에 물을 섞어 마시는 것을 최초로 발견했다.

3. 그러나 대개 스타필로스는 낙소스에서 테

세우스에게 버림받은 아리아드네와 디오니소스 사이에서 태어난 아들이라 하며(☞계보 28), 혹은 그가 테세우스의 아들이라고도 한다. 그는 토아스, 오이노피온, 페파레토스 등과 형제간이며, 때로는 이들 외에 라트라미스, 에우안테스, 타우로폴리스 등과도 형제간이라 한다. 스타필로스는 크리소테미스와 결혼하여 몰파디아, 로이오, 파르테노스 등 세 딸(혹은 헤미테아까지 네 딸)을 낳았다. 로이오를 통해 그는 아니오스의 할아버지가 된다. 다른 딸들에 관해서는 ☞파르테노스, ☞리르코스. 스타필로스는 아르고나우타이 중 한 명이다.

논노스는 그의 서사시 『디오니시아카』에서 스타필로스라는 인물을 등장시켜, 이전의 전설과는 거의 무관한 방향으로 발전시켰다.

스테네보이아 Σθενέβοια / Stheneboea 스테네보이아는 프로이토스 왕의 아내이다. 흔히 그녀는 리키아 왕 이오바테스(☞)의 딸이라 하며, 프로이토스가 아크리시오스에게 쫓겨 소아시아로 이주했을 때 그와 결혼했다고 알려져 있다. 그러나 스테네보이아에 관한 또 다른 계보들도 있어서, 그녀는 리키아 왕 암피아낙스 혹은 아르카디아 왕 아피다스의 딸이라고도 한다(☞계보 9). 『일리아스』에는 같은 인물이 스테네보이아 대신 안테이아라는 이름으로 나오며, 비극 작가들은 스테네보이아라는 이름을 더 많이 쓴다.

스테네보이아는 티린스에서 프로이토스의 아내로 일역을 한다. 그녀는 왕에게 프로이티데스(☞)라 불리는 여러 명의 딸들과 아들 메가펜테스를 낳아 주었다. 그러나 그녀의 행복은 젊은 영웅 벨레로폰테스가 티린스에 온 뒤로 깨지고 말았다. 그녀는 그의 준수함에 마음을 빼앗겨 여러 차례 구애를 했지만 번번이 거절당했다. 성난 그녀는 그가 자신을 겁탈하려 했다며 프로이토스에게 거짓 고자질을 했다. 프로이토스는 벨레로폰테스를 아끼고 그의 살인죄까지 정화해 주었던 터라 이제 와서 그를 죽이면 신성모독이 되므로, 그를 죽이라는 편지와 함께 장인인 이오바테스에게로 보냈다(☞벨레로폰테스).

벨레로폰테스의 승리로 끝나는 이야기의 결말을 가지고 에우리피데스는 비극 『스테네보이아』를 썼다고 하나 전하지는 않는다. 그는 리키아에서 돌아와 스테네보이아의 중상에 대해 보복하려 했다. 그러나 프로이토스는 시간을 벌어 스테네보이아가 벨레로폰테스의 날개 달린 말 페가소스를 타고 달아나게 해주었다. 그러나 스테네보이아는 달아나던 도중 페가소스에서 떨어져 바다에 빠져 죽었다. 그녀의 시신은 멜로스 섬과 멀지 않은 곳에서 어부들에 의해 건져 올려져 티린스로 돌아왔다. 또 다른 전승에 의하면, 스테네보이아는 벨레로폰테스가 돌아오는 것을 알고 자살했다고 한다.

스테넬라스 Σθενέλας / Sthenelas 스테넬라스는 크로토포스의 아들로, 포르바스 가문에 속한다(☞계보 17). 그는 아버지의 뒤를 이어 아르고스 왕이 되었다. 이집트로부터 온 다나오스는 그의 아들 겔라노르에게 맞서 왕위를 요구했다(☞다나오스).

스테넬로스 Σθένελος / Sthenelus 스테넬로스라는 이름을 가진 인물은 여러 명 있다.

1. 스테넬로스는 악토르의 아들이자 헤라클레스의 동료로, 헤라클레스의 아마조네스 원정에 동참했다. 그는 귀향길에 파플라고니아에서 부상을 입고 죽었다. 후에 아르고나우타이가 인근을 지나가자, 페르세포네는 그에게 잠시 지상에 나가 그들을 만날 수 있도록 허락했다. 아르고나우타이는 마치 영웅에게 하듯 그에게 희생 제사

를 드려 주었다.

2. 또 다른 스테넬로스 역시 헤라클레스 계열의 이야기에 등장하는데, 안드로게오스의 아들이며 미노스의 손자로, 알카이오스와 형제간이다. 헤라클레스가 아마조네스 여왕의 허리띠를 얻으러 떠나 파로스 섬에 이르렀을 때, 그의 동지들 중 두 명이 마침 그곳에 와 있던 미노스의 아들들 네 명에게 죽임을 당했다. 그 대신 헤라클레스는 스테넬로스와 알카이오스를 붙잡아 갔다. 돌아오던 길에 헤라클레스는 타소스 섬에서 트라케 인들을 몰아낸 후 그 둘에게 그 섬을 주었다.

3. 카파네우스의 아들인 스테넬로스는 에피고노이 중 한 명으로, 이들은 테바이를 정복했다. 그의 어머니는 에우아드네이다. 그의 할아버지 혹은 숙부인 이피스로부터 그는 아르고스의 3분의 1을 물려받았다. 후에 그의 아들 킬라라베스는 왕국 전체를 수중에 넣었다.

그는 헬레네의 구혼자들 중 한 명으로, 트로이아 전쟁에 참가했다. 그러나 일찍이 테바이 함락(이는 트로이아 전쟁 이전에 일어난 사건이다) 이후로 그는 디오메데스와 친구 사이였다. 트로이아에서 그는 25척의 선단을 지휘했는데, 전투에서 특히 디오메데스를 위해 두각을 나타냈으며 아마도 그의 시종이었던 듯하다. 전에(아마도 테바이 함락 때) 그는 성벽에서 뛰어내리다가 발을 다쳤으므로, 전차를 타고서밖에 싸울 수 없었다. 귀향 후에 그는 디오메데스와 함께 아이톨리아로 가서 오이네우스 왕을 복위시켰다(☞디오메데스).

디오메데스의 아내 아이기알레이아와 정을 통했던 코메테스는 아마도 이 스테넬로스의 아들일 것이다.

4. 또 다른 스테넬로스는 페르세우스와 안드로메데의 아들들 중 한 명이다(☞계보 31). 전승들에 의하면 그의 아내는 펠롭스의 딸 니키페, 혹은 암피다마스의 딸 아르티비아(혹은 안티비아)라 한다. 그에게는 알키노에(혹은 알키오네), 메두사, 에우리스테우스(☞), 이피스(혹은 이피토스) 등 여러 명의 자식들이 있었다. 그는 페르세우스가 창건한 미케나이 시를 다스렸다.

스테로페 Στερόπη / Sterope 스테로페라는 이름을 가진 여자들은 여러 명 있다.

1. 첫번째 스테로페는 아틀라스와 플레이오네의 딸로, 플레이아데스 중 한 명이다(☞계보 25). 그녀는 아레스와 결혼하여 아들 오이노마오스를 낳았다. 그러나 일설에 의하면 그녀는 오이노마오스의 아내였다고도 하며, 또 다른 설에 의하면 히페로코스와 결혼하여 오이노마오스를 낳았다고도 한다(☞오이노마오스).

2. 또 다른 스테로페는 플레우론의 딸들 중 한 명이다(☞계보 24).

3. 세 번째 스테로페는 포르타온과 에우리테의 딸이며(☞계보 24), 하신 아켈로오스와 결혼하여 세이레네스를 낳았다(☞세이레네스).

4. 또 다른 스테로페는 헤라클레스가 테게아 왕 케페우스와 맺은 동맹에 관한 아폴로도로스의 이야기에 등장한다(☞케페우스).

5. 스테로페는 또한 이올코스 왕 아카스토스의 딸이다. 펠레우스가 아카스토스의 궁정에 피신했을 때 아카스토스의 아내인 아스티다메이아는 그를 사랑한 나머지, 펠레우스의 아내 안티고네에게 그가 스테로페와 결혼하기를 원한다는 편지를 보냈고, 그래서 안티고네는 자살했다(☞펠레우스, ☞계보 21).

스테로페스 Στερόπης / Steropes 스테로페스는 〈번개〉를 뜻하는 그리스 어로, 키클로페스 중 한 명의 이름이다(☞계보 5, ☞계보 12).

스텐토르 Στέντωρ / Stentor 『일리아스』에는 50명은 됨직한 우렁찬 목소리로 고함치는 스텐토르라는 인물이 단 한 번 등장한다. 이 스텐토르에 관해 달리 알 수 있는 자료는 없으나, 주석가들은 그가 트라케 인이며 헤르메스[신들의 〈전령〉이므로 목소리가 컸을 터이다]와 함께 고함 지르기 대회에 나가 이기고 죽임을 당했으리라고 이야기한다.

스트로피오스 Στρόφιος / Strophius 1. 스트로피오스라는 이름을 가진 첫번째 인물은 크리소스(☞)의 아들이자 포코스의 후손이며 따라서 아이아코스의 후손이 된다(☞계보 30). 그는 포키스의 크리사 시를 다스렸다. 그의 어머니는 나우볼로스의 딸 안티파티아였다. 그는 아내 아낙시비아를 통해 아가멤논의 매부가 된다(☞계보 2). 그가 키운 조카 오레스테스와 그의 아들 필라데스는 전설적인 우정으로 맺어졌다(☞오레스테스, ☞필라데스).

2. 또 다른 스트로피오스는 위의 스트로피오스의 손자로, 필라데스와 엘렉트라(오레스테스의 누이)의 아들이다.

*__스트리게스__ Striges 민간 신앙에서 스트리게스는 날개 달린 여성 마신들로, 맹금류와 같은 발톱들을 지니고 있다. 그녀들은 아이들의 피와 내장을 즐겨 먹는다(☞카르나).

스트리모 Στρυμώ / Strymo 하신 스카만드로스의 딸로, 라오메돈과 결혼했다(☞계보 7). 따라서 그녀는 프리아모스(포다르케스)의 어머니가 된다. 그녀의 다른 자식들에 관해서는 ☞계보 7. 때로는 프리아모스의 어머니를 스트리모가 아니라 플라키아, 혹은 레우키페라고 하는 전승도 있다.

스트리몬 Στρυμών / Strymon 트라케에 있는 같은 이름의 강의 신이다. 그는 무사이[뮤즈들] 중 한 명에게서 레소스를 낳았다고 하는데, 그의 상대가 무사이 중 누구였는지는 출전에 따라 다르다(☞레소스). 레소스 외에도 그는 브랑가스, 올린토스, 테레이네, 에우아드네 등을 낳았다고 한다(☞계보 18).

스트리몬이 아레스의 아들로 트라케의 왕이었다는 전설도 있다. 아들 레소스가 트로이아 전쟁에서 전사하자 스트리몬은 절망하여 팔라이스티노스라는 강에 뛰어들었는데, 이후로 그 강은 스트리몬이라 불리게 되었다고 한다.

끝으로 확실치 않은 한 전설은 스트리몬과 헤라클레스의 싸움에 대해 이야기한다. 게리오네우스의 황소들을 이끌고 돌아오던 헤라클레스는 스트리몬 강가에 이르렀는데, 얕은 여울이 없어서 건널 수가 없었다. 그래서 그는 거대한 바위들을 강물 속에 던져 넣었고, 그래서 그 강에는 배가 다닐 수 없게 되었다고 한다.

스티루스 Stirus, Styrus 스티루스는 알바니아(오늘날의 다게스탄) 출신의 왕자로, 메데이아에게 구혼했다. 스키티아 왕 아나우시스 역시 메데이아와 결혼하기를 원했으므로, 두 사람은 싸우다가 둘 다 부상을 입었다. 메데이아가 이아손에게 납치된 뒤, 스티루스는 그를 추적하다가 헤라가 일으킨 폭풍우 때문에 익사했다.

스틱스 Στύξ / Styx 스틱스는 하계에 흐르는 강이다. 헤시오도스의 『신들의 계보』에서 스틱스는 오케아노스와 테티스(I) 사이에 태어난 자식들 중 가장 나이가 많은 것으로 되어 있다. 그러나 히기누스가 자신의 이야기 첫머리에 제시한 계보에 따르면, 그는 밤과 암흑(에레보스) 사이에 태어난 자식들 중 한 명이다. 호메로스의 작품으로 전하는 한 데메테르 찬가에서 스틱스는 페르세포네의 동무들 중 한 명이다. 그러나 아폴로도로스가 전하는 전승에 의하면 데메테르가 아니라 스틱스가 페르세포네의 어머니라고 한다. 흔히 스틱스는 거인 팔라스와 결혼하여 젤로스(열심), 니케(승리), 크라토스(권력), 비아(힘) 등을 낳았다고 이야기된다. 제우스가 거인들과 싸울 때, 그녀는 자식들과 함께 신들의 왕을 도왔으며, 그의 승리를 확보하는 데 기여했다. 그 보답으로 제우스는 그녀에게 신들의 맹세에 보증이 되는 영예를 부여했다.

에피메니데스의 한 단편(斷片)을 통해 전하는 이본에 의하면, 스틱스는 페이라스와 결합하여 에키드나(☞)라는 딸을 낳았다고 한다. 스틱스가 낳은 것으로 알려진 자식들 중 한 명은 아스칼라보스 혹은 아스칼라포스(☞)이다.

아르카디아의 노나크리스 마을(페네오스 시 근처)에 있는 샘에도 스틱스라는 이름이 붙여졌다. 이 샘은 높은 바위에서 솟아나 땅속으로 스며들어 버렸다. 그 물은 해로운 성질이 있어서 인간과 짐승들에게 독이 될 뿐 아니라 쇠와 금속, 도기 등을 녹이는 것으로 알려졌다. 그러나 말발굽은 이 물에 끄떡없었다. 파우사니아스는 스틱스 물의 이러한 성질들을 전하면서 알렉산드로스 대왕 역시 이 샘의 물에 독살되었다는 전설을 시사한다.

하계의 강물(그 강으로 흘러드는 것으로 간주되었던 샘물은 그렇지 않지만)에는 또한 주술적인 힘이 있는 것으로 여겨졌다. 테티스(II)는 이 강물에 아킬레우스를 담가 그를 불사신으로 만들었다(☞아킬레우스). 그러나 특히 스틱스의 물은 신들이 엄숙히 맹세할 때 그 보증으로 쓰였다. 어떤 신이 맹세를 하고자 할 때면, 제우스는 이리스를 보내 스틱스 강물을 한 병 떠서 〈증인〉이 될 수 있도록 올림포스로 가져오게 했다. 만일 신이 자신의 맹세를 깨뜨리면, 무서운 징계가 기다리고 있었다. 그는 1년 내내 숨을 쉴 수 없을 뿐 아니라, 암브로시아도 넥타르도 입에 댈 수 없었다. 1년이 지나고 나면 또 다른 시련이 부과되었다. 이런 식으로 9년 동안 그는 다른 신들로부터 격리되었으며, 그들의 모임이나 잔치에도 참석하지 못하다가, 10년째가 되어야 예전의 특권들을 되찾을 수 있었다. 『신들의 계보』에 가필된 한 대목에는, 거짓 맹세가 가져오는 이 같은 결과 외에 치명적인 물의 성질이 자세히 묘사되어 있다. 그 물은 오케아노스의 한 지류로 본래 강의 10분의 1에 해당하며 나머지 10분의 9는 지구를 둘러싸는 아홉 물굽이를 이룬다는 것이다. 이 아홉이라는 수는 베르길리우스가 하계의 스틱스를 묘사한 데서도 발견되어, 하계는 스틱스의 아홉 물굽이에 둘러싸여 있다고 이야기된다(☞아케론).

스틸베 Στίλβη / Stilbe 1. 스틸베는 테살리아의 하신 페네이오스와 님프 크레우사의 딸이다(☞계보 23). 그녀는 아폴론과 결합하여 두 아들 켄타우로스와 라피테스를 낳았다. 라피테스는 테살리아의 라피타이 족의 명조가 되었다. 그에게는 또 다른 아들 아이네우스도 있었다고 하며, 아이네우스는 키지코스의 아버지가 되었다.

2. 또 다른 스틸베는 에오스포로스의 딸로, 때로 아우톨리코스의 어머니로 통한다.

스팀팔로스 Στύμφαλος / Stymphalus 1. 키니라스의 딸 라오디케와 엘라토스 사이에 태어난 다섯 아들들 중 한 명이다(☞계보 9). 그는 펠로폰네소스에서 같은 이름의 호수 근처에 있는 도시 스팀팔로스의 명조가 되었다(☞헤라클레스). 그에게는 아가메데스, 고르티스, 아겔라오스 등의 아들들과 파르테노페라는 딸이 있었는데, 파르테노페는 헤라클레스에게서 에우에레스라는 아들을 낳았다. 스팀팔로스는 펠롭스의 공격으로부터 아르카디아를 무사히 지켰는데, 펠롭스는 무력으로는 이기지 못할 것을 깨닫자 화친을 위장한 연회를 열어 그를 죽였다. 그리고는 시신을 토막내어 흩어 버렸다(☞아이아코스).

잘 알려지지 않은 한 전승에 의하면, 스팀팔로스는 오르니스의 남편이자 스팀팔리데스라는 딸들의 아버지였다. 그녀들은 몰리오니다이를 환대했기 때문에 헤라클레스에게 죽임을 당했다(☞헤라클레스).

스파르타 Σπάρτα / Sparta 스파르타 시의 명조인 그녀는 에우로타스와 클레타의 딸이자 라케다이몬의 아내이다. 그녀는 아미클라스와 에우리디케의 어머니이다(☞계보 6). 때로 그녀에게는 히메로스와 아시네라는 자식들도 있었던 것으로 이야기된다.

스파르토이 Σπαρτοί / Spartoi 스파르토이 즉 〈씨 뿌려진 사람들〉이란 카드모스가 죽인 용의 이빨들을 아테나(혹은 아레스)의 조언에 따라 장차 테바이가 될 땅에 뿌린 곳에서 태어난 자들이다. 그들은 무장을 한 채 땅에서 나와 서로 싸우다 죽었다. 결국 다섯 사람만 남았으며, 그들의 이름은 크토니오스, 우다이오스, 펠로로스, 히페레노르, 에키온이다. 카드모스는 이들을 도시로 데리고 들어가 그들의 도움으로 테바이의 성벽인 카드메이아를 세웠다(☞카드모스).

스파이로스 Σφαῖρος / Sphaerus 스파이로스란 펠롭스의 수레를 몰던 킬라스가 죽은 뒤 영웅으로 예우되면서 붙여진 이름이다. 그는 트로이젠 인근에 있는 스파이라 섬의 명조가 되었다. 아이트라는 밤에 그에게 희생 제사를 드리다가 포세이돈에게 겁탈당했다(☞아이트라, ☞아이게우스, ☞테세우스, ☞킬라스).

스페르케이오스 Σπερχειός / Spercheius 같은 이름의 강의 신으로, 모든 강이 그렇듯이 오케아노스와 테티스(I)의 아들이다. 펠레우스는 이 강에 아킬레우스의 머리타래를 바치며, 아들이 트로이아 전쟁에서 무사히 돌아오기를 빌었다. 그의 이러한 행동은 스페르케이오스가 펠레우스의 딸 폴리도라(☞)와 결혼하여 아킬레우스와 처남매부 사이였기 때문이라고 설명된다. 스페르케이오스는 드리오페스 족의 명조가 될 드리옵스(☞)와 아마도 오트리스 산 님프들의 아버지로 여겨진다.

스핑크스 Σφίγξ / Sphinx 여자 얼굴에 사자 가슴과 앞발과 꼬리, 그리고 맹금류 날개를 가진 여성 괴물이다. 스핑크스는 특히 오이디푸스 및 테바이 계열의 전설과 연관되며, 일찍이 헤시오도스의 『신들의 계보』에도 등장한다. 간혹 그는 게리오네우스의 개 오르트로스와 에키드나 사이에 태어난 아들이라고도 한다. 그럴 경우 그는 네메아의 사자와 형제간이 된다. 그러나 그의 아버지는 괴물 티폰(☞)이라고도 한다. 좀더 흥미로운 것은 스핑크스가 테바이 왕 라이오스 혹은 보이오티아 왕 우칼레곤의 사생아라는 전승이다. 헤라는 펠롭스의 아들 크리시포스를 그릇된 정욕으로 범했던 라이오스의 죄에 대해 테바이 시를 벌하기 위해 이 괴물을 보냈다(☞크리시포스, ☞라이오스). 스핑크스는 테바이 시 서쪽에 가까이 있는 산 위에 자리잡고서, 지나가는 사람들을 잡아먹으며 해악을 끼쳤다. 특히 그는 지나가는 사람들에게 수수께끼를 내어 풀지 못하면 죽여 버렸다고 하는데, 오이디푸스만이 그것을 풀 수 있었다. 수수께끼가 풀리자 낙심한 괴물은 절벽 꼭대기에서 뛰어내려 죽었다. 혹은 오이디푸스가 창으로 찔러 죽였다고도 한다(☞오이디푸스).

시노페 Σινώπη / Sinope 시노페는 에욱세이노스 폰토스[오늘날의 흑해]의 아시아 연안에 있는 도시 시노페의 명조이다. 그녀는 하신 아소포스의 딸들 중 한 명으로, 아폴론은 그녀를 납치해 소아시아로 데려가서 시로스라는 아들을 낳게 했다. 시로스는 시리아 인들의 명조가 되었다. 또 다른 전승에 의하면, 그녀는 아레스와 아이기나의 딸이라고도 한다.

시노페에 관해서는 재미난 전설이 있다. 제우스가 그녀를 사랑하여 그녀가 청하는 것이라면 무엇이든 들어주겠다고 맹세했다고 한다. 그런데 그녀는 자신의 처녀성을 지키게 해달라고 청했고, 제우스는 자신의 맹세에 매여 그녀를 처녀인 채로 두고 시노페를 그녀의 거처로 주었다는 것이다. 그녀는 아폴론과 하신 할리스에게도 같은 방식으로 밀고 나갔고, 신들이 얻지 못한 것을 어떤 인간에게도 허락하지 않았다고 한다.

시논 Σίνων / Sinon 시논은 그리스 인들이 포위를 풀고 선단을 모두 이끌어 떠나는 척하면서 트로이아에 남겨 두었던 첩자이다. 시논은 트로이아 인들이 목마를 성 안으로 들인 때를 알리게 되어 있었다.

시논은 오딧세우스와 친척간이다. 그는 아이시모스의 아들인데, 아이시모스는 오딧세우스의 어머니인 안티클레이아의 남매인 것이다. 그러니까 오딧세우스와 시논은 사촌간이며, 둘 다 교활하기로 이름난 아우톨리코스의 손자들이다(☞계보 39). 베르길리우스는 『아이네이스』 2권에서 시논의 계교를 자세히 이야기한다. 트로이아를 힘으로 빼앗기를 포기한 그리스 인들은 상당수의 무장한 전사들을 숨길 만큼 거대한 목마를 만들기로 했다. 문제는 트로이아 인들이 그 말을 성 안으로 들이게 만드는 것으로, 그러기 위해 선단은 닻을 올리고 떠나는 척한 뒤 테네도스 섬 뒤에 숨어 있을 예정이었다. 그러나 시논은 뭍에 남았다가 곧 트로이아 목동들의 포로가 되었고, 이들은 의기양양하여 그를 프리아모스 왕에게 끌고 갔다. 군중은 그를 죽일 것을 요구했지만 왕은 그를 심문했고, 시논은 자신이 오딧세우스의 박해를 받던 끝에 신들에게 희생 제물로 바쳐지는 것만은 피하기 위해 달아났다고 진술했다. 자신은 팔라메데스의 친척인데, 오딧세우스의 증오로 팔라메데스가 죽은 뒤에는 의지할 곳 없는 몸이 되어 같은 운명만을 기다리는 처지가 되었다고 한다. 칼카스가 오딧세우스와 짜고 신들이 그리스 인들에게 진노하여 인간 제물을 요구한다면서 하필 시논 자신을 지목했으며, 그래서 희생 제사가 준비되었을 때 그는 간신히 달아나 늪에 숨었다가 선단이 닻을 올리기만을 기다리다가 트로이아 인들의 수중에 떨어졌다는 것이다. 그러자 트로이아 인들은 그리스 인들이 왜 떠나기 전에 바닷가에 거대한 목마를 남겨 두었는지 물었다. 시논은 대답하기를, 목마는 오딧세우스가 트로이아 성의 팔라디온(☞)을 훔쳤을 때 저지른 모독에 대한 속죄로 팔라스 아테나에게 드리는 공물이라고 설명했다. 그리스 인들은 여러 가지 이적에 겁이 난 데다가 칼카스의 예언에 따르면 여신은 훔쳐 간 신상을 대신할 말의 형상을 드려 자신에게 예배할 것을 요구했다고 한다. 그러나 그리스 인들은 보통 크기의 말 형상을 만드는 대신 트로이아 인들이 성벽의 일부를 헐지 않고는 성 안으로 들여 갈 수 없게 하려고 일부러 거대한 말 형상을 만들었는데, 그 이유는 칼카스가 트로이아 인들이 성 안에서 그 말에게 예배를 드리면 그들이 그리스 인들에게 이기리라고 예언했기 때문이라는 것이었다. 시논의 이 같은 거짓 진술에 트로이아 인들은 그대로 넘어가고 말았다. 게다가 목마를 성 안에 들여오는 데 반대하던 라오코온이 바다에서 올라온 괴물 뱀에게 죽임을 당하자, 트로이아 인들은 이를 그의 반대에 대한 천벌로 해석했다. 그래서 그들은 시논을 풀어 주고 성벽의 일부를 헐어 목마를 성 안으로 들여왔다. 밤이 되자 시논은 목마의 옆구리를 열고 숨어 있던 군사들이 나와서 무방비 상태로 잠든 트로이아 인들을 쳐부수게 했다. 동시에 그는 트로이아 성의 가장 높은 곳에 불을 켜서 그리스 배들에게 신호를 보냈다.

이 전설에는 여러 가지 이본들이 있는데, 이는 여러 저자들이 저마다 문학적 윤색을 덧붙인 결과이다. 그래서 스미르나의 퀸투스에 따르면, 프리아모스 앞에 끌려간 시논은 오랫동안 입을 열기를 거부하다가 코와 귀를 잘린 뒤에야 자신의 거짓 비밀을 털어놓기 시작했다고 한다. 다시 말해, 시논은 베르길리우스가 그린 것 같은 철저한 사기꾼이라기보다는 조국을 위해 희생을 감수한 영웅적인 인물로 미화되는 것이다.

시니스 Σίνις / Sinis 시니스는 테세우스가 코린토스 지협을 따라 아테나이로 올라가던 길에 죽인 강도들 중 한 명이다(☞테세우스). 그는 포세이돈의 아들로 통했으며, 엄청난 힘을 가진 거인이었다. 그는 〈소나무를 구부리는 자〉라는 별명대로, 소나무들을 잔뜩 구부려 그 사이에 사람을 붙들어 맨 뒤 나무들을 탁 놓아 버렸다. 그러면 나무들은 제자리로 돌아가면서 그 사이에 매였던 사람을 찢어 버리게 마련이었다. 또 다른 전승에 의하면, 그는 길손들을 붙들어다가 함께 소나무를 구부리자고 해놓고는 자기는 나무를 놓아 버렸다. 그러면 나무를 힘껏 구부리고 있던 사람은 튕겨 올라갔다가 멀리 나가떨어지면서 부서지게 마련이었다.

때로는 테세우스가 이 강도를 처치한 것이 그가 아테나이로 가던 길이 아니라 훗날 아테나이 왕에 즉위한 다음이었다고도 한다. 그리고 시니스를 추모하기 위해 이스트미아 경기를 창설했다는 것이다(☞스키론에 대해서도 비슷한 전설이 있다).

시니스에게는 페리구네라는 딸이 하나 있었다. 테세우스가 자기 아버지를 죽일 때, 그녀는 아스파라거스 밭에 숨어 있었다. 그 후 테세우스와 결합하여 아들 멜라니포스(☞)를 낳았다. 멜라니포스는 이옥소스를 낳았으며, 이옥소스의 후손들은 선조의 목숨을 구해 준 식물이라 하여 아스파라거스를 매우 귀하게 여겼다.

시데 Σίδη / Side 시데는 그리스 어로 석류의 이름 중 하나로, 이 이름을 가진 여러 명의 여자들이 있다.

1. 일설에 의하면 벨로스의 아내이자 아이깁토스와 다나오스의 어머니도 시데라 불린다(좀 더 흔히는 벨로스의 아내는 앙키노에이다 ☞계보 3). 이 시데는 포이니키아의 도시 시돈에 이름을 남겼다.

2. 다나오스의 딸들 중 한 명은 펠로폰네소스의 말레아 곶 북쪽에 있는 작은 도시 시데의 명조이다.

3. 또 다른 시데는 아시아 여자로, 타우로스의 딸이자 키몰로스의 아내이다. 그녀는 팜필리아의 도시 시데의 명조이다.

4. 아폴로도로스가 전하는 이야기에 다르면, 오리온은 시데라는 이름의 여자와 결혼했는데, 감히 헤라와 아름다움을 경쟁하려 하다가 여신에 의해 하계로 던져졌다고 한다.

5. 끝으로 또 다른 시데는 아버지에게 뒤쫓기다가 어머니의 무덤에서 자살한 처녀이다. 신들

은 그녀의 피에서 석류나무가 자라나게 하고, 그녀의 아버지는 새매로 만들어 버렸다. 그래서 이 새는 절대 석류나무에는 앉지 않는다고 한다.

시데로 Σιδηρώ / Sidero 시데로는 살모네우스의 두 번째 아내로 티로의 계모이다. 그녀는 표독스런 여자로, 티로를 몹시 학대했다. 후에 그녀는 헤라의 신전에서 티로의 두 아들 중 한 명인 펠리아스에게 죽임을 당했다.

시로스 Σύρος / Syrus 시로스는 시리아 인들의 명조이지만, 그에 관한 전설들은 불확실하고 모순된 점들이 많다. 그 중 일부에 따르면, 그는 아소포스와 아폴론의 딸인 시노페의 아들이다(☞시노페). 또 다른 설에 따르면, 시로스는 아게노르와 텔레파사의 아들들 중 한 명으로, 카드모스, 포이닉스, 킬릭스 등과 형제간이다. 그는 산술을 발명하고 윤회설을 도입했다고 한다.

시르나 Σύρνα / Syrna 시르노스 시의 명조인 그녀는 카리아 왕 다마이토스의 딸이다. 그녀는 지붕에서 떨어져 죽게 되었는데, 포달레이리오스(☞)가 나타나 팔의 피를 뽑아 고쳐 주었다. 그 보답으로 다마이토스는 시르나를 그녀의 생명을 구해 준 은인과 결혼시켰다.

시리스 Σίρις / Siris 시리스는 타렌툼 만에 있는 도시 시리스의 명조이다. 그녀는 이탈리아의 늙은 왕 모르게스의 딸이라고도 하고 메타폰토스 왕의 첫번째 아내(이 경우 그녀는 네레이데스 중 한 명으로 간주된다)라고도 한다. 메타폰토스는 아이올로스의 딸 아르네와 결혼하기 위해 그녀를 내쫓았고, 아르네는 자신의 두 아들 보이오토스 및 아이올로스 2세로 하여금 그녀를 죽이게 했다(☞아이올로스).

시링스 Σύριγξ / Syrinx 시링스는 아르카디아의 하마드리아스로, 판의 사랑을 받았다. 판에게 뒤쫓기다가 붙잡히려는 순간 그녀는 라돈 강변의 갈대로 변해 버렸다. 바람이 불자 갈대들은 탄식하는 듯한 소리를 냈고, 판은 갈대 줄기를 각기 다른 길이로 잘라 밀랍으로 이어 악기를 만들고 님프를 기념하여 시링스라는 이름을 붙였다.

또한 에페소스 근처의 동굴에 판이 최초의 시링스를 갖다 두었다는 이야기도 있다. 이 동굴은 젊은 여자들의 처녀성을 시험하는 데 쓰였다. 여자들을 이 동굴에 가두어 놓으면, 진짜로 순결한 여자의 경우에는 동굴에서 시링스의 음률이 울려 나오고 문이 저절로 열리면서 소나무 화관을 쓴 여자가 나오게 되어 있었다. 반대의 경우에는 동굴 안에서 무서운 비명이 들리고, 며칠이 지나 동굴을 열어 보면 여자가 사라지고 없었다고 한다.

시메 Σύμη / Syme 이알리소스(☞)와 도티스의 딸인 그녀는 안테돈과 할키오네의 아들인 글라우코스에게 납치당했다. 글라우코스는 로도스 섬과 크니도스 반도 사이에 있는 섬을 차지하고, 자기 아내의 이름을 붙여 시메(오늘날의 시미)라 불렀다. 이전에 그 섬은 메타폰티스, 아이글레 등으로 불렸었다. 시메는 포세이돈과 결합하여 크토니오스라는 아들을 낳았다.

시모에이스 Σιμόεις / Simois 시모에이스는 트로이아 평원을 흐르는 강이다. 모든 강이 그렇듯이, 헤시오도스는 그 또한 오케아노스와 테티스(I)의 아들이라고 했다. 시모에이스는 『일리아스』에서 스카만드로스의 부름을 받아 아킬레우스를 물리치고 트로이아 인들의 학살을 중지시키는 데 일역을 한다(사실 시모에이스가 스카만드로스의 부름에 응했는지 어쨌는지는 나오지 않는다. 그냥 스카만드로스가 시모에이스를 부르고는 아킬레우스에게 솟구쳐 달려드는 장면이 있을 뿐. 『일리아스』 21권 305 이하 ― 감수자 주](☞아킬레우스, ☞스카만드로스).

시모에이스에게는 아스티오케와 히에롬네메라는 딸들이 있었다. 아스티오케는 에리크토니오스와 결혼하여 트로스의 어머니가 되었고, 히에롬네메는 앗사라코스와 결혼하여 카피스의 어머니가 되었다(☞계보 7).

시바리스 Σύβαρις / Sybaris 1. 시바리스는 포키스에 살았던 여성 괴물의 이름으로, 라미아라고도 불린다(☞알키오네우스). 괴물이 죽임을 당한 자리에는 바위에서 샘이 솟아났고, 이 샘은 시바리스라 불리게 되었다. 이탈리아 남부로 이주한 로크리스 인들은 새로 창건한 도시에 이 이름을 붙였다.

2. 시바리스는 또한 트로이아 사람 아이네이아스의 동료로, 투르누스에게 죽임을 당했다.

3. 같은 이름은 프리기아 전설에도 나오는데, 이에 따르면 시바리스는 알리아라는 젊은 처녀의 아버지이다. 알리아는 아르테미스 여신의 신성한 숲에서 괴물과 결합했다. 이 결합에서 〈뱀의 아들들〉인 〈오피오게네이스〉 족이 태어나 헬레스폰토스 연안의 파리온 지방에 살았다. 이 민족은 뱀에게 물린 것을 주술로 외워 고칠 수 있었다 한다. 또한 오피오게네이스 족의 선조는 인간으로 변신한 뱀이었다고도 한다.

시빌레 Σιβύλλη / Sibylla 시빌레[혹은 〈시빌라〉, 라틴 어로는 〈시빌라〉]는 아폴론 신탁을 전하는 일을 맡은 여사제의 이름이다. 한 명 혹은 여러 명의 시빌레에 관한 수많은 전설들이 있다. 어떤 전승들에 따르면, 최초의 시빌레는 테우크로스의 딸 네소와 트로이아 사람 다르다노스 사이에 태어난 시빌레라는 이름의 처녀였다. 그녀는 선견의 능력을 가지고 태어나 예언자로서 명성을 떨쳤으며, 이후로 모든 여자 예언자를 시빌레라 부르게 되었다.

또 다른 전승에 의하면, 최초의 시빌레는 위에서 말한 트로이아 여자가 아니라 제우스와 라미아(포세이돈의 딸) 사이에 태어난 딸로, 그녀는 리비아 인들에 의해 시빌레라 불렸으며 생전에 신탁들을 내렸다. 두 번째 시빌레는 헤로필레(☞)라는 이름이었는데, 트로아스의 마르페소스 출신으로 님프와 인간 남자 사이에서 태어났다. 그녀는 트로이아 전쟁이 일어나기 전에 태어나 트로이아가 스파르타 출신의 한 여자(헬레네)의 과오 때문에 멸망하리라고 예언했다. 델로스에는 그녀가 아폴론을 기려 지었다는 찬가가 남아 있었는데, 거기서 그녀는 자신을 신의 〈정식 아내〉이자 신의 〈딸〉이라 불렀다. 이 시빌레는 생애의 대부분을 사모스에서 살았지만, 클라로스, 델로스, 델포이 등지에도 갔다고 한다. 그녀는 돌을 가지고 다니며 그 위에 올라서서 예언을 했다. 그녀는 트로아스에서 죽었지만, 그녀의 돌은 델포이에 있어, 파우사니아스 시대까지만 해도 그것을 볼 수 있었다고 한다.

그리스의 시빌레 중에서 가장 유명한 것은 리디아에 살았던 에리트라이의 시빌레이다. 그녀의 아버지는 테오도로스, 어머니는 님프였다. 그녀는 코리코스 산의 동굴에서 태어났는데, 태어나자마자 급격히 성장했으며 운문으로 예언을 하기 시작했다. 그녀가 아직 어렸을 때, 부모는 그녀를 억지로 아폴론 신전에 바쳤다. 그녀는 자신이 아폴론의 화살에 맞아 죽으리라고 예언했으며, 110년 수명의 인간의 삶을 아홉 번이나 살았다고 한다.

일설에 의하면 에리트라이의 시빌레는 캄파

니아에 살면서 로마 전설에서 중요한 역할을 했던 쿠마이의 시빌라와 동일 인물이라고도 한다. 이 이탈리아의 시빌라는 아말테이아, 데모필레, 혹은 헤로필레라고도 불렸다. 그녀는 동굴에서 신탁을 전했으며, 아폴론은 그녀에게 그녀가 손에 쥘 수 있는 모래알 수만큼의 수명을 허락하되 다시는 에리트라이로 돌아가면 안 된다고 못박았다. 그래서 그녀는 쿠마이에 살게 되었다. 그런데 에리트라이 사람들이 실수로 그녀에게 그들 나라의 흙으로 된 봉인이 찍힌 편지를 보내는 바람에, 그녀는 그만큼이라도 고향 땅을 보았으므로 죽고 말았다. 또한 그녀는 자신을 사랑한 나머지 무슨 소원이든지 한 가지 들어주겠다는 아폴론에게 장수를 요구하기는 했으나 젊음을 함께 구하는 것을 잊었다고 한다. 신은 만일 그녀가 처녀성을 자신에게 준다면 그 대신 변치 않는 젊음을 주겠다고 제안했으나 그녀는 거절했고, 그래서 그녀는 늙어갈수록 쭈그러들었다. 마침내 그녀는 매미와도 비슷해져서, 쿠마이에 있는 아폴론의 신전 안 새장에 새처럼 달려 있었다. 아이들이 〈시빌라, 무엇을 원하나요?〉라고 물으면 그녀는 삶에 지칠 대로 지쳐서 〈죽고 싶어〉라고 대답했다고 한다.

타르퀴니우스 수페르부스의 치세 동안 로마에 와서 아홉 권의 신탁집을 전한 것도 이 쿠마이의 시빌라였다고 한다. 그녀는 왕에게 그것을 팔려 했지만, 타르퀴니우스는 값이 너무 비싸다고 생각했다. 그래서 그가 한 번씩 거절할 때마다, 시빌라는 신탁집을 세 권씩 불태웠다. 마침내 타르퀴니우스는 마지막 남은 세 권을 사서 카피톨리움의 유피테르 신전에 보관했다. 그녀는 임무를 마치자 사라져 버렸다. 공화정 시절에 그리고 아우구스투스 시절까지만 해도, 이 〈시빌라의 신탁집〉들은 로마 종교에 지대한 영향을 미쳤다. 불행이나 기적이나 초자연적인 사건들이 일어나면 시빌라의 신탁집들을 찾아보았고, 그 속에서 예기치 않았던 상황에 대처하기 위한 새로운 예배의 도입, 속죄 희생 등 종교적 조처들을 발견하곤 했다. 이 책들을 보존하고 참고하는 일을 맡은 특별 관리들도 있었다.

『아이네이스』에서 베르길리우스는 쿠마이의 시빌라를 아이네이아스가 하계에 내려갈 때의 길 안내로 삼고 있다.

좀 덜 유명하기는 하지만, 사모스에도 또 다른 시빌레가 있었다. 그녀의 이름은 피토였다. 히브리 족속의 시빌레에 대해서는 ☞사베.

시시포스 Σίσυφος / Sisyphus 시시포스는 가장 꾀바른 동시에 가장 조심성이 없는 인간이다. 그는 아이올로스의 아들로, 데우칼리온 일족에 속한다(☞계보 8). 그는 당시 에피라라 불리던 코린토스의 건설자로 알려져 있지만, 코린토스(☞)의 후계자이자 그의 복수를 맡은 자로서 그 도시를 물려받았다고도 하며, 메데이아(☞)의 후계자로서 그녀가 서둘러 도시를 떠날 때 권력을 넘겨받았다고도 한다. 시시포스에 관해서는 여러 가지 일화들이 있는데, 모두가 그의 꾀에 관한 이야기들이다.

아우톨리코스가 그에게서 가축들을 훔쳐 가자, 시시포스는 일찌감치 가축들의 발굽 하나하나에 새겨 놓았던 자신의 이름을 보여 주며 소유권을 주장했다. 그런데 그날은 마침 아우톨리코스의 딸 안티클레이아와 라에르테스의 결혼식 전날이었다. 시시포스는 무슨 수를 썼는지 신부의 애인이 되었으며, 그녀가 낳은 그의 아들이 오딧세우스라 한다. 몇몇 신화학자들에 따르면, 아우톨리코스는 자기 손자가 시시포스처럼 똑똑하기를 희망하여 짐짓 자기 딸을 시시포스에게 내주었다고도 한다.

제우스가 아소포스의 딸 아이기나를 납치하

여 플레이우스로부터 오이노네로 데려가다가 코린토스에 들렀을 때, 시시포스는 그를 보았다. 딸을 찾아다니던 아소포스가 나타나자, 시시포스는 그에게 납치자의 이름을 알려 주는 대가로 도시의 성채 위에 샘이 솟아나게 해줄 것을 요구했다. 아소포스는 이에 동의했고, 시시포스는 제우스의 이름을 가르쳐 주었다. 이 일로 그는 제우스의 노여움을 샀다고 한다. 또 다른 이본에 의하면, 제우스는 즉시 그에게 벼락을 내려 하계로 떨어뜨려 버렸으며, 그때부터 그는 무거운 바위를 언덕 위로 밀어 올리는 영원한 형벌을 받게 된 것이라고도 한다. 바위는 언덕 꼭대기에 닿자마자 굴러 내렸고, 그는 다시금 그것을 밀어 올려야만 했다. 그러나 『오딧세이아』에 이미 언급된 이 형벌에 대해서는 또 다른 이야기도 있다. 시시포스의 고자질에 화가 난 제우스는 죽음의 정령(타나토스)을 보내 그를 죽이려 했다. 그러나 시시포스는 타나토스에게 잡히기는커녕 오히려 그를 묶어 버렸으므로, 한동안 지상에서는 아무도 죽는 사람이 없었다고 한다. 하는 수 없이 제우스가 나서서 타나토스를 풀어 주게 했고, 타나토스는 맡은 일을 계속할 수 있었다. 첫번째 희생자가 바로 시시포스였다. 그러나 시시포스는 자신의 운명을 받아들이는 대신, 죽기 전에 몰래 아내에게 부탁하여 자신의 장례를 지내지 않게 했다. 그가 하계에 이르자, 하데스는 그가 보통의 방식대로 나타나지 않은 이유를 물었다. 시시포스는 아내의 불경건을 탄식하며, 분개하는 신에게 만일 자신을 풀어 주면 그녀를 응징하여 바른 길로 돌아오게 할 수 있다고 청했다. 일단 지상에 돌아온 시시포스는 다시 돌아가지 않고 오래오래 살았다. 마침내 그가 죽자, 하계의 신들은 그가 달아날 것을 염려하여 그에게 잠시의 휴식도 허용하지 않는 일거리를 맡겼다는 것이다.

시시포스의 형벌을 또 다른 방식으로 설명하는 일화도 있는데, 그것은 히기누스가 지금은 전하지 않는 비극 작품을 요약한 것으로, 불행히도 일부밖에 전하지 않는다. 히기누스에 따르면, 시시포스는 형제 살모네우스를 미워했다고 한다. 그는 어떻게 하면 자기 〈원수〉 즉 형제를 없애 버릴 수 있을지 아폴론의 신탁을 구했다. 아폴론은 그에게 만일 그가 살모네우스의 딸이자 그의 조카인 티로에게 자식들을 낳게 하면 복수자들을 얻을 수 있으리라고 대답해 주었다. 시시포스는 티로의 애인이 되어 쌍둥이를 낳게 했다. 그러나 티로는 신탁의 내용을 알고는 아직 어린 두 아이를 제 손으로 죽여 버렸다. 그 후 시시포스가 어떻게 되었는지는 알 수가 없다. 불완전한 사본의 마지막에서 시시포스는 이미 하계에서 〈불경건에 대한 벌로〉 바위를 밀어 올리는 모습을 보여 준다.

때로는 시시포스가 자기 조카 멜리케르테스(☞)를 기리기 위해 이스트미아 경기를 창설했다고도 한다.

시시포스의 아내는 플레이아데스 중에서 유일하게 인간과 결혼한 메로페이다. 그의 후손으로는 글라우코스, 벨레로폰테스 등이 유명하다 (☞계보 35).

시카노스 Σικανός / Sicanus 시카노스는 시칠리아에 사는 시카노이 족의 명조이다. 그는 브리아레우스의 아들이자 아이트네의 남매였다고 한다. 그에게는 키클롭스, 안티파테스, 폴리페모스 등 세 아들이 있었다.

시카이오스 Συγχαῖος, Συχαῖος / Sychaeus 아주 오랜 전승에 의하면 디도 여왕의 남편은 시카르바스라는 이름이었으나, 『아이네이스』에서는 그 이름이 시카이오스로 바뀐다. 그는 포이니키아의 왕자로, 디도의 남매이자 티로스 왕인 피그말리온이 그의 보물을 탐내어 그를 죽게 했다. 전승에 따르면 그는 사냥을 하다가 혹은 희생 제사를 드리다가 죽임을 당했다고 한다. 피그말리온은 시체를 묻지도 않고 내버려 두었으며, 한동안 디도는 무슨 일이 일어났는지 알지 못했다. 그러나 시카이오스는 아내의 꿈속에 나타나 사건의 전모를 알려 주었다. 그는 그녀에게 피신할 것을 권했으며, 그러기 위해 자기가 금을 묻어 둔 장소를 알려 주었다. 디도의 피신에 관해서는 ☞디도.

카르타고에서 디도는 자기 궁전의 한복판에 시카이오스를 위한 성역을 만들고 고인에게 절개를 지켰다. 오직 아이네아스만이 베누스의 뜻에 따라 그녀의 호의를 얻을 수 있었다. 그러나 아이네아스가 떠나 버리자, 그녀는 남편에게 불충실했던 것을 뉘우치며 자살했고, 하계에서 그와 재회했다.

『아이네이스』와 무관한 또 다른 전승에 의하면, 시카이오스는 디도가 아니라 그녀의 여동생 안나의 남편이라 한다.

시케우스 Συκεύς / Syceus 시케우스는 (아마도 후대에 나왔을 일부 지방의 전설에 따르면) 티탄족의 한 명으로, 제우스의 추적을 당하던 어머니게(가이아)를 구하기 위해 무화과나무를 솟아나게 했다. 그녀는 나무에 숨었으며, 무화과나무는 벼락을 물리치는 힘이 있는 것으로 알려졌다.

시켈로스 Σικελός / Sicelus 시켈로스는 이탈리아 남부 시칠리아로 건너간 시쿨리 족의 왕이자 명조이다. 그들은 그곳에서 시카노이 족을 섬의 서쪽으로 몰아냈다. 할리카르나소스의 디오니시오스에 따르면, 시켈로스는 로마 출신으로 추방된 자였다고 한다. 그는 이탈로스 왕의 후계자였던 모르게스 왕에게 피신했고, 그로부터 그의 왕국 일부를 받아 다스렸다. 이 시켈로스는 이탈로스의 아들이라고도 하고 포세이돈의 아들이라고도 한다.

시키온 Σικυών / Sicyon 시키온은 펠로폰네소스에 있는 시키온 시의 두 번째 시조이자 명조이다. 이 도시는 원주민 왕이었던 아이기알레우스에 의해 일찍이 건설되었으며, 그 후손들은 라메돈에 이르기까지 권력의 직계 상속을 유지하고 있었다(☞계보 22). 시키온의 계보에 관해서는 여러 가지 설이 있다. 그는 간혹 마라톤의 아들이자 코린토스의 형제였다고도 하지만(☞마라톤), 대개는 메티온의 아들이자 아테나이 왕 에레크테우스의 손자로 간주된다. 따라서 그는 다이달로스와 형제간이다. 라메돈 왕은 아르고스 인들인 아르칸드로스와 아르키텔레스에게 대적하기 위해 시키온을 불러다가 동맹을 맺고 자기 딸인 제욱시페와 결혼시켰다. 시키온은 그녀에게서 크토노필레라는 딸을 낳았다.

시킨노스 Σικίννος / Sicinnus 시킨노스는 크레테 사람 아니면 이방인[barbaroi 즉 〈그리스 어를 쓰지 않는 사람〉]으로, 시키니스 춤이라 불리는 사티로이의 특이한 무용을 만들었다. 이 발명의 공은 때로 키벨레의 시녀였던 시킨니스라는 이름의 프리기아 님프에게 돌아가기도 한다.

시톤 Σίθων / Sithon 시톤은 트라케 왕으로, 트라케의 케르소네소스에 있는 세 개의 반도 중 가운데 있는 시토니아 반도의 명조이다. 그는 아레스의 아들 혹은 포세이돈과 옷사(인근 산의 명조가 된 님프)의 아들이었다고 한다. 그는 네일로스의 딸인 앙키노에(혹은 앙키로에)와 결혼했으며, 두 딸 로이테이아와 팔레네(☞)를 낳았다. 논노스가 전하는 이본에 의하면, 디오니소스가 팔레네를 사랑하여 지팡이로 시톤을 때려죽이고 그녀와 결혼했다고 한다. 오비디우스의 암시에 따르면, 시톤은 남자에서 여자가 되었던 듯하지만, 그 연유는 알 수 없다.

시프로이테스 Σιπροίτης / Siproetes 시프로이테스는 크레테 인으로, 사냥을 하던 중 샘에서 아르테미스가 벌거벗고 목욕하는 것을 보았다. 여신은 그를 여자로 만들어 버렸다.

실레노스 Σιληνός / Silenus 실레노스란 늙은 사티로스들을 통틀어 가리키는 이름이다[아티카 이오니아 계통의 반수 반인으로, 펠로폰네소스 계통의 비슷한 반수 반인인 사티로스와 점차 동화되었다. 원래는 부분적으로 말의 모습을 갖고 있었는데, 헬레니즘 시대에 〈판Pan〉과 혼동되어 염소의 부분들을 취하기도 했다]. 그것은 또한 디오니소스를 키운 것으로 알려진 인물의 이름이기도 하다. 그의 계보에 관한 전승들은 아주 다양하다. 그는 판과 님프, 혹은 헤르메스와 님프의 아들이라고도 하고, 우라노스가 크로노스에게 다쳤을 때 흘러나온 피에서 태어났다고도 한다(☞우라노스). 이 실레노스는 대단한 지혜의 소유자였지만, 부득이한 경우가 아니면 그 지혜를 인간들에게 나눠 주지 않았다. 그러다가 한번은 미다스 왕에게 붙잡혀, 많은 지혜들을 가르쳐 주었다고 한다. 베르길리우스도 그의 「제6목가」에서 목동들이 실레노스를 붙잡아 억지로 노래를 시키는 장면을 그리고 있다.

실레노스는 물푸레나무의 님프에게서 켄타우로스 폴로스를 낳았다고 하며, 또 다른 전설들에 의하면 아르카디아의 목동인 아폴론 즉 〈아폴론 노미오스〉의 아버지라고도 한다.

실레노스는 납작코에 두꺼운 입술, 황소 같은 눈매 등 아주 못생겼다고 한다. 그는 흔히 배불뚝이에 당나귀를 타고 술에 취해 간신히 나귀 등에 매달려 있는 모습으로 묘사된다.

실레우스 Συλεύς / Syleus 실레우스는 헤라클레스 계열에 속하는 인물이다. 헤라클레스는 옴팔레의 노예로 일하는 동안 몇 가지 일들을 해냈는데, 그 중 하나가 실레우스를 응징한 것이다. 실레우스는 포도 농부로 지나가는 사람들을 잡아다가 강제로 자기 포도나무를 가꾸게 하다가 죽여 버리곤 했다. 헤라클레스 역시 그에게 붙잡혔는데, 포도나무를 가꾸는 대신 뽑아 버리는 등 온갖 난동을 부리다가 괭이로 실레우스를 쳐죽였다. 일설에 따르면, 실레우스에게는 디카이오스(의인)라는 형제가 있었는데, 그의 성격은 이름대로 실레우스와는 정반대였다고 한다. 둘 다 포세이돈의 아들로 테살리아의 펠리온 산에 살고 있었다. 실레우스를 죽인 뒤 헤라클레스는 디카이오스의 환대를 받았으며, 숙부 집에서 자라던 실레우스의 딸을 보고 사랑에 빠져 그녀와 결혼했다. 그 후 그는 한동안 떠나 있었고, 젊은 아내는 남편의 부재를 견디지 못해 죽어 버렸다. 약속대로 돌아온 헤라클레스는 낙심하여 아내의 화장단에 뛰어들려 했으며, 사람들은 그를 말리느라 애를 먹었다.

실레우스가 살던 고장은 리디아, 아울리스, 테르모필라이, 테살리아의 펠리온 중 하나라 한다(☞헤라클레스).

일설에 따르면 헤라클레스가 이피토스의 핏값을 치르기 위해 팔려 갔던 것은 옴팔레가 아니라 실레우스에게였다고 한다(☞헤라클레스).

실로스 Σίλλος / Silus 실로스는 트라시메데스의 아들이자 네스토르의 손자이다. 그는 알크마이온을 낳았다. 헤라클레이다이가 펠로폰네소스

실바누스

에 침입했을 때, 그는 아티카로 달아났고, 그곳에서 그의 아들은 아테나이의 귀족인 알크마이오니다이 가문의 선조가 되었다. 이 알크마이온은 암피아라오스의 아들인 좀더 유명한 알크마이온과 구별되어야 한다.

***실바누스** Silvanus 실바누스는 삼림silvae을 주재하는 로마의 신이다. 그는 파우누스와 잘 구별되지 않으며, 로마 신화가 그리스화됨에 따라 곧 판과 동일시되었다. 그는 노인의 모습으로 묘사되지만, 실제로는 젊은 남자의 힘을 가지고 있었다. 그에 대한 예배는 헤라클레스 및 가옥의 수호신(라레스)에 대한 예배와 연관된다. 실바누스는 단순한 정령numen이므로 따로 그에 관한 신화는 없다. 그는 보통 신성한 숲이나 도시 근처, 들판 등에 살았다.

그는 타르퀴니우스 일족이 추방될 때 한 가지 이적을 일으켰다고 한다. 에트루리아 군대와 로마 군대가 전투를 치른 뒤 양쪽 모두 사망자가 너무 많아 그날의 승부를 정할 수가 없었다. 그런데 밤에 신적인 음성이 들려와 로마 군대가 적군보다 한 사람을 덜 잃었으므로 이겼다고 선포했다. 에트루리아 인들은 사기가 꺾여 진지를 로마인들에게 내주고 달아나 버렸다. 실제로 사망자 수를 헤아려 본 결과 신비한 음성이 알려준 대로였다. 그 음성의 주인이 바로 실바누스였다(☞아이우스 로쿠티우스에 대해서도 비슷한 전설이 있다).

***실비우스** Silvius 숲silva을 상기시키는 이름을 가진 실비우스는 아이네아스와 라비니아의 아들이며, 따라서 아스카니우스와는 이복형제간이다(그의 출생 경위에 관해서는 ☞라비니아). 이 실비우스는 알바를 다스린 모든 왕들에게 이름을 남겼다. 아스카니우스는 그에게 라비니움을 내주고, 그와 다투지 않기 위해 떠나가 알바를 건설했다. 그리고 38년간 알바를 다스린 뒤 죽으면서, 알바의 권력 또한 실비우스에게 물려주었다. 실비우스는 29년을 다스린 뒤 할아버지의 이름을 따서 아이네아스라 불리던 아들에게 왕국을 물려주었다.

아이네아스 2세에 이어 대대로 알바를 다스린 이 왕조의 왕들은 다음과 같다. 라티누스, 알바, 카페투스, 카피스, 칼페투스, 티베리누스, 아그리파, 알라데스, 아벤티누스, 프로카스, 아물리우스, 누미토르. 그리고 누미토르의 대에 로마가 창건되었다.

또 다른 전승들에 따르면, 아이네아스와 라비니아의 아들은 아스카니우스이고 아스카니우스의 아들이 실비우스였다고 한다. 또한 실비우스는 라티누스가 죽은 뒤 아이네아스가 그의 아내 실비아와 결혼하여 낳은 아들이라고도 한다.

아가메데스 Ἀγαμήδης / Agamedes 유명한 건축가인 아가메데스는 스팀팔로스의 아들이자, 아르카디아 인들의 명조인 아르카스의 증손자이다(☞계보 9). 그의 아내는 에피카스테인데, 그녀는 아폴론의 아들로 추정되는 트로포니오스와, 아가메데스의 아들인 케르키온을 낳았다. 아가메데스, 트로포니오스, 케르키온, 세 사람은 모두 능숙한 건축가였다. 그들은 그리스 상고 시대의 많은 유명한 건축물들을 지었다고 한다. 테바이에 있는 알크메네의 신혼방, 델포이의 아폴론 신전, 테게아에서 만티네이아로 가는 길에 있는 아르카디아의 포세이돈 신전, 그리고 보이오티아에 있는 히리아의 왕 히리에우스의 보물 창고 등등이 그것이다. 보물 창고에 대해서는 다음과 같은 이야기가 있다. 이 건축을 맡은 아가메데스와 트로포니오스는 벽돌 하나를 아주 쉽게 뺄 수 있도록 해두었다. 그렇게 해서 밤이면 왕의 보물 창고로 숨어 들어가 도둑질을 했다. 왕은 보물이 없어지는 것을 알고는 범인을 찾기 위해 다이달로스에게 함정을 만들어 달라고 했다. 다이달로스가 만든 함정에 아가메데스가 걸려들자, 트로포니오스는 자신이 공범이라는 사실이 밝혀지지 않도록 아가메데스의 목을 잘랐으나 땅이 갈라지면서 트로포니오스를 집어삼켰다. 레바데아 숲에는 구멍 하나와 아가메데스의 이름이 새겨진 비문이 있었다. 그곳에 트로포니오스의 신탁소가 세워져 트로포니오스에게 제사를 지냈으며 아가메데스에게도 함께 빌었다고 한다.

이러한 전설과 약간 다른 이야기도 있다. 왕의 이름도 히리에우스가 아니라 엘리스의 아우게이아스이다. 케르키온도 도둑질에 동참했기 때문에 트로포니오스와 함께 오르코메노스까지 도망갔지만, 다이달로스와 아우게이아스에게 추격을 받아 케르키온은 아테나이에, 트로포니오스는 레바데아에 숨었다고 한다.

또 다른 전설에 의하면, 아가메데스와 트로포니오스는 아폴론 신전을 지었다고 한다. 그들이 아폴론에게 삶을 요구하자, 아폴론은 일주일 뒤에 주겠다고 약속하며, 그때까지 즐겁게 살라고 충고해 주었다. 일주일째 되는 날 밤 두 건축가들은 편안하게 숨을 거두었다. 이것이야말로 신이 그들에게 줄 수 있는 최고의 보상이었던 것이다.

아가멤논 Αγαμέμνων / Agamemnon 아가멤논은 신화에 등장하는 대표적인 왕으로, 『일리아스』에서 아카이아 군의 최고 지휘관을 맡고 있다. 조상들의 이름을 빌어 그는 아트레우스의 후손, 펠로피다이[펠롭스의 후손], 탄탈로스의 후손 등으로 지칭된다(☞계보 2). 『일리아스』에서 아가멤논은 아르고스의 왕이지만, 때로는 미케나이의 왕으로도 이야기되며 아르고스의 왕위는 디오메데스에게 주었다고 한다(이것은 『일리아스』 중 후대에 첨가된 것으로 추정되는 2권 「배들의 목록」에 나온다). 가장 후대의 전승에 따르면 아가멤논은 라케다이몬의 왕으로, 왕국의 수도는 아미클라이다. 아가멤논의 가계에 대해서는 ☞아에로페, ☞아트레우스.

아가멤논은 클리타임네스트라와 결혼했는데, 그녀는 아가멤논의 전설에서 중요한 역할을 한다. 클리타임네스트라는 헬레네와 마찬가지로, 틴다레오스와 레다의 딸로, 처음에는 티에스테스의 아들 탄탈로스와 결혼했다. 하지만 아가멤논은 탄탈로스뿐 아니라, 탄탈로스와 클리타임네스트라 사이에 태어난 갓난아기도 죽이고, 강제로 클리타임네스트라와 결혼했다. 그러자 클리타임네스트라의 형제들인 카스토르와 폴리데우케스가 아가멤논을 쫓아갔으나, 아가멤논은 장인인 틴다레오스 곁으로 피신했고, 카스토르와 폴리데우케스는 아가멤논과 화해했다. 하지만 아가멤논과 클리타임네스트라의 결합은 범죄로 시작된 만큼, 그 결말에서 보듯 저주받은 것이었다.

아가멤논은 클리타임네스트라와의 사이에서, 크리소테미스, 라오디케, 이피아나사 등 딸 셋과 막내아들 오레스테스를 두었다는 것이 본래의 전설이다. 그러나 후대의 이야기들에는 이피아나사와는 별개의 인물인 이피게네이아라는 딸도 나오고, 비극에서는 라오디케 대신에 엘렉트라가 등장하는데 그녀는 호메로스의 『일리아스』에서는 전혀 언급되지 않는 인물이다. 아가멤논의 자식들 중 비극에 주로 나오는 것은 이피게네이아, 엘렉트라, 오레스테스이다.

헬레네를 놓고 수많은 구혼자들이 경쟁을 벌이자, 틴다레오스는 오딧세우스의 충고대로 구혼자들에게 헬레네의 결정을 존중해 줄 것과 선택된 신랑감에게 이의를 제기하지 않겠다는 맹세를 시켰다. 아울러, 선택된 신랑이 공격을 받을 경우에는 그들이 힘을 합하여 도와주기로 했다. 파리스가 헬레네를 납치해 가자, 메넬라오스는 아가멤논에게 도움을 요청했다. 아가멤논은 이전의 구혼자들에게 맹세를 상기시켰고, 트로이아를 공격하기 위한 군대의 핵심이 결성되었다. 아가멤논은 그의 용맹함 때문이었는지 아니면 능숙한 선거전 덕분이었는지 만장일치로 최고 지휘관으로 뽑혔다. 군대들은 아울리스에 집결했다. 『일리아스』에서 제우스는 이들에게 좋은 징조를 보냈다. 아폴론에게 제사를 드리자, 뱀 한 마리가 제단에서 내려와 옆에 있는 나무로 올라가서 둥지에 있는 참새 새끼 여덟 마리와 어미, 결국 아홉 마리의 참새를 잡아먹은 뒤 돌로 변해 버린 것이다. 이를 본 칼카스는 제우스 신이 10년 후에야 트로이아를 정복하게 해줄 것이라고 해석했다. 아이스킬로스의 작품에서는 또 다른 징표가 이야기된다. 새끼를 밴 암토끼가 독수리 두 마리에 의해 찢기는 장면이 그것이다. 이 징표를 본 칼카스는, 트로이아는 멸망하겠지만 아르테미스 여신은 그리스 군에게 적대적일 것이라고 예언했다.

『일리아스』 이후에 나온 한 시가(아마도 『키프리아 송가』)에 의하면, 그리스 군은 트로이아로 가는 뱃길을 몰라서 처음에는 미시아로 갔으며, 그곳에서 몇 차례 전투를 벌인 후 태풍에 밀려 각기 자신의 고향으로 되돌아갔다고 한다(☞아킬레우스). 이 실패 후 8년이 지나 그리스 군은 다시 아울리스에 모였으나, 이번에는 바람이 불지 않아 선단이 출발할 수가 없었다. 칼카스에게 이유를 묻자, 그는 아르테미스 여신이 노하여 바람을 보내지 않는 것이라고 답했다. 여신이 노한 이유는 여러 가지로 이야기된다. 아가멤논이 암사슴을 사냥하면서 아르테미스 여신도 이보다 사냥을 더 잘할 수는 없을 것이라고 자만했기 때문이라고도 하고, 예전에 아트레우스가 황금 양털을 아르테미스 여신에게 바치지 않았기 때문이라고도 하며(☞아트레우스), 아가멤논이 이피게네이아가 태어난 해의 수확물 중에서 가장 아름다운 것을 아르테미스에게 바치겠다고 약속하고서는 이피게네이아를 바치지 않았기 때문이라고도 한다. 이런 이유들로 인해, 아르테미스는 이피게네이아를 희생 제물로 바치라고 명했다. 아가멤논은 야망 때문에, 혹은 모두의 이익을 위해 딸을 희생 제물로 바치기로 했으며, 이로 인해 남편에 대한 클리타임네스트라의 원한은 한층 깊어졌다.

그리스 선단은 원정길에 올라 테네도스에 잠시 머물렀다. 아가멤논과 아킬레우스의 잠재적인 불화가 처음으로 드러난 곳이 바로 이곳에서인데, 이 불화는 트로이아 성 앞에서 그리스 군을 위험에 몰아넣게 될 아가멤논과 아킬레우스 사이의 분쟁을 예고하는 것이다. 아가멤논이 부상당한 필록테테스를 렘노스에 버리고 가기로 한 것도 비슷한 시기의 일이다. 필록테테스의 상처에서 너무 지독한 냄새가 났고 그의 비명소리가 희생 제사를 방해했기 때문이다.

그리고는 트로이아 성 앞에 진을 치고 9년을 보내야 했다. 10년째 되던 해 아가멤논은 아킬레우스와 함께 트로이아의 이웃 도시들을 약탈하기 시작했다. 전쟁 포로로 아킬레우스는 브리세이스를 차지했고, 아가멤논은 아폴론의 사제 크리세스의 딸인 크리세이스를 차지했다. 크리세스는 몸값을 줄 테니 크리세이스를 돌려달라고 했지만, 아가멤논은 이를 거절했다. 그러자 아폴론이 그리스 군들 사이에 역병이 돌게 했으며, 『일리아스』의 이야기는 바로 여기서부터 시작된다. 지휘관 회의에서 아가멤논에게 크리세이스를 돌려주라고 명령하자, 아가멤논은 그 대신 아킬레우스가 브리세이스를 자신에게 넘길 것을 요구했다. 분노한 아킬레우스는 이 요구를 거절하고 자신의 막사로 가버렸다. 아가멤논이 아킬레우스에게 탈티비오스와 에우리바테스를 전령관으로 보내 공식적으로 브리세이스를 요구하자, 아킬레우스는 어쩔 수 없이 브리세이스를 넘겨주는 대신 전투에 나가지 않겠다고 선언했다. 테티스(II)의 부탁을 받은 제우스는 아가멤논에게 거짓 꿈을 꾸게 하여, 아킬레우스 없이도 트로이아를 정복할 수 있다고 믿게 만들었다. 게다가 오래 전의 신탁을 통해, 아가멤논은 아카이아 군 진영에 불화가 생길 때 비로소 트로이아가 정복된다는 사실을 알고 있었다.

전투가 시작되었고, 아가멤논은 직접 출정하여 여러 차례 눈부신 공적을 세웠으나, 부상을 입고 싸움터에서 물러나야 했다. 그리스 군의 진영까지 공격을 당하자, 아가멤논은 아킬레우스 없이는 승리할 수 없음을 깨닫고서, 아킬레우스에게 브리세이스를 돌려줄 뿐 아니라 자신의 딸들 중 한 명과 결혼시켜 주고 값비싼 선물들을 주겠다고 약속했다. 이 순간부터 『일리아스』는 아가멤논이 아니라 아킬레우스에게 초점을 맞추게 된다.

『일리아스』 이후의 서사시들에서는 아킬레우스와 헥토르의 죽음 이후 아가멤논이 개입한 사건들이 이야기된다. 특히 아킬레우스의 시신과 그의 무기를 두고 벌어지는 다툼이 사건의 중심을 이룬다(☞ 텔라몬의 아들 아이아스, ☞ 오딧세우스). 『오딧세이아』에 따르면, 아가멤논은 트로이아 정복 이후 전쟁 포로로 프리아모스 왕의 딸인 예언자 카산드라를 취했으며, 카산드라와의 사이에서 쌍둥이 형제 텔레다모스와 펠롭스를 낳았다고 한다.

아가멤논의 귀향과 트로아스에서의 출발도 서사시의 소재가 되었다. 아가멤논과 메넬라오스 사이의 갈등은 『오딧세이아』에도 이미 나타난다. 메넬라오스는 전쟁이 끝나자마자 떠나려 하지만 아가멤논은 선물로 아테나의 환심을 사기 위해 잠시 더 머물려 하기 때문이다. 서사시들에는, 아가멤논이 귀향을 위해 승선하려 하자 아킬레우스의 망령이 나타나 장래에 닥칠 불행들을 예언하면서 아가멤논을 붙잡으려 하는 이야기가 그려져 있다. 뿐만 아니라, 아킬레우스의 망령은 프리아모스 왕의 딸인 폴릭세네를 자신에게 바치라고 아가멤논에게 요구했다고 한다.

아가멤논이 고향에 다다를 무렵, 클리타임네스트라의 정부인 아이기스토스는 정탐꾼을 내보내 길목을 지키고 있었다. 그는 아가멤논을 성대한 향연에 초대한 뒤, 방에 숨겨 두었던 스무 명의 부하들을 시켜 아가멤논과 그의 동료들을 죽였다. 다른 이야기들에 의하면 클리타임네스트라도 이 살인에 동참하여 남편의 애첩 카산드라를 직접 죽였다고 한다. 핀다로스에 의하면, 클리타임네스트라는 남편을 너무나 증오한 나머지 그의 핏줄이라는 이유로 자기 아들 오레스테스까지 죽이려 했다고 한다. 비극 시인들은 그러한 상황을 다양하게 묘사하고 있다. 아가멤논은 호메로스의 이야기에서처럼 식사 중에 기습을 당했다고도 하고, 또는 목욕 중에 아내 클리타임네스트라가 건네준 상의를 입고 허우적대다가 기습을 당했다고도 한다. 그녀가 소매를 꿰매 놓아서 그는 제대로 자기 방어를 할 수 없었다는 것이다. 히기누스에 의하면, 살인의 주동자는 오이악스이며 그의 형제인 팔라메데스가 아가멤논의 명령으로 돌에 맞아 처형당한 데 대한 앙갚음이었다고 한다. 오이악스는 클리타임네스트라에게 아가멤논이 카산드라를 데려와 정실 부인으로 앉히리라고 말했고, 그래서 클리타임네스트라는 남편을 죽이기로 결심했다는 것이다. 그녀는 아가멤논이 제사를 드리는 동안 도끼로 그를 찍어 죽이고, 카산드라도 죽였다. 이 이야기는 아이기알레이아와 디오메데스의 전설과 아주 흡사하다.

그 후 아가멤논의 아들인 오레스테스가 어떻게 아버지의 복수를 하는지는 잘 알려져 있다(☞ 오레스테스).

아가우에 ’Αγαυή / Agave 아가우에는 테바이 왕 카드모스와 하르모니아의 딸이다. 그녀는 이노, 세멜레, 아우토노에와 자매간이다. 그녀는 에키온과 결혼하여 아들 펜테우스를 낳았다(☞ 계보 3).

그녀의 자매인 세멜레가 어리석게도 애인인 제우스에게 신의 위력이 얼마나 뛰어난지 보여달라고 조르다 번개에 맞아 죽자, 아가우에는 세멜레가 인간 남자와 사랑을 나누고는 제우스의 아이를 가졌다고 거짓말을 했기 때문에 천벌을 받은 것이라는 소문을 퍼뜨렸다. 후에 디오니소스는 자기 어머니 세멜레를 비방했던 아가우에에게 잔인한 벌을 내렸다. 디오니소스는 펜테우스가 다스리던 테바이로 돌아와, 자신의 신비 의식을 거행할 터이니 도시의 모든 여자들은 키타이론 산으로 모이라고 명령했다. 펜테우스는 그런 의식을 도입하는 것에 반대하여, 박케들[디오니소스를 추종하는 여인들]의 동정을 몰래 살피려 했다. 그러다가 그는 어머니 아가우에게 들켰고, 아가우에는 그를 사나운 짐승으로 착각하고 갈가리 찢어 죽였다(☞펜테우스). 제정신이 든 아가우에는 두려운 나머지 테바이에서 도망쳐 일리리아까지 갔다. 그녀는 일리리아 왕 리코테르세스와 결혼했지만, 나중에 자기 아버지인 카드모스에게 일리리아 왕국을 내주기 위해 리코테르세스를 죽였다.

아가페노르 ʼΑγαπήνωρ / Agapenor 아가페노르는 『일리아스』 2권 「배들의 목록」에서 아르카디아 군의 지휘관으로 나온다. 그는 테게아 출신으로, 앙카이오스와 이오스의 아들이자 리쿠르고스의 손자이다(☞계보 26). 헬레네의 구혼자였던 그는 틴다레오스에게 한 맹세 때문에(☞아가멤논) 트로이아 원정에 참가하게 되었다.

원정에서 돌아오는 길에, 그는 배가 난파하는 바람에 키프로스 섬에 내렸다. 그곳에 그는 파포스 시를 건설했으며 아프로디테 신전을 세웠다. 아가페노르가 아직 테게아에 있던 시절, 페게우스의 아들인 아게노르와 프로노오스는 아가페노르의 집에서 알크마이온의 두 아들을 만났으며, 알크마이온의 아들들은 아버지의 죽음에 대한 복수로 아게노르와 프로노오스를 죽였다.

아게노르 ʼΑγήνωρ / Agenor 아게노르는 이오와 그녀의 아들인 에파포스의 혈통을 잇고 있으므로, 제우스의 자손이 된다. 에파포스에게는 딸 리비에(그녀는 아프리카에 있는 리비아 지방의 명조가 되었다)가 있었는데, 그녀는 포세이돈과 결합하여 쌍둥이 형제 아게노르와 벨로스를 낳았다(☞계보 3). 벨로스가 이집트를 다스리는 동안, 아게노르는 시리아에 정착하여 티로스와 시돈을 통치했다. 아게노르는 텔레파사와 결혼하여 딸인 에우로페와 세 아들 카드모스, 포이닉스, 킬릭스 등 여러 명의 자식을 두었다. 에우로페가 황소로 변신한 제우스에게 납치당하자, 아게노르는 아들들에게 그녀를 찾아 오라면서, 누이를 찾기 전에는 되돌아올 생각은 하지도 말라고 덧붙였다. 세 젊은이는 길을 떠났다. 하지만 누이를 찾을 가망이 없어지자, 그들은 자신들이 머문 곳에 즉 킬리키아 지방, 테바이, 그리고 트라케 지방의 타소스 등지에 도시를 건설했다. 포이닉스는 포이니케[페니키아]에 정착했다.

아게노르의 아들들의 이름에 관해서는 여러 가지 설이 있다. 에우리피데스는 그들을 킬릭스, 포이닉스, 타소스라고 불렀다. 파우사니아스는 타소스의 이름만을 들었으며, 헤로도토스는 같은 이름의 섬에 건설된 포이니케 식민지들과 카드모스가 테라 섬에 건설한 식민지에 대해 이야기했고, 시칠리아의 디오도로스는 로도스 섬에 역시 카드모스가 건설한 식민지에 대해 이야기했다. 이 전설들은 포이니케의 건설 및 팽창에 관한 지방 설화들이다.

아게노르의 아내로는 텔레파사 대신에 종종 아르기오페가 나오기도 하고, 벨로스의 딸이자 아게노르의 질녀인 안티오페가 나오기도 한다.

같은 이름의 다른 인물들에 대해서는 〈찾아보기〉를 참조할 것.

아그디스티스 ʼΑγδιστις / Agdistis 아그디스티스의 전설은 신들의 위대한 어머니(키벨레)의 지방인 페시누스에서 나온 동양의 전설이며, 파우사니아스에 의해 기록되었다. 이 전설은 제우스가 꾼 꿈에서 시작된다. 꿈속에서 제우스의 정액이 흘러 대지에 떨어졌다. 이 정액에서 양성적 존재인 아그디스티스가 태어났다. 다른 신들이 아그디스티스를 붙잡아서 거세했다. 그러자 잘린 남근에서 편도나무가 자라났다. 하신(河神) 상가리오스의 딸이 이 나무에서 열매 하나를 따서 가슴에 품자, 잉태하여 아들 아티스를 낳았다. 그녀는 아들을 내다 버렸으나, 아이는 양의 보살핌을 받으며 그 젖을 먹고 자랐다. 성장한 그는 아주 잘생겨서 아그디스티스(당시에는 여성성만 갖고 있었다)의 사랑을 받았다. 아티스의 부모는 그를 아그디스티스로부터 떼어 놓으려고 페시누스로 보내어 그곳의 공주와 결혼시키려고 했다. 아그디스티스가 나타났을 때는 이미 결혼식 노래가 울려 퍼진 뒤였다. 아티스는 아그디스티스를 보자 미쳐서 스스로 거세를 했다. 또한 그에게 자기 딸을 주었던 페시누스의 왕도 아티스처럼 되어 버렸다. 슬픔에 빠진 아그디스티스는 상처 때문에 죽은 아티스의 몸이 썩지 않도록 하겠다는 허락을 받아 냈다.

같은 전설의 이본도 있다. 프리기아 변방에는 아무도 살지 않는 절벽이 있었는데, 그 이름은 아그도스였다. 그곳에서는 돌의 형상을 한 키벨레를 숭배했다. 키벨레를 사랑한 제우스는 그녀와 사랑을 나누려 하였으나 허사였다. 제우스는 뜻을 이루지 못하자, 그 옆에 있던 바위에 정액을 떨어뜨렸다. 거기서 양성적 존재인 아그디스티스가 태어났는데, 디오니소스가 그를 술에 취하게 한 뒤 거세해 버렸다. 아그디스티스의 피에서 석류나무가 자라났고, 하신 상가리오스의 딸 나나가 그 열매를 가슴에 품었다. 그렇게 잉태하여 아티스가 태어나게 되었다. 상가리오스는 딸에게 아기를 버리도록 명령했으나, 아기는 행인들에게 발견되어 꿀과 〈숫염소의 젖〉을 먹고 자랐다. 그래서 아티스라 불리게 되었으니, 아티스는 프리기아 말로 숫염소(아타구스) 혹은 〈아름다운 남자〉라는 뜻이다. 아그디스티스와 키벨레가 미남 청년 아티스를 두고 싸우자, 페시누스 왕인 미다스는 아티스를 자기 딸과 결혼시키려고 했다. 아티스와 추종자들은 아그디스티스 때문에 미쳐 버리고 말았고, 아티스는 소나무 아래서 자신을 거세하고 죽었다. 키벨레가 아티스를 묻어 주었는데, 상처에서 흘러나온 피에서 제비꽃들이 피어나 소나무를 둘러쌌다. 미다스의 딸도 절망에 빠져 자살했고, 그녀의 피에서도 제비꽃들이 피어났다. 키벨레는 그녀도 묻어 주었는데, 그녀의 무덤에서 편도나무가 자라났다. 아그디스티스의 간절한 기도에 감동한 제우스는 아티스의 몸이 썩지 않고, 머리카락이 계속 자라며, 새끼손가락도 움직이게 해주었다. 아그디스티스는 아티스의 시신을 페시누스로 옮겨 그를 섬기는 사제단과 그를 기리는 축제를 만들었다.

아그론 Ἄγρων / Agron 코스 섬에 에우멜로스라는 남자가 살고 있었다. 메롭스의 아들인 그에게는 두 딸 빗사와 메로피스 그리고 아들인 아그론이 있었는데, 세 명 모두 오만했다. 그들은 외딴 영지에서 농사를 지었으며 땅은 그들에게 풍성한 소산을 내주었다. 그래서 그들은 대지의 여신에게만 제사를 드릴 뿐, 다른 신들은 무시해 버렸다. 자매들이 아테나 여신의 축제에 초대를 받으면, 아그론은 올빼미 눈(아테나 여신의 눈이 그런 색이었다)을 한 여자들을 좋아하지 않는다며 누이들을 대신해서 초대를 거절했다. 헤르메스 신의 향연에 초대를 받으면 도둑질하는 신은 좋아하지 않는다고 말했고, 아르테미스 여신의 향연에 대해서는 밤중에 돌아다니는 신은 좋아하지 않는다며 거절했다. 이런 행동은 한마디로 신성 모독이었다. 화가 난 아테나와 헤르메스, 아르테미스는 복수를 작정하고, 어느 날 밤 이들 남매의 집에 나타났다. 아테나와 아르테미스는 젊은 여자의 모습, 헤르메스는 목동의 모습이었다. 헤르메스는 목동들이 헤르메스를 위해 벌이는 향연에 오라고 아버지와 아들을 초대하면서, 빗사와 메로피스는 아테나와 아르테미스의 숲으로 보내라고 말했다. 아테나의 이름을 들은 메로피스는 아테나 여신을 모욕하기 시작했으며, 그러자 그녀는 곧 올빼미로 변해 버렸다. 빗사는 레우코테아의 새(갈매기)로, 에우멜로스는 까마귀로, 아그론은 물떼새로 변했다.

아글라우로스 ῎Αγλαυρος, ῎Αγραυλος / Aglaurus 전설에는 두 명의 아글라우로스(일명 아그라울로스)가 등장한다.
 1. 첫번째 아글라우로스는 아테나이의 초대 왕인 악타이오스의 딸이자 케크롭스의 아내이다. 그녀는 아들 에리시크톤과 딸들인 아글라우로스, 헤르세, 판드로소스를 낳았다(☞계보 4).
 2. 두 번째 아글라우로스는 위의 아글라우로스의 딸이다. 그녀는 아레스의 사랑을 받아 딸 알키페를 낳았다. 아글라우로스는 자매들과 함께 에리크토니오스의 신화에도 나온다. 에리크토니오스는 헤파이스토스가 아테나에게 품었던 정열로 인해 태어났으며, 아테나의 품에서 비밀리에 양육되었다. 아테나는 에리크토니오스를 바구니에 담아 케크롭스의 세 딸에게 맡겼는데, 그 중에서도 이 일을 주로 담당했던 것은 판드로소스였다. 그녀의 자매들인 아글라우로스와 헤르세가 궁금증을 이기지 못하고 바구니를 열어 보니, 그 속에는 아이가 뱀에 감겨 있었다. 두려움에 사로잡혀 미쳐 버린 그녀들은 아크로폴리스 절벽에서 뛰어내리고 말았다. 까마귀가 세 자매의 경솔한 행동을 아테나에게 알렸다(☞에리크토니오스).
 하지만 오비디우스에 의하면, 이 일에 가장 큰 책임이 있었던 아글라우로스는 실성하지 않았다고 한다. 후에 헤르메스가 헤르세를 사랑하자 아글라우로스는 이를 시기했고, 그래서 헤르메스는 아글라우로스를 돌로 만들어 버렸다.

아낙사고라스 ᾿Αναξαγόρας / Anaxagoras 아낙사고라스는 메가펜테스의 아들이고, 메가펜테스는 아르고스 왕 프로이토스의 아들이다(☞계보 36). 파우사니아스와 디오도로스가 쓴 이야기에 따르면, 멜람푸스가 집단 광기에 휩싸인 아르고스 여인들을 고쳐 준 것은 프로이토스가 아니라 아낙사고라스가 다스리던 시절의 일이라고 한다(☞멜람푸스). 치료의 대가로 아낙사고라스는 멜람푸스에게 왕국의 3분의 1을 주었고, 두 번째 3분의 1은 멜람푸스의 형제인 비아스에게 주었으며, 나머지 3분의 1은 자신이 가졌다. 아낙사고라스의 후손들인 아낙사고리데스 족은 이러한 통치 제도를 계속 유지하다가, 스테넬로스의 아들 킬라라베스가 아르고스 왕국 전체를 재통일했다. 멜람푸스의 마지막 자손인 암필로코스는 트로이아 원정에서 돌아온 후 고국을 떠났다(☞암필로코스). 비아스의 마지막 후손은 아이기알레우스의 아들(혹은 동생)인 키아니포스(☞계보 1)인데, 그는 자식 없이 죽고 말았다. 한편 킬라라베스도 후사 없이 죽었으므로, 아가멤논의 아들인 오레스테스가 스파르타와 아르고스를 모두 차지하게 되었다(☞오레스테스).

아낙사레테 ᾿Αναξαρέτη / Anaxarete 아낙사레테는 키프로스의 아가씨이다. 그녀는 귀족 가문 출신으로, 키프로스에 살라미스 시를 건설한 테우크로스의 후손이다. 이피스라는 청년이 그녀를 사랑했지만 아낙사레테는 그에게 매정하게 굴었다. 절망에 빠진 이피스는 그녀의 집 문에 목을 매어 죽어 버렸다. 아낙사레테는 그 광경을 보고 감동을 받기는커녕 장례 행렬이 그녀의 창문 아래로 지나가자 호기심에서 장례식을 보려 할 뿐이었다. 그러나 많은 사람들이 자살한 청년 때문에 운집했으며, 온 도시가 그의 가슴 아픈 운명을 애도했다. 아낙사레테의 비정함에 화가 난 아프로디테는 그녀가 밖을 보려고 창문 쪽으로 몸을 기울이자 그대로 돌로 만들어 버렸다. 베누스 프로스피키엔스[〈앞을 바라보는 베누스〉라는 뜻]라고 불리는 이 석상은 키프로스의 살라미스에 있는 성전에 놓여 있었다.

아낭케 ʹΑνάγχη / Necessitas 아낭케는 절대적인 복종과 결정된 운명의 강제력을 의인화한 〈학문상의〉 여신이다. 그리스에서는 오르페우스교의 『신들의 계보』에 등장할 뿐인데, 그녀는 자신의 딸 아드라스테이아와 함께 어린 제우스의 유모로 나온다. 그녀 자신은 크로노스와 디케(정의)의 딸이다. 아이테르, 카오스, 에레보스가 그녀의 자식들이다.

아낭케는 철학자들의 우주론적이고 형이상학적인 사변 속에 등장한다. 예를 들어 플라톤의 『공화국』에서 아낭케는 모이라이의 어머니이다(☞모이라이). 차츰 특히 민간 신앙에서 아낭케는 죽음의 신, 즉 죽을 수밖에 없다는 필연의 의인화가 되었다. 하지만 시인들, 특히 비극 작가들에게 아낭케는 절대적인 힘, 신들마저 복종해야 하는 힘의 구현으로 간주되었다.

로마에서 아낭케는 〈네케시타스〉라는 이름의 시적 알레고리가 되었으며, 순전히 문학적인 암시 외에는 고유한 존재를 갖지 않았던 것으로 보인다.

아니오스 ʹʹΑνιος / Anius 아니오스는 아폴론의 아들로, 트로이아 전쟁 당시 델로스를 다스렸다. 그의 어머니는 로이오(석류)이며, 아버지 스타필로스(포도송이)를 통해 디오니소스의 후손이었다. 스타필로스는 딸의 임신 사실을 알고는 아기의 아버지가 아폴론이 아니라 보잘것없는 사내인 줄 알고, 딸을 궤짝에 넣어 바다에 버렸다. 그 궤짝은 에우보이아 해안까지 떠내려갔다. 아기가 태어나자, 아폴론은 아기와 엄마를 델로스의 신성한 섬에 옮겨 놓았다. 아폴론은 아니오스를 그 섬의 왕으로 앉히고 예언 능력도 주었다(☞로이오).

아니오스는 도리페와 결혼하여 딸 셋을 두었다. 그녀들은 오이노트로포이(포도 재배자들)라 불렸고, 엘라이스, 스페르모, 오이노라는 이름들은 각각 기름[올리브], 보리, 포도주를 뜻하는 것이다. 세 자매는 디오니소스로부터 땅에서 기름과 보리와 포도주를 생산하게 하는 능력을 받았다. 그녀들의 아버지 아니오스는 트로이아로 떠나는 그리스 군에게 딸들이 도움을 주도록 했었는데, 이는 그가 전쟁이 10년 동안 계속될 것을 예견했기 때문이다. 처음에 그리스 군은 세 자매들에게 도움받기를 거절했다. 하지만 전쟁이 예상보다 길어지자, 아가멤논은 오딧세우스와 메넬라오스를 델로스로 보내어 세 자매에게 그리스 군의 식량 보급을 책임져 달라고 부탁했다. 세 자매는 기꺼이 전장으로 왔지만, 싫증이 나서 도망쳐 버렸다. 그리스 군에게 쫓기던 그녀들은 디오니소스에게 자신들을 보호해 달라고 청했다. 그러자 디오니소스는 세 자매를 비둘기로 만들었다. 이렇게 해서, 델로스 섬에서는 비둘기를 죽이는 것이 금지되었다.

호메로스의 서사시에는 아니오스의 전설이 나오지 않는다. 이 전설은 계열 서사시들에만 등장하며, 헬레니즘 시대에 더 발전되었다.

라비니아의 아버지인 아니오스에 대해서는 ☞라비니아.

아도니스 ʹʹΑδωνις / Adonis 아도니스의 이야기는 시리아 신화로, 일찍이 헤시오도스도 그에 대해 언급한 적이 있다. 가장 일반적으로 받아들여지는 이야기는 다음과 같다. 시리아 왕 테이아스에게는 미르라 혹은 스미르나라는 딸이 있었는데, 그녀는 아프로디테의 노여움을 산 나머지 아버지와의 근친상간을 원하게 되었다. 그래서 유모 히폴리테의 도움으로, 테이아스를 속이고 열두 밤을 그와 함께 보냈다. 하지만 열두 번째 밤, 테이아스는 딸의 속임수를 눈치 채고, 그녀를 죽이기 위해 칼을 들고 그녀를 뒤쫓았다. 위험에 처한 미르라는 신들의 보호를 청했고, 신들은 그녀를 미르라나무로 변하게 했다. 열 달 후에 나무 껍질이 부풀어 오르고 벌어지더니 아기가 태어났다. 이 아기가 아도니스이다. 아기의 아름다움에 마음을 빼앗긴 아프로디테는 아이를 거두어 페르세포네에게 길러 달라고 은밀히 맡겼다. 그런데 이번에는 페르세포네가 이 잘생긴 아기에게 반해서 아프로디테에게 돌려주려고 하지 않았다. 두 여신 사이의 싸움은 제우스에 의해 해결되었다고도 하고, 제우스의 이름으로 님프 칼리오페가 이에 대한 판결을 했다고도 한다. 어쨌든 아도니스는 1년의 3분의 1은 아프로디테와 살고, 3분의 1은 페르세포네와 살아야 하며, 나머지 3분의 1은 자기가 원하는 곳에서 살 수 있다는 판결이 내렸다. 그러자 아도니스는 1년의 3분의 2를 아프로디테와 보내고, 3분의 1만 페르세포네와 살았다. 그러던 어느 날 화가 난 아르테미스 여신(그녀가 화난 이유는 알려지지 않았다)은 아도니스가 사냥할 때 멧돼지를 부추겨 그에게 치명상을 입히게 했다.

나무에서 태어난 아이가 1년의 3분의 1은 땅속에서 지내고, 나머지 기간은 땅 위로 올라와 봄과 사랑의 여신과 함께 지낸다는 이야기는 식물 생장의 신비를 상징하는 것이라 볼 수 있다. 이러한 신화는 차츰 더 미화되고 보완되었다. 아프로디테가 미르라를 저주한 이유를 자세히 설명하는 이야기도 있다. 키니라스(테이아스가 아니라)의 아내 켕크레이스는 자기 딸 스미르나가 아프로디테보다 더 아름답다고 자랑하여 여신의 화를 돋우었고, 그 잘못에 대한 벌로 아프로디테는 스미르나로 하여금 불륜을 범하게 만든 것이었다. 스미르나는 자신이 근친상간의 욕망을 갖게 되었음을 깨닫고는 목매어 죽으려 했지만, 유모가 그녀를 설득하여 욕망을 채우게 했다. 그녀는 근친상간을 범한 뒤 수치스러운 나머지 숲 속에 숨었는데, 아프로디테는 자신의 분노에 희생된 스미르나를 불쌍히 여겨 나무로 만들어 주었다. 칼로 나무 껍질을 쪼개어 아도니스가 세상에 나오도록 해준 것은 바로 스미르나의 아버지였다. 그런가 하면, 멧돼지가 엄니로 나무 껍질을 쪼개어 나무에서 아기를 구해 냈다고도 하는데, 다른 한편으로 멧돼지는 아도니스의 죽음을 예고하기도 한다. 그리스 신화에서는 님프들의 손에서 자란 아도니스가 들판이나 숲에서 사냥을 하거나 가축을 부리는 모습으로 등장한다. 아도니스에게 죽음을 가져다 준 사고에 관해서는 여러 가지 설이 있다. 아도니스는 아르테미스가 아니라 아프로디테의 연인 아레스에게 죽임을 당했다고도 한다. 그런가 하면, 아프로디테가 자신이 나체로 목욕하는 모습을 본 에리만토스의 눈을 멀게 하자, 에리만토스의 아버지인 아폴론이 여신에게 복수하려고 아도니스를 죽였다는 설도 있다(☞에리만토스).

아도니스 신화의 배경은 이달리온 산이 되기도 하고 레바논이 되기도 한다. 비블로스[포이니케의 게발 시를 가리키는 그리스 식 이름. 오늘날 레바논의 베이루트 북쪽에 위치함]에는 아도니스라고 불리는 강이 흐르고 있었는데, 매년 아도니스의 죽음을 기리는 날이면 강이 붉은색을 띠었다고 한다.

꽃에 관한 여러 신화들도 아도니스의 이야기와 관련이 있다. 미르라나무의 신비한 기원뿐 아니라 장미의 기원에 관한 이야기도 있다. 원래 장미는 흰색이었다. 그런데 아프로디테가 상처 입은 아도니스를 위해 이리저리 도움을 구하러 다니다가 가시에 발이 찔려, 그 피가 그녀에게 바친 꽃들을 붉게 물들였다고 한다. 그런가 하면 아네모네가 치명상을 입은 아도니스의 피에서 피어난 꽃이라는 이야기도 있다. 전원 시인 비온에 의하면, 아도니스가 흘린 피만큼 아프로디테가 눈물을 흘렸는데, 눈물 방울마다 장미가 피어나고 핏방울마다 아네모네가 피어났다고 한다.

아프로디테는 벗 아도니스의 죽음을 기리기 위해 추모제를 창설했고, 시리아 여인들은 매년 봄 이 추모제를 거행했다. 즉 단지나 궤짝에 씨를 뿌린 뒤 식물이 빨리 자라나도록 더운물을 뿌렸다. 이 같은 식물 재배를 〈아도니스의 정원〉이라고 불렀다. 이처럼 인위적으로 빨리 자란 식물은 땅에서 나온 후 곧 죽어 버리는데, 이것은 아도니스의 운명을 상징한다. 그러면 여자들은 아프로디테의 사랑을 받은 이 청년의 운명에 대해 제의적인 통곡을 했다.

이 신화는 분명 셈 족에게서 유래한 것으로, 아도니스라는 이름은 〈주인〉을 뜻하는 히브리 단어에서 나온 것이다. 아도니스 숭배는 헬레니즘 시대에 지중해 지역에 널리 퍼졌고, 그의 신화는 에트루리아의 거울에 이미 새겨져 있다.

아드라스토스 ″Ἄδραστος / Adrastus 아드라스토스는 아르고스의 왕으로, 그에 관한 전설은 일곱 장군의 테바이 원정과 연관된다. 프로이토스가 암피타온의 두 아들 멜람푸스 및 비아스와 함께 아르고스 왕국을 나누어 다스리기 시작한 이래(☞멜람푸스, ☞계보 1), 세 가문이 그 지역을 함께 다스렸다. 그러나 얼마 지나지 않아 세 가문 사이에 불화가 생기기 시작했다. 한번은 분쟁이 일어나 멜람푸스의 자손 암피아라오스가 비아스의 자손이자 아드라스토스의 아버지인 탈라오스(혹은 탈라오스의 아들 중 한 명인 프로낙스)를 죽이고 말았다. 그러자 아드라스토스는 시키온에 있는 외할아버지 폴리보스 왕(☞계보 22)에게 피신했고, 아들이 없었던 폴리보스 왕은 아드라스토스에게 왕위를 물려주었다. 시키온 왕 아드라스토스는 암피아라오스와 화해했고, 아르고스의 왕위를 되찾았다. 하지만 아드라스토스는 자기 아버지를 죽인 사촌 암피아라오스를 내심 용서하지 않고 있었다. 그는 암피아라오스에게 누이 에리필레를 아내로 주고, 이후로는 분쟁이 일어나면 에리필레에게 중재를 맡기기로 약속했다. 언젠가는 암피아라오스에게 복수할 마음으로 이렇게 정한 것이었다.

그런데 오이디푸스의 아들 폴리네이케스가 형제 에테오클레스에 의해 추방되고, 칼리돈 왕 오이네우스의 아들 티데우스가 살인을 저질러 아버지에게 쫓겨나는 일이 동시에 발생했다(☞티데우스). 천둥이 치던 어느 날 밤, 두 사람은 제각기 아드라스토스의 왕궁에 피신하게 해달라고 청하러 왔다가, 앞뜰에서 만나 싸움을 벌였다. 그 소리에 잠이 깬 아드라스토스는 두 사람을 불러들여, 먼저 티데우스를 죄에서 정화해 주었다. 그리고는 두 사람이 마치 〈사자와 멧돼지〉처럼 싸우던 것을 떠올리고는(혹은 이들의 방패에 이 동물들이 새겨져 있는 것을 보고는), 자기 딸들이 각기 사자와 멧돼지와 결혼하게 되리라던 신탁을 기억해 냈다. 그래서 맏딸 아르게이아는 폴리네이케스와, 그리고 막내 데이필레는 티데우스와 결혼시켰다. 그리고는 그들에게 조국으로 돌아가 왕좌를 다시 차지하게 해주겠다고 약속했다. 이것이 테바이 원정의 발단이다.

테바이 원정에는 비아스와 멜람푸스, 그리고 프로이토스의 자손들, 다시 말해 아르골리스를 다스리던 세 가문이 모두 참가했다. 후대에 덧붙여진 이야기들에 의하면, 아르카디아와 메세니아 동맹군들, 즉 펠로폰네소스의 나머지 지역에서 온 군대들도 있었다고 한다. 하지만 미케나이만은 원정에 참가하지 않았는데, 왜냐하면 아트레우스의 아들들인 아가멤논과 메넬라오스는 그 전쟁이 참패로 끝나리라는 것을 예견했기 때문이다.

아드라스토스의 지휘 아래 원정에 참여한 일곱 장군은 암피아라오스, 카나네우스, 히포메돈, 아드라스토스의 조카, 파르테노파이오스(그는 아드라스토스의 형제라고도 한다), 티데우스 그리고 폴리네이케스였다.

장군들은 테바이로 가던 중 네메아에 기항하여, 그들이 보는 앞에서 뱀에게 물려 죽은 어린 아르케모로스의 추모 경기를 열었다(☞암피아라오스). 이것이 네메아 경기의 기원이다. 이스메노스 강에서 그들은 테바이 군에게 첫 승리를 거두고 적을 성 안으로 퇴각시켰으나, 테바이 군의 반격에 전멸당하고 말았다. 아드라스토스만이 검정색 갈기로 유명한 말 아레이온(☞)을 타고 목숨을 건졌다. 그 후에 일어난 일들에 대해서는 여러 가지 이야기가 있다. 아드라스토스는 달변으로 테바이 인들을 설득하여 희생자들의 시신을 돌려받았다고도 하고, 혹은(아테나이 전설에 의하면) 테세우스의 보호를 받기 위해 단숨에 아테나이까지 도망쳤다고도 한다. 테세우스가 테바이로 가서 시신들을 강제로 빼앗아다가 엘레우시스에 묻었다는 것이다.

아드라스토스는 첫 원정의 실패에도 아랑곳하지 않고, 10년 후에는 일곱 장군들의 아들들과 함께 다시 테바이를 공격했다. 군대의 규모는 이전보다 작았지만 징조는 좋았다. 에피고노이(첫번째 일곱 장군의 아들들을 가리키는 이름)는 테바이를 점령하고 폴리네이케스의 아들 테르산드로스를 왕으로 앉혔다. 하지만 아드라스토스의 아들 아이기알레우스는 에테오클레스의 아들 라오다마스의 손에 죽임을 당했고, 아드라스토스는 슬픔을 이기지 못해 메가라에서 죽고 말았다. 그가 아폴론의 신탁에 순종하기 위해 불 속으로 뛰어들었다는 이야기도 있다.

아드라스토스는 프로낙스의 딸 암피테아와 결혼하여, 여섯 자녀를 두었다. 네 딸 아르게이아, 히포다메이아, 데이필레, 아이기알레이아는 각각 폴리네이케스, 페이리토오스, 티데우스, 디오메데스와 결혼했다.

아드메테 'Αδμήτη / Admete 아드메테는 사모스의 한 전설에 나오는 여주인공이다. 그녀는 에우리스테우스의 딸이자 페르세우스의 증손녀로 (☞계보 31), 아르고스에 살면서 헤라 여신의 여사제로 일했다. 아마조네스에 관한 전설의 한 이본에 따르면, 헤라클레스가 아마조네스 여왕의 허리띠를 얻으러 간 것은 아드메테를 위해서였다고 한다.

아드메테는 58년 동안 여사제로 일했다. 하지만 아버지가 죽자 그녀는 아르고스에서 피신해야 했다. 그녀는 사모스로 가면서 자신에게 맡겨진 여신상을 함께 가져갔다. 사모스에서 그녀는 옛날에 렐레게스 족과 님프들이 만든 아주 오래된 헤라 신전을 발견하고, 그곳에 여신상을 놓아두었다.

여신상이 사라진 것에 격분한 아르고스 인들은 티레노이 족 해적들을 시켜 그 신상을 되찾아오게 했다. 또한 그들은 신상이 없어지면 사모스 인들이 그 책임자인 아드메테를 벌하리라고 기대했다. 사모스 신전에는 문이 없었기 때문에, 해적들은 아무 어려움 없이 신전 안으로 들어가서 신상을 훔칠 수 있었다. 그러나 그들은 돛을 달았는데도 출발할 수가 없었다. 그래서 그들은 사모스에 머무르는 것이 헤라 여신의 뜻임을 깨닫고는 여신상을 해안에 내려놓고 여신에게 제사를 드렸다. 한편 신상이 없어진 것을 발견한 아드메테는 주민들에게 알렸고, 그들은 신상을 찾기 위해 그 지역을 샅샅이 뒤졌다. 마침내 그들은 해안에서 신상만을 발견했다. 해적들은 이미 떠나 버린 후였다. 사모스 인들은 여신이 스스로 해안에 왔다고 생각하고는 신상을 버드나무 가지로 묶었다. 아드메테는 그곳에 가서 신상에 매인 가지를 풀어 정결하게 하고 다시 제사를 드렸다. 왜냐하면 신상이 사람들의 손에 닿아서 더럽혀졌기 때문이다. 그리고 신전에 도로 가져다 두었다. 이 사건을 기념하기 위해 매년 사모스 인들은 축제를 벌였는데, 그 기간 동안 이들은 헤라 신상을 바닷가로 옮겨 다시금 축성하고 제사를 드렸다.

파우사니아스는 헤라 아르게이아[아르고스의 헤라]의 신상을 사모스로 옮긴 것이 아드메테가 아니라 아르고나우타이라고 주장한다.

아드메토스 ῎Αδμητος / Admetus 아드메토스는 테살리아에 있는 페라이의 왕이었다. 그는 페라이의 명조가 된 페레스 왕과 페리클리메네의 아들이다. 젊었을 때에는 칼리돈의 멧돼지 사냥과 아르고나우타이의 원정에 참여했다. 아버지가 죽은 후 왕이 되었으며, 아폴론을 소 치는 일꾼으로 받아 준 것도 그 무렵의 일이다(☞ 아폴론). 그는 이올코스 왕 펠리아스의 딸 알케스티스에게 반했는데, 펠리아스 왕은 사자와 멧돼지가 함께 끄는 전차를 탈 수 있는 남자에게 딸을 주겠다고 선포했다. 그러자 아폴론이 아드메토스에게 전차를 끄는 데 필요한 멍에를 주었는데, 이는 그가 일꾼으로 있는 동안 아드메토스가 베푼 친절에 감사하기 위해서였다고도 하고, 그 자신이 아드메토스를 사랑했기 때문이라고도 한다.

아폴론의 도움으로 알케스티스와 결혼하게 된 아드메토스는 결혼식 때 아르테미스 여신에게 제사 드리는 것을 잊어버렸다. 여신은 화가 나서 신방에 뱀들을 가득 풀어놓았다. 아폴론은 누이 아르테미스의 화를 누그러뜨려 주겠다고 아드메토스에게 약속했다. 또 아폴론은 아드메토스가 명대로 죽어야 하는 날 만일 대신 죽겠다고 나서는 사람이 있으면 그를 죽이지 말아 달라고 운명의 신들에게 부탁했으며, 운명의 신들을 취하게 하여 자기 부탁을 들어주도록 만들었다. 하지만 막상 아드메토스가 죽어야 할 날이 되자 아무도 대신 죽으려 하지 않았고, 아드메토스의 아내만 남편을 사랑한 나머지 자기가 죽겠다고 나섰다. 그리하여 알케스티스가 죽었을 때, 헤라클레스(그는 아르고나우타이의 원정에 아드메토스와 함께 참여했었다)가 마침 페라이를 지나가고 있었다. 궁중에 상복을 입고 슬퍼하는 사람들이 보이자, 그는 이유를 물었고, 알케스티스가 죽었다는 사실을 알고는 곧장 하계로 내려가 그 어느 때보다도 젊고 아름다운 알케스티스를 다시 데려왔다. 이것이 에우리피데스가 그의 작품 『알케스티스』에서 따르고 있는 전설이다. 하지만 또 다른 전설에 의하면, 그녀에게 생명을 되찾아 준 인물은 헤라클레스가 아니다. 그녀의 희생에 감복한 나머지 그녀를 다시 이승으로 보낸 것은 바로 페르세포네였다고 한다.

아드메토스는 에우멜로스, 페리멜레, 히파소스 등 세 명의 자식을 두었다(☞ 계보 21).

아라크네 ᾿Αράχνη / Arachne 아라크네는 리디아 출신의 여자로, 콜로폰의 염색 장수 이드몬의 딸이다. 그녀는 직조와 자수의 재능으로 명성이 높았다. 그녀가 짠 융단은 어찌나 아름다웠던지 주변 숲의 님프들이 보러 올 정도였다. 아주 뛰어난 재주로 그녀는 실 잣는 여인들과 수 놓는 여인들의 수호신인 아테나의 제자라는 평판을 얻었다. 하지만 아라크네는 자기 재능은 자신의 것이지 여신에게서 받은 것이 아니라고 주장했다. 그녀는 아테나에게 도전했고, 여신은 도전을 받아들여 노파의 모습으로 나타났다. 처음에 아테나는 아라크네에게 좀더 겸손해지라고 타이르며, 그렇지 않으면 분노한 여신으로부터 화를 당하리라고 경고했다. 그러나 아라크네는 노파를 모욕할 뿐이었다. 그러자 여신은 본래 모습을 드러내고 시합을 시작했다. 팔라스[아테나의 다른 이름]는 올림포스의 열두 신들을 위엄에 찬 모습으로 융단에 짜 넣었다. 그리고 아라크네에게 경고하기 위해, 신에게 도전했던 인간들의 비참한 최후를 네 귀퉁이에 새겨 넣었다. 한편 아라크네는 제우스와 에우로페, 제우스와 다나에 등등 신들의 명예롭지 못한 애정 행각들을 융단에 짜 넣었다. 그녀의 융단은 완벽했지만, 화가 난 아테나는 그것을 찢고 베틀 북으로 아라크네를 후려쳤다. 모욕을 당한 아라크네는 절망하여 목을 매었다. 그러나 아테나는 아라크네의 죽음을 허락하지 않고, 그녀를 거미로 만들어서 계속 실을 자아 거미줄을 만들게 했다(또 다른 전승에 관해서는 ☞팔랑크스).

아레스 ʼΑρης / Ares 이탈리아의 마르스와 동일시되는 전쟁의 신이다. 그는 제우스와 헤라의 아들로, 아폴론, 헤르메스 등과 같이 올림포스 신들의 두 번째 세대에 속한다(☞계보 38). 아레스는 누이들인 헤베나 에일레이티이아가 부차적인 신들인 것과 달리, 중요한 열두 신들의 대열에 들어 있다. 호메로스의 작품에서 아레스는 전형적인 전쟁의 신으로, 살육과 유혈을 즐기는 모습으로 그려진다. 그는 트로이아 전쟁에서 주로 트로이아 편을 들었는데, 그에게는 자신이 지지하는 대의명분의 옳고 그름이 별로 중요하지 않았으므로 아카이아 인들도 도와줄 수 있었다. 아레스는 투구를 쓰고 갑옷을 입었으며, 방패와 창, 검으로 무장한 모습으로 묘사된다. 그는 보통 사람보다 월등히 컸으며 무시무시한 소리를 내질렀다. 아레스는 보통 아무것도 타지 않은 채 싸웠지만, 가끔 네 마리의 군마가 끄는 전차를 타기도 했다. 그는 시종처럼 자신을 섬기는 신들인 데이모스(근심)와 포보스(공포)를 데리고 다녔는데 이들은 그가 낳은 자식들이기도 하다. 에리스(불화의 여신)와 에니오도 동반했다.

아레스는 미개하고 날씨가 혹독하며 말과 호전적인 민족들이 많이 사는 트라케에 산다고 알려져 있었다. 일설에 의하면, 아레스의 후손인 아마조네스 족도 그곳에 살았다고 한다. 그리스의 테바이에서도 아레스를 위한 특별한 제사가 드려졌는데, 그곳에서 그는 카드모스 자손들의 선조로 여겨졌다. 아레스는 테바이에 샘을 갖고 있었으며, 그의 자식인 용이 그 샘을 지키고 있었다. 카드모스는 희생 제사를 드리기 위해 이 샘에서 물을 길으려다가 용이 그를 방해하자 그만 용을 죽이고 말았다. 그는 죄를 씻기 위해 8년 동안 노예가 되어 아레스를 섬겨야 했다(☞카드모스). 이 기간이 끝나자 신들은 하르모니아(아레스와 아프로디테의 딸)와 카드모스를 결혼시켰다.

아레스가 등장하는 대부분의 신화는 당연히 전쟁 신화이거나 전투 이야기이다. 하지만 그는 항상 승리자가 되었던 것은 아니다. 호메로스의 시대부터 이미 그리스 인들은 힘으로만 싸우는 아레스가 영리한 영웅인 헤라클레스나 지혜롭고 용감한 아테나에게 패배하는 모습을 즐겨 그렸다. 어느 날 트로이아 전쟁에서 그는 헥토르 편에서 싸우던 중에 디오메데스와 마주쳤다. 그는 곧장 디오메데스를 공격했지만, 하데스의 신비한 투구를 써서 눈에 보이지 않는 아테나가 나타나 아레스의 창을 빗나가게 했다. 디오메데스에게 상처를 입은 아레스는 모든 군대에 들릴 정도로 괴성을 지르며 올림포스로 도망갔고, 제우스가 그의 상처를 싸매 주었다. 또 한번은 트로이아 앞에서 벌어진 신들 간의 싸움에서 아테나와 아레스가 싸운 적이 있었는데, 그때에도 아테나가 돌을 던져 아레스의 정신을 빼놓았다. 아레스와 아테나가 대립하는 것은 트로이아 전쟁에서만은 아니다. 헤라클레스가 아레스의 아들인 키크노스와 싸울 때, 아레스는 아들을 보호하려고 했다. 그러자 아테나는 분노와 광포에 휩싸인 아레스에게 운명에 순종할 것을 이성의 이름으로 촉구했다. 누군가가 먼저 헤라클레스를 죽이지 않은 한, 키크노스는 헤라클레스의 손에 죽임을 당하게끔 운명이 정해져 있었던 것이다. 하지만 이 충고도 소용이 없었으므로, 아테나가 직접 나서서 아레스의 창이 빗나가게 만들어야만 했다. 헤라클레스는 이 틈을 이용해서 아레스의 넓적다리에 상처를 입혔다. 아레스는 수치스러운 나머지 올림포스로 도망갔다. 이것이 헤라클레스가 아레스에게 상처를 입힌 두 번째 사건이었다. 필로스에서 벌어진 첫번째 사건에서 헤라클레스는 아레스의 무기까지 빼앗았었다.

아레스의 딸인 아마조네스 족의 여왕 펜테실레이아가 아킬레우스의 손에 죽자, 아레스는 이미 정해진 운명은 생각지도 않고 복수를 하기 위해 아킬레우스에게 달려들려고 했으므로, 제우스가 벼락을 내리쳐 그를 말려야만 했다.

아레스가 겪은 또 다른 불운은 알로아다이에 의한 것이었다. 그는 알로아다이에게 붙잡혀 13개월 동안이나 결박당한 채 청동 항아리 속에 갇혀 있어야 했다.

전설에 의하면, 아테나이에서 종교 범죄를 위한 재판이 열리는 언덕을 〈아레이오파고스〉라고 부르는 것도 아레스의 폭력적 행위 때문이다. 그 언덕 아래에 샘이 하나 있었다. 어느 날 그곳에서 아레스는 포세이돈과 님프 에우리테의 아들인 할리로티오스가 알키페를 겁탈하려는 것을 보았다. 알키페는 아레스와 아글라우로스 사이에서 태어난 딸이었다. 화가 난 아레스는 할리로티오스를 죽이고 말았다. 그러자 포세이돈은 올림포스 신들로 이루어진 법정에 아레스를 출두시켰다. 재판이 열린 곳은 살인이 벌어진 바로 그 언덕이었고, 신들은 아레스에게 무죄를 선고했다.

신화를 보면 아레스가 많은 애정 행각을 벌였음을 알 수 있다. 가장 유명한 사건은 그가 아프로디테와 은밀히 나눈 사랑이다(☞아프로디테). 아레스는 인간 여자들과의 사이에서도 많은 자식을 두었다. 그의 자식들 대부분은 난폭하고 불친절해서, 여행자들을 공격해 죽이거나 그들에게 잔혹한 짓을 저질렀다. 가령 아레스는 피레네와의 사이에 아들 셋을 두었다. 키크노스, 트라케 왕 디오메데스, 리카온 등이 그들인데, 쌍둥이인 키크노스와 디오메데스는 인육을 먹었다. 세 명 모두 헤라클레스의 손에 죽었다. 아레스의 이 아들들은 전쟁 신화에서 부차적인 영웅들로 등장하기도 한다. 칼리돈 사냥에 참여했던 멜레아그로스와 드리아스도 아레스의 자식들로 간주된다. 오이노마오스도 아레스의 아들로, 그가 딸의 구혼자들을 죽인 무기도 아레스에게서 받은 것이라 한다(☞펠롭스, ☞히포다메이아).

아레스에게 바쳐진 동물은 개와 독수리이다.

아레이온 'Αρείων / Areion 아레이온은 아드라스토스가 첫번째 테바이 원정에서 탔던 말의 이름이다. 아드라스토스가 이 원정에 참여한 다른 장군들과 달리 유일하게 목숨을 구할 수 있었던 것은 아레이온 덕분이었다. 아르고스 군이 패하자, 아레이온은 주인을 태우고 재빨리 전장을 벗어나 아티카의 콜로노스 근처로 가서 주인을 안전하게 내려놓았다. 아레이온이 얼마나 **빠른**지는 아르케모로스를 기리는 장례 경기에서 이미 밝혀진 터였다(☞암피아라오스).

아레이온의 출생에 대해서는 다음과 같은 이야기가 있다. 데메테르가 하데스에게 납치된 자신의 딸을 찾아 사방을 헤매고 있었을 때(☞페르세포네), 그녀를 사랑하던 포세이돈도 그 길을 따라 쫓아다녔다. 포세이돈을 따돌리기 위해 데메테르는 암말로 변해서 아르카디아의 텔푸사에 있는 옹코스 왕의 말들 틈에 끼어들어 몸을 숨겼다. 하지만 포세이돈은 이에 속지 않고 자신도 말로 변해 여신과 사랑을 나누었다. 이 결합에서 딸 한 명과 말 한 마리가 태어났다. 딸의 이름은 부르는 것이 금지되어 그저 부인 혹은 여주인으로 불렸으며, 함께 태어난 말이 바로 아레이온이었다. 이 말은 처음에는 옹코스의 것이었으나, 후에 헤라클레스에게 넘겨졌다. 그렇게 해서 아레이온은 헤라클레스와 함께 엘리스 원정과 키크노스에 대한 싸움에 참여했다.

아레투사 ’Ἀρέθουσα / Arethusa 펠로폰네소스와 시칠리아의 님프(☞알페이오스, ☞나이아데스).

아르겐노스 ’Ἄργεννος / Argennus 아르겐노스 일명 아르긴노스는 레우콘의 딸인 페이시디케의 아들로, 미남 청년이었다(☞계보 33). 그는 보이오티아의 코파이스 호수 근처에 살았다. 아르겐노스가 키피소스 강에서 목욕을 하고 있었을 때, 아울리스에서 트로이아로 떠나기 위해 바람을 기다리고 있던 아가멤논이 그를 보고 사랑하게 되었다. 아르겐노스는 뒤쫓아오는 아가멤논을 피해 달아나다가, 힘이 **빠진** 나머지 강물에 뛰어들어 죽고 말았다. 아가멤논은 그를 위해 성대한 장례식을 치르고, 〈아르테미스 아르겐니스〉 신전을 세워 주었다.

아르고나우타이 ’Ἀργοναῦται / Argonautes 아르고나우타이란 이아손이 황금 양털을 찾으러 떠날 때 함께 갔던 동료들을 일컫는다(원정의 기원에 대해서는 ☞이아손). 아르고나우타이라는 이름은 용사들을 태우고 떠난 배의 이름인 〈아르고〉에서 유래했다. 아르고는 〈빠르다〉라는 뜻이고, 배를 만든 인물인 아르고스와 관련된 것이기도 하다(☞아르고스).

1. 아르고나우타이 : 이아손이 콜키스 원정을 준비한다는 소식을 듣고 그리스 전역에서 몰려온 아르고나우타이의 다양한 〈명단〉들이 전해진다. 이 명단들은 어느 시기에 나온 전설에 들어 있느냐에 따라 상당히 달라진다. 그 중에서도 특히 두 가지, 로도스의 아폴로니오스와 아폴로도로스가 기록한 명단은 서로 의존하고 있는 바가 거의 없으므로 매우 흥미롭다. 하지만 대체로 아르고나우타이의 수는 50명에서 55명 정도로 비슷하다. 배도 50명이 노를 젓도록 설계되었다.

두 명단 모두에 등장하는 몇몇 인물들은 아르고나우타이 신화의 안정적인 기초를 이룬다. 원정의 지휘관인 이아손 외에, 배를 만든 아르고스(프릭소스의 아들 혹은 아레스토르의 아들이라고도 함)와 키잡이인 티피스(하그니아스의 아들)도 그런 인물들이다. 티피스는 아테나에게서 조타 기술을 배웠고, 여신의 명령에 따라 아르고 선의 키잡이가 되었다. 그가 마리안디노이 족의 나라에서 죽자, 포세이돈의 아들 에르기노스가 그를 대신했다. 트라케의 음악가 오르페우스는 노 젓는 이들이 리듬에 맞추어 노를 저을 수 있게 했다. 신들이 오르페우스를 아르고 선에 타게 한 것은, 그의 노래로 세이레네스[세이렌들]의 유혹을 이겨내게 하기 위해서였다고 한다. 몇 명의 예언자들도 배에 타고 있었다. 암피아라오스와 아바스의 아들인 이드몬이 있었고, 아폴로니오스의 명단에 의하면 라피타이 족인 몹소스(☞)도 끼어 있었다. 보레아스의 두 아들인 제테스와 칼라이스, 제우스와 레다의 두 아들인 카스토르와 폴리데우케스, 그들의 사촌이자 아파레우스의 아들인 이다스와 링케우스도 포함되었다. 원정의 전령은 헤르메스의 아들인 아이탈리데스였다(그의 이름은 아폴로도로스의 명단에는 나오지 않는다). 이 모든 용사들은 아르고 선의 모험에서 중요한 역할을 담당한다. 이외의 인물들은 보조적인 역할에 그친다. 페레스의 아들 아드메토스, 펠리아스의 아들 아카스토스(아카스토스는 부친의 명령을 어기고 사촌인 이아손을 따라나섰다), 넬레우스의 아들 페리클리메노스, 코메테스의 아들 아스테리오스(혹은 아스테리온), 헤르메스의 아들인 에우리토스와 (아폴로니오스에 의하면) 그의 형제인 에키온, 라피타이 족인 엘라토스의 아들 폴리페모스, 카이네우스 혹은 그의 아들인 코로노스, 헬리오스의 아들이자 엘레이아의 왕이며 아이에테스의 형제인 아우게이아스(그는 얼굴도 모르는 동생이 보고 싶어 이 원정에 참여했다), 알레오스의 아들인 케페우스, (아폴로니오스 명단에만 나오는) 그의 형제 암피다마스, 헤파이스토스 혹은 아이톨로스의 아들인 팔라이모니오스, 포세이돈의 아들 에우페모스, 아이아코스의 두 아들인 펠레우스와 텔라몬, 나우볼로스의 아들 이피토스, 필록테테스의 아버지인 포이아스(포이아스는 발레리우스 플라쿠스와 히기누스도 언급한 인물이다), 그 밖에도 테스티오스의 아들 이피클로스, 그의 조카인 멜레아그로스, 텔레온의 아들인 부테스, (아폴로니오스의 명단에만 나오는) 텔레온의 또 다른 아들 에리보테스 등이 등장한다.

아폴로도로스와 아폴로니오스는 둘 다 헤라클레스의 이름을 명단에 넣었다. 헤라클레스는 아르고 선 항해 일화들 중 하나인 힐라스의 실종 이야기에 등장하는데, 이 점에 관해 전승은 일치하지 않는다(☞헤라클레스). 마지막으로 아폴로도로스와 아폴로니오스는 리쿠르고스의 아들 앙카이오스도 포함시켰다.

다음 인물들은 아폴로도로스의 명단에는 나오지 않는다. 페로의 세 아들인 탈라오스, 아레이오스, 레오도코스(☞계보 1), 필라코스의 아들 이피클로스, 크티메노스의 아들 에우리다마스, 알콘의 아들 팔레로스, 디오니소스의 아들인 아테나이 사람 플리아스(혹은 플리우스. 아폴로도로스는 플리아스 대신에 디오니소스의 두 아들인 파노스와 스타필로스를 포함시켰다), 나우플리오스(아폴로니오스는 연대상의 이유로, 이 나우플리오스와 팔라메데스의 아버지를 구분한다). 또한 소(小) 아이아스의 아버지인 오일레우스도 등장한다. 이미 언급한 멜레아그로스의 친척들 외에도, 아폴로니오스는 포르타온의 아들 라오코온을 덧붙이는데, 라오코온은 아폴로도로스의 명단에는 나오지 않는다. 이로스의 아들 에우리티온, 에우리토스의 아들들인 클리티오스와 이피토스, 카네토스의 아들 칸토스, 그리고 히페라시오스의 아들 아스테리오스와 암피온도 원정에 참여했다.

한편 아폴로도로스는 아폴로니오스가 언급하지 않은 인물들도 등장시킨다. 파노스와 스타필로스 외에도, 히파소스의 아들 악토르, 라에르테스와 그의 장인 아우톨리코스, 트로이아 전쟁 이야기에 나오는 메키스테우스의 아들 에우리알로스, 히팔모스의 아들 페넬레오스, 알렉트리온의 아들 레이토스, 아르고나우타이 중 유일한 여성인 아탈란테, 테세우스가 그들이다(테세우스는 후에 인위적으로 도입된 일화에서만 언급된다). 그 밖에 악토르(히파소스의 아들이 아니라 데이온의 아들)의 아들 메노이티오스, 끝으로 아레스의 아들인 아스칼라포스와 이알메노스도 언급되어 있다.

여러 주석자들과 후대의 시인들은 아르고나우타이의 명단에, 아폴로니오스와 아폴로도로스가 언급하지 않은 유명한 인물들을 더 집어넣었다. 가령 티데우스, 의사인 아스클레피오스, 음악가인 필람몬, 발레리우스 플라쿠스의 시에만 나오는 네스토르, 그리고 테세우스의 그림자 같은 동반자 페이리토오스가 그들이다. 페이리토오스는 테세우스의 등장에 따라 자연히 아르고나우타이 명단에도 들어가는 것이다. 마치 헤라클레스가 등장하자 그의 아들 힐로스(이것은 일반적인 연대 순서와는 모순되지만), 이올라오스, 에우리스테우스의 형제 이피스 등까지 덩달아 등장하는 것처럼 말이다(심지어, 히기누스는 헤라클레스의 쌍둥이 형제인 이피클레스도 등장시킨다). 발레리우스 플라쿠스는 멜레아그로스의 숙부인 클리메노스를 언급하는데, 클리메노스는 멜레아그로스의 형제로 보는 것이 더 일반적이다(☞계보 27). 끝으로 히기누스만 등장시킨 인물은 다음과 같다. 펠롭스와 히포다메이아의 아들인(일반적인 계보에는 등장하지 않지만) 히팔키모스, 이도메네우스의 아버지인 크레테 섬의 데우칼리온, 그리고 헬리오트로프[해바라기의 일종]로 변한 레우코토에(☞클리티아)의 아들은 이름이 손상되기는 했으나 아마도 테르사노르인 듯하다.

2. 항해 : 배는 테살리아의 한 항구인 파가사이에서, 아르고스가 아테나 여신의 도움을 받아 만들었다(☞아르고스). 배를 이루는 목재는 모두 펠리온에서 가져온 것인데, 뱃머리용 목재만은 도도네의 신성한 참나무의 일부로 아테나 여신이 직접 가져왔다. 아테나는 자신이 직접 다듬은 그 목재에 말하는 능력까지 부여했다. 그리하여 참나무로 된 그 뱃머리는 예언을 할 수 있었다.

아르고 선은 많은 사람들이 지켜보는 가운데 파가사이의 해변에서 진수되었고, 아르고나우타이는 아폴론에게 제사를 드린 후 항해에 올랐다. 원정의 전조는 호의적이었다. 이드몬의 해석에 의하면, 그 전조들은 이드몬만 도중에 죽고 원정에 참가한 모든 이들이 무사히 귀향할 것을 나타낸다고 했다.

첫번째 기항지는 렘노스 섬이었다. 당시 렘노스 섬에는 여자들밖에 없었는데, 여자들이 남자들을 전부 죽였기 때문이다(☞토아스, ☞힙시필레, ☞아프로디테). 아르고나우타이는 그녀들과 결합하여 아들들을 낳게 해주었다. 렘노스를 떠난 아르고나우타이는 사모트라케로 갔고, 그곳에서 오르페우스의 권고에 따라 비교(秘敎)에 입문했다. 그 후 헬레스폰토스 해협으로 들어가 돌리오네스 족이 사는 키지코스 섬에 이르렀다. 섬의 왕은 키지코스였다. 돌리오네스 족은 아르고나우타이를 환대했으며, 키지코스 왕은 그들을 향연에 초대해 그들에게 호의적임을 보여주었다. 이튿날 밤 아르고나우타이는 다시 항해에 올랐지만, 밤사이에 역풍이 불어 해가 뜨기 전에 자신들도 모르는 사이 키지코스 섬에 되돌아오고 말았다. 돌리오네스 족은 아르고나우타이를 알아보지 못했고, 종종 키지코스 섬을 약탈하러 오는 펠라스고이 족 해적들로 오인하여 싸움이 벌어졌다. 키지코스 왕은 싸우는 소리를 듣고 백성들을 돕기 위해 달려오자마자 가슴에 이아손의 창을 맞고 죽고 말았다. 다른 용사들도 돌리오네스 족을 마구 죽였다. 날이 밝아 두 진영은 서로를 알아보고 비탄에 빠졌다. 이아손은 키지코스 왕을 위해 성대한 장례식을 거행했다. 아르고나우타이는 키지코스 왕을 위해 사흘 동안 슬피 울었으며, 그를 기리는 추모 경기를 열었다. 키지코스의 젊은 아내 클레이테는 절망한 나머지 목매어 죽었고, 님프들이 그녀의 죽음을 애도하여 얼마나 울었던지 샘이 생겨나 클레이테 샘이라 불리게 되었다. 한편 아르고나우타이는 폭풍이 불어 항해에 오르지 못하다가, 섬을 떠나기 전에 키지코스 섬을 굽어보는 딘디모스 산에 신들의 어머니인 키벨레 여신상을 세웠다.

그 후 아르고나우타이는 더 동쪽에 있는 미시아 해안 쪽으로 갔다. 그곳 사람들도 그들을 환대하고 선물도 주었다. 아르고나우타이가 한창 식사를 준비하고 있을 때, 헤라클레스는 너무 열심히 젓는 바람에 부러진 자신의 노를 다시 만들기 위해 나무를 찾으러 근처의 숲으로 들어갔다. 아르고나우타이 중 헤라클레스가 아끼던 청년 힐라스도 식사 준비에 필요한 물을 찾으러 숲으로 가게 되었다. 샘터에서 그는 춤추는 님프들과 마주쳤다. 님프들은 그의 준수한 용모에 매혹되어 그를 샘 속으로 끌어들였고, 그는 익사하고 말았다. 힐라스가 물속으로 사라지기 직전에 내지른 소리가 아르고나우타이 중 한 명인 폴리페모스의 귀에 들렸다. 그는 힐라스를 구하러 달려가다가, 숲에서 되돌아오던 헤라클레스와 마주쳤다. 둘은 함께 힐라스를 찾으러 갔다. 그들은 그날 밤 내내 숲을 헤매다가, 새벽 전에 출항한 아르고 선에 미처 승선하지 못했다. 그리하여 아르고나우타이는 두 용사 없이 원정을 계속해야 했다. 이는 헤라클레스와 폴리페모스가 황금 양털을 찾으러 가는 원정에 참여하지 못하도록 운명으로 정해져 있었기 때문이다. 폴리페모스는 그 주변에 도시 키오스를 세웠고, 헤라클레스는 혼자 자신의 과업을 수행해야 했다.(☞힐라스, ☞헤라클레스).

아르고 선은 베브리케스 인들의 나라에 이르렀는데, 그곳의 왕은 아미코스(☞)였다. 몇몇 전설에 따르면, 아미코스가 폴리데우케스에게 패배한 후, 아르고나우타이와 베브리케스 족 사이에 전면전이 벌어졌다고 한다. 많은 베브리케스 족이 목숨을 잃었고, 살아남은 이들은 사방으로 흩어졌다.

이튿날 아르고나우타이는 다시금 항해에 올랐으나, 보스포로스에 이르기 전에 폭풍을 만나 트라케 연안 즉 헬레스폰토스의 유럽 쪽 연안에 머물러야 했다. 여기서 그들은 피네우스의 나라에 머물렀다. 피네우스는 포세이돈의 아들로, 장님 예언자였다. 그는 신들이 내린 이상한 저주로 고통받고 있었다. 식사를 위해 그의 식탁에 음식이 가득 차려질 때마다, 반은 여자이고 반은 새인 하르피이아이[하르피이아들]가 식탁 위로 돌진해 음식을 낚아채어 갔으며, 남은 음식은 하르피이아이의 배설물로 더럽혀졌다. 아르고나우타이가 피네우스에게 자신들의 원정이 어떻게 끝날지 가르쳐 달라고 청하자, 피네우스는 그들에게 하르피이아이를 없애 주기 전에는 대답할 수 없다고 했다. 아르고나우타이는 그에게 자신들의 식탁에 앉으라고 한 뒤, 하르피이아이가 식탁으로 돌진해 오자 바람의 신의 아들들인 칼라이스와 제테스가 날아서 그들을 쫓아갔다. 지친 하르피이아이는 다시는 피네우스 왕을 괴롭히지 않겠다고 스틱스 강을 걸고 맹세했다. 저주에서 풀려난 피네우스는 아르고나우타이에게 미래의 일 중 일부, 즉 그들에게 알려 주도록 허락된 부분만을 예언해 주었다. 그는 아르고나우타이가 원정길에서 머지않아 만나게 될 위험에 대해 경고했다. 그는 그들이 〈푸른 바위들〉(키아네아이)이라 불리는 암초들을 만나게 되리라고 경고했다. 이 암초들은 서로 부딪치며 떠도는 바위들이었다. 암초들을 무사히 통과할 수 있는지 알기 위해서는, 비둘기 한 마리를 먼저 날려 보내라고 일러 주었다. 만약 비둘기가 무사히 통과하면 아르고나우타이도 아무 탈 없이 지나갈 수 있다는 뜻이었다. 그러나 암초들이 비둘기의 길을 막으면, 그것은 신들이 아르고나우타이의 원정을 막는다는 뜻이므로, 원정을 포기하는 것이 지혜로운 길이라고 일러 주었다. 그 밖에 피네우스는 아르고나우타이 원정길의 주요한 이정표들을 가르쳐 주었다.

신탁을 받은 후 아르고나우타이는 항해를 계속했다. 일명 심플레가데스(〈서로 부딪치는 바위들〉이라는 뜻)라고도 불리는 푸른 바위들 앞에 이르자, 비둘기를 날려 보냈다. 비둘기는 암초들 사이를 무사히 통과했지만, 암초들이 서로 다가서며 길을 막는 바람에 꼬리 깃털을 다치고 말았다. 아르고나우타이는 암초들 사이가 다시금 벌어지기를 기다려 앞으로 전진했다. 배는 무사히 통과하기는 했지만, 비둘기가 꼬리를 다친 것처럼 선미가 가볍게 부서졌다. 이후로 푸른 바위들은 움직이지 않게 되었다. 배 한 척이 그곳을 무사히 통과하면 암초들은 그 후로는 움직이지 못하게 운명으로 정해져 있었기 때문이다.

아르고나우타이는 에욱세이노스 폰토스 즉 흑해를 통과해서 마리안디노이 족의 나라에 이르렀고, 그곳의 왕인 리코스의 환대를 받았다. 이드몬이 사냥 중에 멧돼지에게 상처를 입고 목숨을 잃은 곳도 바로 이곳이고, 키잡이 티피스도 이곳에서 죽었다. 대신 앙카이오스가 키를 잡게 되었다. 그 후 아르고나우타이는 테르모돈(아마조네스 족이 살았다는 강) 하구를 지나 카우카소스를 따라 가다가 파시스 하구에 있는 콜키스에 도착했다. 이곳이 아르고나우타이의 목적지였다.

아르고나우타이는 배에서 내렸고, 이아손은 아이에테스 왕에게 가서 펠리아스 왕이 자신에게 명한 임무를 말했다. 아이에테스는 황금 양털을 주는 대신 조건을 내걸었다. 단단한 발굽이 달렸을 뿐 아니라 코로 불을 내뿜는 황소 두 마리에게 이아손이 혼자 힘으로 굴레를 씌워야만, 황금 양털을 주겠다는 것이었다. 괴물 황소들은 헤파이스토스가 아이에테스에게 준 선물로, 한 번도 굴레를 써본 적이 없었다. 첫번째 시험을 통과한 후, 이아손은 밭을 갈고 용의 이빨(이것은 아테나가 아이에테스에게 준 것으로, 아레스의 용의 이빨 중에서 테바이에 남아 있던 것을 말한다. ☞카드모스, ☞아레스)을 뿌려야만 했다.

이아손이 황소에게 어떻게 굴레를 씌울지 궁리하고 있을 때, 아이에테스의 딸인 메데이아가 그에게 호의를 품고 도와주러 왔다. 하지만 그녀는 도와주기에 앞서 이아손에게 약속을 하게 했다. 만일 그녀의 도움으로 이아손이 아이에테스의 시험을 통과하면, 그녀를 아내로 맞아 그리스로 데려가 달라는 것이었다. 이아손은 그러겠다고 약속했다. 온갖 비방에 능했던 메데이아는 마법의 방향제를 그에게 주며, 헤파이스토스의 황소와 싸우기 전에 그의 몸과 방패에 바르라고 일러 주었다. 방향제를 바르면 철이나 불에 상처를 입지 않는 마력을 갖게 되며 그 효력은 하루 종일 지속되었다. 또한, 메데이아는 용의 이빨을 밭에 뿌리면 무장한 병사들이 태어나 이아손을 죽이려 할 것이라는 사실도 알려 주었다. 그러면 멀찌감치 떨어져서 무장한 사람들 틈에 돌 하나만 던지라고 했다. 그들은 서로에게 돌을 던졌다고 비난하면서 그들끼리 싸우다 모두 죽고 말리라는 것이었다.

그렇게 대비한 이아손은 황소에게 굴레를 씌우고 쟁기를 매어 밭을 가는 데 성공했다. 그리고는 용의 이빨을 밭에 뿌렸다. 이아손은 몸을 숨기고 이상한 씨에서 태어난 병사들을 향해 밀리서 돌을 던졌다. 그들은 자신들끼리 싸우기 시작했고, 그 틈을 타 이아손은 그들을 모두 죽였다. 하지만 아이에테스는 약속을 지키지 않았다.

그는 아르고 선을 불태우고 아르고나우타이를 죽이려고 했다. 그러나 아이에테스가 계획을 실행에 옮기기 전에, 이아손은 메데이아의 안내를 받아 황금 양털을 손에 넣고 달아나 버렸다(메데이아가 마법으로 황금 양털을 지키고 있던 용을 잠재웠기 때문이다).

아이에테스는 이아손이 황금 양털과 자신의 딸을 모두 앗아 간 것을 알고 아르고 선을 추적했다. 아버지가 쫓아올 줄 알고 있었던 메데이아는 함께 데려온 그녀의 동생 압시르토스를 죽여서 사지를 바다에 뿌렸다. 아이에테스는 아들의 찢긴 몸을 수습하느라 시간을 잃고 말았다. 아들의 몸을 전부 거두어들였을 때는 이미 너무 늦어서 아르고나우타이를 붙잡을 수 없었다. 그는 아들의 사지를 거두어 가장 가까운 항구인 토모이[토미]로 갔다. 소년은 에욱세이노스 폰토스의 서쪽 해안에 있는 그 항구에 묻혔다. 하지만 콜키스로 돌아가기 전에, 아이에테스는 군사들을 몇 조로 나누어 아르고 선을 추격하도록 명령했다. 만약 메데이아를 데려오지 못하면 메데이아 대신 그들을 죽이겠노라고 경고했다.

이설에 의하면, 압시르토스는 아이에테스의 명을 받고 누이 메데이아를 잡으러 갔다고 한다. 그러나 이아손은 이스트로스[도나우] 하구에 있는 아르테미스 신전에서 메데이아의 도움을 받아 압시르토스를 죽였다. 그 후 아르고나우타이는 이스트로스 강을 따라 계속 배를 저어 아드리아 해에 이르렀다(이 신화가 기록되던 무렵, 이스트로스 강은 에욱세이노스 폰토스와 아드리아 해를 연결하는 강으로 간주되었다). 압시르토스의 죽음에 격분한 제우스는 폭풍을 보내어 아르고 선을 항로에서 벗어나게 했다. 그러자 아르고의 뱃머리가 제우스의 진노를 알리며, 이 분노는 아르고나우타이가 키르케에게 죄 씻음을 받아야만 풀리리라고 예언했다. 아르고 선은 에리다노스[포] 강과 론 강을 거슬러 리구리아 인들의 나라와 켈토이 족의 나라를 통과했다. 아르고나우타이는 지중해로 다시 나가 사르디니아를 우회하여, 키르케의 왕국인 아이아이아 섬(라티움과 캄파니아 사이에 있는 가에타 북부의 몬테 키르케오 반도로 추정됨)에 도착했다. 거기 사는 마녀 키르케는 아이에테스와 마찬가지로 헬리오스(태양)의 자식이므로, 메데이아의 고모이기도 하다. 그녀는 이아손의 죄를 정화해 주고 메데이아와 긴 대화를 나누었다. 하지만 키르케는 이아손을 궁전에 받아들여 접대하지는 않았다. 다시 아르고 선은 뱃길에 올랐고, 헤라의 명을 받은 테티스(II)의 인도로 세이레네스의 바다를 통과했다. 오르페우스는 아주 아름다운 노래를 하여 아르고나우타이가 세이레네스의 유혹에 넘어가지 않도록 해주었다(☞세이레네스). 그들 중에 부테스만 헤엄을 쳐서 마녀들의 섬에 도착했지만, 아프로디테가 그를 구해 주었다. 그녀는 그를 건져서 시칠리아의 서쪽 해안에 있는 릴리바이온(현재의 마르살라)에 두었다.

뒤이어, 아르고 선은 카립디스와 스킬레의 해협, 그리고 검은 연기가 피어오르는 떠도는 섬들(오늘날의 리파리 섬으로 추정됨)을 만났고, 그 후에야 겨우 파이아케스 족의 나라에 있는 코르키라(오늘날의 코르푸)에 도착했다. 코르키라의 왕은 알키노오스였다. 여기서 아르고나우타이는 아이에테스가 보낸 콜키스 추격대와 마주쳤다. 콜키스 인들은 알키노오스에게 메데이아를 그들에게 넘겨달라고 했다. 알키노오스는 아내인 아레테와 상의한 후, 만약 메데이아가 여전히 처녀라면 콜키스 인들에게 넘겨주겠지만, 메데이아가 이아손의 아내인 것으로 드러나면 그녀는 그와 함께 남을 것이라고 했다. 아레테는 비밀리에 메데이아에게 알키노오스 왕의 뜻을 전했고, 이아손은 메데이아를 구하기 위해 서둘러 필요한 조건을 충족시켰다. 그래서 알키노오스는 메데이아를 넘겨주지 않아도 되었다. 콜키스인들은 조국으로 돌아갈 엄두가 나지 않아 파이아케스 족의 나라에 정착했다. 한편 아르고나우타이는 다시 항해에 올랐다.

코르키라를 떠나자마자 폭풍이 불어 그들을 리비아 연안의 시르티스 쪽으로 밀고 갔다. 그들은 트리토니스 호수까지 배를 어깨에 지고 가야만 했다. 이 호수의 신인 트리톤의 도움으로, 아르고나우타이는 바다로 가는 길을 찾아 크레테 섬을 향해 항해를 계속할 수 있었다. 하지만 그 와중에 아르고나우타이는 동료인 칸토스와 몹소스를 잃었다(칸토스와 몹소스는 전통적으로 내려오는 아르고나우타이 명단에 들어 있지 않다).

크레테 섬에서 아르고나우타이는 배에서 내리는 순간 거인 탈로스와 마주치게 되었다. 탈로스는 헤파이스토스가 만든 일종의 괴물 인조 인간으로, 미노스 왕은 그에게 크레테 연안에 어떤 배도 상륙하지 못하게 하는 임무를 맡겼다(☞탈로스). 탈로스는 해안에서 큰 바위를 떼내어, 섬에 닻을 내리려는 배들을 향해 던져 떠나게 만들었다. 그는 하루에 세 번씩 섬을 돌았다. 어떤 공격에도 끄떡없는 이 거인의 생명은 두꺼운 피부로 덮인 발목의 정맥에 달려 있었다. 이 정맥이 열리면 탈로스는 목숨을 잃게 되는 것이었다. 메데이아는 마법으로 탈로스를 이겼다. 그녀는 탈로스에게 헛것들을 보게 하여 성나게 만들었고, 길길이 뛰던 탈로스는 바위에 쓸려 발목의 정맥이 찢어지고 말았다. 그는 곧 죽었다. 아르고나우타이는 섬 연안에서 하룻밤을 보냈다. 다음날 그들은 〈미노아의 아테나〉에게 신전을 지어 바치고 길을 떠났다.

크레테 바다에서 아르고나우타이는 갑자기 칠흑 같은 어둠 속에 갇혀, 크나큰 위험에 처하게 되었다. 이아손은 어둠 속에서 길을 보여 달라고 포이보스에게 간청했다. 그러자 포이보스 아폴론은 한 줄기 불빛을 던져, 그들의 배 바로 옆에 있는 스포라데스 군도의 작은 섬을 보게 했다. 그들은 그 섬에 닻을 내렸다. 그리고 그 섬에 아나페(계시의 섬)라는 이름을 붙이고, 불을 밝혀 준 포이보스를 위한 성역을 만들었다. 그 바위 섬에는 봉헌 제사에 필요한 제물이 없었으므로, 그들은 물 대신 포도주를 신께 바쳤다. 그러자 아레테가 결혼 선물로 메데이아에게 준 파이아케스 시녀들이 그것을 보고서 웃으며 아르고나우타이에게 외설적인 농담을 던졌다. 아르고나우타이도 이에 답하면서 유쾌한 장면이 연출되었다. 이 장면은 그 작은 섬에서 아폴론에게 제사를 드릴 때마다 재현되었다.

그 후 아르고나우타이는 아이기나에 기항했고, 에우보이아를 따라 항해하다가 마침내 이올코스에 도착했다. 그들은 넉 달 동안의 대항해를 마치고 황금 양털을 갖고 이올코스로 돌아온 것이다. 이아손은 아르고 선을 타고 코린토스로 가서 포세이돈에게 감사의 제물로 배를 바쳤다.

『오딧세이아』의 저자가 이아손의 모험들을 알고 있다는 사실은 아르고나우타이 전설의 일차적인 핵심이 그 이전부터 있었던 것임을 말해 준다. 아르고나우타이 원정이 잘 알려진 것은 로도스의 아폴로니오스가 쓴 복잡하고 긴 서사시 덕분인데, 아폴로니오스는 이 원정을 자세하게 묘사하고 있다. 고대 그리스로마 시대에 아르고나우타이의 원정 이야기는 아주 인기가 높았으며, 여러 지방의 전설들이 차츰 덧붙여져 일대 계열을 이루었다. 호메로스의 서사시와 마찬가지로, 아르고나우타이의 원정 이야기는 수많은 희곡과 시의 원천이 되었다. 특히 메데이아의 사랑 이야기는 시인들에게 많은 영감을 주었다 (☞메데이아, ☞이아손).

아르고스 ῎Αργος / Argos 1. 신화에 나오는 첫번째 아르고스는 제우스와 니오베의 아들로, 모계로는 오케아노스와 테티스(I)의 후손이다(☞계보 17). 니오베는 제우스의 자식을 낳은 최초의 인간 여자였다. 아르고스는 펠로폰네소스 왕권을 소유하고 있었고, 그 지역을 〈아르고스〉라고 불렀다(아르고스는 도시의 이름으로 남아 있고, 도시를 둘러싼 지역에는 아르골리스라는 이름이 붙여졌다). 그는 스트리몬과 네아이라의 딸인 에우아드네(혹은 오케아니스인 페이토)와 결혼해서 아들 넷을 두었다(☞계보 18, ☞계보 17). 아르고스는 그리스에 경작법과 밀 파종법을 도입한 인물로 알려져 있다.

2. 가장 유명한 아르고스는 위의 아르고스의 증손자이다. 그는 외눈박이라는 설도 있고, 눈이 네 개 달린 괴물로 두 눈은 앞에 있고 나머지 두 눈은 뒤에 있다는 설도 있다. 또 다른 설에 의하면, 온몸에 수없이 많은 눈이 퍼져 있었다고 한다. 막강한 힘의 소유자였던 그는 아르카디아를 짓밟던 황소를 죽이고 그 지방을 구했다. 그는 황소의 가죽을 벗겨 옷을 지어 입었다. 그 후 그는 아르카디아 인들에게 피해를 주고 가축 떼를 앗아 가던 사티로스를 죽였다. 또한 길 가는 사람들을 강탈하던, 타르타로스와 게(대지)의 괴물 딸인 에키드나를 죽였다. 잠자던 에키드나를 기습하여 처치한 것이다(☞에키드나). 헤라는 제우스 때문에 질투하던 상대인, 암소로 변한 이오를 지키라고 그에게 명령했다(☞이오). 그래서 아르고스는 미케나이의 신성한 숲 속에 자라던 올리브나무에 이오를 묶어 두었다. 그는 많은 눈을 갖고 있어서 잠을 잘 때도 눈들 중 절반만 감은 채 나머지 눈들은 뜨고 이오를 감시할 수가 있었다. 그러자 제우스는 헤르메스를 시켜 애인인 이오를 구하게 했다. 헤르메스가 어떻게 이 일을 해냈는지에 대해서는 여러 가지 이야기가 있다. 헤르메스가 멀리서 돌을 던져 아르고스를 죽였다는 설도 있고, 판의 피리를 연주해 아르고스를 잠재웠다는 설도 있으며, 마법 지팡이로 아르고스를 마법의 잠 속에 빠뜨렸다는 설도 있다. 어쨌든 헤르메스는 아르고스를 죽였다. 헤라는 자신을 섬기던 아르고스에게 영원한 생명을 주기 위해 자신의 새인 공작의 깃털에 아르고스의 눈을 모두 옮겨 놓았다.

3. 세 번째 아르고스는 프릭소스와 칼키오페의 아들이다. 그는 콜키스에서 태어나 자랐지만 친할아버지 아타마스(프릭소스)의 유산을 물려받기 위해 그곳을 떠났다. 배가 난파하여 아리아 섬에 표류하던 중 그는 형제들인 프론티스, 멜라스, 그리고 키티소로스와 함께 아르고나우타이에 의해 구조되었다. 또 다른 이본에 의하면 이아손과 아르고스는 콜키스의 아이에테스 왕의 궁전에서 만났으며, 자기 어머니를 통해 이아손과 메데이아를 처음 만나게 해준 것도 바로 아르고스이다. 그는 아르고나우타이와 함께 되돌아갔다. 그리스에서 아드메토스의 딸인 페리멜레와 결혼해서 아들 마그네스를 낳았다(☞계보 33).

4. 아르고 선(船)을 만들고 황금 양털을 찾는 원정에 참여한 아르고스가 네 번째 아르고스이다(☞아르고나우타이). 이 인물은 앞의 인물들과 구분되기도 하고(그럴 때 그는 아레스토르의 아들로 간주되는데, 이것은 두 번째 아르고스의 경우에도 해당되는 혈통 관계이다), 프릭소스의 아들(3)과 혼동되기도 한다.

아르기라 ᾿Αργυρά / Argyra 아르기라는 아르카디아에 있는 샘의 님프이다. 그녀는 잘생긴 젊은 목동 셀렘노스를 사랑했다. 그녀는 젊은 셀렘노스를 사랑했으나 그가 늙어 잘생긴 외모를 잃자 그를 버렸다. 셀렘노스는 절망한 나머지 죽었고, 아프로디테는 그를 강으로 만들어 주었다. 그러나 그가 강으로 변한 후에도 계속 사랑의 아픔으로 괴로워하자, 아프로디테는 그에게 모든 고통을 잊을 수 있는 능력을 주었다. 그래서 셀렘노스 강에서 목욕을 하는 남녀는 누구든지 사랑의 아픔을 잊게 되었다고 한다.

아르카스 ᾿Αρκάς / Arcas 아르카스는 아르테미스와 함께 사냥을 다니던 님프 칼리스토와 제우스 사이에서 태어난 아들이다. 그의 아버지가 판이라는 설도 있다. 칼리스토가 죽자(더 일반적인 설에 의하면 곰으로 변하자), 제우스는 아이를 헤르메스의 어머니인 마이아에게 맡겨 기르게 했다. 아르카스는 어머니의 혈통으로는 장차 아르카디아라고 불리게 될 지역을 다스리던 리카온 왕의 손자였다. 어느 날 리카온은 제우스의 통찰력을 시험해 보려고, 어린 아르카스의 사지를 먹기 좋게 요리하여 제우스에게 대접했다. 제우스는 이에 속지 않고 식탁을 뒤엎고는 리카온의 집에 벼락을 내렸다. 리카온은 늑대가 되었다. 제우스는 아르카스의 사지를 전부 수습해서 다시 생명을 불어넣었다.

어느 날 장성한 아르카스가 사냥을 하던 중에 곰으로 변한 어머니와 마주쳤다. 그는 곰을 뒤쫓아갔다. 곰은 〈제우스 리카이오스〉의 신전으로 피신했다. 아르카스는 곰을 따라 성역으로 들어갔다. 그곳의 법은 신전에 발을 들인 사람은 아무도 살아 나갈 수 없도록 정해져 있었다. 그러나 제우스가 그들 모자를 불쌍히 여겨 별자리로 만들었다. 이들이 바로 큰곰자리와 〈곰지기〉별[Arcturus, 목동자리의 일등성]이 되었다.

아르카스는 펠로폰네소스의 펠라스고이 족을 다스렸으며, 이들은 그의 이름을 따서 아르카디아 인들이라고 불렸다. 그는 리카온의 아들인 닉티모스의 뒤를 이어 왕이 되었다. 아르카스는 트리프톨레모스에게서 배운 밀 재배법을 백성들에게 가르쳐 주었으며, 빵 만드는 법과 양모 짜는 법도 가르쳐 주었다. 그는 아미클라스의 딸인 레아네이라(혹은 메가네이라)와 결혼하여 (☞계보 6, ☞크로콘), 두 아들 엘라토스와 아피다스를 두었다(이본에 관해서는 ☞크리소펠레이아). 그는 님프인 에라토와의 사이에 셋째 아들 아잔을 낳았다. 그는 아르카디아를 세 아들에게 나누어 주었다(☞계보 9).

아르케모로스 Archemorus ☞암피아라오스.

아르켈라오스 ᾿Αρχέλαος / Archelaus 아르켈라오스는 테메노스의 아들로, 헤라클레스의 후손들 중 한 명이다(☞계보 16). 형제들에 의해 아르고스에서 쫓겨난 그는 마케도니아의 키세우스 왕에게 갔다. 당시 키세우스는 적들의 침입을 받아 멸망할 위험에 처해 있었다. 그는 아르켈라오스에게 자신을 구해 주면 딸과 왕국을 주겠다고 약속했다. 아르켈라오스는 조상인 헤라클레스가 했던 것처럼, 단 한 번의 싸움으로 상황을 바로잡고 키세우스를 구해 주었다. 그러나 키세우스는 나쁜 신하들에게 넘어가 아르켈라오스에게 약속한 상을 주지 않았다. 게다가 자신의 기만 행위를 감추기 위해 아르켈라오스를 죽이려고까지 했다. 이를 위해, 그는 구덩이를 파서 뜨거운 숯을 가득 넣고 잔가지들로 그 위를 덮어 두었다. 아르켈라오스를 그 속에 빠뜨려 죽일 속셈이었다. 그러나 왕의 노예로부터 함정에 대한 얘기를 들은 아르켈라오스는 키세우스에게 은밀히 말할 것이 있다며 불러내어 그를 구덩이에 던졌다. 그 후 그는 아폴론의 신탁에 따라 그곳을 떠나 도중에 만난 암염소를 쫓아갔다. 염소는 마케도니아의 도시 국가 아이가이의 터가 될 곳으로 그를 인도했다. 그곳에 그는 도시를 세우고, 자신의 길잡이가 되어 준 암염소를 기리기 위해 도시 이름을 아이가이라고 지었다(그리스 어로 암염소가 〈아익스〉이다). 아르켈라오스는 마케도니아 왕 알렉산드로스의 직접적인 조상이라고 알려진다.

아르테미스 ’Άρτεμις / Artemis 로마에서는 아르테미스가 이탈리아 및 라티움의 신인 디아나와 동일시되었다. 아르테미스는 데메테르의 딸이라는 설도 있지만, 가장 일반적으로는 아폴론의 쌍둥이 누이이며 아폴론과 마찬가지로 레토와 제우스의 딸로 간주된다. 아르테미스는 델로스에서 쌍둥이 중 먼저 태어났으며, 태어나자마자 어머니 레토가 아들을 낳는 것을 도왔다(☞아폴론). 아르테미스는 영원히 젊은 처녀신으로, 야생적인 아가씨의 모습을 하고 사냥만을 즐겼다. 쌍둥이 남동생인 아폴론과 마찬가지로, 그녀는 활을 무기로 들고 다녔다. 아르테미스는 사슴과 인간을 향해서도 화살을 쏘았다. 아이를 낳다 죽는 여자들의 목숨을 앗아 가는 것도 그녀이다. 그녀의 화살은 순식간에 목숨을 앗아 가므로 희생물에게 아무런 고통도 주지 않는다고 한다. 아르테미스는 복수심이 강해서, 그녀의 분노에 희생된 이들이 허다하다. 그녀의 첫번째 복수는 아폴론과 함께 니오베의 자식들을 죽이는 것이었다. 아폴론이 키타이론 산에서 사냥 중이던 니오베의 여섯 아들을 차례로 죽이는 동안, 아르테미스는 집에 있던 여섯 딸들을 죽였다(☞니오베). 이 행위는 그들이 자신들의 어머니를 얼마나 사랑했는지 보여 주는 것으로, 니오베가 그들의 어머니 레토를 모욕했기 때문이다. 그들이 갓 태어난 자신들을 공격하러 온 용을 죽인 것도 어머니 레토를 보호하기 위해서였다(☞아폴론). 그 밖에도 그들은 레토를 겁탈하려는 티티오스를 공격하여 죽여 버렸다(☞티티오스).

아르테미스는 거인족들과 신들 사이에 벌어진 전쟁에 참여했다. 그녀의 적은 거인 그라티온이었는데 그녀는 헤라클레스의 도움을 받아 그라티온을 죽일 수 있었다. 그녀는 알로아다이인 오토스와 에피알테스도 죽였다(☞알로아다이). 아르카디아의 괴물 부파고스(소를 잡아먹는 짐승)를 죽인 것도 그녀라고 전해진다.

아르테미스의 희생자 중에는 거인 사냥꾼인 오리온이 있다. 그녀가 그를 죽인 원인에 대해서는 여러 가지 설이 있다. 오리온이 아르테미스에게 원반 던지기를 하자고 도전하여 여신의 분노를 샀다는 이야기도 있고, 여신이 히페르보레오이 족의 나라에서 불러온 시녀 오피스를 납치하려다가 죽임을 당했다는 이야기도 있다. 그런가 하면 오리온이 아르테미스 여신을 범하려다가 여신이 보낸 전갈에 물려 죽었다는 이야기도 있다. 아리스타이오스의 아들인 또 다른 사냥꾼 악타이온도 그녀의 분노를 사서 죽였다(☞악타이온). 칼리돈의 멧돼지 사냥이 시작된 것도 그녀 때문인데, 이 사냥으로 인해 사냥꾼 멜레아그로스도 죽고 말았다. 오이네우스가 수확물의 맏물을 모든 신들에게 바치면서 아르테미스에게 바치는 것을 잊어버리자, 여신은 오이네우스의 나라에 엄청난 크기의 멧돼지 한 마리를 보냈던 것이다(☞멜레아그로스). 칼리스토에 관한 신화 중 하나에 의하면, 칼리스토도 아르테미스에게 죽임을 당했다. 아르테미스는 제우스의 사랑을 받은 칼리스토를 벌하라는 헤라의 요구대로, 곰으로 변한 칼리스토를 화살로 쏘아 죽였다(☞칼리스토). 이 모든 신화는 맹수들을 데리고 다니는 숲과 산의 야생적인 여신 아르테미스의 사냥에 관한 이야기들이다.

헤라클레스의 과업에 관한 한 일화는, 헤라클레스가 아르테미스에게 바쳐진 황금 뿔 달린 수사슴을 가져오라는 에우리스테우스의 명령을 받아 어떻게 일을 수행했는지 보여 준다. 헤라클레스는 이 신성한 동물을 아무런 상처 없이 온전하게 생포하고 싶어서 1년 내내 쫓아다녔다. 그러다 지친 나머지 결국 사슴을 죽이고 말았다. 그러자 아르테미스와 아폴론이 헤라클레스 앞에 나타나 책임을 물었다. 헤라클레스는 에우리스테우스에게 책임을 전가함으로써 아르테미스와 아폴론의 분노를 가라앉힐 수 있었다(☞헤라클레스). 똑같은 주제가 이피게네이아의 이야기에도 등장한다. 아르테미스는 아가멤논 가문에 오래 전부터 분을 품고 있었는데(☞아트레우스), 아가멤논의 오만한 말 한마디가 그녀의 분노를 폭발시키고 말았다. 아가멤논은 아울리스에서 트로이아로 떠나기 위해 순풍을 기다리는 동안 사냥을 했는데, 사슴을 잡고는 〈아르테미스 여신도 이런 사슴은 잡지 못했을 것〉이라고 외쳤던 것이다. 그러자 아르테미스는 선단이 출항하지 못하도록 바람이 일지 못하게 해버렸다. 테이레시아스[원문대로 - 칼카스의 오류인 듯]가 무풍의 원인이 무엇인지 밝히면서, 유일한 방책은 아가멤논의 처녀 딸 이피게네이아를 아르테미스에게 희생물로 바치는 것이라고 말했다. 그러나 아르테미스는 이 희생 제사를 기뻐하지 않았고, 마지막에 여신은 이피게네이아 대신 암사슴을 희생물로 대치했다. 이피게네이아는 타우리스로 데려가 먼 고장(크리미아 반도)에서 아르테미스 제사를 돌보는 무녀로 일하게 했다.

아르테미스는 그리스의 야생 지역과 산악 지역, 즉 아르카디아와 스파르타, 타이게토스 산중에 있는 라코니아, 엘레이아 등지에서 숭배를 받았다. 그리스에서 가장 유명한 아르테미스의 성지는 에페소스에 있었는데, 그곳에서는 아르테미스가 아시아의 다산(多産)의 여신과 동일시되었다.

이미 고대인들에게서부터 아르테미스는 산 속을 이리저리 돌아다니는 달(月)의 의인화로 해석되었다. 그녀의 쌍둥이 동생 아폴론 역시 태양의 의인화로 간주되었다. 그러나 모든 아르테미스 숭배가 달 숭배는 아니었으며, 고대 그리스의 신들 중에서 아르테미스는 크레테 종교 기념물에 나타나는 것처럼 〈짐승들의 여주인〉 자리를 차지했었다. 아르테미스 숭배는 〈타우리스의 아르테미스〉 숭배처럼 인간을 제물로 드리는 야만적인 제사 요소를 받아들였다(☞암피스테네스).

아르테미스는 그녀처럼 전사이자 사냥꾼이고, 남자들의 굴레에서 자유로운 아마조네스의 수호자로 여겨졌다. 아르테미스와 마법의 관계에 대해서는 ☞헤카테.

아리스타이오스 ʼAρισταῖος / Aristaeus 아리스타이오스는 님프 키레네의 아들이고, 키레네는 라피타이 족의 왕 힙세우스의 딸이며, 힙세우스는 하신 페네이오스와 물의 요정 크레우사의 아들이다(☞계보 23). 어느 날 키레네는 펠리온 골짜기에서 사냥을 하고 있었는데, 아폴론이 그녀를 보고 황금 전차에 태워 리비아까지 데려갔다(☞키레네). 거기서 그녀는 아폴론의 아들인 아리스타이오스를 낳았다. 아이가 태어나자 아폴론은 그의 증조할머니 가이아(크레우사는 가이아와 포세이돈의 딸이었다)와 계절의 여신들인 호라이에게 아이를 맡겼다. 일설에 의하면, 아리스타이오스는 켄타우로스 케이론의 손에서 자랐다고도 한다. 그 후 무사이가 아리스타이오스에게 의술과 예언술을 가르치는 것으로 그에 대한 교육을 마무리했다. 그녀들은 테살리아의 프티아 들판에 있는 양떼를 보살피는 일을 그에게 맡겼다. 님프들은 그에게 낙농과 양봉, 포도 재배법을 가르쳐 주었고, 그는 여신들에게서 배운 것을 인간들에게 가르쳐 주었다.

아리스타이오스는 카드모스의 딸 아우토노

에와 결혼했으며, 둘 사이에서 악타이온이 태어났다. 그는 사냥에 쓰이는 일련의 장치들, 특히 함정과 그물을 발명했다. 아버지와 마찬가지로 악타이온도 사냥을 즐겼으며, 결국 이로 인해 죽었다(☞악타이온).

베르길리우스의 작품에는, 아리스타이오스가 강가에서 오르페우스의 아내인 에우리디케를 뒤쫓았던 이야기가 나온다. 에우리디케는 달아나다가 뱀에 물려 죽고 말았다. 이 죽음에 분개한 신들은 아리스타이오스를 벌하기 위해 그가 기르던 벌떼에 병을 내렸다. 낭패한 아리스타이오스는 페네이오스 강 아래 수정 궁전에서 살던 그의 어머니 키레네에게 도움을 청했다. 어머니에게서 그는 귀중한 조언을 들을 수 있었다. 키레네는 바다의 신 프로테우스만이 아리스타이오스에게 닥친 불행의 원인이 무엇인지 말해 줄 수 있다고 일러 주었다. 아리스타이오스는 프로테우스를 찾아 떠났다. 프로테우스가 포세이돈을 위해 바다표범들을 지키다가 바위 위에서 쉬고 있을 때, 아리스타이오스는 그를 기습했다. 그는 프로테우스가 잠자는 틈을 이용해 꼼짝 못하게 묶어 놓은 뒤 자신의 질문에 대한 답을 요구했다. 프로테우스는 질문하러 오는 자들을 좋아하지 않았기 때문이다. 어쩔 수 없이 프로테우스는 신들이 에우리디케의 죽음 때문에 아리스타이오스를 벌한 것이라고 말해 주고, 벌떼를 다시 기를 수 있는 방법도 일러 주었다.

아리스타이오스가 디오니소스의 편에서 아르카디아 군을 이끌고 인도를 정복하러 떠났다는 이야기도 있다. 1년 중 가장 더운 시리우스[천랑성(天狼星)]의 계절에 키클라데스에 역병이 퍼지자, 주민들은 아리스타이오스에게 치료책을 달라고 청했다. 아폴론의 명령에 따라 아리스타이오스는 불행을 당한 키클라데스 인들을 돕기로 하고 케오스에 정착했다. 그곳에서 그는 제우스를 위한 큰 제단을 쌓았다. 그리고는 산 위에서 시리우스와 제우스에게 매일같이 제사를 드렸다. 그의 기도에 감동한 제우스가 계절풍을 일으켜 열기를 식히고 나쁜 공기를 몰아내 주었다. 그 후로도 매년 무더운 계절이면 바람이 불어서 키클라데스의 공기를 맑게 했다.

아르카디아 인들은 양봉 기술을 전해 준 아리스타이오스를 신으로 숭배했다. 그는 어머니 키레네를 따라 그녀의 나라인 리비아에 가서 그곳에서도 신으로 숭배되었다. 거기서 그는 약초이자 향신료로 쓰이는 실피움이라 불리는 귀중한 식물을 길렀다고 전해진다.

아리스테아스 Ἀριστέας / Aristeas 프로콘네소스의 시인 아리스테아스는 반은 신화적이고 반은 역사적인 인물로, 무두질 작업장에서 죽었다. 친구들이 그의 시신을 찾으러 왔을 때, 그의 몸은 사라지고 찾을 수 없었다. 그날 밤 몇몇 여행자들이 마을에 도착해서는, 키지코스로 가는 아리스테아스를 보았다고 말했다. 그는 간간이 여러 장소에 나타났다. 7년 후 아리스테아스는 되돌아와서 「아리마스페아」[먼 북쪽 나라에 사는 외눈박이 종족 아리마스포이에 대한 시. arima는 스키티아 말로 〈하나〉를, spou는 〈눈〉을 뜻한다]라는 시작품을 썼다. 7년 동안 그는 히페르보레이오이 족의 신비한 나라에서 아폴론과 함께 다녔다고 한다. 그는 시를 다 쓰자 또다시 사라져 버렸다.

아리스토데모스 Ἀριστόδημος / Aristodemus 그는 헤라클레스의 후손으로, 헤라클레스의 증손자인 아리스토마코스의 아들이다(☞계보 16). 아리스토데모스의 형제들은 펠로폰네소스의 정복자들인 테메노스와 크레스폰테스이다. 펠로폰네소스를 정복하기 위해 군대와 선단이 준비되는 동안 아리스토데모스는 테메노스와 함께 나우팍토스에 있다가, 아폴론의 요청으로 제우스의 벼락을 맞았다. 아리스토데모스가 원정에 앞서 델포이 신탁을 구하지 않았기 때문에 아폴론은 그를 벌하고자 했던 것이다. 일설에 의하면, 그는 필라데스와 엘렉트라의 자식인 메돈과 스트로피오스에 의해 죽임을 당했다고도 한다. 그런가 하면, 라코니아 인들은 아리스토데모스가 죽임을 당하지 않고, 형제들과 함께 라코니아를 정복하여 다스렸다고 말한다. 그는 아우테시온의 딸 아르게이아에게서 두 아들 에우리스테네스와 프로클레스를 낳았으며, 그가 죽은 후 이 아들들이 왕위를 물려받았다.

아리아드네 'Αριάδνη / Ariadne 아리아드네는 미노스와 파시파에의 딸이다(☞계보 28). 테세우스가 미노타우로스와 싸우러 크레테 섬에 왔을 때(☞테세우스), 그녀는 테세우스를 보고 열렬히 사랑하게 되었다. 아리아드네는 테세우스가 미노타우로스의 감옥인 미궁에서 빠져나오는 길을 잃지 않도록 실꾸리를 주었다. 테세우스는 미궁으로 들어가면서 실꾸리를 풀었고, 그 실이 그에게 나가는 길을 인도해 주었다. 아리아드네는 성난 미노스를 피해 테세우스와 함께 달아났다. 그러나 그녀는 아테나이까지 가지 못했다. 낙소스 섬에 들렀을 때, 테세우스는 강가에 잠든 그녀를 버리고 갔던 것이다. 테세우스의 배신에 대한 설명은 저자에 따라 다양하다. 테세우스가 다른 여자를 사랑하여 아리아드네를 버렸다는 설도 있고, 그들의 결혼은 운명에 의해 허락되지 않았기에 신들의 명령을 따라 그녀를 버렸다는 설도 있다. 아리아드네는 아침에 잠에서 깨어나 테세우스의 배가 멀어져 가는 것을 보았지만, 오랫동안 고통스러워하지 않았다. 곧바로 디오니소스와 그의 행렬이 도착했기 때문이다. 디오니소스는 표범들이 끄는 수레를 타고 있었다. 아리아드네의 미모에 매혹된 디오니소스는 그녀와 결혼해서 올림포스로 데려갔으며, 헤파이스토스가 만든 황금관을 결혼 선물로 주었다. 이 황금관은 후에 별자리가 되었다(☞테세우스).

디오니소스와의 사이에서 아리아드네는 토아스, 스타필로스, 오이노피온, 페파레토스 등의 자식들을 낳았다. 혹은 디아 섬(후에 낙소스 섬과 동일시됨)에서 디오니소스의 명령을 받은 여신 아르테미스의 손에 죽었다고도 한다(아리아드네 전설의 이본들에 관해서는 ☞테세우스).

아리온 'Αρίων / Arion 아리온은 레스보스 출신의 음악가로, 코린토스의 통치자인 페리안드로스로부터 허락을 받아 마그나 그라이키아〈대 그리스〉라는 뜻으로, 그리스 인들의 식민 도시가 많았던 이탈리아 남부 해안을 가리킨다〉와 시칠리아를 돌아다니며 노래를 불러 돈을 벌었다. 얼마 후 그는 코린토스로 되돌아가려 했다. 하지만 그를 태운 배의 선원들과 노예들이 그를 죽이고 돈을 빼앗기 위해 음모를 꾸몄다. 그러자 아폴론이 아리온의 꿈속에 리라 연주가의 옷을 입고 나타나, 적들을 조심하라고 일러 주며 도움을 약속했다. 아리온은 적들의 손에 죽게 될 위험에 처하자 마지막으로 한 번만 더 노래를 부르게 해달라고 부탁했고, 그 요청은 받아들여졌다. 그의 목소리를 듣고 아폴론의 동물인 돌고래들이 몰려왔다. 아리온은 아폴론을 믿고 바다 속으로 뛰어들었다. 돌고래 한 마리가 그를 등에 태우고 타이나론 곶으로 데려다 주었다. 육지에 당도하자마자 아리온은 아폴론에게 봉헌물을 바치고 코린토스로 가서 페리안드로스에게 자기가 겪은 일을 모두 말했다. 곧 강도들을 태운 배가 코린토스에 도착했다. 페리안드로스는 아리온

아마조네스

이 어디 있는지 선원들에게 물었다. 그들은 아리온이 죽었다고 답했다. 그 순간 아리온이 모습을 드러냈고 선원들은 십자가 형벌을 받아 죽었다. 혹은 말뚝에 박혀 처형당했다고도 한다. 아폴론은 아리온의 모험을 기념하기 위해, 그의 리라와 동정심 많은 돌고래를 별자리로 만들었다.

아마조네스 ʼΑμαζόνες / Amazones 아마조네스[아마존들]는 여성만으로 이루어진 민족으로, 전쟁의 신 아레스와 님프 하르모니아의 후손들이다. 그녀들의 왕국은 먼 북쪽, 그러니까 카우카소스 산맥, 혹은 트라케, 혹은 도나우 좌안의 평야에 있는 스키티아 남부 등에 위치했다고 한다. 그녀들은 남자들의 도움 없이 스스로 다스렸으며, 우두머리는 여왕이었다. 남자들은 천한 일을 하는 노예의 신분으로만 그녀들 가운데 살 수 있었다. 몇몇 전설에 따르면 그녀들은 남자 아이를 낳으면 장님이나 절름발이로 만들었다고 한다. 또 다른 설들에 의하면 남자 아이를 죽이고, 종족 보존을 위해서는 일시적으로 이방인들과 결합하여 여자 아이들만을 키웠다고 한다. 아마존 여인들은 여자 아이들의 한 쪽 유방을 제거했는데, 이는 활이나 창을 쓰는 데 불편함이 없도록 하기 위해서였다. 바로 이 관습 때문에 그녀들에게 아마조네스(〈젖가슴이 없는 여인들〉이라는 뜻)라는 이름이 붙여진 것이다. 그녀들이 가장 즐겨한 것은 전쟁이었다.

많은 전설이 이 이방 여인들과 싸우는 그리스 용사들에 대해 이야기하고 있다. 벨레로폰테스는 이오바테스의 명령을 받아 아마조네스와 싸웠다. 헤라클레스는 에우리스테우스로부터 카파도키아의 테르모돈 강에 가서, 아마조네스 족의 여왕 히폴리테의 허리띠를 가져오라는 임무를 받았다(☞헤라클레스). 히폴리테는 헤라클레스에게 자신의 허리띠를 주려 했던 듯하나, 헤라클레스를 못마땅하게 여기던 헤라가 아마조네스 사이에 분쟁을 일으켜, 헤라클레스는 그곳을 빠져나오기 위해 히폴리테를 죽여야만 했다. 헤라클레스는 이 원정에 테세우스를 동반했고, 테세우스는 안티오페라는 여인을 납치했다. 이 사건에 대해 복수하기 위해 아마조네스는 아테나이로 쳐들어가 전쟁을 벌였다. 그녀들은 후에 아레이오파고스(아레스의 언덕)라는 이름을 갖게 될 언덕에 진을 쳤으나, 테세우스의 지휘 아래 있던 아테나이 인들에게 패하고 말았다(☞테세우스). 또한 아마조네스 족의 여왕 펜테실레이아는 프리아모스를 돕기 위해 군대를 이끌고 트로이아로 갔다고 한다. 펜테실레이아는 곧 아킬레우스의 손에 죽지만, 그녀의 마지막 눈길에 그는 사랑에 빠지고 말았다(☞아킬레우스).

아마조네스가 특히 숭배하던 여신은 당연히 아르테미스였다. 아르테미스 여신과 전사이자 사냥꾼으로서의 삶을 살아가는 아마조네스 사이에는 많은 공통점이 있다. 그녀들은 에페소스를 건설했으며 아르테미스의 대신전을 지었다고 한다(☞미리나).

아마타 Amata 아마타는 라티누스(☞)의 아내이자, 라비니아(☞)의 어머니이다. 라비니아의 수많은 구혼자들 중에서, 아마타는 루툴리 족의 젊은 왕인 투르누스를 사윗감으로 골랐다. 그러나 아이네이아스가 도착하자, 라티누스는 딸을 그에게 주기로 결정했다. 아마타는 모든 수단을 동원해 그 결혼을 막으려고 했다. 그녀는 라우렌테스 족 여자들을 부추겨 트로이아 인들에게 대항하게 했다. 아마타는 트로이아 인들이 승리했으며 투르누스가 죽었다는 소식을 듣자 목을 매었다.

로마 대신관이 베스타를 여신으로 인정한 후, 아마타는 베스타 여신의 제의적 이름이 되었다.

아말테이아 ’Αμάλθεια / Amalthea 제우스를 잡아먹으려 하는 크로노스 몰래 크레테 섬의 이데 산에서 어린 제우스를 자기 젖으로 키운 유모의 이름이 아말테이아이다. 고대인들은 아말테이아가 어린 제우스에게 젖을 물린 암염소라고 생각했고, 님프라고도 생각했다. 후자가 좀더 일반적인 설이다. 아말테이아는 어린 제우스를 나무에 매달아 두었는데, 이는 크로노스가 〈하늘에서도, 땅 위에서도, 바다 속에서도〉 자기 자식을 찾지 못하게 하기 위해서였다. 또한 쿠레테스를 불러 모아서 그들의 시끄러운 노랫소리와 춤으로 제우스의 울음소리를 가렸다. 제우스에게 젖을 준 암염소의 이름은 아익스(〈암염소〉라는 뜻)였다. 이 염소는 헬리오스(태양)의 자손인 아주 무시무시한 짐승이었다. 그 짐승을 보기조차 두려워했던 티탄 족은 대지(가이아)에게 부탁하여, 크레테 섬의 산속 동굴 안에 그것을 숨겨 두게 했다. 후에 제우스가 티탄 족과 싸우게 되었을 때, 그는 이 짐승의 가죽으로 갑옷을 만들어 입었다. 이 갑옷이 바로 〈아이기스〉이다. 어느 날 제우스는 놀다가 암염소의 뿔을 한 개 부러뜨려 아말테이아에게 선물로 주면서, 그 뿔은 아말테이아가 원하는 열매들로 가득 채워질 것이라고 약속했다. 이것이 바로 아말테이아의 뿔, 혹은 풍요의 뿔이다(☞아켈로오스).

***아물리우스** Amulius 알바의 열다섯 번째 왕으로, 프로카스의 아들이며 누미토르와는 형제간이다. 프로카스는 죽기 전에 왕국의 유업을 두 부분으로 나누었다. 한 부분은 보물이었고, 나머지 한 부분은 왕국이었다. 누미토르는 왕국을 선택했다. 아물리우스는 물려받은 부를 바탕으로 아무 어려움 없이 누미토르를 쫓아내고 왕국을 차지해 버렸다. 그는 누미토르의 딸 레아가 잉태하지 못하도록 갖은 수를 다 썼지만, 레아는 쌍둥이 형제인 로물루스와 레무스를 낳았다. 이들 쌍둥이는 아물리우스를 폐위시킨 후 죽였고, 할아버지인 누미토르에게 왕좌를 돌려주었다 (☞누미토르).

아미모네 ’Αμυμώνη / Amymone 아미모네는 다나오스 왕의 50명 딸들 중 한 명이다. 그녀의 어머니는 에우로페이다. 다나오스가 자식들과 함께 리비아를 떠났을 때(☞다나오스), 아미모네는 아버지를 따랐다. 그녀는 아버지와 함께 아르고스에 머물렀는데, 그 지방에는 포세이돈의 진노로 인해 물이 없었다. 포세이돈은 자신이 원했던 그 지방이 헤라에게 바쳐지자 불만을 품었던 것이다. 아르고스의 왕이 된 다나오스는 딸들을 보내 물을 찾게 했다. 아미모네도 다른 자매들처럼 길을 떠났다. 걷다가 지친 그녀는 들판에서 잠이 들었는데, 사티로스가 나타나 그녀를 겁탈하려 했다. 아미모네가 포세이돈에게 도움을 청하자 신이 나타나 삼지창으로 사티로스를 쫓았다. 아미모네는 사티로스에게 거절했던 것을 포세이돈에게는 허락했다. 삼지창이 바위를 치자 샘물이 솟아났다. 세 줄기의 샘이었다. 이설에 의하면, 아미모네를 사랑하게 된 포세이돈은 그녀를 구해 준 뒤, 그녀에게 레르네 샘이 어디 있는지 알려 주었다고 한다. 아미모네는 포세이돈의 아들인 나우플리오스를 낳았다.

아미케 ’Αμύκη / Amyce 아미케는 키프로스 왕 살라미노스의 딸이다. 그녀는 오론테스 강변에 있는 안티오케이아에 키프로스 인들의 식민지를 건설하고, 이나코스의 아들인 카소스와 결혼했다. 카소스는 그곳에서 크레테 인들의 식민지를 통솔하던 인물이었다. 키프로스에서 죽은 아미케는 거기서 멀지 않은, 아미케라 불리는 곳에 매장되었다.

아미코스 ῎Αμυκος / Amycus 거인 아미코스는 포세이돈의 아들로, 비티니아의 베브리케스 족의 왕이었다. 본성이 야만적인 그는 권투와 투사용 가죽끈을 만들었다. 그는 비티니아에 접근하는 이방인들을 공격해서 맨주먹으로 죽였다. 아르고나우타이는 비티니아에 상륙하여 아미코스와 만나게 되었다. 그는 아르고나우타이에게 싸움을 걸었다. 폴리데우케스가 그의 도전을 받아들여 싸움이 시작되었다. 아미코스는 몸집이 크고 힘이 아주 셌지만, 날렵하고 기술이 뛰어난 폴리데우케스에게 지고 말았다. 이 대결은 경쟁자들의 목숨을 걸고 한 것이었다. 만약 아미코스가 승리했다면, 그는 상대방을 죽였을 것이다. 하지만 싸움에 이긴 폴리데우케스는 아미코스에게 앞으로는 이방인들을 존중하겠다는 약속을 받아 냈을 뿐이다. 그는 아미코스에게 엄숙한 맹세를 시키고 절대 어기지 못하게 했다.

아바스 ῎Αβας / Abas 전설에는 아바스라는 인물이 세 명 나오는데, 이들은 서로 구별하기가 쉽지 않다.

 1. 가장 옛날의 아바스는 『일리아스』에 언급되어 있는 에우보이아의 한 부족인 아반테스 족의 명조(名祖)이다. 칼키스 근처에 있는 샘의 님프 아레투사와 포세이돈 사이에서 태어난 아들로 알려져 있다. 하지만 후대의 아테나이 전승에 따르면, 그는 에레크테우스의 아들인 메티온의 후손이다. 그럴 경우 그는 메티온의 아들인 칼콘의 아들이 될 것이다. 이 아바스에게는 칼코돈과 카네토스라는 두 아들이 있었다.

 2. 가장 유명한 아바스는 아르고스 왕으로, 링케우스와 히페르메스트라의 아들이다. 그의 몸 속에는 원수지간인 형제 다나오스와 아이깁토스의 피가 함께 흐르고 있으며, 그는 페르세우스 및 그 일족의 조상이다(☞계보 31). 그는 포키스의 도시 아바이를 건설한 자로 여겨진다. 그는 아글라이아와 결합하여 쌍둥이 형제 아크리시오스와 프로이토스, 그리고 딸 이도메네를 두었다. 이도메네는 후에 아미타온과 결혼했다(☞계보 1). 또한 그에게는 리르코스라는 서자가 있었는데, 이 아들은 펠로폰네소스에 있는 리르케이아의 명조가 되었다.

 3. 세 번째 아바스는 멜람푸스의 아들이자 아미타온의 손자이며, 따라서 그는 아바스(2)의 증손자이다(☞계보 1). 멜람푸스의 아들인 이 아바스는 탈라오스의 아내이자 아드라토스의 어머니인 리시마케, 할아버지의 재능을 물려받은 점쟁이 이드몬, 그리고 코이라노스 등의 아버지였다(코이라노스에 관해서는 ☞폴리에이도스).

*__아보리게네스__ Aborigines 로마 전설에 나오는 아보리게네스는 이탈리아 중부의 가장 오래된 주민들이다. 나무의 후손이라고 알려진 이들은 법도 정주지도 없이, 떠돌아다니면서 야생의 열매들을 따먹고 살았다. 일반적으로, 이들의 이름은 〈원주민〉을 뜻하는 단어로 받아들여진다. 아이네이아스가 트로이아 인들을 이끌고 라티움에 이르렀을 때, 라티누스 왕이 다스리던 백성이 바로 이들이다. 이들은 트로이아 인들과 연합하여 한 민족을 이루었으며, 라티누스(☞) 왕을 기리는 뜻에서 라티움 족이라고 불리게 되었다.

*__아빌리우스__ Avilius 로물루스와 헤르실리아의 아들이다(☞헤르실리아).

아소포스 ᾿Ασωπός / Asopos 아소포스 강의 하신. 저자들에 따라 아소포스는 포세이돈과 페로의 아들로, 제우스와 에우리노메의 아들로, 혹은 여느 강들과 마찬가지로 오케아노스와 테티스

(I)의 아들로 나온다. 그는 라돈 강의 딸인 메토페와 결혼하여, 두 아들 이스메노스와 펠라곤 그리고 20명의 딸을 두었다. 디오도로스는 딸 12명의 이름만 언급하고 있다. 즉 코르키라, 살라미스, 아이기나, 페이레네, 클레오네, 테베, 타나그라, 테스피아, 아소피스, 시노페, 오이니아(혹은 오르니아), 칼키스 등이다. 또한 아소포스는 제토스와 암피온의 어머니인 안티오페의 아버지이자, 플라타이아 시의 명조가 된 플라타이아의 아버지이다(☞이스메네 1, ☞아이기나).

아스카니오스 Ἀσκάνιος / Ascanius 아스카니오스[아스카니우스]는 아이네이아스[아이네아스]와 크레우사의 아들이다. 모계로는 프리아모스 왕의 손자이고, 부계로는 아프로디테의 손자인 셈이다(☞앙키세스, ☞계보 34). 그의 어머니는 라티누스 왕의 딸인 라비니아라고도 하며, 따라서 그는 아이네이아스가 이탈리아에 도착한 후에야 태어난 것으로 간주된다(☞아이네이아스).

가장 오래된 전설에는, 트로이아가 정복되었을 때 아스카니오스가 크레우사 및 앙키세스와 함께 아버지 아이네이아스의 손에 끌려 트로이아를 떠나는 이야기가 나와 있다. 그 후 아스카니오스는 아버지에 의해 프로폰티스로 보내져 그곳을 다스리다가, 헥토르의 아들인 스카만드리오스와 함께 트로이아를 재건하기 위해 트로아스로 갔다. 그러나 또 다른 전승에 의하면, 아스카니오스는 아버지를 따라 이탈리아로 갔으며, 아이네이아스는 늘그막에 아스카니오스를 데리고 아시아로 가서 트로이아를 다스렸다고 한다. 그가 죽으면서 아들 아스카니오스에게 왕국을 물려주었다는 것이다. 그러나 아이네이아스의 로마 건국과 관련된 가장 일반적인 설에 의하면, 아스카니오스는 이탈리아에 정착해 시조가 되었다고 한다.

특히 어린 아스카니우스에 관한 이야기는 『아이네이스』에 나와 있다. 베르길리우스는 어린 아스카니우스를 청소년으로, 막 어른이 되려는 모습으로 그리고 있다. 아스카니우스는 죽은 앙키세스를 기리기 위해 열린 〈트로이아 경기〉에 참여한다(☞앙키세스). 그는 라티움의 숲에서 사냥을 하다가 부주의로 신성한 암사슴을 죽이는 바람에 원주민들과 적대 관계에 놓이게 된다. 그는 아이네아스의 극진한 사랑을 받던 아들로, 추방당한 트로이아 인들의 희망이었으며, 할머니인 베누스[아프로디테]가 애지중지하던 손자였다.

아이네아스가 죽은 후 아스카니우스가 라티움 족을 다스렸다고 전설은 이야기한다. 이에 따르면, 아스카니우스는 누미키우스 강가에서 에트루리아 인들과 싸워 승리를 거두었다. 아이네아스가 라비니움을 건설한 지 30년 후, 아스카니우스는 알바 롱가 시를 세웠다. 로마의 모태가 될 이 도시는 옛날 아이네아스가 흰 멧돼지 한 마리와 새끼 서른 마리를 희생 제물로 바쳤던 곳에 터를 잡았는데, 아스카니우스가 새로운 도시를 건설해야 했던 이유는 라티움 족이 아이네아스의 미망인이자 그의 계모인 라비니아 편에 서서 그를 적대시했기 때문이다. 아이네아스가 죽자, 임신 중이던 라비니아는 친실 자식인 아스카니우스가 그녀의 아이를 죽일까 봐 두려워서 숲으로 몸을 피했다. 그녀는 티루스 혹은 티레누스라는 이름의 목동에게 피신해, 바로 그의 집에서 아들 실비우스를 낳았다. 티루스는 아스카니우스에 대한 라티움 족의 분노를 부추겼다. 아스카니우스가 죽은 후, 실비우스는 알바의 왕권을 물려받았다.

아스카니우스는 종종 이울루스라고 불리기도 한다. 율리아라는 로마 가문이 아스카니우스를 조상으로 생각하는 것은 이울루스라는 이름 때문이다(☞아프로디테).

아스칼라보스 Ἀσκάλαβος / Ascalabus 데메테르는 딸을 찾으러 온 땅을 헤매고 다니던 중, 아티카를 지나다가 아주 목이 말랐다. 미스메라는 여인이 마실 물을 주자, 여신은 단번에 허겁지겁 다 마셔 버렸다. 미스메의 아들 아스칼라보스가 그 모습을 보고 웃었다. 이에 화가 난 여신은 남은 물을 아스칼라보스에게 던졌고, 어린아이는 반점이 있는 도마뱀으로 변했다.

아스칼라포스 Ἀσκάλαφος / Ascalaphus 1. 아스칼라포스는 스틱스 강의 님프와 아케론 강의 하신 사이에서 태어난 아들이다. 페르세포네가 금식을 포기하고 석류 한 알을 먹음으로써 자신도 모르는 사이에 땅으로 올라갈 수 없는 처지가 될 때(☞페르세포네), 아스칼라포스는 하데스의 정원에서 그 광경을 지켜보다가 그녀가 석류를 먹었다는 사실을 일렀다. 화가 난 데메테르는 그를 올빼미로 만들어 버렸다. 혹은 아스칼라포스는 데메테르에 의해 커다란 돌 아래 깔렸는데, 헤라클레스가 하데스 왕국에 내려왔을 때 이 돌을 다른 곳으로 옮겨 주었으며, 그러자 데메테르가 다시 벌을 내려 아스칼라포스를 올빼미로 만들었다고 한다.

2. 아레스의 아들인 아스칼라포스에 대해서는 ☞이알메노스.

아스클레피오스 Ἀσκληπιός / Asclepius 아스클레피오스는 라티움 족의 아이스쿨라피우스와 동일시되었던 의술의 신이자 용사였다. 그는 아폴론의 아들로, 그의 탄생에 얽힌 이야기들은 아주 다양하다. 핀다로스가 따르는 가장 흔한 전설에 의하면, 아폴론이 테살리아 왕 플레기아스의 딸 코로니스를 사랑하게 되어 아들을 갖게 만들었다고 한다(☞플레기아스). 그런데 코로니스는 아들을 임신한 상태에서 엘라토스의 아들인 이스키스를 사랑하게 되었다. 입이 가벼운 까마귀에게서(혹은 아폴론 자신의 예지력으로) 이 사실을 알게 된 아폴론은 바람을 피운 코로니스를 죽였다. 그녀의 시신이 화장단에 올려져 타려는 순간, 아폴론은 그녀의 태중에 여전히 살아 있던 아이를 끄집어내었다. 이것이 아스클레피오스의 탄생 이야기이다.

또 다른 전설은 아스클레피오스가 펠로폰네소스의 에피다우로스 지방의 위대한 신이 된 내력을 설명한 것이다. 그에 따르면, 대악탈자인 플레기아스가 그 지방의 부(富)를 알아보고 그것을 차지할 방법을 강구하기 위해 에피다우로스로 왔다고 한다. 그는 딸을 데리고 왔는데, 여행 중에 그녀는 아폴론과 사랑을 나누어, 에피다우로스 지방의 미르티온 산 아래서 몰래 아이를 낳았다. 그리고는 아이를 내다 버렸는데, 암염소 한 마리가 아이에게 젖을 주었고, 개가 아이를 보호해 주었다. 염소와 개의 주인이었던 목동 아레스타나스는 아이를 발견하고는, 아이를 둘러싸고 있던 빛을 보고 놀랐다. 그는 뭔가 신비한 것이 있다고 생각해서 감히 아이를 거둘 수 없었다. 결국 아이는 홀로 신으로서의 자기 운명을 따르게 되었다.

또 다른 설에 의하면, 아스클레피오스의 어머니는 레우키포스의 딸 아르시노에이다. 메세니아 지방의 전설은 아스클레피오스가 아르시노에의 아들이지만 코로니스의 품에서 자랐다고 이야기함으로써 다른 전설들과 조화를 이루고 있다.

아스클레피오스는 아버지인 아폴론에 의해 켄타우로스 케이론에게 맡겨져 의술을 배웠다. 얼마 지나지 않아 아스클레피오스는 의술에 능

통하게 되었다. 그는 심지어 죽은 자를 부활시키는 방법까지 발견했다. 실상 그는 아테나 여신으로부터 고르곤의 혈관에서 흐르던 피를 얻었던 것이다. 고르곤의 왼쪽 혈관의 피는 강한 독을 내뿜었지만, 오른쪽 혈관의 피는 이로운 것이었다. 아스클레피오스는 그 피를 이용해서 죽은 자에게 다시 생명을 주었다. 그가 그런 식으로 부활시킨 사람의 수는 상당했다. 그가 살려 낸 사람 중에는, 카파네우스와 리쿠르고스(아마도 테바이 전쟁 때일 것이다. 이 전쟁으로 희생된 인물들 중에 이 두 용사의 이름이 들어 있다), 미노스의 아들 글라우코스 등이 있으며, 가장 많이 언급되는 인물은 테세우스의 아들 히폴리토스이다(☞파이드라). 인간의 부활을 지켜보던 제우스는 아스클레피오스가 인간 세계의 법칙을 흔들어 놓지나 않을까 걱정스러워서 벼락으로 그를 내리쳤다. 그러자 아폴론은 아들의 원수를 갚기 위해 제우스의 아들인 키클롭스들을 죽였다(☞아폴론). 죽은 아스클레피오스는 땅꾼자리[길게 뻗어 있는 뱀을 양손으로 잡고 있는 사람 모양의 별자리, 뱀자리와 얽혀 있으므로 흔히 함께 취급된다]로 변했다.

후대의 전설에 의하면, 아스클레피오스는 칼리돈의 사냥과 아르고나우타이 원정에 참가했다고도 하지만, 대체로 그는 이 모험에 관한 전설들과는 연관이 없다.

『일리아스』에 등장하는 두 명의 의사 포달레이리오스와 마카온이 그의 자식이라고 전해진다. 후대의 전설에는 에피오네가 그의 아내로 등장하며, 그의 다섯 딸로 아케소, 이아소, 파나케이아, 아이글레, 히기에이아 등이 언급된다. 아스클레피오스의 출생지로 여겨지는 테살리아의 트리카에서도 그의 제사를 드렸던 것이 확인되었지만, 아스클레피오스 숭배는 특히 펠로폰네소스의 에피다우로스에서 고정적으로 이루어졌다. 그곳에서 진정한 의미의 의학교가 발전했는데, 당시 의술은 주술적인 성격이 짙기는 했지만 좀더 과학적인 의술의 출현을 예비하는 것이었다. 이 의술은 아스클레피오스의 후손 아스클레피아다이에 의해 시행되었는데, 그 중에서 가장 유명한 인물이 히포크라테스이다. 히포크라테스의 가문은 아스클레피오스 신과 관련이 있는 것이다.

아스클레피오스의 일반적 상징물은 막대기를 휘감고 있는 뱀, 솔방울, 그리고 월계관이다. 그리고 가끔 암염소나 개도 그의 상징물로 간주되었다.

아스테리아 ʼΑστερία / Asteria 1. 아스테리아는 티탄 코이오스와 포이베의 딸이며, 포이베는 우라노스(하늘)와 가이아(대지)의 딸이자 레토의 자매이다. 그녀는 제우스의 사랑을 피하기 위해 메추라기로 변신해서 바다 속으로 몸을 던졌다. 그녀는 오르티기아(메추라기 섬)라는 섬이 되었다. 이 섬에서 레토가 자식 둘(아폴론과 아르테미스)을 낳은 후에, 섬은 델로스라는 이름으로 불리게 되었다. 아스테리아는 페르세스와의 사이에서 헤카테를 낳았다(☞계보 32).

2. 또 다른 아스테리아(혹은 아스테로피아)는 데이온과 디오메데의 딸로, 아이아코스의 아들인 포코스와 결혼했다. 그녀는 파노페우스와 크리소스의 어머니이다(☞파노페우스, ☞크리소스, ☞계보 20, ☞계보 30).

아스테리온 ʼΑστερίων / Asterion 아스테리온 혹은 아스테리오스는 크레테우스의 딸과 텍타모스(또는 도로스) 사이에서 태어난 아들로, 크레테 섬의 왕이었다. 제우스가 에우로페를 범한 후, 아스테리온은 그녀와 결혼했다. 그는 에우로페에게서 태어난 제우스의 자식들인 미노스와 사르페돈, 라다만티스를 자기 자식으로 삼아 길렀다(☞계보 28).

아스트라이아 ’Αστραῖα / Astraea 제우스와 테미스(정의)의 딸이자, 아이도스[그리스 어의 αἰδοσ, 라틴 어의 pudicitia는 우리말의 〈염치〉가 갖는 본뜻인 〈청렴하고 깨끗하여 부끄러움을 아는 마음〉에 가장 가깝다]의 자매인 아스트라이아는 인간 세계에 정의와 덕(德)을 널리 전파했다. 이것은 황금 시대에 있었던 일이다. 하지만 인간들이 타락하고 악덕이 세상을 뒤덮자, 아스트라이아는 다시 하늘로 올라가서 처녀자리[성좌]가 되었다. 아스트라이아가 땅을 떠나기 전에 시골의 농부들 틈에서 얼마간 지냈다는 이야기도 있다(☞유스티티아).

아스티메두사 ’Αστυμέδουσα / Astymedusa 아스티메두사는 스테넬로스의 딸로(☞계보 31), (오이디푸스 신화의 불확실한 이본에 따르면) 이오카스테가 죽은 후 오이디푸스와 결혼했다. 그녀는 오이디푸스의 전처 이오카스테의 아들들인 에테오클레스와 폴리네이케스가 자신을 해치려 한다면서, 남편에게 두 형제를 중상모략했다. 그러자 오이디푸스는 두 아들을 저주했으며, 이것이 두 왕자 사이의 갈등의 원인이 되었다고 한다.

아스티아낙스 ’Αστυάναξ / Astyanax 아스티아낙스는 헥토르와 안드로마케의 아들이다. 헥토르는 트로이아의 젖줄인 강의 이름을 따서 아들에게 스카만드리오스라는 이름을 붙였지만, 백성들은 헥토르에 대해 감사를 표하기 위해 그의 아들을 아스티아낙스(〈도시의 왕자〉라는 뜻)라고 불렀다. 어린 아스티아낙스는 어머니 품에 안긴 모습으로 안드로마케와 헥토르가 영원히 이별하는 장면에 등장하는데, 그는 아무것도 모르는 채 헥토르의 투구에 달린 깃털을 가지고 장난을 하고 있다. 헥토르가 죽고 트로이아가 정복되자, 그리스 장군들, 특히 오딧세우스는 아스티아낙스를 내놓으라고 요구했다. 오딧세우스는 탑 꼭대기에서 아스티아낙스를 내던져 죽였다. 그러나 후대의 전승에 의하면, 아스티아낙스는 죽지 않고 새로운 트로이아를 건설했다고 한다(☞아스카니오스).

아스팔리스 ’Ασπαλίς / Aspalis 제우스와 님프 오트레이스의 아들인 멜리테우스는 어머니에 의해 숲 속에 버려졌지만 벌떼 덕분에 기적적으로 자라나 테살리아로 가서 멜리타이아 시를 세웠다(☞멜리테우스). 그곳의 통치자로 군림하던 그는 처녀들을 강제로 빼앗아 자기 소유로 삼았으며, 아르가이오스의 딸 아스팔리스도 다른 아가씨들과 마찬가지로 멜리테우스의 마음에 들어 강제로 궁전에 가야 할 운명에 처했다. 아스팔리스는 자신을 데려갈 군사들이 도착하기 전에, 목을 매어 죽고 말았다. 그녀의 오빠 아스티기테스는 누이의 옷을 입고 위장한 채 칼을 감추고, 누이인 척하면서 멜리테우스 앞에 갔다. 그리고 독재자에게 다가가 그를 죽였다. 백성들은 멜리테우스의 시신을 강에 던져 버리고 아스티기테스를 왕으로 추대했다. 아스팔리스의 시신을 찾으려고 했지만, 시신은 이미 사라져 버렸고 그 대신 신들이 목상(木像)을 세워 놓은 것을 알게 되었다. 그래서 그 목상에 제사를 드리게 되었다.

아시아 ’Ασία / Asia 아시아는 오케아노스와 테티스(I)의 딸이다(☞계보 38). 그녀는 아시아 대륙에 자신의 이름을 주었다. 아시아는 이아페토스와의 사이에서 아틀라스, 프로메테우스, 에피메테우스, 메노이티오스 등을 낳았다.

아에돈 'Aηδών / Aedon 『오딧세이아』에 의하면 아에돈은 판다레오스(☞)의 딸로, 암피온(☞)의 형제인 테바이 왕 제토스의 아내였다. 그녀는 아들이 하나뿐이었으므로, 암피온의 아내 니오베에게 아들이 많은 것을 시기하였다. 그래서 니오베의 맏아들 아말레우스가 잠든 사이 그를 죽이려다가, 실수로 자신의 외아들 이틸로스를 죽이고 말았다. 너무 고통스러운 나머지 그녀는 신들에게 자신을 불쌍히 여겨 달라고 빌었고, 신들은 그녀를 나이팅게일(그리스 어로 〈아에돈〉)로 만들어 주었다.

나이팅게일에 얽힌 또 다른 신화도 있는데, 역시 살인 사건이 포함된 비극적 이야기이다. 이 신화에서 아에돈은 밀레토스의 판다레오스의 딸이며, 예술가 폴리테크노스(〈여러 가지 재주〉라는 뜻)의 아내였다. 그녀는 남편과 함께 리디아의 콜로폰에서 아들 이티스를 낳고 신들을 공경하면서 행복하게 살았다. 행복한 나머지 자만에 빠진 이들 부부는 자신들이 제우스와 헤라보다 더 단란하게 살아가고 있다고 자랑했다. 헤라는 이들에게 벌을 주려고 불화의 여신 에리스를 보냈고, 에리스는 이들 부부에게 서로에 대한 경쟁심을 부추겼다. 경쟁에서 이기기 위해 폴리테크노스는 마차를 만들었고 아에돈은 길쌈을 하여, 일을 먼저 끝내는 사람에게 다른 한 사람이 여종을 한 명 주기로 했다. 헤라의 도움으로 아에돈이 이기자, 앙심을 품은 폴리테크노스는 복수를 작정했다. 그는 에페소스로 가서, 장인에게 아에돈이 동생 켈리돈을 만나고 싶어하니 켈리돈을 데려가게 해달라고 청했다. 돌아가던 길에 그는 켈리돈을 욕보인 뒤, 그녀에게 노예 옷을 입히고 머리를 깎아 버렸다. 그리고는 그녀에게 만일 자신이 누구인지 아에돈에게 밝히면 죽여 버리겠다고 협박했다. 집에 도착한 폴리테크노스는 아에돈에게 그녀를 노예로 주었다. 켈리돈은 아무에게도 눈치 채이지 않은 채 얼마간 아에돈을 섬겼으나, 어느 날 아에돈은 켈리돈이 샘에서 자신의 처지를 비관하는 것을 듣고 동생을 알아보게 되었다. 이들 자매는 복수를 결심하고 이티스를 죽여 음식으로 만들어 폴리테크노스 앞에 내놓고는 밀레토스로 달아났다. 폴리테크노스는 무엇으로 그 음식을 만들었는지 이웃에게서 듣고 자매를 잡으러 쫓아갔지만, 자매로부터 사건의 전말을 들은 판다레오스에게 붙잡히고 말았다. 판다레오스는 그를 결박하고 몸 전체에 꿀을 발라 들판에 눕혀 놓았다. 달라붙는 파리 떼로 괴로워하는 폴리테크노스를 불쌍히 여긴 아에돈이 파리 떼를 쫓아내자 화난 그녀의 형제들과 아버지는 그녀를 죽이려 했다. 이렇듯 불행해진 가족을 불쌍히 여긴 제우스는 이들 모두를 새로 변화시켰다. 판다레오스는 흰꼬리수리, 아에돈의 어머니 하르모토에는 바다새로 변했다. 폴리테크노스는 청딱따구리 Pic-vert로 변했는데, 이는 헤파이스토스가 그에게 곡괭이[pic: 딱따구리라는 뜻도 있음]를 선물로 주었기 때문이다. 아에돈의 형제는 오디새로 아에돈은 이름처럼 나이팅게일로 변했고, 켈리돈은 제비로 변했다(그리스 어 〈켈리돈〉은 제비를 뜻함). 켈리돈은 형부가 자신을 범하던 순간 아르테미스에게 도움을 청한지라, 여신의 특별한 은혜를 입어 인간들 곁에서 살 수 있는 것이다.

아에로페 'Αερόπη / Aerope 1. 미노스의 아들 카트레우스에게는 딸 셋과 아들 한 명이 있었다. 딸들의 이름은 아에로페, 클리메네, 아페모시네였고, 아들은 알타이메네스였다. 카트레우스는 자신이 어떻게 죽을 것인지 신에게 물은 결과, 자식들 중 한 명의 손에 죽으리라는 신탁을 받았다. 그는 신탁의 내용을 숨겼지만, 알타이메네스가 그 비밀을 알게 되었다. 알타이메네스는 누이 아페모시네와 함께 도망쳤다. 한편 카트레우스는 아에로페와 클리메네를 여행자 나우플리오스에게 주면서 외국에 팔라고 명령했다. 나우플리오스는 두 여자를 죽이는 대신 아르고스로 데리고 갔다. 아에로페는 아르고스 왕 플레이스테네스와 결혼했고, 이들 사이에서 아가멤논과 메넬라오스가 태어났다(☞계보 2).

또 다른 전승에 의하면, 카트레우스는 나우플리오스에게 아에로페를 넘겨주며 그녀를 물에 빠뜨리라고 시켰다고 한다. 그 이유도 아에로페가 자신을 죽일까 봐서가 아니라 그녀가 노예에게 몸을 허락했기 때문이라고 하며, 아에로페는 플레이스테네스가 아니라 아트레우스와 결혼하여 아가멤논과 메넬라오스를 낳았다고 한다.

위의 두 가지 신화를 결합하기 위해 다음과 같은 이야기도 생겨났다. 즉, 아트레우스는 플레이스테네스의 아들(또는 아버지)이었는데, 아에로페는 플레이스테네스와 결혼했다가 그가 죽자 아트레우스와 다시 결혼했다. 그리고 플레이스테네스와의 사이에서 낳은 아가멤논과 메넬라오스를 아트레우스가 길렀다는 것이다.

아에로페는 아트레우스와 결혼한 상태에서 시동생인 티에스테스와 정을 통해, 아트레우스의 왕권을 보장해 주는 황금 새끼양을 비밀리에 티에스테스에게 넘겨주었다(☞아트레우스). 하지만 아트레우스는 제우스의 도움으로 왕권을 계속 유지할 수 있었고, 배신에 대한 벌로 아내를 바다에 던져 버렸다.

2. 파우사니아스는 또 다른 아에로페의 이야기를 전한다. 그녀는 케페우스의 딸로, 아레스와 사랑을 나누어 아들을 낳다가 죽었다. 하지만 아레스는 아이가 죽은 어머니의 젖을 먹고 자랄 수 있도록 해주었다.

아우게 Αὔγη / Auge 아우게는 아르카디아 도시 테게아의 왕 알레오스와 페레우스의 딸 네아이라 사이에서 태어난 딸이다(☞계보 9). 아우게의 전설은 헤라클레스 계열의 전설들과 연결되어 있을 뿐 아니라, 아우게가 낳은 헤라클레스의 아들 텔레포스를 통해 트로이아 계열의 전설들과도 연관된다. 확인된 가장 오래된 전설들 중 하나에 의하면, 아우게는 트로이아 왕 라오메돈의 궁전에 살았으며, 트로이아를 정복하러 왔던 헤라클레스의 사랑을 받았다고 한다(☞헤라클레스). 그 후 그녀는 미시아 왕 테우트라스의 궁전으로 갔다고 하는데, 그 이유는 나타나 있지 않다. 하지만 아우게에 관해 가장 잘 알려진 이야기는, 에우리피데스의 『아우게』와 소포클레스의 『미시아 인들』, 『알레아다이』 등에 나오는 것으로, 그 내용은 다음과 같다.

알레오스는 자신의 딸이 아들을 낳으면, 그 외손자가 자신의 아들들(알레아다이)을 죽이고 왕좌를 차지하리라는 신탁을 받았다. 그래서 알레오스는 딸을 아테나 여신에게 바치고, 만일 그녀가 결혼을 하면 사형에 처하겠다고 했다. 그런데 헤라클레스가 아우게이아스와 싸우려고 엘리스로 가는 도중에 테게이아에 들러서 알레오스의 궁전에 머물렀다. 향연을 마친 후 술에 취한 헤라클레스는 아우게를 범하고 말았다(그는 아우게가 왕의 딸이라는 사실을 알지 못했다). 겁탈은 아테나의 신전에서, 아니면 근처의 샘에서 일어났다고 한다. 알레오스는 딸이 임신한 것을 알자, 딸을 죽이려 했다. 그가 딸과 아기를 궤짝에 넣어 바다에 던졌다는 이야기도 있고, 항해사인 나우플리오스에게 그들을 바다에 던져 버리라고 명했다는 이야기도 있다. 나우플리오스는 아에로페 자매를 구해 주었던 것처럼(☞아에로페), 아우게와 아기의 생명도 구해 주었다. 그는 아우게와 그녀의 아들을 노예 상인에게 팔았고, 그들은 미시아로 가게 되었다. 자식이 없었던 미시아의 왕은 아우게와 결혼하여 그녀의 아들인 어린 텔레포스를 자신의 아들로 삼았다. 이본에 따라서는, 아우게가 아들을 낳은 뒤 팔려 갔다고도 한다. 아르카디아에 남겨진 그녀의 아들은 산중에 버려졌고 암사슴이 그에게 젖을 물려 키웠다는 것이다. 나중에 텔레포스는 델포이 신탁에 따라 미시아의 테우트라스에게 가서 어머니를 만났다(☞텔레포스).

아우게이아스 Αὐγείας / Augias 아우게이아스는 펠로폰네소스에 있는 엘리스의 왕이다. 아우게이아스는 대개 헬리오스(태양)의 아들로 간주되지만, 그에 관한 다른 계보들도 있다. 가령 그는 라피타이 족인 포르바스의 아들, 포세이돈의 아들, 혹은 엘레이아의 명조인 엘레이오스의 아들이라고 한다. 그의 어머니는 네레우스의 딸 히르미네(☞계보 14, ☞계보 23)이다. 이 모든 계보에서 공통적인 것은, 아우게이아스의 형제가 악토르라는 점이다. 아우게이아스는 한번도 본 적이 없는 이복동생 아이에테스[헬리오스와 페르세이스의 아들]를 만나기 위해 아르고나우타이 원정에 참여했다고 한다.

아우게이아스는 아버지로부터 아주 많은 가축 떼를 물려받았다. 그런데 가축의 배설물을 치우지 않고 외양간에 쌓이도록 내버려 두어서 토지의 비옥함을 해쳤다. 그래서 에우리스테우스는 헤라클레스에게 아우게이아스의 외양간을 깨끗이 치우라고 명령했고, 아우게이아스는 이를 기꺼이 받아들였다. 헤라클레스는 외양간을 치우는 대가로 단 하루 만에 일을 마칠 경우 아우게이아스의 가축 떼 중 십분의 일을 달라고 요구했는데, 아우게이아스는 하루 만에 청소를 다 할 수는 없다고 믿었던 것이다. 헤라클레스는 외양간의 벽에 틈을 내어 알페오스 강물과 페네이오스 강물이 흘러 들어오게 했다. 물은 외양간을 통과하여 반대편에 뚫린 틈으로 배설물과 함께 흘러 나갔다. 헤라클레스가 그처럼 일을 해내자 화가 난 아우게이아스는 헤라클레스가 이올라오스의 도움을 받았고, 이미 에우리스테우스를 섬기는 중이라는 등의 이유를 대면서 대가를 지불하지 않으려고 했다. 증인으로 선 아우게이아스의 아들 필레우스는 심판관들 앞에서, 아버지가 헤라클레스에게 대가로 가축의 십분의 일을 주기로 약속했다고 증언했다. 분노한 아우게이아스는 판결이 내려지기 전에 필레우스와 헤라클레스를 왕국에서 추방해 버렸다. 그러자 헤라클레스는 아르카디아의 지원병을 모아 쳐들어왔다. 헤라클레스가 군대를 끌고 온다는 소식을 들은 아우게이아스는 악토르의 아들이자 자신의 조카들인 몰리오니다이(☞)에게 헤라클레스의 군대를 막으라고 명령했다. 헤라클레스가 병든 틈을 타서, 몰리오니다이는 헤라클레스의 군대에 패배를 안겨 주었다. 하지만 얼마 지나지 않아 종교 의식이 벌어지는 동안 헤라클레스는 몰리오니다이를 죽이고 엘리스를 점령했다. 그는 아우게이아스와 그의 아들들을 죽이고 필레우스를 왕좌에 앉혔다. 일설에 의하면, 아우게이아스는 아주 장수한 뒤에 죽었으며, 백성들은 그에게 신적인 예우를 하여 장례를 치러 주었다고 한다(☞헤라클레스). 아우게이아스의 보물에 관해서는 ☞아가메데스.

아우라 Αὔρα / Aura 아우라(산들바람)는 프리기아 여자인 페리보이아와 티탄 렐란토스의 딸이다. 바람처럼 민첩한 그녀는 아르테미스의 무리에 끼어 사냥을 했다. 디오니소스는 그녀를 사랑했으나, 달아나는 그녀를 뒤쫓아갈 수 없었다. 더 가벼운 아우라는 항상 그를 피해 달아났던 것이다. 결국 디오니소스의 부탁으로 아프로디테가 아우라를 실성하게 만들고 나서야, 아우라는 디오니소스의 품에 안기게 되었다. 그녀는 디오니소스의 자식들인 쌍둥이를 낳았지만, 실성한 상태에서 아기들의 몸을 갈가리 찢어 상가리오스 강에 던져 버렸다. 제우스는 아우라를 샘으로 만들었다. 그 쌍둥이 중의 한 명이 이나코스였다(☞이나코스).

아우로라 Aurora ☞에오스.

아우손 Αὔσων / Auson 아우손은 오딧세우스가 귀향 중에 키르케 혹은 칼립소에게서 낳은 아들이다(☞계보 39). 아우손은 라티노스와 형제간이며 리파로스의 아버지이다. 아우손은 이탈리아의 첫 주민들인 아우소니아 족의 명조이다. 아우손은 그 지방을 다스린 최초의 왕이었다(☞레우카리아). 아우손은 이탈로스 왕의 아들이라고도 한다.

*아우크누스 Aucnus 아우크누스(혹은 오크누스)는 에트루리아의 용사로, 볼로니아 지방의 전설과 연관된다. 그는 파우누스 혹은 티베리스 신의 아들이다. 그의 어머니는 테이레시아스의 딸, 혹은 헤라클레스의 딸인 만토이다. 페루시아 출신인 아우크누스는 그 도시를 건설한 자신의 형제 아울레스테스에게 불안을 안겨 주지 않기 위해 고향을 떠났다. 아우크누스는 아펜니노 산맥을 통과하여 후일 볼로니아가 될 에트루리아 도시 펠시나를 건설했다. 그의 동반자들은 포 평야에 만토바를 위시하여 다른 도시들을 건설했다.

아우토메돈 Αὐτομέδων / Automedon 아우토메돈은 아킬레우스의 전차를 몰던 마부이며, 언제나 아킬레우스와 함께 전장을 누비던 전우이다. 아우토메돈도 스키로스에서 온 10척의 선단을 지휘하던 장군이었다. 그는 트로이아 앞에서 벌어진 전쟁에서 중요한 활약을 했다. 아킬레우스가 죽은 후, 아우토메돈은 아킬레우스의 아들인 피로스 네오프톨레모스를 계속 섬겼고 트로이아 공략에도 참여했다.

아우톨레온 Αὐτολέων / Autoleon 로크리스 인들은 전쟁을 할 때, 동족인 아이아스가 살아 돌아와 자신들 편에서 싸울 것이라는 믿음을 갖고 그를 위해 대열에 빈 자리를 마련해 두었다. 그들이 크로토나 인들과 싸우던 어느 날 크로토나 사람 아우톨레온이 그 빈 자리를 통해 로크리스 진영으로 침투하려고 했다. 그러나 아우톨레온은 유령에게 넓적다리에 심한 상처를 입었으며 상처가 잘 낫지 않았다. 신탁에 묻자, 도나우 강 하구에 있는 〈흰 섬〉(☞아킬레우스)에 가서 영웅들에게, 특히 로크리스의 아이아스에게 속죄 제물을 바치라는 대답이 내렸다. 그 섬에서 아우톨레온은 헬레네를 만났다. 헬레네는 자신에 관해 나쁘게 말하는 시를 읊다 실명한 시인 스테시코로스에게 만일 그가 이전의 시를 고쳐 읊는다면 시력을 되찾으리라고 전해 달라고 그에게 부탁했다. 시인은 개영시(改詠詩)를 쓴 후에야 앞을 보게 되었다. 이것은 코논이 기록한 이야기이다. 파우사니아스도 같은 내용의 일화를 작품에 썼지만, 주인공의 이름은 레오니모스이다.

아우톨리코스 Αὐτόλυκος / Autolycus 아우톨리코스는 헤르메스가 키오네 혹은 스틸베(에오스포로스의 딸)에게서 낳은 아들이다. 아우톨리코스는 필람몬과 쌍둥이 형제간이다(☞다이달리온, ☞키오네 3). 그는 에리시크톤의 딸인 메스트라와 결혼했다고 하는데, 이것은 후대에 생겨난

설일 것이다. 아우톨리코스는 딸 안티클레이아를 통해 오딧세우스의 할아버지가 된다(☞계보 35, ☞계보 39). 아우톨리코스는 아버지 헤르메스에게서 절대 들키지 않고 훔치는 기술을 전수 받았다. 그의 속임수는 아주 다양했다. 아우톨리코스는 아민토르에게서 가죽 투구를 훔쳐 오딧세우스에게 주었으며, 오딧세우스는 그 투구를 쓰고 디오메데스와 함께 밤중에 트로이아로 숨어 들어갔다. 아우톨리코스는 에우보이아에서 에우리토스의 가축 떼도 훔쳤으며, 시시포스의 가축들을 훔치려고 했지만 성공하지 못했다(☞시시포스). 아우톨리코스는 자신의 도둑질을 감추기 위해, 재주 좋게도 소들의 털을 물들여 위장시켰다. 몇몇 저자들에 의하면, 그는 변신하는 능력도 있었다고 한다.

아우톨리코스는 헤라클레스에게 씨름 기술을 가르쳐 주었다.

시시포스가 도둑맞은 가축 떼를 되찾기 위해 아우톨리코스의 집에 머물렀을 때, 아우톨리코스는 자신의 딸 안티클레이아가 라에르테스와 결혼하기 전에 몰래 시시포스와 동침하게 했다.

아우톨리코스는 아르고나우타이 원정에 참여했다. 그의 딸인 폴리메데가 이아손과 결혼했기 때문에, 그는 이아손의 할아버지가 된다.

아욱세시아 Αὐξησία / Auxesia 아욱세시아와 그녀의 친구 다미아는 크레테 사람이었으나, 트로이젠에 왔다가 우연히 폭동의 무리에 휩쓸리는 바람에 돌에 맞아 죽었다. 억울하게 죽은 그녀들의 혼을 달래기 위해 사람들은 제사를 지내고 축제를 벌였다. 아욱세시아, 다미아는 데메테르, 페르세포네와 동일시되었다.

아이가이온 Αἰγαίων / Aegaeon 헤카톤케이레스(손이 백 개인 거인들) 중에, 신들은 브리아레우스라고 부르고 인간들은 아이가이온이라고 부르는 한 거인이 있었다. 그는 자기 형제들과 함께 올림포스 신들의 편에서 티탄 족에 대항해 싸웠다(☞티타네스). 신들이 승리하고 티탄 족이 타르타로스에 갇히자, 브리아레우스 아이가이온은 또 다른 역할을 맡게 되었다. 그는 형제 두 명과 함께 하계의 감옥에 갇힌 티탄 족을 감시하는 역할을 했다고도 하고, 전쟁에서 그가 보여준 용맹함에 대한 보상으로 포세이돈이 그의 딸 키모폴레아와 결혼시키고 하계의 감옥을 지키는 일에서도 면제시켜 주었다고도 한다. 올림포스 신들인 헤라와 아테나, 포세이돈이 제우스를 사슬로 묶으려 할 때, 테티스(II)가 제우스를 구하기 위해 도움을 청했던 이도 바로 아이가이온이다. 엄청난 괴력을 지닌 아이가이온이 나타나자, 두려움을 느낀 신들은 곧바로 자신들의 계획을 포기하고 말았다.

다소 이외이지만, 제우스의 훌륭한 친구이자 충실한 동반자인 아이가이온이 티탄 족과 한편이 되어 올림포스 신들을 공격했다는 이야기도 있다.

아이게스테스 Αἰγέστης / Aegestes 아이게스테스 일명 아케스테스는 시칠리아의 하신 크리미소스와 트로이아 여인 아이게스타 혹은 세게스테의 아들이다. 이 트로이아 여인은 아이네이아스와 트로이아 인들이 시칠리아에 도착했을 때 호의를 베풀었다고 하는데, 그녀가 고향을 떠나 멀리 시칠리아까지 오게 된 이유에 대해서는 다양한 설이 있다. 세르비우스에 따르면, 트로이아 왕 라오메돈이 아폴론과 포세이돈에게 트로이아 성벽을 쌓아 준 데 대한 보답을 거절했으므로, 신들은 트로이아에 재앙을 내렸다고 한다. 포세이돈은 바다 괴물로, 아폴론은 역병으로 트로이아를 피폐하게 만들었다. 아폴론의 신탁을 구하자, 귀족 출신의 젊은이들을 포세이돈의 괴물에게 바쳐야만 재앙이 그치리라는 답이 내렸다. 이에 많은 트로이아 인들이 서둘러 아이들을 외국으로 보냈으며 히포테스 혹은 히포스트라토스도 바로 그런 경우였다. 그는 자신의 딸 아이게스타를 상인들에게 맡겼고, 그들은 그녀를 시칠리아 섬으로 데려갔다. 그곳에서 크리미소스 강의 신이 곰 아니면 개의 모습으로 그녀와 결합하여 아이게스타 혹은 세게스타 시의 명조가 될 아이게스테스를 낳았다.

리코프론에 따르면, 아이게스타는 트로이아 사람 포이노다마스의 딸이다. 포이노다마스는 트로이아 인들에게 라오메돈의 딸 헤시오네를 괴물에게 바치라고 조언했고, 그 보복으로 라오메돈은 포이노마다스의 세 딸들을 뱃사람들에게 넘겨주며 야수들이 잡아먹도록 시칠리아 섬에 버리라고 했다. 세 명의 처녀들은 아프로디테의 은혜를 입어 죽음을 면했으며, 그녀들 중 한 명인 아이게스타는 강의 신 크리미소스와 결혼했다. 그녀의 아들 세게스테스는 세게스타, 에릭스, 엔텔라라는 세 도시를 세웠다. 또 다른 설에 의하면, 아이게스타는 히포테스의 딸로, 시칠리아에서 트로이아로 되돌아와 카피스와 결혼하여 아들 앙키세스를 낳았다고 한다.

끝으로 할리카르나소스의 디오니시오스는 아이게스타의 한 조상이 라오메돈과 불화가 생겨 그와 대항하려고 트로이아 인들을 선동했다가 모든 남성 자손들과 함께 죽음을 당한 것으로 묘사하고 있다. 하지만 왕은 여자들은 죽이지 않고 상인들에게 넘겼다. 젊은 트로이아 남자 한 명이 배에 타고 시칠리아 섬까지 그녀들을 따라갔다. 그곳에서 그는 이 젊은 처녀들 중 한 명과 결혼하여 아들 아이게스테스를 얻었다. 시칠리아에서 자란 이 아이는 그 나라의 관습과 언어를 습득했다. 그는 트로이아가 공격을 당하자 프리아모스의 허락을 얻어 트로이아를 지키러 돌아갔다. 하지만 트로이아는 곧 함락되었고, 그는 앙키세스의 서자인 엘리모스를 데리고 배 세 척과 함께 시칠리아로 되돌아왔다. 스트라본은 아이게스테스가 세게스타를 세울 때 필록테테스의 부하들로부터 도움을 받았을 것이라고 적고 있다.

또 다른 아이게스테스는 라누비움의 사제로 알려져 있다. 알바 시를 건설한 후, 라누비움에서 알바로 옮겨진 페나테스의 신상들은 기적처럼 항상 라누비움으로 되돌아왔다. 그래서 신들이 머물고자 하는 장소에서 그들을 숭배하도록 아이게스테스를 비롯한 600명의 가장들이 알바에서 라누비움으로 파견되었다는 것이다.

아이게우스 Αἰγεύς / Aegeus 아이게우스는 아테나이 왕이자 테세우스의 아버지이다. 그의 아버지는 케크롭스의 후계자인 판디온이다(☞케크롭스, ☞계보 11). 판디온은 메티온의 아들들이 일으킨 혁명으로 인해 아테나이로부터 추방당한 처지였다. 그는 메가라로 피신했고, 그곳에서 필라스 왕의 딸 필리아와 결혼하여 후에 왕위를 물려받았다. 판디온은 메가라에서 네 명의 아들, 아이게우스, 팔라스, 니소스, 리코스를 얻었다. 판디온이 죽자 그의 아들들은 아테나이로 쳐들어가 통치권을 되찾고 영토를 나누어 가졌는데, 장남인 아이게우스가 가장 큰 영토인 아티카를 차지했다.

또 다른 전승에 따르면 아이게우스는 판디온의 아들이 아니라 스키리오스의 아들이라 한다. 그는 판디온의 양자였으므로 후에 팔라스의 후손들이 그의 아들 테세우스가 왕위를 계승하는 것이 온당치 못하다고 반대했다는 것이다(☞테세우스).

아이게우스는 우선 호플레스의 딸 메타와 결

혼했고, 뒤이어 렉세노르(혹은 칼코돈)의 딸 칼키오페와 결혼했다. 두 번의 결혼에도 불구하고 그에게는 자식이 없었다. 그는 이것이 〈아프로디테 우라니아〉, 즉 우라노스에게서 태어난 아프로디테(☞)의 분노 때문이라 생각하고 아테나이에 아프로디테 숭배를 도입했다. 그리고는 델포이의 신탁에 문의했는데, 피티아의 무녀가 해 준 답변은 너무 모호해서 이해할 수가 없었다. 신탁의 답변은 다음과 같았다. 〈인간 중에서 가장 훌륭한 이여, 아테나이 시의 가장 높은 곳에 닿기 전에는 포도주 부대의 튀어나온 주둥이를 열지 말라.〉 그는 아테나이로 돌아오는 길에 펠롭스의 아들 피테우스 왕이 사는 트로이젠에 머물렀다. 왕은 아이게우스에게 내린 신탁을 듣고 그 의미를 깨달았다. 그래서 아이게우스를 술에 취하게 한 후 딸 아이트라와 함께 자게 했다. 포세이돈이 아이트라와 결합했던 바로 그 날 밤이었다(☞아이트라, ☞테세우스). 아이게우스는 다시 길을 떠나며 아이트라에게 만일 아들을 낳거든 아버지의 이름을 알리지 말고 키우라고 했다. 그는 바위 밑에 자신의 샌들과 검을 감추고 아이가 바위를 들 정도로 장성하면 아버지를 찾을 수 있는 징표가 그곳에 있다고 알려 주라고 했다. 이 아이가 바로 테세우스이다.

아이게우스가 트로이젠을 떠나려 할 때 메데이아가 그를 보게 되었다. 그녀는 자기와 결혼해 주면 자식을 낳아 주겠다고 아이게우스에게 약속했다. 아이게우스는 그녀와 결혼하여 메도스를 얻었다. 성인이 된 테세우스가 아테나이로 돌아오자, 메데이아는 마법으로 그가 누구인지 알아보고 아이게우스가 그를 죽이게끔 유도했다. 하지만 아이게우스가 테세우스를 알아보자 메데이아는 친아들과 도망쳐야 했다. 한편 테세우스는 적절한 때에 찾아온 것이었으니, 팔라스의 아들들이 반란을 일으켜 아이게우스의 왕위를 빼앗으려던 참이었으므로 테세우스는 이들을 전멸시켰다.

미노스는 아들 안드로게오스(☞)의 죽음에 책임이 있는 아이게우스에게 보복하고자 아티카를 침략했다. 그 결과 아티카는 매년 50명의 장정과 50명의 처녀를 조공으로 바쳐야 했다. 테세우스는 미노타우로스를 퇴치하려고 원정길에 올랐다(☞테세우스). 하지만 늙은 아이게우스는 이로 인해 죽게 되었다. 테세우스가 승리를 거두고 돌아오는 배에는 흰 돛을, 반대로 테세우스 없이 돌아오는 배에는 검은 돛을 달기로 되어 있었던 것이다. 그런데 테세우스는 자신이 낙소스에 버린 아리아드네의 저주로(☞아리아드네), 돛을 흰색으로 바꾸는 것을 까맣게 잊어버렸다. 해안에서 아들의 귀향을 기다리던 아이게우스는 돛의 색깔을 보고 아들이 죽은 줄 알고 바다에 몸을 던져 자살했다. 그가 투신한 바다는 그때부터 그의 이름을 따서 아이게우스 해[에게 해]라 불렸다.

아이기나 Αἴγινα / Aegina 아이기나는 하신 아소포스의 딸이다. 제우스는 그녀를 사랑하여 납치했다. 아소포스는 납치범을 찾아 그리스 전역을 찾아 헤맸다. 마침내 시시포스가 납치범을 가르쳐 주었고, 그 대가로 코린토스에 있는 아크로폴리스에 샘을 갖기 원했다. 아소포스는 답례로 그가 원했던 페이레네 샘을 주었다. 하지만 얼마 후 시시포스는 이 일로 하계에서 벌을 받았다(☞시시포스). 제우스는 아소포스에 벼락을 내려 강은 하는 수 없이 제자리로 돌아갔다. 이때부터 아소포스 강의 하상에서는 숯이 발견되었다고 한다.

제우스는 아이기나를 오이노네 섬으로 데려갔고, 그곳에서 아들 아이아코스를 얻었다(☞아이아코스, ☞계보 30). 이후로 이 섬은 아이기나 섬이라 불리게 되었다.

후에 아이기나는 테살리아로 가서 악토르와 결혼하여 메노이티오스를 낳았으며, 메노이티오스는 파트로클로스의 아버지가 되었다.

아이기미오스 Αἰγμιός / Aegimius 아이기미오스는 도리스 인들의 신화적 명조인 도로스의 아들로, 테살리아 북부의 페네이오스 골짜기에 살던 시절 그 민족에게 법 체제를 갖추어 주었다. 도리스 인들이 코로노스가 이끄는 라피타이 족에게 쫓겨나자 그는 헤라클레스에게 도움을 청했다. 헤라클레스의 도움으로 도리스 인들은 승리를 거두었다. 그 보답으로 아이기미오스는 헤라클레스의 아들 힐로스를 양자로 삼고, 친아들인 디마스와 팜필로스에게 준 땅과 똑같은 크기의 땅을 힐로스에게도 주었다. 힐로스, 디마스, 팜필로스는 도리스의 세 부족인 힐레이스 족, 디마네스 족, 팜필로이 족의 명조가 되었다.

아이기스토스 Αἴγισθος / Aegisthus 아이기스토스는 티에스테스와 그의 딸 펠로페이아 사이에서 태어난 아들이다(☞계보 2). 티에스테스는 형제인 아트레우스에 의해 추방당해(☞아트레우스) 미케나이에서 멀리 떨어진 시키온에서 살았다. 그는 자기 아들들을 죽인 아트레우스에게 복수할 방법을 끊임없이 강구했고, 신탁은 그에게 친딸에게서 얻은 아들이 복수를 하리라고 일러 주었다. 그는 시키온에서 밤에 신에게 제물을 바치고 돌아오는 딸을 몰래 숨어 기다렸다가 범한 뒤 자취를 감추었다. 강간을 당할 때 펠로페이아는 상대의 검을 훔쳐 두었다. 그 후 아트레우스는 그녀가 누구인지 모르는 채 펠로페이아와 결혼했다. 펠로페이아가 친아버지와의 사이에서 생긴 아이를 낳아 내다 버리자, 아트레우스는 수소문 끝에 아이를 목동들의 집에서 찾아냈다. 목동들은 버림받은 아이를 거두어 염소의 젖으로 키우고 있었다(아이기스토스라는 이름은 〈염소〉를 의미하는 단어인 그리스 어 〈아익스〉에서 나온 것이다). 아트레우스는 아이를 데려다가 친아들처럼 키웠고, 아이가 자라자 티에스테스를 죽이게 잡아 오라고 델포이로 보냈다(비극 작품에서 유래한 또 다른 이본에서는 아트레우스의 두 아들 메넬라오스와 아가멤논이 이 임무를 맡은 것으로 묘사한다). 아이기스토스는 아트레우스가 말한 대로 티에스테스를 잡아 왔고 아트레우스는 그를 죽이라고 명했다. 하지만 아이기스토스는 어머니가 준 검을 가지고 있었고, 그 검은 펠로페이아가 강간당하던 날 밤에 훔친 것이었다. 아이기스토스가 그를 검으로 내려치려 하자, 티에스테스는 그 검을 보고 그것이 누구의 것인지 물어보았다. 젊은이는 어머니가 자기에게 주신 것이라고 답했다. 티에스테스는 펠로페이아를 불러 아이기스토스의 출생의 비밀을 말해 주었다. 이 말을 들은 펠로페이아는 검을 낚아채어 가슴을 찔러 스스로 목숨을 끊었다. 아이기스토스는 어머니의 피로 얼룩진 검을 빼들었다. 그리고는 티에스테스가 이미 죽은 줄 알고 이를 즐거워하며 해변에서 신들에게 감사의 제물을 바치고 있던 아트레우스를 죽여 버렸다. 그 후 아이기스토스와 티에스테스 부자는 함께 미케나이 왕국을 다스렸다고 한다.

아트레우스의 아들 아가멤논과 메넬라오스가 트로이아에 간 동안 펠로폰네소스에 남아 있던 아이기스토스는 클리타임네스트라를 유혹하려 했다. 이 시도는 쉽게 성사되지 않았는데, 그것은 아가멤논이 그녀 곁에 남겨 두었던 늙은 음유 시인 데모도코스가 조언자로 있었기 때문이다. 하지만 마침내 아이기스토스는 데모도코스를 그녀의 곁에서 떼어 놓는 데 성공했고 클리타임네스트라는 더 이상 저항하지 않았다. 그는 아가멤논이 돌아올 때까지 그녀와 함께 살면서, 해변에 감시병을 두어 아가멤논이 오는지 감시했다. 아가멤논이 도착하자 아이기스토스는 아주 기쁘게 맞이하며 그에게 깊은 우애를 간직하고 있는 척했다. 아가멤논을 위한 연회를 베풀고 바로 그 연회석에서 그를 죽였다(혹은 클리타임네스트라가 그를 죽였다고도 한다. ☞아가멤논). 아이기스토스는 그 후 7년 동안 미케나이를 다스리다가, 아가멤논의 아들 오레스테스의 손에 죽었다.

아이기스토스에게는 알레테스와 에리고네 두 명의 자식이 있었다.

아이기알레우스 Αἰγιαλεύς / Aegialeus ☞시키온.

아이기알레이아 Αἰγιάλεια / Aegiale 아드라스토스의 넷째 딸 아이기알레이아(☞계보 1)는 아르고스 왕 디오메데스와 결혼했다. 그의 남편은 결혼한 지 얼마 되지 않아 테바이와 트로이아 원정에 참여해 그녀의 곁을 떠났다. 오랫동안 그녀는 남편에 대한 정절을 지켰으나 어느 때부터인가 여러 용사들과 정을 통하기 시작했으며, 그 마지막 대상이 스테넬로스의 아들 코메테스였다. 아이기알레이아가 부정을 저지른 이유에 대해서는 다음과 같은 설들이 있다. 우선 디오메데스가 트로이아를 공격하던 중 아프로디테에게 상처를 입히자, 여신은 아이기알레이아에게 주체할 수 없는 욕정을 불어넣음으로써 디오메데스에게 복수를 했다고 한다. 혹은 그리스 군이 팔라메데스를 돌로 쳐죽이자, 그의 아버지 나우플리오스가 복수할 심산으로 그녀를 부추겼다고도 한다. 나우플리오스는 이 도시 저 도시 돌아다니며, 그리스 장군들이 아내들을 속이고 있으며 트로이아에서 첩을 데려다가 정식 아내들의 자리를 차지하게 하리라는 소문을 퍼뜨렸던 것이다.

트로이아에서 돌아온 디오메데스는 아이기알레이아와 그녀의 정부가 만들어 놓은 함정에 빠지지 않고 목숨을 구했으며, 지중해 서쪽의 헤스페리아[그리스 어로 〈서쪽〉을 뜻하는 〈헤스페라〉에서 나온 말로, 그리스 인들은 이탈리아를, 로마 인들은 스페인을 〈헤스페리아〉라 불렀다]로 피신했다(☞디오메데스).

아이기피오스 Αἰγυπιός / Aegypius 아이기피오스는 안테우스와 불리스의 아들이다. 그는 티만드라라는 이름의 과부와 정을 통하고 있었는데, 이를 시기한 그녀의 아들 네오프론은 아이기피오스를 술에 취하게 한 후 그의 친어머니를 티만드라로 착각하고 동침하게 만들었다. 불리스는 아들이 저지른 불륜을 알고 아들의 눈을 뽑아버리려 했다. 하지만 제우스가 이 가족들을 불쌍히 여겨 모두 새로 변신시켰다. 아이기피오스와 네오프론은 독수리가 되었고, 불리스는 아비새(전설에 의하면 이 새는 물고기, 뱀, 새의 눈만 먹고 산다고 한다), 티만드라는 박새가 되었다.

아이깁토스 Αἴγυπτος / Aegyptus 이집트의 명조 아이깁토스는 벨로스와 앙키노에의 아들이다(☞계보 3). 부계로는 포세이돈의 직계 자손이며, 모계로는 네일로스[나일 강]의 자손이다. 그에게는 다나오스라는 형제가 있었다. 아프리카의 나라들을 다스리던 벨로스는 다나오스에게는 리비아를 물려주었고 아이깁토스에게는 아라비아를 주어 다스리게 했다. 하지만 아이깁토스는 멜람포데스(〈검은 발〉이라는 뜻) 족의 나라를 정복하고 자신의 이름을 따 이집트라 불렀다.

아이깁토스에게는 각기 다른 여자들에게서 얻은 50명의 아들이 있었고, 다나오스에게는 50

명의 딸이 있었다(☞다나오스, ☞다나이데스). 두 형제는 서로 다투었고, 결국 다나오스는 아르골리스로 도피했다. 아이깁토스의 아들들은 그를 찾아가 그의 딸들과의 결혼을 청했다. 다나오스는 이를 승낙했지만, 딸들에게 각자 첫날 밤 남편을 죽이라고 명령했다. 아이깁토스는 형제 다나오스에 대한 두려움과 아들들을 잃은 슬픔 때문에 아로에로 피신하여 그곳에서 죽었다.

아이네이아스 Αἰνείας / Aeneas 아이네이아스 [로마 식 이름은 〈아이네아스〉]는 트로이아의 용사로, 앙키세스와 아프로디테의 아들이다. 부계 쪽으로 보면 그의 할아버지 카피스는 다르다노스 일족의 자손이며, 따라서 아이네이아스는 제우스의 후손이 된다(☞계보 7). 아이네이아스의 탄생에 대해서는 ☞앙키세스. 아이네이아스는 어린 시절을 산속에서 보냈다. 다섯 살이 되었을 때 아버지가 그를 도시로 데리고 가서 누이 히포다메이아의 남편, 즉 매부인 알카토오스에게 아이의 교육을 맡겼다(☞앙키세스). 그 후 아이네이아스는 트로이아에서 헥토르 다음으로 용감한 장군이 되었다. 그는 왕족은 아니었지만 장차 권좌에 오르리라는 예언을 가지고 태어났다. 아프로디테 여신은 앙키세스와 사랑을 나눈 후에 자신이 누구인지 밝히면서 이렇게 말했던 것이다. 〈네게 아들이 생길 것이다. 그 아들이 트로이아 인들을 다스릴 것이며 대대손손 자손이 끊이지 않을 것이다.〉

아이네이아스와 아킬레우스의 첫 만남은 트로이아 전쟁 중에 이루어졌다. 아킬레우스가 이데 산에서 아이네이아스의 가축 떼를 노략하다가 아이네이아스와 충돌했던 것이다. 아이네이아스는 아킬레우스에게 저항했지만 허사였고, 리르네소스로 피신했지만 아킬레우스가 이 도시마저 함락시키자 제우스의 보호로 살아남았다. 아이네이아스는 트로이아 전투에 여러 번 가담했으며 한번은 디오메데스에게 상처를 입기도 했다. 이를 본 아프로디테는 그를 구하려다가 그만 여신 자신도 상처를 입고 말았다. 그러자 아폴론이 아이네이아스를 구름에 싸서 전장 밖으로 피신시켰다. 얼마 지나지 않아 아이네이아스는 다시 참전하여 크레톤과 오르실로코스를 죽였다. 아이네이아스는 아카이아 진영을 공격할 때도 두각을 나타냈지만, 이도메네우스와의 대결에서는 승리를 거두지 못했다. 그 후 아이네이아스는 수많은 그리스 인들을 죽였고, 헥토르가 아카이아 인들을 패주시킬 때도 그의 편에서 싸웠다. 그는 파트로클로스의 시체를 둘러싼 전투에서 싸웠고, 아킬레우스와도 다시 맞서게 되었다. 아킬레우스는 모든 그리스 인들 중 아이네이아스를 죽일 수 있는 유일한 사람으로 보였다. 하지만 때마침 나타난 포세이돈이 아이네이아스를 구름으로 감싸 적의 손에서 구했다. 포세이돈은 언젠가 아이네이아스가 트로이아를 다스리게 될 것이며, 그의 자손들이 대대손손 왕위를 지키리라는 아프로디테의 예언을 상기시켜 주었다. 이처럼 아이네이아스는 호메로스의 이야기들에서부터 신들의 보호를 받는 영웅으로 등장한다. 그는 마음에서 우러나는 존경심으로 신들에게 순종했고, 신들로부터 위대한 운명을 약속받았다. 그 운명이란 바로 트로이아 종족의 미래가 그의 손에 달려 있다는 것이었다. 베르길리우스는 『아이네이스』에서 이러한 요소들을 로마 건국 신화의 틀 안에서 재해석했다.

호메로스 이후의 시인들은 그가 트로이아 주변에서 벌어진 마지막 전투들에 가담하여, 죽은 헥토르 대신 트로이아를 방어하는 장면을 묘사하고 있다. 하지만 아이네이아스의 비중이 한층 커지는 것은 트로이아 함락 이후이다. 라오코온과 그의 아들들이 희생되는 기적적인 사건이 있은 직후(☞라오코온) 그는 트로이아 함락이 다가오고 있음을 깨닫고 아버지의 충고와 아프로디테의 지시에 따라, 아버지와 아내 크레우사, 어린 아들 아스카니오스를 데리고 산으로 피신했다. 좀더 극적으로 고조된 전설은 아이네이아스가 불시에 그리스 인들의 공격을 당해 도망가는 모습을 보여 준다. 아이네이아스는 연로한 아버지를 등에 업고 아들 아스카니오스를 팔에 안은 채, 트로이아에서 가장 신성시하던 페나테스와 팔라디온을 가지고 불길 사이로 간신히 도망쳤다. 그리하여 이데 산으로 피신하여, 뿔뿔이 흩어진 생존자들을 모아 새로운 도시를 건설했으며, 아프로디테의 예언에 따라 그곳을 다스렸다. 실상 아프로디테는 프리아모스에게서 왕권을 빼앗아 자신의 일족에게 주기 위해 트로이 전쟁을 일으켰다고 한다(☞아스카니오스).

아이네이아스에 관해 가장 널리 알려져 베르길리우스 서사시의 토대가 되었던 전설은 그의 여행에 관한 이야기이다. 그는 이데 산에 잠시 머무른 후(☞옥시니오스) 헤스페리아, 즉 지중해 서쪽을 향해 떠났다. 그의 여정은 다음과 같았다. 사모트라케에 잠시 들러 트라케와 마케도니아로 갔으며, 이어서 크레테, 델로스, 키테라를 거쳐 라코니아와 아르카디아를 향했다. 아르카디아에 도착한 그는 레우카스와 자킨토스를 지나 에페이로스 연안을 따라 올라가다가 부트로톤에 닿았으며, 그곳에서 헬레노스와 안드로마케를 만났다(☞안드로마케). 마침내 이탈리아 남부에 도착한 그는 그곳에 정착한 수많은 그리스 인 이주민 집단과 충돌하게 되었다. 그래서 그는 메시나의 해협(스킬레와 카립디스가 있는 곳)을 피해 드레파논을 거쳐 시칠리아로 우회해서 가기로 결정했다. 하지만 드레파논에 잠시 머무는 동안 아버지 앙키세스가 사망했고, 다시 항해에 오른 그는 풍랑을 만나 카르타고 연안으로 밀려갔다(☞디도). 신들은 장차 로마의 경쟁 도시가 될 이곳에 그가 정착하는 것을 원하지 않아 길을 떠날 것을 명했다. 그는 다시 길을 떠나 쿠마이에 이르렀다. 베르길리우스는 바로 이곳 쿠마이에서 그가 시빌라를 방문하고 하계에 내려가는 것을 그리고 있다. 쿠마이를 떠난 아이네아스는 이탈리아 해안을 따라 북서쪽으로 올라갔다. 그는 유모의 장례를 치르기 위해 카이에타(가에타)에 잠시 들렀지만(☞카이에타) 키르케의 섬에 들르는 것은 피했다. 마침내 그는 티베리스[테베레] 강 어귀에 도착했는데, 그곳에서는 루툴리 족과의 전투가 그를 기다리고 있었다. 아이네이아스는 부하들 대부분을 강가에 만든 주둔지에 남겨 두고, 티베리스 강을 따라 후에 로마 시를 건설할 터전인 팔란티움까지 갔다. 그는 그곳에서 늙은 왕 에우안드로스[에반드로스]를 만나 동맹을 맺자고 요구했다. 에우안드로스 왕은 아르카디아 출신이지만 예전에 앙키세스의 환대를 받은 적이 있었으므로 트로이아 인들에게 적대적이지 않았다. 그는 아이네아스를 환대하여 동맹을 맺고, 친아들 팔라스가 지휘하는 군대를 보내 그를 돕게 했다. 에우안드로스 왕의 충고에 따라 아이네이아스는 에트루리아의 아길라로 가서 메젠티우스에게 반감을 품고 있던 백성들을 부추겨 무장 봉기하게 했다. 그런데 아이네이아스가 없는 사이 루툴리 족의 왕 투르누스의 부대가 트로이아 인들의 진영을 공격하여 그의 함대에 불을 지르려 했다. 전투가 트로이아 인들에게 불리하게 돌아가고 있을 때 연합군과 함께 온 아이네이아스가 전세를 역전시키고, 단독 결투로 적장 투르누스를 죽였다. 베르길리우스의 서사시는 아이네아스의 승리로 끝을 맺는다. 베르길리우스는 역사가들이 전하는 이후의 사건들, 즉 라비니움의 건설, 여러 이주민 집단과의 전투 및 폭풍우로 인한 아이네아스의 실종 등에 대해서는 직접적으로 언급하지 않았다. 단지 로마를 건설하는 것이 아이네아스의 후손인 로물루스라고만 말하고 있다(☞로물루스). 아이네아스의 아들 아스카니우스[그리스식으로는 〈아스카니오스〉] 일명 이울루스는 로마의 모태가 될 알바 롱가 시를 건설했다(베르길리우스 이전 전설에 대해서는 ☞라티누스). 몇몇 희미한 전승들은 아이네아스가 바로 로마의 건설자라고 이야기하며(☞나노스, ☞오딧세우스), 또 다른 전승들은 그가 네 명의 아들, 아스카니우스, 에우릴레온, 로물루스, 레무스를 두었다고 한다(☞레무스). 하지만 베르길리우스의 작품은 이후의 모든 작가들에게 절대적인 영향을 미쳤으며, 서기 1세기 이후로는 유일하게 남아 있는 작품이다. 아이네아스의 전설은 로마를 건설한 자들이 역사 시대의 시작과 때를 같이 하며, 그들의 조상이 제우스와 아프로디테 같은 신들이라는 점에서 로마 인들에게 자긍심을 부여했다. 뿐만 아니라, 그의 이야기를 통해 로마의 위대함은 일찍이 호메로스에서부터 예언되며, 로마는 적대 관계에 있던 트로이아 인과 그리스 인 사이의 화해를 이룩한 셈이 된다.

아이사코스 Αἴσακος / Aesacus 아이사코스는 프리아모스와 아리스베의 아들로(☞계보 34) 외할아버지 메롭스로부터 꿈을 해석하는 능력을 물려받았다. 헤카베는 파리스를 낳기 직전에 자신이 낳은 불붙은 짚이 트로이아 전체를 불태우는 꿈을 꾸고, 아이사코스에게 해몽을 청했다. 그는 장차 태어날 아이가 트로이아 멸망의 원인이 될 것이니, 태어나자마자 죽이라고 충고했다(☞파리스, ☞헤카베). 얼마 지나지 않아 아내가 뱀에 물려 죽자, 아이사코스는 바다에 몸을 던졌다. 이를 불쌍히 여긴 테티스(II)는 그를 바다새로 변하게 했다.

아이손 Αἴσων / Aeson 아이손은 크레테우스와 티로의 아들로, 아미타온 및 페레스와 형제간이다(☞계보 1, ☞계보 21). 그는 아이톨리코스의 딸 폴리메데와 결혼하여, 오딧세우스의 종조부가 되었다. 또 다른 전승들에 따르면, 그는 필라코스의 딸 알키메데와 결혼했다고도 한다(☞계보 20). 그에게는 의붓형제 펠리아스[티로와 포세이돈의 아들]와 아들 이아손이 있었다. 펠리아스는 크레테우스가 아이손에게 물려준 이올코스 왕권을 빼앗고, 이아손에게 황금 양털을 가져오도록 명령했다. 아르고나우타이가 전멸했다는 소문이 나돌자 펠리아스는 더 이상 두려울 것 없이 아이손을 죽이려 했다. 아이손은 죽을 방법을 스스로 택하게 해달라고 간청했고, 황소의 피를 마시고 죽었다. 이와는 달리 오비디우스는 아이손이 아들을 다시 만났으며, 메데이아의 마법 덕분에 다시 젊어졌다고 쓰고 있다.

아이아스 Αἴας / Ajax I. 로크리스의 아이아스는 텔라몬의 아들인 아이아스 즉 〈대(大) 아이아스〉와 구별하기 위해 흔히 〈오일레우스의 아들 아이아스〉라고 부른다. 그는 트로이아 원정에 참가한 용사로, 로크리스 선단 40척을 지휘했다. 그는 텔라몬의 아들 아이아스와 같은 편에서 싸웠는데, 텔라몬의 아들 아이아스가 〈중무장〉 전사였던 반면, 오일레우스의 아들 아이아스는 체구도 작았고 아마(亞麻)로 만든 흉갑과 활만으로 무장하고 있었다. 그는 동작이 날쌨으므로, 고전 시대[대개 기원전 480년 제2차 페르시아 전쟁 때부터 기원전 323년 알렉산드로스 대왕의 죽음까지를 고전 시대로 잡는다]의 군대에서는 경보병(반달 모양 방패로 무장한 경보병)에 해당하는 역할을 맡았다. 그는 헥토르의 싸움 상대를 택하기 위한 제비 뽑기, 선단 주변에서 벌어진 전투, 파트로클로스의 시신을 두고 벌어진 혼전,

그리고 아킬레우스가 개최한 파트로클로스의 추모 경기 등 『일리아스』에 나오는 모든 중요한 전투에 참가했다.

그는 성격이 나빴다고 알려져 있으며, 이 점에서 그는 텔라몬의 아들 아이아스와 대조적이다. 그는 교만하고 적에 대해서는 잔인하며 호전적인 데다가 신들에 대해서도 오만불손했다. 그의 잘못으로 많은 그리스 군이 결국 죽음을 맞았다. 그가 저지른 가장 큰 잘못은 아테나에 대한 신성모독으로, 이 때문에 여신의 분노가 그에게 쏟아졌다. 즉 트로이아가 함락되자 카산드라는 아테나의 제단 곁으로 몸을 피했는데, 아이아스는 아테나 신상을 끌어안고 있던 카산드라를 강제로 끌어내리다가 그녀와 신상 모두를 끌어내게 되었다. 이처럼 종교적 법도를 어긴 아이아스를 아카이아 인들이 돌로 쳐죽이려 하자, 이번에는 아이아스 자신이 아테나의 제단에 몸을 피해서 목숨을 구했다. 그러나 아테나는 아이아스의 귀향길에 태풍을 보내 키클라데스 군도[에게 해에 있는 24개의 섬들]의 미코노스 섬 근처에서 아카이아의 많은 배들을 난파시켰으며, 그 중에는 아이아스의 배도 있었다. 아이아스는 포세이돈 덕분에 간신히 수면으로 떠올라 목숨을 건졌으나, 자신은 아테나 여신의 노여움에도 불구하고 살아남았다고 자랑했다. 그러자 아테나는 포세이돈에게 아이아스를 죽여 달라고 부탁했고, 이에 포세이돈은 아이아스가 몸을 의지해 있던 바위를 삼지창으로 내리쳐, 아이아스는 그대로 물에 빠져 죽었다. 아테나 자신이 아버지 제우스의 무기인 벼락으로 아이아스를 내리쳤다는 이야기도 있다.

아이아스의 신성 모독은 동족인 로크리스 인들을 계속해서 괴롭혔다. 용사들이 트로이아 원정에서 돌아온 지 3년째 되던 해에 로크리스에는 전염병이 돌고 흉년이 들었는데, 신탁에 이유를 물은 결과 재앙은 아테나 여신의 노여움 때문에 생긴 것이며 카산드라를 욕보인 것을 속죄하기 위해 천 년 동안 매년 두 명의 처녀를 제비 뽑아 트로이아로 보내야만 아테나 여신의 분노가 식으리라는 대답이 내렸다. 트로이아 인들은 처음으로 뽑혀 온 두 명의 처녀를 죽여 유골을 바다에 뿌렸다. 그러나 그 후로 뽑혀 온 처녀들은 좋은 대접을 받았고 아테나 여신을 섬기는 일을 맡게 되었다. 하지만 그녀들이 트로이아에 발을 내딛는 순간, 몽둥이를 들고 죽이려고 달려나온 천민들이 그녀들을 쫓는 관습은 계속 유지되었다. 만약 그녀들이 여기서 목숨을 잃지 않는다면, 그녀들은 맨발로 아테나의 신전을 찾아가 늙도록 처녀인 채로 그곳에서 살았다. 오일레우스의 아들이 여사제 카산드라에게 저지른 죄는, 이처럼 그가 죽은 후 오랜 시간이 지나서야 용서받을 수 있었다.

아이아스 Αἴας / Ajax Ⅱ. 텔라몬의 아들 아이아스(☞계보 30)는 대(大) 아이아스이다. 그는 살라미스를 통치했으며, 트로이아 원정에 12척의 배로 이루어진 살라미스 선단을 이끌고 동참했다. 그는 아카이아 군의 좌측 진영을 통솔했으며, 아킬레우스 다음으로 강하고 용감한 영웅이었다. 그는 키가 크고 준수했으며, 강하지만 조용하고 자신을 잘 다스릴 줄 아는 인물이기도 했다. 아이아스는 중무장을 했으며, 그의 방패는 특히 유명하다. 방패는 일곱 장의 소가죽을 겹쳐서 만들었으며, 그 표면인 여덟 번째 층은 청동판으로 이루어져 있었다.

성격 면에서 텔라몬의 아들은 소(小) 아이아스와 정반대였다. 과묵하고 너그러운 그는 신들을 경외했다. 그는 자신과 많은 공통점을 가진 아킬레우스보다 좀더 침착한 편이었지만, 아킬레우스가 갖고 있던 감수성과 음악에 대한 사랑, 부드러움은 전혀 없었다. 무엇보다도 그는 전사였고 거친 면도 없지 않았다.

아이아스는 헥토르와 단독 결투를 하도록 제비 뽑힌 인물이다. 그는 돌멩이로 헥토르를 쓰러뜨렸으나, 전령이 와서 싸움을 중단시켰다. 아카이아 군이 패주하는 동안, 그는 헥토르를 막아서려 애썼으나 뜻을 이루지 못했다. 그는 부상을 당하여, 끝까지 전장에 남을 수가 없었다[그리말의 원문대로임]. 그러나 아이아스는 『일리아스』에서 끝까지 부상을 당하지 않기 때문에, 고대에는 〈결코 부상당하지 않는 자〉로 알려졌다. 여기 나온 것은 제8권에서 그리스 군이 패퇴하는 장면인데, 아이아스가 뒤에서 모욕하는 헥토르에게 돌아서려 할 때마다 제우스가 천둥을 울려 자신의 뜻을 알리는 바람에, 아이아스는 그냥 후퇴하게 된다 — 감수자 주]. 그는 아킬레우스의 마음을 되돌리기 위한 사절로 아킬레우스에게 가서, 그리스 군의 패배에도 흔들리지 않는 아킬레우스의 이기심과 냉혹함을 비난했다. 헥토르가 배들에까지 쳐들어오자, 아카이아 군은 아이아스를 중심으로 방어력을 집결했다. 불안해진 포세이돈이 더 힘써 싸울 것을 호소한 인물도 바로 아이아스이다. 그가 던진 돌이 헥토르에게 상처를 입히기는 했지만, 새 힘을 얻은 헥토르에게 밀려 그는 자신의 배까지 후퇴해야 했다. 헥토르가 그의 창을 부러뜨리자, 아이아스는 신의 뜻을 깨닫고 몸을 피했다. 파트로클로스가 싸움에 개입하여 트로이아 군을 몰아붙인 것이 바로 이 순간이다. 아이아스는 파트로클로스가 죽은 후 전장으로 돌아갔고, 헥토르가 아킬레우스의 손에 죽어야 한다는 운명이 이루어지게 하기 위해 제우스가 두 영웅을 구름으로 감싸지 않더라면, 헥토르는 아이아스를 공격했을 것이다.

아킬레우스가 개최한 파트로클로스의 장례 경기에서 아이아스는 오딧세우스와 씨름을 했는데, 끝까지 승부가 나지 않아 아킬레우스가 둘 다에게 상을 주었다. 검투 경기에서는 디오메데스와 싸웠지만 여기서도 승부는 나지 않았다. 그러나 원반 던지기에서는 경쟁자들 중 한 명보다 더 멀리 던지지 못했다.

『일리아스』 이후에 나온 전설들은 아이아스를 미화하여 아킬레우스와 비슷하게 묘사하려 했으며, 아이아스도 아킬레우스와 마찬가지로 아이아코스의 손자라고 주장했다(☞텔라몬). 아티카 지방에서는 그의 어머니가 페리보이아라고도 했다. 그녀는 아이게우스가 크레테 섬의 미노스 왕에게 조공으로 바친 딸이며 테세우스가 미노타우로스를 죽이고 그녀의 목숨을 구했다.

헤라클레스가 자신의 트로이아 원정을 준비하면서(☞헤라클레스) 텔라몬에게 참전을 권하러 갔을 때, 텔라몬은 향연을 베풀고 있었다. 헤라클레스는 바닥에 사자 가죽을 깔면서, 텔라몬이 자기만큼 용맹하고 바닥에 깔려 있는 사자만큼 강한 아들을 낳게 해달라고 제우스 신에게 빌었다. 제우스는 이 기도를 들어주었고, 그 표시로 독수리 한 마리를 보내 주었다(아이의 이름인 〈아이아스〉는 이 새를 상기시키는데, 그리스 어로 독수리는 〈아이에토스〉이다). 또 다른 이본에 따르면 헤라클레스가 도착했을 때 아이아스는 이미 태어난 후였는데, 헤라클레스는 아기를 사자 가죽에 싸고 제우스에게 아기의 몸이 어떤 공격에도 상처입지 않게 해달라고 간청했다. 아이는 기도대로 강하게 자랐다. 하지만 헤라클레스 몸에서 화살통과 닿아 있던 부분인 겨드랑이와 엉덩이, 어깨만은 약점으로 남았다.

그리하여 『일리아스』에 나타난 아이아스의 성격에 차츰 새로운 점들이 덧붙여졌다. 트로이아로 출발하려는 아들 아이아스에게 텔라몬은 〈창으로도 이길 수 있겠지만, 신들의 도움을 구하라〉고 충고했다. 이에 대해 아이아스는 〈겁쟁

이도 신들의 도움이 있으면 이길 수 있을 것)이라고 답하며 자기 방패에서 아테나 여신의 모습을 지워 버렸고, 이로 인해 아테나 여신의 분노를 샀다.

전승에 따르면 『일리아스』에서 다루어지지 않은 9년간의 원정 동안, 아이아스는 중요한 역할을 했다고 한다. 그는 트로이아 원정을 위해 연합군이 집결할 때 형제 테우크로스와 함께 아르고스에 가장 먼저 도착했으며, 아킬레우스 및 포이닉스와 함께 선단의 지휘관으로 임명되었다. 그는 아가멤논이 아르테미스의 신성한 암사슴을 죽여 최고 지휘관 직위에서 물러나 있었을 때, 잠시 그를 대신하여 최고 지휘관 역할을 맡기도 했다. 미시아에 도착했을 때 그는 아킬레우스와 함께 작전 지휘를 맡았으며, 아킬레우스가 텔레포스를 무찌르는 동안(☞아킬레우스) 텔레포스의 형제인 테우트라니오스를 죽였다.

트로이아 공격에 앞선 9년 동안, 아이아스는 아시아 도시 국가들을 약탈하는 전쟁에 참여했다. 그는 프리기아 왕인 텔레우타스가 다스리던 도시를 공격해서 그의 딸 테크메사를 납치했다. 또한 그는 프리아모스의 사위 폴리메스토르가 다스리던 트라케의 케르소네소스(오늘날의 갈리폴리 반도)를 공격했고, 이에 폴리메스토르는 자신이 보호하고 있던 프리아모스의 아들 폴리도로스를 아이아스에게 내주었다(☞폴리도로스). 아이아스는 이데 산과 들판에서 트로이아 군을 추격할 때도 동참했다.

그러나 아이아스의 모험이 가장 강조되는 곳은 전쟁의 마지막 대목, 즉 아킬레우스의 죽음 이후이다. 그는 아킬레우스의 아들인 네오프톨레모스(피로스)를 받아들여 친자식처럼 대할 뿐 아니라 싸움에도 함께 나섰다. 그는 『일리아스』에서 궁수인 테우크로스와 함께 싸웠듯이, 또 다른 궁수인 필록테테스와 함께 싸웠다. 트로이아를 정복한 뒤 그는 헬레네를 간통죄로 사형에 처하라고 요구했다. 하지만 이 요구 때문에 그는 헬레네의 목숨을 구하기 원하는 아가멤논 형제들의 분노를 샀다. 오딧세우스는 메넬라오스가 헬레네를 다시 취할 수 있도록 해주었다. 그러자 아이아스는 전리품으로 팔라디온을 요구했다. 하지만 아가멤논과 메넬라오스의 사주를 받은 오딧세우스는 아이아스가 그것을 갖지 못하도록 조치했다. 이로 인해 지휘관들 사이에 틈이 생겼다. 아이아스는 메넬라오스와 아가멤논을 가만두지 않겠다고 위협했고, 아가멤논과 메넬라오스는 보초들을 세웠으나, 이튿날 아침 아이아스는 자신의 검에 찔린 채 발견되었다.

비극 작가들에게 더 친숙한 또 다른 이야기는, 아이아스가 팔라디온이 아니라 아킬레우스의 무기를 갖지 못해 미쳐 버리는 과정을 묘사하고 있다. 이 무기들은 그리스 군에서 가장 용맹한 자에게, 또는 트로이아 군에게 가장 큰 두려움을 불러일으키는 자에게 주기로 테티스(Ⅱ)가 정해 놓았던 것이다. 무기의 주인을 찾기 위해 트로이아 포로들에게 묻자, 이들은 아이아스에게 분노한 나머지 대신 오딧세우스를 지명했다. 결국 오딧세우스가 아킬레우스의 무기를 차지하게 되었다. 밤새 미쳐 버린 아이아스는 그리스 군의 식량으로 쓰이던 가축들을 죽였고, 제정신을 차려 자신이 저지른 일을 보고는 자살해 버렸다.

그리스 군이 귀향길에 올랐을 때, 아테나는 그리스 군이 아이아스를 부당하게 대접한 것을 벌하기 위해 이들 군대에게 자신의 분노를 쏟아 부었다(그러나 이 분노의 원인에 대해서는 ☞오일레우스의 아들 아이아스).

아이아스는 당시 관습대로 화장되지 않고 관에 넣어져 매장되었다. 아테나이 인들은 매년 살라미스에서 아이아스에게 신적인 예우를 베풀었다.

아이아코스 Αἰακός / Aeacus 아이아코스는 모든 그리스 인들 중에 가장 경건한 사람으로, 하신 아소포스의 딸인 님프 아이기나와 제우스 사이에서 태어났다. 아이아코스는 오이노네 섬에서 태어났는데, 이후로 그 섬은 그의 어머니의 이름을 따라 아이기나라 불렸다(☞아이기나). 당시 그 섬은 무인도였다. 그래서 아이아코스는 섬에 사람들이 살고 그 민족을 자기가 다스릴 수 있도록 섬에 다량으로 서식하고 있던 개미를 사람으로 변하게 해달라고 제우스에게 청했다. 제우스는 그 청을 들어주었고, 그렇게 생겨난 사람들에게 아이아코스는 〈미르미돈[개미] 인〉이라는 이름을 지어 주었다.

아이아코스는 스키론의 딸 엔데이스와 결혼하여 두 아들 텔라몬과 펠레우스를 낳았다(☞키크레우스). 그러나 몇몇 작가들에 따르면 ─ 그것이 전설의 가장 오래된 형태로 보이는데 ─ 텔라몬과 펠레우스 사이에는 아무런 친족 관계도 없으며, 펠레우스만이 아이아코스의 아들이라고도 한다(☞계보 30).

그 후 아이아코스는 네레우스의 딸 프사마테와 결합하여 아들 포코스를 얻었다. 강이나 바다의 신들이 흔히 그렇듯이 프사마테 역시 변신의 능력을 지니고 있었으므로, 아이아코스의 구애를 피하기 위해 바다표범으로 변신했지만 허사였다. 그녀가 낳은 아들의 이름이 포코스라는 것은 그녀가 바다표범으로 변신했던 사실을 상기시켜 준다. 포코스는 육상 경기에 뛰어났다. 그런데 그의 두 형제 펠레우스와 텔라몬은 그의 재주를 시기하여 포코스를 죽였다. 텔라몬이 원반을 일부러 포코스의 머리에 맞게끔 던져 죽인 것이다. 펠레우스의 도움으로 텔라몬은 숲에 포코스의 시체를 묻었지만, 이 살인이 발각되자 아이아코스는 아이기나에서 이들을 추방했다(☞텔라몬, ☞펠레우스).

아이아코스는 자신의 아들들에게 이처럼 엄격한 판결을 내린 결과 경건하고 정의로운 사람으로 평판이 나서, 온 나라의 밭이 황폐해졌을 때 모든 그리스 인들의 이름을 걸고 제우스에게 기도를 드릴 대표자로 선택되었다. 가뭄은 제우스의 분노로 인한 것으로, 제우스는 펠롭스가 그의 적인 아르카디아 왕 스팀팔로스(☞)의 사지를 잘라 사방에 뿌렸던 것에 분노해 있었다. 아이아코스는 제우스의 분노를 가라앉히는 데 성공했다.

죽음 후에도 아이아코스는 하계에서 죽은 자들의 영혼을 심판하는 판관이 되었다고 하는데, 이 같은 믿음은 비교적 후대에 생겨난 것이다. 호메로스의 작품에는 이 사실이 들어 있지 않으며, 단지 라다만티스만이 하계에서 판관의 위치에 있었던 것으로 그려진다. 하계의 판관으로 아이아코스의 이름을 든 것은 플라톤이 가장 먼저였다.

아이아코스에 관한 또 다른 전설에 따르면, 그는 아폴론과 포세이돈이 트로이아 성벽을 쌓는 일에 함께 했다고 한다. 이윽고 성벽이 완성되자 세 마리의 뱀이 성벽을 습격했는데, 아폴론과 포세이돈이 쌓은 벽을 공격한 두 마리 뱀은 죽어 버렸지만, 인간인 아이아코스가 쌓은 벽을 공격한 뱀은 벽을 뚫고 나갈 수 있었다. 그래서 아폴론은 트로이아가 두 번 망하리라고 예언했다. 첫번째 함락은 아이아코스의 아들에 의해(헤라클레스의 트로이아 원정에 펠레우스와 텔라몬도 참가했다), 두 번째 함락은 아이아코스의 3세손에 의해(아이아코스의 증손자이자 아킬레우스의 아들 네오프톨레모스에 의해) 이루어지리라는 것이었다.

아이에테스 Αἰήτης / Aeetes 태양 신 헬리오스와 오케아니스[오케아노스의 딸, 시냇물과 샘물의 님프] 페르세이스 사이에 태어난 아들인 아이에테스는 아버지로부터 코린토스 왕국을 받았다. 하지만 곧 코린토스를 떠나 흑해 주변의 카우카소스 산기슭에 있는 콜키스로 갔다. 그의 누이는 마녀 키르케로, 그녀는 오딧세우스를 아주 특이한 방식으로 대접했으며, 미노스의 아내 파시파에를 대접한 적도 있었다. 그의 아내에 대해서는 여러 가지 설이 있어, 에우릴리테라고도 하고, 네레이스[네레우스의 딸, 바다의 님프] 네아이라라고도 하며, 오케아니스 이디이아라고도 한다. 혹은, 그가 자신의 질녀이자 타우리스 왕 페르세스의 딸 헤카테와 결혼했다는 설도 있다 (☞메데이아).

아이에테스는 콜키스의 아이아를 다스렸고, 수도는 파시스 강가에 있는 도시 파시스였다. 프릭소스가 누이 헬레와 함께 황금 털을 가진 숫양을 타고 바다와 산을 넘어 콜키스에 도착하자, 아이에테스는 이들을 환대하고 프릭소스를 자신의 딸 칼키오페와 결혼시켰다(☞계보 33). 프릭소스는 신비한 숫양을 제우스에게 바친 뒤 황금 양털을 아이에테스에게 주었으며, 아이에테스는 전쟁의 신 아레스의 숲에 있는 참나무에 황금 양털을 못박아 두었다. 이아손이 동료들과 함께 아르고 선을 타고 찾으러 갔던 것이 바로 이 황금 양털이다(☞아르고나우타이). 아르고나우타이는 많은 모험을 겪은 후 아이아에 도착했고, 아이에테스는 이아손이 몇 가지 시험을 통과하면 황금 양털을 주겠다고 약속했다. 그렇게 하면 이 성가신 요구를 무마시킬 수 있으리라고 생각했던 것이다. 하지만 이아손은 아이에테스의 딸 메데이아의 도움을 받아 괴물 황소들을 길들이고 다른 시험들도 무사히 통과했다. 그러나 아이에테스가 이아손에게 황금 양털을 주지 않고 도리어 아르고 선을 불태우려 하자, 이아손은 황금 양털을 강제로 빼앗은 후 메데이아를 납치하여 도망갔다. 아이에테스는 그들을 뒤쫓았으나, 메데이아는 함께 데려간 남동생 압시르토스를 죽여 사지를 찢어서는 바다에 뿌렸다. 아이에테스가 아들의 찢어진 몸을 수습하는 사이, 그들은 멀리 도망가고 말았다. 실망한 아이에테스는 추격을 멈추었다.

후에 아이에테스는 형제 페르세스에게 왕좌를 빼앗겼지만, 아무도 모르게 돌아온 메데이아 덕분에 제자리를 되찾았다.

아이올로스 Αἴολος / Aeolus 아이올로스라는 이름의 인물은 여러 명 있으며, 서로 잘 구별되지 않는다.

1. 첫째 아이올로스는 헬렌과 님프 오르세이스 사이에서 태어난 아들(☞계보 8)로, 데우칼리온과 피라의 손자이다. 이 아이올로스는 도로스와 크수토스의 형제이다. 그의 후손들은 아이올리스 족으로 알려졌다. 아이올로스는 테살리아의 마그네시아를 다스렸다. 그곳에서 그는 데이마코스의 딸 에나레테와 결혼하여 크레테우스, 시시포스, 아타마스, 살모네우스, 데이온, 마그네스, 페리에레스 등 일곱 명의 아들을 얻었으며, 여기에 마카레우스, 아이틀리오스와 미마스가 추가되기도 한다. 또한 카나케, 알키오네, 페이시디케, 칼리케, 페리메데 등 다섯 명의 딸들도 있었으며, 여기에 타나그라와 아르네가 추가되기도 한다. 때로는 헬렌의 아들인 이 아이올로스를 바람의 신 아이올로스(2)와 동일시하기도 하지만, 대체로 바람의 신 아이올로스는 이 아이올로스의 손자로 포세이돈과 아르네의 아들(디오도로스에 따르면)이라 한다. 헬렌의 아들이자 카나케의 아버지인 아이올로스는 자신의 친딸 카나케와 마카레우스와의 비극적 사랑에서도 일역을 한다(☞카나케).

2. 두 번째 아이올로스는 포세이돈이 첫번째

아이올로스의 딸인 아르네에게서 낳은 아들이므로 아이올로스 1세의 외손자이다. 종종 아이올로스 2세의 어머니는 아르네가 아니라 멜라니페라고도 한다(특히 멜라니페에 관한 에우리피데스의 소실된 두 비극 작품에 따르면 그렇다). 멜라니페(혹은 아르네)는 포세이돈과의 사이에서 쌍둥이 아이올로스와 보이오토스를 낳았다. 쌍둥이가 태어나자 멜라니페의 아버지(즉 헬렌의 아들 아이올로스 1세. 혹은 히기누스에 따르면 데스몬테스. 〈데스몬테스〉라는 이름은 에우리피데스의 비극 『멜라니페 헤 데스모티스』(사슬에 묶인 멜라니페)를 간추려 옮기던 편작자의 실수에서 비롯된 것일 터이다)는 딸의 눈을 멀게 하고 지하 독방에 가둔 뒤, 아이들을 산속에 버리라고 명했다. 그러자 암소 한 마리가 아이들에게 자기 젖을 먹였으며, 이 기적을 목격한 목동들이 아이올로스와 보이오토스를 거두어 키웠다. 한편 이카리아 왕 메타폰토스(히기누스에 따르면, 그는 〈이탈리아 왕〉이라고 한다)는 아내 테아노와의 사이에서 아이를 얻을 수 없었다. 테아노는 아이를 낳지 못해 소박을 맞을 처지가 되자, 목동들에게 아이들을 구해 달라고 하여 자기가 낳은 것으로 꾸미기로 했다. 목동들은 그녀에게 아이올로스와 보이오토스를 주었고, 테아노는 남편에게 그의 아들들이라고 속였다. 그런데 테아노 자신이 곧 두 아들을 낳자 전에 데려온 두 아이 아이올로스와 보이오토스를 없애 버리고 싶어졌다. 이러한 미움은 왕이 테아노가 낳은 친자식들보다 잘생긴 이 두 아이를 편애하자 더욱 커져만 갔다. 그러던 어느 날 왕이 메타폰티온의 디아나에게 제물을 바치러 가자, 테아노는 친아들들에게 아이올로스와 보이오토스의 탄생의 비밀을 털어놓으며 사냥하러 가서 그들을 죽이라고 말했다. 네 명의 젊은이들은 산속에서 싸우게 되었고, 포세이돈의 도움으로 아이올로스와 보이오토스가 승리를 거두었다. 그들은 테아노의 아들들을 죽이고 전에 자신들을 키워주던 목동들의 곁으로 피신했다. 그곳에서 포세이돈은 자신이 그들의 아버지이고 그들의 어머니는 아직도 지하 감옥에 갇혀 있다고 말해 주었다. 젊은이들은 곧바로 어머니를 감옥에서 구해 냈고, 포세이돈은 멜라니페의 눈을 다시 뜨게 만들어 주었다. 아들들은 멜라니페를 메타폰티온으로 데리고 가서 메타폰토스 왕에게 테아노의 죄를 폭로했다. 왕은 그들의 어머니 멜라니페와 결혼했다. 그 후 그들 중 한 명은 트라케의 보이오티아로, 나머지 한 명은 프로폰티스의 아이올리아 섬으로 가서 도시를 세웠다.

이 전설에는 이본들이 있는데, 특히 한 이본에 따르면, 포세이돈의 아이를 잉태한 아르네 멜라니페는 아버지에 의해 감옥에 갇히는 대신 테살리아를 지나가던 메타폰티온의 한 주민에게 넘겨졌다고 한다. 그는 신탁의 충고에 따라 집으로 돌아가 아이올로스와 보이오토스 두 아이를 양자로 삼았다. 아르네의 두 아들은 자라서 혁명 덕분에 메타폰티온의 왕이 되었다. 그리고는 자신들의 친어머니와 다투던 양아버지의 아내(아우톨리테 혹은 시리스)를 죽였다. 살인을 저지른 쌍둥이 형제는 도망쳐야만 했다. 아이올로스는 아이올리아 해의 섬들로 가서 리파라 시를 건설했고, 보이오토스는 훗날 테살리아로 알려질 아이올리아로 갔다.

또한 아이올로스가 메타폰티온을 떠나 아이올리아 섬들로 가서 아우손의 아들 리파로스 왕에게 환대받았다는 이야기도 있다. 왕은 그를 자신의 딸 키아네와 결혼시키고 권력을 물려준 뒤, 자신은 나폴리 만의 소렌툼으로 갔다고 한다. 아이올로스는 키아네와의 사이에서 아스티오코스, 크수토스, 안드로클레스, 페라이몬, 이오카스토스, 아가티르노스 등 여섯 명의 아들을 얻었다.

3. 포세이돈의 아들 아이올로스는 『오딧세이아』에 나오는 바람의 지배자 아이올로스와 흔히 동일시되지만, 때로는 이 둘은 구별되기도 한다. 오딧세우스가 여행 도중 아이올리아 섬에 이르자, 아이올로스는 그를 친절하게 맞이하여 한 달 동안 그의 곁에 두었다. 오딧세우스가 다시 길을 떠나려 하자 아이올로스는 오딧세우스를 곧장 이타케로 데려다 줄 바람을 제외한 모든 바람들을 넣고 꽁꽁 묶은 가죽 부대를 그에게 건네주었다. 오딧세우스가 자고 있는 동안 그의 부하들은 그 가죽 부대에 포도주가(『오딧세이아』에 따르면, 오딧세우스가 선물받은 〈황금과 은이〉] 들었다고 생각하고는 그만 부대를 열어 버렸다. 그러자 바람들이 터져 나오며 폭풍우가 휘몰아쳐서 그들이 탄 배는 다시 아이올리아 연안으로 쓸려 갔다. 아이올로스는 오딧세우스가 신의 분노의 희생물임을 깨닫고 그와 더 이상은 어떤 일에도 연루되기를 거절하고 그를 되돌려보냈다(☞오딧세우스).

아이올리아 Αἰολία / Aeolia 1. 『오딧세이아』에서 아이올리아 섬은 바람의 지배자 아이올로스가 사는 곳이다. 이 섬은 떠도는 바위섬으로, 청동 벽으로 둘러싸여 있었다고 한다. 후에 이 섬은 종종 스트롱길레(오늘날의 스트롬볼리) 섬 혹은 리파라(오늘날의 리파리) 섬과 동일시되기도 하는데, 두 섬 모두 아이올리아 군도에 속한다.

2. 아이올리아는 또한 아미타온의 딸이자 칼리돈의 아내의 이름이기도 하다(☞계보 1).

*아이우스 로쿠티우스 Aius Locutius 아이우스 로쿠티우스라는 이름에는 말하기에 관한 두 가지 개념(aio와 loquor — 둘 다 〈말하다〉라는 뜻)이 들어 있다. 그는 기원전 390년에 갈리아 민족의 침입을 알려 주는 소리의 형태로 단 한 번 등장하는 신비한 신이다. 하지만 아무도 그 소리에 귀를 기울이지 않았다. 로마를 장악하고 갈리아 족을 쫓아낸 후, 집정관 카밀루스는 신비한 신의 소리를 믿지 못했던 그들의 잘못을 뉘우치는 의미로, 소리가 들렸던 곳인 팔라티누스 언덕에 신전을 세웠다.

아이크마고라스 Αἰχμαγόρας / Aechmagoras 아르카디아 사람 알키메돈의 딸 피알로는 헤라클레스의 사랑을 받아, 아들 아이크마고라스를 낳았다. 알키메돈은 아이가 태어나자마자, 딸에게 아이를 버리라고 명령하고, 딸도 산속에 내다 버렸다. 주변에 있던 어치새 한 마리가 아기의 울음소리를 듣고 그 소리를 흉내냈다. 온 산에 울려 퍼진 어치의 울음소리를 들은 헤라클레스가 와서 자신의 아들과 애인을 발견하게 되었다. 그는 묶여 있던 피알로를 풀어 주고 둘의 목숨을 구했다. 근처에 있던 샘물은 킷사(〈어치의 샘〉이라는 뜻)라는 이름을 얻었다.

아이탈리데스 Αἰθαλίδης / Aethalides 아이탈리데스는 헤르메스가 미르미돈의 딸 에우폴레메이아에게서 낳은 아들로 뛰어난 궁수였다. 그는 아르고나우타이의 원정에 참여하여 전령으로 활동했다. 아이탈리데스는 아버지로부터 탁월한 기억력을 물려받아, 심지어 죽은 후 하데스의 세계에서도 기억을 간직하고 있었다고 한다. 그는 계속해서 망자들의 세계에 살지는 않았으며, 짧은 기간 동안 인간들과 살다가 지하 세계로 다시 내려가곤 했다고 한다.

아이테르 Αἰθήρ / Aether 아이테르는 하늘의 상층부를 의인화한 것으로 그곳의 빛은 땅에 가까운 하늘의 빛보다 더 밝다. 헤시오도스에 의하면,

아이테르는 에레보스(암흑)와 닉스(밤)의 아들이고 헤메라(낮의 빛)와는 남매간이다. 또 다른 전승에 의하면, 아이테르는 낮과 결합하여 대지와 하늘, 바다를 낳았고, 슬픔, 분노, 거짓말 등과 같은 추상적인 개념들도 낳았다고 한다. 그 밖에 오케아노스, 테미스, 타르타로스, 브리아레우스, 기게스, 스테로페스(헤시오도스는 이들을 키클롭스들로 간주한다), 아틀라스, 히페리온, 사투르누스, 옵스, 모네타, 디오네, 그리고 세 명의 푸리아이 등도 그들의 자식들이다. 히기누스가 만든 이 명단에는 우라노스(☞) 신화에서 빌려 온 요소들이 있음을 알 수 있다. 키케로는 아이테르를 유피테르와 카일루스(의인화된 하늘, 즉 우라노스)의 아버지로, 그리고 헬리오스(태양)의 할아버지로 묘사한다.

아이톨로스 Αἰτωλός / Aetolus 펠로폰네소스에 있는 엘리스의 왕으로, 엔디미온과 한 님프 사이에서 태어났다. 아이톨로스에게는 파이온, 에페이오스, 에우리키데(혹은 에우리필레), 낙소스, 피소스 등의 형제자매가 있었다. 엔디미온은 아들들 중에서 왕위 계승자를 정하기 위해, 올림피아에서 경주를 열어 승리자에게 왕위를 물려주기로 했다. 승리자는 에페이오스였다. 파이온은 마케도니아로 가버렸고, 아이톨로스는 펠로폰네소스에 남아 있다가 에페이오스가 죽은 후 왕이 되었다. 하지만 그는 그 지역의 왕인 아피스를 죽이고, 아피스의 아들들에게 쫓기는 신세가 되었다. 그는 아켈로오스 강 하구에 있는 코린토스 만의 북부로 갔다. 그는 아폴론과 프티아의 아들들인 도로스, 라오도코스, 폴리포이테스에게서 접대를 받았지만, 이들을 모두 죽이고 그 지역에서 쿠레테스 족을 모두 몰아낸 뒤 왕이 되었다. 이후로 그 지역은 아이톨리아라 불리게 되었다. 그는 포르바스의 딸인 프로노에와 결혼하여 플레우론과 칼리돈을 낳았다.

아이트네 Αἴτνη / Aetna 아이트네는 카타니아 시를 굽어보는 화산[에트나]의 이름이지만, 본래는 시칠리아의 님프로, 우라노스와 게[가이아]의 딸이라고도 하고, 좀더 오래된 전승에 의하면 손이 백 개인 거인 브리아레우스의 딸이라고도 한다. 헤파이스토스와 데메테르가 시칠리아(화산과 밀의 땅)를 놓고 다툴 때, 아이트네는 심판 역할을 했다. 종종 그녀는 헤파이스토스와의 사이에서 팔리코이(☞)를 낳은 것으로 여겨지기도 한다.

아이트라 Αἴθρα / Aethra 아이트라는 펠롭스의 손녀이자 트로이젠 왕 피테우스의 딸로, 테세우스의 어머니이다(☞계보 2). 테세우스가 트로이젠 왕이 될 권리가 있는 것은 모계 혈통 덕분이다.
　아이트라는 원래 벨레로폰테스로부터 청혼을 받았다. 하지만 아이게우스가 델포이 신탁으로부터 후손을 얻을 방법을 듣고 돌아가던 길에 트로이젠을 지나게 되자, 피테우스는 신탁의 의미를 깨닫고 아이게우스 몰래 아이트라를 그에게 들여보냈다(☞아이게우스). 그렇게 해서 테세우스가 태어났다. 그런데 아이게우스가 도착하기 전날 밤, 아테나 여신은 아이트라의 꿈속에 나타나 옛날 펠롭스의 수레를 몰던 용사 스파이로스를 위해 희생 제사를 드리러 인근의 섬에 가야겠다는 생각을 불어넣어 주었다. 그 섬에서 아이트라는 포세이돈에게 겁탈당했다. 그날 밤 아이게우스와도 결합했기 때문에, 테세우스는 인간의 아들이자 신의 아들이 되었다.
　아이게우스는 아테나이로 떠나고, 아이트라는 트로이젠에 머물면서 아들을 키웠다(☞테세우스). 후에 아테나이 왕이 된 테세우스는 하계로 내려가 헬레네를 납치해다가 어머니에게 맡겼다. 그러나 헬레네의 형제들인 카스토르와 폴리데우케스가 헬레네를 구하러 왔다가 아이트라까지 포로로 잡아가 버렸다. 아이트라는 자원하여 헬레네의 노예가 되어 트로이아까지 따라갔다고 하며, 몇몇 저자들에 따르면, 헬레네를 설득하여 메넬라오스를 버리고 파리스를 따라가게 했던 것도 바로 그녀였다고 한다. 그녀는 트로이아에서 자신의 증손자 무니토스(☞)를 키웠다. 트로이아가 함락된 후 그녀는 손자들인 데모폰과 아카마스에게 발견되어 구조되었으나, 테세우스가 죽자 슬픔을 견디지 못하고 스스로 목숨을 끊었다고 한다.

아이틸라 Αἴθιλλα / Aethilla 라오메돈의 딸 아이틸라는 트로이아가 함락된 후 그리스 군에게 잡힌 포로들 중 한 명이다. 그녀는 프로테실라오스의 군대에 넘겨졌다. 프로테실라오스의 선단이 폭풍을 겪은 후 물을 얻기 위해 트라케 지방의 팔레네에 기항하자, 아이틸라는 포로로 잡힌 여자들에게 지금까지 당한 고통을 환기시킬 뿐 아니라, 앞으로 그리스에 도착해서는 더 나쁜 일을 당할 것이라고 말하며 싸워야 한다고 부추겼다. 여자들은 배에 불을 질렀으며, 그리하여 그 지방에 머물 수밖에 없게 된 그리스 군은 거기에 스키오네 시를 건설했다.

아이피토스 Αἴπυτος / Aepytus 이 이름을 가진 용사들은 여러 명 있다.

1. 첫번째 아이피토스는 아르카디아 사람으로, 히포토오스의 아들이자, 킵셀로스의 아버지이다. 어느 날 그는 만티네이아에 있는 포세이돈 신전에 완력으로 밀고 들어가려 하다가 포세이돈에게 벌을 받아 눈이 멀고 목숨을 잃었다.

2. 두 번째 아이피토스는 첫번째 아이피토스의 증손자이다. 그의 아버지는 메세니아 왕 크레스폰테스이고, 어머니는 킵셀로스의 딸 메로페이다(☞계보 16). 폭동이 일어나 아버지와 형제들이 학살당하자, 아이피토스는 할아버지 곁으로 피신했다. 어른이 된 그는 아리스토데모스와 이스트미오스의 아들들인 도리스 왕자들과 아르카디아 인들의 도움으로 귀향하여 아버지와 형제들의 복수를 했다. 일찍이 폭동을 주도했던 폴리폰테스는 크레스폰테스를 죽인 뒤 그의 아내 메로페와 강제로 결혼한 상태였다. 아이피토스는 폴리폰테스를 죽이고 어머니를 구했으며 왕위를 되찾았다(☞메로페). 아이피토스의 덕과 지혜가 얼마나 뛰어났던지, 그 당시까지 〈헤라클레이다이〉[헤라클레스의 자손들]라고 불리던 그의 후손들은 〈아이피티다이〉[아이피토스의 자손들]라는 새 이름을 얻게 되었다. 그의 뒤를 이어 왕이 된 것이 글라우코스이다.

3. 마지막 아이피토스는 엘라토스의 아들, 혹은 아르카디아 전체를 다스리던 아르카스의 아들이라 한다(☞계보 9). 아이피토스는 사냥을 하다가 뱀에 물려 죽었으며, 킬레네에서 멀지 않은 곳에 묻혔다. 그는 피타네로부터 포세이돈의 딸 에우아드네를 맡아 자기 딸처럼 키웠다. 에우아드네는 아폴론과의 사이에서 이아모스를 낳았다.

아카데모스 Ἀκάδημος / Academus 아카데모스는 아티카의 용사로, 테세우스가 헬레네를 납치해 간 후 카스토르와 폴리데우케스가 그들의 누이를 찾으려고 온 나라를 헤매고 다닐 때, 헬레네가 포로로 갇혀 있던 장소를 디오스쿠로이[제우스의 아들들, 즉 카스토르와 폴리데우케스를 가리킴]에게 알려 주었다. 아카데모스의 무덤은 케라메이코스[아크로폴리스 북서쪽에 있는 오래된 동네] 지역 너머에 있는 아테나이 외곽에 있다. 이 무덤은 신성한 숲으로 둘러싸여 있으며 플라톤이 그곳에 아카데미아를 세움으로써 유명해졌다. 때로 아카데미아라는 이름은 디오스쿠로이가 누이를 찾으러 가는 모험에 동행했던 아르카디아 사람 에케데모스의 이름에서 파생된 것이라고도 이야기된다.

*아카 라렌티아 Acca Larentia 로물루스 혹은 안쿠스 마르티우스가 통치하던 시절의 어느 축제날, 로마에 있던 헤르쿨레스 신전의 신전지기가 헤르쿨레스 신에게 주사위 놀이 내기를 하자고 제안했다. 놀이에 진 사람이 이긴 사람에게 향응과 미인을 제공해야 한다는 것이었다. 헤르쿨레스는 그 조건을 받아들였고 내기에 이겼다. 신전지기는 신전에서 그에게 식사를 대접했고, 당시 로마에서 가장 아름다운 아가씨이던 아카 라렌티아의 호의를 얻어 주었다. 헤르쿨레스는 그녀를 떠나면서 보답으로 그녀가 만나는 첫번째 남자에게 호의를 베풀라고 충고해 주었다. 그 남자는 타루티우스라는 이름의 에트루리아 인으로, 그녀와 결혼하게 되었다. 타루티우스는 아주 부자였지만, 곧 죽고 말았다. 아카 라렌티아는 로마 인근의 넓은 영지들을 유산으로 물려받았다. 그녀는 죽으면서 그 땅을 로마 민족에게 물려주었다. 이러한 전설은 로마가 주장하던 영토 소유에 합법적 근거를 마련하기 위해 만들어진 것이 분명하다. 노년에 접어든 아카는 벨라브룸이라는 곳에서 아무 흔적 없이 사라졌는데, 그곳은 파우스툴루스의 아내인 또 한 명의 라렌티아가 묻힌 곳이기도 하다.

또 다른 전설에는 목동인 파우스툴루스(☞)의 아내가 아카 라렌티아라는 이름으로 등장한다. 그녀는 로물루스와 레무스를 데려다 키웠을 뿐만 아니라 그 밖에도 열두 명의 자식을 두었다. 열두 명의 아르발레스 사제단이 구성된 것은 아카 라렌티아의 열두 명의 자식을 기리기 위한 것이라고 한다.

아카르난 Ἀκαρνάν / Acarnan 테바이의 예언자 암피아라오스의 아들인 알크마이온은 아켈로오스 강의 딸 칼리로에(〈아름다운 샘〉이라는 뜻)에게서 암포테로스와 아카르난이라는 두 아들을 낳았다(☞ 계보 1). 알크마이온은 여러 가지 모험을 겪던 중에 아르카디아 지방의 프소피스 왕 페게우스를 공격하다가 결국 그 왕의 자식들에게 죽임을 당했다(☞ 알크마이온). 칼리로에는 남편이 죽었다는 소식을 접하자, 자신을 사랑하던 제우스 신에게 아직 어린아이이던 두 아들을 즉시 어른으로 만들어서 남편의 복수를 할 수 있게 해달라고 간청했다. 제우스는 그 요구를 들어주었고, 기적적으로 어른이 된 두 아들은 페게우스의 두 아들 프로노오스와 아게노르를 아가페노르 왕의 집에서 만나 죽였다. 그리고는 프소피스로 가서 아버지의 죽음에 진짜 책임이 있는 페게우스를 죽였다. 그 도시의 주민들에게 추격을 당했지만, 두 형제는 그들의 손아귀에서 벗어나 아르카디아의 테게아에 있는 아가페노르에게 가서 몸을 숨겼다. 테게아 인들은 몇몇 아르고스 인들의 도움을 받아 형제를 추격자들로부터 보호해 주었다. 외할아버지 아켈로오스의 명령에 따라, 형제는 델포이로 가서 아폴론에게 하르모니아의 목걸이를 바쳤다. 이 목걸이야말로 오랫동안 계속된 살인 사건들의 씨앗이었으며, 특히 형제의 아버지 알크마이온과 할아버지 암피아라오스의 죽음을 초래한 간접적인 원인이 되었다(☞ 에리필레). 그 후 이들은 에페이로스 지방을 두루 돌아다니면서 함께 할 사람들을 모으고 아카르나니아에 식민지를 건설했다. 그때까지 〈쿠레테스〉라고 불리던 그곳 주민들은 아카르난의 이름을 자신들의 새 이름으로 삼았다.

일설에 의하면 아카르난은 오이노마오스의 딸 히포다메이아와 결혼하려다가, 그녀의 다른 구혼자들과 마찬가지로 오이노마오스에게 죽임을 당했다고 한다.

아카마스 ’Ακόμας / Acamas 아카마스라는 이름을 가진 용사는 여러 명 있다.

1. 이들 중 한 명은 트로이아 인으로 안테노르와 테아노의 아들이며, 그리스 군과의 전쟁에서 두드러진 활약상을 보였다. 그는 메리오네스의 손에 죽었다.
2. 또 다른 아카마스는 역시 트로이아 편에서 싸웠던 키지코스(☞)의 숙부이자, 트라케 군대의 우두머리였다. 그는 텔라몬의 아들 아이아스에게 죽임을 당했다.
3. 가장 유명한 아카마스는 테세우스와 파이드라의 아들로, 아티카의 한 부족인 아카만티스 족의 명조이다. 이 아카마스는 호메로스의 서사시에는 등장하지 않으나, 『일리아스』 이후에 나온 전설들에서는 그와 그의 형제 데모폰이 트로이아 함락에 일역을 한다. 즉 아카마스는 전쟁을 개시하기에 앞서 헬레네를 돌려달라고 요구하기 위해 디오메데스와 함께 트로이아에 사절로 갔다고 한다. 거기서 그는 프리아모스의 딸 라오디케의 연모의 대상이 되었다. 라오디케는 페르세우스의 아내 필로비아에게 자신의 사랑을 털어놓았고, 필로비아는 그녀를 돕기로 작정했다. 그녀는 트로아스[소아시아 북동쪽에 있던 옛 지방. 트로이아를 중심으로, 헬레스폰토스 해협과 에게 해, 에드레미트 만과 이데 산 사이에 위치했다]의 다르다노스 시를 통치하던 남편을 설득하여, 이 젊은 남녀를 따로따로 향연에 초대해 나란히 앉혔다. 라오디케는 프리아모스의 궁녀로 행세했고, 향연이 끝날 무렵에는 아카마스의 여자가 되어 있었다. 이 결합에서 태어난 아들 무니토스는 프리아모스의 궁전에서 당시 헬레네에게 잡혀 있던 자신의 증조모(테세우스의 어머니) 아이트라의 품에서 자랐다. 트로이아 멸망 이후, 무니토스는 아버지의 품으로 돌아갔고, 아카마스는 아들과 아이트라를 아티카로 데려갔다. 하지만 무니토스는 도중에 올린토스에서 뱀을 쫓아가다가 도리어 물려 죽었다.

트로이아 정복 당시 아카마스는 목마 속에 들어 있던 용사들 중 한 명이었다고 한다. 그는 전리품으로 포로 클리메네를 얻었다. 귀향길에 그는 트라케에서 필리스와 사랑에 빠져 오랫동안 그곳에 머물렀다. 그리고는 키프로스로 가서 식민지를 건설했으며 그곳에서 죽음을 맞이했다고 전해진다. 낙마하여 불행히도 자신의 검 위로 떨어졌다는 것이다. 그러나 이 이야기는 일반적으로 그의 형제 데모폰(☞)과 관계되는 전설이다.

그 밖의 설들에 따르면, 아카마스는 형제 데모폰과 트로이아 정복에 참가한 후, 할머니 아이트라와 함께 아티카로 돌아가 권좌를 되찾고 평화롭게 나라를 다스렸다고 한다.

아카스토스 ’Άκαστος / Acastus 아카스토스는 이올코스 왕 펠리아스와 아낙시비아의 아들로(☞계보 21), 부친의 뜻을 거슬러 아르고나우타이(☞)의 원정에 참여했다(그의 아버지는 자기 왕좌를 보전하기 위해 이아손을 제거하는 한 방편으로 이 원정을 생각했던 것이다, ☞이아손). 그는 칼리돈의 멧돼지 사냥에도 참여했다. 아버지 펠리아스가 메데이아의 손에 죽고 난 후, 아카스토스는 이올코스를 통치하게 되었다(☞메데이아).

아카스토스는 아킬레우스의 아버지 펠레우스의 전설에서도 간접적인 역할을 한다. 칼리돈의 사냥 동안, 펠레우스는 사냥꾼들 중 한 명인 에우리티온을 사고로 죽이게 되었다. 이 살인에 대해 속죄하기 위해, 그는 아카스토스에게 갔다. 펠레우스가 이올코스의 궁에 머무는 동안, 아카스토스의 아내 아스티다메이아는 그를 사랑하게 되었다. 하지만 거절당하자 그녀는 펠레우스가 아카스토스의 딸 스테로페와 결혼하려고 아내를 버리려 한다는 내용의 편지를 펠레우스의 아내에게 보냈다. 펠레우스의 아내는 절망한 나머지 목매어 죽고 말았다. 그래도 분이 풀리지 않은 아스티다메이아는 아카스토스에게 가서 펠레우스가 자신을 유혹하려 했다고 모함했다. 아카스토스는 그녀의 말을 믿었지만, 불과 얼마 전에 자신이 살인죄에서 정결케 해준 펠레우스를 감히 죽일 수가 없었으므로, 펠리온 산의 사냥에 그를 데려가 잠든 그를 버리고 돌아왔다. 또한 그가 산의 맹수들이나 켄타우로스들로부터 무사히 살아 나오지 못하도록, 그의 칼도 쇠똥 속에 숨겨 버렸다. 만약 현명한 켄타우로스 케이론이 때맞춰 펠레우스를 깨우고 칼을 돌려주지 않았다면, 무기가 전혀 없었던 그는 산에 살던 켄타우로스들에게 죽임을 당했을 것이다(☞펠레우스).

자신의 왕국으로 돌아간 펠레우스는 복수를 다짐했다. 몇몇 전승들에 따르면, 그는 혼자서 혹은 이아손과 카스토르, 폴리데우케스의 도움을 받아 이올코스를 치러 갔다고 한다. 그곳을 점령한 후 그는 아스티다메이아를 죽이고 그녀의 사지를 도시 이곳저곳에 뿌려 그 찢어진 몸 사이로 자신의 군대를 지나가게 했다. 그는 아카스토스도 죽였다.

하지만 또 다른 저자들에 따르면, 펠레우스는 트로이아 전쟁 동안 아들 아킬레우스가 아시아에 가 있는 바람에 무방비 상태가 되었고, 그 때문에 아카스토스에게 공격을 당해 자신의 왕국에서 쫓겨났던 것이라고 한다. 아카스토스의 아내로는 아스티다메이아 외에 크레테우스의 딸인 히폴리테 크레테이스의 이름이 언급되기도 한다.

아카이메니데스 Ἀχαιμενίδης / Achaemenides 오딧세우스는 폴리페모스가 불러온 거인들이 그의 배들을 향해 바위를 던지자, 키클로페스(☞)의 나라를 서둘러 떠나느라 동료들 중 한 명을 놔둔 채 출발하고 말았다. 그 인물이 바로 아카이메니데스이다. 그는 숨어 살면서 목숨을 부지하여, 훗날 아이네이아스에게 구조되었다.

아카칼리스 Ἀκακαλλίς / Acacallis 아카칼리스는 미노스의 딸들 중 한 명으로, 헤르메스와 아폴론에게서 차례로 사랑을 받았다. 헤르메스와의 사이에서 아들 키돈을 낳았고, 아폴론과의 사이에는 낙소스(낙소스 섬의 명조)와 밀레토스, 암피테미스 등 세 아들을 두었다. 암피테미스는 가라마스라는 이름으로도 잘 알려져 있다. 아카칼리스가 암피테미스를 낳을 날을 기다리고 있을 때, 화가 난 미노스는 그녀를 크레테에서 멀리 떨어진 곳으로 추방해 리비아(튀니지 남부 지역)까지 보냈다. 그곳에서 가라마스라는 이름으로 알려진 암피테미스는 유목민 〈가라만테스〉 족의 명조가 되었다. 아카칼리스는 셋째 아들 밀레토스의 출산일이 임박하자, 아버지의 분노를 두려워한 나머지 궁전에서 도망쳐 숲 속에 몸을 숨겼다. 그녀는 숲 속에서 밀레토스를 낳았다. 그녀는 아이를 키울 수 없어 나무 아래 버렸으나 아폴론의 명령을 받은 숲 속의 어미 늑대들이 아이를 자기 젖으로 키웠고, 그러다가 아이는 목동들에게 발견되어 그들의 손에서 자랐다.

아카칼리스는 종종 아카칼레라고 불리기도 한다. 아카칼리스는 그리스 어로 〈이집트 위성류〉[지중해 연안 지역에서 중앙 아시아, 그리고 북쪽으로는 중국에 이르는 지역에 걸쳐 염분도가 높은 사막, 바닷가, 산악 지대 및 반건조 지대에서 자라는 식물]를 뜻한다(☞필란드로스).

아카코스 Ἄκακος / Acacos 몇몇 전설에 따르면, 아카코스는 헤르메스의 양아버지이다. 리카온의 아들인 그는 아르카디아에 아카케시온 시를 건설했다.

아카테스 Ἀχάτης / Achates 1. 아카테스는 트로이아 사람으로, 아이네이아스의 절친한 친구였으며, 그와 함께 여행길에 올라 이탈리아까지 갔었다(☞아이네이아스). 일설에 의하면, 트로이아 땅에 처음으로 발을 내딛었던 그리스 사람 프로테실라오스를 죽인 자가 바로 아카테스라고 한다.

2. 아카테스는 논노스가 그의 작품 『디오니시아카』에서 디오니소스의 한 추종자에게 붙여준 이름이기도 하다. 이 아카테스는 티레노이 족으로 추정된다.

아칸티스 Ἀκανθίς / Acanthis 아우토노오스와 그의 아내 히포다메이아는 안토스, 에로디오스, 스코이네우스와 아칸토스 등 아들 넷과 아칸티스(일명 아칸틸리스)라는 딸 하나를 두었다. 이들 가족은 상당히 넓은 땅을 경작했지만 소득은 거의 없었다. 이들이 거의 일을 하지 않아 밭에서는 엉겅퀴와 골풀들이 자랐기 때문이다. 이로 인해 두 아들에게는 스코이네우스와 아칸토스라는 이름이, 딸에게는 아칸티스라는 이름이 붙었다(그리스 어로 〈스코이노스〉는 〈골풀〉을, 〈아칸타〉는 〈엉겅퀴〉를 뜻한다). 이들의 본업은 말 사육으로, 암말들을 늪지에 방목하는 습관이 있었다. 어느 날 안토스가 암말들을 집으로 몰아가려 하자, 풀밭을 떠나기 싫었던 암말들은 성이 나서 그를 짓밟아 죽이고 말았다. 그의 아버지는 시끄러운 소리에 목장 쪽을 향하기는 했으나 별로 서두르지 않았고, 그의 스승 역시 마찬가지였다. 마침내 도착한 두 사람이 암말들을 그에게서 떼어 놓으려 했으나 소용이 없었다. 이 참사로 온 가족은 절망에 빠졌고, 이를 측은히 여긴 제우스와 아폴론은 이들 모두를 새로 변신시켰다. 아우토노오스는 알락해오라기로, 히포다메이아는 뿔종다리로, 안토스와 에로디오스, 스코이네우스, 아칸토스 그리고 아칸티스는 각기 그들의 이름을 물려받은 새들로 변했다. 이 새들이 정확히 어떤 새들인지는 밝혀지지 않았지만, 아칸토스와 아칸티스는 방울새(☞아칼란티스)의 일종일 가능성이 있고, 에로디오스는 왜가리일 것으로 추정된다.

아칼란티스 Ἀκαλανθίς / Acalanthis 마케도니아 왕 피에로스의 아홉 딸들 중에 아칼란티스라고 불리는 딸이 있었다. 그녀와 자매들은 무사이[뮤즈들]에게 자기들만큼 노래를 잘하는지 해보라고 도전했다. 화가 난 여신들은 자매들을 모두 새로 만들어 버렸다. 아칼란티스는 방울새가 되었다(그리스 어 〈아칸타〉는 엉겅퀴라는 뜻이다 [프랑스 어의 경우, 방울새는 chardonneret, 엉겅퀴는 chardon이므로 어원적인 설명처럼 보이지만, 영어만 하더라도 goldfinch와 thorn으로 무관한 말들이 되어 버린다], ☞피에리데스).

아케론 Ἀχέρων / Acheron 『오딧세이아』에 묘사된 하계에는 피리플레게톤, 코키토스, 아케론 등의 강들이 있다. 아케론은 망자의 영혼이 죽음의 왕국으로 가기 위해 반드시 건너야 하는 강이다. 이 강의 뱃사공인 카론은 영혼을 강 이편에서 저편까지 데려다 주는 일을 맡고 있다(☞카론). 아케론 강은 거의 흐르지 않으며, 강기슭은 갈대와 진흙으로 덮여 있다.

일설에 따르면, 아케론은 가이아(대지)의 아들인데, 아주 오래 전에 저지른 잘못 때문에 벌을 받아 하계에 머무르게 되었다고 한다. 즉 그는 올림포스의 신들과 거인족이 전쟁을 할 때, 목말라 하는 거인족에게 마실 물을 주었던 것이다.

아케론은 어둠의 님프 오르프네 혹은 고르기라와의 사이에서 아스칼라포스를 낳았고, 이 청년은 데메테르에 의해 올빼미로 변했다(☞데메테르).

그리스 서쪽 연안에 있는 에페이로스 지방에는 아케론이라는 이름의 강이 있었다. 이 강은 한적한 벌판을 가로질러 얼마간 흐르다가 깊은 틈바구니 속으로 사라졌고, 하구에 이르러 다시 나타날 때는 황량한 풍경 속의 더러운 늪지가 되어 있었다. 아케론이 하계의 강으로 이야기되었던 것은 아마도 잘못된 어원 설명(그 이름이 〈고통〉을 뜻하는 그리스 어에서 파생되었다고 보는)과 에페이로스 지방에 있는 강의 특징들 때문이었던 것 같다. 지상의 강에서 볼 수 있는 특성들이 하계의 강에도 그대로 적용되었던 것이다.

로마 제국 당시에 유행하던 신비 종교들에 따르면 아케론은 남극 가까이에, 안티포데스 성좌 사이에 위치하는 것으로 간주되었다.

아케스테스 Acestes ☞아이게스테스.

아켈로오스 ʼΑχελῶος / Achelous 아켈로오스는 아이톨리아에 있는 그리스 최대의 강이자, 그 강의 신이다. 그는 그리스의 『신들의 계보』에 등장하는 가장 오래된 부부 중 하나인 오케아노스와 테티스(I)의 아들로 일컬어졌다(☞우라노스). 아켈로오스는 형제인 3천 명의 하신(河神)들 중 맏이로 알려져 있었다.

아켈로오스의 계보에 관해서는 다양한 설이 있어서, 태양(티탄 족의 한 명인 헬리오스)과 대지의 아들이라고도 하고, 포세이돈의 아들들 중 한 명이라고도 한다. 후자의 설에 따르면, 강의 이름이 처음에는 포르바스였는데, 어느 날 아켈로오스가 강을 건너다가 화살을 맞아 빠져 죽었다고 한다. 이후로 그 강의 이름이 아켈로오스가 되었다는 것이다.

아켈로오스는 많은 애정 행각을 벌였다. 멜포메네와의 사이에서 세이레네스(☞)를 낳는가 하면, 다른 무사이[뮤즈들]와도 사랑을 나누었다고 한다. 그는 코린토스의 페이레네 샘, 델포이의 카스탈리아 샘, 테바이의 디르케 샘 등 여러 샘들의 아버지로도 간주되었다. 알크마이온과 결혼한 칼리로에(아름다운 샘)도 그의 딸이라고 하는데, 칼리로에의 어머니가 누구인지는 알려져 있지 않다(☞알크마이온, ☞아카르난).

아켈로오스는 헤라클레스의 열두 가지 과업에 관한 이야기들에도 등장한다. 아이톨리아의 칼리돈 왕 오이네우스와 이웃이었던 그는 왕의 딸 데이아네이라에게 청혼했다. 그런데 강의 신인 아켈로오스는 변신하는 능력이 있어서, 황소나 용 등 자기 마음에 드는 모습으로 변할 수 있었다. 이 능력 때문에 겁을 먹은 데이아네이라는 그처럼 유별난 남편을 맞고 싶지 않았다. 그러던 중에 헤라클레스가 오이네우스의 궁전에 나타나 그녀에게 청혼을 하자, 그녀는 즉시 승낙했다. 하지만 아켈로오스가 쉽게 물러서지 않았기 때문에 헤라클레스는 데이아네이라를 놓고 그와 싸워 이겨야만 했다. 두 구혼자는 결투를 벌였다. 아켈로오스는 모든 능력을, 헤라클레스는 모든 힘을 쏟아 부었다. 마침내 아켈로오스가 황소로 변하자 헤라클레스는 황소의 뿔 중 하나를 부러뜨렸고, 아켈로오스는 패배를 인정하고 물러섰다. 그는 헤라클레스에게 데이아네이라와 결혼하되, 자기 뿔은 돌려달라고 요구했다.

대신 그는 제우스를 젖 먹여 키운 암염소 아말테이아(☞)의 뿔 하나를 헤라클레스에게 주었는데, 이 뿔에는 꽃과 과실을 풍성하게 만드는 능력이 있었다고 한다. 몇몇 저자들에 따르면 이 경이로운 뿔은 아켈로오스 자신의 것이라고도 한다.

아켈로오스 강 하구의 에키나데스 섬들도 그의 경이로운 능력으로 만들어진 것이라고 한다. 그 지방의 님프 네 명이 강기슭에서 희생 제사를 드리면서 아켈로오스에게 비는 것을 잊어버리자, 화가 난 아켈로오스는 물을 차오르게 하여 그녀들을 바다로 휩쓸어가 버렸고, 그녀들은 바다의 섬들이 되었다. 에키나데스 섬들 중 다섯 번째인 페리멜레는 아켈로오스가 한때 사랑했던 아가씨로, 페리멜레의 아버지 히포다마스는 딸에게 화가 난 나머지 그녀가 아이를 낳으려는 순간 그녀를 강에 집어던져 버렸다. 아켈로오스의 간청으로 포세이돈은 페리멜레를 섬으로 만들어 주었다.

오늘날 아켈로오스 강은 아스프로포타모라는 이름으로 불리며, 파트라이 만 어귀에서 이오니아 해로 흘러 들어간다.

아콘티오스 ’Ακόντιος / Acontius 케오스 섬에 아주 잘생긴 청년이 있었는데, 그는 귀족은 아니었지만 부잣집 아들이었다. 어느 해 그는 델로스의 축제에 갔다가 유모를 대동하고 신들에게 예배하러 온 한 아가씨를 보았다. 그 아가씨가 얼마나 아름다운지 아콘티오스는 첫눈에 사랑에 빠지고 말았다. 그녀의 이름은 키디페로, 당시 델로스를 지나 여행하고 있던 주요 인사의 딸이었다. 아콘티오스는 아르테미스 신전까지 그녀를 따라갔다. 키디페는 사람들이 제사를 드리는 동안 앉아 있었다. 아콘티오스는 마르멜로 열매를 따서 〈아르테미스 신의 이름을 걸고 맹세하노니, 나는 아콘티오스와 결혼하리라〉라고 칼로 새겨 키디페가 있는 쪽으로 던졌다. 유모가 그것을 집어서 키디페에게 주자, 그녀는 별 생각 없이 그 문구를 소리 내어 읽었다. 자신이 읽는 말의 뜻을 깨닫자, 그녀는 창피해서 얼굴을 붉히며 열매를 멀리 던져 버렸다. 하지만 자기 의지와 상관없이 그녀는 자신과 아콘티오스를 이어 주는 문구를 입 밖에 낸 것이다. 아르테미스 여신이 이 서약의 증인이었다. 얼마 후 고향으로 돌아간 아콘티오스는 키디페를 자신의 약혼자라고 생각하며 그녀를 향한 연모로 속을 태웠다. 한편 키디페의 아버지는 자신이 선택한 신랑감과 그녀를 약혼시키려고 준비하고 있었다. 약혼을 위한 향연이 시작되자마자, 그녀가 갑자기 중한 병에 걸려서 약혼식을 연기할 수밖에 없었다. 그러자 그녀는 곧 회복되었다. 하지만 약혼식을 하려고 할 때마다 그녀는 이름 모를 병에 걸렸다. 세 번이나 이런 일이 반복되었다. 이 소식이 아콘티오스의 귀에까지 들렸고, 그는 아테나이로 달려갔다(키디페는 아테나이 인이었다). 날마다 시간마다, 그는 사랑하는 여인의 건강이 어떤지 물었고, 그렇게 해서 그의 사랑은 아테나이의 이야깃거리가 되었다. 사람들은 아콘티오스가 키디페에게 주문을 걸었다고 생각하게 되었다. 그녀의 아버지가 델포이에 가서 신탁을 구한 결과, 키디페는 서약으로 묶여 있어서 그녀가 맹세를 깨뜨리려 할 때마다 화가 난 아르테미스 여신이 그녀를 벌하는 것이라는 대답을 들었다. 진실을 알게 된 키디페의 아버지는 아콘티오스의 집안에 대해 알아보고 자신과 사돈이 될 자격이 없지 않음을 알게 되었다. 아콘티오스의 계략은 행복한 결혼으로 이어졌다(☞헤르모카레스).

*아크로 Acro 사비니 족의 도시 카이니나의 왕. 그는 사비니 족의 여인들을 유괴한 로물루스와 전쟁을 하는 데 앞장섰다. 그는 로물루스의 도전

을 받아들였고, 양편 군대 앞에서 우두머리들의 결투가 벌어졌다. 아크로는 로물루스의 손에 죽었고, 로물루스는 아크로의 갑옷을 벗겨 카피톨리움에 있는 〈유피테르 페레트리우스〉[벼락을 던지는 유피테르]에게 바쳤다. 이것이 적장을 죽이고 전리품을 취하는 관습의 기원이 되었다.

아크리시오스 ʼΑκρίσιος / Acrisius 아르고스 왕 아바스는 링케우스와 히페르메스트라의 아들로, 쌍둥이 아들 아크리시오스와 프로이토스를 두었다(☞계보 31). 이들 형제는 조상인 다나오스와 아이깁토스 사이의 증오를 물려받아 모태에서부터 서로 다투었다. 어른이 되어서도 그들 사이의 적대감은 줄어들지 않았다. 아버지가 죽자 이들은 아르고스의 왕좌를 누가 차지할 것인지 정하기 위해 전쟁을 선포했다. 고대의 전술에서 큰 힘을 발휘하게 될 둥근 방패가 처음 사용되었던 것도 바로 이 전쟁에서였다고 한다. 오랜 전쟁 후 마침내 아크리시오스가 승리를 거두었고, 그는 자신의 쌍둥이 형제를 추방해 버렸다. 프로이토스는 리키아로 가서, 이오바테스 왕의 딸 안테이아(비극에서는 스테네보이아라고 불린다)와 결혼했다. 이오바테스는 리키아 군을 이끌고 프로이토스를 아르골리스로 데려가 티린스에 정착하게 했다. 거대한 돌을 다듬어 쌓은 티린스의 성벽은 키클로페스[키클롭스들]가 프로이토스를 위해 만든 것이었다. 그 후 두 형제는 협약을 맺어, 아크리시오스는 아르고스를 다스리고 프로이토스는 티린스를 다스리기로 했다. 이렇게 해서 아르골리스 왕국은 똑같은 크기로 양분되었다.

아크리시오스는 라케다이몬의 딸 에우리디케와의 사이에서 다나에라는 딸 한 명을 두었다. 아들을 갖고 싶었던 그는 신의 뜻을 물으러 갔다. 그는 자기 딸이 아들 한 명을 낳겠지만, 그 아이가 아크리시오스 자신을 죽일 것이라는 신탁을 받았다. 아크리시오스는 신탁이 실현되지 않도록 청동으로 된 지하 방을 만들어서 그 안에 다나에를 감금해 두었다. 그러나 어떤 것도 다나에의 잉태를 막을 수는 없었다. 어떤 이들은 그녀를 잉태시킨 것이 숙부 프로이토스였다고 하고, 어떤 이들(대다수의 사람들)은 제우스였다고 한다. 황금 비(雨)로 변신한 제우스가 지붕의 틈새로 들어가 다나에의 품을 파고들었다는 것이다. 다나에가 유혹을 당했다는 사실을 안 아크리시오스는 상대가 신임을 믿으려 하지 않고 딸과 아이를 궤짝에 넣어 바다에 버렸다. 이 아이가 페르세우스(☞)였다. 그는 파도에 실려 도착한 세리포스 섬에서 딕티스의 눈에 띄어 양육되었으며, 훗날 많은 공적을 쌓았다. 그러던 어느 날 페르세우스는 외할아버지 아크리시오스를 보고 싶은 생각에, 어머니와 아내 안드로메데를 데리고 아르고스로 돌아왔다. 아크리시오스는 페르세우스가 그를 보러 온다는 소식을 듣자, 신탁이 성취될까 봐 전전긍긍했다. 그는 세리포스와 아르고스에서 멀리 떨어져 있을 뿐 아니라 두 지역을 이어 주는 길에서도 멀리 떨어져 있는, 그리스의 반대편 끝에 해당하는 테살리아의 라리사(펠라스고이 족이 살던 지역)를 향해 떠났다. 라리사에서는 테우타미데스 왕이 자기 아버지를 기리는 경기를 열었는데 페르세우스도 그 경기에 참가하게 되었다. 페르세우스가 원반을 던지는 순간, 공교롭게도 돌풍이 불어 방향이 바뀐 원반이 아크리시오스의 머리를 쳐 그를 죽이고 말았다. 페르세우스는 예언이 이루어졌다는 것을 깨닫고, 도시 밖에 아크리시오스를 묻고 아르고스로 돌아왔다.

*아키스 ʼΆκις / Acis 아키스는 에트나 근처에 있는 강의 이름이자 그 강의 신이다. 그는 이탈리

아의 신(神) 파우누스와 님프 시마이티스의 아들로 여겨졌다. 강이 되기 전에 그는 님프 갈라테이아를 사랑했었다. 그러나 그녀를 짝사랑하던 키클롭스 폴리페모스가 질투심으로 난폭해져서 바위로 아키스를 쳐죽이려 했다. 그 순간 아키스는 강으로 변해 위험에서 벗어났다.

아킬레우스 'Αχιλλεύς / Achilles 아킬레우스의 전설은 그리스 신화에서 가장 풍부하고 가장 오래된 전설들 중 하나이다. 아킬레우스 전설은 특히 『일리아스』에 의해 유명해졌는데, 실상 이 작품의 주제는 트로이아 정복이 아니라 아킬레우스의 분노이다. 그의 분노로 인해 트로이아 원정에서 그리스 군이 패할 뻔했던 것이다. 『일리아스』는 고대를 통틀어 가장 많이 읽힌 서사시로, 아킬레우스의 모험담을 대중화하는 데 기여했다. 다른 시인들 및 민간 설화들도 그를 주인공으로 다루었고, 호메로스 서사시의 여백에 들어갈 만한 일화들을 만들어 내어 이 영웅의 전기를 완성하려 했다. 그리하여 아킬레우스 계열의 이야기들은 수많은 사건들과 종종 모순되는 전설들까지 포함하게 되었고, 로마 시대에 이르기까지 고대 전체의 비극 및 서사시들에 영감을 제공했다.

1. 어린 시절 : 아킬레우스는 테살리아의 프티아 시를 다스리던 펠레우스의 아들이다. 그는 부계로는 제우스의 후손이며, 그의 어머니는 대양의 신 오케아노스의 딸인 테티스(II)이다(☞ 계보 30). 그가 받은 교육에 관해서는 여러 가지 설이 있다. 그가 아버지 집에서 어머니의 보호 아래 포이닉스 혹은 켄타우로스 케이론의 지도를 받으며 컸다고도 하고, 그가 본의 아니게 부모의 불화를 일으키는 원인이 되어 어머니가 아버지를 떠난 후 펠리온 산의 켄타우로스 케이론에게 맡겨졌다고도 한다. 테티스는 여신이었으므로 인간 펠레우스와의 결합은 지속될 수 없었으니, 너무 많은 차이점 때문에 결국 헤어지고 말았다는 것이다. 일설에 따르면 아킬레우스는 이 부부의 일곱 번째 아들이었다고 한다. 테티스는 자식들이 남편 펠레우스로부터 물려받은 필멸의 요소들을 없애기 위해 자식들을 불 속에 넣었고, 그래서 자식들은 번번이 죽고 말았다. 펠레우스는 일곱 번째 아이에게만은 주의를 게을리하지 않아서 테티스가 또다시 위험한 실험을 하는 장면을 목격하게 되었다. 그 순간 아내에게서 아이를 빼앗은 덕에 아이는 입술과 오른쪽 발목 뼈에만 화상을 입었지만, 화가 난 테티스는 자매들과 함께 바다 속으로 돌아가 버렸다. 아이를 구한 펠레우스는 의술에 능한 켄타우로스 케이론에게 아이의 불탄 뼈를 새 것으로 갈아 달라고 부탁했다. 케이론은 생전에 달리기에 능했던 거인 다미소스의 시체를 파내어, 아킬레우스의 뼈가 타 없어진 자리에 거인의 뼈를 박아 넣었다. 아킬레우스가 빨리 달리기로 이름이 났던 것은 그 때문이다. 끝으로 테티스가 아킬레우스를 하계의 강 스틱스의 물 속에 담갔다는 설도 있다. 이 물에는 거기 적신 존재를 불사신으로 만드는 힘이 있었다. 그런데 테티스가 아킬레우스의 발뒤꿈치를 잡고서 강물 속에 집어넣었기 때문에, 신비한 물에 젖지 않은 그 부분만 약점으로 남게 되었다는 것이다.

펠리온 산에서 아킬레우스는 켄타우로스 케이론의 어머니 필리라와 그의 아내 님프 카리클로의 보살핌을 받았다. 좀더 자란 뒤, 그는 사냥과 말 다루는 법, 그리고 의술을 익히기 시작했다. 그 밖에도 그는 노래와 리라 연주를 배웠고, 케이론은 그에게 세속적인 부에 대한 경멸, 거짓에 대한 혐오, 절제, 정념과 고통에 대한 인내 등 고대의 미덕들을 가르쳤다. 케이론은 그에게 사자와 멧돼지의 내장(이들 짐승의 용맹을 심어 주기 위해)과 꿀(온화함과 설득력을 불어넣기 위해)과 곰의 골수만을 먹였다. 아킬레우스라는 이름을 붙여 준 것도 바로 케이론이었다(이전에 그는 리기론이라 불렸었다).

2. 트로이아를 향한 출발 : 『일리아스』에서 아킬레우스가 트로이아 원정에 참가하기로 결정한 것은 네스토르, 오딧세우스 그리고 파트로클로스가 테살리아로 직접 그를 찾아가 참전을 요청한 결과이다. 그는 미르미돈 군(軍)이 탄 50척의 선단을 이끌었고, 그 자신은 친구 파트로클로스 및 스승 포이닉스(☞)와 동행했다. 아킬레우스가 출정할 때, 펠레우스는 만일 아들이 원정에서 무사히 귀환한다면 아들의 머리칼을 스페르케이오스 강(펠레우스의 왕국에 흐르는 강)에 바치겠다고 맹세했다. 한편 테티스는 아킬레우스에게 그가 맞게 될 운명을 경고했다. 만일 그가 트로이아에 가면 엄청난 명성을 얻게 되지만 단명할 것이고, 반대로 트로이아에 가지 않는다면 오래 살기는 하겠지만 아무런 영예도 얻지 못하리라는 것이었다. 아킬레우스는 주저 없이 짧지만 영예로운 삶을 택했다. 호메로스의 서사시가 이야기하는 그의 출정은 이상과 같다. 하지만 이후의 시인들, 특히 비극 시인들은 이 출정을 아주 다른 방식으로 묘사한다. 그들에 따르면, 펠레우스(혹은 테티스)는 아킬레우스가 트로이아 원정에서 반드시 죽으리라는 신탁을 받았다고 한다. 그래서 그리스 군이 프리아모스를 치기 위해 아시아 원정을 의논하는 사이에, 그(혹은 그녀)는 아킬레우스를 숨기기로 작정했다. 아킬레우스에게 여자 옷을 입혀, 스키로스 왕 리코메데스의 궁에서 왕의 딸들과 함께 살게 한 것이다. 아킬레우스는 그곳에서 9년간 머물렀으며, 타는 듯한 금적색 머리칼 때문에 피라(〈붉은 머리 아가씨〉라는 뜻)라고 불렸다고 한다. 그동안 그는 리코메데스의 딸들 중 한 명인 데이다메이아

와 사랑을 나누어, 훗날 피로스(〈붉은 머리 사내〉라는 뜻)라 불리게 될 아들 네오프톨레모스를 낳았다. 하지만 이런 변장도 운명을 바꾸어 놓지는 못했다. 예언자 칼카스를 통해, 오딧세우스는 아킬레우스가 참전하지 않는다면 트로이아를 정복할 수 없음을 알게 되었고, 곧장 아킬레우스를 찾아 나서서 마침내 그가 숨어 있는 곳을 알아냈다. 그는 상인으로 변장하여 스키로스 궁전의 내실로 들어가 각종 장신구들을 선보였다. 여자들이 자수 용품들과 천들을 고르는 동안, 〈피라〉는 오딧세우스가 물건들 속에 섞어 놓은 귀한 무기들을 대번에 골라 들었다. 오딧세우스는 아킬레우스에게 정체를 드러내라고 말로 설득할 필요가 없었다. 오딧세우스는 아킬레우스의 호전적인 본능을 드러나게 하기 위해 또 다른 계략을 짰다고도 한다. 그는 리코메데스의 내실 한복판에서 갑자기 나팔이 울리게 했다. 그러자 여자들은 겁에 질려 달아났지만, 아킬레우스만은 도망치지 않고 무기를 요구했다. 그의 몸 안에는 호전성이 강하게 흐르고 있었기 때문이다. 일이 이쯤 되자 테티스와 펠레우스는 아킬레우스를 보호하기를 포기해야 했고, 전사로서의 아킬레우스의 운명 앞에는 장애물이 없어졌다. 그리스 군이 선단의 집결지였던 아울리스를 떠날 때, 테티스는 헤파이스토스가 펠레우스에게 결혼 선물로 주었던 신들의 갑옷과 포세이돈이 결혼 선물로 주었던 말들을 주었다. 그러면서 아들의 운명을 바꾸어 놓기 위해 노예 한 명을 딸려 보냈는데, 이 노예의 유일한 임무는 아킬레우스가 아폴론의 아들을 죽이지 못하도록 막는 것이었다. 왜냐하면 아킬레우스가 아폴론의 아들 중 누군가를 죽이면 그 자신도 반드시 죽임을 당하리라는 신탁이 내려져 있었기 때문이다.

3. 첫번째 원정 : 『일리아스』에 의하면, 그리스 군은 아울리스에서 곧장 트로이아로 간 것으로

되어 있다. 하지만 이후에 나온 전설들에 따르면, 첫번째 상륙 시도는 완전히 실패하고 말았다고 한다. 그리스 선단들은 애초에 아울리스를 떠나면서 방향을 잘못 잡아 트로아스가 아니라 훨씬 더 남쪽인 미시아에 도착한 것이었다. 그리스 군은 트로아스에 도착한 줄 알고 그 지역을 침공할 태세를 갖추었고, 헤라클레스의 아들이자 그곳의 왕인 텔레포스가 그들을 대적하러 나와 전쟁이 시작되었다. 싸우던 중에 아킬레우스는 창으로 텔레포스에게 상처를 입혔다. 얼마 후 그리스 군은 실수를 깨닫고 다시 트로이아로 향하기 위해 떠났으나, 선단은 태풍으로 뿔뿔이 흩어져 군대들은 각기 출발지로 되돌아가게 되었다. 아킬레우스 자신은 스키로스 섬에 있는 아내와 아들 곁으로 되돌아갔다. 그리스 군은 아르고스에서 다시 모였다. 텔레포스가 아킬레우스에게 자신이 입은 상처를 치유해 달라고 요청하러 온 곳도 바로 여기였다. 텔레포스의 상처는 그를 다치게 한 아킬레우스의 창으로만 치료할 수 있다는 신탁이 내려진 때문이다.

4. 두 번째 원정 : 그리스 선단은 아르고스에서 다시 아울리스를 향했으나, 칼카스의 예언대로 그들은 아르테미스 여신이 보낸 무풍(無風)으로 꼼짝 못하게 되었다. 여신은 아가멤논의 딸 이피게네이아를 희생 제물로 바칠 것을 요구했다(☞ 아가멤논). 아가멤논은 딸을 희생하기로 작정하고, 이피게네이아와 아내 클리타임네스트라의 의심을 사지 않고 딸을 아울리스로 불러오기 위해 계략을 꾸몄다. 즉, 이피게네이아를 아킬레우스와 약혼시키겠다는 구실을 내세웠던 것이다. 아킬레우스는 아가멤논의 속셈을 전혀 몰랐다. 그가 내막을 알게 되었을 때에는 이미 이피게네이아가 아울리스에 와 있었으며, 그녀를 구하기에는 이미 늦었다. 그는 희생 제물을 바치는 것을 저지하다가 병사들에게 돌로 맞아 죽을 뻔했다. 결국 그는 이피게네이아의 운명을 필연으로 받아들일 수밖에 없었다. 이 이야기는 특히 많은 비극들의 소재가 되었다. 희생을 드리고 나자 순풍이 불어, 그리스 군은 텔네포스의 안내로 테네도스 섬에 상륙했다. 그곳에서 벌인 향연에서 아킬레우스와 아가멤논 사이에 최초의 불화가 생겨났다. 아킬레우스가 아폴론의 아들 테네스를 죽이고 테네스의 누이를 겁탈하려 한 것도 테네도스 섬에서였다(☞ 테네스). 그는 어머니 테티스가 경고한 신탁을 잊고 행동했다는 것을 뒤늦게 깨닫고 테네스의 장례를 성대하게 치러 주었으며, 그 살인을 막기 위해 동행했던 노예는 제 할 일을 해내지 못했다는 죄목으로 죽였다.

『일리아스』의 내용을 이루는 사건들이 시작되기 전 9년 동안, 그리스 군은 트로이아 성 앞에서 진을 치고 지냈다. 이 기간 동안 많은 공적들이 세워졌다고 하는데, 그 중 일부는 『일리아스』에도 이미 나오는 것이고, 다른 것들은 그 후에 만들어진 것이다. 『일리아스』에서는 소아시아의 섬들과 도시들 특히 미시아 지방에 있는 테베에 대한 일련의 침략 전쟁들이 이야기된다. 테베는 아킬레우스에 의해 정복되었으며, 테베 왕이자 안드로마케의 아버지인 에에티온과 그의 일곱 아들들도 그의 손에 죽임을 당했다. 아킬레우스는 테베의 왕비를 잡아 왔다. 리르네소스에 대한 공격도 이 기간에 일어난 전쟁들에 속한다. 이 전쟁에서 아킬레우스는 브리세이스를 얻었고, 아가멤논은 테베 전쟁에서 크리세이스를 얻었다. 파트로클로스와 함께 아킬레우스는 아이네이아스가 이데 산에 방목하던 소떼를 약탈하려 한 적도 있다. 그 밖에도 트로이아와의 정면 대결 이전 9년 동안에 일어난 일화들은 많이 있다. 가령 소규모 상륙 전투의 일화도 있는데, 처음에는 트로이아 군이 이기는 듯했으나 결국 아킬레우스에게 패했고, 아킬레우스는 포세이돈의 아들 키크노스를 죽였다. 아킬레우스는 메넬라오스가 헬레네의 배필로 정해지기 전에 그녀의 구혼자 대열에 끼지 않았기 때문에 그녀를 보고 싶어했다는 이야기도 있다. 그래서 아프로디테와 테티스가 외진 곳에서 아킬레우스와 헬레네의 만남을 주선했다고 하는데, 그렇다고 아킬레우스가 헬레네를 사랑했다는 이야기는 아닌 듯하다.

호메로스의 서사시가 시작되는 것은 전쟁 10년째에 접어들어, 브리세이스를 둘러싼 갈등이 빚어지면서부터이다. 그리스 군대가 역병으로 큰 피해를 입자, 예언자 칼카스는 그 재앙이 아폴론의 진노 때문이라고, 아폴론의 제사장 크리세스의 딸 크리세이스가 테베 정복의 전리품 격으로 납치되어 아가멤논의 소유가 된 데 대해 아폴론이 진노하고 있다고 갈파했다. 아킬레우스는 지휘관 회의를 소집하여 아가멤논에게 크리세이스를 돌려줄 것을 종용했으나, 아가멤논은 그렇다면 아킬레우스의 전리품인 브리세이스를 자기에게 내놓으라고 맞섰다. 이에 아킬레우스는 자기 막사로 돌아가, 브리세이스에 대한 자신의 권리에 이의를 제기하는 사람이 있는 한, 자신은 트로이아 공격에 참가하지 않겠다고 못박았다. 사자(使者)들이 와서 브리세이스를 내놓으라고 하자 그는 그녀를 되돌려주었지만, 그 조치는 정당하지 않다고 강경하게 항의했다. 그리고는 바닷가로 나가 어머니 테티스에게 도움을 청했다. 그러자 테티스는 아킬레우스의 존재가 필요불가결하다는 사실을 그리스 군이 깨닫도록, 트로이아 군이 그리스 선단을 공격하도록 내버려 두라고 아들에게 충고해 주었다. 그녀는 아킬레우스만이 트로이아 군에게 공포감을 불러일으켜 그리스 군을 제대로 공격할 수 없게 하는 존재임을 잘 알고 있었던 것이다. 테티스는 하늘로 올라가 제우스 앞에 가서, 아킬레우스가 전쟁에 참여하지 않는 동안은 트로이아 군이 승리하도록 해달라고 부탁했다. 제우스가 이 부탁을 들어주어, 며칠 동안 그리스 군은 연패했다. 그러자 아가멤논은 아킬레우스의 마음을 누그러뜨리기 위해 사신을 보내, 브리세이스와 엄청난 몸값, 트로이아 여인들 중에서 가장 예쁜 여인 스무 명[『일리아스』 9권 121 이하에 의하면 일곱 명 — 감수자 주], 그리고 자신의 딸들 중 한 명을 결혼 상대자로 주겠다고 아킬레우스에게 약속했지만, 아킬레우스는 끄떡도 하지 않았다. 전선이 그리스 진영 쪽으로 밀려오는데도, 아킬레우스는 자기 배의 갑판에서 전투 광경을 바라보기만 했다. 보다 못한 파트로클로스가 자기만이라도 화염에 휩싸인 그리스 선단을 구하러 가게 해달라고 아킬레우스에게 청하자, 아킬레우스는 그에게 자신의 갑옷을 빌려 주었다. 파트로클로스는 트로이아 군이 그를 아킬레우스로 착각한 사이에 승리를 거두다가 결국 헥토르의 손에 죽고 말았다. 아킬레우스는 형용할 수 없는 슬픔에 사로잡혀 울부짖었다. 그 소리에 달려온 테티스는 헥토르가 파트로클로스의 몸에서 벗겨 간 갑옷 대신 새 갑옷을 주겠다고 약속했지만, 아킬레우스는 무기도 없이 전장에 나타났다. 트로이아 군은 파트로클로스의 시신을 빼앗기 위해 그리스 군과 싸우다가 아킬레우스의 고함소리에 달아나 버렸다.

다음날 아침, 아킬레우스는 아가멤논에게 화해하자고 제의하고, 자기는 싸울 준비가 되어 있다고 알렸다. 아가멤논도 아킬레우스에게 용서를 구하고 그때까지 손대지 않았던 브리세이스를 아킬레우스에게 돌려주었다. 그러나 아킬레우스가 전장에 들어가려는 순간 신기하게도 예언하는 능력을 지닌 그의 말 크산토스는 아킬레우스가 곧 죽을 것을 예언했다. 아킬레우스는 이 예언을 무시한 채 전장으로 돌진했고 트로이아 군은 그 앞에서 도망쳤다. 아폴론의 가호 아래 있던 아이네이아스만 아킬레우스와 싸울 수 있었다. 아킬레우스의 창이 아이네이아스의 방패를 뚫자, 아이네이아스는 엄청나게 큰 바위를 들어 상대를 위협했다. 그 순간 포세이돈이 구름으로 두 사람을 둘러싸 이들의 목숨을 구했다. 헥토르도 여러 번에 걸쳐 아킬레우스를 공격했지만 아무 소용이 없었다. 신들이 이에 반대하여 그때까지는 운명이 두 영웅의 맞대결을 허락하지 않았던 것이다. 아킬레우스는 트로이아를 향해 계속 전진해 갔다. 스카만드로스 강의 여울목을 건너면서 그는 파트로클로스의 무덤에 희생 제물로 바칠 트로이아 청년 열두 명[『일리아스』 21권 27행의 duodeka를 〈스물〉로 옮긴 것은 저자의 실수인 듯 — 감수자 주]을 포로로 잡았다. 그러자 강의 신은 대량 살육을 막고 아킬레우스를 죽이기 위해(아킬레우스가 죽인 희생자들이 강바닥을 가득 메웠기 때문에) 강물을 범람시켜 아킬레우스를 뒤쫓게 했다. 그러나 헤파이스토스가 막아서는 바람에 강의 신 스카만드로스는 분노를 삼킬 수밖에 없었다. 아킬레우스는 트로이아 군의 퇴로를 차단하기 위해 트로이아 성문을 계속 공격하다가, 아폴론 때문에 길을 잘못 들어 방향을 잃었다. 아킬레우스가 다시 트로이아로 돌아왔을 때는 이미 너무 늦어 있었다. 헥토르만 스카이아이 성문 앞에 있었다. 그러나 싸우려는 순간 헥토르는 아킬레우스가 다가오는 것을 보자 겁이 났다. 아킬레우스는 헥토르를 잡기 위해 성벽을 세 번 돌았으며, 이 추격은 제우스가 운명의 저울을 들어 아킬레우스의 운명과 헥토르의 운명을 달아 보는 순간에야 끝이 났다. 헥토르의 운명을 담은 쟁반이 하데스 쪽으로 기울자, 마침내 아폴론도 헥토르를 포기했던 것이다. 헥토르에게 아킬레우스와 맞서 싸우고자 하는, 죽음으로 치닫는 욕망을 불어넣기 위해, 아테나는 헥토르의 동생 데이포보스의 모습을 빌어 나타났다. 헥토르는 동생이 자신을 도우러 왔다고 믿었으나 곧 자신이 속은 것을 깨닫고 죽으면서, 아킬레우스에게 그의 죽음도 머지않았음을 예언했다. 헥토르는 죽으면서 자신의 시신을 아버지인 프리아모스 왕에게 보내 달라고 부탁했지만, 아킬레우스는 이를 거절하고 헥토르의 발뒤꿈치를 뚫어 가죽 끈으로 묶은 후 자신의 전차 뒤에 매달아 끌고 그리스 진영으로 돌아왔다. 그리고는 파트로클로스의 장례식이 치러졌다.

날마다 아킬레우스는 자신에게서 친구 파트로클로스를 앗아 간 원수 헥토르의 시신을 끌고 트로이아 성 주변[사실은 파트로클로스의 무덤 주위peri sema를 돌았음 - 24권 16행 — 감수자 주]를 돌았다. 그렇게 열이틀이 지나자 제우스는 망자들에 대한 예의를 지키지 않는 아킬레우스의 행동에 신들이 분노하고 있다는 사실을 그에게 알리라고 테티스에게 명했다. 그리하여 헥토르의 시신을 돌려받기 위해 몸소 아킬레우스를 찾아간 프리아모스는 그에게서 호의적인 대접을 받았다. 아킬레우스는 비싼 대가를 받기는 했지만 순순히 시신을 돌려주었다. 이상이 『일리아스』의 이야기이다.

『오딧세이아』는 망자들의 세계에 있는 아킬레우스를 보여 준다. 그는 수선화가 만발한 들판을 활보하고 있으며, 그의 주변에는 텔라몬의 아들 아이아스, 안틸로코스, 파트로클로스, 아가멤논 등 전쟁에 함께 했던 영웅들과 친구들이 있다. 오딧세우스에게 아킬레우스의 죽음을 알린 이는 아가멤논이었지만, 누가 아킬레우스를 죽였는지는 언급되지 않는다. 특히 아킬레우스의 장례식에 이어 벌어진 추모 경기와 아킬레우스의 무기를 갖기 위해 벌어진 싸움에 관한 이야기가 나온다(☞텔라몬의 아들 아이아스, ☞오딧세우스).

아킬레우스 계열의 전설은 호메로스의 서사시 이후의 이야기들로 보완된다. 먼저 아마조네스(☞) 족의 여왕 펜테실레이아와의 싸움에 대한 이야기가 있다. 트로이아를 도우러 온 여왕은 헥토르의 장례식 때 도착하여 그리스 군을 진영까지 퇴각시키기는 했지만, 아킬레우스에게 치명상을 입었다. 그녀가 숨을 거두려는 순간 그녀의 얼굴을 본 아킬레우스는 그녀의 아름다움 앞에서 고통이 밀려드는 것을 느꼈다. 그 고통이 어찌나 절실한지 남의 눈에 보일 정도여서(아킬레우스는 자신의 감정을 숨길 수가 없었다), 테르시테스는 죽은 여인에 대한 아킬레우스의 사랑을 비웃었다. 그러자 아킬레우스는 한 주먹에 테르시테스를 죽였다.

다음으로 아킬레우스가 에오스의 아들 멤논과 벌인 싸움 이야기가 있다. 이 싸움은 두 어머니(멤논의 어머니 에오스와 아킬레우스의 어머니 테티스) 앞에서 벌어졌다고 한다.

마지막으로 프리아모스의 딸들 중 한 명인 폴릭세네에 대한 아킬레우스의 사랑 이야기가 있다. 아킬레우스는 헥토르의 시신을 돌려줄 때 폴릭세네를 보고 사랑을 느꼈다. 그녀와의 결혼을 허락해 준다면, 그리스 군을 배신하고 프리아모스 왕 편에 서겠다고 약속할 정도였다고 한다. 프리아모스 왕은 이 제안에 동의했고, 트로이아 성문에서 멀지 않은 〈아폴론 팀브리오스〉[팀브라의 아폴론] 신전에서 조약을 맺기로 했다. 아킬레우스는 무기도 없이 그곳으로 갔다가, 신상 뒤에 숨어 있던 파리스에게 죽임을 당했다. 이번에는 트로이아 군이 아킬레우스의 시신을 들고 가서, 헥토르의 시신을 돌려받기 위해 치러야 했던 몸값을 똑같이 요구했다. 하지만 아킬레우스의 최후에 대한 이 같은 소설적인 이야기는 후대에 만들어진 것으로 보인다. 또 다른 설들에 따르면, 아킬레우스는 트로이아 군을 또다시 성벽까지 밀어붙이며 싸우다가 최후를 맞았다고 한다. 아폴론은 아킬레우스 앞에 막아서서 물러갈 것을 종용하다가 아킬레우스가 이에 응하지 않자 화살로 죽였다. 활시위를 당긴 인물은 파리스이지만, 파리스가 아킬레우스의 유일한 약점인 발뒤꿈치를 겨냥하게 만든 것은 바로 아폴론이었다는 것이다.

아킬레우스의 시신을 놓고, 파트로클로스가 죽은 뒤 벌어졌던 싸움만큼이나 격렬한 전투가 벌어졌다. 아이아스와 오딧세우스는 적들을 꼼짝 못하도록 위협하며 아킬레우스의 시신을 그리스 진영으로 가져오는 데 성공했다. 장례식은 테티스와 무사이, 님프들에 의해 거행되었다. 아테나는 아킬레우스의 몸이 썩지 않도록 신주를 발라 주었다.

그리스 군이 바닷가에 아킬레우스의 묘를 세운 후, 테티스가 도나우 강 하구의 레우케 섬(〈흰 섬〉이라는 뜻)으로 아킬레우스의 시신을 가져갔으며, 아킬레우스는 그곳에서 영원히 살고 있다는 이야기도 있다. 선원들이 이 섬을 지나갈 때면 낮에는 무기가 끊임없이 부딪치는 소리, 밤에는 잔들이 부딪치는 소리와 영원한 향연의 노래가 들려왔다고 한다. 또한 엘리시온 평원에서 아킬레우스가 메데이아, 이피게네이아, 헬레네, 또는 폴릭세네와 결혼했다는 설도 있다. 그리스 군이 트로이아를 정복하고 떠나기에 앞서, 아킬레우스의 무덤에서는 그를 추모하기 위해 폴릭세네를 희생 제물로 바치라는 소리가 들려왔다고도 한다.

아킬레우스의 이야기는 그리스 대중 문학 속에서 생생하게 살아 있으며, 아킬레우스 숭배는 이 영웅이 활약했던 무대인 아시아 대륙뿐 아니라 섬들에도 널리 퍼져 있었다.

호메로스가 그린 아킬레우스는 빛나는 눈매

에 금발을 한, 잘생기고 목소리가 우렁찬 청년의 모습이다. 그는 두려움을 몰랐으며, 싸우는 것에 가장 큰 열정을 느꼈다. 아킬레우스는 격렬하며 무엇보다도 영예를 사랑했다. 하지만 그의 본성에는 더 부드러운, 거의 다정하기조차 한 측면도 있었다. 음악가였던 그는 리라와 노래로 근심을 가라앉혔고, 친구 파트로클로스와는 깊은 우정을, 브리세이스와는 사랑을 나누었다. 하지만 트로이아 포로들을 사형할 때나, 죽은 뒤 무덤 속에서까지 폴릭세네를 희생시키라고 요구할 때는 잔인하게도 보인다. 아킬레우스는 프리아모스가 아들 헥토르의 시신을 돌려달라고 왔을 때 융숭하게 대접했을 뿐 아니라 함께 눈물도 흘렸다. 망자의 세계에서 그는 아들 네오프톨레모스가 용맹하다는 사실을 전해 듣고 기뻐했다. 아킬레우스는 부모를 공경했고 어머니를 신뢰했으며, 신들의 뜻을 알았을 때는 그 뜻을 실행하는 데 주저하지 않았다. 이런 인간적인 면에도 불구하고 아킬레우스는 헬레니즘 철학자들, 특히 스토아 학파의 눈에는 자기 정념의 노예가 된 난폭한 인간의 전형으로 비쳤다. 흔히 그를 현자의 전형인 오딧세우스와 대조하기도 한다. 또한 알렉산드로스 대왕은 아킬레우스를 자신의 모범으로 숭배했다고 하는데, 둘 다 젊어서 죽었다.

아킬레우스는 『일리아스』에서 스타티우스의 『아킬레이스』에 이르기까지 수많은 고대 문학 작품에 영감을 주었으며, 에우리피데스의 『아울리스의 이피게네이아』 같은 여러 비극 작품들에도 등장한다.

아타마스 ʼAθάμας / Athamas 아타마스는 보이오티아의 왕으로, 코로네이아 혹은 테바이까지도 다스렸다고 한다. 아타마스는 아이올로스의 아들이자 헬렌의 손자이다(☞계보 8). 아타마스의 전설은 여러 비극의 소재가 되었으며, 때로 서로 모순되는 복잡한 일화들을 담고 있다. 아타마스는 세 번이나 결혼을 했으며 본래의 전설에 이 결혼 이야기들이 덧붙여져 한층 소설적인 전개가 이루어졌다.

가장 잘 알려진 전설은 아마도 에우리피데스의 소실된 작품『프릭소스』까지 거슬러 올라가는데, 그에 따르면 아타마스는 네펠레와 첫번째 결혼을 해서 아들 프릭소스와 딸 헬레를 두었다. 그 후 그는 네펠레를 버리고 카드모스의 딸인 이노와 결혼했으며, 두 번째 결혼에서 두 아들 레아르코스와 멜리케르테스가 태어났다. 이노는 전실 자식들인 프릭소스와 헬레를 시기하여, 그들을 죽일 음모를 꾸몄다. 그녀는 그 고장 여인들에게 밀의 씨를 볶아서 파종해야 한다고 설득했다. 남자들이 그 씨앗을 뿌렸지만 싹이 트지 않았다. 이처럼 수수께끼 같은 일이 벌어지자, 아타마스는 델포이 신탁을 구하러 사신들을 보냈다. 이노는 사신들을 매수하여 기근에서 벗어나려면 프릭소스를 죽여야 한다는 신탁을 받았다고 왕에게 보고하게 했다. 이 계략은 성공할 뻔했다. 그러나 프릭소스가(혹은 헬레도) 제단으로 끌려가 죽임을 당하려는 순간, 네펠레가 나타나 헤르메스로부터 선물받은 황금 양털을 가진 숫양을 프릭소스에게 주었다. 그러자 숫양은 프릭소스와 헬레를 태우고 하늘로 날아올라 위험에서 구해 주었다. 프릭소스는 콜키스에 도착했지만, 누이인 헬레는 도중에 물에 빠져 죽고 말았다(☞헬레, ☞프릭소스).

또 다른 전설에 의하면, 이노에게 매수된 부하가 프릭소스를 불쌍히 여겨 아타마스에게 이노의 음모를 밝혔다고 한다. 아타마스는 이노가 저지른 죄를 알고, 프릭소스 대신 이노와 이노의 어린 아들 멜리케르테스를 희생 제물로 바치라고 명령했다. 이노와 멜리케르테스가 제단으로 끌려가는 순간, 디오니소스는 자신의 유모였던 이노를 불쌍히 여겨 조치를 취했다. 디오니소스가 구름으로 이노를 감싸 보이지 않게 해주자, 이노는 아들 멜리케르테스와 함께 목숨을 구할 수 있었다. 디오니소스는 아타마스를 실성케 하였고 아타마스는 막내아들인 레아르코스를 끓는 물에 던져 넣어 죽였다. 이노는 멜리케르테스와 함께 스스로 목숨을 끊었다(☞레우코테아). 이러한 형태의 전설은 전실 자식들에 대한 이노의 증오와 그녀의 자살이라는 독립적인 두 가지 일화를 하나의 이야기로 합쳐, 전설을 〈비극적으로〉 재구성한 것이다.

에우리피데스는 이 이야기를 주제로 두 번째 비극 『이노』를 썼다. 이 작품에서 아타마스는 힙세우스의 딸인 테미스토와 세 번째 결혼을 하며, 프릭소스를 죽이려다 실패한 이노는 산속으로 들어가서 디오니소스를 따르는 박케들과 함께 지낸다. 아타마스는 이노가 죽은 줄 알고 테미스토와 결혼하여 오르코메노스와 스핑기오스를 낳았다. 그런데 이노가 비밀리에 궁전으로 돌아와 아타마스에게 자신의 존재를 알렸다. 아타마스는 그녀를 궁전의 시녀로 받아들였다. 테미스토는 이노가 죽지 않았다는 사실을 알았지만, 어디에 숨어 있는지 알아낼 수 없었다. 그녀는 이노의 자식들을 죽일 계획을 세우고 새로 들어온 시녀에게 자신의 속내를 털어놓고 도움을 구했다. 테미스토는 어둠 속에서 헷갈리지 않도록 이노의 자식들에게는 검은색 옷을, 자기 자식들에게는 흰색 옷을 입히라고 시녀에게 시켰다. 시녀로 위장해 있던 이노는 옷을 반대로 입혀, 테미스토의 자식들은 죽고 이노의 자식들은 목숨을 건졌다. 자신의 실수를 깨달은 테미스토는 스스로 목숨을 끊었다. 이런 이야기는 대부분 에우리피데스의 상상력에서 비롯되었을 가능성이 높다.

가장 흔히 이야기되는 바로는, 프릭소스가 죽은 뒤 아타마스가 헤라의 분노를 샀다고 한다. 왜냐하면 아타마스는 제우스가 이노(세멜레의 자매)에게 맡긴 어린 디오니소스를 키우겠다고 약속했기 때문이다. 헤라의 벌을 받아 실성한 아타마스는 어린 레아르코스를 죽였으며, 그러자 이노는 멜리케르테스를 죽여 시체를 안고 바다에 몸을 던졌다(☞레우코테아).

이 일로 인해 보이오티아에서 추방당한 아타마스는 방랑 생활을 시작했다. 그는 어디에 정착해야 할지 신에게 물었고, 야생 동물들이 그에게 먹을 것을 주는 곳에 머물러야 한다는 신탁을 받았다. 테살리아에 이르러 그는 죽은 양을 먹고 있는 늑대들과 마주쳤는데, 늑대들은 그를 보자 먹던 양을 버리고 달아나 버렸다. 그렇게 해서 신탁이 성취되었다. 아타마스는 그곳에 정착하여 아타만티아라고 불렀고, 알로스(혹은 할로스)라는 도시를 세웠다. 그가 힙세우스의 딸 테미스토와 결혼하여 네 아들 레우콘, 에리트리오스, 스코이네우스, 프로토스를 낳은 곳은 바로 거기였다(☞계보 33, ☞계보 23). 후에 아타마스는 종교적 금기를 범하여 신하들에게 목숨을 잃을 뻔했지만, 때마침 손인인 키티소로스 덕분에 목숨을 구했다(☞키티소로스). 아타마스에 관한 이 마지막 전설은 소포클레스의 소실된 작품 『왕관을 쓴 아타마스』에서 극화되었다. 이 극에서, 아타마스는 복수하려는 네펠레에 의해 살해될 위험에 처하지만, 키티소로스가 아니라 헤라클레스 덕분에 목숨을 건진다.

아탈란테 ’Αταλάντη / Atalante 아탈란테는 때로는 아르카디아 계열의 전설과, 때로는 보이오티아 전설들과 연관된다. 왜냐하면 그녀는 아르카스의 후손이자 리쿠르고스의 아들인 이아소스의 딸로 간주되기도 하고(이 경우에 그녀의 어머니는 오르코메노스 왕 미니아스의 딸 클리메네이다), 에우리피데스의 작품에서 보듯 마이날로스 산의 영조인 마이날로스의 딸이라고도 하며, 헤시오도스 이후에 가장 일반적으로 받아들여지는 바대로 보이오티아에 있는 스코이노스 시의 영조 스코이네우스(아타마스와 테미스토의 아들 중 한 명)의 딸이라고도 하기 때문이다(☞계보 33).

아탈란테의 아버지는 아들만 원했기 때문에, 갓 태어난 그녀를 파르테니온 산에 버렸다. 곰 한 마리가 아탈란테를 발견해서 젖을 먹이다가, 사냥꾼들이 그녀를 거두어 길렀다. 아탈란테는 사냥꾼들 틈에서 자라나게 되었다. 아가씨로 성장한 그녀는 결혼에는 관심이 없고, 굳게 처녀성을 지키면서 그녀의 수호신인 아르테미스처럼 숲에서 사냥하는 것만 좋아했다. 아탈란테는 켄타우로스들인 로이코스와 힐라이오스에게 겁탈당할 뻔했으나, 오히려 화살로 그들을 죽였다. 그녀는 칼리돈의 멧돼지 사냥에 참여해서 중요한 역할을 담당했으며(☞멜레아그로스), 펠리아스의 명복을 비는 장례식 경기에서는 달리기 경주에서 승자가 되었다(혹은 씨름 경기에서 펠레우스를 상대로 싸워 이겼다는 이야기도 있다).

아탈란테는 결혼을 원하지 않았는데, 이는 그녀가 처녀신인 아르테미스에게 전적으로 헌신하기 위해서 그랬을 수도 있고, 결혼하면 동물로 변하게 된다는 신탁을 받았기 때문일 수도 있다. 구혼자들을 멀리하기 위해 그녀는 달리기 경주에서 자신을 이기는 남자와 결혼하겠으나 만일 그녀가 이길 경우에는 구혼자를 죽이겠다고 공언했다. 아탈란테는 몸이 가벼워서 아주 빨리 달렸다. 달리기 시합에서 그녀는 상대방보다 약간 뒤쳐져 달리다가 거리를 좁혀 따라잡고는 가지고 있던 창으로 찔러 죽였다. 많은 젊은이들이 목숨을 잃었는데, 어느 날 새로운 구혼자가 나타났다. 그는 메가레우스의 아들 히포메네스라고도 하고, 멜라니온(혹은 밀라니온)이라고도 한다. 그가 멜라니온일 경우, 그는 아탈란테의 친사촌인 셈이다(아탈란테가 이아소스의 딸로 등장하는 설에 따르면, ☞계보 26). 이 새로운 구혼자는 아프로디테에게서 받은 황금 사과를 들고 왔는데, 이 황금 사과는 키프로스에 있는 아프로디테 신전에서 받은 것이라는 설도 있고, 헤스페리데스의 정원에서 나온 것이라는 설도 있다. 달리기 시합에서 그는 아탈란테가 자신을 앞지르려고 할 때마다, 그녀 앞에 황금 사과를 하나씩 던졌다. 그럴 때마다 아탈란테는 호기심에 (어쩌면 자신의 구혼자를 사랑하게 되었거나 이 속임수가 너무 재미있어서) 황금 사과를 주워 모으려고 달리기를 멈추곤 했다. 결국 멜라니온 혹은 히포메네스는 경주에서 이겨 정해진 상을 받았다.

세월이 흘러 사냥을 하던 중에 아탈란테와 멜라니온은 제우스 신전(혹은 키벨레 신전)에 들어가 마음껏 사랑을 나누었다. 이 같은 신성 모독에 화가 난 제우스가 그들 부부를 사자로 만들어 버렸다(사자들은 서로 교미하지 않고 표범과 교미한다고 믿어졌다).

에피다우로스 지방에는 아탈란테의 샘이 있었다고 하는데, 그것은 사냥을 하던 아탈란테가 목이 말라 창으로 바위를 내리치자 솟아난 것이라고 한다.

아탈란테는 남편(혹은 아레스 혹은 멜레아그로스)과의 사이에서 파르테노파이오스라는 아들을 두었으며, 그는 첫번째 테바이 원정에 참여했다(☞파르테노파이오스).

아테 ʾʾἌτη / Ate 아테는 〈실수〉의 의인화이다. 가벼운 여신인 아테는 인간들이 미처 알아채지 못하는 사이에 그들의 머리 위를 밟고 다닌다고 한다. 〈앞으로 태어날 페르세우스의 자식들 중에서 맏이에게 최고 통치권을 주겠다〉고 약속한 제우스의 맹세 때문에 헤라클레스는 에우리스테우스를 섬기게 되는데, 제우스가 그런 맹세를 하도록 속인 것이 바로 아테이다. 제우스는 앙갚음으로 아테를 올림포스 산 아래로 내던져 버렸다. 아테는 프리기아의 어느 언덕에 떨어졌고, 그 후로 이 언덕은 실수의 언덕이라는 이름을 갖게 되었다. 일로스가 도시 일리온(트로이아)을 건설한 곳이 바로 이곳이다. 제우스는 아테를 하늘에서 내던지면서 다시는 올림포스로 올라오지 못하게 했다. 그렇게 해서 실수의 여신 아테는 인간 세상의 몫이 되고 말았다.

아테나 ’Aθηνα̃ / Athena 아테나는 로마 신화의 미네르바와 동일시되었던 여신으로, 제우스와 메티스의 딸이다. 임신한 메티스가 딸을 낳으려 하자 제우스는 메티스를 집어 삼켰다. 이는 우라노스와 가이아의 충고를 따른 것으로, 그들은 제우스에게 메티스가 딸을 낳으면 그 다음에 낳게 될 아들이 제우스에게서 천상의 지배권을 빼앗으리라고 일러 주었기 때문이다. 출산할 순간이 다가오자, 제우스는 헤파이스토스에게 자신의 머리를 도끼로 내리쳐 쪼개라고 명령했다. 쪼개진 제우스의 머리에서 완전 무장한 딸이 태어났는데, 그녀가 바로 아테나이다. 아테나의 출생지는 일반적으로 리비아의 트리토니스 호숫가로 알려져 있다. 아테나는 머리에서 튀어나오면서, 하늘과 땅을 뒤흔들 정도로 엄청나게 큰 소리를 내질렀다.

창과 아이기스(염소 가죽으로 만든 일종의 방패)로 무장한 전쟁의 여신 아테나는 신들과 거인들의 전쟁에서 중요한 역할을 했다. 그녀는 팔라스와 엔켈라도스를 죽였다. 그녀는 팔라스의 가죽을 벗겨 방패를 만들었고, 엔켈라도스를 시칠리아까지 쫓아가 섬 전체를 그의 몸 위로 집어던져 꼼짝 못하게 했다. 『일리아스』에서 아테나는 아카이아 편에서 전쟁을 도왔다(파리스가 이데 산에서 그녀를 가장 아름다운 여신으로 뽑아 주지 않았기 때문에, 이후로 그녀는 트로이아 인들에게 적대적이었다). 트로이아 원정에서 그녀가 총애하던 인물들은 디오메데스와 오딧세우스, 아킬레우스, 메넬라오스 등이다. 또한 그녀는 헤라클레스를 싸움터에서 보호해 주었고, 그가 과업을 수행할 때 그를 무장시켜 주기도 했다. 헤라클레스에게 청동 캐스터네츠를 준 것도 그녀였다. 이 캐스터네츠 덕분에 헤라클레스는 스팀팔로스 호수의 새들을 놀라게 한 뒤 화살을 쏘아 죽일 수 있었다. 에우리스테우스가 헤스페리데스의 황금 사과들을 헤라클레스에게 되돌려주자, 헤라클레스는 그 사과들을 아테나에게 바쳤다. 헤라클레스는 신들과 거인족의 싸움에서 아테나를 도왔다.

또한 아테나는 오딧세우스가 이타케로 돌아갈 수 있도록 도와주었다. 『오딧세이아』에서 그녀의 활약은 끊임없이 이어지는데, 그녀는 여러 인간들을 통해 오딧세우스에게 도움을 주었다. 가령 아테나는 오딧세우스가 파이아케스 족의 섬에 당도할 날에 맞추어 나우시카아에게 꿈을 보내 그날 바닷가에서 빨래를 하게끔 만들었다. 또한 오딧세우스의 용모에 초자연적인 아름다움을 더하여, 나우시카아가 그에게 매혹된 나머지 그의 귀향에 필요한 배를 선선히 내주게끔 만들었다. 나아가 아테나는 오딧세우스를 위해 제우스에게 간청을 하기도 했다. 신들이 칼립소에게 명령을 내려 오딧세우스를 풀어 주고 항해를 계속하도록 배를 주게 한 것도 아테나 여신의 도움 덕분이었다.

오딧세우스와 헤라클레스에게 그녀가 베푼

이 같은 보호는 영웅들의 강한 힘과 개인적 가치에 주어지는 정신적 도움을 상징하는 것이다. 왜냐하면 아테나는 그리스 세계에서, 특히 아테나의 도시인 아테나이에서 일반적으로 이성(理性)의 여신으로 간주되기 때문이다. 예술과 문학을 주관하는 것도 아테나이며, 이 역할에서 그녀는 무사이[뮤즈들]를 대신한다. 그렇다 해도 아테나는 시(詩), 엄밀히 말해 음악보다는 철학과 더 많은 관련이 있다. 지적인 활동의 여신인 그녀는 실 잣는 여인과 베 짜는 여인, 수놓는 여인 등을 보호한다(☞아라크네). 호전성과 결부된 재능으로 인해, 그녀는 사두 이륜 전차와 전쟁용 전차를 만들어 낸 것으로 여겨진다. 당시까지 만들어진 배 중에서 가장 큰 배인 아르고 선을 만드는 일을 지휘한 것도 아테나다(☞아르고나우타이).

아테나의 재능은 평화적인 활동에도 이용되었다. 그녀는 많은 일을 했지만, 그 중에서도 아티카에 올리브 나무를 들여오고 처음으로 올리브 기름을 만든 것으로 알려져 있다. 올리브 나무는 아테나가 아티카의 통치자로 인정받기 위해 그곳에 준 선물이다. 아티카를 놓고 포세이돈과 아테나가 경쟁을 벌였는데, 그들은 각자 아티카에서 자신의 위상을 높이기 위해 그 지방에 가능한 한 가장 아름다운 선물을 주려고 노력했다. 포세이돈은 삼지창으로 내리쳐서 아테나이의 아크로폴리스에 바닷물 호수를 만들었고, 아테나는 그곳에 올리브 나무를 자라게 했는데, 심판자로 모인 열두 신들은 올리브 나무에 더 후한 점수를 부여해 아테나에게 아티카의 통치권을 주었다.

아테나는 여러 도시 국가의 수호신으로 간주되었다. 그녀의 이름을 딴 아테나이 외에도, 그녀는 스파르타, 메가라, 아르고스 등과 같은 도시들의 성 안에도 신전을 두고 있었다. 트로이아에서는 팔라디온이라는 아주 오래된 우상을 아테나 여신으로 섬기고 있었다. 이 우상은 트로이아의 존속을 상징하는 것으로 여겨졌으며, 트로이아를 점령하려면 먼저 이 팔라디온을 빼앗아야만 했다. 그래서 디오메데스와 오딧세우스는 밤중에 트로이아로 몰래 숨어 들어가 팔라디온을 훔쳐냄으로써, 도시의 상징적 보호막을 거두었다. 역사 시대에 로마의 베스타 신전에 보관되어 있던 것도 같은 팔라디온으로, 트로이아에서와 같은 기능을 했다(☞팔라디온).

아테나는 처녀신이었지만, 다음과 같은 방법으로 아들을 두었다고 한다. 아테나는 무기를 얻기 위해 헤파이스토스의 대장간으로 갔다. 아프로디테에게 버림받은 헤파이스토스는 아테나를 보자마자 사랑에 빠져 그녀를 쫓아다니기 시작했다. 그녀는 도망갔지만, 헤파이스토스는 절름발이였는데도 아테나를 뒤쫓아가 품에 안았다. 하지만 아테나는 끝까지 몸을 내주지 않았으며, 욕망에 사로잡힌 헤파이스토스는 아테나의 다리에 사정을 하고 말았다. 혐오감을 느낀 아테나는 정액을 양털로 닦아 땅에 내던졌다. 이로 인해 잉태한 대지에서 에리크토니오스가 태어났고, 아테나는 그를 아들로 여겼다. 그녀는 다른 신들 모르게 그를 길러 불멸의 존재로 만들고자 했다. 아테나는 뱀 한 마리가 감시하는 궤 안에 아이를 넣어서 아테나이 왕의 딸들에게 맡겼다(☞아글라우로스).

아테나의 상징물은 창과 투구, 아이기스였다. 아테나는 제우스와 마찬가지로 아이기스를 가지고 있었다. 그녀는 페르세우스에게서 받은 고르곤의 머리를 방패 위에 박아 놓았는데, 괴물의 머리는 그것을 바라보는 모든 생물을 돌로 만드는 속성이 있었기 때문이다. 아테나가 애호하던 동물은 올빼미이고, 그녀의 식물은 올리브 나무이다. 키가 크고 침착한 표정에 전형적인 미인이라기보다는 위엄 있는 모습을 한 아테나는 전통적으로 〈청록색 눈을 가진 여신〉으로 묘사되었다. 팔라스라는 별칭에 관해서는 ☞팔라스.

아트레우스 'Ατρεύς / Atreus 아트레우스는 펠롭스와 히포다메이아의 아들로, 티에스테스의 형이다(☞계보 2). 아트레우스의 전설은 형제 사이의 증오와 복수를 중심으로 이루어져 있으나, 호메로스의 서사시에는 그들의 증오가 언급되지 않는다. 아트레우스와 티에스테스가 원수간이 된 것은 펠롭스의 저주 때문이다. 아트레우스와 티에스테스는 어머니인 히포다메이아와 짜고, 이복형제인 크리시포스를 죽였다. 크리시포스는 펠롭스가 님프인 악시오케와의 사이에서 낳은 아들이었다. 이에 대한 벌로, 펠롭스는 두 형제를 추방하며 저주했다. 아트레우스와 티에스테스는 아트레우스의 조카 에우리스테우스가 있는 미케나이로, 혹은 통설에 따르면 에우리스테우스의 아버지인 스테넬로스에게로 피신했다고 한다. 스테넬로스는 아르골리스에서 자신이 통치하던 영역으로부터 암피트리온을 몰아내고, 도시와 미데아 지역을 아트레우스와 티에스테스에게 맡겼다. 에우리스테우스가 후사 없이 헤라클레스에게 죽임을 당하자, 미케나이 인들은 펠롭스의 아들을 왕좌에 앉히라는 신탁을 받았다. 미케나이 인들은 아트레우스와 티에스테스를 불러왔는데, 두 형제는 제각기 왕권을 차지하겠다고 다투기 시작했다. 그들의 증오가 표출된 것이 바로 이때였다. 예전에 아트레우스는 자신의 양떼에서 황금 양털을 가진 양 한 마리를 발견했었다. 그 해에 그는 양떼 중에서 가장 아름다운 놈을 아르테미스 여신에게 바치겠다고 맹세하고서도, 그 양을 자신의 소유로 남겨 두었으며 황금 양털은 궤 안에 넣어 두었다. 그런데 아트레우스의 아내인 아에로페는 티에스테스와 정을 통해 그에게 그 신비한 양털을 몰래 건네주었다(☞아에로페). 미케나이 인들 앞에서 벌어진 설전에서, 티에스테스는 황금 양털을 보여 줄 수 있는 사람을 왕으로 뽑자고 제안했다. 아트레우스는 아에로페가 배신했다는 사실을 몰랐기 때문에 티에스테스의 제안을 받아들였다. 그러자 티에스테스는 황금 양털을 사람들 앞에 내보이고 왕좌에 올랐다. 하지만 제우스는 아트레우스에게 진정한 왕은 또 다른 초자연적인 일에 의해 선택될 것이라고 헤르메스를 통해 알려 주었다. 태양이 서쪽에서 떠서 동쪽으로 지면 아트레우스가 왕이 될 것이고, 태양이 정상적으로 운행하면 티에스테스가 왕권을 지킬 것이라는 내용이었다. 티에스테스가 그 제안을 받아들이자마자 태양이 동쪽으로 졌다. 아트레우스가 신의 가호를 받고 있다는 확실한 증거가 드러나자, 그는 도시를 다스릴 수 있게 되었다. 아트레우스는 서둘러 티에스테스를 추방했다. 하지만 아에로페와 티에스테스의 공모 사실을 알게 되자, 그는 화해하는 척하면서 동생을 불러들였다. 티에스테스가 아직 미케나이에 있는 동안, 아트레우스는 티에스테스와 한 나이아스 사이에서 태어난 아들들인 아글라오스, 칼릴레온, 오르코메노스를 몰래 살해했다. 이들은 제우스의 제단으로 몸을 피해 살려 달라고 애원했는데도 살해되었다. 이 범죄에 만족하지 않고, 아트레우스는 조카들의 몸을 토막내어 만든 음식을 티에스테스를 초대한 연회에 내놓았다. 티에스테스가 식사를 마치자, 아트레우스는 조카들의 머리를 내놓으면서 음식의 재료가 무엇인지 밝혔다. 그리고는 티에스테스를 나라에서 추방했고, 티에스테스는 시키온으로 도망쳤다. 그곳에서 받은 신탁에 따라 티에스테스는 자신이 아버지라는 사실을 모르는 친딸 펠로페이아와 관계를 맺었고, 딸은 아이기스토스라는 아들을 낳았다. 펠로페이아는 자신의 숙부인 아트레우스와 결혼했다. 아트레우스는 아이기스토스의 친부가 누구인지 모르는 채, 아이기스토스를 길렀다. 어른이 된 아이기스토스는 아트레우스로부터 티에스테스를 죽이라는 명령을 받았다. 다행히도 그는 티에스테스가 자신의 친부임을 알게 되어, 미케나이로 되돌아와 아트레우스를 죽이고 왕권을 티에스테스에게 주었다(☞아이기스토스).

아트레우스와 아에로페는 아가멤논과 메넬라오스를 낳았다. 그러나 아가멤논과 메넬라오스의 아버지는 아트레우스가 아니라, 아트레우스의 아들인 플레이스테네스라는 이야기도 있다. 플레이스테네스가 젊어서 죽자, 할아버지인 아트레우스가 그들 형제를 길렀다는 것이다(☞플레이스테네스, ☞아에로페).

아틀라스 ῎Ατλας / Atlas 이아페토스가 오케아니스인 클리메네 혹은 아시아에게서 낳은 거인이다. 아틀라스는 〈폭력적인 인간들〉인 메노이티오스, 프로메테우스, 에피메테우스와 형제간이다(☞계보 25, ☞계보 38). 몇몇 전승들에 의하면, 그는 우라노스의 아들이자 크로노스의 형제라고 한다. 아틀라스는 올림포스 신들 이전 세대의 신들, 즉 지나치게 큰 괴물과 같은 존재에 속한다. 그는 신들과 거인족의 전쟁에 참여했는데, 제우스가 그에게 내린 형벌은 하늘의 궁륭을 어깨에 지는 것이었다. 아틀라스는 서방 세계의 맨 끝에 있는 헤스페리데스의 나라에 살았다. 혹은 히페르보레이오이 족의 나라에 살았다고도 한다. 헤로도토스는 아틀라스를 북아프리카에 있는 산으로 언급한 첫번째 인물이다. 페르세우스는 고르곤을 죽이고 귀향하던 길에, 메두사의 머리를 아틀라스에게 내보임으로써 그를 돌로 만들어 버렸다고 한다(☞페르세우스).

그에게는 여러 명의 자식들이 있었다. 플레이오네와의 사이에서 플레이아데스와 히아데스를 두었으며, 헤스페리스와의 사이에서는 헤스페리데스를 두었다. 디오네도 그의 딸로 여겨지며, 히아스와 헤스페로스는 그의 아들이다.

후대의 이야기들에서 아틀라스는 인간들에게 하늘의 법칙을 가르쳐 주는 천문학자로 등장하며, 이로 인해 신으로 예우되었다. 세 명의 아틀라스를 구분하는 경우도 종종 있다. 즉 아프리카의 아틀라스, 이탈리아의 아틀라스, 그리고 마이아의 아버지이자 헤르메스의 할아버지인 아르카디아의 아틀라스가 있다.

아틀란티스의 명조인 아틀라스에 대해서는 ☞아틀란티스.

아틀란티스 ’Ατλαντίς / Atlantis 플라톤은 두 편의 『대화』에서, 솔론이 이집트를 여행하다가 한 사제로부터 들었다는 이야기를 전하고 있다. 솔론이 사제들에게 질문을 던지자, 그들 중에서 나일 강 삼각주에 있는 사이스에 살던 한 사제가, 아틀란티스 인들을 무찌르기 위해 아테나이 인들이 일으킨 전쟁에 관한 아주 오래된 전설을 들려주었다. 〈티마이오스〉에서 시작되는 이 이야기는 〈크리티아스〉의 현존하는 단편에서 다시 전개된다. 그 이집트 사제에 의하면, 아틀란티스 인들은 지중해가 끝나고 대서양이 시작되는, 헤라클레스의 기둥들 앞에 펼쳐져 있던 한 섬에 살았다고 한다. 신들이 지상 세계를 나누어 소유하게 되자, 아테나이는 아테나와 헤파이스토스의 몫이 되었고, 아틀란티스는 포세이돈의 영역이 되었다. 그곳에 에우에노르와 레우키페의 딸인 클리토가 부모를 여읜 채 살고 있었다. 포세이돈은 그녀를 사랑하게 되었다. 클리토는 섬 한가운데 있는 산에 살았다. 포세이돈은 그녀의 집 주위에 성벽을 쌓고 그 둘레에 도랑을 파서 물을 가득 채웠다. 거기서 그는 클리토와 오랫동안 함께 살았다. 포세이돈과 클리토는 다섯 번이나 쌍둥이를 낳았다. 그 중에서 맏이가 아틀라스였다. 포세이돈은 그에게 최고 통치권을 부여했다. 아틀라스는 섬을 십등분하여 형제들에게 나누어 주고, 자신은 섬 한복판의 산에 살면서 통치권을 행사했다. 아틀란티스 섬은 풍부한 식물과 값진 광물이 나는 물자가 풍족한 섬이었다. 이 섬에는 금과 구리, 철 등이 풍부했을 뿐만 아니라, 불처럼 빛나는 금속인 〈오레이칼코스〉도 아주 많았다. 아틀란티스의 왕들은 방어와 통상에 유용한 수많은 지하도와 다리, 수로, 복잡한 통로들이 있는 화려한 도시들을 건설했다. 포세이돈과 클리토의 자식들인 열 명의 초대 왕들의 자손들이 저마다 열 구역을 다스렸는데, 여전히 아틀라스의 후손이 다른 나머지 왕들의 지배자였다. 그들은 해마다 특별한 의식을 위해 수도에 모였다. 그들은 황소 사냥을 제의처럼 치르고, 황소의 목을 따서 피를 나누어 마시면서 연대감을 공고히 했다. 그리고 그들은 한밤중에 진한 청색의 긴 옷을 입고서, 희생 제물이 타고 남은 아직 따뜻한 재 가운데 앉아 모든 등불이 꺼진 뒤까지 서로에 대한 평가를 했다[법을 어긴 것으로 고발된 경우, 그것을 서로 판결하고 판결받는 것을 말함]. 대화편에 수록된 이야기는 여기서 끝을 맺는다.

아틀란티스 인들은 세계를 지배하려고 했지만, 플라톤이 살던 시대보다 9천 년 전에 아테나이 인들에 의해 정복되었다. 플라톤의 작품과는 어느 정도 거리가 있는 시칠리아의 디오도로스가 쓴 작품에 의하면, 아틀란티스 인들은 리비아인들과 인접해 살았으며 아마조네스 족의 침략을 받았다고 한다(☞미리나). 플라톤은 아틀란티스 인들과 그들의 섬이 천재지변으로 영원히 사라져 버렸다고 기록했다.

아티스 ῎Αττις / Attis 아티스는 프리기아의 신으로, 신들의 어머니인 키벨레의 배우자였다. 아티스에 관한 전설은 그리스와 로마에 아티스 숭배가 전파되면서 발전했다. 원래 아티스는 상가리오스 강의 님프(혹은 딸)인 나나와 아그디스티스의 아들로 여겨졌다(아티스의 탄생에 관한 이야기는 ☞아그디스티스). 아티스는 양성적 존재인 아그디스티스의 사랑을 받았으며, 그로 인해 실성하게 되었다. 아그디스티스의 영향을 받은 아티스는 디오니소스 축제 때 스스로 거세했으며, 이를 지켜보던 사람들도 그를 따라서 거세했다. 이 신화는 아시아의 키벨레 숭배에서 실제로 벌어진 일을 전설화한 것이다. 신화에서 아티스는 거세로 죽었지만 사후 세계에서도 생명을 유지했으며 그의 무덤에서는 꽃들이 피어났다(☞아그디스티스).

오비디우스는 아티스에 관한 전혀 다른 전설을 들려준다. 그에 의하면 프리기아 숲에 한 젊은이가 있었는데, 어찌나 잘생겼던지 키벨레의 사랑을 받게 되었다고 한다. 그녀의 사랑은 순결한 것이었고, 그녀는 그 젊은이를 자신 곁에 붙들어두기 위해 자신의 신전지기로 삼았다. 키벨레는 소년에게 순결을 지켜야 한다는 조건을 내걸었다. 하지만 아티스는 님프인 사가리티스(상가리오스 강을 상기시키는 이름)를 향한 자신의 거센 열정을 참을 수 없었다. 화가 난 키벨레는 사가리티스의 생명과 이어져 있는 나무를 베어 버리고 아티스를 미치게 만들었다. 아티스는 심한 발작 중에 스스로 거세를 했다. 거세 후 아티스는 다시 키벨레를 섬기는 신전지기가 되었다고 한다. 아티스의 모습은 키벨레가 프리기아의 산들을 두루 돌아다닐 때 타던 전차에 새겨져 있었다.

아폴론 ᾿Απόλλων / Apollon 아폴론은 올림포스 신들의 두 번째 세대에 속하는 신으로 제우스와 레토의 아들이며 아르테미스 여신과는 남매간이다. 헤라는 레토를 질투한 나머지 온 세상을 누비며 그녀를 추적했다. 떠돌이 생활에 질린 레토는 아이들을 낳을 곳을 찾으려고 했지만, 헤라의 분노를 두려워하여 세상 어느 곳도 그녀를 받아 주지 않았다. 떠도는 척박한 섬인 오르티기아(메추라기) 섬, 일명 아스테리아 섬만이 이 불행한 여인에게 안식처를 제공해 주었다. 거기서 아폴론이 태어났다. 아폴론은 은혜를 갚기 위해 그 섬을 그리스 세계의 중심에 고정시켰으며, 찬란하다는 뜻의 델로스라는 이름을 붙여 주었다. 섬의 유일한 나무인 종려나무 아래서 레토는 출산을 위해 아흐레 밤낮을 진통했다. 헤라가 출산의 여신 에일레이티이아를 올림포스에서 나가지 못하게 했기 때문이다. 아테나를 포함한 모든 여신들이 레토 곁에 있었지만, 헤라의 허락 없이는 아무것도 할 수 없었다. 마침내 여신들은 헤라에게 이리스를 보내 호박과 황금으로 만든 9자 길이의 목걸이를 바치면서, 레토의 출산을 허락해 줄 것을 부탁했다. 그제야 헤라는 에일레이티이아가 올림포스에서 델로스로 가는 것을 허락했다. 레토는 종려나무 아래서 무릎을 꿇고 아르테미스를 낳으며, 아르테미스의 도움을 받아 아폴론을 낳았다. 아폴론이 태어나던 순간, 신성한 백조들이 섬 위로 날아와서 일곱 바퀴를 돌았다. 그달의 일곱 번째 날이었기 때문이다. 제우스는 곧바로 자기 아들 아폴론에게 황금관과 리라, 백조들이 끄는 마차를 선물로 주며 델포이로 가라고 명했다. 그러나 백조들은 아폴론을 북풍의 나라 너머 바닷가에 있는 그들의 나라로 데려갔다. 그곳은 언제나 맑은 하늘 아래 사는 히페르보레이오이[〈북풍 너머 사람들〉이라는 뜻] 족의 나라였다. 히페르보레이오이 족은 아폴론에게 제사를 드리며 경배했다. 아폴론은 그들의 숭배를 받으며 1년을 거기서 보낸 후, 한여름에 향연과 노래가 이어지는 가운데 그리스 델포이에 도착했다. 자연조차 그를 위해 축제를 벌였다. 매미와 나이팅게일이 아폴론을 위해 노래했고 샘들도 더 맑게 흘렀다. 매년 델포이에서는 대대적인 제물을 바치며 아폴론이 오는 것을 축하했다.

델포이에서 아폴론은 피톤 혹은 델피네라고 불리는 용을 화살로 죽였다. 이 용은 오래 전에 있었던 테미스 신탁소의 보호를 받으며 그 지역 전체에 해를 끼치고 있었다. 샘과 개울을 혼탁하게 하고, 가축과 사람들을 약탈했으며, 크리사의 기름진 평야를 황폐하게 만들고, 님프들을 겁에 질리게 했던 것이다. 이 괴물은 대지에서 나왔다. 또는 레토가 아폴론과 아르테미스를 배고 있을 때 헤라가 그 용을 보내 레토를 뒤쫓게 했다고도 한다. 용을 죽인 후 아폴론은 자신의 공적을 기리기 위해(혹은 용의 원한을 달래기 위해) 용을 위한 추모 경기를 개최했다. 이 경기가 델포이에서 벌어지는 피티아 경기가 되었다. 그 후 아폴론은 테미스의 신탁소를 차지하고 성역 안에 삼각 의자를 두었다. 삼각의자는 아폴론의 상징물 중 하나로, 피티아[아폴론의 여사제]는 그 삼각 의자에 앉아 신탁을 내리곤 했다. 델포이 인들은 승리의 노래를 부르면서 아폴론의 승리와 성역 점령을 축하했다. 이때 처음으로 아폴론 찬가가 불렸다. 하지만 아폴론은 용을 죽인 죄를 씻기 위해 테살리아의 템페 계곡까지 가야만 했다. 델포이에서는 8년에 한 번씩 피톤의 죽음과 아폴론의 정죄(淨罪)를 기리는 성대한 축제가 열렸다. 후에 아폴론은 다시 한번 자신의 신탁소를 방어해야 했는데, 이번에는 상대가 헤라클레스였다. 헤라클레스는 신탁을 물으러 왔다가 피티아가 대답을 거부하자, 신전을 약탈하고 삼각 의자를 빼앗아 다른 곳으로 가져다가 자신만을 위한 신탁소를 세우려 했다. 그래서 아폴론이 헤라클레스와 싸우게 되었는데, 싸움은 결말이 나지 않았다. 왜냐하면 제우스가 벼락을 던져 둘(모두 제우스의 아들임)을 떼어 놓았기 때문이다. 하지만 신탁소는 델포이에 머물게 되었다(☞ 헤라클레스).

아폴론은 훤칠하고 준수한 신으로 묘사되었으며, 팬지 꽃잎처럼 푸른빛이 도는 검은색 곱슬머리로 특히 유명하다. 그래서 그는 많은 님프들 및 인간 여자들과 사랑을 나누었다.

그는 테살리아의 하신 페네이오스의 딸인 님프 다프네를 사랑했다. 이 사랑은 아폴론에게 앙심을 품은 에로스에 의해 시작된 것이었다. 아폴론이 화살(전형적인 아폴론의 무기) 쏘기 연습을 하는 에로스를 놀리자, 에로스가 화가 났던 것이다. 다프네는 아폴론의 사랑에 응하지 않았다. 그녀는 산으로 달아나다가 아폴론에게 잡히려는 순간 아버지인 페네이오스에게 자신을 변신시켜 아폴론의 손아귀에서 벗어나게 해달라고 간청했다. 그러자 페네이오스는 다프네를 월계수(그리스 어로 〈다프네〉로 변신시켰다. 이 나무는 아폴론의 나무가 되었다.

아폴론은 님프 키레네와는 좀더 행복한 사랑을 나누었고, 그녀와의 사이에서 반신(半神)인 아리스타이오스를 낳았다. 무사이[뮤즈들]의 제사와 그의 제사는 서로 관련이 있었으며, 무사이와도 사랑을 나누었다고 한다. 즉 탈리아에게서는 디오니소스 행렬에 끼어 있는 정령들인 코리반테스를 낳았고, 우라니아에게서는 음악가인 리노스와 오르페우스를 낳았다(하지만 이 둘은 무사[뮤즈] 칼리오페와 오이아그로스 사이에서 태어났다고도 한다)는 것이다. 아폴론의 사랑에 관한 아주 유명한 일화 중 하나는 아스클레피오스(☞)의 탄생에 관한 것인데, 이 이야기에서 아폴론은 코로니스에게 배신을 당한다. 에우에노스의 딸인 마르페사와의 불행한 사랑도 이와 유사하다. 아폴론은 마르페사를 사랑했지만, 아파레우스의 아들인 이다스가 포세이돈에게서 선물로 받은 날개 달린 전차를 타고 와서 그녀를 메세네로 납치해 갔다. 거기서 이다스와 아폴론은 싸움을 벌였는데, 이번에도 제우스가 이 두 명을 떼어 놓았다. 마르페사에게 더 사랑하는 쪽을 택할 수 있는 권한이 주어졌다. 그녀는 아폴론과 결혼하면 늙은 후 버림받을까 봐 두려워서, 인간인 이다스를 택했다. 프리아모스 왕의 딸인 카산드라와의 사랑도 아폴론에게는 쓰라린 경험이었다. 카산드라를 사랑하던 아폴론은 그녀의 마음을 사로잡기 위해 예언술을 가르쳐 주겠다고 약속했다. 카산드라는 가르침을 받아들였지만, 예언 능력을 얻은 뒤에는 아폴론의 사랑을 저버렸다. 아폴론은 복수하기 위해, 카산드라가 예언하더라도 아무도 그것을 믿지 않게 만들어 버렸다. 그래서 카산드라가 아무리 정확한 예언을 하더라도 아무도 그녀의 말을 믿지 않게 된 것이다.

아폴론이 카산드라의 어머니이자 프리아모스 왕의 아내 헤카베의 사랑을 받은 것도 이 무렵이었던 것 같다. 그녀는 아폴론에게 아들 트로일로스를 낳아 주었다. 아시아의 콜로폰에서는 여예언자 만토의 아들인 예언자 몹소스가 아폴론의 아들로 여겨졌다. 몹소스는 트로이아 전쟁 이후에 있었던 경쟁에서 그리스 예언자 칼카스를 능가했다(☞몹소스, ☞칼카스). 또한 아시아에서는 아리아(혹은 아카칼리스, 혹은 아카칼레)의 아들인 밀레토스의 아버지 역시 아폴론이라고 생각했다(☞아카칼리스). 이 밀레토스는 후에 도시 밀레토스를 건설했다.

그리스에서 아폴론은 테살리아에 있는 피티아 지방의 명조가 된 피티아의 연인으로 간주되었다. 아폴론과의 사이에서 그녀는 도로스, 라오도코스, 폴리포이테스를 낳았는데, 이들은 아이톨로스의 손에 죽었다. 또한 아폴론은 로이오에게서 아니오스를 낳았으며, 아니오스는 델로스를 다스렸다(☞아니오스).

테네도스 섬에서 아킬레우스에게 목숨을 잃었고 그럼으로써 아킬레우스를 죽음으로 몰고 가는 운명의 발단이 된 인물인 테네스는 아폴론의 아들이라는 설도 있고, 키크노스의 아들이라는 설도 있다.

아폴론의 사랑은 여자들에게만 한정되지 않았다. 그는 젊은 남자들도 사랑했다. 아폴론의 사랑을 받은 남자들 중 유명한 인물은 히아킨토스와 키파리소스이다. 이들의 죽음 내지 변신(히아킨토스는 백합 혹은 히아신스로 변했고, 키파리소스는 삼나무가 되었다)은 아폴론에게 깊은 슬픔을 남겼다.

아폴론은 이상한 시련을 두 번이나 겪었다. 인간을 섬기는 종이 되어야 했던 것이다. 첫번째는 그가 포세이돈, 헤라, 아테나와 공모하여 제우스를 쇠사슬로 묶어 하늘에 매달려고 시도한 데 대한 벌이었다(☞아이가이온). 이 공모가 실패로 끝난 후, 아폴론과 포세이돈은 트로이아 왕 라오메돈을 위해 일하게 되었고, 트로이아 성벽을 쌓는 일을 했다. 하지만 포세이돈만 성벽 쌓는 일을 하고, 아폴론은 이데 산에서 왕의 가축을 쳤다는 설도 있다. 노역 기간이 끝나자, 라오메돈은 두 신들이 받아야 할 삯을 지불하지 않았다. 아폴론과 포세이돈이 항의하자, 그는 귀를 잘라 노예로 팔아 버리겠다고 협박했다. 아폴론은 본래의 모습과 능력을 되찾자, 역병으로 트로이아를 쳤다(☞헤시오네, ☞헤라클레스).

두 번째 시련은 아폴론이 목동이 된 이야기이다. 아폴론의 아들 아스클레피오스는 켄타우로스 케이론에게 의술을 배웠는데, 갈고 닦은 그의 의술이 얼마나 뛰어났던지 죽은 사람도 되살려 놓았다. 그러자 제우스는 아스클레피오스에게 벼락을 내렸다(☞아스클레피오스). 이 일로 깊이 상심한 아폴론은 제우스에게 복수하기 위해, 벼락을 만드는 키클로페스[키클롭스들]를 화살로 쏘아 죽였다. 제우스는 형벌로 아폴론을 타르타로스에 내던지려 했지만, 레토의 간청으로 그보다는 조금 가벼운 벌을 내리기로 했다. 그는 아폴론에게 1년 동안 인간의 노예로 지낼 것을 명령했다. 아폴론은 테살리아의 페라이 왕 아드메토스에게 가서 소 치는 목동이 되었다. 아폴론이 소를 치자, 암소들이 송아지를 한 번에 두 마리씩 낳게 되었다. 그 밖에도 그는 아드메토스의 집안에 전반적인 풍요를 가져다 주었다(☞알케스티스).

아폴론은 가끔 자원하여 목동으로 나타나기도 한다. 그는 아직 어린 헤르메스에게 소를 도둑 맞는데, 이는 헤르메스의 조숙함을 보여 주는 것이었다. 아폴론은 킬레네 산에서 자기 소들을 되찾았다. 하지만 어린 헤르메스가 리라를 만들자, 아폴론이 그 악기에 매료되어 소떼와 리라를 맞바꾸었다는 이야기도 있다. 또 헤르메스가 피리를 만들자, 아폴론은 황금 막대기(헤르메스의 〈지팡이〉)를 주고 피리를 샀을 뿐 아니라, 헤르메스에게 예언술도 가르쳐 주었다.

피리는 아폴론과 마르시아스 이야기에도 등장한다. 올림포스의 아들인 사티로스 마르시아스는 아테나가 내다 버린 피리를 발견했다. 아테나는 피리를 연주하려고 애쓰다가, 그것을 불려면 얼굴이 엄청나게 일그러지는 것을 깨닫고 곧장 내다 버렸던 것이다. 마르시아스는 자신이 연주한 선율이 아름답다고 생각하고, 아폴론에게 도전했다. 그는 아폴론의 리라 연주 실력보다 자신의 피리 연주 실력이 더 뛰어나다고 호언장담했다. 그러나 마르시아스는 지고 말았다. 아폴론은 마르시아스를 소나무에 매단 후, 가죽을 벗겼다.

아폴론은 음악과 시의 신으로 파르나소스 산에서 무사이의 놀이를 주재하는 모습으로 그려지곤 했다. 그의 신탁은 주로 시처럼 표현되었으며, 그는 시인들뿐 아니라 예언자들에게도 영감을 주는 것으로 알려져 있었다. 아폴론은 디오니소스와 더불어 영감을 주는 역할을 담당했다. 하지만 아폴론이 주는 영감은 디오니소스가 주는 영감보다 좀더 절제된 것이라는 점에서 구별된다(☞디오니소스).

아폴론은 예언과 음악의 신이자 전원의 신으로, 꽃이나 나무로 변한 님프들 혹은 젊은 남자들과 사랑을 나누기도 하지만, 한편 전쟁의 신으로 쌍둥이 누이인 아르테미스와 마찬가지로 멀리서도 화살을 날려 적에게 순식간에 죽음을 선사하기도 한다. 그는 레토의 복수를 하기 위해 니오베의 아이들을 죽이는 일에 아르테미스와 함께 했다(☞니오베). 아폴론은 트로이아 앞에 진을 친 그리스 군에게 역병을 보내어 피해를 주었으니, 이는 아가멤논이 포로로 잡고 있던 크리세이스를 아폴론의 사제이자 그녀의 아버지인 크리세스에게 되돌려주게 하기 위해서였다. 아폴론은 키클로페스와 뱀 피톤, 거인 티티오스도 죽였으며, 신들과 거인족 간의 전쟁에서는 올림포스 신들 편에서 싸웠다. 『일리아스』에서 그는 그리스와 트로이아의 전쟁 동안 트로이아 편을 든다. 아폴론은 싸움 중에 파리스를 보호해 주었으며, 아킬레우스가 죽게 된 것도 직접적 혹은 간접적으로 그가 개입했기 때문이다.

몇몇 동물들은 특별히 아폴론에게 바쳐진 것이다. 늑대는 이따금 아폴론에게 희생 제물로 바쳐진 동물로, 흔히 동전에는 아폴론과 늑대의 형상이 함께 찍히곤 했다. 노루 혹은 암사슴도 있는데, 이들은 아르테미스 숭배에도 나타난다. 아폴론과 연관된 새들은 백조, 솔개, 독수리, 까마귀 등이며, 이들이 나는 모습은 전조들로 여겨졌다. 마지막으로 바다 동물 중에는 돌고래가 있는데, 그리스 어로 돌고래를 뜻하는 〈델피스〉는 아폴론의 주요 신전인 델포이를 상기시킨다. 월계수는 대표적인 아폴론의 식물이다. 피티아가 망아 상태에서 예언을 하는 동안 씹는 것이 바로 월계수 잎이다.

아폴론의 기능과 상징은 다양하다. 이에 관한 연구는 신화학보다는 오히려 종교사에 속한다. 이런 이유로 아폴론은 점차 오르페우스 비교(秘敎)의 신으로 자리잡았으며, 그의 이름은 입문자들에게 구원과 영생을 약속하는 반은 종교적이고 반은 도덕적인 체계와 관련되었다(☞자그레우스, ☞오르페우스). 아폴론은 피타고라스의 아버지로 간주되었는데, 피타고라스의 이름도 유사한 교리들과 연관되기 때문이다. 또한 아폴론(특히 히페르보레이오이의 아폴론)은 오르페우스 비교 및 신(新)피타고라스주의의 낙원인 〈행복한 자들의 섬〉을 다스리는 신으로도 묘사되었다. 그래서 아폴론 신화는 고대 로마의 석관(石棺)에 새겨진 조각뿐 아니라, 로마에 있는 〈포르타 막시마〉의 바실리카 벽에도 꾸준히 나타나는 모티프이다.

아폴론은 로마의 초대 황제인 아우구스투스가 개인적으로 수호신으로 삼았던 신이기도 하다. 아우구스투스는 기원전 31년 악티움 해전에서 안토니우스와 클레오파트라에게 승리를 거두자, 그 공을 아폴론 신에게 돌렸다. 백성들 사이에서는, 아우구스투스의 어머니인 아티아가 아폴론 신전에서 자던 밤에 아폴론의 능력으로 아들을 잉태했다는 이야기가 돌았다. 아우구스투스는 팔라티누스 언덕에 아폴론 신전을 짓고 개인적인 제사를 드렸다. 기원전 17년에 아우구스투스가 세기제를 창설한 것도 아폴론을 기리기 위해서였다. 이 축제에서 불렸던 호라티우스의 『세기의 송가』에서, 아폴론과 그의 누이

아르테미스는 로마 인들과 유피테르를 매개하는 신으로 묘사되었다. 천상의 축복을 전하고 널리 알린 것도 이 두 신들이다.

아프로디테 'Aφροδίτη / Aphrodite 아프로디테는 사랑의 여신으로 로마에서는 이탈리아의 옛 여신 베누스와 동일시되었다. 그녀의 탄생에 관해서는 두 가지 전설이 있어, 제우스와 디오네(☞)의 딸이라고도 하고, 우라노스의 딸이라고도 한다. 후자에 의하면, 크로노스가 자른 우라노스의 성기가 바다에 떨어져 여신이 탄생했다는 것이다. 그래서 아프로디테를 〈물거품에서 태어난 여신〉 혹은 〈신의 정자에서 태어난 여신〉이라고 한다. 그녀는 바다에서 나오자마자 제피로스[들]에 의해 키테라로 옮겨졌다가, 후에 키프로스 해안으로 다시 옮겨졌다. 키프로스에서 계절의 신들(호라이)이 그녀를 맞아 옷을 입히고 치장하여 불멸의 존재들에게로 인도했다. 루키아누스에 의하면 아프로디테는 〈바다의 노인〉 네레우스의 손에서 자랐다고 한다(☞헤라와 비교). 후에 플라톤은 두 명의 아프로디테를 생각해냈는데, 우라노스(하늘)에게서 태어난 〈아프로디테 우라니아〉는 순수한 사랑의 여신이고, 디오네의 딸인 〈아프로디테 판데미아〉(대중적인 아프로디테)는 세속적 사랑의 여신이라고 한다. 하지만 이는 후에 붙인 철학적인 해석으로 아프로디테에 관한 본래의 전설들과는 무관하다.

아프로디테 주변에는 다양한 전설들이 있지만, 일관성 있는 하나의 이야기를 이루지 못하고 그녀가 등장하는 일화들에 그친다. 아프로디테는 렘노스의 절름발이 신 헤파이스토스와 결혼했는데, 전쟁의 신 아레스를 사랑했다. 호메로스는 아프로디테와 아레스의 사랑 이야기를 이렇게 전한다. 그들은 사랑을 나누다 태양에게 들켰고, 태양은 그 일을 헤파이스토스에게 말해 주었다. 그러자 헤파이스토스는 비밀리에 함정을 만들었다. 그 함정이란 헤파이스토스 자신만이 만들 수 있는 신비한 그물이었다. 아프로디테와 아레스가 아프로디테의 침대에서 만나기로 한 날 밤, 헤파이스토스는 둘 위에 그물을 치고는 올림포스의 신들 전부를 불렀다. 이 장면을 보자 신들은 모두 박장대소하며 즐거워했다. 포세이돈의 간청으로 헤파이스토스는 그물을 치웠고, 아프로디테는 창피한 나머지 키프로스로, 아레스는 트라케로 도망가 버렸다. 아레스와 아프로디테의 사랑에서 에로스와 안테로스, 데이모스(공포), 포보스(걱정), 하르모니아(후에 테바이에서 카드모스의 아내가 됨)가 태어났다. 정원의 수호신인 람프사코스의 프리아포스도 이들의 자식이라고 한다(왜냐하면 몇몇 전설에서 아프로디테는 정원의 여신으로 나오기 때문이다. 이 점은 로마 신화의 베누스에서는 아주 명백하다).

아프로디테의 애정 행각은 아레스와의 관계에만 국한되지 않는다. 미르라가 아도니스를 낳자(☞아도니스), 아프로디테는 미소년을 데려다가 페르세포네에게 맡겼다. 그런데 페르세포네가 아도니스를 되돌려주려고 하지 않아 제우스에게 판결을 맡겼는데, 제우스는 아도니스가 1년 중 3분의 1은 페르세포네와, 3분의 1은 아프로디테와, 그리고 나머지 3분의 1은 자신이 원하는 곳에서 보내도록 결정했다. 그런데 아도니스는 1년의 3분의 1은 페르세포네와 보내고, 나머지 3분의 2는 아프로디테 곁에서 살았다. 얼마 후 아도니스는 멧돼지에게 치명상을 입어 죽고 말았는데, 이는 아마도 아레스의 질투심 때문이었던 것 같다.

아프로디테는 트로아스의 이데 산에서 앙키세스와도 사랑을 나누었다. 그리하여 그녀는 두 명의 아들 아이네이아스와 리르노스를 낳았다(☞앙키세스).

아프로디테의 분노와 저주는 유명하다. 에오스가 아레스의 구애를 받아들이자 이를 벌하기 위해, 아프로디테는 에오스가 오리온을 미친 듯이 사랑하도록 만들었다. 그녀는 렘노스의 여자들이 자신을 숭배하지 않는다는 이유로 그곳의 모든 여자들을 벌했다. 벌로 여자들의 몸에서 역한 냄새가 나도록 하자, 남편들은 렘노스 여자들을 버리고 트라케 여자 포로들을 취했다. 렘노스 여자들은 섬의 모든 남자들을 죽이고 여자들만의 사회를 만들었다. 아르고나우타이가 와서 그녀들에게서 아들을 낳을 때까지 여자들만의 사회가 지속되었다(☞토아스). 아프로디테는 파포스에 살던 키니라스의 딸들도 벌하여, 그녀들이 이방인들에게 몸을 팔지 않을 수 없게 만들었다(☞파이드라, ☞파시파에).

아프로디테의 총애를 받는다고 해도 위험한 것은 매한가지이다. 어느 날 불화의 여신이 사과를 던져 놓고 헤라, 아테나, 아프로디테 중에서 가장 아름다운 여신의 것이라고 했다. 제우스는 헤르메스에게 세 여신을 트로아스의 이데 산으로 데려가라고 명하고는, 그곳에 사는 소년 알렉산드로스(훗날의 파리스)에게 판결을 맡겼다. 세 여신들은 그 앞에서 제각기 자신의 아름다움을 자랑하고 선물을 약속하면서 경쟁을 벌였다. 헤라는 알렉산드로스에게 전 세계의 왕이 되도록 해주겠다고, 아테나는 전쟁에서 절대 지지 않도록 해주겠다고, 아프로디테는 그에게 헬레네를 아내로 주겠다고 약속했다. 그가 택한 것은 아프로디테였다. 그러므로 트로이아 전쟁의 화근은 그녀인 셈이다(☞헬레네). 트로이아 전쟁 내내 아프로디테는 트로이아 인들을, 특히 파리스를 보호해 주었다. 파리스가 메넬라오스와 단독 결투를 벌이다가 죽을 뻔한 순간, 그를 위험에서 구하고 전면전의 단초가 될 사건을 일으킨 것도 그녀였다. 후에 그녀는 디오메데스의 손에 죽을 뻔한 아이네이아스도 보호해 주었다. 디오메데스는 아프로디테에게도 상처를 입혔다. 아프로디테의 보호도 트로이아가 멸망하고 파리스가 죽는 것을 막을 수는 없었지만, 그래도 그녀는 트로이아 인의 전멸을 막는 데는 성공했다. 아이네이아스가 아버지 앙키세스, 아들 이울루스(혹은 아스카니오스)와 함께, 트로이아의 페나테스를 가지고 불타는 트로이아를 벗어나 미지의 땅으로 가서 새로운 국가를 세울 수 있었던 것은 아프로디테 덕분이다(☞아스카니오스, ☞아이네이아스). 로마가 아프로디테 베누스를 수호신으로 삼은 것은 그 때문이다. 아프로디테 베누스는 이울루스의 후손들인 율리아 일족의 선조로 간주되었다. 그 때문에 카이사르도 어머니 베누스 혹은 〈베누스 게니트릭스〉의 가호를 빌며 이 여신에게 성전을 지어 바쳤다.

아프로디테가 아끼는 동물은 비둘기였다. 비둘기들이 그녀의 마차를 끌었다. 이 여신의 식물은 장미와 도금양이었다.

아프리아테 Ἀπριάτη / Apriate 아프리아테(몸값이 없는 소녀)는 레스보스의 아가씨이다. 텔라몬의 아들 트람벨로스가 그녀를 사랑했으나 그녀는 그의 사랑에 응하지 않았다. 그러자 트람벨로스는 아프리아테가 그녀 아버지의 소유지에서 하녀들과 산책을 하고 있을 때, 그녀를 납치하기로 마음먹었다. 아프리아테가 저항하자 그는 그녀를 바다에 던져 버렸다. 어떤 기록에도 그녀가 바다에 스스로 몸을 던졌다는 말은 없다. 그녀는 익사했다. 얼마 후 트람벨로스는 천벌을 받았다.

아피스 Ἆπις / Apis 아폴로도로스가 전하는 바에 따르면, 아피스는 포로네우스의 아들이며, 포로네우스는 이나코스의 아들이다. 아피스의 어머니는 님프 텔레디케이다. 아피스는 펠로폰네소스 전역에 대한 통치권을 아버지로부터 물려받았고, 이 지역은 훗날 그의 이름을 따서 아피아라 불리게 되었다. 하지만 그는 독재자로 군림하다가 살해당했다. 어떤 이들은 아피스가 아이톨리아의 명조 아이톨로스의 손에 죽었다고 하며, 다른 이들은 텔크시온과 텔키스의 손에 죽였다고도 한다. 아피스는 신으로 예우되어 사라피스라는 이름으로 숭배되었다. 그가 죽자 아르고스가 그의 복수를 했다. 아이스킬로스에 의하면, 아피스는 예언 능력을 가진 의사로, 펠로폰네소스를 정결하게 하기 위해 나우팍토스로부터 온 아폴론의 아들이다. 파우사니아스는 아피스를 시키온 왕 텔키스의 아들로, 그리고 텔크시온의 아버지로 등장시킨다(☞계보 22). 앞의 이야기에서처럼 이 아피스도 펠로폰네소스 전체를 다스렸다.

악타이온 ’Ακταίων / Actaeon 아폴론과 님프 키레네의 아들 아리스타이오스는 카드모스의 딸 아우토노에와의 사이에서 아들 악타이온을 낳았다. 악타이온은 켄타우로스 케이론에 의해 양육되었으며, 케이론은 그에게 사냥술을 가르쳤다. 그러던 어느 날 악타이온은 키타이론 산에서 그의 개들에게 잡아먹혔다. 이 죽음에 대한 여러 이야기들이 있다. 악타이온이 제우스의 애인 세멜레를 빼앗았기 때문에 신의 벌을 받았다는 설도 있지만, 대개의 전설에 따르면 이 벌은 아르테미스 여신의 분노 때문이라고 한다. 아르테미스는 샘에서 벌거벗고 목욕하는 모습을 악타이온에게 들키자 화가 났던 것이다. 여신은 그를 수사슴으로 변신시키고, 그의 사냥개 50마리를 난폭하게 만들어 주인을 공격하게 만들었다. 개들은 사슴으로 변한 악타이온을 알아보지 못한 채 뜯어먹은 뒤, 온 산을 헤매며 주인을 찾아다녔지만 소용이 없었다. 개 짖는 소리가 온 산을 가득 메웠다고 한다. 주인을 찾던 개들은 케이론이 사는 동굴까지 찾아갔고, 케이론은 이들을 위로하기 위해 악타이온의 상(像)을 만들어 주었다고 한다.

악토르 ’Ακτωρ / Actor 1. 악토르는 테살리아의 용사이다. 그는 아이올로스의 딸들 중 한 명인 페이시디케와 미르미돈의 아들이라고도 하고(☞미르미돈), 포르바스와 에페이오스의 딸 히르미네 사이에서 태어난 아들로 라피타이 족이라고도 하며(☞계보 23), 히르미네와 헬리오스의 아들이라고도 한다. 세 번째 경우에 그는 아우게이아스의 아버지가 된다(☞계보 14[계보 14에 의하면 악토르는 아우게이아스와 형제간이며, 아우게이아스 항목에서도 마찬가지이다). 악토르의 부모에 관한 설들이 이렇게 엇갈리는 반면, 그의 자식들에 관한 설들은 비교적 간단하다. 그는 메노이티오스의 아버지이자 파트로클로스의 할아버지로 간주되기도 하고(☞메노이티오스, ☞아이기나), 몰리오니다이[쌍둥이 형제 에우리토스와 크테아토스를 가리킴]의 〈인간적〉 아버지, 다시 말해 엘레이아 왕조의 〈인간적〉 시조라고도 한다(☞탈피오스). 많은 테살리아의 용사들이 그렇듯이 악토르도 펠로폰네소스 전설에서 그에 상응하는 인물을 찾을 수 있다.

악토르는 테살리아의 페라이를 다스렸다. 펠레우스는 포코스를 죽인 죄로 아버지에 의해 추방당하자 자신의 죄를 정화해 줄 인물을 찾아다녔다. 악토르는 펠레우스의 요청을 들어주었고, 그가 죽자 펠레우스가 왕위를 계승했다. 이 설에 따르면, 악토르에게는 아들 에우리티온(☞에우리티온 3)과 딸 필로멜라가 있었다. 에우리티온은 칼리돈의 사냥에 참여했던 인물이다.

2. 오르코메노스 출신의 또 다른 악토르는 프릭소스의 후손이다(☞계보 33).

*안나 페렌나 Anna Perenna 안나 페렌나는 로마의 옛 여신으로, 로마 북쪽 플라미니아 가도에 접해 있는 신성한 숲에서 숭앙되었다. 안나 페렌나는 노파의 모습으로 등장한다. 로마의 민중이 몬스 사케르(〈성스러운 산〉이란 뜻으로 기원전 494년과 449년에 민중이 정치적 권리를 얻기 위해 로마를 비우고 일제히 파업하러 모였던 곳)로 피신하자, 그녀는 매일 과자를 구워 백성들에게 내다 팔아서 배고픔을 면하게 해주었다. 정치적 혼란이 가시고 민중이 다시 로마로 돌아오자, 그녀는 신적인 예우를 받게 되었다.

아이네아스에 관한 전설과 동시에 발전한 또 다른 전승에 의하면, 안나는 여왕 디도의 자매라고 한다. 디도가 자살한 후(☞아이네아스), 카르타고는 이아르바스가 이끄는 원주민들의 공격을 받았고 안나는 도망칠 수밖에 없었다. 처음에 그녀는 아프리카 해안에 있는 섬 멜리테의 왕에게 피신했다. 그런데 시리아 왕 피그말리온이 멜리테 왕에게 그녀를 달라고 요구하자 안나는 섬을 떠났다. 배를 탄 그녀는 폭풍을 만나 라티움 해안에 던져지고 말았다. 바로 그때는 아이네아스가 라우렌테스 족의 도시를 다스리던 시기였고, 안나가 도착한 곳이 바로 거기였다. 아이네아스는 친구인 아카테스와 바닷가를 거닐고 있었는데, 아카테스가 안나를 알아보았다. 아이네아스는 눈물로 그녀를 맞았고, 디도의 슬픈 최후를 애도하며 안나를 그의 궁정에 머물게 했다. 하지만 아이네아스의 아내 라비니아는 남편 아이네아스의 과거를 알고 있는 안나가 나타난 것을 좋게 여길 수가 없었다. 안나는 라비니아의 계략을 조심하라는 꿈을 꾸고, 한밤중에 궁전에서 도망쳤다. 헤매던 그녀는 근처에 있던 강의 신 누미키우스를 만나 강으로 들어갔다. 한편 그녀를 찾아 나선 아이네아스의 종들은 그녀의 발자취를 따라 강까지 가서, 그곳에서 걸음을 멈추었다. 그들이 어디로 가야 할지 몰라 우왕좌왕하고 있을 때, 어떤 형체가 물속에서 나와 안나는 님프가 되었다고 일러 주었다. 그녀가 새로 얻은 이름 페렌나는 영원하다는 뜻이다. 이 사실을 알게 된 아이네아스의 종들은 기쁨에 겨워 들판을 돌아다니고 축제를 벌이며 그날을 보냈다. 이것이 매년 행해지는 안나 페렌나 축제의 기원이 되었다.

노년기에 접어들었을 때 안나는 마르스에 의해 그와 미네르바 사이의 중매자로 선택되었다. 마르스는 미네르바를 사랑했지만 처녀 여신에게 번번이 거절당하자, 늙은 안나에게 〈매파〉 역을 맡긴 것이다. 안나는 자기가 불가능한 일을 맡은 것을 알고서도(미네르바는 결코 넘어가지 않을 테니까) 거짓말로 마르스를 속이고 희망을 주다가 결국 그와 약속한 날 밤 미네르바 대신 자신이 그 장소에 나타났다. 마르스가 신방에 들어오자, 그녀는 얼굴을 가리고 있던 베일을 걷었다. 마르스는 노파를 알아보았고, 그녀는 심한 말로 그를 조롱했다. 이것이 안나의 축제 때 부르는 외설적인 노래의 기원이 되었다.

안드로게오스 Ἀνδρόγεως / Androgeus 안드로게오스는 미노스와 파시파에 사이에서 태어난 아들 중 한 명이다(☞계보 28). 그는 모든 운동 종목에서 뛰어난 능력을 가지고 있었으며, 아이게우스가 아테나이에서 연 경기에도 참가하여 모든 경쟁자들을 물리치고 승리했다. 이를 시기한 아이게우스는 그 지역에 큰 피해를 주던 마라톤의 황소를 죽이라고 안드로게오스를 보냈으며, 안드로게오스는 황소에게 죽임을 당하고 말았다. 또 다른 전설들에 의하면, 안드로게오스는 아테나이에서 승리를 거둔 후, 테바이 경기에 참가하러 가다가 그에게 패한 경쟁자들의 습격을 받아 죽었다고 한다. 이 소식이 미노스에게 전해졌을 때, 미노스는 파로스 섬에서 희생 제사를 드리고 있었다. 그는 희생 제사를 멈추지 않은 채 죽은 안드로게오스를 추모하기 위해 자신의 머리에 썼던 화관을 내던지고 피리를 연주하던 연주자들에게 음악을 중지시켰다. 이때 미노스가 제사를 드리던 신들이 카리테스였으므로, 이후로 파로스 섬에서 카리테스에게 바치는 희생 제사에서는 화관과 피리 연주가 없어졌다. 제사가 끝나자 미노스는 선단을 소집하여 아테나이인들을 공격하러 떠났다. 가는 길에 그는 살라미스 만에 있는 아티카의 요지 메가라를 점령했다(이때 니소스 왕의 딸인 스킬레(☞)가 아버지를 배신하여 메가라 정복을 도왔다). 그리고는 다시 아테나이인들을 공격하러 떠났는데, 전쟁은 오랫동안 계속되었다. 전쟁을 빨리 끝내고 싶었던 미노스는 제우스 신에게 아테나이인들을 벌해 달라고 간청했다. 그러자 기근과 역병이 아테나이를 덮쳤다. 아테나이인들은 여러 명의 처녀(☞히아킨티데스)를 희생 제물로 드려도 소용이 없자 신탁을 구했고, 재앙을 멈추기 위해서는 미노스가 요구하는 것을 주어야 한다는 대답을 들었다. 미노스는 파시파에의 괴물 아들인 미노타우로스의 먹이로 매년 무장하지 않은 여섯 명의 젊은 남녀를 보내라고 요구했다. 후에 아티카는 테세우스 덕분에 이 공물 헌납에서 자유로워질 수 있었다.

일설에 의하면 안드로게오스는 아스클레피오스 덕분에 다시 살아났다고도 하는데, 이것은 아마도 그를 글라우코스와 혼동한 것 같다(☞글라우코스 5). 안드로게오스에게는 두 아들 알카이오스와 스테넬로스가 있었으며, 이들은 미노스와 파리아의 아들인 숙부들과 함께 파로스에 정착했다(☞네팔리온).

안드로마케 ᾿Ανδρομάχη / Andromache 안드로마케는 미시아의 테베 왕 에에티온의 딸이다. 테베는 트로이아 원정 9년째 되는 해에 아킬레우스에 의해 파괴되었다(☞아킬레우스). 헥토르의 아내이자 프리아모스 왕의 며느리인 안드로마케는 그리스 군이 그녀의 고향 테베를 공격했을 때 아버지와 형제들을 모두 잃었다. 아킬레우스가 이들을 모두 죽였던 것이다. 그녀는 헥토르와의 사이에 외아들 아스티아낙스를 두었다. 남편도 죽고 트로이아도 망한 후, 안드로마케는 전리품 격으로 아킬레우스의 아들인 네오프톨레모스에게 할당되었다. 네오프톨레모스는 아스티아낙스를 죽인 후(혹은 아스티아낙스를 죽이지 않고서) 안드로마케를 자신이 통치하던 에페이로스로 데려갔다고 한다. 거기서 안드로마케는 세 명의 아들 몰로소스, 피엘로스, 페르가모스를 낳았다. 네오프톨레모스는 신탁을 받으러 갔다가 델포이에서 죽음을 맞게 되자, 자신이 에페이로스에 데려왔던 헥토르의 형제 헬레노스에게 그의 왕국과 아내를 물려주겠다고 유언했다(에우리피데스가 따른 전승에 관해서는 ☞몰로소스).

아이네이아스가 에페이로스에 이르렀을 때, 안드로마케는 헬레노스와 함께 그 지역을 평화롭게 다스리고 있었다. 헬레노스가 죽은 후 안드로마케는 아들 페르가모스를 따라 미시아로 갔을 것이다. 그곳에 페르가모스는 그의 이름을 딴 도시 국가 페르가몬을 세웠다. 전설에 의하면, 갈색 머리의 안드로마케는 키가 크며 위압적인 성격이었다고 한다.

안드로메데 ᾿Ανδρομέδη / Andromeda 안드로메데는 에티오피아 왕인 케페우스와 카시에페이아의 딸이다. 카시에페이아는 자기 딸이 네레이데스(네레이스들)를 모두 합친 것보다 더 아름답다고 주장했다. 화가 난 네레이데스는 그런 모욕을 갚아 달라고 포세이돈에게 청했다. 포세이돈은 네레이데스의 마음을 누그러뜨리기 위해, 괴물을 보내어 케페우스의 나라에 피해를 주었다. 케페우스는 신탁을 구했고, 암몬의 신탁은 안드로메데를 속죄물로 바쳐야 에티오피아에서 재앙이 사라질 것이라고 답했다. 케페우스는 백성들 때문에 어쩔 수 없이 딸을 희생 제물로 바치기로 하고 그녀를 바위에 묶었다. 때마침 페르세우스가 고르곤을 해치우고 고향으로 돌아가던 중에 그녀를 보고 사랑에 빠졌다. 그는 안드로메데를 아내로 준다면 그녀를 구하겠다고 케페우스에게 약속했고 케페우스는 이를 수락했다. 페르세우스는 괴물을 죽이고 안드로메데와 결혼했다. 그런데 안드로메데의 약혼자였던 케페우스의 형제 피네우스가 페르세우스에 대해 음모를 꾸몄다. 페르세우스는 그 음모를 눈치 채고 고르곤의 머리를 적들을 향해 돌려 그들을 돌로 만들어 버렸다. 페르세우스는 에티오피아를 떠나, 안드로메데를 아르고스로, 다음에는 티린스로 데려갔다. 티린스에서 그와 안드로메데는 아들 여럿과 딸 하나를 낳았다(☞계보 31).

코논은 이 신화에 대해 다음과 같은 합리적인 해석을 전한다. 케페우스가 다스리던 나라는 훗날 포이니케로 불리게 될 지역(당시에는 해안에 위치한 도시 이오페의 이름을 따서 이오페라고 불리던 지역)으로, 지중해부터 아라비아와 홍해까지 걸쳐 있었다. 케페우스에게는 미모가 뛰어난 딸 안드로메데가 있었는데, 그녀는 포이니케의 명조가 될 포이닉스와 케페우스의 형제인 피네우스로부터 구애를 받았다. 많은 평계를 댄 후 케페우스는 포이닉스에게 딸을 주기로 결정했지만, 피네우스에게도 직접적으로 거절하고 싶지는 않았다. 그래서 납치극을 벌였다. 그는 안드로메데가 아프로디테에게 제사를 드리던 섬에 그녀를 데려다 놓기로 했고, 포이닉스가 〈고래〉라고 불리는 배에 그녀를 태워 섬으로 향했다. 하지만 안드로메데는 그것이 숙부를 속이기 위한 연극인 줄 몰랐으므로 소리를 지르며 도움을 청했다. 때마침 다나에의 아들 페르세우스가 그곳을 지나고 있었다. 그는 납치당한 안드로메데를 보고 첫눈에 반하고 말았다. 그는 돌진하여 배를 뒤흔들었고, 놀라서 〈화석이 되어 버린〉 선원들을 남겨 두고 안드로메데를 구했다. 그리고는 그녀와 결혼하여 아르고스를 평화롭게 다스렸다.

안드로클로스 ῎Ανδροκλος / Androclus 안드로클로스는 코드로스의 아들로, 에페소스 지역에서 렐레게스 족과 카리아 인들을 쫓아내고 정착한 이오니아 이주민들의 지도자였다. 안드로클로스는 에페소스 시를 건설한 인물로 여겨졌다. 그는 또한 사모스 섬도 정복했다. 에페소스 건설에 관해서는 다음과 같은 전설이 있다. 이오니아 이주민들은 장차 도시 국가를 건설할 위치가 물고기와 멧돼지를 통해 알려지리라는 신탁을 받았다. 어느 날 밤 그들이 식사 준비를 하고 있는데, 요리 중이던 물고기 한 마리가 튀어오르며 불붙은 석탄까지 끌고 가는 바람에 수풀에 불이 붙었다. 그 수풀에서 멧돼지 한 마리가 튀어나오자, 안드로클로스가 그 멧돼지를 죽였다. 안드로클로스는 우연찮게 일어난 이 신기한 사건을 통해 신탁이 실현된 것임을 깨닫고 그 장소에 도시를 건설했다고 한다.

***안케몰루스** Anchemolus 안케몰루스는 이탈리아 부족들 중 하나인 마루비니 족(이들은 중부 이탈리아 마르시 족의 고장인 푸치노 호숫가의 도시 마루비움에 살았다)의 왕 로이투스의 아들이다. 그는 계모 카스페리아의 정부였다. 로이투스는 그 관계를 눈치 채고 아들을 죽이려 했으나,

안케몰루스는 투르누스의 아버지 다우누스 곁으로 피신했다. 그는 아이네이아스에 대항해 다우누스 편에서 싸우다 전사했다.

안타이오스 Ἀνταῖος / Antaeus 안타이오스는 포세이돈과 가이아의 아들로 거인이다. 그는 리비아(루카누스에 의하면 우티카에서 멀지 않은 곳. 대부분의 저자들에 의하면 모로코)에 살았으며 여행자들에게 닥치는 대로 싸움을 걸었다. 싸움에서 그들을 죽인 후 그들의 시신으로 아버지 포세이돈의 신전을 장식했다. 안타이오스는 어머니인 대지를 밟고 있는 한, 절대 죽을 수 없었다. 그러던 어느 날 헤라클레스가 황금 사과를 찾아가는 길에 리비아를 지나다가 안타이오스와 싸우게 되자 그를 힘껏 들어올린 다음 목을 졸라 죽여 버렸다(☞팅게).

안테노르 Ἀντήνωρ / Antenor 트로이아의 노인으로, 늙은 프리아모스 왕의 친구이자 조언자였다. 그는 트로이아 전쟁 이전에 몇몇 그리스 장군들과 우정을 나누었으며, 그들을 자신의 집에 묵어가게 했다. 트로이아 공격에 앞서 메넬라오스와 오딧세우스가 협상을 하러 사신으로 왔을 때, 그는 자기 집에 그들을 맞아들여 대접했다(☞메넬라오스).『일리아스』에서 안테노르는 트로이아 인들에게 중재안을 내놓으며 평화적인 해결을 위해 파리스와 메넬라오스의 결투로 담판을 짓도록 하자고 제안했다. 트로이아가 함락되었을 때 그의 아들 중 한 명인 리카온이 부상당했는데, 오딧세우스가 그를 알아보고는 그와 그의 형제 글라우코스를 그리스 진영으로 데려와서 안전하게 보호해 주었다. 트로이아를 공격하는 동안, 그리스 군은 안테노르의 집이 공격당하지 않도록 그의 집 문 앞에 표범 가죽을 내걸어 표시해 두었다.

트로이아 계열의 이야기들이 발전하면서, 안테노르라는 인물도 변모를 겪었다. 안테노르는 트로이아의 배신자가 되어 그리스 군이 팔라디온을 훔치도록 도왔다고 하며, 목마 안에 있던 그리스 군들이 밖으로 나오도록 목마의 문을 열어 주었다고도 한다. 안테노르는 포 골짜기에 살았던 베네티 족의 조상으로 간주되었다. 트로이아가 함락된 후, 그는 아들들과 함께 트로이아를 떠나 트라케를 거쳐 이탈리아 북부에 정착했다고 한다.

안테우스 Ἀνθεύς / Antheus 안테우스는 할리카르나소스의 왕족 출신 청년으로, 밀레토스의 통치자인 포비오스의 인질이 되어 그의 궁전에서 살았다. 포비오스의 아내인 클레오보이아(혹은 필라이크메)가 안테우스를 사랑하게 되었다. 안테우스는 그녀의 사랑을 거절하려고 여러 가지 구실을 댔다. 그는 다른 사람들에게 들킬까 봐 두려워서 안 된다고 말하기도 했고, 자신에게 호의를 베푼 포비오스를 배신할 수 없다고 말하기도 했다. 클레오보이아는 앙갚음을 하기 위해 안테우스를 죽이기로 마음먹었다. 그녀는 자신의 황금 잔을 깊은 우물에 빠뜨리고는, 안테우스에게 우물 속으로 들어가 찾아 오라고 시켰다. 그가 바닥에 닿자, 그녀는 우물 속에 커다란 돌을 던져 넣었다. 안테우스는 그 돌에 맞고 죽어 버렸다. 그 순간 클레오보이아는 자신이 무슨 일을 저질렀는지 깨달았다. 여전히 안테우스를 사랑하던 그녀는 스스로 목을 매어 죽었다(☞프리기오스).

안테이아 Ἄντεια / Anteia ☞스테네보이아.

안테이아스 Ἀνθείας / Antheias 파트라이의 용사이며, 에우멜로스의 아들이다(☞트리프톨레모스).

안티고네 ’Αντιγόνη / Antigone 1. 오이디푸스의 딸로 이스메네, 폴리네이케스, 에테오클레스와 동기간이다(☞오이디푸스, ☞계보 29). 가장 오래된 전설에 따르면 그녀의 어머니는 플레기아이 족(보이오티아 부족 중 하나) 왕의 딸 에우리가네이아였다. 하지만 비극 작품들을 통해 전해지는 일반적인 형태의 이야기에 따르면 그녀는 이오카스테의 딸이다. 오이디푸스가 어머니 이오카스테와의 근친상간을 통해 낳은 딸인 것이다. 오이디푸스는 테이레시아스의 신탁으로 그 사실을 알게 되자 스스로 눈을 도려낸 뒤 거지가 되어 테바이를 떠났다. 안티고네는 그의 방랑길에 동반자가 되었다. 그들은 아티카의 콜로노스까지 갔으며, 오이디푸스는 그곳에서 죽었다. 아버지가 죽자, 안티고네는 테바이로 돌아와 동생 이스메네와 함께 살았다. 그곳에서는 또 다른 시련이 그녀를 기다리고 있었다. 아르고스의 일곱 장군이 테바이를 공격했을 때, 그녀의 형제들인 에테오클레스와 폴리네이케스가 서로 대적하게 되었던 것이다. 에테오클레스는 테바이 진영이었고, 폴리네이케스는 테바이를 공격하는 아르고스 진영이었다. 테바이의 성문들 앞에서 벌어진 싸움에서, 에테오클레스와 폴리네이케스는 서로를 죽였다. 이들 형제와 이스메네, 안티고네의 숙부이자 테바이 왕인 크레온은 에테오클레스를 위해서는 성대한 장례식을 치러 주었지만, 폴리네이케스는 조국을 배신했다는 이유로 매장하지도 못하게 했다. 하지만 안티고네는 그의 명령을 따르기를 거부했다. 그녀는 망자들의 매장, 특히 죽은 가족의 매장은 신들과 불문율이 제시하는 신성한 의무라고 생각하여, 크레온의 명령을 어기고 폴리네이케스의 시신에 한 줌의 먼지를 뿌려 주었다. 그것만으로도 종교적 의무를 이행하는 데는 충분한 제의적 행위가 되었다. 형제에 대한 의리에서 나온 이 같은 행동 때문에 안티고네는 크레온에게서 사형 선고를 받고 라브다코스 가문의 무덤에 산 채로 갇혔다. 그녀는 감옥에서 목을 매었고 그녀의 약혼자이자 크레온의 아들인 하이몬은 그녀의 시신 앞에서 자살했다. 크레온의 아내인 에우리디케도 절망에 빠져 스스로 목숨을 끊고 말았다.

2. 전설에는 또 다른 안티고네가 등장하는데, 그녀는 프리아모스 왕의 누이로 아주 아름다운 처녀였다. 그녀는 자기 머리단을 너무 자랑스럽게 여겨서, 헤라의 머리단보다 더 아름답다고 뽐냈다. 화가 난 헤라는 안티고네의 머리단을 뱀으로 바꾸어 버렸다. 이를 가엾게 여긴 신들이 그녀를 뱀의 천적인 황새로 만들어 주었다.

안티노에 ’Αντινόη / Antinoe 1. 안티노에는 만티네이아 사람 케페우스의 딸이다. 신탁에 따라 안티노에는 뱀의 인도를 받아 만티네이아 백성을 오피스(〈뱀〉이라는 뜻)라는 작은 강가로 데려가서, 그곳에 도시를 건설했다.

2. 몇몇 저자들에 의하면, 펠리아스의 딸들 중 한 명도 안티노에라는 이름이다. 본의 아니게 아버지를 죽인 후(☞펠리아스, ☞메데이아) 공포에 사로잡힌 그녀는 도망쳐서 아르카디아까지 갔다. 만티네이아 근처에 그녀의 무덤이 있었다고 한다.

안티노오스 ’Αντίνοος / Antinous 안티노오스는 오딧세우스의 부재중에 그의 궁전을 점령하고 페넬로페에게 구혼하던 자들의 우두머리이다. 그의 폭력성과 난폭함, 오만함, 그리고 냉혹함은 구혼자들 중에서 타의 추종을 불허했다. 안티노오스는 텔레마코스를 죽이려 했으며 다른 구혼자들과 함께 오딧세우스의 재산을 차지하려고 했다. 또한 늙은 돼지치기인 에우마이오스가 오딧세우스를 궁전에 들여놓자 에우마이오스를 모욕했으며, 거지 이로스를 충동질해서 오딧세우스와 싸우게 만들었다. 당시 이로스는 오딧세우스를 알아보지 못했던 것이다. 안티노오스는 결국 오딧세우스가 쏜 화살의 첫 희생물이 되었다. 그가 입술에 술잔을 대는 순간 오딧세우스의 화살이 그를 죽였다. 이 사건에서 〈술잔에서 입술까지의 거리는 멀다〉(〈일이 완수되기까지 방심은 금물〉이라는 뜻의 격언)라는 표현이 생겨났다(☞ 칼카스).

안티오코스 ˊΑντίοχος / Antiochus 헤라클레스의 아들로, 히포테스의 조상이다(☞ 필라스 3, 4).

안티오페 ˊΑντιόπη / Antiope 안티오페는 하신 아소포스의 딸들 중 한 명이라는 설도 있고, 테바이 사람 닉테우스의 딸이라는 설도 있다(☞ 계보 25). 뛰어나게 아름다웠던 그녀는 제우스의 사랑을 받았으며, 제우스는 사티로스의 모습으로 변해 그녀와 사랑을 나누었다. 안티오페는 쌍둥이 암피온과 제토스를 낳았다. 아이들을 낳기 전, 그녀는 성난 아버지를 피해 집에서 빠져나와 시키온 왕 에포페우스 곁으로 피신했다(☞ 라메돈). 딸이 도망친 것을 알고 절망에 빠진 닉테우스는 스스로 목숨을 끊었다. 그는 죽어 가면서 형제인 리코스에게 복수를 부탁했다. 리코스는 시키온을 공격해 점령한 뒤 에포페우스를 죽이고, 안티오페를 테바이로 잡아갔다. 안티오페는 시키온에서 테바이로 가는 도중에 엘레우테라이에서 쌍둥이를 낳았다. 종조부 리코스의 명령에 따라 산에 버려진 두 아이는 목동들의 품에서 자랐다(☞ 암피온). 테바이에서 리코스와 그의 아내 디르케는 안티오페를 학대했다. 그러던 어느 날 밤, 안티오페를 묶고 있던 사슬이 저절로 풀렸다. 그녀는 곧바로 오두막으로 도망쳤는데, 그곳에 쌍둥이가 살고 있었다. 아이들은 처음에는 어머니를 알아보지 못해, 뒤쫓아온 디르케에게 그녀를 넘겨주었으나, 쌍둥이를 키운 목동이 안티오페가 그들의 어머니임을 알려 주었다. 암피온과 제토스는 안티오페를 구하고 디르케와 리코스에게 어머니의 원수를 갚았다. 디르케의 죽음으로 성이 난 디오니소스는 안티오페에게 광기를 내렸고, 그녀는 온 그리스를 떠돌아다니다가 제정신을 찾은 후 포코스와 결혼했다(☞ 포코스). 이 전설의 이본들에 대해서는 ☞ 리코스.

안티클레이아 ˊΑντίκλεια / Anticleia 오딧세우스의 어머니이자 라에르테스의 아내이다. 그녀는 세상에서 가장 꾀바른 인물 아우톨리코스의 딸이다(☞ 계보 35). 아우톨리코스가 시시포스에게서 가축을 훔치자, 시시포스는 자신의 재산을 돌려받기 위해 아우톨리코스를 찾아갔다. 시시포스가 아우톨리코스의 집에 머무르는 동안, 라에르테스와 결혼하기 전이었던 안티클레이아는 아무도 몰래 그와 정을 통했다. 그래서 오딧세우스는 시시포스의 아들로 여겨지기도 한다. 오딧세우스가 없는 동안, 안티클레이아는 아들이 돌아오기를 기다리다 지치고 슬픈 나머지 스스로 목숨을 끊고 말았다.

안틸로코스 ˊΑντίλοχος / Antilochus 안틸로코스는 네스토르의 아들로, 트로이아 원정에 참여했다. 잘생기고 달리기에 능했던 그는 아킬레우스의 총애를 받아 파트로클로스 다음으로 신임을 얻었다. 아킬레우스에게 파트로클로스의 죽음을 알린 것도 그였으며, 아킬레우스와 함께 슬픔을 나눈 것도 그였다. 하지만 안틸로코스 역시 얼마 못 가 에오스의 아들인 멤논에게, 혹은 헥토르에게 죽임을 당한 것으로 보인다. 또는 아킬레우스와 마찬가지로 파리스의 화살에 맞아 죽었을 것이다. 이설에 의하면 안틸로코스는 공격을 당해 수적 열세로 위기에 처해 있던 아버지를 구하러 갔다고 한다. 그는 자신의 몸을 날려 아버지의 목숨을 구하기는 했지만 자신은 죽고 말았다. 그의 시신은 파트로클로스와 아킬레우스 곁에 묻혔다. 세 명의 용사는 죽은 후에도 〈흰 섬〉에서 전투와 향연을 즐기며 살았다고 한다(☞아킬레우스).

알랄코메네우스 ’Αλαλκομένευς / Alalcomeneus
알랄코메네우스는 보이오티아의 알랄코메네스를 건설한 자로 알려져 있다. 그는 제우스와 헤라 사이의 〈신들의 혼례식〉을 만들어 낸 자, 다시 말해 남신과 여신의 결혼을 상징하는 종교적 의식을 만든 자로 간주된다. 헤라는 제우스가 바람을 피우자, 아테나를 맡아 기르고 있던 알랄코메네우스에게 제우스의 외도에 대해 하소연했다. 그러자 알랄코메네우스는 헤라에게 참나무로 그녀 자신의 신상을 만들어, 그 목신상을 결혼식 때처럼 엄숙하게 행렬을 거느리고 거닐게 하라고 충고했다. 헤라는 그 말대로 했고 여기서 〈다이달로스 축제〉가 생겨났다. 민간 신앙에서 이 의식은 신들 사이의 결혼을 새롭게 하면서, 〈공감 주술〉을 통해 결혼의 효력을 되살려 주는 것으로 받아들여졌다.

알레비온 ’Αλεβίων / Alebion 알레비온과 데르키노스는 포세이돈의 아들로, 리구리아에 살았다. 헤라클레스가 게리오네우스의 소떼를 몰고 리구리아를 지날 때 알레비온과 데르키노스는 헤라클레스에게서 소떼를 훔치려 했다. 하지만 이 도둑들은 헤라클레스의 손에 죽었다(☞리기스).

알레테스 ’Αλήτης / Aletes 1. 알레테스는 히포테스(☞)의 아들이자 헤라클레스의 증손자이며, 어머니 쪽으로는 헤라클레스의 조카인 이올라오스의 후손이 된다(☞계보 31). 〈방랑자〉라는 뜻을 지닌 그의 이름은 아버지가 지어 준 것이다. 왜냐하면 그가 태어난 것은 헤라클레스의 후손들이 아직 정착하기 전, 히포테스가 살인죄로 쫓기며 이 도시 저 도시를 헤매고 다니던 무렵이었기 때문이다(☞헤라클레이다이). 알레테스는 어른이 되자 코린토스를 차지하기 위해, 그곳을 다스리고 있던 시시포스의 자손들과 이오니아 인들을 쫓아내기로 작정했다. 그는 결심을 행동으로 옮기기 전에, 도도네의 신탁을 물으러 갔다. 그는 두 가지 조건이 이루어져야 승리가 보장된다는 신탁을 받았다. 첫째는 누군가가 그에게 코린토스의 흙덩어리를 주어야 했다. 둘째는 〈왕관을 쓰게 되는 날〉 그가 도시를 공격해야 했다. 첫번째 조건은 알레테스가 한 코린토스 인에게 빵 한 조각을 달라고 하자 코린토스 인이 비웃으며 그에게 흙덩이를 준 것으로 이루어졌다. 두 번째 조건을 이루기 위해, 그는 코린토스 인들이 모두 왕관을 머리 위에 쓰는 관례가 있는 〈망자의 날〉을 골라 코린토스를 공격했다. 알레테스는 크레온 왕의 딸을 설득하여, 그날 그에게 성문들을 열어 달라고 했다. 대신 그녀와 결혼해주겠다는 약속에, 크레온의 딸은 거래를 받아들이고 도시를 그에게 넘겨주었다.

그 후 알레테스는 아테나이 원정을 감행했다. 그가 아테나이 왕의 목숨을 무사히 살려 둔다면 승리하리라는 신탁을 받았던 것이다. 이 신탁을 알게 된 아테나이 인들은 일흔 살인 그들의 왕 코드로스를 설득해 나라를 위해 자신을 희생하게 만들었다(☞코드로스). 그렇게 해서 알레테스는 전쟁에서 지고 말았다.

2. 또 다른 알레테스는 아이기스토스의 아들로, 오레스테스와 엘렉트라의 전설에 등장한다(☞

엘렉트라).

알렉산드로스 Alexandrus ☞파리스.

알렉트리온 Ἀλεκτρυών / Alectryon 아레스는 아프로디테와 밀애를 나누는 동안, 알렉트리온(수탉)을 보초로 세워 날이 새는 것을 알려 달라고 했다. 어느 날 아침 알렉트리온이 잠을 자는 바람에, 태양이 두 연인을 발견했고 아프로디테의 남편인 헤파이스토스에게 이를 알렸다. 그러자 헤파이스토스는 함정을 만들어 바람난 아내를 현장에서 덮쳤다(☞아프로디테).

알로아다이 Ἀλωάδαι / Aloades 트리옵스의 딸 이피메데이아와 포세이돈 사이에서 태어난 아들들을 알로아다이라고 일컫는다. 원래 이피메데이아는 알로에우스와 약혼한 사이였으며, 알로에우스는 데우칼리온 일족에 속하는 카나케와 포세이돈의 아들이었다(☞계보 10, ☞계보 8). 그러나 그녀는 포세이돈을 사랑하여 바닷가를 거닐면서 손으로 바닷물을 떠서 가슴에 뿌리곤 했다. 마침내 그녀의 사랑에 굴복한 포세이돈은 그녀에게서 오토스와 에피알테스를 낳았다. 이 두 아들은 거인으로, 해마다 키는 한 발(약 1.6미터)씩 몸둘레는 한 자(약 50센티미터)씩 불어났다. 아홉 살이 되자 이들의 몸둘레는 아홉 자(약 4미터), 키는 아홉 발(약 17미터)에 이르렀다. 두 형제는 신들에 대항해 싸움을 하기로 결정했다. 그러기 위해, 그들은 올림포스 산 위에 옷사 산을 올리고, 그 위에 펠리온 산을 올려 하늘로 올라가는 길을 텄다. 그런 다음 바닷물을 말리기 위해 산으로 바다를 메우겠으며, 당시까지 육지였던 곳에는 바다를 옮겨 놓겠다고 했다. 여신들에 대한 자신들의 사랑도 고백했다. 에피알테스는 헤라를 사랑했고, 오토스는 아르테미스를 사랑했던 것이다. 뿐만 아니라 아레스가 사냥에서 아도니스를 죽이자, 화가 난 이들 형제는 아레스를 잡아서 끌고 다니다가 청동 항아리에 가두었다. 헤르메스가 빈사 상태인 아레스를 구하기 전까지, 아레스는 13개월 동안이나 그 속에 갇혀 있었다. 이처럼 도를 넘어선 행동으로 인해 거인 형제는 결국 신들로부터 벌을 받았다. 제우스가 번개로 이들을 내리쳤다는 이야기도 있고, 이들이 낙소스 섬에서 사냥을 하던 중 아르테미스가 암사슴으로 변신해서 이들 사이로 뛰어들었다는 이야기도 있다. 형제가 사슴을 잡으려고 너무 서두르다가, 서로를 죽이고 말았다는 것이다. 혹은 신들이 뱀들로 두 형제를 기둥에 묶어 두었으며 그곳에 올빼미 한 마리가 찾아와 끊임없이 울어대며 이들을 괴롭혔다고도 한다.

알로아다이는 여러 도시들을 건설했다고 한다. 그들은 트라케의 알로이온과 헬리콘의 아스크라에서 무사이[뮤즈들]를 섬겼다고 한다. 이들이 죽을 무렵 낙소스 섬에 있었던 이유는 양아버지 알로에우스가 한 가지 임무를 이들에게 맡겼기 때문이다. 스켈리스와 카사메논에 의해 납치된 그들의 어머니와 누이 팡크라티스를 찾아내라는 것이었다(☞이피메데이아).

알로페 Ἀλόπη / Alope 엘레우시스를 다스리던 강도 케르키온에게는 알로페라는 딸이 있었다. 그녀는 아버지 몰래 포세이돈과 사랑을 나누고 그의 아이를 낳았지만, 유모를 시켜 아이를 숲에 버렸다. 암말(포세이돈에게 바쳐진 동물)이 와서 아이에게 젖을 주었고, 값진 배내옷을 입고 있던 아이는 목동에게 발견되었다. 목동이 아이를 거두자, 다른 목동이 그에게 아이를 달라고 했다. 첫번째 목동은 아이만 주고, 값진 배내옷은 자기가 가졌다. 화가 난 두 번째 목동은 케르키온에게 가서 하소연을 했고, 배내옷을 보고 의혹을 갖게 된 케르키온은 유모를 불러 모든 사실을 실토하게 했다. 알로페는 사형에 처해졌고 아이는 다시 버려졌다. 그러나 이번에도 암말이 와서 아이에게 젖을 물렸다. 다시 어느 목동이 아이를 거두어, 히포토온이라는 이름을 붙여 주었다. 후에 히포토온은 아티카 지방에 사는 히포토온티다이 족의 명조가 되었다. 테세우스가 케르키온을 죽이자, 히포토온은 할아버지가 다스리던 나라를 자신에게 달라고 요구했다. 테세우스는 그 지방을 히포토온에게 주었다. 한편 케르키온에게 목숨을 잃은 알로페는 포세이돈에 의해 샘으로 변했다.

알카토오스 ʾΑλκάθοος / Alcathus 엘리스 왕 펠롭스와 그의 아내 히포다메이아 사이에서 태어난 아들로, 아트레우스 및 티에스테스와 형제간이다(☞계보 2). 메가레우스 왕은 아들을 사자에게 잃자, 그 짐승을 죽이는 자에게 딸을 주겠다고 약속했다. 이에 알카토오스가 나서서 사자를 죽였고, 약속된 보상을 받았다. 그는 첫번째 아내인 피르고를 버리고 메가레우스의 딸 에우아이크메와 결혼했으며, 그와 동시에 옹케스토스의 왕좌도 손에 넣었다.

후에 크레테 섬 사람들이 메가라를 쳐부수자 알카토오스는 아폴론의 도움을 받아 파괴된 성벽을 재건했다(☞메가레우스). 아폴론이 성벽을 재건할 때 비파를 놓아 두었던 돌은 역사 시대에도 이야깃거리가 되었다. 이 돌에는 자갈로 두드리면 돌이 울리면서 비파 소리를 낸다는 놀라운 특성이 있었다.

알카토오스의 아들 중 한 명인 이스케폴리스는 칼리돈의 멧돼지 사냥에 참가했다가 죽음을 맞았다. 이 소식을 처음으로 알게 된 알카토오스의 또 다른 아들 칼리폴리스는 아버지께 소식을 전하기 위해 서둘러 갔다. 그가 도착했을 때 아버지 알카토오스는 성에서 아폴론에게 제사를 드리려는 중이었다. 칼리폴리스는 너무 서두른 나머지, 제사를 방해하고 신성한 장작더미를 흐트러뜨리고 말았다. 화가 난 알카토오스는 아들이 신성 모독을 했다고 오해하고 불붙은 장작으로 아들을 때려 죽였다(☞폴리에이도스).

알카토오스는 이피노에라는 딸도 한 명 두었는데, 메가라에 그녀의 무덤이 있었다고 한다.

알케스티스 ʾΑλκηστις / Alcestis 알케스티스는 이올코스 왕 펠리아스와 그의 아내 아낙시비아 사이에서 태어난 딸들 중 한 명이다(☞계보 21). 그녀는 자매들 중에서 가장 아름답고 효심이 깊었다. 메데이아가 계략과 마법을 써서 펠리아스가 딸들의 손에 죽게 만들었을 때, 친부 살해에 동참하지 않은 유일한 딸이기도 했다(☞이아손). 테살리아에 있는 페라이 왕 아드메토스가 알케스티스에게 청혼하자, 펠리아스는 아폴론의 도움 없이는 성취할 수 없는 과업을 그에게 이루라고 요구했다(☞아드메토스). 에우리피데스는 알케스티스와 아드메토스의 결혼이 부부 간의 사랑을 보여 주는 예라고 이야기한다. 그들의 사랑이 얼마나 지극했던지 알케스티스는 남편을 대신해 죽기를 자청할 정도였다. 그녀가 죽은 직후 성에 도착한 헤라클레스는 하데스의 왕국으로 급히 가서, 그 어느 때보다 아름답고 젊어진 그녀를 다시 데리고 왔다. 혹은 페르세포네가 알케스티스의 헌신적 사랑에 감동한 나머지 그녀를 즉시 이승으로 돌려보냈다는 이야기도 있다.

알콘 ʾΑλκων / Alcon 크레테 섬의 궁수로, 헤라클레스의 동료이다. 그의 화살은 어떤 과녁도 빗나가지 않았다. 그가 쏜 화살은 사람 머리 위에 올려놓은 반지를 통과하기도 했고, 과녁에 박아 놓은 칼날을 통과하면서 둘로 쪼개기도 했다. 어느 날 뱀이 그의 아들을 공격하자, 그는 아이에게는 아무 상처도 내지 않고 화살로 뱀을 맞혀 죽였다.

이 일화는 아르고나우타이 중 한 명인 팔레로스의 아버지에 관한 이야기에도 나온다. 팔레로스의 아버지이자 에레크테우스의 아들인 아테나이 인도 알콘이라는 이름을 갖고 있었다. 동명의 두 용사는 자주 혼동된다(☞계보 11).

알크마이온 ’Αλκμαίων / Alcmaeon 1. 알크마이온은 예언자 암피아라오스의 맏아들이며(☞계보 1) 알크마이온의 동생은 암필로코스이다. 암피아라오스는 아내 에리필레 때문에 테바이 원정에 참가해야 했다. 예언자였던 암피아라오스는 이 전쟁에서 자신이 죽을 것을 미리 알고 아들들에게 어른이 되면 자신의 복수를 해달라고 부탁했다. 그러려면 아들들은 어머니를 죽이고 테바이 원정을 떠나야만 했다. 알크마이온은 아드라스토스의 뒤를 이어 에피고노이의 원정에 참여해야 하는 처지에 놓였다(☞아드라스토스). 게다가 알크마이온이 에피고노이를 지휘하면 승리하리라는 신탁도 있었다.

그러나 알크마이온은 아버지의 부탁이나 신탁에도 불구하고, 테바이 원정에 전혀 열의를 보이지 않았다. 하지만 첫번째 테바이 원정 때도 에리필레가 하르모니아의 목걸이를 선물로 받고 매수되어 남편을 종용했듯이, 이번에도 그녀는 하르모니아의 예복을 선물로 받고 넘어가 아들을 설득했다. 첫 싸움에서 그는 테바이 왕이자 에테오클레스의 아들인 라오다마스를 자기 손으로 죽였다. 전의를 상실한 테바이 인들은 예언자 테이레시아스의 권고에 따라 밤사이에 도망쳐 버렸다. 이튿날 정복자들은 테바이 시에 들어가 닥치는 대로 파괴하고 약탈했다. 그들은 전리품의 일부를 아폴론 신에게 바치고, 폴리네이케스의 아들인 테르산드로스를 테바이의 통치자로 삼았다.

승리를 쟁취한 후, 알크마이온은 자신이 수행해야 하는 두 번째 사명, 즉 친모 살해에 관해 델포이 신탁을 물으러 갔다. 신탁은 그에게 그 사명을 피해 갈 수 없다고 답했다. 왜냐하면 에리필레는 뇌물을 받고 남편과 자식들을 전쟁터로 내몰았기 때문이다. 신탁을 듣고 결심을 굳힌 알크마이온은 어머니를 죽였는데, 동생 암필로코스의 도움을 받았다는 설도 있고, 혼자서 감행했다는 설도 있다. 그래서 그는 클리타임네스트라를 죽인 오레스테스와 마찬가지로, 복수의 여신들에게 괴롭힘을 당하게 되었다. 실성한 알크마이온은 먼저 할아버지 오이클레스가 있는 아르카디아로 몸을 피했다가, 프소피스 왕 페게우스에게로 갔다. 페게우스는 그의 죄를 정화하고 치료해 주었으며, 자기 딸 아르시노에(혹은 알페시보이아)와 결혼시켜 주었다. 알크마이온은 예전에 어머니 에리필레의 마음을 빼앗았던 하르모니아의 목걸이와 예복을 아르시노에게 선물로 주었다. 그런데 프소피스에 기근이 들었고, 이 저주를 풀기 위해서는 알크마이온이 하신 아켈로오스로부터 다시 죄 씻음을 받아야 한다는 신탁이 내렸다. 알크마이온은 다시 방랑길에 올랐다. 그는 먼저 칼리돈 왕 오이네우스를 찾아갔고, 극진한 대접을 받았다. 하지만 그 다음에 찾아간 에피다우로스에서는 테스프로토이 족에 의해 쫓겨났다. 결국 신탁대로 알크마이온은 아켈로오스 강 하구에서 〈그의 어머니가 죽은 이후에 만들어진〉 땅을 발견했고, 거기서 하신 아켈로오스는 그의 죄를 정화해 주고 자기 딸 칼리로에와 결혼시켰다. 칼리로에는 알크마이온에게 결혼 조건으로 하르모니아의 목걸이와 예복을 달라고 요구했다. 그녀의 말을 들어주기

알크메네

위해, 그는 프소피스 왕 페게우스에게 돌아가 첫번째 아내인 아르시노에에게 주었던 선물들을 돌려달라고 부탁했다. 그는 친모 살해에 대해 완전히 용서를 받기 위해서는 신탁대로 그 선물들을 델포이의 아폴론 신전에 바쳐야 한다고 설명했고, 페게우스는 딸에게 그 선물을 되돌려주라고 했다. 그런데 알크마이온의 종이 페게우스에게 알크마이온의 진짜 의도가 무엇인지, 그 선물이 누구한테 갈 것인지 밝혔다. 화가 난 페게우스는 두 아들 프로노오스와 아게노르(혹은 테메노스와 악시온)를 시켜 함정을 만들어서 알크마이온을 죽였다(페게우스가 알크마이온을 직접 죽일 수 없었던 것은 알크마이온이 그의 손님이었기 때문이다).

파우사니아스의 시대까지도 프소피스 북쪽 고지대의 계곡에는 커다란 삼나무들로 둘러싸인 알크마이온의 무덤이 있었다고 한다. 알크마이온의 아들들은 지체 없이 아버지의 복수를 했다(☞아카르난). 프로페르티우스의 이야기에 따르면 알크마이온의 첫번째 아내가 직접 복수를 했다고 한다(여기서 그녀의 이름은 알페시보이아이다).

에우리피데스가 따르는 또 다른 전승에 의하면, 알크마이온은 복수의 여신들에게 쫓기며 실성해 있었을 때 이미 두 명의 자식이 있었다고 한다. 테레시아스의 딸 만토와의 사이에서 아들 암필로코스와 딸 테이시포네를 두었던 것이다. 그는 두 아이를 데리고 코린토스로 가서 그곳의 왕인 크레온에게 키워 달라며 맡겼다. 하지만 크레온의 왕비는 미모가 뛰어난 테이시포네를 시기하게 되었다. 그녀는 크레온이 테이시포네를 아내로 삼을까 봐 두려워서, 테이시포네를 노예로 팔아 버렸다. 테이시포네는 아버지 알크마이온에게 팔려 갔지만, 알크마이온은 딸을 알아보지 못했다. 알크마이온은 코린토스로 돌아와서 아이들을 돌려달라고 했다. 크레온은 그에게 아들만을 돌려주었다. 결국은 알크마이온이 산 노예가 바로 테이시포네라는 사실이 밝혀져, 알크마이온은 자식들을 되찾았다.

2. 또 다른 알크마이온은 실로스(☞)의 아들이다.

알크메네 ’Αλκμήνη / Alcmene 알크메네는 암피트리온의 아내이자 헤라클레스의 어머니이다(☞계보 31). 그녀는 페르세우스 일족에 속한다. 그녀는 뛰어난 미모로 암피트리온과 결혼했지만, 그가 그녀를 위해 몇 가지 복수를 해주기 전까지는 동침하지 않았다(☞암피트리온). 그녀는 암피트리온과 함께 추방되어 테바이에서 살았다. 암피트리온은 텔레보아이 족을 원정하기 위해 떠났고, 그가 돌아올 무렵 제우스는 알크메네와 동침했는데 목적을 이루기 위해 그는 암피트리온의 모습으로 변신했다. 알크메네가 정절을 지키는 여인이라는 점은 그도 잘 알고 있었기 때문이다. 일설에 따르면, 제우스는 이 신혼 밤이 사흘 동안 계속되게 했다고 한다. 이를 위해 그는 연장된 시간이 다 흐르기 전에는 날이 밝지 않도록 하라고 태양에게 명했다. 집으로 돌아온 진짜 암피트리온은 아내가 자신을 좀더 반갑게 맞이하지 않는 데에 놀랐다. 그가 원정 때 있었던 일을 이야기하기 시작하자, 알크메네는 이미 그 모든 것을 세세히 알고 있다고 대답했다. 이 수수께끼 같은 일에 대해 질문을 받은 테이레시아스는 암피트리온에게 신이 저지른 일을 모두 밝혔다. 알크메네는 이틀에 걸쳐 쌍둥이 형제를 낳았다. 한 명은 제우스의 아들 헤라클레스이고, 다른 한 명은 암피트리온의 아들 이피클레스이다. 알크메네는 제우스와 결합한 마지막 인간 여자였다고 한다. 한편 암피트리온은 제우스가 한 짓을 알고 처음에는 알크메네를 벌하려 했다. 그래서 그녀를 장작더미 위에서 태워 죽이기로 했지만 제우스가 소나기를 내려 불을 껐다. 신이 이처럼 직접적으로 개입하자, 암피트리온은 알크메네를 용서해 주었다.

출산일이 다가오자, 출산의 여신이기도 했던 헤라는 알크메네를 질투하여 그녀의 임신 기간을 가능한 한 길게 연장하려고 했다. 헤라가 그렇게 한 데에는 또 다른 이유가 있었으니, 출산일을 조정하면 제우스의 신탁을 통해 헤라클레스를 에우리스테우스의 노예로 만들 수 있었기 때문이다(☞헤라클레스, ☞에우리스테우스).

세월이 흘러 알크메네는 남편을 잃었다. 헤라클레스가 과업을 다 이루고 형제인 이피클레스, 그리고 이피클레스의 아들인 이올라오스와 함께 자신들의 조국인 티린스를 재정복하려 하자, 그녀는 헤라클레스와 함께 그곳으로 떠났다. 헤라클레스의 계획은 에우리스테우스의 방해로 무산되었지만, 헤라클레스가 신격화되면서 알크메네는 몇몇 손자들과 함께 티린스에 정착했다(다른 손자들은 코린토스와 트라키스에 살았다). 헤라클레스가 죽자, 에우리스테우스는 코린토스에서 알크메네를 추방했고, 트라키스 왕 케익스로부터 그 왕국에 있던 헤라클레스의 자손들을 모두 추방하겠다는 약속을 받아냈다. 이들은 보호를 받을 수 있는 아테나이로 갔다. 에우리스테우스가 아테나이 인들에게 헤라클레스의 자손들을 추방해 달라고 요구했지만 아테나이 인들은 이를 거절했다. 뒤이은 전쟁에서 에우리스테우스가 죽자 그의 머리가 알크메네에게 전해졌고, 그녀는 그 머리에서 송곳으로 눈을 뽑아냈다. 그 후 알크메네는 헤라클레스의 자식들과 함께 테바이에서 장수를 누리며 살았다. 그녀가 죽자 제우스는 헤르메스를 보내어 그녀의 몸을 〈행복한 자들의 섬〉[머나먼 서쪽 지방의 오케아노스 강변, 혹은 그 강에 있는 섬으로, 겨울이 없는 곳]으로 옮기라고 했다. 거기서 그녀는 라다만티스와 결혼했다. 일설에 의하면, 그녀는 올림포스 산으로 옮겨져서, 아들 헤라클레스가 신이 되는 예식에 참여했다고 한다. 그런가 하면 암피트리온이 헤라클레스의 편에서 싸우다가 목숨을 잃은 후, 알크메네는 당시 도망 중이던 라다만티스와 결혼하여 보이오티아의 오칼레아에서 살았다고도 한다.

알키노에 ’Αλκινόη / Alcinoe 코린토스 여자인 알키노에는 드리아스의 아들 폴리보스와 결혼했는데, 아테나 여신의 분노를 샀다. 그녀는 실을 잣기 위해 여자 한 명을 고용했지만, 일을 다 끝낸 여자에게 적절한 삯을 지불하지 않았던 것이다. 실 짜는 여자는 알키노에를 향해 저주를 퍼부으며, 알키노에의 악의에 대해 아테나 여신을 증인으로 삼았다. 사실 아테나는 실 짓는 여인들의 수호자이며 보호자이기도 했다. 아테나는 알키노에를 실성하게 만들었다. 미친 알키노에는 사모스 섬에서 온 이방인 크산토스를 사랑하게 되었다. 그녀는 그를 따라가려고 남편과 아이들을 버렸다. 도중에 제정신을 차린 그녀는 절망에 빠져 남편과 아이들의 이름을 부르며 바다에 몸을 던져 버렸다.

알키노오스 ’Αλκίνοος / Alcinous 칼립소의 섬을 떠난 오딧세우스가 마지막 조난을 당해 파이아케스 족의 섬에 도달했을 때, 그를 맞아 준 인물이 바로 그 섬의 왕인 알키노오스였다. 호메로스가 스케리아라고 부르는 그 섬은 코르푸(코르키라)였을 것으로 추정된다. 알키노오스는 포세이돈의 손자이자, 나우시토오스의 아들이다. 알키노오스 자신은 아들 다섯 명과 딸 한 명을 두었으며, 딸의 이름은 나우시카아였다. 그녀가 물가에서 오딧세우스를 맞이했다(☞오딧세우스, ☞나우시카이). 알키노오스의 아내 아레테(그리스 어로 〈형용할 수 없음〉을 뜻함)는 그의 질녀이기도 하다. 그녀는 궁전에서 남편과 자식들과 함께 살았고 존경과 경의를 한몸에 받았다. 아레테와 알키노오스는 백성의 사랑을 받았다. 그들은 이 방인들을 극진하게 대접했고, 특히 난파당한 이들에게는 호의를 베풀어 불행을 덜어 주려 애썼다. 그들의 궁전은 경이로운 과수원으로 둘러싸여 있었으며 사시사철 온갖 열매들이 열렸다.

알키노오스는 오딧세우스가 새 힘을 얻도록 해주었고, 향연이 열리는 동안 그의 기나긴 모험담을 들었다. 그리고는 코르푸에서 멀지 않은 이타케로 돌아갈 수 있도록 배 한 척을 그에게 주고 배에 선물도 가득 실어 주었다.

『아르고나우티카』[기원전 3세기에 로도스의 아폴로니오스가 지은 서사시인 〈아르고 선 원정담〉을 말한다]에서는, 아르고나우타이가 메데이아와 함께 귀향하던 중에 알키노오스의 왕궁에 머무른다. 거기서 그들은 메데이아를 자기 아버지에게 데려오라는 명령을 받은 아이에테스의 사절단과 마주치게 된다. 알키노오스는 두 진영 사이의 심판자로 선택된다. 그는 메데이아가 아직도 처녀의 몸이라면 그녀를 아버지에게 돌려보내되, 처녀가 아니라면 메데이아를 이아손에게 주라고 명했다. 이런 판정이 내려지자, 아레테는 서둘러 젊은 남녀를 결혼시켜 콜키스에서 메데이아를 기다리고 있던 벌에서 그녀를 구해 주었다(☞아르고나우타이). 콜키스 인들은 차마 왕에게 돌아갈 수 없어서, 코르푸(코르키라)에 정착해서 국가를 세웠다. 한편 아르고나우타이는 귀향길에 올랐고, 아레테는 젊은 부부에게 선물을 주었다.

알키오네 ʾΑλκυόνη / Alcyone 알키오네는 바람의 왕인 아이올로스의 딸이다. 그녀는 새벽별(에오스포로스 혹은 루키페르)의 아들인 케익스와 결혼했다. 알키오네와 케익스는 아주 행복한 가정을 꾸리면서, 자신들을 제우스와 헤라에 비교했다. 그들의 교만함에 분노한 신들은 이들 부부를 새로 만들어 버렸다. 케익스는 아비새로, 알키오네는 물총새로 변했다. 알키오네가 바닷가에 튼 둥지가 파도에 쓸려가 버리자 제우스는 이를 불쌍히 여겨, 동지(冬至)를 전후한 14일간 다시 말해 물총새가 알을 품는 기간 동안에는 바람이 잠잠해질 것을 명했다. 그래서 폭풍우가 불지 않는 이날들을 〈알키오네의 날들〉이라고 한다.

오비디우스는 전혀 다른 이야기를 들려준다. 알키오네와 결혼한 케익스는 신탁을 물으러 떠나기로 결심했다. 여행 중 풍랑을 만나 그의 배는 난파했고 그도 물에 빠졌다. 그의 시신은 파도에 실려 바닷가까지 밀려와 아내의 눈에 발견되었다. 절망에 빠진 알키오네는 구슬프게 우는 물총새로 변했고, 신들은 케익스도 새로 변하게 했다.

알키오네우스 ʾΑλκυονεύς / Alcyoneus 1. 대지의 여신 게[가이아]와 하늘의 신 우라노스가 결합하여 낳은 거인족 중 한 명이 알키오네우스이다. 그는 커다란 몸집과 뛰어난 힘으로 동족 사이에서도 두드러졌다. 플레그라이이 평원(마케도니아의 팔레네)에서 벌어진 거인족과 신들 사이의 전쟁에서 중심 역할을 했던 인물이 바로 그다. 알키오네우스는 자신이 태어난 땅에서 싸우는 동안에는 죽을 수 없었다. 그래서 헤라클레스는 아테나의 충고대로 알키오네우스를 팔레네에서 멀리 떨어진 곳으로 옮겼다. 알키오네우스가 거대한 바위로 헤라클레스의 동료 스물네 명을 단번에 죽인 후, 헤라클레스는 그를 향해 화살을 쏘았다. 알키오네우스의 딸들(알키오니데스)은 아버지가 죽자 절망에 빠져 바다에 몸을 던졌다.

그녀들은 새(물총새)로 변했다(☞헤라클레스).
 2. 전설에는 또 다른 알키오네우스가 등장한다. 그는 델포이의 젊은이로, 미남일 뿐 아니라 행실도 나무랄 데가 없었다. 당시 델포이 근처에 있던 키르피스 산에는 동굴이 하나 있었고, 동굴 안에는 라미아 혹은 시바리스라고 불리는 거인이 살고 있었다. 이 괴물은 동굴에서 나와 근처 들판에서 사람들과 가축 떼를 습격했다. 주민들은 이 괴물을 어떻게 없앨 수 있을지 신에게 물어보았다. 아폴론은 마을의 젊은이 한 명을 괴물에게 희생 제물로 바치라고 명령했다. 그래서 제비를 뽑았는데 알키오네우스가 뽑혔다. 사제들은 그에게 왕관을 씌우고 행렬을 이루어 그 괴물을 향해 갔다. 가는 길에 에우페모스의 아들이자, 하신 악시오스의 일족에 속하는 젊은 귀족 에우리바토스가 나타났다. 그는 젊은이를 그렇게 데려가는 이유를 물었고, 알키오네우스가 희생 제물이 될 것을 알게 되었다. 그는 알키오네우스를 사랑하게 되어, 완력으로 알키오네우스를 구할 수 없다면 차라리 자기가 대신 희생 제물이 되겠다고 나섰다. 사제들은 그 요구를 받아들이고, 그에게 왕관을 씌워 괴물에게 데려 갔다. 동굴 앞에 도착하자 그는 용감하게 안으로 들어가 라미아를 잡아 밖으로 끌고 나와 절벽 위에서 내동댕이쳤다. 괴물은 머리가 깨져 죽었다. 그렇게 해서 괴물은 사라졌고 그 자리에서 샘물이 솟아났다. 그 샘은 시바리스라고 불렸다. 로크리스 인들이 후에 이탈리아에 세운 도시 이름도 이 샘의 이름에 근거한 것이다.

알타이아 ʾΑλθαία / Althaea 알타이아는 테스티오스의 딸로, 칼리돈 왕 오이네우스의 아내이자 데이아네이라와 멜레아그로스의 어머니이다(☞계보 24, ☞계보 27). 멜레아그로스가 태어난 지 7일째 되던 날, 운명의 여신들이 알타이아를 찾아와 난로에서 타고 있던 장작이 완전히 다 타버리면 멜레아그로스가 죽으리라고 예언했다. 알타이아는 장작을 꺼내 불을 꺼서 상자 속에 넣어 두었다. 또 다른 전승들에 의하면, 이 신비한 장작은 알타이아가 멜레아그로스와 함께 낳았던 올리브 나뭇가지였다고 한다.
 멜레아그로스는 칼리돈 사냥 중에 외숙부들을 죽이고 말았다. 화가 치민 알타이아는 멜레아그로스의 목숨과 직결되어 있던 장작을 불 속에 던져 버렸고, 멜레아그로스는 곧 죽었다. 절망에 빠진 알타이아는 목을 매어 죽었다(☞멜레아그로스).
 알타이아가 낳은 두 아이들의 아버지가 실제로는 오이네우스가 아니라 신들이라는 설도 있다. 다시 말해 멜레아그로스는 아레스의 아들이고, 데이아네이라는 디오니소스의 딸이라고 한다. 디오니소스가 알타이아를 사랑하게 되자, 이를 눈치 챈 오이네우스는 신에게 자신의 아내를 빌려 주었다. 그에 대한 보답으로 디오니소스는 오이네우스에게 포도밭을 주고 포도 재배법과 이용법을 가르쳐 주었다는 것이다(☞오이네우스).

알페시보이아 ʾΑλφεσίβοια / Alphesiboea 알페시보이아는 아시아의 님프이다. 디오니소스는 그녀를 사랑했지만 그녀가 순순히 응하지 않자 결국 호랑이로 변신하여 뜻을 이루기로 했다. 호랑이를 보고 겁에 질린 알페시보이아는 강변으로 도망쳤지만, 결국 그 강(솔락스 강)을 건너기 위해서는 디오니소스에게 자신을 내줄 수밖에 없었다. 그녀는 디오니소스의 아들 메도스를 낳았다. 메도스는 후에 메데스 족의 명조가 되었고, 그의 어머니가 디오니소스에게 자신을 내주어야 했던 강에 티그리스(〈호랑이〉라는 뜻)라는 이름을 붙여 주었다.

알페이오스 ’Αλφειός / Alpheus 펠로폰네소스의 엘레이아와 아르카디아 사이를 흐르는 알페이오스 강의 하신이다. 모든 강이 그렇듯이, 그도 오케아노스와 테티스(I)의 아들이다. 그의 자식들로는, 메세니아 지방에 있는 페라이 왕 디오클레스의 아버지 오르실로코스가 있으며, 간혹 아르카디아의 페게우스(☞)도 그의 아들로 언급된다. 여러 전설들에 의하면, 알페이오스는 아르테미스와 님프들을 유혹하려 했다. 알페이오스는 아르테미스를 사랑했지만, 여신은 그의 사랑을 받아들이지 않았다. 그는 완력으로 여신을 차지하기로 작정했다. 강 하구에 있는 레트리노이에서 아르테미스와 님프들이 향연을 벌이던 어느 날 알페이오스는 그녀에게 접근하려 했다. 그러나 아르테미스는 얼굴에 진흙을 묻혀, 알페이오스는 여신을 알아보지 못했다. 또 다른 설에 의하면, 알페이오스는 시라쿠사이 항구의 복판에 있는 오르티기아 섬까지 아르테미스를 쫓아갔다고 한다. 게다가 아르테미스의 시녀들 중 아레투사라는 님프에게도 욕정을 품은 알페이오스는 사냥꾼으로 변해 그녀를 뒤쫓았다. 아레투사는 그의 추격에서 벗어나기 위해 오르티기아 섬으로 도망쳤지만, 그곳까지 그가 쫓아오자 샘으로 변했다. 사랑에 빠진 알페이오스는 자신의 강물을 그 샘물과 섞었다(☞나이아데스).

알포스 ’´Αλπος / Alpos 알포스는 시칠리아의 거인으로, 펠로로스 산(오늘날의 카포 디 파로)에 살았다. 그의 전설은 논노스의 『디오니시아카』에만 언급되어 있다. 다른 거인들과 마찬가지로, 알포스도 대지의 아들이었다. 그에게는 수많은 팔이 있었고 백 마리의 독사가 머리칼을 대신해 머리를 덮고 있었다. 그는 산속에서 길을 잃은 여행자들을 노리고 있다가, 바위로 쳐죽인 뒤 잡아먹었다. 그래서 아무도 그 산을 찾지 않게 되었다. 판이나 님프, 심지어 에코까지도 그 산에 가려고 하지 않았다. 산은 온통 침묵뿐이었다. 이런 상황은 디오니소스가 그 주변에 올 때까지 계속되었다. 알포스는 바위를 방패 삼아, 나무를 무기 삼아 디오니소스를 공격했다. 그러나 디오니소스가 날린 지팡이에 목을 찔린 알포스는 그 자리에서 거꾸러져 바다에 빠졌다. 바로 티폰이 깔려 죽은 섬 주위의 바다였다.

암펠로스 ’´Αμπελος / Ampelus 암펠로스(〈포도나무 그루〉라는 뜻)는 디오니소스에게 사랑을 받은 젊은이였다. 그는 사티로스와 님프의 아들이었다. 디오니소스는 느릅나무 가지들에 포도송이가 잔뜩 열려 있는 포도나무 한 그루를 암펠로스에게 선물로 주었다. 암펠로스는 느릅나무로 올라가 포도송이를 따려다가 그만 나무에서 떨어져 죽고 말았다. 디오니소스는 그를 별자리로 만들어 주었다.

암피스테네스 ’Αμφισθένης / Amphisthenes 암피스테네스는 라케다이몬 사람으로, 아기스의 손자이자 암피클레스의 아들이다. 그에게는 이르보스라는 아들이 한 명 있었다. 이르보스의 자식들인 아스트라바코스와 알로페코스는 〈아르테미스 오르티아〉의 신상을 발견했는데, 그 신성한 상을 보는 바람에 미쳐 버렸다고 한다.

아르테미스 신상은 오래 전에 사라졌던 것인데(이 신상은 오레스테스와 이피게네이아가 타우리스에서 옮겨 온 것이다), 아스트라바코스와 알로페코스는 수풀 속에 그것이 숨겨져 있는 것을 발견했던 것이다. 이 신상 앞에서 매년 스파르타 인들은 젊은이들을 피가 날 때까지 후려쳤다고 한다.

암피아라오스 ’Αμφιάραος / Amphiaraus 암피아

라오스는 오이클레스와 히페르메스트라의 아들이다(☞계보 1). 그는 알크마이온과 암필로코스를 아들로 두었는데, 이 둘 외에 이탈리아 전설에 나오는 세 용사들을 더 꼽기도 한다. 로마 근교의 티부르(현재의 티볼리)를 건설한 티부르투스, 코라스 그리고 카틸루스가 그들이다.

암피아라오스는 제우스와 아폴론의 보호를 받는 예언자였고, 정직함과 용맹함, 깊은 신앙심으로 이름 높은 전사이자 장군이기도 했다. 그가 아르고스를 다스리기 시작하던 무렵에 일어난 한 분쟁에서 암피아라오스는 아드라스토스의 아버지 탈라오스를 죽이고 아드라스토스를 추방했다(☞아드라스토스). 사촌간인 암피아라오스와 아드라스토스는 훗날 화해를 했는데, 암피아라오스는 진심으로 화해를 원했지만 아드라스토스는 계속 앙심을 품고 있었다. 아드라스토스는 누이동생 에리필레를 암피아라오스와 결혼시키고 만일 둘 사이에 분쟁이 생기면 에리필레의 판단에 맡기자고 약속했다. 바로 이 약속 때문에 암피아라오스가 죽게 된다.

아드라스토스는 사위 폴리네이케스에게 테바이의 왕좌를 되찾아 주겠다고 약속하고, 암피아라오스에게 테바이를 치기 위한 원정에 참여하라고 요구했다. 암피아라오스는 이 전쟁에서 자신이 죽을 것을 예견했으므로, 아드라스토스의 마음을 돌리려고 애썼다. 하지만 폴리네이케스는 이피스의 권고에 따라 에리필레에게 하르모니아의 목걸이를 주었고(☞카드모스), 선물에 넘어간 에리필레는 아드라스토스와 암피아라오스 사이에서 판결을 내리는 입장이 되자 전쟁을 하는 쪽으로 결정해 버렸다. 암피아라오스는 약속 때문에 어쩔 수 없이 테바이 원정을 떠나야 했다. 떠나기 전에 그는 두 아들에게 자신의 복수를 해달라고 부탁했다. 어머니 에리필레를 죽일 것과, 반드시 승리할 두 번째 테바이 원정(☞에피고노이)에 오를 것을 말이다(☞알크마이온).

테바이로 가는 도중에 첫번째 사건이 그들을 기다리고 있었다. 네메아를 지나던 용사들은 목이 말라서, 왕의 아들인 오펠테스를 돌보던 여자 노예 힙시필레에게 목을 축일 만한 샘이 있는 곳을 가르쳐 달라고 했다. 힙시필레는 대답을 하기 위해 아기를 잠시 땅에 내려놓아야 했는데, 아기가 걷기 전까지 땅에 내려놓지 말라는 신탁이 있었다. 그녀가 아기를 샘 곁에 두자, 샘을 지키던 뱀이 아기를 목 졸라 죽이고 말았다. 암피아라오스는 이 불길한 전조를 해석하여, 원정은 실패하고 장군들은 죽으리라고 예언했다. 그렇지만 장군들은 가던 길을 돌이키려 하지 않았다. 다시 길에 오르기 전, 그들은 오펠테스에게 아르케모로스 즉 〈운명의 시작〉이라는 이름을 붙이고 그를 추모하는 경기를 제정하여, 직접 그 경기에 참여했다. 훗날 이 경기가 네메아 경기가 되었다. 암피아라오스는 높이뛰기와 원반 던지기에서 우승을 거두었고, 또한 뛰어난 지혜와 언변으로 오펠테스의 부모로부터 힙시필레의 용서를 구하는 데도 성공했다(☞힙시필레). 그 후 일곱 장군들은 테바이에 도착했다.

테바이의 일곱 성문 앞에서 벌어진 전쟁에서 암피아라오스는 큰 역할을 했다. 일곱 장군 중 한 명인 티데우스는 멜라니포스에게서 배에 상처를 입었고, 암피아라오스는 멜라니포스를 죽이고 머리를 잘라 피범벅인 그 머리를 티데우스에게 주었다. 티데우스는 머리를 쪼개 뇌를 먹었다. 티데우스에게 불멸의 삶을 주려고 했던 아테나 여신은 그의 잔혹한 행위에 질려 뜻을 접고 말았다. 전쟁이 끝나 패주하던 암피아라오스는 이스메노스 강가로 몸을 피했다. 그가 그곳에서 페리클리메노스에게 따라잡히려는 순간, 제우스는 벼락으로 암피아라오스 앞에 있는 땅을 갈라 그의 몸과 말과 전차, 그리고 마부까지 삼키게 했다. 파우사니아스의 시대까지도 암피아라오스가 사라진 곳이 알려져 있었다고 한다. 제우스로부터 불멸의 삶을 받은 암피아라오스는 아티카의 오로포스에서 신탁을 내렸다.

암피온 ’Αμφίων / Amphion 암피온은 제우스와 안티오페의 아들이며, 제토스의 쌍둥이 형제이다. 그는 보이오티아의 엘레우테라이에서 태어났는데, 종조부 리코스는 갓난 형제들을 산속에 버렸다. 쌍둥이는 목동의 손에서 자랐났다. 제토스는 싸움과 농업, 목축처럼 몸을 쓰는 격렬한 기술에 능했던 반면, 암피온은 헤르메스로부터 리라를 선물로 받아 음악에 열중했다. 두 젊은이는 서로의 장기를 겨루곤 했는데, 온화한 성품의 암피온이 양보하곤 했으며, 그래서 때로는 음악을 포기하기까지 했다. 한편 그들의 어머니인 안티오페는 리코스에게 잡혀 있는 신세였을 뿐 아니라, 리코스의 아내인 디르케에게 노예 취급을 당하고 있었다. 디르케는 안티오페의 미모를 질투했던 것이다. 그러던 어느 날 안티오페를 묶고 있던 끈이 신비하게 풀어졌다. 아무도 모르게 그녀는 자기 자식들이 있던 오두막으로 갔다. 제토스와 암피온은 어머니를 알아보았고, 리코스와 디르케를 죽여 어머니의 원수를 갚았다. 디르케에게 주어진 형벌은 끔찍했다. 그녀는 산 채로 황소의 뿔에 묶여, 바위투성이 언덕에서 끌려다니며 갈가리 찢겨 죽었다. 그 후 제토스와 암피온은 리코스 대신에 테바이를 다스렸다. 그들은 테바이 주위에 성벽을 쌓았는데, 제토스는 돌을 등에 짊어지고 날랐지만, 암피온은 리라를 연주하여 돌이 그쪽으로 오게 했다. 후에 암피온은 탄탈로스의 딸인 니오베와 결혼했다(☞니오베). 또 다른 전설들에 의하면, 그는 자식들과 함께 아폴론에게 죽임을 당했다고도 하고, 그가 미쳐서 아폴론 신전을 부수려고 하자 아폴론이 그를 화살로 쏘아 죽였다고 한다.

암피트리온 ’Αμφιτρύων / Amphitryon 암피트리온은 티린스 왕 알카이오스가 펠롭스의 딸 아스티다메이아에게서 낳은 아들이다(☞계보 2, ☞계보 31). 그는 자신의 숙부이자 장인이 될 엘렉트리온과 엘렉트리온의 종손자 프테렐라오스 사이의 싸움에 끼어들게 되었다. 엘렉트리온은 미케나이를 다스리고 있었는데, 프테렐라오스는 미케나이가 엘렉트리온의 형제인 메스토르의 후손에게 속한 것이라고 주장했던 것이다. 프테렐라오스의 아들들은 타포스(아카르나니아 해안에 있는 섬) 인들을 이끌고 와서 미케나이 왕국을 파괴하고 엘렉트리온의 소떼를 훔쳐 갔다. 싸움이 벌어졌고 두 집에서 각기 한 사람 즉 엘렉트리온의 아들 리킴니오스와 프테렐라오스의 아들 에우에레스를 제외하고는, 엘렉트리온과 프테렐라오스의 모든 아들들이 죽고 말았다. 타포스 인들은 소떼를 끌고 도망쳐, 엘리스 왕 폴릭세노스에게 맡겼다. 그러나 암피트리온은 폴릭세노스에게 돈을 지불하고 소떼를 되돌려받아 미케나이로 다시 데려왔다. 엘렉트리온은 아들들의 원수를 갚기 위해, 프테렐라오스와 그의 백성인 텔레보아이 족에 대해 공격을 감행하기로 했다. 그는 암피트리온에게 자신이 떠나 있는 동안 왕국과 딸 알크메네를 지켜 달라고 맡겼으며, 암피트리온은 엘렉트리온이 돌아올 때까지 그의 딸을 처녀인 채로 두겠다고 맹세했다. 그러나 엘렉트리온은 마음을 바꾸어 전쟁에 나가지 않았다. 암피트리온이 도둑맞았던 소떼를 그에게 되돌려주자, 암소 한 마리가 미쳐 날뛰기 시작했다. 암피트리온은 그 소를 잡기 위해 손에 쥐고 있던 막대기를 던졌는데, 소의 뿔을 맞고 튀어오른 막대기가 엘렉트리온을 쳐죽이고 말았다. 아르고스의 통치자로서 미케나이를 다스릴 권한을 가지고 있던 스테넬로스는 이 사건을 빌미로 암피트리온을 미케나이에서 추방해 버렸다.

암피트리온은 알크메네와 리킴니오스를 데리고 테바이로 도망쳐, 그곳에서 크레온 왕에게 죄 씻김을 받았다. 그는 맹세 때문에 알크메네와 결혼할 수 없었고, 알크메네는 형제들의 원수를 갚기 전까지는 결혼하지 않으려고 했다. 그래서 암피트리온은 프테렐라오스와 텔레보아이 족을 무찌르기 위해 원정을 감행해야 했다. 이를 위해 그는 크레온에게 도움을 구했다. 크레온은 그의 요구를 들어주는 대신, 한 가지 조건을 내걸었다. 당시 테바이 인들을 못살게 굴던 여우를 몰아내 달라는 것이었다. 테우메소스 지방의 이 여우는 아무도 잡을 수가 없었다. 암피트리온은 프로크리스의 개를 달라고 요구했다. 이 개는 크레테 섬에서 태어난 것으로, 무엇을 쫓든 그 대상을 따라잡을 수 있었다. 사냥이 시작되었지만 결말이 나지 않았다. 그러자 제우스가 정해진 운명대로 일을 진행시키기 위해 해결책을 내놓았다. 즉 개와 여우를 모두 석상으로 만들어 버린 것이다.

그렇게 해서 크레온이 내건 조건이 이루어지자, 암피트리온은 텔레보아이 족을 공격하기 위해 테바이 인들의 원조를 받을 수 있었다. 동맹자들(아티카의 케팔로스, 포키스의 파노페우스, 페르세우스의 아들인 아르골리스의 헬레이오스)과 함께 그는 타포스 섬을 황폐화시켰다. 하지만 암피트리온은 자신이 풀 수 없는 마법과 마주하게 되었다. 프테렐라오스가 살아 있는 한 아무도 타포스를 정복할 수 없었는데, 프테렐라오스의 생명은 그의 머리타래에 감추어져 있는 한 올의 황금 머리칼과 연결되어 있었던 것이다. 그런데 프테렐라오스의 딸 코마이토가 암피트리온을 사랑하게 되어 자기 아버지의 황금 머리칼을 잘랐다. 프테렐라오스는 죽고, 암피트리온은 텔레보아이 족의 전 영토를 차지하게 되었다. 코마이토는 사형에 처하고 전리품을 가득 싣고 테바이로 돌아왔다.

한편 암피트리온이 전쟁에 나간 사이에, 제우스가 암피트리온의 모습을 하고 알크메네에게 나타나서 그녀를 취하고 말았다(☞알크메네, ☞헤라클레스). 같은 날 밤, 암피트리온이 전쟁에서 돌아와 그녀와 동침했다. 결국 알크메네는 암피트리온의 아들인 이피클레스와 제우스의 아들인 헤라클레스를 동시에 낳게 되었다. 암피트리온은 테이레시아스를 통해 알크메네가 본의 아니게 부정을 저지른 사실을 알고 그녀를 벌하려 하였으나, 제우스가 이를 막았다(☞알크메네). 아내와 화해한 암피트리온은 헤라클레스에게 전차 모는 법을 가르치는 등 헤라클레스를 교육하는 데 전념했다. 그가 두 명의 아이들 중에 누가 친자식이고 누가 제우스의 자식인지 알아내기 위해 아이들이 머무는 방에 뱀을 풀어놓았다는 이야기도 있다. 이피클레스는 겁에 질렸지만 10개월밖에 되지 않은 헤라클레스는 뱀을 잡아 죽였고, 그리하여 이피클레스와 헤라클레스는 각기 누구의 자식인지 밝혀졌다(☞이피클레스). 또 다른 이야기에 의하면 헤라가 두 마리의 뱀을 보냈다고 한다. 후에, 헤라클레스가 음악 선생님인 리노스를 죽이며 폭력성을 드러내자 암피트리온은 만약 헤라클레스를 화나게 하면 이피클레스도 리노스와 같은 운명이 될까 봐 두려워서 헤라클레스를 시골로 보내어 소떼를 치게 했다. 헤라클레스는 키타이론 산에서 암피트리온의 소떼를 공격하던 사자를 죽였다. 암피트리온은 헤라클레스의 도움을 받아, 테바이와 이웃한 도시 오르코메노스의 미니아이 족과 싸우다가 죽음을 맞았다(☞에피고노이, ☞헤라클레스).

암피트리테 ʾΑμφιτρίτη / Amphitrite 암프트리테는 바다의 여왕, 즉 세계를 감싸고 있는 바다의 여왕이다. 그녀는 네레우스와 도리스의 딸들, 즉 네레이데스 중 한 명이다. 네레이데스의 노래를 지휘한 인물이 바로 그녀이다. 어느 날 그녀는 자매들과 함께 낙소스 섬 근처에서 춤을 추다가 포세이돈에게 납치당했다. 혹은, 포세이돈이 오래 전부터 그녀를 사랑했지만, 그녀는 부끄러운 나머지 그의 구애를 거절하고 헤라클레스의 기둥 너머 깊은 바다 속으로 숨어 버렸다는 이야기도 있다. 그 후 돌고래들이 그녀를 발견하여 정중히 모시고 포세이돈에게 데리고 갔고, 그녀는 포세이돈과 결혼했다. 암피트리테는 바다의 신인 포세이돈 곁에서 제우스의 아내 헤라나 하데스의 아내 페르세포네와 같은 역할을 했다. 그녀는 수많은 바다 신들에 둘러싸여 있는 모습으로 즐겨 묘사되었다.

암픽티온 ʾΑμφικτύων / Amphictyon 암픽티온은 데우칼리온과 피라의 둘째 아들이다(☞계보 8). 그는 아테나이 왕 크라나오스의 딸과 결혼한 후, 장인을 몰아내고 왕좌를 차지했다(☞콜라이노스). 하지만 10년의 통치 기간이 흐른 후, 그 자신도 에리크토니오스에게 쫓겨났다. 몇몇 전설들에 의하면, 도시 국가에 아테나이라는 이름을 붙이고, 아테나 여신에게 도시를 바친 것도 바로 그였다. 또한 디오니소스가 아티카에 와서 왕의 손님으로 대접받은 것도 그가 통치하던 시절이었다고 한다.

모든 그리스 도시 국가의 사절들이 정기적으로 모이는 종교 모임 〈암픽티오니다이〉를 창설한 것이 암픽티온이라는 설도 있다. 실제로 그는 아테나이를 다스리기 전에 테르모필라이를 다스렸는데, 테르모필라이는 암픽티오니다이가 열리던 두 곳 중 하나이다(또 다른 한 곳은 델포이다).

암픽티온에게는 이토노스라는 아들이 있었는데, 이토노스의 자식들은 보이오티아 신화에 등장한다. 암픽티온의 딸들 중 한 명은 케르키온의 어머니이다(☞계보 8, ☞로크로스).

암필로코스 ʾΑμφίλοχος / Amphilochus 전설에는 암필로코스라는 이름의 인물이 두 명 나오는데, 이 둘을 확연히 구별할 수는 없다. 한 명은 암피아라오스의 작은아들로, 알크마이온의 동생이다(☞계보 1). 아버지 암피아라오스가 테바이 원정을 떠났을 당시 아주 어렸던 그는, 어머니 에리필레를 죽이고 아버지의 원수를 갚는 데에는 부차적인 역할만 했다(☞암피아라오스, ☞알크마이온). 암필로코스는 모친 살해에 참여하지 않은 것으로 보이며, 따라서 그는 알크마이온과는 달리 복수의 여신들에게 괴롭힘을 당하지 않았다. 암필로코스는 헬레네의 구혼자들 중 한 명이었으므로 에피고노이의 테바이 원정에 참가한 후 트로이아 원정에 참가해야만 했다. 그의 이름은 『일리아스』에는 등장하지 않으며, 『노스토이』(〈귀향들〉이라는 뜻]의 시가에 등장한다. 아버지에게서 예언 능력을 물려받은 암필로코스는 트로이아에서 예언자 칼카스를 보필했으며, 칼카스와 함께 소아시아 연안에 여러 곳의 신탁소를 창설한 것으로 보인다. 이 역할은 주로 두 번째 암필로코스가 했다고 보는 것이 일반적이다.

두 번째 암필로코스는 첫번째 암필로코스의 조카로, 테바이의 예언자인 테이레시아스의 딸 만토와 알크마이온의 아들이다. 이 젊은 암필로코스는 아이톨리아의 아르고스(훨씬 더 유명하고 오래된 아르골리스의 아르고스와는 다른 곳임)를 건설한 인물이다. 그 역시 트로이아에 갔으며, 예언자인 몹소스와 함께 킬리키아에 말로스 시를 건설했다. 그는 자신이 세운 아르고스를 다시 보고 싶어서, 말로스를 몹소스에게 맡기고 그곳을 떠났다고 하는데, 아르고스의 실태를 보고는 실망하여 다시 말로스로 돌아갔다. 그리고는 몹소스에게 통치권을 돌려달라고 요구했으나 몹소스는 그의 요구를 거절했다. 두 예언자는 단독 결투를 벌이다 모두 목숨을 잃고 말았다.

압시르토스 Ἄψυρτος / Apsyrtos ☞아르고나우타이.

앗사온 Ἀσσάων / Assaon 리디아의 전설에 의하면, 앗사온은 니오베의 아버지이다. 사위 필로토스가 시필로스 산에서 사냥을 하던 중에 죽자, 앗사온은 잔인하게도 친딸인 니오베와 동침하려 했다. 니오베는 아버지의 요구를 거절했다. 그러자 앗사온은 니오베의 자식 스무 명을 만찬에 초대해 불에 태워 죽였다. 절망에 빠진 니오베는 절벽 아래로 몸을 던졌다. 실성한 앗사온도 스스로 목숨을 끊었다.

앙쿠로스 Ἄγχουρος / Anchurus 앙쿠로스는 미다스의 아들로, 프리기아의 왕이다. 프리기아의 수도 근처에 커다란 심연이 있어 도시 전체가 함몰될 우려가 있었으므로, 앙쿠로스는 그 위협을 어떻게 제거할 수 있는지 신탁에 물었다. 자신이 가장 아끼는 것을 심연에 던져 넣어야 한다는 대답을 들은 그는 심연 속으로 금과 보석을 집어 던졌지만 아무 소용이 없었다. 결국 앙쿠로스 자신이 심연 속으로 뛰어들었다. 그러자 심연이 없어졌다.

앙키세스 Ἀγχίσης / Anchises 앙키세스는 아이네이아스의 아버지이며, 카피스와 테미스테의 아들이다(☞계보 7). 그는 아프로디테의 사랑을 받았다. 여신은 앙키세스가 트로이아 근처의 이데 산에서 가축을 치는 것을 보았던 것이다. 그의 사랑을 얻기 위해, 아프로디테는 자신을 프리기아 왕인 오트레우스의 딸이라고 소개하고, 헤르메스에게 납치되어 이데 산까지 오게 되었다고 거짓말을 했다. 그렇게 해서 그녀는 앙키세스와 사랑을 나누게 되었다. 얼마 후 그녀는 앙키세스에게 자신의 정체를 밝히며, 곧 그의 아들을 낳을 터인데, 아이가 여신의 아들이라는 사실은 아무에게도 밝히지 말라고 경고했다. 제우스가 그 사실을 알면 아이를 벼락으로 쳐죽일 것이기 때문이다. 어느 축제날 그는 포도주를 너무 많이 마시는 바람에 아프로디테와의 사랑에 대해 떠벌리고 말았다. 그래서 그는 제우스가 내린 벼락에 맞아 절름발이가 되었다고도 하고, 시력을 잃었다고도 한다. 그는 리르노스의 아버지이기도 하다.

어느 날 제우스가 트로스에게 천마(天馬)들을 보내자, 앙키세스는 은밀하게 암말들이 이 천마들의 씨를 받도록 해서 여섯 마리 망아지를 얻었다. 이 중 두 마리는 아이네이아스에게 주었다.

불확실한 전승에 따르면, 앙키세스에게는 에리오피스라는 인간 아내도 있었고, 그녀에게서 여러 명의 딸들이 태어났는데, 그 중 맏딸이 히포다메이아이다(☞아이네이아스).

트로이아가 정복당하자, 아이네이아스는 아버지 앙키세스를 화염과 학살의 현장에서 구출하여 함께 방랑길에 올랐다(☞아이네이아스). 앙키세스는 트로이아를 떠날 당시 이미 여든 살이었으며, 그가 어디에서 죽었는지에 관해서는 여러 가지 설이 있다. 그가 가축을 기르던 이데 산에서 죽었다고 하는 이도 있고, 마케도니아의 팔레네 반도에서, 아르카디아에서, 에페이로스에서, 남부 이탈리아에서, 혹은 시칠리아의 드레파논에서 죽었다고도 한다. 베르길리우스에 의하면 아이네이아스는 아버지의 죽음을 추모하는 장례 경기를 벌였다고 하며, 이 경기가 로마 제국 때까지 로마에서 계속된 〈트로이아 경기〉의 기원이다. 또 다른 전승들에 의하면, 아이네이아스가 라티움에 도착해서 메젠티우스와 전쟁을 할 때까지 앙키세스가 살아 있었다고도 한다(☞아이기스토스).

***야누스** Janus 야누스는 로마 신화에서 가장 오래된 신들 중 한 명이다. 그는 두 개의 얼굴을 가지고 있어서 하나는 앞을, 다른 하나는 뒤를 바라보는 모습으로 그려진다. 그에 관한 전설은 순전히 로마 것으로 로마 시의 기원 설화들과 연관된다.

몇몇 신화학자들에 의하면 야누스는 로마의 원주민으로, 이름만 알려진 신화적인 왕인 카메수스와 함께 로마를 다스렸다고 한다. 또 다른 이들에 의하면, 야누스는 테살리아 출신으로 로마로 추방당했는데, 그곳의 왕 카메수스가 그를 환대하고 자신의 왕국을 나눠 주었다고 한다. 그래서 야누스는 그의 이름을 따라 야니쿨룸이라고 불리게 된 언덕 위에 도시를 건설했다. 그는 카미세, 혹은 카마세네라는 아내와 함께 이탈리아로 와서 자식들을 낳았는데, 그 중에서 특히 티베르는 티베리스[테베레] 강의 명조가 되었다. 카메수스가 죽은 뒤 그는 혼자 라티움을 다스렸다. 사투르누스가 아들 유피테르에게 쫓겨나 그리스를 떠나야 했을 때, 그를 맞아 준 것도 바로 야누스이다(☞크로노스, ☞제우스). 그리하여 야누스는 야니쿨룸을, 사투르누스는 카피톨리움의 여러 언덕 위에 위치한 마을 사투르니아를 다스렸다.

야누스가 다스리던 시대를 보통 황금 시대라고 부른다. 사람들이 극히 정직하고, 풍요로움과 참된 평화가 있는 그런 시대였다. 테살리아에서 이탈리아로 오기 위해 배의 사용법을 고안해 낸 것도 야누스이고, 화폐의 사용 역시 그가 생각한 것이라고 한다. 실제로 로마의 가장 오래된 청동 화폐는 정면에 야누스의 초상을, 뒷면에 뱃머리의 모습을 담고 있다. 라티움의 첫 주민들인 아보리게네스 족을 개화시킨 것도 야누스(혹은 사투르누스)였을 것이다. 그가 오기 전에 그들은 형편없는 삶을 영위하고 있었으며, 도시도, 법도, 땅을 경작하는 방법도 몰랐었다. 야누스가 이 모든 것을 가르친 것이다.

야누스는 죽은 후 신격화되었다. 신이 된 야누스에 관해서는 위의 전설들과 무관한 또 다른 전설들이 있다. 특히 그는 로마를 사비니 인들의 정복으로부터 구하는 기적을 이루었다고 한다. 로물루스와 그의 동료들이 사비니 여인들을 납치하자 티투스 타티우스와 사비니 인들은 새 도시를 공격했고, 어느 날 밤 카피톨리움 문지기의 딸 타르페이아(☞)가 사비니 인들에게 성채를 넘겨주었다. 사비니 인들이 카피톨리움 언덕으로 기어올라와 수비군을 포위하려는 순간, 야누스가 침략자들 앞에 뜨거운 샘물이 솟게 하여 이들은 놀라 달아나고 말았다. 이 기적을 기리기 위해 사람들은 전쟁이 나면 언제라도 야누스 신이 로마 인들을 구해 줄 수 있도록 야누스 신전의 문을 늘 열어 두기로 했으며, 로마 제국에 평화가 깃든 순간에만 이 문을 닫았다.

야누스는 또한 님프 유투르나와 결혼했다고 하는데 그녀의 성역과 샘은 그 자신의 신전이 있는 로마 광장에서 멀지 않은 곳에 있었다. 그와 그녀 사이에서 태어난 아들은 샘들의 신인 폰스 혹은 폰투스 신이다.

클라우디우스 황제가 호박으로 변모되는 것을 그린 익살스런 시 「아포콜로킨토시스」[〈아포테오시스〉(신격화)를 흉내낸 우스개 말]에서 세네카가 들려주는 바에 따르면, 야누스는 광장

토론에 익숙한 숙련된 연사였을 뿐 아니라 앞쪽과 뒤쪽을 보는(다시 말해 문제를 모든 양상에서 관찰하는) 전문가로서 클라우디우스 황제를 변호했다고 한다. 하지만 이것은 물론 진지한 이야기가 아니라 야누스 신의 성격을 소재로 아이러니컬한 문학적 비유를 만들어 낸 것이다.

*에게리아 Egeria 에게리아는 로마 신화의 님프로, 처음에는 네미 호숫가에 있던 숲의 디아나(☞) 숭배와 연관된 샘의 여신으로 등장했다. 또한 로마의 카일리우스 언덕 아래 포르타 카페나 근처에도 그녀를 섬기는 제단이 있었다. 에게리아는 신심 깊은 누마 왕의 조언자였던 것으로 여겨진다. 그녀는 누마 왕의 아내 혹은 연인으로 매일 밤 만났다. 그녀는 왕에게 종교적 방침들을 일러 주고, 강력한 기도와 주문들을 가르쳐 주었다. 누마가 죽자 님프는 슬픔에 잠긴 나머지 너무나 많은 눈물을 흘려 샘으로 변했다고 한다.

에나로포로스 Ἐναροφόρος / Enarophorus 에나로포로스는 히포코온의 아들들 중 한 명이다. 그가 헬레네를 겁탈하려 하자 틴다레오스는 그녀를 테세우스에게 맡겼다(☞헬레네).

에니오 Ἐνυώ / Enyo 전쟁의 여신 에니오는 주로 아레스의 주변 인물로 그려지며 아레스의 딸이라는 것이 통설이지만(☞아레스), 어머니 혹은 누이라는 설도 있다. 에니오는 폭력적이며 피를 흘리는 모습으로 그려진다. 로마에서 그녀는 전쟁의 여신 벨로나와 동일시되었다.

에니페우스 Ἐνιπεύς / Enipeus 에니페우스는 테살리아의 하신으로, 살모네우스와 알키디케의 딸 티로가 그에게 첫눈에 반했다. 티로를 연모하던 포세이돈은 에니페우스의 모습으로 그녀

와 결합하여 쌍둥이 펠리아스와 넬레우스를 얻었다(☞계보 21).

에라토 Ἐρατώ / Erato 1. 아홉 명의 무사이[뮤즈들, 단수형은 〈무사〉] 중 한 명으로 다른 모든 자매들과 마찬가지로 제우스와 므네모시네의 딸이다. 그녀는 서정시, 특히 연애시를 담당했다.
2. 에라토는 아르카디아 숲의 요정 이름이며 아르카스와의 사이에서 아잔을 낳았다(☞아르카스). 이 에라토는 아르카디아의 판 신에게서 영감을 받은 예언자였다.

에레보스 Ἔρεβος / Erebus 에레보스는 하계의 암흑을 가리키는 말이다. 이를 의인화한 신 에레보스는 카오스(혼돈)의 아들이자 닉스(밤)의 남매로 간주되었다.

에레크테우스 Ἐρεχθεύς / Erechtheus 아테나이 용사 에레크테우스의 신화는 아테나이 시의 기원과 관련된다. 처음에는 헤파이스토스와 대지의 아들인 에리크토니오스(☞)와 구별되지 않았으며, 에우리피데스의 작품에서는 그도 여전히 헤파이스토스의 아들로 등장한다. 그러나 신화들이 구체화함에 따라 그는 아테나이 초기 왕들의 연대기에 포함되어 판디온 1세와 제욱시페(판디온의 이모) 사이에서 태어난 아들이라 일컬어졌다. 그의 형제로는 부테스(☞)가 있고 누이로는 필로멜라와 프로크네가 있는데, 누이들은 후에 새로 변했다(☞테레우스, ☞계보 11). 판디온이 죽자 에레크테우스와 부테스는 아버지의 유산을 나누어, 에레크테우스는 왕권을 차지했고 부테스는 이 도시의 두 수호신 즉 아테나와 포세이돈의 사제가 되었다.

다소 동떨어진 전설에 의하면, 그는 아티카가 기근에 시달리고 있을 때 이집트에서 밀을 가지

고 왔다고 한다. 그는 아티카에 밀 농사법을 소개했고, 그곳 주민들이 감사의 표시로 그를 왕으로 추대했다는 것이다.

에레크테우스는 프라시모스와 디오게네이아(케피소스의 딸)의 딸 프락시테아와 결혼하여 많은 자식들을 낳았다(☞프락시테아). 아들로는 케크롭스 2세, 판도로스, 메티온이 있으며, 작가에 따라서는 알콘, 오르네우스, 테스피오스, 에우팔라모스도 그의 아들들로 본다. 딸로는 프로토게네이아, 판도라, 프로크리스, 크레우사, 크토니아, 오레이티아, 메로페 등이 있다.

아테나이 인들과 엘레우시스 주민들 간에 전쟁이 일어나자, 엘레우시스 사람들은 포세이돈과 키오네의 아들인 트라케 왕 에우몰포스와 동맹을 맺었다. 에우몰포스의 어머니 키오네는 보레아스와 오레이티아이아의 딸이었으므로 에우몰포스는 에레크테우스의 증손자인 셈이다(☞계보 11). 에레크테우스는 어떻게 하면 승리를 할 수 있을지 델포이 신탁에 물었다. 신탁은 딸 하나를 제물로 바쳐야만 한다고 답해 주었다. 아테나이로 돌아온 그는 딸을 제물로 바쳤는데, 그 딸은 크토니아라는 설도 있고 프로토게네이아라는 설도 있다. 여하간 희생된 자매보다 더 오래 살지 않겠다고 맹세한 다른 딸들도 모두 자살을 했다. 혹은 나라를 위하여 그의 딸들 모두 목숨을 바쳤다고도 한다. 그리하여 에레크테우스와 아테나이 인들은 승리를 거두었다. 한편 에우몰포스가 전쟁에서 죽임을 당하자 포세이돈이 아들의 죽음에 분개한 나머지 제우스를 설득하여 에레크테우스를 번개로 쳐죽였다.

에레크테우스는 판 아테나이아 경기를 도입한 것으로 여겨지며, 아테나 여신에게 영감을 받아 수레를 만든 것도 그라고 한다.

에로스 ' Ἔρως / Eros 에로스는 사랑의 신이다. 그의 성격은 매우 다양하며, 상고 시대 이래 알렉산드리아 및 로마 시대에 이르기까지 상당한 변화를 겪었다. 가장 오래된 신들의 계보에서 에로스는 대지의 여신과 동시에, 그리고 태초의 카오스로부터 곧장 태어난 것으로 간주되며, 그래서 테스피아이에서는 자연석의 형태로 숭배되었다. 혹은 에로스가 태초의 알에서 태어났다는 설도 있다. 이 알은 밤의 여신이 낳은 것으로 알이 나뉘면서 반쪽은 대지를 나머지 반쪽은 하늘을 형성했다고 한다. 에로스는 그의 전설이 한껏 윤색되었던 〈알렉산드리아〉 시대에도 여전히 세계의 근원적인 힘으로 여겨졌다. 인류의 연속성뿐 아니라 우주의 내적 응집력을 보장하는 것도 에로스였다. 우주 생성론의 작가들, 철학가들, 시인들이 이 주제에 관해서 사색했다. 이처럼 에로스를 주요한 신들 중 하나로 여기는 경향에 맞서, 플라톤은 『향연』에서 만티네이아의 사제 디오티마(한때 소크라테스의 스승이었다는)의 입을 빌어 신화의 형태로 자신의 주장을 제출한다. 그에 따르면 에로스는 신과 인간의 중간인 〈정령〉이라고 한다. 에로스는 모든 신들이 초대되었던 향연 후에 포로스(술책)와 페니아(가난)의 결합으로 신들의 정원에서 태어났다. 그의 주요한 성격은 양쪽 부모로부터 물려받은 것으로, 그는 가난의 여신처럼 항상 대상을 찾아 분주하며, 술책의 신처럼 언제나 자신의 목적에 도달하는 방법을 생각해 낼 줄 알았다. 그렇지만 그는 전능한 신이기는커녕, 끊임없이 불만족스럽고 불안정한 힘이었다.

이와 상이한 계보를 제시하는 또 다른 이야기들도 만들어졌다. 즉 에로스는 에일레이티아 혹은 이리스의 아들이라고도 하고, 헤르메스와 아르테미스 크토니아(하계의 아르테미스) 사이에 태어난 아들이라고도 한다. 그 중 가장 널리 받아들여지는 설은 그가 헤르메스와 아프로디테의 아들이라는 것인데, 여기서도 신화학자들의 사색 결과 구분이 생겨났다. 다시 말해 여러 명의 아프로디테를 구분하듯이, 여러 명의 에로스를 구분하는 것이다. 그 중 한 명은 우라니아의 딸인 아프로디테(☞)와 헤르메스 사이에 태어났고, 일명 안테로스(상반적 혹은 상호적 사랑)라 불리는 또 한 명은 아프로디테(제우스와 디오네의 딸)와 아레스 사이에서, 그리고 세 번째 에로스는 아르테미스(제우스와 페르세포네의 딸)와 헤르메스 사이에서 태어난 것으로 추정된다. 바로 이 세 번째 에로스가 특히 시인들과 조각가들에게 익숙한 날개 달린 신이다. 키케로는 「신들의 본성에 관하여」란 논문의 끝 부분에서 신화학자들의 이러한 다양한 설들을 기록하면서, 이 모든 신화들의 인위적 성격을 서슴없이 지적한다. 그것들은 원초적 신화들에 포함된 어려움이나 모순을 해결하기 위해 뒤늦게 창작되었다는 것이다.

시인들의 영향으로 에로스는 차츰 전통적인 모습을 갖추었다. 에로스는 주로 날개가 달린 어린아이처럼 묘사되지만, 때로는 날개가 없으며, 마음에 동요를 가져다 주기를 즐기는 것으로 그려진다. 그런가 하면 자신의 횃불로 마음을 불사르거나 화살로 마음에 상처를 입히기도 한다. 에로스가 개입한 애정 사건은 이루 다 셀 수 없을 정도이다. 인간들은 물론이고 헤라클레스, 아폴론(활을 가지고 논다고 에로스를 비웃었던), 심지어는 제우스와 자신의 친어머니도 표적으로 삼았다. 알렉산드리아의 시인들은 에로스가 다른 어린 신들, 특히 가니메데스와 함께 호두(고대 구슬치기의 구슬에 해당하는)를 가지고 놀면서 그들과 혹은 자신의 형제 안테로스와 말다툼을 벌이는 것을 즐겨 묘사했다. 또한 시인들은 에로스의 이러한 성격과 일치하게끔 어머니에게 벌을 받는 에로스, 조심하지 않고 장미를 꺾다가 가시에 찔린 에로스 등 어린아이 특유의 장면을 생각해 내기도 했다. 폼페이의 벽화들은 (예컨대 「사랑을 파는 여자」라든가) 이러한 유형을 대중화했다. 그러나 어린아이의 외관 뒤에서 사람들은 언제나 강력한 신, 자신의 변덕에 따라 치명적인 상처도 입힐 수 있는 신의 면모를 엿보았으며, 이는 시인들이 즐기는 주제가 되었다. 특히 그의 어머니는 에로스를 각별한 경외심을 가지고 대했고, 에로스를 항상 다소 두려워했다.

에로스에 관한 가장 유명한 전설들 중 하나는 프시케(☞)의 낭만적인 모험을 그리는 동화로, 이런 이야기는 밀레토스의 우화들에서 비롯되었을 것이다.

에르기노스 ’Ἐργῖνος / Erginus 1. 에르기노스는 보이오티아 지방의 오르코메노스에 사는 미니아이 족의 왕이었다. 그는 클리메노스와 부지게의 아들이다(☞계보 33). 클리메노스가 옹케스토스에서 열린 포세이돈의 축제에서 메노이케우스의 수레꾼인 테바이 사람 페리에레스에게 죽임을 당하자, 에르기노스는 군대를 소집하여 테바이를 공격했다. 그는 많은 테바이 인들을 죽였고, 20년 동안 해마다 100마리의 소를 조공으로 바치는 조건으로 테바이 왕과 협정을 체결했다. 후에 헤라클레스는 키타이론 산의 사자를 죽이고 돌아오다가 조공을 받으러 테바이로 가는 에르기노스의 사신들을 만났다. 영웅은 그들의 코와 귀를 베어 목에 걸게 하고 그것이 조공이니 에르기노스에게 갖다 주라고 명했다. 이러한 모욕에 분개한 에르기노스는 다시 테바이를 공격했다. 테바이 왕 크레온은 항복하려 했지만, 헤라클레스가 테바이의 젊은이들을 소집하고 자신은 아테나 여신에게서 받은 무장을 하고 군대를 지휘하여 에르기노스와의 전투를 개시했다. 헤라클레스는 적군의 기병대가 진격하지 못하도록 평야를 물에 잠기게 하는 전략으로 승리를 거두었지만, 전투 중에 그의 양아버지 암피트리온이 죽임을 당했다. 헤라클레스는 자기 손으로 직접 에르기노스를 죽였다. 승리의 보상으로 크레온은 헤라클레스를 자신의 딸 메가라와 결혼시켰다.

한 고립된 전승에 따르면, 에르기노스는 이 전투에서 죽지 않았다고 한다. 그는 헤라클레스와 협정을 맺었고 미니아이 족은 예전에 테바이 인들로부터 받던 조공의 두 배를 바쳐야 했다. 후에 그는 전쟁에 짓밟힌 자신의 왕국에서 다시금 부를 축적한 뒤, 신탁의 충고에 따라 젊은 여인과 결혼하여 건축가인 두 아들 아가메데스(☞)와 트로포니오스(☞)를 낳았다.

2. 또 다른 에르기노스는 포세이돈의 아들로 아르고나우타이의 원정에 참여했다. 그는 헤라클레스의 적인 오르코메노스 왕과 동일시되기도 한다. 아르고 선의 키잡이 티피스가 죽은 뒤, 에르기노스가 그를 대신하여 키를 조종했다고 한다. 그는 비록 젊었지만 머리가 희어 렘노스 섬에서 젊은 여자들의 놀림거리가 되었다(☞아르고나우타이). 하지만 렘노스에서 열린 경기에서 그는 달리기에 우승을 했다.

에리고네 'Hριγόνη / Erigone 1. 에리고네는 아테나이 사람 이카리오스의 딸로, 디오니소스가 인간들에게 포도나무와 포도주를 주러 지상에 왔을 때 그를 맞이했다. 디오니소스는 그녀를 사랑하게 되었고, 그녀와의 사이에서 용사 스타필로스를 낳았다. 디오니소스는 장인 이카리오스에게 포도주가 든 가죽 부대를 선물하면서 이웃에게도 맛보이라고 명했다. 이카리오스는 목동들과 함께 포도주를 나누어 마셨고 술에 취한다. 목동들은 이카리오스가 자신들에게 독을 먹였다고 생각하여 몽둥이로 그를 쳐죽이고 시체를 내팽개쳐 두었다(☞엔토리아). 그의 개 마이라가 에리고네에게 매장도 되지 않은 채 버려진 시체가 어디에 있는지를 알려 주었다. 아버지의 시신을 본 에리고네는 그것이 발견된 곳 근처에 있던 나무에 목매달아 자살했다. 화가 난 디오니소스는 아테나이 인들에게 기이한 재앙을 내렸다. 즉 아테나이의 젊은 처녀들이 미쳐서 스스로 목을 매는 것이었다. 그래서 델포이의 신탁을 구하자, 디오니소스 신이 이카리오스와 에리고네의 죽음에 복수하는 것이라는 대답이 내렸다. 아테나이 인들은 그를 죽인 목동들을 처벌했고 에리고네를 위하여 축제를 제정했는데, 이 축제 동안 젊은 처녀들을 나무에 매달았다고 한다. 그러다가 차츰 처녀들 대신에 사람의 얼굴이 그려진 원반들을 매달게 되었으니, 이것이 바로 〈오스킬라〉 제의의 전설적 기원이다. 이 제의는 로마를 위시한 이탈리아 전역에서 〈리베랄리아〉 즉 이탈리아의 디오니소스인 리베르 파테르의 축제 때에 행해졌다(☞마이라).

2. 또 다른 에리고네는 아이기스토스와 클리타임네스트라의 딸이자 알레테스의 남매이다. 그녀는 오레스테스 전설에서 일역을 한다. 오레스테스가 아레이오파고스의 법정에 고소되어 이중 살인 혐의로 재판을 받았던 것이 에리고네의 개입 때문이며(☞오레스테스), 그가 무죄 판결을 받자 그녀는 자살했다고 한다. 또 다른 작가들은 오레스테스가 에리고네의 부모를 죽일 때 그녀 또한 죽이려 했다고 기록하고 있다. 하지만 아르테미스가 그녀를 낚아채 아테나이로 데려가서 자기 신전의 여사제로 삼았다는 것이다. 또 다른 전승에 의하면, 그녀는 오레스테스와 결혼하여 아들 펜틸로스를 낳았다고 한다.

이들 두 에리고네 중 한 명(대개는 이카리오스의 딸)은 별자리(황도 12궁의 하나인 처녀자리)가 되었다.

에리노나 Erinona 에리노나는 키프로스 처녀로, 그녀에 관한 전설은 베르길리우스 작품에 관한 세르비우스의 주해를 통해서만 알려져 있다. 그녀는 순수하고 지혜로워 아테나 여신과 아르테미스 여신의 사랑을 받았지만, 아프로디테는 제우스가 그녀에게 욕정을 품게 만들었다. 이를 방해하기 위해 헤라는 아도니스가 처녀를 범하게 했고, 화가 난 제우스는 아도니스를 벼락으로 쳐죽였다. 그렇지만 아프로디테의 간청으로, 제우스는 아도니스의 영혼이 헤르메스를 따라 지상으로 올 수 있도록 허락해 주었다. 에리노나가 겁탈당한 후 아르테미스는 그녀를 공작새로 변신시켜 주었고, 얼마 후에는 다시 사람의 모습을 돌려주었다. 그녀는 심지어 에리노나와 부활한 아도니스를 결혼시키기까지 했다고 한다. 둘 사이에서 아들 탈레우스가 태어났다.

에리니에스 Ἐρινύες / Erinyes 에리니에스는 일명 에우메니데스(〈너그러운 여인들〉)라는 뜻. 그녀들을 이렇게 부른 이유는 행여 나쁜 이름으로 불렀다가 화를 당하지 않도록 비위를 맞추기 위해서였다고 한다)라고도 불렸으며, 난폭한 여신들로 로마 신화의 푸리아이와 동일시되었다. 그녀들은 우라노스의 남근이 잘렸을 때 그 핏방울들이 대지에 떨어져 태어났으며(☞크로노스, ☞우라노스), 따라서 그리스 신화의 가장 오래된 신들에 속한다. 그녀들은 원초적인 힘들이며 새로운 세대의 신들을 인정하지 않았다. 이 여신들은 자신들 이외의 법은 없으며 심지어 제우스마저 복종해야만 했던 파르카이 즉 운명의 여신들과도 유사하다. 본래 이들의 수는 불확실했다. 나중에 그녀들의 수와 이름이 명확해졌는데, 일반적으로 알렉토, 테이시포네, 메가이라 세 명으로 알려져 있다. 이들은 날개가 달리고 머리칼에는 뱀들이 엉켜 있으며 손에는 횃불이나 채찍을 든 모습으로 그려진다. 에리니에스는 일단 희생자를 붙잡으면, 온갖 방법으로 고문하여 미치게 만들었다. 종종 에리니에스는 사람들을 괴롭히는 〈암캐〉들로 비유되기도 한다. 그녀들이 거처하는 곳은 하계의 가장 어두운 암흑인 에레보스이다.

호메로스의 시가에서부터 그녀들의 주요 역할은 죄인을 벌하는 것으로, 그녀들은 특히 친족 간에 지은 죄를 응징했다. 예를 들어 알타이아가 자기 형제들을 죽인 아들 멜레아그로스를 죽게 한 것은, 에리니에스가 복수심을 부추겼기 때문이다(☞멜레아그로스). 이피게네이아가 희생 제물로 바쳐진 뒤 아가멤논 일가에 불행을 초래한 것도 에리니에스였다. 그녀들은 클리타임네스트라를 부추겨 남편 아가멤논을 죽이게 한 뒤, 아들의 손을 빌어 어미를 벌했고, 어미를 죽인 아들 또한 괴롭혔던 것이다. 마찬가지로 오이디푸스에게 닥친 불행도 에리니에스가 조종한 것이다.

사회 질서의 수호자인 에리니에스는 그것을 교란시킬 만한 모든 죄를 처벌했고, 인간이 언젠가는 죽게 된다는 사실을 잊어버리게 만드는 히브리스, 즉 오만 역시 벌했다. 그녀들은 또한 신들과 예언자들이 미래에 대하여 너무 자세하게 폭로한 나머지 인간이 불확실성에서 벗어나서 신들과 너무 비슷해지는 것을 금했다. 에리니에스는 무질서한 힘들로부터 보호되어야 할 〈세계의 질서〉라는 그리스 사상의 중요한 개념을 구현한다. 따라서 그녀들의 중요한 역할 중 하나는 살인자를 벌하는 것이었다. 그녀들은 암살자나 고의적인 살인자뿐만 아니라 일반적인 모든 살인을 벌했는데, 살인은 사회의 안정을 위협하는 종교적 차원의 오점이었기 때문이다. 대개 살인자는 도시에서 추방당했고, 누군가가 그의 죄를 씻어 주는 데 동의할 때까지 이 도시 저 도시를 떠돌아다녔다. 에리니에스는 살인자를 미치게 만들곤 했다(☞오레스테스, ☞알크마이온).

내세에 관한 믿음이 점차 확립됨에 따라 에리니에스는 하계의 징벌을 관장하는 신들로 간주되었다. 이러한 역할은 호메로스에게서 미미하게나마 드러나기 시작하며, 『아이네이스』에 이르러서는 명백해진다. 베르길리우스는 그녀들이 채찍으로 죽은 자들의 영혼을 괴롭히고, 타르타로스의 깊숙한 곳에서 자신들의 뱀들을 이용하여 영혼들에게 공포를 주는 장면을 묘사하고 있다. 이처럼 음산한 상상은 하계에는 죽은 자들을 고문하는 괴물들이 득실거린다고 상상했던 에트루리아 종교에서 영향을 받은 것일 수도 있다(☞카론).

에리다노스 ’Ηριδανός / Eridanus 에리다노스는 신화에 등장하는 강의 이름으로 오케아노스와 테티스(I)의 아들들 중 한 명이다. 이 강의 위치에 대해서는 여러 가지 설이 있지만, 대개 서방 세계에 있는 강으로 간주되었다. 이 강은 헤라클레스의 전설에 나타난다. 영웅은 바로 그 강가에서 님프들에게 헤스페리데스의 동산으로 가는 길을 물어보았던 것이다. 이 강은 또한 아르고나우타이(☞)의 원정에서도 등장한다. 바로 이 강을 따라 아르고 선은 켈토이 족의 나라를 향해했고, 아드리아 해에 도착했다. 지리학적 구분이 명확해지면서 에리다노스는 포 강 혹은 론 강과 동일시되었다.

에리만토스 ’Ερύμανθος / Erymanthus 1. 아폴론의 아들인 에리만토스는 아프로디테에 의해 실명당한다. 아프로디테가 아도니스와 정을 통한 뒤 목욕하고 있는 모습을 그에게 들켰기 때문이다. 아폴론은 이에 보복하기 위해 멧돼지로 변해

서 아도니스를 들이받아 죽였다.

2. 에리만토스란 프소피스에 있는 에리만토스 강의 하신을 일컫는 이름이기도 하다. 신화학자들에 따르면, 그는 아르카디아의 명조인 아르카스 가문의 일원이라 한다.

에리스 ’Ερις / Eris 에리스는 불화를 의인화한 것이다. 그녀는 대개 아레스의 누이이자 그의 추종자로 여겨지지만, 헤시오도스의 『신들의 계보』는 그녀를 닉스(밤)와 같은 세대인 원초적 힘들에 포함시킨다. 그녀는 몇몇 추상적 개념에 해당하는 자식들, 즉 포노스(비애), 레테(망각), 리모스(기아), 알고스(고통), 호르코스(맹세) 등을 낳았다. 후에 헤시오도스는 『일들과 날들』에서 불화의 신을 두 명으로 구분했다. 한 명은 밤의 여신의 딸로 해로운 신이며, 다른 한 명은 제우스가 세상에서 〈원동력〉의 역할을 하도록 선물한 경쟁심으로 이로운 신이다. 바로 이러한 정신 때문에 도기 제조인은 다른 도기 제조인에게, 장인은 다른 장인에게 질투를 느껴 각자 자신의 직업에 한층 애착을 갖는 것이라 한다.

에리스는 보통 에리니에스나 이리스 등과 같이 날개 달린 여성 정령으로 묘사된다.

가장 아름다운 여신에게 돌아갈 〈사과〉를 던진 것도 에리스였다. 판결은 파리스에게 맡겨졌는데(☞파리스), 이것이 트로이아 전쟁의 원인이 되었다.

에리시크톤 ’Ερυσίχθων / Erysichthon 1. 에리시크톤은 테살리아 용사로, 트리오파스 왕의 아들(혹은 형제)이다. 무례하고 난폭한 에리시크톤은 신들의 분노를 두려워하지 않았다. 하루는 데메테르에게 봉헌된 신성한 숲을 베어 버리겠다고 하여, 여신이 여러 차례 경고했지만 그를 말릴 수 없었다. 여신은 그를 벌하기 위해 무엇으

로도 달랠 수 없는 심한 굶주림에 시달리게 했다. 그 결과 그는 허기를 채우기 위해 단 며칠 만에 가산을 모두 탕진했다. 에리시크톤은 포세이돈의 사랑을 받아 변신할 수 있는 능력을 갖게 된 딸 므네스트라를 노예로 팔기로 작정했다. 아버지에게 먹을 것을 살 돈을 마련해 주기 위해 메스트라는 일단 팔린 후 다른 모습으로 변하여 다시 팔리곤 했다. 하지만 에리시크톤은 미쳐서 결국에는 자기 몸을 뜯어먹고 말았다.

2. 에리시크톤은 또한 아테나이의 전설적인 용사의 이름으로, 케크롭스 1세와 아글라우로스의 아들이다. 그는 젊은 나이에 후사 없이 죽었다. 그에 대해 알려진 것은 그가 에일레이티아의 오래된 신상을 가지러 델로스로 떠났다가 돌아오는 길에 죽었다는 것뿐이다(☞계보 4).

에리크토니오스 ʼΕριχθόνιος / Erichthonius 에리크토니오스는 아테나이의 초대 왕들 중 한 명이다. 그의 가계에 대해서는 여러 가지 설이 있다. 때로는 그의 어머니가 크라나오스(☞)의 딸 아티스라고도 하고, 때로는(이것이 통설인데) 헤파이스토스가 아테나 여신에게 욕정을 품어 태어난 아이라고도 한다. 헤파이스토스에게 무기를 주문한 아테나 여신이 그의 작업장을 방문했다. 헤파이스토스는 그녀에게 반했고 여신은 그를 피하여 도망쳤다. 헤파이스토스는 절름발이임에도 불구하고 그녀를 따라가 붙잡았다. 아테나는 그를 뿌리치려 몸싸움을 벌이다가 헤파이스토스의 정액이 그녀의 다리 위에 떨어졌다. 여신은 불쾌해 하며 양모로 정액을 닦아 내어 땅바닥에 던져 버렸다. 그렇게 해서 대지는 아이를 생산했고, 아테나는 아이를 거두어 에리크토니오스(단어의 첫 부분은 양모erion를, 두 번째 부분은 아이가 태어났던 땅chthon을 의미하는 이름)라 불렀다. 아테나는 신들 몰래 에리크토니오스를 바구니에 넣어 케크롭스의 딸들 중 한 명에게 맡겼다(☞아글라우로스). 처녀들은 그 안에 무엇이 들었는지 몹시 궁금하여 그만 바구니를 열어 보았는데, 그 안에서 한 아이가 두 마리 뱀의 보호를 받고 있었다. 몇몇 전설들에 의하면, 대지에서 태어난 대부분의 존재들이 그러하듯이 아이 자체가 뱀의 꼬리를 하고 있었다고 하며, 또는 바구니가 열리자 아이가 뱀의 형태로 도망쳐서 아테나 여신의 방패 뒤에 숨었다고도 한다. 하여간 이 광경을 본 젊은 처녀들은 공포로 실성하여 아크로폴리스 꼭대기에서 몸을 던져 자살했다.

아테나는 에리크토니오스를 아크로폴리스에 있는 자신의 성스러운 신전에서 키웠다. 후에 케크롭스가 그에게 권력을 넘겨주었다. 몇몇 신화학자들은 에리크토니오스가 아테나이를 지배하고 있던 암픽티온을 몰아냈다고도 한다(☞암픽티온). 그는 나이아스 프락시테아(에리크토니오스의 손자 에레크테우스의 아내와 동명인)와 결혼했다(☞계보 11, ☞에레크테우스). 이 결혼에서 태어난 아들 판디온이 그의 뒤를 이어 아테나이 왕이 되었다. 또한 전차를 발명하고 아티카에 화폐 사용을 도입하고 아크로폴리스에서 아테나 여신을 위한 제사인 아테나 제(祭), 즉 판 아테나이아 경기를 창설한 것도 에리크토니오스로 알려져 있다. 하지만 이 중 몇 가지는 그의 손자 에레크테우스(☞)의 업적이라고 한다.

에리토스 ʼΕρυτος / Erytus 에리토스 일명 에우리토스는 에키온의 쌍둥이 형제로 아르고나우타이 중 한 명이다. 에키온과 마찬가지로 그는 메네토스의 딸인 안티아네이라와 헤르메스의 아들이다.

에리필레 ʼΕριφύλη / Eriphyle 에리필레는 아르고

스 왕 탈라오스의 딸이자 아드라스토스의 누이이다. 아드라스토스는 사촌 암피아라오스가 자기 누이 에리필레와 결혼하는 조건으로 그와 화해했다(☞계보 1, ☞아드라스토스, ☞암피아라오스). 이들의 결합에서 두 아들 알크마이온과 암필로코스, 그리고 두 딸 에우리디케와 데모나사가 태어났다.

에리필레의 전설은 테바이 계열의 전설들 및 두 차례의 테바이 원정(일곱 장군의 원정과 에피고노이의 원정)과 연관되어 있다. 암피아라오스는 아드라스토스에게서 첫 원정에 참여해 달라는 요청을 받았지만, 예지력으로 자신이 그 원정에서 죽을 것임을 알고 있었으므로 거절했다. 그런데 그는 결혼할 당시 아드라스토스와 다툼이 일어나면 아내를 중재인으로 삼기로 약속했었기 때문에, 에리필레가 중재를 맡았다. 그러나 에리필레는 공정한 결정을 하지 않았다. 폴리네이케스가 하르모니아의 목걸이(☞하르모니아, ☞폴리네이케스)를 선물로 주자 이에 매수되어 전쟁을 준비하던 아드라스토스의 손을 들어 준 것이다. 암피아라오스는 길을 떠나면서 아들들에게 이를 복수하라고 명했다. 에피고노이의 원정 때에도 에리필레는 여전히 뇌물에 넘어가 아들 알크마이온에게 원정을 총지휘할 것을 강요했다. 이번에는 폴리네이케스의 아들 테르산드로스가 그녀에게 하르모니아의 예복을 선물하여 넘어가게 만들었던 것이다. 원정에서 돌아온 알크마이온은 어머니를 죽이고(☞알크마이온), 목걸이와 예복을 델포이 신전의 아폴론에게 바쳤다.

에릭스 ῎Ερυξ / Eryx 에릭스는 아프로디테 신전을 이고 있어 유명해진 시칠리아 산의 명조이다. 그는 아르고나우타이의 일원인 부테스와 아프로디테의 아들로, 그의 아버지가 세이레네스의 노래에 굴복하려는 순간 여신이 그를 데려갔다. 또 다른 작가들에 따르면, 에릭스는 아프로디테와 포세이돈의 아들이라고도 한다. 때로는 그의 아버지 부테스가 아르고나우타이가 아니라 토착민 왕이라고도 한다. 그는 에릭스 시에 아프로디테 신전을 세웠으며, 헤라클레스의 전설에서도 일역을 한다. 헤라클레스가 게리오네우스에게서 빼앗은 소떼를 앞세우고 돌아오자, 에릭스는 소들을 빼앗으려고 영웅에게 도전했다. 헤라클레스는 이 도전을 받아들이고 그를 죽였다. 그러나 헤라클레스는 에릭스 왕국을 자신이 바로 차지하지 않고 에릭스의 자손들 중 한 명이 이 왕국을 지배하러 올 것이라는 말을 남기고는 토착민들에게 남겨 주었다. 헤라클레스의 말은 역사 시대에 이르러 이곳에 식민지를 건설하러 온 스파르타 사람 도리에우스를 통해 실현되었다.

*에릴루스** Erylus 에릴루스는 프라이네스테(현재 팔레스트리나)의 전설적인 용사로, 『아이네이스』를 통해서만 알려진다. 페로니아 여신의 아들인 그는 거인 게리오네우스처럼 각각 분리되어 있는 세 개의 생명과 몸을 지니고 있었다. 에우안드로스는 라티움에 정착하러 갔을 때, 에릴루스와 단독 대결로 승리를 거두었다.

에에티온 ᾿Ηετίων / Eetion 에에티온은 미시아에 있는 테베 시의 왕이자 안드로마케의 아버지이다. 그리스 인들이 테베를 약탈할 때 그는 아들들과 함께 아킬레우스에게 죽임을 당했다. 하지만 아킬레우스는 그가 죽을 때까지도 무기를 놓지 않았던 용기에 감탄하여 성대한 장례를 치러 주었다. 그의 무덤 위에는 님프들이 작은 느릅나무 한 그루를 심어 주었다. 그의 아내는 몸값을 지불하고 풀려났지만, 얼마 지나지 않아 아르테미스의 화살에 맞아 죽었다.

에오스 'Hώς / Eos 에오스는 새벽의 의인화이다. 에오스는 신들의 첫번째 세대인 티탄 족에 속한다(☞계보 14). 그녀는 히페리온과 테이아의 딸로, 헬리오스 및 셀레네와는 자매간이다. 또 다른 전승들에 의하면, 팔라스(☞)의 딸이라고도 한다. 같은 종족의 신 아스트라이오스(크리오스와 에우리비에의 아들이자 거인 팔라스의 형제, ☞계보 32)와의 사이에서 그녀는 제피로스, 보레아스, 노토스 등의 바람들과 새벽별(에오스포로스)을 위시한 별들을 낳았다. 그녀는 태양의 전차가 드나들도록 하늘의 문을 열어 주는 〈장밋빛 손가락〉을 가진 여신으로 묘사된다. 그녀의 신화는 거의 모두 사랑 이야기이다. 한때 그녀는 아레스와 결합했다가 아프로디테의 분노를 사서 그 벌로 언제나 사랑에 빠져 있게 되었다고도 한다.

그녀의 또 다른 연인으로는 그녀를 납치하여 델로스로 데려간 거인 오리온(포세이돈의 아들)이 있다. 데이온과 케팔로스도 그녀의 연인들이다. 케팔로스는 헤르메스가 디오메데(크수토스의 딸) 혹은 헤르세에게서 낳은 아들이라고 하는데, 에오스는 케팔로스를 납치하여 시리아로 데려가서, 그곳에서 그의 아들 파에톤(태양의 아들이라는 것이 통설이지만)을 낳았다(☞파에톤). 게다가 일로스와 플라키아(혹은 레우키페)의 아들인 트로이아 사람 티토노스를 납치하여 에티오피아로 데려가서(옛 전설에서 에티오피아는 태양의 나라로 일컬어졌다), 그곳에서 두 아들 에마티온과 멤논을 낳았다. 그녀가 가장 아끼던 자식 멤논은 에티오피아 인들을 다스렸으며, 아킬레우스와 대항하여 싸우다가 트로이아 성 앞에서 죽었다(☞멤논). 에오스는 제우스에게 티토노스가 불사신이 되도록 해달라고 청했지만 영원한 젊음을 유지할 수 있게 해달라고는 미처 부탁하지 못했고, 그 결과 티토노스는 계속 늙어가면서 쇠약해져 갔다. 에오스는 마침내 그를 자신의 궁궐에 가두었고, 그곳에서 티토노스는 비참하게 살았다고도 하고 너무 늙은 나머지 인간의 모습을 잃고 말라 비틀어진 매미가 되었다고도 한다.

에우네오스 Εὔνεως / Euneus 에우네오스는 이아손과 렘노스 여왕 힙시필레의 아들이다. 그의 어머니 힙시필레는 섬의 여자들이 렘노스의 모든 남자들을 죽이고 나서, 아르고나우타이가 도착하여 그녀들에게 아이들을 낳게 했던 시절에 여왕으로 있었다(☞힙시필레, ☞아르고나우타이). 에우네오스는 트로이아 원정 때 아카이아 군대에 속하지는 않았지만, 그리스 인들과 친분은 유지하고 있었다. 그는 그리스 인들에게 포도주를 공급해 주었다. 에우네오스는 호화스러운 보석으로 장식된 잔을 주고 파트로클로스에게서 프리아모스의 아들 리카온을 구해 냈다. 힙시필레가 네메아 왕 리쿠르고스에게 노예로 팔려 가자, 에우네오스는 그녀를 구출하여 렘노스로 데리고 왔다.

에우노모스 Εὔνομος / Eunomus 헤라클레스는 데이아네이라와 결혼하고 칼리돈 왕이자 장인인 오이네우스의 궁정에 살던 무렵, 사고로 에우노모스라는 아이를 죽이게 되었다. 그 아이는 궁정에서 술을 따르는 시중을 들었는데, 오이네우스의 친척인 아르키텔레스의 아들이었다. 에우노모스가 헤라클레스의 발을 씻기 위해 준비한 더운물을 그의 손에 붓자, 영웅은 아이의 따귀를 한 대 때린다는 것이 힘이 워낙 센 나머지 그만 아이를 죽이고 말았다. 아르키텔레스는 실수로 벌어진 살인에 대해 영웅을 용서해 주었지만, 헤라클레스는 아내와 아들 힐로스를 데리고 트라케로 망명했다. 에우노모스는 키아토스라고도 불렸다.

에우노스토스 Εὔνοστος / Eunostus 에우노스토스는 보이오티아 지방의 타나그라 출신 용사로 아일리에우스와 스키아스의 아들이며, 님프 에우노스타의 손에서 양육되었다. 그는 콜로노스의 딸 오크나의 사랑을 거절했다가, 그 때문에 죽었다(☞부콜로스).

에우도로스 Εὔδωρος / Eudorus 에우도로스는 헤르메스가 필라스의 딸 폴리멜라와 결합하여 낳은 아들이다. 에우도로스는 외할아버지의 손에서 양육되었고, 트로이아 전쟁 때 아킬레우스 휘하에서 종군하여 미르미돈 인들로 구성된 다섯 군대 중 하나를 지휘했다. 아킬레우스는 분노하여 전쟁에서 물러난 후 파트로클로스가 홀로 참전하려 하자 에우도로스를 그의 부하로 주었다.

에우로스 Εὖρος / Eurus 에우로스는 남동풍의 신이다. 그는 에오스(새벽)와 아스트라이오스 혹은 티폰의 아들이다.

에우로페 Εὐρώπη / Europe 에우로페라는 이름의 여자들은 여러 명 있다.
  1. 포세이돈과의 사이에서 에우페모스를 낳은, 티티오스의 딸(☞에우페모스).
  2. 오케아노스와 테티스(I)의 딸들인 오케아니데스 중 한 명.
  3. 포로네우스의 아내이자 니오베의 어머니.
  4. 하신 네일로스의 딸이자 다나오스의 아내들 중 한 명.
  5. 에우로페라는 이름을 가진 이들 중 가장 유명한 이는 아게노르와 텔레파사의 딸로 제우스의 사랑을 받은 여자이다. 그녀는 대개 아게노르(☞계보 3)의 딸로 여겨지지만, 아게노르의 아들 중 한 명인 포이닉스의 딸로도 간주된다.

제우스는 에우로페의 아버지가 왕으로 있던 시돈 혹은 티로스 해변에서 시녀들과 놀고 있던 그녀를 보았다. 제우스는 그녀의 아름다움에 욕정을 품었고, 초승달 모양의 새하얀 뿔이 달린 황소로 변하여 처녀의 발치에 몸을 눕혔다. 에우로페는 처음에는 겁을 먹었지만, 용기를 내어 황소를 쓰다듬어 주고 그 등에 올라앉았다. 그녀가 올라앉기 무섭게 황소는 벌떡 일어나 바다를 향하여 돌진했다. 에우로페는 황소의 뿔에 매달린 채로 비명을 질렀지만, 비명소리는 파도에 묻혀 해안에서 멀어져만 갔다. 둘은 크레테 섬까지 갔고, 고르티나의 샘 근처에 있는 플라타너스 나무 밑에서 제우스는 젊은 처녀와 결합했다. 이 사랑을 기념하여 플라타너스는 절대로 잎사귀를 잃어버리지 않는 특권을 누리게 되었다고 한다.

그녀는 제우스와의 결합으로 미노스, 사르페돈, 라다만티스 등 세 명의 아들을 낳았다. 아폴론의 사랑을 받은 카르노스, 도돈 등도 그녀가 낳은 것으로 여겨진다. 제우스는 그녀에게 세 가지 선물을 주었다. 크레테 섬에 이방인이 상륙하지 못하도록 지키는 청동 인간 탈로스, 반드시 노획물을 잡고야 마는 사냥개, 그리고 절대로 과녁이 빗나가지 않는 창이 그것들이다. 그리고는 그녀를 텍타모스의 아들이자 크레테 섬의 왕인 아스테리온과 결혼시켰는데, 이들 사이에는 자식이 없었으므로 제우스의 아들들을 양자로 삼았다. 에우로페는 죽은 후에 신적인 예우를 받았고, 제우스가 그 모습을 빌렸던 황소는 별자리가 되어 황도 12궁 가운데 놓이게 되었다.

누이를 찾아 나선 에우로페의 남매들의 이야기에 대해서는 ☞아게노르, ☞카드모스.

에우리가네이아 Εὐρυγάνεια / Eurygania 1. 에우리가네와 에우리가네이아는 이오카스테와의 근친상간이 언급되지 않는 가장 오래된 전설들에 등장하는 오이디푸스의 아내의 이름들이다. 오이디푸스는 이오카스테가 죽은 후에 에우리가네이아와의 사이에서 에테오클레스, 폴리네이케스, 안티고네, 이스메네 등을 낳았다고 한다.
 2. 위와 매우 유사한 전승에 따르면, 에우리가네이아는 히페르파스의 딸이며, 그녀가 오이디푸스의 자식들을 낳았다고 한다. 이 전설에서 오이디푸스의 어머니 이름은 에피카스테이며, 오이디푸스는 에피카스테와 결혼했지만 자식들은 없었다고 한다(☞에우리클레이아, ☞오이디푸스).

에우리노메 Εὐρυνόμη / Eurynome 에우리노메는 신들의 첫 세대인 티탄 족에 속하는 여신이다. 그녀는 오케아노스와 테티스(I)의 딸이다(☞계보 38). 크로노스가 통치하기 전에 에우리노메가 오피온과 함께 올림포스의 눈 덮인 언덕들을 지배했다. 하지만 크로노스와 레이아가 이들을 쫓아내고 각기 오피온과 에우리노메의 자리를 차지했다. 오피온과 에우리노메는 바다로 피신하여, 에우리노메와 테티스(II)는 하늘 꼭대기에서 떨어지는 헤파이스토스를 맞이했다(☞헤파이스토스).
 에우리노메는 제우스의 사랑을 받아 세 명의 카리테스, 즉 아글라이아, 에우프로시네, 탈리아, 그리고 하신 아소포스를 낳았다. 에우리노메는 피갈레이아 부근에 아주 오래된 신전을 가지고 있었는데, 이 신전은 실편백나무 숲의 한복판에 솟아 있었다. 에우리노메의 신상은 상체는 여인이지만 하체는 물고기였다고 한다.

에우리노모스 Εὐρύνομος / Eurynomus 에우리노모스는 매장된 시체의 살을 먹어치우고 뼈만 남기는 악마로, 그에 관한 이야기는 파우사니아스의 작품에만 나온다.

에우리디케 Εὐρυδίκη / Eurydice 1. 에우리디케라는 이름으로 가장 유명한 인물은 드리아데스[숲의 님프들] 중 한 명으로, 오르페우스의 아내이다. 어느 날 그녀는 트라케에서 친구들인 나이아데스[샘의 님프들]와 초원을 거닐다가 뱀에게 물렸다. 이 전설을 아리스타이오스의 전설과 연결하기 위해 베르길리우스는 그녀가 자신을 범하려는 아리스타이오스를 피해 달아나다가 뱀에게 물린 것이라고 이야기한다. 에우리디케가 죽자 오르페우스는 절망에 빠져 눈물을 흘렸으며, 그녀를 찾기 위해 주저 없이 하계로 내려갔다. 그는 노래로 하계의 신들을 감동시켰고, 에우리디케를 다시 밝은 세상으로 데려가도 좋다는 허락을 얻어냈다. 단 햇빛에 닿기 전에는 그녀를 바라보지 말아야 한다는 조건이었다. 에우리디케는 그를 따라갔다. 하계를 막 벗어나려는 순간 오르페우스는 그녀를 보고 싶은 마음을 더 이상 억누를 수 없어서 그만 뒤돌아보고 말았다. 그가 뒤를 돌아보자마자, 저항할 수 없는 힘이 에우리디케를 하계로 다시 끌고 갔고 오르페우스는 홀로 지상으로 되돌아와야 했다.
 2. 에우리디케는 라케다이몬과 스파르타 사이에 태어난 딸로, 아크리시오스와의 사이에서 다나에를 낳았다(☞계보 6, ☞계보 31).
 3. 에우리피데스의 소실된 비극 『힙시필레』에 따르면, 에우리디케는 네메아 왕 리쿠르고스의 아내로 아르케모로스의 어머니이다.
 4. 암피아라오스와 에리필레의 딸(☞계보 1)도 에우리디케인데, 아마도 3번의 에우리디케와 동일인일 것이다.
 5. 마지막으로 테바이 왕 크레온의 아내도 에

우리디케라는 이름으로, 그녀는 아들 하이몬의 죽음을 견딜 수 없어 스스로 목매어 죽었다(☞안티고네).

에우리마코스 Εὐρύμαχος / Eurymachus 에우리마코스는 『오딧세이아』에서 페넬로페에게 구혼한 사람들 가운데 가장 유력한 자들 중 한 명이다. 오딧세우스가 거지로 변장하여 궁전에 나타나자, 에우리마코스는 의자를 던지면서 그를 모욕했다. 예언자 테오클리메노스가 구혼자들에게 닥쳐올 종말을 예언하자, 에우리마코스는 그가 상식에서 벗어나는 소리를 지껄인다고 비웃었다. 궁술 경기가 열렸을 때, 에우리마코스는 치욕스럽게도 활시위를 당길 수가 없었다. 안티노오스가 죽은 뒤 에우리마코스는 오딧세우스에게 화해를 청했지만 허사였다. 그래서 칼을 뽑아 오딧세우스에게 맞섰지만 화살에 맞아 죽었다.

에우리메돈 Εὐρυμέδων / Eurymedon 에우리메돈이라는 이름의 용사들은 여러 명 있다.

1. 가장 오래된 에우리메돈은 세상 끝에서 거인족을 다스리던 거인이다. 그의 폭력 때문에 자신은 물론이고 거인족 전체가 멸망하게 되었다. 에우리메돈은 아직 어린아이였을 때 헤라를 범하여 프로메테우스를 얻었다고 한다. 그는 이 일로 제우스의 분노를 샀다고 하는데, 이런 이야기는 프로메테우스 전설의 상당히 수상쩍은 이본으로 후세에 수정된 것처럼 보인다(☞프로메테우스).

2. 또 다른 에우리메돈은 미노스와 님프 파리아의 아들로, 네팔리온, 크리세스, 필롤라오스 등과 형제간이다(☞계보 28). 헤라클레스는 아마조네스 원정을 위해 파로스를 지나다가 부하 두 명이 그 섬에 살고 있던 미노스의 아들들에게 죽임을 당하자, 이들을 공격하여 죽이고 도시를 포위 공략했다. 헤라클레스를 진정시키기 위해 주민들은 죽은 두 명의 부하 대신 자기들의 왕자들 중 두 명을 데리고 갈 것을 간청했다. 헤라클레스는 미노스의 손자이자 안드로게오스의 아들들인 알카이오스와 스테넬로스를 데리고 갔다.

3. 마지막 에우리메돈은 아가멤논의 전차를 모는 마부로 알려져 있다. 그는 미케나이에서 주인과 함께 아이기스토스에게 죽임을 당했다.

에우리모스 Εὔρυμος / Eurymus 에우리모스는 올레노스(아이톨리아의 올레노스로 추정됨) 출신의 용사로, 폴리데우케스에게 카스토르를 모함했다. 폴리데우케스는 형제인 카스토르에게 이를 곧바로 일렀고, 이를 안 카스토르는 에우리모스를 맨주먹으로 때려 죽였다. 폴리데우케스 자신이 형제를 위해 에우리모스에게 같은 벌을 가했다고도 한다.

에우리사케스 Εὐρυσάκης / Eurysaces 텔라몬의 아들 아이아스(☞)는 트로이아 전쟁 때 포로 여자인 테크메사와 결혼했다. 프리기아 왕 텔레우타스의 딸이었던 테크메사는 아이아스와의 사이에서 에우리사케스라 불리는 아들을 낳았다. 아이아스는 자살하기 전에 이 아들을 동생 테우크로스에게 맡겼다. 트로이아가 함락된 후, 에우리사케스는 아버지의 조국 아티카에 있는 살라미스로 돌아왔다. 하지만 그는 숙부인 테우크로스와는 다른 배를 타고 돌아왔고, 이로 인해 텔라몬 왕은 테우크로스를 못마땅하게 여겼다[텔라몬은 테우크로스가 아이아스의 죽음을 막거나 그에 대한 복수도 하지 못한 채 따로 돌아온 것을 못마땅히 여긴 것임]. 텔라몬이 테우크로스를 추방한 뒤(☞테우크로스) 에우리사케스가 할아버지의 뒤를 이었다. 텔라몬의 죽음을 알게 된 테우크로스는 귀국을 원했지만 에우리사케스가 다시금 쫓아 보냈다. 에우리사케스는 형제 필라이오스와 함께 살라미스 섬을 아테나이 인들에게 넘겨주고, 대신 아테나이 시민권을 얻었다. 또 다른 전승들에 따르면, 필라이오스는 에우리사케스의 형제가 아니라 아들이며, 에우리사케스가 아니라 그가 자기 조국을 아테나이 인들에게 넘겨주었다고 한다. 어쨌든 에우리사케스의 가족은 아테나이에 정착했고, 밀티아데스, 키몬, 알키비아데스, 역사가 투키디데스 등이 그의 후손들이다.

에우리스테우스 Εὐρυσθεύς / Eurystheus 에우리스테우스는 페르세우스의 손자이자, 스테넬로스의 아들이다. 그의 어머니는 펠롭스의 딸 니키페이다. 그는 암피트리온, 알크메네 등과 사촌간이다(☞계보 31). 에우리스테우스는 아르골리스의 티린스, 미케나이, 미데아 등을 통치했다. 이러한 권력은 제우스의 예언이 헤라의 술수로 조작되는 바람에 그에게 돌아간 것이다. 헤라클레스가 태어나기 직전에 제우스는 곧 태어날 페르세우스의 후손이 미케나이를 다스리게 되리라고 선언했다. 이에 질투를 느낀 헤라는 출산의 여신인 에일레이티이아를 설득하여 헤라클레스의 탄생을 늦추고(☞알크메네), 당시 7개월째였던 에우리스테우스의 탄생은 앞당겼다. 그 결과 에우리스테우스가 먼저 태어나 제우스가 약속한 혜택을 누리게 되었다.

헤라클레스의 전설에서 에우리스테우스는 육체적으로나 정신적으로나 불완전한 인간으로 등장한다. 그는 영웅 앞에서 두려움에 떨었고 신이 준 권력을 받을 만한 자격을 갖추지 못했다. 헤라클레스는 오르코메노스의 미니아이 족과의 전투에서 돌아오는 길에(☞에르기노스) 헤라에 의해 광기에 사로잡힌 나머지 친자식들을 죽이고 말았다. 헤라클레스가 피티아의 신탁을 구하자, 티린스로 가서 에우리스테우스를 섬기라는 답이 내렸다. 그리하여 에우리스테우스가 헤라클레스에게 부과한 〈과업들〉은 결국 영웅이 영광을 얻고 신격화되는 계기가 되었다. 하지만 에우리스테우스는 헤라클레스에게 권력을 빼앗길까 두려운 나머지 그가 미케나이 성 안으로 들어오는 것을 허락하지 않았다. 그는 헤라클레스에게 모습을 드러내지 않고 펠롭스의 아들 코프레우스(그는 이피토스를 죽인 후에 에우리스테우스에게 피신해 있었다)를 전령으로 보내 자신의 명령을 전달했으며, 영웅이 자신의 과제를 마치고 가져오는 성과물들을 매번 도시의 성문 앞에 두고 가라고 명했다. 그는 헤라클레스에게 공격을 당할 경우 피신하기 위해 커다란 청동 항아리까지 준비해 두었다. 그가 헤라클레스에게 시킨 일들은 다음과 같다. 네메아의 사자와 레르네의 히드라를 죽이고, 오이노에의 사슴과 에리만토스의 멧돼지를 사로잡고, 아우게이아스 왕의 축사를 청소하고, 스팀팔로스 호수에서 괴조를 퇴치하고, 크레테의 황소와 트라케 왕 디오메데스의 암말들을 사로잡고, 아마조네스 여왕 히폴리테의 띠를 가져오고, 게리오네우스의 소를 훔치고, 헤스페리데스의 정원에서 황금 사과를 가져오라는 것이었다(☞헤라클레스). 하지만 그는 두 번째와 세 번째 과업의 경우 헤라클레스가 보상을 받았기 때문에 자신의 명령에 따라 이룩한 공적으로 받아들이지 않았다(☞헤라클레스). 헤라클레스가 과업들을 모두 끝마치자 에우리스테우스는 희생 제사에 헤라클레스를 초대했다. 에우리스테우스의 아들들은 영웅에게 다른 사람들의 몫보다 고기를 적게 주었고, 이에 헤라클레스는 모욕당했다고 생각하여 그들 중 세 명을 죽였다.

헤라클레스는 티린스에 정착하려 했지만, 증

오심으로 그를 뒤쫓는 에우리스테우스의 방해를 받았다. 영웅이 죽은 후에도 그의 후손들은 안전하지 못했다. 왜냐하면 에우리스테우스가 케익스로부터 헤라클레스의 후손들을 넘겨받으려 했기 때문이다. 그들은 아티카로 가서 보호받았다. 한편 에우리스테우스는 군대를 이끌고 아테나이 인들에게 맞서 진격하다가 죽임을 당했다. 그의 머리는 알크메네에게 전달되었고 알크메네는 에우리스테우스의 눈을 빼버렸다.

알렉산드리아 시대의 특이한 한 전승에 의하면, 헤라클레스는 에우리스테우스의 애인이었으며 그에 대한 사랑으로 열두 가지 과업을 수행했다고 한다.

에우리알로스 Εὐρύαλος / Euryalus 에우리알로스라는 이름의 인물들은 여러 명 있다.

1. 아르고스 사람 에우리알로스는 메키스테우스의 아들로(☞계보 1), 아르고나우타이의 원정과 에피고노이의 원정, 그리고 디오메데스와 함께 트로이아 전쟁에 참전했다.

2. 에우리알로스는 오딧세우스의 아들의 이름이기도 하다. 그는 오딧세우스가 에페이로스 왕 티림마스의 딸 에우히페에게서 낳은 아들로 아버지에게 죽임을 당했다(☞에우히페).

3. 아이네이아스의 한 부하도 같은 이름으로, 미소년이었던 그는 니소스와의 우정으로 유명하다. 그는 루툴리 족과의 전투에서 사망했다.

에우리클레이아 Εὐρύκλεια / Eurycleia 1. 에우리클레이아는 오이디푸스의 근친상간이 언급되지 않는 전설에 등장하는 어머니의 이름이다. 실제로 에우리클레이아는 라이오스의 첫번째 아내이며, 라이오스가 죽은 후 오이디푸스와 결혼한 것은 그의 두 번째 아내인 에피카스테이다.

2. 에우리클레이아는 또한 오딧세우스의 유모의 이름이기도 하다.

에우리토스 Εὔρυτος / Eurytus 1. 에우리토스는 신들과의 싸움에 참가한 거인족 중 한 명의 이름이다. 그는 디오니소스가 휘두른 지팡이에 맞아 죽었다.

2. 이 이름의 가장 유명한 용사는 헤라클레스의 신화에 등장하는 이올레의 아버지이다.

에우리토스는 오이칼리아의 왕으로, 오이칼리아는 테살리아, 메세니아, 혹은 에우보이아에 있던 도시였다. 그는 멜라네우스의 아들로 훌륭한 궁수였으며 궁술의 신 아폴론의 아들이라는 평판까지 얻었다. 그의 어머니는 스트라토니케이다. 그는 필론의 딸 안티오케와 결혼하여 데이온(혹은 몰리온), 클리티오스, 톡세우스, 이피토스 등 네 명의 아들과 이올레라는 딸을 두었다. 에우리토스의 활 솜씨는 아버지로부터 물려받은 것이었는데, 호메로스에 의하면 그는 아폴론에게 도전했다가 오만에 대한 벌로 〈명대로 살지 못하고〉 죽었다고 한다. 그는 헤라클레스에게 활 쏘는 법을 가르친 스승으로도 여겨진다. 에우리토스의 활은 그의 아들 이피토스가 물려받았는데, 그는 오딧세우스의 환대에 감사하는 선물로 그것을 주었고, 그 보답으로 오딧세우스는 이피토스에게 창과 양날 검을 주었다. 오딧세우스는 이 활로 구혼자들을 죽였다.

에우리토스에 관해 가장 널리 알려진 전설은 그를 헤라클레스의 적으로 이야기한다. 에우리토스는 모든 그리스 인들이 참여할 수 있는 궁술 시합을 개최하고는 자신을 이기는 궁수에게 딸을 주겠다고 했다. 이에 헤라클레스가 도전하여 에우리토스를 이겼지만, 에우리토스의 아들들은 약속한 상을 줄 생각이 없었다. 그들은 헤라클레스가 자신들의 누이와의 사이에서 아이들을 얻으면, 예전에 그가 미쳐서 그랬듯이 또다시 자식들을 죽일 까 봐 우려했던 것이다(☞헤라클레스). 단지 이피토스만이 영웅의 편을 들었다. 여기서부터 설들이 엇갈리는데, 일설에 의하면 에우리토스는 헤라클레스가 가축을 훔쳤다고 비난했다고 한다. 사실 이 가축들은 아우톨리코스가 훔친 것으로, 이피토스는 영웅의 무죄를 밝히기 위해 헤라클레스와 함께 가축을 찾으러 갈 것을 제안했다. 그런데 다시금 광기의 발작을 일으킨 헤라클레스는 티린스 성벽의 높은 곳에서 이피토스를 떨어뜨려 죽였다고 한다. 그런가 하면 헤라클레스가 실제로 가축을 훔친 장본인이며, 이피토스가 장물을 돌려받으러 오자 그를 죽였다는 설도 있다. 이 살인에 대한 죄값으로 헤르메스는 헤라클레스를 노예로 팔았고 옴팔레가 그를 샀다(☞헤라클레스). 하지만 에우리토스는 자신의 아들 이피토스의 죽음에 대해 헤라클레스가 지불하려는 배상금을 거절하고 받지 않았다. 그 후 노예로 봉사해야 하는 기간이 만료되자 헤라클레스는 오이칼리아 원정에 올랐다. 헤라클레스는 도시를 점령한 뒤 에우리토스와 그의 아들들을 죽이고 이올레를 납치하여 포로로 데리고 갔다.

3. 또 다른 에우리토스는 헤르메스의 아들이자 에키온의 형제로 아르고나우타이 중 한 명이다(☞에리토스).

4. ☞몰리오니다이.

에우리티온 Εὐρυτίων / Eurytion 1. 에우리티온은 켄타우로이 중 한 명으로 페이리토오스의 신부를 납치하려 했고, 이로 인해 켄타우로이와 라피타이 족의 싸움이 일어났다.

2. 에우리티온이라는 이름의 또 다른 켄타우로스는 올레노스 왕 덱사메노스의 딸 므네시마케와 강제로 결혼하려다가 헤라클레스에게 죽임을 당했다(☞덱사메노스).

3. 에우리티온은 악토르의 아들(☞이로스)이다. 그는 프티아 출신 용사로 칼리돈의 멧돼지 사냥에 참가했다. 펠레우스는 포코스를 죽인 뒤 그의 궁정으로 피신했다(☞펠레우스, ☞아이아코스). 에우리티온은 그의 죄를 씻어 주고 딸인 안티고네와 결혼시켜 자기 왕국의 3분의 1을 주었다. 그러나 펠레우스는 칼리돈의 멧돼지를 사냥하던 중에 사고로 장인을 죽였고, 이 새로운 살인으로 인해 아카스토스의 궁정으로 도망쳐야 했다(☞아카스토스, ☞아스티다메이아).

4. 게리오네우스의 소치기 에우리티온에 관해서는 ☞게리오네우스, ☞헤라클레스.

에우리필로스 Εὐρύπυλος / Eurypylus 1. 이 이름을 가진 첫번째 용사는 테살리아 군대의 대장으로 에우아이몬의 아들이며, 트로이아 원정에 참가했다. 그는 힙세노르, 멜란토스, 아피사온 등을 차례로 죽였다. 자신은 파리스에게 부상을 입었지만 파트로클로스에게 치료받았다.

2. 두 번째 에우리필로스는 코린토스 만에 있는 파트라이 시의 왕이 된 인물로, 위의 에우리필로스와 대개 동일시된다. 옛날 파트라이 주민들은 멜라니포스와 여사제 코마이토가 범한 신성 모독에 대한 벌로 아르테미스에게 해마다 마을에서 가장 아름다운 처녀와 가장 잘생긴 청년을 제물로 바쳐야 했다(☞코마이토 2). 한편 에우리필로스는 트로이아의 전리품들 중 신비로운 함을 하나 받았는데, 함을 열자 광기에 사로잡혀 버렸다. 신탁은 그가 귀향길에 〈이례적인 희생 제물〉을 만나면 낫게 되리라면서, 그것을 만나는 곳에 정착해야 한다고 답해 주었다. 파트라이에 이르렀을 때, 그는 아르테미스에게 바치는 연례적인 희생 제사를 보았고, 신탁이 이루어졌음을 깨달았다. 파트라이 주민들 역시 이방인 왕이 증인이 된다면 더 이상 그들의 희생 제물이

필요 없으리라는 신탁을 받은 터라, 에우리필로스가 그들의 마을에 다가오는 것을 보자 아르테미스의 화가 풀렸다는 것을 알아차렸다. 파트라이의 아크로폴리스에 에우리필로스의 무덤이 있었다고 한다.

3. 세 번째 에우리필로스는 코스 섬의 왕이다. 그는 포세이돈과 아스티팔라이아의 아들이었다. 헤라클레스가 트로이아에서 돌아오다가 코스 섬에 이르자, 에우리필로스와 그의 아들들은 그를 쫓아내려 했다. 하지만 헤라클레스는 밤에 도시로 들어가서 그들을 죽였다.

4. 네 번째 에우리필로스는 텔레포스의 아들로 트로이아 인들 편에서 싸웠다. 텔레포스는 상처를 치유받을 때 자신과 후손들은 더 이상 그리스 인들과 대항하여 싸우지 않겠다고 약속한 바 있었다. 하지만 프리아모스의 누이이자 에우리필로스의 어머니인 아스티오케는 아들을 설득하여 트로이아로 보냈고, 그곳에서 그는 네오프톨레모스에게 죽임을 당했다. 그의 어머니 아스티오케는 예전에 제우스가 가니메데스에게 선물했던 황금 포도나무를 뇌물로 받고 매수되었던 것이다. 에우리필로스는 그리노스(☞)의 아버지이기도 하다.

5. 다섯 번째 에우리필로스는 포세이돈의 아들로 리비아의 키레네를 다스렸다. 아르고나우타이가 트리토니스 호수를 지날 때, 에우리필로스는 환대의 뜻으로 에우페모스에게 흙덩어리를 하나 주었다(☞에우페모스). 핀다로스에 따르면 에우리필로스는 트리톤 신의 화신이라 하며, 다른 작가들은 그가 트리톤의 형제며 어머니는 아틀라스의 딸 켈라이노라 한다. 그는 태양신의 딸 스테로페와 결혼해 두 아들 리카온[원문 대로임; 리카스의 오기인 듯], 레우키포스를 얻었다. 아폴론이 님프 키레네를 그 고장에 데려온 것은 그가 다스리던 시절이었다(☞키레네).

에우릴로코스 Εὐρύλοχος / Eurylochus 에우릴로코스는『오딧세이아』에서 오딧세우스의 동료이자 부관으로 등장한다. 그는 오딧세우스의 누이인 크티메네(☞)와 결혼했다. 키르케 섬을 정찰할 사람을 뽑기 위해 추첨을 했는데 그가 뽑혔다. 그는 마녀의 궁전에 들어가지 않고 오딧세우스에게 돌아와 동료들이 어떻게 변했는지 말해 주었다[이렇게 말하면 그는 마치 혼자 정탐꾼으로 뽑힌 것처럼 들리는데, 사실은 전원을 두 패로 나누어 각각 오딧세우스와 에우릴로코스가 우두머리가 되고, 제비를 뽑아 한 패는 남아 기다리고 다른 패는 정탐하기로 했다. 그런데 에우릴로코스의 제비가 나와서 그의 패가 정탐하러 갔고, 키르케가 그들 일행을 안으로 불러들일 때, 그는 의심을 품고 밖에 머물러 있었던 것이다.『오딧세이아』10권 187 이하 — 감수자 주]. 후에 헬리오스의 소들이 풀을 뜯어먹고 있던 섬에 접근하자고 충고한 것도 에우릴로코스이며, 따라서 오딧세우스의 부하들이 신의 암송아지를 서슴없이 도살하여 먹어 버리는 신성 모독을 범한 책임은 결국 그에게 있는 셈이다. 에우릴로코스는 이들 부하들과 함께 죽었다.

에우마이오스 Εὔμαιος / Eumaeus 에우마이오스는 오딧세우스의 돼지치기로 그의 주인에게 끝까지 충직했다. 그는 이타케 섬의 오딧세우스 영지에서 자신이 할 수 있는 한 모든 방법을 동원하여 오딧세우스의 재산을 지키려 했다. 에우마이오스는 시리아 섬(키클라데스 제도의 하나)을 통치하던 크테시오스 왕의 아들이었다. 그는 어린아이였을 때 포이니케 출신 여자 노예에게 맡겨졌는데, 이 노예는 포이니케 해적들과 관계를 맺었고, 그들은 왕의 어린 아들을 납치하여 라에르테스에게 노예로 팔아 버렸다. 오딧세우스는 이타케 섬으로 돌아간 뒤, 아테나 여신의 충고에 따라 맨 먼저 에우마이오스를 방문했다. 에우마이오스는 오딧세우스의 궁정 탈환에 중개자 역할을 했다. 우선 오딧세우스를 접대한 뒤, 그를 걸인의 모습으로 분장시켜 구혼자들을 만나도록 주선한 것도 바로 에우마이오스이다.

에우멜로스 Εὔμηλος / Eumelus 에우멜로스라는 이름의 용사들은 여러 명 있다.

1. 아드메토스와 알케스티스의 아들인 에우멜로스는 트로이아 전쟁에 참가했던 용사들 중 한 명이다. 그는 아폴론이 아드메토스의 노예로 있을 때 보살피던 말들을 데리고 참전했다. 신의 보살핌을 받았던 이 말들은 파트로클로스를 위한 추모 경기에서 에우멜로스에게 우승을 안겨 주었다.
2. 또 다른 에우멜로스는 코스 섬의 용사로, 불경건 때문에 까마귀로 변했다(☞아그론).
3. 마지막으로 코린토스 사람 보트레스의 아버지인 에우멜로스가 있으며, 그는 아폴론에 의해 새로 변했다(☞보트레스).

에우몰포스 Εὔμολπος / Eumolpus 통설에 의하면 에우몰포스는 포세이돈이 보레아스와 오레이티이아의 딸인 키오네에게서 낳은 아들이다(☞계보 11). 아버지를 두려워한 키오네는 갓 태어난 아이를 바다에 던져 버렸다. 하지만 포세이돈은 아이를 구해 에티오피아로 데려가서 자신과 암피트리테 사이에서 태어난 딸 벤테시키메에게 그를 양육하도록 맡겼다. 벤테시키메는 에우몰포스를 키웠는데, 그가 장성하자 양부는 그를 자기 딸들 중 한 명과 결혼시켰다. 하지만 에우몰포스는 아내의 자매를 범하려 하다가 추방당했다. 그는 아들 이스마로스를 데리고 트라케 왕 테기리오스에게 피신했는데, 왕은 딸들 중 한 명을 이스마로스에게 주었다. 에우몰포스는 테기리오스에 반대하는 음모에 가담했다가 음모가 발각되는 바람에 도망쳐야 했다. 그는 엘레우시스로 가서 그곳 주민들의 호의를 얻었다. 그 후 이스마로스가 죽자 에우몰포스는 테기리오스와 화해를 했고, 테기리오스는 그를 다시 불러들여 왕위를 물려주었다. 에우몰포스가 트라케 왕이 되자마자 엘레우시스 주민들과 에레크테우스가 이끄는 아테나이 인들 사이에 전쟁이 벌어졌다(☞에레크테우스). 에우몰포스의 친구들인 엘레우시스 주민들은 그에게 도움을 청했고, 그는 트라케 군대를 지휘하여 그들을 도우러 갔다. 아테나이 인들이 승리를 거두어 그가 죽임을 당하자, 그의 아버지 포세이돈은 복수를 하고자 제우스를 설득하여 에레크테우스를 벼락으로 쳐죽이게 했다.

여러 전승들에 의하면, 에우몰포스는 트라케에 엘레우시스 비의를 창설하는 데 기여했다고 한다. 헤라클레스가 켄타우로이를 죽인 죄를 씻어 준 것도 바로 그였다. 사제 가문인 에우몰피다이는 그의 후손으로 여겨졌다. 그의 아들 케릭스(〈전령〉이라는 뜻)는 아버지가 죽은 후 엘레우시스 비의에서 일역을 했다. 그는 엘레우시스 비의 입문을 주관하는 전령들 즉 케리케스의 선조가 되었다.

어떤 설들은 에우몰포스를 무사이오스와 연관시켜, 무사이오스가 에우몰포스의 아버지 혹은 아들이라고 한다. 하지만 엘레우시스 비의의 창설자 에우몰포스의 주요 특성에 대해서는 작가들 사이에 일치된 견해가 없다. 어떤 설들은 심지어 그가 키오네의 아들과는 완전히 다른 인물이라고까지 한다. 그는 데이오페의 아들이자 트리프톨레모스의 손자라는 것이다.

에우불레우스 Εὐβουλεύς / Eubouleus 에우불레우스라는 이름은 엘레우시스의 비의와 관계된 두 명의 인물과 연관된다.

1. 첫번째 인물은 트리프톨레모스의 형제이며 데메테르 여신의 사제 트로킬로스의 아들이다. 그의 아버지는 아르고스를 떠나 아티카로 피신했다. 하지만 어떤 전승들에서는 트리프톨레모스와 에우불레우스가 디사울레스의 아들들이라고도 한다(☞트리프톨레모스).

2. 이 이름을 가진 두 번째 인물은 하데스가 페르세포네를 하계로 납치한 곳에서 그의 가축들과 함께 있었던 돼지치기이다. 돼지 몇 마리는 하데스와 페르세포네가 사라질 때 같이 땅속으로 삼켜졌다. 바로 이 사건으로 〈테스모포리아〉 즉 데메테르의 축제 동안 지하실에서 에우불레우스에게 몇 마리의 어린 돼지를 제물로 바치는 제의가 생겨났다. 에우불레우스(〈훌륭한 조언자〉 혹은 〈친절한 이〉라는 뜻)는 하데스의 별명이며, 제우스와 페르세포네와의 사이에서 태어난 신을 부르는 말이기도 하다. 그는 트리토파트레스(종족이나 공동체의 조상 신들] 및 디오니소스와 함께 아테나이에서 숭배되었다.

에우아드네 Εὐάδνη / Evadne 1. 에우아드네는 포세이돈과 피타네의 딸이다. 그녀의 인간 아버지는 아르카디아 왕 아이피토스이다(☞3). 에우아드네는 아폴론의 사랑을 받아 아들 이아모스를 낳았다. 이아모스는 올림피아의 사제 가문인 이아미다이의 조상이 되었다(☞이아모스).

2. 또 다른 에우아드네는 이피스의 딸로 카파네우스와 결혼했다(☞계보 36). 남편이 죽자 그녀는 그의 시신을 태우던 화장단에 뛰어들어 자살했다.

에우안드로스 Εὔανδρος / Evandrus 1. 리키아 출신으로 사르페돈의 아들인 에우안드로스는 그리스 인들에 대항하여 트로이아 인들을 도우러 갔던 전사들 중 한 명이다.

2. 프리아모스의 아들 중 한 명도 역시 에우안드로스라는 이름이다.

3. 가장 유명한 에우안드로스는 로물루스가 로마를 건설하기 전에 팔라티누스 언덕에 팔란티움 마을을 건설한 인물이다.

에우안드로스[로마 식 표기로는 〈에반드로스)]는 아르카디아 인으로, 팔란티온 시 출신이다. 어떤 전설들은 그가 라돈의 딸 텔푸사와 헤르메스의 아들로 예언력을 지니고 있었다고 전한다. 그의 어머니는 로마에서 카르멘타라는 이름으로 숭앙되었다(☞카르멘타). 하지만 신화학자들에게 그녀는 테미스, 니코스트라테, 티부르티스(마지막 이름은 로마의 강 티베리스[테베레]와 그녀를 연관짓는 것이다) 등의 이름으로도 알려져 있었다. 그런가 하면 에우안드로스는 테게아의 에케모스와 티만드라(틴다레오스와 레다의 딸)의 아들이므로, 헬레네와 클리타임네스트라, 디오스쿠로이 등이 속하는 가문의 후손이다. 그가 아르카디아를 떠난 이유에 대해서도 역시 여러 가지 설이 있다. 그가 자진해서 떠났다고도 하며, 어머니를 보호하기 위해 아버지를 죽인 후에, 혹은 어머니를 죽인 후에 피신해야 했다고도 한다.

에우안드로스는 티베리스 강의 좌안에 있는 팔라티누스 언덕에 정착했다. 그는 원주민 왕 파우누스에게는 환대를 받았지만 프라이네스테 왕인 거인 에릴루스와 싸워야 했다(☞에릴루스). 그는 백성들을 어질게 다스렸고, 미개한 주민들을 개화시켰다. 그는 당시까지 알려지지 않았던 글쓰기와 음악, 기타 유용한 기술들을 가르쳤다. 아르카디아의 몇몇 신들 즉 케레스(데메테르), 넵투누스(포세이돈) 등도 라티움에 소개했으며, 특히 리카이아의 판을 위하여 루페르칼리아 축제를 건설했다. 헤라클레스가 팔란티움에 왔을 때, 그를 맞이하고 카쿠스를 죽인 죄를 씻어 준 것도 에우안드로스이다. 그는 헤라클레스가 신의 아들임을 알아보았고, 그를 숭배하도록 팔라티누스 언덕과 아벤티누스 언덕 사이에 커다란 제단(아라 막시마 Ara Maxima)을 세웠다. 에우안드로스는 트로이아 전쟁이 일어나기 60년 전에 라티움에 갔으므로, 아이네이아스가 루툴리 족과의 싸움으로 도움을 청하러 찾아왔을 때는 이미 노인이었다(☞아이네이아스). 에우안드로스는 예전에 자신이 앙키세스의 대접을 받았던 것을 기억하고 아이네이아스를 환대했으며, 자신이 늙어서 직접 전투에 참여할 수 없음을 사과하면서 아들 팔라스의 지휘하에 지원군을 보내 주었다. 팔라스는 곧 전사했다.

에우안드로스에게는 팔라스 이외에 두 딸 로메와 디네 혹은 다우나가 있었다.

포르타 트리게미나에서 멀지 않은 아벤티누스 언덕 기슭에 에우안드로스를 위한 제단이 있었다. 이 제단은 그의 어머니 카르멘타의 제단과 대칭을 이루는 것으로, 카르멘타의 제단은 보아리움 광장의 맞은편인 포르타 카르멘탈리스 근처의 카피톨리움 언덕 기슭에 자리잡고 있었다.

에우에노스 Εὔηνος / Evenus 에우에노스는 아이톨리아 왕으로 아레스와 데모니케의 아들이다(☞계보 24). 그는 자신의 딸 마르페사에게 몰려드는 구혼자들을 번번이 죽여 그들의 두개골로 포세이돈의 신전을 장식했다. 그러던 중에 마르페사는 이다스에게 납치되어, 아폴론의 사랑을 받았다. 에우에노스는 유괴범을 뒤쫓았지만, 포세이돈이 이다스에게 날개 달린 수레를 주었으므로 도저히 잡을 수가 없었다. 그러자 에우에노스는 자기 말들을 죽이고 리코르마스 강에 뛰어들었고, 이후로 그 강은 에우에노스 강이라 불리게 되었다(☞마르페사).

에우케노르 Εὐχήνωρ / Euchenor 에우케노르는 코린토스 출신 예언자인 폴리에이도스의 아들이다. 그의 아버지는 수차례에 걸쳐 아들에게 어떤 운명이 기다리고 있는지를 말해 주었다. 즉 에우케노르는 자신의 집에서 서서히 죽든지 아니면 아트레우스의 아들들과 함께 트로이아 전쟁에 참가하여 즉시 전사하리라는 것이었다. 에우케노르는 영광스러운 죽음을 선택하여 트로이아 전쟁에서 파리스의 화살에 맞아 죽었다.

에우티모스 Εὔθυμος / Euthymus 로크리의 에우티모스는 이탈리아 남부의 용사로 테메사 주민들이 해마다 알리바스라는 마신에게 바치던 잔인한 조공으로부터 풀려나게 해주었다. 이 마신이란 오딧세우스의 부하 폴리테스의 망령으로, 오딧세우스 일행이 테메사에 이르렀을 때 술에 취한 폴리테스는 그 고장 처녀를 범한 죄로 주민들의 돌에 맞아 죽었다. 그 후 폴리테스의 영혼은 온갖 방법으로 주민들을 괴롭히며, 자신을 위한 성역을 만들고 매년 그 고장의 가장 아름다운 처녀를 바치라고 요구했다. 이런 조공은 로크리 출신의 유명한 권투사 에우티모스가 도착할 때까지 계속되었다. 에우티모스는 마신에게 도전하여 이겼고, 그를 이 나라에서 내쫓았다. 에우티모스는 처녀와 결혼하여 아주 늙도록 살았으나, 죽지 않고 어느 날 불가사의하게 사라져 버렸다고 한다.

에우페모스 Εὔφημος / Euphemus 에우페모스는 아르고나우타이 중 한 명이다. 포세이돈의 아들인 그는 아버지로부터 물위를 걸을 수 있는 재능을 물려받았다. 그의 어머니는 티티오스의 딸 에우로페였다. 아르고나우타이의 원정에서 심플레가데스를 지날 때, 배가 무사히 두 개의 바위 사이를 빠져나갈 수 있는지 알아보기 위해 비둘기를 날려 보낸 이가 바로 에우페모스이다(☞아르고나우타이). 또한 트리토니스 호수의 일화에서, 키레나이카 지역에 그의 후손들이 도래할 것을 예고하는 신비스러운 흙덩어리를 트리톤 신으로부터 받은 것도 에우페모스이다. 그리고 실제로 키레네 식민지의 건립자인 바토스는 에우페모스의 후손이라고 한다. 에우페모스가 바다에 성스러운 흙덩어리를 던지자 테라 섬이 떠올랐다. 그는 헤라클레스의 누이인 라오노메와 결혼했고, 렘노스 여자 말라케(☞아르고나우타이)와의 사이에서 바토스의 조상이 되는 레우코파네스를 낳았다.

에우포르보스 Εὔφορβος / Euphorbus 에우포르보스는 트로이아 용사로, 파트로클로스에게 처음으로 상처를 입힌 판토오스의 아들이다. 그는 메넬라오스에게 죽임을 당했다. 메넬라오스는 그의 방패를 아르고스의 헤라 신전에 두었다. 피타고라스는 자신이 전생에 용사 에우포르보스였다고 주장했다[그는 헤라 신전에서 에우포르보스의 방패를 알아보았다고 한다. 오비디우스 『변신』 15권 160 이하 — 감수자 주].

에우포리온 Εὐφορίων / Euphorion 아킬레우스는 죽은 후 〈행복한 자들의 섬〉에서 헬레네와 함께 살았다[아킬레우스 항목에 의하면 〈레우케 섬〉(흰 섬)에서. 두 섬 모두 낙원이지만, 전자는 오케아노스 강가에, 후자는 도나우 강 하구에 있는 것으로 여겨졌다]. 그곳에서 그들은 아들 에우포리온을 얻었는데, 이 아들은 날개가 달린 초자연적인 존재였다. 제우스는 에우포리온을 사랑했지만, 그의 사랑은 얻지 못했다. 에우포리온은 제우스를 피해 도망다니다가 멜로스 섬에서 제우스에게 잡혀, 제우스가 던진 벼락에 맞아 죽었다. 섬의 님프들이 그의 시신을 묻어 주자 그때까지도 화가 안 풀린 제우스는 님프들을 개구리로 만들어 버렸다.

에우프라테스 Εὐφράτης / Euphrates 에우프라테스라는 강 이름의 기원을 설명하기 위해 다음과 같은 전설이 만들어졌다. 에우프라테스라는 남자에게 악수르타스라는 아들이 있었다. 그는 어느 날 아내 옆에 잠들어 있는 아들을 외간 남자로 착각하고 죽여 버렸다. 실수를 깨달은 그는 절망에 빠져 메도스 강에 몸을 던졌고, 이후로 강은 그의 이름을 따라 에우프라테스라 불리게 되었다(☞칼리돈 2).

에우히페 Εὐίππη / Euippe 1. 오딧세우스는 구혼자들을 죽인 후 신탁을 구하기 위해 에페이로스로 갔다. 거기서 그는 티마르스 왕의 환대를 받았지만, 그의 딸 에우히페를 유혹하는 배은망덕을 저질렀다. 그는 에우히페에게서 에우리알로스라 불리는 아들을 얻었다. 아들이 장성하자 에우히페는 에우리알로스에게 아버지가 아들을 알아볼 만한 표지들을 새긴 판자를 주어 이타케로 보냈다. 하지만 에우리알로스가 이타케에 도착했을 때 오딧세우스는 출타 중이었다. 페넬로페는 남편이 에우히페와 정을 통했다는 소문을 들었기 때문에 오딧세우스가 돌아오자 그를 죽이려는 젊은이가 있다면서 남편을 부추겨 에우리알로스를 죽이게 했다. 오딧세우스는 아무것도 모르는 채, 제 손으로 아들을 죽여 버렸다.

또 다른 전승들에 의하면, 에우히페와 오딧세우스의 아들은 레온토프론이라는 이름이었다고 한다(☞계보 9).

2. 아타마스의 손녀인 또 다른 에우히페에 관해서는 ☞계보 33.

에울리메네 Εὐλιμένη / Eulimene 에울리메네는 크레테 왕 키돈의 딸이다. 그녀의 아버지는 딸을 크레테 귀족 가문 출신 압테로스와 정혼시켰다. 하지만 그녀는 리카스토스를 사랑했고 그도 역시 그녀를 사랑했다. 리카스토스는 오랫동안 그녀의 연인으로 지냈다. 그러던 중에 크레테 도시 중 몇 개가 키돈에게 항거하여 반란을 일으키자 키돈은 어떻게 하면 좋을지 신탁에 물어보았다. 신탁은 이 나라의 용사들에게 처녀를 바쳐야만 한다고 답했다. 키돈은 젊은 처녀들 중 제비 뽑기를 했는데, 그의 딸 에울리메네가 뽑혔다. 리카스토스는 그녀의 운명을 바꾸기 위해 키돈에게 자신과 그녀와의 관계를 털어놓았다. 그러나 백성들은 더욱더 에울리메네가 죽어야 마땅하다고 생각했고, 결국 에울리메네는 제물로 바쳐졌다. 왕은 죽은 딸의 배를 가르게 하여 그녀가 임신 중이었다는 사실을 알게 되었다. 리카스토스의 보복을 두려워한 압테로스는 함정을 파서 그를 죽인 뒤, 리카이에 있는 테르메라 부근의 크산토스로 피했다.

에이도테아 Εἰδοθέα / Idothea 에이도테아라는 이름을 갖는 여성들은 여러 명 있다.

1. 그 중 한 명은 바다의 신 프로테우스의 딸로, 이집트에서 메넬라오스는 그녀의 조언에 따라 프로테우스에게 스파르타로 돌아갈 방법을 물었다(☞메넬라오스, ☞헬레네[그러나 에우리피데스의 「헬레네」 11행에서 프로테우스의 딸 이름은 〈에이도〉이다 — 감수자 주]).

2. 또 다른 에이도테아는 카리아 왕 에우리토스의 딸이자, 밀레토스 시의 건설자 밀레토스의 아내이다. 그녀는 카우노스와 비블리스의 어머니이기도 하다(☞카우노스).

3. 에이도테아는 장님인 피네우스 왕의 두 번째 아내의 이름이기도 하다. 그녀는 또한 카드모스의 누이였다. 의붓아들들에 대한 그녀의 증오와 그녀가 받은 벌에 대해서는 ☞피네우스 때로 피네우스 왕의 두 번째 아내는 에이도테아가 아니라 에우리티아 혹은 이다이아이다.

에일레이티이아 Εἰλείθυια / Ilithye 에일레이티이아는 출산을 주관하는 여신이다. 그녀는 제우스와 헤라의 딸이자 헤베, 아레스, 헤파이스토스와 동기간이다. 어머니의 충복인 그녀는 어머니의 증오심을 모른 척하지 않았고, 레토(☞)나 알크메네(☞갈린티아스)의 출산을 방해했다.

때로 시인들은 여러 명의 에일레이티에스에 대해 언급하기도 한다.

에케모스 Ἔχεμος / Echemus 에케모스는 아에로포스의 아들로, 틴다레오스와 레다의 딸인 티만드라의 남편이다(☞계보 2). 이 결혼으로 그는 디오스쿠로이 및 헬레네, 클리타임네스트라와 인척간이 되었다. 에케모스는 리쿠르고스의 뒤를 이어 아르카디아의 왕이 되었다. 그는 아르카디아 왕으로서 펠로폰네소스를 헤라클레이다이의 첫번째 침략 시도로부터 지켜 냈다. 그는 헤라클레이다이의 우두머리인 힐로스의 일대일 결투 신청을 수락하여, 만일 에케모스가 이기면 헤라클레이다이는 향후 50년(혹은 100년) 동안 펠로폰네소스를 침입하지 않기로 했다. 메가라 주변 코린토스 지협에서 벌어진 이 싸움에서 힐로스가 패배하여 죽었고 헤라클레이다이는 후퇴했다. 이 승리로 테게아 인들은(에케모스는 테게아 출신이었다) 펠로폰네소스 동맹군의 통솔권을 얻었다. 메가라에는 에케모스의 무덤이 힐로스의 무덤과 나란히 있었다고 한다. 또한 테게아에도 그의 무덤이 있었다고 한다.

일설에 의하면 에케모스는 디오스쿠로이의 아티카 원정, 즉 카스토르와 폴리데우케스가 테세우스 없는 틈을 타서 헬레네를 구하러 갔을 때, 함께 갔다고 한다(☞헬레네, ☞테세우스).

에케토스 ’Ἔχετος / Echetus 에페이로스의 전설적인 왕 에케토스는 잔인한 폭군의 전형으로 〈인간들에게 공포〉의 대상이었다. 『오딧세이아』에는 걸인 이로스를 에케토스에게 넘기겠다고 위협하는 대목이 나온다. 그러면 에케토스는 이로스의 코와 귀를 잘라 개들에게 먹이로 던져주리라는 것이다. 또한 에케토스의 딸 메토페가 애인과 정을 통하자, 왕은 두 사람을 벌하기 위해 남자를 병신으로 만들고 딸의 눈은 청동 바늘로 찔러 소경을 만들었다고 한다. 그리고는 탑에 가두어 청동 보리를 빻으라면서, 그것을 다 빻으면 다시 눈을 뜨리라고 했다는 것이다.

에케틀로스 ’Ἔχετλος / Echetlus 에케틀로스는 아티카의 용사로, 페르시아와 대항하여 싸운 마라톤 전투에서만 단 한 번 등장한다. 에케틀로스는 농사꾼 차림으로 전쟁터에 나타나서 수많은 페르시아 인들을 죽이고 싸움에서 승리하자 사라져 버렸다. 신탁은 이 수수께끼의 용사가 신이었다고 알려 주면서, 에케틀로스에게 바치는 성역을 만들라고 명했다.

에코 ’Ἠχώ / Echo 에코는 숲과 샘의 님프로, 그녀에 관한 전설은 〈에코〉(메아리)라는 단어의 유래를 보여 준다. 일설에 의하면, 그녀는 자신을 사랑하는 판을 사랑하지 않고, 자기를 피하는 사티로스를 연모했다. 그래서 판은 복수심에서 목동들을 시켜 그녀를 찢어 죽였다고 한다. 또 다른 설에 의하면, 그녀는 미소년 나르키소스를 짝사랑했다고 한다(☞나르키소스). 나르키소스가 죽자 그녀는 사라지고 목소리만 남아, 사람들이 하는 말의 맨 마지막 음절을 반복한다는 것이다.

에키드나 ’Ἔχιδνα / Echidna 에키드나는 상반신은 여자이고 하반신은 다리 대신에 뱀의 꼬리를 한 괴물 뱀이다. 에키드나의 기원에 관해서는 다양한 설이 있다. 헤시오도스에 따르면, 에키드나는 폰토스(바다)와 가이아(대지)의 자식들인 포르키스와 케토의 딸이라고 한다. 그런가 하면 타르타로스와 가이아의 후손이라는 설도 있고, 스틱스나 크리사오르의 딸이라고도 한다(☞계보 12, ☞계보 32). 에키드나는 킬리키아의 아리메스 족의 나라에 있는 동굴에서 살았다. 또 다른 전승들에 의하면, 에키드나는 펠로폰네소스에서 살면서 나그네들을 잡아먹었기 때문에 백 개의 눈을 가진 아르고스에게 죽임을 당했다고 한다. 에키드나는 많은 괴물들을 낳았다. 그녀는 티폰과의 사이에서 게리오네우스의 개 오르트로스, 하계의 개 케르베로스와 레르네의 히드라(☞헤라클레스), 벨레로폰테스(☞)에게 죽임을 당하게 될 키마이라 등을 낳았다. 또한 오르트로스와의 사이에서 보이오티아의 괴물인 픽스와 네메아의 사자를 낳았다(☞헤라클레스). 뿐만 아니라 황금 양털(☞이아손)을 지키는 콜키스의 용과 헤스페리데스(☞헤라클레스)의 사과들을 지키는 용, 프로메테우스의 간을 파먹는 독수리도 그녀의 자식들로 여겨졌다.

흑해 연안의 그리스 식민지에 사는 주민들은 에키드나에 관해 이와는 상당히 다른 전설을 전한다. 이 전설에 따르면, 헤라클레스는 스키티아에서 말들에게 풀을 뜯어먹게 하고 잠을 잤다고 한다. 잠에서 깨어난 그는 말들을 찾을 수가 없었다. 영웅은 말들을 찾아다니다가 동굴에 살고 있던 에키드나를 만났고, 그녀는 만일 자기와 동침한다면 그에게 말들을 돌려주겠다고 약속했다. 헤라클레스는 그녀의 요구를 들어주었고,

그 결과 태어난 에키드나의 자식들이 아가티르소스, 겔로노스(겔로노이 족의 도시의 명조), 스키테스(스키티아 족의 명조) 등이다.

에키온 ʼΕχίων / Echion 1. 에키온은 테바이를 건설할 때 카드모스가 뿌린 용의 이빨에서 태어난 다섯 사람들 중 한 명이다(☞스파르토이). 그는 카드모스의 딸 아가우에와 결혼하여 펜테우스를 낳았다. 훗날 이 도시를 다스린 펜테우스는 디오니소스 숭배를 도입하는 데 반대했다(☞펜테우스, ☞아가우에, ☞디오니소스).
 2. 또 다른 에키온은 아르고나우타이 중 한 사람으로, 에리토스의 쌍둥이 형제이며, 헤르메스와 안티아네이라의 아들이다.
 3. 또 다른 에키온에 대해서는 ☞포르테우스.

에테메아 Ethemea 코스 섬에 메롭스라는 왕이 살고 있었다. 그의 아내는 님프로, 에테메아라 불렸다. 이 님프는 결혼과 동시에 처녀신 아르테미스의 수행에서 빠졌다. 이에 아르테미스 여신은 그녀를 벌하기 위해 활을 쏘았다. 에테메아가 숨을 거두기 전에 페르세포네가 그녀를 하계로 데리고 가지 않았다면 그녀는 영영 죽고 말았을 것이다. 메롭스는 아내를 잃고 절망에 빠져 스스로 목숨을 끊으려 했다. 그러나 헤라가 그를 동정하여 인간의 고통을 잊을 수 있도록 독수리로 변하게 해주었고, 후에는 별들 가운데로 옮겨주었다.

에테오클레스 ʼΕτεοκλῆς / Eteocles 에테오클레스는 테바이 용사들 중 한 사람으로 오이디푸스와 이오카스테의 아들이며 폴리네이케스와 형제간이다(☞계보 29, ☞계보 37). 몇몇 전승들은 그의 어머니로 이오카스테 대신에 에우리가네이아의 이름을 들기도 한다(☞이오카스테, 에우리가네이아). 오이디푸스의 근친상간이 드러나자, 그의 두 아들은 아버지를 테바이에서 쫓아냈다. 그러자 오이디푸스는 아들들이 서로 싸우다가 상대방의 손에 죽으리라는 예언의 말과 함께 저주를 퍼부었다(이본들에 대해서는 ☞폴리네이케스). 형제는 저주가 실현되는 것을 막기 위해 1년씩 교대로 왕국을 다스리기로 했다. 먼저 에테오클레스가 권력을 잡자 폴리네이케스가 떠났고, 혹은 에테오클레스가 그를 쫓아냈다고도 한다. 1년이 되어갈 무렵 폴리네이케스가 권좌를 이양해 줄 것을 요구하자, 에테오클레스는 이를 거절했다. 그래서 폴리네이케스는 장인 아드라스토스의 도움을 받아 자신의 도시를 되찾기 위해 원정길에 올랐다(☞아드라스토스). 그렇지만 도시를 공격하기에 앞서 그는 마지막으로 티데우스를 대사로 보내 에테오클레스가 협정을 이행할 것을 촉구했다. 하지만 에테오클레스는 거듭 거절할 뿐이었다. 결국 아드라스토스의 아르고스 군대는 공격을 개시했다. 에테오클레스와 폴리네이케스는 일대일로 싸웠고 싸움이 워낙 격렬했던 나머지 둘 다 죽고 말았다. 테바이 인들은 승리를 거둔 후 에테오클레스를 위해서는 훌륭한 무덤을 만들어 주었지만, 폴리네이케스에게는 장례도 치러 주지 않았다(☞안티고네).
 에피고노이의 원정 당시에는 에테오클레스의 아들인 라오다마스가 테바이를 통치했다(☞에피고노이).

에티아스 ʼΗτίας / Etias 에티아스는 잘 알려지지 않은 한 전설에서 아이네이아스의 딸로 등장하며, 키테라 맞은편 라코니아 연안에 있는 에티스 시의 명조이다.

에파포스 ʼΈπαφος / Epaphus 제우스의 사랑을

받은 이오는 헤라의 분노로 쫓기게 되자 암소로 변신하여 지상의 여기저기를 떠돌아다녔다(☞이오). 그러던 중 나일 강변에 피신처를 찾아, 그곳에서 사람의 모습으로 변하여 아들 에파포스(〈제우스의 손길〉이라는 뜻)를 낳았다. 질투심에 불타는 헤라는 이 아들을 뒤쫓았고, 쿠레테스(☞)에게 이오가 아들을 찾지 못하도록 숨기라고 했다. 쿠레테스가 에파포스를 숨기는 바람에 이오는 아들을 찾을 수 없었다. 이에 화가 난 제우스는 쿠레테스를 죽여 버렸다. 이오는 아들을 다시 찾기 시작했다. 아들이 시리아의 비블로스 왕의 아내 손에서 자라고 있다는 것을 알게 된 이오는 그곳으로 가서 아들을 되찾았고, 이집트로 데려가서 키웠다. 성인이 된 에파포스는 양아버지 텔레고노스의 뒤를 이어 이집트를 다스렸다. 그는 하신 네일로스(나일 강)의 딸 멤피스와 결혼하여 딸 리비에를 낳았고, 이집트의 이웃 나라를 딸의 이름을 따라 명명했다. 리비에 외에도 에파포스에게는 다른 두 딸 리시아나사와 테베가 있었다. 에파포스의 아내가 멤피스가 아니라 카시에페이아(☞)라는 설도 있다.

에페이게우스 ᾿Επειγεύς / Epigeus 에페이게우스는 테살리아 지방의 부데이온 왕 아가클레스의 아들이다. 그는 조카를 죽인 후 펠레우스에게 피신해야 했다. 그는 아킬레우스를 따라 트로이아 전쟁에 나갔다가 헥토르에게 죽임을 당했다.

에페이로스 ῎Ηπειρος / Epirus 에페이로스는 에키온의 딸이다. 그녀는 카드모스와 하르모니아가 펜테우스의 유해를 가지고 테바이를 떠나 내륙으로 갈 때 동행했다. 그녀는 카오니아에서 죽었고 그곳 성스러운 숲에 묻혔는데, 이 숲은 안티페와 키키로스(☞) 전설의 배경이 되었다. 에페이로스라는 지명은 그녀의 이름에서 유래한 것이다.

에페이오스 ᾿Επειός / Epeius 이 이름을 가진 용사는 두 명 있다.

1. 첫번째 에페이오스는 엘레이아 왕 엔디미온의 아들들 중 한 명으로 파이온 및 아이톨로스와 형제간이다. 엔디미온 왕은 그에게 왕위를 물려주었고(☞아이톨로스), 엘레이아 주민들의 일부는 얼마 동안 그의 이름을 따라 에페이오이 족이라 불렸다(☞계보 24).

2. 좀더 유명한 두 번째 에페이오스는 파노페우스의 아들이다(☞계보 30). 그는 30척의 선단을 이끌고 트로이아 원정에 참가했지만, 주목할 만한 전사는 아니었다. 그는 파트로클로스의 장례 경기 때 권투에서 두각을 나타냈지만 원반던지기에서는 패했다. 에페이오스의 가장 중요한 업적은 트로이아를 함락시키기 위해 목마를 만든 것이다. 전쟁이 끝난 후 그는 트로이아에서 〈귀향〉하는 길에 네스토르가 지휘하던 자신의 대열에서 나와 이탈리아 남부로 갔다. 거기서 메타폰티온 시 아니면 이웃 도시 라가리아 시를 세우고, 아테나 여신에게 트로이아 목마를 만들 때 썼던 연장들을 봉헌했다고 한다. 또 다른 전승에 의하면 그는 이탈리아 중부에 피사를 건설했다고 한다. 에페이오스가 풍랑을 만나 이탈리아 해안에 표착하자, 그와 함께 있던 트로이아 인 포로들이 그의 배에 불을 질렀다. 조국으로 돌아갈 수 없게 된 에페이오스와 그의 부하들은 그곳에 도시를 건설하고 엘리스에 있는 동명의 도시 이름을 따서 〈피사〉라고 명명했다는 것이다.

한편 에페이오스는 트라케의 아이노스에서 숭배되던 헤르메스의 불가사의한 신상을 가지고 있었다고 한다. 트로이아에서 조각된 이 헤르메스 상은 하신 스카만드로스가 아킬레우스를 익사시키려고 강물을 불렸을 때 아이노스 해안으로 떠내려온 것이다. 헤르메스 신상은 어부들의 그물에 걸렸는데 나무로 된 물건이었으므로 어부들은 쪼개어 불쏘시개로 쓰려고 했다. 하지만 그것은 어깨에 작은 상처만 날 뿐 쪼개지지 않았고, 통째로 불 속에 넣어도 타지 않았다. 하는 수 없이 그들은 그것을 바다에 던져 버렸다. 그런데 그것이 또다시 그들의 그물에 걸려들자, 그제야 그들은 그것이 신상임을 깨닫고 성역을 만들었다. 이 전설은 칼리마코스가 한 편의 시에서 이야기한 것인데, 그 중 몇몇 단편들만 남아 있다.

에포페우스 ’Επωπεύς / Epopeus 1. 에포페우스는 시키온의 용사이다. 그의 가계는 전승에 따라 달라진다. 그는 알로에우스의 아들로 카나케와 포세이돈의 손자라고도 하고, 카나케와 포세이돈의 아들이라고도 한다(☞계보 10). 그는 처음에는 코락스의 후계자로서 시키온을 다스렸는데(☞라메돈), 아이에테스가 콜키스로 떠나고 그로부터 코린토스의 통치권을 계승받았던 부노스가 죽자 코린토스의 통치권도 물려받았다. 그는 시키온과 코린토스 두 도시를 통합하여 자신의 지배하에 두었다.

에포페우스는 안티오페의 전설에도 등장한다(☞안티오페). 안티오페가 아버지 집에서 도망쳤을 때 그녀를 받아들인 것이 바로 에포페우스로, 이는 그녀가 제우스의 아들인 암피온과 제토스를 낳기 전의 일이다. 안티오페의 숙부 리코스는 시키온을 공격하여 정복하고 에포페우스를 죽였다.

에포페우스에게는 마라톤이라는 아들이 있었는데, 아들은 자신의 아버지가 살아 있는 동안 아티카에 피신해 있다가 아버지가 죽자 코린토스로 되돌아왔다.

2. 또 다른 에포페우스는 친딸과 근친상간을 범한 레스보스 왕이다(☞닉티메네).

에피고노이 ’Επίγονοι / Epigoni 에피고노이란 테바이 원정에 참여했던 일곱 장군의 후손들을 일컫는 말이다. 첫번째 원정은 실패로 끝났지만, 에피고노이는 두 번째 원정을 시도하여 테바이를 정복했다(☞아드라스토스, ☞알크마이온).

첫번째 전쟁에서 패한 지 10년 후, 테바이에서 전사한 장군들의 아들들은 아버지들의 원수를 갚기로 결정했다. 신탁은 암피아라오스의 아들 알크마이온을 대장으로 내세운다면 승리하리라고 일러 주었다. 알크마이온은 대장이라는 위치가 썩 내키지는 않았지만, 폴리네이케스의 아들 테르산드로스의 선물에 매수된 어머니 에리필레가 간청하자 하는 수 없이 이를 받아들였다. 그의 어머니 에리필레는 예전에도 폴리네이케스의 선물로 매수된 적이 있었다. 전쟁에 참여한 이들은 암피아라오스의 두 아들 알크마이온과 암필로코스, 아드라스토스의 아들 아이기알레우스, 티데우스의 아들 디오메데스, 파르테노파이오스의 아들 프로마코스, 카파네우스의 아들 스테넬로스, 폴리네이케스의 아들 테르산드로스, 메키스테우스의 아들 에우리알로스 등이다. 에피고노이는 테바이 주위의 마을들을 약탈하면서 작전을 개시했다. 테바이 인들은 에테오클레스의 아들 라오다마스의 지휘 아래 이들을 향해 진군했고 양 진영은 글리사스에서 접전했다. 라오다마스는 아이기알레우스를 죽였지만, 그 자신은 알크마이온에게 죽임을 당했고 테바이 군은 패주했다. 밤사이에 예언자 테이레시아스의 충고로 도시의 주민들은 도주했다. 다음날 아침 에피고노이는 도시로 진격했고, 약탈한 전리품의 대부분을 델포이의 아폴론에게 바쳤다.

***에피디우스** Epidius 에피디우스는 이탈리아의

누케리아 출신 용사이다. 어느 날 그는 사르노 강 속으로 사라져 버렸으며, 다시 나타났을 때는 이마에 황소의 뿔을 쓰고 있었다. 이는 그가 강의 신으로 변했음을 나타내는 것이었다.

에피메테우스 'Επιμηθεύς / Epimetheus 에피메테우스는 이아페토스가 오케아노스의 딸 클리메네 혹은 아시아에게서 낳은 네 명의 자식들 중 한 명이다(☞계보 38). 그는 티탄 족에 속하며 아틀라스, 메노이티오스, 프로메테우스와 형제 간이나, 프로메테우스와는 완전히 반대되는 인물이다. 제우스가 현명한 프로메테우스를 속이기 위해 이용한 도구가 바로 에피메테우스였다. 프로메테우스는 두 번이나 꾀를 내어 제우스 신을 속여 이기고 나서(☞프로메테우스), 에피메테우스에게 제우스가 주는 선물은 아주 작은 것이라도 받지 말라고 충고해 주었다. 하지만 에피메테우스는 제우스가 헤르메스를 시켜 판도라를 선물로 주자 이를 거부하지 못하고 받아들였다. 때문에 에피메테우스가 인류 불행에 책임이 있다고 한다(☞판도라). 판도라와의 사이에서 에피메테우스는 피라를 낳고, 피라는 데우칼리온의 아내가 되었다.

에피멜리데스 'Επιμηλίδες / Epimelides 에피멜리데스는 양을 돌보던 님프들이다. 메사피아 인들은 이들에 대하여 다음과 같은 전설을 전한다. 하루는 이 나라의 목동들이 신전 주위에서 춤을 추고 있는 님프들을 보았다. 목동들은 상대가 여신인 줄도 모르고, 자기들은 춤을 더 잘 출 수 있다면서 그녀들을 비웃었다. 자존심이 상한 님프들은 그들의 도전을 받아들였다. 하지만 춤 솜씨가 별로 없던 목동들은 님프들에게 바로 지고 말았다. 님프들은 자신들이 춤추는 것을 들켰던 바로 그곳에서 목동들을 나무로 만들어 버렸다. 이후로 주민들은 밤이면 목동들이 변신한 나무 둥치에서 신음소리가 나는 것을 들었다고 한다.

에피알테스 'Εφιάλτης / Ephialtes 에피알테스는 두 거인의 이름으로, 그들 중 한 명은 알로아다이(☞)에 속한다. 이들은 신들과 거인들의 싸움에서 신들에 맞서 싸우다가, 아폴론과 헤라클레스의 화살에 눈을 찔려 죽었다.

에피오네 'Ηπιόνη / Epione 에피오네는 아스클레피오스의 아내로, 그의 딸 이아소, 파나케이아, 아이글레, 아케소 등의 어머니라는 것이 통설이다. 에피다우로스에는 아스클레피오스의 신상 옆에 그녀의 상도 있었다. 코스에서는 그녀가 아스클레피오스의 딸로 통했다. 그녀는 때로 메롭스의 딸로도 여겨졌다.

엔디미온 'Ενδυμίων / Endymion 엔디미온의 계보는 작가들에 따라 달라진다. 대개 그는 아이틀리오스(제우스의 아들)와 칼리케의 아들로 통하지만(☞계보 24), 제우스의 아들이라고도 한다. 그는 아이올리스 족을 테살리아에서 엘레이아로 인도했고, 그들을 다스렸다. 결혼하여(아내의 이름도 작가에 따라 달라진다) 파이온, 에페오스, 아이톨로스 세 아들과 에우리키데라는 딸 하나를 얻었다(☞아이톨로스). 때로는 엘레이아에 있는 피사 시의 명조인 피사라는 딸도 있었다고 한다.

엔디미온에 관한 가장 유명한 전설은 달의 여신 셀레네와의 사랑 이야기이다. 엔디미온은 젊고 준수한 목동으로, 달의 여신은 첫눈에 그에게 반해 사랑을 나누었다. 셀레네의 청으로 제우스는 엔디미온에게 소원 한 가지를 들어주겠다고 약속했고, 엔디미온은 영원한 잠을 청했다.

그래서 그는 영원히 젊음을 간직한 채 잠들게 되었다. 몇몇 이본들에 따르면, 엔디미온이 이 행복한 잠에 빠져 있는 동안 달의 여신이 그를 보고 사랑에 빠지게 되었다고 한다. 이 전설의 배경은 펠로폰네소스라고도 하고 밀레토스에서 멀지 않은 카리아라고도 한다(☞힙노스). 엔디미온과 그의 연인 셀레네와의 사이에서 50명의 딸들이 태어났다.

*엔토리아 Entoria 엔토리아의 이야기는 로마의 전설로 플루타르코스에 의해 전해진다. 사투르누스의 신전 건설과 연관되는 이 이야기는 에리고네(☞)의 신화를 모델로 인위적으로 만들어진 것으로 보이며, 많은 모순들을 지니고 있다. 사투르누스가 이탈리아에 살던 시절에(☞황금 시대), 이카리오스라 불리는 농부가 그를 자기 집에 맞아 대접해 주었다. 사투르누스는 그의 딸 엔토리아와 결합하여 야누스, 힘노스, 파우스투스, 펠릭스 등 네 명의 자식을 낳았다. 사투르누스는 그를 대접해 준 이카리우스에게 포도 재배법과 포도주 제조법을 가르쳐 주었고, 이 재능을 그의 이웃들에게도 전수하라고 했다. 그래서 이카리우스는 이웃들을 초청하여 포도주를 맛보게 했다. 술에 취한 그들은 깊은 잠에 빠졌다가 깨어나, 자신들이 독에 취했던 것으로 생각하고 이카리우스를 돌로 쳐죽였다. 슬픔에 빠진 그의 손자들은 목매어 자살했다. 그러자 로마 인들 사이에서 역병이 발발했고, 델포이 신탁은 사투르누스가 분노해서 일어난 일이라고 일러 주었다. 신의 분노를 누그러뜨리기 위해서 루타티우스 카툴루스는 카피톨리움 언덕 기슭에 사투르누스의 신전을 지었고, 제단을 네 명의 얼굴(엔토리아의 네 아이들)로 장식했다. 그리고 1월을 야누아리우스(〈야누스의 달〉이라는 뜻)라 불렀다. 사투르누스는 이카리우스의 가족 모두를 별자리로 만들어 주었다.

엘라토스 Ἔλατος / Elatus 1. 엘라토스는 아르카디아의 명조인 아르카스의 맏아들이다(☞계보 9). 아르카스는 아들들에게 나라를 분배하면서, 엘라토스에게는 킬레네 산 지역을 주었는데, 그 후 엘라토스는 포키스도 자신의 영토로 편입했다. 이 땅은 그가 플레기아 인들과의 전쟁에서 포키스 인들을 도와 얻은 것으로, 그곳에 그는 엘라테이아 시를 건설했다.

2. 다른 많은 아르카디아 출신 용사들과 마찬가지로 엘라토스도 테살리아 출신의 인물과 중첩되며, 이 둘은 잘 구별되지 않는다. 라리사 출신의 이 엘라토스는 때로 카이네우스와 연관되기도 한다(☞카이네우스, ☞폴리페모스 1).

엘레우시스 Ἐλευσίς / Eleusis 엘레우시스 일명 엘레우시노스는 엘레우시스 시의 명조이다. 몇몇 전승들에 따르면, 그는 헤르메스와 다에이라의 아들이며, 코토네와 결혼하여 트리프톨레모스를 얻었다고 한다. 데메테르 여신은 이 아이를 불사(不死)로 만들려고 불 속에 넣었고, 이 광경을 목격한 엘레우시스는 비명을 질렀다. 이에 화가 난 데메테르가 그를 죽였다(☞트리프톨레모스).

엘레페노르 Ἐλεφήνωρ / Elephenor 엘레페노르는 칼코돈의 아들이자 아바스의 손자로, 할아버지의 뒤를 이어 에우보이아의 통치권을 이어받았다. 하루는 할아버지가 한 하인에게 홀대받는 것을 보고 그 하인을 치려 했는데, 그만 막대기가 할아버지 머리 위로 떨어져 아바스가 죽고 말았다. 실수로 할아버지를 죽인 엘레페노르는 에우보이아를 떠나야 했다. 한편 엘레페노르는 헬레네의 구혼자 중 한 명이며, 그 때문에 트로이아 전쟁에 참가했다. 그는 아반테스 족(에우보이아인들)의 30척 선단을 이끌고 전쟁에 나갔는데, 할아버지가 죽은 후로는 에우보이아 땅에 발을 들여놓을 수가 없었으므로 해변에서 조금 떨어진 바위 위에서 병사들을 모았다고 한다. 트로이아 전쟁 동안 그는 테세우스의 두 아들 아카마스와 데모폰과 동행했다. 엘레페노르의 최후에 대해서는 여러 가지 설이 있다. 호메로스는 그가 트로이아에서 아게노르에게 죽임을 당했다고 쓰고 있지만, 다른 설들에 따르면 그는 트로이아 함락 후에도 살아 있었으며 시칠리아에 이웃한 오트로노스 섬에 정착했다고 한다. 하지만 이 섬에서 그는 뱀에게 쫓겨나, 에페이로스 지방의 아반테이아(일명 아만테이아)로 갔다. 그가 트로이아에서 죽었다는 이야기들에 따르면, 그를 따라나섰던 이들은 에페이로스의 아티카 섬에 정착하여 아폴로니아 시를 건설했다고 한다.

엘렉트라 ’Ηλέκτρα / Electra 전설에는 이 이름을 가진 인물들이 여러 명 있다.

1. 가장 오래된 인물은 오케아노스와 테티스(I)의 딸들 중 한 명이다. 그녀는 타우마스(바다의 신 폰토스와 대지의 여신 가이아의 아들)와 결혼하여 신들의 메시지를 전하는 전령인 이리스와 두 명의 하르피아이, 즉 아엘로(질풍)와 오키페테(빨리 날아가는 여자)를 낳았다(☞하르피아이). 엘렉트라는 페르세포네가 하데스에게 납치될 때 그녀와 함께 놀이를 즐기던 여자들 중 한 명으로 여겨진다.

2. 또 다른 엘렉트라는 아틀라스와 플레이오네의 일곱 명의 딸들인 플레이아데스 중 하나로, 사모트라케 섬에서 살았다. 그녀는 제우스와 결합하여 다르다노스를 낳았으며(☞계보 7), 다르다노스는 사모트라케를 떠나 트로아스로 가서 트로이아 왕국을 건설했다. 엘렉트라는 이아시온이라 불리는 또 다른 아들을 낳았는데, 그의 전설은 키벨레 및 데메테르의 전설과 연관된다(☞이아시온). 때로 그녀의 세 번째 아들로 여겨지는 에마티온은 사모트라케를 다스렸다. 하지만 그녀의 세 번째 아이는 제우스와의 사이에서 얻은 딸 하르모니아라는 것이 통설이며, 그녀는 카드모스의 아내가 되었다(그렇지만 다른 신화에서는 하르모니아를 아레스와 아프로디테의 딸로 보기도 한다).

엘렉트라 전설의 이탈리아 본에 따르면, 그녀는 에트루리아 왕 코리토스의 아내였으며, 다르다노스와 이아시온도 이탈리아에서 태어났다고 한다(☞코리토스). 엘렉트라는 팔라디온의 전설과 관련이 있다. 제우스가 그녀를 범하려 하자 그녀는 팔라디온 신상 근처에 숨었지만 허사였다. 화가 난 제우스는 팔라디온을 하늘 높은 곳에서 내던졌다. 신상은 트로아스에 떨어져 트로이아 시에 있는 한 신전에 보관되었다(☞팔라디온). 그런가 하면 엘렉트라 자신이 도시를 보호하고자 아들에게 이 신상을 가져다 주었다고도 한다. 그 후 엘렉트라는 자매들과 함께 플레이아데스 성단의 별이 되었다.

3. 엘렉트라라는 이름으로 가장 유명한 전설적 인물은 아가멤논과 클리타임네스트라의 딸이다(☞계보 2). 그녀는 호메로스의 작품에는 등장하지 않았지만, 후세의 시인들에게서는 점차적으로 아가멤논의 딸 라오디케를 대체하게 되었다(이후로 라오디케의 이름은 언급되지 않는다). 아가멤논이 아이기스토스와 클리타임네스트라에게 살해당한 뒤, 어머니의 중재로 가까스로 살아남은 엘렉트라는 노예 취급을 당했다. 몇몇 이본들에 따르면, 암살자들의 손에서 어린 오레스테스를 구해 낸 것이 바로 엘렉트라이며, 그녀는 늙은 스승에게 오레스테스를 맡겨 미케나이에서 멀리 떨어진 곳으로 몰래 피신시켰다

고 한다. 아이기스토스는 장차 엘렉트라의 아들이 아가멤논의 죽음에 복수하는 일이 없도록, 그녀를 미케나이 시에서 멀리 떨어진 곳에 살고 있던 농부와 결혼시켰다. 하지만 그녀의 남편은 그녀의 처녀성을 지켜 주었다. 반대로, 몇몇 작가들에 의하면, 엘렉트라는 카스토르와 약혼했다가 뒤이어 폴리메스토르와 정혼이 되어 미케나이 성에 갇혀 있었다고 한다. 오레스테스가 돌아왔을 때 엘렉트라 역시 아버지 무덤에 갔다가, 그곳에서 마주친 동생을 알아보았다. 오누이는 함께 복수를 준비했는데, 그 복수란 클리타임네스트라와 아이기스토스를 암살하는 것이었다. 엘렉트라는 이들을 죽이는 일에 가담한 후 오레스테스가 에리니에스에게 쫓기게 되자 그를 보살펴 주었다.

오레스테스의 전설은 비극 작가들에 의해 더욱 확대되었으며, 그 여러 일화들에서 엘렉트라도 일역을 담당한다. 에우리피데스의 『오레스테스』에서 엘렉트라는 동생 오레스테스의 시련에 동참하여 자신들을 사형시키려 하는 미케나이 사람들과 맞서 싸우는 것으로 그려진다. 소포클레스의 소실된 비극 『알레테스』에서는 엘렉트라가 주인공이다. 오레스테스와 필라데스가 타우리스로 아르테미스 여신상을 찾으러 갔을 때(☞오레스테스), 미케나이에는 그들이 죽었으며 이피게네이아가 자기 남동생 오레스테스를 죽였다는 소문이 퍼졌다. 그러자 곧바로 아이기스토스의 아들 알레테스가 왕위를 차지했다. 엘렉트라는 델포이로 가서 이피게네이아를 만나게 되었다. 언니가 동생을 죽였다고 믿고 있던 엘렉트라는 이피게네이아를 보자 제단에서 집어든 잉걸불로 그녀를 장님으로 만들려 했다. 그러나 그 순간 오레스테스를 발견했고, 엘렉트라와 오레스테스는 미케나이로 돌아가 알레테스를 죽였다. 오레스테스는 헬레네의 딸 헤르미오네와 결혼했고, 엘렉트라는 필라데스와 결혼하여 함께 포키스로 갔다. 이 결혼에서 메돈과 스트로피오스가 태어났다.

엘렉트리온 ʾΗλεκτρύων / Electryon 엘렉트리온은 페르세우스와 안드로메데의 아들들 중 한 명으로, 알크메네의 아버지이다(☞알크메네, ☞계보 31). 하지만 보이오티아의 계보에 따르면, 그는 이토노스의 아들이며, 그의 아들은 트로이아 전쟁에 나갔던 레이토스라고 한다.

엘리모스 ʾΈλυμος / Elymus 엘리모스는 앙키세스의 서자로, 친구인 아이게스테스와 함께 시칠리아에 여러 도시들을 세웠다. 그는 함께 이주해 온 트로이아 인들에게 자신의 이름을 붙여 주었고, 이들은 엘리모이 족의 핵심이 되었다.

엘리스 ʾΉλις / Elis 엘리스는 엔디미온의 딸 에우리필레와 포세이돈 사이에서 태어난 아들이다. 외조부 엔디미온이 죽자 그가 엘레이아 왕위를 계승받아 자신의 이름을 딴 엘리스 시를 건설했다.

엘페노르 ʾΕλπήνωρ / Elpenor 엘페노르는 오디세우스의 부하 중 한 명이다. 키르케는 그를 돼지로 만들었다가 다시 인간의 모습으로 돌아가게 해주었다. 오딧세우스와 부하들이 아침에 키르케 왕궁을 떠나려고 집합했을 때 엘페노르는 전날 마신 포도주의 취기가 덜 깬 채 궁궐의 지붕에서 자고 있었다. 사람들이 그를 부르자 엘페노르는 잠에서 덜 깬 상태로 자신이 어디 있는지 잊은 채 사람들에게 가려다가 높은 지붕에서 떨어져 즉사했다. 그 후 오딧세우스는 하계에서 그의 영혼을 만났는데 엘페노르는 그에게 정식으로 장례를 치러 달라고 청했다. 지상으로 돌아온 오딧세우스는 그의 부탁을 들어주었다. 라티움에 엘페노르의 무덤이 있었다고 한다.

엠푸사 Ἔμπουσα / Empusa 엠푸사는 헤카테 여신의 측근인 괴물이다. 그녀는 하계에 속하는 존재로, 밤을 공포로 가득 채웠다. 그녀는 온갖 형태를 취할 수 있었고, 특히 여자와 아이들에게 나타나 공포심을 불러일으켰다. 그녀의 한쪽 발은 청동으로 되어 있다고 한다. 그녀는 인육을 먹고 살았으며, 종종 아름다운 처녀의 모습으로 나타나 희생자들을 유혹했다고 한다.

오기고스 Ὤγυγος / Ogygus 1. 보이오티아 전승에서 오기고스는 아주 오랜 옛날 이 지방을 다스렸던 〈토착민〉이었다. 어떤 저자들은 그가 보이오티아의 명인 보이오토스의 아들이라 하며, 또 다른 저자들은 포세이돈과 알리스트라의 아들이라고도 한다. 그는 데우칼리온의 홍수 이전에 그 지방의 첫 주민들인 엑테네스 족을 다스렸다. 테바이의 문들 중 하나는 그의 이름을 딴 것이다. 그에게는 여러 자식들이 있었다고 하며, 특히 알랄코메니아, 아울리스, 텔크시노이아 등 그의 딸들은 테바이 마을들에 이름을 남겼다. 그의 치세 동안 첫번째 홍수가 나서 보이오티아를 덮었다. 어떤 전승은 이 테바이의 오기고스를 카드모스와 포이닉스의 아버지로 삼기도 한다.

2. 엘레우시스 전승에는 또 다른 오기고스가 있는데, 그는 엘레우시스의 아버지이다.

3. 끝으로 오기고스란 티탄 족의 왕에게 붙여진 이름으로, 그는 그의 백성들과 함께 제우스에게 정복당했다.

오네이로스 Ὄνειρος / Oneiros 〈꿈〉이라는 뜻의 오네이로스는 꿈의 정령이다. 제우스는 오네이로스를 보내 아가멤논을 속였다. 대개의 경우 꿈은 의인화되지 않았으며, 시인들의 변덕에 따라 수많은 개별적 정령들이 되었다(☞모르페우스).

오딧세우스 Ὀδυσσεύς / Odysseus 오딧세우스 (라틴 명 울릭세스Ulyxes는 방언 차용의 결과이다)는 고대를 통틀어 가장 유명한 영웅이다. 그에 관한 전설은 『오딧세이아』의 소재가 되었으며, 고대 말에 이르기까지 수많은 개작과 첨작과 주석의 대상이 되었다. 그것은 아킬레우스 전설보다도 훨씬 더 풍부한 상징적·신비적 해석들을 가능케 한다. 가령 스토아 철학자들은 흔히 오딧세우스야말로 현인의 전형이라고 생각했다.

1. 출생: 오딧세우스의 계보는 비교적 동일하다. 여러 저자들이 그의 아버지 이름은 라에르테스, 어머니 이름은 안티클레이아라는 데에 일치하고 있다. 이러한 가계는 일찍이 『오딧세이아』에서부터 동일하며, 이설이 생겨나는 것은 좀더 먼 조상들의 이름에 관해서이다. 아버지 쪽으로 그의 할아버지는 아르키시오스인데(이는 『오딧세이아』 이후 동일하다), 아르키시오스는 제우스와 에우리오디아의 아들, 혹은 케팔로스의 아들, 혹은 케팔로스의 아들인 킬레우스의 아들이라 한다(☞케팔로스).

『오딧세이아』에 따르면, 외가 쪽으로는 아우톨리코스가 그의 선조이며 따라서 헤르메스는 그의 증조부가 된다. 그러나 안티클레이아는 라에르테스와 결혼하기 전에 시시포스의 사랑을 받았으며 오딧세우스는 실상 시시포스의 아들이라는 설도 있다(☞안티클레이아, ☞시시포스, ☞아우톨리코스). 이러한 설은 특히 비극 작가들이 즐겨 언급했으며, 호메로스의 시가들에서는 찾아볼 수 없다.

오딧세우스가 태어난 이타케는 그리스 서안에 있는 섬으로, 이오니아 해에 있는 케팔레니아의 북동쪽에 위치한다. 좀더 구체적으로 안티클레이아는 네리톤 산에서 갑자기 비를 만나 길이 물에 잠기던 날 그를 낳았다고 한다. 이 일화는 오딧세우스라는 이름에 대한 말장난에서 비롯된 것이다. 오딧세우스라는 이름은 〈제우스가 길 위에 비를 내렸다κατὰ τὴν ὁδὸν ὗσεν ὁ Ζεύς〉라는 그리스 어 문장의 부분으로 해석할 수 있기 때문이다. 그러나 『오딧세이아』에서는 주인공 이름이 또 다르게 해석된다. 아이의 이름을 지은 것은 시시포스로, 그 자신이 〈다른 많은 사람들의 미움을 받았기〉 때문에, 오디소마이 ὀδύσσομαι 즉 〈가증한 존재〉라는 말을 연상시키는 〈오딧세우스〉라는 이름을 붙여 주었다는 것이다[『오딧세이아』 19권 405 이하에는, 외할아버지 아우톨리코스가 마침 아이를 낳은 딸을 방문했는데, 그는 그때 많은 사람에게 화가 나 있었기 때문에, 외손자에게 〈노여워하는 자〉란 이름을 붙이라고 했다고 설명되어 있다 — 감수자 주].

오딧세우스가 시시포스의 아들이라는 전승에 따르면, 안티클레이아는 라에르테스와 함께 이타케로 가던 중 보이오티아의 알랄코메네스에서 아들을 낳았으며, 오딧세우스는 자신의 출생을 기념하기 위해 알랄코메네스를 이타케 마을이라 불렀다고 한다.

2. 트로이아 전쟁 이전 : 젊었을 때 오딧세우스는 여러 차례 여행을 했다. 후대의 전승에 의하면 그는 아킬레우스와 마찬가지로 켄타우로스 케이론의 제자들 중 한 명이었다고 한다. 그러나 호메로스는 그런 말은 하지 않았다. 『오딧세이아』는 단지 그가 아우톨리코스의 집에 머무는 동안 파르나소스 산에서 참가했던 멧돼지 사냥에 대해 언급할 따름이다. 이 사냥에서 그는 무릎을 다쳤으며, 그때 생긴 흉터는 지워지지 않아 훗날 트로이아에서 돌아온 그를 알아보는 표지가 되었다. 파우사니아스의 시대에는 성역의 안내인들이 오딧세우스가 그 상처를 입은 곳이 바로 델포이의 운동장이 있는 곳이라고 말하곤 했었다. 오딧세우스는 라에르테스를 위해 또 다른 여행도 했다. 특히 그는 도둑맞은 양을 되찾으러 메세네에 갔다. 라케다이몬에서는 한때 그의 손님이었던 이피토스를 만나 환대의 보답으로 에우리토스의 활을 선물받았으며, 훗날 이 활은 구혼자들을 물리치는 데 쓰이게 되었다.

성년이 된 그는 라에르테스로부터 이타케의 왕위와 왕가의 모든 재산 특히 가축들을 물려받았다. 『오딧세이아』보다 후대의 이야기들에 따르면, 이 무렵 그는 틴다레오스의 딸 헬레네와 결혼하려 했다고 한다. 그러나 구혼자들의 수가 엄청난 것을 보고는 헬레네를 포기하고 그 못지않게 유리한 결혼 상대인 페넬로페를 택했다는 것이다. 페넬로페는 이카리오스의 딸로, 헬레네와는 사촌간이었다(☞페넬로페). 틴다레오스의 호의를 얻기 위해, 그는 헬레네의 구혼자들이 너무 많아 곤경에 처한 그를 도울 묘안을 냈다. 즉, 모든 구혼자들로부터 일단 신랑이 채택되면 이를 받아들이고 혹 누가 신부를 빼앗으려 한다면 모두 그를 도와 신부를 지키겠다는 맹세를 받아 내라는 것이었다. 트로이아 전쟁은 바로 이 맹세 때문에 일어나게 된다. 곤경에서 벗어난 틴다레오스는 오딧세우스가 페넬로페를 얻는 것을 도와주었다. 또 다른 저자들에 따르면 페넬로페를 상으로 내건 경기가 열렸으며, 오딧세우스는 그 경기에서 승리를 거두었다고도 한다.

이 결혼에서 아들 텔레마코스가 태어났다. 텔레마코스가 아직 어렸을 때 파리스가 헬레네를 납치했으며, 메넬라오스가 이 납치자에 대항하기 위해 도움을 요청한다는 소식이 퍼졌다. 오딧세우스는 자신도 했던 이 맹세를 마지못해 지켰으며, 호메로스 이후의 저자들에 의하면 그는 원정에 참가하지 않기 위해 미친 시늉까지 했다고 한다. 그러나 팔라메데스가 그의 계책을 꿰뚫어 보았으며, 이로 인해 오딧세우스의 원한을 사게 되었다(☞팔라메데스). 계책이 탄로나자, 오딧세우스는 하는 수 없이 트로이아 원정에 나섰다. 라에르테스는 전쟁 동안 그를 돌보도록 참모격으로 미이스코스를 딸려 보냈다고 하는데, 호메로스의 시가들은 이 인물에 대해 언급하지 않는다.

이후로 오딧세우스는 아트레우스의 아들들[메넬라오스와 아가멤논]을 열심히 도왔다. 그는 메넬라오스와 함께 델포이에 가서 신탁을 물었으며, 몇몇 전승에 따르면 메넬라오스가 처음 트로이아로 가서 헬레네를 돌려달라고 요구할 때도 함께 갔다고 한다. 또, 운명의 여신들이 트로이를 정복하자면 반드시 필요하다고 예언했던 젊은 아킬레우스도 데리러 갔다. 그는 마침내 스키로스에서 아킬레우스를 찾아냈고, 혼자 혹은 다른 용사들(네스토르와 포이닉스, 네스토르와 팔라메데스, 디오메데스 등)과 함께 상인으로 변장하고 아킬레우스가 은신해 있던 리코메데스 왕의 규방까지 들어갔다. 거기에서 팔 물건으로 싸구려 옷감들과 함께 무기들을 벌여 놓고는, 아킬레우스가 무기에 흥미를 보이는 것을 보고 그를 알아내었다. 또는 그가 전투의 나팔 소리에 동요되는 것을 보고 알아내었다고도 한다. 끝으로 이 준비 기간 동안, 그는 아트레우스의 아들들이 키프로스의 키니라스(☞)에게 보낸 대사이기도 했다.

3. 트로이아 전쟁 : 미시아 상륙으로 끝난 첫번째 원정(호메로스의 시가에서 이 첫번째 원정은 언급되지 않는다)에서 오딧세우스의 역할은 미미했으며, 〈상처를 입힌 자에 의해서만〉 텔레포스의 상처가 치유될 수 있다는 신탁을 제대로 해석하는 데 그쳤던 것으로 보인다. 아킬레우스는 그런 일을 할 수 없다고 거절했지만, 오딧세우스는 그것이 전사가 아니라 창의 문제임을 지적했다(☞텔레포스). 오딧세우스가 제대로 활약하는 것은 두 번째 원정 즉 고유한 의미에서의 트로이아 전쟁에서이다. 그는 아가멤논 대신 나서서, 이피게네이아를 아울리스로 오게 하기 위해 그럴싸한 명분을 만들어 낸다.

오딧세우스는 열두 척의 배로 이루어진 선단을 이끌고 트로이아로 갔다. 그는 지휘관 회의에 참석하는 장군들 중 한 사람이었으며, 가장 권세 있는 장군들과 대등하게 여겨졌다. 트로이아로 가던 도중에 그는 레스보스 왕 필로멜레이데스의 도전을 받아들여 결투에서 그를 죽였다. 『오딧세이아』에 넌지시 언급된 이 일화를 후대의 저자들은 오딧세우스가 평소의 동료 내지는 공모자인 디오메데스와 함께 저지른 살인으로 이야기한다. 『오딧세이아』에 따르면, 렘노스에 기항했을 때 오딧세우스는 장군들의 연회에서 아킬레우스와 말다툼을 벌였다고 한다. 오딧세우스는 신중함을, 아킬레우스는 용맹함을, 각기 자랑했던 것이다. 아가멤논은 아폴론으로부터 아군간의 불화가 일어날 때 그리스 인들이 비로소 트로이아를 함락시키리라는 예언을 들었던 터라, 이러한 다툼에서 임박한 승리를 내다보았다. 후대의 신화학자들은 이 일화를 변형시켜 아가멤논과 아킬레우스 사이에 말다툼이 벌어졌으며, 이는 9년 후에 일어날 두 사람의 불화 즉 『일리아스』의 소재가 된 그 불화의 조짐이라고 보았다. 오딧세우스는 오히려 그들을 화해시켰다는 것이다. 게다가 이야기의 무대도 렘노스에서 테네도스로 옮겨진다. 또한 그리스 군이 오딧세우스의 조언에 따라 필록테테스(☞)를 버린 것도 렘노스(혹은 오늘날은 사라진 이웃 섬 크리세)에서였다.

호메로스 이후의 저자들은 트로이아로 가는

이 여정 가운데 또 다른 일화를 도입했다. 즉 그리스 군이 테네도스에서 트로이아에 사절을 보내 헬레네를 돌려줄 것을 요구했다는 것이다. 이미 납치 직후에 오딧세우스와 메넬라오스는 팔라메데스를 데리고 트로이로 가서 사건을 평화롭게 수습하려 시도한 바 있었다. 그들은 테네도스에서 다시 한번 그러한 시도를 했으나, 이번에도 교섭은 허사로 돌아갔다. 사절들은 트로이아 인들로부터 심각한 위협을 받았고, 안테노르의 중재 덕분에 겨우 목숨을 건졌다(☞메넬라오스).

포위 동안, 오딧세우스는 가장 용맹한 전사이자 가장 신중하고 효율적인 모사임을 보인다. 그는 뛰어난 언변을 필요로 하는 모든 임무에 기용되었다. 『일리아스』에서도 그는 아가멤논이 아킬레우스에게 화해를 청할 때 중개역을 맡았다. 뿐만 아니라 일찍이 포로로 잡혀 온 크리세이스를 아버지에게 돌려준 것도, 트로이아 인들과 화약의 의식을 치른[이것은 『일리아스』 3권에 나오는, 단독 대결을 위한 일시적인 화약을 말한다 — 감수자 주] 것도, 메넬라오스와 파리스의 단독 결투를 진행시킨 것도, 그리고 병사들의 집회에서 테르시테스를 잠잠케 한 것이나 그리스 인들을 설득하여 트로아스에 남게 한 것도[『일리아스』 2권에서, 아가멤논은 꿈속에서 제우스로부터 트로이아를 총공격하라는 암시를 받고, 병사들의 사기를 떠보기 위해 짐짓 그리스로 돌아갈 뜻을 비쳤다. 그러자 병사들은 귀향할 희망에 들떠 배로 달려가 귀향 채비를 시작했는데, 이때 이들을 저지하고 다시 회의장으로 불러 모은 것이 오딧세우스였다. 테르시테스는 이에 반항적인 태도를 취하다가 오딧세우스에게 호된 책망을 당했다], 모두 그였다.

『일리아스』에서 묘사되는 이 같은 외교적 활동 외에 후대의 저자들은(어느 정도는 『오딧세이아』에 이미 나오는 것이지만) 다양한 일화들을 덧붙였다. 아니오스에게 그의 딸들을 보내 군대의 식량을 확보해 주도록 교섭한 사절도, 헬레노스를 포로로 잡고 심문하여 트로이아 함락을 위해서는 헤라클레스의 화살이 필요하다는 것을 알아내고 필록테테스를 찾아간 사절도, 그리고 디오메데스 혹은 포이닉스를 데리고 네오프톨레모스를 찾아간 사절도 모두 그다.

오딧세우스는 또 다른 일들도 했는데, 개중에는 염탐과 같이 별로 명예롭지 못한 일들도 있다. 이미 『일리아스』에서 그는 디오메데스와 함께 야간 정탐을 하며, 그러던 중 돌론을 죽이고 레소스의 말들을 탈취한다(☞돌론, ☞디오메데스). 후에 돌론의 일화를 모델로 꾸며진 것이 팔라디온 탈취 일화이다. 그 밖에 팔라메데스(☞)의 죽음을 초래하는 음모도, 목마를 만들자는 최초의 발상도 모두 오딧세우스로부터 나온 것이다. 그는 이 작전을 『오딧세이아』에 서술되는 대담한 모험을 통해 성공시켰다. 그는 우선 안드라이몬의 아들 토아스(☞토아스 4)를 시켜 자기 몸에 채찍질하게 하여 상처를 냄으로써 자신의 정체를 숨기고 누더기를 걸친 채 탈영병인 양 트로이아에 들어갔다. 헬레네를 만나는 데 성공한 그는 파리스가 죽은 뒤 데이포보스와 결혼해 있던 그녀를 설득하여 트로이아 인들을 배반하는 데 동의하게 만들었다. 일설에 의하면 헬레네는 오딧세우스가 와 있는 것을 헤카베에게 알렸으나, 헤카베는 오딧세우스의 애원과 눈물과 언변에 넘어가 비밀을 지키기로 약속해 주었다고 한다. 그리하여 그는 무사히 빠져나올 수 있었는데, 그러면서 또 몇 명의 트로이아 인들 특히 문지기들을 죽인 뒤에야 아카이아 진영으로 돌아갔다.

오딧세우스는 전쟁 동안 많은 무훈을 세웠다. 그의 희생자들은 데모코온, 코이라노스(〈카이라네〉가 아님. 『일리아스』 5권 677 이하 — 감수자 주], 알라스토르, 크로미오스, 알칸드로스, 할리오스, 노에몬, 프리타니스, 피디테스, 몰리온, 히포다모스, 히페로코스, 데이오피테스, 토온, 엔노모스, 케르시다마스, 카롭스, 소코스 등이다. 그는 부상당한 디오메데스를 보호하고 그가 후퇴하도록 적을 막아 주었다. 그는 목마 안에 들어간 별동대를 지휘했고, 그들 아내들의 음성을 흉내내며 주위를 맴도는 헬레네의 계책에 대해 경고해 주었다. 그는 가장 먼저 목마 밖으로 나갔고, 한시 바삐 헬레네를 붙잡으려는 메넬라오스를 따라 데이포보스의 집까지 갔으며, 일설에 따르면 분노한 남편이 그 자리에서 아내를 죽이려 하는 것을 말렸다고 한다(☞메넬라오스). 다른 설에 의하면, 그는 그리스 인들의 분노가 가라앉기를 기다림으로써, 이들이 그녀를 돌로 쳐죽이는 것을 막았다. 그는 또한 안테노르의 아들들 중 한 명인 헬리카온(☞)도 구했다.

아킬레우스의 무기를 나눌 때 오딧세우스가 한 역할이나 아이아스에 대한 그의 음모 등에 관해서는 ☞아이아스. 오딧세우스는 아스티아낙스의 죽음과 폴릭세네의 희생에도 책임이 있다. 트로이아의 포로들을 나누던 중 헤카베가 자신의 몫으로 돌아오자, 그는 이전에 그녀가 자신을 구해 주었음에도 불구하고 늙은 왕비를 돌로 쳐죽인다는 관례대로 맨 먼저 돌을 던졌다.

4. 이타케로의 귀향 : 오딧세우스의 모험 가운데 이 대목이 『오딧세이아』의 소재가 되었다. 그러나 이 대목에서도 전설은 후대의 수많은 개작과 첨작을 겪었다.

잘 알려진 대로 메넬라오스와 아가멤논은 군대의 그리스 귀환을 앞두고 출발 시기에 대해 의견이 맞지 않았다(☞아가멤논, ☞메넬라오스). 메넬라오스는 네스토르와 함께 먼저 떠났고 오딧세우스도 그들을 뒤따랐지만, 테네도스에서 그들과 말다툼을 벌인 뒤 트로이아로 되돌아가서 아가멤논의 무리에 합류했다. 아가멤논이 출항하자 오딧세우스는 그리스의 모든 왕들 중 유일하게 그를 따랐으나, 폭풍우로 인해 아가멤논과도 갈라지고 말았다. 그는 트라케에서 키코네스 족의 고장에 상륙하여, 이스마로스 시를 정복했다. 그는 모든 주민을 죽이되 아폴론의 제사장이었던 마론만은 살려 주었으며, 그에 대한 감사로 마론은 그에게 열두 단지의 달고 독한 포도주를 주었다. 이 포도주는 키클로페스의 고장에서 매우 유용하게 쓰이게 된다. 이번 상륙에서 오딧세우스는 배 한 척마다 여섯 사람씩 잃었으며 내륙으로부터 키코네스 족이 반격을 개시하자 다시 바다로 나왔다(☞키코네스).

남쪽으로 항해하던 그는 이틀 후에 말레아 곶이 보이는 곳에 이르렀지만, 세찬 북풍이 그를 키테라 앞바다로 몰아가, 이틀 후에는 로토파고이 족의 고장에 상륙했다. 그는 부하 몇 명을 먼저 보내 주민들에 대해 알아보게 했고, 주민들은 이들을 환대했다. 이들은 일행에게 자기 고장의 주식인 로토스라는 과일을 맛보게 했다. 이 과일은 먹는 사람에게 고향을 잊게 하는 효과가 있어 그리스 인들은 섬을 떠나려 하지 않았고, 오딧세우스는 강제로 이들을 끌고 가야만 했다. 고대의 지리학자들은 이 고장이 트리폴리타니아 연안에 있다고 생각했다.

다시 북쪽을 향해 가던 오딧세우스와 일행은 염소들이 득실거리는 섬에 상륙하여, 식량을 충분히 확보할 수 있었다. 거기서부터 그들은 키클로페스의 고장을 지났는데, 고대에는 그곳이 시칠리아인 것으로 여겨졌다. 오딧세우스는 열두 명의 부하를 데리고 상륙하여 한 동굴에 들어갔다. 그는 혹시 사람들을 만나면 선물하려고 포도주가 가득한 가죽 부대들을 가져갔는데 동굴 안에서 그들은 치즈와 우유를 잔뜩 발견했다. 동료들은 오딧세우스에게 어서 먹고 떠나자고 했지만 오딧세우스는 말을 듣지 않았다. 그러던 중 동굴 주인인 외눈박이 거인 폴리페모스(☞)가 돌아와 침입자들을 잡아 가두었다. 그리고는 두 명씩 차례로 잡아먹기 시작했는데, 오딧세우스는 그에게 마론의 포도주를 내놓았다. 거인은 일찍이 포도주를 맛본 적이 없었던 터라[폴리페모스 항목에 의하면 〈포도주가 무엇인지는 알았지만 거의 마시는 일이 없었다오.〉] 계속 마시고는 기분이 아주 좋아졌다. 그는 오딧세우스에게 이름을 물었다. 오딧세우스는 대답했다. 〈아무도 아니라오.〉 거인은 그에게 그처럼 맛좋은 포도주를 가져다 준 대가로 그를 맨 마지막에 잡아먹겠노라고 약속해 주었다. 그리고는 마지막 잔을 마시고 잠이 들어 버렸다. 오딧세우스가 불에 달군 꼬챙이로 거인의 하나밖에 없는 눈을 찌르고 아침이 되자 숫양의 배에 매달려 무사히 동굴에서 빠져나온 이야기는 잘 알려져 있다. 상처 입은 거인은 동료 거인들에게 도움을 청했으나 그들이 그에게 누가 그를 공격했는지 묻자 〈아무도 아니라〉고 대답할 수밖에 없었다. 그의 대답을 잘못 이해한 다른 거인들이 그가 제정신이 아니라고 생각하고 가버렸다. 그때부터 오딧세우스는 폴리페모스의 아버지였던 포세이돈의 미움을 사게 되었다.

폴리페모스에게서 벗어난 오딧세우스는 바람의 주인 아이올로스의 섬에 이르렀다. 아이올로스는 그를 환대하고 소가죽으로 된 부대를 하나 주었다. 그 안에는 그를 무사히 이타케로 데려다 줄 순풍을 제외한 모든 바람이 들어 있었다. 마침내 섬의 목동들이 피운 불이 보이기 시작할 무렵 오딧세우스는 잠이 들었다. 그의 부하들은 아이올로스가 준 가죽 부대에 황금이 들었으리라 생각하고는 몰래 그것을 열었다. 그러자 광풍이 새어나와 그들을 반대 방향으로 밀어갔고 배들은 다시금 아이올로스의 섬에 이르렀다. 오딧세우스는 다시 왕을 찾아가 순풍을 청했으나, 아이올로스는 이제 신들이 오딧세우스의 귀환에 분명히 반대하고 있으므로 자신도 그를 도울 수 없노라고 대답했다. 오딧세우스는 무작정 항해를 계속하는 수밖에 없었다. 북쪽으로 가다가 라이스트리고네스 족의 나라에 내렸는데[원문대로임. 『오딧세이아』에는 방향은 나와 있지 않지만, 아이올로스가 바람들을 자루에 가둘 때 서풍만 남겨 두었던 것으로 보아, 이타케는 거기서 동쪽일 것이고 따라서 굳이 진행 방향을 명시하자면 〈동쪽〉이 되어야 할 터이다. 여기서 저자가 〈북쪽〉이라고 한 것은, 라이스트리고네스 족의 항구 모양이 노르웨이의 피오르드 같다는 지적이 있기 때문에, 무의식적으로 그렇게 쓴 듯하다 — 감수자 주], 이 지방은 대개 캄파니아 북쪽의 포르미아이 혹은 가에타 인근 연안으로 간주된다. 키클로페스의 섬에서 겪은 일로 신중해진 오딧세우스는 몇 명을 미리 보내 그 고장을 정탐하게 했다. 그들은 왕의 딸을 만났고, 그녀는 그들을 아버지인 안티파테스에게로 데려갔는데, 왕은 대번에 그들 중 한 명을 잡아먹어 버렸다. 다른 사람들은 달아났고, 왕과 그의 부하들이 바닷가까지 뒤쫓아왔다. 라이스트리고네스 족은 그리스 인들에게 돌을 던져 배를 부수고 사람들을 죽였다. 오딧세우스만 배를 묶어 두었던 밧줄을[닻을 내린 것이 아니고 바위에 배를 묶어 두었다. 『오딧세이아』 10권 95 이하 — 감수자 주] 자르고 바다로 나갈 수 있었다.

이제 그에게는 단 한 척의 배와 선원들만이 남았다. 그는 계속하여 북쪽으로 나아갔고[역시 원문대로임. 『오딧세이아』에는 방향이 나와 있지 않다. 사실 이 여행은 환상의 공간에서 이루어진 것이기 때문에 현실 공간의 방향 지시가 있을 수 없다 — 감수자 주], 얼마 안 가 아이아이아 섬(이 섬은 분명 라티움 남쪽에 있는 오늘날의 몬테 키르케오 곶일 터이다)에 이르렀는데, 거기에는 마녀 키르케가 살고 있었다(그가 이 섬에서 겪은 모험에 대해서는 ☞키르케). 아이아이아 섬을 떠날 때, 그와 키르케 사이에는 아들 텔레고노스가 태어나 있었다. 일설에 의하면 아들이 둘 — 텔레고노스와 나우시토오스 — 이었다고도 한다.

키르케는 그를 테이레시아스에게 보내 이타케로 돌아갈 방법을 묻게 했다. 테이레시아스는 그에게 오직 그만 남의 배를 타고 고향에 돌아갈 것이며, 거기서 구혼자들에게 복수를 하게 될 터이지만, 그 후에는 어깨에 노를 지고 바다를 모르는 백성을 찾아 다시 떠나야 하리라고 예언해 주었다. 거기서 그는 포세이돈에게 속죄의 제물을 바치고 아주 늙어서야 바다 멀리서[『오딧세이아』 11권 134의 원문에는 〈바다로부터ex holos 오는 (죽음을)〉 맞으리라고 되어 있다. 그렇다면 멀리 섬에서 찾아온 텔레고노스에 의한 죽음을 암시하는 말이 될 수도 있다 — 감수자 주] 행복하게 죽으리라는 것이었다. 오딧세우스는 망자들 가운데서 몇몇 용사들의 모습을 본 뒤, 키르케에게 돌아갔다. 그리고는 다시 출발했는데, 이때도 마녀는 몇 가지 조언을 아끼지 않았다. 그는 우선 세이레네스(☞)의 섬(나폴리 만 인근)을 지났고, 그 후에는 떠도는 바위들과 마주쳐야 했으며, 카립디스(☞)와 스킬레(☞) 사이의 해협을 빠져나가야 했다. 선원들 중 몇 명은 이들에게 잡아먹혔으나, 배는 카립디스의 물살을 무사히 빠져나와, 이윽고 트리나키아 섬에 이르렀다. 그곳에서 헬리오스의 흰 소들이 풀을 뜯고 있었다. 바람이 잠들어 오도 가도 못한 채 식량이 떨어지자 선원들은 굶주린 나머지 오딧세우스의 금지에도 불구하고 그 소들을 잡아먹었다. 이를 본 헬리오스는 제우스에게 보복을 요구했다. 배가 다시 항해에 나서자 제우스가 보낸 폭풍이 일었고, 배는 벼락을 맞아 향연에 끼지 않았던 오딧세우스만 돛대에 매달린[사실은 돛대와 용골을 함께 묶어서 거기 매달렸다 — 감수자 주] 한심한 꼴로 살아남게 되었다. 조수에 실려 그는 다시금 해협을 지났고, 카립디스의 심연을 기적적으로 빠져나갔다. 아흐레 동안 그렇게 바다 위를 떠돌던 그는 칼립소의 섬에 이르렀다(아마도 지브롤터 맞은편, 모로코 연안에 있는 세우타 지방, ☞칼립소).『오딧세이아』에는 전혀 그런 말이 없지만, 후대의 저자들에 의하면 오딧세우스는 여신에게서 나우시토오스, 나우시노오스 등 한 명 혹은 여러 아들들을 낳았다고 한다(☞계보 39)[계보 39에는 안테이아스Antéias라는 아들이 나오는데, 이는 아마도 키르케 항목과 로모스 항목에 나오는 안티아스Antias와 동일인일 것이다. 칼립소의 섬에서 10년(혹은 8년, 5년, 1년)을 보낸 뒤, 마침내 오딧세우스의 수호 여신인 아테나의 중재로 제우스는 헤르메스를 칼립소에게 보내 오딧세우스를 놓아주게 했다. 칼립소는 마지못해 뗏목을 만들 목재를 내주었고, 오딧세우스는 동쪽을 향해 떠났다. 그러나 분노를 삭이지 못한 포세이돈이 폭풍을 일으켜 뗏목을 부셔버렸고, 오딧세우스는 뗏목 조각에 매달려 파이아케스 족의 섬에 도착했다.『오딧세이아』에서 스케리아라 부르는 이 섬은 아마도 코르키라일 것이다.

지칠 대로 지친 오딧세우스는 강가의 덤불에서 잠이 들었다. 아침이 되자[사실은 점심 이후, 아마 저녁 무렵일 것이다. 소녀들이 빨래를 널어놓고 점심도 먹고 공놀이하다가 집에 가려고 할 때였다.『오딧세이아』 6권 110 이하 — 감수자 주. ☞나우시카아] 그는 소녀들의 웃음소리에 잠이 깼다. 섬을 다스리는 왕의 딸 나우시카아가 시녀들과 함께 빨래를 할 겸 강가로 놀러 왔던 것이다. 오딧세우스는 그녀들 앞에 나타나 도움을 청했다. 나우시카아는 그에게 아버지 알키노오스 왕의 궁전으로 가는 길을 가르쳐 주었고, 자신과 시녀들은 행인들의 호기심을 불러일으키지 않도록 따로 돌아갔다.

알키노오스와 왕비 아레테에게서 오딧세우스는 극진한 대접을 받았다. 그를 위해 성대한 연회가 열렸고, 오딧세우스는 자신이 겪은 모험담을 이야기했다. 왕은 그에게 많은 선물을 주었고, 그가 나우시카아와 결혼하라는 제의를 마다하고 이타케로 돌아갈 것을 고집하자, 배 한 척을 내주었다. 짧은 여행 동안, 오딧세우스는 잠이 들었고, 파이아케스 족 선원들은 그를 이타케 섬의 한적한 곳에 가져온 선물과 함께 내려놓았다. 배는 스케리아로 돌아갔지만 섬에 이르는 순간 돌로 변해 버렸다. 오딧세우스를 도와준 데 대한 포세이돈의 벌이었다. 뿐만 아니라 도시 자체가 산으로 둘러싸여 더 이상 항구 구실을 하지 못하게 되었다[파이아케스 항목의 감수자 주 참조].

오딧세우스가 집을 떠난 지 20년 만이었다. 그는 세월과 풍상에 하도 변해서 아무도 그를 알아보지 못했다. 페넬로페는 구혼자들에게 시달리면서도 충실하게 그를 기다렸지만(적어도 『오딧세이아』에 의하면 그렇다, ☞페넬로페), 그녀를 노리는 구혼자들은 오딧세우스의 궁전에 진을 치고 그의 재산들을 마구 먹어치우고 있었다. 신화학자들은 자그마치 108명이나 되는 이들의 이름을 모두 전하는데, 그들은 오딧세우스가 다스리던 둘리키움, 사모스, 자킨토스, 이타케 등지에서 온 사람들이었다. 페넬로페는 이들을 거절하기 위해 애쓰다가 한 가지 꾀를 내었다. 늙은 라에르테스를 위해 수의를 짜는 일만 마치면 그들에게 확답을 하겠노라 해놓고는, 낮이면 피륙을 짜고 밤이면 낮에 짠 피륙을 풀었던 것이다.

잠이 깬 오딧세우스는 즉시 궁전으로 돌아가는 대신, 먼저 자신이 가장 신임하던 돼지치기들의 우두머리 에우마이오스를 찾아가 자신의 정체를 알렸다[원문대로임. 그러나 오딧세우스가 에우마이오스에게 정체를 밝히는 것은 한참 후의 일이다. 『오딧세이아』 21권 188 이하 — 감수자 주]. 그곳에서 텔레마코스를 만나 둘이 함께 궁전으로 갔다. 오딧세우스는 거지로 변장하여 아무도 그를 알아보지 못했으나, 스무 살이나 먹은 늙은 개 아르고스만은 주인을 알아보고 기뻐 일어났다가 그대로 쓰러져 죽었다.

궁전에서 오딧세우스는 구혼자들에게 먹을 것을 달라고 청했다. 이들은 그를 모욕했고, 늘상 구혼자들의 식탁에 와서 얻어먹던 이로스라는 거지는 자신의 특권을 위협하는 경쟁자에게 싸움을 걸었다. 몇 차례 주먹다짐 끝에 오딧세우스는 그를 넘어뜨렸다. 그러자 구혼자들 중 여러 명이 그를 모욕했고, 그 중에서도 가장 힘센 안티노오스가 특히 심하게 굴었다. 낯선 거지가 왔다는 소식을 들은 페넬로페는 혹시나 오딧세우스의 소식을 들을 수 있을까 하여 그를 만나고 싶어했다. 그러나 그는 저녁이 되기까지 만나는 것을 미루었다.

저녁이 되자 텔레마코스는 아버지가 시킨 대로 궁전에 있던 모든 무기를 높직한 방으로 옮겨 놓았다. 오딧세우스와 페넬로페의 만남이 이루어졌다. 오딧세우스는 자신의 정체를 알리지 않고 단지 희망적인 말을 들려주는 데 그쳤다. 그녀는 자기 남편이 곧 돌아오리라는 꿈을 꾸었지만 아직 믿지 않았고, 다음날 구혼자들 사이에 경기를 열어 우승자와 결혼하겠노라고 했다. 그들에게 오딧세우스의 활을 내놓고 그것을 가장 잘 사용하는 자에게 우승을 돌리겠다는 것이었다. 오딧세우스는 이 계획을 격려해 주었다.

다음날 대회가 열렸다. 나란히 늘어놓은 여러

개의 도끼 날에 난 구멍들에 화살을 관통시키는 경기였다. 모든 구혼자들이 차례로 나서 보았지만, 아무도 활을 당겨 굽힐 수조차 없었다. 마침내 오딧세우스가 활을 들어 대번에 표적을 쏘아 맞혔다. 오딧세우스의 하인들은 궁전의 문을 모두 닫아 걸었다. 텔레마코스는 무기를 들었고, 구혼자들의 도륙이 시작되었다. 구혼자들과 정을 통했던 하녀들은 시체를 옮기고 대청을 청소하게 한 뒤, 궁전 뜰에서 목매달아 죽였다. 주인의 적들 편을 들었던 염소지기 멜란티오스 역시 같은 벌을 받았다. 오딧세우스는 마침내 자신의 정체를 페넬로페에게 알리고, 마지막 경계심을 풀기 위해 두 사람만의 비밀인 혼례 침상의 내력을 이야기했다.

다음날 오딧세우스는 아버지 라에르테스가 사는 시골로 가서 자신이 왔음을 알렸다. 죽임을 당한 구혼자들의 친족이 모여 무기를 들고 보복을 요구했으나, 늙은 멘토르의 모습을 하고 나타난 아테나의 중재로 이타케에는 마침내 평화가 왔다.

오딧세우스의 이야기는 이상과 같다. 후대의 시인들은 거기에 소설적인 일화들, 특히 사랑 이야기들을 짜 넣었다. 가령 아이올로스의 섬에서 있었던 오딧세우스와 폴리멜라의 이야기도 그렇다(☞폴리멜라). 그들은 또한 『오딧세이아』의 또 다른 결말들을 만들어 내기도 했다. 이런 전설 중 가장 잘 알려진 것들은 다음과 같은데, 대부분 순전히 문학적인 것들이다.

구혼자들을 죽인 뒤, 오딧세우스는 하데스, 페르세포네, 테이레시아스 등에게 속죄제를 바치고, 길을 떠났다. 도보로 에페이로스를 가로질러 테스프로토이 족의 나라까지 가서, 전에 테이레시아스가 명했던 대로 포세이돈에게 속죄제를 바쳤다. 그 고장의 여왕인 칼리디케는 그에게 자기 곁에 머물며 자기 왕국을 다스려 줄 것을 간청했다. 오딧세우스는 이에 동의했고, 두 사람은 아들 폴리포이테스를 낳았다. 그는 한동안 칼리디케와 함께 나라를 다스리면서 이웃 나라들을 정복했다. 그러나 칼리디케가 죽자 그는 왕국을 폴리포이테스에게 넘겨주고 이타케로 돌아가 페넬로페가 낳은 둘째 아들 폴리포르테스를 만났다.

한편 오딧세우스와 키르케의 아들인 텔레고노스는 어머니로부터 자기 아버지가 누구인지 알아내어 오딧세우스를 찾아 나섰다. 그는 이타케에 상륙하여 가축들을 약탈했다. 오딧세우스는 목동들을 도우러 나섰고, 싸움이 벌어져 오딧세우스는 자기 아들의 손에 죽고 말았다(☞텔레고노스). 자기가 죽인 사람이 누구인지 알자, 텔레고노스는 탄식하며 시신과 함께 페넬로페를 키르케에게 데려갔다.

또 다른 설들에 의하면, 오딧세우스는 구혼자들의 친족으로부터 항의를 당하자, 당시 에페이로스를 다스리던 네오프톨레모스에게 재판을 맡겼다. 네오프톨레모스는 케팔레니아를 차지할 욕심에 오딧세우스에게 추방령을 내렸다. 그래서 오딧세우스는 아이톨리아로 안드라이몬의 아들 토아스를 찾아갔다. 거기서 그는 토아스의 딸과 결혼하여 아들 레온토포노스를 낳았고 매우 나이 들어 죽었다. 플루타르코스가 전하는 또 다른 전승에 의하면, 네오프톨레모스의 재판 후 오딧세우스는 이탈리아로 추방되었다고도 한다.

이탈리아에서 오딧세우스가 겪은 모험들과 그의 말년에 관해서는 일련의 전설들이 있으나, 극히 일부만 전해진다. 특히 오딧세우스와 아이네이아스가 여행 중에 만나서 화해를 했다는 이야기가 있다. 오딧세우스는 에트루리아 땅인 티레니아에 정착하여 30개 도시를 건설했다. 거기서 그는 나노스(☞)라는 이름을 가졌는데 이는 에트루리아 말로 〈방랑하는 자〉라는 뜻이다. 오딧세우스는 고르티니아라는 에트루리아의 도시(이는 코르토나와 동일시된다)에서 텔레마코스와 키르케의 죽음을 슬퍼한 나머지 죽었다.

타키투스는 『게르마니아』 제3권에서, 오딧세우스가 여행 중에 라인 강 연안에까지 이르렀으며 그 기념으로 강가에 제단을 세워 그것이 로마 정복 때까지 남아 있었다고 썼다. 헤라클레스의 이름과 마찬가지로 오딧세우스의 이름은, 킴메리오이 족의 일화 및 그가 말년에 했다는 신비한 여행들 덕분에, 유럽 서쪽 지방을 발견하는 여러 단계들과 결부되었다.

오딧세우스의 자식들의 명단 또한 극히 다양하다. 그것은 계보를 만든 이에 따라 달라져서, 카토의 시대에는 이탈리아의 모든 도시들에 신화적 후광을 부여하는 빌미가 되었다. 그와 키르케가 결합하여 낳았다는 아르데아스는 로마 도시 아르데아의 명조가 되었으며, 라티노스가 라티움 족의 명조가 되었던 것이 좋은 예이다(☞로모스, ☞카시포네, ☞에우히페, ☞계보 39).

오레스테스 ’Ορέστης / Orestes 오레스테스는 아가멤논과 클리타임네스트라 사이에 태어난 아들이다(☞계보 2). 그에 관한 전설은 그의 누이 이피게네이아에 관한 전설과 동시에 발전했고 일화들이 덧붙여졌다. 그러나 그의 중요한 특징들은 이미 호메로스의 시가들에서부터 나타나, 그는 아버지의 죽음을 복수하는 자로 등장한다(비록 클리타임네스트라가 아들 손에 죽는다는 것은 호메로스에는 없는 이야기이지만). 오레스테스가 주요 인물이 되는 것은 비극 작가들과 특히 아이스킬로스[3대 비극 작가 모두 아가멤논 집안의 비극에 대한 작품을 썼고, 특히 아이스킬로스는 『오레스테이아』 3부작에서 이 사건을 다루었다]에서부터이다.

오레스테스의 생애에서 첫번째 일화는 트로이아 전설 중, 미시아에 있는 텔레포스의 왕국에 이르는 첫번째 원정에서 일어난다(☞아가멤논, ☞아킬레우스). 아킬레우스에게 부상을 입은 텔레포스는 아킬레우스의 창으로만 치유될 수 있었다. 그래서 그는 그리스 군대의 두 번째 집결지인 아울리스에 갔다가 군사들에게 사로잡혀 첩자 취급을 당했다. 달아나기 위해 그는 아가멤논의 아이들 중 가장 어린 오레스테스를 붙잡아 만일 자신을 해치면 아이를 죽이겠다고 위협했고, 결국 치유를 얻어낼 수 있었다(☞텔레포스).

비극 작가들과 특히 에우리피데스[3대 비극 작가 모두 오레스테스의 어린 시절 특히 망명에 대해 언급했지만, 에우리피데스는 『아울리스의 이피게네이아』라는 작품에서 망명과 무관하게 어린 오레스테스에 대해 이야기했다 — 감수자 주]는 아울리스의 어린 오레스테스에 대해 즐겨 언급했다. 그가 클리타임네스트라, 이피게네이아와 함께, 이피게네이아가 아르테미스 여신에게 희생 제물로 바쳐지려는 때에 그곳에 갔다는 것이다.

아가멤논이 귀국하여 아이기스토스와 클리타임네스트라에게 살해될 때, 누이 엘렉트라는 오레스테스를 몰래 포키스의 스트로피오스에게 데려가 학살을 모면시켰다. 스트로피오스는 그를 자기 아들 필라데스와 함께 키웠으며, 그리하여 오레스테스와 필라데스 사이의 전설적인 우정이 생겨났다. 오레스테스가 학살을 모면한 경위에 대해서는 이설들도 있다. 그를 구해 준 이는 유모, 가정교사, 좀더 일반적으로는 늙은 하인이었다고 한다. 스트로피오스는 아가멤논의 누이 아낙시비아와 결혼했기 때문에, 아이의 고모부였다. 그는 델포이에서 멀지 않은 도시 키라에 살고 있었다.

성년이 된 오레스테스는 아폴론으로부터 아

이기스토스와 클리타임네스트라를 죽여 아버지의 죽음에 복수하라는 신탁을 받았다. 소포클레스의 작품에서는, 엘렉트라가 그에게 아가멤논의 복수를 요구하며, 오레스테스는 행동을 취하기에 앞서 아폴론의 조언을 구한 것으로 되어 있다. 신은 이 복수를 해도 좋다고 답해 주었다. 오레스테스는 필라데스와 함께 아르고스에 있는 아가멤논의 무덤을 찾아가 자신의 머리칼을 한 줌 잘라 바쳤다. 뒤이어 엘렉트라가 무덤에 나타나 동생의 머리칼을 알아보았다. 인물들이 상대방을 알아보는 이런 방식은 아이스킬로스가 따르는 것인데, 이 방식이 별로 신빙성이 없다고 본 에우리피데스는 한 노인을 개입시키며, 소포클레스는 오레스테스가 누이에게 아가멤논의 반지를 보여 주는 방식을 취한다.

복수를 하기 위해, 오레스테스는 포키스에서 온 여행자 행세를 했다. 스트로피오스가 오레스테스의 죽음을 알리고 그 유해를 아르고스로 보낼지, 키라에 그대로 둘지를 묻기 위해 자신을 보냈다는 것이다. 클리타임네스트라는 마침내 벌 받을 두려움에서 해방되어 기뻐하며 출타 중이던 아이기스토스를 부르러 보낸다. 아이기스토스는 궁정에 도착하는 즉시 오레스테스의 칼에 맞고 쓰러진다. 클리타임네스트라는 그의 비명소리를 듣고 달려나와 칼을 든 아들과 맞닥뜨린다. 그녀는 아들에게 살려 달라 애원하며 그에게 젖을 먹였던 가슴을 풀어헤쳐 보이지만, 그가 물러서려는 순간 필라데스는 아폴론의 신탁과 복수의 신성함을 상기시킨다. 그는 그녀를 죽인다. 에우리피데스의 작품에서는, 아이기스토스가 들에서 님프들에게 희생 제사를 바치다가 오레스테스의 칼에 맞는 것으로 되어 있다. 아이기스토스의 호위병들은 살인자를 벌하려 하지만, 그가 아가멤논의 아들인 것을 알고 감히 손을 대지 못한다.

오레스테스는 대부분의 살인자들이 그렇듯이 얼마 안 가 광기에 사로잡혔다. 게다가 그는 친모 살해자였으므로, 클리타임네스트라의 장례식 날 그에게 들러붙은 에리니에스에게 시달리게 된다. 아이스킬로스에 따르면, 오레스테스는 아폴론의 명령대로 델포이의 옴팔로스(아폴론의 성역 안에 있는 〈세상의 중심〉을 나타내는 작은 둔덕)로 피신하여, 아폴론으로부터 직접 죄 씻음을 받았다고 한다. 하지만 그리스의 다른 많은 성역들도(가령 아르카디아에 있는 메갈로폴리스도) 오레스테스의 죄를 정화한 장소와 그가 앉았던 돌을 간직하고 있다고 주장했다. 하여간 그는 이렇게 죄 씻음을 받은 후에도 에리니에스의 손길에서 벗어날 수 없었다. 구원은 아테나이에서 정식 재판을 한 후에야 얻어졌는데, 훗날 아레이오파고스가 자리잡게 되는 그 자리[아테나이의 살인 재판정을 말한다]에서 내려진 이 재판은 상징적으로 최초의 재판이었다. 그를 고발한 인물에 관한 전승들은 다양하다. 에리니에스 자신들이 그를 아테나이의 법정으로 끌고 갔다고도 하고, 클리타임네스트라의 아버지 틴다레오스가, 때로는 아이기스토스와 클리타임네스트라의 딸인 에리고네가 그 역할을 맡는다(☞에리고네 2). 그 무렵 이미 죽었던 틴다레오스 대신, 신화학자들은 클리타임네스트라의 사촌 페릴레오스(그는 틴다레오스의 동생 이카리오스의 아들이다. ☞계보 19)를 등장시키기도 한다. 재판관들은 오레스테스의 정죄와 사면 사이에 반반으로 갈라지며, 재판장인 아테나 여신이 후자 쪽에 표를 던짐으로써, 오레스테스는 사면되었다. 그에 대한 감사로, 오레스테스는 아레이오파고스 언덕 위에 여신을 위한 제단을 지었다.

아테나이의 안테스테리아 축제 기간에 지켜지는 〈단지의 날〉의 기원도 오레스테스가 아테나이에 갔던 일과 관련된 것이다. 당시 아테나이를 다스리던 데모폰 왕(혹은 판디온 2세)은 오레스테스가 오는 것을 보고 몹시 난감했다. 왕은 친모 살해죄로 자신을 더럽힌 그가 축제에 참가하거나 신전에 들어오는 것을 원치 않았지만, 그렇다고 그를 모욕하고 싶지도 않았다. 그래서 왕은 신전을 닫고 바깥에 따로 식탁을 차려 참석자 한 사람에게 포도주 한 단지씩 주었다. 이것이 〈단지 축제〉의 기원이다.

전적으로 아르고스에서 유래한 또 다른 전승에 의하면, 오레스테스의 재판은 아테나이가 아니라 아르골리스에서 있었다고 한다. 오레스테스는 오이악스와 틴다레오스에게 이끌려 아르고스 주민 앞으로 나갔다. 미케나이 사람들은 그를 추방하는 데 그쳤던 반면, 아르고스 사람들은 그에게 사형을 언도하며 죽음의 방식을 택하라고 했다는 것이다. 그러나 역시 가장 잘 알려진 이야기는 아이스킬로스의 전설[아테나이에서 재판을 받고, 가부 동수여서 아테나 여신의 호의로 사면되었다는 이야기. 『오레스테이아』 3부작의 마지막 작품 『에우메니데스』(자비로운 여신들)의 내용]이다.

죄를 씻은 후, 오레스테스는 아폴론에게 이제 무엇을 해야 하는지 물었다. 피티아는 그에게 만일 타우리스에 가서 아르테미스 여신상을 찾아 온다면 광기에서 완전히 자유로워지리라고 대답했다. 여기서 필라데스와 함께 한 모험, 이피게네이아의 귀환 등에 관한 오레스테스 전설의 새로운 일화들이 생겨난다. 에우리피데스는 이 이야기를 『타우리스의 이피게네이아』에서 다루었다. 타우리스에 도착한 오레스테스와 필라데스는 주민들에게 포로로 잡혔다. 그곳 주민들은 모든 이방인들을 사로잡아 자신들의 여신에게 희생 제물로 바치는 습속이 있었다. 그들은 그곳 왕 토아스 앞으로 끌려 나갔다가, 여신의

제사장을 맡고 있던 이피게네이아에게 넘겨진다(☞이피게네이아). 이피게네이아는 그들의 포박을 풀어 주며 어디에서 왔는지 묻고, 곧 그들을 알아본다. 오레스테스는 그녀에게 자신이 타우리스에 온 이유와 아폴론으로부터 받은 명령에 대해 말한다. 이피게네이아는 자신이 섬기던 아르테미스의 신상을 훔치는 것을 돕고 고향으로 돌아가기로 결심한다. 그러기 위해 그녀는 토아스에게, 친모 살해죄를 짓고 고향을 떠나야 했던 이 이방인을 희생 제물로 바치기 위해서는, 제물인 그와 여신의 신상을 함께 바닷물에 씻어야 한다고 말한다. 토아스는 그 말에 넘어가고, 이피게네이아는 오레스테스와 필라데스를 데리고 오레스테스의 배에서 멀지 않은 바닷가로 나간다. 스키티아 호위병들로부터 정결 예식의 비밀을 지킨다는 구실로, 그녀는 동생과 필라데스, 그리고 신상과 함께 배에 탄다. 그러나 포세이돈은 배를 뭍으로 밀어 가며, 토아스가 그들을 잡으려는 찰나, 아테나가 나타나 만류한다. 오레스테스 일행은 무사히 아티카로 돌아가 아르테미스의 신전을 세웠다(타우리스로부터의 귀환에 관한 또 다른 일화에 대해서는 ☞크리세스 2).

오레스테스 전설의 마지막 대목은 그가 아르골리스에 정착하여 결혼하는 이야기이다. 그의 아버지는 어린 그를 메넬라오스와 헬레네의 딸이자 그와 사촌간인 헤르미오네와 정혼시켰었다. 그러나 트로이아에서 메넬라오스는 약속을 어기고 헤르미오네를 네오프톨레모스에게 주었다(☞헤르미오네, ☞네오프톨레모스). 타우리스에서 돌아온 오레스테스는 네오프톨레모스가 신탁을 물으러 델포이에 간 동안 헤르미오네를 납치했다. 또는 그가 헤르미오네의 조언에 따라 델포이에서 네오프톨레모스를 죽였다고도 한다. 그러기 위해 그는 폭동을 일으켜, 그 와중에 경쟁자를 죽였을 것이다.

헤르미오네에게서 오레스테스는 티사메노스라는 아들을 얻었다. 그는 자식 없이 죽은 킬라라베스의 뒤를 이어 아르고스를(☞아낙사고라스), 그리고 메넬라오스의 후계자로서 스파르타를 다스렸다. 죽기 얼마 전에 그의 왕국에는 역병이 창궐했다. 신탁을 구하자, 만일 트로이아 전쟁 동안 파괴된 도시들을 재건하고 그 도시의 신들에게 빼앗았던 명예를 되돌려준다면 재앙이 그치리라는 답이 내렸다. 오레스테스는 소아시아에 식민지를 건설해 파괴된 도시들을 재건하게 했다. 오레스테스는 아주 늙어서, 70년을 다스린 뒤 아흔이 되어 죽었다. 그의 무덤은 테게아에 있으며 그는 신적인 예우를 받았다.

로마에서는 오레스테스가 아리키아(타우리스에서 가져온 아르테미스 신상을 모셨다고 주장하는 곳들 중 하나)에서 죽었다고 하며, 그의 유해는 로마로 옮겨져 사투르누스의 신전에 묻혔다고 한다.

오레스테우스 ’Ορεσθεύς / Orestheus 아이톨리아 왕 오레스테우스는 데우칼리온의 아들이고, 프로노오스와 마라토니오스의 형제이다. 그의 개들 중 한 마리가 나무토막을 하나 낳았다. 오레스테우스가 그것을 땅에 묻게 하자 거기서 훌륭한 포도나무가 자라나 커다란 포도송이들을 맺었다. 이 기적을 본 오레스테우스는 자신의 아들에게 피티오스(〈자라다〉를 의미하는 동사에서 파생한 이름)라는 이름을 주었다. 이 피티오스가 오이네우스 왕을 낳았다(☞오이네우스).

오레이티이아 ’Ορείθυια / Orithyia 1. 오레이티이아는 아테나이 왕 에레크테우스의 딸들 중 한 명이다. 그녀는 보레아스에게 납치당했다.

2. 어떤 전승에는 케크롭스의 딸이자 마케돈의 아내인 오레이티이아도 등장한다. 마케돈에게 그녀는 에우로포스라는 아들을 낳아 주었는데, 그는 마케도니아에 있는 동명 도시의 명조가 되었다.

오론테스 ’Ορόντης / Orontes 오론테스라는 이름을 가진 인물은 두 명 있는데, 이들은 시리아의 오론테스 강에 관한 두 가지 다른 전설들을 대변한다.

1. 첫번째 인물은 디드나소스의 아들인 힌두 용사이다. 그는 디오니소스의 인도 원정 때 힌두 왕 데리아데스를 위해 부대를 지휘했다. 그는 20큐빗[1큐빗은 약 50센티미터]이나 되는 거인으로, 무시무시한 용사였다. 그는 결국 디오니소스에게 부상을 입고 자살했다. 그의 시신은 강물에 실려 갔으며 그 강은 오론테스 강이라 불리게 되었다. 로마 시대에 오론테스의 흐름을 돌리기 위해 옛 하상을 파내는 공사를 했는데, 공사 도중 석고로 된 긴 석관이 발견되었고, 그 안에는 엄청난 크기의 인간 유골이 들어 있었다. 클라로스의 신탁을 묻자 그것이 오론테스의 시신이라는 답이 내렸다.

2. 오론테스는 강의 신이며 다른 많은 하신들처럼 오케아노스와 테티스(I) 사이에 태어난 자식이다. 오케아니데스 중 한 명인 님프 멜리보이아를 사랑한 그는 범람하여 들판을 물에 잠기게 하다가 헤라클레스에 의해 진압되었다.

오르니토스 ’Όρνυτος / Ornythus 1. 오르니토스 일명 테우티스는 아르카디아의 용사로, 테우티스 시의 아르카디아 인들을 이끌고 트로이아 원정에 참가했다. 아울리스에서 역풍을 만나 돌아가려 하던 중, 아테나 여신이 옵스의 아들 멜라스의 모습으로 그에게 나타나 남을 것을 요청했다. 그는 화가 나서 여신의 허벅지에 상처를 입히고 자기 도시로 돌아갔는데, 여신이 허벅지에 상처를 입은 모습으로 그의 꿈에 나타났다. 그 후 그는 시름시름 앓기 시작했고, 그의 도시에는 기근이 덮쳤다. 도도네의 신탁을 묻자 아테나 여신을 위해 허벅지에 상처 입은 신상을 만들고 자주색 천으로 싸매라는 답이 내렸다.

2. 같은 이름의 또 다른 용사는 시시포스의 아들로, 그는 오푸스의 로크리스 인들과 함께 다프누스를 차지하기 위해 싸웠다. 그는 자신의 왕국을 세워 아들 포코스에게 물려주었으며, 포코스는 포키스 인들의 명조가 되었다. 오르니토스 자신과 그의 둘째 아들 토아스는 코린토스로 물러났다.

오르토폴리스 ’Ορθόπολις / Orthopolis 오르토폴리스는 시키온 왕 플렘나이오스의 아들이다. 왕의 자식들이 태어나자마자 번번이 죽어 버리곤 했으므로, 이를 불쌍히 여긴 데메테르가 낯선 여인의 행색을 하고 궁정을 찾아가 갓 태어난 왕자를 손수 키워 주었다. 그녀는 아이에게 내린 저주를 거두어, 어른이 되기까지 무사히 키워냈다. 그렇게 하여 기적적으로 살아난 오르토폴리스는 크리소르테라는 딸을 낳았으며, 이 딸은 아폴론과의 사이에서 코로노스라는 아들을 낳았다.

오르트로스 ’Ορθρος / Orthros 오르트로스는 게리오네우스의 개이다. 헤라클레스는 게리오네우스의 가축 떼를 빼앗으면서 이 개를 죽였다. 이 개는 티폰과 에키드나 사이에 태어난 것으로, 따라서 케르베로스의 새끼가 된다. 이 오르트로스가 어미인 에키드나와 결합하여 낳은 것이 바로 테바이의 스핑크스이다. 오르트로스에 대한 묘사는 전승마다 조금씩 달라져서, 머리가 여럿이었다고 하고, 뱀의 몸뚱이를 지녔다고도 한다.

오르페우스 ’Ορφεύς / Orpheus 오르페우스 신화는 그리스 신화 가운데 가장 난해하고 상징성이 풍부한 신화이다. 아득한 고대로부터 내려오는 그 신화는 종교로까지 발전했으며, 그것에 관한 방대한 문헌들은 상당 부분 비의적인 것이다. 오르페우스 신화는 원시 그리스도교의 형성에도 모종의 영향을 행사했으며, 이 점은 그리스도교의 도상들에서도 확인된다.

오르페우스가 오이아그로스의 아들이라는 점에서는 모든 전승이 일치한다(☞ 오이아그로스). 그러나 그의 어머니에 관해서는 여러 이설이 있다. 대개 그는 아홉 명의 무사이[뮤즈들] 중 가장 격이 높은 칼리오페의 아들로 통한다. 때로는 다른 무사[뮤즈]인 폴림니아, 좀더 드물게는 타미리스의 딸 메니페의 이름이 언급되기도 한다. 오르페우스는 트라케 출신이다. 무사이와 마찬가지로 그는 올림포스 산 근처에서 자랐으며, 그곳에서 노래하는 모습으로 그려지곤 한다. 도상들에서 그는 트라케 복장을 하고 나타난다. 신화학자들은 그를 그 지방의 왕으로, 비스토니아, 오드리시아, 마케도니아 등지의 왕으로 간주한다. 오르페우스는 뛰어난 음악가이자 시인이었다. 그는 리라와 키타라를 연주했고, 키타라를 발명한 것으로 혹은 적어도 키타라에 현의 수를 더하여 일곱 줄을 아홉 줄로(아홉 명 무사이의 수대로) 만든 것으로 여겨진다. 오르페우스의 노래는 하도 감미로워서, 야수들이 그를 따랐고 초목들도 그를 향해 휘어졌으며 극악한 인간들도 온순해졌다고 한다.

오르페우스는 아르고나우타이의 원정에 참가했다. 그러나 다른 용사들보다 힘이 약했으므로, 노를 젓지는 않았다. 그는 노 젓는 사람들을 위해 박자를 맞추어 주는 〈정조수〉 역할을 했다. 폭풍이 일 때는 그의 노래로 일행을 달래고 파도를 가라앉혔다. 사모트라케의 비의에 입문한 것은 그뿐이었으므로, 그는 그 비의의 신들인 카베이로이에게 동료들의 이름으로 청하여 이들도 비의에 입문하게 했다. 그의 주요한 역할은 세이레네스[세이렌들]가 노래로 아르고나우타이를 유혹하려 하는 동안 마녀들보다 더 감미로운 노래를 불러 이들을 제정신으로 돌아오게 하는 것이었다. 『아르고나우티카 오르피카』[기원후 4~5세기경 오르페우스의 이름으로 씌어진 아르고 선 원정담. 헬레니즘 시대의 아폴로니우스 로디우스의 작품 『아르고나우티카』와는 별도의 작품]에서는 그가 마술을 부려 위험을 물리치는 등 그 밖의 공적들도 세웠다고 한다. 한마디로 말해 오르페우스는 아르고나우타이의 제사장이었다.

오르페우스에 관한 가장 유명한 신화는 사랑하는 아내 에우리디케를 위해 하계에 내려가는 이야기이다. 이 이야기는 알렉산드리아 시대에 주로 문학적 주제로서 발전한 것으로 보이며, 가장 풍부하고 완성된 형태는 베르길리우스의 「제4목가」에서 발견된다. 에우리디케는 님프(드리아스)이거나 아폴론의 딸이다. 어느 날 그녀는 트라케의 강변을 따라 걷다가 겁탈하려는 아리스타이오스에게 쫓기게 되었다. 달아나던 그녀는 풀섶의 뱀을 밟아 뱀에게 물려 죽었다. 상심한 오르페우스는 아내를 데려오기 위해 하계로 내려갔다. 그가 타는 리라 소리는 하계의 괴물들뿐 아니라 신들까지 감동시켰다. 시인들은 이 신적인 음악의 효과를 묘사하기 위해 온갖 상상력을 동원했다. 익시온의 바퀴도 돌기를 멈추었고, 시시포스의 바위도 정지했으며, 탄탈로스도 굶주림과 목마름을 잊었다는 등등이 그 예이다. 다나이데스마저 구멍 난 물통에 물을 채우기를 그만두었다고 한다. 하데스와 페르세포네는 그처럼 대단한 사랑의 증거를 보이는 남편에게 에우리디케를 돌려주기로 한다. 그러나 그들은 단 한 가지 조건을 붙인다. 오르페우스가 그들의 왕국을 떠나기 전에는 뒤돌아 그녀를 보아서는 안 된다는 것이다. 오르페우스는 그 조건을 받아들이고 길을 떠난다. 지상의 빛이 보이기 시작할 무렵, 그는 무서운 의심에 사로잡힌다. 페르세포네가 그를 우롱한 것은 아닐까? 에우리디케가 정말로 등 뒤에 있을까? 그는 그만 뒤를 돌아본다. 그러자 에우리디케는 재차 쓰러져 죽는다. 오르페우스는 다시 그녀를 찾으러 가지만, 이번에는 카론이 그를 하계에 들여놓기를 완강히 거부한다. 그는 위로받지 못한 채 인간 세상으로 돌아오게 된다.

오르페우스의 죽음에 관해서도 여러 가지 전설들이 있다. 가장 일반적인 설에 따르면, 그는 트라케 여인들의 손에 죽었다고 한다. 그러나 그가 그녀들의 미움을 사게 된 전말에 관해서는 이설들이 있다. 일설에 의하면, 그가 그처럼 죽은 아내의 기억에만 매달려 있는 것이 다른 여인들에 대한 모욕으로 간주되었다고 한다. 그는 어떤 여인과도 가까이 지내기를 원치 않고 젊은 소년들에게 둘러싸여 살았으며 심지어 동성애의 창시자였다고 한다. 그가 가장 아낀 벗은 보레아스의 아들 칼라이스였다. 또는 하계에서 돌아온 오르페우스가 저승에서의 경험을 바탕으로 신비 의식을 창시했다고도 한다. 그러나 그는 그 의식에 여인들을 받아들이지 않았으며, 남자들만 닫힌 집 안에 모이되, 문간에 무기들을 놔두고 들어갔다고 한다. 그래서 어느 날 여인들은 무기를 손에 넣고 남자들이 나오는 것을 기다려 오르페우스와 그의 추종자들을 죽였다고 한다. 또 다른 설명은 아프로디테의 저주를 이유로 든다. 아도니스를 놓고 페르세포네와 다투던 아프로디테는 제우스의 명령으로 칼리오페의 심판을 받아들여야 했다. 칼리오페는 두 여신이 각기 반년씩 번갈아 아도니스를 차지할 것을 명했는데(☞아도니스), 이 결정에 불만을 품은 아프로디테는 직접 칼리오페에게 복수할 수 없기 때문에 트라케 여인들이 오르페우스를 사랑하게 만들었다는 것이다. 그러나 그녀들은 서로 아무에게도 그를 양보하고 싶지 않았으므로 그를 갈가리 찢고 말았다.

전혀 다른 한 전승에 의하면, 오르페우스는 제우스가 내린 벼락에 맞아 죽었다고 한다. 제우스는 오르페우스가 신비 의식을 통해 입문자들에게 비밀을 전수하는 것을 용인할 수 없었던 것이다.

오르페우스의 죽음에 관한 가장 일반적인 이야기에 따르면, 트라케 여인들은 그의 시신을 갈가리 찢어 강물에 던졌고 강물은 그를 바다로 실어 갔다고 한다. 시인의 머리와 리라는 레스보스 섬에 이르렀다. 그곳 주민들은 시인의 장례를 지내고 무덤을 만들어 주었다. 그 무덤에서는 때로 리라 소리가 들렸다고 한다. 그래서 레스보스 섬은 서정시가 특별히 발달한 곳이 되었다는 것이다.

오르페우스의 무덤은 소아시아의 멜레스 강 어귀에도 있었다고 한다. 오르페우스가 죽은 뒤 트라케에는 역병이 창궐했으며, 신탁을 구하자 그것은 시인의 죽음에 대한 징벌이며 따라서 트라케를 역병에서 구하려면 오르페우스의 머리를 찾아 제대로 장례를 지내 주어야 한다는 답이 내렸다. 수색 끝에 어부들이 멜레스 강 어귀의 모래톱에 묻힌 머리를 찾아냈다. 그것은 마치 생전에 그랬듯이 여전히 피 흘리며 노래하고 있었다.

테살리아에는 오르페우스의 무덤에 관해 이상한 전설이 있었다. 오르페우스의 무덤은 한때 레이베트라에 있었는데, 트라케의 디오니소스 신탁은 만일 오르페우스의 유해가 햇빛을 보게 되면 도시가 돼지에게 짓밟혀 멸망하리라고 예언했다. 주민들은 돼지가 그들의 도시를 짓밟는다는 것은 불가능한 일이라 여겨 이 신탁을 웃어넘겼다. 어느 여름 날 온 도시가 낮잠에 빠져 있을 때 한 목동이 오르페우스의 무덤 위에서 잠이 들었다. 꿈속에서 그는 오르페우스의 영에 사로잡혀 오르페우스 찬가를 부르기 시작했다. 음악을 들은 들판의 일꾼들은 하던 일을 멈추고 무덤 주위로 몰려들었다. 군중이 밀어닥친 나머지 건물의 기둥들이 무너졌고, 시인의 유해가 담긴 석관이 깨져 틈이 벌어졌다. 그날 밤 폭우가 쏟아져 트라케 시가 그 강변에 자리하고 있던 시스(그리스 어로 〈돼지〉라는 뜻) 강물이 불어났고, 강물이 범람하여 도시의 주요 건물들을 파괴했다. 그리하여 기이한 신탁은 실현되었다.

오르페우스가 죽은 뒤 그의 리라는 하늘로 올려져 별자리가 되었다고도 한다. 오르페우스의 영혼은 천상으로 올려져 그는 그곳에서 흰 옷을 입고 복 있는 자들을 위해 노래한다고 한다.

이 같은 신화를 바탕으로 오르페우스 종교가 만들어졌다. 에우리디케를 찾아 하계로 내려갔던 오르페우스가 사람이 죽은 후 만나게 되는 모든 장애와 함정을 피해 천상에 이르는 비결을 알아내 가지고 왔다는 것이다. 오르페우스가 썼다는 시들도 많이 남아 있다. 이 시들은 죽은 자들과 함께 묻던 명패에 새겨진 문구들로부터 찬가, 신들의 계보, 서사시, 아르고나우티카 등에 이르기까지 매우 다양하다.

오르페우스는 때로 디오니소스와 함께 엘레우시스 비의를 창시한 것으로 간주되기도 한다.

다양한 전승들에 따르면 오르페우스는 호메로스와 헤시오도스의 선조였다고 한다.

오리온 ’Ωρίων / Orion 오리온은 거인 사냥꾼으로 에우리알레와 포세이돈 혹은 히리에우스 사이에 태어난 아들이다(☞히리에우스). 그는 다른 모든 거인들처럼 대지에서 태어났다고도 한다. 그는 아버지 포세이돈으로부터 바다 위를 걷는 능력을 받았다. 그는 뛰어난 용모와 놀라운 힘의 소유자였다. 처음에는 시데와 결혼했는데 그녀가 자신의 아름다움에 자만한 나머지 헤라와 경쟁하려 했으므로, 노한 여신은 그녀를 타르타로스에 던져 버렸다. 아내를 잃은 오리온은 오이노피온의 부름을 받고 키오스로 갔다. 오이노피온은 섬에 들끓는 야수들을 없애 달라고 부탁했고, 오리온은 오이노피온의 딸 메로페를 사랑하게 되었다. 그러나 오이노피온은 이 결혼을 원치 않았다. 여기서부터 이설들이 생겨나는데, 술에 취한 오리온이 메로페를 겁탈했다고도 하고, 오이노피온 자신이 오리온을 술에 취하게 했다고도 한다. 아무튼 오이노피온은 오리온이 물가에서 잠든 사이에 그의 눈을 멀게 했다. 그러자 오리온은 헤파이스토스의 대장간으로 가서 한 아이(케달리온이라는 이름의)를 붙들어 어깨 위에 앉히고 자기를 해 뜨는 쪽으로 인도해 달라고 부탁했다. 오리온은 곧 시력을 되찾았고 오이노피온에게 복수를 하려 했으나, 헤파이스토스가 오이노피온을 위해 땅속에 방을 지어주었으므로 그를 잡지 못했다.

그 후 새벽의 여신 에오스가 오리온을 사랑하게 되어 그를 델로스로 데려갔다. 오리온은 아르테미스의 손에 죽었는데, 그가 원반 던지기에서 감히 여신에게 도전했기 때문이라고도 하고, 아르테미스의 시녀들 중 한 명인 히페르보레이오이 족의 처녀 오피스를 겁탈하려 했기 때문이라고도 한다. 그러나 그의 죽음에 관해 가장 일반적으로 알려진 이야기는 다음과 같다. 오리온은 아르테미스 여신을 겁탈하려 했으며, 여신은 그에게 전갈을 보내 뒤꿈치를 물게 했다. 아르테미스를 위해 이 일을 한 대가로 전갈은 하늘에 올려져 별자리가 되었으며, 오리온도 마찬가지 운명을 얻었다. 그래서 오리온좌는 영원히 전갈좌를 피해 다니는 것이다(☞코로니데스).

*오시니우스 Osinius 오시니우스는 『아이네이스』에 나오는 이탈리아의 클루시움 왕자로, 아이네아스가 투르누스에 대적하여 연합을 맺었던 에트루리아 왕에게 보낸 군대에 속했다.

오악세스 Ὀάξης / Oaxes 크레테 용사 오악세스는 앙키알레의 아들로, 크레테 도시 오악소스의 명조이다. 그의 이름은 베르길리우스의 「제1목가」에 등장하는데 이 대목의 텍스트는 분명치 않으며, 어쩌면 그의 이름은 옥소스 강의 이름과 혼동된 것일 수도 있다.

오악소스 Ὄαξος / Oaxus 몇몇 전승들에 의하면 오악소스는 아카칼리스의 아들이며, 크레테 도시 오악소스의 건설자이다. 아마도 오악세스와 동일 인물일 것이다.

오이네우스 Οἰνεύς / Oeneus 오이네우스는 칼리돈의 왕이다. 그의 이름은 포도주를 뜻하는 그리스어 오이노스(οἶνος)와 비슷하다. 그는 디오니소스가 그리스에 심은 첫번째 포도나무를 선물 받았다고 한다(☞알타이아). 또한 그의 목동들 중 한 명인 오리스타(혹은 스타필로스)가 염소 한 마리가 종종 무리에서 벗어나 무슨 나무인지 알 수 없는 나무의 열매를 따먹곤 하는 것을 보았다는 이야기도 있다. 목동은 그 열매를 따다가 즙을 짜서 아켈로오스 강물에 섞었으며, 그렇게 해서 얻어진 액체에 오이네우스 왕이 자신의 이름을 붙였다는 것이다.

어떤 전승들에 의하면 그는 데우칼리온(☞오레스테우스)의 후손이라고 하지만, 대개는 엔디미온과 프로노에의 후손이라고 한다. 그는 플레우론의 증손자, 아게노르의 손자, 포르타온 혹은 포르테우스와 에우리테의 아들이다(☞계보 24). 그는 아이톨리아의 왕이며(플레우론은 그 고장의 명조인 아이톨로스의 아들이다), 그에게는 아그리오스, 알카토오스, 멜라스, 레우코페우스 등 여러 명의 형제와 스테로페라는 누이가 있었다(☞계보 27).

오이네우스는 테스티오스의 딸 알타이아(☞)와의 결혼에서 여러 명의 자식을 낳았다. 그의 명령을 어기고 도랑을 뛰어넘었다가 그에게 죽임을 당한〈도랑을 뛰어넘었다〉는 것이 왜 죽임을 당하는 이유가 되었는지 자세한 경위는 알려지지 않았으나 아마도 로물루스가 정한 경계인 고랑을 뛰어넘은 레무스가 죽임을 당한 것과 비슷한 일일 것이다] 톡세우스를 위시하여, 티레우스, 클리메노스, 멜레아그로스, 그리고 딸들인 고르게와 데이아네이라가 있었으며, 때로는 에우리메데와 멜라니페도 그의 딸들이었다고 한다(데이아네이라의 출생에 대해서는 ☞알타이아). 어떤 신화학자들은 페레우스, 아겔레오스, 페리파스 등 또 다른 아들들의 이름을 들기도 한다(☞멜레아그리데스). 알타이아가 자신의 아들 멜레아그로스를 죽이고 자살한 뒤(☞멜레아그로스), 오이네우스는 홧김에 올레노스 왕 히포노오스의 딸 페리보이아와 재혼했다. 이 결혼에 대해서는 여러 가지 설이 있다. 첫번째 설에 의하면 페리보이아는 오이네우스가 히포노오스를 이기고 사로잡은 일종의 전리품이었다고 하며, 또 다른 설에 의하면 히포노오스가 자기 딸을 오이네우스에게 자발적으로 보냈다고 한다. 왜냐하면 그녀는 히포스트라토스라는 자에게(혹은 아레스 신에게) 유혹당했기 때문이다. 혹은 오이네우스 자신이 그 유혹자였으며, 히포노오스가 돼지치기들에게 내준 페리보이아를 빼앗았다고도 한다. 페리보이아에게서 오이네우스는 티데우스라는 아들을 낳았으며, 티데우스는 디오메데스의 아버지가 되었다(☞계보 27).

오이네우스에 관한 이야기로는 다음 세 가지 일화가 대표적이다. 우선 그는 아르테미스가 칼리돈에 내린 재앙의 원인이 되었다. 왜냐하면 수확을 끝내고 드리는 희생 제사에서 그녀의 이름을 잊었기 때문이다(☞멜레아그로스). 다음으로 그는 데이아네이라의 아버지로서, 헤라클레스 계열의 이야기에 등장한다. 헤라클레스는 많은 공적을 쌓은 뒤 그의 집에서 여러 해를 보내다가, 부지중에 살인을 저지르고 쫓겨난다(☞헤라클레스). 끝으로 오이네우스는 손자 디오메데스에 관한 전설에도 등장한다. 그는 늙어서 아그리오스의 아들들인 조카들에게 왕국을 찬탈당하는데, 디오메데스가 알크마이온의 도움을 받아 이들을 처단한다. 디오메데스는 칼리돈의 왕국을 고르게의 남편 안드라이몬 즉 오이네우스의 사위들 중 한 명에게 주고, 너무 늙어서 자신의 왕국을 방어할 수 없게 된 노인을 데려간다. 그 여행길에 아그리오스의 살아남은 아들 두 명이 아르카디아를 건너던 오이네우스를 죽였다고도 한다.

또한 아가멤논과 메넬라오스 전설의 이본들에서도 오이네우스가 등장하는 것을 볼 수 있다. 그는 본국에서 쫓겨난 젊은 왕자들이었던 그들을 받아 주었다고 한다(☞아가멤논, ☞메넬라오스).

오이노네 Οἰνώνη / Oenone 파리스는 젊은 시절에 트로이아를 떠나 산속에서 산 적이 있었다. 거기서 그는 하신 케브렌의 딸인 오이노네라는 님프를 사랑했다. 그는 그녀에게서 아들 코리토스(☞)를 낳았다. 그러나 파리스는 미모를 놓고 다투는 여신들의 심판을 맡은 후, 아프로디테가 그에게 약속한 헬레네의 사랑을 얻기 위해 오이노네를 버렸다. 미래를 내다보는 능력이 있었던 (일찍이 아폴론은 그녀에게 처녀성에 대한 대가로 보통 사람들의 운명에 대한 예지력을 주었다) 오이노네는 그를 말리려 했지만 소용이 없었다. 그래서 그녀는 만일 그가 다치게 되면 자기 곁으로 돌아오라고 신신당부했다. 그를 고칠 수 있는 것은 그녀뿐이기 때문이다. 파리스는 오이노네를 버리고 헬레네에게로 갔다. 몇 년 뒤 트로이아 전쟁이 끝나갈 무렵, 그는 필록테테스의 화살에 치명상을 입었다. 절망 가운데 그는 전에 오이노네가 했던 약속을 기억해 내고는 그녀를 불러오게 했다. 오이노네는 버림받았던 데 화가 나서 도와주기를 거절했으나, 곧 자신의 무정함을 뉘우치고는 옛 애인을 찾아왔다. 그러나 그가 이미 죽었다는 소식을 듣고 애통한 나머지 스스로 목숨을 끊었다. 그녀는 목을 매어 죽었다고도 하고 화장단에 뛰어들어 타죽었다고도 한다.

오이노마오스 Οἰνόμαος / Oenomaus 오이노마오스는 엘레이아 땅에 있던 피사의 왕으로, 아레스와 하신 아소포스의 딸들 중 한 명인 하르피나(혹은 에우리토에) 또는 플레이아데스 중 한 명인 스테로페 사이에 태어난 아들이다. 때로는 용사 히페로코스가 그의 아버지가 되기도 한다. 그는 스테로페(혹은 아크리시오스의 딸 에우아레테)와의 사이에서 히포다메이아라는 딸을 낳았는데, 히포다메이아에게는 수많은 구혼자들이 있었지만 오이노마오스는 번번이 거절을 했다. 아마도 그 자신이 딸을 사랑했거나, 그가 사위의 손에 죽으리라는 신탁이 내렸기 때문일 것이다. 신화학자들은 두 가지 설명을 모두 지지했다.

그는 구혼자들을 물리치기 위해 다음과 같은 꾀를 생각해 냈다. 누구든지 히포다메이아와 결혼하려는 자는 그와 전차 경주를 해야 했는데,

오이노마오스는 자기 전차에 오르기 전에 제우스에게 숫양을 바쳤고 그러는 동안 구혼자는 결승점인 코린토스에 있는 포세이돈의 제단을 향해 경주를 시작했다. 희생 제사를 마친 오이노마오스는 전속력으로 질주하여 경쟁자를 따라잡아서 죽여 버렸다. 그의 말들은 아레스에게서 받은 신마들이었던 것이다. 그래서 보통 말들이 끄는 전차로는 결코 그의 전차와 경쟁할 수 없다. 오이노마오스가 그런 식으로 열두 번의 승리를 거두고 열두 명의 불행한 구혼자들의 목을 문간에 매달아 놓았을 때, 펠롭스가 나타났다. 히포다메이아는 펠롭스를 사랑하게 되었고, 그가 아버지의 마부 미르틸로스를 설득하게 도와주었다. 미르틸로스는 경주 동안 오이노마오스의 전차 차축이 부서지게 해놓았고, 오이노마오스는 고삐를 쥔 채 자기 말들에게 끌려갔다. 또는 펠롭스가 그를 죽였다고도 한다. 아무튼 그는 그 경주에서 살아남지 못했다(☞ 히포다메이아, ☞ 펠롭스).

신화학자들은 오이노마오스가 죽인 열두(열세) 명 구혼자들의 이름을 밝힌 바 있다. 메름노스, 히포토오스, 에우릴로코스, 아우토메돈, 오푸스의 펠롭스, 아카르난, 에우리마코스, 라시오스, 칼콘, 트리코로노스, 포르타온의 아들 알카토오스, 아리스토마코스, 크로탈로스 등이 그들이다.

오이노클로스 Οἴνοκλος / Oenoclus 오이노클로스는 에니에네스 족의 왕이다. 그는 자기 백성을 이끌고 키라까지 갔다가 돌에 맞아 죽었다. 왜냐하면 그 고장을 휩쓸던 기근을 물리치기 위해서는 그를 희생 제물로 드려야 한다는 아폴론의 신탁이 내렸기 때문이다.

오이노트로스 Οἴνωτρος / Oenotrus 오이노트로

스는 리카온(☞)과 킬레네 사이에서 태어난 아들들 중 한 명이다. 형제들과 펠로폰네소스 땅을 나누다가 자신에게 돌아온 몫에 불만을 품은 그는 형제 페우케티오스를 데리고 고향을 떠났다. 두 사람은 이탈리아에 상륙하여 페우케티오스는 페우케티이 족의 조상이 되었고, 오이노트로스는 오이노트리이 족의 조상이 되었다.

바로(기원전 2~1세기의 로마 학자) 이후 내려오는 또 다른 전승에 의하면, 오이노트로스는 사비니 왕이었다고도 한다. 그는 이탈로스 왕의 형제로도 간주되었다.

오이노피온 Οἰνοπίων / Oenopion 애주가인 오이노피온은 아리아드네와 디오니소스(혹은 아리아드네와 테세우스)의 아들이다. 그는 키오스 섬의 왕으로, 그곳에 붉은 포도주를 들여온 것이 그였다. 그는 크레테에서 왔다고도 하고 렘노스 혹은 낙소스에서 왔다고도 한다.

오이노피온에게는 에우안테스, 스타필로스, 마론, 탈로스, 그리고 딸 메로페 등 여러 명의 자식들이 있었다. 메로페는 야생 동물들을 사냥하러 섬에 왔던 오리온의 구혼을 받았다. 오리온에게 딸을 주고 싶지 않았던 오이노피온은 그에게 술을 마시게 한 뒤 그가 잠든 사이 눈을 멀게 해버렸다.

오이디푸스 Οἰδίπους / Oedipus 오이디푸스의 이야기는 그리스 문학에서 트로이아 전설에 버금가는 가장 유명한 전설들 중 하나이다. 이 전설에서 태어난 서사시들은 오늘날 전해지지 않지만, 그런 서사시들이 있었다는 사실만은 분명하다. 오이디푸스의 이야기가 오늘날까지 전해지는 것은 주로 그것을 소재로 한 비극들을 통해서이다.

오이디푸스는 카드모스의 가계에 속한다(☞ 계보 3). 오이디푸스의 증조부 폴리도로스는 카드모스의 아들들 중 한 명이었다. 그의 조부 라브다코스는 폴리도로스와 닉테이스의 아들로, 닉테이스의 아버지 닉테우스를 통해 〈스파르토이(☞)〉 중 한 명인 크토니오스의 후손이 된다. 그의 아버지는 라브다코스의 아들인 라이오스이다. 전승의 가장 공통된 형태에 따르면 라이오스의 미성년기에 약간의 공백기가 있었을 뿐(☞ 리코스 3), 오이디푸스의 선조들은 모두가 테바이를 다스렸다.

오이디푸스의 어머니는 전설에서 매우 중요한 역할을 한다. 그녀의 이름은 전승에 따라 달라서, 『오딧세이아』에서는 에피카스테, 비극 작가들은 이오카스테라 불렀다. 그녀는 보통 펜테우스의 후손이며 따라서 〈스파르토이〉 중 한 명인 에키온의 후손으로 간주된다(☞에키온). 그녀의 아버지는 메노이케우스, 할아버지는 오클라소스이다(☞계보 29). 오이디푸스 계열의 서사시들은 주인공의 어머니가 에우리가네이아 또는 에우리아나사라는 이름이며, 그녀의 아버지는 히페르파스 혹은 라피타이 족의 한 사람인 페리파스 혹은 테우트라스라고 한다. 또 다른 이본에 의하면 그녀의 이름은 아스티메두사이며, 그녀의 아버지는 스테넬로스이다. 이 이본은 모계를 통해 오이디푸스를 헤라클레스 계열에 결부시키려는 것이다.

오이디푸스의 어머니에 관한 이처럼 상이한 전승들 외에, 그것들을 임의로 뒤섞어 응용함으로써 전설 그 자체의 혹은 다양한 이설들간의 모순을 해결하려는 시도들도 있었다.

오이디푸스는 나면서부터 이미 저주받은 자였다. 소포클레스로 대표되는 전통에 의하면, 이오카스테 태중의 아들이 〈그의 아버지를 죽이리라〉는 신탁이 내려져 있었다고 한다. 반면 아이스킬로스와 에우리피데스에 의하면, 신탁은 수

태 이전에 이미 내려져 라이오스에게 자식을 낳는 것을 금지하고, 만일 아들을 낳으면 그 아들은 그를 죽일 뿐 아니라 가문의 멸망을 가져올 무서운 불행들의 원인이 되리라고 예언했다고 한다. 라이오스는 이 신탁에 개의치 않고 오이디푸스를 낳았으며, 그로 인해 훗날 벌을 받게 되었다는 것이다.

라이오스는 신탁의 예언이 실현되는 것을 미연에 방지하기 위해, 자식을 낳자마자 내다버렸다. 그는 아이의 발목을 뚫어 가죽끈으로 묶었으며, 그 상처로 인해 부은 자리 때문에 오이디푸스(부은 발)라는 이름이 생겨났다. 이 일화에는 두 가지 이설이 있는데, 어린 오이디푸스가 바구니에 담겨 바다에 버려졌다고도 하고 테바이 인근의 키타이론 산에 버려졌다고도 한다. 첫번째 설에서 아이가 버려진 장소는 펠로폰네소스 북쪽 해안으로, 시키온 혹은 코린토스라고 한다. 거기서 그는 폴리보스 왕의 아내인 페리보이아에게 발견되었으며, 그녀가 그를 데려다 키웠다. 두 번째 설에서는 아이가 한겨울에 단지에 담겨 버려졌다고 한다. 그는 양떼와 함께 그 지방을 지나던 코린토스의 목동들에게 발견되었으며, 이들은 자식이 없어 갖고 싶어하던 왕에게 그를 데려갔다. 소포클레스가 따른 전통에 의하면, 라이오스 왕으로부터 아이를 내다 버리라는 명을 받은 하인이 직접 아이를 타지에서 온 목동들에게 넘겨주었다고도 한다. 이러한 차이들에도 불구하고, 오이디푸스의 양아버지는 코린토스의 왕이든 시키온, 안테돈 혹은 플라타이아의 왕이든 간에 항상 폴리보스라는 이름이다.

유년기와 사춘기 동안 오이디푸스는 폴리보스의 궁정에서 자랐으며 자신이 그의 아들인 줄로만 알고 있었다. 성년이 된 그가 양부모의 궁정을 떠난 이유는 저자에 따라 다양하게 설명된다. 가장 오래된 설은 다음과 같은 것이다.

즉 오이디푸스가 달아난 말들을 찾아다니다가 부지중에 자신의 생부인 라이오스를 만났다는 것이다. 좀더 나중의 비극 작가들은 좀더 단순한 심리적 이유를 도입했다. 말다툼 끝에 한 코린토스 인이 오이디푸스를 모욕하기 위해 그가 왕의 아들이 아니라 주워 온 아이라고 발설해 버렸다. 오이디푸스는 폴리보스에게 따져 물었고, 폴리보스는 마침내 사실을 시인했다. 그러자 오이디푸스는 델포이의 신탁을 묻기 위해, 그리고 자신의 진짜 부모가 누구인지 알기 위해 떠났다.

하여간 오이디푸스가 라이오스를 만나는 것은 이 여행에서이다. 만남의 장소는 저자에 따라 달라진다. 오이디푸스가 말을 찾아 오르코메노스로 가던 도중에 이르렀던 라피스티온이라고도 하고 포트니아이의 갈림길이라고도 하며 포키스에 있는 오늘날 메가스의 갈림길이라 불리는 곳이라고도 한다. 메가스의 갈림길은 다울리스에서 오는 길과 테바이에서 오는 길이 만나 골짜기를 따라 델포이로 올라가게 되는데, 바위 사이로 좁은 길이 나 있을 뿐 공간이 제한되어 있었다. 그래서 라이오스 왕의 시종 폴리폰테스 혹은 폴리포이테스는 오이디푸스에게 왕이 지나가도록 비켜 서라고 하면서 그가 즉시 명령에 따르지 않자 그의 말들 중 한 마리를 죽여 버렸다. 오이디푸스는 화가 나서 폴리폰테스와 라이오스를 죽였고, 그렇게 하여 신탁이 이루어졌다. 메가스의 갈림길을 무대로 하는 이 마지막 이야기에 따르면, 오이디푸스는 델포이의 신탁 즉 아버지를 죽이고 어머니와 결혼하리라는 예언을 듣고 돌아오던 길이었다. 경악한 그는 자신이 폴리보스의 아들인 줄로만 알고 멀리 떠날 결심을 했고, 그래서 테바이를 향해 가던 도중에 라이오스에게(혹은 그의 시종에게) 모욕을 당하고 분노하게 되었던 것이다.

테바이에 도착한 오이디푸스는 스핑크스를

만났다. 스핑크스는 반은 사자이고 반은 여자인 괴물로, 지나는 사람들에게 수수께끼를 내어, 제대로 대답하지 못하는 자들을 잡아먹었다. 그는 이렇게 물었다. 〈한때는 두 발로, 한때는 세 발로, 한때는 네 발로 걸으며, 일반적인 법칙과는 반대로 발이 많을수록 약한 존재는 무엇인가?〉 또 다른 수수께끼는 이렇다. 〈두 명의 자매가 있는데, 한 명이 다른 한 명을 낳으며, 이 한 명이 다시 다른 한 명을 낳는 것은?〉 첫번째 수수께끼의 답은 〈인간〉이며(왜냐하면 인간은 어린 시절에는 네 발로, 그리고는 두 다리로, 늙어서는 지팡이를 짚고 걸으니까), 두 번째 수수께끼의 답은 〈낮과 밤〉이다(그리스 어에서 밤과 낮은 모두 여성 명사이다). 테바이 사람들은 아무도 이 수수께끼들을 풀지 못했으며, 스핑크스는 그들을 차례차례 잡아먹었다. 오이디푸스가 즉석에서 해답을 찾아내자, 화가 난 괴물은 앉아 있던 바위 꼭대기에서 뛰어내렸다. 또는 오이디푸스가 그를 심연으로 던져 버렸다고도 한다. 좀더 오래된 듯한 또 다른 전승은 다음과 같이 이야기한다. 테바이 인들은 매일 도시의 광장에 모여 함께 수수께끼를 풀어 보려 했지만 허사였다. 그래서 매일 그 모임이 끝난 뒤 스핑크스는 주민들 중 한 명을 잡아먹었다. 어떤 신화학자들에 의하면 그는 크레온의 아들인 젊은 하이몬까지 잡아먹었다고 한다.

스핑크스를 죽이고 테바이 인들을 괴물로부터 구한 오이디푸스는 온 도시의 호감을 얻었다. 감사의 표시로 테바이 인들은 그에게 라이오스 왕의 과부를 아내로 주고 그를 자신들의 왕으로 삼았다. 때로는 라이오스가 죽은 뒤 이오카스테의 형제인 크레온이 섭정으로 권력을 잡고 있었으나, 자기 아들의 죽음에 복수해 준 오이디푸스에 대한 감사로 왕위를 넘겨주었다고도 한다.

그러나 곧 오이디푸스의 출생의 비밀이 밝혀지고 만다. 전설의 한 단계에서는 이오카스테가 그의 발목에 난 상처를 보고 자기 아들인 것을 알아보았다고 한다. 소포클레스는 이 설을 변형시켜, 오이디푸스의 신원이 밝혀지는 대목을 가지고 그의 비극 『오이디푸스 왕』을 썼다. 테바이 시에 역병이 창궐하자, 오이디푸스는 델포이의 신탁에 크레온을 보내 재앙의 원인을 묻게 한다. 크레온이 가지고 돌아온 피티아의 답은 라이오스의 죽음이 밝혀지지 않는 한 역병이 그치지 않으리라는 것이다. 그래서 오이디푸스는 그 살인자에게 저주를 내리며, 결국 그 저주가 자신에게 돌아오게 된다. 그는 예언자 테이레시아스에게 누가 그 살인자인지 묻지만, 테이레시아스는 사건의 전모를 알고 대답을 회피하려 한다. 그러자 오이디푸스는 테이레시아스와 크레온이 살해의 공범이라 생각하여, 오이디푸스와 크레온 사이에 말다툼이 벌어진다. 그때 이오카스테가 나타나 그들을 화해시키기 위해 테이레시아스의 통찰력에 불신을 표명한다. 그녀는 그 증거로 한때 자신과 라이오스 사이에서 태어난 아들이 그를 죽이리라는 신탁 때문에 아들을 내다 버렸으나, 라이오스는 엉뚱하게도 갈림길에서 강도들의 손에 죽었다는 사실을 든다. 오이디푸스는 〈갈림길〉이라는 말이 마음에 걸려 라이오스가 탔던 수레가 어떻게 생겼었는지, 그가 살해된 장소는 어디였는지 자세히 묻고는, 무서운 의혹에 사로잡힌다. 어쩌면 자신이 그 살인자가 아니었던가? 그는 라이오스와 함께 있던 시종들 중 한 명을 증인으로 불러오게 한다. 그 시종은 예전에 라이오스의 명으로 오이디푸스를 내다 버렸던 바로 그 목동이다. 이런 일들이 일어나는 동안, 코린토스에서는 사자가 찾아와 오이디푸스에게 폴리보스의 죽음을 알리며 그와 함께 돌아가 왕위에 오를 것을 권한다. 오이디푸스와 이오카스테는 제각기 신탁의 위험이 물러갔다고 생각한다. 폴리보스는 자연사했으니, 이제 신탁의 위협은 뒷부분만 남았다. 오이디푸스가 폴리보스의 아내와 근친상간에 빠질 염려가 있는가? 그를 안심시키기 위해, 코린토스의 사자는 그가 주워 온 아이였으며 폴리보스는 그의 생부가 아니었다는 사실을 밝힌다. 그리하여 그물은 오이디푸스를 덮치며, 그는 진실을 인정할 수밖에 없게 된다. 아이를 주워 온 정황에 대한 이야기는 이오카스테의 마지막 의심마저 거두어 가버린다. 자신의 아들이 아버지를 죽였으며, 자신은 아들과 근친상간을 범한 것이다. 그녀는 궁전 안으로 들어가 자살한다. 오이디푸스는 이오카스테의 브로치로 자신의 눈을 찌른다.

소포클레스를 통해 불멸의 것이 된 이 이야기를 에우리피데스가 또 다르게 만들었다고 한다. 그의 소실된 작품에서는 크레온이 좀더 중요한 역할을 한다. 크레온은 오이디푸스를 찬탈자로 간주하여 그에 반대하는 음모를 꾸민다. 그는 오이디푸스로 하여금 자신이 라이오스의 살해자였음을 깨닫게 하고 그를 실명케 한다. 뒤이어 폴리보스의 아내 페리보이아가 남편의 죽음을 알리러 오며, 그녀가 키타이론에서 어린 오이디푸스를 발견했던 이야기를 하는 것을 듣고 이오카스테는 자신의 두 번째 남편이 다름 아닌 자신의 아들이라는 것을 깨닫는다. 그리고 앞의 이야기에서와 같이, 그녀는 자살한다.

서사시들에서 오이디푸스는 이오카스테가 죽은 뒤에도 여전히 왕위를 지켰으며 이웃 나라들(에르기노스와 미니아이 족)과의 전쟁에서 죽은 것으로 되어 있다.

그러나 비극들에서[앞에 언급된 비극들 외에도, 오이디푸스의 방황을 주제로 삼은 소포클레스의 『콜로노스의 오이디푸스』가 있다. 다음의 내용은 주로 이 비극의 내용이다 ─ 감수자 주] 오이디푸스는 라이오스의 살해자가 누구인지 모르는 상태에서 자신이 그 살인자에게 내렸던 저주의 희생이 되어, 도시에서 추방당하고 유랑하는 신세가 되고 만다. 딸 안티고네는 그를 따라나섰지만, 두 아들은 그의 편에 서기를 거절하며 그 때문에 아버지의 저주를 받았다. 오랜 고생 끝에 오이디푸스는 아티카 지방의 콜로노스에 이르러 죽었다. 오이디푸스가 묻히는 땅에 신들의 축복이 있으리라는 신탁 때문에 크레온과 폴리네이케스는 죽어 가는 오이디푸스를 테바이로 돌아오게 하려 했지만, 테세우스의 환대를 받았던 오이디푸스는 돌아가기를 거절하고 자신의 유해가 아티카에 묻힐 것을 명했다.

오이발로스 Οἴβαλος / Oebalus

1. 오이발로스는 스파르타의 왕이지만, 그에 관한 전승들은 좀처럼 일치하지 않는다. 그는 렐렉스와 라케다이몬의 후손이다(☞계보 6). 파우사니아스가 전하는 라코니아 전승에 의하면, 오이발로스는 키노르타스의 아들이다. 하지만 아폴로도로스가 전하는 전승에 의하면, 키노르타스의 아들은 오이발로스가 아니라 페리에레스이며, 오이발로스는 페리에레스의 아들 아파레우스의 아내가 된 아레네의 아버지로밖에 나오지 않는다. 따라서 이 경우 그는 링케우스, 이다스, 피소스의 외할아버지가 된다. 반면, 앞의 전승에 의하면 아파레우스는 그의 아내 고르고포네가 첫번째 남편 페리에레스에게서 낳은 의붓아들이며(☞고르고포네), 따라서 링케우스, 이다스, 피소스 등은 그의 직계 후손이라기보다는 아내의 후손이 된다(☞계보 19).

위의 두 가지 계보를 조화시키려는 시도들도 있었다. 가장 간단한 방법은 페리에레스를 키노르타스의 아들로, 오이발로스를 페리에레스의 아들로 만드는 것인데, 그러자면 두 명의 페리에레스 즉 키노르타스의 아들 페리에레스와 아이올로스의 아들 페리에레스를 구별해야 한다(☞페리에레스). 게다가 그렇게 되면 히포코온은 오이발로스가 스트라토니케라는 님프에게서 낳은 서자가 된다. 그의 정식 자녀들은 아카리오스, 아르네, 틴다레오스 등이다.

이러한 전설들은 각기 다른 지방에서 생겨나 서로 잘 맞지 않는 전승들에서 비롯된 것이라 매우 혼돈스럽다.

2. 또 다른 오이발로스는 텔레보아이 족의 용사로, 텔론과 님프 세베티스의 아들이다. 텔론은 카프리로 이주했고 님프 세베티스를 만나 결혼했다. 세베티스는 나폴리 근처 강의 신 세베토스의 딸이었다. 텔론은 카프리에 왕국을 세웠지만, 그의 야심만만한 아들은 카프리 섬이 너무 작다하여 캄파니아로 갔고 사르누스[사르노]와 놀라 사이에 왕국을 세웠다. 훗날 그는 아이네이아스와 맞서 싸운 투르누스의 동맹군 중에 나타난다.

오이아그로스 Οἴαγρος / Oeager 오이아그로스는 오르페우스의 아버지이다. 신화학자들은 그를 하신으로 간주했는데, 그의 계보에 대해서는 여러 가지 설이 있다. 그는 아레스, 피에로스, 혹은 카롭스의 아들이라고 하는데(☞카롭스, 리쿠르고스 항목 중 디오니소스에 관한 에우헤메로스적 전설) 세 번째 설에 의하면, 그는 트라케의 왕이었다고 한다. 그의 아내에 대해서도, 무사이[뮤즈들] 중의 한 명인 칼리오페(오르페우스의 어머니)라는 설과, 다른 무사[뮤즈]인 폴림니아 혹은 클리오라는 설이 있다. 후대의 저자들은 그를 마르시아스의 아버지, 리노스와 키모톤의 아버지 등으로 만들기도 했다.

오이악스 Οἴαξ / Oeax 오이악스는 카트레우스의 딸 클리메네와 나우플리오스 사이에서 태어난 세 명의 아들 중 한 명이다(☞나우플리오스). 그의 형제들은 팔라메데스와 나우시메돈이다. 그는 팔라메데스와 함께 트로이아에 갔고, 팔라메데스가 그리스 인들의 돌에 맞아 죽자 그 소식을 나우플리오스에게 전하기 위해 노에 써서 바다에 던졌다. 배를 타고 다니는 나우플리오스가 조만간 그것을 발견할 것이기 때문이다.

팔라메데스의 죽음에 복수하기 위해 클리타임네스트라에게 아가멤논을 죽이라고 부추긴 것도 오이악스였다고 한다. 그 자신은 오레스테스 혹은 필라데스의 손에 죽었을 것이다.

오이오노스 Οἰωνός / Oeonus 오이오노스는 알크메네의 조카이다. 그는 리킴니오스의 아들이고, 따라서 헤라클레스의 사촌이 된다. 그는 헤라클레스가 주도하는 펠로폰네소스 원정에 동참했고, 헤라클레스가 창설한 올림피아 경기에서 우승을 했다. 그는 히포코온과 그의 아들들에게 죽임을 당했다(☞헤라클레스). 헤라클레스가 스파르타를 정벌한 것은 그의 죽음에 보복하기 위해서였다.

오이클레스 Οἰκλῆς / Oecles 오이클레스는 멜람푸스의 후손이므로 크레테우스와 티로의 일족에 속한다(☞계보 1). 그는 안티파테스의 아들인데, 몇몇 저자들은 멜람푸스의 또 다른 아들 만티오스가 그의 아버지였다고도 한다. 그는 테스피오스의 딸들 중 한 명인 히페르메스트라와 결혼하여 여러 명의 자녀를 낳았다. 이피아네이라, 폴리보이아, 그리고 그의 자녀들 중 가장 유명한 암피아라오스가 그들이다. 오이클레스는 헤라클레스의 트로이아 원정 때 동지였다. 헤라클레스는 그에게 배들을 지키라고 맡겼으며, 그는 소수 부대만을 데리고 라오메돈의 반격을 막아내야 했다. 그는 싸움이 시작되자마자 죽었다(☞헤라클레스).

오일레우스

오이클레스는 또한 펠로폰네소스에서 손자 알크마이온을 맞아들였다고도 한다. 알크마이온이 아버지의 복수를 위해 어머니 에리필레를 죽인 뒤였다고 하는데(☞알크마이온), 두 가지 일화는 연대상 앞뒤가 맞지 않는다.

오일레우스 Oἰλεύς / Oileus 오일레우스는 오푸스의 로크리스 인들의 왕으로 특히 소(小) 아이아스의 아버지로 유명하다. 그는 아르고나우타이의 원정에 참여했고, 스팀팔로스 호수의 새들 중 한 마리의 깃에 어깨를 다쳤다고 한다.

그는 에리오피스에게서 아이아스를, 레네라는 여자에게서는 메돈이라는 서자를 낳았다. 텔라몬의 누이인 알키마케도 그의 세 번째 아내였다고 한다.

오일레우스는 호도이도코스의 아들이자 키노스의 손자이며 오푸스의 증손자이다. 그의 어머니는 라오노메였다.

오케아노스 Ὠκεανός / Oceanus 오케아노스는 원시 그리스 인들의 사고에서 세상을 둘러싸고 있는 것으로 상정되었던 물을 의인화한 것이다. 이 물은 땅이라는 평평한 원반 둘레를 강처럼 에워싸고 흐르는 것으로 여겨졌다. 따라서 그것은 동서남북 어느 쪽으로나 땅의 가장 먼 경계에 해당했다. 헤라클레스와 헤스페리데스의 전설, 헤라클레스가 게리오네우스에게 갔을 때 겪는 모험담 등의 지리적 배경이 이로써 설명이 된다(☞헤라클레스). 땅에 대한 지식이 점차 구체화됨에 따라 이러한 개념들은 더욱 다양해졌고, 오케아노스는 고대 세계의 서쪽 경계였던 대서양만 가리키게 되었다.

신으로서의 오케아노스는 모든 강의 아버지다. 헤시오도스의 『신들의 계보』에 의하면 그의 아들들은 네일로스[나일], 알페이오스, 에리다노스, 스트리몬, 마이안드로스, 이스트로스, 파시스, 레소스, 아켈로오스, 네소스, 로디오스, 할리아크몬, 헵타포로스, 그라니코스, 아이세푸스, 시모에이스, 페네이오스, 헤르모스, 카이코스, 상가리오스, 라돈, 파르테니오스, 에우에노스, 아르데스코스, 스카만드로스 등이다. 그러나 헤시오도스 자신이 이 이름들이 전부가 아니라고 언명한 바 있다. 오케아노스가 테티스(I)에게서 낳은 모든 강의 이름을 열거하자면 적어도 3천 개의 이름들을 덧붙여야 할 것이다.

오케아노스는 테티스에게서 딸들도 낳았다. 오케아니데스라 불리는 이 딸들은 개울, 샘 등을 의인화한 것으로, 그녀들은 많은 신 및 인간과 결합하여 수많은 자식들을 낳았다. 헤시오도스는 오케아노스의 딸들 이름을 41가지 들고 있다. 맏딸인 스틱스를 위시하여, 페이토, 아드메테, 이안테, 엘렉트라, 도리스, 프림노, 우라니아, 히포, 클리메네, 로데이아, 칼리로에, 제욱소, 클리티에, 이디이아, 파시토에, 플렉사우레, 갈락사우레, 디오네, 멜로보시스, 토에, 폴리도레, 케르케이스, 플루토, 페르세이스, 이아네이라, 악사스테, 크산테, 페트라이아, 메네스토, 에우로페, 메티스, 에우리노메, 텔레스토, 크리세이스, 아시아, 칼립소, 에우도레, 티케, 암피로, 오키로에가 그들이다. 어떤 저자들은 여기에 켄타우로스 케이론의 모친인 필리라와 카마리나, 아레투사 등을 덧붙이기도 한다. 이런 명단은 갖가지 상상에 따라 변모를 겪어 왔다.

오케아노스는 우라노스와 가이아 사이에서 태어난 여섯 명의 아들인 티탄들 중 맏이다(☞계보 5, ☞계보 12). 그는 바다의 여성적 생산력을 상징하는 누이동생 테티스와 부부가 되었다.

오크노스 Ὄκνος / Ocnus 밧줄 장수 오크노스는 상징적인 인물이다. 그는 지옥에서 밧줄을 꼬는

데, 꼬는 족족 당나귀가 먹어 버린다. 흔히 이 상징은 낭비벽이 심한 아내 때문에 아무리 열심히 일해도 소용이 없는 남자를 나타내는 것으로 해석되지만, 전설의 정확한 의미는 알 수 없다.

*오크리시아 Ocrisia 오크리시아는 세르비우스 툴리우스 황제의 어머니이다. 그녀는 코르니쿨룸 왕의 딸로, 조국이 함락된 뒤 노예가 되어 로마로 끌려와서 대(大) 타르퀴니우스의 집 하녀가 되었다. 거기서 그녀는 아들을 낳았는데, 그 전말은 신비에 싸여 있다. 가장 유명한 전설에 의하면, 그녀는 집의 수호신(라르)에게 제물을 가져갔다가 화덕의 재 가운데 남근 형상이 나타나는 것을 보았다고 한다. 당황한 그녀가 안주인 타나퀼에게 이 일을 고하자, 안주인은 그녀에게 혼례복을 차려입고 신이 나타났던 방에 가 있으라고 시켰다. 오크리시아는 그렇게 했다. 밤에 신이 나타나 그녀와 결합했고, 거기서 태어난 아들이 세르비우스 툴리우스였다.

또 다른 전설에 의하면, 오크리시아는 로마에 왔을 때 이미 임신해 있었다고 한다. 그녀는 코르니쿨룸 왕의 딸이 아니라 아내라는 것이다. 또는 아주 간단히 설명하여 오크리시아의 애인이 신이 아니라 왕의 가속 중 한 명이었다고도 한다.

오키로에 Ὠκυρρόη / Ocyrrhoe 물이나 샘과 관련된 여러 님프나 신들의 이름.

1. 오케아노스의 딸들 중 한 명이 오키로에였다. 그녀는 헬리오스(태양)와 결합하여 아들을 낳았다. 이 아들 파시스는 어느 날 어머니가 애인과 함께 있는 것을 발견하고 어머니를 죽였다. 그리고 후회에 사로잡혀 아르크투로스 강물에 뛰어들었으며, 이후로 이 강은 파시스라 불렸다.
2. 하신 임브라소스와 님프 케시아스 사이에서 태어난 사모스의 님프도 오키로에였다. 아폴론은 그녀를 사랑하여 밀레토스에 간 그녀를 납치하려 했다. 그러나 오키로에는 아버지 친구인 어부 폼필로스에게 자신을 데려가 달라고 했다. 폼필로스는 그 말에 따랐고, 이들이 아폴론에게서 벗어났다고 생각하여 사모스에 내릴 때 신이 나타났다. 그는 소녀를 사로잡아, 폼필로스의 배는 바위로, 폼필로스는 물고기로 만들었다.
3. 끝으로 또 다른 오키로에는 케이론과 님프 카리클로의 딸로 그녀는 자신이 태어난 곳에서 이름을 얻었다. 그녀의 어머니가 급류가 흐르는 개울가에서 그녀를 낳았기 때문이다. 그녀는 예언의 재능을 타고났지만, 재능을 경솔하게 사용한 나머지 벌을 받았다. 신들의 경고에도, 자기 아버지와 어린 아스클레피오스에게 신들의 비밀을 발설했고, 신들은 그녀를 말[馬]로 만들었다. 그래서 이후로 히포라는 이름을 갖게 되었다.

오키모스 Ὄχιμος / Ochimus 오키모스는 헬리오스와 로도스 사이에 태어난 일곱 아들 중 하나다 (☞헬리아다이, ☞계보 14). 오키모스와 그의 형제 케르카포스는 로도스 섬에 남은 반면, 다른 형제 마카르, 악티스, 칸달로스, 트리오파스 등은 막내 테나게스를 죽인 뒤 달아났다. 오키모스는 남아서 섬을 다스렸고 님프 헤게토리아와 결혼하여 키디페를 낳았다. 키디페는 숙부 케르카포스와 결혼했고, 케르카포스가 오키모스의 후계자가 되었다. 다른 전승에선 오키모스가 딸 키디페를 오크리디온과 약혼시켰다고 한다. 하지만 약혼자의 전령이 그녀를 데리러 오자 조카딸에게 연정을 품고 있던 케르카포스는 그녀를 데리고 외국으로 달아나 오키모스가 늙은 후 돌아왔다. 이 전설은 로도스 인들이 오크리디온 성역에 전령을 들이지 않는 관습을 설명해 준다.

오트레우스 Ὀτρεύς / Otreus 오트레우스는 디마스의 아들로, 프리기아 왕이었다. 그는 아마조네스와 싸우는 프리아모스를 구하러 왔다. 아프로디테는 앙키세스에게 구애하면서 자신이 오트레우스의 딸인데 헤르메스에게 납치당했었다고 꾸며 댔다.

오펠테스 ’Οφέλτης / Opheltes ☞암피아라오스.

오푸스 ’Οποῦς / Opus 오푸스는 오푸스의 로크리스 인들의 명조이다. 그는 로크로스와 프로토게네이아의 아들이라고도 하고(프로토게네이아는 데우칼리온과 피라의 딸이다. ☞계보 8), 제우스와 엘레이아 왕이었던 또 다른 오푸스의 딸 사이에 태어난 아들이라고도 한다. 두 번째 설에 따르면, 제우스는 아들 오푸스를 자식이 없던 로크로스에게 맡겼고, 로크로스는 그를 친아들처럼 키웠다고 한다.

오피온 ’Οφίων / Ophion 1. 오르페우스 교의 전통에 의하면, 오피온과 그의 배우자인 에우리노메(오케아노스의 딸)는 크로노스와 레이아 이전에 티탄족을 다스렸다고 한다. 권좌에 오른 크로노스와 레이아는 오피온과 에우리노메를 타르타로스로 던져 버렸다.
 2. 제우스와 싸웠던 거인들 중 한 명 역시 오피온이라는 이름이었다. 제우스는 오피오니온 산 아래서 그를 죽였다.

옥시니오스 ’Οξύνιος / Oxynius 코논이 전하는 불확실한 전설에 따르면, 옥시니오스와 스카만드로스는 헥토르의 두 아들이었으며, 트로이아 함락 당시 프리아모스는 이들을 리디아로 피신시켰다고 한다. 트로이아가 파괴되자, 이데 산중에 피신해 있던 아이네이아스가 나라를 다스리기 시작했다. 그러나 곧 옥시니오스와 스카만드로스가 할아버지의 왕국을 차지했고, 그래서 아이네이아스는 서쪽으로 길을 떠났다는 것이다.

옥신테스 ’Οξύντης / Oxynthes 옥신테스는 아테나이 왕으로, 데모폰의 아들이었으며, 따라서 테세우스의 후손이었다(☞데모폰). 그에게는 아페이다스와 티모이테스라는 아들들이 있었는데, 처음에는 형인 아페이다스가 그의 뒤를 이었지만, 곧 동생이 형을 죽이고 왕위를 빼앗았다.

옥실로스 ’Όξυλος / Oxylus 옥실로스라는 이름의 용사는 여러 명 있는데, 그 중 두 명은 아이톨리아 신화에 속한다.
 1. 아레스의 아들 옥실로스. 그의 어머니는 칼리돈의 딸 프로토게네이아이며, 따라서 그는 아이톨리아 인들의 명조인 아이톨로스의 증손자이다(☞계보 24).
 2. 하이몬의 아들 옥실로스. 하이몬은 토아스의 아들이었다. 이 옥실로스의 10대조(혹은 9대조)도 아이톨로스였다. 그를 안드라이몬의 아들이라 하는 아폴로도로스는 그의 어머니가 데이아네이라의 자매인 고르게였다고 한다(☞계보 27). 따라서 그는 데이아네이라의 아들 힐로스의 사촌이며 헤라클레이다이와 친척간이다.
 아레스와 프로토게네이아의 아들인 옥실로스, 그리고 하이몬(혹은 안드라이몬)의 아들인 옥실로스, 이 둘은 아마도 동일인일 가능성이 높다. 둘 다 아이톨로스의, 따라서 엔디미온의 후손이다.
 옥실로스는 아이톨로스의 후손들이 엘레이아에 돌아오리라는 전설과 관계가 있다. 아이톨로스는 본래 펠로폰네소스의 엘레이아 출신으로, 조국을 떠나 코린토스 북안에 자신의 이름을 딴 아이톨리아 왕국을 세웠다(☞아이톨로스). 아이톨로스의 후손 옥실로스는 원반을 던지다가 실수로 형제 테르미오스를 죽였기 때문에 고향을 등지고 엘레이아로 피신해야 했다. 그는 정해진 유배 기간인 1년이 지난 뒤 아이톨리아를 향해 길을 떠났는데, 그 무렵 헤라클레이다이는 신탁에 따라 자신들을 펠로폰네소스로 데려가 줄 눈이 셋인 안내인을 찾고 있었다. 일설에 따르면 애꾸였다는 옥실로스(그는 화살에 맞아 한쪽 눈을 잃었다고 한다)가 말(혹은 노새)을 타고 있는 것을 본 그들은 신탁이 이루어졌다고 생각했다. 그래서 그들은 그에게 자신들을 〈약속된 땅〉인 펠로폰네소스로 데려가 달라고 부탁했고 (☞헤라클레이다이), 옥실로스는 그 청을 받아들였다. 그는 그들에게 승리를 가져다 주는 대신, 그 보상으로 자기 선조들의 것이었던 엘레이아 왕국을 요구했다. 하지만 그들이 엘레이아 땅의 아름다움을 보면 자신에게 왕국을 주지 않을 것을 우려하여, 그는 그들을 아르카디아 쪽으로 지나가게 했다. 그들과 정복된 땅을 나눈 뒤, 그는 아이톨리아 사람들을 데리고 엘레이아 변경으로 가서, 엘레이오스 왕과 맞붙었다. 양편의 힘이 엇비슷했으므로, 일대일 결투로 승부를 짓게 되었다. 엘레이아 편에서는 데그메노스라는 이름의 궁수를 대표로 내세웠고, 아이톨리아 편에서는 피라이크메스라는 이름의 투석꾼을 내세웠는데, 그가 이겼다. 그리하여 옥실로스는 엘레이아에서 선조 엔디미온의 왕좌를 되찾았다. 그는 주민들에게 그 땅에 남아도 좋다고 허락하는 한편 아이톨리아 인들을 데리고 와서 엘레이아 인들과 섞이게 했다. 옥실로스는 그 고장의 옛 종교들을 보존했고, 현명한 통치로 칭송받았다. 특히 그는 엘리스 시를 아름답게 만들었고, 이자를 받고 돈 꿔주는 일을 법으로 금지했다. 그는 도리스 침략자들(헤라클레이다이)에게 시달리는 아카이아 인들의 보호자였다. 쇠퇴 일로에 있던 올림피아 경기(이는 헤라클레스가 제정한 것이다)를 복구하여, 때로는 올림피아 경기의 창설자로 통하기도 한다.

옥실로스는 피에리아와 결혼하여 아이톨로스 2세와 라이아스, 두 아들을 낳았다. 아이톨로스 2세는 어린 나이에 죽어 엘리스 시의 성문 아래(그 성문 아래로 신성한 길이 지나고 있었다) 묻혔다. 이는 아이를 도시에도 도시 밖에도 묻지 말라는 신탁에 따른 것이다. 라이아스가 아버지의 후계자가 되었다.

3. 오레이오스의 아들 옥실로스. 그는 누이인 하마드리아스와 결혼하여 카리아, 발라노스, 크라니아, 모레아, 아이기로스, 프텔레아, 암펠로스, 시케 등 나무의 님프들을 낳았다. 이 이름들은 호두나무에서 뽕나무, 포도나무에서 무화과나무에 이르는 여러 나무들에 해당한다.

*올루스 Olus 올루스는 신화적인 거인으로 이름 밖에는 알려진 것이 없다. 유피테르 신전의 기초를 닦기 위해 로마의 언덕을 파던 노동자들이 땅속에서 엄청나게 커다란 두개골을 발견하자, 에트루리아의 한 예언자가 그것이 올루스의 것임을 알아냈다고 한다. 카피톨리움이라는 이름도 〈카푸트 올리Caput-Oli〉(올루스의 머리)라는 말이 변한 것이다. 이 발견은 로마가 장차 세계의 머리로서 누리게 될 영광의 징조로 받아들여졌다. 실상 이 전설에는 두 가지 요소가 섞여 있다. 즉 징조로서 땅속에 묻혀 있던 머리와 언덕의 이름에 대한 어원적 설명이 그것이다.

올린토스 ῎Ολυνθος / Olynthus 마케도니아의 도시 올린토스의 명조인 올린토스에 관해서는 두 가지 전설이 있다. 우선 그는 스트리몬 왕의 아들이자 브랑가스와 레소스의 형제로, 사냥을 하다가 사자에게 죽임을 당해, 브랑가스가 그를 죽은 자리에 묻어 주었다고 한다. 또 다른 전승에 의하면 올린토스는 헤라클레스와 님프 볼베의 아들이었다고 한다.

올림브로스 ῎Ολυμβρος / Olymbrus 일설에 의하면 올림브로스는 가이아와 우라노스 사이에 태어난 아들들 중 한 명이다. 그는 아다노스, 오스타소스, 산도스, 크로노스, 이아페토스, 레이아의 형제라는 것이다. 이것은 헤시오도스의 『신들의 계보』와는 무관한 독자적인 전승으로, 아마도 동방에서 유래한 것이다.

올림포스 ῎Ολυμπος / Olympus 그리스 세계에는 올림포스라는 이름의 산들이 여럿 있다. 미시아, 킬리키아, 엘레이아, 아르카디아 등지에 각각 올림포스 산이 있으며, 가장 유명한 올림포스 산은 마케도니아와 테살리아의 변경에 위치해 있다. 호메로스의 시에서 올림포스는 신들의 거처로, 특히 제우스의 집으로 간주된다. 그래서 가령 제우스 신이 아킬레우스와 헥토르의 운명을 정하거나 헤라의 편을 드는 헤파이스토스를 내치는 것도 올림포스 산에서이다. 그러나 차츰 신들의 거처는 테살리아에 있는 실제의 산과 분리되었고, 올림포스라는 이름은 신들이 사는 〈천상의 거주지〉를 가리키게 되었다.

올림포스 ῎Ολυμπος / Olympus 올림포스라는 이름을 가진 용사는 여러 명 있다.

1. 그 중 한 명은 크레테의 명조인 크레스의 아들이다. 크로노스로부터 제우스를 맡아 키운 것이 아마 그일 것이다. 그러나 올림포스는 거인들에게 제우스를 폐위시킬 것을 제안했고, 화가 난 제우스는 그에게 벼락을 내렸다. 그가 죽자 뉘우친 제우스는 크레테에 있는 올림포스의 무덤에 자신의 이름을 주었다.

2. 디오도로스에 따르면 올림포스는 키벨레의 첫번째 남편의 이름이다. 키벨레는 후에 이아시온과 결혼을 하는데, 첫번째 남편이 올림포스라는 설은 분명 미시아의 올림포스 산 위에 있던 키벨레의 전설을 에우헤메로스 식으로 해석한 것이다.

3. 끝으로 올림포스는 피리 부는 사람으로 유명하다. 그는 마르시아스의 아버지였다고도 하고 혹은(대개는) 그의 아들이자 제자였다고 한다. 마르시아스가 아폴론에게 죽임을 당한 뒤, 올림포스는 그를 애도하며 묻어 주었다.

옴팔레 ῎Ομφάλη / Omphale 헤라클레스와 옴팔레에 관한 전설의 가장 흔한 형태에 따르면, 옴팔레는 이아르다노스(혹은 이아르다네스) 왕의 딸로 리디아의 여왕이며 헤라클레스는 그녀의 집 노예였다(그가 노예가 되었던 이유에 관해서는 ☞헤라클레스). 본래 옴팔레의 신화는 옴팔레가 옴팔리온 시의 명조로 등장하는 에페이로스 지방의 전설이었던 듯하다. 그러나 곧 그 신화는 리디아 지방으로 옮겨 동방적인 색채를 띠게 되었으며, 헬레니즘 시대의 시인 및 예술가들은 그것을 많이 활용했다. 위에 언급한 가계 외에, 어떤 저자들에 따르면 옴팔레는 트몰로스 왕의 딸 혹은 과부로, 그에게서 왕국을 물려받았다고 한다. 그녀는 자신의 새로운 노예에게 자신의 왕국에서 강도와 괴물들을 몰아내 달라면서, 일련의 과제들을 내주었다. 그리하여 헤라클레스는 케르코페스, 실레우스 등과 싸웠고, 옴팔레의 땅을 짓밟는 이토네스 족과 전쟁을 벌였다. 그는 그들의 근거지인 도시를 탈취하여 파괴했으며 그 주민들을 노예로 끌고 왔다. 옴팔레는 자기 노예의 공적에 감탄하여 그의 부모가 누구인지 알게 된 후에는 그에게 자유를 돌려주고 그와 결혼했다. 그녀는 그에게 라몬이라는 아들을 낳아 주었다. 이상이 디오도로스가 전하는 〈역사적〉 전설이다. 반면 〈소설적〉 이설에 의하면, 옴팔레는 처음부터 헤라클레스를 사랑했으며, 그가 노예였던 시절은 편안하게 지나갔다. 옴팔레는 그의 사자 가죽을 쓰고 몽둥이를 휘둘렀고, 반대로 헤라클레스는 리디아의 긴 옷을 입고 여왕의 발치에서 삼을 자았다. 그 시절이 지나자 헤라클레스는 리디아를 떠나 그리스로 돌아가서 여러 가지 공적을 세운 뒤 죽었다.

*옵스 Ops 로마의 풍요의 여신 옵스는 사투르누스의 배우자였고, 그래서 로마 인들은 흔히 그녀를 크로노스의 배우자였던 레이아와 동일시하기도 한다. 옵스는 티투스 타티우스가 로마에 가져온 사비니의 신들 중 하나였던 것으로 간주되며, 이는 모든 농경 신들이 대체로 그렇다. 옵스의 신전은 카피톨리움에 있었다.

*오르쿠스 Orcus 로마 민간 신앙에서 오르쿠스는 죽음의 마신으로 죽은 자들의 거처인 하계 그 자체와 잘 구별되지 않는다. 그는 에트루리아 인들의 무덤 벽화에서 수염이 텁수룩하고 머리가 헝클어진 거인의 모습으로 나타난다. 차츰 이 마신은 그리스 신들과 동화되어, 오르쿠스는 플루톤이나 디스 파테르의 다른 이름에 지나지 않게 되었다. 하지만 나중 두 이름은 식자층의 신화에 속했던 반면, 일상 언어에서는 여전히 오르쿠스가 더 많이 쓰였다.

우라노스 Οὐρανός / Uranos 우라노스는 풍요의 원천인 하늘의 의인화이다. 그는 헤시오도스의 『신들의 계보』에서 대지의 여신 가이아의 아들로 나온다. 다른 시가들에 의하면 그는 아이테르(☞)의 아들이라고 하는데, 〈티타노마키아〉(티탄들의 전쟁)에까지 소급되는 이 전승에서 그의 어머니의 이름은 명시되지 않지만 필시 낮의 여성적 의인화인 헤메라였을 것이다. 오르페우스가 썼다는 신들의 계보에서 우라노스와 가이아는 모두 밤의 자식들로 나온다.

우라노스에 관해 가장 잘 알려진 전설은 그가 가이아의 남편으로 나오는 것들이다(왜냐하면 하늘만이 온 땅을 덮을 수 있으니까). 대지와 함께 그는 많은 자식들을 낳았으며, 헤시오도스와 아폴로도로스에 의한 계보는 가이아 항목에 정리되어 있다(☞계보 12, ☞계보 5, ☞계보 38). 가이아에게서 우라노스는 여섯 명의 티타네스와 티타니데스, 그리고 세 명의 키클로페스와 세 명의 헤카톤케이레스를 낳았다. 이렇게 많은 자식들을 낳은 데 불만을 품은 가이아는 남편에게서 벗어나기 위해 아들들에게 자신을 지켜달라고 청했다. 아들들은 모두 거절했지만, 막내인 크로노스만이 동의했다. 그는 매복해 있다가 어머니에게서 받은 낫으로 아버지의 고환을 잘라 바다에 던졌다(☞크로노스, ☞가이아). 흔히 이 사건은 드레파논 곶에서 일어났다고 하며, 그 곳의 이름도 크로노스의 낫에서 온 것[〈드레파논〉은 〈낫〉이라는 뜻]이라 한다. 또는 그것이 파이아케스 족의 나라에 있는 코르키라에서였다고도 한다. 그 섬은 다름 아닌 크로노스가 바다에 던진 낫이며, 파이아케스 족은 우라노스의 피에서 나왔다는 것이다. 또는 시칠리아에서였다고도 한다. 시칠리아 땅은 신의 피가 뿌려져 그토록 풍요롭다는 것이다.

시칠리아의 디오도로스는 우라노스에 관해 약간 다른 이야기를 전한다. 우라노스는 아틀란테스 족의 초대 왕으로, 그들은 오케아노스 연안에 살았던 아주 경건하고 의로운 백성이었다. 우라노스는 그들에게 처음으로 문명화된 삶을 가르쳐 주었다. 그 자신은 훌륭한 점성가로, 별들의 움직임에 따라 최초의 달력을 발명했고, 세상에 일어날 주요한 사건들을 예언했다. 그가 죽자 사람들은 그를 신으로 예우했으며, 차츰 그는 하늘과 동일시되었다는 것이다. 이 전승에 의하면 우라노스에게는 마흔다섯 명의 자식들이 있었다. 훗날 가이아라는 이름을 갖게 될 티타에게서 낳은 열여덟 명은 어머니의 이름을 따라 티타네스[티탄들]라 불렸다. 그의 딸들은 바실레이아(여왕), 키벨레, 레이아 등으로, 레이아의 별명은 판도라였다. 대단한 미인이었던 바실레이아는 우라노스의 뒤를 이어 왕위에 올랐고, 남자 형제 중 한 명인 히페리온과 결혼하여 헬리오스(태양)와 셀레네(달)를 낳았다. 디오도로스는 우라노스의 다른 자식들로 아틀라스와 크로노스의 이름도 꼽는다. 플라톤에 따르면, 오케아노스와 테티스(I) 역시 우라노스의 자녀들이었다고 한다. 이러한 계보의 복잡함은 그것들이 정확한 전설이 아니라 우주 생성론의 상징적 해석에 바탕을 두고 있다는 데서 생겨난다. 그래서 우라노스는 그리스 신화에서 별다른 역할을 하지 않는다. 다만 헤시오도스는 우라노스와 가이아가 했다는 두 가지 예언을 전한다. 그 한 가지는 크로노스에게 그의 치세가 아들들 중 한 명에게 정복당해 끝나리라고 경고한 것이다. 다음 한 가지는 제우스에게 그가 메티스에게서 낳을 자식에 대해 경고한 것으로, 이 예언에 복종하기 위해 제우스는 아테나를 배고 있던 메티스를 삼켜 버렸다(☞메티스, ☞제우스).

비블로스의 필론이 전하는 우라노스와 크로노스에 관한 시리아 전설은 ☞크로노스.

우칼레곤 Οὐκαλέγων / Ucalegon 1. 프리아모스의 친구인 트로이아 노인들 중 한 사람. 그는 시의 장로 회의에 출석했으며 그의 집은 아이네이아스의 집과 이웃이었는데, 트로이아가 함락되던 밤에 불에 타버렸다.

2. 불확실한 한 전승에 따르면, 우칼레곤은 테바이 인으로 스핑크스의 아버지이다.

*유노 Juno 유노는 헤라와 동일시되었던 로마의 여신이다. 원래 로마 신화에서 그녀는 달의 주기를 의인화한 것으로, 처음에는 퀴리날리스에서, 그리고 카피톨리움에서 숭배된 삼신(유피테르, 유노, 미네르바) 중 하나로 등장한다. 그녀에게 바쳐진 다른 제단들도 있었으며, 특히 내성(內城)인 아르크스(카피톨리움의 동북쪽 정상)에서는 〈경고하는 여신〉 혹은 〈기억을 일깨워 주는 여신〉이라는 의미의 〈모네타〉로 수식되는 유노를 위한 제사가 바쳐졌다. 기원전 390년 갈리아 인들의 침입이 있었을 때 로마를 구한 것도 〈유노 모네타〉라고 한다. 그녀의 제단 울타리 안에서 기른 거위들이 소리를 내어 적의 침입을 경고한 덕분에 만리우스 카피톨리누스가 침입자를 제때 물리치고 카피톨리움을 구할 수 있었다는 것이다.

유노는 그 밖의 속성들로도 숭배를 받았다. 〈유노 루키나〉는 어린아이의 탄생을 주관하며, 그 점에서는 헤라보다 오히려 아르테미스를 생각나게 한다(그러나 헤라클레스의 전설에서 헤라는 알크메네의 출산을 지연시키기 위해 마법을 건다). 유노 루키나에게 봉헌물을 바칠 때 참석한 이들은 모든 매듭을 풀어 놓아야 했다. 참석자들의 몸에 결박이나 혁대, 매듭 따위가 있으면, 그들이 제물을 바치며 기원하는 여성의 순산이 제대로 이루어질 수 없기 때문이다.

유노는 일반적으로 여성들의 보호자, 좀더 엄밀히 말하자면 사회적으로 인정된 법적 지위를 가진 여자들, 즉 합법적으로 결혼한 여자들의 보호자이다. 고대 로마 책력의 3월 초하룻날(3월 1일), 그녀를 기리기 위해 〈마트로날리아〉라는 축제가 열렸다. 이 축제의 날짜에 대해서는 여러 가지 설명이 있다. 이날을 유노의 아들이자 전쟁의 신인 마르스(그리스 신화에서는 헤라의 아들인 아레스)의 생일이라고 보기도 하고, 로마 인들과 사비니 인들 사이에 다시 찾아든 평화를 기념하는 날이라고도 한다. 특히 후자는 사비니 여인들이 맡았던 역할들을 상기시킨다. 그녀들은 자신들의 부친과 젊은 남편들 사이에 뛰어들어 두 민족을 화해시켰던 것이다.

모든 남자들이 자신의 〈게니우스〉를 소유하고 있듯 여자들은 모두 자신의 〈유노〉를 소유하고 있었다. 유노야말로 진정한 신적 〈분신〉으로 여성의 여성성을 구현하며 여성을 보호해 주었다. 여신들조차도 자신들의 유노를 소유했다. 몇몇 비문들에서 〈디아 여신의 유노〉, 〈비르투스 여신의 유노〉 등등의 말도 찾아볼 수 있다.

또한 유노는 호라티우스의 전설에도 등장한다. 호라티우스가 살인한 후 정화의 제물을 바친 것도 바로 자기 누이의 보호자인 〈유노 소로리아〉에게였다(☞호라티우스).

*유벤투스 Juventus 유벤투스는 청춘의 여신으로, 특히 아이에서 남자가 되어 성년복을 입게 된 청소년들을 보호하는 여신이다. 카피톨리움의 삼신(유피테르, 유노, 미네르바) 신전에 있는 미네르바의 〈신상 봉안소〉 내부에 그녀의 예배당이 있다. 카피톨리움에 삼신이 도입되기 전부터 있었던 이 예배당은 로마에서 유벤투스에 대한 경배가 아주 오래된 것임을 증명해 준다. 나중에 유벤투스는 헤베(☞)와 다소 동일시되었지만, 자신의 로마적인 특성은 잃어버리지 않았다. 로마 제국 시대의 유벤투스 숭배는 젊은이들의 모임, 다시 말해 제국의 정치적 기반이 되어 준 입대 전 훈련을 위한 〈청년단〉의 모태가 되었다.

젊은이들은 성년복을 입을 때 유벤투스 여신에게 동전 한 닢을 봉헌하는 관습이 있었다.

*유스티티아 Justitia 로마 신화에서 그녀는 〈정의〉를 의인화한 여신이다. 하지만 그녀는 그리스의 테미스(☞)보다는 디케 혹은 황금 시대 전설에 등장하는 아스트라이아(☞)에 해당한다. 인류의 범죄가 유스티티아를 내몰아 그녀가 필멸의 인간들과 친숙하게 지내던 땅을 떠나지 않을 수 없도록 만들자, 그녀는 하늘로 올라가 처녀좌가 되었다.

*유투르나 Juturna 본래 유투르나 대신 〈디우투르나〉라고 불리던 유투르나는 처음에는 라비니움에서 멀지 않은 누미키우스 강가에서 숭배받던 샘의 님프였다. 그 후 로마가 주권을 장악하고 라티움 연합이 쇠퇴하면서 그녀에 대한 숭배는 로마로 옮겨졌고, 그녀의 남매들이라고도 하는 카스토르와 폴리데우케스의 신전에서 아주 가까운 곳, 베스타 여신의 신전에서 멀지 않은 로마 광장에 있는 샘은 〈유투르나 연못〉이라 불렸다. 대부분의 샘의 여신들과 마찬가지로 유투르나 역시 치유의 신으로 여겨졌다. 그녀의 신전은 아우구스투스 치하에서 아그리파가 배수 작업을 하기 전에는 습지였던 캄푸스 마르티우스[마르스의 들판]에 지어졌다.

로마의 시인들은 유투르나를 신화적인 왕 다우누스의 딸이자, 아이네아스의 적인 투르누스의 누이라고 보았다. 베르길리우스는 그녀가 투르누스 편에서 함께 싸우는 모습을 묘사하기도 한다. 그녀는 한때 유피테르의 사랑을 받은 덕분에 불멸을 누렸으며 라티움의 하천들과 샘들을 다스렸다.

오비디우스는 라라(☞)와 라레스(☞)의 이야기를 들려주면서 유피테르와 유투르나의 비슷한 사랑 이야기를 암시한다. 유투르나는 신의 사랑을 피해 여러 가지 방법으로 모습을 감추었고, 결국 유피테르는 라티움의 님프들을 모두 모아 놓고 이 도망자를 찾는 일을 도와달라고 부탁했다는 것이다.

끝으로 확실치 않은 한 전설에 따르면, 유투르나는 야누스(☞) 신의 아내이자 샘들의 신인 폰스(☞)의 어머니로 여겨지기도 한다.

*유피테르 Jupiter 유피테르는 제우스와 동일시되었던 로마의 신으로, 로마 신화에서 단연 으뜸가는 신이다. 그는 하늘, 낮의 빛, 날씨, 천둥과 벼락의 신으로 등장한다. 그는 로마에서 그에게 특별히 바쳐진 카피톨리움, 정확히 말해 동남쪽 정상(고유한 의미에서의 카피톨리움)에서 다스린다. 베르길리우스는 예전에 이 장소가 어떻게 참나무(유피테르에게 특별히 바쳐진 나무)로 빽빽했는지, 또 어떻게 목동들이 이 바위들 위에서 어렴풋이 신의 현존을 느꼈는지 이야기한다. 하지만 로마가 주도권을 잡기 전에 라티움 연합의 주요 제사는 〈유피테르 라티알리스〉에게 바쳐졌으며, 그 제단은 로마가 아니라 네미 호수와 알바노 호수를 내려다보는 현재의 몬테카보 정상에 마련되어 있었다. 카피톨리움의 유피테르는 대체로 라티움 도시 연합의 최고신인 이 유피테르의 계승자로 인정되었다(☞라티누스).

로마의 카피톨리움에서 유피테르에게 여러 숭배가 바쳐졌다. 그 중 〈지고지선의 유피테르〉 숭배는 비록 가장 오래된 것은 아니지만 가장 유명한 것으로, 다른 숭배들을 몰아내기에 이르렀다. 이는 비교적 후기에 와서 다른 삼신, 즉 유노와 미네르바와 동시에 퀴리날리스에서 카피톨리움으로 옮겨졌다. 예전에 카피톨리움에는 〈유피테르 페레트리우스〉[대개 〈벼락을 던지는 유피테르〉라는 뜻으로 해석되지만, 〈페레트리우스〉가 fero(나르다) 동사에서 파생된 말이라는 설도 있다. 전리품을 날라다 바치는 곳이 라는 설명은 후자의 설에 더 가까울 듯]의 성역이 있었으며, 로물루스가 만든 것으로 여겨지던 이 성역[신을 위해 성별한 땅으로 대개 신성한 숲에 신전이 딸려 있었다]에서 전리품, 다시 말해 로마 수장에 의해 전쟁에서 죽임을 당한 적의 수장의 무기들이 바쳐졌다. 유피테르 페레트리우스의 신전은 로마에서 가장 오래된 신전들 중 하나로 여겨졌다. 최초로 적장을 죽이고 얻은 전리품, 즉 아크로(☞) 왕에게서 취한 전리품을 이곳에 바친 이도 로물루스였다고 한다. 두 번째 봉헌은 기원전 426년 아울루스 코르넬리우스 코수스가 베이 왕 톨룸니우스에게서 취한 전리품을 바친 것이라 전해진다.

〈유피테르 스타토르〉[보존자, 유지자 유피테리]의 성역을 만든 것도 로물루스라고 한다. 이 이름에는 역사적 형태의 전설이 따라다닌다. 로물루스의 로마 인들과 그들에게 여자들을 뺏긴 사비니 인들 사이의 전쟁에서 사비니 인들이 우세하여 로마 인들은 포룸 너머로 밀려났다. 그러자 로물루스는 하늘을 향해 자신의 무기를 치켜들면서 유피테르에게 만일 그가 적을 멈추게 해주면 지금 자신이 있는 장소에 그를 위한 신전을 짓겠노라고 맹세했다. 그러자 곧 적이 퇴각하기 시작했고 로물루스는 약속을 지켰다. 그래서 유피테르 스타토르의 신전이 팔라티누스 언덕 기슭, 나중에 티투스의 개선문을 짓게 되는 장소에 세워졌다. 비슷한 전설이 후대에도 있었다. 즉 마르쿠스 아틸리우스 레굴루스도 삼니움 인들에 대항한 전쟁(기원전 294년)에서 로물루스가 한 약속과 비슷한 맹세를 했다고 한다.

벼락의 신 제우스는 엘리키우스(엘리케레 elicere, 즉 〈유인하다〉라는 뜻의 동사에서 유래한 형용사)라는 수식어로도 언급된다. 하늘의 벼락을 〈유인하고〉 특히 마술사를 시켜 벼락을 내리는 것이 바로 〈제우스 엘리키우스〉이다. 이 숭배를 도입한 것은 마술사로도 여겨졌던 누마 왕이라고 한다.

도시 국가 로마의 정치적 체제가 발전되고 강화됨에 따라 유피테르는 로마 종교에서 점차 중요한 위치를 차지하게 되었다. 그는 신들의 회의 *Dii Consentes*를 〈주재하는〉 자로 온전한 권위를 지닌, 최고권의 소유자로 등장한다. 그가 제우스와 동화되는 데 크게 기여한 이 개념은 애초에 에트루리아의 종교적 개념들에서 영향을 받았을 가능성이 크다. 유피테르의 이러한 우월성은 그의 제관*flamine*인 디알리스(그의 아내는 유노의 여제관 *flaminica*이다)가 차지했던 위치만 보아도 알 수 있다. 이 제관과 그의 아내의 결혼은 신성한 부부의 결합을 상징했다. 이를 위해 더할 수 없이 장엄한 예식이 거행되었고 이들의 결합은 이혼으로 해체될 수 없었다. 온갖 영예를 두르고 있는 제관 디알리스는 매우 복잡한 일련의 금기들과도 관련되는데, 이는 그의 직분이 얼마나 오래된 것인가를 증명해 준다.

로마 공화국의 집정관은 직무를 맡을 때 우선 카피톨리움의 신 유피테르에게 기도를 드렸으며, 승리자들은 엄숙한 행렬을 통해 그에게 승리의 화관과 제물(흰 황소)을 바쳤다. 유피테르는 협약의 성실한 이행을 보증하는 신으로, 페키알레스 사제단을 통해 국제 관계를 주관했다. 반면 예전에 〈기상 변화〉를 주관하는 신으로서의 역할은 점점 약해져 〈수브 디오〉, 즉 〈통풍이 잘 되는 장소에서〉 등과 같은 몇몇 표현들만 기억되고 있다.

제국의 도래와 함께 황제들은 기꺼이 자신을 유피테르의 보호 아래 두었으며, 심지어 유피테르의 화신을 자처하기도 했다. 그 예로 첫 황제 아우구스투스는 이 신이 보내 준 꿈을 꾸었다고 하며, 스페인에서 칸타브리아 인들에 대항해 싸운 전쟁에서 자신이 어떻게 기적적으로 벼락으로부터 보호받을 수 있었는지 말한 바 있다. 즉 그가 탄 가마 앞에서 횃불을 들고 가던 어린 노예는 죽임을 당했지만 가마 속에 있던 그는 안전했다는 것이다. 이에 대한 감사로 아우구스투스는 카피톨리움에 천둥의 신 유피테르에게 바치는 신전을 지었다. 나중에 칼리굴라는 카피톨리움 유피테르의 두 별명인 〈옵티무스〉와 〈막시무스〉, 즉 〈가장 선한 자〉와 〈가장 큰 자〉를 자신의 것으로 삼았으며, 자신의 궁전이 유피테르 신의 카피톨리움 제단으로 직접 연결되도록 했다.

각 지역의 도시 국가마다 건축가들의 최고 관심사는 로마의 카피톨리움을 닮은 카피톨리움을 세우는 것으로, 그곳에는 유피테르를 중심으로 하는 삼신을 두었다. 이렇게 유피테르 신은 도시 국가들의 근원지인 로마와 그 축소판인 여러 도시 국가들 사이의 정치적인 연결점이 되어 주었다.

***율리아 루페르카** Julia Luperca 제물로 바쳐진 이피게네이아의 이야기를 두고 체체스는 이 처녀가 최후의 순간에 목숨을 건진 기적과 비슷한 기적이 로마에서도 일어났다고 말한다. 율리아 루페르카가 그 이야기의 주인공이다. 이 젊은 로마 처녀는 공식적인 희생 제단에 속죄 제물로 바쳐졌다. 그러나 사제가 그녀를 향해 칼을 드는 순간 독수리가 그에게 덮치며 칼을 빼앗아 그때 마침 신전 주위에서 풀을 뜯어먹고 있던 암송아지한테 떨어지도록 했다. 사람들은 이 암송아지를 제물로 바쳤고, 목숨을 건진 율리아 루페르카를 공경하게 되었다.

이나코스 Ἴναχος / Inachus 이나코스는 아르골리스에 있는 한 강의 신이다. 그는 한때 아르고스 지방을 다스렸으며, 오케아노스의 딸 멜리아에게서 두 아들 포로네우스와 아이기알레우스를 낳았다(☞계보 17). 그 역시 오케아노스와 테티스(I)의 아들로, 아르고스 인들에 따르면 그는 인류가 존재하기 전에 살았으며 그의 아들 포로네우스는 최초의 인간이라고 한다. 또 다른 전설에 의하면, 그는 아테나이 및 엘레우시스에 살았던 에리크토니오스(☞), 에우몰포스(☞) 등과 동시대인이라고 한다. 또는 데우칼리온의 홍수 이후 사람들을 모아, 이나코스 강이 흐르는 평야에 그들을 정착시켰다고도 한다. 그 강에 그의 이름을 붙인 것은 그의 이러한 선행을 기리기 위해서였다. 헤라와 포세이돈이 이 지방 통치권을 놓고 다툴 때, 그는 케피소스 및 아스테리온과 함께 심판으로 선택되었다. 그가 헤라의 편을 들자 화가 난 포세이돈은 그를 저주했고, 그래서 이나코스 강의 하상은 여름 내내 말라붙어 비가 올 때만 겨우 차곤 했다. 이나코스(혹은 그의 아들 포로네우스)는 헤라 아르게이아(아르고스의 헤라)에게 최초로 신전을 지어 바쳤다.

그의 자식들 중에는 포로네우스와 아이기알레우스 말고, 미케나이 시의 명조가 된 미케네라는 딸이 있었다고 하며, 아르고스와 펠라스고스(이들의 가장 일반적인 혈통은 ☞계보 17)라는 다른 두 아들과 카소스를 더 꼽기도 한다(☞아미케). 또한 그는 대개 이아소스의 딸로 통하는 이오의 아버지로 여겨지기도 한다(☞이오). 이 딸로 인해 그는 큰 슬픔에 빠졌으며 딸을 범한 제우스를 직접 찾아 나섰다는 말도 있다. 제우스는 그를 방해하기 위해 에리니에스 중 한 명인 테이시포네를 보냈으며, 그녀가 그를 너무도 괴롭혔으므로 그는 강물에 몸을 던졌다. 할리아크몬이라 불리던 이 강은 이후로 이나코스라는 이름을 갖게 되었다. 혹은 제우스가 그에게 벼락을 내려 이나코스 강 하상이 말라붙었다고도 한다.

이노 'Ινώ / Ino ☞레우코테아.

이다스 'Ἴδας / Idas 『일리아스』에서 모든 남자들 중 가장 강하고 담대한 자로 묘사되는 이다스는 아버지 아파레우스를 통해 페리에레스 가문에 속한다. 그의 어머니는 오이발로스의 딸 아레네이며 링케우스와 피소스가 그의 형제들이다(☞계보 19). 그리고 디오스쿠로이, 레우키피데스인 힐라이라와 포이베, 그리고 페넬로페 등이 그의 사촌들이다.

이다스와 링케우스는 이아손과 함께 아르고나우타이의 원정에 참여했으며, 이다스는 이 여행 동안 두 차례 특별한 역할을 했다. 우선 리코스 왕과 함께 마리안디노이 족의 나라에 갔을 때, 예언자 이드몬이 멧돼지에게 죽임을 당하자 이다스가 짐승을 처치함으로써 원수를 갚았다. 그 후 그는 미시아 왕 테우트라스로부터 왕국을 빼앗으려 실패했고 결국 텔레포스에게 패하고 말았다(☞아우게, ☞텔레포스).

이다스와 링케우스는 칼리돈의 멧돼지 사냥에도 참가했다고 하는데, 여기서 이다스는 멜레아그로스의 장인으로 나온다(멜레아그로스는 이다스의 딸 클레오파트라 알키오네와 결혼했다).

이다스는 아레스의 아들 에우에노스의 딸인 마르페사를 포세이돈의 선물인 날개 달린 전차에 태워 납치했다. 에우에노스(☞)는 그를 뒤쫓다 잡지 못하자 자살했고, 이다스는 자신의 고향 메세네로 유유히 돌아왔다. 그러나 아폴론이 마르페사를 사랑하여 남편에게서 빼돌리려 하자, 이다스는 이에 저항하여 신을 위협했다. 제우스가 개입하여 둘을 갈라 놓고 여자에게 자신이 사랑하는 사람을 택하게 하자, 마르페사는 이다스를 택했다(☞아폴론). 또 다른 전승에 의하면 아폴론이 마르페사를 남편에게서 빼돌려 〈그녀의 저항 없이〉한동안 데리고 있었다고 한다. 그러나 결국 이다스는 그녀를 되찾았다.

이다스가 마르페사를 납치한 이야기는 종종 승자가 상으로 여자를 차지하는 전차 경주 이야기로 대치되었다(☞페넬로페, ☞히포다메이아). 마르페사의 아버지 에우에노스는 자신이 물리친 경쟁자들을 죽이곤 했다.

이다스는 사촌들인 카스토르와 폴리데우케스와의 싸움으로도 유명하다. 이 싸움에는 서로 별개의 혹은 다소 연관되는 두 개의 일화가 나온다. 카스토르와 폴리데우케스는 이다스와 링케우스와 함께 아르카디아 지방을 약탈해 가축떼를 데려왔다. 노획물을 나누는 일을 맡은 이다스는 황소 한 마리를 죽여 사등분한 다음, 자기 몫을 맨 먼저 먹는 자가 노획물의 반을 차지하고 두 번째로 빨리 먹는 자가 나머지를 차지하기로 정했다. 그는 자신의 몫을 재빨리 먹어치우고 계속해서 동생의 몫까지 먹어 버렸다. 결국 그가 노획물을 모두 차지했다. 화가 난 디오스쿠로이는 사촌들의 땅인 메세니아를 공격해서 분쟁의 원인이 되었던 소들과 그 밖의 많은 것을 가져간 뒤, 숨어서 이다스와 그의 형제를 기다렸다. 날카로운 눈의 소유자 링케우스는 카스토르가 늙은 참나무 둥치 속에 숨어 있음을 알아챘고, 그 사실을 이다스에게 말하자 이다스가 창을 던져 대번에 그를 죽였다. 폴리데우케스는 이들을 뒤쫓아 가 링케우스를 죽였고, 이다스는 자기 아버지 아파레우스의 무덤에서 빼낸 큰 돌로 그를 때려 눕혀 정신을 잃게 만들었다. 그러자 아들을 구하러 온 제우스가 이다스를 벼락으로 쳐죽이고 폴리데우케스를 하늘로 데려갔다.

싸움에 관한 또 다른 일화는 레우키피데스의 납치와 연관된다. 링케우스와 이다스는 레우키포스의 딸들인 힐라이라와 포이베 즉 그들의 사촌누이들과 약혼한 상태였다. 그런데 카스토

르와 폴리데우케스가 이 여자들을 납치해 가자(☞디오스쿠로이) 이다스와 링케우스는 복수를 결심했다. 그리하여 카스토르는 링케우스에게 죽임을 당하고, 링케우스는 폴리데우케스에게 공격을 당하게 되었다. 그래서 이다스가 폴리데우케스를 죽이려는 찰나 제우스가 끼어들어 앞서 말한 대로 싸움의 결말이 났다. 같은 싸움을 두고 또 다른 이야기가 있다. 즉 카스토르와 링케우스가 단 한 번의 결투로 분쟁을 해결하기로 했다는 것이다. 이 결투에서 카스토르가 승리를 거두어 적을 죽이자 이다스는 동생의 원수를 갚으려 했고, 그가 카스토르를 때려눕히려는 순간 제우스의 벼락이 그를 죽였다는 것이다. 이 이야기에는 폴리데우케스가 전혀 등장하지 않는다.

한편 히기누스에 의하면, 링케우스는 카스토르에게 죽임을 당했으며, 이다스가 그를 매장하려 하자 카스토르는 링케우스가 싸움에서 아무 무기도 보여 주지 못했고 〈여자 같은 죽음〉을 맞았다고 주장하면서 매장하지 못하게 했다고 한다. 분개한 이다스는 카스토르가 허리에 차고 있는 칼을 잡아 그의 살을 찔렀다. 혹은 링케우스의 무덤 위에 세운 기둥 아래에서 그를 죽였다고도 한다. 하지만 그 자신도 곧 폴리데우케스의 손에 죽임을 당하고 말았다.

이다이아 ’Ιδαία / Idaea 〈이데 산에서 온 여자〉 혹은 〈이데 산에서 살아가는 여자〉를 뜻하는 이 이름의 주인공은 여러 명 있다.

1. 님프 이다이아는 강의 신 스카만드로스와 결합하여 테우크로스라는 아들을 낳았다. 테우크로스는 사모트라케 맞은편 아시아 연안에 사는 테우크로이 족의 왕이 되었다(☞계보 7).

2. 다르다노스의 딸들 중 한 명, 즉 앞서 말한 이다이아의 증손녀 역시 같은 이름이었다. 그녀

는 트라케 왕 피네우스의 두 번째 아내가 되었다. 그러나 그녀는 피네우스가 첫번째 아내인 보레아스의 딸 클레오파트라에게서 얻은 아들들(☞ 보레아다이)을 중상함으로써 피네우스에게 덮친 불행의 원인이 되었다(☞피네우스).

이다이오스 ' Ἰδαῖος / Idaeus 크레테의 이데 산, 혹은 트로아스의 이데 산과 관계가 있는 여러 용사들이 이다이오스라는 이름으로 불렸다.
 1. 프리아모스의 아들.
 2. 파리스와 헬레네의 아들.
 3. 프리아모스의 전차 몰이꾼.
 4. 트로이아 용사 다레스의 아들.
 5. 코리반테스 중 한 명.
 6. 다르다노스 전설의 한 불확실한 이본에 의하면, 다르다노스는 크리세와 결혼하여 디마스, 이다이오스라는 두 아들을 낳았다고 한다. 이다이오스는 프리기아 연안의 산기슭에 정착하며, 이후로 그 산은 그의 이름을 따라 이데라 불리게 되었다. 이 고장에 신들의 어머니(키벨레)의 제사를 도입한 이가 바로 이다이오스이다. 한편 다르다노스는 트로아스에 정착했다.

이데 ' Ἴδη / Ida 1. 이데는 멜리세우스의 딸들 중 한 명으로, 자매인 아드라스테이아와 함께 크레테에서 어린 제우스를 키웠다. 이데는 또한 제우스 신이 어린 시절을 보낸 크레테의 산 이름이기도 하다(☞제우스, ☞아말테이아).
 2. 이데는 코리바스의 딸로, 크레테 왕 리카스토스와 결혼하여 미노스 2세를 낳았다.

이도메네우스 ' Ἰδομενεύς / Idomeneus 이도메네우스는 크레테 왕으로, 데우칼리온의 아들이자 미노스의 손자이다(☞계보 28). 그는 데우칼리온과 첩 사이에서 태어난 아들 몰로스의 이복형제이다. 몰로스는 이도메네우스의 군대 동료인 메리오네스(☞)의 아버지이며, 따라서 이도메네우스는 메리오네스의 삼촌이 된다.

이도메네우스는 헬레네의 구혼자 중 한 명으로, 공동 서약으로 맺어진 이들과 함께 트로이아 전쟁에 참여해서 두각을 나타내 최고의 영웅들에 속하게 되었다. 그는 80척의 크레테 선단을 이끌었으며, 크노소스, 고르티나, 릭토스, 밀레토스, 리카스토스, 파이스토스, 리티온 등 여섯 도시를 대표했다. 트로이아 인과 아카이아 인 사이의 분쟁을 헥토르와의 단독 결투를 통해 해결할 수 있다고 믿었던 시기에, 그는 그 결투를 하겠다고 나섰던 아홉 명의 장군들 중 한 명이다.

그가 전장에서 쓰러뜨린 희생자는 수없이 많다. 그는 선단을 방어하는 데 뛰어났다. 그의 가장 큰 적수는 데이포보스였으며, 나중에는 아이네이아스와 싸웠다. 파트로클로스의 시신을 둘러싼 전투에서 그는 헥토르를 공격하려 했지만, 헥토르가 그에게 달려들어 메리오네스의 전차 몰이꾼 코이라노스를 죽였다. 이도메네우스는 달아나 진영에 숨었다.

『일리아스』에 나오는 사건들 이후에, 그는 아킬레우스를 기리는 장례 경기 중 권투에서 우승을 거두었다. 그는 목마에 숨어 트로이아 시내로 들어간 용사들 중 한 명이며, 아킬레우스가 쓰던 무장의 새 주인을 정하는 일을 맡았던[아킬레우스가 죽은 뒤 아이아스와 오딧세우스 사이에 그 무장을 놓고 다툼이 있었다] 심판들 중 한 명으로 등장한다.

『오딧세이아』에 따르면, 이도메네우스의 귀향은 가장 행복한 귀향 중 하나였다. 비록 그가 돌아가 크레테에 묻혔다고는 하지만, 전설은 그의 말년을 극적으로 점철하는 또 다른 사건들을 들려준다.

첫번째 이본은 그의 아내 메다가 나우플리오

스에게 설득당해 레우코스의 사랑에 굴복하게 된 전말을 들려준다. 레우코스는 탈로스의 아들로, 태어나자마자 버려진 것을 이도메네우스가 키워 자신이 없는 동안 집을 돌보도록 맡겼었다. 나중에 레우코스는 메다를 비롯해서 그녀와 이도메네우스의 딸 클레이시테라까지 죽였다. 그가 이도메네우스의 두 아들 이피클로스와 리코스까지 죽였다는 이야기도 있다. 집에 돌아온 이도메네우스는 레우코스의 눈을 멀게 하고 자신의 권좌를 되찾았다. 그러나 레우코스가 그를 고국에서 추방했다는 이야기도 있다.

이설들에 의하면, 트로이아에서 크레테로 오는 여행 도중 이도메네우스의 선단은 태풍을 만났다고 한다. 그러자 왕은 만일 자신이 무사히 고향 땅에 닿으면 그의 왕국에서 맨 처음 만나는 인간을 포세이돈에게 희생물로 바치겠다는 맹세를 했다. 그런데 그가 고향의 해안에 닿아 맨 처음 본 인간은 다름 아닌 자신의 아들(혹은 딸)이었다. 이도메네우스는 약속을 지켜 그를 희생물로 바쳤다. 하지만 그가 단지 그러는 척했을 뿐이라는 설도 있다. 아무튼 얼마 안 가 역병이 발생하여 크레테 전 지역에 창궐했다. 이도메네우스의 잔인한 행동이 신의 노여움을 일으켰다고 생각한 사람들은 신들을 달래기 위해 이도메네우스를 추방했다. 그 후 이도메네우스는 이탈리아 남부 연안으로 가서 살렌티니에 정착했고, 아테나 여신에게 바치는 신전을 지었다.

이도메네우스에 관한 또 다른 일화는 다음과 같다. 서로 아름다움을 겨루던 테티스(II)와 메데이아는 이도메네우스에게 판정을 청했다. 이도메네우스가 테티스 편을 들자 격분한 메데이아는 〈모든 크레테 인들은 거짓말쟁이〉라고 선포하고, 이도메네우스 일족을 저주하여 그들이 다시는 진실을 말하지 못하게 만들었다. 그래서 〈크레테 인들은 모두 거짓말쟁이〉라는 속담이

생겨났다고 한다.

이드몬 Ἴδμων / Idmon 이드몬은 아르고나우타이 중 한 명으로, 원정을 위해 징조들을 해석하는 역할을 맡은 예언자이다. 그는 아폴론의 아들로 여겨지지만, 그의 〈인간〉 아버지는 멜람푸스의 아들인 아바스이다(☞계보 1). 그의 어머니는 아스테리아 혹은 키레네라고 한다. 때로 그는 아폴론과 라오토에의 아들이자 칼카스의 아버지인 테스토르와 동일시되기도 한다. 그렇다면 이드몬은 〈보다〉를 뜻하는 어근과 결부된 수식어에 불과할 수도 있다. 실제로 이드몬은 〈통찰자〉를 뜻한다.

아르고나우타이와 함께 한 그의 모험에 대해서는 여러 가지 이야기들이 있다. 어떤 이야기에서는 그가 콜코스에 닿았다고 하며, 또 다른 이야기에서는 마리안디노이 족의 나라에 상륙했다가 멧돼지에게 죽임을 당했다고도 한다. 이드몬은 자신의 죽음을 예견했지만 원정에 참여하기를 주저하지 않았다(☞아르고나우타이).

이디이아 Ἰδυῖα / Idyia 이디이아는 오케아니데스 중 한 명으로, 콜키스 왕 아이에테스의 두 번째 아내이자 메데이아의 어머니이다. 보통 압시르토스는 그녀의 자식으로 여겨지지 않지만, 일설에 의하면 그녀가 아이에테스의 첫번째 아내였다고 하며, 그럴 경우 메데이아와 압시르토스 둘 다 그녀의 자식이 된다(☞아이에테스).

이로스 Ἶρος / Irus 1. 이로스는 오푸스 왕 악토르의 아들이자, 아르고나우타이인 에우리다마스와 에우리티온의 아버지이다(☞에우리티온은 악토르의 아들로 여겨지기도 한다). 펠레우스는 장인 에우리티온을 사고로 죽인 뒤 그 보상으로 이로스에게 양과 소를 바쳤다. 이로스가 이를

받아들이지 않자, 신탁은 펠레우스에게 이 가축들을 자유롭게 놓아주라고 충고했다. 그 후 늑대가 그 가축들을 공격해서 잡아먹었는데, 신들의 개입으로 늑대는 돌로 변했고, 사람들은 그 석상을 로크리스와 포키스의 경계에 놓아 두었다.

2. 이로스는 또한 『오딧세이아』에서 파렴치한 거지로 등장하며, 구혼자들이 여흥 삼아 부추긴 나머지 오딧세우스는 이로스와 싸움을 벌이게 된다(☞ 오딧세우스).

이리스 ῏Ιρις / Iris 이리스는 타우마스와 엘렉트라의 딸이다. 그녀는 부계로나 모계로나 오케아노스의 가계에 속하며 하르피아이와 자매간이다(☞ 계보 32). 그녀는 무지개를 상징하며, 보다 일반적으로는 무지개가 나타내는 하늘과 땅의 결합 내지 신들과 인간들의 결합을 상징한다. 흔히 그녀는 날개가 달리고 얇은 베일을 쓴 모습으로 그려지며, 이 베일은 햇빛을 받으면 무지개 빛을 띠었다고 한다. 그녀는 제피로스의 아내이자 에로스의 어머니로도 여겨졌다.

이리스는 헤르메스처럼 신들의 명령이나 충고 등을 전달하는 사명을 띠었다. 그녀는 특별히 제우스와 헤라를 섬겨, 거의 헤라의 시녀처럼 보이기도 한다. 때로는 다른 신들도 그녀로부터 도움을 받았다.

이스메네 ᾿Ισμήνη / Ismene 1. 이아소스를 아르고스의 아들로 보는 계보에 의하면 이스메네는 이아소스의 어머니이다(☞ 계보 18). 그녀는 아소포스의 딸이다.

2. 또 다른 이스메네는 안티고네의 자매로 오이디푸스와 이오카스테의 딸이다(☞ 계보 29). 불확실한 전설에 따르면 이스메네는 테바이 청년 테오클리메노스의 사랑을 받았는데, 그와 만나던 중 아테나의 부추김을 받은 티데우스에게 죽임을 당했다고 한다(☞ 티데우스).

이스메노스 ᾿Ισμηνός / Ismenus 1. 이스메노스는 보이오티아에 있는 같은 이름의 강의 신이다. 모든 강들과 마찬가지로 그는 오케아노스와 테티스(I)의 아들이다. 때로는 그를 아소포스와 메토페의 아들로 보기도 한다.

2. 전설에 따르면 또 다른 이스메노스(일명 이스메니오스)가 있는데, 그 역시 테바이 인으로 아폴론과 님프 멜리아(☞)의 아들이다. 그는 테바이 지방에 있는 두 개의 샘 디르케와 스트로피에의 아버지이다.

3. 이스메노스는 또한 니오베와 암피온의 맏아들이다. 그는 니오베의 다른 모든 자식들처럼 아폴론의 화살에 맞아 죽었다. 그가 죽어 가면서 몸을 던진 강이 그의 이름으로 불리게 되었다.

이스케노스 ᾿Ισχενος / Ischenus 이스케노스는 올림피아의 주민으로 기가스의 아들이며, 기가스는 헤르메스와 히에레레이아의 아들이다. 기근이 닥쳐 신탁이 그 치유책으로 그 나라의 귀족 한 명을 바치라고 명하자, 이스케노스는 희생물이 되기를 자청했다. 그 일로 인해 그는 큰 영예를 얻었고, 사람들은 그를 경기장에서 멀지 않은 크로노스 언덕 위에 묻었다. 그리고 그를 기리는 장례 경기를 열었다.

그가 죽은 뒤 올림피아 주민들은 그에게 타라시포스, 즉 말의 동요라는 별명을 붙였다. 경주 때마다 말들이 그의 무덤 근처에만 가면 흥분했기 때문이다. 사람들은 그것이 그의 영향 때문이라고도 하고, 혹은 우연히 그곳에 돋아난 월계수가 땅 위에 흔들리는 그림자를 드리워 짐승들을 놀라게 하기 때문이라고도 했다.

이스키스 ᾿Ισχυς / Ischys 이스키스는 아르카디아 사람으로, 그의 아버지 엘라토스를 통해 아르카스의 손자가 된다(☞라피타이). 그는 플레기아스 왕의 딸 코로니스와 결혼했으나 그녀는 이미 아폴론의 아들인 아스클레피오스를 잉태하고 있었다(☞아스클레피오스). 이 범죄로 이스키스는 아폴론에게 아내와 함께 죽임을 당했다. 때로 코로니스의 연인은 이스키스가 아니라 알키오네우스라고도 한다.

이스트로스 ˊΙστρος / Istrus 이스트로스는 같은 이름을 지닌 강(오늘날의 도나우 강)을 의인화한 것이다. 모든 강과 마찬가지로 그는 오케아노스와 테티스(1)의 아들이다. 그의 두 아들 헬로로스와 악타이오스는 미시아에 그리스 인들이 상륙했을 때 텔레포스의 편에서 싸웠다.

이스트미아데스 ˊΙσθμιάδης / Isthmiades 이스트미아데스는 포트네우스의 딸 펠라르게의 남편이다. 일곱 장군의 테바이 원정으로 카베이로이에 대한 숭배가 사라졌을 때, 보이오티아에 다시금 이 숭배를 자리잡게 한 것은 그와 그의 아내였다. 펠라르게가 죽자 도도네의 신탁은 신들에 대한 그녀의 열성을 기려 그녀에게 신의 영예를 부여하라고 명했다.

이시스 ˊΙσις / Isis 이집트 여신 이시스는 그리스 신화는 물론이고 로마 신화에도 속하지 않지만, 서력 기원 무렵에는 그녀에 대한 숭배와 신화가 그리스 로마 세계에도 워낙 널리 퍼졌으므로, 그녀에 대해 언급하지 않을 수 없다.

이집트 신화에서 이시스는 오시리스의 아내이자 태양 신 호로스의 어머니이다. 어둠의 신 세트가 오시리스를 죽이면, 이튿날 호로스는 복수를 했다. 이시스가 오시리스를 찾아 나서서 복수를 하기까지 탄식하는 것은 그 밤 동안이다 (☞네마누스). 이시스는 신들의 어머니로, 또 밤의 세력의 정복자로 곧 그녀를 중심으로 하는 신비 제의가 발전하게 되었으며, 그녀가 그리스 종교의 여러 요소들과 동화되었던 것도 바로 이러한 점에서이다. 가령 그녀는 이오(☞)와 동일시되었는데, 이는 그녀의 신화(오시리스를 찾아 다닌다는 신화) 및 도상(이시스는 흔히 달의 상징을 지닌 암소의 형상으로 그려졌다)이 이오의 이야기와 비슷하기 때문이다. 또한 그녀는 데메테르와도 동일시되었는데 이는 데메테르 역시 어머니로서 하계와 어둠을 다스리는 신 하데스에 의해 납치된 딸을 찾아 나섰던 데다가 그녀를 중심으로 하는 신비 의식도 있었기 때문이다. 아풀레이우스 시대에 등장하는 이시스는 우주적인 여성적 원리로 바다, 땅의 열매들, 망자들 등을 다스렸으며, 마법의 여신으로서 온갖 사물과 존재와 원소들의 변성을 주재했다. 기원 후 2세기경에는 그녀를 중심으로, 적어도 여신들에 관한 한, 여러 종교간의 혼합이 이루어졌다.

이아니스코스 ˊΙάνισκος / Ianiscus 1. 몇몇 전승들에 의하면 이아니스코스는 아스클레피오스의 아들, 따라서 마카온과 포달레이리오스의 형제이다. 그는 테살리아에 있는 페라이보이 족의 지방 출신이다.

2. 또 다른 이아니스코스는 아테나이 사람 클리티오스의 후손이다. 클리티오스는 자기 딸 페노를 시키온 왕 라메돈과 결혼시켰다. 라메돈의 후계자들 중 한 명인 아드라스토스(☞)가 시키온의 왕위를 포기하자 사람들은 아티카 출신인 이아니스코스를 불러 왕으로 삼았다. 그가 죽은 뒤에는 파이스토스(☞)가 뒤를 이었다.

이아르다노스 ˊΙάρδανος / Iardanus 이아르다노스 일명 이아르다나스는 리디아 왕으로, 옴팔레의 아버지이다. 전승에 따르면 마술사인 그는 원수 캄블리테스(혹은 캄블레스) 왕에게 주문을 걸어 극도의 굶주림을 느끼게 만들었고, 왕은 결국 자기 아내를 잡아먹었다고 한다.

이아르바스 ʾΙάρβας / Iarbas 이아르바스는 아프리카 원주민 왕으로, 〈유피테르 암몬〉[암몬은 원래 아프리카의 상(上)이집트 테바이의 지방신으로, 후에는 리비아에서 숫양의 머리를 한, 신탁을 내리는 신이 되어 제우스와 동일시되었다. 제우스는 티폰을 피해 도망칠 때, 숫양의 모습으로 변신하여 이 지역으로 갔다고도 한다]과 가라만테스 족의 고장에 사는 한 님프 사이에 태어난 아들이다. 가이툴리 족을 다스리던 그는 디도에게 영토를 양도하였고 디도가 그곳에 카르타고를 세웠다(☞디도). 그러나 여왕을 사모하던 그는 자신보다 행복한 아이네이아스를 질투한 나머지 카르타고를 공격했고, 디도가 죽자 디도의 동생인 안나를 쫓아냈다(☞안나 페렌나).

이아모스 ʾΙαμος / Iamus 이아모스는 올림피아의 영웅으로, 사제직을 수행하는 이아미다이 가문의 신화적인 조상이다. 그의 신적인 선조들은 다음과 같다. 하신 에우로타스의 딸인 피타네가 포세이돈에게서 에우아드네라는 딸을 낳았는데, 에우아드네는 〈인간〉 아버지 아이피토스에 의해 길러졌다(☞아이피토스 3, ☞에우아드네 1). 그녀는 아폴론의 사랑을 받아 그의 아이를 낳았지만 유혹당한 사실을 부끄러워하여 아이를 내다 버렸다. 그러자 뱀 두 마리가 와서 꿀을 먹여 아이를 키웠다. 어느 날 에우아드네는 기적적으로 살아난 아이가 활짝 핀 제비꽃들 사이에 누워 있는 것을 발견하고는, 아이에게 이아모스(제비꽃 아이)라는 이름을 지어 주었다. 아이피토스가 델포이의 신탁을 묻자, 신은 그에게 어린 이아모스가 유명한 예언자가 될 것이며 길이 이어지는 사제와 예언자 가문의 선조가 되리라고 답했다. 성인이 된 이아모스는 어느 날 밤 알페이오스 강가로 가서 아버지 아폴론과 할아버지 포세이돈을 불렀다. 아폴론은 자신의 음성을 따르라고 명한 뒤 올림피아가 있는 곳까지 그를 인도하여, 헤라클레스가 훗날 그곳에 와서 유명한 올림피아 경기를 제정할 때까지 그곳에 정착하게 했다. 아폴론은 그에게 새들의 언어를 이해하고 희생 제물들이 들려주는 예언을 해석하는 법도 가르쳐 주었다.

이아소 ʾΙασώ / Iaso 이아소 즉 〈치유〉는 의술의 신인 아스클레피오스의 딸이자 히기에이아의 자매로 여겨졌다. 오로포스에 그녀의 성역이 있었다.

이아소스 ʾΙασος / Iasus 이아소스 일명 이아시오스라는 이름의 용사들은 여러 명 있다.

1. 그 중 한 명은 아르고스의 왕인데, 그의 아버지의 이름에 관한 전승들은 일치하지 않는다. 그래서 이아소스는 트리오파스의 아들들 중 한 명이라고도 하고(☞계보 17), 아르고스의 아들이자 아게노르의 손자라고도 한다(☞계보 18). 하지만 어느 경우에나 그는 제우스의 연인인 이오의 아버지로 여겨진다.

그를 트리오파스의 아들로 보는 설에 의하면 이아소스는 자신의 형제들과 함께 펠로폰네소스 영토를 나누어 가졌다고 한다. 그는 자기 몫으로 엘레이아를 포함한 서부 지방을 차지하고 펠라스고스는 동부 지방을 차지해서 라리사를 세웠다. 그러나 아버지로부터 기병대를 물려받은 아게노르가 다른 두 형제를 공격해 영토를 빼앗았다.

2. 또 다른 이아소스는 리쿠르고스 왕의 아들이다. 그는 아르카디아 왕조에 속하며 아르카스의 손자이다(☞계보 26). 그의 딸은 아탈란테(☞)이다.

3. 오르코메노스 왕 암피온의 아버지인 보이오티아 사람 역시 같은 이름으로 불린다. 그는 미니아스의 딸 페르세포네의 남편이기도 하다. (이아소스 2의 아내이자 아탈란테의 어머니인 클리메네 역시 미니아스의 딸이다.)

4. 끝으로 이아소스 일명 이아시오스는 종종 이아시온(☞)이라는 이름 대신 쓰이기도 한다.

이아손 ʼΙασων / Jason 이아손은 아이손(☞)의 아들이다. 그는 이올코스 출신으로, 아이올로스의 후손이다(☞계보 21, ☞계보 1). 그의 어머니의 이름에 대해서는 여러 가지 설이 있다. 흔히 필라코스의 딸 알키메데라고 하지만, 아우톨리코스의 딸이자 오딧세우스의 숙모인 폴리메데라고도 한다. 통설에 따르면 이올코스 통치권의 정당한 계승자인 아이손은 티로와 포세이돈의 아들인 의붓형제 펠리아스에 의해 추방되었다고 한다. 혹은 아이손 자신이 아들 이아손이 성인이 될 때까지 통치권을 펠리아스에게 맡겼다고 한다. 이아손은 켄타우로스 케이론에 의해 키워졌는데, 케이론은 자신의 모든 제자들에게 그랬듯이 그에게도 의학을 가르쳤다. 성인이 되자 이아손은 켄타우로스가 사는 펠리온을 떠나 이올코스로 돌아왔다. 그는 이상한 복장을 하고 있었다. 즉 표범 가죽을 뒤집어쓰고 양손에 창을 들었으며 특히 왼발은 맨발이었다. 그는 숙부 펠리아스가 제물을 바치고 있던 이올코스 광장에 나타날 때도 이런 복장을 하고 있었다. 펠리아스는 그가 누구인지 알아보지 못했지만 그를 보자 두려움에 사로잡혔다. 〈한쪽 신발만 신고 있는 사람을 경계하라〉는 신탁의 충고가 있었기 때문이다. 이아손은 닷새 동안 부친의 집에 머문 뒤, 엿새째 되는 날 펠리아스 앞에 나타나 마땅히 자신의 것이 되어야 할 통치권을 돌려달라고 요구했다. 그러자 펠리아스는 프릭소스를 싣고 날아갔던 숫양의 털을 자신에게 가져오라고 명했다. 이 양털은 콜키스 왕 아이에테스가 아레스에게 바친 황금 양털로, 용이 지키고 있는 것이었다. 펠리아스는 이아손이 이 원정에서 결코 살아 돌아올 수 없으리라고 생각했다. 또 다른 설에 따르면 이아손 자신이 이런 시련을 자초했다고도 한다. 하지만 이 경우에도 펠리아스는 그가 한쪽 신발밖에 신지 않고 나타난 것을 보고 신탁이 예언한 위험이 다가와 있음을 알고 있었다. 그는 이아손을 불러 만일 왕을 상대로 음모를 꾸미는 신하가 있다면 어떤 벌을 내릴 것인지 물었고, 이아손은 만일 그런 신하가 있다면 황금 양털을 가져오도록 보내겠다고 대답했다. 결국 이 대답은 이아손 자신에게 적용되어 펠리아스가 그에게 양털을 가져오라고 명했다는 것이다. 시인들에 의하면 이아손에게 이런 시련을 머리에 떠올리게 한 것은 헤라였다고 한다. 헤라는 펠리아스가 여신에게 합당한 경배를 바치지 않자 화가 나서, 그를 죽이기 위해 콜키스의 메데이아를 부를 방법을 강구하고 있었기 때문이다.

황금 양털을 찾아 나선 이아손은 프릭소스의 아들 아르고스의 도움을 청했고, 아테나 여신의 뜻에 따라 아르고스는 이아손과 그의 동료들을 콜키스로 데려다 줄 아르고 선을 만들었다(☞아르고나우타이).

황금 양털을 얻고 메데이아(☞)와 결혼해서 콜키스에서 돌아온 이아손은 펠리아스에게 황금 양털을 바쳤으며, 그 다음부터는 이야기가 여러 갈래로 나뉜다. 그가 펠리아스를 대신해 이올코스를 다스렸다는 이야기가 있는가 하면, 메데이아에게서 아들 메데이오스를 얻어 평화롭게 살았다는 설도 있다. 그런가 하면 메데이아가 마술을 써서 펠리아스의 딸들로 하여금 펠리아스를 젊어지게 한답시고 솥에 넣어 삶아 죽이게 했다는 이야기도 있다. 펠리아스의 딸들은 막내인 알케스티스를 제외하고 모두가 이 살인에 가담했다. 펠리아스의 죽음은 그가 왕위를 찬탈했기 때문에 그 자신도 같은 일을 당한 것으로, 혹은 이아손에게 자살을 강요하여 죽음으로 몰아넣은 장본인이기 때문에 이아손에게 복수를 당한 것으로 그려졌다. 펠리아스가 죽은 후 메데이아와 이아손은 이올코스에서 추방되어 코린토스로 피신했고, 그곳에서 약 10년 동안 평화롭고 행복하게 살았다. 그러나 이아손은 메데이아에게 싫증이 나서 크레온 왕의 딸 글라우케(혹은 크레우사)와 약혼을 했다. 메데이아는 이아손이 전에 메데이아에 대해 변치 않는 사랑을 맹세했던 신들을 증인으로 부르는 한편, 글라우케에게 혼례복을 선물로 주었다. 그 옷은 글라우케의 피 속에 사나운 불길을 퍼뜨렸으며, 크레온 역시 이 재난에 희생되었고 결국 왕궁 전체가 불탔다. 그 후 메데이아는 이아손에게서 얻은 두 자식을 죽이고, 헬리오스(태양)의 선물인 신기한 수레를 타고 날아가 버렸다.

이아손은 펠리아스의 아들 아카스토스가 다스리는 이올코스로 돌아가기를 원했다. 그는 아카스토스에게 불만을 품은 펠레우스(☞)와 동맹을 맺고 디오스쿠로이의 도움을 받아 이올코스를 침공했다. 그 후 이아손이, 혹은 그의 아들 테살로스가 이올코스를 다스렸다.

한편 이아손은 칼리돈의 사냥에 참여한 사냥꾼들의 명단에도 들어 있다(☞멜레아그로스).

이아시온 'Ιασίων / Iasion 이아시온은 제우스와 엘렉트라의 아들로(☞계보 7, ☞계보 25), 어머니를 통해 아틀라스의 후손이 된다. 형제 다르다노스와 함께 사모트라케에 살았는데, 몇몇 전설에서는 크레테 인으로 간주되기도 한다. 그에 관한 모든 전설들에 공통된 것은 데메테르에 대한 사랑 이야기이다. 종종 이 사랑은 받아들여지지 않았다고 하며, 그래서 그는 여신에게(혹은 그녀의 신상에게, ☞익시온) 폭력을 행사하려 하다가 제우스의 분노를 사서 벼락에 맞아 죽었다고 한다. 하지만 대개의 이야기 속에서는, 이 사랑이 받아들여져서 〈세 차례나 갈아 놓은 휴경지에서〉 이아시온과 데메테르가 결합하는 것으로 되어 있다. 거기서 그는 여신과 함께 아들 플루토스(富)를 낳았으며, 이 아들은 지상을 돌아다니며 사방에 풍요로움을 퍼뜨렸다.

디오도로스에 의하면, 사모트라케의 이아시온은 다르다노스의 형제일 뿐 아니라 하르모니아의 형제라고 한다. 그는 제우스를 통해 이 섬의 비의(祕儀)에 입문했으며, 자신도 수많은 용사들을 그 비의에 입문시켰다. 또, 그는 누이와 카드모스의 혼례식에서 데메테르를 만났는데, 데메테르가 그를 보고 반하여 그에게 밀 종자를 선물했다고 한다. 훗날 이아시온은 키벨레와 결혼하여 코리바스라는 아들을 낳았으며, 코리바스는 코리반테스의 명조가 되었다.

이아이라 'Ιαιρα / Iaera 이아이라는 네레이데스 중 한 명의 이름이다. 베르길리우스의 작품에 의하면, 이는 프리기아의 이데 산에 사는 한 드리아스의 이름이기도 하다. 그녀는 알카노르에게서 판다로스와 비티아스라는 쌍둥이를 낳았다. 이들은 아이네이아스의 동료로 등장한다.

이아페토스 'Ιαπετός / Japet 이아페토스는 티탄들 중 한 명으로, 우라노스(하늘)와 가이아(땅)의 아들이다(☞계보 5). 따라서 그는 신들의 첫 세대에 속하며, 크로노스의 형제 중 한 명이다. 헤시오도스에 의하면 그는 오케아노스와 테티스(I)의 딸들 중 한 명인 클리메네와 결혼하여 아틀라스, 메노이티오스, 프로메테우스, 에피메테우스 등 네 명의 자식을 두었다고 한다. 그러므로 대홍수 이후 인류의 조상이 된 데우칼리온은 프로메테우스를 통해서 그의 후손이 된다(☞계보 5, ☞계보 12, ☞계보 38). 또 다른 전설에 의하면 그의 아내는 역시 오케아노스의 딸인 아시아, 아소포스의 딸이자 오케아노스의 손녀인 아소피스, 혹은 리비에라고 한다.

이아페토스는 제우스에 의해 다른 티탄들과 함께 타르타로스에 던져졌다.

이아픽스 ’Ιαπυξ / Iapyx 이아픽스는 이탈리아 남부에 사는 이아피기이 족의 명조가 된 용사이다. 그에 관한 전설은 출전에 따라 달라진다. 그는 종종 리카온의 아들이자 다우노스(혹은 다우누스)와 페우케티오스의 형제로 여겨진다. 하지만 그는 다이달로스와 크레테 여자 사이에서 태어난 크레테 인으로, 미노스의 죽음에 따른 일련의 사건들 이후에 시칠리아를 거쳐 이탈리아 남부로 이주했다고도 한다(☞다이달로스, ☞미노스). 그는 미노스를 따르던 크레테 인들의 우두머리였는데, 미노스가 죽자 고향으로 되돌아가려 애쓰다가 타렌툼 지방에서 폭풍우로 배가 전복되어 그곳에 정착했다는 것이다. 또 다른 전설에 의하면, 크레테 사람 이아픽스는 이카디오스(☞)의 형제로 이탈리아 남부에 정착했고, 이카디오스는 돌고래의 등에 실려 파르나소스 기슭에 이르러 그곳에 델포이 신전을 세웠다고 한다.

이악코스 ’Ιακχος / Iacchus 이악코스는 엘레우시스의 비의에 입문하는 자들의 행렬을 이끄는 신이다. 신자들의 제의적 외침인 〈이아크〉에서 그런 이름의 신이 생겨난 것으로 보인다. 이악코스의 성격에 대해서는 다양한 전승들이 있다. 하지만 극히 일반적으로 말하자면, 이악코스의 이름은 디오니소스의 이름들 가운데 하나인 박코스를 생각나게 하는 것으로, 그는 엘레우시스의 여신들과 디오니소스 사이의 중개자로 간주될 수 있다.

이악코스는 때로 데메테르의 아들로 여겨지며, 그녀가 페르세포네를 찾아 나섰을 때 어머니와 동행했다고도 한다(☞데메테르). 바우보 신의 몸짓을 보고 웃음으로써 여신을 즐겁게 한 것도 바로 이악코스이다(☞바우보).

그러나 이악코스는 데메테르가 아니라 페르세포네의 아들로 간주되는 경우가 더 많다. 그렇다면 그는 페르세포네와 제우스의 아들인 자그레우스의 환생이 될 터이다(☞자그레우스). 헤라는 남편의 연인들을 질투한 나머지 그에게 직접 복수를 하지 못하고 티탄들을 시켜 연적의 아들인 어린 자그레우스가 놀고 있는 동안 그를 덮치게 했다. 자그레우스는 도망다니면서 여러 형태로 변신하다가, 마침내 황소의 모습을 한 채 추격자들에게 붙들리고 말았다. 추격자들은 그를 갈가리 찢어 사지를 가마솥에 넣고 삶기 시작했고, 제우스가 아들을 구하러 왔을 때는 이미 늦어 있었다. 그는 아들을 죽인 티탄들을 벼락으로 쳐죽이고, 아폴론을 시켜 아들의 흩어진 지체들을 파르나소스 산 위에 모으게 했다. 그리고 아테나가 아직 살아 고동치는 아이의 심장을 그에게 가져오자 그것을 삼켰다. 그렇게 다시 태어난 자그레우스는 이악코스란 이름을 갖게 되었다.

때로 이악코스는 데메테르의 남편, 혹은 디오니소스가 프리기아의 님프 아우라(☞)에게서 얻은 아들로 여겨지기도 한다. 아우라는 디오니소스와 결합하여 쌍둥이를 낳았지만 광기에 사로

잡혀 그 중 한 명을 잡아먹고 말았다. 둘째인 이악코스는 디오니소스가 사랑한 또 다른 님프에 의해 구출되어 엘레우시스의 박케들의 손에서 자랐다. 아테나 여신이 몸소 그에게 젖을 먹였다고도 전해진다. 한편 아우라는 상가리오스 강(☞아그디스티스, ☞아티스)에 몸을 던져 샘이 되었다.

그런가 하면 때로 이악코스와 박코스를 동일시하여, 이 이중성을 신비로 보기도 한다.

갓 사춘기를 맞이한 소년의 모습을 한 이악코스는 보통 횃불을 들고 춤을 추면서 엘레우시스의 행렬을 인도하는 것으로 그려진다.

이안테 ʼΙάνθη / Ianthe 1. 이안테(제비꽃 소녀)는 오케아니데스 중 한 명의 이름이다.

2. 이피스의 아내인 크레테 여자의 이름이기도 하다(☞이피스).

이알레모스 ʼΙάλεμος / Ialemus 이알레모스는 아폴론과 칼리오페 사이에 태어난 아들로, 오르페우스(☞) 전설의 한 이본에 따르면 히메나이오스와 오르페우스의 형제이다. 히메나이오스가 결혼 축가의 의인화이듯이, 이알레모스는 슬픈 노래, 젊어서 죽은 이들에 대한 애가의 의인화이다. 그는 애가의 발명자로 통한다. 혹은 리노스와 동일시되며, 젊어서 죽은 리노스를 두고 바로 그러한 애가를 불렀다고도 한다.

이알리소스 ʼΙάλυσος / Ialysus 이알리소스는 로도스에 있는 이알리소스 시의 명조이다. 아버지 케르카포스를 통해 그는 헬리오스(태양)와 님프 로데의 후손이 된다(☞케르카포스). 그는 도티스를 아내로 맞아 시메라는 딸을 낳았다. 이 시메는 로도스와 크니도스 사이에 위치한 같은 이름을 지닌 섬의 명조이기도 하다.

이알메노스 ʼΙάλμενος / Ialmenus 이알메노스와 그의 형제 아스칼라포스는 아레스의 아들들이며, 그들의 어머니는 악토르의 딸 아스티오케이다(☞계보 33). 이알메노스와 아스칼라포스는 보이오티아 지방의 오르코메노스를 다스렸으며, 그들의 통치 기간 동안 미니아이 족은 트로이아 원정에 참여했다. 그들은 30척의 선단을 이끌었다.

트로이아 함락 이후 이알메노스는 선단을 이끌고 귀향길에 올랐지만, 고향으로 돌아오는 대신 에욱세이노스 폰토스[흑해] 연안에 정착했다. 거기서 그는 아카이아 식민지를 건설했는데, 스트라본 시대까지도 이들은 〈바다의 아카이아인들〉로 불렸으며 오르코메노스를 수도로 삼았다고 한다.

이알메노스와 그의 동생은 아르고나우타이의 원정에도 참가했다고 한다. 이알메노스는 헬레네의 구혼자 중 한 명으로, 그들이 공동으로 했던 맹세 때문에 헬레네를 되찾기 위해 전쟁에 참여해야 했다(☞헬레네).

이암베 ʼΙάμβη / Iambe 판과 님프 에코의 딸인 이암베가 켈레오스와 메타네이라의 집에서 엘레우시스의 하녀로 있을 때, 페르세포네를 찾아 헤매던 데메테르가 그곳을 지나게 되었다. 이암베는 그녀를 맞이하고 농담을 하여 웃게 만들었다. 하지만 그것은 이암베가 아니라 바우보가 한 일로 여겨지기도 한다(☞바우보).

이에우드 ʼΙεούδ / Ieoud 포이니케 전설에 따르면 이에우드는 크로노스의 장남, 혹은 외아들이다. 그의 어머니는 님프 아노브레트이다. 나라를 온통 휩쓴 전쟁 기간 동안 크로노스는 나라를 구하기 위해 아들에게 왕의 옷을 입혀 그를 제물로 바쳤다.

이오 ' Ἰώ / Io 아르고스 여자 이오는 헤라 아르게이아[아르고스의 헤라]의 여사제로 제우스의 사랑을 받았다. 그녀의 아버지가 누구인가에 대해서는 여러 가지 설이 있지만, 그녀가 아르고스 왕족의 왕녀이자 오케아노스의 아들 이나코스의 후손이라는 점에서는 일치한다. 때로는 이아소스(☞계보 17), 때로는 하신 이나코스(☞)가 그녀의 아버지로 간주된다. 비극 작가들은 대체로 이 두 번째 설을 선호한다. 그런가 하면 그녀의 아버지가 벨레로폰테스의 형제 페이렌이라는 설도 있는데, 그렇다면 이오는 코린토스 왕가에 속하게 된다. 그녀가 이나코스의 딸이라면, 어머니는 멜리아이다. 그러나 이아소스의 딸이라면, 어머니는 레우카네이다.

제우스가 이오를 사랑하게 된 것은 이 처녀가 아름답기 때문일 수도 있지만, 에코의 딸 잉크스가 마법을 걸었을 수도 있다(☞잉크스). 이오가 꿈에서 레르네 호숫가로 가서 제우스의 품에 안기라는 명령을 받았다는 설도 있다. 이오가 자신의 꿈을 아버지에게 털어놓자, 그는 도도네와 델포이의 신탁을 구했다. 신탁의 답변은, 그와 그의 집이 벼락에 맞지 않으려면 이 꿈에 복종하라는 것이었다. 이렇게 해서 제우스는 이 처녀와 결합했는데, 곧 헤라의 의심을 사게 되었다. 제우스는 아내의 질투로부터 이오를 구하기 위해 그녀를 눈부시게 흰 암송아지로 변하게 한 뒤, 헤라에게 이런 동물을 사랑한 적은 절대로 없다고 맹세했다. 그러자 헤라는 그것을 자신에게 달라고 고집하여, 이오는 연적의 손에 넘어가게 되었다. 헤라는 이오를 그녀의 친척인[계보 17에 의하면 아르고스는 이오의 고조부가 된다] 백 개의 눈을 가진 아르고스에게 맡겼다.

그리하여 이오의 시련이 시작되었다. 그녀는 미케나이와 에우보이아를 방황했고, 그녀가 지나가는 땅마다 새로운 초목들이 돋아났다. 자신의 연인을 불쌍히 여긴 제우스(그는 종종 황소의 모습으로 그녀를 만났다고 한다)는 헤르메스를 시켜 그녀를 아르고스에게서 구해 오게 했다. 헤르메스는 마술 지팡이를 휘둘러, 아르고스의 눈 50개가 잠들어 있는 동안 떠 있어야 할 다른 50개의 눈마저 잠들게 한 뒤, 자신의 창으로 죽였다. 하지만 아르고스의 죽음도 이오를 해방시키지 못했다. 헤라가 보낸 등에 떼가 옆구리에 달라붙어 그녀를 미쳐 날뛰게 만들었다. 그녀는 그리스를 가로질러 내달렸다. 우선 만의 연안을 따라 달렸고, 그 만은 이오니아 만이라 불리게 되었다. 이어 유럽 연안과 아시아 연안을 분리시키는 해협을 건너갔고, 그래서 그 해협에는 〈암소의 건널목〉을 뜻하는 보스포로스라는 이름이 붙었다. 아시아에 와서도 그녀는 오랫동안 방황하다가 결국 이집트에 도착하여 환대를 받으며 제우스의 자식인 에파포스를 낳았다(☞에파포스, ☞계보 3). 에파포스는 창성한 한 종족의 시조가 되었으며, 다나이데스(☞)도 이 종족에 속한다. 마침내 그녀는 원래의 모습을 되찾았지만, 이번에는 헤라의 명령으로 쿠레테스가 납치해 간 아들을 찾기 위해 다시금 시련을 치렀다. 결국 이집트로 다시 돌아온 그녀는 이시스라는 이름으로 숭배되었다.

고대의 역사가들은 이 전설을 역사적으로 해석하여, 이오는 이나코스 왕의 딸이었는데 포이니케 해적들에게 납치되어 이집트로 가게 되었다고 설명했다. 그녀를 한 포이니케 선박의 선장첩으로 보거나, 아니면 그녀가 오로지 자신의 뜻에 따라 도망갔다고 설명하기도 했다. 그런가 하면 해적들에 의해 납치당해 이집트로 온 이오를 이집트 왕이 사들였고, 그 보상으로 사절들을 파견해 그녀의 아버지 이나코스에게 황소 한 마리를 보냈다고도 한다. 하지만 이들이 그리스에 도착했을 때 이나코스는 이미 죽고 없었다.

이 황소를 어찌해야 좋을지 모르게 된 사절들은, 이런 소를 한 번도 본 적이 없는 이 고장 사람들에게 돈을 받고 구경시켰다. 지상에서의 삶을 마치고 이오는 별이 되었다. 이오와 그녀의 후손에 관한 이야기들의 출전은 「다나이스」라는 서사시였다고 하는데, 오늘날에는 전해지지 않는다.

이오니오스 ’Ιόνιος / Ionius 1. 이오니오스는 이오니아 해의 명조이다(아이스킬로스는 이 이름이 이오의 항해에서 유래했다고 본다. 그전에는 이오니아 만을 〈크로노스와 레이아의 바다〉라고 불렀던 듯하다). 이오니오스는 일리리아 왕 아드리아스의 아들인데, 아드리아 바다는 바로 아드리아스로부터 유래한 이름이다.

2. 또 다른 이오니오스는 디라키온(오늘날의 두라초) 시의 명조인 디라코스의 아들이다. 디라코스는 자신의 형제들로부터 공격을 받았는데 마침 그 고장을 지나가던 헤라클레스가 그를 구해 주었다. 그러나 헤라클레스는 자기 편인 디라코스의 아들을 실수로 죽였고, 이오니오스의 시체는 바다 속에 던져져, 그 바다가 이오니아라는 이름을 얻게 되었다.

이오다마 ’Ιοδάμα / Iodama 이오다마는 이토노스의 딸로, 데우칼리온 일족인 암픽티온의 손녀이다(☞계보 8). 그녀는 보이오티아의 코로노이아라는 고장에서 〈아테나 이토니아〉의 여사제였다. 어느 날 밤 여신이 방패를 들고 그녀 앞에 나타나자 그녀는 돌로 변하고 말았다. 이후로 아테나 여신의 신전 안에는 이오다마를 위한 제단이 마련되어, 파우사니아스 시대까지 한 여자가 제단의 불이 꺼지지 않도록 돌보며 〈이오다마는 살아 있어 불을 요구한다〉는 말을 매일 세 차례씩 반복했다고 한다.

제우스의 사랑을 받은 이오다마는 테베(☞)라는 딸을 낳았고, 제우스는 그 딸을 오기고스와 결혼시켰다.

한편 체체스가 전하는 일설에 의하면, 이오다마는 아테나의 자매였다고 한다. 그런데 호전적인 성격을 지닌 아테나가 그녀와 함께 무술 연습을 하다가 사고로 이오다마를 죽였다는 것이다(☞팔라스).

이오바테스 ’Ιοβάτης / Iobates 이오바테스는 리키아 왕으로, 아크리시오스와 벨레로폰테스의 전설에서 중요한 역할을 한다. 아크리시오스는 자신의 쌍둥이 형제 프로이토스를 아르고스 왕국에서 추방했다(☞아크리시오스). 프로이토스는 리키아의 이오바테스 곁으로 피신했다. 이오바테스는 스테네보이아(☞)라고도 불리는 딸 안테이아를 그에게 아내로 주고, 그가 왕국을 되찾을 수 있도록 함께 원정을 수행했다. 그리하여 아크리시오스는 아르고스를, 프로이토스는 티린스를 다스리게 되었다. 그런데 프로이토스는 벨레로폰테스가 자신의 아내를 유혹하려 했다고 믿고 그를 이오바테스에게 보내 몰래 죽이도록 부탁했다. 그러나 벨레로폰테스는 왕이 마련한 시련들을 손쉽게 물리치고(☞벨레로폰테스), 필로노에, 카산드라, 알키메네, 안티클리아 등 여러 이름으로 불리는 이오바테스의 둘째 딸과 결혼했다. 이오바테스는 세상을 떠나면서 자신의 왕국을 벨레로폰테스에게 물려주었다.

이오베스 ’Ιόβης / Iobes 이오베스는 헤라클레스가 테스피오스의 딸 케르테로부터 얻은 아들 중 한 명이다.

이오카스테 ’Ιοκάστη / Jocaste 비극 작품들에서 이오카스테는 오이디푸스(☞)의 아내로 등장한다. 하지만 호메로스의 작품 속에서는 에피카스테라는 이름으로 등장한다. 그녀는 테바이 사람 메노이케우스의 딸이자, 히포노메와 크레온의 누이이다. 그녀의 첫 남편은 라이오스로 그에게서 오이디푸스를 낳았다. 나중에는 서로 알아보지 못한 채 아들 오이디푸스와 결혼하여 여러 명의 자식을 낳았다(☞계보 3). 자신이 근친상간을 범했음을 알게 된 그녀는 목을 매어 자살했다.

또 다른 전설에 의하면 이오카스테는 오이디푸스에게서 프라스토르와 라오니토스라는 두 아들을 얻었는데, 이들은 오르코메노스가 이끄는 미니아스의 후손들과 싸우다 죽임을 당했다. 이오카스테가 죽고 나서 오이디푸스는 에우리가네이아(☞)와 결혼했다.

이오카스토스 ʼIόκαστος / Iocastus 이오카스토스는 바람의 신 아이올로스(☞2) 혹은 아르네의 아들인 이탈리아 통치자 아이올로스(☞2, 3)의 아들이다. 그는 칼라브리아에 레기움 시를 세운 것으로 알려져 있다. 그러나 또 다른 전승에 따르면 이 도시를 세운 것은 칼키스 인들로, 이들은 기근 때문에 고향을 떠나 〈이오카스토스의 무덤 곁〉에 정착했다. 더 정확히 말해 그곳은 〈암컷이 수컷을 껴안고 있다〉고 신탁이 예언한 대로 포도나무가 푸른 참나무를 감고 올라가는 것을 그들이 보았던 지역이다. 이오카스토스는 뱀에 물려 죽었다.

이오페 ʼIόπη / Iope 1. 이오페는 헤라클레스의 쌍둥이 형제인 이피클레스의 딸로, 테세우스의 아내이다. 그녀에 관한 전설은 알려져 있지 않으며, 이것은 그저 괴물들을 죽인 두 영웅에게 친척 관계를 만들어 주려는 시도인지도 모른다.

2. 일설에 따르면 이오페는 아이올로스의 딸들 가운데 한 명이자 케페우스의 아내로, 케페우스는 안드로메데의 아버지라고 한다. 하지만 안드로메데의 어머니는 카시에페이아라고 보는 경우가 더 많다. 여기서 케페우스는 에티오피아가 아닌 포이니케를 통치한 것으로 되어 있다(☞안드로메데). 이오페는 이오페 시의 명조이다.

이옥소스 ʼIωξος / Ioxus 이옥소스는 테세우스의 손자이며, 강도 시니스의 딸 페리구네와 멜라니포스 사이에 태어난 아들이다. 이옥소스의 후손들은 오이풀과 야생 셀러리를 신성한 식물로 여겼다. 예전에 테세우스가 시니스를 죽일 때 페리구네는 이런 풀들이 우거진 덤불 속에 숨어서 만일 자신을 잘 숨겨 주면 그에게 절대로 해를 입히지 않겠다고 약속했기 때문이다.

이온 ῎Ιων / Ion 이온은 이오니아 인들의 명조이다. 그는 데우칼리온 일족에 속하며, 도로스와 아이올로스의 조카이자 크수토스와 크레우사(에레크테우스의 딸)의 아들이다(☞계보 8, ☞계보 11). 그의 아버지 크수토스는 형제인 아이올로스와 도로스에 의해 테살리아에서 추방된 후, 아티카 지방의 아테나이에 정착하여 크레우사와 결혼했다. 그러나 장인 에레크테우스가 죽자 다시 아티카에서도 추방당해 펠로폰네소스 북부 연안(훗날 아카이아가 될 아이기알로스 지방)에 정착했다. 크수토스가 죽은 후 두 아들 아카이오스와 이온은 각기 헤어져, 아카이오스는 테살리아로 돌아갔으나 이온은 아이기알로스 인들을 공격할 준비를 했다. 그런데 그 나라의 왕인 셀리노스가 자신의 외동딸 헬리케를 그와 결혼시키고 그를 후계자로 지명했다. 셀리노스가 죽은 뒤 권력을 잡은 이온은 도시를 세우고 아내의 이름을 따서 헬리케라고 불렀으며 자기 왕국의 주민들을 〈이오니아 인들〉이라 불렀다. 그때 엘레우시스 인들에게 대항해 싸우고 있던 아테나이 인들은 이온에게 도움을 청하고 그를 자신들의 우두머리로 삼았다. 이온은 그들의 요청에 따랐지만, 아티카에서 죽고 말았다. 이온의 후손들은 아이기알로스에서 한동안 세력을 계속 유지했지만, 테살리아로부터 돌아온 아카이오스의 후손들이 그들을 몰아내고 그 나라를 아카이아라는 이름으로 바꿔 불렀다.

이상이 파우사니아스가 들려주는 이야기이다. 스트라본은 우리에게 좀 다른 이야기를 들려주지만, 그 또한 고대 그리스 부족들의 다양한 이동에 관한 것이다. 크수토스는 에레크테우스의 딸과 결혼한 후 아티카에 네 개의 작은 도성 즉 오이노에, 마라톤, 프로발린토스, 트리코린토스로 구성된 〈테트라폴리스〉를 건설했다. 그의 아들들 중 한 명인 아카이오스는 뜻하지 않은 살인을 저지르고 라케다이몬으로 도망가 그 지역 사람들에게 아카이아 인이라는 이름을 부여했다. 한편 이온은 에우몰포스(☞)의 명령에 따라 트라케 인들을 정복하고, 그 일로 크게 명성을 떨쳐 아테나이 인들의 왕이 되었다. 이온은 아티카를 네 부족으로 나누어 나라의 정치적 체제를 갖추었다. 그가 죽자 이 나라는 그의 이름으로 불리게 되었다. 나중에 아테나이 인들은 아이기알로스에 식민지를 건설하고 이오니아라고 불렀다. 하지만 헤라클레이다이 시대에 이들은 아카이아 인들에 의해 추방당해, 이오니아 땅은 아카이아라고 불리게 되었다.

에우리피데스는 이러한 신화들을 가지고 『이온』이라는 비극을 썼다. 그에 의하면 이온은 크수토스가 아니라 아폴론이 에레크테우스의 막내딸 크레우사에게서 낳은 아들로, 그들이 결합한 아크로폴리스 동굴에서 태어났다. 하지만 크레우사는 이 아이를 키우려 하지 않았으며, 아폴론이 아이를 돌보리라 믿고 갓난아기를 바구니에 넣어 바위들 사이에 버렸다. 그리고 그녀가 바란 대로 이루어졌다. 헤르메스가 델포이까지 아이를 데려가 신전의 여사제에게 맡겼던 것이다. 나중에 크레우사는 칼코돈의 후손에 대항한 싸움에서 크수토스가 자기 가족을 도와준 데 대한 보답으로 그와 결혼했다. 그러나 결혼 후 아이가 없자 크수토스와 크레우사는 델포이의 신탁을 구했다. 신탁은 크수토스에게 신전에 들어가서 처음 눈에 띄는 아이를 아들로 삼으라고 대답했다. 이 아이가 바로 크레우사의 아들이었다. 신계 복종해 크수토스는 그를 자식으로 맞아들였지만 크레우사는 모르는 아이를 받아들이려 하지 않았으며, 심지어 아이를 독살할 생각까지 했다. 그러나 아이가 들어 있던 바구니를 여사제가 보관하고 있었던 덕분에 크레우사는 에레크테우스의 피를 받은 자기 아이를 결국 알아보았다.

이올라오스 ʼΙόλαος / Iolaus 이올라오스는 헤라클레스의 조카이다. 그는 헤라클레스의 의붓형제인 이피클레스가 알카토오스의 딸 아우토메두사에게서 낳은 아들이다(☞계보 31). 평생 그는 숙부의 일을 함께 했으며 그의 전차를 몰았다. 예컨대 그는 헤라클레스가 레르네의 히드라와 싸울 때나 아레스의 아들 키크노스와 싸울 때 함께 했으며, 키크노스의 무장 벗기는 것을 도왔다. 또 헤라클레스가 게리오네우스의 황소들을 얻기 위해 행한 원정이나 트로이아 공격에도 참여했다. 헤라클레스 계열 서사시에 나오는 어떤 일화들에서는 그의 존재가 언급되지 않을 때도 있지만, 수많은 도상(圖像)들에서 헤라클레스 곁에 항상 그가 있는 것을 볼 수 있다(예컨대 헤스페리데스의 정원에서, 안타이오스와의 싸움에서, 케르베로스를 찾으러 하계에 갔을 때 등등). 그는 헤라클레스와 함께 아르고나우타이의 원정에 참가했으며, 칼리돈의 사냥꾼들 중에도 그의 이름이 있다. 그는 헤라클레스가 제정한 첫 올림피아 경기에 헤라클레스의 전차를 이끌고 나가 전차 경기에서 승리를 거두었다. 또 펠리아스를 추모하기 위해 열린 장례 경기에서도 승리했다(☞글라우코스 3).

이올레와 결혼하고 싶어진 헤라클레스는 자기 아내 메가라를 조카에게 주었고, 이올라오스는 그녀와 결혼하여 낳은 딸에게 어머니의 이혼을 상기하여 레이페필레(버림받은 여자의 사랑)라는 이름을 지어 주었다.

이올라오스는 헤라클레스가 승리할 때뿐 아니라 에우리스테우스에 의해 추방을 당할 때도 함께 하여, 그와 더불어 티린스 시를 떠나 아르카디아로 피신했다. 뿐만 아니라 헤라클레스가 오이타 산 위에서 생애를 마감할 때에도 그와 함께 있었다.

헤라클레스가 죽은 후 그는 헤라클레이다이[헤라클레스의 후손들]의 정착을 도우려 애썼다. 그는 그들 중 테스피오스 왕의 손자들 대부분과 아테나이 인들을 포함한 다수를 사르디니아로 데려갔으며(☞헤라클레이다이, ☞테스피오스) 올비아를 위시한 여러 도시들을 세웠다. 다이달로스를 불러다가 대대적인 건축물도 지었는데, 이것들은 디오도로스 시대까지도 남아 있었다고 한다. 이올라오스는 사르디니아에서 죽었다는 설도 있고, 시칠리아로 돌아가 정착한 뒤 신이 된 헤라클레스를 기리기 위해 그곳에 수많은 성역들을 만들었다는 설도 있다. 그 자신은 사르디니아 및 기타 지역에서 숭배되었으며, 그가 사르디니아에 정착시킨 주민들은 이올리아 인들이라 불리게 되었다.

노년기에 그는 헤라클레이다이를 증오심으로 쫓아다니던 에우리스테우스를 벌했다고 하며 심지어 죽였다고도 한다(혹은 이올라오스는 이 일을 완수하기 위해 죽은 후 부활했다고도 한다. 제우스와 헤베가 그의 기도를 들어주어 하루 동안 그에게 힘과 젊음을 되돌려주었다는 것이다).

이올레 ’Ιόλη / Iole 이올레는 오이칼리아 왕 에우리토스의 딸이다. 그녀의 아버지는 활쏘기 경기에서 승리하는 자에게 딸을 주기로 약속했는데, 이 경기에서 헤라클레스가 승리를 거두었다(☞에우리토스, ☞헤라클레스). 하지만 한때 미친 적이 있었던 헤라클레스가 또다시 미쳐 그의 딸이 낳은 자식들을 죽일까 봐 겁이 난 에우리토스는 약속을 지키지 않았다. 하는 수 없이 헤라클레스는 무력으로 오이칼리아 시를 탈취하고 이올레를 빼앗아 포로로 데려갔다. 이 사실을 알게 된 데이아네이라는 헤라클레스에게 치명적인 옷을 보냈으며(☞데이아네이라), 그리하여 이올레는 헤라클레스의 죽음에 간접적인 원인이 되었다. 화장단 위에서 헤라클레스는 자신의 아들 힐로스에게 그녀를 맡겼다.

또 다른 전승에 의하면, 승리를 거둔 헤라클레스의 사랑에 저항한 이올레는 그에게 굴복하기보다는 차라리 눈앞에서 부모가 살해당하는 것을 보는 편을 택했다. 혹은 도시가 함락당하자 자살을 시도해 성벽 꼭대기에서 뛰어내렸다고도 한다. 그러나 넓은 옷자락이 그녀를 받쳐 주어 아무 상처도 입지 않았다는 것이다. 헤라클레스는 데이라네이라에게 그녀를 포로로 보냈는데, 그녀의 미모에 질투심을 느낀 나머지 데이라네이라는 치명적인 사랑의 묘약을 만들었다.

*이울루스 Iulus 이울루스는 아이네아스의 아들 아스카니우스(☞아스카니오스)의 또 다른 이름이다. 카이사르와 그의 양자 아우구스투스가 속해 있는 율리아 일족[겐스 율리아]의 이름이 바로 그에게서 유래한 것이다. 이울루스는 로마의 중심지인 라티움에 알바 시를 건설했다.

이 이름의 기원은 다음과 같은 방식으로 설명된다. 아이네아스의 실종에 뒤따른 싸움에서 아스카니우스는 라티움 연합군(아보리게네스 족과 트로이아 군사들로 구성된)의 지휘를 맡아 루툴리 족과 에트루리아 인들의 연합군에게 승리를 거두었다(☞메젠티우스). 그 대가로 그는 유피테르를 줄인 이름인 〈이오붐〉〈이올룸〉 혹은 〈이오블룸〉으로 읽어야 할 듯)이라는 별명을 얻었으니, 말하자면 그는 〈작은 유피테르〉가 되었던 셈이다. 이 어원은 일찍이 카토가 그의 『기원론』에서 전한 바 있다. 라티누스(☞) 왕이 죽자 그는 라티움 족 연합의 신인 〈유피테르 라티알리스〉와 동일시되었다.

때로 이울루스는 아스카니우스와 구별되어, 아이네아스의 아들이 아니라 손자, 즉 아스카니우스의 아들로 여겨지기도 한다. 아버지가 죽은 뒤 그는 숙부 실비우스(아이네아스와 라비니아의 아들) 때문에 알바의 왕좌에는 오르지 못하고 사제가 되었다.

이카디오스 'Ικάδιος / Icadius 이카디오스는 아폴론과 님프 리키아의 아들이다. 아시아에서 태어난 그는 자신이 태어난 땅에 어머니의 이름(리키아)을 부여했다. 그리고 그곳에 파타라 시를 건설하고 아폴론의 신탁소를 창설했다. 그 후 이탈리아로 가는 도중 난파를 당하자, 돌고래가 그를 파르나소스 산기슭까지 데려다 놓았다. 그는 그곳에 도시를 세우고 자신을 구한 돌고래(그리스 어로 〈델피스〉)를 기억하여 도시 이름을 델포이라고 지었다.

혹은 이 이카디오스가 크레테 인으로, 이아피기이 족의 명조인 이아픽스(☞)의 형제라고도 한다.

이카로스 'Ίκαρος / Icarus 1. 이카로스는 미노스의 여자 노예 나우크라테와 다이달로스 사이에 태어난 아들이다. 다이달로스는 아리아드네에게 테세우스가 미궁 속에서 길을 찾을 수 있는 방법을 가르쳐 주었다(☞아리아드네). 그리하여 테세우스가 미노타우로스를 죽이자, 화가 난 미노스는 다이달로스와 그의 아들을 미궁 속에 가두어 버렸다. 그러나 다이달로스는 여전히 솜씨 좋게 날개를 만들어서 밀랍으로 자신과 이카로스의 어깨에 붙인 다음 함께 날아올랐다. 떠나기 전에 다이달로스는 이카로스에게 너무 낮게 날거나 너무 높게 날지 않도록 주의를 주었지만, 의기양양해진 이카로스는 아버지의 충고에 귀 기울이지 않고 계속 공중으로 날아올랐다. 결국 지나치게 태양 가까이 날다가 밀랍이 녹는 바람에 경솔한 젊은이는 바다 속으로 곤두박질치고 말았다. 그리하여 이 바다(사모스 섬을 둘러싸고 있는 바다)는 이카로스 해라고 불리게 되었다.

또 다른 전설에 의하면 다이달로스는 자신의 조카이자 제자인 탈로스를 죽이고 아테나이에서 달아났다고 한다(☞다이달로스). 그 후 이카로스도 추방되어 아버지를 찾아 나섰지만, 사모스 부근에서 난파당해, 흔히 듣는 이야기에서처럼, 그곳 바다는 그의 이름에서 유래한 이름을 지니게 되었다. 파도에 실려 이카리아 섬 연안까지 밀려간 그의 시신은 헤라클레스가 거두어 매장해 주었다.

또는 이카로스와 다이달로스가 돛배를 타고 크레테에서 도망갔다고도 한다. 두 사람은 각기 다른 돛배에 타고 있었으며, 다이달로스는 불과 얼마 전에 돛의 사용법을 고안해 낸 터였다. 이카로스는 돛을 잘 다루지 못하여 배가 전복되고 말았다. 혹은 이카리아 섬에 닿다가 배에서 잘못 뛰어내려 익사했다고도 한다. 그러나 이런 이야기들은 날개에 관한 일화를 제거함으로써, 그의 모험이 담고 있는 경이로운 성격을 반감시킨다.

한때 에게 해의 한 곳에 이카로스의 무덤이 있었다고 한다. 다이달로스는 호박(琥珀) 섬들[호박(琥珀) 교역과 연관되었던 전설적인 강 에리다노스 어귀의 섬들]에 두 개의 기둥을 세워, 하나로는 자기 아들을 기리고 다른 하나에는 자신의 이름을 새겼다고 한다. 또 그가 지어 아폴론에게 바친 쿠마이 신전의 문들에는 아들의 슬픈 최후를 손수 새겨 넣었다고 한다.

이 이카로스는 종종 목공술의 발명자로 간주된다.

2. 전설에 의하면 또 다른 이카로스가 있는데, 카리아의 왕이었던 그는 테스토르의 딸이자 칼카스의 자매인 테오노에를 애인으로 삼았다(☞테오노에).

이카리오스 ' Ἰκάριος / Icarius 1. 이 이름을 지닌 첫번째 인물은 아테나이 인으로, 에리고네의 아버지이다. 그는 판디온 왕이 아테나이를 다스리던 시절 그리스에 포도나무를 들여온 사람으로 여겨진다(☞에리고네).

2. 또 다른 이카리오스는 페리에레스의 아들이며, 따라서 라케다이몬의 후손 중 한 명으로 간주된다. 그의 아버지가 누구인지에 대해서는 여러 가지 설이 있다. 종종 페리에레스 대신 오이발로스를 그의 아버지로 보기도 한다(☞계보 6). 이 설에 따르면 페리에레스는 오이발로스의 아버지이자 아이올로스의 아들이다(☞계보 8, ☞페리에레스).

이카리오스와 그의 형제 틴다레오스에게는 그들의 아버지가 바티아라는 님프에게서 얻은 히포코온이라는 이복형제가 있었다. 히포코온은 자기 아들들의 도움을 받아 이카리오스 형제를 라케다이몬에서 쫓아냈다. 그래서 둘은 플레우론으로 피신해 헤라클레스가 히포코온과 그의 아들들을 죽일 때까지 테스티오스와 함께

머물렀다(☞헤라클레스, ☞케페우스). 그 후 틴다레오스는 스파르타로 돌아가 다시 권력을 잡았지만, 이카리오스는 아카르나니아에 남았다. 거기서 그는 리가이오스의 딸인 폴리카스테와 결혼해서 세 아이, 즉 딸 페넬로페와 아들 알리제우스, 그리고 레우카스 섬의 명조가 될 레우카디오스를 낳았다. 또 다른 설에 의하면 이카리오스는 틴다레오스와 함께 라케다이몬으로 돌아갔고, 페리보이아라는 나이아스와 결혼하여 토아스, 다마시포스, 이메우시모스, 알레테스, 페릴레오스라는 다섯 아들과 딸 페넬로페를 낳았다고 한다(☞계보 19). 이카리오스는 딸과 결혼하고 싶어하는 구혼자들에게 딸을 주는 조건으로 경주를 시켰는데 여기서 오딧세우스가 승리를 거두었다. 그러나 헬레네의 아버지이자 페넬로페의 삼촌인 틴다레오스가 이 혼인을 성사시켰다는 설도 있다. 오딧세우스는 틴다레오스에게 헬레네가 남편을 선택하고 나서 일어날지도 모르는 일체의 반발을 막기 위해 모든 구혼자들에게 서약을 시키도록 충고해 주었으며, 그 보답으로 틴다레오스는 오딧세우스와 조카딸의 결혼을 주선했다는 것이다. 이카리오스는 오딧세우스에게 아내와 함께 자기 곁에 머물 것을 권했지만 오딧세우스는 거절했다. 이카리오스가 계속 강요하자 오딧세우스는 페넬로페에게 자신과 아버지 둘 중 하나를 택하게 했고, 페넬로페는 대답을 하지 않고 얼굴만 붉히면서 부끄러워 낯을 베일로 가렸다. 이카리오스는 딸이 선택을 했음을 깨닫고 떠나가면서, 이 사건이 있었던 장소에 아이도스[그리스 어의 αιδοσ, 라틴 어의 **pudicitia**는 우리말의 〈염치〉가 갖는 본뜻인 〈청렴하고 깨끗하여 부끄러움을 아는 마음〉에 가장 가깝다]에 바치는 성역을 만들었다.

라케다이몬 지방의 전설에 의하면 이카리오스는 히포코온과 동맹을 맺고 형제인 틴다레오

스에게 대적했으며, 히포코온을 도와 반란을 획책함으로써 틴다레오스를 라케다이몬에서 쫓아냈다고 한다. 그래서 틴다레오스는 펠레네로 피신했다(☞틴다레오스).

이크말리오스 ʼΙκμάλιος / Icmalius 이크말리오스는 이타케의 장인(匠人)으로, 상아와 은으로 장식한 페넬로페의 〈긴 의자〉를 만들었다.

이크티오켄타우로이 ʼΙχθυοκένταυροι / Ichthyocentaurs 이크티오켄타우로이 즉 〈물고기 켄타우로이〉는 바다에 사는 존재들로, 민간 전승에는 거의 등장하지 않지만 그리스와 로마의 조각 작품들에서는 흔히 등장하는 소재이다. 이들은 켄타우로이처럼 허리까지는 인간의 모습이지만 그 아래는 물고기 모습이며 종종 사자와 같은 발을 갖고 있다. 이들은 해신들의 행렬에서 해마나 바다 말(〈해마〉라고 옮긴 *hippocampe*는, 어원이 〈말*hippo* + 바다 괴물*campos*〉로 앞부분은 말, 뒷부분은 물고기이다. 〈바다 말〉이라고 옮긴 것은 그냥 바다를 달릴 수 있는 말인 듯하다. 가령 『일리아스』 13권 앞부분에 나오는 포세이돈의 말 묘사를 보면 보통의 말 같지만 바다 위로도 달린다] 등의 곁에 자리잡고 있다.

이타코스 ʼΙθακος / Ithacus 이타코스는 이타케 섬의 명조이다. 프테렐라오스와 암피메데의 아들인 그는 제우스의 후손이다. 그에게는 네리토스와 폴릭토르라는 두 형제가 있었는데, 삼형제는 함께 코르키라로부터 이주하여 동명의 섬에 이타케라는 도시를 세웠다. 특히 그들은 샘을 파서 봉헌했으며 이타케 주민들이 이곳에 와서 물을 길었다고 한다.

이탈로스 ʼΙταλός / Italus 이탈로스는 이탈리아의 명조이다. 그의 태생과 출신에 대해서는 여러 가지 설이 있다. 흔히 그는 브루티움 남단에 위치한 나라의 왕으로 간주되며, 그런 경우 그는 오이노트리아 출신으로 여겨진다. 그가 국민에게 법과 문화를 주고 나라를 공명정대하고 지혜롭게 다스렸으므로, 그의 나라는 〈이탈리아〉라 불리게 되었다. 그리고 이 이름이 그때까지는 아우소니아라 불리던 반도의 남부와 그 전체를 가리키기에 이르렀다.

또 다른 설에 의하면 선왕(善王) 이탈로스는 시칠리아, 루카니아, 리구리아, 혹은 코르키라 출신이라고 하며, 또는 미노스의 딸 사티리아(☞)의 아들로 미노스의 손자라고도 한다. 이러한 전설들은 상당한 혼동을 불러일으킨다. 이탈로스는 오딧세우스와 키르케가 등장하는 일련의 이야기들에도 등장하며, 그런 경우 그는 페넬로페와 텔레고노스의 아들이라 한다(☞오딧세우스, ☞키르케, ☞레우카리아).

이토노스 ʼΙτωνος / Itonus 이토노스는 암픽티온의 아들이며(☞계보 8) 따라서 데우칼리온 일족에 속한다. 그는 님프 멜라니페에게서 세 명의 자식, 보이오토스, 크로미아, 이오다마를 낳았다. 종종 〈아테나 이토니아〉에 대한 숭배의 기초를 마련한 이가 그라고도 한다(☞이오다마).

이토메 ʼΙθώμη / Ithome 이토메는 메세니아에 있는 같은 이름을 지닌 산의 님프이다. 그 지방의 전설에 의하면, 그녀는 네다라는 다른 님프와 함께 어린 제우스를 길렀으며, 이 두 님프는 그곳에서 가까운 클렙시드라 샘에서 그를 목욕시켰다고 한다. 그래서 이토메 산에는 제우스의 제단이 있었으며, 그곳에 날마다 클렙시드라 샘의 물을 길어다 놓았다고 한다. 〈제우스 이토마스〉[이토메의 제우스]는 신탁을 내렸다.

이티스 ’Ἴτυς / Itys 밤꾀꼬리에 관한 가장 후대의 전설 특히 비극 작품들에서 이티스는 프로크네의 아들이다. 그의 아버지는 이전의 전설에서처럼 제토스가 아니라 트라케 왕 테레우스(☞)로, 아테나이 왕 판디온의 딸인 프로크네와 결혼했다. 그리하여 이티스의 이야기는 더 이상 테바이 전설이 아니고 아티카 전설이 된다. 죽임을 당해 살을 테레우스에게 먹힌 뒤 이티스는 새(꿩?[원문대로임])가 되었다.

이와 매우 흡사한 밀레토스 전설이 있는데 여기서 주인공은 아에돈(☞)이다. 이 이야기에서는 아에돈이 나이팅게일로 변하며, 그녀의 아들 이티스는 그런 운명을 겪지 않았던 것으로 보인다.

이틸로스 ’Ἴτυλος / Itylus 테바이에 전해 내려오는 밤꾀꼬리에 관한 전설에서 이틸로스는 아에돈(☞)과 테바이 사람 제토스의 아들로 등장한다. 그의 어머니는 동서인 니오베의 맏아들 아말레우스를 죽이려다가 자기 자식인 이틸로스를 죽였다. 그녀가 니오베를 질투한 것은 자신은 이틸로스와 네이스, 두 자식밖에 없었던 반면 니오베에게는 많은 자식이 있었기 때문이다.

이피게네이아 ’Ιφιγένεια / Iphigenia 이피게네이아는 아가멤논과 클리타임네스트라 사이에서 태어난 딸들 중 한 명인데(☞계보 2), 호메로스의 서사시에는(적어도 이 이름으로는) 등장하지 않는다(☞아가멤논). 그녀에 관한 전설은 계열 서사시에서, 그리고 특히 비극 작품들에서 이야기 된다. 아가멤논이 아르테미스의 분노를 사는 바람에 아카이아 선단은 바람 한 점 없이 이어지는 날씨로 아울리스에 발이 묶였다. 질문을 받은 예언자 칼카스는, 여신의 화를 풀기 위해서는 미케나이에 어머니와 함께 머무르고 있는 딸 이피게네이아를 여신에게 바쳐야만 한다고 대답했다. 아가멤논은 처음에는 거절했지만 메넬라오스와 오딧세우스를 위시한 대부분 장군들의 충고에 못 이겨, 딸을 아킬레우스와 약혼시키려 하는 척하며 불러, 칼카스가 그녀를 아르테미스의 제단에 바치게 했다. 하지만 마지막 순간에 여신은 이 처녀를 불쌍히 여겨 그녀 대신 암사슴을 바치게 하고, 그녀를 타우리스(현재의 크리미아 반도)로 데려가 자신의 여사제로 만들었다. 이것이 가장 단순하고 널리 알려져 있는 이야기이다. 그러나 그 후 많은 이야기들이 첨가되고 변질되어 때로 의미가 달라지기도 한다.

제물을 바친 장소도 달라져서, 아울리스가 아니고 아티카 지방에 있는 브라우론이 된다. 여신이 대신 바치게 한 제물도 암사슴이 아니라 곰이 된다. 이피게네이아 자신도 제물로 바쳐지는 순간에 황소, 암송아지, 곰, 아니면 늙은 여자로 변해 사라졌다고도 한다. 그녀가 사라진 것은 그곳에 모인 이들이 이 끔찍한 살인의 광경을 차마 볼 수 없어 얼굴을 돌렸기 때문이라는 설명도 있다. 보다 〈합리주의적〉인 설명에 따르면, 희생 제사가 황소나 암송아지, 암사슴 같은 동물, 혹은 늙은 여자가 나타나 중단되었으며, 이런 징조를 본 사제가 희생 제사는 불필요하며 신들도 이 제물을 승인하지 않는다고 선포하여 이피게네이아가 구출되었다고 한다.

타우리스에서 이피게네이아는 수년 동안 여신을 섬겼다. 그녀가 맡은 일은 배가 난파당해 그 고장에 오게 된 모든 이방인들을 제물로 바치는 것이었다. 그러던 어느 날 그녀는 사람들이 제물로 바치기 위해 그녀에게 데려온 두 이방인이 자신의 오빠 오레스테스와 필라데스임을 알아보았다. 델포이 신탁이 그들에게 타우리스로 가서 그녀가 섬기는 아르테미스 상을 가져올 것을 명했던 것이다. 그녀는 사제 역할을 버리고 그들과 함께 신상을 가지고 그리스로 피신했다.
그녀가 귀로에 겪는 모험은 소포클레스의 소실된 비극 『크리세스』의 소재가 되었다. 이피게네이아와 오레스테스 남매는 필라데스와 함께, 크리세스가 아폴론의 사제로 있는 트로아스 연안의 스민티온 시에 가 닿았다. 크리세스는 자신의 딸 크리세이스가 그리스 진영에 포로로 잡혀 있는 동안 아가멤논에게서 낳은 아들을 자기 곁에 두고 있었다(☞크리세스, ☞크리세이스). 할아버지와 같은 이름으로 불리던 아이는 대사제 직분을 물려받았으며 아폴론의 아들로 간주되었다. 타우리스 왕 토아스의 추격을 받는 도망자들이 도착하자, 젊은 크리세스는 이들을 체포하여 토아스에게 넘겨주려 했다. 그러자 그의 할아버지가 그의 탄생의 비밀을 털어놓았으며, 그리하여 크리세스는 토아스를 죽이고 자기 형제들을 따라 미케나이로 갔다. 또 다른 이본에 따르면 이피게네이아는 클리타임네스트라의 딸이 아니고 크리세스의 딸이라고 한다. 아가멤논이 트로이아를 정복한 뒤 그리스로 돌아가던 도중에 그녀는 스키티아 해적들에게 납치당했다. 한편 젊은 크리세스는 비티니아에서 죽었으며, 그가 죽은 곳은 그를 기리기 위해 크리소폴리스라 불리게 되었다는 것이다.

그 밖에 전혀 동떨어진 전설도 있는데, 그에 따르면 이피게네이아는 테세우스가 아직 결혼 전이었던 헬레네를 납치해서 낳은 딸이라고 한다(☞테세우스, ☞헬레네). 헬레네는 형제들인 디오스쿠로이에 의해 구출되었으며, 자신은 여전히 처녀라고 그들에게 맹세했다. 그녀는 몰래 이피게네이아를 낳아 자매인 클리타임네스트라에게 맡겼고, 클리타임네스트라는 아이를 친자식처럼 키웠다.

이피게네이아의 죽음에 대해서도 여러 가지 설이 있다. 그녀는 메가라에서 죽어 그곳에 그녀의 제단이 있다는 설도 있고, 아르테미스로부터 불멸을 부여받아 헤카테 여신과 동일시되었다고도 한다. 그런가 하면 도나우 강 하구의 〈흰 섬〉에서 아킬레우스와 결혼해 신비로운 삶을 살았다고도 한다(☞아킬레우스). 아가멤논이 계획했던, 그리고 아킬레우스와 어쩌면 이피게네이아 역시 원했지만 그녀가 희생 제물이 되는 바람에 무산되었던 이피게네이아와 아킬레우스의 결합이 그런 식으로 실현되는 것이다.

이피다마스 ʼΙφιδάμας / Iphidamas 1. 이피다마스는 트로이아의 안테노르가 트라케 왕 키세우스의 딸인 테아노에게서 낳은 자식들 중 한 명이다. 그는 외할아버지인 키세우스 왕의 손에서 자라 왕의 딸들 중 한 명인 이모를 아내로 맞이했다. 결혼식을 마치자마자 그는 열두 척의 배를 이끌고 트로이아 전쟁에 나가, 아가멤논에게 죽임을 당했다. 그의 맏형 코온이 이를 복수하려 했지만, 아가멤논에게 상처를 입혀 잠시 전쟁에서 물러나게 하는 것이 고작이었다. 결국 그는 동생의 시신 위에서 죽임을 당했다.

2. 이피다마스는 제우스의 제단에서 헤라클레스에게 죽임을 당한 부시리스 왕의 아들의 이름이기도 하다(☞부시리스).

이피메데이아 ʼΙφιμέδεια / Iphimedia 카나케 일족의 한 사람인 트리옵스의 딸(☞계보 10)이다. 그녀는 숙부 알로에우스와 결혼해 알로아다이, 즉 두 아들 에피알테스와 오토스, 그리고 딸 팡크라티스를 낳았다. 이피메데이아는 포세이돈을 사랑해 종종 바다에 나가 바닷물을 가슴에 끼얹곤 했다. 결국 포세이돈이 그녀의 소원을 들어주어 그녀는 포세이돈의 두 아들을 낳았는데, 이 아이들의 〈인간〉 아버지가 알로에우스였다. 또 다른 전설에 의하면 알로아다이는 대부분의 다른 거인들과 마찬가지로 사실은 대지에서 태어났으며 이피메데이아는 이들의 유모였다고 한다.

어느 날 이피메데이아와 딸 팡크라티스는 아카이아에 있는 드리오스 산에서 디오니소스 축제에 참여했다가 당시 스트롱길레라고 불리던 낙소스 섬의 두 해적에게 납치되었다. 스켈리스와 카사메노스, 혹은 시켈로스와 헤게토로스라는 트라케 출신의 이 해적들은 그녀들을 사랑하게 된 나머지 자기들끼리 싸우다가 서로 죽이고 말았다(☞팡크라티스). 결국 낙소스 왕 아가사메노스는 이피메데이아를 한 친구에게 주고 팡크라티스는 자기 곁에 두었다. 알로에우스는 두 아들을 보내 어머니와 누이동생을 찾게 했다. 그러자 두 거인은 낙소스 섬을 공격해 그곳에 정착해 살고 있던 트라케 인들을 몰아내고 자신들이 섬을 통치했다. 이피메데이아의 무덤은 안테돈에 있었다고 한다.

이피스 Ἶφις / Iphis I

1. 이피스는 아르고스의 용사로 알렉토르의 아들이다. 그는 또한 테바이를 공략한 일곱 장군들 중 한 명인 에테오클레스와, 카파네우스의 아내인 에우아드네의 아버지이다(☞계보 36). 파우사니아스가 전하는 또 다른 전승에 따르면, 이피스는 알렉토르의 아들이자 카파네우스의 형제이다. 그의 두 자식과 카파네우스는 불행한 종말을 맞았다. 에테오클레스는 테바이 성 밖에서 죽었으며, 에우아드네는 성벽을 공략하다가 벼락을 맞은 남편의 화장단에 몸을 던졌다(☞카파네우스). 이피스가 자식들을 모두 잃게 된 것은 이전에 그가 폴리네이케스를 부추겨 암피아라오스의 아내 에리필레에게 하르모니아의 목걸이를 뇌물로 주었기 때문이다(☞에리필레). 그는 임종시 자식이 없어 왕국을 카파네우스의 아들 스테넬로스에게 물려주었다.

2. 두 번째 이피스는 또 다른 아르고스 인으로, 페르세우스의 아들인 또 다른 스테넬로스의 아들이자 에우리스테우스의 형제로 아르고나우타이의 원정에 참여했다(☞계보 31).

3. 이피스는 또한 아낙사레테의 연인으로, 키프로스의 살라미스 처녀인 아낙사레테는 아프로디테에 의해 돌로 변했다(☞아프로디테).

이피스 Ἶφις / Iphis II

1. 이피스는 또한 여성의 이름으로 헤라클레스와 결합한 테스피오스의 딸들 중 한 명이다(☞헤라클레스).

2. 또 다른 이피스는 파트로클로스가 사랑한 스키로스의 여자 포로이다.

3. 파이스토스의 크레테 인들인 리그도스와 텔레투사의 딸도 이피스이다. 아이가 태어나기 전에 리그도스는 텔레투사에게 만일 딸이 태어나면 버리라고 했다. 그런데 해산하는 순간 환상 속에 이시스가 나타나, 아이의 성별이 무엇이건 간에 아이를 키우라고 명했다. 딸이 태어나자 텔레투사는 아이를 아들이라 하고, 남녀 구분이 안 되는 이피스라는 이름을 지어 주며 남자 옷을 입혔다. 그런데 얼마 안 가 이안테라는 처녀가 그를 남자로 알고 사랑하여 두 처녀는 약혼을 하게 되었다. 이피스의 어머니는 당황해서 여러 가지 핑계를 대며 결혼식을 미루었지만 더 이상 연기할 수 없는 처지에 이르렀다. 그래서 이시스에게 곤경에서 구해 줄 것을 호소하자, 그녀를 동정한 여신은 이피스를 남자로 변하게 했으며, 결혼식도 무사히 치렀다(☞갈라테이아 2).

이피아나사 Ἰφιάνασσα / Iphianassa

이피아나사라는 이름의 여성들은 여러 명 있다.

1. 아르고스 왕 프로이토스의 딸인 이피아나

사는 동생과 함께 광기에 빠졌으나 멜람푸스가 그녀의 병을 낫게 해주었다(☞프로이티데스, ☞계보 1).

2. 아가멤논에 관한 전설의 아주 오래된 형태에 따르면, 이피아낫사는 아가멤논의 딸들 중 한 명이다(☞아가멤논, ☞계보 2). 처음에는 이피게네이아와 구별되었으나 결국 둘이 서로 합쳐졌다.

3. 또 다른 이피아낫사는 엔디미온의 아내로, 아이톨로스의 어머니이다.

이피클레스 ’Ιφικλῆς / Iphicles 이피클레스는 암피트리온과 알크메네에게서 태어난 아들로(☞계보 31), 그의 조상은 순전히 인간인 반면, 그의 쌍둥이 형제 헤라클레스는 제우스와 알크메네의 아들이다. 이러한 차이는 헤라클레스가 치르는 첫번째 시련에서 두드러진다. 두 아기가 누워 있는 방에 헤라가 보낸 뱀 두 마리가 들어오자, 뱀을 본 이피클레스는 두려운 나머지 비명을 질렀지만, 헤라클레스는 양손에 한 마리씩 뱀을 잡아 한꺼번에 목 졸라 죽였다. 후에 이피클레스는 헤라클레스의 공적들 중 일부에 동참하기도 했다. 이피클레스 자신은 오르코메노스 주민들에 대항해 싸웠는데, 그 보답으로 크레온은 자신의 막내딸을 그에게 아내로 주었으며, 한편 그의 맏딸 메가라는 헤라클레스의 아내가 되었다. 이 결혼을 위해 이피클레스는 아들 이올라오스를 낳아 준 첫번째 아내 아우토메두사를 버려야 했다. 헤라클레스는 한때 실성하여, 자신이 메가라에게서 얻은 자식들은 물론 이피클레스의 아들들 중 두 명을 죽였는데, 이피클레스는 이 학살에서 장남 이올라오스와 메가라를 구해 낼 수 있었다.

에우리스테우스는 헤라클레스를 가혹하게 다루지만 이피클레스에게는 호의를 베풀었고, 이피클레스 편에서도 그를 섬기지 않을 수 없었다(☞에우리스테우스). 헤시오도스에 의하면, 이피클레스는 자발적으로 에우리스테우스에게 충성을 바치고 헤라클레스를 버렸다고 한다(이올라오스가 끝까지 숙부에게 충성했던 것과는 대조적이다).

이피클레스는 트로이아 원정에도 헤라클레스와 함께 했고, 칼리돈의 사냥꾼들 명단에도 들어 있다. 그는 결국 히포코온의 아들들과의 싸움에서 헤라클레스의 편에서 싸우다가 목숨을 잃었다. 몰리오니다이(☞)와 싸우다 입은 상처로 인해 죽었다고도 한다(☞부파고스). 아르카디아의 페네오스에 그의 무덤이 있었다고 한다. 상처를 입은 그를 데려온 곳도 그가 죽음을 맞이한 곳도 바로 그곳이었다.

이피클로스 ’Ίφικλος / Iphiclus 1. 이피클로스는 테살리아 지방의 필라카이 왕 필라코스의 아들이다. 그는 할아버지 데이온을 통해서 데우칼리온과 아이올로스의 후손이 된다(☞계보 20, ☞계보 8).

그는 기이한 모험의 주인공이다. 젊은 시절에 성불구가 된 아들을 위해 그의 아버지는 인척간인 예언자 멜람푸스[원문에는 petit-cousin, ☞계보 20, 21]에게 병을 고칠 방법을 물었다(☞멜람푸스, ☞비아스). 멜람푸스는 황소 두 마리를 희생 제물로 바친 후 고기를 새들에게 내주었다. 그리고는 잔해를 뜯어먹는 독수리들의 이야기에 귀를 기울였다. 새들이 하는 이야기를 들어 보니, 필라코스는 염소를 거세하면서 피 묻은 칼을 이피클로스 곁에 두었는데 아이는 이 칼이 무서운 나머지 몰래 훔쳐 내어 신성한 참나무에 꽂아 두었다고 했다. 칼날 주위로 나무 껍질이 자라나 칼은 완전히 보이지 않게 되었지만, 만일 이 칼을 찾아내어 칼에 슨 녹으로 음료를 만들어 열흘 동안 마시면 병이 나아 아들을 갖게 되리라는 것이었다. 이 말을 들은 멜람푸스는 칼을 찾아내어 독수리들이 말한 대로 음료를 만들어 이피클로스에게 먹였고, 그렇게 해서 이피클로스가 낳은 아들이 포다르케스이다.

이피클로스는 민첩하기로 유명했다. 그는 이삭이 휘어지지 않을 만큼 빨리 밀밭을 달릴 수 있었다고 한다. 그는 펠리아스를 기리는 장례 경기에서도 달리기로 우승을 했다.

그는 조카 이아손과 함께 아르고나우타이의 원정에 참여했다(☞계보 20). 어쩌면 그와 이아손을 혼동한 것일 수도 있지만 말이다.

2. 또 다른 이피클로스는 테스티오스의 아들이자 알타이아의 남매로(☞계보 24), 칼리돈의 사냥과 아르고나우타이의 원정에 참여했다.

3. 크레테 왕 이도메네우스의 아들인 이피클로스도 있다. 그는 이도메네우스가 없는 사이에 레우코스에게 죽임을 당했다(☞이도메네우스).

4. 이피클로스라는 이름은 로도스 섬의 전설에도 등장한다. 도리스 족 침입자들의 우두머리, 즉 포이니케의 지배를 종식시킨 대장이 바로 이피클로스였다. 포이니케 인들이 섬 전체를 거의 잃게 되었을 때, 이알리소스 성채에는 왕자 팔란토스의 명령을 따르는 단 하나의 부대만이 남았다. 신탁은 팔란토스 왕자에게 까마귀가 검은색을 띠고 포위 당한 이들이 마시는 저수지의 물 속에 물고기가 없는 한, 그가 자기 위치를 지킬 것임을 보장해 주었다. 이 신탁을 알게 된 이피클로스는 적들이 자신감을 잃게 만들기로 했다. 그래서 팔란토스의 종 한 명을 매수해(혹은 팔란토스의 딸 도르키아가 이피클로스를 사랑해서 이 계획에 협조했다고도 한다), 석고를 하얗게 덮어 씌운 까마귀들을 성채 위로 날려 보내고 저수지에도 몰래 물고기를 풀어놓았다. 이것을 본 팔란토스는 용기를 잃고 항복하고 말았다.

이렇게 해서 로도스 섬에서는 포이니케 인들의 지배가 종식되었다.

이피토스 Ἴφιτος / Iphitus 1. 이 이름으로 불리는 첫번째 용사는 포키스 왕자 나우볼로스의 아들이다. 그 자신은 트로이아 원정 때 포키스 병력을 이끈 스케디오스와 에피스트로포스의 아버지이다. 그는 이아손과 함께 아르고나우타이의 원정에 참여했다.

2. 이 이름의 용사들 중에서는 에우리토스의 아들이 가장 유명하다. 그는 헤라클레스 계열의 이야기들에 등장한다. 그에 관한 전설은 복잡하며 상이한 여러 층들로 형성되어 있는데, 우선 그는 클리티오스와 함께 아르고나우타이 중 한 명으로 나온다. 오이칼리아 왕 에우리토스(☞)의 아들인 그는 유명한 궁수이기도 하다. 『오딧세이아』에 따르면, 아버지가 죽은 뒤 그는 아폴론의 선물인 신성한 활을 물려받아 오딧세우스에게 선사했다. 이는 메세네의 오르실로코스의 집에서 만나 서로 나눈 환대의 징표였다. 오딧세우스 편에서도 이피토스에게 칼과 창을 선사했다. 트로이아로 돌아온 오딧세우스는 바로 이 활로 페넬로페의 구혼자들을 죽인다.

같은 전설에 의하면, 에우리토스는 아폴론과 활쏘기 시합을 벌이다가 아폴론의 화살에 맞아 아들보다 먼저 죽었다고 한다. 또 다른 전설에 의하면 그는 오이칼리아가 함락되었을 때 헤라클레스의 손에 죽임을 당했으며(☞이올레), 이 때 헤라클레스는 에우리토스뿐 아니라 이피토스를 비롯한 그의 네 아들도 죽였다고 한다. 하지만 헤라클레스가 활쏘기 시합에 승리하여 이올레를 차지하게 되었을 때, 오로지 이피토스만이 헤라클레스 편을 들어 그에게 이올레를 내주고자 했다는 이야기도 있다. 덕택에 도시가 점령당할 때도 그만은 죽음을 모면할 수 있었다는 것이다. 그렇지만 그 역시 헤라클레스의 손에 죽었다. 메세네에서 오딧세우스가 그를 만났을 때 이피토스는 헤라클레스가 훔친, 혹은 아우톨리코스가 훔쳐서 헤라클레스에게 맡긴 암말들(혹은 황소들)을 찾고 있었는데, 헤라클레스는 그것들을 돌려주지 않고 이피토스를 죽였다. 또 다른 전설에 의하면, 헤라클레스는 그 짐승들을 훔쳤다는 의심을 받았으며, 이피토스는 이것들을 되찾기 위해 헤라클레스의 협조를 구하러 갔다. 헤라클레스는 도와주기로 약속했지만, 예전에 그랬듯 광기에 빠져 티린스 성벽 위에서 젊은이를 내던졌다. 그 후 이를 속죄하기 위해 헤라클레스는 노예로 팔려 갔다고 한다(☞옴팔레).

3. 또 다른 이피토스는 에우리스테우스의 전령 코프레우스에게 죽임을 당한 희생자이다(☞코프레우스).

4. 신화 시대와 역사 시대의 경계에 위치하는 또 다른 이피토스는 엘레이아 왕으로, 리쿠르고스의 동시대인이자 스파르타의 입법자이기도 하다. 그는 헤라클레스가 창설했으나 옥실로스 왕이 죽고 난 이후로 열리지 않았던 올림피아 경기를 재정비했다(☞옥실로스). 당시 그리스를 휩쓴 여러 재앙과 전염병, 정치적 분열에 대한 치유책을 얻기 위해 델포이 신탁을 구한 결과, 올림피아 경기를 재개하라는 충고를 받았던 것이다. 또한 그는 엘레이아 사람들에게 그들이 늘 적으로 간주했던 헤라클레스를 숭배하도록 설득했다. 이피토스는 스파르타의 리쿠르고스와 합의하여 올림피아 대경기를 통해 범그리스적 화합을 실현시켰고, 이는 그리스가 늘 골머리를 앓던 정치적 분열에 대한 최초의 해결책이 되었다.

익시온 'Iξίων / Ixion 익시온의 가계에 관해서는 극히 다양한 설들이 있다. 통설에 의하면 그는 플레기아스의 아들이며 따라서 코로니스(☞)와 남매간이다. 때로 그는 아레스나 아에톤, 안티온, 혹은 페이시온의 아들로 여겨지기도 한다. 그의 어머니는 페리멜레이다(☞계보 23).

익시온은 테살리아의 왕으로 라피타이 족을 다스렸다. 그는 데이오네우스 왕의 딸 디아와 결혼했는데, 구혼을 하면서 데이오네우스에게 몇 가지 큰 약속을 했다. 결혼 후에 데이오네우스가 그에게 약속된 선물을 요구하자 익시온은 약속을 배반하고 비열하게도 뜨거운 숯이 가득한 구덩이로 그를 떨어뜨렸다. 그럼으로써 그는 약속을 어겼을 뿐 아니라 가족의 일원을 살해한 죄까지 저지르게 되었다. 이러한 살인은 이전에는 아무도 감히 생각지도 못하던 죄로 신성 모독으로까지 여겨졌다. 한 가족의 일원들은 종교적으로 결합되어 있을 뿐 아니라 같은 수호신들을 섬기기 때문이다. 이 범죄는 너무도 끔찍한 것이어서 아무도 관례에 따라 익시온을 정화해 주려고 하지 않았다. 모든 신들 가운데 오직 제우스가 그를 불쌍히 여겨 정화해 줌으로써, 죄를 저지른 뒤 광기에 빠져 있던 그를 구해 주었다. 그러나 익시온은 자신에게 은혜를 베푼 제우스에게도 배은망덕하게 굴어, 감히 헤라를 범하려 했다. 그러자 제우스(혹은 헤라)는 헤라를 닮은 구름을 만들어 냈고, 익시온은 이 환영과 결합하여 켄타우로이[켄타우로스들]의 아버지인 켄타우로스를, 혹은 직접 켄타우로이를 낳았다. 제우스는 이처럼 또다시 신성 모독을 범하는 익시온을 벌하기로 결심하고, 그를 불붙은 채 계속 돌아가는 바퀴에 묶어 공중에 내던졌다. 제우스는 그를 정화해 주면서 그에게 신들의 양식을 먹여 불멸의 존재로 만들었기 때문에, 그는 고통이 끝나리라는 희망도 없이 벌을 받게 되었다. 그의 배은망덕 때문에 그에게 은혜를 베푼 이의 자비마저도 더 큰 고통이 되었던 것이다.

흔히 익시온은 하계의 타르타로스에서 큰 죄를 지은 죄인들과 함께 벌을 받는 것으로 되어 있다.

익시온은 테세우스의 친구인 페이리토오스의 아버지이다.

인도스 'Ινδός / Indus 1. 인도스는 인도의 명조이다. 대지의 아들인 그는 제우스에게 죽임을 당했다고 하지만, 이는 후대에 인위적으로 만들어진 전설이다. 마찬가지로 그를 님프 칼라우리아의 남편이자 갠지스 강의 아버지로 묘사한 전설 역시 후대의 것이다.

2. 또 다른 인도스는 용모가 준수한 인도 청년으로, 옥시알케스 왕의 딸을 겁탈한 뒤 벌을 피하기 위해 마우솔로스 강에 몸을 던졌다. 그 후로 이 강을 인도스 강이라 부르게 되었다고 한다.

3. 히기누스에 따르면, 스키티아의 인도스 왕이 은을 발명했다고 한다. 그리스에 은의 사용을 전한 것은 에레크테우스이다.

***인쿠비** Incubi 이들은 로마의 민간 전승에 나오는 마신들로, 밤마다 잠자는 이들의 가슴에 내려 앉아 악몽을 꾸게 만든다고 한다. 흔히 이들은 잠든 여자들과 결합하는 것으로 알려졌다. 이 마신들은 원뿔 모양의 모자를 썼으며 장난을 치다가 모자를 잃곤 하는 것으로 이야기되었다. 이 모자들 중 하나를 찾아내면 숨겨진 보화를 찾아내는 능력을 얻게 된다는 속설도 있었다.

일로스 'Ιλος / Ilus 트로이아 왕가에는 일로스라는 이름이 두 번 등장한다.

1. 이 이름으로 불리는 첫번째 인물은 다르다노스의 자식 넷 중 한 명이다(☞계보 7). 그는 후사 없이 죽었다.

2. 두 세대 후에 트로스와 칼리로에(☞계보 7)의 자식들(클레오파트라, 일로스, 앗사라코스, 가니메데스) 중 한 명도 이 이름으로 불렸다. 그는 에우리디케(아폴로도로스에 의하면 아드라스토스의 딸)와 결혼하여 라오메돈이라는 아들을 낳았다. 라오메돈 역시 프리아모스라 불리게 될 포다르케스를 포함해 다섯 명의 아들과 헤시오네를 비롯한 세 명의 딸을 낳았다. 일로스는 라오메돈 외에도 테미스테라는 딸을 낳았으며, 테미스테는 앗사라코스의 아들 카피스와 결혼해 결과적으로 아이네이아스의 할머니가 되었다. 일로스야말로 트로이아의 왕위를 차례로 잇게 될 프리아모스 가계와 아이네이아스 가계의 공통된 조상인 셈이다.

일로스는 다음과 같은 상황에서 트로이아(일리온)라는 도시를 건설했다. 트로아스 출신인 그는 프리기아로 가서 그곳의 왕이 제정한 경기에 참여했다. 그 경기에서 승리한 그는 남녀 50명의 노예를 받았다. 왕은 신탁이 명하는 대로 그에게 얼룩소 한 마리를 덤으로 주면서, 이 짐승을 따라가다가 짐승이 멈추는 곳에 정착해 도시를 건설하라고 조언해 주었다. 소는 북쪽으로 올라가다가 프리기아의 아테 언덕이라 불리는 곳에 멈춰 섰다. 제우스가 하늘에서 내던진 아테(실수)가 떨어진 곳이 바로 그곳이다(☞아테). 일로스는 그곳에 도시를 건설하고 일리온(장차의 트로이아)이라고 불렀다. 이 도시는 다르다노스가 이데 산 위에 세운 도시 다르다노스에서 멀지 않은 스카만드로스 평야에 위치해 있었다(☞다르다노스).

얼마 후 제우스는 일로스의 요청에 따라 자신의 호의를 증명하고 그러한 입지를 승인하는 징표를 보내 주었다. 어느 날 아침 일로스는 자신의 천막 앞에서 하늘에서 기적적으로 내려온 팔라디온 신상을 발견했다. 세 큐빗 가량의 팔라디온은 두 발을 모으고 있었으며, 오른손에는 창이, 왼손에는 실톳대와 방추가 들려 있었다(☞ 팔라디온). 그것은 팔라스 아테나 여신의 형상이었다. 일로스는 신상을 모실 신전을 지었으며, 그것이 바로 트로이아의 아테나 대신전이다. 또 다른 전승에 의하면 신상은 아직 완성되지 않은 신전의 지붕을 뚫고 떨어졌으며, 그 자리가 제단이 되었다고 한다. 또는 신전에 화재가 났을 때 일로스가 불길 속에서 신상을 구해 냈는데, 보아서는 안 될 신성한 형상을 보았으므로 장님이 되었다고도 한다. 하지만 아테나 여신은 그의 간청에 못 이겨 시력을 돌려주었다. 그의 그러한 신성 모독은 피할 수 없는 것이었기 때문이다.

그 밖에도 일로스는 가니메데스의 납치에 책임이 있는 탄탈로스와 펠롭스에 대항해 싸우고 이들을 추방했다는 이야기도 있다.

3. 일로스라는 이름으로 불리는 세 번째 인물은 『오딧세이아』에서 이아손의 일족에 속하는 것으로 언급된다. 대개 그는 메르메로스의 아들이자, 이아손과 메데이아의 아들인 페레스 2세의 손자로 간주된다. 이 전설에서는 메르메로스와 페레스가 메데이아의 두 아들이 아니며, 따라서 글라우케를 죽인 메데이아에게(혹은 코린토스 인들에게) 죽임을 당한 것으로도 되어 있지 않다(☞메데이아 ☞이아손, ☞계보 21).

이 일로스는 엘레이아의 에피라를 다스렸는데, 선조인 메데이아로부터 치명적인 독약의 비방을 전수받고 있었다. 오딧세우스는 트로이아로 떠나기 전, 그에게 부탁해 자신의 화살에 묻힐 독을 얻으려 했지만, 신들의 법을 두려워한 일로스는 이를 거절했다.

일리리오스 ᾽Ιλλύριος / Illyrius 일리리오스는 카드모스와 하르모니아가 일리리아 원정 동안에 낳은 막내아들이다. 그는 일리리아의 명조이기도 하다(☞갈라테이아).

*일리아 ᾽Ιλία / Ilia 로물루스와 레무스의 어머니인 레아 실비아의 다른 이름. 고대의 몇몇 신화학자들은 로마 창건 설화의 여러 이본들 중에서 로물루스의 어머니를 레아라고 부르는 설과 일리아(일리온의 아내인 트로이아 여자)라고 부르는 설을 구분하려 했다. 이들의 주장에 따르면, 일리아라는 이름은 로물루스의 어머니를 아이네아스와 라비니아의 딸로 보는 전설에만 등장한다. 하지만 혈통에 상관없이 이야기는 같다. 레아-일리아는 마르스의 사랑을 받아 쌍둥이를 낳았다. 그녀가 결혼을 하면 낳게 될 아이들을 두려워하여 그녀를 베스타의 무녀로 만들었던 알바 왕 아물리우스는 그녀를 포로로 잡아 두었다고도 하고 티베리스[테베레] 강에 던져 버렸다고도 한다. 강의 신이 그녀에게 신격을 부여하고 아내로 맞았다는 설도 있다(☞레아 실비아).

일리오네 ᾽Ιλιόνη / Ilione 일리오네는 프리아모스와 헤카베의 장녀이자 폴리메스토르의 아내이다(☞데이필로스, ☞폴리메스토르).

일리오네우스 ᾽Ιλιονεύς / Ilioneus
1. 니오베와 암피온의 막내아들.
2. 트로이아 사람 포르바스의 아들.
3. 아이네이아스의 동료.
4. 트로이아 약탈 중에 디오메데스가 죽인 트로이아의 노인.

임브라소스 ᾽Ιμβρασος / Imbrasus 1. 임브라소스는 사모스 섬의 강 이름으로, 아폴론과 님프 오키로에 사이에 태어난 신 역시 같은 이름을 지니고 있다.

2. 트라케의 한 족장 역시 같은 이름으로 불리며, 그의 아들 피로오스는 『일리아스』에서 일역을 한다.

잇사 ʼΙσσα / Issa 1. 잇사는 레스보스 처녀로, 마카레우스의 딸이다. 그녀는 자기 고장의 도시 〈잇사〉의 명조가 되었다. 그녀는 헤르메스나 아폴론, 혹은 그 둘 모두의 사랑을 받았다. 그녀의 아들 프릴리스(☞)가 예언자가 된 것은 아버지인 헤르메스 덕분이라고 한다.

2. 잇사는 또한 스키로스의 리코메데스(☞) 왕의 딸로 변장한 아킬레우스를 부르던 이름이기도 하다. 이 시절의 그는 잇사 대신 피라, 혹은 케르키세라라고 불리기도 했다.

잉크스 ʼΙυγξ / Iynx 잉크스는 판과 님프 에코의 딸이다. 제우스에게 사랑의 묘약을 먹여 이오를 사랑하게 만든 것이 그녀이다. 이를 벌하여 헤라는 그녀를 석상으로 혹은 〈잉크스〉라는 새로 변하게 했는데, 이 새는 사랑의 주술에 쓰였다.

ㅈ

자그레우스 Ζαγρεύς / Zagreus 자그레우스는 일반적으로 제우스와 페르세포네의 아들이자 〈첫번째 디오니소스〉로 간주된다. 그를 낳기 위해 제우스는 뱀의 모습으로 페르세포네와 결합했다고 한다. 그에게 각별한 애정을 가지고 있던 제우스는 그가 자신의 뒤를 이어 세상을 다스리게끔 정해 놓았다. 그러나 운명은 그와는 다른 결정을 내렸다. 헤라의 질투를 경계하여 제우스는 어린 자그레우스를 아폴론과 쿠레테스에게 맡겼고, 이들은 파르나소스의 숲 속에서 그를 키웠다. 그러나 헤라는 그를 찾아냈고 티타네스를 시켜 그를 납치했다. 자그레우스는 여러 가지로 변신하여 그들에게서 벗어나려 했지만 허사였다. 그는 특히 황소의 모습으로 변했는데, 티타네스는 그를 갈가리 찢어 일부는 날로 일부는 익혀서 먹어 버렸다. 아폴론은 남은 유해를 수습하여 델포이의 삼각대 근처에 묻어 주었다. 그러나 제우스는 아이에게 생명을 돌려주기로 했다. 그래서 데메테르가 유해를 모았다고도 하고 제우스가 자그레우스의 심장을 세멜레에게 먹여 〈두 번째 디오니소스〉를 낳게 했다고도 한다. 또는 제우스 자신이 아이의 심장을 먹고(☞이아코스) 세멜레와 결합하여 디오니소스를 낳았다고도 한다.

자그레우스는 오르페우스 교의 신으로, 이상의 전설은 오르페우스 비의의 교리에 속한다. 특히 그를 디오니소스와 동일시하는 것도 오르페우스 교에서 비롯되었다. 반대로 아이스킬로스는 그를 〈지하의 제우스〉라 부르며 하데스와 동일시했다.

자킨토스 Ζάκυνθος / Zacynthus 자킨토스는 이오니아 해에 있는 자킨토스(오늘날의 잔테) 섬의 명조이다. 전설에 따르면, 이 용사는 다르다노스의 아들(☞계보 7) 혹은 프로피스 시에서 온 아르카디아 인으로 간주된다.

제우스 Ζευγλής / Zeus 제우스는 그리스 신화의 최고신이다. 그는 근본적으로 빛과 창공의 신이며 벼락의 신이지만, 하늘 그 자체와 동일시되지는 않는다. 이는 아폴론이 태양과, 포세이돈이 바다와 동일시되지 않는 것과 마찬가지이다. 그리스적 사고에서 신들은 발전 단계상 한때 지녔을 수도 있는 우주적 성격들을 잃게 되었고, 제우스는 단지 이야기 속의 존재가 되었다.

호메로스의 시가들에서부터 제우스라는 존재는 인간과 신의 왕으로 하늘의 빛나는 높은 곳에 자리하는 것으로 그려진다. 대개 그는 올림포스 산꼭대기에 있지만, 돌아다니기도 한다. 가령 그는 경건한 민족인 에티오피아 인들 가운데에도 거하며, 그들이 드리는 제사를 특히 기뻐한다. 차츰 제우스의 거처는 특별한 어떤 산이 아니게 되었고, 올림포스라는 말도 막연히 신들이 사는 신령한 지역을 가리키게 되었다.

제우스는 천상의 현상들을 주재하여 비를 불러오고 천둥과 벼락을 내릴 뿐 아니라 ─ 이는 그의 〈아이기스〉로 상징되는 권능이다 ─ 세계의 질서와 정의를 유지한다. 살인자들에게서 피를 씻어 정화하는 일을 맡은 그는 맹세의 준수나 손님 접대의 의무 등도 관장한다. 그는 왕권 및 사회적 위계 질서를 보장한다. 그는 이러한 특성들을 인간 사회에서뿐 아니라 신들의 사회에서도 발휘한다. 그 자신은 운명의 신들에게 복종하며, 그들의 뜻을 해석하고 다른 신들의 변덕에 맞서 운명을 수호한다. 가령 그는 아킬레우스와 헥토르의 운명을 무게 달아, 헥토르를 실은 접시가 하데스 쪽으로 기울자 아폴론의 개입을 금하고 헥토르를 적에게 넘긴다. 자신의 책임을 잘 아는 섭리의 신으로서, 그는 변덕에 좌우되지 않는 유일한 신이다. 애정 행각만 예외인데 이 점에서도 변덕처럼 보이는 그의 행위들 역시 정치적인 복선을 깔고 있을 때가 많다. 그는 행복과 불행을 분배하는 자이다. 호메로스는 『일리아스』에서 말하기를, 그의 궁전 문에는 행복과 불행이 각기 들어 있는 두 개의 단지가 있다고 하였다. 대개 제우스는 인간들에게 양쪽 단지에서 모두 퍼내어 주지만, 때로는 어느 하나에서만 퍼줄 때가 있는데, 그 결과 운명은 전적으로 행복하거나 전적으로 불행해진다(전자보다는 후자일 때가 더 많지만[전자는 『일리아스』에 아예 나오지 않는 가능성이다. 인간의 삶은 행불행이 섞여 있거나 전적인 불행뿐이라고 한다. 24권 525 이하 ─ 감수자 주]).

이처럼 제우스를 보편적 권능으로 보는 개념은 호메로스의 시가들에서부터 발전하여 그리스 철학자들에게서는 단일한 섭리라는 개념이 되기에 이르렀다. 스토아 철학자들(특히 제우스에게 바치는 시를 썼던 크리시포스)에게 제우스는 우주를 의인화하는 유일신이다. 제우스의 생각이 곧 세계의 법칙이라는 것이다. 그러나 그것은 신화의 신을 극단적으로 발전시킨 것으로, 그때의 신은 신화의 영역을 떠나 신학이나 철학사에 속하게 된다.

1. 제우스의 탄생 : 제우스는 다른 모든 올림포스 신들과 마찬가지로, 신들의 두 번째 세대에 속한다. 그는 티탄 크로노스와 레아의 아들이다. 크로노스가 티타네스의 반열에서 가장 젊은 것처럼, 제우스 역시 그의 막내이다(☞계보 38). 크로노스는 그의 자식들 중 한 명에게 왕위를 빼앗기리라는 신탁을 듣고 그런 위험이 실현되는 것을 막기 위해 레아가 자식을 낳을 때마다 아들딸들을 차례차례 삼켜 버렸다(☞크로노스, ☞레아). 여섯 번째가 되자 레아는 꾀를 써서 갓 태어난 제우스를 구하기로 했다. 그녀는 밤에 몰래 그를 낳고 아침이 되자 돌덩이를 강보에 싸서 크로노스에게 주었다. 크로노스는 이 돌이 아이인 줄 알고 삼켜 버렸다. 그렇게 해서 제우스는 목숨을 건졌으며, 이후로는 아무것도 운명이

성취되는 것을 막지 못했다.

제우스의 탄생 장소에 관해서는 두 가지 상이한 전승이 있다. 대개는 크레테의 아이게온 산, 이데 산 혹은 딕테 산이었다고 하지만 칼리마코스의 『제우스 찬가』에 따르면 아르카디아라고 한다(☞네다). 그러나 칼리마코스 역시 제우스가 어린 시절을 보낸 곳은 그의 어머니가 그를 쿠레테스 혹은 님프들에게 맡긴 크레테의 은신처였다고 한다(☞쿠레테스). 그의 유모는 님프 (혹은 암염소) 아말테이아로, 그에게 자기 젖을 주었다(☞아말테이아). 암염소가 죽자 제우스는 그 가죽을 무기로 삼았으며, 이것이 티타네스와의 싸움에서 처음으로 그 권능을 드러낸 〈아이기스〉이다.

어린 신은 꿀도 먹고 자랐다. 이데 산의 꿀벌들이 일부러 그를 위해 꿀을 만들었다(이에 관한 에우헤메로스적 해석은 ☞멜리사, ☞멜리세우스).

크레테 인들은 제우스가 태어났다는 장소를 보여 주는 데 만족하지 않고, 〈제우스의 무덤〉이라는 장소까지 만들어 내어 제우스가 불멸의 신이라 믿는 신화학자들이나 시인들의 분개를 샀다.

2. 권능의 쟁취 : 제우스는 성년이 되자 크로노스가 가지고 있는 권능을 갖기 원했다. 그래서 그는 〈지혜〉의 여신 메티스(☞)에게 조언을 구했고, 여신은 그에게 크로노스가 삼킨 자식들을 도로 토하게 해주는 약을 주었다. 그렇게 하여 되살려낸 형제자매들과 힘을 합쳐, 제우스는 크로노스와 티타네스를 공격했다. 싸움은 10년 동안 계속되었다. 마침내 제우스와 올림포스 신들이 이겼고, 티타네스는 하늘에서 추방되었다(☞크로노스). 이 승리를 얻기 위해 제우스는 가이아의 조언에 따라 크로노스가 타르타로스에 가두어 놓았던 키클로페스와 헤카톤케이레스를 풀어 주어야 했다. 그러기 위해 그는 그들을 지키고

있던 캄페를 죽였다. 키클로페스는 제우스에게 자신들이 만들어 낸 천둥과 벼락을 주었고, 하데스에게는 그것을 쓴 자가 보이지 않는 투구를, 포세이돈에게는 땅과 바다를 뒤흔들어 놓을 수 있는 삼지창을 주었다. 승리한 신들은 제비를 뽑아 권능을 나누었다. 제우스는 하늘을, 포세이돈은 바다를, 하데스는 지하 세계를 가졌다. 아울러 제우스는 우주를 다스리는 권능을 가졌다.

그러나 제우스와 올림포스 신들의 승리는 곧 도전을 받았다. 대지의 여신 가이아는 자기 아들인 티타네스가 타르타로스에 갇힌 것을 알자 기간테스를 부추겨 그들과 싸우게 했다(〈기간토마키아〉라 불리는 이 싸움에 대해서는 ☞기간테스). 마지막 시련으로 제우스는 티폰과 맞붙었고, 그것이 그가 치른 가장 힘든 싸움이었다. 오랜 싸움 동안 그는 괴물의 포로가 되기도 하고 부상을 입기도 했으나, 헤르메스와 판의 기지로 구출되어 마지막 승리를 거두었다(☞티폰).

3. 제우스의 배우자들 : 제우스가 시기적으로 맨 처음 얻은 아내는 오케아노스의 딸 메티스였다. 그에게서 벗어나기 위해 메티스는 온갖 모습으로 변신했으나 소용이 없었다. 그녀는 굴복해야 했고 딸을 잉태했다. 그러나 가이아는 제우스에게 만일 메티스가 딸을 낳으면 그 다음에는 아버지의 왕위를 빼앗을 아들을 낳으리라고 경고해 주었다. 그래서 제우스는 메티스를 삼켜 버렸고, 출산이 다가와 프로메테우스(일설에 의하면 헤파이스토스)가 도끼로 제우스의 머리를 찍자 거기에서 완전 무장을 한 아테나 여신이 나왔다.

그 다음에 제우스는 티타니데스 중 한 명인 테미스와 결혼하여, 에이레네(평화), 에우노미아(절제), 디케(정의) 등으로 불리는 호라이, 그리고는 운명의 주관자들인 모이라이 등 딸들을 낳았다. 영원한 질서 및 법의 화신 테미스와의

이 결혼은 분명 상징적 의의를 지니는 것으로, 전능한 신 제우스가 어떻게 하여 운명에게 종속되어 있는가를 설명해준다. 왜냐하면 운명의 여신들은 그 자신에게서 나온 것으로, 말하자면 그의 일면이기 때문이다.

그 다음에 제우스는 티타니데스 중 한 명인 디오네와 결합하여 아프로디테를 낳았다(이 출생에 관한 이설들에 관해서는 ☞아프로디테).

오케아노스의 딸 에우리노메에게서는 카리테스를 낳았는데 아글라이아, 에우프로시네, 탈리아 등 이들은 본래 식물의 정령들이었다.

역시 티타니데스 중 한 명으로 기억을 상징하는 므네모시네에게서는 무사이(☞)를 낳았다. 그리고 레토에게서 아폴론과 아르테미스를 낳았다.

헤시오도스에 따르면 제우스와 그의 누이 헤라와의 〈신성한 결혼〉은 이 시점에서야 이루어진다. 그러나 일반적으로는 그보다 훨씬 오래된 것으로 여겨진다. 이 결혼에서 헤베, 에일레이티이아, 아레스 등이 태어났다(☞헤라).

또 다른 누이 데메테르에게서 제우스는 페르세포네를 낳았다.

이상은 제우스와 여신들과의 관계이다. 그와 인간 여자들과의 일시적 관계는 헤아릴 수 없이 많다. 여기서는 주요한 것들만 꼽아 보겠다(☞계보 40).

그리스 세계에서 제우스의 아들을 명조로 갖지 않는 지방은 거의 없을 정도이다. 마찬가지로, 전설에 나오는 대부분의 이름난 가문들은 모두 제우스의 후손임을 자처한다. 그리하여 헤라클레이다이는 제우스와 알크메네의 후손일 뿐 아니라, 좀더 멀리는 페르세우스의 자손이므로 제우스와 다나에의 후손들이기도 하다(☞계보 31). 아킬레우스와 아이아스는 님프 아이기나를 통해 제우스의 후손이 되며, 아가멤논과 메넬라오스의 선조인 탄탈로스 역시 제우스와 플루토의 아들로 여겨진다(☞계보 2). 마찬가지로 카드모스 일족 역시 이오와 그녀의 아들 에파포스를 통해 제우스의 후손이 된다(☞계보 3). 트로이아 인들은 선조 다르다노스를 통해 제우스와 플레이아데스 중 한 명인 엘렉트라의 후손이다(☞계보 7). 크레테 인들은 에우로페의, 그리고 그녀가 제우스에게서 낳은 세 아들 미노스, 사르페돈, 라다만티스의 후손임을 자처한다. 마찬가지로 아르카디아 인들의 선조는 제우스와 님프 칼리스토의 아들인 아르카스이며(☞계보 9), 그들의 이웃인 아르고스 인들의 명조인 아르고스와 그의 형제이자 펠라스고이 족의 명조인 펠라스고스는 제우스와 아르고스 여자 니오베의 아들들이다(☞계보 17, ☞계보 18). 끝으로 라케다이몬 인들도 님프 타이게테와 제우스의 후손임을 자처한다(☞계보 6).

신화학자들, 특히 그리스도교 도입 이후의 저자들은, 이러한 결합을 단순히 방탕으로 치부하는 경향이 있다. 그러나 이전의 시인 및 저자들은 제우스가 인간 여자들에게서 자식을 낳은 이유를 좀더 심오한 데서 찾으려 했다. 그리하여 헬레네의 출생은 전쟁을 일으켜 그리스와 아시아의 인구가 지나치게 많은 것을 줄이려는 의도이고, 헤라클레스의 출생은 지상에서 악한 괴물들을 없앨 영웅을 태어나게 하려는 의도였다고 설명되었다. 요컨대 제우스의 경우 생식은 섭리적 행위로 간주되었다. 이미 고대인들은 이런 결합들 중 대부분의 경우에 제우스가 짐승이나 기타 사물의 모습을 취했다는 사실에 주목했다. 에우로페와는 황소의 모습으로, 레다와는 백조의 모습으로, 다나에와는 황금 비의 모습으로 말이다. 이런 양상은 제우스가 좀더 오래된 지방 신들(동물이나 우상의 모습으로 숭배되었던 신들)을 대치한 데서 온 것이라는 가설로 설명되기도 하나 대개의 저자들은 이에 만족하지 않고 상징적 설명을 찾으려 애썼다. 가령 에우리피데스는 다나에를 유혹한 황금 비는 부의 만능을 상징하는 것이라고 보았다.

그의 애정 행각은 종종 헤라의 분노를 샀다. 고대인들이 신의 변신에 대해 부여한 일차적 이유는 헤라의 질투를 모면하기 위해서였지만, 그것은 변신 이야기 후에 덧붙여진 것일 터이다. 마찬가지로 제우스의 여인들 역시 종종 동물의 모습을 띠곤 한다. 가령 이오는 암소로, 칼리스토는 암곰으로 변했다.

4. 다양한 전설들 : 제우스는 딱히 분류하기 어려울 만큼 다양한 전설에 등장한다. 『일리아스』에서 제우스는 헤라와 아테나와 포세이돈의 음모로 결박당할 뻔하지만, 아이가이온의 도움으로 구출된다(☞아이가이온). 또 한번은 헤파이스토스가 헤라 편을 들었다는 이유로 그를 허공에 던져 버려 그를 영원히 절름발이로 만들었다(☞헤파이스토스, ☞헤라). 그는 불을 훔친 프로메테우스를 카우카소스에 못박음으로써 세계의 질서를 회복했다. 그러나 인간들의 악의를 보고는 대홍수를 일으키기로 결정했고, 인류는 데우칼리온(☞) 덕분에 멸절당하는 것을 간신히 면했다. 홍수가 끝난 뒤 데우칼리온이 최초의 희생 제사를 드린 것도 제우스에게였다.

우리는 제우스가 도처에서 일어나는 다툼의 중재를 맡는 것을 보게 된다. 아폴론과 헤라클레스가 델포이의 삼각대를 놓고 다툴 때(☞헤라클레스), 아폴론과 이다스가 마르페사를 놓고 다툴 때(☞마르페사), 팔라스와 아테나가 간접적으로나마 팔라스의 죽음을 초래하는 다툼을 벌일 때(☞팔라스), 아테나와 포세이돈이 아티카의 소유를 놓고 다툴 때, 아프로디테와 페르세포네가 미소년 아도니스를 놓고 다툴 때(☞아도니스) 등등이 그러한 예이다. 그는 살모네우스, 익시온,

리카온 등 신성 모독을 범한 자들을 벌한다. 그는 헤라클레스의 시험들에도 개입하여 그에게 적들과 대적할 무기를 주고 그가 다치자 적으로부터 구해 낸다(☞헤라클레스).

제우스는 어린 가니메데스를 트로아스에서 납치한 뒤 헤베를 대신할 자신의 집사로 삼았다고 한다(☞가니메데스).

로마에서 제우스는 유피테르와 동일시되었다. 빛나는 하늘의 신이자 하늘의 수호신으로서, 그의 신전은 카피톨리움 언덕 위에 있었다.

제욱시페 Ζευξίππη / Zeuxippe 제욱시페라는 이름을 가진 여성 인물들은 여러 명 있다. 그 중 중요한 인물들은 다음과 같다.

1. 아티카 왕 판디온의 아내이자 에레크테우스, 부테스, 프로크네, 필로멜라 등의 어머니(☞계보 11). 그녀는 판디온과 결혼한 친어머니 나이아스 프락시테아와 자매간이다[계보 11에 의하면 프락시테아(I)는 판디온의 아버지 에리크토니오스와, 프락시테아(II)는 판디온의 아들 에레크테우스와 각기 결혼했다].

2. 또 다른 제욱시페는 시키온 왕 라메돈의 딸이다(☞계보 22). 그녀는 시키온과 결혼하여 딸 크토노필레를 낳았다.

3. 세 번째 제욱시페는 히포코온의 딸이다. 그녀는 멜람푸스의 아들 안티파테스와 결혼하여 두 아들 오이클레스와 암팔케스를 낳았다(☞계보 1).

제토스 Ζῆθος / Zethus ☞암피온.

젤로스 Ζῆλος / Zelus 젤로스 즉 〈열심〉 혹은 〈경쟁심〉은 스틱스와 오케아노스의 아들로 승리, 힘, 폭력 등과 형제간이다(☞계보 32).

ㅋ

카나케 Κανάκη / Canace 카나케는 아이올로스와 에나레테 사이에서 태어난 딸들 중 한 명이다(☞아이올로스, ☞계보 8). 오비디우스(분명 에우리피데스를 따르고 있는 듯한데)는 그녀가 친오빠 마카레우스와의 사이에서 아이를 낳았다고 이야기한다. 유모는 희생 제사를 드리는 척하면서, 아기를 귀중품 아래 숨긴 채 궁전에서 빼내어 밖에 내다 버리려고 했다. 하지만 그 순간 아기가 울음을 터뜨리는 바람에 아이올로스에게 아기의 존재가 발각되었다. 아이올로스는 아기를 개들에게 내던지고, 딸에게는 자살하라며 칼을 보냈다. 카나케는 포세이돈과의 사이에서도 여러 명의 자식을 두었다(☞계보 10).

*카넨스 Canens 카넨스는 라티움의 님프이며, 노래를 의인화한 존재이다. 그녀는 오스티아 남부의 라우렌테스 족을 다스리던 피쿠스 왕과 결혼했다. 둘은 서로 사랑했다. 그러던 어느 날 마녀 키르케가 사냥을 하던 피쿠스를 보고 사랑에 빠지고 말았다. 키르케는 피쿠스를 부하들에게서 떼어 놓기 위해 멧돼지로 만들었다. 물론 나중에 다시 인간의 모습으로 되돌리겠다고 생각하고서 말이다. 그러나 아내와 헤어져서 비탄에 빠진 피쿠스는 키르케가 사랑을 고백하자 이를 거절했다. 화가 난 키르케는 피쿠스를 새(청딱따구리)로 만들어 버렸다. 카넨스도 절망에 빠지고 말았다. 그녀는 7일 밤낮을 가리지 않고 남편을 찾아 헤매다가 지쳐서 티베리스[테베레] 강가에 쓰러져 버렸다. 거기서 그녀는 마지막 노래를 부르고는 허공으로 사라졌다.

카노포스 Κάνωπος / Canopus 카노포스(혹은 카노보스)는 이집트의 한 도시와 알렉산드리아 근처에 있는 나일 강의 한 삼각주의 명조이다. 아미클라이 출신인 그는 메넬라오스가 트로이를 정복하고 헬레네와 함께 이집트로 돌아갈 때 탄 배의 키잡이였다(☞메넬라오스, ☞헬레네). 카노포스는 아주 잘생긴 젊은이였다. 이집트 왕 프로테우스(☞)의 딸인 테오노에가 카노포스를 사랑했지만 카노포스는 그녀의 사랑에 응하지 않았다. 카노포스는 육지에 내리던 날 뱀에 물려 죽었다. 메넬라오스와 헬레네는 카노페 섬에 그를 묻고 묘비를 세웠다. 이때 흘린 헬레네의 눈물에서 헬레니온이라는 식물이 자라났다.

또 다른 전승에 의하면, 카노포스는 이집트 신 오시리스의 키잡이이다. 또한 그는 아르고 선의 키잡이이기도 했다. 키잡이와 배 모두 별자리가 되었다.

카드모스 Κάδμος / Cadmus 카드모스는 테바이 계열의 이야기들에 나오는 인물이지만, 헤라클레스 전설과 마찬가지로 그의 전설도 지중해, 소아시아의 일리리아와 아프리카(리비아)에까지 두루 퍼져 있었다. 카드모스는 아게노르와 텔레파사(혹은 아르기오페)의 아들이다(☞아게노르, ☞계보 3). 그는 킬릭스, 포이닉스, 에우로페와 동기간이다(때로는 포이닉스가 카드모스와 에우로페의 아버지로 나오기도 한다, ☞에우로페). 후대의 보이오티아 전승에 따르면, 카드모스는 테바이 용사 오기고스(☞)의 아들이라 한다.

에우로페가 납치되자 아게노르는 에우로페를 찾아 오라고 아들들을 보내면서 그녀 없이는 자기 눈앞에 나타날 생각도 하지 말라고 했다. 어머니 텔레파사도 아들들과 함께, 아게노르가 다스리던 티로스를 떠났다. 얼마 지나지 않아 형제들은 에우로페를 찾을 수 없다는 것을 깨달았다. 카드모스를 제외한 형제들은 여러 지방에 흩어져 정착했고, 카드모스와 텔레파사는 트라케로 가서 그곳 백성들에게 호의적인 대접을 받았다. 텔레파사가 죽자 카드모스는 델포이에 가서 신탁을 구한 결과, 에우로페를 찾는 일을 그만두고 도시를 건설하라는 신탁을 받았다. 하지만 도시를 세울 곳을 선택하려면 암소 한 마리가 지쳐 쓰러지는 곳까지 뒤쫓아가야만 한다는 것이었다. 그는 신탁을 이루기 위해 길을 떠났다. 포키스를 지나가다가 그는 암피다마스의 아들인 펠라곤 왕의 소떼 중에서 양 옆구리에 달 모양(보름달을 상기시키는 흰 원반) 표시가 있는 암소를 보았다. 그는 암소를 따라갔고 암소는 보이오티아 전역을 가로질러 마침내 미래의 테바이가 세워질 터에 드러누웠다. 카드모스는 신탁이 성취된 것을 알고, 아테나 여신에게 그 암소를 희생 제물로 바치고자 했다. 제사를 지내기 위해, 그는 부하 몇 명에게 아레스의 샘이라고 불리는 근처의 샘에서 물을 길러 오라고 시켰다. 그런데 그 샘에는 용 한 마리(몇몇 저자들에 의하면 아레스의 후손인)가 있어, 카드모스가 보내는 자들을 거의 다 죽여 버렸다. 카드모스는 부하들을 구하러 가서 용을 죽였다. 그러자 아테나 여신이 나타나서 용의 이빨을 땅에 뿌리라고 했다. 카드모스가 그대로 하자 땅에서 무장한 남자들이 솟아 나왔다. 이들을 스파르토이(뿌려진 씨에서 나온 사람들)라 한다. 이 신비한 남자들은 매우 험악해 보였다. 카드모스가 그들 가운데로 돌멩이들을 던지자, 스파르토이는 누구한테 맞았는지도 모르는 채 자기들끼리 싸우다가 죽고 말았다. 결국 다섯 명만 살아남았는데, 에키온(카드모스의 딸들 중 한 명인 아가우에와 결혼했음)과 우다이오스, 크토니오스, 히페레노르, 펠로로스가 그들이다. 카드모스는 용을 죽인 일에 대해 속죄를 해야 했으므로, 8년 동안 아레스의 노예가 되어 그를 섬겼다. 속죄가 끝나자 그는 아테나의 가호 아래 테바이 왕이 되었다. 제우스는 아레스와 아프로디테의 딸인 여신 하르모니아를 카드모스의 아내로 주었다.

카드모스와 하르모니아의 결혼식은 모든 신들이 참석하고 무사이[뮤즈들]가 노래하는 가운데 성대하게 거행되었다. 신들은 선물을 가지고 하늘에서 내려와 테바이의 성채인 카드메이아로 갔다. 하르모니아를 위한 주요 결혼 선물은, 카리테스가 짠 훌륭한 예복과 대장장이 신 헤파이스토스의 작품인 황금 목걸이였다. 이 목걸이는 헤파이스토스 자신이 카드모스에게 주었다는 설도 있고, 에우로페가 제우스에게서 선물로 받은 것을 오빠인 카드모스에게 주었다는 설도 있다. 후에 이 예복과 목걸이는 일곱 장군의 테바이 원정 이야기에서 중요한 역할을 했다(☞암피아라오스, ☞에리필레, ☞알크마이온).

카드모스와 하르모니아는 여러 명의 자식을 두었다. 딸들은 아우토노에와 이노(신이 된 후에 레우코테아로 불림), 아가우에, 세멜레였고, 아들은 폴리도로스였다.

만년에 카드모스와 하르모니아는 아가우에와 에키온 사이에서 태어난 그들의 손자 펜테우스에게 왕좌를 물려주고 테바이를 떠났다. 그들은 일리리아에 있는 엔켈레이스 족에게로 갔다. 엔켈레이스 족은 일리리아 인들로부터 공격을 당하고 있었는데, 카드모스와 하르모니아가 그들을 다스린다면 승리를 할 수 있다는 신탁을 받았다. 신탁의 조건이 성취되자 그들은 승리했고, 카드모스는 일리리아 인들을 다스렸다. 그곳에서 그는 일리리오스라는 아들을 한 명 낳았다. 하지만 얼마 지나지 않아 카드모스와 하르모니아는 뱀으로 변해서 엘리시온 평원으로 갔다. 그들의 무덤은 일리리아에 있었다(☞아가우에).

파노폴리스의 논노스가 작가적 상상력을 빌어 만든 이야기에 따르면, 카드모스는 그의 누이를 잡아간 황소를 뒤쫓다가 제우스에 의해 거인 티폰을 잡으러 가는 원정에 소집되었다. 이 원정을 위해 카드모스는 동료인 판 신이 준 목동 옷을 입었다. 티폰이 제우스의 힘줄을 잡아 떼자, 카드모스는 리라로 티폰을 매료시킨 뒤 리라의 현을 만들겠다는 구실로 힘줄을 가져다가 제우스에게 돌려주었다. 그렇게 해서 제우스는 티폰을 이길 수 있었고, 그 보답으로 카드모스는 하르모니아와 결혼하게 되었던 것이다(☞티폰).

카드모스는 에우로페를 찾으러 다니면서 테라와 로도스, 사모트라케, 크레테 등 많은 지역에 도시를 건설했다고 한다.

카론 Χάρων / Charon 카론은 저승의 정령이다. 그의 역할은 영혼들을 배에 태우고 아케론의 늪지를 지나 망자들의 강 건너편으로 데려다 주는 것이다. 망자들은 그에게 삯으로 작은 동전 한 닢을 주어야 한다. 시신을 매장할 때 입에 동전을 물려 주는 풍습이 생겨난 것도 그 때문이다. 카론은 텁수룩한 회색 수염이 난 아주 추한 노인으로 묘사된다. 넝마 같은 외투를 입고 둥근 모자를 쓰고 있다. 카론은 죽음의 배를 모는 뱃사공이지만 노를 젓지는 않는다. 노를 젓는 것은 영혼들의 몫이다. 그는 영혼들을 노예 다루듯 거칠고 난폭하게 대한다. 헤라클레스는 하계로 내려가야 했을 때 카론에게 배를 태워 달라고 요구했다. 카론이 거절하자, 헤라클레스는 카론의 갈고리 장대를 빼앗아 그를 내리쳤다. 그러자 카론은 더 이상 저항할 수 없었다. 후에 카론은 이승 사람을 저승에 들어오게 했다고 벌을 받아, 1년 내내 사슬에 묶여 있어야 했다.

에트루리아의 고분 벽화들에서, 카론은 머리칼에 뱀들이 뒤엉키고 손에는 커다란 망치를 든 날개 달린 마신으로 묘사되어 있다. 이를 볼 때, 에트루리아의 카론은 죽어 가는 사람을 〈죽여서〉 지하 세계로 끌고 가는 〈죽음의 영〉이라고 생각할 수 있다.

카롭스 Χάροψ / Charops 카롭스는 리쿠르고스가 디오니소스 신에게 악의를 품고 있다고 알려

준 트라케 인이다(☞리쿠르고스). 그에 대한 보답으로 디오니소스는 리쿠르고스를 벌한 후에 카롭스를 트라케의 왕좌에 앉히고 자신의 비의에 입문시켰다. 카롭스는 오이아그로스의 아버지이므로, 오르페우스의 할아버지가 된다. 후손들에게 디오니소스 비의에 대한 지식을 전수한 인물도 카롭스이다.

*카르나 Carna 카르나는 장차 로마가 건설될 들판에 살던 님프였다. 그녀는 티베리스[테베레] 강가의 신성한 숲인 루쿠스 헬레르니Lucus Helerni라는 곳에 살았는데, 아우구스투스 시절까지도 그곳에서 사제들이 제사를 드렸다고 한다. 오비디우스에 의하면, 카르나는 원래 크라네라고 불렸으며 평생 처녀로 살기로 작정한 여자였다. 그녀는 숲이나 산에서 사냥을 했으며, 남자가 그녀에게 사랑을 요구할 때면 숲 속으로 자신을 따라오라고 하지만, 금세 사라져서 쫓아갈 수가 없었다. 그러던 어느 날 두 얼굴을 가진 신 야누스가 그녀를 보고 사랑에 빠지고 말았다. 그는 그녀에게 다가갔다. 그녀는 다른 남자들에게 한 것처럼 야누스도 속이려고 했다. 그러나 야누스는 크라네가 바위 뒤에 숨으려는 것을 알아차리고는 그녀를 붙잡아 겁탈했다. 대신에 그는 모든 문의 돌쩌귀를 다룰 수 있는 권한을 그녀에게 주었고, 집의 문에 붙어 있는 모든 저주를 없애는 마술 가지인 꽃핀 산사나무 가지를 그녀에게 상징물로 주었다. 또한 요람에 혼자서 누워 있는 갓난아기의 피를 빨아먹기 위해 오는 반인 반조(半人半鳥) 모양의 흡혈귀를 내쫓는 것도 그녀의 임무에 속했다. 오비디우스의 이야기에 따르면, 프로카스 왕의 아들에게도 이 흡혈귀가 표시를 해두었는데, 크라네가 주문을 외우고 마법을 써서 아이를 죽음에서 구해 주었다고 한다.

카르나본 Καρναβῶν / Carnabon 카르나본은 게타이 족의 왕이다. 당시 트리프톨레모스는 데메테르를 섬기던 시절이라, 밀 재배법을 인간들에게 알려 주기 위해 용들이 끄는 수레를 타고 세상을 돌아다니고 있었다. 카르나본은 처음에는 트리프톨레모스를 친절하게 맞아 주었으나, 나중에는 트리프톨레모스를 공격하고 용 한 마리를 죽였다. 카르나본이 트리프톨레모스를 죽이려는 순간 데메테르가 나타나 카르나본을 별자리로 만들어 버렸다. 그래서 그는 용을 붙잡아 죽이려는 모습의 별자리가 되었다.

카르노스 Κάρνος / Carnus 카르노스는 아카르나니아 출신의 예언자이다. 그는 펠로폰네소스를 공격하기 위해 나우팍토스에 모여 있던 헤라클레이다이[헤라클레스의 자손들]에게 갔는데, 이들 중 한 명인 히포테스가 그를 첩자로 오인하고 죽여 버렸다. 그러자 역병이 군대를 덮쳤다. 신에게 묻자 카르노스를 죽여서 아폴론의 분노를 샀다는 대답을 받았다. 히포테스는 속죄를 위해 추방되었고, 나머지 헤라클레이다이는 〈아폴론 카르네이오스〉[카르노스의 아폴론]에게 제사를 드렸다.

전설에는 제우스와 에우로페의 아들로 아폴론의 사랑을 받은 또 다른 카르노스(혹은 카르네이오스)도 등장한다.

카르마노르 Καρμάνωρ / Carmanor 카르마노르는 크레테 섬의 사제로, 에우불로스와 크리소테미스의 아버지이다(☞카르메, ☞크리소테미스). 크레테 인들에 따르면, 아폴론과 아르테미스가 피톤을 죽였을 때 이들을 맞이하여 죄를 정화한 것이 카르마노르였다고 한다. 또한 카르마노르는 자신의 집에서 아폴론과 아카칼리스가 사랑을 나누도록 해주었다(☞아카칼리스).

카르메 Κάρμη / Carme 카르메는 크레테 섬에서 제우스의 딸 브리토마르티스를 낳았다(☞브리토마르티스). 그녀는 카르마노르의 아들인 에우불로스의 딸로 여겨진다(☞카르마노르).

또 다른 저자들에 의하면, 카르메는 아게노르의 아들 포이닉스의 딸이다(☞계보 3). 그녀의 어머니는 카시에페이아이다. 노년에 카르메는 포로로 메가라에 잡혀 가서 니소스 왕의 딸 스킬레의 유모가 되었다(☞스킬레).

*카르멘타 Carmenta 로마의 전설에서 카르멘타는 에반드로스[에우안드로스]의 어머니이다. 그녀는 아들과 함께 아르카디아를 떠나 서방 세계에서 살 곳을 찾아 정착해야 했다(☞에우안드로스). 아르카디아에서 그녀는 카르멘타라고 불리지 않았다. 그녀의 원래 이름은 니코스트라테, 테미스, 혹은 티만드라(혹은 텔푸사)였다고 한다. 카르멘타는 라돈 강의 님프였다. 그녀의 이름이 카르멘타가 된 것은 로마에서였으며, 예언 능력을 갖고 있었기 때문에 그처럼 불리게 되었다(〈카르멘타〉라는 이름은 〈마법의 노래〉라는 뜻을 지닌 카르멘에서 파생된 것이다). 신탁과 운명에 대한 예지력을 갖고 있던 카르멘타는 아들에게 후에 로마가 될 좋은 〈터〉를 알려 주어 거기 살도록 했다. 헤라클레스가 게리오네우스의 소들을 탈취해 돌아가는 길에 팔라티움에 이르렀을 때(☞헤라클레스), 카르멘타는 헤라클레스에게 그를 기다리고 있는 운명을 예언해 주었다(☞카쿠스). 그녀는 110세까지 살다가 눈을 감았다. 아들 에반드로스는 그녀를 카피톨리움 기슭에 묻었다. 거기서 멀지 않은 곳에 있는 성문은 그녀를 기리기 위해 〈포르타 카르멘탈리스〉라 불리게 되었다.

카르멘타는 에반드로스의 어머니가 아니라 아내라는 이야기도 있다. 〈아라 막시마〉에서 드리는 헤라클레스 제사에 여자들이 참여하지 못하게 된 것도 카르멘타 때문이다. 헤라클레스는 신전을 건설한 뒤 희생 제사를 드릴 때 카르멘타를 초대했지만 거절당했으며, 화가 난 그는 그때부터 이 제사에 여자들의 참석을 금지해 버렸다는 것이다.

고대 로마를 연구하는 이들은 카르멘타를 출산의 신으로 묘사하기도 한다. 그녀는 프로르사 Prorsa[〈앞으로 향한, 바로 선〉이라는 뜻], 포스트베르사 Postuersa[〈뒤를 향한, 거꾸로 선〉이라는 뜻]라는 두 개의 이름으로 불리는데, 이것은 막 태어날 아기의 두 가지 자세를 의미하는 것이다.

카르카보스 Καρκάβος / Carcabus 카르카보스는 마케도니아와 트라케 사이에 있는 그리스 북부를 다스리던, 페라이보이 족의 왕 트리오파스의 아들이다. 카르카보스는 조국을 구하기 위해 잔혹한 독재자인 아버지 트리오파스를 죽였다. 부친 살해 후에 그는 스스로 조국을 등지고 트로아스 왕 트로스에게 가서 죄 씻음을 받고 그 곁에 머물렀다. 트로스 왕이 카르카보스에게 땅을 어느 정도 분배해 주자, 카르카보스는 거기에 도시 젤레이아를 건설했다. 그의 후손 판다로스는 트로이아 편에서 싸웠다.

카르키노스 Καρκίνος / Carcinus 카르키노스(그리스 어로 〈가재〉라는 뜻)는 레르네 늪에 살던 가재이다. 헤라클레스가 히드라와 싸울 때, 카르키노스는 헤라클레스의 발꿈치를 물었다. 화가 난 헤라클레스는 카르키노스를 으스러뜨렸다. 그러나 헤라는 눈엣가시인 헤라클레스에게 카르키노스가 이처럼 고통을 주자, 그 보상으로 카르키노스를 별자리로 만들어 주어 게자리가 되었다.

레르네 신화의 에우헤메로스적 해석에 따르

면, 카르키노스는 헤라클레스의 공격을 받은 레르노스 왕을 도우러 왔다가 헤라클레스에게 죽임을 당한 지휘관이라고 한다(☞레르노스, ☞헤라클레스).

카리아 Καρύα / Carya 카리아는 호두나무로 변해 버린 라코니아의 아가씨이다.〈카리아〉는 그리스 어로〈호두나무〉라는 뜻이다, ☞디온).

또 다른 전설에 의하면, 카리아는 오레이오스의 자식들인 옥실로스와 하마드리아스가 근친상간을 범해 낳은 하마드리아데스 중 한 명이다.

카리클로 Χαρικλώ / Chariclo 1. 카리클로는 아폴론(혹은 오케아노스)의 딸이며, 켄타우로스 케이론과 결혼했다. 그녀는 이아손과 아킬레우스를 길렀다.

2. 또 다른 카리클로는 살라미스 왕 키크레우스의 딸이다. 그녀는 메가라 왕 스키론과 결혼하여 엔데이스라는 딸을 낳았다. 엔데이스는 아이아코스와 결혼했다.

3. 마지막으로 님프 카리클로는 예언자 테이레시아스의 어머니이다. 이 카리클로는 아테나 여신의 총애를 받던 시녀들 중 한 명으로, 여신의 수레에 타기도 했다. 아테나와 카리클로가 헬리콘 산의 히포크레네 분수에서 목욕을 하고 있을 때, 근처에서 사냥을 하던 테이레시아스가 그쪽으로 왔다. 테이레시아스는 벌거벗은 아테나 여신을 보고 말았다. 그러자 여신은 그의 눈을 멀게 했다. 카리클로가 자기 아들에게 너무 잔인한 벌을 내렸다고 여신에게 항의하자, 여신은 인간이 허락 없이 신을 보게 되면 시력을 잃을 수밖에 없다고 대답했다. 하지만 카리클로를 위로하기 위해, 아테나는 테이레시아스에게 여러 가지 신비한 선물을 주었다. 우선 그녀는 테이레시아스에게 산수유나무로 된 지팡이를 주어서, 눈이 보일 때처럼 길을 잘 찾아갈 수 있도록 해주었다. 다음으로 여신은 테이레시아스의 귀를〈정화시켜〉새들의 언어를 이해할 수 있게 해주었다. 그는 예언 능력을 갖게 되었다. 게다가 아테나는 테이레시아스가 죽은 후에도 지적 능력, 특히 예언 능력을 전부 간직할 수 있도록 해주겠다고 약속했다(☞테이레시아스).

카리테스 Χάριτες / Charites 카리테스는 아름다움의 여신들로, 라틴 어로는〈그라티아이 Gratiae〉라고 한다. 그녀들은 본래 식물 생장의 힘을 뜻하는 여신들이었다. 자연과 인간의 마음, 심지어 신들의 마음에까지 기쁨을 부어 주는 것이 바로 카리테스이다. 그녀들은 무사이[뮤즈들]와 함께 올림포스에 살면서 합창을 하기도 하고, 음악의 신 아폴론을 수행하는 행렬에 끼기도 한다. 일반적으로 그녀들은 에우프로시네, 탈리아, 아글라이아 등 세 자매로 나온다. 이들은 벗은 몸으로 서로 어깨에 손을 대고 있는데, 양쪽 가장자리에 있는 두 명은 같은 쪽을 바라보고 있으며, 가운데 있는 한 명은 반대편을 바라보고 있다. 카리테스의 아버지는 제우스이며, 어머니는 오케아노스의 딸인 에우리노메이다. 에우리노메 대신 헤라가 그녀들의 어머니로 등장하기도 한다.

이 세 여신들은 정신적 작업과 예술 작품에 영감을 불어넣어 준다. 그녀들은 하르모니아의 예복을 손수 만들기도 했다(☞카드모스). 그녀들은 여성의 일과 지적 활동을 주관하는 아테나 여신을 기쁘게 따라다니며 아프로디테, 에로스, 디오니소스와도 함께 다닌다.

카릴라 Χαρίλα / Charila 카릴라는 델포이에 살던 어린 고아였다. 가뭄으로 기근이 닥치자, 카릴라는 약간의 밀을 구하러 왕께 나아갔다.

하지만 왕은 소녀에게 식량을 주기는커녕, 얼굴에 발길질을 하며 난폭하게 거절했다. 절망에 빠진 카릴라는 목매어 죽었다. 그러자 가뭄이 더욱 심해졌다. 신탁을 구하자, 가뭄이 끝나기 위해서는 카릴라의 죽음에 대해 대가를 치러야 한다는 답이 내렸다. 그래서 9년에 한 번씩 델포이에서 속죄 의식을 벌이게 되었다. 속죄 의식에서는 밀을 나누어 주고, 목에 등나무 줄기를 두른 인형을 카릴라라고 명명하여 산에 묻으며 장례식을 거행했다.

카립디스 Χάρυβδις / Charybdis 옛날에 이탈리아와 시칠리아 사이에 있는 메시나 해협 가장자리의 바위에 괴물 카립디스가 살았다. 그녀는 대지와 포세이돈의 딸이었다. 인간으로 사는 동안, 그녀는 지나치게 탐식을 했다. 헤라클레스가 게리오네우스의 소떼를 끌고 지나가자, 그녀는 소 몇 마리를 훔쳐서 먹어 버렸다. 제우스는 벌로 그녀에게 벼락을 내리쳤고, 그녀는 바다로 떨어져서 괴물이 되었다. 하루에 세 번씩, 카립디스는 엄청난 양의 바닷물을 들이마시면서 떠다니는 것은 전부 삼켜 버렸다. 그래서 주변에 있는 배까지 삼켜지게 마련이었다. 그리고는 들이마신 물을 다시 뱉어 냈다. 오딧세우스가 메시나 해협을 통과할 때 처음에는 카립디스를 피할 수 있었다. 하지만 헬리오스(태양)의 소들을 죽인 벌로 난파를 당했을 때, 돛대에 의지한 그는 카립디스의 몸 속으로 빨려 들어갈 뻔했다. 하지만 그는 괴물이 숨어 있던 동굴 입구의 무화과나무에 재빨리 매달렸다. 돛대가 카립디스의 몸 밖으로 다시 나오자, 오딧세우스는 돛대를 붙잡고 다시 항해에 오를 수 있었다.

카립디스로부터 지척간인 해협 맞은편에는 또 다른 괴물이 항해자들의 목숨을 노리고 있었다. 이것이 스킬레(☞)이다.

***카메나이** Camenae 카메나이는 로마 신화에 나오는 샘의 님프들이다. 그녀들의 신전은 에게리아(☞) 예배당이 있는 포르타 카페나(카일리우스보다 약간 남쪽임)와 멀지 않은 신성한 숲에 있었다. 아주 일찍부터 이 님프들은 무사이와 동일시되었다.

***카메르스** Camers 카메르스는 타라키나와 가에타 사이에 있는 신화 속 도시 아미클라이를 다스리던 전설의 왕이다. 그는 볼켄스의 아들로, 그가 다스리던 도시는 고대에 뱀들의 침입을 받고 사라졌다.

***카메수스** Camesus 카메수스는 아주 옛적 왕의 이름이다. 불확실한 전승에 의하면 테살리아에서 쫓겨난 야누스 신이 라티움에 왔을 때, 그곳을 다스리고 있던 왕이 카메수스라고 한다. 카메수스는 도망자인 야누스를 아주 친절하게 받아들였고, 그와 함께 나라를 다스렸다. 둘은 얼마 동안 함께 라티움을 다스렸고 카메수스가 죽자 야누스가 혼자서 통치했다.

***카밀라** Camilla 카밀라에 관한 전설은 베르길리우스의 『아이네이스』에 나온다. 이 이야기는 이탈리아 민간 설화에 근거한 것이자, 하르팔리케(☞)의 이야기를 모방한 것이다. 카밀라는 프리베르눔을 다스리던 볼스키 족의 왕 메타보스의 딸이다. 메타보스는 아내 카스밀라가 죽은 후, 적들에 의해 프리베르눔에서 쫓겨나 무장한 군사들의 추격을 받으며 어린 딸과 함께 도망쳤다. 군사들의 추격에서 벗어나려는 순간 그는 라티움의 작은 강인 아마세누스 앞에 서게 되었다. 딸의 생명을 구하기 위해, 메타보스는 쥐고 있던 창에 아이를 매어 강 저편에 던지려고 했다. 그는 디아나 여신에게 딸의 목숨을 구해 주면 딸을

바치겠다고 맹세했다. 디아나는 그의 기도를 들어주었다. 아이는 강 저편에 도달했고, 메타보스 자신도 헤엄을 쳐서 강을 건넜다. 부녀는 오랫동안 숲 속에서 단둘이 살았다. 카밀라는 이 생활에 익숙해져서 도시에서 살 수 없을 지경이 되었다. 그리스 신화의 아마조네스처럼 그녀는 사냥도 하고 전쟁에도 참여했으며 아이네아스와의 싸움에서 공적을 세우기도 했다. 하지만 카밀라는 용사 아룬스의 손에 죽고 말았다.

카바르노스 Κάβαρνος / Cabarnus 데메테르가 하데스에게 잡혀 간 딸을 찾으러 다닐 때, 파로스 사람 카바르노스가 여신에게 페르세포네를 누가 납치했는지 알려 주었다. 그 보상으로 데메테르는 카바르노스와 그의 자손에게 데메테르 제사를 맡겼다. 이것은 순전히 파로스 지방의 전설이다.

카베이로 Καβειρώ / Cabiro 카베이로는 프로테우스와 앙키노에의 딸이다. 헤파이스토스를 신으로 섬기던 렘노스 출신인 그녀는 헤파이스토스의 사랑을 받아, 카베이로이와 카베이리데스를 낳았다(☞카베이로이).

카베이로이 Κάβειροι / Cabiri 카베이로이는 신비한 신들이다. 그들의 주요 성역은 사모트라케에 있었지만 어디에서나 숭배되었으며, 헤로도토스에 의하면 이집트의 멤피스에서도 숭배되었다고 한다. 이 신들의 탄생과 특성에 관해서는 고대의 신화학자들이 각기 다양한 해석을 내리고 있다. 통설에 따르면, 헤파이스토스가 카베이로이의 아버지 내지 신적인 조상이라 한다. 아쿠실라오스에 의하면, 헤파이스토스는 카베이로와 결합하여 아들 카드밀로스를 낳았고, 카드밀로스가 세 명의 카베이로이를 낳았으며, 카베이로이는 님프인 카베이리데스의 아버지가 되었다고 한다. 페레키데스에 의하면, 카베이로이는 헤파이스토스와 프로테우스의 딸 카베이로 사이에서 태어난 아들들이다. 이 전설에서 카베이로이는 삼형제로, 이들에게는 세 명의 누이 카베이리데스가 있었다고 한다. 다른 저자들은 카베이로이를 일곱 명으로, 그들의 아버지를 포이니케의 신 시디크로 이야기한다. 이 경우 카베이로이는 아스클레피오스와 형제간이 된다. 파타라의 므나세아스에까지 거슬러 올라가는 설에 따르면, 네 명의 카베이로이의 이름은 악시에로스, 악시오케르사, 악시오케르소스, 카드밀로스이며, 이들 넷은 그리스 신화의 데메테르, 페르세포네, 하데스, 헤르메스와, 그리고 로마 신화의 유피테르, 메르쿠리오스, 유노, 미네르바와 각기 동일시되었다고 한다. 하지만 이런 설에서는 카베이로이의 계보를 보여 주지 않는다. 카베이로이는 위에 나온 신들의 신비성과 역할을 나타내는 이름일 뿐이기 때문이다. 카베이로이는 제우스와 엘렉트라 사이에서 태어난 이아시온(☞)과, 다르다노스(☞)와 동일시되기도 했다. 이 두 인물 역시 사모트라케 출신인 것이다.

신비로운 신들인 카베이로이는 그들의 이름이 언급될 때마다 벌을 내렸으므로, 그들은 그저 〈위대한 신들〉이라고만 불렸다. 어떤 해석에는 위에 언급된 이름들 외에도, 카베이로와 헤파이스토스 사이에서 태어난 두 명의 카베이로이인 알콘과 에우리메돈이 나오기도 한다. 로마 시대에 카베이로이는 흔히 삼신(三神), 즉 유피테르, 미네르바, 메르쿠리오스로 간주되었다.

카베이로이에 관한 전설은 아주 드물다. 그들은 페르가몬의 아크로폴리스에서 제우스가 태어나는 것을 보았다고 하는데, 그것은 카베이로이가 레이아를 따르는 행렬에 포함되기 때문이다. 레이아의 수행이라는 성격 때문에 그들은 코리반테스나 쿠레테스(☞)와 자주 혼동된다. 고대 그리스 말기부터, 특히 카베이로이는 그들과 관련이 있는 디오스쿠로이와 마찬가지로 항해의 수호신으로 나타난다.

카베이리데스 Καβειρίδες / Cabirides 카베이로이와 남매간인 세 명의 님프들을 말한다(☞카베이로이).

카산드라 Κασσάνδρα / Cassandra 카산드라는 프리아모스와 헤카베의 딸로, 헬레노스와 쌍둥이 남매간이다(☞계보 34). 쌍둥이가 태어나자, 프리아모스와 헤카베는 트로이아 성문에서 조금 떨어져 있는 〈아폴론 팀브리오스〉[팀브라의 아폴론] 신전에서 잔치를 벌였다. 그러나 저녁에 그들은 아기들을 잊어버리고 그냥 가서, 아기들은 신전에서 밤을 보냈다. 다음날 아침 어른들이 그들을 찾으러 왔을 때 아기들은 잠들어 있었고, 뱀 두 마리가 아기들의 감각 기관을 혀로 핥아 〈깨끗하게〉 하고 있었다. 겁에 질린 부모의 외침에, 뱀들은 그곳에 있던 신성한 월계수들 사이로 들어가 버렸다. 아이들은 뱀의 〈정결 의식〉으로 예언 능력을 갖게 되었다.

또 다른 전설에 따르면, 카산드라의 예언 능력은 아폴론으로부터 직접 받은 것이라고 한다. 카산드라를 사랑하게 된 아폴론은 그녀가 자신에게 몸을 허락한다면 미래를 내다볼 수 있는 능력을 주겠다고 약속했다. 카산드라는 거래를 받아들여, 아폴론에게서 예언술을 배웠다. 하지만 그녀는 예언술을 다 익히자 아폴론을 피해 도망쳐 버렸다. 그러자 아폴론은 그녀의 입 안에 침을 뱉어 그녀의 예언에서 설득력을 앗아 가버렸다(☞아폴론).

일반적으로 카산드라는 피티아나 시빌레처럼 〈계시를 받는〉 예언자로 여겨진다. 아폴론이 그녀를 사로잡아 환각 상태에서 신탁을 말하게 만들었던 것이다. 반면 헬레노스는 새들이나 외적인 징조를 보고 예언했다.

카산드라의 예언은 트로이아 이야기의 중요한 순간마다 등장한다. 가령 파리스가 나타났을 때, 그녀는 그 젊은이(당시에는 누구인지 밝혀지지 않은 상태였음) 때문에 트로이아가 멸망할 것이라고 예언했다(☞파리스). 그녀가 파리스를 죽이려는 순간, 파리스가 프리아모스 왕의 아들이라는 사실이 밝혀져 파리스는 목숨을 구할 수 있었다. 또 파리스가 헬레네와 함께 트로이아에 왔을 때, 카산드라는 그 일 때문에 트로이아가 멸망할 것이라고 예언했다. 하지만 언제나 그랬듯이 아무도 그녀의 말을 믿지 않았다. 아들 헥토르가 죽은 후 프리아모스가 아킬레우스에게 갔을 때, 프리아모스 왕이 아들의 시신을 갖고 되돌아 올 것임을 제일 처음으로 예언한 사람도 그녀였다. 예언자 라오코온의 지지에 힘입은 카산드라는, 트로이아 인들이 그리스 군의 목마를 성안으로 들이고자 할 때 결사적으로 반대했다. 그녀는 목마 안에 무장한 병사들이 가득 들어 있다고 말했다. 하지만 아폴론은 뱀을 보내어 라오코온과 그의 아들들을 모두 잡아먹게 했고(☞라오코온), 트로이아 인들은 카산드라의 말을 무시했다. 그녀는 트로이아 함락 이후 포로가 된 몇몇 트로이아 인들의 운명에 대해서, 그리고 아이네이아스 가문의 미래에 대해서도 예언을 했다.

트로이아가 약탈당할 때 카산드라는 아테나 신전에 몸을 피했다. 로크리스의 아이아스가 신전까지 그녀를 따라왔다. 그녀는 아테나의 신상을 끌어안았는데, 아이아스가 그녀를 잡아당기는 바람에 받침돌 위의 신상이 흔들거려 신상의 눈이 하늘로 향했다. 이 신성 모독을 목도한 그리스 군은 아이아스를 돌로 쳐죽이려 했지만 이번에는 아이아스가 자신이 모욕한 아테나 신상 곁으로 몸을 피해 목숨을 구했다(☞아이아스 I).
　전리품을 나눌 때, 카산드라는 아가멤논의 차지가 되었다. 아가멤논은 카산드라를 향해 격렬한 사랑을 품었다. 카산드라는 많은 남자들에게서 청혼을 받기는 했지만, 그때까지 처녀였다. 특히 그녀의 청혼자들 중에서 오트리오네우스는 승리의 대가로 카산드라와의 결혼을 보장해 준다면 프리아모스의 편에서 싸워 그리스 군을 격퇴시키겠다고 했었다. 하지만 오트리오네우스는 이도메네우스의 손에 죽고 말았다.
　카산드라는 아가멤논과의 사이에서 쌍둥이 텔레다모스와 펠롭스를 낳았다. 그러나 미케나이로 돌아간 아가멤논은 아내의 손에 죽었으며, 아가멤논의 아내는 질투심에 눈이 멀어 카산드라도 죽여 버렸다. 아가멤논 살해에 관한 몇몇 이설들에 따르면, 아가멤논은 카산드라에 대한 사랑 때문에 살해되었다고 한다.
　카산드라는 〈알렉산드라〉라고 불리기도 한다. 로마 인들이 그리스 일에 적극적으로 개입하려고 하던 무렵에 씌어진 리코프론의 예언시에서 그녀는 주요 인물로 등장하는데, 거기서 그녀의 이름은 카산드라가 아니라 알렉산드라이다. 리코프론의 시에서 프리아모스는 딸의 예지력 때문에 트로이아 인들의 조소를 사자 그녀를 가두어 버린다. 그리고는 감시자를 붙여 그녀가 하는 말을 자신에게 보고하게 했다. 이 시에는 카산드라의 예언들이 그대로 옮겨져 있다고 여겨졌다.

카스탈리아 Κασταλία / Castalia 카스탈리아는 델포이 출신의 아가씨이다. 아폴론 신전 근처에서 아폴론에게 쫓기던 그녀는 샘에 몸을 던졌다. 그 후로 그녀의 이름이 붙여진 샘은 아폴론에게 바쳐졌다.

또 다른 전승에 의하면, 카스탈리아는 아켈로오스의 딸이며 델포스 왕의 아내이다. 그녀가 낳은 아들 카스탈리오스는 아버지 델포스 왕이 죽자 델포이를 다스렸다.

카스토르 Κάστωρ / Castor 디오스쿠로이(☞) 중 한 명이다.

카시에페이아 Κασσιέπεια / Cassiopia 카시에페이아는 안드로메데(☞)의 어머니이다. 용모에 자신이 있었던 안드로메데는 네레이데스, 혹은 헤라와 경쟁하려고 했다. 여신들은 포세이돈에게 카시에페이아와 안드로메데의 교만을 벌해 달라고 부탁했고, 포세이돈은 바다 괴물을 보내어 카시에페이아의 나라를 짓밟게 했다. 신의 분노를 달래기 위해 안드로메데는 속죄 제물이 되어 괴물에게 바쳐져야 했다. 그러나 페르세우스가 나타나서 그녀를 구해 데리고 갔다. 카시에페이아는 별자리로 변했다(☞페르세우스).
　카시에페이아의 출생에 관해서는 여러 가지 설이 있다. 흔히 카시에페이아는 시리아의 아게노르 가문과 관련이 있다고 여겨진다. 그녀는 포이닉스의 아내이며, 피네우스의 어머니이다(☞계보 3). 카시에페이아는 헤르메스의 아들 아라보스의 딸인데, 아라보스는 아라비아의 명조이다. 카시에페이아의 남편이 포이닉스가 아니라 에파포스라는 이야기도 있으며, 에파포스와의 사이에서 그녀는 아게노르의 어머니인 리비에를 낳았다고 한다. 또한 카시에페이아는 에티오피아 왕 케페우스의 아내라는 설도 있다. 모든 계보를 통해 볼 때, 카시에페이아의 전설은 지리적으로 남쪽에 있는 아라비아, 에티오피아, 이집트 남부 등과 관련이 있음을 알 수 있다.

카시포네 Κασσιφόνη / Cassiphone 카시포네는

오딧세우스와 마녀 키르케의 딸로, 텔레고노스와 남매간이다(☞계보 14, ☞계보 39). 텔레고노스가 실수로 오딧세우스를 죽이자 키르케는 오딧세우스를 다시 살렸다. 카시포네는 이복오빠인 텔레마코스와 결혼했으나, 그가 어머니 키르케를 죽인 것에 복수하기 위해 그를 죽였다.
 이 전설은 오딧세우스 전설 중에서 가장 후대에 속하는 것으로, 체체스의 리코프론 주석에서만 언급된다. 대개는 키르케 자신이 텔레마코스의 아내였다고 한다.

카안토스 Κάανθος / Caanthus 카안토스는 오케아노스의 아들이다. 누이인 님프 멜리아가 테바이 근처 이스메노스 강가에서 아폴론에게 납치되자, 아버지는 그를 보내 누이를 찾게 했다. 카안토스는 멜리아와 아폴론을 찾아냈지만, 그들을 떼어 놓을 수 없었다. 화가 난 그는 아폴론 신전에 불을 질렀고, 이로 인해 목숨을 잃었다. 아폴론이 화살로 카안토스를 쏘아 죽였던 것이다. 테바이의 아레스 샘에 카안토스의 무덤이 있었다.

카에이라 Κάειρα / Caeira 카에이라는 밀레토스의 한 도공의 딸이다. 그녀는 코드로스의 아들 넬레우스의 신화에 등장한다(☞넬레우스, ☞코드로스). 넬레우스는 고향을 떠나야 하는 처지가 되자, 어디에 정착하면 좋을지 신에게 물었고, 한 아가씨가 물이 섞인 흙을 주는 장소에 새로운 도시를 건설하라는 신탁을 받았다. 이리저리 떠돌던 넬레우스는 밀레토스에 도착해서 카에이라에게 도장을 찍어야 한다면서 부드러운 점토를 달라고 부탁했다. 카에이라는 이를 받아였다. 그렇게 하여 신탁이 이루어졌다. 넬레우스는 밀레토스의 왕이 되었고, 주변에 세 개의 도시를 건설했다.

카오스 Χάος / Chaos 카오스는 천지창조 이전, 세계의 원소들에 질서가 부여되기 전에 있던 태초의 공허를 의인화한 것이다. 그는 에레보스(흑암)와 닉스(밤), 헤메라(낮), 아이테르(영기)를 낳았다. 그런가 하면 그는 크로노스(시간)의 아들이며 아이테르와 형제간으로 간주되기도 한다.

카온 Χάων / Chaon 카온은 에페이로스에 있는 카오니아 지방의 명조이다. 그는 헬레노스와 형제간이며, 헬레노스와 함께 네오프톨레모스가 세운 나라로 갔다(☞헬레노스). 네오프톨레모스가 죽자 헬레노스가 왕이 되었다. 카온이 사냥 중에 사고로 죽자, 헬레노스는 그를 기리기 위해 그 지방에 카온의 이름을 붙여 주었다. 몇몇 이설들에 의하면, 카온은 전염병이 돌자 신들에게 자신의 몸을 희생 제물로 드렸다고 한다.

카우노스 Καῦνος / Caunus 카우노스는 밀레토스의 건설자 밀레토스와 에이도테아의 아들로, 비블리스와 쌍둥이 남매간이다(☞비블리스). 누이가 자신을 사랑하자, 카우노스는 도망쳐서 카리아의 도시 카우노스를 건설했다. 그가 비블리스를 사랑했기 때문에 도망쳤다는 이야기도 있다. 한편 리키아에서 그가 님프 프로노에와 결혼하여 아들 아이기알로스를 낳았다는 설도 있다. 이 이야기에 의하면, 도시 카우노스를 건설한 것은 카우노스가 아니라 그의 아들 아이기알로스라고 한다.

카우카소스 Καύκασος / Caucasus 카우카소스는 크로노스에게 죽임을 당한 목동이었다. 그를 기리기 위해, 제우스는 그때까지 〈보레아스의 산〉이라고 불리던 곳에 카우카소스라는 이름을 붙여 주었다.

카우콘 Καύκων / Caucon 1. 카우콘은 아르카디아 왕 리카온의 아들들 중 한 명으로, 펠라스고이 족이다(☞리카온). 펠로폰네소스 서쪽에 사는 카우코네스 족은 그의 이름을 딴 것이다. 카우콘의 형제들과 아버지는 리카온의 신성 모독 때문에 제우스에게 벼락을 맞아 죽었다.

2. 또 다른 카우콘은 켈라이노스의 아들이자 아테나이 사람 플리오스의 손자이다. 그는 데메테르 비의를 메세니아에 도입했다.

카울론 Καυλών / Caulon 카울론은 펜테실레이아의 유모인 아마존 여인 클레테의 아들이다(☞클레테). 어머니와 함께 이탈리아 남부에 도착한 카울론은 로크리 주변에 카울로니아 시를 건설했다.

카이네우스 Καινεύς / Caeneus 카이네우스는 라피타이 족인 엘라토스의 딸로(☞계보 9) 본래는 카이니스라는 이름의 여자였다. 포세이돈의 사랑을 얻게 되자, 그녀는 포세이돈에게 자신을 절대로 다치지 않을 남자로 만들어 달라고 요청했다. 포세이돈은 그녀의 요구대로 해주었다. 카이네우스는 새로운 모습으로 변신한 뒤, 켄타우로스들을 공격하러 갔다. 켄타우로스들은 카이네우스를 죽일 수가 없었으므로, 전나무 줄기로 때려 산 채로 묻어 버렸다. 죽은 후에 카이네우스가 다시 여자가 되었다는 이야기도 있으며, 찬란한 날개를 가진 홍학으로 변신했다는 이야기도 있다.

또 다른 전승에 의하면, 남자가 된 카이네우스는 교만으로 가득 차게 되었다고 한다. 그는 광장에 자신의 창을 세워 놓고, 그 창을 신처럼 숭배하라고 사람들에게 강요했다. 제우스는 교만한 카이네우스를 벌하기 위해 켄타우로스들에게 그를 공격하게 했다. 그래서 그는 죽고 말았다. 카이네우스는 아르고나우타이의 명단에 간혹 나타난다. 그의 아들 코로노스는 헤라클레스가 살던 시기에 라피타이 족의 왕이었다.

카이스트로스 Κάυστρος / Caystrus 카이스트로스는 리디아에 있는 카이스트로스 강의 하신이다. 그는 아킬레우스와 아마조네스 족의 여왕 펜테실레이아의 아들이라고 한다. 그의 아들 에페소스는 에페소스 시를 건설했다. 또한 카이스트로스는 데르케토와의 사이에서 세미라미스를 낳았다(☞세미라미스).

***카이에타** Caieta 카이에타(라티움 남쪽 연안에 있으며 테라키나에서 멀지 않은 도시, 현재의 가에타)의 전설에 따르면, 이 도시는 아이네이아스의 유모 카이에타(혹은 아스카니오스의 유모, 혹은 아이네이아스의 아내 크레우사의 유모)를 기리기 위해 건설되었다고 한다. 카이에타가 그곳에 묻혔다는 이야기도 있고, 그녀가 아이네이아스의 선단을 위협하던 불길을 막았다는 이야기도 있다. 또 다른 전승에 의하면 가에타라는 이름은 딸 메데이아를 찾으러 그 지방으로 온 아이에테스와 관련이 있다(☞아르고나우타이, ☞아이에테스). 이 이야기에 의하면 도시의 처음 이름은 아이에테스였으며 후에 가에타가 되었다고 한다.

***카이쿨루스** Caeculus 프라이네스테(라티움과 사비니의 경계를 이루는 언덕 위에 있는 도시, 오늘날의 팔레스트리나)에 관한 로마의 전설에 따르면, 불카누스의 아들 카이쿨루스가 프라이네스테를 건설했다고 한다. 그 이야기는 이렇다. 옛날에 프라이네스테에 목동들인 데피디우스 형제가 살았다고 한다. 그들에게는 누이가 한 명 있었다. 어느 날 그녀가 집의 화덕 옆에 앉아

있었는데, 화덕에서 불꽃이 튀어나와 그녀의 가슴에 올라붙었다. 얼마 있지 않아, 그녀는 자신이 잉태한 것을 알게 되었다. 그녀는 아들을 낳아 유피테르 신전에 버렸다. 젊은 여인들이 신전 근처의 샘에 물을 길러 왔다가, 타는 불 곁에 있는 아기를 발견하고 데피디우스 형제에게 데려다 주었다. 그들이 아기를 키웠다. 이 목동들은 아기를 처음 보자마자 카이쿨루스라는 이름을 붙여 주었다. 왜냐하면 아기는 자기 곁의 불에서 나던 연기 때문에 눈을 깜박거려서 장님처럼 보였기 때문이다(카이쿨루스는 〈장님〉이라는 뜻이다).

카이쿨루스는 어린 시절을 목동들 틈에서 지내면서, 당시 관습대로 노략질을 하며 살았다. 그는 어른이 되자 몇몇 친구들과 함께 장차 프라이네스테가 될 마을을 건설했다. 새로운 도시의 건설을 기념하는 축제일에 그는 근처 백성들에게 그곳에 와서 살라고 요청했다. 카이쿨루스는 백성들을 설득하기 위해 아버지인 불카누스에게 기적을 보여 달라고 요구했다. 불카누스는 불길을 보내어 백성들을 둘러쌌으며, 카이쿨루스가 불길에게 명령을 하자마자 불이 꺼져 버렸다. 이 기적으로 도시는 성공리에 건설되었고, 수많은 백성들이 불카누스와 그의 아들 카이쿨루스의 보호를 받으면서 살기 위해 그 도시로 왔다.

카이킬리아 일족은 카이쿨루스의 후손임을 자처했다.

***카일루스 Caelus** 하늘에 인격을 부여하기 위해 보통 명사를 남성 명사로 만든 것이다(〈하늘〉을 뜻하는 보통 명사 카일룸 caelum은 중성이다). 카일루스는 로마의 신이 아니라, 고대 그리스의 신들의 계보 및 신화에서 아주 중요한 역할을 하는 그리스 신 우라노스의 이름을 라틴 어로 번역한 것이다(☞우라노스).

***카카 Caca** 카카는 로마의 옛 여신으로, 도둑의 신 카쿠스와 남매간이었다(☞카쿠스). 카카는 카쿠스가 헤라클레스로부터 훔친 소들을 숨겨 놓은 장소를 헤라클레스에게 알려 줌으로써 카쿠스를 배신했다. 그 대가로 그녀는 숭배를 받았으며, 베스타와 마찬가지로 그녀를 기리기 위한 불이 꺼지지 않았다.

***카쿠스 Cacus** 카쿠스는 로마의 지방 신으로, 불의 신일 수도 있고 단순히 특정 장소의 수호신일 수도 있다. 카쿠스의 전설은 헤라클레스의 전설과 연관된다. 그는 불카누스의 아들이며, 아벤티누스 언덕에 있는 동굴에 살고 있었다. 헤라클레스는 지중해 서쪽에서 과업을 완수하고 게리오네우스에게서 소를 빼앗아 돌아가던 길에, 미래의 보아리움 광장에서 소들이 풀을 뜯도록 놓아둔 채 티베리스[테베레] 강가에서 잠시 눈을 붙였다(☞헤라클레스). 그때 카쿠스가 헤라클레스의 소떼를 보고 전부 갖고 싶은 욕심을 갖게 되었다. 하지만 그 중에 몇 마리(암소 네 마리와 수소 네 마리)만을 훔쳐 자신의 동굴에 숨겨 두었다. 그는 흔적을 남기지 않기 위해 소의 꼬리를 잡아끌어 뒷걸음질치게 했다. 소들이 동굴로 들어간 것이 아니라, 동굴 밖으로 나온 것처럼 보이게 한 것이다. 헤라클레스는 잠에서 깨어 소들을 세어 보고는 도둑맞은 것을 알았다. 그는 잃어버린 소들을 찾으러 나섰는데, 자칫 카쿠스의 꾀에 넘어갈 뻔했다. 하지만 도둑맞은 소들이 다른 소들이 다가오자 음메 소리를 냈기 때문에 그들이 숨겨져 있는 곳을 알게 되었다고도 하고, 카쿠스의 누이인 카카로부터 카쿠스의 동굴이 어디 있는지 듣고 소를 되찾게 되었다고도 한다. 그렇게 해서 카쿠스와 헤라클레스

사이에 싸움이 벌어졌다. 카쿠스는 머리가 세 개여서, 세 개의 입에서 불을 뿜어 냈다. 하지만 곧 헤라클레스는 그의 곤봉으로 카쿠스를 물리쳤다. 이설에 의하면, 카쿠스는 동굴에 숨어 바위들로 입구를 막은 채 헤라클레스의 공격을 피하려 했다고 한다. 헤라클레스는 언덕 위로 올라가 동굴의 지붕을 이루던 바위들을 들어내고 동굴 안에 들어가 카쿠스를 죽였다. 그 후 그는 승리에 감사하기 위해 〈유피테르 인벤토르〉[창조자 유피테르]에게 희생 제물을 바쳤고, 장차 로마가 될 팔란티움(당시에는 팔라티누스 언덕에 있는 목축 마을이었음)을 다스리던 에반드로스[에우안드로스] 왕(☞)은 자신의 왕국에서 카쿠스 같은 약탈자를 없애 준 것에 대해 헤라클레스에게 감사를 표하며, 하늘이 그 보답으로 헤라클레스를 신으로 만들어 주리라 예언했다.

헤라클레스에 관한 불확실한 전설에는 카쿠스 대신에 가라누스 혹은 레카라누스라는 인물이 나오는데, 그 역할은 카쿠스와 같다(☞레카라누스).

고대 로마의 한 역사가에 의하면, 카쿠스는 이탈리아를 정복하기 위해 프리기아에서 온 마르시아스 왕의 수행원이었다고 한다. 마르시아스는 에트루리아 왕 타르콘에게 카쿠스를 사절로 파견했다. 타르콘은 그를 감옥에 가두었지만, 카쿠스는 감옥에서 풀려나 다시 마르시아스 왕 곁으로 돌아갔다. 마르시아스와 카쿠스는 볼투르누스 강 유역의 캄파니아를 점령하고, 아르카디아의 식민지가 건설되어 있던 로마 지역을 공격했다. 헤라클레스는 타르콘과 연합하여 침략자들을 무찔렀다.

디오도로스는 팔라티누스 언덕에 사는 아주 용맹한 남자인 카키오스를 등장시킨다. 그는 헤라클레스를 응숭하게 대접했다. 그의 집 〈아트리움 카키atrium Caci〉 근처에 있는 팔라티누스의 한 언덕길은 그의 이름을 따서 〈스칼라이 카키Scalae Caci〉라 불리게 되었다.

카테투스 Κάθητος / Cathetus 카테투스 전설은 몇몇 이름들을 설명하기 위해 라티움 계열의 전설에 들어온 이야기이다. 카테투스는 에트루리아 왕 안니우스의 딸 살리아를 사랑했다. 그는 살리아를 납치해서 로마로 데려갔다. 안니우스는 카테투스와 살리아를 붙잡으려 했지만 소용이 없었다. 절망에 빠진 그는 근처의 강에 몸을 던졌고, 이후로 강은 〈아니오〉(로마 북쪽의 테베레 강으로 흘러 들어가는 오늘날의 아니에네 강)라고 불렸다. 한편 카테투스는 살리아와 결혼하여 라티누스와 살리오스를 낳았다. 라티누스는 라티움 족의 명조이며, 살리오스는 매년 로마에서 벌어지는 제의에서 신성한 춤을 추는 마르스의 사제들인 살리이의 명조이다.

카트레우스 Κατρεύς / Catreus 미노스와 파시파에 사이에서 태어난 네 아들 중 한 명이며, 미노스의 뒤를 이어 크레테의 왕좌에 올랐다(☞계보 28). 카트레우스는 친자식의 손에 죽으리라는 신탁을 받았다. 그에게는 아에로페와 클리메네, 아페모시네 등 세 명의 딸과 알타이메네스라는 아들이 한 명 있었다. 카트레우스는 이 신탁을 자식들에게 숨겼지만, 알타이메네스와 아페모시네는 그 사실을 알고 있었다. 두 사람은 정해진 운명을 피하기 위해 크레테 섬에서 달아났다. 그들은 로도스로 가서 도시를 건설하고, 고향 이름을 본따서 크레테니아라고 불렀다. 한편 신탁이 두려웠던 카트레우스는 아에로페와 클리메네를 외국에 노예로 팔기 위해서 항해자인 나우플리오스에게 주어 버렸다.

카트레우스는 나이가 들자 아들에게 왕국을 물려주고 싶은 마음에 아들을 찾으려고 로도스에 갔다. 그가 부하들과 함께 한적한 곳에 상륙하자, 소 치는 목동들은 그들을 해적으로 오인하고 공격했다. 카트레우스가 자신이 누구인지 밝히며 항의했지만 소용이 없었다. 개들이 짖어 대어 그의 말이 들리지 않았던 것이다. 목동들은 그에게 돌을 던졌고, 알타이메네스가 나타나서 창으로 그를 찔러 죽였다. 알타이메네스는 자신이 무슨 짓을 했는지 알게 되자, 차라리 땅속으로 꺼지게 해달라고 간청했다. 그리고 그 말대로 되었다.

한편 메넬라오스는 어머니 아에로페를 통해 자신의 외할아버지가 되는 카트레우스의 장례식에 참여했으며(☞계보 2), 그가 장례식에 참석한 동안 파리스가 헬레네를 납치했다.

아르카디아 인들은 카트레우스가 미노스의 아들이 아니라, 테게아테스의 아들이며 자기들의 왕 리카온의 손자라고 주장했다.

*카틸루스 Catillus 카틸루스는 티부르(오늘날의 티볼리) 시의 건설과 관련이 있는 인물이다. 로마 역사가들은 카틸루스를 그리스 인이라고 한다. 카틸루스가 에반드로스[에우안드로스]와 함께 선단을 지휘하며 왔다는 이야기도 있다. 혹은, 아버지가 죽은 후 오이클레스의 명령에 따라 이탈리아로 모험을 찾아 떠났던 아르카디아 사람 암피아라오스의 아들이라고도 한다. 이 경우의 카틸루스에게는 티부르투스와 코라스, 소(小) 카틸루스 등 아들 셋이 있었으며, 티부르 시를 건설한 것은 이 아들들이다. 베르길리우스는 아이네이아스와 루툴리 족의 싸움에 소(小) 카틸루스를 등장시킨다.

카파네우스 Καπανεύς / Capaneus 카파네우스는 일곱 장군의 테바이 원정에 동참했던 아르고스 왕자들 중 한 명으로, 일곱 장군 중 한 명으로 꼽힌다(☞암피아라오스, ☞아드라스토스). 그는 히포노오스의 아들로 몸집이 아주 크고 거친 사내였다. 그는 신을 전혀 두려워하지 않았으며, 테바이를 향한 첫번째 공격에서 도시에 불을 지르려고 덤벼들었다. 하지만 그가 테바이의 성벽을 기어오르려는 순간 제우스가 그에게 벼락을 던져 죽였다. 아내인 에우아드네는 카파네우스의 시신을 태우는 화장단에 몸을 던졌다.

카파네우스의 아들 스테넬로스는 트로이아 원정에 참여했다(☞스테넬로스).

카파우로스 Κάφαυρος / Caphaurus 리비아 사람 카파우로스는 암피테미스(일명 가라마스)와 트리토니스 호수의 님프 사이에서 태어난 아들이며, 따라서 아카칼리스와 아폴론의 손자가 된다. 어느 날 카파우로스가 트리토니스 호수에서 멀지 않은 곳에서 양떼를 지키고 있을 때, 아르고나우타이 중 한 사람인 칸토스가 굶주린 동료들의 배를 채워 주기 위해 몇 마리의 양을 훔치려고 했다. 카파우로스는 칸토스를 죽였지만, 곧바로 아르고나우타이에게 패하여 죽임을 당했다(☞케팔리온).

카페네 Καφένη / Caphene 카페네는 카리아 지방의 크리아소스 출신 아가씨이다. 님파이오스의 지휘 아래 멜로스에서 온 그리스 이민자들은 크리아소스에 정착했으며, 그 수가 급증하여 강력해졌다. 불안해진 크리아소스 주민들은 그리스 이민자들을 제거하기로 결정했다. 그들은 그리스 인들을 향연에 초대하여 모이면 모두 죽이기로 계획했다. 그런데 카페네가 님파이오스를 사랑하여 그에게 그 계획을 알리고 말았다. 카리아 인들이 그리스 인들을 초대하자, 그리스 인들은 초대를 받아들였다. 하지만 그리스의 관습을 따라 여자들도 함께 동행하게 해달라고 했다.

카리아 인들은 이를 수락했다. 그리스 남자들은 무기 없이 향연장에 들어갔고, 여자들은 옷 안쪽에 무기를 숨기고 들어갔다. 향연 중에 신호를 하자 카리아 인들이 그리스 인들을 덮쳤다. 하지만 그리스 인들이 그들 모두를 앞질러 죽였다. 그들은 도시 크리아소스를 헐어 버리고, 또 하나의 도시를 건설해서 새로운 크리아소스라고 명명했다. 카페네는 님파이오스와 결혼했으며, 큰 영예를 얻게 되었다.

카페이라 Καφείρα / Caphira 카페이라는 오케아노스의 딸이다. 그녀는 텔키네스와 함께 로도스 섬에서 레이아가 맡긴 포세이돈을 키웠다.

카피스 Κάπυς / Capys 1. 『일리아스』에 나오는 카피스는 아이네이아스의 조상들 중 한 명이다. 그는 앗사라코스의 아들이며, 테미스테와의 사이에서 일로스와 앙키세스를 낳았다(☞계보 7). 이후의 전설들에서는 아이네이아스의 동료 카피스가 등장하는데, 그는 캄파니아의 도시 카푸아를 건설했다. 그러나 카푸아는 아이네이아스의 아들들 중 한 명인 로무스에 의해 건설되었으며, 로무스가 증조부를 기리기 위해 카푸아라고 명명했다는 이야기도 있다(☞아이게스테스).
아이네이아스의 동료 카피스는 아르카디아에 있는 카피아이 시의 건설자로 간주되기도 한다.
2. 카푸아의 건설자는 트로이아 인이 아니라 동명의 삼니움 인이라는 전승도 있다. 카푸아라는 이름은 〈새매〉를, 좀더 일반적으로는 〈발가락이 안으로 굽은〉 모든 생명체를 의미하는 에트루리아 단어에서 파생되었을 가능성도 있다.

칼라모스 Κάλαμος / Calamus 칼라모스(〈갈대〉라는 뜻)는 프리기아의 하신 마이안드로스의 아들이었다. 그는 제피로스와 호라이 여신들 중 한 명의 아들인 아주 잘생긴 청년 카르포스를 무척 사랑했다. 어느 날 둘은 마이안드로스 강에서 물놀이를 했다. 칼라모스와 카르포스는 수영 시합을 하다가, 카르포스가 물에 빠져 죽고 말았다. 칼라모스는 슬픔으로 몸이 말라서 강변의 갈대가 되었다. 카르포스(〈열매〉라는 뜻)는 매년 죽었다가 다시 살아나는 〈들판의 열매〉가 되었다.

칼리돈 Καλυδών / Calydon 1. 칼리돈은 코린토스 만 북쪽의 아이톨리아 지방에 있는 칼리돈의 명조이다. 그는 아이톨로스와 프로노에의 아들이다(☞아이톨로스, ☞계보 24). 칼리돈은 아미타온의 딸 아이올리아와 결혼해서, 두 딸 에피카스테와 프로토게네이아를 두었다.
2. 또 다른 전승들에 따르면, 칼리돈은 테스티오스의 아들이다. 테스티오스는 시키온에서 오래 지내다가 집으로 돌아왔을 때, 아들 칼리돈이 아내 곁에서 자고 있는 것을 보았다. 그는 두 사람이 근친상간을 저질렀다고 오해하고는 둘 모두를 죽였다. 나중에 그는 자신의 실수를 깨닫고 악세노스 강에 몸을 던졌다. 이후로 그 강은 아켈로오스로 명명되기 전까지 테스티오스라 불렸다. 칼리돈은 아레스와 아스티노메의 아들이라는 설도 있다. 아르테미스 여신이 목욕하는 모습을 본 그는 아켈로오스 강 옆에 있는 칼리돈 산의 바위로 변했다고 한다(☞아켈로오스).

칼리드노스 Κάλυδνος / Calydnus 칼리드노스는 우라노스의 아들로, 몇몇 전승에 의하면 오기고스에 앞서는 테바이의 초대 왕이라고 한다. 때로는 테바이의 성벽을 건축한 것도 그라고 하는데, 대체로 테바이의 성벽은 암피온과 제토스가 건축한 것으로 알려져 있다(☞암피온).

칼리디케 Καλλιδίκη / Callidice 칼리디케는 오딧세우스와 결혼한 테스프로토이 족의 여왕이다. 이타케로 돌아간 오딧세우스는 테이레시아스의 예언에 따라 다시 고향을 떠난 후 칼리디케를 만나 결혼했던 것이다. 오딧세우스와 칼리디케는 폴리포이테스라는 아들을 낳았다. 폴리포이테스는 어머니가 죽은 후 테스프로토이 족을 다스렸고, 오딧세우스는 다시 이타케로 돌아갔다(☞오딧세우스, ☞계보 39).

칼리로에 Καλλιρρόη / Callirhoe 칼리로에(〈아름다운 샘물〉이라는 뜻)라는 이름을 가진 여인들은 여러 명 있다.

1. 첫번째 칼리로에는 오케아노스와 테티스(I)의 딸이다. 그녀는 고르곤과 포세이돈의 아들인 크리사오르와 결합하여, 괴물들인 게리오네우스와 에키드나를 낳았다(☞계보 32). 또한 그녀는 포세이돈과의 사이에서 미니아스를 낳았고, 네일로스와의 사이에서는 키오네를, 리디아의 초대 왕인 마네스와의 사이에서는 코티스를 낳았다.

2. 또 다른 칼리로에는 하신 아켈로오스의 딸이다. 그녀는 알크마이온과 결혼하여, 두 아들 암포테로스와 아카르난을 낳았다(☞계보 1). 그녀는 남편이 페게우스의 아들들에게 죽임을 당하자, 자신을 사랑하던 제우스에게 두 아들이 속히 어른이 되어 남편의 원수를 갚게 해달라고 간청했다. 제우스는 그 청을 받아들였고 그녀는 복수를 할 수 있었다(☞아카르난). 이 모든 불행은 칼리로에가 신들의 애꿎은 선물인 하르모니아의 목걸이와 예복을 갖고 싶어했기 때문에 일어난 것이다(☞카드모스, ☞알크마이온).

3. 하신 스카만드로스에게도 칼리로에라는 이름의 딸이 있었다. 그녀는 트로스와 결혼하여 클레오파트라와 일로스, 앗사라코스, 가니메데스 등 네 명의 자식을 두었다(☞계보 7). 트로아스와 관련이 있는 또 다른 칼리로에가 있는데, 그녀는 아마도 2번의 인물과 동일할 것이다. 이 칼리로에는 파리스가 헬레네를 사랑하기 전에 이데 산에서 목동으로 지낼 때 사랑하던 님프였다. 그러나 파리스가 헬레네를 위해 칼리로에를 버리자, 그녀는 잃어버린 사랑 때문에 많은 눈물을 흘렸다.

4. 또 한 명의 칼리로에는 리비아 왕 리코스의 딸이다. 트로이아 전쟁 후 디오메데스가 풍랑을 만나 리비아 해안에 표착하자, 리코스는 디오메데스를 붙잡아 아레스에게 희생 제물로 바치려고 했다. 그때 칼리로에가 디오메데스를 사랑하게 되어 목숨을 구해 주었다. 하지만 디오메데스는 그녀를 버렸고, 절망에 빠진 그녀는 목매어 죽었다.

5. 칼리로에는 칼리돈 근처에 있는 샘의 이름이기도 하다. 칼리로에라는 아가씨가 디오니소스의 사제인 코레소스의 사랑을 거절했다고 한다. 코레소스는 디오니소스에게 자신의 신세를 하소연했고, 신은 그 지역의 백성들을 실성하게 만들었다. 백성들이 도도네의 신탁을 구하자, 디오니소스의 분노를 가라앉히기 위해서는 코레소스가 섬기는 제단에 칼리로에나 그녀를 대신할 사람을 희생물로 바쳐야 한다는 대답이 내렸다. 코레소스는 그녀를 사랑한 나머지 차마 죽일 수 없어서 자신의 생명을 대신 바쳤고, 민망함을 견디지 못한 칼리로에는 근처의 샘에 빠져 죽고 말았다. 그 샘에 그녀의 이름이 붙여졌다.

칼리스토 Καλλιστώ / Callisto 1. 칼리스토에 관한 전설은 아르카디아의 신화이다. 칼리스토는 숲의 님프라고도 하고, 리카온 왕의 딸이라고도 하며, 닉테우스의 딸이라고도 한다. 그녀는 처녀로 지내기로 결심하고, 아르테미스 여신의 추종자들에 끼어 산에서 사냥을 하며 살았다. 그런데 제우스가 그녀를 보고 사랑에 빠지고 말았다. 그는 남자들을 피해 다니는 칼리스토와 사랑을 나누기 위해 아르테미스의 모습으로 변신했다. 혹은 아르테미스와 남매간이며 아르카디아의 신인 아폴론의 모습을 취했다고 한다. 제우스와 칼리스토 사이에 아르카스가 태어났다. 칼리스토가 임신해 있던 어느 날 아르테미스와 그 시녀들은 샘에서 목욕을 하게 되었다. 그녀가 옷을 벗자 임신 사실이 드러났다. 화가 난 아르테미스는 그녀를 쫓아 버리고 곰으로 만들었다. 혹은 헤라가 질투하여 칼리스토를 곰으로 만들었다고도 하고, 제우스가 칼리스토를 헤라의 손아귀에서 안전하게 숨겨 놓기 위해 곰으로 만들었다고도 한다. 그러나 헤라가 그녀를 발견하여 아르테미스에게 화살로 쏘아 죽이라고 설득했다. 혹은 아르테미스가 순결을 지키지 않은 칼리스토에 대한 벌로 그녀를 죽였다는 이야기도 있다. 제우스는 칼리스토를 큰곰자리로 만들었다(아르카스와 연관된 전설의 이본들에 관해서는 ☞계보 9).

칼리스토의 둘째 아들이 아르카스의 쌍둥이 형제 판 신이라는 이야기도 있다.

2. 오딧세우스와 남매간인 또 다른 칼리스토에 대해서는 ☞계보 39.

칼리오페 Καλλιόπη / Calliope 무사이[뮤즈들] 중의 한 명이다. 여느 무사이와 마찬가지로 그녀의 기능도 원래는 특별히 정해져 있지 않았다. 알렉산드로스 대왕 때부터, 그녀는 서정시를 담당하는 무사[뮤즈]가 되었다. 칼리오페는 세이레네스(☞)와 리노스(☞), 레소스(☞)의 어머니로 간주되기도 한다. 몇몇 전설에서 그녀는 페르세포네와 아프로디테가 아도니스를 두고 싸울 때 중재자로 등장한다.

칼리폴리스 Καλλίπολις / Callipolis 알카토오스의 아들이다. 칼리폴리스는 희생 제사를 방해했다는 이유로 아버지 알카토오스(☞)의 손에 죽었다. 그의 무덤은 메가라에 있었다.

칼립소 Καλυψώ / Calypso 1. 칼립소는 님프이다. 그녀가 아틀라스와 플레이오네의 딸이라는 설도 있고(☞플레이아데스), 헬리오스(태양)와 페르세이스의 딸이라는 설도 있다(후자의 경우 칼립소는 아이에테스 및 키르케와 남매간이 된다. ☞아이에테스, ☞키르케). 칼립소는 저자들이 지중해 서쪽에 있다고 말하는 오기기아 섬(지브롤터 맞은편에 있는 세우타 반도와 동일한 것으로 추정)에 살았다. 〈감추는 자〉라는 뜻인 칼립소는 난파당한 오딧세우스를 구해 주었다. 『오딧세이아』는 그녀가 오딧세우스를 얼마나 사랑했는지, 그리고 10년(7년 혹은 1년) 동안이나 그녀의 집에 묵게 하면서 그를 불사신으로 만들려고 그녀가 얼마나 노력했는지 이야기하고 있다. 하지만 오딧세우스는 마음 깊은 곳에서 언제나 이타케로 돌아가고자 했으므로 칼립소에게 넘어가지 않았다. 칼립소는 여러 개의 방이 있는 깊은 동굴에 살고 있었다. 이 동굴은 잔디가 깔려 있고 큰 나무들과 샘이 있는 신성한 숲과 접해 있었다. 칼립소는 노래하면서 일하는 님프들인 시녀들과 함께 실을 잣고 베를 짜며 시간을 보냈다. 아테나의 간청으로, 제우스는 헤르메스를 칼립소에게 보내어 오딧세우스를 떠나보내라고 명령했다. 칼립소는 사랑하는 오딧세우스를 마지못해 떠나보냈다. 그녀는 오딧세우스에게 뗏목을 만들 나무와 여행 중에 먹을 식량을 주었고, 어떤 별을 길잡이 삼아 항해해야 할지도 가르쳐 주었다.

『오딧세이아』 이후의 전설을 보면, 오딧세우스와 칼립소 사이에서 태어난 라티노스(대개 그는 오딧세우스와 키르케의 아들이라고 하지만)라는 아들이 나온다. 오딧세우스와 칼립소가 나우시토오스와 나우시노오스라는 두 아들을 두었다는 이야기도 있다. 이 두 아들의 이름은 배(나우스)를 상기시킨다. 또한 오딧세우스와 칼립소 사이에서 아우소니아의 명조인 아우손이 태어났다는 설도 있다(☞아우손, ☞오딧세우스, ☞계보 39).

2. 칼립소는 테티스(I)와 오케아노스 사이에서 태어난 딸들 중 한 명의 이름이기도 한다.

칼카스 Κάλχας / Calchas 칼카스는 미케나이 혹은 메가라의 예언자이다. 그 시대의 예언자들 중에서 그는 새들의 나는 모습을 가장 잘 해석했으며, 과거와 현재, 미래를 가장 잘 알고 있었다. 칼카스에게 예언 능력을 준 것은 아폴론으로, 칼카스는 테스토르의 아들이므로 아폴론의 자손이기도 하다. 그는 트로이아 원정길에 나선 그리스 군의 공식적인 예언자였다. 그래서 트로이아 전쟁과 준비의 중요한 순간마다 칼카스의 예언을 찾아볼 수 있다. 아킬레우스가 아홉 살이었을 때, 그가 전쟁에 참여하지 않으면 그리스 군이 이길 수 없다고 예언한 사람도 바로 칼카스이다. 그래서 테티스(II)가 아들 아킬레우스를 여자로 변장시켜 스키로스 왕의 딸들 가운데 숨겨 두었던 것이다(☞아킬레우스). 아울리스에서 칼카스는 희생 제단에 놓인 새들을 잡아먹은 뱀이 의미하는 징조를 풀이하면서, 트로이아는 원정 10년째 되는 해에 정복될 것이라고 선언했다(☞아가멤논). 행선지를 착각한 그리스 군이 불행하게도 미시아에 상륙한 뒤 텔레포스가 그들을 트로아스로 인도해 주기로 했을 때, 칼카스는 그의 지침들을 예언으로 확인해 주었다(☞아킬레우스). 아울리스에서 두 번째로 출항하려고 했을 때, 그리스 함대가 무풍(無風) 때문에 떠날 수 없는 것이 아르테미스 여신의 진노 때문이라고 갈파한 것도 칼카스였다(☞이피게네이아, ☞아가멤논). 나중에 아킬레우스가 죽고 텔라몬의 아들 아이아스가 자살하자 칼카스는 그리스 군이 승리하려면 반드시 헤라클레스의 활을 손에 넣어야 한다고 선포했다. 이 예언 때문에 오딧세우스는 필록테테스를 그리스 군으로 데려와야 했다(☞오딧세우스, ☞필록테테스). 헬레노스가 이데 산에서 은둔하고 있을 때 칼카스는 그리스 군이 헬레노스를 포로로 잡아야 한다고 권고했는데, 이는 헬레노스만이 그리스 군이 트로이아를 점령할 수 있는 조건을 말해 줄 수 있었기 때문이다(☞헬레노스). 그리스 군이 트로이아 성에 들어가지 못하자, 목마를 만들자고 제안한 것도 바로 칼카스였다. 목마 덕분에 그리스 병사들은 트로이아 성에 들어갈 수 있었으며, 그 역시 병사들과 함께 목마 안에 들어가 있었다. 그리스 군이 트로이아를 떠날 때도 그는 아테나의 분노 때문에 자신들의 귀향이 쉽지 않을 것이라고 예언했다. 아테나가 보호하던 텔라몬의 아들 아이아스가 당한 불의 때문에 여신이 화가 났던 것이다(☞아이아스 II). 그는 자신이 귀환하지 못할 것을 알고 그들과 함께 떠나지 않으려고 했다. 그는 다른 예언자인 암필로코스(☞암피아라오스의 아들)와 레온테우스, 포달레이리오스, 그리고 폴리포이테스와 함께 배에 탔다. 그들의 배는 소아시아의 콜로폰에 이르렀다(혹은 거기까지 걸어서 갔다고도 한다). 칼카스는 자신보다 더 뛰어난 예언자를 만나게 되면 죽으리라는 신탁(아마도 헬레노스의 예언)을 받은 바 있었다. 콜로폰에서 그는 예언자 몹소스를 만났다. 몹소스의 집 주변에는 무화과나무 한 그루가 있어, 칼카스는 〈이 나무에 열매가 얼마나 맺히겠는지요?〉라고 물었다. 몹소스는 〈1만 1 부아소[곡물을 재는 옛 용량 단위]하고도 한 개 더 열릴 겁니다〉라고 답했고, 확인을 해보자 그의 말이 옳았다. 근처에 통통하게 살진 암퇘지 한 마리도 있어, 몹소스는 칼카스에게 〈새끼를 몇 마리 낳을까요? 또 언제 낳을까요?〉라고 물었다. 칼카스는 여덟 마리를 낳을 것이라고 답했는데, 몹소스는 칼카스에게 그 말이 틀렸다고 했다. 암퇘지는 여덟 마리가 아니라 아홉 마리를 낳을 것이며, 그 아홉 마리는 모두 수컷이고 다음날 여섯 시에 낳으리라는 것이었다. 몹소스의 말대로 되었고 칼카스는 슬픔에 잠겨 죽었다. 그는 자살했다고도 한다. 그는 콜로폰 근처의 노티온에 묻혔다. 코논은 두 예언자 사이에 벌어진 이 경쟁에 관해 또 다른 이야기를 전한다. 리카이아 왕이 원정을 준비하고 있었다. 몹소스는 왕에게 패전할 것이라며 원정을 만류했지만 칼카스는 왕에게 승리를 장담했다. 왕은 전장에 나갔고 패했다. 이 일로 몹소스의 명성은 높아졌지만, 절망에 빠진 칼카스는 자살하고 말았다고 한다.

칼카스의 죽음에 관해서는 또 다른 이야기도 있다. 칼카스는 미시아의 그리니온 숲에 있는 아폴론의 신성한 과수원에 포도나무 한 그루를 심었다. 근처에 살던 어느 예언자가 그에게 그 포도나무에 열린 열매로 담근 포도주를 결코 마실 수 없을 것이라고 예언했다. 칼카스는 그 예언자를 비웃었다. 포도나무는 자라서 열매를 맺었고 칼카스는 그 열매로 포도주를 담갔다. 새 포도주를 마시는 날, 칼카스는 이웃 사람들과 그 예언자를 초대했다. 칼카스가 잔에 포도주를 가득 채우고 입에 대려는 순간, 그 예언자는 칼카스가 그 술을 마실 수 없을 것이라고 다시 한번 예언했다. 칼카스는 웃기 시작했다. 그는 웃다가 숨이 막혀, 술잔을 입술에 갖다 대지도 못하고 죽고 말았다(☞안티노오스).

이탈리아 남부의 전설들에는 칼카스라는 또 다른 예언자가 나오는데, 그의 무덤이 타렌툼 만의 시리스에 있었다고 한다. 또 아드리아 해(海)의 가르가논 산 부근에는 그곳에서 꿈을 꾸면 미래를 알게 된다는 신전이 하나 있었는데, 그 신전에도 다른 칼카스가 있었다. 시리스의 칼카스는 헤라클레스의 주먹에 맞아 목숨을 잃었다. 이런 여러 가지 전설들은 서로 잘 연결되지 않는다(☞칼코스).

칼코돈 Χαλκώδων / Chalcodon 1. 칼코돈은 에우보이아의 용사이다. 그는 아반테스 족의 명조인 아바스의 아들이며, 트로이아 전쟁에 참여한 엘레페노르의 아버지이다(☞엘레페노르). 테바이인들이 에우보이아 인들에 대한 조공 의무를 벗기 위해 전쟁을 벌이자, 칼코돈은 이 전쟁에 참여했다가 암피트리온의 손에 목숨을 잃었다. 그의 무덤은 칼키스에서 멀지 않은 곳에 있었다. 칼코돈에게는 엘레페노르 외에 딸도 한 명 있었다. 그의 딸인 칼키오페는 아이게우스의 두 번째 아내가 되었다(☞칼키오페).

칼코돈이라는 이름을 가진 다른 용사들은 다음과 같다.

2. 엘리스 원정에 나오는 헤라클레스의 동료.
3. 히포다메이아의 구혼자들 중 한 명(☞히포다메이아).
4. 헤라클레스가 에우리필로스를 공격하기 위해 코스 섬에 갔을 때, 코스 섬을 지키려 했던 인물들 중의 한 명(☞에우리필로스, ☞헤라클레스). 이 칼코돈은 헤라클레스에게 상처를 입혔으며, 헤라클레스는 제우스가 싸움터를 벗어나게 해준 덕분에 간신히 목숨을 구할 수 있었다.

칼코스 Κάλχος / Calchus 칼코스는 이탈리아 남부의 옛 민족인 다우니이 인들의 왕이다. 마녀 키르케가 오딧세우스의 방문을 받았을 때, 칼코스는 그녀를 사랑하고 있었다. 하지만 키르케는 오딧세우스를 사랑했기 때문에, 칼코스의 사랑을 받아들이려 하지 않았다. 칼코스가 집요하게 사랑을 요구하자, 그녀는 그를 잔치에 초대한 뒤 돼지로 만들어 외양간에 가두어 버렸다. 다우니이 인들은 왕이 되돌아오지 않자, 병력을 이끌고 그를 찾으러 왔다. 키르케는 칼코스가 사랑을 표현하기 위해서건 다른 무슨 이유에서건 다시는 키르케의 섬을 찾아오면 안 된다는 조건으로, 그를 다시 인간으로 만들어 돌려보냈다.

칼콘 Χάλκων / Chalcon 1. 칼콘은 파르나소스의 마을 키파리소스 출신 용사이다. 네스토르는 그의 아들 안틸로코스에게 칼콘을 조언자이자 시종으로 주라는 신탁을 받았다. 아킬레우스와 아마조네스 족의 여왕 펜테실레이아 사이에 싸움이 벌어지자, 펜테실레이아를 사랑하던 칼콘은 그녀를 도와주었다. 그는 아킬레우스에게 죽임을 당했고, 그의 시신은 배신에 대한 형벌로 십자가형에 처해졌다.
  2. 또 다른 칼콘은 메티온의 아들이다(☞아바스 1).

칼키오페 Χαλκιόπη / Chalciope 칼키오페라는 이름의 여인들은 여러 명 있다.
  1. 첫번째 칼키오페는 코스 섬의 왕 에우리필로스의 딸이다. 그녀는 헤라클레스와의 사이에서 테살로스를 낳았다(☞계보 16).
  2. 두 번째 칼키오페는 콜키스 왕 아이에테스의 딸이다. 그녀는 프릭소스와 결혼하여 네 명의 자식을 낳았다. 아르고스와 멜라스, 프론티스, 키티소로스가 그들이다(☞계보 33).
  3. 세 번째 칼키오페는 렉세노르의 딸이다(☞칼코돈 1). 그녀는 아테나이 왕 아이게우스의 두 번째 아내가 되었다. 아이게우스의 첫째 아내는 호플레스의 딸 메타였다. 아이게우스는 칼키오페와의 사이에 자식이 없자, 델포이에 갔다가 돌아오는 길에 트로이젠에서 아이트라와 동침하여 테세우스를 낳았다(☞아이게우스, ☞테세우스).

캄블레스 Κάμβλης / Cambles 캄블레스는 리디아의 왕이다. 그는 식욕이 지나쳐서 자신의 아내까지 먹어 버렸다. 후회에 빠진 그는 스스로 목숨을 끊었다. 이 왕은 캄블레스가 아니라 캄블리테스라고 불리기도 한다(☞이아르다노스).

캄페 Κάμπη / Campe 캄페는 크로노스의 명령을 받은 여자 괴물로, 하계에 갇혀 있던 키클로페스와 헤카톤케이레스를 지켰다(☞크로노스). 제우스에게 키클로페스의 도움이 있어야만 크로노스와 티탄 족들과의 싸움에서 이길 수 있다는 신탁이 내려지자, 제우스는 캄페를 죽이고 키클로페스를 풀어 주었다.

케달리온 Κηδαλίων / Cedalion 케달리온은 헤파이스토스에게 금속 벼리는 법을 가르쳐 준 스승이다. 렘노스에서 헤파이스토스가 태어나자 그의 어머니 헤라는 낙소스에 사는 케달리온에게 아들을 맡겼다. 케달리온은 아이에게 자신의 기술을 가르쳐 주었다.
  장님이 된 오리온을 도와 시력을 되찾게 한 이도 케달리온이다. 오리온은 케달리온을 어깨에 태우고 태양이 뜨는 쪽으로 자신이 몸을 돌릴 수 있도록 방향을 가리켜 달라고 부탁했다. 그렇게 하자 오리온은 시력을 되찾게 되었다(☞오리온).

케라모스 Κέραμος / Ceramus 케라모스는 아티카 사람으로, 아테나이의 마을 〈케라메이코스〉의 명조이다. 그는 아리아드네와 디오니소스의 아들이며, 그의 이름이 보여 주듯 도기 제조법의 창안자로 여겨진다.

케람보스 Κέραμβος / Cerambus 케람보스는 테살리아에 있는 오트리스 출신의 목동이었다. 데우칼리온의 대홍수 때, 그는 홍수를 피해 산으로 몸을 피했다. 님프들은 케람보스를 풍뎅이(그리스 어로 〈케람비스〉)로 변신시켜 날개를 달아 주었다(☞테람보스).

케레비아 Κηρεβία / Cerebia 케레비아는 딕티스와 폴리덱테스의 어머니이다. 세리포스 섬에 살았던 이 두 형제는 페르세우스 전설에 등장한다(☞페르세우스). 케레비아는 포세이돈의 자식들을 낳았다. 또 다른 저자들에 의하면 딕티스와 폴리덱테스는 포세이돈이 아니라 마그네스의 자식들이라고 한다.

***케레스** Ceres 케레스는 그리스 여신 데메테르의 로마 식 이름으로, 케레스는 데메테르와 완전히 동화되었다. 이름의 어원적 의미로 볼 때 케레스는 식물 생장의 힘을 나타내는 옛 신이지만(케레스는 〈자라다〉를 의미하는 어근과 관련이 있다), 이 여신은 다른 신에 가려 존재가 희미해졌다. 포르센나의 인도를 받은 에트루리아 인들이 초기 로마를 공격했을 때, 로마에 기근이 닥쳤다고 한다. 사람들은 그리스 신탁을 모아 놓은 시빌레의 신탁집을 펼쳐 보았다. 거기에는 디오니소스 숭배와 데메테르 숭배를 로마에 도입해야 한다고 적혀 있었다. 이때가 기원전 496년이었다. 이 숭배는 아벤티누스에서 이루어졌다.
케레스에 관한 그 밖의 전설들은 실상 데메테르(☞)의 전설들에서 이름만 바꾼 것이다.

케레스 Κῆρες / Keres 케레스는『일리아스』에서 중요한 역할을 맡고 있는 정령들이다. 그녀들은 보통 전쟁과 폭력의 장면에 나타나 죽음에 처한 영웅을 데려가는 〈운명〉으로 그려진다. 그녀들은 검고 날개 달린 모습에 희고 무시무시한 큰 이빨, 길고 뾰족한 손톱을 가지고 있으며, 시체를 찢고 사상자들의 피를 마신다. 그녀들의 겉옷은 인간의 피로 얼룩져 있다. 하지만 이들이 단지 전장의 〈발키레〉들[북유럽 신화에 나오는 전쟁터의 여신들]에 불과한 것은 아니다. 호메로스의 몇몇 표현들은 이들이 각각의 인간과 동행하면서 개인의 죽음은 물론 삶의 형태까지도 구현하는 운명으로 여겨졌음을 보여 준다. 가령 아킬레우스도 두 가지 케레 앞에서 선택을 하게 된다. 하나는 전쟁이나 영광과는 무관하게 조국에서 길고 행복한 삶을 누리는 것이고, 또 하나는 일찍 죽는 대신 트로이아 전쟁에서 불멸의 명성을 얻는 것이었는데, 그는 후자를 택한다. 또한 제우스는 아킬레우스와 헥토르의 싸움에서 누가 죽어야 하는지 알기 위해 신들 앞에서 이 둘의 케레를 저울에 달아 본다. 헥토르의 케레를 얹은 저울 접시가 하데스 쪽으로 기울자 아폴론은 곧 그를 포기하고 불가피한 운명에 내맡긴다.

케레스는 헤시오도스의『신들의 계보』에서 그럭저럭 하나의 계보를 획득한다. 그녀들은 〈밤의 딸들〉로 등장한다. 그러나 같은 대목에서 몇 줄 더 내려가면 시인은 케레 한 명을 타나토스와 모로스(죽음과 운명)의 자매로, 또 여러 케레스를 모이라이(혹은 파르카이)로 명명하고 있다. 여기에는 분명히 가필된 부분이 있거나, 아니면 이러한 모순은 독자적인 신인 동시에 개인에게 내재하는 힘이기도 한 케레라는 개념이 지닌 대중적이고 막연한 특성에서 온 것일 수도 있다. 가령『일리아스』에서 트로이아 인들에게 하나의 케레가, 아카이아 인들에게 또 하나의 케레가 있는 것으로 이야기되는 것을 볼 수 있다. 이 구절은 그것이 들어 있는 전체 맥락보다 더 후대의 것이지만, 그래도 케레라는 개념이 집단적인 가치도 지닐 수 있음은 확실하다.

고전 시대의 케레스는 주로 문학적 잔재로 남아 다른 비슷한 신들과 혼동되는 경향이 있다. 즉 악마적이고 야생적인 성격을 띤 이들은 모이라이나 에리니에스와 근접해 있다. 비극 작품들에 등장하는 그녀들은 호메로스의 서사시에서 차용된 존재일 따름이다. 플라톤은 한 시적인 대목에서 그녀들을 인간 생활에서 건드리는 것마다 모두 더럽히고 마는 하르피이아이 같은 악령들로 묘사하고 있다. 민간 설화는 결국 그녀들을 안테스테리아 축제에서처럼 희생 제물을 바쳐 진정시킬 수밖에 없는 망자들의 악령과 동일시하게 되었다.

케로에사 Κερόεσσα / Ceroessa 케로에사는 이오와 제우스의 딸이다. 그녀는 비잔티온[비잔티움] 근처의 〈황금 뿔〉이라는 반도에서 태어났다. 그래서 이름의 어근이 뿔을 가리키는 단어(케라스)를 상기시킨다. 그녀는 님프의 손에서 자랐으며 나중에 포세이돈의 사랑을 받아 비잔티온의 건설자이자 초대 왕이 될 비자스를 낳았다. 그녀에게는 또 다른 아들인 스트롬보스가 있었는데, 그는 형제인 비자스와 비잔티온 백성들에 대항하여 싸움을 벌였다.

케르베로스 Κέρβερος / Cerberus 케르베로스는 〈하데스의 개〉이다. 그는 죽음의 세계를 지키고 살아 있는 자들이 들어오지 못하게 막는 괴물들 중 하나인데, 특히 아무도 그곳에서 나가지 못하도록 지키는 것이 그의 일이었다. 가장 일반적으로 묘사되는 케르베로스의 모습은 다음과 같다. 개 형상의 머리 세 개가 달려 있고(심지어 50개 혹은 100개의 머리를 갖고 있다고도 한다), 꼬리는 뱀이며 등에는 수많은 뱀의 머리들이 솟아나 있었다. 하계의 문에 묶여 있는 그 개는 그곳을 지나는 영혼들에게 겁을 주었다. 에우리스테우스가 헤라클레스에게 부과한 과업 중 하나가, 하계로부터 케르베로스를 지상으로 끌고 오는 것이었다. 헤라클레스는 엘레우시스 비의에 입문한 후 길을 떠났다. 하데스는 헤라클레스에게 무기를 사용하지 않고 케르베로스를 제압할 수 있으면 지상으로 데려가도 좋다고 했다. 헤라클레스는 완력으로만 케르베로스를 거의 질식시킴으로써 싸움에서 이겼다. 헤라클레스가 에우리스테우스에게 케르베로스를 데려가자, 겁에 질린 에우리스테우스는 그것을 다시 하계로 데려가라고 명령했다. 후에 케르베로스는 오르페우스의 음악에 매료되었다.

케르베로스는 에키드나와 티폰의 아들로 통한다. 그는 게리오네우스의 괴물 개인 오르트로스, 레르네의 히드라, 네메아의 사자 등과 형제간이다.

케르카포스 Κέρκαφος / Cercaphus 케르카포스는 헬리오스와 로데의 아들 일곱 명 즉 헬리아다이 중 한 명이다. 그는 형제인 오키모스의 딸들 중 한 명인 키디페와 결혼했고, 오키모스의 뒤를 이어 로도스 섬의 왕이 되었다. 그에게는 이알리소스, 린도스, 카미로스 등 세 아들이 있었으며, 이들은 섬을 나누어 갖고 각기 자신의 이름을 딴 도시들을 세웠다(☞오키모스).

케르코페스 Κέρκωπες / Cercopes 케르코페스는 에우리바테스와 프리논다스, 혹은 실로스와 트리발로스 형제를 가리키는데, 〈케르코페스〉라는 총칭으로 부르는 것이 일반적이다. 그들의 어머니는 오케아노스의 딸들 중 한 명인 테이아이다. 케르코페스는 몸집이 아주 크고 힘이 굉장히 센 도둑들이었다. 그들은 나그네에게서 소지품을 털고 목숨까지 빼앗았다. 테이아는 케르코페스에게 멜람피고스(〈검은 엉덩이를 가진 남자〉라는 뜻)라는 이름의 나그네를 조심하라고 알려 주었다. 어느 날 케르코페스는 길가에 자고 있는 헤라클레스를 발견하고 도둑질을 하려 했다. 잠에서 깬 헤라클레스는 쉽게 그들을 붙잡아 긴 막대기 끝에 하나씩 묶고는, 시장에 가져가는 새끼양들처럼 어깨에 짊어졌다. 그제야 케르코페스는 헤라클레스가 검은 엉덩이를 가진 자라는 것을 깨달았고, 어머니의 예언을 기억해 냈다. 그들은 재담으로 헤라클레스를 유쾌하게 만들어 풀려났다.

하지만 이 사건 이후에도 케르코페스는 도둑질과 약탈을 멈추지 않았다. 결국 그들의 행동에 화가 난 제우스가 그들을 원숭이로 변신시켜, 나폴리 앞바다에 있는 두 개의 섬인 프로스키다와 이스키아에 옮겨 놓았다. 그들의 후손은 거기서 살았다. 그리하여 고대 그리스 때, 이 섬들은 〈원숭이들이 사는 섬〉이라는 뜻인 〈피테쿠사이〉라고 불렸다(☞헤라클레스).

케르키라 Κέρκυρα / Cercyra 케르키라 혹은 코르키라는 아소포스 강의 딸이다. 그녀의 어머니는 아르카디아 출신의 메토페이다. 케르키라는 포세이돈에게 납치되었으며, 포세이돈은 그녀의 이름을 따라 코르키라(오늘날의 코르푸)라고 불리게 될 섬에서 그녀와 결합했다. 그녀는 파이아케스 족의 명조인 파이악스를 낳았다.

케르키온 Κερκυών / Cercyon 1. 케르키온은 엘레우시스 출신으로, 포세이돈(혹은 헤파이스토스)과 암픽티온의 딸 사이에서, 혹은 브랑코스와 님프 아르기오 사이에서 태어났다(☞라로스). 케르키온은 엘레우시스에서 메가라로 가는 길에 터를 잡고 살면서, 지나던 나그네들을 막아 세우고 억지로 씨름을 하게 만들었다. 그리고 자신이 이기면 상대편을 죽였다. 테세우스가 그 길을 지나다가 케르키온을 만나게 되었다. 케르키온보다 씨름에 더 능했던 테세우스는 그를 공중에 집어들어 땅에 난폭하게 내동댕이쳐서 죽였다.

메가라에서 엘레우시스로 가는 길에 〈케르키온의 씨름터〉라고 불리는 장소가 있었다. 바로 그곳이 케르키온이 나그네들에게 싸움을 걸던 장소였다고 한다(☞알로페).

2. 전설에는 아가메데스의 아들인 다른 케르키온도 있다(☞아가메데스).

케릭스 Κήρυξ / Ceryx 그리스 어로 〈전령〉이라는 뜻의 케릭스는 엘레우시스의 에우몰포스의 아들이다(☞에우몰포스). 아버지가 죽자, 케릭스는 데메테르 제사를 맡았다. 제사 예식에 등장하는 〈전령ceryces〉[종교 행사의 행렬이 다가오는 것을 알리고, 대중을 조용하게 하며 길을 비키게 하는 역할을 했다]의 선조가 바로 케릭스이다. 케릭스가 아글라우로스와 헤르메스의 아들이라는 이야기도 있다(☞아글라우로스).

케이론 Χείρων / Chiron 케이론은 켄타우로스 중에서 가장 유명하고 지혜로우며 박식하다. 그는 오케아노스의 딸 필리라와 크로노스 사이에서 태어난 아들이다. 그러므로 케이론은 제우스 및 올림포스 신들과 같은 세대에 속한다. 크로노스는 케이론을 낳기 위해 말의 모습으로 필리라와 결합했으며, 그래서 케이론은 반인 반마의 모습을 지니고 있었다. 그는 불멸의 존재로 태어났으며, 테살리아에 있는 펠리온 산의 동굴에서 살았다. 케이론은 인간들과 아주 친했으며 친절하고 지혜로웠다. 그는 펠레우스가 아카스토스의 궁정에서 겪은 일로 죽임을 당할 뻔했을 때, 다른 난폭한 켄타우로스들로부터 펠레우스를 보호해 주었다(☞아카스토스, ☞펠레우스). 펠레우스에게 테티스(II)와 결혼하라고 충고해 준 것도 케이론이었다. 그는 펠레우스에게 테티스의 변신을 막으면서 그녀와 결혼할 수 있는 방법을 가르쳐 주고, 물푸레나무로 된 창도 결혼 선물로 주었다. 펠레우스가 아내와 헤어지고 나서 아들 아킬레우스를 맡긴 것도 케이론이었다(☞아킬레우스). 케이론은 아킬레우스 외에도, 이아손과 아스클레피오스 등을 키웠다. 아폴론 신도 케이론에게서 가르침을 받았다. 케이론은 음악과 전쟁술, 사냥술, 윤리 등을 가르쳤다. 그의 가르침에는 의학도 포함되었는데, 그는 유명한 의사였으며 수술도 했다. 어린 아킬레우스가 어머니 테티스의 마법 때문에 화상을 입었을 때, 손상된 아킬레우스의 뼈를 거인의 뼈로 갈아 끼운 것도 케이론이었다(☞아킬레우스).

헤라클레스가 수많은 켄타우로스들을 죽일 때, 케이론은 헤라클레스 편이었다. 하지만 그는 사고로 헤라클레스가 던진 화살에 맞아 치명상을 입었다. 케이론은 상처에 약을 발랐지만 치유되지 않았고(☞필록테테스), 동굴로 들어가 죽음을 청했지만 불멸의 존재인지라 죽을 수도 없었다. 결국 필멸의 존재로 태어난 프로메테우스가 자신의 죽음을 케이론에게 양보해 주어, 비로소 케이론은 안식을 취할 수 있었다.

케익스 Κήυξ / Ceyx 1. 케익스는 트라키스 왕이며 헤라클레스의 친구이자 친척이다(그는 암피트리온의 조카였다). 헤라클레스가 실수로 어린 에우노모스를 죽이고 몸을 피했던 곳이 케익스 곁이었다(☞에우노모스). 헤라클레스가 죽은 후 에우리스테우스가 헤라클레스의 자식들을 미워하여 쫓아내자 이들도 트라키스의 케익스 곁으로 피신했다.

케익스의 딸 테미스토노에는 키크노스의 아내가 되었는데, 키크노스는 헤라클레스에게 죽임을 당했다. 키크노스를 위해 장례식을 치러 준 것도 케익스였다. 케익스에게는 두 명의 아들도 있었다. 헤라클레스의 오이칼리아 공격에 동참하여 죽은 히파소스, 헤라클레스와 함께 아르고나우타이의 원정에 참여한 힐라스가 그들이다(☞힐라스).

2. 또 다른 케익스는 에오스포로스의 아들이며 알키오네의 남편이다(☞알키오네). 그는 새가 되었다.

케크롭스 Κέκροψ / Cecrops 1. 케크롭스는 아티카 신화에 나오는 왕들 중 한 명으로, 통설에 의하면 아티카의 초대 왕이라고 한다. 케크롭스는 아티카의 대지에서 태어났으며, 그래서 이전까지 〈악테〉라고 불리던 곳이 그의 이름을 따라 케크로페이아라고 불리게 되었다. 케크롭스는 간혹 아티카의 초대 왕으로 간주되는 악타이오스 왕의 딸 아글라우로스와 결혼했다. 그래서 아들 에리시크톤(☞에리시크톤 2)과 에리크토니오스 신화에 나오는 세 딸 등 네 명의 자식을 두었다(☞아글라우로스).

케크롭스는 이중적 존재이다. 몸 위쪽은 인간의 모습이고 아래쪽은 뱀인 그의 이중적 모습은, 그가 대지의 아들임을 보여 준다.

케크롭스가 통치하던 시절에, 신들은 각기 지배권을 확대하기 위해 도시들을 놓고 경쟁을 벌였다. 아테나이는 아테나와 포세이돈이 동시에 탐내던 도시였다. 포세이돈은 아티카의 아크로폴리스를 삼지창으로 내리쳐서 〈해수〉가 솟아나도록 했다. 그 후 아테나 여신이 와서 케크롭스가 보는 가운데 아크로폴리스에 올리브나무를 심었다. 그러자 판결을 내리기 위해 제우스는 심판들을 임명했는데, 그 심판들이 케크롭스와 크라나오스라는 설도 있고, 열두 신들이라는 설도 있다. 심판들은 아테나에게 유리한 판결을 내렸다. 케크롭스가 아테나 여신이 아테나이에 처음으로 올리브나무를 심었다고 증언했기 때문이다. 화가 난 포세이돈은 홍수로 아티카를 뒤덮어 버렸다.

평화의 왕 케크롭스가 다스리던 시절, 아티카에서는 유익한 문명이 처음으로 자리를 잡았다. 케크롭스가 사람들에게 도시 건설하는 법과 죽은 자를 매장하는 법을 가르쳐 주었던 것이다. 문자를 발명하고 인구 조사법도 만들어 낸 것도 그라고 한다.

2. 아테나이 왕의 연대기에는 에레크테우스의 아들인 또 한 명의 케크롭스가 나온다(☞에레크테우스).

케테스 Κέτης / Cetes 케테스는 이집트의 왕이다. 그는 동식물이나 물, 불 등과 같은 기본 원소들로 변신하는 능력이 있었다. 그는 〈호흡에 관한 지식〉이 있었기에, 이 마법을 쓸 수 있었다.

케토 Κητώ / Ceto 케토는 폰토스(바다를 뜻하는 남성 명사)와 가이아(대지) 사이에서 태어난 딸인데, 그녀의 이름은 고래를 위시한 바다 괴물을 뜻하는 케토스를 상기시킨다. 케토는 네레우스, 타우마스 등과 남매간이다(☞계보 12, ☞계보 32). 그녀는 친오빠인 포르코스 혹은 포르키스와 결혼하여 자식들을 낳았다. 그라이아이(☞), 고르고네스(☞), 헤스페리데스(☞), 그리고 헤스페리데스의 사과들을 지키는 용이 그들의 자식이었다.

케팔로스 Κέφαλος / Cephalus 케팔로스는 서로 잘 연결되지 않는 여러 신화들의 주인공이다. 그의 출생에 관해서도 여러 가지 설이 있다. 통설에 의하면 케팔로스는 데이온의 아들이며, 데이온의 아버지인 아이올로스를 통해 데우칼리온의 후손이 된다. 그의 어머니는 크수토스와 크레우사의 딸인 디오메데이다(☞계보 8, ☞계보 20). 즉, 그는 조상 두 명을 통해 데우칼리온 일족에 속한다. 또 다른 저자들에 의하면 케팔로스는 아테나이 사람으로, 케크롭스의 딸들 중 한 명인 헤르세와 헤르메스 사이에서 태어난 아들이라고도 한다(☞계보 4). 끝으로 그는 때로 아테나이 왕 판디온의 아들로 간주되기도 한다. 그의 아내는 아테나이 왕 에레크테우스의 딸 프로크리스이다.

케팔로스와 관련된 첫번째 신화는 에오스가 그를 사랑하여 납치한 이야기이다(☞에오스). 그녀와 케팔로스는 시리아에서 파에톤을 낳았다. 하지만 케팔로스는 에오스를 버리고 아티카로 돌아와서 프로크리스와 결혼했다. 그는 프로크리스에게서 개를 선물로 받았는데, 프로크리스가 미노스에게서 받은 이 개는 사냥하는 짐승은 무엇이든 다 잡을 수 있는 능력을 제우스로부터 받고 있었다(☞프로크리스). 암피트리온이 테우메소스의 여우를 잡을 수 있었던 것은 케팔로스로부터 빌린 이 개 덕분이었다(☞암피트리온).

케팔로스와 프로크리스의 사랑에 문제가 없었던 것은 아니다. 프로크리스는 케팔로스를 아주 사랑했고, 케팔로스도 그랬다. 그러던 어느 날 갑자기 케팔로스는 아내의 정절을 의심하게 되어, 변장을 하고 아내를 시험하기로 했다. 아무도 알아채지 못하게 그가 프로크리스의 곁에 가자, 그녀는 남편이 그 자리에 없다고 생각했다. 변장한 케팔로스는 프로크리스에게 값비싼 선물을 주면서 자신의 애인이 되어 달라고 요구했다. 그녀는 오랫동안 거절했지만, 결국 그 제안을 받아들이고 말았다. 그러자 케팔로스는 자신의 정체를 드러냈다. 수치심과 분노에 떨던 프로크리스는 산속으로 도망갔다. 후회하게 된 케팔로스는 그녀를 쫓아갔다. 그들은 서로 잘못을 인정하면서 화해했다. 얼마 동안 그들은 행복하게 살았다. 하지만 이번에는 프로크리스가 질투를 하기 시작했다. 그녀는 남편이 자주 사냥 나가는 것을 보고, 산의 님프들이 그를 유혹하는 것이 아닌가 하고 생각하게 되었다. 그녀는 남편을 따라다니는 시종에게 물어보았다. 시종은 사냥이 끝나면 케팔로스가 멈추어 서서 그의 열정을 식혀 달라면서 신비한 〈미풍〉을 부른다고 대답했다. 질투심에 빠진 프로크리스는 불륜의 사랑을 하는 케팔로스를 급습하기로 작정했다. 그녀는 남편을 뒤쫓아갔다. 케팔로스는 수풀이 흔들리는 소리를 듣고, 그 방향으로 창을 던졌다. 그의 창은 과녁을 벗어나는 적이 없었기 때문에, 프로크리스는 치명적인 상처를 입게 되었다. 그녀는 죽기 전에 자신의 과오를 깨달았다. 케팔로스는 언제나 그녀만을 사랑했으며, 그가 불러낸 미풍은 바람에 지나지 않았던 것이다.

케팔로스는 아레이오파고스 앞에서 살인죄로 심판대에 올랐고, 추방 판결을 받아 아티카를 떠났다. 그는 암피트리온과 함께 타포스 원정에 참여했다. 그들이 승리한 후 섬의 이름은 케팔로스의 이름을 따서 케팔레니아가 되었다. 케팔로스는 리시페와 결혼하여 자식 넷을 두었으며, 그들은 케팔레니아의 네 부족의 명조가 되었다. 케팔로스는 라에르테스 일족의 시조라고도 하는데, 라에르테스의 아버지인 아크리시오스가 케팔로스의 아들 혹은 손자로 간주되기 때문이다. 케팔로스는 아들을 가질 방법을 묻기 위해 델포이 신탁을 받으러 갔다. 그는 처음 만나는 암컷과 결합하라는 신탁을 받았는데 암곰을 만나고 말았다. 신탁을 따르기 위해 그가 암곰과 교미하자 암곰은 아름다운 여인으로 변했다. 그리고 아들 아크리시오스를 낳았다(☞계보 39).

케팔리온 Κεφαλίων / Cephalion 케팔리온은 리비아의 목동으로, 암피테미스와 트리토니스 호수의 님프 사이에서 태어난 아들이다. 그는 아르고나우타이 원정에 참여한 에리보테스와 칸토스를 죽였다. 그들이 케팔리온의 가축 일부를 훔치려고 했기 때문이다(☞카파우로스).

케페우스 Κηφεύς / Cepheus 전설에는 두 명의 케페우스가 나온다.

1. 한 명은 아르카디아에 있는 테게아의 왕이다. 알레오스의 아들인 그는 아르고나우타이의 원정에 참여했다. 그는 헤라클레스 전설에서도 일역을 했다. 헤라클레스는 라케다이몬에서 히포코온의 아들들과 싸우기로 결정하고, 스무 명의 아들을 가진 케페우스와 동맹을 맺으려 했다. 하지만 케페우스는 자신이 나라를 떠나면 아르고스 인들이 그 틈을 타서 침입해 올까 봐 걱정했다. 케페우스를 설득하기 위해 헤라클레스는 청동 항아리에 들어 있는 고르곤의 곱슬머리를 맡기겠다고 했다. 그것은 아테나의 선물이었다. 케페우스가 없는 동안 적이 침입할 경우, 케페우스의 딸 스테로페가 고르곤의 곱슬머리를 꺼내 성벽 위에서 세 번 흔들되 뒤돌아보지만 않는다면 적들은 도망가리라는 것이었다. 이 말을 듣고 안심한 케페우스는 헤라클레스와 그의 형제 이피클레스와 함께 라케다이몬을 공격하러 떠났다. 이 전쟁에서 헤라클레스는 승리했지만 이피클레스, 케페우스와 그의 아들들은 모두 죽었다.

아르카디아의 케페우스는 알레오스의 아들이 아니라, 리쿠르고스의 아들로 나오기도 한다. 이 케페우스는 칼리돈 사냥에도 참여했다.

2. 안드로메데의 아버지이며 카시에페이아의

남편인 또 다른 케페우스는 벨로스의 아들이다(☞계보 3). 그는 에우프라테스 강가 혹은 에티오피아에 사는 케페네스 족을 다스렸다(☞안드로메데 ☞카시에페이아). 케페우스에게는 외동딸인 안드로메데밖에 자식이 없었다. 그가 죽자, 그의 손자이며 페르세우스의 아들인 페르세스가 왕위를 물려받았다.

켄타우로이 Κένταυροι / Centaures 켄타우로이[켄타우로스들]는 반은 인간이고 반은 말인 괴물들이다. 상체는 인간이고, 때로는 인간의 다리들을 갖고 있는 경우도 있지만, 가슴에서부터 뒷부분은 말이다. 적어도 고대에는 말의 다리 네 개와 인간의 팔 두 개를 가진 것으로 묘사되었다. 그들은 산과 숲에서 살며 날고기를 먹고, 아주 폭력적인 습성을 갖고 있었다.

일반적으로, 켄타우로스들은 제우스가 헤라의 모습으로 만든 구름과 익시온 사이에서 태어났다고 여겨졌다. 제우스는 헤라 모습의 구름을 보내어 익시온이 감히 그녀와 불경한 사랑을 나누고자 하는지 알아보려 했던 것이다(☞익시온, ☞계보 23). 케이론과 폴로스만 다른 켄타우로스들과 성격이 다른데, 이들은 출생부터 다르다. 케이론은 필리라와 크로노스의 사랑에서 태어났으며(☞케이론), 폴로스는 실레노스와 물푸레나무의 정령(☞멜리아데스) 사이에서 태어났다. 케이론과 폴로스는 난폭한 여느 켄타우로스들과 같지 않았다. 그들은 손님에게 호의적이고 친절하며 인간들을 사랑하고 폭력을 사용하지 않았다.

켄타우로스들은 여러 신화에 등장한다. 그들은 여러 번에 걸쳐 헤라클레스와 싸운다. 헤라클레스는 에리만토스 산의 멧돼지를 사냥하러 가던 길에 폴로스의 집에 이르렀다. 폴로스는 헤라클레스를 환대하여, 자신은 날고기를 먹으면서도 손님에게는 고기를 익혀 대접했다. 헤라클레스가 포도주를 달라고 하자, 폴로스는 포도주가 한 단지 있긴 하지만 켄타우로스들의 공동 소유라서 함부로 단지 뚜껑을 열 수 없다고 대답했다. 그 술은 디오니소스의 선물로, 켄타우로스들이 헤라클레스를 손님으로 맞이할 때에만 열라고 준 것이었다. 헤라클레스는 폴로스에게 두려워하지 말고 그 단지를 열라고 시켰다. 곧 켄타우로스들이 포도주 냄새를 맡고 바위와 전나무로 무장한 채 폴로스의 집을 공격하러 왔다. 맨 먼저 집에 들어오려 했던 앙키오스와 아그리오스는 헤라클레스가 휘두른 횃불에 맞아 죽었다. 헤라클레스는 다른 켄타우로스들을 말레아 곶까지 쫓아가며 화살을 쏘아 댔다. 그곳에는 라피타이 족에 의해 테살리아에서 쫓겨난 케이론이 살고 있었는데, 켄타우로스들은 그의 곁으로 피신했다. 켄타우로스들은 케이론 주변에 모였고, 헤라클레스가 쏜 화살이 그들 중 한 명인 엘라토스의 팔을 관통한 뒤 케이론의 무릎에까지 상처를 입혔다. 헤라클레스는 생각지도 않게 케이론에게 상처를 입히자 치료해 주려고 노력했지만, 소용이 없었다. 케이론은 고통이 계속되자 죽게 해달라고 애원하기 시작했다(왜냐하면 그는 불멸의 존재로 태어났던 것이다). 프로메테우스가 불멸의 존재인 케이론의 짐을 덜어 주자, 케이론은 곧 숨을 거두었다.

켄타우로스들은 페이리토오스와 테세우스가 이끄는 테살리아의 라피타이 족과도 싸웠다. 페이리토오스는 친척이 될 켄타우로스들을 결혼식에 초대했다(☞페이리토오스). 켄타우로스들은 평상시에 포도주를 마시지 않기 때문에 금방 취해 버렸으며, 그들 중 한 명인 에우리토스(혹은 에우리티온)는 신부 히포다메이아를 범하려고 했다. 이는 곧 대충돌로 이어졌고 양편 모두 많이 죽었다. 결국 라피타이 족이 승리했고, 켄타우로스들은 테살리아를 떠나야 했다.
  다른 납치 이야기들에도 한 명 혹은 여러 명의 켄타우로스들이 등장하는 것을 볼 수 있다. 에우리티온은 헤라클레스의 약혼녀 므네시마케를 납치하려 했다(☞텍사메노스). 네소스는 강을 지나다가 데이아네이라를 범하려 했다(☞네소스). 힐라이오스와 로이코스는 처녀인 아탈란테를 범하려 했다(☞아탈란테).
  켄타우로스들과 함께 산에 살던 여자 켄타우로스들도 전설에 나온다.
  켄타우로이 외에도 두 종(種)이 섞인 존재들이 있는데, 반은 인간이고 반은 물고기 모양인 이크티오켄타우로이(☞)가 그러한 예이다.

켄티마니 Centimani 백 개의 손을 가진 거인들(☞헤카톤케이레스).

켈라이노 Κελαινώ / Celaeno 켈라이노라는 이름을 가진 여인들은 여러 명 있다.
  1. 다나오스의 딸 켈라이노는 포세이돈과의 사이에서 켈라이노스를 낳았다.
  2. 일곱 명의 플레이아데스 중 한 명인 플레이오네와 아틀라스 사이에서 태어난 딸도 켈라이노이다. 그녀는 포세이돈과의 사이에서 리코스와 에우리필오스, 트리톤을 낳았다(☞계보 25).
  3. 켈라이노는 하르피이아이 중 한 명의 이름이기도 하다.

켈레오스 Κελεός / Celeus 1. 켈레오스는 엘레우시스의 초대 왕으로, 땅에서 태어난 자 엘레우시스의 아들이다(☞라로스). 켈레오스는 데메테르가 하데스에게 잡혀간 딸을 찾으러 돌아다닐 때 엘레우시스를 다스리고 있었다. 데메테르가 딸을 찾아 온 땅을 헤매다가 엘레우시스에 이르렀을 때, 켈레오스와 그의 아내 메타네이라는 여신을 친절하게 대접했다. 데메테르는 여자들이 물을 긷는 저녁 시간에 노파의 모습으로 엘레우시스에 도착했다. 우물가에 있던 켈레오스의 딸들은 그녀를 아버지의 집으로 데려갔다. 하녀로 일할 것을 제의받은 데메테르는 이를 받아들였고, 켈레오스의 막내아들 데모폰을 보살피는 일을 맡게 되었다. 그녀는 이상한 방식으로 데모폰을 보살폈고(☞데모폰 1), 결국에는 자신이 여신임을 밝혔다. 올림포스로 올라가기 전에 데메테르는 켈레오스에게 자신의 제사법을 가르쳐 주었고, 데메테르 신전을 건설하도록 도와주었다(☞트리프톨레모스, ☞데메테르).
  몇몇 전설에서는 켈레오스가 엘레우시스의 왕이 아니라 엘레우시스의 한 농부로 나오기도 한다.
  2. 켈레오스는 한 크레테 사람의 이름이기도 하다. 그는 레이아가 제우스를 낳은 이데 산의 신성한 동굴에서 라이오스, 케르베로스, 아이골리오스 등의 동무들과 함께 꿀을 훔치려 했다. 이 동굴은 신과 인간에게 모두 출입이 금지된 장소였다. 매년 제우스가 탄생한 날이면 동굴에서는 신성한 불이 빛났다. 어린 제우스에게 먹일 꿀을 만들던 벌들로부터 공격을 받지 않으려고 도둑들은 동판들을 뒤집어썼다. 하지만 그들이 제우스의 요람 앞에 이르자 동판들은 저절로 떨어져 버렸고, 제우스는 천둥을 일으켰다. 만약 운명의 여신들(모이라이)과 테미스가 신성한 장소에서는 아무도 죽일 수 없으며, 그 장소는 어떤 오점도 없이 순수해야 한다고 말하지 않았더라면, 제우스는 그 자리에서 도둑들에게 벼락을 내리쳤을 것이다. 대신 제우스는 그들을 새로 변신시켰다. 라이오스는 개똥지빠귀로, 켈레오스는 까마귀로, 아이골리오스는 흰꼬리수리로, 그리고 케르베로스는 그리스 어로 같은 이름이

지만 무슨 새인지 밝혀지지 않은 새로 바뀌었다. 이 새들은 신성한 동굴에서 나왔다 하여 길조로 여겨졌다.

켈레우토르 Κελεύτωρ / Celeutor 켈레우토르는 칼리돈의 아그리오스의 아들들 중 한 명이다. 그는 형제들과 함께 숙부 오이네우스를 공격하기 위한 전쟁에 참여하여, 숙부에게서 왕국을 빼앗아 자기 아버지에게 주었다. 이런 이유로 켈레우토르는 오이네우스[아그리오스는 원문의 오류임]의 손자인 디오메데스의 손에 죽임을 당했다(☞디오메데스, ☞계보 27).

켈로네 Χελώνη / Chelone 켈로네는 거북이다. 옛날에 켈로네는 어느 강변의 집에 사는 아가씨였다. 제우스와 헤라의 결혼식 때, 헤르메스는 모든 신들뿐 아니라 모든 인간들과 동물들도 결혼식에 참석하도록 초대했다. 그런데 켈로네만 초대를 무시하고 집에 남아 있었다. 헤르메스는 그녀가 오지 않은 것을 알아채고, 땅으로 내려와 그녀가 있는 집을 물속으로 내던졌다. 그렇게 해서 켈로네는 집과 분리될 수 없는 짐승인 거북으로 변했다.

켈리돈 Χελιδών / Chelidon 밀레토스 전설에서, 제비 켈리돈은 나이팅게일 아에돈과 자매간이다(☞아에돈).

켈미스 Κέλμις / Celmis 크레테 전설에 의하면, 켈미스는 제우스의 어린 시절 이야기에 등장하는 신이다. 그는 처음에는 제우스에게 충실했다. 그러나 후에 그가 레이아를 모욕하자, 제우스는 그를 금강석(혹은 강철) 덩어리로 변신시켰다.

켈비다스 Κελβίδας / Celbidas 켈비다스는 쿠마이 출신으로, 이탈리아를 떠나 아카이아로 가서 트리테이아 시를 건설했다. 하지만, 트리테이아 시는 트리톤의 딸이자 아테나의 여사제인 트리테이아와 아레스 사이에서 태어난 아들 멜라니포스에 의해 건설되었다는 설도 있다.

켈토스 Κελτός / Celtus 켈토스는 켈토이 족의 명조이다. 그는 헤라클레스와 브리튼 왕의 딸 켈티네 사이에서 태어난 아들이다. 헤라클레스는 게리오네우스의 소를 데리고 귀향하던 중에 브리튼 섬을 지나가고 있었다. 켈티네는 헤라클레스의 소떼를 숨기고는 만약 자신과 동침하지 않는다면 소떼를 돌려주지 않겠다고 했다. 헤라클레스는 소떼를 되찾고 싶은 마음에, 그리고 그녀가 무척 아름다웠기 때문에 이 제안을 기꺼이 받아들였다. 켈토스는 이 결합에서 태어났다(☞갈라테스).

또 다른 전설에 의하면, 켈토스는 헤라클레스와 플레이아데스 중 한 명인 스테로페 사이에서 태어난 아들이다.

코드로스 Κόδρος / Codrus 코드로스는 멜란토스의 아들로, 넬레우스의 후손이므로 포세이돈 일족에 속한다. 헤라클레스의 후손들이 펠로폰네소스를 공격해 오자, 멜란토스는 조국인 메세니아의 필로스에서 쫓겨나 아테나이로 갔다. 거기에서 테세우스의 마지막 후손인 티모이테스는 그에게 왕권을 주었다. 이는 멜란토스가 보이오티아의 크산토스 왕과 티모이테스 사이에 벌어진 전쟁에서 티모이테스를 도와주었기 때문이다(☞멜란토스).

멜란토스가 죽자 코드로스가 아테나이의 왕위를 계승했다. 그의 통치 기간 동안, 아테나이는 펠로폰네소스의 침공을 당했다. 델포이 신탁은 펠로폰네소스 인들이 아테나이 왕을 죽이지 않는 한 승전하리라고 했다. 이 소식은 델포이 주민인 클레오만티스에 의해 아테나이 인들에게 알려졌다. 코드로스는 나라를 위해 자신을 희생하기로 결심했다. 그는 거지처럼 차려입고 밀을 줍는 척하면서 아테나이 밖으로 나갔다. 적군 두 명과 마주친 그는 일부러 그들에게 싸움을 걸었다. 코드로스는 한 명을 죽이고 나머지 한 명에게 목숨을 잃었다. 아테나이 인들은 코드로스의 시신을 매장해야 한다며 시신을 돌려달라고 요구했다. 그제야 펠로폰네소스 인들은 승전의 희망이 사라진 것을 깨닫고서 그들의 나라로 되돌아갔다.

코드로스의 무덤은 그가 죽은 장소에 만들어졌는데, 그 위치는 아테나이 성문 앞의 일리소스 강 오른편이었다.

코드로스의 후계자는 맏아들 메돈이었다. 막내아들 넬레우스는 밀레토스로 쫓겨 갔다(☞넬레우스 2).

코라 Κόρα / Cora 코라(〈아가씨〉라는 의미)는 데메테르의 딸이다. 그녀의 이름은 원래 페르세포네이다(☞페르세포네, ☞데메테르).

코로노스 Κόρωνος / Coronus 코로노스는 카이네우스의 아들로, 헤라클레스 시대에 라피타이 족을 다스렸다. 아이기미오스 왕이 헤라클레스의 도움을 청한 것은 코로노스와 라피타이 족을 공격하기 위해서였다(☞헤라클레스). 코로노스는 헤라클레스에게 죽임을 당했다.

코로노스는 아르고나우타이의 원정에 참여했다. 그에게는 레온테우스(☞)라는 아들이 있었다.

코로니데스 Κορωνίδες / Coronides 코로니데스는 오리온의 두 딸 메티오케와 메니페를 가리키는 이름이다. 보이오티아의 오르코메노스에 전염병이 돌자, 메티오케와 메니페는 희생 제물로 바쳐졌다. 땅이 그녀들의 몸을 집어삼켰지만, 하계의 신들인 하데스와 페르세포네가 두 자매를 불쌍히 여겨, 빛나는 두 개의 별로 만들어 주었다.

코로니스 Κορωνίς / Coronis 1. 가장 유명한 코로니스는 라피타이 족의 왕 플레기아스의 딸이다. 그녀는 아폴론의 사랑을 받아 아들 아스클레피오스를 낳았다. 한 신성한 전승(이는 에피다우로스 시의 한 비문에 남아 있는 이실로스의 아폴론 찬가에 의해 확인된다)에 의하면, 그녀의 본명은 아이글라이지만 뛰어난 미모 때문에 코로니스(까마귀)라고 불렸다고 한다. 이 설에서 플레기아스는 테살리아 왕이 아니라 그와 동명이인인 에피다우로스 주민으로, 말로스(아마도 암픽티온의 아들)와 무사[뮤즈] 에라토 사이에서 태어난 테살리아 여자 클레오메네와 결혼했다.

코로니스는 아폴론을 배신하고 엘라토스의 아들 이스키스와 결혼했다고 한다. 그녀는 늙으면 아폴론에게 버림을 받을까 봐 두려웠던 것이다(☞마르페사, ☞아스클레피오스).

2. 코로니스와 까마귀의 관계는 다른 전설에도 등장한다. 코로네우스의 딸인 코로니스는 수호신 아테나에 의해 까마귀로 변했다. 이는 포세이돈의 욕정으로부터 그녀를 보호하기 위해서였다.

3. 또 다른 코로니스는 디오니소스의 유모였던 님프들 중 한 명이다. 그녀를 납치했던 부테스는 디오니소스의 벌로 광기에 사로잡혀서 우물에 빠져 죽었다(☞부테스 1).

코로이보스 Κόροιβος / Coroebus 1. 크로토포스 왕이 아르고스를 다스릴 때, 그의 딸인 프사마테는 아폴론과 사랑하여 아들 리노스를 낳았다. 프사마테는 아버지가 두려워 아이를 버렸지만 크로토포스는 그 사실을 다 알게 되었다. 그는 딸을 죽이고, 개들이 아기를 잡아먹게 했다. 화가 난 아폴론은 괴물 포이네(〈벌〉이라는 뜻)를 보내어 아르고스 주민들의 아이들을 잡아먹게 했다. 코로이보스라는 젊은이가 포이네를 죽이자, 또 다른 재앙이 아르고스를 덮쳤다. 신의 뜻을 알게 된 코로이보스는 델포이로 가서, 포이네를 죽인 대가를 아폴론에게 바쳤다. 그는 코린토스로 돌아가지 말고, 델포이 신전에서 신성한 삼각대를 등에 지고 길을 떠나라는 신탁을 받았다. 어깨에서 삼각대가 떨어진 곳에 멈추어 서서 그는 도시를 건설했다. 그곳이 메가라가 되었다. 이 도시에 그의 무덤이 있었다.

2. 코로이보스는 프리기아 왕 미그돈의 아들이다(☞미그돈 1). 그는 프리아모스 왕을 도와주는 대가로 왕녀 카산드라를 아내로 달라고 했지만, 트로이아 전쟁 때 죽고 말았다(☞카산드라).

코르키라 Κόρκυρα / Corcyra ☞케르키라.

코리코스 ? / Choricus 코리코스는 아르카디아의 왕이다. 그의 두 아들 플렉시포스와 에네토스는 씨름 기술을 만들어 내어, 축제날 아버지 앞에서 자신들의 기술을 보여 주었다. 그들의 누이인 팔라이스트라가 연인 메르쿠리우스(헤르메스)에게 그 기술을 알려 주었고, 메르쿠리우스는 씨름 기술을 완벽하게 만들어 자신이 개발했다면서 인간들에게 가르쳐 주었다. 형제는 아버지에게 누이가 자신들의 비밀을 누설했다고 하소연했다. 코리코스는 메르쿠리우스에게 앙갚음을 하지 않은 두 아들을 야단쳤다. 그러던 어느 날 두 형제는 킬레네 산에서 잠을 자고 있는 헤르메스를 보자 그의 두 손을 잘라 버렸다. 헤르메스의 하소연을 들은 제우스는 코리코스의 껍질을 벗겨서 가죽 부대를 만들었다. 헤르메스는 이 새로운 기술에 자신의 연인 팔라이스트라(그리스 어로 〈씨름, 레슬링〉이라는 뜻)의 이름을 붙여 주었다(☞팔라이스트라).

코리토스 Κόρυθος / Corythus 코리토스는 아틀라스의 딸 엘렉트라와 제우스 사이에서 태어난 아들이다. 그에게는 이아시온과 다르다노스라는 아들들이 있었다(혹은 이아시온과 다르다노스가 제우스와 엘렉트라의 자식들이라고도 한다. ☞계보 7). 코리토스는 이탈리아의 티레노이 족(에트루리아 인들의 조상)을 다스렸다. 그는 이 지방에 도시 코르토나를 건설했다. 코리토스의 두 아들은 각각 트로아스와 사모트라케로 가기 위해 코르토나를 떠났다(☞다르다노스).

2. 코리토스는 아르카디아 지방에 있는 테게아의 왕이다. 그는 아우게가 파르테니온 산에 버린 텔레포스를 거두어 길렀다(☞텔레포스).

3. 코리토스는 파리스와 이데 산의 님프 오이노네 사이에서 태어난 아들의 이름이기도 하다. 오이노네는 파리스가 자신을 배신했다는 사실을 알고, 아들 코리토스를 그리스 군에게 보내어 트로아스로 가는 길을 안내하도록 했다. 아버지보다 더 잘생긴 코리토스는 헬레네와 사랑에 빠졌으며, 이로 인해 파리스는 아들 코리토스를 죽였다고 한다(☞계보 34).

코린노스 Κόριννος / Corinnus 전설적인 시인 코린노스는 트로이아 사람으로, 호메로스 전에 트로이아 전쟁 당시 『일리아스』를 쓴 인물로 추정된다. 코린노스는 팔라메데스에게서 글쓰기를 배웠으며 다르다노스와 파플라고니아 족의 전쟁에 관한 서사시를 썼다고 한다. 호메로스 시가의 상당 부분은 그의 영향을 받았다고 한다.

코린토스 Κόρινθος / Corinthus 코린토스는 코린토스 시의 명조이다. 코린토스 인들은 그를 제우스의 아들이라고 생각했지만, 다른 그리스 인들은 코린토스 인들의 이런 주장을 비웃었다. 따라서 〈제우스의 아들 코린토스〉는 단조로운 상투어를 가리키는 속담식 표현이 되었다. 사실 코린토스는 마라톤의 아들이었기 때문이다(☞마라톤). 그는 아버지와 함께 아티카로 도망갔다가, 에포페우스가 죽은 후 함께 코린토스에 돌아왔다. 마라톤이 죽은 후, 코린토스는 코린토스의 왕이 되었다(☞에포페우스, ☞계보 10, ☞마라톤). 그가 후사 없이 죽자, 코린토스 인들은 메데이아를 불러들였다(☞메데이아). 일설에 의하면, 코린토스는 부하들에게 살해당했다고 한다(☞고르게 2). 코린토스 다음에 왕이 된 시시포스가 그의 원수를 갚아 주었다.

코마이토 Κομαιθώ / Comaetho 1. 코마이토는 텔레보아이 족의 왕 프테렐라오스의 딸인데, 프테렐라오스는 암피트리온과 전쟁을 벌이고 있었다(☞암피트리온, ☞계보 31). 프테렐라오스는 포세이돈이 머리에 심어 준 황금 머리칼이 뽑히지 않는 한, 절대로 지지 않을 운명이었다. 암피트리온을 사랑하게 된 코마이토는 아버지의 황금 머리칼을 잘라 버렸고, 그리하여 적군이 승리하게 되었다. 하지만 암피트리온은 코마이토의 사랑을 받아들이지 않고 그녀를 죽였다.
2. 또 다른 코마이토는 파트라이에 있는 아르테미스 신전의 무녀이다. 그녀는 파트라이 청년인 멜라니포스와 사랑에 빠졌다. 하지만 부모들은 이 관계를 반대했다. 두 젊은이는 신전에서 만나곤 했다. 아르테미스는 이 같은 신성 모독에 분노하여 그 지방에 역병을 퍼뜨렸다. 델포이 신탁은 그 재앙이 아르테미스의 분노 때문에 생긴 것이며, 여신의 분노를 가라앉히려면 죄인들을 희생 제물로 바쳐야 한다고 했다. 사람들은 이에 따랐다. 그 후 매년 그 지방에서 가장 잘생긴 청년과 가장 아름다운 아가씨를 아르테미스에게 바치는 풍습이 생겨나게 되었다. 이 풍습은 계속되다가 파트라이에 온 에우리필로스에 의해 종식되었다(☞에우리필로스).

코마타스 Κομάτας / Comatas 코마타스의 이야기는 이탈리아 남부의 전설이다. 코마타스는 타렌툼 만의 투리이에 살던 목동으로, 무사이[뮤즈들]에게 자주 희생 제사를 드리곤 했다. 코마타스의 주인은 자기 가축들이 종종 희생 제물이 되자, 삼나무로 된 관에 그를 가두고, 무사이가 관에서 벗어날 방도를 가르쳐 주지 않겠느냐며 비웃었다. 석 달 후 관을 열어 보았더니 코마타스는 여전히 살아 있었다. 무사이가 그에게 벌들을 보내 꿀을 먹여 주었던 것이다.

코메테스 Κομήτης / Cometes 코메테스는 스테넬로스의 아들이다. 디오메데스는 트로이아로 떠날 때, 코메테스에게 자신의 집안을 잘 보살펴 달라고 했다. 하지만 코메테스는 디오메데스의 아내 아이기알레이아와 정을 통함으로써 디오메데스를 배신했다. 디오메데스에게 상처를 입고 분노한 아프로디테가 코메테스를 복수의 도구로 이용했던 것이다(☞디오메데스, ☞아이기알레이아). 고향으로 돌아온 디오메데스는 코메테스와 아이기알레이아의 계략에 의해 추방당했다.

티사메노스 1의 아들인 또 다른 코메테스에 대해서는 ☞티사메노스.

코이라노스 Κοίρανος / Coeranus 코이라노스라는 이름의 용사들은 여러 명 있다.
1. 가장 유명한 코이라노스는 멜람푸스의 손

자이다(☞클레이토스, ☞폴리에이도스[폴리에이도스 항목에 의하면 코이라노스는 멜람푸스의 증손자이다]).
   2. 메리오네스의 전차를 몰던 코이라노스는 트로이아 성 앞에서 헥토르에게 죽임을 당했다.
   3. 밀레토스 사람 코이라노스는 신기한 일을 겪었다고 한다. 그는 한 어부가 돌고래 잡은 것을 보고 그 돌고래를 사서 물에 놓아주었다. 얼마 후 그가 타고 있던 배가 난파되었는데, 배에 있던 사람들 중에서 코이라노스만이 돌고래들 덕분에 목숨을 건졌다. 훗날 그의 장례 행렬이 밀레토스 성문 앞을 지나가자 돌고래들이 몰려와 함께 슬퍼했다고 한다.

코이오스 Κοῖος / Coeus 코이오스는 티탄 족에 속하는 거인으로 우라노스(하늘)와 가이아(대지)의 아들이다. 그는 오케아노스, 히페리온, 이아페토스, 크로노스와 형제간이며, 테티스(I), 레아, 테미스, 므네모시네, 포이베, 디오네, 테이아 등 티타니데스와는 남매간이다. 친누이 포이베와 결혼한 그는 아폴론과 아르테미스의 어머니인 레토, 그리고 아스테리아를 낳았다(☞계보 38).

코칼로스 Κώκαλος / Cocalus 코칼로스는 시칠리아에 있는 카미코스(장차의 아그리겐툼)의 왕이다. 다이달로스는 미노스의 추격에서 벗어나기 위해 크레테 섬의 하늘을 통해 도망가다가 코칼로스 곁으로 피신했다. 미노스가 다이달로스를 찾기 위해 코칼로스에게 오자, 코칼로스는 다이달로스를 숨겨 주었다. 미노스는 다이달로스를 찾기 위해 계략을 썼다. 그는 달팽이 껍질과 실을 놓고, 나선 모양의 달팽이에 실을 통과시킬 수 있는 사람에게 상을 주겠다고 했다. 아무도 성공하지 못했다. 코칼로스는 해법을 찾고 싶어서 그 어려운 문제를 다이달로스에게 알려 주었다. 그러자 다이달로스는 개미에 실을 묶어서 미로라고 할 수 있는 달팽이 껍질을 통과시켰다. 코칼로스가 자신만만한 모습으로 실을 꿴 달팽이를 미노스에게 내밀자, 미노스는 영리한 다이달로스가 거기 있다는 것을 알게 되었다. 코칼로스는 미노스에게 넘어가 다이달로스가 있다고 털어놓고 말았다. 그는 다이달로스를 넘겨주겠다는 약속을 할 수밖에 없었다. 하지만 다이달로스를 구하기 위해 코칼로스는 딸들에게 미노스를 뜨거운 목욕물에 데게 하라고 시켰다. 혹은 그가 특별 수도관을 장치해 놓은 다이달로스의 부추김을 받아 목욕물을 끓는 역청으로 바꾸었다는 이야기도 있다. 그렇게 해서 미노스는 죽음을 맞았다.

코키토스 Κωκυτός / Cocytus 코키토스(탄식의 강)는 아케론이 지상으로 나와 흐르는 지류이다(☞아케론). 전설에서 코키토스는 아케론과 마찬가지로 하계의 강들 중 하나이며 아주 차가운 강물이다. 이 강은 화염의 강인 피리플레게톤처럼 스틱스 강으로 흘러 들어간다. 이 강들은 망자들이 하데스의 왕국에 이르기 위해서 통과하는 강들이다(☞카론).

코프레우스 Κοπρεύς / Copreus 코프레우스는 엘리스 왕 펠롭스의 아들이다. 그는 이피토스를 죽인 후에 고향을 떠나야 했으며, 미케나이로 가서 에우리스테우스 왕의 전령이 되었다. 헤라클레스에게 에우리스테우스의 명령을 전달한 것도 코프레우스였다. 에우리스테우스는 헤라클레스가 두려워서 얼굴을 마주 대하고서는 명령을 내릴 수 없었기 때문에 코프레우스에게 명령을 전달하는 일을 시켰다(☞에우리스테우스). 전설에서 코프레우스는 비겁하고 무례한 에우리스테우스의 비열한 종으로 그려져 있다.

호메로스에 의하면, 그의 아들 페리페테스는 아가멤논과 함께 트로이아 전쟁에 참여하여 헥토르의 손에 죽었다고 하며, 아버지보다 훨씬 더 용맹스럽고 유능한 인물이었다. 에우리스테우스가 아테나이 인들에게 헤라클레스의 자손들을 추방하라고 했을 때, 그 요구를 전달한 것도 코프레우스였다. 코프레우스가 전령으로 아테나이에 가서 너무 무례하게 굴자, 아테나이 인들은 법을 무시하고 그를 죽여 버렸다. 하지만 속죄의 뜻으로, 아테나이 젊은이들은 몇몇 축제 때에 어두운 색깔의 튜닉을 입었다.

콘딜레아티스 Κονδυλεᾶτις / Condyleatis 옛날 아르카디아의 카피아이 시에서 멀지 않은 신성한 숲에 〈아르테미스 콘딜레아티스〉라고 불리는 아르테미스 여신상이 세워져 있었다. 어느 날 거기서 놀던 아이들이 밧줄 하나를 발견했다. 아이들은 여신의 목을 졸라 죽이겠다고 하면서, 여신상의 목에다 밧줄을 감았다. 카피아이 주민들이 그 옆을 지나가다가 아이들을 보았다. 신성모독을 저질렀다는 공포에 사로잡힌 그들은 아이들을 돌로 쳐서 죽여 버렸다. 그 후 카피아이 여자들은 알 수 없는 병에 걸려, 아기를 가지기만 하면 사산을 했다. 백성들은 아이들을 죽인 일 때문에 아르테미스가 분노했다는 신탁을 받았다. 여신은 죽은 아이들을 예를 갖추어 매장하고 영웅에게 걸맞은 숭배를 하라고 명령했다. 사람들은 이에 따랐다. 이 아르테미스를 〈아르테미스 아파그코메네〉(목졸린 아르테미스)라고 불렀다.

*****콘센테스** Consentes 에트루리아 인들은 신비한 이름을 가진 열두 신의 존재를 믿었다. 이 여섯 남신과 여섯 여신은 유피테르의 개인적 자문 기관과 같은 구실을 했으며, 특히 특정한 종류의 벼락을 내린다든가 하는 중요한 결정을 할 때 유피테르를 도와주었다. 로마 인들은 이러한 믿음을 받아들였을 뿐 아니라, 그것을 고대 그리스 신화의 주요한 신 열두 명에게 적용시켰다. 즉, 유피테르, 넵투누스, 마르스, 아폴론, 불카누스, 메르쿠리우스, 유노, 미네르바, 디아나, 베누스, 베스타, 케레스는 각각 제우스, 포세이돈, 아레스, 아폴론, 헤파이스토스, 헤르메스, 헤라, 아테나, 아르테미스, 아프로디테, 헤스티아, 데메테르와 상응한다. 이들의 신상은 포룸 로마눔에서 카피톨리움 언덕으로 올라가는 길가의 주랑에 세워져 있었다.

*****콘수스** Consus 콘수스는 로마의 옛 신으로, 성격이 불분명하다. 그의 지하 제단은 키르쿠스 막시무스[대경기장]의 한복판에 있었는데, 콘수스의 축일이 되어 콘수알리아 축제와 말 경주를 할 때마다 제단을 파내곤 했다. 이 축제는 신기한 의식으로 이루어져 있었다. 이날은 말과 당나귀, 노새 같은 짐바리 짐승들에게 일을 시키는 대신 화관을 씌워 주었고, 말 경주와 심지어 노새 경주까지 벌어졌다. 로물루스 시대에 사비니 여자들이 납치된 것은 첫번째 콘수스 축제 때였다.

원래 콘수스는 땅에 묻어 둔 곡물을 보호하는 저장고의 신이었다.

콜라이노스 Κόλαινος / Colaenus 콜라이노스는 헤르메스의 자손이며, 아티카의 초대 왕이라고 한다. 그는 암픽티온에 의해 추방당했다. 나라에서 쫓겨난 콜라이노스는 미리누스에 정착해서 〈아르테미스 콜라이니스〉[〈콜라이노스의 아르테미스〉라는 뜻]에게 신전을 바쳤다. 그리고 거기서 생을 마감했다.

이것은 단지 이 지방의 전설일 따름이다(☞크라나오스, ☞케크롭스).

콤베 Κόμβη / Combe 콤베는 아소포스의 딸이다. 그녀는 에우보이아의 도시 칼키스의 명조인 님프 칼키스와 혼동되었던 것 같다. 그녀의 자식들은 많았지만 그 수는 전설마다 달라진다. 어떤 전설에 의하면 100명에 이른다. 가장 흔한 설에서는 자식이 일곱 명이다. 에우보이아의 코리반테스 일곱 명이 그들인데, 프림네우스, 미마스, 아크몬, 담네우스, 오키토오스, 이다이오스, 그리고 멜리세우스이다. 콤베의 남편은 난폭한 신 소코스 혹은 사오코스이다. 그녀는 자식들과 함께 도망쳐서 크레테 섬의 크노소스에 피신했다. 그리고 프리기아로 갔다가 아테나이의 케크롭스에게로 피신했다. 소코스가 죽은 후, 그녀는 자식들과 함께 에우보이아로 되돌아왔다. 무슨 이유인지 몰라도 자식들이 그녀를 죽이려는 순간, 그녀는 비둘기로 변했다(☞쿠레테스).

쿠레테스 Κούρητες / Curetes 전설들에 의하면, 쿠레테스라는 민족이 아주 오랜 옛날에 아이톨리아 땅을 차지하고 있었다고 한다. 그러나 또한 전설들이 이들 민족이 펠로폰네소스에서 온 아이톨로스에 의해 어떻게 쫓겨났는지 이야기하고 있다(☞아이톨로스, ☞멜레아그로스).

일반적으로 말해, 쿠레테스는 어린 제우스가 크레테 섬에 있을 때 그를 돌보던 신들에게 붙여진 이름이다. 쿠레테스의 기원에 관한 설은 아주 다양하다. 아주 드물게는 이 쿠레테스가 아이톨리아의 쿠레테스와 동일시되기도 하지만, 그보다는 콤베와 소코스의 자식들로 여기는 것이 더 일반적이다. 이 경우 쿠레테스는 에우보이아 출신이며, 그들 일곱 명의 이름은 프림네우스, 미마스, 아크몬, 담네우스, 오키토오스, 이다이오스, 멜리세우스 등이다. 아버지에게 쫓겨나 어머니와 함께 에우보이아를 떠난 그들은 그리스 전역을 떠돌아다니다가, 크레테 섬과 크노소스를 거쳐 프리기아로 가서 디오니소스를 키웠다. 프리기아에서 아티카로 가자 케크롭스 왕은 그들이 고향으로 돌아가 소코스에게 복수할 수 있도록 도와주었다. 쿠레테스의 어머니 콤베는 칼키스라 불리기도 했다. 왜냐하면 그녀가 청동 무기 사용법을 생각해 내었기 때문이다(칼키스는 청동을 뜻하는 말인 〈칼코스〉에서 파생된 것이다). 쿠레테스는 창과 방패를 맞부딪치며 춤을 추었다.

이 칼키스의 이야기 외에, 쿠레테스가 대지의 자식이라는 설도 있고, 제우스와 헤라의 자식들, 혹은 아폴론과 님프 다나이스의 자식이라는 설도 있다. 쿠레테스의 수도 저자들마다 다양하다. 두 명, 혹은 아홉 명으로 이야기한 저자도 있고, 특정한 수를 제시하지 않은 저자도 있다. 쿠레테스가 등장하는 가장 유명한 전설은 제우스의 어린 시절 이야기이다. 레이아는 크레테 섬의 이데 산에 있는 동굴에서 제우스를 낳고, 아기를 님프 아말테이아에게 맡겼다. 제우스를 집어삼키려는 크로노스의 귀에 제우스의 울음소리가 들리지 않도록 하기 위해서, 아말테이아는 쿠레테스에게 제우스 곁에서 시끄러운 전쟁 춤을 추어 달라고 부탁했다. 쿠레테스는 이에 응했다. 그들 덕분에 제우스는 무사히 어른으로 성장할 수 있었다.

좀더 불확실한 전설들에 따르면, 쿠레테스는 예언 능력을 갖고 있었기 때문에 미노스에게 아들 글라우코스를 다시 살릴 수 있는 방법을 알려 주었다고 한다(☞미노스). 헤라의 요구에 따라 쿠레테스는 이오의 아들 에파포스를 사라지게 했으며(☞에파포스), 에파포스의 아버지 제우스는 화가 나서 벼락으로 쿠레테스를 죽였다고 한다.

*쿠르티우스 Curtius 마르쿠스 쿠르티우스는 포

룸 로마눔에 얽힌 전설에 나오는 인물이다. 로마 공화정 초기에 포룸 로마눔 중앙에 땅이 갈라져서 생긴 커다란 구멍이 있었다고 한다. 로마 인들은 거기에 흙을 부어 구멍을 메우려고 했지만 아무 소용이 없었다. 그들은 신의 뜻을 물었다. 그러자 로마 인들이 가진 것 중에서 가장 귀중한 것을 그 구멍에 던져 넣어야 한다는 신탁이 내렸다. 청년 마르쿠스 쿠르티우스는 로마에서 가장 귀중한 것은 젊은이들과 군사들이라는 것을 깨달았다. 그리고는 모든 사람들을 위해 자신을 희생하기로 결심했다. 무장하고 말에 올라탄 그는 하계의 신들에게 자신을 바치고서, 모든 사람들이 지켜보는 가운데 구멍 속으로 뛰어들었다. 구멍은 곧 닫혔고 그 위에 조그만 호수만이 남았다. 그 호수는 〈라쿠스 쿠르티우스〉라고 명명되었으며, 호숫가에 무화과나무, 올리브나무, 포도나무가 각각 한 그루씩 자라났다. 그렇게 해서 로마 제국 때에는 그 호수에 동전을 던지는 관습이 생겨나게 되었다. 〈장소의 수호신〉인 쿠르티우스에게 드리는 것이었다.

또 다른 전승에 의하면, 쿠르티우스는 사비니 사람이다. 타티우스와 로물루스가 싸울 때, 그는 코미티움 근처에 있는 늪에 빠져서 말을 버려야 했다. 호수에 〈라쿠스 쿠르티우스〉라는 이름이 붙여진 것은 그 때문이다. 사비니 인들과 로마 인들의 전쟁 중 이 대목에서 물이 한 역할에 관해서는 ☞야누스.

*퀴리누스 Quirinus 퀴리누스는 로마의 가장 오래된 신들 중 한 명이다. 그는 로마 종교의 인도 유럽적 기반을 이루는 3대 신성에 속하며, 위계 순으로 보면 유피테르와 마르스에 이어 세 번째 자리를 차지한다. 그의 본성 및 기능에 관해, 고대의 자료들은 거의 예외 없이 그를 사비니 기원의 전쟁 신으로 보고 있다. 그의 이름은 사비니 도시 쿠레스에서 왔다는 설도 있고, 〈창〉을 뜻하는 사비니 어 〈쿠리스〉에서 왔다는 설도 있다. 그는 분명 퀴리날리스 언덕의 신으로, 전통적으로 그곳에는 사비니 공동체가 있었다고 알려져 왔다.

그러나 유피테르, 마르스, 퀴리누스와 비슷한 3대 신성이 다른 인도 유럽 계의 종교들에서도 나타나며 이 신들이 각기 특정한 사회 계층을 대변한다는 사실(유피테르 및 그에 상응하는 신들은 제사장 계층, 마르스 및 그에 상응하는 신들은 전사 계층, 그리고 세 번째 신들은 경작자 계층)에 의거하여, 조르주 뒤메질은 퀴리누스 역시 본래는 전쟁의 신이 아니라 경작자들의 수호신이었으리라는 가설을 제출했다. 이는 매우 흥미로운 가설이며 약간의 증거 자료도 발견되고 있다. 즉 세르비우스에 의하면, 퀴리누스는 〈조용한 마르스〉, 도시 안에 거하는 평화로운 마르스라는 것이다. 게다가 뒤메질이 지적하듯, 퀴리누스라는 신의 이름과 분명 연관됨직한 〈퀴리테스Quirites〉란 본래 민간인을 가리키는 말이며 전사에게 이 말을 쓰면 큰 욕이 되었었다. 끝으로 퀴리누스의 제관이 맡았던 몇몇 기능들은 농경 신들(특히 콘수스)에 대한 예배를 목적으로 하는 것이었다.

퀴리누스에 관한 신화는 드물다. 그 중 한 가지는 신의 아들인 모디우스 파비디우스(☞)가 쿠레스 시를 건설한 이야기이다. 중요한 점은 로물루스가 퀴리누스와 동화되었다는 사실이다. 세상을 떠난 로물루스가 율리우스 프로쿨루스(☞)에게 나타난 후 로마 인들은 로물루스를 퀴리누스라는 이름으로 받들어 신전을 지었던 것이다. 그러면서 그의 아내 헤르실리아(☞)는 호라 퀴리니Hora Quirini라는 이름을 갖게 되었다.

크나게우스 Κναγεύς / Cnageus 파우사니아스

에 의하면, 라코니아 사람 크나게우스는 아피드나 전투에서 디오스쿠로이의 편이 되어 싸우다가 아테나이 인들에게 포로가 되었다고 한다. 그는 크레테 섬에 노예로 팔려 가서 아르테미스 여신을 섬기는 자가 되었는데, 얼마 후 아르테미스 신상을 훔쳐서 젊은 여사제와 함께 도망쳤다. 크나게우스는 라코니아에 아르테미스 크나기아(〈크나게우스의 아르테미스〉라는 뜻) 숭배를 정착시켰다.

크라갈레우스 Κραγαλεύς / Cragaleus 목동 크라갈레우스는 드리옵스의 아들로, 아주 공정하고 현명한 인물이었다. 어느 날 그가 가축들을 끌고 가는데, 아르테미스와 아폴론, 헤라클레스가 나타나 자기들 사이에 생긴 분쟁을 판결해 달라고 했다. 문제는 이 세 신들 중에 누가 암브라키아 시를 다스릴 것인가였다. 크라갈레우스는 헤라클레스에게 통치권을 주었다. 이에 화가 난 아폴론은 크라갈레우스가 심판을 내린 바로 그곳에서 그를 바위로 만들어 버렸다. 암브라키아 백성들은 헤라클레스 축제를 벌일 때마다 크라갈레우스에게도 희생 제사를 드렸다.

크라나오스 Κραναός / Cranaus 크라나오스는 아티카의 초기 왕들 중 한 명이다. 그는 〈대지의 아들〉로, 케크롭스의 뒤를 이어 왕이 되었다(☞ 케크롭스). 케크롭스의 아들인 에리시크톤이 자식을 낳지 못하고 일찍 죽자, 그 지역에서 가장 강한 권력을 가진 시민이었던 크라나오스가 왕권을 이어받았던 것이다. 그의 통치 기간 동안, 아티카 인들은 〈크라나에 인〉이라고 불렸고 아테나이는 크라나에라고 불렸다. 그는 라케다이몬 사람 미네스의 딸인 페디아스와 결혼하여 크라나에, 크라나이크메, 아티스 등의 딸들을 두었다. 아티스가 결혼하기도 전에 죽자, 그녀를 기리기 위해 크라나에는 아티카가 되었고, 후에도 이 이름이 남았다. 크라나오스는 남은 딸들 중 한 명을 데우칼리온의 아들 암픽티온과 결혼시켰는데, 사위 암픽티온이 그를 쫓아내고 왕권을 차지해 버렸다. 아테나이에 크라나오스의 무덤이 있었다고 한다.

크라논 Κράνων / Cranon 크라논은 펠라스고스의 아들이며, 테살리아 지방의 크란논 시의 명조이다. 이 도시의 예전 이름은 에피라였는데, 크라논이 엘레이아의 피사에서 히포다메이아와 결혼하려다가 죽자, 에피라 백성들은 그를 기리기 위해 도시의 이름을 크란논으로 바꾸었다.

크란토르 Κράντωρ / Crantor 크란토르는 돌로페스 족으로, 패전한 아민토르 왕이 펠레우스 왕에게 인질로 준 인물이다. 그는 펠레우스가 총애하는 시종이 되었으며, 라피타이 족이 켄타우로스들과 전쟁을 벌이자 펠레우스 편에서 싸웠다. 그는 켄타우로스들이 용사들에게 던진 나무에 맞아서 죽었다. 펠레우스가 그의 죽음에 복수했다[펠레우스가 라피타이 족과 켄타우로이 사이의 싸움에 개입했다는 이야기는 오비디우스의 『변신』 12권 210행 이하 참조].

크레스 Κρής / Cres 크레테 인들의 명조 크레스는 크레테 섬에 있는 이데 산의 님프와 제우스 사이에서 태어난 아들이다. 그는 크레테 섬의 〈대지의 아들〉이라고도 한다. 크레스는 크레테 섬의 첫번째 백성들인 〈에테오크레테 인들〉 혹은 〈진정한 크레테 인들〉을 다스렸다. 크로노스에 의해 죽을 위험에 처한 어린 제우스에게 이데 산의 피신처를 마련해 준 것도 크레스였다(☞제우스). 그는 위대한 입법자 미노스에 앞서, 크레테 인들에게 법을 제정해 주었다.

크레스는 크레테 섬에 상륙하려는 배를 감시하면서 섬을 수호하던 〈인조 인간〉 탈로스의 아버지로 여겨지기도 한다(☞아르고나우타이, ☞헤파이스토스).

크레스폰테스 Κρεσφόντης / Cresphontes 크레스폰테스는 헤라클레스의 후손으로, 아리스토마코스의 아들이며, 테메노스 및 아리스토데모스와 형제간이다(☞계보 16). 그는 형제들과 함께 도리스 인들을 이끌고 펠로폰네소스 반도를 정복했다(혹은 아리스토데모스는 이 원정 전에 죽었고, 크레스폰테스 및 테메노스와 함께 원정에 나간 것은 아리스토데모스의 아들이었다고도 한다. ☞헤라클레이다이). 세 형제는 이 지역을 나누어 다스리기로 하고, 펠로폰네소스를 삼등분하여 제비를 만들었다. 첫번째 몫은 아르고스, 두 번째는 라케다이몬, 세 번째는 메세니아였다. 세 형제는 물이 가득 찬 항아리에 자갈을 한 개씩 넣고, 각자의 자갈이 나오는 순서에 따라 제비를 갖기로 했다. 가장 풍요로운 지역인 메세니아를 원했던 크레스폰테스는 물이 든 항아리에 흙덩어리를 집어넣었다. 흙덩어리는 금방 녹아 버렸고, 나머지 두 형제의 자갈들이 먼저 나왔다. 그렇게 해서 크레스폰테스는 메세니아를, 테메노스는 아르고스를 다스리게 되었다. 각자의 몫을 정한 후, 그들은 각기 제우스에게 제단을 쌓았다. 이 제단들에는 세 형제가 다스리는 백성들의 특징을 보여 주는 상징물이 있었다. 아르고스의 지배자가 쌓은 제단에는 두꺼비가, 라케다이몬의 제단에는 뱀이, 메세니아의 제단에는 여우가 있었다.

크레스폰테스는 메세니아 지방을 다섯 지역으로 나누고, 이 지역들을 각각 총독에게 맡겼다. 그는 원주민들에게 도리스 인들과 똑같은 권리를 부여하고, 스테니클라로스를 수도로 정했다. 도리스 인들이 이런 결정을 비난하자, 크레스폰테스는 정부 조직을 바꾸고 스테니클라로스를 도리스 인들만의 주거 지역으로 정해 주었다. 그러자 이에 반발한 부유한 지주들이 봉기하여 왕과 그 자식 두 명을 죽였다.

크레스폰테스의 아내는 킵셀로스의 딸 메로페였다(☞메로페, ☞아이피토스).

크레온 Κρέων / Creon 전설에는 두 명의 크레온이 등장한다.

1. 첫번째 크레온은 코린토스 왕이며, 리카이토스의 아들이다. 알크마이온이 테이레시아스의 딸 만토와의 사이에서 낳은 딸 한 명과 아들 한 명을 키워 달라고 맡긴 것이 바로 크레온이었다(☞알크마이온). 크레온은 이아손과 메데이아의 전설에서 특히 두드러진 활약을 한다. 이올코스에서 쫓겨난 이아손과 메데이아는 코린토스의 크레온 곁으로 피신했다. 그들은 크레온이 자신의 딸 글라우케(혹은 크레우사)와 이아손을 결혼시키려 하기까지 몇 년 동안 평화롭게 살았다. 이아손은 글라우케와 결혼하기로 하고 메데이아를 쫓아 버렸다. 메데이아는 이에 대한 앙갚음을 하기 위해 손수 예복을 만들어서 연적에게 보냈다. 글라우케는 경솔하게도 그 선물을 받아 들였다. 그녀가 옷을 입자, 기이한 불이 일어나 그녀를 집어삼켜 버렸다. 딸의 목숨을 구하러 달려온 크레온도 같은 운명이 되고 말았다. 몇몇 이본들에 의하면, 사실은 메데이아가 크레온의 궁전에 불을 질러 크레온과 글라우케가 모두 타죽었다고도 한다(☞메데이아).

2. 테바이의 크레온은 메노이케우스의 아들이다(☞계보 29). 테바이의 라이오스 왕이 친아들 오이디푸스에게 죽임을 당하자(☞오이디푸스) 크레온이 왕위를 계승했다. 그런데 테바이에 스핑크스가 나타나서 테바이 인들에게 수수께끼

를 내고 답을 맞히지 못하면 잡아먹어 버렸다. 스핑크스는 그런 식으로 여러 명의 사람을 잡아먹었고, 마침내 크레온의 아들인 하이몬까지 먹어치웠다. 테바이 왕은 스핑크스의 수수께끼를 푸는 자에게 상을 주겠다고 공표했다. 오이디푸스가 나타나 정확한 답을 맞히자, 스핑크스는 절망에 빠져 성 아래 절벽으로 떨어져 죽었다. 수수께끼는 〈목소리는 하나이며, 네 발로 걷다가 두 발로 걷다가 나중에는 세 발로 걷는 것은 무엇인가?〉였다. 오이디푸스는 답이 사람이라는 것을 알 수 있었다. 사람은 처음에는 두 발과 두 손으로 기어다니다가, 커서는 두 발로 걷다가, 늙어서는 지팡이를 짚고 두 발로 걸어다니기 때문이다. 약속을 지키기 위해, 크레온은 테바이의 구원자 오이디푸스에게 왕좌를 내주어야 했다. 또한 그는 선왕의 미망인이자 자신의 누이인 이오카스테를 오이디푸스에게 아내로 주었다. 그런데 아무도 그런 사실을 알지 못했지만, 이오카스테는 오이디푸스의 친어머니였다. 얼마 후 테바이에 역병이 돌자, 오이디푸스는 크레온에게 델포이에 가서 신탁을 물어 오라고 명령했다. 결국 오이디푸스와 이오카스테의 근친상간이 밝혀졌고 크레온이 다시 왕권을 차지하게 되었다. 오이디푸스는 자식들을 크레온에게 맡기고 방랑길에 올랐다.

일곱 장군이 테바이를 공격했을 때(☞아드라스토스), 크레온은 테이레시아스의 조언에 따라 친아들 메가레우스를 아레스에게 희생 제물로 바침으로써 테바이를 구했다. 적들이 물러간 후, 크레온은 적군 편에서 싸우다 죽은 폴리네이케스의 시신을 묻어 주지 말라고 명령했다(☞폴리네이케스, ☞에테오클레스). 안티고네가 종교 의식에 따라 오빠인 폴리네이케스의 시신에 먼지를 뿌리자(☞안티고네), 크레온은 그녀를 죽이라고 명령했다. 그는 안티고네를 라브다키데스의 무덤에 가두었고 안티고네는 자살하고 말았다. 소포클레스의 비극에 따르면, 크레온의 아들이자 안티고네의 약혼자인 하이몬은 그녀를 따라 자살하며, 크레온의 아내 에우리디케도 절망에 빠져 목을 매고 말았다고 한다. 안티고네에 대한 크레온의 잔혹하고 무자비한 모습은 다른 전설에서도 나타난다. 크레온은 경솔하게도 오이디푸스를 테바이에서 추방했지만, 오이디푸스가 아티카의 콜로노스로 가자 그를 다시 테바이로 데려오려 했다. 오이디푸스가 돌아와야만 테바이가 번영하리라는 신탁을 받았기 때문이다. 오이디푸스가 거절하자 크레온은 강제로 그를 테바이에 데려오려 했으나, 테세우스가 개입하여 오이디푸스를 데려가지 못하게 했다.

크레온이 일곱 장군의 테바이 원정에서 죽은 병사들의 시신을 아르고스 인들에게 되돌려줄 수밖에 없었던 것도, 테세우스가 결정적인 역할을 했기 때문이다. 몇몇 이설들에 따르면, 이 문제로 테세우스가 원정에 나서 직접 크레온을 죽였다고 한다.

크레온이 테바이를 다스리던 시절에 관한 두 가지 이야기가 있다. 하나는 암피트리온과 관련된 것이고, 다른 하나는 헤라클레스와 관련된 것이다. 암피트리온이 테바이로 피신하자 크레온은 그의 죄를 정결하게 해주고, 만일 암피트리온이 테우메소스의 여우를 잡아 죽이면 그가 타포스 인들과 싸우는 것을 도와주겠다고 했다(☞암피트리온). 또 크레온이 테바이를 다스리던 무렵, 어린 헤라클레스는 오르코메노스의 에르기노스가 부과한 조공의 의무로부터 테바이인들을 자유롭게 해주었다(☞에르기노스). 이에 대한 보답으로 크레온은 맏딸 메가라를 헤라클레스에게 아내로 주었고, 헤라클레스의 쌍둥이 형제인 이피클레스에게는 작은 딸을 아내로 주었다.

크레온티아데스 Κρεοντιάδης / Creontiades 크레온티아데스는 테바이 왕 크레온의 딸인 메가라와 헤라클레스 사이에서 태어난 아들들 중 한 명이다. 형제들과 마찬가지로 그는 잠시 광기에 사로잡혔던 아버지 헤라클레스에게 목숨을 잃고 말았다. 통설에 의하면, 그에게는 테리마코스와 데이코온이라는 두 명의 형제가 있었다고 한다. 그러나 어떤 저자들은 메가라와 헤라클레스 사이에서 태어난 자식 일곱 명의 이름을 전하기도 한다. 폴리도로스, 아니케토스, 메키스토포노스, 파트로클레우스, 톡소클리토스, 메네브론테스, 그리고 케르시비오스가 그들이다(☞헤라클레스).

크레우사 Κρέουσα / Creusa 1. 첫번째 크레우사는 테살리아의 나이아스로, 대지의 딸이다. 그녀는 하신 페네이오스와 사랑하여 자식 둘을 낳았다. 라피타이 족의 왕 힙세우스와 스틸베가 그들이며, 간혹 안드레우스도 그녀의 자식으로 언급된다(☞계보 23).

2. 또 다른 크레우사는 아테나이 왕 에레크테우스와 프락시테아의 딸이다(☞계보 11). 그녀는 나이가 어렸기 때문에 다른 자매들과 같은 운명을 겪지 않았다. 다른 자매들은 트라케 왕 에우몰포스와 싸우던 조국을 위해 자신들을 희생 제물로 바쳤던 것이다. 아가씨가 된 크레우사는 고향인 아테나이에 있는 아크로폴리스의 동굴에서 아폴론에게 겁탈당하여 아들 이온을 낳았다. 그녀는 아폴론이 자신을 범한 장소에 아기를 버렸지만, 헤르메스는 이온을 델포이로 데려가 그곳의 신전에서 자라게 했다.

크레우사는 크수토스와 결혼했지만, 오랫동안 아이를 낳지 못했다. 델포이로 가서 이온을 다시 만난 후, 그녀는 크수토스와의 사이에서 디오메데와 아카이오스를 낳았다(☞계보 11, ☞계보 8).

3. 세 번째 크레우사는 코린토스 왕 크레온의 딸이며, 간혹 글라우케라고 불리기도 한다(☞크레온 2, ☞메데이아).

4. 마지막 크레우사는 아이네이아스의 아내로, 프리아모스와 헤카베의 딸이다. 아이네이아스에 관한 전설처럼, 크레우사에 관한 전설도 아주 다양하다. 델포이의 레스케[〈레스케〉란 사람들이 모일 수 있는 공간을 가진 건물로 장터나 성지에 세워졌다. 특히 델포이의 레스케는 그 안에 그려진 폴리그노토스의 그림으로 유명했다]에 있는 위대한 역사적 그림들에서, 폴리그노토스는 포로가 된 트로이아 여인들 중에 그녀를 등장시킨다. 하지만 통설에 따르면, 그녀는 트로이아 함락 때 무사히 도망쳤다고 한다. 베르길리우스에 의하면, 아이네이아스가 앙키세스와 아스카니오스와 함께 트로이아를 떠나 있던 동안 크레우사는 아프로디테(키벨레)에게 납치되었다고 한다. 아이네이아스가 아내 크레우사를 찾으러 트로이아로 돌아가자, 크레우사의 망령이 나타나 그가 새로운 국가를 세우기 위해 떠나야 한다고 예언했다. 가장 오래된 서사시들은 아이네이아스의 아내를 크레우사가 아니라 에우리디케라고 부른다.

크레테우스 Κρηθεύς / Cretheus 크레테우스는 아이올로스와 에나레테의 아들이다(☞계보 8). 질녀 티로와 결혼한 그는 아이손, 페레스, 아미타온 등의 자식들을 낳았다(☞계보 21). 그는 티로가 결혼하기 전에 낳은 포세이돈의 자식들인 넬레우스와 펠리아스도 입양했다. 크레테우스에게는 다른 자식들도 있었다. 일반적으로 아드라스토스의 아버지인 탈라오스는 비아스의 아들이라고 하지만, 크레테우스의 아들이라는 설도 있다. 또한 히폴리테, 미리나 등의 딸도 있었는데, 일명 크레테이스라고 하는 히폴리테는 아카스토스와 결혼했고(☞아카스토스), 미리나는 렘노스 왕 토아스와 결혼했다.

크레테우스는 이아손과 펠리아스의 도시인 이올코스의 건설자이다.

크로노스 Κρόνος / Cronos 티탄 족의 계보에서 크로노스는 우라노스(하늘, ☞계보 5)와 가이아(대지)의 막내아들이다. 따라서 그는 제우스와 올림포스 신들보다 앞선 첫 세대의 신이다. 어머니 가이아가 아버지 우라노스에게 복수하는 것을 형제들 중에서 그 혼자만이 도와주었다(☞우라노스). 그는 가이아가 건네준 낫을 들고 우라노스의 고환을 잘라 버렸다. 그 후 그는 하늘에서 우라노스의 자리를 차지했으며, 형제들인 헤카톤케이레스(손이 백 개인 거인들)와 키클로페스를 서둘러 다시 타르타로스에 집어넣었다. 이들은 우라노스에 의해 타르타로스에 갇혀 있었는데, 크로노스가 어머니 가이아의 간청으로 그들을 구했었다. 세상의 주인이 되자 그는 누이인 레이아와 결혼했다. 그런데 미래를 내다보는 지혜와 지식을 가진 우라노스와 가이아가 크로노스에게 친자식들 중 한 명에게 왕좌를 빼앗길 것이라고 예언하자, 크로노스는 자식들을 낳는 즉시 잡아먹었다. 그는 헤스티아, 데메테르, 헤라, 플루톤(하데스), 그리고 포세이돈을 그런 식으로 잡아먹었고, 자식들을 잃은 데 화가 난 레이아는 제우스를 잉태하자 크레테 섬으로 도망가, 딕테 산에서 비밀리에 제우스를 낳았다. 레이아는 배내옷에 돌을 싸서 크로노스에게 건네주었고, 크로노스는 속임수를 눈치 채지 못한 채 그대로 집어삼켰다. 다 자란 제우스는 오케아노스의 딸인 메티스, 혹은 가이아의 도움을 받아, 크로노스에게 약을 먹여 그때까지 집어삼킨 자식들을 모두 다시 뱉어 내게 했다. 이 자식들은 제우스와 힘을 합쳐 크로노스에게 전쟁을 선포했고, 크로노스는 티탄 족에게 도움을 구했다. 전쟁은 10년 동안 계속되었다. 마침내 가이아는 제우스가 크로노스에 의해 타르타로스에 갇힌 존재들과 연합한다면 승리를 얻게 되리라는 신탁을 내렸다. 제우스는 그들을 구해 내어 승리했다. 크로노스와 티탄 족은 헤카톤케이레스 대신에 타르타로스에 갇혔고, 헤카톤케이레스는 그들의 감시자가 되었다.

레이아에게서 낳은 자식들 외에도, 크로노스는 필리라와의 사이에서 반은 인간이고 반은 말인 불멸의 존재 켄타우로스 케이론을 낳았다. 그는 필리라와 사랑을 나눌 때 말의 모습을 하고 있었던 것이다(☞케이론). 다른 전설들에 의하면, 그는 헤라와의 사이에서 헤파이스토스를 낳았다고도 한다. 또한 아프로디테가 우라노스의 딸이 아니라 크로노스의 딸이라고 말하는 이들도 있다(☞계보 38).

오르페우스 비교(秘敎)의 전통에 의하면, 크로노스는 제우스와 화해하고 사슬에서 풀려나 〈행복한 자들의 섬〉에서 살았다고 한다. 하늘과 땅을 다스린 최초의 왕이자 자비로운 통치자인 크로노스와 제우스의 화해는 황금 시대의 전설로 이어진다(☞황금 시대). 그리스 신화에서는 아득한 옛날 크로노스가 올림피아[엘레이아의 도시]에서 다스렸다고 하는 반면, 일찍부터 크로노스와 사투르누스를 동일시했던 로마 신화에서는 그의 왕좌가 카피톨리움에 있었다고 한다. 크로노스는 아프리카와 시칠리아를 다스렸으며, 일반적으로는 지중해 연안을 다스렸다고 한다. 후에 청동 시대, 특히 철기 시대의 도래와 함께 인간이 사악해지자 크로노스는 하늘로 다시 올라갔다.

말장난 덕분에 간혹 크로노스를 의인화된 시간으로 간주하기도 한다(크로노스Κρόνος는 그리스 어로 시간을 뜻하는 크로노스Χρόνος를 환기하기 때문이다).

비블로스의 필론이 전하는 한 시리아 전설에 의하면, 크로노스는 헤르메스 트리스메기스투스의 충고에 따라 형제들인 베틸로스, 다곤, 아틀라스 등의 도움을 받아 아버지 우라노스의 고환을 잘랐다고 한다. 이 전설은 아주 오래된 〈시리아 히타이트〉족의 신앙 체계를 그리스 식으로 바꾼 것이다.

크로코스 Κρόκος / Crocus 크로코스는 님프 스밀락스를 향한 불행한 사랑 때문에 사프란으로 변한 청년이다. 하지만 스밀락스도 동명의 식물(유럽 종 살사인 〈스밀락스 아스페라〉)로 변했다.

크로콘 Κρόκων / Crocon 엘레우시스 지방의 전설에 의하면 크로콘은 옛날에 그 지방을 다스리던 왕이라고 한다. 그는 아테나이 영토와 엘레우시스 영토의 가장자리에 궁전을 갖고 있었다. 크로콘은 트리프톨레모스의 아들이며, 코이론과 형제간이다. 그는 켈레오스의 딸 사이사라와 결혼했다.

크로콘과 코이론은 데메테르를 섬기는 두 사제 가문의 조상들인데, 두 가문 중에서 크로콘 가문이 우선권을 갖고 있었다.

크로콘의 딸들 중 한 명인 메가네이라는 아르카스와 결혼했다(☞아르카스).

크로토스 Κρότος / Crotus 크로토스는 무사이[뮤즈들]의 유모인 에우페메와 판 사이에서 태어난 아들이다. 그러므로 그는 무사이와 같은 젖을 먹고 자란 셈이다. 크로토스는 무사이와 함께 헬리콘 산에서 사이좋게 지내면서 사냥을 했다. 그는 무사이에 대한 자신의 애정을 표현하기 위해 박수 갈채를 만들어 내었다. 무사이는 제우스에게 청하여 크로토스를 별자리로 만들어 주었다.

크로토포스 Κρότωπος / Crotopus 크로토포스는 아르고스 왕 아게노르의 아들이다. 그는 스테넬라스와 프사마테, 두 명의 자식을 두었다(☞계보 17). 프사마테는 아폴론의 사랑을 받아서 아들 리노스를 낳았지만 곧바로 내다 버렸다. 리노스는 목동들이 거두었지만, 목동들의 개들에게 잡아먹히고 말았다. 프사마테는 자신의 고통을 아버지에게 숨길 수가 없어서 사실대로 모두 털어놓았다. 크로토포스는 몹시 화가 나서 리노스의 아버지가 아폴론이라는 프사마테의 말을 믿지 않고 딸을 죽여 버렸다. 아들과 연인의 죽음으로 화가 난 아폴론은 아르고스에 기근을 보냈다. 신의 뜻을 물어본 아르고스 인들은 프사마테와 리노스를 숭배하라는 신탁을 받았다. 크로토포스는 추방당하여 메가리스에 가서 도시를 건설했다. 오비디우스에 의하면, 크로토포스가 죽자 아폴론은 그를 중죄인들과 함께 타르타로스로 보냈다고 한다(☞코로이보스, ☞리노스).

크로톤 Κρότων / Croton 크로톤은 이탈리아 남부의 도시 크로토나를 건설한 신화적인 인물이다. 헤라클레스는 게리오네우스의 소떼를 탈취해 돌아가는 길에 장차 크로토나 시가 세워질 곳에서 크로톤의 손님이 되어 호의적인 대접을 받았다. 크로톤의 이웃인 라키니오스가 헤라클레스에게서 소를 훔치려 하자, 헤라클레스는 라키니오스를 죽이고 싸움 중에 실수로 크로톤까지 죽였다. 속죄의 의미에서 헤라클레스는 크로톤에게 큰 무덤을 만들어 주고, 그 주변에 유명한 도시가 세워져 크로토나라고 불리게 되리라고 예언했다.

크로톤은 파이아케스 족의 왕 알키노오스와 형제간이라는 이야기도 있다(☞알키노오스). 이 이야기는 라키니오스의 전설과 관련이 있다(☞라키니오스).

크리니스 Κρῖνις / Crinis 크리니스는 미시아 지방의 크리세에 있는 아폴론 스민테우스(〈쥐떼의 아폴론〉이라는 뜻)의 신전을 건축한 인물이다. 그는 아폴론의 분노를 살 짓을 했으므로, 아폴론은 크리니스 집안의 들판에 쥐떼를 보내어 못쓰게 만들어 버렸다. 어느 날 그 고장에 내려갔던 아폴론은 크리니스의 목동인 오르데스에게 호의적인 대접을 받고 분노를 가라앉혔다. 그는 그 지역에서 재앙을 없애기 위해 직접 화살로 쥐들을 쏘아 죽였다. 그리고 오르데스에게 크리니스를 찾아 오라고 한 뒤, 크리니스에게 아폴론 스민테우스의 이름으로 신전을 지으라고 명령했다.

크리미소스 Κριμισός / Crimisus 크리미소스는 시칠리아에 있는 강의 신이다. 곰(혹은 개)으로 변신한 그는 트로이아 여인 아이게스타 혹은 세게스테와 결혼하여, 세게스타 시의 건설자인 아케스테스를 낳았다. 베르길리우스와 히기누스는 그를 크리니소스라는 이름으로 부른다.

크리사미스 Κρίσαμις / Crisamis 크리사미스는 코스의 왕이며, 많은 가축들을 소유하고 있었다. 어느 날 괴물 뱀장어가 바다에서 나와 크리사미스의 양떼 중에서 가장 좋은 양을 가져가 버렸다. 크리사미스는 꿈속에서 뱀장어를 묻으라는 명령을 들었다. 하지만 그는 이 꿈을 무시하는 바람에 죽음을 맞았다.

크리사오르 Χρυσάωρ / Chrysaor 크리사오르 즉 〈황금 칼의 남자〉는 날개 달린 말 페가소스와 마찬가지로 포세이돈과 메두사(고르곤)의 아들이다. 페르세우스가 고르곤의 목을 치자 거기서 크리사오르와 페가소스가 태어났다(☞페르세우스). 크리사오르는 태어나자마자 황금 칼을 휘둘렀다. 그는 오케아노스의 딸 칼리로에와 결합하여 세 개의 몸통을 가진 거인이며 헤라클레스의 적수인 게리오네우스와 에키드나를 낳았다(☞에키드나, ☞게리오네우스, ☞계보 32).

크리산티스 Χρυσανθίς / Chrysanthis 크리산티스는 아르골리스의 여인이다. 데메테르 전설의 한 이본에서, 딸 페르세포네를 찾아다니는 데메테르 여신이 아르고스에 이르렀을 때 그녀에게 페르세포네가 어떻게 납치되었는지 가르쳐 준 여인이 크리산티스다. 이 이본에 따르면, 페르세포네는 시칠리아의 엔나 들판이 아니라, 펠로폰네소스의 레르네 근처에서 납치되었다고 한다.

크리세스 Χρύσης / Chryses 1. 크리세스는 크리세이스의 아버지의 이름이다(☞크리세이스).

2. 크리세스는 크리세이스와 아가멤논의 아들이며, 아폴론의 사제 크리세스 1의 손자이다. 그는 오레스테스의 전설에 등장한다. 아가멤논이 크리세이스를 크리세스에게 되돌려보냈을 때 그녀는 임신한 상태였지만, 아버지에게는 이를 감추고 아가멤논이 자신을 범하지 않았다고 말했다. 그녀는 아기를 낳아 크리세스라고 불렀으며, 그가 아폴론의 자식이라고 주장했다. 나중에 트로이아가 멸망한 후, 오레스테스와 이피게네이아는 타우리스 왕 토아스의 복수를 피하기 위해 크리세스의 집으로 갔다(☞오레스테스). 아폴론의 사제인 크리세스는 그들을 토아스 왕에게 넘기려 했지만, 크리세이스가 어린 크리세스의 진짜 아버지는 아가멤논이라고 밝히면서

두 집안이 혈연으로 맺어져 있다고 말했다. 그래서 크리세스는 오레스테스와 이피게네이아를 넘겨주지 않았다. 두 남매는 어린 크리세스의 도움을 받아 토아스 왕을 죽였다.

크리세이스 Χρυσηίς / Chryseis 크리세이스는 트로아스의 크리세 시의 아폴론 사제인 크리세스의 딸이다. 그녀의 본명은 아스티노메이다. 크리세이스는 그리스 군이 미시아의 테베를 공격할 당시 에에티온 왕의 누이인 이피노에의 집에 있다가 포로가 되어 아가멤논의 전리품으로 배당되었다. 그녀의 아버지는 아가멤논에게 그녀를 되돌려달라고 요구했지만 거절당했다. 그러자 크리세스는 그리스 군이 결정을 번복하게 하기 위해 아폴론 신에게 그리스 군에 역병을 보내 달라고 간청했고, 아폴론은 그대로 해주었다. 그리스 군이 아가멤논에게 크리세이스를 되돌려보내라고 하자, 아가멤논은 대신 아킬레우스의 몫이었던 브리세이스를 달라고 했다(☞브리세이스). 이것이 아킬레우스가 분노한 원인이 되었다. 일설에 의하면, 크리세스는 크리세이스가 좋은 대접을 받은 것을 알게 되자, 딸을 아가멤논에게 다시 보냈다고도 한다. 크리세이스는 아가멤논과의 사이에서 자식 둘을 낳았다. 크리세스(외할아버지 이름과 동일)와 이피게네이아가 그들이다.
전설은 크리세이스가 열아홉 살이며, 금발 머리에 작고 날씬한 모습이라고 비교적 자세하게 이야기한다. 반면 브리세이스는 갈색 머리에 살결이 희고 키가 크며 우아한 모습이었다. 이 두 여인은 두 유형의 여성미를 단적으로 보여 주는 한 쌍이다.

크리소스 Κρίσος / Crisus 크리소스는 파르나소스 산의 남쪽 언덕에 도시 크리사를 건설한 인물이다. 그는 아버지 포코스를 통해서 아이아코스의 후손이 된다. 그의 어머니 아스테리아가 데이오네우스 혹은 데이온의 딸이므로, 크리소스는 데우칼리온 일족에 속한다(☞계보 8, ☞계보 30). 크리소스는 파노페우스와 쌍둥이 형제간이지만 서로 잘 맞지 않았다(☞파노페우스). 이들은 어머니의 태중에서부터 싸웠기 때문이다. 일설에 의하면 크리소스와 파노페우스는 형제간이 아니라고도 한다. 크리소스는 포코스의 아들이지만, 파노페우스는 티란노스와 아스테로디아의 아들이라는 것이다. 크리소스는 나우볼로스의 딸 안티파티아와 결혼하여 아들 스트로피오스를 낳았고, 스트로피오스는 아가멤논의 누이 아낙시비아와 결혼하여 필라데스를 낳았으며, 이 필라데스는 오레스테스의 사촌이자 친구가 되었다(☞계보 2).

크리소테미스 Χρυσόθεμις / Chrysothemis 크리소테미스는 크레테 사람 카르마노르(☞)의 딸이다. 그녀는 음악 경연 대회를 만들었고 첫 대회에서 그녀 자신이 우승했다. 크리소테미스는 음악가 필람몬의 어머니로 여겨진다.

크리소펠레이아 Χρυσοπέλεια / Chrysopelia 크리소펠레이아는 아르카디아의 한 떡갈나무에 살던 하마드리아데스(나무의 님프)이다. 어느 날 아르카스가 이 지역에서 사냥을 하다가, 급류에 떠내려갈 위험에 처한 떡갈나무를 보게 되었다. 그 나무에 사는 님프가 그에게 구해 달라고 간청했다. 아르카스는 둑을 쌓아 급류의 방향을 바꾸어서 떡갈나무를 구해 주었다. 님프 크리소펠레이아는 감사의 표시로 그와 결합하여 두 아들 엘라토스와 아피다스를 낳아 주었다. 이 두 아들이 아르카디아 인들의 조상이 되었다(☞계보 9).

크리시포스 Χρύσιππος / Chrysippus 크리시포스는 펠롭스와 님프 악시오케의 아들이다. 제토스와 암피온에 의해 추방된 테바이 사람 라이오스는 펠롭스의 궁정에 피신하여 호의적인 대접을 받았으나, 펠롭스의 어린 아들 크리시포스를 사랑하게 되어 납치해 버렸다. 그러자 펠롭스는 라이오스를 향해 저주의 말을 내뱉었다. 이것이 라이오스 왕가에 내린 저주의 기원이다(☞오이디푸스). 크리시포스는 수치스러운 나머지 자살했다.

전설의 또 다른 이본에 의하면, 크리시포스는 이복형제들인 아트레우스와 티에스테스에게 죽임을 당했다고 한다(☞아트레우스). 크리시포스가 왕위를 이어받을 것을 두려워한 계모 히포다메이아가 자기 자식들에게 살해를 명령했다는 것이다(☞히포다메이아).

크리테이스 Κριθηίς / Critheis 크리테이스는 소아시아의 님프이다. 그녀는 스미르나 부근에 흐르는 멜레스 강과 결합하여 시인 호메로스를 낳았다고 한다. 또 다른 전설에 의하면, 크리테이스는 키메 사람 아펠레스의 딸로 등장한다. 아펠레스는 죽어 가면서 형제인 마이온에게 딸을 맡겼다. 그러나 크리테이스는 숙부의 보호에서 벗어나 스미르나의 페미오스에게 몸을 맡겼다. 어느 날 그녀가 멜레스 강에 빨래를 하러 갔을 때 아이를 낳았다. 그 아이가 바로 호메로스이다. 이 전설의 목적은 호메로스 앞에 붙는 수식어 〈멜레스게네스〉 즉 〈멜레스 강에서 태어난〉이라는 말을 설명하려는 것이다.

마지막 세 번째 설에 의하면, 크리테이스는 이오스의 딸이다. 그녀는 무사이[뮤즈들]를 수행하는 정령들 중 한 명에게 사랑을 받았다. 크리테이스는 해적들에게 납치되어 스미르나로 가서 리디아 왕 마이온과 결혼했다고 한다. 그녀는 멜레스 강가에서 아기 호메로스를 낳은 직후에 죽었다.

크테아토스 Κτέατος / Cteatus 크테아토스는 악토르와 몰리오네의 자식이며, 에우리토스와 형제간이다. 이들 형제는 몰리오니다이라는 이름으로 잘 알려져 있다. 그들은 헤라클레스에게 죽임을 당했다(☞몰리오니다이, ☞헤라클레스).

크토니아 Χθονία / Chthonia 1. 크토니아는 포로네우스의 딸이며, 클리메네우스와 남매간이다. 그녀는 클리메네우스와 함께 헤르미오네 시에 데메테르 신전을 세웠다. 아르고스 전설에서는 크토니아가 콜론타스의 딸로 나온다. 콜론타스가 집으로 찾아온 데메테르 여신을 문전박대하자, 크토니아는 아버지의 불경한 행동을 비난했다. 콜론타스의 집은 데메테르에 의해 불탔고, 여신은 크토니아를 헤르미오네로 데려갔다. 크토니아는 그곳에 데메테르 신전을 세웠다. 그 신전에서는 데메테르가 〈데메테르 크토니아〉(지하의 데메테르)라는 이름으로 숭배되었다.

2. 두 번째 크토니아는 에레크테우스의 딸들 중 한 명이다(☞계보 11). 그녀는 숙부인 부테스와 결혼했다는 설도 있고, 혹은 에레크테우스가 이끄는 아테나이 인들이 에우몰포스와 동맹을 맺은 엘레우시스 인들과 전쟁할 때 아테나이의 승리를 위한 희생 제물로 바쳐졌다는 설도 있다. 또는 맏언니 프로토게네이아가 희생 제물로 바쳐지자 다른 자매들과 함께 자살했다고도 한다.

크티메네 Κτιμένη / Ctimene 크티메네는 안티클레이아와 라에르테스의 딸이며 오딧세우스와 남매간이다(☞계보 39). 그녀는 돼지치기 에우마이오스와 함께 자라, 오딧세우스의 친구인 에우릴로코스와 결혼했다. 키르케 이야기와 헬리오스의 소 이야기에서 중요한 역할을 했던 에우릴로코스는 이타케로 돌아가던 길에 죽었다.

클레소니모스 Κλησώνυμος / Clesonymus 클레소니모스는 오푸스 사람 암피다마스의 아들이다. 어릴 때 그는 어린 파트로클로스와 놀았는데, 파트로클로스가 실수로 그를 죽이고 말았다. 본의 아닌 살인으로 파트로클로스는 오푸스를 떠나야 했다. 파트로클로스의 아버지는 그를 프티아의 펠레우스에게 맡겼다. 펠레우스는 친자식인 아킬레우스와 함께 파트로클로스를 길렀다. 그렇게 해서 두 영웅 사이에 우정이 싹텄다.

클레오메데스 Κλεομήδης / Cleomedes 클레오메데스는 아스티팔라이아의 용사이다. 올림피아 경기에 참여한 그는 권투 시합에서 에피다우로스의 이코스를 죽였다. 하지만 심판들은 그에게 비겁한 경기를 했다면서 승리를 인정해 주지 않았다. 클레오메데스는 미쳐 버렸다. 귀향한 그가 어느 학교의 지붕을 지탱하고 있던 기둥을 부수는 바람에, 60명의 아이들이 목숨을 잃었다. 백성들이 쫓아오자 그는 아테나 신전으로 피신했다. 뒤쫓던 사람들은 잠시 망설이다가 신전에 들어가 그를 잡기로 했지만, 그를 찾을 수 없었다. 그가 죽었는지 살았는지 알 도리도 없었다. 그들은 신에게 그의 행방을 물었다. 그러자 클레오메데스가 가장 근래 태어난 영웅이기 때문에 그를 숭배해야만 한다는 신탁이 내렸다. 사람들은 그 신탁을 따랐다.

이는 72회 올림피아 경기에서 있었던 일이다.

클레오스트라토스 Κλεόστρατος / Cleostratus 클레오스트라토스는 테스피아이 족의 청년으로, 매년 젊은이 한 명을 제물로 바쳐야 했던 용을 없애고 나라를 구한 인물이다. 제비를 뽑아 클레오스트라토스 자신이 용에게 잡아먹힐 제물로 정해지자, 그의 친구 메네스트라토스는 그에게 쇠 갈고리가 달린 금속 갑옷을 마련해 주었다. 클레오스트라토스는 갑옷을 입은 채 용에게 잡아먹혔다. 그로 인해 용은 죽었고, 오랫동안 계속되던 살육은 끝이 났다.

클레오테라 Κλεοθήρα / Cleothera 클레오테라는 판다레오스와 하르모토에의 딸이다. 그녀는 아에돈, 메로페와 자매간이다. 일찍 부모를 여읜 세 자매는 아프로디테와 헤라, 아테나의 품에서 자랐다. 어른이 되자 맏딸 아에돈은 제토스와 결혼했지만, 나머지 두 명은 에리니에스에게 잡혀가 시녀들이 되었다(☞판다레오스).

클레오파트라 Κλεοπάτρα / Cleopatra 전설에는 클레오파트라라는 이름의 여인들이 여러 명 등장한다.

1. 가장 잘 알려진 클레오파트라는 보레아스와 오레이티이아의 딸이며, 제테스, 칼라이스, 키오네 등과 동기간이다(☞보레아다이). 그녀는 피네우스와 결혼하여 두 아들 플렉시포스와 판디온을 낳았다(☞계보 11). 피네우스는 다르다노스의 딸 이다이아를 두 번째 부인으로 맞아들이면서, 첫번째 아내인 클레오파트라를 감옥에 가두고 두 아들은 장님으로 만들었다. 그러나 아르고나우타이가 그녀를 구하고 피네우스를 죽였다(적어도 전설의 한 이본에 의하면 그렇다. ☞피네우스).

2. 이다스의 딸인 또 다른 클레오파트라는 멜레아그로스의 아내이다. 남편이 죽자 그녀는 목매어 죽었다(☞계보 19).

3. 세 번째 클레오파트라는 로크리스 인들에 의해 일리온으로 보내졌다(☞페리보이아 3).

클레이니스 Κλεῖνις / Clinis 바빌로니아 사람 클레이니스는 경건한 부자로, 아폴론과 아르테미스의 사랑을 받았다. 그의 아내는 하르페였고, 리키오스, 오르티기오스, 하르파소스 등 세 아들과 아르테미케라는 딸을 낳았다. 그는 아폴론을 따라 히페르보레이오이 족의 나라에 가서, 그곳 백성들이 아폴론에게 당나귀를 희생 제물로 바치는 것을 보았다. 그가 바빌론에 돌아와서 그 제사를 따라 하자, 아폴론은 클레이니스에게 그런 희생 제사를 드리면 죽이겠다면서 양이나 소, 염소 같은 평범한 희생 제물만 바치라고 일렀다. 클레이니스의 두 아들 리키오스와 하르파소스는 이 명령에 순종하지 않았다. 그들이 당나귀 한 마리를 제단으로 가져다가 희생 제물로 드리려는 순간, 아폴론은 당나귀를 화나게 만들었다. 당나귀는 두 젊은이에게 달려들어 몸을 갈가리 찢고, 소식을 듣고 달려온 아버지와 나머지 가족들도 모두 죽였다. 아폴론을 비롯한 신들은 그들을 불쌍히 여겨 새들로 만들어 주었다. 하르페와 하르파소스(이들의 이름은 〈빼앗다〉라는 뜻을 환기시킨다)는 매, 클레이니스는 독수리, 리키오스는 까마귀, 오르티기오스는 깨새, 아르테미케는 방울새(?[원문대로임]) 혹은 종달새로 각기 변했다.

클레이시테라 Κλεισιθήρα / Clisithera 클레이시테라는 이도메네우스와 메다의 딸이다. 이도메네우스는 탈로스의 아들이자 자신의 양자인 레우코스와 클레이시테라를 약혼시켰다. 그런데 레우코스는 이도메네우스가 트로이아 원정에 나가고 없는 동안 클레이시테라와 어머니를 죽였다(☞이도메네우스).

클레이테 Κλείτη / Clite 클레이테는 키지코스 왕의 젊은 아내이다. 하지만 키지코스 왕은 결혼식을 한 지 얼마 지나지 않아 아르고나우타이에게 죽임을 당하고 말았다. 절망에 빠진 클레이테는 목매어 죽었다(☞아르고나우타이). 그녀는 미시아에 있는 페르코테의 예언자 메롭스의 딸이다.

클레이토르 Κλείτωρ / Clitor 1. 클레이토르는 아르카디아의 초대 왕인 아르카스의 손자이며 아잔의 아들이다. 아잔이 죽은 후, 클레이토르는 도시를 건설해서 자신의 이름을 붙였다. 그는 아르카디아 전체에서 가장 강력한 왕자였다. 그에게는 자식이 없었기 때문에, 그의 조카이자 엘라토스의 아들인 아이피토스가 왕위를 물려받았다(☞계보 9).

2. 클레이토르(앞의 인물과 동일할 수도 있음)는 리카온의 50명의 아들 중에 들어 있다.

클레이토스 Κλεῖτος / Clitus 1. 멜람푸스(☞)의 손자인 클레이토스는 준수한 용모 때문에 에오스에게 납치되었다. 그는 여신과의 사이에 많은 자식들을 두었다. 그 중의 한 명이 코이라노스이며, 코이라노스의 아들이 바로 폴리에이도스(☞)이다.

2. 또 다른 클레이토스는 트라케의 케르소네소스 왕 시톤의 딸인 팔레네(☞)와 결혼했다.

클레테 Κλήτη / Clete 클레테는 아마조네스 족의 여왕 펜테실레이아의 유모이다. 펜테실레이아가 트로이아 성문 앞에서 죽은 후, 그녀는 고향으로 돌아가려 했지만 풍랑을 만나 이탈리아 남부에 표착했다. 거기서 그녀는 클레테 시(클레테의 아들 카울론의 이름을 물려받은 도시 카울로니아와 이웃해 있음. ☞카울론)를 건설했다. 후에 그녀는 클레테 시를 합병한 크로토나 인들과의 싸움에서 죽었다.

클리메네 Κλυμένη / Clymene 1. 클리메네는 오케아노스와 테티스(I)의 딸이다. 그녀는 첫 세대의 신들인 티탄 족에 속한다. 그녀는 이아페토스와 결혼하여, 아틀라스와 프로메테우스, 에피메테우스, 메노이티오스를 낳았다(☞계보 38). 그런가 하면 클리메네가 프로메테우스의 아내로 나오는 이야기도 있다. 이 경우 그녀는 헬레네스 족[그리스 인들]의 조상인 헬렌과 데우칼리온의 어머니가 된다. 혹은 클리메네가 헬리오스(태양)와 결혼했다고 전하는 이야기도 있다. 이 경우 그녀는 파에톤과 헬리아데스를 낳았다(☞헬리아데스, ☞계보 14).

2. 또 다른 클리메네도 바다와 관련되며, 네레우스와 도리스의 딸이다.

3. 오르코메노스 왕 미니아스의 딸 클리메네도 있다(☞계보 20). 그녀는 데이온의 아들인 필라코스와 결혼하여, 이피클로스와 알키메데를 낳았다. 그런가 하면 그녀는 프로크리스가 죽은 후 케팔로스와 결혼했다고도 하며, 리쿠르고스의 아들인 이아소스와 결혼하여(☞계보 26) 딸 아탈란테를 낳았다고도 한다.

4. 또 한 명의 클리메네는 크레테 왕 카트레우스의 딸이다. 나우플리오스와 결혼한 그녀는 팔라메데스와 오이악스, 나우시메돈 등 아들 셋을 낳았다.

클리메노스 Κλύμενος / Clymenus 1. 크레테 섬의 키도니아 출신으로 카르디스의 아들인 클리메노스는 헤라클레스의 후손이다(크레테에서는 헤라클레스가 〈이데 산의 헤라클레스〉라는 이름으로 알려져 있었다). 그는 데우칼리온의 대홍수로부터 50년이 지난 후 올림피아로 가서 경기를 만들었다. 거기서 그는 쿠레테스와 자신의 조상인 헤라클레스에게 제단을 쌓았다. 클리메노스는 엔디미온이 나타나 권력을 빼앗을 때까지 그곳을 다스렸다. 엔디미온은 올림피아 경기에 달리기 경주를 추가하면서, 자신의 아들들 중 승자에게 왕권을 물려주겠다고 했다(☞엔디미온).

2. 또 다른 클리메노스는 보이오티아의 용사이다. 그는 프레스본의 아들이며, 오르코메노스가 자식 없이 죽자 오르코메노스 시를 다스렸다(☞계보 33). 그는 포세이돈에게 바쳐진 신성한 숲에서 테바이 인들의 돌에 맞아 죽었다. 클리메노스의 원수를 갚기 위해 그의 아들 에르기노스는 테바이 인들에게 조공을 부과했으며, 테바이 인들은 헤라클레스 덕분에 이 조공의 의무에서 벗어날 수 있었다(☞에르기노스). 클리메노스는 에르기노스, 스트라티오스, 아론, 필라이오스, 아제우스 등의 아들들을 낳았다. 네스토르의 아내인 에우리디케도 그의 딸이다.

3. 아르카디아의 클리메노스는 스코이네우스의 아들, 혹은 아르카디아 왕 텔레우스의 아들이다. 친딸인 하르팔리케를 사랑하게 된 그는 유모의 도움으로 딸을 범한 뒤, 그녀를 알라스토르와 결혼시켰다. 하지만 곧 후회에 빠진 그는 그녀를 다시 데리고 와서 공공연히 곁에 두었다. 하르팔리케는 클리메노스에게 복수하기 위해 형제들(혹은 하르팔리케와 클리메노스 사이에서 태어난 자식들)을 죽여 음식으로 만들어 내놓았다. 클리메노스는 하르팔리케가 자신에게 무슨 음식을 먹였는지 알고는 그녀를 죽였다. 그리고 그도 자살했다. 클리메노스는 새로 변했다고 한다(☞하르팔리케 2).

클리타임네스트라 Κλυταιμνήστρα / Clytemnestra 클리타임네스트라는 틴다레오스와 레다의 딸이다. 그녀는 레다의 딸들 중에서 〈인간〉들인 티만드라, 필로노에와 자매간이며, 레다와 제우스 사이에서 〈신〉의 혈통을 이어받고 태어난 헬레네, 디오스쿠로이와도 남매간이다(☞레다). 클리타임네스트라는 헬레네와 쌍둥이 자매이지만, 헬레네는 백조의 모습으로 레다와 결합한 제우스의 딸이며 클리타임네스트라는 틴다레오스의 딸이다(☞계보 19).

클리타임네스트라는 티에스테스의 아들인 탄탈로스와 결혼했지만, 아가멤논이 탄탈로스와 자식들을 죽였다. 디오스쿠로이에게 쫓기던 아가멤논은 어쩔 수 없이 클리타임네스트라와 결혼했다. 사정이 그러했으니 이들의 결혼은 나쁜 결말을 예고할 수밖에 없었다.

클리타임네스트라는 아가멤논과의 사이에서 여러 명의 자식을 낳았다(☞계보 2, ☞아가멤논). 메넬라오스가 헬레네를 되찾기 위해 트로이아 전쟁에 나가고 없는 동안, 그녀는 당시 아홉 살이던 질녀 헤르미오네(헬레네의 딸)를 돌보았다.

그리스 군이 아울리스에 모였을 때 예언자 칼카스가 이피게네이아를 희생 제물로 바쳐야 한다고 했다. 아가멤논은 아르고스(혹은 미케나이)에 자식들과 함께 남아 있던 아내 클리타임네스트라에게 이피게네이아와 아킬레우스를 약혼시킬 것이라며 아울리스로 오라고 했다. 그는 아내에게 사실을 알리지 않고 비밀리에 희생 제사를 준비시켰다. 이피게네이아를 희생물로 바치고 나서, 그는 클리타임네스트라를 아르고스로 되돌려보냈다. 클리타임네스트라는 남편에게 복수할 계획을 짰다. 미시아 원정에서 아킬레우스에게 부상당한 텔레포스가 상처를 치료하기 위해 아르고스에 오자, 클리타임네스트라는 어린 오레스테스를 인질로 잡아 아가멤논을 위협해 달라고 텔레포스에게 부탁했다(☞텔레포스, ☞아킬레우스).

아가멤논이 트로이아 원정에 참여하느라 아르고스를 떠나 있을 때, 클리타임네스트라는 처음 얼마 동안은 정조를 지켰다. 아가멤논은 늙은 음유 시인 데모도코스를 클리타임네스트라 곁에 두고 원정길에 올랐다. 무슨 일이 벌어지면 클리타임네스트라에게 필요한 충고를 해주고 아가멤논 자신에게 그 일을 전달하는 임무를 맡긴 것이었다. 그런데 아이기스토스(☞)가 그녀와 사랑에 빠졌다. 그는 클리타임네스트라에게 데모도코스를 멀리하라고 끊임없이 권했다. 결국 클리타임네스트라는 그의 말에 따랐다. 어쩌면 그녀는 나우플리오스의 제안에 따라 데모도코스를 멀리한 것일 수도 있다. 나우플리오스는 아들인 팔라메데스가 그리스 군에게 죽임을 당하자, 복수하기 위해 그리스 여인들을 타락시키려고 했던 것이다(☞나우플리오스). 클리타임네스트라가 딸 이피게네이아를 죽인 남편에게 복수하기 위해서, 혹은 아가멤논과 크리세이스의 관계를 알았기 때문에 질투심 때문에 그렇게 했을 수도 있다. 아이기스토스는 아가멤논 궁전의 주인이 되었고, 아가멤논이 트로이아에서 오자 살해 계획을 세웠다.

전설의 가장 오래된 이본들, 즉 서사 시인들이 전하는 이야기에 의하면, 클리타임네스트라는 아가멤논 살해 음모에 가담하지 않았으며 아이기스토스 혼자서 아가멤논을 죽였다고 한다. 하지만 비극에서는 그녀가 아가멤논 살해의 공범으로 등장하며, 나중에는 직접 아가멤논을 죽이는 것으로 나온다. 그녀는 아가멤논이 목욕을 하고 나서 입을 옷의 소매 부분과 깃 부분을 꿰매어 두었다. 그리고는 그가 옷을 입느라 버둥거릴 때 손쉽게 그를 죽일 수 있었다. 클리타임네스트라는 질투의 대상이던 카산드라도 모욕하고 죽여 버렸다. 비극에서 보면 그녀는 남편에 대한 증오로 자식들까지 죽인다. 클리타임네스트라는 엘렉트라를 지하 감옥에 가두었으며, 가정교사가 막지 않았더라면 오레스테스까지 죽였을 것이다.

7년 후에 클리타임네스트라는 부친의 원수를 갚고자 하는 오레스테스의 손에 죽었다.

클리티아 Κλυτία / Clytia 클리티아는 헬리오스(태양)가 사랑한 아가씨이다. 그런데 헬리오스는 레우코토에를 사랑하게 되자 클리티아를 거들떠보지도 않았다. 그러자 클리티아는 레우코토에의 아버지에게 레우코토에와 헬리오스의 관계를 밝혔다. 클리티아는 깊은 구덩이에 갇혀 죽음을 맞았다. 한편 레우코토에도 그로 인해 벌을 받았다. 헬리오스가 더 이상 그녀를 보러 오지 않았던 것이다. 레우코토에는 사랑의 열병으로 쇠약해져서 헬리오트로프[해바라기의 일종]로 변했다. 헬리오트로프는 마치 레우코토에가 옛 애인을 보려고 하는 것처럼 항상 태양 쪽으로 얼굴을 향한다. 레우코토에와 헬리오스 사이에서 아들 테르사노르가 태어났는데, 그의 이름은 아르고나우타이의 명단에 등장하기도 한다[이야기 중간에서 레우코토에와 클리티아가 혼동된 듯하다. 대개의 이본들에서는 레우코토에의 아버지가 생매장한 것은 자신의 딸이며, 연적을 죽인 뒤 한층 더 헬리오스의 미움을 받으며 애태우다가 헬리오트로프로 변한 것이 클리티아로 되어 있다].

키노르타스 Κυνόρτας / Cynortas 키노르타스는 라코니아 인이다. 그는 라케다이몬의 아들이자 아미클라이 시의 건설자인 아미클라스의 아들이다. 키노르타스는 히아킨토스의 형이다(☞히아킨토스, ☞계보 6). 아미클라스가 죽은 후에 맏아들 아르갈로스가 스파르타를 통치했다. 아르갈로스가 후사 없이 죽게 되자, 키노르타스가 왕위를 이어받았다. 키노르타스에게는 아들이 한 명 있었다. 아들의 이름이 페리에레스라는 설도 있고, 오이발로스라는 설도 있다. 그러나 페리에레스는 아이올로스의 아들이라는 것이 통설이다(☞계보 28). 어떤 전설은 이런 계보를 없애고, 틴다레오스가 바로 키노르타스의 아들이라고도 한다.

키노수라 Κυνόσουρα / Cynosura 크레테 섬의 이데 산에 있는 님프이다. 몇몇 설에 따르면, 키노수라는 님프 헬리케와 함께 어린 제우스를 키웠다고 한다(☞아말테이아). 크로노스가 그들을 추격했기 때문에, 제우스는 두 님프를 큰곰자리와 작은곰자리로 바꾸었고 그 자신은 용자리가 되었다.

키노수라는 크레테 섬의 히스토이 항구 근처의 한 지역에 자신의 이름을 남겼다.

키니라스 Κινύρας / Cinyras 키니라스는 키프로스의 초대 왕이다. 그는 키프로스 섬 출신이 아니라 아시아에서 왔으며, 그의 고향은 시리아 북부의 비블로스라고 한다. 키니라스의 부모에 대해서는 여러 가지 설이 있다. 그가 아폴론과 파포스의 아들이라는 설도 있고, 에우리메돈과 파포스 지방의 님프 사이에서 태어난 아들이라는 설도 있다(☞피그말리온). 또 키니라스가 케크롭스의 후손에 속한다는 이야기도 있다. 즉, 케팔로스[케크롭스의 딸들 중 한 명인 헤르세와 헤르메스 사이에 태어난 아들]는 에오스에 의해 시리아로 납치되어 그녀와의 사이에서 파에톤을 낳았고, 파에톤의 아들인 아스티노오스가 산다코스를, 그리고 산다코스가 키니라스를 낳았던 것이다. 이 경우, 키니라스의 어머니는 히리아 족의 왕의 딸인 파르나케이다.

키니라스가 키프로스로 오게 된 경위도 다양하다. 키니라스는 이주민들과 함께 키프로스로 와서 키프로스 왕 피그말리온의 딸인 메타르메와 결혼하고 파포스 시를 건설했다고 한다. 그는 두 아들 아도니스와 옥시포로스, 그리고 세 딸 오르세디케와 라오고레, 브라이시아를 두었다. 이 세 딸들은 아프로디테의 노여움을 사서 키프로스를 지나는 이방인들을 대상으로 매춘을 하게 되었으며, 결국 이집트에서 생을 마쳤다. 하지만 또 다른 이본에 의하면 키니라스는 친딸인 스미르나와 근친상간을 범하여 추방되었다고 한다. 스미르나는 이 관계에서 아도니스를 낳았으며 미르라나무로 변했다고 한다(☞아도니스).

키니라스는 키프로스에서 아주 중요한 의미를 갖게 되는 아프로디테 숭배를 도입한 인물이다. 그는 예언 능력을 가진 인물로, 그리고 뛰어난 음악가(키니라스라는 이름은 포이니케 어로 〈키노르〉라는 악기의 이름과 연관이 있다고도 한다)로 알려져 있었다. 한 고립된 설에 의하면, 그는 아폴론과 경쟁을 벌이다가 결국 마르시아스처럼 죽임을 당했다고 한다. 더 일반적인 설에 의하면, 그는 키프로스에서 문명을 일으킨 인물이다. 구리 광산의 발견으로 키프로스는 부유한 섬이 되었으며 청동기 문명이 시작되었다. 그는 아프로디테의 사랑을 받아 상당한 부를 쌓았으며, 장수를 누려 160세까지 살았다고 한다.

키니라스는 전사가 아니었다. 그는 트로이아 원정 시기에 살았기 때문에, 그리스 군은 그에게 동참을 요구했다. 오딧세우스와 아가멤논의 전령인 탈티비오스가 키프로스에 사절로 왔고, 키니라스는 그들에게 50척의 배를 보내 주겠다고 약속했다. 그러나 그는 한 척만 제대로 만들었고, 나머지 49척은 흙으로 만들었다. 그래서 한 척만이 아울리스에 도착했다. 어쨌든 키니라스는 약속을 지킨 셈이다. 전쟁 후에, 아티카의 살라미스에서 추방당한 테우크로스(☞)는 키프로스에 와서 키니라스의 환대를 받았다. 그는 키니라스에게서 받은 땅에 살라미스를 건설했으며, 키니라스의 딸 에우네와 결혼했다. 이 이야기가 역사시대에 아테나이와 키프로스 사이의 우호적인 관계의 기원이 된다(☞엘라토스, ☞라오디케).

키돈 Κύδων / Cydon 키돈은 헤르메스와 아카칼리스의 아들로(☞아카칼리스), 크레테 섬의 키도니아 시를 건설한 인물이라고 한다. 아르카디아의 테게아 인들은 키돈이 테게아의 용사 테게아테스의 아들이라고 주장했다. 키돈의 아버지는 헤르메스가 아니라 아폴론이라는 이야기도 있지만, 이 경우에도 어머니는 아카칼리스이다.

키드노스 Κύδνος / Cydnus 키드노스는 앙키알레의 아들이며, 어머니를 통해 이아페토스의 손자가 된다. 그는 킬리키아의 강에 자신의 이름을 붙인 인물이다. 그의 아들 중 한 명인 파르테니오스는 키드노스 강에 있는 도시 타르소스에 별칭 파르테니아를 붙여주었다. 킬리키아에는 반은 인간이고 반은 강인 키드노스와 코마이토의 사랑에 관한 민담이 있었다. 강을 사랑하게 된 코마이토는 결국 키드노스와 결혼했다.

키레네 Κυρήνη / Cyrene 키레네는 테살리아의 님프로, 힙세우스의 딸이다. 오케아노스와 가이아 사이에 태어난 물의 요정 크레우사가 하신 페네이오스와의 사이에서 낳은 힙세우스는 라피타이 족의 왕이었다(☞계보 23). 키레네는 핀도스 숲에서 야생으로 살면서 아버지의 가축들을 짐승들의 공격으로부터 보호했다. 어느 날 그녀는 맨손으로 사자와 싸워서 길들였다. 이 장면을 지켜본 아폴론은 키레네를 사랑하게 되었다. 아폴론은 켄타우로스 케이론의 동굴을 찾아가 케이론으로부터 그녀가 누구인지를 알아냈다. 그리고는 황금 수레로 키레네를 납치해 바다 건너 리비아 지방으로 데려갔다. 거기 있는 황금 궁전에서 그는 그녀와 동침하고, 그녀에게 그 지역의 일부(키레네 지방)를 영토로 주었다. 그녀는 아폴론의 아들인 아리스타이오스를 낳았으며, 아리스타이오스는 호라이와 대지의 손에서 자랐다(☞아리스타이오스).

이러한 전설은 핀다로스에 의해 오늘날까지 전해지는 것으로, 그 기원은 헤시오도스의 소실된 시로 소급된다. 고대 그리스 인들은 키레네가 아폴론과 함께 리비아로 간 후, 포세이돈의 아들이자 리비아의 왕인 에우리필로스로부터 〈키레네〉 지방을 받았다고 이야기한다. 사자 한 마리가 리비아를 황폐하게 하자, 에우리필로스 왕은 사자를 죽이는 자에게 나라의 일부를 주겠다고 했던 것이다. 키레네가 사자를 죽였고, 그렇게 해서 도시 키레네를 건설하게 되었다. 이 전설에 따르면, 키레네는 아리스타이오스와 안투코스를 낳았다고 한다.

키레네의 이야기에는 주목해야 할 다양한 설들이 있다. 일설에 의하면, 키레네는 테살리아에서 바로 리비아로 건너간 것이 아니라 크레테 섬에 잠시 머물렀다고 하며, 또 다른 설들에 의하면, 아폴론은 늑대의 모습으로 키레네와 결합했다고 한다(키레네에는 〈아폴론 리케이오스〉의 숭배가 있었다). 베르길리우스의 「농경시」에 나오는 아리스타이오스의 이야기에서, 키레네는 바다로 흘러들기 전에 강물이 모이는 페네이오스 강의 지하 동굴에 사는 물의 님프이다. 베르길리우스는 키레네가 갖고 있는 사냥꾼으로서의 면모를 약화시키는 대신, 하신 페네이오스의 손녀로서의 혈통을 강조하는 것이다. 베르길리우스는 키레네가 리비아에 간 것에 대해서는 전혀 언급하지 않는다.

키르케 Κίρκη / Circe 키르케는 아르고나우타이의 원정 이야기와 『오뒷세이아』에 등장하는 마녀이다. 그녀는 헬리오스(태양)가 오케아노스의 딸 페르세이스, 혹은 헤카테에게서 낳은 딸이라고 한다(☞계보 14). 그녀는 황금 양털을 갖고 있던 콜키스의 아이에테스 왕과 남매간이며(☞아이에테스, ☞아르고나우타이), 미노스의 아내 파시파에와 자매간이다. 그녀는 아이아이아 섬에 살았다고 한다. 오딧세우스의 전설에 따르면 이 〈섬〉은 이탈리아에 있었다고 하는데, 그것은 필시 오늘날의 몬테 키르케오 반도일 것이다. 이 반도는 가이타와 테라키나 근처, 폰티나 늪지의 낮은 해안을 굽어보는 곳에 있다.

오딧세우스는 라이스트리고네스 족의 나라에서 모험을 겪은 후에 이탈리아 해안을 올라가다가 아이아이아 섬에 이르렀다. 그는 에우릴로코스의 지휘 아래 부하 절반을 정찰대로 섬에 보냈다. 정찰대는 숲으로 들어가 어느 골짜기에 이르렀는데, 거기서 찬란한 궁전을 보게 되었다. 만약의 사태에 대비하기로 한 에우릴로코스를 제외하고, 정찰대는 궁전 안으로 들어갔다. 에우릴로코스는 숨어서 부하들이 어떻게 되는지 살펴보았다. 그들은 궁전의 주인에게 호의적인 대접을 받았다. 그 주인은 다름 아닌 키르케였다. 그녀는 정찰대에게 향연에 참석해 달라고 했다. 그들은 기뻐하며 이 초대를 받아들였다. 그들이 먹을 것에 입을 대자마자, 키르케는 마법의 지팡이로 그들을 건드려 여러 가지 동물로 만들었다. 그들은 자신들의 숨은 본성에 따라 돼지, 사자, 개 등으로 변했다고 한다. 에우릴로코스는 이 광경을 지켜보고 있었다. 키르케는 이미 비슷한 동물들로 가득한 우리에 그들을 끌고 가서 가두었다. 이 모습을 지켜본 에우릴로코스는 오딧세우스에게 달려가서 무슨 일이 벌어졌는지 모두 고했다. 그러자 오딧세우스는 부하들을 구하기 위해 직접 마녀를 찾아가기로 했다.

오딧세우스는 부하들을 구할 방법을 생각하느라 고심하며 숲 속을 헤매다가 헤르메스를 만나게 되었다. 헤르메스는 키르케의 마법을 피할 수 있는 방도를 알려 주었다. 키르케가 건네준 음료에 마법의 식물 〈몰리〉를 담그면 두려워할 것이 없으며, 그 후에는 칼을 빼어 들기만 하면 키르케가 주문을 외워서 부하들을 마법에서 풀어 주리라는 것이었다. 헤르메스는 오딧세우스에게 〈몰리〉를 주었다. 오딧세우스가 키르케에게 갔을 때, 그녀는 오딧세우스의 부하들에게 한 것처럼 그에게 마실 것을 주었다. 오딧세우스는 컵 안에 〈몰리〉를 섞어서 마셨다. 키르케가 마법의 지팡이로 오딧세우스를 건드렸지만, 오딧세우스에게는 아무런 일도 일어나지 않았다. 오딧세우스는 칼을 빼어 들고 그녀를 위협했다. 그러자 그녀는 오딧세우스를 달래며, 오딧세우스와 부하들에게 아무런 해를 끼치지 않겠다고 스틱스 강에 걸고 맹세했다. 그녀는 부하들을 본래의 모습으로 되돌려 주었다. 오딧세우스는 그녀 곁에서 꿈 같은 한 달을 보냈다. 혹은 한 달이 아니라 1년이었다고도 한다. 오딧세우스와 키르케의 아들 텔레고노스와 딸 카시포네가 태어난 것은 이때의 일이다(☞계보 39). 이탈리아 전설에서 도시 투스쿨룸을 세운 이가 텔레고노스(☞)이다.

또 다른 전승들에 의하면, 키르케는 오딧세우스와의 사이에서 라티움 족의 명조인 라티노스를 낳았다고도 한다(☞칼립소). 혹은 로마, 안티움, 아르데아 등 세 도시의 명조가 될 로모스, 안티아스, 아르데아스를 낳았다고도 한다.

키르케가 라티움 왕 피쿠스를 사랑했다는 이야기도 있으며(☞카넨스), 유피테르와의 사이에서 파우누스를 낳았다는 이야기도 있다.

아르고나우타이의 원정 이야기에서 키르케는 원정대의 귀향길에 등장한다. 아르고 선은 아이아이아 섬에 이르렀고, 거기서 메데이아는 고모인 키르케의 손님이 되었다. 그녀는 이아손과 메데이아가 압시르토스를 죽인 죄를 정화해 주기는 했지만(☞아르고나우타이) 이아손에게 호의를 베풀지는 않았다. 그녀는 질녀 메데이아와 긴 대화를 나누는 데 그쳤다.

키르케는 바다의 신 글라우코스를 두고 연적 관계에 있던 스킬레를 괴물로 만들어 버렸다(☞스킬레, ☞칼코스).

키마이라 Χίμαιρα / Chimaera 1. 키마이라는 양과 사자의 모습을 모두 가진 전설의 동물이다. 뱀의 꼬리와 사자의 머리, 양의 몸통을 갖고 있다는 설도 있고, 여러 개의 머리가 있는데 하나는 양의 머리고 다른 하나는 사자의 머리라는 설도 있다. 키마이라는 불을 내뿜는다. 그녀는 티폰과 〈독사〉 에키드나 사이에서 태어난 딸로, 카리아의 아미소다레스 왕의 품에서 자랐으며 파타라에 살았다. 리키아 왕 이오바테스는 자신의 영토에서 키마이라가 약탈을 일삼자, 벨레로폰테스에게 그녀를 죽이라는 명령을 내렸다(☞벨레로폰테스). 벨레로폰테스는 날개 달린 말 페가소스의 도움을 받아 임무를 완수했다. 그는 창 끝에 납 조각을 붙여 놓았는데, 키마이라가 내뿜은 불의 열기에 녹은 납이 그녀를 죽게 만들었다고 한다.

2. 키마이라는 미남 다프니스를 사랑했던 시칠리아 님프의 이름이기도 하다(☞다프니스).

키마이레우스 Χιμαιρεύς / Chimaereus 키마이레우스는 아틀라스의 딸 켈라이노와 거인 프로메테우스 사이에서 태어난 두 아들 중 한 명이다. 키마이레우스는 리코스와 형제간이다(☞계보 38). 두 형제는 트로이아에 묻혔다. 라케다이몬에 역병이 돌자, 라케다이몬의 귀인이 프로메테우스의 아들들 무덤에 희생 제사를 드리기 전에는 역병이 그치지 않으리라는 아폴론의 신탁이 내렸다. 이 일은 트로이아 전쟁 이전의 일이다. 곧 메넬라오스는 여행길에 올라 신탁의 지시대로 희생 제물을 드렸다. 트로이아에서 그는 파리스의 손님이 되었고, 이 일 때문에 그들은 서로 알게 되었다.

키벨레 Κυβέλη / Cybele 키벨레는 프리기아의 위대한 여신을 말한다. 그녀는 흔히 신들의 어머니 혹은 위대한 어머니라고 일컬어진다. 그녀의 힘은 자연의 전체에 미치며, 그녀는 자연의 생장력을 의인화한 것이다. 키벨레 숭배는 소아시아의 산악 지역에서 시작되어 그리스 전역으로 확대되었다. 기원전 204년 로마 원로원은 키벨레를 상징하는 흑석(黑石)을 페시누스로부터 들여와서 팔라티누스 언덕에 신전을 세우기로 결정했다.

그리스의 신화학자들은 키벨레를, 크로노스와 결혼하여 제우스 및 여러 신들을 낳은 레이아의 단순한 현현(혹은 〈명칭〉)이라고 생각한다(☞레이아). 키벨레는 프리기아의 키벨레 산에서 숭배되던 레이아라는 것이다. 키벨레는 오늘날 전하는 신화들에는 거의 등장하지 않는다. 언급할 만한 가치가 있는 유일한 신화는 아그디스티스와 아티스의 이야기인데(☞아그디스티스, ☞아티스), 여기서도 키벨레는 부차적인 역할을 할 뿐이다. 아티스는 그녀의 연인으로, 더 흔하게는 그녀의 친구로 나온다. 키벨레의 특징은 자웅 동체인 아그디스티스 뒤에 가려져 있다. 모든 전설들은 거세된 아그디스티스를 아티스의 연인으로 이야기하고 있다.

키벨레는 통음난무 제의로 인해 아주 중요한데, 이러한 제의는 그녀를 중심으로 발전했으며 로마 제국의 후기까지 계속되었기 때문이다. 일반적으로 그녀는 탑 모양의 관을 쓰고 있으며 사자들을 동반한, 혹은 사자들이 끄는 수레에 탄 모습으로 그려져 있다. 레이아와 마찬가지로, 키벨레는 코리반테스라고도 불리는 쿠레테스를 수종을 드는 사람들로 두었다.

키아네 Κυανή / Cyane 1. 키아네(바닷물의 청색을 뜻함)는 아주 옛적에 아우소니아를 다스렸던 리파로스 왕의 딸이다. 리파로스는 아우소니아(장차의 이탈리아)에서 쫓겨나자 자신의 이름을 따서 〈리파라〉[오늘날의 리파리]라고 불리게 될 섬들에 정착했다. 아이올로스가 그의 왕국에 오자, 리파로스는 아이올로스에게 키아네를 아내로 주고 통치권도 나누어 가졌다(☞아이올로스 2).

2. 또 다른 키아네는 시라쿠사이의 샘이며, 하데스가 페르세포네를 납치하려는 것을 막으려 했었다. 키아네는 샘이 되기 전에 님프였다. 화가 난 하데스는 키아네를 바다색과 같은 진한 청색의 연못으로 만들어 버렸다.

3. 세 번째 키아네도 시라쿠사이 전설에 등장한다. 그녀는 술에 취한 친아버지에게 겁탈당했다. 그 일이 밤에 벌어졌기 때문에, 아버지 키아니포스는 키아네가 자신을 못 알아보았기를 바랐다. 그러나 키아네는 겁탈당할 때 범인의 반지를 뺏어 놓았고, 날이 밝자 그 반지가 누구 것인지 알게 되었다. 곧 시라쿠사이에 역병이 돌았다. 역병을 없애기 위해서는 근친상간을 범한 자를 희생 제물로 바쳐야 한다는 신탁이 내렸다. 키아네와 그녀의 아버지는 속죄하기 위해 스스로 목숨을 끊었다.

키아니포스 Κυάνιππος / Cyanippus 1. 키아니포스는 아이기알레우스의 아들이고, 따라서 아드라스토스의 손자가 된다. 그는 당시 세 지역으로 나뉘어 있던 아르고스를 다스렸다. 이설에 의하면 그는 아드라스토스의 아들이다(☞계보 1).

어린 시절 키아니포스는 디오메데스와 에우리알로스의 손에서 자랐다. 그는 트로이아 원정에 참여했으며 목마에 들어간 용사들 중 한 사람이었다. 키아니포스는 자식 없이 죽었다.

2. 또 다른 키아니포스는 테살리아 인이다. 파라스의 아들인 그는 테살리아 귀족의 딸인 레우코네와 사랑하여 결혼했다. 그녀는 아주 아름다웠다고 한다. 훌륭한 사냥꾼이던 키아니포스는 결혼 후에도 끊임없이 사냥을 즐겼다. 그는 아침에 나가서 저녁에 들어왔으며, 너무 피곤한 나머지 베개에 머리를 대자마자 잠들어 버렸다. 가엾은 레우코네는 그처럼 무시당하면서 따분한 생활을 할 수밖에 없었다. 그러던 어느 날 그녀는 숲에 있는 무엇이 그처럼 남편의 마음을 끄는지 알아보기 위해 몰래 남편 뒤를 밟기로 했다. 그녀는 종들 몰래 집을 빠져나왔다. 숲에 들어서자마자 키아니포스의 사냥개들이 그녀를 발견했다. 잔인한 사냥개들은 레우코네를 덮쳐 물어뜯었다. 키아니포스는 아내가 죽은 것을 알고 절망에 빠졌다. 그는 화장단을 쌓고 아내의 시신을 올려놓았다. 그리고는 사냥개들을 죽이고 자신도 화장단에 몸을 던져 자살했다.

3. ☞ 키아네 3.

키오네 Χιόνη / Chione 이 이름을 가진 여인들은 여러 명 있다.

1. 첫번째 키오네는 바람의 신 보레아스와 오레이티이아의 딸이다(☞계보 11). 그녀는 포세이돈과의 사이에서 아들 에우몰포스를 낳았다. 키오네는 에우몰포스를 바다에 던졌지만 포세이돈이 그를 구해 주었다(☞에우몰포스).

2. 두 번째 키오네는 오케아니스 칼리로에와 네일로스[나일] 강 사이에서 태어난 딸이다. 지상에 사는 동안 그녀는 한 난폭한 농부 때문에 고통을 받아야 했다. 제우스의 명령을 받은 헤르메스가 그녀를 구름 속에 놔두었다. 그렇게 해서 눈[雪]이 농부들의 적이 된 것이다(키오네는 눈에 해당하는 그리스 어 〈키온〉을 상기시킨다).

3. 세 번째 키오네는 다이달리온 왕의 딸이다. 그녀는 아폴론과 헤르메스에게 동시에 사랑을 받았으며, 아우톨리코스와 필람몬을 낳았다(☞다이달리온).

4. 마지막으로 키오네는 프리아포스 신의 어머니이기도 하다.

키지코스 Κύζικος / Cyzicus 키지코스는 아시아 연안에 있는 프로폰티스의 영웅이다. 그는 아르고나우타이의 원정 이야기에 등장하는데, 아르고나우타이가 키지코스의 나라에 처음으로 기항했기 때문이다(☞아르고나우타이).

키지코스는 그리스 북부 출신이라고 한다. 그는 스틸베의 아들 아이네우스(☞계보 23)와 트라케 왕 에우소로스의 딸 아이네테 사이에서 태어났다. 에우소로스의 아들은 아카마스이며, 그는 그리스 군에 대항하여 트로이아 군 휘하의 트라케 선단을 지휘한 인물이다. 키지코스는 포세이돈의 자손들인 돌리오네스 족을 통치했다. 아르고나우타이가 키지코스의 나라에 도착했을 때, 그는 예언자 메롭스의 딸인 클레이테와 막 결혼한 터였다. 키지코스는 그들을 정성껏 대접하고 향연을 베풀고 식량을 공급해 주었다. 밤사이, 아르고나우타이는 항해에 나섰지만 폭풍을 만나서 그들도 모르는 사이에 키지코스의 나라로 되돌아오고 말았다. 돌리오네스 족은 아르고나우타이를 해적으로 오해하고 공격했다. 키지코스는 부하들을 도우러 나갔다가 이아손에게 죽임을 당했다. 다음날 아침 그들은 자신들이 범한 실수를 깨닫게 되었다. 사흘 동안 아르고나우타이는 키지코스 왕의 시신을 두고 애도했다. 그런 다음 그리스 식으로 추모 경기와 함께 장례식을 엄숙하게 거행했다. 절망에 빠진 클레이테는 목을 매었다(☞클레이테). 키지코스가 다스린 도시는 키지코스라는 이름을 갖게 되었다(☞아르고나우타이).

키코네스 Κίκονες / Cicones 키코네스 족은 『일리아스』에서 프리아모스 왕과 동맹을 맺었던 트라케의 한 부족이다. 이 부족의 지도자는 멘테스라는 인물로, 그는 전쟁에서 그다지 중요한 역할을 하지 않은 듯하다. 키코네스 족은 주로 『오딧세이아』에 등장하는데, 오딧세우스가 트로이아를 떠나 처음으로 닻을 내린 곳이 키코네스 족의 나라였다. 오딧세우스는 키코네스 족의 도시들 중 하나인 이스마로스를 점령하여 약탈했다. 하지만 그는 아폴론의 사제인 마론의 목숨만은 살려 주었다. 마론은 그 대가로 값비싼 선물과 달고 독한 포도주 열두 단지를 오딧세우스에게 주었다. 후에 오딧세우스는 이 포도주로 폴리페모스를 취하게 하여 위험에서 벗어날 수 있었다(☞오딧세우스). 이스마로스를 약탈한 후, 오딧세우스는 부하들에게 그때까지 얻은 전리품에 만족하고 도시를 떠나자고 했다. 그러나 부하들은 이 말을 듣지 않았다. 그러자 내륙에 있던 부족들이 대거 그들을 공격하러 와서, 배마다 여섯 명씩 죽었다. 오딧세우스는 간신히 도망칠 수 있었다.

키코네스라는 명칭은 아폴론과 로도페 사이에서 태어난 그들의 명조 키콘의 이름에서 유래한 것이다. 오르페우스는 아폴론의 비의에 입문해서 키코네스 족의 지방에 살다가, 키코네스 여인들에게 찢겨 죽었다고도 한다(☞오르페우스). 키코네스 족은 역사 시대에도 존재했던 부족으로, 헤로도토스는 페르시아 전쟁 때 크세르크세스의 군대가 통과한 지역에 살던 민족들 중 하나로 키코네스 족을 꼽고 있다.

키크노스 Κύκνος / Cycnus 키크노스(백조)라는 이름을 가진 인물은 여러 명 있다.

1. 가장 오래된 키크노스는 포세이돈과 칼리케의 아들로 여겨진다. 그의 전설은 트로이아 전쟁 이야기에 속하지만, 호메로스 이후의 시가들에만 나온다. 키크노스는 죽은 것으로 여겨진 파리스를 기리기 위한 추모 경기에 참여했다고 한다(☞파리스). 트로이아 편이던 그는 그리스 군이 트로이아에 상륙하자 선단을 이끌고 트로이아 군을 도우러 왔다. 그는 아킬레우스와 대결하기 전까지 그리스 군의 전진을 막을 수 있었다. 키크노스는 신의 아들이었기 때문에 어떤 공격에도 상처를 입지 않았다. 끝장을 내기 위해, 아킬레우스는 칼의 둥근 손잡이 부분으로 키크노스의 얼굴을 치고 방패로 그를 밀어붙였다. 계속 뒷걸음질치던 키크노스가 돌에 걸려 넘어지자, 아킬레우스는 그 위에 올라타고 질식시켜 죽이려고 했다. 그러자 키크노스는 아버지 포세이돈에 의해 백조로 변했다.

2. 두 번째 키크노스는 위의 키크노스와는 다른 인물이지만, 역시 포세이돈의 아들이다. 그는 트로이아에서 약간 떨어져 있으며 레우코프리스 섬(후에 테네도스가 됨)의 맞은편에 있는 도시 〈콜로나이〉를 다스렸다. 그의 어머니 스카만드로디케는 키크노스를 낳자마자 바닷가에 버렸다. 그러자 백조가 그를 돌보았다. 그는 라오메돈의 딸 프로클레이아와 결혼하여, 아들 테네스와 딸 헤미테아를 두었다. 첫번째 아내가 죽자, 키크노스는 트라가소스의 딸 필로노메와 결혼했다. 필로노메는 전처 자식인 테네스를 사랑하게 되었지만 테네스는 그 사랑에 응하지 않았다. 그러자 그녀는 테네스가 자신을 유혹했다고 남편인 키크노스에게 고자질했고, 키크노스는 테네스에게 죄가 있다고 생각하고는 헤미테아와 함께 궤짝에 넣어 바다에 던지게 했다. 하지만

키크노스

테네스와 헤미테아는 무사히 레우코프리스 섬에 당도했으며, 이후로 그 섬은 테네도스라고 불리게 되었다(☞테네스). 필로노메가 키크노스를 설득할 수 있었던 것은 피리 연주자 에우몰포스의 거짓 증언 덕분이었으므로, 후에 자신이 속았다는 사실을 깨달은 키크노스는 에우몰포스를 돌로 쳐죽이게 하고 필로노메는 생매장시켰다. 그리고 아들과 화해하기 위해 테네도스로 갔지만, 테네스는 아버지를 받아들이지 않고 해안에 정박해 있던 키크노스 배의 닻줄을 도끼로 찍어 버렸다. 이 일이 있은 후, 피리 연주자는 전부 테네도스에서 추방되었다.

체체스가 수집한 전설들에 의하면, 키크노스는 아들 테네스와 화해하고 테네도스에 살다가 그곳에서 아킬레우스에게 죽임을 당했다고 하는데, 이는 테네스의 아버지 키크노스가 키크노스 1과 분명하게 구분되지 않았던 데서 생겨난 이설로 보인다(☞테네스).

3. 가장 유명한 키크노스는 펠리아스의 딸 펠로페이아와 아레스 사이에서 태어난 아들이다. 그는 난폭하고 살육을 즐기는 인물로 묘사된다. 강도인 키크노스는 여행자들을 죽여서 아버지인 아레스 신에게 희생 제물로 바쳤다. 그는 특히 델포이 신전에 가는 순례자들을 공격했기 때문에 아폴론 신의 분노를 샀다. 아폴론은 헤라클레스를 시켜 키크노스를 공격하게 했다. 헤라클레스와 키크노스는 일대일 대결을 하게 되었고, 키크노스는 즉시 죽음을 맞았다. 그러자 이번에는 아레스가 죽은 아들을 위해 앙갚음을 하려고 나섰다. 하지만 아테나가 아레스의 긴 투창을 빗나가게 하는 바람에 헤라클레스는 아레스의 허벅지에 상처를 입힐 수 있었다. 아레스는 어쩔 수 없이 올림포스로 도망갔다. 이것이 헤시오도스가 전하는 이야기이다.

일반적으로 이 싸움은 테살리아의 파가사이에서 벌어진 것으로 간주된다. 하지만 아폴로도로스는 이 싸움이 마케도니아의 에케도로스 강가에서 벌어졌다고 이야기한다. 그에 의하면, 키크노스는 아레스와 피레네의 아들이다. 다른 설에서처럼 키크노스는 죽지만, 아레스가 싸움에 개입했을 때 헤라클레스와 아레스를 떼어 놓은 것은 제우스의 벼락이라고 한다.

아폴로도로스는 아레스와 펠로페이아의 아들인 또 다른 키크노스에 대해서도 쓰고 있다. 이 키크노스는 이토노스에서 죽는데, 이 싸움에는 신들의 개입이 나타나지 않는다.

스테시코로스와 핀다로스가 전하는 이본은 앞의 두 이야기를 섞은 것이다. 처음에 헤라클레스는 키크노스와 아레스를 동시에 만났기 때문에 물러섰다. 하지만 나중에 홀로 있는 키크노스를 만나 죽였다고 한다. 이 이야기에는 헤라클레스가 아레스에게 상처를 입혔다는 내용이 나오지 않는다.

4. 또 다른 키크노스는 리구리아의 왕이며, 파에톤의 친구이다. 제우스가 벼락으로 파에톤을 죽이자(☞파에톤), 키크노스는 아주 슬피 울다가 백조가 되었다. 아폴론은 이 키크노스에게 애조 띤 목소리를 부여했다. 그렇게 해서 백조는 죽을 때 구슬픈 노래를 부른다고 한다.

5. 백조 전설에 등장하는 마지막 키크노스는 암피노모스의 딸 티리아와 아폴론 사이에서 태어난 아들이다. 이 키크노스는 아이톨리아에 있는 플레우론과 칼리돈 사이에서 살았다. 그는 아주 미남이었지만 변덕스럽고 냉혹한 인물이었다. 그래서 친구들과 연인들에게 상처를 주었다. 키크노스의 비위를 끝까지 맞춘 사람은 단 한 명 필리오스뿐이었다. 키크노스는 필리오스에게 일련의 시험을 통과하게 했는데, 그 시험들은 단계를 거칠수록 더 힘들고 위험해졌다. 필리오스는 헤라클레스의 도움을 받아 그 시험들을

모두 통과했다. 하지만 지쳐 버린 필리오스는 키크노스를 버렸다. 모두에게 버림받고 혼자가 된 키크노스는 어머니와 함께 호수에 몸을 던졌다. 아폴론은 그들을 불쌍히 여겨서 백조로 만들어 주었다.

키크레우스 Κυχρεύς / Cychreus 아소포스의 딸 살라미스와 포세이돈 사이에서 태어난 아들이다. 뱀 한 마리가 살라미스 섬을 공포에 몰아넣었을 때, 키크레우스가 그 뱀을 죽였다. 섬 사람들은 보답으로 그를 왕으로 추대했다고 한다.

그런가 하면 이 전설적인 뱀은 키크레우스가 키웠지만, 에우릴로코스에 의해 쫓겨나, 엘레우시스로 가서 데메테르 여신의 수행에 끼었다고 한다(스트라본을 통해 오늘날까지 보존된 단편에 의하면 헤시오도스도 이런 설을 따르고 있다).

살라미스에서는 그 지역의 수호 영웅인 키크레우스를 숭배했다. 살라미스 인들이 해전을 벌일 때 뱀 한 마리가 배들 사이에 나타나자, 델포이 신탁은 그 뱀이 키크레우스의 화신이며 그리스 군을 돕고 승리를 예언하기 위해 온 것이라고 밝혀 주었다.

키크레우스에게는 카리클로라는 딸이 있었는데, 그녀는 엔데이스의 어머니이며 아이아코스의 장모이다. 아들이 없었던 키크레우스는 아이아코스의 아들이며 자신의 증손자인 텔라몬에게 왕위를 물려주었다(☞계보 30). 또 다른 전승에 의하면, 키크레우스의 딸은 글라우케이다. 그녀는 악타이오스와 결혼하여 텔라몬을 낳았다. 그래서 텔라몬은 키크레우스의 증손자일 뿐 아니라 손자이다.

키클로페스 Κύκλωπες / Cyclopes 고대의 신화학자들은 키클로페스[키클롭스들]를 세 유형으로 구분한다. 우라노스(하늘)와 가이아(대지)의 아들들인 우라노스 키클로페스, 『오딧세이아』에 등장하며 폴리페모스의 동료들인 시칠리아의 키클로페스, 그리고 건축가들인 키클로페스가 있다.

우라노스의 자식들인 키클로페스는 신들 중에서 첫번째 세대인 거인족에 속한다. 그들은 이마 중앙에 눈이 하나만 있으며, 힘이 세고 손재주가 좋았다. 이들은 모두 세 명으로, 브론테스, 스테로페스(혹은 아스테로페스), 아르게스라는 이름들은 각기 천둥, 번개, 벼락을 가리킨다. 키클로페스는 우라노스에 의해 타르타로스에 갇혔다가 크로노스에 의해 풀려났지만, 또다시 타르타로스에 갇히고 말았다. 훗날 제우스가 키클로페스의 도움이 있어야만 승리할 수 있다는 신탁을 받고서야 그들을 완전히 해방시켜 주었다. 그래서 키클로페스는 제우스에게 천둥과 번개와 벼락을, 하데스에게 쓰면 보이지 않는 투구를, 포세이돈에게는 삼지창을 주었다. 이렇게 무장한 올림포스 신들은 티탄 족을 무찔러 타르타로스에 던져 넣었다.

전설에서 키클로페스는 제우스의 벼락을 만들어 주는 대장장이이다. 이 때문에 그들은 아폴론의 분노를 사게 되었다. 아폴론의 아들 아스클레피오스가 죽은 자들을 부활시켰다는 이유로, 제우스의 벼락에 맞아 죽었던 것이다. 아폴론은 제우스에게 직접 복수를 할 수가 없었으므로, 키클로페스를(일설에 의하면 키클로페스의 아들들을) 죽였다. 이에 대한 벌로, 아폴론은 얼마 동안 아드메토스의 노예로 지내야 했다(☞아스클레피오스, ☞아폴론, ☞아드메토스). 이 이야기에서 키클로페스는 불멸의 존재인 신이 아니라 필멸의 존재임을 알 수 있다.

알렉산드리아의 시가에서, 키클로페스는 부차적인 신으로 나올 뿐이다. 그들은 신들의 무기를 전담해서 만드는 대장장이이며 장인이다. 가령 키클로페스는 대장장이 신인 헤파이스토스의 지도를 받아 아폴론과 아르테미스 남매의 화살과 활을 만들었다. 그들은 아이올리아 군도에, 혹은 시칠리아에 살았다. 거기서 그들은 지하에 대장간을 두고 시끄러운 소리를 내며 일했다. 시칠리아 화산 밑에서는 키클로페스의 뜨거운 풀무의 열기와 작업대에서 쇠 부딪치는 소리가 났다. 그들의 대장간에서 나오는 불이 에트나 산정 위의 하늘을 붉게 물들였다. 화산과 관련된 이 전설에서 키클로페스는 거대한 산 밑에 갇혀 이따금씩 온 지방을 들썩이게 했다는 거인들과 혼동되는 경향이 있다.

『오딧세이아』에서 키클로페스는 놀라울 정도로 힘이 세고 야만적인 외눈박이 거인족이며, 이탈리아 연안(나폴리 근처의 플레그라이이 평원)에서 살았다. 그들은 양 치기에 전념했으며, 양떼가 그들의 유일한 재산이었다. 키클로페스는 보통 식인종이었지만, 포도주를 마실 줄도 포도나무를 재배할 줄도 몰랐다. 그들은 동굴에서 살았으며, 집을 지을 줄 몰랐다. 이 키클로페스는 특징이 사티로스와 아주 유사하여 가끔 동일시되기도 했다(☞폴리페모스).

세 번째 키클로페스는 그리스, 시칠리아 등 다른 여러 지역에 있는 선사 시대의 모든 건축물을 지은 자들이다. 이 건축물들은 인간의 힘으로는 옮길 수 없을 듯한 아주 크고 무거운 돌덩어리로 만들어져 있다. 이 키클로페스는 우라노스의 자식들이 아니라 전혀 다른 종족이다. 이들은 신화 속 영웅들을 위해 봉사했다. 예를 들면 프로테우스를 위해 도시 티린스를 건축했으며, 페르세우스를 위해 아르고스 성을 건축했다. 그들에게는 〈가스테로케이레스〉 즉 〈배에 팔이 여러 개 달려 있는 존재〉라는 희한한 수식어가 따라다닌다. 이 수식어는 헤시오도스의 신화에 나오는 우라노스 키클로페스와 형제간인 백 개의 팔을 가진 거인족 〈헤카톤케이레스〉를 상기시킨다 (☞헤카톤케이레스).

키키로스 Κίχυρος / Cichyrus 카오니아에 안티페라는 귀족 처녀가 있었는데, 한 청년과 사랑에 빠졌다. 두 젊은이는 양가 부모님 몰래 신성한 숲에서 만나곤 했다. 에페이로스(☞)의 무덤을 에워싸고 있는 이 숲에, 어느 날 그 나라 왕의 아들 키키로스가 표범을 뒤쫓아왔다. 두 연인은 잡목림에 숨어 있었다. 나뭇잎이 흔들거리는 것을 본 키키로스는 그쪽으로 투창을 던졌고, 이 창에 맞은 안티페는 치명상을 입었다. 키키로스는 가까이 가서 자신이 한 짓을 보고 실성해 버렸다. 그는 말을 탄 채 절벽에서 뛰어내려 죽었다. 카오니아 백성들은 사고가 난 곳 둘레에 성을 쌓았고, 그렇게 해서 만들어진 도시에 키키로스라는 이름을 붙여 주었다.

키타이론 Κιθαιρών / Cithaeron 키타이론은 플라타이아의 왕이며, 근처의 평야에 자신의 이름을 붙였다. 그는 하신 아소포스에 앞서 플라타이아를 다스렸다. 키타이론의 통치 기간 중에 헤라와 제우스 사이에 다툼이 있었다고 한다. 헤라는 제우스의 접근을 거부하며 에우보이아로 가버렸다. 당황한 제우스는 플라타이아의 키타이론에게 갔다. 현명한 키타이론은 다음과 같은 계책을 내놓았다. 그는 제우스에게 여인상을 만들어서 커다란 외투로 싸고 소들이 끄는 수레에 태우라고 충고했다. 헤라는 이 행차에 남편이 있는 것을 보고 어떻게 된 일인지 알아보았다. 시종들은 제우스가 압소스의 딸인 플라타이아를 아내로 맞기 위해 데려가는 중이라고 헤라에게 알려주었다(이것은 키타이론이 퍼뜨린 소문일 것이다). 헤라는 곧장 달려가서 외투를 잡아챘지만 그 안에는 목상밖에 없었다. 그녀는 웃으면서 제우스와 화해했다. 이 일을 기념하기 위해, 매년 플라타이아에서는 제우스와 헤라의 결혼식이 축제처럼 벌어졌다(☞알랄코메네우스).

키타이론이라는 이름이 등장하는 다른 전설들도 있다. 아주 미남이었던 키타이론은 에리니에스 중 한 명인 테이시포네에게 사랑을 받았다고 한다. 하지만 그는 그녀의 사랑을 무시했다. 그러자 그녀는 키타이론의 머리칼 한 가닥을 뱀으로 변하게 했고, 그는 그 뱀에 물려 죽었다. 아스테리온이라고 불리던 산은 이후로 키타이론이라 불리게 되었다. 혹은 키타이론과 헬리콘이 형제간이었다는 이야기도 있다. 헬리콘은 온화하고 사랑스러웠지만, 키타이론은 난폭하고 폭력적이었다고 한다. 결국 키타이론은 아버지를 죽이고 형제인 헬리콘을 절벽에서 밀어 떨어뜨린 뒤 자신도 떨어져 죽었다. 그때부터 근처의 두 산이 키타이론과 헬리콘이라고 불려졌다고 한다. 키타이론 산은 에리니에스의 거처였으므로 난폭한 키타이론의 이름으로, 헬리콘 산은 무사이의 거처였으므로 친절한 헬리콘의 이름으로 불리게 된 것이다.

키티소로스 Κυτίσσωρος / Cytissorus 키티소로스는 콜키스로 간 프릭소스가 아이에테스 왕의 딸(칼키오페 혹은 이오파사)에게서 낳은 아들이다(☞계보 33). 그는 아버지를 통해 아타마스의 손자가 된다. 그의 형제자매는 아르고스, 멜라스, 프론티스이다. 장성한 키티소로스는 유산을 찾기 위해 할아버지 아타마스에게 돌아갔다. 그는 아타마스가 제우스에게 희생 제물로 바쳐지려는 순간 테살리아의 알로스에 도착했다(☞아타마스). 키티소로스는 아타마스를 구해서 왕좌에 다시 앉혀 주었다. 이로 인해 키티소로스와 그의 자손들은 제우스의 분노를 샀다. 그 때문에 키티소로스의 후손들 중에서 맏이들은 프리타네이온[고대 그리스의 최고 관리 공관]에 들어갈 수 없게 되었고, 만일 맏이들이 프리타네이온에 들어가면 희생 제물로 바쳐지게 되었다.

키파리사 Κυπάρισσα / Cyparissa 불확실한 전설에 의하면, 키파리사(〈사이프러스〉를 가리키는 여성 명사)는 트라케에서 온 〈켈토이 족의 왕〉인 보레아스(바람의 신과 동명임)의 딸이다. 보레아스는 딸이 어린 나이에 죽자 아주 슬퍼 울었다. 그는 딸을 위해 무덤을 만들고, 무덤 위에 당시에는 알려지지 않았던 수종(樹種)인 사이프러스를 심었다. 이 때문에 사이프러스는 망자들을 위한 나무라고 여겨졌으며, 키파리사의 이름을 따서 불리게 되었다.

키파리소스 Κυπάρισσος / Cyparissus 전설에는 두 명의 키파리소스가 나오는데, 한 명은 보이오티아 인이고 다른 한 명은 케오스 섬 출신이다.

1. 첫번째 키파리소스는 미니아스의 아들이며, 오르코메노스와 형제간이다(☞계보 20). 다울리스와 델포이 사이에 있는 파르나소스 산 위의 도시 키파리소스는 그의 이름을 딴 것이다.

2. 두 번째 키파리소스는 텔레포스의 아들이다. 그는 케오스 섬에 살았으며, 아주 잘생겨서 아폴론의 사랑을 받았다(어떤 전승들에 의하면 제피로스 신, 혹은 로마의 신인 실바누스의 사랑을 받았다고도 한다). 키파리소스는 길들인 신성한 수사슴을 데리고 다녔다. 어느 여름날 그는 그늘 아래서 잠자고 있던 자신의 사슴을 창으로 찔러 죽이는 실수를 범했다. 절망에 빠진 그는 죽으려 했다. 키파리소스는 영원히 눈물이 흐르게 해달라고 하늘에 간청했다. 신들은 그를 슬픔의 나무인 사이프러스로 변신시켜 주었다.

키파리소이 Κυπάρισσοι / Cyparissi 〈사이프러

스)인 키파리소이는 보이오티아의 오르코메노스 왕 에테오클레스의 딸들이었다고 한다. 데메테르와 코라를 위한 축제 때, 키파리소이는 춤을 추다가 샘물에 빠져서 죽었다. 대지가 그녀들을 불쌍히 여겨서 사이프러스로 변신시켰다.

*키푸스 Cipus 게누키우스 키푸스는 로마의 장군이었다. 그는 개선 장군으로 군대를 이끌고 로마로 돌아왔을 때, 무시코 개울에 비친 자신의 이마가 뿔들로 장식된 것을 보았다. 이 신비한 광경을 보고 그는 희생 제사를 드리고 희생물의 내장을 유심히 살폈다. 내장을 보고 점을 치는 예언자가 그에게 지금 당장 로마에 들어가면 왕이 될 것이라고 말했다. 공화정을 존중하던 그는 두려움에 싸여 마르스 들판에 사람들을 모아 놓고, 자신을 추방하게 했다. 이에 대한 보답으로 로마 원로원은 그에게 하루 만에 경작할 수 있는 만큼의 땅을 주었다. 이 사건을 기리기 위해 라우두스쿨라나 문(아벤티누스 언덕 아래 있는 세르비우스 성벽의 문)에 뿔이 난 남자의 얼굴, 즉 키푸스의 얼굴을 조각해 두었다.

킬라 Κίλλα / Cilla 킬라는 라오메돈과 스트리모의 딸이며, 프리아모스 왕과 남매간인 트로이아 여자이다(☞계보 7). 킬라는 티모이테스(☞)와의 사이에서 아들 무니포스를 낳았는데, 그때 헤카베는 파리스를 배고 있었다. 헤카베의 꿈 이야기를 들은 예언자 아이사코스는 그녀가 낳을 아이(파리스)로 인해 트로이아가 멸망할 것이라고 예언했다. 그런데 프리아모스 왕은 아이사코스의 예언을 잘못 받아들여 킬라와 무니포스를 죽여 버리고 말았다.
킬라는 헤카베와 자매간으로 간주되기도 하는데, 이 경우 킬라는 프리아모스 왕과의 사이에서 아들을 낳는 것으로 나온다.

킬라로스 Κύλλαρος / Cyllarus 킬라로스는 아주 잘생긴 젊은 켄타우로스다. 그는 여자 켄타우로스인 힐로노메의 사랑을 받았다. 그가 페이리토오스의 결혼식에서 벌어진 싸움에서 죽자, 그녀는 슬픔을 견디지 못하고 스스로 목숨을 끊었다.

킬라브라스 Κυλάβρας / Cylabras 킬라브라스는 리키아의 목동이다. 파셀리스 시의 건축자들 중 한 명인 라키오스는 소금 절인 생선을 주고 킬라브라스로부터 도시를 세울 터를 샀다. 파셀리스의 백성들은 킬라브라스를 위한 신전을 세우고 그에게 소금 절인 생선을 바쳤다(☞라키오스).

킬라스 Κίλλας / Cillas 킬라스는 펠롭스의 마부였다. 그는 트로아스의 한 지역을 다스렸으며, 이 지역의 중심 도시 킬라는 그의 이름을 딴 것이다. 그는 펠롭스와 함께 리키아에서 펠로폰네소스로 가려고 여행을 하던 중에 익사했다. 펠롭스는 오이노마오스와 전차 경주를 벌이러 가는 길이었다(☞펠롭스, ☞스파이로스).

킬레네 Κυλλήνη / Cyllene 킬레네는 아르카디아의 님프이다. 그녀는 리카온의 아내라고도 하고, 리카온의 어머니라고도 한다. 후자의 설에 따르면 킬레네는 펠라스고이 족의 명조인 펠라스고스와 결혼했다. 그녀는 헤르메스가 태어났다는 킬레네 산의 명조이며, 때로는 그녀가 어린 헤르메스를 키웠다고도 한다.

킬릭스 Κίλιξ / Cilix 킬릭스는 시돈 왕 아게노르의 아들이다. 그는 카드모스, 타소스(☞계보 3), 에우로페 등과 동기간이다. 그는 에우로페가 제우스에게 납치되었을 때 형제들과 함께 누이를 찾으러 떠났다. 그는 킬리키아에 정착하여 그 지역에 자신의 이름을 붙였다.

또 다른 저자들은 킬릭스가 카시에페이아와 포이닉스의 아들이라고 하며(다른 계보에서 보면, 포이닉스는 킬릭스와 형제간이다), 타소스와 테베가 킬릭스의 자식들이라고 한다.

킬릭스는 이웃 민족인 리키아 족과 싸우기 위해 사르페돈과 동맹을 맺었다. 전쟁에서 이긴 후 그는 사르페돈에게 리키아의 일부를 주었다.

킴메리오이 Κιμμέριοι / Cimmeriani 킴메리오이는 신화적 민족으로, 태양이 뜨지 않는 나라에 살았다고 한다. 오딧세우스가 망자들을 불러 내어 테이레시아스에게 질문을 했던 것도 킴메리오이 족의 나라에서였다. 이 나라의 지리적 위치는 저자에 따라 달라진다. 킴메리오이 족의 나라가 서방 세계의 맨 끝에 있다는 이들도 있고, 흑해 북부까지 펼쳐진 평야에 위치한다는 이들도 있다. 혹은 킴메리오이 족이 켈토이 족의 조상이라고 하는 이들도 있고, 남부 러시아의 스키티아 족의 조상이라고 이야기하는 이들도 있다. 혹은 킴메리오이 족이 이탈리아의 쿠마이 주변에 살았다고도 하는데, 왜냐하면 그들은 망자들의 세계와 이웃해 사는 것으로 생각되었으며 쿠마이에는 하계의 입구가 있다고 믿어졌기 때문이다. 혹은 킴메리오이 족이 회랑으로 연결된 지하 주거지에 살면서, 밤에만 지하에서 나왔다는 이야기도 있다. 이러한 전설들은, 교역로들이 신비에 싸여 있던 아주 오랜 옛날, 지중해 연안으로부터 온 대상(隊商)들에게 구리와 주석을 팔던 중부 유럽(보헤미아) 및 서부 유럽(대 브리튼 섬)의 광업 민족에 대한 혼란스런 기억으로부터 유래한 것일 수도 있다.

킵셀로스 Κύψελος / Cypselus 1. 첫번째 킵셀로스는 아르카디아 왕 아이피토스의 아들이다. 그는 헤라클레스의 후손들이 재차 펠로폰네소스를 공격했을 때 아르카디아를 통치하고 있었다(☞헤라클레이다이). 킵셀로스는 그들과 화해하기 위해 자신의 딸 메로페를 그들 중 한 명인 크레스폰테스에게 주었고, 덕분에 왕좌를 지킬 수 있었다. 후에 킵셀로스는 크레스폰테스와 메로페의 아들인 아이피토스(증조부와 동명임)를 길렀고, 아버지의 원수를 갚도록 해주었다(☞아이피토스). 그는 파라시오이 족의 나라에 있는 도시 바실리스에 살았다. 킵셀로스는 바실리스의 건설자이기도 하다. 그곳에 그는 엘레우시스의 데메테르를 위해 신전과 제단을 세웠다. 매년 데메테르 축제 때마다 그 고장 여자들을 대상으로 미인 대회를 열었는데, 킵셀로스의 아내인 헤로디케가 첫번째 수상자였다.

2. 또 다른 킵셀로스는 코린토스 인이다. 에에티온의 아들이며, 일곱 현인(賢人)들 중 한 명인 페리안드로스의 아버지이다. 킵셀로스 이야기의 여러 특징이 민담에서 기인한 것이긴 하지만, 페리안드로스의 아버지라는 점 때문에 그는 신화 속 인물이 아니라 역사적 인물로 간주된다. 올림피아의 신전에 바쳐진 희생 제물 중에는 킵셀로스가 바친 삼나무 궤도 있었다. 이 궤는 킵셀로스의 어머니가 그를 낳자마자 박키아다이[코린토스의 5대 왕 박키스의 후손들로 코린토스를 지배한 일족]로부터 보호하기 위해 숨겨두었던 곳이다(후에 킵셀로스는 박키스의 후손들이 다섯 세대에 걸쳐 차지하고 있던 왕좌를 빼앗았다). 코린토스 언어로 궤가 〈킵셀라〉이기 때문에, 아기는 이 사건으로 인해 킵셀로스라는 이름을 얻게 되었다. 이 궤를 본 파우사니아스가 꽤 길게 묘사한 구절을 보면, 이 궤에는 고풍스런 비문들과 신화적 장면들이 새겨져 있었다고 한다.

ㅌ

*타게스 Tages 어느 날 에트루리아의 한 농부가 쟁기로 밭을 갈다가 땅 한 곳이 두둑하게 솟아오르더니 아이로 변하는 것을 보았다. 그 아이가 타게스로, 게니우스 요비알리스Genius Iovialis (유피테르의 영)의 아들로 여겨졌다. 그는 탁월한 지혜와 선견지명으로 그가 태어난 밭 주위로 모여드는 마을 사람들에게 미래의 일을 예견해 준 후에 죽었다. 그가 한 말들은 글로 기록되어, 예언에 관한 에트루리아 책들의 기초가 되었다.

타나이스 Τάναις / Tanais 타나이스(오늘날의 돈 강)의 하신으로, 오케아노스와 테티스(I)의 아들이다. 후대의 전설에 의하면, 그는 베로소스와 아마존 리시페 사이에서 태어난 아들로, 용맹한 젊은이였는데, 신들 중에서는 아레스밖에 공경하지 않았고 여자들을 증오했다고 한다. 화가 난 아프로디테는 그를 벌하기 위해 그가 자기 어머니에게 정욕을 품게 만들었다. 절망한 그는 정욕에서 벗어날 다른 방법을 찾지 못해 강물에 뛰어들었다. 그때까지 아마조니오스라 불리던 강은 이후로 타나이스라 불리게 되었다.

타나토스 Θάνατος / Thanatos 타나토스는 죽음을 의인화한 날개 달린 남성 마신이다.『일리아스』에서 그는 잠(힙노스)의 형제로 등장하며, 이러한 계보는 두 마신을 밤의 아들로 만든 헤시오도스의 전통에 따른 것이다.

극에서 타나토스는 가끔 인물로 등장한다. 이러한 혁신이 처음 도입된 것은 프리니코스의 소실된 비극『알케스티스』에서이다. 에우리피데스도 같은 주제를 다루면서 이를 모방했다.

타나토스에 관한 고유한 의미에서의 신화는 없다. 에우리피데스의『알케스티스』에서 그가 헤라클레스와 벌였다는 싸움이나 시시포스(☞)에게 당한 불운 등은 신화적인 체계와는 무관한 민담들이다.

타라스 Τάρας / Taras 타라스는 이탈리아 남부에 위치한 타렌툼의 명조이다. 그는 포세이돈과 그 지방의 님프인 사티라 혹은 사티리아의 아들이다. 사티라는 종종 미노스의 딸이라고도 하며, 거기서 타렌툼의 크레테 기원설도 나왔다(☞사티리아).

타렌툼의 또 다른 건설자에 관해서는 ☞팔란토스.

타락시포스 Ταράξιππος / Taraxippus 1. 타락시포스 즉 〈말을 혼란케 하는 자〉는 올림피아의 경마장에 출몰하면서 경주에 참가하는 말들을 놀라게 하는 마신이다. 그에 관해서는 몇 가지 전설들이 있다. 우선 그는 기근을 종식시키기 위해 희생 제물로 바쳐진 이스케노스(☞)의 고통 당하는 영이라고도 하고, 올림피아의 유명한 마부 올레니오스의 영이라고도 하며, 플리우스의 딸 다메온의 영이라고도 한다. 플리우스는 헤라클레스의 아우게이아스 원정에 참가했다가 크테아토스에게 말과 함께 죽임을 당했는데, 주인과 말이 바로 그 자리에 묻혔다는 것이다. 또한 이 〈말을 혼란케 하는 자〉는 포르타온의 아들 알카토오스라고도 한다. 알카토오스는 히포다메이아에게 구애하다가 오이노마오스에게 죽임을 당했다. 이 마신은 오이노마오스와 관련된 다른 전설과도 이중으로 연관된다. 즉, 펠롭스가 한 이집트 인으로부터 얻어 오이노마오스의 말들을 놀라게 함으로써 경주에 이기는 데 썼던 〈부적〉을 그 장소에 묻었다고도 하고, 펠롭스 자신이 올림피아의 경기장에 묻혀 전에 장인의 말들을 놀라게 했던 것처럼 경주마들을 놀라게 하고 있다고도 한다. 끝으로 좀더 실제적인 사람들은 설명하기를, 제단 곁에 월계수가 한 그루 자라는데, 바람에 혼들리는 나뭇잎 그림자가 트랙을 달리는 말들을 놀라게 하는 것이라고 한다.

2. 코린토스의 경기장에 출몰하는 또 다른 타락시포스도 있었다. 그것은 시시포스의 아들 글라우코스의 영으로, 그는 자기 말들에게 잡아먹혔었다(☞글라우코스).

***타르케티오스** Ταρχέτιος / Tarchetius 타르케티오스의 전설은 로물루스와 레무스의 탄생 설화의 이본에 해당한다. 타르케티오스는 알바 왕으로, 어느 날 그의 집 땅속에서 남근이 솟아났다. 타르케티오스는 테티스(I) 여신에게 조언을 구했다. 신탁은 대답하기를, 한 여자가 이 남근과 결합해야 하며, 그 결합에서 태어난 아이는 영광스러운 삶을 살게 되리라고 했다. 타르케티오스는 자기 딸들 중 한 명에게 여신의 신탁대로 할 것을 요구했다. 그녀는 수치심에서 자기 대신 하녀를 보냈다. 이 사실을 안 타르케티오스는 두 여자를 모두 죽이려 했다. 그러나 꿈에 베스타 여신이 나타나 이를 말렸다. 타르케티오스는 두 여자를 벌하기 위해 물레 의자에 묶어 놓고 정한 양의 일을 마쳐야 풀어 주고 결혼시키겠다고 선언했다. 그녀들은 낮 동안에는 일을 했지만, 밤에는 타르케티오스가 보낸 다른 하녀들이 그녀들이 해놓은 일을 원래대로 해놓았다. 마침내 기적적인 남근과 결합했던 하녀가 두 쌍둥이를 낳았다. 타르케티오스는 그들을 죽이려 했지만, 아이들의 어머니는 그들을 테라티오스라는 자에게 맡겼고, 그는 아이들을 강가에 버렸다. 거기서 암늑대가 그들에게 젖을 먹였고, 아이들은 살아났다. 후에 그들은 타르케티오스를 왕위에서 몰아내고 죽여 버렸다.

***타르콘** Τάρχων / Tarchon 에트루리아의 용사로, 로마 북쪽의 타르퀴니아를 위시하여 만토바, 코르토나 등 몇 개의 도시들을 건설했다고 한다. 그는 때로 티레노스의 형제이자 텔레포스의 아들로 간주되었다. 에트루리아 이주자들을 리디

아에서 이탈리아로 인도한 것도 그였다. 그는 고귀한 운명을 상징하는 백마들과 함께 태어났다고 한다. 카쿠스 전설의 한 이본에서 그가 하는 역할에 관해서는 ☞카쿠스.

베르길리우스도 『아이네이스』에서 타르콘에게 일역을 맡겼다. 그는 에우안드로스와, 따라서 아이네이아스와 동맹을 맺은 사이였다. 에트루리아 군대의 선두에서 진군한 것도 그였다.

타르타로스 Τάρταρος / Tartarus 호메로스의 시가에서, 그리고 헤시오도스의 『신들의 계보』에서, 타르타로스는 세상의 가장 깊은 곳, 하데스(하계)보다도 아래 있는 곳으로 일컬어진다. 하데스와 타르타로스 사이에는 하늘과 땅 사이만큼의 거리가 있다는 것이다. 그것은 우주의 기초 그 자체이다. 전설에 의하면 신들은 대대로 자기 원수들을 그곳에 가두어 놓았다고 한다. 우라노스는 가이아에게서 낳은 첫번째 자식들인 키클로페스[키클롭스들] 즉 아르게스, 스테로페스, 브론테스 등을 그곳에 가두었다. 그러나 가이아는 그들을 구하기 위해 티타네스[티탄들]이 아버지에게 반기를 들게 했다. 승리를 거둔 뒤 티타네스 중 가장 젊은 크로노스는 키클로페스를 풀어 주었으나, 곧 다시 가두어 버렸다. 키클로페스가 정말로 풀려난 것은 제우스 덕분이다. 제우스는 그들과 힘을 합쳐 티타네스와 기간테스[거인들]를 물리쳤다. 그래서 이번에는 제우스와 그의 형제들인 하데스와 포세이돈이 티타네스를 타르타로스에 던졌다. 그리고는 기에스, 코토스, 브리아레우스 등 헤카톤케이레스[손이 백 개인 거인들]에게 그들을 감시하게 했다. 타르타로스는 올림포스의 신들도 두려워하는 곳이다. 그들 중 누가 제우스를 거역하다가도 제우스가 타르타로스에 가두겠다고 위협하면 잠잠해지곤 했다. 아폴론이 키클로페스를 화살로 쏘아 죽였을 때도, 타르타로스에 떨어지는 것을 간신히 모면했다. 아폴론의 어머니인 레토가 아들을 위해 간청하여 타르타로스에 던져지느니 차라리 인간을 섬기게 해달라고 빌었던 것이다(☞아폴론). 타르타로스에는 알로아다이(☞)와 살모네우스(☞)가 갇혀 있다. 타르타로스는 차츰 고유한 의미에서의 하계 즉 〈지하 세상〉과 혼동되었고, 그래서 가장 큰 죄인들이 가는 곳으로 여겨지게 되었다. 그런 의미에서 타르타로스는 복 받은 자들의 저승인 엘리시온 평원과 반대된다. 헤시오도스의 『신들의 계보』에서는 타르타로스가 의인화되어 에로스, 카오스, 가이아와 함께 세상을 구성하는 기본 요소들 중 하나로 나타난다. 타르타로스는 가이아와 결합하여 티폰, 에키드나 등 다양한 괴물들을 낳았다고 하며, 때로는 제우스의 독수리, 타나토스(죽음) 등도 그의 자식인 것으로 이야기된다(☞계보 12).

***타르페이아** Tarpeia 타르페이아는 로마 여성으로 카피톨리움(타르페이아의 산Mons Tarpeius) 혹은 좀더 구체적으로는 몇몇 범죄자들의 온상이 되었던 〈타르페이아 바위〉에 이름을 남겼다. 그녀에 관해 가장 흔히 알려진 전설은 다음과 같다. 타르페이아는 스푸리우스 타르페이우스의 딸로, 타르페이우스는 로물루스가 사비니 여인들의 납치 후에 일어난 전쟁 동안 카피톨리움을 맡겼던 자이다. 사비니 왕 타티우스가 군대를 이끌고 카피톨리움 아래(장차 코미티움이 들어설 자리) 진을 치자, 타르페이아는 그를 보고 사랑에 빠졌다. 그래서 하녀(혹은 유모)를 통해 그녀는 타티우스에게 만일 자신과 결혼해 준다면 성을 넘겨주겠노라는 제의를 건넸다. 타티우스는 이에 응했고, 타르페이아는 그와 그의 군사들을 카피톨리움 안에 들여놓았다. 그러나 타티우스는 그녀와 결혼하기는커녕 부하들의 방패

로 깔아 죽였다. 그래서 타르페이아는 배반에 대한 보상도 받지 못하고 죽었다. 또 다른 설에 따르면, 그녀가 타티우스에게 요구한 대가는 〈그의 군사들과 그 자신이 왼쪽 팔에 지니고 있는 것〉 즉 그들의 금은보석이었는데, 타티우스는 그 말을 짐짓 곡해하여 그들이 들고 있는 방패를 의미하는 것으로 해석하고는 위에 말한 방법으로 그녀를 죽였다고 한다.

또한 사비니 인들이 타르페이아를 죽인 것은 자신들의 승리가 한 여인의 배반 덕분이었음을 감추기 위해서였다는 설도 있다.

로마의 신화학자들은 타르페이아를 무죄로 만들려 했고, 카피톨리움에서는 그녀에게 제사를 드렸다. 가령 그녀는 타티우스의 딸인데 로물루스에게 납치당했으며, 그녀의 배반은 실상 자신을 납치한 자에 대한 복수였다는 식이다. 그러나 그렇다면 왜 사비니 인들이 그녀를 죽였는지는 이해할 수 없게 된다. 또 다른 설명에 따르면, 그녀는 타티우스에게 로물루스의 전략을 알려주기를 거부하다가 그런 고문을 당했다고 한다. 그런가 하면 타르페이아는 사비니 인들을 로마 인들의 수중에 넘기기 위해 전략을 짜서, 로물루스를 배반하는 척하면서 그 대가로 사비니 인들이 왼팔에 가지고 있는 것을 요구했다고도 한다. 그녀는 실제로 방패를 가리켜 말한 것이며, 사비니 인들이 요새 안에 들어와서 방패를 자신에게 넘기면 무방비 상태로 로마 인들의 공격을 받으리라 생각했다. 그런데 불행히도 그녀가 협상하러 보낸 심부름꾼이 그녀를 배반했고, 타티우스는 위험을 미리 알고 타르페이아가 그와 군사들의 방패를 요구하자 그녀를 방패들로 깔아 죽였다는 것이다. 이런 일이 사비니 인들과의 전쟁이 아니라 갈리아 족의 침입 때 있었다는 설도 있다.

타미리스 Θάμυρις / Thamyris 타미리스(혹은 타미라스)는 신화적 음악가들 중 한 명으로, 다양한 시가들과 음악적 혁신들이 그의 업적으로 여겨진다. 그는 테오고니아(신들의 계보), 코스모고니아(우주 개벽설), 그리고 티타노마키아(티탄들의 전쟁기)를 지었다고 한다. 그는 도리스 선법의 창시자로도 통한다.

그는 음악가 필람몬(☞)과 님프 아르기오페의 아들이다. 하지만 또 다른 전승들에 의하면 아이틀리오스의 아들이자 엔디미온의 손자라고 한다. 그의 어머니도 무사이 중 한 명인 에라토 혹은 멜포메네라고 한다. 그는 대단히 수려했으며 노래와 리라 연주에 다 같이 능했는데, 리라 연주는 리노스로부터 직접 배운 것이었다. 때로 그는 호메로스의 스승으로도 여겨진다. 호메로스에 의하면, 그는 무사이와 음악을 경쟁하려고 했는데 그가 이기자 화가 난 무사이가 그를 장님으로 만들고 그의 음악적 재능을 빼앗았다고 한다. 그는 만일 자신이 이길 경우 무사이 모두와 차례로 결합할 것을 요구했던 것이다. 불운을 겪은 후에 타미리스는 무용지물이 된 리라를 펠로폰네소스에 있는 발리라(이 이름에는 〈리라〉와 〈던지다〉라는 의미의 말들이 모두 들어 있다) 강물에 던져 버렸다. 그가 벌을 받은 장소는 대체로 필로스 근처 도리온에 있는 것으로 간주되었다.

타소스 Θάσος / Thasus 타소스는 타소스 섬의 명조이다. 그는 포이니키아 출신으로, 아게노르의 아들이자 카드모스의 형제로 통하기도 하고 (☞계보 3), 또 다른 방식으로 에우로페 일족과 연관되기도 한다(킬릭스의 아들 혹은 포이닉스의 아들로). 그는 텔레파사, 카드모스, 그리고 에우로페의 다른 남매들과 함께 그녀를 찾는 일에 나섰었다. 그는 타소스에 정착하여 그곳에 자기 이름을 남겼다(☞카드모스).

타우로스 Ταῦρος / Taurus 즉 〈황소〉는 에우헤메로스적인 신화학자들이 에우로페와 미노타우로스에 관한 신화들을 〈합리적으로〉 설명하기 위해 몇몇 크레테의 용사들에게 붙인 이름이다.

1. 에우로페 신화와 관련하여, 타우로스는 크노소스의 왕자로, 티로스 원정에서 왕의 딸인 에우로페를 다른 포로들과 함께 데려왔다고 한다. 이 타우로스는 크레테 도시 고르티나의 건설자이자 미노스의 아버지로 통한다.

2. 미노타우로스 신화와 관련하여, 미노타우로스는 동물이 아니라 미노스 군대의 대장인 타우로스라는 잔인한 인물이었다는 설이 있다. 아테나이에서 공물로 보낸 젊은이들은 미노스에게 죽임을 당한 것이 아니라 안드로게오스를 기리는 추모 경기의 상으로 내걸렸다. 이 경기의 첫번째 승자가 다름 아닌 타우로스였으며, 그는 자신이 상으로 탄 아테나이 젊은이들을 심하게 다루었다. 그래서 그에게 복수하기 위해 테세우스가 크레테 원정을 시도했다. 미노스의 입장에서는 너무나 세력이 강해 거추장스러운 존재인 데다가 여왕 파시파에와 애인 사이까지 된 타우로스를 제거하는 데 반대할 이유가 없었을 터이다. 그래서 미노스는 테세우스의 일을 도와주었고 자기 딸과 결혼시키기까지 했다.

3. 전설의 또 다른 해석에 따르면, 미노스는 용모가 준수한 젊은이로, 파시파에가 그를 사랑하게 되었다. 그녀는 미노스가 무엇인지 알 수 없는 병으로 수태를 시킬 수 없게 되자(☞미노스, ☞프로크리스) 타우로스와 결합하여 임신했고, 미노스는 태어난 아이가 자기 자식이 아님을 알았다. 그러나 그는 차마 아이를 죽이지는 못하고, 산속으로 보내 버렸다. 장성한 젊은이는 타우로스와 닮았기 때문에 〈미노타우로스〉라 불렸는데, 왕으로부터 그를 맡아 키워 준 목동들에게 순종하려 하지 않았다. 그래서 왕은 그를 잡아들이기로 했지만, 그는 깊은 동굴 속에 숨어 자신을 추적하는 자들을 어렵잖게 쫓아 버렸다. 사람들은 동굴 속으로 염소나 양 같은 식량을 가져다주었고, 미노스는 사형에 처할 죄인들을 그에게 보냈다. 그래서 테세우스도 그에게 보내졌던 것이다. 그러나 테세우스는 아리아드네가 준 칼을 가지고 있었고, 그래서 미노타우로스는 죽임을 당했다.

타우마스 Θαύμας / Thaumas 타우마스는 폰토스(바다)와 가이아(대지)의 아들들 중 한 명으로(☞계보 12, ☞계보 32), 네레우스, 포르키스, 케토, 에우리비에 등과 동기간이며 따라서 원초적 해신들의 무리에 속한다. 그는 오케아노스의 딸 엘렉트라와 결합하여 하르피이아이와 이리스라는 딸들을 낳았다. 그에 관한 별다른 전설은 없다.

타이게테 Ταυγέτη / Taygete 타이게테는 아틀라스와 플레이오네의 딸로, 플레이아데스 중 한 명이다(☞계보 25). 그녀는 제우스와 결합하여 아들 라케다이몬을 낳았다(☞계보 6). 그녀는 의식이 없는 상태에서 제우스에게 겁탈당했던 것이므로, 의식이 돌아오자 수치스러운 나머지 라코니아에 있는 타이게토스 산에 숨어 버렸다.

또한 그녀를 제우스의 끈질긴 접근에서 벗어나게 하기 위해, 아르테미스는 그녀를 암사슴으로 변신시켰다. 본래의 모습으로 돌아온 후 그녀는 여신에게 감사하기 위해 황금 뿔이 달린 암사슴을 바쳤다. 그 뿔들을 가져오는 것은 헤라클레스의 과업들 중 하나가 되었다(☞헤라클레스).

***타티우스** Tatius 전승에 따르면, 티투스 타티우스는 로마의 두 번째 왕이다. 그는 사비니 출신으

로, 좀더 구체적으로는 쿠레스 마을 출신이다. 그는 그곳의 왕으로 있다가 로마 인들에게 여인들을 납치당한 사비니 인들이 신생 로마의 발전을 저지하기 위한 연합군을 만들 때 우두머리가 되었다. 그 전쟁의 일화들 특히 타르페이아의 배반과 응징에 관해서는 ☞타르페이아. 할리카르나소스의 디오니시오스, 프로페르티우스 등도, 타티우스의 진영은 코미티움 근방, 카피톨리움과 퀴리날리스 언덕 사이의 분지에 위치했던 것으로 이야기한다. 헤르실리아를 위시한 여인들의 중재로 두 민족이 화해한 뒤, 사비니 인들과 로마 인들은 한 민족을 이루기로, 그리고 그렇게 해서 생겨난 도시를 타티우스와 로물루스가 번갈아 다스리기로 합의했다. 이 도시는 건설자의 이름을 따서 여전히 〈로마〉라는 이름을 간직하지만, 그 시민들은 타티우스의 고향을 기리는 뜻에서 〈퀴리테스〉라 부르기로 했다. 타티우스는 카피톨리움의 요새에, 로물루스는 팔라티누스 언덕에 살기로 했다. 이 연합 통치는 5년간 계속되었으며, 그동안 타티우스의 행적에는 이렇다 할 만한 것이 없다. 그러나 5년째 되던 해에, 그의 친척과 동포들 중 몇몇이 로마에 가는 라우렌툼[라티움의 도시] 사절들과 다툼을 벌였고, 그들을 강탈하려다가 결국은 죽이고 말았다. 로물루스는 이처럼 자기 백성의 권리를 침해한 것을 벌하려 했지만, 타티우스는 자기 친척들을 구하는 데 성공했다. 그러나 희생자의 친지들은 두 왕이 함께 라비니움에서 희생 제사를 드리던 중 타티우스를 공격하여 죽여 버렸다. 반면 로물루스에게는 아무런 해도 가하지 않고 그의 정의를 칭송하며 로마까지 호위했다. 로물루스는 타티우스의 시신을 로마로 가져다가 성대한 장례를 치르고 아벤티우스 언덕 위 아르밀루스트리움 근처에 묻어 주었다. 그러나 그는 타티우스를 죽인 자들을 처벌하려는 노력은 전혀 하지 않았다. 몇몇 저자들에 따르면, 라우렌툼 인들[라우렌테스 족]은 살인자들을 로물루스에게 자진하여 넘겨주었지만, 로물루스는 이미 정의가 이루어졌다며 그들을 풀어 주었다고 한다.

타피오스 Τάφιος / Taphius 포세이돈과 히포토에의 아들로, 페르세우스 일족에 속한다(☞계보 31). 그에게는 프테렐라오스(☞)라는 아들이 있었다. 타피오스는 타포스 섬의 명조이다.

탄탈로스 Τάνταλος / Tantalus 1. 탄탈로스는 흔히 크로노스 혹은 아틀라스의 딸인 플루토와 제우스의 아들로 통한다. 그는 프리기아 혹은 리디아에 있던 시필로스 산 위에서 다스렸다. 그는 아주 부자이고 신들을 경애했으며, 신들도 그를 자기들의 잔치에 끼워 주었다. 그는 플레이아데스 중 한 명인 디오네와 결혼했다. 그러나 그에게는 하신 팍톨로스의 딸인 에우리아나사라는 또 다른 아내도 있었다고 한다. 몇몇 신화학자들은 암피다마스의 딸인 클리티아, 또는 플레이아데스 중 다른 한 명인 스테로페를 그의 아내로 꼽기도 한다.

그의 자식들로는 펠롭스와 니오베가 있으며(☞계보 2) 종종 브로테아스, 다스킬로스 등을 위시한 몇 명이 추가되기도 한다. 그에게서 펠롭스를 통해 태어난 후손들이 티에스테스, 아트레우스, 아가멤논, 메넬라오스 등 탄탈리다이이다.

그의 생애 동안 일어난 것으로 전해지는 행적들은 그리 대단치 않다. 그는 판다레오스(☞)로부터 맡은 제우스의 개를 헤르메스에게 넘겨주지 않으려고 거짓 맹세를 했으며, 그 때문에 제우스의 노여움을 사서 시필로스 산 밑에 갇혔다고 한다. 또 다른 모험은 최초의 트로이아[헤라클레스에 의해 파괴될 트로이아]를 건설한 일로스와 연관된 것으로, 일로스는 탄탈로스의 딸 니오베

탈라시오

의 불행이 있은 뒤 그를 소아시아에서 추방했다고 한다. 끝으로, 그는 가니메데스(☞)의 납치자였다고 한다.

정작 탄탈로스를 유명하게 만든 것은 그가 하계에서 받은 징벌로, 그것은 『오딧세이아』중 가장 나중에 씌어진 부분인 하계 여행에 묘사되어 있다. 하지만 저자들은 이 징벌의 이유에 대해서는 일치된 견해를 보이지 않는다. 그가 신들의 식탁에 초대받은 뒤 신들이 자기 앞에서 거리낌 없이 이야기한 비밀들을 인간들에게 발설했기 때문이라고도 하고, 그 연회들에서 넥타르와 암브로시아를 훔쳐 인간들에게 주었기 때문이라고도 한다. 이처럼 인간으로서 감히 신들과 대등해지려 했다는 〈교만〉죄 외에, 또 다른 설명도 있다(☞펠롭스). 그는 리카온과 마찬가지로, 자기 아들을 죽여 신들을 위한 음식을 만들었다는 것이다. 그의 죄가 무엇이었건 간에, 그가 받은 징벌은 길이 기억될 만한 것이었다. 그러나 이 징벌이 어떤 것이었는지에 대해서도 여러 가지 설이 있다. 그가 항시 굴러 내리기 직전인 그러면서도 부단히 균형을 유지하는 거대한 바위를 지고 있어야 했다고도 하고, 영원한 목마름과 굶주림에 시달려야 했다고도 한다. 즉 목까지 물에 잠겨서도 입을 가져다 대면 물이 물러나 버리기 때문에 물 한 방울 마실 수 없고, 과일이 주렁주렁 열린 가지가 눈앞에 늘어져 있는데도 그가 손을 뻗치면 닿지 않게 높이 올라가 버려 따먹을 수 없다는 것이다.

2. 또 다른 탄탈로스는 위의 탄탈로스의 아들인 티에스테스 혹은 브로테아스의 아들이다. 아르고스에 그의 무덤이 있었다고 한다. 그에 관해서는 두 가지 전설이 있다. 즉, 그는 티에스테스를 미워하는 아트레우스에게 죽임을 당해 티에스테스에게 대접할 음식으로 만들어졌다고도 하고, 클리타임네스트라의 첫번째 남편이었는데 조카 아가멤논에게 죽임을 당했다고도 한다(☞클리타임네스트라, ☞계보 2).

3. 암피온과 니오베의 아들들 중 한 명도 탄탈로스라는 이름이다.

*__탈라시오__ Talassio 탈라시오는 본래 결혼식에서 신부가 신혼집의 문간 너머로 안겨 갈 때 사람들이 외치던 예식상의 외침이다. 이 외침의 의미를 설명하기 위해 탈라시우스라는 인물에 얽힌 전설이 생겨났다. 탈라시우스는 로물루스의 동료들 중 한 명으로, 사비니 여인들을 납치할 때 그의 목동들이 유난히 아름다운 한 여인을 납치하면서 행여 그녀를 빼앗길까 우려하여 〈탈라시우스에게(탈라시오) 가는 여자〉라고 외쳤다고 한다. 그런데 탈라시우스의 결혼 생활이 아주 행복했으므로, 결혼식에서 그렇게 외치면 길하다는 것이다. 그런가 하면 탈라시오라는 말이 그리스 어의 탈라시아(양털을 손질하는 작업)에서 왔다는 설명도 있다. 여인들을 납치당한 사비니 인들은 로마 인들과 협상하여, 그녀들에게 〈양털로 실을 잣는 일〉 외의 다른 궂은 일은 시키지 않기로 약속을 받아 냈으며, 결혼식에서 〈탈라시오〉라고 외치는 것은 그러한 약속을 상기시키기 위해서라는 것이다.

탈라오스 Ταλαός / Talaus 탈라오스는 비아스의 아들로, 무엇보다도 아드라스토스(☞)의 아버지로 유명하다. 그는 비아스가 프로이토스(☞)로부터 분배받은 아르고스 왕국의 일부를 다스렸다. 그의 어머니는 넬레우스의 딸 페로이다(☞비아스).

탈라오스의 아내에 관해서는 여러 가지 설이 있다. 아바스 왕의 딸, 그러니까 그의 종질녀[원문에는 종손녀이지만, 계보 1에 의하면 종질녀이다]인 리시마케라 하고(☞계보 1), 혹은 시키온 왕 폴리보스(☞)의 딸 리시아나사라 한다. 그의 자녀들에 관해서는 ☞계보 1.

탈라오스는 아르고나우타이 중 한 명이다.

탈로스 Τάλως / Talos 1. 탈로스는 크레테 전설에 나오는 인물로, 인간이라고도 하고 청동으로 된 로봇이라고도 한다. 전자의 경우 그는 크레테 섬의 명조인 크레스의 아들로, 불의 신 헤파이스토스(☞)를 낳았고, 헤파이스토스는 라다만티스를 낳았다고 하는데, 그가 오이노피온의 아들이 었다는 전혀 다른 설도 있다. 후자의 경우, 그는 헤파이스토스가 만들어 미노스에게 바친 작품이라고도 하고, 미노스 왕의 전속 장인 다이달로스가 만든 작품이라고도 하며, 혹은 지상에 남은 마지막 〈청동 인류〉라고도 한다.

본래 탈로스는 크레테 섬을 경비하는 자다. 미노스 왕이, 혹은 제우스가 애인 에우로페의 섬을 지키기 위해, 그의 지치지 않는 주의력을 보고 그 직무를 맡겼다고 한다. 그는 매일 무장을 하고 크레테 섬을 세 바퀴씩 돌면서 외부인의 침입을 막는 동시에 주민들이 미노스의 허락 없이 섬을 떠나는 것을 막았다. 다이달로스(☞)가 날아서 도망쳐야 했던 것은 그에게서 벗어나기 위해서였던 것으로 보인다. 탈로스가 즐겨 사용한 무기는 큰 돌덩이들로, 그는 그것들을 멀리까지 던질 수 있었다. 〈은밀한 이주자들〉이 그 첫번째 관문을 통과한 후에도, 탈로스는 여전히 위험한 존재였다. 그들을 붙잡으면 그는 불 속에 뛰어들어 금속제의 몸을 빨갛게 달군 뒤 그들을 끌어안아 데어 죽게 했다.

탈로스는 온몸이 불사신이었지만, 종아리 부분에는 가느다란 정맥이 있어 쥠쇠로 조여 있었다. 아르고나우타이가 크레테에 이르렀을 때, 메데이아는 마술을 써서 그 정맥이 끊어지게 함으로써 탈로스를 죽게 했다(☞아르고나우타

이). 또 다른 이본에 의하면, 필록테테스의 아버지로 아르고나우타이 중 한 명이었던 포이아스가 화살을 쏘아 그 정맥을 끊었다고도 한다. 탈로스에게는 레우코스라는 아들이 있었다(☞이도메네우스).

2. 또 다른 탈로스는 아테나이 인으로, 메티온 가문에 속했으며 다이달로스의 조카였다. 그는 그의 재주를 시기하는 다이달로스에게 죽임을 당했다(☞다이달로스).

탈리아 Θαλία / Thalia 〈식물의 생장〉이라는 개념을 함축하는 이 이름을 가진 신들은 여러 명 있는데, 그 중에서도 무사이[뮤즈들] 중 한 명, 카리테스 중 한 명, 네레이데스 중 한 명을 꼽을 수 있다.

1. 무사이 중 탈리아는 본래 다른 무사이와 마찬가지로 특정한 기능을 지니고 있지 않았지만, 차츰 희극과 가벼운 시가들을 주재하게 되었다. 그녀는 아폴론의 아들들인 코리반테스를 낳았다고 한다. 또한 다프니스 전설의 한 이본은 그녀가 다프니스의 연인들 중 한 명으로, 핌플레아와 동일 인물이라고 한다.

2. 카리테스 중 탈리아는 제우스와 에우리노메의 딸이다. 그녀는 자매들과 마찬가지로 식물의 생장을 주재한다.

3. 호메로스는 네레우스와 도리스의 딸들인 네레이데스 중 한 명으로 탈리아를 꼽는다.

탈티비오스 Ταλθύβιος / Talthybius 아가멤논의 전령으로, 그와 함께 트로이아 전쟁에 참가했다. 그에게는 함께 전령 일을 하는 에우리바테스라는 동료가 있었다. 『일리아스』에서 탈티비오스는 여러 차례에 걸쳐 다양한 역할들을 해낸다. 그는 아킬레우스에게서 브리세이스를 데려가는 일을 맡았으며, 마카온을 부르러 보내졌다(☞메

넬라오스가 판다로스의 화살에 맞았을 때, 『일리아스』 4권 193행 이하 — 감수자 주]. 또한 그는 이피게네이아와 함께 희생 제사를 위해 아울리스에 갔으며, 키니라스(☞)에게 가는 사절단에도 끼어 있었다고 한다.

스파르타에는 탈티비오스의 성역이 있었다. 그는 사절들의 자유로운 통행을 보장하는, 국제법의 수호자로 간주되었다.

탈피오스 Θάλπιος / Thalpius 탈피오스와 그의 형제 안티마코스는 엘레이아의 에페이오이 족 군대를 지휘한 대장들 중 두 명이다. 그들은 포르바스의 아들 악토르의 자손으로, 몰리오니다이(☞)의 아들들이다(☞계보 23). 탈피오스의 어머니는 덱사메노스의 딸 테라이포네이고, 아버지는 에우리토스이다. 그에 관한 특별한 전설은 없다. 그는 단지 헬레네의 구혼자들 중 한 명이자 목마에 숨었던 전사들 중 한 명으로 나온다. 그의 무덤은 형제의 무덤과 함께 엘리스에 있었다.

테게아테스 Τεγεάτης / Tegeates 테게아테스는 아르카디아 용사 리카온의 아들들 중 한 명으로, 테게아 시의 건설자이다. 그는 아틀라스의 딸들 중 한 명인 마이라(☞)와 결혼한 것으로 알려져 있다. 그는 그녀에게서 스케프로스, 레이몬(☞) 등을 위시한 아들들을 낳았다. 한 지방 전승에 의하면, 그는 키돈, 아르케디오스, 고르티스, 카트레우스 등도 낳았으며, 이들은 크레테로 건너가 키도니아, 고르티나, 카트레 등 여러 도시들을 건설했다고 한다. 그러나 크레테 인들은 이 전설을 받아들이지 않았다(☞키돈, ☞카트레우스, ☞라다만티스).

테기리오스 Τεγύριος / Tegyrius 테기리오스는 트라케 왕으로, 에우몰포스와 이스마로스가 에티오피아에서 추방되었을 때 이들을 받아 주었다. 이 전설에서 그가 한 역할에 관해서는 ☞에우몰포스.

테네로스 Τήνερος / Tenerus 테네로스는 보이오티아에 있는 테바이 왕으로, 님프 멜리아(☞)와 아폴론의 아들이다. 그는 용사 이스메노스와 형제간이며, 보이오티아에 있는 테네로스 강의 명조가 되었다. 그 자신은 〈아폴론 프로토이오스〉[아폴론의 신탁소가 있었던 보이오티아의 산인 〈프로톤 산의 아폴론〉] 신전의 사제로, 유명한 예언자였다.

테네스 Τένης / Tenes 테네스는 트로이아 앞바다에 있는 테네도스 섬의 명조로, 흔히 키크노스(☞)의 아들로 통하지만 드물게는 아폴론의 아들이라고도 한다. 그의 어머니는 라오메돈의 딸인 프로클레이아이다. 그에게는 헤미테아라는 이름의 누이가 있었다. 프로클레이아가 죽자 키크노스는 필로메라라는 여자와 재혼했는데, 그녀는 키크노스에게 테네스가 자신을 겁탈하려 했다며 거짓 고자질을 했다(사실은 그녀의 접근에 그가 응하지 않은 것이었다). 키크노스는 이를 그대로 믿고 자신의 두 자녀를 궤짝에 넣어 바다에 띄워 보냈다. 궤짝은 신들 특히 테네스의 할아버지인 포세이돈[포세이돈은 키크노스의 아버지이므로 테네스에게 할아버지가 된다]의 보호로 레우코프리스라는 섬의 연안에 무사히 도착했으며, 섬의 주민들은 테네스를 왕으로 삼아 이후로 그 섬은 테네도스라 불리게 되었다. 후에 키크노스는 자신의 잘못을 깨닫고(☞키크노스) 아들과 화해하려 했지만, 테네스는 이에 응하지 않았으며 아버지가 타고 있는 배가 섬에 묶어 놓은 밧줄을 잘라, 그들 사이에는 모든 것이 끝났음을 분명히 했다.

그리스 인들은 트로이아를 향해 항해하던 중에 테네도스 섬에 이르렀다. 테네스는 그들에게 돌을 던져 상륙을 막으려 했다. 그러나 그는 아킬레우스에게 가슴을 다쳐 죽었다. 어떤 저자들은 키크노스 역시 같은 싸움에서 아킬레우스에게 죽임을 당했다고도 말한다(이 경우 키크노스는 테네스와 화해한 뒤였을 터이다).

테네스의 죽음에 관해서는 또 다른 전설도 있다. 그가 아킬레우스에게 죽임을 당한 것은 누이 헤미테아를 아킬레우스의 접근으로부터 지키려 했기 때문이라는 것이다. 그는 자신이 죽은 장소에 묻혔으며, 후에는 그곳에 그를 위한 신전이 지어졌다. 이 신전에는 어떤 피리 부는 사람도 들어갈 수 없었으니, 테네스의 계모 필로노메의 수하에 있던 에우몰포스라는 피리 부는 사람이 그에게 불리한 거짓 증언을 한 적이 있었기 때문이다(☞키크노스).

아킬레우스 전설(적어도 호메로스 이후에 나온)에서 테네스의 죽음은 영웅을 그 운명에 이르게 하는 수많은 일화들 중 하나이다. 테티스(II)가 이미 경고했던 대로, 만일 아킬레우스가 〈아폴론의 아들〉을 죽이면 그 또한 트로이아 전쟁에서 전사하는 것을 피할 수 없었던 것이다.

테라스 Θήρας / Theras 테라스는 테라 섬의 명조이다. 그는 카드모스 일족에 속하며 오이디푸스의 5세손이다(☞계보 37).

그의 아버지 아우테시온은 스파르타에 정착했는데, 그곳에서 테라스의 누이 아르게이아는 헤라클레이다이 중 한 명인 아리스토데모스와 결혼하여 두 아들 프로클레스와 에우리스테네스를 낳았다. 아리스토데모스는 아들들이 아직 어릴 때 죽었으며, 그래서 테라스가 조카들의 후견인이자 섭정을 맡았다. 그들이 나라를 다스릴 나이가 되자, 테라스는 그들의 명령을 받는 처지가 되지 않으려고 떠나서 칼리스테(매우 아름답다는 뜻) 섬에 정착했다. 그가 그 섬을 택한 이유는 그곳에 이미 카드모스의 옛 동료였던 포이니키아 인들이 살고 있었기 때문이다. 그는 전에 렘노스에서 추방당해 라케다이몬에 살고 있던 아르고나우타이의 후예들인 미니아이 족을 데리고 세 척의 배를 몰고 가 섬에 정착했으며, 이후로 그 섬은 테라라 불리게 되었다.

테람보스 Τέραμβος / Terambos 테람보스는 포세이돈의 아들인 에우시로스와 산의 님프 에이도테아 사이에 태어난 아들이다. 그는 젊었을 때 오트리스 산 꼭대기에 살면서 큰 가축 떼를 지켰다. 그는 노래를 잘 했을 뿐 아니라, 목동들의 풀피리를 부는 데도 뛰어났다. 그가 리라 반주에 맞추어 노래를 부른 최초의 인간이었다는 주장도 있다. 그래서 많은 님프들이 즐겨 그의 노래를 들으러 왔으며 판 신도 그를 아꼈다. 어느 해 여름이 끝날 무렵 판은 그에게 겨울이 일찍 닥치고 몹시 추울 터이니 가축 떼를 끌고 들판으로 내려오라고 권했다. 테람보스는 젊은이다운 자만과 무심함 때문에 그 말을 귀담아듣지 않았다. 그는 님프들이 제우스의 딸들이 아니라 하신 스페르케이오스의 후손들일 뿐이라며 조롱하는 말을 퍼뜨리기도 했다. 또 한때 포세이돈이 그녀들 중 한 명인 디오파트라를 사랑하여, 다른 님프들은 땅에 뿌리를 내린 포플러가 되어 꼼짝 못하게 해두었다가, 자신의 정욕을 채운 뒤에야 그녀들에게 본래의 모습을 돌려주었다는 말도 퍼뜨렸다. 님프들은 처음에는 아무 말도 하지 않았다. 하지만 곧 얼음이 얼기 시작했고 산에는 엄청난 눈이 내려 나무들은 잎이 다 지고 테람보스의 가축들은 시야에서 사라져 버렸다. 그는 산속에 혼자 남게 되었다. 그제야 님프들은 그를 〈나무를 먹는 사슴벌레〉로 만들어 복수를 했고,

그는 나무 껍질을 파먹으며 연명하게 되었다. 아이들은 이 곤충을 가지고 놀며 머리를 자르곤 하는데, 그 커다란 뿔은 마치 리라와도 같은 모양을 하고 있다(☞케람보스).

테레우스 Τηρεύς / Tereus 테레우스는 트라케 왕으로, 아레스의 아들이며, 필로멜라와 프로크네의 전설에 나온다(☞필로멜라).

테로 Θηρώ / Thero 헤라클레스의 형제 이피클레스의 3세손이다. 아폴론과 결합하여 카이론이라는 아들을 낳았다. 카이론은 보이오티아에 있는 카이로네이아의 명조가 되었다.

테르메로스 Τέρμερος / Termerus 테르메로스는 카리아에 있는 테르메라 시의 명조이다. 그는 렐레게스 족 해적으로, 리키아와 카리아 연안뿐 아니라 코스 섬까지도 노략했다. 그는 아마도 플루타르코스가 말하는 강도, 여행자들을 머리로 들이받아 죽였다는 강도와 동일 인물일 것이다. 그는 헤라클레스에게 죽임을 당했다.

***테르미누스** Terminus 로마의 옛 신으로, 그의 사당은 카피톨리움 언덕의 유피테르 신전 안에 있었다. 다른 많은 농경 신들과 마찬가지로 그를 로마 종교에 도입한 것은 사비니 왕 티투스 타티우스였던 것으로 알려져 있다. 테르미누스는 밭의 경계와 동일시되는 신으로, 움직일 수 없다는 본성을 지니고 있다. 카피톨리움 언덕에 〈유피테르 옵티무스 막시무스〉[지고지선의 유피테르]의 신전을 지을 때, 선택된 터의 수많은 사당들에 있던 신들이 주신에게 자리를 내주고 떠나는 데 동의했다고 한다. 단지 테르미누스만이 떠나기를 거부했고 그래서 그의 성역을 신전 안에 만들어야 했다. 하지만 테르미누스는 노천에만 있을 수 있기 때문에, 오직 그를 위해 천장 일부를 뚫어 놓았다고 한다.

매년 2월 23일에는 그의 기념제 〈테르미날리아〉가 열린다.

테르산드로스 Θέρσανδρος / Thersandrus 이 이름으로 알려진 용사가 적어도 두 명 있다.

1. 그 중 한 명은 시시포스와 메로페의 아들이다(☞계보 35). 그에게는 할리아르토스와 코로노스라는 아들들이 있었는데, 이들은 각기 보이오티아의 도시 할리아르토스와 코로네이아의 명조가 되었다.

2. 또 다른 테르산드로스는 폴리네이케스와 아르게이아의 아들이다. 그러니까 그는 오이디푸스의 혈통과 아드라스토스의 혈통을 모두 물려받고 있는 셈이다(☞계보 1, ☞계보 37). 그는 에피고노이의 테바이 원정에 참가했다. 에리필레에게 하르모니아의 예복을 주어 그녀의 아들 알크마이온이 원정에 참가하도록 설득하게 한 것도 그였다(☞에리필레). 도시가 함락된 후 테르산드로스는 권력을 장악하고, 성이 포위되었을 때 달아났던 주민들을 다시 불러 모았다. 그는 암피아라오스의 딸 데모나사와 결혼하여, 아들 티사메노스를 낳았다. 그는 첫번째 트로이아 원정 즉 미시아 표착으로 끝났던 원정에도 참가했다. 그는 텔레포스에게 죽임을 당했고, 디오메데스가 그의 장례를 치러 주었다. 하지만 베르길리우스가 따르는 전승에 의하면, 테르산드로스는 본격적인 트로이아 전쟁에도 참가했으며, 목마 안에 숨었던 전사들 중 한 명이라고 한다.

테르시테스 Θερσίτης / Thersites 테르시테스는 아이톨리아 출신이다. 그는 포르타온과 에우리테의 손자로, 아그리오스의 아들들 중 한 명이며(☞계보 27), 옹케스토스, 프로토오스, 켈레우토르, 리코페우스, 멜라니포스 등과 형제간이다. 그는 형제들과 힘을 합쳐, 늙어서 방어할 힘이 없어진 숙부 오이네우스를 칼리돈의 왕위에서 몰아냈다(☞오이네우스, ☞디오메데스). 그러나 테르시테스는『일리아스』에 나오는 대로 트로이아 전쟁 중의 아름답지 못한 역할로 더 유명하다.

『일리아스』에 따르면, 테르시테스는 트로이아 전쟁에 참가한 그리스 군대 전체에서 가장 비겁하고 가장 못생긴 사람이었다. 그는 절름발이에 다리가 비틀려 있었으며, 꼽추에다가 머리칼도 듬성듬성했다. 아가멤논이 군사들을 시험하기 위해 트로이아 성의 포위를 그만 풀어 주자고 하자, 그는 누구보다 먼저 그 제안을 받아들였고, 폭동이 일어나려 하자 그 앞잡이가 되었다. 그 벌로 그는 오딧세우스에게 몽둥이로 맞다가 넘어져 전군의 웃음거리가 되었다.

또 이 이야기는『일리아스』에는 안 나오지만, 그는 칼리돈의 멧돼지 사냥에도 참가했는데, 막상 멧돼지를 보자 겁이 나서 달아났다고 한다. 계열 서사시들에 의하면, 테르시테스는 심술을 부리다가 죽은 것으로 되어 있다. 아마존 미녀 펜테실레이아를 죽인 아킬레우스가 죽어 가는 그녀를 보고 사랑에 빠지자, 테르시테스는 아킬레우스를 조롱하며 자기 창으로 아마존의 눈을 뽑았다. 이런 악행에 성이 난 아킬레우스는 테르시테스를 주먹으로 쳐죽였고, 레스보스로 가서 이 살인죄를 씻었다고 한다(☞디오메데스).

테르프시코라 Τερψιχόρα / Terpsichore 아홉 무사이[뮤즈들] 중 한 명으로, 제우스와 므네모시네의 딸이다. 그녀는 하신 아켈로오스에게서 세이레네스(☞)를 낳았다고 하며, 때로는 리노스와 레소스 등의 어머니로도 통한다. 본래 그녀의 속성들은 다른 무사이(☞)의 속성들과 마찬가지로 특별히 정해진 것이 없었다.

테메노스 Τήμενος / Temenus 테메노스라는 이름의 인물은 여러 명 있다.

1. 파우사니아스가 전하는 한 지방 전설에만 나오는 테메노스는 펠로폰네소스의 스팀팔로스 출신이다. 그는 펠라스고스의 아들로, 헤라 여신을 키워 주었다. 그녀를 기리기 위해 그는 세 개의 성역을 만들어 바쳤다. 첫번째는 〈어린 헤라〉를 위해, 두 번째는 제우스와 〈결혼한 헤라〉를 위해, 그리고 세 번째는 제우스와 말다툼을 하고 일시적으로 〈홀몸이 된 헤라〉를 위해 만든 성역들이다.

2. 파우사니아스에 따르면, 테메노스는 페게우스의 두 아들 중 한 명이다. 형제인 악시온과 함께, 그는 알크마이온을 죽였다. 좀더 일반적으로 페게우스의 두 아들은 프로노오스와 아게노르로 알려져 있다(☞페게우스, ☞계보 17).

3. 테메노스라는 이름으로 가장 유명한 용사는 헤라클레스의 후손으로 아리스토마코스의 아들이자 힐로스(헤라클레스와 데이아네이라의 아들)의 증손자이다(☞계보 16). 적어도 가장 일반적인 계보에 따르면 그렇다. 그러나 일설에 따르면 그는 힐로스의 손자이자 클레오다이오스(앞의 계보에서는 그의 할아버지)의 아들이라고 한다. 그는 형제 크레스폰테스와 함께 펠로폰네소스 정복의 임무를 맡았다. 원정의 자세한 내용에 관해서는 ☞헤라클레이다이. 정복이 끝나자 그는 아르고스를 얻었다(☞크레스폰테스). 테메노스는 디오메데스의 후손인 에르기아이오스에게 디오메데스가 아르고스에 가져온 팔라디온을 치워 버릴 것을 요구했고, 그래서 그 도시에는 수호신이 없어졌다. 후에 이 기적의 신상은 스파르타로 옮겨졌다(☞레아그로스).

테메노스는 딸 히르네토를 역시 헤라클레스

의 후손인 데이폰테스(☞)와 결혼시킴으로써 아들들의 원망을 샀다. 그들은 강에서 혼자 멱을 감고 있는 테메노스를 죽이려 했다. 그러나 그는 즉시 죽지 않았고, 자신의 아들들을 폐적하고 데이폰테스에게 왕국을 물려준 후에야 세상을 떠났다.

테메노스의 아들들의 이름에 관해서는 ☞계보 16.

테몬 Τέμων / Temon 펠라스기오티스에서 라피타이 족에게 쫓겨나 그리스 전역을 떠돌던]에니에네스 족은 아카르나니아에 있는 이나코스 강변에 정착하여, 강 주변의 주민들 및 아카이아인들과 충돌하게 되었다[원문대로임. 〈아르카디아〉를 〈아카르나니아〉라고 잘못 쓴 듯하다. 아카르나니아는 펠로폰네소스에서 보면 코린토스 만을 건너 서북쪽에 있는 지역인데, 이나코스는 펠로폰네소스의 동부 지방인 아르골리스에 있는 강이다. 뒤의 설명에 펠로폰네소스의 북부 지방인 아카이아 사람들이 나오는 것을 보더라도, 저자가 생각했던 것은 아르골리스의 강일 터이다. 아르카디아는 펠로폰네소스 중앙의 산지로, 이나코스 강도 거기서 발원하여 동쪽으로 흘러가는 강인데, 외부인이 중앙부에 자리 잡으면 그 지역 원주민은 물론이고 그 북쪽에 살던 아카이아 사람들과도 충돌을 빚게 마련이다 — 감수자 주]. 그런데 본래의 주민들에게는 만약 조금이라도 땅을 양보했다가는 나라 전체를 잃으리라는 신탁이, 그리고 에니에네스 족에게는 만일 본래의 주민들이 조금이라도 땅을 양보해 주면 그들이 나라 전체의 주인이 되리라는 신탁이 내려져 있었다. 난국을 타개하기 위해, 에니에네스 족의 귀족인 테몬이 거지로 변장을 하고 이나코스 주민들의 왕 히페로코스를 찾아갔다. 난폭한 인물이었던 왕은 거지를 비웃으며, 빵을 주는 대신 흙덩이를 던져 주었다. 테몬은 흙덩이를 거지의 바랑에 집어넣었다. 이를 본 이나코스 주민의 원로들은 옛 신탁을 기억해 내고 왕에게 방금 그가 한 일에 대해 경고했다. 그들은 그 거지가 자기들 땅의 한 조각이라도 가지고 떠나는 것을 금지하라고 요청했다. 테몬은 그들의 의중을 알고는 서둘러 달아나며, 만일 그가 무사히 돌아가게 되면 아폴론에게 소 100마리를 희생 제물로 바치겠다고 맹세했다. 아폴론의 보호로 그는 무사히 적에게서 벗어날 수 있었다. 후에 에니에네스 족의 왕 페미오스는 히페로코스 왕과 단독 결투를 하게 되었다. 페미오스는 히페로코스가 싸움터에 데려온 개를 쫓아 줄 것을 요구했고, 히페로코스가 개를 쫓느라 돌아선 틈을 타 돌을 던져 그를 죽였다. 그리하여 에니에네스 족은 나라를 차지했다. 그들은 이 일을 기념하기 위해 돌멩이들을 특별히 숭배하며, 희생 제사 때에는 테몬의 후손들에게 제물 중에서 〈거지의 고기〉라 불리는 가장 좋은 몫을 골라 주었다.

테미스 Θέμις / Themis 법의 여신 테미스는 티탄 족에 속한다. 그녀는 우라노스와 가이아의 딸로 (☞계보 5, ☞계보 12), 티타니데스[티타네스들 즉 여자 티탄들]와 자매간이다. 영원한 법의 여신으로, 그녀는 메티스(☞)에 이어 제우스의 아내가 된 두 번째 여신이다. 제우스에게서 테미스는 세 명의 호라이(☞)와 클로토, 라케시스, 아트로포스 등 세 명의 모이라이(☞), 그리고 정의의 의인화인 처녀 아스트라이아, 에리다노스의 님프들 등을 낳았다. 헤라클레스는 이 님프들에게 헤스페리데스의 나라로 가는 길을 물었다. 때로는 헤스페리데스 또한 그녀와 제우스의 결합에서 태어났다고도 한다.

아이스킬로스만 전하는 이야기에 따르면, 테

미스는 프로메테우스의 어머니라고 하며, 같은 이름을 가진 아르카디아의 님프는 에우안드로스의 어머니로 로마 전승에서는 대개 카르멘타(☞)라 불린다.

신화학자들과 철학자들은 테미스가 정의 혹은 영원한 법의 의인화로 제우스의 조언자였다고 상상했다. 그에게 암염소 아말테이아의 가죽인 아이기스를 입으라고 한 것도, 거인족과의 싸움에서 그것을 갑옷으로 삼으라고 가르쳐 준 것도 그녀였다. 또한 그녀는 종종 트로이아 전쟁을 처음 생각해 낸 것으로 간주된다. 그녀는 지구의 인구가 너무 많아지는 것을 막기 위해 그 전쟁을 일으켰다고 한다. 첫 세대 신들 가운데 테미스는 올림포스 신들과 함께 올림포스 산 위에 살게 된 드문 경우에 속한다. 그녀가 그런 영예를 얻은 것은 비단 제우스와의 관계 때문만이 아니라, 그녀가 신탁, 제의, 법 등을 발명함으로써 신들에게 도움을 주었기 때문이다. 아폴론에게 점치는 법을 가르쳐 준 것도 그녀였으며, 그녀는 아폴론보다 먼저 델포이에 피티아의 성역을 가지고 있었다. 그녀가 내린 것으로 알려진 신탁도 몇 가지 있는데, 가령 아틀라스에게 제우스의 아들이 헤스페리데스의 사과를 훔쳐 가리라고 알려 준 신탁, 테티스(II)의 후손에 관한 신탁 등이 그것들이다.

테미스토 Θεμιστώ / Themisto 이런 이름을 가진 여성 인물들 중 가장 유명한 것은 힙세우스의 딸 테미스토이다. 힙세우스는 테살리아의 하신 페네이오스와 크레우사의 아들이었다(☞계보 23). 그녀는 아이올로스와 에나레테의 아들들 중 한 명인 아타마스와 결혼했다(☞계보 33). 그녀는 레우콘, 에리트리오스, 스코이네우스, 프토오스 등 네 명의 자식을 낳았다(☞아타마스, ☞레우코테아).

테베 Θήβη / Thebe 테바이라는 도시들의 명조인 테베라는 여성 인물은 여러 명 있다.

1~2. 보이오티아의 테바이는 프로메테우스(☞)와 님프의 딸인 테베와, 또는 제우스와 이오다마(데우칼리온의 후손)의 딸인 테베(☞계보 8)와 결부된다.

3. 역시 보이오티아 인들이 자신들의 명조라고 주장하는 또 다른 테베는 하신 아소포스와 메토페의 딸들 중 막내딸이다.

4. 킬리키아의 테베는 아드라미스의 딸 테베와 연관된다. 아드라미스는 펠라스고이 족으로 아드라미토스 시의 명조이다. 그는 경주에서 자신을 이기는 자에게 딸을 주겠다고 선포했다. 헤라클레스는 이 일을 해내고 테베와 결혼했다. 그 기념으로 그는 킬리키아에 테베 시를 건설하고 아내의 이름을 붙였다(☞그라니코스). 또 다른 계보에 의하면, 그녀는 카드모스 일족에 속하며 킬릭스의 딸이다.

이집트의 테바이 시의 명조 또한 같은 계보에 속하며, 그녀는 네일로스의 딸이다(☞계보 3).

테살로스 Θεσσαλός / Thessalus 테살리아의 명조가 된 용사의 이름. 그에 관해서는 여러 가지 전설들이 있다.

1. 로마 역사가들은 테살로스라는 이름의 왕이 있었다고 한다. 그는 테스프로토이 족의 나라 출신으로, 테살리아를 정복하고 그곳에 자신의 왕국을 세웠다. 이 테살로스는 그라이코스의 아들로, 종종 그라이코스가 테살로니카 시를 건설했다고도 한다.

2. 또한 헤라클레스 계열의 전설들과 관련되는 테살로스도 있다. 그는 헤라클레스와 칼키오페 혹은 아스티오케의 아들이었다고 한다(후자의 경우 그는 틀레프톨레모스[틀레폴레모스]와 형제간이 된다 ☞계보 15). 그는 코스 섬의 왕으

테세우스

로, 자신의 두 아들 페이디포스와 안티포스를 트로이아 전쟁에 내보냈다. 페이디포스와 안티포스는 도시가 함락된 뒤 그곳에 정착하고, 아버지를 기리는 뜻에서 그곳을 테살리아라 불렀다는 것이다(테살로스의 탄생에 관해서는 ☞헤라클레스).

3. 끝으로 전설에는 메데이아와 이아손의 아들인 테살로스도 등장한다. 그는 자신을 죽이려는 어머니를 피해 코린토스에서 이올코스로 갔고, 펠리아스의 아들 아카스토스가 죽자 권력을 손에 넣었다. 그곳을 테살리아라 부른 것은 그다.

4. 하이몬의 아들 테살로스에 대해서는 ☞하이몬(2).

테세우스 Θησεύς / Theseus 테세우스는 아티카의 대표적인 영웅으로, 펠로폰네소스를 주요 무대로 공적을 쌓는 도리스 족 영웅 헤라클레스와 쌍벽을 이룬다. 그의 전설에 관한 주요한 출전들은 플루타르코스가 쓴 그의 『전기』와 아폴로도로스 및 디오도로스의 언급들이다.

테세우스는 트로이아 전쟁보다 한 세대 전에 살았던 것으로 여겨지며, 그래서 트로이아 전쟁에는 그의 두 아들인 데모폰(☞)과 아카마스(☞)가 참가했다고 한다. 그러나 그는 헤라클레스보다 적어도 한 세대는 더 젊다. 몇몇 전승들은 이 두 영웅을 황금 양털의 탐색(☞아르고나우타이)이라든가 아마조네스 원정 같은 전설 시대의 대대적인 집단 원정들에 동참시키기도 하지만, 그것은 전설에 그럴싸한 연대를 부여하려는 인위적인 조작에 불과하다.

1. 출신과 어린 시절 : 테세우스의 출신에 관해서는 두 가지 전승이 있다. 인간적 전승에 따르면 그는 아이게우스와 아이트라의 아들이며, 따라서 에레크테우스의 혈통 내지는 에레크테우스의 아버지인 에리크토니오스를 통해 헤파이스토스의 혈통(☞계보 11)과, 펠롭스 및 탄탈로스의 혈통(☞계보 2)을 모두 물려받았다. 아이게우스는 연이어 얻은 아내들에게서 자식을 얻지 못하자 델포이의 신탁을 물으러 갔다. 신은 그에게 애매한 문구로 대답하면서 그가 〈아테나이 시에 이르기 전에는 포도주 부대를 푸는 것〉을 금했다. 이것이 무슨 뜻인지 알 수 없었던 아이게우스는 가던 길에서 벗어나 펠롭스의 아들들 중 한 명인 트로이젠 왕 피테우스를 찾아갔다. 피테우스는 신탁의 의미를 즉시 알아차렸고, 그래서 아이게우스를 술에 취하게 한 뒤 밤에 자기 딸 아이트라를 그에게 들여보냈다. 아이게우스는 그녀와 결합했고, 그녀는 아이를 낳았으니, 그 아이가 바로 테세우스이다. 그러나 테세우스는 실상 포세이돈 신의 아들이었다고도 한다. 아이트라는 아이게우스와 결합하던 바로 그날 밤, 아테나 여신이 보낸 꿈에 속아 한 섬에 희생 제사를 드리러 갔다가 거기서 포세이돈 신에게 겁탈을 당했었다. 그리하여 그녀는 포세이돈의 아들을 낳았는데, 아이게우스는 그것이 자기 자식인 줄로만 알았다는 것이다.

테세우스는 트로이젠에서 외할아버지 피테우스에게 맡겨져 자랐다. 아이게우스가 조카들인 팔란티다이(☞)를 두려워하여 아이를 아테나이로 데려가려 하지 않았기 때문이다. 떠나면서 그는 칼과 한 켤레의 샌들을 커다란 바위 뒤에 숨겨 놓고, 이 비밀을 아이트라에게만 알려 주었다. 태어날 아들이 혼자서 바위를 옮기고 거기 숨겨져 있는 물건들을 찾아낼 만큼 자라면 그 비밀을 알려 주라는 것이었다. 그러면 아들은 그 샌들을 신고 그 칼을 차고, 팔란티다이에게 해를 당하지 않게끔 은밀히 아버지를 찾아야 할 것이었다.

테세우스의 스승은 콘니다스라는 인물로, 역사 시대까지도 아테나이 인들은 테세우스 축제

전야에 그에게 염소를 제물로 바쳤다. 트로이젠 시절 어린 테세우스의 용맹함을 보여 주는 이야기가 있다. 어느 날 피테우스의 손님으로 와 있던 헤라클레스가 가지고 온 사자 가죽을 자기 옆에 내려놓았다. 궁전의 아이들은 산 사자가 방 안에 들어온 줄 알고 비명을 지르며 달아났지만, 당시 일곱 살이던 테세우스는 하인들 중 한 명의 무기를 빼앗아 들고 사자에게 덤벼들었다고 한다.

사춘기에 이른 테세우스는 델포이에 가서 관례대로 자신의 머리칼을 신에게 바쳤다. 그러나 머리칼을 완전히 자르는 대신 아반테스 족(『일리아스』에 나오는 전투적인 부족)식으로 머리 앞쪽만을 깎는 데 그쳤고, 그것이 역사 시대까지 관습으로 이어졌다.

2. 아테나이 귀환 : 열여섯 살이 되자 테세우스는 아주 힘이 세어졌으므로, 아이트라는 그에게 출생의 비밀을 알려 줄 때가 되었다고 생각했다. 그녀는 그를 아이게우스가 칼과 샌들을 숨겨 둔 바위로 데려갔다. 소년은 단번에 바위를 옮겨 물건들을 찾아내고는, 아테나이로 가서 자기 신분을 알리기로 작정했다. 아이트라는 아이게우스의 충고들을 기억하고 아들을 위험에서 지키기 위해, 그에게 바닷길로 돌아가라고 간청했다. 피테우스 역시 가세하여, 코린토스 지협을 따라 육로로 아테나이에 가는 것이 얼마나 위험한가를 역설했다. 마침 그 무렵 헤라클레스도 리디아의 옴팔레를 섬기는 처지가 되어 있었고, 그 때문에 이전에는 헤라클레스가 두려운 나머지 숨어 있던 온갖 괴물들이 다시금 기세를 떨치고 있었다. 그래서 코린토스 지협은 강도 천지였다. 그러나 테세우스는 전혀 들으려 하지 않았다. 헤라클레스의 영광이 부러웠던 그는 자신도 헤라클레스를 본받을 결심이었다. 그는 괴물들을 차례로 무찔렀다. 에피다우로스에서는 페리페테스를 죽이고 그의 망치를 빼앗았으며, 캥크레아에서는 소나무를 가지고 여행자들을 찢어 죽이던 강도 시니스(☞)를 죽였고, 수많은 사람들의 목숨을 앗아 간 사나운 짐승인 크롬미온의 암돼지를 죽였다. 이 돼지는 티폰과 에키드나의 새끼로 그것을 키우던 노파의 이름은 파이아였는데, 테세우스는 단칼에 이 짐승을 죽여 버렸다. 스키론의 바위들에 이르러서는 강도 스키론(☞)을 죽였고, 그 후 엘레우시스에서는 케르키온(☞)과 싸워 그를 죽였으며, 좀더 가서는 프로크루스테스(☞) 일명 다마스테스를 응징했다.

모든 시련을 극복한 뒤 테세우스는 케피소스 강변에 이르렀으며, 거기서는 피탈리다이 가문의 사람들이 그를 환대하고 살인죄를 정화해 주었다. 정화된 그는 아테나이로 들어갔다. 때는 헤카톰바이온 달[하지 이후의 첫 달. 대체로 6월 말에서 7월에 걸쳐 있음]의 제8일이었고, 그 무렵 아테나이 시는 극도의 혼란 가운데 있었다. 아이게우스는 마녀 메데이아가 주술을 써서 그의 불임을 고쳐 주겠다고 약속하는 바람에 완전히 그녀의 수중에 들어가 있었다. 아테나이에 나타난 테세우스는 숱한 괴물들을 처치한 자로 평판이 자자했으며, 메데이아는 즉시 그의 진짜 신분을 알아차렸다. 그러나 아이게우스는 이 이방인이 자기 아들인 줄 꿈에도 모르는 채, 그를 두려워했다. 메데이아는 일부러 그를 속일 필요조차 없었다. 그녀는 젊은이를 환영하는 척 식사에 초대하여 독을 먹이자고 제안했다. 테세우스는 초대를 받아들였지만, 자신의 정체를 즉시 드러내고 싶지는 않았다. 식사를 하면서 그는 모르는 척 아버지의 칼을 꺼내 고기를 썰었다. 이것을 본 아이게우스는 준비되었던 독배를 쓰러뜨리고, 모든 시민들 앞에서 그가 자신의 아들임을 공식적으로 선포했다. 메데이아는 아이게우스에게 소박을 맞고 추방당했다(☞메데이아).

독살 시도 이전에도, 메데이아는 테세우스를

마라톤 평원을 짓밟는 괴물 황소와 싸우도록 내보내어 죽이려 했다고 한다. 종종 이 황소는 헤라클레스가 펠로폰네소스에 데려온 크레테의 황소가 달아난 것이라고 한다(☞ 헤라클레스). 이 황소는 콧구멍으로 불을 뿜었다. 테세우스는 그것을 사로잡아 결박해서 〈아폴론 델피니오스〉에게 제물로 바쳤다. 이 희생 제사는 아이게우스가 보는 앞에서 진행되었으며, 테세우스(아직 신분을 드러내지 않은)가 짐승의 이마에 난 털을 베려고 칼을 뽑아 드는 순간, 아이게우스는 자신이 트로이젠의 바위 뒤에 숨겨 두었던 무기를 알아보았다는 것이다. 이렇게 해서 아들을 알아보았다는 이야기는 앞의 이야기와 양립할 수 없으며, 아마도 비극 시인이 지어낸 것인 듯하다.

칼리마코스가 유명한 단시에서 이야기한 헤칼레의 일화는 이 마라톤의 황소 사냥 동안 일어난 일이다. 헤칼레는 들판의 오두막에 사는 노파였다. 테세우스는 황소를 잡기 전 날 밤 그녀의 집에서 묵었고, 헤칼레는 젊은이를 정성껏 대접했다. 그녀는 그가 무사히 과업을 마치고 돌아오도록 희생 제사를 드리겠다고 약속해 주었다. 그러나 황소를 잡아 가지고 돌아오던 그는 그녀가 이미 죽어 화장단 위에 놓여 있는 것을 발견했다. 그래서 그는 그녀를 기리기 위해 〈제우스 헤칼레시오스〉의 제사를 창설했다.

아버지에게 정식으로 인정을 받은 테세우스는 사촌들 즉 팔라스의 50명 아들들과 싸워야 했다. 아이게우스에게 자식이 없는 동안 내내 이들은 그의 유업을 나눠 가질 것을 기대했던 것이다. 그러나 테세우스가 나타나 그 기대가 무산되자, 이들은 무력으로 권력을 차지하려 했다. 그들은 두 무리로 나뉘어, 한 무리는 스페토스에서 공개적으로 도시를 공격하고, 다른 한 무리는 가르게토스에 매복하여 기습하기로 했다. 그러나 그들에게는 아그누스 출신의 레오스라는 전령이 있었는데, 이 레오스가 테세우스에게 작전을 누설했다. 테세우스는 매복해 있던 무리를 덮쳐 모두 죽여 버렸고, 그러자 다른 무리도 뿔뿔이 흩어져 전쟁은 끝이 났다. 아그누스의 후손들이 팔레네(팔라스를 명조로 하는 고장)에서는 절대 결혼하지 않는 것도 바로 이 때문이라 한다. 팔란티다이를 죽인 대가로 테세우스가 아테나이에서 추방당한 후 트로이젠에서 1년을 보내야 했다는 설도 있다. 에우리피데스가 『히폴리토스』에서 따르고 있는 것도 바로 그런 전승이다. 그러나 그는 덧붙이기를, 당시 테세우스는 이미 파이드라와 함께 있었으며, 파이드라는 전실 자식 히폴리토스에게 욕정을 품게 되었다고 이야기한다. 따라서 이 경우 사건의 전개 순서가 뒤바뀌어, 아마조네스 원정이 팔란티다이 소탕보다 먼저 일어난 일이 되는데, 이런 순서는 일반적인 전승과는 모순되며, 아마도 시인 자신에 의한 것일 터이다.

3. 크레테 계열의 이야기들 : 미노스는 아들 안드로게오스가 죽은 뒤 아테나이 인들에게 9년에 한 번씩 일곱 명의 청년과 일곱 명의 처녀를 공물로 요구했다(☞ 안드로게오스). 세 번째로 공물을 바칠 때가 되자, 아테나이 인들은 아이게우스를 원망하기 시작했다. 테세우스는 이들을 무마하기 위해 자진하여 크레테로 가는 공물에 끼었다. 또는 미노스가 직접 희생자들을 골랐으며, 테세우스를 지명했다고도 한다. 그는 미노타우로스의 밥이 될 청년들이 무기 없이 오되, 만일 그들이 괴물을 처치한다면 자유로이 돌아가도 좋다는 조건을 내걸었다. 미노타우로스가 어떤 괴물이었던가에 대한 여러 가지 설에 관해서는 ☞ 미노타우로스.

테세우스는 무니키온 달[아티카의 열 번째 달] 제6일에 아테나이의 배를 타고 떠났다. 키잡이는 나우시토오스라는 이름으로, 스키로스 왕이 그에게 준 살라미스 인이었다. 스키로스의 손자 메네스테스가 미노스를 위한 공물에 들어 있었기 때문이다. 처녀들 가운데는 메가라 왕 알카토오스의 딸 에리보이아 일명 페리보이아도 들어 있었다.

페리보이아에 관해서는 다음과 같은 이야기가 있다. 미노스는 직접 공물을 가지러 왔다가 배를 타고 돌아가는 동안 페리보이아에게 정욕을 품게 되었다. 그녀는 테세우스에게 도움을 청했고, 테세우스는 미노스에게 자신도 포세이돈의 아들이므로 제우스의 아들인 미노스 못지 않게 귀한 몸이라고 선언했다. 그러자 미노스는 자기 아버지에게 빌어 번개를 번쩍이게 했다. 그리고는 테세우스를 시험하기 위해, 반지를 바다에 던지고는 만일 그가 진짜로 포세이돈의 아들이라면 그 반지를 찾아 오라고 명했다. 테세우스는 즉시 바다에 뛰어들어 아버지의 궁전에 들어갔고, 아버지 포세이돈이 미노스의 반지를 찾아 주었다. 훗날 테세우스는 페리보이아와 결혼했다고 하는데, 페리보이아는 그보다는 텔라몬(☞)의 아내로 더 잘 알려져 있다.

테세우스는 출발 전에 아버지로부터 배에 달 돛을 두 벌 받았다. 여행의 목적이 비통한 만큼, 갈 때는 검은 돛을 다는 것이었다. 그러나 테세우스가 모든 사람에게 자신의 용맹함을 확신시킨 나머지 아무도 그가 미노타우로스와 싸워 이길 것을 의심치 않았으므로, 그러기를 희망하고 또 기쁘게 돌아올 것을 기대하면서, 아이게우스는 그에게 흰 돛도 한 벌을 주었다.

크레테에 도착한 테세우스는 함께 온 젊은이들과 함께 미로에 갇혔다. 그 미로가 미노타우로스의 〈궁전〉이었다. 그러나 그가 갇히기 전 미노스의 딸들 중 한 명인 아리아드네가 그를 보고 사랑에 빠져 그에게 미로에서 돌아나올 수 있도록 실뭉치를 주었다. 또 다른 설에 의하면, 아리아드네는 그에게 실뭉치가 아니라 빛나는 관을 주었다고도 한다. 그녀는 디오니소스와의 약혼 선물로 그 관을 받았던 것인데, 그 관이 발하는 빛 덕분에 테세우스는 어두운 미로에서 길을 찾아 나올 수 있었다는 것이다. 그런가 하면 그 관은 아리아드네가 아니라 암피트리테가 준 선물로, 테세우스가 미노스의 반지를 찾으러 포세이돈의 궁전에 갔을 때 받은 것이라고도 한다.

아리아드네는 테세우스를 돕는 대신 그가 자신과 결혼하여 그의 나라로 데려가 줄 것을 요구했고, 그는 약속을 지켰다. 그는 미노타우로스를 주먹으로 때려 죽인 뒤, 그날 밤 당장 크레테의 배들에 구멍을 뚫어 모두 가라앉히고 자신이 구한 아테나이 젊은이들과 아리아드네를 데리고 돛을 올려 출발했다.

그러나 가장 잘 알려진 전설에 의하면, 어느 날 테세우스는 낙소스에 기항했고, 아리아드네가 잠들었다 깨어나 보니 그녀만을 남겨 둔 채 배는 저만치 수평선 위로 멀어져 가고 있었다고 한다. 신화학자들은 그녀가 버림받은 이유를 여러 가지로 설명했다. 어떤 이들은 테세우스가 다른 여자 즉 포키스 사람 파노페우스의 딸인 아이글레를 사랑했기 때문이라 하며, 어떤 이들은 아리아드네를 사랑하던 디오니소스의 명령에 따른 것이라 한다. 또는 디오니소스가 밤 동안 그녀를 납치했던 것이라 하고, 아테나 여신이나 헤르메스가 테세우스에게 아리아드네를 버리고 갈 것을 종용했다고도 한다. 하여간 아리아드네는 디오니소스와 결혼하여 신들의 나라로 갔다(☞아리아드네).

아리아드네의 일화에 관해서는 이설들도 있다. 그녀와 테세우스를 싣고 가던 배가 폭풍우에 밀려 키프로스까지 갔다는 것이다. 임신 중이던 아리아드네는 뱃멀미가 심하여 배에서 내렸다.

테세우스는 배를 점검하기 위해 승선했으나 갑작스런 바람이 일어 배를 바다 한복판으로 밀어갔다. 섬의 여인들은 버려진 아리아드네를 불쌍히 여겨 돌보아 주고 자신들이 테세우스에게 돌아오라고 쓴 편지를 그녀에게 보여 주었다. 그러나 아리아드네는 아이를 낳자마자 죽었고, 뒤늦게 도착한 테세우스는 여인들에게 돈을 주어 아리아드네를 기리는 제사를 드리게 했다.

돌아오는 길에 테세우스는 델로스에 재차 기항하여, 아리아드네가 자신에게 주었던 아프로디테 여신상을 그곳의 신전에 바쳤다. 거기서 그는 자신이 구해 낸 아테나이 젊은이들과 함께 미로를 나타내는 복잡한 원무를 추었으며, 이러한 제의는 역사 시대까지 남아 있었다.

아티카 연안이 보이는 곳에 이른 테세우스는 아리아드네를 잃은 슬픔에 잠긴 나머지 검은 돛을 내리고 승리의 상징인 흰 돛을 올리는 것을 잊고 말았다. 아들이 돌아오기만을 기다리던 아이게우스는 검은 돛을 보자 아들이 죽었다고 생각하고는 바다에 뛰어들어 죽었으며, 그래서 그 바다는 아이게우스의 바다[에게 해]라고 불리게 되었다. 또한 그는 오늘날 〈날개 없는 승리의 여신〉의 사원이 있는 아크로폴리스 언덕에서 바다를 지켜보았다고도 전해진다. 검은 돛을 보자 그가 절벽 꼭대기에서 뛰어내려 죽었다는 것이다.

4. 아테나이에서의 정치적 활동 : 아이게우스가 죽은 뒤 테세우스는 팔란티다이를 제거하고 아티카의 권력을 잡았다. 그가 맨 처음 한 일은 그때까지 들판에 흩어져 살던 주민들을 하나의 도시에 모은 것이다. 아테나이는 그렇게 하여 이루어진 국가의 수도가 되었고, 그는 거기에 프리타네이온[고대 그리스의 최고 관리 공관], 불레[평의회] 등 정치적 용도의 건물들을 지었다. 그는 아티카의 정치적 통일을 상징하는 판(汎) 아테나이아 축제를 창설했다. 화폐를 주조하고 사회를 귀족·장인·경작자 세 계층으로 나누었으며 고전 시대에 존재했던 것 같은 민주주의의 기본 골격을 갖추었다. 그는 메가라 시를 정복하여 자신이 창건한 국가에 병합시켰다. 펠로폰네소스와 아티카의 접경 지대에, 한편에는 도리스 다른 한편에는 이오니아, 두 나라의 경계를 나타내는 비석들을 세웠다. 그리고, 헤라클레스가 제우스를 기리는 올림피아 경기를 창설했듯이, 그는 코린토스에 포세이돈을 기리는 이스트미아 경기를 복원 내지 창설했다.

일곱 장군의 테바이 원정은 테세우스 치세 동안에 일어났다. 그의 역할에 관해서는 ☞아드라스토스 오이디푸스(☞)가 콜로노스로 피난처를 찾아오자, 테세우스는 그를 보호해 주었다. 그는 테바이에서 전사한 용사들의 무덤도 만들어 주었다. 헤라클레이다이(☞)가 돌아왔을 때는 같은 역할이 그의 아들 데모폰에게 돌아갔다.

5. 아마조네스 원정 : 아티카 주민들이 자기 나라에 쳐들어왔던 아마조네스를 정벌한 이야기 또한 전해져 온다. 이 전쟁의 기원에 관해서는 여러 가지 설이 있다. 때로는 테세우스가 헤라클레스의 원정에 참가하여 아마조네스 중 한 명인 안티오페를 상으로 받았다고 한다. 그러나 대부분의 신화학자들은 그가 혼자 가서 안티오페를 납치해 왔다고 한다. 아마조네스의 왕국에 간 그는 처음에는 환대를 받았고(왜냐하면 이 여전사들은 이방인들을 미워하지 않았으니까), 그녀들은 그에게 많은 선물을 보내 주었다. 그러자 테세우스는 그것들을 가져온 안티오페에게 자기 배에 탈 것을 권했고, 그녀가 승선하자 곧 돛을 올려 떠났다. 그것이 전쟁의 원인이 되었다. 아마조네스는 아테나이에 무력 침공했고 아티카를 점령했으며 도시 한가운데 진을 쳤다. 결정적 전투는 아크로폴리스 언덕 아래 프닉스에서

일어났으며, 고전 시대에는 그날을 보이드로미아 축제로 기렸다. 아마조네스는 처음에는 잠시 승리를 거두었으나, 아테나이 인들에게 한쪽 진영을 돌파당해 결국 화친 조약을 맺어야 했다.

이 전쟁에 관한 또 다른 이야기들에는 테세우스의 사랑 이야기도 들어 있다. 몇몇 저자들에 의하면 아마조네스가 아티카를 공격한 것은 안티오페를 구하기 위해서가 아니라 테세우스가 미노스의 아들 데우칼리온에게서 받은 파이드라와 결혼한 뒤 안티오페를 버렸기 때문이라고 한다. 테세우스의 아들(히폴리토스)을 낳은 안티오페가 복수를 원해서 아티카 원정을 일으켰다. 공격은 테세우스와 파이드라가 결혼한 바로 그날 일어났다. 아마조네스의 선두에 선 안티오페는 신방에 쳐들어가려 했으나, 하객들이 방문을 굳게 닫고 안티오페를 죽이고 말았다. 또 다른 설에 따르면, 원정은 아마조네스가 안티오페를 구하기 위해 일어난 것으로, 테세우스는 안티오페에게 충실했으며, 안티오페 역시 자매들에 맞서 그의 편을 들었으나 전투에서 쓰러지고 말았다. 그리고 그녀가 그렇게 죽은 뒤에야 테세우스는 파이드라와 결혼했다는 것이다. 끝으로 확실치 않은 한 전승에 의하면, 테세우스는 신탁의 명령에 따라 전쟁 초기에 안티오페를 포보스(공포의 신)에게 제물로 바쳐야 했다고 한다.

6. 페이리토오스와의 우정 : 테세우스와 라피타이 족 용사 페이리토오스와의 우정에서 비롯되는 일련의 일화들은 테세우스가 어른이 된 다음의 일들이다. 이 우정이 어떻게 생겨났으며 (☞페이리토오스) 테세우스의 무훈과 명성에 매혹된 페이리토오스가 그를 어떻게 시험하려 했던가는 잘 알려진 이야기이다. 그는 테세우스를 공격하려다가 그에 대한 찬탄의 마음을 금할 수 없어 싸우기를 단념하고 스스로 그의 노예가 되겠다고 자청했으며, 이에 질세라 테세우스도 그를 자신의 친구로 삼았다는 것이다.

테세우스는 페이리토오스와 함께 라피타이 족과 켄타우로스들의 싸움에도 참가했다. 어느 날 두 친구는 자신들은 가장 위대한 신들 즉 각기 포세이돈과 제우스의 아들이므로 제우스의 딸들이 아니고는 결혼하지 않겠다고 결심했다. 그래서 테세우스는 헬레네에게, 페이리토오스는 페르세포네에게 구혼하기로 했다.

두 친구는 우선 헬레네를 납치하기로 했다. 당시 테세우스는 나이가 쉰이었으며, 헬레네는 아직 혼기가 되기 전이었다. 이러한 연령 차이에 찬성할 수 없었던 몇몇 신화학자들은 테세우스가 직접 그녀를 납치한 것이 아니라 이다스와 링케우스가 그녀를 납치해다가 테세우스에게 바친 것이라거나 헬레네의 아버지 틴다레오스가 히포코온의 아들들에게 그녀를 납치당할까 두려워한 나머지 테세우스에게 맡긴 것이라고 설명한다. 그러나 가장 일반적이고 설득력 있는 설은 다음과 같다.

테세우스와 페이리토오스는 함께 스파르타로 가서 〈아르테미스 오르티아〉의 신전에서 제의적인 춤을 추고 있던 헬레네를 납치해 달아났다. 사람들은 그들을 뒤쫓았지만, 테게아에 이르러서는 더 이상의 추적을 포기했다. 두 친구는 안전한 곳에 이르자 제비를 뽑아 누가 헬레네를 차지할지 정하고, 그 행운아는 상대방이 페르세포네를 납치하도록 도와주기로 약속했다. 제비를 뽑은 결과 헬레네는 테세우스의 차지가 되었다. 그러나 그녀는 아직 결혼할 나이가 되지 않았으므로, 비밀리에 아피드나로 데려가 어머니 아이트라에게 맡겨 두었다. 그리고는 페르세포네를 납치하러 나섰다.

그가 없는 동안, 헬레네의 형제들인 카스토르와 폴리데우케스가 아르카디아 인들과 라케다이몬 인들의 군대를 이끌고 아티카에 쳐들어왔다. 그들은 아테나이 인들에게 자신들의 누이를 순순히 돌려줄 것을 요구했다. 그러나 아테나이 인들은 그녀가 자신들 중에 있지 않으며 어디 있는지도 모른다고 말할 수밖에 없었고, 그러자 형제는 전쟁을 일으키려 했다. 그때 헬레네를 감추어 둔 곳을 알고 있던 아카데모스라는 자가 그들에게 비밀을 고해 바쳤다. 그 때문에 역사 시대에도 라케다이몬 인들은 아티카에 수차 침공하면서도 아카데모스가 묻혀 있던 묘지 아카데미아만은 건드리지 않았다. 헬레네가 아피드나에 숨어 있다는 것을 안 형제는 도시를 정복하고 누이를 되찾았으며 아이트라를 포로로 잡아 갔다(☞아이트라). 그리고는 에레크테우스의 증손자 메네스테우스를 아테나이의 왕위에 앉혔고, 메네스테우스는 테세우스의 개혁에 불만을 품은 귀족들을 자기 주위에 불러 모았다.

그러는 동안 하계에 간 테세우스와 페이리토오스는 자신들의 만용으로 곤경에 처하게 되었다. 하데스는 그들을 환대하는 듯 자기 식탁에 와서 함께 먹을 것을 권했다. 그러나 자리에 앉은 그들은 좌석에 못 박힌 듯 다시 일어날 수가 없어서 그대로 포로가 되고 말았다. 헤라클레스가 하계에 갔을 때 그들을 구하려 했지만, 테세우스만 신들로부터 지상에 돌아가도 좋다는 허락을 받았다. 페이리토오스는 망각의 의자에 영영 붙들려 있게 되었다. 테세우스는 의자에서 일어나려고 애쓰다가 몸의 일부를 의자에 남겨 두었으며, 그래서 아테나이 인들은 어느 시대에나 허리에 살이 별로 없다고 한다.

테세우스와 페이리토오스의 하계 방문에 관한 에우헤메로스적 해석에 관해서는 ☞페이리토오스.

7. 테세우스의 죽음 : 헤라클레스 덕분에 자유의 몸이 된 테세우스는 아테나이로 돌아갔으나, 상황이 자신에게 매우 불리한 것을 깨달았다. 파당이 나뉘어 권력 다툼을 하고 있었고, 그는 이름뿐인 왕에 불과했다. 결국 왕위 되찾기를 포기한 그는 아들들을 비밀리에 에우보이아로 보내 칼코돈의 아들 엘레페노르에게 맡기고, 자신은 아테나이를 저주하며 나라를 떠났다. 그는 처남 데우칼리온이 다스리는 크레테로 가려 했으나 폭풍우에 떠밀려 스키로스에 갔다고도 하고, 그가 스스로 스키로스에 간 것이라고도 한다. 스키로스 왕 리코메데스는 그와 친척간이었고 게다가 그는 스키로스에 가문의 영지도 가지고 있었다고 한다. 리코메데스 왕은 겉으로는 그를 환대했지만, 그에게 섬을 조망하게 해준다면서 산 위로 데려가 절벽 위에서 그를 떠밀어 죽였다고 한다. 또 다른 저자들은, 그것은 리코메데스의 잘못이 전혀 아니며, 테세우스 자신이 어느 날 저녁 식사 후에 산속을 거닐다가 실족한 것이라고 주장한다. 하여간 당장은 그 죽음이 알려지지 않았다. 아테나이는 디오스쿠로이가 원했던 대로 여전히 메네스테우스가 다스리고 있었고, 테세우스의 두 아들은 일개 병사로 트로이아 전쟁에 참가했다. 그러나 메네스테우스가 죽자 그들이 돌아와 아테나이 왕국을 되찾았다(☞아카마스, ☞데모폰).

페르시아 인들과의 마라톤 전투에서 아테나이 병사들은 엄청나게 큰 용사가 그들을 선두에서 지휘하는 것을 보았으며, 그들은 그것이 테세우스라고 믿었다. 페르시아 전쟁이 끝난 뒤, 델포이의 신탁은 아테나이 인들에게 테세우스의 유해를 수습하여 그들의 도시에서 장례 지낼 것을 명했다. 키몬은 피티아의 명령을 실행했다. 그는 스키로스 섬을 정복하고 그곳에서 독수리 한 마리가 둔덕에 앉아 발톱으로 흙을 긁고 있는 것을 보았다. 하늘의 계시로 키몬은 그 의미를 깨닫고 둔덕을 파헤친 결과 그곳에서 엄청나게 큰 용사가 들어 있는 관과 그 옆에 놓인 청동

창 및 칼을 발견했다. 키몬은 이 유물들을 들것에 실어 돌아왔고, 아테나이 인들은 영웅의 유해를 위해 성대한 장례를 치러 주었다. 그리고는 도시 안에, 훗날 프톨레마이오스 경기장이 들어서게 될 곳에, 영웅에게 합당한 무덤을 만들어 주었다. 이 무덤은 도주한 노예들이나 핍박을 받는 빈자들에게 피난처가 되었다. 왜냐하면 생전에 테세우스는 민주주의의 기수였기 때문이다.

히폴리토스와 파이드라의 일화에 관해서는 각기 해당 항목을 참조할 것.

테스토르 Θέστωρ / Thestor 테스토르는 아폴론과 라오토에의 아들로, 예언자 칼카스와 두 딸 레우키페와 테오노에를 낳았다. 그 자신은 아폴론의 사제로, 히기누스가 그를 주인공으로 하는 극적인 이야기를 전한다(☞테오노에).

테스티오스 Θέστιος / Thestius 테스티오스는 플레우론 왕으로 아이톨리아의 용사이다. 일반적으로 그는 플레우론의 아들 아게노르의 손자로 통한다. 그의 어머니는 데모니케, 아버지는 아레스였다(☞계보 24). 그의 아내는 에우리테미스, 페리에레스의 딸인 데이다메이아, 혹은 플레우론의 딸이자 그의 종조모가 되는 라오폰테였다고도 한다. 그에게는 자식이 여럿 있었는데 그 중에서는 멜레아그로스를 낳게 될 알타이아, 레다, 히페르메스트라, 이피클로스, 에우히포스, 플렉시포스, 에우리필로스, 그리고 테스티아다이가 있다. 따라서 테스티아다이는 멜레아그로스의 숙부들로, 칼리돈의 사냥에서 죽게 된다(☞멜레아그로스). 그의 딸 히페르메스트라 일명 히페름네스트라는 아마도 〈테스피오스의 딸〉 즉 히페르메스트라와 같은 이름일 것이다. 필사본들에서 테스티오스와 테스피오스라는 두 이름은 종종 혼용되기 때문이다.

테스티오스와 칼리돈의 전설에 관해서는 ☞칼리돈.

테스프로토스 Θεσπρωτός / Thesprotus 테스프로토스는 리카온의 아들들 중 한 명이다. 그는 아르카디아를 떠나 에페이로스에 정착했으며, 그곳은 〈테스프로토이 족의 고장〉이라는 이름을 갖게 되었다. 티에스테스 전설의 한 이본에 의하면, 티에스테스는 그에게로 피신했다고 한다(☞티에스테스).

테스피오스 Θέσπιος / Thespius 테스피오스는 보이오티아의 도시 테스피아이의 명조가 된 용사로, 아티카 왕 에레크테우스의 아들이다(☞계보 11). 그는 아티카를 떠나 보이오티아에 왕국을 건설했다. 이 용사는 헤라클레스 계열의 전설에서 주변 인물로 등장한다. 열여덟 살이 된 헤라클레스가 키타이론의 사자를 죽임으로써 첫 공적을 쌓은 것이 그의 집에서였다는 것이다(☞헤라클레스). 테스피오스에게는 50명의 딸들이 있었는데, 이 딸들은 모두 같은 아내 메가메데에게서 낳은 것이라고도 하고 여러 명의 후궁들에게서 낳은 것이라고도 한다. 사자 사냥을 하는 동안 헤라클레스는 테스피오스의 집에 묵으면서, 매일 밤 한 명씩 그의 딸들과 결합했다. 왕은 헤라클레스 같은 영웅의 아들들을 얻기 원했으며, 헤라클레스는 낮 동안 너무 지친 나머지 매번 상대가 바뀌는 것도 알지 못했다고 한다. 또 다른 전승에 의하면, 그는 이레 밤 동안, 혹은 단 하룻밤 동안 50명 모두와 결합했다고도 한다. 그녀들 모두가 헤라클레스의 아들을 가졌으며, 맏딸과 막내딸은 각기 쌍둥이를 가졌다(☞계보 15). 이 아들들 중 대다수는 헤라클레스의 명령에 따라 이올라오스의 인도를 받아 사르디니아로 가서 정착해 살았다. 그들 중 두 명은 테바이로 돌아갔고,

일곱 명은 테스피아이에 남았다. 사르디니아에 정착한 테스피오스의 후손들은 죽는 대신 깊고 영원한 잠에 빠져 무덤의 썩음과 화장단의 불길을 면했다고 전해진다.

테스피오스는 헤라클레스가 메가라에게서 낳은 아들들을 죽인 죄를 씻어 준 친구이기도 하다(☞헤라클레스).

히페름네스트라의 아버지 테스피오스에 대해서는 ☞테스티오스.

테아네이라 Θεάνειρα / Theanira 테아네이라는 헤라클레스가 처음 트로이아 시를 점령했을 때 포로가 되었던 트로이아 여인들 중 한 명이다. 그녀는 텔라몬의 차지가 되었고 그와 결합하여 임신한 채 밀레토스로 달아났다. 그곳의 왕 아리온이 그녀와 결합하여, 그녀가 낳은 아들을 키웠다. 그 아들이 트람벨로스(☞)이다.

테아노 Θεανώ / Theano 1. 테아노라는 이름을 가진 여인들은 여러 명 있는데, 그 중에서 트라케 왕 키세우스의 딸은 트로이아 사람 안테노르와 결혼했다. 그녀의 어머니는 일로스의 딸들 중 한 명인 텔레클레이아였다. 그녀와 안테노르의 결혼에서, 이피다마스, 아르켈로코스, 아카마스, 글라우코스, 에우리마코스, 헬리카온, 폴리다마스 등 여러 명의 자식이 태어났다. 그녀는 안테노르가 다른 여인에게서 낳은 아들 페다이오스도 친자식들과 똑같이 정성들여 키웠다. 그녀는 트로이아에서 아테나의 여사제 직을 맡고 있었다. 트로이아 전쟁이 나기 전 오뒷세우스와 메넬라오스가 사절로 왔을 때, 그녀는 그들을 자기 남편의 손님들로 맞아 주었다. 그래서 트로이아가 함락된 후의 싸움들에서 그녀는 안테노르와 자식들과 함께 생명을 부지했고, 자유로이 아시아로 떠나도 좋다는 허락을 받았다. 남편과 함께 그녀는 일리리아로 갔다(☞안테노르). 후대의 전승에 따르면, 그녀는 안테노르와 짜고 트로이아를 배반하여 팔라디온을 그리스 인들에게 넘겨주었다고도 한다.

2. 또 다른 테아노는 〈이카리아〉를 다스리던 메타폰토스 왕의 아내로, 남편으로부터 자식을 낳지 못하면 쫓아내겠다는 위협을 당했다. 남편의 비위를 맞추기 위해 그녀는 목동들을 찾아가 자기 아이처럼 속일 만한 아이를 하나 구해 달라고 부탁했다. 목동들은 쌍둥이 형제를 그녀에게 주었고, 그녀는 이들을 왕에게 보였다. 그러나 그러는 동안 그녀 자신도 자식을 두 명이나 낳았다. 그래서 그녀는 주워 온 아이들을 없앨 궁리를 했는데, 이들은 실상 멜라니페와 포세이돈의 자식들이었다. 그녀는 자기 친자식들에게 주워 온 아이들을 죽이라고 명령했지만, 오히려 주워 온 아이들이 싸움에서 이기고 메타폰토스에게 그녀의 죄악들을 고했다. 그녀는 결국 쫓겨났고(혹은 죽임을 당했고) 그 자리는 멜라니페가 차지하게 되었다(☞아이올로스 2).

테오노에 Θεονόη / Theonoe 1. 첫번째 테오노에는 프로테우스의 딸로, 테오클리메노스의 누이이다(☞테오클리메노스 2). 에우리피데스의 『헬레네』에서 그녀는 동정심이 많은 조언자로 나오며, 신적인 조상으로부터 예지력을 받은 것으로 묘사된다. 그녀는 헬레네가 이집트에서 탈출하도록 도와주며, 그 때문에 테오클리메노스의 노여움을 산다. 그녀는 디오스쿠로이의 중재로 간신히 목숨을 건진다. 일설에 의하면 그녀는 메넬라오스의 조타수인 카노포스(☞)를 사랑했다고 한다.

2. 또 다른 테오노에는 히기누스가 전하는 흥미진진한 모험담의 여주인공인데, 이 이야기는 아마도 오늘날 전하지 않는 어떤 비극 작품을

따른 것인 듯하다. 그녀는 테스토르의 딸이며, 그녀의 형제는 예언자 칼카스, 자매는 레우키페이다. 어느 날 그녀는 바닷가에서 놀다가 해적들에게 납치당해 카리아 왕 이카로스에게 팔려 갔다. 테스토르는 곧 자기 딸을 찾아 나섰으나, 풍랑을 만나 우연히도 카리아 연안에 표착했다. 그는 체포되어 왕 앞으로 끌려갔으며 왕궁의 노예가 되었다. 언니와 아버지를 차례로 잃은 레우키페는 델포이의 신탁에 따라 자기도 그들을 찾아 나서기로 했다. 그녀는 머리를 깎고 사제로 변장한 뒤 역시 카리아에 이르렀다. 테오노에는 그녀를 전혀 알아보지 못한 채 남자인 줄 알고 사랑에 빠져서 자기 하인들을 시켜 구애했다. 변장 때문에 몹시 난처해진 레우키페가 이를 거절하자, 화가 난 테오노에는 그녀를 체포하여 투옥시켰다. 그리고는 노예들 중 한 명에게 그녀를 죽이라고 했는데, 이 노예가 바로 테스토르로 그의 신분 역시 아무도 모르는 터였다. 그는 레우키페가 있는 감옥에 들어가, 그녀가 누구인지 알아보지 못한 채, 자신의 운명을 한탄하기 시작했다. 테오노에와 레우키페, 두 딸을 잃은 뒤에 이제 살인까지 저지르게 되었다는 것이다. 이에 레우키페는 그렇게 탄식하는 이가 누구인지 즉시 깨닫고, 테스토르가 자결하려 하자 칼을 빼앗으며 자신이 누구인지 알리고는 함께 왕비를 죽이기로 했다. 그러나 그녀가 왕비를 죽이려는 순간, 위험에 처한 왕비는 아버지 테스토르의 이름을 불렀으며, 그래서 결국 모두가 서로를 알아보게 되었다. 이카로스 왕은 그들에게 많은 선물을 주어 고향으로 돌려보냈다.

테오클리메노스 Θεοκλύμενος / Theoclymenus

1. 예언자 테오클리메노스는 폴리페이데스의 아들이며, 따라서 멜람푸스의 후손이다(☞폴리페이데스). 그는 『오딧세이아』에서 일역을 한다. 그는 아르고스 출신이지만 살인을 저지르고 추방당해 필로스에 갔다가 텔레마코스를 만난다. 그는 텔레마코스와 함께 이타케로 가서 두 사람이 배에서 내리는 순간 한 마리 새가 가져온 징조를 해석해 준다. 또 한번은 페넬로페가 있는 앞에서, 오딧세우스가 멀리 있지 않음을 예언한다. 끝으로 그는 구혼자들에게 그들의 운명을 예언한다.

2. 같은 이름을 가진 또 다른 사람은 프로테우스와 프사마테의 아들로 에우리피데스의 『헬레네』에서 일역을 한다. 하(下)이집트[나일 강 하류 지방]의 왕으로 등장하는 프로테우스가 죽은 뒤, 그가 왕위를 계승한다. 그는 잔혹한 인물로 그리스 인들의 적이며, 그가 손에 넣을 수 있는 모든 이들을 죽여 버린다. 그는 자기 궁정으로 피신한 헬레네를 유혹하려 하며, 그녀가 그를 속이자 난폭해져서 자신의 누이 테오노에가 헬레네와 공모했다며 누이를 죽이려 한다. 그는 디오스쿠로이의 중재로 겨우 그녀를 살려 둔다.

테오파네 Θεοφάνη / Theophane

테오파네는 트라케 여인으로, 비살테스 왕의 딸이며, 대단히 아름다웠다. 많은 고귀한 구혼자들이 그녀와 결혼하기를 원했지만, 포세이돈이 그녀를 사랑하게 되었고, 구혼자들로부터 그녀를 빼앗기 위해 크루미사 섬(지리학자들에게는 알려지지 않은 섬으로, 그 이름은 아마도 전해 내려오는 동안 변질되었을 것이다)으로 데려갔다. 그러나 구혼자들은 그녀가 숨어 있는 장소를 알아내어 그녀를 찾으러 떠났다. 포세이돈은 그들을 속이기 위해 그녀를 예쁜 암양으로 변신시키고 그 자신은 숫양, 섬 주민들은 양떼로 만들었다. 섬에 도착한 구혼자들은 양떼밖에 발견하지 못하자, 그것들을 잡아먹기로 했다. 이를 본 포세이돈은 그들을 늑대로 변신시켜 버렸다. 그리고 자신은 숫양인 채 암양이 된 테오파네와 결합하여 아들을 낳았는데, 그것이 바로 황금 털을 가진 양, 프릭소스와 헬레를 실어가게 될 양이다.

테우크로스 Τεῦκρος / Teucer 테우크로스라는 이름을 가진 용사는 두 명 있는데, 둘 다 트로이아 계열에 속하지만, 여섯 세대나 차이가 난다.

1. 첫번째 테우크로스는 일반적으로 프리기아의 하신 스카만드로스와 이데 산의 님프 이다이아 사이에 태어난 아들로 간주된다(☞계보 7). 그러나 테우크로스가 트로이아로 이주해 온 이방인이었다는 설도 있다. 그가 크레테로부터, 좀더 구체적으로는 크레테의 이데 산으로부터, 아버지 스카만드로스와 함께 왔다는 것이다. 그들은 떠나기 전에 신탁을 물었는데, 신탁은 그들에게 〈땅의 자식들〉의 공격을 받게 되는 곳에 정착하라고 일러 주었다. 그들이 트로아스에 머물던 어느 날, 생쥐들이 그들의 무기와 방패와 활줄을 쏠아 버렸다. 이에 신탁이 이루어졌음을 깨달은 그들은 그곳에 아폴론 스민테우스(쥐떼의 아폴론)의 신전을 짓고 정착했다. 아티카의 신화학자들은 테우크로스가 자기 나라 출신으로 트로이아에 이주했다고도 주장한다.

어디 출신이었든 간에, 테우크로스는 트로이아 왕가의 선조가 되었다. 그는 다르다노스(☞)를 맞아들여 자기 딸 바티에이아(혹은 아리스베)와 결혼시켰고, 그 결혼에서 태어난 에리크토니오스가 트로스의 아버지가 되었다(☞계보 7).

2. 두 번째 테우크로스는 텔라몬이 라오메돈의 딸이자 프리아모스의 누이인 헤시오네에게서 낳은 아들이다(☞계보 7, ☞계보 30, ☞텔라몬). 그러므로 그는 아이아스의 이복형제이지만, 어머니 편으로는 트로이아 왕가에 속한다. 『일리아스』에서 그는 아이아스의 동생이자 그리스군 전체에서 가장 뛰어난 궁수로 등장한다. 비록 프리아모스가 자신의 숙부이기는 하지만, 그는 아이아스와 함께 트로이아 원정에 참가하여 상당한 공적을 쌓았다. 그는 오르실로코스, 오르메노스, 오펠레스테스, 다이토르, 크로미오스, 리코폰테스, 아모파온, 멜라니포스, 고르기티온, 아르케프톨레모스 등을 연이어 죽였고, 글라우코스에게 부상을 입혔으며, 그 자신은 헥토르에게 부상을 입었지만, 형이 그를 구했다. 또 다른 전투에서 그는 임브리오스, 프로토온, 페리페테스[〈페리페토스〉가 아님 — 감수자 주], 클레이토스 등을 죽였고 헥토르도 죽일 뻔했다. 마지막으로 그는 장례 경기에 참가하여 활쏘기에서 기량을 발휘했다.

후대의 시가에서는 그의 또 다른 모험담들이 발견된다. 아이아스가 죽었을 때, 그는 미시아의 해적들을 쳐부수느라 출타 중이었다. 그러나 늦기 전에 돌아와 형의 시신이 아트레우스의 아들들에게 모욕당하는 것은 막을 수 있었다. 형의 죽음에 절망한 그는 자살하려 했지만, 부하들이 말려 뜻을 이루지 못했다. 테우크로스의 이름은 목마 안에 숨었던 전사들 중에도 끼어 있다.

테우크로스의 〈귀향〉은 그리 순탄하지 못했다. 그는 텔라몬이 다스리는 살라미스까지 무사히 가기는 했으나, 여행 중에 조카인 에우리사케스(☞)가 타고 있던 배와 헤어지고 말았다. 그래서 텔라몬은 그를 반갑게 맞이하지 않았고, 더구나 아이아스를 지키지 못한 데다 원수조차 갚지 못한 것에 대해 그를 몹시 비난했다. 결국 테우크로스는 텔라몬에게 추방당하는 신세가 되었다. 떠나기 전에 그는 배에 탄 채로, 아티카의 프레아티스 만에서, 텔라몬이 비난하는 자신의 과오들에 대해 변명하는 연설을 했다. 추방당하는 자들이 조국을 떠나기 전에 자신을 변명하는 연설을 하는 관습은 여기서 비롯된 것이라고 한다.

그는 우선 시리아로 가서 벨로스 왕의 영접을

받았다. 벨로스는 그때 키프로스 섬을 정복하는 중이었다. 벨로스는 테우크로스를 섬에 정착시켰고, 테우크로스는 그곳에 새로운 살라미스(키프로스의 살라미스)를 건설했다. 그는 트로이아 전쟁의 포로들을 그곳에 함께 데려갔으며, 그들도 주민의 일부가 되었다. 그 자신은 섬의 명조인 키프로스 왕의 딸 에우네와 결혼했다. 에우네는 그에게 아스테리아라는 딸을 낳아 주었다. 또 다른 설에 따르면, 테우크로스는 섬에 평화롭게 정착하여 키니라스(☞) 왕의 딸 에우네와 결혼하여 여러 명의 자식을 낳았다고도 한다. 그 중 아이아스 2세는 킬리키아에 있는 올베의 건설자가 되었다.

저자들에 따라서는 테우크로스가 키프로스에서 살다가 죽었다고도 하고, 아티카의 살라미스로 돌아오려 했다고도 한다. 그는 텔라몬이 자기 왕국에서 추방당해 아이기나로 피신할 무렵 그곳으로 돌아가 아버지에게 자신을 알리고 아버지를 복위시켰다는 것이다. 한편 그가 텔라몬이 죽었다는 소식을 들은 뒤에야 아티카로 돌아갔다는 설도 있다. 그러나 그는 상륙하지 못한 채 조카 에우리사케스에게 쫓겨났다. 그래서 그는 스페인으로 가서 장차의 카르타제나를 건설했다. 가데스(오늘날의 카디즈)에도 그의 흔적이 남아 있다.

테우타로스 Τεύταρος / Teutarus 스키티아 사람으로, 암피트리온의 목동이며, 헤라클레스에게 궁술을 가르치고, 활과 화살을 선물해 주었다(☞ 헤라클레스).

테우타모스 Τεύταμος / Teutamus 앗시리아 왕으로, 니니아스의 스무 번째 계승자이며, 때로는 타우타네스라고도 불린다. 그의 치세는 트로이아 전쟁과 시기적으로 일치한다. 프리아모스는 그에게 원군을 청하기 위해 사절들을 보냈다. 테우타모스는 이에 응해 에티오피아 인 1만 명, 수사 인 1만 명, 그리고 전차 2백 대로 이루어진 군대를 보내 주었다. 이 군대는 티토노스의 아들 멤논(☞)이 지휘를 맡았다. 이것이 멤논 신화의 〈역사적〉 해석이다.

테우트라스 Τεύθρας / Teuthras 1. 테우트라스는 미시아 왕으로, 텔레포스 전설에서 일역을 한다. 그의 왕국은 카이코스 어귀에까지 이르렀다. 그의 어머니는 리시페였다. 테우트라스는 산에서 멧돼지를 죽였는데, 멧돼지는 인간의 음성으로 애원하면서 〈아르테미스 오르토시아〉의 성역으로 피신했다. 이에 대한 벌로 여신은 그를 미치게 하고 일종의 문둥병을 주었다. 리시페는 예언자 폴리에이도스의 도움으로 아르테미스의 노여움을 가라앉혔고, 테우트라스는 건강을 회복했다. 테우트라스가 그 일을 겪었던 산은 그를 기려 테우트라니아라 불리게 되었다.

나우플리오스가 아우게를 팔았을 때, 아우게를 받아 준 것이 이 테우트라스이다. 그는 그녀와 결혼했다고도 하고, 텔레포스를 양자로 삼았다고도 하며, 또 아우게를 친딸처럼 대접했다고도 한다. 하여간 테우트라스는 아들 없이 죽었고, 텔레포스가 그의 왕위를 물려받았다.

2. 이 테우트라스는 같은 이름의 여러 인물들과 구별되어야 한다. 특히 트로이아 전쟁에서 헥토르에게 죽임을 당한 테우트라스는 별도의 인물이다.

테이레시아스 Τειρεσίας / Tiresias 트로이아 계열 서사시에서 칼카스가 그러하듯, 테바이 계열 서사시에 등장하는 유명한 예언자이다. 그는 우다이오스의 후손인 아버지 에우에레스를 통해 스파르토이(☞) 족에 속한다. 어머니는 님프 카

테이레시아스

리클로(☞)이다.

테이레시아스의 젊은 시절과 그가 어떻게 하여 점치는 능력을 갖게 되었는지에 관해서는 여러 가지 전설이 있다. 우선 그가 우연히 팔라스 여신의 나신을 보게 되었기 때문에 여신이 그의 눈을 멀게 했다는 설이 있다. 카리클로의 청에 따라 팔라스가 그 보상으로 예언 능력을 주었다는 것이다. 좀더 잘 알려진 설은 이와 전혀 다르다. 젊은 테이레시아스는 어느 날 킬레네(혹은 키타이론) 산을 거닐다가 두 마리 뱀이 교미하는 것을 보았다고 한다. 여기서부터 다시 이야기가 갈라지는데, 테이레시아스가 뱀들을 떼어 놓았다는 설, 그들에게 상처를 입혔다는 설, 혹은 암컷을 죽였다는 설 등이 있다. 하여간 그렇게 개입한 결과 그는 여자가 되고 말았다. 7년 후, 같은 장소를 거닐던 그는 다시금 뱀들이 교미하는 것을 보았고, 역시 같은 방식으로 개입하여 본래의 성을 되찾았다. 이런 일들로 인해 그는 유명해졌으며, 어느 날 남자와 여자 중 어느 쪽이 성교에서 더 큰 쾌락을 누리는가를 놓고 다투던 제우스와 헤라는 테이레시아스에게 물어보기로 했다. 오로지 그만이 양쪽 모두 체험해 보았을 것이기 때문이다. 테이레시아스는 주저하지 않고 단언하기를, 성교의 쾌락을 열로 본다면 여자에게 아홉, 남자에게 하나가 돌아간다고 대답했다. 이로 인해 여성들의 큰 비밀이 폭로된 데 몹시 성이 난 헤라는 그를 장님으로 만들어 버렸고, 제우스는 그에 대한 보상으로 예언 능력과 장수의 특권(보통 수명의 일곱 배)을 주었다는 것이다.

테이레시아스는 테바이 전설의 가장 중요한 사건들에 관해 상당수의 예언을 한 것으로 되어 있다. 가령 그는 암피트리온에게 알크메네를 범한 자의 진짜 신분을 알려 주었으며(☞헤라클레스), 오이디푸스가 자신도 모르게 지은 죄들을 드러내 주었고, 크레온에게 테바이를 죄악에서 구하기 위해서는 왕을 추방하라고 권고했다. 일곱 장군의 원정 때에도, 만일 크레온의 아들 메노이케우스를 희생 제물로 바쳐 아레스의 진노를 가라앉힌다면 도시를 구할 수 있으리라고 예언했다(☞메노이케우스). 끝으로, 에피고노이의 원정 때에는 테바이 인들에게 그들과 화친을 맺은 뒤 밤에 은밀히 도시를 떠나 대량 학살을 모면하라고 권해 주었다(☞에피고노이).

그리스 및 로마의 시가에서 테이레시아스는 테바이의 온갖 일을 도맡는 예언자로 등장한다. 펜테우스 왕에게 보이오티아에 디오니소스 제사를 들여오는 데 반대하지 말라고 권한 것도 그이고, 에코가 변신한 뒤 어떻게 되었는지 알려 준 것도 그다. 그는 나르키소스의 죽음도 예견했다. 이미 오딧세우스에 관한 전설들에서도 그는 독특한 역할을 담당하며 오딧세우스가 킴메리오이 족의 나라로 여행을 떠난 것도 키르케의 권고에 따라 죽은 자들을 불러내어 그의 예언을 듣기 위해서였다. 테이레시아스는 제우스로부터 죽은 뒤에도 예언 능력은 유지하는 특권을 받았던 것이다.

테이레시아스의 딸 만토(☞)와 그녀의 아들 몹소스(☞) 역시 예언자가 되었다.

테이레시아스의 죽음은 테바이가 에피고노이에게 함락된 사건과 관계된다. 테바이 인들과 함께 도시를 떠나 피난을 가던 그는, 아침이 되자 일행과 함께 텔푸사라는 샘가에서 걸음을 멈추었다. 그는 급한 걸음에 목이 말랐던 터라 그 물을 마셨는데 물이 너무 차서 죽고 말았다. 또 다른 설에 의하면 테이레시아스는 딸과 함께 도시에 머물렀다고 한다. 정복자들은 그들을 사로잡았으며 델포이로 보내 자기들의 신 아폴론에게 제물로 바치려 했다. 극도로 노쇠했던 테이레시아스는 도중에 피로로 인해 죽고 말았다.

테이시포네 Τεισιφόνη / Tisiphone 1. 테이시포네 즉 〈살인에 복수하는 여인〉은 세 명의 에리니에스 중 한 명이다. 그녀에 관한 전설은 따로 없으나, 불확실한 전승에 의하면 그녀는 젊고 아름다운 용사 키타이론(☞)을 사랑했으나 그의 머리칼에서 나온 뱀을 시켜 그를 물어 죽였다고 한다.

2. 알크마이온의 모험을 다룬 에우리피데스의 소실된 비극에는 알크마이온의 딸 테이시포네가 등장한다. 그녀의 아버지는 그녀를 코린토스 왕 크레온에게 맡기고 노예로 팔아 버렸다(☞알크마이온).

테이아 Θεία / Theia 여신 테이아는 올림포스 신들 이전의 첫 세대 신들에 속한다. 그녀는 우라노스와 가이아의 딸들인 티타니데스 중 한 명이다(☞계보 12, 계보 14). 그녀는 히페리온과 결합하여 (☞계보 14) 헬리오스(태양), 에오스(새벽), 셀레네(달)를 낳았다.

테이아스 Θείας / Theias 아도니스 전설의 한 형태에 의하면, 테이아스는 아도니스의 아버지이며, 바빌론 왕 벨로스의 아들이다. 그는 님프 오레이티이아와 결혼하여 딸 미르라를 낳았다 (☞아도니스).

테이오다마스 Θειοδάμας / Theiodamas 테이오다마스는 헤라클레스 계열에 속하는 용사로, 그에 관한 전설은 때로는 드리오페스 족의 나라를, 때로는 키프로스를 무대로 한다. 전자의 경우 그는 힐라스(☞)의 아버지로 통한다. 그에 관한 전설은 ☞헤라클레스.

테크메사 Τέκμησσα / Tecmessa 테크메사는 프리기아 왕 텔레우타스의 딸로, 텔라몬의 아들 아이아스의 프리기아 원정에서 포로로 잡혀 노예가 되었다. 그녀는 트로이아 전쟁에 아이아스를 따라가, 그에게 아들 에우리사케스를 낳아 주었다. 테크메사는 소포클레스의 비극 『아이아스』에서 상당히 중요한 역할을 한다. 그러나 신화학자들은 그녀에 대해 거의 언급하지 않는다. 아이아스가 자살한 뒤 그녀가 어떻게 되었는지는 알 수 없다.

테티스 Τηθύς / Tethys I. 테티스는 그리스의 『신들의 계보』들에서 원초적 신들 중 한 명이다. 그녀는 바다의 〈여성적〉 풍요를 의인화한 것이다. 우라노스와 가이아 사이에서 태어난 그녀는 티타니데스 중 가장 젊다(☞계보 5). 그녀는 남매들 중 한 명인 오케아노스(☞)와 결혼하여 3천 명 이상의 자식들 즉 세상의 모든 강들을 낳았다. 테티스는 제우스가 크로노스와 싸우는 동안 레이아(역시 티타니데스 중 한 명이었던)가 맡긴 헤라를 키웠다(☞헤라). 헤라는 이에 대한 보답으로 서로 다투던 테티스와 오케아노스를 화해시켰다[『일리아스』 14권 292 이하. 헤라는 그리스 군을 위해 제우스의 주의를 다른 데로 돌리기 위해 유혹적인 자태로 나타나 이들을 화해시키러 가겠다고 거짓 핑계를 댄다. 그러나 헤라가 실제로 이들을 화해시켰다는 내용의 다른 이야기가 있는지는 알 수 없다 — 감수자 주].

테티스의 거처는 흔히 서쪽 끝, 헤스페리데스의 나라 너머, 태양이 일주를 끝내는 곳에 있다고 알려져 있다.

테티스 Θέτις / Thetis II. 테티스는 바다의 노인 네레우스와 도리스 사이에서 태어난 딸들인 네레이데스 중 한 명이다. 그녀는 바다의 여신이자 불멸의 존재로, 가장 유명한 네레이스이다. 그러나 확실치 않은 전승에 의하면 그녀는 켄타우로스 케이론의 딸이라고도 한다.

헤라가 테티스(I)의 손에 자랐듯이 테티스(II)는 헤라의 손에 자랐다. 전설에는 네레이스 테티스와 제우스의 아내 사이의 애정 어린 유대 관계를 설명하는 많은 일화들이 있다. 가령, 헤파이스토스가 헤라의 편을 들었다고 해서 제우스가 올림포스 꼭대기에서 그를 던져 버렸을 때, 그를 받아 준 것도 테티스였다(☞헤파이스토스). 또한 아르고 선이 심플레가데스를 지나는 동안 헤라의 명령에 따라 배의 키를 잡아 준 것도 그녀였다. 마찬가지로 몇몇 신화학자들에 의하면, 테티스는 제우스의 구애를 받았을 때도 헤라의 기분을 상하게 하지 않으려고 거절했다고 한다. 물론 이 일화를 다르게 해석하는 전승들도 있으며, 그에 따르면 제우스와 포세이돈이 둘 다 그녀를 차지하려 하다가, 테티스에게서 태어나는 아들은 자기 아버지보다 더 강력해지리라는 테미스의 신탁이 내리자 단념했다고 한다. 대신에 두 신은 그녀를 필멸의 인간과 짝지어 주려 애썼다는 것이다. 이 신탁이 프로메테우스의 것이었다는 설도 있으며, 그는 테티스와 제우스 사이에 태어나는 아들이 하늘의 주인이 되리라고 예언했다고 한다. 신들의 차지가 될 수 없었던 테티스는 인간과 결혼할 수밖에 없었다. 그 사실을 안 켄타우로스 케이론은 자신이 돌보고 있던 펠레우스에게 여신과 결혼할 기회를 잡으라고 설득했다. 그러나 테티스는 쉽게 잡히지 않았다. 모든 바다의 신들이 그렇듯이, 그녀는 변신의 능력이 있어 그를 피했지만, 펠레우스는 마침내 그녀를 이기고 그녀와 결혼했다(☞펠레우스).

아킬레우스의 출생과 그에게 불멸을 얻어 주려는 테티스의 시도에 관해서는 ☞아킬레우스. 이 시도로 인해 테티스와 펠레우스의 결혼은 파경에 이르렀지만, 아들에 대한 테티스의 열성은 줄어들지 않았다. 아킬레우스가 아홉 살이 되어 예언자 칼카스가 트로이아는 아킬레우스의 도움 없이는 함락되지 않으리라고 예언하자, 아킬레우스가 그 전쟁에서 죽을 것을 예견한 테티스는 그를 스키로스의 리코메데스 왕에게 데려가 그의 궁녀들 사이에 섞어 놓았다. 그러나 아킬레우스는 자신의 운명을 피하지 못해, 결국 전쟁에 나가게 되었다. 테티스는 온갖 수단을 써서 그를 보호하려 했지만, 끝내 허사가 되고 말았다. 그녀는 그에게 치명적인 실수를 모면하게 해줄 친구를 붙여 주었고(☞테네스), 주사위 놀음을 금지했으며, 트로이아 해안에 가장 먼저 내리는 용사가 가장 먼저 전사할 터인즉 그가 먼저 내리는 것도 금지했다. 그녀는 그에게 무기를 주었고, 파트로클로스가 죽자 헤파이스토스에게 부탁하여 새로운 무기를 만들어 주었다. 아울러, 그녀는 그의 삶의 모든 위급한 순간에 그에게 힘을 주었으며, 특히 헥토르를 죽이지 않게 하려고 애썼다. 왜냐하면 헥토르를 죽인 자는 뒤이어 죽을 것임을 알고 있었기 때문이다.

훗날 아킬레우스가 죽은 뒤, 테티스는 손자인 네오프톨레모스에게 역시 열성을 쏟았다. 그녀는 그에게 다른 아카이아 인들과 함께 돌아오지 말고 테네도스에서 며칠만 기다리라고 함으로써, 그의 목숨을 구해 주었다(☞몰로소스).

텍타모스 Τέκταμος / Tectamus 텍타모스는 아버지 도로스를 통해서 헬렌과 데우칼리온의 후손이 된다(☞계보 8). 디오도로스는 그가 펠라스고이 족 및 아이올리스 족을 이끌고 크레테를 침략했다고 전한다. 그곳에서 그는 크레테우스의 딸과 결혼하여 아스테리오스(☞)라는 이름의 아들을 낳고, 섬 전체를 관할하는 권력을 확보했다. 텍타모스는 크레테 주민의 〈도리스〉계를 대표한다.

텍타포스 Τέκταφος / Tectaphus 텍타포스는 인도의 왕자로, 논노스가 그에 관한 이야기를 전한다. 데리아데스의 포로가 된 그는 공기도 빛도 들지 않는 지하에 감금되어 굶어 죽게 되었다. 파수꾼들은 외부와의 교섭을 일체 차단하고 있었다. 그러나 텍타포스의 갓 출산한 딸 에에리에가 그저 얼굴만이라도 볼 수 있도록 감옥 안에 들여보내 달라고 파수꾼들을 설득했다. 아버지에게 마지막 위로를 얻게 해주겠다는 것이었다. 파수꾼들은 그녀의 몸을 수색했지만, 그녀는 아무 먹을 것도 지니고 있지 않았다. 그들은 그녀를 들여보내 주었고, 그녀는 아버지에게 자기 젖을 먹여 생명을 연장시켜 주었다. 데리아데스는 이 효성에 대해 듣고 포로를 풀어 주었다.

텔라몬 Τελαμών / Telamon 텔라몬은 대(大) 아이아스의 아버지로 유명하다. 그의 계보에 관해서는 두 가지 다른 설이 있다. 좀더 오래된 설에 의하면, 그의 부모는 악타이오스와 글라우케이고, 글라우케는 살라미스 왕 키크레우스(☞)의 딸이다. 좀더 일반적으로는, 텔라몬은 아이아코스와 엔데이스의 아들로, 엔데이스는 키크레우스의 손녀이다. 그는 펠레우스, 알키마케 등과 동기간이며, 알키마케는 후에 오일레우스와 결혼하여 두 아이아스는 인척간이 된다(☞계보 30).

텔라몬의 유년 및 소년기에 관해서는 ☞펠레우스. 이복형제 포코스를 죽인 뒤, 그는 펠레우스와 함께 추방당했다. 펠레우스는 테살리아로 가고 그는 살라미스로 갔는데, 아버지에게 사절을 보내 자신을 용서하고 다시 받아 줄 것을 빌었지만 아이아코스는 끝내 그가 아이기나로 돌아오는 것을 허락하지 않았다. 다만 그는 섬 앞에 둑을 쌓고 거기서 자기 입장을 변론하는 것만 허락받았는데, 모든 노력에도 불구하고 그의 탄원은 받아들여지지 않았다.

살라미스에서 텔라몬은 키크레우스 왕의 딸 글라우케와 결혼했고, 아들이 없는 키크레우스가 죽은 뒤 그의 왕국을 물려받았다. 글라우케마저 세상을 떠나자, 그는 메가라 왕 알카토오스의 딸인 페리보이아 혹은 에리보이아와 결혼했다(☞계보 2, ☞페리보이아 5). 페리보이아에게서 그는 아들 아이아스(☞)를 낳았다.

전설에 의하면 텔라몬은 영웅적인 시대의 위대한 과업들에 참가했다. 아이기나에서 추방되기 전에는 칼리돈의 사냥에 참가했었고, 아르고나우타이의 원정에도 참가하여 아르고 선 위에서 절친한 사이였던 헤라클레스와 나란히 노를 저었다. 노가 부러지자 헤라클레스는 배가 비티니아에 정박해 있는 동안 새 노를 만들 나무를 구하러 숲 속으로 갔다가 힐라스를 찾느라 제때 돌아오지 못했는데, 그때 배가 그를 버리고 떠나는 것에 반대한 이도 텔라몬이었다(☞아르고나우타이).

텔라몬에 관한 가장 유명한 일화는 헤라클레스의 트로이아 원정에 참가한 일이다. 그는 앞장서서 도시에 진입했으며(☞헤라클레스), 그의 공적에 화가 난 헤라클레스를 지혜로운 대답으로 무마시켰다. 헤라클레스는 그에게 라오메돈(☞)의 딸인 헤시오네(☞)를 주었으며, 헤시오네에게서 낳은 아들이 테우크로스(☞)이다. 또 다른 설에 의하면, 그는 트로이아의 전리품으로 테아네이라라는 여자 포로를 받았다고 한다. 테아네이라는 그의 아이를 가졌는데, 아이를 낳기 전에 밀레토스로 달아나 버렸다. 거기서 그녀는 아리온 왕에게 받아들여졌고, 스트람벨로스 혹은 트람벨로스라는 아들을 낳았다. 이 아들은 후에 아킬레우스에게 죽임을 당했다.

텔라몬은 트로이아 전쟁의 마지막까지도 살아남았으며, 그 전쟁에는 그의 두 아들 아이아스와 테우크로스도 참가했다. 테우크로스가 아이아스 없이 혼자 돌아오자, 그는 아들을 쫓아 버렸다(☞테우크로스). 텔라몬이 어떻게 죽었는지에 대해서는 막연한 자료밖에 없다.

텔레고노스 Τηλέγονος / Telegonus 텔레고노스는 오딧세우스와 키르케(일설에 따르면 오딧세우스와 칼립소) 사이에서 태어난 아들이다. 텔레고노스는 『오딧세이아』에는 나오지 않으나, 계열 시가 중에서 키레네의 에우감몬이 쓴 『텔레고니아』는 전적으로 그에 관한 것이다.

텔레고노스는 오딧세우스가 떠난 뒤, 어머니 키르케의 섬에서 자랐다. 성년이 되자 그는 아버지가 누구인지 알게 되었다. 그는 이타케로 가서 자신이 오딧세우스의 아들임을 알리고자 했다. 거기서 그는 우선 왕의 가축 떼를 습격했으며, 오딧세우스는 자기 재산을 지키려고 싸우다가 아들에게서 부상을 입게 되었다. 텔레고노스의 창에는 가오리(당시 가오리에게 물리면 죽는다고 알려져 있었다)의 가시들이 박혀 있었고, 치명상을 입은 오딧세우스는 죽고 말았다. 텔레고노스는 그제야 자신의 희생자가 누구인지 알고 눈물을 흘리며 자신의 잘못을 뉘우쳤다. 그는 오딧세우스의 시신을 키르케에게 가져갔으며, 시신과 헤어지려 하지 않는 페넬로페도 따라갔다. 그는 페넬로페와 결혼했고, 키르케는 두 사람을 〈행복한 자들의 섬〉으로 보내 주었다. 텔레고노스와 페넬로페의 결혼에서 이탈리아의 명조 이탈로스가 태어났다는 설도 있다(☞이탈로스). 또한 텔레고노스는 투스쿨룸(오늘날의 프라스카티)과 때로는 프라이네스테(팔레스트리나)의 건설자로도 알려져 있다.

텔레다모스 Τηλέδαμος / Teledamus 1. 텔레다모스는 오딧세우스와 칼립소의 사랑에서 태어난 아들로, 아마도 텔레고노스와 동일인일 것이다.

2. 두 번째 텔레다모스는 카산드라와 아가멤논의 사랑에서 태어난 쌍둥이 중 한 명이다(☞계보 2). 그는 어렸을 때 형제와 함께 죽임을 당해 미케나이에 묻혔다.

텔레마코스 Τηλέμαχος / Telemachus 텔레마코스는 오딧세우스와 페넬로페의 외아들이며, 적어도 『오딧세이아』에서는 그렇다. 그는 트로이아 전쟁이 일어나기 직전에 태어났으며 아버지를 알지 못했다. 그에 관한 전설은 특히 『오딧세이아』의 처음 네 권에 실려 있어, 이 네 권은 때로 〈텔레마키아〉라고도 불린다. 그러나 신화학자들에 의하면 호메로스의 작품 이전과 이후에도 텔레마코스에 관한 일련의 이야기들이 있었다고 한다. 오딧세우스는 맹세 때문에 트로이아로 떠나야 할 처지가 되자, 광기를 가장하여 당나귀와 소를 한 쟁기에 매어 밭을 갈고 씨 대신 소금을 뿌렸다. 그가 정말로 미친 것인지 시험하기 위해 팔라메데스는 아직 어린 텔레마코스를 보습 앞에 두었다. 그러자 오딧세우스는 쟁기질을 멈추었으므로, 실제로는 미치지 않았음을 들키게 되었다(☞오딧세우스, ☞팔라메데스). 또 한번은 아직 아이였던 텔레마코스가 바다에 빠졌는데, 돌고래들이 그를 구해 주었다. 그래서 오딧세우스는 방패에 돌고래 형상을 지니고 다녔다고 한다.

텔레마코스의 소년 및 청년기에 일어난 일들은 『오딧세이아』에 기술되어 있다. 텔레마코스는 이타케의 궁정에서 오딧세우스의 늙은 벗인 멘토르의 가르침을 받으며 자랐다. 그가 약 열일곱 살쯤 되었을 때부터, 페넬로페에게 구혼하는 자들이 행패를 부리며 오딧세우스의 재산을 탕진하기 시작했다. 텔레마코스는 자신이 성년이 되었다고 생각하여 그들을 물리치려 했다. 그는 아버지의 소식을 물으러, 필로스에 돌아와 있던 네스토르, 스파르타에 있던 메넬라오스 등을 찾아다녔다. 네스토르를 찾아갔을 때, 그는 그의 딸들 중 한 명인 폴리카스테를 만났다. 메넬라오스는 오딧세우스가 머나먼 섬에서 칼립소의 포로가 되었다고 프로테우스 신이 전에 말해 주었다고 알려 주었다.

이타케로 돌아온 텔레마코스는 곧 이방인의 행색으로 나타난 아버지를 만난다. 그들의 첫번째 만남을 주선한 것은 소치기 에우마이오스였다[사실 에우마이오스는 소치기가 아니라 돼지치기였다. 소치기는 ☞필로이티오스. 또 그가 이들의 만남을 주선한 것이 아니라, 오딧세우스가 그의 오두막에 가 있는 동안 텔레마코스가 찾아와 만났다.『오딧세이아』16권 172 이하. 에우마이오스 자신은 한참 뒤에야 자기 손님이 자신의 주인임을 알게 된다. 21권 188 이하 — 감수자 주]. 그래서 구혼자들에 대한 소탕 작전이 꾸며지고 대대적인 살육이 일어난다.

이렇게 잘 알려진 이야기에 덧붙여, 신화학자들은 다양한 일화들을 전한다. 가령『텔레고니아』(☞텔레고노스)에 따르면, 오딧세우스가 텔레고노스에게 죽임을 당한 후, 텔레고노스는 페넬로페와, 텔레마코스는 키르케와 결혼했다고 한다. 텔레마코스와 키르케의 결혼에서 라티누스(☞), 혹은 로마의 명조가 될 로메가 태어났다고 하며, 텔레마코스가 키르케를 죽였다는 설도 있다(☞카시포네).

구혼자들을 소탕한 후 오딧세우스는 네오프톨레모스를 불러 그와 희생자 친척들 사이의 재판을 맡게 했다. 네오프톨레모스는 오딧세우스에게 종신 유랑을 선고했고, 그래서 텔레마코스가 그의 뒤를 이어 왕위에 올랐다. 반대로 오딧세우스가 아들을 경계하라는 신탁을 받고 텔레마코스를 코르키라로 추방하여 그곳에 가두었다고도 한다. 실상 신탁은 텔레고노스(☞)를 가리킨 것이었는데 말이다. 결국 운명은 피할 수 없이 다가와 오딧세우스는 키르케에게서 낳은 자기 아들에게 우연히도 치명상을 입게 되었으며, 그 후 텔레마코스가 이타케를 다스리게 되었다. 동떨어진 한 전승에 의하면, 그 자세한 내용은 알 수가 없으나, 세이레네스가 텔레마코스를 알아보고 오딧세우스에 대한 원한을 갚기 위해 그를 죽였다고도 한다.

텔레마코스는『오딧세이아』에서 부차적인 인물에 불과하며, 그에 관해 특별한 전설은 없다. 그래서 그는 오딧세우스의 전설을 연구하고 〈주해〉란 신화학자들의 다양한 해석에 따라 역할이 조금씩 달라진다. 가령, 텔레마코스와 폴리카스테에 관한 호메로스적인 일화를 좀더 윤색하여, 두 젊은이 사이에서 태어난 자식들이 페르세폴리스와 호메로스 자신이었다는 설이 있다. 또는 텔레마코스와 나우시카아의 결혼을 상상하여, 그 결혼에서 페르세폴리스와 프톨리포르토스가 태어났다는 설도 있다. 아티카의 웅변가 안도키데스는 텔레마코스와 나우시카아가 자신의 먼 선조라고 주장했다.

이처럼 후대에 덧붙여진 이야기들을 제외하더라도, 텔레마코스는 단연 문학적인 인물이다. 그의 효심, 용기, 순진함 등은 전설적이며, 그래서 페늘롱[1651~1715. 프랑스 작가.『텔레마코스의 모험들』(1699)의 저자]이 그의 유명한 소설에서 발전시킨『텔레마키아』도『오딧세이아』이후 전통이 된 텔레마코스의 성격에서 크게 벗어나지 않는다.

텔레모스 Τήλεμος / Telemus 텔레모스는 키클로페스의 나라에서 유명한 예언자이다.『오딧세이아』에 따르면 폴리페모스에게 오딧세우스가 그의 눈을 멀게 하리라고 예언해준 것도 그였다고 한다.

텔레보아스 Τηλεβόας / Teleboas 텔레보아스는 텔레보아이 족의 명조로, 이들은 타포스(오늘날의 메가니시) 인근의 작은 섬에서 출발하여 레우카스 섬을 차지했다. 텔레보아스는 프테렐라오스(☞)의 아들 혹은 아버지로 통한다.

텔레클레이아 Τελέκλεια / Telecleia 일설에 따르면, 헤카베의 어머니인 텔레클레이아는 일로스와 키세우스의 아내 사이에 태어난 딸이라 한다(☞헤카베).

텔레파사 Τηλέφασσα / Telephassa 아게노르의 아내인 텔레파사는 카드모스, 킬릭스, 포이닉스, 에우로페 등의 어머니이다(☞계보 3). 에우로페가 제우스에게 납치당하자, 그녀는 아들들과 함께 에우로페를 찾아 나섰다가 지친 나머지 트라케에서 죽었고, 카드모스가 그녀를 묻어 주었다.

텔레포스 Τήλεφος / Telephus 텔레포스는 헤라클레스가 테게아 왕 알레오스의 딸 아우게에게서 낳은 아들이다(☞아우게, ☞계보 9). 헤라클레스의 모든 아들들 중에서 텔레포스는 아버지를 가장 닮은 아들이었다. 그의 출생에 관해서는 두 가지 다른 전승이 있는데, 그 중 한 가지의 출전은 주로 서사시들이고, 다른 한 가지는 비극 작가들에게서 발견된다.

서사시 전승에 의하면, 아우게는 갓 낳은 아들과 함께 궤짝에 담겨 바닷가에 버려졌으며, 궤짝은 표류하다가 미시아에 이르렀다. 혹은 알레오스가 나우플리오스에게 딸을 물에 빠뜨려 달라고 부탁했는데, 나우플리오스는 그렇게 하는 대신 그녀를 상인들에게 넘겨주었다고도 한다. 아우게는 미시아의 테우트라스 왕에게 팔려 갔으며, 텔레포스는 테우트라스의 궁정에서 자랐다.

두 번째 전승은 아우게와 텔레포스를 갈라놓는다. 어머니는 바다에, 아이는 아르카디아의 산중에 각기 버려지는 것이다. 왜냐하면 알레오스는 나우플리오스에게 아우게를 맡기며 물에 빠뜨려 달라고 부탁했는데, 아우게는 도중에 파르테니온 산 위에서 아이를 낳아 그곳에 버렸기 때문이다. 나우플리오스는 그녀를 상인들에게 팔았고, 상인들이 그녀를 미시아로 데려가는 동안, 갓난 텔레포스는 암사슴의 젖을 먹었다. 그러다가 코리토스 왕의 목동들에게 발견되어, 왕에게 바쳐졌다. 코리토스는 아이를 친자식처럼 키우며 텔레포스라는 이름을 붙여 주었는데, 이 이름에는 그리스 어로 암사슴 혹은 사슴을 뜻하는 〈엘라포스〉가 들어 있다. 장성한 텔레포스는 어머니를 찾기 위해 델포이의 신탁에 물었다. 신탁은 그에게 미시아로 가라고 말해 주었으며, 실제로 그는 미시아 왕 테우트라스의 궁정에서 어머니를 만났다. 전에 테게아에 있을 때 그는 부지중에 어머니의 두 형제 히포토오스와 페레우스를 죽여 신탁의 예언을 성취한 적이 있었다. 이 살인은 소포클레스의 사라진 비극 『알레아다이』의 주제가 되었다. 아르카디아에서 쫓겨난 그는 델포이의 신탁에 물었고, 신탁은 그에게 미시아로 가되 테우트라스에게 죄 씻음을 받기 전에는 도중에서 한마디도 말을 하면 안 된다고 일러 주었다.

텔레포스와 아우게의 재회는 비극적 주제로 발전했다. 소포클레스의 비극 『미시아 사람들』도 이를 소재로 한 것이었을 터이다. 텔레포스가 테우트라스의 궁정에 나타났을 때, 아르고나우타이 중 한 명인 이다스는 테우트라스의 왕국을 빼앗으려고 획책하고 있었다. 왕은 마침 파르테노파이오스(☞)와 함께 그곳에 와 있던 텔레포스에게 도움을 청했다. 만일 이기면 아우게와 결혼시켜 주겠다는 약속과 함께. 그는 그녀가 미시아에 온 이후로 그녀를 양딸처럼 여기고 있었던 것이다. 텔레포스는 승리를 거두었고, 약속된 결혼이 거행될 참이었다. 아우게는 헤라클레스를 잊지 못해 어떤 인간과도 결혼하지 않겠다고 스스로 맹세한 터였으므로, 칼을 가지고 신방에 들어갔다. 그러나 신들이 보낸 거대한 뱀이 모자 사이를 가로막았고, 신적인 영감으로 두 사람은 상대를 알아보았다. 그리하여 살인도 근친상간도 피하게 되었고, 두 사람은 무사히 아르카디아로 돌아왔다(☞아우게).

그러나 대개는 텔레포스가 아우게와 재회한 뒤 미시아에 남았으며, 테우트라스가 그를 아들처럼 여겨 자신의 왕국을 물려주었다고 한다. 텔레포스를 자신의 친딸 아르기오페와 결혼시켰다는 것이다. 바로 이 시점에 텔레포스의 생애에서 가장 유명한 일화 즉 트로이아로 가는 그리스 인들과의 싸움이 일어난다. 그리스 인들은 처음 트로이아로 가던 중 길을 몰라서 미시아에 내려 그곳이 프리기아라고 생각했다. 몇몇 저자들은 그들이 트로이아를 공격하기 전에 미시아인들의 세력부터 쳐부숨으로써 프리아모스가 원군을 청할 가능성을 배제하려고 일부러 그랬다고도 이야기한다. 하여간 텔레포스는 침략자들과 맞서 싸웠고 폴리네이케스의 아들 테르산드로스를 위시한 여러 명의 적을 죽였다. 그러나 아킬레우스가 나타나자 두려워진 그는 도망을 치다가, 포도나무에 발이 걸려 넘어지면서 아킬레우스의 창에 허벅지를 맞았다. 또는 디오니소스 신이 그를 넘어뜨렸다고도 한다. 텔레포스가 디오니소스를 마땅히 예우하지 않았기 때문이다. 그리스 인들은 바다로 돌아갔다(☞히에라).

그리스 인들은 8년 동안 새 군대를 모아 두 번째로 아울리스에 집결했다. 그들은 어떻게 트로이아로 가야 하는지 알지 못했는데, 아직 상처가 다 낫지 않은 텔레포스가 〈상처를 입힌 자가 고치리라〉는 아폴론의 신탁을 듣고 미시아에서 아울리스로 왔다. 누더기 차림의 거지 행색으로 (이는 에우리피데스의 『텔레포스』 특유의 내용이다) 그는 그리스 인들에게 만일 아킬레우스가 자신의 상처를 고쳐 주면 트로이아로 안내하겠다고 제안했다. 오딧세우스 덕분에 신탁의 진짜 의미를 알게 된 아킬레우스는 이에 동의했다. 그는 자신의 창에 묻어 있던 녹을 텔레포스의 상처에 발라 낫게 했다. 텔레포스는 약속한 대로 선단을 이끌고 무사히 트로이아에 도착했다. 에우리피데스의 비극 『텔레포스』에 따르면, 텔레포스는 클리타임네스트라의 조언에 따라 만일 아킬레우스가 자기 상처를 고쳐 주지 않으면, 아직 요람에 들어 있는 어린 오레스테스를 죽이겠다고 그리스 인들을 위협했다고 한다. 이런 극적인 일화는 아마 시인이 지어낸 것일 터이다.

그리스 인들이 트로이아에 도착한 뒤, 텔레포스는 트로이아 전쟁에서 이렇다 할 역할을 하지 않는다. 단지 그의 아들 에우리필로스만 아스티오케의 설득에 넘어가 미시아 군대를 이끌고 프리아모스의 원군으로 참가하는데, 이것은 텔레포스가 그리스 인들에게 맞서 싸우지 않기로 한 맹세에 어긋나는 것이었다(☞에우리필로스). 그러나 그것은 텔레포스가 죽은 뒤의 일이다.

텔레포스는 두 아들 타르콘과 티르세노스(혹은 티레노스)를 통해 이탈리아 신화와도 연관된다. 이런 부자 관계는 리코프론의 『카산드라』에 나오는 것으로, 체체스와 할리카르나소스의 디오니시오스도 이를 확인해 준다. 타르콘과 티르세노스는 텔레포스와 히에라의 아들로, 트로이아가 함락된 후 에트루리아에 정착했다. 마찬가지로, 로마의 기원설과 연관되는 여인들 중 한 명으로 아이네아이스와 결혼했다는 로마(로메)도 종종 텔레포스의 딸로 여겨진다(☞로마).

텔루스 Tellus 텔루스는 로마 신화에서 생산적인 대지를 의인화한 것이다. 그녀는 때로 〈테라 마테르Terra Mater〉(어머니 대지)라는 이름으로 숭배되었으며, 그리스 여신 가이아(☞)와 동일시되었다. 고대에 그녀는 대지의 남성 정령인 텔루모와 짝을 이루었다. 텔루스에 관한 신화는 따로 없다. 전설들에서 그녀는 종종 가이아의 위치를, 좀더 혼히는 케레스 데메테르의 위치를 차지한다.

텔크시온 Θελξίων / Thelxion 텔크시온은 시키온의 다섯 번째 왕으로, 아이기알레우스의 후손이다(☞계보 22). 같은 이름을 가진 또 다른 인물은 아피스(☞)를 죽인 자들 중 한 명이다.

텔키네스 Τελχῖνες / Telchines 텔키네스는 로도스 섬의 정령들로, 몇몇 전승들에 따르면 바다(폰토스)와 대지의 아들들이다. 그들의 누이 할리아(☞)는 포세이돈과 결합했다. 그들은 카페이라와 함께 포세이돈의 교육에 참가했다. 이 교육에서 그들은 쿠레테스가 제우스의 교육에서 한 것과 같은 역할을 했다. 텔키네스는 신상들을 조각하는 기술을 위시하여 몇 가지 기술들을 발명했다고 한다. 그들은 또한 마술사여서 비, 우박, 눈을 내리는 능력을 가지고 있었으며 마음대로 변신할 수 있었다. 그러나 그들은 자신들의 재주를 매우 아까워하여 내보이기를 좋아하지 않았다.

홍수가 나기 얼마 전에, 그들은 이를 예감하고 고향인 로도스 섬을 떠나 온 세상으로 흩어졌다. 그들 중 한 명인 리코스는 리키아로 가서 크산토스 강변에 아폴론 리케이오스의 신전을 지었다.

그들은 흔히 물과 뭍에서 모두 살 수 있는 모습으로 묘사된다. 몸의 아랫부분은 물고기나 뱀이거나, 혹은 발에 물갈퀴가 달려 있다. 그들의 시선은 무시무시하고 불길한 마력을 담고 있다. 특히 그들은 로도스 섬에 스틱스 강물을 뿌려 생명이 자라지 못하게 만들었다고 한다(☞마켈로). 그들은 이 일로 신들의 노여움을 사서, 아폴론이 그들을 화살로 쏘아 죽였다. 혹은 제우스가 벼락을 내려 그들을 바다 밑으로 던져 버렸다고도 한다.

텔키스 Τελχίς / Telchis 파우사니아스에 따르면, 텔키스는 시키온 왕들 중 한 명이다(☞계보 22). 그는 에우로페의 아들이자 아피스의 아버지이다. 아폴로도로스가 전하는 아르고스 전승에 따르면, 텔키스와 텔크시온은 아르고스를 아피스의 폭정에서 구한 용사들이다.

텔푸사 Τέλφουσα / Telphousa 보이오티아의 할리아르토스와 알랄코메네스 사이 절벽 아래 위치한 샘의 님프다. 아폴론은 히페르보레이오이 족의 나라에서 돌아오던 길에 그곳이 마음에 들어 자신의 성역을 지으려 했다. 그러나 님프는 그렇게 막강한 신이 자기 옆에 자리잡으면 자신의 위세가 줄어들 것을 우려하여 그에게 델포이로 가라고 권했다. 아폴론은 그 말에 따랐으나, 델포이에서 피톤과 아주 치열한 투쟁을 해야만 했다(☞아폴론). 그 싸움에서 승리를 거둔 뒤에야 자신이 어떤 계책에 넘어갔는지 깨달은 그는 돌아와 텔푸사를 비난했고, 그녀를 벌하기 위해 절벽 아래 샘을 감추어 버렸다. 그리고는 그곳에 자신을 위한 제단을 만들었다.

토아스 Θόας / Thoas 토아스는 여러 용사들의 이름으로, 그 중 중요한 인물들은 다음과 같다.

1. 첫번째 토아스는 디오니소스와 아리아드네의 아들들 중 한 명(☞계보 21, ☞계보 28)으로, 렘노스의 왕이다. 그와 그의 형제들인 오이노피

온과 스타필로스는 종종 디오니소스가 아니라 테세우스의 아들로도 간주된다. 그는 렘노스 섬에서 태어났다고 하며, 미리나 시의 명조인 미리나와 결혼하여 도시를 다스렸다. 그녀에게서 그는 힙시필레(☞)라는 딸을 낳았는데, 이 딸은 아르고나우타이의 전설에서 일역을 했다. 렘노스 여인들이 아프로디테의 저주에 따라 섬의 모든 남자들을 죽이기로 했을 때, 힙시필레가 토아스만은 살려 두기로 했고, 그래서 렘노스의 모든 남자들 중 그만 살아남았다. 힙시필레는 자신이 그를 찔러야 할 칼을 그에게 넘겨주었고, 그를 변장시켜 디오니소스 신전으로 데려다 숨겼다. 이튿날 아침 그녀는 그를 디오니소스의 제의용 수레에 태우고 신으로 변장시켜 수레를 간밤의 학살로부터 정화한다는 구실로 바닷가로 몰고 갔고, 토아스는 낡은 배를 타고 탈출하여 타우리스에 이르렀다. 또 다른 전승에 의하면 그는 당시 오이노에 섬이라 불리던 시키노스 섬(키클라데스 군도 중의 한 섬)에 이르렀다고 하며, 또는 형제인 오이노피온이 다스리던 키오스 섬으로 갔다고도 한다. 그가 탈출한 사실을 안 렘노스 여인들은 그의 딸 힙시필레를 노예로 팔아 버렸다.

2. 또 다른 토아스는 위의 토아스의 손자로, 힙시필레와 이아손의 아들이다. 그는 에우네오스(☞)의 쌍둥이 형제로, 에우네오스와 함께 리쿠르고스 왕의 노예가 된 어머니 힙시필레를 구하러 갔다(☞계보 21). 이런 이유로 그는 오늘날에는 전하지 않는 에우리피데스의 비극 『힙시필레』에 등장했다고 하는데, 남아 있는 단편들만으로는 그가 어떤 역할을 했는지 정확히 알기 어렵다.

3. 전설에 나오는 또 다른 토아스는 이피게네이아가 아르테미스 여신의 여사제를 맡고 있던 무렵 타우리스의 왕이었다. 이 인물은 때로 디오니소스와 아리아드네의 아들인 렘노스 왕 토아스와 혼동되기도 한다. 렘노스에서 탈출한 토아스가 타우리스에 이르렀다는 설도 있기 때문이다. 오레스테스와 필라데스가 타우리스에 와서 누이와 재회했을 때, 토아스 왕은 그곳 관습에 따라 그녀가 그들을 제물로 바치기를 원했다. 그러나 그들은 이피게네이아와 함께 여신상을 가지고 달아났다. 토아스는 그들을 뒤쫓았으나, 결국 그 때문에 죽고 말았다(☞이피게네이아).

4. 『일리아스』의 「배들의 목록」에는 아이톨리아 군대의 대장이며 안드라이몬의 아들인 토아스의 이름이 실려 있다. 그의 어머니 고르게는 오이네우스와 알타이아의 딸들 중 한 명이며 따라서 멜레아그로스의 누이들 중 한 명이었다(☞계보 27, ☞계보 39). 그는 헬레네의 구혼자들에 속하며 전쟁의 마지막에 목마 속에 들어간 용사들 중 한 명이다. 트로이아에서 돌아온 그는 일설에 의하면 이탈리아(브루티움)에, 또 다른 설에 의하면 아이톨리아에 정착했다고 하며, 이타케에서 네오프톨레모스에게 쫓겨난 오뒷세우스는 그에게 피신하여 그의 딸과 결혼하였고 레온토포노스(사자를 죽이는 자)라는 아들을 낳았다고 한다(☞오뒷세우스). 오뒷세우스가 정탐을 떠나기 전 모습을 알아볼 수 없게끔 상처를 내는 것도 안드라이몬의 아들인 이 토아스의 일이었다.

5. 코린토스 출신의 또 다른 토아스는 오르니티온의 아들로, 시시포스의 손자가 된다(☞계보 35). 그는 포키스의 명조가 된 용사 포코스(☞)와 형제간이다. 포코스가 포키스로 이주할 때, 그는 코린토스에 남아 아버지의 권력을 계승했다. 그의 아들 다모폰이 그의 뒤를 이었고, 헤라클레이다이가 오기까지 왕위를 유지했다. 적어도 코린토스의 전통에 의하면 그렇다.

6. 위의 용사들과는 별도로, 이카리오스의 아

들이자 페넬로페의 남매인 토아스가 있다(☞계보 19).

토오사 Θόωσα / Thoosa 토오사는 포르키스의 딸로, 포세이돈의 사랑을 받았으며, 그에게 아들 폴리페모스를 낳아 주었다.

톡세우스 Τοξεύς / Toxeus 1. 톡세우스 즉 〈궁수〉란 오이칼리아 왕 에우리토스의 아들들 중 한 명이다. 그는 형제들과 함께 헤라클레스에게 죽임을 당했다.
  2. 칼리돈 왕 오이네우스와 알타이아 사이에서 태어난 아들들 중 한 명도 톡세우스라는 이름이다(☞계보 27). 오이네우스는 그가 〈도랑을 건너뛰었다〉는 이유로 그를 제 손으로 죽였다 (레무스의 죽음과 비교해 보라).

톤 Θών / Thon 헬레네가 이집트로 피신했을 무렵의 이집트 왕이다. 그의 아내 폴리담나는 헬레네에게 고통을 잊는 약을 보내 주었다(☞폴리담나).

***투르누스** Turnus 투르누스는 이탈리아 용사로, 아이네아스가 도래했을 무렵 루툴리 족의 왕이었다. 그는 다우누스(☞) 왕의 아들이자 필룸누스(☞)의 손자이다. 그의 어머니는 님프 베닐리아이다.
  라티누스의 전설과 라티움에서 아이네아스가 겪은 모험들이 모두 그렇듯이, 투르누스의 이야기에는 여러 이본이 있으며, 그 중 어느 것이 가장 오래된 것인지 가려 내기란 매우 힘들다. 아마도 카토의 『오리기네스』까지 소급되는 전설에 따르면, 투르누스는 라티누스의 딸이 아이네아스와 결혼하기 전까지는 라티누스의 편이었다. 라티누스는 트로이아 인들의 약탈을 막아내기 위해 그의 도움을 청했던 것이다. 첫번째 전투에서 라티누스가 죽임을 당하자 투르누스는 카이레 왕 메젠티우스에게 피신하여 그의 도움을 얻었다(☞메젠티우스). 그리고는 다시 돌아와 아이네아스를 공격했으나, 이 두 번째 싸움에서는 그 자신도 전사하고 말았다.
  또 다른 이본에 의하면, 아이네아스와 라티누스는 같은 편이었으며, 두 사람 모두 투르누스의 루툴리 족에게 공격을 받았다. 이 싸움에서 라티누스와 투르누스 모두 죽었다.
  베르길리우스는 투르누스라는 인물을 좀더 발전시켰다. 그에 의하면 투르누스는 유투르나의 형제로, 라티누스의 아내 아마타가 딸 라비니아의 약혼자로 고른 사람이었다. 그러므로 아이네아스에 대한 그의 적개심에는 정치적인 이유 못지않게 개인적인 이유도 있는 것이다. 그는 라티누스의 뜻을 거역하여 자기 쪽에서 트로이아 인들에게 싸움을 걸었고, 그들에게 극도의 적개심을 품었다. 젊고 격렬한 그는 이방인들이 이탈리아 중부에 와서 정착하는 것을 간과할 수 없었고, 모든 이웃 부족들을 부추겨 반대하게 했다. 그는 결국 아이네아스와 일대일로 싸우다가 죽임을 당했다.

트라시메데스 Θρασυμήδης / Thrasymedes 트라시메데스는 네스토르의 아들들 중 한 명으로, 형제인 안틸로코스(☞)와 함께 아버지를 따라 트로이아 전쟁에 나갔다. 그는 15척의 배를 지휘했으며, 여러 일화에 부차적인 인물로 등장한다. 형제의 시신 주위에서 벌어진 싸움에서 멤논과 싸웠으며, 목마 안에 들어간 용사들 중에도 끼어 있었다. 그는 전쟁이 끝난 뒤 필로스로 무사히 돌아와 텔레마코스를 맞이했다. 그에게는 실로스라는 아들과 알크마이온이라는 손자가 있었는데, 이 알크마이온은 암피아라오스의 아들인 알크마이온과는 다른 인물이다. 그의 무덤은 필로스 근처에 있었다고 한다.

트라케 Θράκη / Thrace 트라케의 명조가 된 여인. 그녀는 오케아노스와 파르테노페의 딸로, 유럽 대륙의 명조가 된 에우로페와 자매간이다. 그녀는 트라케 여인들이 대개 그렇듯이 뛰어난 예언자였다고 한다.

트람벨로스 Τράμβηλος / Trambelus 트람벨로스는 텔라몬과 포로가 된 트로이아 여인 테아네이라(☞)의 아들이다. 밀레토스의 아리온 왕이 갈 곳 없는 그의 어머니를 받아 주어, 그는 왕의 궁정에서 자랐다. 그와 아프리아테의 사랑, 그리고 소녀의 죽음에 관해서는 ☞아프리아테. 그 후 얼마 지나지 않아, 아킬레우스가 해적들을 소탕하고 돌아오던 길에, 트람벨로스는 그와 싸우다 죽임을 당했다. 아킬레우스는 청년의 용맹에 감탄하여 그의 신분을 물었으며, 그가 텔라몬의 아들이며 따라서 자신의 친족임을 알고는 그를 위해 해변에 무덤을 만들어 주었다.

트로스 Τρώς / Tros 트로이아 부족과 트로이아 국가의 명조가 된 용사. 그는 다르다노스의 아들 에리크토니오스와 하신 시모에이스의 딸 아스티오케의 아들이라 한다(☞계보 7). 그는 스카만드로스의 딸 칼리로에와 결혼하여 딸 클레오파트라와 세 명의 아들 일로스, 앗사라코스, 가니메데스 등 여러 명의 자식을 낳았다.

트로이젠 Τροιζήν / Troezen 1. 트레젠 혹은 트로이젠은 사로니카 만에 있는 도시 트로이젠의 명조가 된 용사이다. 그 지방 전설에 의하면, 그는 펠롭스와 히포다메이아의 아들이며 따라서 피테우스(☞)와 형제간이 된다(☞계보 2). 피테우스와 트로이젠은 후일 트로이젠이라고 불리게 되는 도시로 가서, 당시 그곳을 다스리던 아이티오스 왕과 세 사람이 공동으로 도시를 다스렸다. 트로이젠에게는 두 아들 아나플리스토스와 스페토스가 있었으며, 이들은 아티카로 이주했다.
2. 에우오피스와 디모이테스(☞)의 전설에도 같은 이름을 가진 용사가 등장한다.

트로일로스 Τρωΐλος / Troilus 트로일로스는 프리아모스와 헤카베의 막내아들로, 종종 아폴론의 아들로도 여겨졌다. 트로일로스가 스무 살이 되기 전에는 트로이아가 함락되지 않으리라는 신탁도 있었다. 그러나 그는 그리스 인들이 트로이아에 당도한 지 얼마 안 되었을 때 아킬레우스에게 죽임을 당했다. 그의 죽음에 관해서는 여러 가지 설이 있다. 우선 그는 어느 날 저녁 스카이아 이 성문에서 멀지 않은 곳으로 말들에게 물을 먹이러 가던 중 아킬레우스의 공격을 당했다고 하며(☞폴릭세네), 포로가 되거나 희생 제물이 되었다고 한다. 또 다른 이본에 의하면, 아킬레우스는 샘터에서 그를 보고 사랑에 빠졌다고 한다. 그러나 트로일로스는 달아나 〈아폴론 팀브리오스〉의 신전으로 피신했다. 아킬레우스는 그를 나오게 하려 했지만 허사였다. 화가 난 그는 신전 안에서 창으로 그를 찔러 죽였다.

트로킬로스 Τροχίλος / Trochilus 〈바퀴〉를 연상시키는 이름의 이 용사는 아르고스 사람으로 이오의 아들이다. 그는 수레의 발명자로, 특히 〈헤라 아르게이아〉를 섬기는 제사에 쓸 신성한 수레를 만들었다고 한다. 아게노르의 증오심에 쫓기던 그는 고향을 떠나 아티카로 갔다. 거기서 그는 엘레우시스의 아내와 결혼하여, 두 아들 에우불레우스와 트리프톨레모스(☞)를 낳았다.

후에 그는 별이 되어 마부좌를 이루었다.

트로포니오스 Τροφώνιος / Trophonius 트로포니오스는 보이오티아의 레바데아 출신 영웅이다. 그곳에 그는 매우 유명한 신탁소를 가지고 있었다. 그의 계보에 관해서는 여러 가지 설이 있다. 때로 그는 아폴론과 에피카스테의 아들 곧 아가메데스(☞)의 사위였다고 하며, 에르기노스의 아들들 중 한 명이라고도 한다(☞계보 33). 그는 데메테르의 젖을 먹고 자랐다고 한다. 그는 특히 건축가로 명성이 높았다. 그는 아가메데스와 협력하여 여러 유명한 건물들을 지었다. 테바이에 있는 암피트리온의 집, 델포이에 있는 아폴론 신전들 중 하나, 엘리스에 있는 아우게이아스의 보물 창고, 히리아에 있는 히리에우스의 보물 창고, 만티네이아에 있는 포세이돈의 신전 등이 그것이다. 그는 재주가 워낙 뛰어났고 그 재주를 잘못 사용함으로써 멸망을 자초했다(☞아가메데스). 그러나 그의 죽음에 관해서는 또 다른 설들도 있다. 즉 그것은 아폴론 신전을 지어 준 데 대한 신의 보상이었으니, 죽음이야말로 신이 인간에게 줄 수 있는 최대의 선물이라는 것이다.

트리아이 Θριαί / Thriai 예언하는 여인들인 〈트리아이〉는 제우스의 딸들인 세 자매로, 파르나소스의 님프들이다. 그녀들은 아폴론을 키웠고 후에도 그를 도왔던 것으로 알려져 있다. 조약돌을 사용하여 점치는 법을 발명했다고 하며, 꿀을 좋아하여 그녀들에게 물어보러 갈 때는 꿀을 갖다 바쳤다고 한다.

트리오파스 Τριόπας / Triopas 트리오파스 일명 트리옵스는 족보가 매우 애매한 용사로, 테살리아 전설과 아르고스 전설에 모두 등장한다. 그는 아이올로스와 카나케의 아들, 카나케와 포세이돈의 아들, 혹은 라피테스와 오르시노메의 아들(☞계보 23)이라 하며, 아르고스 전승에 의하면 포르바스와 에우보이아의 아들로 니오베와 아르고스의 일족에 속하는 것으로 되어 있다(☞계보 17). 트리오파스라는 이름은 헬리오스와 로도스의 아들들 중 한 명의 이름이기도 하다(☞헬리아다이).

테살리아 계보와 아르고스 계보의 관계에 대해서는 ☞포르바스.

때로는 트리오파스가 크니도스 시를 건설했다고도 한다.

트리케 Τρίκκη / Tricca 테살리아의 하신 페네이오스와 힙세우스 왕의 아내 사이에 태어난 딸로(☞계보 23), 테살리아의 트리카 시의 명조가 되었다.

트리톤 Τρίτων / Triton 좁은 의미에서 트리톤은 테레우스, 글라우코스, 포르키스 등과 비슷한 바다의 신이다. 일반적으로 그는 포세이돈과 암피트리테의 아들로 통한다(☞계보 38). 그에게는 로데(☞)라는 누이가 있었다. 그의 거처는 온 바다였지만, 후대의 전설에서는 종종 리비아에 있는 트리토니스 호수의 신으로 간주되었다. 그럴 경우 그에게는 팔라스라는 딸이 있었다고 하는데, 그녀는 아테나의 놀이 동무로 아테나 여신의 실수로 죽었다(☞팔라스). 전승에 의하면 트리톤에게는 또 다른 딸, 아테나의 여사제인 트리테이아라는 딸이 있었다고 하며, 그녀는 아레스의 사랑을 받아 멜라니포스라는 아들을 낳았다고 한다.

전설에 의하면 트리톤은 아르고나우타이의 원정에도 개입한다. 그는 에우리필로스의 모습으로 나타나 에우페모스에게 환대의 표시로 흙덩이를 건네주었고, 항해자들에게 지중해로 가는 길을 가르쳐 주었다.

트리톤은 타나그라에 전해지는 보이오티아 지방 전설에도 등장한다. 디오니소스 축제 동안 그 지방 여자들은 호수에서 멱을 감았다고 한다. 트리톤은 헤엄치는 여자들을 공격했다. 그러나 그녀들의 탄원에 응답하여 디오니소스가 그녀들을 구하러 나타났으므로, 트리톤은 급히 달아났다. 또한 트리톤은 자기 호숫가에서 약탈을 일삼아 가축을 빼앗곤 했는데, 어느 날 사람들은 물가에 포도주 단지를 놓아 두었다. 술 냄새에 끌린 트리톤은 다가가 마셔 버리고는 그 자리에서 잠이 들었고, 사람들은 잠든 그를 도끼로 찍어 죽였다. 이것은 해신에 대한 디오니소스의 승리를 〈합리적으로〉 해석한 것이다.

트리톤의 이름은 종종 한 명의 신이 아니라 포세이돈의 행렬에 들어 있는 일련의 존재들을 가리키기도 한다. 그들은 상반신은 인간과 비슷하지만 하반신은 물고기이다. 그들은 보통 조개껍질을 나팔처럼 부는 것으로 그려졌다(☞미세노스).

트리프톨레모스 Τριπτόλεμος / Triptolemus 트리프톨레모스는 엘레우시스의 대표적인 영웅으로 데메테르 신화와 관계된다. 가장 오래된 전설에 따르면, 그는 단지 엘레우시스의 왕이었다. 그 후 그는 켈레오스(☞) 왕과 메타네이라(☞)의 아들이자 데모폰(☞)의 형제로 여겨졌다. 또 다른 전승들에 의하면, 그는 디사울레스와 바우보의 아들이라 하며, 혹은 영웅 엘레우시스(☞)의 아들, 혹은 가이아(대지)와 오케아노스(대양)의 아들이라고도 한다(☞계보 12).

데메테르는 엘레우시스에서 트리프톨레모스의 부모로부터 받은 환대에 대한 보답으로, 그에게 날개 달린 용들이 끄는 수레를 주고 온 세상에 밀 씨앗을 뿌리며 돌아다니라고 명했다.

곳곳에서 트리프톨레모스는 거센 저항에 부딪혔다. 가령 게타이 왕 카르나본은 그의 용들 중 한 마리를 죽였지만, 데메테르는 대신 다른 용을 주었다. 파트라이에서는 트리프톨레모스가 잠든 사이에 에우멜로스의 아들 안테이아스가 용들을 수레에 매고 자기가 씨앗을 뿌리려 하다가, 수레에서 떨어져 죽었다. 에우멜로스와 트리프톨레모스는 그를 기리기 위해 안테이아 시를 건설했다.

후에 트리프톨레모스는 아이아코스, 미노스, 라다만티스 등과 나란히 하계에서 죽은 자들의 심판관이 되었다.

트리프톨레모스는 아테나이의 데메테르 축제인 〈테스모포리아〉를 제정했다고 한다.

데메테르가 켈레오스의 아들들 중 한 명에게 불멸을 선사하려 했던 일에 대해서는 ☞데모폰. 종종 여신의 마법의 대상이 되었던 것은 트리프톨레모스였다고 한다. 지방 전설들에서 트리프톨레모스가 낳았다는 자식들에 관해서는 ☞크로콘.

트몰로스 Τμῶλος / Tmolus 1. 트몰로스는 리디아에 있는 산 이름이자, 옴팔레의 죽은 남편의 이름이다.

2. 트몰로스는 또한 아레스와 테오고네의 아들로, 그 역시 리디아의 왕이었다. 그는 아르테미스의 시녀들 중 한 명인 아리페를 겁탈했다가, 여신의 벌을 받아 성난 황소에게 죽임을 당했다. 그의 아들 테오클리메노스는 그를 산에 묻었고, 그 산은 트몰로스 산이라 불리게 되었다.

틀레폴레모스 Τληπόλεμος / Tlepolemus 틀레폴레모스[틀레프톨레모스]는 헤라클레스가 테스프로토이 족의 왕 필라스의 딸인 아스티오케에게서 낳은 아들이다. 헤라클레스는 칼리돈 사람들과 함께 원정을 하던 중 에피라 시를 정복한 뒤 그녀와 결합했다. 그러나 『일리아스』에서는 아스티오케의 아버지가 악토르라고 한다(☞계보 15).

헤라클레스가 죽은 뒤 헤라클레이다이는 펠로폰네소스로 돌아가기 위해 얼마 동안 헛되이 떠돌았다. 그러나 번번이 아티카로 되돌아가야 했으므로, 틀레폴레모스와 그의 종조부 리큄니오스(알크메네의 이복형제, ☞계보 31)는 아르고스 인들로부터 아르고스에 정착할 허가를 받아 냈다. 틀레폴레모스와 종조부 사이에 일어난 언쟁 동안에, 종조부는 몽둥이에 맞아 죽었다. 또 다른 저자들에 따르면, 이 죽음은 우연한 것으로, 틀레폴레모스는 황소를 치려 했거나 아니면 노예를 벌하려 했는데 몽둥이가 헛맞은 것이라 한다. 죽은 자의 친족들은 틀레폴레모스를 아르고스에서 추방할 것을 주장했고, 그는 아내 폴릭소를 데리고 떠나 로도스에 정착했다. 거기서 그는 세 개의 도시 린도스, 이알리소스, 카미로스를 건설했다.

틀레폴레모스는 헬레네의 구혼자들에 속한다. 그는 로도스에 폴릭소를 섭정으로 남겨둔 채, 아홉 척의 배를 거느리고 트로이아 원정을 떠났다. 그는 사르페돈에게 죽임을 당했다(폴릭소의 복수에 관해서는 ☞폴릭소).

틀레폴레모스의 동료들은 트로이아에서 돌아오던 길에 먼저 크레테에 기항했고, 그 후 〈이베리아의 섬들〉에 정착했다.

티데우스 Τυδεύς / Tydeus 티데우스는 아이톨리아의 용사로, 오이네우스 왕이 히포노오스의 딸 페리보이아와 재혼하여 얻은 아들이다(☞계보 27). 오이네우스와 페리보이아의 결혼에 관한 다양한 전승들 가운데, 그녀가 오이네우스에게 유혹당했으며 그래서 그가 그녀와 결혼하기 전에 돼지치기들에게 버려졌다는 설도 있다. 어린 티데우스가 돼지치기들 가운데서 자라났다는 것이다. 그런가 하면 오이네우스는 제우스의 명령에 따라 자기 딸 고르게를 사랑했고, 그 관계에서 티데우스가 태어났다고도 한다.

어른이 된 티데우스는 살인을 범했다. 저자들에 따라 그 희생자는 오이네우스의 형제 알카토오스였다고도 하고, 오이네우스를 해칠 음모를 꾸몄던 멜라스의 아들들 즉 페네우스, 에우리알로스, 히페를라오스, 안티오코스, 에우메데스, 스테르놉스, 크산티포스, 스테넬라오스 등이라고도 하고, 또는 그의 친형제 올레니아스였다고도 한다. 하여간 그는 고향을 떠나야 했고, 한동안 떠돌다가 폴리네이케스와 같은 시기에 아드라스토스 왕에게 이르렀다. 두 용사의 만남에 관해서는 ☞아드라스토스. 아드라스토스는 티데우스의 살인죄를 정화해 주는 데 동의했고, 오래된 신탁에 따라 그에게 자기 딸들 중 한 명인 데이필레를 주었으며, 폴리네이케스는 다른 딸 아르게이아와 결혼시켰다. 동시에 아드라스토스는 두 명의 사위에게 그들의 나라를 되찾아 주겠다고 약속했다. 그리하여 티데우스는 일곱 장군의 원정에 참가하였고, 그건 폴리네이케스를 다시 테바이의 왕좌에 올려놓으려는 것이 목적이었다.

아르케모로스의 일화 때에(☞암피아라오스), 티데우스는 힙시필레(☞)의 편을 들어 리쿠르고스(☞) 왕과 다투었으나, 암피아라오스와 아드라스토스가 다툼을 무마시켰다. 아르케모로스를 기리기 위해 거행된, 장차 네메아 경기가 될 대회에서, 티데우스는 권투의 우승자가 되었다.

그 후 티데우스는 테바이에 사절로 파견되었다. 그러나 에테오클레스는 그의 말을 들으려 하지 않았다. 그러자 테바이 인들을 시험하기 위해, 티데우스는 그들에게 한 명씩 단독 결투를 하자고 도전했고, 차례로 싸워 모두 이겼다. 그가 돌아갈 때, 테바이 인들은 50명의 사람을 숨겨 매복해 있다가 습격했다. 티데우스는 마이온(☞)만을 남기고 그들을 모두 죽여 버렸다. 잘 알려지지 않은 한 전설은, 포위 당시 티데우스의 잔인함을 보여 주는 일화를 전한다. 에테오클레스의 누이 이스메네는 테오클리메노스라는 테바이 청년을 사랑했으며, 성 밖 샘터에서 밀회를 약속했다. 아테나의 사주를 받은 티데우스는 젊은 남녀를 기다리고 있다가 기습했다. 테오클리메노스는 달아났으나 이스메네는 붙잡혔고, 티데우스는 그녀의 간청에도 불구하고 그대로 죽여 버렸다.

일곱 장군의 테바이 원정 중 결정적 전투에서 티데우스의 적수는 멜라니포스였다. 그는 티데우스의 배를 찔렀지만, 티데우스는 치명상을 입고서도 적을 쓰러뜨렸다. 티데우스의 수호 여신 아테나는 그를 위해 제우스로부터 얻어 온 불멸을 줄 준비를 서둘렀다. 그러나 암피아라오스는 티데우스가 일으킨 원정에서 죽게 된 것을 분하게 여겨, 여신의 뜻을 알아채고는 멜라니포스의 머리를 잘라 티데우스에게 가져갔다. 티데우스는 적의 두개골을 쪼개고 뇌수를 먹어 버렸다. 이 행위에 혐오를 느낀 여신은 티데우스에게 불멸을 주지 않기로 하고 전장을 떠났다.

마이온은 티데우스가 자신을 살려 준 보답으로 그의 시체를 묻어 주었다. 또 다른 전승에 의하면, 티데우스의 시체는 테세우스가 다스리는 아테나이 인들이 수습하여 엘레우시스에 묻었다고 한다.

티데우스는 디오메데스(☞)의 아버지이다.

티레노스 Τυρρηνός / Tyrrhenus 티레니아 인들(에트루리아 인들)의 명조가 된 용사. 그는 리디아 인들의 명조가 된 리도스의 형제이자 아티스와 칼리테아의 아들이라고도 하고, 헤라클레스와 옴팔레의 아들로 나팔의 발명자라고도 하며, 또는 텔레포스와 히에라의 아들로 타르콘의 형제라고도 한다. 리디아 출신의 티레노스는 트로이아가 함락된 뒤(혹은, 온 나라에 기근이 휩쓰는 동안) 고향을 떠났고, 이탈리아 중부에 정착하여 에트루리아 민족을 탄생시켰다.

티로 Τυρώ / Tyro 티로는 살모네우스와 알키디케의 딸이다(☞계보 21). 그녀는 살모네우스의 형제인 숙부 크레테우스의 집에서 자랐다. 그녀는 하신 에니페우스를 사랑하게 되었고, 종종 강 언덕에 가서 짝사랑에 울었다. 포세이돈 신이 어느 날 물에서 나와 에니페우스의 모습으로 그녀와 결합하여 두 쌍둥이를 낳게 했다. 그녀가 비밀리에 낳은 이 두 아들이 펠리아스(☞)와 넬레우스(☞)이다. 티로는 살모네우스의 후처인 계모 시데로의 구박을 받았다. 그러나 자식들이 장성하자, 그들은 그녀를 구하러 와서 시데로를 죽였다. 그 후 티로는 크레테우스와 결혼하여 세 명의 아들 아이손, 페레스, 아미타온을 낳았다(☞계보 21).

티로는 전혀 다른 전설에도 나오는데, 그것은 상당히 손상된 채 일부만이 히기누스를 통해 전해진다. 시시포스와 살모네우스는 형제간이지만 서로를 미워했다. 신탁이 시시포스에게 이르기를, 조카딸 티로와 관계하여 아이를 낳기 전에는 형제의 복수를 할 수 없다고 가르쳐 주었다. 그는 그녀와 관계하여 두 쌍둥이를 낳았으나, 어떤 운명이 그들을 기다리고 있는지 안 그녀는 그들은 제 손으로 죽여 버렸다. 그 후 시시포스가 어떤 행동을 취했는지는 전하지 않으며, 단지 그가 근친상간으로 인해 하계에서 벌을 받았다는 것만이 알려져 있다.

티로스 Τύρος / Tyrus 포이니키아의 님프로, 헤라클레스의 사랑을 받았다. 어느 날 그녀의 개가 자주색 조개껍질을 먹고 주둥이가 변색되어 그녀 곁으로 돌아왔다. 그 빛깔에 감탄한 그녀는 헤라클레스에게 만일 그가 그녀에게 다른 색 옷을 주면 더 이상 사랑하지 않겠노라고 선언했다. 헤라클레스는 순순히 자주색 염료를 찾아다 주었고, 자주색 물감은 티로스의 자랑이 되었다.

***티루스** Tyrus 라티누스 왕의 목동들 중 우두머리로 어린 아스카니우스가 신성한 암사슴을 죽인 데 복수하기 위해, 라티움 족 농부들의 목을 베었다. 아이네아스가 죽은 후, 라비니아는 시기심 많은 이복아들들의 눈을 피해 아들 실비우스를 낳느라 그에게 피신했다.

티만드라 Τιμανδρα / Timandra 티만드라는 틴다레오스와 레다의 딸들 중 한 명이다(☞계보 2, ☞계보 19). 그녀는 에케모스와 결혼했고, 세르비우스가 전하는 바에 따르면, 그에게 에우안드로스(☞)라는 아들을 낳아 주었다고 한다. 그러나 아프로디테에게 희생 제사를 드리는 것을 게을리한 나머지 여신의 노여움을 샀고, 그 벌로 광기에 사로잡혀 필레우스(☞)에게 끌려가고 말았다. 필레우스는 그녀를 둘리키움으로 데려가 살게 했다.

티말코스 Τιμαλκος / Timalchus 티말코스는 메가라 왕 메가레우스의 맏아들이다. 디오스쿠로이는 테세우스에게 잡혀 간 그들의 누이를 찾는 길에 메가라를 지나가게 되었다. 티말코스는 그들과 합류하여 아피드나 공략에 참가했으나, 싸움에서 테세우스에게 죽임을 당했다.

티모이테스 Θυμοίτης / Thymoetes 디오도로스가 전하는 바에 따르면, 티모이테스는 라오메돈의 아들이며, 따라서 프리아모스의 형제들 중 한 명이다. 그러나 대개 이 티모이테스는 킬라(☞)의 남편이며, 따라서 프리아모스의 형제가 아니라 처남으로 간주된다. 프리아모스는 신탁을 잘못 해석하여 킬라를 죽였다. 티모이테스는 이를 용서하지 않고 복수하기 위해 트로이아 시에 목마를 끌어들이는 데 앞장섰다.

***티베리나 섬** Insula Tiberina 로마의 전승에 따르면, 타르퀴니우스 일족이 쫓겨났을 때 그들이 차지하고 있던 영토 즉 로마의 북쪽까지 펼쳐진 영토는 마르스에게 바쳐져 캄푸스 마르티우스[마르스의 들판]라고 불리게 되었다. 그러나 수확철이 되어 들판 전체가 잘 익은 보리로 가득 차자, 사람들은 먹을 수 없는 것이 되어 버린 그 보리를(신에게 바친 것을 먹으면 신성 모독이 되기 때문이다) 강에 던져 버리기로 했다. 썰물 때라 보릿단들은 모래톱에 머물렀고, 그리하여 팔라티누스 언덕 기슭에 티베리나 섬이 생겨나게 되었다.

또 다른 전승에 의하면 캄푸스 마르티우스는 타르퀴니우스 일족의 소유가 아니었으며, 이 들판의 소유자이자 베스타 여신을 섬기는 무녀였던 타르퀴니아가 자발적으로 바친 것이라 한다.

***티베리누스** Tiberinus 1. 로마 전설에서 티베리누스는 이중의 모습으로 나타난다. 우선 그는 티베리스[테베레] 강의 신으로 그리스적 유형에 들어맞는 시적인 추상화이다. 다음으로 그는 알바의 왕으로 아이네아스의 10세손이다. 그는 당시까지 알불라라 불리던 강가에서 싸우다가 죽었으며, 이후로 그 강은 그의 이름을 따서 티베리스라 불리게 되었다.

2. 티베리누스에 관한 또 다른 전설은 그가 티베리스 강의 명조인 용사이기는 하나, 아이네

아스의 자손이 아니라 신의 자손이라고 한다. 그는 야누스 신과 라티움의 님프 카마세네의 아들이라는 것이다. 그가 빠져 죽은 강에 그의 이름이 붙여졌다.

***티부르누스** Tiburnus 티부르누스 일명 티부르투스는 로마 도시 티부르[티볼리]의 명조이자 건설자이다. 그는 종종 테바이 용사 암피아라오스의 세 아들들 중 한 명으로 간주되었으며, 아버지가 죽은 뒤 이탈리아로 가서 식민지들을 건설했다고 한다(☞카틸루스).

티사메노스 Τισαμενός / Tisamenus 1. 티사메노스 즉 〈복수자〉라는 이름을 가진 용사는 두 명 있다. 첫번째 인물은 오레스테스와 헤르미오네의 아들이다(☞계보 13). 오레스테스는 메넬라오스로부터 스파르타 왕국을 물려받았고, 티사메노스는 그 뒤를 이어 다스리다가 헤라클레이다이의 공격을 받았다. 티사메노스는 그들과 싸우다가 죽었다. 또 다른 전승에 의하면, 헤라클레이다이는 티사메노스를 아르고스와 스파르타로부터 추방하되, 백성들과 함께 떠나도 좋다는 허락을 내렸다. 그래서 그는 펠로폰네소스 북안에 정착한 이오니아 인들에게 가서 그와 백성들을 받아들여 달라고 청했다. 이오니아 인들은 티사메노스의 용맹과 지혜를 전해 듣고 있던 터라 언젠가 그가 자신들을 지배하게 될지도 모른다고 생각하여 이를 거절하고 공격해 왔다. 티사메노스는 이 전투에서 죽었지만 그의 병사들은 승리를 거두었고, 이오니아 인들을 헬리케 시 안으로 몰아넣고 포위했다. 마침내 포위당한 자들은 아티카로 가도 좋다는 허락을 받았고, 아테나이 인들이 이들을 받아 주었다. 티사메노스의 백성들은 땅을 차지하고 왕을 위해 성대한 장례를 치렀다. 티사메노스의 아들들은 이오니아 인들에게서 빼앗은 땅을 다스렸고, 그곳은 아카이아라 불리게 되었다. 그들 중 맏이인 코메테스가 그 뒤를 이었으며, 후에는 아시아에 식민지를 건설하러 갔다. 티사메노스의 다른 네 아들의 이름은 다이메네스, 스파르톤, 텔리스, 레온토메네스 등이다.

2. 티사메노스라는 이름을 가진 두 번째 용사는 테르산드로스와 데모나사의 아들이다. 그는 오이디푸스의 3세손이다(☞계보 37). 제2차 트로이아 원정 때(그의 아버지는 미시아에 상륙하다가 죽임을 당했다, ☞테르산드로스) 그는 군대를 지휘하기에는 아직 너무 어렸다. 성년이 되자 그는 테바이를 다스렸다. 그의 아들 아우테시온은 그의 뒤를 잇지 않고, 멀리 떠나 펠로폰네소스에서 헤라클레이다이와 합류했다. 티사메노스는 페넬레오스의 손자인 다마시크톤을 후계자로 삼았다.

티에스테스 Θυέστης / Thyestes 티에스테스는 아트레우스의 쌍둥이 형제이며, 그와 마찬가지로 펠롭스와 히포다메이아의 아들이다(☞계보 2). 그의 전설은 아트레우스에 대한 증오심과 두 형제가 서로에게 행한 복수들로 가득하다. 시인들은 단연 비극적인 소재인 이 전설을 즐겨 사용했고, 점점 더 잔혹한 일화들을 만들어 냈다. 전설의 대체적인 줄거리는 ☞아트레우스.

히포다메이아의 부추김을 받은 티에스테스와 아트레우스는 이미 어렸을 때 이복형제인 크리시포스를 죽였다. 그 후 스테넬로스에게 피신하여 미케나이에서 권력을 잡았는데(☞아트레우스), 티에스테스는 아트레우스의 아내 아에로페(☞)의 정부가 되었다. 이에 복수하기 위해 아트레우스는 티에스테스에게 그의 자식들을 먹인다는 끔찍한 계획을 세웠다. 그는 티에스테스가 한 첩에게서 낳은 자식들(아글라오스, 칼릴레온, 오르코메노스, 세 명이었다는 설도 있고, 탄탈로스와 플레이스테네스, 두 명이었다는 설도 있다)을 죽였고, 그것으로 음식을 만들어 티에스테스에게 먹인 뒤, 아이들의 머리와 팔다리를 보여 주었다. 이 끔찍한 광경에, 태양도 가던 길을 돌이켰다고 한다. 티에스테스는 테스프로토스(☞) 왕에게로 피신했고, 거기서 다시 시키온으로 딸 펠로페이아를 찾아갔다. 신탁을 구하자 형에게 복수하는 유일한 방법은 딸과 근친상간을 범하는 것뿐이라는 답이 내렸다. 이 결합에서 낳은 아들인 아이기스토스(☞)는 아트레우스를 죽이고 그에게 빼앗겼던 왕국을 티에스테스에게 돌려주었다.

티오네 Θυώνη / Thyone 몇몇 전승에 의하면, 티오네는 디오니소스의 어머니로, 좀더 흔히는 세멜레(☞)라 불린다. 이처럼 이름이 다른 것은 두 디오니소스가 동일 인물이 아니기 때문이라고도 하고, 디오니소스 어머니의 〈필멸의〉 이름은 세멜레이고 〈신적인〉 이름은 티오네이기 때문이라고도 한다. 디오니소스가 신이 된 후 어머니를 하계에서 불러 올려 신들의 반열 가운데 두었다는 것이다(☞디오니소스).

티이아 Θυία / Thyia 델포이의 한 전통에 의하면, 티아이는 그 지방의 님프로, 하신 케피소스 혹은 최초의 주민들 중 한 명인 용사 카스탈리오스의 딸이다. 티아이는 아폴론의 사랑을 받아 델포스를 낳았으며, 그가 델포이의 명조가 되었다고 (☞델포스). 티아이는 파르나소스 기슭에서 최초로 디오니소스 제사를 드렸다고 하며, 이를 기리기 위해 마이나데스는 종종 티아이데스라는 이름으로도 불린다. 또한 그녀는 포세이돈의 사랑을 받았다고도 한다.

동일한 여성 인물에 관한 또 다른 전설도 존재한다. 그에 따르면, 그녀는 데우칼리온의 딸로 제우스와 결합하여 두 아들 마그네스와 마케돈을 낳았으며, 이들은 각기 테살리아의 마그네시아와 마케도니아의 명조가 되었다고 한다(☞마케돈).

티케 Τύχη / Tyche 티케는 〈운〉 혹은 〈우연〉이 신격화되고 인격화된 여신이다. 티케는 호메로스의 시가들에는 등장하지 않으나, 후대로 갈수록 중요성이 더해져서 헬레니즘 시대와 로마 시대에는 아주 중요한 여신이 되었다(☞포르투나). 그녀는 추상적 개념일 뿐이므로, 그녀에 관한 별도의 전설은 없다. 그녀는 이시스를 비롯한 몇몇 여신들을 흡수하여 이시티케라 불리는 복합적인 신성으로 발전하였고 제국 시대의 여러 종교가 뒤섞인 분위기 가운데 이 세상을 다스리는 권세, 즉 반은 섭리이고 반은 우연인 힘을 상징하게 되었다. 도시마다 각기 티케를 모시고 있었으며, 도시의 수호신들이 대개 그렇듯이 탑이 있는 관을 쓴 모습으로 그려졌다. 종종 티케는 장님으로 묘사되었다. 이 모든 것은 순전히 상징적인 영역에 속하며 고유한 의미에서의 신화에는 속하지 않는다.

티키오스 Τυχίος / Tychius 티키오스는 보이오티아 출신의 유명한 갖바치였다. 그는 텔라몬의 아들 아이아스에게 가죽 방패를 만들어 주었다. 그는 갖바치의 전형으로 남아 종종 그렇게 언급되었다.

티타네스 Τιτᾶνες / Titanes 티타네스는 우라노스와 가이아 사이에서 태어난 여섯 명의 아들들을 통틀어 가리키는 이름이다(☞계보 5, 계보 12). 그들은 원초적 신들의 세대에 속하며, 그들 중 막내가 크로노스로, 그에게서 올림포스 신들의 세대가 나온다(☞크로노스). 그들의 여자 형제 여섯 명을 티타니데스라 하며, 그들은 그녀들과 결합하여 일련의 부차적 신들을 낳았다(☞계보 38).

크로노스가 우라노스를 거세한 뒤, 아버지로부터 하늘에서 추방당했던 티타네스는 권력을 장악했다. 그러나 오케아노스는 크로노스를 돕기를 거부하고 끝까지 따로 돌았다. 마찬가지로 그는 제우스가 크로노스를 폐위시킬 때 제우스를 도와주었다. 권력이 올림포스의 신들에게로 넘어간 이 싸움을 〈티타노마키아〉라 하며, 이는 헤시오도스의 『신들의 계보』에 자세히 서술되어 있으나 문제의 대목은 첨작일 수도 있다(☞크로노스). 제우스는 이 싸움에서 아테나, 아폴론, 헤라, 포세이돈, 플루톤 등 올림포스 신들뿐 아니라 티타네스로 인해 고통당하던 헤카톤케이레스, 프로메테우스(그는 이아페토스의 아들이었지만), 스틱스(오케아니데스 중 맏딸) 등의 도움도 받았다.

티타니데스 Τιτανίδες / Titanides 우라노스와 가이아의 여섯 딸을 티타니데스라 하며, 이름은 테이아(티아), 레이아, 테미스, 므네모시네, 포이베, 테티스(I) 등이다(☞계보 12). 그녀들은 형제들인 티타네스와 결합하여 계서가 다양한 여러 신들을 낳았다(☞계보 38). 그녀들은 〈티타노마키아〉에서 형제들의 편을 든 것 같지 않다.

티토노스 Τιθωνός / Tithonus 다소 동떨어진 한 계보에 의하면 티토노스는 새벽의 여신 에오스와 아테나이 청년 케팔로스 사이에서 태어났다고 하나(☞계보 4), 대체로 그는 트로이아 계열 서사시와 연관되는 용사로 라오메돈의 아들들 중 한 명으로 간주된다(☞계보 7). 그의 어머니는 하신 스카만드로스의 딸 스트리모이다. 따라서 그는 프리아모스의 형이 되는 셈이다. 티토노스는 용모가 준수하여 에오스의 눈에 띄었고, 여신은 그를 사랑하여 납치했다. 그들에게는 두 아들 에마티온(☞)과 멤논(☞)이 태어났다. 여신은 제우스에게 청하여 그를 불멸의 존재로 만들어 주었으나, 영원한 젊음도 함께 청하는 것을 잊어버렸다. 여신은 변함없이 젊었지만, 티토노스는 늙어 갔고 점점 쪼그라들어 마침내는 어린아이처럼 버들 바구니에 넣어야 했다. 마침내 여신은 그를 매미로 만들어 버렸다.

티티오스 Τιτυός / Tityus 티티오스는 제우스와 엘라라의 거인 아들이다. 엘라라는 오르코메노스의 딸이라고도 하고 미니아스의 딸이라고도 한다. 헤라의 질투를 살 것을 염려한 제우스는 애인이 아기를 가지자 깊은 땅속에 감추어 두었다. 그래서 거인 티티오스는 땅속에서 태어나 나왔다.

레토가 제우스의 자식들인 아르테미스와 아폴론을 낳자, 연적을 시기한 헤라는 괴물 티티오스로 하여금 레토를 겁탈하게 하려 했다. 그러나 티티오스는 제우스의 벼락에 맞아 하계로 떨어졌고 거기서 두 마리 뱀(혹은 독수리)이 그의 간을 파먹었다. 그러나 그의 간은 달이 차면 다시 생겨나곤 했다. 또 다른 설에 의하면 레토의 자식들이 어머니를 보호하려고 티티오스를 화살로 쏘아 죽였다고 한다. 그리하여 티티오스는 영원히 땅에서 쉬게 되었는데 그의 시체로 덮인 땅이 9헥타르나 되었다고 한다. 에우보이아에는 티티오스에게 제사를 드리던 동굴이 남아 있었다.

티폰 Τυφών / Typhon 티페우스 일명 티폰은 가이아와 타르타로스의 막내아들인 괴물이다 (☞계보 12). 그러나 일련의 이본들은 티폰을 헤라 혹은 크로노스와 결부시키기도 한다. 거인

족의 패배에 불만을 품은 가이아는 헤라에게 제우스를 중상했고, 헤라는 크로노스에게 복수할 방법을 물으러 갔다. 크로노스는 그에게 이미 수정이 되어 있는 알 두 개를 주었다. 그것들을 땅속에 묻으면, 제우스를 능가하는 마신이 태어나리라는 것이었다. 그 마신이 바로 티폰이다.

또 다른 전승에 따르면, 티폰은 헤라의 아들로, 헤파이스토스(☞)의 경우와 마찬가지로 그녀 자신이 남성의 도움 없이 혼자서 낳았다. 그녀는 괴물 아들에게 용과 피톤 뱀을 키우라고 주었고, 이 뱀은 델포이에 살았다(☞피톤).

티폰은 인간과 야수의 중간이었다. 키와 힘으로 보면 그는 대지의 다른 모든 아들들을 능가했다. 그는 모든 산보다 더 컸으며, 때로 그의 머리는 별들에 부딪쳤다. 그가 팔을 벌리면, 한 손은 동방에 다른 한 손은 서방에 닿았고, 손가락 대신 백 마리 용의 머리들이 달려 있었다. 허리 아래는 독사들에게 둘러싸여 있었다. 동체에는 날개가 달려 있었으며, 눈에서는 불꽃이 튀었다. 이런 존재가 하늘을 공격하는 것을 본 신들은 이집트로 피하여 사막에 숨어서 야수의 형태를 취했다. 아폴론은 솔개, 헤르메스는 부엉이, 아레스는 물고기, 디오니소스는 염소, 헤파이스토스는 황소 등등. 단지 아테나와 제우스만 괴물에 저항했다. 제우스는 멀리서 벼락을 날려 보냈고, 주먹다짐을 하여 강철 낫으로 그를 쓰러뜨렸다. 이 싸움은 이집트와 아라비아 페트라이아의 접경에 있는 카시우스 산 위에서 일어났다. 티폰은 가벼운 부상을 입었을 뿐 싸움에 이기는 데 성공하여 신에게서 낫을 빼앗았다. 그는 제우스의 팔다리 힘줄을 끊었고, 무력해진 신을 킬리키아까지 메고 가서, 코리코스 동굴 안에 가두었다. 한편 그는 제우스의 힘줄과 근육을 곰 가죽에 싸서 암용 델피네에게 지키게 했다. 헤르메스와 판(혹은 카드모스라는 설도 있다)은 힘줄을 훔쳐 제우

스의 몸에 다시 붙여 주었다. 즉시 힘을 되찾은 제우스는 날개 달린 말들이 이끄는 수레를 타고 하늘로 올라가, 괴물에게 벼락을 내리기 시작했다. 티폰은 달아났고, 힘이 세어질지도 모른다는 희망으로 니사 산 위에 자라는 마법의 과일들을 맛보려 했다. 그를 그리로 이끌기 위해 모이라이가 그렇게 약속해 주었던 것이다. 제우스는 그를 뒤쫓았고 추적은 계속되었다. 트라케에서 그는 제우스에게 산들을 던졌지만, 신은 벼락을 내려 산들이 티폰 위에 떨어지게 했다. 그리하여 하이모스 산은 그의 상처에서 흘러내린 피를 나타내는 이름을 갖게 되었다(그리스 어로 〈하이마〉는 피라는 뜻). 낙심한 티폰은 달아나면서 시칠리아 바다를 건너다가 제우스가 던진 에트나 산에 깔려 죽었다. 에트나에서 나오는 불길은 괴물이 토해 내는 것이라고도 하고 제우스가 던진 벼락의 잔재라고도 한다.

그는 칼리로에와 크리사오르의 딸인 에키드나와 결합하여 개 오르트로스, 레르네의 히드라, 키마이라 등 괴물들을 낳았다(☞계보 32).

티피스 Τίφυς / Tiphys 티피스는 아르고 선의 첫번째 키잡이이다. 그는 하그니아스의 아들로, 보이오티아의 시파이 출신이다. 그는 바람과 별의 운행에 통달한 인물이며, 이러한 지식은 아테나 여신으로부터 받은 것이라 한다. 그러나 그가 육지에서 싸움에 참가하는 것은 볼 수가 없다. 티피스는 원정이 완수되는 것을 보지 못한 채, 에욱세이노스 폰토스[흑해] 연안에 있는 마리안디노이 족의 왕 리코스의 집에서 병으로 죽었다. 그의 뒤를 이어 앙카이오스가 키잡이가 되었다.

틴다레오스 Τυνδάρεως / Tyndareus 틴다레오스는 라케다이몬의 용사로, 디오스쿠로이, 헬레네, 클리타임네스트라, 티만드라, 필로노에 등의 아

버지이다. 그의 계보에 관해서는 서로 일치하지 않는 다양한 전승들이 있다. 흔히 그는 오이발로스가 나이아데스 중 한 명인 바티아, 혹은 페르세우스의 딸들 중 한 명인 고르고포네에게서 낳은 아들이라고 한다(☞계보 6). 때로 그의 아버지는 오이발로스가 아니라 메세네의 페리에레스 혹은 키노르타스라고도 하는데, 키노르타스는 대개 페리에레스의 아버지로 알려져 있다. 이 마지막 두 전승에서 틴다레오스의 어머니는 고르고포네이고, 형제들(혹은 의붓형제들 ☞고르고포네)은 아파레우스, 레우키포스 등이며, 누이 아레네가 있었다고도 한다.

오이발로스가 죽자 히포코온은 형제들을 내쫓고, 자기 혼자 스파르타 왕국을 차지하려 했다. 이카리오스와 틴다레오스는 칼리돈의 테스티오스 왕에게 피신했다. 거기에서 틴다레오스는 테스티오스의 딸 레다와 결혼했다. 후일 히포코온과 그의 아들들이 헤라클레스에게 패하자, 헤라클레스는 스파르타 왕국을 틴다레오스에게 돌려주었다(☞히포코온). 또 다른 전승에 의하면, 히포코온과 이카리오스는 모두 스파르타에 남아서, 틴다레오스를 제거하는 데 뜻이 맞았다고 한다. 그래서 틴다레오스는 아카이아의 펠레네로 혹은 메세니아에 사는 의붓형제 아파레우스 곁으로 피신했다고 한다.

틴다레오스의 자녀들에 관해 그리고 그들의 출생에서 제우스가 했던 역할에 대해서는 ☞디오스쿠로이, ☞헬레네, ☞레다, ☞클리타임네스트라. 틴다레오스는 아트레우스의 아들들에 관한 전설에서도 일역을 한다. 아트레우스가 죽자 메넬라오스와 아가멤논의 유모는 아이들을 시키온 왕 폴리페이데스에게로 보냈고, 폴리페이데스는 그들을 칼리돈 왕 오이네우스에게 맡겼다. 틴다레오스는 칼리돈에서 스파르타로 돌아가는 길에 두 아이를 함께 데려다가 자신의 궁정에서 키웠다. 두 형제가 헬레네와 클리타임네스트라를 알게 된 것도 거기서였다.

헬레네의 미모가 틴다레오스에게 불러온 곤경과 수많은 구혼자들에 관해서는 ☞헬레네, ☞이카리오스. 두 아들 카스토르와 폴리데우케스가 신이 된 후, 틴다레오스는 사위 메넬라오스를 불러 스파르타 왕국을 물려주었다. 헬레네가 납치당할 무렵까지도 틴다레오스는 살아 있었고, 그가 손녀 헤르미오네를 오레스테스와 결혼시킨 것도 트로이아 전쟁 때의 일이다(☞헤르미오네). 심지어 때로는 그가 아가멤논보다도 더 오래 살았으며, 아레이오파고스에서 혹은 곧바로 아르고스의 재판정에서 오레스테스를 고발한 것도 그였다고 한다(☞오레스테스).

틴다레오스는 아스클레피오스가 되살린 인물들 중 한 명이다. 그는 스파르타에서 영웅으로 예우되었다.

팅게 Τίγγη / Tinge 헤라클레스가 죽인 거인 안타이오스의 아내 이름. 안타이오스는 팅게와 결합하여 소팍스(☞)라는 아들을 낳았고, 소팍스는 어머니를 기려 팅기스(오늘날의 탕제르) 시를 건설했다.

ㅍ

파나케이아 Πανάκεια / Panacea 파나케이아는 초목으로 만물을 치유하는 힘을 상징하는 여신이다. 그녀는 아스클레피오스가 헬리오스(태양)의 딸 람페티에에게서 낳은 딸들 중 한 명이다. 그녀에게는 두 명의 자매 이아소(치유자)와 히기에이아, 그리고 두 명의 형제 마카온과 포달레이리오스가 있다.

파노페우스 Πανοπεύς / Panopeus 파노페우스는 포키스 동부의 도시 파노페우스의 명조이다. 그는 아버지 포코스를 통해 아이아코스 일족에 속하며, 어머니 아스테리아를 통해 데우칼리온 일족에 속한다(☞계보 8, ☞계보 30). 그에게는 쌍둥이 형제 크리소스가 있었는데, 그는 이 형제에게 무서운 증오심을 품었다. 두 형제는 어머니의 태중에서부터 서로 싸웠다고 한다(☞크리소스). 그는 암피트리온이 타포스 인들을 원정하는 데 참여했으며, 아테나와 아레스의 이름을 걸고 전리품에서 아무것도 빼돌리지 않겠다고 맹세했다. 그러나 그는 약속을 어겨 벌을 받았다. 그의 아들 에페이오스는 용감한 권투 선수이기는 했지만 훌륭한 전사로는 꼽히지 않았다. 그는 트로이아 전쟁에 참가하여 목마를 만들었다(☞에페이오스).

파노페우스는 소포클레스의 『엘렉트라』에도 나온다(거기서 그는 파노테우스라는 이름이다). 그는 아이기스토스의 편인데, 그의 종손 필라데스는 오레스테스 편이다. 파노페우스와 크리소스 사이의 해묵은 증오는 이렇게 후손들에게까지 이어졌다.

파니데스 Πανίδης / Panides 파니데스는 에우보이아의 칼키스 왕이었다. 그는 암피다마스 왕의 형제로, 그가 형을 기리는 장례식에서 호메로스와 헤시오도스가 노래를 겨루었다고 한다. 호메로스는 전쟁과 싸움에 대해 노래한 반면 헤시오도스는 농경을 노래했으므로, 파니데스는 헤시오도스의 노래가 더 유용하다 생각하여 그에게 상을 주려 했다. 그러나 대중은 그의 판단을 받아들이지 않았고 상은 호메로스에게 돌아갔다. 흔히 감식안이 결여된 판단을 〈파니데스의 판단〉이라 한다.

파라시오스 Παρράσιος / Parrhasius 파라시오스는 아르카디아의 용사로 리카온 혹은 제우스의 아들이며, 아르카디아 지방의 명조가 될 아르카스를 낳았다. 아르카디아의 도시 파라시아는 그가 세운 것이라 한다.

플루타르코스에 의하면, 닉티모스와 아르카디아의 딸인 님프 필로노메가 아레스에게서 쌍둥이 형제를 낳았는데 아버지를 두려워하여 에리만토스 산 위에 버렸다고 한다. 그러나 어미 늑대가 쌍둥이 형제를 키웠으며, 이들은 훗날 목동 틸리포스에게 발견되었다. 그는 그들에게 리카스토스와 파라시오스라는 이름을 주고 친자식처럼 키웠다. 후에 쌍둥이 형제는 아르카디아의 권력을 장악했다. 이 전설과 필시 그보다 나중에 생겨났을 로물루스와 레무스의 전설 사이에는 명백한 일치가 있다.

파라이비오스 Παραίβιος / Paraebios 파라이비오스는 피네우스의 왕국에서 멀지 않은 트라케의 보스포로스 지방 주민이었다. 그의 아버지는 하마드리아데스의 애원에도 불구하고 그녀들에게 바쳐진 소나무를 찍어 넘기는 신성 모독을 저질렀다. 님프들은 그 벌로 그와 그의 아들을 극도로 가난하게 만들었다. 그러나 피네우스는 그에게 저주를 극복하는 법을 가르쳐 주었다. 제단을 쌓고 님프들에게 속죄의 뜻으로 희생제사를 드리면 된다는 것이었다. 그는 그렇게 했고 저주는 끝이 났다. 파라이비오스는 감사의 표시로 피네우스의 가장 충실한 심복들 중 한 명이 되었다.

파랄로스 Πάραλος / Paralus 파랄로스는 아테나이의 용사로 전함을 발명했다. 그를 기리기 위해 아테나이의 공식적인 3단노군선을 〈파랄로스〉라 불렀다.

파로스 Φάρος / Pharos 파로스는 트로이아 전쟁 후 헬레네와 메넬라오스를 스파르타로 싣고 돌아간 배의 키잡이다. 파로스는 나일 강 어귀의 섬에서 뱀에게 물려 죽었으며, 이후로 그 섬은 그의 이름을 따라 불리게 되었다(☞헬레네).

파르나소스 Παρνασσός / Parnassus 파르나소스는 아폴론에게 바쳐진 산 파르나소스의 명조이다. 그는 클레오도라라는 이름의 님프와 포세이돈 사이에 태어난 아들이지만, 클레오폼포스[〈클레오폼포스〉는 오기]라는 인간 아버지도 있었다 한다. 파르나소스는 피토의 옛 신탁소를 세웠고, 그것은 후에 아폴론이 차지했다. 그는 또한 새점[鳥占]을 발명했다고 한다.

파르손데스 Παρσώνδης / Parsondes 파르손데스 일명 파르손다스는 페르시아 인으로 특이한 모험의 주인공이다. 용맹한 전사이자 겁없는 사냥꾼인 그는 메데스 족의 왕 아르타이오스의 총애를 받았다. 여러 차례 그는 왕에게 나나로스라는 유약한 인물이 차지하고 있는 바빌론 태수 자리를 자신에게 달라고 청했으나, 번번이 거절당했다. 파르손데스의 야심을 알게 된 나나로스는 복수를 결심하고, 누구든지 파르손데스를 넘겨주는 자에게 보상을 약속했다. 어느 날 바빌론의 변경에서 사냥을 하다가 길을 잃어버린 파르손데스는 나나로스의 부하들을 만나게 되었다. 그들은 그에게 술을 먹여 취하게 한 뒤 자기들의 집에서 밤을 함께 지내자며 유인하고, 그가 잠들기를 기다린 후 포박해서 나나로스에게 넘겼다.

나나로스는 그를 자신의 환관들에게 보내어 수염을 깎고 하렘에서 여자로 살게 했다. 곧 파르손데스는 키타라를 타고 춤추고 단장하는 법을 배워 태수의 후궁들 중 한 명이 되었다. 그는 7년을 그렇게 살다가, 한 환관의 도움을 받아 아르타이오스 왕에게 전갈을 보냈다. 그가 죽은 줄 알고 있던 왕은 총신이 살아 있는 것을 알고는 나나로스에게 사절을 보내 파르손데스의 석방을 요청했다. 나나로스는 그가 어디 있는지 모른다며 잡아떼다가, 아르타이오스에게 죽음을 위협당하자 하는 수 없이 파르손데스를 놓아주었다. 그가 너무 여성화된 나머지 왕의 사자는 나나로스의 150명 후궁 가운데서 그를 찾아내는 데 애를 먹었다.

파르손데스는 아르타이오스의 궁정으로 돌아가 복수를 요청하며, 자신이 지난 7년 동안 치욕스런 포로로 지내면서도 살아남았던 것은 오로지 복수할 희망에서였다고 말했다. 아르타이오스 왕은 나나로스를 벌하기로 약속했지만, 나나로스의 선물 공세에 매수된 나머지 끝내 파르손데스에게 정의를 행하기를 거부하고 말았다.

그러자 파르손데스는 궁정을 떠나 3천 명의 군사를 이끌고 누이동생이 시집가 있는 카두사이 족에게로 도망쳤다. 전쟁이 벌어졌고, 파르손데스는 뛰어난 수완으로 승리를 거두었다. 카두사이 족은 그를 왕으로 삼았고, 이후로 메데스 족과 카두사이 족 사이에는 전쟁이 그치지 않았다. 파르손데스가 죽자, 결코 적과 화친을 맺지 않겠다고 그에게 맹세했던 후계자 역시 같은 정책을 계속했다. 이런 적대 관계는 키로스가 카두사이 족을 자기 제국으로 돌아가게 할 때까지 계속되었다.

***파르카이** Parcae 파르카이는 로마에서 그리스의 모이라이(☞)와 동일시되었던 운명의 여신들이며, 성격도 거의 같다. 본래 로마 종교에서 파르카이는 출생의 여신들이었던 것으로 보인다. 그러나 이러한 원시적 성격은 일찍부터 모이라이와 동일시되면서 희미해졌다. 그녀들은 대개 실을 자으며 인간들의 삶을 마음대로 재는 것으로 여겨졌다. 그녀들은 모이라이와 마찬가지로 세 자매로, 한 명은 출생을, 한 명은 결혼을, 다른 한 명은 죽음을 주관했다. 파르카이의 신상들은 포룸에 있었으며, 흔히 〈트리아 파타〉(운명의 세 여신)라 불렸다.

파르테노스 Παρθένος / Parthenos 파르테노스 즉 〈처녀〉라는 이름을 가진 여인들은 여러 명 있다.

1. 그 중 한 명은 스타필로스와 크리소테미스의 딸이다. 그녀에게는 로이오(☞)와 몰파디아라는 자매가 있다.

스타필로스는 몰파디아와 파르테노스에게 그의 포도주를 지키라고 명했다(인간 세상에 포도주가 발견된 지 그리 오래지 않았을 때였다). 그러나 두 소녀는 잠이 들어 버렸고, 그 사이에 역시 그녀들이 지키고 있던 돼지 떼가 포도주 창고로 들어가 포도주가 들어 있던 단지들을 몽땅 비워 버렸다. 잠에서 깨어난 소녀들은 일어난 일을 보고는 무자비한 아버지의 진노를 두려워하여 바닷가로 도망쳐 암벽에서 바다로 몸을 던졌다. 측은히 여긴 아폴론이 바다로 떨어지는 소녀들을 받아 케르소네소스의 도시들로 데려갔다. 파르테노스는 부바스토스로 가서 신적인 예우를 받았고, 몰파디아는 카스타보스로 가서 헤미테아라는 이름으로 숭배되었다.

2. 파르테노스는 처녀좌가 된 소녀의 이름이다. 그녀의 신원에 관해서는 여러 가지 전승이 있다. 일설에 의하면 그녀는 아폴론과 크리소테

미스의 딸이었다. 그녀는 젊어서 죽었고 아버지가 그녀를 성좌로 만들었다. 또 다른 설에 의하면 그녀는 제우스와 테미스의 딸로, 황금 시대에 지상에 살았던 정의의 여신 디케와 동일 인물이다. 베르길리우스가 「제4목가」에서 처녀좌의 도래가 정의의 시대의 전조라고 한 것은 그가 이 전승을 따르기 때문이다. 그녀는 또한 아스트라이오스와 헤메라, 이카리오스(이 경우 그녀는 에리고네와 동일인이다), 데메테르, 혹은 하신 아소포스의 딸들 중 한 명으로 보이오티아의 마을 테스피아이의 명조가 된 테스피아의 딸이었다고도 한다.

파르테노파이오스 Παρθενοπαῖος / Parthenopaeus
파르테노파이오스는 테바이를 원정한 일곱 장군 중 한 명으로, 아르카디아 인 때로는 아르고스 인이라 한다. 첫번째 이야기에 따르면, 그는 아탈란테의 아들인데, 아버지의 이름은 조금씩 달라서 때로는 멜레아그로스의 서자, 때로는 멜라니온의 서자라 한다. 그가 아르고스 인이라는 이야기에서, 그는 아드라스토스의 형제로 탈라오스와 리시마케의 아들이다(☞계보 26, 계보 1)

그는 텔레포스와 함께 산중에 버려졌으며, 그와 함께 미시아에 갔다가 이다스를 물리치는 데 참여했다고 한다(이는 히기누스만이 전하는 이야기이다). 미시아에서 그는 님프 클리메네와 결혼하여, 아들 틀레시메네스를 얻었다.

〈처녀〉라는 뜻의 파르테노스를 상기시키는 그의 이름은 첫번째 이야기에 따르면 그의 어머니가 오랫동안 처녀였다는 데서 나온 것이라 한다(☞아탈란테). 두 번째 이야기에서 그의 이름은 어린 시절 파르테니온 산 위에 버려졌던 데서 온 것이다.

준수한 용모에 아주 용맹했던 그는 그가 급사할 것을 예견하고 말리는 어머니 아탈란테의 만류에도 불구하고 일곱 장군의 테바이 원정에 참가했다. 아르케모로스 오펠테스(☞암피아라오스)를 기리는 네메아 경기에서 그는 활쏘기에 승리를 거두었다. 그는 테바이 원정에서 포세이돈의 아들 페리클리메노스에게 혹은 아스포디코스, 혹은 암피디코스에게 죽임을 당했다. 끝으로 스타티우스가 따르는 전승에 의하면, 오리온의 손자 드리아스가 파르테노파이오스에게 치명상을 입혔다고 한다.

그에게는 아들 프로마코스(혹은 스트라톨라오스, 혹은 틀레시메네스)가 있었으며, 프로마코스는 에피고노이의 원정에 참가했다.

파르테노페 Παρθενόπη / Parthenope 파르테노페는 세이레네스(☞) 중 한 명으로, 나폴리에 그녀의 무덤이 있었다고 한다. 자매들과 함께 그녀는 바다에 뛰어들었고, 그녀의 시신이 파도에 밀려 다다른 나폴리 연안에는 그녀를 위한 기념비가 세워졌다.

또 다른 전설에 의하면, 파르테노페는 프리기아 출신의 아름다운 아가씨로, 메티오코스를 사랑했으나 일찍이 맹세했던 순결 서약을 깨뜨리기를 원치 않았다. 자신의 정열을 스스로 벌하기 위해 그녀는 머리칼을 자르고 캄파니아로 유배를 자청했으며, 거기서 자신을 디오니소스에게 바쳤다. 그녀의 행동에 화가 난 아프로디테는 그녀를 세이렌으로 만들어 버렸다.

파리스 Πάρις / Paris 파리스는 일명 알렉산드로스라고 하며, 프리아모스와 헤카베의 아들이다. 그의 출생에 앞서 기이한 일이 일어났다. 그의 어머니는 그를 낳을 무렵에 꿈에서 횃불을 낳았는데 그 불이 트로이아 성에 옮겨 붙는 것을 보았다. 프리아모스는 아들 아이사코스(아리스베라는 여인에게서 낳은)에게 이 꿈의 뜻을 물었고, 아이사코스는 태어날 아이가 트로이아의 멸망을 가져오리라고 단언했다. 그리고 아이를 출생 즉시 없애 버리라고 권했다(또 다른 전승에 관해서는 ☞헤카베). 그러나 아이를 죽이는 대신 헤카베는 그를 이데 산에 버리게 했다. 파리스는 목동들에게 발견되어 키워졌고 그들이 그가 산중에서도 죽지 않고 거두어져 〈보호〉되었다는 뜻에서 그를 알렉산드로스(〈보호자〉 혹은 〈피보호자〉라는 뜻)라 불렀다. 이설에 따르면, 프리아모스의 하인 아겔라오스가 왕의 명령으로 아이를 버렸는데, 닷새 동안 어미 곰이 와서 산속의 아이에게 젖을 먹였다고도 한다. 닷새 후에도 아이가 여전히 살아 있는 것을 본 아겔라오스는 아이를 데려다 키웠다. 파리스는 자라서 대단히 준수하고 용맹한 청년이 되었다. 그는 가축을 도둑으로부터 지켰으며, 그래서 알렉산드로스라는 이름을 얻었다고 한다.

끝으로 또 다른 전설에 의하면 프리아모스는 신탁에 속아 자기 아들 대신 킬라의 아들 무니포스를 죽였다. 헤카베의 꿈이 가리키는 대로 트로이아에 치명적인 존재가 될 아이가 무니포스라고 생각했다는 것이다(☞킬라).

그러나 파리스는 트로이아로 돌아왔고 다음과 같은 방식으로 자신이 왕의 아들임을 입증했다. 어느 날 프리아모스의 하인들은 파리스가 지키던 가축 떼 중에서 그가 특히 아끼던 황소를 가져갔다. 그 황소가 어려서 죽은 것으로 알려진 프리아모스의 아들을 기리기 위해 제정된 장례 경기의 상이 될 것을 안 파리스는 하인들을 따라가 자신도 그 경기에 참여하여 소를 되찾으려 했다. 실제로 그는 모든 시험 가운데서 자기 형제들을 꺾고 우승을 거두었으며, 그들은 그가 누구인지 알지 못했다. 성이 난 그들 중 한 명인 데이포보스는 칼을 뽑아 들고 그를 죽이려 했다. 그러자 파리스는 제우스의 제단으로 피신했다. 그의 누이이자 여사제였던 카산드라는 그를 알아보았고, 프리아모스는 죽은 줄 알았던 아들을 되찾은 것을 기뻐하며 그를 맞이하여 왕자로서 합당한 지위를 주었다. 또는 카산드라가 젊은이를 기적적으로 알아본 것이 아니라, 그가 버려졌을 때 입었던 옷을 가져와 어렵잖게 자신의 신분을 증명했다고도 한다.

파리스 전설의 두 번째 일화는 트로이아 전쟁의 원인이 되는 심판에 관한 것이다. 신들이 테티스(II)와 펠레우스의 혼례 잔치에 모였을 때, 불화의 여신 에리스는 그들 가운데 황금 사과를 던지며 그것은 아테나, 헤라, 아프로디테 중 가장 아름다운 여신의 것이라고 말했다. 그러자 다툼이 일어났고, 아무도 세 여신들 중 누가 가장 아름다운지 판정하는 책임을 맡으려 하지 않았다. 그래서 제우스는 헤르메스에게 헤라, 아테나, 아프로디테를 이데 산 위로 데려가 파리스의 심판을 받게 했다. 파리스는 겁이 나서 달아나려 했지만, 헤르메스가 그를 달래고 설득하여 제우스의 이름으로 심판 역할을 맡게 했다. 세 여신은 각기 그 앞에 나와 자신의 주장을 펼치며, 만일 그가 자신에게 유리한 판정을 내려 준다면 그를 보호하고 특별한 선물을 주겠노라고 약속했다. 헤라는 아시아 제국 전체를 주겠노라고 약속했고, 아테나는 모든 싸움에서의 지혜와 승리를 약속했다. 아프로디테는 스파르타의 헬레네의 사랑을 얻어 주겠다는 약속밖에 하지 않았지만, 파리스는 아프로디테가 가장 아름답다는 판정을 내렸다.

시인은 물론이고 조각가와 화가들도 이 주제를 즐겨 다루었다. 파리스는 숲을 배경으로 샘터에 있는 목동의 모습으로 그려졌다. 회의적인 신화학자들은 이 사건에서 파리스는 그저 세 명의 마을 여자들에게 속은 것이라거나 그가 혼자 산속에서 가축 떼를 돌보다가 꿈을 꾼 것이라고 해석하기도 했다.
　여신들의 아름다움을 판정하는 일이 있기 전까지 파리스는 이데 산의 님프 오이노네를 사랑했었다(☞오이노네). 그러나 아프로디테가 그에게 모든 여인 중에서 가장 아름다운 헬레네의 사랑을 약속하자, 그는 오이노네를 버리고 스파르타로 갔다. 일설에 따르면 이 여행에서 그는 아프로디테로부터 직접 명령을 받은 아이네이아스와 동행했다고도 한다. 헬레노스와 카산드라가 아무리 그 모험의 불길한 파국을 예언해도 아무도 믿지 않았다. 펠로폰네소스에 도착한 아이네이아스와 파리스는 헬레네의 남자 형제들인 디오스쿠로이를 만났고, 이들은 그들을 메넬라오스에게로 데려갔다. 메넬라오스는 그들을 환대하며 헬레네에게 소개했다. 얼마 후 메넬라오스는 카트레우스의 장례를 위해 크레테에 가면서(☞메넬라오스) 헬레네에게 이 손님들을 잘 접대하고 그들이 원하는 대로 얼마든지 오래 크레테에 머물게 하라고 일렀다. 곧 파리스는 선물 공세를 퍼부어 그녀의 사랑을 얻었다. 그는 동방적인 호사스러움과 준수한 용모, 그리고 그의 수호신인 아프로디테의 도움으로 그녀를 정복하는 데 성공했다. 헬레네는 가능한 한 모든 보물들을 끌어 모아, 아홉 살짜리 딸 헤르미오네까지 버리고, 그와 함께 야반도주를 했다.
　스파르타에서 소아시아에 이르는 여행의 우여곡절과 전설의 여러 가지 이본들에 관해서는 ☞헬레네.
　트로이아에 돌아온 파리스는, 카산드라의 불길한 예언들에도 불구하고, 프리아모스 왕을 위시한 온 왕궁의 환영을 받았다.
　트로이아 전쟁 동안 파리스는 그리 대단한 역할을 하지 못했다. 『일리아스』의 서두에서 그리스 인들과 트로이아 인들은 분쟁을 파리스와 메넬라오스의 단독 결투로 매듭지으려 했다. 그

러나 파리스가 져서 아프로디테의 도움밖에 바랄 수 없게 되자, 여신은 그를 두터운 구름으로 감싸 버렸고 싸움은 다시 시작되었다.
　좀더 나중에는 그가 전열에서 보이지 않자, 헥토르가 헬레네 곁으로 그를 찾으러 와서 싸움에 참가할 것을 명령했다. 파리스는 그 말에 따랐고, 메네스티오스를 죽이고 디오메데스, 마카온, 에우리필로스 등에게 상처를 입혔으며, 참호를 두른 그리스 진영을 공격하는 데 참가했다. 그는 에우케노르와 데이오코스를 죽였다.
　『일리아스』는 때로 파리스를 중무장(갑옷, 방패, 창과 검)한 모습으로 그린다. 그러나 대개 그는 궁수였다고 하며 아킬레우스의 죽음에 일역을 한 것도 궁수로서였다.
　파리스 전설에서 마지막으로 중요한 일화는 아킬레우스의 죽음과 뒤이은 그 자신의 죽음이다. 그것은 헥토르가 죽으면서 예언한 바 있었다. 아킬레우스가 멤논을 죽인 뒤 트로이아 인들을 성벽 아래까지 퇴각시키자, 파리스는 그의 전신에서 유일하게 상처를 입힐 수 있는 부분인 발뒤꿈치에 화살을 쏘아 맞혔다. 그러나 실제로 화살을 쏜 것은 파리스가 아니라 그의 화살을 취한 아폴론이었다고도 한다. 후대에 나온 아킬레우스와 폴릭세네의 사랑 이야기에 의하면, 아킬레우스는 여자의 사랑을 위해 그리스 인들을 배반하고 트로이아 인들을 위해 싸우려다가, 아폴론 팀브리오스의 신전에 매복해 있던 파리스에게 죽임을 당했다고 한다. 파리스는 신상 뒤에 숨어 있었으며, 그리하여 그의 적이 아폴론과 파리스에 의해 동시에 죽임을 당하리라던 헥토르의 예언이 실현되었다.
　파리스 자신은 필록테테스의 화살에 살을 맞아 죽었다. 치명상을 입은 그는 전장 밖으로 실려 나갔으며, 필록테테스의 화살에 묻어 있던 독을 치유할 수 있는 유일한 사람 오이노네를 불러오

게 했다. 그러나 오이노네는 자신을 버린 그를 도와주기를 거부했으며, 나중에야 그를 불쌍히 여겨 도와주러 왔지만, 때는 이미 지나 있었다(☞오이노네).

*파마 Fama 베르길리우스에 의하면, 파마 즉 〈여론〉은 대지의 여신이 코이오스와 엔켈라도스에 뒤이어 낳은 자식이다. 파마는 수많은 눈과 입을 지니고 있었으며, 더없이 빨리 날아서 이동한다고 한다. 파마의 이러한 성격을 한층 더 발전시킨 오비디우스에 의하면, 그녀는 세상 한복판, 즉 대지와 하늘과 바다가 맞닿은 곳의 궁궐에 살고 있다. 그 궁궐은 소리가 잘 울리고, 무수한 문들이 나 있어서, 아무리 작은 소리도 모조리 스며드는 곳이다. 온통 청동으로 되어 있는 이 궁궐은 항상 열려 있으며, 여기에 도달한 말들은 증폭되어 돌아간다. 여신은 맹신, 오류, 헛된 기쁨, 공포, 반란, 거짓 소문에 둘러싸여 살고 있으며, 자신의 궁궐에서 세상 전체를 감시하고 있다는 것이다.

이 인물은 거인족을 위시하여 신들의 첫 세대에 속하는 기타 괴물들을 모방하여 만들어 낸 것으로, 진짜 신화라기보다는 후대에 만들어진 알레고리이다.

*파메스 Fames 파메스는 굶주림의 알레고리이다. 이 이름은 헤시오도스가 불화의 여신(에리스)의 딸들 중 한 명으로 꼽고 있는 〈리모스〉를 라틴 어로 옮긴 것이다. 베르길리우스는 파메스가 가난과 함께 하계의 앞뜰에 있는 것으로 묘사한다. 이를 한층 더 발전시킨 오비디우스에 의하면, 파메스는 황폐한 나라 스키티아에 살면서 드물게 자라는 식물을 모조리 갉아먹는 것으로 그려진다. 그녀는 케레스의 부탁을 받고 에리시크톤을 사로잡아 그를 파멸로 몰고 갔다(☞에리시크톤).

파시스 Φᾶσις / Phasis 콜키스에 있는 파시스 강의 신. 그는 헬리오스(태양)와 오키로에(오케아노스의 딸들 중 한 명)의 아들이라 한다. 어머니의 간통을 목격한 그는 그녀를 죽여 버렸다. 에리니에스의 추격을 받던 그는 아르크투로스 강에 뛰어들었으며, 이후로 그 강은 파시스라 불리게 되었다.

파시파에 Πασιφάη / Pasiphae 미노스의 아내 파시파에(☞계보 28)는 헬리오스와 페르세이스의 딸로(☞계보 14), 페르세스와 콜키스 왕 아이에테스, 마녀 키르케 등과 동기간이다.

파시파에에 관한 가장 유명한 전설은 크레테를 무대로, 황소에 대한 그녀의 괴이한 사랑을 이야기한다. 미노스가 크레테의 왕위를 요구하던 시절, 그는 신들에게 자신의 권리를 입증할 증거를 요청했다(☞미노스). 그래서 포세이돈에게 희생 제사를 드리면서, 바다에서 황소를 보내 달라고, 그러면 그것을 제물로 바치겠노라고 약속했다. 포세이돈이 그의 기도를 들어주자, 미노스는 약속을 지키지 않았다. 그 벌로 포세이돈은 황소를 성나게 했고, 나중에는 파시파에로 하여금 그 짐승에게 참을 수 없는 욕정을 느끼게 만들었다. 또는 아프로디테가 자신에 대한 제사를 소홀히 한 파시파에에게 그런 벌을 내린 것이라고도 하고, 여신과 아레스의 밀애를 헤파이스토스에게 발설한 헬리오스에 대한 보복으로 그의 딸에게 복수를 한 것이라고도 한다(☞아프로디테).

욕정을 다스릴 길을 찾지 못하던 파시파에는 기술자 다이달로스에게 조언을 구했으며, 그는 너무나 감쪽같은 암소를 만들어 황소가 속게 만들었다. 파시파에는 이 가짜 암소 안에 들어가 황소와 결합할 수 있었다. 이 괴이한 사랑에서 태어난 것이 반은 인간이고 반은 소인 미노타우로스(☞)이다. 이 일을 알게 된 미노스는 다이달로스에게 화가 나서 크레테를 떠나는 것을 금지했다. 그러나 그는 파시파에의 도움으로 달아나는 데 성공했다고 한다(흔히 알려진 대로 다이달로스가 테세우스의 승리 이후 미궁에 갇혔다는 전설에 관해서는 ☞다이달로스).

파시파에는 대단히 소유욕이 강한 여자였으며, 자매인 키르케나 아이에테스의 딸인 조카 메데이아에 못지않은 마녀였다고 한다. 미노스가 자기 외에 다른 여자와 관계하는 것을 막기 위해, 그녀는 그가 사랑하는 여자는 모두 그의 전신에서 솟아나는 뱀에게 물려 죽으리라는 저주를 내렸다고 한다(☞미노스). 그를 이 저주에서 구한 것은 프로크리스(☞)였다.

라코니아에는 파시파에의 신탁소가 있었다. 그러나 실제로 이 파시파에는 트로이아 여자 카산드라, 다프네, 혹은 아틀라스의 딸로, 제우스에게서 키레네의 신 암몬(그는 제우스 암몬이라는 이름으로 숭배받았다)을 낳았다고도 한다.

파에톤 Φαέθων / Phaethon 파에톤은 헬리오스(태양)의 아들이다. 그의 가계에 관해서는 두 가지 다른 전승이 있다. 그는 에오스(새벽)와 케팔로스의 아들이라고도 하고(☞계보 4), 헬리오스와 클리메네(오케아노스의 딸들 중 한 명)의 아들이라고도 한다(☞계보 14). 그가 등장하는 가장 유명한 전설은 두 번째 계보와 연관된 것이다. 태양의 아들 파에톤은 아버지가 누구인지 모르는 채 어머니 손에 자랐다. 사춘기가 되자 그녀는 그에게 누구의 아들인지 밝혔다. 소년은 자기 출생의 증거를 요구했고 아버지인 태양에게 그의 전차를 몰게 해달라고 부탁했다. 태양은 오래 주저한 끝에 허락하면서 여러 가지 주의를 주었다. 파에톤은 전차를 몰고 떠나 천구에 그려진 길을 달려가기 시작했다. 그러나 그는 곧 자신이 얼마나 높이 올라와 있는가를 깨닫고 겁이 났고, 황도 위의 짐승들[황도 12궁을 나타내는 짐승들]도 그를 두렵게 했다. 그래서 그는 정해진 길에서 벗어나고 말았다. 그는 너무 낮게 내려와 온 땅에 불을 지를 뻔했고, 너무 높이 올라가 별들이 제우스에게 불평을 하기도 했다. 제우스는 온 세상에 불이 나는 것을 막기 위해 벼락으로 그를 쳐서 에리다노스 강에 빠뜨렸다. 그의 누이들인 헬리아데스(☞)가 그의 시신을 건져다가 장례를 치러 주었는데, 그녀들은 애통한 나머지 포플러나무로 변해 버렸다고 한다.

파온 Φάων / Phaon 파온은 레스보스 섬 출신이다. 그는 늙고 가난하고 보잘것없는 뱃사공이었는데, 어느 날 노파로 변장한 아프로디테를 뱃삯도 받지 않고 건네주었다. 여신은 그에 대한 보답으로 향유를 한 병 주었으며, 그는 매일 그것을 발랐다. 그러자 그는 준수한 용모를 갖게 되어 섬의 모든 여인들(사포를 제외한)이 그를 따랐다. 혹은 그가 사포의 구애를 물리쳤으며, 그녀는 그 사랑을 잊기 위해 레우카스 절벽 꼭대기에서 바다에 뛰어들었다고도 한다.

***파우나** Fauna 파우나는 파우누스 신의 누이이자 아내이다. 그녀는 운수를 점치는 예언자로 여겨졌으며, 여성들의 신으로서 〈보나 데아〉와 동일시되었다. 아마도 〈파우나〉라는 이름은 본래 〈호의적인quae fauet〉 여신을 일컫는 수식어구에 지나지 않았을 것이다. 보나 데아(☞)와 마찬가지로 파우나는 로마의 헤르쿨레스 신화에 등장한다. 여기서 파우나는 라티움 왕 파우누스의 아내로 여겨지며, 헤르쿨레스의 사랑을 받아 장차 왕이 될 아들 라티누스를 낳았다. 라티

누스는 라티움의 명조가 되었다. 한편 할리카르나소스의 디오니시오스에 따르면, 파우나는 히페르보레이오이 족의 아가씨로 헤라클레스와의 사이에서 라티누스를 낳았고, 헤라클레스가 떠난 후에 파우누스와 결혼했다고 한다.

*파우누스 Faunus 파우누스는 로마의 옛 신으로 팔라티누스 언덕과 그 인근에서 숭앙되었던 것으로 보인다. 〈친절한 사람qui fauet〉을 뜻하는 이름답게, 그는 선하고 우호적이고 보호하는 신으로, 특히 가축과 목동들을 보호했다(이 점에서 그는 그리스 신화에 나오는 아르카디아의 판 신과 쉽게 동화되었다). 그래서 그는 최초의 변모를 겪게 되었다. 즉, 그는 이름의 뜻이 비슷한 아르카디아 왕 에우안드로스(에우 아네르 즉 〈선량한 남자〉라는 의미)와 동일시되었고, 그 덕분에 에우안드로스가 아르카디아 인들을 이끌고 팔라티누스 언덕으로 이주했다는 전설이 로마 땅에 뿌리내릴 근거를 얻게 된 것이다(☞에우안드로스). 하지만 파우누스는 차츰 신적인 성격을 잃고, 아이네이아스와 트로이아 인들의 도착 이전 즉 로물루스의 로마 건설 이전의 초기 라티움 왕들 중 한 명으로 간주되었다. 때로 그는 키르케와 유피테르의 아들로 그려지기도 했다. 그는 피쿠스 왕의 후계자로, 그 자신은 아들 라티누스(혹은 헤라클레스의 아들이라고도 함. ☞파우나)에게 왕위를 물려주었다고 한다. 그러나 파우누스의 신적 특성들도 그 명맥이 보존되었고 이상하게도 여러 명으로 늘어나 파우니Fauni로 불렸다. 고전 시대에 파우니는 전원과 숲의 정령들로 목동들의 동무였으며, 그리스의 사티로스들과 동일하게 여겨졌다. 사티로스들과 마찬가지로 그들도 이중적인 존재이며 반은 인간이고 반은 염소였으므로 뿔과 염소의 발굽을 지니고 있었다.

파우누스의 숭배에는 본래 루페르키(☞)의 행렬이 포함되어 있었다. 이 행렬에서 젊은 남자들은 반쯤 벗은 몸으로 염소 가죽만을 걸친 채 길에서 만나는 여자들을 생가죽 끈으로 때렸다. 그렇게 하면 여자에게 다산을 가져다 준다고 믿었기 때문이다.

파우누스의 다른 전설들에 대해서는 ☞보나 데아, ☞파우나.

*파우스툴루스 Faustulus 파우스툴루스는 티베리스[테베레] 강 유역의 팔라티누스 언덕에 사는 목동이었다. 그는 쌍둥이 형제 로물루스와 레무스를 받아들여 자신의 아내 아카 라렌티아에게 키우게 했다. 파우스툴루스는 선하고 인정 많은 사람이었다. 때로 그는 아물리우스 왕에게 속해 있던 목동들의 우두머리로 여겨지기도 한다. 아물리우스가 아이들을 버리라고 명령했을 때(☞로물루스), 하늘의 섭리로 파우스툴루스는 아이들을 데리고 가던 하인들과 마주쳤다. 그는 하인들이 돌아가기를 기다렸고, 다른 목동들이 먼저 쌍둥이 아이들을 주워 들자 자기 아내가 아이를 잃어 슬퍼하고 있으니 그 젖먹이들을 데려다 주면 위로가 될 거라고 둘러대며 아이들을 자기한테 달라고 간청했다.

한 이본에 따르면, 암늑대의 젖을 빨고 있던 아이들을 발견한 것은 파우스툴루스 자신이었다고 한다. 또는 아물리우스가 알바 왕위에서 쫓아낸 형제 누미토르가 실비아의 두 아들을 죽음에서 구해 내어 파우스툴루스에게 맡겼다고도 한다(☞파우스티누스). 쌍둥이들은 장성하자 가비이로 보내져 그들의 신분에 걸맞은 교육을 받게 되었다. 거기서는 파우스툴루스의 친구들이 쌍둥이 형제를 맞아 주었다.

로물루스와 레무스 사이에 싸움이 벌어지자, 파우스툴루스는 이를 말리려고 애쓰다가 죽임을 당했다. 그는 포럼에 묻혔고, 후에 사람들이 그의 무덤에 사자 상을 세워 주었다.

고전 시대까지도 팔라티누스 언덕에는 파우스툴루스의 오두막집이 신화 시대의 기념물처럼 보존되어 있었다고 한다. 이 오두막집은 팔라티누스 언덕 남서쪽에, 대경기장을 굽어보며 아벤티누스 언덕을 향해 있는 지점에 자리잡고 있었다(☞파우스티누스).

형제인 파우스티누스나 파우누스와 마찬가지로 파우스툴루스의 이름도 〈친절하다 faueo〉라는 동사에서 파생된 것이다. 그의 이름은 길조(吉兆)를 의미한다. 몇몇 작가들은 그를 파우스투스라고도 불렀으며, 그 축소형이 파우스툴루스이다.

*파우스티누스 Faustinus 파우스티누스라는 이름은 형용사 〈파우스투스 faustus〉의 어간을 상기시키는 것으로, 이는 길조(吉兆)를 의미한다. 그는 에우안드로스를 따라 이탈리아로 이주한 이들 중 한 명으로, 에우안드로스의 다른 동행자인 파우스툴루스(☞)와 형제간이다. 파우스툴루스는 팔라티누스 언덕에서 아물리우스의 가축을 지키는 목동이 되었고, 파우스티누스는 아벤티누스 언덕에서 누미토르의 가축을 돌보았다. 두 사람 모두 라비니움의 트로이아 인들이 알바에 정착하던 시절에 살고 있었다. 파우스티누스는 로물루스의 전설에 등장한다. 알바 왕 누미토르의 딸 실비아가 쌍둥이 로물루스와 레무스를 낳자, 누미토르는 이 쌍둥이를 다른 쌍둥이와 바꾸었다. 후에 아물리우스가 버린 아이들은 바로 이 뒤바뀐 아이들이다. 누미토르는 이렇게 구해 낸 손자들을 목동 파우스툴루스에게 맡겼고, 파우스티누스는 파우스툴루스에게 이들 쌍둥이의 교육을 맡을 것을 강력히 권했다. 그래서 파우스툴루스가 그들을 가르쳤다.

플루타르코스는 파우스툴루스의 또 다른 형제에 관하여 언급하고 있는데(필사본들에서 그의 이름은 손상되었다), 그 역시 이 신성한 쌍둥이 형제의 교육을 맡았고, 파우스툴루스가 그랬듯이 후에 로물루스와 레무스 사이에 벌어진 싸움을 중재하려 했다고 한다. 파우스티누스와 파우스툴루스는 모두 이 싸움에서 죽었다.

이 전설은 파우스티누스와 파우스툴루스가 각기 자리잡은 위치를 통해, 로물루스와 레무스 사이의 싸움이 그렇듯이, 아벤티누스 언덕과 팔라티누스 언덕, 두 지역간의 경쟁을 상기시킨다. 이는 로마 창건 신화의 비교적 후대에 발전한 형태일 수도 있다.

파이드라 Φαίδρα / Phaedra 파이드라는 미노스와 파시파에의 딸이며, 아리아드네와 자매간이다(☞계보 28). 데우칼리온은 누이인 그녀를 아테나이를 다스리던 테세우스와 결혼시켰는데, 그는 이미 아마조네스 중 한 명인 안티오페, 멜라니페 혹은 히폴리테와 결혼한 터였다. 그래서 그 결혼식은 아마조네스의 습격을 받았다(☞테세우스). 파이드라는 테세우스에게 두 아들 아카마스와 데모폰을 낳아 주었다. 그러나 그녀는 테세우스가 아마존에서 낳은 아들 히폴리토스를 사랑하게 되었다. 여자들을 싫어하던 히폴리토스는 계모의 구애를 거부했고, 그가 테세우스에게 자신의 구애를 고자질할까 봐 두려웠던 파이드라는 히폴리토스가 자신을 겁탈하려 했다고 거짓 고자질을 했다. 그래서 테세우스는 포세이돈에게 히폴리토스를 죽여 달라고 기원했다. 히폴리토스는 곧 자신의 말들에게 끌려가 죽었다(☞히폴리토스).

파이드라 자신도 후회와 절망으로 목매어 죽었다. 이 전설의 무대는 대개 트로이젠이다. 에우리피데스는 이 주제를 다룬 두 편의 비극(오늘날 전하는 것은 한 편뿐이지만)에서 파이드라의 죄라는 문제를 각기 다른 방식으로 제시한다. 그 중 한 작품[현재 전하는 작품인 『화관을 바치는 히폴리토스』]에서는 파이드라가 히폴리토스를 모함하여 죽게 한 뒤 자살하고, 다른 한 작품[소실된 작품인 『수의에 덮인 히폴리토스』]에서는 자신의 사랑을 고백하지 못한 채 자살한다.

파이스토스 Φαῖστος / Phaestus 파이스토스는 헤라클레스의 아들이다. 그는 이아니스코스(☞)의 뒤를 이어 시키온 왕이 되었다. 그리고 신탁에 따라 크레테로 가서 도시를 세우고 자신의 이름을 붙였다. 그에게는 로팔로스라는 아들이 있었다. 파우사니아스의 크레테 계보에 헤파이스토스 신의 이름 대신 그의 이름이 들어간 것은 필사자의 실수 때문일 터이다.

파이아 Φαῖα / Phaea 파이아는 테세우스가 크롬미온에서 죽인 암퇘지의 이름으로, 그것을 키운 노파의 이름을 딴 것이다. 이 암퇘지는 에키드나와 티폰 사이에서 태어났다.

파이아케스 Φαίακες / Phaeacians 파이아케스 족은 오딧세우스가 트로이아에서 이타케로 돌아가던 길에 방문했던 〈신화적인〉 민족이다. 그는 파이아케스 족의 배로 여정의 마지막 단계를 마치고 자기 섬에 돌아갔다. 파이아케스 족은 해양 민족으로, 그들의 명조 파이악스(☞)는 히페레이아에 살다가 키클로페스에게 쫓겨난 그들을 스케리아 섬(이 섬은 고대로부터 코르키라 섬과 동일시되었다)으로 인도했다. 그들은 항해와 무역에 종사했으며, 그들의 왕은 알키노오스(☞)였다.

오딧세우스가 섬 기슭에 표착하여 나우시카아에게 발견되자, 알키노오스는 그를 환대하여 잔치를 열고 선물을 주었으며 이타케까지 갈 배를 마련해 주었다. 그러나 진노한 포세이돈은 제우스로부터 파이아케스 족을 벌할 수 있는 허락을 받아 냈다. 그는 오딧세우스를 싣고 가던 배를 바위로 만들어 버리고, 파이아케스 족의 도시를 산으로 둘러싸 버렸다[『오딧세이아』에서는 실제로 도시가 산으로 둘러싸이지는 않는다. 포세이돈이 자기 계획을 말하자, 제우스는 오딧세우스를 호송했던 배를 돌로 만들어 버리면 그 도시를 산으로 둘러싼 것과 마찬가지 효과가 있으리라고 달래고, 포세이돈은 이에 따른다. 그런 다음 배가 돌로 변해 버린 것을 보고, 옛 예언을 생각해 낸 스케리아 사람들이 자신들의 도시가 산으로 둘러싸이지 않도록 포세이돈께 제사를 드리는 데서 그냥 장면 전환이 이루어진다. 13권 126행 이하 ― 감수자 주](☞오딧세우스, ☞나우시카아, ☞아레테).

아르고나우타이 역시 파이아케스 족의 섬에 들렀으며, 그곳에서 이아손과 메데이아가 결혼했다(☞아르고나우타이, ☞메데이아).

파이악스 Φαίαξ / Phaeax 1. 파이악스는 파이아케스 족의 명조이다. 그는 포세이돈이 아소포스의 딸인 님프 코르키라를 납치하여 낳은 아들이다. 그는 코르키라(코르푸) 섬을 다스렸으며 두 아들을 낳았다. 그 중에서 알키노오스는 그의 후계자가 되었고, 로크로스는 이탈리아로 가서 로크리스 인들의 선조가 되었다. 그는 이탈리아 남부의 또 다른 도시 크로토나의 명조인 크로톤의 아버지였다고도 한다(☞크로톤).

2. 파이악스는 테세우스가 아티카에서 크레테로 갈 때 배를 몰았던 키잡이의 이름이기도 하다. 그는 살라미스 출신이었다.

파이안 Παιάν / Paean 고전 시대의 종교에서 파이안이란 대개 〈치유자〉 아폴론의 제의적 형용사에 지나지 않았다. 그러나 호메로스의 시가들에서부터는 파이안 혹은 파이온이라는 이름의 치유하는 신이 독립적으로 나타나는 것을 볼 수 있다. 하데스가 상처를 입었을 때 고쳐 준 것도 그다. 이 신은 식물들을 사용하여 치유를 행했다. 차츰 그는 아폴론과 동화되었고, 다른 한편으로는 아스클레피오스로 대치되었다(☞ 아스클레피오스).

파이온 Παιών / Paeon 위에 나온 〈치유자〉 파이안 혹은 파이온과 별도로, 파이온이라는 용사들이 여러 명 있다.

1. 그 중 한 명은 파이오네스 족의 명조이다. 파우사니아스가 전하는 바에 의하면, 그는 엔디미온의 아들들 중 한 명이며, 따라서 아이톨로스, 에페이오스, 에우리키데 등과 동기간이다(☞ 계보 24). 히기누스가 전하는 바로는, 그는 포세이돈과 헬레의 아들이다(☞ 헬레).

2. 같은 이름을 가진 또 한 명의 용사는 안틸로코스의 아들이며, 따라서 네스토르의 손자이다. 그의 자식들은 헤라클레스의 후손들이 돌아왔을 때, 넬레이데스[넬레우스의 자손들]와 마찬가지로 메세니아에서 쫓겨났다. 사촌들과 함께 그는 아테나이에 정착했다. 아테나이의 파이오니다이 가문은 그의 자손들이다.

***파툼** Fatum 파툼은 운명의 신이다. 원래 이 단어는 〈말하다 fari〉를 의미하는 동사의 어근과 관련된 것으로 신의 〈말씀〉을 가리켰으며, 되돌릴 수 없는 신적인 결정에 적용되었다. 그리스 종교의 영향을 받아 파툼은 운명의 신들 즉 모이라이, 파르카이, 시빌레 등을 가리키게 되었다. 로마의 로스트라[연설단] 근처 쿠리아 연변에는 〈파타 Fata〉라 불리는 세 개의 신상이 있었는데, 그것들은 시빌레의 신상들이었다. 〈파타〉라는 단어는 차츰 여성 단수로 통하게 되었고, 그것은 로마의 민간 전승에서 〈요정〉을 뜻하는 단어의 기원이 되었다. 하층민들은 파툼의 남성형인 파투스 신을 만들어 내기도 했다. 파투스는 일종의 개인적인 수호신으로 개개인의 운명을 나타내며 게니우스(☞ 게니이)와도 유사하다. 자연히 여성의 수호신은 여성형인 파타로 의인화되었는데, 후대에 이 말은 원초적 유노[올림포스의 신들은 여러 지방에서 여러 이름으로 섬겨지다가, 후에 통일된다. 〈원초적 유노〉도 정리되고 세련되기 이전의 원시적인 여신을 가리키는 듯하다]의 동의어가 되었다(☞ 유노).

파트로클로스 Πάτροκλος / Patroclus 파트로클로스는 『일리아스』에서 아킬레우스의 친구이다. 그의 아버지 메노이티오스는 아이기나와 악토르의 아들로, 아킬레우스와 친척간이었다. 아킬레우스는 아버지 펠레우스와 할아버지 아이아코스를 통해, 같은 아이기나의 고손자였던 것이다(☞ 계보 30). 어머니 이름에 관해서는 ☞ 메노이티오스.

파트로클로스는 부계로는 오푸스의 로크리스 인이었다. 그러나 일찍이 그는 테살리아로 가서 펠레우스의 궁정에 들어갔다. 혼히 그는 어렸을 때 골패 놀이를 하다가 화가 난 나머지 암피다마스의 아들인 클리토니모스(혹은 클리소니모스)를 죽였다고 한다. 그는 달아나야 했으며, 펠레우스는 그를 자기 아들 아킬레우스의 친구로 삼아 주었다. 그래서 그는 아킬레우스와 함께 자라며 의술을 배웠다. 그는 헬레네의 구혼자들 중 한 명이었다는 설도 있지만, 그가 친구를 따라 트로이아에 간 것은 틴다레오스에게 한 맹세 때문만은 아니었다(☞ 헬레네).

파트로클로스와 아킬레우스의 우정은 전설

적이다. 그들간의 유대는 우정 이상이었다고 한다. 미시아에 상륙했을 때(☞아킬레우스), 파트로클로스는 친구와 나란히 텔레포스와 싸웠으며, 디오메데스와 함께 테르산드로스의 시신을 구해 냈다. 그 자신도 화살을 맞았지만 아킬레우스가 고쳐 주었다.

트로이아 전쟁에서 그는 많은 공적을 쌓았다. 그는 『일리아스』뿐 아니라 계열 서사시들에도 등장한다. 가령 아킬레우스의 포로가 된 프리아모스의 아들 리카온을 렘노스에게 판 것도 그였다(☞리카온). 그는 또한 리르네소스 정복과 스키로스 섬 공격에도 참가했다. 『일리아스』에서 그는 여러 차례 등장한다. 그는 브리세이스를 아가멤논의 호위병들에게 넘겨주며, 그리스 군대의 장군들이 아킬레우스에게 보낸 사절이 오자 친구를 보좌한다. 후에 그리스 인들이 난국에 처하자, 아킬레우스는 그를 네스토르에게 보내 소식을 알아 오게 한다. 거기서 그는 부상당한 에우리필로스를 고쳐 주며, 아킬레우스에게 돌아와 아카이아 진영의 난국을 고한다. 그는 영웅에게 다시 나가 싸울 것을, 아니면 적어도 자신만이라도 미르미돈 인들과 함께 다시 전선에 나가게 해줄 것을 종용한다. 아킬레우스는 그에게 자신의 갑옷을 입고 싸움에 나가도 좋다고 허락한다. 곧 그는 트로이아 인들의 일대 살육을 벌인다. 그는 피라이크메스, 아레일리코스[〈아레일로코스〉가 아님], 프로노오스, 테스토르, 에릴라오스, 에리마스, 암포테로스, 에팔테스, 틀레폴레모스, 에키오스, 피리스, 이페우스, 에우히포스, 폴리멜로스, 사르페돈, 트라시데모스, 스테넬라스, 아드라스토스, 아우토노오스, 에케클로스[〈에페클로스〉가 아님], 페리모스, 에피스토르, 멜라니포스, 엘라스, 물리오스, 필라르테스 등을 차례로 죽인다. 그때, 트로이아 인들은 이미 퇴각하고 있었으므로 그들을 추격하려는 그를 아폴론이 막지만, 그는 여전히 헥토르의 전차를 모는 마부 케브리온을 죽이는 데 성공한다. 그러나 곧 아폴론의 도움을 받은 헥토르가 그를 죽인다. 승자에게 갑옷(아킬레우스의 신적인 갑옷)을 빼앗긴 파트로클로스의 시신 주위에서 다시금 싸움이 벌어진다. 길고도 치열한 이 전투에서는 메넬라오스가 특히 두각을 나타낸다. 아킬레우스에게 친구의 죽음을 알리는 것은 네스토르의 아들 안틸로코스이다. 고통으로 신음하던 아킬레우스는 무장도 하지 않은 채 접전의 한복판에 뛰어든다[호메로스의 원문 내용은 좀 다르다. 『일리아스』 18권 165 이하에 따르면, 아킬레우스는 동료의 시신을 구하고 싶지만 무장이 없어 나서지 못하다가, 헤라가 보낸 이리스의 충고에 따라, 전장이 아니라 그보다 훨씬 진영에 가까운 곳인 참호 가에 서서 고함을 지른다 — 감수자 주]. 그의 고함소리에 트로이아 인들은 시신을 버리고 달아난다.

아킬레우스는 아가멤논에 대한 묵은 원한을 씻어 버리고 파트로클로스의 복수만을 다짐한다. 『일리아스』의 마지막은 파트로클로스의 장례와 헥토르의 죽음에 관한 이야기로 온통 채워져 있다. 그 장례 때는 아킬레우스가 스카만드로스 강변에서 잡은 열두 명 트로이아 젊은이들을 희생으로 바쳤고, 모든 그리스 장군들이 참가한 경기가 벌어졌다. 아킬레우스는 장례의 화장단이 있던 자리에 그의 무덤을 만들어 주었다.

아킬레우스가 죽은 뒤 그의 유해는 친구의 유해와 합쳐졌다. 파트로클로스는 아킬레우스, 헬레네, 텔라몬의 아들 아이아스, 안틸로코스 등과 함께 도나우 강 어귀의 〈흰 섬〉에 여전히 살아 있다는 전설도 있었다.

파트론 Πάτρων / Patron 1. 파트론이라는 이름의 용사는 『아이네이스』에서 앙키세스를 기리는 장례 경기 중에 등장한다. 또 다른 설에 의하면, 그는 아이네이아스가 여행길에 만난 아카르나니아 인으로, 시칠리아에 정착하여 알론티온 시를 건설했다.

2. 같은 이름의 또 다른 인물은 로마에서 에우안드로스의 벗이다. 이 파트론은 자기 주위에 가난한 사람들을 가까이 불러 모았으므로 로마의 귀족들이 수하의 사람들을 돌보고 거느리는 제도에 그의 이름이 붙게 되었다.

파포스 Πάφος / Paphos 1. 일설에 의하면 파포스는 동명의 도시 출신의 님프이다. 그녀는 아폴론과 결합하여 키니라스를 낳았다(☞ 키니라스, ☞ 피그말리온).

2. 케팔로스와 에오스의 아들도 파포스라는 이름이다. 그는 키프로스에 파포스 시를 건설했다. 그는 키니라스의 아버지이다.

***팍스** Pax 팍스는 로마에서 〈평화〉를 의인화한 것이다. 기원전 1세기의 내전들에서 자주 그녀의 가호를 빌었으며, 질서의 회복을 위해 로마의 아우구스투스 제단이 그녀에게 바쳐졌다. 후일 베스파시아누스와 도미티아누스는 그들이 건설한 포룸을 〈평화의 포룸〉이라 명명하고, 그곳에 그녀의 신전을 지었다.

팍톨로스 Πακτωλός / Pactolus 소아시아에 있는 같은 이름의 강의 신. 그는 제우스와 레우코테아의 아들로 여겨진다. 그는 에우리아나사를 낳았고, 일설에 따르면 그녀가 펠롭스를 낳았다고 한다. 아프로디테의 신비 의식 동안, 그는 자신의 누이동생 데모디케와 부지중에 관계를 맺었다. 사실을 깨달은 그는 크리소로아스(황금 강)라 불리는 강에 뛰어들어 죽었고, 그 강은 이후로 팍톨로스라는 이름을 갖게 되었다(☞ 미다스).

판 Πάν / Pan 판은 목동들과 가축들의 신으로, 아르카디아 지방에서 유래한 것으로 보인다. 그러나 그에 대한 숭배는 그리스 전역에 퍼져 있으며, 그리스 문화권 너머에까지 일반화되었다. 그는 반인 반수의 마신으로 묘사된다. 그의 수염난 얼굴은 야수적인 교활함을 띠고 있으며, 쭈글쭈글하고 턱이 몹시 튀어나왔다. 이마에는 뿔이 두 개 나 있고, 몸은 털로 뒤덮였으며, 다리는 염소 다리인데 발에는 갈라진 굽이 붙어 있고 다리는 마르고 힘줄이 서 있다. 그는 놀라운 유연성을 지니고 있어서 아주 빨리 달리며 암벽도 쉽사리 기어오른다. 그는 덤불 속에 숨어 님프들을 엿보거나 한낮의 더위를 피해 잠들기도 한다. 그를 훼방하는 것은 위험한 일이다. 그는 특히 서늘한 샘터와 그늘진 숲을 좋아한다. 그 점에서 그는 목동들뿐 아니라 가축들과 취향을 같이 한다. 또한 판은 놀라운 성적 능력을 지닌 신으로 통한다. 그는 님프와 젊은 소년들을 뒤쫓는다. 그런 추적이 성과를 거두지 못할 때는 혼자서 만족을 구하기도 한다고 알려져 있다.

판과 흔히 결부되는 것은 풀피리, 목동의 막대기, 소나무 화관, 그리고 손에 든 솔가지 등이다. 그에 관한 신화들은 드물며 그를 등장시킨 전설들은 대개 후대에 알렉산드리아 시인들의 상상에서 나온 것들이다. 이 시인들은 눈에 띠는 모습의 이 마신을 전원시의 단골로 등장시켰다. 가장 오래된 듯한 전설들은 그의 출생에 관한 것인데, 그 내용이 극히 다양하다.

호메로스의 시가에는 판이 나오지 않는다. 그러나 이른바 〈호메로스의〉 한 찬가는 그를 등장시키며, 그가 킬레네 산의 헤르메스와 드리옵스의 딸 사이에 태어난 아들이라고 한다. 그가 태어났을 때 어머니는 자신이 낳은 괴물을 두려워했다. 그러나 헤르메스는 갓난아기를 산토끼 가죽에 싸서 올림포스로 데려갔다. 그는 그를 제우스 곁에 두고, 다른 신들에게 자기 자식을 보여 주었다. 그래서 디오니소스를 위시하여 모두가 그를 보고 즐거워했다(디오니소스의 행렬 가운데서 판은 실레노스 및 사티로스들과 비슷한 모습으로 나타난다). 신들은 그에게 판이라는 이름을 주었는데, 이는 그가 그들 모두의 마음을 즐겁게 했기 때문이다(민간 어원설에 따르면 〈판〉이라는 이름은 〈모든 것〉을 뜻한다. 신화학자들과 철학자들은 이 어원설을 그대로 받아들여 그를 우주 만물의 화신이라 보았다).

그러나 판의 계보에 대해서도 이설들이 있다. 가장 흥미로운 것들 중 한 가지는 그를 오딧세우스 계열에 결부시킨 것이다. 페넬로페에게는 오딧세우스의 오랜 부재 동안 연인들이 있었는데, 그녀의 호의를 얻은 것은 구혼자들 중 한 명인 안티노오스였다. 돌아온 오딧세우스는 그녀를 이카리오스에게 돌려보냈고, 그녀는 만티네이아로 가서 헤르메스와 결합하여 판을 낳았다는 것이다. 또 다른 전승에 의하면, 모든 구혼자들이 차례로 페넬로페의 연인이 되었으며, 이 모든 결합에서 태어난 것이 판이라고도 한다. 판은 오딧세우스의 부재중에 태어났으며, 돌아와 아내의 부정을 발견한 오딧세우스는 새로운 모험을 찾아 떠났다고 한다(☞오딧세우스).

또한 판은 제우스와 히브리스의 아들 혹은 제우스와 칼리스토의 아들로도 통한다. 이 마지막 설에 의하면, 그는 아르카디아의 명조인 아르카스와 쌍둥이 형제이다. 때로 그는 아이테르와 님프 오이노에, 크로노스와 레아, 우라노스와게 등의 아들이라고도 하고, 때로는 크라티스라는 목동과 암염소 사이에서 태어났다고도 한다.

판은 님프 에코를 사랑한 것으로 알려져 있지만, 여신 셀레네도 사랑했으며 흰 소 한 떼를 선물로 주고 여신의 호의를 얻었다고 한다.

로마에서 판은 팔라티누스 전설에 나오는 파우누스(☞)와, 좀더 일반적으로는 삼림의 신 실바누스(☞)와 동일시된다.

플루타르코스가 전하는 전설에 의하면, 아우구스투스 시대에 한 뱃사람이 바다에서 〈위대한 판의 죽음〉을 알리는 신비한 음성들을 들었다고 한다.

판다레오스 Πανδάρεως / Pandareus 판다레오스의 이름은 크레테 및 소아시아에서 유래한 것으로 보이는 불확실한 신화들에 나온다. 그 중 가장 오래된 것은 『오딧세이아』에 나오는 이야기이다.

안토니누스 리베랄리스와 『오딧세이아』의 옛 주석들이 전하는 첫번째 일화는 다음과 같다. 레아는 크로노스가 어린 제우스를 잡아먹을까 우려하여 그를 크레테의 동굴에 숨겨 두고, 암염소를 유모로, 금으로 된 요술 개를 문지기로 주었다. 크로노스가 왕위를 빼앗기자, 염소는 성좌로 변했고 개는 크레테에 있는 제우스의 성역을 지키게 되었다. 그러나 메롭스의 아들 판다레오스가 이 개를 훔쳐 리디아에 있는 시필로스 산으로 데려갔다. 그는 개를 탄탈로스에게 맡기고 떠났다. 돌아오는 길에 그는 탄탈로스에게 개를 돌려달라고 했으나, 탄탈로스는 개를 맡은 적이 없다고 맹세하며 부인했다. 이때 제우스가 개입하여 판다레오스는 도둑질한 벌로 바위로 만들어 버리고 탄탈로스는 거짓말한 벌로 시필로스 산 밑에 가두어 버렸다. 이설에 따르면, 개는 탄탈로스에게 맡겨졌으나 개를 달라고 한 것은 헤르메스였다. 그래서 탄탈로스는 개를 본 적도 없다고 맹세했는데, 결국 헤르메스는 개를 찾아냈다. 그래서 제우스는 앞의 이야기에서처럼 탄탈로스를 벌했다. 판다레오스는 탄탈로스가 어떻게 되었는지 알자 겁을 먹고 아내 하르모토에와 딸들을 데리고 달아났다고 한다. 처음에는 아테네로 갔다가 다시 시칠리아로 갔다. 그러나 제우스가 그를 찾아내어 하르모토에와 함께 죽였다. 딸들은 하르피이아이에게 납치당했다.

『오딧세이아』가 이 신화에 대해 언급하는 것은 판다레오스의 딸들과 관련해서이다. 페넬로페는 절망한 나머지 판다레오스의 딸들처럼 빨리 죽기를 소원한다. 이 딸들은 부모가 죽은 뒤 의지할 곳 없이 버려져 있었으므로, 측은히 여긴 신들은 이들을 자신들의 보호 아래 두었다. 아프로디테가 먹을 것을 가져다 주었고, 헤라는 지혜와 아름다움을 주었으며, 아르테미스는 우아함을, 아테나는 손재주를 주었다. 그들의 교육이 끝나갈 무렵, 아프로디테는 올림포스에 올라가 제우스에게 그들의 적당한 남편감을 구해 달라고 청했다. 이 짧은 기간 동안 하르피이아이는 소녀들을 습격하여 납치해다가 하계의 에리니에스에게 노예로 주어 버렸다.

판다레오스의 딸들의 수와 이름에 관해서는 다양한 설이 있다. 두 명으로 카미로와 클리티에 아니면 클레오테라와 메로페라는 이름이었다고도 하고, 혹은 세 명으로 클레오테라, 메로페, 아에돈이라는 이름이었다고도 한다.

아에돈이라는 이름은 『오딧세이아』에 나타나는 것과 같은 판다레오스의 신화와 밀레토스 전설 즉 제비와 꾀꼬리의 이야기를 결부시킨다. 밀레토스 전설의 아에돈과 켈리돈 역시 판다레오스의 딸들이었다(☞아에돈). 이 판다레오스는 데메테르로부터 아무리 많이 먹어도 결코 배탈이 나지 않는 특권을 받은 자였다.

판다로스 Πάνδαρος / Pandarus 판다로스는 트로아스의 리키아 인들이 프리아모스를 돕기 위해 보낸 부대의 우두머리이다. 그는 젤레이아 시 출신으로 리카온이라는 노인의 아들이었다(☞카르카보스). 아폴론이 직접 그에게 화살 쏘기를 가르쳐 주었다. 그는 아버지의 충고에도 불구하고 전차도 말도 없이 보병 부대만 데리고 트로이아에 갔다. 트로이아 인들과 그리스 인들이 휴전하고 파리스와 메넬라오스가 단독 결투를 벌이는 동안, 아테나 여신은 트로이아 사람 라오도코스의 모습으로 판다로스에게 나타나 메넬라오스를 쏘라고 부추겼다. 그래서 휴전은 깨지고 전쟁이 다시 시작되었다.

판다로스는 디오메데스와 싸우다가 죽었으며, 이는 그가 전쟁을 촉발한 데 대한 벌이라 해석되었다.

베르길리우스는 에우리티온이라는 이름의 궁수 역시 그의 형제였다고 전한다.

판도라 Πανδώρα / Pandora 헤시오도스의 신화에서 판도라는 최초의 여자이다. 제우스의 명령으로 헤파이스토스와 아테나가 모든 신들의 도움을 받아 그녀를 만들었다. 신들은 저마다 한 가지씩 그녀에게 선물을 주었으며, 그래서 그녀는 아름다움과 우아함, 손재주, 설득력 등등을 갖게 되었다. 그러나 헤르메스는 그녀의 마음속에 거짓과 속임수를 넣어 주었다. 헤파이스토스는 그녀를 불멸의 신들의 모습대로 만들었고, 제우스는 그녀를 통해 인류를 징벌하고자 했다. 인류가 프로메테우스로부터 신들의 불을 받았기 때문이다. 그녀는 모든 신들이 인류의 불행을 위해 마련한 선물이었다.

헤시오도스는 『일들과 날들』에서 말하기를, 제우스가 그녀를 에피메테우스에게 보냈으며, 에피메테우스는 제우스로부터 아무 선물도 받지 말라는 형의 충고를 잊어버리고 그녀의 아름다움에 끌려 그녀와 결혼했다고 한다(☞에피메테우스). 그런데 한 단지(헤시오도스는 이 단지가 무엇이었는지 말하지 않는다)가 있었고, 거기에 모든 불행이 들어 있었다. 그 단지는 안에

든 것이 달아나지 못하도록 뚜껑이 닫혀 있었다. 지상에 오자마자 판도라는 호기심에 못 이겨 단지를 열었고, 그러자 모든 불행이 인류에게 퍼졌다. 단지 바닥에 남아 있던 희망만이 판도라가 다시 뚜껑을 덮기 전에 달아나지 못했다. 또 다른 전승에 의하면 이 단지에는 불행이 아니라 재보가 들어 있었으며, 그녀는 그것을 제우스가 에피메테우스에게 보내는 결혼 선물로 가져왔다고 한다. 생각 없이 그것을 여는 바람에 재보들은 날아가 인간들의 땅을 버리고 신들에게로 돌아가 버렸다. 그리하여 인간들은 온갖 불행에 시달리게 되었다. 단지 희망만이 연약한 위로로 남아 있을 뿐이다.

에레크테우스의 딸 판도라에 대해서는 ☞히아킨티데스.

판도로스 Πάνδωρος / Pandorus 판도로스는 에레크테우스와 프라시테아 사이에 태어난 아들 중 한 명이다(☞계보 11). 그는 에우보이아의 칼키스 시를 건설한 것으로 알려져 있다.

판도코스 Πάνδοκος / Pandocus 판도코스는 팔라이스트라의 아버지로, 헤르메스에게 죽임을 당했다(☞팔라이스트라).

판드로소스 Πάνδροσος / Pandrosus 판드로소스는 케크롭스와 아글라우로스의 세 딸 중 한 명이다. 아글라우로스는 아티카의 첫번째 명조 악타이오스(☞계보 4)의 딸이다. 판드로소스의 자매들은 아글라우로스(혹은 아그라울로스) 2세와 헤르세이다. 자매와 함께 그녀는 아테나가 어린 에리크토니오스(☞)를 숨겨 둔 바구니를 열어보는 잘못을 범했고 그 벌로 죽었다.

때로는 세 자매 외에 포이니케라는 넷째 딸이 더해지기도 한다.

판드로소스는 실잣기를 한 최초의 여성으로 통한다. 아크로폴리스에는 그녀를 위한 제사가 있었으며, 그녀의 신비 의식도 있었다고 한다.

판디온 Πανδίων / Pandion 판디온은 아테나이의 에리크토니오스 왕조에 속하는 두 왕이다.

1. 첫번째 판디온은 에리크토니오스와 샘의 님프 프라시테아의 아들이다(☞계보 11). 그는 이모인 제욱시페와 결합하여 아들 둘(에레크테우스, 부테스)과 딸 둘(프로크네, 필로멜라)을 낳았다. 또 오이네우스라는 서자도 낳았다고 하는데(칼리돈의 용사 오이네우스와는 다른 인물), 그는 동명의 아티카 부족의 명조가 되었다.

판디온은 필로멜라와 프로크네의 전설에 나온다(☞필로멜라). 프로크네를 트라케 왕 테레우스와 결혼시킨 것은 바로 그였다. 그 대가로 테레우스는 판디온이 테바이의 라브다코스 왕과 싸우는 것을 도와주기로 했던 것이다. 그는 딸들의 불행을 보고 애통한 나머지 죽었다고 한다. 아티카에 디오니소스와 데메테르가 도래한 것도 그의 치세 동안이었다고 한다.

그가 죽은 뒤 권력은 에레크테우스와 부테스 사이에 양분되었다. 전자는 왕권을, 후자는 사제권을 가졌다(☞에레크테우스, ☞부테스).

2. 판디온이라는 이름의 두 번째 아테나이 왕은 위의 판디온의 증손자이다(☞계보 11). 그의 아버지 케크롭스(II)는 에레크테우스와 프라시테아(II)의 아들이었고, 그의 어머니 메티아두사는 에우팔라모스의 딸이었다. 그의 치세 동안 오레스테스가 와서 친모 살해의 죄를 씻었으며(☞오레스테스), 판디온이 안테스테리아의 〈단지 축제〉를 제정한 것도 그때의 일이다(이 일화는 때로 데모폰의 치세 동안이었던 것으로도 이야기되며, 연대적으로는 그 편이 더 합당하다. 왜냐하면 테세우스의 아들 데모폰은 트로이아

전쟁 세대에 속하며 따라서 아가멤논과 오레스테스의 중간 연령이 되기 때문이다. ☞데모폰). 그의 시대에 일어났던 또 다른 사건으로는 제우스가 에우로페를 납치하고 카드모스가 그녀를 찾으러 유럽에 왔던 일을 꼽을 수 있다.

판디온 2세는 사촌들 즉 메티온의 아들들의 반역으로 왕위를 빼앗겼다고 한다. 그는 메가라의 필라스 왕에게로 피신했으며, 왕은 그를 자신의 딸 필리아와 결혼시켰다. 필라스 자신이 메가라를 떠나야 하는 처지가 되자(☞필라스), 메가라 왕국은 판디온에게 돌아갔다. 때로는 필리아와의 결혼을 메티온과 그 아들들의 반역 이전으로 보기도 한다.

판디온은 필리아에게서 네 명의 아들(아이게우스, 팔라스, 니소스, 리코스)을 낳았다.

3. 끝으로 한 명의 판디온이 더 있는데, 그는 피네우스와 클레오파트라의 아들들 중 한 명이다. 형제 플렉시포스와 함께, 그는 계모의 저주를 받고 아버지에 의해 실명당했다(☞클레오파트라, ☞피네우스).

판토오스 Πάνθοος / Panthous 판토오스는 『일리아스』에서 프리아모스의 동료인 트로이아 노인들 중 한 사람으로 나온다. 그에게는 세 아들 히페레노르, 에우포르보스, 폴리다마스가 있었다. 그의 아내는 프론티스이다. 판토오스는 델포이 출신으로 아폴론의 제사를 맡았다고 한다. 트로이아가 처음 함락되었을 때(헤라클레스에 의해), 프리아모스는 사자들을 보내 델포이 신탁을 묻게 했다. 사자들은 돌아오면서 델포이와 지속적인 관계를 유지하기 위해 판토오스를 함께 데려왔다. 또는 안테노르의 아들들 중 한 명이 프리아모스의 사자로 갔다가 델포이에서 아폴론의 사제 판토오스를 사랑하게 되어 강제로 트로이아에 끌고 왔다고도 한다. 프리아모스는 판토오스에게 보상하기 위해 그를 트로이아의 아폴론 제사장으로 삼았다. 후에 그는 트로이아가 함락되었을 때 죽임을 당했다.

팔라디온 Παλλάδιον / Palladium 팔라디온은 팔라스 여신을 나타내는 신상으로 주술적인 힘을 가진 것으로 여겨졌다. 팔라디온에 관한 전설은 매우 복잡하며, 계열 서사시들 이래로 다양한 요소들을 포함하게 되었다. 계열 서사시들에서 팔라디온은 트로이아 이야기와 연관된다. 그러나 호메로스의 시가들에는 그런 내용이 없다. 『일리아스』에서는 트로이아 인들이 섬기는 아테나 여신의 신상이 좌상으로 묘사되는 반면, 팔라디온은 고대의 크소아나(xoana: 상고 시대의 목제 우상)처럼 뻣뻣한 입상인 것이다. 그러나 팔라디온에 관한 전설은 차츰 복잡해져 로마의 기원 전설과 합쳐지게 되었다. 팔라디온에는 그것을 간직하고 숭배하는 도시를 지켜 주는 힘이 있었다. 그것은 10년 동안 트로이아를 지켜 주었고, 그 후로도 여러 도시들이 그것을 간직하고 있다고 주장했으며, 그래서 자신들은 불가침이라는 믿음을 확고히 했다. 팔라스 신상의 수는 갈수록 늘어났고, 그만큼 전설들도 복잡해졌다.

신상의 기원에 대해서도 여러 가지 설이 있다. 그 신적 기원을 인정한다는 점에서는 모두 일치하지만, 세부적인 사항들은 제각기 다르다. 가령 아폴로도로스에 의하면, 아테나 여신은 어렸을 때 트리톤에게 맡겨져 자랐는데, 그에게는 팔라스(☞)라는 딸이 있었다. 함께 무술을 연마하던 두 소녀는 어느 날 서로 다투게 되었다. 팔라스가 아테나를 치려는 순간, 딸을 걱정한 제우스가 끼어들어 팔라스 앞에 자기 방패를 들이댔다. 팔라스는 놀란 나머지 아테나의 공격을 막지 못해 치명상을 입고 쓰러졌다. 아테나는 벗에게 보상하기 위해 그녀와 닮은 상을 만들고 그녀의

팔라디온

죽음에 간접적 원인이 되었던 방패를 들린 뒤 신으로 예우하여 제우스 곁에 갖다 놓았다. 그 상은 한동안 올림포스에 있었으나, 제우스는 엘렉트라(☞)를 겁탈하려다 그녀가 신상 뒤로 숨자 그것을 올림포스 꼭대기에서 던져 버렸다. 그리하여 팔라디온은 전에 아테가 트로아스에 떨어졌던 바로 그 언덕에 떨어지게 되었다(☞아테, ☞일로스). 마침 일로스는 트로이아 혹은 건설자의 이름을 따서 일리온이라 부르게 될 도시를 건설하던 중이었다. 하늘에서 기적처럼 떨어진 신상은 신들이 도시의 건설을 인정한다는 신호로 받아들여졌다. 팔라디온은 일로스의 장막 바로 앞에 떨어졌다고도 하고, 아직 완성되지 않아 지붕이 열린 채로 있던 아테나 신전에 떨어져 신상이 놓일 바로 그 자리를 차지했다고도 한다. 팔라디온은 약 3큐빗[1큐빗은 약 50센티미터] 정도의 높이로, 발은 상고 시대의 조상(彫像)들이 흔히 그렇듯이 서로 붙은 채였고, 오른손에는 창을, 왼손에는 방추와 토리를 들고 있었다.

또 다른 전승에 의하면, 팔라디온은 펠롭스의 뼈(좀더 정확히는 그의 어깨뼈. ☞펠롭스)로 만들었으며, 파리스는 스파르타에서 헬레네를 납치하면서 팔라디온도 가져갔다고 한다. 좀더 나중에 나온 전설에 의하면, 트로이아의 선조인 트로스가 아시오스라는 마법사에게서 이 기적적인 신상을 받았으며, 그를 기념하기 위해 전 대륙을 아시아라 불렀다고도 한다.

신상이 겪은 모험에 관한 전설들도 그 내력에 관한 전설들 못지않게 다양하다. 가령 다르다노스가 그것을 (아마도 아르카디아에서 취하여) 사모트라케로 가져가다가 장인 테우크로스에게 주었다고 한다(☞다르다노스). 또한 트로이아인들은 도시의 수호신인 신상이 도둑맞을 것을 염려하여 똑같은 가짜를 만들었다고도 한다. 그들은 가짜 팔라디온을 신전에 세워 놓고, 진짜는 보물 창고에 감춰 두었다. 신상이 여럿이라는 주제에 관해서는 여러 가지 전설들이 생겨났다. 계열 서사시들에서부터 보면, 이데 산에서 오딧세우스의 포로가 된 예언자 헬레노스(☞)는 운명의 신들이 시키는 대로 팔라디온을 도시 밖으로 훔쳐내지 않는 한 트로이아는 함락되지 않으리라고 예언한다. 오딧세우스는 이 예언을 성취하기 위해 디오메데스를 데리고 밤에 성 안으로 들어가게 한다. 그러나 여기서도 이야기들이 달라져서, 때로는 디오메데스가 망을 보고 오딧세우스 자신이 거지로 변장하여 성 안으로 들어갔다고도 한다. 그는 헬레네에게 발각당했지만 그녀의 도움으로 팔라디온을 가지고 나오는 데 성공했으며, 돌아오는 길에 많은 파수병들을 죽였다는 것이 아폴로도로스가 『에피토메』에서 전하는 이야기이다. 그러나 대개의 이야기들은 디오메데스에게 그 역할을 맡긴다. 디오메데스는 오딧세우스의 어깨를 딛고 성벽 위로 올라갔으나, 오딧세우스를 성벽 위로 끌어올리기를 거부했다. 무사히 신상을 훔친 그는 오딧세우스에게 돌아와 두 사람은 함께 진영을 향했다. 도중에 오딧세우스는 디오메데스로부터 팔라디온을 빼앗아 자신이 모든 공을 세운 것처럼 혼자 그리스 진영으로 돌아오려 했다. 그는 디오메데스의 뒤에서 걷다가 팔을 들어 그를 죽이려 했는데, 땅에 드리워진 그의 칼 그림자(왜냐하면 만월이었으므로)를 본 디오메데스는 뒤를 돌아보았다. 그도 칼을 뽑아 들었고, 오딧세우스가 싸우기를 거절하자, 그를 앞세워 진영으로 돌아왔다.

또 다른 전승에 의하면, 디오메데스와 오딧세우스는 하수도를 통해 성 안으로 들어갔다고 한다. 이와 다른 전승에 의하면 안테노르(그는 그리스 편이었다)의 아내 테아노가 남편의 명에 따라 직접 팔라디온을 그들에게 건네주었다고도 한다.

또 다른 전설들은, 진짜 팔라디온은 트로이아에 남아 있었으며, 도시가 함락되던 밤 아이네이아스가 적시에 그것을 아테나 신전에서 꺼내어, 이데 산으로 그리고 이탈리아까지 가지고 갔다고 한다. 이 팔라디온은 로마의 베스타 신전에 놓였고, 베스타 여사제들이 그것을 섬겼다. 트로이아에서 그랬듯이 로마에서도, 팔라디온은 도시의 안전과 연관되었다.

팔라디온은 카산드라의 전설에도 등장한다. 로크리스 사람 아이아스가 카산드라를 납치하려 하자 그녀는 팔라디온을 끌어안았다(☞오일레우스의 아들 아이아스). 아이아스가 카산드라를 잡아 끌다가 신상이 떨어졌는데, 그것은 손이 깨끗한 여사제들만이 만질 수 있는 것이었다. 그러므로 그것은 아이아스가 카산드라에게 행한 폭력의 신성 모독적인 성격을 한층 더하게 했고, 그는 아테나의 노여움을 샀다. 이 이야기에서, 진짜 팔라디온은 끝까지 트로이아에 남아 있었다고 한다. 오뒷세우스와 디오메데스가 훔친 것은 가짜 신상에 불과했던 것이다. 아이아스가 카산드라를 납치하며 함께 가지고 간 신상은 카산드라와 함께 아가멤논에게로 돌아갔다.

아이네이아스가 신상을 가져가지 않았다는 설들에서, 신상은 디오메데스의 것으로 남기도 하고 아가멤논에게로 넘어가기도 한다. 전자의 경우 디오메데스는 그것을 이탈리아 남부로 가져가 훗날 라티움에 정착하러 온 아이네이아스에게 주었다고 한다. 후자의 경우, 아가멤논은 팔라디온을 아르고스로 가져갔다(적어도 파우사니아스가 전하는 바에 따르면 그렇다)고 하며, 이는 아르고스 인들도 신상을 가졌다고 주장했음을 말해 준다(아르고스의 팔라디온에 관해서는 ☞레아그로스).

끝으로 진짜 팔라디온은 아테나이 시에 있다고 주장하는 아테나이 전승도 있다. 아테나이 사람들은 트로이아 전쟁에 참가했던 데모폰이 디오메데스로부터 그 상을 신표로 받았다고 이야기했다. 아가멤논이 신상을 탐내는 것을 알아차린 그는 급히 그것을 부지게스에게 맡겼고, 부지게스는 그것을 아테나이로 가져갔다. 그러나 아가멤논을 좀더 확실히 속이기 위해, 데모폰은 비밀리에 진짜와 똑같은 신상을 만들게 하여 자기 장막에 두었다. 도시를 함락시킨 아가멤논이 수많은 군사를 이끌고 돌아와 팔라디온을 요구하자, 데모폰은 그것을 넘겨주기를 거부하고 아가멤논과 오랜 싸움을 벌였다. 싸움이 길어지자 아가멤논은 데모폰이 신상을 가지고 있음을 더욱 확신하게 되었다. 마침내 그는 항복하면서 왕에게 가짜 신상을 넘겨주었다.

또 다른 설에 따르면, 귀향길의 디오메데스는 아티카의 팔레룸 근처에서 밤을 맞았다고 한다. 자신이 어디 있는지 알지 못한 채 그는 데리고 있던 아르고스 인들과 함께 적대적인 행동을 했다. 당시 아티카를 다스리던 데모폰은 자신의 백성을 구하러 왔다가 상대가 누구인지 모르고 디오메데스 편의 병사들을 많이 죽인 뒤 팔라디온을 가져갔다. 그러나 돌아오다가 그가 탄 말이 한 아테나이 인을 넘어뜨려 죽게 했다. 고의는 아니었지만 사람이 죽었으므로 데모폰은 특별 법정에 끌려갔다. 그래서 그런 종류의 재판을 하는 장소를 〈팔라디온의 법정〉이라 부르게 되었다.

팔라메데스 Παλαμήδης / Palamedes 팔라메데스는 나우플리오스가 카트레우스의 딸 클리메네에게서 낳은 세 아들들 중 한 명이다(☞나우플리오스). 그에게는 오이악스와 나우시메돈이라는 형제들도 있었다. 그에 관한 전설은 호메로스의 시가들과는 독립적으로 발전했다. 그는 아킬레우스, 아이아스, 헤라클레스 등과 함께 켄타우

팔라메데스

로스 케이론이 가르친 제자들에 속하며, 트로이아 전쟁 초반에 참전했다. 헬레네의 납치 당시 그는 메넬라오스를 위로하고 그를 달래려 했다 (그는 메넬라오스와 사촌간이었다. ☞계보 2). 그 후 몇몇 저자들에 의하면, 그는 오딧세우스, 메넬라오스 등과 함께 일을 평화적으로 수습하기 위한 사절단에 끼어 트로이아로 갔다. 그는 클리타임네스트라가 헬레네에게 남편 곁으로 돌아오라고 종용하는 편지를 가지고 갔다고도 한다. 테네도스로 파견되었던 두 번째 사절단에도, 팔라메데스는 오딧세우스, 메넬라오스, 디오메데스, 아카마스 등과 함께 들어 있다. 그러나 메넬라오스를 위한 팔라메데스의 열의는 그 자신의 파멸을 가져온다.

헬레네의 옛 구혼자들이 트로이아로 가서 그녀를 되찾기로 했을 때, 오딧세우스는 틴다레오스에게 했던 맹세에도 불구하고 그 의무에서 벗어나려 하며, 메넬라오스와 팔라메데스가 그를 찾으러 오자 미친 시늉을 했다. 그는 당나귀와 황소를 겨리 지어 쟁기를 매고, 씨 대신 소금을 뿌렸다. 그러나 팔라메데스는 그런 꾀에 넘어가지 않았고, 오딧세우스가 미치지 않았다는 것을 증명하기 위해 어린 텔레마코스를 오딧세우스가 밭 가는 쟁기 앞에 갖다 놓았다. 오딧세우스는 그 시험을 이기지 못하고 아이를 죽이기 전에 쟁기질을 멈추었고, 하는 수 없이 미친 시늉을 그만두었다. 또 다른 설에 의하면, 팔라메데스는 자신의 검으로 텔레마코스를 위협하여 오딧세우스가 아이를 구하러 달려오게 했다고도 한다. 하여간 오딧세우스의 꾀는 팔라메데스 때문에 탄로가 나서 어쩔 수 없이 메넬라오스와 아가멤논의 원정에 참여하게 되었고, 오딧세우스는 결코 팔라메데스를 용서하지 않았다.

팔라메데스는 스키로스 왕 리쿠르고스의 궁정에 숨어 있던 아킬레우스를 찾으러 가는 데도 끼었고, 메넬라오스의 사절로 오이노피온과 키니라스에게 가기도 했다. 또 그는 카리스토스의 에피폴레(트라키온의 딸)라는 여자가 남장을 하고 그리스 군대를 따라가려는 것을 적발했으며, 그녀는 돌로 죽임을 당했다.

원정 초기에 팔라메데스는 일식을 비롯해 불길한 징조들 때문에 사기가 저하되어 있는 군사들을 북돋는 등 큰 역할을 했다. 그는 군대에 덮친 역병을 물리치는 데도 활약했고, 이데 산의 숲에서 나온 늑대(아폴론의 짐승)가 진영에 나타날 것을 미리 알아내기도 했다. 또한 그는 오이노피온(☞)의 세 딸들인 〈포도나무 지기들〉을 불러 옴으로써 기근에 대처했다.

그러나 결국 오딧세우스는 그에게 복수하는 데 성공했다. 이 복수에 대해서는 이설들이 있는데, 공통된 것은 팔라메데스를 넘어뜨린 데 쓰인 협잡이다. 왜냐하면 오딧세우스는 포로로 잡은 트로이아 인을 협박하여 프리아모스가 보낸 것처럼 가짜 편지를 쓰게 했으며, 그 내용 가운데 팔라메데스가 프리아모스에게 그리스 인들을 배반할 뜻을 비친 듯이 꾸몄기 때문이다. 또 팔라메데스의 노예를 매수하여 주인의 침대 밑에 금을 숨기게 했다. 그리고는 그 편지를 진영에 흘려 아가멤논의 손에 들어가게 했다. 아가멤논은 팔라메데스를 잡아다가 그리스 인들에게 넘겨주었고, 그는 돌로 죽임을 당했다.

이설에 의하면, 오딧세우스와 디오메데스는 팔라메데스를 설득하여 우물로 내려가게 한 뒤 그 위에 돌과 흙을 덮어 생매장을 했다고도 한다.

팔라메데스의 죽음은 악인들이 유덕한 자를 모함한 결과인 부당한 죽음의 대표적인 예가 되었다.

전승에 의하면, 팔라메데스는 많은 발명을 했다. 특히 알파벳 글자들 중 몇 가지가 그의 발명이라고도 하고, 혹은 그리스 알파벳의 글자 자체는 카드모스가 발명했으나 순서를 정한 것은 그였다고도 한다. 흔히 팔라메데스는 기러기들이 날아가는 모양에서 Y자를 착안했다고 한다.

또한 그는 숫자를 발명했다고도 하는데, 이 영예는 무사이오스나 프로메테우스에게 돌아가기도 한다. 그런가 하면 화폐의 사용이나 천체의 움직임에 따른 역법, 장기 놀이(이것은 기근이 들었을 때 너무 먹을 것만 생각하지 않기 위해 만든 것이라 한다), 주사위 놀이, 골패 놀이 등을 발명한 것도 그라고 전해진다.

팔라메데스의 죽음은 나우플리오스에 의해 잔인하게 보복되었다. 이 전설에 관해서는 ☞ 나우플리오스.

팔라스 Πάλλας / Pallas I. 팔라스란 일반적으로 아테나 여신을 가리키는 제의적 형용사로, 아테나 여신은 흔히 팔라스 아테나라는 이름으로 불린다. 뒤늦게 확인된 한 가지 전설에는 아테나 여신과는 별도의 인물인 팔라스가 나오는데, 이 팔라스는 트리톤(트리토니스 호수의 신, ☞ 트리톤)의 딸이다. 아테나가 어렸을 때 이 팔라스와 함께 키워졌으며 사고로 그녀를 죽였다고도 한다. 그래서 그녀를 기리기 위해 팔라디온을 만들었다는 것이다(☞ 팔라디온).

팔라스 Πάλλας / Pallas II. 남성 명사 팔라스로 지칭되는 용사들은 여러 명 있다.

1. 티탄 팔라스는 크리오스와 에우리비에의 아들이자, 페르세스와 아스트라이오스의 형제이다(☞ 계보 32, ☞ 계보 38). 헤시오도스의 『신들의 계보』에 따르면 그는 오케아노스의 맏딸 스틱스와 결합하여 열심과 승리(니케), 그리고 권력과 힘을 낳았다고 한다. 또 다른 전승들에 의하면 그는 새벽(에오스)의 아버지라고 하는데, 에오스는 대개 〈태양적〉 티탄인 히페리온과 테이아의 딸로 알려져 있다(☞ 에오스).

2. 아르카디아 왕 리카온(☞)의 아들들 중 한 명도 팔라스라는 이름이다. 그는 아르카디아의 도시 팔란티온의 명조이며, 로마의 기원 설화와도 관련이 있다. 그는 때로 에우안드로스의 할아버지로 간주된다. 할리카르나소스의 디오니시오스에 따르면 이 팔라스에게는 크리세라는 딸이 있었는데, 그는 딸을 트로이아 왕조의 건설자인 다르다노스와 결혼시켰다. 동시에 팔라스는 그의 사위에게 아르카디아의 여러 신들을 넘겨주었는데, 그 중 한 가지인 팔라디온은 트로이아 전설에서 중요한 역할을 하게 된다. 이 점에서 신화학자들은, 아이네이아스의 편력이나 로마 시의 건설에 앞서, 로마와 트로이아 사이의 첫번째 연관을 찾아낸다. 왜냐하면 팔라티누스 언덕의 명조(☞ 팔라스 3)가 트로이아의 첫번째 왕비의 조카였으니 말이다(☞ 다르다노스).

3. 베르길리우스는 그의 『아이네이스』에 또 다른 팔라스를 등장시킨다. 그는 에우안드로스[에반드로스]의 아들이자 팔라티누스 언덕의 명조이다. 이 팔라스는 아이네이아스[아이네이아스]와 함께 투르누스와의 전쟁에서 싸우다가 투르누스의 손에 죽었다. 사실 베르길리우스 이전의 전승에서는 팔라스가 팔라티누스 언덕에 직접 에우안드로스를 묻어 주었다고 하며 따라서 『아이네이스』와는 달리 아버지보다 먼저 죽지 않았다고 한다. 이 팔라스와 혼동되는 인물로 헤라클레스가 에우안드로스의 딸(디나, 라우나?)[원문대로임]에게서 낳은 팔라스 또는 팔란스(☞)가 있는데, 그 또한 젊어서 죽었으며 팔라티누스 언덕에 자신의 이름을 남겼다고 한다.

4. 다른 두 명의 팔라스는 아르카디아-로마 전설이 아니라 아티카 전설과 연관된다. 첫번째 팔라스는 거인으로, 여러 저자들에 따르면 아테나 여신의 아버지였는데, 자신의 딸을 겁탈하려

했다. 그래서 아테나는 그를 죽이고 살가죽을 벗겨 그 가죽을 입었다. 이 팔라스에게는 날개가 있었으므로, 아테나는 그것들을 자신의 발에 붙였다고 한다.

5. 끝으로 팔라스는 판디온의 막내아들이었다(☞계보 11). 50명 아들 팔란티다이와 함께 그는 테세우스에게 맞서 싸웠고 모두 테세우스에게 죽임을 당했다(☞팔란티다이).

팔라이몬 Παλαίμων / Palaemon 1. 팔라이몬 즉 〈씨름꾼〉[palaio는 〈씨름하다〉라는 뜻]은 헤라클레스의 한 아들의 이름이다(☞계보 15). 아버지가 벌였던 한 씨름을 기념하기 위해 그에게 그런 이름이 붙여졌다.

2. 팔라이몬은 또한 아폴로도로스가 제시한 아르고나우타이의 명단 중에 나오는 이름이다. 이 팔라이몬은 아이톨로스(혹은 헤파이스토스)의 아들이다. 헤라클레스의 아들과 마찬가지로, 그 역시 아버지의 투사적 재능을 기념하여 이런 이름을 갖게 되었다.

3. 이 이름을 가진 인물로 가장 유명한 것은 이노 레우코테아의 아들이다. 인간으로 보낸 어린 시절 동안, 이 팔라이몬은 멜리케르테스라 불렸다. 그의 아버지는 아타마스였다. 어머니 이노가 자살하면서 함께 죽음으로 데려갔던 멜리케르테스는 바다의 신 팔라이몬이 되었고, 이노는 여신 레우코테아가 되었다(☞레우코테아). 어머니를 통해 팔라이몬은 디오니소스와 친사촌간이 된다(이노는 카드모스의 딸이며, 디오니소스를 낳은 세멜레의 자매였다. ☞계보 3). 이노는 메가라 인근의 절벽 꼭대기에서 뛰어내려 죽었는데, 메가라 사람들이 전하는 바로는 어머니 이노의 시신은 도시 근처의 물가에 떨어져 이집트 사람 렐렉스의 아들인 클레손의 딸들이 묻어 주었고, 아들 멜리케르테스의 시신은 돌고 래에 실려 코린토스 지협까지 갔고 거기서 시시포스가 그를 묻어 주고 소나무 옆에 제단을 만들어 주었다고 한다. 시시포스는 그에게 팔라이몬이라는 이름을 붙이고 신적인 예우를 하여, 이스트미아 경기의 수호신으로 삼았다(☞멜리케르테스).

로마에서 팔라이몬은 포르투누스 신과 동일시된다.

팔라이스트라 Παλαίστρα / Palaestra 씨름의 의인화인 팔라이스트라는 헤르메스의 사랑을 받았던 소녀이다. 그녀는 아르카디아 왕 코리코스(☞)의 딸이라 하고, 혹은 케팔레니아 사람 판도코스의 딸이라고도 한다. 이 판도코스(이 이름은 〈환대〉를 의미한다)는 네거리에 살고 있어서 지나는 손님들을 유인한 뒤 죽여 버리곤 했다. 어느 날 그곳을 지나던 헤르메스 역시 그의 초대를 받았는데, 젊은 신에게 사랑을 느낀 팔라이스트라는 그가 판도코스에게 죽임을 당하기 전에 판도코스를 죽이게 했다.

팔라이코스 Φάλαικος / Phalaecus 팔라이코스는 암브라키아의 폭군으로, 아르테미스는 그로부터 도시를 구해 냈다. 그녀는 그를 사냥에 데려가 새끼 사자를 보여 주었다. 팔라이코스가 그것을 잡자, 암사자가 나타나 왕을 찢어 죽였다. 암브라키아 주민들은 감사의 뜻으로 여신의 신상을 세우고 〈안내자 아르테미스〉의 이름으로 제사를 드렸다.

***팔란스** Palans 팔란스는 팔라티누스 언덕의 수많은 명조들 중 한 사람인 〈로마 인〉 용사이다. 할리카르나소스의 디오니시오스가 전하는 바에 따르면, 팔란스는 헤라클레스와 디나의 아들이었고, 디나는 에우안드로스의 딸이었다. 그는

젊어서 죽었으며, 그의 할아버지가 그를 묻은 언덕이 그의 이름을 따서 팔라티누스가 되었다고 한다(☞팔라스 3).

***팔란토** Palanto 히페르보레이오이 족의 처녀로, 헤라클레스의 사랑을 받았다. 그녀가 그에게 낳아 준 아들이 바로 라티누스 왕이었다. 적어도 바로[기원전 2~1세기의 로마 학자]가 전하는 불확실한 전승에 의하면 그러하며, 이 또한 팔라티누스 언덕의 이름에 대한 설명이 된다.

팔란토스 Φάλανθος / Phalanthus 팔란토스는 타렌툼을 건설한 인물이다. 전설의 이본들 중에는 다음과 같은 것이 있다. 메세니아 전쟁[스파르타가 메세니아에 쳐들어간 사건] 동안, 라케다이몬 인들[스파르타 인들] 중에 원정에 참가하지 않았던 사람들은 노예로 전락했다. 그들의 자식들은 정치적 권리를 박탈당했고 〈파르테니아이〉라고 불렸다. 이들은 이러한 운명을 받아들이지 않고, 팔란토스라는 이름의 두목을 뽑아 스파르타 인들에 반항할 모의를 했다. 역모는 스파르타의 〈히아킨티아〉 축제 때 일으키기로 했다. 팔란토스가 모자를 내리쓰는 것을 신호로 활동을 개시할 작정이었다. 그러나 스파르타 인들은 이를 미리 알고, 군사를 시켜 팔란토스가 모자를 쓰지 못하게 했다. 음모는 들통이 났고, 〈파르테니아이〉는 팔란토스를 따라 달아났으며, 델포이 신탁에 따라 타렌툼으로 가서 식민지를 건설했다.

또한 델포이의 신탁은 팔란토스에게 〈맑은 하늘에서 비가 올 때〉에야 그가 계획한 일[이주 계획을 가리킴]이 성공하리라고 예언했는데, 이 신탁은 팔란토스의 아내 아이트라(〈맑은 하늘〉이라는 뜻)가 남편과 그의 동료들의 첫 실패를 알고 눈물을 흘림으로써 실현되었다.

팔란티다이 Παλλαντίδαι / Pallantidae 팔란티다이란 팔라스(☞계보 11)의 50명 아들을 가리키는 말이다. 그들은 아테나이 왕 판디온의 손자이자 아이게우스의 조카이며 테세우스의 친사촌들이 된다. 그들은 아이게우스가 자식을 낳지 못하리라고 오랫동안 믿었고(왜냐하면 아테나이에서 멀리 떨어진 곳에서 자란 테세우스에 대해 그들은 전혀 알지 못했으므로. ☞테세우스), 아이게우스가 죽으면 그의 뒤를 이어 아테나이를 나눠 갖게 될 것을 기대하고 있었다. 그러나 테세우스가 트로이젠에서 돌아와 아이게우스의 친자로 인정받자, 그들은 이에 반발하여 사촌의 적자 혈통에 이의를 제기했다. 아테나이 인들이 나서서 테세우스가 왕으로 선포되자, 그들은 그와 정면으로 싸움을 벌였으나 패하여 죽임을 당했다. 그들의 죽음에 대해 죄 씻음을 받기 위해, 테세우스와 그의 아내 파이드라는 자청하여 1년간 트로이젠에서 유배 생활을 했다. 또는 테세우스가 아테나이 법정에서 재판을 받고 사면되었다고도 한다.

팔랑크스 Φάλαγξ / Phalanx 팔랑크스는 아테나이 인으로 아라크네의 남매이다. 누이가 아테나로부터 직조 기술을 배우는 동안 팔랑크스는 무예를 배웠다. 그러나 남매는 불륜을 범했고, 여신은 그들을 짐승으로 만들었다(☞아라크네).

팔레네 Παλλήνη / Pallene 1. 팔레네는 트라케의 케르소네소스 왕 시톤이 네일로스의 딸 앙키로에(일명 앙키노에) 혹은 님프 멘데이스에게서 낳은 딸이었다. 시톤은 아레스(혹은 포세이돈)의 아들로, 팔레네 외에 로이테이아라는 또 다른 딸이 있었다.

팔레네는 대단한 미인이었다. 시톤은 그녀를 어떤 구혼자에게도 주려 하지 않았다. 그는 그들을 자신과 싸우게 하여 모두 죽여 버렸다. 그러나 자신의 힘이 줄어드는 것을 느끼고 딸을 내주어야 한다는 사실을 깨달은 그는 그녀를 두 구혼자 드리아스와 클레이토스 사이의 단독 결투에 상으로 내걸었다. 팔레네는 클레이토스를 사랑하고 있었지만, 자신의 마음을 감히 내보이지 못한 채 몹시 울었다. 그녀가 우는 것을 눈치 챈 늙은 가정교사가 이유를 캐물어 알아냈다. 그래서 그는 드리아스의 마부를 매수하여 싸움 동안 전차의 바퀴를 버티는 쐐기를 빼내게 했고, 드리아스는 죽고 말았다. 딸의 음모를 알아차린 시톤은 그녀 또한 죽여 벌하기로 했다. 그는 드리아스의 시신을 태울 화장단을 준비시키고 딸을 그 위에 올라가게 했다. 그때 아프로디테가 나타나 팔레네를 죽이는 것을 말렸다고도 하고, 혹은 많은 비가 쏟아져 장작에 불이 붙지 않았다고도 한다. 도시의 주민들은 하늘의 뜻을 인정하고 팔레네를 용서하여 클레이토스와 결혼시켰다. 그녀는 트라케의 케르소네소스에 있는 팔레네 반도에 자신의 이름을 남겼다(☞시톤).

2. 또 다른 팔레네는 알키오네우스의 딸들 중 한 명으로, 자매들과 함께 새로 변했다(☞알키오네우스).

팔레로스 Φάληρος / Phalerus 팔레로스는 아테나이 출신으로, 아티카의 항구 팔레룸(페이라이에우스)의 명조이다. 그는 아르고나우타이 중 한 명으로 테세우스, 페이리토오스 등과 나란히 켄타우로스들과 맞서 싸웠던 것으로 통한다. 어렸을 때 그는 뱀의 공격을 받았는데, 이미 그를 휘감기 시작한 뱀에게 그의 아버지 알콘이 화살을 쏘아 아이를 구해 냈다고 한다.

*팔레스 Pales** 팔레스는 로마에서 섬기는 가축의 수호신이다. 그는 때로는 남신으로, 때로는 여신으로 언급된다. 그를 기리기 위해 4월 21일에 〈파릴리아〉 기념제를 지냈으며, 그때 목동들은 짚과 덤불에 큰 불을 붙이고 그 사이를 뛰어넘었다. 민간 어원설에 따르면 그 축제의 이름은 한때 〈팔릴리아〉였으며 이는 팔레스 신의 이름을 딴 것이라고 하는데, 이는 단순한 말장난으로 보인다. 〈파릴리아 축일〉은 로물루스가 로마를 세운 날로 통한다. 팔레스의 이름 또한 팔라티누스와 연관되는데, 딱히 그럴 만한 이유는 없다. 목축 생활의 수호신이라는 것 외에 그에 관한 별도의 전설은 없다.

팔리누로스 Παλίνουρος / Palinurus 팔리누로스는 아이네이아스의 키잡이이다. 선단이 시칠리아에서 이탈리아를 향해 출발할 때, 베누스는 아들에게 안전한 항해를 약속하면서, 단 한 명만 목숨을 잃을 것이고 그의 죽음이 다른 사람들을 살리리라고 예언했다. 그 한 명이 바로 팔리누로스였다. 베르길리우스는 밤사이에 배를 몰던 팔리누로스가 어떻게 잠의 신에게 사로잡혔던가를 이야기한다. 그는 무거워지는 눈을 들어 별들을 바라보고 안간힘을 써서 키에 매달렸지만 소용이 없었고, 배가 크게 흔들리자 바다로 떨어지고 만다. 모두가 잠들었으며 배에 탄 누구도 그가 떨어지며 외치는 비명소리를 듣지 못했다. 아이네이아스는 잠에서 깨어나 키잡이가 사라진 것을 깨닫고 그를 애도한다. 하지만 아이네이아스는 그를 다시 보게 된다.

쿠마이의 시빌라에게 안내되어 하계에 내려간 아이네이아스는 스틱스 강가에서 무덤 없이 죽은 자들, 카론이 강을 건네주려 하지 않는 자들을 보게 된다. 그 무리 중에 있던 팔리누로스는 아이네이아스에게 자신이 어떻게 바다에 떨어져 죽었는지 이야기한다. 그는 사흘 밤낮을 헤엄쳐 마침내 이탈리아에 이르렀지만, 뭍에 발을 들여놓자마자 그 고장의 야만인들에게 죽임을 당했고, 이들이 그의 시체를 물가에 버려 두었다는 것이다. 팔리누로스는 아이네이아스에게 그가 뭍에 이르면 벨리아(파이스툼 만의 남쪽에 있는 루카 연안)로 가서 자신의 장례를 치러 줄 것을 부탁한다. 그러자 시빌라는 팔리누로스에게 루카 연안에 무서운 재앙이 닥쳐 그곳 주민들이 그의 시체를 찾아내 신적인 예우로 장례를 치르고 그 곳을 팔리누로스 곶이라 부를 것임을 예언한다.

팔리코이 Παλικοί / Palici 팔리코이는 시칠리아 출신의 쌍둥이 신들이다. 그들은 헤파이스토스의 딸 탈레이아와 제우스, 혹은 헤파이스토스와 아이트네 사이에 태어난 아들들로 여겨졌다. 제우스의 아이를 가진 탈레이아는 헤라의 질투를 두려워하여 땅속에 숨기를 원했다. 그 소원은 이루어졌고, 달이 차자 두 쌍둥이가 태어나 땅에서 나왔다. 그래서 그들은 〈돌아온 자들〉(그리스 어로 παλίν은 〈다시〉라는 뜻이다)이라는 이름을 갖게 되었다. 그들에 대한 숭배는 레온티니에서 멀지 않은 나프티아 호수 근처에서 이루어졌으며, 거기서는 몇 차례의 화산 현상이 있었다. 호수에서 뜨거운 물이 돔 모양으로 치솟았다가 쏟아져 내렸는데, 그러면서 한 방울도 호수 밖으로 넘치지 않았다. 호수에는 진한 유황 냄새가 진동했다. 그 위를 날아가던 새들조차 떨어져 죽었으며, 섣불리 가까이 다가가는 자들은 사흘 내로 죽었다. 그런 터에 자리잡은 팔리코이는 두려운 신들이었고, 시칠리아 인들은 이들의 이름을 걸고 맹세했다. 무엇인가를 맹세로 확정하고자 하는 자는 그 맹세의 내용을 쓴 서판을 호수의 물에 던졌다. 만일 서판이 물위로 떠오르면 맹세한 내용이 진실이고, 가라앉으면 거짓으로 간주되었다. 팔리코이의 이름을 거짓되게 불러 맹세하는 자들은 눈이 멀었다고 한다.

팔케스 Φάλκης / Phalces 팔케스는 테메노스의 아들들 중 한 명이며, 따라서 헤라클레스의 후손이다(☞계보 16). 그에게는 레그니다스라는 아들이 있었다. 그는 밤사이에 시키온 시를 장악하고, 시키온 왕이자 역시 헤라클레스의 후손이던 라케스타데스와 권력을 나누었다.

팜포스 Πάμφως / Pamphos 파우사니아스에 따르면, 팜포스는 아주 옛날의 시인으로, 신화 시대에 아테나이 인들을 위해 종교적인 찬가들을 지었다고 한다. 파우사니아스는 그 중에서도 특히 데메테르, 아르테미스, 포세이돈, 에로스, 그리고 카리테스에게 바치는 찬가들을 꼽는다.

팜필로스 Πάμφυλος / Pamphylus 팜필로스는 아이기미오스의 아들들 중 한 명으로, 도리스 부족 중 하나인 팜필리아 인들의 명조이다(☞아이기미오스). 그는 헤라클레이다이와 함께 티사메노스에 맞서 싸웠다(☞헤라클레이다이). 그는 데이폰테스의 딸 오르소비아와 결혼했다.

팡가이오스 Πάγγαιος / Pangaeus 팡가이오스는 트라케의 용사로, 아레스와 크리토불레의 아들이다. 그는 부지중에 자신의 딸을 범한 뒤 산 위에서 자결했고 그 산은 그의 이름을 따서 팡가이오스라 불렸다.

팡크라티스 Παγκράτις / Pancratis 팡크라티스는 알로에우스와 이피메데이아의 딸이며, 따라서 알로아다이(☞)의 누이이다(☞계보 10). 그녀는 디오니소스 제사를 드리던 중에 어머니와 함께 납치당했다. 당시 스트롱길레 즉 〈둥근 섬〉이라 불리던 낙소스에 자리잡은 트라케 인들에게는 여자가 부족했기 때문이다. 팡크라티스는 빼어나게 아름다웠으므로, 트라케 인들의 두 우두머리 시켈로스와 헤게토로스는 누가 그녀를 차지할 것인가를 놓고 싸움을 벌이다가 둘 다 죽어 버렸다. 그래서 팡크라티스는 낙소스의 트라케 왕 아가사메노스에게 돌아갔다.

얼마 지나지 않아 알로아다이(☞)는 낙소스를 정벌하여 보복했으나, 팡크라티스는 형제들이 구해 낸 지 얼마 지나지 않아 죽었다.

파르테니오스에 따르면, 팡크라티스를 납치했던 두 사람의 이름은 스켈리스와 카사메노스라 한다(☞이피메데이아).

페가소스 Πήγασος / Pegasus 페가소스는 날개 달린 말로, 여러 전설에 등장하는데, 특히 페르세우스의 이야기와 벨레로폰테스의 이야기가 유명하다. 그의 이름은 〈샘〉을 의미하는 그리스어(페게πηγή)에서 왔다고 한다. 또 그는 〈오케아노스의 샘에서〉 즉 서방 세계의 끝에서 태어났다고 하는데, 그것은 페르세우스가 고르곤을 죽였을 때의 일이다. 전설에 의하면, 이 신마는 고르곤의 목에서 솟아 나왔다고도 하고(그러면 그는 동시에 태어난 크리사오르와 마찬가지로 포세이돈과 고르곤의 아들이 된다), 고르곤의 피가 뿌려진 대지에서 태어났다고도 한다. 페가소스는 태어나자마자 올림포스로 날아 올라가 제우스를 섬기며 그의 벼락을 나르는 일을 했다.

벨레로폰테스와 페가소스의 만남에 대해서는 여러 가지 전승이 있다. 아테나 여신이 직접 그 말의 고삐를 끌어다 벨레로폰테스에게 주었다고도 하고, 포세이돈이 그것을 그에게 주었다고도 하며, 혹은 벨레로폰테스 자신이 페이레네 샘터에서 물을 마시다가 그것을 발견했다고도 한다.

이 날개 달린 말 덕분에 벨레로폰테스는 키마이라를 죽이고 혼자서 아마조네스에게 승리를 거둘 수 있었다(☞벨레로폰테스). 벨레로폰테스가 죽은 뒤, 페가소스는 신들에게로 돌아갔다. 피에로스의 딸들(☞피에리데스)과 무사이의 노래 시합이 벌어지자, 헬리콘 산은 기쁜 나머지 점점 불어나서 하늘에 닿으려 했다. 포세이돈의 명령을 받은 페가소스는 산에 발길질을 하여 평소의 크기를 되찾으라는 명령을 전달했다. 헬리콘은 복종했지만, 페가소스가 발길질했던 자리에는 히포크레네 즉 말의 샘이 생겨났다.

트로이젠에 있는 또 다른 샘도 페가소스의 발길질에서 생겨난 것으로 알려져 있다. 끝으로 페가소스는 별자리가 되었으며, 페가소스의 깃털 하나가 떨어진 타르소스 인근의 도시는 그의 이름을 따라 불렸다.

페게우스 Φηγεύς / Phegeus 페게우스는 아르카디아에 있는 페게이아(프소피스)의 건설자이자 왕이다. 포로네우스가 이나코스의 아들이라고 하는 계보에 의하면, 페게우스는 포로네우스의 형제이다(☞계보 17). 알크마이온은 어머니를 죽이고 그의 궁정으로 피신한다(알크마이온의 전설에서 페게우스의 역할에 관해서는 ☞알크마이온).

페게우스에게는 아르시노에 혹은 알페시보이아라 불리는 딸과, 프로노오스와 아게노르 혹은 파우사니아스에 따르면 테메노스와 악시온이라는 아들들이 있었다.

***페나테스** Penates 페나테스는 가정을 지키는 로마의 신들이다. 그 때문에 이들은 종종 베스타와 연관되지만, 라레스와는 분명히 구별된다. 라레스는 신상들로 구체화되었던 반면, 페나테스는 오랫동안 보이지 않는 〈권능〉들로 간주되었던 추상적인 신들이다. 모든 가정들이 각기

페나테스를 가지고 있듯이, 로마 국가에도 아이네아스가 이탈리아로 가져온 고유한 페나테스가 있었다. 두 젊은이의 좌상으로 형상화된 이 페나테스는 로마의 벨리아 언덕에 있는 신전에 모셔졌다. 페나테스에 관한 고유한 의미에서의 신화는 없다.

페네이오스 Πηνειός / Peneius 페네이오스는 테살리아에 있는 하나의 강의 신으로, 흔히 오케아노스와 테티스(I)의 아들로 간주된다. 그 자신은 테살리아의 라피타이 족의 시조가 되었다. 그는 크레우사(혹은 필리라)와 결혼하여 스틸베, 힙세우스, 안드레우스, 세 명의 아들을 낳았다(☞ 계보 23). 그는 또한 이피스를 낳았다고도 하며, 이피스는 아이올로스와 결합하여 살모네우스와 메니페를 낳았고, 메니페는 펠라스고스의 아내가 되었다. 좀더 유명한 것은 그녀의 딸들인(적어도 후대의 전승들에서는 그녀의 딸들로 간주되는) 다프네와 키레네인데, 키레네는 아리스타이오스(☞)의 어머니가 되었다.

페넬레오스 Πηνέλεως / Peneleus 페넬레오스는 보이오티아의 용사로 헬레네의 구혼자들 중 한 명이다. 그는 히팔키모스 혹은 히팔모스의 아들이다. 그는 때로 아르고나우타이 중 한 명으로 꼽히기도 하지만, 특히 『일리아스』에서 유명해졌다. 그는 트로이아를 공략하는 보이오티아 부대와 열두 척의 선단을 이끌었다. 그는 일리오네우스와 리콘을 죽였으며, 그 자신은 폴리다마스에게 치명상을 입었다고 하나 『일리아스』에 그의 죽음은 명시되어 있지 않다. 후대의 시들에 의하면, 그는 텔레포스의 아들 에우리필로스의 손에 죽었다고 한다(☞티사메노스). 그리스 인들은 그를 애도했고, 전장에서 죽은 대개의 전사들을 공동의 무덤에 함께 묻는 관례와는 달리, 따로 그의 무덤을 만들어 예우했다.

페넬로페 Πηνελόπη / Penelope 페넬로페는 오딧세우스의 아내이다. 고대 문학 및 전설에서 그녀는 트로이아 전쟁에 나간 남편을 20년 동안이나 기다린 지조로 이름이 높다. 실제로 그녀는 트로이아 전쟁에 참가했던 용사들의 아내들 중 유일하게 남편의 부재 동안 유혹에 넘어가지 않았다. 그녀의 전설은 특히 『오딧세이아』로 널리 알려져, 호메로스의 이 서사시와 상당히 다른 후대의 전승들이 있었다고는 하지만 『오딧세이아』의 이야기가 정석처럼 되어 있다.

페넬로페는 이카리오스의 딸이며, 따라서 틴다레오스, 레우키포스, 아파레우스의 조카딸이다(☞계보 19). 그녀의 어머니는 샘의 님프 페리보이아이다. 그녀는 아버지를 통해서는 스파르타 혹은 아미클라이 출신이다. 하지만 이카리오스는 이복형제 히포코온에게 쫓겨 아이톨리아의 테스티오스 왕에게 피신했을 때 페리보이아를 만나 페넬로페를 낳았다(☞이카리오스).

오딧세우스와 페넬로페가 결혼하게 된 전말에 관해서는 크게 나누어 두 가지 설이 있다. 오딧세우스의 좋은 조언에 보답하고자 하는 틴다레오스의 중매에 이카리오스가 동의한 것이라고도 하고, 페넬로페를 상으로 내건 경주에서 오딧세우스가 우승했다고도 한다(☞이카리오스). 끝으로 아리스토텔레스만이 시사한 확실치 않은 전승에 의하면, 페넬로페의 아버지는 이카리오스가 아니라 이카디오스라는 이름의 코르키라 사람이며 그가 이카리오스와 혼동되었으리라고도 한다. 하지만 이것은 오딧세우스의 아내가 스파르타 출신인 것을 기념하여 스파르타에 오딧세우스에게 바친 신전이 있었다(스파르타는 고전 시대에 여인들의 정절로 유명한 지방이었다)는 사실에 비추어, 특정 지역에 국한된

페넬로페

전승이었을 것이다. 또한 그녀는 남편을 따라 이타케로 가지 말고 스파르타의 아버지 곁에 남아 있으라는 아버지의 종용에도 불구하고 남편을 선택함으로써 일찍이 부부의 사랑을 입증했다고 한다(☞이카리오스). 그녀의 어머니는 통설에 의하면 페리보이아이지만, 때로는 도로도케나 아스테로디아라고도 한다. 마찬가지로 그녀의 형제자매 이름이나 수효도 설에 따라 차이가 난다(레우카디오스 항목 참조할 것).

메넬라오스가 그리스의 도시들을 돌며 헬레네의 옛 구혼자들에게 그들의 맹세를 상기시키고 복수에 참가할 것을 촉구하자, 오딧세우스는 미친 사람 흉내를 냈다. 그가 트로이아 전쟁에 참가하기를 망설인 것은 용기가 없어서가 아니라 얼마 전에 아들 텔레마코스를 낳은 아내 페넬로페에 대한 사랑 때문이었다. 그러나 오딧세우스는 팔라메데스의 꾀에 넘어가(☞오딧세우스, ☞팔라메데스) 어쩔 수 없이 참전했다. 그는 집과 아내를 오랜 벗 멘토르(☞)에게 맡기고 떠났다. 페넬로페는 혼자서 오딧세우스의 모든 재산을 맡았다. 오딧세우스의 늙은 어머니 안티클레이아는 아들을 멀리 간 것을 알고 애통해 하다 얼마 못 가 세상을 떠났고, 아버지 라에르테스는 벌판으로 은둔했다. 곧 페넬로페는 점점 더 집요해지는 결혼 요청에 시달렸다. 인근의 모든 젊은 이들이 그녀에게 구혼했으며, 그녀가 거부하자 그들은 오딧세우스의 궁전에 자리잡고 축제를 벌이며 그의 재산을 탕진하여 그녀를 굴복시키려 했다. 페넬로페가 혹독한 비난을 해도 그들은 끄떡하지 않았다. 그래서 그녀는 꾀를 생각해 냈다. 그녀는 그들에게 라에르테스의 수의 짜는 일이 끝나면 그들 중 한 사람을 택하겠다고 약속하고는, 낮에 짠 피륙을 밤에 풀어 버리기를 계속했다. 그러나 3년 후 한 하녀의 고자질로 일이 들통나는 바람에 그나마 얻었던 말미도 끝났다.

오딧세우스는 자신의 귀향을 그녀에게 알리지 않았다. 그가 구혼자들과 싸우는 동안(☞오딧세우스) 그녀는 침실에서 잠들어 있었다. 싸움이 끝난 뒤 오딧세우스는 자신의 정체를 밝혔으며, 그녀는 주저하다가 마침내 남편을 알아보았다. 아테나 여신은 다음날 밤을 길게 만들어 부부가 서로의 모험을 이야기할 시간을 주었다.

『오딧세이아』에 나오는 일화는 아니지만, 나우플리오스가 팔라메데스의 죽음에 복수하기 위해 오딧세우스가 트로이아에서 죽었다는 소문을 퍼뜨렸다는 이야기도 있다. 그래서 안티클레이아가 자살을 했다는 것이다. 페넬로페도 바다에 뛰어들었지만, 새들(갈매기들)이 구해 내어 물가로 안전하게 이끌어냈다고 한다.

호메로스 이후에 나온 이 같은 계열 서사시들에는 페넬로페의 부정이나 오딧세우스가 돌아온 뒤의 모험에 관한 전승들도 포함된다. 페넬로페의 부정에 대한 이야기 중에서는 그녀가 129명의 구혼자들에게 차례로 몸을 맡겼으며, 이 관계에서 판을 잉태했다는 전설이 유명하다(☞판). 또는 오딧세우스가 돌아와 그녀의 부정을 알고 그녀를 쫓아냈다고도 하는데, 그래서 페넬로페는 스파르타로 돌아가 만티네이아에서 죽었으며 그곳에 그녀의 무덤이 있다고 한다. 또는 오딧세우스가 그녀와 구혼자들 중 한 명인 암피노모스의 불륜을 벌하려고 그녀를 죽였다고도 한다.

오딧세우스의 귀향 이후에 관한 일화들 중에는 그가 페넬로페에게서 둘째 아들 프톨리포르테스를 낳았다는 이야기가 있다. 그 후 그는 테스프로토이 족의 나라로 떠났으며, 다시 돌아와서는 그를 알지 못하는 아들 텔레고노스에게 죽임을 당했다고 한다(☞텔레고노스, ☞오딧세우스). 그리하여 텔레고노스는 페넬로페를 어머니인 키르케에게 데려갔으며, 그곳에서 그는 아버지의 첫번째 아내였던 그녀와 결혼했다. 키르케는 그들 두 사람을 복 받은 자들의 나라로 데려갔다고 한다.

페니아 Πενία / Penia 페니아는 가난을 의인화한 것으로, 그녀에 관해서는 소크라테스가 전하는 단 한 가지 전설이 있을 뿐이다. 그것은 플라톤의 『향연』에서 소크라테스가 만티네이아의 여사제 디오티마의 가르침에 따라 전하는 것인데, 그에 의하면 신들의 집에서 잔치가 끝난 뒤 페니아는 포로스(☞)와 결합하여 에로스(☞)를 낳았다고 한다.

페라이아 Φεραία / Pheraea 페라이아는 헤카테의 별명이지만, 이 별명에서 아이올로스의 딸 페라이아에 관한 전설이 생겨났다. 그녀가 제우스에게서 낳은 딸이 헤카테 여신이라는 것이다. 헤카테는 출생 직후 네거리에 버려졌으며, 페레스라는 목동이 그녀를 주워다 키웠다고 한다.

페라토스 Πέρατος / Peratus 시키온 왕들 가운데 페라토스는 레우키포스의 후계자이다. 레우키포스에게는 아들이 없고 칼키니아라는 외동딸뿐이었으므로, 그녀가 포세이돈에게서 낳은 아들 페라토스에게 왕국을 물려주었다. 페라토스는 플렘나이오스(☞)라는 아들을 낳았다.

페레보이아 Φερέβοια / Phereboea 페레보이아는 아테나이 인들이 미노타우로스에게 바치는 공물로 테세우스와 함께 보냈던 처녀의 이름이다(☞테세우스). 그녀는 테세우스의 사랑을 받았다(☞페리보이아).

페레스 Φέρης / Pheres 1. 페레스라는 이름을 가진 첫번째 인물은 크레테우스와 티로(☞계보 21, ☞계보 1)의 아들이다. 그는 테살리아에 있는 페라이 시의 건설자이자 명조이다. 그의 자식들 중 가장 잘 알려진 인물들은 아드메토스와 이도메네로, 아드메토스는 알케스티스와, 이도메네는 아미타온과 결혼했다. 그에게는 또 다른 아들 리쿠르고스가 있었다고도 하며, 그는 네메아를 다스렸다. 일설에 따르면, 페레스의 또 다른 딸 페리오피스가 파트로클로스의 어머니였다고도 한다(☞메노이티오스). 페레스는 나이가 많았음에도 불구하고, 아들 아드메토스 대신 죽기를 거부했다(☞아드메토스).
  2. 같은 이름을 가진 또 한 인물은 메데이아와 이아손의 아들이다(☞계보 21). 그는 형제 메르메로스와 함께 어머니에게 죽임을 당했다(☞메데이아).

페레클로스 Φέρεκλος / Phereclus 페레클로스는 하르모니데스의 아들로, 트로이아 인이었다. 그는 손재주가 좋기로 유명했으며, 파리스가 헬레네를 납치하러 갈 때 탄 배를 만들었다.

***페렌티나 Ferentina** 페렌티나는 로마의 님프로 샘과 신성한 숲의 여신인데, 이 샘이나 숲의 위치는 확실치 않다. 그녀의 신전은 라티움 연맹이 함께 제사를 드리는 장소가 되었다.

페로 Πηρώ / Pero 페로는 넬레우스와 클로리스의 딸이다(☞계보 21). 대단히 아름다웠던 그녀는 자주 구혼을 받았지만, 넬레우스는 그녀와 헤어지고 싶지 않아서 이피클로스의 가축 떼를 지참금으로 요구했다. 아버지 아미타온을 통해 페로와 사촌간이던 비아스가 형제 멜람푸스의 도움을 받아 그 조건을 만족시키고 페로와 결혼할 수 있었다(☞비아스, ☞멜람푸스).
  비아스와 페로 사이에서는 여러 명의 자식이 태어났다. 페리알케스, 아레이오스, 알페시보이

페로니아

아, 혹은 탈라오스, 아레이오스, 레오도코스 등 (☞계보 1)이 그들이다. 페로는 후에 비아스에게 버림받았다. 그는 아르고스 왕 프로이토스의 딸들 중 한 명과 결혼했던 것이다.

***페로니아** Feronia 페로니아는 샘과 숲의 여신으로 그녀의 숭배는 이탈리아 중부, 특히 소락테 산, 테라키나, 푸르포, 피사우룸, 에트루리아 등에 널리 퍼져 있었다. 테라키나에 있는 그녀의 신전 내부에서는 노예들이 해방되었는데, 이는 그녀가 때로 자유의 여신(리베르타스)과 동일시되었음을 입증해 준다.

그녀는 프라이네스테의 거인 에릴루스의 어머니였던 것으로 여겨진다. 에릴루스는 세 개의 목숨을 가지고 있었지만, 결국 에우안드로스에게 죽임을 당했다(☞에릴루스).

페르가모스 Πέργαμος / Pergamus 페르가모스는 아시아의 도시 페르가몬의 명조이다. 그는 네오프톨레모스와 안드로마케의 막내아들로 통한다. 이 전설에 의하면 그는 어머니와 함께 아시아로 돌아가 테우트라니아 시의 왕 아레이오스와 결투를 하여 그를 죽인 후에 왕위를 차지했다. 그리고는 그 도시에 자신의 이름을 붙였다고 한다. 또 다른 설에 의하면, 그는 기르노스[원문대로임. 내용상으로는 그리노스 항목과 일치]가 이웃들에게서 공격을 당했을 때 도와주러 갔다고 한다. 이 기르노스란 에우리필로스의 아들이며 텔레포스의 손자가 된다. 그 보답으로 기르노스는 자기 도시들 중 하나에 페르가몬이라는 이름을 붙였다는 것이다.

한편 페르가몬은 트로이아 시에 있는 성채이다. 하지만 앞에 나온 전설들은 이 성채가 아니라 아탈리다이의 왕국인 헬레니즘 시대의 도시 페르가몬의 이름을 설명하려는 것이다.

페르딕스 Πέρδιξ / Perdix 〈자고새〉를 의미하는 페르딕스는 아티카 전설에 나오는 두 인물의 이름이다.

1. 페르딕스는 다이달로스의 누이로, 그와 마찬가지로 에우팔라모스의 자식이었다. 그녀의 아들은 그녀와 이름이 같았는데, 그가 죽자 그녀는 절망한 나머지 목매어 죽었다. 그녀는 아테나 이 인들에게서 신적인 예우를 받았다.

2. 위의 인물보다 좀더 잘 알려진 것은 그녀의 아들이다. 다이달로스의 조카인 그는 외숙보다 손재주도 좋고 발명하는 머리도 뛰어났으므로 이를 시기한 외숙은 그를 아크로폴리스 꼭대기에서 떨어져 죽게 하고는 그의 시신을 은밀히 매장했다. 그러나 살인 사실이 발각되었고, 다이달로스는 아레이오파고스에 나가 재판을 받았다(☞다이달로스). 페르딕스가 발명한 것으로는 특히 톱이 유명한데, 그는 뱀의 이빨에서 착안을 얻었다고 한다. 또한 녹로도 그가 발명했다고 한다.

때로 이 인물은 페르딕스가 아니라 탈로스(☞) 혹은 칼로스라는 이름으로 불리기도 한다. 페르딕스라는 이름은 그가 외숙에게 떠밀려 아크로폴리스에서 떨어질 때 그를 불쌍히 여긴 아테나 여신이 그를 자고새로 변신시킨 데서 나왔다고 한다. 이 새는 다이달로스의 아들 이카로스 역시 추락사하자, 기꺼이 그 장례에 참석했다고 한다.

페르세 Πέρση / Perse, Perseis 페르세 일명 페르세이스는 오케아노스와 테티스(I)의 딸로, 헬리오스(태양)의 아내이다. 헬리오스에게서 그녀는 콜키스 왕 아이에테스, 페르세스, 키르케, 파시파에를 낳았다(☞계보 14).

페르세스 Πέρσης / Perses 페르세스는 티탄 크리오스와 에우리비에의 아들이며, 팔라스와 아스트라이오스의 형제이다. 그는 역시 티탄들인 포이베와 코이오스의 딸인 아스테리아와 결혼했다. 그들 사이에서는 헤카테(☞) 여신을 비롯한 여러 명의 자식이 태어났다.

또 다른 설에 의하면 페르세스는 헬리오스(태양)와 페르세이스(일명 페르세)의 아들이며, 따라서 콜키스 왕 아이에테스, 마녀 키르케, 파시파에 등과 동기간이다(☞계보 14). 그는 타우리스를 다스리다가 형제로부터 콜키스 왕국을 빼앗았다. 그러나 그는 왕국을 아이에테스에게 돌려주고자 하는 메데이아의 사주로, 그녀의 아들 메도스에게 죽임을 당했다.

페르세스가 아이에테스와 형제간이라고 하는 또 다른 설에 의하면, 그는 첩에게서 헤카테를 낳았으며, 헤카테는 숙부인 아이에테스와 결혼하여 키르케와 메데이아를 낳았다고 한다(☞메데이아).

페르세우스 Περσεύς / Perseus 페르세우스는 아르고스 출신의 용사로, 헤라클레스의 직계 조상들 중 한 명이다(☞계보 31). 제우스를 아버지로 둔 그는 어머니를 통해서는 링케우스와 히페르메스트라의 후손이며 따라서 다나오스와 아이깁토스의 후손이다(☞링케우스).

페르세우스의 할아버지 아크리시오스는 어떻게 하면 아들을 낳을 수 있을지 신탁에 물었다. 신은 그에게 그의 딸 다나에가 장차 낳을 아들이 그를 죽이리라고 대답했고, 신탁이 실현되는 것을 막기 위해 그는 지하에 청동 방을 만들어 다나에를 가두었다. 그러나 이런 조심에도 불구하고 다나에는 아이를 배었다. 혹자는 이 아이가 아크리시오스의 친형제인 프로이토스의 자식이며 그 때문에 두 형제 사이에 불화가 생겼다고도 하지만, 좀더 흔히는 제우스가 황금 빗방울로 변하여 지붕의 틈새로 스며들어 다나에의 사랑을 얻었다고 한다. 이 두 번째 설은 황금만 있으면 가장 삼엄한 경비도 뚫을 수 있으며 사랑까지도 얻을 수 있다는 것을 상징하는 이야기로 인용되곤 했다.

다나에는 자신의 유모와 함께 감옥에 갇혀 있었으며 여러 달 동안 아무도 모르게 아이를 키울 수 있었다. 그러나 어느 날 아이가 놀다가 소리를 지르는 바람에 아크리시오스가 듣고 말았다. 그는 자기 딸이 제우스에게 유혹당했다는 사실을 믿으려 하지 않았고, 먼저 유모를 공범으로 몰아 죽인 뒤, 딸과 젖먹이를 나무 궤짝에 넣어 바다에 던져 버렸다. 궤짝은 어머니와 아이를 실은 채 이리저리 떠돌다가 세리포스 섬 기슭에 다다랐다. 두 사람은 딕티스라는 어부에게 구조되었는데, 그는 바로 그 섬을 다스리는 폭군 폴리덱테스의 친형제였다. 딕티스는 두 사람을 자기 집에 맞아들여 아이를 키웠는데, 아이는 곧 준수하고 용맹한 청년이 되었다. 폴리덱테스 왕은 다나에에게 욕정을 품었으나 페르세우스가 어머니를 지키고 있었으므로 감히 완력을 행사할 수가 없었다. 어느 날 폴리덱테스는 페르세우스를 포함한 모든 친지들을 초대하여 식사를 하면서, 그들이 자신에게 무슨 선물을 줄 것인지 물었다. 모두가 말이 왕에게 어울리는 선물이라고 대답했으나, 페르세우스는 만일 필요하다면 고르곤의 머리를 가져오겠노라고 대답했다. 다음날 모든 왕자들은 말을 가져왔으나, 페르세우스만 아무것도 가져오지 않았다. 그러자 폴리덱테스는 그에게 고르곤의 머리를 찾아 오라면서, 만일 그러지 않으면 다나에를 강제로 차지하겠다고 위협했다. 또 다른 이본에 따르면, 폴리덱테스는 오이노마오스의 딸 히포다메이아와의 결혼을 위한 예물로 이런 선물들을 요구했다고도 한다.

곤경에 처한 페르세우스는 헤르메스와 아테

페르세우스

나의 도움으로 자신의 경솔한 약속을 지킬 수 있었다. 그들의 조언에 따라, 그는 우선 포르키스의 딸들인 그라이아이(☞, 〈노파들〉이라는 뜻) 즉 에니오, 페프레도, 데이노를 찾아갔다(☞포르키스). 그녀들에게는 눈 하나, 이빨 하나밖에 없었는데, 페르세우스는 그 눈과 이빨을 빼앗고는 만일 그녀들이 〈님프들〉에게 가는 길을 가르쳐 주지 않으면 돌려주지 않겠다고 했다. 이 님프들은 날개 달린 샌들과 〈키비시스〉라 불리는 배낭, 그리고 누구든지 그것을 쓰면 보이지 않게 되는 하데스의 투구를 가지고 있었다. 님프들은 그에게 이 물건들을 주었고, 헤르메스는 그에게 아주 강하고 날카로운 쇠도끼를 주었다. 그리하여 페르세우스는 세 명의 고르고네스(☞) 즉 스테노, 에우리알레, 메두사에게 다가갔는데, 그녀들은 잠들어 있었다. 그 중에서는 메두사만이 죽을 수 있었고, 그래서 페르세우스는 그녀의 머리를 가져가기로 했다. 고르고네스란 용의 비늘과 멧돼지의 엄니로 무장한 머리를 가진 여성 괴물인데, 손은 청동으로 되어 있고 황금 날개로 날아다녔다. 게다가 그 시선은 막강하여 그녀들이 바라보는 자는 누구든지 돌로 변했다. 이런 모든 이유로 그녀들은 대단히 무서운 존재들이었으며, 그녀들을 무찌르기 위해서는 신들의 보호가 필요했다. 페르세우스는 날개 달린 샌들 덕분에 공중에 날아올라 아테나가 메두사 위에 씌운 잘 닦인 청동 방패를 거울 삼아 괴물의 머리를 잘랐다. 메두사의 잘린 목에서는 날개 달린 말 페가소스(☞)와 거인 크리사오르(☞)가 솟아나왔다. 페르세우스는 메두사의 머리를 배낭에 넣고 떠났다. 메두사의 두 자매는 그를 추적했으나, 하데스의 투구를 쓴 그는 그녀들에게 보이지 않았다.

돌아오는 길에 페르세우스는 에티오피아를 지나다가 안드로메데를 만났다. 그녀는 어머니 카시에페이아의 경솔한 말에 대한 속죄물로 바쳐지기 위해 바위에 매여 있었다(☞안드로메데, ☞카시에페이아). 아름다운 처녀가 위험에 처한 것을 보자, 페르세우스는 그녀에게 사랑을 느껴 안드로메데의 아버지 케페우스에게 만일 딸을 자신과 결혼시켜 준다면 그녀를 구해 내겠노라고 청했다. 약속이 이루어졌고, 페르세우스는 자신이 가진 비밀 무기들 덕분에 별 어려움 없이 바다 괴물로부터 안드로메데를 건져 내어 부모에게 데려갔다. 그러나 결혼에는 어려움이 있었다. 안드로메데는 본래 숙부 피네우스와 약혼한 몸이었다. 이 숙부는 페르세우스가 안드로메데와 결혼하는 것을 못마땅히 여겨 그를 해칠 음모를 꾸몄다. 그러나 페르세우스는 제때에 그 음모를 알아차리고 피네우스와 그 일당에게 고르곤의 머리를 보였고 그들은 모두 돌로 변해 버렸다.

페르세우스는 안드로메데를 데리고 세리포스로 갔다. 거기서 그는 상황이 달라진 것을 알게 되었다. 그가 없는 동안 폴리덱테스는 강제로 다나에를 차지하려 했으며, 딕티스와 그녀는 불가침의 피난처인 제단 곁으로 피신해야 했던 것이다. 돌아온 페르세우스는 폴리덱테스가 친구들과 함께 모여 있는 방으로 들어가 그들 모두를 돌로 만들어 버렸다. 그리고는 양아버지 딕티스를 세리포스 섬의 왕으로 앉혔다. 그 후 그는 샌들과 배낭, 하데스의 투구를 헤르메스에게 돌려주었고, 헤르메스는 그것들을 본래의 소유자인 님프들에게 돌려주었다. 메두사의 머리는 아테나의 방패 한복판을 장식하게 되었다.

그 후 페르세우스는 안드로메데와 함께 세리포스 섬을 떠나 고향인 아르고스로 갔다. 그는 할아버지 아크리시오스를 만나려 했으나, 아크리시오스는 자신이 다나에의 아들 손에 죽으리라는 신탁을 여전히 두려워하여 펠라스고이 족의 나라로 달아났다. 그곳에서는 라리사 왕 테우타미데스가 죽은 아버지를 기리는 경기를 열고 있었으며, 페르세우스도 참가했다. 아크리시오스는 구경꾼으로 참관하고 있었는데, 페르세우스는 원반을 던지다가 아크리시오스의 발을 맞혀 죽이고 말았다. 희생자의 신원을 알게 된 페르세우스는 괴로워하며 그를 위해 성대한 장례를 지내고 라리사 시 밖에 묻어 주었다. 그리고 아르고스로 가서 자신이 죽인 자의 왕위를 얻는 대신, 아르고스를 사촌인 메가펜테스(프로이토스의 아들, ☞계보 31)가 다스리고 있던 티린스와 바꾸었다. 그리하여 메가펜테스는 아르고스 왕, 페르세우스는 티린스 왕이 되었다. 미데아와 미케나이의 성벽은 그가 쌓은 것이라 한다.

페르세우스와 안드로메데의 자식들에 관해서는 ☞계보 31.

잘 알려지지 않은 한 전설에 의하면, 페르세우스는 디오니소스의 적이었다. 그는 아르고스에 디오니소스 제사가 도입되는 것을 막는 데 성공했고, 디오니소스와 싸우다가 그를 레르네 호수에 빠뜨렸다고 한다. 그리하여 디오니소스는 지상에서의 삶을 마치고 올림포스로 올라가 헤라와 화해했다는 것이다. 이 싸움에서 페르세우스는 아리아드네도 죽였다고 하는데, 또 다른 이본에 의하면 아리아드네가 유일한 희생자였으며 페르세우스는 헤르메스의 중재로 디오니소스와 화해했다고도 한다.

로마 시대의 신화학자들은 아크리시오스가 바다에 던진 페르세우스와 다나에가 세리포스가 아니라 라티움 연안에 표착했다고 한다. 어부들이 그들을 그물로 건져 올려 필룸누스 왕에게 데려갔다. 왕은 다나에와 결혼하고 그녀와 더불어 아르데아 시를 건설했다. 이 결혼에서 태어난 것이 루툴리 족의 왕 투르누스라고 한다. 또는 다나에가 피네우스와 결합하여 두 아들 아르고스와 아르게우스를 낳았으며 그들과 함께 이탈리아로 가서 장래의 로마가 세워질 곳에 정착했다고 한다. 아르고스는 아보리게네스 족(로마 언덕에 거주하고 있던 토착민)에게 죽임을 당했으며 그가 죽은 장소는 그 때문에 아르길레툼(아르기 레툼 Argi-letum, 즉 〈아르고스의 죽음〉이라는 뜻)이라 불렸다는 것이다.

페르세포네 Περσεφόνη / Persephone 페르세포네는 하계의 여신으로 하데스의 아내이다. 그녀는 제우스와 데메테르의 딸이라는 것이 가장 일반적인 설이다(☞계보 38). 그러나 일설에 의하면 그녀는 제우스와 하계의 강의 님프인 스틱스 사이에서 태어났다고도 한다.

페르세포네에 관한 주된 전설은 그녀가 숙부 하데스(왜냐하면 그는 제우스와 형제간이니까)에게 납치당하는 이야기이다. 하데스는 그녀를 사랑하여 시칠리아의 엔나 들판(적어도 통설에 의하면)에서 님프들과 꽃을 꺾고 있던 그녀를 납치했다. 이는 데메테르가 없는 동안 제우스와 공모하여 이루어진 일이었다. 그때부터 데메테르는 딸을 찾으러 온 그리스를 헤매고 다니게 되었다(☞데메테르).

마침내 제우스는 페르세포네를 어머니에게 돌려주라고 하데스에게 명령했다. 그러나 그것은 불가능한 일이었다. 왜냐하면 페르세포네는 하계에 있는 동안 금식을 지키지 못하고, 부주의하여(혹은 하데스의 유인으로) 석류 한 알을 먹었던 것이다. 그것만으로도 그녀를 영원히 하계에 묶어 두기에는 충분했다(☞아스칼라포스). 그러나 제우스는 절충안으로 그녀가 하계와 지상계에서 반반씩 살도록 해주었다. 저자에 따라 그 배분은 달라져서, 그녀가 1년의 3분의 1을, 혹은 반을 지상에서 보낸다고 한다.

페르세포네는 헤라클레스, 오르페우스, 테세우스, 페이리토오스 등의 전설에서 하데스의 아내 역할을 한다. 또한 그녀는 아름다운 아도니스를 사랑했고, 그래서 그 역시 지상계와 하계에서 반반씩 살았다고도 한다(☞아도니스).

페르세포네는 데메테르와 함께 엘레우시스 신비 의식에 등장한다. 로마에서 그녀는 프로세르피나(☞)와 동일시되었다.

페르세폴리스 Περσέπολις / Persepolis 페르세폴리스는 오딧세우스와 나우시카아의 아들이라고도 하고 텔레마코스와 폴리카스테(네스토르의 딸)의 아들이라고도 한다(☞오딧세우스, ☞텔레마코스).

페리구네 Περιγούνη / Perigoune 페리구네는 테세우스가 죽인 시니스의 딸이다. 그녀는 테세우스의 사랑을 받았고, 그들 사이에서 아들 멜라니포스가 태어났다. 후에 테세우스는 그녀를 에우리토스의 아들 데이오네우스와 결혼시켰다(☞시니스).

페리멜레 Περιμήλη / Perimele
1. 페리멜레는 아드메토스와 알케스티스의 딸이며 에우멜로스와 남매간이다. 프릭소스의 아들 아르고스와 그녀 사이에서 아들 마그네스(☞)가 태어났다(☞계보 33).
2. 페리멜레라는 또 다른 인물은 아미타온의 딸이자 익시온의 어머니이다(☞계보 23).
3. 오비디우스의 『변신』에서 페리멜레는 강의 신 아켈로오스가 사랑한 처녀이다. 그녀는 히포다마스의 딸로, 아켈로오스가 그녀를 애인으로 삼자 분노한 아버지는 그녀를 바다에 빠뜨려 버렸다. 아켈로오스는 포세이돈에게 청하여 그녀를 섬으로 만들어 불멸케 했다.

페리보이아 Περίβοια / Periboea 페리보이아라는 이름을 가진 여성 인물들은 아주 많다.
1. 나이아데스 중 한 명. 나이아스 페리보이아는 이카리오스에게 그의 자식들 특히 페넬로페를 낳아 주었다(☞계보 19).
2. 에우리메돈 왕의 막내딸. 이 페리보이아는 포세이돈과 결합하여 파이아케스 족의 초대 왕 나우시토오스를 낳았다.
3. 두 명의 로크리스 처녀들 중 한 명. 로크리스인들이 아이아스의 신성 모독에 대한 아테나 여신의 분노를 가라앉히기 위해 여신의 노예로 삼을 두 명의 처녀를 일리온으로 보내려 했을 때, 가장 먼저 제비에 뽑힌 두 명의 처녀 중 한 명이 페리보이아, 다른 한 명은 클레오파트라였다. 이렇게 처녀들을 공물로 바치는 것은 천 년 동안 계속되었다. 여신에게 바쳐진 처녀들은 여신에게 가까이 가지는 못했고, 그저 성역을 쓸고 물 뿌리는 일을 할 따름이었다. 그녀들은 맨발에 보잘것없는 튜닉 차림이었다. 그녀들은 성역 밖에서 발견되면 죽임을 당하게 되어 있었다.
4. 코린토스 왕 폴리보스의 아내. 그녀는 오이디푸스를 주워다 키웠다(☞오이디푸스).
5. 아이아스의 어머니이자 텔라몬(☞)의 아내. 그녀의 아버지는 메가라 왕 알카토오스였다(☞계보 2). 전승에 의하면, 그녀가 텔라몬과 결혼하기 전에 아이게우스는 테세우스와 함께 그녀를 미노스 왕에게 공물로 바쳤다고 한다(☞테세우스). 미노스는 그녀를 탐냈으나, 테세우스가 크게 노하여 그가 그녀를 범하는 것을 막았다고 한다(이 일화에 관해서도 ☞테세우스).
6. 끝으로 테바이 계열 이야기들에도 같은 이름의 여성 인물이 등장한다. 그녀는 히포노오스의 딸이자 오이네우스의 아내이며 따라서 티데우스의 어머니이다(☞계보 27). 페리보이아와 오이네우스의 결혼에 관해서는 여러 가지 전승이 있다. 오이네우스가 올레노스 공략 후 자기

몫의 전리품으로 그녀를 얻었다고도 하고, 그녀가 아마린케우스의 아들 히포스트라토스에게 유혹당했으므로 그녀의 아버지가 오이네우스에게 그녀를 보내 죽이라고 했다고도 한다. 그러나 오이네우스는 그녀를 죽이는 대신 아내로 삼았다. 또 다른 전승에 의하면, 페리보이아를 유혹한 것은 오이네우스 자신이었고, 히포노오스는 그에게 그녀와 결혼하도록 강요했다고 한다(☞티데우스, ☞오이네우스).

페리스테라 Περιστερά / Peristera 페리스테라는 아프로디테를 따르는 비둘기의 이름이며 님프의 이름이기도 하다. 어느 날 아프로디테와 에로스가 꽃을 꺾으며 누가 더 많이 꺾는지 내기를 했는데, 아프로디테가 훨씬 뒤지기 시작했다. 그러자 페리스테라가 그녀를 도와 승리를 거두게 해주었다. 에로스는 화가 나서 님프를 비둘기로 만들어 버렸다. 그러나 아프로디테는 그녀를 위로하기 위해 그 새를 자신의 것으로 삼았다.

페리에레스 Περιήρης / Perieres 1. 페리에레스는 메세니아 계열의 전설에 속하는 인물이지만, 그의 계보는 저자에 따라 크게 달라진다. 흔히는 그가 아이올로스의 아들로 데우칼리온 일족에 속한다고 한다(☞계보 8). 그렇다면 메세니아의 아이올리스 족은 그의 후손이 된다. 메세니아에서 그는 안다니아를 다스리며 페르세우스의 딸 고르고포네와 결혼하여(☞계보 31) 여러 명의 자식을 낳았다. 아파레우스, 레우키포스, 때로는 틴다레오스와 이카리오스도 그의 자식이었다고 한다(☞계보 19). 이 전승에 따르면, 페리에레스는 틴다리다이(디오스쿠로이, 헬레네, 클리타임네스트라)와 레우키피데스(포이베, 힐라이라), 페넬로페, 링케우스, 이다스 등의 공통된 선조가 된다.

또 다른 전승에 의하면 페리에레스는 키노르타스의 아들이고, 따라서 데우칼리온이 아니라 라케다이몬의 가계에 속하며 그를 통해 제우스, 타이게테와 직접 연결된다(☞계보 6). 이러한 전승은 스파르타만의 독자적인 것이다.

종종 이러한 계보에서는 페리에레스의 자리를 오이발로스가 차지하기도 한다(이러한 계보들을 조화시키려는 시도에 관해서는 ☞오이발로스, ☞고르고포네).

2. 페리에레스는 메노이케우스의 전차를 몰던 테바이 인의 이름이기도 하다. 옹케스토스에서 그는 미니아이 족의 왕 클리메노스를 죽였고, 그래서 테바이 인들과 미니아이 족 사이에 전쟁이 일어났다(이 전쟁의 경과에 대해서는 ☞헤라클레스).

페리에르고스 Περίεργος / Periergos 페리에르고스는 트리오파스의 아들이자 포르바스(☞)의 형제이다. 트리오파스가 죽은 뒤, 그는 동료들과 함께 로도스 섬으로 갔다.

페리클리메노스 Περικλύμενος / Periclymenus 이 이름을 가진 두 명의 용사가 유명하다.

1. 그 중 한 명은 테바이 계열 이야기에 속한다. 그는 테이레시아스의 딸 클로리스와 포세이돈의 아들이다. 일곱 장군이 테바이를 공격했을 때, 그는 도시를 방어했다. 성벽 꼭대기에서 바위를 굴러 파르테노파이오스를 죽게 한 것도 그였다. 그 후 달아나는 적군을 추적할 때[쳐들어온 일곱 영웅에 맞서, 테바이 쪽에서도 일곱 영웅이 나섰었다], 그는 암피아라오스를 따라잡아 죽이려 했다. 그러나 제우스는 벼락을 내려 땅이 갈라지게 해서 암피아라오스와 그의 전차를 삼키게 했다.

2. 같은 이름을 가진 두 번째 인물은 넬레우스

의 아들로, 아르고나우타이의 원정에 참가했다. 그는 할아버지 포세이돈(☞계보 21)으로부터 변신 능력을 물려받았다(이것은 바다와 관계된 신들의 공통된 특성이다). 헤라클레스가 그의 고향 필로스에 쳐들어왔을 때 페리클리메노스는 벌로 변하여 헤라클레스를 공격했으나, 아테나 여신의 경고로 헤라클레스는 그를 알아보고 죽여 버렸다(☞헤라클레스).

페리파스 Περίφας / Periphas 페리파스라는 이름을 가진 인물은 여러 명 있는데, 특히 아스티아기이아와 결혼하여 여덟 명의 자식을 낳은 라피타이 족의 페리파스가 유명하다(☞계보 23). 이 페리파스는 익시온의 할아버지가 되었다.

페리파스는 또한 아티카의 아주 옛날 왕의 이름이기도 하다. 그는 정의와 신심으로 유명했으며, 아폴론에게 특별한 제사를 드렸다. 사람들은 마치 신에게 하듯 그에게 복종했으며, 제우스의 이름으로 그를 위해 신전을 지어 주었다. 제우스는 이에 분노하여 처음에는 페리파스와 그의 집에 벼락을 내리려 했으나 아폴론의 간청에 마음을 돌려 그를 독수리로, 그의 아내는 새매로 만드는 데 그쳤다. 그리고 그의 신심에 보답하기 위해 최소한 그를 모든 새들의 왕으로 삼고, 자신의 홀을 그에게 맡겨 자신의 제사와 연관시켰다.

페리페테스 Περιφήτης / Periphetes 페리페테스는 테세우스가 죽인 강도들 중 한 명이다. 그의 아버지는 헤파이스토스, 어머니는 안티클레이아였다. 이 페리페테스는 에피다우로스에 살았다. 그는 다리가 약해서 청동 지팡이(혹은 망치)를 짚고서야 걸을 수 있었다. 이 무기로 그는 자신의 문 앞을 지나가는 여행자들을 공격했다. 테세우스는 아티카로 돌아오는 길에 그를 만나 죽였다. 그리고는 그의 망치를 자기가 가졌다.

페모노에 Φημονόη / Phemonoe 페모노에는 아폴론의 딸로 델포이 신전 최초의 피티아 무녀였다. 그녀는 자신의 예언을 전달하기 위해 처음 육각운문을 만들었다고 하며, 〈너 자신을 알라〉라는 델포이의 금언도 그녀가 지은 것이라 한다.

***페브루우스** Februus 페브루우스 신에게는 2월이 바쳐졌다. 그는 후에 망자들의 왕국의 신인 디스 파테르, 즉 로마의 플루톤과 동일시되었다. 실제로 2월은 희생 제물과 봉헌으로 망자들을 달램으로써 도시를 정화하는 달이다. 이러한 축제는 〈페브루알리아〉라 불렸고 페브루우스는 이들 축제와 제례를 의인화한 것이다.

***페브리스** Febris 페브리스는 열병의 여신으로, 로마에서 매우 두려운 존재로 여겨졌다. 로마의 저지대(포룸, 벨라브룸)와 심지어 골짜기들의 가장 높은 지역(퀴리날리스 언덕, 비미날리스 언덕)도 오랫동안 습하고 비위생적인 곳이었다. 사람들은 해로운 〈정령〉과 사이좋게 지내려 했고, 페브리스는 바로 그런 정령으로서 별다른 신화를 가지고 있지는 않다. 그의 가장 오래된 성역은 팔라티누스 언덕의 옛 제단이었던 것으로 보인다. 또한 두 개의 다른 성역들이 알려져 있는데, 그 중 하나는 에스퀼리누스 언덕에 있었으며, 그곳은 노예들과 하층민(고전 시대의 푸티쿨리puticuli)을 묻던 장소이다. 다른 하나는 비쿠스 롱구스의 높은 지대(퀴리날리스 골짜기의 꼭대기)에 있었는데, 이곳은 물이 스며 나오며 샘이 있었다.

페우케티오스 Πευκέτιος / Peucetius 페우케티오스는 리카온(☞)의 아들들 중 한 명으로, 형제 오이노트로스와 함께 아르카디아에서 이탈리아 남부로 이주하여 페우케티이 족의 선조가 되었다. 페우케티오스와 오이노트로스는 트로이아 전쟁보다 열일곱 세대 전에 태어났다(☞오이노트로스).

페이디포스 Φείδιππος / Pheidippus 페이디포스는 테살로스의 아들이며, 따라서 헤라클레스의 손자로, 트로이아 전쟁 때 니시로스, 코스, 카르파토스, 카소스 등이 제공한 30척의 선단을 이끌었다. 그는 헬레네의 구혼자 중 한 사람이기도 하다. 첫번째 원정 동안(미시아 원정) 그는 친척인 텔레포스에게 사절로 파견되었다(텔레포스는 헤라클레스의 아들이고, 페이디포스는 헤라클레스의 손자이다). 그는 목마에 숨어 도시를 공략한 무리에 속한다. 트로이아가 함락된 뒤 그는 코스 출신의 휘하 병사들과 함께 안드로스섬에 정착했고, 그의 형제 안티포스는 펠라스고이 족의 나라로 가서 정착하여 그 고장에 테살리아라는 이름을 붙였다.

페이레네 Πειρήνη / Pirene 페이레네는 코린토스에 있는 페이레네 샘의 명조가 된 님프이다. 그녀는 하신 아소포스의 딸들 중 한 명이었다고 한다. 그녀는 포세이돈과 결합하여 두 아들 레케스와 켕크리아스를 낳았는데, 이들은 각기 코린토스에 있는 항구들의 명조가 되었다. 켕크리아스가 우연히 아르테미스의 손에 죽게 되자 페이레네는 어찌나 울었는지 샘물이 되고 말았다.
또 다른 전승에 의하면, 페이레네는 오이발로스의 딸이다. 아소포스에 관한 에우헤메로스적 이본에 따르면, 페이레네는 아소포스가 플레이우스에서 라돈 왕의 딸 메토페에게서 낳은 열두 명의 딸들 중 한 명이다(☞라돈, ☞아소포스).
끝으로 페이레네 샘에 관해서는 전혀 다른 전설이 또 한 가지 있다. 즉 그 샘은 하신 아소포스가 자기 딸 아이기나를 납치한 자의 이름을 가르쳐 준 대가로 시시포스에게 준 것이었다고 한다(☞아이기나).
몇몇 저자들에 의하면 벨레로폰테스가 페가소스를 만난 것도 페이레네 샘 곁에서이다(☞페가소스).

페이렌 Πειρήν / Piren 1. 페이렌이라는 이름을 가진 첫번째 인물은 코린토스 왕 글라우코스의 아들이자 벨레로폰테스의 형제이다. 벨레로폰테스는 우발적으로 페이렌을 죽이고 그로 인해 코린토스에서 추방당했다(☞벨레로폰테스).
2. 몇몇 전승들에 의하면, 제우스의 사랑을 받았던 이오의 아버지도 페이렌이라는 이름이다. 그는 아르고스와 에우아드네의 아들이며, 종종 그의 이름은 페이렌이 아니라 페이라스라고도 한다. 그러나 좀더 일반적인 설에 따르면, 이오는 그가 아니라 그의 형제 에크바소스의 후손이다(☞계보 18).

페이리토오스 Πειρίθοος / Pirithous 페이리토오스는 본래 테살리아 출신 용사이지만, 점차 테바이 계열에 속하게 되었다. 『일리아스』에서 페이리토오스는 제우스와 디아의 아들로 나오지만, 대개는 디아와 익시온의 아들이라고 알려져 있었다(☞계보 23). 그는 부계로는 라피타이 족에 속했다. 그에 관한 전설은 서로 잘 조화되지 않는 다양한 일화들로 이루어지는데, 그 중 중요한 것들을 추려 보면 다음과 같다.
멜레아그로스와 함께 칼리돈의 사냥에 참가한 것, 히포다메이아와 결혼하고 켄타우로스들과 싸운 것, 테세우스와 만난 것, 헬레네를 납치한 것, 그리고 하계에 다녀온 것 등이다.
칼리돈의 사냥에서 페이리토오스는 단지 사냥꾼들 중 한 명으로 언급될 뿐 별다른 역할은 하지 않는다. 반면 『일리아스』에서부터 페이리토스는 켄타우로스들의 정복자로 등장하며, 이 일화는 후에 히포다메이아와의 결혼과 연관된다. 히포다메이아는 때로는 아드라스토스와 암피테아의 딸로 간주되지만(☞계보 1) 좀더 일반적으로는 보레아스의 아들 부테스의 딸로 통한다(☞부테스). 일설에 의하면 히포다메이아는 켄타우로스들과 친척간이었으며, 그 때문에 페이리토오스가 자기 결혼에 그들을 초대한 것이라고 한다. 그러나 페이리토오스는 익시온의 아들이므로 괴물들(☞켄타우로이)과 〈반(半) 형제〉간이며 그것만으로도 이들이 그의 결혼에 왔던 이유는 될 것이다. 하여간 켄타우로스들은 술에 취해서 히포다메이아를 겁탈하려 했으며 다른 여자들을 납치하려 했다. 그래서 켄타우로스들과 페이리토오스의 동족인 라피타이 족 사이에는 큰 싸움이 벌어졌으며, 많은 켄타우로스들이 죽임을 당했다. 테세우스는 그때 이미 페이리토오스의 친구였으며 그 역시 이 싸움에 참가했다는 것이 일반적인 설이다. 페이리토오스와 히포다메이아의 결혼에서 아들 폴리포이테스가 태어났다(☞폴리포이테스, ☞계보 23).

테세우스와 페이리토오스가 친구가 된 데는 다음과 같은 이야기가 있다. 페이리토오스는 테세우스의 공적에 대해 듣고 그를 시험할 셈으로 마라톤 지방에 있는 테세우스의 가축 떼를 훔치기 시작했다. 마침내 만난 두 젊은이는 상대방의 준수함에 이끌렸고, 의당 싸워야 할 상황이었음에도 불구하고, 페이리토오스는 훔친 가축에 대한 보상을 제의하고 몸소 테세우스의 노예가 될 것을 자청했다. 이에 지지 않고 테세우스도 그런 제의를 거절하며 지난 일은 다 잊어버리겠다고 선언했다. 그렇게 해서 태어난 우정은 맹세로 맺어졌다. 이후로 두 젊은이는 모든 공적을 함께 세웠다.

테세우스와 페이리토오스는 상대방에게 제우스의 딸을 아내로 주기로 맹세했다. 그리하여 페이리토오스는 테세우스가 헬레네를 납치하는 데 참가했고(☞헬레네, ☞테세우스), 테세우스는 페이리토오스가 하데스의 아내 페르세포네를 납치하러 하계에 내려가는 데 동참했다. 두 친구는 하계에 내려가기는 했으나 돌아나올 수 없어서, 헤라클레스가 오기까지 붙잡혀 있었다. 헤라클레스는 테세우스는 지상으로 돌려보내는 데 성공했으나, 페이리토오스를 구하려 하자 땅이 흔들리는 것을 보고 신들이 죄인을 석방하려 하지 않는다는 사실을 깨달았다. 그래서 페이리토오스는 하계에 남았고, 테세우스는 산 자들의 땅으로 돌아왔다.

파우사니아스가 전하는 에우헤메로스적 이설에 의하면, 테세우스와 페이리토오스가 실제로 갔던 곳은 에페이로스 지방이며, 그곳 왕 하이도네우스의 이름이 하데스의 이름과 혼동되었던 것이라 한다. 하이도네우스에게는 페르세포네라는 아내와 코레라는 딸이 있었으며, 그의 사나운 개는 케르베로스라는 이름이었다. 테세우스와 페이리토오스는 그의 딸에게 청혼을 하러 갔었는데, 사실상은 페르세포네와 코레를 모두 납치할 심산이었다. 코레는 케르베로스와 싸워 이기는 자와 결혼하기로 이미 선포되어 있었다. 그러나 하이도네우스는 두 친구의 속내를 알고 그들을 체포했다. 페이리토오스가 좀더 죄가 많았으므로 케르베로스에게 던져져 한 입에 삼켜졌고, 테세우스는 감옥에 갇혀 있다가 집안의 친지인 헤라클레스가 왕에게 테세우스의 석방을 탄원하여 풀려났다는 것이다.

페이시디케 Πεισιδίκη / Pisidice 페이시디케라는 이름을 가진 여자들은 여러 명 있다.

1. 그 중 한 명은 레스보스의 도시 메팀나의 왕녀였다. 아킬레우스가 도시를 포위하자, 페이

시디케는 성벽 꼭대기에서 그를 보고 반해 버렸다. 그녀는 아킬레우스에게 만일 자기와 결혼해 준다면 성을 내주겠다고 은밀히 제안했다. 아킬레우스는 그 제안을 받아들였고 페이시디케는 성문을 열었지만, 일단 성을 정복하고 나자 그는 그녀를 돌로 쳐죽였다.

2. 또 다른 페이시디케에 대해서도 비슷한 전설이 있다. 그녀는 레스보스가 아니라 트로아스의 모네니아 시 출신이었다. 아킬레우스가 성을 포위하고 공격을 개시하려는 찰나, 페이시디케는 그에게 서찰을 날려 보내 성의 주민들이 이제 곧 마실 물이 없어 항복하리라는 것을 알렸다. 그러자 아킬레우스는 지체없이 모네니아를 탈취했다. 그 후 페이시디케가 어떻게 되었는지는 알려지지 않았다.

3. 아이올로스와 에나레테의 딸들 중 한 명(☞계보 8).

4. 네스토르와 아낙시비아의 딸들 중 한 명으로, 아르겐노스의 어머니.

페이시스트라토스 Πεισίστρατος / Pisistratus 페이시스트라토스는 네스토르(☞)의 아들들 중 가장 어리다. 그는 텔레마코스와 동년배로, 텔레마코스가 필로스에서 스파르타로 갈 때 동행했다. 아테나이의 참주 페이시스트라토스는 그의 후손들 중 한 명이며, 이름도 그에게서 물려받은 것이라 한다.

페이토 Πειθώ / Peitho 1. 페이토는 〈설득〉의 여신이다. 흔히 그녀는 아프로디테를 따르는 군소 여신들의 무리에 속한다. 그녀는 종종 아테(실수)의 딸로 통한다. 그러나 도시 국가에서 설득의 가치에 대한 성찰이 무르익은 뒤에 나온 다른 신화들은 그녀를 티케(우연)와 에우노미아(선한 질서)의 자매로, 따라서 프로메테우스의 딸로 만든다.

2. 헤시오도스는 오케아노스와 테티스(I)의 딸들 중 한 명으로도 페이토를 꼽는다. 그녀는 첫번째 아르고스(☞)와 결혼했다. 같은 아르카디아 계열에 등장하는 또 다른 페이토는 포로네우스의 아내이자 아이기알레우스와 아피스의 어머니이다(전설의 기타 이본들에 대해서는 ☞포로네우스).

페파레토스 Πεπάρηθος / Peparethus 디오니소스가 아리아드네에게서 낳은 네 명의 아들 중 한 명. 다른 세 명의 이름은 토아스, 스타필로스, 오이노피온이다(☞아리아드네). 그는 페파레토스 섬의 명조가 되었다.

펜테실레이아 Πενθεσίλεια / Penthesilea 펜테실레이아는 아레스의 딸인 아마조네스 중 한 명으로 어머니는 오트레레이다. 그녀에게는 아들 카이스트로스(소아시아에 있는 강의 명조)와 에페소스라는 손자가 있었다(☞카이스트로스).

헥토르가 죽은 뒤 펜테실레이아는 한 무리의 아마조네스를 이끌고 프리아모스를 도우러 왔다. 그녀는 부지중에 살인을 저지르고 고국을 떠났다고도 한다. 트로이아 전투에서 그녀는 수많은 공적을 세웠으나, 아킬레우스에게 오른쪽 가슴을 맞고 쓰러졌다. 그토록 아름다운 그녀가 쓰러지는 것을 본 아킬레우스는 자신의 희생자를 사랑하게 되었다. 테르시테스는 이 사랑을 비웃다가 아킬레우스의 노여움을 사서 죽임을 당했다(☞테르시테스, ☞아킬레우스).

펜테우스 Πενθεύς / Pentheus 펜테우스는 테바이 인으로 카드모스의 직계 후손이다. 그는 스파르토이(용의 이빨에서 태어난 자들. ☞카드모스) 중 한 명인 에키온이 카드모스의 딸들 중 한 명인 아가우에에게서 낳은 아들이다(☞계보 3). 통설에 따르면, 그는 카드모스의 직계 상속자였다(이 상속에 관해서는 ☞카드모스). 또 다른 전승에 의하면 카드모스와 펜테우스 사이에는 카드모스의 아들이자 펜테우스의 숙부인 폴리도로스가 있었는데, 펜테우스에게 밀려났다고도 한다. 끝으로 또 다른 전승에 의하면, 펜테우스는 테바이를 다스리지 않았다.

펜테우스의 이야기는 디오니소스 계열과 연관된다. 잘 알려진 대로 디오니소스는 테바이 출신의 신으로, 어머니 세멜레를 통해 펜테우스와 사촌간이었다. 아시아를 정복한 디오니소스는 고향 테바이로 돌아가 그곳에 자신의 제사를 제정하고 어머니의 자매들이 전에 세멜레에게 퍼부었던 저주에 대해 그녀들을(특히 아가우에를) 벌하기로 했다. 트라케를 지나 그는 테바이에 이르렀고, 여인들을 광란에 빠뜨렸다. 여인들은 디오니소스 추종자들의 차림으로 산으로 가서 그의 신비 의식을 거행했다. 펜테우스는 카드모스와 테이레시아스의 경고에도 불구하고 이 야성적인 제사가 퍼지는 것을 막으려 했다. 그는 디오니소스를 사기꾼으로 취급했고, 여러 차례 기적들을 목격했으면서도 디오니소스를 잡아들이려 했다. 그러나 디오니소스는 결박을 풀어 버렸고 왕궁에는 불이 났다. 디오니소스는 펜테우스에게 직접 키타이론 산(테바이에 있는 산)으로 가서 여자들을 염탐해 보라고 제안했다. 펜테우스는 이 제안을 받아들여 소나무 위에 숨었다. 그러나 여자들은 그를 알아보았고, 소나무를 뽑아 버린 뒤 그를 붙잡아 갈가리 찢었다. 아가우에가 가장 먼저 그에게 손을 댔고 그의 머리를 디오니소스의 지팡이에 박아 버렸으며, 그것이 사자 머리인 줄 알고 자랑스럽게 받쳐 들고 테바이 시내로 돌아왔다. 시내로 돌아와 카드모스 덕분에 정신을 차린 그녀는 자신이 산속의 짐승이 아니라 아들을 죽였음을 깨달았다.

에우리피데스와 아이스킬로스가 무대에 올렸던 이 신화는 고대의 문학과 예술에서 아주 인기 있는 주제였다. 그것은 종교적 의미를 갖는 것으로 해석되었으며, 펜테우스는 오만으로 징계당한 불경한 자의 전형이 되었다.

펜토스 Πένθος / Penthus 펜토스는 슬픔을 의인화한 정령이다. 제우스가 여러 정령들에게 각각의 속성을 나누어 줄 때, 펜토스는 가장 늦게 나타나 마지막으로 분배를 받았다고 한다. 다른 모든 속성들을 나눠 준 다음이었으므로, 제우스는 죽은 자들에 대한 예우, 슬픔과 눈물을 관장하는 일만 줄 수 있었다. 다른 정령들이 그들에게 마땅한 예우를 하는 자에게 보호와 호의를 베푸는 것과 마찬가지로, 펜토스는 죽은 자를 애도하는 자에게 호의를 베푼다. 그러기 위해 그는 그들에게 가능한 한 많은 슬픔을 보낸다. 그러므로 그를 멀리하는 가장 좋은 방법은 불가피한 불행에 대해 지나치게 슬퍼하지 않는 것이다.

펜틸로스 Πένθιλος / Penthilus 펜틸로스는 아이기스토스의 딸 에리고네와 오레스테스 사이에 태어난 사생아이다. 그는 다마시오스와 에켈라스 혹은 에켈라오스라는 아들들을 낳았고, 이들은 레스보스와 소아시아 연안에 식민지를 건설했다. 그는 특히 레스보스의 펜틸레 시를 건설한 것으로 알려져 있다.

펠라스고스 Πελασγός / Pelasgus 펠라스고스라는 이름을 가진 인물은 여러 명 있는데, 이들은 〈신화적〉 민족인 펠라스고이 족의 명조들이다. 펠라스고이 족은 펠로폰네소스와 테살리아에 살았던 것으로 간주되는 만큼, 펠로폰네소스와 테살리아에는 펠라스고스라는 이름의 인물들이 존재한다.

1. 아르카디아 전설에는 펠라스고스의 두 가지 계보가 존재한다. 그 중 하나에 의하면 그는 니오베와 제우스의 아들이다(☞계보 18). 그는 오케아노스의 딸들 중 한 명인 멜리보이아, 님프 킬레네, 혹은 데이아네이라와 결합하여 리카온을 낳았다. 리카온은 아르카디아 지방에 있는 대다수 도시들의 명조가 될 50명의 아들(☞리카온)과 딸 칼리스토를 낳았으며, 칼리스토가 제우스에게서 낳은 아들 아르카스는 아르카디아의 명조가 되었다. 또 다른 아르카디아 전설에 의하면, 리카온의 아버지 펠라스고스는 아르카디아에 살았던 최초의 인간이었다. 그는 〈땅에서 태어나〉 최초로 그 땅을 다스렸으며, 가옥의 사용을 발명하고 이로운 식물과 해로운 식물을 구별했다.

2. 파우사니아스는 펠라스고스의 또 다른 계보를 전한다(☞계보 17). 그는 트리오파스와 소시스(혹은 소이스)의 아들로, 이아소스와 아게노르의 형제였다. 이 펠라스고스는 아르카디아인이 아니라 아르고스 인이었다. 그는 니오베와 제우스의 4세손이며, 포로네우스의 5세손이다. 그는 딸을 찾아 헤매는 데메테르를 자기 집에 맞아들였으며, 〈데메테르 펠라스기스〉의 신전을 지어 여신을 예우했다. 이 펠라스고스에게는 라리사라는 딸이 있었으며, 이 딸은 아르고스의 한 성벽에 이름을 남겼다(☞라리사).

3. 끝으로 테살리아 전설에도 펠라스고스라는 인물이 나오는데, 그는 라리사의 아버지가 아니라 그녀가 포세이돈에게서 낳은 아들이었다(☞계보 17). 그에게는 아카이오스와 프티오스라는 두 형제가 있었다. 그는 형제들과 함께 고향 펠로폰네소스를 떠나 당시 하이모니아라 불리던 테살리아에 정착했다. 그들은 거기 살던 미개한 주민들을 몰아내고 땅을 세 부분으로 나누어 각기 자기 땅에 자신의 이름을 붙였다. 그리하여 아카이아, 프티오티스, 펠라스기오티스가 생겨났다. 그로부터 다섯 세대 후에는, 이 정복자들의 후예들이 쿠레테스 족[고대 크레테에 살았던 종족]과 렐레게스 족에 의해 추방당했다. 우여곡절 끝에 이 펠라스고이 족의 일부는 이탈리아로 이주했다.

펠레우스 Πηλεύς / Peleus 테살리아 지방의 프티아 왕 펠레우스는 아킬레우스의 아버지로 유명하다. 그는 아이아코스가 스키론의 딸 엔데이스와 결합하여 낳은 아들이다. 그에게는 텔라몬이라는 형제와 포코스라는 이복형제(아이아코스가 네레이스 프사마테에게서 낳은)가 있었다(☞계보 30). 그러나 고대 이래로 신화학자들은 텔라몬이 항상 펠레우스의 형제가 아니라 종종 그의 친구로도 간주되었음을 지적했다. 이 경우 텔라몬은 악타이오스와 글라우케의 아들이 된다(☞텔라몬).

텔라몬과 펠레우스는 포코스가 모든 신체적 능력에서 뛰어난 것을 시기하여 그를 죽이기로 했다. 그들은 제비를 뽑아 누가 그를 죽일 것인지 정했는데, 제비는 텔라몬에게 돌아갔다. 그래서 그는 포코스의 머리에 원반을 던져 죽게 했다. 또 다른 전승들에 의하면 그 죽음은 우연한 것이었다고 하며, 진짜 책임은 펠레우스에게 있었다고도 한다. 하여간 아들의 죽음을 발견한 아이아코스는 다른 두 아들을 아이기나에서 멀리 추방했다. 텔라몬은 살라미스로 갔고, 펠레우스는 테살리아의 프티아로 가서 악토르의 아들 에우리티온의 궁정에 들어갔다. 에우리티온은 그의 죄를 정결케 한 뒤 자기 딸 안티고네와 결혼시켰으며 자기 왕국의 3분의 1을 주었다. 안티고네에게서 펠레우스는 딸 폴리도라를 낳았으며 그녀는 페리에레스의 아들 보로스와 결혼했다.

그러나 프티아에서도 펠레우스는 포코스의 어머니 프사마테의 원한을 피할 수 없었다. 그녀는 늑대를 보내 그의 가축 떼를 짓밟게 했으나, 테티스(II)의 요청으로 그 늑대를 돌로 만드는 데 동의했다.

펠레우스는 에우리티온과 함께 칼리돈의 사냥에 참가했으나, 거기서 우연찮게 장인을 죽이고 말았다. 다시금 그는 쫓기는 몸이 되었다. 이번에는 이올코스에 있는 펠리아스의 아들 아카스토스의 궁정으로 피신했고, 아카스토스가 그의 죄를 씻어 주었다. 그곳에서 그는 목숨을 걸 뻔한 일을 겪었다. 아카스토스의 아내 아스티다메이아가 그를 사랑하게 되어 밀회를 요구한 것이다. 그러나 그는 그녀의 욕정에 응하지 않았다. 그러자 그녀는 그 앙갚음으로 펠레우스의 아내 안티고네에게 사자를 보내어, 펠레우스가 아카스토스의 딸 스테로페와 결혼하려 한다는 소식을 전했다. 낙심한 안티고네는 목을 매어 죽었다. 뒤이어 아스티다메이아는 펠레우스가 자신을 겁탈하려 했다며 아카스토스에게 거짓 고자질을 했다. 아카스토스는 자신이 죄를 씻어 주었던, 따라서 종교적 유대로 자신과 맺어져 있던 이 손님을 감히 죽일 수가 없었으므로, 펠레우스를 펠리온 산의 사냥에 데려갔다. 사냥에서 펠레우스는 자기가 죽인 동물의 혀를 자르는 것으로 만족했으며, 다른 사람들은 잡은 짐승을 가지고 돌아왔다. 그들은 마치 펠레우스는 아무것도 잡지 못했으며 자신들이 모든 일을 해낸 것처럼 그를 조롱했다. 그러자 펠레우스는 그들에게 짐승의 혀들을 내보이며 자신의 용맹함과 수완을 입증했다. 그러나 그날 저녁 펠레우스가 피곤하여 산 위에서 잠들어 있는 동안, 아카스토스는 그의 검을 두엄 속에 던져 버리고 그를 혼자 놔둔 뒤 돌아와 버렸다. 잠에서 깨어나 검을 찾던 펠레우스는 자신이 켄타우로스들에게 포위되어 있음을 깨달았다. 만일 그들 중 〈착한 켄타우로스〉인 케이론이 그에게 무기를 돌려주지 않았더라면, 그들은 그를 죽이고 말았을 것이다. 또 다른 설에 의하면, 위기의 순간에 헤파이스토스가 그에게 검을 보내 주었다고도 한다.

후에 펠레우스는 아카스토스와 아스티다메이아에게 잔인하게 복수했다. 이아손과 디오스쿠로이의 도움으로 이올코스 시를 장악한 그는 아카스토스를 죽이고 아스티다메이아의 시체를 갈가리 찢어 온 도시에 뿌리며 입성했다.

그 후 펠레우스는 네레우스의 딸 테티스(II)와 결혼했다. 이 결합의 전말은 다음과 같다. 제우스와 포세이돈은 서로 테티스를 차지하기 위해 다투고 있었는데, 테미스(혹은 프로메테우스)가 테티스의 아들은 아버지보다 더 강해질 운명이라고 예언했다. 그러자 두 신은 당장 구애를 그만두었고, 예언이 성취된다 해도 크게 문제되지 않도록 테티스를 인간 남자와 결혼시키기로 했다. 조금씩 다른 이설들에 의하면, 프로메테우스가 제우스에게 만일 테티스가 그의 아들을 낳으면 그 아들은 그를 몰아내고 천상의 제왕이 되리라고 예언했다고도 하고, 혹은 테티스가 자신을 키워 준 헤라에 대한 의리 때문에 제우스와 결합하기를 거부하자(☞ 헤라) 화가 난 제우스가 그녀를 벌하기 위해 그녀를 강제로 인간 남자와 결혼시켰다고도 한다. 신들은 펠레우스를 그녀의 남편으로 주기로 결정했으나 그녀는 이를 거부했다. 바다의 여신답게 그녀는 원하는 모양으로 변신하는 능력이 있었으므로, 펠레우스의 포옹을 피하기 위해 물, 불, 바람, 나무, 새, 호랑이, 사자, 뱀, 그리고 끝으로 오징어로까지 변신했다. 그러나 펠레우스는 켄타우로스 케이론의 조언에 따라 그녀를 끝까지 꼭 붙들었으며, 마침내 그녀는 여신의 모습으로 돌아왔다. 혼례식은 펠리온 산 위에서 거행되었으며 신들이 참석했다.

무사이[뮤즈들]가 축가를 불렀고, 모든 신들이 각자 선물을 가져왔는데, 그 중 가장 기억할 만한 것으로는 케이론의 선물인 물푸레나무 창과 포세이돈의 선물인 두 마리 불멸의 말 발리오스와 크산토스를 꼽는다. 이 두 마리 말은 후에 아킬레우스의 전차에 매어졌다.

결혼 생활은 행복하지 못했으며, 테티스는 펠레우스에게 자식들을 낳아 주기는 했으나 그들을 불멸의 존재로 만들려다가 모두 죽여 버렸다(☞아킬레우스). 마침내 펠레우스는 그녀가 또 불 속에 넣고 있는 막내 아킬레우스를 빼앗았다. 그녀는 달아났고 이후로는 그와 함께 살기를 거부했다(☞아킬레우스).

늙은 펠레우스는 아킬레우스가 트로이아에 있는 동안 아카스토스의 아들들인 아르칸드로스와 아르키텔레스의 습격을 받았다. 트로이아 전쟁이 끝나갈 무렵이었는데, 프티아에서 내쫓긴 그는 코스 섬으로 달아나 손자 네오프톨레모스를 만났다. 그곳에서 그는 아바스의 후손인 몰론의 대접을 받은 후 죽었다. 에우리피데스의 『안드로마케』와 같은 이본에 따르면, 그는 네오프톨레모스보다 더 오래 살아남아 헤르미오네의 계교에 맞서 안드로마케를 도와주었다고 한다(☞몰로소스). 아마도 크레테의 딕티스가 전하는, 네오프톨레모스가 아카스토스의 아들들에게 잡혀 있던 펠레우스를 구하여 왕국을 돌려준 뒤 델포이에서 오레스테스에게 죽임을 당한다는 이야기도 같은 전승에서 나온 것이다.

펠레우스는 아르고나우타이의 모험, 칼리돈의 사냥, 헤라클레스의 트로이아 원정(거기에 그는 형제인 텔라몬과 함께 참가한다), 그리고 뒤이은 아마조네스와의 전쟁 등에 관한 전설들에서도 부차적인 역할로 등장한다. 그는 펠리아스를 기리는 장례 경기에도 출전하여, 아탈란테와 싸우다 패배했다(☞아탈란테).

펠로페이아 Πελόπεια / Pelopia 1. 펠로페이아는 아이기스토스의 어머니이다. 그녀는 자신의 친아버지 티에스테스에게 근친상간을 당하여 그를 낳았다. 그녀는 시키온에 있는 테스프로토스 왕의 궁정에서 살았다. 아이기스토스를 임신한 채 그녀는 숙부 아트레우스와 결혼했으며, 티에스테스는 아이기스토스를 통해 아트레우스에 대한 복수를 달성했다(☞아이기스토스, ☞아트레우스, ☞티에스테스, ☞계보 2).

2. 또 다른 펠로페이아는 펠리아스와 아낙시비아의 딸들 중 한 명이다(☞계보 21). 그녀는 아레스 신에게서 아들 키크노스를 낳았다.

펠롭스 Πέλοψ / Pelops 펠롭스는 탄탈로스의 아들이다(☞계보 2). 그의 어머니는 클리티아, 에우리아나사, 에우리스타나사, 에우리테미스테 등으로 불리며, 아시아의 강 팍톨로스 혹은 크산토스(트로아스에 흐르는 강) 하신의 딸로 간주된다. 탄탈로스의 아들인 그는 소아시아 출신으로, 일로스와 탄탈로스 사이의 전쟁 때문에 유럽으로 이주했다. 그리스로 가면서 그는 보물들을 가져다 그때까지만 해도 가난하던 그리스에 약간의 동방적 사치를 도입했다. 프리기아 출신의 이주자들이 그를 따라왔으며, 라코니아에는 역사 시대까지도 그들의 무덤이 남아 있었다고 한다.

젊었을 때 펠롭스는 아버지 탄탈로스의 범죄에 희생되었다. 아버지는 그를 죽여 토막을 내서 음식을 만들어 신들에게 대접했다. 어떤 신화학자들에 의하면, 탄탈로스가 그렇게 한 것은 지극한 신심 때문이었다고 한다. 그의 왕국에는 기근이 들어 신들에게 달리 바칠 희생 제물이 없었다는 것이다. 그러나 대개의 경우 탄탈로스는 그렇게 함으로써 신들의 예지를 시험하려 했다고 해석된다. 신들은 자신들 앞에 차려진 고기가

펠리아스

무엇인지 알아보았고 아무도 그것을 먹으려 하지 않았으나, 몹시 시장했던 데메테르만 미처 그것이 무엇인지 생각지도 않고 한쪽 어깨를 먹어 버렸다(또 다른 전승들에 의하면 이런 행동을 한 것은 아레스 혹은 테티스(II)였다). 그러나 신들은 펠롭스의 몸을 다시 만들고 생명을 돌려주었다. 먹어 버린 어깨 대신에 상아로 된 어깨를 만들어 주었으며, 그것은 훗날까지 엘리스에 남아 있었다고 한다.

다시 살아난 후에 펠롭스는 포세이돈의 사랑을 받았다. 신은 그를 하늘로 데려갔고, 자신의 술 따르는 하인으로 삼았다. 그러나 곧 그는 그를 이용해 신들의 넥타르[신들의 음료]와 암브로시아[신들의 양식]를 훔치려는 아버지 때문에 지상으로 쫓겨났다. 그래도 포세이돈은 여전히 그의 보호자였고, 그에게 날개 달린 말들을 선물로 주었다. 신은 그가 오이노마오스와 싸워 이기고 히포다메이아를 차지할 수 있도록 도와주었다. 그에 관한 전설의 이 대목에 관해서는 ☞오이노마오스, ☞히포다메이아, ☞미르틸로스.

히포다메이아와의 결혼에서 펠롭스는 많은 자식들을 낳는데, 그 이름들은 저자에 따라 달라진다. 모두 아트레우스, 티에스테스, 플레이스테네스는 꼽고 있지만, 크리시포스(펠롭스와 악시오케라는 님프 사이에 태어난 아들이라고도 한다, ☞크리시포스), 피테우스 등을 덧붙이기도 한다. 딸들로는 아스티다메이아, 히포토에가 있는데, 아스티다메이아는 암피트리온의 어머니로 통하며, 히포토에는 포세이돈에게서 타포스 섬의 명조가 될 타피오스를 낳았다고 한다.

펠롭스의 이름은 올림피아 경기의 창설과 결부된다. 처음 창설한 것은 그였으며, 헤라클레스가 쇠퇴해 가던 경기를 복원한 것도 펠롭스를 기리기 위해서였다고 한다. 이 경기는 또한 오이노마오스를 기리는 장례 경기였다고도 한다.

트로이아 전쟁 때 예언자 헬레노스는 만일 펠롭스의 뼈(혹은 그의 한쪽 어깨)가 트로이아에 들어오지 않는 한 트로이아 시는 함락되지 않으리라고 예언했다. 그래서 그의 뼈는 피사에서 트로아스까지 운반되었다. 귀로에 파선을 당해 그 뼈는 사라졌으나, 한 어부가 다시 찾아냈다.

아가멤논과 카산드라의 아들인 또 다른 펠롭스에 관해서는 ☞카산드라.

펠리아스 Πελιας / Pelias 펠리아스는 쌍둥이 형제 넬레우스와 함께 티로와 포세이돈(혹은 강의 신 에니페우스로 변신한 포세이돈)의 아들이다(☞티로). 그의 〈인간〉 아버지는 크레테우스였다. 이아손의 아버지가 될 아이손, 페레스, 아미타온 등이 그의 의붓형제들이었다(☞계보 21). 티로는 신에게서 두 아들을 낳은 사실을 은밀히 숨겼고, 아들들을 내다 버렸다. 장사꾼들이 몰고 가던 말들 중 암말 한 마리가 어린아이들 중 한 명을 발굽으로 차서 얼굴에 푸르스름한 상처(그리스 어로 〈펠리온〉)를 남겼다. 말장수들은 쌍둥이를 주워다가 상처가 난 아이를 펠리아스, 다른 아이를 넬레우스라 이름붙였다.

전설의 또 다른 이본들에 따르면, 암말(말은 포세이돈의 신성한 짐승이다)이 쌍둥이에게 젖을 먹였다고 한다. 소포클레스의 사라진 비극 『티로』 역시 그러한 전승에 따른 것이다. 쌍둥이 형제는 목동에게 발견되어 양육되었으며 그들이 버려질 때 담겨 있던 궤짝 덕분에 훗날 티로의 아들로 인정받았다. 그들은 티로를 박대하던 계모 시데로에게서 구해 냈다(☞티로). 시데로가 헤라의 제단으로 피신하자 펠리아스는 그녀를 성역까지 쫓아가 죽였으며, 그렇게 여신을 모욕하고 이후로도 불경건하게 대했으므로, 이것이 결국 그가 망하는 원인이 되었다.

펠리아스와 넬레우스는 서로 권력을 다투다

가, 넬레우스가 추방되었다. 그는 메세니아의 필로스로 달아났다(☞넬레우스). 한편 펠리아스는 테살리아의 이올코스에 남아 비아스의 딸 아낙시비아(혹은 암피온의 딸 필로마케)와 결혼하여 아들 아카스토스와 네 딸 페이시디케, 펠로페이아, 히포토에, 알케스티스를 낳았다.

어느 날 펠리아스는 바닷가에서 포세이돈에게 희생 제사를 드리고자 했다. 그는 자신의 백성을 많이 불러 모았으며, 그 중에는 조카 이아손도 있었다. 이아손은 시골에 살고 있었으나, 왕의 선포를 듣고 서둘러 축제에 참가하려 했다. 그러나 강을 건너다가 샌들 한 짝을 잃어버려 맨발로 예식에 도착했다. 전에 펠리아스 왕은 델포이 신탁을 구했을 때 한 쪽 신발만 신은 사람을 믿지 말라는 대답을 들은 적이 있었으므로, 이아손이 그런 차림인 것을 보고는 신탁이 기억나서 이아손에게 다가가 만일 그가 왕이라면 자신의 왕위를 빼앗을 자를 어떻게 하겠는가 물었다. 이아손은 그에게 황금 양털을 찾아 오라고 시키겠다고 대답했다. 아마도 이 대답은 헤라가 이올코스의 마녀 메데이아를 데려다가 펠리아스를 죽이려는 속셈으로 그에게 불어넣은 것인지도 모른다. 하여간 펠리아스는 이아손의 말을 그대로 받아들여 그를 보내 황금 양털을 찾아 오게 했다(☞아르고나우타이, ☞이아손).

펠리아스는 조카를 확실히 제거하여 자신의 권력이 확고해졌다고 믿고 의붓형제 아이손을 죽이려 했다. 그러자 아이손은 죽는 방식만은 자신이 선택하게 해달라고 하여, 황소의 피를 마시고 그 독으로 죽었다. 이아손의 어머니 알키메데는 펠리아스를 저주하고 목매어 죽었다. 그녀에게는 어린 아들 프로마코스가 있었는데 펠리아스는 그 또한 제거해 버렸다. 이런 일이 일어난 뒤, 떠난 지 넉 달 만에 이아손이 돌아왔다. 그는 가족의 죽음에 복수하고 싶지만 일단

몸을 피해 코린토스로 달아났다. 그리고 거기서 그는 메데이아와 함께 펠리아스를 벌할 방도를 의논했다.

그리하여 메데이아가 혼자 이올코스에 나타나, 늙어가는 펠리아스를 젊게 만들 수 있다며 그의 딸들을 설득했다. 자신의 능력을 입증하기 위해 그녀는 늙은 숫양을 토막내어 약초가 끓는 냄비 속에 넣었고, 잠시 후 냄비에서는 어린 양이 나왔다. 펠리아스의 딸들은 지체 없이 아버지를 토막내어 메데이아가 가르쳐 준 대로 냄비에 끓였다. 그러나 펠리아스는 다시 살아나지 않았다. 자신들이 저지른 일에 경악한 딸들은 아르카디아로 달아났으며, 파우사니아스 시대에는 만티네이아의 포세이돈 신전 근처에 그녀들의 무덤이 있었다 한다. 또 다른 이본에 따르면, 그녀들은 메데이아가 시키는 대로 했을 뿐이므로 죄가 없다고 간주되었으며, 각기 결혼하여 살았다고도 한다.

저자들에 따르면 알케스티스만 펠리아스를 젊게 만드는 마술에 참여하지 않았다고 한다. 효심 때문에 그럴 수가 없었다는 것이다(☞알케스티스).

펠리아스의 아들 아카스토스는 아버지의 유해를 거두어 엄숙한 장례를 지냈으며, 그가 장례 기간 동안 벌인 추모 경기는 유명하다. 히기누스는 그때의 승리자들로, 바람의 신 보레아스의 아들들인 칼라이스와 제테스, 제우스의 아들들인 디오스쿠로이 즉 카스토르와 폴리데우케스, 그리고 아이아코스의 아들들인 텔라몬과 펠레우스, 헤라클레스, 투창 경기에 승리한 멜레아그로스, 아레스의 아들 키크노스, 말 경주에 승리한 벨레로폰테스 등을 꼽는다. 그 밖에 사륜 마차 경기에서는 이피클레스의 아들 이올라오스가 시시포스의 아들 글라우코스를 이겼으며, 헤르메스의 아들 에우리토스는 활쏘기로, 데이온의

아들 케팔로스는 투석에서 상을 탔다. 또 마르시아스의 제자 올림포스는 피리, 오르페우스는 리라, 아폴론의 아들 리노스는 노래, 포세이돈의 아들 에우몰포스는 반주가 딸린 노래(반주는 올림포스가 했다)로 제각기 상을 탔다. 때로는 씨름에서 펠레우스를 이긴 아탈란테를 추가하기도 한다.

아버지가 죽은 뒤, 아카스토스는 이올코스 왕국에서 메데이아와 이아손을 추방했다(☞ 이아손, ☞ 메데이아).

포다르게 Ποδάργη / Podarge 포다르게는 하르피이아이 중 한 명이다. 포다르게는 바람의 신 제피로스와 결합하여 아킬레우스의 소유가 될 두 마리 말 크산토스와 발리오스를 낳았다. 또한 디오메데스(혹은 디오스쿠로이)의 두 마리 말 플로게오스와 하르파고스도 낳았다고도 한다.

포다르케스 Ποδάρκης / Podarces 1. 포다르케스는 프리아모스 왕의 젊은 시절 이름이다(☞ 헤라클레스, ☞ 프리아모스, ☞ 계보 7).

2. 포다르케스는 또한 이피클로스의 아들 이름이기도 하다. 포다르케스는 형 프로테실라오스를 따라 트로이아에 갔으며, 형이 죽자 그의 뒤를 이어 필라카이에서 온 테살리아 부대의 지휘를 맡았다. 그는 아마존 클로니아를 죽였고, 자신은 펜테실레이아에게 죽임을 당했다. 그리스 인들은 그를 각별히 예우하여 따로 무덤을 만들어 주었다(☞ 계보 20).

포달레이리오스 Ποδαλείριος / Podalirius 포달레이리오스는 마카온의 형제이며, 마카온과 마찬가지로 의술의 신 아스클레피오스의 아들이다. 그의 어머니 이름은 에피오네, 혹은 람페티라 한다. 포달레이리오스와 마카온은 둘 다 헬레네의 구혼자 무리에 들어 있었으며, 따라서 트로이아 전쟁에 참가하게 되었다. 두 사람 모두 활쏘기에 아주 능했으며 전사뿐 아니라 의사로서도 매우 중요한 역할을 했다(☞ 마카온). 마카온은 특히 외과의로 통했던 반면 포달레이리오스는 일반의였다. 그가 고친 것으로 알려진 병은 아주 많다. 그는 아킬레우스를 기리는 장례 경기에서 권투를 하다가 크게 다친 아카마스와 에페이오스의 상처를 싸매 주었고, 필록테테스를 치료해 주었다.

포달레이리오스는 마카온보다 오래 살아남아 형의 원수를 갚았다. 트로이아를 함락시킨 뒤 그는 칼카스, 암필로코스, 레온테우스, 폴리포이테스 등과 함께 귀로에 올라, 육로로 콜로폰에 이르렀다. 그곳에서 칼카스가 죽은 뒤, 그는 그리스에 가서 자신이 어디에 정착해야 할지 델포이 신탁에 물었다. 신탁은 하늘이 무너져도 끄떡없을 장소를 택하라고 일러 주었다. 그런 조건에 맞는 고장은 온 지평선이 산으로 둘러싸인, 카리아의 케르소네소스였다. 포달레이리오스는 그곳에 정착했다. 그가 카리아에 살게 된 데 대해서는 또 다른 전설도 있다. 그는 폭풍우에 휩쓸려 카리아 연안에 이르렀으며, 염소 치는 목동에게 발견되어 그 고장의 왕인 다마이토스 앞으로 나아가게 되었다. 마침 왕의 딸 시르나가 지붕에서 떨어졌던 참이라, 왕은 그녀를 치료해 주겠다는 포달레이리오스의 제의를 기꺼이 받아들였다. 포달레이리오스는 그녀를 치료한 뒤 그녀와 결혼했으며, 카리아 소반도를 선물로 받아 그곳에 시르노스 시를 건설했다.

이탈리아의 드리온 산 밑에는 포달레이리오스에게 바쳐진 성역이 있었으며, 산꼭대기에는 포달레이리오스가 만들어 칼카스에게 바쳤다는 또 하나의 성역이 있었다. 두 성역 중 어디에서든 검은 염소를 희생 제물로 바치고 그 짐승의 가죽을 덮고 자면 예언적인 꿈을 꾸게 된다고 알려져 있었다.

포데스 Ποδῆς / Podes 포데스는 트로이아 인으로 헥토르의 친구이다. 그는 파트로클로스의 시신 주위에서 벌어진 전투 동안 메넬라오스에게 죽임을 당했다.

포로네우스 Φορωνεύς / Phoroneus 포로네우스는 펠로폰네소스 전설에 나오는 최초의 인간이다. 그는 하신 이나코스와 님프 멜리아의 아들이며, 멜리아라는 이름은 물푸레나무를 상기시킨다(☞멜리아데스). 그에게는 아이기알레우스와 페게우스(☞계보 17)라는 두 형제가 있었다. 포로네우스는 펠로폰네소스를 놓고 다투는 헤라와 포세이돈의 심판을 맡았고, 헤라의 편을 들었다. 또한 포로네우스는 인간들에게 도시에 모여 사는 것과 불을 사용하는 것을 처음으로 가르친 자라고도 한다. 펠로폰네소스에 〈아르고스의 헤라〉 숭배를 최초로 들여온 것도 그였다.

그의 아내의 이름에 관해서는 여러 가지 설이 있어 케르도, 텔레디케, 혹은 페이토라고 한다. 마찬가지로 그의 자식들의 명단도 출전에 따라 크게 달라진다. 흔히 메가라의 첫번째 왕 카르와 아르고스의 니오베(☞)를 꼽으며 때로는 이아소스, 리르코스, 펠라스고스, 아게노르 등을 덧붙이기도 한다.

포로스 Πόρος / Porus 포로스 즉 〈궁여지책〉은 메티스의 아들이다. 페니아 즉 〈가난〉과 결합하여 그는 에로스, 다시 말해 〈사랑〉을 낳았다. 플라톤이 전하는 이 상징적인 신화 외에 포로스에 관한 다른 전설은 없는 듯하다(☞에로스).

***포르낙스** Fornax 포르낙스는 빵 굽는 화덕의 여신이다. 그녀는 〈포르나칼리아〉 축제의 주인공이다.

포르미온 Φορμίων / Phormion 포르미온은 한때 틴다레오스가 살았던 집의 소유주가 된 스파르타 인이다. 어느 날 신이 된 디오스쿠로이(☞)가 두 여행자의 모습으로 그의 집에 나타나 키레네에서 오는 길이라고 말했다. 그들은 그에게 유숙을 청하며 특히 그 집의 어느 한 방(그들이 어린 시절을 보낸 방)에서 묵게 해줄 것을 청했다. 포르미온은 그들에게 온 집을 다 써도 좋지만 그들이 원하는 그 방에는 자신의 딸이 살고 있으므로 곤란하다고 거절했다. 밤사이에 딸은 하녀들과 함께 사라져 버렸고, 이튿날 디오스쿠로이 역시 자취를 찾아볼 수 없었다. 그러나 처녀의 방에서는 그들의 그림이 발견되었고, 탁자 위에는 약간의 실피온(키레네 특산의 향초)이 얹혀 있었다.

포르바스 Φόρβας / Phorbas 포르바스라는 이름을 가진 용사들은 아주 많다. 그 중 중요한 인물들은 다음과 같다.

1. 가장 유명한 것은 라피타이 족에 속하는 테살리아의 용사이다. 그는 라피테스와 오르시노메의 아들이라 하며(☞계보 23), 때로는 그러한 계보에서 라피테스의 아들이자 그의 형제로 나오는 트리오파스의 아들이라고도 한다(☞트리오파스). 그는 처음에는 테살리아의 도티온 평야에서 살다가 형제 페리에르고스와 함께 크니도스로, 다시 로도스로 이주했다. 그 자신은 이알리소스 지방에, 페리에르고스는 카미로스에 정착했다.

대부분의 테살리아 전설이 그렇듯이 포르바스의 전설은 펠로폰네소스에서도 발견된다. 실제로 라피테스의 아들 포르바스는 테살리아로부터 엘레이아의 올레노스로 이주했다는 이야기도 있다. 그곳에서는 펠롭스의 세력이 커지는 것을 우려한 알렉토르 왕이 그와 동맹을 맺고 그의 힘을 빌리는 대신 자신의 왕국을 그와 나누기로 했다. 포르바스에게는 두 아들 아우게이아스와 악토르가 있었으며, 그가 죽은 뒤 이들이 엘레이아를 나누어 가졌다. 알렉토르와 포르바스의 동맹은 이중 결혼으로 더욱 공고해졌다. 알렉토르는 포르바스의 딸 디오게네이아와 결혼했고, 포르바스는 알렉토르의 누이 히르미네와 결혼했다.

2. 위의 포르바스와 아르고스의 아들 포르바스는 구별되어야 한다. 아르고스의 아들 포르바스는 파우사니아스가 전하는 아르고스의 계보에 등장한다(☞계보 17). 그는 트리오파스의 아버지로, 그의 아내는 에우보이아이며, 자식으로는 트리오파스 외에 메세네도 있었다. 이 메세네는 흔히 그의 손녀라고도 한다(☞메세네).

3. 포르바스라는 이름을 가진 플레기아이 인도 있었는데, 그는 포키스의 파노페우스에 살았다. 그는 델포이로 가는 여행자들을 공격하여 자신과 맨주먹으로 싸우도록 강요한 뒤, 그들이 지면 죽여 버렸다. 결국 어린아이의 모습으로 나타난 아폴론이 그에게 도전하여 그를 이겼다.

4. 포르바스는 테세우스에게 전차 모는 법을 가르쳐 준 용사의 이름이기도 하다. 흔히 씨름의 발명자는 테세우스라고 하지만, 때로는 포르바스라고도 한다.

*포르스 Fors 포르스는 〈운〉(運)의 남성적인 원리이다. 그에 대응하는 여성적인 원리는 포르투나로, 포르스는 포르투나와 한 쌍을 이룬다. 그들의 두 이름은 한데 붙여 〈포르스 포르투나〉라고도 하는데, 이는 여성과 남성의 두 가지 면을 다 가지고 있는 하나의 신으로 여겨진다.

포르키스 Φόρκυς / Phorcys 포르키스는 신들의 첫 세대에 속하는 해신들 중의 한 명이다. 가장 흔하게는, 그리고 헤시오도스의 『신들의 계보』에 따르면, 그는 가이아(대지)와 폰토스(바다)의 결합으로 낳은 아들이라고 한다. 그의 형제자매로는 네레우스, 타우마스, 에우리비에, 케토 등이 있다. 그는 자신의 누이 케토와 결합하여 자식들을 낳았는데, 그 중에서 유명한 것은 포르키데스[포르키스의 딸들]이다. 이 세 명의 노파(☞그라이아이)는 페르세우스의 전설에 등장한다. 그는 바다 괴물 스킬레(☞)를 낳았다고도 한다. 간혹 스킬레와 그라이아이 이외에도 에키드나와 헤스페리데스가 그의 자식들이었다고 하는 설도 있고, 에우메니데스가 그의 손자였다고 하는 설도 있다.

포르키스는 아카이아 연안의 아림니온, 케팔레니아 섬, 혹은 이타케에 살았다고 한다. 로마 문전(文典)에서 나온 한 전설에 의하면 포르키스는 사르디니아와 코르시카의 옛 왕으로, 아틀라스와 해전을 하던 중에 익사했다고 한다. 그러나 그의 친구들이 그를 신으로 예우하고 바다의 신으로 여겼다.

포르타온 Πορθάων / Porthaon 포르타온은 아게노르와 에피카스테의 아들이며, 따라서 플레우론의 손자이다(☞계보 24). 그는 플레우론과 칼리돈을 다스렸다. 그는 에우리테와 결합하여, 오이네우스, 아그리오스, 알카토오스, 멜라스, 레우코페우스, 스테로페 등 여러 명의 자식을 낳았다(☞계보 27). 그의 이름은 파르타온 혹은 포르테우스라고 한다.

포르테우스 Πορθεύς / Portheus 1. 포르테우스는 포르타온이라는 이름의 또 다른 형태이다.

2. 또한 맨 먼저 목마에서 나와 뛰어내리다가

넘어져 죽은 그리스 용사 에키온의 아버지 이름이기도 하다.

***포르투나** Fortuna 고전 시대의 로마 종교에서 포르투나는 포르스보다 더 인기가 있었다. 그녀는 그리스의 티케와 동일시되었다. 그녀는 풍요의 뿔과 키(왜냐하면 인간의 삶을 조종하는 것이 바로 그녀이기 때문이다)를 가지고, 때로는 앉은 모습으로, 때로는 서 있는 모습으로, 그리고 대개는 소경으로 그려졌다. 그녀의 숭배가 도입된 것은 세르비우스 툴리우스 덕분이라고 여겨지는데, 그는 운명의 여신으로부터 가장 총애를 받은 왕이었다. 심지어 여신이 그를 사랑했다고까지 이야기되었으며, 비록 그는 인간이었지만 여신은 작은 창문을 통해 그의 방에 드나들었다고 한다. 여신의 신전에는 세르비우스의 상도 세워져 있었다.

포르투나 여신은 레둑스(여행에서 무사히 돌아오기를 기도하기 위해), 푸블리카, 우이우스케 디에이Huiusce Diei(특별한 날의 특별한 운명을 기도하기 위해) 등 여러 가지 이름으로 불렸다. 제정 시대에 황제들은 각각 자신의 포르투나를 가지고 있었다. 점차 그리스의 영향으로 운명의 여신은 다른 신들, 특히 이시스와 동일시되었다(☞티케).

***포르투누스** Portunus 포르투누스는 로마의 아주 오래된 신으로, 본래는 〈문〉의 신이었던 듯하나, 역사 시대에 들어와서는 항구들을 돌보는 바다의 신으로 간주되었다. 그를 섬기는 제관이 따로 있었으며, 8월 17일에는 그를 기리는 특별한 축제인 〈포르투날리아〉가 열렸다. 그의 신전은 로마 성문 바로 옆인 포룸 보아리움Forum Boarium에 있었다. 포르투누스는 팔라이몬(☞) 신과 동화되었으며, 그래서 마테르 마투타Mater Matuta(아침의 여신)의 아들로 통하기도 했다. 마테르 마투타는 레우코테아 이노와 동일시되었다.

포르피리온 Πορφυρίων / Porphyrion 포르피리온은 신들과 맞서 싸운 거인족 중 한 명이다. 그는 티폰과 함께 아폴론의 화살에 맞아 쓰러졌다. 그러나 또 다른 전설에 의하면, 포르피리온은 헤라를 겁탈하려다가 제우스와 헤라클레스에게 죽임을 당했다고도 한다.

***포모나** Pomona 포모나는 과실들을 돌보는 로마의 님프이다. 로마에서 오스티아로 가는 길목에는 그녀에게 바쳐진 신성한 숲 〈포모날〉이 있었고, 포모나 숭배를 전담하는 제관도 있었다. 시인들은 그녀와 관련된 사랑 이야기들을 전한다. 가령 그녀는 전설적인 왕 피쿠스(☞)의 아내였다고 한다. 피쿠스는 그녀에 대한 사랑 때문에 키르케의 구애를 거절했다가 키르케의 마법에 걸려 청딱따구리로 변해 버렸다는 것이다. 그런가 하면 오비디우스는 그녀가, 그녀와 마찬가지로 계절의 순환 및 대지의 풍요와 관련된 신인 베르툼누스의 아내였다고 한다.

포보스 Φόβος / Phobos 포보스는 두려움을 의인화한 것이다. 그는 전쟁터에서 아레스의 동반자이다. 두려움이라는 단어는 그리스 어로 남성형이므로, 그도 남성 정령이 되었다. 그는 아레스의 아들이며 데이모스와 형제간이다. 그에 관한 별다른 전설은 없다.

포세이돈 Ποσειδῶν / Poseidon 바다를 지배하는 신 포세이돈은 올림포스 신들 중 한 명으로, 크로노스와 레아의 아들이다. 그는 제우스의 형이라고도 하고 동생이라고도 한다. 가장 오래된

포세이돈

전설, 즉 성년이 된 제우스가 아버지 크로노스에게 삼킨 자식들을 되돌려 놓으라고 요구하는 이야기는, 우라노스의 왕위를 빼앗았던 크로노스가 우라노스의 막내아들이었듯이, 제우스 역시 막내임을 시사한다. 그러나 장자권의 발전과 더불어 최고신 제우스는 차츰 맏아들로 여겨지기 시작했다. 그래서 고전 시대의 전설들에서는 포세이돈이 제우스의 동생으로 간주되는 일이 더 많다.

포세이돈은 텔키네스(☞)에 의해, 그리고 오케아노스의 딸인 케피라에 의해 양육되었다고 한다. 성년이 된 그는 텔키네스의 누이인 할리아를 사랑하게 되어 그녀에게 여섯 명의 아들과 로도스라는 딸을 낳게 했다. 이 일이 있었던 섬은 포세이돈의 딸의 이름을 따서 로도스라 불리게 되었다(☞할리아).

『일리아스』에서 이미, 포세이돈은 바다를, 하데스는 하계를, 제우스는 천상을 각기 다스리는 것으로 되어 있다(이러한 배분에 대해서는 ☞제우스). 그는 파도를 다스릴 뿐 아니라 폭풍을 일으키고 삼지창으로 연안의 암벽들을 뒤흔들며 샘들을 솟구치게 하는 능력을 가졌다. 그의 권능은 바다뿐 아니라 흐르는 물과 호수에도 미쳤던 것으로 보인다. 반대로, 강들에는 고유한 신들이 살고 있었다. 포세이돈과 제우스의 관계는 항상 우호적이지는 않았다. 그는 헤라 및 아테나와 더불어 제우스를 묶으려는 음모에도 참가했으나, 브리아레우스의 위협 때문에 물러섰다(☞아이가이온).

포세이돈은 아폴론 및 인간인 아이아코스와 더불어 1년 동안 트로이아 성벽을 쌓는 일에 가담했다. 라오메돈이 응분의 보수를 거부하자 이에 대한 앙갚음으로 포세이돈은 바다에서 괴물을 올라오게 하여 트로이아 주민들을 짓밟게 했다(☞라오메돈). 포세이돈이 트로이아 인들에게 앙심을 품은 것은 이때부터였으며, 그 때문에 트로이아 전쟁에서 그가 아카이아 인들의 편을 드는 것을 볼 수 있다. 그러나 『일리아스』의 서두에서 아카이아 인들이 네스토르의 충고에 따라 선박들 주위에 벽을 쌓아 진영을 강화하기로 결정하자, 그러한 축성 사업이 트로이아 성벽을 쌓으면서 거두었던 자신의 영광을 흐리게 한다고 생각한 포세이돈은 신들의 회합에 나가 아카이아 인들의 결정에 대해 항의한다. 제우스가 중재하여 그의 분노를 가라앉히기는 했지만, 그는 아카이아 인들이 쌓는 성벽을 무너뜨리기로 결심한다. 그는 잠시 전장에서 떠나기로 하지만, 아카이아 인들이 수세에 몰리자 그들을 돕기 위해 다시 나타난다. 그는 칼카스의 모습을 하고 두 명의 아이아스에게 용기를 북돋우며, 테우크로스, 이도메네우스 등을 격려하다가, 제우스의 명령으로 전장을 떠난다. 아킬레우스가 아이네이아스를 죽이려는 순간, 아이네이아스를 구하는 것은 포세이돈이다. 그는 안개로 아킬레우스의 눈을 가리고 아이네이아스의 방패에 박혀 있던 창을 뽑은 뒤[호메로스의 원문 내용과 다름. 창은 방패 가장자리를 뚫고 나가 아이네이아스의 등 뒤쪽 땅에 박혔다. 『일리아스』 20권 273 이하 — 감수자 주], 그를 트로이아 군의 후진으로 옮긴다. 그가 그렇게 하는 이유는 운명이 아이네이아스의 죽음을 원치 않기 때문이기도 하지만, 다른 한편으로는 아이네이아스가 라오메돈의 직계 후손이 아니라 앙키세스, 카피스, 앗사라코스 등을 통해 트로스의 후손이 되기 때문이다(☞계보 7). 다른 모든 신들과 마찬가지로 포세이돈도 프리아모스 일족의 멸망을 원하며[결국 운명에 의해 트로이아가 멸망하리라는 것은 알았겠지만 아프로디테, 아폴론, 아르테미스, 레토 등 트로이아를 편드는 신들도 있었다 — 감수자 주], 앙키세스의 후손들을 보호한다.

인간들이 모여 도시를 만들자, 신들은 제각기 자신을 명예롭게 할 도시(들)를 선택하기로 했다. 두세 명의 신들이 동일한 도시를 선택하는 일도 있어서, 이들 사이에 다툼이 생기면 동료 신들이나 인간들의 심판을 받았었다. 이런 심판에서 포세이돈은 대체로 운이 없었다. 그는 코린토스를 놓고 헬리오스(태양)와 다투었으나, 심판으로 선택된 거인 브리아레우스는 헬리오스의 편을 들어주었다. 또한 그는 아이기나를 다스리고 싶어했지만, 그 자리는 제우스에게 뺏겼다. 낙소스에서는 디오니소스, 델포이에서는 아폴론, 트로이젠에서는 아테나가 그를 이겼다. 그러나 가장 유명한 두 가지 〈다툼〉은 아테나이와 아르고스에서 일어났다. 포세이돈은 아테나이에 눈독을 들였고, 자신의 삼지창으로 아크로폴리스에 〈바다〉를 솟아나게 함으로써(파우사니아스의 증언에 따르면, 이 〈바다〉는 에레크테이온 성내에 있던 짠 우물이었다고 한다) 도시를 맨 먼저 차지했다. 그런데 곧 이어 아테나가 올리브나무를 심어 놓고는(기원후 2세기까지도 판드로시온에는 그 올리브나무가 있었다고 한다) 케크롭스를 불러 증인을 삼고, 아테나이가 자기 것이라고 선언했다. 포세이돈은 이 일을 제우스에게 고했고, 제우스는 심판들을 지명했다. 일설에 의하면 그 심판들은 케크롭스와 크라나오스였다고도 하고, 또 다른 설에 의하면 올림포스의 신들이었다고도 한다. 그렇게 지명된 심판들은 아테나의 편을 들었다. 왜냐하면 그녀가 맨 먼저 아크로폴리스에 올리브나무를 심었다고 케크롭스가 증언했기 때문이다. 분개한 포세이돈은 엘레우시스 평원을 물바다로 만들어 버렸다.

아르고스의 경우에는 포세이돈과 헤라 사이에 분쟁이 일어났으며 포로네우스가 심판을 맡았는데, 거기서도 여신에게 유리한 판결이 났다. 포세이돈은 분한 나머지 아르골리스에 저주를 내려 온 고장의 샘들을 말려 버렸다. 그로부터 얼마 지나지 않아 다나오스와 그의 오십 명 딸들이 아르골리스에 도착하여 마실 물을 얻지 못하게 되자, 다나이데스 중 한 명인 아미모네와 사랑에 빠진 포세이돈은 저주를 풀었고, 아르골리스는 샘들을 되찾게 되었다(☞아미모네). 또 다른 설에 의하면, 포세이돈은 포로네우스와 이나코스에게 화가 나서 아르골리스를 짠 물로 뒤덮어 버렸지만, 헤라가 그에게 바다를 거두어 땅을 풀어놓으라고 명령했다고도 한다.

그러나 포세이돈은 경이로운 섬 아틀란티스(☞)를 자기 것으로 할 수 있었다.

포세이돈은 여러 차례 사랑을 했으며, 매번 많은 자식들을 낳았던 것으로 알려진다. 그러나 제우스의 아들들이 유익한 일을 하는 용사들이 된 것과 달리, 포세이돈의 아들들은 가령 아레스가[아레스의 아들들이] 그렇듯이 해롭고 폭력적인 일을 하는 거인들이었다. 가령 토오사에게서는 키클롭스인 폴리페모스를 낳았고, 메두사에게서는 거인 크리사오르와 날개 달린 말 페가소스를 낳았으며, 아미모네에게서는 아카이아 인들을 괴롭히게 될 나우플리오스를, 이피메데이아에게서는 알로아다이(☞)를 낳았다. 케르키온, 테세우스에게 죽임을 당하게 될 강도 스키론, 라이스트리고네스(☞) 족의 왕 라모스, 저주받은 사냥꾼 오리온 등도 모두 그의 자식들이다. 마찬가지로 그가 할리아에게서 낳은 아들들도 온갖 만행을 저질렀으며, 그들이 벌 받는 것을 면하게 하기 위해 그는 그들을 땅 밑에 묻었다.

포세이돈은 많은 신화적 계보들의 기원이 되었다(☞계보 3, 10, 11, 12, 21, 22, 25). 특히 포세이돈과 데메테르의 사랑에서는 이름을 말하는 것이 금지된 딸과 아레이온(☞)이라는 말이 태어났으며, 일곱 장군의 테바이 원정에서 아드라스토스는 이 말을 탔다.

포세이돈의 〈합법적인〉 아내는 암피트리테(☞)인데, 그는 이 네레이스에게서는 자식을 얻지 못했다.

포세이돈은 흔히 삼지창(참치잡이의 대표적인 도구)을 들고 반은 말이고 반은 뱀인 괴물들이 끄는 전차를 탄 모습으로 그려진다. 이 전차는 물고기와 돌고래 같은 온갖 바다 생물들, 그리고 네레이데스를 비롯하여 프로테우스, 글라우코스 등 여러 신들에 둘러싸여 있다.

포스포로스 Φωσφόρος / Phosphorus 포스포로스는 일명 헤오스포로스라는 새벽별에 붙여진 이름이다. 그의 이름을 라틴 어로 옮기면 루키페르(Lucifer)가 된다. 그는 새벽을 알리고 날빛을 가져오는 별이라는 점에서 종종 시를 의인화하는 것으로도 해석된다.

포이네 Ποινή / Poine 포이네는 복수와 징벌을 의인화한 것이다. 그녀는 가끔 에리니에스와 동일시되며, 그녀들과 함께 다니기도 한다. 후대의 로마 신화에서 포이네는 푸리아이(에리니에스)의 어머니이며 하계의 마신들 가운데 등장한다. 그러나 그것은 고유한 의미의 신화와는 무관한 시적이고 알레고리적인 해석이다.

아폴론이 프사마테의 죽음에 복수하기 위해 보낸 괴물이 포이네였다는 전설도 있다(☞크로토포스, ☞코로이보스).

포이닉스 Φοῖνιξ / Phenix I. 포이닉스는 에티오피아에서 유래하는 전설적인 새로, 그 전설은 이집트 인들의 태양 숭배와 연관된다. 그에 관해 최초로 언급한 것은 헤로도토스이며, 뒤이어 시인들, 신화학자들, 점성가들, 박물학자들이 그에 관한 세부적 사실을 전한다. 일반적으로 포이닉스의 고향은 에티오피아라고 하며, 거기서 일정 기간(500년, 1460년, 혹은 2954년)을 산다고 한다. 포이닉스의 전체적인 모습은 독수리와 비슷한데, 크기가 훨씬 더 크다. 깃털은 불타는 빨강, 밝은 파랑, 자주, 황금색 등으로 더없이 아름다운 빛깔이다. 저자들은 이러한 빛깔들이 어떻게 안배되어 있는지에 관해서는 견해를 달리하나, 그것이 가장 아름다운 공작새보다도 더 아름답다는 주장에서는 일치한다.

포이닉스의 전설은 특히 새의 죽음과 부활에 관한 것이다. 이 새는 유일한 것으로, 다른 동물들처럼 새끼를 낳지 않는다. 마지막이 다가옴을 알게 되면 그것은 향기 나는 나무들과 향을 둥지처럼 쌓는다. 이 점에 관해서는 두 가지 다른 전승이 있는데, 새가 이 향기로운 화장단에 불을 붙여 그 재로부터 새로운 포이닉스가 살아난다고도 하고, 그렇게 만든 둥지 안에 들어가 자기 씨를 품은 채 죽는다고도 한다. 그러면 새로운 포이닉스가 태어나 죽은 포이닉스를 미르라 나무의 빈 둥치에 담아 이집트 북부의 헬리오폴리스로 날아가서, 헬리오스의 사제들이 장례를 지낼 수 있도록 그 제단 위에 내려놓는다. 포이닉스가 이집트에 나타나는 것은 그때뿐이다. 그는 한 무리의 다른 새들을 이끌고 그곳에 도착하며, 이들은 그에게 존경을 표하는 듯이 그의 주위를 맴돌며 난다. 태양의 제단 위에 도착하면, 포이닉스는 잠시 공중을 떠돌며 사제가 나타나기를 기다린다. 때가 되면 한 사제가 신전에서 나와 새의 모양과 성스러운 책에 그려진 그림을 비교한다. 그런 다음 죽은 포이닉스의 시신을 엄숙하게 태운다. 예식이 끝나면 새로 태어난 포이닉스는 에티오피아로 돌아가 향기로운 이슬을 먹으며 생명이 다할 때까지 행복하게 산다.

점성가들은 포이닉스의 부활에 걸리는 시간과 항성들의 회전에 의거한 〈대역년〉 이론을 연관짓는다. 포이닉스의 탄생은 대역년의 시작인 것이다. 클라우디우스 황제 시절에 이집트에서는 실제로 포이닉스를 잡아 로마로 보냈다고 한다. 클라우디우스는 새를 구경시켰지만 아무도 그것을 진지하게 받아들이지 않았다.

포이닉스 Φοῖνιξ / Phoenix II. 1. 포이닉스는 에우로페와 카드모스에 관해 가장 잘 알려진 이야기에서 아게노르의 아들들 중 한 명으로 나온다(☞ 계보 3). 그는 형제들과 함께 아버지의 명에 따라, 제우스에게 납치된 누이 에우로페를 찾아다녔다. 그녀를 찾지 못하고 더 이상 헤매기에도 지친 그는 장차 시돈이 될 곳에 정착했으며, 그 지방은 그의 이름을 따서 포이니키아(페니키아)라 불리게 되었다.

이러한 계보를 모든 신화학자들이 인정하는 것은 아니다. 혹자는 그가 오기고스(☞)의 아들이었다고 하며, 혹자는 그가 에우로페의 남매가 아니라 아버지였다고 한다. 그런 전설에서 그는 흔히 아버지 아게노르가 하던 역할을 한다.

2. 포이닉스라는 이름을 가진 또 다른 인물은 아킬레우스의 친구이다. 그는 보이오티아의 엘레온 왕 아민토르의 아들이다. 그의 어머니 이름은 저자에 따라 달라져서, 히포다메이아, 클레오불레 혹은 알키메데라 한다. 아민토르에게는 클리티아 혹은 프티아라는 이름의 첩이 있었는데, 이를 시샘한 어머니의 명에 따라 포이닉스는 그 첩을 유혹했다. 이 죄악을 알게 된 아민토르는 아들의 눈을 멀게 했다. 또 다른 전승에 의하면, 아민토르의 첩 프티아 자신이 젊은이를 유혹하려다가 뜻을 이루지 못하자 아민토르에게 거짓 중상을 하여 아들을 눈멀게 했다고도 한다. 포이닉스는 펠레우스에게 피신했고, 펠레우스는 그를 켄타우로스 케이론에게 데려갔으며, 케이론은 그에게 시력을 되찾아 주었다. 펠레우스는 포이닉스에게 자기 아들 아킬레우스를 맡겼을 뿐 아니라 그를 돌로페스 족의 왕으로 삼았다.

포이닉스는 아킬레우스와 함께 트로이아를 향해 떠났다. 그리스 군대의 장군들이 보낸 사절단이 아킬레우스와 아가멤논을 화해시키려 하자, 포이닉스 역시 아킬레우스의 고문으로서 그를 설득하려 했지만 소용이 없었다. 아킬레우스가 파트로클로스의 비보를 접했을 때, 그 역시 아킬레우스의 막사에 함께 있었다. 끝으로 그는 파트로클로스를 기리는 장례 경기에서 전차 경주를 감독하는 역할을 했다.

아킬레우스가 죽은 뒤 포이닉스는 오딧세우스와 함께 네오프톨레모스를 찾아갔다. 그리스인들이 귀향하게 되자, 그는 육로로 돌아가는 네오프톨레모스를 따라갔으나 도중에 죽고 말았다. 네오프톨레모스는 그를 위해 장례를 치러 주었다.

포이만드로스 Ποίμανδρος / Poemandrus 포이만드로스는 보이오티아 사람이다. 그는 카이레실라오스와 스트라토니케의 아들이다. 그는 아이올로스 혹은 하신 아소포스의 딸 타나그라와 결혼했다. 포이만드로스는 포이만드리아 시를 건설했고, 후에 이 도시는 타나그라로 불리게 되었다. 이 도시의 주민들은 트로이아 전쟁에 참가하기를 거부했기 때문에 아킬레우스의 공격을 받았다. 아킬레우스는 왕의 어머니인 스트라토니케를 잡아갔고 왕의 손자를 죽였다. 포이만드로스는 간신히 피신하여 그때까지 성벽이 없던 포이만드리아 시를 서둘러 방비하기 시작했다. 공사 도중에 미장이 폴리크리토스로부터 모욕을 당한 포이만드로스는 큰 돌멩이를 집어 폴리크리토스에게 던진다는 것이 그만 친아들 레우키포스에게 맞고 말았다. 아들을 죽인 죄로 그는 보이오티아를 떠나야 했다. 그러나 적에게 포위를 당한 상태였으므로, 그는 그들에게 무사

통행을 요구했고 아킬레우스는 이를 받아들여 그를 칼키스의 엘레페노르에게 보내 주었다. 엘레페노르는 그의 죄을 정화해 주었고, 그 대가로 포이만드로스는 도시 앞에 아킬레우스를 위한 성역을 만들었다.

포이베 Φοίβη / Phoebe 1. 포이베, 즉 〈빛나는 여자〉라는 이름은 우라노스와 가이아의 딸들인 티타니데스 중 한 명에게 붙여진 이름이다(☞계보 5, ☞계보 12). 그녀는 코이오스와 결혼하여 두 딸 레토와 아스테리아를 낳았다. 흔히 그녀는 테미스의 시녀로 델포이의 신탁소를 창설했다고 알려져 있다. 그것을 아폴론의 생일 선물로 주었다는 것이다. 아폴론은 레토의 아들이므로 포이베의 손자이다.

2. 포이베는 또한 레우키피데스(☞) 중 한 명이다(☞계보 19). 그녀는 폴리데우케스의 아내였고, 힐라이라는 카스토르의 아내였다. 그러나 프로페르티우스 같은 저자는 포이베가 카스토르의 아내였다고 한다.

3. 헬리오스의 딸들 중 한 명인 포이베에 대해서는 ☞헬리아데스.

포이보스 Φοῖβος / Phoebus 포이보스 즉 〈빛나는 자〉란 아폴론의 수식어이자 별명이다. 특히 라틴 어로는 아폴론이라는 이름을 병기하지 않고 〈포이부스〉라고만 해도 이 신을 가리키는 이름이 된다.

포이아스 Ποίας / Poeas 포이아스는 타우마코스 혹은 필라코스의 아들이다. 그는 메토네와 결합하여 필록테테스를 낳았으며, 그 때문에 유명해졌다. 그는 아르고나우타이에 속하지만, 별다른 역할은 하지 않았다. 그러나 일설에 의하면, 탈로스에게 승리를 거둔 것은 (일반적으로는 메데이아 덕분이었다고 알려져 있지만) 그의 공이라고도 한다(☞탈로스, ☞아르고나우타이). 포이아스는 궁수로서 헤라클레스의 마지막 원정들에 함께 했다. 몇몇 신화학자들에 따르면 헤라클레스의 화장단 장작에 불붙이기를 모두가 거부할 때 그가 불을 붙였다고 한다. 그 보상으로 헤라클레스는 그에게 활과 화살을 남겨 주었다고 하는데 일반적으로 이 역할은 필록테테스에게 돌아간다(☞필록테테스).

포코스 Φῶκος / Phocus 1. 플루타르코스에 의하면 보이오티아의 글리사스 출신 포코스에게 칼리로에라는 딸이 있었다고 한다. 서른 명의 구혼자가 청혼을 했으나, 아버지는 사위를 고를 날짜를 계속 늦추었다. 결국 그는 델포이 신탁의 권고에 따라 무술 시합으로 사위를 선택하기로 했다. 그러자 이들은 그를 죽이고 말았다. 칼리로에는 달아났고, 구혼자들의 추적을 당하자, 농부들이 그녀를 밀 빻는 절구에 숨겨 주었다. 보이오티아 연방의 축제에서 칼리로에는 〈아테나 이토니아〉[〈이토누스의 아테나〉라는 뜻. 보이오티아에 있는 〈이토누스〉 또는 〈이톤〉이란 도시는 아테나 숭배로 유명했다]에게 탄원하러 나아가 구혼자들이 아버지를 죽인 것을 고발했다. 이들은 오르코메노스로, 히포타이로 달아났다. 보이오티아 인들은 그들을 포위했고 마침내 항복을 받아 냈다. 죄인들은 돌로 쳐죽임을 당했다. 항복하기 전날 그들은 산에서 〈나 여기 있다〉고 외치는 소리를 들었으며, 그것은 그들의 징계를 알리는 포코스의 음성이었다고 한다.

2. 포키스의 명조 또한 포코스라는 이름인데, 그에 관해서는 여러 전승이 있다. 몇몇 이본들에 따르면, 이 포코스는 코린토스 인으로, 오르니토스의 아들이며 시시포스의 후손으로, 포세이돈의 일족에 속했다. 그는 파르나소스 산 밑의 고장

에 정착했고, 그래서 그 고장은 포키스라 불리게 되었다. 그러나 포키스라 불리는 고장에 처음 정착한 것은 오르니토스였다고도 한다. 거기서 그는 로크리스 인들과 싸웠으며, 후에 왕국을 아들에게 넘겨주고 자신은 (코린토스로) 물러났다는 것이다(☞오르니토스). 이 포코스는 안티오페의 남편이었다고 한다. 디르케가 받은 형벌에 화가 난 디오니소스가 안티오페에게 광기를 내려 안티오페는 그리스 전역을 헤매다가 포코스를 만났으며, 포코스는 그녀를 고쳐 주고 아내로 삼았다는 것이다. 티토레아에 그들이 함께 묻힌 무덤이 있었다고 한다.

3. 포키스의 명조 포코스에 관한 또 다른 전설에 의하면, 그는 아이아코스와 프사마테의 아들이다(☞계보 30). 아이아코스와 엔데이스의 아들인 펠레우스와 텔라몬이 그의 이복형제들이다. 포코스라는 이름이 붙여진 것은 그의 어머니의 변신을 기념하기 위해서이다. 네레우스의 딸들 중 한 명이며 따라서 테티스(II)와 자매간이었던 프사마테는 아이아코스의 포옹을 피하기 위해 다른 해신들이 그러하듯이 변신하여 물개가 되었다. 그래도 아이아코스는 뜻을 이루었고 아들을 낳았다. 이 포코스는 성년이 되자 배를 타고 아버지 나라인 살라미스를 떠나 그리스 중부를 정복하러 갔으며, 정복한 지방을 포키스라 불렀다. 그 후 그는 토착민 이아세우스(다른 곳에서는 나오지 않는 이름)와 손을 잡았고, 아스테리아와 결혼했다. 데이온과 디오메데의 딸이며 할아버지 크수토스를 통해 데우칼리온 종족에 속하는(☞계보 8) 아스테리아는 그에게 크리소스와 파노페우스라는 쌍둥이 형제를 낳아 주었다.

후에 포코스는 아이기나로 돌아갔고, 그곳에서 그를 시기한 이복형제들의 손에, 그리고 아마도 아이아코스의 정식 아내의 부추김으로, 죽임을 당했다(☞펠레우스, ☞텔라몬). 프사마테는 아버지에게 추방당한 펠레우스가 테살리아로 피신해 있는 동안 늑대를 보내 그의 가축 떼를 짓밟음으로써 복수를 했다. 그러나 테티스의 간곡한 부탁으로 그녀는 그 늑대를 돌로 만들어 버렸다.

살라미스에는 아이아코스의 무덤 옆에 나란히 포코스의 무덤이 있었다고 한다.

포토스 Πόθος / Pothos 포토스는 애욕의 화신이다. 그는 아프로디테의 행렬에서 에로스와 히메로스 옆에 나타나며, 그들과 크게 다르지 않다. 셈 족의 신앙에서 영향을 받은 시리아 신화에서, 포토스는 크로노스와 아스타르테(아프로디테)의 아들로 간주되었다. 포토스는 추상적 개념에 불과하며, 따라서 그에 관한 별다른 신화는 없다.

*****폰스** Fons 폰스 일명 폰투스는 샘과 관계 있는 신이다. 그는 대개 야누스의 아들이라고 하지만, 그가 등장하는 전설은 전혀 남아 있지 않다. 그는 로마에 신전을 가지고 있었으며, 아마 포르타 폰티날리스(카피톨리움 북쪽에 있는 세르비우스 성벽의 문) 근처에 있었을 것이다. 야니쿨룸 언덕 기슭에 있던 폰스의 제단은 누마의 무덤이라 알려진 곳에서 멀지 않았다. 그의 축제는 샘의 축제로 〈폰티날리아〉라 불렀다.

폰토스 Πόντος / Pontus 폰토스 즉 〈파도〉는 바다의 남성적 의인화이다. 그에 관한 전설은 따로 없으며, 그는 단지 신들의 계보나 우주 생성설에 등장할 뿐이다. 그는 대지와 아이테르의 아들이었으며, 대지와 결합하여 네레우스, 타우마스, 포르키스, 케토, 에우리비에 등을 낳았다고 한다(☞계보 12). 때로는 브리아레우스와 네 명의 텔키네스 즉 악타이오스, 메갈레시오스,

오르메노스, 리코스 등도 그가 낳았다고 한다. 폰토스의 후손에 관해서는 ☞계보 32.

폴로스 Φόλος / Pholus 폴로스는 폴로에 살았던 켄타우로스다. 헤라클레스는 에리만토스의 멧돼지를 사냥할 당시, 실레노스와 물푸레나무의 님프 사이에 태어난 아들인 폴로스를 찾아갔다(대개의 켄타우로스들이 익시온의 후예라고 하는 것과는 다르다. ☞익시온). 폴로스는 그를 환대했고, 자신은 날고기를 먹으면서도 그에게는 구운 고기를 대접했다. 헤라클레스가 포도주를 청하자, 폴로스는 단 한 동이의 포도주밖에 갖고 있지 않으며 그것은 모든 켄타우로스들의 공동 소유라고 말했다. 헤라클레스는 걱정하지 말고 동이를 열라고 했다. 그래서 그는 그렇게 했다. 그러나 포도주 냄새를 맡은 켄타우로스들은 바위, 나무, 횃불 등으로 무장하고 폴로스의 동굴로 달려왔다. 헤라클레스는 그들과 싸움을 벌였다(이 싸움의 일화들에 관해서는 ☞헤라클레스). 폴로스는 우발적인 죽음을 맞았다. 그는 동료들의 무덤을 만들어 주다 말고, 시신에서 화살을 하나 뽑아 들고 생각했다. 〈어떻게 이처럼 작은 것이 그처럼 큰 결과를 가져올 수 있을까?〉 그러나 그는 화살을 발등에 떨어뜨려 치명상을 입었다. 헤라클레스는 그에게 성대한 장례를 치러 주었다.

폴리고노스 Πολύγονος / Polygonus 폴리고노스와 켈레고노스는 프로테우스와 토로네의 두 아들로, 헤라클레스에게 죽임을 당했다. 이 두 명의 강도는 여행자들에게 싸움을 걸어 죽이곤 하다가 헤라클레스에게 벌을 받은 것이다.

폴리네이케스 Πολυνείκης / Polynices 폴리네이케스는 오이디푸스의 두 아들 중 한 명이다. 그의 형제는 에테오클레스이다. 그의 어머니 이름에 관해서는 여러 가지 설이 있다. 그는 오이디푸스의 두 번째 아내 에우리가네이아의 아들이라고도 하고, 비극 작가들에 의하면 이오카스테의 아들이라고도 한다. 때로는 에테오클레스가 그의 형이라고도 하고 때로는 그의 동생이라고도 한다. 테바이의 왕위를 차지하기 위한 그들의 다툼으로 인해 일곱 장군의 전쟁과 아드라스토스가 이끈 테바이 원정[아드라스토스는 두 차례의 테바이 원정에 모두 참여했다. 뒤의 것은 에피고노이의 원정을 가리키는 듯하다]이 일어났다. 이 다툼은 그들의 아버지가 그들을 세 번 저주한 데서 비롯되었다고도 한다. 오이디푸스가 아버지를 죽이고 어머니를 범한 죄를 깨닫고 스스로 눈을 멀게 했을 때, 그의 아들들은 그를 동정하기커녕 모욕했던 것이다. 우선, 폴리네이케스는 분명히 금지되어 있었음에도 불구하고 카드모스의 은탁자와 금잔으로 아버지를 대접했다. 그것은 아버지를 조롱하고 그의 출신과 죄악을 상기시키는 행위였다[본래 그것들은 라이오스가 쓰던 물건이므로, 그것들을 쓰라고 내놓는 것은 친아버지를 죽이고 그의 것을 차지했던 오이디푸스의 범죄를 상기시키는 일이 된다]. 그 사실을 안 오이디푸스는 두 아들을 저주하며, 그들이 이승에서도 저승에서도 편히 살지 못하리라고 예언했다. 다음으로, 이 두 아들은 희생 제사를 드린 뒤 아버지에게 제물의 좋은 부분 대신 엉치뼈를 보내 주었다. 분노한 오이디푸스는 뼈를 땅에 내던지며 그들은 서로서로 죽이게 되리라고 두 번째 저주를 했다. 그가 아들들을 세 번째로 저주한 것은 그들이 그를 어두운 지하 감옥에 가두어 세상으로부터 잊히게 만들었을 때였다. 그는 그들이 손에 칼을 들고서야 자기 유산을 나누게 되리라고 예언했다. 좀더 간략하게는, 오이디푸스가 아들들을 저주한 것은, 크레온이 오이디푸스를 테바이에서 추방할 때 아들들이 그를 구하려 하지 않았기 때문이라고도 한다.

테바이를 차지하게 된 에테오클레스와 폴리네이케스는 권력을 함께 나누기로 했다. 각기 1년씩 번갈아 다스리자는 것이었다. 그러나 먼저 1년을 다스린 에테오클레스는 동생에게 권력을 넘기기를 거부했다(폴리네이케스가 형이라는 경우에는, 먼저 1년을 다스린 폴리네이케스는 약속대로 그에게 권력을 넘겨주었으나, 두 번째 해를 다스린 에테오클레스가 다시 형에게 권력을 넘기기를 거부했다). 그리하여 고국에서 추방당한 폴리네이케스는 하르모니아의 예복과 목걸이를 지닌 채 아르고스에 이르렀다. 그때 아르고스를 다스리던 이가 아드라스토스였다. 폴리네이케스는 폭풍우가 치는 밤에, 칼리돈에서 달아난 오이네우스의 아들 티데우스와 동시에 그의 궁전에 나타났다. 두 불청객이 궁전 뜰에서 싸움을 벌이는 소리가 들리자 아드라스토스는 싸움을 말리고 이들을 맞이하여 자기 딸들을 아내로 주었다(☞아드라스토스, ☞계보 1). 폴리네이케스는 아르게이아와 결혼했으며, 아드라스토스는 그가 왕국을 되찾는 것을 도와주기로 약속했다. 이상이 일곱 장군이 테바이를 상대로 전쟁을 벌이게 된 이유이다.

한편 예언자 암피아라오스는 원정의 결과를 내다보고 아드라스토스를 말리려 했다. 이 방해를 제거하기 위해 폴리네이케스는 알렉토르의 아들 이피스(☞)에게 가서 어떻게 하면 암피아라오스를 원정에 동참시킬 수 있을지 물었다. 이피스는 그에게 암피아라오스는 아내 에리필레(☞)가 결정하는 일은 무엇이나 받아들이기로 맹세한 바 있음을 알려 주었다. 그러자 폴리네이케스는 에리필레에게 하르모니아의 목걸이를 주면서 그 대신 남편을 설득해 달라고 부탁했다. 그리하여 원정은 성사될 수 있었다. 도중에 네메아에서 폴리네이케스는 아르케모로스의 장례 경기(후일의 네메아 경기)에서 승리를 거두었다. 테바이와의 전쟁에서 폴리네이케스는 에테오클레스에게 죽임을 당했고, 죽어 가면서 그를 죽였다. 오이디푸스의 저주는 그렇게 실현되었다. 폴리네이케스가 어떻게 매장되었던가에 대해서는 ☞안티고네.

폴리다마스 Πολυδάμας / Polydamas 폴리다마스는 클리티오스의 딸 프론티스(혹은 프로노메)와 판토오스가 결합하여 낳은 아들인 트로이아인이다. 그는 헥토르와 같은 날 태어났으며, 헥토르가 무술에서 뛰어났던 만큼 그는 전략에서 뛰어났다. 가령 아카이아 진영의 벽을 공격할 계획을 세우고 헥토르에게 트로이아 군의 장군들을 모으게 한 것도 그였고, 낭패한 트로이아인들에게 일리온으로 돌아가자거니[이는 『일리아스』 18권에서 아킬레우스의 고함소리에 혼비백산하여 파트로클로스의 시신을 빼앗긴 트로이아 군이 밤에 작전 회의를 하는 대목에 나온다. 폴리다마스의 의견은 아킬레우스가 저렇게 분노하고 있는 것으로 보아 내일은 필시 그가 출전할 터이니, 트로이아 군은 일단 성내로 들어가 힘을 모으자는 내용이었다. 그러나 헥토르는 그의 충고를 받아들이려 하지 않았다 — 감수자 주], 헥토르가 죽은 후에 고집 부리지 말고 헬레네를 그리스 군에 넘겨주라고 권고한 것도 폴리다마스였다.

폴리다마스는 전쟁터에서도 수차 공적을 세웠다. 그는 메키스테우스(메키스토스)가 아님]와 오토스를 죽였고 페넬레오스에게 부상을 입혔다.

폴리다마스에게는 레오크리토스라는 아들이 있었다고 한다.

폴리담나 Πολύδαμνα / Polydamna 일설에 의하면 폴리담나는 이집트 왕 톤의 아내로, 헬레네를 왕의 애욕으로부터 보호하기 위해 나일 강 어귀의 파로스 섬으로 데려갔고, 그곳에서 득실거리는 뱀들이 물지 않도록 막아 주는 약초들을 주었다고 한다(☞헬레네).

폴리데우케스 Πολυδεύκης / Pollux 폴리데우케스는 카스토르의 형제로 디오스쿠로이(☞) 중 한 명이다(☞계보 19).

폴리덱테스 Πολυδέκτης / Polydectes 폴리덱테스는 아이올로스의 후손인 마그네스와 한 나이아스의 아들(☞계보 8) 혹은 나우플리오스의 손자이자 다마스토르의 아들인 페리스테네스의 아들이라고 한다. 두 번째 가계에 의하면, 그의 어머니는 페리카스토르의 딸 안드로테아이다. 그에게는 딕티스라는 형제가 있으며, 그는 딕티스와 함께 세리포스 섬에 정착했다. 홍수에 휩쓸려 아들 페르세우스와 함께 섬의 연안에 이른 다나에가 피신한 곳은 딕티스 혹은 폴리덱테스의 집이었다(☞다나에, ☞페르세우스). 폴리덱테스는 곧 다나에를 사랑하게 되었고, 페르세우스가 성년이 되자 그를 멀리 보내기 위해 오이노마오스의 딸 히포다메이아에게 결혼 선물을 하기 위해서라는 구실하에 메두사의 머리를 찾아오게 시켰다. 페르세우스가 없는 동안 그는 다나에를 겁탈하려 했고, 다나에는 딕티스와 함께 제단으로 피신했다. 그때 페르세우스가 나타나 메두사의 머리를 보임으로써 그를 돌로 만들어 버렸다.

히기누스가 전하는 이설에 의하면, 아크리시오스가 손자 페르세우스의 손에 우발적인 죽음을 맞이하는 것은, 페르세우스가 폴리덱테스를 위해 개최한 장례 경기에서였다고 한다(이 죽음에 관한 좀더 일반적인 이야기에 대해서는, ☞아크리시오스, ☞페르세우스).

폴리도라 Πολυδώρα / Polydora 폴리도라라는 이름을 가진 인물은 여러 명 있다. 그 중에서 가장 잘 알려진 것은 펠레우스가 에우리티온의 딸 안티고네에게서 낳은 딸이다(☞계보 30, ☞펠레우스). 폴리도라는 하신 스페르케이오스에게서 메네스티오스라는 이름의 아들을 낳았다. 후에 그녀는 페리에레스의 아들 보로스와 결혼했다. 이 보로스는 가끔 메네스티오스의 〈인간 아버지〉로도 통한다.

가끔 폴리도라의 어머니가 안티고네가 아니라 악토르의 딸 폴리멜라였다고도 한다. 또 폴리도라가 펠레우스의 딸이 아니라 아내였다는 전승도 있다(☞드리옵스).

폴리도로스 Πολύδωρος / Polydorus 1. 폴리도로스라는 이름을 가진 첫번째 인물은 카드모스 일족에 속한다(☞계보 3). 그는 카드모스와 하르모니아의 아들이다. 그는 닉테우스의 딸 닉테이스와 결혼하여 라브다코스를 낳았고, 라브다코스는 오이디푸스의 할아버지가 되었다. 카드모스에서 오이디푸스에 이르는 권력 계승에서 그가 한 역할에 대해서는 여러 가지 설이 있다. 혹은 카드모스가 일리리아로 떠나면서 그에게 테바이의 왕좌를 물려주었다고 하며(☞카드모스), 실제로 폴리도로스는 카드모스의 외아들이었다. 혹은 카드모스가 딸 아가우에의 아들 펜테우스에게 권력을 넘겨주었으며, 폴리도로스는 아버지를 따라 일리리아로 갔다고도 한다. 이 두 가지 설의 중간 형태에 따르면, 카드모스가 떠난 뒤 펜테우스가 합법적 계승자인 폴리도로스의 왕위를 빼앗았다고 한다.

2. 또 다른 폴리도로스는 프리아모스의 아들

이다. 그에 관해서는 여러 가지 전승이 있다. 그 중 한 가지에 따르면, 그는 프리아모스와 라오토에의 아들이다. 트로이아 전쟁 당시 그는 아직 어렸으므로 프리아모스는 그를 전쟁터에 내보내려 하지 않았지만, 자신이 빨리 달릴 수 있음을 자신한 폴리도로스는 아킬레우스를 공격했고 [호메로스 원문의 내용과 다름. 『일리아스』 20권 407 이하에서 폴리도로스는 그냥 전장에서 아킬레우스 근처를 달려 지나간 것으로 되어 있다 — 감수자 주] 그래서 아킬레우스가 그를 죽였다고 한다. 폴리도로스는 은제 갑옷을 입고 있었는데 아킬레우스는 그를 죽인 뒤 갑옷을 벗겨 냈다. 아킬레우스가 죽은 뒤, 그의 어머니 테티스(II)는 이 전리품을 아가멤논에게 선물했다. 이상이 호메로스가 전하는 이야기이다. 그러나 후대에는, 그리고 특히 비극 작가들과 알렉산드리아 및 로마의 시인들에 의하면, 폴리도로스는 프리아모스와 헤카베의 아들이었다고 한다. 프리아모스는 아직 어린 이 아들을 사위인 트라케 왕 폴리메스토르에게 맡겼다. 그러면서 만약 전쟁이 트로이아 인들에게 불리해질 경우 폴리도로스가 자기 신분을 유지하면서 살 수 있을 만한 보물을 함께 맡겼다. 그러나 폴리메스토르는 보물에 눈이 어두웠던 것인지 아니면 승리한 그리스 인들의 요구에 못 이겼던 것인지, 폴리도로스를 죽여 버렸다. 그리고 시신을 바다에 던졌는데, 바다는 그것을 트로아스 연안으로 실어 갔다. 때마침 그곳에서는 헤카베의 시녀(혹은 헤카베 자신)가 아킬레우스의 무덤에 바쳐진 폴릭세네에게 장례를 치러 주기 위해 물을 긷고 있었다. 헤카베는 자기 아들을 알아보았고 아가멤논의 허락을 받아 그를 폴릭세네 옆에 묻어 주었다. 헤카베가 폴리메스토르에게 어떻게 복수했던가에 대해서는 ☞헤카베.

베르길리우스가 따르는 전승에 의하면, 폴리메스토르는 폴리도로스를 트라케 연안에 묻었다고 한다. 아이네이아스는 그곳에 이르러 희생 제단을 장식하기 위해 나뭇가지를 꺾었는데 가지에서 핏방울이 떨어졌다. 그러면서 한 음성이 들려와 이르기를, 그곳은 폴리도로스가 묻힌 자리이며 그 나무들은 그를 찌른 투창에서 자라난 것이라고 하였다. 음성은 폴리메스토르가 자기에게 맡겨진 아이의 황금을 차지하기 위해 아이를 죽인 이야기를 들려주면서, 아이네이아스에게 그 저주받은 땅에 도시를 건설하려는 계획을 포기하라고 충고해 주었다. 그래서 아이네이아스는 살해당한 아이를 위해 장례를 치러 주고 그 고장을 떠났다는 것이다.

또 다른 전승에 의하면, 폴리메스토르는 자신의 왕국을 짓밟던 아이아스(텔라몬의 아들)에게 폴리도로스를 맡겼다고 한다. 아이아스와 그리스 인들은 아이를 볼모 삼아 헬레네와 교환하려 했지만, 트로이아 인들은 이를 거절했다. 그래서 폴리도로스는 성벽 앞에서 돌로 쳐죽임을 당했고, 그 시신은 헤카베에게 보내졌다고 한다.

끝으로 비극 작가들은 폴리도로스가 폴리메스토르에게 살해당한 것이 아니라고 전한다. 폴리메스토르는 실수로 폴리도로스 대신 자기 아들 데이필로스를 죽였다는 것이다. 후에 폴리도로스는 신의를 저버린 폴리메스토르에게 복수를 했다(☞데이필로스).

폴리메데 Πολυμήδη / Polymede 폴리메데는 아우톨리코스의 딸이자 아이손의 아내이며 이아손의 어머니이다(☞계보 21). 남편이 펠리아스에게 죽임을 당하자 펠리아스를 저주하며 목매어 죽었다. 그녀에게는 프로마코스라는 아직 어린 아들도 있었는데, 펠리아스는 아이손 일족을 완전히 제거하려고 그 어린 아들까지 죽였다.

신화학자들은 또한 아이손의 아내를 알키메

데라고도 부른다.

폴리메스토르 Πολυμήστωρ / Polymestor 트라케 왕 폴리메스토르는 프리아모스의 딸 일리오네와 결혼하여 폴리도로스의 전설 및 헤카베의 전설에서 일역을 담당한다. 이 전설의 여러 이본들에 관해서는 ☞데이필로스, ☞헤카베, ☞폴리도로스.

폴리멜라 Πολυμήλα / Polymela 1. 폴리멜라라는 이름을 가진 첫번째 인물은 필라스의 딸이다. 그녀는 헤르메스와 결합하여 에우도로스(☞)를 낳았다. 후에 그녀는 악토르의 후손인 에케클레스와 결혼했다.

2. 또 다른 폴리멜라는 바람의 신 아이올로스의 딸이다. 그녀는 오딧세우스가 자기 아버지의 궁정에 머무는 동안 그의 애인이 되었다. 애인이 떠나자 그녀가 너무도 슬퍼하여 아버지가 알아채고 말았다. 그는 그녀를 벌하려고 했지만, 그의 아들 디오레스가 그녀를 사랑했으므로 아버지로부터 결혼 허락을 받아 냈다. 이렇듯 아이올로스의 아들딸들은 서로 결혼하는 습속이 있었던 것으로 보인다.

3. 악토르의 딸 역시 폴리멜라이다. 그녀는 펠레우스가 테티스(II)와 결혼하기 전에 그와 결혼했던 것으로 알려져 있다(☞폴리도라). 가끔 그녀는 펠레우스의 딸로 통하기도 한다.

폴리보스 Πόλυβος / Polybus 1. 폴리보스는 이집트의 테바이 왕으로 헬레네와 메넬라오스를 맞이해 주었다(☞헬레네, ☞메넬라오스). 그것은 또한 그리스 왕들의 계보에 나오는 여러 인물들의 이름이기도 한데, 이들은 서로 잘 구별되지 않는다.

2. 우선 제욱시페와 시키온의 딸인 크토노필레가 헤르메스에게서 낳은 아들인 시키온 왕 폴리보스가 있다. 그러니까 그는 아르고스 왕의 혈통과 아테나이의 에레크테우스 가문의 혈통을 모두 받은 셈이다(☞계보 22). 폴리보스에게는 리시아나사(혹은 리시마케)라는 딸이 있었는데, 그는 그녀를 아르고스 왕 탈라오스와 결혼시켰다. 이들 사이에서 아드라스토스, 프로낙스 등을 위시한 여러 명의 자식들이 태어났다(☞계보 1). 아드라스토스는 폴리보스에게로 피신했고, 폴리보스는 후사 없이 죽으면서 아드라스토스에게 왕국을 물려주었다.

3. 위의 폴리보스와 어린 오이디푸스를 키워준 코린토스 왕 폴리보스는 구별되어야 한다. 그러나 오이디푸스가 어렸을 때 자란 곳은 코린토스라고도 하고 시키온이라고도 한다는 점도 기억할 만하다(☞오이디푸스).

폴리보테스 Πολυβώτης / Polybotes 폴리보테스는 신들과 싸운 거인들 중 한 명이다. 그는 포세이돈에게 쫓겨 코스에 이르렀으며, 그곳에서 신은 섬의 일부를 떼어내 그를 그 아래 깔아 죽였으며, 그리하여 니시로스 섬이 생겨났다.

폴리에이도스 Πολύειδος / Polyidus 1. 폴리에이도스는 코린토스의 유명한 예언자로, 멜람푸스의 가계에 속한다. 멜람푸스에게는 만티오스라는 아들이 있었는데, 이 만티오스에게서 클레이토스(☞)가 태어났고, 클레이토스는 코이라노스를 낳았으며, 이 코이라노스가 바로 폴리에이도스의 아버지였다. 폴리에이도스는 아우게이아스의 손녀이자 필레우스의 딸인 에우리다메이아와 결혼했다. 그들 사이에 두 아들 에우케노르와 클레이토스가 태어났는데, 이들은 에피고노이(☞)의 원정에 참가했으며, 뒤이어 아가멤논을 따라 트로이아 전쟁에 나갔다. 폴리에이도스는 에우케노르에게 고향에서 병으로 죽거나 전쟁에 나가 죽는 두 가지 운명 중 하나를 택할 수 있다고 예언했었다. 에우케노르는 후자를 택했고, 파리스에게 죽임을 당했다.

메가라 지방의 전승에 따르면 그는 메가라에 와서 알카토오스가 아들 칼리폴리스를 죽인 죄를 정화시키고(☞알카토오스) 디오니소스 신전을 지었다고 한다. 이 전승에서 폴리에이도스는 코이라노스의 아들이자 멜람푸스의 후손이기는 하지만, 그의 할아버지는 클레이토스가 아니라 아바스이다(☞계보 1).

벨레로폰테스에게 페이레네 샘으로 가서 페가소스를 붙잡으라고 알려 준 것도 폴리에이도스였다. 마찬가지로, 그는 에우리토스의 아들 이피토스에게 티린스의 헤라클레스에게 가라고 충고해 주었으며, 미시아 왕 테우트라스를 광기로부터 구해 주었다. 그러나 그가 등장하는 가장 유명한 이야기는 미노스의 아들 글라우코스의 부활과 관련된 것이다(☞글라우코스).

2. 또 다른 폴리에이도스는 트로이아 인으로, 예언자 에우리다마스의 아들이다. 그는 형제 아바스와 함께 디오메데스의 손에 죽었다.

폴리카스테 Πολυκάστη / Polycaste 1. 폴리카스테는 네스토르의 딸들 중 한 명으로, 『오딧세이아』에 의하면 텔레마코스가 아버지의 행방을 찾아 필로스에 이르렀을 때 그의 목욕물을 준비했다고 한다. 후대의 전설에 의하면, 폴리카스테는 텔레마코스의 아내였으며 그에게 아들 페르세폴리스를 낳아 주었다고 한다.

2. 폴리카스테는 또한 이카리오스의 아내이자 페넬로페의 어머니 이름이기도 하다. 그러나 이카리오스의 아내는 폴리카스테가 아니라 페리보이아였다고도 한다(☞계보 19). 이 폴리카스테는 아카르나니아 사람인 리가이오스의 딸이었다고 한다(☞이카리오스).

폴리카온 Πολυκάων / Polycaon 폴리카온은 메세네의 남편으로, 렐렉스와 페리데아의 작은아들이다. 그는 아버지의 왕국을 물려받기를 기대할 수 없었으므로 아내의 충고에 따라 자신의 왕국을 세우기로 했다. 아르고스와 라케다이몬 사람들을 이끌고, 그는 안다니아 시를 건설했고 펠로폰네소스 지방을 식민지로 만들어 메세니아라 불렀다(☞메세네). 이 폴리카온은 힐로스와 이올레의 딸인 에우아이크메와 결혼한 인물과는 구별되어야 한다(☞계보 16).

폴리크리테 Πολυκρίτη / Polycrite 폴리크리테는 낙소스 여자로, 제사의 대상이 되었다. 그녀에 관해 다음과 같은 이야기가 전해진다. 낙소스 인들이 에리트라이 인들과 동맹을 맺은 밀레토스 주민들과 전쟁을 하던 당시, 폴리크리테는 에리트라이 인들의 대장 디오그네토스의 포로가 되었다. 그는 곧 포로를 사랑하여 그녀의 수중에 들게 되었다. 그런데 폴리크리테는 낙소스 인들의 대장인 폴리클레스와 남매간이었다. 그녀는 과자 속에 서판을 숨겨 넣어 자기가 짜낸 전략을 그에게 알렸다. 그녀는 디오그네토스를 설득하여 그가 맡고 있던 진영을 밤사이에 낙소스 인들에게 넘겨주게 만들었던 것이다. 전략은 성공했다. 기별을 받은 낙소스 인들은 몰래 진영으로 들어가 적군을 크게 도륙했고, 결국 유리한 협상을 맺을 수 있었다. 폴리크리테는 큰 명예를 얻었다. 그러나 집으로 돌아가던 그녀는 너무 많은 선물을 받고 너무 많은 관들을 쓰고 있었으므로 미처 성에 들어가기도 전에 문간에서 숨이 막혀 죽었다. 사람들은 그녀를 죽은 자리에 묻어 주었다. 진영의 야습에서 디오그네토스는 폴리크리테의 청에 따라 목숨만은 건졌다. 그러나 또 다른 전승에 의하면 그는 그 싸움에서 죽었으며, 폴리크리테의 옆에 묻혔다고도 한다.

폴리크리토스 Πολύκριτος / Polycritus 폴리크리토스는 아이톨리아 인으로, 공동체의 우두머리로 선출되었으며, 그 후 로크리스의 젊은 여자와 결혼했다. 그러나 그는 아내 곁에 머문 지 사흘도 못 되어 죽어 버렸다. 아홉 달 뒤에 그의 과부 아내는 남자인 동시에 여자인 자식을 낳았다. 질겁한 그녀는 아이를 사람들이 많이 모인 장터의 광장으로 데리고 나갔다. 사람들은 그것이 신의 저주이며 아이와 어미를 그 고장의 경계 밖으로 데리고 나가 불태워 죽여야 한다고 했다. 그때 검은 옷을 입은 폴리크리토스가 나타나 아이는 자기 자식이라고 선언하면서, 하계의 신들에게 잠시 말미를 얻어 왔으니 어서 아이를 자기에게 넘기라고 요구했다. 겁에 질린 사람들이 그의 요구대로 할지 말지 주저하자 그는 다시 요구했고, 사람들이 역시 지체하자 그는 아이를 빼앗아 갈가리 찢어 머리만 남기고는 삼켜 버렸다. 그리고는 사라졌다. 아이톨리아 인들은 델포이에 사자를 보내 이 일의 후환을 막으려면 어떻게 해야 할지 알아보자고 의논했다. 그때 땅에 굴러다니던 아이의 머리가 예언하기 시작했다. 그 머리는 주민들이 델포이에 사자를 보내는 것을 금하며 전쟁이 일어날 것을 예언하고, 자신을 땅에 묻지 말고 양지바른 곳에 두어 달라고 청했다.

폴리테스 Πολίτης / Polites 1. 폴리테스는 프리아모스와 헤카베의 아들 중 한 명이다. 그는 『일리아스』의 여러 일화에 등장한다. 가령 그는 아킬레우스의 공격을 받은 트로일로스를 구하러 가며(『일리아스』에는 이런 일화가 없다. 『일리아스』에는 트로일로스라는 인물 자체가 등장하지 않는다], 선단 주위의 전투에 참가하고, 거기서 메리오네스에게 부상을 입은 형제 데이포보스를 돕는다.

폴리테스는 프리아모스의 아들들 중에 가장 마지막까지 살아남았다(헬레노스를 제외하고는). 그는 결국 궁전의 제단에서 아버지가 보는 앞에서 네오프톨레모스에게 죽임을 당했다.

베르길리우스는 앙키세스의 장례 경기에 참가한 경쟁자들 중 폴리테스의 아들 프리아모스가 있었다고 한다. 라티움에 폴리토리움이라는 도시를 건설한 것은 아마도 이 아들일 것이다.

2. 또 다른 폴리테스는 오딧세우스의 동료로, 키르케의 섬에서 돼지로 변했다. 이 폴리테스와 관련된 전설은 ☞에우티모스.

폴리파테스 Πολυφάτης / Polyphates 폴리파테스 왕은 멜람푸스의 전설에서 일역을 한다. 멜람푸스가 왕의 손님으로 있는 동안, 희생 제사 중에 뱀 한 마리가 제단 곁에 있던 왕의 하인에게 죽임을 당했다. 폴리파테스는 아직 젊은이였던 멜람푸스에게 죽은 뱀을 묻으라고 시켰다. 멜람푸스는 명령에 따랐지만, 그 뱀은 암컷이고 새끼들을 배고 있었으므로 그 새끼들을 데려다 키웠다. 뱀들은 자라서 그의 공에 대한 보답으로 자기들의 혀로 그의 귀를 〈정화〉함으로써 예언의 재능을 주었다(☞멜람푸스).

폴리페모스 Πολύφημος / Polyphemus 폴리페모스라는 이름을 가진 전혀 별개의 인물이 두 명 있다.

1. 첫번째 인물은 라피타이 족으로, 엘라토스와 히페의 아들이다. 그의 〈신적인〉 아버지는 포세이돈이며 그의 형제는 카이네우스(☞)이다. 그는 라오노메와 결혼했는데, 확실치 않은 한 전승에 의하면 그녀는 헤라클레스의 누이동생

이라고도 한다. 이 폴리페모스는 켄타우로스들과 라피타이 족의 싸움에 참가했다. 그는 아르고 나우타이의 원정에도 참가했으나 미시아에 남아 키오스 시를 건설했다. 그는 칼리베스 족과의 전쟁에서 죽었다.

2. 폴리페모스라는 이름으로 좀더 유명한 두 번째 인물은 『오딧세이아』에 나오는 키클롭스[외눈박이 거인]이다. 그는 포세이돈이 포르키스의 딸인 님프 토오사에게서 낳은 아들이다. 호메로스의 이야기에 의하면, 그는 모든 키클로페스 중에 가장 야만적이고 무시무시한 거인이다. 그는 양떼를 치면서 동굴에서 살았는데, 불을 쓸 줄 알면서도 날고기를 먹었다. 포도주가 무엇인지는 알았지만 거의 마시는 일이 없었고 술에 취하면 어떻게 되는지에 대해서도 별로 개의치 않았다. 고통 중에 다른 키클로페스의 도움을 청했던 것을 보면 아주 독불장군은 아니었던 듯하지만, 그들에게 자기가 겪은 일을 끝내 이해시키지 못했다.

잘 알려진 이야기대로, 열두 명의 동료들과 함께 폴리페모스에게 사로잡힌 오딧세우스는 그의 동굴에 갇혔다. 폴리페모스는 포로들을 잡아먹기 시작했고, 오딧세우스가 맛있는 포도주를 준 대가로 그를 마지막에 먹겠다고 약속했다. 밤 동안 거인이 술에 취해 잠든 사이, 오딧세우스와 그의 동료들은 커다란 말뚝을 깎아 거인의 외눈에 들이박았다. 아침에 양떼가 풀을 뜯으러 나갈 때가 되자, 소경이 된 거인은 동굴 입구에서 양들을 한 마리씩 손으로 더듬어 검사했으나, 그리스 인들은 양의 배 밑에 몸을 묶어 무사히 통과했다. 자유의 몸이 되어 배에 돛을 올린 오딧세우스는 폴리페모스에게 〈나는 오딧세우스다〉라고 고함을 치며 조롱했다. 일찍이 폴리페모스는 오딧세우스에 의해 눈이 멀게 되리라는 신탁을 들은 적이 있었다. 속은 것에 분노한 거인은 배를 향해 커다란 바위들을 던졌으나 맞지 않았다. 폴리페모스의 아버지인 포세이돈이 오딧세우스를 미워하게 된 것은 이때부터이다.

호메로스 이후의 문학 작품들에서, 폴리페모스는 다소 기이한 방식으로 네레이스 갈라테이아와 사랑에 빠진다. 사랑에 빠진 폴리페모스에 관해 가장 잘 알려진 작품은 테오크리토스의 『목가』로 네레이스는 그가 너무 거칠고 촌스럽다고 생각한다. 오비디우스도 같은 주제를 다룬 적이 있다(☞아키스). 한편 갈라테이아가 폴리페모스를 사랑하여 그의 자식들을 낳았다는 전승도 있다(☞갈라테이아).

폴리페이데스 Πολυφείδης / Polyphides 1. 폴리페이데스는 예언자로, 일설에 의하면 만티오스의 아들이자 멜람푸스의 후손이다(☞계보 1). 그는 아폴론으로부터 직접 예언의 능력을 받았다. 아버지와 다툰 그는 아카이아의 히페라시아로 가서 정착했다. 그는 아들 테오클리메노스(☞)와 딸 하르모니데를 낳았다.

2. 같은 이름을 가진 또 다른 인물은 시키온의 스물네 번째 왕이다. 에우세비오스의 『연대기』가 전하는 바에 따르면, 그는 트로이아 전쟁 당시 시키온을 다스렸으며, 아직 어린 메넬라오스와 아가멤논의 유모는 티에스테스로부터 아이들을 구하기 위해 폴리페이데스에게로 피신했다. 폴리페이데스는 그들을 다시 아이톨리아의 오이네우스 왕에게 맡겼다(☞아가멤논). 『연대기』가 전하는 대로 그가 트로이아 함락 당시까지 살았다면, 그는 드물게 장수한 셈이다.

폴리포르테스 Πολιπόρθης / Poliporthes 폴리포르테스 일명 프톨리포르테스(두 가지 형태가 모두 쓰인다)는 오딧세우스가 이타케에 귀향한 뒤 페넬로페에게서 낳은 아들이다. 그는 오딧세우스가 테스프로토이 족을 다스리는 동안 태어났고, 오딧세우스는 돌아와서 그를 만났다(☞오딧세우스, ☞계보 39).

폴리포이테스 Πολυποίτης / Polypoetes 1. 폴리포이테스는 아폴론과 프티아의 아들이다. 그는 두 형제 도로스, 라오도코스와 함께 아이톨로스에게 죽임을 당했다(☞아이톨로스).

2. 또 다른 폴리포이테스는 트로이아 전쟁에 참가한 그리스 인들 중 한 명이다. 그는 페이리토오스와 히포다메이아의 아들로(☞계보 23), 아버지가 펠리온 산에서 켄타우로스들을 내쫓던 바로 그날 태어났다. 그의 어머니는 그를 낳자마자 죽었고, 그의 아버지는 아테나이에 있는 테세우스에게로 가버렸다. 성년이 된 그는 페이리토오스의 뒤를 이어 왕이 되었다. 친구 레온테우스와 함께 그는 헬레네의 구혼자들 중에 끼었고 메넬라오스의 보복을 위한 전쟁에 참가하게 되었다. 그는 40척의 선단을 이끌었고, 전장에서 많은 트로이아 인들(다마소스, 드레사이오스 등)의 목숨을 빼앗았다. 그는 파트로클로스의 장례 경기에도 참가했으며 목마에 들어간 무리에 속한다. 트로이아가 함락된 뒤, 그는 레온테우스와 함께 칼카스에 합류하여 육로로 콜로폰에 이르렀다(☞칼카스).

3. 세 번째 폴리포이테스는 오딧세우스와 테스프로토이 족의 여왕 칼리디케의 아들이다(☞계보 39). 오딧세우스는 이타케로 돌아갔고, 여왕이 죽은 뒤 폴리포이테스가 왕위에 올랐다.

폴리폰테 Πολυφόντη / Polyphonte 폴리폰테는 트라케 사람 히포노오스와 트라사(아레스가 하신 스트리몬의 딸 테레이네에게서 낳은 딸)의 딸이다. 그녀는 아프로디테의 선물들을 무시하고 아르테미스의 시녀가 되었다. 화가 난 아프로디테는 그녀가 곰에게 욕정을 품게 만들었다. 그녀가 이 괴물스런 정욕으로 인해 처녀성을 잃은 벌로, 아르테미스는 산의 온갖 짐승들이 그녀에게 달려들게 만들었다. 겁에 질린 폴리폰테는 아버지의 집으로 피신하여 아그리오스(야만인)와 오리오스(산 사람)라는 두 명의 자식을 낳았다. 두 자식은 장성하여 엄청난 힘의 소유자가 되었으며, 신도 사람도 두려워하지 않았다. 그들은 낯선 사람을 만나면 자기들 집으로 끌고 가 잡아먹었다. 마침내 제우스도 이들을 끔찍하게 여겨 헤르메스를 보내 이들을 벌하게 했다. 그러나 두 젊은이의 선조가 되는 아레스는 벌을 면하게 해주려고 이들을 변신시켰다. 폴리폰테는 밤의 새, 오리오스는 맹금, 아그리오스는 독수리, 모두 불길한 새들이 되었다. 이들과 함께 새로 변한 하녀는 아무 잘못이 없었으므로, 인간들에게 길한 새가 되게 해달라고 신들에게 기원했다. 신들은 그녀의 기원을 받아들여 사냥꾼들에게 길조인 청딱따구리로 만들어 주었다.

폴리폰테스 Πολυφόντης / Polyphontes 1. 폴리폰테스는 아우토포노스의 아들로, 일곱 장군이 테바이를 원정할 때 티데우스 앞에 50명의 테바이 인들을 매복시켰다. 티데우스는 이들을 전멸시켰다.

2. 또 다른 폴리폰테스는 헤라클레이다이 중 한 명으로, 크레스폰테스를 죽이고 그의 왕국과 아내 메로페를 차지했다. 그러나 자신도 크레스폰테스의 아들에게 죽임을 당했다(☞아이피토스, ☞메로페).

폴릭세네 Πολυξένη / Polyxena 폴릭세네는 프리아모스와 헤카베의 딸들 중 한 명으로, 자매들 중에서 가장 어렸던 것으로 알려져 있다. 그녀는 『일리아스』에는 나오지 않고 후대의 서사시들에서 아킬레우스의 전설과 관련하여 등장한다. 그녀와 아킬레우스의 만남에 관해서는 여러 가지 이야기가 있다. 일설에 의하면, 그녀는 트로일로스가 말에게 물을 먹이는 샘터에 있었으며, 그때 아킬레우스가 트로일로스를 쫓아가 죽였다고 한다. 폴릭세네는 간신히 피신했으나 이미 아킬레우스의 마음에 욕정을 일으킨 뒤였다는 것이다. 또 다른 전설에 의하면(이런 형태의 전설은 헬레니즘 시기에 특히 발전했던 것으로 보인다) 폴릭세네는 안드로마케 및 프리아모스와 함께 헥토르의 시신을 되찾으러 아킬레우스에게 갔다고도 한다. 아킬레우스는 헥토르 부모의 간청에는 냉담했지만, 폴릭세네가 그의 노예가 되어 머물겠다고 하자 뜻을 굽혔다. 아킬레우스의 〈변절〉에 관한 이야기는 바로 이런 전설과 관련된다. 폴릭세네를 차지하기 위해 그는 프리아모스에게 그리스 인들을 버리고 고향으로 돌아가겠다고 혹은 자기 편을 배신하고 트로이아 편에서 싸우겠다고 했다. 이런 협상이 〈아폴론 팀브리오스〉의 신전에서 이루어지던 중, 신상 뒤에 숨어 있던 파리스가 화살을 쏘아 아킬레우스를 죽였다(☞아킬레우스, ☞파리스).

아킬레우스와 폴릭세네의 사랑 이야기와는 무관하게, 그리고 아마도 이 전설이 생겨나기 이전에, 폴릭세네가 아킬레우스의 무덤에 희생 제물로 바쳐져 죽었다는 이야기도 있다. 그런가 하면 『키프리아 송가』에서는 폴릭세네가 트로이아 함락 당시 디오메데스와 오딧세우스에게 상처를 입고 죽었으며, 네오프톨레모스가 그녀를 묻어 주었다고 한다. 그러나 좀더 후대의 시인들은 폴릭세네가 네오프톨레모스 아니면 오딧세우스가 부추긴 그리스 장군들에 의해 아킬레우스의 무덤에 바쳐졌다고 보았다. 비극 시인들 특히 에우리피데스는 이런 전승을 따르고 있다. 이런 희생 제사를 드린 것은 아카이아 배들의 순조로운 항해를 빌기 위해서였다고도 하고(이점은 아가멤논의 군대에 순풍을 가져오기 위한 이피게네이아의 희생과도 비슷하다) 아킬레우스의 망령이 아들의 꿈에 나타나 그러한 봉헌을 요구했기 때문이라고도 한다.

폴릭세노스 Πολύξενος / Polyxenus 1. 폴릭세노스는 아버지 아가스테네스를 통해 아우게이아스의 손자들 중 한 명이 된다. 그는 헬레네의 구혼자들 중 한 명으로 에페이오이 족의 부대를 이끌고 트로이아 원정에 참여했다. 트로이아에서 돌아온 뒤 그는 아들을 낳아 트로이아 전쟁에서 죽은 동료 암피마코스(크테아토스의 아들)의 이름을 붙여 주었다. 엘레이아에 폴릭세노스의 무덤이 있었다고 한다. 또 오딧세우스가 구혼자들을 죽인 뒤, 폴릭세노스의 손님으로 갔다는 이야기도 있다. 폴릭세노스가 그에게 준 선물 중에는 트로포니오스, 아가메데스, 아우게이아스 등의 이야기가 그려진 단지도 있었다(☞아가메데스).

2. 또 다른 폴릭세노스는 이아손과 메데이아의 아들들 중 한 명이다(☞계보 21).

3. 이 두 폴릭세노스와 엘레이아 왕 폴릭세노스는 구별되어야 한다. 엘레이아 왕 폴릭세노스는 타포스 인들이 엘렉트리온에게서 훔친 양떼를 숨겨 주었으며, 암피트리온은 그에게서 양떼를 되사야 했다(☞암피트리온).

폴릭소 Πολυξώ / Polyxo 1. 폴릭소는 닉테우스의 아내로 안티오페의 어머니이다(☞계보 25).

2. 좀더 유명한 폴릭소는 틀레폴레모스(헤라클레스의 아들로 트로이아 원정에서 죽은 로도스 사람)의 아내이다. 남편을 기리기 위해 그녀는 어린아이들이 참가하는 장례 경기를 열어, 승리자에게 흰 포플러 화관을 주었다. 그녀는 남편의

죽음에 보복하고 트로이아 전쟁의 원인이 된 헬레네를 벌할 방법을 찾았다. 헬레네에 대한 그녀의 원한과 복수에 대해서는 여러 가지 전설이 있다. 헬레네와 함께 이집트에서 돌아오던 메넬라오스는 로도스 섬이 보이는 곳에 이르러 섬에 상륙하려 했다. 그 사실을 안 폴릭소는 횃불과 돌로 무장한 로도스 인들을 해안에 집결시켰다. 메넬라오스는 섬을 피하려 했으나 바람이 배를 연안으로 밀고 갔다. 그는 아내를 배 안에 감추고 시녀들 중 가장 아름다운 여자를 아내의 장신구로 치장시켰다. 뭍에 내린 그는 로도스 인들이 가짜 헬레네를 죽이도록 내버려 두었다. 복수심을 만족시킨 로도스 인들은 메넬라오스를 무사히 돌려보냈고, 헬레네는 폴릭소에게서 벗어날 수 있었다. 그러나 좀더 일반적으로 알려진 이야기는 라코니아의 미인에게 덜 호의적이다. 즉 메넬라오스가 죽고 오레스테스가 아직 에리니에스에게 쫓기며 세상을 떠돌아다닐 무렵, 헬레네의 이복자식들인 니코스트라토스와 메가펜테스는 그녀를 스파르타에서 쫓아냈다. 그녀는 동향인인 폴릭소가 자기 편인 줄로만 알고 그녀에게 피신했다. 폴릭소는 처음에는 반가운 얼굴로 맞아 주었지만 헬레네가 목욕을 하는 사이에 자기 시녀들을 에리니에스로 변장시켜 헬레네에게 덤벼들게 했다. 이들에게 시달린 나머지 겁에 질리고 정신이 나간 헬레네는 목매어 죽었다(☞헬레네).

3. 폴릭소는 또한 렘노스 여자 힙시필레의 유모 이름이다. 그녀는 힙시필레에게 아르고나우타이를 맞이하라고 충고했다(☞힙시필레).

폴릭토르 Πολύκτωρ / Polyctor 폴릭토르, 이타코스, 네리토스는 이타케의 세 용사들이다. 이들은 섬 주민들이 물을 길을 샘을 만들었다. 그들은 프테렐라오스와 암피메데의 자식들이며, 따라서 제우스의 후손이다(☞프테렐라오스). 그들은 케팔레니아 출신으로 이타케에 새로운 도시를 건설했다.

폴림노스 Πόλυμνος / Polymnus 디오니소스는 하계에 내려갈 때, 폴림노스(혹은 프로심노스)라는 농부에게 길을 물었다(☞디오니소스). 폴림노스는 그에게 필요한 정보를 가르쳐 주는 대신 자기에게도 좋은 일을 해줄 것을 요구했다. 그러나 디오니소스가 돌아와 보니 폴림노스는 이미 죽은 뒤였다. 디오니소스는 약속을 지키기 위해 무화과나무로 남근 모양의 막대기를 깎아 폴림노스의 무덤 위에서 그의 망령을 만족시키기 위한 시늉을 했다.

이 외설적인 전설은 디오니소스 제의에서 남근의 역할을 설명하기 위해 만들어진 것이다.

폴림니아 Πολύμνια / Polhymnia 폴림니아는 아홉 명의 무사이[뮤즈들] 중 한 명이다. 그녀는 다른 여덟 자매와 마찬가지로, 제우스와 므네모시네의 딸이다. 전승에 따르면, 그녀는 리라, 농업 등 여러 가지를 발명했다. 그녀는 아레스의 아들 켈레오스 혹은 케아마로오스에게서 트리프톨레모스를 낳았다고도 한다. 다른 무사이와 마찬가지로 그녀에게 부여되는 속성은 일정치 않아서, 무도법의 무사[뮤즈], 기하 혹은 역사의 무사로 통했다. 한 고립된 전승에 의하면 그녀가 오이아그로스와 결합하여 오르페우스를 낳았다고도 한다. 하지만 오르페우스의 어머니는 칼리오페라는 것이 좀더 일반적인 설이다. 플라톤은 폴림니아가 에로스를 낳았다는 전설도 인용하고 있다.

폴티스 Πόλτυς / Poltys 폴티스는 포세이돈의 아들이다. 그에게는 사르페돈(미노스의 형제와는 다른 인물)이라는 형제가 있었다(☞사르페돈). 그는 트라케의 아이노스를 다스렸으며 헤라클레스가 아마조네스 원정길에 트로아스를 지날 때 그를 환대했다. 사르페돈은 트라케 해안에서 헤라클레스에게 죽임을 당했다.

트로이아 전쟁 동안 트로이아 인들은 폴티스에게 사자를 보내 선물을 전하면서 그의 도움을 요청했다고 한다. 그러나 폴티스는 파리스가 헬레네를 자신에게 줄 것을 요구하며 대신 다른 미인 둘을 주겠노라고 제의했다. 그 제의는 물론 받아들여지지 않았다.

*폼폰 Πόμπων / Pompo 그리스화된 로마 전설에서 폼폰은 누마 폼필리우스 왕의 딸로, 폼포니우스 일족(겐스 폼포니아)의 선조가 되었다. 혹은 누마의 아버지 이름이 폼필리우스 폼포였다는 설도 있다.

*푸리나 Furrina 님프 푸리나는 티베리스[테베레] 강의 우안, 야니쿨룸 언덕 기슭에 있는 샘과 신성한 숲의 여신이다. 푸리나 숭배의 기원은 매우 불확실하다. 공화정 시대에 그녀는 푸리아이 중 한 명으로 간주되었지만, 점차 그녀의 성역은 퇴락했고, 그곳을 차지한 시리아 인들은 자신들 고유의 종교 의례를 도입했다.

*푸리아이 Furiae 푸리아이는 원시 로마 민간신앙에 등장하는 하계의 정령들이다. 그러나 그녀들은 곧 그리스의 에리니에스와 동일시되었고, 그녀들에 관한 신화는 에리니에스의 신화를 그대로 옮긴 것이다.

프라시오스 Φράσιος / Phrasius 프라시오스는 키프로스 출신의 예언자로, 기근이 들었을 때 이집트로 가서 부시리스 왕에게 매년 이방인 한 명을 희생 제물로 드리면 기근이 끝나리라고 고했다. 부시리스는 이 조언에 따라 맨 먼저 프라시오스를 희생 제물로 드렸다(☞헤라클레스, ☞부시리스).

프락스 Πράξ / Prax 프락스는 네오프톨레모스의 아들 페르가모스의 3세손이다. 프락스는 일리리아에서 펠로폰네소스로 돌아온 뒤, 한 고장에 자기 이름을 붙여 프라키아이라고 불렀다. 선조 아킬레우스를 기리기 위해 그는 스파르타에서 아르카디아로 가는 길 위에 그를 위한 성역을 만들었다.

프락시테아 Πραξιθέα / Praxithea 프락시테아는 아티카 전설에 나오는 여러 여성 인물들의 이름으로, 그녀들은 서로 잘 구별되지 않는다.

1. 그 중 한 명은 에레크테우스의 아내이다(☞계보 11). 그녀는 하신 케피소스의 딸로, 혹은 케피소스의 딸 디오게네이아와 프라시모스의 딸로도 여겨진다. 프락시테아는 애국심의 본보기이다. 왜냐하면 그녀는 아테나이가 승리하기 위해 죽음이 필요하다는 신탁에 따라 자기 딸들을 기꺼이 희생 제물로 드렸기 때문이다(☞에레크테우스).

2. 프락시테아는 또한 에리크토니오스가 결혼한 님프의 이름이며, 그들 사이에서 아들 판디온이 태어났다.

3. 끝으로 켈레오스의 아내이자 데모폰과 트리프톨레모스의 어머니인 메타네이라 역시 때로는 프락시테아라 불렸다. 이 프락시테아는 데모폰의 유모였다고도 한다.

프레스본 Πρέσβων / Presbon 프레스본은 콜키스 왕 아이에테스의 딸 이오파사와 프릭소스의 아들이다(프릭소스의 결혼에 관한 다른 전승들에 대해서는 ☞프릭소스). 프레스본은 리코스의 딸 부지게와 결혼하여 클리메노스라는 아들을 낳았다(☞계보 33). 프릭소스가 죽은 뒤, 프레스본은 오르코메노스로 돌아가 할아버지 아타마스의 왕국을 요구했다. 아타마스는 죽어 가면서 자신의 직계손이 끊어졌다고 생각하여, 왕국을 종손자들 즉 시시포스의 손자들에게 맡겼었다. 시시포스의 두 손자 할리아르토스와 코로노스는 프레스본이 돌아온 것을 알고 그를 반가이 영접하고 왕국을 돌려주었다. 그들은 할리아르토스와 코로네이아 시들을 건설했다. 프레스본은 에르기노스의 할아버지인데, 에르기노스 시대를 마지막으로 아타마스 가문은 오르코메노스를 다스리지 않게 되었다(☞에르기노스).

프레우게네스 Πρευγένης / Preugenes 프레우게네스는 펠로폰네소스에 있는 에우로타스 계곡 출신의 아카이아 인이다. 그는 아게노르의 아들로, 그에게는 파트레우스와 아테리온이라는 두 아들이 있었다. 도리스 족이 도래하자, 그는 아들들과 함께 아카이아로 물러나, 그곳에 파트라이 시를 건설했다. 후에 그는 아들 파트레우스와 함께 영웅의 예우를 받았다.

프로낙스 Πρῶναξ / Pronax 프로낙스는 탈라오스의 아들들 중 한 명으로, 탈라오스는 비아스의 아들이다(☞계보 1). 그는 특히 아드라스토스 및 에리필레와 동기간이다. 그의 딸 암피테아는 아드라스토스와 결혼했다. 그에게는 또한 리쿠르고스(☞)라는 아들도 있었으며, 리쿠르고스는 오펠테스의 아버지가 되었다. 일설에 따르면 프로낙스는 아르고스에서 사촌 암피아라오스가 일으킨 폭동에서 죽임을 당했다고 한다(☞아드라스토스).
네메아 경기가 본래 그를 기리는 장례 경기였

다는 설도 있다(☞아르케모로스).

프로노스 Πρῶνος / Pronus 프로노스는 케팔레니아를 다스리던 폭군의 아버지 이름이다. 이 폭군은 처녀들을 결혼 전에 자기에게 데려오게 했고, 이런 일은 여자로 변장한 안테노르가 폭군의 침대로 들어가 단도로 그를 죽이기까지 계속되었다. 그 후 안테노르가 왕이 되어 다스렸다.

프로니메 Φρονίμη / Phronime 프로니메는 키레네 식민지의 건설자인 바토스의 어머니이다. 그녀는 크레테의 악소스 시를 다스리는 에테아르코스 왕의 딸이었다. 에테아르코스는 재혼을 했는데, 계모는 프로니메가 방탕하다고 중상했다. 왕은 아내의 말만 믿고 자신의 손님들 중 한 사람인 테라의 상인 테미손에게 자신의 부탁을 한 가지 들어달라고 청했다. 테미손은 그러겠노라고 맹세했고 왕은 그에게 프로니메를 데려가 배가 바다 한가운데로 나갔을 때 바다에 빠뜨려 달라고 부탁했다. 테미손은 맹세를 어길 수 없어서 프로니메를 데리고 갔지만 죽이기를 원치 않았다. 그래서 그는 그녀를 바닷물에 잠깐 적시는 데 그쳤을 뿐 다시 건져 내어 테라로 데려가서 섬의 귀족인 폴림네스토스에게 아내로 주었다. 프로니메는 그에게서 바토스를 낳았다.

프로마코스 Πρόμαχος / Promachus 1. 프로마코스와 레우코카마스는 크레테에 있는 크노소스의 두 젊은이로 사랑 이야기의 주인공들이다. 프로마코스는 아름다운 레우코카마스를 사랑했으나, 레우코카마스는 그에게 무정했고 온갖 시련을 부과했다. 프로마코스는 젊은이의 사랑을 얻기 위해 모든 일들을 받아들였지만 대가로 돌아오는 것은 전혀 없었다. 유난히 어려웠던 시련(특정한 투구를 얻어 오는 일이었다)을 마친 후에, 그는 레우코카마스가 보는 앞에서 그 물건을 좀더 인정 있는 다른 젊은이에게 주었다. 레우코카마스는 분한 나머지 칼을 뽑아 자결했다.

2. 또 다른 프로마코스는 아이손과 알키메데(혹은 페리메데)의 아들로, 아직 어렸을 때 펠리아스에게 죽임을 당했다(☞계보 21).

프로메테우스 Προμηθεύς / Prometheus 프로메테우스는 제우스와 〈사촌〉간이다. 제우스가 티탄 크로노스의 아들이듯이, 그는 티탄 이아페토스의 아들이다(☞계보 38). 그의 어머니 이름에 관해서는 여러 가지 설이 있어, 오케아노스의 딸 아시아라고도 하고, 역시 오케아노스의 딸인 클리메네라고도 한다(☞계보 38, ☞에우리메돈 1). 프로메테우스에게는 그와 반대로 〈서투름〉의 대가였던 에피메테우스(☞)를 위시하여 아틀라스, 메노이티오스 등 여러 형제가 있었다. 그와 결혼한 아내 이름도 저자들에 따라 달라서, 대개는 켈라이노라고 하지만 클리메네라는 설도 있다. 그의 자식들은 데우칼리온, 리코스, 키마이레우스 등으로, 그 밖에 아이트나이오스, 헬렌, 테베 등을 더 꼽기도 한다(☞헬렌, ☞테베).

프로메테우스는 진흙으로 최초의 인간을 만들었다고 한다. 그러나 헤시오도스의 『신들의 계보』에는 이런 이야기가 나오지 않으며, 그는 인간들의 창조자가 아니라 그저 은인이라고만 되어 있다. 프로메테우스는 인간들을 위해 제우스를 속였다. 처음에는 메코네에서 희생 제사를 드리고 난 뒤였다. 그는 제물로 쓰였던 황소를 두 몫으로 나누어 한 쪽에는 살과 내장을 가죽으로 덮어 두고 다른 한 쪽에는 살을 발라 낸 뼈를 흰 기름으로 싸두었다. 그리고는 제우스에게 원하는 쪽을 택하라고 했다. 그 나머지는 인간들의 몫이라는 것이었다. 제우스는 흰 기름으로 덮인 쪽을 택했고, 그 안에 뼈만 들어 있는 것을 발견하자 프로메테우스와 그가 그토록 위하는 인간들에게 앙심을 품게 되었다. 인간들을 벌하고자 그는 인간들에게 더 이상 불을 보내 주지 않기로 했다. 그러자 프로메테우스는 다시금 인간들을 도와 〈하늘의 바퀴로부터〉 불씨를 훔쳐 회향풀 줄기 속에 감추어 지상으로 가져다 주었다. 또 다른 전승에 의하면, 그는 이 불을 헤파이스토스의 대장간에서 훔쳤다고도 한다. 제우스는 인간들과 그들의 은인을 벌하기 위해, 인간들에게는 그러기 위해 일부러 만든 판도라(☞)를 보냈고, 프로메테우스는 쇠사슬로 카우카소스 산 위에 묶어 두고 에키드나와 티폰 사이에서 태어난 독수리를 보내 그의 간을 파먹게 했다. 그러나 그의 간은 다시 생겨나 또다시 파먹히는 것이었다. 그리고는 절대로 프로메테우스를 암벽에서 풀어 주지 않겠다고 스틱스를 걸고 맹세했다. 그러나 카우카소스 지방을 지나던 헤라클레스는 독수리를 화살로 쏘아 맞히고 프로메테우스를 풀어 주었다. 제우스는 자기 아들의 영광을 더하게 하는 이 공적에 만족한 나머지 반대하지 않았지만, 자신의 맹세가 헛되지 않도록 프로메테우스에게 쇠사슬의 강철과 그가 묶여 있던 암벽의 바위 조각으로 만든 반지를 끼웠다. 그럼으로써 강철은 여전히 티탄을 그의 바위에 묶어 두는 셈이었다. 그때 헤라클레스의 화살에 맞은 켄타우로스 케이론이 나타나 끊임없는 고통을 호소하며 차라리 죽기를 원했다. 그는 불멸의 존재였으므로, 누군가가 자신의 불멸을 가져가기를 원했다. 프로메테우스는 그의 청을 받아들여 불멸의 짐을 대신 졌다. 그렇듯 그가 풀려나 불멸의 존재가 되는 것을 제우스가 기꺼이 받아들였던 것은, 프로메테우스가 그에게 아주 오랜 신탁 즉 제우스가 테티스(II)에게서 낳은 자식이 그보다 더 강해져 그의 자리를 빼앗게 되리라는 신탁을 알려 줌으로써 그에게 큰 도움을 주었기 때문이다(☞테스 II).

프로메테우스에게는 예언 능력이 있었다. 헤라클레스에게 황금 사과를 얻는 방법, 즉 아틀라스만 헤스페리데스의 정원에서 황금 사과들을 딸 수 있다는 것을 가르쳐 준 이도 그였다. 예언의 재능은 대지의 옛 자식들에게 공통된 능력이었으니, 대지야말로 가장 탁월한 예언자였기 때문이다. 그는 제우스가 인류를 멸망시키려 하는 대홍수를 예견하고 자기 아들 데우칼리온에게 홍수에서 살아남는 방법을 가르쳐 주었다.

프로메토스 Πρόμηθος / Promethus 프로메토스는 코드로스의 아들로, 형제 다마시크톤과 함께 콜로폰을 다스렸다. 그는 부지중에 다마시크톤을 죽이고 낙소스로 달아났으며 그곳에서 죽었다. 그의 유해는 다마시크톤의 아들들인 그의 조카들에 의해 콜로폰으로 돌아올 수 있었다.

*프로세르피나 Proserpina 프로세르피나는 로마에서 하계의 여신이다. 그녀는 아주 일찍부터 그리스의 페르세포네와 동일시되었다. 그녀가 하계의 여신이라는 특성을 얻은 것도 그러한 동일시 때문이었던 듯하다. 본래 그녀는 씨앗의 발아를 주재하는 농경의 여신이었다. 그녀에 대한 숭배는 디스 파테르(하데스과 동일시됨)의 숭배와 나란히 기원전 249년에 공식적으로 도입되었는데, 그때 그들을 기리기 위해 타렌툼 경기가 창설되었다. 이 경기의 이름은 타렌툼 시가 아니라 마르스 광장의 타렌툼이라는 장소에서 딴 것으로, 이 타렌툼에 관해서는 다음과 같은 이야기가 전해진다. 역병이 창궐했을 때 발레리우스라는 사람의 아이들이 병에 걸렸다. 아버지는 신들에게 아이들을 구하려면 어떻게 해야 할지 물었고, 신들은 그에게 아이들을 데리고 티베리스[테베레] 강을 따라 내려가 〈타렌툼〉까지 가서 디스와 프로세르피나의 제단 물을 마시게 하라고 답해 주었다. 발레리우스는 신탁이 로마를 떠나 타렌툼 시로 가라고 지시하는 줄로 이해하고 그렇게 먼 여행을 해야 한다는 것이 마땅치 않았지만 길을 떠났고, 첫날 저녁 티베리스 강이 굽어지는 곳에서 노숙을 했다. 다음날 아침 그는 그곳 주민들에게 거기가 어디인지 물었고, 그들은 〈타렌툼〉이라고 대답했다. 그제야 신탁의 의미를 깨달은 그는 강물을 떠서 아이들에게 마시게 했고 아이들은 병이 나았다. 감사의 뜻으로 그는 그곳에 디스와 프로세르피나의 신전을 짓기 위해 터를 닦다가 땅속에서 이미 이 신들을 기리는 명문이 새겨진 돌을 발견했다. 그것이 바로 신탁이 말하던 제단이었던 것이다. 타렌툼의 이 제단은 세기제를 거행하는 데 각별히 중요한 역할을 하게 되었다.

프로심나 Πρόσυμνα / Prosymna 프로심나는 아르골리스에 있는 강의 신 아스테리온의 딸이다. 그녀에게는 아크라이아와 에우보이아라는 두 자매가 있었으며, 세 여자 모두 헤라의 유모였다. 그녀는 프로심나 시의 명조가 되었다.

프로이토스 Προῖτος / Proetus 프로이토스는 티린스 왕으로, 아바스의 아들이자 아크리시오스의 쌍둥이 형제이다(☞계보 31). 그는 링케우스와 히페르메스트라의 후손으로, 따라서 다나오스와 아이깁토스의 후손이 된다. 만티네우스의 딸 아글라이아의 태중에서부터 프로이토스는 형제 아크리시오스를 미워했다. 그래서 두 아이는 태어나기 전부터 싸웠다. 성년이 되자 그들은 아바스가 다스리던 아르골리스 땅을 나누어, 아크리시오스는 아르고스를, 프로이토스는 티린스를 차지했다. 그러나 그러한 결정이 나기까지 양편의 지지자들 사이에는 피비린내 나는 싸움이 있었다. 이 형제간의 불화는 프로이토스가 아크리시오스의 딸인 다나에를 유혹하여 페르세우스를 낳게 함으로써 형제에게 치명적인 피해를 입혔기 때문이라고도 설명된다(☞아크리시오스, ☞다나에).

티린스를 차지한 프로이토스는 성벽을 강화했으며, 오늘날도 남아 있는 〈키클로페스의〉 성벽은 그가 지은 것이라고 한다. 그 성벽을 짓는 일에 키클로페스의 도움을 받았다는 것이다(☞키클로페스).

프로이토스와 아크리시오스의 싸움이 가져온 결과에 대해서는 또 다른 설도 전한다. 싸움에서 이긴 아크리시오스는 프로이토스를 추방했으며, 프로이토스는 소아시아의 리키아 왕 이오바테스 혹은 암피아낙스에게 피신했다가, 그의 딸 스테네보이아와 결혼했다. 이오바테스는 그에게 리키아 군대를 제공했으며, 프로이토스는 이들을 이끌고 돌아와 왕국을 되찾았다. 두 형제가 왕국을 나누어 갖게 된 것은 그때의 일이다(☞아크리시오스).

프로이토스가 티린스에 정착하여 결혼해 있었을 때, 벨레로폰테스가 그에게 피신하여 부지중에 저지른 살인에 대해 정화해 줄 것을 청했다(☞벨레로폰테스). 스테네보이아는 벨레로폰테스를 사랑하게 되었으나 구애가 받아들여지지 않자, 프로이토스에게 그를 중상하여 벨레로폰테스를 자기 아버지 이오바테스에게 보내 죽이려 했다(☞벨레로폰테스).

스테네보이아와 프로이토스는 두 명 혹은 세 명의 딸을 낳았다. 이들 프로이티데스는 헤라(혹은 디오니소스)의 저주로 미쳤다가 멜람푸스에 의해 치유되었다. 그 일로 인해 프로이토스는 왕국을 셋으로 나누어 그 중 하나만을 갖고 다른 두 부분은 멜람푸스와 그의 형제 비아스에게 주어야 했다(이 분배로 일어난 사건들에 관해서는 ☞아드라스토스).

딸들이 미쳐 있는 동안 프로이토스는 스테네보이아에게서 아들 메가펜테스(〈큰 슬픔〉이라는 뜻, 딸들의 병으로 인한 슬픔 때문에)를 낳았다. 후에 이 메가펜테스는 프로이토스의 뒤를 이어 티린스 왕이 되었으나, 페르세우스가 죄 때문에 가지려 하지 않는 왕국(페르세우스는 부지중에 할아버지 아크리시오스를 죽였다)과 자기 왕국을 맞바꾸었다(☞페르세우스). 그리하여 일곱 장군의 테바이 원정시에는 아드라스토스가(그의 선조 비아스는 본래 티린스 왕국의 일부만을 가졌음에도 불구하고) 아르고스를 다스리게 되는 것이다(왕국 분할이 메가펜테스의 치세 및 그와 페르세우스 간의 영토 교환 후에 일어났다는 설에 관해서는 ☞아낙사고라스).

오비디우스는 프로이토스에 관해 전혀 다른 이야기를 전한다. 즉 그는 아크리시오스를 공격하여 아르고스 성을 포위하고 있었는데, 그때 페르세우스가 할아버지 아크리시오스를 구하러 나타나 프로이토스를 석상으로 만들어 버렸다는 것이다. 이것은 아마도 페르세우스 전설의 잘 알려진 일화들을 바탕으로 후대에 만들어진 이야기일 것이다.

프로이티데스 Προιτίδες / Proetides 프로이티데스란 티린스(혹은 아르고스) 왕 프로이토스와 스테네보이아 사이에 태어난 딸들을 가리킨다(☞계보 31). 그들의 수효에 관해서는 여러 가지 설들이 있다. 일설에 의하면 리시페와 이피아나사 두 명이라고 하고, 또 다른 설에 의하면 앞의 두 명에 이피노에가 더해져 세 명이라고 한다. 이 처녀들은 혼기에 이르자 헤라의 저주로 미치게 되었다. 저주의 이유에 대해서도 여러 가지 설명이 있다. 자신들이 여신보다 더 아름답다고 주장하여 그녀의 질투심을 일으켰기 때문이라고도 하고, 자신들의 아버지의 궁전이 더 호화롭다면서 여신의 신전을 비웃었기 때문이라고도 하며, 혹은 여신의 옷에서 금을 훔쳐 마음대로 썼기 때문이라고 한다. 하여간 그녀들은 자신들이 암송아지로 변했다고 믿고 들판으로 나가 이리저리 헤매며 집으로 돌아오기를 거부했다. 디오니소스의 추종자들과 비슷한 이런 행동 때문에 그녀들은 디오니소스 숭배를 거부하다가 그의 저주를 받아 미친 것이라는 설도 생겨났다. 예언자 멜람푸스가 프로이토스에게 그녀들을 고쳐 주겠다며 그의 왕국의 3분의 1을 요구했을 때, 프로이토스는 요구하는 대가가 너무 크다고 생각하여 이를 거부했다. 그러자 그녀들은 한층 더 심한 광기를 보이며 아르골리스와 펠로폰네소스를 사방팔방으로 돌아다니기 시작했다. 프로이토스는 멜람푸스를 다시 불렀고 이제 멜람푸스는 자신에게 왕국의 3분의 1을 주는 외에 자신의 형제 비아스에게도 3분의 1을 줄 것을 요구했다. 그 조건을 받아들이지 않으면 딸들이 한층 더 사나워질까 봐 두려워서 프로이토스는 이를 수락했다. 멜람푸스는 아르고스의 젊은이들 중에 가장 힘센 이들을 데리고서 고함을 치고 사나운 춤을 추며 처녀들을 추격했다. 추격당하던 중에 맏이 이피노에는 기진해서 죽었지만, 다른 두 명은 멜람푸스가 샘물에 섞어 마시게 한 약초 덕분에 제정신을 되찾았다. 멜람푸스와 비아스는 각기 그녀들과 결혼했다.

또 다른 전승에 의하면 아르고스 여인들이 미쳤던 것은 프로이티데스 이후의 일로 그녀들의 조카 아낙사고라스(☞) 때의 일이라고 한다.

***프로쿨루스** Proculus 율리우스 프로쿨루스는 알바의 귀족이다. 신이 된 로물루스가 그에게 나타나 자신을 퀴리누스라는 이름으로 부르고 퀴리날리스 언덕 위에 신전을 지어 달라는 의사를 전했다고 한다.

프로크네 Πρόκνη / Procne 프로크네는 아테나이 왕 판디온의 딸이자 필로멜라의 언니이다. 그녀가 밤꾀꼬리로 변한 사연에 관해서는 ☞필로멜라, ☞계보 11.

프로크루스테스 Προκρούστης / Procrustes 프로크루스테스는 다마스테스 혹은 폴리페몬이라고 불리는 강도로, 메가라에서 아테나이로 가는 길가에 살고 있었다. 그는 크고 작은 두 개의 침대를 가지고 있어, 지나가는 사람들을 강제로 거기에 눕혔다. 큰 사람은 작은 침대에 눕혀 길이가 맞도록 발을 잘랐고, 작은 사람은 큰 침대에 눕혀 길이가 맞도록 잡아당겨 늘였다. 이 강도는 테세우스에게 벌을 받았다(☞테세우스).

프로크리스 Πρόκρις / Procris 프로크리스는 아테나이 왕 에레크테우스의 딸들 중 한 명인데(☞계보 11) 일설에 의하면 케크롭스의 딸이라고도 한다. 그녀에 관한 전설은 매우 복잡하며 중첩된 요소들을 지니고 있다. 프로크리스는 데이온의 아들 케팔로스와 결혼했다. 그러나 그녀는 프텔레온과 함께 부정을 저질렀다. 그가 그녀에게 호의를 사려고 금관을 선물로 주었던 것이다. 케팔로스에게 발각당하자 그녀는 미노스에게 피신했다. 미노스 역시 그녀에게 반해 그녀를 유혹하려 했다. 그런데 미노스는 아내 파시파에의 저주로 여자와 관계하려 하면 그의 몸에서 뱀과 전갈들이 나와 여자를 죽이게끔 되어 있었다. 프로크리스는 그를 이 저주에서 풀어 주기 위해 키르케로부터 얻은 약초를 주었고 자신의 호의를 허락하는 대가로 두 가지 선물을 요구했다. 즉, 절대로 목표를 놓치지 않는 사냥개와 표적을 놓치지 않는 투창이 그것이었다. 후에 프로크리스는 파시파에의 질투를 두려워하여 아테나이로 돌아가서 케팔로스와 화해했다. 그러나 남편과의 사랑은 오래가지 못했고, 케팔로스는 다시금 선물로 그녀를 시험하려 했다. 이번에는 프로크리스도 넘어가지 않았다. 그러나 이번에는 그녀가 질투심에 빠졌고, 그것이 그녀의 죽음을 가져왔다(☞케팔로스).

프로클레스 Προκλῆς / Procles 프로클레스는 헤라클레스의 후손인 아리스토데모스와 아르게이아의 아들로, 에우리스테네스의 쌍둥이 형제이다(☞계보 16). 프로클레스와 에우리스테네스는 역시 헤라클레스의 아들 클레오나이 왕 테르산드로스의 딸들인 라트리아 및 아낙산드라와 각기 결혼했다. 프로클레스는 소오스라는 아들을 낳았고, 소오스는 에우리폰의 아버지이자 스파르타의 입법자인 리쿠르고스의 선조가 되었다.

프로키테 Προχύτη / Prochyte 프로키테는 트로이아 여인으로, 아이네이아스의 친척이다. 그녀는 나폴리 연안이 보이는 곳에서 죽었으며, 그녀가 묻힌 섬은 그녀의 이름을 따서 프로키테(오늘날의 프로스키다)라 불리게 되었다.

프로테실라오스 Πρωτεσίλαος / Protesilaus 프로테실라오스는 테살리아의 용사로 이피클로스와 아스티오케의 맏아들이다. 그는 오르코메노스 왕 미니아스의 후손으로, 그를 통해 포세이돈의 후손이 된다(☞계보 20). 그는 포다르케스와 형제간이다. 그의 고국은 테살리아의 도시 필라카이이다. 확실치 않은 한 전승에 의하면 프로테실라오스는 이피클로스의 아들이 아니라 악토르의 아들이라고도 하며, 그러면 이피클로스와는 사촌간이 된다(☞계보 20).

프로테실라오스는 헬레네의 구혼자들 중 한 명이다. 그는 40척의 선단을 이끌고 트로이아 원정에 참가했다. 그러나 아시아에 발을 딛으려고 배에서 뛰어내리다가 헥토르에게 죽임을 당해 트로이아 인들에게 가장 먼저 죽임을 당한 자가 되었다.

프로테실라오스는 미시아 상륙으로 끝난 첫 번째 원정에서 특히 중요한 역할을 했다고 한다. 텔레포스의 방패를 빼앗음으로써 아킬레우스가 그를 공격할 수 있게 한 것이 바로 그라는 것이다(☞아킬레우스, ☞텔레포스).

프로테실라오스는 트로이아로 떠나기 얼마 전에 라오다메이아(☞)와 결혼했다. 결혼식도 완전히 거행되지 않았고, 희생 제사도 드려지기 전이었다. 이런 신성 모독에 대한 벌로 라오다메이아는 과부가 되었다. 프로테실라오스에 대한 라오다메이아의 사랑과 그의 부활에 대해서는 ☞라오다메이아.

프로테우스 Πρωτεύς / Proteus 『오딧세이아』에서 프로테우스는 물개의 무리를 비롯하여 포세이돈의 바다 짐승들을 돌보는 일을 맡은 해신으로 나온다. 그는 나일 강 하구에서 멀지 않은 파로스 섬에 살았다. 그의 가장 큰 특징은 원하는 어떤 모습으로든 변신할 수 있는 능력으로 짐승뿐 아니라 물이나 불 같은 원소로도 변할 수 있었다. 그는 귀찮은 질문들을 피할 때면 이 능력을 사용하곤 했다. 왜냐하면 예언의 능력도 있었으나 그는 인간들의 질문에 답하기를 거부했기 때문이다. 프로테우스의 딸인 바다의 여신 에이도테아의 조언으로 메넬라오스가 그에게 물으러 가자, 프로테우스는 사자, 뱀, 표범, 거대한 멧돼지, 물, 나무 등으로 변신했다. 그러나 메넬라오스는 끝내 그를 놓아주지 않았고, 노인은 하는 수 없이 대답해 주었다.

베르길리우스는 『농경시』 제4권에 나오는 아리스타이오스의 일화 중에 이 이야기를 인용하되, 장면을 파로스에서 팔레네로 옮겼다. 그러나 헤로도토스 이후로 프로테우스는 해신이 아니라 메넬라오스와 동시대인인 이집트 왕이 되었다. 헬레네와 파리스가 폭풍우에 떠밀려 이집트의 해안에 표류했을 때, 바로 이 프로테우스가 멤피스를 다스리고 있었다. 그들은 왕 앞으로 불려 갔고, 왕은 납치자를 트로이아로 돌려보내고 헬레네와 그녀가 가지고 온 스파르타의 보물을 차지하려 했다. 그러나 그리스 인들은 트로이아 원정에 나섰고, 트로아스에 이르자 프리아모스에게 사절을 보내 헬레네를 요구했다. 프리아모스는 그들에게 그녀는 트로이아가 아니라 이집트의 프로테우스에게 있다고 답했다. 그리스 인들은 그 말을 믿지 않고 전쟁을 계속하다가, 트로이아를 함락시킨 뒤에야 헬레네가 정말로 그곳에 있지 않음을 발견했다. 그래서 그들은 프로테우스에게 가서 그녀를 찾았고, 그는 그녀를 기꺼이 남편에게 돌려주었다(☞ 헬레네).

에우리피데스는 『헬레네』에서 이 전설을 변용시켰다. 그에 따르면, 프로테우스는 멤피스가 아니라 파로스 섬의 왕이며, 그의 아내는 네레우스의 딸 프사마테였다(☞ 프사마테). 그에게는 테오클리메노스와 에이도[〈에이도테아〉가 아님. 『헬레네』 11행 참고 — 감수자 주]라는 두 자녀가 있었다. 파리스는 헤라가 만들어 낸 헬레네의 유령을 데리고 트로이아로 돌아갔고, 진짜 헬레네는 헤르메스가 프로테우스에게 맡겨 놓았다. 또는 프로테우스가 마법을 써서 헬레네의 유령을 만들어 파리스에게 주었다고도 한다.

코논이 전하는 바로는, 프로테우스는 이집트 인으로 부시리스(☞)의 폭정 때문에 고국을 떠났다고 한다. 그는 포이닉스의 아들들이 에우로페를 찾아가는 데 참가했다가 칼키디케의 팔레네에 정착했고, 그곳 왕 클레이토스의 딸 크리소노에와 결혼했다. 클레이토스의 도움으로 그는 팔레네 인근에 사는 야만인들인 비살타이 족의 나라를 정복하고 그곳 왕이 되었다. 그러나 그의 아들들은 그와 전혀 닮지 않은 야만인들이 되어 지나가는 모든 이방인들을 잡아 죽이다가, 헤라클레스에게 죽임을 당했다. 이 두 아들의 이름은 폴리고노스와 텔레고노스였다.

프로토게네이아 Πρωτογένεια / Protogenia 1. 프로토게네이아 즉 〈최초로 태어난 여자〉는 데우칼리온과 피라의 딸이다(☞ 계보 8). 그녀는 제우스와 결합하여 두 아들 아이틀리오스와 오푸스를 낳았다.

2. 프로토게네이아는 히아킨티데스(☞) 중 한 명의 이름이다.

3. 칼리돈과 아이올리아의 딸도 프로토게네이아라는 이름으로, 그녀는 아레스에게서 옥실로스를 낳았다(☞ 계보 24).

프로토오스 Πρόθοος / Prothous 프로토오스라는 인물은 여러 명 있다.

1. 아그리오스의 아들들 중 한 명이 프로토오스이다(☞ 계보 27).

2. 더 잘 알려진 프로토오스는 트로이아 원정에서 마그네시아 군대를 이끌었던 장군으로, 텐트레돈의 아들이다. 그는 테살리아 출신으로, 그리스 인들이 트로이아에서 귀국할 때 카파레우스 곶에서 난파하여 죽었다. 그러나 그의 동료 대부분은 크레테를 거쳐 소아시아에 있는 마이안드로스 강변의 마그네시아에 정착했다.

프로포다스 Προπόδας / Propodas 프로포다스는 코린토스 왕으로, 다모폰의 아들이자 시시포스의 후손이다. 그의 두 아들 도리다스와 히안티다

프로포이티데스 Προποιτίδες / Propoetides 프로포이티데스는 아마투스 출신의 처녀들로, 감히 아프로디테의 신성을 부정했다. 여신은 벌로 그녀들에게 억제할 수 없는 정욕을 주었고, 그래서 그녀들은 최초의 창녀들이 되었다고 한다. 그녀들은 결국 석상으로 변했다.

프롬네 Πρόμνη / Promne 프롬네는 아르카디아 사람 부파고스의 아내로, 페네오스에서 헤라클레스의 형제 이피클레스가 몰리오니다이에게 부상을 입었을 때 그를 돌보아 주었다(☞ 헤라클레스).

프리기오스 Φρύγιος / Phrygius 프리기오스는 밀레토스 왕으로 포비오스의 후계자이다. 포비오스는 클레오보이아가 죽은 뒤 그에게 왕위를 넘겨주었다(이 전설에 관해서는 ☞ 안테우스). 그는 아르테미스 축제 때 밀레토스에 온 미우스 사람 피테스의 딸 피에리아를 사랑하게 되어 결혼했고, 그럼으로써 미우스 주민들과 밀레토스 인들 사이의 전쟁을 종식시켰다.

프리아모스 Πρίαμος / Priam 프리아모스는 라오메돈의 막내아들이다(☞ 계보 7). 그가 유명한 것은 그의 치세 동안 트로이아 전쟁이 일어났기 때문인데, 그때 그는 이미 고령이었다. 그의 어머니 이름은 확실치 않다. 『일리아스』에는 이름이 나오지 않으며, 후대의 전승들은 대개 그녀가 하신 스카만드로스의 딸 스트리모였다고 하나, 또 다른 전승들은 그녀를 플라키아, 레우키페 등으로도 부른다.

『일리아스』에는 트로이아 전쟁 이전의 프리아모스의 생애가 거의 나오지 않는다. 거기서 알 수 있는 것은 그가 전에 프리기아 사람 오트레우스와 함께 상가리오스 연안에서 아마조네스와 싸운 적이 있다는 사실뿐이다. 그러나 신화학자들은 그의 어린 시절의 가장 두드러진 일화인 헤라클레스의 트로이아 원정에 대한 이야기를 전해 준다. 그 사건이 일어났을 때 아직 어린아이였던 프리아모스는 누이 헤시오네와 함께 헤라클레스의 포로가 되었다. 헤라클레스는 헤시오네를 친구 텔라몬의 신부로 주면서, 그녀에게 원하는 결혼 선물을 말하라고 했다. 그녀는 당시 포다르케스라 불리던 자기 동생을 지명했다. 헤라클레스는 이 소원을 받아들여 상징적인 방식으로 그를 그녀에게 팔았다. 그리하여 포다르케스는 프리아모스 즉 〈팔린 자〉라는 이름을 갖게 되었다(☞ 헤시오네). 헤라클레스는 라오메돈의 아들들 중 유일한 생존자인 그에게 트로이아 전부를 맡겼다. 차츰 프리아모스는 그 지역 전체와 아시아 연안의 섬들로 세력을 넓혔다.

프리아모스는 처음에는 메롭스의 딸 아리스베와 결혼하여 아이사코스(☞)라는 아들을 낳았다. 그러나 프리아모스는 그녀를 히르타이오스에게 넘기고 헤카베와 결혼했다. 그는 이 결혼에서 대부분의 자식들, 가장 유명한 자식들을 얻었다(☞ 계보 34). 맏이가 헥토르, 둘째가 파리스였고, 뒤이어 크레우사, 라오디케, 폴릭세네, 카산드라 등 딸들이 태어났다. 그리고 다시 데이포보스, 헬레노스, 팜몬, 폴리테스, 안티포스, 히포노오스, 폴리도로스, 트로일로스 등 여러 명의 아들들이 태어났는데, 그 중 트로일로스는 아폴론의 아들로도 통했다.

프리아모스는 첩들에게서도 멜라니포스, 고르기티온, 필라이몬, 히포토오스, 글라우코스, 아가톤, 케르시다마스, 에우아고라스, 히포다마스, 메스토르, 아타스, 도리클로스, 리카온, 드리옵스, 비아스, 크로미오스, 아스티고노스, 텔레스타스, 에우안드로스, 케브리온, 밀리오스, 아르케마코스, 라오도코스, 에케프론, 이도메네우스, 히페리온, 아스카니오스, 데모코온, 아레토스, 데이오피테스, 클로니오스, 에켐몬, 히페로코스, 아이게오네우스, 리시토오스, 폴리메돈 등 여러 명의 자식을 낳았다. 이런 아들들 외에 메두사, 메데시카스테, 리시마케, 아리스토데메 등 딸들도 있었다. 전승에 의하면 프리아모스에게 50명의 아들이 있었다고 하는데, 어떤 저자도 정확한 수를 제시하지는 못했다. 위에 인용한 아폴로도로스의 명단에는 47명의 이름이 올라 있어 그 중 가장 자세한 편이다. 거기에 『일리아스』에 나오는 안티폰과 디오스, 그리고 파우사니아스가 『소 일리아스』에서 인용하는 악시온의 이름까지 더하면 전승대로 50명의 수가 찰 것이다.

『일리아스』에서 프리아모스의 역할은 극히 미미하다. 전투에 참가하기에는 너무 늙었으므로 그는 회의를 주재하는 것으로 만족했는데, 그의 의견이 항상 우세하지는 못했으며, 대개는 헥토르의 의견이 지배적이었다. 그는 파리스의 계획이나 헬레네의 납치에도 반대했던 것 같지 않으며, 헬레네를 좋게 맞이하고 운명을 받아들였다. 그의 근본적인 성품은 신의로, 그 때문에 제우스의 호의를 얻었다. 수수한 인물인 그는 일어나는 사건들을 담담히 지켜보며 본의 아니게 거기에 말려들 뿐이다. 그는 자식들이 차례로 죽어 가는 것을, 마침내 그의 왕국의 가장 용맹한 수호자인 헥토르마저 쓰러지는 것을 보았다. 헥토르가 아킬레우스에게 죽임을 당해 그리스인들의 진영으로 끌려가자, 프리아모스는 승자를 찾아가 막대한 몸값을 제시하며 아들의 시신을 청구했다.

『일리아스』보다 후대에 나온 서사시들은 프리아모스의 죽음에 관해 자세한 전말을 전한다. 늙은 왕은 적이 자신의 궁전까지 쳐들어오는 소리를 듣고는 무기를 들어 가족을 지키려 했다. 그러나 헤카베는 그를 말리며 궁전 안쪽 월계수로 장식한 제단으로 끌고 가 자신들을 신들의 손에 맡겼다. 거기서 프리아모스는 역시 제단의 보호를 찾아 온 어린 폴리테스가 자기 눈앞에서 네오프톨레모스에게 죽임을 당하는 것을 보았다. 네오프톨레모스는 노인의 머리칼을 잡아 제단에서 끌어내고 목을 베었으며, 시신은 무덤 없이 버려졌다. 한 이본에 따르면, 네오프톨레모스는 프리아모스를 성 밖에 있는 아킬레우스의 무덤으로 끌고 가 거기서 죽였다고도 한다.

프리아포스 Πρίαπος / Priapus 프리아포스는 아시아 도시 람프사코스의 신으로, 흔히 디오니소스와 아프로디테의 아들로 통한다. 그는 발기한 남근을 가진 인물로 표현되며, 포도원과 정원 특히 과수원의 파수로 세워졌다. 그의 근본적인 속성이 〈악한 눈〉을 돌리게 하고 수확을 해치려는 시기심 많은 자들의 나쁜 주문을 무효로 만드는 것이기 때문이다. 아시아의 신이자 풍요의 신으로서, 프리아포스는 디오니소스의 행렬에 포함되었으며, 이는 그가 실레노스 및 사티로스들과 비슷하다는 점을 생각할 때 매우 자연스러운 일이다. 게다가 그는 실레노스와 마찬가지로, 흔히 당나귀를 데리고 있는 모습으로 표현되었다. 이 점에 관해서는 다음과 같은 전설이 있다. 디오니소스 축제 동안, 프리아포스는 로티스라는 님프를 만나 사랑에 빠졌다. 밤사이에 그는 그녀를 겁탈하려 했지만, 목적을 채 이루기 전에 실레노스의 당나귀가 울어 대는 바람에 로티스와 다른 무녀들이 깨고 말았다. 프리아포스는 당황하여 달아나야 했다. 그를 당나귀와 함께 그리는 것은 그 일을 기념하기 위해서라는 것이다. 이런 전설은 로마에도 있었는데, 로마 전설에는 로티스 대신 베스타 여신이 등장한다. 그가 여신을 겁탈하려는 순간 당나귀가 우는 바람에 여신은 깨어나 자신에게 닥친 위험을 깨닫는다. 그 후로 프리아포스에게는 당나귀를 희생 제물로 바치지만, 베스타 축제 때는 당나귀에 화관을 씌운다는 것이다.

프리아포스에 관해서는 또 다른 전설들도 있으며, 그가 디오니소스와 아프로디테의 아들이라는 설이 항상 통용되는 것은 아니다. 어떤 신화학자들에 의하면, 프리아포스의 신체적 기형은 헤라의 주문 때문이다. 아프로디테가 태어나 에티오피아 인들로부터 신들에게 갔을 때, 그녀는 자신의 아름다움으로 모든 신들을 놀라게 했다. 제우스도 그녀에게 반해 관계를 가졌다. 아프로디테가 자식을 낳을 무렵, 헤라는 그 아이가 어머니의 미모와 아버지의 권능을 갖게 되면 올림포스 신들에게 위협이 될 것을 우려하고 또 한편으로는 남편의 사랑을 시기한 나머지, 아프로디테의 배를 건드려 아이를 기형으로 태어나게 만들었다. 그리하여 프리아포스는 나면서부터 기형적으로 거대한 남근을 갖게 되었다. 그를 본 아프로디테는 자신과 자식이 신들의 웃음거리가 될까 봐 아이를 산속에 버렸다. 아이는 목동들에게 발견되었고, 그들은 그를 키우며 그의 남성성을 숭배했다. 그래서 프리아포스는 촌락의 신으로 남게 되었다는 것이다.

매우 비슷한 또 다른 전승에 의하면, 프리아포스는 아프로디테와 아도니스의 아들로, 그의 기형은 역시 헤라의 저주 때문이다. 프리아포스 전설에 대한 에우헤메로스 식의 해석에 의하면, 그는 람프사코스의 시민이었는데, 기형으로 인해 도시에서 추방되어 신들에게 받아들여졌다고 한다. 그 후 그는 정원의 파수꾼으로 임명되었다는 것이다.

디오도로스에 의하면, 프리아포스는 오시리스 신화와 연관된다. 그는 오시리스의 남성성이 이시스에 의해 신격화된 것이다. 뿐만 아니라, 디오도로스는 프리아포스와 헤르마프로디토스를 동일시한다.

프릭소스 Φρίξος / Phrixus 프릭소스는 아타마스와 네펠레의 자식들 중 한 명이다. 그에게는 누이 헬레가 있었다. 아타마스는 두 번째 아내 이노의 말에 따라 프릭소스와 헬레를 〈제우스 라피스티오스〉[〈라피스티온의 제우스〉]라는 뜻. 보이오티아의 코로네이아 근처에 〈라피스티온〉이라는 산이 있고, 그 산에 제우스의 신전이 있었다고 한다. 하지만 그 어원은 〈삼키다〉라는 뜻의 laphisso와도 연관되며, 그래서 본래 첫 아들을 인신 희생으로 요구하는 신이었으리라는 설명도 가능하다 — 감수자 주]에게 희생 제물로 드리려 했다(☞이노, ☞아타마스). 그러나 제우스는 두 아이에게 황금 털이 난 날개 달린 숫양을 보내 희생 제사로부터 구해 냈다. 또 다른 이본에 의하면, 아이들에게 숫양을 보내 목숨을 구한 것은 그들의 어머니 네펠레였다고 한다. 그녀는 그 숫양을 헤르메스로부터 얻은 것이었다(☞네펠레, ☞데모디케).

프릭소스와 헬레는 숫양을 타고 오르코메노스를 떠나 동방으로 날아갔다. 헬레는 도중에 바다에 떨어져 죽었지만(☞헬레) 프릭소스는 안전하게 콜키스의 아이에테스 왕에게 이르렀다. 왕은 그를 환대하고 자기 딸 칼키오페와 결혼시켰다. 대신 프릭소스는 숫양을 제우스에게 희생 제물로 드리고 양털은 왕에게 선사했는데, 왕은 그것을 아레스에게 바쳐 그의 신성한 숲에 있는 한 떡갈나무에 못박았다. 아르고나우타이의 원정 목표가 된 것이 바로 이 황금 양털이다. 프릭소스는 칼키오페에게서 아르고스, 멜라스, 프론티스, 키티소로스 등 여러 자식들을 낳았다. 또한 프릭소스는 평생을 아이에테스의 궁전에서 살았지만, 그의 아들들은 오르코메노스로 돌아가 자신들의 왕국을 되찾았다고 한다(☞프레스본, ☞계보 33). 그러나 또 다른 전승에 의하면, 아이에테스 왕은 아이올로스의 후손에게 죽임을 당하리라는 신탁의 예언이 있었으며, 그래서 프릭소스를 죽였다고도 한다. 히기누스가 전하는 이 전승은 분명 전설을 비극적으로 다시 손질한 것일 터이다. 이 출전에 의하면 프릭소스와 헬레는 희생 제사에서 살아난 뒤 이노를 벌하려다가 디오니소스의 벌을 받아 광기에 사로잡혔으며, 미쳐서 숲 속을 헤매고 다니던 그들에게 네펠레가 직접 숫양을 주었다고 한다.

프릴리스 Πρύλις / Prylis 프릴리스는 레스보스의 예언자로, 헤르메스와 님프 잇사의 아들이다. 트로이아 원정에 나선 그리스 인들이 지날 때, 팔라메데스의 선물에 넘어간 그는 아가멤논에게 트로이아 시는 목마로밖에 함락시킬 수 없다고 가르쳐 주었다.

프사마테 Ψαμάτη / Psamathe 1. 프사마테는 네레이스로, 아이아코스와 결합하여 아들 포코스를 낳았다(☞계보 30). 아이아코스의 접근을 피하기 위해 그녀는 여러 가지 모습, 특히 물개로 변했으나, 아이아코스는 결국 뜻을 이루었다. 아들 포코스가 이복형제 텔라몬과 펠레우스에게 죽임을 당하자, 그녀는 펠레우스의 가축 떼에 괴물 늑대를 보냈다(☞펠레우스). 후에 프사마테는 아이아코스를 버리고 이집트 왕 프로테우스와 결혼했다.

2. 또 다른 프사마테는 아르골리스 여자로, 크로토포스의 딸이며, 포르바스와 트리오파스의 가문에 속한다(☞계보 17). 그녀는 아폴론과 결합하여 리노스를 낳았으나, 자기 아버지를 두려워하여 아이를 버렸다(☞크로토포스). 몇몇 저자들에 의하면, 후에 이 아이의 존재를 알게 된 크로토포스가 아이를 산 채로 땅에 묻어 죽였다고 한다. 이 죽음을 벌하기 위해 아폴론은 포이네라는 괴물을 보내 아르골리스 주민들을 괴롭혔다(☞크로이보스).

프소피스 Ψωφίς / Psophis 프소피스는 아르카디아의 도시 프소피스에 이름을 남긴 여성 혹은 남성 인물이다.

1. 리카온의 아들들 중 한 명이 프소피스이다.
2. 또 다른 프소피스는 닉티모스의 7세손이다.
3. 프소피스라는 여성은 크산토스의 딸이며 크산토스는 에리만토스의 아들이다.
4. 또 다른 프소피스는 시카노이 족[시칠리아에 살던 옛 부족]의 왕 에릭스의 딸로, 시칠리아를 지나던 헤라클레스가 그녀와 결혼했다. 그러나 헤라클레스는 자신을 접대해 준 리코르타스에게 그녀를 넘겼고, 리코르타스는 페게이아에 살고 있었다. 그곳에서 그녀는 헤라클레스의 두 아들 에케프론과 프로마코스를 낳았고, 이들은 어머니를 기념하여 프소피스 시를 건설했다.

프시케 Ψυχή / Psyche 프시케는 〈영혼〉을 뜻하는 명사다. 동시에 그것은 아풀레이우스의 『변신』에 나오는 이야기의 여주인공 이름이기도 하다. 왕의 딸 프시케에게는 두 언니가 있었다. 셋 다 아름다웠지만, 그 중에서도 프시케는 인간 이상의 아름다움을 지니고 있어 널리 찬탄의 대상이 되었다. 그러나 언니들은 남편을 구했지만, 프시케와 결혼하려는 사람은 아무도 없었다. 그녀의 아름다움이 인간에게는 두려움마저 주었기 때문이다. 도저히 딸을 결혼시킬 수 없겠다고 낙심한 아버지는 신탁을 구했고, 그러자 그녀를 신부로 단장하여 암벽에 버리면 무서운 괴물이 나타나 그녀를 차지하리라는 답이 내렸다. 부모는 절망에 빠졌지만 어쩔 수 없이 딸을 단장시켜 장례 같은 행렬을 이끌고 신탁이 지정한 산꼭대기로 데려가 그녀를 혼자 버려 두고 돌아왔다. 홀로 남겨진 프시케는 슬퍼하고 있었는데, 문득 바람이 그녀를 공중으로 들어올렸고, 그녀는 부드러운 바람결에 실려 깊은 골짜기의 아늑한 풀밭 위에 닿았다. 너무나 지친 그녀는 풀밭에 누운 채 잠이 들었다. 깨어 보니 그녀는 황금과 상아로 지은 호화로운 궁전의 정원에 있었다. 그녀는 열린 방들로 들어갔고, 음성들이 그녀를 안내하며 자신들은 그녀를 위한 노예라고 알려주었다. 그렇게 경이로운 일들이 계속 이어지는 가운데 낮이 지나고 밤이 되었다. 프시케는 누군가 곁에 있는 것을 느꼈다. 그것이 신탁이 말한 남편이었다. 비록 그의 얼굴은 보이지 않았지만, 그녀가 두려워했던 만큼 괴물스럽지는 않은 듯했다. 남편은 그녀에게 자신이 누구인지 가르쳐 주지 않았고, 만일 그녀가 그를 보면 영영 그를 잃게 되리라고 경고했다. 이런 생활이 얼마간 계속되었다. 낮이면 프시케는 음성들로 가득 찬 궁전에 혼자 있었고, 밤이면 남편이 찾아왔다. 그녀는 매우 행복했다. 그러나 그녀는 가족이 그리워졌고 자신이 죽은 줄로만 알고 있을 부모를 생각하며 비탄에 빠졌다. 그녀는 남편에게 잠시만이라도 그들에게 다녀오게 해달라고 간청했다. 그것이 얼마나 위험한 일인가를 거듭 들으면서도 간청을 계속한 끝에 그녀는 마침내 승낙을 얻어 낼 수 있었다. 다시금 바람이 그녀를 실어다가 전에 버려졌던 바위산 꼭대기에 내려놓았고, 그녀는 별로 힘들이지 않고 집으로 돌아갔다. 모두들 기뻐했고 멀리 시집가 있던 언니들도 그녀를 만나러 돌아왔다. 그러나 언니들은 그녀의 행복한 모습과 자신에게 가져온 선물

들을 보고 질투심이 동했다. 그녀들은 동생의 마음속에 의심을 불어넣기 시작했고, 그녀가 남편을 단 한 번도 본 적이 없다는 사실을 고백하게 만들었다. 그녀들은 동생에게 몰래 등불을 숨겨 두었다가 밤에 남편이 잠든 동안 불빛을 비추어 보라고 꾀었다.

프시케는 집으로 돌아가 언니들이 시킨 대로 했고, 자기 곁에 너무나 아름다운 소년이 잠들어 있는 것을 발견했다. 그녀는 감동한 나머지 등불을 든 손이 떨려 뜨거운 기름 한 방울을 그에게 떨어뜨리고 말았다. 기름에 덴 에로스(신탁이 말한 잔인한 괴물이란 다름 아닌 에로스였다)는 잠에서 깨어 전에 프시케에게 경고했던 대로 곧장 달아나 버렸고 다시는 돌아오지 않았다.

에로스의 보호를 받지 못하게 된 가련한 프시케는 그녀의 아름다움에 분개한 아프로디테의 추적을 당하며 온 세상을 헤매게 되었다. 어떤 신도 그녀를 맞아 주려 하지 않았다. 마침내 그녀는 여신에게 붙잡혀 그녀의 궁전에 갇혔고, 여신은 온갖 힘든 일들로 그녀를 괴롭혔다. 낟알들을 가려 내는 일, 야생 양들의 양털을 거두는 일, 심지어 하계에 다녀오는 일까지. 하계에 가서 페르세포네로부터 젊음의 물을 얻어 오되, 절대로 그 물병을 열어 보면 안 된다는 것이었다. 그러나 불행히도 프시케는 돌아오던 중에 금지된 병을 열어 보았고 깊은 잠에 빠져 버렸다.

에로스 역시 낙심해 있었다. 그는 프시케를 잊을 수가 없었다. 마법의 잠에 빠진 그녀를 보자 그는 그녀에게로 날아가 자신의 화살을 쏘아 깨우고는 올림포스로 다시 날아가 제우스에게 이 인간 여자와 결혼하게 해줄 것을 요청했다. 제우스는 기꺼이 이를 허락했고 프시케는 아프로디테와 화해했다.

폼페이의 그림들에서 프시케는 나비처럼 날개가 달린 소녀로(민간 신앙에서 영혼은 죽은

뒤 마치 나비처럼 몸에서 빠져나간다고 믿어졌다) 역시 날개 달린 에로스와 노는 모습으로 그려지곤 했다.

프실로스 Ψύλλος / Psyllus 프실로스는 키레나이카 주민들인 프실로이 족의 왕이다. 이들은 고대에 뱀을 다루는 자들로 유명했다. 프실로스는 암피테미스와 한 님프의 아들로, 논노스에 따르면 그 자신은 카타이고노스의 아버지였다. 그는 자신의 수확을 망쳐 버린 남풍에게 복수를 하기 위해 선단을 이끌고 떠났으나 아이올로스 섬에 가까이 갔을 때 폭풍이 일어 그의 배들을 삼켜 버렸다. 그의 무덤은 대(大) 시르티스[북아프리카 해안 카르타고와 키레네 사이의 큰 모래톱. 시드라 만(현재의 벵가지 만)에 있는 것은 대(大)시르티스, 현재의 가베스 만 부근에 있는 것은 소(小) 시르티스라고 했다] 부근에 있었다고 한다.

프테렐라오스 Πτερέλαος / Pterelas 프테렐라오스는 페르세우스의 후손에 속한다. 가장 흔히 알려진 계보에 의하면, 그는 히포토에와 포세이돈의 손자이며 타피오스의 아들이다(☞계보 31). 또 다른 전승에 의하면 프테렐라오스 자신이 히포토에와 포세이돈의 아들로, 두 아들 타피오스(☞)와 텔레보아스(☞)를 낳았다고도 한다. 끝으로 텔레보아스가 프테렐라오스의 아버지였다는 설도 있다.

프테렐라오스는 특히 암피트리온과의 싸움에서 자기 딸 코마이토(☞)에게 당한 배신으로 유명하다. 이 싸움의 내력은 다음과 같다. 엘렉트리온이 미케나이를 다스리던 시절, 프테렐라오스의 아들들이 나타나 한때 자신들의 고조부 메스토르(엘렉트리온의 형제, ☞계보 31)의 소유였던 그 땅을 요구했다. 엘렉트리온이 그 요구를 물리치자, 그들은 왕의 가축들을 훔치기 시작했다. 엘렉트리온의 아들들이 그들에게 싸움을 걸었고, 서로 죽이고 죽는 싸움 가운데 엘렉트리온의 아들들 중에서는 리킴니오스, 프테렐라오스의 아들들 중에는 에우에레스, 단둘만 살아남았다. 엘렉트리온은 프테렐라오스와 직접 싸우려 했지만, 출정 전에 죽고 말았다. 그러자 암피트리온이 알크메네[엘렉트리온의 딸]의 사랑을 얻기 위해 원정을 일으켰다(☞암피트리온). 그러나 프테렐라오스가 살아 있는 한 아무도 그의 고국 타포스를 정복할 수 없다는 신탁이 내려져 있는 데다가, 프테렐라오스 자신은 포세이돈이 심어 준 황금 머리칼 덕분에 불사신이라고 알려져 있었다. 프테렐라오스는 승리를 자신했지만, 그의 딸 코이마토는 암피트리온을 사랑한 나머지 아버지의 머리에서 마법의 머리칼을 뽑아 버렸고, 그래서 아버지의 죽음과 고국의 멸망을 초래하고 말았다.

프토노스 Φθόνος / Phthonus 프토노스는 선망을 의인화한 것이다. 이름과 성격이 거의 구별되지 않는 이런 종류의 정령들 대부분과 마찬가지로, 그에 관한 별다른 전설은 없다.

프톨리포르토스 Πτολίπορθος / Ptoliporthos 프톨리포르토스 즉 〈도시들의 파괴자〉는 텔레마코스와 나우시카아의 아들로, 할아버지 오딧세우스가 그 이름을 지어 주었다. 호메로스의 시가에서는 오딧세우스 자신이 수차 그런 이름으로 불린다는 사실에 주목할 만하다.

프티오스 Φθίος / Phthius 프티오스는 테살리아에 있는 프티오티스의 명조이다. 그의 계보에 관해서는 여러 가지 설이 있어, 때로는 아르카디아 왕 리카온의 아들들 중 한 명이었다고도 하고,

포세이돈과 테살리아의 님프 라리사의 아들이었다고도 한다. 후자의 경우, 그는 아카이오스와 펠라스고스의 형제가 된다. 또는 아카이오스의 아들이었다고도 하는데, 이 경우 그는 이로스의 딸 크리시페와 결혼하여 아들 헬렌을 낳았으며, 이 헬렌이 테살리아의 헬라스 시를 건설했다고 한다. 그 밖에도 프티오스를 여러 그리스 부족들의 명조로 삼는 계보들이 있다.

플라타노스 Πλάτανος / Platanus 플라타노스는 알로아다이(☞)의 누이이다. 두 형제가 죽은 뒤 그녀는 플라타너스 나무가 되었다.

플레게톤 Φλεγέθων / Phlegethon 플레게톤은 하계에 흐르는 강들 중 하나로, 코키토스와 합쳐 아케론을 이룬다. 두 강이 합류하는 지점에는 거대한 폭포가 있었다고 한다. 이 강의 이름은 〈불타다〉라는 뜻의 그리스 어와 관계가 있으며, 따라서 아마도 불의 강이었던 듯하다. 그 때문에 때로는 피리플레게톤 즉 〈불의 플레게톤〉이라 불리기도 한다.

플레기아스 Φλεγύας / Phlegyas 플레기아스는 플레기아이 족의 명조로 『일리아스』에 그 이름이 나온다. 그는 아레스와 도티스 혹은 아레스와 크리세(할모스의 두 딸 중 한 명, ☞계보 20)의 아들이다. 플레기아이 족은 보이오티아, 포키스, 아르카디아 등과 관련해서 언급되지만, 일반적으로 플레기아스는 테살리아 인으로 간주된다. 전승에 의하면 그에게는 여러 명의 자식들이 있었는데, 그 중에서도 익시온(그러나 익시온에 관해서는 또 다른 계보들도 있다, ☞계보 23), 아스클레피오스의 어머니가 된 코로니스 등이 유명하다.

지방 전승에 따라서는, 플레기아스가 에테오클레스의 뒤를 이어 오르코메노스의 왕위에 올랐다고도 한다. 그곳에서 그는 새로운 도시 플레기아를 건설하고, 가장 용맹한 그리스 인들을 불러 모았다고 한다. 그는 후사 없이 죽었으며, 그의 후계자가 된 것은 포세이돈과 크리소게네이아(할모스의 딸)의 아들인 크리세스였다. 플레기아스는 펠로폰네소스를 여행하면서 그 지방을 염탐하여, 노략질을 위한 원정을 준비했다. 이 여행 동안 그의 딸 코로니스는 아폴론에게 유혹당했다고 한다. 아스클레피오스가 에피다우로스에서 태어났다는 것을 그렇게 설명하는 것이다(☞아스클레피오스).

또한 전설에 의하면, 플레기아스는 코로니스가 바람을 피우다가 아폴론에게 죽임을 당하자, 이에 대한 보복으로 델포이에 있는 아폴론 신전에 불을 질렀다고도 한다. 베르길리우스는 플레기아스가 이러한 불경건 때문에 하계에서 벌받는 것을 묘사했다.

아폴로도로스는 플레기아스가 에우보이아(하지만 실제로는 오르코메노스처럼 실제로 보이오티아에 있었던 동명의 도시일 것이다)에서 리코스와 닉테우스에게 죽임을 당했다고 한다. 그들은 그 일로 인해 테바이로 추방당했는데(☞ 리코스, ☞닉테우스), 그들이 왜 그를 죽였는지는 알려지지 않았다.

플레우론 Πλευρών / Pleuron 플레우론은 칼리돈의 형제로, 칼리돈과 마찬가지로 아이톨로스와 프로노에의 아들이다(☞계보 24). 아이톨리아의 도시 플레우론의 명조인 그는 도로스의 딸 크산티페와 결혼함으로써 아이톨리아 족과 도리스 족을 인척간으로 만들었다. 크산티페에게서 그는 아게노르, 스테로페, 스트라토니케, 라오폰테 등 여러 자식들을 낳았다.

또 다른 전승에 의하면 플레우론에게는 쿠레

스와 칼리돈이라는 두 아들이 있었다고 한다.
　플레우론은 레다의 고조부이며(☞계보 24), 그 때문에 스파르타에는 그의 성역이 있었다.

플레이스테네스 Πλεισθένης / Pleisthenes 플레이스테네스는 아트레우스의 계보와 펠롭스의 계보에 모두 나타나는데, 그의 역할은 전승에 따라 크게 달라진다. 흔히 그는 펠롭스와 히포다메이아의 아들들 중 한 명으로 여겨지며, 따라서 티에스테스, 아트레우스와 형제간이다(☞계보 2). 이와 비슷한 이본에 따르면, 그는 펠롭스와 또 다른 여인의 아들이다.
　가끔 플레이스테네스는 아트레우스가 트리필리아의 마키스토스에 정착한 뒤 결혼한 디아스의 딸 클레올라에게서 낳은 아들이라고도 하며, 혹은 아에로페가 그의 어머니가 되기도 한다. 그러나 몇몇 저자들은 아에로페를 그의 아내로 만들었다(☞아에로페, ☞디아스).
　일반적으로 아가멤논과 메넬라오스도 아트레우스의 아들들로 간주되지만, 또 다른 전승에 의하면 그들은 플레이스테네스의 아들들이다. 특히 이런 계보는 비극 작가들에게서 발전했다. 이 두 가지 전승을 조화시키기 위해, 아트레우스의 아들 플레이스테네스가 아가멤논과 메넬라오스를 낳았으되, 플레이스테네스는 약골로 타고나 일찍 죽었으므로 그의 두 아들들은(때로는 아낙시비아라는 딸도) 할아버지에게 맡겨져 양육되었다고도 한다. 그 때문에 아가멤논과 메넬라오스는 흔히 아트리다이라 불린다는 것이다.
　히기누스가 전하는 이야기에 의하면, 플레이스테네스는 티에스테스의 아들이자 탄탈로스의 형제이다. 플레이스테네스와 탄탈로스는 티에스테스에게 복수를 하려는 아트레우스에게 죽임을 당했다는 것이다. 이러한 전설은 후대의 것으로, 분명 혼동에서 비롯된 것이다(☞탄탈로스, ☞티에스테스).
　또 다른 이야기에 따르면, 플레이스테네스는 아트레우스의 아들인데 티에스테스를 아버지로 알고 자랐다고 한다. 티에스테스는 아트레우스에게 복수를 하려고 플레이스테네스를 보내 그를 죽이게 했다. 그러나 아트레우스가 오히려 젊은이를 죽였고, 그리고 나서야 그가 자신의 아들임을 알게 되었다는 것이다. 이 전설의 기원은 아마도 비극 작품인 듯하지만 자세히 알려져 있지 않다.

플레이아데스 Πληίαδες / Pleiades 플레이아데스는 일곱 자매로, 신이 되어 플레이아데스 성단이라 불리는 별자리가 되었다. 그녀들은 거인 아틀라스와 플레이오네의 딸들이다(☞계보 25). 그녀들의 이름은 타이게테, 엘렉트라, 알키오네, 아스테로페, 켈라이노, 마이아, 메로페 등이다. 단편적으로 전하는 한 시가에서 칼리마코스가 따르고 있는 또 다른 전승에 의하면, 플레이아데스는 아마조네스 여왕의 딸들로, 춤추며 노래하는 합창대, 밤에 하는 축제 등은 모두 그녀들이 처음 만든 것이라 한다. 이러한 전승에 의하면, 그녀들의 이름은 코카모, 글라우키아, 프로티스, 파르테니아, 마이아, 스토니키아, 람파도 등이다. 칼립소, 디오네 등도 종종 플레이아데스에 속하는 것으로 간주되었다.
　플레이아데스는 단 한 명만 빼고 모두 신들과 결혼했다. 단 한 명 메로페만 인간인 시시포스와 결혼했으며 그녀는 이를 수치스럽게 여겼다. 그녀의 별이 성단 중에 가장 덜 밝은 것도 그 때문이라 한다(☞계보 25). 이러한 계보로 요약되는 전승(아폴로도로스 역시 이 전승을 따르고 있다)에 몇몇 이본들이 더해졌다. 그 이본들에 의하면, 후에 트로이젠이 될 도시의 두 건설자 히페레스와 안타스는 포세이돈과 알키오네의 아들이라 한다. 또한 닉테우스도 종종 포세이돈과 켈라이노의 아들로 통한다(닉테우스의 가계에 대해서는 ☞닉테우스, ☞계보 25).

플레이아데스는 어느 날 플레이오네와 함께 보이오티아에 있다가 사냥꾼 오리온을 만났다. 그녀들에게 반한 오리온은 5년 동안이나 그녀들을 쫓아다녔는데, 마침내 플레이아데스는 비둘기들로 변했다. 이를 측은히 여긴 제우스가 그녀들을 별로 만들어 주었다. 그러나 또 다른 전승들도 있다. 그녀들은 아버지인 아틀라스가 제우스의 명령으로 하늘을 어깨에 짊어지는 벌을 받게 되자 슬픈 나머지 별로 변했다는 것이다. 또한 플레이아데스와 자매들인 히아데스(☞)는 동생 히아스가 뱀에 물려 죽자 별들이 되었다고도 한다.

트로이아가 함락되자 트로이아 왕들의 선조인 엘렉트라는 절망한 나머지 자매들 곁을 떠나 혜성으로 변했다고 한다.

플레이오네 Πληιόνη / Pleione 플레이오네는 플레이아데스의 어머니로 오케아노스와 테티스(I)의 딸이다. 플레이아데스 외에도 그녀는 히아데스(☞)와 아들 히아스(☞)를 낳았다고 한다. 오리온은 그녀와 그녀의 딸들에게 반해 5년 동안 보이오티아 전역으로 그녀를 쫓아다녔다. 결국 그녀는 딸들과 함께 별로 변했다(☞계보 6, ☞계보 7, ☞계보 25).

플렉시포스 Πλήξιππος / Plexippus 1. 이 이름을 가진 인물은 멜레아그로스의 숙부들 중 한 명이다. 그는 알타이아의 남매(☞계보 24)로, 칼리돈의 멧돼지를 사냥하던 중 조카에게 죽임을 당했다(☞멜레아그로스).

2. 또 다른 플렉시포스는 피네우스와 클레오파트라의 두 아들 중 한 명이다. 그의 아버지는 그를 장님으로 만들었다(☞피네우스, ☞계보 11).

3. 플렉시포스는 또한 코리코스(☞)의 아들들 중 한 명의 이름이다.

플렘나이오스 Πλημναῖος / Plemnaeus 파우사니아스가 전하는 전승에 의하면, 플렘나이오스는 시키온 왕들 중 한 명이다. 그는 페라토스의 아들이자 오르토폴리스의 아버지이다(그의 전설에 관해서는 ☞오르토폴리스). 그는 시키온에 데메테르 숭배를 도입하고 데메테르의 신전을 지은 것으로 알려졌다.

플로기오스 Φλόγιος / Phlogius 이 이름을 가진 여러 용사들 가운데, 테살리아 사람 데이마코스의 아들 플로기오스가 있다. 그에게는 두 형제 데일레온과 아우톨리코스가 있었으며, 그는 형제들과 더불어 헤라클레스의 아마조네스 원정에 참가했다. 그러나 그는 시노페 근처에서 형제들과 함께 원정대를 떠났다. 그들은 잠시 그 고장에 머물다가 그곳을 지나가던 아르고나우타이에게 간청하여 그들과 합류했다.

***플로라** Flora 플로라는 나무들을 꽃피게 하는 생장력을 나타낸다. 그녀는 〈꽃피는 모든 것〉을 지배한다. 전설에 따르면, 플로라는(피데스와 마찬가지로) 다른 사비니 신들과 함께 티투스 타티우스에 의해 로마에 소개되었다. 그녀는 라티움 족과 비(非)라티움 족을 통틀어 모든 이탈리아 사람들의 숭앙을 받았다. 사비니 인들은 로마 달력에서 4월에 해당하는 달을 그녀에게 바쳤다.

오비디우스는 한 그리스 신화를 플로라의 이름과 연관시켰다. 그는 플로라가 본래 클로리스라 불리는 그리스 님프였다고 추정했다. 어느 봄날 그녀는 들판을 돌아다니고 있었는데 바람의 신 제피로스가 그녀를 보고 사랑에 빠져 그녀를 납치했다. 그는 정식으로 그녀와 결혼했고, 결혼에 대한 보답으로 또 자신의 사랑을 보여 주기 위해, 그녀가 정원에 있는 꽃들에서 들판의 꽃들까지 모든 꽃들을 다스리도록 해주었다. 무수한 종류의 꽃씨와 꿀은 그녀가 인간에게 주는 선물이다. 오비디우스는 어쩌면 자신이 지어낸 것일 수도 있는 이 전설을 이야기하면서 보레아스가 오레이티이아를 납치하는 장면을 참고하고 있다. 하지만 그 이야기를 모델로 삼되, 그는 특이한 한 가지 일화를 삽입하고 있는데, 그것은 플로라가 마르스의 탄생에 기여했다는 것이다. 유노는 유피테르의 머리에서 미네르바가 태어난 것을 알고 화가 나서, 자신도 남성의 힘을 빌리지 않고 자식을 갖고자 했다. 그래서 유노는 플로라에게 도움을 청했고, 플로라는 만지기만 해도 임신시키는 꽃을 주었다. 그리하여 유노는 유피테르와 아무런 관계도 맺지 않고 아이를 낳았고, 그 아이의 이름은 봄의 첫번째 달(마르스)로 불렸다.

로마에는 특별히 플로라를 위한 사제가 있었으며, 그는 누마가 제정한 것으로 알려진 열두 명의 소사제[로마의 사제 집단pontifices은 대사제 세 명과 소사제 열두 명으로 이루어져 있었다. 세 명의 대사제는 각기 유피테르, 마르스, 퀴리누스를 섬겼고, 나머지 소사제 열두 명도 각각 섬기는 신격이 있었다]에 속했다. 또한 그녀를 위하여 〈플로랄리아〉라는 축제가 열렸으며, 이 축제에는 유녀들도 참여하는 놀이가 있었다.

플루토스 Πλοῦτος / Plutus 플루토스 즉 〈부〉는, 헤시오도스의 『신들의 계보』에서, 데메테르와 이아시온의 아들로 통했다. 그는 크레테에서 태어났다. 플루토스는 데메테르와 페르세포네의 행렬에서 젊은이 혹은 풍요의 뿔을 단 어린아이의 모습으로 등장한다.

훗날 땅 이외의 부가 증가하자, 플루토스는 데메테르의 무리에서 떨어져 나와 일반적인 부의 의인화가 되었다. 그를 주인공으로 하는 아리스토파네스의 희극에서도 그는 일반적인 부의 화신으로 등장한다. 희극 작가들은(그리고 민간의 재담들도) 플루토스를 장님으로 나타내는데, 이는 부가 선인과 악인을 가리지 않고 찾아오기 때문이다. 아리스토파네스에 따르면, 플루토스의 눈을 멀게 하여 선인들에게 응분의 보상을 하지 못하고 악인들에게도 호의를 베풀게 만든 것은 제우스 자신이었다. 그러나 이는 신화라기보다는 상징에 속한다.

플루톤 Πλούτων / Pluton 플루톤 즉 〈부자〉라는 말은 하계의 신 하데스(☞)를 부르는 제의적 별명에 불과하다. 그는 로마의 디스 파테르Dis Pater와 차츰 동화되었는데, 디스 파테르 역시 그와 마찬가지로 처음에는 농경의 신이었다. 모든 부는 땅에서 나오기 때문이다(플루토스와 데메테르 사이의 원초적 연관에 관해서는 ☞플루토스).

플리아스 Φλίας / Phlias 플리아스는 디오니소스가 미니아스의 딸 아라이티레아에게서 낳은 아들이다(☞계보 20). 파우사니아스가 전하는 시키온 왕들의 계보에 의하면 그는 크토노필레의 남편이며 그들 사이에서는 안드로다마스라는 아들이 태어났다(☞계보 22). 때로 크토노필레는 플리아스의 아내가 아니라 어머니였다고도 한다. 플리아스는 아르고나우타이 중 한 명으로, 펠로폰네소스에 있는 플레이우스 시의 명조로 간주된다.

피그마이오이 Πυγμαῖοι / Pygmies 피그마이오

이는 일찍이 『일리아스』에도 등장하는 소인족으로, 이집트 남쪽 혹은 인도 지방에 산다고 알려졌다. 피그마이오이 족에 관한 이야기에서 가장 두드러지는 대목은 황새들과의 싸움이다. 이 싸움의 내력에 관해서는 다음과 같은 전설이 있다. 피그마이오이 족 가운데 오이노에라는 매우 아름다운 여자 아이가 태어났다. 그녀는 몹시 거만하여 신들을 경멸했으며, 특히 아르테미스와 헤라에게 전혀 존경심을 보이지 않았다. 그녀는 피그마이오이 족 가운데 니코다마스라는 사람과 결혼하여 몹소스라는 아들을 낳았다. 모든 피그마이오이 족이 그 탄생을 축하하여 선물을 가져왔다. 헤라는 자신에게 마땅한 경배를 바치지 않는 이 젊은 여인을 못마땅하게 생각하여 그녀를 황새로 만들어 버렸다. 새가 된 오이노에는 피그마이오이 족 가운데 남아 있는 아들을 되찾으려 했고, 이들은 무기를 들고 고함을 치며 새를 쫓았다. 그래서 황새들은 피그마이오이 족을 미워하고 피그마이오이 족은 황새들을 두려워하게 되었다고 한다(☞게라나). 피그마이오이 족은 이집트 예술에도 영감을 주었다. 그들은 모자이크나 회화에서 나일 강의 동물 가운데 새나 짐승들과 싸우는 모습으로, 악어들을 공격하는 모습으로, 혹은 추하고 서툴게 인간들의 활동을 흉내내는 모습으로 그려졌다. 이런 그림들에서 그들은 유독 거대한 성기를 지닌 것으로 그려졌다.

피그마이오이 족은 고대 지리학자들 사이에서는 우화에 속하는 것으로 치부되었지만, 그들의 특징은 아마도 중앙 아프리카에 사는 실제 부족들에게서 비롯된 것일 터이다.

피그말리온 Πυγμαλίων / Pygmalion 전설에 나오는 피그말리온이라는 인물은 두 명 있는데, 모두 셈 족 출신이다.

1. 첫번째 피그말리온은 티로스 왕으로, 무토의 아들이자 엘리사(디도)의 형제이다(☞디도).
2. 또 다른 피그말리온은 키프로스 왕으로, 상아로 만든 여인상을 사랑하게 되었다. 그 여인상을 만든 것이 그 자신이라는 설도 있다. 그는 아프로디테 축제에서 여신에게 그 여인상과 닮은 여인을 달라고 빌었다. 집에 돌아온 그는 여인상이 살아 움직이는 것을 발견했고, 그녀와 결혼했다. 이들 사이에서 파포스라는 딸이 태어났으며, 파포스는 키니라스라는 아들을 낳았다.

피네우스 Φινεύς / Phineus 1. 피네우스라는 인물은 여러 명 있다. 그 중 첫번째는 아르카디아 왕 리카온의 아들들 중 한 명으로, 형제들과 함께 벼락을 맞았다(☞리카온).

2. 같은 이름을 가진 또 다른 인물은 케페우스의 형제이며 따라서 안드로메데의 숙부이다(☞안드로메데, ☞페르세우스). 따라서 그는 벨로스 일족에 속하지만, 케페우스 전설의 여러 이본들에서 이러한 계보가 항상 일관된 것은 아니다. 여러 저자들이 일치하는 것은 페르세우스가 안드로메데를 구해 내고 그녀와 결혼하게 되자, 조카와 결혼하기를 원했던 피네우스가 페르세우스에 반대하는 음모를 꾸몄다는 대목뿐이다(☞페르세우스). 케페우스의 궁전 대청에서 페르세우스와 피네우스 일당 사이에 벌어진 싸움 도중에, 피네우스는 메두사의 머리를 보고 돌이 되어 버렸다. 이러한 결말을 보면 케페우스의 동생인 피네우스와 아르고나우타이 전설에 등장하는 피네우스는 동일인이 될 수 없다. 그러나 이러한 동일시가 가능하도록 후대의 몇몇 신화학자들은 피네우스가 죽은 것이 아니라 눈이 멀었을 뿐이라고 주장하기도 했다.

3. 가장 유명한 피네우스는 트라케의 왕이다. 그에 관한 전설은 상당히 복잡하며 여러 가지

이본들이 있다. 가장 널리 알려진 이야기에 의하면, 피네우스에게는 예언의 능력이 있었으며 시력을 잃더라도 오래 살기를 택했었다고 한다. 그래서 그는 장님이 되었는데, 이에 분개한 태양이 그에게 하르피이아이(☞) 즉 날개 달린 마신들을 보내어 그의 음식을 빼앗고 그가 입에 가져가는 것들을 더럽히는 등 갖은 방법으로 그를 괴롭히게 했다. 혹은, 그가 예언 능력을 남용하여 인간들에게 신들의 의도를 알려 주었으므로 벌 받은 것이라고도 한다. 프릭소스에게 콜코스로 가는 길을 가르쳐 주고, 프릭소스의 자식들에게 그리스로 돌아가는 길을 가르쳐 주는 등 신들의 진노를 자초했다는 것이다(☞프릭소스).

아르고나우타이는 콜키스 원정을 떠나기 전에 피네우스에게 찾아가 길을 물었다. 피네우스는 그들에게 길을 가르쳐 주는 대신 자신을 하르피이아이로부터 구해 줄 것을 청했다. 그래서 보레아스의 두 아들 칼라이스와 제테스가 하르피이아이를 쫓아가 처치했다(☞보레아다이, ☞하르피이아이).

위의 전설과는 무관하지만 비슷한 특징을 보이는 또 다른 전설에 의하면, 피네우스는 보레아스의 딸 클레오파트라(☞계보 11)와 처음 결혼했고, 두 아들 플렉시포스와 판디온을 낳았다. 그 후 그는 클레오파트라를 버리고 다르다노스의 딸 이다이아(☞계보 7)와 결혼했다. 그러나 이다이아는 이복자식들을 시샘한 나머지 그들이 자신을 겁탈하려 했다며 거짓 고자질을 했고, 그녀의 말에 넘어간 피네우스는 두 아들을 장님으로 만들어 버렸다(아주 드문 이설에 의하면, 클레오파트라가 소박을 맞은 뒤 복수심에서 자기 아들들의 눈을 멀게 했다고도 한다).

아르고나우타이가 피네우스의 궁정에 들렀을 때, 클레오파트라의 형제들인 보레아스의 아들들은 피네우스의 눈을 멀게 함으로써 그에게 복수했다. 한편 피네우스의 두 아들은 아스클레피오스 덕분에 시력을 되찾았으나, 아스클레피오스 자신은 제우스의 징계로 벼락을 맞았다.

위와 같은 두 계열의 전설을 결합하여 신화학자들이 만들어 낸 새로운 이야기에 따르면, 피네우스는 자식들을 부당하게 정죄하고 충분한 증거도 없이 눈을 멀게 했으며, 그 때문에 제우스의 징계를 받았고 하르피이아이에게까지 시달림을 당하다가 아르고나우타이의 도움을 받은 것이라고 한다.

*피데스 Fides 피데스 여신은 로마 신화에서 〈약속〉의 여신이었다. 그녀는 유피테르보다도 더 늙은 백발이 성성한 노파로 묘사되었다. 이러한 묘사는 약속을 이행하는 것이 사회적·정치적 질서의 기반이라는 것을 강조하기 위함이었다. 아이네이아스의 손녀 로메는 팔라티누스 언덕에 피데스의 신전을 지어 바쳤다고 한다. 피데스에게 희생 제물을 바칠 때는 오른손을 흰색 천으로 감싸야 했다.

피라 Πύρρα / Pyrrha 피라 즉 〈빨강머리〉는 에피메테우스와 판도라 사이에 태어난 딸의 이름이다. 그녀는 프로메테우스의 아들 데우칼리온과 결혼하여 홍수 후에 인류의 어머니가 되었다(☞계보 8). 데우칼리온과 피라는 프티오티스에 살았다. 홍수 후에 파르나소스 산꼭대기에 놓인 두 사람은 등 뒤로 돌멩이들을 던져 인류를 창조했다(☞데우칼리온). 피라가 던진 돌은 여자, 데우칼리온이 던진 돌은 남자들이 되었다.

피라는 또한 아킬레우스가 스키로스에서 변장을 했을 때 여자들 사이에서 얻은 별명이기도 하다(☞아킬레우스). 그래서 그의 아들 네오프톨레모스도 피로스 즉 〈빨강머리〉라는 별명을 얻었다.

피라모스 Πύραμος / Pyramus 피라모스와 그의 애인 티스베는 유명한 사랑 이야기의 주인공들로 그 이야기의 두 가지 이본이 전해진다. 그 중 아마도 좀더 오래되었을 이야기에 따르면 피라모스와 티스베는 서로 사랑했는데 결혼 전에 결합하여 티스베가 임신하게 되었다. 절망한 그녀는 자살했고, 이 사실을 알게 된 애인 역시 목숨을 끊었다. 그러자 이를 불쌍히 여긴 신들은 이들을 강물로 변신시켜, 피라모스는 킬리기아에 있는 피라모스 강이 되었고, 티스베는 이 강에 물을 대는 샘이 되었다.

오비디우스가 전하는 극적인 이야기는 좀더 문학적으로 다듬어진 것이다. 바빌론의 젊은 남녀 피라모스와 티스베는 서로 사랑했지만 부모의 반대로 결혼할 수가 없었다. 그러나 그들은 두 집 사이의 담장에 난 틈새 덕분에 은밀히 만날 수 있었다. 어느 날 밤 그들은 성 밖에 있는 니노스의 무덤에서 밀회를 약속했다. 티스베가 먼저 도착했는데, 암사자가 샘물을 먹으러 나타나는 바람에 그녀는 급히 달아나다가 너울을 떨어뜨렸다. 암사자는 짐승을 잡아먹고 피 묻은 주둥이로 너울에 달려들어 갈가리 찢어 놓고 가버렸다. 그제야 나타난 피라모스는 찢어진 너울을 보고 티스베가 맹수에게 죽임을 당했다고 생각하여 대번에 칼을 뽑아 자신을 찔렀다. 샘터로 돌아온 티스베는 그가 죽어 있는 것을 보고 애인의 몸에서 칼을 뽑아 자신도 목숨을 끊었다. 샘 곁에는 뽕나무가 자라고 있었는데, 그때까지는 하얗던 열매들이 피에 물들어 붉어졌다고 한다. 두 연인의 재는 같은 단지에 담겨 비로소 합쳐졌다.

피라이크메스 Πυραίχμης / Pyraechmes 1. 『일리아스』에서 피라이크메스는 프리아모스를 도우러 온 파이오니아 군대의 두 장군 중 한 명이다. 피라이크메스는 전투에서 파트로클로스의 고문 혹은 종자 역할을 하던 에우도로스를 죽였고, 그 자신은 파트로클로스 혹은 디오메데스에게 죽임을 당해 트로이아에 묻혔다.

파이오니아 군대의 두 번째 장군은 하신 악시오스의 아들인 아스테로파이오스였다.

2. 피라이크메스는 또한 옥실로스가 엘레이아 인들에게 승리를 거두게 해준 투석꾼의 이름이다(☞옥실로스).

3. 끝으로 에우보이아의 한 왕도 피라이크메스라는 이름이었다. 그는 보이오티아를 공격했으나 어린 헤라클레스에게 패하여 능지처참을 당했다. 이 일은 헤라클레이오스 즉 헤라클레스의 개울 근처에서 일어났다. 말들이 그 개울에서 물을 마실 때마다 개울에서는 말울음소리가 났다고 한다.

피레네 Πυρήνη / Pyrene 1. 피레네는 헤라클레스 시대에 나르본 지방의 원주민들을 다스리던 베브릭스 왕의 딸이다. 헤라클레스는 게리오네우스의 황소들을 얻으러 가다가 그 고장을 지나게 되었다. 베브릭스의 궁정에서 술에 취한 그는 피레네를 겁탈했고, 그녀는 뱀을 낳았다. 겁에 질린 그녀는 산속으로 달아났고, 사나운 짐승들에게 찢겨 죽었다. 원정에서 돌아온 헤라클레스는 그녀의 시신을 발견하고 장례를 지내 주었으며, 그녀를 기리기 위해 인근의 산에 피레네라는 이름을 붙였다.

2. 피레네는 키크노스의 어머니로, 키크노스는 헤라클레스와 트라케 왕 디오메데스의 적이었다(☞헤라클레스, ☞키크노스).

피레네우스 Πυρηνεύς / Pyreneus 피레네우스는 다울리스의 왕으로, 폭풍우 가운데 그의 나라를 가로질러 헬리콘으로 가던 무사이[뮤즈들]에게 자신의 궁전에 들어와 비를 피하라고 권했다. 그리고는 그녀들을 겁탈하려 했으나, 여신들은 날아가 버렸다. 공중의 그녀들을 뒤쫓으려다가 그는 암벽에서 떨어져 죽었다.

피로스 Πύρρος / Pyrrhus 피로스 즉 〈빨강머리〉는 아킬레우스의 아들 네오프톨레모스의 별명이다. 이런 별명이 붙은 이유는 그의 머리칼이 붉은색이었거나, 그가 쉽게 얼굴을 붉혔거나, 혹은 그의 아버지가 스키로스에서 리코메데스의 딸들 사이에 숨었을 때 진한 금발로 인해 〈피라〉라는 별명을 얻었기 때문일 것이다.

피로스는 라코니아의 도시 피리코스의 명조이자 〈피리케〉춤이라 불리는 전투 무용의 발명자로 통했다(☞피리코스).

피르고 Πυργώ / Pyrgo 1. 피르고는 메가라 왕 알카토오스의 아내였는데, 그는 메가레우스의 딸 에우아이크메와 결혼하기 위해 그녀를 버렸다(☞알카토오스). 메가라에는 알카토오스와 그의 딸 이피노에의 무덤 곁에 그녀의 무덤이 있었다고 한다.

2. 피르고는 또한 프리아모스의 자녀들의 유모이다. 그녀는 늙은 몸을 이끌고 아이네이아스를 따라갔으며, 이리스의 부추김을 받아 트로이아 여인들에게 배에 불을 지르자고 선동했다. 아마도 이 이름은 에트루리아 도시 카이레(오늘날의 치비타 베키아 근처)의 옛 이름 피르기(탑들)와도 관련이 있을 것이다.

피리아스 Πυρίας / Pyrias 피리아스는 이타케의 뱃사공으로, 해적들에게 잡힌 노인을 불쌍히 여겨 주었다. 이 노인은 역청으로 가득 찬 듯한 단지들을 나르고 있었다. 후에 이 단지들은 피리아스의 것이 되었는데, 역청 밑에는 보물들이 들어 있었다. 감사의 뜻으로 피리아스는 이름 모를 은인을 위해 황소를 희생 제물로 드렸다. 그래서 〈피리아스는 은인에게 황소를 제물로 드린 유일한 사람〉이라는 속담이 생겨났다.

피리코스 Πύρριχος / Pyrrhicus 피리코스는 〈피리케〉춤, 즉 창과 방패, 횃불 등 무기를 들고 추는 전투 무용의 발명자이다. 그의 신원에 관해서는 여러 가지 설이 있다. 크레테에서 어린 제우스를 돌보던 쿠레테스(☞) 중 한 명이라고도 하고, 라코니아 인이라고도 한다. 이 춤의 이름은 피로스와 연관되기도 한다(☞네오프톨레모스).

피사이오스 Πισαῖος / Pisaeus 피사이오스라는 이름은 그의 고향 즉 토스카나의 도시 피사에서 온 것이다. 그는 에트루리아 용사로, 트럼펫과 배의 충각(衝角)을 발명해 낸 것으로 알려져 있다.

피소스 Πῖσος / Pisus 1. 피소스라는 이름을 갖는 첫번째 인물은 페리에레스의 아들로, 그는 아르카디아 여자 올림피아와 결혼했고, 엘레이아의 도시 피사의 명조가 되었다.

2. 몇몇 전승들에 의하면, 이탈리아의 도시 피사에도 피소스라는 명조가 있었다고 한다. 그는 켈토이 족의 왕으로 〈아폴론 히페르보레이오스〉[북풍 너머의 아폴론]의 아들이었다.

3. 피소스(일명 페이소스)는 아파레우스의 아들이다(☞계보 19).

***피스토르 Pistor** 카피톨리움 언덕이 갈리아 인들에게 포위되었을 때, 성 안에는 밀이 부족하여 기근이 우려되었다. 밤에 방어군의 꿈에 유피테르가 나타나 적군을 향해 그들이 가진 것 중 가장 값진 것을 내던지라고 일러 주었다. 로마

인들은 곧 남은 모든 밀로 빵을 만들어 적군의 방패와 투구를 향해 내던졌다. 갈리아 인들은 그처럼 식량이 풍부한 적을 굶겨 죽일 수 없으리라 생각하여 농성을 풀었다. 이 일을 기념하여 〈유피테르 피스토르〉 즉 〈빵장수 유피테르〉를 기리는 제단이 만들어졌다.

피아소스 Πίασος / Piasus 피아소스는 테살리아의 왕으로 자신의 딸인 라리사를 겁탈했다. 이에 복수하기 위해 라리사는 포도주를 마시고 있는 왕을 술통 속으로 떠밀어 넣었고, 그는 그 속에 빠져 죽었다.

피에로스 Πίερος / Pierus 전설에 나오는 피에로스라는 인물은 두 명 있다.
 1. 그 중 한 명은 피에리아의 명조이며 때로 피에리데스(☞)의 아버지로 간주된다. 그는 마케돈의 아들이자 아마토스의 형제이다. 그는 자기 나라에 무사이[뮤즈들] 숭배를 도입했다. 가끔 그는 리노스 혹은 오이아그로스의 아버지로, 따라서 오르페우스의 아버지로 간주된다.
 2. 또 다른 피에로스는 마그네스와 멜리보이아의 아들이다. 그는 무사[뮤즈] 클리오의 사랑을 받았는데, 클리오의 이런 열정은 그녀가 미소년 아도니스에 대한 아프로디테의 사랑을 우습게 여긴 데 대해 여신이 내린 벌이었다. 그들의 결합에서 히아킨토스가 태어났다(그러나 히아킨토스의 출생에 대해서는 이설들도 있다).

피에리데스 Πιερίδες / Pierides 피에리데스란 무사이[뮤즈들]를 가리키는 지방적인 수식어로, 특히 로마 시인들이 많이 썼다. 이 이름은 트라케의 피에리아 지방에서 파생한 것이다. 전설에 따르면, 피에리데스는 펠라의 피에로스와 에우히페의 딸들인 아홉 명의 젊은 처녀로, 무사이와 경쟁하려 했다고 한다. 그녀들은 노래를 아주 잘했으므로, 무사이의 산인 헬리콘에 가서 무사이와 노래 시합을 벌였다. 결국 그녀들이 졌고 무사이는 이들을 벌하기 위해 새들로 변신시켜 버렸다. 오비디우스에 따르면 까치들이 되었다고 하고, 니칸드로스에 따르면 각기 다른 새가 되었다고 한다. 니칸드로스는 피에리데스 아홉 명의 이름을 전한다. 콜림바스, 잉크스, 켕크리스, 킷사, 클로리스, 아칼란티스, 네사, 피포, 드라콘티스가 그들이다.

 파우사니아스에 따르면, 피에리데스는 무사이와 같은 이름들을 지니고 있었다고 한다. 그러므로 무사이의 자식(가령, 오르페우스)으로 알려진 인물들은 사실상 피에리데스의 자식들이며, 무사이 여신들은 끝까지 처녀였다는 것이다.

*__피에타스__ Pietas 피에타스는 신들이나 부모자식 등 다른 인간들에 대한 의무감을 의인화한 것이다. 피에타스는 단순한 추상 개념에 가까우므로, 그에 관한 별다른 전설은 없다. 카피톨리움 언덕 발치, 언덕과 티베리스[테베레] 강 사이에는 기원전 2세기 초에 지어진 그의 신전이 있었다. 제국 시절에는 황제의 윤리적 미덕을 나타내는 상징으로 피에타스의 그림이 주화에 찍히곤 했다.

피콜로오스 Πικόλοος / Picolous 피콜로오스는 비교적 후대의 전설에 나오는 거인이다. 거인들이 신들과 싸울 때, 그는 키르케의 섬까지 달아나 그녀를 내쫓으려 했다. 그러나 그는 키르케의 아버지 헬리오스(태양)에게 죽임을 당했고, 그의 피에서 〈몰리〉라는 풀이 자라났다. 이 풀은 희지만(흰색은 태양의 빛깔이다) 뿌리는 검다. 왜냐하면 거인의 피가 어두운 색깔이기 때문이다(이 풀에 관해서는 ☞오딧세우스).

*피쿠스 Picus 피쿠스는 라티움의 옛 왕이다. 그는 그 고장의 첫 주민들이었던 아보리게네스 족을 다스렸다. 그는 파우누스의 아버지이자 라티누스 왕의 할아버지로 통한다. 그의 아버지 이름은 스테르케스 혹은 스테르쿨루스라고 하는데, 이것은 〈두엄〉이라는 말을 상기시키며, 신화학자들은 〈그에게 좀더 큰 위엄을 부여하기 위해〉 그를 사투르누스와 동일시했다. 피쿠스는 탁월한 예언자로, 그의 집에는 새들 중에서 가장 예언을 잘하는 것으로 알려졌던 청딱따구리가 있었다.

신화학자들은 그 청딱따구리가 다름 아닌 피쿠스 자신이라고 주장하기도 했다. 그는 자기 아내 포모나 혹은 야누스의 딸인 님프 카넨스(☞)를 사랑한 나머지 키르케의 구애를 물리쳤으므로, 마녀가 그를 청딱따구리로 만들어 버렸다고 한다.

청딱따구리는 로마 종교에서 예언하는 새뿐 아니라 마르스에게 바쳐진 새의 역할도 했다. 그것은 신의 자식인 쌍둥이 형제 로물루스와 레무스 주위에 나타나, 그들을 건사하는 데 암늑대 못지않게 기여했다고 한다.

피타네 Πιτάνη / Pitane 1. 피타네는 강의 신 에우로타스의 딸로 포세이돈의 딸 에우아드네를 낳았다. 그녀는 아이를 낳자마자 내다 버렸고, 아이피토스가 아이를 주워다 키웠다. 이설들에 의하면, 피타네가 직접 아이피토스에게 아이를 데려가 키우게 했다고도 한다. 라코니아의 도시 피타네는 그녀의 이름을 딴 것이다.

2. 이 이름을 가진 또 다른 인물은 아마조네스 중 한 명으로, 미시아에 피타네를 위시하여 키메, 프리에네 등의 도시들을 세웠다.

피타에우스 Πυθαεύς / Pythaeus 피타에우스는 아폴론의 아들로, 델포이에서 아르고스로 가서 피티아의 아폴론을 기리는 신전을 지었다.

피탈로스 Φύταλος / Phytalus 피탈로스는 아티카 사람으로 일리소스 연안에 살았다. 데메테르가 딸을 찾아 아티카에 나타나자 피탈로스는 여신을 자신의 집에 맞아들였고, 그 보상으로 그녀는 그에게 무화과나무를 주었다. 피탈로스의 후손들인 피탈리다이는 오랫동안 무화과나무 재배의 특권을 누렸다. 그들은 코린토스에서 온 테세우스를 환대했으며, 그가 시니스와 그 밖의 강도들을 죽인 것에 대해 자기들 집안의 제단에서 정결 예식을 치러 주었다(☞테세우스). 이 일을 기념하여, 피탈리다이는 아테나이에서 테세우스의 축제가 거행될 때 몇몇 특권들을 누렸다.

피테우스 Πιτθεύς / Pittheus 피테우스는 펠롭스와 히포다메이아의 아들이며(☞계보 2) 티에스테스 및 아트레우스와 형제간이다. 그는 트로이젠으로부터 동명 도시(트로이젠)의 왕좌를 넘겨받았다(☞트로이젠). 그는 이 도시에서 가장 오래된 그리스 신전인 〈아폴론 테아리오스〉[신탁을 내리는 아폴론]의 신전을 지었다고 한다. 피테우스는 지혜와 능변으로 이름이 높았으며 탁월한 예언자로 통했다. 그가 아이게우스에게 용맹한 아들이 태어나리라는 신탁을 아이게우스 자신보다 먼저 풀게 되었던 것도 그 때문이다. 그래서 아이게우스를 술에 취하게 한 후 자기 딸 아이트라와 밤을 보내게 했다. 이 결합으로 그는 테세우스의 할아버지가 되었고, 손자를 직접 키웠다(☞테세우스). 테세우스는 할아버지 덕분에 트로이젠 왕위를 요구할 권리가 있었다.

피테우스는 테세우스와 아마존의 아들인 히폴리토스도 키웠다(☞히폴리토스).

피톤 Πύθων / Python 아폴론이 델포이에서 멀지 않은 파르나소스 산의 발치에 성역을 만들기로 결정했을 때, 그는 샘 곁에서 한 마리 용이 사람들과 짐승들을 마구 죽이고 있는 것을 보았다. 이 뱀의 이름이 피톤이었다. 아폴론은 화살을 쏘아 뱀을 죽였다. 헤라는 이 뱀에게 티폰을 맡겨 돌보게 했다. 피톤은 대부분의 괴물들이 그렇듯이 대지의 자식으로 통했고, 따라서 신탁을 내릴 수 있었다. 그 때문에, 아폴론은 델포이에 자신의 신탁소를 창설하기 전에 경쟁자를 제거해야 했던 것이다.

히기누스가 전하는 이야기에 따르면 피톤이 레토의 아들에게 죽임을 당하리라는 신탁이 내려져 있었다고 한다. 헤라는 레토가 제우스의 아이를 배고 있는 것을 알고는 태양 빛이 비치는 곳에서는 해산할 수 없으리라고 선언했다. 또 피톤도 레토를 죽이려 했다. 그러나 제우스의 부탁을 받은 포세이돈이 레토를 받아들여 당시에는 파도로 덮여 있던 오르티기아 섬에 숨겨주었고, 그녀는 높은 파도가 지붕을 이루어 햇볕을 가려 주는 아래서 해산을 했다. 아폴론은 태어난 지 사흘 만에 피톤을 죽이고 그 재를 석관에 넣은 뒤 그를 기리는 장례 경기인 피티아 경기를 창설했다.

피톤은 델포이 신전의 옴팔로스(배꼽) 밑에 묻혀 있는 것으로 알려졌다(☞델피네).

피티레우스 Πιτυρεύς / Pityreus 피티레우스는 이온의 자손으로, 헤라클레이다이가 돌아올 무렵 펠로폰네소스의 에피다우로스를 다스리고 있었다. 그는 저항하지 않고 순순히 자신의 왕국을 헤라클레이다이 중 한 명인 데이폰테스에게 넘겨주었고, 자신은 백성들과 함께 아테나이로 물러갔다. 그의 아들 프로클레스는 한 무리의 이오니아 인들을 이끌고 에피다우로스에서 사모스로 이주했다.

피티스 Πίτυς / Pitys 피티스는 판의 사랑을 받은 님프이다. 그녀는 판의 포옹을 피해 달아나다가 소나무로 변했다(피티스는 〈소나무〉라는 뜻). 판이 소나무 가지로 만든 화관을 즐겨 쓰는 것이 그 때문이다.

또 다른 전승에 의하면, 피티스는 판과 보레아스로부터 동시에 사랑을 받았다고 한다. 그녀는 판을 택했고, 보레아스는 시기한 나머지 절벽에서 그녀를 밀어뜨렸다. 이를 측은히 여긴 대지는 그녀를 소나무로 만들었다. 그래서 피티스의 넋은 보레아스가 소나무 가지를 스칠 때면 신음하지만, 판에게는 기꺼이 소나무 화관을 내준다고 한다.

픽스 Φίξ / Phix 헤시오도스는 스핑크스(☞)를 픽스라 부른다.

핀도스 Πίνδος / Pindus 리카온의 아들들 중 한 명이 마케돈이라는 설에 따르면, 핀도스는 마케돈의 아들이다. 그는 어느 날 사냥을 갔다가 괴물 뱀을 만났다고 한다. 그러나 뱀은 그에게 덤비려 하지 않았다. 감사의 뜻으로 핀도스는 가끔씩 뱀에게 사냥한 짐승의 일부를 갖다 주었다. 이윽고 뱀도 젊은이에게 우정을 갖게 되었다. 그가 그를 시기하는 세 명의 형제들에게 살해되자, 뱀은 살인자들을 죽이고 핀도스의 부모가 아들의 시체를 발견하고 장례를 치르기까지 시신 곁을 지켰다.

필라데스 Πυλάδης / Pylades 필라데스는 오레스테스의 절친한 친구이다. 마치 아카테스가 아이네이아스의 친구였듯이. 그는 아가멤논의 누이 아낙시비아가 스트로피오스에게서 낳은 아들이므로, 오레스테스와는 친사촌간이다(☞계보 2). 아버지 스트로피오스를 통해 그는 포코스, 아이아코스, 제우스 등의 후손이 된다(☞계보 30). 아가멤논의 부재중에 클리타임네스트라가 아이기스토스와 동거하게 되자 오레스테스는 스트로피오스에게 맡겨졌고, 그래서 두 사촌형제는 함께 자랐다(☞오레스테스).

필라데스라는 인물은 특히 비극 작가들에게서 비중 있게 나타난다. 그는 친구의 복수에 동참하여 고문 역할을 하며, 아이기스토스를 도우러 온 나우플리오스의 아들들과도 싸웠다고 한다. 특히 필라데스가 오레스테스에게 큰 도움이 되는 것은 오레스테스가 타우리스로 가는 여행에서이다(☞오레스테스). 필라데스는 오레스테스의 누이 엘렉트라와 결혼하여 메돈과 스트로피오스 2세를 낳았다.

필라스 Φύλας / Phylas 전설에는 필라스라는 이름의 인물들이 몇 명 있는데, 모두가 헤라클레스 계열과 관계되어 있다.

1. 그 중 첫번째 인물은 테스프로토이 족의 도시 에피라의 왕이다. 헤라클레스는 칼리돈의 주민들과 함께 그와 전쟁을 벌인 끝에 도시를 함락시키고 그를 죽였다. 이 필라스에게는 아스티오케라는 이름의 딸이 있었는데, 그녀는 헤라클레스의 포로가 되어 그에게 틀레프톨레모스라는 아들을 낳아 주었다.

2. 또 다른 필라스는 폴리멜라의 아버지로, 폴리멜라는 헤르메스에게서 에우도로스를 낳았다. 이 에우도로스는 아킬레우스를 따라 트로이아에 갔다.

3. 세 번째 필라스는 드리오페스 족의 왕으로, 자기 백성들을 이끌고 델포이 신전을 공격했다. 이것을 빌미로 헤라클레스는 그와 전쟁을 벌였고, 필라스를 죽인 뒤 드리오페스 족을 그들의 영토에서 내쫓고 말리에이스 족에게 그 땅을 주었다. 필라스의 딸은 헤라클레스의 포로가 되어 그에게 안티오코스라는 아들을 낳아 주었다.

4. 이 안티오코스에게도 필라스라는 아들이 있었는데, 이 필라스는 히포테스의 아버지이자 알레테스의 할아버지가 되었다. 알레테스는 헤라클레이다이(☞)의 동지가 되었다. 안티오코스의 아들 필라스는 이올라오스의 딸 레이페필레와 결혼하여, 아들 히포테스 외에 테로라는 딸을 낳았다. 이 테로는 아폴론에게서 카이론을 낳으며, 카이론은 카이로네이아의 명조가 되었다 (☞계보 31).

필라스 Πύλας / Pylas 필라스는 메가라 왕으로, 클레손의 아들이자 렐렉스의 손자이다. 그는 자기 딸 필리아를 아테나이 왕 판디온 2세(☞)와 결혼시켰다. 판디온은 케크롭스의 후계자였으나, 메티온의 아들들이 일으킨 폭동으로 추방당한 처지였다. 후에 필라스는 숙부인 비아스를 죽이고 망명을 해야 했다. 그는 자신의 왕국을 판디온에게 맡긴 뒤 한 무리의 렐레게스 족을 이끌고 펠로폰네소스로 가서 메세니아에 필로스 시를 건설했다(☞렐렉스). 거기서도 넬레우스에게 쫓겨나자 엘레이아로 가서 다시 필로스 시를 세웠다.

필라이메네스 Πυλαιμένης / Pylaemenes 필라이메네스는 비살테스(?)[원문대로임]의 아들로, 트로이아와 동맹을 맺은 파플라고니아 사람이었다. 그의 아들 하르팔리온 역시 트로이아 인들을 위해 싸우다가 메리오네스에게 죽임을 당했다. 그 자신은 메넬라오스 혹은 아킬레우스에게 죽임을 당했다. 그는 『일리아스』 제5권에서 죽은 것으로 되어 있지만, 제13권에서 아들의 장례[『일리아스』에서 장례식은 파트로클로스와 헥토르의 장례식, 두 번만 나오므로 엄밀히 말하자면 〈장례〉는 아니고 죽은 아들을 동료들이 후송하는 데 따라가는 것이다. 13권 464 이하. 그런데 필라이메네스는 이미 5권 576 이하에서 죽었다고 이야기되었기 때문에, 이 구절은 호메로스의 실수로 유명한 부분이다 — 감수자 주] 장면에 다시 나타난다.

필라이오스 Πυλαῖος / Pylaeus 필라이오스는 레토스의 아들이다. 트로이아 전쟁에서 그는 형제 히포토오스와 함께, 라리사에서 온 펠라스고이 족의 군대를 지휘했다.

필라코스 Φύλακος / Phylacus 1. 필라코스는 테살리아 인으로, 아이올로스의 후손이다. 그는 데이온(혹은 데이오네우스)과 디오메데의 아들이었으며, 디오메데는 크수토스의 딸로 데우칼리온의 후손이다(☞계보 8, ☞계보 20). 그는 특히 이피클로스(☞)와 알키메데의 아버지로 유명하다. 필라코스는 미니아스의 딸 클리메네와 결혼했다. 그는 오트리스 강변에 필라카이 시를 건설한 것으로 통한다. 그는 보기 드물게 훌륭한 가축 떼를 가지고 있었다(☞멜람푸스).

2. 델포이에는 필라코스라는 이름을 가진 또 다른 인물이 있었는데, 그는 페르시아 인들이 성역을 공격하자 무기를 든 거인의 모습으로 나타나 번개와 초자연적인 현상들을 일으키며 그들을 뒤쫓았다. 그의 곁에는 아우토노오스라는 또 다른 거인이 있었다(비슷한 전설로는 ☞히페르보레이오이).

필란드로스 Φίλανδρος / Philandrus 크레테의 엘리로스 주민들이 델포이에 바친 봉헌물은 두 아이에게 젖을 물리고 있는 염소를 형상화한 것이다. 이 두 아이는 아폴론이 아카칼리스에게

서 낳은 두 아들 필란드로스와 필라키데스라고 알려져 있다.

필람몬 Φιλάμμων / Philammon 필람몬은 시인이자 예언자로, 아폴론의 아들이다. 그의 어머니가 누구인가에 대해서는 여러 가지 전승이 있다. 데이온의 딸(혹은 헤오스포로스와 클레오보이아의 딸) 필로니스였다고도 하고, 크리소테미스(☞)였다고도 하며, 통설에 의하면 다이달리온(☞)의 딸인 키오네였다고 한다. 키오네 혹은 필로니스는 헤르메스 및 아폴론과 동일한 날에 결합했고, 그래서 쌍둥이를 낳았다는 것이다. 그 중 헤르메스의 아들이 아우톨리코스, 아폴론의 아들이 필람몬이다.

필람몬은 대단히 아름다웠다. 그는 님프 아르기오페의 사랑을 받았으나, 그녀가 임신하자 필람몬은 그녀를 가까이 하려 하지 않았다. 그래서 아르기오페는 칼키디케로 달아나 아들 타미리스(☞)를 낳았다.

필람몬은 젊은 여성들로 이루어진 합창대를 처음으로 만들었으며 레르네의 데메테르 신비의식도 그가 만든 것이라고 한다. 델포이 사람들이 프리기아 사람들에게 공격당하자 필람몬은 아르고스 군대를 이끌고 그들을 도우러 갔다가 그 전투에서 죽었다.

필레노르 Πυλήνωρ / Pylenor 필레노르는 켄타우로스로, 폴로스의 집에서 일어난 싸움에서 헤라클레스에게 상처를 입었다. 헤라클레스의 화살을 담갔던 레르네의 히드라 피에는 독이 들어 있었다. 그는 아니그로스 개울물에 상처를 씻으러 갔으며, 이후로 그 개울은 해로운 성분과 악취를 갖게 되었다고 한다.

필레우스 Φυλεύς / Phyleus 필레우스는 엘레이

아 왕 아우게이아스의 아들들 중 한 명이다. 그는 아버지와 헤라클레스가 마구간을 청소한 대가를 놓고 다투자(☞헤라클레스) 헤라클레스의 편을 들었고, 그 때문에 아우게이아스에게 추방당해 둘리키움에 정착했다. 그곳에서 그는 티만드라(혹은 크티메네)와 결혼했고 메게스라는 아들을 얻었다(☞메게스, ☞티만드라).

헤라클레스는 아우게이아스를 물리친 뒤 필레우스를 엘레이아의 왕으로 앉혔다. 나중에 필레우스는 왕좌를 형제들에게 넘겨주고 둘리키움으로 돌아가 살았다. 그는 칼리돈의 사냥에 참가했다. 그에게는 아들 메게스 외에 에우리다메이아라는 딸이 있었으며, 그녀는 폴리에이도스와 결혼했다.

필로멜라 Φιλομήλα / Philomela 필로멜라는 아테나이 왕 판디온의 두 딸 중 한 명이다. 그녀에게는 프로크네라는 언니가 있었다(☞계보 11). 판디온과 이웃 테바이의 왕 라브다코스 사이에 국경 문제로 전쟁이 일어나자, 판디온은 아레스의 아들인 트라케 인 테레우스에게 도움을 요청했고 그 덕분에 승리를 거두었다. 그래서 그와 프로크네를 결혼시켜 주었다. 곧 프로크네는 남편에게서 아들을 낳아 이티스라 불렀다. 그러나 테레우스는 처제 필로멜라에게 욕정을 품게 되었고, 그녀를 겁탈한 뒤 아무에게도 알릴 수 없도록 혀를 잘라 버렸다. 그러나 필로멜라는 천에 수를 놓아 자신의 불행을 언니에게 알렸다. 프로크네는 테레우스를 벌하기 위해 아들을 죽여 삶아서 그 고기를 테레우스가 먹게 한 뒤, 필로멜라와 함께 달아났다. 그녀가 한 짓을 알게 된 테레우스는 도끼를 들고 자매를 뒤쫓아갔고 포키스의 다울리스에서 그녀들을 따라잡았다. 자매는 신들에게 도움을 청했고 이를 측은히 여긴 신들은 그녀들을 새로 변신시켰다. 프로크네는 밤꾀꼬리, 필로멜라는 제비가 되었다. 테레우스 역시 변신하여 오디새가 되었다.

이 전설에는 여러 가지 이본들이 있다. 그 중 하나에 따르면, 필로멜라가 테레우스의 아내이며 프로크네와 역할이 바뀐다. 로마 시인들은 대체로 이 이본에 따라, 필로멜라를 밤꾀꼬리로, 프로크네를 제비로 만들었다. 어원상 〈필로멜라〉는 〈음악을 좋아하는〉이라는 뜻으로, 제비보다는 밤꾀꼬리에 더 잘 어울리는 이름이기 때문이다.

필로멜레이데스 Φιλομηλείδης / Philomelides 필로멜레이데스는 레스보스 왕으로 자신의 섬에 접근하는 모든 여행자들에게 자신과 싸울 것을 강요했으며, 자신에게 패한 자들을 모두 죽였다. 그러나 마침내 트로이아로 가던 길에 그리스 선단을 이끌고 기항했던 오딧세우스(혹은 오딧세우스와 디오메데스)에게 그 자신도 죽임을 당했다.

필로멜로스 Φιλόμηλος / Philomelus 필로멜로스는 이아시온과 데메테르의 아들이며 플루토스와 형제간이다. 그는 두 마리 황소를 한 수레에 매는 법을 발명했으며, 그 상으로 어머니는 그를 황소좌의 성단으로 만들어 주었다.

그는 파리온의 명조인 파리아스를 낳았다.

필로이티오스 Φιλοίτιος / Philoetius 필로이티오스는 에우마이오스(☞), 멜란티오스(☞)와 함께 오딧세우스의 가축을 맡은 소치기이다. 에우마이오스는 돼지를, 멜란티오스는 염소를, 그리고 그는 큰 가축을 맡았다. 멜란티오스와 달리 그와 에우마이오스는 오딧세우스에게 충실하여 주인이 돌아오기를 고대했다. 그는 구혼자들이 만들어 놓은 사태를 한탄했으며, 거지로 변장하고 돌아온 오딧세우스를 미처 알아보지 못했으나 친절히 맞이했다. 후에 그는 오딧세우스가 구혼자들을 몰아내는 것을 도왔고, 그 자신도 페이산드로스와 크테시포스를 죽였다. 오딧세우스는 그와 에우마이오스에게 멜란티오스를 벌하는 임무를 맡겼다.

필로타스 Φιλωτᾶς / Philotes 필로타스는 다정함의 의인화로, 헤시오도스에 의하면 밤의 딸들 중 한 명이다. 그녀는 아파테(속임수), 게라스(늙음), 에리스(불화) 등과 자매간이다.

*필로티스 Φιλωτίς / Philotis 갈리아 족에게 정복당한 뒤 로마는 약해졌고, 라티움 족은 이를 틈타 로마를 공격했다. 리비우스 포스투미우스가 지휘하는 라티움 군대는 로마 근처에 진을 치고 로마 인들에게 딸들과 과부들을 자신들에게 넘기라는 전갈을 보냈다. 그렇게 해서 예로부터의 부족간 결연을 공고히 하자는 것이었다. 로마 인들은 그러한 조건을 순순히 받아들일 수 없지만 달리 어쩔 도리도 없어 주저하던 중에, 필로티스 혹은 투톨라라는 여자 노예가 다음과 같은 계략을 냈다. 필로티스 자신과 몇 명의 예쁜 노예들을 자유인으로 변장시켜 라티움 군에 보내면 밤 동안 필로티스가 불빛으로 신호를 하겠으며, 그러면 무장한 로마 인들이 들이닥쳐 잠든 적들을 무찌를 수 있으리라는 것이었다. 이 계획은 그대로 실현되었다. 필로티스는 무화과나무에 등불을 걸어 두고 라티움 인들에게는 보이지 않게 휘장으로 가려 두었다. 로마 인들은 도시에서 신속히 출격하여 라티움 인들을 무참히 죽였다. 이 일을 기념하여, 〈노나이 카프라티나이Nonae Capratinae〉 즉 〈무화과의 노나이〉라는 명절이 정해졌다. 로마 인은 매월 초하루와 보름쯤 되는 날을 이자 지불일로 정해 놓고 거기서부터 거꾸로 날짜를 세었다. 이두스Idus와 칼렌다이Kalendae가 그 두 개의 기준일이고, 이두스로부터 9일 전인 노나이Nonae가 또 하나의 기준일이 되었다. 이두스는 3, 5, 7, 10월에는 15일이고, 다른 달에는 13일이므로, 노나이도 3, 5, 7, 10월에는 7일이고, 다른 달에는 5일이다. 이 축제는 7월에 있으므로, 15에서부터 역으로 9일 전을 헤아려 보면 (로마 인은 숫자를 헤아릴 때 양편 넣기를 하기 때문에) 7일이 된다 — 감수자 주]. 이날이면 로마 인들은 닥치는 대로 도시를 빠져나와 온갖 이름으로 서로를 부르고, 무화과 잎새가 달린 가지들로 지은 초막 아래서 여자들에게 잔치를 베풀어 주었다. 하녀들도 자유로이 돌아다녔고, 라티움 족과 싸울 때 자신들도 한몫했던 것을 기념하여 서로 돌을 던졌다.

또 다른 로마 연구가들에 의하면, 그러한 예식은 로물루스의 죽음에 뒤따랐던 사건들을 기념하기 위한 것이라고도 한다. 즉 로물루스가 죽은 뒤 수많은 군중이 마르스의 벌판Campus Martius에서 소동을 일으킨 적이 있었는데, 그 장소가 〈염소의 늪지〉(팔루스 카프라이palus Caprae)라고 불렸으며 그 일은 7월의 이두스Idus 전 9일째 되는 날에 일어났으므로 〈노나이 카프라티나이〉라는 기념제가 생겨났다는 것이다.

필록테테스 Φιλοκτήτης / Philoctetes 포이아스와 데모나사(혹은 메토네)의 아들 필록테테스는 전설 및 호메로스의 서사시에서 헤라클레스의 활과 화살을 맡은 인물로 등장한다. 그 활과 화살은 그의 아버지가 헤라클레스로부터 받아 그에게 전해 주었다고도 하고, 그 자신이 헤라클레스로부터 받았다고도 한다. 그가 오이타 산 위의 화장단에 불을 붙여준 데 대한 감사의 뜻으로 헤라클레스가 그에게 그것들을 주었다는 것이다(☞헤라클레스). 헤라클레스는 그에게 자신이 죽은 장소에 대해 비밀을 지킬 것을 요구했고, 필록테테스는 이를 수락했다. 그러나 훗날 몹시 추궁을 당하자 필록테테스는 오이타에 가서 헤라클레스의 화장단이 세워졌던 자리를 발로 굴렀다. 그는 비록 말로 하지는 않았지만 맹세를 어긴 셈이 되었다. 전승은 덧붙이기를, 그는 그 일로 인해 발에 무서운 상처를 입는 벌을 받았다고 한다.

필록테테스는 헬레네의 구혼자들 중 한 사람이며, 그가 트로이아 원정에 참가한 것도 그런 연유에서이다. 그는 50명의 궁수를 실은 일곱 척의 배를 이끌고 왔다. 그는 테살리아, 좀더 구체적으로는 마그네시아 반도 출신이었다.

그러나 필록테테스는 다른 장군들처럼 트로이아까지 가지 못했다. 테네도스에 기항했을 때, 그는 희생 제사를 드리던 중에 뱀에게 발을 물렸다. 상처는 곧 부패하기 시작하여 참을 수 없는 악취를 풍겼다. 그래서 부상자를 마침 지나가던 렘노스 섬에 버리자는 오딧세우스의 설득은 쉽사리 받아들여졌다. 필록테테스는 10년 동안 그 섬에 머물면서, 헤라클레스의 화살로 새를 잡아 연명했다.

필록테테스의 부상과 그가 무인도에 버려진 사건에 대해서는 또 다른 전승도 있다. 비극『필록테테스』에서는 그가 다친 것이 테네도스가 아니라 크리세라는 작은 섬에서였다고 한다. 크리세는 기원후 2세기에 사라진 작은 섬으로, 거기에는 필록테테스 제단이 있어 청동으로 만든 뱀의 형상과 활이 보관되어 있었다고 한다. 그는 섬의 신 크리세의 제단을 청소하다가 길게 자란 풀섶에 숨은 뱀에게 물렸다는 것이다. 끝으로 한 고립된 전승에 의하면, 필록테테스는 짐승이 아니라 헤라클레스의 독 묻은 화살(한때 레르네의 히드라 피에 담갔던)에 다쳤다고 한다. 실수로 전통에 들어 있던 화살을 발등에 떨어뜨려 치명상을 입었다는 것이다. 이 사고는 헤라클레스의 복수이며 필록테테스가 맹세를 어기고 오이타에 있는 그의 화장터를 알린 데 대한 징벌로 간주된다.

필록테테스를 무인도에 버린 이유들 중에는 그의 상처에서 나는 악취 외에도, 그가 고통을 참지 못해 질러 대는 비명소리도 있었다. 비명소리는 희생 제사의 엄숙함을 깨뜨렸으므로 그를 내버릴 수밖에 없었다는 것이다. 그를 버리자고 제안한 사람은 오딧세우스였으므로 대개 그에게 책임을 돌리지만, 전 군대의 이름으로 결정을 내린 사람은 아가멤논이었다. 또 다른 전승에 의하면, 그리스 인들은 필록테테스가 상처를 치료할 시간을 갖도록 섬에 남겨 둔 것이며, 렘노스에서 헤파이스토스를 섬기는 사제들은 뱀에 물린 상처를 치료할 줄 알았다고도 한다. 실제로 필록테테스는 상처가 나았으며, 나중에 트로이아로 가서 그리스 군대에 합류하게 된다. 그를 고쳐 준 의사는 헤파이스토스의 아들 필리오스였으며, 필리오스는 그 대신 필록테테스로부터 궁술을 배웠다고 한다(☞필리오스).

그리스 인들은 10년이 지나도 여전히 트로이아 성을 함락시킬 수 없었다. 파리스는 죽었고, 헬레노스는 헬레네를 아내로 얻지 못하게 되자 산에 들어가 칩거하다가 그리스 인들의 포로가 되었다(☞헬레노스). 자의 반 타의 반으로 그는 트로이아가 함락될 수 있는 조건들을 말했는데, 그 중 한 가지가 헤라클레스의 화살로 무장을 해야 한다는 것이었다. 이 화살들은 전에도 트로이아를 정복한 적이 있었으며(☞헤라클레스), 오직 그것들만 그 일을 다시금 해내리라는 것이었다. 오딧세우스는 혼자서(혹은 소포클레스가 전하는 바로는 네오프톨레모스를, 에우리피데스가 전하는 바로는 디오메데스를 데리고) 렘노스로 필록테테스를 찾아가 트로이아로 갈 것을 설득했다. 그의 마음을 돌리기 위해 혹은 그를 강제하기 위해 오딧세우스가 썼던 방법들에 대해서도 전설을 다룬 시인들의 의도 및 변덕에 따라 이야기가 달라진다. 가령 에우리피데스에 의하면, 오딧세우스와 디오메데스는 계략을 써서 문제의 무기들을 빼앗았으며 그래서 필록테테스는 하는 수 없이 그들을 따라갔다고 한다. 또는 그들이 그의 상처를 그리스 군대의 의사들인 아스클레피오스의 아들들에게 보여 낫게 해주겠다고 약속했다고도 한다. 실제로 필록테테스는 트로이아로 가서 포달레이리오스(☞) 혹은 마카온(☞)에게 치료를 받고 곧 나아서 전투에 참가했다는 것이다. 이 치료를 위해서는, 아폴론이 필록테테스를 깊은 잠에 빠뜨린 뒤, 마카온이 다친 부위를 절개하여 죽은 살을 도려내고 상처를 포도주로 씻은 뒤, 아스클레피오스가 켄타우로스 케이론에게 비방을 배운 약초를 붙였다고 한다. 그러니까 필록테테스는 마취를 하고 외과 수술을 받은 최초의 인물인 셈이다.

종종 파리스는 필록테테스가 쏜 화살에 맞아 죽었다고 하지만, 이러한 일화는 헬레노스에 관한 예언과 모순된다. 왜냐하면 헬레노스는 파리스가 죽은 뒤에 포로가 되었기 때문이다. 이런 모순을 해결하기 위해서는, 필록테테스를 렘노스로부터 다시 데려오라는 예언이 헬레노스가 아니라 칼카스의 입에서 나왔다고 보아야 하며, 그렇다면 그는 파리스가 죽기 이전에 왔던 것이 된다.

트로이아가 함락되자 필록테테스는 집으로 돌아갔다. 『오딧세이아』에서 그는 행복한 귀향을 누린 드문 인물들에 속한다. 그러나 후대의 전설들은 필록테테스의 또 다른 모험들에 관해서도 이야기한다. 그는 이탈리아 남부의 크로토나 지방에 여러 도시들, 특히 페텔리아와 마칼라를 건설했으며, 그곳에서 아폴론에게 헤르메스의 화살들을 바쳤다고 한다. 그는 틀레폴레모스의 인도로 그 지방에 이주했다가 원주민의 공격을 받은 로도스 사람들을 구하기 위해 싸우다가 죽었다. 그의 무덤으로 주장되는 것은 여러 곳에 있었다.

필롤라오스 Φιλόλαος / Philolaus 필롤라오스는 미노스와 님프 파리아(☞계보 28)의 네 아들 중 한 명이다. 그는 아마조네스를 원정하러 가던 헤라클레스가 파로스 섬을 지날 때 그의 동료들을 공격했다.

*__필룸누스__ Pilumnus 필룸누스는 로마의 잘 알려지지 않은 신으로, 집에서 갓난아기들을 마신 실바누스의 해악으로부터 보호하는 것으로 여겨졌다. 이런 기능은 역시 잘 알려지지 않은 두 명의 여신 인테르키도나, 데베라와 공통된 점이었다. 세 신의 이름은 모두 아기가 태어난 후 치르는 일련의 예식적 행위들에서 온 것이다. 인테르키도나의 이름은 문틀을 내리찍는 상징적인 〈도끼질〉에서, 데베라의 이름은 문지방을 쓸어 내는 빗자루에서 왔으며, 필룸누스는 문을 두드리는 절구공이에서 왔다. 도끼, 절구, 빗자루, 이 세 가지 도구는 문명을 상징하는 것으로, 도끼는 나무들을 찍어 넘기기 위해, 절구는 낟알을 으깨기 위해, 빗자루는 타작마당을 쓸기 위해 필요했다. 이러한 상징들만으로도 야생적 마신 실바누스를 물리치기에 족했던 것이다.

필룸누스는 또한 피쿰누스와 나란히 나타나기도 한다. 피쿰누스 역시 수수께끼 같은 신으로, 그 이름은 피쿠스(☞) 신과도 무관하지 않다. 필룸누스는 〈절구공이의 신〉이 아니라 〈투창의 신〉일 수도 있다. 페스투스의 주석에 따르면 〈필룸노이pilumnoe〉라는 말은 살리이[로마에서 마

필리라

르스를 섬기는 사제들]의 노래에서 발견되며 흔히 〈투창으로 무장한〉이라는 뜻의 형용사로 해석된다.

베르길리우스는 필룸누스를 투르누스의 할아버지이자 다우누스의 아버지로 만들었다.

필리라 Φιλύρα / Philyra 필리라는 켄타우로스 케이론(☞)의 어머니이다. 그녀는 크로노스의 사랑을 받았는데, 이 점에 관해서는 두 가지 설이 있다. 그 중 하나에 따르면, 크로노스는 아내 레이아의 질투를 우려하여 말로 변해서 필리라와 결합했으며, 그 때문에 케이론이 반인 반마(半人半馬)가 되었다고 한다. 또 다른 설에 따르면, 정숙한 필리라가 크로노스를 피하기 위해 암말로 변하자 크로노스도 말로 변해 그녀를 겁탈했다고 한다. 케이론은 테살리아의 펠리온 산 위에서 태어났으며 어머니는 그와 함께 그 산의 동굴에서 살았다. 훗날 그녀는 그를 도와 아킬레우스, 이아손 등 그에게 맡겨진 아이들을 키웠다. 어린 시절의 아킬레우스(☞)를 돌본 것도 그녀였다.

필리스 Φυλλίς / Phyllis 필리스는 테세우스의 아들 아카마스 혹은 그의 형제 데모폰을 주인공으로 하는 사랑 이야기의 여주인공이다(☞아카마스, ☞데모폰). 아카마스(혹은 데모폰)는 트로이아에서 돌아오다가 몇몇 배들과 함께 트라케 연안 스트리몬 강 어귀로 쓸려 가고 말았다. 거기서 그는 그곳의 왕 필레우스(혹은 키아소스, 혹은 드리아스의 아들 리쿠르고스, 혹은 텔로스)의 환대를 받았다. 왕에게는 필리스라는 딸이 있었으며, 그녀는 젊은 왕자와 사랑에 빠져 결혼했다. 이설들에 따르면, 그가 그녀에게 결혼을 약속하기는 했으나 일단 아테나이로 돌아가 신변을 정리한 뒤 돌아와서 결혼하기로 했다고 한다. 필리스는 그렇게 잠시 헤어져 있는 것에 동의했

지만, 약혼자에게 작은 함을 하나 주면서 굳게 간직하라고 부탁했다. 거기에는 레이아 숭배의 성물들이 들어 있다면서, 그녀에게 돌아올 가망이 전혀 없어질 경우에만 열어 보라고 신신당부했다. 그는 약속한 날 돌아오지 않았다. 필리스는 아홉 번씩이나 항구에 나가 연인의 배를 기다렸으나 허사였다. 이 아홉 번의 기다림을 기념하여 그곳에는 〈아홉 번의 길〉이라는 이름이 붙었다. 사랑하는 이가 다시는 돌아오지 않으리라는 생각에 절망한 필리스는 목매어 죽었다.

데모폰(혹은 아카마스)은 크레테에 정착하여 다른 여자와 결혼해 있었다. 필리스가 목매어 죽던 바로 그날 그는 그녀가 준 작은 함을 열어 보았다. 거기에서 튀어나온 유령에 그의 말이 놀라 뛰어오르는 바람에 그는 말에서 떨어지면서 자기 칼에 찔려 죽었다.

필리스는 죽어서 나무가 되었다는 이야기도 있다. 이 편도나무에는 잎사귀가 나지 않았다. 데모폰은 그녀가 죽은 뒤에야 트라케로 돌아왔으며, 그가 나무를 어루만지자 나무는 비로소 잎이 나서 푸르러졌다고 한다. 그래서 본래 잎사귀를 가리키는 그리스 말은 〈페탈라〉였지만 이후로는 〈필리아〉가 되었다고 한다. 다른 이본에 따르면 필리스의 무덤에 나무들을 심었는데, 그 나무들은 그녀가 죽은 계절이 되면 잎새가 전부 시들어 떨어졌다고도 한다.

필리스와 데모폰의 사랑에서 태어난 자식들이 아카마스와 암피폴리스였다는 설도 있다.

필리아 Πυλία / Pylia 메가라 왕 필라스의 딸로 판디온 2세의 아내이다(☞필라스, ☞계보 11).

필리오스 Φύλιος / Phylius 필리오스는 아이톨리아 인으로 키크노스(☞)의 사랑 이야기에 등장한다. 그는 플레우론과 칼리돈 사이의 숲에 사는

젊고 아름다운 청년 키크노스를 사랑했다. 키크노스는 비정한 인물이라 자신에게 구애하는 숱한 연인들을 박대했다. 모두가 포기했지만 필리오스만은 키크노스가 부과하는 모든 시련을 감당하겠노라고 맹세했다. 우선 그는 철제 무기를 쓰지 않고 사자를 죽여야 했고, 다음으로는 사람을 잡아먹는 독수리들을 산 채로 잡아야 했으며, 끝으로 황소 한 마리를 제우스 제단까지 끌고 가야 했다. 앞의 두 가지 시련을 필리오스는 혼자서 감당해 냈으나, 세 번째 시련에는 헤라클레스의 도움을 청해야 했다. 신은 그에게 더 이상 키크노스의 비위를 맞추지 말 것을 권했고, 그래서 필리오스는 키크노스에게 사자와 독수리들을 순순히 넘겨주었던 것과는 달리 황소 넘겨주기를 거부했다. 키크노스는 분한 나머지 연못에 뛰어들었고, 자기 어머니와 마찬가지로 백조로 변해 버렸다.

필리오스 Πύλιος / Pylius 확실치 않은 한 전승에 의하면 필리오스는 헤파이스토스의 아들로 렘노스에서 필록테테스의 상처를 고쳐 주고 그에게 궁술을 배웠다고 한다(☞필록테테스).

ㅎ

하그노 ῾Αγνώ / Hagno 제우스에 관한 아르카디아 인의 전설에 의하면, 제우스는 리카이온 산의 크레테아라는 곳에서 태어났다고 한다(제우스는 크레테 섬에서 태어났다는 것이 일반적인 통설이지만, 아르카디아 인들은 자신들의 전설을 정당화하기 위해 크레테와 크레테아 두 단어가 혼동되었다고 주장했다). 제우스는 그 고장에 살던 세 명의 님프인 하그노, 티소아, 네다의 손에서 양육되었다. 하그노는 리카이온 산에 있는 샘의 님프였는데, 이 샘은 여름이고 겨울이고 간에 언제나 물이 끊이는 법이 없었다고 한다. 극심한 가뭄이 오랫동안 지속되어 수확이 어려워지면 〈제우스 리카이오스〉[리카이온의 제우스]의 사제가 신에게 엄숙한 기도를 올렸다. 희생 제사를 드리는 도중에 사제가 샘 속에 작은 참나무 잔가지를 담그면 수면이 흔들거리면서 금방 물결이 일어나기 시작했으며 커다란 구름이 하늘을 뒤덮고 대지 위에 풍족한 비를 뿌렸다고 한다.

하데스 ῞Αιδης / Hades 하데스는 죽은 자들의 신이다. 그는 제우스, 포세이돈, 헤라, 헤스티아, 데메테르 등과 동기간으로 크로노스와 레이아의 아들이다(☞계보 38). 제우스, 포세이돈과 함께 하데스는 티탄 족을 이긴 후에 우주를 나누어 가진 세 명의 주요 신들 중 한 명이다. 제우스가 하늘을 차지하고 포세이돈이 바다를 얻은 반면, 하데스는 지하 세계인 하계 혹은 타르타로스를 맡았다.

크로노스는 갓 태어난 하데스를 그의 다른 형제들과 마찬가지로 삼켜 버렸지만, 나중에 다시 토해 냈다(☞크로노스). 하데스는 티탄 족과의 싸움에 참가했고, 키클로페스는 누구든 쓰기만 하면 눈에 보이지 않게 해주는 투구를 그에게 주었다. 하데스의 투구는 게르만 족의 신화에 나오는 지그프리트의 투구와 유사한 것으로 아테나를 위시한 다른 신들뿐 아니라 페르세우스 같은 영웅들도 빌려 썼다(☞페르세우스).

하데스는 하계에서 죽은 자들을 다스렸다. 그

는 냉혹한 신으로 그의 백성들 중 아무도 산 자들의 세상으로 돌아가는 것을 허락하지 않았다. 하데스는 그의 명에 따라 일하는 마신들과 수많은 정령들의 도움을 받았다(예컨대 뱃사공 카론 등). 함께 하계를 다스리는 페르세포네 역시 냉혹하기가 하데스 못지않았다. 그녀는 예전에 시칠리아의 평원에서 친구들과 꽃을 꺾으며 놀다가 하데스에게 납치되었다(☞데메테르). 페르세포네는 데메테르의 딸로 하데스의 질녀이다(☞계보 38). 하데스는 그녀를 사랑했지만, 페르세포네의 아버지 제우스는 그들의 결혼을 승낙하지 않았다. 왜냐하면 데메테르에게 그들의 딸이 영원히 어둠 속에 갇혀 지내게 되리라고는 차마 말할 수 없었기 때문이다. 그래서 하데스는 페르세포네를 납치하기로 마음먹었다. 어쩌면 제우스가 비밀리에 공모하여 납치극을 도왔을 수도 있다. 그 후 제우스는 하데스에게 페르세포네를 어머니에게 되돌려보내라고 명했지만, 하데스는 미리 손을 써놓은 터였다. 즉 페르세포네는 그가 준 석류를 한 알 먹고 말았는데, 누구든지 망자들의 나라에 들어와 어떤 음식이라도 먹으면 더 이상 산 자들의 곁으로 되돌아갈 수 없었다. 그래서 페르세포네는 1년의 3분의 1은 하데스의 곁에서 보내게 되었다. 그녀와 하데스의 사이에는 자식이 없었던 것으로 되어 있다.

하데스는 데메테르 신화에서 페르세포네를 납치하는 이야기 외에는 전설들에 별로 등장하지 않는다. 그의 이름은 헤라클레스와 연관된 한 전설에 잠시 언급될 뿐이다. 『일리아스』에 의하면 영웅 헤라클레스가 하계로 내려가자, 하데스는 자신의 왕국에 그가 접근하는 것을 막으려 했다고 한다. 그는 하계의 문 앞에서 헤라클레스를 만나, 어깨에 영웅의 화살을 맞고 상처를 입었다. 하데스는 치유의 신 파이안이 있는 올림포스로 서둘러 옮겨가야 했다. 파이안이 신비한 약초를 그의 상처에 올려놓자 상처는 곧바로 아물었다. 이설들에 의하면, 헤라클레스는 하데스를 거대한 돌로 죽였다고도 하는데, 어쨌든 제우스의 아들 헤라클레스가 승리를 거둔 것만은 확실하다.

하데스란 〈보이지 않는 자〉라는 뜻으로, 사람들은 평소에 그 이름을 입 밖에 내지 않았다. 자칫 하데스의 이름을 불렀다가 그의 화를 자극할지도 모른다는 두려움 때문이었다. 대신에 그를 완곡한 표현으로 지칭했다. 가장 흔히 쓰인 것이 플루톤 즉 〈부유한 자〉라는 별명이었는데, 이는 대지의 무한한 풍요를 암시하는 것으로 경작지와 광산을 포함한 모든 대지를 가리켰다. 그래서 플루톤은 흔히 풍요의 뿔을 들고 있는 것으로 그려지며, 이는 대지의 부를 상징한다.

하르모니데스 Ἁρμονίδης / Harmonides 하르모니데스는 조선공으로, 파리스가 헬레네를 납치하기 위해 트로이아에서 라케다이몬으로 항해할 때 탔던 배를 만들었다.

하르모니아 Ἁρμονία / Harmonia 하르모니아에 관해서는 두 가지 전설이 있는데, 하나는 테바이 전설이며 다른 하나는 사모트라케 신들의 숭배와 관련된다. 두 전설의 공통점은 하르모니아가 카드모스의 아내였다는 점이다.

테바이 전설에서 하르모니아는 아레스와 아프로디테의 딸이다. 그녀를 카드모스와 결혼시킨 것은 바로 제우스 신이었다. 결혼식은 테바이의 카드메이아 성에서 거행되었다. 신들은 훗날 테티스(II)와 펠레우스의 결혼식에 참석했듯이, 이 결혼식에도 참석했다. 신들은 각기 선물을 가져왔고, 그 중 가장 유명한 것은 예복과 목걸이였다. 카리테스가 짠 예복은 아테나(혹은 아프로디테)의 선물이었고, 목걸이는 헤파이스토스의 선물이었다. 또는 이 목걸이와 예복은 카드모스 자신이 하르모니아에게 준 것이었다고도 한다. 즉, 그것들은 제우스가 에우로페를 사랑하던 시절에 그녀에게 선물한 것이며, 카드모스는 에우로페에게서 그것들을 얻었다는 것이다(☞카드모스). 또 다른 전승에 의하면, 아테나와 헤파이스토스가 이 예복에 사랑의 묘약을 스며들게 만들어 하르모니아의 자손을 독살했다고 한다. 그 까닭인즉, 헤파이스토스와 아테나는 아레스와 아프로디테의 사랑에서 태어난 하르모니아를 증오했기 때문이라는 것이다. 두 가지 선물은 나중에 일곱 장군의 테바이 원정에서 중요한 역할을 했다(☞알크마이온, ☞암피아라오스, ☞에리필레). 그 후 이 선물은 델포이 신탁에 봉헌물로 바쳐졌다가, 마케도니아의 필리포스 왕 시절에 도둑맞았다고 한다.

사모트라케의 전설들에서 하르모니아는 제우스와 엘렉트라(아틀라스의 딸들 중 한 명)의 딸이라고 한다. 따라서 그녀는 다르다노스와 이아시온의 누이가 된다(☞계보 7). 카드모스는 제우스가 납치해 간 누이 에우로페를 찾아 사모트라케 섬을 지나던 길에 하르모니아를 만났다. 하르모니아와 카드모스의 결혼식은 사모트라케에서 거행되었으며, 세부적인 사항들은 테바이 전설에서와 같다. 또한 카드모스는 아테나의 도움을 받아 하르모니아를 납치했다고도 한다.

카드모스와 하르모니아는 여러 자식들을 두었다(☞계보 3). 말년에는 테바이 왕국을 버리고 일리리아로 갔으며 그곳에서 뱀으로 변했다고 한다(☞카드모스).

하르모니아라는 이름은 또한 〈조화〉, 〈화합〉, 〈균형〉을 상징하는 추상적인 개념에 적용된다. 이 하르모니아에 관해서는 별다른 신화가 없다. 대개 그녀는 카리테스나 아프로디테를 따르는 행렬 가운데 모습을 드러낸다. 후대의 전설들은 카드모스의 아내와 그녀를 혼동하는 경향을 보여 준다.

하르팔리온 ῾Ἁρπαλίων / Harpalion 1. 하르팔리온은 트로이아 전쟁에서 메리오네스에게 죽임을 당한 용사이다. 그는 파플라고니아 왕 필라이메네스의 아들로 트로이아 인들 편에서 싸웠다.

2. 또 다른 하르팔리온은 트로이아 전쟁에서 그리스 편이었다. 그는 보이오티아 출신 용사로, 아리젤로스와 암피노메의 아들이며 프로토에노르의 친구였다. 그는 아이네이아스에게 죽임을 당했다.

하르팔리케 ῾Ἁρπαλύκη / Harpalyce 1. 이 이름을 가진 첫번째 인물은 트라케 왕 하르팔리코스의 딸이다. 그녀의 어머니는 아이가 아직 어렸을 적에 죽었고, 하르팔리코스는 아이를 소와 말의 젖으로 키웠다. 왕은 아들이 없었으므로 그녀를 자신의 후계자로 염두에 두고 전투하는 법을 가르쳤다. 하르팔리케는 그러한 삶을 좋아했고 훌륭한 전사가 되었다. 하르팔리코스 왕은 트로이아 전쟁에서 돌아오던 길에 도나우 평원의 야만인들인 게타이 족으로부터 혹은 네오프톨레모스의 부하들로부터 공격을 당해 심한 부상을 입었다. 만일 그때 하르팔리케가 나타나 구해 주지 않았더라면, 왕은 죽임을 당하고 말았을 것이다.

그 후 하르팔리코스는 그의 폭정으로 일어난 반란 끝에 왕위에서 쫓겨났다. 그는 딸과 함께 숲 속으로 몸을 숨겼다. 하르팔리케는 필수품을 조달하기 위해 사냥을 했을 뿐 아니라 이웃의 외양간들을 습격했다. 참다 못한 목동들이 야생 동물을 잡을 때처럼 덫을 놓아 마침내 그녀는 그물에 걸리고 말았다. 목동들은 그녀를 죽였지만 그러기까지는 힘겨운 혈투가 벌어졌다. 목동들이 하르팔리케를 잡았을 때 그녀는 마지막 약탈의 노획물이었던 새끼 염소 한 마리와 함께 있었다. 목동들은 이 새끼 염소를 놓고 매우 난폭하게 다툼을 벌였고, 그들 중 여럿이 목숨을 잃었다. 후에 그들은 하르팔리케를 위하여 무덤을 만들고, 그녀에게 제사를 드렸다. 그녀를 기리는 축제가 열리는 동안 추종자들은 그녀가 겪은 죽음을 기념하고자 모의 전쟁을 벌였다고 한다.

2. 또 다른 하르팔리케는 아버지 클리메노스와 근친상간을 범했다(☞클리메노스 3). 그녀가 받은 벌은 이본들에 따라 달라서, 죄를 저지른 후 하르팔리케는 〈칼키스〉라 불리는 부엉이로 변했다고 하고, 자살했다고도 하며, 클리메노스에게 죽임을 당했다고도 한다.

3. 또한 전승은 하르팔리케라는 인물의 사랑 이야기를 전하고 있다. 그녀는 이피클레스를 사랑했지만 그는 그녀를 사랑하지 않았다. 그러자 그녀는 스스로 목숨을 끊었다. 그녀의 사랑 이야기를 담은 〈하르팔리케의 애가(哀歌)〉가 젊은 처녀들에 의해 즐겨 불렸다고 한다.

하르팔리코스 ῾Αρπάλυκος / Harpalycus 1. 하르팔리케(☞)의 아버지 이외에도 하르팔리코스라는 이름을 가진 인물들은 몇 명 더 있다.

2. 리카온의 아들.

3. 『아이네이스』에 나오는 아이네이아스의 한 동료. 그는 투르누스와 루툴리 족을 정벌하러 갔다가 카밀라에게 죽임을 당했다.

4. 테오크리토스에 따르면, 헤라클레스에게 검술과 체육을 가르친 인물도 하르팔리코스라는 이름이었다.

하르피레이아 ῾Αρπύρεια / Harpyreia 하르피레이아는 피네우스의 전설에 대한 에우헤메로스적 해석에 등장하는 피네우스의 딸들 중 한 명이다. 그녀의 자매는 에라시아라 불렸다. 두 자매는 아버지의 재산을 탕진하는 방탕한 생활을 영위했다. 그녀들은 보레아스의 아들들인 칼라이스와 제테스에게 납치되었고, 피네우스는 모든 걱정거리에서 해방될 수 있었다는 것이다(☞하르피이아이).

하르피이아이 ῞Αρπυιαι / Harpies 하르피이아이(〈약탈하는 여자〉라는 뜻)는 날개 달린 정령들로 타우마스와 오케아니스인 엘렉트라 사이에 태어난 딸들이다(☞계보 32). 그녀들은 올림포스 이전 세대의 신들에 속한다. 그녀들은 대개 아엘로(혹은 니코토에)와 오키페테 두 명으로 알려져 있지만, 켈라이노가 추가되기도 한다. 그녀들의 이름은 그들의 성격을 보여 준다. 그것들은 각각 〈돌풍〉, 〈빠른 비상〉, 〈어둠〉(폭풍의 먹구름이 밀려든 하늘과 같은 어둠)을 의미한다. 그녀들은 날개가 달렸거나 혹은 여자 얼굴을 한 새들로 묘사되며 날카로운 발톱을 지니고 있었다고 한다. 그녀들은 에게 해의 스트로파데스 군도에 살았던 것으로 여겨진다. 베르길리우스의 작품에서 하르피이아이는 다른 괴물들과 함께 하계의 문 앞을 지키고 있다.

하르피이아이는 아이들과 영혼들을 약탈해 간다. 죽은 자의 영혼을 발톱으로 낚아채어 데리고 가는 이들의 모습은 종종 무덤 위에도 새겨졌다. 이들이 가장 중요한 역할을 하는 것은 피네우스의 전설에서이다. 피네우스는 저주를 받아, 그의 앞에 음식이 놓이는 족족 하르피이아이가 빼앗아 가거나 배설물로 더럽혀 버렸다(☞피네우스). 아르고나우타이가 오자 피네우스는 이들에게 하르피이아이로부터 자신을 해방시켜 달라고 간청했다. 그래서 보레아스의 아들들인 제테스와 칼라이스가 이들 정령들을 쫓아 버렸다. 하르피이아이는 보레아스의 아들들에게 잡혀

야만 죽을 운명이었고, 거꾸로 이들이 하르피이아이를 잡는 데 성공하지 못하면 그들 자신이 죽게 되어 있었다. 하르피이아이 중 한 명은 추격당하던 끝에 펠로폰네소스의 강에 떨어졌고, 이후로 그 강은 그의 이름을 따라 하르피스라 불리게 되었다. 또 다른 한 명은 에키나데스 군도에 이르렀고, 이후로 이 섬들은 스트로파데스 혹은 〈귀로(歸路)의 섬〉이라고 불렸다. 그런데 도중에 이리스(또는 헤르메스)가 칼라이스와 제테스 앞에 나타나 하르피이아이는 제우스의 〈하녀〉들이라며 죽이지 못하게 했다. 그들이 목숨을 살려 주는 대신 그녀들은 다시는 피네우스를 괴롭히지 않겠다고 약속했고, 크레테 섬의 동굴에 숨어 지냈다. 보레아스의 두 아들이 하르피이아이를 뒤쫓다가 죽었다는 이야기도 간혹 전해지지만, 이것은 예외적인 설에 지나지 않는다.

하르피이아이는 판다레오스(☞)의 전설에도 등장한다.

하르피이아이는 서풍의 신 제피로스와 결합하여 말들을 낳았다. 그 중에서도 아킬레우스의 것이 된 크산토스와 발리오스는 바람처럼 빨랐다. 또한 디오스쿠로이의 말들인 플로게오스와 하르파고스도 하르피이아이의 자식들이다.

하르핀나 ῞Αρπιννα / Harpinna 하르핀나는 하신 아소포스의 딸들 중 한 명으로, 아이기나와 자매간이다. 그녀는 아레스의 사랑을 받았고, 엘레이아에 있는 피사 시에서 아레스의 아들 오이노마오스(☞)를 낳았다. 그녀의 아들은 도시를 세우고 어머니 이름을 따서 하르피나라 칭했다.

하마드리아데스 ῾Αμαδρυάδες / Hamadryades 하마드리아데스는 나무의 님프들의 일종이다. 그녀들은 자신이 보호하는 나무와 함께 태어나서 나무와 운명을 같이 했다. 칼리마코스는 『델로스 찬가』에서 번개를 맞은 자신의 나무에 화가 난 떡갈나무의 님프를 등장시키고 있다. 님프들은 하늘이 떡갈나무들에게 물을 뿌려 주면 기뻐했고, 나무들이 잎사귀를 떨구면 슬픔에 잠겼다. 심지어 그녀들은 나무와 동시에 죽는 것으로 여겨졌다. 또한 그녀들은 인간과 불사신의 중간 존재로 수명이 매우 길어, 〈종려나무 수명〉의 열 배, 즉 9720년을 살았다고 한다.

어떤 전설들은 하마드리아데스가 자신들의 나무를 구하기 위해 특정 영웅들에게 간청하는 것을 보여 준다(☞로이코스, ☞크리소펠레이아). 또 다른 전설들은 님프의 청을 무시하고 나무를 자른 인간들에게 내린 벌에 대해 이야기한다(☞에리시크톤).

하마드리아데스의 기원을 다룬 후대의 전설에 대해서는 ☞옥실로스(3).

하이모스 Αἷμος / Haemus 1. 하이모스 일명 헤모스는 보레아스와 오레이티이아의 아들들 중 한 명이다. 따라서 그의 이름은 비교적 후대의 전승들에만 나오지만, 그는 보레아다이 즉 칼라이스 및 제테스와 형제간이다(☞계보 11). 그는 하신 스트리몬의 딸 로도페와 결혼하여, 그녀와 함께 트라케를 다스렸다. 그들의 아들 헤브로스는 헤브로스 강의 명조가 되었다. 하이모스와 로도페는 오만하게도 자신들을 받드는 제사를 창시했고, 각각 제우스와 헤라를 자처했다. 이러한 신성 모독에 대한 벌로 그들은 산으로 변했다(하이모스 산과 로도페 산).

2. 또 다른 전승에 따르면, 하이모스는 트라케의 폭군이었으며 비잔티온[비잔티움]의 건설자 비자스의 시대에 이 도시를 공격했다고 한다. 비자스는 그와 단독 결투를 벌여 하이모스 산에서 그를 죽였다.

3. 하이모스는 또한 트로이아 전쟁에 나갔던

텔레포스의 동료 중 한 사람이다. 텔레포스와 마찬가지로 그는 미시아 출신이며, 아레스의 아들로 여겨졌다.

하이몬 Αἵμων / Haemon 1. 하이몬이라는 이름의 용사들은 여러 명 있으며, 그 중 가장 널리 알려진 인물은 테바이 왕 크레온의 아들이다. 그에 대해서는 다른 두 전설이 있다. 첫번째 전설에 따르면, 스핑크스가 크레온의 아들 하이몬을 삼켜 버리자, 크레온은 아들의 죽음에 복수하기 위해, 괴물로부터 테바이를 해방하는 자에게 왕국을 주겠다고 약속했다고 한다(☞크레온). 두 번째 전설에 따르면 하이몬은 오이디푸스의 딸 안티고네와 약혼한 사이였는데, 크레온이 안티고네를 라브다키데스의 무덤 속에 생매장하여 죽이라고 명하자, 그 역시 자살했다고 한다(☞안티고네). 소포클레스의 『안티고네』를 위시한 비극 작품들은 두 번째 전설을 바탕으로 한 것이다. 때로는 하이몬과 안티고네 사이에 마이온(☞)이라 불리는 아들이 있었다고도 하는데, 에우리피데스의 소실된 비극 『안티고네』는 그러한 설을 따른 것이었다.

2. 하이몬은 또한 테살리아의 옛 이름인 하이모니아의 명조이기도 하다. 하이몬은 펠라스고스의 아들이자 테살로스의 아버지이다. 그의 아들 테살로스는 아버지의 이름을 따라 나라를 하이모니아라고 명명했다. 또 다른 계보에 의하면, 하이몬은 리카온의 50명 아들 중 한 명으로, 리카온 역시 펠라스고스의 아들이라고 한다. 여기서 하이몬은 하이모니아의 명조가 아니라 하이모니아에 있는 아르카디아 인들의 도시의 건설자로 간주된다.

3. 한 불확실한 전설에서는 카드모스의 손자이자 폴리도로스의 아들인 또 다른 하이몬이 언급된다(☞계보 3). 이 하이몬은 사냥을 하러 갔다가 동행들 중 한 사람의 실수로 죽게 되었고, 살인자는 아테나이로 도망쳐야 했다. 그의 후손들은 후에 로도스로 이주했다가, 다시 시칠리아의 아그리겐툼으로 옮겼다. 바로 이들이 폭군 테론의 조상이라고 한다.

4. 토아스의 아들이자 옥실로스의 아버지 하이몬에 대해서는 ☞계보 27.

***할레수스** Halesus 할레수스는 이탈리아의 용사로 팔레리이(에트루리아 지역에 위치한 도시이며, 라틴 어와 상당히 흡사한 방언을 사용했다)의 건설자이자 팔리스키 족의 명조이다[〈할레수스〉가 〈팔리스키〉 족의 명조라는 것은 h가 f로 바뀌는 음운 현상에 비추어 이해할 수 있음 — 감수자 주]. 신화학자들은 그를 아가멤논의 친구 혹은 트로이아 전쟁 동안 이탈리아로 건너온 그의 서자로 간주하여, 아가멤논과 연관짓는다. 또 다른 전승들은 그를 넵투누스의 아들로 간주하기도 한다. 베이 왕 모리우스는 할레수스에게 경의를 표하기 위해 카르멘 살리아레 carmen saliare(로마에서 특별한 예식이 있을 때 살리이[마르스의 사제들]가 부르던 옛 노래)를 지었다고 한다.

아가멤논의 후손이자 아르고스 출신의 할레수스는 아이네이아스가 이탈리아에 상륙했을 때 적군에 속해 있었다. 할레수스는 투르누스 편에 서서 싸우다가 팔라스에게 죽임을 당했다.

할리로티오스 Ἁλιρρόθιος / Halirrhotius 할리로티오스는 포세이돈과 님프 에우리테의 아들이다. 그는 아테나이에 있는 아스클레피오스의 샘 근처에서 아레스와 아글라우로스의 딸 알키페를 범하려다가 아레스에게 죽임을 당했다. 포세이돈이 아들의 살인자를 신들의 법정에 고발하여, 이들 모두는 장차 〈아레스의 언덕〉(아레이오파고스)이라고 알려지게 될 언덕 위에 모였다.
 한 이본에 의하면, 포세이돈의 아들 할리로티오스는 아티카가 포세이돈이 아니라 아테나의 몫으로 할당되자 화가 나서(☞아테나), 아티카에서 아테나 여신이 바친 선물인 올리브나무를 자르려 했다고 한다. 그런데 신기하게도 도끼가 그의 손에서 빠져나가 그의 목을 잘라 버렸다.

할리아 ʽΑλία / Halia 1. 할리아는 로도스 여자로 텔키네스(☞)의 누이이다. 그녀는 포세이돈과 결합하여 여섯 명의 아들과 로도스라는 딸을 낳았는데, 이 딸은 로도스 섬의 명조가 되었다. 아프로디테가 그녀의 여섯 아들을 미치게 하여, 아들들은 친어머니를 범하려 했다. 포세이돈은 삼지창으로 그들을 땅바닥에 처박아 버렸지만, 절망한 할리아는 바다에 몸을 던졌다. 그 후 로도스 섬 주민들은 레우코테아라는 이름으로 그녀를 마치 바다의 여신처럼 숭배했다.
 2. 할리아라는 네레이스도 있었다. 실제로 할리아는 바다의 명칭 중 하나인 〈할스〉(〈염분〉을 뜻함)와 연관된다.

할리아르토스 ʽΑλίαρτος / Haliartus 할리아르토스와 그의 형제 코로노스는 테르산드로스의 아들이자 시시포스의 손자이다(☞계보 35). 오르코메노스 왕인 그들의 종조부 아타마스는 아들들을 모두 잃었고(☞아타마스), 자신의 왕국을 이 두 형제에게 물려주었다. 하지만 후에 아타마스의 손자이자 프릭소스의 아들들 중 한 명인 프레스본이 콜키스에서 돌아와 조부의 왕국을 요구하자, 할리아르토스와 코로노스는 그에게 왕권을 넘겨주었다. 그리고 그곳을 떠나 할리아르토스와 코로네이아 두 도시를 건설했다.

할리아이 ʽΑλίαι / Haliae 할리아이(〈바다의 여자들〉이라는 뜻)라는 여인들은 아르고스에 무덤이 있었다. 그녀들은 에게 해의 한 섬에서 와서 디오니소스의 편을 들어 페르세우스 및 아르고스 인들과 싸웠다고 한다. 그녀들 모두 전투에서 죽임을 당했다.

할리아크몬 ʽΑλιάκμων / Haliacmon 1. 할리아크몬은 마케도니아의 하신으로 오케아노스와 테티스의 아들로 여겨졌다.
 2. 또 다른 전설에 의하면, 할리아크몬이라는 이름의 한 티린스 주민이 광기에 사로잡혀 카르마노르라 불리는 강에 몸을 던졌다고 한다. 이때부터 강은 익사자의 이름을 따라 할리아크몬이라 불렸으며, 후에 강은 또 다른 이름 이나코스로 명명되었다(☞이나코스).

할모스 ῞Αλμος / Halmus 할모스는 시시포스의 아들이자 글라우코스, 오르니티온, 테르산드로스 등과 형제간이다(☞계보 35). 오르코메노스 왕 에테오클레스는 할모스에게 영토의 일부를 주었고, 할모스는 그곳에 할모네스 시를 건설했다. 할모스는 크리소고네와 크리세 두 딸을 두었다. 전자는 포세이돈과의 사이에서 크리세스라 불리는 아들을 얻었고, 후자는 아레스와의 사이에서 플레기아스라 불리는 아들을 낳았다.

할스 ῞Αλς / Hals 할스(〈바다〉라는 뜻)라는 마녀는 키르케의 하녀이자 친구이다. 그녀는 에트루리아 출신이며, 에트루리아에 있는 한 도시는 그녀의 이름을 따라 〈할로스 피르고스〉 즉 할로스의 탑이라 불렸다. 오딧세우스는 키르케를 보러 두 번째 여행을 떠나던 길에『오딧세이아』의 속편들을 낳게 될 전설들에서, ☞오딧세우스) 할스를 찾아갔다. 할스는 마법을 써서 오딧세우스를 말로 변하게 한 뒤 그 말을 곁에 두고 늙어 죽을 때까지 먹이를 주며 키웠다. 이 전설은 『오딧세이아』에서 오딧세우스의 죽음이 〈바다〉로부터 오리라고 예언하는 수수께끼 같은 구절을 설명하기 위해 만들어진 것이다.

헤겔레오스 ʽΗγέλεως / Hegeleus 헤겔레오스는 티르세노스의 아들이자 헤라클레스의 손자로, 그의 아버지 티르세노스는 영웅 헤라클레스와 옴팔레의 아들이다. 트럼펫을 발명한 이가 바로 티르세노스이다. 헤겔레오스는 헤라클레이다이와 도리스 인들에게 전쟁에서 이 악기를 사용하도록 소개했다. 그는 아르고스에 〈아테나 살핑크스〉(살핑크스는 〈나팔〉이라는 뜻) 신전을 세웠다(☞멜라스).

헤라 ῝Ηρα / Hera 헤라는 올림포스의 모든 여신 중 가장 높은 여신이다. 그녀는 크로노스와 레아의 딸이므로 제우스와 남매간이다. 제우스를 제외한 다른 모든 형제자매처럼 그녀 역시 크로노스에 의해 삼켜졌지만, 메티스의 지혜와 제우스의 힘 덕분에 살아났다(☞메티스, ☞제우스).
　제우스와 티탄 족 간의 전쟁 동안 레이아는 헤라를 오케아노스와 테티스에게 맡겼고, 그들은 세계 방방곡곡을 돌아다니며 헤라를 키웠다. 헤라는 그들에게 깊은 감사를 느꼈고 후에 오케아노스와 테티스가 서로 다투자 이들을 화해시키려 애썼다. 또 다른 전승들은 헤라의 교육을 호라이(☞), 혹은 용사 테메노스나 아스테리온의 딸들이 맡았던 것으로 간주하고 있다.
　헤라는 제우스와 엄숙한 혼례식을 치르고 결혼했다. 헤시오도스에 따르면, 헤라는 제우스가 〈정식 결혼〉으로 얻은 세 번째 아내였다고 한다. 첫번째 아내는 메티스, 두 번째는 테미스였다. 그러나 제우스와 헤라의 사랑은 매우 오래된 것으로, 그들은 크로노스가 아직 우주를 다스리던 시대, 즉 티탄 족과의 전쟁이 있기 전부터 은밀히 결합했었다고 한다. 이 결혼에서 네 명의 자식, 즉 헤파이스토스(그의 혈통에 관해서는 ☞), 아레스, 에일레이티이아, 헤베가 태어났다(☞계보 38). 결혼식이 열린 장소에 대해서는 여러 가지 설이 있다. 가장 오래된 전승에 따르면, 이들의 결혼식은 헤스페리데스의 정원에서 열렸다고 한다. 그 정원은 영원한 봄 가운데 있는, 다산의 신화적 상징이다. 때로 신화학자들은 가이아(대지)가 헤스페리데스의 황금 사과를 결혼 선물로 헤라에게 선사했으며, 헤라는 그것이 아주 마음에 들어 오케아노스 연안에 있는 자기 정원에 심었다고 한다(☞헤스페리데스).
　『일리아스』에 의하면 제우스와 헤라는 헤스페리데스의 정원이 아니라 프리기아의 이데 산 정상에서 결혼했다고 한다. 또 다른 전승들은 그 신비적 결혼의 장소가 제우스와 헤라가 크레테 섬에서 오다가 이르렀을 에우보이아에 있었으리라고 본다. 그리스 도처에서 제우스와 헤라의 결혼식을 〈기념하는〉 축제가 열렸다. 축제 동안 사람들은 헤라의 신상을 신부의 장신구로 치장하고 행렬을 지어 도시를 가로질러 〈부부 침대〉가 마련된 신전으로 가지고 갔다(☞알랄코메네우스, ☞키타이론).
　최고신의 정식 아내로서 헤라는 결혼한 여자들의 수호신이다. 그녀는 질투가 많고 드세며 복수심이 강한 여신으로 그려진다. 그녀는 남편 제우스의 부정이 자신을 모욕하는 것이라 여겨 자주 화를 냈으며, 제우스의 애인뿐 아니라 그녀들이 낳은 자식들에게도 증오심을 품었다. 그들 중에서 특히 헤라클레스는 헤라의 분노로 고통을 받았는데, 사실 헤라클레스에게 〈열두 가지 과업〉을 부과한 것도 헤라가 생각해 낸 일이라 한다(☞헤라클레스). 뿐만 아니라 그녀는 헤라클레스가 신격화되기까지 끊임없이 괴롭혔다.

한편 이러한 복수로 그녀 역시 고통을 받았으니, 종종 제우스가 헤라를 가혹하게 벌했던 것이다. 일례로 헤라클레스가 트로이아 원정을 마치고 돌아올 때 헤라가 그의 배 주변에 심한 폭풍을 일으킨 일이 있었다. 화가 난 제우스는 여신의 두 발에 모루를 묶은 후 올림포스에 매달아 놓았다. 헤파이스토스는 고통스러운 자세에서 어머니를 풀어 주려다가 제우스의 분노를 사서 곧장 허공으로 내던져졌다(☞헤파이스토스). 후에 헤라는 헤라클레스와 정식으로 화해했다.

헤라는 수많은 전설에 등장한다. 그녀는 이오를 괴롭히며, 연적의 아들인 에파포스를 죽이려고 쿠레테스를 충동질하기도 했다(☞이오, ☞에파포스). 또한 세멜레의 비극적 운명도 헤라가 조작한 것이었다(☞세멜레). 그녀는 제우스와 세멜레의 아들 디오니소스를 키워 주었다는 이유로 아타마스와 이노를 미치게 만들었다(☞아타마스, ☞디오니소스). 또 제우스가 유혹했던 칼리스토를 죽이라고 아르테미스를 부추겼으며(☞칼리스토), 아르테미스와 아폴론이 태어나려 할 때는 그들 어머니의 출산을 방해하려 했다(☞레토). 제우스는 항상 그녀를 염두에 두어야 했다. 실제로 제우스는 헤라로부터 자식들을 피신시키기 위해 여러 차례 그들을 숨기려 했다. 그는 엘라라를 땅속에 감추었고, 그녀는 거기서 티티오스를 낳았다(☞티티오스). 또한 그는 디오니소스를 염소로 변신시켰듯이 자식들을 다른 모습으로 변신시키기도 했다.

헤라의 분노와 복수는 때때로 다른 동기에서 비롯되기도 했다. 하루는 성교를 할 때 남자와 여자 중 어느 쪽이 더 쾌감을 느끼는가 하는 문제로 헤라와 제우스가 논쟁을 벌였다고 한다. 제우스는 여자라고 했지만 헤라는 남자라고 주장했다. 그래서 이들은 남자도 여자도 되어 본 적이 있었던 테이레시아스에게 물어보기로 결정했다(☞테이레시아스). 테이레시아스는 만일 쾌락의 비율을 10이라고 한다면, 남자는 1을 느끼는 반면에 여자는 9를 차지한다고 말하여 제우스의 손을 들어 주었다. 헤라는 그가 자기 편을 들지 않은 것에 화가 나서 테이레시아스를 장님으로 만들었다.

헤라는 아프로디테와 아테나가 〈가장 아름다운〉 여신을 겨루는 경쟁에도 가담했다. 세 여신은 파리스를 심판으로 정했다. 이때에도 헤라는 화가 났고, 그 분노는 트로이아 전쟁에 중대한 영향을 미쳤다. 헤라가 파리스에게 복수하려고 트로이아의 적군 편에 가담한 것이었다. 헤라는 세상에서 가장 아름다운 이가 자기라고 해주면 그 보답으로 파리스에게 세상의 권력을 주겠다고 제의했지만, 그가 이를 거절했었다. 헤라의 증오는 파리스가 헬레네를 납치하는 순간부터 표면화되어, 스파르타에서 트로이아로 돌아가던 그들은 헤라가 일으킨 폭풍 때문에 시리아 연안 시돈에 표착했다(☞헬레네). 또한 헤라는 테티스(II)를 양육했던 자신이 아킬레우스의 보호자가 되는 것은 자연스러운 일이라고 생각했다(한편 제우스가 테티스에게 접근하자 테티스 역시 헤라에 대한 의리 때문에 그를 거부했다고 한다. ☞테티스). 후에 헤라는 메넬라오스도 보호하여 그가 불사의 몸이 되도록 해주었다(☞메넬라오스).

헤라는 거인족과의 싸움에도 등장한다. 그녀에게 욕정을 느낀 포르피리온이 그녀를 덮쳐 여신의 옷을 찢고 있을 때, 제우스가 그에게 벼락을 던지고 헤라클레스가 활을 쏘아 죽였다. 후에 헤라는 그녀와 결합하기를 원했던 익시온의 공격을 받았다. 그러나 제우스가 구름으로 익시온을 속여서 헤라를 구해 주었다(☞익시온, ☞켄타우로이).

헤라는 아르고 선의 수호신으로, 배가 키아네

아이 암초들과 카립디스와 스킬레 사이의 좁은 바닷길을 지나가도록 도와주었다고 한다(☞아르고나우타이).

헤라를 상징하는 새는 공작이며 그 깃털은 그녀가 이오를 감시하게 했던 〈감시병〉인 아르고스의 눈을 나타낸다고 여겨졌다(☞아르고스). 그녀의 식물은 부조화(不彫化), 석류, 백합이다.

그녀는 로마의 유노와 동일시되었다(☞유노).

헤라클레스 ʹHρακλῆς / Heracles 로마 인들이 헤르쿨레스(☞)라 불렀던 헤라클레스는 고전 신화 전체에서 가장 유명하고 인기 있는 영웅이다. 그가 등장하는 전설은 헬라 문명 이전 시대부터 고대 말기까지 지속적으로 발전하여 일대 계열을 이루고 있다. 따라서 그 다양한 사건들을 합리적인 순서로 설명하기란 매우 어렵다. 이러한 어려움은 일찍이 고대의 신화학자들도 겪었던 것으로, 우리는 그들의 본을 받아 다소 인위적이기는 하지만 헤라클레스의 전설들을 크게 세 부류로 나누는 분류법을 택하기로 한다.

1) 열두 가지 과업에 관한 계열.

2) 위의 열두 가지 과업과는 별도로, 헤라클레스가 군대를 지휘했던 원정들을 포함하는 업적들(반면 열두 가지 과업들은 대개 헤라클레스 혼자서 혹은 그의 조카 이올라오스의 도움으로 성취되었다).

3) 과업을 수행하는 동안 그에게 일어났던 부차적 모험들.

과업에 대하여 설명하기 전에 우리는 영웅의 어린 시절 및 그의 교육과 관련된 전설을 이야기할 것이다. 헤라클레스 계열에서 개략적이나마 연대순으로 정리할 수 있는 것은 이 초기 시절과 맨 나중의 신격화에 관한 일화들뿐이다.

I. 헤라클레스의 이름, 출생, 어린 시절 : 신화학자들에 따르면, 헤라클레스라는 이름은 그의 본래 이름이 아니었다고 한다. 그것은 아폴론이 직접 혹은 피티아를 통해서 지어 준 신비적인 이름으로, 영웅이 헤라가 부과한 과업을 수행하기 위해 그녀의 하인이 되었을 때 부여받은 것이라고 한다. 본래 암피트리온과 알크메네의 아들은 알키데스(헤라클레스의 할아버지 알카이오스에서 비롯된 부명), 혹은 할아버지의 이름을 따라 알카이오스로 불렸다(☞계보 31). 이는 그리스 어로 육체적인 힘(알케)을 연상시키는 이름이다. 영웅이 메가라와의 사이에서 얻은 아이들을 죽인 후 피티아에게 〈속죄〉를 청하러 갔을 때, 피티아는 그에게 여러 가지 명령을 내리는 한편 〈헤라의 영광〉을 의미하는 헤라클레스라는 이름을 사용하게 했다. 왜냐하면 그가 수행해야 할 과업들은 여신의 영광을 위한 것이기 때문이다. 이후로 그 이름이 그에게 남아 작품들이나 기념물들에서 그는 항상 헤라클레스라는 이름으로 불리게 되었다.

인간 아버지 암피트리온과 어머니 알크메네 쪽으로 보면 헤라클레스는 페르세이다이 즉 페르세우스의 자손들에 속한다. 그의 친할아버지 알카이오스와 외할아버지 엘렉트리온은 실제로 둘 다 페르세우스와 안드로메데의 아들들이었다(☞계보 31). 따라서 그는 아르고스 인이며 테바이에서 태어난 것은 아주 우연한 일이었다. 그는 항상 펠로폰네소스와 특히 아르골리스를 자신의 진정한 조국으로 여기고 있었다. 에우리스테우스의 뜻을 거슬러 가면서까지 헤라클레스는 항상 아르골리스로 돌아가려 했다. 결국 그의 후손들은 아르골리스에 정착하게 되었다(☞헤라클레이다이).

헤라클레스는 알크메네와 암피트리온의 아들이지만, 실제로 그의 진짜 아버지는 제우스이다. 암피트리온이 텔레보아이 족의 나라로 원정을 떠나 자리를 비운 사이에 제우스가 그의 모습을 하고 알크메네에게 나타나 그녀를 속였던 것이다. 제우스는 자신의 명령으로 아주 길어진 밤을 알크메네와 같이 보냈고, 그 결과 그녀는 헤라클레스를 갖게 되었다. 다음날 아침 비로소 돌아온 암피트리온은 알크메네에게 둘째 아들을 갖게 했다. 둘째는 다름 아닌 헤라클레스의 쌍둥이 형제 이피클레스로 헤라클레스보다 하룻밤 늦게 태어났다(☞암피트리온, ☞알크메네). 제우스는 알크메네가 아무 의심 없이 자신을 남편으로 받아들이게 하기 위해 텔레보아이 족의 왕 프테렐라오스의 소유였던 황금 잔을 선물로 주었으며, 진짜 암피트리온이 원정 동안에 겪은 일들을 마치 자신의 일처럼 이야기했다. 암피트리온이 돌아왔을 때 제우스는 부부가 화해하도록 중재했다. 결국 암피트리온은 체념하고 신의 아들의 양부가 되기를 수락했다.

헤라클레스가 태어나기도 전에 알크메네를 향한 헤라의 질투는 표면화되기 시작했다. 제우스는 경솔하게도 페르세우스의 후손으로 곧 태어날 아이가 아르고스를 다스리게 되리라고 선언했다. 이 말이 떨어지기가 무섭게 헤라는 분만의 여신이자 친딸인 에일레이티이아에게 헤라클레스가 태어나는 것을 늦추고, 반대로 스테넬로스의 아들이자 헤라클레스의 사촌인 에우리스테우스는 좀더 일찍 태어나게 하라고 명했다(☞알크메네, ☞에우리스테우스). 그리하여 에우리스테우스는 일곱 달 만에 태어난 반면, 헤라클레스는 열 달 동안이나 어머니의 태중에 머물러 있었다(알크메네가 해산할 수 있도록 속임수를 써서 여신의 저주를 풀어 준 갈린티아스(☞)는 그 벌로 족제비가 되었다).

헤라클레스가 젖먹이였을 때 그에게 앙심을 품고 있던 헤라의 젖을 빨게 된 경위에 관해서는 다양한 전설들이 있다. 그것은 헤라클레스가 불사의 몸이 되기 위한 조건이었으며, 이 조건을 충족시키기 위해서는 속임수를 써야 했다. 몇몇 전승들에 따르면, 헤르메스가 잠든 여신의 품에 아이를 갖다 두었다고 한다. 잠에서 깨어난 헤라는 아이를 밀쳤지만 때는 이미 늦었다. 그녀의 가슴에서 흘러내린 젖은 하늘에 흔적을 남겨 은하수가 되었다.

또 다른 전승은 전혀 다른 이야기를 하고 있다. 헤라의 질투를 두려워하던 알크메네는 어린 헤라클레스가 태어나자마자 아르고스(물론 이 전설을 테바이 계열의 헤라클레스 전설들에 포함시킨다면 테바이가 되어야 하겠지만) 주변에 버렸다(그곳은 이후로 〈헤라클레스의 평원〉이라는 이름으로 불리게 되었다). 마침 아테나와 헤라가 그곳을 지나갔으며 아이가 워낙 잘생기고 기운찬 데 놀란 아테나는 헤라에게 젖을 주라고 청했다. 헤라는 그녀의 말에 따랐으나 헤라클레스가 젖을 하도 세게 빨아 상처를 입자 아이를 멀리 던져 버렸다. 아테나는 아이를 안아다가 알크메네에게 돌려주며, 두려워하지 말고 아이를 키우라고 명했다.

헤라클레스가 8개월이 되었을 때(어떤 이들은 10개월이라고도 함), 헤라는 아이를 죽이려 했다. 어느 날 밤 알크메네는 헤라클레스와 이피클레스를 요람에 누인 뒤 잠들어 버렸다. 자정 무렵에 여신은 두 마리의 거대한 뱀을 방에다 풀었고, 뱀들은 아이들 주위에 똬리를 틀었다. 어린 이피클레스는 비명을 지르기 시작했지만 헤라클레스는 용감하게 양손으로 뱀의 목을 졸라 죽였다. 이피클레스의 비명소리에 암피트리온이 손에 검을 쥐고 달려왔으나 더 이상 개입할 필요가 없었다. 그리하여 그는 헤라클레스가 신의 아들임을 분명히 알게 되었다.

헤라클레스는 고전 시대에 그리스 아이들이 받았던 것과 유사한 교육을 받았으며, 이것은 아킬레우스가 켄타우로스 케이론에게서 받았던 교육과 흡사한 것이었다(☞아킬레우스). 그의 첫 선생은 음악가 리노스로, 문학과 음악의 기본을 가르쳤다. 헤라클레스는 동생 이피클레스와 함께 배웠다. 이피클레스는 얌전하고 부지런한 학생인 반면 헤라클레스는 극도로 산만하여 리노스는 그에게 항상 주의를 주었고 심지어 하루는 체벌을 하려 했다. 헤라클레스는 리노스가 자신에게 매를 대도록 내버려 두지 않았다. 그는 결상(다른 이들은 리라라고도 한다)을 잡아채어 선생에게 일격을 가했는데, 힘이 너무 센 나머지 선생이 그만 죽어 버렸다. 그래서 헤라클레스는 살인죄로 고소당해 법정에 서게 되었다. 영웅은 라다만티스의 판결문을 인용하여 자신을 성공적으로 변론했다. 즉 정당방위의 경우에는 상대방을 죽일 수 있다는 것이었다. 곧바로 그는 무죄로 방면되었다. 그러나 암피트리온은 안심이 되지 않았고 양자인 헤라클레스가 또다시 격분하는 일이 생길까 두려워한 나머지 그에게 가축을 돌보라면서 시골로 보냈다. 일설에 따르면, 헤라클레스의 교육은 그곳에서 테우타로스라는 스키티아 출신 소치기에 의해 계속되었다고 한다. 이 목동은 그에게 활쏘기를 가르쳐 주었다. 그렇지만 대개는 그의 교육이 다른 선생들에 의해 이루어졌다고 한다. 암피트리온 자신이 마차를 모는 법을 알려 주었고, 에우리토스(☞2)는 활쏘기를 가르쳤다. 하지만 활쏘기는 그 기술에 뛰어났던 크레테 인 라다만티스에게서 배웠다고도 한다. 무기를 다루는 법은 카스토르(디오스쿠로이 중 한 명 혹은 히팔로스라는 이의 아들로 아르고스에서 도망쳐 온 동명이인)에게서 배웠다. 그리고 불운했던 리노스에 뒤이어, 필람몬의 아들이자 아우톨리코스의 조카인 에우몰포스가 음악을 가르쳐 주었다.

그러는 동안 헤라클레스는 무럭무럭 자라서 네 큐빗하고도 한 척이나 되는 거대한 몸집이 되었다[큐빗이란 완척(腕尺) 즉 팔꿈치에서 가운데 손가락 끝까지의 길이로 약 50센티미터, 여기서 한 척은 발길이를 말하는 것으로 약 30센티미터]. 열여덟 살 때 그는 키타이론 산의 사자를 퇴치하여 첫번째 과업을 이루었다. 이 사자는 엄청나게 크고 사나운 야수로 암피트리온과 이웃 나라 테스피오스 왕의 가축에 큰 피해를 입혔는데, 어떤 사냥꾼도 감히 이 사자를 물리칠 엄두를 내지 못했다. 헤라클레스는 사자를 퇴치하기로 결심하고, 테스피오스 왕의 나라로 가서 날마다 낮에는 사냥에 나섰고 밤에는 왕궁으로 되돌아와서 잤다. 50일 만에 마침내 그는 사자를 해치우는 데 성공했다. 한편 테스피오스에게는 아르네오스의 딸인 아내 메가메데와의 사이에서 낳은 50명의 딸이 있었다. 이 50일 동안에 영웅의 혈통을 이어받은 손자들을 보기 원했던 왕은 매일 밤 딸들을 교대로 헤라클레스의 침실로 들여보냈다. 헤라클레스는 어둠 속에서 이 50명과 모두 결합했는데, 낮 동안의 사냥으로 고단했던 그는 매일 밤 같은 여자와 자는 줄 알았다. 이렇게 해서 그는 테스피아다이라 불리는 50명의 아들을 얻었다(☞테스피오스, ☞계보 15).

몇몇 작가들은 네메아의 사자 사냥을 예시하는 이 첫번째 사자 사냥이 키타이론 산비탈에서가 아니라 헬리콘 산, 심지어는 테우메소스 근처에서 있었다고 한다. 파우사니아스는 키타이론의 사자를 죽인 것이 헤라클레스가 아니라 알카토오스(일반적으로 그는 메가라의 사자를 죽인 것으로 되어 있다. ☞알카토오스)라는 설도 전한다. 레스보스 섬의 전설에 따르면, 그곳에서도 헤라클레스가 사자를 죽였다고 한다.

헤라클레스는 키타이론 산의 사자 사냥을 끝내고 테바이로 돌아가던 길에 오르코메노스 왕 에르기노스의 사신들을 만났다. 그들은 테바이인들이 오르코메노스의 주민들에게 바치던 조

헤라클레스

공을 받으러 가는 길이었다(이 조공의 유래에 대해서는 ☞에르기노스). 헤라클레스는 사신들을 잡아 그들의 코와 귀를 베어 끈으로 꿰어서는 그들의 목에 걸어 주면서 그것이 조공이니 그들의 왕에게 갖다 주라고 말했다. 이에 화가 난 에르기노스는 테바이를 침공해 들어왔으나, 헤라클레스에게 패하고 말았다. 헤라클레스는 오르코메노스의 미니아이 족에게 그들이 테바이에 강요했던 것의 갑절이나 되는 조공을 바칠 것을 요구했다. 이 전투에서 암피트리온은 아들 곁에서 용감하게 싸우다가 전사했다. 또 다른 전승에 따르면, 암피트리온은 헤라클레스와 함께 에우보이아 왕 칼코돈의 원정을 마치고(☞칼코돈 1), 그의 손자들을 죽이는 것을 보고 난 후에야 사망했다고 한다. 헤라클레스는 아테나 여신에게서 받은 무기를 가지고 에르기노스와 단독 대결을 했다. 이 전설의 이본들에 대해서는 ☞에르기노스.

테바이 왕 크레온은 헤라클레스가 도시를 위해 세운 공에 대한 보답으로 장녀 메가라는 영웅과, 작은딸은 이피클레스와 각기 결혼시켰다(☞이피클레스). 메가라는 영웅과의 사이에서 여러 명의 자식들을 낳았다. 핀다로스에 따르면 여덟 명이라 하며, 아폴로도로스에 따르면 테리마코스, 크레온티아데스, 데이코온 세 명이라 한다. 또 다른 전승들은 일곱 명 혹은 다섯 명(안티마코스, 클리메노스, 글레노스, 테리마코스, 크레온티아데스), 혹은 네 명이라고도 한다(☞크레온티아데스). 하지만 헤라클레스는 자신의 친자식들과 동생 이피클레스의 자식 두 명을 모두 죽였다. 이 살인은 작가들에 따라 다양하게 다루어지며 에우리피데스 및 세네카의 비극의 소재가 되었다.

몇몇 전승들(아마도 가장 오래된 전승들)에 따르면, 헤라클레스는 자기 자식들을 불 속에 던졌다고 한다. 에우리피데스를 위시한 또 다른 전승들에 따르면, 그는 아이들에게 화살을 쏘아 죽였다고 한다. 그는 심지어 자기 아버지 암피트리온을 공격하기까지 했다. 그가 아버지를 죽이려는 순간 아테나 여신이 돌멩이 하나를 그의 가슴에 던져 아주 깊은 잠에 빠지게 했다. 이러한 일련의 살인들은 헤라가 그를 광기에 사로잡히게 만들었기 때문이라는 것이 일반적인 해석이다. 몇몇 전승들에 따르면, 헤라는 그가 과오를 범하게 함으로써 그 죄값으로 에우리스테우스에게 봉사하게 만들려고 이러한 일을 꾸민 것이라고 한다. 혹은 그가 제우스의 신탁에도 불구하고 아르고스로 가서 에우리스테우스를 주인으로 모시는 것을 꺼려했기 때문에 여신이 경고를 한 것이라고도 한다.

제정신으로 되돌아온 헤라클레스는 더 이상 메가라와 살기를 원치 않았다. 그는 그녀를 조카 이올라오스에게 주었다(메가라와 이올라오스는 나이 차이가 많이 나서, 고대 신화학자들의 계산에 따르면 그녀는 33살, 이올라오스는 16살이었다고 한다).

에우리피데스는 헤라클레스가 메가라의 자식들을 죽였다는 전설과 그가 하계로 내려가고 없는 틈을 타서 에우보이아 사람 리코스가 크레온 왕을 죽이고 테바이의 통치권을 빼앗았다는 이야기를 연결시키고 있다. 헤라클레스는 때맞춰 돌아와서 리코스를 죽였지만, 왕궁 앞에서 제우스의 제단에 감사의 제물을 바치려는 순간 헤라가 그를 광기에 사로잡히게 만들어 버렸다. 그래서 헤라클레스는 자신의 친자식들을 에우리스테우스로 착각하고 죽여 버렸다는 것이다. 또한 자신의 아버지를 에우리스테우스의 아버지 스테넬로스로 착각하고 그를 죽이려는 순간 아테나 여신이 그의 가슴을 쳐서 잠들게 만들었다. 잠에서 깨어난 헤라클레스는 자신이 무슨 죄를 저질렀는지 깨닫고 자살하려 했다. 때마침 테세우스가 와서 자살을 단념케 하고 아테나이로 데리고 갔다. 에우리피데스는 전통적인 연대순을 무시하고 이 사건을 영웅 생애의 최초의 사건이 아니라 그가 하계에 갔다 온 다음, 즉 과업들을 수행하던 도중에 일어난 것으로 만들고 있다. 뿐만 아니라 그는 테세우스를 도리스족의 폭력성과 대조되는 아티카 사람다운 지혜의 상징이자 탁월한 〈철학적〉 영웅으로 그리고 있다.

Ⅱ. 열두 가지 과업 : 열두 가지 과업은 헤라클레스가 사촌 에우리스테우스의 명으로 수행한 업적들이다. 영웅 헤라클레스가 자기와 비교도 안 될 정도로 한심하고 〈불완전한〉 인물인 에우리스테우스 같은 사람에게 복종했던 이유에 대해서는 여러 가지 설이 있다(☞에우리스테우스). 『일리아스』는 제우스의 약속을 에우리스테우스에게 유리하게끔 전환시킨 헤라의 술책에 대해 이야기한다. 그러나 헤라클레스가 나중에 태어나 일반적인 의미에서 에우리스테우스의 〈신민〉이 되었다고 해서 반드시 그가 〈개인적으로〉 사촌에게 종속되어야 하는 것은 아니다. 에우리피데스에 따르면, 헤라클레스는 아르고스로 돌아가기를 원했고 에우리스테우스는 이를 허락하는 조건으로 일련의 과업들을 제시했다고 한다. 그 과업들은 주로 이 세상을 몇몇 괴물들로부터 구하는 것이었다. 좀더 일반적으로 이러한 봉사는 그가 메가라와의 사이에서 얻은 자식들을 죽인 데 대한 속죄로 행해졌다고 여겨진다(의도하지 않은 살인이라 해서 죄가 덜어지는 것은 아니었다). 살인을 저지른 후 헤라클레스는 델포이에 가서 피티아의 아폴론에게 신탁을 구했고, 아폴론은 그에게 12년 동안 사촌에게 봉사하라고 명했다는 것이다. 아울러 아폴론(그리고 아테나 여신)은 그 고통의 대가로 헤라클레스가 불멸의 존재가 되리라고 말해 주었다. 이처럼 다양한 설들은 헤라클레스 전설에 대한 그리스 인들의 다양한 생각을 반영하며, 의인의 전형으로 묘사되었던 영웅의 시련들을 도덕적으로 정당화할 필요에 부응하는 것이다. 헤라클레스의 열두 가지 과업이 의인의 시련을 보여 주는 최초의 예는 아니다. 아폴론은 키클로페스를 죽인 죄를 씻기 위해 아드메토스의 노예가 되었으며, 헤라클레스 자신도 이피토스를 죽인 죄를 속죄하기 위해 옴팔레의 노예가 되었다. 나아가 신비주의적 사고에서 헤라클레스의 과업은 〈영혼의 시련〉 즉 영혼이 육신과 정념으로부터 점차 자유로워져서 마침내 신의 경지에 이르는 과정을 나타내는 것으로 여겨진다.

알렉산드리아의 시인 디오티모스는 헤라클레스를 에우리스테우스의 연인으로 등장시킨다. 헤라클레스가 에우리스테우스의 모든 변덕에 기꺼이 굴종한 것은 연인다운 너그러움에서였다는 것이다.

헬레니즘 시대의 신화학자들은 열두 가지 과업들을 여섯 가지씩 두 부류로 나눈 일종의 〈정본〉을 만들었다. 첫번째 여섯 과업들은 펠로폰네소스에서 행해진 반면, 나머지 여섯 과업들은 크레테, 트라케, 스키티아, 머나먼 서쪽 지방에 있는 헤스페리데스의 나라 및 하계 등 도처에 분포되어 있다. 우리도 이러한 순서를 따르기로 한다. 하지만 과업이 수행되었던 순서와 과업의 수(예를 들어 아폴로도로스는 열 가지로 보고 있다)에 대해서는 수많은 이본들이 있다.

헤라클레스의 무기 : 헤라클레스의 가장 특이한 무기는 그가 첫번째 과업인 네메아의 사자를 사냥하는 중에 손수 깎아 만든 곤봉이다. 그는 이 무기를 네메아에서 만들었다고도 하고, 헬리콘 산 혹은 사로나카 만에서 올리브나무의 줄기를 깎아 만들었다고도 한다. 그의 다른 무기들은

헤라클레스

신들이 준 것들이다. 헤르메스는 검을, 아폴론은 활과 화살을, 헤파이스토스는 황금빛의 갑옷을 각기 선물했으며, 아울러 아테나 여신은 페플로스[외투]를 주었다. 그러나 또 다른 전승들에 따르면 곤봉을 제외한 헤라클레스의 모든 무기들을 제공해 준 것은 아테나 여신이라고도 한다. 끝으로 그의 말들은 포세이돈의 선물이었다.

네메아의 사자 : 네메아의 사자는 티폰의 아들 오르트로스와 에키드나(☞) 사이에 태어난 괴물로(☞계보 32), 또 다른 괴물인 테바이의 스핑크스와 형제간이다. 헤라는 자신이 키운(혹은 달의 여신 셀레네로부터 빌린) 이 사자를 네메아 지방으로 보냈고, 사자는 그곳 주민들과 가축을 잡아먹어 나라를 황폐하게 만들었다. 이 사자는 출구가 둘인 동굴에 살았으며 절대 상처를 입지 않았다고 한다. 그래서 헤라클레스는 괴물에게 활을 쏘아도 아무 소용이 없었으므로, 동굴의 한쪽 출구를 막아 버리고 곤봉으로 사자를 위협하여 굴 속으로 들어가게 한 다음 양팔로 괴물을 목졸라 죽였다. 사자가 죽자 헤라클레스는 가죽을 벗겨 몸에 두르고, 사자의 머리는 투구로 썼다. 테오크리토스는 영웅이 쇠로도 불로도 벗겨 낼 수 없는 이 사자의 가죽 때문에 한참 동안 당황했었다고 전한다. 결국 괴물 자신의 발톱을 이용하여 찢는 방법을 생각해 냈고, 예상대로 그것은 성공이었다.

네메아의 사자 사냥 중에 몰로르코스의 일화가 전개된다. 몰로르코스는 네메아 부근에 사는 가난한 농부로, 그의 아들이 사자에게 죽임을 당했었다. 헤라클레스가 사자와 싸우러 가는 길에 그의 집에 들르자 그는 영웅을 따뜻하게 맞아 주었다. 몰로르코스가 손님을 위해 자신의 유일한 재산인 숫양을 바치겠노라고 하자, 헤라클레스는 그 일을 30일 후로 미루라고 하면서 이렇게 말했다. 〈만일 내가 30일이 지나도 돌아오지 않으면 죽은 것이라 여기고 숫양을 나를 추모하는 제물로 바치시오. 그러나 30일 이전에 괴물을 물리치고 돌아오면 숫양을 나의 구원자 제우스에게 바치시오.〉 그런데 30일째가 되었는데도 헤라클레스가 나타나지 않자, 몰로르코스는 그가 죽었다고 생각하고는 영웅이 그에게 요구했던 대로 양을 제물로 바칠 준비를 했다. 양을 막 잡으려 할 때 그는 헤라클레스가 사자 가죽을 둘러쓰고 오는 것을 보았고, 양을 구원자 제우스에게 바쳤다. 이 제물을 바친 장소에서 헤라클레스는 제우스에게 경의를 표하는 경기인 네메아 경기를 창설했다. 후에 이 경기는 테바이를 원정하는 일곱 장군들에 의해 부활되었다(☞아드라스토스).

헤라클레스는 사자의 시체를 미케나이로 가지고 갔고, 에우리스테우스는 그런 괴물을 죽일 수 있는 영웅의 용맹성에 두려움을 느껴 헤라클레스가 도시 안으로 들어오는 것을 금지하고 앞으로도 과업을 수행하여 얻은 성과물은 성문 앞에 두라고 명했다. 제우스는 헤라클레스의 공적을 기념하기 위해 사자를 하늘에 올려 별자리로 삼았다고 한다.

레르네의 히드라 : 네메아의 사자와 마찬가지로 레르네의 히드라도 괴물로, 티폰과 에키드나의 딸이다(☞계보 32). 히드라 역시 헤라가 키워 헤라클레스를 시험하는 데 쓰였다. 헤라는 아미모네 샘 근처에 있는 플라타너스 나무 아래에서 이 괴물을 길렀다고 한다. 히드라는 머리가 여러 개 달린 뱀으로 묘사되는데 머리의 수는 5개, 6개 혹은 100개로 작가에 따라 달라진다. 때로는 이 머리가 인간의 머리였다고도 한다. 히드라의 입이 뿜어 내는 입김은 치명적이어서 누구라도 그 곁에 다가가면 심지어 이 괴물이 자고 있을 때라도 즉사하게 마련이었다. 히드라 역시 이 지방의 농작물과 가축에 큰 피해를 입혔다. 헤라

클레스는 불화살로 괴물과 싸웠다고도 하고 혹은 하르페(날이 휜 검의 일종)로 괴물의 목을 잘랐다고도 한다. 이번 과업에서는 조카 이올라오스의 도움을 받았다. 히드라의 목을 베자 그 자리에서 다시 새로운 머리가 돋아났으므로, 머리가 다시 돋아나지 않도록 헤라클레스는 이올라오스에게 근처 숲에 불을 지르게 했고 불등걸로 괴물의 목이 잘려 나간 곳을 지져 새 살이 돋아나지 못하게 했다. 히드라의 한가운데 머리는 불사였다고 하며, 그래서 헤라클레스는 그 머리를 잘라 땅속에 묻고 그 위에다 큰 바위를 올려놓았다고도 한다. 끝으로 그는 자기 화살을 히드라의 독에(혹은 히드라의 피에) 담가 독화살을 만들었다(☞필록테테스).

헤라는 헤라클레스와의 격투에서 히드라를 돕도록 거대한 게를 보내 영웅의 뒤꿈치를 물게 했지만, 그 게는 헤라클레스에게 밟혀 죽었다(☞카르키노스).

아폴로도로스에 따르면, 에우리스테우스는 헤라클레스가 이 과업에서 이올라오스의 도움을 받았다는 이유로 그가 부과한 열 가지 과업 중에 포함시키려 하지 않았다고 한다.

신화학자들은 히드라의 전설에 대한 에우헤메로스적 해석을 시도하기도 했다. 일례로 여러 개의 머리를 가진 것으로 알려진 히드라는 실제로 늪지이며, 헤라클레스는 그 늪지를 말려 버렸다고 한다. 끊임없이 다시 돋아나는 머리들이란 끊임없이 물이 스며 나와 헤라클레스의 노력을 허사로 만드는 샘들이었다는 것이다. 또 다른 해석에 따르면, 레르노스란 왕의 이름이며, 그가 다스리는 도시의 이름이 히드라였다고 한다. 레르노스는 50명의 궁수들에게 둘러싸여 있어서, 그들 중 한 명이 쓰러지면 그 자리를 곧바로 다른 궁수가 대체했다. 끊임없이 돋아나는 머리들이란 바로 여기서 유래했다는 것이다.

에리만토스의 멧돼지 : 에우리스테우스가 세 번째로 부과한 과업은 에리만토스 산에 살고 있는 괴물 멧돼지를 산 채로 잡아오는 일이었다. 헤라클레스는 고함을 쳐서 멧돼지를 굴 밖으로 나오게 한 뒤 그 지방을 뒤덮고 있던 눈 속으로 몰고 다녀 지치게 만들어 사로잡았다. 헤라클레스는 멧돼지를 어깨에 둘러메고 미케나이로 가지고 갔다. 이를 본 에우리스테우스는 공포에 사로잡힌 나머지 만약의 위험을 위해 준비해 두었던 항아리 속에 몸을 숨겼다.

캄파니아의 쿠마이에서는 에리만토스의 멧돼지의 엄니를 봉헌물로 보여 주었다고 한다.

헤라클레스가 켄타우로스 폴로스와의 모험을 겪은 것도 이 사냥에서였다(☞폴로스).

케리네이아의 사슴 : 에우리스테우스가 부과한 네 번째 과업은 오이노에에 사는 사슴을 잡는 것이었다. 에우리피데스는 이 괴물이 거대한 동물로 농작물에 피해를 입혔다고만 이야기한다. 헤라클레스는 사슴을 죽이고 그 뿔을 오이노에의 아르테미스 신전에 바쳤다. 하지만 이 설은 일반적으로 받아들여지는 전설과 모순되며, 영웅이 불경스러운 행동을 한 것처럼 보이는 부분을 삭제하기 위해 다듬어진 것이다.

칼리마코스에 의하면, 이 사슴은 예전에 아르테미스가 발견한 다섯 마리 사슴들 중 한 마리였다고 한다. 리카이온 산에서 풀을 뜯어먹고 있던 이들 사슴은 모두가 황금빛 뿔을 지녔으며 황소보다 몸집이 더 좋았다. 아르테미스 여신은 네 마리를 잡아 자신의 사두 이륜 마차에 매고, 다섯 번째 사슴은 헤라의 명으로 훗날 헤라클레스를 시험하기 위해 케리네이아 산속에 풀어놓았다. 그것에는 아르테미스에게 봉헌되어 〈타이게테가 나를 아르테미스에게 바쳤다〉라는 글이 새겨진 목걸이가 걸려 있었다(☞타이게테). 따라서 이 사슴을 죽이는 것은 물론이고, 건드리는 행위

헤라클레스

조차도 신성 모독에 해당되는 것이었다.
 이 사슴은 매우 날쌨으므로 헤라클레스는 1년 동안이나 사슴을 뒤쫓았으나 잡지 못했다. 마침내 사슴은 지쳐 아르테미시온 산에서 숨을 곳을 찾다가 헤라클레스가 계속해서 뒤쫓자 아르카디아에 있는 라돈 강을 건너려 했다. 바로 그 순간 헤라클레스는 사슴에게 화살을 쏘아 가벼운 상처를 입힌 뒤 아무 어려움 없이 사슴을 잡아 어깨에 둘러멨다. 그러나 아르카디아를 건너다가 헤라클레스는 아르테미스와 아폴론을 만났다. 이들은 자신들의 소유인 사슴을 내놓으라면서 헤라클레스가 사슴을 죽이려 한 것은 신성 모독이라고 꾸짖었다. 헤라클레스는 그것이 어디까지나 에우리스테우스의 지시로 행한 것이라고 설명하여 곤경에서 벗어났으며, 마침내 신들은 영웅에게 사슴을 되돌려주고 그가 길을 계속 가도록 허락했다.
 핀다로스는 이 사냥의 신비주의적 이설을 전한다. 그에 따르면 헤라클레스는 이 사슴을 쫓아 북쪽으로 이스트로스 강을 건너 히페르보레이오이 족의 나라로 갔고, 복 받은 자들이 사는 곳까지 가서 아르테미스의 환대를 받았다.
 스팀팔로스 호수의 괴조 : 아르카디아의 스팀팔로스 호숫가에 있는 울창한 숲에는 괴조들이 살고 있었다. 이들은 예전에 늑대들의 침입을 피해 도망쳐 온 것으로, 그 수가 엄청나게 증가하여 인근 지방에 화근이 되었다. 이들은 들판에서 자라는 과일이란 과일은 모조리 먹어치웠고 모든 농작물을 약탈했다. 에우리스테우스는 헤라클레스에게 이 괴조들을 퇴치하라고 명했다. 문제는 어떻게 이들을 울창한 숲으로부터 끌어내느냐였다. 헤라클레스는 청동 캐스터네츠를 사용하여 이들을 끌어냈다. 이 캐스터네츠는 그가 직접 만들었다고도 하고, 혹은 아테나 여신이 그에게 준 것으로 헤파이스토스의 작품이었다

고도 한다. 괴조들은 캐스터네츠의 소리에 놀라 숲에서 나왔고, 헤라클레스는 화살을 쏘아 쉽사리 괴조들을 죽였다.
 또 다른 전승들은 이 새들을 심지어 인간까지도 먹어치우는 맹금으로 그리고 있다. 나아가 그들은 날카로운 청동 깃털을 가지고 있어, 자신들을 공격하는 적들에게 화살처럼 쏘았다고도 한다.
 에우헤메로스적 해석에 따르면, 이 괴조들은 스팀팔로스의 딸들이었다고 한다. 그녀들이 헤라클레스를 거부하고 그의 적들인 몰리오니다이를 환대하자 화가 난 헤라클레스가 그녀들을 죽였다는 것이다.
 아우게이아스 왕의 축사 : 아우게이아스는 펠로폰네소스에 있는 엘리스의 왕이다. 태양 신 헬리오스의 아들인(☞계보 14) 그는 아버지로부터 받은 많은 가축을 가지고 있었다. 그러나 가축의 배설물을 치우지 않고 외양간에 쌓이도록 내버려 두는 바람에 토지는 비옥함을 잃고 불모의 땅이 되어 버렸다(☞아우게이아스). 에우리스테우스는 천한 일을 시켜 헤라클레스의 자존심을 상하게 할 속셈으로 이 외양간을 치우라고 명했다. 헤라클레스는 일을 하기에 앞서 아우게이아스와 그 보수에 대해 협상을 했다. 헤라클레스가 하루 만에 축사를 청소한다면 아우게이아스는 자기 왕국의 일부를 주기로 했다고도 하고 가축의 10분의 1을 주기로 했다고도 한다. 헤라클레스는 알페이오스와 페네이오스 두 강의 물줄기를 끌어들여 이 과업을 성공시켰다. 그러나 아우게이아스는 약속한 대가를 지불하기는커녕 헤라클레스를 자신의 왕국에서 추방했고, 그 때문에 훗날 헤라클레스는 아우게이아스와 전쟁을 벌이게 되었다(☞아우게이아스).
 아폴로도로스에 따르면, 에우리스테우스는 헤라클레스가 이 일에 대한 보수를 받았으므로

(혹은 최소한 요구했으므로) 에우리스테우스 자신에게 봉사한 것이 아니라면서 역시 열 가지 과업들에 포함시키지 않으려 했다고 한다.

크레테의 황소 : 크레테의 황소는 제우스를 위해 에우로페를 납치한 소라고도 하고(제우스 자신이 황소로 변신했다는 것을 인정하지 않는 전설에서), 파시파에의 정부가 되었던 소라고도 한다. 또 다른 전승에 의하면, 그것은 바다에서 나온 경이로운 황소이다. 어느 날 미노스는 수면 위로 떠오르는 것은 무엇이건 포세이돈에게 바치기로 약속했다. 그러나 바다에서 나온 이 아름다운 황소를 보자 미노스는 그것을 자기의 가축 가운데 넣고 포세이돈에게는 보잘것없는 다른 소를 바쳤다. 화가 난 포세이돈이 복수로 황소를 난폭하게 만들어 버렸는데, 에우리스테우스가 바로 이 황소(몇몇 작가들은 이 황소가 코로 불을 뿜어 냈다고도 한다)를 사로잡아 오라고 헤라클레스에게 명했다는 것이다. 그래서 헤라클레스는 크레테로 가서 미노스에게 도움을 청했다. 미노스는 그를 돕는 것을 거절했지만, 만일 그가 혼자서 할 수 있다면 황소를 잡는 것은 허락해 주겠다고 했다. 헤라클레스는 황소를 잡아 그리스로 되돌아갔다(어쩌면 황소가 예전에 에우로페를 등에 태웠듯이 헤라클레스도 등에 태우고 헤엄쳐서 갔을지도 모른다). 그는 황소를 에우리스테우스에게 주었고 에우리스테우스는 그것을 헤라에게 바치려 했다. 그러나 여신은 헤라클레스의 이름으로 바쳐진 선물을 받기를 거부하고 이 동물을 풀어 주었다. 황소는 아르골리스를 거쳐 코린토스 지협을 지나 아티카로 갔다고 한다(☞테세우스와 마라톤의 황소에 관한 전설).

디오메데스의 암말들 : 디오메데스는 트라케 왕으로 그에게는 인육을 먹고 사는 암말들이 있었다. 이들은 모두 네 마리였으며, 이름은 포다르고스, 람폰, 크산토스, 데이노스였다(☞디오메데스 1). 이 이야기에 관한 두 가지 전승 중에 가장 오래된 것은 헤라클레스가 혼자서 육로를 통해 트라케로 떠났고, 말들에게 주인 디오메데스를 먹이로 주자 얌전해져 고분고분히 끌려왔다는 것이다. 좀더 나중에 나온 설은 이야기를 압데라 시의 건설과 연관짓는다(☞디오메데스).

히폴리테 여왕의 허리띠 : 에우리스테우스의 딸 아드메테의 요구로(☞아드메테), 영웅은 아마조네스 족의 여왕 히폴리테의 띠를 얻으러 그녀들의 나라로 갔다. 이 띠는 본래 아레스의 것이었는데, 그가 히폴리테에게 아마조네스를 다스리는 권력의 상징으로 선물한 것이라 한다. 헤라클레스는 자진해서 나선 몇몇 일행과 함께 한 척의 배에 타고 떠났다. 숱한 모험을 한 후에 그들은 아마조네스 나라의 항구인 테미스키라에 도착했다. 히폴리테는 자신의 허리띠를 헤라클레스에게 흔쾌히 내주었지만, 헤라가 한 아마존의 모습으로 변장하고 나타나 영웅의 일행과 아마조네스 사이에 다툼을 일으켰다. 그래서 전투가 벌어졌고 헤라클레스는 배신을 당했다고 생각하여 히폴리테를 죽였다.

또 다른 전승들에 의하면, 헤라클레스와 그의 일행은 상륙했을 때부터 아마조네스의 적대감을 샀다고 말한다. 히폴리테의 친구(혹은 자매)인 멜라니페가 전투에서 잡혀 포로가 되었고, 히폴리테는 그녀를 석방해 주는 조건으로 자신의 허리띠를 주기로 협정을 맺었다.

돌아오는 길, 특히 트로이아 연안에서 헤라클레스는 또 다른 모험들을 겪었다.

게리오네우스의 소 : 크리사오르의 아들 게리오네우스는 수많은 소들을 가지고 있었으며(☞게리오네우스), 목동 에우리티온이 에리테이아 섬에서 소떼를 지켰다. 티폰과 에키드나의 사이에서 태어난 괴물 개 오르트로스가 목동 에우리

티온을 도와주었다(☞티폰, ☞에키드나). 그곳에서 멀지 않은 곳에서 목동 메노이테스는 하데스의 가축을 방목하고 있었다.

에리테이아 섬은 머나먼 서쪽 지방에 자리하고 있었는데, 에우리스테우스는 헤라클레스에게 그곳에 가서 값진 소들을 끌고 오라고 헤라클레스에게 명했다. 첫번째 어려움은 오케아노스를 건너는 것이었다. 헤라클레스는 태양 신의 술잔을 빌려 문제를 해결했다. 그것은 매일 밤 태양 신이 오케아노스에 도착하면 동쪽에 있는 자신의 궁궐로 되돌아오기 위해 배로 사용하던 커다란 술잔이었다(☞헬리오스). 물론 태양 신이 술잔을 자발적으로 내주지는 않았다. 헤라클레스가 리비아 사막을 건너갈 때 태양 신의 열이 그를 너무나 괴롭히자 영웅은 화살로 위협했다. 그러자 태양 신이 활을 쏘지 말라고 청했고, 헤라클레스는 오케아노스 강을 건너 에리테이아 섬에 가도록 그의 〈술잔〉을 빌려줄 것을 조건으로 내걸었다. 태양 신은 이 조건을 받아들였다. 마찬가지로 오케아노스를 건널 때에도 오케아노스가 그를 시험하려고 다소 심한 파도를 치게 하자 헤라클레스는 그를 활로 위협했고, 겁에 질린 오케아노스는 곧 파도를 잠재웠다. 이렇게 해서 헤라클레스는 에리테이아 섬에 도착했다. 그곳에서 괴물 개 오르트로스가 그에게 달려들었지만 헤라클레스는 곤봉 한 방으로 죽여 버렸다. 개를 구하러 온 목동 에우리티온도 같은 방법으로 죽인 뒤 소들을 데리고 떠났다. 이 광경을 목격한 하데스의 목동 메노이테스가 서둘러 게리오네우스에게 가서 이 사실을 알렸고, 게리오네우스가 뒤쫓아와 안테모스 강가에서 헤라클레스를 공격했으나, 그 역시 영웅의 화살에 맞아 죽었다. 헤라클레스는 소들을 태양 신의 술잔에 싣고 오케아노스의 반대편 연안에 있는 타르테소스로 건너갔다.

헤라클레스가 지중해 서쪽 지방에서 겪은 숱한 모험들의 대부분은 게리오네우스의 소들을 끌고 그리스로 돌아오는 길에 일어난 것이다. 그는 이미 서쪽으로 가는 길에도 리비아에서 수많은 괴물들을 퇴치했으며, 타르테소스를 경유한 기념으로 유럽과 리비아 사이의 해협 양쪽에 〈헤라클레스의 기둥〉 둘(지브롤터와 세우타에 있는 바위들)을 세운 바 있었다. 돌아오는 길에 헤라클레스는 그의 소를 훔치려는 수많은 강도들의 공격을 받았다. 남쪽 길인 리비아 연안을 따라 서쪽으로 갔던 헤라클레스는 스페인, 갈리아, 이탈리아, 시칠리아를 지나는 북쪽 길을 통해 그리스로 되돌아왔다. 이 경로에는 헤라클레스에게 바치는 성역들이 만들어졌고, 그 성역들과 관련하여 지방 전설들이 생겨났으며, 이 전설들은 게리오네우스의 소들에 대한 전설 가운데 포함되었다.

우선 리구리아에서는 호전적인 원주민들의 공격을 받았다. 공격이 하도 심하여 영웅은 어느새 화살을 다 써버렸고, 다른 무기라고는 없었다. 땅에는 돌멩이조차 없었으므로, 위험에 빠진 헤라클레스는 제우스에게 기도를 올렸다. 그러자 제우스는 하늘에서 돌멩이들을 뿌려 주었고 헤라클레스는 돌멩이를 던져 적들을 물리쳤다. 이 사건은 마르세유와 론 강 계곡 사이에 있는 크라우 평원에서 일어났다(☞리기스).

리구리아에서는 또한 포세이돈의 아들들인 두 명의 강도 알레비온과 데르키노스가 헤라클레스의 소들을 빼앗으려 했다. 하지만 헤라클레스는 그들을 죽이고 걸음을 계속하여 티레니아(에트루리아)를 지나갔다. 훗날 로마가 세워지게 될 라티움을 지나면서 또다시 소들을 지키기 위해 카쿠스(☞)와 싸웠으며 에우안드로스(☞)의 환대를 받았다. 그러나 이런 전설들은 그리스의 헤라클레스보다는 로마의 헤르쿨레스와 관계되는 것들이다(☞헤르쿨레스).

칼라브리아의 레기온[로마 시대의 이름은 〈레기움〉, 오늘날의 레지외에 이르러 소 한 마리가 이탈리아와 시칠리아 사이의 해협을 헤엄쳐 달아났다. 이탈리아라는 이름은 바로 이 소에서 비롯된 것이라고도 한다(〈송아지〉를 의미하는 라틴 어 〈비툴루스uitulus〉에서 유래). 도망친 소는 엘리모이 족의 나라에 있는 에릭스 평원에 이르렀다. 당시 엘리모이 족의 왕은 에릭스 시의 명조가 된 에릭스였다. 그는 도망친 소를 가로채려 했지만 결국 헤라클레스에게 죽임을 당했다(☞에릭스). 싸움이 벌어지는 동안 헤파이스토스가 나머지 소떼를 돌보았다(☞크로톤, ☞라키니오스).

이오니아 해의 그리스 연안에 도착했을 때 소떼는 헤라가 풀어놓은 등에 때문에 성이 나서 트라케의 산속으로 뿔뿔이 흩어졌다. 헤라클레스가 소들을 뒤쫓았지만 그들 중 일부만을 잡을 수 있었다. 나머지는 야생 상태로 살아가게 되었고, 바로 이들이 스키티아 평원을 배회하는 소들의 조상이 되었다. 소들을 잡는 동안 헤라클레스는 스트리몬 강의 방해를 받자 화가 나서 강에 저주를 퍼부으며 강물을 바위들로 채워 버렸다. 그래서 당시까지는 배가 다닐 수 있던 이 강은 배를 타고 다닐 수 없는 급류가 되었다고 한다.

마침내 여행에서 돌아온 헤라클레스는 남은 소들을 에우리스테우스에게 건네주었고, 에우리스테우스는 그 소들을 헤라에게 바쳤다.

몇몇 작가들은 헤라클레스의 귀로에 관해 이와는 모순된 이야기들을 전한다. 즉 헤라클레스가 켈토이 족의 나라들과 심지어 브리튼 섬에까지 다녀왔다는 것으로(☞피레네, ☞켈토스, ☞갈라테스, ☞에키드나), 이런 이야기들은 그리스 여행자들과 상인들이 세계 곳곳의 용사와 신들을 알게 됨에 따라, 그들을 헤라클레스와 어느 정도 동일시한 데서 나온 것이다.

케르베로스 개 : 에우리스테우스가 헤라클레스에게 부과한 열한 번째 과업은 하계로 가서 케르베로스를 잡아오는 것이었다(☞케르베로스). 헤라클레스가 제아무리 뛰어나다 할지라도 제우스가 헤르메스와 아테나 여신에게 그를 도와주라고 명하지 않았더라면, 이 과업을 달성하지는 못했을 것이다. 먼저 헤라클레스는 엘레우시스의 비의에 입문했는데 그 비의란 바로 사후에 안전하게 저승으로 가는 방법을 알려 주는 것이었다.

가장 일반적으로 받아들여지는 설에 따르면, 헤라클레스는 하계로 내려가기 위해 타이나론의 길을 이용했다고 한다. 하지만 폰토스의 헤라클레이아 주민들은 그가 자기들의 도시 근처에 위치한 하계의 입구를 통해서 내려갔다가 돌아왔다고 주장하기도 했다. 헤라클레스가 하계에 온 것을 보자 망령들은 두려워서 도망쳐 버렸다. 단지 고르곤 메두사와 영웅 멜레아그로스만이 그를 기다리고 있었다. 헤라클레스는 메두사를 향해 검을 치켜들었지만, 그를 안내하던 헤르메스는 그것이 공허한 그림자에 불과하다고 일러 주었다. 헤라클레스는 멜레아그로스를 향해 활을 당기려 했지만, 멜레아그로스는 헤라클레스 앞으로 다가와 자신이 어떻게 죽게 되었는지 말해 주었다(☞멜레아그로스). 그의 이야기에 감동한 헤라클레스는 눈물을 흘리기까지 했다. 헤라클레스가 그에게 혹시 누이가 남아 있느냐고 묻자 데이아네이라가 살아 있다고 했다. 영웅은 그녀와 결혼하겠다고 약속해 주었다.

몇 걸음 더 나아가서는 테세우스와 페이리토오스를 만나게 되었다. 그들은 살아 있었지만 페르세포네를 납치하러 왔다가 하데스의 포로가 된 처지였다(☞테세우스, ☞페이리토오스). 헤라클레스는 페르세포네의 허락을 받고 테세

헤라클레스

우스를 풀어 주었지만, 페이리토오스는 그의 만용에 대한 벌로 하계에 남아 있어야 했다. 그리고 큰 바위에 깔려 있던 아스칼라포스를 구해 주었다(☞아스칼라포스). 그러자 데메테르는 아스칼라포스에게 내렸던 벌을 바꾸어 올빼미로 변하게 만들었다.

헤라클레스는 망령들이 약간의 생명력을 되찾을 수 있도록 피를 공급해 주려고 하데스의 가축 중 몇 마리를 골라 죽일 생각을 했다. 목동 메노이테스가 이를 저지하려 하자 헤라클레스는 그의 몸통을 짓눌러 갈비뼈 여러 대를 부러뜨렸다. 만일 페르세포네가 그를 용서해 주라고 하지 않았더라면, 목동은 죽음을 면치 못했을 것이다.

결국 헤라클레스는 하데스 앞에 나아가 케르베로스를 데리고 가게 해달라고 청했다. 하데스는 헤라클레스가 곤봉과 사자 가죽을 제외한 다른 무기들을 사용하지 않고 개를 이긴다면 그의 청을 승낙하기로 했다. 영웅은 케르베로스를 공격했고, 두 손으로 개의 목을 움켜잡았다. 개의 꼬리에는 전갈과 같은 독침이 나 있어 헤라클레스를 마구 찔렀지만 그는 절대 손을 놓지 않았고 결국 케르베로스를 제압했다. 그리하여 헤라클레스는 개를 끌고 트로이젠에 있는 하계의 입구를 통과했다. 케르베로스를 보자 에우리스테우스는 너무 무서워서 은신처 항아리 속에 숨어 버렸다. 케르베로스를 어떻게 해야 할지 몰랐던 헤라클레스는 원래 주인인 하데스에게 되돌려주었다.

올림피아의 전설은 헤라클레스가 하계에 갈 때 올림피아의 제우스에게 봉헌물을 바치면서 사용할 수 있는 유일한 나무인 백양목을 가지고 갔다고 이야기한다.

케르베로스 전설의 에우헤메로스적 해석에 따르면, 케르베로스는 오르트로스와 함께 게리오네우스의 소떼를 지키던 개들 중 한 마리였다고 한다. 헤라클레스는 오르트로스는 죽였지만 케르베로스는 데리고 가서 에우리스테우스에게 주었다. 그러나 에우리스테우스의 이웃인 몰로토스가 이 개를 훔쳐 새끼를 보게 하려고 암캐들과 함께 산속의 동굴에 가두었다. 에우리스테우스는 개를 되찾아 달라고 헤라클레스에게 청했다. 헤라클레스는 펠로폰네소스를 샅샅이 뒤져서 마침내 케르베로스를 찾아 주인에게 되돌려주었다는 것이다.

헤스페리데스의 황금 사과 : 제우스와 헤라의 결혼식 때 대지의 여신 가이아는 결혼 선물로 헤라 여신에게 황금 사과를 주었다. 헤라는 그것이 아주 예쁘다고 생각하여 아틀라스 산 근처에 있는 자신의 정원에 심게 했다. 아틀라스의 딸들이 이 정원에 와서 약탈을 하곤 했으므로 헤라는 사과와 사과나무를 티폰과 에키드나의 사이에서 태어난 머리가 백 개 달린 불사의 용에게 지키게 하고, 저녁의 님프들인 세 명의 헤스페리데스에게 사과나무를 돌보게 했다. 그녀들의 이름은 아이글레, 에리테이아, 헤스페라레투사로 각기 〈광채〉, 〈진홍색〉, 〈일몰의 아레투사〉를 의미하며 태양이 서쪽으로 사라질 때의 하늘 빛깔을 연상시킨다(☞헤스페리데스). 에우리스테우스는 헤라클레스에게 바로 이 사과를 가져오라고 명했다.

헤스페리데스의 정원은 리비아의 서쪽에 있었다고도 하고, 아틀라스 산 아래에 있었다고도 하며, 히페르보레이오이 족의 나라에 있었다고도 한다.

헤라클레스의 첫번째 고민은 헤스페리데스의 나라로 가는 길을 알아내는 것이었다. 그는 우선 마케도니아를 지나 북쪽으로 떠났다. 도중에 아레스의 아들 키크노스를 만나, 에케도로스 연안에서 그를 물리쳤다(☞키크노스). 그 후 일리비아로 가서 에리다노스 강에 이르렀으며, 그곳 동굴에서 살고 있는 강의 님프들(테미스와 제우스의 딸들)을 만났다. 그녀들은 그가 찾는 나라에 대해 알려 줄 수 있는 것은 바다의 신 네레우스뿐이라고 가르쳐 주었다. 그녀들은 네레우스가 잠들어 있는 동안 헤라클레스를 그에게 데려다 주었다. 네레우스는 갖가지 변신을 거듭한 끝에 결국 헤라클레스에게 붙잡혔고, 헤라클레스는 헤스페리데스의 정원이 어디에 있는지 알아 낸 뒤에야 그를 풀어 주었다. 이후로 헤라클레스의 여정은 분명치 않다. 아폴로도로스에 의하면, 그는 에리다노스 강에서 리비아(즉 북아프리카)로 가서 거인 안타이오스(☞)와 싸웠으며, 뒤이어 이집트로 갔다가 부시리스(☞)에 의해 제물이 될 뻔했다고 한다. 이후 아시아로 건너가 아라비아로 가서 그곳에서 티토노스의 아들 에마티온을 죽였으며, 리비아를 가로질러 〈바깥 바다〉에 도착했다. 거기에서 그는 〈태양의 술잔〉을 타고 건너편 카우카소스 산기슭에 이르렀다. 카우카소스 산을 오르던 중에 프로메테우스를 풀어 주었다. 독수리에게 계속 간을 쪼아 먹히던 프로메테우스는 그 보답으로 헤라클레스에게 문제의 사과는 그 자신이 아니라 아틀라스가 따도록 해야 한다고 귀띔해 주었다. 헤라클레스는 가던 길을 계속하여 결국 히페르보레이오이 족의 나라에 도착했다. 그는 어깨로 하늘을 떠받치고 있는 거인 아틀라스를 찾아내어, 바로 이웃에 있는 헤스페리데스의 정원에 가서 황금 사과 세 개를 따오면 그동안 그를 대신하여 하늘을 져주겠다고 했다. 아틀라스는 흔쾌히 받아들였다. 그리고는 황금 사과를 가지고 돌아와, 자기가 사과를 에우리스테우스에게 직접 갖다 줄 테니 그동안 헤라클레스가 하늘을 계속 떠받치고 있으라고 했다. 헤라클레스는 이에 동의하는 척하면서 어깨에 방석을 댈 동안만 잠시 쉬게 해달라고 청했다. 아틀라스는 전혀 의심하지 않고 그의 청을 받아들였다. 헤라클레스는 일단 자유롭게 되자 아틀라스가 바닥에 놓아 둔 황금 사과를 집어들고 달아났다.

또 다른 전승들에 따르면, 헤라클레스는 아틀라스의 도움을 청할 필요가 없었다고 한다. 그는 헤스페리데스의 용을 죽이거나 아니면 잠들게 하고 직접 황금 사과를 훔쳐 왔다. 또한 헤스페리데스는 지키던 사과를 잃은 슬픔에 각각 느릅나무, 포플러, 버드나무로 변했으며, 훗날 아르고 나우타이가 이들 나무 그늘에서 쉬었다고 한다. 용은 하늘로 올라가 뱀자리가 되었다.

황금 사과를 손에 넣은 헤라클레스는 에우리스테우스에게 가져다 주었지만, 막상 사과를 받아들자 에우리스테우스는 어찌할 바를 몰라 그것들을 영웅에게 돌려주었다. 헤라클레스는 황금 사과들을 아테나에게 바쳤다. 여신은 그것들을 헤스페리데스의 정원에 도로 갖다 놓았는데, 왜냐하면 신들의 법은 황금 사과를 신들의 정원이 아닌 다른 곳에 두는 것을 금하고 있었기 때문이다.

III. 헤라클레스의 원정 : 신화학자들이 일반적으로 받아들인 순서에 의하면, 헤라클레스의 위대한 원정들 중 맨 먼저 행해진 것은 트로이아 원정이다. 트로이아 원정의 원인은 다음과 같다. 아마조네스 족의 나라에서 돌아오는 길에 헤라클레스는 트로이아에 이르렀는데, 당시 이 도시는 아폴론과 포세이돈의 분노로 인해 고통당하고 있었다. 두 신은 아이아코스의 도움을 받아 도시의 성벽을 세웠는데, 트로이아 왕 라오메돈이 약속한 보수를 주지 않았던 것이다(☞아폴론). 왕의 위약을 벌하기 위해 아폴론은 역병을 퍼뜨려 도시를 피폐하게 했고 포세이돈은 바다 괴물을 보내어 주민들을 잡아먹게 했다. 신탁은 왕의 딸 헤시오네를 바다 괴물에게 제물로 바쳐야만 이 재앙이 사라질 것이라고 일러 주었다. 헤시오네가 바위에 묶여 바다 괴물에게 잡아먹히려는 순간 헤라클레스가 트로이아에 도착했다. 헤라클레스는 라오메돈에게 즉시 딸을 구해 주겠지만 대신 왕이 예전에 제우스로부터 가니메데스의 몸값으로 받았던 신마(神馬)를 달라고 요구했다(☞가니메데스). 라오메돈이 그렇게 하겠다고 약속했으므로 헤라클레스는 괴물을 죽였으나 왕은 이번에도 약속을 지키지 않았다. 헤라클레스는 언젠가 트로이아를 함락시키겠노라고 위협하고 떠났다(☞헤시오네).

이 위협을 실행에 옮길 기회는 여러 해가 지나서야 찾아왔다. 열두 가지 과업과 옴팔레에 대한 봉사를 모두 끝내고 자유로운 몸이 되자마자 헤라클레스는 지원병을 모아 18척의 배에 타고 트로이아를 향해 돛을 올렸다. 이 배들은 각각 50명의 선원들이 노를 저었다고 한다. 그는 일리온 항구에 도착하여 오이클레스에게 자신의 배들을 지켜 달라고 맡긴 뒤 부대를 이끌고 트로이아를 공격했다. 반면 라오메돈은 헤라클레스의 선박을 공격하여 오이클레스를 죽였지만, 선박에 남겨 두었던 어린 수비병의 구원 요청으로 헤라클레스의 군대가 돌아왔고 라오메돈은 후퇴해야 했다. 이어 트로이아 포위 공격이 개시되었지만 오래가지 않았다. 헤라클레스의 충실한 부하들 중 한 명인 텔라몬이 성벽을 넘어 도시로 침입해 들어갔다. 헤라클레스도 그 뒤를 따랐다. 텔라몬이 자신보다 앞서자 화가 난 헤라클레스가 그를 죽이려는 찰나, 텔라몬은 고개를 숙여 돌들을 주웠다. 궁금해진 헤라클레스가 무엇을 하느냐고 묻자, 텔라몬은 승리자 헤라클레스를 위한 제단을 세우고 있다고 답했다. 헤라클레스는 그에게 감사했고 물론 그의 목숨도 살려 주었다. 도시는 곧바로 함락되었다. 헤라클레스는 포다르케스(후에 그는 프리아모스라는 이름으로 통치자가 되었다)만 제외하고 라오메돈과 그의 모든 자식들을 화살로 쏘아 죽이고 헤시오네를 텔라몬에게 주면서 그녀에게 포로들 중 그녀가 원하는 사람을 선택하게 했다. 그러자 그녀는 남동생 포다르케스를 선택했고, 헤라클레스는 소년을 일단 노예로 만들어 그녀에게 되사게 했다. 헤시오네는 아이의 몸값으로 자신의 베일을 벗어 주었고, 여기서 아이의 새로운 이름인 프리아모스(〈사다〉를 뜻하는 그리스 어의 어근을 연상시키는 이름)가 생겨났다. 트로이아에서 헤라클레스와 아우게의 사랑에 대해서는 ☞아우게.

귀로에는 또 새로운 모험들이 헤라클레스를 기다리고 있었다. 헤라는 잠의 신 힙노스를 시켜 제우스를 깊은 잠에 빠져들게 한 뒤, 그 틈을 타서 폭풍을 일으켜 헤라클레스를 코스 섬 해안에 표류하게 했다. 섬의 주민들은 해적들이 쳐들어온 것으로 생각하고 돌을 던져 그들을 쫓아내려고 했다. 하지만 헤라클레스와 그의 일행이 섬에 상륙하는 것을 막기에는 역부족이었다. 그들은 밤사이에 도시를 장악했고 포세이돈과 아스티팔라이아의 아들인 에우리필로스 왕을 죽였다. 헤라클레스는 에우리필로스의 딸 칼키오페와 결합하여 아들 테살로스(☞)를 얻었다. 이와 잘 조화되지 않는 또 다른 전설에 따르면, 전투 중에 헤라클레스는 칼코돈에게 심한 상처를 입었고 제우스의 개입으로 간신히 목숨을 건졌다고 한다(☞칼코돈 4).

코스 섬 상륙은 다른 방식으로도 묘사되었다. 헤라클레스는 풍랑을 만나 자신이 타고 있던 배 말고는 모든 선박을 잃고 섬에 표착하게 되었다고 한다. 그곳에서 그는 에우리필로스 왕의 아들 안타고라스를 만났다. 안타고라스는 가축을 지키고 있었고 굶주린 헤라클레스는 그에게 숫양 한 마리만 달라고 청했는데, 안타고라스는 양을 주기는커녕 그것을 놓고 결투를 벌여 승리자가 양을 차지하자고 제의했다. 결투가 벌어지자 섬 주민들은 헤라클레스가 안타고라스를 공격하는 것이라 생각하고 그를 구하러 나섰다. 그래서 치열한 전투가 벌어졌다. 수많은 공격자들이 헤라클레스를 덮쳤다. 그는 도망쳐서 어떤 여자의 오두막집으로 몸을 숨기고 발각되지 않도록 여자 옷을 입어야 했다.

헤라클레스는 코스 섬에서 플레그라이 평원으로 가서 신들과 거인족의 싸움에 참가했다(☞알키오네우스).

아우게이아스와의 전쟁 : 아우게이아스는 헤라클레스가 그의 외양간을 청소하면 주기로 약속했던 보수를 주지 않고(☞아우게이아스) 그를 자신의 왕국인 엘레이아에서 추방해 버렸었다. 이에 복수하기 위해 헤라클레스는 아르카디아 지원병들을 모아 엘리스로 쳐들어갔다. 아우게이아스는 자기 군대의 통솔자로 몰리오니다이 에우리토스와 크테아토스 두 조카를 내세웠다(☞몰리오니다이). 이들은 헤라클레스의 군대를 전멸시켰고, 쌍둥이 동생 이피클레스에게 치명적인 상처를 입혔다. 신화학자들은 헤라클레스가 이렇게 패한 것은 몰리오니다이가 비겁하게 영웅이 아픈 틈을 타서 공격했기 때문이라고 설명한다. 후에 제3차 이스트미아 경기가 열렸을 때 엘리스 주민들은 몰리오니다이를 대표로 보냈는데 헤라클레스는 클레오나이에 매복해 있다가 이들을 죽였다. 그리고 나서 두 번째 엘리스 원정을 준비했다. 그는 도시를 점령한 후 아우게이아스 왕을 죽이고, 예전에 자기 편을 들었던 그의 아들 필레우스를 왕위에 앉혔다(☞아우게이아스).

이 원정이 끝난 후, 헤라클레스는 올림피아 경기를 창설하고 올림피아에 신성한 성곽 알티스를 봉헌했으며 그곳에 펠롭스의 신전을 지어 바쳤다.

몰리오니다이와의 전투에서 헤라클레스의 〈퇴각〉과 관련된 민간 전승들이 많이 전해진다. 일례로 헤라클레스는 단숨에 부프라시온까지 도망쳐 추격하는 자가 아무도 없다는 것을 확인한 뒤 숨을 돌리고 어느 샘터에 드러누웠다고 한다. 그 샘의 물은 그에게 매우 상쾌하게 느껴졌고, 그래서 그는 〈바디〉(엘레이아 방언으로 〈상쾌함〉을 의미)라는 이름을 붙여 주었다.

필로스 원정 : 메세니아에 있는 필로스 시는 넬레우스 왕이 통치했는데 그에게는 열한 명의 자식이 있었다. 장남은 페리클리메노스였고 막내는 네스토르였다. 헤라클레스는 넬레우스에게 화가 나 있었다. 왜냐하면 헤라클레스가 이피토스를 죽인 죄(☞이피토스)를 씻어 주기를 그가 거부했기 때문이다. 심지어 그의 장남 페리클리메노스는 헤라클레스를 나라에서 쫓아내려 했었다. 반면 네스토르는 넬레우스의 자식들 중 유일하게 영웅의 청을 들어주라고 충고했으나 받아들여지지 않았다. 그래서 헤라클레스는 복수를 결심했다.

또한 오르코메노스의 미니아이 족과 전쟁이 있을 당시 넬레우스는 사위인 오르코메노스의 편을 들어 헤라클레스와 테바이 인들에 맞서 싸웠다고 한다. 또는 넬레우스가 게리오네우스의 가축 일부를 영웅에게서 훔치려 했다고도 한다. 어쨌든 헤라클레스는 아우게이아스에게 이긴 후 넬레우스를 적으로 삼았다. 이 전쟁의 주된 일화는 헤라클레스와 페리클리메노스의 결투이다. 포세이돈은 페리클리메노스의 〈신적〉 아버지였고[계보 21에 의하면 할아버지], 그에게 어떤 동물의 모습으로든 마음대로 변신할 수 있는 능력을 주었다. 그는 뱀이 되기도 했고 독수리가 되기도 했다. 헤라클레스를 공격하기 위해 그는 벌로 변하여 영웅의 말고삐에 앉았다. 그러나 아테나 여신이 이를 보고는 헤라클레스에게 그의 적이 아주 가까이 있으며 말고삐에 있는 바로 그 벌이라고 알려 주었다. 헤라클레스는 화살을 쏘아 벌을 죽였다. 혹은 손가락으로 짓이겨 죽였다고도 한다.

이 전투 동안 헤라클레스는 여러 신들에게 상처를 입혔다. 화살로 헤라의 가슴에, 창으로 아레스의 넓적다리에 상처를 입혔던 것이다. 핀다로스가 소개하는 전설에 따르면, 포세이돈과 아폴론 역시 이 전투에 참가했다고 한다.

페리클리메노스가 죽자 필로스는 곧바로 함락되었다. 헤라클레스는 넬레우스와 그의 모든 아들들을 죽였지만 네스토르만은 제외시켰다. 왜냐하면 그가 헤라클레스에게 호의적인 태도를 취했기 때문이라고도 하고 당시 필로스에 없었기 때문이라고도 한다(☞네스토르). 파우사니아스가 전하는 바에 따르면, 헤라클레스는 네스토르에게 헤라클레이다이가 와서 왕국을 요구하기까지 왕국을 맡아 달라고 했다고 한다.

스파르타와의 전쟁 : 스파르타는 정식 왕위 계승자들인 이카리오스와 틴다레오스를 쫓아낸 그들의 이복형제 히포코온과 그의 스무 명의 아들들인 히포코온티다이가 다스리고 있었다(☞이카리오스). 헤라클레스는 이들에 맞서 원정길에 올랐다. 한 가지 명분은 틴다레오스와 이카리오스에게 왕권을 되찾아 주겠다는 것이었지만, 또 다른 명분은 헤라클레스의 종손자[원문에는 petit-neveu. 그러나 실은 6촌 형제]이자 리킴니오스의 아들인 오이오노스의 죽음에 대한 복수였다. 이 아이는 스파르타에서 산책을 하던 중 히포코온의 궁궐 앞을 지나게 되었는데, 몰로스라는 개가 나와 아이를 물려 했다. 아이가 돌멩이를 집어들어 개에게 던지자 곧바로 히포코온티다이가 그에게 덤벼들어 죽도록 때렸다고 한다. 또한 히포코온티다이는 앞선 전쟁에서 넬레우스와 한편이었다.

헤라클레스는 자신의 군대를 아르카디아에 소집했고, 케페우스와 그의 20명의 아들들에게 도움을 청했다. 이들은 약간 망설이기는 했지만, 그의 군대에 합류하기로 했다(☞케페우스 1). 이들은 결전 중에 이피클레스와 마찬가지로 죽임을 당했다(이피클레스는 아우게이아스와의 전쟁에서 몰리오니다이에 의해 죽임을 당했다고도 한다). 그렇지만 헤라클레스는 히포코온과 그의 아들들을 죽이고 왕국을 틴다레오스에게 돌려주었다(☞틴다레오스). 전투 중에 손에 상처를 입은 그는 타이게토스 산에 있는 엘레우시스의 데메테르 신전에서 아스클레피오스에게 치료를 받았다. 헤라클레스는 스파르타에 승리를 기념하는 두 개의 신전을 지어, 하나는 아테나 여신에게, 다른 하나는 전쟁 동안 그를 전혀 방해하지 않은 헤라에게 고마움의 표시로 바쳤다고 한다.

아이기미오스와의 동맹 : 앞선 원정들은 모두 펠로폰네소스에서 일어났지만 다음 세 차례의 전쟁들은 〈도리스 왕〉 아이기미오스와 헤라클레스가 동맹을 맺어 치른 것으로, 그리스 본토의 북쪽에 위치한 테살리아에서 일어났다.

첫번째 원정은 라피타이 족을 쳐부순 것으로, 이들은 카이네우스의 아들 코로노스(☞)의 지휘로 아이기미오스를 위협하고 있었다. 적이 워낙 가까이까지 쳐들어왔으므로 헤라클레스에게 원조를 청할 수밖에 없게 된 아이기미오스는 헤라클레스가 승리할 경우 자기 왕국의 3분의 1을 주겠다고 약속했다. 헤라클레스는 손쉽게 라피타이 족을 물리쳐 주었지만, 자기가 받기로 한 보상은 거절하고 단 그것을 나중에 헤라클레이다이에게 주라고 부탁했다.

첫번째 승리를 거둔 후 헤라클레스는 파르나소스 산악 지대에 살고 있던 이웃 민족 드리오페스 족과의 오랜 싸움을 재개했다. 헤라클레스와 데이아네이라가 칼리돈에서 쫓겨나게 되었을 때, 그들은 첫 아들 힐로스를 데리고 떠났었다. 그들이 드리오페스 족의 나라를 지나갈 때, 아들 힐로스가 배고픔을 호소했다. 때마침 헤라클레스는 이 나라 왕 테이오다마스가 소 두 마리를 겨리에 매고 밭을 갈고 있는 것을 보았다. 그는 아들에게 먹일 것을 좀 달라고 청했지만, 테이오다마스는 이를 거절했다. 그래서 헤라클레스는 소 한 마리를 쟁기에서 풀어내 잡아 데이아네이라와 힐로스와 함께 먹었다. 그러는 동안 테이오다마스는 도시로 도망쳐 군대를 데리고 되돌아왔다. 전투가 벌어졌고 처음에는 헤라클레스에게 불리하게 돌아갔으므로 데이아네이라마저 싸워야 했고 그녀는 가슴에 상처를 입었다. 하지만 결국 헤라클레스가 승리를 거두어 테이오다마스를 죽였다.

라피타이 족과 전투를 끝낸 후에 헤라클레스는 이들을 지지했던 드리오페스 족에게 쳐들어갔고, 그들의 왕 라오고라스(그는 아폴론의 신성한 신전에서 연회를 베풀어 신성 모독의 죄를 범했었다)를 죽여 복수를 한 뒤 왕국을 점령했다. 주민들은 세 무리로 나뉘어 도망쳤다. 한 무리는 에우보이아로 가서 카리스토스 시를 세웠고, 다른 이들은 키프로스로 갔으며, 세 번째 무리는 에우리스테우스에게로 피신했는데, 그는 헤라클레스를 미워했으므로 그들을 받아들여 자신의 영토에 아시네, 헤르미오네, 에이오네스 세 도시를 건설하도록 허락해 주었다.

같은 계열에 속하는 세 번째 원정은 펠리온 산기슭에 있는 오르미니온 시에 대한 원정이었다. 이 도시의 왕 아민토르는 일찍이 영웅이 자기 영토를 지나가는 것을 금지했었다. 헤라클레스는 도시를 점령하기로 결정하고 왕을 죽였다. 디오도로스는 이에 대해 다른 설명을 한다. 헤라클레스는 데이아네이라와 이미 결혼했음에도 불구하고 아민토르에게 그의 딸 아스티다메이아를 달라고 청했고 왕은 그의 청을 거절했다. 그러자 헤라클레스는 도시를 점령하고 아스티다메이아를 납치해 갔고, 그녀와의 사이에서 크테시포스라는 아들을 얻었다고 한다.

IV. 부차적 모험들 : 이 부류에 속하는 모험들의 공통된 특성은 앞선 모험들처럼 일정한 계열에 속하지 않으며, 열두 가지 과업처럼 영웅에게 부과된 것도 아니라는 점이다. 이들은 거의 독립적인 이야기들로 시인과 신화학자들에 의해 헤라클레스의 〈과업들〉이나 원정들 가운데 인위적으로 삽입된 것들이 대부분이다.

1. 폴로스와 켄타우로이 : 폴로스와 연관된 모험은 일반적으로 에리만토스의 멧돼지 사냥에 포함된다. 멧돼지를 사냥하러 갈 때, 헤라클레스는 폴로에 지방의 명조인 켄타우로스 폴로스가 살던 곳을 지나치게 되었다. 디오니소스는 그에게 밀봉된 포도주 항아리를 선물로 주면서, 헤라클레스가 그에게 숙식 제공을 요구하러 오기 전에는 절대로 건드리지 말라고 충고했었다. 또 다른 설에 따르면, 이 포도주 항아리는 모든 켄타우로스들의 공동 재산으로 그들이 다 함께 모여서 마셔야 했다고 한다. 어쨌든 폴로스는 자기 집에 온 헤라클레스를 환대해 주었다. 그는 손님을 위해 모든 종류의 고기를 익혀서 접대했고 자신은 날것으로 먹었다. 음식을 먹고 나자 헤라클레스는 목이 말랐다. 그래서 포도주를 달라고 청했다. 폴로스는 이 포도주 항아리는 혼자서는 건드릴 수 없다고 말하면서 양해를 구했으나, 헤라클레스는 그에게 두려워할 필요가 전혀 없다고 말해 주었고 그 둘은 곧 포도주를 마시기 시작했다. 포도주 냄새를 맡은 켄타우로스들은 화가 나서 타다 남은 장작, 바위, 산속에서 뿌리째 뽑아 온 나무 등을 무기로 들고 달려들었다. 처음

으로 공격한 앙키오스와 아그리오스는 헤라클레스의 화살에 맞아 곧 쓰러졌다. 다른 켄타우로스들은 말레아 곶까지 쫓겨났다. 거기서 엘라토스는 팔꿈치에 헤라클레스가 쏜 화살을 맞고 케이론에게로 피신했다. 케이론 역시 화살에 상처를 입었다(☞케이론).

대부분의 켄타우로스들은 엘레우시스로 피신했으며, 그들의 어머니 네펠레(구름)는 큰 비를 뿌리면서 그들을 구하러 왔다.

헤라클레스는 싸움에서 열 명의 켄타우로스들을 죽였다. 다프니스, 아르게이오스, 암피온, 히포티온, 오레이오스, 이소플레스, 멜랑카이테스, 테레우스, 두폰, 프릭소스, 호마도스가 그들이다. 그 밖에도 앙키오스와 아그리오스는 첫 대결에서 즉사했었다. 폴로스 역시 죽음을 당했지만 그것은 사고로 인한 것이었다. 폴로스는 동족들을 묻어 주다가 상처에서 화살을 하나 뽑아 냈고, 그처럼 작은 물건으로 엄청난 해를 입힐 수 있다는 사실이 참으로 신기하다고 생각하며 화살을 만지작거리다가 그만 자기 발등에 떨어뜨려 치명적인 상처를 입고 말았다. 폴로로 돌아온 헤라클레스는 자기를 맞이해 준 주인이 죽은 것을 보고 슬퍼하며 성대한 장례식을 치러 주었다.

2. 에우리티온 : 켄타우로스 에우리티온과의 싸움은 대개 아우게이아스의 모험과 연관된다. 엘레이아에서 추방당한 헤라클레스는 덱사메노스 왕이 있는 올레노스로 피신했다(☞덱사메노스). 올레노스는 아카이아에 있는 한 도시였지만, 아이톨리아에도 동명의 도시가 있었다. 전설에 나오는 올레노스는 이 두 도시 중 어느 하나라고 한다.

다양한 설들이 있기는 하지만, 에우리티온이 덱사메노스의 딸을 겁탈하려 한 사건을 바탕으로 하고 있다는 점에서는 모두 일치한다. 그녀의 이름은 작가들에 따라 히폴리테라고도 하고 므네시마케라고도 한다. 덱사메노스는 딸을 아르카디아 사람 아잔과 결혼시켰는데 혼인 잔치에 초대된 에우리티온은 처녀를 납치하려 했다. 때마침 헤라클레스가 나타나 그를 저지하고 죽여 버렸다. 그리고 처녀를 신랑에게 돌려주었다.

한 이본에 의하면, 헤라클레스가 이 처녀를 유혹했는데 아우게이아스에게 가는 길이었으므로 돌아오면 그녀와 결혼하기로 약속했다고 한다. 헤라클레스가 떠난 후 에우리티온은 그녀에게 치근거렸고, 겁을 먹은 덱사메노스는 딸을 주는 것을 거절하지 못했다. 혼인 잔치를 벌이고 있을 때 헤라클레스가 돌아와 켄타우로스를 죽이고 그녀와 결혼했다. 이 이본에 의하면 그녀의 이름은 데이아네이라이다(☞덱사메노스, ☞데이아네이라, ☞네소스).

3. 알케스티스의 부활 : 이 전설은 헤라클레스가 에우리스테우스의 명령으로 트라케 사람 디오메데스의 암말들을 잡으러 가던 길에 테살리아를 지날 때의 이야기이다. 적어도 에우리피데스의 비극 『알케스티스』에 의하면 그렇다. 하지만 아폴로도로스는 이 사건을 헤라클레스와 이피토스의 모험들에 포함시킨다(☞이피토스). 헤라클레스가 이 전설에 개입하는 것은 후대의 발전한 이야기에서일 것이다. 본래 이야기에서는 페르세포네가 알케스티스의 희생에 감동을 받아 자발적으로 그녀의 생명을 돌려준 것이지, 헤라클레스가 타나토스(죽음의 신)와 싸워 알케스티스를 되찾은 것이 아니다(☞알케스티스).

4. 키크노스 : 아폴로도로스에 따르면, 키크노스 및 그의 아버지 아레스와의 전투는 헤스페리데스의 나라로 여행하는 중에 일어났다고 한다(☞키크노스 3).

5. 부시리스 : 헤라클레스가 이집트 왕 부시리스 왕궁에서 겪은 모험들 역시 황금 사과의 이야

기와 연관된다. 포세이돈의 아들 부시리스 왕은 아버지의 제단에 자기 나라로 온 외국인들을 제물로 바쳤는데 결국 헤라클레스에게 죽임을 당하고 말았다. 그의 잔인성에 대해서는 ☞부시리스.

6. 안타이오스 : 안타이오스의 전설도 부시리스의 전설과 밀접하게 연관된다. 부시리스의 전설과 마찬가지로 안타이오스의 전설도 헤라클레스가 황금 사과를 찾으러 가는 도중에 리비아에서 겪은 일로 이루어져 있다. 부시리스와 마찬가지로 안타이오스 역시 때로는 포세이돈의 아들로 여겨졌고 여행자들을 죽여 아버지에게 그들을 제물로 바쳤다. 그러나 그는 대지의 여신의 아들이었고, 부시리스에게는 없었던 엄청난 힘을 지니고 있었다. 헤라클레스는 결투를 벌여 그를 죽였다(☞안타이오스). 그를 죽인 후 헤라클레스는 그의 아내 이피노에와 결합하여 팔라이몬이라 불리는 아들을 얻었다.

이집트와 리비아의 국경에 사는 난쟁이들인 피그마이오이 족은 헤라클레스에게 복수하려 했다. 그들은 안타이오스처럼 대지의 아들이었고, 형제 안타이오스가 죽자 눈물을 흘렸다. 그들은 영웅이 잠든 동안 공격하여 그를 죽이려 했다. 잠에서 깨어난 헤라클레스는 너털웃음을 터뜨리며 모든 피그마이오이를 한 손으로 움켜쥐어 사자 가죽에 넣어 가지고 에우리스테우스에게 가져다 주었다.

7. 에마티온 : 에마티온은 에오스(새벽)와 티토노스의 아들로, 멤논과 형제간이다. 그는 아라비아 혹은 에티오피아를 다스렸다. 헤라클레스는 헤스페리데스의 정원으로 가던 중에 그와 마주쳤는데, 그는 나일 강 계곡을 거슬러 올라가고 있었다. 에마티온은 영웅을 공격했지만 패배하여 죽임을 당했다. 일설에 의하면, 에마티온은 헤라클레스가 황금 사과를 훔치는 것을 막으려 했다고 한다. 그러나 대개 이 모험은 헤라클레스가 태양 신의 술잔을 타고 카우카소스 지방으로 돌아가려 할 때 벌어졌던 것으로 여겨진다. 에마티온을 죽인 후 헤라클레스는 그 왕국을 멤논에게 맡겼다.

동떨어진 한 전승에 의하면, 에마티온은 로마의 건설자 로모스의 아버지라고 한다.

8. 프로메테우스 해방 : 헤라클레스는 헤스페리데스의 나라로 가기 위해 카우카소스를 지나가던 중에(혹은 되돌아오는 길에) 프로메테우스의 간을 쪼아 먹던 독수리에게 화살을 쏘아 죽였다. 그는 그 일로 아들의 명성이 높아지기를 원했던 제우스와 합의하에 그렇게 한 것이었다(☞프로메테우스).

9. 리카온과의 결투 : 리카온은 아레스와 피레네의 아들이며, 따라서 트라케의 디오메데스 및 키크노스와 형제간이다. 그는 에케도로스의 국경에 위치한 마케도니아 민족인 크레스토네스인들을 다스렸다. 이 나라는 피레네의 할아버지 에우롭스의 이름을 따라 〈에우로페〉라 불렸다. 황금 사과를 찾아 나선 헤라클레스가 피레네의 신성한 숲을 지나게 되자 리카온이 그를 불러 세워 공격했으나 헤라클레스가 그를 죽였다.

10. 알키오네우스와의 결투 : 게리오네우스의 소떼를 끌고 에리테이아에서 돌아오던 헤라클레스는 코린토스 지협에 살던 거인 알키오네우스의 공격을 받았다. 알키오네우스가 돌을 가지고 공격한 반면 영웅은 자신의 곤봉으로 그를 해치웠다. 이 결투의 증거로 코린토스 지협에서는 큰 돌덩이들이 발견되었다고 한다.

싸움이 헤라클레스 모험들의 〈인간적〉 차원에서 일어나는 이 전설과 나란히 기간토마키아[거인들과의 싸움]에 속하는 또 다른 싸움에 관한 이야기도 전하는데, 여기서 알키오네우스는 신적인 괴물로 등장하며 헤라클레스는 아테나 여신의 도움을 받아 그를 해치웠다. 이 사건은 트로이아 원정 후에 일어난 것으로 간주된다(☞알키오네우스).

11. 케르코페스 생포 : 헤라클레스는 리디아 여왕 옴팔레의 노예로 있을 때, 그녀를 위해 케르코페스를 사로잡았다. 두 명의 약탈자 케르코페스는 갖가지 방법으로 나그네들을 속이고 강탈했다. 본래 테살리아를 배경으로 하던 이 이야기는 〈옴팔레 계열〉과 연결되면서 무대를 소아시아로 옮겼다. 케르코페스의 모험은 헤라클레스의 다른 많은 〈인기 있는〉 업적들과 마찬가지로 익살스러운 희극들의 소재가 되었다(☞케르코페스).

12. 실레우스 : 역시 헤라클레스가 옴팔레의 노예였던 시절 그는 실레우스의 집에서 일을 하게 되었다. 실레우스는 포도를 재배했는데, 지나가는 사람을 잡아다 자기 포도밭에서 강제로 일을 시켰다(☞실레우스). 이는 에우리피데스가 사티로스 극[수염과 꼬리, 말발굽을 가진 사티로스들이 합창단으로 나오는 우스운 내용의 극. B.C. 5~4세기경 그리스의 비극은 3부작 비극에 사티로스 극 1편이 덧붙여진 4부작 형식을 취했다]의 주제로 사용한 민간 설화로, 헤라클레스는 그의 타고난 〈먹성〉 때문에 이 이야기에 등장하게 된다.

13. 리티에르세스 : 헤라클레스는 옴팔레의 노예로 있을 당시 미다스 왕의 형제인 리티에르세스, 일명 〈저주받은 추수꾼〉과 힘을 겨루었다. 리티에르세스(☞)의 이야기는 실레우스나 케르코페스의 이야기와 마찬가지로 사티로스 극(소시테오스의)의 소재가 된 민간 설화이다.

14. 기타 전설들 : 헤라클레스가 등장하는 다른 많은 이야기들이 전해진다. 한 이야기에서는 헤라클레스가 아르고나우타이의 일원으로 묘사되는데, 이는 초기 전설에는 없었던 것이다. 실제로 말을 할 수 있었던 아르고 선은 헤라클레스의 몸무게를 지탱할 수 없을 것 같아 그가 배에 타는 것을 거부했었다고 한다. 영웅을 아르고나우타이의 일원으로 포함시키는 설들은 하나같이 헤라클레스가 콜키스에 도착하기 전에 원정을 포기한 것으로 그리고 있다(☞아르고나우타이, 힐라스). 헤라클레스의 전설이 점차 중요해지자 그는 거의 모든 주요 전설들, 특히 경이로운 업적들을 이야기하는 전설들에 모습을 드러내게 된다. 본래 이야기에 헤라클레스가 등장하지 않으면, 거기에 헤라클레스를 등장시키기 위해 이야기를 수정하거나, 최소한 그가 모습을 드러내지 않는 이유를 설명했다.

일례로 보레아스의 두 아들은 헤라클레스를 소아시아 연안에 버리라고 했다는 이유로 죽임을 당했다고 하는데(☞보레아다이), 이 전설은 본래 독립적인 두 가지 이야기, 헤라클레스의 전설과 보레아스에 관한 테살리아 전설을 결합시키기 위해 만들어진 것이다.

마찬가지로 헤라클레스는 돌리케 섬에서 이카로스를 묻어 주었으며, 다이달로스는 그 보답으로 영웅의 상을 조각하여 엘레이아의 피사에 봉헌했다고 한다. 이렇게 하여 헤라클레스와 다이달로스의 신화도 결합된다.

V. 말년, 죽음, 신격화 : 헤라클레스의 어린 시절과 열두 가지 과업을 별도로 하면, 헤라클레스에 관한 전설 가운데 영웅이 오이타 산에서 신격화되기에 이르는 극적인 이야기만큼 일관된 것도 없다. 이 전설의 형성은 비극 시인들의 노작의 결과이며, 따라서 소포클레스의 『트라키스의 여자들』이 현존하는 작품들 중 헤라클레스의 최후에 관한 가장 중요하고 세련된 출전으로 여겨지는 것도 우연이 아니다.

이 비극의 주요 동기는 데이아네이라의 사랑이다. 네소스와의 전투, 이피토스의 죽음, 옴팔레의 노예 생활, 영웅에게 닥친 재앙 및 죽음 같은 다양한 모험들이 모두 그녀로 연결된다.

헤라클레스는 하계에서 멜레아그로스를 만나 그의 누이 데이아네이라와 결혼하기로 약속했다. 그렇지만 이 처녀를 얻는 데에는 다소 어려움이 있었다. 하신 아켈로오스와 치열한 싸움을 벌여야만 했던 것이다(☞아켈로오스). 헤라클레스는 얼마 동안 데이아네이라와 함께 칼리돈에서 장인 오이네우스와 함께 살았다. 얼마 지나지 않아 헤라클레스는 사고로 에우노모스라는 아이를 죽이고 말았다. 그 아이는 오이네우스의 일가인 아르키텔레스의 아들로 오이네우스의 궁정에서 시중을 들고 있었다(☞에우노모스). 알키텔레스는 영웅의 죄를 정화해 주었지만, 헤라클레스는 칼리돈에 더 이상 머물고 싶지 않았다. 그래서 아내와 아들 힐로스를 데리고 유배길에 올랐다. 이 여행을 하는 동안 그는 켄타우로스 네소스와 세 번째로 싸우게 되었다.

네소스는 에우에노스 강가에 살면서 사람들을 등에 태워 강을 건네주었다. 헤라클레스가 데이아네이라와 함께 강가에 이르자 네소스는 영웅을 먼저 건네다 준 뒤 다시 돌아와 데이아네이라를 태우고 가던 중에 그녀를 범하려 했다. 데이아네이라는 구해 달라고 외쳤다. 그가 뭍에 발을 딛는 순간 헤라클레스는 켄타우로스의 심장에 화살을 관통시켰다. 네소스는 죽으면서 데이아네이라를 불러 만일 헤라클레스가 그녀를 더 이상 사랑하지 않거든 자기의 상처에서 흐르는 피로 만든 미약을 남편에게 주면 다시 사랑을 얻을 것이라고 했다. 데이아네이라는 순진하게도 네소스의 피를 받아 품속에 간직했다. 이 〈사랑의 묘약〉의 성분에 대해서는 그 설이 분분하다. 네소스의 피만을 가리키는 것이라고도 하고, 레르네의 히드라의 상처에서 나온 피와 섞어야 했다고도 하며, 네소스가 그녀를 범하려 했을 때 흘린 정액을 섞어야 했다고도 한다.

이 여행에서 일어난 두 번째 사건은 테이오다마스와의 만남과 드리오페스 족과의 싸움이다. 그러나 헤라클레스, 데이아네이라, 힐로스는 마침내 케익스 왕국에 도착하며(☞케익스), 그는 그들을 따뜻하게 맞아 주었다. 케익스를 위해서 헤라클레스는 수차의 원정을 치르기도 했다.

그가 에우리토스의 아들 이피토스를 죽인 것은 이 무렵의 일로 여겨진다. 이 살인을 저지른 후 헤라클레스는 또다시 광기에 사로잡혔다. 그래서 그는 델포이로 가서 어떻게 하면 〈죄를 씻을〉 수 있을지 피티아에게 물어보았다. 피티아가 그에게 답하기를 거절하자 화가 난 헤라클레스는 무녀의 삼각 의자를 집어들고 신전을 약탈하겠다고 위협하면서 자기만의 신탁소를 다른 곳에 세우겠다고 큰소리를 쳤다.

아폴론은 자신의 여사제가 구해 달라고 오는 것을 보았고, 영웅과 그의 형제인 신과의 결투가 벌어졌다. 마침내 제우스는 그들을 떼어 놓기 위해 그들 사이에 벼락을 던졌다. 헤라클레스는 싸움을 포기했지만 결국 피티아는 신탁을 알려 주었다. 완전히 죄를 씻기 위해서는 헤라클레스가 노예로 팔려서 3년 동안 주인을 섬겨야 한다는 것이었다(앞에서 그가 에우리스테우스에게 복종해야 했던 조건들과 비교해 볼 것). 그가 노예로 팔린 몸값은 〈피값〉으로 이피토스의 아버지 에우리토스에게 지불될 것이었다. 헤라클레스는 이에 순순히 따랐고, 그래서 리디아 여왕 옴팔레에게 3달란트[금이나 은 1달란트 즉 20~27Kg에 해당하는 값]에 팔렸다. 돈은 에우리토스에게 주어졌지만, 그는 그런 보상을 거절했다.

옴팔레의 노예로 있는 동안 헤라클레스는 케르코페스 생포, 실레우스 및 리티에르세스와의 결투 등 다양한 공적들을 세웠다. 작가들은 특히 영웅과 여왕의 사랑에 대하여 아주 자세하게 다룬다. 그들은 헤라클레스가 리디아 식의 긴 여자 옷을 입고 있는 모습을 즐겨 묘사했다. 여왕은 영웅의 소지품들인 곤봉과 사자 가죽을 지니고 있으며, 헤라클레스는 그녀의 발치에서 실잣기를 배우는 것이다. 이는 〈반대 성의 옷 입기〉라는 민간 전승적 주제로 모럴리스트와 철학자들에 의해 〈예화〉로 폭넓게 활용되었다.

신화학자들은 칼리돈의 멧돼지 사냥(☞ 멜레아그로스)이나 테세우스가 코린토스 지협을 약탈하는 자들에 대항하여 이룩한 업적이 모두 헤라클레스가 옴팔레에게 봉사하고 있던 기간 동안에 있었던 것으로 이야기한다. 다시 말해 그들은 그런 사건들이 영웅이 자리를 비운 사이에 일어난 것으로 설명하는 것이다.

아폴로도로스에 따르면, 신탁이 정한 3년이 지나 자유의 몸이 된 영웅은 대대적인 트로이아 원정에 올랐다고 한다. 또 다른 작가들은 트로이아 원정이 아마조네스와의 전쟁 후, 즉 히폴리테의 띠를 찾은 후에 일어난 일이라고 하여, 열두 가지 과업의 중간에 삽입시키고 있다.

좀더 일반적으로는 에우리토스와의 전쟁이나 오이칼리아 정복도 이 시기의 일로 그려진다(이 전쟁의 원인에 대해서는 ☞ 에우리토스 2). 헤라클레스는 옴팔레와 결혼하기 전에 에우리토스의 딸 이올레와 결혼시켜 달라고 청했었고, 오이칼리아 시를 정복한 후 그녀를 첩으로 삼았다. 한편 케익스의 왕궁에 머물고 있던 데이아네이라는 헤라클레스의 부하 리카스로부터 영웅이 이올레 때문에 자기를 잊게 될지도 모른다는 이야기를 들었다. 그래서 그녀는 네소스가 죽으면서 가르쳐 준 미약을 생각해 냈고, 그것을 사용하기로 결심했다.

헤라클레스는 에우리토스에게 승리를 거둔 후 감사의 뜻으로 제우스에게 제단을 봉헌하기 위해 리카스를 데이아네이라에게 보내 의식에 입을 새 옷을 가져오라고 시켰다. 데이아네이라는 옷을 네소스의 피에 담근 후 리카스에게 주었다.

헤라클레스는 아무 의심 없이 이 옷을 입고 제우스에게 희생 제사를 드리려 했다. 그러나 옷이 그의 몸에 닿아 따스해지자 배어 있던 독성분이 스며 나오기 시작했다. 고통은 매우 급격하여 헤라클레스는 격분한 나머지 리카스의 발을 잡아채어 바다에 던져 버렸다. 그리고는 죽음의 옷을 벗으려 했다. 하지만 천이 그의 몸에 달라붙어 천과 함께 살도 뜯겨 나갔다. 이런 상태로 그는 배를 타고 트라키스로 갔다. 데이아네이라는 자신이 무슨 일을 저질렀는지 깨닫자 스스로 목숨을 끊었다. 헤라클레스는 죽기 전에 마지막 조처를 취했다. 그는 아들 힐로스에게 첩 이올레를 맡기면서 그가 결혼할 나이가 되면 그녀와 결혼하라고 했다. 그리고는 트라키스에서 멀지 않은 오이타 산에 올라가, 산꼭대기에 장작 더미를 쌓아올린 후 그 위로 올라갔다. 모든 준비가 끝이 나자 그는 하인들에게 장작 더미에 불을 붙이라고 명했다. 하지만 어느 누구도 그의 명령에 따르려 하지 않았다. 유일하게 필록테테스(혹은 그의 아버지 포이아스)만 명령에 복종했다. 그 보상으로 헤라클레스는 자신의 활과 화살을 그에게 주었다(☞ 필록테테스). 장작이 타는 동안 천둥이 쳤고 영웅은 구름에 실려 하늘로 올라갔다.

죽기 전에 헤라클레스는 자신의 죽음의 유일한 증인인 필록테테스에게 아무에게도 자기가 화장된 장소를 발설하지 말 것을 명했다고 한다. 뒤에 사람들로부터 질문을 받은 필록테테스는 말로는 답하기를 거절했지만, 영웅이 화장된 곳에 가서 발로 땅을 굴러 표를 냄으로써 헤라클레스의 금지를 어겼다. 후에 그는 바로 그 발에 심한 상처를 입는 벌을 받았다(☞ 필록테테스).

헤라클라스의 최후에 대해서는 한 가지 이설

이 있다. 헤라클레스가 자진해서 장작 더미에 불을 붙여 죽은 것이 아닐 수도 있다는 것이다. 그에 따르면 네소스의 피가 배어든 옷 때문에 고통을 받던 영웅은 태양열로 불이 붙었고, 불을 끄려고 트라키스 근처에 있던 강에 뛰어들었다가 익사했다고 한다. 그가 뛰어든 강은 이 사건이 있은 후로도 계속해서 온기를 간직했고, 이것이 테살리아와 포키스 사이에 있던(그리고 아직도 있는) 테르모필라이 온천의 기원이라고 한다.

헤라클레스의 죽음은 어느 설에서건 불과 관련된다. 헤라클레스는 불을 통해 인간 어머니 알크메네에게서 물려받은 모든 필멸의 요소들로부터 벗어날 수 있었던 것이다. 테티스가 아킬레우스를 불사의 몸으로 만들기 위해 화덕의 열기에 쪼임으로써 그를 정화시키려 한 것도 그런 이유에서이다.

일단 신들의 반열에 속하자, 헤라클레스는 헤라와 화해했다. 헤라클레스가 마치 헤라 여신의 품에서 나온 것처럼 영웅의 탄생을 재현하는 의식이 치러진 후 헤라는 그의 불멸의 어머니가 되었다. 그는 청춘의 여신 헤베와 결혼했고, 이후로는 불멸의 존재가 되었으니, 그의 업적과 용맹함과 고통들은 그러한 영예에 값하는 것이다.

전설은 헤라클레스에게 70명의 자식이 있던 것으로 전하는데, 거의 모두가 아들들이다(☞ 계보 15).

헤라클레이다이 ʿΗρακλειδαί / Heraclides 헤라클레이다이라는 말은 넓은 의미에서는 헤라클레스의 아들들뿐 아니라 아주 먼 후손들까지도 가리킨다. 헬레니즘 시대에도 많은 왕족들이 스스로를 〈헤라클레이다이〉라고 주장하여 자신들의 뿌리를 영웅에게 두려 했다. 하지만 신화에서는 특히 헤라클레스와 데이아네이라의 직계 자손들로 펠로폰네소스에 정착한 자들을 헤라클레이다이라 부른다.

헤라클레스가 신격화된 직후, 그의 자식들은 더 이상 아버지의 보호를 받지 못하게 되자 에우리스테우스의 증오심을 우려하여 헤라클레스 생전에 항상 호의를 베풀었던 트라키스 왕 케익스에게로 피신했다. 그러나 에우리스테우스는 케익스에게 헤라클레이다이를 그의 나라에서 추방하라고 협박했다. 케익스 왕은 그가 두려웠으므로 자신도 그들을 안전하게 지켜 줄 수 없을 것 같다는 핑계로 돌려보냈다. 그들은 테세우스(다른 작가들에 따르면 그의 아들들)가 있는 아테나이로 갔고, 그는 에우리스테우스로부터 헤라클레이다이를 보호해 주기로 했다. 그러자 에우리스테우스는 아테나이 인들에게 전쟁을 선포했고 전쟁 중에 그의 다섯 아들 즉 알렉산드로스, 이피메돈, 에우리비오스, 멘토르, 페리메데스가 죽었다. 에우리스테우스 자신은 도망쳤지만, 힐로스(혹은 이올라오스)(☞)의 추격을 받아 스키론 바위 주변에서 죽임을 당했다(☞알크메네). 사실 헤라클레이다이의 동맹국인 아테나이의 승리는 보장되어 있었다. 귀족 태생의 젊은 처녀를 죽여 제물로 바쳐야만 아테나이가 승리한다는 신탁에 따라, 헤라클레스의 딸 마카리아가 기꺼이 제물이 되어 죽었기 때문이다.

에우리스테우스가 죽은 후 헤라클레이다이는 아버지의 조국인 펠로폰네소스로 되돌아가기를 원했다. 그들의 아버지는 생전에 항상 펠로폰네소스로 돌아가려 했으나 뜻을 이루지 못하고 세상을 떠난 터였다(☞헤라클레스). 힐로스의 지휘 아래 그들은 펠로폰네소스의 모든 도시들을 쉽사리 점령하고 나라를 세웠다. 그러나 1년 만에 이 지역에는 역병이 덮쳤다. 신탁을 구하자 이는 운명의 신이 정한 시간 전에 헤라클레이다이가 고향으로 되돌아왔기 때문에 신들의 분노로 야기된 불행이라는 답이 내렸다. 그래서 헤라클레이다이는 신들의 뜻을 존중하여 펠로폰네소스를 떠나 아티카의 마라톤 평원으로 돌아갔다. 그러면서도 항상 남쪽의 고향으로 돌아가기를 염원했다. 어떻게 하면 신들의 분노를 누그러뜨릴 수 있을지, 힐로스는 델포이의 신탁에 가서 물었다. 피티아 무녀는 〈세 번째 수확을 거둔 후〉에야 그들의 소망이 이루어질 수 있다고 답해 주었다. 당시 힐로스는 이올레와 결혼한 상태였는데, 그것은 아버지가 죽기 전 그에게 자신의 젊은 첩이었던 이올레를 아내로 맞으라고 요구했기 때문이다(☞헤라클레스). 힐로스는 모든 형제들 중에서도 헤라클레스의 진정한 의미의 상속자였던 셈이다. 또한 그는 헤라클레스가 직접 키웠으므로 아버지와 가장 오래 살았던 아들이었다. 이러한 이유들로 인해 헤라클레이다이는 그를 자신들의 지도자로 여겼고, 〈약속의 땅〉 즉 펠로폰네소스로 그들을 인도하는 책임을 위임했다.

힐로스는 형제들과 더불어 코린토스 지협을 점령했지만, 테게아 왕 에케모스의 군대와 맞닥뜨려 왕과의 단독 결투에서 죽임을 당했다(☞에케모스).

그의 손자 아리스토마코스는 다시금 신탁을 구했고, 신탁은 〈좁은 길로 공격하면 승리할 것이다〉라는 모호한 답변을 내렸다. 아리스토마코스는 〈좁은 길〉이란 지협을 통해 공격하라는 것이라고 착각하여 죽음을 자초했고, 헤라클레이다이는 또다시 패배를 맛보아야 했다.

아리스토마코스의 아들들이 어른이 되자 장남 테메노스는 다시금 신탁에 가서 같은 질문을 했다. 하지만 신탁은 이전의 두 가지 대답을 반복할 뿐이었다. 테메노스는 아버지와 할아버지가 신의 충고를 따랐으나, 그러한 충고들이 그들의 죽음을 초래했음을 지적했다. 그러자 신은 자기 탓이 아니라 그들이 신탁을 잘못 해석했기 때문이라고 대답했다. 그리고 〈세 번째 수확〉이란 〈제3세대〉를 가리키며, 〈좁은 길〉이란 바닷길로 그리스 연안과 펠로폰네소스 사이의 〈해협〉을 의미하는 것이라고 덧붙였다. 테메노스는 이 해석에 기뻐했다. 그도 그럴 것이 그는 형제들과 더불어 힐로스에 이은 제3세대에 속했던 것이다(☞계보 16). 그리고 신탁의 두 번째 대답을 따르기 위해 로크리스 연안에서 군함을 제작했으며, 이후로 이 도시는 나우팍토스(그리스 단어 두 개를 합친 것으로 〈배를 건조하다〉라는 뜻이다)라고 불리게 되었다. 그가 자신의 군대와 함께 그곳에 머물러 있는 동안, 막내동생 아리스토데모스는 쌍둥이 아들 에우리스테네스와 프로클레스를 남겨 두고 벼락을 맞아 죽고 말았다(☞아리스토데모스).

게다가 얼마 지나지 않아 그의 군대와 선단에 저주가 내렸다. 그 원인은 다음과 같았다. 어느 날 헤라클레이다이는 카르노스라 불리는 예언자가 자신들의 주둔지로 다가오는 것을 발견했다. 예언자는 그들을 우호적으로 생각하고 있었으나, 헤라클레이다이는 그가 적군 펠로폰네소스 인들이 보낸 술객으로 자신들에게 불행을 가져오려 한다고 오해했다. 그래서 헤라클레이다이 중 한 명으로 필라스의 아들이자 안티오코스의 손자인 히포테스가 그를 창으로 찔러 죽였다(☞히포테스, ☞계보 31). 그러자 폭풍이 일어 선단은 뿔뿔이 흩어져 난파했고, 기근이 덮쳐 군대는 해체되고 말았다. 테메노스가 또다시 신탁에 도움을 청하자 신탁은 그것이 예언자의 죽음에 분노한 신들의 징벌이며, 예언자의 영혼이 그렇게 복수하는 것이라고 일러 주었다. 그러면서 앞으로 10년 동안은 어떠한 살인도 저질러서는 안 되고, 눈이 세 개인 자를 그들의 펠로폰네소스 원정길의 안내자로 삼아야 한다고 덧붙였다. 테메노스는 이에 복종했고 히포테스는 추방되었다(☞알레테스). 그 후 눈이 세 개인 자가 헤라클레이다이 앞에 나타났으니, 그것은 말을 탄 애꾸였다. 그 애꾸는 엘레이아 왕 옥실로스로, 그는 사고로 살인을 저질러 1년 동안 자신의 왕국에서 추방당한 상태였다. 옥실로스는 이들을 안내하는 대신, 자신의 왕국인 엘레이아로 돌아가게만 해달라고 했다. 마침내 헤라클레이다이는 펠로폰네소스 인들에게 승리를 거두었고, 전투 중에 그들의 왕인 티사메노스(오레스테스의 아들)를 죽였다. 이때 아이기미오스의 두 아들 팜필로스와 디마스도 죽었는데, 이들은 헤라클레이다이와 동맹을 맺은 사이였다(☞아이기미오스, ☞힐로스). 헤라클레이다이는 승리에 대한 감사의 뜻으로 신들의 아버지 제우스를 위해 제단을 세웠다. 그리고는 펠로폰네소스를 나누어 가졌다(이 분할에 대해서는 ☞크레스폰테스).

펠로폰네소스의 여러 지방들 중 분할된 것은 아르고스, 메세니아, 라코니아 세 지역뿐이었다고 한다. 엘레이아는 약속대로 옥실로스 왕의 몫으로 돌아갔다. 아르카디아는 헤라클레이다이에게 넘어가지 않고 그대로 보존되었으니, 신탁이 그들에게 정복을 할 때 〈함께 음식을 나눠 먹은 자〉는 보존하라고 명했었기 때문이다. 헤라클레이다이가 아르카디아 국경에 다가갈 즈음에 이 나라 왕 킵셀로스가 사신들에게 선물을 들려 보냈다. 사신들은 크레스폰테스의 군사들을 만났는데, 이들은 근처의 농부들에게서 양식을 사서 식사를 하려던 참이었다. 군사들은 아르카디아 인들에게 함께 식사를 하자고 초대했다. 그런데 식사 도중 말다툼이 벌어졌다. 아르카디아 인들은 자기들을 초대해 준 사람들과 싸우는 것은 그릇된 일이라고 생각했고, 한편 헤라클레이다이는 신탁의 말을 상기했다. 그래서 이들은 아르카디아 인들에게 그들의 나라를 건드리지 않겠다는 협정을 체결해 주었다.

전설의 한 이본에 따르면, 헤라클레이다이는 아르카디아 국경에서 많은 농작물들을 탈취했으며, 킵셀로스의 사신들이 가져온 선물도 받기를 거절했다고 한다. 신탁이 그들에게 원정을 하는 동안에 어떠한 동맹도 맺지 말라고 했기 때문이다. 하지만 킵셀로스는 헤라클레이다이가 탈취한 농작물은 이미 선물을 받은 것이나 마찬가지이므로 그들이 원하든 원하지 않든 화친은 이미 맺어진 것이라고 주장했다. 헤라클레이다이는 이를 인정하고 아르카디아에서 물러났다.

그런가 하면 단순히 킵셀로스가 자기 딸을 크레스폰테스와 결혼시킴으로써 왕국을 지켰다고도 한다(☞메로페).

헤로 ῾Ερώ / Hero 헤로는 레안드로스의 사랑을 받은 처녀로, 청년은 그녀를 만나기 위해 매일 밤 세스토스와 아비도스 사이의 해협을 헤엄쳐 건너갔다(☞레안드로스).

헤로필레 ῾Εροφίλη / Herophile 헤로필레는 두 번째 시빌레이다(☞시빌레). 그녀는 트로아스에서 태어났는데, 어머니는 님프이며 아버지는 인간으로 이데 산의 목동인 테오도로스였다. 그녀의 고향은 좀더 정확히는 마르페소스 시였다. 그녀가 내린 첫번째 신탁은 트로이아가 스파르타에서 자란 한 여인 때문에 멸망하리라는 것이다(헤로필레는 트로이아 전쟁이 일어나기 전에 태어났다). 그리고는 클라로스, 사모스, 델로스, 델포이 등지를 여행했는데, 그녀는 매번 자기가 가지고 다니는 돌 위에 서서 예언을 했다. 헤로필레는 트로아스에서 숨을 거두었고, 그곳에 있는 〈아폴론 스민테우스〉의 숲에 그녀의 무덤이 있었다고 한다.

헤르마프로디토스

헤르마프로디토스 Ἑρμαφρόδιτος / Hermaphroditus 헤르마프로디토스란 일반적으로 양성을 한꺼번에 구비한 모든 존재를 가리키는 이름이다. 좀더 구체적으로 신화학자들은 아프로디테와 헤르메스의 아들을 이 이름으로 부르며(헤르마프로디토스란 헤르메스와 아프로디테 두 이름을 합친 것이다), 그에 관해서는 다음과 같은 전설이 있다. 헤르마프로디토스는 프리기아에 있는 이데 숲에서 님프들의 손에서 양육되었다. 그는 타고난 미남이었다. 15살이 되자 온 세상을 돌아다니기 시작했고, 그러다가 소아시아에 다다랐다. 어느 날 그는 카리아에 있는 아름다운 호수 근처를 지나가게 되었다. 살마키스라 불리는 호수의 님프는 그를 보자마자 사랑에 빠져 청년에게 구애했지만 거절당했다. 그녀는 단념하는 척 물러갔고, 젊은 청년은 맑은 물에 매혹되어 옷을 벗고 호수로 들어갔다. 살마키스는 그가 자기 영역에 들어와 자기 마음대로 할 수 있게 되자, 그에게 다가가 달라붙어 버렸다. 헤르마프로디토스는 그녀를 밀어내려 했지만 허사였다. 그녀가 그들의 두 몸이 절대로 떨어지지 않도록 해달라고 신들에게 기도했기 때문이다. 신들은 그녀의 기도를 들어주어 양성을 지닌 새로운 존재로 결합시켰다. 한편 헤르마프로디토스는 신들에게 기도하여 누구라도 살마키스 호수에서 목욕을 하면 남자로서의 기능을 잃게 해달라고 했다. 스트라본의 시대까지도 호수는 이러한 효력을 발휘하는 것으로 여겨진다.

흔히 조형 기념물들에서 헤르마프로디토스는 디오니소스의 추종자들 가운데 모습을 드러낸다.

헤르메스 Ἑρμῆς / Hermes 헤르메스는 제우스가 플레이아데스 중 막내인 마이아에게서 낳은 아들이다. 그는 아르카디아 남쪽에 있는 킬레네 산의 동굴에서 태어났다. 신들도 인간도 모두 잠이 든 한밤중에 마이아는 제우스와 결합하여 헤르메스를 잉태했다. 달의 네 번째 날 — 헤르메스에게 봉헌된 날 — 에 헤르메스가 태어났다. 그가 태어나자 당시 신생아를 다루던 관습대로 아이를 강보로 싸서 키를 요람 삼아 눕혀 놓았다. 그런데 아이는 출생 당일부터 극도의 조숙함을 보여 주었다. 몸을 힘껏 흔들어 강보를 풀어 버리고 테살리아까지 간 것이다. 그곳에는 그의 형 아폴론이 목동으로 있으면서 아드메토스의 가축을 돌보고 있었다. 아폴론이 마그네스의 아들 히메나이오스를 향한 사랑에 마음이 빼앗겨 목동으로서의 의무를 소홀히 하고 있는 동안, 헤르메스는 가축의 일부 즉 젖소 열두 마리와 멍에를 멘 적도 교미를 시킨 적도 없었던 암송아지 백 마리를 훔쳐냈다. 그리고는 그들의 꼬리에 나뭇가지를 묶어(혹은 발굽을 신겨) 그리스 전역을 통과한 후 필로스에 있는 동굴까지 끌고 갔다. 이를 목격한 유일한 증인은 바토스(☞)라는 이름의 노인으로, 헤르메스는 그가 함구하는 조건으로 보상을 제안했다. 헤르메스는 훔친 가축들 중 두 마리를 필로스에서 제물로 바치고, 제물을 모두 열두 몫으로 나누어 열두 명의 신들에게 각기 돌아가게 했다. 그리고는 나머지 가축을 숨긴 후에 킬레네의 동굴 속으로 도망쳤다. 그곳에 도착한 그는 입구에 있던 거북이 한 마리를 발견하여 그 속을 비우고는 소들의 내장을 잡아당겨 만든 줄들을 껍질의 우묵한 부분에 매었다. 이렇게 해서 최초의 비파가 탄생하게 되었다.

한편 아폴론은 소떼를 찾아 사방을 헤매었다. 마침내 그는 필로스에 이르렀고 바토스로부터 가축이 어디에 숨겨져 있는지를 알아냈다. 또는 그가 자신의 예지력으로 새들의 날갯짓을 관찰함으로써 사건의 전모를 알아냈다고도 한다. 그는 킬레네 산으로 가서 마이아에게 그녀의 아들 헤르메스가 도둑질을 했다고 항의했다. 하지만 마이아는 기저귀를 차고 얌전하게 있는 아이를 보여 주면서 어떻게 갓난아이에게 그런 누명을 씌울 수가 있느냐고 도리어 화를 냈다. 그래서 아폴론은 제우스를 불렀다. 아이는 자신이 훔치지 않았다고 주장했지만 제우스는 훔친 가축을 돌려주라고 명했다. 그러는 사이 킬레네의 동굴에서 아폴론은 비파를 보았고, 헤르메스가 그것을 퉁기는 소리를 들었다. 그 소리에 매료된 아폴론은 비파와 자신의 소떼를 교환했다.

얼마 후 헤르메스는 그렇게 하여 얻은 가축을 돌보면서 피리(풀피리 혹은 목신 판의 피리)를 만들었다. 아폴론은 이 새로운 악기도 사고 싶어 하여, 그 대가로 아드메토스의 가축을 돌볼 때 사용하던 금지팡이를 주겠다고 제의했다. 헤르메스는 지팡이를 받았고 그 밖에 예언의 기술도 가르쳐 달라고 했다. 아폴론은 그 조건을 수락했고, 그리하여 황금 막대(헤르메스의 지팡이)는 헤르메스의 상징물 중 하나가 되었다. 아울러 그는 작은 돌멩이들을 이용하여 미래를 점치는 법을 배웠다. 제우스는 민첩하고 활동적인 막내아들을 흡족히 여겨 그를 자신의 전령으로 삼았으며, 특히 제우스 자신과 하계의 신들인 하데스와 페르세포네에게 봉사하게 했다.

헤르메스가 이렇게 주인공이 되는 것은 그의 어린 시절에 관한 신화들에서뿐이다. 대부분의 전설들에서 헤르메스는 신의 대리인이나 영웅들의 보호자 등과 같이 부차적인 인물로 개입한다. 거인족과의 전투에서 그는 보이지 않도록 해주는 하데스의 투구를 쓴 덕분에 거인 히폴리토스를 죽일 수 있었다. 알로아다이와 신들의 싸움이 벌어졌을 때, 그는 두 명의 거인이 청동 항아리에 가두어 놓은 아레스를 구해 주었다(☞알로아다이). 티폰과의 싸움에서도 그는 비슷한 방식으로 제우스를 구했다. 그는 괴물에게서 제우스의 힘줄을 도로 빼앗는 데 성공했다. 티폰은 그 힘줄들을 곰가죽 안에 숨겨, 반은 여자이고 반은 뱀인 델피네에게 맡겨 두었던 것이다. 헤르메스는 적에게 들키지 않고 판의 도움을 받아 제우스의 몸에 힘줄을 붙여 줌으로써 그가 다시 전투를 할 수 있게 해주었다. 이 모든 모험들에 헤르메스가 개입하는 것은 그의 교묘한 재간 때문이다.

또 다른 이야기들에서 헤르메스는 단지 신의 의지를 전달하는 자로 등장한다. 홍수가 끝나자 데우칼리온에게 가서 그의 소원을 물은 것은 헤르메스였다. 또한 프릭소스와 헬레의 어머니 네펠레가 자식들을 구하기 위해 황금 숫양을 구한 것도 헤르메스에게서였다(☞프릭소스, ☞아타마스). 그런가 하면 그에게서 암피온은 비파를 얻었고 헤라클레스는 검을, 페르세우스는 하데스의 투구와 하늘로 날 수 있는 날개 달린 샌들을 얻었다. 또한 그는 오딧세우스를 구하기 위해 두 번이나 개입했다. 한번은 칼립소에게 그를 풀어 주고 이타케까지 갈 수 있을 만큼 충분히 튼튼한 뗏목을 만들도록 도와주라고 명했고(☞오딧세우스), 또 한번은 오딧세우스가 키르케에게 갔을 때 몰리라는 마법의 약초를 주어 그의 모든 부하들을 돼지로 만들어 버린 주술을 그만은 피할 수 있게 해주었다(☞키르케, ☞오딧세우스). 헤르메스는 하계에 간 헤라클레스도 돌보아 주었으니, 영웅이 메두사를 보고 공격하려 하자 그것이 단지 망령일 뿐임을 알려주었다(☞헤라클레스). 또한 헤라클레스가 이피토스를 죽인 죄를 씻기 위해 노예가 되어야 했을 때, 영웅을 노예로 사줄 수 있는 사람으로 옴팔레를 발견하여 매매를 성사시켰던 것도 바로 헤르메스이다(☞옴팔레). 헤르메스가 개입한 사건들 중에서 가장 널리 알려진 이야기는, 헤라가 암소로 변한 이오를 감시하게 했던 아르고스를 죽인 것이다(☞이오, ☞아르고스). 이 일로 인해 헤르메스는 〈아르고스를 퇴치한 자〉를 의미하는 〈아르게이폰테스〉라는 또 다른 이름을 얻었다. 그런가 하면 제우스를 도와 헤라의 복수를 막기 위해 어린 디오니소스를 니사 산에서 아타마스의 집까지 이곳저곳 데리고 다니면서 은신처를 찾아 주었다(☞디오니소스). 마지막으로 헤르메스는 헤라, 아프로디테, 아테나 세 여신들이 아름다움을 다투자 그녀들을 프리기아의 이데 산으로 데리고 가서 파리스의 심판을 받게 했으며(☞파리스), 이는 트로이아 전쟁을 야기하는 결정적인 계기가 되었다.

헤르메스는 상업과 도둑질의 신으로 여겨졌다. 그는 여행자들의 길 안내를 했으며, 그래서 교차로에는 그의 신상이 세워졌다. 그 신상들은 기둥의 형태로 상부는 인간의 상체였지만 하부에는 남성의 성기가 매우 두드러지게 표현되어 있었다. 또한 그는 목동들을 지켜 주었다. 종종 그는 어깨에 새끼 양을 멘 모습으로 묘사되었고, 이로 인해 〈헤르메스 크리오포로스〉라 불렸다. 그는 특히 죽은 자들의 영혼을 하계로 안내해 주는 책임을 맡았으며, 이 임무로 인하여 그는 〈영혼의 안내자〉를 뜻하는 〈프시코폼포스〉라는 이름도 얻었다.

전설에 따르면 그에게는 여러 명의 자식들이 있었다고 한다. 그 중에는 오딧세우스의 할아버지 아우톨리코스도 있었는데, 그는 헤르메스로부터 도둑질하는 재주를 물려받았다(☞아우톨리코스). 또한 아르고나우타이 중 한 명인 에우리토스, 압데라의 명조이자 헤라클레스의 총애를 받았지만 디오메데스의 암말들에게 잡아먹힌 압데로스(☞헤라클레스) 등이 모두 헤르메스의 자식들이다. 그는 또한 아테나이에서 헤르세와의 사이에서 케팔로스를 낳았다고 하며, 아르카디아의 산속에서는 오딧세우스의 아내 페넬로페에게서 판을 낳았다고 한다. 판은 아버지와 마찬가지로 목동들의 신이 되었다.

헤르메스는 날개 달린 신발을 신고, 챙이 넓은 모자(페타소스)를 쓰고, 신의 전령임을 상징하는 날개 달린 지팡이를 쥐고 있는 모습으로 묘사된다.

헤르모스 ῞Ερμος / Hermus 헤르모스는 아테나이의 귀족으로 테세우스의 아마조네스 원정에 동행했다. 돌아오는 길에 테세우스는 니카이아 지방에 피토폴리스 도시를 건설하고, 이 새로운 도시에 법을 세울 수 있도록 헤르모스와 두 명의 부하를 그곳에 남겨 두었다.

헤르모카레스 ῾Ερμοχάρης / Hermochares 헤르모카레스는 아테나이 청년으로, 피티아의 아폴론 제단에서 춤을 추고 있는 케오스 섬 처녀 크테실라(알키다마스의 딸)를 보고 사랑에 빠졌다. 그는 아르테미스 신의 이름을 걸고 젊은 처녀가 자기 이외의 남자와는 결혼하지 않겠다는 맹세의 글을 사과 위에 적어 아르테미스 신전 안에 던졌다(☞아콘티오스). 크테실라는 사과를 보았고 무심코 그 문구를 소리 내어 읽음으로써 그 맹세에 매이게 되었다. 그녀는 너무 창피한 나머지 사과를 멀리 던져 버렸다. 그러나 헤르모카레스는 크테실라의 아버지를 찾아가서 딸과 결혼시켜 달라고 청했다. 그의 아버지는 아폴론을 증인 삼아 신성한 월계수 앞에서 그에게 딸을 주기로 맹세했다.

시간이 흘러 크테실라의 아버지 알키다마스는 자신이 한 엄숙한 맹세를 잊어버리고 딸을 다른 청년과 약혼시켰다. 크테실라가 약혼을 기념하여 아르테미스에게 제물을 바치고 있을 때 헤르모카레스는 신전으로 달려갔다. 젊은 처녀는 그를 보았고, 곧바로 헤르모카레스를 사랑하게 되었다(이는 아르테미스 여신의 뜻에 따른 것이라 한다). 그녀는 유모의 도움으로 아버지 몰래 그와 함께 도망쳤다. 둘은 아테나이에 도착하여 결혼식을 올렸다. 얼마 지나지 않아 크테실라는 아이를 가졌지만, 신은 그녀의 아버지가 아폴론에게 거짓 맹세를 한 죄의 대가로 그녀가 아이를 낳다 죽게 만들었다. 장례식 때 조문객들은 관대(棺臺)에서 비둘기 한 마리가 날아오르는 것을 보았다. 그리고 크테실라의 시신은 사라져버렸다. 헤르모카레스와 케오스 섬의 주민들이 신탁에 묻자 신탁은 〈아프로디테 크테실라〉로 신격화된 그녀를 숭배하라고 명했다.

헤르미오네 ʽΕρμιόνη / Hermione 헤르미오네는 메넬라오스와 헬레네의 외동딸이다(☞계보 13). 『오딧세이아』에서 보듯이 가장 오래된 전설들에 따르면, 메넬라오스는 출타 중에 딸을 아킬레우스의 아들 네오프톨레모스와 약혼시켰고 라케다이몬으로 귀국한 뒤 이 결혼식을 거행했다. 그러나 비극 작가들이 하는 이야기는 무척 다르다. 그들에 따르면 트로이아 전쟁이 발발하기 전에 메넬라오스는 헤르미오네를 오레스테스와 약혼시켰다고 한다(신화학자들에 의하면 헬레네가 납치되었을 때 헤르미오네는 아홉 살이었다고 한다). 그러나 전쟁 중에 메넬라오스는 생각을 바꾸어 아킬레우스의 아들에게 딸을 주기로 약속했는데, 왜냐하면 트로이아를 정복하기 위해서는 아킬레우스의 협조가 필요했기 때문이다(☞네오프톨레모스). 전쟁이 끝난 후 오레스테스는 자신의 약혼녀(혹은 몇몇 작가들에 따르면 그녀는 이미 그의 아내가 되어 있었다고도 한다)를 네오프톨레모스에게 양보해야 했다. 이미 오레스테스와 결혼한 헤르미오네를 어떻게 다른 남자에게 주기로 약속할 수 있었는지 설명하기 위해, 이 첫 번째 결혼은 메넬라오스가

모르는 채 행해진 것으로 이야기된다. 그것은 메넬라오스가 트로이아 전쟁을 치르는 동안, 오레스테스의 할아버지 틴다레오스가 추진한 것이었다. 어쨌든 헤르미오네는 오레스테스와 네오프톨레모스 사이에서 갈등의 근원이 되었다.

네오프톨레모스와 헤르미오네 사이에는 자식이 없었다. 그래서 네오프톨레모스가 델포이 신탁에 왜 아이가 생기지 않는지를 물으러 갔을 때, 오레스테스가 직접 혹은 폭동 중에 델포이인들을 시켜 그를 죽였다고 한다(☞오레스테스). 그 후 오레스테스는 헤르미오네와 결혼하여 아들 티사메노스를 얻었다(☞티사메노스).

헤르세 ῞Ερση / Herse 헤르세는 케크롭스와 아글라우로스의 세 딸들 중 한 명으로 아테나이의 귀족 가문에 속한다(☞계보 4). 아글라우로스와 판드로소스가 그녀의 두 자매이다. 아테나 여신은 헤르세에게 어린 에리크토니오스를 맡겼다(☞에리크토니오스). 그녀와 자매들은 경솔하게도 아이가 들어 있던 바구니를 열어 보고 말았다. 그 벌로 아테나 여신이 그녀를 광기에 사로잡히게 만들었고, 그녀는 아크로폴리스의 절벽 위에서 몸을 던졌다. 또 다른 설에 의하면, 모든 잘못이 아글라우로스 혼자의 책임이었다고 한다. 따라서 헤르세는 벌을 면할 수 있었고 헤르메스의 사랑을 받아 케팔로스를 낳았다(☞케팔로스).

***헤르실리아** Hersilia 헤르실리아는 로물루스 시대의 로마 여성이다. 그녀는 사비니의 귀족 가문 출신이었다. 그녀는 동포 여성들과 함께 로물루스가 이끄는 로마 인들에게 납치되었다. 플루타르코스에 따르면, 그녀는 납치된 사비니 여인들 중 유일한 기혼 여성이었다고 한다. 그녀의 남편은 호스틸리우스라는 사비니 사람으로, 로마 인들과의 전쟁에서 죽임을 당했다. 한편 그녀는

로물루스의 한 부하(그 역시 호스틸리우스라 불림)와 결혼했으며, 그와의 사이에서 호스투스 호스틸리우스라는 아들을 낳았다고도 한다. 그는 툴루스 호스틸리우스[B.C. 7세기에 재위했던 로마의 제3대 왕]의 아버지이다. 사비니와 로마의 전쟁 중에 헤르실리아는 양 진영 사이에 중재 역할을 하여 평화를 되찾는 데 가장 활발하게 활동했던 여인들 중 한 사람이다.

또 다른 전승에 따르면, 헤르실리아는 로물루스의 아내였으며 그와의 사이에서 두 명의 자식을 낳았다고 한다. 딸 프리마와 아들 아울리우스가 그들이다. 남편이 신격화된 후, 그녀는 하늘의 불을 맞아 신들 곁으로 올라가게 되었다. 그곳에서 그녀는 〈호라 퀴리니〉라는 이름으로(로물루스는 사후에 퀴리누스 신과 동일시되었다) 로물루스와 함께 숭배되었다.

*헤르쿨레스 Hercules 헤르쿨레스란 그리스의 헤라클레스가 에트루리아를 거쳐 로마화된 이름으로 추정되며, 〈게리오네우스로부터의 귀로〉(☞헤라클레스)라는 일반적 틀 속에 들어가는 일군의 로마 전설들 특히 기원설 및 지형설들에 등장한다. 이 전설들은 전혀 일관성이 없다. 그 중 가장 유명한 일화는 아우구스투스 황제 시대에 대중화된 것으로 헤르쿨레스와 카쿠스의 싸움에 관한 이야기이다(☞카쿠스). 하지만 이 일화(그리스 신화를 모델로 만들어진)는 비교적 후대에 도입되었던 듯하다. 전설의 본래 형태는 단지 영웅이 이방 민족의 왕 파우누스의 손님이 되는 것을 보여 주는 것에 그친다. 파우누스 왕은 자기 왕국에 오는 모든 이방인들을 신들에게 제물로 바치는 관습이 있었다. 그래서 왕이 헤르쿨레스를 습격하려고 하자 영웅은 그를 죽여 버리고 마그나 그라이키아로 가던 길을 계속했다.

일반적인 전승에서는 에우안드로스가 어머니 카르멘타의 충고로 헤르쿨레스를 환대한 것으로 이야기된다. 그의 어머니는 손님의 정체를 일러 주었고, 에우안드로스는 아벤티누스 언덕과 팔라티누스 언덕 사이에 위치한 대경기장 출구에 영웅을 위한 제단을 만들어 바쳤다. 에우안드로스라는 인물은 파우누스를 〈그리스화〉한 것으로 추정된다(☞에우안드로스).

헤르쿨레스의 전설은 보나 데아의 신화와도 관련이 있다(☞보나 데아). 프로페르티우스에 의하면 헤르쿨레스는 카쿠스와 싸우다가 목이 마르자 인근에서 신비 의식을 거행하던 보나 데아(또는 파우나)에게 마실 물을 요구했다고 한다. 하지만 그녀는 헤르쿨레스가 신성한 샘에 접근하는 것을 막았는데, 왜냐하면 그 제의는 여자들에게만 허용되어 있었기 때문이다. 이에 화가 난 헤르쿨레스는 자신의 성역에 여자들이 접근하지 못하게 했다고 한다(☞레카라누스).

몇몇 대규모 공사들이 헤르쿨레스의 업적으로 여겨진다. 그 중 대표적인 것은 캄파니아에 있는 루크리누스 호수와 바다 사이의 8스타디아[고대 그리스의 거리 단위로 1스타디온은 약 185미터에 해당한다]나 되는 제방과 도로이다.

헤르키나 Ἕρκυνα / Hercyna 보이오티아에 있는 레바데아 샘의 님프이다. 페르세포네가 납치되기 전에 헤르키나는 그녀의 친구였다고 한다. 어느 날 그녀는 페르세포네와 함께 근교에서 놀고 있었는데, 그녀들이 데리고 있던 거위가 도망쳐 동굴 속의 돌 밑에 숨어 버렸다. 페르세포네가 쫓아가서 거위를 잡으려고 돌을 치웠더니 땅에서 샘이 솟아났다. 이 샘이 바로 헤르키나 샘으로 트로포니오스의 신탁에서 멀지 않은 곳에 위치해 있었으며, 신탁에게 문의하러 오는 자들은 누구든지 먼저 이 샘에서 목욕하여 몸을 깨끗이 해야 했다.

헤메라 ῾Ημέρα / Hemera 헤메라는 〈낮〉의 의인화이다. 그녀는 여신으로 여겨졌고(그리스 어에서 〈낮〉은 여성형이다), 〈밤〉과 에레보스의 딸이며 아이테르와는 자매간이다(☞아이테르, ☞우라노스).

헤미키네스 ῾Ημίκυνες / Hemicynes 헤미키네스는 〈반인 반견〉(半人半犬)의 모습을 한 전설적 종족으로 마사게타이 족 및 히페르보레이오이 족의 나라와 멀지 않은 흑해 연안에 살았다고 한다. 그들은 머리가 개였고 개처럼 짖었다고 한다. 이들은 아마도 원숭이의 한 부류일 것이다.

헤미테아 ῾Ημιθέα / Hemithea 1. 헤미테아는 스타필로스와 크리소테미스의 딸로 트라케의 케르소네소스에 있는 카스타보스에서 숭배되었다(☞스타필로스, ☞파르테노스).
  2. 더 잘 알려진 헤미테아는 트로아스 왕 키크노스의 딸이며, 테네도스 섬의 명조인 테네스의 누이이다. 테네스와 함께 그녀는 테네도스 섬에 이르렀고(☞키크노스 2, ☞테네스) 그곳에 정착했다. 그리스 인들이 트로이아 원정 도중에 이 섬에 다다랐을 때 헤미테아를 본 아킬레우스는 그녀를 범하려고 뒤쫓았으나, 땅이 벌어지면서 그녀를 삼켜 아킬레우스로부터 구해 주었다.

헤베 ῞Ηβη / Hebe 헤베는 〈청춘〉을 의인화한 것이다. 그녀는 제우스와 헤라의 딸이며, 따라서 아레스와 에일레이티이아의 누이이다(☞계보 38). 〈천상〉에서 그녀는 〈신들의 시녀〉 역할을 했다. 가니메데스가 납치되어 오기 전까지 그녀는 신주를 따르는 일을 도맡고 있었다. 또한 아레스의 목욕을 준비해 주고, 헤라가 말들을 수레에 매는 일을 도왔으며, 아폴론의 리라 선율에 맞추어 무사이 및 호라이와 더불어 춤을 추었다. 헤라클레스가 헤라와 화해하고 신격화된 후에 신들은 헤라클레스와 헤베의 결혼을 축하했다. 이 결혼은 헤라클레스가 신들의 영원한 청춘을 얻게 되었음을 상징한다.

헤스티아 ῾Εστία / Hestia 헤스티아는 화로의 여신으로, 크로노스와 레이아의 장녀이자 제우스의 누이이며 헤라와는 자매간이다. 그녀는 아폴론과 포세이돈에게 구혼을 받았지만 제우스로부터 영원히 처녀성을 지켜도 좋다는 허락을 얻어 냈다. 게다가 제우스는 그녀에게 이례적인 영예를 부여하여, 모든 인간들의 가정과 모든 신들의 신전에서 숭배받도록 했다. 다른 신들은 인간 세상을 오갔지만, 헤스티아는 올림포스를 한번도 떠나지 않았다. 화로가 한 집안의 종교적 중심이듯이 헤스티아는 신들의 거주지에서 종교적 중심이었다.
  헤스티아는 올림포스를 떠나지 않았으므로 어떤 전설에도 등장하지 않으며, 개별적인 신이라기보다는 집안의 화로라는 추상적 개념으로 남았다.

헤스페로스 ῞Εσπερος / Hesperus 헤스페로스는 저녁별의 정령이다. 그는 아틀라스의 아들 혹은 형제로 여겨진다. 그는 최초로 아틀라스 산에 올라가서 별들을 관측했다. 어느 날 폭풍이 불더니 그는 종적을 감추었다. 사람들은 착한 그를 좋아했으므로, 그가 별로 변한 것이라 생각하고 매일 저녁 휴식을 가져다 주는 좋은 별을 헤스페로스라고 명명했다. 아틀라스 전설에 대한 이 같은 에우헤메로스적 해석에 따르면, 헤스페로스의 딸 헤스페리스는 아틀라스와 결혼하여 헤스페리데스를 낳았다고 한다.

그리스 작가들은 헤스페로스를 포스포로스 별과 동일시했고 로마 인들은 이 별을 루키페르(샛별)라 불렀다.

헤스페리데스 Ἑσπερίδες / Hesperides 헤스페리데스는 〈석양의 님프들〉로 헤시오도스의 『신들의 계보』에서 헤스페리데스는 밤의 딸들로 묘사되었다. 그러나 후에는 그녀들이 차례로 제우스와 테미스, 포르키스와 케토, 마지막으로 아틀라스의 딸들로 그려진다. 또한 그녀들이 몇 명인지에 대해서도 일치하지 않는다. 주로 아이글레, 에리테이아, 헤스페라레투사 세 명으로 여겨지지만, 헤스페라레투사라는 이름은 헤스페리아와 아레투사로 각기 다른 두 명의 헤스페리데스라고도 한다(☞헤라클레스).

헤스페리데스는 〈행복한 자들의 섬〉에서 멀지 않은 머나먼 서쪽의 오케아노스 연안에 살았던 것으로 전한다. 그러나 서방 세계가 점점 더 알려지면서 헤스페리데스가 살던 나라의 위치는 아틀라스 산 아래로 구체화되었다.

그녀들의 주요 임무는 포르키스와 케토(혹은 티폰과 에키드나)의 아들인 용의 도움을 받아 황금 사과가 자라는 신들의 정원을 지키는 것이었다. 이 황금 사과는 예전에 제우스와 헤라의 결혼 선물로 대지의 여신이 헤라에게 준 것이다(☞헤라클레스). 그녀들은 신들의 음료인 암브로시아가 솟아나는 샘 근처에서 함께 노래를 부르곤 했다.

헤스페리데스는 헤라클레스 계열과 연관된다. 영웅은 그녀들이 사는 곳으로 불사의 과일을 찾아 나서며, 그것은 이미 영웅의 신격화를 예고하는 것이다.

헤스페리데스에 대한 에우헤메로스적 해석은 다음과 같다. 헤스페리데스는 아틀라스와 그의 질녀 헤스페리스 사이에 태어난 7명의 딸이었다고 한다. 그녀들은 많은 양(〈멜라〉라는 그리스어는 〈사과〉와 동시에 〈양〉을 의미한다)들을 소유하고 있었다. 이웃 나라 이집트의 부시리스 왕은 약탈자들을 보내어 그녀들의 양떼를 습격했고 그녀들을 납치했다. 마침 그 고장에 갔던 헤라클레스는 이들 약탈자를 죽이고 그들의 노획물을 빼앗았다. 그리고 자유의 몸이 된 헤스페리데스를 아틀라스에게 돌려주었다. 그 보상으로 아틀라스는 영웅에게 〈그가 찾고 있던 것〉(그가 사과를 원했는지 아니면 양을 찾던 것인지는 알려지지 않음)을 주었을 뿐만 아니라, 그에게 천문학을 가르쳐 주었다(에우헤메로스적 해석에 따르면, 아틀라스는 최초의 천문학자였다고 한다. ☞아틀라스).

헤시오네 Ἡσιόνη / Hesione 전설에 나오는 헤시오네는 세 명으로, 모두 바다와 관계 있다.

1. 첫번째 헤시오네는, 아이스킬로스에 따르면, 오케아노스의 딸들 중 한 명이자 프로메테우스의 아내라 한다. 그러나 그녀의 이름은 헤시오도스가 기록한 오케아니데스의 명단에는 포함되어 있지 않다.

2. 두 번째 헤시오네는 뱃사람 나우플리오스의 아내로 팔라메데스, 오이악스, 나우시메돈의 어머니이다.

3. 가장 유명한 헤시오네는 트로이아 왕 라오메돈의 딸이다(☞계보 7). 그녀는 텔라몬과 결혼하여 아들 테우크로스를 낳았다. 그녀가 결혼하게 된 것은 특수한 상황들 때문이다. 라오메돈이 포세이돈(그리고 아폴론)에게 트로이아 성벽을 쌓은 데 대해 약속한 보수를 주지 않자 화가 난 신은 바다 괴물을 보내어 주민들을 잡아먹게 했다. 신탁을 구하자 포세이돈의 화를 진정시키기 위해서는 왕의 친딸을 괴물에게 제물로 바쳐야만 한다는 답이 내렸다. 그래서 헤시오네는

바위에 묶여 괴물에게 잡아먹히기를 기다려야만 했다. 때마침 헤라클레스가 트로아스에 왔고, 라오메돈에게 그의 말들을 보상으로 준다면 괴물을 처치해 주겠다고 제의했다. 라오메돈은 이를 허락했지만, 딸이 무사히 풀려나자 약속한 보상을 하지 않았다(☞헤라클레스). 몇 년이 지나 헤라클레스는 이를 복수하려고 원정길에 올랐고 트로이아를 정복했다. 영웅의 부하 텔라몬이 첫번째로 성벽을 넘었고, 그 보상으로 헤라클레스는 헤시오네를 그에게 주어 결혼하게 했다.

헤시오네는 포로들 중 자기 형제인 포다르케스를 선택하여 풀어 주게 했다. 그는 후에 프리아모스라 불리게 되었다. 그녀는 헤라클레스에게 포다르케스의 몸값을 지불한 후 함께 그리스로 데리고 갔다.

또 다른 이야기에 의하면, 헤시오네는 텔라몬의 아이를 가진 채로 배를 타고 도망쳐서 밀레토스에 도착했으며, 그곳에서 아리온 왕의 아내가 되어 트람벨로스라 불리는 아들을 낳았다고 한다(☞아리온, ☞트람벨로스).

헤오스포로스 Ἑωσφόρος / Heosphorus 에오스(새벽)의 불꽃 헤오스포로스 혹은 에오스포로스는 새벽별의 이름이다. 그는 에오스와 아스트라이오스의 아들(☞계보 14)로, 텔라우게의 아버지이다. 클레오보이아와의 사이에서 필로니스라 불리는 딸을 낳았다(☞필람몬).

헤일레비에 Εἰλεβίη / Hilebie 리르코스는 포르네우스의 아들로 이오의 구혼자들 중 한 명이었다. 그는 이나코스로부터 제우스가 납치한 젊은 처녀를 찾아 오라는 명을 받고(☞이오) 온 세상을 헤매 다녔다. 그러나 그는 끝내 이오를 찾지 못했고, 그녀 없이 아르고스로 되돌아가기가 두려웠으므로, 카리아 지방의 카우누스에 정착하여 그곳 왕의 딸들 중 한 명인 헤일레비에와 결혼했다. 이들 사이에는 자식이 없었다. 리르코스는 그 이유를 알고자 신탁에 물으러 갔고 그 결과 아내에게 불충실하게 되었다(☞리르코스 1). 이에 화가 난 그의 장인은 그를 쫓아내려 했으나, 남편에게 충실했던 헤일레비에는 남편이 아버지를 이길 수 있도록 도왔다.

헤카메데 Ἑκαμήδη / Hecamede 아킬레우스는 트로이아 전쟁에 참가하러 가는 길에 테네도스 섬을 정복했는데, 그 포로들 중에 아르시노오스의 딸 헤카메데라는 젊은 처녀가 있었다. 후에 이 포로는 네스토르의 차지가 되었다.

헤카베 Ἑκάβη / Hecabe 헤카베는 프리아모스의 두 번째 아내이다. 그녀의 혈통은 고대부터의 논쟁거리로, 각기 다른 혈통을 주장하는 두 전승이 있다. 하나는 헤카베가 프리기아 왕 디마스의 딸이라고 하며, 다른 하나는 그녀가 트라케 왕 키세우스의 딸이라고 한다. 전자의 경우 그녀는 하신 상가리오스의 후손이 되는데, 이 전설의 한 이본에 따르면 상가리오스는 그녀의 증조부가 아니라 아버지이며, 님프 에우아고라에게서 헤카베를 낳았다고 한다. 혹은 그녀의 어머니가 크산토스의 딸 글라우키페였다고도 한다. 디마스의 아내는 님프 에우노에였다. 그녀를 트라케 왕 키세우스의 딸로 보는 작가들은 그녀의 어머니가 텔레클레이아였다고 한다.

『일리아스』는 헤카베를 프리기아 및 디마스와 연관짓는 전승을 따르는 반면, 에우리피데스를 위시한 비극 시인들은 트라케 혈통을 따르고 있다. 헤카베의 가계에 관한 문제는 워낙 복잡한 것이라 빈정거리기를 좋아했던 티베리우스 황제는 당대의 학자들에게 이 문제를 제기하기를 즐겼다고 한다.

헤카베

헤카베는 다산으로 유명하다. 그녀는 프리아모스와의 사이에서 19명의 자식을 낳았다고 하며, 에우리피데스는 이 숫자를 50명까지 늘렸다. 반면에 아폴로도로스는 다음 14명만을 언급하고 있다. 장남인 헥토르, 예언적인 꿈을 꾸고 낳은 차남 알렉산드로스 일명 파리스, 네 명의 딸들인 크레우사, 라오디케, 폴릭세네, 카산드라(대개의 경우 카산드라는 트로일로스의 쌍둥이 남매 혹은 그녀와 마찬가지로 예지력을 지녔던 헬레노스의 쌍둥이 남매로 여겨진다. ☞카산드라, ☞헬레노스), 여덟 명의 아들들인 데이포보스, 헬레노스, 팜몬, 폴리테스, 안티포스, 히포노오스, 폴리도로스, 그리고 장남 헥토르가 가장 아끼던 막내 트로일로스(☞)가 그들이다. 이 14명 외에 폴리다마스가 15번째 자식으로 간주되기도 한다(☞계보 34, ☞프리아모스).

호메로스의 작품에서 헤카베의 역할은 별로 두드러지지 않으며, 부차적인 역할에 그친다. 가령 그녀는 헥토르가 만용에 빠지지 않도록 주의시키고 그의 시체 앞에서 눈물을 흘리며 트로이아 시에서 불행이 사라지도록 아테나 여신에게 기도하는 것이다. 그러나 계열 서사시에서부터, 특히 비극에서 헤카베는 비중이 큰 인물로 위엄과 불행의 상징이 되기에 이른다.

그녀는 둘째 아들을 낳기 전에 신기한 꿈을 꾸었다고 한다. 그녀의 가슴에서 횃불이 나와 트로이아 전체와 심지어 이데의 숲까지도 불태운 것이었다. 해몽을 구했던 예언자들은 태어날 아이가 화근이 되어 트로이아가 멸망하리라고 대답했다. 그렇지만 헤카베는 갓난아기를 죽이기를 거부하고 그냥 내다 버렸다. 목숨을 구한 아이는 훗날 트로이아로 돌아오게 되었다(☞파리스). 한 이본은 헤카베의 꿈에 대한 언급 없이, 단지 예언자들(특히 프리아모스의 아들들 중 하나인 ☞아이사코스)이 태어날 아이가 언젠가 트로이아를 멸망시키는 화근이 되리라고 프리아모스에게 경고했다고만 한다. 아이를 어미와 함께 죽여야 한다는 것이다. 그들이 예고한 날 두 아이가 태어났다. 파리스와 무니포스가 그들인데, 무니포스는 프리아모스의 형제 혹은 처남인 티모이테스와 킬라(☞)의 아들이었다. 프리아모스는 킬라와 무니포스를 죽이라고 명했다.

헤카베의 꿈에 관한 전설은 트로이아를 멸망케 한 죄를 그녀의 책임으로 전가하기 위한 것이었다. 트로이아가 망한 것은 그녀가 파리스를 낳았기 때문, 또는 신들의 충고에도 불구하고 아이를 죽이기를 거부했기 때문이라는 것이다. 그럼으로써 그녀에게 덮친 불행들은 다소간 정당화되었다.

트로이아가 함락되었을 때 헤카베는 거의 모든 아들들을 이미 잃은 상태였다. 프리아모스는 아들들 중 한 명인 폴리도로스를 안전한 은신처에 두기 위해 케르소네소스 왕 폴리메스토르(일설에 따르면, 그는 프리아모스의 딸들 중 한 명인 일리오네와 결혼했다고 한다)에게 맡겼다(☞데이필로스, ☞폴리메스토르). 그는 폴리메스토르에게 많은 보물을 맡기며 아들을 위해 간직해 달라고 했으나 트로이아가 함락되고 프리아모스가 죽자 폴리메스토르는 맡겨진 보물들을 가로챌 욕심에 폴리도로스를 죽이고 시신을 바다에 던져 버렸다(일설에 따르면 그는 실수로 친아들인 데이필로스를 죽였다고 한다. ☞폴리도로스, ☞폴리메스토르). 시신은 파도에 실려 트로아스 해안에 이르렀고, 오딧세우스에게 잡힌 트로이아 포로들 사이에 있던 헤카베는 배에 막 오르려던 순간 운명적으로 아들의 시신을 발견하게 되었다. 그녀는 곧바로 복수를 결심하고, 하녀를 보내 폴리메스토르에게 거짓으로 다음과 같은 소식을 알렸다. 즉 그녀는 아무것도 모르는 척하면서, 그때까지 정복자들의 눈을 피해 감춰 두었던 보물을 발견했다고 적어 보냈던 것이다. 황금에 눈이 먼 폴리메스토르는 황급히 달려왔다. 그가 오자 헤카베와 함께 있던 트로이아 포로들은 그가 데리고 온 두 아이들을 그가 보는 앞에서 죽인 뒤 그의 눈을 파내 버렸다.

그리스 인들은 그녀가 저지른 죄를 벌하기 위해 돌로 쳐죽이기로 결정했다. 그런데 돌더미 아래에는 그녀의 시체 대신에 이글거리는 눈을 가진 암캐 한 마리가 있었다고 한다. 그녀가 왕의 복수를 하려던 폴리메스토르의 부하들에게 쫓기다가 암캐로 변했다고도 한다. 또 다른 전승에 의하면, 그녀는 그리스로 실려 가던 배에서 암캐로 변해 바다로 투신했다고 한다.

헤카베의 죽음에 관한 또 다른 설에 관해서는 ☞ 헬레노스.

헤카에르고스 Ἑκάεργος / Hecaergus 헤카에르고스와 오피스는 히페르보레이오이 족으로 성물을 가지고 델로스 섬에 가서 아폴론과 아르테미스에게 최초의 제물을 봉헌했다. 그들에게는 어린 두 신을 양육할 책임이 주어졌고, 이 신들에게는 각기 헤카에르고스와 오피스라는 별명이 붙여졌다. 이 전설은 두 신의 다양하게 해석되는 제의적 별칭들을 설명하기 위한 것이다.

헤카테 Ἑκάτη / Hecate 헤카테는 아르테미스와 밀접히 연관된 여신이지만, 그녀의 신화라 할 만한 것은 존재하지 않는다. 그녀는 신비스러운 존재로 남아 있으며, 이렇다 할 전설들보다는 역할 및 속성들로 이야기된다. 헤시오도스에 의하면, 그녀는 아스테리아와 페르세스 사이에서 태어났으며 티탄 족의 직계 자손이다(☞ 계보 32). 따라서 그녀는 올림포스 신들과는 관계가 없으나, 제우스는 그녀에게 이전의 권력을 유지하게 해주었고 심지어 그 권력을 증대시켜 주었다. 그녀는 모든 사람들에게 호의를 베풀었고 그들의 청을 들어주었다. 그녀는 특히 물질적 부나 정치적 모임에서의 웅변술, 전투 및 스포츠 경기에서의 승리 등을 가져다 주었다. 그녀는 어부들에게 높은 어획고를 보장해 줄 수 있었으며, 마음대로 가축을 살찌우고 죽일 수도 있었다. 그녀의 권력은 일반적인 신들의 경우처럼 특정 영역에 국한되지 않고 모든 영역에 걸쳐 있었다. 특히 사람들은 그녀를 아르테미스와 아폴론과 마찬가지로 어린아이들을 돌보는 〈보모신〉으로 여겼다.

이것이 옛 여신 헤카테의 특성들이다. 그러나 여신은 점차 다른 성격을 띠게 되었다. 그녀는 마법과 마술을 관장하는 여신으로 여겨졌고 죽음의 세상과도 연결되어 있었다. 그녀는 양손에 횃불 하나씩 들고 다양한 동물 즉 암말, 암캐, 늑대 등의 형상을 하고 마법사와 마녀들에게 나타났다. 마법을 창시한 것이 바로 그녀라고 하며, 전설에 의하면 그녀는 아이에테스, 콜키스의 메데이아 등 대표적인 마법사 가문의 일원이다(☞ 페르세스). 후대의 전승들은 키르케가 그녀의 딸이라고 한다(☞ 키르케). 그리고 키르케는 메데이아의 고모이며, 심지어는 어머니로 간주되기도 한다.

마법사로서 헤카테는 대표적인 마법적 장소인 십자로를 지배했다. 사람들은 십자로에 세 개의 몸을 가진 여인 혹은 세 개의 얼굴을 가진 여인의 모습으로 그녀의 신상을 세웠다. 이런 신상들은 고대의 촌락에서 매우 빈번하게 발견되었으며, 사람들은 그 앞에 봉헌물을 바쳤다.

헤카테로스 Ἑκάτερος / Hecaterus 헤시오도스의 소실된 대목에 등장하는 이 인물에 대해서는 스트라본만 언급하고 있으며, 문제가 된 대목의 해석도 확실치 않다. 헤시오도스에 따르면, 헤카테로스는 포로네우스의 딸(니오베를 가리킴)과 결혼하여 일련의 정령들을 낳았다고 한다. 산의 님프들, 사티로스들과 쿠레테스가 그의 자식들인데, 이것은 이들에 관한 여러 가지 계보 중 하나일 뿐이다.

헤카톤케이레스 ʹΕκατόνχειρες / Hecatonchires
헤카톤케이레스는 100개의 팔과 50개의 머리를 가지고 있는 거인들이다. 이들은 모두 세 명으로 코토스, 브리아레우스(혹은 아이가이온)와 기게스(혹은 기에스) 등이다. 이들은 우라노스와 가이아의 아들들이며(☞계보 12), 키클로페스와 같은 세대에 속한다. 그들은 키클로페스처럼 티탄 족과의 싸움에서 올림포스 신들과 제우스 편을 들어 싸웠다.

에우헤메로스적 해석에 의하면, 헤카톤케이레스는 거인이 아니라 인간이며, 마케도니아에 있는 헤카톤케이리아에 살았다고 한다. 이들은 올림피아 시의 주민들(올림포스의 신들이 아니라)을 도와 티탄 족과 싸워서 그들을 이 지방에서 쫓아낸 것으로 여겨진다.

헤칼레 ʹΕκάλη / Hecale 마라톤의 황소와 싸우기 위해 길을 떠난 테세우스는 아티카의 한 마을에서 밤을 보내게 되었는데, 그곳에서 헤칼레라고 불리는 노파에게 극진한 접대를 받았다. 그들은 같이 밤을 새웠고 다음날 테세우스가 떠나자 헤칼레는 제우스에게 제물을 바치며 젊은 청년이 반드시 되돌아오도록 해달라고 빌었다. 결국 테세우스는 황소를 죽이고는 헤칼레가 살던 초가집으로 되돌아왔지만 가엾은 노파는 이미 죽은 뒤였다. 테세우스는 노파를 추모하여 〈제우스 헤칼레시오스〉를 위한 신전을 세우고 축제를 벌였으며, 헤칼레 제사 또한 창설했다(☞테세우스).

헤파이스토스 ʺΗφαιστος / Hephaistus 헤파이스토스는 불의 신으로, 제우스와 헤라의 아들이다. 하지만 때로는 제우스가 여자의 도움 없이 아테나를 낳자(☞아테나), 화가 난 헤라가 혼자서 낳은 아들이라고도 한다. 헤라는 아이를 낙소스 사람 케달리온에게 맡겨 금속 가공 작업을 배우게 했다(☞케달리온). 적어도 헤시오도스의 전통에 따르면 그렇다. 이와 모순되는 크레테의 한 전설에서는, 헤파이스토스가 제우스의 아들이 아니라 탈로스의 아들이라 한다(☞탈로스). 탈로스 자신은 크레테 섬의 명조인 크레스의 아들이다. 이 전승에서는 라다만티스가 헤파이스토스의 아들로 여겨진다.

헤파이스토스는 다리를 절었고 그의 불구에 관해서는 다양한 신화적 설명들이 있다. 가장 일반적인 설은 『일리아스』에서 이야기된다. 즉, 헤라가 헤라클레스의 문제로 제우스와 다투자, 헤파이스토스는 어머니 편을 들었다. 그러자 제우스가 그의 발목을 잡아채어 올림포스 아래로 던져 버렸다. 헤파이스토스는 낮 동안 계속 추락하다가 밤이 될 무렵에야 렘노스 섬에 닿았는데 쓰러져서 겨우 숨만 쉴 수 있을 정도였다. 그곳에서 그는 신토이[신티에스] 족(렘노스로 이주해 온 트라케 민족)에 의해 구조되어 목숨은 건졌으나 영원히 다리를 절게 되었다는 것이다.

『일리아스』는 그의 불구에 관한 또 다른 설명도 전한다. 헤파이스토스는 태어나면서부터 다리를 절었고, 이를 수치스럽게 생각한 그의 어머니 헤라는 다른 신들의 눈에 띄지 않도록 감추기로 결심하여 올림포스의 꼭대기에서 그를 던져 버렸다. 헤파이스토스는 오케아노스로 떨어졌으나 테티스와 에우리노메가 그의 목숨을 구해 주고 그를 받아들여 바다 속의 동굴에서 9년 동안이나 길러 주었다. 9년 동안 헤파이스토스는 그녀들을 위해서 많은 보석들을 만들어 주었고, 그녀들의 친절에 가슴 깊이 고마움을 간직하고 있었다.

이 두 설을 조화시키려는 시도도 여러 가지 있었다. 가령 헤파이스토스는 제우스가 던졌지만, 렘노스 섬에 떨어진 것이 아니라 바다로 떨어져 바다의 여신들이 그를 받아들였다는 식이다(헤라 자신도 오케아노스와 테티스에 의해 양육되었다. ☞헤라).

헤파이스토스는 올림포스 꼭대기에서 자신을 던져 버린 어머니에게 복수하기 위해 아무도 모르게 황금 보좌를 만들었는데, 누구든지 그 보좌에 앉기만 하면 사슬이 옥죄게 되어 있었다. 그는 보좌를 어머니한테 보냈고 헤라는 경솔하게도 그 의자에 앉아 버렸다. 그녀 스스로가 사슬을 풀 수 없는 것은 물론이고, 그것을 풀 수 있는 이는 아무도 없었다. 단지 헤파이스토스만이 그 비결을 알고 있었다. 그래서 신들은 그를 다시 올림포스로 불러들여 여신을 풀어 주게 해야 했다. 헤파이스토스의 신임을 받고 있던 디오니소스가 그를 찾아가서 그를 술에 취하게 한 뒤 설득하는 데 성공했다. 헤파이스토스는 (당나귀를 타고) 올림포스로 돌아갔으며 어머니를 풀어 주었다.

올림포스의 주요 신들의 반열에 든 헤파이스토스는 불의 지배자가 되었다. 그는 힘이 센 신으로, 신들과 거인족의 전쟁 때는 벌겋게 달군 쇳덩이들을 던져 클리티오스를 죽였으며 마찬가지로 트로이아 전쟁에서도 불을 무기로 싸웠다. 게다가 그는 금속과 야금술의 신이기도 하다. 그는 화산을 지배하여 그곳을 자신의 작업장으로 삼았으며, 키클로페스의 도움을 받으며 일했다(적어도 비교적 후대의 전설들에 의하면 그렇다). 테티스의 부탁을 받아 아킬레우스에게 줄 무기를 만든 것도 그였다. 그의 솜씨는 그가 어머니에게 만들어 보낸 황금 보좌로 이미 입증된

터였다. 신들 사이에서 헤파이스토스는 인간들 사이에서 다이달로스와도 같은 존재로, 그는 어떤 기술적 기적도 만들어 낼 수 있는 발명가로 여겨졌다.

헤파이스토스의 외모는 흉했지만 대단히 아름다운 여자들을 아내로 삼았다. 이미 『일리아스』에서는 카리테스 중 가장 아름다운 카리스가 그의 아내로 등장하며, 헤시오도스는 카리테스 중 막내 아글라이아를 그의 아내로 간주한다. 그러나 그는 특히 『오딧세이아』에서 언급된 아프로디테와의 사랑 이야기로 더욱 잘 알려져 있다. 제우스는 헤파이스토스를 아프로디테와 결혼시켰지만 그녀는 곧 아레스의 정부가 되었다. 어느 날 모든 것을 관망하는 태양 신 헬리오스는 아레스와 아프로디테가 같이 누워 있는 것을 보고 헤파이스토스에게 이 사실을 알려 주었다. 그는 아무 말도 하지 않고 눈에 보이지 않는 그물을 만들어 아내의 침대에 펼쳐 놓았다. 아내가 애인과 함께 침대에 눕자 그물이 그들을 꼼짝도 못하게 죄어 버렸다. 그러자 헤파이스토스는 모든 신들을 불러 이 광경을 구경하게 했다. 아프로디테는 수치스러운 나머지 풀려나자마자 도망쳐 버렸고, 모든 신들은 폭소를 터뜨렸다.

전승에 의하면, 헤파이스토스에게는 여러 아들이 있었다고 한다. 예를 들어 아르고나우타이 중 한 명인 팔라이몬, 혹은 팔라이몬처럼 아버지로부터 뛰어난 손재주를 물려받은 전설적인 조각가 아르달로스, 유명한 산적으로 테세우스에게 죽임을 당한 페리페테스 등이 그들이다.

또한 아테나이 인들의 전설적 영웅 에리크토니오스는, 처녀신 아테나를 향한 헤파이스토스의 욕정으로 대지에서 태어났다(☞에리크토니오스). 헤파이스토스는 제우스의 머리를 쪼개어 처녀신 아테나가 태어나도록 도와주었다고도 한다(하지만 이 전설은 아테나가 태어난 것을

보고 화가 난 헤라가 헤파이스토스를 낳았다고 하는 설과는 일치하지 않는다).

헤파이스토스는 판도라를 만들어 내는 데에도 참가하여, 진흙으로 그녀를 빚었다(☞판도라). 또한 프로메테우스를 벌하는 데에도 관여하여 프로메테우스를 카우카소스 산에 묶어 놓고 독수리가 그의 간을 쪼아 먹게 만들었다(☞프로메테우스).

헥토르 ῞Εκτωρ / Hector 트로이아 용사 헥토르는 프리아모스와 헤카베의 아들로, 그들의 장남이었을 것이다. 스테시코로스까지 소급되는 몇몇 전승들에 의하면, 그는 아폴론의 아들이라고 한다. 트로이아의 왕은 프리아모스였지만 동포들에게 진정한 권력을 발휘한 것은 헥토르였다. 그는 자신의 뜻대로 의회의 토론을 이끌어 나갔고 전쟁을 주도했다. 헥토르는 백성들에게 많은 사랑을 받았고, 트로이아 인들은 그를 거의 신과 같은 존재로 여겼다. 그는 트로이아 시의 주요 수호자로 우방은 물론이거니와 적들에게도 알려져 있었다. 아가멤논은 헥토르가 있는 한 트로이아를 장악할 수 없음을 깨닫고 우선 그를 제거할 방도를 모색했다.

헥토르라는 인물은 『일리아스』에서는 상세하게 다루어지나 계열 서사시들 및 비극들에서는 거의 등장하지 않는다. 그래서 『일리아스』가 그에 관해 들려주는 유일한 이야기 즉 트로이아 전쟁이 10년째 되던 해에 그가 이룩한 업적을 제외하고는 그가 어떤 공적들을 세웠는지 전혀 알 수가 없다. 헥토르가 미시아에 있는 테베 왕의 딸 안드로마케(☞)와 결혼하여 외아들을 두었다는 사실은 잘 알려져 있다. 그 아들을 트로이아 인들은 아스티아낙스라 불렀고 부모들은 스카만드리오스라 불렀다. 아스티아낙스는 아버지가 죽었을 때 아직 어린아이였다. 드문 전승에 따르면 헥토르와 안드로마케 사이에는 아스티아낙스 말고도 라오다마스라는 아들이 있었다고 한다. 또는 옥시모스라는 아들도 있었다고 한다.

전쟁이 10년째로 접어들기 전까지 헥토르는 아킬레우스가 그리스 군에 있다는 것을 알고 있었으므로 평원에서의 전투를 피했다. 한번은 아킬레우스가 헥토르와 맞대결하려 했지만 헥토르는 그를 피해 트로이아 성 안으로 도망쳐 버렸다. 그러나 아킬레우스가 없는 동안에 그는 그리스 인들을 도륙했다. 헥토르는 아레스 자신이 디오메데스에게 상처를 입기 전까지 그의 보호를 받으며 므네스테스, 앙키알로스, 테우트라스, 오레스테스, 트레코스, 오이노마오스, 헬레노스, 오레스비오스를 죽였다. 그러나 그리스의 반격이 있자 그는 트로이아 성 안으로 잠시 철수했다[여자들이 아테나 여신에게 탄원하게 하기 위해 성 안으로 돌아간 것임].

그 후 헥토르는 안드로마케와 아스티아낙스에게 작별 인사를 하고는 다시 싸우러 나갔다. 그는 형제인 파리스와 함께 나타나, 어떤 그리스 용사와도 단독 결투를 하겠다고 도전했다. 그러자 메넬라오스가 나섰지만 아가멤논의 만류로 결국 아이아스가 그의 도전을 받아들였다. 이들의 결투는 아무런 결말도 나지 않은 채 밤까지 이어졌다. 밤이 되자 아이아스와 헥토르는 선물을 교환했는데, 아이아스는 자신의 허리띠를, 헥토르는 자신의 검을 내놓았다.

헥토르의 역할이 가장 두드러지는 것은 그리스 선단을 공격할 때이다. 이 전투에서는 모든 지휘권이 그에게 있었다. 헥토르가 네스토르나 디오메데스와 같은 용사들을 죽이지 못하도록 하기 위해서는 여러 차례 신들이 직접 개입해야 했다. 반면 헥토르는 아폴론이 보호해 주었다. 아폴론은 테우크로스의 화살이 그에게서 빗나가게 만들었고, 제우스는 신들과 여신들에게 아킬레우스가 전투에 참여하지 않는 한 헥토르가 승리하게 하라고 명했다.

전황이 그리스 인들에게 매우 위태롭게 돌아가고 있을 즈음에 아킬레우스의 허락을 받은 파트로클로스가 그들을 도우러 왔다. 그러나 그는 곧 헥토르에게 죽임을 당했고, 그리스 인들의 노력에도 불구하고 그의 무기를 적에게 **빼앗겨** 버렸다.

아킬레우스가 전쟁에 가담하자 헥토르의 최후가 닥쳐왔다. 아킬레우스가 헥토르의 형제들 중 한 명인 폴리도로스를 죽이자 헥토르는 이에 보복하려 했지만, 그의 창은 아킬레우스의 발치에 힘없이 떨어져 버렸다. 그의 운명이 아킬레우스와 맞서 아무 힘도 발휘할 수 없도록 정해져 있었기 때문이다. 그는 아킬레우스의 손에 죽게 되어 있었다. 이러한 운명의 순간을 미루기 위해 아폴론이 그를 구름에 감싸 버렸으므로 아킬레우스는 그를 찾을 수가 없었다. 그러나 트로이아 군이 성 안으로 퇴각한 후에도 헥토르는 스카이아이 성문 앞에 홀로 남아 있었다. 그의 부모는 헥토르 역시 성 안으로 피신하라고 했지만 그는 그들의 충고를 받아들이지 않고 아킬레우스를 기다렸다. 그러나 막상 아킬레우스가 접근해 오자 겁에 질려 그 앞에서 도망쳐 버렸다. 두 적수는 쫓고 쫓기면서 트로이아 성 주변을 세 번이나 돌았다. 마침내 데이포보스의 모습으로 나타난 아테나 여신이 그를 돕겠다고 약속하면서 헥토르에게 그만 도망가고 싸우라고 설득했다. 그러나 헥토르가 결투를 받아들여 아킬레우스와 정면으로 맞서자 아테나 여신은 사라졌고, 그는 자신의 최후가 다가왔음을 깨달았다. 올림포스 산에서 제우스가 두 적수의 운명을 저울질하자 헥토르의 운명의 저울이 더 무거워 하데스로 기울어졌다. 결국 아폴론은 헥토르를 포기했고

아킬레우스는 그에게 최후의 일격을 가했다. 헥토르는 죽어 가면서 아킬레우스에게 자신의 시신을 프리아모스에게 돌려주라고 간청했지만 거절당했다. 그러자 헥토르는 죽어 가는 사람들이 흔히 지니게 되는 통찰력으로 아킬레우스에게도 머지않아 죽음이 찾아오리라고 예언했다.

아킬레우스는 시신의 발목을 뚫어 가죽끈으로 자신의 마차 뒤에 묶었다. 그리고 모든 트로이아 인들이 보도록 도시 전체로 끌고 다녔다. 그런 다음 시신이 개들과 새들에게 마구 뜯기도록 그리스 진영에 내팽개쳤고, 그래서 신들조차도 헥토르를 가엾이 여기게 되었다. 제우스는 아킬레우스에게 이리스를 보내어[정확히는 이리스가 아킬레우스를 찾아간 것이 아니라, 제우스가 이리스를 보내어 테티스를 올림포스로 불러다가, 아들에게 시신을 돌려주도록 설득하기를 부탁한다. 『일리아스』 24권 — 감수자 주] 헥토르의 시신을 프리아모스에게 되돌려줄 것을 명했고, 프리아모스는 아킬레우스에게 대사를 파견하여[『일리아스』에는 프리아모스 자신이 직접 늙은 종 하나만 데리고 그리스 군 진영을 방문하는 것으로 되어 있다 — 감수자 주] 높은 몸값을 지불하고 아들의 시신을 돌려받았다. 그리고 12일 동안 휴전을 하여 트로이아 인들은 그들의 수호자를 위해 성대한 장례식을 치를 수 있었다. 안드로마케, 헤카베와 헬레네가 그를 애도했다.

헬레 Ἕλλη / Helle 헬레는 프릭소스의 누이로, 그들은 아타마스와 네펠레의 자식들이다(☞아타마스). 그녀는 프릭소스와 함께 계모 이노의 미움을 피해 하늘을 나는 숫양을 타고 도망쳐서 목숨을 구했다. 그렇지만 프릭소스가 콜키스 왕 아이에테스의 궁정에 도착한 반면 헬레는 바다로 떨어졌다. 그때부터 이 해협은 헬레스폰토스(〈헬레의 바다〉라는 뜻으로 현재는 마르마라

해(海)를 가리킴)이라 불리게 되었다.

또 다른 전설에 의하면, 바다에 떨어진 그녀는 익사하지 않고 포세이돈에게 구조되었다고 한다. 그녀는 포세이돈의 사랑을 받아 파이온, 에도노스와 알몹스 등을 낳았다.

헬레네 ʹΕλένη / Helene 헬레네는 메넬라오스의 아내로, 그리스 인들이 10년간이나 트로이아에서 전쟁을 벌인 것은 그녀 때문이다. 그녀의 전설은 매우 복잡한 데다가 호메로스의 서사시 이후로 점차 다양한 요소들이 첨가되어 본래의 이야기가 희미해질 지경이 되었다.

호메로스의 서사시에서는 아직 그녀의 혈통이 명백하다. 그녀는 제우스와 레다의 딸로 〈인간〉 아버지는 틴다레오스이며(☞계보 24), 형제들로는 디오스쿠로이 즉 카스토르와 폴리데우케스가 있고, 클리타임네스트라와는 자매간이다. 하지만 일찍부터 헬레네는 제우스와 네메시스(☞)의 딸로도 여겨졌다. 제우스를 피해 도망친 네메시스는 갖가지 모습으로 변신하여 전 세계를 돌아다니다가 결국 거위로 변신했다. 그러자 제우스는 백조로 변신하여 아티카의 람누스에서 그녀와 결합했다. 이 결합으로 네메시스는 알을 낳았는데 그녀는 그것을 신성한 숲 속에 버렸다. 목동이 그 알을 발견하여 레다에게 가지고 갔다. 레다는 알을 바구니에 넣었고 때가 되자 알이 부화하여 헬레네가 태어났으며, 레다는 그녀를 자신의 친딸처럼 키웠다. 레다가 헬레네의 어머니라고 하는 전승은 제우스가 백조의 모습으로 그녀와 결합했고, 그녀가 알을 낳았는데 거기서 딸이 나왔다는 비슷한 이야기로 전개된다. 그러나 그녀가 알을 두 개 낳았으며, 그 중 한 개에서는 헬레네와 폴리데우케스가, 다른 한 개에서는 클리타임네스트라와 카스토르가 나왔다고도 한다. 혹은 헬레네, 카스토르, 폴리데우케스는 같은 알에서 나왔고 틴다레오스의 딸 클리타임네스트라는 정상적인 방법으로 태어났다고 전하고 있다.

또 다른 전승들은 헬레네를 오케아노스의 딸, 혹은 아프로디테의 딸이라고 한다. 그리고 클리타임네스트라 이외에 티만드라와 필로노에와도 자매간이라고 이야기한다.

호메로스에게 알려지지 않았던 한 전설은 다음과 같은 내용을 전한다. 헬레네는 처녀 시절에 라케다이몬에서 아르테미스에게 제물을 바치다가 테세우스와 그의 친구 페이리토오스에게 납치당했다고 한다. 두 사내는 그녀를 두고 제비를 뽑았고 테세우스가 이겼다. 그러나 아테나이인들이 그녀를 받아들이기를 원하지 않았으므로 테세우스는 그녀를 아피드나로 데리고 가서 자신의 어머니 아이트라에게 맡겼다. 그런데 테세우스와 페이리토오스가 하계로 페르세포네를 데리러 간 동안에 디오스쿠로이가 그녀를 구하러 왔다. 데켈레이아 주민들은 헬레네가 어디에 숨겨져 있는지 디오스쿠로이에게 알려 주었다(☞데켈로스). 혹은 이 역할을 아카데모스(☞)가 했다는 설도 있다. 카스토르와 폴리데우케스는 아피드나 시를 정복했고, 누이를 구하는 동시에 테세우스의 어머니를 납치하여 라케다이몬으로 데리고 갔다(☞아이트라). 때로는 테세우스가 그녀의 처녀성을 존중해 주었다고 하며, 이와는 반대로 그녀에게서 딸 이피게네이아를 얻었다고도 한다(☞이피게네이아).

그녀가 라케다이몬으로 되돌아오자 틴다레오스는 그녀를 결혼시키려 했다. 그녀와 결혼하려는 구혼자들이 구름 떼처럼 몰려들었다. 그리스의 왕자란 왕자는 대부분 구혼자로 나섰던 것이다. 신화학자들은 그들의 이름을 기록하고 있는데, 그들의 수는 작가에 따라 29명에서 99명으로 다양하다. 당시의 용사들 중에서 이 명단에 들어 있지 않은 것은 아킬레우스뿐인데, 그것은 분명 그가 아직 결혼할 나이가 되지 않아서였을 것이다.

틴다레오스는 이렇게 엄청난 구혼자들의 수에 당황했고, 그들 중에서 하나를 선택하면 다른 이들이 불만을 품어 전쟁이라도 일어나지 않을까 두려워했다. 그래서 그는 오딧세우스의 충고를 기꺼이 받아들여 모든 구혼자들이 헬레네의 선택을 인정하고 필요할 때에는 선택된 자를 돕기로 맹세할 것을 요구했다. 몇 년 후 메넬라오스는 모든 그리스 장군들에게 이 맹세를 상기시켰고, 그리하여 그들은 트로이아 전쟁에 참가하지 않을 수 없게 되었다. 틴다레오스에게 이런 충고를 해준 데 대한 보답으로 오딧세우스는 페넬로페를 아내로 얻었다(☞이카리오스).

헬레네는 메넬라오스를 선택했고 다른 모든 구혼자들은 이에 승복했다. 얼마 지나지 않아 그녀는 딸 헤르미오네를 낳았다. 몇몇 전승들에 따르면, 헬레네는 니코스트라토스라 불리는 아들도 낳았다고 하는데 이 아들은 트로이아에서 돌아온 후에 태어났다는 것이 정설이다.

헬레네가 납치된 것은 바로 이 무렵이었다. 헬레네는 그 당시 세상에서 가장 아름다운 여자였고, 아프로디테는 파리스가 자신을 가장 아름다운 여신으로 판정해 준다면 그 보답으로 헬레네를 그에게 주겠다고 약속했었다(☞파리스). 그녀의 충고로 파리스는 아미클라이로 떠났고 그곳에서 틴다리다이[디오스쿠로이는 인간 아버지의 이름을 빌어 〈틴다레오스의 아들들〉로 불리기도 한다]의 왕궁에 묵은 뒤, 스파르타로 가서 메넬라오스의 환대를 받았다. 메넬라오스가 카트레우스의 장례식에 참석하기 위해 크레테 섬으로 떠나자(☞카트레우스) 헬레네가 남편을 대신하여 손님들을 대접했다. 이렇게 해서 헬레네는 파리스를 만나게 되었고, 그는 곧바로 헬레네를 납치했다. 호메로스 이후 대부분의 작가들은 헬레네가 이 납치에 기꺼이 응했던 것으로 기록하고 있지만, 어떤 작가들은 헬레네가 파리스에게 강제로 끌려간 것이라고 그녀를 변호하기도 한다. 또 다른 작가들은 틴다레오스 자신이 메넬라오스의 출타 중에 딸을 파리스에게 넘겨주었다고 하며, 심지어 아프로디테가 파리스를 메넬라오스의 모습으로 변신시켜 헬레네를 유혹했다고까지 말한다. 그러나 대개는 이 납치 사건에서 결정적인 역할을 한 것은 파리스의 수려한 용모와 동방적인 부(富)로 여겨진다.

헬레네는 빈손으로 파리스를 따라간 것은 아니었다. 그녀는 보물들과 노예들을 데리고 갔는데, 거기에는 테세우스의 어머니 아이트라도 포함되어 있었다. 그러나 그녀는 딸 헤르미오네는 스파르타에 남겨 두었다.

연인들의 여행에 관해서도 여러 가지 설들이 있다. 호메로스의 서사시들은 이에 대해 거의 언급하지 않는다. 가장 오래되고 단순한 설은 순풍이 불어서 파리스가 사흘 만에 소아시아까지 실어다 주었다는 것이다. 그러나 파리스의 배가 헤라가 일으킨 폭풍에 밀려 포이니케의 시돈까지 가게 되었다는 설도 있다. 『일리아스』는 이를 시사하며, 후대의 저자들은 이를 확대하여 이야기한다. 즉 파리스는 왕에게 극진한 대접을 받았음에도 불구하고 도시를 점령하고 궁궐을 약탈한 뒤 떠났으므로 포이니케 인들에게 쫓기며 혈투를 벌이다가 마침내 트로이아에 도착했다는 것이다. 이와 유사한 전승에 의하면, 그는 추적당할 것을 두려워한 나머지 포이니케와 키프로스에서 상당한 시간을 보내다가 메넬라오스가 자신을 방해하지 못하리라는 확신이 서자 비로소 트로이아로 향했다고 한다. 이렇게 다양한 설들에서 헬레네는 한결같이 그의 곁에 있었던 것으로 그려진다. 그러나 이와는 전혀 다른 설들도 있다. 가령 아프로디테와 미모를 겨루다가 기분이 상한 헤라는 파리스로부터 헬레네의 사랑을 빼앗기로 결정했다고 한다. 헤라는 구름을 헬레네의 모습으로 빚어 파리스에게 주었고, 진짜 헬레네는 헤르메스가 이집트로 데리고 가서 프로테우스 왕에게 맡겼다는 것이다. 그런가 하면 제우스 자신이 가짜 헬레네를 트로이아로 보내 전쟁을 일으켰다고도 한다. 하지만 헤로도토스는 제우스의 개입을 언급하지 않는다. 그에 따르면, 헬레네와 파리스는 트로이아로 가는 도중 이집트에 들렀으며 프로테우스 왕이 그들을 환대했다고 한다. 그러나 그들이 어떻게 함께 왔는지를 알게 되자 분개한 왕은 파리스를 자신의 왕국에서 추방하고 헬레네는 메넬라오스가 데리러 올 때까지 자기 곁에 가두어 두었다는 것이다. 후대의 작가들은 프로테우스가 파리스를 혼자 추방하지 않기 위해 마법으로 헬레네의 허상을 만들어 그와 동행하게 했다고 덧붙이고 있다. 그러니까 트로이아 전쟁은 바로 이 허상 때문에 발발했던 것이다.

이런 전설들의 목적은 헬레네를 자신의 의지로는 어쩔 수 없는 운명의 꼭두각시로 제시함으로써 그녀의 결백함을 입증하려는 데 있는 것처럼 보인다. 이런 전설들은 기원전 6세기에 쓰여진 스테시코로스의 『개영시』(改詠詩)까지 거슬러 올라간다. 실제로 스테시코로스는 헬레네의 행동을 비난하는 시를 쓴 적이 있었다. 파우사니아스는 그가 그 시로 인해 눈이 멀었다고 이야기한다. 그런데 크로토나의 레오니모스라는 사람이 에욱세이노스 폰토스[흑해를 가리킴]에 있는 〈흰 섬〉을 방문하게 되었다. 헬레네가 아킬레우스 곁에서 영원한 생명을 누리며 살고 있던 그 섬에서 그는 한 음성을 들었다. 음성은 그에게 스테시코로스가 사는 히메라를 향해 돛을 올리고, 그곳에 가서 시인에게 그가 장님이 된 것은 헬레네의 분노 때문이라고 알려 주라고 지시하면서, 그가 시력을 되찾기 위해서는 헬레네를 비방했던 시를 고쳐 써야 한다고 덧붙였다. 스테시코로스는 이에 따랐고 그래서 시력을 되찾게 되었다는 것이다(☞아우톨레온).

호메로스의 전통에 따르면, 헬레네는 전쟁 동안 실제로 트로이아에 살았다고 한다. 그녀의 미모에 매혹된 프리아모스와 헤카베는 그녀를 환대해 주었다. 그러나 얼마 지나지 않아 도망자를 반환해 줄 것을 요구하러 그리스에서 대사들이 파견되었다. 대사로 온 이는 오딧세우스와 메넬라오스 혹은 아카마스와 디오메데스였다고 한다. 이들은 아무런 수확도 거두지 못했고, 그래서 곧 전쟁이 발발하게 되었다. 헬레네는 파리스와 함께 살았고 그의 아내로 여겨졌다. 그렇지만 그녀 때문에 전쟁이 일어났다고 여긴 대부분의 트로이아 인들은 그녀를 미워했다. 단지 헥토르와 늙은 프리아모스만 전쟁이 신의 뜻으로 발발한 것임을 알고 있었고, 그녀에게 잘 대해 주었다. 우리는 『일리아스』에서 트로이아 인들을 돕기 위해 성벽에 서서 그녀가 익히 알고 있는 그리스 인들 중 주요 인물들을 손가락으로 지목해 주는 헬레네를 발견할 수 있다. 그 후 목마가 성 안으로 들어오자 그 안에 무엇이 있는지 알고 있던 헬레네는 목마 옆에서 그리스 용사들의 아내 목소리를 흉내내어 그 안에 숨어 있던 용사들을 끌어내리고까지 했으며, 그들 중 한 명은 그녀의 속임수에 넘어가지 않으려고 무척 애를 먹었다고 한다. 그녀의 입장은 실로 애매한 것이었다. 그도 그럴 것이 적군 그리스 인들은 그녀의 동포였고, 그녀가 그들에게 정을 갖고 있다는 것은 누구나 아는 일이었다. 그러므로 트로이아 인들이 그녀를 불신하는 것은 마땅한 일이었다. 그녀 자신은 끊임없이 위협을 당하면서도, 자신의 미모로 모든 곤경에서 벗어날 수 있으리라는 것을 알고 있었다.
 『일리아스』에는 알려지지 않았던 한 전설은 헬레네를 한번도 본 적 없던 아킬레우스가 어떻게 그녀를 만나고 싶어했는지, 그리고 테티스와 아프로디테 두 여신들이 어떻게 이 둘을 만나게 해주었는지를 이야기한다. 이 만남은 때로는 전쟁 이전에 이루어졌다고 하지만 대개는 아킬레우스가 죽기 직전의 일이었다고 한다. 아킬레우스는 그녀를 만나자마자 사랑하게 되어 그녀와 결합했다는 것이다. 적어도 헬레네에게 다섯 명의 남편이 있었다고 하는 신화학자들의 주장에 따르면 그렇다. 아킬레우스는 테세우스, 메넬라오스, 파리스에 이어 네 번째 남편이었고, 파리스가 죽은 후에 결혼한 다섯 번째 남편은 프리아모스의 또 다른 아들인 데이포보스였다. 파리스가 죽자마자 프리아모스는 〈가장 용감한 자〉에게 상으로 헬레네를 내걸었으며, 데이포보스와 헬레노스 그리고 이도메네우스가 후보로 나섰다. 프리아모스의 세 아들은 모두 오래 전부터 헬레네를 탐내고 있었다. 결국엔 데이포보스가 그녀를 차지했다. 헬레노스는 홧김에 이데 산으로 들어가 버렸는데, 그곳에서 그는 그리스 인들의 포로가 되었다(☞헬레노스).
 오딧세우스가 거지 차림을 하고 트로이아에 잠입하자 비록 그가 얼굴에 상처를 그려 넣고 혹은 토아스를 시켜 몸에 상처를 내기는 했지만(☞오딧세우스), 헬레네는 그를 알아보았다. 하지만 그녀는 오딧세우스를 배신하지는 않았다. 에우리피데스에 의하면, 헬레네는 이 사실을 헤카베에게 말해 주었지만 헤카베는 그를 트로이아 인들에게 넘겨주는 대신에 성 밖으로 내보내는 데 그쳤다고 한다. 후에 오딧세우스는 다시 트로이아 성에 들어갔는데, 이번에는 팔라디온(☞)을 훔칠 목적으로 디오메데스와 함께 온 것이었다. 이번에도 변장을 하고 있었지만 역시

헬레네가 그를 알아보았다. 그러나 헬레네는 지난번처럼 그저 조용히 입을 다무는 데 그치지 않고 실제로 그를 도와주었다. 오딧세우스는 이러한 모험에서(혹은 다른 설들에 따르면 이전의 모험에서도) 트로이아 시를 점령하는 방법에 대해 그녀와 합의를 보았고, 그녀는 도시를 그리스 인들에게 넘겨주기로 했다.
 운명의 밤이 되었고 그녀는 성벽 위에서 불을 흔들었다. 그것은 테네도스 앞바다에 숨어 있던 그리스 함대가 트로이아로 들어와도 된다는 신호였다. 헬레네는 데이포보스가 저항하지 못하게끔 집에 있는 모든 무기를 치워 버렸다. 이처럼 그리스 인들에게 자신의 충성을 보여 준 헬레네는 자신만만하게 메넬라오스가 도착하기를 기다렸다. 메넬라오스는 데이포보스를 처치한 뒤 헬레네에게도 같은 운명을 겪게 할 셈으로 칼을 들고 다가갔다. 하지만 헬레네의 반쯤 벗은 모습을 보자 그는 칼을 떨구고 말았다고 한다. 또는 그녀가 아프로디테의 신전으로 피했고, 이 성역에서 첫 남편과 평화 협상을 했다고도 한다. 그리스 인들은 헬레네가 아무런 상처도 받지 않고 살아난 것을 보자 그녀를 돌로 쳐죽이려 했지만, 이번에도 역시 그녀의 미모가 그녀를 살렸다. 돌들이 그들의 손에서 떨어져 버렸던 것이다(☞메넬라오스).
 헬레네와 메넬라오스의 귀향은 참전했던 다른 영웅들의 귀향 못지않게 험난했다. 그녀가 스파르타로 돌아가는 데에는 8년이라는 세월이 걸렸다. 그녀는 지중해 동부를 오래 떠돌았고, 특히 풍랑을 만나 표착한 이집트에서도 한동안 지체했다. 그녀의 이집트 체류(트로이아로 가는 도중에 파리스와 함께 들렀던 체류 이후 두 번째임)에 관해서는 다양한 전설들이 있다. 키잡이 카노보스(혹은 카노포스)가 뱀에 물려 죽자 헬레네는 뱀을 죽이고 독을 제거한 뒤 카노포스를

위해 장례식을 치러 주었으며, 그는 나일 강의 입구에 있는 도시인 카노페의 명조가 되었다(☞카노포스). 또한 이웃 나라 왕 톤 혹은 토니스는 메넬라오스와 헬레네를 환대했는데, 헬레네의 미모에 매혹된 나머지 그녀를 겁탈하려다가 메넬라오스에게 죽임을 당했다고 한다. 더욱 복잡한 전승에 따르면, 메넬라오스는 에티오피아로 원정을 떠나면서 아내를 토니스 왕에게 맡겼는데, 토니스의 아내 폴리담나는 남편이 헬레네에게 추파를 던지는 것을 알고 그녀를 파로스 섬으로 보냈다. 그러면서 그녀는 이 섬에 득실거리는 수많은 뱀들로부터 헬레네를 보호할 수 있는 약초를 주었다고 한다(☞폴리담나).

이집트에서의 체류는 또 다른 식으로도 설명된다. 트로이아가 함락되기 전에 헬레네는 메넬라오스를 그리워하며 도시에서 도망쳤다. 그녀는 파로스라 불리는 선장을 매수하여 라케다이몬으로 데려다 달라고 했다. 그러나 풍랑으로 그들은 이집트 해안에 표착하게 되었다. 그곳에서 파로스는 뱀에 물려 죽었고 헬레네는 그를 장사지낸 뒤 나일 강 어귀에 위치한 섬에 그의 이름을 붙여 주었다. 전쟁이 끝난 후 메넬라오스는 그녀를 이집트에서 되찾았다.

에우리피데스에 따르면, 스파르타에 도착하기 전에 헬레네와 메넬라오스는 우선 아르고스에 닿았는데, 마침 그날 오레스테스는 클리타임네스트라와 아이기스토스(☞오레스테스)를 죽인 뒤였다. 안전을 기하기 위해 메넬라오스는 헬레네를 밤에 궁궐로 들어오게 했다. 두 사람은 궁궐에서 어떤 사건이 일어났는지 모르고 있었다. 오레스테스는 동방풍의 호사스러운 옷을 입고 하녀들에 둘러싸여 있는 헬레네를 보고 자신의 집안에 일어난 모든 불행들이 그녀 때문이었다고 탓하면서 그녀를 죽이려 했다. 그러나 제우스의 명으로 아폴론이 그녀를 데리고 가서 불멸의 존재로 만들어 주었다. 이 전설은 『오딧세이아』 이후 일반적으로 받아들여진 전설, 즉 헬레네가 스파르타의 메넬라오스 곁으로 돌아가 모든 가정적 덕목들을 실천했다는 설과는 일치하지 않는다.

하지만 헬레네의 신격화에 관한 전설은 헬레네의 수많은 성역들(메넬라오스 역시 이곳에서 숭배되었다)이 있었던 것으로 미루어 보아 어느 정도 신빙성이 있다. 메넬라오스가 신격화된 것은 헬레네가 평생 그에게 가했던 모든 고통들을 어떤 식으로든 보상하기 위해 기도한 덕분이었다고 하며, 또한 그녀의 형제 카스토르와 폴리데우케스가 신격화된 것도 그녀의 기도 덕분이었다고 한다.

파우사니아스가 전하는 한 로도스 전설에 의하면, 헬레네는 전혀 다른 방식으로 생애를 마감한다. 메넬라오스가 죽은 후 그의 두 아들 니코스트라토스와 메가펜테스는 그녀의 잘못을 벌하기 위해 헬레네를 추방했다. 그래서 헬레네는 옛 친구 폴릭소가 있는 로도스로 피난했는데, 폴릭소의 남편 역시 트로이아 전쟁 동안 그리스를 위하여 싸우다가 전사한 터였다. 그래서 폴릭소는 겉으로는 헬레네를 환대하는 척했지만 속으로는 복수를 결심하고 있었다. 그녀는 하녀들을 에리니에스로 변장시켜, 목욕하는 헬레네를 놀라게 했다. 하녀들이 헬레네를 너무 심하게 괴롭혔으므로, 헬레네는 목매어 죽고 말았다는 것이다.

헬레네가 받은 〈벌〉에 대해서는 또 다른 전승들이 있다. 예컨대 이피게네이아는 그녀를 타우리스에서 제물로 바쳤다고 한다(이는 아울리스에서 이피게네이아가 제물이 되었던 데 대한 〈시적인 복수〉이다). 그런가 하면 아킬레우스가 헬레네 때문에 전사하자 화가 난 테티스가 그리스로 돌아가는 그녀를 죽였다는 설도 있다.

헬레네에 관한 신비주의적인 전설 중 하나에 따르면, 그녀는 아킬레우스와 결혼하여 도나우 강이 흑해로 흘러드는 하구에 위치한 흰 섬(레우케)에서 향연을 즐기며 영원히 살고 있다고 한다. 포세이돈을 위시한 신들이 결혼식을 거행해 주었고, 어떤 인간도 그 섬에 들어갈 수 없었다(위에 나왔던 스테시코로스의 전설을 참조할 것). 아킬레우스와 헬레네는 에우포리온이라는 아들을 얻었고, 날개 달린 존재인 그는 제우스의 총애를 받았다(☞에우포리온).

헬레네는 수차의 결혼에서 여러 명의 자식들을 낳았다(☞계보 13). 단지 데이포보스와의 사이에서만 자식이 없었다. 파리스와 헬레네는 딸의 이름에 대해 오랫동안 논쟁을 벌였다고 한다. 아버지는 알렉산드라로, 어머니는 헬레나라고 부를 것을 주장했던 것이다. 결국 그들은 작은 뼈들을 던져 선택하기로 했고, 그 결과 헬레나라는 이름이 뽑혔다. 이 헬레나는 헤카베에게 죽임을 당했다고 한다. 헬레나의 형제 네 명은 트로이아가 함락될 당시 지붕이 무너져서 죽었다.

헬레노스 ″Ελενος / Helenus 헬레노스는 프리아모스와 헤카베의 아들이자 카산드라의 쌍둥이 남매이다. 그는 〈아폴론 팀브리오스〉[팀브라의 아폴론]의 신전에서 보낸 밤 동안 카산드라와 마찬가지로 예언의 능력을 얻게 되었다(☞카산드라). 카산드라가 신의 사랑을 받았던 것처럼 헬레노스 역시 신의 총애를 받았다. 아폴론은 그에게 상아로 된 활을 선물했고, 이것으로 그는 아킬레우스의 손에 상처를 입혔다.

헬레노스는 파리스가 죽었다고 여겨졌을 때 그의 빈 무덤 곁에서 열린 장례 경기에 참가했다(☞파리스). 그는 파리스에게 그의 그리스 여행(그는 이 여행 중에 헬레네를 납치했다)에서 일어나게 될 모든 불행들을 예언했다.

트로이아 전쟁 초기부터 파리스가 죽을 때까지 헬레노스는 헥토르 편에서 용감하게 싸웠고 헥토르가 죽은 뒤에는 그를 대신하여 트로이아인들의 지도자가 되었다. 그는 메넬라오스에게 상처를 입었다.

그러나 파리스가 죽은 후 프리아모스가 헬레네를 자신이 아니라 동생 데이포보스에게 주자(☞헬레네) 헬레노스의 태도는 완전히 달라졌다. 화가 난 헬레노스는 이데 산으로 들어가 다시는 전투에 참전하지 않기로 결심했다. 그런데 그리스의 예언자 칼카스는 오로지 헬레노스만 트로이아가 정복될 수 있는 조건들을 알고 있다고 밝혔다. 오딧세우스는 헬레노스를 찾아내는 데 성공했고, 헬레노스는 반은 강제로 반은 매수되어 신탁을 내려 주었다. 즉, 트로이아는 다음과 같은 세 가지 조건에서만 함락될 수 있었다. 첫째 아킬레우스의 아들 네오프톨레모스가 그리스인들의 편이 되어 싸워야 하고, 둘째로 그리스인들이 펠롭스의 뼈를 손에 넣어야 하며, 셋째로 하늘에서 기적적으로 떨어진 팔라디온 상(像)을 트로이아 인들로부터 빼앗아야 한다는 것이었다. 그 밖에, 헬레노스가 제시한 조건들로는 필록테테스가 돌아와 그리스 인들의 편이 되어 싸울 것, 헤라클레스의 활과 화살을 가져올 것 등을 꼽기도 한다. 뿐만 아니라 전사들을 성내로 잠입시키기 위해 목마를 사용하라고 충고했던 것도 바로 헬레노스였다고 한다.

이 모든 공로와 전쟁 전에 그가 보여 준 태도 즉 파리스의 헬레네 납치 계획을 단념시키려 노력했던 것, 그리고 트로이아 인들이 아킬레우스의 시신을 새들에게 방치하는 것을 말렸다는 사실 등으로 인해 그는 트로이아가 함락된 후에도 목숨을 건지고 자유를 얻을 수 있었다. 이후 그의 모험담에 관해서는 여러 가지 설이 있다. 그는 포로가 된 여자들을 나눌 때 자기 몫으로 돌아온 헤카베, 안드로마케, 카산드라, 그리고 한 무리의 트로이 인들과 함께 트라케의 케르소네소스로 가서 그곳에 정착했다고 한다. 거기서 헤카베는 암캐로 변신하여 죽었고 헬레노스는 그녀를 묻어 주었으며, 그 장소는 〈암캐의 무덤〉이라 불리게 되었다. 또 다른 설에 따르면, 그는 안드로마케와 함께 네오프톨레모스의 몫이 되었다고 한다. 예지력이 있었던 헬레노스는 네오프톨레모스에게 다른 그리스 인들과 함께 뱃길로 가지 말고 육로로 되돌아가라고 충고했고, 그 덕분에 네오프톨레모스는 거의 대부분의 그리스 함대가 죽은 카파레우스 곶의 재앙을 피할 수 있었다. 네오프톨레모스가 델포이에서 오레스테스에게 죽임을 당하자(☞네오프톨레모스) 헬레노스는 과부가 된 안드로마케와 결혼하여(☞안드로마케) 아들 케스트리노스를 얻었다. 이 아들은 네오프톨레모스 대신 왕이 되었지만, 죽으면서 왕국을 네오프톨레모스의 아들 몰로소스에게 되돌려주었다.

헬레노스는 에페이로스에 부트로톤과 일리온을 건설했다고 한다. 카오니아의 이름을 붙여 준 것도 바로 그다(☞카온). 『아이네이스』에서 베르길리우스는 헬레노스가 안드로마케와 결혼하여 에페이로스에 살며 동향인들이 에페이로스를 지날 때 열렬히 환대하는 모습을 그리고 있다.

한 후대의 전설은 그가 그리스 인들에게 잡혀 고국을 배신하는 이야기를 없앨 목적으로 만들어진 것으로, 헬레네의 새 남편감으로 데이포보스가 선택되자 기분이 상한 헬레노스는 트로이를 떠나 그리스에 가서 정착하게 해달라고 프리아모스의 허락을 구했다고 한다. 그와 그의 추종자들은 여러 척의 배에 나누어 타고 트로스를 떠나 에페이로스의 한 지역에 정착하여 그곳에서 몰로소이 족을 다스렸다고 한다.

헬레이오스 Ἕλειος / Heleius 헬레이오스는 페르세우스와 안드로메데의 막내아들로(☞계보 31) 미케나이에서 태어났다. 그는 암피트리온과 함께 타포스 섬 원정에 참가했으며 승리를 거둔 후에 케팔로스와 섬을 분할하여 지배했다.

그가 라코니아에 있는 헬로스 시를 건설했다고 한다.

헬렌 Ἕλλην / Hellen 헬렌은 그리스 종족 전체(헬레네스 족)에 자신의 이름을 부여한 용사이다. 그는 데우칼리온의 아들이며 암픽티온, 프로토게네이아 등과 형제간이다(☞계보 8). 그러나 몇몇 작가들은 그를 프로메테우스의 아들이라고 본다. 그는 오르세이스라는 산의 님프와 결혼하여 도로스, 크수토스, 아이올로스 세 명의 아들을 얻었으며, 이들로부터 헬레네스의 주요 〈종족〉들 즉 도리스 족, 아이올리스 족, 이오니아 족, 아카이아 족 등이 생겨났다(☞계보 8).

헬렌은 테살리아에 있는 프티아의 왕이었던 것으로 여겨지는데, 이 도시는 페네이오스와 아소포스 강 사이에 위치하며, 데우칼리온과 피라가 대홍수 후에 정착한 장소이기도 하다. 헬렌은 아들들 중 아이올로스를 후계자로 삼았다. 그의 나머지 아들들은 이주하여 그리스의 다른 지역에 정착했다(☞도로스).

헬리아다이 Ἡλιάδαι / Heliades 헬리아다이는 태양 신 헬리오스의 아들들이다. 그들의 어머니는 로도스 섬의 명조가 된 님프 로도스이다. 이들은 모두 일곱 명으로, 그들의 이름은 오키모스, 케르카포스, 마카레우스(또는 마카르), 악티스, 테나게스, 트리오파스, 칸달로스 등이다. 그들 모두는 당대 최고의 점성가들이었다. 마카레우스, 칸달로스, 악티스, 트리오파스는 테나게스의 실력을 시샘하여 그를 죽이고, 각기 레스보스,

코스, 이집트와 카리아로 도주했다. 한편 오키모스와 케르카포스는 로도스에 남아 장남인 오키모스가 권력을 잡고 로도스 섬을 다스렸다. 그는 님프 헤게토리아와 결혼하여 딸 키디페를 얻었다. 그들의 딸 키디페는 숙부인 케르카포스와 결혼했고, 그는 형의 뒤를 이어 섬을 통치했다. 케르카포스와 키디페와의 사이에서 린도스, 이알리소스, 카미로스 세 아들이 태어났고, 이들은 나라를 배분하여 각기 동명의 도시들을 건설했다(☞케르카포스, ☞틀레폴레모스).

헬리아데스 ʽΗλιάδες / Heliades 헬리아데스는 태양 신 헬리오스의 딸이다. 그녀들의 어머니는 오케아니스 클리메네이다. 그녀들은 파에톤과 남매간이며, 그녀들의 이름은 메로페, 헬리에, 포이베, 아이테리아, 디옥시페(또는 람페티에) 등이다. 파에톤이 제우스에게 벼락을 맞고 에리다노스 강에 떨어지자 헬리아데스는 그를 애도하여 강가에서 울다가 포플러나무들로 변했으며, 그녀들의 눈물은 호박(琥珀)이 되었다고 한다. 또는 그녀들이 나무로 변한 까닭은 그녀들이 헬리오스의 허락도 없이 파에톤에게 태양 신의 마차와 말들을 주어 재앙을 초래했기 때문이라고도 여겨진다(☞파에톤).

헬리오스 ʽΗλιος / Helios 헬리오스 즉 태양은 아폴론 같은 다른 태양 신들과는 구분되는, 그만의 고유성과 특성을 지닌 신 혹은 정령이다. 그는 티탄 족의 세대에 속하며, 따라서 올림포스의 신들보다 오래된 신이다. 그는 티탄 족 히페리온과 테이아의 아들로, 에오스(새벽)와 셀레네(달)의 형제이며(☞계보 38), 우라노스와 가이아의 후손이다(☞계보 12).
헬리오스의 아내는 페르세이스로, 그녀는 오케아노스와 테티스(I)의 딸들 중 한 명이다. 그녀는 여러 명의 자식을 낳았다. 마녀 키르케, 콜키스의 왕 아이에테스, 미노스의 아내 파시파에, 자신의 형제인 아이에테스를 왕위에서 내쫓고 조카딸인 메데이아에게 살해된 페르세스 등이 그들이다.

헬리오스는 그 밖에도 다른 여러 여자들과 결합하여 자식들을 낳았다. 님프 로도스와의 사이에서 일곱 명의 아들 헬리아다이를 얻었고, 아내 페르세이스의 자매들 중 한 명인 클리메네와의 사이에서는 헬리아데스라 불리는 딸들을 얻었다(☞). 또한 그는 오르카모스와 에우리노메의 딸인 레우코토에와도 결합했다(☞파에톤, ☞클리티아).

헬리오스는 한창때의 젊은이로 대단히 아름다운 용모를 지닌 것으로 그려졌다. 그의 머리 주변에는 광채가 나서 마치 황금 머리칼처럼 보였다고 한다. 그는 매우 빠른 말들이 끄는 불수레를 타고 하늘을 가로질렀다. 그의 말들은 피로이스, 에오오스, 아에톤, 플레곤 등의 이름으로, 각기 불꽃, 불 혹은 빛을 연상시킨다. 매일 아침 에오스(새벽) 신의 수레가 지나가고 나면, 헬리오스는 인도 땅에서부터 하늘의 중앙을 가로지르는 여정을 시작했다. 온종일 수레를 달려 오케아노스에 도착하면 지친 그의 말들은 그곳에서 몸을 적시고 휴식을 취했다. 헬리오스 자신은 황금 궁궐에서 휴식을 취한 뒤 다음날 아침 다시 출발했다. 대지 아래로, 세계를 두르고 있는 오케아노스 위로, 우묵한 큰 술잔으로 된 배를 타고 가는 여정은 하늘의 궁창을 가로지르는 낮의 여정보다 훨씬 짧았다(☞헤라클레스). 이러한 상상은 세계의 형태에 대한 그리스 인들의 아주 오래된 개념에서 비롯된 것으로 천문학의 발전과 더불어 헬리오스에 대한 이러한 상상들은 점차 사라졌다. 그리스 신화에서 헬리오스가 부차적인 지위로 내려앉는 것도 그 때문이다.

헬리오스는 호메로스 시대 이래로 신들을 섬기는 위치에서 해가 뜨고 지는 일만을 담당하는 것으로 여겨지게 되었다. 가령 오딧세우스의 부하들이 트리나키아 섬(시칠리아)에서 그의 가축의 일부를 잡아먹었을 때에도, 그는 그런 모욕을 당하고서도 스스로는 복수조차 할 수 없었다. 그 대신 그는 제우스와 다른 신들에게 보상을 요구하며, 만일 죄인들에게 벌을 내리지 않으면 땅속으로 들어가서 나오지 않겠다고 위협하는 데 그쳤다.

오딧세우스의 부하들이 먹어치운 헬리오스의 소들은 티없는 백색의 소로 황금 뿔을 지니고 있었으며 헬리오스의 딸들인 헬리아데스가 이들을 돌보았다(☞헬리아데스).

헬리오스는 종종 세상의 눈으로 여겨진다. 그는 모든 것을 보는 자이다. 그는 이 능력으로 오리온의 시력을 되찾아 주었다(☞오리온). 헬리오스와 포세이돈 사이의 다툼에 대해서는 ☞포세이돈.

헬리카온 ʽΕλικάων / Helicaon 헬리카온은 트로이아 사람 안테노르의 아들들 중 한 명으로, 프리아모스의 딸 라오디케와 결혼했다. 트로이아가 함락될 때 그와 그의 형제들은 오딧세우스의 도움으로 목숨을 건졌으며, 그는 안테노르와 폴리다마스와 동행하여 이탈리아 북부 지방으로 갔다(☞안테노르). 델포이 신전에는 헬리카온의 단도가 봉헌물로 보관되어 있었다고 한다.

헬리케 ʽΕλίκη / Helice 1. 헬리케는 셀리눈스의 딸이다. 그녀는 이온과 결혼하여 딸 부라를 낳았다(☞이온).

2. 또 다른 헬리케는 제우스의 유모였던 두 명의 님프들 중 한 명이다. 어린 제우스를 양육한 것을 벌하기 위해 크로노스가 그녀들을 추격하자 제우스는 그녀들을 큰곰자리와 작은곰자리의 별자리로 변하게 해주었다. 헬리케는 종종 님프 칼리스토와 동일시되는데(☞칼리스토), 그녀 역시 제우스의 도움으로 큰곰자리의 별자리가 되었다고 한다.

*호노스 Honus 로마에서 호노스는 윤리적 미덕을 의인화한 존재이다. 마치 비르투스가 전장에서의 용기를 의인화한 존재인 것과도 같다. 호노스는 로마에 여러 개의 신전을 가지고 있었다.

호라이 ʽΏραι / Horae 호라이를 시간의 여신들이라 하는 것은 그녀들 이름의 로마 식 표기〈호라이〉를 잘못 해석한 것으로 그녀들은 실상 계절의 신들이다. 그녀들이 하루의 시간을 의인화한 여신들이 되는 것은 아주 나중의 일이다.

호라이는 제우스와 테미스의 딸들로, 모이라이(운명의 여신들)와 자매간이다(☞계보 40). 이들은 에우노미아, 디케, 에이레네 세 명으로, 각기〈질서〉,〈정의〉,〈평화〉를 가리킨다. 그러나 아테나이 인들은 그녀들을 탈로, 아욱소, 카르포라 명명하며 이들은 각각〈싹틈〉,〈생장〉,〈수확〉을 상징한다. 그렇듯 호라이들은 두 가지 다른 면을 지니고 있었다. 하나는 자연의 여신들로 식물의 생장을 다스리는 것이었고, 다른 하나는 질서의 여신들(정의의 여신 테미스의 딸들)로 사회의 안정을 보장하는 것이었다.

올림포스에서 호라이는 여러 가지 역할을 담당했다. 그녀들은 하늘의 문을 지켰고 헤라의 유모 혹은 시녀들이었다고도 한다. 호라이는 헤라의 마차에서 말들을 풀었고 가끔은 태양 신을 위해서도 같은 일을 했던 것으로 그려진다. 그들은 또한 아프로디테의 시녀들로, 카리테스 여신들처럼 디오니소스의 행렬이나 페르세포네의 놀이 동무들 가운데도 모습을 드러낸다. 숲과 가축의 신인 판도 그녀들과 어울리기를 즐겼다고 한다.

그녀들은 종종 손에 꽃이나 식물을 들고 있는 세 명의 우아한 처녀들로 묘사된다. 하지만 호라이는 성격이 분명하지 않은 추상적 존재들로 여겨지며, 전설에서는 거의 등장하지 않는다. 단지 후대의 한 알레고리만이 호라이 중 한 명을 제피로스(서풍, 특히 봄바람)의 아내로 그려, 그와의 사이에서 아들 카르포스(과일의 신)를 낳았다고 한다.

*호라티우스 Horatius 로마의 전설에 등장하는 호라티우스는 모두 세 명인데, 그 중 최소한 한 명은 전적으로 신화적인 인물이지만, 나머지 둘은 〈역사적〉인 인물들로 제시된다.

1. 로마 인들과 에트루리아 인들 사이에 전쟁이 일어난 것은 브루투스와 아룬스 타르퀴니우스의 싸움 때문이었다. 전쟁이 계속되자 에트루리아 군대와 로마 군대 모두 많은 수의 사상자를 내어 어느 진영이 승리를 거두었는지 알 수 없었다. 양 진영은 모두 아르시아의 숲 근처에 있는 싸움터 곁에서 야영을 했다. 그런데 이 숲에서 신의 목소리가 울려 퍼지며 이렇게 선포했다. 〈에트루리아 인들이 한 사람을 더 잃었고, 로마 인들이 이겼노라!〉 그러자 에트루리아 인들은 공포에 사로잡혀 도망쳤다. 아르시아의 숲에서 나온 것은 로마 용사 호라티우스로, 적군을 쫓은 것은 그의 목소리였다.

2. 얼마 후 또 다른 호라티우스, 즉 애꾸인 호라티우스(호라티우스 코클레스)가 에트루리아 인들의 공격으로부터 티베리스[테베레] 강 우안과 로마를 연결하는 유일한 다리를 혼자서 지켜 냈다. 그러나 전투 중에 그는 넓적다리에 상처를 입어 다리를 절게 되었다. 카피톨리움 기슭의 불카날에 그의 상이 세워졌다. 아마도 애꾸에 다리를 저는 인물상(불카누스의 신상으로 추정됨)에서 이러한 이야기가 생겨난 것으로 여겨진다.

3. 끝으로 로마 용사 호라티이[〈호라티우스〉의 복수형] 삼형제와 알바 용사 쿠리아케스 삼형제 사이의 전투는 대개 역사적인 사건으로 간주되지만, 이 이야기도 본래 매우 오래된 신화에서 생겨난 것이라고 추정할 만한 상당한 이유들이 있으며, 켈토이 족의 신화에서도 이에 상응하는 이야기를 발견할 수 있다.

호모노이아 ‘Ομόνοια / Homonoia 호모노이아는 〈화합〉을 의인화한 추상적인 존재이다. 그녀는 올림피아에 제단을 가지고 있었으며 로마에서는 〈콘코르디아〉라는 이름으로 알려졌다. 그녀는 공식적 이데올로기에 흔히 모습을 드러내는 추상 개념으로, 특히 폭동이나 내란의 종식을 기념하는 동전에 새겨지곤 했다. 카밀루스는 카피톨리움 언덕에 그녀의 신전을 지어 바쳤는데, 이는 귀족과 평민 사이에 이루어진 화합을 상징하는 것이었다.

호몰로에우스 ‘Ομολωεύς / Homoloeus 호몰로에우스는 니오베와 암피온의 아들들 중 한 명이다. 그는 아버지를 도와 테바이의 성벽을 세웠고, 이 도시의 문들 중 하나에 자신의 이름을 붙였다.

*호스티우스 Hostius 호스티우스는 호스투스 호스틸리우스라고도 불리며, 사비니에 있는 알바 인들의 식민지 메둘리아 출신의 라티움 인이다. 로물루스가 다스리던 시절에 그는 로마에 정착하러 왔다. 로마 인들이 사비니 여인들을 납치했을 때 그는 헤르실리아(☞)와 결혼하여 아들을 낳았으며, 이 아들이 툴루스 호스틸리우스 왕의 아버지가 되었다. 포룸 평원에서 사비니 인들과

전투가 벌어졌을 때, 호스티우스는 로마 군대의 선봉에 있었으므로 눈에 잘 띄었고, 결국 맨 먼저 죽임을 당했다. 〈유피테르 스타토르〉의 개입으로 상황이 회복되기까지, 로마인들은 한동안 그의 죽음으로 인해 두려움에 사로잡혀 있었다.

호스티우스는 이미 피데나이를 점령할 때 두드러진 용맹성을 입증한 바 있었다. 그 보상으로 그는 로마 최초의 월계관을 받았다.

호플라다모스 Ὁπλάδαμος / Hopladamus 아르카디아의 전설에 따르면, 호플라다모스는 제우스를 잉태한 레이아와 동행했던 거인들 중 한 명으로, 이들은 크로노스의 습격에 대비해 그녀를 지켜 주었다.

황금 시대 헤시오도스의 『일들과 날들』에는 인류의 역사가 시작된 이래 존재해 온 여러 종족들에 관한 신화가 나온다. 처음에는 〈황금 시대〉가 있었다고 한다. 크로노스가 아직 하늘에서 다스리고 있었을 때이다. 그 당시 인류는 아무 걱정 없이 고통이나 비참함을 겪지 않고서 신들처럼 살았다. 그들은 늙지도 않았고 향연을 즐기며 언제나 젊게 살았으며 죽을 때는 아무 고통 없이 스르르 잠들어 버렸다. 노동의 법칙에 종속되지도 않았으니, 모든 재화는 자연적으로 그들에게 주어져 있었다. 대지는 스스로 풍부한 수확물을 생산했고, 그들은 풍요한 대지 위에서 평화롭게 살았다. 제우스의 시대가 도래하면서 이 종족은 지상에서 사라져 버렸지만, 이후로도 그들은 인간의 수호 천사나 부의 분배자와 같은 역할을 했다. 이것이 가장 오래된 황금 시대에 관한 신화이다.

이러한 신화는 인류의 초창기를 정의와 선이 지배하는 시대로 묘사하고 싶어하는 교훈담의 공통적 소재로 아주 빨리 자리잡았다. 크로노스가 사투르누스와 동일시되었던 로마에서, 황금 시대는 사투르누스가 아우소니아(이탈리아)를 다스리던 시기였다. 신들은 인간들과 친밀하게 살았다. 당시에는 문이 아직 만들어지지 않았는데, 이는 도둑도 없었을 뿐 아니라 인간들이 숨길 것이 전혀 없었기 때문이다. 그 당시 인간들은 채소와 과일만 먹고 살았는데, 죽이는 것은 생각조차 하지 못했기 때문이다. 인류 문명이 걸음마를 시작한 것은 사투르누스가 낫의 사용법을 가르쳐 주면서부터였다(낫은 그림이나 신화에서 사투르누스의 상징으로 나타난다). 그는 사람의 손길 없이도 생산물을 내주던 대지의 풍요함을 더 잘 이용할 수 있는 법을 인간에게 가르친 것이다. 로마에서는 사투르누스가 카피톨리움(훗날 이곳에는 〈유피테르 옵티무스 막시무스〉[지고지선(至高至善)의 유피테르]를 위한 신전이 세워졌다)을 다스렸다고 전해진다. 그를 그곳에 받아 준 것은 야누스 신으로, 야누스는 자기 왕국을 사투르누스와 나누어 갖고 함께 그곳을 다스렸다.

여러 시인들이 앞다투어 이 주제를 노래했다. 그들은 양들의 등을 덮고 있는 선명한 빛깔의 양털, 달콤한 열매를 맺는 가시떨기들, 그리고 영원한 봄을 누리는 대지를 노래했다. 황금 시대에 관한 신화는 신(新) 피타고라스 신비주의에서도 나타난다.

히기에이아 Ὑγίεια / Hygie 히기에이아는 건강을 의인화한 여신이다. 그녀는 대개 아스클레피오스의 딸들 중 한 명으로 여겨진다. 그녀에 대한 특별한 신화는 없고, 단지 아스클레피오스의 주변 인물로만 묘사된다.

히드네 Ὕδνη / Hydne 히드네는 스킬리스의 딸로, 팔레네 지방 출신이다. 아버지와 딸은 모두 뛰어난 잠수부였다. 크세르크세스의 선단이 그리스를 공격해 오자, 그들은 정박한 적선들의 닻줄을 끊어 많은 배들이 해안에 부딪혀 부서지게 했다. 그 보상으로 암픽티오니다이[모든 그리스 도시 국가의 사절들이 정기적으로 모이던 종교 모임]는 델포이에 스킬리스와 히드네의 상을 세웠다. 한편 히드네는 바다의 신인 글라우코스의 사랑을 받았다고도 한다.

히드라 ῞Υδρα / Hydra 레르네의 히드라 혹은 뱀은 티폰과 에키드나 사이에서 태어났으며, 헤라클레스에게 죽임을 당한 괴물이다(☞계보 32, 그 생김새와 전설 및 다양한 전승들과 고대 신화학자들의 해석에 대해서는 ☞헤라클레스). 헤라클레스는 자신의 화살들을 히드라의 피에 담가 독화살로 만들었으며, 네소스도 데이아네이라에게 일명 사랑의 묘약을 만들 때 히드라의 피를 섞어 넣게 했다(☞헤라클레스). 또한 이 독은 엘레이아에 있는 아니그로스 강물에 섞여 악취를 풍겼으며, 이 강에서 낚은 물고기들은 전혀 먹을 수가 없었다. 왜냐하면 헤라클레스의 화살에 맞은 케이론 혹은 다른 켄타우로스가 아니그로스에서 목욕을 하다가 그만 화살이 강물에 빠졌고, 그래서 강물이 영원히 독을 갖게 되었기 때문이다.

히르네토 ῾Υρνηθώ / Hyrnetho 히르네토는 테메노스의 딸이자 데이폰테스의 아내이다(☞데이폰테스, ☞계보 16). 그녀는 에우리피데스의 소실된 비극『테메니다이』의 여주인공이다.

***히르피 소라니** Hirpi Sorani 히르피 소라니 즉 〈소락테의 늑대들〉은 로마 북쪽에 있는 소락테산에서 특별한 제의를 거행하던 사제들로, 제의 기간 동안 그들은 불타는 장작 위에서 맨발로 춤을 추었다. 이들이 〈늑대〉의 성질을 지니게 된 유래에 관해서는 신기한 전설이 있다. 소락테 주민들이 디스 파테르에게 제물을 바치자 늑대들이 몰려와 장작불 속에서 희생물의 살점들을 낚아채어 갔다. 그래서 사제들은 늑대들을 추격했고, 오랜 추격 끝에 그들이 동굴 속으로 사라지는 것을 보았다. 그런데 그 동굴에서는 해로운 기운이 흘러 나왔다. 이 기운은 워낙 독해서 늑대들을 추격한 사람들을 죽게 했을 뿐만 아니라 나라 전역에 역병을 퍼뜨렸다. 그래서 사람들은 신탁에 물어보았고, 신들의 분노를 가라앉히기 위해서는 주민들도 〈늑대들처럼 행동하라〉는 명을 받았다. 그것은 다시 말해서 약탈을 하여 먹고 살라는 것이었다.

로마의 루페르키(☞) 제의와 비교할 것.

히리에우스 ῾Υριεύς / Hyrieus 히리에우스는 닉테우스와 리코스의 아버지이며, 몇몇 전승들에 따르면 오리온의 아버지라고도 한다. 히리에우스 자신은 포세이돈과 플레이아데스 중 한 명인 알키오네의 아들이다. 그는 보이오티아에 히리아 시를 창건하고 그곳의 왕이 되었으며 님프 클로니아를 아내로 삼았다(☞계보 25).

후대의 전설들은 히리에우스를 늙은 농부로 묘사한다. 그는 자신의 오두막에서 제우스와 포세이돈, 헤르메스를 대접하게 되었는데, 그 답례로 신들은 그가 말하는 소원을 이루어 주겠다고 했다. 그래서 그는 아들을 달라고 했다. 신들은 그 소원을 들어주기로 했고, 노인이 신들을 위해 희생 제물로 잡았던 소의 가죽에 오줌을 누어 아이를 태어나게 했다. 그것이 바로 오리온(☞)이다.

몇몇 전승들에 의하면, 히리에우스를 위해 트로포니오스와 아가메데스가 유명한 보물창고를 지었으며, 그로 인하여 두 사람은 목숨을 잃었다고 한다(☞아가메데스).

히말리아 ῾Ιμαλία / Himalia 방앗간 여주인 히말리아는 로도스의 님프로, 제우스는 티탄 족과의 전쟁에서 승리한 후 많은 비로 내려 그녀와 결합했다. 이 결합으로 그녀는 세 아들을 낳았는데, 그들의 이름은 밀의 성장을 나타낸다. 즉 스파르타이오스(씨 뿌리는 사람), 크로니오스(기르는 사람), 키토스(빵 굽는 사람, 문자 그대로는 〈구덩이〉을 가리키는 말로 씨앗을 보관하는 창고를 의미하는 것으로 추정된다) 등이 그것이다. 로도스 섬에 홍수가 덮쳤을 때, 히말리아와 제우스의 아들들은 섬의 높은 언덕들로 피신하여 목숨을 건졌다.

히메나이오스 ῾Υμέναιος / Hymenaeus 히메나이오스는 결혼 행렬을 인도하는 신이다. 원래 그는 결혼 축가를 의인화한 것으로 보인다(☞이악코스).

그의 출생에 대해서는 다양한 설들이 있다. 무사이 중 한 명(칼리오페, 클리오 혹은 우라니아)과 아폴론의 아들이라고도 하며, 디오니소스와 아프로디테의 아들이라고도 한다. 그런가 하면 그의 아버지는 마그네스 또는 피에로스라고도 한다.

결혼식 때 히메나이오스의 이름을 부르는 이유를 설명하기 위해 여러 가지 신화들이 만들어졌다. 가령 히메나이오스는 매우 준수한 아테나이 청년으로, 너무나 아름다워 여자로 착각할 정도였다고 한다. 그는 보잘것없는 신분이었지만 아테나이의 귀족 처녀를 사랑하게 되었고, 그녀와 결혼할 수 없음에 절망하면서 그녀가 가는 곳이라면 어디라도 멀찍이 따라다녔다. 그것만이 그의 열정을 채우는 길이었다. 하루는 귀족 처녀들이 데메테르 여신에게 제물을 바치러 엘레우시스에 갔다가 해적들의 습격을 당했다. 모든 처녀들이 납치되었고 히메나이오스를 여자로 여긴 해적들은 그 역시 납치했다. 오랜 여행으로 지친 해적들은 무인도에 도착하여 잠이 들었다. 그들이 잠든 틈을 타서 히메나이오스는 해적 모두를 죽이고, 처녀들을 안전한 장소에 머물게 한 후 혼자서 아테나이로 왔다. 그리고는 그가 사랑하는 처녀와 자신을 결혼시켜 준다면 납치된 여자들을 돌려주겠다고 제안했다. 이 제안은 받아들여졌고 여자들은 가족들에게 돌아갔다. 이 업적을 기념하여 히메나이오스라는 이름은 길조로 여겨져 모든 결혼식이 있을 때마다 언급되었다는 것이다.

결혼 예식에 히메나이오스가 등장하는 것을 달리 설명하는 전설도 있다. 히메나이오스는 마그네스의 아들로 매우 훌륭한 음악가였다. 그는 디오니소스와 알타이아의 결혼식에서 노래를 불렀고 결혼식 도중에 죽었다. 그래서 그를 영원히 기리기 위해 이후로 모든 결혼식에서 히메나이오스를 기념하기로 했다는 것이다.

앞의 전설과 유사한 또 다른 전설에 의하면, 히메나이오스는 대단한 미남으로 헤스페로스의 사랑을 받았다고 한다(☞헤스페로스). 그런데 그는 아리아드네와 디오니소스의 결혼식에서 노래를 부르고 난 후 갑자기 목소리를 잃어버렸다. 이를 기념하여 결혼식마다 〈히메나이오스의 노래〉가 불리게 되었다는 것이다.

때로는 히메나이오스가 미남 청년으로 자신의 혼례식 날 죽었고, 그래서 그의 이름이 결혼식과 연관되었다고 한다. 하지만 아스클레피오스가 그를 곧바로 소생시켰다고 한다.

이 모든 전설들에서 일치하는 점은 히메나이오스가 아폴론, 타미리스, 또는 헤스페로스(왜냐하면 혼례가 완성되는 것은 새벽별이 떠오르는 순간이었으므로) 등의 사랑을 받을 만큼 미남이었다는 사실이다.

히메나이오스의 일반적인 상징물들은 횃불(결혼식의 횃불), 화관, 때로는 피리(결혼 행렬에서 사용되는 악기) 등이다.

히메로스 Ἵμερος / Himerus 히메로스는 정욕을 의인화한 정령이다. 그는 올림포스에서 아프로디테의 행렬에 에로스와 동행하며 카리테스 및 무사이와 함께 살았다. 하지만 그는 추상적인 개념에 지나지 않으며 어떤 전설에도 등장하지 않는다.

라케다이몬의 아들 히메로스에 대해서는 ☞ 라케다이몬.

히브리스 Ὕβρις / Hybris 히브리스는 방종과 오만을 의인화한 추상적인 존재이다. 그녀는 코로스(포만)의 어머니로 통한다. 혹은 코로스가 그녀의 아버지라고도 한다.

히스토리스 Ἱστορίς / Historis 알크메네가 출산을 방해하려는 헤라와 에일레이티이아의 주술로 헤라클레스를 낳지 못하고 있을 때, 하녀 갈린티아스는 꾀를 내어 해산을 도왔다(☞갈린티아스). 한 지방 설화에 의하면 그런 꾀를 낸 것은 바로 테바이 예언자 테이레시아스의 딸인 히스토리스였다고 한다. 에일레이티이아가 팔짱을 낀 채 집 문턱에 앉아 알크메네가 몸 〈푸는〉 것을 막자, 히스토리스가 갑자기 집 안에서 뛰어나오며 알크메네가 방금 아이를 낳았다고 즐거운 비명을 질렀던 것이다. 여신은 그녀의 말을 믿고 화가 나서 그곳을 떠났으므로, 알크메네는 오랜 산고를 끝내고 헤라클레스와 이피클레스를 낳을 수 있었다.

히아데스 Ὑάδες / Hyades 히아데스는 플레이아데스 성단과 아주 가까운 위치에 있는 별들로, 봄의 우기에 모습을 드러낸다(〈히에인ὕειν〉, 즉 〈비가 내린다〉라는 말을 상기시키는 그녀들의 이름은 여기서 비롯되었다). 그녀들은 오케아노스의 딸들 중 한 명인 아이트라(혹은 플레이오네)와 아틀라스 사이에서 태어난 님프들로 여겨졌다. 하지만 때로는 그녀들의 아버지가 크레테 왕인 멜리세우스 혹은 히아스(☞), 심지어 에레크테우스나 카드모스라고도 한다.

그녀들의 수는 두 명에서 일곱 명까지 다양하다. 그녀들의 이름에 대해서도 설이 다양한데, 가장 일반적으로는 암브로시아, 에우도라, 아이실레(혹은 파이실레), 코로니스, 디오네, 폴릭소, 파이오라 불린다. 별이 되기 전에 그녀들은 〈니사 산의 님프들〉이라는 이름으로 디오니소스의 유모 역할을 했었다(☞디오니소스). 그러나 그녀들은 헤라를 두려워하여 갓난아이를 이노에게 맡기고, 자신들의 할머니 테티스(I)에게 도망쳤다. 그곳에서 제우스는 그녀들을 별자리로 변하게 해주었다고 한다. 그러나 그전에 메데이아는 그녀들의 젊음을 되찾아 주었다.

그런가 하면 이 젊은 처녀들은 남자 형제 히아스(☞)가 죽자 슬픔에 잠긴 나머지 스스로 목숨을 끊어 별자리가 되었다고도 한다.

히아모스 Ὕαμος / Hyamus 히아모스는 리코로스(혹은 ☞리코레우스)의 아들이다. 그는 데우칼리온의 딸들 중 한 명인 멜란테이아와 결혼했다. 이 결혼에서 딸 멜라이니스(혹은 켈라이노)가 태어났으며, 그녀는 델포이의 명조가 될 델포스를 낳았다(☞델포스). 한편 히아모스는 히아시를 세웠다고 한다.

히아스 Ὕας / Hyas 히아스는 아틀라스와 플레이오네의 아들이며 플레이아데스 및 히아데스와 동기간이다. 어느 날 그는 리비아에서 사냥을 하다가 뱀에 물려 혹은 사자나 멧돼지에 의해서 죽임을 당했다. 그의 누이(전설에 따라 5명 혹은 7명이라 함)들은 슬픔에 잠겨 죽거나(혹은 스스로 목숨을 끊거나) 별로 변했다(☞히아데스, ☞플레이아데스).

히아킨토스 ῾Υάκινθος / Hyacinthos 히아킨토스는 흔히 아미클라스와 디오메데의 아들로 여겨지며, 부계로는 라케다이몬과 스파르타의 손자이다(☞계보 6). 이 계보에 의하면, 그는 오이발로스(혹은 페리에레스)의 숙부이다(☞페리에레스, ☞오이발로스). 그러나 시인들은 때로 그를 오이발로스의 아들이라고 하며, 아테노도로스가 전하는 한 고립된 전승에 따르면 히아킨토스는 마그네스의 아들 피에로스와 무사이 중 한 명인 클리오 사이에 태어난 아들이라 한다. 필람몬과 님프 아르기오페의 아들인 타미리스가 그를 사랑하여, 최초의 소년애가 생겨나게 되었다.
  히아킨토스는 대단한 미소년으로 아폴론도 그를 사랑하게 되었다. 하루는 둘이 원반 던지기를 하고 있었는데, 바람이 불어 원반이 빗나갔다고도 하고 원반이 바위에 부딪쳐서 튀어올랐다고 하지만, 아무튼 히아킨토스는 원반에 머리를 맞고 그 자리에서 숨졌다. 아폴론은 깊은 슬픔에 잠겼고, 사랑하는 소년의 이름을 영원히 남기기 위해 상처에서 흐른 피를 새로운 꽃인 〈히아신스〉(아마도 마르타공 백합)로 만들었는데, 꽃잎에는 신의 탄식 소리인 AI 혹은 젊은 청년의 이름의 첫 글자인 U가 새겨져 있었다고 한다.
  몇몇 작가들에 따르면 이 비극은 서풍의 신 제피로스 때문에 벌어진 것으로 그는 히아킨토스와 아폴론의 사이를 질투한 나머지 그들에게 복수를 하려고 일부러 원반을 빗나가게 만들었다고 한다. 그런가 하면 때로는 이것이 미소년 히아킨토스를 사랑했던 보레아스의 소행이라고도 한다.
  라케다이몬 사람 히아킨토스는 아폴로도로스가 말하는 히아킨티데스의 아버지이며, 따라서 아폴론의 사랑을 받았던 소년과는 별개의 인물이다. 그에 관해 달리 알려진 것은 없다.

히아킨티데스 ῾Υακινθίδες / Hyacinthides 아테나이에서 히아킨티데스는 조국의 안녕을 보장하기 위해 제물로 바쳐졌던 젊은 처녀들을 지칭하는 이름이다. 그녀들과 관련하여 두 가지 다른 이야기가 전해진다.
  첫번째 전승에 따르면, 그녀들은 아테나이에 정착한 라케다이몬 사람 히아킨토스의 딸들로 안테이스, 아이글레이스, 리타이아, 오르타이아 네 명이었다고 한다. 미노스가 아티카를 상대로 전쟁을 벌이는 동안 나라는 역병과 기근으로 황폐해졌다(☞미노스, ☞안드로게오스). 오래된 신탁의 지시에 따라 아테나이 인들은 젊은 처녀들을 제물로 바쳤다. 그러나 아무런 효과도 없었고 결국 아테나이 인들은 미노스가 요구하는 조건들을 받아들여야 했다(☞테세우스).
  또 다른 신화학자들은 히아킨티데스를 에레크테우스의 딸들 즉 프로토게네이아 및 판도라와 동일시했다. 그녀들은 에우몰포스가 이끄는 엘레우시스 군대가 아테나이로 진격해 왔을 때 속죄의 제물로 바쳐졌다(☞에레크테우스, ☞에우몰포스). 그녀들은 히아킨토스라 불리는 언덕에서 제물로 바쳐졌기 때문에 히아킨티데스라 불렸다고 한다.

히에라 ῾Ιέρα / Hiera 히에라는 텔레포스의 아내이다. 그리스 군이 제1차 트로이아 원정을 떠나 미시아에 도착했을 때(☞아킬레우스, ☞텔레포스) 그녀는 이 나라의 여자들을 지휘하여 침입자들과 싸우다가 니레우스에게 죽임을 당했다.
 히에라는 헬레네보다 훨씬 아름다웠다고 한다. 그녀는 텔레포스와의 사이에서 타르콘과 티르세노스 두 아이를 낳았다.

히에락스 Ἱέραξ / Hierax 히에락스란 〈새매〉를 뜻하는데, 전설에는 이 이름의 인물들이 두 명 등장한다.
 1. 그 중 한 명은 아르고스에서 헤르메스가 이오를 납치하는 것을 방해했던 수다쟁이로, 그는 이 일로 인해 신에게 죽임을 당했다. 히에락스가 어떠한 벌을 받았는지에 대하여 언급된 출처는 없지만 분명 새매로 변했을 것이다.
 2. 또 다른 히에락스는 소아시아의 북안에 있는 마리안디노이 족의 나라에 사는 부유한 지주였다. 그는 데메테르 여신을 숭배했고, 여신은 상으로 그의 토지를 풍요롭게 해주었다. 포세이돈의 분노로 트로아스에 기근이 발생하여 땅이 황폐해지자(☞라오메돈), 트로이아 인들은 히에락스에게 원조를 부탁했다. 그는 많은 양의 밀과 보리를 주어 그들을 굶주림에서 구해 주었다. 이러한 행동을 한 벌로 포세이돈은 그를 인간들과는 친하지만 다른 새들과는 사이가 나쁜 매로 변하게 했다.

히에토스 Ὕηττος / Hyettus 히에토스는 아내와 간통을 저지른 정부를 죽임으로써 최초로 간통에 대한 피의 복수를 한 인물이다. 그는 아르고스 출신이었으며 그가 죽인 아내의 정부는 아리스바스의 아들 몰루로스였다. 그를 죽인 후 히에토스는 망명을 떠나 오르코메노스에 사는 미니아스의 아들 오르코메노스의 곁으로 피신하여, 그곳에 자신의 이름을 붙인 도시를 건설했다.

히페 Ἵππη / Hippe 이 이름으로 가장 널리 알려진 인물은 켄타우로스 케이론의 딸이다. 그녀는 헬렌의 아들 아이올로스와 사랑을 나누어 아이를 가졌다. 그리고는 달이 차자 아버지 몰래 펠리온으로 도망쳐 해산을 했다. 하지만 아버지가 그녀를 뒤쫓았다. 히페는 신들에게 아이를 몰래 낳을 수 있도록 해달라고 간청했다. 신들은 그녀를 말의 모양을 한 별자리로 변하게 해주었다(☞멜라니페).

히페로코스 Ὑπέροχος / Hyperochus 갈라티아 인들로부터 델포이를 지킨 초자연적인 방어자 두 명 중 한 사람이다(☞히페르보레이오이). 다른 한 명의 이름은 라오도코스이다. 오이노마오스의 아버지 역시 같은 이름으로 불렸다(☞오이노마오스).

히페르메스트라 Ὑπερμήστρα / Hypermestra
1. 다나이데스[다나오스의 딸들]가 모두 남편들을 죽일 때, 히페르메스트라(또는 히페름네스트라)만 남편 링케우스의 목숨을 구해 주었다(☞다나이데스). 그녀의 아버지 다나오스는 명령에 불복종한 딸을 재판에 회부했지만, 아르고스 인들은 그녀에게 무죄를 선고했다. 그 후 그녀는 남편과 함께 조국을 떠났고, 아들 아바스를 낳았다. 히페르메스트라의 재판은 아이스킬로스의 소실된 비극 작품의 소재가 되었다.
 다나오스의 딸 히페르메스트라는 같은 이름을 가진 다른 두 명과 구별되어야 한다.
 2. 한 명은 테스티오스와 에우리테미스의 딸이며 알타이아 그리고 레다와 자매간이다(☞계보 24).
 3. 다른 한 명은 테스피오스(혹은 ☞테스티오스)의 딸로 암피아라오스의 어머니다(☞계보 1).

히페르보레이오이 Ὑπερβόρειοι / Hyperboreans

히페르보레이오이는 전설적인 민족으로, 머나먼 북쪽, 〈북풍 너머〉(보레아스가 불어오는 곳)에 살았다. 그들의 전설은 아폴론의 전설과 연관된다.

아폴론이 태어난 후 그의 아버지 제우스는 아들에게 델포이로 갈 것을 명했지만, 그는 백조가 끄는 수레를 타고 우선 히페르보레이오이의 나라로 날아가서 그곳에서 얼마 동안 머물렀다. 그리고는 델포이로 엄숙히 입성했다(☞아폴론). 별들이 공전을 끝내고 같은 위치로 되돌아오는 19년마다 그는 히페르보레이오이의 나라로 되돌아갔다. 그리고 춘분 이후 플레이아데스가 다시 하늘에 보이기 전까지[플레이아데스 성단은 5월부터, 다시 하늘에 보이기 시작한다. 헤시오도스는 이때가 수확할 때라고 말했다. 『일들과 날들』 383 참고 ― 감수자 주] 그가 그곳에서 리라를 타면서 노래하는 소리가 들렸다고 한다.

아폴론은 아들 아스클레피오스가 제우스의 벼락에 맞아 죽자, 그 벼락을 만든 대장장이들인 키클로페스를 죽인 뒤(☞아스클레피오스, ☞아폴론), 복수를 할 때 사용했던 화살을 히페르보레이오이의 도시 한가운데 있던 자신의 원형 신전에 감추었다. 어떤 이들은 그 엄청난 크기의 화살이 저절로 하늘로 날아올라 사수좌가 되었다고도 한다. 히페르보레이오이 족의 한 사람인 아바시스는 바로 이 화살을 타고 온 세상을 돌아다녔는데, 그는 아무것도 먹지 않았지만 이 경이로운 화살이 그에게 필요한 모든 영양을 제공했다고 한다.

전설에 따르면, 아폴론 숭배의 몇몇 예식들은 히페르보레이오이가 창설한 것이라 한다. 레토는 히페르보레이오이 출신으로 델로스에 가서 자식들을 낳았으며, 델로스에서 숭배되었던 아폴론의 〈신성한 물건들〉은 모두 히페르보레이오이의 나라에서 온 것들이다. 이 점에 관해 헤로도토스는 두 가지 다른 설을 전한다. 그 중 한 가지 설에 의하면, 이 〈신성한 물건들〉은 밀짚에 싸여 히페로케와 라오디케라는 두 처녀에 의해 델로스로 옮겨졌으리라고 한다. 그녀들은 여행을 하는 동안 다섯 명의 하인들의 호위를 받았으며 델로스에서 죽었고 그곳에서 신적인 예우를 받았다. 다른 한 가지 설에 의하면, 〈신성한 물건들〉은 히페르보레이오이에 의해 이웃 나라 스키티아 인들에게 맡겨졌고, 점차 서쪽으로 가서 아드리아 해안에 이르렀다. 그 후 남쪽을 향해 이 도시 저 도시를 거친 후, 에페이로스를 통해 그리스로 돌아와 도도네에 이르렀다. 거기서 그것들은 그리스 본토를 가로질러 에우보이아의 카리스토스에 이르렀고, 섬에서 섬으로, 테노스를 거쳐 마침내 목적지인 델로스에 도착했다는 것이다.

또한 아폴론과 아르테미스가 태어날 때는 레토가 빠르고 편안한 출산을 할 수 있도록 히페르보레이오이 중 두 명의 처녀, 아르게스와 오피스가 에일레이티아에게 봉헌물을 가지고 델로스에 왔다고 한다.

히페르보레이오이는 델포이에서도 일역을 했다. 히페르보레이오이 족의 한 사람인 올렌이 델포이에 신탁을 세웠던 것이다. 그는 아폴론의 첫 예언자로, 신탁에서 육각시의 사용을 고안했다. 또 갈라티아 인들[이들은 본래 갈리아 족인데 기원전 3세기에 소아시아에 정착했다]이 델포이를 공격하려 하자 두 명의 무장한 유령들이 나타나 그들을 공포에 떨게 했다. 이들은 히페로코스와 라오도코스라는 두 명의 히페르보레이오이 족 용사들이었다(이들의 이름은 위의 델로스 전설에 나오는 두 젊은 처녀들을 상기시킨다).

히페르보레이오이는 페르세우스 전설과 헤라클레스 전설에도 등장한다(적어도 헤스페리데스의 정원이 가장 먼 북쪽 나라에 있다고 하는 설에 따르면, ☞헤라클레스). 그러나 특히 고전 시대부터는, 이들의 나라는 온화한 기후의 이상향으로 그려졌다. 그곳 땅은 1년에 두 차례 소산을 내었으며, 주민들은 들판과 신성한 숲에서 살면서 미풍양속을 따르고 천수를 누렸다고 한다. 노인들은 삶을 충분히 누린 후에 기쁜 마음으로 머리에는 화관을 쓰고 해안의 높은 절벽으로 가서 바다에 몸을 던져 행복하게 삶을 마감했다. 그런가 하면 히페르보레오이는 비전의 마법을 가지고 있어, 하늘을 날아다니며 보물을 찾을 수 있었다고도 한다. 피타고라스는 〈아폴론 히페르보레이오스〉의 화신으로 통했다.

히페리온 ῾Υπερίων / Hyperion 히페리온은 티탄족의 한 명으로 우라노스와 가이아의 아들이다(☞계보 5, ☞계보 12, ☞계보 14). 그는 누이인 테이아와 결혼하여 헬리오스(태양), 셀레네(달)와 에오스(새벽)를 낳았다.

때때로 히페리온이라는 이름은 태양 신 자신에게 적용되기도 한다. 이 이름은 〈(대지) 위로 가는 자〉라는 뜻이다.

히포 ῞Ιππώ / Hippo 레욱트라에 스케다소스라고 불리는 한 남자가 있었는데, 그에게는 히포와 몰피아라는 두 딸이 있었다. 두 딸은 프루라르키다스와 파르테니오스라는 두 명의 라케다이몬인들에게 겁탈을 당했다. 수치심을 느낀 히포와 몰피아는 목을 매어 죽었다. 스케다소스는 스파르타 인들에게 이 죄인들을 처벌해 줄 것을 촉구했다. 그러나 그의 노력은 허사로 끝났고, 그래서 그 역시 스파르타에 저주를 퍼부으면서 스스로 목숨을 끊고 말았다. 이것은 에파미논다스 시절에 이 도시가 하늘의 진노를 샀던 이유들 중 하나이다.

히포 오키로에에 대해서는 ☞오키로에.

히포다메이아 ῾Ιπποδάμεια / Hippodamia 1. 히포다메이아라는 이름을 가진 여성들은 여러 명 있는데, 그 중 가장 유명한 이는 엘레이아의 피사 왕 오이노마오스의 딸이다(☞계보 2). 그녀의 어머니가 누구인가에 대해서는 여러 가지 설이 있다. 어떤 이들은 플레이아데스 중 한 명인 스테로페라고 하며, 어떤 이들은 다나이데스 중 한 명인 에우리토에 혹은 레우키포스의 누이인 에우아레테라고도 한다. 히포다메이아는 빼어난 미모를 지녀 많은 구혼자들이 앞다투어 청혼을 했다. 그러나 오이노마오스는 딸이 결혼하는 것을 원하지 않았다. 그가 사위를 얻고 싶어하지 않았던 이유는 사위에게 죽임을 당하리라는 신탁 때문이었다고도 하고, 그 자신이 딸 히포다메이아를 사랑했기 때문이라고도 한다. 하여간 그는 구혼자들을 쫓아 버리기 위해 딸을 전차 경주에서 이긴 자에게 상으로 내걸었다. 구혼자들은 젊은 처녀를 전차에 태우고 달렸고, 왕 자신도 전차에 올라 그들을 따라잡았다. 결승점은 코린토스에 있는 포세이돈의 제단이었다. 왕은 구혼자들의 전차를 더 무겁게 하고 그들의 주의를 분산시키기 위해 히포다메이아를 그들과 동승시켰다. 오이노마오스는 그들을 따라잡는 데 전혀 어려움이 없었다. 그는 매우 빠른 말들을 가지고 있었던 것이다(☞오이노마오스). 그렇게 승리를 거둔 후 그는 구혼자의 목을 베어 자신의 궁궐 문 앞에 못 박아 미래의 구혼자들에게 겁을 주었다.

그런데 펠롭스가 나타나자 히포다메이아는 그의 수려함을 보고 사랑에 빠지게 되었다. 그녀는 자신을 사랑하고 있던 아버지의 마부 미르틸로스를 시켜 아버지 전차 바퀴의 쐐기를 밀랍으로 바꿔 놓게 했다. 경주가 벌어지자 아버지의 전차는 곧 부서져 치명적인 사고를 일으켰다(☞펠롭스). 펠롭스는 미르틸로스의 협조를 받아

히포메네스

내기 위해서 그에게 히포다메이아와 하룻밤을 지낼 수 있도록 해주겠다고 약속했다고도 한다. 혹은 히포다메이아 자신이 마부에게 이러한 약속을 했다고도 한다.

후에 히포다메이아와 펠롭스 그리고 미르틸로스가 함께 전차를 타고 가던 중에 펠롭스가 마실 물을 찾아 잠깐 자리를 비우자 미르틸로스는 그녀를 겁탈하려 했다. 펠롭스가 되돌아오자 히포다메이아는 이를 고했고 그는 미르틸로스를 바다에 던져 버렸다. 그런가 하면 펠롭스가 없는 사이에 히포다메이아 스스로가 미르틸로스를 유혹하려 했다고도 한다. 그런데 미르틸로스가 자신을 뿌리치자 남편에게 그를 모함했다는 것이다. 그래서 펠롭스는 그를 죽였고 미르틸로스는 죽어 가면서 펠롭스 왕궁에 저주를 퍼부어, 이것이 훗날 펠로피다이[펠롭스의 아들들]에게 닥친 불행의 원인이 되었다(☞아트레우스, ☞티에스테스, ☞아가멤논, ☞계보 2).

펠롭스는 히포다메이아를 기리기 위해 올림피아에 결혼의 여신 헤라의 축제를 창설했고, 이 축제는 5년에 한 번씩 개최되었다.

히포다메이아와 펠롭스 사이에서 태어난 아이들에 관해서는 여러 가지 설이 있다. 때로는 여섯 명의 아들 즉 아트레우스, 티에스테스, 피테우스, 알카토오스, 플레이스테네스, 크리시포스의 이름을 꼽고, 때로는 열세 명의 아들 즉 아트레우스, 티에스테스, 디아스, 키노수로스, 코린토스, 히팔모스, 히파소스, 클레온, 아르게이오스, 알카토오스, 헬레이오스, 피테우스, 트로이젠과 세 명의 딸 즉 니키페, 리시디케, 아스티다메이아(이 세 명은 모두 페르세우스의 아들과 결혼한 것으로 여겨졌다)를 꼽기도 한다(☞계보 31). 하지만 대개 크리시포스는 히포다메이아의 친아들이 아니며, 그녀는 친아들들인 아트레우스와 티에스테스를 시켜 그를 죽였고(☞크리시포스), 이에 보복하기 위해 펠롭스는 그녀를 죽였다고 한다.

때로 크리시포스의 죽음은 다음과 같은 방식으로도 이야기된다. 아트레우스와 티에스테스가 크리시포스를 죽이기를 거부하자 히포다메이아는 직접 그를 죽이기로 결심했다. 이를 위해 그녀는 때마침 펠롭스의 집에 묵게 된 라이오스의 검을 사용했다. 그리고 그녀는 라이오스가 의심을 받도록 무기를 크리시포스의 시신에 꽂은 채로 남겨 두었다. 그러나 크리시포스는 치명상을 입고 죽어 가면서 이러한 진실을 폭로했다. 히포다메이아는 펠롭스에 의해 엘레이아로부터 추방되었다. 그녀는 아르골리스에 있는 미데아로 피신하여 그곳에서 죽었다. 후에 신탁의 명으로 펠롭스는 그녀의 재를 올림피아로 가져갔으며, 실제로 올림피아의 신성한 성곽(알티스)에는 히포다메이아의 사당이 있었다고 한다.

2. 또 다른 히포다메이아는 아드라스토스(혹은 부테스)의 딸이자 페이리토오스의 아내이다. 그녀 때문에 켄타우로스들과 라피타이 족 사이에 전투가 벌어졌다(☞페이리토오스, ☞계보 1, ☞계보 23).

이 이름을 지닌 또 다른 여성들에 대해서는 ☞브리세이스(실제로는 히포다메이아라 불렸음), ☞포이닉스.

히포메네스 ΄Ιππομένης / Hippomenes 메가레우스와 메로페의 아들인 히포메네스의 이야기는 멜라니온의 이야기와 동일하다. 그는 아탈란테와 결혼하기를 원했으나 아탈란테는 결혼 자체를 원치 않았다. 그래서 그녀는 구혼자들에게 자신과 경주를 하자고 하여 경주에서 진 사람들을 죽였다. 이러한 악습은 히포메네스가 이 경주에 참가하기까지 계속되었다. 그는 아프로디테가 준 세 개의 황금 사과를 경주 중에 아탈란테

앞에 던져 그녀의 주의를 산만하게 함으로써 승리를 거두었다(☞아탈란테). 멜라니온과 같은 이유로 그 역시 사자로 변했다(☞아탈란테). 키벨레는 히포메네스와 아탈란테를 가엾게 여겨 사자의 모습이 된 그들에게 자신의 전차를 끌게 했다.

히포메돈 ʽΙππομέδων / Hippomedon 히포메돈은 아드라스토스와 함께 테바이를 원정했던 일곱 장군 중의 한 사람이다(☞아드라스토스). 가장 일반적인 전승에 따르면, 그는 아드라스토스의 조카로, 탈라오스의 아들들 중 한 명인 아리스토마코스의 아들이라고 한다(☞계보 1). 기골이 장대했던 그는 도시를 공략하던 중에 이스마리오스에게 죽임을 당했다. 그는 레르네에 있는 성에 살았는데, 파우사니아스 시대까지도 이 성의 잔재가 남아 있었다고 한다. 그의 아들 폴리도로스는 에피고노이 중 한 명으로, 이들은 알크마이온과 함께 테바이를 점령했다(☞알크마이온).

히포코온 ʽΙπποκόων / Hippocoon 히포코온은 오이발로스와 님프 바티아 사이에서 태어난 서자이다. 그는 스파르타 출신이며, 틴다레오스와 이카리오스의 이복형제이다(☞계보 19). 이들 형제보다 나이가 많았던 히포코온은 아버지가 죽자 두 이복형제를 추방하고 정권을 장악했다. 그는 히포코온티다이라 불리는 12명의 아들을 두었는데, 이들은 틴다레오스와 이카리오스에게서 왕위를 찬탈하는 데 아버지를 도왔다. 히포코온과 그의 아들들은 난폭한 자들이었다. 그러나 그들은 헤라클레스의 분노를 샀고, 그 때문에 전쟁이 일어나 영웅에게 죽임을 당했다(☞헤라클레스). 헤라클레스는 틴다레오스를 스파르타 왕으로 복귀시켰다. 몇몇 전승에 따르면, 이카리오스 역시 히포코온이 틴다레오스로부터 왕국을 빼앗는 것을 도왔다고 한다(☞이카리오스).

히포크레네 ʽΙπποκρήνη / Hippocrene 무사이의 신성한 숲에서 멀지 않은 헬리콘 산에서 신마 페가소스가 발굽으로 바위를 차자 바닥에서 샘이 솟아났다(☞페가소스). 그리하여 그 샘은 히포크레네, 즉 〈말의 샘〉이라 불리게 되었다. 무사이는 히포크레네 샘 주위에 모여 노래하고 춤추었다. 이 샘의 물은 시적 영감을 가져다 준다고 여겨졌다.
파우사니아스는 트로이젠에 있는 또 다른 〈말의 샘〉에 대하여 적고 있는데, 그 기원 역시 페가소스일 것이다.

히포테스 ʽΙππότης / Hippotes 1. 히포테스는 헤라클레이다이 중 한 명이다(☞헤라클레이다이). 그는 헤라클레스가 드리오페스 족의 왕 필라스의 딸 메다에게서 낳은 아들 안티오코스의 손자이다(☞필라스). 안티오코스의 아들 역시 필라스라는 이름인데, 이 필라스가 히포테스의 아버지였다. 어머니 레이페필레 쪽으로 보면, 히포테스는 이올라오스의 자손이다(☞계보 31). 그는 헤라클레이다이의 펠로폰네소스 원정에 테메노스와 함께 참전했다(☞헤라클레이다이). 나우팍토스에 도착했을 때 그는 예언자를 첩자라고 착각하여 죽였고, 이로 인해 그들의 군대는 아폴론의 분노를 사게 되었다. 그 벌로 히포테스는 10년 동안 추방되었다.
히포테스에게는 알레테스라는 아들이 하나 있었다(☞).

2. 또 다른 히포테스는 코린토스 왕 크레온의 아들로, 그의 아버지는 아카스토스에게서 추방당한 이아손과 메데이아를 따뜻하게 맞아 주었다. 메데이아가 크레온과 그의 딸을 죽이자(☞이아손) 히포테스는 아테나이의 법정에 그녀를

고발했지만, 그녀는 무죄 판결을 받았다(☞메데이아).

히포토에 ῾Ιπποθόη / Hippothoe 이 이름의 여러 인물들 중 신화학자들은 페르세우스의 아들 메스토르(☞계보 31)와 펠롭스의 딸 리시디케 사이에서 태어난 히포토에를 들고 있다. 그녀는 포세이돈에게 납치되어 에키나데스 군도로 끌려갔다. 그곳에서 그녀는 아들 타피오스를 낳았는데, 그는 텔레보아이 족의 왕인 프테렐라오스의 아버지가 되었다(☞암피트리온).

히폴로코스 ῾Ιππόλοχος / Hippolochus 1. 벨레로폰테스와 필로노에(혹은 안티클리아)의 아들인 히폴로코스에게는 글라우코스라는 아들이 있었다(☞계보 35). 글라우코스는 트로이아 전쟁에서 리키아 인들을 지휘하여 싸웠다.
2. 또 다른 히폴로코스는 트로이아 사람 안테노르의 아들로, 글라우코스 및 아카마스와 형제 간이다. 트로이아가 함락된 후, 그는 이들 형제들과 함께 키프로스에 정착한다.

히폴리테 ῾Ιππολύτη / Hippolyte 히폴리테라는 이름을 지닌 인물들 중 가장 널리 알려진 이는 아마조네스 족의 여왕으로, 헤라클레스가 그녀의 허리띠를 얻으러 갔었다(☞헤라클레스). 그녀는 아레스의 딸이었으며, 그녀의 어머니는 오트레레였다. 때로는 그녀가 테세우스에 대항하여 원정을 떠났다고 하며(☞테세우스), 심지어 히폴리토스의 어머니였다고도 이야기한다(☞히폴리토스). 그러나 대개 그녀는 헤라클레스에게 죽임을 당한 것으로 여겨진다.

히폴리토스 ῾Ιππόλυτος / Hippolytus 1. 테세우스는 아마존 멜라니페(혹은 안티오페, 혹은 히폴리테)에게서 아들을 낳았는데, 그 아들의 이름이 히폴리토스이다. 히폴리토스는 어머니의 피를 물려받아 사냥과 과격한 운동을 좋아했다. 그는 모든 신들 중에서 아르테미스 여신을 특별히 숭배했으며 아프로디테를 경멸했다. 이 멸시 때문에 히폴리토스는 아프로디테로부터 잔인한 보복을 받게 되었다. 여신은 테세우스의 두 번째 아내인 파이드라가 이 젊은 청년에게 정열을 품게 만들었던 것이다. 파이드라는 히폴리토스에게 자신을 내맡기려 했지만 그는 이를 거절했다. 그러자 그녀는 히폴리토스가 남편에게 이를 지도 모른다는 두려움에 자신의 옷을 찢고 방문을 부순 뒤 그가 자기를 범하려 했다고 모함했다. 테세우스는 대단히 화가 났지만, 자기 손으로 아들을 죽이고 싶지는 않았다. 그래서 전에 그에게 세 가지 청을 들어주기로 약속했던 포세이돈을 찾아갔다. 그의 간청에 따라 포세이돈은 바다 괴물을 보냈고, 괴물은 히폴리토스가 전차를 몰고 있던 트로이젠의 해안에 나타나 말들을 놀라게 함으로써 청년의 죽음을 초래했다. 히폴리토스는 전차에서 떨어지면서 말고삐에 발이 걸려 바위들 위로 끌려다녔다고 한다. 한편 파이드라는 자신의 잘못을 깨닫고 목매어 죽었다.

또한 아르테미스 여신의 청을 받아들여 아스클레피오스가 이 젊은 청년을 소생시켰다고도 한다. 여신은 이탈리아의 아리키아(네미 호숫가)에 있는 자신의 신전으로 그를 데리고 갔다(☞디아나). 히폴리토스는 아리키아에서 디아나[아르테미스]의 동무였던 비르비우스 신과 동일시되었다.
2. 히폴리토스는 또한 기간테스 중 한 명의 이름으로, 기간토마키아[신들과 거인족의 싸움]에서 헤르메스에게 죽임을 당했다. 헤르메스는 하데스의 투구를 쓰고 있어서 눈에 보이지 않았던 것이다.

힐라스 Ὕλας / Hylas 헤라클레스가 드리오페스족과 싸우던 때의 일이다. 영웅은 그들의 왕 테이오다마스를 죽이고(☞헤라클레스), 그의 아들 힐라스를 납치했다. 그런데 힐라스는 매우 준수한 청년으로 헤라클레스는 그를 사랑하게 되었다. 힐라스는 아르고나우타이의 원정에 영웅과 동행했다. 그러나 미시아를 지날 때 헤라클레스가 노(그때까지 사용했던 노가 부러져서)를 만들려고 나무를 자르러 간 동안에 힐라스는 숲 속의 샘 혹은 아스카니오스 강(또는 호수)에 물을 길러 갔다. 님프들은 잘생긴 그를 보고는 불사의 존재로 만들어 주겠다고 물속으로 끌어들였다. 힐라스와 헤라클레스와 함께 배에서 내렸던 폴리페모스가 먼저 청년이 사라진 것을 깨달았다. 그는 오랫동안 힐라스를 불렀지만 아무 소용이 없었다. 헤라클레스도 그와 함께 소리를 질러 힐라스를 찾았다. 그러나 아르고나우타이는 그들을 기다리지 않고 닻을 올려 버렸다(☞보레아다이). 폴리페모스는 그곳에 키오스 시를 건립했고 후에 이 도시는 프루사라는 이름으로 불렸다. 한편 헤라클레스는 미시아 인들이 힐라스를 납치했다고 의심하여 인질들을 잡아 놓고 청년을 되찾아 오라고 명했다. 이러한 일은 매년 축제가 열릴 때마다 반복되어 사제들은 인근의 산 쪽으로 걸어가면서 힐라스의 이름을 세 번씩 외쳤다.

힐라이라 Ἵλαρα / Hilaera 레우키피데스 중 한 명으로 포이베와 자매간이다(☞레우키피데스).

힐라이오스 Ὕλαιος / Hylaeus 힐라이오스는 아탈란테를 납치하려 했던 아르카디아의 켄타우로스들 중 한 명이다(☞아탈란테). 그는 아탈란테의 구혼자들 중 한 명인 멜라니온에게 치명적인 상처를 입혔지만 아탈란테의 화살에 맞아 죽었다.

또 다른 전승에 따르면, 힐라이오스는 켄타우로스들과 라피타이 족의 싸움에 가담했고, 아탈란테가 아니라 테세우스에게 죽임을 당했다고 한다. 혹은 폴로스의 집에서 일어났던 싸움 끝에 헤라클레스에게 죽임을 당했다고도 이야기된다(☞헤라클레스).

힐로노메 Ὑλονόμη / Hylonome 페이리토오스의 혼인 잔치에서 라피타이 족과 켄타우로스들 사이에 싸움이 벌어져 켄타우로스 킬라로스가 죽게 되자, 그의 아내였던 여자 켄타우로스 힐로노메는 남편 없이 살고 싶지 않았으므로 그가 맞은 화살로 스스로 목숨을 끊었다.

힐로스 Ὕλλος / Hyllus 힐로스는 적어도 통설에 의하면 헤라클레스와 데이아네이라의 아들로 간주된다(☞계보 15, ☞계보 16). 헤라클레스가 그에게 이러한 이름을 붙여 준 이유는 다음과 같다. 리디아에 있는 헤르모스 강의 지류가 힐로스라 불렸는데, 그 이름은 대지의 아들인 한 거인의 이름에서 비롯되었다. 거인의 해골이 홍수에 떠내려 와서 이 강에서 발견되었기 때문에 강은 힐로스라 불렸던 것이다. 헤라클레스는 옴팔레의 노예로 봉사하고 있을 때 이 강을 알게 되었다. 하지만 이 전승은 일반적인 연대를 따르지 않는다는 것을 알 수 있는데, 왜냐하면 힐로스는 헤라클레스가 리디아로 망명하기 훨씬 전에 태어났던 것으로 여겨지기 때문이다(☞헤라클레스).

몇몇 신화학자들은 힐로스를 헤라클레스와 옴팔레의 아들로 여기는데 이는 동떨어진 이설이다. 또한 힐로스가 헤라클레스와 파이아케스 족의 나라에 사는 님프 멜리테 사이에서 태어났다는 후대의 전설 역시 그릇된 것으로 보인다. 헤라클레스가 아들들을 죽인 후 이 나라로 망명하여(전통적인 전승을 따르는 신화학자들은 대개 이 망명을 인정하지 않는다) 멜리테와 결합했다는 것이다. 이 힐로스는 파이아케스 족의 한 무리를 이끌고 일리리아에 식민지를 건설했는데, 그곳에서 그 고장 주민들과 소떼를 두고 논쟁이 벌어져 죽임을 당했으며 에페이로스의 힐로이 족에게 자신의 이름을 부여했다고 한다.

가장 일반적으로 받아들여지는 설에 의하면, 힐로스는 헤라클레스와 데이아네이라의 결혼 초기에 칼리돈에서 태어난 것으로 여겨진다. 그들이 케익스에게 망명했을 때 힐로스는 이미 장성해 있었다(☞헤라클레스). 헤라클레스는 죽으면서 그에게 이올레와 결혼하라고 명했다(☞헤라클레스). 헤라클레이다이가 에우리스테우스의 미움을 피하여 아티카로 피신해야 했을 때 그들은 힐로스를 중심으로 모였고, 몇몇 작가들에 따르면 힐로스 자신이 에우리스테우스를 죽였다고도 한다(☞헤라클레이다이). 그리고 나서 힐로스는 할머니(☞알크메네)와 함께 테바이로 가서 정착했다. 그는 헤라클레스의 자식들을 펠로폰네소스로 〈귀환〉시키려 했으나, 신탁을 잘못 해석하여(☞헤라클레이다이) 에케모스와의 단독 결투에서 죽고 말았다(☞에케모스). 헤라클레스가 죽은 뒤 힐로스는 도리스 족의 왕인 아이기미오스의 양자가 되었고(☞아이기미오스), 그 자격으로 도리스 족의 세 부족들 중 한 부족의 명조가 되었다.

힘노스 Ὕμνος / Hymnus 힘노스는 프리기아의 목동으로 아르테미스의 시녀인 님프 니카이아를 사랑했다. 그런데 그녀는 사랑을 원치 않았다. 마침내 그는 자신의 열정을 그녀에게 고백하기로 했지만, 님프는 성이 나서 힘노스에게 화살을 쏘아 죽여 버렸다. 모든 세상이 힘노스를 위해 울어 주었고, 심지어 사랑에 대해 아무것도 모르는 아르테미스 여신마저도 눈물을 흘렸다고 한다(☞니카이아).

힙노스 Ὕπνος / Hypnus 힙노스는 잠을 의인화한 신이다. 그는 밤과 에레보스의 아들(혹은 아스트라이아의 아들)이며, 타나토스(죽음)와 쌍둥이 형제이다. 힙노스는 전적으로 추상적인 개념에서 거의 벗어나지 못한다. 호메로스는 그를 렘노스에 사는 주민으로 등장시키지만, 그 후 그의 거주지는 좀더 먼 곳으로 묘사되었다. 베르길리우스는 그가 하계에 살았다고 한다. 오비디우스는 그가 킴메리오이 족의 나라에 살았다고 하며, 마법에 걸려 잠들어 버린 힙노스의 궁궐을 매우 상세하게 묘사하고 있다. 힙노스는 주로 날개가 있고, 대지와 바다를 빠르게 날아다니며 모든 사람들을 잠들게 만든 것으로 그려진다. 힙노스가 등장하는 전설은 단 하나뿐이다. 즉, 그는 엔디미온을 사랑한 나머지, 사랑하는 연인의 눈을 계속 볼 수 있도록 그가 눈을 뜬 채로 잘 수 있게 해주었다고 한다.

힙시크레온 Ὑψικρέων / Hypsicreon 테오크리토스는 낙소스 사람 프로메돈과 친구 사이였던 밀레토스 사람 힙시크레온의 이야기를 전한다. 어느 날 힙시크레온의 집에 프로메돈이 찾아왔는데, 힙시크레온의 아내 네아이라는 남편의 친구를 사랑하게 되었다. 그녀는 남편이 보는 앞이라 자신의 감정을 숨겼다. 그런데 하루는 힙시크레온이 없는 동안 프로메돈이 밀레토스를 방문하게 되었고, 네아이라는 자신의 사랑을 고백했다. 프로메돈은 주객간의 신성한 의무를 상기시키며 그녀의 말을 들으려 하지 않았다. 그러자 네아이라는 하녀들에게 자신을 손님방에 가두게 한 뒤, 결국 프로메돈이 자신의 요구를 받아들이게 만들었다. 다음날 프로메돈은 간밤의 일에 겁이 나서 낙소스로 떠났고 네아이라는 그를 따라갔다. 힙시크레온이 이를 알고 아내를 되돌려줄 것을 요구했지만, 네아이라는 남편을 따라가기를 거부하며 낙소스의 프리타네이온[일종의 의사당]의 제단으로 피신했다. 낙소스 사람들은 그에게 아내를 설득하되 폭력을 써서 피신처에서 끌어내서는 안 된다고 했다. 힙시크레온은 낙소스 인들에게 모욕을 당했다고 생각하고는 밀레토스 사람들을 선동하여 그들에게 전쟁을 선포했다.

힙시필레 ˊΥψιπύλη / Hypsipyle 힙시필레는 토아스와 미리나의 딸로, 부계로는 디오니소스와 아리아드네의 손녀가 된다(☞아리아드네, ☞토아스). 반면 모계로는 크레테우스의 자손이며 따라서 아이올로스의 후손이기도 하다(☞계보 8). 토아스가 렘노스 섬을 다스리던 시절에, 섬의 여자들은 남자들을 죽이기로 결정했다. 그녀들은 아프로디테 숭배를 게을리한 나머지 여신의 벌을 받아 몸에서 악취를 풍겼으므로, 남자들은 자신들의 아내를 상대하지 않고 포로들이나 다른 섬의 여자들과 동침했던 것이다. 그래서 여자들은 그 앙갚음으로 모든 남자들을 죽여 버렸다. 대학살이 있던 밤에 토아스 왕의 딸 힙시필레만이 아버지를 살리기 위해 궤짝에 숨겨 바다에 던졌고, 그래서 토아스는 목숨을 건졌다(또 다른 작가들에 의하면, 그녀는 디오니소스 신상의 장식들로 아버지를 마치 신상인 양 꾸며서는 학살 이튿날 아침 마치 죄를 씻으러 가는 양 바닷가로 갔다고 한다).

선왕의 딸이었던 힙시필레는 렘노스 섬 여자들에 의해 여왕으로 추대되었다. 그 무렵 아르고나우타이가 렘노스 섬에 이르렀다. 작가들에 따라, 섬 여자들이 그들을 환대했다고도 하고, 그녀들이 손에 무기를 들고 이들의 상륙을 방해했다고도 한다. 하지만 그녀들은 아르고나우타이로부터 동침을 약속받자 태도가 부드러워졌다. 그리하여 힙시필레는 이아손의 정부가 되었다. 그녀는 토아스(대외적으로 사망한 것으로 여겨졌음)와 학살된 모든 렘노스 남자들을 기리기 위해 장례 경기를 열었다.

이아손과의 결합에서 힙시필레는 두 명의 아들을 얻었다. 그 중 한 명은 『일리아스』에 나오는 에우네오스(☞)이고, 다른 한 명은 네브로포노스(혹은 네프로니오스) 혹은 할아버지의 이름을 따라 토아스라 불렸다(☞계보 21).

아르고나우타이가 떠난 후 렘노스 여자들은 여왕이 그녀의 아버지를 살려 주었다는 것을 알게 되었고, 이를 배신 행위로 간주하여 그녀를 죽이려 했다. 그러나 힙시필레는 밤중에 몰래 도망쳤고 도중에 해적들에게 납치되어 네메아 왕 리쿠르고스에게 팔려갔다. 그곳에서 그녀는 리쿠르고스와 왕비 에우리디케를 섬기게 되어 그들의 어린 아들 오펠테스를 돌보았다. 그런데 테바이를 원정하러 가던 일곱 장군이 지나던 길에 목을 축일 만한 샘이 어디 있느냐고 물어보는 바람에 그녀는 잠깐 아이에게서 눈을 뗐고, 그 사이에 아이는 괴물 뱀에 물려 죽고 말았다(☞암피아라오스). 화가 난 에우리디케와 리쿠르고스는 힙시필레를 처형하려 했으나 때마침 힙시필레의 두 아들 에우네오스와 토아스가 어머니를 찾으러 왔다. 일곱 장군 중 한 명인 암피아라오스는 청년들이 가지고 있던 황금 포도나무로 만든 노를 보고 그들을 알아보았다. 황금 노는 예전에 디오니소스가 그들의 할아버지인 토아스에게 선물한 것이었다. 그래서 암피아라오스는 에우리디케에게 노여움을 풀고 힙시필레를 아들들과 함께 렘노스로 돌려보내 주라고 설득했다. 이것이 단편적으로 남아 있는 에우리피데스의 비극 『힙시필레』의 이야기이다. 아울러 힙시필레가 어떻게 하여 자식들과 떨어지게 되었는지 에우리피데스는 다음과 같이 설명하고 있다. 이아손은 자식들을 낳은 지 1년 만에 아르고 선에 태워 데리고 떠났으며, 오르페우스가 이 쌍둥이 형제를 트라케로 데리고 가서 그곳에서 양육했다. 그곳에서 아이들은 그들의 할아버지 토아스와 만났다는 것이다. 물론 이런 소설적인 이야기들은 본래 전설에는 나오지 않으며 신화를 바탕으로 후대에 만들어진 문학적 창작이다.

찾아보기

신화적, 지리적, 역사적 고유 명사들
(*고딕체로 표시된 항목과 숫자는 표제어와 해당 페이지를 가리킨다)

가니메데스 트로스의 아들 계보 7. **39a** 39b 105a 184a 339a 352a 425b 426a 432b 449a 502a 533a 666a 683a
가데스(스페인의 도시) 44b 152b 521a
가라누스 39 120a 446a
가라마스 아폴론의 아들 290b 447b
가라만테스 족(아프리카의 민족) 290b 406a
가르가논(이탈리아의 산) 452b
가르게토스(아티카의 마을) 512a
가르마토네 40
가비이(라티움의 도시) 68b 124b 552b
가스테로케이레스 492a
가에타(이탈리아의 도시) 371b 444b
가우아네스 40
가이아 계보 5 11 12 32 38. **40** 58b 81a 133b 165b 182a 430a 523b 530a 651b 664b
—의 자식들 50b 58b 77a 92b 99b 119b 130a 141b 181a 257b 265b 292a 319a 337b 358b 390b 394a 395a 408b 458a 466a 474a 498a 500b 540b 541b 558a 592b 598a 599b 688a 699a 709a
—의 신탁들 119b 304a
가이툴리 족(민족) 406a
갈라이소스 41
갈라테스 42
갈라테이아 1) 네레이데스 중 한 명 **42** 59a 59b 295a 607a
 2) 에우리티오스의 딸 **42**

갈라테이아 인들(민족) 42a 707b 708b
갈라티아 42a ☞갈라테스
갈락사우레 오케아니데스 중 한 명 390b
갈레네 네레이데스 중 한 명 59a
갈레오테스 42
갈리아 인들(민족) 176a 396b 632b 633a
갈리아(나라) 42a 129a 662b
갈린티아스 43 654a 705b
갈게스 43
갠지스(강) 43b 425a
게 ☞가이아 계보 11. 72b 230a 286b 328b
게네토르 리카온 2의 아들 133a
게노오스 네오프톨레모스의 아들 115b
게누키우스 키푸스 494a
게니우스 요비알리스 496a
게라나 44
게라스(노쇠) 72a 639a
게레니아(메세니아의 도시) 62a 148b
게르말루스(팔라티누스 언덕 북서쪽 정상) 68a 124b
게리오네우스 계보 32. **44** 449a 455b 476b
—의 개 223b 358b 379a
—의 황소들 42a 52b 62a 100b 114a 221b 322a 349b 414b 437a 439a 462b 475b 631b 661b 662b 664b 671b
게타이 족(민족) 436b 535b 646b
겔라(시칠리아의 도시) 108a
겔라노르 계보 17. **44** 75a 219b

겔로 44 101b 176b
겔로노스 217a 359a
겔로노이(스키티아의 도시) 359a
고르가소스 마카온의 아들 71b 148b
고르게 1) 오이네우스의 딸 계보 27. 44 85a 95b 172a 383a 383b 392b 531b 536b
   2) 코린토스의 아내 44
   3) 다나이데스 중 한 명 75b
고르고(고르곤) 44a 45a 45b 46a 47a 265a 305b 307a 318a 449a 459b 476b 570a 575b 576b 663b
고르고네스 계보 32. 45 46b 47a 189a 458a 576a
고르고포네 1) 페르세우스의 딸 계보 6 19 31 39. 46 117b 139b 388b 543a 579a
   2) 다나이데스 중 한 명 75b
고르고포노스 1) 엘렉트리온의 아들 계보 31. 46
   2) 에피다우로스 왕 46
고르고피스(호수) 45a
고르고피스 아타마스의 아내 46
고르기라 292a
고르기티온 프리아모스의 아들 계보 34. 520b 619b
고르디아스 46
고르디온(프리기아의 도시) 46b
고르티나(크레테의 도시) 99b 201b 346b 402b 500a 504a
고르티니아(=코르토나) 375a
고르티스 99a 146a 222b 504a
과도함 ☞히브리스 61a
구네우스 46 103a
권력=크라토스 202b 222a
그라니코스(위치가 불분명한 강) 390b
그라니코스 46
그라이아이 계보 32. 46 458a 576a 592b
그라이코스 509b
그라티아이 47 120b 438b ☞카리테스
그라티온 거인 51b 256b
그리노스 47 352a
그리니온(도시) 47b

그리페스 47
글라우케 1) 네레이데스 중 한 명 계보 30. 47 59a
   2) 크레온 왕의 딸 47 408a 426a 471b 473b
   3) 키크레우스의 딸 491a 525a 525b 585b
   4) 다나이데스 중 한 명 75b
글라우코노메 네레이데스 중 한 명 59a
글라우코스 1) 안테노르의 아들 47 319a 518a 712a
   2) 히폴로코스의 아들 계보 35. 48 96a 217b 712a
   3) 시시포스의 아들 계보 35. 48 111b 160b 195b 229b 497b 581b 589b 650b
   4) 안테돈의 아들 49 218a 226a 486b 534b 596a 703a
   5) 미노스의 아들 계보 28. 49 85a 177a 184a 265a 317a 468b 605a
   6) 메세니아 왕 71b 287b
   7) 아레토스의 아들 188a
   8) 프리아모스의 아들 520b 619b
글라우키아 1) 스카만드로스의 딸 50
   2) 플레이아데스 중 한 명 626b
글라우키페 1) 다나이데스 중 한 명 75b
   2) 헤카베의 어머니 685b
글레노스 헤라클레스의 아들 계보 15 16. 151a 656a
글리사스(보이오티아의 마을) 103b 361b 598b
글리피오스 50
기가스 이스케노스의 아버지 404b
기게스 1) 거인 계보 5 12. 40b 51 286a 498a 688a
   2) 리디아 왕 52a
기르노스 574a
기르톤(테살리아의 도시) 52a
기르톤 52
기아스 1) 아이네이아스의 동료 52
   2) 라티움 사람 52
기억 ☞므네모시네
   ——의 샘 182b
기에스 ☞기게스

길가모스(=길가메시) 211a
나나 53 208a 238a 308b
나나로스 545b 546a
나나스 테우타미데스의 아들 53
나노스 1) 마르세유의 53
2) =오딧세우스 53 374b
나르본(갈리아의 도시) 631b
나르키소스 53 358a 522b
나오 네레이데스 중 한 명 59b
나오스 엘레우시스의 54
나우볼로스 56a 107a 216a 221a 248a 423b 477b
나우시노오스 계보 39. 55b 372b 451a
나우시메돈 계보 2. 56b 389b 481a 563b 684b
나우시카아 54 304b 327b 372b 373a 527b 554a 578a 624b
나우시토에 네레이데스 중 한 명 59b
나우시토오스 1) 알키노오스의 아버지 55 327b 578b
2) 테세우스의 키잡이 55 216b 513a
3) 오딧세우스의 아들 계보 39. 55 372b 372b 451a
나우크라테 다이달로스의 아내 78b 416b
나우테스 트로이아 사람 55
나우티이(로마의 씨족) 55b
나우팍토스(로크리스의 도시) 259a 315a 436b 676b 711b
나우플리아(아르골리스의 도시) 56a 56b
나우플리오스 1) 포세이돈의 아들 55
2) 클리토네오스의 아들 계보 2. 56 116b 153a 248b 261b 268a 268b 275a 389a 389b 402b 446b 481a 482b 521b 528a 528b 563b 565a 572b 595b 602a 636a 684b
나이아데스 계보 24. 49a 57 71a 73a 141a 306b 343b 347b 417b 473a 543a 578a 602a
나일(강) 64b 390a
—— 계곡 671a
—— 의 수원 65b
나폴리(이탈리아의 도시) 165b 212a 389a 492a 547b
낙소스(섬) 58a 94a 94b 118a 199b 215a 218b

259a 259b 273b 290b 323b 334a 385a 421a 453b 513b 569b 570a 595a 614a 714b 715a
—— 주민들 715a 421a 605b
낙소스 1) 아폴론의 아들 58 215a 290b
2) 엔디미온의 아들 212b 286a
난나코스 프리기아 왕 58
네니아 214a
네다 님프 58 418b 644a
네레우스 계보 12 32. 41a 42a 58 59b 60a 88b 202b 269a 282a 313a 334a 458a 481a 500b 503b 523b 586b 592b 599a 599b 618a 665a
네레이데스(네레이스들) 계보 32. 47b 58b 59 73a 88b 93b 226a 317b 318a 334a 408b 442b 503b 523b 596a
네로(황제) 58a
네리오 마르스의 아내 60
네리테스 네레우스의 아들 59a 60
네리토스 이타코스의 형제 418a 610a
네리톤(이타케의 산) 367a
네마누스 비블로스의 왕비 60 150a
네메르테스 네레이데스 중 한 명 59b
네메시스 계보 13. 54a 61 72a 111b 692a
네메아(아르골리스의 도시) 137b 178a 243a 331b 573b 601b 715b
—— 경기 167b 243a 331b 536b 547b 601b 612a 658b
—— 의 사자 223b 349b 358b 455b 657b 658a
네미(이탈리아 중부의 호수) 110a 202a 398a
네브로포노스 이아손의 아들 계보 21. 715b
네사 피에리데스 중 한 명 633b
네사이아 네레이데스 중 한 명 59b
네소 1) 계보 7. 227b
2) 네레이데스 중 한 명 59b
네소스(트라케의 강) 390b
네소스 61 85b 132a 461a 672b 673a 674a 674b 675a 703a
네스토르 넬레우스 1의 아들 계보 21 33. 61 66a 148a 154a 155a 175a 179a 249a 360b 368a 370a 481b 527a 532b 555a 556a 578a 594b 667b 685b 690b

——의 자식들 175a 231b 321b 453a 583a
　　605a
　　　——의 사절들 296a
네아이라 1) 네레이데스 중 한 명 283a
　　2) 람페티에의 어머니 계보 14. 111a
　　3) 계보 18. 254a
　　4) 알레오스의 아내 계보 9. 136b 268b
　　5) 힙시크레온의 아내 714b 715a
　　6) 니오비데스 중 한 명 70a
네오메리스 네레이데스 중 한 명 59b
네오프론 티만드라 2의 아들 275b
네오프톨레모스 아킬레우스의 아들 47b **62**
　　115a 115b 134a 148b 178a 178b 200b 270b
　　281a 282b 296b 301a 317b 352a 369b 374b
　　377b 443b 524b 527a 531b 574a 587a 597b
　　606b 609a 611b 620b 630b 632a 640b 646b
　　681a 681b 697b 698a
네이스 아에돈의 딸 419a
네일레우스 이집트의 왕 **64**
네일로스 567b
네일로스 계보 3. 40a **64** 176a 196b 230b
　　275b 346a 360a 390a 449a 488a 509b 567b
네케시타스 240a
네팔리온 미노스의 아들 계보 28. **65** 184a
　　348a
네펠레 1) 아타마스의 아내 계보 33. **65** 83a
　　114b 116a 301b 302b 621b 622a 679b 691b
　　2) 구름 61b **65** 460a 670a ☞익시온
네포스 계보 15
네프로니오스 이아손의 아들 계보 21. 715b
　　☞네브로포노스
넬레우스 1) 필로스의 왕 계보 21. 61b 62a **65**
　　70b 168a 169a 169b 179a 248a 337a 462b
　　473b 502b 537b 555a 573b 579b 588b 589a
　　636b 667b 68a 669b
　　2) 코드로스의 아들 **66** 443a 463a
넬레이데스(넬레우스의 자손들) 555a
넬로 다나이데스 중 한 명 75b
넵투누스 66 207b 354b 467b 649b
노나이 카프라티나이 126a 639a 639b
노나크리스(아르카디아의 마을) 222a

노미아 80a
노에몬 트로이아 사람 370a
노토스 계보 14. **66** 198a 345a
노티온(이오니아의 도시) 452a
놀라(캄파니아의 도시) 389a
누마 폼필리우스 로마의 왕 **66** 145a 145b 183a
　　337a 399a 599b 611a 628a
누미키우스 하신 263b 316a 397b
누미토르 알바 왕 **67** 106a 112b 113b 114a
　　123b 124b 232b 261a 261b 552b 553a
누케리아(이탈리아의 도시) 362a
니네베(앗시리아의 도시) 127a 209a 210a
니노스 니네베 왕 **68** 210a
니니아스 210a 210b 211a 521a
니레우스 1) 카로포스의 아들 **69** 707a
　　2) 카타니아의 **69**
　　3) 카나케의 아들 계보 10
니사(도시=메가라) 151b
니사(산 나라) 69b 93a 93b 137b 151b 542b
　　680a 705b
니사 님프 **69**
니사 디사울레스의 딸 193a
니소스 1) 메가라 왕 계보 11. **69** 151b 195b
　　217a 218b 272b 317a 437b 561a
　　2) 에우리알로스의 친구 **69** 110b 350a
니소스 69
니수스 ☞니소스 2
니시로스(소아시아의 섬) 51b 581a 604b
니오베 1) 포로네우스의 딸 계보 17 18 40. **70**
　　254a 346a 431b 534b 585a 591a 688a
　　2) 탄탈로스의 딸 계보 2. 62a **70** 92b
　　106b 121a 267a 312a 332a 404b 419a 426b
　　501b 502b 701b
　　3) 앗사온의 딸 70b 335a
니오비데스(니오베의 자식들) 62a **70**b 173a
　　256a 335a
니카이아(비티니아의 도시) 71a 680b
니카이아 나이아스 **71** 714a
니케 승리 계보 32. **71** 202b 222a 565a
니코다마스 피그마이오이 족의 한 사람 629a
니코드로모스 계보 15

니코마코스 마카온의 아들 71 148b
니코스트라테 에우안드로스의 어머니 71 354b 437a
니코스트라토스 메넬라오스의 아들 계보 13. 71 87b 152a 153b 610a 693a 696b
니코토에 하르피이아이 중 한 명 647b
니키페 펠롭스의 딸 계보 2 31. 220b 349a 710a
닉스 61a 72 286a 337b 342b 443b
닉시 72
닉테우스 1) 테바이 사람 계보 25. 72 101a 101b 106b 134b 135a 135b 321a 385b 602b 609b 625b 627a 703b
   2) 칼리스토의 아버지 449b
   3) 에티오피아 왕 72b
닉테이스 계보 3. 101b 385b 602b
닉티메네 에포페우스의 딸 72
닉티모스 리카온 2의 아들 72 132b 133a 133b 255a 545a 622b
님파이 73
   ── 와 아킬레우스 300b
   ── 성지들을 세우다 242b
   ── 의 사랑 166a 198a 207a 266b 310a 359a 380a 449b 464b 478a 713a
   ── 의 자식들 42a 65a 79b 174b 205b 231a 286a 286b 314b 348a 389a 391a 391b 394a 470b 539a 545b 624a 677b 704a 713b
   기타 47b 77b 79b 89b 93a 139a 181b 202a 223b 230b 250a 257b 309b 316b 330b 342a 346a 356b 358a 362a 430a 436a 438a 455a 459a 463b 486b 494b 505b 557a 557b 576a 664b 682a 705b   1) 나무의 308b
   2) 물푸레나무의 계보 12. 41a 231a 600a
   3) 산의 454a 459a 688a
   4) 샘의 250a 254b 397b 439b
   5) 스틱스의 166a
   카베이리데스 440b
   드리아스 41a 347b
   ☞나이아데스 ☞하마드리아데스
님파이오스 447b 448a
다게스탄(아시아의 지방) 221b
다곤 475a

다나에 계보 6 31 40. 74 98b 115a 245a 294a 294b 318b 347b 431a 431b 432a 575a 575b 576b 577a 602a 615a
다나오스 계보 3. 44b 56a 74 90a 139a 139b 188b 196b 219b 225b 261b 262a 275b 276a 294a 346a 461a 575b 595b 614b 707b
다나오이 족(민족) 76a
다나이데스 75 380a 411b 595b 707b 709b
다나이스 468b
다다 76
다레스 76 402a
다르다노스(트로아스의 도시) 289a 425b
다르다노스 제우스의 아들 계보 7 25 40. 39a 76 189b 205b 227b 276a 364a 364b 401a 402a 408a 408b 425a 425b 428b 431b 440b 464b 479b 520a 533a 562a 565b 630a 646a
다마센 77 177a
다마소스 트로이아 사람 608a
다마스코스(시리아의 도시) 77b
다마스코스 77
다마스테스 77 511b 616b
다마스토르 56a 602a
다마시오스 584b
다마시크톤 1) 니오비데스 중 한 명 70a
   2) 코드로스의 아들 614a
   3) 페넬레오스의 손자 539b
다마시포스 이카리오스 2의 아들 계보 19. 417b
다마이토스 77b 226a 590b
다메온 497a
다모폰 계보 35. 531b 618b
다몬 마켈로의 아버지 149a
다미소스 거인 77 295b
다미아 271a
다미탈레스 82b
다세아타스 리카온 2의 아들 133a
다스킬로스 1) 탄탈로스의 아들 135b 501b
   2) 리코스 7의 아버지 135b
다에이라 363b
다우나 에우안드로스의 딸 355a
다우노스 409a ☞다우누스
다우누스 78 96b 319a 397b 409a 532a 642a

다우니이 족(민족) 78a 452b
다울리스(포키스의 도시) 386b 493b 631b 638a
다이달로스 계보 4. **78** 165b 184b 185a 230b 233b 409a 415a 416b 417a 466a 466b 503a 503b 550b 551a 574b 672b 689b
—— 축제 322a
다이달리온 79 488b 637b
다이메네스 티사메노스 1의 아들 539b
다이타스 1) 레스보스의 **79a**
2) 마카레우스의 아버지 148b
다이토르 520b
다이프론 아이깁토스의 아들 75b 76a
다프네 73b **79** 99b 117b 310a 551a 571a
다프누스(그리스 중부의 지방) 379a
다프니스 1) **79** 126b 138b 486b 503b
2) 켄타우로스 670a
닥틸로이 80
달 257a 362b ☞셀레네 ☞루나
담네우스 1) 코리반테스 중 한 명 468a
2) 쿠레테스 중 한 명 468a
대(大) 아이아스 텔라몬의 아들 계보 2. **279** 289a 431a 520a 523b 540b 525a 578b 603b
트로이아에서 48b 136b 175a 300b 348b 451b 520b 594b 690b
하계에서 299b
대지 79b 85a 117b 187a 238b 286a 309b 338b 343a 382a 421a 425a 439a 457b 473a 494a 530a 535a 550a 614a 635b 671a 713b
데그메노스 궁수 393a
데로 네레이데스 중 한 명 59a
데르케토 209b 444b
데르키노스 포세이돈의 아들 **80** 322a 662b
데리아데스 인도의 왕 378b 525a
데메테르 펠라스기스 585a
데메테르 계보 38 40. 41b 54b **81** 119b 140b 163a 164b 173b 222a 256a 264a 342b 363b 364b 379a 405b 409b 428a 431a 436b 440b 444b 454a 456b 463a 475a 491b 530b 534b 535a 547a 559a 560b 588a 627b 628a 634b 637b 638b 644b 664a 707a
—— 와 페르세포네 100b 164b 192b 212a 247a 271a 409b 410b 440a 461a 476b 577b 585a 645a
신전 162b 478b 668b
애정행각 408b 595b
—— 의 축제들 494a 495b 704a
—— 와 시칠리아 286b
데모나사 암피아라오스의 딸 계보 1 37. 344a 506b 539b 639b
데모니케 에우에노스의 어머니 계보 24. 144b 355a 517a
데모도코스 1) 알키노오스의 음유 시인 **82**
2) 아가멤논의 음유 시인 **83** 274b 482b
데모디케 1) 프릭소스의 계모 **83**
2) 팍톨로스의 누이 557a
데모코온 프리아모스의 아들 369b 620a
데모클로스 215a
데모폰 1) 켈레오스의 아들 81b **83** 461b 535a 611b
2) 테세우스 3의 아들 **83** 287a 289a 289b 364a 377a 392b 510a 514b 553b 560b 563b 642a 642b
데모필레 시빌레 228a
데미폰 84a 84b
데베라 641b
데스몬테스 284a 429a
데우칼리온 1) 프로메테우스의 아들 계보 8 38. **84** 48a 102b 111a 127b 135b 147b 167b 207b 228b 283b 323a 334a 362a 378a 382b 392a 409a 412a 413b 418b 422b 432a 458b 470b 477b 481b 509b 524b 540b 544b 579a 579b 599a 613a 614a 618b 630b 637a 679b 698b 705b
—— 의 홍수 58a 72b 147b 366a 400a 432a 454a 481a
2) 미노스의 아들 계보 28. **85** 162a 178b 184a 249a 402a 515a 516b 553b
데이노 47a 576a
데이노스 디오메데스의 말 95b 661b
데이다메이아 1) 리코메데스의 딸 62b 134a 296a
2) 벨레로폰테스의 딸 205b

3) 페리에레스의 딸 517a
데이마코스 1) 50a 283b 627b
　　2) 넬레우스의 아들 66a
데이모스 245b 313b 593b
데이아네이라 1) 헤라클레스의 아내 계보 15 16 27. 44b 61b **85** 87a 132a 148a 172a 292b 329a 329b 345b 383a 383b 392b 415b 461a 507b 663b 669a 669b 670b 672b 673a 673b 674a 674b 675b 703a 713b 714a
　　2) 펠라스고스의 아내 계보 18. 133b 585a
데이오네우스 1) **85** 424b
　　2) ☞데이온 477b 578a 637a
데이오코스 549b
데이오페 353b
데이오피테스 프리아모스의 아들 370a 620a
데이온 계보 8 20 30 39. 102b 249a 265b 283b 345a 350b 422b 458b 477b 481b 589b 599a 616b 637a 637b
데이코온 계보 15. 151a 473a 656a
데이포보스 프리아모스의 아들 계보 34. **85** 155a 162a 299b 369b 370a 402b 548a 606b 619b 686a 691a 695a 695b 697a 697b 698a
데이폰테스 안티마코스의 아들 계보 16. **86** 508a 569b 635a 703a
데이필레 계보 1 27. 95b 242b 243b 536b
데이필로스 1) **86** 603b 686b
　　2) 계보 21
데일레온 627b
데켈레이아(아티카의 마을) 87a 692b
데켈로스 87
데피디우스 형제 444b 445a
덱사메네 네레이데스 중 한 명 59a
덱사메노스 87 179a 351a 504a 670a 670b
덱시크레온 87
덱시테아 미노스의 아내 계보 28. 123b 148b 149a 184a
덴드리티스 87
델로스(키클라데스 군도의 섬) 121a 126b 172b 227b 240a 240b 256a 265b 277a 293a 309a 311a 343a 345a 382a 514a 677b 687b 708a 708b

델리아데스 195b
델포스 켈라이노의 아들 계보 8. **88** 134a 167b 442b 540a 705b
델포이(포키스의 도시) 64a 88a 101b 107a 121b 134a 150a 153a 167b 178b 181b 200b 215a 227b 274b 329a 334a 365a 386b 409a 416a 438b 442b 530b 540a 542a 561a 587a 595a 634b 637a 637a 677b 698a 703a 708a
　(신탁소 및 성역) 148b 150a 180a 259a 301b 309a 310a 317b 344a 361b 368a 376b 377b 406b 411a 414a 419b 428a 473a 490a 509a 522b 530b 561a 580b 598a 606a 625b 634b 636a 637a 646a 657a 673b 681b 700a 703a
　신전 233a 534a
　──에의 봉헌 288b
　신탁의 충고들 54b 64b 108a 114b 115a 119b 147a 154a 168b 190a 206a 269a 273a 286b 301b 325b 338a 349b 414b 419b 424a 434a 459a 464a 510b 516b 519a 528b 567a 590b 598b 657a 676a
　신탁의 계시들 86b 293b 340b 363a 386b 387b 462b 465a 472a 491a 589a
델피네 88 309b 542a 679b
도나우(강) 116b 260a 270b 300b 356a 405a 420b 556b 697a
도도네(에페이로스의 도시) 149b 216b 708b
　──의 신탁소 42b 130b 149b 249a 322b 379a 405a 411a 449b
도돈 346b
도로도케 572a
도로스 1) 헬렌의 아들 계보 8 24. **88** 265b 274a 283b 413b 524b 625b 698b
　　2) 아폴론의 아들 **88** 104a 286a 310b 608a
도르키아 팔란토스의 딸 423a
도리다스 618b
도리스 인들(민족) 88a 90a 274a 471a 471b 569b 619b 625b 651a 657a 698b 714a
도리스 1) 오케아니데스 중 한 명 계보 32 38. 58b 59a 60a **88** 334a 390b 481a 503b 523b
　　2) 네레이데스 중 한 명 59a 503b

도리에우스 115a 344b
도리온(메세니아의 지명) 499b
도리온 다나이데스 중 한 명 75b
도리카 122b
도리클로스 프리아모스의 아들 619b
도리페 240b
도미티아누스(황제) 557a
도토 네레이데스 중 한 명 59a
도티스 135a 226b 410a 625a
도토온(평원) 591b
돌로페스 족(에페이로스 및 테살리아의 민족) 134a 470b 597b
돌론 88 96a 369b
돌롭스 111a 155a
돌리오네스 족(소아시아의 민족) 249b 488b
돌리오스 89 103a 168b
돌리케(섬=이카리아) 672b
두폰 켄타우로스 670a
둘리키움 152a 373a 538a 638a ☞에키나데스
드라콘티스 피에리데스 중 한 명 633b
드레사이오스 트로이아 사람 608a
드레파논(시칠리아의 곶) 277a 335b 395b
드리마코스 89
드리아스 ☞님파이
드리아스 1) 아레스의 아들 89a 89b 171a 180a 246b
    2) 폴리보스의 아버지 327b 547b
    3) 568a ☞팔레네
    4) 아이깁토스의 아들 75b
    5) 리쿠르고스 2의 아버지 136b 137a 642a
드리오스(아카이아의 산) 421a
드리오페 89
드리오페스 족(아이톨리아 및 에페이로스의 민족) 85b 90a 166b 223b 523a 636a 668b 669b 673b 711b 713a
드리온(이탈리아의 산) 590b
드리옵스 1) 89b **90** 223b 470a 557b
    2) 프리아모스의 아들 619b
디나 565b 566b ☞디네
디나메네 네레이데스 중 한 명 59a
디나스테스 — 15

디네 355a ☞디나
디도 90 196b 208b 229b 230a 316a 406a 629b
디드나소스 오론테스 1의 아버지 378b
디디마스(밀레토스 근처의 도시 신탁소) 200b
디라코스 412a
디라키온(일리리아의 도시) 412a
디르케(테바이의 샘) 292b 404b
디르케 91 135a 321a 321b 332a 599a
디마네스 족(민족) 274a
디마스 1) 아이기미오스의 아들 274a 677a
    2) 프리기아 왕 391b 685b
디마스 다르다노스의 아들 402a
디모이테스 91 533b
디사울레스 192b 193a 354a 535a
디스 파테르 91 212b 395a 580b 614a 628b 703b
디아 여신 397a
디아(섬=낙소스) 58a
디아(크레테 인근의 섬) 259b
디아 1) 데이오네우스의 딸 계보 23. 85b 424b 581b
    2) 리카온 2의 딸 90a
디아나 91 128b 193b 202a 256a 284a 337a 439b 440a 467b 712b
디아스 92 626a 710a
디오게네이아 1) 케피소스의 딸 338a 611b
    2) 592a
디오그네토스 605b
디오네 1) 계보 2 5 40. **92** 286a 307b 313a 339a 431a 466a 501b 626b
    2) 히아데스 중 한 명 705b
    3) 네레이데스 중 한 명 59a
    4) 오케아니데스 중 한 명 390b
디오니소스 계보 3 20 22 28 40. **92** 131a 181a 205b 209a 236b 238a 329b 329b 330a 330b 354a 428a 540a 566a 584a
    어린 시절 69b 114b 116b 136b 149a 302a 463b 468b 652a 680b 705b
    애정 행각 71a 73b 98b 134a 231a 259b 269b 340a 453b 513b 583b 704b
    자식들 및 후손들 85a 130b 142b 186a

219a 240a 248b 340a 385a 409b 530b 583b
620b 628b 704a 715b
   정복들 77b 136b 258a 378b 650b
   행렬 49b 145b 186b 207a 259a 310a 409b
558a 678a 700b
   사물을 변화시키는 능력 240b
   ──와 거인들 51a
   복수 102a 136b 147a 185b 199b 321b 449b
529a 599a 622a
   신탁소 454a
   영감 312a
   로마에서 454a
   기타 47b 82b 127a 146a 165b 172a 186b
188a 209a 215a 302a 350b 359a 381b 382b
421a 435b 438b 460b 513b 535a 540a 542a
547b 560b 569b 577a 595a 605a 616a 669b
689a 715b
디오도로스 213b
디오메데 1) 계보 6. 706a
   2) 크수토스의 딸 계보 8 11 20 30 39.
265b 458b 473a 637a
디오메데스 1) 트라케 왕 95 246b 631b 670b
671b
   2) 티데우스의 아들 계보 1 27. 48a 55b
63a 78a 84a 88b 89a 95 113a 113b 114a
123b 134a 136a 154a 155b 178a 220a 236b
243b 245b 271a 275a 275b 276b 280b 289a
304b 305b 314a 350a 361b 368b 369b 370a
383b 426b 449b 462a 465b 473a 488a 506b
507b 537a 549b 556a 559b 562b 563a 563b
564a 564b 590a 605a 609a 631b 641a 690b
694b 695a
   ──의 암말들 349b 661a 680a
디오모스 97
디오스 1) 마이온의 형제 147a
   2) 프리아모스의 아들 620a
디오스쿠로이 계보 2 40. 61a 97 111b 153a
400b 401a 441a 482a 542b 579a 692a
   공적들 83b 87b 118a 142a 151a 152b 171a
234a 287a 287b 290a 357b 408a 420a 470a
519b 538a 549a 586b 589b 591b

   아르고나우타이 248a
   말 648a ☞카스토르 ☞폴리데우케스
디오코리스테스 아이깁토스의 아들 75b
디오클레스 1) 71b 148b 330a
   2) 아이올로스 3의 아들 604a
디오파트라 님프 98 505b
디오플레테스 188a
디옥시페 1) 다나이데스 중 한 명 76a
   2) 헬리아데스 중 한 명 699b
디온 98 134a
디우스 피디우스 67a 208a
디우투르나 ☞유투르나
디이 콘센테스 399a 467
디카이오스 231b
디케 호라이 중 한 명 430b 700b
   =정의 240a 397b 547a
딕테(크레테의 산) 201b 430a 474a
딕테 98
딕티스 56a 74a 74b 98b 141a 294b 454a 575b
576b 587a 602a
딕틴나 201b
딘디모스(키지코스의 산) 250a
라가리아(이탈리아 남부의 도시) 360b
라나사=레오나사
라다만티스 계보 3 28 40. 99 183b 184b 205a
266a 282b 327b 346b 431b 503a 535b 655a
688b
라돈(아르카디아의 강) 226b 390b 437a 660a
라돈 1) 하신 79b 99 263a 354b 581a
   2) 헤스페리데스의 용 99
라디네 115b
라라 100 397b
라레스 100 142a 162a 208b 232a 397b 570b
라렌티아 ☞아카 라렌티아 68a 288a
라로스 크라나오스의 아들 100
라르 ☞라레스
라리노스 에페이로스의 용사 100
라리사(테살리아의 도시) 100b 171b 294b 363b
576b 577a 637a
   (아르고스의 성채) 100b 406b 585a
라리사 펠라스고스의 딸 계보 17. 100 585a

라메 726

625a 633a
라메온 시키온 왕 101 166a 230b 405b 432b
라모스 1) 라이스트리고네스 족의 왕 101 106a 595b
    2) 헤라클레스의 아들 101
라몬 헤라클레스의 아들 394b
라미아(테살리아의 도시) 101a
라미아 1) 포세이돈의 딸 101 227b
    2) 델포이의 괴물 101 102b 176b 218a 227a 329a
라브다코스 폴리도로스의 아들 계보 3 29. 101 106b 135a 385b 560b 602b 638a
라브다키데스
    ——의 무덤 472a 649a
라브란도스 쿠레테스 중 한 명 102
라비니아 라티누스의 딸 102 109a 109b 116a 123b 163b 232b 240b 260b 263a 263b 316a 416a 426b 532b 538a
라비니움(라우렌툼의 도시) 102a 109b 163b 232b 263b 277b 379b 501a 553a
라비니움(라티움의 도시) 102a 272b
라비린토스 미궁 78b 185a 185b 259a 513a
라스 102
라시오스 히포다메이아의 구혼자 384b
라에르테스 계보 39. 102 152a 228b 248b 271a 321b 352b 366b 367a 367b 368a 373a 374a 459a 478b 572a
라에투사 103
라오고노스 트로이아 사람 162a
라오고라스 드리오페스 족의 왕 669a
라오고레 484a
라오노메 1) 헤라클레스의 누이 103 356a 606b
    2) 암피트리온의 어머니 103 132b
    3) 오일레우스의 어머니 390a
라오니토스 오이디푸스의 아들 103 413a
라오다마스 1) 에테오클레스의 아들 계보 37. 103 243b 325a 359b 361b
    2) 헥토르의 아들 계보 34. 690b
라오다메이아 1) 벨레로폰테스의 딸 계보 35 40. 103 196a 205b
    2) 아카스토스의 딸 103 617b

    3) 알크마이온의 딸 104
라오도코스 1) 아폴론과 프티아의 아들 88b 104 286a 310b 608a
    2) 비아스의 아들 203a
    3) 히페르보레이오이 족의 한 사람 707b 708b
    4) 트로이아 사람 559b 620a
라오디케 1) 키니라스의 딸 계보 9. 104 222b
    2) 아가페노르의 딸 104
    3) (=엘렉트라) 계보 2. 104 234b 364b
    4) 프리아모스의 딸 계보 34. 104 180b 289a 619b 686a 700b
    5) 히페르보레이오이 족 여자 708b
라오메네스 계보 15
라오메데이아 네레이데스 중 한 명 59b
라오메돈 1) 트로이아의 왕 계보 7. 39a 104 111a 117a 175a 212a 221a 268b 271b 272a 287a 311a 389b 425b 489b 494a 504b 520a 525b 538a 541a 594b 594b 619a 619b 665b 666a 666b 684b 685a
    2) 계보 15
라오비에 188a
라오코온 1) 트로이아 사람 105 225a 276a 441b
    2) 포르타온의 아들 계보 24 27. 106 248b
라오토에 1) 테스토르의 어머니 403b 517a
    2) 프리아모스의 아내 계보 34. 132b 603a
라오폰테 플레우론의 딸 계보 24. 517a 625b
라우나(?) 에우안드로스의 딸 585b
라우두스쿨라나(로마의 성문) 494a
라우렌테스 족 260b 316a 433a
라우롤라비니움(라우렌툼의 도시) 109a
라우수스 메젠티우스의 아들 106 164a
라이드네 세이레네스 중 한 명 211a
라이스트리고네스 101a 106 371b 485b 595b
라이아스 옥실로스 2의 아들 393b
라이오스 1) 계보 3 29. 101b 106 135a 223b 350a 385b 386a 386b 387a 387b 388a 413a 471b 478a
    ——와 크리시포스 710b
    2) 크레테 사람 461b

라인(강) 375a
라케다이몬 인들 431b 515b 516a
라케다이몬(펠로폰네소스의 도시) 111b 115b 134a 153b 162b 193b 234a 367b 414a 417a 417b 418a 459b 486b 505b 542b 645b 681a 692b 696a
라케다이몬 제우스의 아들 계보 6 25 40. 74a 107 223a 294a 347b 388b 417a 471a 483a 500b 579b 705a 706a
라케스타데스 시키온 왕 107 569b
라케시스 177b 508b
라코니아 인들(민족) 79b 259a
라코니아 98b 107b 121b 209b 259a 277a 551a 587b 677a
라콘 107
라키니오스 107 475b 476a
라키니온(이탈리아의 곶) 107b
라키오스Lacius 108 494b
라키오스 1) 크레테 사람 107 150a 494b
　　2) 아르고스 사람 180a
라토나 ☞레토
라투메나 108
라트라미스 219a
라트리아 프로클레스의 아내 617a
라티노스 계보 39. 116a 270a 375a 446b 450b 486a 527a
　　☞라티누스
라티누스 실비우스 110
라티누스 1) 아보리게네스 족의 왕 41b 102a 108 113b 123b 123b 144b 163b 232b 260b 262b 416a 532a 538a 551b 552a 567a 634a
　　2) 알바 왕 232b
　　☞라티노스
라티움 인들(민족) 52b 108b 126a 262b 263b 375a 416a 486a 639a
라티움(이탈리아의 고장) 52b 55b 74b 126a 206b 316a 336a 397b 439b 439b 539a 552a 563a 577a 634a 662b
라파토스 107b
라피스티온(보이오티아의 산) 386b
라피타이 족(테살리아의 민족) 62b 110 115b 127a 179b 222b 248a 269a 274a 315b 351a 385b 424b 444a 460b 463a 463b 470b 473a 484b 508a 515b 571a 580a 581b 582a 591b 606b 607a 668b 669a 710b 713b
라피테스 아폴론의 아들 계보 23. 110a 110b 113b 147b 222b 534b 591b
락투르누스 214a
랄라 ☞라라
람네스 69b 110
람네스 69b
람누스 61a 692b
람파도 플레이아데스 중 한 명 626b
람페토스 레스보스 용사 110
람페티에 1) 헬리오스의 딸 계보 14. 111 699a
　　2) 아스클레피오스의 아내 148a 111 544a 590a
　　3) 헬리아데스 중 한 명 111 148a
람포네이아(트로아스의 도시) 111a
람포스 1) 라오메돈의 아들 계보 7. 111
　　2) 아아깁토스의 아들 76a
람폰 디오메데스의 말 95b 661b
람프로스 크레테 사람 42b
람프사케 111
람프사코스(아시아의 도시) 94a 111a 313b 620b 621a
레그니다스 팔케스의 아들 569b
레기움(칼라브리아의 도시) 413a 663b
레길루스(이탈리아 남부에 있는 호수) 98a
레네 메돈의 어머니 160a 205b 390a
레다 계보 2 13 19 24 40. 61a 97a 111 170b 179a 234a 248a 354b 357b 431b 481b 482a 517a 538a 543a 626a 692a 707b
레로스(그리스의 섬) 172a 172b
레르네(아르골리스의 고을) 76a 411a 476b 637b 711a
　　──의 습지 94b 437b 577a
　　──의 샘 261b
　　──의 히드라 349b 358b 658b 673a
레르노스 56a 438a 659a
레무리아(로마의 축제) 112
레무리아Remuria 112a

레무스 68a 112 113b 114a 123b 124a 124b
129a 143b 261b 278a 288a 426b 497b 545a
552b 553a 553b 634a
　　──의 죽음 532a
레바논(산) 241b
레바데아(보이오티아의) 113a 120b 206a 233b
534a 682b
레바이아(마케도니아의 도시) 40a
레베스 107a
레베아도스 리카온 2의 아들 113
레소스(트로아스의 강) 390b
레소스 96a 113 221b 369b 393b 450a 507a
레스보스(섬) 44b 72b 79a 110b 113b 147a 147b
151b 155b 166a 181b 215b 259b 314b 361b
368b 381a 427a 507a 551b 582b 583a 584b
622a 638b 655b 698b
레스보스 라피테스의 아들 110b 113 147b
레아 실비아 1) 68a 113 123b 232b 426b 552b
553a
　　2) 헤라클레스의 정부 114
레아그로스 테메노스의 아들 114
레아네이라 계보 6 9. 255b
레아르코스 아타마스의 아들 계보 3 33. 114b
117a 301b 302a 302b
레아테(사비너의 도시) 176a 206a
레안드로스 헤로의 애인 114 677b
레오 ☞로이오
레오나사=라나사 계보 16. 115
레오니모스 270b 694a
레오도코스 계보 1. 248b 574a
레오스 아티카의 용사 115 512b
레오크리토스 601b
레온 1) 199b
　　2) 리카온 2의 아들 133a
레온테우스 110b 115 451b 463a 590b 608a
레온토메네스 539b
레온토포노스 계보 39. 115 374b 531b
레온토프론 계보 39. 115b 356b
레온티니(시칠리아의 도시) 569a
레온티데스 족(아티카의 부족) 115a
레온티코스 115

레우카네 이오의 어머니 계보 17. 411a
레우카디오스 이카리오스 2의 아들 115 417b
레우카리아 이탈로스의 아내 116 123a
레우카스(아카르나니아의 섬) 69a 116a 122a
277a 417b 528a 551b
레우카스피스 시카노이 족의 용사 116
레우카타스 레우카스의 용사 116
레우케 1) 오케아니데스 중 한 명 116
　　2) 흰 섬 116
레우코네 488a
레우코네스 계보 15
레우코스 탈로스의 아들 116 403a 423a 480a
503b
레우코시아 세이레네스 중 한 명 116 211b
레우코카마스 612b 613a
레우코테아 로도스의 117a 650a
레우코테아=이노 계보 3. 116 149b 174a 215a
215b 435a 557a 566a 593b
레우코토에 헬리오스의 애인 117 249a 483a
699b
레우코파네스 에우페모스의 아들 117 356a
레우코페우스 포르타온의 아들 계보 24 27.
383a 592b
레우코프리네 118b
레우코프리스(섬=테네도스) 489b 490a 504b
레우콘 117 247a 302b 509a
레우키페 1) 라오메돈의 아내 104b 117 221a
619a
　　2) 테스티오스의 아내 117
　　3) 테스토르의 딸 117 517a 519a
　　4) 에우리스테우스의 어머니 117
　　5) 아틀란티스 여자 307b
　　6) 일로스 1의 아내 345a
　　7) 미니아데스 중 한 명 계보 20. 185b 186a
레우키포스 1) 오이발로스의 아들 계보 6 19.
46a 97b 117 264b 401a 543a 571b 579a
　　2) 오이노마오스 1의 아들 79b 117
　　3) 투리마코스의 아들 계보 22. 118 573a
　　4) 낙소스의 아들 118 215a
　　5) 크산티오스의 아들 118
　　6) 헤라클레스의 아들 계보 15

7) 에우리필로스 5의 아들 352a
8) 갈라테아 2의 아들 42b
9) 포이만드로스의 아들 597b
레우키피데스 97b 112a 114b 117b **118** 139b 400b 401a 579a 598a 713a
레욱트라(보이오티아의 도시) 709a
레이모네 119
레이몬 119 146a 504a
레이베트라(테살리아의 도시) 381a
레이아 계보 5 12 38. 40b 41a 58b 80b 81a 84a 92b **119** 173b 192a 347a 392a 394a 395a 396a 412a 429b 440b 448a 461b 462a 466a 468b 474a 474b 487a 487b 523b 541a 558a 558b 593b 642a 642b 644b 651a 683b 702a
레이토스 1) 알렉트리온 2의 아들 **120** 248b
2) 엘렉트리온의 아들 365b
레이페필레 계보 31. **120** 415a 636b 711b
레카라누스 120 446a
레케스 581a
레타이아 올레노스의 아내 **120**
레테 120 342b
레토 계보 38 40. 42b 70b 119a **120** 173a 256a 265b 309a 309b 311b 312a 357b 431a 466a 498b 541b 594b 598a 635a 708a 708b
레토스 637a
레트리노이(엘레이아의 도시) 330a
레페팀노스 110b 166a
레프레오스 카우콘의 아들 **121**
레프레이온(트리필리아의 도시) 58b
렉세노르 55b 273a 453a
렐란테 무니코스 2의 아내 180b
렐란토스 티탄 269b
렐레게스 족(그리스 및 소아시아 지역에 살던 선사 시대의 민족) 121b 127b 200b 243b 318b 506a 585b 636b
렐렉스 계보 6. 58a **121** 131b 162b 190b 217a 388b 566a 605b 636b
렘노스 여자들 ——의 만행 249b 314a 345b 715a
렘노스(그리스의 섬) 63a 96a 160a 193b 235b 249b 313a 340a 345b 368b 385a 453b 505b

531a 531b 556a 640a 640b 641a 643b 688b 689a 714b 715a 715b
로데 1) 계보 38. **122** 410a 455b
2) 다나이데스 중 한 명 75b
로데이아 오케아니데스 중 한 명 390b
로도스 인들 610a 641b
로도스(섬) 75a 87b 110a 122a 135b 139a 147b 148b 152a 190b 391b 410a 423a 446b 448a 455b 530a 536a 579b 591b 594b 610a 649b 650a 696b 698b 704a
——의 식민지들 237b 435b 536a 579b
로도스 계보 14. **122** 147b 391b 534b 594a 650a 698b 699b
로도페(트라케의 산) 137a 648b
로도페 1) 에페소스의 **122**
2) 키콘의 어머니 489a
3) 스트리몬의 딸 648b
로도피스 122
로디아 다나이데스 중 한 명 75b
로디오스(트로아스의 강) 390b
로마(도시) 68b 110a 116a 126b 143b 176b 278a 378a 398a 415b 426b 486a 500b 527a 557a 563b 565b 568a 577b 632b 639a 662b 701b
로마 123 123b 529b
로메 ☞로마
로메 123a 355a 527a 529b 630b
로모스 1) 오딧세우스의 아들 계보 39. **123** 486a
2) 에마티온의 아들 671b
로모스 123 486a
로물루스 66b 68a 102b 112a 112a 113b **123** 129a 143b 195a 200a 261b 278a 336b 398b 426b 469b 497b 501a 502b 545a 553a 568a 634a
——의 치세 183a 288a 293b 467b 469a 501a 552a 681b 701b
——의 아들 262b 682a
——의 딸 682a
——의 죽음 616a 639b
로미스 126
로비갈리아(로마의 축제) 126b

로비고/로비구스 126
로이오 1) 스타필로스의 딸 126 130b 219a 240a 311a 546b
　　2) 라오메돈의 아내 104b
로이코스 1) 126
　　2) 켄타우로스 127 127a 303a 461a
로이테이아 230b 567b
로이토스 1) 거인 127
　　2) 켄타우로스 127
　　3) 피네우스의 동료 127
　　4) 앙케몰로스의 아버지 127
로이투스 318b
로크로스 1) 제우스의 아들 127 146a
　　2) 계보 8. 127 392a
　　3) 파이악스의 아들 554b
로크리(이탈리아의 도시) 355b 444a
로크리스 인들(오푸스의 민족) 127b 157b 227a 270b 278b 279a 379a 390a 392a 479b 578b 599a
로크리스(그리스의 지방) 127b 188a 404a
로크리스(로크리스의 도시) 278b 555b 578b 606a
로토파고이 족(민족) 128 370b
로티스 90a 128 620b 621a
로팔로스 파이스토스의 아들 128 554a
록사네 코르디아스의 딸 128
론(강) 252b 342a 662b
루나 128 213b
루미날리스(로마의 무화과 나무) 124a
루아 128
루쿠스 헬레르니(로마의) 436a
루크레티아 누마의 아내 67b
루크리누스(캄파니아에 있는 호수) 682b
루키나 396b
루키페르 별 79a 128 328b 596a 684a
루타티우스 카툴루스 363a
루툴리 족(이탈리아의 민족) 69b 109a 109b 110b 128 163b 164a 260b 277b 350a 355a 416a 447a 532b 532b 577a 647a
루페르칼리아 129a 354b
루페르키 129 552b 703b

리가이오스 폴리카스테 2의 아버지 417b 605a
리구리아 인들(민족) 80b 129a 129b 252b 490b
리구리아(갈리아의 고장) 322a 418b 662b
리그도스 크레테 사람 421b
리기론 아킬레우스의 이름 296a
리기스 리구리아의 용사 129
리기아 세이레네스 중 한 명 211b
리노스 1) 헤라클레스의 스승 계보 17. 130 182a 310a 333b 389a 410a 450a 499b 507a 633a 655a
　　2) 리카온 2의 아들 133a
　　3) 프사마테의 아들 129 464a 475b 590a 622b
리도스 아티스의 아들 130 537a
리디아(아시아의 나라) 126a 205a 227b 231b 267a 335a 392a 394b 395a 444b 498a 501b 511a 535b 558b 713b
리르네소스(트로아스의 도시) 200b 201a 276a 297b 556b
리르노스 계보 7. 313b 335b
리르케이아(아르골리스의 마을) 131a 139b 262b
리르코스 1) 포로네우스의 아들 126b 130 591a 685a 685b
　　2) 링케우스의 아들 131 139b
　　3) 아바스 2의 아들 262b
리리오페 53b
리모스 굶주림 131 342b 550a
리베라 131a
리베르 파테르 92b 131 340b
리베르타스 131 574a
리비아(아프리카의 나라) 46b 75a 101a 101b 136a 179b 189a 193b 237a 253a 257b 258b 261b 275b 290b 304a 319a 352a 406a 434b 459b 484b 485a 534b 662a 662b 664b 665a 671a 706a
리비에 계보 3. 65b 74b 101b 122a 131 176a 196b 237a 360a 409a 442b
리비우스 포스투미우스 639a
리비티나 131
리시노모스 엘렉트리온의 아들 계보 31
리시데 레온테우스의 누이 115a

리시디케 펠롭스의 딸 계보 31. 132 710a 712a
리시마케 1) 계보 1. 164b 262b 502b 547a 604b
　　2) 프리아모스의 딸 620a
리시아나사 1) 계보 3. 199a 360a
　　2) 계보 1 22. 503a 604b
　　3) 네레이데스 중 한 명 59b
리시토오스 프리아모스의 아들 620a
리시페 1) 계보 1. 132 169b 203a 615b
　　2) 케팔로스의 아내 132 459a
　　3) 아마존 496a
　　4) 테우트라스의 어머니 521b
리아고레 네레이데스 중 한 명 59b
리아이오스 디오니소스의 이름 131a
리카데스 섬들(에우보이아 근처) 132b
리카스 헤라클레스의 동료 132 674a 674b
리카스토스(크레테의 도시) 402b
리카스토스 1) 미노스 II의 아버지 132 402a
　　2) 아레스의 아들 132 545a
　　3) 에울리메네의 애인 132 357a
리카온 1) 프리아모스의 아들 계보 34. 132 345b 556a 619b
　　2) 아르카디아의 왕 계보 17 18. 72b 77a 90a 113a 132 146a 148b 173a 255a 291a 385a 409a 432b 444a 447a 449b 480b 494b 502a 504b 517a 545a 565b 580b 585a 622b 624b 629b 635b 647a 649a
　　3) 아레스의 아들 134 246b 671b
　　4) 안테노르의 아들 319a
　　5) 일리리아 사람 77a 78a
　　6) 판다로스의 아버지 559a
리카이오스 계보 15
리카이온(산) 644a 659b
리카이토스 코린토스의 471b
리코 98b 134
리코게네스 아폴론의 수식어 121a
리코레우스(혹은 리코로스) 아폴론의 아들 134 705b
리코레이아(파르나소스의 마을) 134a
리코르마스(강=에우에노스) 355a
리코르타스 622b
리코메데스 스키로스 왕　62b 63a 134 154a 296a 296b 368a 427a 516b 524b 632a
리코스 1) 켈라이노와 포세이돈의 아들 134 461a
　　2) 프로메테우스의 아들 계보 38. 134 153b 486b 613a
　　3) 안티오페의 숙부 계보 25. 72a 72b 91b 101b 106b 134 135b 321a 321b 332a 361a 612a 625b 703b
　　4) 에우보이아의 135 150b 656b
　　5) 텔키네스 중 한 명 135 530a 600a
　　6) 판디온의 아들 계보 11. 135 272b 561a
　　7) 마리안디노이 족의 왕 135 183a 251a 400b 542b
　　8) 아레스의 아들 리비아의 왕 136 449b
　　9) 아이깁토스의 아들 75b
　　10) 이도메네우스의 아들 403a
　　11) 리쿠르고스 3과 동일인 137b
　　12) 아레토스의 아들 188a
리코테르세스 237a
리코페우스 아그리오스의 아들 계보 27. 136 507a
리코폰테스 테바이 사람 146b
리코폰테스 트로이아 사람 520b
리코프론 메스토르의 아들 136
리콘 트로이아 사람 571a
리쿠르고스 1) 알레오스의 아들 계보 9 26. 136 237b 248b 302b 357b 407a 459b 481a
　　2) 트라케의 왕 93b 136 189b 199b 435b 436a 642a
　　3) 네메아의 왕 137 345b 347b 531a 536b 573b 612a 715b
　　4) 스파르타의 입법가 137 424a 617a
　　5) 테바이 원정대의 전사 265a
리쿠르고스 계보 15
리키아 인들(민족) 196a 559a 712a
리키아(아시아의 나라) 48a 48b 108a 118a 121a 121b 135b 195b 196a 205a 205b 219a 219b 294a 354a 354b 357a 412b 443b 452a 486b 494b 495a 506a 530a 615a
리키아 이카디오스의 어머니 416a
리키오스 1) 클레이니스의 아들 137 480a

2) 리카온 2의 아들 133a
리킴니오스 계보 31. **137** 150b 332b 333a 389a 536a 624b 668a
리타이아 히아킨티데스 중 한 명 706b
리티아 코리반테스의 어머니 **138**
리티에르세스 80a **138** 672a 673b
리티온(크레테의 도시) 402b
리파라(도시) 139a 284b
리파로스 138 270a 284b 487b
리파리(섬) 139a 252b 285a 487b
리페스(아카이아의 도시) 190a
릭소스 아이깁토스의 아들 75b
릭토스(크레테의 도시=리토스) 402b
릭티오스 이토네의 아버지 132b
린도스(로도스의 도시) 139a 536a
린도스 케르카포스의 아들 **139** 455b 699b
릴라이오스 인도의 용사 **139**
릴라이온(인도의 산) 139a
릴리바이온(시칠리아의 도시) 200a 252b
림노레이아 네레이데스 중 한 명 59b
림파이 139
링케우스 1) 아이깁토스의 아들 계보 31. 75b 76a 131a **139** 262a 294a 575a 614b 707b
　　　　 2) 아파레우스의 아들 계보 19. 97b 98a 118b 119a **139** 171a 248a 388b 400b 401a 401b 515b 579b
　　　　 3) 트라케의 왕 103a
링케이아(아르골리스의 마을) 131a ☞리르케이아
링코스 140
마그나 그라이키아(나라) 165a 190a 259b 682a
　　　☞이탈리아 남부
마그네스 1) 아르고스 3의 아들 계보 33. **141** 254b 454a 578a 633a
　　　　 2) 아이올로스 1의 아들 **141** 193b 283b 602a 678b 704a 704b
　　　　 3) 제우스의 아들 **141** 148b 540b
마그네시아(테살리아의 지방) 141a 283b 540b 640a
마네스 로마의 신들 **141**
마네스 리디아의 왕 130a 130b **141** 449a

마니아 광기 **142**
마니아 마네스의 어머니 142a
마라토니오스 데우칼리온의 아들 378a
마라토스 아르카디아 사람 **142**
마라톤(강=에우로타스) 107a
마라톤(아티카의 고을) 142a 148a 414a
　　──의 황소 316b 512a 661a 688a
　　── 전투 358a 516b
　　── 평원 512a 676a
마라톤 에포페우스의 아들 계보 10. **142** 230b 361a 465b
마론 1) 아폴론의 사제 **142** 370b 371a 489a
　　　 2) 실레노스의 아들 142b
　　　 3) 오이노피온의 아들 385a
마루비니 족(마르시 족의 한 부족) 318b
마루키니 족(이탈리아의 민족) 143b
마르막스 142
마르세유(도시) 662b
마르스 43b 60a 68a 102b 113b 123b 124a **142** 144b 145a 196b 201b 245a 316b 397a 426b 446b 467b 469a 469b 538b 628a 634a
마르시 족(이탈리아의 민족) 143b 318a
마르시아스 143 146b 187a 187b 192a 207a 311b 389a 394b 446a 484a 590a
마르키아(로마의 수로) 58a
마르키우스 사비니 사람 67b
마르페사 에우안드로스의 딸 계보 19 24. 119a **144** 171a 310a 310b 355a 400b 401a 432a
마르페소스(트로아스의 도시) 227b 677b
마리안디노스 144
마리안디노이 족(비티니아의 민족) 135b 144b 198a 247b 251a 400b 403b 542b 707a
마리카 민투르나이의 여신 108a **144**
마메르쿠스 1) 피타고라스의 아들 **144**
　　　　　 2) 마르스의 아들 **145**
　　　　　 3) 누마의 아들 67b
마메르티니 족(이탈리아의 부족) 143b
마무리우스 143a 145
마사게타이 족(스키티아의 민족) 683a
마스투시오스 84b
마우레타니아(아프리카의 지방) 213b

마우솔로스(인도의 강) 425a
마이나데스 128a **145** 207a 540a
마이날로스(아르카디아의 산) 127b 145b 193b 303a
마이날로스 리카온의 아들 133a **145** 303a
마이날론(아르카디아의 도시) 145b
마이라 1) 로크로스의 어머니 127b **146**
    2) 테게아테스의 아내 119b **146** 504a
    3) 이카리오스 1의 암캐 **146** 340b
    4) 네레이데스 중 한 명 59b
마이아 1) 플레이아데스 중 한 명 계보 25 40. **146** 255a 307b 626b 678a 678b 679a
    2) 로마의 여신 **146**
마이안드로스 강변의 마그네시아(소아시아의 도시) 118b 618b
마이안드로스(소아시아의 강) 146b 191a 202a 390b
마이안드로스 146 448b
마이온 1) 테바이 사람 **146** 537a 649a
    2) 호메로스의 숙부 **147** 478a
마이케나스(아우구스투스 황제의 친구) 164a 164b
마카레우스 1) 아이올로스의 아들 **147** 288b 433a
    2) 레스보스의 왕 113b 427a
    3) 헬리아다이 중 한 명 698b
    4) 리카온 2의 아들 133a
    5) 디오니소스의 사제 **147**
마카르 ☞마카레우스 2 147a **147** 151b 166a 391b 698b
마카리아(마라톤 근처의 샘) 148a
마카리아 헤라클레스의 딸 계보 15. **147** 675b
마카온 아스클레피오스의 아들 71b 111a **148** 265a 405b 503b 544a 549b 590a 590b 641a
마카이레우스 64b **148** 200b
마칼라(이탈리아 남부의 도시) 641b
마케도니아(그리스의 나라) 40a 148b 185a 255b 277a 286a 328b 335b 378b 379b 393b 394a 437b 490b 540b 646b 650b 664b 688b
마케돈 141a **148** 378a 540b 633a 635b
마케드노스 리카온 2의 아들 133a

마케리스 헤라클레스의 이름 205a
마켈로 148
마크리스(섬=코르키라) 149a 158a
마크리스 아리스타이오스의 딸 **149**
마크모스(신화적 도시) 186b
마키스토스(트리필리아에 있는 엘레이아의 도시) 149b 626b
마키스토스 149
마테르 마투타 117a **149** 593a 593b
마트랄리아 149a
마트로날리아 396b
만드론 베브리케스 족의 왕 111a
만드롤리토스 118b
만딜라스 도도네의 용사 **149**
마닐리우스 카피톨리누스 176a 396b
만토 1) 테이레시아스의 딸 107b **149** 179b 180a 270a 310b 326a 334b 471b 522b
    2) 만토바 여자 150a 202b
    3) 멜람푸스의 딸 169a
만토바(이탈리아의 도시) 150a 202b 270a 497b
만티네우스 리카온 2의 아들 133a 614b
만티네이아(아르카디아의 도시) 207b 233a 287a 320b 534a 558a 572b 589b
만티노오스 리카온 2의 아들 133a
만티오스 계보 1. 169a 389b 604b 607b
말라케 렘노스 여자 356a
말레아(라코니아의 곶) 49a 155b 225b 370b 460b 670a
말로스(킬리키아의 도시) 180a 334b 335a
말로스 클레오케네의 아버지 463b
말리에이스 인들(테살리아의 민족) 636b
말칸드로스 비블로스 왕 60b **150**
망각 ☞레테
    ——의 샘 120b
메가네이라 255b 475a
메가라(그리스의 도시) 69b 122a 151a 151b 174b 184b 195b 216b 217a 218b 243b 272b 305a 317a 324a 324b 357b 420a 437b 438b 450b 451b 456a 456b 464b 513b 514b 525b 538b 561a 566a 578b 591b 605b 616b 632b 636b 642b 655b

메가라 1) 크레온 2의 딸 계보 15. 135a **150** 340a 415a 422a 472b 473a 518a 653b 656a 656b 657a

    2) 익시온의 어머니 **151**

메가레우스 1) 메가라 왕 44b 69b **151** 303b 324a 538a 632a 710b

    2) 크레온 2의 아들 472a

메가리스 475b

메가메데 테스피오스의 아내 517b 655b

메가스(네거리) 386b

메가이라 에리니에스 중 한 명 341a

메가클로 151

메가펜테스 1) 메넬라오스의 아들 계보 13. 72a 87b **151** 153b 610a 696b

    2) 프로이토스의 아들 계보 31 36. **152** 169a 219a 239b 577a 615b

메갈레시오스 텔키네스 중 한 명 599b

메갈레토르 무니코스 2의 아들 180b

메갈로폴리스(아르카디아의 도시) 376b

메게스 필레우스의 아들 **152** 638a

메날케스 아이깁토스의 아들 76a

메네마코스 아이깁토스의 아들 75b

메네브론테스 151a 473a

메네스테스 513a

메네스테우스 에레크테우스의 후손 83b 97b **152** 516a 516b

메네스토Menestho 오케아니데스 중 한 명 390b

메네스토Menesto 멜레아그리데스 중 한 명 172a

메네스트라토스 479b

메네스티오스 스페르케이오스의 아들 **152** 549b 602b

메네토스 343b

메넬라오스 계보 2 13. **152**

    출신 92b 268a 307a 430b 501b 626a

    공적 151b 216a 274b 314a 356a 556b 591b 636b 690b 697b

    ——와 헬레네 87b 118b 234b 281b 287a 447a 549a 564a 572a 604a 610a 681a 692a 695a

    사절단 240b 319a 482a 487a 518a 564a 694b

    기타 48a 49a 62a 63b 71b 86a 134b 148a 304b 357a 367b 369a 377b 383b 419b 433b 527a 539a 543b 545b 559b 572a 607b 617b 652b

메노이케우스 1) 크레온의 아들 **156** 522b

    2) 오클라소스의 아들 계보 29. **156** 339b 385b 413a 471b 579b

메노이테스 44a **156** 662a 664a

메노이티오스 1) 티탄 계보 38. **157** 267a 307a 362a 409a 481a 613a

    2) 파트로클로스의 아버지 계보 30. **157** 188a 249a 274a 315b 555b

메니페 1) 379b 463a 463b 571a

    2) 네레이데스 중 한 명 59b

메다 1) 이도메네우스의 아내 56b 116b 402b 403a 480a

    2) 필라스의 딸 711b

메데스 족(민족) 159b 329b 545b 546a

메데시카스테(메디카스테) 1) 라오메돈의 딸 212a

    2) 프리아모스의 딸 계보 34. 620a

메데이아 아이에테스의 딸 계보 14 21. **157** 159b 161b 221b 228b 253a 254b 273a 283a 328a 403a 403b 465a 486a 511b 573b 575a 598a 699b

    ——와 이아손 47b 149a 407b 426a 471b 510a 554b 589a 609b 711b

    ——의 마법 69b 251b 253a 278b 324b 408a 503a 551a 687b 705b

    하계에서 116b 300b

메데이오스 이아손의 아들 계보 21. 158b **159** 407b

메도스(강=에우프라테스) 128b 356b

메도스 1) 메데이아의 아들 **159** 273a 575a

    2) 알페시보이아의 아들 **159** 329b

    3) 아르타크세르크세스의 아들 128b

메돈 1) 오일레우스의 사생아 **160** 390a

    2) 페넬로페의 구혼자 **160**

    3) 필라데스의 아들 계보 30. **160** 259b 365b 636b

4) 코드로스의 아들 463a
메두사 1) (=고르고) 계보 32. 45a 45b 46a 47a 74a 74b 307a 476b 576b 576b 595b 602a 629b 663b 679b
  2) 스테넬로스의 딸 계보 31. 220b
  3) 프리아모스의 딸 620a
메둘리아(라티움의 도시) 701b
메디아 리킴니오스의 어머니 계보 31. 137b
메로페 1) 플레이아데스 중 한 명 계보 25 35. 160 229b 506b 626b
  2) 킵셀로스의 딸 계보 16. 160 287b 471b 495b 608b
  3) 판다레오스의 딸 479b 559a
  4) 에레크테우스의 딸 338a
  5) 헬리오스의 딸 699a
  6) 메가레우스 1의 아내 151a 710b
  7) 오이노피온의 딸 382a 385a
메로피스 238b 239a
메롭스 1) 예언자 계보 34. 278a 480b 488b 558b 619b
  2) 코스 섬 사람 148a 238b 359a 362b
메르메로스 이아손의 아들 계보 21. 158b 161 426a 573b
메르쿠리우스 100a 146b 161 464a 467b
메름노스 히포다메이아의 구혼자 384b
메리오네스 몰로스 1의 아들 계보 28. 85a 162 178b 289a 402b 466a 606b 636b 646b
메사포스 162
메사피온(보이오티아의 산) 162b
메사피이 족(메사피아 인들 이탈리아의 민족) 78a 162b 362a
메세네(펠로폰네소스의 도시) 310b 367b 400b 423b 424b 543b
메세네 계보 17. 122a 162 592a 605b
메세니아 인들 66a 243a
메세니아(펠로폰네소스의 지방) 62a 66a 71b 117b 122a 135b 160b 162b 166b 169a 178b 264b 330a 350b 401b 418b 444b 462b 471b 543b 555b 579b 589a 605b 636b 667b 677a
메소포타미아 162
메스토르 1) 페르세우스의 아들 계보 31. 132a

  136a 332b 624a 712a
  2) 프테렐라오스의 아들 계보 31
  3) 프리아모스의 아들 619b
메스트라 에리시크톤의 딸 163 270b 343a
메시나(해협) 217b 439a
메이디아스 163
메젠티우스 카이레 왕 106a 110a 163 277b 336a 532b
메코네(도시=시키온) 613a
메콘 164
메키스테우스 1) 탈라오스의 아들 계보 1. 164 167a 248b 350a 361b 601b
  2) 리카온의 아들 133a
메키스토포노스 헤라클레스의 아들 151a 473a
메타 호플레스의 딸 164 272b 453a
메타네이라 81b 82a 83a 164 193a 410b 461b 535a 611b
메타르메 483b
메타보스(도시=메타폰티온) 165a
메타보스 164 176b 439b 440a
메타폰토스 165 176b 226a 284a 284b 518b
메타폰티스(섬=시메) 226b
메타폰티온(이탈리아 남부의 도시) 165a 284a 284b 360b
메토네(테살리아의 도시) 160a
메토네 598a 639b
메토페 99b 208a 263a 358a 404b 456a 509b 581a
메티스 계보 38 40. 165 304a 390b 396a 430b 430b 474a 508b 591a 651b
메티아두사 계보 11. 560b
메티오케 463a 463b
메티오코스 프리기아 용사 165 547b
메티온 에레크테우스의 아들 계보 11 22. 69b 78b 165 217a 230b 262a 272b 338a 453a 503b 561a 636b
메팀나(레스보스의 도시) 110b 166a 582b
메팀나 마카레우스의 딸 113b 147b 166
메피티스 166
멘데이스 님프 567b
멘테 님프 166

멘테스 489a
멘토르 1) 이타케 사람 166 374a 526b 572a
  2) 헤라클레스의 아들 계보 15
  3) 에우리스테우스의 아들 계보 31. 675b
멜라네우스 1) 에우리토스 2의 아버지 166 350b
  2) 아레토스의 아들 188a
멜라네이스(도시=에레트리아) 166b
멜라니온 암피다마스의 아들 계보 26. 136b 303b 547a 710b 711a 713a
멜라니페 1) 이토노스의 아내 계보 8. 166 418b
  2) 아이올로스 1의 딸 166 284a 284b 518b
  3) 아마존 166 553b 661b 712a
  4) 레다의 자매 111b
  5) 멜레아그리데스 중 한 명 172a 383b
멜라니포스 1) 아레스의 아들 167 462b 534b
  2) 스파르토이 중 한 명의 아들 164b 167 331b 537a
  3) 아그리오스의 아들 계보 27. 136a 167 507a
  4) 테세우스의 아들 167 225b 413b 578a
  5) 프리아모스의 아들 520b 556a 619b
  6) ☞코마이토 351b 465a
멜라스 1) 헤라클레스의 아들 167
  2) 프릭소스의 아들 167 254b 453a 493a 621b
  3) 리큄니오스의 아들 계보 31. 138a
  4) 포르타온의 아들 계보 24 27. 383a 536b 592b
  5) 옵스의 아들 378b
멜라이나 88a 167b
멜라이니스 히아모스의 딸 계보 8. 88a 167b 705b
멜란테이아 계보 8. 167b 705b
멜란토 1) 데우칼리온의 딸 88a 167
  2) 페넬로페의 시녀 168
  3) 크리아소스의 아내 168
멜란토스 1) 넬레우스의 후손 168 462b
  2) 트로이아 용사 351b
멜란투스 라오코온의 아들 105b

멜란티오스 이타케의 염소지기 168a 168 374a 638b 639a
멜람포데스 족(민족) 275b
멜람푸스 1) 아미타온의 아들 계보 1 21 36. 132a 168 194a 202b 239b 242a 242b 262b 389b 403b 422a 422b 423a 432b 465b 466a 480b 519a 573b 604b 605a 606b 607b 615a 616a
  2) 라티움 사람 기아스 2의 아버지 52b
멜람피고스 170 456a
멜랑카이테스 켄타우로스 670a
멜랑크라이아 170
멜레스(소아시아의 강) 381a 478a 478b
멜레스 아테나이 용사 170
멜레아그로스 계보 19 27. 44b 85a 106a 111b 145a 170 172a 256b 303b 329a 329b 341b 383a 400b 479b 517a 531b 547a 581b 589b 627a 663b 673a
  아르고나우타이 중 한 명 248a 248b
멜레아그리데스 44b 172
멜레테 무사[뮤즈] 58b
멜로보시스 오케아니데스 중 한 명 390b
멜로스(키클라데스 군도의 섬) 152b 219b 356a 447b
  (델로스의 도시) 172b
멜로스 델로스의 용사 172
멜리보이아(테살리아의 도시) 160a
멜리보이아 1) 리카온 2의 어머니 계보 18. 132b 173 378b 585a
  2) 니오비데스 중 한 명 173
  3) 173
  4) 마그네스의 아내 633a
멜리보이오스 173
멜리사 1) 아말테이아의 자매 173
  2) 데메테르의 여사제 173
멜리세우스 1) 크레테 왕 173 402a 705b
  2) 쿠레테스 중 한 명 173 468a
  3) 케르소네소스의 왕 173
  4) 코리반테스 중 한 명 468a
멜리소스 아르기아의 용사 173
멜리아 1) 님프 174 404b 443a 504b

2) 이나코스의 아내 계보 17. **174** 399b 411a 591a
멜리아데스 41a 73a **174** 460a 591a
 ☞물푸레나무의 님프
멜리케르테스 계보 3 33. 114b 117a **174** 229b 301b 302a 302b 566a
멜리타이아(테살리아의 도시) 175a 266b
멜리테(아프리카의 섬) 316a
멜리테 1) 님프 **174** 713b 714a
 2) 메넬라오스의 딸 153b
 3) 네레이데스 중 한 명 59b
멜리테우스 제우스의 아들 **174** 266b
멜리토스 170a
멜포메네 무사[뮤즈] **175** 181b 211a 292b 499b
멤노니데스(새들) 175b
멤논 에오스의 아들 계보 14. 62b **175** 300a 321b 345a 521b 532b 541b 549b 671a 671b
멤미우스(로마의 씨족) 182b
멤블리아로스 175
멤피스(이집트의 도시) 122b 176a 440a 618a
멤피스 네일로스의 딸 계보 3. 65a **176** 360a
모네니아(트로아스의 도시) 583a
모네타 176 286a 396b
모디우스 파비디우스 176 469b
모라피오스 메넬라오스의 아들 153b
모레아 393b
모로스 72a 454b
모로코 319a
모르간티온(도시) 176b
모르게스 176 226a 230b
모르게테스 족(이탈리아 남부의 민족) 176b
모르모 176
모르몰리케 176
모르스 죽음 177
모르페우스 177
모리스 트로이아 사람 162a
모리아 님프 77a **177**
모리우스 베이 왕 649b
모모스 72a **177**
모이라이 계보 40. 43a 50b 51a 72a 171a **177** 240a 430b 454b 455a 461b 508b 542b 546b 555a 700b
모토네(메세니아의 도시) 178a
모토네 오이네우스의 딸 **178**
몬스 사케르(로마의) 316a
몬테 카보(라티움의 산) 398a
몬테 키르케오(이탈리아 중부의 곶) 252b 372a 485b
몰로르코스 178 658a 658b
몰로소스 64a **178** 317b 698a
몰로소이 족(에페이로스의 민족) 63b 123a 180a 698a
몰로스 1) 데우칼리온 2의 아들 162a **178 179**a 402a 402b
 2) 아레스의 아들 계보 24
몰로토스 에우리스테우스의 이웃 664b
몰론 아바스의 후손 587b
몰루로스 아리스바스의 아들 707a
몰리오네 179a 478b
몰리오니다이
 기원 **179** 269b 315b 478b
 결혼 87a
 기타 62a 223a 422b 504a 619a 660b 667a
몰리온 350b 370a
몰파디아 1) 아마존 **179**
 2) 스타필로스의 딸 219a 546b
몰페 세이레네스 중 한 명 211a
몰포스 테네도스의 용사 **179**
몰피스 엘레이아의 용사 **179**
몰피아 스케다소스의 딸 709a
몹소스 1) 아르고나우타이 중 한 명 110b **179** 248a 253a
 2) 만토의 아들 107b 150a **179** 310b 334b 335a 451b 452a 522b
 3) 게라나의 아들 44a 629a
 4) 트라케 189b
몹시온(테살리아의 도시) 179b
무니코스 1) 아티카의 용사 **180**
 2) 드리아스의 아들 **180**
무니키아(아테나이의 항구) 180a
무니토스 아카마스 3의 아들 계보 34. 104b **180** 287a 289b

무니포스 티모이테스의 아들 494a 548a 686b
무사이 계보 40. 58b 83a 180 182a 221b 257b 300b 310a 312a 323b 337b 379b 431a 434b 438b 439b 450a 465b 475a 493a 499b 503b 570b 587a 610b 631b 633a 704a 705a 711b
　　──의 분노 212a 291b 499b
　　레스보스의 ── 151b
무사이오스 165b 181 353b 565a
무키우스 스카이볼라 182
무토 티로스 왕 90b 629b
무티아스 145a
물리오스 트로이아 사람 556a
므네모시네 계보 5 12 40. 40b 120b 180b 182 337b 431a 466a 507a 541a 610b
므네몬 아킬레우스의 종자 182
므네스테스 690b
므네스테우스 아이네이아스의 동료 182
므네스트라 1) 다나이데스 중 한 명 75b
　　2) 에리시크톤의 딸 343a
므네시마케 뎩사메노스의 딸 87a 351a 461a 670b
미그돈 1) 코로이보스의 아버지 182 204a 464a
　　2) 베브리케스 족의 왕 136a 183
미네르바 60a 72a 183 193b 304a 316b 396b 397a 398a 440b 467b 628a
미네스 1) 브리세이스의 남편 201a
　　2) 라케다이몬 사람 470a
미노스 I 계보 2 3 14 28 40. 39b 69b 78b 98b 149a 183 191a 201b 218b 253a 259a 265b 346b 348a 409a 416a 431a 458b 466a 470b 503a 512b 535b 578b 616b 661a 706b
　　가계 49b 65a 85a 99a 202a 205a 207a 259a 267b 283a 290b 316b 402a 418b 446b 468b 497a 500a 550b 553b 641b
　　──에게 바쳐진 공물 273b 280b 317a 500a 512b 578b
미노스 II 132b 402a
미노타우로스 계보 28. 55b 78b 184b 185 216b 259a 273b 280b 317a 416b 500a 500b 512b 513a 513b 551a 573a
미니아데스 계보 20 26 35. 185

미니아스 185b 186 303a 407a 413a 449a 481a 493b 541b 617a 628b 637a 707a
미니아이 족(테살리아에서 도래한 민족) 103b 150b 180a 186a 193b 333b 339b 340a 349a 388a 410b 505b 579b 656a 667b
미다스 1) 프리기아 왕 46b 138b 186 204a 231a 335a 672a
　　2) 페시누스의 왕 238b
미데아(아르골리스의 도시) 306a 349a 577a 710b
미르라 187 189b 215a 241a 313b 523a
　　☞스미르나
미르멕스 187
미르미돈 인들(아이기나의 민족) 282a 346a 556a
미르미돈 187 285b 315b
미르소스 188
미르토 메노이티오스의 딸 157b 188
미르토스 해 188b
미르티온(에피다우로스 인근의 산) 264a
미르틸로스 오이노마오스의 마부 188 384b 709b 710a
미리나(아틀란티스의 도시) 189a
　　(렘노스의 도시) 531a
미리나 1) 아마존 45b 188
　　2) 티로의 딸 473b 474a 531a 715a
미리누스(아티카의 데모스) 467b
미리케 키니라스의 딸 189
미마스 1) 거인 51a 189
　　2) 코리반테스/쿠레테스 중 한 명 468a
　　3) 아이올로스 1의 아들 283a
미사(신화적인 나라) 81a
미세노스 189
미세눔(곶) 189b
미스메 264a
미스켈로스 190
미시아(소아시아의 나라) 39b 56b 269a 317b 394a 400b 520b 521b 528a 547a 607a 634b 649b
　　아카이아의 미시아 원정 69a 235a 281a 297a 368a 375b 405b 506b 529a 539b 556a

581a 617b
—에 간 아르고나우타이 250a 607a 713a
미시오스 82b
미에노스 190
미우스(카리아의 도시) 619a
미이스코스 368a
미케나이(아르골리스의 도시) 46a 95a 128b
　　138a 153a 190b 220b 243a 254a 274a 274b
　　275a 306a 306b 307a 332b 333a 348b 349a
　　349b 364b 365a 400a 411a 419a 420a 442a
　　451a 466b 482a 526b 539b 577a 624a 658b
　　659b 698b
미케네 이나코스의 딸 400a
미케네우스 190
미코노스(키클라데스 군도의 섬) 279a
미틸레네(레스보스의 도시) 147a
미틸레네 마카르의 딸 147b
미풍 65b 459a ☞아우라
민투르나이(이탈리아 중부의 도시) 108b 144b
밀라논 ☞멜라니온 303b
밀라스 텔키네스 중 한 명 **190**
밀레스 렐렉스의 아들 122a 162b **190**
밀레토스(아시아의 도시) 66a 118b 191a 191b
　　200b 202a 205a 215a 267a 267b 310b 319b
　　357a 363a 391b 443a 443b 463a 518a 525b
　　533a 619a 685a 714b
　　(크레테의 도시) 402b
밀레토스 계보 28. **191** 202a 205a 205b 290b
　　310b 357a 443b
밀리오스 프리아모스의 아들 620a
밀티아데스 아테나이 사람 349a
바기스탄(산) 210b
바다(원소) 계보 5. 286a ☞폰토스
바디(샘) 667b
바람들 계보 32
바비스 146b **192**
바빌로니아 인들(민족) 480a 631a
바빌론(=바빌로니아) 206a 207b 209b 210a 211a
　　523a 545b
바실레이아 192 396b
바실로스 리르코스의 아들 131a

바실리스(아르카디아의 도시) 495b
바알 207a
바우보 192 409b 410b 535a
바우키스 193
바이아이(캄파니아의 도시) 193a
바이오스 193
바이티카(스페인의 지방) 152b
바쿠나 193
바테이아 계보 6
바토스 1) **193** 678b
　　2) 키레네의 건설자 **193** 356a 612b
바톤 194
바티아 오이발로스의 애인 417a 543a 711a
바티아데스 족(민족) 117a
바티에이아=미리나 계보 7. 76b 77a 189b 520a
박케들[박카이] 70a 93b 102a 136b 137a 137b
　　145b 149b 185b 237a 302a 410a
박코스 92b 409b
박키스 495b
박트라(아시아의 도시) 210a 210b
박트리아(아시아의 지방) 68b 69a 175b 210a
발라노스 393b
발레리아 194
발레리우스 614a 614b
발리라(펠로폰네소스의 강) 499b
발리스(생명을 주는 풀) 177a
발리오스 1) 아킬레우스의 말 **194** 587a 590a
　　648a
　　2) 악타이온의 개 **194**
뱀 계보 32
베네티 족 319b
베누스 91a 131b 143a 194 230a 263b 313a
　　313b 314b 467b 568b
　　—— 프로스피키엔스 240a
　　—— 게니트릭스 314b
베닐리아 66b 207b 532a
베로소스 206a 496a
베르툼누스 194b 593b
베브리케스 족(민족) 97b 111a 135b 136a 144b
　　183a 250a 250b 262a
베브릭스 631b

베스타 195 467b 497b 570b 621a
　── 의 신전 305b
　기타 445b
베스탈레스(베스타 여사제들) 66b 68a 195a 426b 538b 563b
베스탈리아(로마의 축제) 195a
베스파시아누스 557a
베이(이탈리아 중부의 도시) 108a 108b 398b 649b
베이오비스 195
베틸로스 475a
벤테시키메 353a
벨(신) ☞벨로스 2
벨라브룸(로마의 구역) 288a
벨레로스 195b
벨레로폰테스 계보 35. 48a 48b 96a 103b 118a 195 205b 217b 219a 219b 229b 260a 286b 358b 411a 412b 486b 570a 570b 581b 589b 605a 615a 712a
　──와 아마조네스 260a
벨로나 196 337a
벨로스 1) 포세이돈의 아들 계보 3. 68b 74b 75a 101b 131b 196 225b 237a 237b 275b 460a 520b 521a 629b
　2) =벨 68b
벨리아(로마의 언덕) 571a
벨리아(루카니아의 도시) 569a
보나 데아 196 551b 682b
보레아다이 197 198a 402a 479b 630a 648b 672b 713a
보레아스(의 산=카우카소스) 443b
보레아스 1) 계보 11 14. 66b 121a 197a 197 199b 345b 378a 379b 479b 488a 630a 648b 672b 706b
　2) 켈토이 족의 왕 493b
보로스 페리에레스의 아들 152a 585b 602b
보르모스 198
보스포로스(트라케의 해협) 212b 250b 411b
보이드로미아(아테나이의 축제) 515a
보이오토스 계보 8. 165a 166b 226a 284b 284b 366a 418b

보이오티아(나라) 49a 99a 113a 117b 157b 162b 165a 168a 181a 188a 206a 216a 233a 247a 366a 367a 404b 494a 509b 517b 522b 530b 534a 540b 597b 598b 625a 627a 631b 682b 703b
　── 프로폰티스의 도시 혹은 지방 284b
보코로스 163a
보트레스 198 353a
보티아이아(마케도니아의 지방) 185a
보히미아(나라) 495a
볼로니아(이탈리아 북부의 도시) 270a
볼베 님프 394a
볼스키 족(민족) 164b 439b
볼카날(로마의) 701a
볼카날리아(로마의 축제) 200a
볼투르날리아(로마의 축제) 198b
볼투르누스(캄파니아의 강) 198b 446a
볼투르누스 198
부노스 198 361a
부니코스 계보 13
부데이온(테살리아 또는 에페이로스의 도시) 360a
부라 이온의 딸 700a
부몰코스 190b
부바스토스(트라케의 도시) 546b
부시리스 1) 이집트의 왕 계보 3. 131b 198 420b 611a 611b 618a 665a 670b 671a 684b
　2) 아이깁토스의 아들 75b
부지게 계보 33. 339b 612a
부지게스 199 563b
부콜로스 계보 15. 199
부콜리온 리카온 2의 아들 계보 7. 133a
부테스 1) 보레아스의 아들 199 463b 582a 710b
　2) 계보 11. 199 337b 432b 478b 560b
　3) 아르고나우타이 중 한 명 200 211b 248a 252b 344a 344b
부트로톤(에페이로스의 도시) 277a 698b
부파고스 200 256b 619a
부프라시온(엘레이아의 도시) 667b
분노 286a

불레우스 계보 15
불리스 275b
불카누스 60a 146b 200a 444b 445a 445b 467b 701b
불켄스 439b
불화 314a ☞에리스
브라우론(아티카의 도시) 419b
브라이시아 484a
브랑가스 113b 200 221b 393b
브랑코스 200 215b 456a
브로미오스 아이깁토스의 아들 75b
브로테아스 계보 2. 501b 502a
브론테스 계보 5 12. 40b 491b 498a
브루투스 701a
브루티움(이탈리아 남부의 고장) 152b 418b 531b
브리세스 200 201a
브리세이스 200b 201 235b 297b 298a 298b 301a 477a 503b 556a
브리아레우스 계보 5 12. 40b 51a 52a 229b 271a 286a 286b 498a 594a 595a 599b 688a
브리케 다나이데스 중 한 명 75b
브리테 201
브리토마르티스 98b 184a 201 437a
브리튼 섬(나라) 462b 495a 663a
비날리아 163b
비르비우스 92a 202a 712b
비르투스 397a 700b
비바스토스(카리아의 도시) 130b
비블로스(포이니키아의 도시) 60b 202b 241b 396a 475a 483b
비블리스(카리아의 도시) 202b
비블리스 146b 191a 191b 202 357a 443b
비살타이 족(민족) 618b
비살테스 519b 636b
비스토니아(트라케의 지방) 379b
비아 계보 32. 202 222a
비아노르 202
비아스 1) 아미타온의 아들 계보 1 21. 169a 169b 202 239b 242a 242b 473b 502b 573b 574a 589a 612a 615a 615b 616a

2) 렐렉스의 아들 122a 636b
3) 프리아모스의 아들 620a
비안나 203
비엔(도피네 지방의 도시) 203a
비자스 230 455a 648b
비잔티온(트라케의 도시) 203b 455a 648b
비쿠스 롱구스(로마의 길) 580b
비티니아(아시아의 나라) 144b 166a 214a 262a 420a 525b
비티아스 알카노르의 아들 408b
빗사 238b 239a
사가리스 1) 로크리스 사람 아이아스의 아들 204
2) 미다스의 아들 204
사가리티스 204 308b
사나페 204
사라피스 315a
사로니카 만 205a 533a
사로니카(만) 205a 533a 657b
사론 트로이젠의 용사 204
사르노(캄파니아의 강) 362a 389a
사르데스(소아시아의 도시) 205a
사르도 1) 티레노스의 아내 205
2) 스테넬로스의 딸 205
사르도스 205
사르디니아(섬) 205a 252b 415a 517b 518a 592b
사르페돈 1) 거인 205
2) 에우로페의 아들 계보 3 28 40. 48a 99a 183b 191b 205 266a 346b 354a 431b 495a 536a
3) 제우스와 라오다메이아의 아들 계보 35 40. 103b 196a 205 610b 611a
4) 트로이아 사람 556a
사모스(그리스의 섬) 373a
사모스(섬) 87b 146b 191b 227b 228b 243b 244a 318b 327b 391a 416b 426b 635a 677b
트리필리아의 115b
사모트라케(섬) 76b 138b 205b 207b 249b 277b 364a 364b 379b 401b 408b 435b 440a 440b 464b 562a 646b
사몬 76b 205

사미아 마이안드로스의 딸 146b
사바지오스 205
사박테스 214b
사베 206
사부스 206 208a
사비니 여인들(의 납치) 125a 293b 336b 398b 467b 498b 502b 681b 701b
사비니 인들(민족) 125a 125b 143a 206a 208a 385a 397a 469a 499a 501a 681b
사오 네레이데스 중 한 명 59b
사오시스 비블로스의 여왕 150a
사오코스 ☞소코스
사온 보이오티아의 용사 **206**
사우로스 206
사이사라 475a
사이스(이집트의 도시) 307b
사투르날리아 206b
사투르누스 128b **206** 286a 336a 336b 363a 395a 474b 634a 702b
　　　로마에 있는 ── 신전 378a
사투르니아(로마의 마을) 336a
사타라 ☞사티리아
사티로스 51a 73b 136b **207** 231a 254a 261b 330b 358a 492a 552a 558a 620b 688a
　　　☞마르시아스
사티로스 디오니소스의 아들 71a
사티리아 미노스의 딸 **207** 418b 497a
사티리온(이탈리아에 있는 곳) 207a
사포(시인) 123a 551a
산다코스 483b
산도스 394a
산들 계보 12. 40b
살라미노스 261b
살라미스(아티카의) 207a 279b 281b 348b 349a 484a 491a 520a 521a 525a 525b 585b 599a 599b
　　　──만 317a
　　　(키프로스의) 239b 240a 484a 521a
살라미스 계보 30. 207 216b 263a 491a
살라키아 66b **207**
살람보 207

살렌티니(이탈리아 남부 지역) 403a
살루스 207
살리아 446b
살리오스 207 446b
살리이(사제단) 66b 145a 145b 207b 446b 641b 649b
살마키스 1) 님프 678a
　　　2) 호수 678a
살모네(엘레이아의 도시) 207b
살모네우스 계보 8. 65b **207** 226a 229b 283b 337a 432b 498b 537a 571a
삼니움 인들(민족) 398b 448a
상가리스 ☞사가리스 2
상가리오스(소아시아의 강) 53a 71a 182b 204a 208a 238a 270a 308b 390b 410a 619b 685b
상가리오스 208
상쿠스 206a 208
서쪽 나라 ☞헤스페리데스 ☞에리테이아
세게스타(시칠리아의 도시) 272a 272b 476a
세게스테 271b 476a
세게티아 214a
세레스투스 208
세르게스투스 208
세르비우스 툴리우스 100a 200a **208** 391a 593a
세리포스(키클라데스 군도의 섬) 45a 74a 98b 294b 454a 575b 576b 577a 602a
세마코스 209
세마키다이(아테나이의 가문) 209a
세멜레 계보 3 40. 93a 94a 94b 116b 149b **209** 236b 302b 315a 428b 435a 540a 566a 584a 652a
세모 ☞상쿠스
세미라미스 69a **209** 444b
세베토스(캄파니아의 강) 389a
세베티스 389a
세스토스(트라케의 케르소네소스에 있는 도시) 114b 677b
세우에코로스 211
세우타(반도) 372b 450b 662b
세이레네스 계보 27. 116b **211** 220b 372a 507a 527b 547b

──의 태생 292b 450a
──의 노래 247b 252b 344a 380a
세타이아 212
세트 이집트의 신 405a
셀레네 계보 14. 38. 58a 128b 139a 181b 192a 192b 212 345a 362a 363a 396a 523a 558a 658a 699a 709a
셀렘노스 254b
셀리노스 212 413b 700a
셉티미우스 마르켈루스 145a
소(小) 아이아스 오일레우스의 아들 57a 204a 217b 270b **278** 390a 441b 525a 563a 563b 594b
소라누스 212
소락테(이탈리아 중부의 산) 212b 574a 703a 703b
소렌툼(이탈리아 남부의 도시) 139a 212a 284b
소사네 210a
소스테네스 212
소시스 계보 17. 585a
소아시아 558b 584b
소오스 프로클레스의 아들 계보 16. 617a
소이스 ☞소시스
소코스 370a 468a 468b
소클레우스 리카온 2의 아들 133a
소파트로스 213
소파트리다이(아테나이의 가문) 213b
소팍스 213 543b
솔 213
솔락스(강) 329b
솔로에이스 213 214a
솔리모스 214
솔리모이 족(소아시아의 민족) 196a 214a
수니온(아티카의 곶) 155b
수마테우스 리카온 2의 아들 133a
수사(앗시리아의 도시) 175b 521b
수호신Indigetes 214
숨마누스 214
스마라고스 214
스메르디오스 레우키포스 4의 아들 118a 215
스미르나(소아시아의 도시) 215a 478a

스미르나 215 241a 241b 484a
스미크로스 200b 215
스민테우스 215
스민티온(트로아스의 도시) 420a
스밀락스 475a
스카만드로디케 489b
스카만드로스(강) 113b 132b 390b
──평원 425b
스카만드로스 1) 하신 계보 7. 50a 76b 96b 215 221a 226b 227a 299a 360b 401b 446a 533a 541a 556b 619a
2) 데이마코스의 아들 50a
스카만드로스 392a 520a
스카만드리오스 1) 헥토르의 아들 계보 34. 216 263a 266a 690a
2) 스트로피오스의 아들 154b 216
스카이아 다나이데스 중 한 명 75b
스카이아이(트로이아의 성문) 105a 299a 533b 691a
스칼라이 카키(로마의) 125b 126a 446b
스케다소스 레욱트라의 용사 709a
스케디오스 이피토스 1의 아들 216 423b
스케리아(섬=코르키라) 55b 327a 372b 373a 554a
스케프로스 테게아테스의 아들 119b 146a 504a
스켈리스 낙소스의 해적 323b 421a 570a
스코이네우스 1) 아탈란테의 아버지 171b 216 481b
2) 아우토노오스의 아들 216 291a 291b
3) 아타마스의 아들 계보 33. 117b 216 302b 303a 509a
스코이노스(보이오티아의 마을) 303a
스키로스(섬) 62b 63a 83b 96a 134a 152b 154b 270a 296a 297a 368a 421b 427a 516b 524b 556a 630b 632a
스키로스 1) 예언자 216
2) 살라미스 사람 216 513a
스키론 바위 216b 511b 675b
스키론 펠롭스의 아들 계보 2. 216 282a 438a 511b 585b 595b
스키리오스 272b

스키아스 346a
스키아포데스 217
스키오네(트라케의 도시) 287a
스키테스 217 359a
스키티아 인들(민족) 203b 217a 221b 359a 420a 495a 521a 708b
스키티아(유럽과 아시아에 걸쳐 있는 나라) 47b 260a 358b 425a 550a 655a 657b 663a
스키피오스 217
스킬라케우스 리디아 사람 217
스킬레 1) 바다의 괴물 217 252b 372a 439a 592b
　2) 니소스의 딸 69b 218 317a 437a
스킬레티온(이탈리아 남부의 도시) 152b
스킬리스 히드네의 아버지 702b 703a
스킴브라테스 145a
스타필로스 1) 오이네우스의 목동 218 382b
　2) 실레노스의 아들 218
　3) 디오니소스의 아들 계보 28. 126b 130b 131a 179b 218 240a 248b 259b 340a 531a 546b 583b 683a
　4) 오이노피온의 아들 385a
스테네보이아 계보 9 31 36. 195b 219 294a 412b 615a 615b
스테넬라스 1) 크로토포스의 아들 44b 219 475b
　2) 트로이아 사람 556a
스테넬라오스 멜라스의 아들 계보 27. 536b
스테넬레 1) 다나이데스 중 한 명 75b
　2) 아카스토스의 딸 157a
스테넬로스 1) 악토르의 아들 219
　2) 안드로게오스의 아들 65a 220 317a 348b
　3) 카파네우스의 아들 계보 36. 220 239b 275b 361b 421b 447b 465b
　4) 페르세우스의 아들 계보 31. 107a 220 266a 306a 333a 349a 385b 421b 539b 654a 656b
　5) 아이깁토스의 아들 75b
스테노 고르곤 45a 576a
스테니클라로스(메세니아의 도시) 471a 471b

스테로페 1) 플레이아데스 중 한 명 계보 25. 146a 220 384a 462b 501b 709b
　2) 플레우론의 딸 계보 24. 220 383a 625b
　3) 포르타온의 딸 계보 24. 592b
　4) 220 459b ☞케페우스
　5) 아카스토스의 딸 계보 21. 220 290a 586a
　6) 헬리오스의 딸 352a
　7) 세이레네스의 어머니 211a 220 ☞3
스테로페스 계보 5 12. 40b 220 286a 491b 498a
스테르놉스 멜라스의 아들 계보 27. 536b
스테르케스 피쿠스의 아버지 634a
스테르쿨루스 =스테르케스 634a
스테시오스 218a
스테시코로스 270b 694a 694b
스텐토르 221
스토니키아 플레이아데스 중 한 명 626b
스토아 철학자들 301a 366b 429b
스트라토니케 1) 플레우론의 딸 계보 24. 597b 625b
　2) 에우리토스 2의 어머니 350b
　3) 히포코온의 어머니 389a
스트라토바테스 엘렉트리온의 아들 계보 31
스트라톨라오스 547b
스트라티오스 계보 33. 481b
스트라티코스 네스토르의 아들 62b
스트람벨로스 ☞트람벨로스
스트로파데스(그리스의 섬들) 647b 648a
스트로피에 이스메노스 2의 딸 404b
스트로피오스 1) 크리소스의 아들 계보 2 30. 216a 221 375b 376a 477b 635b 636a
　2) 필라데스의 아들 계보 30. 160b 221 259a 365b 636a
스트론길레(섬=스트롬볼리) 285a
　(섬=낙소스) 421a 569b
스트롬보스 203b 455a
스트리게스 221
스트리모 계보 7. 104b 221 494a 541a 619a ☞스트리몬
스트리몬 1) 마케도니아의 강의 신 계보 18.

93b 113a 200b 221 254a 390b 608a 642a 648b 663a
   2) 왕 393b스티그네 다나이데스 중 한 명 75b
스티루스 221
스티물라 149b
스틱스 계보 32 38. 54a 58b 71a 202b 221 358b 390b 432b 466b 541a 565a 568b 613b
   ——의 물 149a 295b 530b
   ——에 걸고 한 맹세 250b 486a
   ——의 님프 264a 577b
   샘 122b 222a
스틸베 1) 켄타우로스와 라피테스의 어머니 계보 23. 222 473a 488b 571a
   2) 아우톨리코스의 어머니 222 270b
스팀팔로스(아르카디아의 도시) 222b 507b
스팀팔로스(아르카디아의 호수) 222b
   ——의 새들 304b 349b 390a 660a
스팀팔로스 1) 계보 9. 222 233a 282b 660b
   2) 리카온 2의 아들 133a
스팀팔리데스 223a
스팀팔리스 99b
스파르타(라코니아의 도시) 97a 97b 107a 112a 118b 119a 138a 153a 153b 154a 155b 156a 171a 223a 239b 305a 357a 378a 389b 417a 424a 483a 504a 505a 507b 515b 527a 539a 543a 543b 545b 548b 549a 562a 571b 572b 579b 583a 610a 611b 618a 626a 652a 668a 668b 677b 693a 693b 695b 696a 696b 709a
스파르타(스파르테) 74a 347b
스파르타 계보 6. 107a 223 706a
스파르타이오스 히말리아의 아들 704a
스파르토이 134b 223 359a 385b 434b 521b 583b
스파르톤 190b 539b
스파이라(그리스의 섬) 223a
스파이로스 펠롭스의 마부 223 286b
스페르모 240b
스페르케이오스(테살리아의 강) 223b 296b 505b 602b

스페르케이오스 90a 152b 223
스페이오 네레이데스 중 한 명 59b
스페토스(아티카의 마을) 512a
스페토스 트로이젠의 아들 533b
스포라데스(그리스의 섬들) 253b
스피로스 마카온의 아들 148b
스펑기오스 302a
스핑크스 156b 223 379a 386a 387a 396b 471b 472a 635b 649a
슬픔 286a 584b
시노페(파플라고니아의 도시) 204b 224a 627b
시노페 224 226a 263a
시노포스 오딧세우스의 동료 218a
시논 계보 39. 224
시니스 강도 167b 225 413b 511b 578a 634b
시데(펠로폰네소스의 도시) 225b
   (팜필리아의 도시) 225b
시데 1) 벨로스의 아내 225
   2) 다나이데스 중 한 명 225
   3) 타우로스의 딸 225
   4) 오리온의 아내 225 382a
   5) 새매로 변한 여자 225
시데로 66a 207b 226 537b 588b
시돈(포이니키아의 도시) 225b 237b 346b 597a 652b 693b
시디크 440b
시라쿠사이(시칠리아의 도시) 57b 174a 330a 487b
시로스 아폴론의 아들 224a 226
시르나 다마이토스의 딸 77b 226 590b
시르노스(카리아의 도시) 226a 590b
시르티스(아프리카 북안에 있는 두 개의 만) 253a 624a
시리스(이탈리아 남부의 도시) 452b
시리스 165a 176b 226 284b
시리아(섬) 352b
시리아 77b 93b 175b 180a 189a 196b 237b 345a 442b 458b 520b
   ——의 왕 241a 316a
시리우스(별) 258a 258b
시링스 님프 226

시마이티스 295a
시메(소아시아의 섬) 69a 226b 410a
시메 226 410a
시모에이스(트로아스의 강) 390b
시모에이스 226 533a
시몬 163b
시바리스(이탈리아 남부의 도시) 190a 204a 212a
시바리스 1) 델포이의 괴물 227 329a
    2) 아이네이아스의 동료 227
    3) 프리기아의 용사 227
    샘 329a
시빌레(시빌라) 계보 7. 150a 227 555a 677b
    ──바빌로니아의 206a
    ──쿠마이의 49a 170a 228a 228b 277b 568b
    ──리비아의 101a
시빌레의 신탁집 454a
시스(강) 381b
시시포스 계보 8 25 33 35. 48b 49a 102b 111b 117a 160b 165a 174b 195b **228** 271a 273b 283b 321b 322b 366b 367a 379a 380a 465a 496b 497b 506b 537b 566b 581b 589b 598b 626b 650a 650b
    ──의 후손 531b 612a 618b
시칠리아(섬) 42a 43a 51b 55b 57b 79b 81a 108a 111a 162b 184b 252b 271b 286b 304b 335b 370b 395b 415a 466a 474b 492b 542b 557a 559a 577b 569b 622b 662b
시카노스 229
시카노이 족(민족) 229b 230a 622b
시카르바스 90b 91b 229b
시카이오스 디도의 남편 91b 229
시케 393b
시케우스 티탄 230
시켈로스 1) 176b 230
    2) 낙소스의 해적 421a 570a
시쿨리 족(민족) 176b 230a
시키노스(키클라데스 군도의 섬) 531a
시키니스(춤) 230b
시키온(아르골리스의 도시) 72b 82a 101a 107b 116a 118a 128a 128b 134b 142a 166a 167a 167b 169b 181b 198b 230b 242b 274a 306b 315a 321a 361a 379a 386a 405b 432b 448b 502b 530a 530b 540a 543b 554a 569b 573a 587b 604b 607b 627b 628b
시키온 마라톤의 아들 계보 22. 10 101a 142b 166a 230 432b 604a
시킨노스 230
시킨니스 230b
시토니아(트라케의 반도) 230b
시톤 트라케 왕 83b **230** 480b 567b 568a
시파이(보이오티아의 도시) 542b
시프로이테스 크레테의 용사 231
시필로스(리디아의 산) 70b 335a 501b 558b
시필로스 니오비데스 중 한 명 70a
신티오이 족(렘노스와 트라케의 민족) 688b
실레노스 128a 142b 143b 186b 207a 218b **231** 460a 558a 600a 620b
실레우스 포도원지기 **231** 394b 672a 673b
실로스 1) 트라시메데스의 아들 **231** 326b 532b
    2) 455b
실바누스 **232** 493b 558b 641b
실비아 145a 232b 552b
실비우스 102a **232** 263b 416a 538a
심플레가데스(바위들=키아네아이) 251a 355b 524a
아가노스 파리스의 아들 계보 13
아가메데스 스팀팔로스의 아들 계보 9 33. 222b **233** 340a 456b 534a 609b 703b
아가멤논 가문의 기원 계보 2. 56a 56b 83a 92b 104b 153a 221b **234** 268a 274a 307a 341b 375b 383b 422b 431a 482a 501b 543b 588b 607b 626b 649b
    아카이아 인들의 우두머리 48a 62b 63a 86b 154a 201a 240b 281a 297b 366a 370a 420b 442b 476b 477a 503b 507a 556b 563b 604b 622b 640b 690a 690b
    아울리스에서 247a 257a 297a 368b 419b 482a
    ──과 클리타임네스트라 83a 389b 502a
    ──과 카산드라 442a 526b

시키온에서 128b
　　죽음 348b 364b 482b
　　하계에서 299b
　　기타 83a 128b 247a 366a 467a 603a 649b
아가사메노스 낙소스 왕 421a 570a
아가스테네스 아우게이아스의 아들 609b
아가우에 1) 카드모스의 딸 계보 3. 94a **236**
　　359a 434b 435a 584a 602b
　　2) 다나이데스 중 한 명 75b
　　3) 네레이데스 중 한 명 59a
아가톤 프리아모스의 아들 619b
아가티르노스 284b
아가티르소스 217a 359a
아가페노르 앙카이오스의 아들 계보 26. 104a
　　237 288b
아가프톨레모스 아이깁토스의 아들 75b
아게노르 1) 포세이돈의 아들 계보 3. 65a 131b
　　196b 226a **237** 346a 434a 442b 494b 499b
　　528a 597b
　　2) 페게우스의 아들 계보 17. 237a 288b
　　326a 507b 570b
　　3) 아르고스 왕 계보 18. 406b 475b 533b
　　585a 591a 612a
　　4) 플레우론의 아들 계보 24. 383a 517a
　　592b 625b
　　5) 아이깁토스의 아들 75b
　　6) 안테노르의 아들 63b 364a
　　7) 니오비데스 중 한 명 70a
아겔라오스 1) 테메노스의 아들 계보 16
　　2) 스팀팔로스의 아들 계보 9. 222b
　　3) 헤라클레스의 아들 계보 15
　　4) 프리아모스의 하인 548a
아겔레오스 오이네우스의 아들 383a
아그누스(아티카의 마을 데모스) 512b
아그도스(프리기아의 지명) 238a
아그디스티스 237 308b 487b
아그라울로스 ☞아글라우로스
아그라이오스 테메노스의 아들 계보 16. 86b
아그론 238
아그리겐툼(시칠리아의 도시) 185a 466a 649b
아그리오스 1) 포르타온의 아들 계보 24. 27.

　　95b 136a 167b 383a 383b 462a 506b 592b
　　618b
　　2) 오딧세우스의 아들 계보 39
　　3) 켄타우로스 460b 670a
　　4) 거인 51b
　　5) 폴리폰테의 아들 608b
아그리파 알바 왕 232b
아그리파 티에스테스의 아들 306b 539b
아글라우로스 1) 악타이오스의 딸 계보 4. **239**
　　343a 457b 560a 681b
　　2) 케크롭스의 딸 계보 4. **239** 246b 456b
　　560b 649b 681b
아글라이아 1) 아바스 2의 아내 계보 31. 69a
　　262b 614b
　　2) 카리테스 중 한 명(=아글라에) 347a
　　431a 438b 689b
아기스 330b
아길라(에트루리아의 도시=카이레) 277b
아나우시스 스키티아 왕 221b
아나페(키클라데스 군도의 섬) 175b 253b
아나플리스토스 트로이젠의 아들 533b
아낙사고라스 계보 36. 152a **239** 616a
아낙사고리데스 239b
아낙사레테 키프로스 여인 **239** 421b
아낙산드라 에우리스테네스의 아내 계보 16. 617a
아낙소 계보 31
아낙시비아 1) 스트로피오스의 아내 계보 2 30.
　　92b 221a 375b 477b 626a 635b
　　2) 펠리아스의 아내 계보 21. 203a 289b
　　324b 587b 589a
　　3) 다나이데스 중 한 명 75b
　　4) 네스토르의 아내 62b 583a
아낙토르 엘렉트리온의 아들 계보 31
아낭케 240
아노브레트 이에우드의 어머니 410b
아누비스(이집트의 신) 148b
아니그로스(엘레이아의 강) 637b 703b
아니오(이탈리아의 강) 114a 446b
아니오스 102b 126b 219a **240** 311a 369b
아니케토스 헤라클레스의 아들 계보 15. 151a
　　473a

아다   748

아다노스 우라노스의 아들 394a
아다마스 트로이아 사람 162a
아데오나 214a
아도니스(포이니키아의 강) 241b
아도니스 172b 207b 215a **240** 313b 323b 341a
　342a 342b 380b 432a 450a 484a 523a 578a
　621a 633a
아드라미스 펠레스고이 족 용사 509b
아드라미토스(미시아의 도시) 46b 509b
아드라스테이아 1) 멜리세우스 1의 딸 402a
　2) 아낭케의 딸 240a
아드라스토스 1) 탈라오스의 아들 계보 1 37.
　95b 96a 103b 164b 167a 167b 203a **242**
　246b 275a 325a 331a 344a 359b 361b 405b
　473b 487b 502b 506b 536b 547a 582a 595b
　600b 601a 604b 612a 615b 710b 711a
　2) 에우리디케의 아버지 425b
　3) 트로이아 사람 556a
아드리아 해 53a 252a 342a 412a 452b 708b
아드리아스 일리리아 왕 412a
아드메타 1) 에우리스테우스의 딸 계보 31. **243**
　661b
　2) 오케아니데스 중 한 명 390b
아드메토스 페레스 1의 아들 계보 21. 171a
　244 248b 311b 324b 353a 573b 578a 678b
아디안테 다나이데스 중 한 명 76a
아디에스 리디아 사람 130a
아디테 다나이데스 중 한 명 76a
아라 막시마(로마의) 120b 196b 355a 437a
아라보스 442b
아라비아 인들(민족) 189a 671a
아라비아(나라) 68b 137b 275a 318a 442b 542a
　665b
아라이티레아 계보 20 22. 186a 628b
아라크네 244 567b
아레네 아파레우스의 아내 계보 19. 388b 400b
　543a
아레스 계보 3 4 20 21 24 25 33 35 38 40.
　144b **245** 337a 431a 651b 683a
　——의 애정 행각 239a 260a 268a 303b
　313a 323a 329a 345a 383a 550b 648a 689b

——의 아들들 89a 95a 132b 134a 135a
　136a 171a 214a 220b 221b 230b 249a 339a
　355a 384a 389a 392b 410b 424b 448b 462b
　490a 506a 517a 534b 535b 545a 567b 569b
　589b 593b 595b 610b 618b 625a 649a 650b
　664b
——의 딸들 167a 201b 224a 337a 364b
　583b 608a 645b 649b 712a
——에게 봉헌 283a 472a
——의 질투 241b
——의 용 251b
——의 샘 434b 443a
트로이아에서 690b
기타 51a 223a 323b 339a 357b 384b 449b
　490a 521b 542a 588a 593b 608b 621b 661b
　668a
아레스타나스 264b
아레스토르 247b 254b
아레이오스 1) 계보 1. 203a 248b 573b
　2) 574a
아레이오파고스 78b 246a 260b 340b 376b 459b
　543b 574b 649b
아레이온 아드라스토스의 말 82b 243a **246**
　595b
아레일리코스 트로이아 사람 556a
아레테 알키노오스의 아내 54b 55b 158a 252b
　253a 328a 373a
아레토스 1) 188a
　2) 네스토르의 아들 62b
　3) 프리아모스의 아들 620a
아레투사 1) 님프 57b **247** 262a 330a
　2) 헤스페리데스 중 한 명 684a
　3) 오케아니데스 중 한 명 390b
샘 57b
아로에(파트라이의 지방) 276a
아론 계보 33. 481b
아룬스 타르퀴니우스 701a
아룬스 440a
아르가이오스 266b
아르갈로스 계보 6. 483a
아르게스 1) 키클롭스 40b 491b 498b

2) 히페르보레이오이 족의 한 사람 708b
아르게우스 다나에의 아들 577a
아르게이아 1) 아드라스토스의 딸 계보 1 37.
　242b 243b 536b 601a
　　2) 아우테시온의 딸 계보 16 37. 259a 505a
　506b 617a
아르게이오스 1) 리킴니오스의 아들 계보 31.
　138a
　　2) 켄타우로스 670a
　　3) 펠롭스의 아들 710a
아르겐노스 계보 33. 117b **247** 583a
아르고(배) 49a 105a 135b 159a 247b 248b 249b
　250a 252a 252b 253b 254b 283a 305a 340a
　342a 407b 434a 486a 525b 542b 652b 672b
　716a
아르고나우타이 247 278b 283a 157b 158a 621b
　　──의 명단 49a 56a 62a 97b 106a 120a
　139b 157a 172a 179b 197a 219a 244a 269a
　289b 271a 340a 343b 351a 359b 379b 390a
　400b 403b 414b 410b 421b 423a 444b 463a
　503a 525b 566a 568a 571a 580a 587a 598a
　607a 627b 672a
　　콜키스에서 157b 254b 283a
　　비티니아에서 135b 212b 262a
　　리비아에서 355b 447b 534b 665b
　　피네우스의 집에서 479b 630a 630b 647b
　　프로폰티스에서 488b
　　서쪽 지방에서 342a
　　트로아스에서 105a
　　──가 지었다는 성역들 244a 253b
　　──와 세이레네스 380a
　　알키노오스의 집에서 328a 554b
　　키르케의 집에서 486a
　　미시아에서 713a
　　렘노스에서 314a 345b 531a 610a 715a
　　──와 심플레가데스 524a
　　기타 219b
아르고스 인들(민족) 75a 84a 136b 150a 169b
　243b 288b 400a 431b 459b 472b 475b 536b
　563a 563b 650b 707b
아르고스(아이톨리아의 도시) 334b

아르고스(펠로폰네소스의 도시) 70a 74b 75a
　82b 94a 95b 114a 136b 138a 139b 173a 243b
　254a 255b 261b 268a 281a 305a 318a 331a
　354a 376a 378a 411a 412b 471a 476b 482a
　492a 502a 519b 530b 536a 539a 543b 563a
　575a 577a 595a 601a 612a 616a 634b 650a
　651a 654a 685a 707a
　　──의 왕들 44b 86a 129b 162b 173b 219b
　220a 234a 239b 242a 261b 262a 294a 343b
　378a 406b 463b 475b 487b 507b 604b 615b
아르고스 1) 제우스의 아들 계보 17 18 40. 70a
　254 315a 400a 406b 431b 581b 583b 592a
　　2) 눈이 백 개인 괴물 계보 18. **254** 358b
　404a 411a 653a 679b 680a
　　3) 프릭소스의 아들 계보 33. 141a 247b
　254 407b 453a 493a 578a 621b
　　4) 아르고 선을 만든 자 247b
　　5) 네오프톨레모스의 아들 115a
　　6) 다나에의 아들 577a 577b
　　7) 오딧세우스의 개 373b
아르골리스 81b 87b 101a 242b 254a 276a 294a
　306a 333a 334b 349a 377a 377b 399b 476b
　508a 595a 595b 614b 616a 622a 622b 653b
　661a 710b
아르기라 254
아르기오 님프 456a
아르기오스 아이깁토스의 아들 75b
아르기오페 1) 계보 3. 237b 434a 529a
　　2) 님프 499b 637b 706a
아르긴노스 계보 33. 117b 247a ☞아르겐노스
아르길레툼(로마의 한 구역) 577a
아르네 아이올로스 1의 딸 165a 226a 283b
　284a 284b 389a 413a
아르네오스 메가메데의 아버지 655b
아르달로스 헤파이스토스의 아들 689b
아르데스코스(스키티아의 강) 390b
아르데아(라티움의 도시) 74b 123b 129a 194b
　375a 486a 577a
아르데아스 오딧세우스의 아들 계보 39. 123b
　375a 486a
아르밀루스트리움(로마의 장소) 501a

아르

아르발레스(로마의 사제단) 288a
아르벨로스 아이깁토스의 아들 76a
아르시노에 1) 레우키포스의 딸 계보 19. 117b 118b 119a 264b
    2) 페게우스의 딸 325b 326a 570b
    3) 아스클레피오스의 아내 148a
아르시노오스 테네도스의 용사 62b 685b
아르시아(이탈리아의 숲) 701a
아르시페 미니아데스 중 한 명 계보 20. 185b 186a
아르카디아 인들(민족)
    기원 431b
    메세네에서 287b
    테바이와의 대립 243a
    트로이아와의 대립 237a 378b
    로마에서 552a ☞에우안드로스
    기타 113a 142a 146a 219a 233a 254a 404b 428b 447a 515b 545a 547a 619a 632b
아르카디아(나라) 51b 54b 58b 62a 72b 99b 132b 133b 136b 145b 205b 212b 216a 222b 223a 226b 254a 255a 256b 269a 277a 335b 342b 354b 357b 363b 378b 383b 393a 394a 401a 415a 430a 437a 449b 464a 477b 504a 517b 528b 557b 562a 565b 566b 570b 580b 585a 589b 611b 625a 644a 660a 668b 677a 680a
    ──의 도시들 291a 565b 622b
아르카디아 545a
아르카스 계보 9 40. 72b 126b 133b 136b 146a 146b 233a 255 287b 302b 337b 342b 363b 405a 407a 431b 450a 475a 477b 480b 545b 558b 585a
아르칸드로스 아카스토스의 아들 230b 587a
아르케 무사[뮤즈] 58b
아르케디오스 146a 504a
아르케디코스 헤라클레스의 아들 계보 15
아르케마코스 1) 헤라클레스의 아들 계보 15
    2) 프리아모스의 아들 620a
아르케모로스 리쿠르고스의 아들 243a 247a 255 331a 347b 536b 547b 601b
아르케바테스 리카온 2의 아들 133a

아르케실라오스 1) 120a 166b
    2) 계보 39
아르케프톨레모스 520b
아르켈라오스 1) 테메노스의 아들 계보 16. 255
    2) 엘렉트리온의 아들 계보 31
    3) 아이깁토스의 아들 75b
아르켈로코스 안테노르의 아들 518a
아르크투로스(강=파시스) 391a 550b
아르키시오스 케팔로스의 아들 계보 39. 102b 366b 459a
아르키아스 173b 174a
아르키텔레스 1) 칼리돈의 용사 345b 673a
    2) 아카스토스의 아들 230b 587b
아르타이오스 545b 546a
아르타크세르크세스 128b
아르테미스 계보 38 40. 120b 256 309a 431a
    ──와 처녀성 57b 79b 122b 188a 200a 269b 303a 359a 449b 500b 535b 608a 608b 652a 712b
    ──의 복수 70b 79a 103b 119a 170b 231a 238b 241a 244b 306a 315a 382a 383b 448b 465a 521b
    ──에게 바쳐진 인간 제물 156a 158b 351b 419a 419b
    ──와 아카이아 인들 235a 297a
    기타 51b 73a 91b 127b 172a 201b 202a 227a 252a 255b 259b 260b 267b 293a 312a 313a 323a 340b 396b 436b 470a 470a 480a 541b 559b 566b 629a 659b 680b 687b 708b 712b 714a
    ── 아르겐니스 247b
    ── 아우토마테 173a
    ── 카리아티스 98b
    ── 크토니아 338b
    ── 크나기아 470a
    ── 콜라이니스 467b
    ── 콘딜레아티스 467a
    ── 에피디아이타 173a
    ── 에우클레이아 157b
    ── 오이노아티스 659b

—— 오르티아 330b 515b
—— 오르토시아 521b
—— 타우리스의 92a 257b 365a 419b
아르테미시온(아르카디아의 산) 660a
아르테미케 480a
아르티비아 220b
아리마스포이 족(스키타이의 민족) 47b
아리메스 족[아리마 인들](킬리키아의 민족) 358b
아리스바스 몰루로스의 아버지 707a
아리스베 1) 프리아모스의 아내 계보 34. 278a 547b 619b
　　2) (=바티에이아) 계보 7. 520a
아리스타이오스 아폴론의 아들 계보 3 23. 69b 149a 194a 256b **257** 310a 315a 347b 380a 485a 571a 618a
아리스테아스(프로콘네소스의 시인) 258b
아리스토데메 프리아모스의 딸 620a
아리스토데모스 1) 아리스토마코스의 아들 계보 16 37. **258** 287b 471a 505a 617a 676a
　　2) 헤라클레스의 아들 151a
아리스토마코스 1) 탈라오스의 아들 계보 1. 384b 711a
　　2) 헤라클레이다이 중 한 명 계보 16. 258b 471a 507b 676a
아리스토텔레스 194a
아리아(폰토스에 있는 미지의 섬) 254b
아리아 191b 310b
아리아드네 계보 28. 49b 78b 83b 94b 118a 131b 184a 185b 215a 219a **259** 273b 385a 416b 453b 500b 513a 513b 514a 530b 531b 553b 577a 583b 704b 715a
아리아이오스 아라비아 왕 68b
아리온 1) **259**
　　2) 밀레토스 왕 518a 525b 533a 685a
아리젤로스 보이오티아의 용사 646b
아리키아(라티움의 도시) 92a 202a 378a 712b
아리페 535b
아림니온(아카이아의 지명) 592a
아마링케우스 579a
아마세누스(라티움의 강) 439b

아마조네스 45b 148a 167a 179b 182b 188b 189a 189b 196a 220a 245b 246a 257b **260** 300a 308a 392a 440a 444b 453a 480b 514b 515a 553b 570b 583b 587a 619b 634a 641b 661b 665b 674a 712a
　　——와 헤라클레스 243b 611a
아마조니오스(강=타나이스) 496b
아마타 라티누스의 아내 102a 109b 163b **260** 532a
아마테아 네레이데스 중 한 명 59a
아마투스(키프로스의 도시) 619a
아말레우스 니오베의 아들 267a 419a
아말테이아 1) 님프 173b **261** 430a 468b 509a
　　——의 뿔 261a 293a
　　2) 시빌레 228a
아메스트리오스 헤라클레스의 아들 계보 15
아메이니아스 54a
아모파온 520b
아물리우스 알바 왕 67b 68a 68b 106a 112b 114a 124a 124b 232b **261** 426b 552b 553a
아미모네 1) 다나이데스 중 한 명 56a 75b **261** 595b
　　2) 샘 261b 658b
아미소다레스 486b
아미케 261
아미코스 베브리케스 족의 왕 97b 136a 183a 212b 213a 250a 250b **262**
아미클라스 계보 6. 79b 107a 173a 223a 255b 483a 706a
아미클라이 1) 라코니아의 도시 234a 433b 483a 571b 693a
　　2) 이탈리아의 도시 439b
아미타온 계보 1 21 24. 168b 202b 285a 448b 473b 537b 578a 588b
아민토르 오르미니온 왕 53a 271a 470b 597a 669b
아바스 1) 칼콘 2의 아들 **262** 363b 452b
　　2) 링케우스의 아들 계보 31. 131a 139b **262** 294a 614b 707b
　　3) 멜람푸스의 아들 계보 1. 169a 248a **262** 403b 502b 587a 605a

아바

    4) 트로이아 사람 에우리다마스의 아들 605a
아바시스 히페르보레이오이 족 용사 708a
아바이(포키스의 도시) 262b
아반테스 족(민족) 262a 364a 452b 511a
아반테이아(에페이로스의 지방) 364a
아베오나 241a
아벤티누스(로마의 언덕) 66b 67a 68a 112b 113a 114a 120a 124b 125a 125b 128b 131b 161b 197a 355a 445b 454a 494a 553a 553b 682b
아벤티누스 68b 114a 232b
아보리게네스 족(이탈리아의 민족) 77a 108b 176a 206b **262** 336b 416a 577b 634a
아비도스(트로아스의 도시) 114b 677b
아빌리우스 262 682a
아세아타스 리카온 2의 아들 133a
아소포스 하신 계보 30. 57a 73a 99b 122a 207b 224a 226a 228b 229a **262** 273b 282a 321a 347a 384a 404a 404b 409a 456a 468a 491a 492b 509b 547a 554b 581a 597b 648a 698b
아소피스 263a 409a
아스베토스 214b
아스카니오스(미시아의 강 또는 호수) 713a
아스카니오스 프리아모스의 아들 620a
아스카니오스[아스카니우스] 계보 34. 102a 109b 110a 113a 123a 123b 164a 232b **263** 277a 278a 314b 415b 416a 444b 473b 538a
아스칼라보스 222a 264
아스칼라포스 1) 하계에서 222a **264** 292a 664a
    2) 아레스의 아들 249a **264** 410b
아스칼론(시리아의 도시) 209a
아스크라(보이오티아의 도시) 323a
아스클레피오스 계보 19. 117b 249a **264** 310a 362b 391b 405a 405b 440b 457a 463b 491b 555a 630b 668b 702b 704b
    가계 71b 111a 148a 207b 406b 544b 590b 625a 641a
    죽은 자들을 살려냄 50a 92a 202a 311a 317a 543b 704b 712b
    ——의 샘 649b

아스타르테 비블로스의 여왕 150a 207b 599b
아스타코스 스파르토이 중 한 명 167a
아스테로디아 477b 572a
아스테로파이오스 631b
아스테로페 1) 계보 34
    2) 플레이아데스 중 한 명 626b
아스테로페스 ☞스테로페스
아스테로피아 데이온의 딸(=아스테리아 2) 계보 20
아스테리아(섬=델로스) 309a
아스테리아 1) 코이오스의 딸 계보 32 38. 121a **265** 466a 575a 598a 687a
    2) 데이온의 딸 계보 20 30. **265** 477b 544a 599a
    3) 다나이데스 중 한 명 75b
    4) 이드몬의 어머니 403b
    5) 키프로스의 딸 521a
아스테리오스 1) 에우로페의 남편 계보 3 28. 183b 205a 265b 524b
    2) 히페라시오스의 아들 248b
    3) ☞아스테리온 2
    4) 미노타우로스 185a
    5) 넬레우스 1의 아들 66a
아스테리온(산) ☞키타이론
아스테리온(아르골리스의 강) 614b
아스테리온 1) 에우로페의 남편 99a 183b 184a **265** 346b 400a 651a
    2) 아르고나우타이 중 한 명 110b 248a
아스트라바코스 330b
아스트라이아 266 397b 508b 714b
아스트라이오스 계보 14. 66b
아스트라이오스 계보 14 32 38. 66b 198a 345a 346a 547a 565a 574b 685a
아스티고노스 프리아모스의 아들 620a
아스티기테스 266b
아스티노메 448b 477a
아스티노오스 1) 483b
    2) 트로이아 사람 63b
아스티다메이아 1) 펠롭스의 딸 계보 2. 31 132a 332b 588a 710b
    2) 아민토르의 딸 계보 15. 669b

3) 아카스토스의 아내 계보 21. 220b 290a 586a 586b

4) 포르바스의 딸 121b

아스티메두사 1) 스테넬로스의 딸 계보 31. 107a 266 385b

2) 오이디푸스의 딸 103b

아스티비에스 계보 15.

아스티아게우스 힙세우스의 아들 계보 23

아스티아기아 페리파스의 아내 계보 23

아스티아낙스 1) 헥토르의 아들 계보 34. 63b 216a 266 317b 370a 690a 690b

2) 헤라클레스의 아들 계보 15

아스티오케 1) 에리크토니오스의 아내 계보 7. 227a 533a

2) 악토르의 딸 계보 33. 410b 536a

3) 이피클로스의 아내 계보 20. 617a

4) 프리아모스의 누이 계보 7. 212a 352a 529b

5) 필라스 1의 딸 계보 15. 509b 535b 636a

6) 니오비데스 중 한 명 70a

아스티오코스 284b

아스티크라티아 니오비데스 중 한 명 70a

아스티팔라이아(에게 해의 섬) 479a

아스티팔라이아 352a 666b

아스팔리스 266

아스포디코스 547b

아스프로포타모(강) ☞아켈로오스

아시네(아르골리스의 도시) 669a

아시네 라케다이몬의 딸 계보 6. 107a 223a

아시아(대륙) 68b 562a

아시아Asia 계보 38. 131b 157a **266** 307a 362a 409a 613a

아시아Asie 오케아니데스 중 한 명 390b

아시오스 마법사 562a

아에돈 267 419a 462a 479b 559a

아에로페 1) 카트레우스의 딸 계보 2. 56b 153a **267 268**b 306a 306b 307a 446b 447b 539b 626a

2) 케페우스 1의 딸 **268**

아에로포스 1) 새 198b

2) 에케모스의 아버지 357b

3) 테메노스의 후손 40a

아에톤Aethon 헬리오스의 말 699b

아에톤Aeton 익시온의 아버지 424b

아에투사 포세이돈의 딸 계보 25

아엘로 하르피아이 중 한 명 364a 647b

아오이데 무사[뮤즈] 58b

아올리우스 로물루스의 아들 682a

아우게 계보 9 15. 56b **268** 464b 521b 528a 528b 529a 666b

아우게이아스 포르바스의 아들 계보 14 23. 87a 121b 152a 179a 200a 233b 248b **268 269** 315b 592a 609b 638a 660b 667a 670a

──의 마굿간 349b 660b

──의 보물 534a

아우구레스 66b

아우구스투스 164b 312b 399a 415b 557a

아우라 269 409b 410a

아우렐리우스 가문(로마의 씨족) 213b

아우로라 ☞에오스 175a 382a 557a 565a 699a

아우소니아 인들(민족) 78a 270a

아우소니아(나라=이탈리아) 116a 418b 451a 487b 702b

아우손 계보 39. 116a 138b **270** 284b 451a

아우크누스 202b **270**

아우테시온 계보 37. 259a 505a 539c

아우토노에 1) 카드모스의 딸 계보 3. 236b 257b 315a 435a

2) 네레이데스 중 한 명 59a

3) 계보 15 ☞이피노에 3

4) 다나이데스 중 한 명 75b

아우토노오스 216a 291a 291b 556a 637a

아우토마테 다나이데스 중 한 명 75b

아우토메돈 1) 아가멤논의 마부 **270**

2) 히포다메이아의 구혼자 384b

아우토메두사 이피클레스의 아내 계보 31. 414b 422a

아우토포노스 테바이 사람 608b

아우톨레온 270

아우톨리코스 헤르메스의 아들 계보 35 39. 79a 102b 222b 224a 228b 248b **270** 321b 351a 366b 367a 407a 424a 488b 603b 627b

637b 655a 680a
아우톨리테 284b
아욱세시아 271
아욱소 호라이 중 한 명 700b
아울레스테스 270a
아울리스(보이오티아의 도시) 96a 154a 231b 247a 257a 368b 419a 419b 482a 484a 504a 696b
　　아카이아 선단이 아울리스에서 떠남 234b 235a 296b 297a 375a 378b 451a 529a
아울리스 오기고스의 딸 366a
아이가이(칼키디케의 도시) 255b 256a
아이가이온 1) 거인 51b 271 432a 688a
　　2) 리카온의 아들 133a
아이게스타 271b 272a 476a
아이게스테스 271 365b
아이게오네우스 프리아모스의 아들 620a
아이게온 크레테의 산 430a
아이게우스 계보 2 11. 135b 151a 159b 164b 272 280b 286b 316b 452b 453a 510a 510b 511a 511b 512a 512b 513a 514a 567b 578b 634b
아이골리오스 461b
아이글라 463b
아이글레(섬=시메) 226b
아이글레 1) 아스클레피오스의 딸 111a 265a 362b
　　2) 헤스페리데스 중 한 명 664b 684a
　　3) 파노페우스의 딸 계보 30. 513b
아이글레이스 히아킨티데스 중 한 명 706b
아이기나(섬) 253b 273b 282a 521a 525a 525b 585b 595a 599a
아이기나 계보 30 40. 73b 157a 224a 228b 263a 273 282a 431a 555b 581a 648a
아이기로스 393b
아이기로스 계보 22
아이기미오스 도로스의 아들 110b 274 463a 569b 668b 677a 714a
아이기스토스 계보 2. 83a 153a 236a 274 306b 307a 322b 340b 348b 364b 365a 375b 376b 376b 482b 540a 544b 584b 587b 636b 696b

아이기알레우스 1) 아드라스토스의 아들 계보 1. 103b 243b 361b 487b
　　2) 시키온 왕 계보 22. 101a 230b 275 530a
　　3) 이나코스의 아들 계보 17. 174a 400a 583b 591a
아이기알레이아(나라=아카이아) 212b
아이기알레이아 아드라스토스의 딸 계보 1. 56b 96a 96b 220a 236b 275 465b
아이기알로스 카우노스의 아들 130b 131a 443b
아이기오스 아이깁토스의 아들 75b
아이기피오스 아이깁토스의 아들 76a 275
아이깁토스(강=나일) 64b
아이깁토스 계보 3. 75a 75b 131a 139a 196b 225b 262a 275 294a 575a 614a
아이네아스 실비우스 110a
아이네우스 계보 23. 222b 488b
아이네이아스 계보 7 34. 86a 102a 108b 123b 194b 232b 263a 276 313b 317b 335a 355a 415b 425b 441b 448a 473b 538b 565b 571a
　　트로이아에서의 공적 154b 160a 162a 299a 402b 447a 563a 594b 646b
　　──와 안나 316a
　　──와 디도 91a 406a
　　──의 동료들 52b 55b 69b 182b 189b 207b 208a 227a 291a 350a 408b 426b 444b 448a 498a 557b 568b 617a 635b 647a
　　이탈리아에서 41b 106a 109a 113b 123a 129a 163b 319a 382b 389a 440a 532a 538a 538b 632a 649b
　　기타 118b 141b 228b 230a 260b 271b 290b 297b 359b 392a 396a 529b 549a 552a 603b
아이네테 488b
아이네토스 데이온의 아들 계보 20
아이노스(트라케의 도시) 360b 611a
아이밀리아 로물루스의 어머니 102b 123b
아이밀리우스 145a
아이사코스 프리아모스의 아들 계보 34. 278 494a 547b 548a 619b 686a
아이세푸스(미시아의 강) 175b 390b
아이손 크레테우스의 아들 계보 1 20 21. 65b 126b 271a 278 407a 408a 473b 537b 588b

589a 603b 613a
아이스쿨라피우스 ☞아스클레피오스
아이시모스 계보 39. 224a
아이실레 히아데스 중 한 명 705b
아이아(콜키스의 도시) 283a ☞아이에테스
아이아스 2세 테우크로스의 아들 521a
아이아이아(키르케의 섬) 252b 371b 372a 485b 486a
아이아코스 계보 30 40. 73b 99a 104b 157a 171b 178b 184b 216b 217a 221a 248a 265b 273b 280b **282** 438a 477b 491a 525a 535b 544a 555b 585b 589b 594a 599a 599b 622a 636a 665b
아이에테스 콜키스 왕: 계보 14 33. 41b 157b 158a 159a 159b 160a 172a 198b 248a 251a 251b 252a 252b 254b 269a **282** 328a 361a 403b 407b 444b 450b 453a 485b 493a 550b 551a 574b 575a 611b 621b 622a 687b 691b 699b
아이올로스 1) 헬렌과 오르세이스의 아들 계보 8 33 35. 65b 88b 111a 139a 141a 147a 147b 148b 165a 166b 187b 207b 226a 228b **283** 301a 315b 328a 389a 407a 413a 413b 417a 422b 433a 458b 473b 483b 509a 571a 573a 579a 583a 597b 602a 622a 637a 698b 707b 715a
  2) 아르네와 포세이돈의 아들 165a 166b 226a 413a 487b 534a **283**
  3) 바람의 신 106a 371a 371b 374a 413a 604a 624a **285**
아이올리스 족(민족) 88b 283b 362b 524b 579a 698b
아이올리아(섬) **285**
아이올리아(프로폰티스의 도시) 284b
아이올리아 아미타온의 딸 계보 21. **285**
아이올리아 칼리돈의 아내 계보 1 21 24. **285** 448b 618b
아이우스 로쿠티우스 285
아이제이오스 리카온의 아버지 133b
아이크마고라스 헤라클레스의 아들 **285**
아이탈리데스 헤르메스의 아들 188a 248a **285**

아이테르 72a 240a **285** 395a 443b 558a 599b 683a
아이테리아 헬리오스의 딸 699a
아이톨로스 1) 엔디미온의 아들 계보 24. 58a 88b 104a 111a 248a **286** 310b 315a 360b 362b 383a 392b 422a 448b 468a 555a 566a 608a 625b
  2) 옥실로스 2의 아들 393b
아이톨리아(그리스의 지방) 88b 115b 136a 160b 220a 292a 292b 334b 348b 374b 392b 393a 448b 468a 490b 506b 531b 571b 607b 625b 670a
  어원 286a 315a
아이트나이오스 프로메테우스의 아들 613a
아이트네 229b **286** 569a
아이트라 1) 테세우스의 어머니 계보 2. 83b 97b 180b 217a 223a 273a **286** 289b 453b 510a 510b 511a 515b 516a 634b 692b 693b
  2) 오케아니데스 중 한 명 705b
  3) 팔란토스의 아내 567a
아이틀리오스 계보 8 24. 127b 283b 362a 499b 618b
아이티오스 트로이젠 왕 533b
아이티올라스 메넬라오스의 아들 153b
아이틸라 287
아이피토스 1) 킵셀로스 1의 아버지 **287** 495a
  2) 메로페 2의 아들 계보 16. 160b 161a **287** 495a
  3) 아르카디아 용사 계보 9. **287** 354a 406a 634a
아이피티다이 287b
아익스 261a
아일리에우스 346a
아일리이 라미아(로마의 한 씨족) 101a
아잔 계보 9. 255b 337b 480b 670a
아제우스 계보 33. 481b
아카 라렌티아 124a **288** 552b
아카데모스 87a **287** 516a 692b
아카데미아(아테나이의 한 구역) 288a
아카르나니아 인들(민족) 557a 605a
아카르나니아(그리스의 지방) 116a 288b 332b

아카 | 756

417b 436b 508a
아카르난 알크마이온의 아들 **288** 384b 449a
아카마스 1) 안테노르의 아들 162a **289** 518a 712a
    2) 키지코스의 숙부 **289** 488b
    3) 테세우스의 아들 계보 34. 83b 84a 104b 180b 287a **289** 289b 364a 510a 553b 564a 590b 642a 642b 694b
    4) 데모폰의 아들 642b
아카만티스 족(아티카의 부족) 289a
아카스토스 펠리아스의 아들 계보 21. 64a 103b 157a 158b 159a 220b 248a **289** 351b 408a 456b 474a 510a 586a 586b 587a 589a 589b 590a 711b
아카이메니데스 290
아카이아 인들(민족) 101a 190a 393a 508a 612a 698b
아카이아 1) (펠로폰네소스의 지방) 57b 107b 212b 414a 539b 543a 607b 612a
    2) (테살리아의 지방) 585a
아카이오스 1) 크수토스의 아들 계보 8. 413b 414a 473a
    2) 라파토스의 아들 107b
    3) 포세이돈의 아들 계보 17. 101a 585a 625a
아카칼레 290b 310b
아카칼리스 계보 28. 58a 184a 191a **290** 310b 382b 436b 447b 484b 637a
아카케시온(아르카디아의 산 도시) 291a
아카코스 리카온 2의 아들 133a **291**
아카테스 291 316a
아칸토스 291a
아칸티스 291
아칼란티스(피에리데스 중 한 명) **291** 633b
아칼레 계보 28. 184a
아케론(하계의 강) 176b 264c **291** 435b 466b 625a
아케소 265a 362b
아케스테스 271b 476a
아케시다스(닥틸로이 중 한 명) ☞이다스 2
아켈레스 헤라클레스의 아들 계보 15

아켈로오스(강) 286a 292a 292b 293a 382b 448b
아켈로오스 강의 신 계보 27. 85b 87a 211a 220b 288b **292** 325b 390b 442b 449a 507a 578a 673a
아콘테스 리카온 2의 아들 133a
아콘티오스 293
아크라이아 아스테리온의 딸 614b
아크로 293 398b
아크로폴리스(아테나이의) 78b 170a 198a 305a 343b 414a 457b 473a 514a 514b 574b 595a
아크리시오스 아바스 2의 아들: 계보 6 31. 74a 74b 107a 139b 152a 219a 262b **294** 347b 384a 412b 575a 575b 576b 577a 602a 614b 615a 615b
아크몬 1) 코리반테스 중 한 명 468a
    2) 쿠레테스 중 한 명 468a
    3) 마네스의 아들 141b
아키두사 스카만드로스의 아내 50a
아키스(시칠리아의 강) 42a 294a
아키스 강의 신 42a **294**
아킬레우스 펠레우스의 아들 계보 13 30. 62b 62b 63a 63b 152b 157a 178a 187b 201a 223b 235a 235b 276a 279a 280a 280b 281a 281b **295** 304b 311a 312a 317b 321b 431b 438a 454b 457a 477a 524b 585b 603a 642a
    스키로스에서 96a 134a 154a 368a 427a 451a 564a 630b
    ——와 키크노스 489b 490a 505a
    ——와 헥토르 163b 620a 690b 691a
    ——와 헬레네 102b 116b 695a 696b
    ——와 펜테실레이아 260b 453a 507a 583b
    ——의 무장 281b 298b 368b 370a 402b 689a
    ——의 말들 194b 587a 648a
    ——의 죽음 59b 63a 78a 159b 311a 312a 322a 420b 429a 549b 609a 697a 697b
    ——의 장례 402b 590b
    기타 77b 110b 132b 148a 166a 170b 175a 182b 215b 222a 226b 282b 344b 345b 356a 368a 368b 375b 419b 444b 482a 503b 505a 525b 533a 533b 529a 582b 587a 594b 597b

606a 609a 611b 617b 636b 652b 681a 683a 685b 693a
아타마스 계보 3 8 33. 46a 65a 83a 93a 114b 116b 117a 117b 149a 158a 174b 216b 254b 283b 301 303a 356b 493a 509a 566a 612a 621b 650a 652a 691b
아타만티아(테살리아의 할로스 인근 평원) 302b
아타스 프리아모스의 아들 619b
아탈란테 계보 26. 127a 136b 146a 151b 171b 216a 248b 302 407a 461a 481a 547a 587a 590a 710b 711a 713a 713b
아테(실수) 언덕(트로아스의) 304a 425b 562a ☞아테
아테(실수) 142a 303 425b 562a 583a ☞아테의 언덕
아테나 계보 11 40. 71a 165b 183a 239a 304 334a 541a 565a
—— 와 헤라클레스 150b 490a 580a 654b 656a 656b 657a 658a 660a 663b 665b 668a 668b 671b —— 와 오딧세우스 54b 103a 166a 352b 372b 374a 450b 572b
사물을 변화시키는 능력 72b 463b 574b
—— 와 거인들 51a 51b
트로이아에서의 개입 113b 245b 299b 300b 378b 559b 563a 691a
—— 와 피리 144a 208a 311b
제우스를 공격하다 271b 311a 432a 594a
꿈들을 보내다 286b 510b
—— 의 복수 45b 238b 245a 279a 281a 327b 438a 451b 522a 560a 563a 578b 646a 650a
어린 시절 322a
이데 산에서 314a 548b
—— 와 아스클레피오스 265a
—— 와 아르고나우타이 247b 249a
기타 45a 47a 75a 76a 104a 167a 187b 223a 251b 268b 309a 331b 339a 341a 360b 376b 378b 403a 404a 407b 409b 412b 426a 434b 438b 440b 459b 479b 513b 534b 537b 542a 542b 559a 559b 561b 567b 570a 575b 576a 576b 595a 680a 681b 689b

—— 이토니아 412a 418b 598b
런도스의 —— 75a
—— 폴리아스 198a
—— 프로노이아 154a
—— 살펑크스 651a
—— 미노아의 253a
—— 트리테이아 167a 462b 534b
☞팔라스 I——1 팔라디온
아테나이 인들(민족) 61a 84a 115a 168a 184b 185a 213a 260b 281b 307b 308a 317a 322b 327a 338a 340b 349a 350a 353b 413b 414a 415a 463a 467a 470a 478b 510b 512b 515a 516a 516b 517a 537a 539a 567a 569b 573a 574b 675b 689b 692b 700b 706b
아테나이(도시) 71b 78b 102a 119a 135b 144a 159b 180a 184a 213a 216b 239a 243a 260b 286b 293b 305a 307b 316b 322b 340b 349a 400a 413b 416b 457b 470a 473a 510b 511a 514a 560b 563a 595a 636b 642a 680a 706b
케라메이코스 구역 115a 287b 453b
피난처 84a 148a 159a 243a 327a 350a 376b 462b 467a 468a 539a 555a 608a 635a 649b 657a 675b 681a 711b
의 왕들 66a 69b 83b 97b 152b 165b 168a 230b 272b 334a 337b 343a 378a 392b 417a 462b 510b 516a 553b 560b 560b 567b 616b 638a
아테리온 612a
아트레우스 계보 2. 56b 92b 234a 235a 268a 274a 306 324a 368a 478a 501b 502a 539b 540a 543a 543b 587b 588a 626b 634b 710a 710b
아트로모스 계보 15
아트로포스 177b 508b
아트리다이 96a 153a 243a 274b 355b 368a 520b 626b
아틀라스(아프리카의 산) 664b 683b
아틀라스 계보 6 7 25 38. 76b 92b 131b 146a 157a 160b 220b 266b 286a 307 308a 352a 362a 364a 396b 409a 450b 461a 464b 475a 481a 486b 500b 501b 504a 509a 592b 613a

아틀   758

614a 627a 664b 665a 665b 683b 684a 684b 705b
  후손들 134b 146a 146a 408a 551a 626b
아틀란티스 인들(민족) 45b 188b 189a 307b 308a
아틀란티스 189a 307 595b
아티스Atthis 크라나오스의 딸 343a 470a
아티스Attis 프리기아의 신 53a 204a 204b 208a 238a 238b **308** 487b
아티스Atys 마네스의 아들 130a 141b 537a
아티우스 나이비우스 124a
아티카(나라) 142a 164b 168a 179b 264a 305a 361a 377b 388b 413b 457b 467b 468b 470a 510a 533b 539a 580a 650a 714a
아틸리우스 레굴루스 398b
아파레우스 계보 6 19. 46a 97b 118b 119a 135b 139a 139b 171a 248a 310b 388b 400b 401a 543a 571b 579a 632b
아파테 72a 639a
아페모시네 계보 2. 267b 268a 446b
아페이다스 옥신테스의 아들 392b
아펠레스 478a
아폴로니아(일리리아의 도시) 364a
아폴론 계보 17 19 22 23 25 28 31 38 40. 120b 195a 214a 259a **308** 432a 541a 699a
  어린 시절 534a
  아드메토스의 집에서 244a 324b 491b 678b
  사물을 변화시키는 능력 79a 198b 291b 491a
  신탁 227a 229b 243b 255b 329a 375b 384b 486b 509a 545b 598a 657a
  성벽 건설 104b 324a 594a 684b
  ——과 황소들 193b
  ——과 죽음 234a 534a
  트로이아 전쟁에 개입 48b 299a 300b 429a 454b 549b 556b 690b
  ——의 애정 행각 73b 79a 79b 88a 89b 116a 119a 144b 147b 200b 222b 224a 227b 257b 264a 287b 290b 346b 352a 354a 355a 384b 391b 400b 406a 426b 427a 436b 442a 443a 484b 488b 493b 534a 540a 557a 622a

683b 706a
  ——의 딸들 119a 226a 380a 438a 546b 580b 596a
  ——의 아들들 42b 58a 88a 88b 90a 104a 110a 129b 134a 138b 150a 151a 166b 174a 175a 182b 191a 222b 233a 240a 287b 296b 315a 315a 342a 350b 379a 403b 404b 405a 410a 414a 416a 420a 447b 463b 464a 468b 473a 475b 483b 485a 489a 490b 503b 504b 506a 517a 533b 534a 540a 596a 608a 619b 622a 634b 636b 637a 637b 690a 704a
  ——의 분노 64b 70b 105b 119a 129b 137b 144a 187a 192a 235b 241b 257a 259a 271b 298a 332a 405a 423b 441a 476a 477a 480a 484a 490a 491b 530b 593b 665b 711b
  기타 47b 49b 51a 61b 62a 64b 69a 78a 88b 98b 107b 121b 148b 172a 181a 187a 217b 224a 227b 253b 257b 258a 259b 265a 282b 331a 342a 362b 409b 423b 428a 436b 438b 441b 451a 457a 467b 470a 480a 498a 498b 508b 522b 530b 541b 542a 546b 555a 559a 580a 592a 593b 595a 598a 607a 625b 653b 668a 669a 673b 680b 704b 708b
  —— 카르네이오스 436b
  —— 델피니오스 512a
  —— 히페르보레이오스 632b 709b
  —— 이스메니오스 174a
  —— 리케이오스 75a 135b 212b 485a 530a
  —— 노미오스 231a
  —— 프로토이오스 504b
  —— 피티아의 214a 634b
  —— 스민테우스 476a 520a 677b
  —— 테아리오스 634b
  —— 팀브리오스 76b 105b 300a 441a 533b 549b 609a 697a
아프로디테 계보 3 7. 92b 194b 207b 254b 255a 276a **313** 335a 335b 431a 474b
  이데 산에서 215b 313b 548b
  ——의 애정 행각 60a 241a 323a 392a 450a 689b
  ——의 아들 338b 344a 599b 620b 678a

704a
　——의 딸들 122a 364b 645b 678a 692b
　——의 분노 48b 60a 96b 118a 122b 209b 212a 241a 273a 275a 335b 345a 380b 465b 484a 496a 538a 547b 550b 608a 619a 623b 633a 650a 712b 715a
　사물을 변화시키는 능력 254b 547b 629b
　——의 신전 185a 237a 514a
　기타 51a 87b 139b 144a 154a 158b 163a 172b 188a 211b 269b 276b 303b 341a 438b 473b 479b 548b 551b 557a 559a 568a 579a 583b 594b 680a 700b 705a 710b
　—— 우라니아 273a 339a
　—— 크테실라 681a
　—— 파포스의 104b
아프리아테 314 533a
아프리카(대륙) 90b 474b
아피다스 계보 9. 219a 255b 477b
아피드나(아티카의 고을) 97b 470a 515b 516a 538a 692b
아피사온 351b
아피스 계보 22 17. 286a 314 530a 530b 583b
아피아(나라=펠로폰네소스) 315a
악세노스(강=아켈로오스) 448b
악소스(크레테의 도시=오악소스?) 612b
악수르타스 356b
악시에로스 440b
악시오스(마케도니아의 강) 329a 631b
악시오케 306a 478a 588a
악시오케르사 440b
악시오케르소스 440b
악시온 1) 페게우스의 아들 계보 17. 326a 507b 570b
　2) 프리아모스의 아들 620a
악타이아 다나이데스 중 한 명 76a
악타이에 네레이데스 중 한 명 59a
악타이오스 1) 아글라우로스 1의 아버지 계보 4. 239a 457b 491a 525a 560a 585b
　2) 이스트로스의 아들 405a
　3) 텔키네스 중 한 명 599b
악타이온 1) 아리스타이오스의 아들 계보 3.

194b 256b 258a 315
　2) 멜리소스의 아들 173a 173b
악테(나라=아티카) 457b
악토르 1) 아우게이아스의 형제 계보 14 23 30. 157a 179a 187b 219b 269a 274a 315 351b 403b 504a 591a 602b 604a
　2) 아제우스의 아들 계보 33. 315 410b
　3) 데이온의 아들 계보 20. 604a 617a
　4) 히파소스의 아들 248b
　5) 아스티오케의 아버지 536a
악티스 헬리아다이 중 한 명 391b 698b
악티움(전투) 312b
안나 페렌나 143a 316
안나 디도의 여동생 91b 230a 316a 316b 406a
안니우스 에트루리아 왕 446b
안다니아(메세니아의 도시) 162b 579a 605b
안도키데스(아티카의 웅변가) 517b
안드라이몬 계보 27. 44b 89b 95b 115a 115b 369b 374b 383b 392b 531b
안드레우스 페네이오스의 아들 계보 23 33. 110a 117b 473a 571a
안드로게오스 미노스의 아들 계보 28. 65a 85a 184a 184b 218b 220a 273a 316 348b 500a 512b
안드로다마스 계보 22. 628b
안드로마케 계보 34. 317
　가계 178a 266a 297b 344b 690a
　헥토르가 죽은 후 47b 63b 277a 574a 587a 609a 698a
안드로메데 계보 31. 46a 60a 127a 220a 294b 317 365b 413b 442b 459b 460a 576a 576b 577b 629b 653b 698b
안드로스(섬) 581a
안드로클레스 284b
안드로클로스 318
안드로테아 602a
안드로폼포스 168a
안케몰루스 127a 318
안쿠스 마르티우스 로마 왕 67b 209a
　치세 288a
안타고라스 666b 667a

안타스 626b
안타이오스 거인 계보 12. 41b 213b 319 414b 543b 665a 671a
안테노르 1) 트로이아 사람 48a 105b 154b 289a 319 369a 370a 420b 518a 518b 561a 562b 700a 712a
    2) 케팔레니아의 용사 612b
안테돈(보이오티아의 도시) 49a 386a 421a
안테로스 170a 313b 339a
안테모스(에리테이아의 강) 662a
안테스테리아(아테나이의 축제) 376b 455a 560b
안테우스 275b 319
안테이스 히아킨티데스 중 한 명 706b
안테이아Anteia 이오바테스의 딸 127b 195b 219a 294a 319 412b ☞스테네보이아
안테이아Antheia 아카이아의 도시 535b
안테이아스Anteias 계보 39
안테이아스Antheias 319 535b
안텔리아 다나이데스 중 한 명 75b
안토 114a
안토스 291a 291b
안투코스 485a
안티고네 1) 오이디푸스의 딸 계보 29. 103b 146b 320 347a 388b 404a 472a 472b 649a
    2) 프리아모스의 누이 320
    3) 에우리티온 3의 딸 계보 30. 220b 351b 585b 586a 602b
안티노에 1) 만티네이아 여인 320
    2) 펠리아데스 중 한 명 320
안티노오스 103b 320 348a 373b 558a
안티마케 암피다마스의 딸 계보 26 31
안티마코스Antimachos 1) 헤라클레스의 아들 계보 15 16. 86a 656a
    2) 탈피오스의 형제 504a
안티마코스Antimaque 트로이아 사람 154b
안티보레아스(바람) 198a
안티비아 220b
안티아네이라 343b 359a
안티아데스 헤라클레스의 아들 계보 15
안티아스 123b 486a
안티오케 필론의 딸 350b

안티오코스 1) 헤라클레스의 아들 계보 15. 120a 321 636b 676b 711b
    2) 프테렐라오스의 아들 계보 31
    3) 멜라스의 아들 계보 27. 536b
안티오페 1) 닉테우스의 딸 계보 25 40. 72a 72b 91b 101a 106b 114a 134b 135a 135b 263a 321 332a 361a 599b 609b
    2) 벨로스의 딸 237b
    3) 아마존 179b 213b 214a 260b 514b 515a 553b 712a
    4) 라오코온 1의 아내 105b
    5) 멜레아그리데스 중 한 명 172a
안티온 페리파스의 아들 계보 23
안티움(이탈리아 중부의 도시) 123b 486a
안티클레이아 1) 오딧세우스의 어머니 계보 35 39. 57a 102b 224a 228b 271a 321 366b 367a 478b 572a 572b
    2) 디오클레스의 딸 71b 148b
    3) 페리페테스의 어머니 580a
안티클리아 이오바테스의 딸 196a 412b 712a
안티키라(포키스의 도시) 216a
안티파스 라오코온 1의 아들 105b
안티파테스 1) 멜람푸스의 아들 계보 1. 169a 389b 432a
    2) 라이스트리고네스 족의 왕 106a 229b 371b
안티파티아 계보 30. 221a 477b
안티페 360a 492b
안티페모스 1) 라키오스의 형제 108a
    2) 무사이오스의 아버지 181b
안티포스 1) 헤라클레스의 아들 계보 15
    2) 프리아모스의 아들 619b 686a
    3) 미르미돈의 아들 187b
    4) 테살로스의 아들 510a 581a
안티폰 프리아모스의 아들 620a
안틸레온 헤라클레스의 아들 계보 15
안틸로코스 네스토르의 아들 62b 155a 175a 321 453a 532b 555a 556b
    하계에서 299b
알고스 342b
알라데스 알바의 왕 232b

알라스토르 1) 폴리네이케스의 아들 계보 37. 481b
　2) 넬레우스의 아들 66a
　3) 트로이아 사람 370a
알랄코메네스 1) 보이오티아의 마을 322a 367a 530b
　2) 이타케 마을 367a
알랄코메네우스 322
알랄코메네이아 오기고스의 딸 366a
알레비온 포세이돈의 아들 80b 129a **322** 662b
알레시아(갈리아의 도시) 42a
알레오스 아피다스의 아들 계보 9. 56b 136b 207b 248a 268b 459b 528a 528b
알레테스 1) 히포테스의 아들 계보 31. **322** 619a 636b 711b
　2) 아이기스토스의 아들 275a **322** 340b 365a
　3) 이카리오스 2의 아들 계보 19. 417b
알렉사노르 마카온의 아들 148b
알렉산드라 ☞카산드라
알렉산드로스(마케도니아 사람) 46b 256a 301a
알렉산드로스 1) =파리스 계보 34. 314a **547** 686a
　2) 에우리스테우스의 아들 계보 31. 675b
알렉시로에 204a
알렉시스 173a
알렉시아레스 헤라클레스의 아들 계보 15
알렉토 에리니에스 중 한 명 341a
알렉토르 1) 아낙사고라스의 아들 계보 36. 421a 592a 601a
　2) 마그네스의 아들 141a
　3) 스파르타 사람 151b
알렉트리온 1) =수탉 323
　2) 테바이 사람 120a 248b
알로스(테살리아의 도시) 302b 493a ☞할로스
알로아다이 계보 10. 51b 246a 256b **323** 362b 420b 498b 569b 570a 595b 625a 679a
알로에우스 계보 10. 323a 323b 361a 420b 421a 569b
알로이온(트라케의 도시) 323b
알로페 164b **323**

알로페코스 330b
알로피오스 헤라클레스의 아들 계보 15
알론티온(시칠리아의 도시) 557a
알리바스 1) 마신 355b
　2) 메타보스의 아버지 165a
알리스트라 오기고스의 어머니 366a
알리아 227a
알리제우스 이카리오스 2의 아들 115b 116a 417b
알리지아(아카르나니아의 도시) 116a
알리페로스 리카온 2의 아들 133a
알몹스 포세이돈의 아들 692a
알바 인들(민족) 701b
알바(이탈리아 도시) 68a 68b 102a 110a 112b 123b 232b 261a 263b 272b 278a 415b 416a 538b 552b 553a 616a
알바 알바 왕 232b
알바니아(=다게스탄) 221b
알불라(강=티베리스) 538b
알세이데스 님프들 73b
알카이오스 1) 페르세우스의 아들 계보 31. 132a 332b 653b
　2) 안드로게오스의 아들 65a 220a 317a 348b
　3) 헤라클레스의 아들 69a
알카토에 미니아데스 중 한 명 계보 20. 185b 186a
알카토오스 1) 펠롭스와 히포다메이아의 아들 계보 2 24 27. 151a **324** 414b 450b 525b 578b 605a 632a 655b 710a
　2) 포르타온의 아들 136a 383a 384b 497a 536b 592b
　3) 아이네이아스의 매부 276a
알칸드로스 무니코스 2의 아들 180b 370a
알케스 아이깁토스의 아들 75b
알케스티스 펠리아스의 딸 계보 21. 244a 244b **324** 353a 408a 573b 578a 589a 589b 670b
알콘 1) 에레크테우스의 아들 계보 11. 248a **324** 338a 568a
　2) 카베이로이 중 한 명 440b
　3) 마카온의 아들 148b

알크

알크마이오니다이(아테나이의 가문) 232a
알크마이온 1) 암피아라오스의 아들 계보 1. 95b 104a 150a **325** 331b 334b 344b 361b 383b 390a 471b 506b 507b 570b
　　―의 자식들 237a 288b 449a 523a
　　2) 실로스의 아들 231b 532b
알크메네 계보 28 31 40. 43a 99a 103a 132a 138a **326** 332b 349a 357b 365b 389b 422a 431b 522a 536a 624b 653b 705a 714a
　　―의 방 233a
알크메노르 아아깁토스의 아들 75b
알키노에 220b **327**
알키노오스 파이아케스 족의 왕 54b 55a 55b 82b 158a 252b 253a **327** 373a 476a 554a 554b
알키다마스(케오스 사람) 680b
알키다메이아 198b
알키데스(헤라클레스의 아명) 653b
알키디케 207a 337a 537b
알키마케 텔라몬의 누이 계보 30. 390a 525a
알키메네 이오바테스의 딸 412b
알키메네스 1) 코린토스 사람 195b
　　2) 메데이아의 아들 158b
알키메데 1) 필라코스의 딸 계보 20 21. 278b 407a 481a 589a 603a 613a 637a
　　2) 포이닉스 2의 어머니 597a
알키메돈 아르카디아 사람 285b
알키모스 166a
알키비아데스(아테나이 사람) 349a
알키오네 1) 아이올로스 1의 딸 계보 8. 283b **328** 457b
　　2) 플레이아데스 중 한 명 계보 25. 134b 626b 703b
　　3) 스테넬로스의 딸 계보 31. 220b
　　☞ 할키오네; 클레오파트라
알키오네우스 1) 거인 50b 51a **328** 568a 671b
　　2) 델포이 사람 **329**
　　3) 강도 671b
　　4) ☞이스키스
알키오니데스 328b
알키토에 미니아데스 중 한 명 185b

알키페 계보 4. 78b 144b 165b 239a 246b 649b
알타이메네스 카트레우스의 아들 계보 2. 267b 268a 446b 447a
알타이아 오이네우스의 아내 계보 24 27. 85a 111b 170b 171a 171b **329** 341b 383a 423a 517a 531b 532a 627a 704b 707b
알테포스 트로이젠 왕 204b
알티스(올림피아의 성곽) 667a
알파이오스 208a
알페시보이아 1) 아시아의 님프 160a **329**
　　2) 페게우스의 딸 190b 325b 326a 570b
　　3) 비아스의 딸 203a 573b
알페이오스(아르카디아와 엘레이아의 강) 51b 57b 269a **330**a 390a 406b 660b
알포스 330
암몬 제우스 암몬 406a 551a
　　신탁 210b 211a 318a
암브라키아(에페이로스의 도시) 44b 166b 470a 566b
암브라키아 166b
암브로시아 1) 히아데스 중 한 명 705b
　　2) 박케 137b
암팔케스 계보 1. 432b
암펠로스 330 393b
암포테로스 1) 알크마이온의 아들 계보 1. 288b 449a
　　2) 트로이아 사람 556a
암피노메 1) 보이오티아 여인 646b
　　2) 펠리아스의 딸 115a
　　3) 네레이데스 중 한 명 59a
암피노모스 1) 티리아의 아버지 490b
　　2) 페넬로페의 구혼자 572b
　　3) 오딧세우스의 동료 218a
암피다마스 1) 리쿠르고스 1의 아들 계보 26. 199a 220b 501b
　　2) 알레오스의 아들 248a
　　3) 펠라곤의 아버지 434b
　　4) 오푸스의 용사 479a 555b
　　5) 칼키스의 용사 544b
암피디코스 547b
암피로 오케아니데스 중 한 명 390b

암피마로스 129b
암피마코스 1) 엘렉트리온의 아들 계보 31.
　　2) 크테아토스의 아들 179a 609b
암피메데 프테렐라오스의 아내 418a 610a
암피사(로크리스의 도시) 147b
암피사(여성) 147b
암피소스 89b 90a
암피스테네스 330b
암피아낙스 219a 615a
암피아라오스 오이클레스의 아들 계보 1. 167a
　171b 194a 232a 242a 242b 243a 248a 288b
　325a 330 334b 344a 347b 361b 389b 421a
　447b 506b 532b 536b 537a 539a 579b 601a
　612a 707b 715b
암피온 1) 제우스의 아들 계보 25 40. 62a 70a
　91b 106b 114a 127b 135a 263a 267a 321a
　321b 332 361a 404b 426b 448b 478a 502b
　679b 701b
　　2) 아르고나우타이 중 한 명 248b
　　3) 켄타우로스 670a
　　4) 이아소스의 아들 66a 407a
암피클레스 330b
암피클로스 152a
암피테미스 아폴론의 아들 290b 447b 459b
　624a
암피테아 1) 아드라스토스의 아내 계보 1. 98b
　137b 243b 582a 612a
　　2) 아우톨리코스의 아내 계보 39
암피토에 59a
암피트리온 계보 31. 103a 132a 138a 138b 150b
　306a 326b 327a 327b 332 340a 349a 422a
　452b 457a 458b 459a 465a 472b 521a 522a
　544b 588a 609b 624a 624b 653b 654a 654b
　655a 655b 656a 656b 698b
　　──의 집 534a
암피트리테 계보 38. 59a 59b 122a 218a 334
　353a 513b 534b 596a
암피폴리스(마케도니아의 도시) 83b
암피폴리스 데모폰의 아들 642b
암픽티온 계보 8. 100b 127b 166b 334 343b
　412a 418b 456b 463b 467b 470b 698b

암필로코스 1) 암피아라오스의 아들 계보 1.
　325a 325b 331a 334 344a 361b 451b
　　2) 알크마이온의 아들 150a 180a 239b
　326a 334b 590b
압데라(트라케의 도시) 95b 661b 680b
압데로스 95a 95b 680a
압세우데스 네레이데스 중 한 명 59a
압시르토스 계보 14. 158a 252a 283b 335 403b
　486b
압테로스 357a
앗사라코스 트로스의 아들 계보 7. 39a 227a
　425b 448a 449a 533a 594b
앗사온 70b 71a 335
앗시리아(나라) 127a 521a
앙카이오스 리쿠르고스 1의 아들 계보 26.
　171a 171b 237a 248b 251a 542b
앙쿠로스 335
앙키노에 계보 3. 74b 196b 225b 230b 275b
　440a 567b ☞앙키로에
앙키로에 230b 567b ☞앙키노에
앙키모스 218a
앙키세스 계보 7. 263a 272a 276a 277b 335
　355a 365b 392a 448b 594b
　죽음 141b 277a
　장례 경기 52b 69b 336a 556b 606b
　후손 594b
앙키알레 382b 484b
앙키알로스 690b
앙키오르 리카온 2의 아들 133a
앙키오스 켄타우로스 460b 670a
야누스 109b 125a 197b 206b 214b 336 363a
　398a 436a 439b 539a 599b 634a 702b
야니쿨룸(로마의 언덕) 67b 336a 599b 611a
양 프릭소스의 가정교사 158a
에게 해 184b
에게리아 67a 337 439b
에나레테 데이마코스의 딸 계보 8 33 35. 141a
　207b 283b 433a 473b 509a 583a
에나로포로스 337
에날로스 215b
에네토스 464a

에노르케스 79a
에니알리오스 131b
에니에네스 족[에니아 인들](테살리아의 민족) 46b 384b 508a 508b
에니오 47a 196b 245b **337** 576a
에니페우스 하신 **337** 537b 588b
에도노스 포세이돈과 헬레의 아들 692a
에도니 족(트라케의 민족) 136b
에라시아 피네우스의 딸 647b
에라시포스 계보 15
에라토 1) 무사[뮤즈] 181b **337** 463b 499b
    2) 님프 계보 9. 255b **337**
    3) 다나이데스 중 한 명 75b
    4) 멜레아그리데스 중 한 명 172a
    5) 네레이데스 중 한 명 59a
에레보스 72a 221b 240a 286a **337** 341b 443b 683b 714b
에레우탈리온 62a
에레크테우스 가문 152b 604b
에레크테우스 계보 11 22. 59b 78b 152b 165b 197a 198a 199b 216b 230b 262a 325a **337** 343b 353b 378a 413b 414a 414b 425a 458a 458b 473a 478b 510a 516a 517b 560a 560b 604b 611b 616b 705b 706b
에레크테이온(아테나이의) 595a
에로디오스 아우토노오스의 아들 291a 291b
에로스 40b 51a 60a 71a 310a 313b 338 404a 438b 498b 569b 573a 579a 591a 599b 610b 623b 624a 705a
에르기노스 1) 오르코메노스의 왕 계보 33. 103b **339** 388a 472b 481b 534a 612a 655b 656a
    2) 포세이돈의 아들 247b **340**
에르기아이오스 114a 507b
에리고네 1) 이카리오스의 딸 146a **340** 363a 417a 547a
    2) 아이기스토스의 딸 275a **340** 376a 584b
에리노나 341
에리니에스 계보 5 12. 41a 61a 87b 141b 142a 152a 170b 198a **341** 342b 400a 455a 479b 493b 523a 550b 559a 596a 610a 611a 696b

어머니의 ─── 170b 325a 365a 376b
에리다노스(강) 192a 252a **342** 390b 508b 551b 665a 699a
에리마스 트로이아 사람 556a
에리만테 206a
에리만토스(펠로폰네소스의 산) 132b 545a
    ─── 의 멧돼지 349b 460a 600a 659b 669b
에리만토스 241b **342** 622b
에리보이아 ☞페리보이아
에리보테스 아르고나우타이 중 한 명 텔레온의 아들 248a 459b
에리스(불화) 72a 77a 120b 131a 245b 267a **342** 548b 550a 639a
에리시크톤 1) 163a **343** 550a
    2) 케크롭스의 아들 239a **343** 457b 470a
에리오피스 158b 160a 335b 390a
에리크토니오스 1) 아테나이 사람 계보 11. 198a 239a 305b 334a 337b **343** 400a 457b 510a 560a 560b 611b 681b 689b 2) 트로이아 사람 계보 7. 39b 77a 227a 520a 533a
에리타르세스 215a 215b
에리테이아(섬) 44a 44b 107b 156b 661b 662b 671a
에리테이아 헤스페리데스 중 한 명 664b 684a
에리토스 343
에리트라스 레우콘의 아들 계보 33. 117b
에리트라이 인들(민족) 605b
에리트라이(보이오티아의 도시) 99b 117b
    (리디아의 도시) 227b 228a
에리트로스 99b
에리트리오스 아타마스의 아들 계보 33. 117b 302b 509b
에리파스 말 142b
에리필레 계보 1. 242b 325a 325b 331a 334b **343** 347b 361b 390a 421b 506b 601a 612a
에릭스(시칠리아의 도시 산) 272a 663a
에릭스 344 622b 663a
에릴라오스 트로이아 사람 556a
에릴루스 344 354b 574a
에마티온 계보 14. **345** 364b 541b 665a 671b 671b

에스퀼리누스(로마의 언덕) 166a 183f 580b
에에리에 525a
에에티온 1) 킬리키아에 있는 테베의 왕 297b 317b **344** 477a
　　2) 브리세이스의 형제 201a
　　3) 임브로스 사람 132b
에오스 계보 4 14 32 38. 39b 66b 175a 175b 198a 300a 314a 321b **345** 346a 382a 458b 480b 483b 523a 541a 541b 551a 557a 565a 671a 685a 699a 699b 709a
에오스포로스 ☞헤오스포로스 79a 222b 270b 328a 345a 457b
에오오스 헬리오스의 말 699b
에우네 484a 521a
에우네오스 1) 이아손의 아들 계보 21. **345** 531a 715b
　　2) 213b
에우노모스 칼리돈의 용사 **345** 457a 673a
에우노미아 호라이 중 한 명 430b 583a 700b
에우노스타 346a
에우노스토스 199b **346**
에우노에 디마스의 아내 208a 685b
에우니케 네레이데스 중 한 명 59a
에우도노스(강) ☞헤우도노스
에우도라 히아데스 중 한 명 705b
에우도레 1) 네레이데스 중 한 명 59a
　　2) 오케아니데스 중 한 명 390b
에우도로스 346 604a 631b 636a
에우디아 네레이데스 중 한 명 59b
에우로스 346
에우로타스(라코니아의 강) 107a
에우로타스 계보 6. 107a 122a 190b 223a 406a 634a
에우로페(마케도니아의 도시) 671b
에우로페 1) 티티오스의 딸 **346** 355b
　　2) 오케아니데스 중 한 명 131b **346** 390b 533a
　　3) 포로네우스의 아내 **346** 530b
　　4) 다나오스의 아내 75b 261b **346**
　　5) 아게노르의 딸 계보 3 28 40. 99a 103b 132b 175a 183a 205a 205b 237b

245a 265b **346** 431b 434a 435a 435b 436b 494b 499b 500a 503a 528a 561a 597a 618a 646a 661a
에우로포스(마케도니아의 도시) 378b
에우로포스 378b
에우롭스 1) 계보 22
　　2) 마케도니아의 용사 671a
에우리가네이아 103b 107a 320a **347** 359a 385b 413a 600b
에우리기에스 184a
에우리노메 1) 오케아니데스 중 한 명 계보 38 40. 262b 347a 390b 392a 431a 438b 503b 688b
　　2) 레우코토에 1의 어머니 699a
　　3) 리쿠르고스 1의 아내 계보 26
　　4) 계보 35 ☞에우리메데 195b
에우리노모스 1) 마신 **347**
　　2) 마그네스의 아들 계보 23. 141a
에우리다마스 1) 크티메노스의 아들 248b
　　2) 아이깁토스의 아들 75b
　　3) 이로스 1의 아들 403b
　　4) 메이디아스의 아들 163b
　　5) 예언자 605a
에우리다메이아 필레우스의 딸 604b 638a
에우리디케 1) 오르페우스의 아내 258a **347** 380a 380b 381b
　　2) 아크리시오스의 아내 계보 6 31. 74a 74b 107a 223a 294a **347**
　　3) 리쿠르고스 3의 아내 137b **347** 715b
　　4) 암피아라오스의 딸 계보 1. 344a **347**
　　5) 크레온 2의 아내 320b **347** 472b
　　6) 네스토르의 아내 계보 33. 62b 481b
　　7) 일로스 2의 아내 계보 7. 104b 425b
　　8) 아이네이아스의 아내 473b ☞크레우사 4
　　9) 다나이데스 중 한 명 75b
　　10) 멜레아그리데스 중 한 명 172a
에우리마코스 1) 페넬로페의 구혼자 168a **348**
　　2) 히포다메이아의 구혼자 384b
　　3) 안테노르의 아들 518a
에우리메네스 넬레우스의 아들 66a
에우리메데 1) 글라우코스의 아내 계보 35.

에우

195b
   2) 멜레아그리데스 중 한 명 172a 383a
에우리메돈 1) 거인 55b 348 578b
   2) 미노스의 아들 계보 28. 65a 184a 348 483b
   3) 아가멤논의 마부 348
   4) 카베이로이 중 한 명 440b
에우리메두사 187b
에우리모스 348
에우리바테스 235b 455b 503b
에우리바토스 329a
에우리비에 계보 12 32 38. 41a 58b 198a 500b 565a 574b 592b 599b
에우리비오스 1) 에우리스테우스의 아들 계보 31. 675b
   2) 넬레우스의 아들 66a
에우리사케스 대(大) 아이아스의 아들 348 520b 521a 523b
에우리스타나사 587b
에우리스테네스 계보 16 37. 259a 505a 617a 676b
에우리스테우스 계보 26 31. 44a 84a 95a 95b 117b 138a 148a 150b 183b 220b 243b 249a 256b 257a 260a 269a 269b 304a 304b 306a 327a 349 415a 421b 422a 422b 424a 455b 457b 466b 467a 653b 654a 656b 657a 657b 658b 659a 659b 660a 660b 661a 661b 662a 663a 663b 664b 665a 665b 669a 670b 671a 673b 675b 714a
   ☞ 헤라클레스
에우리아나사 1) 히페르파스의 딸 계보 20. 107a 186a 385b
   2) 곽톨로스의 딸 계보 2. 501b 557a 587b
에우리알레 고르곤 45a 381b 576a
에우리알로스 1) 메키스테우스의 아들 계보 1. 164b 248b 350 361b 488a
   2) 오뒷세우스의 아들 계보 39. 350 356b
   3) 아이네이아스의 동료 69b 350
   4) 계보 27. 536b
에우리오디아 366b
에우리오페스 계보 15

에우리카피스 계보 15
에우리클레이아 1) 오이디푸스의 어머니 106b 350
   2) 오뒷세우스의 유모 350
에우리키데 엔디미온의 딸 계보 24. 286a 362b 555a
에우리테 1) 포르타온의 아내 계보 24 27. 211a 220b 383a 506b 592b
   2) 할리로티오스의 어머니 246b 649b
에우리테미스 테스티오스의 아내 계보 24. 111a 517a 707b
에우리테미스테 587b
에우리토스 1) 거인 51a 350 94b
   2) 이올레의 아버지 166b 248b 271a 350 367b 415b 423b 532a 605a 673b 674a
   3) 헤르메스의 아들 ☞에리토스 248a 351 578a 589b 655a 680a
   4) ☞몰리오니다이 179a 478b 504a 667a
   5) 에이도테아 2의 아버지 191b 202a 357a
   6) 켄타우로스 460b ☞에우리티온 1
에우리토에 1) 다나이데스 중 한 명 709b
   2) =하르피나 384a
에우리트라스 계보 15
에우리티아 피네우스의 아내 357b
에우리티오스 크레테 사람 42b 94b
에우리티온 1) 켄타우로스=에우리토스 6 351 460b
   2) 또 다른 켄타우로스 87a 351 461a 670a 670b
   3) 악토르의 아들 171b 290a 315b 351 585b 586a 602b
   4) 게리오네우스의 소치기 44a 351 661b 662a
   5) 아르고나우타이 중 한 명 248b 403b
   6) 판다로스의 형제 559b
에우리포스(해협) 197b
에우리폰 계보 16. 617a
에우리필레 엔디미온의 딸 286a 365b
에우리필로스 1) 에우아이몬의 아들 351 549b 556a
   2) 파트라이의 용사 351 465b

3) 코스 섬의 왕 **352** 452b 453a
　　4) 텔레포스의 아들 47b 63a 69a 148a **352** 529b 571a 574a
　　5) 포세이돈의 아들 **352** 485a 534b 666b
　　6) 테메노스의 아들 계보 16
　　7) 테스티오스의 아들 계보 24. 517a
　　8) 헤라클레스의 아들 계보 15
에우릴로코스Eulylochos 115a 491a
에우릴로코스 1) 오딧세우스의 매부 **352** 478b 485b
　　2) 아이깁토스의 아들 75b
　　3) 히포다메이아의 구혼자 384b
에우릴리테 계보 14. 283a
에우마이오스 321a **352** 373b 478b 527a 638b 639a
에우메네스 계보 15
에우메니데스 ☞에리니에스 84a 341a 592b
에우메데스 1) 멜라스의 아들 계보 27. 536b
　　2) 돌론의 아버지 88b
에우메테스 133a
에우멜로스 1) 아드메토스의 아들 244b **353** 578a
　　2) 코스 섬 주민 238b 239a **353**
　　3) 코린토스 사람 **353**
　　4) 파트라이 사람 319b 535b
　　5) 테바이 사람 198b
에우몰페 네레이데스 중 한 명 59a
에우몰포스 1) 포세이돈의 아들 계보 11. 54b 338a **353** 400a 414a 456b 473a 478b 488a 504a 590a 706b
　　2) 테네도스의 피리 부는 사람 490a 505a
　　3) 필람몬의 아들 181b 655a
에우보이아(섬) 39b 54b 57a 61a 90a 99b 135b 149a 150b 155b 166b 253b 262a 271a 350b 363b 411a 468a 492b 516b 541b 544b 561a 631b 651b 669a 708b
　　☞칼키스 에레트리아
　　(보이오티아의 마을?) 72b 625b
에우보이아 1) 포르바스의 아내 계보 17. 534b 592a
　　2) 614b

에우불레 레오스의 딸 115a
에우불레우스 193a **353** 533b
에우불로스 436b 437a
에우세베스(신화적 도시) 186b
에우소로스 488b
에우시로스 505b
에우아고라 헤카베의 어머니 208a 685b
에우아고라스 1) 넬레우스의 아들 66a
　　2) 프리아모스의 아들 619b
에우아고레 네레이데스 중 한 명 59a
에우아드네 1) 포세이돈의 딸 287b **354** 406a 634a
　　2) 카파네우스의 아내 계보 36. 220a **354** 421a 447b
　　3) 계보 18. 221b 254a 581b
에우아레테 아크리시오스 1(?)의 딸 384a 709b
에우아르네 네레이데스 중 한 명 59a
에우아이몬 1)리카온 2의 아들 133a　2) 에우리필로스 1의 아버지 351b
에우아이크메 1) 힐로스의 딸 계보 16. 605b
　　2) 메가레우스의 딸 151a 324a 632a
에우안드로스 1) 사르페돈의 아들 205b **354**
　　2) 프리아모스의 아들 **354** 620a
　　3) 팔란티움의 창건자 71b 77a 120a 123a 149b 162a 277b 344b **354** 437a 446a 447a 198a 509a 538a 552a 553a 557a 565b 566b 574a 662b 682b
에우안테스 마론의 아버지 142b 219a 385a
에우에노르 307b
에우에노스(아이톨리아의 강) 61b 355a 390b 673a
에우에노스 아레스의 아들 144b 310a **355** 400b 401a
에우에레스 1) 헤라클레스의 아들 계보 15 9. 223a
　　2) 프테렐라오스의 아들 계보 31. 332b 624b
　　3) 테이레시아스의 아버지 521b
에우오피스 91b 533b
에우케노르 1) 폴리에이도스의 아들 **355** 549b 604b 605a

에우 768

2) 아이깁토스의 아들 75b
에우크라테 네레이데스 중 한 명 59a
에우클레이아 헤라클레스의 딸 157b 188a
에우테르페 무사[뮤즈] 113a 181b
에우티니코스 122b
에우티모스 로크리의 용사 **355**
에우팔라모스 계보 4 11. 78b 165b 338a 560b 574b
에우페메 475a
에우페모스 1) 아르고나우타이 중 한 명 103a 117a 193b 248a 346a 352a **355** 534b
    2) 에우리바토스의 아버지 329a
에우포르보스 155a **356** 561a
에우포리온 계보 13. **356** 697a
에우폴레메이아 미르미돈의 딸 188a 285b
에우폼페 네레이데스 중 한 명 59a
에우프라테스(강) 128b 210a 210b **356** 460a
에우프로시네 카리테스 중 한 명 347a 431a 438b
에우피니토스 70a
에우피테스 안티노오스의 아버지 103a
에우히페 1) 티림마스의 딸 계보 39. 115b 350a **356**
    2) 아타마스의 손녀 계보 33. 117b **356**
    3) 다나이데스 중 한 명 75b
    4) 피에로스의 아내 633a
에우히포스 1) 테스티오스의 아들 계보 24. 517a
    2) 메가레우스의 아들 151a
    3) 트로이아 사람 556a
에욱산티오스 미노스의 아들 계보 28. 149a 184a
에욱세노스 53b
에욱세이노스 폰토스(흑해) 224a 251a 252a 410b 542b 694a
에울리메네 1) **357**
    2) 네레이데스 중 한 명 59a
에이도테아 1) 프로테우스의 딸 155b **357** 617a 618a
    2) 에우리토스의 딸 191b 202a **357** 443b
    3) 피네우스의 아내 **357**

    4) 님프 505b
에이레네 호라이 중 한 명 430b 700b
에이오네 네레이데스 중 한 명 59a
에이오네스(아르골리스의 도시) 669a
에이오네우스 마그네스의 아들 113a 141a
에일레이티이아 계보 38. 40. 43a 77a 121a 178a 245a 309a 338b 343a 349a **357** 431a 651b 654a 683a 705a 708b
에케데모스 142a 288a
에케도로스(마케도니아의 강) 490b 664b 671b
에케모스 테게아의 왕 111b 354b **357** 538a 676a 714a
에케클레스 604a
에케클로스 트로이아 사람 556a
에케토스 358
에케틀로스 358
에케프론 1) 네스토르의 아들 62b
    2) 프리아모스의 아들 620a
    3) 헤라클레스의 아들 622b
에켈라스 215b 584b
에켐몬 프리아모스의 아들 620a
에코 님프 54a 73b 330b **358** 410b 411a 427b 522b 558a
에크바소스 계보 18. 581b
에크바타나(아시아의 나라) 210b
에크파스 106b
에키나데스(섬들) 152a 293a 648a 712a
에키드나 계보 12 32. 41b 99b 217a 218a 222a 223b 254a **358** 379a 449a 455b 476b 486b 498b 511b 542b 554b 592b 613b 658a 658b 661b 664b 684a 703a
에키오스 트로이아 사람 556a
에키온 1) 스파르토이 중 한 명 계보 3. 223a 236b **359** 360a 385b 434b 435a 583b
    2) 아르고나우타이 중 한 명 248a 343b 351a **359**
    3) ☞포르테우스 593a
에테르 ☞아이테르
에테메아 359
에테아르코스 크레테 왕 612a
에테오부타다이(아테나이의 가문) 200a

에테오크레테 인들(민족) 470b
에테오클레스 1) 오이디푸스의 아들 계보 29
  37. 103b 156b 242b 243b 266a 320a 325a
  347a 359 361b 421a 536b 537a 600b 601a
  601b
  2) 오르코메노스의 아들 494a 625a 650b
에테오클레스 안드레우스의 아들 계보 33
에테오클로스 계보 36
에토다이아 니오비데스 중 한 명 70a
에트나(산) 286b 294a 492a 542b ☞ 아이트네
에트론 라오코온의 아들 105b
에트루리아 인들(이탈리아의 민족) 126a 130b
  164a 232a 263b 395a 416a 454a 464b 467a
  497b 537a 537b 701a   ☞티레노이 족
에트루리아(이탈리아 중부의 지방) 529b 650b
  662b
에티스 라코니아의 도시 359b
에티아스 359
에티오피아(나라) 47b 65b 93a 175a 175b 210b
  217a 318a 345a 353a 413b 429a 442b 460a
  504a 521b 576a 596a 596b 621a 671a 696a
에파포스 이오의 아들 계보 2 40. 65a 131b
  135a 176a 237a 359 411b 431b 442b 468b
  652a
에팔테스 트로이아 사람 556a
에페소스(소아시아의 도시) 122b 215a 226b
  260b 267a 318b 444b
  ——에 있는 아르테미스의 신전 257a
에페소스 444b 583b
에페이게우스 360
에페이로스(그리스의 지방) 44b 63b 64a 100b
  161b 166b 178b 288b 292b 317b 335b 356b
  358a 364a 374a 374b 394b 443b 517b 582b
  698a 708b 714a
에페이로스 360 492b
에페이오스 1) 엔디미온의 아들 계보 24. 286a
  315b 360 362b 555a 590b
  2) 파노페우스의 아들 계보 30. 360 544b
에페이오이 족(엘레이아의 민족) 62a 66a 179a
  360b 504a 609b
에포코스 리쿠르고스의 아들 계보 26.

에포페우스 1) 계보 10. 72b 101a 142a 151a
  198b 321a 361 465a
  2) 레스보스 사람 72b 361
에폽스 54b
에피고노이 95b 103b 150a 164b 167b 220a
  243a 325a 334b 344a 350a 359b 361 506b
  522b 547b 600b 604b 711a
에피다우로스(아르골리스의 도시) 86b 264b
  265a 303b 325b 362b 463b 479a 511a 580a
  625b 635a
에피다우로스 계보 18
에피디우스 361
에피라(=코린토스) 48b 228b
  (엘레이아의 도시) 426a 536a
  (테살리아의 도시 ☞크란논) 470b 636a
에피메데스 80b
에피메테우스 계보 38. 84b 157a 266a 307a
  362 409a 481a 559b 560a 613a 630b
에피멜리데스 362
에피스토르 트로이아 사람 556a
에피스트로포스 이피토스 1의 아들 216a 423b
에피알테스 계보 10. 51a 256b 323a 362 420b
에피오네 148a 265a 362 590a
에피카스테 1) 아게노르 4의 아내 계보 24.
  448b 592b
  2) 아가메데스의 아내 233a 534a
  3) 계보 15
  4) =이오카스테 계보 3. 106b 347a 350a
  385b 412b
에피폴레 564b
에필라오스 넬레우스의 아들 66a
엑테네스 족(보이오티아의 민족) 366a
엔기온(시칠리아의 도시) 162b
엔나(시칠리아의 도시=헨나) 81a 476b 577b
엔노모스 트로리아 사람 370a
엔데이스 계보 30. 216b 282a 438a 491a 525a
  585b 599a
엔디미온 아이틀리오스의 아들 계보 24. 58a
  88b 212b 286a 360b 362 365a 382b 392b
  393a 422a 481a 481b 499b 555a 714b
엔켈라도스 1) 거인 51b 304a 304b 550a

엔켈

    2) 아이깁토스의 아들 75b
엔켈레아스 족(일리리아의 민족) 435a
엔텔라(시칠리아의 도시) 272a
엔텔리데스 헤라클레스의 아들 계보 15
엔토리아 363
엘라라 미니아스의 딸 계보 20. 186a 541b 652a
엘라소스 트로이아 사람 63b
엘라스 트로이아 사람 556a
엘라이스 240b
엘라테이아(포키스의 도시) 363b
엘라토스 1) 아르카디아의 왕 계보 9. 104a 110b 222b 255b 264b 287b 363 405a 444a 463b 477b 480b
    2) 켄타우로스 460b 670a
    3) 폴리페모스 1의 아버지 248a 363 606b
엘레온(보이오티아의 마을) 597a
엘레온 데이마코스의 아버지 50a
엘레우시스 인들(민족) 413b
엘레우시스(아티카의 도시) 81a 81b 100b 162b 168b 192b 216b 243a 323b 353b 363b 366a 400a 409b 410a 456a 456b 461a 461b 475a 491b 495b 511b 535a 537a 595a 668b 670a 704b
    ——의 비의 54b 81a 182a 353b 381b 409a 455b 456a 460a 578a 663b
엘레우시스 100b 363 366a 535a
엘레우테라이(아티카와 보이오티아의 경계에 있는) 113a 321a 332a
엘레우테르 1) 아폴론의 아들 계보 25
    2) 리카온 1의 아들 113a
엘레이아 인들(민족) 393a 631b
엘레이아(펠로폰네소스의 지방) 57b 80b 104a 149a 179a 179b 206b 207b 257a 269a 330a 362b 384a 392b 393a 394a 406b 426a 470b 504a 592a 609b 632b 636b 648a 667a 670a 672b 677a 703b 709b 710b
엘레이오스 269a 393a
엘레이우스(트라케의 도시) 84a
엘레페노르 칼코돈 1의 아들 83b 363 452b 516b 598a
엘렉트라 1) 오케아니데스 중 한 명 계보 32

38. 364 390b 404a 500b 647b
    2) 플레이아데스 중 한 명 계보 7 25 40. 76b 364 408a 431b 440b 464b 562a 626b 627a 646a
    3) 아가멤논의 딸 계보 2 30. 86b 104b 160b 221a 234b 259a 322b 364 375b 376a 636a
    4) 다나이데스 중 한 명 75b
    5) 라티누스의 딸 113a
엘렉트리온 페르세우스의 아들 계보 31. 132a 137b 138a 138b 332b 365 609b 624a 624b 653b
엘리로스(크레테의 도시) 637a
엘리모스 272b 365
엘리모이 족(민족) 365b 663a
엘리사 ☞디도 90b 629b
엘리스(엘레이아의 도시) 110a 233b 268b 269a 269b 286a 360b 365b 393a 393b 504a 534a 588a 660b 667a ☞엘레이아
엘리스 365
엘리시온 평원 300b 435a 498b ☞하계
엘페노르 365
엠푸사 366
오기고스 1) 보이오티아의 용사 366 412b 434a 448b 597a
    2) 엘레우시스의 아버지 366
    3) 티탄 366
오기기아(섬) 450b
오기기아 니오비데스 중 한 명 70a
오네시포스 계보 15
오네이로스 366
오네이테스 헤라클레스의 아들 151a
오니그로스(샘) 146a
오니테스 계보 15
오드리세스(스키티아 왕) 203b
오드리시아(트라케의 지방 오드리사이 족의 나라) 379b
오딧세우스 계보 14 35 39. 366
    가계 102b 111b 152a 224a 228b 270a 271a 278b 321a 407a 417b 450a 478b 526a 558a 571b 578a 607b 608a 624b 680a

트로이아에서 113a 266b 280a 281b 300b 304b 305b 507a 562b 564a 609a 686b 700a
사절의 역할 63a 96a 154b 240b 296a 319a 451b 484a 518a 564a 597b 694b
동료들 189b 193a 218a 352b 606b
지혜의 본보기 301a
―의 충고들 234b 529b 693b
―와 헬레네 281b
―와 아테나 304b
―의 애정 행각 449a
―와 칼립소 55b 450b 526a 679b
―와 카립디스 439a
―와 킴메리오이 족 495a 522b
―와 키르케 108b 211b 365b 418b 443a 452b 485b
―와 키클로페스 290b 527b 607a
―와 라이스트리고네스 106a
이타케에서 160a 607b 638b 640b
―와 구혼자들 168b 320b 519b
스케리아에서 327b
트라케에서 142b 489a
〈오딧세이아〉 이후 53b 115b 350a 356b 526a 531b 608b 609b 624b 650b
기타 48a 57a 63a 76b 84a 86a 88b 89a 111a 114b 128a 154a 166a 211b 350a 350b 352b 355b 404a 419b 423b 426a 531b 554a 558a 604a 638b 639a 640a 679b 693b 697b 700a
오레스비오스 헥토르가 죽인 그리스 사람 690b
오레스테스 그리스 사람 690b
오레스테스 아가멤논의 아들 계보 2 13. 64a 64b 84a 92a 152a 156a 158b 178b 221a 234b 236a 236b 239b 275a 322b 325b 330b 340b 364b 365a **375** 389b 419b 420a 476b 477a 477b 482a 482b 483a 529b 531b 539b 543b 544b 560b 561a 584b 587a 610a 635b 636a 677a 681a 681b 696b 698a
오레스테우스 1) 데우칼리온의 아들 **378**
2) 리카온 2의 아들 133a
오레아데스 73b
오레이오스 1) 393b 438a

2) 켄타우로스 670a
오레이티이아 1) 계보 11. 197a 198a 199b 338a 353a **378** 479b 488a 628a 648b
2) 케크롭스의 딸 **378**
3) 네레이데스 중 한 명 59b 215a 523a
오로포스(보이오티아 혹은 아티카의 도시) 332a 406b
오론테스 강변의 안티오케이아(시리아의 도시) 261b
오론테스(시리아의 강) 261b
오론테스 1) 디드나소스의 아들 **378**
2) 하신 **378**
오르네우스 계보 11. 338a
오르니스 223a
오르니아 263a
오르니토스 1) 아르카디아의 용사 **378**
2) 시시포스의 아들 **379** 598b
3) 오딧세우스의 동료 218a
오르니티온 시시포스의 아들 계보 35. 531b 650b
오르데스 476a
오르메노스 텔키네스 중 한 명 600a
오르메노스 트로이아 사람 520b
오르메니오스 218a
오르미니온(테살리아의 도시) 669a
오르세디케 484a
오르세이스 계보 8. 88b 283b 698b
오르소비아 팜필로스의 아내 569b
오르시노메 라피테스의 아내 계보 23. 534b 591b
오르실로코스 330a 423b
오르실로코스 트로이아 사람 276b 520b
오르카모스 레우코토에 1의 아버지 699b
오르코메노스(보이오티아의 도시) 93a 150a 185b 186a 233b 303a 315b 333b 339b 340b 349b 386b 407a 410b 422a 463b 472b 481b 481b 494b 598b 612a 617a 621b 622b 625b 650b 650b 655b 656a 667b 707a
오르코메노스 1) 미니아스의 아들 계보 20. 186a 481b 493b 541b 707a
2) 아타마스의 아들 302a

오르   772

    3) 티에스테스의 아들 306b 540a
    4) 리카온 2의 아들 133a
오르쿠스 395
오르타이아 히아킨티데스 중 한 명 706b
오르토스 ☞오르트로스
오르토폴리스 계보 22. 379 627b
오르트로스 계보 32. 44a 223b 358b 379 455b 542b 658a 661b 662a 664a 664b
오르티기아 1) (시칠리아의 섬) 57b 330a
    2) =델로스 121a 265b 309a 635a
오르티기아 코이오스의 딸 121a
오르티기오스 480a
오르페 98b
오르페우스 115a 130a 145b 181a 181b 182a 211b 247b 249b 252b 258a 310a 347b 379 389a 395b 410a 436a 455b 489a 577b 590a 610b 633a 633b 716a
오르프네 님프 292a
오리스타 오이네우스의 목동 382b
오리오스 폴리폰테의 아들 608b
오리온 146a 225b 256b 314a 345a 381 385a 453b 463b 547b 595b 627a 700a 703b
오모다모스 214b
오스타소스 394a
오스티아 593b
오시니우스 클루시움 왕 382
오시리스 60b 148b 150a 198b 199a 405a 405b 434a 621b
오악세스 크레테의 용사 382
오악소스(크레테의 도시) 382b
오악소스 382
오이네우스 1) 칼리돈 왕 계보 24 27. 44b 48a 85a 87a 95b 106a 136a 167b 170b 171a 171b 178a 196a 218b 220a 242b 256b 292b 325b 329a 329b 345b 378a 382 462a 507a 531b 532a 536a 536b 543b 578b 579a 592b 601a 607b 673a
    2) 아이깁토스의 아들 76a
    3) 판디온 1의 아들 560b
오이노 240b
오이노네(섬=아이기나) 229a 273b 282a

오이노네 이데 산의 님프 계보 34. 383 464b 549a 549b 550a
오이노마오스 1) 피사 왕 계보 25. 79b 117b 142b 144b 188a 188b 220b 246b 289a 384 494b 497a 575b 588a 602a 648a 707b 709b
    2) 헥토르가 죽인 그리스 사람 690b
오이노스 계보 31
오이노에(섬=시키노스) 531a
오이노에(아티카의 고을) 96a 168a 414a
    ──의 사슴 349b 659b
오이노에 1) 님프 558a
    2) 피그마이오이 족 여자 629a
오이노클로스 아이니아네스 족의 왕 384
오이노트로스 리카온 2의 아들 133a 384 580b 581a
오이노트로포이 102b 240b
오이노트리아 418b
오이노트리이 족(민족) 133a 385a
오이노페 에포페우스의 딸 계보 10. 151a
오이노피온 아리아드네의 아들 계보 28. 219a 259b 382a 385 503a 530b 531a 564b 583b
오이니아 263a
오이디푸스 계보 3 29 37. 101b 103b 106b 107a 173a 223b 224a 242b 266a 320a 341b 347a 350a 359a 359b 385 404a 412b 413a 471b 472a 472b 505a 506b 514b 522a 539b 578b 600a 600b 601a 601b 602a 604b 649a
오이메 다나이데스 중 한 명 76a
오이발로스 계보 6 19 39. 46a 58a 117b 388 400a 417a 483a 543a 579b 581a 706a 711a
오이스트로블레스 계보 15
오이아그로스 130a 144a 310a 379b 389 436a 610b 633a
오이악스 계보 2. 56b 236b 377a 389 481a 563b 684b
오이오노스 리큄니오스의 아들 계보 31. 138a 389 668a
오이칼리아(에우보이아 혹은 아이톨리아의 도시) 132a 138a 350b 415b 423b 457b 674a
    (테살리아의 마을) 148a
    (메세니아의 마을) 166b

오이칼리아 166b
오이클레스 계보 1. 325b 331a **389** 432b 447a 666a
오이타(산) 85b 88b 89b 148a
—에서 헤라클레스의 신격화 132a 415a 639b 672b
오일레우스 57a 160a 248b 278b 279b **390** 525a
오칼레아(보이오티아의 도시) 327b
오케모스 199b
오케아노스(바다) 222b 395b 570a 662a 688b 699b
오케아노스(신) 계보 5 12 38. 40b 58b 254a 262b 286a 330a **390** 396a 404a 443a 451a 523b 541a 651a
—의 아들들 41b 65a 99b 146b 208a 221b 223b 226b 292a 342b 378b 400a 404b 405a 432b 496a 535b 571a 650b
—의 딸들 57a 65b 131b 173a 174a 533b 574b 583b 594a 627a 692b ☞오케아니데스
오케아니데스 계보 38. 44a 58b 88b 92b 116a 132b 165a 295b 307a 346a 347a 364a 378b 391a 399b 403b 409a 410a 438a 438b 448a 449a 455b 456b 476b 481a 488a 594a 613a 684b 699a 705b
오크나 199b 346a
오크노스 390
오크누스 ☞아우크누스
오크리디온 391b
오크리시아 세르비우스 툴리우스의 어머니 391
오클라소스 펜테우스의 아들 계보 29. 156b 385b
오키로에 1) 오케아니데스 중 한 명 파시스의 어머니 390b **391** 550b
2) 사모스의 님프 **391** 426b
3) 케이론의 딸 **391**
오키모스 헬리아다이 중 한 명 122b **391** 455b 698b 699a
오키토스 46b
오키토오스 1) 쿠레테스 중 한 명 468a
2) 코리반테스 중 한 명 468a

오키페테 1) 다나이데스 중 한 명 76a
2) 하르피아이 중 한 명 364a 647b
오토스 알로아다이 중 한 명 256b 323a 420b
오트레레 아마조네스의 어머니 583b 712a
오트레우스 136a 335b **391** 619b
오트레이스 님프 174a 175a 266b
오트로노스(에페이로스의 섬) 364a
오트리스(테살리아의 산) 223b 454a 505b 637a
오트리오네우스 442a
오펠레스테스 520b
오펠테스 리쿠르고스 3의 아들 137b 331b 547b 612a 715b
오푸스(로크리스의 도시) 95a 157a 479a
오푸스 계보 8. 127a 390a **392** 618b
오피스(아르카디아의 강) 320b
오피스 히페르보레이오이 족의 여자 256b 382b 687a 708b
오피오게네이스(일족) 227a
오피오니온(산) 392a
오피온 1) ☞에우리노메 347a **392**
2) 거인 **392**
옥세우스 헤라클레스의 아들 151a
옥소스(강) 382b
옥시니오스 392
옥시모스 690b
옥시알케스 인도의 왕 425a
옥시포로스 484a
옥신테스 392
옥실로스 1) 아레스의 아들 계보 24. **392** 618b
2) 하이몬 4의 아들 계보 27. 89b **392** 424a 631b 677b
3) 오레이오스의 아들 **393** 438a
온네스 209b 210a
올레노스(아카이아의 도시) 87a 147b 670a 351a
(엘레이아의 도시) 592a
(아이톨리아의 도시) 110a 348b 383a 578b 670a
올레노스 120b
올레니아스 오이네우스의 아들 계보 27. 236b
올레니오스 497b
올렌 히페르보레이오이 족의 한 사람 708b

올루스 393
올리존 160a
올린토스(마케도니아의 도시) 200b 289b 393b
올린토스 113b 200b 221b **393**
올림브로스 우라노스의 아들 **394**
올림포스 신들 51a 51b 246b 271b 308b 509a 540b 593b 595a 688a
올림포스(산) 95b 181a 323a
　　신들의 거처 39a 65b 304a 309a 327b 347b 379b **394** 429a 438b 509a 557b 562a 570a 577a 688b 700b
올림포스 1) 크레스의 아들 **394**
　　2) 키벨레의 남편 **394**
　　3) 마르시아스의 아버지 143a 311b **394** 590a
　　4) 계보 15
올림피아(엘레이아의 도시) 286a 354a 404b 406a 406b 474b 481a 495b 497a 664a 688a 701b 710a 710b　올림피아 경기 286a 389b 393a 404b 406b 424a 479a 481a 497a 588a 667a
올림피아 632b
올베(킬리키아의 도시) 521a
올비아(사르데니아의 도시) 415a
옴팔레 리디아의 여왕 계보 15. 69a 101a 130b 138b 167b 231b 351a **394** 405b 511a 535b 537b 651a 657b 666a 672a 672b 673b 674a 679b 713b
옴팔리온(에페이로스의 도시) 394b
옵스 286a **395**
옷사(테살리아의 산) 88b 110a 323a
옷사 님프 230b
옹케스토스(보이오티아의 도시) 151a 324a 339b 579b
옹케스토스 아그리오스의 아들 계보 27. 95b 136a 506b
옹코스 247a
용(콜키스의) 358b
우다이오스 스파르토이 중 한 명 223a 434b 521b
우라노스 계보 5 12 38. 40b 73a 92b 119b 165b 181a 182a 192a 265b 286a 286b 304a 307a 313a 328b 390b 394a **395** 408b 445a 448b 466a 474a 491a 498a 523b 540b 558b 598a 688a 699a 709a
　　―의 거세 50b 174a 231a 313a 341a 594a
우라니아 1) 무사[뮤즈] 129b 181a 310a 339a 704a
　　2) 오케아니데스 중 한 명 390b
우칼레곤 1) 트로이아 사람 **396**
　　2) 보이오티아 사람 223b **396**
우티카(아프리카의 도시) 90b 319a
운명 41a 51a 244b 246a 247a 311a 428a 429a 454b 461b 546b 555a 562b 586b 675b 691a
유노 43b 91a 100a 109b 143a 149b 176a 183a 194a **396** 399a 440b 467b 555b 628a 653a
유벤투스 397
유스티티아 397
유투르나 98a 100a 198b 336b **397** 532b
유피테르 91a 100a 125b 143a 161b 163b 164a 183a 206b 214b 286a 313a 396b **398** 416a 432b 440b 467b 469a 486a 552a 632b
　―― 암몬 406a
　―― 카피톨리누스 108a 228a 506a
　―― 엘리키우스 67a 398b
　―― 페레트리우스 294a 398a
　―― 인벤토르 446a
　―― 라티알리스 110a 398a 416a
　―― 피스토르 633a
　―― 스타토르 125b 398b 702a
　―― 테르미누스 67a
율리아 루페르카 399
율리아 일족 263b 314b 415b
율리우스 프로쿨루스 ☞프로쿨루스 126a 469b
이나코스 인들(펠로폰네소스의 민족) 508a 508b
이나코스(아르골리스의 강) 400a 508a 650b
이나코스 계보 17. 75a 117b 130b 174a 261b 270a 314b **399** 411a 411b 570b 591a 595b 685a
이노 계보 3 33. 46a 65a 93a 114b 116b 117a 122a 149b 174a 174b 236b 301b 302a 302b **400** 435a 566a 593b 621b 622a 652a 691b

705b
이다스 1) 아파레우스의 아들 계보 19. 97b 98a 118b 119a 139b 144b 171a 248a 310b 355a 388b 400 432a 479b 515b 528b 547a 579a
    2) 닥틸로이 중 한 명 80b
    3) 아이깁토스의 아들 76a
이다이아 1) 테우크로스의 어머니 계보 7. 76b 77a 216a 401 520a
    2) 다르다노스의 딸 계보 7. 144b 357b 401 479b 630a
이다이오스 1) 프리아모스의 아들 402
    2) 파리스의 아들 계보 13. 402
    3) 프리아모스의 마부 402
    4) 다레스의 아들 402
    5) 코리반테스 중 한 명 402 468a
    6) 쿠레테스 중 한 명 468a
    7) 다르다노스의 아들 402
이달리온(키프로스의 산 도시) 241b
이데(크레테의 산) 80b 173b 184b 261a 402a 430a 461b 468b 470b 481a 483b 520a 562b 651b
이데(트로아스의 산) 39b 80b 276a 277a 281a 297b 304b 311a 313b 314a 335b 392a 401b 402a 408b 425b 449b 451b 464b 548a 548b 549a 677b 678a 680a 686a 695a 697b
이데 1) 멜리세우스의 딸 402
    2) 코리바스의 딸 132b 402
이도메네 1) 계보 1 21. 168b 202b 262b 573b
    2) 계보 1 21
이도메네우스 1) 크레테 왕 계보 28. 56b 116b 162a 178a 249a 276a 402 423a 442a 480a 594b
    2) 프리아모스의 아들 620a 695a
이드몬 1) 예언자 아르고나우타이 중 한 명 135b 179b 248a 249b 251a 262b 400b 403
    2) 콜로폰 사람 244b
    3) 아이깁토스의 아들 76a
이디디아 계보 14. 157b 283a 403
이디디아 오케아니데스 중 한 명 390b
이레시아 네레이데스 중 한 명 59b
이로스 1) 악토르의 아들 248b 403 625a

    2) 거지 321a 358a 373b **404**a
    3) 레스보스 사람 110b
이르보스 330b
이리스 계보 32. 121a 154a 222a 309a 338b 342b 364a **404** 500b 632a 648a 691b
이마티온 123b
이메우시모스 이카리오스 2의 아들 계보 19. 417b
이베리아(나라) 536a
이산드로스 계보 35. 196a
이소플레스 켄타우로스 670a
이스마로스(키코네스 족의 도시) 142b 370b 489a
이스마로스 353a 353b 504a
이스마리오스 테바이 사람 711a
이스메네 1) 아르고스의 아내 계보 18. **404**
    2) 오이디푸스의 딸 계보 29. 103b 320a 347a **404** 537a
이스메노스(보이오티아의 강) 243a 331b 443a
이스메노스 1) 하신 174a 263a **404**
    2) 아폴론의 아들 174a **404** 504b
    3) 니오비데스 중 한 명 79a **404**
이스메니오스 ☞이스메노스 2
이스케노스 기가스의 아들 **404** 497a
이스케폴리스 324a
이스키스 엘라토스의 아들 계보 9. 110b 264b **404** 463b
이스키아(캄파니아의 섬) 456a
이스트로스 1) 하신 390b **405**
    2) 아이깁토스의 아들 75a
이스트미아(경기) 117b 174b 217a 225b 229b 514b 566b 667a
이스트미아데스 405
이스트미오스 글라우코스의 아들 71b 287b
이시스 40a 60a 60b 150a 189a **405** 411b 421b 540b 593a 621b
이시티케 540b
이아나사 네레이데스 중 한 명 59b
이아네이라 1) 네레이데스 중 한 명 59b
    2) 오케아니데스 중 한 명 390b
이아니스코스 1) 아스클레피오스의 아들 **405**

이아 776

    2) 시키온의 왕 101a 405 554a
이아르다노스=이아르다네스 옴팔레의 아버지 394b 405
이아르바스 91a 316a 406
이아모스 아폴론의 아들 287b 354a 406
이아세우스 599a
이아소 아스클레피오스의 딸 111a 265a 362b 406 544a
이아소스 1) 아르고스의 왕 계보 17 18. 400a 404a 406 411a 585a 591a
    2) 리쿠르고스 1의 아들 계보 26. 136b 302b 303b 407 481a
    3) 암피온의 아버지 66a 407a
    4) 닥틸로이 중 한 명 80b
이아손 계보 20 21. 47b 97b 126b 149a 157b 158a 158b 159a 159b 161b 171a 186a 221b 247b 248a 249b 251a 251b 252a 252b 253b 254b 271a 278b 283a 289b 290a 328a 345b 400b 407 423a 423b 438a 457a 471b 474a 486a 486b 488b 510a 531b 554b 573b 586b 588b 589a 590a 603b 609b 642a 711b 715b 716a
    ── 일족 426a
이아시온 제우스의 아들 계보 7 25 40. 76b 82b 364a 364b 394b 407a **408** 440b 464b 628a 638b 646a
이아이라 1) 네레이데스 중 한 명 59b 408
    2) 드리아스 408
이아페토스 200a
이아페토스 계보 5 12 38. 40b 157a 266b 307a 362a 394b 408 466a 481a 484b 541a 613a
이아피기이 족(이탈리아의 민족) 78a 184b 409a 416a
이아픽스 78a 409 416a
이악코스 192b 193a 409
이안테 1) 오케아니데스 중 한 명 390b 410
    2) 이피스 II의 아내 410 421b
이알레모스 410
이알리소스(로도스의 도시) 410a 423a 536a 591b
이알리소스 케르카포스의 아들 226b 410 455b 699a
이알메노스 아레스의 아들 249a 410
이암베 81b 410
이에노우사(섬=사르데니아) 205a
이에우드 410
이오 계보 3 17 18 40. 65a 130b 131b 203b 237a 254a 360a 400a 405b 406 411 427b 432a 455a 468b 533b 581b 652a 679b 707a
이오네 네레이데스 중 한 명 59b
이오니아 만 411b 412a
이오니아 인들(민족) 66a 147b 322b 413b 539a 539b 635a
이오니아 해 412a
이오니아(=아카이아) 414a
이오니오스 1) 아드리아스의 아들 412
    2) 디라코스의 아들 412
이오다마 이토노스의 딸 계보 8. 412 418b 509b
이오바테스 리키아 왕 계보 35. 195b 196a 219a 219b 260a 294a 412 486b 615a
이오베스 계보 15. 412
이오스 계보 26. 237a
이오카스테 계보 3 29. 103b 106b 156b 266a 320a 347a 359a 385b 387a 387b 388a 404a 412 472a 600b
이오카스토스 아이올로스의 아들 284b 413
이오칼리스 172b
이오파사 아이에테스의 딸 계보 33. 493a 611b
이오페(도시 나라=시리아) 318a 413b
이오페 1) 이피클레스의 딸 413
    2) 아이올로스의 딸 413
이옥소스 멜라니포스의 아들 225b 413
이온 크수토스의 아들 계보 8 11. 86b 164b 212b 413 473a 635a 700a
이올라오스 이피클레스의 아들 계보 31. 48b 120a 249a 269b 322b 327a 414 422a 422b 517b 589b 636b 653a 656b 659a 675b 711b
이올레 에우리토스의 딸 계보 16. 85b 132a 350b 351a 415 423b 605b 674a 674b 676a 714a
이올리아 인들(사르데니아의) 415a

이올코스(테살리아의 도시) 97b 158b 159a 171a 253b 278b 289b 290a 407a 407b 408a 471b 474a 510a 586a 586b 589a 589b
이울루스 41b 263b 264a 278a 314b 415
이집트(나라) 44b 64b 65a 75b 93b 122a 122b 123a 131b 155b 156a 175b 176a 189a 196b 199a 210b 219b 237a 275b 307b 337b 357a 360a 411b 433b 440a 442b 484a 509b 518b 532a 542a 596b 597a 610a 611a 619a 629a 665a 671a 694a 695b 696a 699a
이카디오스 1) 이아픽스의 형제 409a 416
    2) 코르푸 사람 571b
이카로스 해 416b
이카로스 1) 78b 416 574b 672b
    2) 카리아 왕 417 519a
이카리아(섬) 416b
이카리아(이탈리아의 지방) 518b
이카리오스 1) 아테나이 사람 에리고네의 아버지 146a 340a 340b 417 547a
    2) 페리에레스의 아들 계보 6 19 39. 46a 58a 115b 116a 118b 367b 376b **417a** 417b 531b 543a 543b 558a 571b 578b 579b 605a 668a 711a
    3) 라티움의 농부 363a
이코스 479a
이크말리오스 418
이크티오켄타우로이 418 461a
이타케(섬) 352b 356b 366b 367a 367b 370a 371b 372a 373a 374a 374b **418a** 449b 450b 479a 519b 526a 526b 527a 527b 531b 554a 554b 572a 592b 607b 608a 610a 610b 632a 679b
이타코스 418a 610a
이탈로스 113a 116a 123a 176b 207a 230a 230b 270a 385a **418a** 418b 526a
이탈리아(나라) 138b 176b 193a 206b 263a 364b 413a 418a 526a 577a 590b 662b 663a
    북부 319b 700a
    중부 ☞라티움 ☞에트루리아 77a 360b 537b
    남부 97a 107b 133a 152b 162b 176b 190a 212a 227a 277a 335b 360b 385a 389a 403a 409a 444a 480b 531b 554b 563a 580b 641a
이토네 릭티오스의 딸 132b
이토네스 족(리디아의 민족) 394b
이토노스(테살리아의 도시) 490b
이토노스 암픽티온의 아들 계보 8. 166b 334b 365b 412a **418**
이토메(테살리아의 도시) 148a
이토메 메세니아의 님프 **418**
이티스 프로크네의 아들 89a 89b 267a 267b **419** 638a
이틸로스 제토스의 아들 267a **419**
이페우스 트로이아 사람 556a
이피게네이아 1) 아가멤논의 딸 계보 2 13. 96a 116b 156a 158b 159b 234b 235a 257a 297a 297b 330b 341b 365a 368b 375a 375b 377a 377b 399b **419** 422a 476b 477a 482a 482b 504a 531a 531b 609b 692b 696b
    2) 크리세이스의 딸 477a
이피노에 1) 알카토오스의 딸 324b 632a
    2) 에에티온의 누이 477a
    3) 안타이오스의 아내 671a ☞아우토노에
    4) 니소스의 딸 69b 151b
    5) 프로이티데스 중 한 명 169b 615b 616a
    6) 다이달로스의 어머니 165b
이피다마스 1) 안테노르의 아들 **420** 518a
    2) 부시리스 왕의 아들 199a **420**
이피메데이아 트리옵스의 딸 계보 10. 323a **420** 569b 595b
이피메돈 에우리스테우스의 아들 계보 31. 675b
이피메두사 다나이데스 중 한 명 75b
이피스 I 1) 알렉토르의 아들 계보 36. 220a 331a 354a **421** 601a
    2) 에우리스테우스의 형제 계보 31. 220b 249a **421**
    3) 아낙사레테의 애인 239b **421**
이피스 II 1) 테스피오스의 딸 **421**
    2) 파트로클로스의 포로 여자 **421**
    3) 크레테의 젊은 여자 410a **421**
    4) 페네이오스의 딸 571a

이피아나사 1) 프로이티데스 중 한 명 계보 1. 169b 421 615b
    2) 아가멤논의 딸 계보 2. 234b **422**
    3) 엔디미온의 아내 **422**
이피아네이라 1) 멜람푸스의 아내 계보 1 36. 152a 169a
    2) 오이클레스의 딸 계보 1. 389b
이피클레스 헤라클레스의 형제 계보 31. 48b 150b 171a 200a 249a 326b 327a 333b 413a 414b **422** 459b 472b 506a 589b 619a 647b 654a 654b 655a 656a 667a 668b 705a
이피클로스 1) 필라코스의 아들 계보 20. 105a 169a 169b 248b **422** 481a 573b 590a 617a 637a
    2) 테스티오스의 아들 계보 24. 117b 248a **423** 517a
    3) 이도메네우스의 아들 403a **423**
    4) 로도스 사람 **423**
이피토스 1) 나우볼로스의 아들 216a 248a **423**
    2) 에우리토스 2의 아들 66a 231b 248b 350b 351a 367b **423** 605a 657b 667a 670b 672b 673b 679b
    3) 코프레우스가 죽인 자 349b **424** 466b
    4) 엘레이아 왕 **424**
    5) ☞이피스 I 2
익시온 계보 23. 52a 61b 65a 65b 85b 110b 151a 171b 380a **424** 432b 460a 578a 580a 581b 582a 600a 625a 652a
인도(나라) 43b 47b 139a 217a 378b 425a 525a 629a 699b
    ── 정복 93b 210b 378b
인도스 1) 인도의 명조 43b **425**
    2) 인도 사람 **425**
    3) 스키티아 왕 **425**
인쿠비 425
인테르키도나 641b
일곱 장군 ☞테바이
일로스 1) 다르다노스의 아들 계보 7. 56a 77a 304a 345a **425** 448a 501b 502a 518a 528a 562a
    2) 트로스의 아들 계보 7. 39a 104b **425** 449a 533a 587b
    3) 메르메로스의 아들 **426**
일리리아(나라) 40a 78a 103b 123a 162b 180a 194a 237a 412a 426a 434a 435a 518b 602b 611b 646a 664b 714a
일리리오스 1) 카드모스의 아들 계보 3. **426** 435a
    2) 폴리페모스의 아들 42b
일리리오이 족(민족) 42b
일리소스(아티카의 강) 197a 198a 463a 634b
일리아=레아 실비아 113b **426**
일리오네 폴리메스토르의 아내 86b 87a **426** 604a 686b
일리오네우스 1) 니오비데스 중 한 명 **426**
    2) 포르바스의 아들 **426**
    3) 아이네이아스의 동료 **426**
    4) 트로이아 사람 **426** 571a
일리온(에페이로스의 도시) 698a
일리온=트로이아 304a 425b
임브라소스 1) 사모스의 하신 391a **426**
    2) 피로오스의 아버지 **426**
임브로스(그리스의 섬) 132b
임브로스 아이깁토스의 아들 75b
임브리오스 계보 34. 520b
잇사(레스보스의 도시) 427a
잇사 1) 레스보스 여자 **427** 622a
    2) 아킬레우스의 별칭 134a **427**
잉크스 411a **427**
자그레우스 409b **428**
자렉스 126b
자비오스 42b
자킨토스(그리스의 섬) 277a 373a 428b
자킨토스 계보 7. 77a **428**
잠 177a 714b ☞힙노스
제우스 계보 2 3 6 7 8 13 17 18 20 25 28 30 31 35 38 40. 119b **428** 593b 613a 644b
    어린 시절 41a 58b 80b 173b 240a 261a 394a 402a 418b 440b 461b 462a 468a 468b 474a 483b 530a 558b 644a 702a
    신들의 혼례식 322a 493a 508b 651a

──와 헤라 101b 349a 462a 651a 664b 666b 684a
──의 애정 행각 39a 61a 70a 73b 100b 101b 111b 120b 126a 127a 127b 130b 135a 165a 182a 212b 224a 228b 236b 237b 254a 265b 273b 321a 326b 333b 346b 347a 356a 359b 360a 411a 412a 427b 449a 450a 508b 524a 551a 562a 575a 586b 618b 621a 635a 654a 662b
──의 아들들 70a 76b 93a 97a 99a 100b 103b 107a 126b 127a 130a 141a 141b 144b 147b 148b 157a 174b 183b 187b 205a 205b 214a 217b 282a 354a 364a 366b 392a 406a 409b 428a 464b 465a 468b 470b 482a 500b 501b 540b 541b 545a 551a 557b 558b 569a 575a 579b 581b 585a 618b 621a 653b 678a 688b 704a
──의 딸들 57a 58b 73a 81a 101a 111b 180b 182a 212b 227a 337b 347a 339a 412a 438b 455a 481b 503b 505b 507a 508b 509b 515b 534a 537b 547a 573a 577b 610b 665a 683a 684a 692a 700b
──의 후손 156a 196a 201b 203b 237a 237b 238a 245a 254a 256a 262b 265b 266a 266b 276a 295a 304a 308b 310a 321a 326b 332b 337b 436b 437a 595b 610b 645a
사물을 변화시키는 능력 79b 180b 187b 238b 255a 267b 270a 275b 282a 291b 303b 328b 333a 356b 462a 475b 483b 580a 627a 705b
스스로 변신하는 능력 39b 74a 111b 209b 294b 326b 346b 431b 450a
복수 및 응징 65b 72b 113a 133b 136b 157a 196a 208a 208a 229a 252a 268a 282b 288b 304a 315a 317a 328b 335b 338a 348a 356b 360a 381a 394a 400a 408b 424b 439a 444a 468b 501b 524a 530b 541b 551b 558b 580b 608b 613a 630b 648b 652b 699a
신들을 벌하다 311a 311b 425b 652a
심판의 역할 144b 175a 241a 310a 310b 313b 380b 400b 490b 551b 561b 577b 579b 594b 673b 679a
트로이아에서의 역할 234b 235b 246a 280a 298b 299b 394a 594b 691a 691b
신들의 공격을 받다 271b 311a
티탄들의 공격을 받다 51b 366a 453b 523b 541a 688a
거인들의 공격을 받다 51a 189b 222a 307a 498a 593b 652b
──와 티폰 88a 435a 542a 679a
──에게 바치는 희생 제사 493a
──의 독수리 498b
기타 41a 50b 65b 76a 84b 98a 105a 121a 146a 148b 149b 156a 177b 184b 193a 202b 215b 222a 230a 258a 265a 303b 304a 306a 331a 331b 349a 362a 362b 372a 384b 394a 394a 396a 404a 415a 424b 425a 434b 443b 447b 450b 452b 456a 488a 491b 503b 522b 536b 541b 548a 548b 557b 559b 570a 579b 584b 595a 613a 623b 628b 645a 645b 671b 679a 683b 694b 703b 708a
── 헤칼레시오스 512a 688a
── 이토마스 418b
── 라피스티오스 621b
── 리카이오스 133b 255a 644a
제우소 오케아니데스 중 한 명 390b
제우시페 1) 판디온 1의 아내 계보 11. 199b 337b **432** 560b
2) 라메돈의 딸 계보 22. 101a 166a 230b **432** 604a
3) 히포코온의 딸 계보 1. **432**
4) 라오메돈의 아내 104b
제우시포스 128a
제테스 계보 11. 197a 197b 198a 248a 250b 479b 589b 630a 647b 648a 648b
제토스 계보 25 40. 91b 106b 114a 127b 135a 263a 267a 321a 321b 332a 361a 419a **432** 448b 479b
제피로스 계보 14. 66b 194b 198a 313a 345a 404a 448b 493b 590a 628a 648a 701a 706b
젤레이아(프리기아의 도시) 437b 559b
젤로스(열심) 계보 32. 202b 222a **432** 565a

좌절 72a
카나케 아이올로스 1의 딸 계보 8 10. 147a
  283b 323a 361a 420b **433** 534a
카네토스 1) 아바스의 아들 217a 248b 262a
  2) 리카온 2의 아들 133a
카넨스 433 634a
카노페(이집트의 도시) 434a 696a
카노포스 433 518b 695b
카두사이 족(민족) 546a
카드메이아(테바이의 성채) 223a 435b 645b
카드모스 계보 3 29. 101b 106b 116b 130a
  131b 175b 209a 223a 226a 236b 237a 237b
  245b 357a 359a 360a 364b 366a 385a 426a
  431b **434** 499b 505a 509b 528a 542a 561a
  565a 566a 583b 597a 600b 602b 645b 649a
  705b
  ──의 아내 313b
  ──의 결혼 408b
카드밀로스 440a 440b
카라누스 120a
카락소스 123a
카로포스 니레우스 1의 아버지 69a
카론 291b 380b **435** 568b 645a
카롭스 137a 370a 389a 435b 436a
카르 계보 17. 591a
카르나 436
카르나본 436 535b
카르노스 346b **436** 676b
카르데아 214b
카르디스 481a
카르마노르(강=이나코스) 650b
카르마노르 436 477b
카르메 201b **437**
카르멘타 71a 149b 354b 355a **437** 509a 682b
카르카보스 437
카르키노스 437
카르타고(아프리카의 도시) 90a 91a 196b 206b
  208b 230a 277a 316a 406a 624a
카르타제나(스페인의 도시) 521a
카르테론 리카온의 아들 133a
카르파토스(섬) 581a

카르포 호라이 중 한 명 700b
카르포스 448b 701a
카리스 689b
카리스토스(에우보이아의 도시) 564b 669a 708b
카리스토스 126b
카리시오스 리카온 2의 아들 133a
카리아 인들(카리아의 민족) 215a 318b 447b
  448a
카리아(아시아의 나라) 43a 58a 77b 102a 173b
  184b 191b 200b 202a 202b 226a 357a 363a
  417a 443b 447b 486b 506a 519a 590b 678a
  685a 699a
카리아 98b 134a 393b **438**
카리클로 1) 케이론의 아내 295b 391b **438**
  2) 키크레우스의 딸 계보 30. 216b **438**
  491a
  3) 테이레시아스의 어머니 **438** 521b 522a
카리테스 계보 40. 47a 120b 181b 317a 347a
  431a 435b **438** 503b 569b 645b 646a 689b
  700b 705a
카릴라 438
카립디스(시칠리아의 해협) 252b 277a 372a
  653a
카립디스 41b **439**
카마리나 오케아니데스 중 한 명 390b
카마세네 야누스의 아내 336a 539a
카메나이 67a **439**
카메르스 439
카메수스 336a **439**
카미로 판다레오스의 딸 559a
카미로스(로도스의 도시) 536a 591b
카미로스 케르카포스의 아들 455b 699a
카미세 야누스의 아내 336a
카미코스(시칠리아의 도시) 79a 466a
카밀라 165a **439** 647a
카밀루스 집정관 285b 701b
카바르노스 440
카베이로 440 440b
카베이로이 77a 380a 405a **440**
카베이리데스 440a 440b **441**
카비에 127b

카사메노스 낙소스의 해적 323b 421a 570a
카산드라 1) 프리아모스의 딸 계보 2 34. 236a 236b 279a 279b 310b 441 464a 482b 526b 548b 549b 551a 563a 588b 619b 686a 697a 698a
    2) 이오바테스의 딸 412b
카소스(섬) 581a
카소스 이나코스의 아들 261a 400a
카스밀라 439b
카스타보스(트라케의 도시) 546b 683a
카스탈리아(델포이의 샘) 292b 442
카스탈리오스 88a 442b 540a
카스토르 1) 디오스쿠로이 중 한 명 계보 2 19. 83b 97a 97b 98a 112a 118b 119a 171a 234a 248c 287b 287b 290a 348b 357b 365a 397b 401a 401b 442b 515b 543b 589b 598a 602a 655a 692a 692b 696b
    2) 히팔로스의 아들 655a
카스티아네이라 프리아모스의 아내 계보 34
카스페리아 318b
카시에페이아 317b 360a 413b 437a 442 459b 495a 576b
카시우스(아라비아의 산) 542a
카시포네 오딧세우스의 딸 계보 39. 442 486a
카안토스 443
카에이라 443
카에토스 아이깁토스의 아들 75b
카오니아(에페이로스의 지방) 360a 443b 492b 698a
카오스 40b 72a 240a 337b 338b 443 498b
카온 443
카우노스(카리아의 도시) 130b 131a 202a 443b
카우노스 146b 191a 191b 202a 357a 443
카우카소스(산) 202b 251a 260a 283a 432a 443b 613a 665a 671b 690a
카우카소스 443
카우코네스 족(민족) 444a
카우콘 1) 리카온의 아들 121b 133a 444
    2) 켈라이노스의 아들 162b 444
카울로니아(이탈리아 남부의 도시) 152b 444a 480b

카울론 444
카이네우스 계보 9. 110b 115a 248a 363b 444 463a 606b 668b
카이니나(사비니의 도시) 293b
카이니스 444a
카이레(에트루리아의 도시) 106a 110a 163b 164a 532b 632a
    ☞아길라
카이레실라오스 597b
카이로네이아(보이오티아의 도시) 506a 636b
카이론 아폴론의 아들 계보 31. 506a 636b
카이사르 95a 314b 415b
카이스트로스Caystre 209b 444 583a
카이스트로스Caystros 444b
카이에타 277b 444
카이코스(미시아의 강) 189a 390b 521b
카이쿨루스 200a 444
카이킬리아(씨족) 445a
카일루스 286a 445
카일리우스 비벤나 183a 337a
카일리우스(로마의 언덕) 183a 439b
카카 445
카쿠스 39b 40a 120a 200a 355a 445 498a 662b 682a 682b
카키오스 446a
카타니아(시칠리아의 도시) 69a 286b
카타이고노스 624a
카테투스 446
카트레(크레테의 도시) 504a
카트레우스 계보 2 28. 56a 56b 85a 153a 153b 184a 267b 268a 389a 446 481a 504a 549a 563b 693a
카틸루스 1) 447
    2) 331a 447a
카파네우스 계보 36. 220a 265a 354a 361b 421a 447
카파도키아(아시아의 지방) 260a
카파레우스(곶) 57a 618b 698a
카파우로스 447
카페네 447
카페이라 448 530a

카페

카페투스 알바 왕 232b
카푸아(캄파니아의 도시) 92a 92b 143b 448a
카프리(이탈리아의 섬) 389a
카피스 1) 앗사라코스의 아들 계보 7. 105b 227a 272a 276a 335a 425b **448** 594b
　　 2) 삼니움 사람 **448**
　　 3) 알바 왕 232b
카피아이(아르카디아의 도시) 448a 467a
카피톨리움(로마의 언덕) 72a 108a 124a 176a 195b 206b 214b 294a 336a 336b 355a 393b 395b 396b 398a 432b 474b 498b 501a 506b 632b 633b 701a 702b
카필로스 계보 15
칸달로스 헬리아다이 중 한 명 391b 698b
칸타브리아 인들(스페인의 민족) 399a
칸토스 248b 253a 447b 459a
칼라모스 448
칼라우리아 님프 43b 425a
칼라이스 계보 11. 197a 197b 198a 248a 250b 380b 479b 589b 630a 647b 648a 648b
칼로스 574b
칼리굴라 황제 126a 399b
칼리돈(아이톨리아의 도시) 87a 95b 136a 167b 170b 325b 382b 448b 449b 462a 490b 507a 535b 543a 592b 642b 669a 673a 714a
　　 ─의 사냥 62a 85a 89a 97b 110b 139b 170b 179a 244a 246b 256b 265a 289b 303a 315b 324a 329b 351b 400b 408a 414b 422b 423a 459b 507a 517a 525b 581b 586a 587b 627a 638a 674a
칼리돈 1) 아이톨로스의 아들 계보 1 24. 106a 285a 286b 392b **448** 618b 625b
　　 2) 테스티오스의 아들 **448**
　　 3) 플레우론의 아들 626a
칼리드노스 448
칼리디케 1) 계보 39. 374a 374b **449** 608a
　　 2) 다나이데스 중 한 명 76a
칼리로에 1) 오케아니데스 중 한 명 계보 32. 44a 130a 390b **449** 476a 488a 542b
　　 2) 알크마이온의 아내 계보 1. 288b 292b 325b **449**

　　 3) 스카만드로스의 딸 계보 7. 39a 425a **449** 533a
　　 4) 리비아 왕 리코스의 딸 136a **449**
　　 5) 칼리돈의 샘 **449**
　　 6) 아티스Atys의 어머니 141b 146b
　　 7) 포코스 1의 딸 598b
칼리베 계보 7
칼리베스 족(폰토스의 민족) 607a
칼리스테(섬=테라) 175b 505b
칼리스토 1) 아르카스의 어머니 계보 9 18 40. 73b 133b 146b 255a 256b 431b 432a **449** 558a 585a 652a 700b
　　 2) 오딧세우스의 자매 계보 39. **450**
칼리아나사 네레이데스 중 한 명 59a
칼리아스 테메노스의 아들 계보 16
칼리오페(무사) 113a 129b 181a 241a 310a 379b 380b 381a 389a 410a **450** 610b 704a
칼리케 1) 아이올로스 1의 딸 계보 8 24. 111a 283b 362b
　　 2) 키크노스 1의 어머니 489b
　　 3) 네레이데스 중 한 명 59b
칼리테아 아티스Atys의 아내 130a 537a
칼리폴리스 324a 324b **450** 605a
칼릴레온 티에스테스의 아들 306b 539b
칼립소 오케아니데스 중 한 명 계보 39. 55b 59a 73b 270a 372b 390b **450** 526a 527a 626b
칼베스 199a
칼카스 115a 117b 150a 180a 310b 334b 403b 417a 419a **451** 482a 517a 519a 590b 594b 608a
　　 ─의 예언들 224b 234b 296b 297a 298a 641a 697b
칼코돈 1) 아바스의 아들 83b 262a 273a 363b 414b **452** 516b 656a
　　 2) 헤라클레스의 동료 **452**
　　 3) 히포다메이아의 구혼자 **452**
　　 4) 코스 섬 주민 **452** 666b
　　 5) 아이깁토스의 아들 75b
칼코메두사 계보 39. 102b
칼코스 452
칼콘 1) 안틸로코스의 시종 **453**

2) 메티온의 아들 262a **453**
3) 히포다메이아의 구혼자 384b
칼키니아 레우키포스 3의 딸 계보 22. 118a 573a
칼키디케(마케도니아의 지방) 618a 637b
칼키스 인들(민족) 413a
칼키스(에우보이아의 도시) 113a 262a 452b 468a 544b 560a 598a
칼키스 263a 468a 468b
칼키오페 1) 에우리필로스 3의 아들 계보 15. **453** 509b 666a
2) 아이에테스의 딸 계보 14. 167a 254b 283a **453** 493a 621b
3) 아이게우스의 아내 273a 452b **453**
칼페투스 알바 왕 232b
칼푸스 누마의 아들 67b
캄블레스 406a **453**
캄블리테스 406a 453b
캄파니아(이탈리아 남부의 고장) 82b 165b 189b 389a 446a 547b 682b
캄페 430b **453**
캄푸스 마르티우스(로마 외곽의 들판) 397b 538b
케달리온 382a **453** 688b
케라모스 453
케람보스 454
케레비아 454
케레스Keres 72a 178a **454**
케레스 131a 145a 161b 354b **454** 467b 530b 550a
케로에사 203b **455**
케르네(아틀란티스의 도시) 189a
케르도 70a 591a
케르베로스 461b
케르베로스 계보 32. 85a 150b 156b 358b 379a 414a **455** 582b 663b 664a 664b
케르소네소스 카리아의 173b 590b
케르소네소스 트라케의 84a 230b 281a 480b 546b 567b 568a 683a 686b 698a
케르시다마스 1) 프테렐라오스의 아들 계보 31
2) 프리아모스의 아들 370a 619b

케르시비오스 헤라클레스의 아들 151a 473a
케르카포스 헬리아다이 중 한 명 122a 391b 410a **455** 698b 699a
케르케이스 오케아니데스 중 한 명 390b
케르케테스 아이깁토스의 아들 75b
케르코페스 170a 394b **455** 672a 673b
케르키라 456
케르키세라 아킬레우스의 이름 134a 427b
케르키온 1) 강도 100b 233b 323b 324a 334b **456** 511b 595b
2) 아가메데스의 아들 233a **456**
케르테 테스피오스의 딸 412b
케리네스 계보 16. 86b
케리네이아(아카이아의 도시와 산)
──의 사슴 659b
케릭스 353b **456**
케브렌(강) 383b
케브리온 트로이아 사람 556b 620a
케스트리노스 계보 34. 698a
케시아스 님프 391a
케오스Céos (섬) 258a 293a 493b 680b 681a
케이론 켄타우로스 계보 38. 78a 159b 166b 257b 264b 290a 295a 295b 296a 311a 315a 315b 367a 390b 391b 407a 438a **456** 460a 460b 474b 484b 523b 524a 563b 586b 587b 597b 613b 641a 642a 654b 670a 703b 707b
케이마로오스 610b
케이소스 계보 16
케익스 1) 트라키스 왕 327a 350a **457** 673b 674a 675b 714a
2) 에오스포로스의 아들 79a 85b 328b **457**
케크로페이아(아티카의 이름) 457b
케크롭스 1) 계보 4. 78a 239a 272b 343a 343b 378a **457** 468a 468b 470a 483b 560a 595a 636b 681b
2) 계보 11. 165b 338a **458** 560b 616b 636b
케테스 458
케토 1) 계보 12 32. 41a 45a 46b 58b 99b 358b **458** 500b 592b 599b 684a
2) 네레이데스 중 한 명 59a

케팔레니아(이오니아 해의 섬) 102b 132a 193a 366b 374b 459a 566b 592b 610b 612b 320b
케팔로스 계보 4 11 20 39. 65b 102b 132a 333a 345a 366b 458 481a 483b 541a 551a 557a 590a 616b 617a 680a 681b 698b
케팔리온 459
케페네스 족(에티오피아의 민족) 460a
케페우스 1) 아르카디아 사람 계보 9. 171a 220b 248a 268a 320b 459 668b
　　　　2) 안드로메데의 아버지 계보 3. 196b 317b 318a 413a 413b 442b 460a 576b 629b
케피라 오케아니데스 중 한 명 594a
케피소스(보이오티아의 강) 53a 81a 511b
케피소스 88a 167a 338a 540a 611b
케피소스 Céphisos 400a
켄타우로스 1) 아폴론의 아들 계보 23. 222b
　　　　2) 익시온의 아들 424b
켄타우로이 61b 62a 65b 110b 127a 290a 303a 351a 353b 418a 424b 444a 457a 460 470b 515b 568a 581b 582a 586a 600a 607a 608a 669b 670a 710b 713a 713b
켄티마니 ☞헤카톤케이레스 461
켈라이노 1) 다나이데스 중 한 명 76a 461
　　　　2) 플레이아데스 중 한 명 계보 25 38. 72a 84b 134b 352a 461 486b 613a 626b 627a
　　　　3) 하르피이아이 중 한 명 647b
　　　　4) 트라가시아의 어머니 202a
　　　　5) 히아모스의 딸 계보 8. 88a 134a 167a 705b
켈라이노스 1) 엘렉트리온의 아들 계보 31
　　　　2) 444a
　　　　3) 461a
켈레오스 1) 엘레우시스 왕 81b 83a 100b 164b 193a 410b 461 475a 535a 535b 610b 611b
　　　　2) 크레테 사람 461b
켈레우스타노르 계보 15
켈레우토르 아그리오스의 아들 계보 27. 136a 462 506b
켈로네 462
켈리돈 267a 267b 462 559a
켈미스 462

켈비다스 462
켈토스 42b 462
켈토이 족(민족) 42b 198a 252b 342a 462b 493b 495a 632b 663a 701b
켈티네 462b
켕크레아(코린토스의 항구) 511a
켕크레이스(키니라스의 아내) 241b
켕크리스(피에리데스 중 한 명) 633b
켕크리아스(페이레네의 아들) 581a
코드로스 아테나이 왕 66a 168b 318b 322b 443a 462 614a
코라 463 447a
코라스 331a
코락스 계보 22. 101a 361a
코레 582b ☞페르세포네
코레소스(로도스의? 잘 알려지지 않은 도시) 149a
코레소스 449b
코레톤 리카온 2의 아들 133a
코로 네레이데스 중 한 명 59b
코로네우스 463b
코로네이아(보이오티아의 도시) 301a 506b 612a 650a
코로노스 1) 카이네우스의 아들 계보 9. 110b 115a 248a 274a 444b 463 668b
　　　　2) 계보 22. 101a 379a
　　　　3) 계보 35. 506b 612a 650a
코로니데스 463
코로니스 1) 플레기아스의 딸 264b 310a 405a 424b 463 625a 625b
　　　　2) 코로네우스의 딸 148a 463
　　　　3) 히아데스 중 한 명 디오니소스의 유모 199b 463 705b
코로스(포만) 705a
코로이보스 63b 182b 463
코르넬리우스 코수스 398b
코르니쿨룸(이탈리아의 도시) 208b 391a
코르디아스 128b
코르시카(섬) 592b
코르키라(섬=코르푸) 55b 107b 149a 161b 174b 252b 327b 328a 372b 395b 418a 418b 456a

527a 554b
코르키라 263a 456a **464** 554b
코르토나(에트루리아의 도시) 53a 77a 375a 464b 497b
코르푸(섬) ☞코르키라
코르바스 이아시온의 아들 132b 402a 408b
코리반테스 138b 310a 402a 408b 441a 468a 487b 503b
코리코스(리디아의 산) 227b 542a
코리코스 464 566b 627b
코리키아 님프 134a
코리토스 1) 제우스와 엘렉트라의 아들 계보 7. 364b **464**
    2) 테게아의 왕 **464** 528b
    3) 파리스와 오이노네의 아들 계보 34. 383b **464**
    4) 파리스와 헬레네의 아들 계보 13
코린노스 464
코린토스(그리스의 도시) 44b 48b 50a 66a 88b 104a 115b 142a 159b 173b 174a 174b 195b 196a 198b 228b 229a 253b 259b 273b 283a 286a 292b 322b 326a 327a 327b 351b 353a 355b 361a 379a 384b 386a 387b 388a 392b 408a 411a 448b 464a 495b 497b 508a 510a 514b 531b 581a 589b 595a 598b 599a 604b 634b 709b
    지협 225a 357b 511a 566b 661a 671b 674a 676a
    ☞이스트미아 경기
코린토스 1) 마라톤의 아들 계보 10. 44b 142a 230a 465a
    2) 펠롭스의 아들 710a
코마이토 1) 프테렐라오스의 딸 계보 31. 333a 333b **465** 624a
    2) 파트라이의 무녀 351b **465**
    3) 484b
코마타스 465
코메테스 1) 스테넬로스의 아들 220a 248a 275a **465**
    2) 티사메노스의 아들 539b
코미티움(로마의) 67b 124a 125a 126a 469b

498b 501a
코스(섬) 51b 238b 352a 353a 359a 362b 452b 453a 476a 506a 509b 581a 587a 604b 666b 667a 699a
코온 420b
코이라노스 1) 멜람푸스의 손자 계보 1. 262b **465**
    2) 메리오네스의 마부 402b **466**
    3) 밀레토스 사람 **466**
    4) 폴리에이도스의 아버지(아마도 1과 동일인) 49b 480b 604b 605a
코이론 475a
코이오스 계보 5 12 38. 40b 120b 265b **466** 550a 575a 598b
코칼로스 시칠리아 왕 79a 184b **466**
코클레스 ☞호라티우스 2
코키모 플레이아데스 중 한 명 626b
코키토스 하계의 강 291b **466** 625a
코토네 363b
코토스 계보 5 12. 40b 51b 498a 688b
코티스 130a 141b 449a
코파이스(보이오티아의 호수) 247a
코프레우스 에우리스테우스의 전령 349b 424a **466**
콘니다스 510b
콘딜레아티스 467
콘세비우스 214a
콘수스 125a **467** 469b
콘수알리아(축제) 467b
콘코르디아 701b
콜라이노스 467
콜로나이(트로아스의 도시) 489b
콜로노스(아티카의 마을) 247a 320a 388b 472b 514b
콜로노스 보이오티아 사람 199b 346a
콜로폰(이오니아의 도시) 107b 180a 244b 267a 310b 451b 452a 590b 608a 614a
콜론타스 478b
콜리토스 97a
콜림바스 633b
콜코스(도시) 157b 198b 403b 630a

콜키스 인들(민족) 252b 253a 328a
콜키스(지방) 158a 158b 159b 251a 254b 283a 301b 361a 407b 493a 575a 621b
콤베 468
콤피탈리아(라레스의 축제) 142a
쿠레스(사비니 도시) 176b 469b 501a
쿠레스 플레우론의 아들 625b
쿠레테스 족(아이톨리아의 민족) 104a 170b 171a 172a 286a 288b 468 585b
쿠레테스 49b 80b 102a 138b 173b 261a 360a 411b 428a 430a 441a 468 481a 487b 530a 632b 652a 688a
쿠르티우스 468
쿠리아케스 701b
쿠마이(이탈리아 남부의 도시) 49a 78b 92a 228a 277b 495a 659b
퀴리날리스(로마의 언덕) 126a 207b 396b 398b 469b 501a 580b 616a
퀴리누스 66b 126a 176a 176b 469 616a 628a 682a
퀴리테스(=로마 인들) 469b 501a
퀸콰트리아 183a
크나게우스 469
크노소스(크레테의 도시) 81b 153b 162b 185b 402b 468a 500a 612b
크노시아 계보 13. 153b
크니도스(카리아의 도시) 110a 534b 591b
크라갈레우스 470
크라나에(=아테나이) 470a 470b
크라나에 470a
크라나오스 100b 334a 343a 458a 470 595a
크라나이크메 470a
크라네 436a
크라논 470
크라니아 393b
크라우(평원) 129b 662b
크라타이이스 218a
크라토스 계보 32. 202b 222a
크라티스 558a
크라티에우스 62b
크란논(테살리아의 도시) 470b

크란토 네레이데스 중 한 명 59a
크란토르 470
크레사(파플라고니아의 도시) 162a
크레스 99a 394a 470 503a 688b
크레스토네스 족(민족) 671b
크레스폰테스 1) 헤라클레이다이 중 한 명 계보 16. 160b 258b 287a 287b 471 495b 507b 608b 677a 677b
  2) 크레스폰테스 II 계보 16
크레온 1) 코린토스 왕 159a 161b 326a 326b 408a 471 473b 523a 711b
  2) 테바이 왕 47b 103b 150a 150b 156b 160a 320a 320b 333a 339b 340a 347b 387b 387b 388a 388b 413a 422a 471 522b 600b 649a 656a 656b
  3) 헤라클레스의 아들 계보 15
  4) 코린토스 왕 322b
크레온티아데스 헤라클레스의 아들 계보 15. 151a 473 656a
크레우사 1) 테살리아의 나이아스 계보 23. 110a 222b 257b 473 484b 509a 571a
  2) 에레크테우스의 딸 계보 8 11. 338a 413b 414a 414b 458b 473
  3) 크레온 2의 딸 47b 159a 160a 408a 471b 473 ☞글라우케 2
  4) 아이네이아스의 아내 계보 34. 263a 277a 444b 473 619b 686a
크레테 인들(민족) 76b 107b 162a 184a 184b 203a 231a 261b 403a 408b 409a 416a 421b 430a 431b 436b 470b 504a 655a
크레테(섬) 39b 49b 55b 58a 78b 80b 81a 81b 98b 99a 99b 107b 118b 128a 153b 154a 155b 162a 173b 178a 178b 183b 184b 185a 193b 201b 203a 205a 205b 213a 249a 253a 259a 261a 265b 277a 280b 290b 324a 324b 333a 346b 357a 382b 385a 394a 402a 402b 403a 416b 430a 435b 436b 437a 446b 466a 468a 468b 470a 470b 471a 474a 481a 483b 484b 485a 500a 503a 504a 512b 513a 513b 516b 520a 524b 536a 549a 550b 551a 554b 554b 558b 587a 612b 618b 628a 632b 637a 642b

644a 648a 651b 657b 661a 688b 693a
—의 황소 349b 512a 661a
크레테 계보 28. 184a
크레테니아(로도스의 도시) 446b
크레테아(아르카디아의 장소) 644a
크레테우스 계보 1 8 21. 65b 83a 168b 202b 265b 278b 283b 290a 389b **473** 524b 537b 573a 588b 715a
크레테이스 ☞히폴리테 2
크레톤 276b
크레티나이온(에페소스 인근의 작은 마을) 118b
크로노스 443b 475a
크로노스 계보 5 12 38. 40b 41a 50b 68b 81a 119b 165a 165b 174a 206b 231a 240a 261a 307a 313b 347a 392b 394a 395b 396b 408b 410b 412a 429b 430a 443b 453b 456b 460a 466a 468b 470b **474** 483b 487a 491b 498b 501b 523b 540b 541a 541b 542a 558b 558b 593b 594a 599b 613a 642a 644a 651a 683b 700a 702a
☞——의 언덕
크로노스의 언덕(올림피아의) 404b
크로니오스 히말리아의 아들 704a
크로모스 리카온 2의 아들 133a
크로미아 계보 8. 418b
크로미오스 1) 프테렐라오스의 아들 계보 31
2) 프리아모스의 아들 370a 520b 620a
크로이소스(왕) 61a
크로이스모스 152a
크로코스 475
크로콘 475
크로탈로스 히포다메이아의 구혼자 384b
크로토나(이탈리아 남부의 도시) 107b 152b 190a 190b 475b 554b 641a 694a
크로토스 475
크로토포스 계보 17. 129b 219b 463b 464a **475** 622a 622b
크로톤 107b 190a 475 476a 554b
크롬미온(메가라와 코린토스 사이의 도시) 511b 554a

크루미사(섬?) 519b
크리나코스 제우스의 아들 147b
크리니소스 476a ☞크리미소스
크리니스 476
크리미소스 271a 272a 476
크리미아(반도) ☞타우리스
크리사(포키스의 도시) 221a 477a
☞키라
—— 평원 309b
크리사미스 476
크리사오르 계보 32. 44a 45b 358b 449a **476** 542b 570a 576a 595b 661b
크리산티스 82b 476
크리세(미시아의 도시) 476a 477a
크리세(작은 섬) 368b 640a
크리세 1) 할모스의 딸 계보 35 20. 625a 650b
2) 다르다노스의 아내 402a 565b
3) 640a
크리세스 1) 크리세이스의 아버지 200b 201a 235b 298a 312a 420a **476**
2) 크리세이스의 아들 420a **476**
3) 크리소게네이아의 아들 계보 20 35. 186a 625b 650b
4) 미노스의 아들 계보 28. 65a 184a 348a
크리세이스 1) 201a 235b 297b 298a 312a 369a 420a 476b **477** 482b
2) 오케아니데스 중 한 명 390b
크리소게네이아 할모스의 딸 계보 20 (아마도 다음 인물과 동일인) 186a 625b
크리소고네 할모스의 딸 계보 20 35. 650b
크리소노에 클레이토스의 딸 618b
크리소로아스(강=팍톨로스) 557a
크리소르테 계보 22. 379a
크리소스 포코스 3의 아들 계보 30. 221a 265b **477** 544a 544b 599a
크리소코아스 40a
크리소테미스 1) 필람몬의 어머니 436b **477** 637b
2) 계보 2. 234b
3) 스타필로스 3의 아내 219a 546b 683a
크리소펠레이아 계보 9. 126b **477**

크리소폴리스(비티니아의 도시) 420a
크리시페 1) 다나이데스 중 한 명 75b
    2) 이로스의 딸 625a
크리시포스 1) 펠롭스의 아들 계보 2. 106b
    223b 306a **478** 539b 588a 710a 710b
    2) 아이깁토스의 아들 75b
크리아소스(카리아의 마을)447b 448a
크리아소스 계보 18. 168a
크리오스 계보 5 12 32 38. 40b 198a 345a 565a 574b
크리테아이스 147a **478**
크리토불레 569b
크사란다스(강=에우프라테스) 128b
크산테 1) 아스클레피오스의 아내 148a
    2) 오케아니데스 중 한 명 390b
크산토스(리키아의 강) 215b 530a 587b=스카만드로스
크산토스(리키아의 도시) 357a
크산토스 1) 아킬레우스의 말 194b 298b 587a 590a 648a
    2) 디오메데스의 말 95b 661b
    3) 사모스 사람 327b
    4) 글라우키페 2의 아버지 685b
    5) 테바이 왕 168a
    6) 에리만토스의 아들 622b
크산티오스 레우키포스 5의 아버지 118a
크산티페 계보 24. 625b
크산티포스 계보 27. 536b
크세노다모스 메넬라오스의 아들 계보 13. 153b
크세노디케 계보 28. 184a
크세라바테스(강=상가리오스) 204a
크세르크세스 703a
크수토스 계보 8 11. 283b 284b 345a 413b 414a 414b 458b 473a 599a 637a 698b
크테시오스 에우마이오스의 아버지 352b
크테시포스 1) 계보 15 16. 669b
    2) 페넬로페의 구혼자 639a
크테실라 알키다마스의 딸 680b 681a
크테아토스 몰리오니다이 중 한 명 179a **478** 497a 609a 667a

크토노필레 시키온의 딸 계보 22. 230b 432b 604a 628b
크토니아 1) 프로네우스의 딸 **478**
    2) 에레크테우스의 딸 계보 11. 200a 338a **478**
크토니오스 1) 스파르토이 중 한 명 72b 101b 134b 223a 385b 434b
    2) 아이깁토스의 아들 75b
    3) 포세이돈의 아들 226b
크티메네 오뒷세우스의 누이 계보 37. 103a 152a 352b **478** 638a
크티메노스 248b
클라로스(에페소스 근처의 작은 마을) 150a 180a 227b 677b
    ──의 신탁소 378b
클라우디오스 황제 112b 336b 337a 597a
클레소 122a
클레소니모스 479
클레손 122a 217a 566a 636b
클레오나이(아르골리스의 도시) 617a 667a
클레오네 263a
클레오다이오스 계보 16. 507b
클레오도라 1) 다나이데스 중 한 명 75b
    2) 님프 545b
클레오독사 니오비데스 중 한 명 70a
클레오만티스 463a
클레오메네 말로스의 딸 463b
클레오메데스 479
클레오보이아 1) 크리아소스의 딸 계보 18. 168a
    2) 319b 619a
    3) 필로니스의 어머니 637b 685a
클레오불레 597a
클레오스트라토스 479
클레오카리아 계보 6
클레오코스 191b
클레오테라 479 559a
클레오파트라 알키오네 이다스의 딸 계보 19. 144b 171a 171b 172a 400b **479**
클레오파트라 1) 보레아스의 딸 계보 11. 197b 402a **479** 561a 627a 630a

2) 이다스의 딸 **479** ☞ 클레오파트라 알
키오네
　　　3) 로크리스 여자 **479** 578b
　　　4) 트로스의 딸 계보 7. 39a 425b 449a
533a
　　　5) 다나이데스 중 한 명 75b
클레오폼포스 545b
클레오필레 리쿠르고스 1의 아내 계보 26
클레온 펠롭스의 아들 710a
클레올라 92b 626a
클레올라오스 계보 15
클레이니스 137b 480
클레이스테네스 167a
클레이시테라 이도메네우스의 딸 116b 403a
　　480
클레이테 1) 250a 480 488b 489a
　　　2) 샘 250a
　　　3) 다나이데스 중 한 명 75b
클레이토 133a
클레이토르 1) 아잔의 아들 계보 9. 480
　　　2) 리카온 2의 아들 480
클레이토르 리카온 2의 아들 133a
클레이토스 1) 만티오스의 아들 계보 1. 480
　　604b 605a
　　　2) 팔레네의 남편 480 568a 618b
　　　3) 아이깁토스의 아들 75b
　　　4) 폴리에이도스의 아들 604b
　　　5) 트로이아 사람 520b
클레타 223a
클레테(이탈리아 남부의 도시) 480b
클레테 480
클렙시드라(샘) 418b
클로니아 님프 계보 25. 72a 134b 590a 703b
클로니오스 프리아모스의 아들 620a
클로리스 1) 넬레우스의 아내 계보 21. 61b 62a
　　66a 70b 573b
　　　2) 님프=플로라 627b
　　　3) =멜리보이아 2 173a
　　　4) 179b 579b
　　　5) 피에리데스 중 한 명 633b
클로토 177b 508b

클루시움(이탈리아의 도시) 382b
클리다노페 힙세우스의 아내 계보 23
클리메네 1) 오케아니데스 중 한 명 계보 14
　　38. 84b 157a 188b 307a 362a 390b 409a **481**
　　551a 613a 699a 699b
　　　2) 네레이데스 중 한 명 59a **481**
　　　3) 미니아스의 딸 계보 20 26. 186a 303a
　　407a **481** 637a
　　　4) 카트레우스의 딸 계보 2. 56a 56b 267a
　　268a 389a 446b **481** 563b
　　　5) 포로 여자 289b
　　　6) 미시아의 님프 547a
클리메네우스 포로네우스의 아들 478b
클리메노스 1) 카르디스의 아들 **481**
　　　2) 프레스본의 아들 계보 33. 62b 339b
　　481 579b 612a
　　　3) 아르카디아 사람 216a **481**b 647a
　　　4) 오이네우스의 아들 계보 27. 249a 383a
　　　5) 헤라클레스의 아들 151a 656a
클리비콜라 214b
클리소니모스 ☞클리토니모스
클리아로스(강=갠지스) 43b
클리안토스 레오스의 아들 115a
클리오 무사[뮤즈] 113a 181b 389a 633b 704a
　　706a
클리타임네스트라 계보 2 19. 56b 83a 97a
　　111b 112a 152a 153a 234a 234b 235a 236a
　　236b 274b 275a 297a 325b 340b 341b 354b
　　357b 364b 365a 375a 375b 376a 376b 389b
　　419a 420a **481** 502a 529b 542b 543b 564a
　　579b 636a 692a 692b 696a
클리토네오스 56a
클리토니모스 157a 555b
클리티아 1) 헬리오스의 애인 117a **483**
　　　2) 레다의 자매 111b 587b
　　　3) 597a
　　　4) 암피다마스의 딸 501b
클리티에 1) 오케아니데스 중 한 명 390b
　　　2) 판다레오스의 딸 559a
클리티오스 1) 라오메돈의 아들 계보 7. 601b
　　　2) 페노의 아버지 계보 22. 101a 405b

3) 에우리토스 2의 아들 248b 350b 423b
4) 거인 51a 689a
키나이토스 리카온 2의 아들 133a
키노르타스 계보 6. 388b **483** 483b 543a 579b
키노수라 483
키노수로스 펠롭스의 아들 710a
키노스 호도이도코스의 아버지 390a
키니라스 계보 9. 104a 172b 187b 189b 215a 222b 241a 314a 368a **483** 504a 521a 557a 564b 629b
키닙스(강) 46b
키도니아(크레테의 도시) 481a 484b 504a
키돈 헤르메스의 아들 146a 290b 357a **484** 504a
키드노스 484
키디페 1) 아콘티오스의 약혼녀 293a 293b
2) 오키모스의 딸 391b 455b 699a
키라(=크리사 포키스의 도시) 375b 376a 384b
키레네 1) 님프 계보 23. 107b 194a 257b 258a 258b 310a 315a 352a **484**b 485a 571a
2) 이드몬의 어머니 403b
키레네(아프리카의 나라 도시) 117a 193b 194a 352a 356a 485a 526a 551a 591b 612b 624a
키로스(왕) 61a 546a
키르케 계보 14 39. 49a 73a 218a 365b 433a 443a 450b 452b **485** 527a 552a 574a 593b 606b 633b 634a 650b
가계 157b 270b 283a 526a 550b 575a 687b 699b
──와 오딧세우스 55b 108b 123b 352b 372b 374b 418b 479a 572b
──의 풀 184a 616b
──와 아르고나우타이 252a
키르쿠스 막시무스(로마의) 66b 125a 161b 214b 467b
키르피스(포키스의 산) 329a
키리마코스 엘렉트리온의 아들 계보 31
키마이라 1) 계보 32. 195b 196a 358b **486** 542b 570a
2) 시칠리아의 님프 486b
키마이레우스 프로메테우스의 아들 계보 30.

134b 153b **486** 613a
키마토테아 네레이데스 중 한 명 59b
키마톨레게 네레이데스 중 한 명 59a
키메(소아시아의 도시) 478a 634a
키모 네레이데스 중 한 명 59a
키모도케 네레이데스 중 한 명 59a
키모토에 네레이데스 중 한 명 59a
키모톤 389a
키모폴레아 271b
키몬 아테나이 사람 349a 516b 517a
키몰로스 225b
키벨레(프리기아의 산) 487a
키벨레 41b 46b 71a 77a 80b 93b 120a 143b 192b 204a 230b 237b 238a 238b 250a 308b 364b 394a 394b 396a 402a 408b 473b **487** 711a
키세우스 1) 마케도니아의 왕(아마도 4와 동일인) 255b
2) 아이깁토스의 아들 75b
3) 기가스 2의 형제 52b
4) 트라케 왕 420b 518a 528a 685b
키아네 1) 리파로스의 딸 139a 284b **487**
2) 시라쿠사이의 님프 487
3) 마이안드로스의 딸 146b 191a 202a
키아네아이 (바위) 250b 652b
키아니포스 1) 아드라스토스의 손자 아이기알레우스의 아들 계보 1. 239b **487**
2) 테살리아 사람 **488**
3) ☞키아네 3 487b
키아소스 트라케 왕 642a
키아토스 346a
키오네 1) 보레아스의 딸 계보 11. 197b 338a 353a 353b 479b **488**
2) 네일로스의 딸 449a **488**
3) 다이달리온의 딸 계보 39. 79a 270b **488** 637b
4) 프리아포스의 어머니 **488**
키오스Chios (섬) 89a 382a 385a 531a
키오스Cios (도시=프루사) 250a 607a 713a
키지코스(반도) 212b 249b 250a 258b 488a
키지코스 222b 249b 250a 289a 480a **488**

키코네스 족(민족) 370b **489a**
키콘 489a
키크노스 1) 포세이돈과 칼리케의 아들 298a **489**
    2) 테네스의 아버지 311a **489** 504b 505a 683a
    3) 아레스의 아들 계보 21. 246a 246b 247a 414b 457b **490** 587b 589b 631b 664b 670b 671b
    4) 리구리아 왕 **490**
    5) 아폴론의 아들 **490** 642b 643a 643b
키크레우스 살라미스의 왕 계보 30. 207a 216b 438a **491** 525a 525b
키클라데스(군도) 258b 279a 352b 531a (여러 가지 다른 섬 이름들을 참조할 것)
키클로페스(키클롭스들) 1) 우라노스의 계보 5 12. 40b 220b 286a 395b 430a 453b 474a **491** 498a 644b 689a 708a
    2) 시칠리아의 229b 265a 311b 312a 370b **491** 527b 554a 607a
    ——의 나라 290b
    3) 건설자 294a **491** 615a
키키로스 360a **492**
키타이론(보이오티아의 산) 94a 135a 237a 256b 315a 333b 386a 388a 493a 522a 584a 655a
    ——의 사자 151a 339b 517b 655b
키타이론 492 523a
키테라(섬) 136b 277a 313a 359b 370b
키토스 히말라아의 아들 704a
키티소로스 계보 33. 254b 302b 453a **493** 622a
키파리사 493
키파리소스(파르나소스의 마을) 453a 493b
키파리소스 1) 미니아스의 아들 계보 20. 186a **493**
    2) 텔레포스의 아들 311a **493**
키파리소이 493
키푸스 494
키프로스(섬) 84a 87b 90b 199a 239b 261b 303b 313a 341a 483b
    ——의 식민지들 90a 104a 172b 237a 261b 289b 368a 513b 521a 523a 611a 629b 669a 693b
키프로스 521a
킬라(트로아스의 도시) 494b
킬라 프리아모스의 누이 계보 7. **494** 538b 548a 686b
킬라라베스 220a 239b 378a
킬라로스 켄타우로스 **494** 713b
킬라브라스 494
킬라스 223a **494**
킬레네(아르카디아의 산) 81b 146b 287b 311b 363b 464a 494b 522a 557b 678a 678b 679a
킬레네 132b 385a **494** 585a
킬레우스 케팔로스의 아들 366b
킬렌 엘라토스의 아들 계보 9
킬리키아(아시아의 나라) 88a 180a 189a 237b 334b 358b 394a 484b 494b 509a 521a 542a
킬릭스 계보 3. 226a 237b 434a **494** 499b 509b 528a
킴메리오스 144b
킴메리오이 족(민족) 375a **495** 522b 714b
킵셀로스 1) 아이피토스의 아들 160b 287a 287b 471b **495a** 495b 677a 677b
    2) 코린토스 사람 **495b**
킷사(샘) 285b
킷사 피에리데스 중 한 명 633b
타게스 496
타나그라(보이오티아의 도시) 50a 199b 535a 597b
타나그라 263a 283b 346a 597b
타나이스(강) 496a 496b
타나이스 496a
타나퀼 100a 208b 209a 391a
타나토스=죽음 177a 229a 454b **496** 670b 714b
타라스 타렌툼의 명조 207a **496**
타락시포스 1) =이스케노스 올림피아의 404b **497**
    2) 코린토스의 **497**
타렌툼(로마의 장소) 614a
타렌툼(아폴리아의 도시) 176b 207a 409a 497a 567a 614a 614b
타루티우스 288a

타르

타르소스(소아시아의 도시) 484b 570b
타르케티오스 알바 왕 **497**
타르콘 446a **497** 529b 537b 707a
타르퀴니아 베스타 여사제 538b
타르퀴니우스 일족 108a 182a 208b 232a 391a 538b
타르퀴니이(이탈리아 중부의 도시) 497b
타르타로스 계보 12. 41b 245a 286a 358b **498** 541b
　　티탄들의 감옥 41a 52a 271b 311b 392a 430a 474a 491b
타르테소스(스페인의 지방 도시) 662a 662b
타르페이아 125a 336b **498** 501a
타르페이우스 스푸리우스 498b
타미리스 필람몬의 아들 379b **499** 637b 704b 706a
타소스(트라케의 섬) 220a 237b 499b
타소스 계보 3. 237b 494b 495a **499**
타우로스 1) 크노소스의 **500**
　　2) 미노타우로스 **500**
　　3) 파시파에의 애인 **500**
　　4) 넬레우스의 아들 66a 225b
타우로폴리스 122a 219a
타우리스(나라) 92a 156a 158a 158b 257a 257b 283a 330b 365a 377a 377b 378a 419b 420a 476b 531a 531b 575a 636b 696b
타우마스 계보 12 32. 41a 58b 364a 404a 458a **500** 592b 599b 647b
타우마코스 598a
타우마키에(테살리아의 도시) 160a
타우타네스 521b
타이게테 계보 6 25 40. 73b 107a 431b **500** 579b 626b 659b
타이게토스(라코니아의 산) 97a 102b 257a 500b 668b
타이나론(라코니아의 곶) 259b 663b
타티아 66b
타티우스 로마 왕 66b 67b 125a 125b 200a 213b 214b 336b 395a 469a 498b 499b **500** 501a 506a 627b
타포스 인들(민족) 138a 332b 472b 544a 609b

타포스(그리스의 섬) 332b 333a 459a 501b 528a 588a 624b 698b
타피오스 계보 31. **501** 588a 624a 712a
탄탈로스 1) 제우스의 아들 계보 2 40. 39b 70a 70b 92b 135b 234a 332a 380a 426a 431b **501** 510a 558b 587b
　　2) 티에스테스의 아들 계보 2. 234a 482a **502** 540a 626a
　　3) 니오비데스 중 한 명 70a **502**
탄탈리다이 501b
탈라시오 502
탈라시우스 502b
탈라오스 계보 1 22. 164b 203a 242b 248b 262b 331a 344a 473b **502** 547a 574a 604b 612a 711a
탈레우스 에리노나의 아들 341a
탈레이아 569a
탈로 호라이 중 한 명 700b
탈로스 1) 크레테 사람 99a 116b 253a 346b 403a 471a 480a **503** 688b
　　2) 아테나이 사람 78b 416b **503** 574b
　　3) 오이노피온의 아들 385a
탈리아 1) 무사[뮤즈] 181b 310a **503**
　　2) 카리테스 중 한 명 347a 431a 438b **503**
　　3) 네레이데스 중 한 명 59b **503**
　　4) 님프 80a
탈티비오스 235b 484a **503**
탈피오스 에페이오이 족 용사 179a **504**
탕제르(아프리카의 도시) 543b
태양 257c
태양 81b 122a 213b 286a 313b 323a 326b 408a 574b 596a 596b 630a 662a 699a 700b ☞헬리오스
　　——의 딸 352a
　　——의 아들 292b 551a 574b
　　——의 황소들 352b 372a 439a 479a 700a
　　——의 술잔 662a 671b
테게아 인들 288b
테게아(아르카디아의 도시) 104a 104b 119b 146a 207b 233a 237a 268b 288b 354b 357b 378b 459b 464b 484b 504a 515b 528b

테게아테스 1) 119b 447a 484b **504**
   2) 리카온 2의 아들 133a 146a
테기리오스 353a 353b **504**
테나게스 헬리아다이 중 한 명 147b 173b 391b 698b
테나로스 174a
테네도스(트로아스의 섬) 62b 148a 154b 155b 179b 182b 224b 235a 297b 311a 368b 369a 370a 489b 490a 504b 505a 524b 564a 640a 683a 685b 695b
테네로스 테바이 왕 **504**
테네스 아폴론의 아들 179b 182b 297b 311a 489b 490a **504** 683a
테노스(키클라데스 군도의 섬) 197b 708b
테라 마테르 530a
테라(키클라데스 군도의 섬=산토린) 175b 193b 237b 356a 435b 505a 505b 612b
테라스 아우테시온의 아들 계보 37. 193b **505**
테라이포네 덱사메노스의 딸 87a 179a 504a
테라키나(라티움의 도시) 574a
테라티오스 497b
테라프네 190b
테람보스 505
테레우스 계보 11. 89a 102a 103a 419a **506** 534b 560b 638a 638b
테레우스 켄타우로스 670a
테레이네 스트리몬의 딸 221b 608a
테레이스 계보 13
테로 계보 31. **506** 636c
테로니케 덱사메노스의 딸 87a 179a
테론 시라쿠사이의 폭군 185a 649b
테르메라(카리아의 도시) 506a
테르메로스 리키아의 용사 **506**
테르모돈(카파도키아의 강) 251a 260a
테르모필라이(테살리아와 로크리스 사이의 협곡) 231b 334a 675a
테르미누스 506
테르미오스 옥실로스 2의 형제 393a
테르사노르 249a 483a
테르산드로스 1) 시시포스의 아들 계보 35 **506** 556b 650a 650b
   2) 폴리네이케스의 아들 계보 1 37. 243a 325b 344a 361b **506** 529a 539b
   3) 헤라클레이다이 중 한 명 617a
테르시테스 아그리오스의 아들 계보 27. 136a 369a **506**
———와 아킬레우스 95b 96b 300a 583b
테르프시코라 무사[뮤즈] 113a 129b 181b 211a **507**
테리다에 메가펜테스 1의 어머니 151b
테리마코스 헤라클레스의 아들 151a 473a 656a
테메노스 1) 펠라스고스의 아들 **507** 651a
   2) 페게우스의 아들 계보 17. 326a **507** 570b
   3) 헤라클레이다이 중 한 명 40a 86a 86b 107b 114a 167b 255b 258b 259a 471a **507** 569b 676a 676b 703a 711b
테메사(브루티움의 도시) 216a 355b
테몬 508
테미손 테라의 용사 612b
테미스 1) 계보 5 12 40. 40b 92b 178a 266a 286a 397b 430b 461b 466a 508b 509a 524a 541a 547a 586b 598a 651a 684a 700b
   2) 에우안드로스의 어머니 354b 437a
테미스키라(폰토스의 도시) 661b
테미스테 일로스 2의 딸 계보 7. 335a 425b 448a
테미스토 1) 힙세우스의 딸 계보 23 33. 116b 117b 216b 302a 302b 303a
   2) 히페르보레이오이 족 여자 42b   3) 네레이데스 중 한 명 59b
테미스토노에 457b
테바이 인들 146b 339b 396b 404b 452b 579b 583b 638a
테바이(보이오티아의 도시) 70a 70b 72b 94a 106b 129b 135a 138a 146b 150b 151a 171a 174a 185b 194a 209a 209b 223b 233a 236b 237a 237b 243a 245b 288b 292b 301a 316b 321a 325b 326b 327a 333a 333b 339b 359b 360a 366a 385b 386a 386b 387b 388b 404b 419a 434a 443a 471b 509b 517b 521b 522a 536b 578b 581b 584a 601a 602b 625b 645b

649a 653b 655b 658a 714a
　──전쟁 95b 107b 150a 156b 164b 167a 177b 220a 242a 242b 246b 265a 275a 303b 320a 325a 331b 331b 334b 344a 361b 405a 421a 435a 447a 447b 472a 472b 506b 514b 522b 537a 547a 547b 579b 595b 600b 601b 608b 615b 646a 658b 711a 715b
　──의 창건 223a 359a 434b
　──의 성채 127b 332a 448b 701b
　기타 43a 174a 481b 534a 539b 656b
　☞에피고노이
테바이(이집트의) 175b 509b 604a
테베(미시아의 도시) 46b 201a 297b 298a 317b 344b 477a 690a
테베 1) 프로메테우스의 딸 **509** 613a
　2) 제우스의 딸 412a **509**
　3) 아소포스의 딸 263a **509**
　4) 아드라믹스 혹은 그라니코스의 딸 46b **509**
　5) 네일로스의 딸 계보 3. 360a 495a **509**
테살로니카(마케도니아의 도시) 509b
테살로스 1) 그라이코스의 아들 **509**
　2) 헤라클레스의 아들 계보 15. 453a **509** 581a 666b
　3) 메데이아의 아들 158b 408a **510**
　4) 하이몬 2의 아들 **510** 649a
테살리아 인들(민족) 110a 118b 147b 187b 581b
테살리아(그리스의 지방) 52a 53a 64a 90a 100b 101a 126a 148a 163b 169a 175a 180b 217b 266b 274a 284b 296a 302b 336a 350b 360a 362b 381a 394a 413b 414a 422b 439b 460b 461a 470b 485a 509b 510a 525a 540b 555b 581b 584b 585a 585b 599b 640a 649a 668b 670b 672a 675a 678b
테세우스 계보 2 11 13. 55b 272b 324a **510** 634b
　가계 83b 167b 168a 202a 272b 286b 289a 385a 413a 413b 453a 462b 531a 567b
　──와 헬레네 87b 97b 287b 337a 420a 538a 692b 695a
　──와 미노타우로스 78b 184a 185a 216b 259a 280b 317a 500a 500b 573a 578b
　──와 아마조네스 179b 213b 214a 260b 680b 712a
　──와 아르고나우타이 248b 249a
　──와 라피타이 족 460b 713b
　──와 케르키온 456b
　──와 아리아드네 118a 215a 219a
　기타 49b 58a 85a 92a 134b 151a 152b 159b 171a 180b 216b 217a 225a 225b 243a 265a 273a 273b 287a 287b 357b 364a 388b 392b 416b 425a 472b 537a 553b 554a 554b 560b 566a 568a 577b 578a 580a 581b 582a 582b 592a 595b 608a 616b 642a 657a 663b 674a 675b 688a 689b 693b 712b
테스모포리아 354a 535b
테스탈로스 계보 15
테스토르 1) 칼카스의 아버지 117b 403b 417a 451a **517** 519a
　2) 트로이아 사람 556a
테스티오스 아레스의 아들 계보 24. 111a 111b 117b 171a 248a 329a 383a 417a 423a 448b **517** 543a 571b 707b
테스프로토스 리카온 2의 아들 133a **517** 540a 587b
테스프로토이 족(에페이로스의 민족) 325b 374a 449a 509b 517b 535b 572b 608a 636a
테스피아 263a 547a
테스피아다이 계보 15. 655b
테스피아이(보이오티아의 마을) 54a 338b 479a 517b 518a 547a
테스피오스 에레크테우스의 아들 계보 11. 15 107b 338a 389b 412a 415a 421b 517a **517** 655b 707b
테아네이라 518 525b 533a
테아노 1) 안테노르의 아내 48a 289a 420b **518** 562b
　2) 메타폰토스의 아내 284a 284b **518**
　3) 다나이데스 중 한 명 75b
테오고네 535b
테오노에 1) 프로테우스의 딸 434a **518** 519b
　2) 칼카스의 자매 117b 417a 517a **518**

테오도로스 1) 이데 산의 목동 677b
　　2) 한 시빌레의 아버지 227b
테오클리메노스 1) 이타케의 예언자 폴리페이데스의 아들 348a 519 607b
　　2) 프로테우스의 아들 518b 519 618a
　　3) 이스메네의 애인 404a 537a
　　4) 트몰로스의 아들 535b
테오파네 트라케 여자 519
테오페 레오스의 딸 115a
테우메소스(보이오티아의 마을)
　　——의 여우 333a 458a 472b 655b
테우크로스 1) 스카만드로스의 아들 계보 7. 76b 77a 189b 216a 401b 520 562a
　　2) 텔라몬의 아들 계보 30. 48b 239b 281a 348b 349a 484a 520 525b 594b 684b 690b
테우크로이 족(소아시아의 민족) 401b
테우타로스 스키티아 사람 521 655a
테우타모스 앗시리아 왕 521
테우타미데스 53a 294b 576b
테우트라니아(미시아의 지방 도시) 521b 574a
테우트라니오스 281a
테우트라스 1) 미시아 왕 268b 269a 385b 400b 521 528a 528b 529a 605a
　　2) 헥토르가 죽인 그리스 사람 521 690b
테우티스=오르니토스 1 378b
테이레시아스 521
　　가계 149b 179b 270a 326a 372a 438a 579b 705a 374a
　　——의 신탁 53b 156b 257a 320a 325a 326b 333b 361b 372a 387b 449a 472a 495a
　　기타 51a 50b 584a 652a 652b
테이산드로스 메데이아의 아들 158b
테이시포네 1) 에리니에스 중 한 명 341a 400a 493a 523
　　2) 알크마이온의 딸 326a 326b 523
테이아 1) 티타니데스 중 한 명 계보 5 12 14. 40b 212b 345a 466a 523 565a 699a 709a
　　2) 오케아니데스 중 한 명 455b 456a
테이아스 215a 241a 523
테이오다마스 드리오페스 족의 왕 523 669a 673b 713a

테크메사 281a 348b 523
테트라폴리스(아티카의) 414a
테티스I Tethys 계보 5 12 38. 40b 396a 449a 451a 481a 496a 497a 523 541a 651a 688b 689a 705b
　　——의 자식들 99b 146b 208a 221b 223b 226b 254a 266b 292a 330a 342a 378b 390b 400a 404b 571a 574b 583b 627a
　　☞오케아니데스
테티스II Thetis 계보 30. 59b 63b 64a 93b 134b 136b 177b 178b 181b 194b 222a 295a 347a 403a 457a 505a 509a 523 548b 586a 586b 588a 599a 599b 603a 604a 613b 675a 688b 689a 695a
　　트로이아 전쟁에 개입 175a 235b 298a 298b 695a
　　제우스를 구하다 271b
　　사물을 변화시키는 능력 278a
　　——와 아르고나우타이 252b
텍타모스 265b 346b 524
텍타포스 525
텐트레돈 618b
텔라몬 계보 2 7 30. 48b 105a 136b 167a 171b 216b 248a 278b 279a 279b 280b 282a 282b 289a 299b 314b 348b 390a 451b 491a 513a 518a 520a 520b 521a 523a 525 533a 540b 556b 578b 585b 587b 589b 599a 603b 619b 622a 666a 666b 684b 685a
텔라우게 헤오스포로스의 아들 685a
텔레고노스 1) 계보 14. 55b 123b 360a 372a 374b 418b 443a 486a 526 526b 527a 527b 572b
　　2) 프로테우스의 아들 618b
텔레다모스 1) 오딧세우스의 아들 526
　　2) 아가멤논의 아들 계보 2. 236a 442a 526
텔레디케 계보 17. 70a 314b 591a
텔레마코스 계보 39. 55a 62b 108b 123b 160a 166a 320b 367b 373b 374a 375a 443a 519b 526 532b 564a 572a 578a 583a 605a 624b
텔레모스 527

텔레보아스 1) 122a 528 624a
　　2) 리카온 2의 아들 133a
텔레보아이 족(민족) 122a 326b 332b 333a 333b 528a 653b
텔레스 1) 계보 15
　　2) 세이레네스 중 한 명 211a
텔레스타스 프리아모스의 아들 620a
텔레스토 오케아니데스 중 한 명 390b
텔레스토르 190b
텔레온 부테스 3의 아들 248a
텔레우스 아르카디아 왕 481b
텔레우타고라스 계보 15
텔레우타스 281a 348b 523a
텔레클레이아 1) 헤카베의 어머니 528 685b
　　2) 테아노의 어머니 518a
텔레테 디오니소스의 딸 71a
텔레투사 크레테 여자 421b
텔레파사 226a 237b 346a 434a 499b 528
텔레포스 계보 9 10 15. 47b 56b 63a 148a 268b 269a 297b 352a 375b 400b 405a 451a 464b 493b 497b 506b 521b 528 537b 547a 556a 571a 574a 581a 617b 649a 706b 707a
　　——와 아킬레우스 69a 281a 297a 368a 482a
　　——와 로마 123a
텔레폰테스 계보 16. 161a
텔로스 트라케 왕 642a
텔론 389a
텔루모 530a
텔루스 530 ☞가이아
텔리스 539b
텔미소스 42b 43a
텔크시노에 무사[뮤즈] 58b
텔크시노이아 오기고스의 딸 366a
텔크시에페이아 세이레네스 중 한 명 211a
텔크시오페 세이레네스 중 한 명 211a
텔크시온 시키온 왕 계보 22. 315a 530 530b
텔키네스 135b 149a 190b 448a 530 594a 599b 650a
텔키스 계보 22. 315a 530
텔푸사Telphousa 1) 보이오티아의 님프 530

　　2) 샘 522b
텔푸사Telpousa 에우안드로스의 어머니 354b 437a
텔푸사Thelpousa 아르카디아의 도시 247a
템페(테살리아의 계곡) 309b
토니스=톤 696a
토로네 600a
토르낙스 200a
토모이(트라케의 도시) 252a
토아스 1) 아리아드네의 아들 계보 21 28. 219a 259b 474a 530 583b 715a
　　2) 이아손의 아들 계보 21. 531 715b
　　3) 타우리스 왕 377a 420a 476b 531
　　4) 안드라이몬의 아들 계보 27 39. 44b 69a 115b 369b 374b 392b 531 649b 695a
　　5) 시시포스의 아들 계보 35. 531
　　6) 이카리오스의 아들 계보 19. 417b 531
　　7) 거인 51b
　　8) 트로이아 사람 155a
　　9) 오르니토스 2의 아들 379a
토에 1) 네레이데스 중 한 명 59b
　　2) 오케아니데스 중 한 명 390b
토오사 1) 폴리페모스 2의 어머니 532 595b 607a
　　2) 라오메돈의 아내 104b
토온 트로이아 사람 370a
토크노스 리카온 2의 아들 133a
톡세우스 1) 에우리토스 2의 아들 350b 532
　　2) 오이네우스의 아들 계보 27. 383a 532
톡소클리토스 151a 473a
톤 532 612a 696a
톨로아스 213b
톨루니우스 베이 왕 398b
투르누스 78a 102a 106a 109a 109b 110a 110b 129a 163b 164a 208b 227a 260b 277b 319b 382b 389a 397b 532 565b 577a 642a 647a 649b
투리마코스 시키온 왕 계보 22. 118a
투리이(이탈리아 남부의 도시) 465b
투스쿨룸(라티움의 도시) 486a 526a
투스키누스 145a

투키디데스 아테나이의 역사가 349a
투톨라 639a
툴로스 130a
툴루스 호스틸리우스 682a 701b
트라가소스 489b
트라가시아 202a
트라사 608a
트라시나오스 계보 16
트라시데모스 트로이아 사람 556a
트라시메데스 네스토르의 아들 62b 231b **532**
트라실로스 163b
트라케 인들(민족) 189b 215a 220a 221a 379b 414a 421a 569b 608a 638a
트라케(나라) 63b 81a 83b 93b 95a 102a 113a 136b 137a 181a 197a 197b 203b 205a 221b 230b 237b 245b 250b 260a 277a 289b 313b 347b 353a 353b 370b 389a 402a 426a 434a 436a 489a 504a 506a 518a 519b 528a 533a 542b 560b 567a 584a 603b 604a 629b 633a 642a 646b 648b 657b 685b 716a
트라케 131b **533**
트라키스(테살리아의 도시) 85b 138a 148a 327a 457a 674a 675a 675b
트라키온 564b
트라페주스 리카온 2의 아들 133a
트람벨로스 헤시오네 3의 아들 314b 518a 525b **533** 685a
트레코스 헥토르가 죽인 그리스 사람 690b
트렙시파스 계보 15
트로니오스 메넬라오스의 아들 153b
트로스 계보 7. 39a 227a 335b 425a 437b 449a 520a **533** 562a 594b
트로아스(프리기아의 지방) 39b 425b 464b 520a 677b
트로이아 여자들 123a 212a 287a
트로이아 인들(민족) 431b
———라티움에서 262b 553a
———이탈리아에서 448a ☞트로이아
트로이아(프리기아의 도시)
——— 전쟁 63a 113a 175a 180a 216a 240b 245a 275a 304b 334b 351b 384a 402b 410b 509a 520b 529b 532b 536a 561b 565b 604b 608a 611a 618b 640a 677b
———에 간 사절들 289a 319a 368a 369a 564a 618a
———의 목마 83b 106a 115a 148a 152b 155b 224a 289a 360b 369a 402b 441b 451b 488a 504a 506a 520b 531b 532b 538a 544b 571a 581a 588b 592b 608a 622a 695b 697b
——— 함락 63a 224a 257a 263a 276b 392a 396a 451a 510a 533b 524b 588b 627a 640b
———의 왕들 104b 425a 425b
——— 재건 263a 392a
——— 창건 77a 425b 574a
———와 헤라클레스 50a 414b 422b 561a 665b 674a
☞아킬레우스 아가멤논 안드로마케 아프로디테 카산드라 헥토르 파리스 파트로클로스 프리아모스 등등
트로이젠(아르골리스의 도시) 50b 204b 216b 223a 271a 273a 286b 453b 510b 511a 512a 512b 533a 553b 567a 570b 595a 626b 634b 664a 711b 712b
트로이젠 계보 2. 91b **533** 710a
트로일로스 프리아모스의 아들 310b **533** 606a 609a 619b 686a
트로킬로스 354a **533**
트로포니오스 계보 33. 233a 233b 340a **534** 609b 703b
———의 신탁 120b 182a 206a 682b
트리게미나(로마의 성문) 355a
트리나키아(섬) 111a 372a 700a
트리발로스 455b
트리사울레스 82b
트리아이 534
트리에노스 218a
트리오파스 1) 라피테스의 아들 계보 17 23. 110b 122a 162b 342b 406b 437b **534** 579b 585a 591b 592a 622a
2) 헬리아다이 중 한 명 173b 391b 698b **534**
트리옵스 계보 10. 323a 420b 534a

트리 798

트리카(테살리아의 도시) 148a 148b 265a 534b
트리케 계보 23. **534**
트리코로노스 히포다메이아의 구혼자 384b
트리코린토스(아티카의 고을) 414a
트리콜로노스 리카온 2의 아들 133a
트리테이아(아카이아의 도시) 167a 462b
트리테이아 167a 534b ☞아테나
트리토니스(키레나이카의 호수) 47a 253a 304a 352a 356a 447b 459b 534b 565a
트리토파트레스 354a
트리톤 계보 38. 122a 167a 190a 253a 352a 356a 461a 462b **534** 561b 565a
트리폴리타니아(아프리카의 나라) 370b ☞키레네 ☞시르티스
트리프톨레모스 계보 12. 41b 81b 82a 83a 100b 140a 193a 255a 353b 354a 363b 436b 475a 533b **535** 610b 611b
트리필로스(비티니아의 산) 166a
트리필리아 ☞마키스토스
트몰로스(소아시아의 산) 187a
트몰로스 1) 동명의 산을 의인화한 존재 187a **535**
  2) 리디아 왕 394b **535**
틀레시메네스 파르테노파이오스의 아들 547a 547b
틀레폴레모스 1) 헤라클레스의 아들 계보 15. 87b 138a 509b **535** 609b 636a 641b
  2) 트로이아 사람 556a
티가시스 계보 15
티그리스 아시아의 강 163a 210b
티데우스 계보 1 27. 44b 95b 136a 146b 167a 242b 243a 243b 249a 331b 359b 361b 383b 404b **536** 578b 601a 608b
티란노스 프테렐라오스의 아들 계보 31. 477b
티레노스 130a 130b 205a 497b 529b **537**
티레노이 족(이탈리아 중부의 민족=에트루리아인들) 53a 130b 464b 537a
 ──해적들 243b
티레니아(에트루리아의 나라) 374b
티레우스 오이네우스의 아들 계보 27. 383a
티로 계보 1 21. 65b 168b 207b 226a 229b 278b 337a 389b 407a 473b **537** 573a 588b
티로스(포이니키아의 도시)
 ──의 왕들 90b 230a 237b 346b 434a 500a 538a 629b
티로스 537
티루스 102a 263b **538**
티르세노스 1) 헤라클레스의 아들 계보 15. 651a
  2) 텔레포스의 아들 529b 707a
 ☞티레노스
티리아 키크노스 5의 어머니 490b
티린스(아르골리스의 도시) 150b 152a 195b 219a 219b 294a 318a 327a 349a 349b 351a 412b 415a 424a 492a 577a 605a 615a 615b
티림마스 350a 356b
티마고라스 170a
티만드라 1) 틴다레오스의 딸 계보 2 19. 111b 152a 354b 357b 437a 481b **538** 542b 638a 692b
  2) 아이기피오스의 애인 275b
티말코스 메가레우스의 아들 151a **538**
티모이테스 1) 라오메돈의 아들 **538**
  2) 킬라의 남편 494a 686b **538**
  3) 아테나이 왕 168b 392b 462b
티미아스 폴리네이케스의 아들 계보 37
티베르 336a
티베리나 섬(로마의) 195a **538**
티베리누스 1) 알바 왕 232b **538**
  2) 야누스의 아들 **538**
티베리스(이탈리아 중부의 강) 336a 538b
티베리스 신 114a 202b 270a 426b
티볼리 ☞티부르
티부르(라티움의 도시) 331a 447a 539a
티부르누스 539
티부르투스 331a 447a
티부르티스 354b
티사메노스 1) 오레스테스의 아들 계보 13. 378a 465b **539** 569b 677a 681b
  2) 테르산드로스 2의 아들 계보 37. 506b **539**
티소아 644a

티스베 631a
티아 계보 5 38. 541a ☞테이아
티에스테스 1) 아트레우스의 형제 계보 2. 58a
  92b 153a 234a 268a 274a 274b 306a 306b
  307a 324a 478a 482a 501b 502a 517b **539**
  587b 588a 607b 626a 626b 634b 710a 710b
  2) 레스보스 사람 79a
티오네(=세멜레) 209b **540**
티이아 88a 141a 148b **540**
티케 1) 운명 178a **540** 583a 593a
  2) 오케아니데스 중 한 명 390b
티키오스 540
티타나스 리카온 2의 아들 133a
티타네스 계보 5 12 38. 40b 50b 51b 181a 192a
  198a 230a 261a 269b 345a 390b 392a 395b
  408b 409b 428a 429b 453b 466a 474a 498a
  508b **540** 565a 575a 613a 644b 699a 709a
  ——와의 싸움 271b 366a 491b 651a 688a
티타노마키아 395a 499b 541a
티타니데스 계보 5 12 38. 40b 119b 182a 523a
  523b **541** 598a
티타에 396a
티타이아 192a ☞티타에
티토노스 계보 4 7 14. 175a 345a 345b 521b
  541 665a 671a
티토레아(포키스의 도시) 599a
티티아스 198a
티티오스 1) 거인 계보 20. 99b 121b 186a 256a
  312a **541** 652a
  2) 에우로페의 아버지 346a 355b
티폰 계보 12 32. 41b 51b 88a 99b 218a 223b
  330b 346a 358b 379a 430b 435a 435b 455b
  486b 498b 511b **541** 554a 593b 613b 635a
  658a 658b 661b 664b 679a 679b 684a 703a
티피스 아르고나우타이 중 한 명 56a 135b
  247b 251a 340a **542**
틴다레오스 계보 2 6 19. 46a 97a 102b 111b
  115b 118b 152a 153a 154a 234a 234b 237a
  337b 357b 367b 376b 377a 389a 417a 417b
  418a 481b 482a 483b 515b 538a **542** 555b
  564a 571b 579a 591b 668a 668b 681b 692a

692b 693a 711a
  ——에게 한 맹세 154a 234b 237a 367b
  555b 564a
틸로스 77a 177a
틸리포스 545a
팀브라이오스 라오코온 1의 아들 105b
팅게 안타이오스의 아내 213b **543b**
팅기스(아프리카의 도시=탕제르) 213b 543b
파가사이(테살리아의 도시) 249a 249b 490a
파그로스 175a
파나모로스 쿠레테스 중 한 명 102a
파나케이아 111a 265a 362b **544**
파노스 248b
파노테우스 ☞파노페우스
파노페우스(포키스의 도시) 544a 592a
파노페우스 1) 포코스의 아들 계보 30. 265b
  333a 360b 477b 513b **544** 599a
파노페이아 네레이데스 중 한 명 59b
파니데스 칼키스 왕 **544**
파라시아(아르카디아의 도시) 545a
파라시오스 아르카디아의 용사 132b **545**
파라시오이 족 495b
파라이비오스 545
파락스 488a
파랄로스 아테나이의 용사 **545**
파로스(섬) 155b 602a 617b 618a 696a
파로스(키클라데스 군도의 섬) 61a 65a 184a
  220a 317a 348a 440a 641b
파로스 545 696a
파르나소스(포키스의 산) 90a 127b 128a 134a
  312a 367a 409a 416a 428a 453a 477a 493b
  534a 540a 545b 598b 630b 635a 668b
파르나소스 545
파르나케 483b
파르손데스(파르손다스) 페르시아의 용사 **545**
파르카이 341a **546** 555a
파르테노스 1) 스타필로스의 딸 219a **546**
  2) =처녀 **546**
파르테노파이오스 테바이 원정 일곱 장군 중
  한 명 계보 1 26. 243a 303a 361b 528b **547**
  579b

파르테노페 1) 세이레네스 중 한 명 165b 211b 547
    2) 스팀팔로스의 딸 계보 9 15. 222b
    3) 트라케의 어머니 533a
파르테니아 플레이아데스 중 한 명 626b
파르테니아스 말 142b
파르테니아이(라케다이몬의 일부 주민들) 567a
파르테니오스(파플라고니아의 강) 390b
파르테니오스 1) 키드노스의 아들 484b
    2) 라케다이몬 사람 709a
파르테니온(아르카디아의 산) 303a 464b 528b 547a
파르티스 다나이데스 중 한 명 75b
파리스 계보 13 34. 134b 148a 153b 156a 312a 319a 351b 355b 383b 402a 441b 487a 494a 547 559b 605a 611a 619b 641a 686a 690b 693a
    아킬레우스를 죽이다 64b 300a 300b 322a 609a
    헬레네를 납치하다 48a 118b 153a 154a 154b 234b 287a 367b 447a 562a 573b 618a 645b 693a
    이데 산 위에서 304b 314a 342b 383b 449b 464b 652b 680a
    장례 경기 86a 489b 697a
파리아 계보 28. 65a 184a 317a 348a 641b
파리아스 638b
파리온(미시아의 도시) 227a 638b
파릴리아(로마의 축제) 124b 568b
파마 41b 550
파메스 550
파셀리스(리카아의 도시) 108a 494b
파소스 리카온 2의 아들 133a
파시스(신 강) 251a 283a 390b 550
    (콜키스의 도시) 283a
파시스 헬리오스의 아들 391a
파시테아 네레이데스 중 한 명 59b
파시테아 레오스의 딸 115a
파시토에 오케아니데스 중 한 명 390b
파시파에 계보 2 18 14. 49b 78b 85a 183b 184a 185a 259a 283a 316a 317a 446b 485b 500a 550 553b 574b 575a 616b 617a 661a 699b
파에톤 헬리오스의 아들 계보 4 14. 345a 458b 481a 483b 490b 551 699a
파에투사 1) 헬리오스의 딸 111a
    2) 다나오스의 딸 188b
파온 레스보스의 용사 551
파우나 551 682b
파우누스 42a 67a 90a 108b 129a 144b 196b 197a 232a 354b 486a 551b 552 557a 634a 682a 682b
    ——의 자식들 295a 270a
파우스투스 363a
파우스툴루스 68a 68b 112b 124a 124b 288a 552b 553a 553b
    ——의 아내 288a
파우스티누스 553
파이드라 미노스의 딸 계보 28. 184a 512b 515a 517a 553 567b 712b
    ——의 자식들 83b 289a
파이디모스 니오비데스 중 한 명 70a
파이스토스(크레테의 도시) 42b 402b 421b 554a
파이스토스 128a 128b 405b 554
파이스톰(이탈리아 남부의 도시) 116b 176b
파이실레 히아데스 중 한 명 705b
파이아 511b 554
파이아케스 족(민족) 54b 55b 82b 252b 253a 327b 372b 373a 456a 554 578b 713b 714a
파이악스 1) 포세이돈의 아들 456a 554a 554
    2) 테세우스의 키잡이 554
파이안 치유의 신 554 555a 645a
파이오 히아데스 중 한 명 705b
파이오나이오스 닥틸로이 중 한 명 80b
파이오네스 족(마케도니아의 민족) 555a
파이오네스 족(민족) 555a
파이오니다이(아테나이의 가문) 555a
파이온 1) 엔디미온의 아들 계보 24. 286a 360b 362b 555
    2) 안틸로코스의 아들 555
    3) 포세이돈과 헬레의 아들 692a
    4) ☞파이안

파케 계보 39
파타 546b 555a 555b
파타라(리키아의 도시) 416a 486b
파툼 555 ☞운명
파트라이(아카이아의 도시) 293a 319b 351b 352a 465a 465b 535b 612a
파트레우스 612a
파트로클레스 헤라클레스의 아들 151a ☞파트로클로스
파트로클레우스 473a
파트로클로스 555
　가계 계보 30. 157a 188a 274a 315b 573b
　——와 아킬레우스 201a 296a 297b 298b 299a 300b 301a 321b 479a
　——의 공적 205b 280a 351b 631b
　——의 시신을 둘러싼 전투 48b 155a 276b 402b 591a
　——의 장례 96a 155a 162a 163b 279a 299b 360b 520b 597b 608a
　기타 76b 102b 346a 356a 421b
파트로클로스 계보 15
파트론 1) 아이네이아스의 동료 556
　2) 에우안드로스의 동료 557
파포스(키프로스의 도시) 104a 237a 314a 483b 557a
파포스 314a 483b 557 629b
파플라고니아 인들(민족) 636b
파플라고니아(아시아의 나라) 144b 162b 204b 219b 464b 646b
팍스 557
팍톨로스(소아시아의 강) 187a 501b 557a 587b
팍톨로스 557
판 아테나이아 338a 343b 514a
판 42a 73b 80a 88a 90a 143b 187a 212b 226b 231a 232a 254b 255a 330b 337b 354b 358a 410b 427b 430b 435a 450a 475a 505b 542a 552a 557 572b 635b 679a 679b 680b 701a
판다레오스 267a 267b 479b 501b 558 648b
판다로스 115a 148a 154b 408b 437b 559
판도라 1) 에피메테우스의 아내 계보 38. 84b 362a 559 613b 630b 690a

　2) 에레크테우스의 딸 계보 11. 338a 560 706b
　3) 396a
판도로스 계보 11. 338a 560
판도코스 560 566b
판드로소스 케크롭스의 딸 계보 4. 239a 560 681b
판드로시온(아테나이의) 595a
판디아 212b
판디온 1) 에리크토니오스의 아들 계보 11. 102a 199b 217a 337b 343b 417a 419a 432b 458b 560
　2) 케크롭스 II의 아들 계보 11. 69b 135b 165b 272b
　3) 피네우스의 아들 계보 11. 479b
　4) 아이깁토스의 아들 76a
판테스 아이깁토스의 아들 75b
판테우클레스 180a
판토오스 트로이아의 노인 356a 561 601b
판티디이아 111b
팔라디온 55b 77a 84a 114a 114b 224b 277a 281b 305b 319b 364b 369b 425b 507b 518b 561 565a 565b 695a 697b
팔라메데스 나우플리오스의 아들 계보 2. 56a 154a 224b 368a 389b 464b 481a 563 572a 622a 684b
　——의 죽음 116b 236b 275a 369b 482b
팔라스(I) 1) =아테나 60a 71a 71b 77a 84a 183a 224b 245a 426a 561b 565
　2) 트리톤의 딸 561b 565
팔라스(II) 1) 티탄 계보 32 38. 71a 71b 202b 212b 222a 345a 432a 522a 565 574b
　2) 리카온의 아들 77a 133a 565
　3) 에우안드로스의 아들 277b 355a 565 649b
　4) 거인 51b 304a 565
　5) 판디온의 아들 계보 11. 272b 273a 512a 512b 561a 566 567b
팔라이모니오스 248a
팔라이몬 1) 헤라클레스의 아들 계보 15. 566 671a

팔라   802

2) 아르고나우타이 중 한 명 78b 566 689b
3) 이노의 아들 117a 174b 566 593a
팔라이스트라 1) =레슬링 464a 464b
2) 560a 566
팔라이스티노스(강=스트리몬) 221b
팔라이코스 암브라키아의 용사 566
팔라티누스(로마의 언덕) 68a 71b 108b 112b 123a 124a 129a 285b 354b 398b 446a 501a 552a 553a 567a 580b 630b
팔락소스 쿠레테스 중 한 명 102a
팔란스 71a 71b 565b 566
팔란토 히페르보레이오이 족의 한 사람 567
팔란토스 1) 라케다이몬의 용사 567
2) 포이니키아의 용사 423a
팔란티다이 134b 510b 512b 514a 566a 567 ☞ 팔라스
팔란티온(아르카디아의 마을) 354b 565b
팔란티움(마을=로마) 108b 123a 277b 354b 437b 446a
팔랑크스 567
팔레네(마케도니아의 반도) 50b 51a 51b 77b 287b 328b 335b 618a 618b 702b
(아티카의 마을) 512b
팔레네 1) 시톤의 딸 230b 231a 480b 567
2) 알키오네우스의 딸 568
팔레로스 아르고나우타이 중 한 명 110b 248b 325a 568
팔레룸(아티카의 항구 도시) 84a 563b 568a
팔레리이(이탈리아 중부의 도시) 183a 194a 649b
팔레스 568
팔리누로스(이탈리아의 곶) 569a
팔리누로스 568
팔리스키(민족) 649b
팔리아스 계보 15
팔리코이 286b 569
팔케스 테메노스의 아들 계보 16. 86b 107b 569
팜몬 프리아모스의 아들 619b 686a
팜포스 시인 569
팜필로스 아이기미오스의 아들 274a 569 677a

팜필로이 족(민족) 274a
팜필리아(소아시아의 지방) 108a 180a 225b
팜필리아 라키오스의 딸 108a
팡가이오스(트라케의 산) 137a 569b
팡가이오스 트라케의 용사 569
팡크라티스 알로에우스의 딸 계보 10. 323b 420b 421a 569
페가소스 말 계보 32. 45b 196a 219b 476b 486b 570 576a 581b 595b 605a 711b
페게우스 프로피스의 왕 계보 17. 174a 237a 288b 325b 326a 330a 449a 507b 570 591a
페게이아(아르카디아의 도시=프소피스) 570b 622b
페나테스 570
── 트로이아의 109a 272b 277a 314b
페네오스(아르카디아의 도시) 82b 222a 422b 619a
페네우스 멜라스의 아들 536b
페네이오스(강) 1) 테살리아의 79b 222b 274a 390b 698b
2) 엘레이아의 269b 660b
페네이오스 계보 23. 110a 222b 257b 258a 301a 473a 484b 485a 509a 534b 571
페넬레오스 248b 539b 571 601b
페넬로페 이카리오스의 딸 계보 19 39. 56b 103a 114b 115b 168a 356b 367b 373b 374a 374b 400b 417b 418a 418b 519b 526a 526b 527a 532a 571 578b 579a 605a 607b 680a 693a
── 와 그녀의 구혼자들 160a 320b 348b 423b 519b 558a
페노 계보 22. 101a 405b
페니아 338b 573 591a
페다소스(도시=모토네) 178a
페다이오스 152a 518a
페디아스 470a
페라이몬 284b
페라이보이 족(테살리아의 민족) 46b 405b 437b
페라이아 헤카테의 이름 573
페라이토스 리카온 2의 아들 133a

페라토스 포세이돈의 아들 계보 22. 118a **573** 627b
페레보이아 아테나이 여자 **573**
페레스(메세니아의 도시) 71b 330a
　(테살리아의 도시) 171a 244a 244b 315b 573b
페레스 1) 계보 1 21. 65b 137b 157a 202b 244a 248a 278b 473b 537b **573** 588b
　2) 이아손의 아들 계보 21. 158b 161b 426a **573**
페레우스 계보 9. 268b 528b
페레우스 오이네우스의 아들 383a
페레클로스 하르모니데스의 아들 **573**
페렌티나 573
페로 넬레우스의 딸 계보 1 21. 66a 169a 169b 202b 203a 248b 262b 502b **573**
페로니아 344b **574**
페루사 네레이데스 중 한 명 59b
페루지아(이탈리아의 도시) 270a
페르가모스 47b 64a 115a 178b 317b **574** 611b
페르가몬(미시아의 도시) 47b 317b 574a
페르디카스 테메노스의 후손 40a
페르딕스 1) 다이달로스의 누이 78b **574**
　2) 다이달로스의 조카 **574**
페르세 오케아니데스 중 한 명 **574**
페르세스 1) 계보 14 32 38. 159b 160a 265b 283a 283b 550b 565a **574** 687a 699b
　2) 페르세우스의 아들 계보 31. 460a
페르세우스 1) 계보 6 31 39 40. 98b 454a 492a 570a **575** 602a 615a 650b 679a
　── 일족 46a 74a 220a 262a 294b 304a 326b 349a 431a 460a 501b 543a 592b 615a 624a 653b 698b 710a
　──와 안드로메데 127a 318a 442b 460a 629b
　──와 고르곤 45a 47a 189a 305b 307a 476b
　2) 트로아스 왕 289a
　3) 네스토르의 아들 62b
페르세이스 오케아니데스 중 한 명 계보 14. 183b 283a 390b 450b 485b 550b 574b 575a 699a 699b
페르세포네 계보 38 40. 81a 83a 97b 162b 166a 205b 211b 219b 222a 264a 271a 313b 339a 354a 409b 428a 431a 450a 463a 487b 515b **577** 582b 614a 623b 645a 663b 679a 692b 700b
　──의 애정 행각 205b 241a
　──의 납치 364a 409b 410a 645a 682b
　──의 동정심 244b 324b 359a 380a 463b 670b
페르세포네 미니아스의 딸 407a
페르세폴리스 텔레마코스의 아들 55a 527b **578** 605a
페르시아 인들(민족) 545b 637a
페리구네 시니스의 딸 167b 225b 413b **578**
페리데아 렐렉스의 아내 605b
페리디아 밀레스의 어머니 190b
페리메데 1) 아이올로스 1의 딸 계보 8. 283b
　2) 계보 31. 138a 613a 675b
페리메데스 에우리스테우스의 아들 계보 31. 675b
페리멜레 1) 아드메토스와 알케스티스의 딸 계보 33. 141a 244b 254b **578**
　2) 익시온의 어머니 계보 23. 424b **578**
　3) 293b **578**
페리모스 트로이아 사람 556a
페리보이아 1) 나이아스 이카리오스의 아내 계보 19 39. 417b 571b **578** 605a
　2) 에우리메돈의 딸 55b **578**
　3) 로크리스 여자 **578**
　4) 폴리보스 왕의 아내 386a 388a **578**
　5) 아이아스의 어머니 텔라몬의 아내 계보 2 30. 280b 513a 525b **578**
　6) 히포노오스의 딸 계보 27. 383a 536a **578**
　7) 아우라의 어머니 269b
　8) 아테나이 여자 184a
페리스테네스 다마스토르의 아들 602a
페리스테네스 아이깁토스의 아들 75b
페리스테라 579
페리안드로스 259b 495b

페리 804

페리알케스 203a 573b
페리에레스 1) 계보 6 8 19 31. 46a 117b 152b 166b 188a 283b 388b 389a 400b 417a 483a 483b 517a 543a 579 585b 602b 632b 706a
    2) 메노이케우스의 마부 339b **579**
페리에르고스 트리오파스의 아들 579 591b
페리오피스 페레스의 딸 157a 573b
페리카스토르 602a
페리클리메네 페라이 I의 아내 계보 21. 244a
페리클리메노스 1) 테바이 사람 331b 547b **579**
    2) 아르고나우타이 중 한 명 넬레우스의 아들 66a 248a **579** 667b 668a
페리파스 1) 라피테스의 아들 계보 23. 110b 385b **580**
    2) 아이깁토스의 아들 76a
    3) 아레토스의 아들 188a
    4) 오이네우스의 아들 383a
페리페테스 1) 강도 511a **580** 689b
    2) 코프레우스의 아들 467a
    3) 트로이아 사람 520b
페리플레게톤 ☞피리플레게톤
페릴레오스 이카리오스 2의 아들 계보 19. 376b 417b
페모노에 아폴론의 딸 **580**
페미오스 478a 508b
페브루알리아 580b
페브루우스 580
페브리스 580
페시누스(프리기아의 도시) 237b 238a 238b 487a
페우케티오스 리카온 2의 아들 78a 133a 385a 409a **580**
페우케티이 족(이탈리아 남부의 민족) 78a 133a 385a 580b
페이디포스 테살로스의 아들 510a **581**
페이라소스 계보 17
페이라스 계보 18. 222a 581b
페이라이에우스(아테나이의 항구) 180a
페이레네(코린토스의 샘) 195b 273b 292b 570a 581a 581b 605a
페이레네 1) 아소포스(혹은 오이발로스)의 딸 263a **581**
    2) 다나이데스 중 한 명 75b
페이렌 1) 글라우코스의 아들 195b 411a **581**
    2) 이오의 아버지 411a **581**
페이리토오스 계보 1 23. 83b 97b 110b 152b 171b 243b 249a 425a 460b 515a 568a **581** 608a 663b 692b
    ──의 결혼식 127a 351a 494b 710b
페이산드로스 1) 트로이아 사람 155a
    2) 페넬로페의 구혼자 639a
페이시디케 1) 레스보스의 **582**
    2) 트로아스의 583
    3) 아이올로스 1의 딸 계보 8. 187b 283b 315b **583**
    4) 네스토르의 딸 62b **583**
    5) 레우콘의 딸 계보 33. 117b 247a
    6) 펠리아스의 딸 계보 21. 589a
페이시스트라토스 네스토르의 아들 62b **583**
페이시스트라토스 아테나이의 참주 583a
페이시온 424b
페이토 1) 설득의 여신 **583**
    2) 오케아니데스 중 한 명 254a 390b **583**
    3) 70a 591a
페키알레스(로마의 사제단) 67a 399a
페테오스 152b
페텔리아(이탈리아의 도시) 641a
페트라이아 오케아니데스 중 한 명 390b
페파레토스(그리스의 섬) 583b
페파레토스 디오니소스의 아들 계보 28. 219a 259b **583**
페프레도 47a 576a
펜테실레이아 148a 444a 480b **583** 590a
    ──와 아킬레우스 96b 246a 260b 300a 444b 453a 507a
펜테우스 계보 3 29. 72b 94a 102a 135a 145b 156b 236b 237a 359a 360a 385b 435a 522b **583** 602b
펜토스 슬픔 **584**
펜틸레(레스보스의 도시) 584b
펜틸로스 215b 340b **584**
펠라(마케도니아의 도시) 633a

펠라곤 263a 434b
펠라르게 포르트네우스의 딸 405a
펠라스고스 1) 아르카디아 사람 계보 18 40.
　70a 100b 132b 133b 173a 431b 494b 507b
　585 591a 649a
　　2) 트리오파스의 아들 계보 17. 53a 400a
　406b 470b 571a 585
　　3) 아카이오스의 형제 계보 17. 585 625a
펠라스고이 족(민족) 53a 76a 110a 249b 255a
　294b 431b 444a 494b 509b 524b 576b 581a
　584b 585b 637a
펠라스기오티스(테살리아의 지방) 508a 585b
펠레네(아카이아의 도시) 418a 543a
펠레우스 계보 30. 216b 220b 525a 585 599a
　602b 604a
　　칼리돈에서 171b 289b 351b
　　페라이에서 315b 599b
　　아르고나우타이 중 한 명 248a
　　기타 63b 152b 157a 178b 188a 194b 282a
　303a 403b 408a 456b 470b 524a 548b 555b
　589b 597a 622a
　　☞아킬레우스 223b 295a
펠로로스(시칠리아의 산 곶) 330a
펠로로스 스파르토이 중 한 명 223b 434b
펠로페이아 1) 티에스테스의 딸 계보 2. 274a
　274b 306b 307a 540a 587
　　2) 펠리아스의 딸 계보 21. 490a 490b 587
　589a
　　3) 니오비데스 70a
펠로폰네소스 46a 58a 81a 86a 88a 88b 95b
　102b 133b 160b 169b 222b 230b 231b 243a
　247a 262b 269a 274b 286a 314b 315a 315b
　357a 358b 363a 385a 386a 390b 393a 406b
　413b 436b 444a 462b 468a 471a 494b 495b
　499b 510a 512a 514b 536a 539a 539b 549a
　584b 585a 591a 591b 605a 611b 612a 616a
　625b 628b
펠로피다이 234a 710a
펠롭스 1) 계보 2. 70a 92b 92b 106b 132a 153a
　188a 216b 220b 222b 223a 249a 282b 286b
　306a 324a 332b 349a 384b 426a 466b 494b

497a 501b 510b 533a 539b 557a 587 592a
626a 634b 697b 709b 712a
　　──의 성역 667a
　　──의 뼈 562a
　　2) 계보 2. 236a 442a 478a
　　3) 오푸스 사람 히포다메이아의 구혼자
　384b
펠리아 172b
펠리아데스(펠리아스의 딸들) 115a 320b 408a
　589b
펠리아스 이올코스 왕 계보 21. 65b 158b 161b
　226a 244a 248a 278b 289b 324b 337b 407a
　473b 537b 587 588 603b 613a
　　──의 딸들 ☞펠리아데스
　　──의 장례 경기 48b 172a 179b 197b 303b
　415a 423a 587a
펠리온(테살리아의 산) 110a 166b 231b 249b
　257b 290a 295a 295b 323a 407a 456b 586a
　586b 608a 642a 669a 707b
펠릭스 363a
펠시나(에트루리아의 도시) 270a
포(이탈리아의 강) 319b 342a
　　── 평야 270a
포노스 342b
포다르게 194b 590
포다르고스 95b 661a
포다르케 다나이데스 중 한 명 76a
포다르케스 1) =프리아모스 계보 7. 104b 105a
　221a 425b 590 619b 666a 666b 685a
　　2) 이피클로스의 아들 계보 20. 423a 590
　617a
포달레이리오스 아스클레피오스의 아들 77b
　111a 148a 148b 226a 265a 405a 451b 544a
　590 641a
포데스 트로이아 사람 155a 591
포로네우스 이나코스의 아들 계보 17. 44b 70a
　130b 174a 190b 314b 346a 400a 478b 570b
　583b 585 591 595a 595b 685a 688a
포로스 338b 573a 591
포룸 로마눔(로마의) 98a 124a 124b 125a 125b
　194b 195a 398b 467a 468b 469a 546b 553a

580b 701b
포룸 보아리움(로마의) 117a 149b 355a 445b 593a
포르낙스 591
포르미아이(이탈리아 중부의 도시) 101a 106b 371b
포르미온 스파르타의 용사 591
포르바스(강) 292b
포르바스 1) 라피테스의 아들 계보 23 24. 110b 121b 151a 218a 269a 286a 315b 579b **591**
　　2) 아르고스의 아들 계보 17 18. 162b 168a 219b 534b **592** 622a
　　3) 강도 **592**
　　4) 테세우스의 스승 **592**
　　5) 트로이아 사람 123b 426b
포르보스 ☞포르바스 1
포르센나 182a 454a
포르스 **592**
포르코스 ☞포르키스
포르키스 계보 12 32. 41a 45a 46b 58b 99b 211a 218a 358b 458a 500b 532a 534b 576a **592** 607a 684a
포르타 카르멘탈리스(로마의 성문) 355a 437a
포르타 카페나(로마의 성문) 337a 439b
포르타 폰티날리스(로마의 성문) 599b
포르타온 계보 24 27. 106a 211a 220b 248b 383a 384b 497a 506b **592**
포르테우스 1) =포르타온 383a 592b **592**
　　2) 리카온 2의 아들 133a
포르투나 592a **593** ☞티케
포르투누스 117a 566b **593**
포르피리온 거인 50b 51a **593** 652a
포메리움 113a 124b 161b
포모나 194b **593** 634a
포보스 245b 313b 515a **593**
포비오스 319b 619a
포세이돈 계보 17 20 21 22 25 30 31 32 35 38. **593**
　　어린 시절 448a 530a
　　애정 행각 45a 50b 60a 82b 100b 163a 207a 218a 223a 247a 261b 273a 286b 307b

334a 343a 420b 433a 444a 463b 505b 510b 519b 524a 530a 532a 537b 540a 578a 586b 588a 683b 692a 712a
　　——의 아들들 41b 44a 49a 55b 56a 65b 69b 88a 100b 118a 122a 131b 134b 151a 164b 166b 167b 179a 186a 195a 196b 199a 205a 207a 207a 212b 216b 225a 230b 230b 231b 237a 246b 247b 248a 250b 262a 262a 262b 269a 283b 286b 319a 322a 323a 323b 327b 337a 340a 352a 352a 353a 355b 361a 365b 366a 371a 381b 420b 449a 456a 456a 461a 473b 476b 488a 489b 491a 497a 501b 505b 510b 518b 532a 534a 534b 537b 545b 547b 554b 555a 567b 570a 573a 578b 579b 585a 588a 588b 606b 607b 610b 617a 624a 625a 626b 650a 650b 662b 666b 667a 671a 692a 703b
　　——의 딸들 101a 122a 122b 257b 271b 287b 354a 406a 439a 650a
　　——의 후손 72a 74b 275b 361a 462b 488b 598b
　　——의 가축떼 82b 194b 217b 247a 296b 400b 553b 570a 587a 588a 588b 658a
　　——의 무리 258a 617b
　　——의 복수 261b 271b 287a 318a 338a 372b 373a 442b 554b 607b 665b 684b 707a
　　제우스를 공격하다 271b 311a 432a
　　——의 행렬 535a
　　——의 신전 233a 355a 534a
　　기타 51a 51b 59b 62a 105b 119b 121a 149a 163a 183b 185a 279a 282b 305a 307b 310b 313b 355a 377b 384b 400a 400b 403a 432a 457b 465a 491b 498a 504b 513a 541a 550b 570a 591a 604b 617b 635a 644b 661a 667b 668a 697a 703b 712a
포스투무스 실비우스 110a
포스포로스 별 128b **596** 684a
포이네 129b 464a **596** 622b
포이노다마스 272a
포이니케 케크롭스의 딸 560a
포이니키아 인들(포이니케 인들) 90b 175b 423a

505b 693b

포이니키아(포이니케 페니키아) 99b 130a 131b 202b 206b 225b 229b 237b 318a 413b 423a 440b 693b

포이닉스 1) 아게노르의 아들 계보 3. 96a 131b 226a 237b 318a 346b 366a 434a 437a 442b 495a 499b 528a **597**

    2) 아킬레우스의 스승 63a 170b 281a 295a 296a 368a 369b **597**

포이닉스 596

포이만드로스 보이오티아의 용사 **597**

포이만드리아(도시=타나그라) 597b

포이베 1) 티타니데스 중 한 명 계보 5 12 38. 40b 121a 265b 466a 541a 575a **598**

    2) 레우키피데스 중 한 명 계보 19. 97b 111b 117b 118b 400b 401a 579a **598** 713a

    3) 헬리오스의 딸 **598** 699a

    4) 레다의 딸 111b

    5) 멜레아그리데스 중 한 명 172a

포이보스 253b **598**

포이아스 248a 503b **598** 639b 674b

포코스 1) 칼리로에의 아버지 **598**

    2) 포키스의 명조 계보 35. 321b 379a 531b **598**

    3) 아이아코스와 프사마테의 아들 계보 30. 221a 265b 282a 315b 351b 477b 525a 544a 585b 586a **599** 622a 636a

포키스 인들(민족) 111a 216a 379a

포키스(나라) 221a 227a 262a 333a 363b 365b 375b 376a 386b 404a 434b 531b 544a 592a 598b 599a 625a 638a 675a

포타몬 아이깁토스의 아들 75b

포토스 =욕망 599b

포트네우스 405a

포트니아이(네거리) 386b

포티나 214a

폰스 336b 398a **599**

폰토메다 네레이데스 중 한 명 59b

폰토메두사 네레이데스 중 한 명 59b

폰토스 계보 12 32. 40b 41a 58b 358b 364a 458b 500b 592b **599**

폰토스의 아카이아 인들 410b

폰토포레이아 네레이데스 중 한 명 59b

폰투스 ☞폰스

폰티펙스 67a

폴레모크라테스 마카온의 아들 148b

폴레몬 58a

폴로스 61b 231a 460a 460b **600** 637b 659b 669b 670a 713b

폴로에(엘레이아의 산) 200a 600a 669b 670a

폴리고노스 프로테우스의 아들 **600** 618b

폴리네이케스 계보 1 29 37. 103b 156b 242b 243a 243b 266a 320a 325b 331a 344a 347a 359a 359b 361b 388b 421a 472a 506b 529a 536b **600**

폴리노에 네레이데스 중 한 명 59b

폴리다마스 1) 판토오스의 아들 561a **601**

    2) 프리아모스의 아들 571a 686a

    3) 안테노르의 아들 518a 700a

폴리담나 토니스의 아내 532a **602** 696a

폴리데우케스 계보 2 19. 83b 97a 97b 98a 112a 118b 119a 171a 234a 248a 250b 262a 287a 287b 290a 348b 357b 397b 401a 401b 515a 543b 589b 598a **602** 692a 692b 696b

폴리덱테스 45a 56a 74a 98b 141a 454a 575b 576b **602**

폴리도라 1) 펠레우스의 딸 계보 30. 152b 188a 223b 585b **602**

    2) 다나오스의 딸 90a

폴리도레 오케아니데스 중 한 명 390b

폴리도로스 1) 카드모스의 아들 계보 3 20. 101b 385b 435b 584a **602** 649a

    2) 프리아모스의 아들 계보 34. 86b 87b 281a **603** 604a 619b 686a 686b 691a

    3) 헤라클레스의 아들 151a 473a

    4) 히포메돈의 아들 711a

폴리메데 아우톨리코스의 딸 271a 278b 407a **603**

폴리메돈 프리아모스의 아들 620a

폴리메스토르 프리아모스의 사위 86b 87a 281a 365a 426b 603a 603b **604** 686b 687a

폴리멜라 1) 필라스 2의 딸 346b **604** 636a

2) 아이올로스 2의 딸 374a 604
　　3) 악토르의 딸 602b 604
　　4) 펠레우스의 딸 157a
폴리멜로스 151a 556a
폴리보스 1) 이집트의 테바이 왕 604
　　2) 시키온 왕 계보 22. 242b 503a 604
　　3) 코린토스 왕 386a 387b 578b 604
　　4) 코린토스 사람 327b
폴리보이아 오이클레스의 딸 계보 1. 389b
폴리보테스 거인 51b 604
폴리아낙스 멜로스의 왕 152b
폴리에이도스 1) 코린토스의 예언자 150a 355b 521b 604 638a
　　2) 에우리다마스의 아들 605
　　3) 코이라노스의 아들 아마도 1과 동일인물 49b 50a 480b
폴리카스테 1) 네스토르의 딸 62b 527a 527b 578a 605
　　2) 리가이오스의 딸 115b 417b 605
폴리카온 1) 렐렉스의 아들 122b 162b 190b 605
　　2) 계보 16. 605b
폴리코스 리카온 2의 아들 133a
폴리크리테 낙소스 여자 605
폴리크리토스Polycrithos 597b
폴리크리토스Polycritos 606
폴리클레스 605b
폴리테스 1) 프리아모스와 헤카베의 아들 606 619b 620b 686a
　　2) 오딧세우스의 동료 355b 606
폴리테크노스 267a 267b
폴리토리움(라티움의 도시) 606b
폴리파테스 606
폴리페모스 1) 라피타이 족의 한 사람 103a 110b 248a 250a 606 713a
　　2) 키클로페스 중 한 명 142b 229b 290b 371a 489a 491b 527b 532a 595b 607
　　──의 애정 행각 42a 295a
폴리페몬 77b 616b
폴리페이데스 1) 만티오스의 아들 519a 607
　　2) 시키온 왕 543b 607

폴리포르테스 오딧세우스의 아들 계보 39. 374b 607
　　☞프톨리포르테스
폴리포이테스 1) 아폴론의 아들 88b 104a 286a 310b 608
　　2) 페이리토오스의 아들 계보 1 23. 110b 115a 451b 582a 590b 608
　　3) 오딧세우스의 아들 계보 39. 374b 449a 608
　　4) 라이오스의 전령 386b
폴리폰테 히포노오스의 딸 608
폴리폰테스 1) 테바이의 장군 608
　　2) 헤라클레이다이 중 한 명 160b 161a 287a 608
　　3) 라이오스의 전령 386b
폴릭세네 계보 34. 63b 159b 236a 300a 300b 301a 370a 549b 603a 608 619b 686a
폴릭세노스 1) 아가스테네스의 아들 609
　　2) 이아손의 아들 계보 21. 609
　　3) 엘레이아의 왕 332b 609
폴릭소 1) 닉테우스의 아내 계보 25. 609
　　2) 틀레폴레모스의 아내 87b 152a 536a 609 696b
　　3) 힙시필레의 유모 609
　　4) 히아데스 중 한 명 705b
폴릭토르 1) 이타코스의 형제 418a 610a
　　2) 아이깁토스의 아들 75b
폴릴라오스 계보 15
폴림네스토스 바토스 2의 아버지 193b 612b
폴림노스 610
폴림니아 181b 379b 389a 610
폴티스 포세이돈의 아들 610
폼포니우스 일족(씨족) 611a
폼폰 누마의 아들 67b 611
폼필로스 391b
폼필리아 누마의 딸 67b
푸르포(이탈리아 중부의 도시) 574a
푸른 바위 250b ☞키아네아이
푸리나 611
푸리아이 196b 286a 341a 596a 611
푸치노(이탈리아의 호수) 318b

프닉스(아테나이의) 514b
프라스토르 1) 오이디푸스의 아들 103b 413a
　　 2) 펠라스고스의 아들 53a
프라시모스 338a 611b
프라시오스 1) 예언자 199a 611
　　 2) 넬레우스의 아들 66a
프라이네스테(이탈리아의 도시=팔레스트리나) 344b 444b 445a 526a 574a
프라키아이(펠로폰네소스의 지방) 611b
프락스 611
프락시테아 1) 에레크테우스의 아내 계보 11. 165b 338a 473a 560a 560b 611
　　 2) 님프 에리크토니오스의 아내 계보 11. 343b 432b 560b 611
　　 3) 켈레오스의 아내 83a 611
프레스본 계보 33. 481b 611 650a
프레아티스(아티카의 만) 520b
프레우게네스 612
프로낙스 계보 1. 98a 242b 243b 604b 612
프로노메 601b
프로노스 612
프로노에 1) 아이톨로스의 아내 계보 24. 169a 286a 382b 448b 625b
　　 2) 님프 443b
　　 3) 네레이데스 중 한 명 59b
프로노오스 1) 페게우스의 아들 계보 17. 237a 288b 326a 507b 570b
　　 2) 데우칼리온의 아들 378a
　　 3) 트로이아 사람 556a
프로니메 바토스 2의 어머니 193b 612
프로마코스 1) 레우코카마스의 형제 612
　　 2) 아이손의 아들 계보 21. 589a 603b 613
　　 3) 파르테노파이오스의 아들 361b 547b
　　 4) 헤라클레스의 아들 622b
프로메돈 낙소스 사람 714b
프로메테우스 계보 38. 84b 134b 157a 202b 266b 307a 348b 362a 409a 430b 432a 460b 481a 486b 509b 524b 541a 559b 565a 583a 586b 613 684b 690a 698b
　　——의 독수리 358b
　　——의 구원 665a 671b

프로메토스 코드로스의 아들 614a
프로발린토스(아티카의 고을) 414a
프로세르피나 ☞페르세포네
프로스키다(캄파니아의 섬) 456a 617a
프로심나(아르골리스의 도시) 614b
프로심나 614
프로심노스 ☞폴림노스 94b
프로이토스 1) 아르고스 왕 계보 9 31 36. 56a 94a 127b 132a 139b 152a 168b 169a 169b 195b 196a 202b 203a 219a 219b 239b 242a 242b 262b 294a 294b 412b 421b 502b 574a 575a 614 615b 616a
　　 2) 테바이 사람 43a
프로이티데스 계보 31 36. 132a 219a 615a 615
프로카스 알바 왕 67b 68b 232b 261a 436a
프로쿨루스 616
프로크네 계보 11. 89b 103a 199b 337b 419a 432b 506a 560b 616 638a 638b
프로크루스테스 77b 511b 616
프로크리스 계보 11. 65b 184a 338a 458b 481a 551a 616
　　——의 개 333a
프로클레스 1) 아리스토데모스의 아들 계보 16 37. 259a 505a 617 676b
　　 2) 피티레우스의 아들 635a
프로클레이아 489b 504b
프로키테 617
프로테실라오스 이피클로스의 아들 계보 20. 103b 104a 287a 291a 590a 617
프로테우스 1) 바다의 신 155b 258a 357a 440a 440b 492a 527a 596a 600a 617
　　 2) 이집트 왕 156a 199a 434a 518b 519b 622a 694a 618
　　 3) 아이깁토스의 아들 75b
프로토Proto I 네레이데스 중 한 명 59b
프로토Proto II 네레이데스 중 한 명 59b
프로토게네이아 1) 계보 8. 127b 392a 618 698b
　　 2) 에레크테우스의 딸 338a 478b 618 706b
　　 3) 칼리돈의 딸 392b 448b 618
프로토노에 디사울레스의 딸 193a

프로 810

프로토메데이아 네레이데스 중 한 명 59b
프로토에노르 646b
프로토오스 1) 아그리오스의 아들 계보 27. 136a 506b 618
　　2) 마그네시아 군대의 대장 618
　　3) 리카온 2의 아들 133a
프로토온 트로이아 사람 520b
프로티스 플레이아데스 중 한 명 626b
프로포다스 계보 35. 618
프로포이티데스 619
프로폰티스(소아시아의 나라) 263a 284b 488b
프론티스 1) 프릭소스의 아들 계보 33. 254b 453a 493a 621b
　　2) 메넬라오스의 키잡이 155b
　　3) 판토오스의 아내 561a 601b
프롬네 200a 619
프루라르키다스 709a
프루사(비티니아의 도시) 713a ☞키오스
프리기아(소아시아의 나라) 46b 50a 77b 80b 93b 138b 141b 143b 144a 182b 186b 189a 192a 193a 205b 238a 304a 308b 335a 402a 408b 425b 446a 448a 468a 468b 487a 501b 529a 651b 678a 680a 685b
프리기오스 619
프리논다스 455b
프리마 로물루스의 딸 682a
프리베르눔(라티움의 도시) 165a 439b
프리아모스 606b
프리아모스 계보 7 34. 104b 619 666b
　　가계 86a 104b 117b 132b 221a 278a 310b 320b 392a 402a 426b 441a 494a 520a 533b 538b 541b 547b 602b 606a 632a 685a 685b 690a 697a
　　──의 딸들 473b 608b
　　──와 헥토르 299b 441b 609a 691b
　　어린 시절 104b 425b 590a 685a
　　기타 182b 224b 272b 319a 392a 396a 521a 559a 561a 564b 618a 694b
프리아포스 73b 94a 128a 195a 313b 488b 620
프리에네(소아시아의 도시) 634a
프리타니스 370a

프릭소스 1) 아타마스의 아들 계보 33. 46a 65a 83a 114b 116b 144b 149a 158a 167b 247b 254b 283a 301b 302a 315b 407b 453a 493a 578a 611b 612a 621 630a 650a 679b 691b
　　──의 숫양 520a
　　2) 켄타우로스 670a
프릴리스 잇사 1의 아들 427a 622
프림네우스 1) 쿠레테스 중 한 명 468a
　　2) 코리반테스 중 한 명 468a
프림노 오케아니데스 중 한 명 390b
프사마테 1) 네레우스의 딸 계보 30. 59b 282a 519b 585b 586a 599a 599b 618a 622
　　2) 크로토포스의 딸 129b 463b 464a 475b 596a 622
　　3) 아게노르의 딸 계보 17
프삼메티코스 122b
프소피스(아르카디아의 도시) 288b 325b 326a 342b 570b 622b
프소피스 1) 리카온 2의 아들 622
　　2) 닉티모스의 후손 622
　　3) 크산토스의 딸 622
　　4) 에릭스의 딸 622
프시케 339b 622
프실로스 프실로이 족의 왕 624
프실로이 족(키레나이카의 민족) 624a
프테렐라오스 계보 31. 332b 333a 333b 418a 465a 501b 528a 610a 624 654a 712a
프텔레아 393b
프텔레온 616b
프토노스 선망 624
프토오스 아타마스의 아들 계보 33. 117b 302b 509a
프톨리포르테스 오딧세우스의 아들 572a
　　☞폴리포르테스
프톨리포르토스 텔레마코스의 아들 527b 624
프티아(테살리아의 도시) 64a 171b 178b 257b 295b 351b 479b 585b 586a 587a 698b
프티아 1) 88b 104a 286a 608a
　　2) 니오비데스 중 한 명 70a
프티아 597b
프티오스 1) 라리사의 아들 계보 17. 101a 585b

624
    2) 리카온 2의 아들 133a
플라미네스 66b
플라미니아 가도 316a
플라키아 라오메돈의 아내 104b 221a 345a 619a
플라타노스 625
플라타이아(보이오티아의 도시) 263a 386a 492b 493a
플라타이아 263a 492b
플라톤 리카온 2의 아들 133a
플레게톤 625
플레곤 헬리오스의 말 699b
플레그라이이 평원 1) 팔레네의 50b
    2) 나폴리의 492a
플레기아(보이오티아의 도시) 625b
플레기아스 아레스의 아들 계보 20 35. 52a 72b 135a 264a 264b 405a 424b 463b **625** 650b
플레기아이 족(보이오티아 등지의 민족) 110b 149a 320a 363b 592a 625a
플레우론 아이톨로스의 아들 계보 24. 220b 286b 382b 383a 417a 490b 517a 592b **625** 642a
플레이스테네스 1) 펠롭스의 아들 계보 2. 56b 92b 153a 153b 268a 307a 588a **626** 710a
    2) 티에스테스의 아들 계보 2. 540a **626**
플레이아데스 계보 25. 72a 134b 146a 160b 220b 307b 364a 461a 501b **626** 678a 705a 705b
플레이오네 계보 6 7 25. 146a 307b 450b 461a 500b 626b **627** 705b 705b
    ──의 자식들 ☞플레이아데스
플레이우스(아르골리스의 도시) 229a 581a 628b
플렉사우레 1) 네레이데스 중 한 명 59b
    2) 오케아니데스 중 한 명 390b
플렉시포스 1) 테스티오스의 아들 계보 24. 517a **627**
    2) 피네우스의 아들 계보 11. 479b 561a **627** 630a
    3) 코리코스의 아들 464a **627**

플렘나이오스 페라토스의 아들 계보 22. 82a 379a 573a **627**
플로게오스 1) 디오스쿠로이의 말 648a
    2) 디오메데스의 말 590a
플로기오스 데이마코스의 아들 **627**
플로라 143a 214a **627**
플로랄리아 628a
플루토 1) 계보 2 40. 431b 501b
    2) 오케아니데스 중 한 명 390b
플루토스 82b 408b **628** 638b
플루톤 계보 38. 91b 212a 395a 474a 541a **628** 645b
    ☞하데스 ☞디스 파테르
플리아스 디오니소스의 아들 186a **628**
    아르고나우타이 중 한 명 248b
플리오스 444a
플리우스 248b 497a
피갈레이아(아르카디아의 도시) 347a
피갈로스 리카온 2의 아들 133a
피그마이오이 44a **628** 671a
피그말리온 1) 티로스 왕 90b 230a 316a **629**
    2) 키프로스 왕 483b **629**
피네우스 1) 리카온 2의 아들 133a **629**
    2) 케페우스의 형제 127a 196b 318a 576b 577a **629**
    3) 트라케의 왕 계보 7 14. 144b 197a 197b 198a 250b 251a 357b 358b 402a 442b 479b 545a 561a 627a **629** 647a 647b 648a
피누스 누마의 아들 67b
피달레이아 203b
피데나이(이탈리아의 도시) 702a
피데스 67a 123a 627b **630**
피돈 아르고스의 왕 173b
피디테스 370a
피라 1) 데우칼리온의 아내 계보 8 38. 84b 85a 88b 207b 283b 334a 362a 392a 618b **630** 698b
    2) 아킬레우스의 이름 63a 134a 296a 296b 427b 630b 632a
피라모스 **631**
피라이크메스 1) 트로이아 사람 556a **631**

피레

　　2) 투석꾼 393a 631
　　3) 에우보이아 왕 631
피레네(산맥) 631b
피레네 1) 헤라클레스의 애인 631
　　2) 키크노스의 어머니　246b 490b 631 671b
　　3) 디오메데스 1의 어머니 95a
　　4) 리카온 3의 어머니 134a
피레네우스 다울리스의 왕 631
피로스 =네오프톨레모스 63a 134a 178a 178b 270b 281a 296b 630b 632 632b
피로오스 426b
피로이스 헬리오스의 말 699b
피루스(로마의 적인 몰로소이 족의 왕자) 176a
피르고 1) 알카토오스의 아내 324a 632
　　2) 트로이아 여자 632
피리스 트로이아 사람 556a
피리아스 이타케의 632
피리코스(라코니아의 마을) 632a
피리코스 632
피리플레게톤 291b 466b 625a
피사(엘레이아의 도시) 362b 384a 470b 588a 632b 648a 672b 709b
피사(이탈리아의 도시) 360b 632b 632b
피사 362b
피사우룸(이탈리아 중부의 도시) 574a
피사이오스 632
피소스 1) 페리에레스의 아들 632
　　2) 켈토이 족의 왕 632
　　3) 아파레우스의 아들 계보 19. 388b 400b 632
　　4) 엔디미온의 아들 286a
피스코스 127b
피스토르 632
피시오스 리카온 2의 아들 133a
피아소스 테살리아의 용사 633
피알로 285b
피에로스 1) 마케도니아의 왕 291b 389a 570b 633
　　2) 마그네스의 아들 141a 633 706a
피에리데스 181a 633a 633

피에리스 계보 13. 151b
피에리아(트라케의 지방) 181a 182a 633a
피에리아 1) 옥실로스의 아내 393b
　　2) 619a
피에타스 633
피엘로스 64a 178b 317b
피콜로오스 거인 633
피쿠스 67a 433a 433b 486a 552b 593b 634 641b
피쿰누스 641b
피타고라스 145a 312b 356a 709a
피타네(라코니아의 마을) 634a
　　(미시아의) 634a
피타네 1) 에우아드네의 어머니 287b 354a 406a 634
　　2) 아마존 634
피타에우스 634
피탈로스 아티카의 용사 634
피탈리다이 511b 634b
피테스 88a
피테스Phytes 619a
피테우스 펠롭스의 아들 계보 2. 217a 273a 286b 510b 511a 533a 588a 634 710a
피테쿠사이(원숭이 섬) 456a
피토 88a 545b
피토 시빌레 228b
피토폴리스(니카이아 인근의 도시) 214a 680b
피톤 41b 88a 121b 309b 312a 436b 530b 542a 635
피티레우스 86b 635
피티스 88a 635
피티스 88a
피티아 경기 309b 635a
피티아 309b 312b 580b
피티오스 오레스테우스의 아들 378a
피티우사(도시=람프사코스) 111a
피포 피에리데스 중 한 명 633b
픽스 358b 635
핀도스(그리스의 산) 88b 110a 484b
핀도스 마케돈의 아들 635
필라데스 계보 2 30. 160b 221a 259a 365a 365b

375b 376a 377a 377b 389b 419b 420a 477b 531b 544b **635**
필라르게 다나이데스 중 한 명 76a
필라르테스 트로이아 사람 556a
필라스Phylas 1) 테스프로토이 족의 왕 535b **636**
    2) 폴리멜라 1의 아버지 346a 604a **636**
    3) 드리오페스 족의 왕 **636** 711b
    4) 히포테스의 아버지 계보 31. 120a **122**a **636** 676b
필라스Pylas 217a 272b 561a **636** 642b
필라온 넬레우스 1의 아들 66a
필라이메네스 파플라고니아 왕 **636** 646b
필라이몬 프리아모스의 아들 619b
필라이오스 1) 에우리사케스의 아들(또는 형제) 349a
    2) 무니코스 2의 아들 180b
필라이오스 481b **637**
필라이크메 319b
필라카이(테살리아의) 169a 422b 590a 617a 637a
필라코스 1) 데이온의 아들 계보 20. 169a 169b 186a 202b 248b 278b 407a 422b 481a 598a **637**
    2) 델포이의 용사 **637**
    3) 트로이아 사람 120a
필라키데스 637b
필란드로스 아폴론의 아들 **637**
필람몬 79a 249a 270b 477b 488b 499b **637** 655a 706a
필레노르 637
필레몬 193a
필레오스 계보 33
필레우스 1) 아우게이아스의 아들 152a 269b 538a 604b **637** 667a
    2) 트라케의 왕 642a
필로노메 닉티모스의 딸 132b 545a
필로노메 트라가소스의 딸 489b 490b 504b 505a
필로노모스 엘렉트리온의 아들 계보 31
필로노에 이오바테스의 딸 계보 35. 196a 412b 712a
필로노에 틴다레오스의 딸 계보 2 19. 481b 542b 692b
필로니스 1) 헤오스포로스의 딸 685a
    2) 데이온의 딸 637b
필로다메이아 다나이데스 중 한 명 75b
필로디케 레우키피데스의 어머니 계보 19. 117b
필로마케 암피온의 딸 589a
필로멜라 1) 판디온 1의 딸 계보 11. 103a 199b 337b 432b 506a 560b 616b **638**
    2) 악토르의 딸 315b
필로멜레이데스 368b **638**
필로멜로스 **638**
필로비아 289a
필로스(메세니아의 도시) 62a 62b 66a 168a 168b 169a 169b 246a 462b 499b 519b 527a 532b 533a 580a 583a 589a 605a 636b 667a 668a 678b
    (엘레이아의 도시) 636b
필로스 아레스의 아들 계보 24
필로이티오스 638
필로타스 다정함 72a **639**
필로토스 70b 335a
필로티스 639
필록테테스 포이아스의 아들 63a 86a 96b 148a 155a 160a 235a 248a 272b 281a 368b 369b 384a 451b 503b 549b 590b 598a 598b **639** 643b 674b 697b
필론 350b
필롤라오스 미노스의 아들 계보 28. 65a 184a 348a **641**
필롬누스 74b 532a 577a **641**
필리라 1) 케이론의 어머니 계보 38. 58b 295b 390b 456b 460a 474b **642**
    2) 페네이오스의 아내 계보 23. 110a 571a
    3) 나우플리오스 2의 아내 56a
필리스 83b 84a 289b **642**
필리아 필라스의 딸 계보 11. 69b 272b 561a 636b **642**
필리오스 아이톨리아의 용사 490b 491b **642**

필리

필리오스 헤파이스토스의 아들 640b **643**
핌플레아 80a 138b 503b
하계
　　——의 지리 116b 221b 291b 435b 466b 495a 498a 550a 625a
　　기타 116a 166a 395a 453a 455a 568b 577b 628b 644b 714b
하그노 644
하그니아스 티피스의 아버지 247b 542b
하늘 286a 338b ☞우라노스
하데스 계보 38. 51b 91b 94b 116a 119b 166a 229a 380a 405b 428b 430b 440b 455b 474a 498a 516a 555a 582b 628b **644** 663b 679a
　　——와 페르세포네 81a 81b 82a 247a 354a 405b 461a 487b 577b
　　——의 투구 47a 51b 245b 430b 491b 576a 576b 644b 679a 679b 712b
　　——의 가축떼 44a 156b 662a 664a
　　——의 동정심 463b
하르모니데 폴리페데스의 딸 607b
하르모니데스 573b **645**
하르모니아 제우스의 딸 계보 3 7 25 40. 181a 181b 209a 236b 245b 260a 313b 360a 364b 408a 426a 434b 602b **645**
　　——의 목걸이 288b 325a 325b 331a 344a 421a 435a 449a 601a
　　——의 예복 325a 325b 344a 435a 438b 449a 506b 601a
하르모토에 아에돈의 어머니 267b 479b 558b 559a
하르파고스 1) 디오메데스의 말 590a
　　2) 디오스쿠로이의 말 648a
하르파기아(미시아의 지명) 39b
하르파소스 480a
하르팔레우스 리카온 2의 아들 133a
하르팔리온 1) 필라이메네스의 아들 162a 636b **646**
　　2) 아리젤로스의 아들 **646**
하르팔리케 1) 하르팔리코스 1의 딸 439b **646**
　　2) 클리메노스의 딸 481b **647**
　　3) 이피클레스를 사랑한 여자 **647**

하르팔리코스 1) 하르팔리케 1의 아버지 646b **647**
　　2) 리카온 2의 아들 133a **647**
　　3) 아이네이아스의 동료 **647**
　　4) 헤라클레스의 스승 **647**
하르페 480a
하르피나(엘레이아의 고을) 648a
하르피레이아 647
하르피스(펠로폰네소스의 강) 648a
하르피이아(일리리아의 도시) 194a
하르피이아이 계보 32. 41b 194b 197a 197b 198a 250a 364a 404a 455a 461a 500b 559a 590a 630a 630b **647**
하르핀나 384a **648**
하마드리아데스 57a 73b 89b 126b 204a 226b 438a 477b 545a **648**
하마드리아스 393b 438a
하이도네우스(에페이로스의 왕) 582b
하이모니아(=테살리아) 585a 649a
　　(아르카디아의 도시) 649a
하이모스(트라케의 산) 542b 648b
하이모스 1) 보레아스의 아들 계보 11. **648**
　　2) 트라케의 참주 203b **648**
　　3) 텔레포스의 동료 **649**
하이몬 1) 크레온 2의 아들 계보 29. 146b 320b 348a 387a 472a 472b **649**
　　2) 펠라스고스의 아들 510a **649**
　　3) 카드모스의 아들 계보 3. **649**
　　4) 토아스의 아들 계보 27. 392b **649**
　　5) 리카온 2의 아들 133a
할레수스 649
할로스 피르고스(에트루리아의 도시) 650b
할로스(테살리아의 도시) 302b ☞알로스
할로크라테스 계보 15
할리로티오스 246b **649**
할리메데 네레이데스 중 한 명 59a 77b
할리스 하신 224a
할리아 1) 로도스 여자 122a 530a 594a 595a **650**
　　2) 네레이데스 중 한 명 **650a**
　　3) 리디아 여자 130a

할리아르토스(보이오티아의 도시) 150a 506b
530b 612a 650a
할리아르토스 계보 35. 506b 612a 650
할리아이 650
할리아크몬 1) 마케도니아의 강 390b 650
2) 티린스의 용사 650
3) 아르골리스의 강(=이나코스) 400a
☞카르마노르
할리에 네레이데스 중 한 명 59a
할리오스 370a
할리카르나소스(카리아의 도시) 319a
할리페로스 리카온 2의 아들 133a
할모네스(보이오티아의 고을=올모네스) 650b
할모스 계보 20. 186a 625a
할스 650
할키오네 49a 226b ☞알키오네
행복한 자들의 섬 134b 212a 312b 327a 356a
474b 526a 684a
헤게토로스 낙소스의 해적 421a 570a
헤게토리아 로도스의 님프 391b 699a
헤겔레오스 167b 651
헤니오케 217a
헤라 계보 38 40. 119b 474a 507b 523b 541a
644b 651
　제우스와의 결혼 431a 462a 507b 522a
664b 684a
　신들의 혼례식 322a 493a 507b
　이데 산에서 313b 548b
　제우스를 공격하다 271b 311a 432a 594a
　——의 축제들 710a
　——와 헤라클레스 43a 107b 150a 260b
333b 349a 422a 437b 653b 656b 658a 661a
661b 666b 668a 668b 675a 688b 705a
　——의 자식들 245a 348a 357b 438b 453b
468b 474b 542a 683a 688b
　——의 복수 44a 93a 100a 101b 106a 114b
117a 121b 149a 154a 156a 209a 223a 225b
254a 256b 267a 302b 314a 320b 327a 328b
360a 382a 396b 407b 409b 411a 424b 428a
442b 450a 468b 522a 541a 542a 588b 589a
621a 629a 648b 680a 694a 705b

　기타 51a 65b 66a 81a 96b 119b 137b 143a
221b 252b 323a 341a 359a 404a 460a 479b
522a 523b 577a 586b 591a 593b 594a 614b
615b 618a 635a 683b 700b
　헤라 아르게이아(아르고스의 헤라) 243b
244a 356a 400a 411a 533b 591a
　헤라 라키니아 107b
헤라이에우스 리카온 2의 아들 133a
헤라클레스 이데 산의 481a
헤라클레스 계보 9 15 16 31 40. 389b 431b
510a 653~675
　가계 120a 138a 326b 333b 422a 457b 575a
　어린 시절 43a 130a 271a 333b 422a 517b
521a 647a 653 705a
　활과 화살 63a 350b 369b 451b 457a 521a
598b 639b 658a 697b
　자식들 56b 64a 69a 101a 157b 167b 174b
188a 217a 223a 268b 270a 285b 321a 322b
358b 394b 412b 453a 462b 528a 535b 537a
554a 565b 566a 581a 609b 622b 631b 636a
651a 711b 713b
　광기 135a 150b 349a 350b 473a 518a 653b
656b
　——의 동료들 132a 219b 324b 328b 389b
452b 497a 525b 627b
　——와 아마조네스 65a 136a 167a 219b
260a 348a 611a 661b 712a
　——와 안타이오스 319a 543b
　——와 아레스의 아들들 246b
　——와 아르고나우타이 248b 249a 250a
525b
　——와 아테나 304b
　——와 아우게이아스 87a 121b 268b 269a
497a
　——와 부시리스 199a 420b
　——와 사슴 256b 500b
　——와 켄타우로이 61a 351a 353b 457a
460a 600a 637b 713b
　——와 케르코페스 170a 456a
　코스에서 352a 452b
　——와 키크노스 246a 247a 490a 631b

헤라

　　──와 데이아네이라 211a 292b 383b
　델포이에서 309b
　　──와 디오메데스 95a
　엘리스와의 싸움 247a 269b
　하계에서 85a 156b 172a 264a 435b 455b 516a 582b 645a
　　──와 에우리스테우스 304a 349a 466b
　　──와 에우리토스 415b 532a
　　──와 게리오네우스 42a 44a 52b 80b 100b 107b 108b 116a 129a 156b 218a 221b 322a 344b 354b 379a 390a 439a 475b 631b
　기간토마키아 44a 51a 205a 256b 328b 362b 593b
　　──와 헤스페리데스 59b 100a 342a 390a 508b 614a
　　──와 라피타이 족 274a 463a
　레르네에서 437b 658b 703b
　　──와 리티에르세스 80a 138b
　　──와 죽음 324b
　오이타 산에서 132a 598b 639b
　　──와 옴팔레 394b 511a 657b
　트로이아에서 46b 105a 268b 280b 389b 587a 611a 685a
　신격화 157b 683b
　성지들 415a 424a
　기타 44a 46a 61b 65a 66a 97a 103a 108b 110b 111b 115b 134a 135a 147b 150a 170a 178a 183a 183b 188a 197b 206b 213b 219b 221b 231b 302b 339a 339b 345b 350b 358b 378b 383b 394b 406b 412b 414b 416b 417b 424a 452b 459b 470b 472b 481a 490b 506b 509b 511b 512b 514b 517b 538b 543b 580a 589b 600a 605a 613b 618b 637b 638b 643b 651b 652b 679b 688b 711a 713b
헤라클레스 닥틸로이 중 한 명 80b
헤라클레스의 기둥들 307b 334a 662b
헤라클레이다이 계보 16. 84a 86a 114a 130b 138a 160b 167b 168a 173b 287b 357b 392b 393b 414a 415a 431a 436b 505a 539a 539b 608a 635a 636b 651a 668a 668b **675** 711b 714a

　　──의 귀환 66a 160b 231b 357b 393a 462b 471a 495b 514b 531b 536a 539a 569b 635a
헤라클레이아 미노아(시칠리아의 도시) 162b 184b 185a
헤라클레이아 폰토스의(도시) 183a 663b
헤라클레이오스(개울) 631b
헤로 114b **677**
헤로디케 495b
헤로필레 227b 228a **677**
헤르마프로디토스 621b **678**
헤르메스 트리메기스투스 475a
헤르메스 계보 22 25 39 40. 146a 161b 307b 440b **678**
　　──의 신상 360b
　어린 시절 291a 494b
　애정 행각 71b 73b 79a 90a 188b 198b 239a 270b 285b 290b 427a 464b 488b 566b 637b
　　──의 복수 239b 608b
　　──의 자식들 71b 77b 79b 90a 95a 130a 205b 231a 338b 343b 346a 351a 354b 359b 363b 404b 442b 456b 458b 467b 484b 557b 604a 604b 622b 636a 637b 678a 681b
　제우스의 전령 84b 93a 135a 149a 156a 254a 306b 314a 362a 372b 411b 450b 462a 488a 501b 548b 608b 648a
　영혼의 안내자 327a 341a
　황소들을 훔치다 193b
　　──와 리라 311b 332a
　　──와 마법 486a
　　──의 샌들 45a
　기타 47a 51b 76a 88a 188b 193a 221b 301b 323b 335b 351a 366b 392a 414a 430b 473a 513b 542a 558b 560a 575b 576a 576b 618a 621b 654b 658a 663b 703b 707a 712b
헤르모스(리디아의 강) 177a 390b 713b
헤르모스 1) 테세우스의 동료 214a **680**
　2) 아이깁토스의 아들 75b
헤르모카레스 680
헤르미오네(아르골리스의 도시) 81b 478b 669a
헤르미오네 계보 13. 63b 64a 64b 71b 151b

153b 178b 365a 377b 378a 482a 539a 543b 549a 587b 681 693a 693b
헤르세 케크롭스의 아들 239a 345a 458b 483b 560a 680a 681
헤르실리아 125a 262b 469b 501a 681 701b
헤르쿨레스 288a 551b 653a 662b 682
헤르키나 682
헤메라 72a 286a 395b 443b 547a 683
헤미키네스 683
헤미테아 1) 스타필로스의 딸 126b 130b 131a 219a 546b 683
   2) 키크노스 2의 딸 489b 490a 504b 505a 683
헤베 계보 15 38 40. 39a 245a 357b 397a 415a 431a 432b 651b 675a 683a 683b
헤브로스(트라케의 강=마리차) 648b
헤브로스 648b
헤스티아 계보 38. 81a 119b 195a 467b 474a 644b 683
헤스페라레투사 헤스페리데스 중 한 명 664b 684a
헤스페로스 307b 683 704b
헤스페리데스 44b 72a 175a 177b 199a 458b 508b 592b 664b 684
   ——의 정원 303b 651b 708b
   ——의 용 99b 358b 458a 664b
   ——의 나라 65b 307a 342a 508b 523b 657b 664b 665a
   ——의 황금 사과 303b 304b 349b 414b 509a 614a 664b
헤스페리스 307b 683b 684a
헤스페리아(서쪽 나라) 275b 277a
헤스페리아 헤스페리데스 중 한 명 684a
헤시오네 1) 오케아니데스 중 한 명 684
   2) 나우플리오스 2의 아내 56a 684
   3) 라오메돈의 딸 계보 7 30. 104b 105a 272a 425b 520a 525b 619b 665b 666a 666b 684
헤시오도스 147a 381b 544b
헤오스포로스 계보 14 32. 596a 637b 685
헤우도노스(카리아의 강=에우도노스) 102a

헤일레비에 리르코스 1의 아내 130b 685
헤카메데 62b 648a 685
헤카베 계보 34. 86a 104b 208a 278a 310b 369b 370a 426b 441a 473b 494a 528a 533b 547b 548a 603a 603b 604a 606a 608b 619b 620b 685 690a 691b 694b 695a 697a 698a
헤카에르고스 687
헤카테 계보 14 32. 43a 51a 81b 157b 218a 265b 283a 366a 420b 485b 573a 575a 687a 687b
헤카테로스 687
헤카톤케이레스 40b 41a 51b 271a 395b 430a 453b 474a 474b 492b 498a 541a 688
헤카톤케이리아(마케도니아에 있다고 하는 상상의 도시) 688a
헤칼레 512a 688
헤파이스토스 계보 11 38 40. 200a 430b 432a 474b 503a 688
   애정 행각 305b 313a 343a 440a
   질투 313b 323a 550b
   자식들 99a 239a 248a 286a 337b 440a 440a 456a 566a 569a 580a 643b
   ——가 만든 물건들 39b 296b 435a 503a 524b 586b 645b 658a 660a
   ——의 도구들 267b
   트로이아에서 216a 299a
   세력권 82b 286b
   기타 51a 157b 189b 251b 253a 259b 304a 347a 357b 382a 453b 510a 524a 542a 550b 554b 559b 613b 640b 651b 663a
헥토르 계보 34. 48b 63b 76b 86a 88b 120a 136b 154b 163b 175a 178b 189b 216a 236a 245b 263a 266a 266b 276a 276b 278b 280a 298b 299a 299b 300a 301a 317b 321b 360a 392b 394b 402b 429a 441b 454b 466a 467a 520b 521b 524b 549b 556b 583b 591a 601b 609a 617b 619b 620b 636b 686a 690 694b 697b
헬라스(테살리아의 지방) 625a
헬레 아타마스의 딸 계보 33. 65a 114b 116b 283a 301b 555b 621b 679b 691

헬레

　　　——와 숫양 520a
헬레나 헬레네의 딸 계보 13. 697a
헬레네 계보 13 19 34 40. 97a 234a 314a 367b
431b 449b 482a 542b **692**
　　　——와 테세우스 87a 286b 287b 337b 420a
515b 538a 582b
　　　헬레니온 87b 434a 696a
　　　——와 파리스 48a 383b 384a 402a 447a
464b 548b 562a 564a 573b 611a 618a 645b
652b
　　　——와 아킬레우스 102b 298a 300b 356a
　　　——의 구혼자들 46b 69a 96a 115a 148a
152a 162a 216a 234a 237a 334b 363b 367b
402b 410b 417b 531b 536a 555b 571a 581a
590a 608a 609b 617b 640a
　　　징벌 155a 281b 610a
　　　사후 116b 270b
　　　기타 61a 71b 83b 86a 104b 111b 151b
152a 155a 177b 180b 433b 519b 532a 542b
545b 562a 579a 601b 603b 611a 681a
헬레노스 1) 프리아모스의 아들 계보 34. 63a
63b 64a 86a 155a 178b 277a 317b 369b 441a
441b 443b 451b 549a 562b 588b 606b 619b
640b 641a 686a 695b **697**
　　　2) 헥토르가 죽인 그리스 사람 690b
헬레스폰토스(바다) 691b
헬레이오스 1) 페르세우스의 아들 계보 31.
333a **698**
　　　2) 펠롭스의 아들 710a
헬렌 1) 데우칼리온의 아들 계보 8. 88b 166b
283b 284a 301a 481a 524b **698** 707b
　　　2) 프티오스의 아들 625a
　　　3) 프로메테우스의 아들 613a
헬로로스 이스트로스의 아들 405a
헬로스(라코니아의 도시) 698b
헬리손 리카온 2의 아들 133a
헬리아다이 계보 14. 122b 455b **698** 699b
헬리아데스 계보 14. 111a 172b 481a 551b **699**
699b 700a
헬리에 헬리오스의 딸 699a
헬리오스 태양 계보 14 38. 60a 122a 157b 192a

345a 396a 523a 595a 633b 689b **699** 709a
　　　애정 행각 117a 315b 483a
　　　자식들 111a 147b 212b 261a 282b 269a
391a 391b 410a 450b 455b 481a 485a 534b
544a 550b 550b 575a 598a 660b 699a
헬리오폴리스(이집트의 도시) 596b
헬리카온 안테노르의 아들 계보 34. 104b 166a
370a 518a **700**
헬리케(아카이아의 도시) 539a
헬리케 1) 셀리노스의 딸 212b 413b **700**
　　　2) 제우스의 유모 483b **700**
헬리콘(보이오티아의 산) 54a 181a 323b 438a
475a 570b 631b 633b 655b 657b 711b
헬리콘 493a
헬릭스 리카온 2의 아들 133a
헵타포로스(미시아의 강) 390b
호노스(미덕) **700**
호도이도코스 오일레우스의 아버지 390a
호디테스 계보 15 16
호라 퀴리니 469b 682a
호라이 계보 40. 178a 257b 313a 430b 448b
485a 508b 651a 683b **700**
호라티우스 1) 아르시아 숲의 **701**
　　　2) —— 코클레스 **701**
　　　3) 로마의 용사 397a **701**
호로스 1) 이집트의 신 189a 405a
　　　2) 리카온 2의 아들 133a
호르코스 342b
호마도스 켄타우로스 670a
호모노이아(화합) **701**
호몰로에우스 니오베의 아들 **701**
호몰리포스 계보 15
호박(琥珀) 섬 417a
호스투스 호스틸리우스 701b
호스티우스 툴루스 호스틸리우스의 아버지 **701**
호스틸리우스 헤르실리아의 남편 681b 682a
호플라다모스 거인 **702**
호플레스 164b 272b 453a
호플레우스 1) 계보 10
　　　2) 리카온 2의 아들 133a

황금 뿔(반도) 455a
황금 시대 206b 266a 336a 397b 474b 547a **702**
흑해 204b 495a ☞에욱세이노스 폰토스
흰 섬 116b 270b 300b 322a 356a 420b 556b 694a 697a
히기에이아 207b 265a 406b 544a **702**
히다스페 209b
히드라 레르네의 358b 414b 455b 542b 637b 658b **703**
히르네토 테메노스의 딸 계보 16. 86a 86b 507a **703**
히르미네 계보 14. 269a 315b 592a
히르타이오스 619b
히르피 소라니 212b **703**
히리아(보이오티아의 도시) 135a 233a 534a 703b
히리에우스 닉테우스의 아버지 계보 25. 72a 134b 233a 233b 381b **703**
── 의 보물 534a
히말리아 704a
히메나이오스 141a 193b 410a 678b **704**
히메라(시칠리아의 도시) 694a
히메로스 1) 욕망 599b **705a**
  2) 라케다이몬의 아들 107a 223a
히브리스(과도함) 341b 558b **705**
히스토리스 테이레시아스의 딸 **705**
히스토이(크레테의 항구) 483b
히아(=히암폴리스 포키스의 도시) 705b
히아그니스 144a
히아데스 93b 307b 627a **705**
히아모스 리코로스의 아들 계보 8. 88a 134a 167b **705**
히아스 아틀라스의 아들 307b 627a **705**
히아킨토스(언덕) 706b
히아킨토스 계보 6. 311a 483a 633b **706**
히아킨티데스 618b **706**
히아킨티아(스파르타의 축제) 567a
히아파테 209b
히안티다스 618b
히에라 텔레포스의 아내 69a 529b 537b 706b 707a

히에락스 1) 707
  2) 707
히에레이아 404b
히에롬네메 계보 7. 27a
히에토스(보이오티아의 도시) 707a
히에토스 707
히케타온 계보 7. 110b 166a
히파소스 1) 아드메토스의 아들 244b 248b 249a
  2) 케익스의 아들 457b
  3) 펠롭스의 아들 710a
  4) 레우키페의 아들 185b 186a
히팔로스 655a
히팔모스 248b 571a 710a
히팔키모스 249a 571a
히페 케이론의 딸 166b 606b **707**
히페라시아(아카이아의 도시) 607b
히페라시오스 248b
히페레노르 1) 포세이돈의 아들 계보 25
  2) 스파르토이 중 한 명 223a 434b
  3) 트로이아 사람 155a 561a
히페레스 626b
히페레이아(파이아케스 족의 나라) 55b 554a
히페로케 708b
히페로코스 1) 히페르보레이오이 족의 한 사람 707 708b
  2) 프리아모스의 아들 370a 620a
  3) 오이노마오스의 아버지 220b 384a
  4) 이나코스 주민들의 왕 508a 508b
히페르메스트라 1) 다나이데스 중 한 명 계보 31. 75b 139a 139b 262a 294a 575a 614b **707**
  2) 테스티오스의 딸 계보 24. 111b 517a 707
  3) 테스피오스의 딸 계보 1. 331a 389b 517a **707**
히페르보레이오이 42b 47b 108b 121a 137b 186b 256b 258b 307a 309a 312b 382a 480a 530b 552b 567a 660a 664b 665a 683a 687b **707**
히페르비오스 아이깁토스의 아들 76a
히페르파스 107a 186a 347a 385b
히페클라오스 멜라스의 아들 계보 27. 536b

히페리온 1) 계보 5 12 14 38. 40b 192a 212b
  286a 345a 396a 466a 523a 565a 699a 709
  2) 프리아모스의 아들 620a
히페리페 1) 다나이데스 중 한 명 76a
  2) 무니코스 2의 딸 180b
히페우스 계보 15
히포 1) 스케다소스의 딸 709
  2) 오케아니데스 중 한 명 390b
  3) =오키로에 3 391b
히포노메 413a
히포노에 네레이데스 중 한 명 59a
히포노오스 1) 계보 36. 447b
  2) 프리아모스의 아들 619b 686a
  3) 아이톨리아의 올레노스 왕 383a 536a 578b 579a
  4) 트라케의 용사 608a
히포다마스 1) 페리멜레 3의 아버지 293b 578a
  2) 프리아모스의 아들 619b
히포다메이아 1) 오이노마오스의 딸 계보 2. 92b 142b 188b 249a 289a 306a 324a 384a 384b 452b 470b 478a 497a 533a 539b 575b 588b 602a 626a 634b 709
  2) 아드라스토스의 딸 계보 1 23. 243b 460b 581b 582a 608a 710
  3) 브리세이스 201a
  4) 앙키세스의 딸 276a 335b
  5) 아우토노오스의 아내 291a 291b
  6) 다나이데스 중 한 명 75b
  7) 멜레아그리데스 중 한 명 172a
  8) 기타 597a
히포다모스 트로이아 사람 370a
히포드로모스 계보 15
히포디케 다나이데스 중 한 명 76a
히포메네스 1) 메가레우스의 아들 151b 303b 710
  2) 아테나이 사람 119a
히포메돈 아리스토마코스의 아들 계보 1. 243a 711
히포메두사 다나이데스 중 한 명 75b
히포스트라토스 1) 트로이아 사람 272a
  2) 383a 579a

히포지고스 계보 15
히포코리스테스 아이깁토스의 아들 76a
히포코온 계보 6. 111b 115b 138a 337a 389a 389b 417a 417b 418a 422b 432b 459b 515b 543a 571b 668a 668b 711a
히포크라테스 265b
히포크레네(샘) 181a 438a 570b 711
히포타이(보이오티아의 도시) 598b
히포테스 1) 헤라클레이다이 중 한 명 계보 31. 120a 321a 322a 436b 636b 676b 711
  2) 크레온 1의 아들 160a 711
  3) 트로이아 사람 272a
히포토에 1) 계보 31. 132a 501b 624a 712
  2) 펠리아스의 딸 계보 21. 589a
  3) 계보 2. 588a
  4) 네레이데스 중 한 명 59a
히포토오스 1) 아이피토스의 아버지 287a 528b
  2) 아이깁토스의 아들 75b
  3) 히포다메이아의 구혼자 384b
  4) 프리아모스의 아들 619b
  5) 레토스의 아들 637a
히포토온 164b 324a
히포토온티다이 족 164b 324a
히포티온 1) 켄타우로스 670a
  2) 트로이아 사람 162a
히폴로코스 1) 벨레로폰테스의 아들 계보 35. 48a 196a 712
  2) 안테노르의 아들 712
  3) 계보 15
히폴리테 1) 아마존 65a 167a 260a 260b 349b 553b 661b 674a 712
  2) 히폴리테 크레테이스 아카스토스의 아내 290b 473b 474a
  3) 미르라의 유모 241a
  4) 덱사메노스의 딸 216a 670b
히폴리토스 1) 거인 51b 679a
  2) 라케스타데스의 아버지 107a 128b
히폴리토스 1) 테세우스의 아들 92a 134b 202a 265a 512b 515a 517a 553b 554a 634b 712
  2) 거인 712
  3) 아이깁토스의 아들 75b

힐라스 73b 197b 248b 250a 457b 523a 525b 713
힐라이라 레우키피데스 중 한 명 계보 19. 97b 117b 118b 400b 401a 579a 598a **713a**
힐라이오스 켄타우로스 303a 461a **713**
힐로노메 여자 켄타우로스 494b **713**
힐로스 헤라클레스의 아들 계보 15 16 85b 115a 138a 174b 249a 274a 346a 357b 392b 415b 507b 605b 669a 673a 673b 674b 675b 675b 676a 676b **713**
힐로이 족(에페이로스의 민족) 714a

힘(=비아) 565a 432b
힘노스 프리기아의 목동 71a 363a **714**
힘노스 72a 177a 496b 666b **714**
힘사스 리카온 2의 아들 133a
힘세노르 351b
힘세우스 계보 23. 110a 117b 257b 302a 302b 473a 484b 509a 534b 571a
힙시크레온 밀레토스의 용사 **714**
힙시필레 토아스의 딸 계보 21. 137b 331b 345b 531a 536b 610a **715**
힙시필로스 110b

계보

아드라스토스

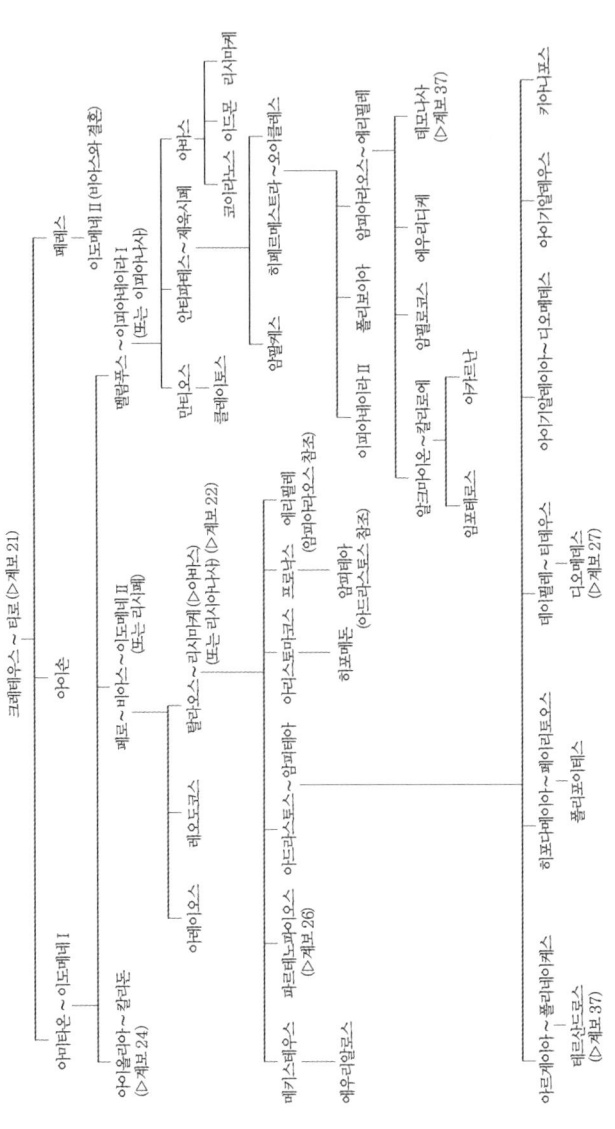

계보 1 아드라스토스 (▷계보 21)

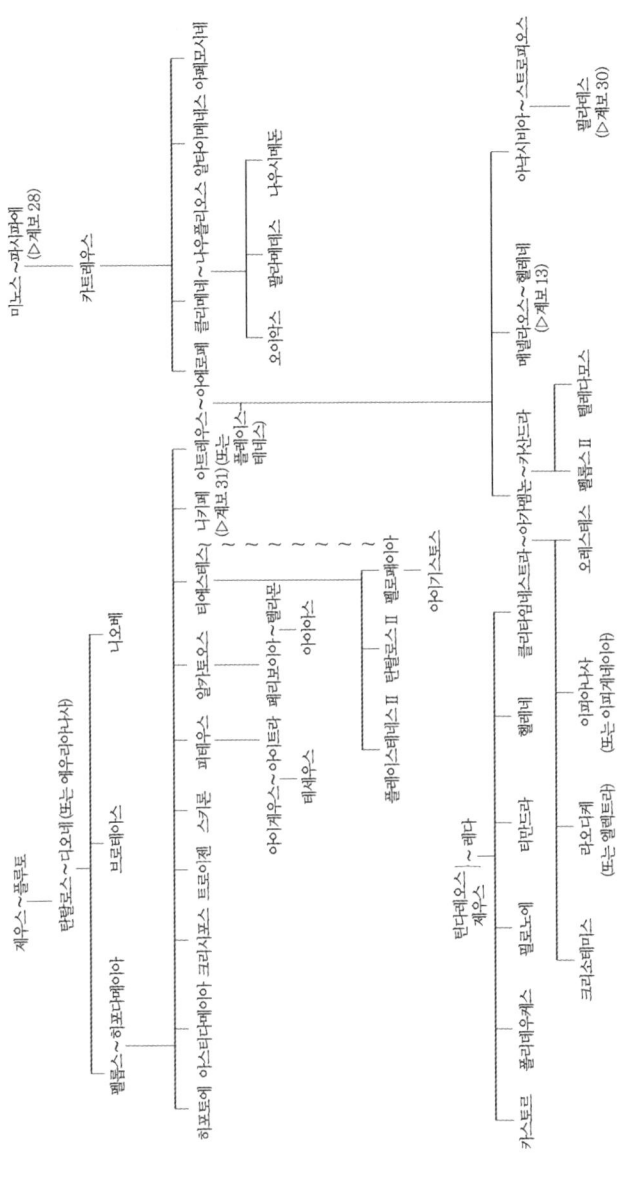

계보 2 아가멤논

카드모스

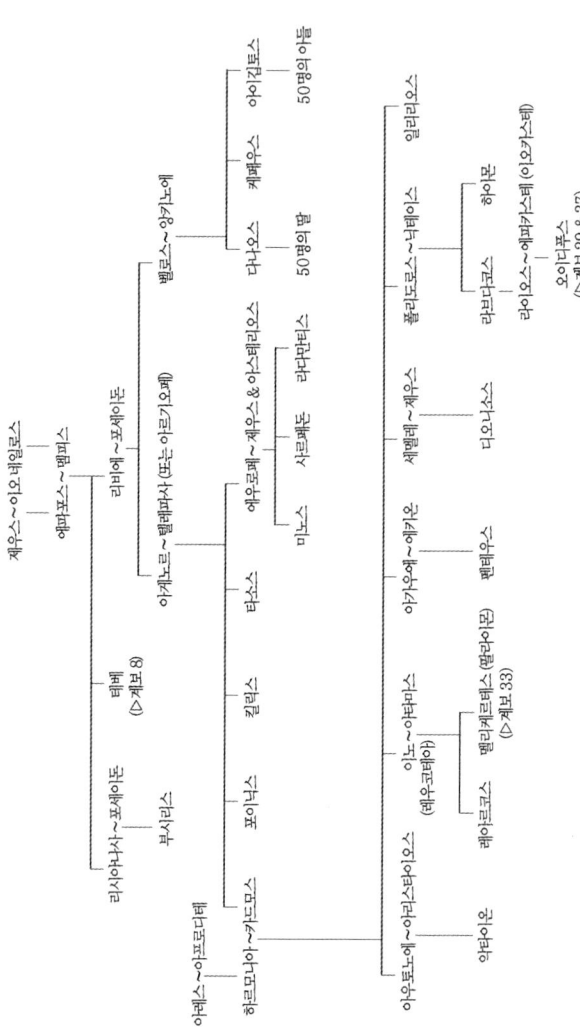

계보 3 카드모스

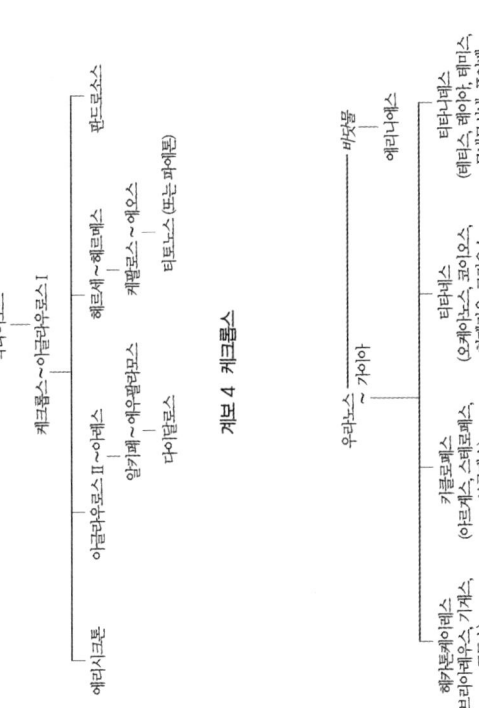

계보 4 케크롭스

계보 5 크로노스

키노르타스

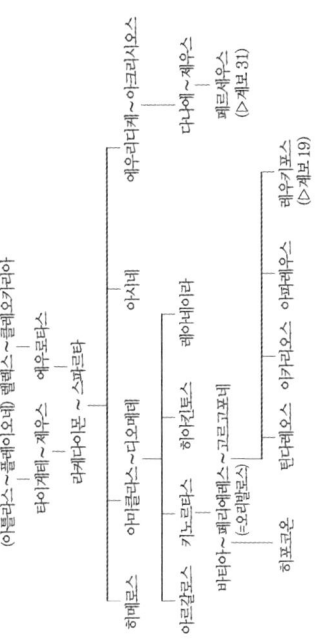

계보 6 키노르타스

다르다노스

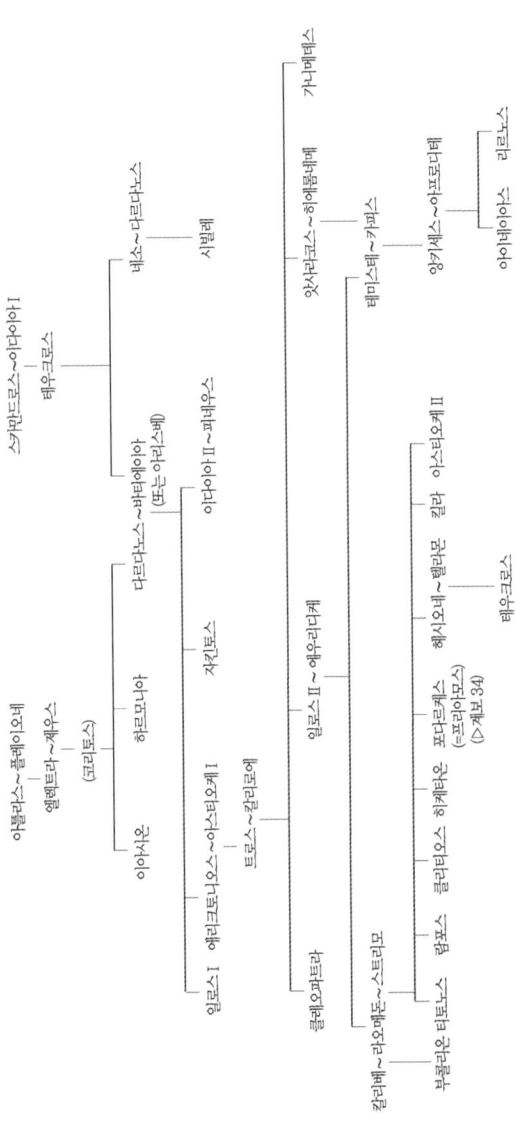

계보 7 다르다노스

데우칼리온

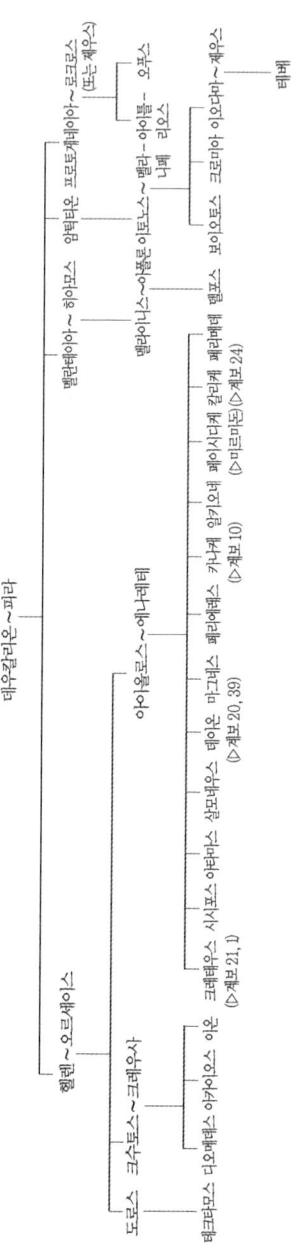

계보 8 데우칼리온

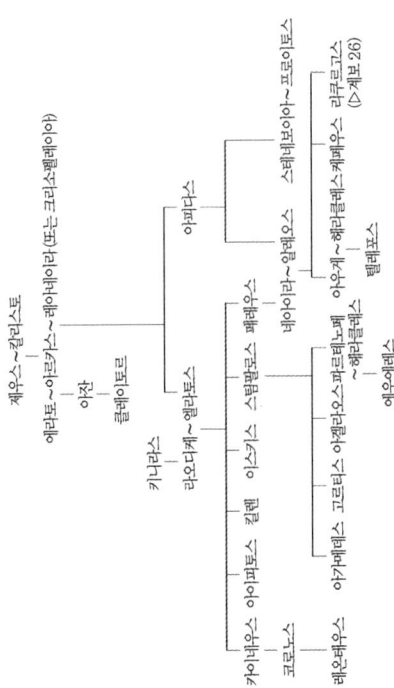

계보 9 엘라토스

에포페우스

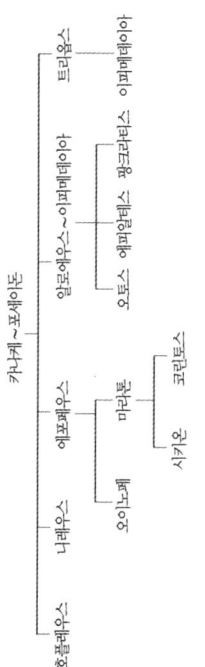

계보 10 에포페우스

에리크토니오스

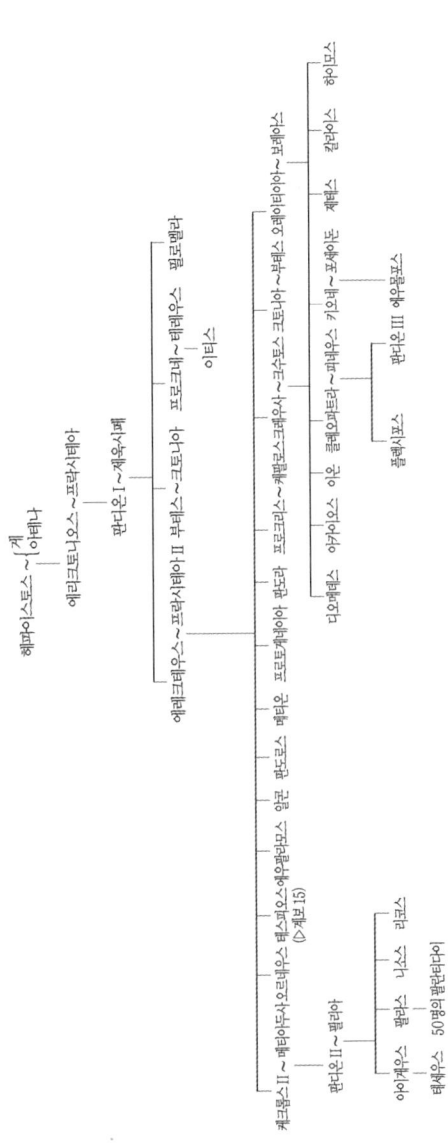

계보 11 에리크토니오스

가이아

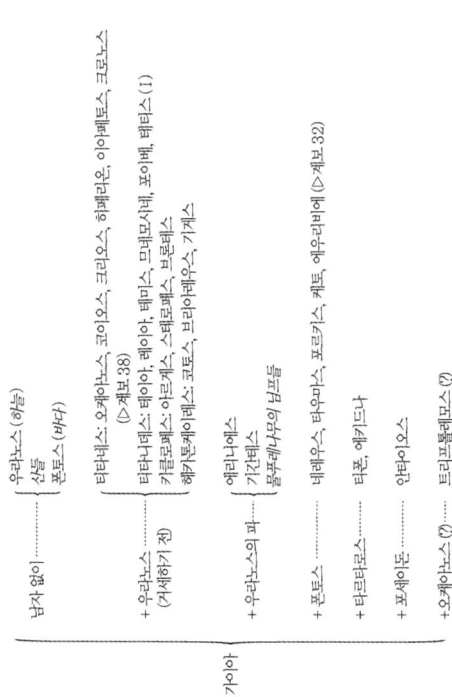

계보 12 가이아

가이아
- 남자 없이 ┈┈ { 우라노스 (하늘) / 산들 / 폰토스 (바다) }
- +우라노스 (거세하기 전) ┈┈ { 티타니데스: 오케아노스, 코이오스, 크리오스, 히페리온, 이아페토스, 크로노스 (▷계보 38) / 티타니데스: 테이아, 레이아, 테미스, 므네모시네, 포이베, 테티스 / 키클로페스: 아르게스, 스테로페스, 브론테스 / 헤카톤케이레스: 코토스, 브리아레우스, 기게스 }
- +우라노스의 피 ┈┈ { 에리니에스 / 기간테스 / 물푸레나무의 님프들 }
- +폰토스 ┈┈ 네레우스, 타우마스, 포르키스, 케토, 에우리비에 (▷계보 32)
- +타르타로스 ┈┈ 티폰, 에키드나
- +포세이돈 ┈┈ 안타이오스
- +오케아노스 (?) ┈┈ 트리프톨레모스 (?)

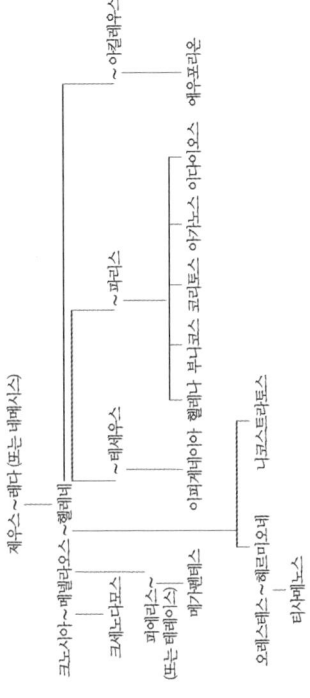

계보 13 헬레네

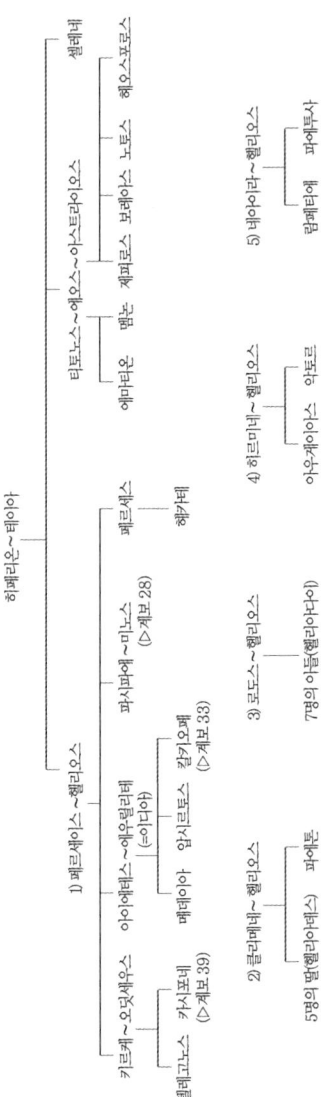

계보 14 헬리오스

헤라클레스 ─ 테스피오스의 50명의 딸들: 50명의 아들: 안틸레온, 히페우스, 리오메스, 에우메데스, 크레온, 아스티아낙스, 이오베스, 폴리라오스, 아르케오스, 아르리페스, 에우리피로스, 안티아데스, 오네시포스, 라오메네스, 텔레스, 엔텔리데스, 히포드로모스, 텔레우티아그라스, 카피로스, 올림포스, 니코드로모스, 클레올라오스, 에우리비오스, 에우리카피스, 에우리피로스, 안티파테스, 안티오스, 호메스트리오스, 아스티비에스, 티가시스, 에우코레스, 에우리데다스, 다나스테스, 멘토르, 에베스트리오스, 리카이오스, 안티마코스, 프토크레아테스, 오이스트로블레스, 에우리오페스, 불레우스, 마우가포스, 파트로클로스, 네포스, 에라시포스, 라뮈르코스, 부콜로스, 에우카포스, 히포조고스

메가라: 테리마코스, 데이코온, 크레온티아테스
아스티오케: 틀레포톨레모스 (=테살로스, 이하 참조)
파르테노페: 에우에레스
에피카스테: 테스탈로스
찰키오페: 테살로스 (메로는 아스티오케의 아들이라고도 함)
아우게: 텔레포스
데이아네이라: 힐로스, 크테시포스, 글레노스, 오네이테스 (=호데테스, 마가리아)
옴팔레: 아겔레스 (또는 라멜라오스, 티르세노스
아스티다메이아: 크테시피온
아우토노에: 팔라이몬
혜베: 알렉시아레스, 아니케토스
메다 (필라스의 딸): 안티오코스

계보 15 헤라클레스

헤라클레이다이

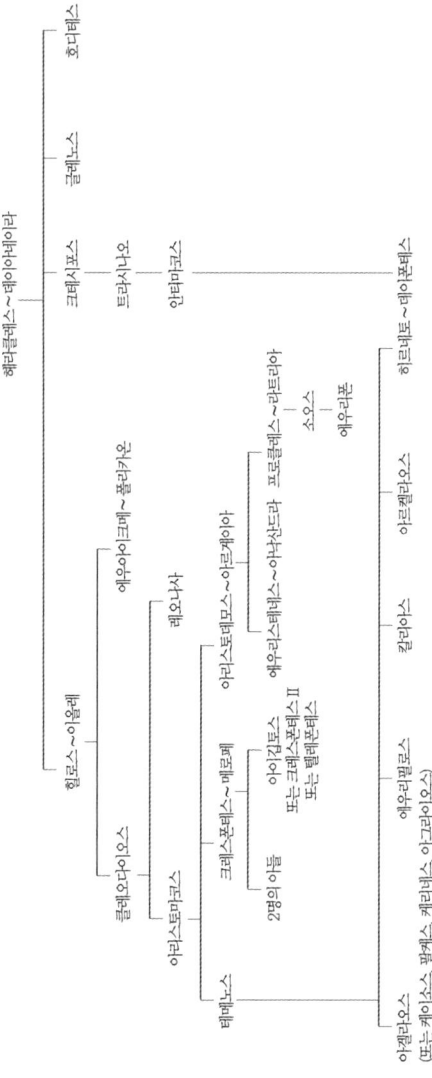

계보 16 헤라클레이다이

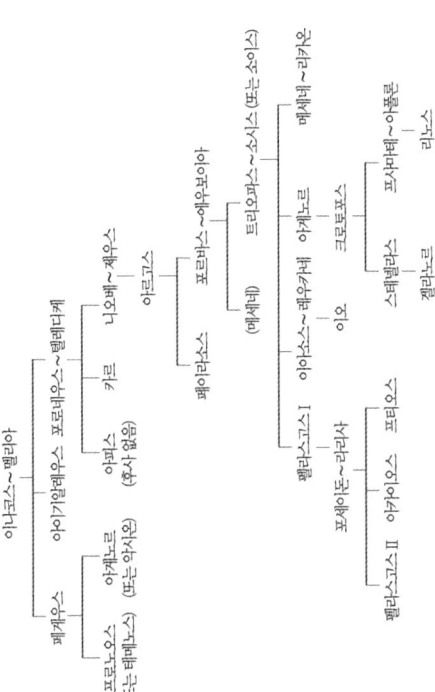

계보 17 이아소스

이아소스

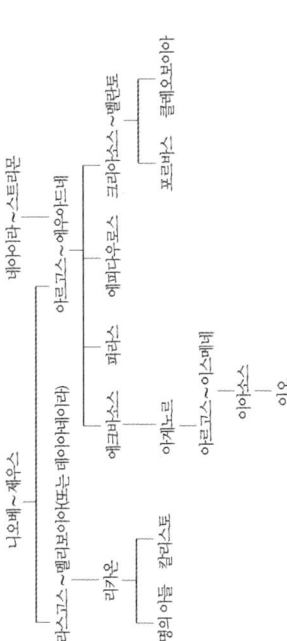

계보 18 이아소스 (아폴로도로스에 의거)

841

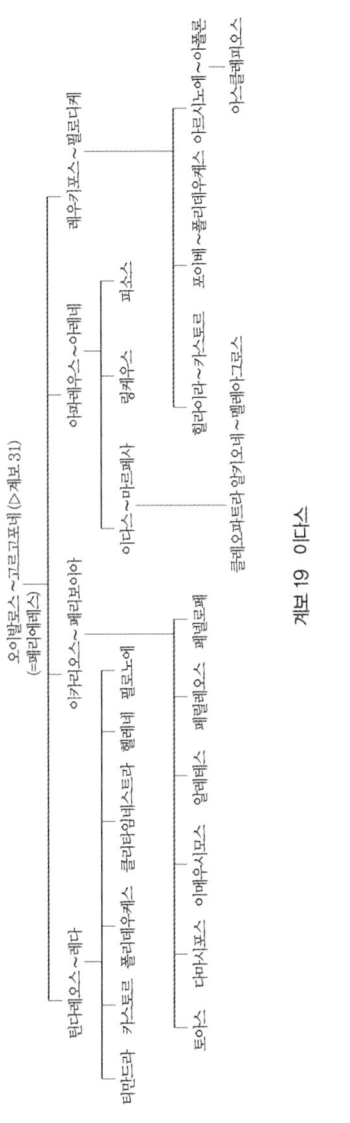

계보 19 이다스

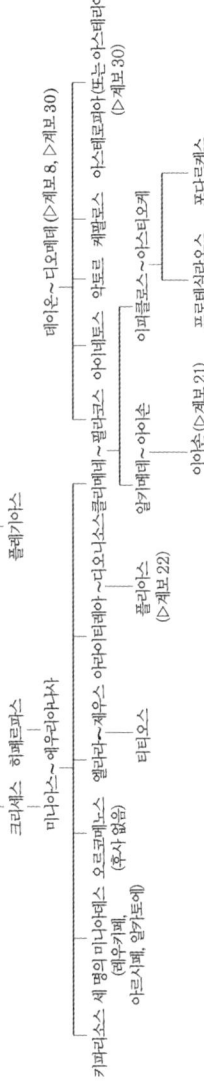

계보 20 이피클로스

계보 21 이아손 (▷ 계보 1)

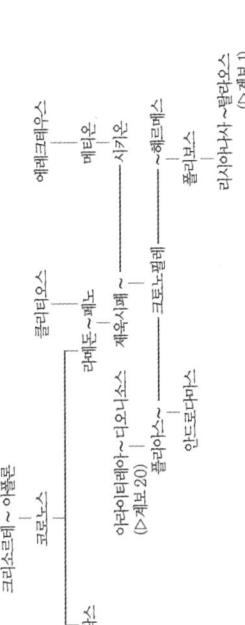

계보 22 라메돈 (시키온 전승에 따름. 파우사니아스 저서의 2권 5, 6)

라피테스

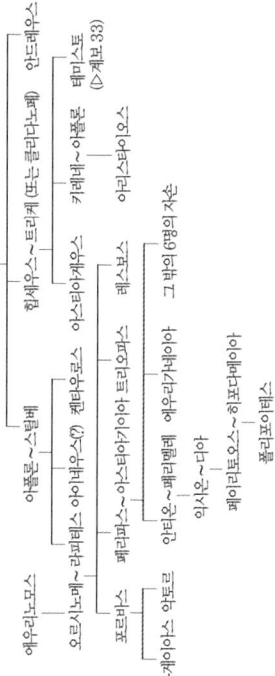

계보 23 라피테스

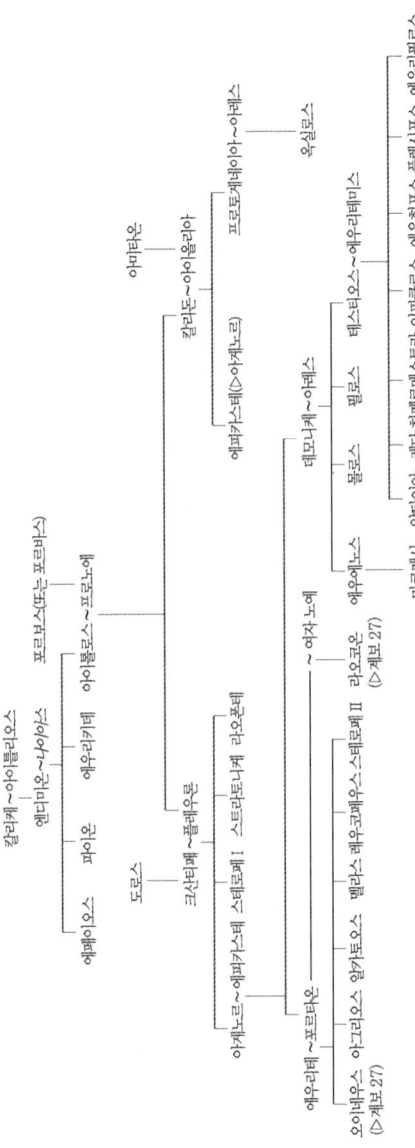

계보 24 레다

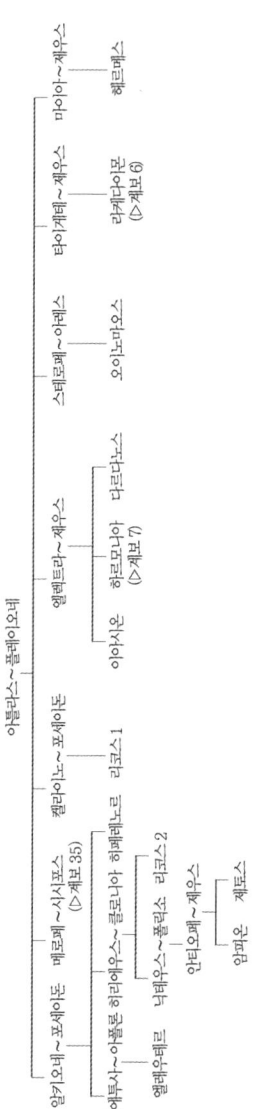

계보 25 리코스

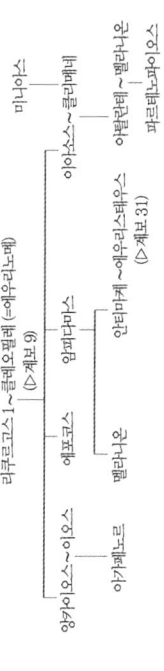

계보 26 리쿠르고스

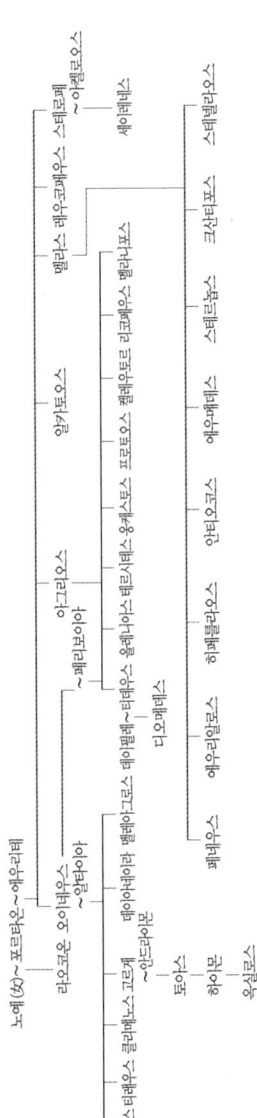

계보 27 멜레아그로스 (▷계보 24)

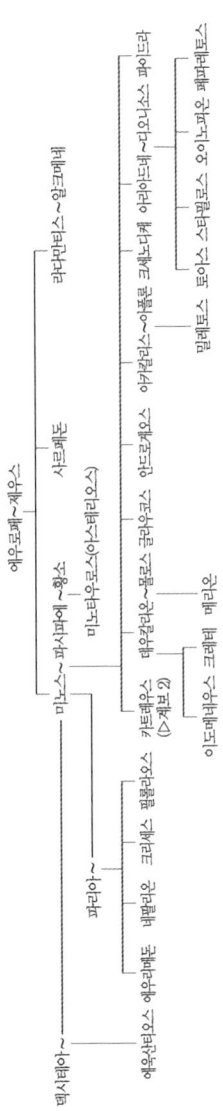

계보 28 미노스

오이디푸스

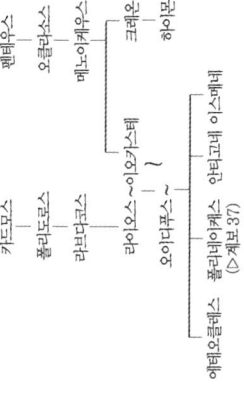

계보 29 오이디푸스

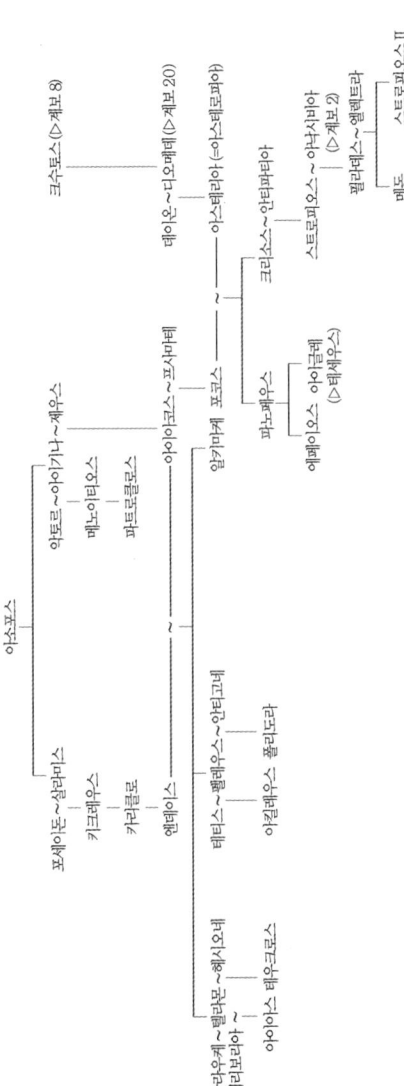

계보 30 파노페우스

페르세우스

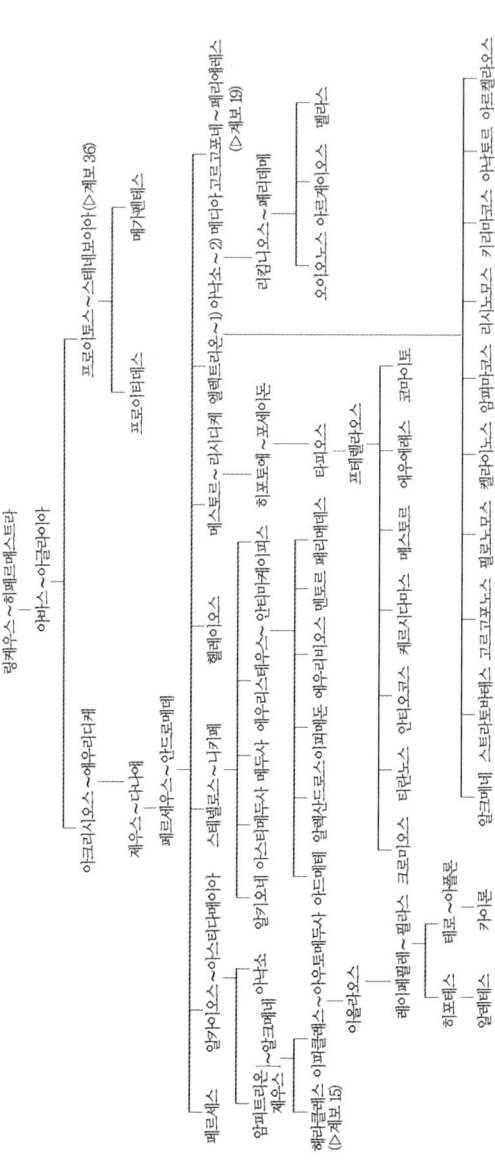

계보 31 페르세우스

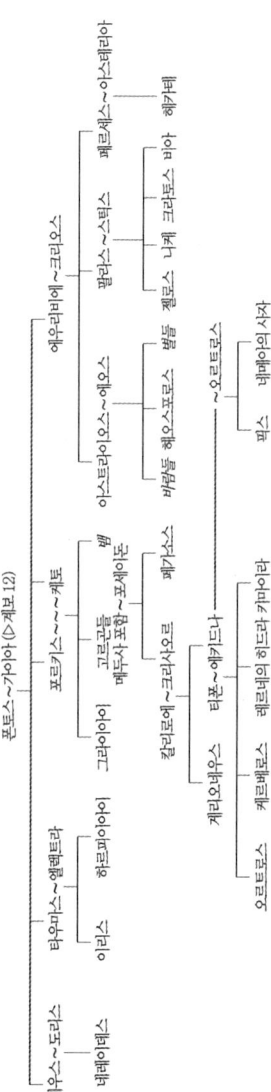

계보 32 폰토스

프레스본

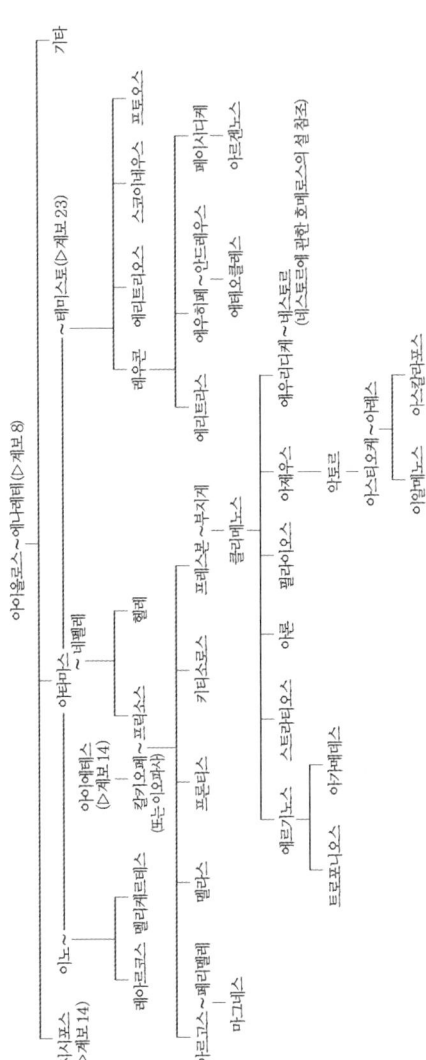

계보 33 프레스본

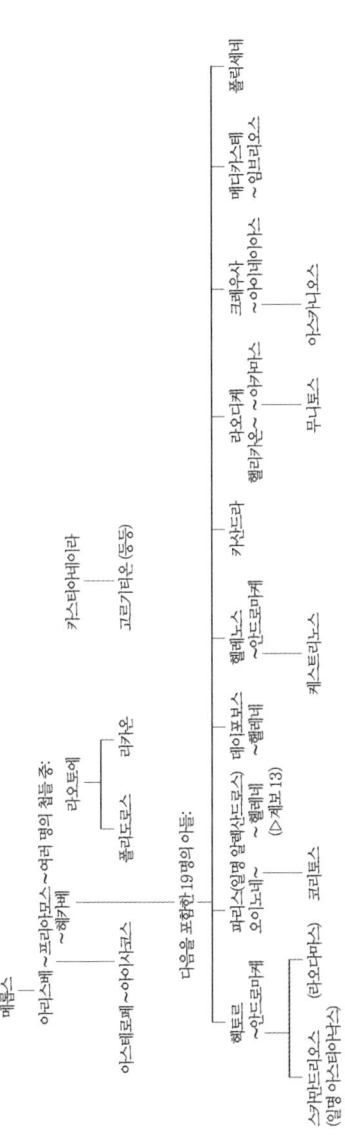

계보 34 프리아모스

시시포스

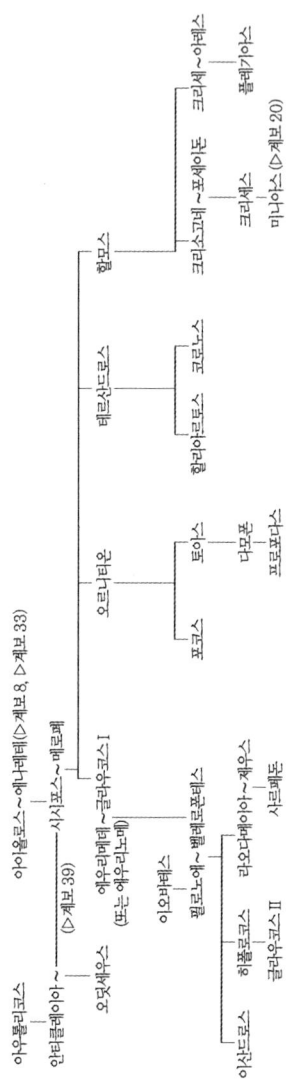

계보 35 시시포스

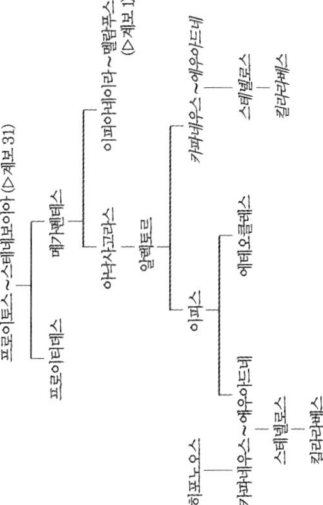

계보 36 **스테넬로스**
(이탤릭체로 표시한 계보는 파우사니아스 자신의 저서의 제2권 18, 5에 의거)

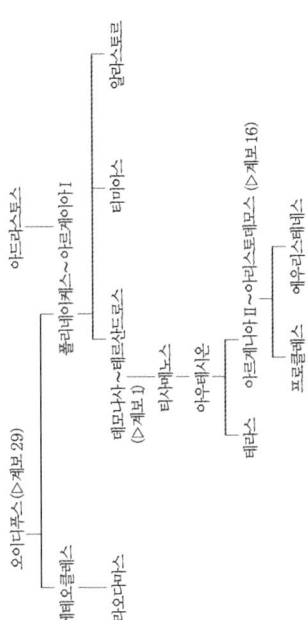

계보 37 테라스

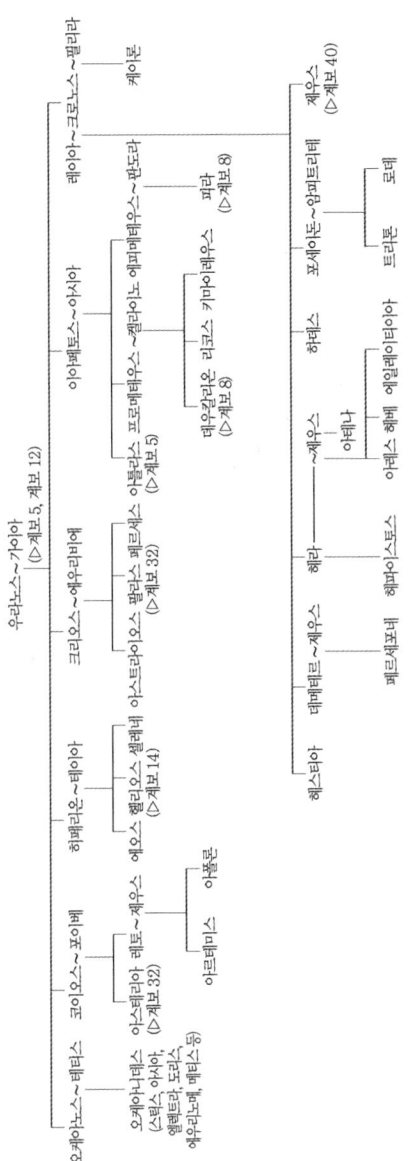

계보 38 티타네스

오딧세우스

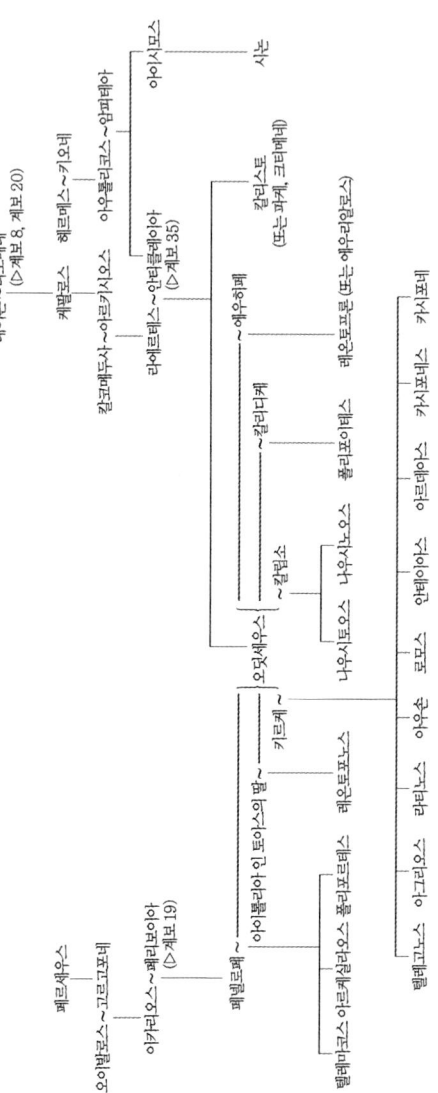

계보 39 오딧세우스

제우스

제우스
+ 여신:
- 메티스: 아테나
- 테미스: 호라이, 모이라이
- 디오네: 아프로디테
- 에우리노메: 카리테스
- 므네모시네: 무사이
- 레토: 아폴론, 아르테미스
- 마이아: 헤르메스
- 데메테르: 페르세포네
- 헤라: 아레스, 헤베, 에일레이티이아 (헤파이스토스)

+ 인간:
- 알크메네: 헤라클레스 (계보 31)
- 안티오페: 암피온, 제토스 (계보 25)
- 칼리스토: 아르카스 (계보 9)
- 다나에: 페르세우스 (계보 31)
- 아이기나: 아이아코스 (계보 30)
- 엘렉트라: 다르다노스, 이아시온, 하르모니아 (계보 7)
- 에우로페: 미노스, 사르페돈, 라다만티스 (계보 28)
- 이오: 에파포스 (계보 3)
- 라오다메이아: 사르페돈 (계보 35)
- 레다: 헬레네, 디오스쿠로이 (계보 2)
- 마이아: 헤르메스 (계보 25)
- 니오베: 아르고스, 펠라스고스 (계보 17 & 18)
- 플루오토: 탄탈로스 (계보 2)
- 세멜레: 디오니소스 (계보 3)
- 타이게테: 라케다이몬 (계보 6)

계보 40 제우스

책임 번역자 **최애리** 서울대 불문과를 졸업하고 동 대학원에서 중세 아서왕 문학 연구로 석사 및 박사학위를 취득하였다. 서울대, 이대통번역대학원에서 강의했다. 주요 논문으로는 「중세 그라알 소설 연구」가 있고 『댈러웨이 부인』, 『연옥의 탄생』, 『중세의 지식인』, 『중세의 결혼』 등 다수의 역서가 있다.

공동 번역자 **백영숙·이성엽·이창실** 이대통번역대학원 번역학과(한불 전공)를 졸업하였다.

감수자 **강대진** 서울대 철학과를 졸업하고 동 대학원에서 플라톤의 『향연』 연구로 석사학위를, 호메로스의 『일리아스』 연구로 박사학위를 취득하였다. 현재 홍익대학교 겸임 교수로 있으며, 그리스·로마 원전을 연구하는 학술단체인 정암학당에서 연구 활동을 하고 있다.

그리스 로마 신화 사전

발행일	2003년 11월 10일 초판 1쇄
	2023년 11월 10일 초판 7쇄

지은이	피에르 그리말
옮긴이	최애리
발행인	홍예빈·홍유진
발행처	주식회사 열린책들

경기도 파주시 문발로 253 파주출판도시
전화 031-955-4000 팩스 031-955-4004
홈페이지 www.openbooks.co.kr 이메일 humanity@openbooks.co.kr

Copyright (C) 주식회사 열린책들, 2003, *Printed in Korea.*
ISBN 978-89-329-0524-2 03210